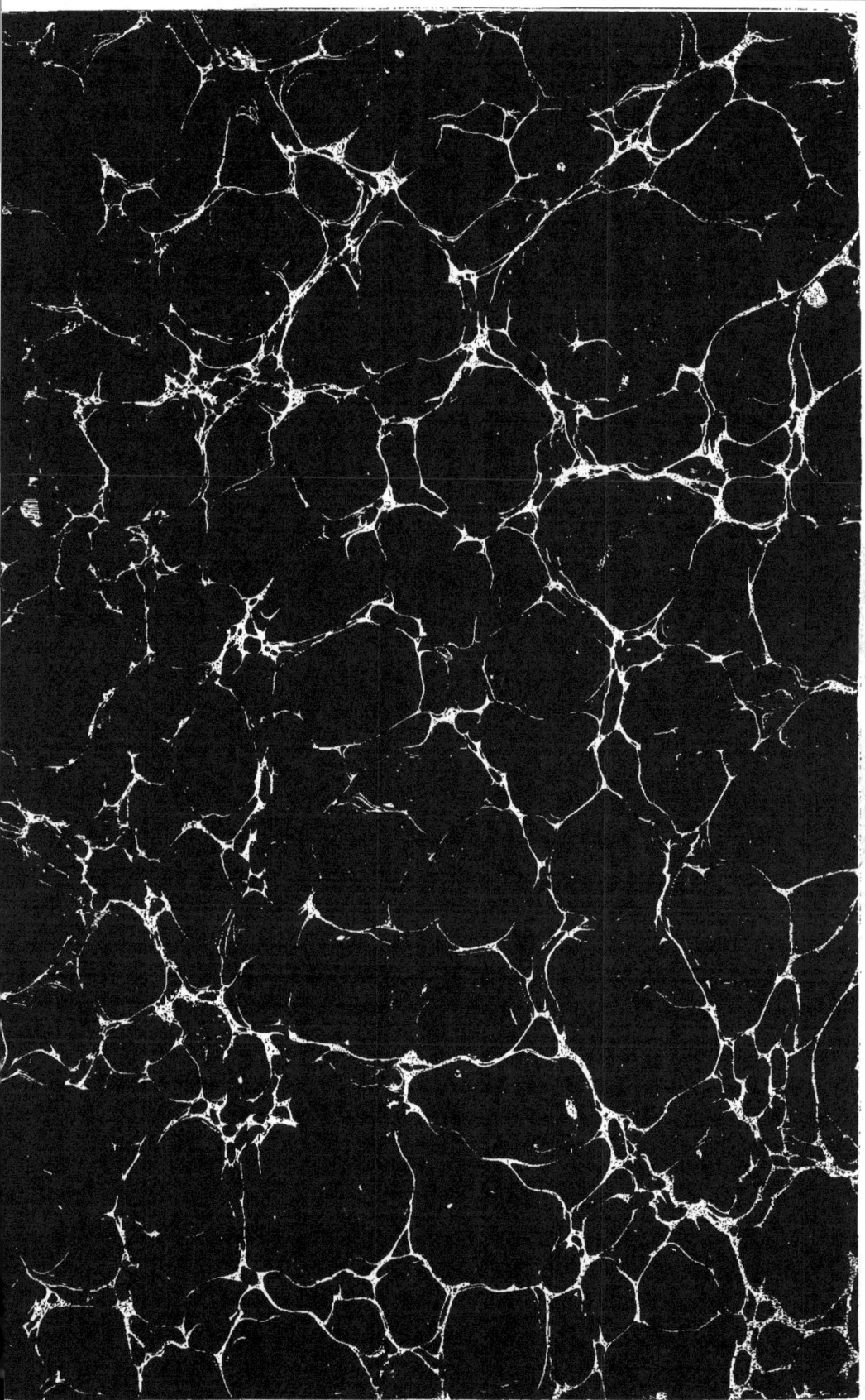

ŒUVRES COMPLÈTES

DE SAINT AUGUSTIN

ÉVÊQUE D'HIPPONE

TABLE DES OUVRAGES COMPRIS DANS LE TOME XIII

Suite des Psaumes (Depuis le XLIX° jusqu'au XC°) 1

Traduits par M. VINCENT, curé archiprêtre de Vervins.

Besançon. — Imprimerie d'Outhenin-Chalandre fils.

ŒUVRES COMPLÈTES

DE

SAINT AUGUSTIN

ÉVÊQUE D'HIPPONE

TRADUITES EN FRANÇAIS ET ANNOTÉES

PAR MM.

PÉRONNE
Chanoine titulaire de Soissons, ancien professeur d'Écriture sainte et d'éloquence sacrée.

ECALLE
Professeur au grand séminaire de Troyes, traducteur de la *Somme contre les Gentils*.

VINCENT
Archiprêtre de Vervins.

CHARPENTIER
Doct. en théol., trad. des *Œuvres de S. Bernard*.

H. BARREAU
Docteur ès-lettres et en philosophie, chevalier de plusieurs ordres.

renfermant

LE TEXTE LATIN ET LES NOTES DE L'ÉDITION DES BÉNÉDICTINS

TOME TREIZIÈME

CONTENANT LA SUITE DES PSAUMES.

PARIS

LIBRAIRIE DE LOUIS VIVÈS, ÉDITEUR

RUE DELAMBRE, 13

1871

DISCOURS
SUR
LES PSAUMES.

DISCOURS[1] SUR LE PSAUME LIX.

1. Le titre de ce psaume est un peu long, mais n'en soyons pas effrayés, parce que le psaume est court. Supposons donc avoir entendu un psaume un peu plus long, et appliquons-nous en conséquence. Car, puisque nous parlons dans l'Église de Dieu à des hommes déjà nourris ou qui ont besoin d'être nourris au nom du Christ, et qui savent goûter la saveur des saintes Lettres que le monde ne goûte pas, ces enseignements ne doivent jamais avoir pour vous rien d'inouï. En effet, si vous avez ruminé avec plaisir, dans la bouche de votre pensée, ce que vous avez très-souvent entendu, sans l'ensevelir comme dans le ventre de l'oubli, le souvenir de ce que vous avez recueilli et votre mémoire pourront nous aider beaucoup, en nous dispensant d'employer de longs discours à expliquer, comme à des ignorants, ce que nous savons que vous

ENARRATIONES
IN PSALMOS.

IN PSALMUM LIX.

1. Titulus Psalmi hujus aliquantum prolixus est : sed non nos terreat, quia Psalmus brevis est. Tamquam ergo aliquantulum prolixiorem Psalmum audierimus, sic intendamus : quoniam in nomine Christi nutritis et nutriendis loquimur in Ecclesia Dei, nec alienis a sapore istarum litterarum a quibus mundus alienus est, non quasi rudia vobis ista semper esse debent. Si enim ea quæ sæpissime audistis, cum jocunditate in ore cogitationis ruminastis, nec oblivione tamquam in ventre sepelistis ; eadem ipsa recordatio vestra, et memoria multum nos poterit adjuvare, ne multum loquamur ad enodanda quasi rudibus ea, quæ jam vos nosse novimus. Certe illud meminimus sæpe vos audisse quod dicimus : Vix est ut in Psalmis invenias voces, nisi Christi et Ecclesiæ, aut Christi tantum, aut Ecclesiæ tantum, quod uti-

(1) Discours au peuple, prononcé quelques temps après le discours sur le psaume précédent, d'après le n° 12.

connaissez déjà. Assurément, nous nous souvenons que vous avez souvent entendu ce que nous disons encore, qu'à peine trouvez-vous dans les psaumes des paroles qui ne soient tout à la fois du Christ et de l'Église, ou du Christ ou de l'Église séparément, desquels certainement nous faisons partie nous-mêmes. C'est pourquoi, lorsque nous reconnaissons notre voix, nous ne pouvons la reconnaître sans en être touchés ; et nous y trouvons une jouissance d'autant plus profonde, que nous sentons plus vivement que c'est bien nous qui parlons. Le Roi David était un seul homme, mais il n'a pas toujours figuré qu'un seul homme : quand, par exemple, il a figuré l'Église, qui est composée de tant d'hommes, et qui est répandue jusqu'aux extrémités de la terre ; mais lorsqu'il ne figure qu'un seul homme, cet homme est l'homme-Dieu, Jésus-Christ, le médiateur entre Dieu et les hommes (I *Tim.* II, 5). Dans ce psaume donc, ou plutôt dans le titre de ce psaume, sont rappelées diverses victoires remportées par David dans les guerres qu'il a vaillamment soutenues contre ses ennemis, dont il a fait ses tributaires, lorsque, après la mort de Saül son persécuteur, il commença à régner ouvertement sur Israël. Car il était roi avant même de souffrir la persécution de Saül, mais sa royauté n'était connue que de Dieu. Son règne ayant donc commencé publiquement, et sa qualité de roi étant clairement et glorieusement reconnue, il vainquit ceux qui sont énumérés dans le titre du psaume, et ce titre fut composé comme il suit : « Pour la fin, pour ceux qui seront changés selon l'inscription du titre pour David en doctrine, lorsqu'il brûla la Mésopotamie de Syrie et la Syrie de Sobal, qu'il convertit Joab et frappa Edom, par la défaite de douze mille hommes dans la vallée des Salines (*Ps.* LIX, 1 et 2). » Nous lisons toutes ces choses dans les livres des Rois ; nous y voyons que tous ceux qui sont ici nommés ont été vaincus par David : la Mésopotamie de Syrie, la Syrie de Sobal, Joab et Edom (II *Rois*, VIII, 3, 4 et suiv.). Ces faits et la manière dont ils se sont accomplis sont rapportés dans ces livres, où on peut les lire, tels qu'ils se sont passés : les lisent ceux d'entre vous qui le voudront. Mais nous avons déjà remarqué que, dans les titres des Psaumes, l'Esprit de prophétie s'éloignait quelquefois un peu de l'exacte représentation des faits, ajoutant des détails qui ne sont pas dans l'histoire. Nous sommes avertis par là que ces titres ont été écrits, moins pour nous donner à connaître des faits passés que pour nous signifier l'avenir. C'est ainsi, par exemple, qu'il est dit au titre d'un psaume (*Ps.* XXXIII, 1), que David changea son visage en présence d'Abimélech qui le renvoya, et qu'il

---

que ex parte et nos sumus. Ac per hoc quando voces nostras agnoscimus, sine affectu agnoscere non possumus; et tanto magis delectamur, quanto (*a*) indidem nos esse sentimus. David rex unus homo fuit, sed non unum hominem figuravit; quando scilicet figuravit Ecclesiam ex multis constantem, distantem usque ad fines terræ : quando autem unum hominem figuravit, illum figuravit qui est « mediator Dei et hominum, homo Christus Jesus (I *Tim.* II, 5). » In hoc ergo Psalmo, vel potius in hujus Psalmi titulo, dicuntur quædam victoriosa David, quod fortiter fecerit debellando quosdam inimicos, et eos tributarios faciendo; quando post mortem Saülis persecutoris sui, regnum illius accepit manifestum in Israël. Nam et antequam persecutionem pateretur, rex erat, sed Deo tantum notus erat. Postea ergo jam manifesto regno, et evidenter atque eminenter accepto, debellavit eos qui in hoc titulo commemorantur ; et (*b*) notatus est Psalmi titulus ita : « In finem, pro his qui immutabuntur in tituli inscriptionem ipsi David in doctrinam, cum succendit Mesopotamiam Syriæ, et Syriam Sobal, et convertit Joab, et percussit Edom, in valle Salinarum duodecim millia (*Psal.* LIX, 1). » Legimus hæc in libris Regnorum, istos omnes quos nominavit, debellatos esse a David, id est Mesopotamiam Syriæ, et Syriam Sobal, Joab, Edom (II *Reg.* VIII, 3, 4, etc.). Facta sunt ista, et quemadmodum facta sunt, ita ibi conscripta sunt, ita leguntur : legat qui vult. Verumtamen sicut solet propheticus spiritus in Psalmorum titulis recedere aliquantulum ab expressione rerum gestarum, et aliquid dicere quod in historia non invenitur, et hinc potius admonere, non propter cognoscendas res gestas esse hujusmodi titulos inscriptos, sed propter futura præfiguranda : sicut dictum est, quod « coram Abimelech mutavit vultum suum, et dimisit eum, et abiit (*Psal.* XXXIII, 1); » cum indicet Scriptura Regnorum eum non fecisse coram Abimelech, sed coram Achis rege (I *Reg.* XXI, 13) : ita et in hoc titulo invenimus aliquid, quo commoneamur ad ali-

---

(*a*) Sic aliquot MSS. Quidam vero, *in iisdem.* At editi. *in idem.* (*b*) Sic Regius MS. Alii cum editis, *natus est.*

s'en alla; tandis que le livre des Rois nous apprend que David ne l'a pas fait devant Abimélech, mais devant le roi Achis (1 *Rois*, xxi, 13). De même, nous trouvons dans le titre de notre psaume, des choses qui sont destinées à nous en apprendre d'autres. En effet, dans ce récit des guerres et des exploits du roi David (II *Rois*, viii), où nous lisons la défaite de tous ceux qui sont rappelés ici, nous ne voyons pas qu'il ait mis à feu aucun des pays subjugués. Or, dans ce titre, un des principaux détails qui ne se trouve pas dans l'histoire, c'est l'incendie de la Mésopotamie de Syrie et de la Syrie de Sobal par David. Commençons donc à rechercher la signification prophétique de ces paroles, et à percer par la lumière du discours l'ombre épaisse qui les enveloppe.

2 (*Ps.* LIX, 1). « Pour la fin » vous savez ce que c'est. En effet, le Christ est la fin de la Loi (*Rom.* x, 4). Vous savez quels sont ceux qui sont changés. De qui s'agit-il, en effet, sinon de ceux qui de la vie ancienne passent à la vie nouvelle? Car, loin de nous l'idée que ce changement soit blâmable. Il n'est pas semblable à celui d'Adam qui a quitté la justice pour l'iniquité, et les délices du paradis pour le dur travail de la terre (*Gen.* III, 6 et 17); mais il ressemble au changement de ceux à qui l'Apôtre a dit : Vous avez été autrefois ténèbres; mais maintenant vous êtes lumière dans le Seigneur (*Éphés.* V, 8). Or ceux qui sont ainsi changés le sont « selon l'inscription du titre. » Vous connaissez l'inscription du titre. C'est le titre qui fut attaché sur la croix du Seigneur : Celui-ci est le Roi des Juifs (*Matth.* XXVII, 37, et *Jean*, XIX, 19). Ceux-là changent selon l'inscription du titre, qui, du royaume du démon, passent dans le royaume du Christ. C'est donc un heureux changement que celui qui se fait selon l'inscription de ce titre. Mais ce changement se fait comme il suit : « en doctrine. » En effet, après avoir dit : « Pour ceux qui seront changés selon l'inscription du titre, » le psalmiste ajoute : « pour David en doctrine; » c'est-à-dire, qu'ils sont changés non pour eux-mêmes mais pour David, et qu'ils sont changés en doctrine. En effet, le Christ n'est pas roi pour régner en ce monde, puisqu'il a dit ouvertement: « Mon royaume n'est pas de ce monde (*Jean*, XVIII, 36). » Passons donc dans sa doctrine, si nous voulons être changés selon l'inscription du titre; faisons-le non pour nous-mêmes mais pour David, afin que ceux qui vivent ne vivent plus pour eux-mêmes, mais pour celui qui est mort et est ressuscité pour eux (II *Cor.* v, 15). Mais quand le Christ nous eût-il changé, s'il n'eût accompli ce qu'il a dit : « Je suis venu apporter le feu dans le monde (*Luc.* XII, 49)? » Si donc le Christ est venu apporter le feu dans le monde, ce ne peut être que pour l'utilité et pour le salut du monde : il porte le feu dans le

---

quid. Namque in illa narratione bellorum fortiumque factorum regis David, ubi hi omnes quos commemoravimus, debellati sunt, cum aliquid succendisse non legimus (II *Reg.* VIII). Hic autem maxime hoc positum est, quod ibi non est scriptum, quia succendit Mesopotamiam Syriæ, et Syriam Sobal. Jam ergo incipiamus secundum rerum futurarum significationes ista discutere, et opacitatem umbrarum in lucem verbi revocare.

2. « In finem (*Psal.*, LIX, 1), » quid sit nostis : « Finis enim Legis Christus est (*Rom.*, x, 4). » Eos qui immutantur nostis. Qui enim, nisi qui a veteri vita in novam transeunt? Absit enim ut hic culpanda immutatio intelligatur. Non quomodo immutatus est Adam a justitia ad iniquitatem, et a deliciis ad laborem (*Gen.*, III, 6 et 17) : sed quomodo mutantur illi, quibus dictum est, « Fuistis enim aliquando tenebræ, nunc autem lux in Domino (*Eph.*, v, 8). » Immutantur autem isti « in tituli inscriptionem. » Nostis tituli inscriptionem : Titulus infixus est super crucem Domini scriptus, « Hic est rex Judæorum (*Matth.*, XXVII, 37, *Johan*, XIX, 19). » mutantur in hujus tituli inscriptionem qui in regnum Christi transeunt a regno diaboli. Bene mutantur in hujus tituli inscriptionem. Mutantur autem, sicut sequitur, in doctrinam. Cum enim dixisset, Pro his qui immutabuntur in tituli inscriptionem : addidit, « ipsi David in doctrinam : » id est, mutantur non sibi, sed ipsi David, et mutantur in doctrinam. Non enim ita rex Christus, quasi sæculo regnaturus; cum aperte dixerit, « Regnum meum non est de hoc mundo (*Johan*, XVIII, 36). » Ergo in ejus (a) doctrinam transeamus, si volumus in conscriptionem tituli commutari, non nobis, sed ipsi David : « ut qui vivunt, jam non sibi vivant, sed ei qui pro ipsis mortuus est et resurrexit (II *Cor.*, v, 15). » Quando ergo nos mu-

(a) Sic MSS. At Editi, *in ejus gratiam et doctrinam.*

monde, mais il ne porte pas le monde dans le feu. Puisqu'il est venu apporter le feu en ce monde, demandons-nous ce qu'est la Mésopotamie, qui a été incendiée, ce qu'est la Syrie de Sobal. Reportons-nous pour cela à l'interprétation des noms selon l'hébreu, langue dans laquelle l'Écriture a été originairement composée. Les interprètes disent que le mot Mésopotamie signifie : vocation élevée. Déjà le monde entier a été élevé par sa vocation. Syrie signifie : Sublime. Mais celle qui était sublime a été mise à feu et abaissée ; et comme celle qui s'était élevée a été humiliée, qu'ainsi soit élevée celle qui a été humiliée. Sobal est interprété : vaine vétusté. Grâces soient rendues au Christ qui l'a détruite par le feu. Lorsque les anciennes pousses sont brûlées, de nouveaux rameaux leur succèdent ; et les nouveaux naissent plus vivement, plus abondamment et avec une sève plus vigoureuse, lorsque le feu les a précédés en brûlant les anciens. Ne craignons donc pas le feu du Christ, il ne consume que du foin. En effet, toute chair est comme du foin et toute la gloire de l'homme est comme la fleur du foin (*Is.* XL, 6). C'est donc cette fleur et ce foin que ce feu consume. « Qu'il convertit Joab. » Joab veut dire : ennemi. L'ennemi a été converti ; comprenez ce mot dans tel sens qu'il vous plaira. Si cette conversion est une mise en fuite, il s'agit du démon ; si cette conversion est un rappel vers Dieu, il s'agit du chrétien. Quelle serait cette mise en fuite ? Hors de l'âme du chrétien. « Le Prince de ce monde, dit le Seigneur, est maintenant chassé au dehors (*Jean*, XII, 31). » Mais s'il est question d'un chrétien converti à Dieu, pourquoi dit-on qu'un ennemi a été converti ? Parce que celui qui était ennemi de Dieu est devenu fidèle. « Qu'il frappa Edom. » Edom signifie : terrestre. Cet homme terrestre devait être frappé. Pourquoi, en effet, l'homme vivrait-il terrestre, lui qui doit être céleste ? La vie terrestre a donc été tuée ; que la vie céleste persiste seule. De même, en effet, que nous avons porté l'image de l'homme terrestre, ainsi désormais portons l'image de l'homme céleste (1 *Cor.* XV, 49). Voyez comment on fait mourir le premier : « Faites mourir, dit l'Apôtre, les membres de l'homme terrestre qui est en vous (*Coloss.* III, 5). » Mais après avoir frappé Edom, David frappa « douze mille hommes dans la vallée des Salines. » Douze mille font un nombre parfait, et à ce nombre parfait correspond le nombre des douze Apôtres. Ce rapport est juste, parce que la parole divine devait être répandue dans le monde entier. Or, le Verbe de Dieu, qui est le Christ, est dans les nuées, c'est-à-dire dans les prédicateurs de la vérité. Mais le monde est divisé en quatre parties. Ces quatre parties, chacun les

---

taret Christus, nisi fecisset quod dixit, « Ignem veni mittere in mundum (*Lucæ*, XII, 49) ? » Si ergo Christus venit mittere in mundum ignem, utique salubriter atque utiliter, non quomodo missurus est mundum in ignem, sed quomodo missurus est ignem in mundum. Quoniam ergo venit ignem mittere in mundum, quæramus jam quid sit Mesopotamia quæ succensa est, quid sit Syria Sobal. Interpretationes ergo nominum interrogemus secundum Hebraicum eloquium, quo primum hæc Scriptura locuta est. Mesopotamiam dicunt interpretari elevatam vocationem. Jam totus mundus vocatione elevatus est. Syria interpretatur sublimis. Sed illa quæ erat sublimis, incensa est et humiliata : et quemadmodum humiliata est quæ fuerat exaltata, sic exaltetur quæ fuerat humiliata. Sobal interpretatur vana vetustas. Gratias Christo qui eam succendit. Quando vetera virgulta succenduntur, virecta succedunt ; et alacrius et uberius et viridius nova et nascuntur, cum ea ignis in vetustorum succensione præcesserit. Non ergo timeatur ignis Christi, fœnum consumit. « Omnis enim caro fœnum, et omnis claritas hominis sicut flos fœni (*Isai.* XL, 6). » Succendit ergo ista illo igne. « Et convertit Joab. » Joab interpretatur inimicus. Conversus est inimicus : quod vis intellige : Si conversus in fugam, diabolus est : si conversus ad fidem, Christianus est. Quomodo in fugam ? De corde Christiani : « Princeps hujus mundi, inquit, nunc missus est foras (*Johan.* XII, 31). » Conversus autem ad Dominum Christianus, quare inimicus conversus ? Quia fidelis factus, qui fuerat inimicus. « Percussit Edom. » Interpretatur Edom terrenus. Debuit percuti terrenus iste. Ut quid enim viveret terrenus, qui cælestis debet vivere ? Interfecta est ergo vita terrena, vivat cælestis. « Sicut enim portavimus imaginem terreni, portemus et imaginem ejus qui de cælo est (1 *Cor.* XV, 49). » Vide illum interfici : Mortificate membra vestra quæ sunt super terram (*Coloss.* III, 5). » Cum autem percussisset Edom, percussit « duodecim millia in valle Salinarum. » Duodecim millia perfectus est numerus, cui perfecto numero etiam duodena-

connaît parfaitement et l'Écriture les rappelle souvent. Ces quatre parties, appelées aussi quelquefois les quatre vents du ciel (*Ézéch.* XXXVII, 3), sont l'Orient, l'Occident, l'Aquilon et le Midi. La parole a été envoyée vers toutes ces quatre parties, pour qu'elles fussent toutes appelées au nom de la Trinité. Or, le nombre trois, quatre fois répété, donne le nombre douze. C'est donc avec raison que douze mille créatures terrestres ont été frappées : c'est-à-dire, le monde entier a été frappé; car l'Église, dont la vie terrestre a été détruite, est prise du milieu du monde entier. Pourquoi ce grand acte s'est-il accompli « dans la vallée des Salines ? » La vallée figure l'humilité, les salines figurent la saveur. En effet, il y en a beaucoup qui sont humiliés, mais leur humiliation est inutile et dénuée de saveur, parce qu'ils sont humiliés dans la vanité du vieil homme. Tel souffre l'affliction par une perte d'argent; celui-ci la souffre par la perte de ses honneurs temporels, celui-là par la perte des agréments de cette vie; ils souffriront l'affliction et seront humiliés, mais pourquoi n'est-ce pas à cause de Dieu? pourquoi n'est-ce pas à cause du Christ? pourquoi n'est-ce pas avec la saveur du sel? Ignorez-vous ce que vous a dit le Seigneur : « Vous êtes le sel de la terre; » et encore : « Si le sel vient à perdre toute saveur, il ne sera plus bon qu'à être jeté dehors (*Matth.* v, 13) ? » Il est donc salutaire de s'humilier avec sagesse. Est-ce que, maintenant, les hérétiques ne sont pas humiliés ? Est-ce que les hommes n'ont pas aussi porté des lois contre eux, qui étaient déjà sous le coup des lois divines, par lesquelles ils étaient également condamnés dès auparavant? Voilà qu'ils sont humiliés, voilà qu'ils sont mis en fuite, voilà qu'ils souffrent la persécution, mais sans avoir de saveur : ils souffrent fadement pour la vanité. En effet, déjà le sel est affadi en eux; c'est pourquoi on l'a jeté dehors, afin qu'il soit foulé aux pieds. Tel est le titre du psaume, écoutons-en maintenant les paroles.

3. « Mon Dieu, vous nous avez repoussés, et vous nous avez détruits (*Ps.* LIX, 3). » Qui parle ici? Est-ce David, qui a frappé ses ennemis, qui a incendié leur pays, qui les a subjugués; ou bien n'est-ce pas la voix de ceux auxquels il a infligé ces désastres, afin qu'ils fussent frappés et repoussés, comme méchants qu'ils étaient, et qu'alors ils reçussent une nouvelle vie, pour revenir au bien? Cette dévastation est l'œuvre de ce David notre Christ, à la main puissante, dont le roi d'Israël n'était que la figure. Cette dévastation, le Christ l'a accomplie par le glaive et par le feu; car il est venu apporter l'un et l'autre en ce monde. L'Évangile vous le dit;

---

rius Apostolorum numerus deputatur : non enim frustra, nisi quia per totum mundum mittendum erat verbum. Verbum autem Dei quod est Christus, in nubibus, hoc est in prædicatoribus veritatis. Mundus autem quatuor partibus constat. Quatuor ejus partes notissimæ sunt omnibus, et sæpe in Scripturis memoratæ : qui etiam quatuor venti dicti sunt, Oriens, Occidens, Aquilo et Meridies. (*Ezech.* XXXVII, 9.) Ad omnes istas quatuor partes missum est verbum, ut in Trinitate omnes vocarentur. Duodenarium numerum ter quaterni faciunt. Merito ergo duodecim millia terrena percussa sunt, totus mundus percussus est : de toto enim mundo electa est Ecclesia, mortificata a terrena vita. Quare, «in valle salinarum?» Vallis humilitas est : salinæ saporem significant. Multi enim humiliantur, sed vane et fatue, in vana vetustate humiliantur. Patitur quis tribulationem pro pecunia, patitur tribulationem pro honore temporali, patitur tribulationem pro commodis vitæ hujus; passurus est tribulationem, et humiliandus : quare non propter Deum? quare non propter Christum? quare non propter saporem salis ? An nescis tibi esse dictum, «Vos estis sal terræ: » et, Si sal infatuatum fuerit, ad nihilum valebit aliud, nisi ut foras projiciatur (*Matth.* v, 13)? » Bonum est ergo sapienter humiliari. Ecce nunc nonne humiliantur haeretici? Nonne leges contra illos datæ sunt etiam ab hominibus, contra quos divinæ regnant, quæ illos ante etiam condemnaverant? Ecce humiliantur, ecce fugantur, ecce persecutionem patiuntur, sed sine sapore ; pro fatuitate, pro vanitate. Jam enim sal infatuatum est : ideo projectum est foras, ut conculcetur ab hominibus. Audivimus titulum Psalmi, audiamus etiam verba Psalmi.

3. « Deus repulisti nos, et destruxisti nos (*Psal.* LIX, 3).» Numquid ille David loquitur, qui percussit, qui succidit, qui debellavit, et non illi quibus hæc fecit, ut percuterentur et repellerentur qui mali erant, et rursus vivificarentur et redirent ut boni essent? Istam quidem stragem fecit David ille manu fortis Christus noster, cujus figuram gerebat ille homo; fecit ista, dedit hanc stragem gladio suo et igne suo :

« Je suis venu apporter le feu sur la terre (*Luc.* xII, 49); » et ailleurs : « Je suis venu apporter le glaive sur la terre (*Matth.* x, 34). » Il a donc apporté le feu qui a incendié la Mésopotamie de Syrie et la Syrie de Sobal ; il a de même apporté le glaive qui a frappé Edom. Cette dévastation a été faite en faveur de ceux qui ont été changés selon l'inscription du titre, pour David. Écoutons donc leur voix : ils ont été frappés pour leur salut ; qu'ils parlent, maintenant qu'ils se sont relevés. Maintenant qu'ils ont été changés en bien, qu'ils ont été changés selon l'inscription du titre, qu'ils ont été changés en acceptant la doctrine de David, qu'ils disent : « Mon Dieu, vous nous avez repoussés et vous nous avez détruits; vous vous êtes irrité, et vous avez eu pitié de nous. » Vous nous avez détruits, pour nous réédifier ; vous nous avez détruits, parce que nous étions bâtis sur de mauvais fondements; vous avez détruit en nous ce qui n'était que vanité et vétusté, pour élever en nous l'homme nouveau, afin que cette construction subsistât pour l'éternité. C'est avec raison que « vous vous êtes irrité et que vous avez eu pitié de nous. » Vous n'auriez pas lieu d'exercer votre miséricorde, si vous ne vous étiez irrité. Vous nous avez détruits dans votre colère; mais votre colère ne tombait que sur le vieil homme, pour détruire en lui la vétusté. Mais vous avez eu pitié de nous, en vue de notre vie nouvelle, et en raison du changement de ceux qui vivent maintenant selon l'inscription du titre ; car si l'homme extérieur se corrompt en nous, du moins l'homme intérieur se renouvelle de jour en jour (II *Cor.* IV, 6). »

4. « Vous avez secoué la terre et l'avez troublée (*Ps.* LIX, 4). » Comment la terre a-t-elle été troublée? Dans la conscience des pécheurs. Où irons-nous? Où fuirons-nous, disent-ils, tandis qu'un bras vengeur brandit ce glaive : Faites pénitence; car le royaume des cieux est proche (*Matth.* III, 2)? » « Vous avez secoué la terre et l'avez troublée. Guérissez ses brisures, parce qu'elle est tout ébranlée. » Elle n'est pas digne d'être guérie, si elle n'est pas ébranlée. Vous parlez, vous prêchez, vous menacez au nom de Dieu, vous rappelez le jugement qui doit venir, vous faites entendre les commandements de Dieu, vous ne cessez de poursuivre le pécheur; si le coupable qui vous écoute n'est pas saisi de la crainte de Dieu, s'il n'est pas ébranlé, il n'est pas digne d'être guéri. Un autre vous écoute, il est ému, il est intérieurement aiguillonné, il se frappe la poitrine, il fond en larmes... « Guérissez les brisures de cette terre, parce qu'elle est tout ébranlée. »

5. Après toutes ces grandes choses, après que tout ce qui était terrestre a été frappé, la vétusté réduite en cendres, l'homme renouvelé en bien, et la lumière produite en ceux qui n'étaient que ténèbres, vient ce qui a été écrit en un autre endroit: « Mon fils, en en-

---

nam utrumque adtulit in hunc mundum. Et « Ignem veni mittere in mundum (*Lucæ* xII, 49), » habes in Evangelio : et, « Gladium veni mittere in terram, » habes in Evangelio. Adtulit ignem unde succenderetur Mesopotamia Syriæ, et Syria Sobal : adtulit gladium unde percuteretur Edom. Jam ergo ista strages facta est propter eos qui immutantur in tituli inscriptionem ipsi David. Audiamus ergo eorum vocem : salubriter percussi sunt, erecti loquantur. Dicant ergo mutati in melius, mutati in tituli inscriptionem, immutati in doctrinam ipsi David ; dicant, « Deus repulisti nos, et destruxisti nos : iratus es, et misertus es nostri. » Destruxisti nos, ut ædificares nos ; destruxisti nos male ædificatos, destruxisti vanam vetustatem ; ut sit ædificatio in novum hominem, ædificatio mansura in æternum. Merito « iratus es, et misertus es nostri. » Non misereris, nisi irascereris. Destruxisti nos in ira tua : sed ira tua in vetustatem nostram fuit, ut destrueretur vetustas. Sed misertus es nostri propter novitatem, « propter eos qui immutantur in tituli inscriptionem (*Psal.* LIX, 1). » quia et si exterior homo noster corrumpitur, sed interior renovatur de die in diem (II. *Cor.* IV, 16).

4. « Commovisti terram, et conturbasti eam (*Psal.* LIX, 4). » Quomodo conturbata est terra? Conscientia peccatorum. Quo imus? quo fugimus, quando ille gladius vibratus est, « Agite pænitentiam, appropinquavit enim regnum cælorum (*Matth.* III, 2)? » « Commovisti terram, et conturbasti eam. Sana contritiones ejus, quoniam mota est. » Non digna est sanari, si mota non est : sed loqueris, prædicas, minaris de Deo, venturum judicium non taces, præceptum Dei mones, ab his rebus non quiescis; et qui audit, si non timet, si non movetur, non est dignus sanari. Audit alius, movetur, stimulatur, pectus tundit, lacrymas fundit : « Sana contritiones ejus, quoniam mota est. »

5. Post hæc, percusso terreno, succensa vetustate, mutato homine in melius, facta luce eis qui tene-

DISCOURS SUR LE PSAUME LIX.

trant au service de Dieu, demeurez ferme dans la justice et dans la crainte, et préparez votre âme à la tentation (*Eccli.* II, 1). » Votre premier travail doit être de vous déplaire à vous-même, d'attaquer vos péchés et de vous changer en vous améliorant; le second travail, en vue duquel vous avez été changé, est de supporter les afflictions et les tentations de ce monde, et de persévérer, en les traversant, jusqu'à la fin. Mais en parlant de ce second travail, et en le prédisant, comment le prophète s'exprime-t-il? « Vous avez fait voir à votre peuple de dures épreuves ; » à ce peuple qui déjà est à vous et que David, par sa victoire, s'est rendu tributaire. « Vous avez fait voir à votre peuple de dures épreuves. » En quoi ? Dans les persécutions que l'Église du Christ a souffertes, lorsque le sang des martyrs a été si abondamment répandu. «Vous avez fait voir à votre peuple de dures épreuves : vous nous avez abreuvé d'un vin de feu.» Que veut dire « de feu » ? Cela ne veut pas dire de destruction. Ce n'etait pas, en effet, un poison qui pût nous perdre, mais un remède brûlant. « Vous nous avez abreuvés d'un vin de feu ».

6. Pourquoi ? « Vous avez signifié à ceux qui vous craignent, de fuir de devant l'arc menaçant (*Ps.* LIX, 6).» Par les afflictions temporelles, dit le Prophète, vous avez signifié aux vôtres de fuir la fureur du feu éternel. En effet, l'apôtre saint Pierre a dit : « Voici venir le temps où Dieu commencera son jugement par sa propre maison ? » Car, pour exhorter les martyrs au support des souffrances, tandis que le monde se déchaînait contre eux, que leurs persécuteurs les livraient au carnage, que de toutes parts et en tous pays leur sang était versé, enfin que dans les chaînes, les prisons, les tortures, les fidèles souffraient les plus durs supplices, le même apôtre leur dit : « Voici venir le temps où Dieu commencera son jugement par sa propre maison; et s'il commence par nous, quelle en sera la fin pour ceux qui ne croient pas à l'Évangile de Dieu? Et si le juste a tant de peine à être sauvé, que deviendront le pécheur et l'impie (I *Pier.* IV, 18)?» Qu'arrivera-t-il dans ce jugement ? L'arc est tendu ; il est tendu pour menacer, mais pas encore pour frapper. Et voyez ce qui se passe quand on tire de l'arc; ne s'agit-il pas de lancer la flèche en avant? Et cependant la corde est tendue en arrière, dans le sens contraire à celui où la flèche sera lancée; et plus la corde sera tendue loin en arrière, plus violente sera la vitesse avec laquelle la flèche s'élancera en avant. Que signifie ce que je viens de dire? Que plus longtemps le jugement sera différé, plus terrible sera l'impétuosité avec laquelle il viendra. Nous devons

---

bræ fuerunt, sequitur quod alibi scriptum est, « Fili accedens ad servitutem Dei, sta in justitia et timore, et præpara animam tuam ad tentationem. (*Eccli.* II, 1.) » Prior labor ut displiceas tibi, ut peccata (*a*) expugnes, ut muteris in melius : secundus labor, pro eo quod mutatus es, ferre tribulationes et tentationes hujus sæculi, et inter illas perseverare usque in finem. De his ergo cum loqueretur, has significans, quid subjungit ? « Ostendisti plebi tuæ dura (*Psal.* LIX, 5) : » jam plebi tuæ, factæ tributariæ post victoriam David. «Ostendisti plebi tuæ dura.» In quibus? In persecutionibus quas pertulit Ecclesia Christi, quando tantus Martyrum sanguis effusus est. «Ostendisti plebi tuæ dura : potasti nos vino stimulationis.» Quid est, stimulationis ? Non peremtionis. Non enim erat peremtio, sed medicina urens. « Potasti nos vino stimulationis. »

6. Quare hoc ? « Dedisti metuentibus te significationem, ut fugiant a facie arcus (*Ibid.* 6).» Per tribulationes, inquit, temporales, significasti tuis fugere ab ira ignis sempiterni. Dicit enim apostolus Petrus, « Tempus est ut judicium incipiat a domo Dei (I *Pet.* IV, 17). » Et exhortans Martyres ad tolerantiam, cum sæviret mundus, cum strages a persecutoribus fierent, cum longe lateque sanguis fidelium funderetur, cum in catenis, in carceribus, in tormentis, multa dura Christiani paterentur; ne in his ergo duris deficerent, eos alloquitur Petrus, « Tempus est ut judicium incipiat a domo Dei ; et si initium a nobis, qualis finis erit eis qui non credunt Dei Evangelio ? et si justus vix salvus erit, peccator et impius ubi parebunt (*Ibid.* 18) ? » Quid ergo futurum est in judicio ? Arcus est extentus, adhuc in comminatione est, nondum in præsentatione. Et videte quid sit in arcu : Nonne sagitta in priora mittenda est ? Nervus tamen retro tenditur in contrarium qua illa mittenda est ; et quanto plus ierit ejus extensio retrorsum, tanto majore impetu illa currit in priora.

(*a*) Sic MSS. At editi, *expurges*.

donc rendre à Dieu des actions de grâce pour nos tribulations temporelles, parce que Dieu s'en sert pour signifier à son peuple de fuir de devant l'arc menaçant; il veut que les fidèles, exercés par les tribulations temporelles, soient dignes d'échapper au supplice du feu éternel, qui atteindra tous ceux qui ne croient pas ces vérités. » Vous avez signifié à ceux qui vous craignent, de fuir de devant l'arc menaçant. »

7. « Afin que ceux que vous aimez soient délivrés. Que votre droite me sauve, et exaucez-moi (*Ps.* LIX, 7). » Seigneur, que votre droite me sauve : sauvez-moi de telle sorte que je sois placé à votre droite. Que votre droite me sauve : je ne demande pas le salut temporel; sur ce point, que votre volonté se fasse, je m'en rapporte à votre volonté. Pour le temps présent, nous ignorons entièrement ce qui nous est utile ; car que demander comme il convient, nous ne le savons pas (*Rom.* VIII, 26). « Mais que votre droite me sauve, » afin que, dussé-je souffrir en ce temps quelques tribulations, du moins, lorsque la nuit de toutes ces afflictions sera passée, je me trouve à votre droite parmi les brebis, et non à votre gauche parmi les boucs (*Matth.* XXV, 33). « Que votre droite me sauve, et exaucez-moi. » Comme je vous demande ce que vous voulez me donner; que je ne crie point pendant le jour par la voix de mes péchés, de manière à n'être pas exaucé (*Ps.* XXI, 2), ni pendant la nuit pour que vous ne m'écoutiez pas ; comme toutes ces demandes ne produisent point en moi la folie, mais qu'elles me donnent de salutaires avis, parce que j'y ajoute la saveur de la vallée des Salines, afin de savoir ce que je dois demander dans la tribulation, et que c'est la vie éternelle que je vous demande, ô mon Dieu, exaucez-moi donc, puisque je demande d'être admis à votre droite. Que Votre Charité fasse réflexion que tout fidèle, gardât-il dans son cœur la parole de Dieu, eût-il une vive crainte du jugement à venir, vécût-il d'une sainte vie, de telle sorte que sa conduite ne portât jamais personne à blasphémer le nom de son Dieu, demande fréquemment dans ses prières les biens de ce monde, et qu'il les demande sans être exaucé : mais s'il prie pour obtenir la vie éternelle, il est toujours exaucé. Qui, en effet, lorsqu'il est malade, ne demande la santé? Et cependant, il lui est peut-être utile d'être malade. Il peut donc se faire que vous ne soyez pas exaucé dans cette prière; mais alors vous ne serez point exaucé selon votre volonté, afin de l'être pour votre utilité. Si au contraire vous demandez à Dieu qu'il vous donne la vie éternelle, qu'il vous donne le royaume des cieux, qu'il vous admette à la droite de son Fils, lorsqu'il viendra juger la terre ; soyez en sécurité, vous l'obtiendrez un jour, si vous ne l'obtenez immédiatement ; car le temps

---

Quid est quod dixi? Quanto magis differtur judicium, tanto majore impetu venturum est. Ergo et de temporalibus tribulationibus gratias Deo agamus, quia dedit plebi suæ significationem, « ut fugiant a facie arcus: » ut exercitati fideles ejus in tribulationibus temporalibus, digni sint evadere damnationem ignis æterni, quæ inventura est omnes qui ista non credunt « Dedisti metuentibus te significationem, ut fugiant a facie arcus. »

7. « Ut eruantur dilecti tui. Salvum me fac dextera tua, et exaudi me (*Psal.* LIX, 7). » Dextera tua Domine salvum me fac: ita salvum me fac, ut ad dexteram stem. « Salvum me fac dextera tua : » non salutem temporalem peto, de hac fiat voluntas tua. Ad tempus quid nobis prosit, penitus ignoramus : « Quid enim oremus sicut oportet, nescimus (*Rom.* VIII, 26): » sed « salvum me fac dextera tua, » ut et si in tempore isto tribulationes aliquas patiar, transacta nocte omnium tribulationum ad dexteram inveniar inter oves, non ad sinistram inter hædos (*Matth.* XXV, 33). « Salvum me fac dextera tua, et exaudi me. » Quia jam illud peto quod dare vis : non verbis delictorum meorum clamo per diem (*Psal.*, XXI, 2), ut non exaudias, et nocte, (*a*) ut non exaudias et non ad insipientiam mihi, sed utique ad commonitionem, addendo saporem de valle salinarum, ut in tribulatione noverim quid petam : peto autem vitam æternam ; ergo exaudi me, quia dexteram tuam peto. Intelligat ergo Caritas Vestra, omnem fidelem habentem in corde verbum Dei cum timore, timentem judicium futurum, viventem probabiliter, ne de illo blasphemetur nomen sanctum Domini ejus, multa deprecari secundum sæculum, et non exaudiri ; ad vitam autem æternam semper exaudiri. Quis enim sanitatem non petat, cum ægrotat? Et tamen forte adhuc ægrotare ei utile est. Potest fieri ut hinc non exaudiaris : non tamen exaudiaris ad voluntatem, ut exaudiaris ad utilitatem.

(*a*) In editis deest hic, *ut non exaudias :* quod repetitur in MSS.

n'est pas encore venu pour vous de l'obtenir. Vous êtes exaucé et vous ne le savez pas ; ce que vous demandez se fait, bien que vous ne sachiez pas comment il se fait. La plante est en racines ; elle n'est point encore en fruits. « Que votre droite me sauve, et exaucez-moi. »

8. « Dieu a parlé par la voix de son saint (*Ps.* LIX, 8). » Pourquoi craindriez-vous que la parole de Dieu ne s'accomplit pas ? Si vous aviez un ami grave et sage, comment parleriez-vous de lui ? Il a dit telle chose, nécessairement telle chose se fera ; c'est un homme grave, il n'agit pas légèrement, il ne se laisse pas facilement détourner de ses décisions ; ce qu'il a promis est certain. Mais pourtant cet ami n'est qu'un homme, et l'homme veut parfois accomplir ce qu'il a promis, et il ne le peut pas. De la part de Dieu, vous n'avez rien à craindre : il est véridique, c'est chose certaine ; il est tout-puissant, c'est chose également certaine ; il ne peut donc vous tromper, et il a puissance d'accomplir ce qu'il a promis. Pourquoi donc craignez-vous d'être déçu ? Mais il ne faut pas être vous-même l'artisan de votre déception, il faut que vous persévériez jusqu'à la fin ; car, de son côté, Dieu vous donnera certainement ce qu'il vous a promis. « Dieu a parlé par la voix de son saint. » Quel est son saint ? « Dieu, dit l'Apôtre, était dans le Christ, réconciliant le monde avec lui (II *Cor.* v, 19). » Il était donc dans ce saint, dont vous avez entendu le psalmiste dire en un autre endroit : « Mon Dieu, votre voie est dans votre saint (*Ps.* LXXVI, 14). » « Dieu a parlé par la voix de son saint ; je me réjouirai, et je diviserai Sichem. » Dieu l'ayant dit, cela se fera ; c'est la voix de l'Église : « Dieu a parlé par la voix de son saint. » Le Prophète ne dit pas quelles paroles Dieu a prononcées ; mais, comme « Dieu a parlé par la voix de son saint, » et que rien ne peut se faire autrement que Dieu ne l'a dit, ce qui suit s'accomplira en conséquence de la parole de Dieu : « Je me réjouirai et je diviserai Sichem, et je mesurerai la vallée des tentes. » Sichem, selon les interprètes, veut dire : les épaules. Mais, à ce que rapporte l'histoire, Jacob revenant de chez son beau-père Laban, avec tout ce qu'il possédait, cacha dans Sichem ses idoles qu'il apportait de Syrie, d'où il revenait enfin, après y avoir longtemps résidé en étranger (*Gen.* XXXV, 4). Il y établit des tentes pour ses brebis et ses autres troupeaux, et il appela ce lieu : Les Tentes. Et je les diviserai, dit l'Église. Que veut dire : « Je diviserai Sichem ? » Si, en consultant l'histoire, on se reporte au lieu où Jacob cacha ses idoles, cela signifie les nations. Je diviserai les nations. Que veut dire : Je divise ? La foi n'est pas le partage de tous (II *Thess.* III, 2). Que veut dire : Je di-

---

At vero cum illud petis, ut det tibi vitam æternam Deus, ut det tibi regnum cœlorum Deus, ut det tibi ad dexteram Filii sui stare, cum venerit judicare terram : securus esto, accipies, si modo non accipis : non enim jam venit tempus ut accipias. Exaudiris, et nescis : quod petis agitur, etsi nescis in quo agitur. In radice res est, nondum in fructu. « Salvum me fac dextera tua, et exaudi me. »

8. « Deus locutus est in sancto suo (*Psal.* LIX, 8). » Quid times ne non fiat quod Deus locutus est ? Si haberes aliquem gravem amicum et sapientem, quomodo diceres ? Ille locutus est hæc, fiat necesse est quod locutus est : vir gravis est, non levitate utitur, non facile de sententia dimovetur, quod promisit fixum est. Sed tamen homo est, qui aliquando quod promisit facere vult, et non potest. De Deo non est quod tu timeas : quia verax est, constat ; quia omnipotens est, constat ; fallere te non potest, habet unde faciat. Quid ergo times ne decipiaris ? Opus est ut tu te non decipias, et perseveres usque in finem, cum daturus est quod promisit. « Deus locutus est in sancto suo. » In quo sancto suo ? » Deus erat in Christo, mundum reconcilians sibi (II *Cor.* v, 19). » In sancto illo, de quo alibi audistis, « Deus in sancto via tua (*Psal.* LXXVI, 14). » « Deus locutus est in sancto suo. Lætabor, et dividam Sichimam. » Quia Deus hoc locutus est, fiet : vox Ecclesiæ est, « Deus locutus est in sancto suo. » Non verba dicit quæ Deus locutus est : sed quoniam « Deus locutus est in sancto suo, » nec fieri aliquid potest, nisi quemadmodum locutus est Deus ; consequenter ista eveniunt : « Lætabor, et dividam Sichimam, et convallem tabernaculorum dimetiar. » Sichima humeri interpretantur. Secundum historiam vero, Jacob rediens a Laban socero suo cum omnibus suis, abscondit idola in Sichima quæ habebat de Syria, ubi diu peregrinatus, tandem aliquando inde veniebat. (*Gen.* XXXV, 4.) Tabernacula autem fecit ibi propter oves suas et armenta, et appellavit locum illum Tabernacula. Et hæc dividam, inquit Ecclesia. Quid est hoc, « dividam Sichimam ? » Si ad historiam ubi abscondita sunt idola referatur, Gentes significat. Divido gentes. Quid est, divido ? Non enim omnium est fides (II *Thess.* III, 2). Quid est,

vise? Les uns croiront, les autres ne croiront pas ; mais cependant que ceux qui croient soient sans crainte au milieu de ceux qui ne croient pas. Ils sont, en effet, pour le moment, divisés par la foi ; plus tard ils seront divisés au jour du jugement, les brebis à droite et les boucs à gauche (*Matth.* xxv, 33). Nous voyons donc comment l'Église divisera Sichem. Mais comment divise-t-elle les épaules, selon l'interprétation de ce nom? Les épaules sont divisées : les unes portent le poids des péchés les autres portent le fardeau du Christ. Le Christ cherchait en effet de pieuses épaules, lorsqu'il disait : « Mon joug est doux et mon fardeau léger (*Matth.* xi, 30). » L'autre fardeau vous accable et vous surcharge, mais celui du Christ vous soulage ; l'autre fardeau a du poids, le fardeau du Christ a des ailes. Otez à l'oiseau ses ailes, vous lui ôtez comme un poids et plus vous lui ôterez de ce poids, moins il s'élèvera au-dessus de terre. L'oiseau que vous avez voulu alléger reste à terre ; il ne peut voler, parce que vous lui avez ôté le poids de ses ailes ; rendez-lui ce poids, il va s'envoler. Tel est le fardeau du Christ. Que les hommes le portent ; qu'ils ne soient point paresseux. Ne faites point attention à ceux qui ne veulent pas le porter ; que ceux qui le veulent le portent, et ils éprouveront combien il est léger, combien il est doux, combien il est agréable, combien il leur sert à s'éle-

ver vers le ciel et à se détacher de la terre. « Je diviserai Sichem et je mesurerai la vallée des tentes. » Peut-être, à cause des brebis de Jacob, faut-il entendre, par la vallée des tentes, la nation des Juifs qui est aussi divisée ; car ceux des Juifs qui ont cru ont quitté cette vallée pour entrer dans l'Église, les autres sont restés dehors.

9. « Galaad est à moi (*Ps.* lix, 9). » On trouve ces noms en divers endroits des saintes Ecritures. Le nom de Galaad, tel qu'on l'interprète, renferme aussi un grand mystère, car il signifie : Amas de témoignages. Quel amas de témoignages dans la foule des martyrs ! « Galaad est à moi : » cet amas de témoignages est à moi, les vrais martyrs sont à moi. Que d'autres meurent pour la fade vanité du vieil homme, appartiennent-ils pour cela à l'amas des témoignages ? Non: parce que, dit l'Apôtre, « lors même que j'aurais livré mon corps pour être brûlé, si je n'ai pas la charité, ce supplice ne me sert de rien (I *Cor.* xiii). » Et lorsque, un certain jour, le Seigneur exhortait ses Apôtres à conserver la paix, il leur parla d'abord du sel de la sagesse : « Ayez en vous le sel et la paix (*Marc*, ix, 49). » Donc, « Galaad est à moi. » Mais Galaad, c'est-à-dire : l'amas des témoignages, a été évidemment exposé aux plus douloureuses tribulations. Alors l'Église était livrée à l'ignominie parmi les hommes ; alors on couvrait d'op-

---

divido ? Alii credent, alii non credent : sed tamen non timeant qui credunt, inter illos qui non credunt. Divisi sunt enim nunc fide, postea dividentur in judicio, oves ad dexteram, hœdi ad sinistram. (*Matth.* xxv, 33.) Ecce invenimus quemadmodum Ecclesia dividat Sichimam. Quomodo dividit humeros, secundum nominis interpretationem ? Dividuntur humeri, ut alios gravent peccata sua, alii tollant sarcinam Christi. Humeros enim pios quærebat, cum diceret, « Jugum enim meum lene est, et sarcina mea levis est (*Matth.* xi, 30). » Alia sarcina premit et aggravat te, Christi autem sarcina sublevat te : alia sarcina pondus habet, Christi sarcina pennas habet. Nam et avi si pennas detrahas, quasi onus tollis ; et quo magis onus abstulisti, eo magis in terra remanebit. Quam exonerare voluisti, jacet : non volat, quia tulisti onus : redeat onus, et volat. Talis est Christi sarcina : portent illam homines,

non sint pigri : non adtendantur illi qui eam ferre nolunt ; ferant illam qui volunt, et invenient quam sit levis, quam suavis, quam jocunda, quam rapiens in cœlum et a terra (*a*) eripiens. « Dividam Sichimam, et convallem tabernaculorum dimetiar, » Forte propter oves Jacob, convallis tabernaculorum intelligitur gens Judæorum, et ipsa dividitur : nam transierunt inde qui crediderunt, foris reliqui remanserunt.

9. « Meus est Galaad (*Psal.* lix, 9). » Nomina sunt ista lecta in litteris Dei. Galaad habet interpretationis suæ vocem et magni sacramenti : interpretatur enim acervus testimonii. Quantus acervus testimonii in Martyribus ! « Meus est Galaad : » meus est acervus testimonii, mei sunt Martyres veri. Moriantur (*b*) alii pro vetusta vanitate sua sine sale, numquid pertinent ad acervum testimonii ? Quia « et si tradidero corpus meum ita ut ardeam, caritatem autem

---

(*a*) Gatianensis liber, *erigens*. (*b*) Editi, *Moriantur mali*, MSS. vero, *alii* : ubi Donatistarum pseudomartyres notari videntur.

probre sa viduité, parce qu'elle appartenait au Christ, parce qu'elle portait sur son front le signe de la croix; ce signe n'était pas encore un honneur, mais une accusation. Et ce fut, tandis que ce signe était non un honneur mais une accusation, que se fit l'amas des témoignages; et l'amas des témoignages dilata la charité du Christ; et la dilatation de la charité du Christ envahit et conquit les nations. Le Psalmiste continue : « Et Manassé est a moi : » ce nom veut dire : Oubli. En effet, il a été dit à l'Église : « Vous oublierez à jamais votre confusion, et vous ne vous souviendrez pas de l'ignominie de votre viduité (*Is.* LIV, 4). » L'Église a donc été en proie à une confusion qu'elle a maintenant oubliée; elle ne garde plus souvenir de sa confusion et de l'ignominie de sa viduité. En effet, c'est quand elle supportait la confusion au milieu des hommes, que s'est fait l'amas des témoignages. Maintenant, nul ne se souvient plus de cette confusion, ni du temps où c'était une ignominie que d'être chrétien; nul, maintenant, ne s'en souvient plus, maintenant tous l'ont oublié, maintenant « Manassé est à moi. Et Ephrem est la force de ma tête. » Ephrem signifie : Fructification. La fructification m'appartient, dit l'Église, et cette fructification vient de la force de ma tête; car ma tête c'est le Christ. Et d'où vient que la fructification vient de cette force? C'est que le grain, s'il ne tombait dans la terre, ne se multiplierait pas et resterait seul? Le Christ est donc tombé dans la terre par sa passion, et la fructification a suivi lorsqu'il est ressuscité. Et « Ephrem est la force de ma tête. » Il était suspendu sur la croix et on le méprisait : le grain était dans la terre, et il avait la force de tout entraîner après lui (*Jean*, XII, 32). De même que dans le grain sont cachées ses nombreuses semences, et qu'il paraît être je ne sais quoi de vil, parce que la force qui convertit en elle-même la matière et produit du fruit est cachée, de même la force était cachée dans la croix du Christ, la faiblesse seule paraissait au dehors. O grain magnifique! Oui, suspendu sur la croix, il était faible; oui, devant lui le peuple juif branlait la tête; oui, ce peuple disait : «S'il est le Fils de Dieu, qu'il descende de la croix (*Matth.* XXVII, 40); » mais l'Apôtre va vous faire connaître sa force : « Ce qui paraît faiblesse en Dieu est plus fort que la force des hommes (I *Cor.* I, 25).» C'est à bon droit que ce grain a donné une fructification aussi abondante; elle est à moi, dit l'Église.

10. « Juda est mon roi; Moab est la

---

non habeam, nihil mihi prodest (I *Cor.* XIII, 3). » Cum autem quodam loco moneret Dominus de pace retinenda, præmisit salem : «Habete, inquit, in vobis salem et pacem habete inter vos (*Marci.* IX, 49). » Ergo, « Meus est Galaad : » sed Galaad, id est, acervus testimonii, in magna tribulatione evidenter factus est. Tunc ignominiosa Ecclesia erat in hominibus, tunc opprobrium illi viduæ objectabatur, quia Christi erat, quia signum crucis in fronte portabat : nondum erat honor, crimen erat tunc. Quando ergo non honor, sed crimen erat, tunc factus est acervus testimonii ; et per acervum testimonii dilatata est caritas Christi ; et per dilatationem caritatis Christi occupatæ sunt gentes. Sequitur, « Et meus est Manasses : » quod interpretatur oblitus. Huic enim dictum erat, « Confusionem in perpetuum oblivisceris, et ignominiæ viduitatis tuæ non eris memor (*Isai* LIV, 4). » Erat ergo confusio Ecclesiæ aliquando, quam modo oblita est : confusionis enim et ignominiæ viduitatis suæ jam non est memor. Quando enim quædam erat confusio inter homines, acervus testimonii factus erat. Modo jam nemo vel meminit illius confusionis, quando ignominia erat esse Christianum, jam nemo meminit, jam omnes obliti sunt, jam « meus est Manasses. Et Ephræm fortitudo capitis mei. » Ephræm, fructificatio interpretatur. Mea, inquit, fructificatio, et hæc fructificatio fortitudo est capitis mei. Caput enim meum Christus est. Et unde fructificatio fortitudo ejus ? Quia nisi granum caderet in terram, non multiplicaretur, solum remaneret (*Johan.* XII, 24). Cecidit ergo in terram Christus in passione, et secuta est fructificatio in resurrectione. « Et Ephræm fortitudo capitis mei. » Pendebat et contemnebatur : granum erat intus, habebat vires trahendi post se omnia (*Johan.* XII, 32). Quomodo in grano numeri seminum (a) latent, abjectum nescio quid apparet oculis, sed vis convertens in se materiam et proferens fructum abscondita est : sic in Christi cruce abscondita erat virtus, apparebat infirmitas. O magnum granum ! Certe infirmus est pendens, certe ante illum caput plebs illa agitavit, certe dixerunt, « Si Filius Dei est, descendat de cruce (*Matth.* XXVII, 40). » Audi fortitudinem ejus : « Quod infirmum est Dei,

(a) Editi, *seminum latentium, in terra factum nescio, quid,* etc. Emendantur ad aliquot MSS.

chaudière de mon espérance (*Ps.* LIX, 10). » Quel Juda? Celui qui est de la tribu de Juda. Quel Juda, si ce n'est celui à qui Jacob lui-même a dit: « Juda, vos frères vous loueront (*Gen.* IL, 8)? » « Juda est mon roi. » Que craindrai-je donc, lorsque Juda, mon roi, prononce ces paroles : « Ne craignez pas ceux qui tuent le corps (*Matth.* x, 28)? » « Juda est mon roi ; Moab est la chaudière de mon espérance. » Pourquoi « la chaudière? » En raison des tribulations. Pourquoi « de mon espérance? » Parce que Juda, mon roi, m'a précédée. Pourquoi, en effet, craindriez-vous de le suivre par la route qu'il a suivie le premier? Par quelle route vous a-t-il précédée? Par la route des afflictions, des angoisses, des opprobres. La voie était fermée, mais avant qu'il n'y eût passé; maintenant qu'il y a passé, suivez-le ; déjà son passage a frayé la voie. « Pour moi, je suis seul, dit-il, mais jusqu'à ce que j'aie passé (*Ps.* CXL, 10). » Le grain est seul, mais jusqu'à ce qu'il ait passé; lorsqu'il aura passé, la fructification viendra. « Juda est mon roi. » Donc, parce que « Juda est mon roi, Moab est la chaudière de mon espérance. » Moab signifie les nations. En effet, la gentilité est née du péché ; elle est née des filles de Loth, qui, après avoir enivré leur père, ont abusé de lui et commis l'inceste avec lui (*Gen.* XIX, 17). Rester stériles valait mieux pour elles que d'être mères à ce prix. Mais il y avait là une figure de ceux qui abusent de la Loi. Ne vous attachez pas, en effet, à cette circonstance que, dans la langue latine, la Loi est du genre féminin; ce mot, en grec, est du genre masculin. D'ailleurs, que dans le langage ce mot soit masculin ou féminin, une locution ne peut prescrire contre la vérité. En effet, la loi a une force toute masculine, parce qu'elle dirige et n'est point dirigée. Mais aussi, que dit à ce sujet l'Apôtre saint Paul : « La loi est bonne, si on en use légitimement (1 *Tim.* I, 8). » Au contraire, les filles de Loth n'ont pas usé légitimement de leur père. Et de même que les bonnes œuvres naissent d'un légitime usage de la loi, de même les mauvaises œuvres naissent de l'abus qu'on fait de la loi. Or, par suite du mauvais usage qu'elles ont fait de leur père, les filles de Loth ont donné naissance aux Moabites, qui sont le symbole des mauvaises œuvres. De là les afflictions de l'Église, de là la chaudière bouillante. C'est de ce vase qu'un prophète a dit : « Je vois une chaudière enflammée par le vent de l'Aquilon (*Jérém.* I, 23). » Et d'où vient ce vent, si n'est de l'empire du démon qui a dit : « Je poserai mon trône du côté de l'Aquilon (*Is.* XIV, 13)? » Les plus terribles tribulations viennent donc attaquer l'Église de la part de ceux qui font

fortius est hominibus (I *Cor.* I, 25). » Merito tanta fructificatio consecuta est : hæc mea est, dicit Ecclesia.

10. « Juda rex meus : Moab olla spei meæ (*Ps.* LIX, 10).» Juda rex meus : quis Juda? Qui de tribu Juda. Quis Juda, nisi cui dixit ipse Jacob, « Juda, te laudabunt fratres tui (*Gen.* XLIX, 8)? » Juda rex meus. Quid ergo timeam, quando Juda rex meus dicit, « Nolite timere eos qui occidunt corpus (*Matth.* x, 28)?» « Juda rex meus: Moab olla spei meæ. » Quare, « olla? » Quia tribulatio. Quare, « spei meæ? » Quia præcessit Juda rex meus.(*a*) Qua enim præcessit, tu sequi quid times? Qua præcessit? Per tribulationes, per angustias, per opprobria. Septa erat via, sed antequam transiret : postea quam transiit, sequere, jam patet via illius transitu, « Singularis ego sum, inquit, sed quo usque transeam (*Psal.* CXL, 10) : » singulare granum, sed quoad usque transeat : cum transierit, sequetur fructificatio. « Juda rex meus. » Ergo quia « Juda rex meus : Moab olla spei meæ. » Moab intelligitur in Gentibus. Nata est enim ista gens de peccato, nata est ista gens de filiabus Lot, quæ cum patre inebriato concubuerunt, male utentes patre. (*Gen.* XIX. 37.) Melius erat ut steriles remanerent, quam sic matres fierent. Erat autem illa figura quædam eorum qui male utuntur lege. Nolite enim adtendere quia lex in Latina lingua feminini generis est ; in Græca masculini est : sed sive sit femini generis in loquendo, sive masculini, non præscribit veritati locutio. Lex enim magis masculinam vim habet, quia regit, non regitur. Porro autem apostolus Paulus quid ait? « Bona est lex, si quis ea legitime utatur (I *Tim.* I, 8). Illæ autem filiæ Lot non legitime usæ sunt patre. Quomodo autem nascuntur opera bona, cum quisque lege bene utitur : sic nascuntur opera mala, cum lege quisque male utitur. Proinde male illæ utentes patre, hoc est, male utentes lege, generaverunt Moabitas : per quos significantur opera mala. Inde tribulatio Ecclesiæ, inde olla ebulliens. De hac olla quodam loco Prophetiæ dicitur , « Olla succensa ab Aquilone (*Jerem.* I, 13). » Unde nisi a partibus diaboli, qui

(*a*) Sic aliquot MSS. At Editi. *Quia enim præcessit te, debes sequi. Quid times?*

un coupable usage de la loi. Quoi donc? l'Église sera-t-elle ruinée par là, et à cause de cette chaudière, c'est-à-dire, à cause de l'abondance des scandales, ne durera-t-elle pas jusqu'à la fin ; mais Juda, son roi, ne lui a-t-il point prédit qu'il en serait ainsi? Ne lui a-t-il pas dit: « Parce que l'iniquité se multipliera, la charité d'un grand nombre se refroidira (*Matth.* XXIV, 12)? » Quoi! lorsque la chaudière est bouillante, la charité se refroidit! Pourquoi donc, ô Charité, ne redoublez-vous pas l'ardeur de vos flammes contre cette chaudière? Ignorez-vous que votre Roi, en vous parlant de cette multiplication des scandales, vous a dit : « Celui qui aura persévéré jusqu'à la fin sera sauvé? » Persévérez jusqu'à la fin contre cette chaudière des scandales. La chaudière de l'iniquité bouillonne, mais la flamme de la charité est plus grande encore. Ne vous laissez pas vaincre; persévérez jusqu'à la fin. Pourquoi craignez-vous les Moabites, c'est-à-dire les mauvaises actions de ceux qui abusent de la loi? Est-ce que Juda, votre roi, qui vous a précédée, n'a pas supporté de semblables méchants? Ignorez-vous que les Juifs, abusant de la Loi, ont mis le Christ à mort? Espérez donc, et suivez votre roi par la route dans laquelle il a marché devant vous. Dites : « Juda est mon roi. » Et de ce que « Juda est mon roi, » qu'est devenu Moab? « la chaudière de mon espérance, » et non de ma perte. Considérez que les tribulations sont elles-mêmes cet instrument d'espérance; écoutez l'Apôtre: « Nous nous glorifions, dit-il, dans les tribulations. » Voilà déjà le vase indiqué ; mais voyons s'il nous le montre comme un vase d'espérance. « Nous savons que la tribulation produit la patience, que la patience produit l'épreuve, et l'épreuve l'espérance (*Rom.* V, 3). » Si la tribulation produit la patience, la patience l'épreuve, l'épreuve l'espérance, la tribulation est le vase qui produit l'espérance : c'est donc à juste titre qu'il est dit : « Moab est la chaudière de mon espérance. » Or, ajoute l'Apôtre, l'espérance ne confond pas. Eh quoi ! lutterez-vous de chaleur contre cette chaudière bouillante? Oui, complètement, « parce que l'amour de Dieu est répandu dans nos cœurs par l'Esprit-Saint qui nous a été donné (*Ibid.* 5). »

11. « J'étendrai mon soulier jusque sur l'Idumée (*Ps.* LIX, 10). » C'est l'Église qui parle : Je parviendrai jusqu'en Idumée. Que mes tribulations redoublent d'intensité, que le monde bouillonne de scandales, « j'étendrai mon soulier jusque sur l'Idumée, » jusque sur ceux qui mènent une vie terrestre (car Idumée signifie terrestre). Oui, jusque sur eux : « j'étendrai mon soulier jusque sur l'Idumée. » Le soulier de quoi? de l'Évangile. « Qu'ils sont beaux les pieds de ceux qui annoncent la paix, qui annoncent la

---

dixit, « Ponam sedem meam ad Aquilonem (*Isai.* XIV, 13). » Tribulationes ergo maximæ non oriuntur adversum Ecclesiam, nisi ab eis qui lege male utuntur. Quid ergo? Defectura est hinc Ecclesia, et propter ollam, id est, abundantiam scandalorum, non erit perseveratura usque in finem? Nonne Juda rex illius prædixit hoc ei? Nonne ait illi, « Quoniam abundabit iniquitas, refrigescet caritas multorum (*Matth.* XXIV, 12)? Olla bulliente caritas refrigescit. Quare non potius, o caritas, et tu contra ollam fervescis? An ignoras tibi esse dictum, cum de illa abundantia scandalorum rex tuus loqueretur, « Qui perseveraverit usque in finem, hic salvus erit?» Persevera ergo usque in finem contra illam scandalorum. Ardet olla iniquitatis, sed major est flamma caritatis. Noli vinci, persevera usque in finem. Quid times Moabitas, opera mala eorum qui lege male utuntur? Quid enim, Juda rex tuus qui præcessit, nonne tales pertulit? Nescis Judæos male utendo lege, Christum occidisse? Ergo (*a*) spera ; et qua præcessit rex tuus sequere. Dic, « Juda rex meus. » Et ex eo quia « Juda rex meus, Moab » quid factus est? « Olla spei meæ, » non consumtionis meæ. Vide in tribulationibus ollam spei, audi Apostolum : Sed et gloriamur, inquit, in tribulationibus. Olla est jam, sed vide istum , si explicat ollam spei. « Scientes quia tribulatio patientiam operatur, patientia autem probationem, probatio spem (*Rom.* V, 3). » Si tribulatio patientiam, patienta probationem, probatio spem, olla est autem tribulatio quæ operatur spem ; merito « Moab olla spei meæ. » Spes autem non confundit. Et quid? Ferves contra ollam? Ita plane, quia caritas Dei diffusa est in cordibus nostris per Spiritum-Sanctum, qui datus est nobis.

11. « In Idumæam extendam calceamentum meum (*Psal.* LIX, 10). » Ecclesia loquitur, Perveniam usque in Idumæam. Sæviant tribulationes, bulliat scandalis mundus, « extendam calceamentum meum usque in Idumæam, » usque ad eos ipsos, qui terrenam vitam degunt, (quoniam Idumæa in-

(*a*) Sic MSS. At editi, *propera*.

bonne nouvelle (*Rom.* x, 15) ; Les pieds chaussés pour préparer l'Évangile (*Éphés.* vi, 15) ! » Assurément donc, puisque la tribulation produit la patience, la patience l'épreuve, et l'épreuve l'espérance (*Rom.* v, 3), la chaudière bouillante ne me consumera pas. « Car l'amour de Dieu a été répandu par l'Esprit-Saint qui nous a été donné. » Ne nous lassons pas de prêcher l'Évangile ; ne nous lassons pas d'annoncer le Seigneur. « J'étendrai mon soulier jusque sur l'Idumée. » Est-ce que les hommes terrestres ne sont pas eux-mêmes des serviteurs du Christ? Bien qu'enlacés par les convoitises terrestres, cependant ils adorent le Christ. Nous voyons aujourd'hui, mes frères, combien sont nombreux les hommes terrestres qui commettent des tromperies par amour du gain, et des parjures pour faire réussir leurs tromperies ; eh bien ! ces mêmes hommes, dans leurs frayeurs, consultent devins et astrologues. Ils sont tous des Iduméens, des hommes terrestres, et cependant ils adorent tous le Christ ; son soulier pose sur eux ; déjà il l'a étendu jusque sur l'Idumée. « Les Allophyles me sont soumis. » Quels sont « les Allophyles ? » Les étrangers, ceux qui ne sont point de ma race. « Ils sont soumis, » parce que beaucoup adorent le Christ, bien qu'ils ne régneront pas avec le Christ. « Les Allophyles me sont soumis. »

12 « Qui m'introduira dans la ville d'entourage (*Ps.* LIX, 11) ? » Qu'est-ce que la ville d'entourage? Si vous vous en souvenez, je vous ai déjà expliqué ce mot dans un autre psaume où il est dit : « Et ils parcourront la ville (¹). En effet, la ville d'entourage représente les nations qui entouraient la Judée. Cet entourage de nations avait à son centre l'unique nation des Juifs, qui seule adorait un seul Dieu ; tandis que tout cet entourage de Gentils invoquait les idoles et servait les démons. Et cet ensemble des nations a reçu le nom mystique de cité d'entourage, parce que les Gentils s'étaient répandus de tous côtés et environnaient le peuple adorateur d'un seul Dieu. « Qui m'introduira dans la ville d'entourage ? » Qui, si ce n'est Dieu? L'Église demande comment Dieu l'introduira dans cette ville, au moyen des nuées dont il est dit : «La voix de votre tonnerre est dans la roue (*Ps.* LXXVI. 19). » La roue est la ville d'entourage, qui est appelée roue, ou globe terrestre. « Qui m'introduira dans la ville d'entourage? Qui me fera pénétrer jusqu'en Idumée ? » C'est-à-dire, qui me fera régner jusque sur les hommes terrestres, pour que ceux-là mêmes me respectent qui ne sont pas de moi et qui ne veulent pas progresser en m'appartenant.

13 « Qui m'introduira jusque dans l'Idumée? n'est-ce pas vous, mon Dieu, qui nous

---

terpretatur terrena,) usque ad ipsos, « usque in Idumæam extendam calceamentum meum. » Cujus rei calceamentum, nisi Evangelii ? « Quam speciosi pedes eorum qui annuntiant pacem, qui annuntiant bona (*Rom.* x, 15) ! » et, « Calceati pedes in præparationem Evangelii pacis (*Ephes.* vi, 15). » Prorsus, quoniam tribulatio patientiam operatur, patientia autem probationem probatio spem, olla non me consumet: « Caritas enim Dei diffusa est in cordibus nostris, per Spiritum-Sanctum qui datus est nobis. (*Rom.* v, 3, etc.) » Non deficiamus Evangelium prædicare, non deficiamus Dominum annuntiare. «Usque in Idumæam extendam calceamentum meum. » Nonne serviunt et ipsi terreni? Etsi cupiditatibus terrenis obligantur, Christum tamen adorant. Hodie videmus, Fratres, quam multi terreni committunt pro lucro fraudes, pro fraudibus perjuria ; propter timores, sortilegos, mathematicos consulunt : omnes isti Idumæi, terreni ; et tamen omnes isti adorant Christum, sub calceamento ipsius sunt ; jam usque in Idumæam extendit calceamentum suum. « Mihi Allophyli subditi sunt. » « Allophyli » qui sunt ?

Alienigenæ, non pertinentes ad genus meum. « Subditi sunt, » quia multi adorant Christum, et non sunt regnaturi cum Christo. « Mihi Allophyli subditi sunt. »

12. « Quis deducet me in civitatem circumstantiæ (*Psal.* LIX, 2.)? » Quæ est civitas circumstantiæ? Si meministis, jam eam commemoravi in alio Psalmo, ubi dictum est, « Et circumibunt civitatem. » Circumstantiæ enim civitas Gentium, quæ circumfusio Gentium in medio habebat unam gentem Judæorum, colentem unum Deum : cetera circumfusio Gentium idolis supplicabat, dæmonibus serviebat. Et mystice vocata est civitas circumstantiæ ; quia undique se Gentes circumfuderant, et ei circumsteterant quæ colebat unum Deum. « Quis deducet me in civitatem circumstantiæ ? « Quis, nisi Deus? Hoc vult dicere, quomodo deducet per illas nubes, de quibus dictum est, « Vox tonitrui tui in rota (*Psal.* LXXVI, 19). » Rota ipsa est civitas circumstantiæ, quæ dicta est rota, id est, orbis terrarum. « Quis deducet me in civitatem circumstantiæ ? Quis deducet me usque in Idumæam? » id est,

---

(1) Voir précédemment *Ps.* LVIII, v. 7, 1ᵉʳ disc. nº 15.

avez repoussés? Cependant vous ne sortirez pas, à la tête de nos armées (*Ps.* LIX, 12). » Ne nous conduirez-vous pas, vous qui nous avez repoussés ? Mais pourquoi nous avez-vous repoussés ? Parce que « vous nous avez détruits (*Ibid.* 3). » Pourquoi nous avez-vous détruits? Parce que « vous vous êtes irrité contre nous, et que vous avez eu pitié de nous. » Vous nous conduirez donc après nous avoir repoussés, et, bien que vous ne sortiez pas à la tête de nos armées, vous nous conduirez. Que signifie : « Vous ne sortirez pas à la tête de nos armées ? » Le monde va sévir contre nous, le monde va nous fouler aux pieds, il va se faire par l'effusion du sang des martyrs un amas de témoignages, et les païens nos bourreaux diront : « Où est leur Dieu (*Ps.* LXXVIII, 1)? » Alors « vous ne sortirez pas, ô mon Dieu, à la tête de nos armées : » car vous n'apparaîtrez pas comme leur ennemi ; vous ne montrerez pas votre puissance, comme vous l'avez montrée en David, en Moïse, en Josué, quand les nations ont été vaincues par leur force, et quand, après en avoir fait un grand carnage, et porté au loin la dévastation dans leurs rangs, vous avez introduit votre peuple dans la terre de promission. Maintenant, ce n'est plus ce que vous faites : « Vous ne sortirez pas, mon Dieu, à la tête de nos armées, » mais vous agirez au-dedans. Que veut dire :

« Vous ne sortirez pas ? » Vous n'apparaîtrez pas. Assurément, quand les martyrs étaient enchaînés et conduits au supplice, qu'ils étaient traînés en prison, quand on les montrait publiquement à la populace pour lui servir de jouet; quand ils étaient livrés aux bêtes, quand ils étaient frappés par le fer, quand ils étaient consumés par le feu, ne les méprisait-on pas comme gens abandonnés de vous, comme gens privés de tout secours ? Et comment Dieu agissait-il en eux ? Comment les consolait-il intérieurement ? Comment leur rendait-il douce l'espérance de la vie éternelle? Comment n'abandonnait-il pas leurs cœurs, où l'homme habitait en silence, heureusement, s'il était bon, misérablement, s'il était méchant ? Celui qui ne sortait pas à la tête de leurs armées les abandonnait-il donc pour cela ? N'a-t-il pas, au contraire, introduit l'Église jusque dans l'Idumée et dans la ville d'entourage bien plus sûrement que s'il fût sorti à la tête de leurs armées ? En effet, si l'Église voulait faire la guerre et combattre par l'épée, elle paraîtrait combattre pour la vie présente; mais c'est parce qu'elle a méprisé la vie présente qu'il s'est fait un si grand amas de témoignages pour la vie future.

14. Vous donc, ô mon Dieu, qui ne sortirez pas à la tête de nos armées, « donnez-nous

---

(*a*) ut regnem etiam terrenis, ut me venerentur etiam qui de me sunt, qui de me nolunt proficere.

13. « Quis deducet me usque in Idumæam. Nonne tu Deus qui repulisti nos ? et non egredieris Deus in virtutibus nostris (*Psal.* LIX, 12). » Nonne tu nos deduces qui nos repulisti ? Sed quare repulisti nos? Quia destruxisti nos? Quare destruxisti nos ? Quia iratus es, et misertus es nostri. (*Ibid.* 3.) Tu ergo deduces qui repulisti, qui non egredieris Deus in virtutibus nostris, tu deduces. Quid est, « non egredieris in virtutibus nostris? » Sæviturus est mundus, conculcaturus est nos mundus, futurus est acervus testimonii effuso Martyrum sanguine, et dicturi sunt pagani sævientes, « Ubi est Deus eorum (*Psal.* LXXIII, 1)?» Tunc « non egredieris Deus in virtutibus nostris : » non contra eos apparebis, non ostendes potentiam tuam ; qualem ostendisti in David, in Moyse, in Jesu Nave, quando eorum fortitudini Gentes cesserunt, et strage facta, magnaque reddita vastitate, in terram quam promisisti, plebem tuam induxisti. Hoc tunc non facies, « non egredieris Deus in virtutibus nostris, » sed intus operaberis. Quid est, « non egredieris ? » Non apparebis. Certe enim quando catenati Martyres ducebantur, quando includebantur in carcere, quando ludibrio habendi producebantur, quando bestiis (*b*) subrigebantur, quando percutiebantur ferro, quando igne cremabantur, nonne contemnebantur tamquam deserti, tamquam sine adjutore ? Quomodo Deus operabatur intus ? quomodo intus consolabatur ? quomodo eis dulcem faciebat spem vitæ æternæ? quomodo non deserebat corda eorum, ubi homo habitabat in silentio, bene si bonus, male si malus? Numquid ergo quia non egrediebatur in virtutibus eorum, ideo deserebat ? Nonne magis non egrediendo in virtutibus eorum, deduxit Ecclesiam usque ad Idumæam, deduxit Ecclesiam usque in civitatem circumstantiæ? Si enim bellare vellet Ecclesia et gladio uti, videretur pro vita præsenti pugnare : quia vero contemnebat vitam præsentem, ideo factus est acervus testimonii de vita futura.

13. Tu ergo Deus qui non egredieris in virtutibus

(*a*) Aliquot MSS. *id est in regnum etiam terrenum.*
(*b*) Ex. *Subjiciebantur.* Lov. *subigebantur.* At MSS. *subrigebantur.*

votre secours dans notre détresse, car le secours qui vient des hommes est vain (*Ps*. LIX,14). » Que ceux qui n'ont point en eux le sel de la *sagesse* s'en aillent maintenant souhaiter aux leurs le salut temporel, qui n'est que la vanité du vieil homme. « Donnez-nous votre secours ; donnez-le nous du côté même par où vous semblez nous abandonner, et subvenez-nous par cette voie. « Donnez-nous votre secours dans notre détresse. Car le secours qui vient des hommes est vain. »

15. « Avec Dieu nous triompherons, et lui-même réduira nos ennemis au néant (*Ibid*.). » Nous ne triompherons ni avec notre glaive, ni avec nos chevaux, ni avec nos cuirasses, ni avec nos boucliers, ni avec la force de nos armées, ni au dehors. A quelle place donc ? Au dedans de nous, là où nous sommes cachés. Mais comment triompherons-nous au-dedans ? « Avec Dieu nous triompherons. » Nous serons comme avilis, et comme foulés aux pieds ; nous serons considérés comme des hommes de nulle valeur ; mais « Dieu réduira nos ennemis au néant. » C'est ce qui est enfin arrivé à nos ennemis : les martyrs ont été foulés aux pieds ; et, par leur patience, par leur courage à supporter les tourments, par leur persévérance jusqu'à la fin, ils ont triomphé avec l'aide de Dieu. Et lui-même il a accompli ce que le Prophète a dit ensuite : « Il a réduit nos ennemis au néant. » Où sont les ennemis des martyrs, à moins peut-être que, dans leur ivresse, ils ne poursuivent maintenant, le verre en main, ceux que, dans leur fureur, ils poursuivaient alors à coups de pierres ?

---

nostris, « Da nobis auxilium de tribulatione, et vana salus hominis. (*Psal*. LIX, 14.) » Sunt nunc qui (*a*) salem non habent, et optent salutem temporalem suis, quæ est vana vetustas. « Da nobis auxilium : » inde da unde putabaris deserere, inde subveni. « Da nobis auxilium de tribulatione, et vana salus hominis. »

15. « In Deo faciemus virtutem, et ipse ad nihilum deducet (*b*) inimicos nostros (*Ibid*). » Non faciemus virtutem in gladio, non in equis, non in loricis, non in scutis, non in potentatu exercitus, non foris. Sed ubi ? Intus ubi latemus. Ubi intus ? « In Deo faciemus virtutem : » et quasi abjecti, et quasi conculcati, quasi nullius momenti homines crimus, sed « ipse ad nihilum deducet inimicos nostros. » Denique factum est hoc de inimicis nostris. Conculcati sunt Martyres : patiendo, perferendo, usque in finem perseverando, in Deo fecerunt virtutem. Fecit et ipse quod sequitur : ad nihilum deduxit inimicos eorum. Ubi sunt modo inimici Martyrum, nisi forte quia modo eos ebriosi calicibus persequuntur, quos tunc furiosi lapidibus persequebantur ?

(*a*) Editi, *salutem*. Aliquot MSS. *salem* : alludit ad illud Marci IX, 49. *Habete in vobis salem*, uti supra n° 49. Confer præterea n. 2 et 7. (*b*) Nonnulli MSS. *tribulantes nos*.

DISCOURS[1] SUR LE PSAUME LX.

1. Nous avons entrepris d'examiner ce psaume avec Votre Charité. Il est court; Dieu veuille nous aider à vous en parler suffisamment, quoique en peu de mots. Autant que je le pourrai, par la grâce de celui qui m'ordonne de vous parler, je me montrerai plein de zèle vis-à-vis de mes auditeurs de bonne volonté, sans être importun pour ceux qui ont moins d'empressement, ni trop abondant pour ceux qui ne veulent que peu de paroles, ni gênant pour les gens occupés. Le titre de ce psaume ne nous arrêtera pas. Le voici en effet : « Pour la fin, dans les hymnes, psaume de David (*Ps.*, LX, 1). » « Dans les hymnes, » c'est-à-dire évidemment, pour louer Dieu. « Pour la fin, » évidemment encore c'est le Christ. « Car le Christ est la fin de la loi pour justifier tout croyant (*Rom.* x, 4). » « Psaume de David, » nous ne devons voir ici d'autre David que celui qui est venu de la race de David (*Matth.* I, 1), pour être homme parmi les hommes, et pour rendre les hommes égaux aux anges. Et si maintenant nous faisons partie des membres et du corps de ce David, comme nous osons le présumer d'après ses propres exhortations, c'est notre voix et non une voix étrangère que nous devons reconnaître dans ce psaume. Mais cette voix qui est la nôtre, je ne la borne pas à la voix de ceux qui sont ici présents : j'entends la voix de nous tous qui sommes en ce monde, de l'Orient à l'Occident. Et pour être certains que notre voix doit être ainsi comprise, remarquez que le Prophète, dans ce psaume, parle comme un seul homme; or il n'y a pas qu'un seul homme, mais l'unité de l'Église parle comme un seul homme. Car nous ne sommes tous dans le Christ qu'un seul homme, dont la tête est dans le ciel et dont les membres souffrent encore sur la terre : et voyez ce que dit le Prophète à cause de leurs souffrances.

2. « Mon Dieu, exaucez mes supplications, soyez attentif à ma prière (*Ps.* LX, 2). » Qui dit ces paroles ? C'est en quelque sorte un seul

IN PSALMUM LX.

ENARRATIO.

1. Considerandum cum Vestra Caritate Psalmum istum suscepimus. Brevis est, aderit Dominus ut sufficienter ex eo et breviter loquamur. Quantum adjuverit ipse qui nos jubet loqui, sic ero volentibus officiosus, ut non sim tardis molestus, nec paucis multus, nec occupatis onerosus. Titulus ejus non nos tenet. Est enim, « In finem, in hymnis, ipsi David. » « In hymnis, » utique in laudibus. « In finem, » utique in Christum. « Finis enim Legis Christus est, ad justitiam omni credenti (*Psal.* LX, 1). » Et « ipsi David, » non alium quam ipsum accipere debemus, qui venit ex semine David, ut esset homo inter homines, et æquales Angelis faceret homines (*Rom.* x, 4.). Vocem autem in isto Psalmo (si in membris ejus et in corpore sumus, sicut illo exhortante præsumere audemus), nostram debemus agnoscere, non alicujus extranei. Nostram autem non sic dixi, quasi eorum tantum qui in præsentia sumus modo; sed nostram qui sumus per totum mundum, qui sumus ab Oriente usque in Occidentem. Et ut noveritis sic esse vocem nostram, loquitur hic quasi unus homo : non est autem unus homo, sed tamquam unus unitas loquitur. In Christo autem nos omnes unus homo : quia hujus unius hominis caput est in cælo, et membra adhuc laborant in terra : et quia laborant, videte quid (*a*) dicat.

2. « Exaudi Deus deprecationem meam, intende

(1) Discours au peuple.
(*a*) Plures MSS. *dicant*.
TOM. XIII.

homme. Voyez si c'est en effet un seul homme : « De toutes les extrémités de la terre, j'ai crié vers vous, dans l'angoisse de mon cœur (*Ibid*.3).» Ce n'est donc pas un seul homme : mais il est seul dans ce sens qu'il n'y a qu'un Christ, dont nous sommes les membres. Car un seul homme pourrait-il crier de toutes les extrémités de la terre? Crier de toutes les extrémités de la terre n'est possible qu'à cet héritage, dont il a été dit au fils par le Père : « Demandez-moi et je vous donnerai les nations pour votre héritage, et vos possessions s'étendront jusqu'aux extrémités de la terre (*Ps*. II, 8). » C'est donc ce domaine du Christ, cet héritage du Christ, ce corps du Christ, cette unique Église du Christ, cette unité que nous formons, qui crie de toutes les extrémités de la terre. Mais que crie-t-elle ? Ce que j'ai dit plus haut : « Mon Dieu, exaucez mes supplications, soyez attentif à ma prière. De toutes les extrémités de la terre j'ai crié vers vous. » C'est-à-dire : Cette demande d'être exaucé est le cri que j'ai poussé vers vous ; » de toutes les extrémités de la terre, en d'autres termes, de toutes parts.

3. Mais pourquoi ai-je ainsi crié ? «Parce que mon cœur était dans l'angoisse (*Ps*. LX. 3). » Il montre, que par le fait même de sa diffusion au milieu de toutes les nations du monde entier, il est couvert d'une grande gloire, mais aussi exposé à de grandes tentations. Et, en effet, notre vie, dans cet exil sur la terre, ne peut être exempte de tentations ; car notre avancement a lieu par le fait même de nos tentations, et nul ne se connaît qu'autant qu'il a été éprouvé, nul ne peut recevoir la couronne qu'autant qu'il a remporté la victoire, nul ne peut vaincre qu'autant qu'il combat, et nul ne peut combattre s'il n'a un ennemi et s'il n'est attaqué. Celui qui crie des extrémités de la terre est donc dans les angoisses, mais il n'est pas abandonné. Car le Seigneur a voulu nous donner une figure de nous-mêmes qui sommes son corps, dans le corps qu'il a pris et dans lequel il est mort, il est ressuscité, et il est monté au ciel; afin que ses membres eussent la confiance qu'ils suivent leur tête partout où elle les a précédées. Il nous a donc transfigurés en lui-même, lorsqu'il a voulu être tenté par le démon (*Matth*. IV, 1). On lisait tout à l'heure, dans l'Évangile, que Notre-Seigneur Jésus-Christ a été tenté par le démon au désert. Assurément c'est le Christ qui a été tenté par le démon. Mais vous avez été tenté également en la personne du Christ, parce que le Christ tenait de vous pour lui la chair, comme il tenait de lui pour vous le salut; de vous pour lui la mort, comme de lui pour vous la vie; de vous pour lui les affronts, comme de lui pour

---

orationi meæ (*Psal*. LX, 2.).» Quis dicit ? Quasi unus. Vide si unus : « A finibus terræ ad te clamavi, dum angeretur cor meum (*Ibid*.). » Jam ergo non unus : sed ideo unus, quia Christus unus, cujus omnes membra sumus. Nam quis unus homo clamat a finibus terræ ? Non clamat a finibus terræ, nisi hæreditas illa, de qua dictum est ipsi Filio, « Postula a me, et dabo tibi gentes hereditatem tuam, et possessionem tuam terminos terræ (*Psal*. II, 8.). » Hæc ergo Christi possessio, hæc Christi hereditas, hoc Christi corpus, hæc una Christi Ecclesia, hæc unitas quæ nos sumus, clamat a finibus terræ. Quid autem clamat ? Quod supra dixi, « Exaudi Deus deprecationem meam, intende orationi meæ : a finibus terræ ad te clamavi. » Id est, hoc ad te clamavi : « a finibus terræ, » id est, undique.

3. Sed quare clamavi hoc ? « Dum angeretur cor meum. » Ostendit se esse per omnes gentes toto orbe terrarum (*a*), in magna gloria, sed in magna tentatione. Namque vita nostra in hac peregrinatione non potest esse sine tentatione : quia provectus noster per tentationem nostram fit, nec sibi quisque innotescit nisi tentatus, nec potest coronari nisi vicerit, nec potest vincere nisi certaverit, nec potest certare nisi inimicum et tentationes habuerit. Angitur ergo iste a finibus terræ clamans, sed tamen non relinquitur, quoniam nos ipsos quod est corpus suum, voluit præfigurare et in illo corpore suo, in quo jam et mortuus est et resurrexit, et in cælum adscendit ; ut quo caput præcessit, illuc se membra secutura considant. Ergo nos transfiguravit in se quando voluit tentari a satana. Modo legebatur in Evangelio, quia Dominus Jesus Christus in eremo tentabatur a diabolo. (*Matth*. II, 1). Prorsus Christus tentabatur a diabolo. In Christo enim tu tentabaris, quia Christus de te sibi habebat carnem, de se tibi salutem; de te sibi mortem, de se tibi vitam ; de te sibi contumelias, de se tibi honores ; ergo de te sibi tentationem, de se tibi victoriam. Sed in illo nos tentati sumus, in illo nos diabolum superamus. Adtendis quia Christus

---

(*a*) Editi, *non in magna gloria*. Abest, *non*, à MSS.

vous les honneurs ; par conséquent de vous pour lui la tentation, comme de lui pour vous la victoire. Si nous sommes tentés en lui, nous triomphons en lui du démon. Faites-vous attention que le Christ a été tenté, et oubliez-vous la victoire qu'il a remportée ? Reconnaissez-vous donc comme tenté en sa personne, mais reconnaissez-vous aussi comme vainqueur en sa personne. Il pouvait interdire au démon de le tenter ; mais s'il n'eût pas été tenté, il ne vous eût pas enseigné, à vous qui deviez être tenté, comment remporter la victoire. Il n'est pas étonnant qu'assiégé par les tentations l'homme pousse des cris de toutes les extrémités de la terre. Mais pourquoi n'est-il pas vaincu ? « Vous m'avez élevé sur la pierre. » Nous reconnaissons donc dès à présent quel est celui qui crie des extrémités de la terre. Interrogeons en effet l'Évangile : « sur cette pierre je bâtirai mon Eglise (*Matth.* XVI, 18). C'est donc l'Eglise, qu'il a voulu bâtir sur la pierre, qui crie des extrémités de la terre. Mais, pour que l'Eglise fût bâtie sur la pierre, quel est celui qui est devenu pierre. « La pierre était le Christ (I *Cor.* X, 4), dit l'apôtre. Nous sommes donc bâtis sur le Christ : c'est pourquoi cette pierre, sur laquelle nous sommes établis, a été battue, avant nous, par les vents, par les fleuves débordés et par les pluies (*Matth.* VII, 24.), lorsque le Christ a été tenté par le démon. Voilà sur quel fondement inébranlable il a voulu vous établir. Nos cris ne sont donc pas déplacés, mais aussi ils sont écoutés ; car notre espérance repose sur le plus ferme appui : « Vous m'avez élevé sur la pierre.»

4. « Vous m'avez conduit, parce que vous êtes devenu mon espérance. » Si le Seigneur n'était devenu notre espérance, il ne nous conduirait pas. Il nous conduit comme notre chef ; il nous conduit en lui, comme notre voie ; et il nous conduit à lui, comme notre récompense dans la patrie. Il nous conduit donc. Pourquoi ? Parce qu'il est devenu notre espérance. Comment est-il devenu notre espérance ? Par la raison même que nous savons qu'il a été tenté, qu'il a souffert et qu'il est ressuscité, il est devenu notre espérance. Que disons-nous, en effet, quand nous lisons ces choses dans l'Evangile ? que Dieu ne saurait nous perdre, puisqu'il a envoyé, à cause de nous, son fils, pour subir des tentations, pour être mis en croix, pour mourir ; et pour ressusciter ; et que certainement Dieu ne méprise pas ceux pour lesquels il n'a point épargné son propre fils, pour lesquels au contraire, il l'a livré (*Rom.* VIII, 32.). C'est donc ainsi qu'il est devenu notre espérance. En lui vous voyez votre souffrance et votre récompense : votre souffrance dans sa passion, votre récompense dans sa résurrection. C'est donc ainsi qu'il est devenu notre espérance. Car nous avons deux vies, l'une dans laquelle nous sommes aujourd'hui, l'autre que nous espérons. Celle dans laquelle nous sommes nous est connue ; celle que nous espérons nous est inconnue. Supportez patiemment celle que vous avez, et vous obtiendrez celle que vous n'avez

---

tentatus est, et non adtendis quia vicit? Agnosce te in illo tentatum, et te in illo agnosce vincentem. Poterat a se diabolum prohibere : sed si non tentaretur, tibi tentando vincendi magisterium non præberet. Itaque non mirum, si inter tentationes positus iste clamat a finibus terræ. Sed quare non vincitur? « In petra exaltasti me. » Jam ergo hic agnoscimus quis clamet a finibus terræ. Recolamus Evangelium : « Super hanc petram ædificabo Ecclesiam meam (*Matth.* XVI, 18.). » Ergo illa clamat a finibus terræ, quam voluit ædificari super petram. Ut autem ædificaretur Ecclesia super petram, quis factus est petra? Paulum audi dicentem : « Petra autem erat Christus (I *Cor.* X, 4.). » In illo ergo ædificati sumus. Propterea illa in qua ædificati sumus, prior percussa est ventis, flumine, pluvia, quando Christus a diabolo tentabatur (*Matth.* VII, 24.). Ecce in qua firmitate te voluit stabilire. Merito non vacat vox nostra, sed exauditur : in magna enim spe positi sumus : « In petra exaltasti me. »

4. « Deduxisti me, quia factus es spes mea (*Psal.* LX, 4.). » Ille si nostra spes factus non esset, non nos deduceret. Deducit tamquam dux, et in se ducit tamquam via, et ad se perducit tamquam patria. Deducit ergo nos. Unde? Quia factus est spes nostra. Unde factus est spes nostra? Ecce sic quomodo audistis quia tentatus est, quia passus est, quia resurrexit, factus est spes nostra. Quid enim nobis dicimus quando hæc legimus? Non enim perdet nos Deus, propter quos Filium suum misit tentari, crucifigi, mori, resurgere : non enim vere nos despicit Deus, propter quos Filio proprio non pepercit, sed pro nobis omnibus tradidit eum (*Rom.* VIII, 32.). Sic ergo factus est spes nostra. In illo vides et laborem tuum et mercedem tuam ; laborem in passione, mercedem in resurrectione. Sic ergo factus est spes nostra. Ha-

pas encore. Comment la supporterez-vous? En ne vous laissant pas vaincre par le tentateur. Le Christ vous a montré par ses travaux, par ses tentations, par ses souffrances, par sa mort, ce qu'est la vie dans laquelle vous êtes ; il vous a montré, par sa résurrection, ce qu'est la vie dans laquelle vous serez. En effet, nous ne savions qu'une chose, c'est que l'homme naît et meurt ; nous ne savions pas que l'homme dût ressusciter et vivre d'une vie éternelle : il a pris la vie que vous connaissiez et vous a montré la vie que vous ne connaissiez pas. C'est donc pour cela qu'il est devenu notre espérance. Écoutons l'Apôtre : « Mais outre cela, dit-il, nous nous glorifions encore dans les tribulations, sachant que la tribulation produit la patience; la patience l'épreuve, et l'épreuve l'espérance. Or l'espérance ne confond point, parce que la charité de Dieu est répandue en nos cœurs par l'Esprit-Saint qui nous a été donné (Rom. v, 3, 5). » Celui qui nous a donné l'Esprit-Saint est donc devenu notre espérance, et maintenant nous marchons vers ce que nous espérons. Car nous n'y marcherions pas, si nous n'espérions pas. Que dit en effet l'Apôtre? « Qui espère ce qu'il voit? Mais si nous espérons ce que nous ne voyons pas, nous l'attendons par la patience. »

Et encore : « Nous sommes sauvés en espérance (Rom. VIII, 24 et 25). »

3 « Vous m'avez conduit, parce que vous êtes devenu mon espérance, et ma forteresse contre l'ennemi. (Ps. LX, 3 et 4) » Mon cœur est dans l'angoisse, dit cette unité de l'Église, de toutes les extrémités de la terre; et je souffre au milieu des tentations et des scandales. Les païens me portent envie, parce qu'ils sont vaincus ; les hérétiques, voilés sous le manteau du nom chrétien, me tendent des embûches; au sein même de l'Église, le froment est opprimé par la paille : au milieu de toutes ces amertumes, mon cœur est dans l'angoisse, et je crie des extrémités de la terre. Mais celui qui m'a élevé sur la pierre pour me conduire jusqu'à lui ne m'abandonne pas : car, bien que je souffre des embûches que me tend le démon en tant de lieux, de temps et d'occasions, le Seigneur est pour moi comme une forteresse ; et, lorsque je m'y réfugie, non-seulement j'y évite les coups de l'ennemi, mais encore je lance sur lui, en toute sécurité, tels traits que je veux. En effet, le Christ est ma forteresse contre l'ennemi, lui qui est aussi la pierre sur laquelle est bâtie l'Église. Craignez-vous d'être frappé par le démon? réfugiez-vous dans la forteresse. Jamais, dans cette forteresse les flèches du démon ne pourront vous atteindre; vous y demeurerez dans un sûr abri. Mais

bemus enim duas vitas : sed unam in qua sumus, alteram quam speramus. In qua sumus, nota nobis est : quam speramus ignota nobis est. Tolera in qua es, et habebis quam nondum habes. Quomodo toleras? Ut non vincaris a tentatore. Laboribus suis, tentationibus, passionibus, morte sua demonstravit tibi vitam Christus in qua es; resurrectione sua demonstravit tibi vitam in qua eris. Nos enim non noveramus nisi nasci hominem et mori; resurgere hominem et vivere in æternum non noveramus : suscepit quod noveras, et demonstravit quod non noveras. Ideo ergo factus est spes nostra in tribulationibus, in tentationibus. Vide Apostolum dicentem : « Non solum autem, sed et gloriamur, inquit, in tribulationibus, scientes quia tribulatio patientiam operatur, patientia probationem, probatio spem; spes autem non confundit : quoniam caritas Dei diffusa est in cordibus nostris per Spiritum-sanctum qui datus est nobis (Rom. v, 3, 4 et 5.). » Ergo factus est ipse spes nostra, qui dedit nobis Spiritum-sanctum : et ambulamus modo ad spem; non enim ambularemus, nisi speraremus. Quid ait ipse Apos-

tolus? « Quod enim videt quis, quid sperat? Si autem quod non videmus speramus, per patientiam exspectamus (Rom. VIII, 24 et 25). » Et idem : « Spe enim salvi facti sumus (Ibid.).»

3. « Deduxisti me, quia factus es spes mea : turris fortitudinis a facie inimici (Psal. LX, 3 et 4.). » Angitur cor meum, inquit ista unitas a finibus terræ, et laboro inter tentationes et scandala : invident pagani, quia victi sunt; insidiantur hæretici pallio velati nominis Christiani; intus in ipsa Ecclesia vim patitur frumentum a palea : inter hæc omnia cum angitur cor meum, clamabo a finibus terræ. Sed non me deserit ipse qui me exaltavit super petram, ut deducat me usque ad se : quia etsi laboro, diabolo per tot loca et tempora et occasiones insidiante adversus me, hic est mihi turris fortitudinis ; quo cum confugero, non solum vitabo tela inimici, sed etiam in illum quæ voluero securus ipse jaculabor. Ipse enim Christus est turris ; ipse nobis factus est turris a facie inimici, qui est et petra super quam ædificata est Ecclesia. Caves ne feriaris a diabolo? Fuge ad turrem : numquam te ad illam turrem diabolica ja-

comment vous réfugier dans cette forteresse? Que nul, s'il est en butte à des tentations, ne cherche une forteresse visible; et que, ne l'ayant point trouvée, il ne se laisse point aller à la fatigue ou ne succombe à la tentation. La forteresse est devant vous. Rappelez-vous le Christ, et entrez dans la forteresse. Mais comment vous rappellerez-vous le Christ, pour entrer dans la forteresse? Quelque souffrance que vous enduriez, pensez qu'il a souffert avant vous, et pensez aussi dans quel but : pour mourir et pour ressusciter. Espérez une fin semblable à celle du Christ qui vous a précédé, et de la sorte, en résistant aux suggestions de l'ennemi, vous êtes entré dans la forteresse. Si en effet vous consentez aux suggestions de l'ennemi, sa flèche vous a frappé. Lancez-lui donc plutôt des traits qui le frappent et l'abattent. Quels sont ces traits? La parole de Dieu, votre foi, votre espérance, vos bonnes œuvres. Je ne dis pas : Tenez vous oisif dans cette forteresse, satisfait d'y être à l'abri des coups de l'ennemi. Faites-y quelque chose ; que vos mains ne cessent de travailler; vos bonnes œuvres sont les traits qui tuent l'ennemi.

6. « Je serai l'hôte de votre tente jusqu'à la fin des siècles (*Ibid.* 5.). » Vous voyez que celui qui crie vers le Seigneur est bien celui que nous avons dit. Qui de nous est l'hôte de qui que ce soit jusqu'à la fin des siècles? Nous vivons quelques jours ici-bas et nous passons; en effet, nous n'y sommes que des hôtes, mais nous aurons une demeure dans le ciel. Vous n'êtes qu'un hôte en ce lieu, d'où vous entendrez la voix du Seigneur votre Dieu qui vous dira : Emigrez d'ici. Mais nul ne vous ordonnera jamais d'émigrer ainsi de la demeure des cieux. Vous n'êtes donc ici-bas qu'un hôte. C'est ce qui a fait dire au Prophète, dans un autre psaume : « Je suis auprès de vous, un hôte et un étranger, comme l'ont été tous mes pères (*Ps.* XXXVIII, 13). » Ici-bas, nous sommes des hôtes; au ciel le Seigneur nous donnera des demeures éternelles; et il a dit en effet : « Il y a de nombreuses demeures chez mon Père (*Jean* XIV, 3).» Il ne nous donnera pas ces demeures comme à des hôtes, mais comme à des citoyens qui devront les garder éternellement. C'est pourquoi, mes frères, comme l'Église doit rester sur cette terre, non un peu de temps, mais jusqu'à la fin des siècles, le Christ a dit : « Je serai l'hôte de votre tente jusqu'à la fin des siècles. » Que l'ennemi sévisse tant qu'il lui plaira, qu'il m'attaque et me tende des embûches, qu'il multiplie les scandales, et qu'il remplisse mon cœur de douleurs, je suis soutenu par cette parole : « Je serai l'hôte de votre tente jusqu'à la fin des siècles. » L'Église ne sera pas vaincue, elle ne

---

cula secutura sunt; ibi stabis munitus et fixus. Quomodo autem fugies ad turrem ? Ne forte quisque in tentatione positus corporaliter quærat turrem istam; et cum eam non invenerit, fatigetur aut deficiat in tentatione. Ante te est turris : recordare Christum, et intra in turrem. Quomodo recordaris Christum ut intres in turrem? Quidquid pateris, cogita quia prior passus est, et cogita quo fine passus est, ut moreretur et resurgeret. Talem et tu finem spera, qualis in illo præcessit, et intrasti in turrem non consentiendo inimico. Si enim consenseris inimico, tunc ad te pervenit oppugnantis jaculum. Tu potius in illum jaculare tela, quibus feriatur, quibus vincatur. Quæ sunt ista tela? Verba Dei, fides tua, spes ista tua, opera bona. Non dico, Sic esto in ista turre, ut vaces ibi, et sufficiat tibi quia non ad te hostis tela perveniunt : age ibi aliquid, non cessent manus : opera bona tua gladii sunt interficientes inimicum.

6. « Inquilinus ero in tabernaculo tuo usque in sæcula (*Ibid.* 5.). » Videtis quia ille, de quo diximus, est qui clamat. Quis nostrum est inquilinus usque in sæcula? Paucis diebus hic vivimus, et transimus : inquilini enim hic sumus, habitatores in cælo erimus. Ibi es inquilinus, unde auditurus es vocem Domini Dei tui, Migra. Nam de domo illa æterna in cælis nemo te jubebit migrare. Hic ergo inquilinus. Unde etiam dicitur in alio Psalmo, « Inquilinus ego sum apud te, et peregrinus, sicut omnes patres mei. (*Psal.* XXXVIII, 13.) » Hic ergo inquilini sumus, ibi Dominus nobis mansiones dabit æternas : « Multæ, inquit, mansiones sunt apud Patrem meum. (*Johan.* XIV, 2.) » Mansiones illas non tamquam inquilinis dabit, sed tamquam civibus in æternum mansuris. Hic tamen, Fratres, quia non modico tempore futura erat Ecclesia in hac terra, sed hic erit Ecclesia usque in finem sæculi : ideo hic dixit, « Inquilinus ero in tabernaculo tuo usque in sæcula. » Sæviat quantumlibet inimicus, oppugnet me, insidias mihi præparet, scandalis crebrescat, et faciat angi cor meum : « Inquilinus ero in tabernaculo tuo usque in sæcula. » Non vincetur Ecclesia, non eradicabitur, nec cedet quibuslibet tentationibus, donec veniat hujus sæculi finis, et nos ab ista temporali æterna habitatio suscipiat, ad quam nos deducet qui

sera pas déracinée, elle ne succombera à aucune épreuve, jusqu'à ce que vienne la fin de ce siècle, et qu'au sortir de cette résidence temporaire, nous soyons reçus dans l'éternelle demeure, où nous conduira celui qui est devenu notre espérance. « Je serai l'hôte de votre tente jusqu'à la fin des siècles. » Mais, lui dirions-nous, si vous devez être longtemps un hôte et un passager, vous aurez donc à souffrir sur cette terre, au milieu de graves tentations ; car si l'Église n'avait que quelques jours à passer sur la terre, les embûches du démon ne tarderaient pas à cesser pour elle. Sans doute; et vous voudriez que les épreuves de l'Église durassent peu de temps : mais comment l'Église rassemblerait-elle tous ses enfants, si elle ne devait durer longtemps ici-bas, si son existence ne s'étendait jusqu'à la fin des siècles ? Gardez-vous donc de porter envie à ceux qui viendront après vous ; gardez-vous de vouloir couper, parce que déjà vous l'auriez passé, le pont de la miséricorde; que le pont demeure ici-bas jusqu'à la fin des siècles. Et qu'en sera-t-il des tentations, qui doivent être d'autant plus multipliées que les scandales seront plus nombreux ? Car le Seigneur lui-même a dit : « Parce que l'iniquité se multipliera, la charité de beaucoup d'hommes sera refroidie (*Matth.* XXIV, 12).» Mais cette Église, qui crie des extrémités de la terre, est du nombre de ceux dont le Seigneur ajoute immédiatement : « Mais celui qui aura persévéré jusqu'à la fin sera sauvé (*Ibid.*). » Mais comment persévérerez-vous ? Quelles seront vos forces parmi des scandales si graves, parmi de si fortes tentations, parmi de si grands combats? quelles seront vos forces pour vaincre un ennemi que vous ne voyez pas ? vos forces suffiront-elles ? Mais si le Christ est notre hôte ici-bas jusqu'à la fin des siècles, quel est le fondement de notre espoir de persévérance ? « Je serai, dit le Prophète, à couvert sous l'abri de vos ailes. » Voilà pourquoi nous sommes en sécurité au milieu de si graves tentations, jusqu'à ce que vienne la fin des siècles et que les siècles éternels nous reçoivent, c'est que nous sommes à couvert sous l'abri des ailes de Dieu. La chaleur en ce monde est terrible ; mais il y a une ombre rafraîchissante sous les ailes de de Dieu : « Je serai à couvert sous l'abri de vos ailes. »

7. « Parce que vous avez, ô Dieu, favorablement écouté ma prière (*Ps* LX, 6.). » Quelle prière ? Celle par où le psaume a commencé : « Exaucez, ô mon Dieu, mes supplications, soyez attentif à ma prière ; j'ai crié vers vous de toutes les extrémités de la terre (*Ibid.* 2 et 3).» Voilà ce que j'ai crié des extrémités de la terre. C'est pourquoi : « Je serai à couvert

---

factus est spes nostra. « Inquilinus ero in tabernacula tuo usque in sæcula. » Si diu eris inquilinus, quasi hoc illi diceremus, laboraturus ergo es in terra inter tantas tentationes : nam si paucorum dierum hic esset Ecclesia, cito finirentur tentatoris insidiæ. Bene paucorum dierum velles esse tentationes : sed quomodo colligeret natos omnes, nisi diu hic esset, nisi usque in finem protenderetur ? Noli invidere ceteris post futuris : noli, quia jam transisti, pontem (*a*) misericordiæ velle præcidere : sit hic usque in sæcula. Et quid de tentationibus, quæ necesse est ut abundent quanto magis veniunt scandala ? Etenim ipse ait, « Quoniam abundabit iniquitas, refrigescet caritas multorum (*Matth.* XXIV, 12.). » Sed illa Ecclesia quæ clamat a finibus terræ, in his est de quibus sequitur dicens, «Qui autem perseveraverit usque in finem, hic salvus erit » Sed unde perseverabis ? Quæ vires tuæ inter tanta scandala, inter tantas tentationes, inter tantas pugnas ? quibus viribus vincis hostem quem non vides? numquid tuis ? Ergo quia usque in sæcula erit inquilinus iste hic, quæ illi spes est ut duret? « Cooperiar in velamento alarum tuarum. » Ecce quare securi sumus inter tantas tentationes, donec veniat finis sæculi, et suscipiant nos sæcula æterna : quia cooperimur in velamento alarum ipsius. Æstus est sæculi, sed magna umbra est sub alis Dei : « Cooperiar in velamento alarum tuarum. »

7. « Quoniam tu Deus (*b*) exaudisti orationem meam (*Psal.* LX, 6.).» Quam ? A qua cœpit : «Exaudi Deus deprecationem meam, intende orationi meæ : a finibus terræ ad te clamavi (*Ibid.* 2).» Hoc ad te clamavi a finibus terræ. Ideo cooperiar in velamento alarum tuarum quia exaudisti deprecationem meam. Admonemur ergo, Fratres, non cessare orando, quamdiu tempus est tentationum. « Dedisti hereditatem timentibus nomen tuum (*Ibid.*6).» Perseveremus ergo in timore nominis Dei : æternus Pater non nos fallit.

(*a*) Vox, *misericordiæ*, abest a plerique MSS. (*b*) Lov. *Deus meus*. Abest, *meus*, ab Er. et MSS. nec est apud LXX.

sous l'abri de vos ailes, parceque vous avez exaucé ma prière. » Ces paroles nous avertissent, mes frères, qu'il ne faut jamais cesser de prier, tant que durent les tentations. « Vous avez donné votre héritage à ceux qui craignent votre nom.» Persévérons donc dans la crainte du nom de Dieu ; le Père éternel ne nous trompe pas. Les enfants ne travaillent-ils pas pour recueillir l'héritage de leurs parents, après que ceux-ci seront morts? Et nous ne travaillerions pas pour recueillir l'héritage d'un tel Père, auquel nous succèderons, bien qu'il ne doive pas mourir, mais avec qui nous vivrons éternellement en jouissant de son héritage! « Vous avez donné votre héritage à ceux qui craignent votre nom.»

8. « Vous ajouterez pour les années du roi jours sur jours (*Ibid.* 7.). Ce roi est celui dont nous sommes les membres. Ce roi c'est le Christ, notre tête, notre roi. Vous lui avez donné jours sur jours, non-seulement les jours de ce temps qui doit prendre fin, mais des jours sans fin au delà de ces premiers jours. « J'habiterai, dit-il, dans la maison du Seigneur, pendant la longueur des jours (*Ps.* XXII, 6). » Pourquoi dire pendant la longueur des jours, sinon parceque les jours présents ne connaissent que la brièveté ? En effet, toute chose qui doit prendre fin est courte; mais ce roi possède jours sur jours, de sorte que non-seulement il règnera sur son Église pendant ces jours passagers, mais encore les saints règneront avec lui pendant les jours qui n'ont pas de fin. Au ciel il n'y a qu'un jour, et ce jour renferme des jours innombrables. C'est parce que ces jours sont nombreux que le prophète a dit, comme je viens de le rappeler : « Pendant la longueur des jours ; » c'est parce que ce jour est unique, qu'il est dit en ce sens : « Vous êtes mon fils, je vous ai engendré aujourd'hui (*Ps.* II, 7). » Aujourd'hui ne désigne qu'un jour, mais ce jour n'est pas placé entre une veille et un lendemain. La fin d'une veille n'est pas son commencement, et le commencement d'un lendemain n'est pas sa fin. Car il est dit des années de Dieu : « Pour vous, vous êtes toujours le même, et vos années ne finiront pas (*Ps.* CI, 28). » Des années, des jours, un seul jour, c'est la même chose. Dites ce que vous voulez pour exprimer l'éternité. Vous pouvez dire ce qu'il vous plait de l'éternité, parce que, quelque chose que vous en disiez, vous en direz toujours trop peu. Mais il faut que vous en disiez quelque chose, pour vous donner du moins à penser sur ce que vous ne pouvez exprimer. « Vous ajouterez pour les années du roi jours sur jours, du jour de la génération au jour de la génération : » c'est-à-dire du jour de la génération actuelle au jour de la génération future ; de cette génération qui est comparée à la lune, parceque la lune, nait, croit, devient pleine, vieillit et meurt, comme font les générations mortelles, à cette génération, qui nous régé-

---

Laborant filii, ut suscipiant parentum suorum hereditatem, quibus mortuis successuri sunt : nos non laboramus accipere hereditatem ab illo Patre, cui non morientis uccedamus, sed cum illo in ipsa hereditate in æternum vivamus? « Dedisti hereditatem timentibus nomen tuum. »

8. « Dies super dies regis adjicies annos ejus (*Ibid*, 7.). » Hic est ergo rex cujus membra sumus. Rex Christus est, caput nostrum, rex noster. Dedisti illi dies super dies ; non solum istos dies in isto tempore cum fine, sed dies super istos dies sine fine. « Habitabo, inquit, in domo Domini, in longitudinem dierum (*Psal.* XXII, 6.). » Quare, in longitudinem dierum, nisi quia modo brevias est dierum ? Omnis enim res quæ finem habet, brevis est : sed regis hujus dies super dies, ut non diebus solum istis transeuntibus regnet Christus in Ecclesia sua, sed regnent cum illo sancti in diebus illis qui non habent finem. Ibi unus dies est, et multi dies sunt. Quia multi dies sunt, dixi jam, «In longitudinem dierum :» quia unus dies, sic intelligitur : « Filius meus es tu, ego hodie genui te (*Psal.* II, 7.). » Unum diem dixit hodie : sed iste dies non ponitur in medio inter hesternum et crastinum, nec initium ejus finis est hesterni, nec finis ejus initium crastini. Nam et anni Dei dicti sunt : « Tu autem idem ipse es, et anni tui non deficient (*Psal.* CI, 28.). » Quomodo anni sic dies, sic unus dies. Quidquid vis dicis de æternitate. Ideo quidquid vis dicis , quia quidquid dixeris , minus dicis. Sed ideo necesse est aliquid dicas, ut sit unde cogites quod non potest dici. « Dies super dies regis adjicies annos ejus, usque in diem generationis et generationis. » Generationis hujus et generationis futuræ : generationis hujus quæ comparatur lunæ, propter quod luna nascitur, crescit, perficitur, senescit et occidit, sic sunt generationes istæ mortales ; et generationis qua regeneramur resurgendo, et permanebimus in æternum cum Deo,

nérera lors de la résurrection et nous fera demeurer éternellement avec Dieu ; génération qui n'est plus figurée par la lune, mais dont le Seigneur a dit : « Alors les justes brilleront comme le soleil dans le royaume de mon Père (*Matth.* XIII, 43). » En effet, dans les Écritures, la lune est employée, d'une manière figurative, pour exprimer l'instabilité de notre condition mortelle. C'est pourquoi l'homme qui tomba entre les mains des voleurs descendait de Jérusalem à Jéricho, le nom hébreu de Jéricho voulant dire en latin *luna*, la lune. Il descendait donc comme de l'immortalité vers la mortalité, et il n'est pas étonnant que cet Adam, duquel est sorti toute la race humaine, ait été blessé dans le chemin par des voleurs et laissé là à demi mort (*Luc.* X, 30). Donc, « vous ajouterez, pour les années du roi, jours sur jours, du jour de la génération... » Je comprends ici la génération mortelle, mais de quelle autre génération avez-vous fait mention ? De quelle génération ? Écoutez.

9. « Il demeurera éternellement en présence de Dieu, (*Ps.* LX, 8) ; » selon quoi ou à cause de quoi ? « Qui recherchera près du Seigneur sa miséricorde et sa vérité (*Ibid.*) ? » Dans un autre psaume, le prophète dit : « Toutes les voies du Seigneur sont miséricorde et vérité pour ceux qui recherchent son alliance et ses préceptes (*Ps.* XXIV, 10). » Nous aurions beaucoup à dire sur la miséricorde et sur la vérité ; mais nous avons promis d'être bref. Écoutez donc en quelques mots ce que sont la miséricorde et la vérité, car il y a un sens profond dans ces paroles : « Toutes les voies du Seigneur sont miséricorde et vérité. » Nous disons la miséricorde, parce que Dieu, quand il l'exerce, ne fait point attention à nos mérites mais à sa bonté, pour nous remettre tous nos péchés et nous promettre la vie éternelle. Nous disons la vérité, parceque Dieu ne trompe jamais dans l'accomplissement de ses promesses. Reconnaissons cette conduite de Dieu, imitons-la, et de même que Dieu nous a manifesté sa miséricorde et sa vérité, sa miséricorde en nous remettant nos péchés, sa vérité en tenant exactement ses promesses ; à son exemple, faisons ici-bas des œuvres de miséricorde et de vérité : de miséricorde à l'égard des faibles, à l'égard des indigents, et même à l'égard de nos ennemis ; de vérité en évitant de pécher et d'amasser péchés sur péchés. Car celui qui présume de la miséricorde de Dieu laisse entrer au fond de son esprit l'espoir de rendre Dieu injuste, en pensant que, bien qu'il reste dans le péché et qu'il refuse de renoncer à ses iniquités, Dieu viendra néanmoins et le placera au même lieu que ses fidèles serviteurs. Et serait-il juste, lorsque vous persévérez dans vos péchés, que Dieu vous plaçât où il doit placer ceux qui se seront retirés du péché ? Voulez-vous

---

quando jam non sicut luna, sed quod ait Dominus, « Tunc justi fulgebunt sicut sol in regno Patris sui (*Matth.* XIII, 43.). » Luna enim figurate in Scripturis pro mutabilitate hujus mortalitatis ponitur. Ideo ab Jericho descendebat ille ab Jerusalem qui incurrit in latrones (*Lucæ*, x, 30), quia Jericho civitas verbum est Hebræum, et interpretatur latine luna. Descendebat ergo tamquam ab immortalitate ad mortalitatem : et merito in itinere vulneratus a latronibus et semivivus relictus est ille Adam, ex quo est totum genus humanum. Ergo « dies super dies adjicies annos ejus, usque in diem generationis, » generationis mortalis accipio : cujus generationis alterius mentionem fecisti? Cujus, audi :

9. « Permanebit in æternum in conspectu Dei (*Psal.* LX, 8.). » Secundum quid, aut propter quid ? « Misericordiam et veritatem ejus quis requiret ei (*Ibid.*)? » Dicit et alio loco, «Universæ viæ Domini misericordia et veritas, requirentibus testamentum ejus et testimonia ejus (*Psal.* XXIV, 10.).» Magnus sermo de veritate et misericordia, sed brevitatem promisimus. Breviter accipite quid sit veritas et misericordia : quia non parvum est quod dictum est, Universæ viæ Domini misericordia et veritas. Misericordia dicitur, quia non merita nostra adtendit Deus, sed bonitatem suam, ut peccata nobis omnia dimitteret, et vitam æternam promitteret : veritas autem, quia non fallit reddere quæ promisit. Agnoscamus hic eum, et nos faciamus, ut quomodo nobis Deus exhibuit misericordiam suam et veritatem suam, misericordiam dimittendo peccata nostra, veritatem exhibendo promissa sua ; sic et nos faciamus hic misericordiam et veritatem, misericordiam circa infirmos, circa egentes, circa inimicos etiam nostros ; veritatem non peccando, nec adjiciendo peccatum super peccatum. Quoniam qui multum sibi pollicetur de misericordia Dei, subrepit in animum ipsius ut faciat injustum Deum, et putet quia si permanserit peccator, et noluerit recedere ab iniquitatibus suis, veniet ille et ibi eum positurus est, ubi ponit

donc être assez injuste pour rendre injuste Dieu lui-même? Pourquoi donc voulez-vous soumettre Dieu à votre volonté? C'est à vous de vous soumettre à la volonté de Dieu. Mais qui le fait, s'il n'est de ce petit nombre d'hommes dont il est dit : « Celui qui aura persévéré jusqu'à la fin sera sauvé. » C'est avec la même raison que le psalmiste a dit : « Qui recherchera près du Seigneur la miséricorde et sa vérité? » Que veut dire près du Seigneur? Il suffisait de dire : « Qui recherchera? » Pourquoi le prophète a-t-il ajouté : « Près de lui, » si ce n'est parce qu'il y en a beaucoup qui cherchent à apprendre la miséricorde et la vérité de Dieu dans les livres de Dieu et qui, après les avoir apprises, vivent pour eux-mêmes et non pour lui (II *Cor.* v, 15), cherchent leurs propres intérêts et non ceux du Christ (*Philip.* II, 21), prêchent la miséricorde et la vérité et ne pratiquent ni la miséricorde ni la vérité? Mais, en les prêchant, ils les connaissent; car ils ne les prêcheraient pas, s'ils ne les connaissaient. Mais celui qui aime Dieu et le Christ, en prêchant sa miséricorde et sa vérité, les recherchera pour le Christ et non pour lui-même, c'est-à-dire, dans le but, non de retirer de cette prédication des avantages temporels, mais d'être utile aux membres du Christ, c'est-à-dire à ses fidèles, en leur distribuant en esprit de vérité ce qu'il a appris, de sorte que celui qui vit ne vive pas pour lui-même, mais pour celui qui est mort pour tous (II *Cor.* v, 15). « Qui recherchera pour le Seigneur, sa miséricorde et sa vérité? »

10. « C'est ainsi, mon Dieu, que je chanterai des psaumes à votre nom, dans les siècles des siècles, pour vous offrir mes vœux de jour en jour (*Ps.* LX, 10). » Si vous chantez des psaumes en l'honneur du nom de Dieu, ne vous bornez pas à chanter pour le temps. Voulez-vous chanter pour les siècles des siècles? Voulez-vous chanter pour l'éternité? Offrez-lui vos vœux de jour en jour. Que veut dire, offrez-lui vos vœux de jour en jour? Du jour actuel jusqu'au jour de l'éternité. Persévérez à lui offrir vos vœux en ce jour, jusqu'à ce que vous arriviez au jour qui ne finit pas; ce qui est dire que « celui qui aura persévéré jusqu'à la fin sera sauvé (*Matth.* XXIV, 13). »

---

servos suos qui ei obtemperant. Et justum hoc erit, ut ibi te ponat perseverantem in peccatis, ubi positurus est illos qui recesserunt a peccatis? Sic vis injustus esse, ut et Deum facias injustum? Quid vis ergo convertere Deum ad voluntatem tuam? Tu convertere ad voluntatem Dei. Quis est ergo qui hoc facit, nisi ex illis paucis, de quibus dicitur, Qui perseveraverit usque in finem, hic salvus erit? Merito et hic « misericordiam et veritatem ejus quis requiret ei? » Quid est, « ei? » Sufficeret, « quis requiret : » Quare, addidit, « ei, » nisi quia multi quærunt misericordiam ejus et veritatem discere in libris ejus; et cum didicerint, sibi vivunt, non illi (II *Cor.* v, 15.); sua quærunt, non quæ Jesu Christi (*Philip.* II, 21.); prædicant misericordiam et veritatem, et non faciunt misericordiam et veritatem. Sed prædicando illam, norunt illam : non enim prædicarent illam, nisi nossent illam. Sed qui Deum amat et Christum, in prædicando misericordiam et veritatem ipsius, ipse illam requiret ei, non sibi ; id est, non ut ipse habeat ex hac prædicatione commoda temporalia, sed ut prosit membris ipsius, id est fidelibus ejus, cum veritate ministrando quod novit ; ut qui vivit non jam sibi vivat, sed ei qui pro omnibus mortuus est (II *Cor.* I.VIII, 15.). « Misericordiam et veritatem ejus quis requiret ei ? »

10. « Sic psallam nomini tuo, Deus, in sæculum sæculi, ut reddam vota mea de die in diem (*Psal.* LX, 10.). » Si psallis nomini Dei, ne psallas ad tempus. Vis in sæculum sæculi psallere? vis in æternum psallere? Redde ei vota tua de die in diem? De die isto in illum diem. Persevera reddere vota in isto die, donec venias ad illum diem : hoc est, « Qui perseveraverit usque in finem, hic salvus erit (*Matth.* XXIV, 13.). »

DISCOURS[1] SUR LE PSAUME LXI.

1. Le charme des saintes Écritures et la douceur de comprendre la parole divine, avec l'aide de celui qui donne cette suavité pour que notre terre produise ses fruits (*Ps.* LXXXIV, 13), nous pressent, moi de parler, et vous d'écouter. Je vois que vous m'écoutez sans ennui, et je me réjouis de ce que le palais de votre cœur, loin de rejeter de salutaires aliments, les reçoit au contraire avec avidité et en conserve le goût avec profit. Nous vous parlerons donc aujourd'hui, autant que le Seigneur nous le permettra, du psaume que nous venons de chanter. En voici le titre : « Pour la fin, pour Idithun, Psaume de David (*Ps.* LXI,1).» Je me souviens de avoir vous déjà fait connaître ce que c'est qu'Idithun. En effet, d'après une interprétation de la langue hébraïque, telle qu'elle est parvenue jusqu'à nous, Idithun en latin veut dire qui passe par dessus. Donc celui qui chante dans ce psaume, passe par-dessus certains hommes qu'il regarde d'en haut. Voyons jusqu'où il s'est avancé en les dépassant, quels sont ceux qu'il a dépassés, en quel endroit il s'est arrêté, bien qu'il ait franchi un certain nombre d'hommes, et de quel endroit spirituel et sûr il regarde les bas-fonds de la terre, non de manière à tomber, mais de manière à exciter à le suivre les paresseux qu'il a dépassés, par l'éloge qu'il fait de l'endroit où il est arrivé en passant au-dessus d'eux. En effet, cet Idithun s'est mis au-dessus de quelque chose, restant cependant au-dessous de quelqu'un ; et, de l'endroit où il est, il a voulu d'abord nous apprendre quel est l'abri sous lequel il trouve sa sécurité, afin que l'espace qu'il a franchi atteste, non son orgueil, mais ses progrès.

2. Etant donc placé dans quelque lieu sûr, il parle ainsi : « Mon âme ne sera-t-elle pas soumise à Dieu (*Ibid.* 2) ? » En effet, il a entendu que « celui qui s'élève sera abaissé et que celui qui s'abaisse sera élevé (*Matth.* XXIII, 12);» et, tremblant de s'enorgueillir de ses progrès, il ne s'élève pas en raison des choses qu'il a

IN PSALMUM LXI.

ENARRATIO.

1. Delectatio divinorum eloquiorum, et dulcedo intelligendi verbi Dei, adjuvante ipso qui dat suavitatem, ut terra nostra det fructum suum (*Psal.* LXXXVI, 13.), et nos ad loquendum, et vos ad audiendum exhortatur. Video vos sine fastidio audire, et gaudeo palato cordis vestri, a quo id quod salubre est non respuitur, sed cum aviditate percipitur, et utiliter continetur. Loquamur ergo vobis et hodie, quantum Dominus donat, de isto Psalmo quem modo cantavimus. Titulus ejus est, « In finem, pro Idithun, Psalmus ipsi David (*Psal.* LXI, 1.).» Jam vobis insinuatum esse quid sit Idithun, recolo. Ex interpretatione enim Hebrææ linguæ ut ad nos pervenit, Latine dicitur Idithun transiliens eos. Transilit ergo iste qui cantat quosdam, quos de super despicit. Videamus quo usque transilierit, et quos transilierit, et ubi quamvis quosdam transilierit positus sit, de quo spiritali quodam et securo loco intueatur ima, non ita respiciens ut cadat, sed ut (*a*) moveat qui transilivit pigros ut sequantur, et laudet locum quo transiliendo pervenit. Ita enim iste transiliens super aliquid est, ut sub aliquo sit : unde prius nobis insinuare voluit sub quo tutus sit, ut illud quod transilivit, non sit superbiæ sed provectus.

2. In quodam ergo loco munito positus ait, « Nonne Deo subjicietur anima mea (*Ibid.* 2.) ?» Audierat enim, Qui se exaltat, humiliabitur, et qui se

(1) Discours au peuple.
(*a*) Plures MSS. *moneat.*

laissées au-dessous de lui, mais il reste dans l'humilité par comparaison avec celui qui est au-dessus de lui Et comme si les envieux qui ont vu avec peine qu'il les dépassât le menaçaient de sa ruine, il leur répond : « Mon âme ne sera-t-elle pas soumise à Dieu ? » Pourquoi cherchez-vous à me tendre des piéges, parce que je vous ai dépassés ? Vous voulez me précipiter par vos assauts ou me tromper par vos séductions. Est-ce donc que la pensée de tout ce qui est au-dessous de moi me ferait oublier en quel endroit je suis? « Mon âme ne sera-t-elle pas soumise à Dieu ? » Si près que je m'approche de lui, si haut que je monte, si élevés que soient ceux que je dépasserai, je serai en-dessous de Dieu et non en face de Dieu. Je franchis donc tout le reste avec sécurité, tandis que lui, qui est au-dessus de toutes choses, me tient au-desssus de lui. « Mon âme ne sera-t-elle pas soumise à Dieu ? Car mon salut vient de lui. Il est mon Dieu et mon salut, il est mon protecteur; je ne serai plus ébranlé désormais (*Ps.* LXI, 3). » Je sais quel est celui qui est au-dessus de moi, je sais quel est celui qui étend sa miséricorde sur ceux qui le connaissent, je sais quel est celui sous les ailes de qui j'espère trouver un abri ; « je ne serai plus ébranlé désormais. » Vous faites en sorte de m'ébranler, dit-il à ceux qu'il a dépassés, vous faites en sorte de m'ébranler ; mais « que le pied de l'orgueil ne vienne pas jusqu'à moi (*Ps.* XXXV, 12).» La conséquence est indiquée dans le même psaume : « Et que la main du pécheur ne m'ébranle pas ; » ce qui revient à cette parole : « Je ne serai plus ébranlé désormais.» En effet, à cette parole : que la main du pécheur ne m'ébranle pas, répond celle-ci : « Je ne serai plus ébranlé désormais;» de même à ces mots : Que le pied de l'orgueil ne vienne pas jusqu'à moi, correspondent ceux-là : « Mon âme ne sera-t-elle pas soumise à Dieu ? »

3. Du haut de ce lieu où il s'est fortifié et mis en sûreté, celui dont le Seigneur est le refuge et qui a Dieu même pour forteresse (*Ps.* LXXXIX, 1.) jette donc les yeux sur ceux qu'il a dépassés ; il les regarde avec dédain comme du haut d'une tour, car il a été dit aussi de lui qu'il est retiré dans une tour fortifiée contre l'ennemi (*Ps.* LX, 4); il les considère attentivement et leur dit : «Jusques à quand accablerez-vous un homme ? » En l'insultant, en le couvrant d'opprobres, en lui dressant des embûches, en le persécutant, vous accumulez les fardeaux sur lui; vous en accumulez autant qu'un homme peut en porter; et encore, pour qu'il les porte, il faut qu'il soit soutenu par celui qui a créé l'homme. « Jusques à quand accablerez-vous un homme ? » Si vous le considérez comme un

---

humiliat, exaltabitur (*Matth.* XXIII, 12.): et trepidus ne transiliendo superbiret, non elatus ex his quæ infra essent, sed humilis ex eo (*a*) qui supra esset ; tamquam minantibus ei ruinam invidis qui eum transilivisse doluerant, respondit, « Nonne Deo subjicietur anima mea : » Quid est quod mihi veluti transilienti quæritis laqueos ? Insultatione dejicere me vultis, aut seductione decipere. Numquid ita memini supra quod sum, ut oblitus sim sub quo sum ? « Nonne Deo subjecta erit anima mea ? » Quantumcumque accedam, quantumcumque adscendam, quantumcumque transiliam, sub Deo ero, non contra Deum. Securus ergo transcendo cetera, quando ille me sub se tenet qui est super omnia. « Nonne Deo subjecta erit anima mea ? Ab ipso enim salutare meum. Etenim ipse est Deus meus et salutaris meus, susceptor meus, non movebor amplius (*Psal.* LXI, 3). » Scio quis supra me sit, scio quis prætendat misericordiam suam scientibus se, scio sub cujus alarum tegmine sperem : « non movebor amplius. » Agitis quidem vos, ait quibusdam, transiliens eos ipsos quibus dicit : agitis quidem vos ut movear, « sed non veniat mihi pes superbiæ (*Psal.* XXXV, 12).» Ex hoc enim fit quod et in ipso Psalmo sequitur, «Nec manus peccatorum dimoveat me:»cui consonat, « Non movebor amplius. » Ad illud enim quod ibi dictum est, «Nec manus peccatorum dimoveat me,» respondet hic, « Non movebor amplius. » Ad illud autem quod ibi dictum est, «Non veniat mihi pes superbiæ,» respondet hic, « Nonne Deo subjecta erit anima mea ? »

3. Ergo de superiore loco munitus et tutus, cui factus est Dominus refugium (*Psal.*, LXXXIX, 1.), et est ipse Deus in locum munitum, respicit ad eos quos transilivit, et despiciens eos loquitur tamquam de turri excelsa ; nam et hoc dictum est de eo, «Turris fortitudinis a facie inimici (*Psal.*, LX, 4.): attendit ergo ad eos, et dicit, « Quo usque apponitis super hominem (*Psal.*, LXI, 4.)»? Insultando, opprobria jaciendo, insidiando, persequendo, apponitis super

---

(*a*) Sic aliquot MSS. Editi vero, *ex eo quod supra esset.*

homme, « frappez-le tous et le tuez. » Allons, chargez-le encore, sévissez contre lui, frappez-le tous et le tuez. » Poussez ce mur qui penche, et cette masure en ruines. » Ferme, poussez encore, vous allez le renverser. Et que deviennent ces paroles : » Je ne serai plus ébranlé désormais? » Et pourquoi dire : Je ne serai plus ébranlé désormais ? « Parce que Dieu est mon salut et mon protecteur (*Ps.* LXI, 3). » O homme, vous pouvez amonceler toutes les charges sur un homme, mais que pouvez-vous contre Dieu qui protége l'homme ?

4. « Frappez-le tous et le tuez. (*Ibid.* 4). » Le corps d'un seul homme offre-t-il tant de place pour les coups, que tous les hommes puissent le frapper à mort ? Aussi devons-nous voir en cet homme notre personne, la personne de notre Église, la personne du corps du Christ. Jésus-Christ n'est, en effet, qu'un seul homme, la tête et le corps, le sauveur du corps et les membres de ce corps, deux en une même chair (*Gen.* II, 24 et *Éphés.* V, 31), en une même voix, en une même souffrance, et plus tard, quand l'iniquité aura passé, en un même repos. C'est pourquoi les souffrances du Christ n'ont pas été supportées par le Christ seul, ou en un autre sens les souffrances du Christ n'ont été supportées que par le Christ. Si en effet, par le Christ, vous entendez la tête et le corps, les souffrances du Christ appartiennent tout entières au Christ; mais si, par le Christ, vous entendez la tête seulement, les souffrances du Christ n'ont pas été supportées par le Christ seul. Si, en effet, les souffrances du Christ sont bornées au Christ seul, c'est-à-dire à la tête, pourquoi l'Apôtre saint Paul, l'un de ses membres, dit-il : « j'accomplis dans ma chair ce qui manque aux souffrances du Christ (*Coloss.* I, 24)? » Si donc vous faites partie des membres du Christ, ô vous, qui que vous soyez, qui entendez ces paroles, ou qui ne les entendez pas à cet instant, (quoique vous les entendiez si vous faites partie des membres du Christ,) tout ce que vous souffrez de la part de ceux qui ne font point partie des membres du Christ manquait aux souffrances du Christ. On les ajoute, parce qu'elles manquaient. Vous remplissez la mesure, vous ne la faites pas déborder. Vous souffrez ce que vous deviez ajouter par vos souffrances à la passion entière du Christ, lequel a souffert

---

hominem onera; apponitis super hominem quantum (*a*) potest ferre homo : sed ut ferat homo, sub illo est qui fecit hominem. « Quo usque apponitis super hominem ? » Si ad hominem adtenditis, « Interficite omnes. » Ecce apponite, sævite, « interficite omnes. Tamquam parieti inclinato et maceriæ impulsæ (*Ibid.*4) : » instate, impellite, quasi dejecturi. Et ubi est, «Non movebor amplius (*Ibid.*, 3)?» Sed quare, Non movebor amplius? Quia ipse est Deus salutaris meus, susceptor meus. Ergo homines potestis apponere (*b*) onera super hominem : numquid super Deum qui tuetur hominem ?

4. « Interficite omnes (*Ibid.*, 4).» Quod tantum spatium corporis in uno homine, ubi possit interfici ab omnibus ? Sed debemus intelligere personam nostram, personam Ecclesiæ nostræ, personam corporis Christi. Unus enim homo cum capite et corpore suo Jesus Christus, salvator corporis et membra corporis, duo in carne una, (*Gen.*, II, 24. *Ephes.*, V, 31), et in voce una, et in passione una ; et cum transierit iniquitas, in requie una. Passiones itaque Christi non in solo Christo, immo passiones Christi non nisi in Christo. Si enim Christum intelligas caput et corpus, passiones Christi nonnisi in Christo : si autem Christum intelligas solum caput, passiones Christi non in solo Christo. Si enim passiones Christi in solo Christo, immo in solo capite ; unde dicit quoddam membrum ejus Paulus apostolus, Ut suppleam quæ desunt pressurarum Christi in carne mea (*Coloss.*, I, 24)? Si ergo in membris Christi es, quicumque homo, quisquis hæc audis, quisquis hæc nunc non audis : (sed tamen audis, si in membris Christi es :) quidquid pateris ab eis qui non sunt in membris Christi, deerat passionibus Christi. Ideo additur, quia deerat; (*c*) mensuram imples, non superfundis : tantum pateris, quantum ex passionibus tuis inferendum erat universæ passioni Christi, qui passus est in capite nostro, et patitur in membris

---

(*a*) Tres MSS. *quantum non potest ferre*. (*b*) Sic duo MSS. Alii cum editis, *apponere hominem super hominem*. (*c*) Editi *mensuram implens, non superfundens. Tantum ergo pateris quantum ex passionibus suis etc.* pauloque post, *id est in nobis ipsis ad communem hanc quasi rempublicam. Nam quisque* etc. Tum infra, *et pro posse virium nostrarum quasi canonibus passionum inferimus parataria plenaria : passionum omnium finis non erit, nisi* etc. Emendatur locus ad MSS. et ad Bedæ collectionem in Paulum. Quæ collectio in Corb. MS. ubi Floro tribuitur, habet *pro portione virium* : at ceteri MSS. hic, *possessione*. Utrumlibet non minus apte : quando ad morem canonis solvendi habita ratione possessionum alludit Aug. Porro vox *finis* abest a MSS qui loco *parataria*, præferunt quidam *pariataria*, alii *paritoria*, forte mensuræ vel tributi cujusdam nomen : pro quo noscimus in legendum *parata vero*, uti legit Clariss. Cangins in Gloss. voce *Plenaria*.

en notre tête et souffre en ses membres, c'est-à-dire en nous. Nous payons, chacun selon notre faible pouvoir, ce que nous devons à la masse commune de notre trésor public, et nous y apportons tous, selon ce que nous possédons de forces particulières, comme notre contribution de souffrances. Le total de toutes ces souffrances ne sera complet qu'à la fin des siècles. « Jusques à quand accablerez-vous un homme? » Tout ce qu'ont souffert les Prophètes, depuis l'effusion du sang du juste Abel jusqu'à l'effusion du sang de Zacharie (*Matth.* XXIII, 35), appartient aux souffrances de cet homme ; parce que certains membres du Christ ont précédé l'incarnation et l'avénement du Christ : ainsi, lors de la naissance d'un certain enfant, la main était sortie que la tête ne paraissait point encore, mais cependant la main était rattachée à la tête (*Gen.* XXXVIII, 27). Ne croyez donc pas, mes frères, que tous les justes qui ont été en proie à la persécution des impies, même ceux qui ont été envoyés avant l'avénement du Seigneur pour annoncer cet avénement, ne fassent point partie des membres du Christ. Impossible que celui-là ne fasse point partie des membres du Christ, qui appartient à la cité dont le Christ est roi. Cette cité unique est la Jérusalem céleste, la cité sainte ; cette cité unique n'a qu'un roi. Le roi de cette cité est le Christ ; car le Christ lui parle en ces termes : « Sion est ma mère, dira l'homme ; » (remarquez que le Christ dit ma mère, mais alors il se donne le nom d'homme), « Sion est ma mère, dira l'homme ; il s'est fait homme en elle et c'est le Très-Haut lui-même qui l'a fondée (*Ps.* LXXXVI, 5). » Le roi de cette cité est donc le Très-Haut qui l'a fondée, et qui lui-même s'est fait en elle le plus humble des hommes. Il a donc envoyé d'avance quelques-uns de ses membres, antérieurement à son incarnation, et après l'annonce de sa venue faite par ses membres, il est venu lui-même, uni inséparablement à eux. Reportez-vous à la comparaison que je vous ai faite de cet enfant venant au monde, dont la main se présenta avant la tête, bien qu'elle fût avec la tête et sous la dépendance de la tête. En effet, voici ce que l'Apôtre saint Paul a dit du Christ, en relevant l'excellence du premier peuple dont il est sorti, et en déplorant que les rameaux naturels de l'arbre aient été brisés (*Rom.* II, 21) : « C'est à eux qu'appartiennent l'adoption des enfants, l'alliance et la loi ; de leurs pères et d'eux-mêmes est sorti, selon la chair, le Christ qui est au-dessus de toutes choses, Dieu béni dans tous les siècles (*Rom.* IX, 4 et 5). » Le Christ est sorti d'eux selon la chair, c'est-à-dire est sorti de Sion (*Ps.* LXXXVI, 5), parce qu'il s'est fait homme en elle ; le Très-Haut l'a fondée lui-même, parce que le Christ est au-dessus de toutes choses Dieu

---

suis, id est, in nobis ipsis. Ad communem hanc quasi rem-publicam nostram quisque pro modulo nostro exsolvimus quod debemus, et pro possessione virium nostrarum quasi canonem passionum inferimus. Pariatoria plenaria passionum omnium non erit, nisi cum sæculum finitum fuerit. « Quo usque apponitis super hominem? » Quidquid passi sunt Prophetæ a sanguine Abel justi usque ad sanguinem Zachariæ (*Matth.*, XXIII), appositum est super hominem, quia præcesserunt adventum incarnationis Christi quædam membra Christi : sicut in nascente quodam, nondum quidem procedente capite, processit manus, sed tamen capiti connectebatur et manus (*Gen.*, XXXVIII, 27). Nolite ergo putare, Fratres, omnes justos qui passi sunt persecutionem iniquorum, etiam illos qui venerunt missi ante Domini adventum prænuntiare Domini adventum, non pertinuisse ad membra Christi. Absit ut non pertineat ad membra Christi, qui pertinet ad civitatem quæ regem habet Christum. Illa una est Jerusalem cœlestis, civitas sancta : hæc una civitas unum habet regem. Rex hujus civitatis Christus est : ipse enim ei dicit, Mater Sion, dicet homo. Dicit ei, Mater ; sed homo (*Psal.*, LXXXVI, 5). « Mater enim Sion, dicet homo, et homo factus est in ea, et ipse fundavit eam Altissimus. » Ille ergo rex ejus, qui eam fundavit Altissimus, ipse in ea homo factus est humillimus. Ipse ergo ante adventum incarnationis suæ præmisit quædam membra sua, post quæ prænuntiantia se venturum venit et ipse, conexus eis. (*a*) Refer ad similitudinem nascentis illius ; quia manus ante caput procedens, et cum capite est, et sub capite. (*Gen.* XXXVIII, 27.) De Christo enim dictum est, cum laudaretur excellentia populi primi, et dolerentur fracti rami naturales (*Rom.* XI, 21) : « Quorum adoptio, inquit, et testamenta et legis constitutio, quorum pa-

---

(*a*) Sic plerique MSS. At. Er. *conexus eis refert ad similitudinem,* etc. Lov. *conexus eis refert similitudinem.* Regius, MS. *Referte ad,* etc.

béni dans tous les siècles. D'eux est sorti le Christ selon la chair, et par conséquent il est le fils de David ; il est au-dessus de toutes choses, Dieu béni dans tous les siècles, et par conséquent il est le Seigneur de David. Toute cette cité élève donc la voix, depuis le sang du juste Abel, jusqu'au sang de Zacharie (*Matth.* XXIII, 35). Et ensuite, depuis le sang de Jean-Baptiste, cette cité qui est une, cet homme unique, élève la voix par le sang des Apôtres, par le sang des Martyrs, par le sang des fidèles du Christ, et dit : « Jusques à quand accablerez-vous un homme ? Frappez-le tous et le tuez. » Voyons si vous effacez, voyons si vous détruisez, voyons si vous faites disparaître de dessus la terre le nom de cet homme ; voyons, peuples, si vous ne méditez pas de vains complots (*Ps.* II, 1) lorsque vous dites : « Quand mourra-t-il ? quand son nom périra-t-il (*Ps.* XL, 6) ? » Il vous paraît un mur qui penche, une masure en ruines ; à l'œuvre tous, poussez, renversez cette muraille ; mais écoutez le Prophète : « Vous êtes mon protecteur, je ne serai plus ébranlé désormais. » L'ennemi m'a poussé comme un monceau de sable pour me faire tomber et le Seigneur m'a protégé (*Ps.* CXVII, 13).

5. « Cependant ils ont formé le dessein de détruire ma gloire (*Ps.* LXI, 5). » Ils ont été vaincus, au moment même où ils mettaient à mort des hommes qui ne leur résistaient pas ; le sang de leurs victimes a multiplié le nombre des fidèles ; à leur tour ils ont cédé aux Chrétiens, faute de suffire à les égorger tous. « Cependant ils ont formé le dessein de détruire ma gloire. » Maintenant donc que l'on ne peut plus massacrer le chrétien, on cherche à lui ôter sa gloire comme chrétien. En effet, la gloire des chrétiens fait aujourd'hui le tourment des impies. Voilà que ce Joseph spirituel, (*Gen.* XXXVII, 36 et XXXIX, 1, 2 et suiv.) après avoir été vendu par ses frères, après avoir été transporté de sa patrie chez les Gentils comme dans la terre d'Égypte, après l'humiliation de sa captivité, après le complot de la femme coupable d'imposture; après l'accomplissement de la prophétie faite sur lui : « Le fer a percé son âme de part en part (*Ps.* CIV, 18); » voilà, dis-je, qu'il est glorifié, voilà qu'il n'est plus soumis à des frères qui le vendent, mais qu'il distribue du blé à ces mêmes frères qui ont faim (*Gen.* XLI, 55). Vaincus par son humilité, par sa charité, par son incorruptibilité, par ses épreuves, par ses souffrances, ses ennemis le voient comblé de gloire, et cette gloire ils forment le dessein de la détruire. Ils

---

tres, et ex quibus Christus secundum carnem, qui est super omnia Deus benedictus in sæcula (*Rom.*, IX, 4 et 5). » Ex quibus Christus secundum carnem, tamquam ex Sion, quia homo factus est in ea (*Psal.* LXXXVI, 5) : quia Christus super omnia Deus benedictus in sæcula, quia ipse fundavit eam Altissimus. Ex quibus Christus secundum carnem, filius David : qui est super omnia Deus benedictus in sæcula, Dominus David. Tota ergo illa civitas loquitur, a sanguine Abel justi usque ad sanguinem Zachariæ (*Matth.*, XXIII, 35). Inde et deinceps a sanguine Johannis, per sanguinem Apostolorum, per sanguinem Martyrum, per sanguinem fidelium Christi, una civitas loquitur, unus homo dicit, « Quo usque apponitis super hominem ? Interficite omnes. » Videamus si deletis, videamus si exstinguitis, videamus si tollitis de terra nomen ejus, videamus si non populi inania meditamini (*Psal.*, II, 1), dicentes, Quando morietur, et peribit nomen ejus (*Psal.*, XL, 6)? « Tamquam parieti inclinato, et maceriæ impulsæ, » incumbite, impellite. Audite supra : « Susceptor meus, non movebor amplius (*Ibid.*, 3) : » quia tamquam cumulus arenæ impulsus sum ut caderem, et Dominus suscepit me (*Psal.*, CXVII, 13).

5. Verumtamen honorem meum cogitaverunt repellere (*Psal.*, LXI, 5), » victi dum interficiunt cedentes, sanguine interfectorum multiplicantes fideles, cedentes his et jam non valentes occidere. « Verumtamen honorem meum cogitaverunt repellere. » Modo quia non potest occidi Christianus, agitur ut exhonoretur Christianus. Nunc enim honore Christianorum corda torquentur impiorum : jam Joseph (*Gen.*, XXXVII, XXXVI et XXXIX, 1, 2 et 6.) ille spiritalis post venditionem a fratribus, post translationem de patria sua ad gentes, tamquam in Ægyptum, post humiliationem carceris, post (*a*) factionem falsi testis, postquam factum est quod de illo dictum est, « Ferrum pertransivit animam ejus (*Psal.*, CIV, 18) : » jam honorificatus est, jam non est subditus fratribus vendentibus, sed frumenta erogat esurientibus (*Gen.*, XLI, 55). Victi ejus humilitate et castitate, incorruptione, tentationibus, passionibus, jam cum honoratum vident, et honorem ipsius cogitant repellere. In cogitationibus quippe eorum est illud,

---

(*a*) Sic Er. et MSS. At Lov. *fractionem*.

ont dans l'esprit les pensées prédites par le Prophète : « Le pécheur verra, » et il ne peut, en effet, ne pas voir, puisque la ville située sur la montagne ne saurait être cachée (*Matth.* v, 14); « Le pécheur verra et s'irritera; il grincera des dents et séchera de fureur (*Ps.* CXI, 10). » Ces hommes que la haine dévore ont le poison dans le cœur, et leur visage dissimule leurs pensées. C'est pourquoi le Prophète révèle ici leurs désirs secrets. « Ils ont, dit-il, formé le dessein de détruire ma gloire. » En effet, ils n'osent énoncer tout haut ce qu'ils méditent. Souhaitons-leur toutes sortes de biens, quoiqu'ils nous souhaitent toutes sortes de maux. « Ô Dieu, jugez-les, et qu'ils soient renversés de leurs desseins (*Ps.* v, 11). » Quoi de meilleur, en effet, quoi de plus utile pour eux que de tomber de l'endroit où ils se tiennent pour leur malheur, de manière qu'étant mis en bonne place ils puissent dire aussi : « Vous avez placé mes pieds sur la pierre (*Ps.* XXXIX, 3). »

6. « Cependant ils ont formé le dessein de détruire ma gloire (*Ps.* LXI, 5). » Sont-ils tous contre un, ou un seul est-il contre tous; ou bien sont-ils tous contre tous, ou encore un contre un ? Quand le Prophète dit : Vous accablez un seul homme, et encore : frappez-le tous et le tuez, ils semblent qu'ils soient tous contre un seul; et cependant aussi ils sont tous contre tous, parce qu'ils s'attaquent à tous les chrétiens, bien que les chrétiens ne soient qu'un. Et que dire d'autre part des diverses erreurs qui s'attaquent au Christ ? Faut-il dire toutes les erreurs, ou dire qu'elles ne font qu'une erreur ? Oui j'ose en affirmer l'unité, parce qu'il n'y a qu'une ville et une ville, qu'un peuple et un peuple, qu'un roi et un roi. Que veut dire : qu'il n'y a qu'une ville et une ville ? Une seule d'un côté, Babylone; une seule de l'autre côté, Jérusalem. De quelque autre nom mystique qu'elles aient été appelées, elles ne sont pourtant qu'une ville et une ville; l'une avec le démon pour le roi, et l'autre avec le Christ pour roi. Je remarque, en effet, dans l'Évangile, un passage qui me frappe, et vous aussi, je n'en doute pas. Beaucoup, bons et mauvais, ayant été invités aux noces, et la salle des noces étant remplie de convives; (en effet, les serviteurs envoyés pour les invitations avaient convié, selon l'ordre qu'ils en avaient reçu, les bons et les mauvais,) le roi entra pour voir ceux qui étaient à table, et trouva un homme qui n'avait pas la robe nuptiale. Il lui dit ce que vous savez : Mon ami, pourquoi êtes-vous venu ici sans avoir la robe nuptiale ? Et cet homme garda le silence. Et le roi ordonna qu'on lui liât les mains et les pieds, et qu'on le précipitât dans les ténèbres extérieures (*Matth.* XXII, 10). Un seul homme, je ne sais lequel, parmi

« Peccator videbit (*Psal.*, III, 10.) : » neque enim non videbit, quando non potest civitas abscondi supra montem constituta (*Matth.*, v, 14).» « Peccator ergo videbit, et irascetur, dentibus suis frendet, et tabescet. » Latet in corde, et tegitur fronte venenum in sævientibus et indignantibus. Propterea et hic cogitationes eorum dicit, « Honorem, inquit, meum cogitaverunt repellere. » Non enim audent verbis proferre quod cogitant. Optemus illis bona, etiamsi (a) optant mala. « Judica illos Deus, decidant a cogitationibus suis (*Psal.*, 5, 11.). » Quid enim illis melius, quid utilius, quam ut inde cadant ubi male stant ? ut possint ipsi correcti dicere, « Statuisti pedes meos supra petram (*Psal.*, XXXIX, 6.). »

6. « Verumtamen cogitaverunt honorem meum repellere (*Psal.*, LXI, 5.), » Omnes contra unum, an unus contra omnes ; an omnes contra omnes, an unus contra unum? Interim cum dicit, « Apponitis super hominem, » tamquam super unum : et cum dicit, « Interficite omnes, » quasi omnes contra unum : sed tamen et omnes contra omnes, quia et Christiani omnes, sed in uno. Quid autem illi diversi errores inimici Christi, omnes tantum dicendi sunt ? nonne et unus? Plane audeo et unum dicere : quia una civitas et una civitas, unus populus et unus populus, rex et rex. Quid est, una civitas et una civitas? Babylonia una, Jerusalem una. Quibuslibe aliis etiam mysticis nominibus appelletur, una tamen civitas et una civitas; illa rege diabolo, ista rege Christo. Intendo enim Evangelico quodam loco, ett movet me, puto quod et vos. Postea quam invitati sunt multi ad nuptias boni et mali, et impletæ sunt nuptiæ recumbentium (*Matth.*, XXII, 10, etc.) : servi enim missi, ut præceptum erat, invitaverunt et bonos et malos : et ingressus est rex inspicere recumbentes, et invenit hominem non habentem vestem nuptialem, et ait illi quod nostis : « Amice, unde huc venisti, non habens vestem nuptialem? At ille obmutuit : » et jussit ei ligari manus et pedes, et projici eum in tenebras exteriores. Levatus est de

(a) Plerique MSS. *Optemus illis bene, etiamsi putant male.*

une si grande foule de convives, fut donc enlevé de la salle du festin, et livré au châtiment. Mais le Seigneur, voulant montrer que ce seul homme représentait tout un corps composé de beaucoup d'hommes, après avoir ordonné qu'il fût jeté dehors et livré au supplice qu'il avait mérité, ajouta aussitôt : « Car il y a beaucoup d'appelés, mais peu d'élus. » Qu'est cela ? Vous avez appelé à vous des foules entières, et une immense multitude s'est présentée ; vous avez fait une annonce, et à votre voix sont venus des hommes dont on ne peut dire le nombre (*Ps.* XXXIX, 6) ; la salle des noces a été remplie de convives, un seul en a été expulsé, et vous dites cependant : Il y a beaucoup d'appelés, mais il y a peu d'élus. Que ne dites-vous plutôt : tous sont appelés, beaucoup sont élus, un seul est rejeté ? Si encore le Seigneur eût dit : Beaucoup sont appelés, la plupart sont élus, peu sont rejetés, nous trouverions un rapprochement plus vraisemblable entre peu et un seul. Mais au contraire il dit qu'un seul est rejeté, et il ajoute : Car beaucoup sont appelés et peu sont élus. Quels sont les élus, sinon ceux qui sont restés ? Un seul expulsé, ceux qui sont restés étaient les élus. Comment donc, un seul étant rejeté d'une foule nombreuse, peut-on dire qu'il y reste peu d'élus, si une immense multitude n'est comprise en ce seul homme ? Tous ceux qui goûtent les choses de la terre, tous ceux qui préfèrent à Dieu une félicité terrestre, tous ceux qui cherchent leurs intérêts et non ceux de Jésus-Christ (*Philip.* II, 21) appartiennent à cette cité unique qui, dans le langage mystique, est appelée Babylone, et dont le démon est le roi. Tous ceux, au contraire, qui goûtent les choses d'en haut, qui méditent les vérités célestes, qui au milieu du monde vivent dans une crainte continuelle d'offenser Dieu, qui évitent de pécher, qui n'ont pas honte de confesser leurs péchés, qui sont humbles, doux, saints, justes, pieux et bons, tous ces hommes appartiennent à une seule cité dont le Christ est le roi. La première des deux cités a sur la seconde la priorité de temps, mais elle ne l'emporte sur elle ni en grandeur, ni en gloire. L'une est l'aînée, l'autre est la plus jeune. L'une, en effet, commence à Caïn, l'autre à Abel. Ces deux corps, gouvernés par deux rois, se rapportant chacun à l'une des deux cités, sont ennemis jusqu'à la fin des siècles ; jusqu'à ce que vienne, après le mélange, la séparation, que les uns soient placés à droite et les autres à gauche, et que le Juge Suprême dise aux uns : « Venez, les bénis de mon Père, recevez le royaume qui vous a été préparé depuis le commencement du monde (*Matth.* XXV, 34) ; et aux autres : Allez dans le feu éternel, qui a été préparé pour le démon et pour ses anges (*Ibid.* 41). » En effet, c'est le Christ qui dit ces paroles : Venez, les bénis

---

convivio, et missus est in pœnas, nescio quis homo in tam magna turba recumbentium. Sed tamen Dominus volens ostendere unum illum hominem, unum corpus esse quod constat ex multis, ubi jussit eum projici foras, et mitti in debitas pœnas, subjecit continuo. « Multi enim sunt vocati, pauci vero electi (*Ibid.*, 14). » Quid est hoc ? Convocasti turbas, venit ingens multitudo, annuntiasti, locutus es, « multiplicati sunt super numerum (*Psal.*, XXXIX, 6),» impletæ sunt nuptiæ recumbentium, projectus est inde solus unus, et dicis, « Multi enim sunt vocati, pauci vero electi. » Cur non potius, Omnes vocati, multi electi, unus projectus ? Si diceret, Multi enim sunt vocati, et plures electi, pauci vero reprobi : in paucis forte verisimilius intelligeremus unum illum. Nunc vero dicit quod unus inde projectus est, et subdit, « Multi enim sunt vocati, pauci vero electi. » Qui sunt electi, nisi qui remanserunt. Projecto uno, electi remanserunt. Quomodo projecto uno de multis pauci electi, nisi quia in illo uno multi ? Omnes qui terrena sapiunt, omnes qui felicitatem terrenam Deo præferunt, « omnes qui sua quærunt, non quæ Jesu Christi, (*Philipp.*, II, 21) » ad unam illam civitatem pertinent, quæ dicitur Babylonia mystice, et habet regem diabolum. Omnes autem qui ea quæ sursum sunt sapiunt, qui cælestia meditantur, qui cum sollicitudine in sæculo vivunt ne Deum offendant, qui cavent peccare, quos peccantes non pudet confiteri, humiles, mites, sancti, justi, pii, boni, omnes ad unam civitatem pertinent, quæ regem habet Christum. Illa enim in terra quasi major est tempore, non sublimitate, non honore. Civitas illa prior nata, civitas ista posterior nata. Illa enim incepit a Cain, hæc ab Abel. Hæc duo corpora sub duobus regibus agentia, ad singulas civitates pertinentia, adversantur sibi usque in finem sæculi, donec fiat ex commixtione separatio, et alii ponantur ad dexteram, alii ad sinistram, dicaturque illis, « Venite benedicti Patris mei, percipite regnum quod vobis paratum est ab exordio mundi (*Matth.*,

de mon Père, recevez le royaume qui vous a été préparé depuis le commencement du monde. Roi de sa cité, il triomphe de toutes choses, et il dit à ceux qu'il a mis à sa gauche, comme appartenant à la cité des méchants : « Allez dans le feu éternel. » Mais, est-ce qu'il les sépare de leur roi ? Non. Il ajoute en effet : » qui a été préparé pour le démon et pour ses anges. »

7. Faites attention, mes frères, faites attention, je vous en prie; car, je me plais à vous dire encore quelques mots de cette douce cité de Dieu. « O cité de Dieu, les choses les plus glorieuses ont été dites de toi (*Ps.* LXXXVI, 3). » « Et si jamais je t'oublie, ô Jérusalem, que ma droite soit livrée à l'oubli (*Ps.* CXXXVI, 5). » Il n'y a, en effet, qu'une seule douce patrie, la patrie véritablement unique, et la seule qui soit la patrie; en dehors d'elle, tout ce que nous pouvons posséder appartient à la terre du voyage. Ce que je vous dirai donc, vous le reconnaîtrez, vous l'approuverez; je vous rappellerai ce que vous connaissez ; je vous enseignerai ce que vous n'ignorez pas. » La priorité du temps, dit l'Apôtre, n'appartient pas à ce qui est spirituel, mais à ce qui est animal; ce qui est spirituel vient ensuite (I *Cor.* xv 46). » C'est pourquoi la cité terrestre est la plus ancienne des deux, parce que Caïn est né le premier, et qu'Abel est né après lui (*Gen.* IV, 1 et 2); mais de ces deux cités l'aînée servira la plus jeune (*Gen.* xxv, 23). L'une l'emporte donc par le temps, et la seconde par la dignité. Pourquoi celle-là est-elle l'aînée ? Parce que la priorité de temps n'appartient pas à ce qui est spirituel mais à ce qui est animal (I *Cor.* xv, 46). Et pourquoi la seconde l'emporte-t-elle en dignité sur la première ? Parce qu'il est écrit que l'aîné servira le plus jeune (*Gen.* xxv, 23). Or, comme nous le lisons dans la Genèse (*Gen.* IV, 17), c'est Caïn qui bâtit une ville : avant qu'il n'existât aucune ville, à l'origine des choses humaines, Caïn bâtit une ville. Sans aucun doute, vous comprendrez que déjà beaucoup d'hommes étaient nés de ces deux hommes et de ceux qu'ils avaient engendrés, de sorte que l'on pouvait en réunir un assez grand nombre pour qu'on donnât le nom de ville à leur société. Caïn bâtit donc une ville là où il n'y avait pas encore de ville. Plus tard a été bâtie Jérusalem, le royaume de Dieu, la ville sainte, la cité de Dieu, et elle a été placée comme une ombre et une figure de l'avenir. Comprenez donc ce grand mystère, et saisissez ce que je vous ai dit dès le commencement. Ce qui a été fait d'abord, ce n'est pas ce qui est spirituel, mais ce qui est animal, et ensuite est venu ce qui est spirituel. C'est pourquoi Caïn a le premier bâti une ville, et il l'a bâtie là où il n'y avait aucune ville. Au contraire, lorsque le temps fut venu de bâtir Jérusalem, on ne choisit pas un lieu où il n'y eût point encore de ville; là, en effet, était une ville

nommée Jébus, d'où sont venus les Jébuséens (*Jos.* XVIII, 28). Jébus fut prise, vaincue, soumise, et comme détruite en raison de sa vétusté, et sur ses ruines s'éleva une ville nouvelle, qui fut appelée Jérusalem, vision de paix, cité de Dieu. Tout homme né d'Adam n'appartient donc pas encore à Jérusalem, car il porte avec lui la transmission de l'iniquité, la peine du péché et sa condamnation à la mort; il appartient en quelque sorte à certaine vieille cité. Mais, s'il doit entrer dans le peuple de Dieu, le vieil homme sera détruit et le nouveau s'élèvera pour le remplacer. Voilà pourquoi Caïn bâtit une ville là où n'y avait encore aucune ville. En effet, chacun commence par l'état de mort et de péché, pour devenir ensuite bon. « De même, en effet, dit l'Apôtre, que par la désobéissance d'un seul homme un grand nombre d'hommes sont devenus pécheurs, de même, par l'obéissance d'un seul homme, beaucoup d'hommes deviendront justes (*Rom.* V, 19). » Tous nous mourons en Adam (I *Cor.* XV, 22), parce que tous nous sommes nés d'Adam. Que chacun entre donc dans Jérusalem; là le vieil homme sera détruit et le nouvel homme sera formé. Quand l'Apôtre dit : « Dépouillez-vous du vieil homme et revêtez le nouveau (*Coloss.* III, 9), » il nous prescrit, en quelque sorte, de détruire Jébus et de bâtir Jérusalem. Et à ceux qui déjà sont établis dans Jérusalem et brillent de la lumière de la grâce, il dit : « Vous avez été autrefois ténèbres ; vous êtes maintenant lumière dans le Seigneur (*Éphés.* V, 8). » La cité du mal vit donc du commencement jusqu'à la fin ; et la cité du bien est bâtie avec les méchants qui changent de vie.

8. Et, présentement, ces deux cités sont mêlées ; à la fin, elles seront séparées. Elles sont l'une contre l'autre dans une lutte perpétuelle : l'une combat pour l'iniquité, l'autre pour la justice ; l'une pour la vanité, l'autre pour la vérité. Et quelquefois ce mélange temporel fait que des hommes qui appartiennent à la cité de Babylone administrent certaines affaires de la cité de Jérusalem et, par contre, que des hommes qui appartiennent à la cité de Jérusalem administrent certaines affaires de la cité de Babylone. Avancer cette proposition, c'est en promettre la preuve, chose difficile peut-être à vos yeux. Prenez patience, jusqu'à ce que des exemples aient fourni cette démonstration. En effet, dans l'ancien peuple, comme le dit l'Apôtre : « Tout ce qui arrivait était une figure de l'avenir ; et ces faits ont été écrits pour notre amendement, à nous qui vivons à la fin de ces temps figuratifs (I *Cor.* X, 11). » Considérez donc ce premier peuple, établi pour figurer le peuple qui lui succèdera, et voyez dans son histoire la démons-

ficavit ubi nulla erat civitas. Ut vero ædificaretur Jerusalem, non ibi ædificata est ubi non erat civitas, sed erat civitas primo quæ appellabatur Jebus, unde Jebusæi (*Jos.* XVIII, 28). Ea capta, devicta, subjecta, ædificata est nova civitas tamquam destructa vetere; et appellata Jerusalem, visio pacis, civitas Dei. Unusquisque ergo natus ex Adam, nondum pertinet ad Jerusalem : portat enim secum traducem iniquitatis, pœnamque peccati, deputatus morti ; et pertinet quodammodo ad veterem quamdam civitatem. Sed si futurus est in populo Dei; destruetur vetus, et ædificabitur novus. Ideo ergo Cain civitatem ædificavit ubi non erat civitas. A mortalitate enim et a malitia quisque incipit , ut fiat bonus postea. « Sicut enim per inobedientiam unius hominis, peccatores constituti sunt multi, ita per obedientiam unius hominis justi constituentur multi (*Rom.* V, 19). » Et « omnes in Adam morimur (I *Cor.* XV, 22.) » et unusquisque nostrum ab Adam natus est. Transeat ad Jerusalem, destruetur vetus, et ædificabitur novus. Tamquam devictis Jebusæis, ut ædificetur Jerusalem, dicitur, « Exuite vos veterem hominem, et induite novum (*Coloss.* III, 9). » Jamque ædificatis in Jerusalem, et gratiæ luce fulgentibus, dicitur, « Fuistis aliquando tenebræ, nunc autem lux in Domino (*Ephes.* V, 3). » Mala ergo civitas ab initio usque in finem currit, et bona civitas mutatione malorum conditur.

8. Et sunt istæ duæ civitates permixtæ interim, in fine separandæ ; adversus se invicem configentes, una pro iniquitate, altera pro justitia ; una pro vanitate, altera pro veritate. Et aliquando ipsa commixtio temporalis facit, ut quidam pertinentes ad civitatem Babyloniam, administrent res pertinentes ad Jerusalem ; et rursum quidam pertinentes ad Jerusalem, administrent res pertinentes ad Babyloniam. Difficile aliquid promississe videor. Patientes estote, donec demonstretur exemplis. Omnia enim in vetere populo, sicut scribit Apostolus, « in figura contingebant eis : scripta sunt autem ad correctionem nostram , in quos finis sæculorum obvenit (I *Cor.* X, 11). » Respicite ergo populum illum primum positum etiam ad significandum populum posteriorem ; et videte ibi quæ dico. Fuerunt reges

tration de ce que je vous ai dit. Il y eut de grands rois dans Jérusalem; cela est bien connu, tout le monde les compte et les nomme. Parmi eux, tous ceux qui étaient méchants administraient, bien qu'ils fussent de la cité de Babylone, les affaires de Jérusalem, et tous, lorsqu'à la fin se fera la séparation, ne pourront appartenir qu'au démon. D'un autre côté, nous trouvons des citoyens de Jérusalem qui ont administré certaines affaires de Babylone. En effet, Nabuchodonosor, vaincu par le miracle qui avait préservé les trois jeunes hommes, les chargea d'administrer son royaume, et les mit au-dessus de ses satrapes, et les citoyens de Jérusalem administraient les affaires de Babylone (*Dan*. II, 48, et III, 97). Voyez maintenant que la même chose a lieu et se passe dans l'Église même de nos jours. Tous ceux dont il a été dit : « Faites ce qu'ils disent et gardez-vous de faire ce qu'ils font (*Matth*. XIII, 3), » sont des citoyens de Babylone, qui administrent les affaires publiques de la cité de Jérusalem. Si, en effet, ils n'étaient pour rien dans l'administration de la cité de Jérusalem, pourquoi ces paroles : Faites ce qu'ils disent? Pourquoi ces paroles : Ils sont assis dans la chaire de Moïse? D'autre part, s'ils sont citoyens de Jérusalem, destinés à régner éternellement avec le Christ, pourquoi ces paroles : Gardez-vous de faire ce qu'ils font? N'est-ce point parce que le Christ leur dira un jour : « Retirez-vous de moi, vous tous qui commettez l'iniquité (*Luc*. XIII, 17)? » Vous voyez donc maintenant, que les citoyens de la cité du mal administrent certaines affaires de la cité du bien. Voyons également si les citoyens de la cité du bien administrent quelquefois certaines affaires de la cité du mal. Tout empire terrestre est destiné à périr un jour, et son règne sera fini quand viendra ce règne, dont nous disons dans nos prières : « Que votre règne arrive (*Matth*. VI, 10); » règne dont il a été dit prophétiquement : « Et son règne n'aura pas de fin (*Luc*. I, 33). » Or, l'empire terrestre a plusieurs de nos citoyens qui administrent ses affaires. Combien de fidèles en effet, combien d'hommes vertueux, qui sont dans les villes qu'ils habitent, magistrats, juges, chefs d'armée, comtes et rois ! Tous sont justes et bons, et ils n'ont dans le cœur que les très-glorieuses paroles qui ont été dites sur vous, ô cité de Dieu(*Ps*.LXXXVI, 3). Ils font, en quelque sorte, les corvées dans la ville où ils sont de passage; et les docteurs de la cité sainte leur ordonnent d'y garder la foi qu'ils doivent à ceux qui sont placés au-dessus d'eux, « soit au roi, parce qu'il est le souverain, soit aux chefs, parce qu'ils ont été envoyés par lui pour punir les méchants et honorer les bons (I *Pierre* II, 13). » Sont-ils esclaves, il leur est prescrit d'être soumis à leurs maîtres, même à des maîtres païens, quoique eux-mêmes soient

---

magni in Jerusalem : notum est, numerantur, nominantur. Omnes ergo iniqui cives erant Babyloniæ, et administrabant res Jerusalem : omnes in finem inde separandi nonnisi ad diabolum pertinent. Rursus invenimus cives de Jerusalem administrasse res quasdam pertinentes ad Babyloniam. Nam tres illos pueros victus miraculo Nabuchodonosor regni sui administratores fecit, et constituit eos super satrapas suos; et administrabant res Babyloniæ cives de Jerusalem (*Dan*. II, 48, et III, 97.). Respicite nunc impleri hoc et agi in Ecclesia, et his temporibus. Omnes de quibus dictum est, Quæ dicunt facite, quæ autem faciunt facere nolite, cives sunt Babyloniæ, administrantes rem-publicam civitatis Jerusalem. Si enim nihil administrarent civitatis Jerusalem, unde, « Quæ dicunt facite (*Matth*. XXIII, 3)? » unde, Cathedram Moysi sedent? Rursus si cives sunt ipsius Jerusalem qui regnabunt in æternum cum Christo, unde, Quæ faciunt facere nolite, nisi quia et audituri sunt, « Recedite a me omnes qui operamini iniquitatem (*Luc*. XIII, 27)? » Notum est ergo vobis, cives malæ civitatis administrare quosdam actus bonæ civitatis. Videamus si et nunc cives bonæ civitatis administrent quosdam actus malæ civitatis. Terrena omnis res-publica quandoque utique peritura, cujus regnum transiturum est, cum veniet illud regnum de quo oramus, « Veniat regnum tuum (*Matth*. VI, 10) : » et de quo prædictum est, « Et regni ejus non erit finis (*Lucæ* I, 33) : » terrena ergo res-publica habet cives nostros administrantes res ejus. Quam multi enim fideles, quam multi boni et Magistratus sunt in civitatibus suis, et Judices sunt, et Duces sunt, et Comites sunt, et Reges sunt? Omnes justi et boni, non habentes in corde nisi gloriosissima quæ de te dicta sunt civitas Dei (*Psal*. LXXXVI, 3). Et quasi angariam faciunt in civitate transitura, et illic a doctoribus civitatis sanctæ jubentur servare fidem præpositis suis, sive Regi quasi præcellenti, sive Ducibus tamquam a Deo missis ad vindictam malorum, laudem

chrétiens (*Éphés.* vi, 5). Que le bon garde ainsi sa foi au méchant; car, s'il le sert dans le temps, il le dominera pendant l'éternité. Tout ceci, en effet, a lieu jusqu'à ce que passe l'iniquité (*Ps.* LVI, 2). Il est ordonné aux serviteurs de supporter les maîtres injustes et difficiles : il est ordonné aux citoyens de Jérusalem de tout souffrir de la part des citoyens de Babylone, et même d'avoir pour ceux-ci plus de déférence qu'ils n'en auraient s'ils étaient eux-mêmes citoyens de Babylone, comme pour accomplir le précepte du Sauveur : « Si quelqu'un vous contraint de faire mille pas avec lui, faites-en encore deux autres mille (*Matth.* v, 41). » Or, cette cité tout entière, dispersée, répandue de tous côtés, mêlée à la cité de Dieu, le Psalmiste l'apostrophe et lui dit : « Jusques à quand vous réunirez-vous contre un seul homme? Frappez le tous et le tuez (*Ps.* LXI, 4), » vous qui êtes hors de l'Église comme des épines au milieu des haies, ou comme des arbres stériles dans les forêts, et vous qui êtes dans l'Église comme de l'ivraie ou comme de la paille; vous tous, tant que vous êtes et qui que vous soyez, séparés, mêlés, aujourd'hui tolérés, demain séparés, « frappez-le tous, et le tuez : poussez-le comme une muraille inclinée et comme une masure en ruines (*Ibid.*). » « Cependant ils ont formé le dessein de détruire ma gloire. (*Ibid.* 5.). » Ils ne l'ont pas formé tout haut, mais cependant ils l'ont formé. « Ils ont formé le dessein de détruire ma gloire. »

9. « J'ai couru ayant une soif ardente (*Ibid.*) . » « Ils me rendaient le mal pour le bien (*Ps.* XXXIV, 12). » Les uns me tuaient, les autres me repoussaient; moi j'avais soif d'eux. Ils formaient le dessein de détruire ma gloire; moi j'avais soif de les faire passer dans mon corps. Car que faisons-nous en buvant, sinon d'introduire dans nos membres l'eau qui est dehors et de nous l'incorporer? C'est ce que fit Moïse avec la tête du veau d'or (*Ex.* XXXII, 20). Cette figure renferme une signification mystérieuse très-importante. En effet, la tête de ce veau signifie le corps des impies, qui ne cherchent que les choses terrestres, semblables au veau qui mange le foin (*Ps.* CV, 20), toute chair n'étant que foin (*Is.* XL, 6). Cette tête signifiait donc, comme je l'ai dit, le corps des impies. Moïse, irrité, la jeta dans le feu, la réduisit en poudre, délaya cette poudre dans de l'eau et fit boire cette eau au peuple (*Exod.* XXXII, 20). Ainsi la colère du Prophète devint une occasion de prophétie. Car ce corps des impies est jeté dans le feu des tribulations et la parole de Dieu le met en poudre. En effet, ils se séparent peu à peu de l'unité de ce corps; et le corps se détruit par le temps, comme un vêtement. Quiconque devient chrétien se sépare de ce peuple; il est comme une poussière détachée de la masse. Réunis en

---

vero bonorum (1 *Pet.* II, 13); sive servi, ut dominis suis subditi sint, et Christiani paganis, et servet fidem melior deteriori ad tempus servituras, in æternum dominaturus (*Ephes.* VI, 5). Fiunt enim ista donec transeat iniquitas (*Psal.* LVI, 2). Jubentur servi ferre dominos iniquos et difficiles : cives Babyloniæ jubentur tolerari a civibus Jerusalem, et amplius obsequiorum exhibentibus, quam si cives essent ex ipsa Babylonia, tamquam implentibus, « Qui te angariaverit mille passus, vade cum illo alia duo. (*Matth.* V, 41). » Hanc totam civitatem dispersam, diffusam, permixtam, alloquitur his verbis, et dicit, « Quo usque apponitis super hominem? Interficite omnes (*Ps.* LXI, 4). » et qui foris estis tamquam spinæ in sepibus, aut tamquam ligna infructuosa in silvis, quique intus estis tamquam zizania, vel tamquam palea, omnes quotquot estis, separati, permixti, tolerandi, separandi, « interficite omnes, tamquam parieti inclinato et maceriæ depulsæ. Verumtamen honorem meum cogitaverunt repellere (*Ibid.* 5). » Non dixerunt, sed tamen cogitaverunt. « Cogitaverunt repellere honorem meum. »

9. « Cucurri in siti (*Ibid.*, 5). » « Retribuebant enim mala pro bonis (*Psal.*, XXXIV, 12.). » Illi interficiebant, illi repellebant; ego eos sitiebam : illi honorem meum cogitaverunt repellere ; ego eos in corpus meum sitiebam trajicere. Bibendo enim quid facimus, nisi humorem foris positum in membra mittimus, et in corpus nostrum ducimus? Hoc fecit Moyses in illo capite vituli. (*Exodi*, XXXII, 20). Caput vituli, magnum sacramentum. Caput enim vituli corpus erat impiorum, « in similitudine vituli manducantis fœnum (*Psal.*, CV, 20), » terrena quærentium : quia « omnis caro fœnum. (*Isai*, XL, 6.) » Erat ergo, ut dixi, corpus impiorum. Iratus Moyses in ignem misit, comminuit, in aqua sparsit, bibendum populo dedit, (*Exodi*, XXXII, 20) et ira Prophetæ administratio facta est prophetiæ. Corpus enim illud in ignem mittitur tribulationum, et verbo Dei comminuitur. Paulatim enim desistunt ab

masse, ils n'ont que de la haine; réduits en poudre, ils croient. Et qu'y a-t-il d'autre part de plus évident que ce fait : que les hommes pécheurs devaient entrer par le baptême dans le corps de cette cité de Jérusalem, dont le peuple d'Israël était l'image? C'est pourquoi la poudre du veau d'or a été jetée dans l'eau, pour être donnée en breuvage. C'est de cette eau que que le Christ a soif jusqu'à la fin des temps : il court et il est dévoré par la soif. Il boit ce breuvage en grande quantité ; mais jamais sa soif ne sera éteinte. C'est de là que vient cette parole : Femme, j'ai soif, donnez-moi à boire (*Jean* IV). La Samaritaine qui était auprès du puits reconnut la soif du Seigneur, et elle fut rassasiée par celui même qui avait soif; elle reconnut d'abord la soif du Seigneur, afin que le Seigneur se désaltérât aux eaux de sa foi. Sur la croix Jésus dit aussi : « J'ai soif(*Jean*, XIX, 28),» bien que les juifs ne dussent pas lui donner le breuvage qu'il désirait. C'était d'eux-mêmes, en effet, qu'il avait soif; mais ils lui donnèrent du vinaigre : non pas ce vin nouveau dont on remplit les outres neuves (*Matth.* IX, 17), mais du vin vieux et gâté par la vieillesse. Car on donne par comparaison le nom de vieux vinaigre au vieil homme, à ceux dont il est dit dans un autre psaume : « Il n'y a aucun changement à attendre d'eux (*Ps.* LIV, 20); » il n'y a point à espérer d'eux, que Jérusalem s'élève un jour sur les ruines de la ville des Jébuséens (II *Rois.* v, 6, etc.).

10. Ainsi le corps de l'Eglise court, à l'imitation de sa tête, dévoré d'une soif pareille, jusqu'à la fin des siècles. Et comme si on lui disait : Que vous manque-t-il? que vous manque-t-il dans votre soif, ô corps du Christ, ô Eglise du Christ? Comblée de tant de gloire, parvenue à une si grande élévation, placée à une telle hauteur, même dans le siècle présent, que désirez-vous encore? Les prédictions faites sur vous sont accomplies : « tous les rois de la terre l'adoreront, toutes les nations seront à son service (*Ps.* LXXI, 11). » Pourquoi donc éprouver cette soif? De quoi êtes-vous altérée? Tant de peuples ne suffisent-ils pas à vos désirs? — De quels peuples parlez-vous? De bouche ils me bénissaient, et ils me maudissaient dans leur cœur (*Ps.* v, 3). « Il y a beaucoup d'appelés, mais peu d'élus (*Matth.* XXII, 14). » Une femme qui souffrait d'une perte de sang, toucha le bord de la robe du Seigneur, et fut guérie. Le Seigneur admirant celle qui l'avait touché, car il avait senti sortir de lui une vertu qui devait la guérir, demanda : qui m'a touché ? Et les disciples s'étonnaient : La foule vous presse, dirent-ils, et vous demandez : Qui m'a touché? Et il reprit : Quelqu'un m'a touché (*Marc.* v, 27). Comme s'il eût dit : La foule me

---

unitate corporis ejus. Sicut enim vestimentum, ita per tempus absumitur. Et unusquisque qui fit Christianus, separatur ab illo populo, et quasi a massa comminuitur. Conspirati oderunt, (*a*) comminuti credunt. Et quid jam evidentius, quam quod in corpus illud civitatis Jerusalem, cujus imago erat populus Israël, per baptismum trajiciendi erant homines? Ideo in aqua sparsum est, ut in potum daretur. Hoc usque in finem sitit iste, currit et sitit. Multos enim bibit, sed numquam erit sine siti. Inde est enim. Sitio, mulier, da mihi bibere. Samaritana illa ad puteum sitientem Dominum sensit, et a sitiente satiata est (*Johan.*, IV, 7) : sensit prior illa sitientem, ut biberet ille credentem. Et in cruce positus, « Sitio (*Johan.*, XIX, 28), » dixit, quamvis illi non hoc dederint quod sitiebat. Ipsos enim ille sitiebat : at illi acetum dederunt, non vinum novum, quo implentur utres novi; sed vinum vetus, (*b*) sed male vetus (*Matth.*, IX, 17.). Dicitur enim et acetum vetus, veteres homines de quibus dictum est, « Non enim est illis commutatio (*Psal.*, LIV, 20) : » ut eversis Jebusæis ædificaretur Jerusalem (II *Reg.*, v,6,etc).

10. Sic et corpus capitis hujus usque in finem ab initio currit in siti. Et quasi ei diceretur, Quid in siti ? quid tibi deest, o corpus Christi, o Ecclesia Christi? in tanto honore, in tanta sublimitate, in tanta celsitudine etiam et in hoc sæculo constituta, quid tibi deest? Impletur de te quod prædictum est, « Adorabunt eum omnes reges terræ, omnes gentes servient illi (*Psal.*, LXXI, 11). » Quid ergo sitis ? quid sitis? tantis populis non satiaris? Quos populos dicis? « Ore suo benedicebant, et corde suo maledicebant (*Psal.*, LXI, 5). » « Multi vocati, pauci autem electi (*Matth.*, XXII, 14.). » Mulier fluxum sanguinis patiens, vestis ejus fimbriam tetigit, et sanata est : (*Marci*, v, 27) et cum miraretur Dominus tangentem, quod de se senserat exisse virtutem, scilicet ad sanandam mulierem, dixit, Quis me tetigit? Et ad-

---

(*a*) Plerique MSS. *minutatim credunt.* (*b*) Sic MSS. At editi, *et malum vetus. Dicitur enim et vinum vetus.*

presse de toutes parts, une seule femme m'a touché. Ceux qui, dans les solennités de Jérusalem, remplissent les églises remplissent les théâtres dans les solennités de Babylone ; et cependant ils servent Dieu, ils le glorifient, ils lui rendent hommage : et ce ne sont pas seulement ceux qui reçoivent les sacrements du Christ et qui haïssent au fond du cœur les commandements du Christ, mais ceux-là même qui, païens ou Juifs, ne reçoivent pas ces sacrements; eux aussi, ils honorent Dieu, ils le glorifient, ils le prêchent, mais « Ils ne le bénissent que de bouche. » Je ne fais point attention aux paroles de la bouche; celui qui m'a instruit sait ce qu'ils sont : « Ils me maudissaient dans leur cœur. » Ils me maudissaient là où ils avaient formé le dessein de détruire ma gloire.

11. Que ferez-vous, ô Idithun, corps du Christ, qui avez dépassé ces hommes? Que ferez-vous au milieu de toutes ces difficultés? Que ferez-vous? Perdrez-vous courage? Ne persévérerez-vous pas jusqu'à la fin? N'entendrez-vous point ces paroles : « Celui qui aura persévéré jusqu'à la fin sera sauvé, » bien que la charité d'un grand nombre doive se refroidir, parce que l'iniquité se multipliera (*Matth.* x, 22 et xxiv, 16)? Et que deviendra le chemin que vous avez fait en dépassant ces hommes? Que deviendront ces paroles : Ma conversation est dans les cieux (*Philip.* iii, 20)? Pour eux, ils sont attachés aux choses de la terre ; comme des enfants de la terre, ils goûtent la terre et ne sont eux-mêmes que la terre dont le serpent se nourrit (*Gen.* iii, 14). Que ferez-vous au milieu de ces désordres? Bien que telles soient leurs actions, répond Idithun, bien que telles soient leurs pensées, bien qu'ils me poussent et qu'ils cherchent à me renverser comme un mur qui penche, bien qu'ils me sentent élevé au-dessus d'eux, et qu'ils cherchent à détruire mon honneur, bien qu'ils me bénissent de bouche et me maudissent de cœur, bien qu'ils me dressent des embûches quand ils le peuvent, et qu'ils me calomnient quand ils le peuvent, « cependant mon âme sera soumise à Dieu. » Et qui donc a tant d'attaques à supporter, soit par guerre ouverte, soit par embûches cachées? Qui a tant de souffrances à supporter au milieu d'ennemis avoués et de faux frères? Qui a tant de souffrances à supporter? Est-ce un homme? et si c'est un homme, les supportera-t-il par ses seules forces d'homme? Je n'ai pas franchi tant de degrés inférieurs pour m'enfler d'orgueil et tomber : « Mon âme sera soumise à Dieu, parce que ma patience vient de lui. » Quelle est la source de notre patience au milieu de si affreux scandales, sinon que nous espérons ce que nous ne voyons pas, et que nous l'attendons par la patience (*Rom.* viii, 25). La souffrance m'est venue, le repos me viendra aussi; la tri-

---

mirati discipuli, Turbæ te comprimunt, et dicis Quis me tetigit? Et ille, Tetigit me aliquis. Tamquam diceret, Una tetigit, turbæ premunt. Qui solemnitatibus Jerusalem implent Ecclesias, sollemnitatibus Babyloniæ implent theatra : et tamen serviunt, honorant, obsequuntur, non solum ipsi qui portant sacramenta Christi, et oderunt præcepta Christi, verum etiam illi qui nec sacramenta ipsa portant, Pagani licet sint, Judæi licet sint, honorant, laudant, prædicant; sed « ore suo benedicebant. » Non adtendo ad os, novit ille qui me instruxit, « corde suo maledicebant. » Ibi maledicebant, ubi honorem meum cogitaverunt repellere.

11. Quid tu, o Idithun, corpus Christi, transiliens eos? Quid tu inter hæc omnia? quid tu? deficies? non perseverabis usque in finem? non audies, Qui perseveraverit usque in finem, hic salvus erit, (a) quamvis quoniam abundat iniquitas, refrigescet caritas multorum (*Matth.* x, 22, et xxiv, 16)? ubi est quod transilisti eos? ubi est quod conversatio tua in cælis est (*Philip.* iii, 20)? Illi autem inhærent terrenis, tamquam terrigenæ sapiunt terram, et sunt terra serpentis cibus (*Gen.* iii, 14). Quid tu inter hæc? Verumtamen quamvis hæc faciant, quamvis hæc cogitent, quamvis impellant, quamvis quasi inclinato instent, quamvis jam erectum sentiant, et honorem meum repellere cogitent, quamvis ore suo benedicant et corde suo maledicant, quamvis insidientur ubi possunt, calumnientur ubi possunt : « Verumtamen Deo subjicietur anima mea (*Psal.* lxi, 6). » Et quis tanta toleret, vel aperta bella, vel occultas insidias? Quis tanta toleret inter apertos hostes, inter falsos fratres? quis tanta toleret? numquid homo ? et si homo, numquid a seipso homo? Non sic transilivi ut extollar, et cadam: « Deo subjicietur anima mea : quoniam ab ipso est

() Sic MSS. At Editi, *quoniam quamvis.*

bulation m'est venue, le moment viendra aussi où je serai pur de tout péché. Est-ce que l'or brille dans le creuset de l'orfèvre? Il brillera sur un collier, il brillera sur quelque autre ornement; mais, en attendant, qu'il supporte la flamme du creuset, pour arriver à la lumière dégagé de tout mélange impur. Dans ce creuset, il y a de la paille, il y a de l'or, il y a du feu : l'orfèvre attise la flamme; la paille brûle dans le creuset, tandis que l'or s'y purifie; la paille est réduite en cendre et l'or est dégagé de tout mélange impur. Le creuset, c'est le monde; la paille, les impies; l'or, les justes; le feu, les tribulations; l'orfèvre, Dieu. Ce que veut l'orfèvre, je le fais; où me place l'orfèvre, je reste patiemment; à moi le devoir de supporter, à lui la science de me purifier. Que la paille brûle pour m'enflammer et comme pour me consumer, elle est réduite en cendres, mais moi je suis dégagé de toutes souillures. Pourquoi? Parce que « mon âme sera soumise à Dieu, parce que ma patience vient de lui. »

12. Qu'est-il pour vous, celui de qui vient votre patience? « Parce qu'il est mon Dieu et mon salut; il me recevra et je n'émigrerai plus? (*Ps*. LXI, 7).» « Parce qu'il est mon Dieu, » il m'appelle donc; « et mon salut, » il me justifie donc; « il me recevra, » il me glorifiera donc. Ici, je suis appelé et justifié (*Rom*. VIII, 30), là je serai glorifié; et de l'endroit où je serai glorifié, « je n'émigrerai plus. » Je ne resterai pas dans mon exil; cet exil est un lieu d'où je dois émigrer; mais j'arriverai en un lieu d'où je n'émigrerai plus. Car je suis passager sur la terre, comme tous mes pères l'ont été (*Ps.*XXXVIII, 13). Je quitterai donc cette hôtellerie; mais je ne quitterai pas ma demeure céleste.

13. « En Dieu est mon salut, en Dieu est ma gloire(*Ps*. LXI, 8). » Je serai sauvé en Dieu, je serai glorifié en Dieu; je ne serai pas seulement sauvé, mais glorifié : sauvé, parce que d'impie devenu juste, j'aurai été justifié par lui (*Rom*. IV, 5) ; glorifié, parce que je ne serai pas seulement justifié par lui, mais encore comblé d'honneur. « En effet, ceux qu'il a prédestinés, il les a aussi appelés. » Et qu'a t-il fait en les appelant? « Ceux qu'il a appelés, il les a aussi justifiés; et ceux qu'il a justifiés, il les a aussi glorifiés (*Rom*. VIII, 30). » Donc la justification se rapporte au salut et la glorification à l'honneur. Que la glorification se rapporte à l'honneur, il est inutile de discuter pour l'établir. Pour prouver que la justification se rapporte au salut, cherchons quelque enseignement. Il nous est offert par l'Évangile. Il y avait des hommes qui se croyaient justes et qui reprochaient au Seigneur d'admettre à sa table des pécheurs, de manger avec des publicains et des pécheurs. Que répondit le Seigneur à ces orgueilleux, à ces forts de la terre, si haut élevés, si fiers de la santé, non

---

patienta mea. » Quæ patienta inter tanta scandala, nisi quia si id quod non videmus speramus, per patientiam exspectamus (*Rom*. VIII, 25)? Venit dolor meus, veniet et requies mea : venit tribulatio mea, veniet et purgatio mea. Numquidnam lucet aurum in fornace aurificis ? In monili lucebit, in ornamento lucebit : patiatur tamen fornacem, ut purgatum a sordibus veniat ad lucem. Fornax ista, ibi palea, ibi aurum, ibi ignis, ad hanc flat aurifex : in fornace ardet palea, et purgatur aurum : illa in cinerem vertitur, a sordibus illud exuitur. Fornax mundus, palea iniqui, aurum justi, ignis tribulatio, aurifex Deus : quod vult ergo aurifex, facio; ubi me ponit artifex, tolero : jubeor ego tolerare, novit ille purgare. Ardeat licet palea ad incendendum me, et quasi consumendum me : illa in cinerem vertitur, ego sordibus careo. Quare ? Quia « Deo subjicietur anima mea : quoniam ab ipso est patienta mea. »

12. Quis est tibi iste, a quo est patientia tua? « Quoniam ipse est Deus meus et salutaris meus, susceptor meus, non emigrabo (*Psal*. LXI, 7). » « Quoniam ipse est Deus meus,» ergo vocat me : « et salutaris meus, » ergo justificat me : « et susceptor meus, » ergo glorificat me. Hic enim vocor et justificor, ibi autem glorificor (*Rom*. VIII, 30); et inde ubi glorificor, « non emigrabo. » Neque enim in peregrinatione mea remanebo : est hic unde emigrem, sed veniam unde non emigrabo. « Nam inquilinus ego sum apud te in terra, sicut omnes patres mei (*Ps*. XXXVIII, 13). » Ergo ab inquilinatu migrabo, de domo cælesti non emigrabo.

13. « In Deo salutare meum, et gloria mea (*Psal*. LXI, 8). » Salvus ero in Deo, gloriosus ero in Deo : non enim tantum salvus, sed et gloriosus; salvus, quia justus ex impio, ab illo justificatus (*Rom*. IV, 5); gloriosus autem, quia non solum justificatus, sed etiam honorificatus. « Etenim quos prædestinavit, illos et vocavit (*Rom*. VIII, 30). » Vocans eos quid fecit hic? Quos vocavit, ipsos et justificavit; quos autem justificavit, ipsos et glorificavit. Justificatio ergo ad salutem pertinet, glorificatio ad honorem. Quia glorificatio ad honorem pertinet, disputare non opus

qu'ils avaient, mais qu'ils croyaient avoir? « Ceux qui se portent bien n'ont pas besoin du médecin, mais ceux qui sont malades (*Matth.* IX, 12). » Quels sont ceux qu'il dit bien portants? Quels sont ceux qu'il dit malades? Il continue et dit : « Je ne suis pas venu appeler les justes, mais les pécheurs, à la pénitence (*Ibid.* 13). » Ceux qu'il dit se bien porter sont donc les justes, non que les Pharisiens fussent justes, mais ils croyaient l'être, et, à cause de cela, tout bouffis d'orgueil, ils enviaient le médecin aux malades, et plus malades eux-mêmes ils tuaient le médecin. Il a cependant appelé bien portants les justes, et malades les pécheurs. C'est donc de Dieu, dit Idithun, que me vient d'être justifié, et c'est encore de lui que me vient d'être glorifié. « En Dieu est mon salut, en Dieu est ma gloire: » mon salut, pour que je sois sauvé; ma gloire, pour que je sois honoré. Pour cela, à plus tard : mais quoi pour le présent? « Il est le Dieu de mon secours, et mon espérance est en Dieu ; » jusqu'au moment où j'arriverai à la parfaite justification et au salut complet. En effet, pour le moment, nous sommes sauvés en espérance ; mais ce ne sera plus une espérance, quand nous verrons ce que nous espérons (*Rom.* VIII, 24). Mon espérance est donc en Dieu, jusqu'à ce que je parvienne à cette glorification, qui fera briller les justes comme le soleil, dans le royaume de leur Père (*Matth.* XIII, 43). Jusque là et pour le présent, au milieu des tentations, au milieu des iniquités, au milieu des scandales, au milieu de tant d'attaques ouvertes et de mensonges insidieux, parmi ceux qui bénissent de bouche et maudissent de cœur, parmi ceux qui ont formé le dessein de détruire ma gloire, qu'est Dieu pour moi ? « Il est le Dieu de mon secours ; » il donne en effet des secours à ceux qui combattent. A ceux qui combattent contre qui? « Nous n'avons pas à lutter contre la chair et le sang, mais contre les princes et les puissances (*Éphés.* VI, 12). » « Il est donc le Dieu de mon secours, et mon espérance est en Dieu. » On espère, tant que l'on ne tient pas encore l'objet promis, et qu'on y croit sans le voir ; mais lorsque l'espérance sera réalisée, ce sera le salut et la glorification. Cependant, tant que le salut et la glorification sont différés, nous ne sommes pas abandonnés ; car, « il est le Dieu de mon secours, et mon espérance est en Dieu. »

14. « Mettez en lui votre espérance, vous tous qui formez l'assemblée du peuple. (*Ps.* LXI 9). » Imitez Idithun ; passez par-dessus vos ennemis, par-dessus tous ceux qui vous combattent, qui s'opposent à votre marche, qui vous haïssent; passez par-dessus. « Mettez en lui votre espérance, vous tous qui formez l'assemblée du peuple; répandez vos cœurs devant lui. » Gardez-vous de cé-

---

est. Quia justificatio pertinet ad salutem, quæramus aliquod documentum. Ecce occurrit ex Evangelio : Erant qui sibi videbantur justi, et reprehendebant Dominum, quod admittebat ad convivium peccatores, et cum publicanis et peccatoribus convescebatur : talibus itaque superbientibus, fortibus terræ valde elevatis, multum de sua sanitate gloriantibus, quam putabant, non quam tenebant, quid respondit Dominus ? « Non est opus sanis medicus, sed male habentibus (*Matth.* IX, 12.). » Quos dicit sanos, quos dicit male habentes? Sequitur, et dicit, « Non veni vocare justos, sed peccatores in pœnitentiam (*Ibid.* 13). » Appellavit ergo sanos justos, non quia Pharisæi hoc erant, sed quia hoc se esse arbitrabantur ; et ideo superbiebant, et medicum ægrotantibus invidebant, et plus ægrotantes medicum occidebant. Appellavit tamen sanos justos, ægrotantes peccatores. Ut ergo justificarer, ait iste transiliens, ab ipso mihi est; et ut glorificer ab ipso mihi est : « In Deo salutare meum et gloria mea. » « Salutare meum, » ut salvus sim : « gloria mea, » ut honoratus sim. Hoc tunc : modo quid ? « Deus auxilii mei, et spes mea in Deo : » donec perveniam ad perfectam justificationem et salutem. « Spe enim salvi facti sumus : spes autem quæ videtur, non est spes (*Rom.* VIII, 24). » Donec veniam ad illam glorificationem, ubi justi fulgebunt in regno Patris sui tamquam sol (*Matth.* XIII, 43). Interim nunc inter tentationes, inter iniquitates, inter scandala, inter apertas oppugnationes et subdolas locutiones, inter eos qui ore suo benedicunt, et corde suo maledicunt, inter eos qui honorem meum cogitant repellere, quid hic? » « Deus auxilii mei : » dat enim auxilium certantibus. Contra quos certantibus ? « Non est nobis colluctatio adversus carnem et sanguinem, sed adversus Principatus et Potestates (*Ephes.* VI, 12). » « Deus ergo auxilii mei, et spes mea in Deo. » Spes quamdiu nondum est quod promissum est et creditur quod nondum videtur : cum autem venerit, erit salvatio et glorificatio : non tamen, dum illa differuntur, deserimur ; « Deus enim auxilii mei, et spes mea in Deo. »

14. Sperate in eum omne consilium plebis (*Psal.* LXI, 9). » Imitamini Idithun, transilite inimicos ves-

der à ceux qui vous disent : Où est votre Dieu? « Mes larmes, dit le psalmiste, sont devenues mon pain du jour et de la nuit, tandis qu'on me dit chaque jour : où est votre Dieu? » Mais qu'ajoute le Prophète en cet endroit? « J'ai médité ces choses et j'ai répandu mon âme au-dessus de moi-même (*Ps.* XLI, 4). » Je me suis représenté ces paroles : « Où est votre Dieu? » Je m'en suis souvenu, et j'ai répandu mon âme au-dessus de moi-même. Cherchant mon Dieu, j'ai répandu mon âme au-dessus de moi-même; pour atteindre jusqu'à lui, je ne suis pas resté en moi. « Mettez donc en lui votre espérance, vous tous qui formez l'assemblée du peuple. Répandez vos cœurs devant lui ; » en le suppliant, en confessant son nom et en espérant. Gardez-vous de retenir vos cœurs au dedans de vous : « Répandez vos cœurs devant lui. » Ce que vous répandez devant lui ne périt pas. En effet, c'est lui qui me reçoit (*Ps.* LXI, 3). S'il vous reçoit, qu'avez-vous à craindre de répandre votre cœur ? Abandonnez à Dieu le soin de vous-même (*Ps.* LIV, 23), et mettez en lui votre espérance. « Répandez vos cœurs devant lui. Dieu est notre aide. » Que craignez-vous au milieu des murmurateurs, des calomniateurs que Dieu hait (*Rom.* I, 29-30); qui vous combattent ouvertement s'ils le peuvent, et, s'ils ne le peuvent pas, qui vous dressent secrètement des embûches; dont les louanges sont fausses et dont la haine seule est vraie? Que craignez-vous au milieu d'eux ? « Dieu est notre aide. » Seront-ils les rivaux de Dieu? Seront-ils plus forts que lui ? « Dieu est notre aide ; » soyez donc rassurés. Si Dieu est pour nous, qui sera contre nous (*Rom.* VIII, 31)? « Répandez vos cœurs devant lui, » franchissant tout obstacle pour aller à lui, et élevant vos âmes vers lui. « Dieu est notre aide. »

15. Et maintenant que vous êtes établis dans un lieu sûr, dans une tour fortifiée contre l'ennemi, ayez pitié de ceux que vous redoutiez; car la soif doit vous presser et vous faire courir de toutes parts. Regardez-la donc des hauteurs où vous êtes parvenus, et dites : « Cependant les fils des hommes sont vains, les fils des hommes sont menteurs (*Ps.* LXI, 10). » Fils des hommes, jusques à quand aurez-vous le cœur appesanti ? Fils des hommes remplis de vanité, fils des hommes remplis de mensonge, fils des hommes, pourquoi aimez-vous la vanité et cherchez-vous le mensonge (*Ps.* IV, 3) ? Dites ces paroles avec commisération et gardez la sagesse. Si vous êtes avancés au-delà des autres, si vous aimez vos ennemis (*Luc,* VI, 27), si vous ne désirez de destruction que pour rebâtir, si vous aimez celui qui juge les nations et qui remplit les ruines (*Ps.* CIX, 6) ; dites-leur ces paroles, sans haine contre eux, et sans leur rendre le mal pour le mal (*Rom.* XII, 17) : « Les fils des hommes sont menteurs dans leur manière de peser; par leur vanité ils ne font qu'un

---

tros; repugnantes vobis, resistentes itineri vestro, odio vos habentes transilite. « Sperate in eum omne concilium plebis : effundite coram illo corda vestra. » Nolite (*a*) cedere eis qui dicunt vobis, Ubi est Deus vester? « Factæ sunt, inquit, mihi lacrymæ meæ panis die ac nocte, dum dicitur mihi quotidie, Ubi est Deus tuus? (*Psal.* XLI, 4). » Sed quid ibi dicit? « Hæc meditatus sum, et effudi super me animam meam (*Ibid.* 5). » Commemoratus sum quod audio, Ubi est Deus tuus? memoratus sum hæc, et effudi super me animam meam. Quærens Deum meum, effudi super me animam meam, ut illum adtingerem, non in me remansi. Ergo, « Sperate in eum omne concilium plebis. Effundite coram illo corda vestra, » deprecando, confitendo, sperando. Nolite corda vestra retinere intra corda vestra : « Effundite coram illo corda vestra. » Non perit quod effunditis. « Ille enim susceptor meus (*Psal.* LXI, 3). » Si suscipit, quid times effundere ? « Jacta in Dominum curam tuam, et spera in eum (*Psal.* LIV, 23). » « Effundite coram illo corda vestra : Deus adjutor noster. » Quid timetis inter susurrones, detractores Deo odibiles, ubi possunt palam oppugnantes, ubi non possunt occulte insidiantes, falso laudantes, vere inimicantes (*Rom.* I, 29 et 30); inter eos quid timetis? « Deus adjutor noster. » An æmulantur Deum? Numquid fortiores illo sunt? « Deus adjutor noster, » securi estote. « Si Deus pro nobis, quis contra nos (*Rom.* VIII, 31) ? » « Effundite coram illo corda vestra, » transilientes ad eum, levantes animas vestras : « Deus adjutor noster. »

15. Et jam constituti in loco munito, in turri fortitudinis a facie inimici, miseramini eos quos timebatis : currere enim debetis in siti : despicite ergo illos jam in illo loco constituti, et dicite, « Verumtamen vani filii hominum, mendaces filii hominum (*Psal.* LXI, 10). » « Filii hominum usquequo graves corde (*Psal.* IV, 3) ? » Filii hominum vani, filii ho-

(*a*) Editi, *credere.* At MSS. *cedere.*

pour tromper. » Certes, ils sont nombreux ; et cependant voici qu'ils forment tous ensemble cet homme unique, ce seul homme qui a été chassé de la foule des convives (*Matth.* XXII, 12). Ils s'accordent dans leurs désirs, ils cherchent tous les biens temporels ; charnels, ils désirent les choses charnelles, et s'ils espèrent quelque chose pour l'avenir, ils n'espèrent que les mêmes biens temporels. Quoique, par la variété de leurs opinions, ils soient divisés, par leur vanité commune ils sont cependant réunis. Leurs erreurs sont différentes, je l'avoue, et variées dans leur forme, et tout royaume divisé contre lui-même tombera (*Matth.* XII, 25) ; mais tous ont une même volonté, vaine et menteuse, qui appartient à leur unique roi, avec lequel elle sera précipitée dans le feu éternel (*Matth.* XXV, 41). « Par leur vanité, ils ne font qu'un. »

16. Et voyez qu'Idithun a soif d'eux, voyez-le courir après eux dans l'ardeur de sa soif. Il se tourne donc vers eux, parce qu'il a soif d'eux, et il leur dit : « Ne mettez pas votre espérance dans l'iniquité (*Ps.* LXI, 11). » Car mon espérance est en Dieu. « Ne mettez pas votre espérance dans l'iniquité. » Vous qui refusez d'avancer et de franchir l'iniquité, « ne mettez point en elle votre espérance. » Car moi, qui ai franchi l'iniquité, j'ai mis mon espérance en Dieu, et y a-t-il en Dieu quelque iniquité (*Rom.* IX, 14) ? « Ne mettez pas votre espérance dans l'iniquité. » Faisons ceci, faisons cela, formons tel projet, dressons-lui telles embûches : voilà quel est l'accord de la vanité avec elle-même. Pour vous, vous avez soif ; et ceux qui forment de tels projets contre vous, ô Idithun, vous sont dévoilés par ceux que vous avez bus et absorbés. « Ne mettez pas votre espérance dans l'iniquité. » L'iniquité est vaine, l'iniquité n'est rien ; il n'y a de puissance que dans la justice. On peut cacher la vérité pour un temps ; on ne saurait la vaincre. L'iniquité peut être florissante pour un temps ; mais elle ne saurait toujours subsister. « Ne mettez pas votre espérance dans l'iniquité, et ne désirez pas ce que donne la rapine (*Ps.* LXI, 11). » Vous n'êtes point riche, et vous voulez ravir le bien d'autrui ? Que gagnerez-vous ? Que perdrez-vous ? Ô gain ruineux ! vous gagnerez de l'argent et vous perdrez la justice. « Ne désirez pas ce que donne la rapine. » Mais je suis pauvre, je n'ai rien. Est-ce pour cela que vous voulez dérober le bien d'autrui ? Vous voyez ce que vous prendrez : ne voyez-vous point par qui vous serez pris ? Ignorez-vous que l'ennemi tourne autour de vous, comme un lion rugissant qui cherche une proie à saisir (*Pierre*, V, 8) ? La proie que vous voulez saisir est dans un piége ;

---

minum mendaces, filii hominum ut quid diligitis vanitatem et quæritis mendacium ? Cum miseratione ista dicite, atque sapite. Si transilivistis, si diligitis inimicos vestros (*Lucæ*, VI, 27), si destruere cupitis ut ædificetis, si eum amatis qui judicat in gentibus, et replet ruinas (*Psal.* CIX, 6) : ita his ista dicite, non odio habentes, non malum pro malo reddentes (*Rom.* XII, 17). « Mendaces filii hominum in stateris, ut decipiant ipsi de vanitate in unum. » Certe multi sunt : ecce est ille unus, unus ille qui projectus est de turba convivantium (*Matth.* XXII, 12). Conspirant, omnes temporalia quærunt, quique carnales carnalia, et in futurum sperant quicumque sperant : etsi de opinionum varietate in diversum, de vanitate tamen in unum sunt. Diversi quidem errores et multiformes, « et regnum adversum se divisum non stabit (*Matth.* XII, 25) : sed similis omnibus voluntas vana et mendax, pertinens ad unum regem, cum quo in ignem æternum præcipitanda est : « Ipsi de vanitate in unum (*Matth.* XXV, 41). »

16. Et illos videte quia sitit, videte quia currit in siti. Convertit ergo se ad illos, sitiens eos : « Nolite sperare super iniquitatem (*Psal.* LXI, 2). » Nam spes mea in Deo est. « Nolite sperare super iniquitatem. » Vos qui non vultis accedere et transilire, « nolite sperare super iniquitatem. » Ego enim qui transilivi, spes mea in Deo est : et numquid iniquitas est apud Deum (*Rom.* IX, 4) ? « Nolite sperare super iniquitatem. » Hoc faciamus, illud faciamus, illud cogitemus, sic insidias componamus ; de vanitate in unum. Tu (*a*) sitis : qui contra te ista cogitant, ab eis quos bibis produntur. « Nolite sperare super iniquitatem. » Vana est iniquitas, nihil est iniquitas, potens non est nisi justitia. Occultari potest ad tempus veritas, vinci non potest. Florere potest ad tempus iniquitas, permanere non potest. « Nolite sperare super iniquitatem : et in rapinam ne concupiscatis. » Non es dives, et rapere vis ? Quid invenis ? quid perdis ? O lucra damnosa ? Invenis pecuniam, perdis justitiam. « In rapinam ne concupiscatis. » Pauper sum, non habeo. Ideo rapere vis ? Quid rapias, vides : a quo rapiaris, non vides ? Nescis circuire inimicum

---

(*a*) MSS. plerique, *Tu siti qui contra ista cogitant.*

prenez, et vous êtes pris. Ne désirez donc pas ce que donne la rapine, ô pauvre! mais désirez Dieu qui nous donne en abondance toutes choses pour en jouir (I *Tim*. vi, 17). Celui qui vous a fait vous nourrira. Celui qui nourrit le voleur ne nourrira-t-il pas l'innocent? Celui-là vous nourrira qui fait lever son soleil sur les bons et sur les méchants et tomber sa pluie sur les justes et sur les injustes (*Matth.* v, 45). S'il nourrit ceux qu'il doit condamner, pourrait-il ne pas nourrir ceux qu'il doit délivrer? Gardez-vous donc de désirer ce que donne la rapine. Voilà ce que l'on dit au pauvre, qui peut-être ne déroberait que sous le coup de la nécessité. Que le riche s'avance à son tour : Moi, dira-t-il, je ne suis pas dans la nécessité de dérober ; je ne manque de rien, j'ai toutes choses en abondance. Et vous, écoutez aussi : « Si les richesses coulent chez vous, n'y attachez pas votre cœur. » L'un ne possède pas, l'autre possède : que le premier ne cherche pas à dérober ce qu'il ne possède pas, et que le second n'attache pas son cœur à ce qu'il possède. Ces mots : « Si les richesses coulent chez vous, » signifient : si elles jaillissent, si elles coulent comme de source. « N'y attachez pas votre cœur. » Gardez-vous d'y mettre votre confiance; gardez-vous de vous arrêter là. Craignez plutôt, « si les richesses coulent chez vous. » Ne voyez-vous pas que, si vous y attachez votre cœur, vous coulerez aussi? Vous êtes riche et vous ne désirez pas que votre fortune s'augmente, parce qu'elle est déjà considérable, écoutez ce que dit l'Apôtre : « Ordonnez aux riches de ce monde de ne pas concevoir d'orgueil. » Mais où se trouvent ces mots : « N'y attachez pas votre cœur?» « et de ne pas mettre leur espérance dans des richesses incertaines (I *Tim*. vi, 17). » « Si donc les richesses coulent chez vous, n'y attachez pas votre cœur,» ne vous fiez pas aux richesses, n'en présumez pas, n'y mettez pas votre espérance, de peur que l'on ne dise : « Voilà un homme qui n'a pas pris Dieu pour son aide, mais qui a espéré dans la multitude de ses richesses et qui a mis sa force dans sa vanité (*Ps.* li, 9). » Vous donc, enfants des hommes, qui êtes vains, enfants des hommes, qui êtes menteurs, ne dérobez pas, et si les richesses affluent chez vous, n'y attachez pas votre cœur ; n'aimez plus la vanité, ne cherchez plus le mensonge. Car heureux celui qui a mis son espérance dans le Seigneur et qui n'a pas jeté les yeux sur des vanités et sur des folies mensongères (*Ps.* xxxix, 5). Vous voulez tromper, vous voulez agir avec fraude; qu'apportez-vous pour tromper? Des balances fausses. En effet, dit le Prophète, « les enfants des hommes mentent à l'aide de fausses balances, en apportant, pour tromper, de fausses balances.» L'aiguille de votre balance est fausse et vous sert à tromper ceux qui vous regardent peser ; ne savez-vous pas qu'un autre pèse en même temps

---

tamquam leonem rugientem, et quærentem quid rapiat (I. *Pet.* v, 3)? Præda illa quam vis rapere, in muscipula est : tenes et teneris. In rapinam ergo ne concupiscas, o pauper, sed concupisce in Deum qui præstat nobis omnia abundanter ad fruendum (I *Tim.* v, 3). Pascet te qui fecit te. Qui pascit latronem, non pascit innocentem? Pascet te « qui solem suum oriri facit super bonos et malos, et pluit super justos et injustos (*Matth.* v, 45). » Si pascit damnandos, non pascet liberandos? Ergo in rapinam noli concupiscere. Dictum est hoc pauperi, fortassis aliquid de necessitate rapturo. Dives procedat : Non habeo ego, inquit, necessitatem rapiendi : nihil mihi deest, abundant omnia. Et tu audi : « Divitiæ si (*a*) fluant, ne apponatis cor. » Ille non habet, iste habet : ille non quærat rapere quod non habet, iste non apponat cor in eo quod habet. « Divitiæ si fluant, » id est si exundent, tamquam de fonte currant. « Ne apponatis cor : » noli de te præsumere, noli ibi te figere : certe vel hoc time, « divitiæ si fluant. » Non vides quia si ibi cor posueris, et tu fluis? Dives es, et ecce jam non concupiscis adhuc habere, quia multa habes : audi, « Præcipe divitibus hujus mundi, non superbe sapere (I *Tim.* vi, 17). » Et quid est, « Ne apponatis cor?» «Neque sperare in incerto divitiarum. » Ergo, « Divitiæ si fluant, ne apponatis cor, » ne in divitiis confidatis, non præsumatis, non speretis; ne dicatur, « Ecce homo qui non posuit Deum adjutorem suum, sed speravit in multitudine divitiarum suarum, et prævaluit in vanitate sua (*Ps.* li, 9).» Ergo vani filii hominum, mendaces filii hominum, neque rapiatis, neque si fluant divitiæ, cor apponatis : non jam vanitatem diligatis, et mendacium quæratis. « Beatus enim cujus est Dominus Deus spes ejus, et non respexit in vanitates et insanias mendaces (*Psal.* xxxix, 5).» Decipere vultis, fraudem vultis facere, quid

---

(*a*) Aliquot MSS. *si affluant.*

que vous ; qu'un autre juge, en même temps que vous, du poids que vous employez ? Celui pour qui vous pesez ne voit pas votre fraude ; mais celui qui vous pèse vous-même la voit. Ne désirez donc pas vous enrichir par la fraude ni par la rapine ; et ne mettez pas votre espérance dans les biens que vous possédez ; je vous en ai prévenu, je vous l'ai dit par avance, dit notre Idithun.

17. « Dieu a parlé une fois et j'ai entendu ces deux choses : c'est que la puissance est à Dieu et que la miséricorde, Seigneur, vous appartient, car vous rendrez à chacun selon ses œuvres (*Ps.* LXI, 12 et 13).» Ces paroles sont d'Idithun : une voix a retenti dans les hauteurs où il s'est élevé ; il y a entendu quelque chose qu'il nous a répété. Mais dans ce qu'il nous a dit, mes frères, il y a quelque chose qui me trouble un peu, et jusqu'à ce que je vous aie fait partager mon trouble, ou que j'en sois venu à respirer plus librement avec vous, je demande toute votre attention. En effet, avec l'aide du Seigneur, nous avons exposé ce psaume jusqu'à la fin ; car, après ce que nous allons vous dire, il ne nous restera plus rien à vous expliquer. Unissons donc nos efforts pour essayer de comprendre ce passage : si je n'y réussis pas, et si quelqu'un d'entre vous comprend ce que je n'aurai pas compris, je m'en réjouirai plutôt que je n'en serai jaloux. Il est extrêmement difficile de rechercher pourquoi il est dit d'abord : « Dieu a parlé une fois, » et pourquoi, Dieu n'ayant parlé qu'une fois, il est dit ensuite : « J'ai entendu ces deux choses. » Si, en effet, le Prophète disait : Dieu a parlé une fois et j'ai entendu une seule chose, il semblerait qu'il aurait tranché une partie de la question et que nous n'aurions plus à chercher que le sens de ces mots : « Dieu a parlé une fois. » Maintenant, au contraire, nous avons à rechercher et ce que signifie : « Dieu a parlé une fois, » et ce que signifie : « J'ai entendu ces deux choses, » Dieu n'ayant parlé qu'une fois.

18. « Dieu a parlé une fois. » Que dites-vous, Idithun ? Si vous dites, vous qui distancez les autres : « Dieu a parlé une fois, » je consulte une autre partie de l'Écriture et l'Apôtre me dit : « En beaucoup de lieux et de beaucoup de manières Dieu a parlé autrefois à nos pères par les prophètes (*Hebr.* I, 1). » Que veut donc dire : « Dieu a parlé une fois ? » N'est-ce pas ce Dieu qui, dès l'origine du genre humain, a parlé à Adam ? N'est-ce pas lui qui a parlé à Caïn, à Noé, à Abraham, à Isaac, à Jacob, à tous les prophètes et à Moïse (*Gen.* III, 17, et IV, 6, etc.) ? Moïse était un seul homme, et combien de fois Dieu ne lui a-t-il point parlé ? Ainsi donc, même à un seul homme, Dieu n'a point parlé qu'une fois, mais un grand nombre de

---

affertis ut decipiatis? Stateras dolosas. « Mendaces enim, inquit, filii hominum in stateris, ut decipiant proferendo stateras dolosas (*Psal.* LXI, 10). » Falso examine fallitis intuentes : nescitis alium esse qui appendit, alium qui de pondere judicat? Non videt cui tu appendis, sed videt qui te et ipsum appendit. Ergo non fraudem, non rapinam concupiscatis, non in his quæ habetis spem ponatis : monui, prædixi, ait iste Idithun.

17. Quid sequitur? « Semel locutus est Deus, duo hæc audivi, quoniam potestas Dei est, et tibi Domine misericordia, quia tu reddes unicuique secundum opera sua (*Ibid.* 12 et 13). » Dixit Idithun, sonuit de alto, quo transilivit ; audivit ibi quiddam, et dixit nobis : sed aliquantum in hoc quod nobis dixit perturbor, Fratres, et donec vobiscum participem, vel perturbationem, vel aliquam respirationem meam, intentos vos volo. Etenim Psalmum ad terminum duximus adjuvante Domino : post hæc quæ dicturi sumus, non restat aliquid, quod de hoc ulterius exponamus. Itaque adnitimini mecum, utrum possimus intelligere hoc : et si non potuero, et intelligit aliquis vestrum quod ego non possum ; gaudebo potius quam invidebo. Omnino investigare difficile est, quemadmodum positum sit prius, « Semel locutus est Deus : » deinde cum ille semel locutus est, ego « duo audivi. » Si enim diceret, Semel locutus est Deus, unum hoc audivi : videbatur partem quæstionis hujus amputavisse, ut tantummodo quæreremus quid sit, « Semel locutus est Deus. » Nunc vero quæsituri sumus, et quid sit, « Semel locutus est Deus : et quid sit, duo hæc audivi, » cum semel ille locutus sit.

18. « Semel locutus est Deus. » Quid dicis Idithun ? Si tu loqueris qui transilivisti eos : « Semel locutus est ? » Ego Scripturam aliam consulo, et dicit mihi, « Multis partibus et multis modis olim Deus locutus est patribus in Prophetis (*Hebr.* I, 1).» Quid est, « Semel locutus est Deus ? » Nonne ille est Deus, qui in primordio generis humani locutus est ad Adam ? Nonne idem ipse locutus est ad Cain, ad Noë, ad Abraham, ad Isaac, ad Jacob, ad Prophetas omnes, et ad Moysen (*Gen.* III, 17 et IV, 6, etc)? Unus erat Moyses, et quoties ad eum locutus est

fois. Plus tard, il a dit à son Fils descendu ici-bas : Vous êtes mon Fils bien-aimé (*Matth.* III, 17). Dieu a parlé aux Apôtres, il a parlé à tous les saints ; et si ce n'était point d'une voix qui éclatât dans les nues, c'était du moins dans leur cœur, où lui-même nous donne ses enseignements. C'est ce qui a fait dire au prophète : « J'écouterai ce que le Seigneur Dieu dira en moi, parce qu'il fera entendre à son peuple des paroles de paix (*Ps.* LXXXIV, 9). » Que veut donc dire : « Dieu a parlé une fois ? » Ah ! C'est qu'Idithun s'était avancé bien loin, pour parvenir en ce lieu, où Dieu n'a parlé qu'une fois. Voilà en substance la réponse donnée à Votre Charité. Ici-bas, parmi les hommes, Dieu a souvent parlé aux hommes, de beaucoup de manières, en beaucoup de pays, par la voix de créatures très-diverses ; mais Dieu a parlé une seule fois en lui-même, parce que Dieu a engendré un seul Verbe. Donc cet Idithun, qui distance tous les autres, avait franchi par la vigueur pénétrante de son esprit, et par la force de sa foi, la terre et tout ce qui est sur la terre, l'air et toutes les nuées du haut desquelles Dieu a souvent dit tant de choses à un grand nombre d'hommes. Il avait dépassé tous les anges eux-mêmes par la pénétration de sa foi. Il s'avançait, en effet, non plus dans le cercle des choses terrestres, mais, avec le vol de l'aigle, il s'était transporté par delà tous les nuages qui couvrent la terre entière, selon ces paroles de la Sagesse : « J'ai couvert toute la terre d'un nuage (*Eccli.* XXIV, 6). » S'élevant au-dessus de toute créature, il était arrivé jusqu'à je ne sais quelle clarté limpide : cherchant Dieu, et répandant son âme au-dessus de lui-même, il parvint alors jusqu'au premier principe, jusqu'au Verbe, Dieu en Dieu ; il trouva le Verbe unique du Dieu unique, et il vit que Dieu n'a parlé qu'une seule fois ; il vit le Verbe par qui toutes choses ont été faites (*Jean.* I, 3), et en qui toutes choses sont à la fois, sans différence, sans séparation, sans inégalité. En effet, Dieu ne pouvait ignorer ce qu'il faisait par le Verbe ; et s'il savait ce qu'il faisait par le Verbe, ce qu'il faisait était en lui avant qu'il ne le fît. Si en effet ce qu'il faisait n'eût été en lui avant qu'il ne le fît, comment aurait-il connu ce qu'il faisait ? Car vous ne pouvez dire que Dieu ait fait des choses inconnues de lui. Il savait donc d'abord ce qu'il a fait ensuite. Et comment l'a-t-il su avant de le faire, si on ne peut savoir que ce qui est fait ? Sans doute, de tout ce qui est fait, rien n'a pu être su, avant que la chose ne fût faite, mais par vous, homme infime placé en ce lieu : mais toutes choses, celui qui les a faites les connaissait avant qu'elles ne fussent faites, et il n'a rien fait qu'il n'ait su d'avance. Par conséquent, en ce Verbe, par qui il a fait toutes choses, toutes choses étaient, avant qu'elles ne fussent faites ; et bien

---

Deus? Ecce etiam uni non semel, sed sæpius locutus est Deus. Deinde locutus est ad Filium hic positum « Tu es Filius meus dilectus (*Matth.* III, 17.). » Locutus est Deus Apostolis, locutus est omnibus sanctis, etiamsi non voce sonante per nubem, in corde tamen ubi ipse magister est. Unde ille dicit, « Audiam quid loquatur in me Dominus Deus, quoniam loquetur pacem populo suo (*Psal.* LXXXIV, 9.). » Quid est ergo, « Semel locutus est Deus ? » Multum transiliverat iste, ut perveniret illuc, ubi semel locutus est Deus. Ecce breviter dixi Caritati Vestræ. Hic inter homines, hominibus sæpe, multis modis, multis partibus, per multiformem creaturam locutus est Deus : apud se semel Deus locutus est, quia unum Verbum genuit Deus. Iste ergo Idithun transiliens eos, transiliverat acie mentis forti et valida et præsidenti, transiliverat terram, et quidquid in terra est ; aerem, nubes omnes ex quibus locutus est Deus multa, et sæpe, et multis : transiliverat etiam omnes Angelos acie fidei. Erat enim iste transiliens non contentus terrenis, sed velut aquila volans prætervectus omnem nebulam qua tegitur omnis terra. Dicit enim Sapientia, « Et nebula texi omnem terram (*Eccli.* XXIV, 6,).» Pervenit ad aliquid liquidum, universam transiliens creaturam, et quærens Deum, et effundens super se animam suam, pervenit ad principium, et Verbum Deum apud Deum ; et invenit unius Patris unum Verbum ; et vidit quia semel locutus est Deus, « vidit Verbum per quod facta sunt omnia (*Johan.* I, 3), » et in quo simul sunt omnia, non diversa, non separata, non inæqualia. Non enim Deus quod per Verbum faciebat, ipse non noverat : si autem quod faciebat noverat, in illo erat antequam fieret quod fiebat. Si enim non in illo erat quod fiebat antequam fiebat, ubi noverat quod faciebat ? Non enim potes Deum dicere ignorata fecisse. Scivit itaque Deus quod fecit. Et ubi scivit antequam faceret, si sciri nisi facta non possunt ? Sed a factis sciri nisi ante facta non possunt, a te scilicet ab homine in imo facto, et in imo posito : antequam au-

qu'elles soient faites, elles sont encore toutes en lui : mais elles sont autrement en lui, autrement ici-bas; autrement dans la nature qui leur est propre et avec laquelle elles ont été faites, autrement dans l'intelligence par laquelle elles ont été faites. Qui expliquera ces mystères? Nous pouvons du moins l'essayer : suivez Idithun et voyez.

19. Nous avons donc dit, autant que nous l'avons pu, comment Dieu a parlé une seule fois; voyons comment Idithun a entendu ces deux choses, dont il parle : « J'ai entendu ces deux choses. » Ces paroles ne prouvent peut-être pas qu'il n'ait entendu que ces deux choses; mais dès lors qu'il dit : « J'ai entendu ces deux choses; » il a manifestement entendu deux choses qu'il était nécessaire qu'il nous rapportât. Il en a peut-être entendu beaucoup d'autres, mais il n'était pas nécessaire qu'elles nous fussent dites. En effet le Seigneur lui-même a dit : « J'ai beaucoup de choses, à vous enseigner, mais vous ne pouvez encore les porter maintenant (Jean. XVI, 12). » Que veut donc dire : « J'ai entendu ces deux choses ? » Ces deux choses que je dois vous dire, je ne vous les dis pas de moi-même, mais je vous dis ce que j'ai entendu. « Dieu a parlé une seule fois : » Il n'a qu'un seul Verbe, Fils unique de Dieu. Toutes choses sont en ce Verbe, parce que toutes choses ont été faites par le Verbe. Il n'a qu'un seul Verbe, dans lequel sont cachés tous les trésors de la sagesse et de la science (Coloss. II, 3). Dieu n'a qu'un seul Verbe : « Dieu a parlé une seule fois. » Ces deux choses, que je dois vous dire, c'est de lui que je les ai entendues ; je ne parle point de moi-même, je ne les dis pas de moi-même ; voilà ce que signifie : « J'ai entendu. » Car l'ami de l'époux se tient devant lui et l'écoute (Jean. III, 29), » afin de dire la vérité. En effet il l'écoute, de peur de dire un mensonge en tirant de lui-même ce qu'il a à dire (Jean. VIII, 44). De peur qu'on ne lui demande : qui êtes-vous, pour me parler de la sorte ? d'où vient ce que vous me dites? j'ai entendu, dit-il, ces deux choses, et moi qui vous dis avoir entendu ces deux choses, je sais aussi que Dieu n'a parlé qu'une seule fois. Gardez-vous de mépriser celui qui a entendu et qui vous rapporte ces deux choses qui vous sont nécessaires ; car celui qui vous parle, en s'élevant au-dessus de toutes les créatures, est parvenu jusqu'au Verbe, Fils unique de Dieu, auprès duquel il devait apprendre que Dieu n'a parlé qu'une fois.

20. Qu'il nous dise donc quelles sont ces deux choses. Car elles se rapportent particulièrement à nous. « La toute-puissance appartient à Dieu et la miséricorde est à vous, Seigneur (Ps. LXI, 11). » Sont-ce là ces deux choses, la puissance et la miséricorde? Oui, ce sont elles. Comprenez donc la puissance de

---

tem fierent hæc omnia, sciebantur ab illo a quo facta sunt, et quod scivit fecit. Ergo in Verbo illo per quod fecit omnia, antequam fierent, erant omnia ; et cum facta sunt, ibi sunt omnia : sed aliter hic, aliter ibi, aliter in propria natura in qua facta sunt, aliter in arte per quam facta sunt. Quis hoc explicet ? Conari possumus : ite cum Idithun, et videte.

19. Jam ergo ut potuimus, diximus quomodo semel locutus est Deus : videamus quomodo duo hæc audivit. « Duo hæc audivi. » Forte non est consequens, ut sola duo hæc audierit : sed, « duo hæc, inquit, audivi, » quædam duo quæ nobis opus est ut dicantur, audivit. Audivit forte alia multa, sed non opus est ea dici nobis. Ait enim et Dominus, « Multa habeo vobis dicere, sed non potestis illa portare modo (Johan. X, 12.), » Quid est ergo, « Duo hæc audivi? » Hæc duo quæ vobis dicturus sum, non a me vobis dico, sed quæ audivi dico. « Semel locutus est Deus : » unum Verbum habet unigenitum Deum. In illo Verbo sunt omnia, quia per Verbum facta sunt omnia. Unum Verbum habet, « ubi omnes thesauri sapientiæ et scientiæ absconditi (Coloss. II, 3.). » Unum Verbum habet, « semel locutus est Deus. » Duo hæc, » quæ vobis dicturus sum, ibi « audivi : » non ex me loquor, non ex me dico (Johan. III, 29) :» ad hoc pertinet « audivi. » «Amicus autem sponsi stat et audit eum, » ut verum loquatur. Audit enim eum, ne loquendo mendacium de suo loquatur (Johan. VIII, 44) : ne diceres, « Quis es tu qui mihi hoc dicis ? » unde mihi hoc dicis? Audivi hæc duo, et (a) ille tibi loquor quia audivi hæc duo, qui etiam cognovi quia semel locutus est Deus. Noli contemnere auditorem dicentem tibi quædam duo tibi necessaria, cum qui transiliendo universam creaturam pervenit ad Verbum unigenitum Dei, ubi sciret quia semel locutus est Deus.

20. Dicat ergo jam quædam duo. Multum enim ad nos pertinent hæc duo. « Quoniam potestas Dei est, et tibi Domine misericordia (Psal. LXI, 11.).»

(a) Sic MSS. At editi, et illa.

Dieu, et la miséricorde de Dieu. Presque toutes les Écritures sont contenues dans ces deux choses ; c'est à cause d'elles que sont venus les prophètes, à cause d'elles que sont venus les patriarches, à cause d'elles qu'est venue la loi, à cause d'elles qu'est venu Notre-Seigneur Jésus-Christ lui-même ; à cause d'elles que sont venus les Apôtres ; à cause d'elles que la parole de Dieu a été annoncée et publiée dans toute l'Église ; à cause, dis-je, de ces deux choses, à cause de la puissance et de la miséricorde de Dieu. Craignez sa puissance ; aimez sa miséricorde. Ne présumez pas de sa miséricorde, de manière à mépriser sa puissance ; et ne craignez pas sa puissance, de manière à désespérer de sa miséricorde. En lui, est la puissance; en lui, est la miséricorde. Il humilie les uns, il élève les autres (*Ps.* LXXIV, 8) : il humilie les uns par sa puissance, il élève les autres par sa miséricorde. « En effet, dit l'Apôtre, Dieu voulant montrer sa colère et prouver sa puissance souffre avec une patience extrême les vases de colère, propres à être détruits (*Rom.* IX, 22). » Vous venez d'entendre la puissance ; cherchez maintenant la miséricorde : « Pour faire paraître les richesses de sa gloire, dans les vases de miséricorde (*Ibid.* 23). » Il appartient donc à sa puissance de condamner les injustes. Et qui lui dira ? Qu'avez-vous fait ? « Qui êtes-vous, en effet, ô homme ! qui êtes-vous pour répondre à Dieu (*Ibid.* 20) ? » Craignez donc et redoutez avec terreur sa puissance, mais espérez sa miséricorde. Le démon est une certaine puissance ; le plus souvent, cependant, il voudrait nuire et ne le peut, parce que sa puissance est soumise à une puissance supérieure. Car si le démon pouvait nuire autant qu'il le veut, il ne resterait ni un seul juste, ni un seul fidèle, sur la terre. Il les pousse, au moyen de ceux qui sont devenus ses instruments, comme une muraille qui penche ; mais il ne les pousse qu'autant qu'il en a reçu le pouvoir. Mais, pour empêcher la muraille de tomber, le Seigneur la protégera, parce que s'il donne du pouvoir au tentateur, il donne sa miséricorde à celui qui est tenté. Car il n'est permis au démon de nous tenter que dans une certaine mesure : « Vous nous abreuverez de nos larmes, dit le prophète, avec mesure (*Ps.* LXXIX, 6). » Ne craignez donc pas le tentateur, même lorsqu'il lui est permis de faire quelque chose contre vous, car vous avez un Sauveur très-miséricordieux. Il n'est permis au démon de vous tenter qu'autant que cela vous est utile, afin que vous soyez exercé, afin que vous soyez éprouvé, afin que vous vous trouviez vous-même, vous qui ne vous connaissiez pas. Car en quel endroit et par quel moyen pourrions-nous trouver la sécurité, si nous ne la trouvions par

---

Ista sunt duo, potestas et misericordia ? Ista plane : intelligite potestatem Dei, intelligite misericordiam Dei. His duobus continentur prope omnes Scripturæ. Propter hæc duo Prophetæ, propter hæc duo Patriarchæ, propter hæc Lex, propter hæc ipse Dominus noster Jesus Christus, propter hæc Apostoli, propter hæc annuntiatio omnis et celebratio verbi Dei in Ecclesia, propter hæc duo, propter potestatem Dei et misericordiam. Potestatem ejus timete, misericordiam ejus amate. Nec sic de misericordia ejus præsumatis, ut potestatem contemnatis : nec sic potestatem timeatis, ut de misericordia desperetis. Apud illum potestas, apud illum misericordia. Hunc humiliat, et hunc exaltat (*Psal.*, LXXIV, 8) : hunc humiliat potestate, illum exaltat misericordia. « Si enim Deus volens ostendere iram, et demonstrare potentiam suam, adtulit in multa patientia vasa iræ, quæ perfecta sunt in perditionem (*Rom.* IX, 22). » Audisti potestatem : quære misericordiam. « Et ut notas, inquit, faceret divitias suas in vasa misericordiæ (*Ibid.* 23.). » Pertinet ergo ad ejus potestatem damnare iniquos. Et quis illi dicat, Quid fecisti ? « Tu enim, o homo, quis es qui respondeas Deo (*Ibid.* 20.). » Time ergo et treme ejus potestatem : sed spera ejus misericordiam (*a*). Diabolus potestas quædam est; plerumque tamen vult nocere, et non potest, quia potestas ista sub potestate est. Nam si tantum posset nocere diabolus, quantum vult ; non aliquis justorum remaneret, aut aliquis fidelium esset in terra. Ipse per vasa sua impellit, quasi parietem inclinatum : sed tantum impellit, quantum accipit potestatem. Ut autem non cadat paries, Dominus suscipiet : quoniam qui dat potestatem tentatori, ipse tentato præbet misericordiam. Ad mensuram enim permittitur tentare diabolus : « Et potabis nos, inquit, in lacrymis in mensura (*Psal.* LXXIX, 6). » Noli ergo timere permissum aliquid facere tentatorem : habes enim misericordissimum Salvatorem. Tantum permittitur ille tentare, quantum tibi prodest, ut exercearis, ut proberis; ut qui te nesciebas,

(*a*) Editi, *Diabolo*. At MSS. *Diabolus*, nominandi casu.

cette puissance et par cette miséricorde divine, ainsi que nous l'apprend d'ailleurs l'Apôtre saint Paul : « Dieu est fidèle, et il ne permet pas que vous soyez tenté au-delà de ce que vous pouvez supporter (1 *Cor.* x, 13). »

21. Donc, la puissance appartient à Dieu (*Ps.* LXI, 13.) » « car il n'y pas de puissance qui ne vienne de Dieu (*Rom.* XIII, 1). » Et ne dites pas : Et pourquoi Dieu donne-t-il au démon tant de puissance? qu'il ne lui en donne aucune. Celui qui donne au démon cette puissance est-il juste? Vous pouvez murmurer injustement contre lui, mais il ne peut perdre sa justice. « Est-ce qu'il peut y avoir de l'injustice en Dieu? Non certes (*Rom.* IX, 14). » Fixez cette pensée dans votre cœur; que l'ennemi ne puisse ébranler en vous cette conviction. Dieu peut agir sans que vous sachiez pour quel motif il agit ; cependant il ne peut rien faire d'injuste, puisqu'il n'y a pas d'injustice en lui. Voici en effet que vous reprochez à Dieu d'être injuste, (je veux plaider avec vous, soyez un peu attentif :) vous ne sauriez l'accuser d'injustice, qu'autant que vous sauriez reconnaître la justice. Personne, en effet, ne peut reprendre l'injustice, s'il ne voit la justice, par comparaison avec laquelle il reprend l'injustice. Comment en effet, savez-vous ce qui est injuste, à moins que vous ne sachiez ce qui est juste? Qu'arrivera-t-il, en effet, si ce que vous croyez injuste est juste en réalité? Ce n'est pas possible, dites-vous, c'est une chose injuste ; et vous vous récriez, comme si l'injustice vous sautait aux yeux, et que vous vissiez cette injustice d'après quelque règle de justice, de laquelle vous rapprochez ce qui vous semble mauvais et incompatible avec l'équité de votre règle : vous prononcez alors une condamnation comme l'artiste qui discerne ce qui est bien de ce qui est mal. Je vous demande donc : comment voyez-vous que telle chose est juste ? Où voyez-vous la justice de cette règle, d'après laquelle vous taxez le contraire d'injustice. D'où vous vient ce je ne sais quoi, qui éclaire votre âme, malgré l'obscurité qui l'enveloppe de toutes parts? Ce je ne sais quoi, qui verse le jour dans votre esprit? D'où vous vient le sentiment du juste? N'a-t-il point une source quelque part? Ce qui est juste vous doit-il son origine, et pouvez-vous vous donner la justice à vous-même? Nul ne se donne ce qu'il n'a pas. Étant donc injuste par nature, vous ne pouvez être juste qu'en vous tournant vers une certaine justice immuable, dont vous ne pouvez vous éloigner sans devenir injuste, ni vous approcher sans être juste. Si vous vous retirez, elle ne diminue pas; si vous vous ap-

---

a te ipso invenіaris. Nam ubi, vel unde, nisi de hac Dei potestate et misericordia securi esse debemus ? Secundum illam Apostolicam sententiam, « Fidelis Deus qui non permittit vos tentari super id quod potestis (I Cor. x, 23.). »

21. Ergo, « Potestas Dei est (*Psal.* LXI, 13). » « Non est enim potestas nisi a Deo (*Rom.* XIII, 1.). » Noli dicere, Et (a) quid ei dat tantam potestatem ? Et non det potestatem. Qui dat potestatem, habet æquitatem ? Tu inique murmurare potes, ille æquitatem perdere non potest. « Numquid iniquitas apud Deum ? absit (*Rom.* IX, 14). » Hoc fige in corde, hoc de cogitatione tua non excutiat inimicus. Facere potest aliquid Deus, ut tu nescias quare faciat : inique tamen facere non potest, apud quem non est iniquitas. Nam ecce reprehendis Deum quasi de iniquitate : (ago tecum aliquid, adtende paululum :) non reprehenderes iniquitatem, nisi videndo justitiam. Reprehensor iniquitatis esse non potest qui non cernit justitiam, cui comparatam reprehendat iniquitatem. Unde enim scis quia hoc injustum est, nisi scias quid sit justum ? Quid si enim justum est et hoc, quod dicis injustum ? Absit, inquis, injustum est : et clamas quasi (b) videntibus oculis, videns hoc injustum esse utique ex aliqua regula justitiæ, cui comparans hoc quod vides pravum, et cernens non convenire rectitudini regulæ tuæ, reprehendis, tamquam artifex discernens justum ab injusto. Ergo quæro a te, Justum hoc esse unde vides? Ubi, inquam, vides hoc justum, quo viso, reprehendis injustum? Unde illud nescio quid, quo adspergitur anima tua ex multis partibus in caligine constituta, nescio quid hoc quod coruscat menti tuæ, unde hoc justum? Itane non habet fontem suum? A te tibi est quod justum est, et tu tibi potes dare justitiam? Nemo sibi dat quod non habet. Ergo cum sis injustus, esse non potes justus, nisi convertendo te ad quamdam justitiam manentem, a qua si recedis, injustus es; ad quam si accedis, justus es. Te recedente non deficit, te accedente non crescit. Ubi est ergo ista justitia ? Quære in terra, absit. Non enim aurum aut lapides pretiosos quæris, justitiam quæ-

---

(a) Sic MSS. Editi vero, *Et quare dat tantam potestatem, et non de potestate habet æquitatem?* (b) Aliquot MSS. *fidentibus oculis videns.*

prochez, elle ne s'accroît pas. Où donc réside cette justice? La chercherez-vous sur la terre? Non : car, en la cherchant, vous ne cherchez ni or ni pierres précieuses. Cherchez-la dans la mer, cherchez-la dans les nuages, cherchez-la dans les étoiles, cherchez-la dans les anges; vous la trouverez dans les anges, mais parce qu'ils la boivent à sa source. En effet, la justice des anges est en eux tous; mais ils la reçoivent d'un seul. Regardez donc, montez plus haut, allez en ce lieu où Dieu a parlé une seule fois, et là vous trouverez la source de la justice où se trouve la source de la vie : car, dit le Prophète, « la source de la vie est en vous (*Ps.* XXXV, 10). » Mais si, n'ayant reçu qu'une légère rosée, vous prétendez juger ce qui est juste et ce qui injuste, direz-vous que l'iniquité est en Dieu (*Rom.* IX, 14), d'où découle pour vous, comme de son unique source, cette justice qui vous aide à discerner le juste, alors que de tous côtés vous n'êtes qu'injustice et folie? La source de justice est en Dieu : gardez-vous donc d'aller chercher l'injustice à cette source où la lumière est sans ombre. Mais la cause des œuvres de Dieu peut vous être entièrement cachée. Si la cause vous en est cachée, considérez votre ignorance, voyez qui vous êtes, et réfléchissez sur ces deux choses entendues par Idithun, « que la puissance est à Dieu, et que la miséricorde, Seigneur, vous appartient. » «Ne cherchez pas ce qui est au-dessus de vos forces, et ne sondez pas ce qui est trop profond pour vous; mais que votre pensée se porte sans cesse sur les préceptes que Dieu vous a donnés (*Eccli.* III, 22). » Car tout ce que Dieu vous a ordonné a rapport à ces deux principes : «La puissance est à Dieu, et à vous, Seigneur, appartient la miséricorde. » Ne craignez pas l'ennemi; il ne fait que ce dont il a reçu le pouvoir. Craignez celui qui a la puissance suprême; craignez celui dont le pouvoir égale la volonté, celui qui ne fait rien injustement, et dont toutes les œuvres, quelles qu'elles soient, sont justes. Nous pensions qu'une chose était injuste; par cela seul que Dieu l'a faite, croyez qu'elle est juste.

22. Eh bien donc, me dites-vous, qu'un homme tue un innocent, son action est-elle juste ou injuste? Elle est injuste assurément. Pourquoi Dieu la permet-il? Voyez d'abord si vous ne devez pas à Dieu l'accomplissement de ce commandement émané de lui : « Donnez de votre pain à celui qui a faim, et conduisez dans votre maison l'indigent qui n'a pas d'asile; si vous voyez un homme nu, donnez-lui des vêtements (*Is.* LVIII, 7). » Voilà, en effet, en quoi consiste votre justice, car voilà ce que Dieu vous a prescrit. « Lavez-vous, soyez purs, ôtez de votre cœur toutes souillures, et jetez-les loin de mes yeux; apprenez à faire le bien, jugez avec équité l'orphelin et la veuve, et venez ensuite, et nous

---

rens. Quære in mari, quære in nubibus, quære in stellis : quære in Angelis, invenis in illis, sed et ipsi de fonte bibunt. Justitia enim Angelorum in omnibus est, sed ab uno capitur. Respice ergo, transcende, vade illuc ubi semel locutus est Deus, et ibi invenies fontem justitiæ, ubi est fons vitæ : « Quoniam apud te est fons vitæ (*Psal.* XXXV, 10.). » Si enim tu de rore exiguo exigis judicare vis justum est, et quod injustum est; « numquid iniquitas apud Deum (*Rom.* IX, 14), unde ad te manat tamquam de fonte justitia, inquantum justum sapis, cum ex multis partibus inique desipias? Habet ergo fontem justitiæ Deus. Noli ibi quærere iniquitatem, ubi lux sine umbra est. Sed plane latere te potest caussa. Si latet te caussa, respice ignorantiam tuam, vide qui sis : adtende hæc duo, « Quoniam potestas Dei est, et tibi Domine misericordia. » « Fortiora te ne quæsieris, et altiora te ne scrutatus fueris, sed quæ præcepit tibi Dominus, illa cogita semper (*Eccli.* III, 22.). » Quia ad hæc quæ tibi præcepit Deus pertinent ista duo, « Quoniam potestas Dei est, et tibi Domine misericordia. » Noli timere inimicum : tantum facit quantum acceperit potestatem. Eum time qui habet summam potestatem : cum time qui quantum vult, tantum facit, et qui injuste nihil facit, et quidquid fecerit, justum est. Putabamus injustum esse nescio quid : ex hoc quia fecit Deus crede justum esse.

22. Ergo, inquis, si quis hominem occidat innocentem, juste facit, an inique? Inique sane. Quare hoc permittit Deus? Vide prius ne illud debeas : « Frange esurienti panem tuum, et egenum sine tecto induc in domum tuam; si videris nudum, vesti eum (*Isai.* LVIII, 72.). » Hæc enim justitia tua est; hoc enim tibi præcepit Dominus : « Lavamini, mundi estote, auferte nequitias a cordibus vestris atque a conspectu oculorum meorum; discite bonum facere, judicate pupillo et viduæ : et venite et disputemus, dicit Dominus (*Isai.* I, 16.). » Disputare vis, antequam facias unde dignus sis disputare, quare hoc permisit Deus. Consilium Dei tibi dicere, o homo,

TOM. XIII. 4

discuterons ensemble, dit le Seigneur (*Is.* 1, 16).» Vous voulez discuter, avant d'avoir fait ce qui peut vous rendre digne de discuter pourquoi Dieu a permis que l'innocent fût tué. Je ne puis, ô homme, vous dévoiler les desseins de Dieu; je puis cependant vous dire que l'homme qui a tué l'innocent a commis une iniquité, et que ce fait ne fût point arrivé, si Dieu ne l'eût permis. Mais quoique l'action de cet homme fût une injustice, ce n'est pourtant pas injustement que Dieu l'a permise. Que le motif de cette permission reste donc enseveli avec cet homme, dont le malheur vous touche, dont l'innocence vous émeut. Je pourrais me hâter de vous répondre : Il n'aurait pas été tué, s'il n'avait été coupable, bien que vous l'ayez cru innocent. Je pourrais vous le dire immédiatement. En effet, vous ne sauriez sonder son cœur, discuter ses actions, examiner ses pensées, de manière à être en droit de me dire : Il a été tué injustement. Je pourrais donc vous répondre aisément; mais on m'oppose un juste, juste sans contestation possible, juste sans aucun doute, qui n'était souillé d'aucun péché, qui a été mis à mort par des pécheurs, livré par un pécheur; on m'oppose le Christ même, Notre-Seigneur, de qui nous ne pouvons dire qu'il fut coupable de la moindre iniquité, car il payait ce qu'il n'avait pas pris (*Ps.* LXVIII, 5). Et que dirai-je du Christ? Je plaide contre vous, direz-vous, et moi contre vous. Vous posez la question sur Notre-Seigneur, voici comment je la résous à son égard. Dans cette occasion, en effet, nous connaissons le dessein de Dieu, dessein que nous n'aurions pu connaître, si Dieu ne nous l'eût révélé : c'est pourquoi, ayant connaissance du dessein par lequel Dieu a permis que son Fils innocent fût mis à mort par des injustes, et considérant que ce dessein vous plait et ne peut que vous plaire, si vous êtes juste, vous devez croire que dans ses autres actes, Dieu se règle sur quelque dessein également juste, inconnu de vous. Voyez donc, mes frères, il fallait le sang du juste pour effacer le pacte du péché (*Coloss.* 1, 14); il nous fallait un exemple de patience, un exemple d'humilité; il fallait que le signe de la croix triomphât du démon et de ses anges; il fallait que le Seigneur souffrît pour nous, car c'est la passion du Seigneur qui a racheté le monde: que de biens a produits la passion du Seigneur ! Et cependant, le juste n'aurait pas souffert cette passion, si des injustes n'avaient tué le Seigneur. Quoi donc? nous faudra-t-il attribuer aux injustes qui ont tué le Christ, cet immense bienfait qui résulte pour nous de la passion du Seigneur? Non, certes. Ils l'ont voulu, Dieu l'a permis. Ils seraient coupables, lors même qu'ils n'auraient que voulu commettre leur crime; mais Dieu ne l'aurait pas permis, s'il eût été injuste pour lui de le permettre. Ils ont voulu tuer le Christ; supposons qu'ils ne l'aient pu, ils n'en seraient pas moins injustes et homicides, qui en

non possum : illud tamen dico, quia et inique fecit homo qui occidit innocentem, et non fieret nisi permitteret Deus : et quamvis ille inique fecerit, non tamen hoc inique permisit Deus. Lateat caussa in isto nescio quo, de quo moveris, cujus innocentia te permovet. Possem enim tibi cito respondere, Non occideretur nisi nocens esset : sed tu cum innocentem putas. Possem tibi hoc cito dicere. Non enim tu scrutareris cor ejus, discuteres facta ejus, examinares cogitationes ejus, ut possis mihi dicere, Injuste occisus est. Possem ergo facile respondere : sed opponitur mihi quidam justus, sine controversia justus, sine dubitatione justus, qui non habebat peccatum, occisus a peccatoribus, traditus a peccatore, ipse Christus Dominus, de quo non possumus dicere quod habuit aliquam iniquitatem, quia ea quæ non rapuit exsolvebat (*Psal.* LXVIII, 5), objicitur mihi. Et quid dicam de Christo ? Tecum ago, inquis. Et ego tecum. De illo proponis quæstionem, de illo solvo quæstionem. Ibi enim consilium Dei novimus, quod nonnisi ipso revelante nossemus : ut cum tu inveneris consilium Dei, quo permisit innocentem Filium occidi ab injustis, et tale consilium quale tibi placeat, et quale tibi, si justus es, displicere non possit, credas quia et in aliis consilio id agat Deus, sed latet te. Eia Fratres, opus erat sanguine justi ad delendum chirographum peccatorum (*Coloss.* II, 14), opus erat exemplo patientiæ, exemplo humilitatis, opus erat signo crucis ad diabolum et ejus angelos debellandos, opus nobis erat passione Domini nostri : nam passione Domini redemtus est orbis. Quanta bona egit passio Domini ? Et tamen passio hujus justi non esset, nisi Dominum iniqui occidissent. Quid ergo, bonum hoc quod nobis præstitum est de Dominica passione, imputandum est iniquis interfectoribus Christi? absit. Illi voluerunt, Deus permisit. Illi nocentes essent, etiamsi tantummodo voluissent : Deus autem non permisisset, nisi justum esset. Voluerunt occidere :

doute? En effet, le Seigneur interroge le juste et l'impie (*Ps.* x, 6), et l'impie sera interrogé sur ses pensées (*Sag.* I, 9). Dieu discute la volonté de chacun et non son pouvoir. Si donc ils avaient voulu tuer le Christ, sans le pouvoir, bien qu'ils ne l'eussent pas tué, ils n'en seraient pas moins injustes, et la passion du Christ ne vous aurait pas profité. L'impie a donc voulu commettre un crime, qui mérite condamnation; il lui a été permis de l'accomplir, afin que ce crime vous profitât; la volonté coupable est imputée à l'iniquité de l'impie, la permission d'agir qu'il a reçue est imputée à la puissance de Dieu. Il a donc voulu injustement, et Dieu a permis justement. C'est pourquoi, mes frères, Judas, le méchant qui a livré le Christ, et les persécuteurs du Christ, tous méchants, tous impies, tous injustes, ont mérité d'être condamnés; et cependant le Père « n'a pas épargné son propre Fils, mais il l'a livré pour nous tous (*Rom.* VIII, 32). » Décidez, si vous le pouvez, distinguez, si vous le pouvez; rendez à Dieu les vœux que vos lèvres auront prononcé avec discernement (*Ps.* LXV, 13). Voyez quelle est ici la part de l'homme injuste, et quelle est la part de celui qui est souverainement juste. Le premier a voulu; le second a permis. L'un a voulu injustement; l'autre a permis justement. Condamnez la volonté injuste; glorifiez la juste permission. Quel mal, en effet, est-il arrivé au Christ, par la mort du Christ? Ceux-là ont fait le mal qui ont voulu lui faire mal; mais lui, envers qui ils ont fait le mal n'a ressenti aucun mal. Sa chair mortelle a été immolée, et en mourant il a tué la mort; il nous a laissé l'exemple de sa patience, et donné par avance l'exemple de sa résurrection. Quel bien immense le juste n'a-t-il point tiré du mal commis par l'impie? C'est là le grand effet de la puissance de Dieu : que le bien que vous faites vient de lui, et que, du mal que vous faites, il produit du bien. Ne vous en étonnez donc pas; ce que Dieu permet, il le permet par un jugement caché; ce qu'il permet, il le permet avec mesure, avec nombre, avec poids. Il n'y a en lui aucune iniquité (*Rom.* IX, 14). Quant à vous, contentez-vous de vous attacher à lui ; mettez en lui votre espérance; qu'il soit votre aide et votre salut; trouvez en lui un lieu fortifié et une tour inexpugnable (*Ps.* LX, IV); qu'il soit votre refuge, et il ne permettra pas que vous soyez tenté au-delà de vos forces; il fera même un pacte avec la tentation, pour que vous puissiez la supporter (I *Cor.* X, 13). S'il permet que vous souffriez la tentation, c'est un effet de sa puissance; s'il ne permet pas qu'elle s'étende en vous au-delà de ce que vous pouvez supporter, c'est un effet de sa miséricorde; « parce que la

---

pone quia non potuerunt : iniqui essent, homicidæ essent; quis dubitaret? « Dominus enim interrogat justum et impium (*Psal.* x, 6) : et, « In cogitationibus impii interrogatio erit (*Sap.* I, 9). » Discutit Deus quid quisque voluerit, non quid potuerit. Ergo si voluissent, et non potuissent, et non occidissent; iniqui illi remanerent, tibi Christi passio non præstaretur : voluit ergo facere impius ut damnaretur, permissus est ut tibi præstaretur : quod voluit, imputatur iniquitati impii; quod permissus est, imputatur potestati Dei. Ille ergo inique voluit, Deus juste permisit. Itaque, Fratres mei, et Judas malignus traditor Christi, et persecutores Christi, maligni omnes, impii omnes, iniqui omnes, damnandi omnes : et tamen Pater « proprio Filio suo non pepercit, sed pro nobis omnibus tradidit illum (*Rom.* VIII, 32).» Dispone, si potes : distingue, si potes : « redde Deo vota tua, quæ distinxerunt labia tua (*Psal.* LXV, 13).» Vide (*a*) quid ibi fecerit iniquus, quid justus. Ille voluit, iste permisit : ille injuste voluit, iste juste permisit. Voluntas injusta damnetur, permissio justa glorificetur. Quid enim mali accidit Christo, quia mortuus est Christus? Et illi mali sunt, qui male facere voluerunt; et nihil mali passus est, cui fecerunt. Occisa est caro mortalis, interficiens mortem morte, præbens patientiæ documentum, præmittens resurrectionis exemplum. Quanta bona facta sunt justi de malo injusti? Hoc est (*b*) magnum Dei : quia et bonum quod facis ipse tibi dedit, et de malo tuo ipse bene facit. Noli ergo mirari, permittit Deus, et judicio permittit : permittit, et mensura, numero, pondere permittit. « Apud illum non est iniquitas (*Rom.* IX, 14) : » tu tantum ad eum pertine ; in ipso spem pone, ipse sit adjutor tuus, salutare tuum; in illo sit locus munitus, turris fortitudinis, refugium tuum ipse sit, « et non te sinet tentari supra quam potes ferre, sed faciet cum tentatione etiam exitum, ut possis sustinere (*Psal.* LX, 4) : » ut quod te sinit pati tentationem, potestas ejus sit; quod non sinit ultra in te

(*a*) Sic MSS. At editi, *quid tibi fecerit.* (*b*) Regius liber, *Hoc est regnum Dei.*

puissance est à Dieu, et qu'à vous, Seigneur, appartient la miséricorde, parce que vous rendrez à chacun selon ses œuvres. (*Ps.* LXI, 13)»

L'explication de ce Psaume étant terminée, comme un astrologue, placé au rang des pénitents, attirait tous les regards, saint Augustin poursuivit en ces termes sur son compte :

23. La soif de l'Église, que nous vous avons dépeinte, s'étend jusque sur cet homme que l'Église aspire à s'incorporer (*Ps.* LXI, 3.). Et afin que vous sachiez en même temps, combien, dans le mélange des chrétiens, il y a d'hommes qui bénissent Dieu de la bouche et le maudissent dans le cœur, cet homme, qui passait pour un chrétien et un fidèle, revient à nous pénitent; et, saisi de terreur à la pensée de la puissance du Seigneur, il se tourne vers sa miséricorde. Séduit par l'ennemi, lorsqu'il était fidèle, il s'est longtemps livré à l'astrologie; séduit, il est devenu séducteur; trompé, il est devenu trompeur. En séduisant et en trompant, il a proféré beaucoup de mensonges contre Dieu, lequel a donné aux hommes le pouvoir de faire ce qui est bien et de ne pas faire ce qui est mal. Il prétendait que ce n'était point la volonté de l'homme, mais Vénus qui commettait l'adultère; que ce n'était point la volonté de l'homme, mais Mars, qui commettait l'homicide; que ce n'était point Dieu, mais Jupiter, qui rendait un homme juste : à ces discours il en joignait d'autres non moins coupables, non moins sacriléges. De combien de chrétiens n'a-t-il pas dérobé l'argent? Combien y en a-t-il qui lui ont acheté des mensonges, eux à qui nous disions: « Enfants des hommes, jusques à quand vos cœurs seront-ils appesantis ? Pourquoi aimez-vous la vanité et cherchez-vous le mensonge (*Ps.* IV, 3). » Maintenant, ainsi que nous devons le croire de lui, il a le mensonge en horreur; lui, le séducteur de tant d'hommes, il comprend qu'il a été séduit par le démon ; il s'en repent et revient à Dieu. Nous voyons, mes frères, que sa conversion est l'effet d'une crainte vive, dont son cœur a été saisi. Que vous dirons-nous, en effet ? Qu'un astrologue se convertisse du paganisme à la foi chrétienne, nous en aurons une grande joie ; mais cependant on pourra croire qu'en se convertissant, il cherche à obtenir dans l'Église quelque dignité cléricale. Pour celui-ci, il est pénitent, il ne cherche que la miséricorde. Je le recommande donc et à vos yeux et à vos cœurs. Que votre cœur aime, que vos yeux gardent celui que vous voyez.

---

fieri quam potes ferre, misericordia ejus sit : « Quoniam potestas Dei est, et tibi Domine misericordia, quia tu reddes unicuique secundum opera ejus.»

Et post tractatum de psalmo cum mathematicus in populo monstraretur, de eo idem ipse intulit.

23. Illa Ecclesiæ sitis etiam istum, quem videtis, bibere vult (*Psal.* LXI, 5.). Simul etiam ut noveritis, quam multi in commixtione Christianorum ore suo benedicant, et in corde suo maledicant, iste ex Christiano et fideli pœnitens redit, et territus potestate Domini convertitur ad misericordiam Domini. Seductus enim ab inimico cum esset fidelis, diu mathematicus fuit, seductus seducens, deceptus decipiens, illexit, fefellit, multa mendacia locutus est contra Deum, qui dedit hominibus potestatem faciendi quod bonum est, et non faciendi quod malum est. Iste dicebat, quia adulterium non faciebat voluntas propria, sed Venus; et homicidium non faciebat voluntas propria ; sed Mars ; et justum non faciebat Deus, sed Jovis : et alia (*a*) multa sacrilega non parva. Quam multis cum putatis Christianis nummos abstulisse? Quam multi ab illo emerunt mendacium, quibus dicebamus, « Filii hominum usque quo graves corde, ut quid diligitis vanitatem, et quæritis mendacium (*Psal*, IV, 3.)?» Modo, sicut de illo credendum est, horruit mendacium, et multorum hominum (*b*) illecebrem se aliquando a diabolo sensit illectum, convertitur ad Deum pœnitens. Putamus, Fratres, de magno timore cordis accidisse. Quid enim dicturi sumus? Namque si ex pagano converteretur mathematicus, magnum quidem esset gaudium : sed tamen posset videri, quia si conversus esset, clericatum quæreret in Ecclesia? Pœnitens est, non quærit nisi solam misericordiam. Commendandus est ergo et oculis et cordibus vestris. Eum quem videtis cordibus amate, oculis custodite. Videte illum, scitote illum, et quacumque ille transierit, fratribus ceteris qui modo hic non sunt, ostendite illum : et ista diligentia misericordia est, ne

---

(*a*) Plerique MSS. *mala sacrilega*. (*b*) Sic MSS. At editi, *hominum interitum, se aliquando,* etc.

Voyez-le, sachez-le reconnaître, et dans quelque lieu qu'il aille, montrez-le à ceux de nos frères qui ne sont pas ici présents. Ces soins assidus seront envers lui une œuvre de miséricorde, pour éviter que celui qui l'a séduit autrefois ne détourne son cœur et ne s'en empare de nouveau. Soyez donc sur vos gardes : que sa conversion, que ses voies n'échappent point à votre vigilance, afin que votre témoignage puisse nous confirmer la sincérité de sa conversion au Seigneur. Car la renommée ne se taira pas sur sa vie, maintenant que je l'ai recommandé à votre vigilance et à votre compassion. Vous savez qu'il est écrit dans les Actes des Apôtres que beaucoup d'hommes perdus, c'est-à-dire d'hommes adonnés à des pratiques de ce genre, et partisans de doctrines détestables, ont apporté tous leurs livres aux Apôtres et que les livres ont été brûlés en si grand nombre, que le narrateur a pris la peine d'en estimer la valeur et d'en consigner le prix (*Act.* XIX, 19). Tout cela a été fait pour la gloire de Dieu, de peur que ces hommes perdus ne désespérassent de la bonté de celui qui sait chercher ce qui a péri (I *Luc.* XV, 32). Cet homme était donc perdu ; et maintenant il a été cherché, il est retrouvé, il est ramené au bercail ; il porte avec lui, pour être brûlés, ces livres qui devaient le brûler, afin de passer lui-même, après les avoir jetés au feu, dans un lieu de rafraîchissement. Sachez cependant, mes frères, qu'il était venu frapper à la porte de l'Église avant Pâques ; et qu'avant Pâques il a commencé à demander à l'Église sa guérison. Mais, parce que la profession qu'il avait exercée est suspecte de mensonge et de tromperie, on a différé de l'admettre, de peur que sa conversion ne fût une tentation pour l'Église ; et pourtant enfin il a été admis, de peur qu'il ne fût lui-même trop dangereusement tenté. Priez pour lui par Jésus-Christ Notre-Seigneur. Tout au moins, adressez pour lui au Seigneur notre Dieu votre prière d'aujourd'hui. Car nous savons, avec toute certitude, que votre prière peut effacer les impiétés de cet homme. Que le Seigneur soit avec vous.

---

ille seductor (*a*) retrahat cor, et oppugnet. Custodite vos, non vos lateat conversatio ejus, via ejus : ut testimonio vestro nobis confirmetur vere illum ad Dominum esse conversum. Non enim silebit fama de vita ejus, quando sic vobis et videndus et miserandus offertur. Nostis in Actibus Apostolorum esse scriptum (*Act.* XIX, 19), quia multi perditi, id est, talium artium homines, et doctrinarum nefariarum sectatores, omnes codices suos ad Apostolos attulerunt ; et incensi sunt libri tam multi, ut pertineret ad scriptorem æstimationem eorum facere, et summam pretii conscribere. Hoc utique propter gloriam Dei, ne tales etiam perditi desperarentur ab illo qui (*b*) novit quærere quod perierat (*Lucæ*, XV, 32).

Perierat ergo iste, nunc quæsitus, inventus, adductus est : portat secum codices incencendos, per quos fuerat incendendus, ut illis in ignem missis, ipse in refrigerium transeat. Sciatis enim tamen, Fratres, olim pulsare ad Ecclesiam ante Pascha : ante Pascha enim cœpit petere de Ecclesia Christi medicinam. Sed quia talis est ars in qua exercitatus erat, quæ (*c*) suspecta esset de mendacio atque fallacia, dilatus est ne tentaret ; et aliquando tamen admissus est, ne periculosius tentaretur. Orate pro illo (*d*) per Christum. Prorsus hodiernam precem pro illo fundite Domino Deo nostro. Scimus enim et certi sumus, quia oratio vestra delet omnes impietates ejus. Dominus vobiscum.

(*a*) Tres MSS. *redeat ad cor*. (*b*) Unus et alter MS. *venit*. (*c*) Aliquot MSS. *suscepta esset*. (*d*) Sic Er. et MSS. At Lov. *Orate pro illo Christum*.

DISCOURS [1] SUR LE PSAUME LXII.

1. A cause de ceux qui peut-être sont encore peu instruits au nom du Christ, lequel rassemble de tous côtés ses disciples, parce qu'il a donné son sang pour tous, je veux dire quelques mots qu'entendent avec plaisir ceux qui savent déjà, et qui instruisent ceux qui ne savent pas. Ces psaumes que nous chantons ont été composés et écrits sous l'inspiration du Saint-Esprit bien avant que Notre-Seigneur Jésus-Christ ne naquit de la Vierge Marie. En effet, David était roi de la nation juive, seule nation qui adorât le Dieu unique, créateur du ciel, de la terre, de la mer, et de tout ce qu'ils contiennent, tant de choses visibles que de choses invisibles. Tous les autres peuples, au contraire, adoraient soit des idoles, ouvrages de leurs propres mains, soit des créatures de Dieu, au lieu du créateur, c'est-à-dire : le soleil, la lune, les étoiles, la mer, les montagnes ou les arbres. Or toutes ces choses, Dieu les a faites et il veut être glorifié en elles, mais il ne veut pas qu'on les adore au lieu de lui. David fut donc roi de la race juive, et de sa race est né Notre-Seigneur Jésus-Christ par la Vierge Marie (*Rom.* I, 3.); car la Vierge Marie, qui enfanta le Christ, était de la race de David (*Luc.* II, 7). Le roi David composa ces psaumes, dans lesquels était annoncé, pour un avenir encore lointain, l'avénement du Christ. D'autres Prophètes, qui vécurent avant que Notre-Seigneur Jésus-Christ ne naquit de la Vierge Marie, ont prédit également tout ce qui devait arriver de nos jours, ce que nous lisons aujourd'hui et ce que nous voyons en même temps ; et c'est pour nous une grande joie que l'objet de notre espérance ait été annoncé par des saints qui ne voyaient pas l'accomplissement de leurs prophéties, si ce n'est dans l'avenir, par la lumière du Saint-Esprit. Pour nous maintenant, nous discutons les faits que nous lisons ou que nous entendons lire par les Lecteurs, et nous

IN PSALMUM LXII.

ENARRATIO.

1. Propter eos qui forte rudes sunt adhuc ad nomen Christi, quia undique colligit qui pro omnibus dedit sanguinem suum, dicendum est paucis quod et illi libenter audiant qui noverunt et discant qui non noverunt. Psalmi isti quos cantamus, antequam Dominus noster Jesus Christus natus esset ex virgine Maria, Spiritu Dei dictante dicti et conscripti sunt. Fuit enim David rex in Judæorum gente, quæ gens una colebat Deum unum, qui fecit cælum et terram, mare et omnia quæ in ipsis sunt, sive quæ videntur, sive quæ non videntur. Ceteræ autem gentes, aut idola colebant quæ manibus fecerant, aut creaturam Dei, non ipsum creatorem, id est, aut solem, aut lunam, aut stellas, aut mare aut montes, aut arbores. Hæc enim omnia Deus fecit; et laudari se vult in illis, non illa coli pro se. Ergo in ipsa gente Judæorum David rex fuit, de cujus semine natus est Dominus noster Jesus Christus ex Maria virgine (*Rom.* I, 3); quia de illo ducebat genus virgo Maria, quæ peperit Christum (*Lucæ*, II, 7) : et dicti sunt isti Psalmi, et prophetabatur in eis Christus venturus post multos annos : et dicebatur ab illis Prophetis, qui fuerunt antequam Dominus noster Jesus Christus de Maria virgine nasceretur, quidquid futurum erat temporibus nostris, quod modo legimus, et videmus : et multum gaudemus, quia spes nostra prædicta est a sanctis, qui illud non videbant impletum, sed in Spiritu futurum videbant : et nos modo legimus et audimus a lectoribus, disputamus illa : et quomodo sunt in Scripturis, sic ea videmus impleri per totum orbem terrarum. Quis inde non gaudeat? Quis non et ea quæ nondum venerunt ventura speret, propter illa quæ jam tanta impleta sunt ? Modo enim Fratres

[1] Discours au peuple.

les voyons s'accomplir dans l'univers entier, tels qu'ils sont annoncés dans les Ecritures. Qui ne s'en réjouirait? Qui ne croirait à l'accomplissement futur des choses qui ne sont pas encore réalisées, à la vue de toutes celles qui déjà se sont accomplies en si grand nombre? Maintenant, en effet, mes frères, vous voyez que le monde entier, que toute la terre, que toutes les nations, que tous les pays courent au nom du Christ, et croient au Christ. Assurément vous voyez comment partout sont renversées les vanités des païens : vous le voyez, c'est chose évidente pour vous. N'est-ce pas là ce que nous vous lisons dans nos Livres saints, et ce qui se passe sous vos yeux? Or tout ce que vous voyez s'accomplir sous vos yeux a été écrit, il y a de nombreux siècles déjà, par ceux dont nous lisons les livres, maintenant que nous voyons ces prophéties réalisées. Mais ces écrits annoncent également des événements qui ne sont pas encore arrivés, par exemple l'avénement de Notre-Seigneur Jésus-Christ, qui viendra juger tous les hommes, après être venu pour être jugé lui-même. Il est venu, en effet, d'abord, dans une grande humilité, et plus tard, il reviendra dans toute sa gloire ; il est venu pour nous donner l'exemple de la patience, et plus tard il viendra pour juger tous les hommes, les bons et les mauvais, chacun selon ses mérites. Bien que ces choses que nous espérons ne soient point arrivées, nous devons également les croire ; croire par conséquent que le Christ viendra juger les vivants et les morts. Croyons à l'accomplissement de ce qui n'est point encore arrivé, en raison de l'accomplissement, réalisé sous nos yeux, de tant de faits qui d'abord n'étaient que des prophéties pour l'avenir. Insensé, en effet, que refuse de croire le peu qui reste à accomplir, lorsqu'il voit accomplies tant de choses qui n'existaient pas au moment où elles ont été prédites.

2. Le Psaume est donc chanté par David, figurant la personne de Notre-Seigneur Jésus-Christ, tête et membres. Car ce fils unique qui est né de la Vierge Marie, qui a souffert, qui a été enseveli, qui est ressuscité, qui est monté au ciel, et qui est assis maintenant à la droite du Père, où il intercède pour nous, ce Christ est notre tête. S'il est notre tête, nous sommes ses membres; toute son Eglise répandue de tous côtés est le corps dont il est la tête. Et non-seulement les fidèles qui existent actuellement, mais ceux qui étaient avant nous, et ceux qui viendront après nous jusqu'à la fin des siècles, font tous partie de son corps ; de ce corps dont il est la tête, lui qui est monté dans le ciel (*Coloss.* I, 18). Nous connaissons donc maintenant la tête et le corps, et nous savons qu'il est notre tête et que nous sommes son corps. Quand nous entendons sa voix, nous devons l'entendre également et de sa tête et de son corps ; parce que, tout ce qu'il a souffert, nous l'avons souffert également en lui, et ce que nous souffrons de notre côté, il le souffre également en nous. Car, si la tête souffre quelque

videtis, quia totus mundus, tota terra, omnes gentes, omnes regiones currunt ad nomen Christi et credunt in Christum. Certe videtis hoc, quomodo ubique evertantur vanitates Paganorum, videtis hoc, manifestum est vobis. Numquid et hoc de libro vobis legimus, et non ante oculos vestros fit? Hoc ergo totum quod videtis ante oculos vestros fieri, scriptum aute immensa volumina annorum per istos quos modo legimus, quando jam ista impleri videmus. Sed quoniam scripta sunt et illa quæ nondum venerunt, id est, quia Dominus noster Jesus Christus venturus est ut judicet, qui primo venit ut judicaretur ; venit enim primo humilis, postea venturus est excelsus ; venit ut ostenderet exemplum patientiæ, postea venturus est ut pro meritis judicet omnes, sive bonos, sive malos : quia ergo nondum venit hoc quod speramus, venturum Christum judicem vivorum et mortuorum, debemus illud credere. Modicum quod restat venturum esse credamus, quando jam videmus tanta quæ tunc futura erant, modo compleri. Stultus est enim qui non vult credere pauca quæ restant, cum videat tam multa impleta esse, quæ tunc non erant quando prædicebantur.

2. Psalmus ergo iste dicitur ex persona Domini nostri Jesu Christi, et capitis et membrorum. Ille enim unus qui natus est de Maria, et passus est, et sepultus est, et resurrexit, et adscendit in cælum, et modo ad dexteram Patris sedet et interpellat pro nobis, caput nostrum est. Si ille caput est, nos membra sumus : tota Ecclesia ejus quæ ubique diffusa est, corpus ipsius est, cujus est ipse caput. Non solum autem fideles qui modo sunt, sed et qui fuerunt ante nos, et qui post nos futuri sunt usque in finem sæculi, omnes ad corpus ejus pertinent : cujus corpo-

douleur, la main pourrait-elle dire qu'elle ne souffre pas ? Ou, si la main souffre, la tête peut-elle dire qu'elle ne souffre pas ? ou si le pied souffre, la tête peut-elle dire qu'elle ne souffre pas ? Lorsque l'un de nos membres souffre, tous les autres membres s'empressent de venir en aide à ses souffrances. Si donc, lorsque le Seigneur a souffert, nous avons souffert en lui ; maintenant qu'il est monté dans le ciel et qu'il est assis à la droite de Dieu, tout ce que souffre son Eglise, dans les tribulations de ce monde, dans les tentations, les nécessités, les angoisses, (car il faut que toutes ces douleurs l'instruisent, pour qu'elle soit purifiée comme l'or, par le feu), le Seigneur le souffre également. Nous prouvons que nous avons souffert en Jésus-Christ par ces paroles de l'Apôtre : « Si donc vous êtes morts en Jésus-Christ, pourquoi formulez-vous encore des décisions, comme si vous viviez de la vie de ce monde (*Coloss.* II, 20)? » Le même apôtre dit encore, « que le vieil homme qui était en nous a été crucifié avec lui, pour que le corps du péché fut détruit (*Rom.* VI, 6). » Si donc nous sommes morts en lui, nous sommes aussi ressuscités en lui. En effet, comme le dit le même apôtre : « Si vous êtes ressuscités avec le Christ, goûtez les choses du ciel, cherchez les choses du ciel, où le Christ est assis à la droite de Dieu (*Colos.* III, 1). » Si donc nous sommes morts en lui et ressuscités en lui, si lui aussi meurt et ressuscite en nous; (car en lui est l'unité de la tête et du corps), c'est à juste titre que sa voix est la nôtre, et que notre voix est la sienne. Écoutons donc le psaume et comprenons que c'est le Christ qui y parle.

3. Voici le titre de ce psaume : « De David pour lui-même, lorsqu'il était dans le désert d'Idumée (*Ps.* LXII, 1) » Par l'Idumée on entend le siècle où nous vivons. En effet, les Iduméens formaient une nation nomade et idolâtre (1 *Rois*, XXII, 9). Cette Idumée n'est point prise en bonne part. Si elle n'est point prise en bonne part, nous devons comprendre que son nom signifie cette vie dans laquelle nous travaillons si péniblement, et où nous sommes soumis à de si rudes nécessités. Là est un désert, où l'on est dévoré par la soif : vous allez entendre la voix de qui en souffre dans ce désert. Mais si nous savons que nous-mêmes éprouvons cette soif, nous saurons aussi que notre soif sera étanchée. Car celui qui a soif en ce monde sera désaltéré dans le monde futur, selon ces paroles du Seigneur : « Heureux ceux qui ont faim et soif de la justice, parce qu'ils seront rassasiés (*Matth.*

---

ris ipse caput est, qui adscendit in cælum (*Coloss.* I, 18). Quia ergo jam novimus caput et corpus, ille est caput, nos corpus. Quando audimus vocem ipsius, et ex capite debemus audire, et ex corpore : quia quidquid passus est in illo, et nos passi sumus : quia et nos quod patimur in nobis, et ipse patitur. Quomodo si aliquid patiatur caput, numquid potest dicere manus quia non patitur ? aut si aliquid patitur manus, numquid potest caput dicere quia non patitur ? aut si aliquid patitur pes, numquid potest caput dicere quia non patitur. Quando aliquid patitur unum membrum nostrum, omnia membra currunt, ut subveniant membro quod patitur. Si ergo ille cum passus est, nos in illo passi sumus, et ille jam adscendit in cælum, et sedet ad dexteram Patris ; quidquid patitur Ecclesia ipsius in tribulationibus hujus sæculi, in tentationibus, in necessitatibus, in angustiis (quia sic illam oportet erudiri, ut igne tamquam aurum purgetur), ipse patitur. Probamus hoc, quia nos in illo passi sumus, dicente Apostolo, « Si autem mortui estis cum Christo, quid adhuc velut viventes de hoc mundo decernitis (*Coloss.* II, 20) ? » Item dicit, « Quia vetus homo noster simul crucifixus est cum illo, ut evacuaretur corpus peccati (*Rom.* VI, 6). » Si ergo in illo mortui sumus, in illo etiam resurreximus. Dixit enim ipse Apostolus, « Si autem resurrexistis cum Christo, quæ sursum sunt sapite, quæ sursum sunt quærite, ubi Christus est in dextera Dei sedens (*Coloss.* III, 1). » Si ergo in illo mortui sumus et in illo resurreximus, et ipse in nobis moritur et in nobis resurgit (ipse (*a*) est enim unitas capitis et corporis); non immerito vox ipsius etiam nostra est, et vox nostra etiam ipsius est. Audiamus ergo Psalmum, et in eo Christum loquentem intelligamus.

3. Titulum habet iste Psalmus, « Ipsi David cum esset in deserto Idumææ (*Psal.* LXII, 1). » Per Idumææ nomen intelligitur sæculum istud. Idumea enim gens erat quædam errantium hominum, ubi idola colebantur (I *Reg.* XXII, 9). » Non in bono ponitur Idumæa ista. Si non in bono ponitur, intelligendum est istam vitam, ubi patimur tantos labores et ubi tantis necessitatibus subditi sumus, Idumææ nomine significari. Et hic est desertum ubi multum sititur, et audituri estis vocem modo sitientis in deserto. Si autem cognoscamus nos sitientes, cognos-

(*a*) Gatianensis MS. *ipsa*.

v, 6). » Nous ne devons même pas, en ce monde, désirer, pour ainsi dire, notre rassasiement. Nous devons avoir soif ici-bas, nous serons rassasiés ailleurs. Mais maintenant, pour que nous ne tombions pas en défaillance dans le désert de la vie, le Seigneur nous envoie la rosée de sa parole, et il ne nous laisse jamais entièrement à sec, afin que nul n'ait à alléguer notre perte; mais il nous laisse éprouver une soif assez ardente pour que nous ne voulions que boire. Or, pour que nous buvions, il répand sa grâce sur nous; toutefois notre soif ne peut être apaisée. Et que dit notre âme à Dieu?

4. « O Dieu, mon Dieu ! dès que la lumière paraît, je veille et j'aspire à vous (*Ps.* LXII, 2). » Qu'est-ce que veiller, c'est assurément ne pas dormir. Qu'est-ce que dormir? Il y a deux sommeils : celui de l'âme et celui du corps. Nous avons tous besoin du sommeil corporel; car s'il nous manque, l'homme dépérit, le corps lui-même dépérit. En effet, la fragilité de notre corps ne peut longtemps soutenir la veille et l'application active de l'âme. Si l'âme s'applique trop longtemps au travail, le corps fragile et terrestre devient incapable de la soutenir et de supporter son action ; il tombe en défaillance et succombe. C'est pourquoi Dieu a donné au corps le sommeil qui répare les forces de ses membres, afin que ceux-ci puissent soutenir l'âme pendant qu'elle veille. Mais ce que nous devons éviter, c'est de laisser notre âme s'endormir; car le sommeil de l'âme est un sommeil funeste. Salutaire est le sommeil du corps, qui répare les langueurs du corps; mais le sommeil de l'âme, c'est l'oubli de Dieu. Toute âme qui oublie son Dieu est endormie. C'est ce qui explique le langage de l'Apôtre envers ceux qui oublient Dieu et qui, dans les rêves de cette sorte de sommeil, délirent au point d'adorer les idoles. En effet, ceux qui adorent les idoles ressemblent à ceux qui voient en rêve de vaines images; au contraire, que leur âme vienne à s'éveiller, elle comprend quel est celui qui l'a faite, et elle n'adore plus ce qu'elle a fait elle-même. L'Apôtre leur adresse donc ces paroles : « Levez-vous, vous qui dormez, levez-vous d'entre les morts, et le Christ répandra sur vous sa lumière (*Éphés.* v, 14). » Etait-ce le corps qui dormait dans celui que réveillait l'Apôtre? C'était une âme endormie qu'il éveillait, et il l'éveillait pour que le Christ l'éclairât. C'est donc en veillant de cette manière, que le Psalmiste dit : « O Dieu, mon Dieu ! dès que la lumière paraît, je veille et j'aspire à vous. » Vous ne sauriez en effet veiller en votre âme, si une lumière ne se levait sur vous, qui vous tirât de votre sommeil. C'est le Christ qui éclaire les

---

cemus nos et bibentes. Quia qui sitit in isto sæculo, in futuro sæculo satiabitur, dicente Domino, « Beati qui esuriunt et sitiunt justitiam, quia ipsi saturabuntur (*Matth.* v, 6). » Ergo in hoc sæculo non debemus quasi amare saginam. Hic sitiendum est, alibi saginabimur. Modo autem ut non deficiamus in isto deserto, adspergit (*a*) nobis rorem verbi sui, et non nos dimittit prorsus arescere, ut (*b*) non sit de nobis repetitio, sed ut sic sitiamus, ut bibamus. Ut autem bibamus ; aliqua gratia ejus adspergimur : tamen sitimus. Et quid dicit anima nostra Deo?

4. « Deus, Deus meus, ad te de luce vigilo ((*Psal.* LXII, 2). » Quid est vigilare? Utique non dormire. Quid est dormire ? Est somnus animæ, est somnus corporis. Somnum corporis omnes debemus habere: quia si non habeatur somnus corporis, deficit homo, deficit ipsum corpus. Non enim potest diu sustinere corpus nostrum fragile animam vigilantem et intentam in actionibus : si diu fuerit intenta anima in actionibus, corpus fragile et terrenum non illam capit, non illam sustinet perpetuo agentem ; et deficit et succumbit. Ideo Deus donavit somnum corpori, quo reparantur membra corporis, ut possint vigilantem animam sustinere. Illud autem cavere debemus, ne ipsa anima nostra dormiat : malus enim est somnus animæ. Bonus somnus corporis, quo reparatur valetudo corporis. Somnus autem animæ est oblivisci Deum suum. Quæcumque anima oblita fuerit Deum suum, dormit. Ideo dicit apostolus quibusdam oblitis Deum suum et tamquam in somno agentibus deliramenta culturæ idolorum. Sic sunt enim qui colunt idola, quomodo qui vident in somnis vana : si autem evigilet anima ipsorum, intelligit a quo facta est, et non colit quod ipsa fecit. Dicit ergo quibusdam Apostolus, « Surge qui dormis, et exsurge a mortuis, et illuminabit te Christus (*Ephes.*, v, 14). » Numquid corpore dormientem excitabat Apostolus? Sed excitabat animam dormientem, quando ad hoc eam excitabat, ut illuminaretur a Christo. Ergo secundum ipsas vigilias dicit iste, « Deus, Deus

---

(*a*) Tres MSS. *adspergit nos rore.* (*b*) Regius MSS. *ut nunc sit nobis appetitio.*

âmes et les fait veiller; si au contraire, il ne leur donne sa lumière, elles restent dans le sommeil. C'est pourquoi, le Prophète dit au Seigneur dans un autre psaume : « Seigneur, éclairez mes yeux, afin que je ne dorme jamais du sommeil de la mort (*Ps.* XII, 4). » Quant aux âmes qui dorment pour s'être détournées de lui, elles ont sa lumière près d'elles pendant leur sommeil, mais elles ne la voient pas, parce qu'elles dorment. Il en est pour elles comme pour celui qui dort, pendant le jour, du sommeil du corps ; déjà le soleil est levé, déjà le jour donne sa chaleur et cet homme est comme au milieu de la nuit, parce qu'il ne veille pas et ne peut voir le soleil déjà levé. De même, certaines âmes sont engourdies et dorment encore quoique le Christ soit présent auprès d'elles et que la vérité leur ait été prêchée. à ces âmes, si vous-même êtes éveillé, dites tous les jours : « Levez-vous, vous qui dormez, et ressuscitez d'entre les morts, et le Christ vous éclairera (*Ephés.* v, 14). » En effet, votre vie et vos mœurs doivent veiller dans le Christ, pour que les autres hommes encore païens et endormis en ressentent l'action, pour que le bruit de vos veilles les tire de leur assoupissement, et qu'eux-mêmes s'éveillent et commencent à dire avec vous dans le Christ : « O Dieu, mon Dieu! dès que la lumière paraît, je veille et j'aspire à vous. »

5. « Mon âme a eu soif de vous (*Ps.* LXII, 2). » Voilà ce désert d'Idumée. Voyez de quelle soif brûle le Prophète, mais voyez aussi quel est le bien qu'il désire : «Mon âme a eu soif de vous.» Il y en a en effet qui ont soif, mais ils n'ont pas soif de Dieu. Quiconque veut obtenir quelque chose est dans l'ardeur du désir, et ce désir est une soif de l'âme. Or, voyez combien de désirs variés se trouvent dans le cœur des hommes. L'un désire de l'or, l'autre désire de l'argent, celui-ci désire des propriétés, celui-là des héritages; qui, une grosse somme d'argent, qui de nombreux troupeaux; un autre une grande maison, un autre une épouse; un autre des honneurs, un autre des enfants. Vous voyez comme ces mille désirs agitent le cœur des hommes. Tous les hommes sont consumés de désirs; et à peine s'en trouve-t-il un qui dise : « Mon âme a eu soif de vous. » En effet les hommes ont soif des biens de ce monde, et ils ne comprennent pas qu'ils sont dans le désert d'Idumée, où leur âme doit avoir soif de Dieu. Quant à nous, disons : « Mon âme a eu soif de vous. » Disons-le tous, parce que nous ne sommes tous qu'une seule âme dans le même Christ : que ce soit cette âme qui ait soif de Dieu dans le désert d'Idumée.

6. « Mon âme a eu soif de vous; et combien de fois ma chair aussi ! » C'est peu que mon âme ait soif de vous, ma chair aussi ressent la même soif, mais si l'âme est altérée de Dieu,

meus, ad te de luce vigilo. » Non enim vigilares in te, nisi orietur lux tua, quæ te de somno excitaret. Illuminat enim animas Christus, et facit eas vigilare : si autem lumen suum detrahat, obdormiunt. Ideo enim illi dicitur in alio Psalmo, » Illumina oculos meos, ne umquam obdormiam in morte (*Psal.*, XII, 4). » Aut si ab illo aversæ obdormiunt, præsens est illis lumen, et non possunt videre, quia dormiunt. Quomodo et corpore qui dormit inter diem, jam ortus est sol, jam dies calet, et ille tamquam in nocte est, quia non vigilat ut videat jam ortum diem : sic quibusdam jam præsente Christo, jam prædicata veritate, inest adhuc somnus animæ. Illis ergo vos, si vigiletis, dicetis quotidie, Surge qui dormis, et exsurge a mortuis, et illuminabit te Chritus (*Ephes.*, v, 14). » Vita enim vestra et mores vestri vigilare debent in Christo, ut sentiant alii Pagani dormientes, et ad sonitum vigiliarum vestrarum excitentur, et ipsi excutiant somnum, et incipiant in Christo vobiscum dicere, « Deus, Deus meus, ad te de luce vigilo. »

5. « Sitivit tibi anima mea (*Psal.* LXII, 2.). » Ecce illud desertum Idumææ. Videte quomodo hic sitit : sed videte quid hic bonum est, « Sitivit tibi. » Sunt enim qui sitiunt, sed non Deo. Omnis qui sibi vult aliquid præstari, in ardore est desiderii : ipsum desiderium sitis est animæ. Et videte quanta desideria sint in cordibus hominum : Alius desiderat aurum, alius desiderat argentum, alius desiderat possessiones, alius hereditates, alius amplam pecuniam, alius multa pecora, alius domum magnam, alius uxorem, alius honores, alius filios. Videtis desideria ista, quomodo sunt in cordibus hominum. Ardent omnes homines desiderio : et vix invenitur qui dicat, « Sitivit tibi anima mea. » Sitiunt enim homines sæculo : et non se intelligunt in deserto esse Idumææ, ubi debet sitire anima ipsorum Deo. Dicamus ergo nos, « Sitivit tibi anima mea : » omnes dicamus, quia in concordia Christi omnes una anima sumus : ipsa anima sitiat in Idumæa.

6. « Sitivit tibi, inquit, anima mea : quam multipliciter tibi et caro mea(*Ibid*).» Parum est, quia sitivit

comment la chair est-elle aussi altérée de lui? Lorsque la chair a soif, elle aspire à une source; lorsque l'âme a soif, elle aspire à la source de la sagesse. C'est à cette source que s'enivrent nos âmes, comme il est dit dans un autre psaume : « Ils seront enivrés par l'abondance de votre maison, et vous les abreuverez au torrent de vos délices (*Ps.* xxxv, 9). » Il faut donc avoir soif de la sagesse, il faut avoir soif de la justice. Mais nous n'en serons rassasiés, nous n'en serons comblés, que quand notre vie aura pris fin, et que nous serons arrivés à ce que Dieu nous a promis. En effet, Dieu nous a promis que nous serions comme les anges (*Luc.* xx, 36) : mais aujourd'hui, les anges n'ont pas soif comme nous, ils n'ont pas faim comme nous, ils sont rassasiés pour jamais de vérité, de lumière et de sagesse. C'est ce qui les rend bienheureux : et du sein de cette immense béatitude, de cette cité de la Jérusalem céleste, d'où nous sommes maintenant exilés, ils jettent les yeux sur nous, misérables voyageurs, ils nous portent compassion, et, par les ordres de Dieu, ils nous secourent; afin qu'un jour nous puissions arriver à cette commune patrie et nous y rassasier avec eux à la source divine de la vérité et de l'éternité. Que notre âme ait donc présentement soif de Dieu; mais d'où vient aussi la soif de notre chair, et cette soif fréquemment réitérée? « Et combien de fois ma chair aussi! » C'est que la résurrection a été promise à notre chair. De même que la béatitude est promise à notre âme, ainsi la résurrection est promise à notre chair. Or, voici la résurrection de la chair qui nous est promise : écoutez et apprenez quelle est l'espérance des chrétiens, et pourquoi nous sommes chrétiens. Nous ne sommes pas chrétiens pour rechercher la félicité terrestre que possèdent le plus souvent des voleurs et des scélérats. Nous sommes chrétiens pour aspirer à une autre félicité, qui nous sera donnée lorsque la vie entière de ce monde sera écoulée. La résurrection de la chair nous est donc promise, et promise en ce sens que la chair que nous portons actuellement ressuscitera à la fin des siècles. Que cette vérité ne vous paraisse pas incroyable. Si, en effet, Dieu nous a faits, alors que nous n'étions pas, lui sera-t-il difficile de nous refaire, après que nous aurons été? Que cette vérité ne vous paraisse donc pas incroyable : sous prétexte que vous voyez les morts pourrir et se réduire en cendre et en poussière. Ou bien, qu'un mort soit brûlé, ou que des chiens le dévorent, croyez-vous que ce sera un obstacle à sa résurrection? Tout ce qui est mis en pièces, tout ce que la pourriture réduit en une sorte de cendre, reste intact pour Dieu. Toutes ces parcelles retournent parmi les

anima mea, sitivit et caro mea. Puta si anima sitit Deo, quomodo et caro sitit Deo? Quando enim caro sitit, aquam sitit : quando anima sitit, fontem sapientiæ sitit. De ipso fonte inebriabuntur animæ nostræ, sicut dicit alius Psalmus, « Inebriabuntur ab ubertate domus tuæ, et torrente deliciarum tuarum potabis eos (*Psal.* xxxv, 9). » Sitienda est ergo sapientia, sitienda est justitia. Non ea satiabimur, non ea implebimur, nisi cum fuerit finita vita ista, et venerimus ad illud quod promisit Deus, Promisit enim Deus æqualitatem Angelorum (*Lucæ*, xx, 36) : et modo Angeli non sitiunt quomodo nos, non esuriunt quomodo nos; sed habent saginam veritatis, lucis, immortalis sapientiæ. Ideo beati sunt, et de tanta beatitudine, quia in illa sunt civitate Jerusalem cælesti, unde nos modo peregrinamur, adtendunt nos peregrinos, et miserantur nos, et jussu Domini auxiliantur nobis, ut ad illam patriam communem aliquando redeamus, et ibi cum illis fonte Dominico veritatis et æternitatis aliquando saturemur. Modo ergo sitiat anima nostra : unde et caro nostra sitit, et hoc multipliciter? « Multipliciter tibi, inquit, et caro mea. » Quia et carni nostræ promittitur resurrectio. Quomodo animæ nostræ promittitur beatitudo, sic et carni nostræ promittitur resurrectio. Resurrectio carnis talis nobis promittitur : Audite, et discite, et tenete quæ sit spes Christianorum, quare sumus Christiani. Non enim ad hoc sumus Christiani, ut terrenam nobis felicitatem petamus, quam plerumque habent et latrones et scelerati. Ad aliam felicitatem nos sumus Christiani, quam tunc accipiemus, cum vita ista hujus sæculi tota transierit. Ergo promittitur nobis et carnis resurrectio; et talis resurrectio carnis nobis promittitur, ut caro quidem ista quam modo portamus, resurgat in fine. Nec incredibile vobis videatur. Si enim Deus fecit nos qui non eramus, magnum illi est reparare qui eramus? Ergo hoc vobis incredibile non videatur, quia quasi putrescere mortuos videtis, et ire in cineres et in pulverem. Aut si incendatur aliquis mortuus, aut si canes dilanient eum, putatis quia inde non erit resurrecturus? Omnia quæ discerpuntur et in favillas quasdam putrescunt, integra Deo sunt. In illa enim

éléments de ce monde, d'où elles sont venues, quand nous avons été créés. Nous ne les voyons pas ; mais Dieu les tirera d'où il sait ; car, avant que nous ne fussions, il nous a tirés d'où il savait. Et telle sera la résurrection de la chair qui nous est promise, que, bien que ce soit la même chair, que nous portons actuellement, qui doive ressusciter, cependant elle n'aura pas la corruptibilité qu'elle a maintenant. Maintenant, en effet, telle est la corruptibilité de notre nature fragile, que si nous ne mangeons, nous défaillons et souffrons de la faim ; que, si nous ne buvons, nous défaillons et souffrons de la soif ; que, si nous veillons longtemps, nous défaillons et succombons au sommeil ; que, si nous dormons longtemps, nous défaillons et pour cette cause sommes obligés de veiller ; que, si nous mangeons et buvons longtemps, bien que nous ne mangions et ne buvions que pour nous restaurer, une réfection prolongée n'est qu'une cause de défaillance ; que, si nous restons longtemps debout, nous nous fatiguons et sommes obligés de nous asseoir ; et que, si nous sommes longtemps assis, cela même nous fatigue, et qu'en conséquence, il nous faut nous lever. Ensuite, remarquez-le, il n'y a point d'état fixe pour notre chair. En effet, l'enfance s'envole et fait place à la première jeunesse ; vous cherchez l'enfance et l'enfance n'est plus ; à la place de l'enfance est déjà survenue la première jeunesse.

Celle-ci passe bientôt elle-même à l'adolescence ; vous cherchez la première jeunesse et ne la trouvez plus. L'adolescent devient un jeune homme ; vous cherchez l'adolescent et il n'existe plus. Le jeune homme devient un vieillard ; vous cherchez le jeune homme et il n'y est plus. Bientôt le vieillard meurt ; vous cherchez le vieillard et il n'y a plus de vieillard. Notre âge ne s'arrête donc jamais ; partout la chair se fatigue, partout elle se lasse, partout elle se corrompt. Si donc nous considérons quelle espérance de résurrection nous donne la promesse de Dieu, au milieu de toutes ces défaillances multipliées de notre corps, nous avons soif d'une telle incorruptibilité ; et c'est ainsi que la chair a tant de fois soif de Dieu. Dans cette Idumée, dans ce désert, plus souvent elle souffre, plus souvent elle a soif ; plus souvent elle est fatiguée, plus souvent elle a soif de l'incorruptibilité qui ne connaîtra pas la fatigue.

7. Cependant, mes frères, bien que la chair de tout bon et fidèle chrétien ait soif de Dieu, si la chair a besoin de pain, si elle a besoin d'eau, si elle a besoin de vin, si elle a besoin d'argent, si elle a besoin de quelque animal, elle doit s'adresser à Dieu et non pas aux démons et aux idoles, ni à je ne sais quelles puissances de ce monde. Il y en a, en effet, qui, lorsqu'ils ont faim en ce monde, abandonnent Dieu, et prient Mercure ou Jupiter, ou telle divinité qu'ils ap-

---

elementa mundi eunt, unde primo venerunt, quando facti sumus : non illa videmus ; sed tamen Deus unde scit producet illa, quia et antequam essemus, unde sciebat nos produxit. Talis ergo resurrectio carnis nobis promittitur, ut quamvis ipsa sit caro quam modo portamus, quæ resurrectura est, tamen non habeat corruptionem quam modo habet. Modo enim ex corruptione fragilitatis, si non manducemus, deficimus et esurimus ; si non bibamus, deficimus et sitimus ; si diu vigilemus, deficimus et dormimus ; si diu dormiamus, deficimus, ideo vigilamus ; si diu manducemus et bibamus, quamvis propter refectionem manducemus et bibamus, ipsa diuturna refectio defectio est ; si diu stemus, fatigamur, ideo sedemus ; et si diu sedeamus, et ibi fatigamur, et ideo surgimus. Deinde videte quia nullus est carnis nostræ status : quoniam infantia avolat in pueritiam, et quæris infantiam, et non est infantia, quia jam pro infantia pueritia est : iterum et ipsa migrat in adolescentiam, quæris pueritiam et non

invenis : adolescens fit juvenis, quæris adolescentem, et non est : juvenis fit senex, quæris juvenem, et non invenis : et senex moritur, quæris senem, et non invenis. Non stat ergo ætas nostra : ubique fatigatio est, ubique lassitudo, ubique corruptio. Adtendentes qualem nobis spem resurrectionis promittat Deus, in istis omnibus multiplicibus defectionibus nostris sitimus illam incorruptionem : et sic caro nostra multipliciter sitit Deo. In ista Idumæa, in isto deserto, quam multipliciter laborat, tam multipliciter sitit ; quam multipliciter fatigatur, tam multipliciter sitit illam infatigabilem incorruptionem.

7. Quamquam, Fratres mei, boni Christiani et fidelis etiam in hoc sæculo caro Deo sitit : quia si opus est carni pane, si opus est aqua, si opus est vino, si opus est nummo, si opus est jumento carni huic, a Deo petere debet, non a dæmonis et idolis et a nescio quibus potestatibus hujus sæculi. Sunt enim qui quando famem patiuntur in isto sæculo.

pellent La Céleste, ou quelque autre semblable démon, de leur donner ce qu'ils désirent : leur chair n'a pas soif de Dieu. Au contraire, ceux qui ont soif de Dieu doivent ressentir cette soif de toutes parts, et dans l'âme et dans la chair : car Dieu donne et à l'âme son pain, c'est-à-dire la parole de vérité, et à la chair ce qui lui est nécessaire, parce que Dieu a fait l'âme et la chair. Vous priez les démons pour les besoins de votre chair, est-ce donc que Dieu a fait votre âme et les démons votre chair? Celui qui a fait l'âme a aussi fait la chair, et celui qui les a faites toutes deux les nourrit toutes deux aussi. Que ces deux parties de nous-même aient soif de Dieu, et que ce double besoin soit rassasié d'un seul coup.

8. Mais en quel lieu cette soif est-elle ressentie par notre âme, et aussi tant de fois par notre corps, soif qui n'est point un appétit vulgaire, mais le besoin de vous posséder, vous, Seigneur, notre Dieu? « Dans une terre déserte, sans route et sans eau. (*Ps* LXII, 3).» Nous avons dit que cette terre, c'est le monde, c'est l'Idumée, c'est le désert d'Idumée, d'où le psaume a reçu son titre. « Dans une terre déserte.» C'est peu qu'elle soit « déserte, » c'est-à-dire sans aucun homme pour habitant, elle est de plus « et sans route et sans eau. » Plût au ciel que dans ce désert il y eût du moins une route! Plût au ciel qu'un homme tombé dans ce désert sût au moins par où il pourrait en sortir! Mais il n'y voit aucun homme pour le consoler, il n'y voit aucune route pour en sortir. Il y séjourne donc. Plût au ciel qu'il y trouvât de l'eau, tout au moins, pour réparer ses forces, s'il ne peut en sortir! Que ce désert est funeste! qu'il est horrible et redoutable! Et cependant Dieu a eu pitié de nous : il nous a donné une route dans ce désert, Notre Seigneur Jésus-Christ lui-même (*Jean*, XIV, 6); il nous a donné une consolation dans ce désert, en nous envoyant les prédicateurs de sa parole; il nous a donné de l'eau dans ce désert, en remplissant ses prédicateurs de l'Esprit-Saint, afin qu'il devint en eux une source d'eau vive qui jaillit jusqu'à la vie éternelle (*Jean*, IV, 14). Voilà donc que dans ce désert nous possédons toutes choses ; mais elles ne viennent pas du désert. Le Psalmiste vous a fait d'abord connaître ce qu'est le désert en lui-même, afin que sachant l'étendue de votre malheur, si vous veniez à goûter ici-bas quelques consolations, en y rencontrant des compagnons, un chemin, de l'eau, vous eussiez à vous garder de les attribuer au désert, mais à les rapporter à celui qui a daigné vous visiter dans le désert.

9. « Ainsi j'ai paru devant vous, dans

---

dimittunt Deum, et rogant Mercurium, aut rogant Jovem ut det illis, aut (*a*) quam dicunt Cælestem, aut aliqua dæmonia similia : non Deo sitit caro ipsorum. Qui autem Deo sitiunt, undique debent sitire, et anima et carne : quia et animæ Deus dat quæ necessaria sunt, quia Deus fecit et animam et carnem. Propter carnem tuam rogas dæmonia : numquid animam Deus fecit, et carnem tuam dæmonia fecerunt? Qui fecit animam, ipse fecit et carnem : qui fecit ambas res, ipse pascit ambas res. Utrumque nostrum Deo sitiat, et ex labore multiplici simpliciter satietur.

8. Ubi autem sitit anima nostra, et multipliciter caro nostra, non cuicumque, sed tibi Domine, id est Deo nostro ; ubi sitit? « In terra deserta, et sine via, et sine aqua (*Psal.* LXII, 3.). » Sæculum istud diximus, ipsa est Idumæa, hoc est desertum Idumææ, unde titulum Psalmus accepit. « In terra deserta. » Parum est « deserta, » ubi nullus hominum habitat ; insuper, « et sine via et sine aqua. » Utinam vel viam haberet ipsum desertum : utinam illuc homo incurrens, vel nosset qua inde exiret. Non videt hominem ad solatium, non videt viam qua careat deserto. Ergo ibi divertit. Utinam esset vel aqua, unde reficeretur, qui inde non potest exire. Malum desertum, horribile et timendum : et tamen Deus misertus est nostri, et fecit nobis viam in deserto, ipsum Dominum nostrum Jesum Christum (*Johan.* XIV.6) ; et fecit nobis consolationem in deserto, mittendo ad nos prædicatores verbi sui ; et dedit nobis aquam in deserto, implens Spiritu-sancto prædicatores suos, ut fieret in eis fons aquæ salientis in vitam æternam. Et ecce habemus hic omnia, sed non sunt de deserto. Ergo proprietatem deserti prius commendavit Psalmus, ut et tu cum audisses in quo malo esses, si quas hic habere posses consolationes, vel sociorum, vel viæ, vel aquæ, non tribueres deserto, sed illi qui te visitare dignatus est in deserto.

9. « Sic in sancto apparui tibi, ut viderem poten-

(*a*) Editi, *aut quem dicunt cælestem Papa*. Abest, *Papa*, a MSS. e quibus duo ferunt, *aut quam dicunt Cererem* : ceteri vero, *Cœlestem* : quæ nimirum Afris paganis Dea fuit præcipuo honore habita : de qua Tertullian. in Apologet. c. 23 et 4, et Aug. in lib. II, de Civit. Dei, c. 4.

dans votre sanctuaire, pour voir votre puissance et votre gloire (*Ps.* LXII, 3). » D'abord mon âme et souvent aussi ma chair ont eu soif de vous dans le désert, dans cette terre sans route et sans eau ; « et ainsi j'ai paru devant vous, dans votre sanctuaire, pour voir votre puissance et votre gloire. » Nul, s'il n'a d'abord soif dans ce désert, c'est-à-dire dans l'état malheureux où il est, ne parvient jamais au souverain bien, qui est Dieu. Mais, dit-il, « j'ai paru devant vous, dans votre sanctuaire. » Déjà, se trouver dans le sanctuaire est une grande consolation. Que veut dire : « J'ai paru devant vous ? » Pour que vous me vissiez, et c'est pour que je vous visse, que vous m'avez vu. « J'ai paru devant vous pour voir. » Il n'a pas dit : J'ai paru devant vous pour être vu de vous ; mais : « J'ai paru devant vous pour voir votre puissance et votre gloire. » C'est pourquoi l'Apôtre a dit : « Et maintenant, vous connaissez Dieu ; ou plutôt Dieu vous connaît (*Gal.* IV, 9). » En effet, vous avez d'abord paru devant Dieu, afin que Dieu pût vous apparaître. « Pour voir votre puissance et votre gloire. » Assurément, dans ce désert, c'est-à-dire dans cet isolement, si un homme demande au désert même ce dont il a besoin pour être sauvé, il ne contemplera jamais la puissance et la gloire du Seigneur ; mais il y restera, destiné à y mourir de soif, et il ne trouvera ni route ni consolation, ni eau qui lui donne la force de subsister dans le désert. Au contraire, si cet homme s'élève jusqu'à Dieu, s'il lui dit, du fond de son cœur et de ses entrailles : « Mon âme a eu soif de vous, et combien de fois ma chair aussi (*Ps.* LXII, 2), », et cela afin de ne demander à nul autre qu'à Dieu les nécessités de sa chair, et de ne point perdre le désir de la résurrection de la chair que Dieu nous a promise ; si donc un homme s'élève jusqu'à Dieu, il recevra de grandes consolations.

10. Remarquez, mes frères, comment notre chair, tant qu'elle est mortelle, tant qu'elle est fragile, tant qu'elle n'est point ressuscitée, reçoit les secours qui soutiennent notre vie, le pain, l'eau, les fruits, le vin, l'huile, secours sans lesquels nous ne pourrions subsister aucunement. Cependant ces consolations ne lui donnent point encore la santé parfaite, qui la délivrera de toute souffrance et de tout besoin. De même, notre âme, tant qu'elle est enfermée ici-bas dans cette chair, et qu'elle est en butte aux tentations et aux périls du monde, notre âme est encore faible. Elle a aussi ses consolations : consolation de la parole divine, consolation de la prière, consolation de l'étude des choses du ciel ; tels sont, en effet, les secours accordés à notre âme, comme les autres sont

tiam tuam et gloriam tuam (*Psal.* LXII, 3). » Primo sitivit anima mea, et caro mea multipliciter tibi in deserto, et in terra sine via et sine aqua, et « sic in sancto apparui tibi, ut viderem potentiam tuam et gloriam tuam. » Nisi quis primo sitiat in isto (*a*) deserto, id est, malo in quo est, numquam pervenit ad bonum quod est Deus. « Apparui autem tibi, inquit, in sancto. » Jam in sancto est magna consolatio. « Apparui tibi, » quid est? Ut videres me : et ideo vidisti me ut viderem te. « Apparui tibi, ut viderem. » Non dixit, Apparui tibi, ut videres : sed, « Apparui tibi, ut viderem potentiam tuam et gloriam tuam. » Unde et Apostolus, « Nunc autem, inquit, cognoscentes Deum, immo cogniti a Deo. » Prius enim apparuistis Deo, ut possit vobis apparere Deus. « Ut viderem potentiam tuam et gloriam tuam. » Re vera in isto deserto, id est, in ista eremo exigat homo quod sibi saluti est, numquam videbit potentiam Domini et gloriam Domini ; sed remanebit siti moriturus, nec viam inveniet, nec (*b*) consolationem, nec aquam per quam duret in eremo. Cum autem erexerit se ad Deum, ut dicat illi ex medullis omnibus, « Sitivit tibi anima mea, quam multipliciter tibi et caro mea (*Psal.* LXII, 2), » ne forte vel necessaria carnis ab aliis petat et non a Deo, aut non desideret illam resurrectionem carnis quam nobis promittit Deus : cum ergo se erexerit, habebit non parvas consolationes.

10. Ecce, Fratres, quomodo caro nostra quamdiu mortalis est, quamdiu fragilis est, ante illam resurrectionem habet solatia ista quibus vivimus, panem, aquam, fructus, vinum, oleum ; (ista omnia solatia et subsidia si nos deserant, utique durare non sumus ;) quamvis nondum receperit caro ista sanitatem illam perfectam, ubi nullam patietur angustiam, nullam indigentiam : sic et anima nostra cum hic est in ista carne, inter tentationes et pericula sæculi hujus, adhuc est infirma ; habet etiam ipsa solatia verbi, solatia orationis, solatia disputationis : sic sunt ista animæ nostræ, quomodo illa carnis nostræ. Cum autem resurrexerit caro nostra, ut jam istis non indigeamus, habebit locum

---

(*a*) Plerique MSS. *in isto malo in quo est :* nec habent, *deserto, id est.* (*b*) Aliquot MSS. *consolatorem.*

accordés à notre chair. Mais quand notre chair sera ressuscitée, pour n'avoir plus besoin de ces secours, elle recevra une demeure et un état incorruptibles : de même, notre âme aura pour nourriture le Verbe de Dieu lui-même, par lequel toutes choses ont été faites (*Jean.* I, 3). Rendons cependant grâces à Dieu, qui, maintenant, ne nous abandonne pas dans le désert, nous accordant, soit les choses nécessaires à notre chair, soit les choses nécessaires à notre âme ; et si parfois il nous instruit en nous laissant ressentir quelqu'une de ces nécessités, il veut que nous l'en aimions davantage encore, parce qu'il craint que la satiété ne nous corrompe et ne nous entraîne à l'oubli. Quelquefois il nous soustrait ce qui nous est nécessaire, et il nous abat, pour nous faire comprendre qu'il est à la fois notre Père et notre Seigneur, soit qu'il nous caresse, soit qu'il nous flagelle. Il nous prépare, en effet, pour un admirable et incorruptible héritage. Mais quoi? Vous qui ne transmettez à votre fils qu'une petite coupe, ou une humble demeure, ou quelques meubles de votre maison, vous l'instruisez de manière à ce qu'il ne perde rien ; vous le flagellez pour le contraindre à régler sa conduite, de peur qu'il ne dissipe ce qui vient de vous, héritage qu'il laissera cependant un jour, comme vous-même l'aurez laissé ; et vous ne voulez pas que notre Père nous instruise avec le fouet des nécessités et des tribulations, lui qui doit nous donner un héritage impérissable? Dieu, en effet, se donnera lui-même à nous en héritage, afin que nous le possédions et qu'il nous possède éternellement.

11. Paraissons donc devant Dieu dans son sanctuaire, afin qu'il paraisse à nos yeux : paraissons devant lui dans de saints désirs, afin qu'il paraisse à nos yeux dans la puissance et dans la gloire de son divin Fils. En effet, il est bien des hommes aux yeux desquels il n'a point encore paru : qu'ils entrent donc dans son sanctuaire, pour qu'il apparaisse à leurs yeux. Car il y en a beaucoup qui ne voient en lui qu'un homme, parce qu'on leur prêche qu'il est né de l'homme, qu'il a été crucifié, qu'il est mort, qu'il a marché sur cette terre, qu'il a mangé et bu, et qu'il a accompli tout ce qui est le propre de l'homme ; ils pensent donc qu'il a été un homme semblable aux autres hommes : mais vous venez d'entendre, au contraire, dans la lecture de l'Évangile, de quelle manière il a fait ressortir sa majesté divine : « Moi et mon Père, a-t-il dit, nous sommes un (*Jean.* x, 30). » Voyez quelle majesté infinie, égale à la majesté du Père, est descendue du ciel dans la chair, pour secourir notre faiblesse ! Voyez combien nous avons été aimés de Dieu, avant de l'aimer nous-mêmes ! Si Dieu, avant d'être aimé de nous, nous a tant aimés, qu'il a fait homme pour nous son divin Fils, son égal en toutes choses, que

---

quemdam et statum incorruptionis suæ : si et anima nostra habebit cibum suum ipsum Verbum Dei, per quod facta sunt omnia (*Johan.* I, 3). » Tamen gratias Deo, qui modo in hac eremo non nos deserit, sive dando nobis quod necessarium est carni, sive dando nobis quod animæ necessarium est : et quando nos aliquibus necessitatibus erudit, vult ut amplius illum diligamus ; ne forte per saginam corrumpamur, et obliviscamur eum. Subtrahit nobis aliquando quæ necessaria sunt, et adterit nos ; ut sciamus quia Pater et Dominus est, non solum blandiens, sed et flagellans. Præparat enim nos cuidam hereditati incorruptibili et magnæ. Si unam cuppam, aut unam cellam tuam, aut si quid habes in domo tua, cogitas dimittere filio tuo, et ne perdat illud, erudis eum, et flagellis eum ad disciplinam corrigis, ne perdat nihil tuum, quod et ipse hic dimissurus est, sicut et tu ; non vis ut nos erudiat Pater noster in flagellis etiam necessitatum aut tribulationum, qui nobis talem hereditatem daturus est, quæ transire non possit? Hereditatem enim nobis dabit seipsum Deus, ut ipsum possideamus, et ab ipso possideamur in æternum.

11. Ergo in sancto appareamus Deo, ut appareat nobis : appareamus illi in sancto desiderio, ut appareat nobis in potentia et gloria Filii Dei. Multis enim non apparuit : sint in sancto, ut appareat et illis. Nam multi putant illum tantummodo hominem fuisse, quia prædicatur natus ex homine, crucifixus et mortuus, ambulasse in terra, manducasse et bibisse, et cetera egisse, quæ sunt humana ; et putant illum talem fuisse, quales sunt ceteri homines. Audistis autem modo cum Evangelium legeretur, quomodo commendavit majestatem suam : « Ego et Pater unum sumus (*Johan.* x, 30). » Ecce quanta majestas et quanta æqualitas Patris descendit ad carnem propter infirmitatem nostram. Ecce quantum dilecti sumus, antequam Deum diligeremus. Si antequam Deum diligeremus, tantum ab illo dilecti sumus, ut æqualem sibi Filium suum hominem fa-

nous réserve-t-il alors que nous l'aimons? Il y en a donc beaucoup pour penser que je ne sais qui, de mince valeur, a paru sur la terre sous le nom de Fils de Dieu : comme ils ne sont pas dans le sanctuaire, la puissance et la gloire du Christ ne frappent pas leurs yeux; c'est-à-dire que, n'ayant pas encore un cœur sanctifié, de manière à comprendre l'immensité de la puissance du Christ et à rendre grâces à Dieu de ce que lui si grand soit venu sur terre à cause d'eux, y trouver une telle naissance, et une telle mort, ils ne peuvent voir sa puissance et sa gloire.

12. « Car votre miséricorde est meilleure que toutes les vies (*Ps.* LXII, 4). » Il y a plusieurs sortes de vies humaines; mais Dieu ne nous promet qu'une seule vie, et il nous la donne, non pas à cause de nos mérites, mais à cause de sa miséricorde. Car, qu'avons-nous fait de bien, pour la mériter? Ou quelles bonnes œuvres antécédentes de notre part ont déterminé Dieu à nous accorder sa grâce? A-t-il trouvé en nous des vertus à couronner, et non des péchés à remettre gratuitement? Assurément, s'il eût voulu punir les péchés qu'il a remis, ce n'eût pas été une injustice? Y a-t-il, en effet, rien de plus juste que la punition du pécheur? S'il était juste que le pécheur fût puni, ç'a été absolument l'œuvre de la miséricorde de ne point le punir, de le justifier, de le rendre juste de coupable qu'il était, et d'impie qu'il était de le faire pieux et saint. « Sa miséricorde est donc meilleure que toutes les vies. » Quelles vies? Celles que les hommes se sont choisies. L'un a choisi une vie de négoce, l'autre une vie d'agriculture, celui-ci une vie d'usurier, celui-là une vie de soldat; en un mot l'un une vie, l'autre une autre. Toutes ces vies sont différentes; « mais votre miséricorde est meilleure que toutes ces vies » qui viennent de nous. Mieux vaut ce que vous donnez à ceux qui sont revenus au bien, que ce qui est choisi par les pervers. Vous ne donnez qu'une vie; mais elle est préférable à toutes les nôtres, quelles que soient celles que nous pourrions choisir dans ce monde. « Parce que votre miséricorde est meilleure que toutes les vies; mes lèvres vous loueront. » Mes lèvres ne vous loueraient pas, si votre miséricorde ne m'avait prévenu. Je vous loue parce que vous me donnez de le faire; je vous loue par un effet de votre miséricorde. Je ne pourrais, en effet, louer Dieu, s'il ne me donnait le pouvoir de le louer. « Parce que votre miséricorde est meilleure que toutes les vies, mes lèvres vous loueront. »

13. « Ainsi je vous bénirai dans ma vie, et je lèverai mes mains vers vous en invoquant votre nom (*Ps.* LXII, 5). » « Ainsi je vous bénirai dans ma vie : » Je vous bénirai dans la vie que vous m'avez donnée; non point dans celle que j'ai choisie, selon le monde, avec les autres hommes,

---

ceret propter nos, quid nobis servat jam diligentibus se? Ergo multi nescio quid minimum putant apparuisse in terra Filium Dei; quia non sunt in sancto, non eis apparet potentia ipsius et gloria ipsius : id est, quia nondum sanctificatum habent cor, unde intelligant eminentiam virtutis illius, et gratias agant Deo, quia propter ipsos tantus quo venit, ad quam nativitatem, ad quam passionem, non possunt videre gloriam ipsius et potentiam ipsius.

12. « Quoniam melior est misericordia tua super vitas (*Psal.* LXII, 4). » Multæ sunt vitæ humanæ, sed Deus unam vitam promittit : et non illam dat nobis quasi propter merita nostra, sed propter misericordiam suam. Quid enim boni egimus, ut illud mereremur? Aut quæ bona facta nostra præcesserunt, ut Deus nobis gratiam suam daret? Numquid invenit justitias quas coronaret, et non delicta quæ donaret? Utique delicta quæ donavit, si punire vellet, non esset injustum. Quid enim tam justum, quam ut puniatur peccator? Cum justum sit, ut puniatur peccator; pertinuit ad misericordiam ipsius non punire peccatorem, sed justificare, et de peccatore facere justum, et de impio facere pium. Ergo « misericordia ipsius melior super vitas. » Quas vitas? Quas sibi homines elegerunt. Alius elegit sibi vitam negotiandi, alius vitam militandi; alius illam, alius illam. Diversæ sunt vitæ, « sed melior est misericordia tua super vitas » nostras. Melius est quod das correctis, quam quod eligunt perversi. Unam vitam donas, quæ præponatur omnibus nostris, quascumque in mundo eligere potuerimus. « Quoniam melior est misericordia tua super vitas : labia mea laudabunt te. » Non te laudarent labia mea, nisi me præcederet misericordia tua. Dono tuo te laudo, per misericordiam tuam te laudo. Non enim ego possem laudare Deum, nisi mihi donaret laudare se posse. « Quoniam melior est misericordia tua super vitas : labia mea laudabunt te. »

13. « Sic benedicam te in vita mea, et in nomine tuo levabo manus meas (*Psal.* LXII, 5.).» « Sic benedicam te in vita mea : » Jam in vita mea quam mihi

parmi de nombreuses vies, mais dans celle que vous m'avez donnée par votre miséricorde, afin que je pusse vous louer. « Ainsi je vous bénirai dans ma vie. » Que veut dire : « Ainsi ? » En attribuant à votre miséricorde, et non à mon mérite, la vie dans laquelle je vous louerai. « Et je lèverai mes mains vers vous, en invoquant votre nom. » Levez donc vos mains vers Dieu par la prière. Notre-Seigneur a levé ses mains pour nous sur la croix, et ses mains y ont été étendues pour nous. Ses mains ont été étendues sur la croix, pour que nos mains s'étendissent vers les bonnes œuvres; parce que sa croix nous a procuré la miséricorde divine. Il a en effet levé ses mains, et pour nous il s'est offert lui-même en sacrifice à Dieu, et tous nos péchés ont été effacés par ce sacrifice. Levons donc aussi nos mains vers Dieu par la prière, et ces mains ainsi levées vers Dieu ne seront point confondues, si elles s'exercent à faire de bonnes œuvres. Que fait, en effet, celui qui lève les mains? Pourquoi nous est-il ordonné de lever les mains vers Dieu, quand nous prions? L'Apôtre saint Paul nous dit : « Exempts de colère et de contention, levons des mains pures vers le ciel (I *Tim.* II, 8); » pour que vos œuvres vous viennent à l'esprit, tandis que vous levez les mains vers Dieu. En effet, puisque vous levez les mains vers Dieu pour obtenir de lui ce que vous désirez, vous pensez par là même à exercer ces mains aux bonnes œuvres, afin de n'avoir point à rougir de les lever vers Dieu. « Je lèverai mes mains vers vous, en invoquant votre nom.» Voilà notre prière dans cette Idumée, dans ce désert, dans cette terre sans eau, sans route, où le Christ lui-même est notre chemin (*Jean.* XIV, 6), mais non un chemin terrestre. « Je lèverai mes mains vers vous, en invoquant votre nom.»

14. Et que dirai-je, en levant mes mains vers vous et en invoquant votre nom? Que demanderai-je? Voyons, mes frères, quand vous levez vos mains vers Dieu, cherchez ce que vous lui demandez : c'est, en effet, au Tout-Puissant que vous adressez vos demandes. Demandez donc quelque chose de grand, et non des choses comme en demandent ceux qui n'ont pas encore la foi. Vous voyez ce qui est donné même aux impies. Demanderez-vous à Dieu de l'argent? Dieu n'en donne-t-il pas même à des scélérats qui ne croient pas en lui? Que pouvez-vous lui demander de grand, de tout ce qu'il donne aussi aux méchants? Mais ne regrettez rien ; car les biens qu'il donne aussi aux méchants sont assez futiles pour mériter d'être aussi donnés aux méchants; et ils leur sont donnés de peur que ce qui peut leur être donné ne vous semble important. Sans doute, tous ces dons terrestres viennent de Dieu, mais

donasti, non in illa quam ego elegi secundum mundum cum ceteris inter multas vitas, sed quam dedisti mihi per misericordiam tuam, ut te laudarem. «Sic benedicam te in vita mea.» Quid est, « sic ? » Ut misericordiæ tuæ tribuam vitam meam in qua te laudo, non meritis meis. « Et in nomine tuo levabo manus meas. » Leva ergo manus in oratione. Levavit pro nobis Dominus noster manus in cruce, et extensæ sunt manus ejus pro nobis. Ideo extensæ sunt manus ejus in cruce, ut manus nostræ extendantur in bona opera : quia crux ipsius misericordiam nobis præbuit. Ecce levavit ille manus, et obtulit pro nobis sacrificium Deo seipsum, et per illud sacrificium deleta sunt omnia peccata nostra. Levemus et nos manus nostras ad Deum in prece : et non confundentur manus nostræ levatæ ad Deum, si exerceantur in bonis operibus. Quid enim facit qui levat manus? Unde præceptum est ut levatis manibus oremus ad Deum? Apostolus enim dicit. « Levantes puras manus sine ira et disceptatione (I. *Tim.* II, 8).» Ut cum levas manus ad Deum, veniant tibi in mentem opera tua. Quia enim manus istæ levantur ut impetres quod vis, ipsas manus cogitas in bonis operibus exercere, ne erubescant levari ad Deum. « In nomine tuo levabo manus meas. » Istæ preces nostræ sunt in hac Idumæa, in hoc deserto, in terra sine aqua et sine via, ubi nobis Christus est via, sed non via de hac terra (*Johan.* XIV, 6). « In nomine tuo levabo manus meas. »

14. Et quid dicam, cum levabo manus meas in nomine tuo ? quid petam ? Eia Fratres, quando levatis manus, quærite quid petatis : ab Omnipotente enim petitis. Aliquid magnum petite, non qualia petunt qui nondum crediderunt. Videtis qualia dentur et impiis. Petiturus es a Deo tuo pecuniam? Numquid non donat eam et sceleratis, qui in illum non credunt? Quid ergo magnum petiturus es, quod donat et malis? Sed non tibi displiceat, quia quæ donat et malis, tam frivola sunt, et malis donari digna sint : ne tibi quasi magna videantur quæ possunt donari et malis. Dei quidem sunt et omnia dona terrena : sed videte, quia quæ donat et malis, non pro

TOM. XIII.

comprenez que tout ce qui peut être également donné aux méchants ne doit pas être considéré comme précieux. Ce qu'il nous réserve est bien différent. Mais réfléchissons à ce que Dieu donne même aux méchants, afin que, par comparaison, nous comprenions ce qu'il réserve pour les bons. Voyez ce qu'il donne aux méchants : il leur donne la lumière du jour ; considérez que tous, bons et méchants, la voient également. Il leur donne la pluie qui tombe sur la terre ; et que de biens elle produit ! Or, ces biens sont donnés en commun aux bons et aux méchants, selon ces paroles de l'Évangile : « Il fait lever son soleil sur les bons et sur les méchants, et tomber sa pluie sur les justes et sur les injustes (*Matth.* v, 45). » Ces biens qui naissent, soit de l'action de la pluie, soit de l'action du soleil, nous devons les demander à Dieu, puisqu'ils nous sont nécessaires ; mais il ne faut pas lui demander ces seuls biens, parce qu'ils sont communs aux bons et aux méchants. Que devons-nous donc demander, lorsque nous levons les mains vers Dieu ? Ce que le Psalmiste a dit, autant qu'il pouvait le dire. Qu'ai-je dit là ? Autant qu'il pouvait le dire ? Comme pouvait le dire une bouche humaine parlant à des oreilles humaines. En effet, ces paroles ont été dites par une bouche humaine, et sous forme de certaines comparaisons, afin que tous les faibles et tous les petits pussent les comprendre. Qu'a dit le Prophète ? Qu'a-t-il demandé ? « Je lèverai mes mains vers vous, dit-il, en invoquant votre nom. » Que veut-il recevoir ? « Que mon âme soit rassasiée de la nourriture la plus grasse. » Pensez-vous, mes frères, qu'une si grande âme désire une graisse charnelle ? Assurément le Prophète ne désire pas comme un bien digne d'envie qu'on immole pour lui de gras béliers, ou de gras pourceaux ; il ne désire pas d'arriver à quelque hôtellerie, et d'y trouver des mets succulents, pour s'en rassasier. Si nous pouvions le croire, nous mériterions qu'on ne nous dît pas autre chose. Nous devons donc interpréter ces paroles dans un sens spirituel. Il y a pour l'âme une graisse qui lui est propre ; elle peut être rassasiée et engraissée par la sagesse. Car les âmes à qui manque la sagesse se dessèchent, et en viennent à ce point de maigreur qu'elles tombent épuisées, quand il s'agit de quelque bonne œuvre. Pourquoi deviennent-elles ainsi incapables de toute bonne œuvre ? Parce qu'elles n'ont ni rassasiement ni embonpoint. Écoutez ce que dit l'Apôtre de cette graisse de l'âme quand il nous ordonne à tous de faire le bien. Que dit-il ? « Dieu aime celui qui donne gaiement (II *Cor.* IX, 7). » Mais d'où viendrait à l'âme son embonpoint, si le Seigneur ne la rassasiait ? Et cependant, quel que soit ici-bas notre embon-

magno habenda sunt. Est aliud quod nobis servat. Cogitemus autem quæ donat et malis et hinc intelligamus quid servet bonis. Quæ donat malis, videte : Donat illis lucem istam ; videte quia vident illam boni et mali. Pluviam quæ descendit super terram : et hinc quanta bona nascuntur ? et malis inde præstatur et bonis, dicente Evangelio, «Qui solem suum oriri facit super bonos et malos, et pluit super justos et injustos (*Matth.* v, 45).» Dona ergo ista quæ nascuntur, vel de pluvia, vel de sole, a Domino quidem nostro petere debemus, cum sint necessaria ; sed non ista sola, quia ista dantur et bonis et malis. Quid ergo debemus petere, quando levamus manus ? Quia quomodo potuit dixit illud Psalmus. Quid est quod dixi, quomodo potuit ? Quomodo potuit os humanum auribus humanis. Quia per ora humana ista dicta sunt, et per quasdam similitudines dicta sunt, quomodo capere possent omnes infirmi, omnes parvuli. Quid dixit ? quid petivit ? « In nomine, inquit, tuo levabo manus meas. » Quid accepturus ? « Tamquam adipe et pinguedine repleatur anima mea (*Psal.* LXII, 66). » Putatis aliquam pinguedinem carnis desiderasse animam istam, Fratres mei ? Non enim hoc pro magno desideravit, ut pingues arietes, ut pingues porci illi mactarentur, aut veniret ad aliquam popinam, ubi inveniret obsonia pinguia unde saturaretur Si hoc crediderimus, (*a*) digni sumus qui ista audiamus. Ergo aliquid spiritale debemus intelligere. Habet quamdam pinguedinem anima nostra. Est quædam saturitas pinguis sapientiæ. Sapientia enim istæ animæ quæ carent, marcescunt ; et omnino ita exiles fiunt, ut in omnibus bonis operibus cito deficiant. Quare cito deficiunt in omnibus bonis operibus ? Quia non habent pinguedinem saturitatis suæ. Audi Apostolum dicentem de pingui anima, præcipientem ut quisque bene operetur. Quid ait ? « Hilarem datorem diligit Deus (II *Cor.* XI, 7). » Pinguis anima unde esset pinguis, nisi a Domino satu-

(*a*) Aliquot MSS. *indigni sumus.*

point spirituel, imaginez ce qu'il sera dans la vie future où nous serons nourris de Dieu même? Jusque-là, tant que dure notre exil, nous ne saurions même exprimer ce que nous serons alors. Et peut-être ici, en levant les mains vers Dieu, souhaitons-nous ce rassasiement dans lequel nous trouverons une telle surabondance, une telle plénitude que toute notre indigence disparaîtra et que nous n'aurons plus rien à désirer; parce que tous les biens auxquels nous aspirons maintenant nous viendront alors à souhait, quelque parfaits et extraordinaires qu'ils nous paraissent présentement. Déjà nos pères sont morts, mais Dieu est vivant; nous ne pouvions toujours conserver nos pères ici-bas, mais, au ciel, nous aurons à jamais un Père éternellement vivant et nous aurons notre patrie. Quelle que soit notre patrie terrestre, nous n'y pouvons toujours demeurer, et il est inévitable que d'autres ne naissent pour nous remplacer, et que de ceux qui viendront après nous ne naissent des enfants destinés à pousser leurs parents hors de cette terre. En effet, un enfant ne vient au monde que pour dire à ses ascendants : Que faites-vous ici? Il faut que ceux qui succèdent et qui naissent chassent ceux qui les ont précédés. Au ciel, nous vivrons tous d'une même vie; là il n'y a pas de successeur, parce qu'il n'y a pas de prédécesseur. Quelle sera cette patrie! Ici-bas, aimez-vous les richesses? Dieu lui-même sera votre richesse. Aimez-vous une source excellente? Qu'y a-t-il de plus magnifique que cette sagesse suprême? Qu'y a-t-il de plus pur? Quelque chose que vous puissiez aimer ici-bas, celui qui a fait toutes choses vous tiendra lieu de toutes choses. « Que mon âme soit rassasiée de la nourriture la plus grasse : et des chants d'allégresse célébreront votre nom. » Dans le désert, j'élèverai les mains vers vous, en invoquant votre nom, et demanderai que mon âme soit rassasiée de la nourriture la plus grasse, « et des chants d'allégresse célébreront votre nom. Maintenant donc la prière, tandis que la soif nous dévore; quand la soif cessera, la prière cessera, et la louange lui succédera. « Et des chants d'allégresse célébreront votre nom. »

15. « Si je me suis souvenu de vous sur ma couche, le matin je méditais sur vous; parce que vous êtes devenu mon aide (*Ps.* LXII, 7 et 8).» Par la couche, il désigne le temps de son repos. Quand l'homme goûte quelque repos, qu'il se souvienne de Dieu. Quand l'homme est en repos, que le repos ne l'amollisse point et ne lui fasse point oublier Dieu; s'il se souvient de Dieu pendant son repos, dans ses actions il médite sur Dieu. En effet, le matin signifie les actions de la vie; parce que, le matin, tout homme commence à faire quelque chose. Que dit-il

---

raretur? Et tamen quantumlibet hic sit pinguis, quid erit in illo futuro sæculo, quo nos pascet Deus? Interim in hac peregrinatione, quid erimus tunc, nec dici potest. Et fortasse ipsam saturitatem optamus hic, quando levamus manus nostras, ubi pinguedine sic saturabimur, ut omnino omnis indigentia nostra intereat, et nihil desideremus : quia totum præsto nobis erit, quidquid hic desideramus, quidquid hic pro magno amamus. Jam patres nostri mortui sunt; Deus autem vivit : non hic potuimus semper habere patres, ibi autem semper habebimus vivum unum Patrem, habentes patriam nostram : quæcumque terrena (*a*) est, semper ibi esse non possumus ; et necesse est ut alii nascantur, et ad hoc nascantur filii civium illorum, ut excludant inde parentes suos. Ad hoc enim nascitur puer; ut dicat majori, Quid hic agis ? Necesse est ut qui succedunt et qui nascuntur, excludant eos qui se præcesserunt. Ibi omnes pariter vivemus : non ibi erit successor, quia nullus decessor. Qualis illa patria? Sed divitias hic amas? Ipse Deus tibi erit divitiæ tuæ. Sed amas fontem bonum? Quid præclarius illa sapientia? Quid lucidius? Quidquid hic potest amari, pro omnibus tibi erit qui fecit omnia. « Tamquam adipe et pinguedine repleatur anima mea : et labia exsultationis laudabunt nomen tuum. » In hac eremo, in nomine tuo levabo manus meas : impleatur anima mea tamquam adipe et pinguedine : « et labia exsultationis laudabunt nomen tuum. » Modo enim oratio, quamdiu sitis : cum sitis transierit, transit oratio, et succedit laudatio. « Et labia exsultationis laudabunt nomen tuum. »

15. « Si memoratus sum tui super stratum meum, in diluculis (*b*) meditabar in te : quia factus es adjutor meus (*Psal.* LXII, 7 et 8). » Stratum suum quietem suam dicit. Quando aliquis quietus est, memor sit Dei; quando aliquis quietus est, non per quietem dissolvatur et obliviscatur Deum : si memor est Dei quando

---

(*a*) Sic MSS. At Er. *terrenæ sunt*. Lov. *terrena sunt*. (*b*) Aliquot MSS. *meditabor*.

donc? « Si je me suis souvenu de vous sur ma couche, le matin je méditais sur Dieu. » Si donc je ne me suis pas souvenu de vous sur ma couche, je n'ai pas médité non plus sur vous le matin. Celui qui ne pense pas à Dieu, lorsqu'il est en repos, peut-il y penser lorsqu'il agit? Au contraire, celui qui se souvient de Dieu aux instants de son repos médite sur lui en agissant, de peur de manquer en quelqu'une de ses actions. Aussi qu'a-t-il ajouté? « Et le matin je méditais sur vous, parce que vous êtes devenu mon aide. » En effet, si Dieu ne nous aide dans nos bonnes œuvres, nous sommes incapables de les accomplir par nos propres forces. Et nous ne devons faire que de dignes actions, c'est-à-dire, n'agir en quelque sorte qu'à la lumière, quand nous agissons selon les enseignements du Christ. Quiconque fait le mal, fait des œuvres de ténèbres et non des œuvres de lumière, selon cette parole de l'Apôtre: « Ceux qui s'enivrent, s'enivrent de nuit, ceux qui dorment, dorment de nuit ; mais nous qui sommes du jour, soyons sobres (I *Thess.* v, 7). » Il nous exhorte encore à marcher durant le jour, avec honnêteté. « Marchons, dit-il, comme on le fait le jour, honnêtement (*Rom.* XIII, 13). » Et ailleurs : « Vous êtes, dit-il, les enfants de la lumière et les enfants du jour : nous ne sommes les enfants ni de la nuit ni des ténèbres (I *Thess.* v, 5). » Quels sont les enfants de la nuit et des ténèbres? Ceux qui font le mal. Ils sont à tel point les enfants de la nuit, qu'ils craignent que l'on ne voie ce qu'ils font ; et le mal qu'ils font publiquement, ils ne le font publiquement que parce que beaucoup le font. Le mal qui n'est fait que par un petit nombre, on se cache pour le faire : s'il en est qui le commettent publiquement, leurs mauvaises actions sont faites, à la vérité, à la lumière du soleil, mais dans les ténèbres du cœur. Nul n'agit donc le matin, si ce n'est celui qui agit en Jésus-Christ ; mais celui qui, dans son repos, se souvient du Christ, médite encore sur lui dans tout ce qu'il fait, et le Christ vient à son aide dans ses bonnes œuvres, pour que sa faiblesse ne le fasse point tomber. « Si je me suis souvenu de vous sur ma couche, je méditais sur vous le matin, parce que vous êtes devenu mon aide. »

16. « Et, sous l'abri de vos ailes, je tressaillirai de joie (*Ps.* LXII, 8). » Je me réjouis dans les bonnes œuvres, parce que je suis à couvert sous vos ailes. Si vous ne me protégiez, moi qui ne suis qu'un poussin, je serais pris par le milan. En effet, Notre-Seigneur lui-même dit dans l'Évangile à Jérusalem, cette ville où il a été crucifié : « Jérusalem, Jérusalem, combien de fois ai-je voulu rassembler tes enfants, comme une poule rassemble ses poussins, et tu ne l'as pas voulu (*Matth.* XXIII, 37). » Nous

sommes petits encore; que Dieu nous protège donc à l'ombre de ses ailes. Mais qu'arrivera-t-il, lorsque nous serons devenus plus grands? Il sera salutaire pour nous qu'alors même il nous protège encore, et que toujours, devant lui qui est si grand, nous restions de petits poussins. En effet, quelque croissance que nous ayons prise, il est toujours plus grand que nous. Que nul ne dise : qu'il me protège tant que je suis petit; comme s'il pouvait jamais parvenir à être assez grand pour se suffire à lui-même. Sans la protection de Dieu, vous n'êtes rien. Désirons donc d'être toujours protégés de lui, alors nous pourrons toujours grandir en lui, si nous savons toujours être petits sous lui. «Et sous l'abri de vos ailes, je tressaillirai de joie.»

17. « Mon âme est attachée après vous comme avec de la glu (*Ps.* LXII, 9). » Voyez ses désirs, voyez sa soif, voyez son attachement à Dieu. Puisse cet amour naître en vous! Si déjà il germe dans votre cœur, puisse une pluie féconde le faire grandir ! Puisse-t-il devenir assez fort, pour que vous disiez de tout votre cœur : « Mon âme est attachée après vous comme avec de la glu. » Et quelle est cette glu? Cette glu, c'est la charité : que la charité soit en vous, et qu'elle soit la glu qui attache votre âme après Dieu. Non point à Dieu, mais après Dieu; afin qu'il vous précède et que vous le suiviez. Car, celui qui veut précéder Dieu veut vivre en se gouvernant lui-même, et non pas suivre les commandements de Dieu. C'est pourquoi Pierre lui-même fut repoussé, lorsqu'il voulut donner un conseil au Christ, qui allait souffrir pour nous. Pierre était encore faible, et il ne savait pas de quelle utilité pour le genre humain était l'effusion du sang de Jésus-Christ. Mais le Seigneur, qui était venu sur terre pour nous racheter, et pour donner son sang comme notre rançon, avait commencé à prédire sa passion. Pierre fut épouvanté à la pensée de la mort du Seigneur, désirant qu'il vécût toujours ici-bas, tel que lui le voyait; car il était encore sous l'empire des yeux de la chair, et il ressentait pour le Seigneur une affection charnelle. Il lui dit donc : « A Dieu ne plaise, Seigneur ! épargnez-vous vous-même.» Et le Seigneur lui répondit : « Arrière de moi, Satan ; car vous ne comprenez pas les choses de Dieu, vous n'avez de goût que pour les choses des hommes (*Matth.* XVI, 22 et 23). » Pourquoi les choses des hommes ? Parce que vous voulez marcher devant moi; retirez-vous derrière moi, afin de me suivre. Et le Seigneur voulait qu'en le suivant il pût dire : « Mon âme est attachée après vous comme avec de la glu. » C'est avec raison que le Prophète ajoute : « Votre droite m'a pris sous sa protection.» «Mon âme, s'est attachée après vous comme avec de la

glu; votre droite m'a pris sous sa protection. » Le Christ a ainsi parlé en nous, c'est-à-dire en l'homme qu'il avait pris pour notre salut, et qu'il offrait pour nous en sacrifice. L'Église parle également ainsi en la personne du Christ, qui est sa tête; parce qu'elle a souffert aussi de grandes persécutions, et qu'elle en supporte encore aujourd'hui dans chacun de ses membres. Quel est en effet, de tous ceux qui appartiennent au Christ, celui qui n'est point agité de nombreuses tentations, et contre lequel le démon et ses anges ne luttent point tous les jours, pour le pervertir par mille convoitises, par mille suggestions, par une promesse de gain, par la crainte d'une perte, par l'espérance d'une vie plus longue, par la crainte de la mort, par l'inimitié de quelque homme puissant, ou par l'amitié de quelque grand du monde? Le démon s'acharne en toutes façons, pour venir à bout de le renverser. Nous vivons donc au milieu des persécutions, et nous avons pour ennemis continuels le démon et ses anges; mais ne craignons rien. Le démon et ses anges sont comme des milans : tenons-nous sous les ailes de la poule que nous savons (*Matth.* XXIII, 37), et ils ne pourront nous toucher, car la poule qui nous protège est forte. Elle s'est rendue faible à cause de nous, mais Notre-Seigneur Jésus-Christ, la sagesse de Dieu, est fort en lui-même. L'Église dit donc aussi : « Mon âme s'est attachée après vous comme avec de la glu; votre droite m'a pris sous sa protection. »

18. « Mes ennemis ont vainement cherché mon âme (*Ps.* LXII, 10). » Que m'ont fait ceux qui ont cherché mon âme pour la perdre? Plût à Dieu qu'ils cherchassent mon âme pour partager ma foi! Mais ils ont cherché mon âme pour me perdre. Que pouvaient-ils faire? Ils ne pouvaient enlever la glu qui colle mon âme après vous. « Car, qui nous séparera de l'amour du Christ? l'affliction, l'angoisse, la persécution, la faim, la nudité ou le glaive (*Rom.* VIII, 35)? » « Votre droite m'a pris sous sa protection. » C'est pourquoi, grâce à cette glu et à votre toute-puissante main, « mes ennemis ont vainement cherché mon âme. » Nous pouvons appliquer ces paroles à tous ceux qui ont persécuté ou veulent persécuter l'Église; cependant il y a lieu de les comprendre principalement des Juifs, qui ont cherché à perdre l'âme du Christ, et dans notre tête qu'ils ont crucifiée, et dans ses membres qu'ils ont ensuite persécutés. « Ils ont cherché mon âme. Ils descendront dans les basses régions de la terre. » Ils ont crucifié le Christ par crainte de perdre la terre; ils seront précipités dans les basses régions de la terre. Que veulent dire ces mots, « les basses régions de la terre? » Les convoitises terrestres. Mieux vaut marcher dans sa

---

tua. » «Adglutinata est post te anima mea, me suscepit dextera tua. » Dixit hoc Christus in nobis : id est, in homine quem gestabat pro nobis, quem offerebat pro nobis, dixit hoc. Dicit hoc et Ecclesia in Christo, dicit in capite suo : quia et ipsa passa est hic persecutiones magnas, et singillatim etiam modo patitur. Quis enim pertinens ad Christum, non variis tentationibus agitatur, et quotidie agit cum illo diabolus et angeli ejus, ut pervertatur qualibet cupiditate, qualibet suggestione, aut promissione lucri, vel terrore damni, vel promissione vitæ, vel terrore mortis, aut alicujus potentis inimicitiis, aut alicujus potentis amicitiis? Omnibus modis instat diabolus, quemadmodum dejiciat : et in persecutionibus vivimus, et habemus perpetuos inimicos, diabolum et angelos ejus : sed non timeamus. Sic sunt diabolus et angeli ejus, quasi milvi : sub illius gallinæ alis simus, et non nos potest contingere (*Matth.* XXIII, 37). Gallina enim quæ nos protegit fortis est. Infirma est propter nos : sed fortis est in se Dominus noster Jesus Christus, ipsa sapientia Dei. Ergo dicit hoc et Ecclesia,

« Adglutina est anima mea post te, me suscepit dextera tua. »

18. «Ipsi vero in vanum quæsierunt animam meam (*Psal.* LXII, 10).» Quid mihi fecerunt qui quæsierunt animam meam perdere? Utinam quærerent animam meam ut crederent mecum: sed quæsierunt animam meam, ut perderent me. Quid facturi? Non erat rapturi erant gluten, quo adhæsit anima mea post te. «Quis enim nos separabit à caritate Christi? tribulatio, an angustia, an persecutio, an fames, an nuditas, an gladius (*Rom.* VIII, 35)? » « Dextera tua suscepit me. » Ergo propter illud gluten, et propter potentissimam dexteram tuam, « in vanum quæsierunt animam meam. » Quotquot persecuti sunt, vel persequi cupiunt Ecclesiam, potest de his hoc intelligi : maxime hoc tamen accipiamus de Judæis, qui quæsierunt animam Christi perdere, et in ipso capite nostro quod crucifixerunt, et in discipulis ejus quos postea persecuti sunt. « Quæsierunt animam meam. Introibunt in inferiora terræ. » Terram perdere noluerunt, ut crucifigerent Christum

chair à la surface de la terre, que de descendre sous terre par ses convoitises. Car quiconque désire les biens terrestres, contrairement aux intérêts de son salut, est sous terre, parce qu'il a préféré la terre à lui-même, qu'il a mis la terre au-dessus de lui, et qu'il s'est placé au-dessous d'elle. Mais ceux qui craignaient de perdre la terre, qu'ont-ils donc dit de Notre-Seigneur Jésus-Christ, lorsqu'ils voyaient des foules immenses aller après lui, à cause des merveilles qu'il opérait? « Si nous le laissons vivre, les Romains viendront et nous enlèveront notre ville et notre nation (*Jean.* XI, 48). » Ils ont craint de perdre la terre et ils sont descendus sous terre; ce qu'ils ont craint leur arrivé. Car ils ont mis le Christ à mort, pour éviter de perdre la terre; et ils ont perdu la terre, pour avoir tué le Christ. Car, après l'immolation du Christ, comme le Seigneur leur avait dit : « Le royaume vous sera enlevé, et sera donné à un peuple pratiquant la justice (*Matth.* XXI, 43); » de terribles calamités et des persécutions vinrent fondre sur eux. Les empereurs romains et les rois des nations les vainquirent; ils furent chassés de la ville même où ils avaient crucifié le Christ; et maintenant cette ville est remplie de chrétiens qui glorifient le Christ, et elle ne renferme plus un seul juif. Elle est vide des ennemis du Christ, et pleine de fidèles qui célèbrent le Christ. Leur ville leur a donc été enlevée par les Romains, parce qu'ils ont tué le Christ, après qu'ils n'ont immolé le Christ que pour éviter de la perdre sous les coups des Romains. « Ils descendront donc dans les basses régions de la terre. »

19. « Ils seront livrés à la puissance du glaive (*Ps.* LXII, 11).» En réalité, ces menaces se sont visiblement accomplies; ils ont été pris de vive force par leur ennemis. « Ils seront la proie des renards. » Par renards, le Prophète entend les rois du siècle, qui existaient au moment du renversement de la Judée. Écoutez et remarquez que le Prophète appelle ces rois des renards. Or, le Seigneur a lui-même donné au roi Hérode le nom de renard. « Allez, a-t-il dit, et dites à ce renard (*Luc.* XIII, 32).» Voyez donc, mes frères, et réfléchissez : ils n'ont pas voulu du Christ pour roi, et ils sont devenus la proie des renards. En effet, lorsque Pilate, gouverneur romain de la Judée, mit le Christ à mort, sur les clameurs des Juifs, il dit à ces mêmes Juifs : crucifierai-je votre roi (*Jean.* XIX, 15) ? (Car le Christ était nommé le roi des Juifs, et il l'était réellement.) Les Juifs repoussèrent le Christ et répondirent : nous n'avons pas d'autre roi que César (*Ibid.*). Ils ont donc rejeté l'Agneau; et

---

in inferiora terræ ierunt. Quæ sunt inferiora terræ? Terrenæ cupiditates. Melius est carne ambulare super terram, quam cupiditate ire sub terram. Omnis enim qui contra salutem suam cupit terrena, sub terra est : quia terram sibi præposuit, terram super se posuit, et se subter fecit. Illi ergo timentes terram perdere, qui dixerunt de Domino Jesu Christo, cum viderent multas turbas ire post illum, quia mirabilia faciebat? « Si illum dimiserimus vivum, venient Romani, et tollent nobis et locum et gentem (*Johan.* II, 48). » Timuerunt perdere terram, et ierunt sub terram : accidit eis et quod timuerunt. Nam ideo voluerunt Christum occidere, ne terram perderent; et ideo terram perdiderunt, quia Christum occiderunt. Occiso enim Christo, quia dixerat illis ipse Dominus, « Auferetur a vobis regnum, et tradetur genti facienti justitiam (*Matth.* XXI, 43): » secutæ sunt illos magnæ calamitates persecutionum : vicerunt illos imperatores Romani, et reges Gentium ; exclusi sunt de ipso loco ubi crucifixerunt Christum, et modo locus ille plenus est laudatoribus Christianis, nullum Judæum habet; caruit inimicis Christi, impletus est laudatoribus Christi. Ecce perdiderunt a Romanis locum, quia Christum occiderunt, qui propterea occiderunt, ne locum a Romanis perderent. Ergo, « introibunt in ima terræ. »

19. « Tradentur in manus gladii (*Psal.* LXII, 11).» Re vera sic illis visibiliter contigit, expugnati sunt irruentibus hostibus. « Partes vulpium erunt. » Vulpes dicit reges sæculi, qui tunc fuerunt quando debellata est Judæa. Audite ut noveritis et intelligatis, quia ipsos dicit vulpes. Herodem regem ipse Dominus vulpem appellavit : « Ite, inquit, et dicite vulpi illi (*Lucæ*, XIII, 32). » Videte, et adtendite Fratres mei : Christum regem habere noluerunt, et partes vulpium (*a*) facti sunt. Quando enim Pilatus præses in Judæa legatus occidit Christum ex vocibus Judæorum, dixit ipsis Judæis, « Regem vestrum crucifigam (*Johan.* XIX, 15)? » Quia dicebatur rex Judæorum, et verus rex ipse. Et illi repellentes Christum, dixerunt, « Nos non habemus regem nisi

(*a*) Hoc loco omnes MSS. *et partes vulpium scouti sunt.*

préféré le renard ; c'est avec justice qu'ils sont devenus la proie des renards.

20. « Mais le roi.... (*Ps.* LXII, 12). » Le Prophète emploie ici cette expression, parce que les Juifs ont choisi le renard et rejeté leur roi. « Mais le roi... » C'est-à-dire, le vrai roi, sur la croix du quel ce titre a été inscrit au moment de sa passion. Car Pilate fit écrire au-dessus de la tête du Christ: Roi des Juifs, et cela en hébreu, en grec et en latin ; de sorte que tous ceux qui passaient étaient témoins de la gloire du roi, et en même temps de l'opprobre des Juifs qui, rejetant leur véritable roi, avaient choisi le renard César. « Mais le roi se réjouira en Dieu. » Pour eux, ils sont devenus la proie des renards ; « mais le roi se réjouira en Dieu. » Celui qu'ils s'imaginaient avoir vaincu, en le crucifiant, a répandu sur la croix le prix du rachat du monde entier. « Mais le roi se réjouira en Dieu : » « honneur à qui jure par lui. » Pourquoi : « honneur à qui jure par lui ? » Parce qu'il a choisi pour lui le Christ et non un renard, le Christ qui, au moment où il était insulté par les Juifs donnait le prix de notre rédemption. C'est donc à lui que nous appartenons, à lui qui pour nous a vaincu le monde, non en armant des soldats, mais en acceptant la croix. « Mais le Roi se réjouira en Dieu : honneur à qui jure par lui. » Qui jure par lui ? Celui qui promet de vivre pour lui, qui se voue à lui et remplit ses engagements, qui se fait chrétien. Voilà ce que veut dire : « honneur à qui jure par lui ; car la bouche de ceux qui tenaient un langage d'iniquité a été fermée. » Que de paroles d'iniquités ont proférées les Juifs ! Que de blasphèmes prononcés non-seulement par les Juifs, mais encore par tous ceux qui ont persécuté les chrétiens pour leur faire adorer les idoles. Quand ils sévissaient contre les chrétiens, ils croyaient pouvoir anéantir les chrétiens ; et tandis qu'ils croyaient pouvoir les anéantir, les chrétiens se sont multipliés et leurs persécuteurs ont été anéantis. « La bouche de ceux qui tenaient un langage d'iniquité a été fermée. » Personne, maintenant, n'ose parler publiquement contre le Christ, tous craignent le Christ, « parce que la bouche de ceux qui tenaient un langage d'iniquité a été fermée. » Lorsque l'Agneau était dans sa faiblesse, les renards osaient tout contre l'Agneau. « Le Lion de la tribu de Juda a remporté la victoire (*Apoc.* v, 5), » et les renards se sont tus, « parce que la bouche de ceux qui tiennent un langage d'iniquité a été fermée. »

Cæsarem (*Ibid.*). » Rejecerunt agnum, elegerunt vulpem : merito partes vulpium facti sunt.

20. « Rex vero (*Psal.* LXII, 12) : » ideo ita positum est, quia illi vulpem elegerunt, regem vero noluerunt. « Rex vero : » id est, verus rex, cui titulus inscriptus est, quando passus est. Nam Pilatus hunc titulum super caput ejus inscriptum posuit, Rex Judæorum, Hebræa lingua, Græca, et Latina : ut omnes qui transirent legerent gloriam regis, et ignominiam ipsorum Judæorum, qui rejicientes verum regem, elegerunt vulpem Cæsarem. « Rex vero lætabitur in Deo. » Illi facti sunt partes vulpium : « Rex vero lætabitur in Deo. » Quem sibi visi sunt quasi superasse cum crucifigerent, tunc crucifixus fudit pretium, quo emit orbem terrarum. « Rex vero lætabitur in Deo : laudabitur omnis qui jurat in ipso. » Quare, « laudabitur omnes qui jurat in ipso ? » Quia sibi elegit Christum, non vulpem : quia quando illi Judæi insultaverunt, tunc dedit ille unde redimeremur. Ad ipsum ergo pertinemus, qui nos redemit, qui pro nobis mundum vicit, non armato milite, sed irrisa cruce. « Rex vero lætabitur in Deo : laudabitur omnis qui jurat in ipso. » Quis jurat in eo ? Qui pollicetur ei vitam suam, qui vovet illi et reddit, qui fit Christianus : hoc est quod ait, « Laudabitur omnis qui jurat in ipso. Quoniam oppilatum est os loquentium iniqua. » Quanta iniqua locuti sunt Judæi ? Quanta mala dixerunt, non solum Judæi, sed et omnes qui propter idola Christianos persecuti sunt ? Quando sæviebant in Christianos, putabant quod possent finire Christianos : cum putabant quod possent finire, Christiani creverunt, et ipsi finiti sunt. « Oppilatum est os loquentium iniqua. » Nemo audet modo publice loqui contra Christum, jam omnes timent Christum. « Quoniam oppilatum est os loquentium iniqua. » Quando in infirmitate Agnus erat, etiam vulpes audebant contra Agnum. « Vicit Leo de tribu Juda (*Apoc.*, v, 5). » et siluerunt vulpes : « Quoniam oppilatum est os loquentium iniqua. »

DISCOURS[1] SUR LE PSAUME LXIII.

1. Célébrant aujourd'hui la fête de la passion de saints Martyrs, réjouissons-nous de rappeler leur mémoire; redisons ce qu'ils ont souffert et comprenons ce qu'ils avaient en vue. En effet, ils n'auraient jamais supporté dans leur chair de si cruels tourments, s'ils n'avaient eu dans leur esprit la connaissance d'un parfait repos. Parcourons donc notre psaume, en l'appliquant à cette solennité. Hier Votre Charité a entendu un long discours; cependant nous ne pouvons refuser de payer notre dette à la fête de ce jour. Rappelons d'abord quelques principes connus de vous. C'est principalement la passion du Sauveur qui se présente à nos méditations dans ce psaume, et les martyrs n'ont pu puiser leurs forces que dans la contemplation de celui qui a souffert avant eux, et ils n'auraient pas supporté des supplices comparables à sa passion, s'ils n'eussent espéré une résurrection semblable à celle dont il a donné l'exemple en lui-même. D'autre part, Votre Sainteté sait que Notre-Seigneur Jésus-Christ est notre tête, et que tous ceux qui sont attachés à lui sont les membres de cette tête. Enfin vous connaissez déjà parfaitement sa voix, qui n'est pas celle de la tête seulement, mais aussi celle du corps; et vous savez que les paroles de cette voix n'ont pas seulement pour but de signifier ou de manifester Notre-Seigneur Jésus-Christ qui, dès à présent, est dans le ciel, mais qu'elles s'appliquent encore aux membres qui suivront leur tête. En conséquence, nous avons à reconnaître ici la voix de notre chef et notre propre voix. Et que nul ne dise qu'aujourd'hui nous ne sommes plus exposés aux souffrances des persécutions. Car vous avez constamment entendu dire que si, dans les premiers temps, la persécution s'étendait à la fois presque sur l'Église entière, maintenant, les tentations s'attaquent à chacun des fidèles en particulier. Il est vrai que le démon a été lié, de manière à ne pouvoir agir ni selon sa force ni selon sa volonté; cependant il lui est permis de tenter les fidèles dans la mesure du profit que chacun d'eux peut tirer de la tentation. Il

IN PSALMUM LXIII.

ENARRATIO.

1. Passionis sanctorum Martyrum diem hodie festum habentes, in eorum recordatione gaudeamus, recolentes quid patiebantur, et intelligentes quid intuebantur. Numquam enim tantas tribulationes carne tolerarent, nisi magnam quietem mente conciperent. Hunc itaque Psalmum pro ipsa sollemnitate curramus. Hesterno enim die multa audivit Caritas Vestra, nec hodie tamen huic festivitati negare potuimus nostram servitutem. Itaque quoniam maxime Domini passio commendatur in hoc Psalmo, nec potuerunt esse fortes Martyres, nisi intuerentur cum, qui primus passus est; nec talia sustinerent in passione, qualia ille, nisi talia sperarent in resurrectione, qualia ipse de se demonstravit: novit autem Sanctitas Vestra caput nostrum esse Dominum nostrum Jesum Christum, omnesque illi cohaerentes membra esse illius capitis; ejusque vocem jam habetis notissimam, quoniam non ex solo capite, sed etiam ex corpore loquitur, vocesque ejus non tantum ipsum Dominum Jesum Christum, qui jam adscendit in coelum, vel significant, vel praedicant, sed etiam ejus membra caput proprium secutura: agnos-

---

(1) Discours au peuple.

ne nous est pas avantageux d'être sans tentations ; ne demandons pas à Dieu de n'être point tentés, mais de ne pas succomber à la tentation.

2. Disons donc aussi nous-mêmes : «Mon Dieu, écoutez ma prière, tandis que je suis dans la tribulation; délivrez mon âme de la crainte de l'ennemi (*Ps.* LXIII, 2).» Tandis que la fureur des ennemis se déchaînait contre les martyrs, que demandait cette voix suppliante du corps du Christ? Elle demandait que les martyrs fussent délivrés de leurs ennemis, et que ces ennemis ne pussent les mettre à mort. Ces chrétiens n'ont-ils donc point été exaucés, puisqu'ils ont été immolés; et Dieu a-t-il abandonné ses serviteurs malgré la contrition de leurs cœurs; a-t-il dédaigné ceux qui mettaient en lui leur espérance? Non certes. Car, « qui a jamais invoqué le Seigneur et a été abandonné de lui? Ou, qui a mis en lui son espérance et a été dédaigné par lui (*Eccli.* II, 11 et 12)? » Ils étaient donc exaucés, et ils étaient mis à mort ; et cependant ils étaient délivrés de leurs ennemis. D'autres, vaincus par la terreur, cédaient à la persécution et conservaient leur vie; et cependant ils étaient la proie de leurs ennemis. Ceux que l'on massacrait étaient délivrés, et ceux qui conservaient la vie étaient la proie des persécuteurs. De là vient cette parole de congratulation : « Peut-être nous auraient-ils absorbés vivants (*Ps.* CXXIII, 3). » Beaucoup ont été absorbés, les uns vivants, les autres morts. Ceux qui regardaient comme vaine la foi chrétienne ont été absorbés morts: au contraire, ceux qui ont reconnu que la la prédication de l'Évangile était la vérité, qui ont reconnu que le Christ était le Fils de Dieu, et qui, tout en le croyant, tout en gardant leur foi au fond du cœur, ont cédé aux souffrances et sacrifié aux idoles, ceux-là ont été absorbés vivants. Les uns ont été absorbés parce qu'ils étaient morts; les autres sont morts parce qu'ils ont été absorbés. En effet, ils n'ont pu vivre après avoir été absorbés, bien qu'ils eussent été absorbés tout vivants. Voilà donc le sens de cette prière des martyrs : « Délivrez mon âme de la crainte de l'ennemi ; » non que l'ennemi ne puisse me tuer, mais que je ne craigne pas l'ennemi qui me tue. Dans ce psaume, le serviteur demande d'accomplir ce que le Seigneur a prescrit dans l'Évangile : « Ne craignez pas ceux qui tuent le corps et ne peuvent tuer l'âme; mais craignez plutôt celui qui a le pouvoir de tuer et le corps et l'âme, en les précipitant dans le feu de l'enfer (*Matth.* X, 28). » Et le Seigneur a insisté en ces termes sur ces paroles : « Oui, je vous le dis en vérité,

---

camus hic non solum illius vocem, sed et nostram. Et nemo dicat, quod hodie, in tribulatione passionum non sumus. (*a*) Semper enim audistis hoc, quia illis temporibus Ecclesia quasi tota simul impellebatur, nunc autem per singulos tentatur. Alligatus est quidem diabolus, ne faciat quantum potest, ne faciat quantum vult : tamen tantum tentare sinitur, quantum expedit proficientibus. Non nobis expedit esse sine tentationibus ; nec rogemus Deum ut non tentemur, sed ut non inducamur in tentationem.

2. Dicamus ergo et nos : « Exaudi Deus orationem meam, dum (*b*) tribulor, a timore inimici erue animam meam (*Psal.*, LXIII, 2). » Sævierunt inimici in Martyres : quid orabat ista vox corporis Christi ? Hoc orabat, ut eruerentur ab inimicis, et non eos possent occidere inimici. Ergo exauditi non sunt, quia occisi sunt ; et deseruit Deus contritos corde servos suos, et sperantes in se despexit ? Absit. Quis enim invocavit Dominum, et derelictus est ; quis speravit in eum, et desertus est ab eo ? Exaudiebantur ergo, et occidebantur ; et tamen ab inimicis eruebantur. Alii timentes consentiebant, et vivebant; et tamen ipsi ab inimicis absorbebantur. Occisi eruebantur, viventes absorbebantur. Inde est et illa vox gratulationis, « Forsitan vivos absorbuissent nos (*Psal.*, CXXIII, 3). » Multi absorpti, et vivi absorpti, multi mortui absorpti. Qui putaverunt inanem esse fidem Christianam, mortui absorpti sunt : qui autem scientes veritatem esse prædicationem Evangelii, Christum esse Filium Dei scientes ; et hoc credentes et hoc intus tenentes, cesserunt tamen doloribus, et idolis sacrificaverunt, vivi absorpti sunt. Illi absorpti sunt, quia mortui : illi autem quia absorpti, mortui. Non enim absorpti vivere potuerunt, quamvis vivi absorberentur. Ergo hoc orat vox Martyrum, « A timore inimici erue animam meam : » non ut me non occidat inimicus, sed ut non timeam occidentem inimicum. Hoc orat in Psalmo impleri servus, quod modo jubebat in Evangelio Dominus. Quid modo jubebat Dominus? « Nolite timere eos qui corpus occidunt, animam autem non possunt occidere; sed cum potius timete, qui habet potestatem et animam et

---

(*a*) Sic MSS. At editi, *supra*. (*b*) Editi, *cum deprecor*. At omnes MSS. *dum tribulor* : et sic legebat Hilarius.

voilà celui qu'il faut craindre (*Luc.* XII, 5). » Quels sont ceux qui tuent le corps? Les ennemis. Que commandait le Seigneur à leur égard? Qu'on ne les craignît pas. Prions donc le Seigneur de nous donner ce qu'il nous prescrit. « Délivrez mon âme de la crainte de l'ennemi.» Délivrez-moi de la crainte de l'ennemi, et soumettez-moi à votre crainte. Que j'aie la force de ne pas redouter celui qui tue le corps, mais que je redoute celui qui a le pouvoir de tuer et le corps et l'âme, en les précipitant dans le feu de l'enfer. En effet, je ne veux pas être exempt de crainte ; mais je demande qu'étant libre quant à la crainte de l'ennemi, je sois esclave quant à la crainte du Seigneur.

3. « Vous m'avez protégé contre l'assemblée des méchants, contre la foule de ceux qui commettent l'iniquité (*Ps.* LXIII, 3).» Considérons ici notre tête. Beaucoup de martyrs ont supporté des souffrances comparables aux siennes, mais nul ne brille comme celui qui est la tête des martyrs : c'est en lui que nous reconnaissons le mieux ce qu'ils ont éprouvé. Il a été protégé contre la multitude des méchants, Dieu s'est protégé lui-même, le Fils de Dieu fait homme a protégé sa propre chair; car il est à la fois Fils de l'homme et Fils de Dieu : Fils de Dieu, à cause de sa forme divine, et Fils de l'homme, à cause de sa forme servile (*Philip.* II, 6 et 7); ayant par conséquent le pouvoir de déposer sa vie et le pouvoir de la reprendre (*Jean*, X, 18). Qu'ont pu faire contre lui ses ennemis? Ils ont tué son corps; ils n'ont pas tué son âme. Remarquez-le bien: c'eût été trop peu pour le Seigneur que d'exhorter les martyrs en paroles, sans les fortifier par son exemple. Vous savez quelle était la multitude des Juifs réunis pour le perdre ; et quelle était la foule de ceux qui commettaient l'iniquité. Quelle iniquité ? Celle de vouloir mettre à mort Jésus-Christ Notre-Seigneur, qui leur disait : «J'ai accompli devant vous beaucoup de bonnes œuvres; quelle est celle pour laquelle vous voulez me tuer (*Ibid.* 32)? Il a patiemment accueilli tous les infirmes, il a guéri tous leurs malades, il a prêché le royaume du ciel, il n'a pas gardé le silence sur leurs vices, afin de leur inspirer l'horreur de ces vices et non du médecin qui les guérissait. Mais, ingrats pour la guérison de tant de maux, et comme rendus furieux par la violence de la fièvre, ils se livrèrent à un accès de folie contre le médecin qui était venu les guérir, et ils formèrent le projet de le perdre. Ils voulurent, en quelque sorte, éprouver si le Christ était réellement un homme soumis à la mortalité, ou un être supérieur aux hommes, qui ne se laisserait point atteindre par la mort. Nous reconnaissons leurs discours dans le livre de la sagesse de Salomon : « Condamnons-le, dirent-ils, à la mort la plus honteuse; interrogeons-le, car ses paroles nous ferons voir qui

---

corpus occidere in gehenna ignis (*Matth.*, X, 28).» Et repetivit, « Ita dico vobis, eum timete (*Lucæ*, XII, 2). » Qui sunt qui corpus occidunt? Inimici. Quid jubebat Dominus? Ne timerentur. Oretur ergo ut præstet quod jubet. « A timore inimici erue animam meam. » Erue me a timore inimici, et subde timori tuo. Non timeam eum qui corpus occidit, sed timeam eum qui habet potestatem et corpus et animam occidere in gehenna ignis. Non enim a timore volo esse immunis : sed a timore inimici liber, sub timore Domini servus.

3. « Protexisti me a conventu malignantium, a multitudine operantium iniquitatem (*Psal.*, LXIII, 3).» Jam ipsum caput nostrum intueamur. Multi Martyres talia passi sunt : sed nihil sic elucet quomodo caput Martyrum ; ibi melius intuemur quod illi experti sunt. Protectus est a multitudine malignantium, protegente se Deo, protegente carnem suam ipso Filio et homine quem gerebat : quia filius hominis est, et Filius Dei est ; Filius Dei propter formam Dei, filius hominis propter formam servi (*Philip.*, II, 6 et 7) : habens in potestate ponere animam suam, et recipere eam (*Johan.*, X, 18). Quid ei potuerunt facere inimici? Occiderunt corpus, animam non occiderunt. Intendite. Parum ergo erat Domino hortari Martyres verbo, nisi firmaret exemplo. Nostis qui conventus erat malignantium Judæorum, et quæ multitudo erat operantium iniquitatem. Quam iniquitatem? Qua voluerunt occidere Dominum Jesum Christum. Tanta opera bona, inquit, ostendi vobis, propter quod horum me vultis occidere (*Ibid.* 32.) ? Pertulit omnes infirmos eorum, curavit omnes languidos eorum, prædicavit regnum cælorum, non tacuit vitia eorum, ut ipsa potius eis displicerent, non medicus a quo sanabantur : his omnibus curationibus ejus ingrati, tamquam multa febri phrenetici insanientes in medicum, qui venerat curare eos, excogitaverunt consilium perdendi eum ; tamquam ibi volentes probare, utrum vere homo sit, qui mori possit, an aliquid super homines sit, et mori se non permittat. Verbum ipsorum agnoscimus in Sapientia Salomonis: « Morte turpissima,

il est (*Sag.* II, 18, 20). » S'il est véritablement le Fils de Dieu, que Dieu le délivre. Voyons donc ce qui est arrivé.

4. « Car ils ont aiguisé leurs langues comme un glaive (*Ps.* LXIII, 4). » « Les dents des enfants des hommes sont comme des armes et des flèches, et leur langue est comme un glaive très-affilé (*Ps.* LVI, 5); » c'est là ce que dit un autre psaume, dont les paroles ressemblent à celles-ci : « Ils ont aiguisé leurs langues comme un glaive. » Que les Juifs ne disent pas : Nous n'avons pas tué le Christ. En effet, ils l'ont livré au jugement de Pilate, comme pour paraître innocents de sa mort. Car Pilate leur ayant dit : Faites-le mourir, ils ont répondu : « Il ne nous est pas permis de faire mourir qui que ce soit (*Jean.* XVIII, 31). » Ils voulaient donc rejeter sur un juge qui était homme l'iniquité de leur propre crime ; mais pouvaient-ils tromper le juge qui est Dieu? Par son jugement et en raison de ce jugement, Pilate a participé sans doute à leur faute ; mais, par comparaison avec eux, il est beaucoup moins coupable qu'eux. En effet, il a insisté autant qu'il l'a pu, pour délivrer le Christ de leurs mains. C'est dans cette vue qu'il l'a exposé devant eux après l'avoir fait flageller. Il n'a pas fait flageller le Seigneur pour le persécuter, mais pour donner satisfaction à leur fureur, espérant qu'il s'adouciraient et cesseraient de demander la mort de celui qu'ils verraient déchiré par les coups (*Jean.* XIX, 1). Et comme ils persévérèrent dans leur demande, vous savez qu'il se lavât les mains, et déclara qu'il était innocent de cette mort, et qu'elle n'était point son fait (*Matth.* XXVII, 24); cependant cette mort s'accomplit par lui. Mais s'il est coupable d'un crime qu'il a commis malgré lui, ceux qui l'ont obligé à le commettre sont-ils innocents? En aucune façon. Pilate a condamné Jésus, Pilate a ordonné que Jésus fût crucifié; par conséquent il l'a comme tué lui-même; mais vous, ô Juifs, vous l'avez tué réellement. Comment l'avez-vous? Par le glaive de votre langue; car vous avez aiguisé vos langues comme des épées. Et quand l'avez-vous frappé, sinon lorsque vous avez crié : Crucifiez-le! crucifiez-le (*Luc.* XXIII, 21)!

5. Il est une remarque qui nous vient à l'esprit et que nous ne devons pas omettre, de peur que la lecture des livres saints ne trouble quelqu'un d'entre vous. Un évangéliste dit que le Seigneur a été crucifié à la sixième heure (*Jean.* XIX, 14), et un autre qu'il a été crucifié à la troisième heure (*Marc.* XV, 25). Si nous ne comprenons bien les deux textes, nous serons inquiets de cette différence. En fait, la sixième heure commençait lorsque Pilate prit place sur son tribunal, et quand le Seigneur fut élevé en croix, la sixième heure suivait son cours. Mais un évangéliste, considérant principa-

---

inquiunt, condemnemus eum ; interrogemus eum, erit enim respectus in sermonibus illius (*Sap.*, II, 2) : » si enim vere Filius Dei est, liberet eum. Videamus ergo quid factum sit.

4. « Quia exacuerunt tamquam gladium linguas suas (*Psal.*, LXIII, 4).» «Filii hominum dentes eorum arma et sagittæ, et lingua eorum gladius acutus (*Psal.*,LVI, 5),» quod dicit et alius Psalmus : sic et hic, « Exacuerunt tamquam gladium linguas suas. » Non dicant Judæi, Non occidimus Christum. Etenim propterea eum dederunt judici Pilato, ut quasi ipsi a morte ejus viderentur immunes. Nam cum dixisset eis Pilatus, Vos eum occidite ; responderunt, « Nobis non licet occidere quemquam (*Johan.*, XVIII, 31). » Iniquitatem facinoris sui in judicem hominem refundere volebant : sed numquid Deum judicem fallebant? Quod fecit Pilatus, in eo ipso quod fecit, aliquantum particeps fuit, sed in comparatione illorum multo ipse innocentior. Institit enim quantum potuit, ut illum ex eorum manibus liberaret. Nam propterea flagellatum produxit ad eos (*Johan.* XIX, 1). Non persequendo Dominum flagellavit, sed eorum furori satisfacere volens, ut vel sic jam mitescerent, et desinerent velle occidere, cum flagellatum vidissent, fecit et hoc. At ubi perseveraverunt, nostis illum lavisse manus, et dixisse, quod ipse non fecisset, mundum se esse a morte illius (*Matth.* XXVII, 24), fecit tamen. Sed si reus quia fecit vel invitus, illi innocentes qui coegerunt ut faceret? Nullo modo. Sed ille dixit in eum sententiam, et jussit eum crucifigi, et quasi ipse occidit, et vos o Judæi occidistis. Unde occidistis ? Gladio linguæ : acuistis enim linguas vestras. Et quando percussistis, nisi quando clamastis, « Crucifige, crucifige (*Lucæ* XXIII, 21) ? »

5. Propterea enim non est prætermittendum, quia venit in mentem, ne forte aliquem perturbet lectio divinorum librorum : Quidam Evangelista dicit hora sexta crucifixum Dominum (*Johan.* XIX,14), et quidam hora tertia (*Marci*, XV, 25) : nisi intelligamus, per-

lement l'intention qu'avaient les Juifs d'échapper à la responsabilité de la mort du Seigneur, prouve leur crime par son récit, en disant que le Seigneur fut crucifié à la troisième heure. Si nous examinons toutes les circonstances du récit, et tout ce qu'ils ont dû faire, depuis le moment où le Seigneur fut accusé devant Pilate, pour arriver à le faire mettre en croix, nous voyons qu'il pouvait être la troisième heure lorsqu'ils crièrent : Crucifiez-le ! crucifiez-le ! Il est donc très-exact de dire qu'ils l'ont tué au moment où ils ont poussé le cri de mort contre lui. Les exécuteurs des ordres de l'autorité l'ont crucifié à la sixième heure ; les violateurs de la loi ont demandé sa mort à la troisième heure ; ce que les premiers ont fait par leurs mains à la sixième heure, les autres l'ont fait par leurs langues à la troisième heure. Plus coupables furent ceux dont la rage fit entendre ces cris de mort que ceux qui ne donnèrent la mort que par obéissance. C'est à cela que se réduit la finesse des Juifs, voilà ce qu'ils ont cherché comme un précieux avantage. Tuons-le, ont-ils dit, et ne le tuons pas ; tuons-le de telle sorte que nous ne paraissions pas l'avoir tué nous-mêmes. « Ils ont aiguisé leurs langues comme un glaive. »

6. « Ils ont tendu leur arc, instrument de souffrances amères (*Ps.* LXIII, 4). » L'arc, dans la bouche du Prophète, signifie des embûches. Celui qui combat de près avec l'épée combat sans feinte ; celui qui lance une flèche, emploie la ruse pour frapper. En effet, la flèche frappe avant qu'on n'ait prévu la blessure qu'elle va faire. Mais à qui auraient été cachées ici les ruses du cœur humain ? Pouvaient-elles rester inconnues à Notre-Seigneur Jésus-Christ ? « Il n'avait pas besoin que personne lui rendît témoignage d'aucun homme ; il savait par lui-même, comme l'atteste l'évangéliste saint Jean, ce qu'il y avait dans l'homme (*Jean.* II, 25). » Écoutons-les cependant, et voyons ce qu'il voulaient faire comme à l'insu du Seigneur. « Ils ont tendu leur arc, instrument de souffrances amères, pour percer de flèches, à la dérobée, celui qui est sans tache. » Le sens de ces mots « ils ont tendu leur arc, » se complète par celui des mots suivants : « à la dérobée ; » parce que ceux qui emploient l'arc cherchent à frapper par la ruse. Vous savez, en effet, de quelles ruses ils se sont servis ; de quelle manière ils ont corrompu, à prix d'argent, un des disciples qui suivaient Jésus, pour qu'il le leur livrât (*Matth.* XXVI, 14) ; comment ils ont mis en avant de faux témoins ; par quelles ruses, enfin, et par quels mensonges ils ont agi « pour percer de flèches, à la dérobée, celui qui est sans tache. » Iniquité monstrueuse ! Voilà qu'une flèche lancée à la dérobée vient frapper celui qui est sans tache, celui qui n'a même pas une tache où la pointe de la flèche puisse trouver à se placer. Il

---

tubamur. Et jam incipiente sexta hora dicitur Pilatus sedisse pro tribunali : et re vera quando levatus est Dominus in ligno, hora sexta erat. Sed alius Evangelista intuens animum Judæorum, quia volebant se immunes videri a morte Domini, narrando eos ostendit reos, dicens Dominum hora tertia crucifixum. Considerantes autem omnem circumstantiam lectionis, quanta agi potuerint, cum apud Pilatum Dominus accusaretur, ut crucifigeretur ; invenimus horam tertiam esse potuisse, quando illic clamaverunt, Crucifige, crucifige. Ergo verius illi tunc occiderunt, quando clamaverunt. Apparitores potestatis hora sexta crucifixerunt, prævaricatores legis hora tertia clamaverunt : quod illi manibus hora sexta, hoc illi lingua hora tertia. Rei magis isti qui clamando sæviebant, quam illi qui obtemperando administrabant. Ipsum est totum acumen Judæorum, hoc est quod pro magno quæsierunt : Occidamus, et non occidamus ; sic occidamus, ut non ipsi occidisse judicemur. « Exacuerunt tamquam gladium linguas suas. »

6. « Intenderunt arcum, rem amaram (*Ps.* LXIII, 4). » Arcum dicit insidias. Qui enim gladio cominus pugnat, aperte pugnat : qui sagittam mittit, fallit ut feriat. Prius enim sagitta percutit, quam venire ad vulnus prævideatur. Sed quem laterent insidiæ cordis humani ? numquid et Dominum nostrum Jesum Christum, qui non opus habebat ut ei testimonium quisquam perhiberet de homine (*Johan.* II, 25) ? Ipse enim sciebat quid esset in homine, sicut Evangelista testatur. Tamen audiamus eos, et intueamur eos quasi nesciente Domino facere quod moliuntur. « Intenderunt arcum, rem amaram, ut sagittarent in abscondito immaculatum. » Quod dixit, « Intenderunt arcum, » hoc est « in abscondito : » quasi fallentes insidiis. Nostis enim quibus dolis id egerint, quemadmodum discipulum ei cohærentem pecunia corruperint, ut sibi traderetur (*Matth.* XXVI, 14) ; quomodo falsos testes procuraverint ; quibus insidiis et dolis egerint, « ut sagittarent in abscondito immaculatum. » Magna iniquitas. Ecce de abscondito venit sagitta, quæ immaculatum ferit, qui nec tantum

est en effet l'Agneau sans tache, absolument sans tache, éternellement sans tache ; non qu'on lui ait enlevé des taches, mais parce qu'il n'en a jamais contracté une seule. Car il a rendu sans tache beaucoup d'hommes en leur remettant leurs péchés ; mais pour lui, il est sans tache, parce qu'il est sans péché. « Pour percer de flèches, à la dérobée, celui qui est sans tache. »

7. « Ils lui lanceront tout à coup des flèches et ne craindront pas (*Ps.* LXIII, 5). » O quelle dureté de cœur, d'avoir voulu la mort d'un homme qui ressuscitait les morts ! « Tout à coup, » c'est-à-dire, insidieusement, à l'improviste, sans qu'il l'ait pu prévoir, en quelque sorte. Le Seigneur semblait, en effet, ignorer la malice de ces hommes qui, de leur côté, ignoraient réellement ce qu'il pouvait ignorer ou savoir ; ou plutôt qui ignoraient qu'il n'ignorait rien et qu'il savait tout, et qu'il était venu sur terre pour qu'ils fissent ce qu'ils croyaient faire par leur propre pouvoir. « Ils lui lanceront tout à coup des pierres et ne craindront pas. »

8. « Ils ont confirmé opiniâtrément leur parole criminelle (*Ibid*). » « Ils ont confirmé opiniâtrément : » les miracles les plus éclatants se sont accomplis et ne les ont pas touchés ; ils se sont opiniâtrés dans le dessein qu'annonçait leur parole criminelle. Le Christ est livré au juge ; le juge a peur, et ceux qui l'ont livré au juge n'ont point peur ; l'autorité tremble, la cruauté ne tremble pas ; le juge veut se laver les mains ; pour eux ils souillent leurs propres langues. Mais pourquoi ? « Ils ont confirmé opiniâtrément leur parole criminelle. » Que d'efforts de la part de Pilate ! Que n'a-t-il point fait pour réfréner leur fureur ! Que n'a-t-il point dit ? De quelle manière n'a-t-il point agi ? « Mais ils ont confirmé opiniâtrément contre eux-mêmes leur parole criminelle. » Crucifiez-le, crucifiez-le (*Luc.* XXIII, 21). Cette répétition est la confirmation de leur parole criminelle. Voyons comment « ils ont confirmé opiniâtrément contre eux-mêmes leur parole criminelle. » Crucifierai-je votre roi, dit Pilate ? Nous n'avons point d'autre roi que César (*Jean.* XIX, 15), répondirent-ils. « Ils ont confirmé opiniâtrément contre eux-mêmes leur parole criminelle. » Pilate leur offrait pour roi le Fils de Dieu, ils ont préféré descendre jusqu'à un homme ; dignes d'avoir celui-ci pour roi, et indignes d'avoir Dieu pour roi. Écoutez encore comment « ils ont confirmé opiniâtrément contre eux-mêmes leur parole criminelle. » « Je ne trouve rien en cet homme qui mérite la mort, dit le juge (*Luc.* XXIII, 14, 20 et 52), » « Et ceux qui ont confirmé opiniâtrément leur parole criminelle » ont répondu : « Que son sang retombe sur nous et sur nos enfants (*Matth.* XXVII, 25). » « Ils ont confirmé opiniâtrément contre eux-mêmes leur parole criminelle. » Ils ont confirmé opiniâtrément leur

---

habebat maculæ, quantum potest pungi a sagitta. Agnus quippe immaculatus, totus immaculatus, semper immaculatus ; non cui maculæ ablatæ sint, sed qui maculas nullas contraxerit. Nam fecit multos immaculatos donando peccata, ipse immaculatus non habendo peccata. « Ut sagittent in abscondito immaculatum. »

7. «Repente sagittabunt eum, et non timebunt(*Ibid.*,5) O cor durum, occidere velle hominem qui mortuos suscitabat : « Repente, » id est insidiose, quasi inopinate, quasi non prævise. Similis enim nescienti erat inter ipsos Dominus ignorantes quid nesciret, et quid sciret ; immo ignorantes eum nihil nescire, et omnia scire, et ad hoc venisse utilli facerent quod se potestate facere arbitrabantur. « Repente sagittabunt cum, et non timebunt. »

8. Obfirmaverunt sibi sermonem malignum.(*Ibid*).» Obfirmaverunt : » facta sunt tanta miracula, non sunt moti, perstiterunt in consilio sermonis maligni. Traditus est ille judici : trepidat judex, et non trepidant qui judici tradiderunt : contremiscit potestas, et non contremiscit immanitas : vult ille lavare manus, et illi inquinant linguas. Sed quare hoc ? « Firmaverunt sibi sermonem malignum. » Quanta egit Pilatus, quanta ut refrenarentur ? Quæ dixit ? quid egit ? Sed « firmaverunt sibi sermonem malignum : « Crucifige, crucifige (*Lucæ.*, XXIII, 21). » Repetitio, confirmatio est sermonis maligni. Videamus quomodo « firmaverunt sibi sermonem malignum. » Regem vestrum crucifigam ? Dixerunt, « Non habemus regem nisi solum Cæsarem (*Johan.*, XIX, 25). » « Obfirmaverunt sermonem malignum. » Offerebat ille regem Filium Dei, illi ad hominem recurrebant : digni qui illum haberent, et illum non haberent. Adhuc audi, quomodo « firmaverunt sermonem malignum. » Non invenio aliquid in isto homine, ait judex, quo dignus sit morte. (*Lucæ*, XXIII, 14, 20 et 22). » Et illi qui « firmaverunt sermonem malignum, » dixerunt, « Sanguis ejus super nos et super filios nostros (*Matth.* XXVII, 25). » « Firmaverunt sibi

parole criminelle, mais ce n'est pas contre le Seigneur, c'est contre eux-mêmes, qu'ils agi. Comment en effet ne se condamneraient-ils point eux-mêmes par ces paroles : « Sur nous et sur nos enfants? » La parole criminelle qu'ils ont confirmée, ils l'ont confirmée par conséquent contre eux-mêmes, parce qu'il est dit dans un autre psaume : « Ils ont creusé une fosse sous mes pas, et ils y sont tombés (*Ps.* LVI, 7). » La mort n'a pas tué le Seigneur, mais il a tué la mort : pour eux, l'iniquité les a tués, parce qu'ils n'ont pas voulu tuer l'iniquité.

9. Mes frères, cette parole est absolument vraie : ou vous tuez l'iniquité, ou l'iniquité vous tue. Mais ne cherchez pas à tuer l'iniquité, comme si elle était en dehors de vous. Regardez en vous-même, voyez quelle est la puissance qui combat en vous contre vous, et prenez garde d'être vaincu. Votre iniquité est votre mortelle ennemie, tant qu'elle n'est point mise à mort. Elle est née de vous ; c'est vous, et nul autre, qui se révolte contre vous. D'un côté, vous êtes attaché à Dieu ; d'un autre côté, vous vous complaisez dans les choses du siècle. La partie de vous-même qui se complaît dans les choses du siècle combat contre votre esprit qui est attaché à Dieu. Qu'il s'y attache, qu'il s'y attache de toute sa force, pas de défaillance, pas de séparation ; et il a pour l'aider le plus puissant secours. L'esprit est vainqueur de ce qui se révolte en lui, s'il combat avec persévérance. Le péché réside en votre corps ; mais ne l'y laissez pas régner. « Que le péché, dit l'apôtre saint Paul, ne règne pas dans votre corps mortel, de sorte que vous obéissiez à ses désirs (*Rom.* VI, 12). » Si vous n'obéissez pas à votre corps, quelque suggestion qu'il emploie, par quelque délices qu'il vous porte au mal ; en refusant de lui obéir, en lui résistant, vous faites que le péché qui est en vous n'y règne pas, et vous méritez que plus tard ce même péché qui était en vous n'y soit plus. A quel moment ? Quand la mort sera absorbée dans la victoire ; quand ce qui est corruptible en vous aura revêtu l'incorruptibilité (*I Cor.* XV, 54) : alors il n'y aura plus rien qui combatte en vous contre vous ; il n'y aura plus rien pour vous délecter que Dieu seul. Ces Juifs ont donc porté envie au Seigneur, parce que la domination les charmait. Quelques-uns croyaient que le Seigneur leur enlevait cette domination et, par amour pour leur puissance personnelle, ils se sont révoltés contre le Seigneur. Que si, au contraire, ils s'étaient révoltés contre leur coupable attachement à cette domination, ils auraient vaincu l'envie, loin d'être vaincus par elle, et le Seigneur, venu pour les guérir, eût été leur sauveur. Mais voici qu'ils ont alimenté leur propre fièvre, et repoussé le médecin : tout ce que leur suggérait la fièvre, ils l'ont fait ; tout ce que leur ordonnait le médecin, ils l'ont négligé. Ils

---

sermonem malignum. » Firmaverunt sermonem malignum, non Domino, sed sibi. Quomodo enim non sibi, cum dicunt, Super nos et super filios nostros ? Quod ergo firmaverunt, sibi firmaverunt ; quia ipsa vox est alibi, Foderunt ante faciem meam foveam, et inciderunt in eam. Dominum mors non occidit, sed ipse mortem : illos autem iniquitas occidit, quia noluerunt occidere iniquitatem.

9. Prorsus, Fratres, certum est, aut occidis iniquitatem, aut occideris ab iniquitate. Noli autem quærere occidere iniquitatem tamquam aliquid extra te. Ad teipsum respice, vide quid tecum pugnet in te, et cave ne expugnet te : iniquitas tua, inimica tua, interfecta non erit : ex te enim est, et anima tua adversus te rebellat, non aliud aliquid. Ex quadam parte cohæres Deo, ex quadam parte delectaris sæculo. Illud quo delectaris sæculo, pugnat adversus mentem quæ cohæret Deo. Cohæreat, cohæreat, non deficiat, non se dimittat, magnum adjutorium habet. Vincit quod in illa sibi rebellat, si perseverat in pugnando. Est peccatum in corpore tuo, sed non regnet. « Non ergo regnet, inquit, peccatum in vestro mortali corpore, ad obaudiendum desideriis ejus (*Rom.* VI, 12). » Si vero non obaudieris, etsi est quod suadeat, quod delectet ad malum : non obtemperando facis ut non regnet quod est, et ita fiet postea ut non sit quod erat. Quando ? « Cum absorbebitur mors in victoriam, cum corruptibile hoc induerit incorruptionem (1. *Cor.* XV, 54), » ibi non erit quod tibi repugnet, non erit quod te aliud delectet nisi Deus. Ergo et isti Judæi inviderunt Domino, delectabat eos principatus. Quidam videbant sibi ab eo auferri principatum ; et ex delectatione sua rebellaverunt adversus Dominum : qui si rebellassent adversus delectationem suam malam, ipsam invidentiam vincerent, nec vincerentur ab ea, et esset illis Dominus salvator, qui venerat ut sanaret. Nunc autem faverunt febri, repugnaverunt medico : quidquid suggerebat febris, faciebant ; quidquid jubebat contra medicus, negligebant. Ergo illi magis occisi

moururent donc et le Seigneur ne mourut pas ; car la mort fut tuée en lui et l'iniquité vécut en eux : or, l'iniquité vivant en eux, ils moururent par là même.

10. « Ils se sont concertés pour cacher leurs piéges, et ils ont dit : Qui les verra (*Ps.* LXIII, 6)? » Ils croyaient les cacher à celui qu'il tuaient, les cacher à Dieu. Supposons un moment que le Christ fût un homme semblable aux autres hommes, il aurait pu ignorer les desseins formés contre lui; mais Dieu pouvait-il les ignorer ? O cœur humain ! pourquoi vous êtes-vous dit : qui me voit? puisque celui qui vous a fait vous voit. « Ils ont dit : Qui les verra ? » Dieu les voyait ; le Christ aussi les voyait, parce que le Christ est Dieu. Mais pourquoi leur semblait-il qu'il ne les voyait pas? Écoutez ce qui suit.

11. « Ils ont creusé l'iniquité ; mais, en la sondant, ils ont succombé dans leurs recherches (*Ibid.* 7): » c'est-à-dire dans leurs desseins les plus funestes et les plus insidieux. Ne le livrons pas, se sont-ils dit, que ce soit son disciple qui le livre ; ne le tuons pas, faisons-le tuer par le juge ; que tout soit notre ouvrage, et que rien ne paraisse venir de nous. Et ce cri : « Crucifiez-le ! crucifiez-le (*Luc.* XIII, 21, et *Jean.* XIX, 6) ! » qu'en faites-vous ? Etes-vous tellement aveugles que vous en deveniez sourds ? Une innocence simulée n'est pas de l'innocence ; une équité simulée n'est pas de l'équité ; elle n'est qu'une double iniquité, par iniquité d'abord, et ensuite par dissimulation. C'est donc en cela « qu'ils ont succombé dans leurs recherches d'iniquité. » Plus ils croyaient mettre d'habileté dans leurs complots, plus grande était leur impuissance ; parce que, s'éloignant de la lumière de la vérité et de la justice, ils tombaient dans les abîmes de leurs desseins criminels. La justice a une lumière qui lui est propre ; elle pénètre jusqu'au fond de l'âme qui s'attache à elle, et elle l'inonde de clarté : mais quant à l'âme qui se détourne de la lumière de la justice, plus elle cherche d'expédients contre la justice, et plus elle est repoussée loin de la lumière, et plongée dans d'épaisses ténèbres. Il est donc certain que ces hommes, dans leurs calculs artificieux pour perdre le juste, s'éloignaient de la justice, et que, plus ils s'éloignaient de la justice, plus ils tombaient profondément dans leurs recherches d'iniquité. Oh ! le beau témoignage d'innocence! Quand Judas se repentit d'avoir livré le Christ, et vint jeter à leurs pieds l'argent qu'ils lui avaient donné, ils ne voulurent pas le mettre dans le trésor du temple et ils dirent : « C'est le prix du sang ; ne le mettons pas dans le trésor du temple (*Matth.* XXVII, 6). » Qu'était-ce que ce trésor ? Une sorte d'arche consacrée à Dieu, où l'on déposait ce qui était donné pour les besoins des serviteurs de Dieu. O hommes ! que votre cœur soit plutôt cette arche de Dieu, où se trou-

---

sunt, non Dominus : nam in Domino mors occisa est, in illis iniquitas vixit ; vivente autem in se iniquitate, illi mortui sunt.

10. « Narraverunt ut absconderent muscipulas, dixerunt, Quis videbit eas (*Psal.* LXIII, 6). » Latere putabant cum quem occidebant; latere Deum. Ecce puta, homo erat Christus, sicut ceteri homines ; nesciebat quid de illo cogitaretur : numquid et Deus nescit ? O cor humanum, quare tibi dixisti, Quis videt me, cum ille videat qui te fecit ? « Dixerunt, Quis videbit eas? » Videbat Deus et Christus ; quia et Christus Deus. Sed quare videbatur eis non videre ? Audi sequentia :

11. « Perscrutati sunt iniquitatem, defecerunt scrutantes scrutationes (*Ibid.* 7) : id est, acerba et acuta consilia. Non tradatur per nos, sed per discipulum suum : non occidatur a nobis, sed a judice : totum nos faciamus, et nihil fecisse videamur. Et ubi est clamor linguæ, « Crucifige, crucifige (*Lucæ*, XIII, 21, *Johan.* XIX, 6) ? » Sic cæci estis, ut et surdi sitis. Simulata innocentia non est innocentia : simulata æquitas non est æquitas, sed duplex iniquitas ; quia et iniquitas est, et simulatio. Ibi ergo isti « defecerunt scrutantes scrutationes. » Quanto acutius sibi excogitare videbantur, tanto magis deficiebant ; quia a lumine veritatis et æquitatis in profunda consiliorum malignorum demergebantur. Habet justitia quamdam lucem suam, perfundit et illustrat animam inhærentem sibi : anima vero avertens se a luce justitiæ, quanto magis quærit quod inveniat contra justitiam, tanto plus a luce repellitur, et in tenebrosa demergitur. Merito ergo et isti perscrutantes quod contra justum moliebantur, a justitia recedebant ; et quanto a justitia recedebant, tanto plus deficiebant scrutantes scrutationes. Magnum consilium innocentiæ : quando ipsum Judam pœnituit quod tradidisset Christum, et projecit illis pecuniam quam dederant, illi noluerunt eam mittere in gazophylacium, et dixerunt, « Pecunia sanguinis est, non illam mittamus in gazophylacium.

vent les richesses de Dieu ; où soient la monnaie de Dieu et l'effigie de votre Empereur gravée sur votre âme. Mais, après de tels faits, quelle odieuse feinte d'innocence, que de refuser de mettre dans le trésor le prix du sang, et de mettre sur sa conscience le sang lui-même !

12. Mais que leur est-il arrivé ? « Ils ont succombé dans leurs recherches d'iniquité. » Pourquoi ? Parce que, selon le Prophète, ils ont dit : « Qui découvrira nos piéges (*Ibid.* 6) ? » C'est-à-dire, que personne ne les voyait. Voilà ce qu'ils disaient ; croyant, dans leur pensée, que nul ne les découvrirait. Voyez ce qui arrive à l'âme perverse : elle s'éloigne de la lumière de la vérité et, parce qu'elle ne voit pas Dieu, elle s'imagine que Dieu ne la voit pas. C'est ainsi qu'en s'éloignant de la vérité, les Juifs tombèrent dans les ténèbres ; si bien que, ne voyant pas Dieu, ils se dirent : Qui nous voit ? Mais celui-là les voyait, qu'ils mettaient en croix ; tandis qu'eux-mêmes, plongés dans l'obscurité, ne voyaient ni lui qui était le Fils, ni le Père. Mais si le Christ les voyait, pourquoi donc souffrait-il d'être pris par eux, d'être immolé par eux ? Pourquoi, s'il connaissait leurs desseins, a-t-il voulu les laisser prévaloir contre lui ? Pourquoi ? Parce qu'il s'était fait homme pour le salut de l'homme ; parce que, Dieu caché dans l'homme, il était venu donner à ceux qui ne le connaissaient pas un exemple de courage : voilà pourquoi il supportait sciemment toutes choses.

13. Quelle parole vient ensuite ? « L'homme s'approchera, et son cœur sera profond, et Dieu sera exalté. (*Ibid.* 7.) » Ils ont dit : Qui nous verra ? « Ils ont succombé dans leurs recherches d'iniquité, » dans leurs mauvais desseins. L'homme s'est approché de ces mauvais desseins, et il a souffert d'être pris comme un homme. En effet, on ne pouvait s'emparer de lui, s'il n'eût été un homme ; ni le voir, s'il n'eût été un homme ; ni le frapper, s'il n'eût été un homme ; ni le crucifier et le mettre à mort, s'il n'eût été un homme. L'homme s'est donc approché de toutes ces souffrances, qui n'auraient point eu prise sur lui, s'il n'eût été un homme. Mais, s'il n'eût été un homme, l'homme n'eût pas été délivré. « L'homme s'est approché, et son cœur était profond, » c'est-à-dire : son cœur était secret, présentant l'homme aux regards des hommes et gardant intérieurement la divinité ; cachant la forme de Dieu (*Philip.* II, 6 et 7), par laquelle il est l'égal du Père, et laissant voir la forme d'esclave, par laquelle il est moindre que le Père. Il a dit, en effet, de lui-même ces deux paroles ; mais l'une s'applique à sa forme divine et l'autre à sa forme d'esclave. Comme Dieu, il a dit : « Moi et mon Père nous sommes un (*Jean*, X, 30) ; » en sa forme d'esclave, il a dit : « Mon

---

(*Matth.* XXVII, 6). » Quid est gazophylacium ? Arca Dei ubi colligebantur ea quæ ad indigentiam servorum Dei mittebantur. O homo, cor tuum sit potius arca Dei, ubi habitent divitiæ Dei, ubi sit nummus Dei, mens tua habens imaginem Imperatoris tui. Cum ergo hæc ita sint, qualis illa innocentiæ simulatio fuit, pecuniam sanguinis non mittere in arcam, et ipsum sanguinem mittere in conscientiam ?

12. Sed quid eis contigit ? « Defecerunt scrutantes scrutationes (*Psal.* LXIII, 7). » Unde ? Quia dicit, Quis videbit eos : id est, quia eos nemo videbat. Hoc dicebant, hoc apud se opinabantur, quod nemo eos videret. Vide quid contingat animæ malæ : Recedit a luce veritatis, et quia ipsa non videt Deum, putat se non videri a Deo. Sic et isti recedendo ierunt in tenebras, ut ipsi non viderent Deum : et dixerunt, Quis nos videt ? Videbat et ille quem crucifigebant : illi deficiendo, nec illum Filium, nec Patrem videbant. Si ergo et ille videbat, quare se patiebatur teneri ab eis, occidi ab eis ? Quare si videbat, voluit consilia eorum prævalere in se ? Quare ? Quia homo erat propter hominem, et Deus latens in homine, qui venerat nescientibus exemplum fortitudinis dare, ideo ipse sciens omnia sustinebat.

13. Quid enim sequitur ? « Accedet homo (*a*) et cor altum, et exaltabitur Deus (*Ibid.* 8). » Illi dixerunt, Quis nos videbit ? Defecerunt scrutantes scrutationes, consilia mala. Accessit homo ad ipsa consilia, passus est se teneri ut homo. Non enim teneretur nisi homo, aut videretur nisi homo, aut cæderetur nisi homo, aut crucifigeretur aut moreretur nisi homo. Accessit ergo homo ad illas omnes passiones, quæ in illo nihil valerent, nisi esset homo. Sed si ille non esset homo, non liberaretur homo. « Accessit homo et cor altum, » id est, cor secretum : objiciens aspectibus humanis hominem, servans intus Deum ; celans formam Dei, in qua æqualis est Patri, et offerens formam servi, qua minor est Patre (*Philip.* II, 6 et 7). Ipse enim dixit utrumque : sed

---

(*a*) Sic plerique et potiores MSS. juxta Lxx. at editi, *ad cor altum.*

Père est plus grand que moi (*Jean.* xiv, 28). » Pourquoi, en la forme de Dieu, a-t-il dit : « Moi et mon Père, nous sommes un ? » « Parce que, dit l'Apôtre, étant dans la forme de Dieu, il n'a pas cru que ce fût une usurpation de se faire égal à Dieu (*Philip.* ii, 6). » Pourquoi, sous la forme d'esclave, a-t-il dit : « Mon Père est plus grand que moi ? » « Parce qu'il s'est anéanti lui-même, en prenant la forme d'un esclave (*Ibid.* 7). » L'homme s'est donc approché et son cœur a été profond, et Dieu a été exalté. L'homme est mis à mort et Dieu est exalté. Car s'il est mis à mort, c'est le fait de l'infirmité humaine ; s'il est ressuscité, s'il est monté au ciel, c'est le fait de la puissance divine (II *Cor.* xiii, 4). « L'homme s'approchera, et son cœur sera profond, » son cœur sera secret, son cœur sera caché ; il ne montrera pas ce qu'il sait, il ne montrera pas ce qu'il est. Les Juifs, croyant qu'il n'était autre que ce qu'il paraissait, ont tué l'homme au cœur profond, et Dieu a été exalté dans son cœur divin. En effet, il s'est élevé par la toute-puissance de sa majesté divine. Et, lorsqu'il s'est élevé, où est-il allé ? Au ciel, qu'il n'avait pas quitté, même dans son abaissement.

14. « L'homme s'approchera, et son cœur sera profond et Dieu sera exalté. » Remarquez maintenant, mes frères, ce cœur profond de l'homme. De quel homme ? « Sion est ma mère, dira l'homme, et il s'est fait homme en elle, et le Très-Haut lui-même l'a fondée (*Ps.* lxxxvi, 5). » Il a été fait homme dans cette cité que lui-même a fondée, lui, le Très-Haut qui s'est fait homme en elle. « L'homme s'est donc approché et son cœur a été profond. » Voyez l'homme dans ce cœur profond, et voyez Dieu aussi, autant que vous le pouvez, et si vous le pouvez, dans ce cœur profond. L'homme s'est approché ; mais parce qu'il était Dieu, qu'il devait souffrir volontairement, qu'il devait donner l'exemple aux faibles, et que ses bourreaux ne pouvaient rien contre lui comme Dieu, mais seulement contre l'homme et contre sa chair, qu'ajoute le Prophète ? « Les blessures qu'ils font ressemblent à celles que font les flèches des petits enfants. » Qu'est devenue la rage des bourreaux ? Qu'est devenu ce rugissement du lion, ce cri d'un peuple en fureur : « Crucifiez-le ! crucifiez-le (*Luc.* xxiii, 21, et *Jean.* xix, 6) ? » Que sont devenues les embûches de ceux qui ont tendu leur arc ? « Les blessures qu'ils font ne ressemblent-elles pas à celles que font les flèches des petits enfants ? » Vous savez comment les enfants se fabriquent des flèches avec des roseaux. Quels sont les coups qu'ils portent et d'où partent ces coups ? Quelle main et quel trait ? Quelles armes et quels membres ? « Les blessures qu'ils font res-

---

aliud est ex forma Dei, aliud ex forma servi (*Johan.*, x, 30). Dixit ex forma Dei, « Ego et Pater unum sumus (*Johan.* xiv, 28) ; » dixit ex forma servi, « Quoniam Pater major me est. » Unde ex forma Dei, « Ego et Pater unum sumus? Quia « cum in forma Dei esset constitutus, non rapinam arbitratus est esse æqualis Deo (*Philip.* ii, 6). » Unde ex forma servi, Quoniam Pater major me est? Quia « semetipsum exinanivit formam servi accipiens (*Ibid.* 7). » Accessit ergo homo et cor altum, et exaltatus est Deus. Occiditur homo, et exaltatur Deus. Quod enim occisus est, ex infirmitate humana fuit (II *Cor.* xiii, 4) ; quod resurrexit et adscendit, ex potestate divina. « Accedet homo et cor altum, » cor secretum, cor abditum : non ostendens quid nosset, non ostendens quid esset. Illi putantes hoc totum esse quod videbatur, occidunt hominem in corde alto, et exaltatur Deus in corde divino : potentia enim majestatis suæ exaltatus est. Et quo ivit exaltatus? Unde non recessit humiliatus.

14. « Accedet homo et cor altum, et exaltabitur Deus. » Propterea jam adtendite Fratres mei cor altum hominis. Cujus hominis ? « Mater Sion, dicet homo ; et homo factus est in ea, et ipse fundavit eam Altissimus (*Psal.* lxxxvi, 5). » In ipsa civitate factus est homo, quam idem ipse fundavit Altissimus, qui in ea factus est homo. Ergo « accessit homo et cor altum. » Intuere hominem in corde alto : vide quantum potes, si potes, et Deum in corde alto. Accessit homo : et quia Deus erat, et quia passurus erat volens, et quia exemplum præbiturus infirmis, et quia nihil ei facturi erant qui sæviebant, tamquam passuro Deo, sed in homine, sed in carne, quid sequitur ? « Sagittæ (*a*) infantium factæ sunt plagæ eorum. » Ubi est illa sævitia ? ubi est ille fremitus leonis, populi rugientis et dicentis, « Crucifige, crucifige (*Lucæ* xxiii, 21, *Johan.* xix, 6) ? » ubi sunt insidiæ arcum tendentium ? Nonne « sagittæ infantium factæ sunt plagæ eorum ? » Nostis quemadmodum sibi faciunt de canniciis sagittas infantes. Quid fe-

---

(*a*) Hæc pars v. 8. tractatur supra in Enarrat. Psal. lvi. n. 13.

semblent à celles que font les flèches des petits enfants. »

13. « Et leurs langues affaiblies se sont tournées contre eux (*Ps.* LXIII, 9). » Qu'ils aiguisent maintenant leurs langues comme un glaive, qu'ils s'opiniâtrent contre eux-mêmes dans leur parole criminelle. C'est bien contre eux-mêmes qu'ils se sont opiniâtrés, parce que « leurs langues affaiblies se sont tournées contre eux. » Est-ce que leur parole criminelle pouvait rester forte contre Dieu ? « L'iniquité, dit le Prophète, a menti contre elle-même (*Ps.* XXVI, 12) ; » « leurs langues affaiblies se sont tournées contre eux. » Ils avaient tué le Seigneur ; voilà qu'il est ressuscité. Ils passaient devant sa croix ou s'y arrêtaient pour le regarder, comme il avait été prédit par le psaume tant de siècles auparavant : « Ils ont percé mes mains et mes pieds, ils ont compté tous mes os, ils m'ont considéré et examiné (*Ps.* XXI, 17). » Alors ils secouaient la tête, en disant : « s'il est le Fils de Dieu, qu'il descende de la croix. » Ils ont cherché, par quelque moyen, à savoir s'il était le Fils de Dieu et ils ont cru qu'il ne l'était point, parce que, sous le coup de leurs insultes, il n'était pas descendu de dessus la croix ; sans doute, s'il fût descendu de la croix, ils l'eussent regardé comme le Fils de Dieu (*Matth.* XXVII, 40). Que vous semble-t-il de cet homme qui n'est pas descendu de la croix, mais qui est ressuscité de son tombeau ? Qu'y ont gagné les Juifs ? Mais, lors même que le Seigneur ne serait pas ressuscité, qu'auraient-ils gagné, si ce n'est ce qu'ont gagné les persécuteurs des martyrs ? Car les martyrs ne sont pas encore ressuscités, et les persécuteurs n'ont rien gagné contre eux ; puisque nous célébrons aujourd'hui la fête de ces martyrs qui ne sont point encore ressuscités. Qu'est devenue la fureur de leurs bourreaux ? « Les blessures qu'ils font ressemblent à celles des flèches des petits enfants ; et leurs langues affaiblies se sont tournées contre eux. » Jusqu'où ont-ils poussé les minutieuses recherches de leur iniquité, recherches dans lesquelles ils ont succombé ? jusqu'à placer des gardes au sépulcre du Seigneur, après sa mort et son ensevelissement. En effet, ils dirent à Pilate : « Cet imposteur (car c'est ainsi qu'ils appelaient Notre-Seigneur Jésus-Christ, pour la consolation de ses serviteurs, lorsqu'on les nomme des imposteurs) ; cet imposteur a dit, alors qu'il vivait : Je ressusciterai après trois jours. Faites donc garder son tombeau jusqu'au troisième jour, de peur que ses disciples ne viennent, ne l'enlèvent et ne disent au peuple : Il est ressuscité d'entre les morts ; car cette dernière erreur serait pire que la première. Pilate leur dit : Vous avez des gardes, allez et gardez-le comme vous l'entendez. Ceux-ci donc s'en

allèrent poser des gardes au sépulcre, après en avoir scellé la pierre (*Matth.* XXVII, 63 et suiv.). » Remarquez-le, ils placèrent des soldats pour garder le sépulcre. La terre trembla et le Seigneur ressuscita. De tels miracles s'opérèrent autour de son tombeau, que les soldats eux-mêmes qui étaient venus pour le garder, auraient été les premiers à rendre témoignage de ces prodiges, s'ils avaient voulu dire la vérité. Mais l'avarice qui s'était emparée du disciple compagnon du Christ, s'empara aussi des soldats gardiens de son tombeau. « Voici de l'argent dirent les Juifs ; annoncez que pendant votre sommeil ses disciples sont venus et l'ont enlevé (*Matth.* XXVIII, 13). » « Ils ont vraiment succombé dans leur recherches d'iniquité. » Que viens-tu de dire, astuce misérable ? As-tu donc tant abandonné la lumière des pieux conseils, et es-tu tellement plongée dans les abîmes de la fourberie que tu dises à des soldats : annoncez que pendant votre sommeil ses disciples sont venus et l'ont enlevé ? Tu produis des témoins endormis ! Vraiment tu dors toi-même, pour rêver de semblables inventions d'iniquité. S'ils dormaient, qu'ont-ils pu voir ? Et s'ils n'ont rien vu de quoi viennent-ils témoigner ? « Ils ont succombé dans leurs recherches d'iniquité. » Ils ont perdu la lumière de Dieu, et ils ont succombé dans le résultat de leurs machinations. Ils ont succombé, parce qu'ils n'ont pu venir à bout d'aucune de leurs entreprises. Pourquoi cela ? Parce que l'homme s'est approché, que son cœur était profond, et que Dieu a été exalté. C'est pourquoi lorsque, dans la suite, la résurection du Christ eût été manifestée ; lorsque par sa venue l'Esprit-Saint eût rempli de confiance des disciples jusqu'alors timides, au point que, sans crainte aucune de la mort, ils prêchèrent ce qu'ils avaient vu ; Dieu fut exalté dans sa majesté, lui qui venait d'être jugé dans l'humilité qu'il avait prise à cause de notre faiblesse ; et quand les trompettes célestes eurent commencé à annoncer l'arrivée comme juge de celui qu'on avait vu d'abord soumis au jugement, alors « tous ceux qui le virent furent dans le trouble. » Après que Dieu, comme je l'ai dit, eût été glorifié, après que le Christ eût été annoncé, certains juifs virent les Juifs succomber dans leurs recherches d'iniquité. Ils virent, en effet, les miracles considérables opérés au nom de ce crucifié, qu'ils avaient tué de leurs propre mains ; ils s'éloignèrent de cœur de ceux qui persistaient dans l'iniquité, la dureté de cœur des méchants les rebuta, ils cherchèrent un conseil salutaire et ils dirent aux Apôtres : Que ferons-nous ? « Ceux qui les virent furent donc dans le trouble ; c'est-à-dire ceux qui comprirent que les langues des méchants s'é-

---

ite custodite sicut scitis. Illi autem abeuntes munierunt sepulcrum, signantes lapidem cum custodibus (*Ibid.*). » Posuerunt custodes milites ad sepulcrum. Concussa terra Dominus resurrexit : miracula facta sunt talia circa sepulcrum, ut et ipsi milites qui custodes advenerant, testes fierent, si vellent vera nuntiare : sed avaritia illa quæ captivavit discipulum comitem Christi, captivavit et militem custodem sepulcri. « Damus, inquiunt, vobis pecuniam ; et dicite, quia vobis dormientibus venerunt discipuli ejus, et abstulerunt cum (*Matth.*, XXVIII, 13). » Vere « defecerunt scrutantes scrutationes (*Psal.*, LXIII. 7). » Quid est, quod dixisti, o infelix astutia ? Tantum ne deseris lucem consilii pietatis, et in profunda (*a*) versutia demergeris, ut hoc dicas, « Dicite quia vobis dormientibus venerunt discipuli ejus, et abstulerunt eum (*Matth.*, XIII,)?» Dormientes testes adhibes : vere tu ipse obdormisti, qui scrutando talia, defecisti. Si dormiebant, quid videre potuerunt ? si nihil viderunt, quomodo testes sunt ? Sed « defecerunt scrutantes scrutationes : » defecerunt a luce Dei, defecerunt in ipso effectu consiliorum suorum : quando quod voluerunt, nihil perficere potuerunt, utique defecerunt. Quare hoc ? Quia accessit homo et cor altum, et exaltatus est Deus. Propterea postea cum innotuisset Christi resurrectio, et veniens Spiritus-sanctus impleret fiducia timentes quosdam discipulos (*Act.*, II, 4), ut auderent jam mortem non timentes prædicare quod viderant, exaltato Deo in majestate sua, qui propter nostram infirmitatem humilis judicatus est ; et ubi cœperunt tubæ cælestes personare judicem venturum, quem primo viderant judicatum, « Conturbati sunt omnes qui videbant eos. » Exaltato Deo, ut dixi, prædicato Christo, visi sunt Judæi a quibusdam Judæis, visi sunt deficientes in scrutationibus suis. Videbant enim illi in nomine crucifixi et occisi manibus suis fieri tanta miracula : recesserunt corde ab eis qui permanserunt in impietate : displicuit eis illorum duritia ; quæsierunt consilium salutis suæ, et dixerunt Apostolis, Quid faciemus ? « Con-

(*a*) Er, et aliquot MSS. *in profunda versutia.*

taient affaiblies et tournées contre eux, et que les méchants avaient succombé dans toutes les ruses de leurs iniques recherches. Voilà ceux qui furent dans le trouble.

16. « Et tout homme fut saisi de crainte (*Ps.* LXIII, 10). » Tous ceux qui n'ont pas eu peur n'étaient pas des hommes. « Tout homme fut saisi de crainte, » c'est-à-dire, quiconque sut user de sa raison pour comprendre les faits qui s'étaient accomplis. Aussi est-il juste de donner de préférence à ceux qui n'ont pas eu peur le nom d'animaux sans raison, de bêtes sauvages et féroces. Ce peuple était encore un lion rugissant et dévorant. Mais tout homme fut saisi de crainte, c'est-à-dire, tous ceux qui voulurent croire, tous ceux qui redoutèrent le jugement dernier. « Tout homme fut saisi de crainte; et ils publièrent les œuvres de Dieu. » Celui qui disait: Délivrez mon âme de la crainte de l'ennemi (*Ibid.* 2), était l'homme saisi de crainte. Délivré de la crainte de l'ennemi, il restait soumis à la crainte de Dieu. Il ne craignait pas ceux qui tuent le corps, mais celui qui a le pouvoir de précipiter dans l'enfer le corps et l'âme (*Matth.* x, 28). Ils ont prêché le Seigneur : car Pierre a craint d'abord et il a craint l'ennemi; son âme n'était pas encore délivrée de l'ennemi. Une servante lui ayant demandé s'il n'était pas au nombre des disciples de Jésus, il renia le Seigneur par trois fois (*Matth.* XXVI, 69). Le Seigneur ressuscita et consolida le colonne de l'édifice qu'il élevait. Dès lors Pierre prêcha sans crainte et avec crainte ; sans crainte de ceux qui tuent le corps, avec crainte de celui qui a le pouvoir de tuer le corps dans le feu de l'enfer (*Matth.* x, 28). « Tout homme fut saisi de crainte, et ils publièrent les œuvres de Dieu. » En effet les princes des prêtres firent comparaître devant eux ces Apôtres qui publiaient les œuvres de Dieu, et ils les menacèrent en leur défendant de prêcher au nom de Jésus. Et les Apôtres répondirent : « Dites-nous à qui l'on doit obéir, de Dieu ou des hommes (*Act.* v, 28). » Que pouvaient dire ces prêtres? Qu'il valait mieux obéir aux hommes qu'à Dieu ? Sans aucun doute ils ne pouvaient répondre qu'une chose : c'est à Dieu qu'il faut plutôt obéir. Or, les Apôtres savaient bien ce que Dieu leur avait commandé, et ils méprisèrent les menaces des prêtres. « Tout homme fut donc saisi de crainte; » c'est pourquoi nul homme ne les effraya, « et ils publièrent les œuvres de Dieu. » Si l'homme doit craindre uniquement celui par lequel l'homme a été fait, craignez ce qui est au-dessus des hommes et les hommes ne vous feront pas peur. Craignez la mort éternelle, et vous n'aurez point souci de la mort présente. Aspirez aux pures délices et au repos incorruptible du ciel, et vous vous rirez de qui vous promettra des biens temporels, fût-ce le monde entier.

---

turbati ergo sunt omnes qui videbant eos : » id est qui intelligebant quod linguæ eorum infirmatæ sunt super eos, qui intelligebant quia in omnibus suis malis perscrutationibus consiliorum ubique defecerunt. Conturbati sunt isti.

16. « Et timuit omnis homo (*Psal.* LXIII, 10). » Qui non timuerunt, nec homines fuerunt. « Timuit omnis homo : » id est, omnis utens ratione ad intelligenda quæ facta erant. Unde illi qui non timuerunt, pecora potius nominandi sunt, bestiæ potius immanes et truces. Leo rapiens et rugiens, ille adhuc populus. At vero omnis homo timuit : id est, qui credere voluerunt, qui judicium venturum contremuerunt. « Et timuit omnis homo : et annuntiaverunt opera Dei. » Ille qui dicebat, « A timore inimici erue animam meam (*Ibid.*, 2), » timuit omnis homo. A timore inimici eruebatur, sed timori Dei subdebatur. Non timebat eos, qui corpus occidunt, sed eum qui potestatem habet et corpus et animam mittere in gehennam (*Matth.*, x, 28). Prædicaverunt Dominum : nam primo Petrus timuit, et inimicum timuit, nondum erat anima ejus eruta ab inimico. Interrogatus ab ancilla, quod inter discipulos ejus esset, negavit Dominum ter (*Matth.*, XXVI, 69). Resurrexit Dominus, firmavit columnam : jam Petrus prædicat sine timore, et cum timore ; sine timore eorum qui corpus occidunt, cum timore ejus qui habet potestatem et corpus et animam occidendi in gehenna ignis (*Matth.*, x, 28). « Timuit omnis homo : et anuntiaverunt opera Dei. » Namque annuntiantes istos Apostolos opera Dei, exhibuerunt sibi principes sacerdotum, et comminati sunt dicentes, ne in nomine Jesu prædicarent. Et illi dixerunt, « Dicite nobis, cui magis obtemperare oportet, Deo an hominibus (*Act.*, v, 28)? » Quid illi dicerent ? Hominibus potius quam Deo ? Sine dubio non responderent, nisi, Deo potius. Illi autem sciebant, quæ juberet Deus, et contemserunt minantes sacerdotes. Quia ergo « timuit omnis homo, » non terruit homo : « et annuntiaverunt opera Dei. » Si timet homo, non terreat homo : cum enim

Aimez donc et craignez ; aimez les promesses de Dieu, craignez les menaces de Dieu. De la sorte vous ne vous laisserez ni corrompre par les promesses des hommes, ni effrayer par leurs menaces. « Et tout homme fut saisi de crainte ; et ils publièrent les œuvres de Dieu, et ils eurent l'intelligence de ce que Dieu avait fait. » Que veut dire : « Ils eurent l'intelligence de ce que Dieu avait fait ? » Ce que vous avez fait, ô Seigneur Jésus-Christ, est-ce de vous être tu, comme une brebis, lorsque vous avez été conduit au supplice, ou de n'avoir pas ouvert la bouche, comme l'agneau devant celui qui le tond ; de sorte que vous paraissiez à nos yeux un homme accablé par les blessures et par les souffrances, sachant se résigner à porter toutes les douleurs (*Is.* LIII, 7). Est-ce d'avoir caché votre beauté, vous qui êtes le plus beau des enfants des hommes (*Ps.* XLIV, 3) ? Est-ce d'avoir paru sans beauté et sans éclat (*Is.* XLIII, 2 et 3) ? Etendu sur la croix, vous supportiez les insultes de ceux qui disaient : « S'il est le Fils de Dieu, qu'il descende de la croix (*Matth.* XXVII, 40). Y eût-il alors un seul de vos serviteurs et de vos bien-aimés qui, connaissant votre puissance, ne se soit écrié dans son cœur : Oh ! s'il venait à descendre de cette croix, comme ceux qui l'insultent seraient confondus ? Mais il n'en devait pas être ainsi : il fallait qu'il mourût pour ceux qui doivent mourir, et qu'il ressuscitât pour ceux qui doivent vivre éternellement. Ceux qui voulaient qu'il descendit de la croix ne comprenaient pas ces nécessités ; mais après sa résurrection et sa glorieuse ascension dans le ciel, ils eurent l'intelligence des œuvres du Seigneur. « Ils publièrent les œuvres de Dieu et ils eurent l'intelligence de ce que Dieu avait fait. »

17. « Le juste se réjouira dans le Seigneur (*Ps.* LXIII, 11). » Le juste n'est plus dans la tristesse. En effet, les disciples étaient tristes au moment où le Seigneur fut crucifié ; ils s'éloignèrent dans l'affliction et dans les larmes, croyant avoir perdu toute espérance. Le Seigneur ressuscité les trouve encore plongés dans la tristesse, au moment où il leur apparaît. Il tient comme fermés les yeux de deux d'entre eux, avec lesquels il fait route, afin de n'en être pas reconnu, et il les trouve dans les gémissements et dans les soupirs (*Luc.* XXIV, 16). Il les tient ainsi, jusqu'à ce qu'il leur ait expliqué les Écritures et montré par ces mêmes Écritures qu'il fallait que les choses s'accomplissent comme elles s'étaient accomplies. Il leur montre, en effet, dans les Écritures, qu'il fallait que le Christ ressuscitât le troisième jour (*Luc.* XXIV, 46). Et comment aurait-il pu ressusciter le troi-

---

timere debet homo, a quo factus est homo. Quod supra homines est time, et homines te non terrebunt. Mortem sempiternam time, et præsentem non curabis. Voluptatem illam incorruptam, et quietem sine labe concupisce ; et promittentem dona ista temporalia et totum mundum deridebis. Ama ergo, et time : ama quod promittit Deus, time quod minatur Deus ; nec corrumperis ex eo quod promittit, nec terreberis ex eo quod minatur homo. « Et timuit omnis homo : et annuntiaverunt opera Dei, et facta ejus intellexerunt. » Quid est, « facta ejus intellexerunt ? » Hoc erat illud, O Domine Jesu Christe, quod tacebas, et sicut ovis ad victimam ducebaris, et non aperiebas coram tondente os tuum, et nos te putabamus esse in plaga et dolore positum, et scientem ferre infirmitatem (*Isai.* LIII, 7) ? Hoccine erat quod abscondebas speciem tuam, speciose forma præ filiis hominum (*Psal.* XLIV, 3) ? Hoccine erat illud, quod videbaris non habere speciem neque decorem (*Isai.* LIII, 2 et 3) ? Portabas in cruce insultantes et dicentes, « Si Filius Dei est, descendat de cruce (*Matth.* XXVII, 40). » Quis forte sciens potestatem tuam servus tuus et dilectus tuus, non exclamavit in corde suo, et dixit, O si modo descenderet, et isti omnes qui insultant confunderentur ? Sed non erat sic : moriendum erat propter morituros, et resurgendum propter semper victuros. Hoc illi qui volebant illum de cruce descendere, non intelligebant : at ubi resurrexit, et glorificatus adscendit in cælum, intellexerunt opera Domini. « Annuntiaverunt opera Dei, et facta ejus intellexerunt. »

17. « Lætabitur justus in Domino (*Psal.*, LXIII, 11). » Jam non est tristis justus. Tristes enim erant discipuli crucifixo Domino, contristati, mærentes discesserunt, perdidisse se spem putaverunt. Resurrexit, etiam apparens tristes invenit. Tenuit oculos duorum in via ambulantium, ne ab eis agnosceretur, et invenit eos gementes et suspirantes ; et tenuit eos donec exponeret Scripturas, et per ipsas Scripturas ostenderet, quia ita fieri oportebat sicut factum est (*Lucæ.*, XXIV, 15). Ostendit enim in Scripturis, quia post tertium diem resurgere oportebat Dominum (*Lucæ.* XXIV, 46). Et quomodo tertio die resurgeret, si de cruce descenderet ? Modo vos qui tristes estis in via, si Judæis insultantibus videretis Dominum de

sième jour, s'il était descendu de dessus la croix? Vous qui maintenant marchez tristement par le chemin, si vous aviez vu le Seigneur, cédant aux insultes des Juifs, descendu de la croix, combien auriez-vous été transportés? Vous auriez été comblés de joie, en le voyant fermer ainsi la bouche aux Juifs. Laissez faire le médecin; s'il n'est pas descendu de la croix, s'il a voulu mourir, c'est qu'il préparait un remède de salut. Déjà il est ressuscité, déjà il parle, et cependant il ne se laisse pas reconnaître encore, pour combler d'une joie plus grande ceux qui le reconnaîtront bientôt. Enfin il leur ouvre les yeux dans la fraction du pain; ils le reconnaissent (*Ibid.* 30), ils sont comblés de joie, ils se livrent à leur allégresse. « Le juste se réjouira dans le Seigneur. » On annonce à l'un des disciples, au cœur plus dur à persuader, que l'on a vu le Seigneur, qu'il est ressuscité; mais il reste dans la douleur et refuse de croire : « A moins, dit-il, que je ne mettre la main dans le trou des clous, et que je ne touche ses cicatrices, je ne croirai pas (*Jean*. XXI, 25). » Le Christ lui présente son corps à toucher; l'apôtre y porte les mains, le touche, et s'écrie : « Mon Seigneur et mon Dieu ! » « Le juste se réjouira dans le Seigneur. » Ces justes se sont donc réjouis dans le Seigneur, eux qui l'ont vu, qui l'ont touché, et qui ont cru : mais les ustes qui vivent présentement, est-ce qu'ils ne se réjouissent pas aussi dans le Seigneur, bien qu'ils ne le voient ni ne le touchent? Autrement que deviendrait cette parole du Seigneur à Thomas, le disciple lent à croire : « Parce que vous m'avez vu, vous avez cru ; heureux ceux qui n'ont point vu, et qui ont cru (*Ibid.* 29)! Réjouissons-nous donc tous dans le Seigneur : soyons tous, selon la foi, un seul juste, ne formons tous qu'un seul corps sous une seule tête, et réjouissons-nous dans le Seigneur et non dans nous-mêmes; parce que, notre bien, ce n'est pas nous qui le sommes pour nous, mais, celui qui nous a créés. Il est notre bien et doit faire notre joie. Que nul de nous ne se réjouisse en soi-même, que nul ne présume de soi-même, que nul ne désespère de soi-même; que nul ne place sa confiance en quelque autre homme qu'il est de notre devoir d'amener à partager notre espérance, et non de prendre pour principe de notre espérance.

18. « Le juste se réjouira dans le Seigneur et mettra en lui son espérance, et tous les hommes au cœur droit seront glorifiés (*Ps.* LXVIII, 11). » Comme déjà le Seigneur est ressuscité, qu'il est monté au ciel, et qu'il nous a montré qu'il est une autre vie; comme déjà il est manifeste que les profonds desseins cachés dans son cœur n'ont point été vains, puisque son sang a été répandu pour être la rançon du monde ; comme déjà toute vérité a été manifestée au grand jour, que toute vérité a été

---

cruce descendisse, quantum efferremini ? Lætaremini quod ora Judæorum sic obturasset. Exspectate consilium medici : quod non descendit, quod occidi vult, antidotum terit. Ecce jam resurrexit, ecce jam loquitur : nondum agnoscitur, ut lætius agnoscatur. Postea aperuit oculos eorum in fractione panis (*Ibid.* 30) : agnoscunt eum, lætantur, exclamant. « Lætabitur justus in Domino. » Nuntiatur cuidam duriori, Visus est Dominus, resurrexit Dominus : adhuc ille tristis est, non credit. « Nisi misero, inquit, manum meam, et tetigero cicatrices clavorum, non credam (*Johan.*, XXI, 25). » Præbetur et corpus tangendum, mittit manum , contrectat , exclamat , Dominus meus et Deus meus : « Lætabitur justus in Domino. » Illi ergo lætati sunt justi in Domino, qui viderunt, tetigerunt, et crediderunt : quid justi qui modo (*a*) sunt, quia non vident, quia non tangunt, non lætantur in Domino ? Et ubi est illa vox Domini ad ipsum Thomam: « Quia vidisti me, credidisti ; beati qui non viderunt, et crediderunt (*Ibid*. 29). » Ergo omnes lætemur in Domino, omnes secundum fidem unus justus simus, omnesque in uno corpore unum caput habeamus, et lætemur in Domino, non in nobis : quia bonum nostrum non nos nobis, sed ille qui fecit nos. Ipse est bonum nostrum ad lætificandos nos. Et nemo lætetur in se, nemo præsumat, nemo desperet de se ; nemo de quoquam homine, quem debet adducere ut socius sit spei ipsius, non dator spei.

18. « Lætabitur justus in Domino, et sperabit in eum : et laudabuntur omnes qui recti sunt corde (*Psal.*, LXIII, 11). » Jam quia Dominus resurrexit, jam quia adscendit in cælum, jam quia ostendit esse aliam vitam, jam quia manifestum est consilia ejus, quibus latuit corde alto, non fuisse inania, quia ideo sanguis ille fusus est ut esset pretium redemtorum ;

(*a*) Plerique MSS. *qui modo esse voluerint*.

prêchée, que toute vérité a été crue; nous voyons réalisée partout sous le ciel cette parole : « Le juste se réjouira dans le Seigneur, et mettra en lui son espérance, et tous les hommes au cœur droit seront glorifiés. » Quels sont les hommes au cœur droit? mes frères, nous vous le disons sans cesse, et il est salutaire de le bien savoir. Quels sont les hommes au cœur droit? ceux qui n'attribuent pas au hasard tous les maux qu'ils souffrent en cette vie, mais qui les regardent comme un effet de la volonté de Dieu pour leur guérison; qui ne présument pas de leur propre justice, de manière à penser souffrir injustement, quand ils souffrent, ou à taxer Dieu d'injustice, parce que celui qui pèche davantage n'est pas toujours celui qui souffre le plus. Voyez, mes frères, nous vous le répétons souvent, vous êtes éprouvé, soit dans votre corps, soit dans l'administration de votre bien, soit dans la perte de quelqu'un de ceux qui vous sont particulièrement chers; gardez-vous de jeter les yeux sur ceux que vous savez être plus méchants que vous, (en effet, vous n'osez peut être pas vous dire juste, mais vous en connaissez de plus méchants que vous;) gardez-vous de vous plaindre de les voir florissants, et exempts de châtiments; gardez-vous de blâmer les décrets de Dieu, et de dire : j'avoue que je suis un pécheur et que je suis châtié pour mes péchés; mais cet homme, pourquoi n'est-il pas châtié, lui dont je connais les fautes si graves? Quelques fautes que j'aie commises, approchent-elles des siennes? Votre cœur est tortueux. Combien le Dieu d'Israël est bon, mais pour ceux dont le cœur est droit (*Ps.* LII, 1). Mais vos pieds chancellent, parce que vous portez envie aux pécheurs, à la vue de la paix dont ils jouissent. Laissez le Seigneur prendre soin de vous; il sait que faire, lui qui connait votre blessure. Mais, dites-vous, cet autre ne subit aucune opération. Qu'avez-vous à dire, s'il est dans un état désespéré? et si vous, au contraire, vous ne subissez le fer du médecin que parce que vous n'êtes pas désespéré? Souffrez donc, avec un cœur droit, tout ce que vous avez à souffrir, Dieu sait ce qu'il doit vous donner, ce qu'il doit vous ravir. Que ce qu'il vous donne serve à vous consoler, et non à vous corrompre, et que ce qu'il vous ôte produise en vous la patience et non le blasphème. Si, au contraire, mécontent de Dieu et content de vous seul, vous vous livrez au blasphème, votre cœur est dépravé et tortueux; et, ce qu'il y a de pire, c'est que vous prétendez corriger le cœur de Dieu et le ramener au vôtre, pour lui faire faire ce que vous voulez, tandis que vous devez faire ce qu'il veut. Quoi donc? voulez-vous détourner le cœur de Dieu, qui est toujours droit, pour le réduire à la perversité de votre cœur? Combien n'est-il pas préférable de corriger votre cœur pour le rapprocher de la droiture de

---

jam quia manifesta sunt omnia, quia (a) prædicata sunt omnia, quia credita sunt omnia, sub omni cælo « lætabitur justus in Domino, et sperabit in eum; et laudabuntur omnes qui recti sunt corde. » Qui sunt recti corde? Eia Fratres mei, semper dicimus, et bonum est ut noveritis. Qui sunt recti corde? Qui omnia quæcumque in hac vita patiuntur, non ea tribuunt insipientiæ, sed consilio Dei ad medicinam suam; nec præsumunt de justitia sua, ut putent se injuste pati quod patiuntur, aut ideo esse Deum injustum, quia non plura patitur qui plus peccat. Videte Fratres, hæc sæpe dicimus : Aliquid sentis, sive secundum corpus, sive secundum dispendium rei familiaris, sive per orbitatem aliquam carissimorum tuorum : noli respicere eos quos nosti imjuiores te, (non enim forte audes dicere justum te, sed nosti pejores te,) et florere in istis, et non flagellari : ut displiceat tibi consilium Dei, et dicas, Ecce puta peccator sum, et propterea flagellor, quare ille non flagellatur, cujus novi tanta flagitia? Quantumcumque mali fecerim ego, numquid ego tantum feci quantum ille? Distortum est cor tuum. Quam bonus Deus Israel; sed rectis corde (*Psal*, LXXII, 1). Tui autem labuntur pedes, quia zelas in peccatores, pacem peccatorum intuens. Sine curare : novit quid agat, qui vulnus novit. Non secatur alius? Quid, si desperatur? quid si propterea tu secaris, quia non desperaris? Patere ergo quidquid pateris recto corde : novit Deus quid tibi donet, quid tibi subtrahat. Quod tibi donat, ad consolationem valeat, non ad corruptionem : et quod tibi subtrahit, ad tolerantiam valeat, non ad blasphemiam. Si autem blasphemas, et displicet tibi Deus, et tu tibi places; perverso corde et distorto es : et hoc pejus, quia cor Dei vis corrigere ad cor tuum, ut hoc ille faciat quod tu vis, cum tu debeas facere quod ille vult. Quid ergo? Vis

(a) Aliquot MSS. *prædicta*.

celui de Dieu? N'est-ce pas là ce que vous a enseigné le Seigneur, sur la passion duquel nous parlions tout à l'heure? Ne portait-il pas en lui votre faiblesse, lorsqu'il disait : « Mon âme est triste jusqu'à la mort (*Matth.* XXVI, 38)?» N'était-ce pas vous qu'il figurait, lorsqu'il disait : «Mon Père, si cela est possible, que ce calice s'éloigne de moi (*Ibid.* 39).» En effet, le Père et le Fils n'ont pas deux cœurs différents ; mais, sous la forme d'esclave, le Fils portait votre cœur, pour vous instruire par son exemple. L'affliction avait trouvé en lui, pour ainsi dire, ce cœur étranger qui est le vôtre, et ce cœur demandait que le supplice qui le menaçait passât loin de lui, mais Dieu ne le voulut pas. Dieu n'a pas consenti aux désirs de votre cœur; consentez donc aux volontés du cœur de Dieu. Écoutez cette voix qui vient du Sauveur : « qu'il soit fait non comme je le veux, mais comme vous le voulez, ô mon Père (*Ibid.*). »

19. « Tous ceux qui ont le cœur droit seront donc glorifiés. » Et qu'y a-t-il ensuite? Si tous ceux qui ont le cœur droit sont glorifiés, ceux dont le cœur est pervers seront condamnés. On vous donne le choix entre deux partis : déterminez-vous, pendant qu'il en est encore temps. Si vous avez le cœur droit, vous serez mis à droite et vous serez glorifié : de quelle manière? « Venez, les bénis de mon Père, dira le juge, recevez le royaume qui vous a été préparé depuis l'origine du monde. » Si, au contraire, votre cœur est pervers, si vous vous moquez de Dieu, si vous vous riez de sa providence, si, dans votre cœur, vous dites : Dieu ne s'occupe réellement pas des choses humaines ; car s'il s'en occupait, ce voleur serait-il si riche, et moi, qui suis innocent, manquerais-je de tout? Si, dis-je, votre cœur est pervers, viendra le jour du jugement, les motifs de toutes les actions de Dieu seront dévoilés, et vous, qui n'aurez pas voulu corriger votre cœur, dans cette vie, d'après la rectitude du cœur de Dieu, et vous préparer une place à sa droite où « les hommes au cœur droit seront glorifiés, » vous serez rejeté à gauche et il vous dira : « Allez dans le feu éternel, qui a été préparé pour le démon et pour ses anges (*Ibid.* 41). » Et sera-ce alors le temps de corriger votre cœur? Corrigez-le maintenant, mes frères, corrigez-le maintenant ; qui vous en empêche? Vous entendez le chant du psaume, vous entendez la lecture de l'Évangile : la voix du lecteur retentit à vos oreilles, ainsi que la voix de celui qui explique ces paroles. Le Seigneur est patient : vous péchez et il vous épargne ; vous péchez encore, il vous épargne encore, et vous ajoutez encore péché sur péché. Mais jusques à quand Dieu sera-t-il patient? A la fin vous sentirez sa justice. Nous voulons vous effrayer, parce que nous craignons : enseignez-nous à ne plus crain-

---

detorquere cor Dei quod semper rectum est, ad pravitatem cordis tui ? Quanto melius ad rectitudinem Dei corrigis cor tuum ? Nonne hoc te docuit Dominus tuus, de cujus passione modo loquebamur? Nonne infirmitatem tuam portabat, quando dixit, « Tristis est anima mea usque ad mortem (*Matth.* XXVI, 38)? » Nonne teipsum in se figurabat, cum diceret, « Pater, si fieri potest, transeat a me calix iste (*Ibid.*, 39)? » Non enim duo corda et diversa Patris et Filii : sed in forma servi portavit cor tuum, ut doceret illud exemplo suo. Jam ecce quasi aliud cor tuum invenit tribulatio (*a*), volens transire quod imminebat: sed noluit Deus. Non consentit Deus cordi tuo, consenti tu cordi Dei. Audi vocem ipsius : « Verum non quod ego volo, sed quod tu vis Pater (*Ibid.*). »

19. « Laudabuntur ergo omnes recti corde. » Quid sequitur ? Si « laudabuntur omnes recti corde, » damnabuntur perversi corde. Duo tibi modo proposita sunt, elige cum tempus est. Si recto corde fueris, ad dexteram eris, et laudaberis. Quomodo ? « Venite benedicti Patris mei, percipite regnum quod vobis paratum est ab origine mundi (*Matth.* XXV, 34). » Perverso autem corde si fueris, si subsannaveris Deum, si providentiam ejus irriseris, si dixeris in animo tuo, Vere non curat Deus res humanas : si curaret res humanas, ille latro tantum haberet, et ego innocens indigerem ? « perverso corde factus es, veniet judicium illud, apparebunt omnia propter quæ ista omnia faciat Deus ; et tu qui noluisti in hac vita corrigere cor tuum ad rectitudinem Dei, et te ad dexteram præparare, ubi « laudabuntur omnes recti corde, » eris ad sinistram, ubi tunc audies. « Ite in ignem æternum , qui præparatus est diabolo et angelis ejus (*Ibid.*, 41,). » Et nunquid erit tunc tempus corrigere cor ? Modo ergo corrigite Fratres, modo corrigite. Quis prohibet ? Cantatur Psalmus, legitur Evangelium, sonat lector, sonat disputator:

(*a*) Plerique MSS. *cettes*.

dre, et nous cesserons de vous effrayer; mais Dieu nous apprend à craindre, plus qu'aucun homme ne peut nous apprendre à ne pas craindre. En effet, « tout homme fut saisi de crainte, et ils publièrent les œuvres de Dieu (*Ibid.* 10).» Que Dieu puisse nous compter parmi ceux qui ont craint et qui ont publié ses œuvres. C'est parce que nous craignons, mes frères, que nous vous annonçons les œuvres de Dieu. Nous voyons quel est votre empressement à entendre la parole divine ; nous voyons avec quelle ardeur de désirs vous la réclamez de nous; nous voyons quels sont les sentiments de votre cœur. La pluie a pénétré la terre, puisse-t-elle produire du blé et non des épines ; le grenier est prêt pour le blé, et le feu pour les épines. Vous savez que faire de votre champ, et Dieu ne saurait que faire de son serviteur? La pluie qui tombe dans le champ fertile est douce, et celle qui tombe dans le champ couvert de ronces est douce également. Est-ce que le champ qui produit des ronces a droit d'accuser la pluie? Est-ce que cette pluie ne rendra pas témoignage contre lui au tribunal de Dieu, et ne dira-t-elle pas : je suis tombée sur tous avec une égale douceur ? Voyez donc ce que vous produisez, afin de savoir ce qui vous est préparé. Produisez-vous du blé, espérez le grenier ; produisez-vous des épines, attendez-vous au feu. Mais le temps n'est pas encore venu, soit du grenier, soit du feu ; préparez-vous donc par avance, et vous n'aurez rien à craindre. Nous vivons tous au nom du Christ, et nous qui vous parlons, et vous qui nous écoutez : n'est-ce donc pas le lieu, n'est-ce donc pas le temps que nous vous avertissions de vous amender et de changer toute vie mauvaise en une vie parfaite ? Si vous le voulez, n'est-ce point chose faite dès aujourd'hui ; si vous le voulez, n'est-ce point chose faite à l'instant même ? Qu'avez-vous à acheter pour cela ? Quels médicaments vous faut-il chercher ? Est-il besoin de naviguer jusqu'aux Indes ? Y a-t-il quelque vaisseau à préparer pour ce voyage ? A l'instant même où je parle, changez votre cœur, et vous aurez accompli cette réforme que nos paroles ont si souvent et si longtemps réclamée, réforme dont le manque serait cause pour vous d'un châtiment éternel.

---

patiens est Dominus, peccas et parcit, adhuc peccas, adhuc parcit, et adhuc addis. Quamdiu patiens est Deus ? Senties et justum Deum. Terremus, quia timemus : docete nos non timere, et non terremus. Sed melius nos Deus docet timere, quam quisquam hominum non timere. « Timuit enim omnis homo , et annuntiaverunt opera Dei (*Psal.*, LXIII. 10). » Inter illos nos computet Deus, qui timuerunt, et annuntiaverunt. Quia timemus, annuntiamus vobis, Fratres. Videmus alacritatem vestram ad audiendum verbum, et ad exigendum videmus vota vestra, videmus affectus vestros. Bene compluitur terra, frumenta, non spinas generet : frumentis horreum paratur, ignis spinis. Nosti quid facias de agro tuo, et nescit Deus quid faciat de (*a*) servo suo ? Quod pluit in agrum uberem, dulce est. Numquid pluviam accusat (*b*), qui spinas genuerit ? Non ne erit pluvia illa testis in judicio Dei, et dicet, Ego dulcis super (*c*) omnes veni ? Tu ergo quid proferas vide, ut quid tibi paretur adtendas. Profers frumentum, horreum spera : profers spinas, ignem spera. Sed nondum venit aut tempus horrei, aut tempus ignis : modo ergo paretur, et non timebitur. In nomine Christi et qui loquimur vivimus, et quibus loquimur vivitis : numquid consilii corrigendi et mutandæ vitæ malæ in bonam non est locus, non est tempus ? Nonne si vis, hodie fit ? nonne si vis, modo fit ? Quid emturus es ut facias ? quæ (*d*) symplasia quæsiturus es ? ad quos Indos navigaturus ? quam navim præparaturus ? Ecce cum loquor, muta cor : et factum est quod tam sæpe et tam diu clamatur ut fiat, et quod æternam pœnam parturit, si non fiat.

(*a*) Nonnulli MSS. *de agro servo suo* : et quidam, *de agro servi sui*. (*b*) Sic MSS. At editi, *quod*. (*c*) Sic nostri omnes MSS. At editi, *dulcis super omnia veni*. (*e*) Editi, *emplastra*. At MSS. *simplasia*, aut *symplasia* : paucis exceptis, quorum alii habent, *templasia* ; alii *templa Asiæ*.

DISCOURS [1] SUR LE PSAUME LXIV.

1. Nous devons reconnaître la voix des saintes prophéties dans le titre même du psaume. « Pour la fin, psaume de David, cantique de Jérémie et d'Ezechiel sur le peuple qui a été transporté, lorsqu'il commençait à sortir (*Ps* LXIV, 1). » Tous ne connaissent pas ce qui est arrivé à nos pères, lorsqu'ils ont été emmenés à Babylone ; ceux-là seuls le savent, qui lisent ou écoutent les saintes Ecritures, avec attention. En effet le peuple d'Israël fut conduit en captivité de Jérusalem à Babylone, (IV *Rois*. XXIV, 14). Or le saint prophète Jérémie prédit que le peuple reviendrait de captivité au bout de soixante-dix ans et qu'il rebâtirait la ville de Jérusalem, dont lui-même avait pleuré la ruine sous les coups des ennemis (*Jér.* XXV, XI et XXIX, 10). D'autre part, au milieu des Juifs retenus en captivité à Babylone, il se trouva des prophètes et parmi eux le prophète Ezéchiel. Or le peuple attendait que les soixante-dix années annoncées par Jérémie fussent écoulées ; et, ce terme passé, le temple qui avait été renversé fut rétabli, et la plus grande partie du peuple revint de captivité. Mais, parce que l'Apôtre a dit : « Toutes les choses qui leur arrivaient étaient des figures, et elles ont été écrites pour nous, qui sommes venus à la fin des temps (I *Cor.* X, 11) ; » nous devons reconnaître ici, d'abord notre captivité et puis notre délivrance ; nous devons reconnaître Babylone, où nous sommes captifs, et Jérusalem, où nous aspirons à retourner. Il est vrai que ces deux villes, à prendre les choses à la lettre, sont bien deux villes. Quant à Jérusalem, elle n'est plus actuellement habitée par les Juifs. En effet, après que le Christ eut été mis en croix, ce crime fut puni sur les Juifs par un immense désastre : ils furent arrachés de ce lieu, où, dans leur fureur impie, ils s'étaient follement jetés sur le médecin qui voulait les guérir, et ils furent dispersés au milieu de toutes les nations, tandis que leur pays passa au pouvoir des chrétiens. Ainsi a été accomplie cette prédiction du Seigneur : « Votre royaume vous sera enlevé et il sera donné à une nation qui fera des œuvres de justice (*Matth.* XXI,

---

IN PSALMUM LXIV.

ENARRATIO.

1. Agnoscenda est vox sanctæ prophetiæ ex ipso titulo Psalmi hujus. Inscribitur, « In finem, Psalmus David, Canticum Jeremiæ et Ezechielis ex populo transmigrationis cum inciperent exire (*Ps.* LXIV, 1) . » Res quemadmodum gesta sit apud patres nostros tempore transmigrationis Babyloniæ, non omnibus notum est, sed his qui Scripturas sanctas diligenter advertunt, vel audiendo, vel legendo (IV *Reg.* XXIV, 14). Captivatus enim populus Israël, ex civitate Jerusalem ductus est in servitutem Babyloniæ. Prophetavit autem Jeremias sanctus, post septuaginta annos rediturum populum de captivitate ; et instauraturum civitatem ipsam Jerusalem, quam devictam ab hostibus planxerat (*Jerem* XXV, 11 et XXIX, 10). Illo autem tempore fuerunt Prophetæ in illa captivitate populi constituti in Babylonia, inter quos erat et Ezechiel propheta. Exspectabat autem ille populus donec implerentur tempora septuaginta annorum, secundum prophetiam Jeremiæ. Factum est completis septuaginta annis, restitutum est templum quod dejectum erat ; et regressa est de captivitate magna pars illius populi. Sed quoniam dicit Apostolus, « Hæc in figura contingebant in illis, scripta sunt autem propter nos, in quos finis sæculorum obvenit (I *Cor.* X, 11) : » debemus et nos nosse prius captivitatem nostram, deinde liberatio-

---

(1) Discours au peuple.

43). » Les premiers de la ville, voyant que des foules immenses suivaient le Seigneur qui prêchait le royaume des Cieux et faisait des miracles, se dirent : « Si nous le laissons libre, tout le peuple se mettra à sa suite, et les Romains viendront et ils nous enlèveront notre ville et notre nation (*Jean*. XI, 48). » Pour ne point perdre leur ville, ils ont tué le Christ ; ils ont perdu leur ville, parce qu'ils ont tué le Christ. Cette cité terrestre était donc en quelque façon l'ombre d'une cité éternelle et céleste : mais, aussitôt que la réalité dont elle était la figure a été plus clairement annoncée, l'ombre qui l'annonçait a disparu. C'est pourquoi nous n'y trouvons plus le temple, qui a été bâti comme une image du corps que le Seigneur devait prendre (II *Rois*. V, 7). Nous possédons la lumière, l'ombre a passé : nous sommes cependant encore dans une certaine captivité ; car, « aussi longtemps, » dit l'Apôtre, « que nous sommes dans notre corps, nous restons exilés du Seigneur. (II *Cor*. 5, 6). »

2. Et considérez les noms de ces deux villes, Babylone et Jérusalem. Babylone signifie confusion ; Jérusalem signifie vision de paix. Examinez à présent avec attention la cité de confusion, pour comprendre la vision de paix : supportez l'une, soupirez après l'autre. Mais comment peut-on distinguer ces deux villes ? Pouvons-nous, dès à présent, les séparer l'une de l'autre ? Elles sont mêlées l'une à l'autre, et depuis l'origine du genre humain elles descendent le cours des siècles confondues l'une avec l'autre. Jérusalem a commencé par Abel ; Babylone, par Caïn ; mais les villes matérielles n'ont été bâties que plus tard. Jérusalem est dans le pays des Jébuséens, car elle était d'abord nommée Jébus (II *Rois*, V, 6). Les Jébuséens furent chassés de leur pays, lorsque le peuple de Dieu, délivré de l'Égypte, prit possession de la terre promise. Quant à Babylone, elle a été construite au milieu de la Perse, qui pendant longtemps porta la tête au-dessus de toutes les nations voisines. Ces deux villes ont donc été fondées à des époques certaines, pour représenter, d'une manière figurative, les deux cités immatérielles, dont l'origine remonte au commencement des temps, et qui doivent durer ici-bas jusqu'à la fin des siècles, pour être alors séparées. Comment donc pouvons-nous maintenant les faire connaître, ainsi mélangées ? Le Seigneur les manifestera, lorsqu'il mettra les uns à droite et les autres à gauche. Jérusalem sera mise à sa droite et Babylone à sa gauche. A Jérusalem seront adressées ces paroles : « Venez, les bénis de mon Père, recevez le royaume qui vous a été préparé depuis le commencement du monde (*Matth*. XXV, 34) ; » et à Babylone, celles-ci : « Allez dans le feu éternel, qui a été préparé

---

nem nostram ; debemus nosse Babyloniam, in qua captivi sumus, et Jerusalem, ad cujus reditum suspiramus. Istæ quippe duæ civitates, secundum litteram re vera duæ civitates. Et illa quidem Jerusalem modo a Judæis non incolitur. Post crucifixum enim Dominum vindicatum est in illos flagello magno, et eradicati ab eo loco, ubi impia libertate furiosi adversus medicum insanierant, dispersi sunt per omnes gentes, et data est illa terra Christianis : impletumque est quod eis dixerat Dominus « Propterea auferetur a vobis regnum, et dabitur genti facienti justitiam (*Matth.*, XXI, 43). Cum autem viderent tunc multas turbas ire post Dominum prædicantem regnum cælorum et mirabilia facientem, dixerunt principes illius civitatis, « Si dimiserimus eum, omnes ibunt post illum, et venient Romani, et tollent nobis et locum et gentem (*Johan.*, XI, 48). » Ne locum perderent, Dominum occiderunt ; et ideo perdiderunt, quia occiderunt. Civitas ergo quædam illa terrena cujusdam civitatis æternæ in cœlis umbram gerebat : at ubi cœpit illa quæ significabatur, evidentius prædicari, umbra qua significabatur, dejecta est : propterea ibi modo templum non est, quod fabricatum fuerat in imaginem futuri corporis Domini (II. *Reg.*, V, 7) Tenemus lucem, umbra transivit : tamen adhuc in quadam captivitate sumus : « Quamdiu sumus, inquit, in corpore, peregrinamur a Domino (II. *Cor.*, V, 6).»

2. Et videte nomina duarum istarum civitatum, Babylonis et Jerusalem. Babylon confusio interpretatur, Jerusalem visio pacis. Intendite nunc civitatem confusionis, ut intelligatis visionem pacis : istam toleretis, ad illam suspiretis. Unde dignosci possunt istæ duæ civitates ? Numquid possumus eas modo separare ab invicem ? Permixtæ sunt, et ab ipso exordio generis humani permixtæ currunt usque in finem sæculi, Jerusalem accepit exordium per Abel, Babylon per Cain : ædificia quippe urbium postea facta sunt. Illa Jerusalem in terra Jebuzæorum (II. *Reg.*, V, 6) : nam primo Jebus dicebatur, inde gens Jebuzæorum ejecta est, quando populus Dei liberatus est de Ægypto, et introductus est in terram promissionis (*Josue*, XVIII, 28). Babylon autem condita est in intimis Persidis regionibus, quæ diu-

pour le démon et pour ses anges (*Ibid.* 41). »
Nous pouvons toutefois, autant que le Seigneur nous donne de le faire, vous signaler ce qui distingue, même dans le temps présent, les pieux fidèles, citoyens de Jérusalem, des citoyens de Babylone. Deux amours différents constituent ces deux cités : l'amour de Dieu, Jérusalem; et l'amour du monde, Babylone. Que chacun se demande donc ce qu'il aime, et il trouvera de quelle ville il est citoyen. S'il se reconnaît citoyen de Babylone, qu'il extirpe ses convoitises et plante en lui la charité; si, au contraire, il trouve qu'il est citoyen de Jérusalem, qu'il supporte sa captivité et qu'il espère sa délivrance. En effet, beaucoup de citoyens de notre sainte mère Jérusalem étaient d'abord captifs de Babylone, corrompus qu'ils étaient par ses convoitises; et c'était cette même corruption de leurs convoitises qui les en avait faits citoyens. Il y en a encore beaucoup dans la même captivité, et il y en aura beaucoup après nous sur cette terre ; mais le Seigneur, qui a fondé la Jérusalem céleste, sait quels sont ceux qu'il a prédestinés pour en être les habitants, et qui, captifs encore sous la domination du démon, doivent être rachetés par le sang du Christ. Il les connaît, avant qu'ils ne se connaissent eux-mêmes. C'est donc sous cette figure que ce psaume est composé. Dans le titre sont désignés deux prophètes, qui vivaient au temps de la captivité, Jérémie et Ézéchiel, qui chantaient et prophétisaient, « lorsqu'ils commençaient à sortir » de Babylone. Celui-là commence à en sortir, qui commence à aimer. Beaucoup en sortent secrètement, et les pieds qui les portent au-dehors sont les affections de leurs cœurs. Or, ils sortent de Babylone : que veut dire, qu'ils sortent de Babylone? Qu'ils sortent de la confusion. Comment sort-on de Babylone, c'est-à-dire de la confusion ? Ceux qui étaient confondus d'abord avec les habitants de Babylone par la communauté des convoitises commencent à se distinguer d'avec eux par la charité : dès lors, ils sont séparés des autres, ils ne sont plus confondus. Et lors même que les corps seraient encore mêlés, leurs saints désirs les séparent cependant : en raison du mélange des corps, ils ne sont pas encore sortis de Babylone; mais, en raison des affections de leur cœur, ils ont commencé à en sortir. Écoutons donc le psaume, ô mes frères, écoutons-le, et désirons d'être dans la cité dont nous sommes citoyens. Et quelles joies ces chants nous annoncent-ils ? Quelle ardeur ne répand point en nous l'amour de notre cité, que nous oublions dans notre long exil ? Mais, de cette cité céleste, notre Père nous a envoyé des lettres, Dieu nous a donné les

turno tempore caput extulit super ceteras gentes. Duæ ergo istæ urbes certis temporibus conditæ sunt, ut manifestaretur figura duarum civitatum olim cœptarum, et usque in finem in isto sæculo mansurarum, sed in fine separandarum. Unde ergo possumus eas modo ostendere, quæ permixtæ sunt? Ostendet tunc Dominus, cum alios ponet ad dexteram, alios ad sinistram. Jerusalem auditura est, « Venite benedicti Patris mei, percipite regnum quod vobis paratum est ab origine mundi (*Matth.*, xxv, 34).» Babylon auditura est, « Ite in ignem æternum, qui paratus est diabolo et angelis ejus (*Ibid.*, 41). » Possumus tamen et aliquid afferre, quantum Dominus donat, unde distinguantur pii fideles, etiam hoc tempore, cives Jerusalem a civibus Babyloniæ. Duas istas civitates faciunt duo amores : Jerusalem facit amor Dei, Babyloniam facit amor sæculi. Interroget ergo se quisque quid amet, et inveniet unde sit civis : et si se invenerit civem Babyloniæ, exstirpet cupiditatem, plantet caritatem : si autem se invenerit civem Jerusalem, toleret captivitatem, speret libertatem. Multi enim cives sanctæ matris Jerusalem cupiditatibus Babyloniæ corrupti tenebantur, et ipsa corruptione cupiditatum tamquam cives inde facti erant, et multi adhuc ita sunt, et multi post nos in hac terra futuri ita erunt : sed novit Dominus, conditor Jerusalem, quos cives ejus prædestinaverit, quos videat adhuc sub dominatu diaboli redimendos sanguine Christi: novit illos ipse antequam se ipsi noverint. Sub hac ergo figura cantatur hic Psalmus. In cujus titulo positi sunt etiam duo Prophetæ, qui illo tempore in captivitate fuerunt, Jeremias et Ezechiel, et cantabant quædam « cum incipe ent exire. » Incipit exire qui incipit amare. Exeunt enim multi latenter, et exeuntium pedes sunt cordis affectus : exeunt autem de Babylonia. Quid est de Babylonia ? De confusione ? Qui primo confusi erant similibus cupiditatibus, incipiunt caritate distingui : jam distincti, non sunt confusi. Etsi adhuc corpore permixti sunt, desiderio tamen sancto discernuntur; et propter permixtionem corporalem nondum exierunt, propter affectum cordis exire cœperunt. Jam ergo audiamus, Fratres, audiamus, et cantemus, et desideremus unde cives sumus. Et quæ gaudia cantantur nobis ? Quomodo in nobis reformatur amor civitatis nostræ, quam diuturna peregrinatione obliti fueramus ? Sed

Écritures, afin que ces lettres fissent naître en nous le désir de retourner à lui; parce qu'en aimant le pays étranger où nous sommes en exil, nous avions tourné les yeux vers nos ennemis et le dos vers notre patrie. Quels chants le psaume nous offre-t-il donc?

3. « Un hymne vous convient, ô mon Dieu, dans Sion (*Ps.* LXIV, 2). » Notre patrie est Sion; Sion est la même cité que Jérusalem, et vous devez savoir ce que son nom signifie. De même que Jérusalem veut dire Vision de paix, de même Sion veut dire Contemplation, c'est-à-dire Vision et Contemplation. On ne sait quel grand spectacle nous est promis, et ce spectacle c'est la vue de Dieu même, qui a fondé la cité. Belle et brillante cité! Combien est plus beau celui qui l'a fondée! « Un hymne vous convient, ô mon Dieu. » Mais où? « Dans Sion. » Il ne convient pas dans Babylone. En effet, quiconque commence à se renouveler chante déjà de cœur dans Jérusalem, selon cette parole de l'Apôtre: « Notre conversation est dans les cieux (*Philip.* III, 20). » « Car bien que nous marchions dans la chair, nous ne combattons pas selon la chair (II *Cor.* X, 3). » Déjà par le désir, nous sommes dans le ciel; déjà nous avons jeté l'espérance, comme une ancre, sur cette terre; de peur que, battus par la tempête, nous ne fassions naufrage sur la mer de ce monde. De même donc que nous disons avec raison d'un navire à l'ancre, qu'il a déjà pris terre, parce que, s'il est encore sur les flots, il est déjà comme amené à terre, et mis en sûreté contre les vents et les tempêtes; de même, contre les tentations de notre exil, notre espérance qui s'appuie sur cette sainte cité de Jérusalem fait que nous ne sommes pas jetés sur les rochers. Celui donc qui chante ici chante selon cette espérance; qu'il dise avec le prophète: « Une hymne vous convient, ô mon Dieu, dans Sion. » Dans Sion et non dans Babylone. Mais n'êtes-vous pas encore dans Babylone? Oui, répond celui qui aime, ce citoyen du ciel, oui, je suis encore dans Babylone, mais de corps et non de cœur. Comme je vous indique ici deux choses différentes, que je suis de corps dans Babylone et non de cœur, remarquez que pour mes chants je ne suis pas dans cette ville; car ce n'est pas mon corps qui chante, mais mon cœur. Les accents de ma voix corporelle, les citoyens de Babylone peuvent les entendre : mais celui qui a fondé Jérusalem est seul à entendre la voix de mon cœur. C'est pourquoi, en exhortant ses concitoyens à chanter des cantiques d'amour et à exprimer leur désir de retourner vers cette cité magnifique, vers la vision de paix, l'Apôtre leur dit: « chantez et adressez des hymnes au Seigneur, dans vos cœurs (I *Éphés.* V. 19). » Que veut dire chantez dans vos cœurs? ne chantez pas dans cette partie de vous-mêmes qui habite Babylone, mais

---

misit inde ad nos epistolas Pater noster, ministravit nobis Scripturas Deus, quibus epistolis fieret in nobis redeundi desiderium : quia peregrinationem nostram diligendo, ad hostes faciem posueramus, et dorsum ad patriam. Quid ergo hic cantatur?
3. « Te decet hymnus, Deus, in Sion (*Psal.*, LXIV. 2). » Patria illa est Sion : ipsa est Jerusalem quæ Sion ; et hujus nominis interpretationem nosse debetis. Sicut Jerusalem interpretatur visio pacis, ita Sion speculatio, id est, visio et contemplatio. Nescio quod nobis magnum spectaculum promittitur : et hoc ipse Deus est qui condidit civitatem. Pulcra et decora civitas, quam pulcriorem habet conditorem ? Te decet hymnus, Deus, inquit. Sed ubi ? In Sion : in Babylone non decet. Etenim quisque cum cœperit innovari, jam corde in Jerusalem cantat dicente Apostolo, « Conversatio nostra in cœlis est (*Philip.*,III. 20) » In carne enim ambulantes, inquit, non secundum carnem militamus. Jam desiderio ibi sumus, jam spem in illam terram, quasi anchoram præmisimus, ne in isto mari turbati naufragemus. Quemadmodum ergo de navi quæ in anchoris est, recte dicimus quod jam in terra sit, adhuc enim fluctuat, sed in terra quodammodo educta est contra ventos et contra tempestates : sic contra tentationes hujus peregrinationis nostræ, spes nostra fundata in illa civitate Jerusalem facit nos non abripi in saxa. Qui ergo secundum hanc spem cantat, ibi cantat : ergo dicat, « Te decet hymnus, Deus, in Sion. » In Sion, non in Babylone. Sed modo ibi es adhuc in Babylone ? Ibi, inquit, sum, amator iste et civis iste : ibi sum ; sed carne, non corde. Cum autem duo quædam dixerim, quia ibi sum carne, non corde ; unde canto, non ibi : non enim carne canto, sed corde. Carnem quidem sonantem audiunt et cives Babyloniæ, cordis autem sonum audit conditor Jerusalem. Unde dicit Apostolus, exhortans ipsos cives ad amatoria quædam cantica et desideria redeundi ad illam pulcherrimam civitatem, visionem pacis : « Cantantes, inquit, et psallentes in cordibus vestris Domino (*Ephes.*, V, 19). »

chantez dans cette partie qui habite le ciel. Un hymne vous convient donc ô mon Dieu, dans Sion. C'est dans Sion, ce n'est pas dans Babylone, qu'il convient de vous adresser des hymnes. Ceux qui chantent dans Babylone, s'ils sont citoyens de Babylone, chantent d'une manière inconvenante pour Dieu, même des cantiques à la gloire de Dieu. Ecoutez cette parole de l'Ecriture : « La louange n'est pas belle dans la bouche du pécheur (II, *Eccli.* xv, 9).» Un hymne vous convient, ô mon Dieu, dans Sion.

4. « Et l'on vous rendra ses vœux dans Jérusalem (*Ps.* LXIV, 2). » Faisons des vœux ici-bas ; mais c'est dans Jérusalem qu'il nous est bon de les rendre un jour. Quels sont ceux qui forment ici-bas des vœux, et ne les rendent pas plus tard? Ceux qui ne persévèrent pas jusqu'à la fin dans l'accomplissement des choses qu'ils ont vouées (*Matth.*, XXIV, 13). C'est pourquoi dans un autre psaume, le Prophète dit : « Faites des vœux au Seigneur notre Dieu, et rendez-les lui (*Ps.* LXXV, 12). » « Et l'on vous rendra ses vœux dans Jérusalem. » Là, en effet, nous serons tout entiers ; c'est-à-dire que la résurrection des justes nous donnera toute notre intégrité. C'est là que nous rendrons nos vœux tout entiers ; ce ne sera pas seulement notre âme, mais ce sera aussi notre chair, devenue incorruptible, parce qu'elle ne sera plus dans Babylone, et qu'elle aura été changée en un corps céleste. Quel est ce changement qui nous est promis ? « Nous ressusciterons tous, dit l'Apôtre, mais nous ne serons pas tous changés (I. *Cor.*, xv, 51). » Or ceux qui seront changés, continue-t-il, le seront en un clin d'œil, au son de la dernière trompette ; car la trompette retentira et les morts ressusciteront incorruptibles, c'est-à-dire dans une parfaite intégrité, et nous serons changés (*Ibid.*, 52). Il poursuit et dit en quoi consistera ce changement : « Il faut que ce qui est corruptible en nous revête l'incorruptibilité, et que ce qui est mortel revête l'immortalité ; mais, quand ce qui est corruptible en nous sera revêtu d'incorruptibilité, et quand ce qui est mortel sera revêtu d'immortalité, alors sera accomplie cette parole de l'Ecriture : La mort est absorbée par la victoire. O mort, où est ton aiguillon (*Ibid.*, 53 *et suiv.* ? » Maintenant, en effet, bien que nous ayons en nous les prémices de l'esprit, qui nous font désirer Jérusalem, cependant la chair corruptible nous suscite de fréquents combats, que nous n'aurons plus à soutenir lorsque la mort aura été absorbée par la victoire. La paix triomphera et la guerre prendra fin. Or, lorsque la paix sera victorieuse, la cité sainte, nommée vision de paix, sera victorieuse elle-même. Nous n'aurons donc plus de combat à livrer contre la

---

Quid est, cantantes in cordibus vestris? Ne inde cantetis, unde estis in Babylonia, sed inde cantate unde sursum habitatis. Ergo «Te decet hymnus, Deus, in Sion. » In Sion te decet hymnus, non in Babylonia. Qui cantat in Babylonia, cives Babyloniæ, etiam hymnum Dei, non decenter cantant. Audi vocem Scripturæ : «Non est speciosa laus in ore peccatoris(*Eccli.*, xv, 9).» « Te decet hymnus, Deus, in Sion. »

4. « Et (*a*) tibi reddetur votum in Jerusalem (*Psal.*, LXIV, 2). » Hic vovemus, et bonum est ut ibi reddamus. Qui non perseverant usque in finem in eo quod voverunt (*Matth.*, XXIV, 13). Unde dicit alius Psalmus, « Vovete, et reddite Domino Deo vestro (*Psal.*, LXXV, 12) : » « Et tibi reddetur votum in Jerusalem. » Ibi enim erimus toti, id est, integri in resurrectione justorum : ibi reddetur votum totum nostrum, non sola anima, sed ipsa etiam caro jam non corruptibilis, quia jam non in Babylonia, sed jam corpus cæleste immutatum. Qualis mutatio promittitur ? Omnes enim resurgemus, ait Apostolus, sed non omnes immutabimur (I. *Cor.*, xv. 51) . » Qui autem (*b*) immutabuntur, ipse dixit : « In ictu oculi, in novissima tuba : canet enim tuba, et mortui resurgent incorrupti (*Ibid.*, 52), » (id est, integri,) et nos immutabimur. Qualis autem erit illa immutatio, sequitur et dicit: «Oportet enim corruptibile hoc induere incorruptionem, et mortale hoc induere immortalitatem : cum autem corruptibile hoc induerit incorruptionem, et mortale hoc induerit immortalitatem, tunc fiet sermo qui scriptus est, Absorpta est mors in victoriam. Ubi est mors aculeus tuus (*Ibid.*, 59) ? » Modo enim inchoatis in nobis primitiis mentis, unde desideramus Jerusalem, multa ex carne corruptibili contendunt adversum nos, quæ non contendent, cum fuerit mors absorpta in victoriam. Vincet pax, et finietur bellum. Quando autem vincet pax, vincet illa civitas, quæ dicitur visio pacis. Nulla ergo erit a morte contentio. Modo cum morte quanta contendimus ? Inde sunt enim delectationes carnales, quæ nobis etiam

(*a*) Aliquot MSS. *Et ibi.* Et vero considerata interpretandi ratione facile crediderimus Augustinum ita legisse. (*b*) Sic MSS. At Editi, *Quomodo.*

mort. Maintenant, au contraire, que de luttes n'avons-nous pas à soutenir contre elle ? De là viennent, en effet, toutes les délectations de la chair, qui nous suggèrent mille pensées illicites : nous n'y consentons pas, je le veux bien, mais n'y pas consentir, c'est déjà soutenir une lutte contre elles. Les convoitises de la chair ont donc commencé par nous dominer, et nous les suivions où elles nous conduisaient ; puis elles nous ont entraînés malgré nos résistances ; plus tard, en raison de la grâce que nous avons reçue, elles ont cessé de nous conduire, et de nous entraîner, bien qu'elles aient encore lutté contre nous ; mais après cette lutte viendra la victoire. Maintenant, si elles vous livrent des assauts, qu'elles ne vous prennent pas d'assaut : plus tard, lorsque la mort aura été absorbée par la victoire, elles cesseront même de lutter. Car, que dit l'Apôtre (*Ibid.*, 26) ? « La mort sera le dernier ennemi détruit. » Je rendrai mon vœu. Quel vœu ? Une sorte d'holocauste. Car on appelle holocauste, un sacrifice où tout est consumé par le feu ; l'holocauste est un sacrifice dans lequel tout est brûlé, car le mot grec ὅλον signifie : tout, et le mot καῦσις, veut dire embrâsement. Holocauste signifie donc complète destruction par le feu. Que le feu, que le feu divin nous saisisse donc dans Jérusalem ; commençons à brûler d'amour, jusqu'à ce que tout ce qu'il y a de mortel en nous soit consumé, et que tout ce qui est pour nous un objet de lutte soit offert en sacrifice au Seigneur. C'est pourquoi il est dit dans un autre psaume : « Seigneur, traitez Sion favorablement, et faites lui sentir votre bonté, afin que les murs de Jérusalem soient bâtis. Alors vous recevrez un sacrifice de justice, des oblations et des holocaustes (*Ps.*, L, 20). » « Un hymne vous convient, ô mon Dieu, dans Sion, et l'on vous rendra ses vœux dans Jérusalem. » Peut-être dirions-nous que ces paroles ne nous rappellent pas le roi de cette cité, Jésus-Christ notre Seigneur et Sauveur : continuons donc le chant du psaume jusqu'à ce que nous trouvions quelque indication plus claire. Je pourrais sans doute vous dire dès à présent que ces paroles lui sont adressées : « Un hymne vous convient, ô mon Dieu, dans Sion, et l'on vous rendra ses vœux dans Jérusalem ; » mais si je vous le disais, vous en croiriez plutôt mon témoignage que vous n'en jugeriez d'après les Ecritures ; et peut-être, pour ce motif, n'accepteriez-vous pas non plus mon témoignage. Ecoutons donc ce qui suit.

5. « Ecoutez ma prière, » dit le Prophète, « toute chair viendra à vous (*Ps.* LXIV, 3). » Et nous savons que le Seigneur a dit que le pouvoir lui a été donné sur toute chair (*Jean*, XVII, 2). Notre roi commence donc à paraître dès ces paroles : « Toute chair viendra à vous. » Toute chair, dit-il, viendra à vous. Pourquoi toute chair viendra-t-elle à lui ? Parce qu'il s'est revêtu de la chair. Où viendra toute chair ? Il en a pris

---

illicite multa suggerunt : quibus non consentimus, sed tamen non consentiendo contendimus. Primo ergo concupiscentia carnis sequentes duxit nos, postea renitentes traxit nos ; deinde accepta gratia cœpit nos nec ducere, nec trahere, sed adhuc contendere nobiscum : post contentionem erit et victoria. Modo te etsi oppugnat, non expugnet : postea cum absorpta fuerit mors in victoriam, et pugnare cessabit (*Ibid.*, 26). Quid dictum est ? Novissima inimica destruetur mors. Reddam votum meum. Quod votum ? Quasi holocaustum. Holocaustum enim tunc dicitur, quando totum ignis absumit : holocaustum sacrificium est ubi totum consumitur : ὅλον enim totum dicitur, καῦσις incensio. Holocaustum totum incensum. Arripiat ergo nos ignis, ignis divinus in Jerusalem : incipiamus ardere caritate, donec totum mortale consumatur, et quod contra nos fuerit, eat in sacrificium Domino. Unde alibi dicitur, « Benigne fac Domine in bona voluntate tua Sion, ut ædificentur muri Jerusalem : tunc acceptabis sacrificium justitiæ, oblationes et holocausta (*Psal.*, L. 20). » « Te decet hymnus, Deus, in Sion ; et tibi reddetur votum in Jerusalem. » Quærimus hic, ne forte Rex nobis ipsius civitatis commendetur, Dominus et Salvator noster Jesus Christus : cantemus ergo donec ad evidentiora perveniamus. Possem enim jam dicere ipsum esse cui dicitur, « Te decet hymnus, Deus, in Sion ; et tibi reddetur votum in Jerusalem. » Sed si dicerem, mihi potius quam Scripturæ crederetur, et ideo forte non mihi crederetur. Audiamus sequentia.

5. « Exaudi, inquit, orationem meam, ad te omnis caro veniet (*Psal.*, LXIV, 3). » Et habemus Dominum dicentem, data m sibi potestatem omnis carnis (*Johan.*, XVII. 2). Cœpit ergo apparere jam Rex ille, cum diceretur, « ad te omnis caro veniet. » Ad te, inquit, omnis caro veniet. Quare ad illum omnis caro veniet ? Quia carnem assumsit. Quo veniet omnis caro ? Tulit inde primitias ex utero virginali : assumptis primitiis cetera conse-

les prémices dans le sein d'une Vierge ; ces prémices étant prises, le reste suivra, afin que l'holocauste se complète. Pourquoi donc « toute chair. » C'est-à-dire tous les hommes. Et pourquoi tous les hommes ? Le Prophète a-t-il donc prédit que tous les hommes croiraient au Christ ? N'y aura-t-il pas beaucoup d'impies qui seront condamnés ? N'y en a-t-il pas tous les jours beaucoup qui ne croient pas et qui meurent dans leur incrédulité ? Comment devons-nous donc comprendre ces mots : « Toute chair viendra à vous ? » « Toute chair, » dit-il ; toute sorte de chair, la chair, de quelque sorte qu'elle soit, viendra à vous. Que veut dire la chair, de quelque sorte qu'elle soit ? Est-ce que les pauvres sont venus et que les riches ne sont pas venus ? Est-ce que les petits sont venus et que les grands ne sont pas venus ? Est-ce que les ignorants sont venus et que les savants ne sont pas venus ? Est-ce que les hommes sont venus et que les femmes ne sont pas venues ? Est-ce que les maîtres sont venus et que les esclaves ne sont pas venus ? Est-ce que les vieillards sont venus et que les jeunes gens ne sont pas venus ? Ou bien les jeunes gens sont-ils venus sans que les adolescents soient venus ? Ou bien les adolescents sont-ils venus et les enfants ne sont-ils pas venus ? Ou encore les enfants sont-ils venus et les nouveaux-nés n'ont-ils pas été apportés ? Enfin est-ce que les Juifs sont venus (car les Apôtres étaient Juifs, aussi bien que plusieurs milliers de ceux qui ont d'abord livré le Christ et qui ensuite ont cru en lui, (*Act.*, II, 41) et que les Grecs ne sont pas venus ? Ou bien les Grecs sont-ils venus et les Romains ne sont-ils pas venus ? Ou bien les Romains sont-ils venus et les Barbares ne sont-ils pas venus ? Et qui pourrait compter toutes les nations qui sont venues à celui auquel le Prophète a dit : Toute chair viendra à vous ? «Ecoutez ma prière ; toute chair viendra à vous. »

6. « Les discours des méchants ont influé sur nous ; mais vous accorderez propitiation à nos impiétés (*Ps.* LXIV, 4).» Que signifient ces paroles : « Les discours des méchants ont influé sur nous ; mais vous accorderez propitiation à nos impiétés. » Nés sur cette terre, nous y avons trouvé des méchants dont nous avons entendu les discours. Je voudrais expliquer toute ma pensée ; que du moins l'attention de Votre Charité me vienne en aide. En quelque lieu que naisse un homme, il apprend la langue de cette contrée, de ce pays, ou de cette ville ; il s'imprègne de ses mœurs et de sa vie. Comment ferait un enfant, né au milieu des païens, pour ne pas adorer des pierres, quand ses parents lui ont appris à leur rendre un culte ? Les premières paroles qu'il a entendues avaient rap-

---

quentur, ut holocaustum compleatur. Unde ergo « omnis caro ? » Omnis homo. Et unde omnis homo ? Numquid omnes credituri prænuntiati sunt in Christum ? Nonne multi impii qui etiam damnabuntur ? Nonne quotidie multi non credentes in sua infidelitate moriuntur ? Secundum quid ergo intelligimus, « Ad te omnis caro veniet ? » Omnis caro, dixit, omnis generis caro : ex omni genere carnis venietur ad te. Quid est, ex omni genere carnis ? Numquid venerunt pauperes, et non venerunt divites ? numquid venerunt humiles, et non venerunt sublimes ? numquid venerunt indocti, et non venerunt docti ? numquid venerunt viri, et non venerunt feminæ ? numquid venerunt domini, et non venerunt servi ? numquid venerunt senes, et non venerunt juvenes ; aut venerunt juvenes, et non venerunt adolescentes ; aut venerunt adolescentes, et non venerunt pueri ; aut venerunt pueri, et non allati sunt infantes ? Postremo numquid venerunt Judæi (*Act.*, II, 41), (nam inde erant Apostoli, inde multa millia primo tradentium, postea credentium), et non venerunt Græci ; aut venerunt Græci, et non venerunt Romani ; aut venerunt Romani, et non venerunt Barbari ? Et quis numeret omnes gentes venientes ad eum, cui dictum est, Ad te omnis caro veniet ? « Exaudi orationem meam, ad te omnis caro veniet. »

6. « Sermones iniquorum prævaluerunt super nos, et impietates nostras tu (*a*) propitiaberis (*Psal.*, LXIV, 4). » Quid est, « Sermones iniquorum prævaluerunt super nos, et impietates nostras tu propitiaberis. Quid nati sumus in hac terra, iniquos invenimus quos loquentes audivimus. Si possim explicare quod sentio, adjuvet intentio me Caritatis vestræ. Omnis homo ubicumque nascitur, ipsius terræ vel regionis vel civitatis linguam discit, illius imbuitur moribus et vita. Quid faceret puer natus inter Paganos, ut non coleret lapidem, quando illum cultum insinuaverunt parentes ? Inde prima verba audivit, illum errorem

---

(*a*) Omnes libri hic, *propitiaberis* : sed infra plerique habent, *propitiabis*.

port à ce culte ; il a sucé cette erreur avec le lait ; et, comme ceux qui lui parlaient étaient beaucoup plus âgés que lui, et que lui, qui apprenait d'eux à parler, n'était qu'un tout petit enfant, que pouvait-il faire autre chose que d'obéir à l'autorité de personnes plus âgées et de trouver bon ce qu'elles louaient devant lui ? Donc, toutes les nations qui se sont converties à Jésus-Christ, lorsqu'elles se sont ensuite souvenues des impiétés de leurs pères, ont répété ce qu'avait déjà dit le prophète Jérémie : « Nos pères ont véritablement servi le mensonge et une vanité inutile (*Jérém.*, XVI, 19); » et cet aveu est un renoncement aux opinions impies et aux sacrilèges des ancêtres. Mais comme ces opinions sacrilèges leur ont été inculquées par les insinuations d'hommes qui devaient autant l'emporter sur eux par l'autorité qu'ils l'emportaient par l'âge, le Prophète, voulant quitter Babylone et revenir à Jérusalem, convient de leur puissance pernicieuse et dit : « Les discours des méchants ont influé sur nous. » Ceux qui nous ont enseigné le mal nous ont dirigés; ils ont fait de nous des citoyens de Babylone, nous avons laissé là notre Créateur et nous avons adoré la créature; nous avons laissé là celui qui nous a faits, et nous avons adoré ce que nous-mêmes avons fait. « Les discours des méchants ont influé sur nous; » mais cependant ils ne nous ont pas perdus sans ressource. Pourquoi ? « Parce que vous accorderez propitiation à nos impiétés. » Que Votre Charité me prête toute son attention. « Vous accorderez propitiation à nos impiétés » ne peut se dire qu'à un prêtre offrant un sacrifice qui puisse expier l'impiété et lui obtenir propitiation. En effet, on dit que l'impiété est pardonnée, lorsque Dieu lui accorde propitiation. Que veut dire que Dieu accorde propitiation à l'impiété ? Qu'il pardonne à l'impie et lui fait grâce. Mais, pour que Dieu pardonne, il faut qu'il y soit amené par un sacrifice de propitiation. Le Seigneur Dieu a donc envoyé quelqu'un pour être notre prêtre ; ce prêtre a pris en nous de quoi offrir un sacrifice au Seigneur ; nous l'avons dit, il a pris dans le sein d'une Vierge les saintes prémices de sa chair. Voilà l'holocauste qu'il a offert à Dieu ; il a étendu ses mains sur la croix pour dire : « Que ma prière monte comme l'encens en votre présence, que l'élévation de mes mains soit pour vous le sacrifice du soir (*Ps.*, CXL, 1). » Comme vous le savez, c'est vers le soir que le Seigneur a été suspendu sur la croix (*Matth.*, XXVII, 46) et que nos impiétés ont obtenu propitiation ; autrement elles nous auraient détruit sans ressource. Les discours des impies avaient influé sur nous; nous avions été entraînés au mal par les adorateurs de Jupiter, de Saturne et de Mercure. « Les discours des méchants ont influé

---

cum lacte suxit : et quia illi qui loquebantur majores erant, et puer qui loqui discebat infans erat, unde poterat parvulus nisi majorum auctoritatem sequi, et id sibi bonum ducere quod illi laudarent? Ergo gentes conversæ ad Christum postea, et recordantes impietates parentum suorum, et dicentes jam quod dixit propheta ipse Jeremias, « Vere mendacium coluerunt patres nostri, vanitatem quæ eis non profuit (*Jerem.*, XVI, 16) : » cum ergo jam hoc dicunt, renuntiant opinionibus et sacrilegiis parentum suorum iniquorum. Sed quia ut insererentur talibus opinionibus et sacrilegiis, persuasiones fecerunt eorum, qui quanto ætate præcedebant, tanto auctoritate præcedere debere putabantur; confitetur jam redire volens ad Jerusalem de Babylonia, et dicit, «Sermones iniquorum prævaluerunt adversus nos.» Duxerunt nos mala docentes, cives Babyloniæ nos fecerunt ; dimisimus Creatorem, adoravimus creaturam; dimisimus eum a quo facti sumus, adoravimus quod ipsi fecimus. « Sermones enim iniquo-rum prævaluerunt super nos : » sed tamen non oppresserunt nos. Quare ? «Impietates nostras tu propitiaberis.» Intendat Caritas Vestra. » Propitiaberis impietates nostras,» non dicitur nisi cuidam sacerdoti offerenti aliquid unde impietas expietur et propitietur. Impietas enim tunc dicitur propitiari, cum propitius fit Deus impietati. Quid est, fieri Deum impietati propitium ? Id est, ignoscentem ; et veniam dantem. Sed ut Dei venia impetretur, propitiatio fit per aliquod sacrificium. Exstitit ergo a Deo Domino missus quidam sacerdos noster, assumsit a nobis quod offerret Domino, ipsas diximus sanctas primitias carnis ex utero virginis. Hoc holocaustum obtulit Deo : extendit manus in cruce, ut diceret, « Dirigatur oratio mea sicut incensum in conspectu tuo, elevatio manuum mearum sacrificium vespertinum (*Psal.* CXL, 2). » Sicut nostis, quia Dominus circa vesperam pependit in cruce (*Matth.* XXVII, 46) : et impietates nostræ propitiatæ sunt, alioqui absorbuerant nos : sermones iniquorum præ-

sur nous. » Mais que ferez-vous ? « Vous accorderez propitiation à nos impiétés. » Vous êtes le prêtre, vous êtes la victime; vous offrez, vous êtes l'oblation. Il est le prêtre qui entre maintenant dans l'intérieur du sanctuaire, caché par le voile, seul de tous ceux qui ont porté la chair il intercède pour nous dans ce sanctuaire (*Hébr.* VI, 19 et 20). Comme figure de ce mystère, dans le premier peuple et dans le premier temple, un seul prêtre entrait dans le Saint des Saints et tout le peuple se tenait dehors. Seul admis dans l'intérieur, caché par le voile, le prêtre offrait le sacrifice pour le peuple resté dehors (*Hebr.*, IX, 7). Si l'on comprend bien, l'esprit vivifie ; si l'on comprend mal, la lettre tue. Quand on lisait les épîtres de l'Apôtre, vous avez entendu ces paroles : « La lettre tue et l'esprit vivifie (II. *Cor.*, V, 6). » En effet, les Juifs ignoraient ce qui s'accomplissait au milieu d'eux, et maintenant même, ils n'en savent encore rien. Car c'est d'eux qu'il a été dit par le même apôtre : « Lorsqu'ils lisent les livres de Moïse, le voile reste placé sur leur cœur (*Ibid.*, 15). » Ici, le voile est la signification figurative attachée à leur vie entière ; mais la figure disparaîtra et la vérité apparaîtra en eux. Mais quand le voile sera-t-il levé ? Écoutez encore l'Apôtre (*Ibid.*, 16) : « Lorsque vous serez passé au Seigneur, le voile sera levé. » Donc, tant qu'ils ne passent pas au Seigneur, aussi longtemps qu'ils lisent les livres de Moïse, ils ont le voile placé sur leur cœur. C'est pour indiquer ce mystère que le visage de Moïse brillait d'un tel éclat que les fils d'Israël ne pouvaient tenir les yeux fixés sur lui, (vous l'avez entendu lire,) et qu'il y avait un voile entre le visage de Moïse qui parlait au peuple et le peuple qui écoutait ses paroles. Ils entendaient ses paroles à travers le voile, mais ils ne voyaient pas son visage. Et que dit l'Apôtre : « De sorte que les fils d'Israël ne pouvaient tenir les yeux fixés sur le visage de Moïse. » « Ils n'ont pu, dit-il, les tenir fixés sur lui jusqu'à la fin (II *Cor.*, V, 13). » Que veut dire jusqu'à la fin ? Jusqu'à ce qu'ils comprissent la divinité du Christ. En effet, comme le dit l'Apôtre : « Le Christ est la fin de la loi pour la justification de ceux qui croient en lui (*Rom.* X, 4). » L'éclat dont brillait le visage de Moïse n'était que celui d'un visage charnel et mortel, pouvait-il durer longtemps ou éternellement ? La mort de Moïse survenant, cet éclat devait disparaître. Mais la splendeur glorieuse de notre bienheureux Seigneur Jésus-Christ est éternelle. L'éclat qui brillait en Moïse n'était qu'une figure passagère, et ce que représentait cette figure était la vérité. C'est pourquoi les Juifs lisent les livres saints sans comprendre le Christ ; ils ne portent

---

valuerunt super nos; duxerant nos prædicatores Jovis, et Saturni, et Mercurii : « Sermones iniquorum prævaluerunt super nos . » Sed quid facies? « Impietates nostras tu propitiaberis. » Tu sacerdos, tu victima; tu oblator, tu oblatio. Ipse sacerdos est, qui nunc ingressus interiora veli, solus ibi ex his qui carnem gestaverunt, interpellat pro nobis (*Hebr.* VI, 19 et 20). In cujus rei figura in illo primo populo et in illo primo templo unus sacerdos intrabat in Sancta Sanctorum, populus omnis foris stabat (*Hebr.* IX, 7) : et ille qui solus ingrediebatur in interiora veli, offerebat sacrificium pro populo foris stante. Si intelligatur bene, spiritus vivificat : si non intelligatur, littera occidit. Modo cum legeretur Apostolus, audistis, « Littera occidit, spiritus autem vivificat (II *Cor.* III, 6). » Quid enim ageretur in illo populo, Judæi nescierunt; sed nec modo sciunt. De illis quippe dictum est, « Quamdiu legitur Moyses, velamen super cor eorum positum est (*Ibid.* 15). Ibi velamen figura est : sed tolletur figura, et apparebit veritas in eis ipsis. Sed quando tolletur velamen ? Audi Apostolum : « Cum autem (*a*) transieris ad Dominum, auferetur velamen (*Ibid.* 16). Dum ergo non transeunt ad Dominum, quamdiu legunt Moysen, velamen habent super cor. Ad hoc sacramentum fulgebat tunc facies Moysi, ita ut non possent intendere filii Israël in faciem ejus : (audistis modo cum legeretur :) et velamen erat inter faciem Moysi loquentis, et populum audientis verba. Per velum verba audiebant, faciem non videbant. Et quid ait Apostolus ? « Ita ut non possent intendere filii Israël in faciem Moysi (*Ibid.* 13). » Non intendebant, inquit, usque in finem. Quid est, usque in finem ? Usque quo intelligerent Christum. Dicit quippe Apostolus, « Finis enim Legis Christus, ad justitiam omni credenti (*Rom.* X, 4). » Est quidem splendor in facie Moysi, tamquam in facie carnali et mortali : numquid diuturnus aut æternus esse posset ? Morte enim succedente, profecto auferetur. Splendor autem gloriæ beati Domini nostri Jesu Christi, sempiternus est.

(*a*) Editi, *cum transierint.* At MSS. *cum transieris* : et sic, uti jam alibi observavimus, legere solet Augustinus, ut quod in Græco est ἐπιστρέψῃ sit verbi medii secunda persona.

pas leurs regards jusqu'à la fin, parce que le voile interposé entre le Christ et eux ne leur permet pas de contempler sa splendeur intérieure. Quant à vous, voyez ici le Christ sous ce voile. Notre-Seigneur Jésus-Christ a dit lui-même : « Si vous aviez foi en Moïse, vous croiriez aussi en moi, car il a écrit sur moi (*Jean*, v, 46). » Or, après que nos péchés et nos impiétés ont obtenu propitiation par la vertu de ce sacrifice du soir, nous passons au Seigneur et le voile est ôté. C'est pourquoi, après le crucifiement du Seigneur, le voile du temple s'est déchiré (*Matth.* xxvii, 51). « Ecoutez ma prière ; toute chair viendra à vous. Les discours des méchants ont influé sur nous ; mais vous accorderez propitiation à nos impiétés. »

7. « Heureux celui que vous avez choisi et pris avec vous (*Ps.* lxiv, 5). » Qui a été choisi et pris par le Christ ? S'agit-il d'un homme choisi par Jésus-Christ notre Sauveur ? Ou bien, est-ce lui qui, selon la chair, en sa qualité d'homme, a été choisi et pris ? S'il en était ainsi, il faudrait attribuer ce choix au Verbe de Dieu qui était au commencement, comme le dit l'évangéliste saint Jean : « Au commencement était le Verbe et le Verbe était en Dieu et le Verbe était Dieu (*Jean*, i, 3), » parce qu'il est lui-même le Fils de Dieu, le Verbe de Dieu, dont l'évangéliste dit encore : « Toutes choses ont été faites par lui et rien n'a été fait sans lui (*Ibid.*,3). » De la sorte, il faudrait adresser au Fils de Dieu, devenu notre prêtre depuis qu'il a revêtu notre chair, ces paroles : « Heureux celui que vous avez choisi et pris avec vous ; » c'est-à-dire : heureux cet homme dont vous vous êtes revêtu, qui a pris commencement dans le temps, qui est né d'une femme et qui en quelque sorte est le temple de celui qui vit à jamais pour l'éternité et qui a existé de toute éternité. Mais plutôt ne faut-il pas comprendre que le Christ lui-même a pris quelque heureux homme, et que celui qu'il a pris est indiqué au nombre singulier quoique signifiant un nombre pluriel ? Il a en effet pris avec lui un seul homme, en ce sens qu'il a pris une unité. Il n'a pas pris avec lui les schismes, il n'a pas pris avec lui les hérésies ; les schismes et les hérésies forment des pluralités et non pas l'unité qui peut être prise. Au contraire, ceux qui restent dans le corps du Christ et qui sont ses membres, ne font en quelque sorte qu'un seul homme, dont l'Apôtre dit : « Jusqu'à ce que nous parvenions tous à la connaissance du Fils de Dieu, à l'état d'homme parfait, à la mesure de l'âge de la plénitude du Christ (*Ephes.*, iv, 13). » C'est pourquoi il n'est pris qu'un seul homme, dont le Christ est la tête, parce que le Christ est la tête de l'homme (I *Cor.* ii, 3). Cet homme est l'homme heureux qui n'est point allé dans l'assemblée des impies (*Ps.* i, 1), et auquel s'appliquent les autres pa-

---

Sed illud figura erat temporalis, hoc autem quod illa figura significabatur, veritas. Legunt itaque, et non intelligunt Christum, non perducunt intentionem usque in finem ; quia velum oppositum negat eis adspectum splendoris interioris. Et vide ibi sub velo Christum : Ait ipse Dominus noster Jesus Christus, « Si crederetis Moysi, crederetis et mihi, de me enim ille scripsit (*Johan.* v, 46). » Propitiatis autem peccatis nostris et impietatibus per illud sacrificium vespertinum, transimus ad Dominum, et aufertur velamen : propterea et Domino crucifixo, velum templi scissum est (*Matth.* xxvii, 51). « Exaudi orationem meam, ad te omnis caro veniet. Sermones iniquorum prævaluerunt super nos, et impietates nostras tu propitiaberis. »

7. « Beatus quem elegisti et assumsisti (*Psal.*, lxiv, 5). » Quis est electus ab eo, et assumtus ? Aliquis electus a Salvatore nostro Jesu Christo, an ipse secundum carnem, quod homo est, electus et assumtus est ? ut tamquam Verbo Dei dicatur, quod erat in principio ; sicut dicit Evangelista, « In principio erat Verbum, et Verbum erat apud Deum et Deus apud Verbum (*Johan.*, i, 3) ; » quia et ipse est Filius Dei, Verbum Dei ; de quo etiam dicit, «Omnia per ipsum facta sunt, et sine ipso factum est nihil (*Ibid.*, 3) : ut illi dicatur Filio Dei, quia ipse est sacerdos noster, postea carne assumta, « Beatus quem elegisti et assumsisti : » id est, ille homo quo indutus es, qui cœpit ex tempore, natus ex femina, templum quodammodo illius qui semper in æternum est, et in æternum fuit. An potius ipse Christus assumsit quemdam beatum, et non dicitur ipse quem assumsit quasi in plurali numero, sed in singulari ? Unum enim assumit, quia unitatem assumit. Schismata non assumit, hæreses non assumit, multitudinem de se fecerunt, non est unus qui assumatur. Qui autem manent in compage Christi, et membra ejus sunt, faciunt quodam modo unum virum, de quo dicit Apostolus, « Donec occurramus omnes in agnitionem Filii Dei, in virum perfectum, in mensuram ætatis plenitudinis Christi (*Ephes.*, iv, 13). » Itaque unus vir assumitur, cui caput est Christus ;

rôles de ce psaume : c'est lui qui a été pris. Il n'est point en dehors de nous, nous sommes du nombre de ses membres, nous sommes conduits par une même tête, nous vivons d'un même esprit, nous désirons tous une même patrie. Voyons donc si ce qui est dit au Christ s'applique à nous également et est dit de nous : interrogeons nos consciences, voyons quel est notre amour pour le Christ ; et, s'il est encore petit, s'il vient seulement de naître, s'il n'est encore qu'un germe en quelqu'un de nous, hâtons-nous d'extirper les épines qui germeraient autour, c'est-à-dire les soucis du monde, de peur qu'en croissant elles n'étouffent le germe divin de l'amour. « Heureux celui que vous avez choisi et pris avec vous. » Soyons en lui, et nous serons pris en lui ; soyons en lui, et nous serons du nombre des élus.

8. Et que nous donnera-t-il ? « Il habitera vos parvis (*Ps.* LXIV, 5), » dit le Prophète. C'est la Jérusalem pour laquelle soupirent ceux qui commencent à sortir de Babylone. « Il habitera vos parvis. Nous serons comblés des biens de votre maison. » Quels sont les biens de la maison de Dieu ? Mes frères, composons, dans notre imagination quelque riche maison ; de quelques biens qu'elle soit remplie, quelle que soit la surabondance de ces biens, quel que soit le nombre des vases et des meubles d'or et d'argent qu'elle renferme, ou le nombre des serviteurs, des troupeaux et des animaux ; quelle que soit enfin la magnificence de cette maison en peintures, en ouvrages de marbre, en lambris dorés, en colonnes, en galeries, et en chambres d'habitation ; quoique ces biens soient les plus désirés, cependant il n'y a là rien qui n'appartienne à la confusion de Babylone. Retranchez tous ces désirs, ô citoyen de Jérusalem, retranchez-les ! Si vous voulez revenir dans la patrie, que la captivité ne fasse pas vos délices. Peut-être avez-vous commencé déjà à sortir de Babylone ? Gardez-vous alors de regarder en arrière, gardez-vous de rester en chemin. Il ne manque pas encore d'ennemis pour vous vanter les charmes de la servitude et de l'exil ; que les discours des impies ne prévalent pas sur vous. Aspirez à la maison de Dieu, aspirez à ses biens ; mais, gardez-vous de les désirer pareils à ceux que vous avez coutume de désirer dans votre maison, dans la maison de votre voisin, ou dans la maison de votre patron. Tout autre est la nature des biens de la maison de Dieu. Qu'est-il besoin que nous disions de nous-même quels sont les biens de cette maison ? Que celui-là vous les fasse connaître qui chante, au sortir de Babylone : « Nous serons comblés des biens de votre maison. » Quels sont-ils, ces biens ? Peut-être notre cœur s'élève-t-il à cette pensée vers l'or, vers l'argent,

« quia caput viri Christus est (I. *Cor.*, XI, 3). » Ipse est ille « beatus vir qui non abiit in consilio impiorum (*Psal.*, I, 1), » et cetera quæ ibi dicuntur : ipse est qui assumitur. Non est extra nos, in ipsius membris sumus, sub uno capite regimur, uno spiritu omnes vivimus, unam patriam omnes desideramus. Videamus ergo quod ad Christum dicitur, utrum ad nos pertineat, et de nobis dicatur : interrogemus conscientias nostras, amorem illum perscrutemur ; et si adhuc parvus est, et modo natus amor iste, (forte enim modo in aliquo germinavit), diligenter exstirpet juxta germinantes spinas, id est, curas sæculares, ne crescendo sanctum germen offocent. « Beatus quem elegisti et assumsisti. » In illo simus, et assumemur ; in illo simus, et electi erimus.

8. Et quid nobis dabit ? « Inhabitabit, inquit, in atriis tuis (*Psal.*, LXV, 5). » Jerusalem illa est, cui cantant qui incipiunt exire de Babylonia : « Inhabitabit in atriis tuis : replebimur in bonis domus tuæ. » Quæ sunt bona domus Dei ? Fratres, constituamus nobis aliquam domum divitem, quantis bonis referta sit, quam copiosa sit, vasa quam multa ibi aurea, sed et argentea ; quantum familiæ, quantum jumentorum et animalium ; ipsa denique domus quam delectet picturis, marmore, laquearibus, columnis, spatiis, cubiculis ; et desiderantur talia, sed adhuc ex confusione Babyloniæ. Amputa omnia ista desideria, o civis Jerusalem, amputa ; si vis redire, non te delectet captivitas. Sed jam cœpisti exire ? noli retro respicere, noli remanere in via. Non desunt adhuc hostes qui tibi persuadeant captivitatem et peregrinationem : jam non prævaleant super te sermones iniquorum. Domum Dei desidera, et bona ejus domus desidera : sed noli talia, qualia desiderare soles vel in domo tua, vel in domo vicini tui, vel in domo patroni tui. Aliud quiddam est bonum domus illius. Quid opus est ut nos dicamus quid sint bona illius domus ? Ipse indicet qui cantat exiens de Babylonia : « Replebimur, inquit, in bonis domus tuæ. » Quæ sunt bona ista ? Erexeramus fortasse cor ad aurum, ad argentum, et cetera pretiosa : noli talia quærere, ista premunt, non levant. Hic ergo jam bona illa Jerusalem, bona illa domus Domini, bona illa templi Domini meditemur ; quia quæ domus

vers d'autres objets précieux : ne cherchez pas de pareilles richesses ; elles pèsent sur qui les possède, bien loin de l'élever. Examinons donc quels sont les biens de Jérusalem, les biens de la maison du Seigneur ; les biens du temple du Seigneur ; car la maison du Seigneur n'est autre que le temple du Seigneur. « Nous serons comblés des biens de votre maison : votre temple est saint, la justice le rend admirable. » Tels sont les biens de la maison de Dieu. Le Prophète n'a pas dit : Votre temple est saint, il est admirable par ses colonnes, admirable par ses marbres, admirable par ses toits dorés ; mais « la justice le rend admirable (*Ibid*, 6).» Vous avez les yeux du dehors pour voir l'or et le marbre ; au dedans de vous est l'œil qui voit la beauté de la justice. Au dedans de vous, dis-je, est l'œil qui voit la beauté de la justice. Si la justice n'a pas de beauté, pourquoi aime-t-on un vieillard juste ? Que présente son corps d'agréable à voir ? Des membres courbés, un front ridé, une tête dont les cheveux ont blanchi, une faiblesse universelle qui se trahit par des plaintes incessantes ? Mais si ce vieillard décrépit ne flatte pas vos yeux, peut-être charme-t-il vos oreilles. Serait-ce par sa voix ? Serait-ce par son chant ? En supposant que dans sa jeunesse il chantait à ravir, il a tout perdu avec l'âge. Est-ce le son de sa voix qui plait à vos oreilles ? Mais sa bouche dégarnie de dents, ne laisse plus tomber que des mots inachevés. Cependant, si ce vieillard est juste, s'il ne convoite pas le bien d'autrui, s'il donne de son bien aux indigents, s'il est bon conseiller, si sa pensée est droite, si sa foi est pure, s'il est prêt à livrer pour la foi et pour la vérité ses membres à demi brisés par l'âge (car beaucoup de vieillards ont subi le martyre), d'où vient que nous l'aimons ? Que voyons-nous de bon en lui avec les yeux du corps ? Rien. Il y a donc dans la justice une beauté que nous voyons des yeux du cœur, que nous aimons, pour laquelle nous nous enflammons, et que beaucoup d'hommes ont aimée dans les martyrs, au moment même où les bêtes féroces déchiraient leurs membres. Lorsque tout leur corps était souillé de sang, lorsque leurs entrailles étaient déchirées par les morsures des bêtes, les yeux avaient-ils autre chose à voir en eux qu'un spectacle d'horreur ? Qu'y avait-il donc d'aimable dans ces suppliciés, sinon qu'au milieu de ces plaies hideuses et de ces membres en lambeaux, la beauté de la justice brillait de son plus vif éclat ? Voilà les biens de la maison de Dieu ; préparez-vous à vous en rassasier. Mais pour vous en rassasier lorsque vous serez parvenu à cette maison, il vous faut d'abord en avoir faim et soif pendant votre exil sur la terre ; ayez faim de ces biens, ayez-en soif ; parce que tels seront pour vous les biens de Dieu.

Domini, hoc ipsum templum Domini. Replebimur in bonis domus tuæ : sanctum templum tuum, mirabile in justitia (*Ibid.*, 6,). » Ista sunt bona domus illius. Non dixit, Templum sanctum tuum, mirabile in columnis, mirabile in marmoribus, mirabile in tectis auratis ; sed, « mirabile in justitia. » Habes foris oculos unde videas marmora et aurum : intus est oculus unde videatur pulcritudo justitiæ. Intus, inquam, est oculus unde videatur pulcritudo justitiæ. Si nulla est pulcritudo justitiæ, unde amatur justus senex ? Quid affert in corpore quod oculos delectet ? Curva membra, frontem rugatam, caput canis albatum, imbecillitatem undique querelis plenam. Sed forte quia tuos oculos non delectat senex iste decrepitus, aures tuas delectat : quibus vocibus ? quo cantu ? Et si forte adolescens bene cantavit, omnia cum ætate defecerunt. An forte sonus verborum ejus delectat aures tuas, qui verba vix plena enuntiat lapsis dentibus ? Tamen si justus est, si alienum non concupiscit, si de suo quod habet erogat indigentibus, si bene monet, et rectum sapit (*a*), si integre credit, si paratus est pro fide veritatis etiam ipsa confracta membra impendere, multi enim Martyres etiam senes : unde illum amamus ? quid in eo bonum videmus oculis carnis ? Nihil. Quædam ergo est pulcritudo justitiæ, quam videmus oculo cordis, et amamus, et exardescimus : quam multum dilexerunt homines in ipsis Martyribus, cum corum membra bestiæ laniarent. Nonne cum sanguis fœdaret omnia, cum morsibus belluinis viscera funderentur, non habebant oculi nisi quod horrerent ? Quid ibi erat quod amaretur, nisi quia erat in illa fœditate dilaniatorum membrorum integra pulcritudo justitiæ ? Ista sunt bona domus Dei, his te para satiari. Sed ut inde satieris cum perveneris, hoc te oportet esurire et sitire cum peregrinaris : hoc siti, hoc esuri ; quia ipsa erunt bona Dei. Audi illum Regem cui ista dicuntur, qui venit ut te reducat, et se tibi fecit

(*a*) Plures MSS. *et rectum sapit, integrum colit*. Alii, *integrum credit*.

Écoutez le Roi à qui ces paroles sont adressées, qui est venu ici-bas pour vous ramener, et qui s'est fait votre voie (*Jean*, XIV, 6). Que dit-il ? « Heureux ceux qui ont faim et soif de la justice, parce qu'ils seront rassasiés. » « Votre temple est saint, la justice le rend admirable. » Et ce temple, mes frères, gardez-vous de le chercher hors de vous. Aimez la justice et vous êtes le temple de Dieu.

9. « Exaucez-nous, ô Dieu notre Sauveur (*Ps.* LXIV, 6). » Le Prophète nous a montré, il n'y a qu'un instant, de qui il parle comme de Dieu. Et maintenant notre Sauveur n'étant autre que Notre Seigneur Jésus-Christ, nous voyons plus clairement encore de qui il disait : Toute chair viendra à vous. « Exaucez-nous, ô Dieu notre Sauveur (*Ibid.* 3). » Celui qui parle est cet homme unique qui est reçu dans le temple de Dieu ; il est à la fois plusieurs hommes et un seul homme. Aussi, parlant en la personne d'un seul homme, il a dit : Exaucez ma prière (*Ibid.*) ; et maintenant, comme il réunit plusieurs hommes en lui seul, il dit : « Exaucez-nous, ô Dieu notre Sauveur. » Mais écoutez ces paroles ; le Christ va vous être annoncé plus ouvertement encore : « Exaucez-nous, ô Dieu notre Sauveur, vous êtes l'espérance de toutes les extrémités de la terre et des mers les plus lointaines (*Ibid.* 6). » Voilà pourquoi il a été dit : Toute chair viendra à vous. On vient à lui de toutes parts ; « il est l'espérance de toutes les extrémités de la terre ; » non pas l'espérance d'un coin de la terre, non pas l'espérance de la seule Judée, non pas l'espérance de la seule Afrique, non pas l'espérance de la Pannonie, non pas l'espérance de l'Orient ou de l'Occident ; mais « l'espérance de toutes les extrémités de la terre et des mers les plus lointaines. » C'est bien des extrémités mêmes de la terre qu'il s'agit : « Et des mers les plus lointaines, » du moment qu'il est question de la mer, il s'agit des espaces les plus éloignés. Car la mer signifie en figure ce siècle, aux eaux salées et amères, aux nombreuses et redoutables tempêtes ; où les hommes, par leurs passions méchantes et perverses, sont comme des poissons qui se dévorent les uns les autres. Considérez cette mer mauvaise, cette mer aux eaux amères, cette mer aux flots cruels ; considérez de quels hommes elle est remplie. Quel est celui d'entre eux qui, pour obtenir un héritage, ne souhaite la mort d'un autre ? Quel est celui qui n'aspire à quelque gain, au détriment d'un autre ? Combien y en a-t-il qui veulent s'élever sur les ruines des autres ! Combien qui, pour acquérir le bien d'autrui, désirent que d'autres soient dans l'obligation de vendre leur bien ? Comme ils cherchent à s'opprimer mutuellement ; comme ceux qui le peuvent dévorent les autres ! Et quand un gros poisson en a dévoré un petit, il est, à son tour, dévoré par un plus gros. Ô méchant poisson, vous prétendez faire votre proie

---

viam (*Johan.*, XIV, 6). Quid dicit? « Beati qui esuriunt et sitiunt justitiam, quoniam ipsi saturabuntur (*Matth.*, V, 6). » « Sanctum templum tuum, admirabile in justitia. » Et ipsum templum, Fratres, nolite præter vos cogitare. Amate justitiam, et vos estis templum Dei.

9. « Exaudi nos Deus salvator noster (*Psal.*, LXIV, 6). » Aperuit modo quem Deum dicat. Salvator est proprie Dominus Jesus Christus. Apparuit modo apertius de quo dixerat, Ad te omnis caro veniet. « Exaudi nos Deus salvator noster (*Ibid.*, 3). » Ille unus vir jam assumitur in templum Dei, et plures sunt et unus est. Ex unius persona dixit, « Exaudi Deus orationem meam (*Ibid.*, 3) : » et quia ipse unus ex pluribus constat, modo ait, « Exaudi nos Deus salvator noster (*Ibid.*, 6). Audi illum jam apertius prædicari : « Exaudi nos Deus salvator noster, spes omnium finium terræ et in mari longe. » Ecce unde dictum est, Ad te omnis caro veniet. Undique venitur. « Spes omnium finium terræ, » non spes unius anguli, non spes solius Judææ, non spes solius Africæ, non spes Pannoniæ, non spes Orientis aut Occidentis : sed, « Spes omnium finium terræ et in mari longe : » ipsorum finium terræ. Et in mari longe : et quia in mari, ideo longe. Mare enim in figura dicitur sæculum hoc, falsitate amarum, procellis turbulentum ; ubi homines cupiditatibus perversis et pravis facti sunt velut pisces invicem se devorantes. Attendite mare malum, mare amarum, fluctibus sævum ; attendite qualibus hominibus plenum sit. Quis optat hereditatem, nisi morte alterius? Quis optat lucrum, nisi damno alterius? Quam multi aliorum defectione cupiunt sublimari? Quam multi ut emant optant alios vendere res suas? Quomodo se invicem opprimunt, et qui possunt devorant? Et cum devoraverit unus piscis major minorem, devoratur et ipse a majore. O piscis male, prædam vis de parvo, præda efficieris magno. Quotidie ista

d'un plus faible, vous deviendrez la proie d'un plus fort. Tous les jours ces choses-là arrivent; elles se passent devant nos yeux; nous les voyons. Ayons-les en horreur. N'agissons pas de la sorte, ô mes frères, parce que le Christ est l'espérance de tous, d'une extrémité de la terre à l'autre. S'il n'était pas l'espérance de tous, même « des mers les plus lointaines, », il n'aurait pas dit à ses disciples : Je ferai de vous des pêcheurs d'hommes (*Matth.*, IV, 19). » Déjà pris dans cette mer par les filets de la foi, réjouissons-nous que ces filets nous retiennent, tandis que nous nageons encore dans ces eaux; car cette mer est encore soulevée par de terribles tempêtes, mais les filets qui nous ont pris seront conduits au rivage en sûreté. Le rivage est la fin de la mer; arriver au rivage, c'est arriver à la fin de ce siècle. En attendant, mes frères, menons une bonne vie dans l'intérieur des filets; gardons-nous de les rompre, pour nous échapper au dehors. Car il y en a beaucoup qui ont rompu les filets, qui ont fait des schismes, et qui se sont échappés au dehors (1). Ils ont dit qu'ils ne voulaient pas supporter les poissons mauvais qui étaient pris dans les filets, et ils sont eux-mêmes devenus plus mauvais encore que ceux qu'ils disaient ne pouvoir tolérer. Car ces filets prennent à la fois le bon et le mauvais poisson. Le Seigneur a dit : « Le royaume des Cieux est semblable à un filet jeté dans la mer, qui prend et rassemble toutes sortes de poissons. Lorsqu'il est plein, les pêcheurs le tirent sur le rivage, où, s'étant assis ils choisissent les bons et les mettent dans des vases, tandis qu'ils rejettent au dehors les mauvais. Il en sera ainsi, dit le Seigneur, à la fin du siècle. » Le Seigneur montre ici le rivage, il montre la fin de la mer. « Les anges viendront du Ciel, sépareront les méchants du milieu des justes, et les précipiteront dans la fournaise du feu : c'est là qu'il y aura des pleurs et des grincements de dents (*Matth.*, XV, 47 et suiv.). » Courage, citoyens de Jérusalem, qui êtes entrés dans les filets et qui êtes de bons poissons; sachez supporter les mauvais, gardez-vous de rompre les filets; vous êtes avec les mauvais dans la mer, vous ne serez plus avec eux dans les vases. « Car le Seigneur est l'espérance de toutes les extrémités de la terre ; il est aussi l'espérance des mers les plus lointaines. » Lointaines, parce qu'il s'agit de la mer.

10. « Il prépare les montagnes dans sa force (*Ps.* LXIV,), » et non dans leur propre force. En effet, il a préparé de grands prédicateurs et il les a appelés des montagnes, sans élévation par elles-mêmes, et élevées par lui. « Il prépare les montagnes dans sa force. » Que dit une de ces montagnes? « Nous avons entendu en nous une réponse de mort, afin de ne pas mettre notre confiance en nous,

---

eveniunt, ante nos sunt (a); videmus illa, horreamus illa. Non illa agamus, Fratres, quia spes est ille finium terræ. Ille si non esset spes, « et in mari longe, » non diceret discipulis suis, « Faciam vos piscatores hominum (*Matth.* IV, 19). Jam in mari capti per retia fidei, gaudeamus nos ibi natare adhuc intra retia ; quia adhuc mare hoc sævit procellis, sed retia quæ nos ceperunt, perducentur ad littus. Littus est finis maris. Ergo perventio in finem sæculi. Interim intra ipsa retia, Fratres, bene vivamus : non retia rumpentes foras exeamus. Multi enim ruperunt retia, et schismata fecerunt, et foras exierunt. Quia malos pisces intra retia captos tolerare se nolle dixerunt ; ipsi mali facti sunt potius, quam illi quos se non potuisse tolerare (b) dixerunt. Namque illa retia ceperunt pisces et bonos et malos. Dominus dicit, « Simile est regnum cælorum sagenæ missæ in mare, quæ congregat ex omni genere, quam cum impleta esset educentes, et secus littus sedentes, elegerunt bonos in vasa, malos autem foras miserunt : sic erit, inquit, in consummatione sæculi (*Matth.* XIII, 47, etc.). » Ostendit littus, ostendit finem maris. « Exibunt Angeli, et separabunt malos de medio justorum, et mittent eos in caminum ignis : ibi erit fletus et stridor dentium (*Ibid.* 48). » Eia cives Jerusalem, qui intra retia estis, et pisces boni estis, tolerate malos, retia nolite rumpere : cum illis estis in mari, non cum illis eritis in vasis. Spes enim ille finium terræ, ipse spes est « et in mari longe. » Longe, quia et in mari.

10. « Præparans montes in fortitudine sua (*Psal.* LIV, 7). » Non in fortitudine illorum, Præparavit enim magnos prædicatores, et ipsos appellavit montes; humiles in se, excelsos in illo. « Præparans montes in fortudine sua. » Quid dicit unus ex ipsis montibus? « Ipsi in nobismetipsis responsum mortis habuimus,

---

(1) Les Donatistes.
(a) Sic MSS. At editi, *vitemus illa*. (b) Aliquot MSS. *finxerunt*.

mais de la mettre dans le Dieu qui fait ressusciter les morts. » Celui qui met sa confiance en lui-même et ne la met pas dans le Christ n'est pas de ces montagnes que Dieu prépare dans sa force. « Il prépare les montagnes dans sa force et il est entouré de sa puissance. » Je comprends le mot puissance, mais que veut dire : « Il est entouré ?·» Ceux qui mettent le Christ au milieu d'eux l'entourent, c'est-à-dire font cercle autour de lui. Nous le possédons tous en commun ; c'est pourquoi il est au milieu de nous. Nous l'environnons tous, nous qui croyons en lui, et parce que notre foi ne vient pas de nos propres forces, mais qu'elle est le produit de sa puissance, il est « entouré de sa puissance » et non de notre force.

11. « Vous troublez le fond de la mer (*Ps.* LXIV).» Voilà ce qu'il a fait ; voyons bien en quoi consiste ce qu'il a fait. Il a donc préparé les montagnes dans sa force ; il les a envoyées prêcher ; il a été entouré, comme de sa puissance, par ceux qui croient en lui, et la mer a été agitée ; le monde a été agité et a commencé à persécuter les saints. « Il est entouré de sa puissance ; vous troublez le fond de la mer. » Le Prophète n'a pas dit : Vous troublez la mer, mais « vous troublez le fond de la mer. » Le fond de la mer, c'est le cœur des impies. En effet, de même que c'est par le fond que se fait l'ébranlement le plus violent de quelque chose que ce soit, et que le fond contient le tout, de même c'est du fond qu'est parti tout ce qui est venu, pour persécuter l'Eglise, de la langue, des mains et des diverses puissances du corps. Car si l'iniquité n'avait point eu sa racine bien avant dans le cœur, toutes ces puissances ne se seraient point élevées contre le Christ. Il a troublé le fond de la mer, peut-être pour épuiser ce fond ; car dans un certain nombre de méchants, il a épuisé la mer jusqu'au fond et il l'a desséchée. C'est ce qui est exprimé dans un autre psaume : « Il a transformé la mer en une terre sèche (*Ps.*, LXV, 16). » Tous les impies et tous les païens qui ont embrassé la foi étaient comme une mer, ils ont été changés en terres stériles d'abord avec leurs flots salés, fécondes ensuite en fruits de justice. « Vous troublez le fond de la mer ; qui pourrait supporter le bruit de ses flots ? » Quel homme peut supporter le bruit des flots de la mer, c'est-à-dire les ordres des puissants du monde ? Et comment vient-on à bout de les supporter ? « Parce que le Seigneur prépare les montagnes dans sa force(*Ps.* LXIV, 7).» Par conséquent, quand le Prophète demande : « Qui pourrait supporter ?» il veut dire : Nous ne pourrions par nous-mêmes supporter ces persécutions, si Dieu ne nous en donnait la force. « Vous troublez le fond de la mer ; qui

---

ut non fidentes in nobis simus, sed in Deo qui suscitat mortuos (II *Cor.* I, 9). » Qui in se fidit, et in Christo non fidit, non est de his montibus quos ille præparat in fortitudine sua. « Præparans montes in fortitudine sua: circumcinctus in potentatu. «Potentatum intelligo : circumcinctus quid est ? Christum (*a*) qui in medio ponunt, circumcinctum faciunt, id est, undique cinctum. Habemus illum omnes communiter, ideo in medio est : circumcingimus illum omnes qui credimus in illum : et quia fides nostra non de viribus nostris, sed de illius potentia est ; ideo circumcinctus in potentatu suo, non nostra fortitudine.

11. « Qui conturbas fundum maris (*Psal.* LXIV, 8). » Fecit hoc : videtur quid fecerit. Præparavit enim montes in fortitudine sua, misit illos prædicare : circumcinctus est a credentibus in potentatu : et commotum est mare, commotum est sæculum, et cœpit persequi sanctos ejus. « Circumcinctus in potentatu : qui conturbas fundum maris. » Non dixit, Qui conturbas mare ; sed, « fundum maris. » Fundum maris est cor impiorum. Sicut enim a fundo vehementius omnia moventur, et fundus continet omnia : sic quidquid processit per linguam, per manus, per potestates diversas, ad persecutionem Ecclesiæ, de fundo processit. Si enim non esset radix iniquitatis in corde, non illa omnia procederent adversus Christum, Fundum conturbavit, forte ut et fundum exhauriret: nam in malis quibusdam exhausit mare a fundo, et posuit mare desertum. Dicit illud alius Psalmus (*Psal.*, LXV. 6). « Qui convertit mare in aridam. » Omnes impii et pagani qui crediderunt, mare erant, terra facti sunt ; salsis fluctibus primo steriles, postea justitiæ fructu fecundi. « Qui conturbas fundum maris : sonum fluctuum ejus quis sufferet ? » Quid est, « quis sufferet ? » Quis homo sufferet sonum fluctuum maris, jussiones sublimitatum sæculi ? sed unde sufferuntur (*Psal.*, LIV. 7) ? « Quia præparat montes in fortudine sua.» Quod ergo dixit, quis sufferet ? hoc ait, Nos ipsi per nosmetipsos sufferre illas persecutiones non possumus, nisi ille daret fortitudinem. «Qui conturbas fundum maris: sonum fluctuum ejus quis sufferet?»

12. « Turbabuntur gentes (*Ps.*, LXIV, 8).» Primo tur-

(*a*) Sic MSS. at Editi, *quem.*

pourrait supporter le bruit de ses flots ? »

12. « Les nations seront dans le trouble (*Ibid.* 9). » Elles seront d'abord dans le trouble : mais ces montagnes, préparées dans la force du Christ, seront-elles aussi dans le trouble ? La mer a été dans l'agitation, elle s'est brisée sur les montagnes ; la mer s'est épuisée et les montagnes sont restées inébranlables. « Les nations seront dans le trouble, et tous les hommes seront effrayés. » Voilà que tous les hommes sont déjà dans la crainte ; ceux qui d'abord étaient dans le trouble, maintenant sont effrayés. Les Chrétiens n'ont pas ressenti de crainte, et maintenant les Chrétiens inspirent de la crainte. Tous ceux qui les persécutaient les craignent aujourd'hui. Car celui-là a remporté la victoire qui est environné de tous côtés par sa puissance ; et toute chair est si bien venue à lui que ceux qui n'y sont pas venus sont dans la crainte, en raison même de leur petit nombre. « Et tous ceux qui habitent les extrémités de la terre sont effrayés par vos miracles. » En effet, les Apôtres ont opéré des miracles, et ces miracles ont répandu la terreur et la foi jusqu'aux extrémités de la terre.

13. « Vous réjouirez les sorties du matin et du soir (*Ibid.* 9) ; » c'est-à-dire vous les rendrez agréables. Que de promesses nous sont déjà faites pour cette vie ? « Vous réjouirez les sorties du matin et du soir. » Il y a des sorties du matin et des sorties du soir. Le matin signifie la prospérité du monde ; le soir signifie l'adversité du monde. Que Votre Charité se tienne sur ses gardes, (car toutes les deux sont une source de tentations pour l'homme :) dans la prospérité, pour n'en être pas corrompue, dans l'adversité, pour n'en être pas abattue. Or, le matin est la figure de la prospérité, parce qu'il est joyeux, la tristesse de la nuit étant passée. Au contraire, les ténèbres sont tristes et le soir les amène. C'est pourquoi, le soir du monde étant comme arrivé, le Seigneur a offert un sacrifice du soir. Que nul de vous ne se laisse donc ni effrayer par le soir, ni corrompre par le matin. Voilà, par exemple, qu'un homme vous a promis un gain quelconque, pour vous faire commettre une mauvaise action ; c'est le matin : une grosse somme d'argent vous sourit, pour vous c'est le matin. Ne vous laissez pas corrompre, et vous aurez une sortie du matin. Si en effet, vous avez une sortie, vous ne serez pas pris. Car cette promesse de gain est comme la viande placée pour appât dans le piège. Si vous vous laissez enfermer, vous n'avez plus moyen de sortir, vous êtes pris au piège. Mais le Seigneur votre Dieu vous ménage une sortie, afin que vous ne soyez pas captivé par l'appât du lucre, lorsqu'il vous dit au fond du cœur : C'est moi qui suis toutes

---

babuntur: sed illi montes parati in fortitudine Christi, numquid turbati sunt? Turbatum est mare, elisum est in montes : mare fractum est, montes inconcussi manserunt. « Turbabuntur gentes : et timebunt omnes (*Ibid.*, 9). » Ecce jam omnes timent : antea qui conturbati sunt, timent jam omnes (*a*). Non timuerunt Christiani, et timentur jam Christiani. Omnes qui persequebantur, modo timent. Superavit enim ille qui circumcinctus est in potentatu, sic ad illum venit omnis caro, ut ceteri paucitate ipsa jam timeant. « Et timebunt omnes, qui inhabitant fines terræ, a signis tuis. » Miracula enim fecerunt Apostoli, et inde omnes fines terræ timuerunt et crediderunt.

13. « Exitus mane et vespere delectabis (*Ibid.*, 9) : » id est, delectabiles facis. Jam in ista vita quid nobis promittitur ? « Exitus (*b*) delectabis mane et vespere. » Sunt exitus mane, sunt exitus vespere. Mane significat prosperitatem sæculi, vespere significat tribulationem sæculi. Intendat Caritas Vestra, (in utroque enim tentatur anima humana,) et prosperitate, ne corrumpatur ; et adversitate, ne frangatur. Ideo autem mane prosperitatem significat, quia mane lætum est, transacta velut tristitia noctis. Tristes autem sunt tenebræ, veniente vespera : ideo veniente quasi mundi vespera, obtulit sacrificium vespertinum. (*c*) Non ergo timeat unusquisque vesperam, nec mane corrumpatur. Ecce nescio quis, ut facias mali aliquid, promisit lucrum, mane est : arridet tibi ampla pecunia, mane tibi fit. Noli corrumpi, et habebis exitum mane. Si enim habes exitum, non capieris. Sic est enim promissio lucri, quasi esca in muscipula : coartaris, et non est qua exeas, caperis in muscipula. Dedit autem tibi exitum Dominus Deus tuus, ne lucro capiaris cum tibi dicit in corde, Ego sum divitiæ tuæ. Noli adtendere quod mundus promittit, sed quod promittit Conditor mundi : adtendis quod tibi promisit Deus facienti justitiam, contemnis quod

---

(*a*) Sic Er. et MSS. At Lov. *Et timuerunt Christiani.* (*b*) Sic aliquot MSS. Quidam vero, *delectabiles.* At editi, *delectabilis.*
(*c*) Sic MSS. exceptis paucis qui cum Er. habent, *ne mane corrumpatur.* At Lov. *Nos ergo timeamus unusquisque vesperam, ne mane corrumpamur.*

vos richesses. Ne vous occupez pas des promesses du monde, mais des promesses du Créateur du monde. C'est vous attacher à ce que Dieu vous a promis, que de pratiquer la justice et de mépriser ce que les hommes vous promettent pour vous détourner de la justice. Ne faites donc point attention à ce que promet le monde, mais à ce que promet le Créateur du monde, et vous aurez une sortie du matin, grâces à ces paroles du Seigneur : « Que sert à un homme de gagner le monde entier, s'il perd son âme (*Matth.*, xvi, 26)? » Mais celui qui, par la promesse d'un gain, n'a pu, ni vous corrompre, ni vous amener à l'iniquité, menacera de vous punir de votre refus ; il se fera votre ennemi, et il commencera à vous dire : Si vous refusez, je vous ferai voir, j'agirai, je serai votre ennemi. Quand d'abord il vous promettait un gain, c'était pour vous le matin ; voilà qu'il se fait soir, la tristesse est venue pour vous. Mais celui qui vous a donné une sortie le matin, vous en donnera également une le soir. De même qu'avec la lumière du Seigneur, vous avez méprisé le matin de ce siècle, de même il vous faut, à l'aide des souffrances du Seigneur, en mépriser le soir et dire à votre âme : Quel mal peut me faire cet homme, qui surpasse les souffrances que le Seigneur a endurées pour moi ? A moi de me maintenir dans la justice et de ne pas consentir à commettre l'iniquité. Qu'il me torture dans ma chair, s'il le veut, le piége se brisera et je m'envolerai dans le sein de mon Dieu, qui m'a dit : « Ne craignez pas ceux qui tuent le corps, et qui ne peuvent tuer l'âme (*Matth.*, x, 28). » Et, quant à mon corps lui-même, le Seigneur m'a donné la sécurité, en disant : « Un seul cheveu de votre tête ne périra pas (*Luc*, xxi, 19). » C'est donc une magnifique promesse que celle-ci : « Vous réjouirez les sorties du matin et du soir. » Car si la sortie même, ou la délivrance, ne vous charmait, vous ne feriez aucun effort pour vous échapper. Vous vous jetteriez tête baissée dans le gain illicite qui vous est promis, si les promesses du Sauveur ne vous charmaient pas. Et d'un autre côté, vous céderiez aux menaces de celui qui vous tente, si vous ne trouviez vos délices dans celui qui a souffert avant vous, pour vous ménager une sortie. « Vous réjouirez les sorties du matin et du soir. »

14. « Vous avez visité la terre et l'avez enivrée (*Ps.* lxiv, 10). » Comment le Seigneur a-t-il enivré la terre? « Combien est admirable l'ivresse de votre calice (*Ps.* xxii, 5) ! » « Vous avez visité la terre et l'avez enivrée : » Vous lui avez envoyé vos nuées ; elles ont répandu sur elle la pluie de la prédication de la vérité, et la terre a été enivrée. « Vous avez multiplié vos dons pour l'enrichir. » Comment avez-vous mul-

---

tibi promittit homo ut abducat a justitia. Noli ergo adtendere quod mundus promittit, sed quod Conditor mundi; et habebis exitum mane per Domini verbum dicentis, « Quid prodest homini, si totum mundum lucretur, animæ autem suæ detrimentum patiatur (*Matth.* xvi, 26)? » Sed ille qui te promisso lucro corrumpere, et ad iniquitatem adducere non potuit, minabitur pœnas, et convertet se ad inimicitias, et incipiet tibi dicere, Si hoc non feceris, ego ostendam, ego faciam, habebis me inimicum. Primo cum lucrum promittebat, mane tibi erat : modo jam vesperascit, tristis factus es. Sed qui dedit tibi exitum mane, dabit et vespere. Quomodo contemsisti mane sæculi ex luce Domini, sic contemne et vesperam ex passionibus Domini; ut dicas animæ tuæ, Quid mihi amplius facturus est iste, quam passus est pro me Dominus meus (*a*)? Teneam justitiam, non consentiam ad iniquitatem. Sæviat in carne : frangetur muscipula, et volabo ad Dominum meum, qui mihi ait, « Nolite timere eos qui corpus occidunt, animam autem non possunt occidere (*Matth.* x, 28). » Et de ipso corpore securitatem dedit, dicens, Capillus capitis vestri non periet (*Lucæ* xxi, 18). Magnifice hic posuit, « Delectabis exitus mane et vespere. » Si enim non te delectet ipse exitus, non laborabis exire inde. Mittis caput in lucrum promissum, si non te delectet promissio Salvatoris. Et rursus, cedis tentanti, et terrenti, si non te delectet ille qui prior passus est, ut tibi exitum faceret. « Exitus mane et vespere delectabis. »

14. « Visitasti terram, et inebriasti eam (*Psal.* lxiv, 10). » Unde inebriavit terram? « Calix tuus inebrians quam præclarus est (*Psal.* xxii, 34.) !» Visitasti eam, et inebriasti eam : misisti nubes tuas, pluerunt prædicationem veritatis, inebriata est terra. « Multiplicasti ditare eam. » Unde multiplicasti eam ditare ? « Fluvius Dei repletus est aqua. » Quis est fluvius Dei ? Populus Dei. Primus populus repletus est, unde cetera terra rigaretur. Audi illum promittentem aquam : « Si quis sitit, veniat et bibat, Qui

---

(*a*) Editi, *ut teneam.* Particula *ut* abest a MSS.

tiplié vos dons pour l'enrichir? « Le fleuve de Dieu a été rempli d'eau. » Quel est le fleuve de Dieu? Le peuple de Dieu. Un premier peuple a été rempli d'eau comme un fleuve, pour arroser le reste de la terre. Ecoutez la promesse de cette eau de la part du Seigneur : « Que celui qui a soif, vienne à moi et boive; si quelqu'un croit en moi, il sortira de son sein des fleuves d'eau vive (*Jean*, VII, 37 et 38). » Ces fleuves ne font qu'un seul fleuve; parce qu'en raison de l'unité de l'Eglise, plusieurs ne font qu'un. Il y a beaucoup d'Eglises et n'y a qu'une seule Eglise; il y a beaucoup de fidèles et le Christ n'a qu'une seule épouse; c'est ainsi qu'il y a beaucoup de fleuves et qu'il n'y a qu'un seul fleuve. Beaucoup d'Israélites ont cru et ont été remplis du Saint-Esprit : c'est pourquoi ils se sont répandus parmi les Gentils où ils ont commencé à prêcher la vérité, et le fleuve de Dieu, rempli d'eau vive, a arrosé toute la terre. « Vous avez préparé une nourriture à ses habitants, parce que vous êtes disposé à prévenir les besoins de tous. » Ce n'est pas que ceux à qui vous avez remis les péchés aient mérité de vous recevoir, car ils n'avaient à eux que le mal; mais vous vous êtes donné à eux en raison de votre miséricorde. « Parce que vous êtes disposé à prévenir les besoins de tous, vous avez préparé une nourriture aux habitants de la terre. »

15. « Enivrez ses sillons (*Ps.* LXIV, 11). » Qu'il se fasse donc d'abord des sillons, afin qu'ils soient enivrés : Que la parole de Dieu ouvre, comme un fer de charrue, la dureté de nos cœurs. « Enivrez ses sillons; multipliez ses générations. » Nous voyons l'accomplissement de cette prophétie : des hommes croient au Christ, et d'autres croient à l'exemple des premiers croyants, et ceux-ci, à leur tour, en gagnent d'autres par leur foi; il ne suffit pas à un homme devenu fidèle d'en gagner seulement un autre. C'est ainsi que la bonne semence multiplie : on sème un petit nombre de grains, et des moissons surgissent. « Enivrez ses sillons; multipliez ses générations, et toute plante naissante se réjouira des gouttes d'eau qui l'arroseront; » en attendant, sans doute, qu'elle soit assez forte pour supporter les eaux abondantes du fleuve. « Toute plante naissante se réjouira des gouttes d'eau, » qui conviennent à sa faiblesse. En effet, sur ceux qui sont encore petits et faibles, on laisse tomber goutte à goutte quelque chose des mystères sacrés, parce qu'ils ne pourraient encore supporter la plénitude de la vérité. L'Apôtre va nous apprendre comment les petits, au moment de leur naissance, c'est-à-dire quand leur naissance nouvelle encore ne leur donne que peu de capacité, reçoivent seulement quelques gouttes des eaux de la vérité. « Je n'ai pu, » dit-il, « vous parler comme à des hommes spirituels, mais seulement comme à des hommes encore charnels, comme à de petits enfants en Jésus-Christ (I *Cor.*, III, 1). » En disant : comme

---

credit in me, flumina aquæ vivæ de ventre ejus fluent (*Johan.* VII, 37 et 38). » Si flumina et unus fluvius; quia propter unitatem multi unum sunt. Multæ Ecclesiæ et una Ecclesia, multi fideles et una sponsa Christi : sic multa flumina et unus fluvius. Crediderunt multi Israëlitæ, et impleti sunt Spiritu sancto : inde diffusi sunt per Gentes, cœperunt prædicare veritatem, et de fluvio Dei qui impletus est aqua, irrigata est tota terra. « Parasti cibum illorum : quia ita est præparatio tua. » Non quia te promeruerunt, quibus peccata donasti : merita illorum mala erant; sed tu propter misericordiam tuam, « quia ita est præparatio tua, ita parasti cibum illorum. »

13. « Sulcos ejus inebria (*Ps.* LXIV, 11). » Fiant ergo primo sulci qui inebrientur : duritia pectoris nostri aperiatur vomere sermonis Dei, « Sulcos ejus inebria : multiplica generationes ejus. » Videmus, credunt, et ex credentibus alii credunt, et ex illis alii credunt, et non sufficit uni homini, ut factus ipse (*a*) fidelis unum lucretur. Sic multiplicatur et semen : pauca grana mittuntur, et segetes exsurgunt. « Sulcos ejus inebria : multiplica generationes ejus; in stillicidiis suis lætabitur, cum exorietur. » Id est, antequam sit forte idonea capacitati fluminis, « cum exorietur, in stillicidiis suis, » id est, sibi congruis, « lætabitur. » Parvulis enim adhuc et infirmis stillantur quædam de sacramentis, quia non possunt capere plenitudinem veritatis. Audi quomodo stillet parvulis dum exoriuntur, id est, in recenti ortu minus capacibus : Apostolus dicit, « Non potui vobis loqui quasi spiritalibus, sed quasi carnalibus, quasi parvulis in Christo (I *Cor.* III, 1). » Cum dicit, parvulis in Christo, jam dicit exortos; sed nondum idoneos ad ca-

---

(*a*) Sic omnes MSS. At editi, *ut factus ipse sit fidelis, si non et alium lucretur.*

à de petits enfants en Jésus-Christ, il montre qu'ils sont déjà nés à la foi, mais qu'ils ne sont pas capables de soutenir cette abondance de sagesse dont il dit ailleurs : « Nous parlons le langage de la sagesse au milieu des parfaits (1 *Cor.*, II, 6,). » Que celui qui vient de naître et qui prend sa croissance se réjouisse de ces gouttes d'eau qu'il reçoit ; plus tard, lorsqu'il sera devenu fort, il recevra aussi la plénitude de la sagesse. C'est ainsi que l'enfant est nourri de lait et devient apte à recevoir des aliments solides ; cependant, le lait qu'il prenait d'abord était fait pour lui de ces mêmes aliments qu'il n'était pas capable de recevoir. « Toute plante naissante se réjouira des gouttes d'eau qui l'arroseront. »

16. « Dans votre bonté, vous bénirez la couronne de toute l'année (*Ps.* LXIV, 12). » On sème d'abord ; puis le grain semé grandit jusqu'à ce que vienne la moisson. Mais voici que l'ennemi a semé de l'ivraie par-dessus la bonne semence ; et des méchants, de faux Chrétiens, sont nés au milieu des bons ; les herbes sont semblables, mais le fruit n'est pas le même. En effet, on appelle proprement du nom d'ivraie, des herbes qui, en naissant, ressemblent au blé ; telles sont l'ivraie, l'avoine et les autres herbes dont les premières pousses sont absolument pareilles à celles du blé. C'est pourquoi le Seigneur a dit à propos de l'ivraie semée au milieu du bon grain : « L'ennemi vint et sema de l'ivraie par-dessus le froment, mais quand l'herbe eut poussé et produit des épis, l'ivraie commença à paraître manifestement (*Matth.* XIII, 25 et 26). » L'ennemi vint donc et sema de l'ivraie par-dessus le froment : mais quel mal fit-il au froment ? Le froment n'est pas étouffé par l'ivraie ; bien plus, en n'essayant pas d'arracher l'ivraie, on permet au blé de produire son fruit. Aussi le Seigneur a-t-il dit à des ouvriers qui voulaient arracher l'ivraie : « Laissez-les pousser tous deux jusqu'à la moisson, de peur qu'en voulant arracher l'ivraie, vous n'arrachiez en même temps le blé ; mais, à l'époque de la moisson, je dirai aux moissonneurs : Rassemblez d'abord l'ivraie et liez-la en bottes pour la jeter au feu ; mais, quant au blé, renfermez-le dans le grenier (*Ibid.* 30). » La moisson qui se fera à la fin des siècles est ici appelée la fin de l'année. « Dans votre bonté, vous bénirez la couronne de l'année. » Si vous entendez parler de couronne, c'est qu'il s'agit de la gloire d'une victoire. Triomphez du démon, et vous recevrez la couronne. « Vous bénirez, dans votre bonté, la couronne de l'année. » Le Prophète rappelle encore ici la bonté de Dieu, de peur qu'on ne se glorifie de ses propres mérites.

17. « Et vos champs regorgeront d'abondance. L'étendue du désert s'engraissera et les collines se pareront d'allégresse (*Ps.* LXIV, 12). »

---

piendam illam uberem sapientiam, de qua dicit, « Sapientiam loquimur inter perfectos (I *Cor.* II, 6). » Lætetur in stillicidiis suis, cum (*a*) exorietur et augetur, roboratus capiet et sapientiam : quomodo infans nutritur lacte, et fit idoneus cibo, tamen primo de ipso cibo cui minus idoneus erat, illi lac factum est. « In stillicidiis suis lætabitur, cum exorietur. »

16. « Benedices coronam anni benignitatis tuæ (Ps. LXIV, 12). » Seminatur modo, crescit quod seminatur, erit et messis. Et modo super semen superseminavit inimicus zizania ; et exorti sunt mali inter bonos, pseudo-christiani, similem habentes herbam, sed non parem fructum. Etenim zizania ea proprie dicuntur, quæ nascuntur in similitudine frumentorum ; sicuti est lolium, sicuti est avena, et cetera talia quæ primam herbam prorsus similem habent. Propterea de seminatione ziziniorum hoc dicit Dominus : « Venit inimicus et superseminavit zizania, cum autem crevisset herba, et fructum fecisset, tunc apparuerunt zizania (*Matth.* CIII, 25 et 26). » Ergo venit inimicus, et superseminavit zizania : sed quid fecit tritico ? Non opprimitur zizaniis frumentum, immo per tolerantiam ziziniorum crescit fructus frumentorum. Ipse enim Dominus dixit quibusdam operariis volentibus eradicare zizania, « Sinite utraque crescere usque ad messem, ne forte cum vultis eradicare zizania, eradicetis simul et frumentum : sed in tempore messis dicam messoribus, Colligite primum zizania, et alligate fasciculos ad comburendum, frumentum autem recondite in horreum, ille est finis anni messis sæculi. « Benedices coronam anni benignitatis tuæ. » Coronam ubi audis, gloria victoriæ significatur. Vince diabolum, et habebis coronam. « Benedices coronam anni benignitatis tuæ. » Rursus comendat benignitatem Dei, ne quisquam de suis meritis glorietur.

17. « Et campi tui replebuntur ubertate : pinguescent fines deserti, et colles exsultatione

---

(*a*) Sic aliquot MSS. At editi, *cum exorietur, augeatur et roboretur*.

Les champs, les collines, l'étendue du désert, désignent également les hommes : les champs, parce qu'ils forment des plaines unies, c'est pourquoi, en raison de leur surface plane, ils sont la figure du peuple juste ; les collines, à cause de leur élévation, parce que Dieu élève en lui ceux qui s'abaissent ; l'étendue du désert, parce qu'elle figure tous les Gentils. Pourquoi l'étendue du désert ? Parce que les Gentils étaient dans le désert, nul Prophète ne leur avait été envoyé ; ils étaient comme le désert, où personne ne passe. La parole de Dieu ne fut en effet jamais annoncée aux Gentils ; les Prophètes ne la prêchèrent qu'au peuple d'Israël. Arriva l'époque de la venue du Seigneur ; ceux des Juifs qui crurent en lui devinrent le bon grain. Car le Seigneur dit alors à ses disciples : « Vous dites que la moisson est encore éloignée ; regardez et voyez ces contrées, elles sont déjà blanches et prêtes pour la moisson (*Jean*, IV, 35). » Il y eut donc alors une première moisson ; la seconde aura lieu à la fin du monde. La première moisson a été celle des Juifs ; parce que c'est à eux qu'étaient envoyés les Prophètes qui annonçaient l'avénement du Sauveur. C'est pourquoi le Seigneur a dit à ses disciples : « Voyez : ces contrées sont blanches, et mûres pour la moisson. » Ces contrées étaient celles de la Judée. « D'autres, dit-il, ont travaillé et vous êtes entrés dans leurs travaux (*Ibid.* 38). »

Les Prophètes ont travaillé pour semer, et vous êtes entrés, avec la faux, dans leurs travaux. La première moisson s'est donc faite, et avec le froment qu'elle a rendu et qui a été alors passé au crible, le monde entier a été ensemencé pour la seconde récolte qui doit se faire à la fin du monde. Dans cette seconde moisson, l'ivraie a été semée par-dessus le bon grain, et c'est en vue de cette seconde moisson que l'on travaille maintenant. De même que les Prophètes ont travaillé à la première, jusqu'à l'avénement du Seigneur ; de même les Apôtres ont travaillé à la seconde et tous les prédicateurs de la vérité y travailleront encore, jusqu'à ce qu'enfin le Seigneur envoie ses Anges pour recueillir la récolte. Précédemment la plaine était donc un désert, « mais l'étendue du désert s'engraissera. » Voici que, dans les pays où la voix des Prophètes n'avait pas retenti, le maître des Prophètes a été reçu. « L'étendue du désert s'engraissera, et les collines se pareront d'allégresse. »

18. « Les béliers des brebis ont été revêtus : il faut sous-entendre : d'allégresse (*Ps.* LXIV, 14). » En effet, cette même allégresse dont les collines sont parées sera le vêtement des béliers. Les béliers sont les mêmes que les collines. Ils portent le nom de colline parce qu'ils sont élevés en grâce, et celui de béliers parce qu'ils sont les conducteurs du troupeau. Les béliers, c'est-à-dire les Apôtres, sont donc revê-

---

accingentur (*Ps.* LXIV, 12 et 13). » Campi, colles, fines deserti, iidem ipsi sunt homines. Campi propter æqualitatem : ergo propter æqualitatem, inde dicti sunt campi populi justi. Colles propter erectionem : quia erigit in se Deus eos qui se humiliant. Fines deserti, omnes Gentes. Quare fines deserti ? Deserti erant, nullus ad eos Propheta missus erat : sic erant illi quomodo eremus, qua non transit homo. Nullum verbum Dei missum est ad Gentes : soli populo Israel prædicaverunt Prophetæ. Ventum est ad Dominum, crediderunt frumenta in ipso populo Judæorum. Nam dixit tunc discipulis, « Dicitis quia longe est messis, respicite, et videte quia albæ sunt regiones ad messem (*Johan.*, IV, 35). » Fuit ergo messis prima, erit secunda in ultimo sæculo. Messis prima de Judæis, quia mittebantur ad illos Prophetæ annuntiantes venturum Salvatorem. Ideo dixit discipulis suis Dominus, « Videte quia albæ sunt regiones ad messem : » regiones utique Judææ, « Alii, inquit, laboraverunt, et vos in eorum labores intrastis (*Ibid.*, 38). » Labora-verunt Prophetæ ut seminarent, et vos cum falce intrastis ad illorum labores. Facta est ergo prima messis : et inde de ipso frumento quod tunc purgatum est, seminatus est orbis terrarum, ut surgat alia messis quæ in fine metenda est. In secunda messe superseminata sunt zizania, modo hic laboratur. Quomodo in illa prima laboraverunt Prophetæ quo usque veniret Dominus : sic in ista secunda laboraverunt Apostoli, et omnes prædicatores veritatis laborant, quo usque in finem Dominus mittat in messem Angelos suos. Antea ergo desertum erat, sed « pinguescent fines deserti. » Ecce ubi Prophetæ non sonuerant, Dominus Prophetarum acceptus est. « Pinguescent fines deserti, et exsultatione colles accingentur. »

18. « Induti sunt arietes ovium (*Psal.*, LXIV, 14) : » subaudiendum, exsultatione. Qua enim exsultatione colles accingentur, hac induuntur arietes ovium. Ipsi arietes, qui colles. Colles enim, eminentiore gratia ; arietes, quia duces gregum. Arietes ergo

tus d'allégresse, et ils se réjouissent des fruits qu'ils recueillent : ils n'ont pas travaillé sans résultat, ils n'ont pas prêché sans profit. « Les béliers des brebis ont été revêtus d'allégresse, et les vallées regorgeront de froment. » Les peuples les plus obscurs produiront des fruits abondants. « Elles crieront. » Les vallées regorgeront de blé parce qu'elles auront crié vers Dieu. Et que crieront-elles ? « Car elles chanteront des hymnes. » Autre chose est de crier contre Dieu, autre chose de chanter des hymnes; autre chose de jeter des cris sacriléges, autre chose de célébrer les louanges de Dieu. Si vous criez en blasphémant, vous produisez des épines ; si vous criez en chantant des hymnes, vous produisez du blé en abondance.

Apostoli induti sunt exsultatione, gaudent de fructibus suis, non sine caussa laboraverunt, non sine caussa prædicaverunt. « Induti sunt arietes ovium : et convalles abundabunt frumento : » Et humiles populi multum fructum afferent. « Clamabunt. » Inde abundabunt frumento, quia clamabunt. Quid clamabunt ? « Etenim hymnum dicent. » Aliud est enim clamare adversus Deum, aliud hymnum dicere : aliud clamare sacrilegia, aliud clamare laudes Dei. Si clamas in blasphemia, spinas protulisti : si clamas in hymno, abundas frumento.

DISCOURS [1] SUR LE PSAUME LXV.

1. Voici le titre inscrit en tête de ce psaume : « Pour la fin, cantique du psaume de la résurrection (*Ps.* LXV, 1). » Lorsque, dans l'énoncé d'un psaume vous entendez ces mots : « Pour la fin, » comprenez qu'ils s'appliquent au Christ, selon cette parole de l'Apôtre : « Le Christ est la fin de la loi, pour la justification de tous ceux qui croient en lui (*Rom.*, X, 4). » Vous entendrez donc, autant que le Seigneur daignera seconder nos efforts et nous découvrir ce mystère, comment et de qui la résurrection est chantée dans ce psaume. Nous savons, en effet, nous qui sommes chrétiens, que la résurrection est déjà accomplie dans notre tête et qu'elle s'accomplira aussi dans les membres. Le Christ est la tête de l'Eglise et l'Eglise est composée des membres du Christ (*Coloss.*, I, 18). Ce qui a précédé pour la tête viendra ensuite pour le

IN PSALMUM LXV.

ENARRATIO.

1. Inscribitur in titulo Psalmus iste, « In finem canticum Psalmi resurrectionis, (Ps LXV, 1). » In finem, cum auditis, quando Psalmi pronuntiantur, In Christum intelligite : dicente Apostolo, « Finis enim Legis Christus ad justitiam omni credenti (*Rom.*, X. 4).» Quomodo ergo hic cantetur resurrectio, et cujus resurrectio, quantum ipse donare et aperire dignatur, audietis. Resurrectionem enim Christiani novimus in capite nostro jam factam, et in membris futuram. « Caput Ecclesiæ Christus est, membra Christi Ecclesia (*Coloss.*, I, 18). » Quod præcessit in capite, sequetur in corpore. Hæc est spes nostra : ad hoc credimus, ad hoc duramus, et perseveramus in tanta malignitate hujus sæculi, consolante nos spe, antequam spes fiat res. Res enim erit cum et nos resurrexerimus, et in (*a*) cælestem habitum commutati æquales Angelis facti fuerimus (*Matth.*, XXII, 30). Quis hoc spe-

(1) Discours au peuple.
(*a*) MSS. plerique, *cœlestium*.

corps. Telle est notre espérance; c'est pour ce motif que nous croyons, c'est pour ce motif que nous tenons bon. Nous persévérons au milieu de toute la méchanceté du monde, consolés que nous sommes par l'espérance, jusqu'à ce que l'espérance se change en réalité. La réalité viendra, lorsque nous serons ressuscités et que, changés en un état céleste, nous serons devenus semblables aux Anges. Qui oserait espérer de tels biens, si la Vérité elle-même ne les promettait? Or, les Juifs, en vertu des promesses divines, possédaient cette espérance, et ils se glorifiaient grandement de la bonté et de la justice apparente de leurs œuvres, parce qu'en vivant selon la loi qu'ils avaient reçue, ils comptaient obtenir ici-bas des biens charnels et, dans la résurrection des morts, des biens semblables à ceux qui les charmaient en ce monde. C'est pourquoi les Juifs ne pouvaient répondre aux Sadducéens qui niaient la future résurrection des morts, sur la question que ces mêmes Sadducéens présentèrent au Seigneur. Que les Juifs n'aient pu résoudre cette question, nous le concluons de l'étonnement qu'ils ont manifesté, quand le Seigneur l'eût résolue. La question des Sadducéens était relative à une femme qui aurait eu sept maris, non pas ensemble, mais successivement. En effet, dans le but d'assurer la continuité des familles, la loi avait prescrit que, quand un homme mourrait sans enfants, son frère, s'il en avait un, épouserait sa veuve;

afin de susciter des enfants au défunt (*Deut.* XXV, 5). Les Sadducéens supposaient donc une femme qui avait eu sept maris, tous morts sans enfants, et qui tous, pour obéir à la loi, avaient épousé la veuve de leur frère; et ils demandaient au Christ duquel de ces sept hommes elle serait la femme, lors de la résurrection (*Matth.*, XXII, 23, et *Luc.*, XX, 27). Sans aucun doute, les Juifs n'auraient pas été embarrassés par cette question, et ils ne se seraient pas sentis incapables de la résoudre, s'ils n'avaient borné leurs espérances, pour le moment de la résurrection, aux seuls biens qu'ils recherchaient en cette vie. Mais le Seigneur qui promettait aux hommes qu'ils seraient semblables aux Anges, et non qu'ils porteraient encore une chair corruptible, leur dit : « Vous êtes dans l'erreur, parce que vous ne connaissez ni les Ecritures ni la puissance de Dieu. Car après la résurrection, les femmes n'auront pas de mari, ni les hommes d'épouse; parce qu'ils ne seront plus sujets à la mort et qu'ils seront semblables aux Anges de Dieu (*Matth.*, XXII, 29, et *Luc*, XX, 35). » Par là, le Seigneur a montré qu'il faut trouver qui succède, quand il y a à pleurer qui décède; mais dans le ciel il n'y aura point à chercher qui succédera, parce que nul n'y décédera. C'est pourquoi le Seigneur ajoute : ils ne seront plus sujets à la mort. Cependant, comme les Juifs admettaient, bien qu'avec des pensées charnelles, l'espérance de la résurrection, ils

rare auderet, nisi veritas promitteret (*Lucæ.*, XX, 36)? Hanc autem spem promissam sibi Judæi tenebant, et de bonis et quasi justis operibus multum gloriabantur, quod acceperant Legem secundum quam vivendo, et hic haberent bona carnalia, et in resurrectione mortuorum talia sperabant, de qualibus hic gaudebant. Propterea Sadducæis, qui negabant futuram resurrectionem, Judæi respondere non poterant proponentibus quæstionem, quam Domino proposuerunt iidem Sadducæi. Hinc enim intelligimus eos hanc quæstionem solvere non potuisse, quia Domino solvente mirati sunt. Proponebant ergo Sadducæi quæstionem de quadam muliere, quæ habuit septem viros, non simul, sed succedentes sibi. Erat enim hoc Legis ad populum propagandum, ut qui forte sine liberis defungeretur, frater ejus (si haberet) acciperet uxorem ejus, ad suscitandum semen

fratri suo (*Deut.*, XXV, 5). Proposita ergo illa muliere, quæ habuit septem viros omnes mortuos sine liberis, et ad hoc officium implendum ducentes fratris uxorem, dixerunt quærentes, « In resurrectione cujus eorum erit uxor (*Matth.*, XXII, 28. *Lucæ*, XX, 33)? Procul dubio Judæi non fatigarentur, non deficerent in ista quæstione, si non talia sibi in resurrectione sperarent, qualia agebant in hac vita. Dominus autem æqualitatem Angelorum promittens, non humanam carnis corruptionem, ait illis : « Erratis, nescientes Scripturas neque virtutem Dei; in resurrectione enim neque nubent, neque uxores ducent : neque enim incipient mori, sed erunt æquales Angelis Dei (*Matth.*, XXII, 29. *Luc*, XX, 35). » Demonstravit quod ibi (a) sit necessaria successio, ubi doletur decessio : ibi quia decessores non erunt, nec successores quærentur. Ad hoc enim subjicit, Non

---

(a) Sic MSS. At editi, *ibi non esit necessari asuccessio, ubi deletur decessio.*

DISCOURS SUR LE PSAUME LXV.

se réjouirent de la réponse faite aux Sadducéens, avec lesquels ils étaient en litige sur cette question obscure et incertaine. Les Juifs gardaient donc l'espérance de la résurrection, et ils croyaient qu'eux seuls ressusciteraient pour la vie heureuse, en raison de l'accomplissement de leur loi et de la justice qui leur venait des Ecritures, qu'eux seuls possédaient et que les Gentils n'avaient pas. Le Christ fut mis en croix; « une partie d'Israël fut frappée d'aveuglement, pour que la plénitude des Gentils entrât dans l'Eglise, » selon les paroles de l'Apôtre (*Rom.*, XI, 25). Dès lors la résurrection des morts fut promise aussi aux Gentils qui croiraient au Christ et à sa résurrection. C'est pourquoi ce psaume est dirigé contre la présomption et l'orgueil des Juifs, et il appuie la foi des Gentils dans leur espérance d'une même résurrection.

2. Ces paroles, mes frères, vous révèlent en quelque sorte tout l'esprit de ce psaume. Que votre attention se porte sur ce que je viens de dire, sur ce que je viens de vous proposer ; que nulle pensée étrangère ne vous en détourne. Ce psaume s'élève contre la présomption des Juifs qui espéraient obtenir la résurrection en vertu de la justification que pouvait leur donner leur loi, et qui ont crucifié le Christ, le premier ressuscité d'entre les morts : le Christ dont les membres devaient ressusciter, et devaient être non-seulement les Juifs, mais tous ceux qui croiraient en lui, c'est-à-dire toutes les nations. C'est de cette pensée que part le Prophète : « Poussez vers Dieu des cris de jubilation ; » mais qui donc ? « habitants de toute la terre (*Ps.* LXV, 2). » Ce n'est donc pas à la Judée seulement de se réjouir. Voyez, mes frères, comment est désignée ici l'universalité de l'Eglise répandue par toute la terre, et ne plaignez pas seulement les Juifs qui enviaient cette grâce aux Gentils, mais pleurez encore plus sur les hérétiques. Si, en effet, il y a lieu de gémir sur ceux qui n'ont pas été réunis à l'Eglise, combien sont plus à plaindre encore, ceux qui, après y avoir été réunis, s'en sont éloignés ? « Poussez vers Dieu des cris de jubilation, habitants de toute la terre. » Que veut dire : « Poussez des cris de jubilation ? » Que votre joie, si elle ne peut s'expliquer par des paroles, s'échappe en cris d'allégresse. En effet, la jubilation ne s'exprime point en discours, mais se produit au dehors par des sons inarticulés que semble jeter un cœur qui a porté en lui-même et qui enfante en quelque sorte le bonheur qu'il a conçu, bonheur que des paroles sont impuissantes à traduire. « Poussez vers Dieu des cris de jubilation, habitants de toute la terre ». Point de jubilation à part ; je le répète, point de jubilation à part. Jubilation pour toute la terre, jubilation pour la Catholicité. La Catholicité

---

enim incipient mori. Verumtamen quia Judæi tenebant, etsi carnaliter, spem resurrectionis futuræ, gavisi sunt responsum esse Sadducæis, cum quibus illis erat de hac ancipiti et obscura quæstione certamen. Tenebant ergo Judæi spem resurrectionis mortuorum : et (*a*) solos se ad beatam vitam resurrecturos sperabant propter opus Legis, et propter justificationes Scripturarum, quas habebant soli Judæi, et Gentes non habebant. Crucifixus est Christus, cæcitas ex parte Israel facta est, ut plenitudo Gentium intraret (*Rom.*, XI, 25) : hoc Apostolo dicente. Cœpit etiam Gentibus promitti resurrectio mortuorum, credentibus in Jesum Christum quod resurrexerit. Inde Psalmus iste est adversus præsumtionem et superbiam Judæorum, pro fide Gentium ad eamdem spem resurrectionis vocatarum.

2. Quodam modo, Fratres mei, (*b*) animum Psalmi audisti. In hoc quod dixi, in hoc quod proposui, tota vestra suspendatur intentio ; hinc vos nulla cogitatio avertat : contra præsumtionem dicitur Judæorum, qui de justificationibus Legis sperabant sibi resurrectionem, et crucifixerunt Christum qui primus resurrexit, non membra resurrectura solos Judæos (*c*) habiturus, sed omnes qui in eum credidissent, id est, omnes Gentes. Inde cœpit, « Jubilate Deo. » Qui ? « Omnis terra (*Psal.*, LXV, 2). » Non ergo sola Judæa. Videte Fratres, quemadmodum commendetur universitas Ecclesiæ toto orbe diffusæ : et non solum dolete Judæos, qui gratiam istam Gentibus invidebant, sed plus hæreticos plangite. Si enim dolendi sunt qui collecti non sunt, quanto amplius qui collecti divisi sunt ? « Jubilate Deo omnis terra. » Quid est, « Jubilate ? » In vocem erumpite gaudiorum, si non potestis verborum. Non enim verbis jubilatur, sed solus gaudentium sonitus redditur, quasi parturientis et parientis cordis lætitiam (*d*) in vocem rei

---

(*a*) Plerique MSS. *soli se ad beatam vitam resurrecturos putabant.* (*b*) Omnes prope MSS. *animam.* (*c*) Sic aliquot MSS. At editi, *habituros.* (*d*) MSS. *in voce lætitiæ* (vel *lætitiam*) *rei conceptæ.*

TOM. XIII. 8

possède le tout ; quiconque ne possède qu'une partie et s'est divisé du tout, au lieu de cris de jubilation, ne pousse que des hurlements. « Poussez vers Dieu des cris de jubilation, habitants de toute la terre. »

3. « Chantez sur la psaltérion en l'honneur de son nom (*Ibid.*, 2). » Que dit le Prophète? Bénissez son nom, en chantant sur le psaltérion. Qu'est-ce que chanter sur le psaltérion? Je vous l'ai dit hier, et je pense que Votre Charité s'en souvient. Chanter sur le psaltérion, c'est prendre un instrument qui porte ce nom, et marier à sa voix les sons que l'on produit en le frappant de la main. Si donc vous poussez des cris de jubilation de manière à être entendu de Dieu, chantez aussi sur le psaltérion de manière à être vu et entendu des hommes ; mais ne le faites pas pour l'honneur de votre nom. « Gardez-vous en effet, d'accomplir devant les hommes vos œuvres de justice, pour qu'ils vous voient (*Matth.*, VI, 1). » Et pour le nom de qui, me direz-vous, chanterai-je sur le psaltérion, de manière à ce que les hommes ne voient pas mes actions? Faites attention à ces autres paroles : « Que vos actions brillent devant les hommes, afin qu'ils voient le bien que vous faites et qu'ils glorifient votre Père qui est dans les cieux (*Matth.*, V, 16). » Qu'ils voient vos bonnes actions, pour en glorifier Dieu et non pour vous en glorifier. Car si vous faites de bonnes œuvres pour vous en glorifier, il vous sera répondu ce que le Seigneur a dit lui-même de certains hommes : « En vérité, je vous le dis : ils ont reçu leur récompense (*Matth.*, VI, 2). » Et aussi : « Vous ne recevrez aucune récompense de votre Père, qui est dans les cieux (*Ibid.*, 1). » Dois-je donc, me direz-vous encore, cacher mes actions, de peur de les faire devant les hommes ? Non, car le Seigneur a dit : « Que vos œuvres brillent devant les hommes. » Me voici donc dans la perplexité. D'un côté vous me dites : Gardez-vous d'accomplir vos œuvres de justice aux yeux des hommes ; et d'autre part vous me dites : Que vos bonnes œuvres brillent aux yeux des hommes ; lequel de ces deux commandements observerai-je? Que faire? Que laisser? Un homme ne peut pas plus servir deux maîtres qui lui donnent des ordres contraires, qu'un seul qui lui donne deux ordres opposés. Mais, dit le Seigneur, je ne vous commande pas deux choses contraires. Faites attention à votre fin, chantez pour votre fin ; voyez pour quelle fin vous agissez. Agir pour vous glorifier, c'est là ce que je défends ; agir pour glorifier Dieu, c'est là ce que j'ordonne. Chantez donc sur le psaltérion, non à la gloire de votre nom, mais, à la gloire du nom de votre Dieu. Chantez sur le psaltérion, et qu'il en soit loué ; vivez saintement, et qu'il

---

conceptæ, quæ verbis explicari non possit. « Jubilate Deo omnis terra : » nemo jubilet in parte. Nemo inquam, jubilet in parte : omnis terra jubilet, Catholica jubilet. Catholica totum tenet : quicumque partem tenet, et a toto præcisus est, ululare vult, non jubilare, « Jubilate Deo omnis terra. »

3. « Psallite autem nomini ejus (*Ibid.* 2). » Quid dixit? Psallentibus vobis benedicatur nomen ejus. Quid sit autem psallere, heri dixi, et credo meminisse Caritatem Vestram. Psallere, est organum etiam assumere, quod psalterium dicitur, et pulsu atque opere manuum vocibus concordare. Si ergo jubilatis, quod Deus audiat ; psallite etiam, quod homines et videant et audiant : sed non nomini vestro. « Cavete enim facere justitiam vestram coram hominibus, ut videamini ab eis (*Matth.*, VI, 1). » Et propter cujus nomen, inquies, psallam, ut (*a*) non videantur ab hominibus opera mea? Adtendite alio loco. « Luceant opera vestra coram hominibus, ut videant bona facta vestra, et glorificent Patrem vestrum qui in cælis est (*Matth.*, V, 16). » Videant bona facta vestra, et glorificent, non vos, sed Deum. Nam si propter vos glorificandos facitis opera bona, respondetur quod ipse dixit de quibusdam talibus, « Amen dico vobis, perceperunt mercedem suam (*Matth.*, VI, 2), » et iterum, « Alioquin mercedem non habebitis apud Patrem vestrum qui in cælis est (*Ibid.*, 1). » Ergo, inquies, debeo abscondere opera mea, ne faciam coram hominibus? Non. Sed quid ait? « Luceant opera vestra coram hominibus. » Anceps ergo remanebo. Hac mihi dicis. « Cavete facere justitiam vestram coram hominibus : » hac mihi dicis, « Luceant opera vestra bona coram hominibus: » quid observabo ? quid faciam ? quid relinquam ? Tam non potest homo servire duobus dominis diversa jubentibus, quam nec uni diversa jubenti. Non, ait Dominus, diversa jubeo. Finem adtende, in finem canta : quo fine facias, vide. Si ideo facis ut tu glorificeris, hoc pro-

---

(*a*) Abest, *non*, a plerisque MSS.

en soit glorifié. De qui en effet, tenez-vous le pouvoir de vivre saintement? Si vous l'aviez toujours eu, vous n'auriez jamais mal vécu ; si vous le teniez de vous, il n'y a point un moment où vous n'eussiez bien vécu. « Chantez à la gloire de son nom sur le psaltérion. »

4. « Que vos louanges le glorifient (*Ps.* LXV, 2). » Le Prophète dirige tous nos efforts vers la louange de Dieu ; il ne nous laisse aucune occasion de nous louer nous-mêmes. Ne faisons que nous en glorifier et nous en réjouir davantage ; attachons-nous à Dieu et trouvons en lui notre louange. Dans l'épître de l'Apôtre qui vous a été lue, vous avez entendu ces paroles : « Considérez, mes frères, quels sont ceux d'entre vous qui ont été appelés ; il y en a peu de sages selon la chair, peu de puissants et peu de nobles. Mais Dieu a choisi ce qui est insensé selon le monde pour confondre les sages ; il a choisi ce qui est faible selon le monde pour confondre ce qui est fort ; et il a choisi ce qui est méprisable selon le monde et ce qui n'est pas comme ce qui est, pour réduire à néant ce qui est (I. *Cor.*, 1, 26). » Qu'a voulu dire l'Apôtre ? Qu'a-t-il voulu nous montrer ? que notre Seigneur Jésus-Christ est descendu du Ciel pour réparer le genre humain et donner sa grâce à tous ceux qui comprennent que toute grâce vient de lui et non de leurs mérites. Or, pour que personne ne se glorifiât selon la chair, il a choisi les faibles. Car c'est pour ce motif que Nathanaël lui-même n'a pas été choisi. Pourquoi pensez-vous, en effet, qu'il ait choisi le publicain Matthieu, assis au bureau des impôts, et qu'il n'ait pas choisi Nathanaël à qui le Seigneur lui-même a rendu ce témoignage : « Voici vraiment un Israélite, en qui il n'y a point d'artifice (*Jean*, 1, 47)? » Nous savons d'ailleurs que Nathanaël était versé dans la science de la loi. Ce n'est pas que le Seigneur ne dût choisir aussi des savants, mais s'il avait d'abord choisi des savants, ceux-ci auraient attribué leur élection au mérite de leur science, et de la sorte leur science eût été louée, tandis que la gloire de la grâce du Christ eût été amoindrie. Le Seigneur rendit donc témoignage à Nathanaël, comme à un homme bon et fidèle, dans lequel il n'y avait pas d'artifice ; mais cependant il ne le prit pas au nombre de ses disciples, qu'il choisit d'abord parmi les ignorants. Et comment savons-nous que Nathanaël était versé dans la science de la loi ? C'est qu'ayant entendu dire par un de ceux qui avaient suivi le Seigneur : Nous avons trouvé le Messie ; c'est-à-dire le Christ, il demanda d'où il venait. De Nazareth, lui répondit-on, et il reprit : « Il peut venir quelque chose de bon de

Libui : si autem ideo ut Deus glorificetur, hoc jussi. Psallite ergo, non nomini vestro, sed nomini Domini Dei vestri. Vos psallite, ille laudetur : vos bene vivite, ille glorificetur. Unde enim habetis ipsum bene vivere? Si æternum haberetis, numquam male vixissetis : si a vobis haberetis, numquam (*a*) non bene vixissetis. « Psallite autem nomini ejus. »

4. « Date gloriam laudi ejus (*Ps.* LXV, 2). » Totam intentionem nostram in laudem Dei mittit, nihil nobis relinquit unde laudemur. Gloriemur (*b*) inde magis, et gaudeamus : illi inhæreamus, in illo laudemur. Audistis cum legeretur Apostolus, « Videte vocationem vestram Fratres, quia non multi potentes, non multi nobiles, sed stulta mundi elegit Deus, ut confundat sapientes ; et infirma mundi elegit Deus, ut confundat fortia ; et ignobilia mundi elegit Deus, et ea quæ non sunt tamquam quæ sunt, ut ea quæ sunt evacuentur (I. *Cor.*, I, 26 etc.). » Quid voluit dicere ? quid voluit ostendere ? Descendit Dominus Deus noster Jesus Christus (*c*) reparare genus humanum, et dare gratiam suam omnibus intelligentibus, quia gratia illius est, non merita eorum : et ne quælibet persona gloriaretur in carne, infirmos elegit. Nam inde non est electus etiam ille Nathanael. Quid enim tibi videtur, ut publicanum in telonio sedentem eligeret Matthæum (*Matth.*, IX, 9), et non eligeret Nathanael cui perhibuit testimonium ipse Dominus, dicens, « Ecce verus Israelita, in quo dolus non est (*Johan.*, 1, 47). » Intelligitur ergo Nathanael iste doctus fuisse in Lege. Non quia doctos non erat electurus : sed si ipsos primo elegisset doctrinæ suæ merito se electos putarent, ita illorum scientia laudaretur, et laus Christi gratiæ minueretur. Perhibuit testimonium tamquam bono fideli, in quo dolus non erat : sed tamen cum non assumsit inter illos discipulos, quos primum idiotas elegit. Et unde intelligimus quod ille peritus erat Legis ? Quando audivit ab uno ex eis qui secuti erant Domino, dicente, « Invenimus Messiam, quod interpretatur Christus (*Johan.*, 1, 41, etc.) : » quæsivit unde,

---

(*a*) Editi et MSS. *numquam bene* : omissa negatione, quæ abesse salvo sensu non poterat. (*b*) Sic MSS. At editi, *in Deo*.
(*c*) Editi, *in spiritu reparare*. Abest, *in spiritu*, a plerisque MSS.

Nazareth (*Jean*, 1, 47). » Sans aucun doute, celui qui avait compris qu'il pouvait venir quelque chose de bon de Nazareth avait la science de la loi, et avait étudié les Prophètes avec fruit. Je sais qu'on prononce quelquefois ces paroles, en leur donnant un sens différent; mais cette interprétation n'est pas approuvée par les plus habiles. En effet, ce serait supposer que Nathanaël aurait désespéré de la venue du Sauveur, si, après avoir entendu dire que Jésus était sorti de Nazareth, il avait dit : Peut-il venir quelque chose de bon de Nazareth ? C'est-à-dire, est-ce possible ? S'il eût prononcé cette parole dans ce sens, elle eût exprimé un véritable désespoir. Mais voici ce qui suit : « Venez et voyez. » Ces paroles : Venez et voyez, peuvent faire suite à la première phrase, de quelque manière qu'on la prononce. Si vous dites, comme avec incrédulité : Peut-il venir quelque chose de bon de Nazareth ? On vous répond : « Venez et voyez » ce que vous ne croyez pas. D'un autre côté, si vous dites, pour confirmer ce que vous avez entendu : « Il peut venir quelque chose de bon de Nazareth, » on vous répond : « Venez et voyez » combien est réellement bon ce que je vous annonce comme venant de Nazareth ; venez juger par vous-même combien vous avez raison de le croire. Quoi qu'il en soit d'ailleurs, ce qui nous fait juger que Nathanaël était un docteur de la loi, c'est qu'il n'a pas été choisi pour être du nombre des disciples, par celui qui a d'abord choisi ce qui était insensé selon le monde, (I. *Cor.*, 1, 27), et qui s'est borné à rendre de lui ce témoignage : « Voici vraiment un Israélite, en qui il n'y a point d'artifice (*Jean*. 1, 47). » Le Seigneur a choisi dans la suite des orateurs ; mais ils se seraient enorgueillis, s'il n'avait d'abord choisi des pêcheurs. Il a choisi des riches ; mais ils auraient dit qu'ils devaient leur élection au mérite de leur richesse, s'il n'avait d'abord choisi des pauvres. Il a choisi des Empereurs ; mais il vaut mieux qu'en entrant dans Rome, l'Empereur dépose son diadème et pleure au tombeau du Pêcheur, que de voir le pêcheur y venir pleurer au tombeau de l'Empereur. « Car Dieu a choisi ce qui est faible selon le monde, pour confondre ce qui est fort ; et il a choisi ce qui est méprisable selon le monde et ce qui n'est pas comme ce qui est pour réduire à néant ce qui est (I, *Cor.*, 1, 27). » Et que lisons-nous après ces paroles ? L'Apôtre donne cette conclusion : « Afin que nulle chair ne se glorifie en présence de Dieu (*Ibid.*, 29). » Voyez comment il nous a ôté la gloire, pour nous donner la gloire ; il nous a ôté notre gloire pour nous donner la sienne ; il nous a ôté une gloire vide pour nous donner une gloire pleine ; il nous a ôté une gloire chancelante, pour nous donner une gloire solide. Combien donc notre gloire est plus forte et plus ferme, parce qu'elle est en

---

et dictum est, A Nazareth : et ille, « A Nazareth potest aliquid boni esse. » Procul dubio qui intellexit, quia a Nazareth potest aliquid boni esse, peritus erat Legis, et bene Prophetas inspexerat. Novi esse in illis verbis aliam pronuntiationem, sed a prudentioribus non approbata, ut quasi desperasse videretur ille, cum audiens dixisset, « A Nazareth potest aliquid boni esse ? id est, numquid potest ? Sic pronuntiando quasi desperaret. Sequitur autem ibi, Veni, et vide. Hæc verba, id est, Veni, et vide, utramque possunt pronuntiationem sequi. Si dicas, quasi non credens, A Nazareth potest aliquid boni esse ? respondetur, Veni, et vide quod non credis. Rursus si dicas confirmans, A Nazareth potest aliquid boni esse, respondetur, Veni, et vide quam vere sit bonum quod nuntio a Nazareth ; et quam recte credas, veni, et experire. Hinc tamen existimatur doctus ille in Lege fuisse, quia non est electus inter discipulos ab illo, qui stulta mundi prius elegit (I. *Cor.*. I. 27), cum tantum ei perhibuerit testimonium Dominus, dicens, « Ecce vere Israelita, in quo dolus non est (*Johan.*, 1. 47). » Elegit ergo Dominus postea et Oratores ; sed illi superbirent, si non prius eligeret piscatores : elegit divites ; sed dicerent merito divitiarum suarum se electos esse, nisi primo elegisset pauperes : elegit Imperatores postea ; sed melius est ut Romam cum venerit Imperator, deposito diademate, ploret ad Memoriam piscatoris, quam ut piscator ploret ad Memoriam Imperatoris. « Infirma enim mundi elegit Deus, ut confundat fortia ; et ignobilia mundi elegit, et ea quæ non sunt tamquam quæ sunt, ut ea quæ sunt evacuentur (I. *Cor.*, 1, 27). » Et quid sequitur ? Conclusit Apostolus, « Ut non glorietur coram Deo omnis caro (*Ibid*, 29). » Videte quemadmodum nobis abstulit gloriam, ut daret gloriam : abstulit nostram, ut daret suam ; abstulit inanem, ut daret plenam ; abstulit nutantem, ut daret solidam. Quanto ergo gloria nostra fortior et firmior, quia in Deo est ? Non ergo in te debes gloriari ; prohibuit veritas : sed quod ait Apostolus, hoc præcepit

DISCOURS SUR LE PSAUME LXV.

Dieu ! Vous ne devez donc pas vous glorifier en vous-même : la vérité vous l'a défendu ; mais ce que dit l'Apôtre, la vérité vous l'a prescrit : «Que celui qui se glorifie, se glorifie en Dieu (*Ibid*, 31).» « Que vos louanges le glorifient donc. » Gardez-vous d'imiter les Juifs qui voulaient attribuer leur justification à leurs propres mérites, et qui portaient envie aux Gentils, lorsque ceux-ci s'approchaient de la grâce de l'Evangile, afin que tous leurs péchés fussent pardonnés; comme si eux-mêmes n'avaient rien à se faire pardonner, tandis que se prenant pour de bons ouvriers, ils en étaient à attendre leur salaire. Ils étaient malades, et ils se croyaient bien portants ; ils n'en étaient que plus malades. Car du moins, si leur mal eût été moins violent, ils n'auraient pas, comme des frénétiques, tué leur médecin. « Que vos louanges le glorifient. »

5. « Dites à Dieu : Que vos œuvres sont redoutables (*Ps.* LXV, 3) ! » Pourquoi redoutables et non aimables ? Il est dit dans un autre psaume : « Servez le Seigneur avec crainte, et livrez-vous en lui à l'allégresse avec tremblement (*Ps.* II, 21). » Que signifie cette parole ? L'Apôtre dit également : « Faites votre salut avec crainte et avec tremblement (*Philip.*, II, 12). » Pourquoi « avec crainte et tremblement ? » Il en donne la raison : « Car c'est Dieu qui opère en vous et le vouloir et le faire, selon sa bonne volonté (*Ibid.*, 13). » Si donc Dieu opère en vous, c'est par la grâce de Dieu et non par vos propres forces que vous opérez le bien. Par conséquent, si vous vous réjouissez, craignez également, de peur que ce qui a été donné à l'humble ne soit ôté au superbe. C'est en effet, sachez-le, ce qui est arrivé, à cause de leur orgueil, aux Juifs qui se croyaient justifiés par les œuvres de la Loi et qui sont tombés à cause de cela. Vous en aurez la preuve dans un autre psaume, où il est dit : « Ils mettaient leur gloire, les uns dans leurs chars, les autres dans leurs chevaux, » c'est-à-dire dans la manière dont ils prétendaient marcher, et dans tout ce qui servait à les élever à leurs yeux : « Pour nous, au contraire, » disait le Prophète, « nous nous glorifierons dans le nom du Seigneur notre Dieu.» «Ils mettent leur gloire, les uns dans leurs chars, les autres dans leurs chevaux ; nous, au contraire, nous mettrons la nôtre dans le nom du Seigneur notre Dieu (*Ps.*, XIX, 8). » Voyez de quelle manière les premiers s'élevaient en eux-mêmes ; voyez de quelle manière les autres se glorifiaient en Dieu. Aussi qu'ajoute le Prophète : « Leurs pieds ont été enlacés et ils sont tombés; nous, au contraire, nous nous sommes levés et nous avons été élevés (*Ibid.*, 9). » Ecoutez la parole de notre Seigneur lui-même : « Je suis venu, » dit-il, « afin de donner la vue à ceux qui ne voient pas, et afin que ceux qui voient deviennent aveugles (*Jean*, IX, 39). » Remarquez d'une part la bonté du Seigneur, et de l'autre comme une apparence de méchanceté. Mais

---

veritas, Qui gloriatur, in Domino glorietur. « Date ergo gloriam laudi ejus. » Nolite imitari Judæos, qui quasi meritis suis volebant tribuere justificationes suas, et invidebant Gentibus accedentibus ad gratiam Evangelicam, ut peccata omnia donarentur eis; quasi illi non haberent quod sibi donaretur? jam, quasi boni operarii, mercedem exspectantes. Et cum adhuc ægroti essent, sanos se esse putabant, et inde periculosius ægrotabant. Nam si vel mitius ægrotassent, non quasi phrenetici medicum occidissent. « Date gloriam laudi ejus.»
5. « Dicite Deo, Quam timenda sunt opera tua, (*Psal.*, LXV, 3). » Quare timenda, et non amanda ? Audi aliam vocem Psalmi : « Servite Domino in timore, et exsultate ei cum tremore (*Psal.*, II, 11), » Quid sibi hoc vult ? Audi vocem Apostoli : « Cum timore, inquit, et tremore vestram ipsorum salutem operamini (*Philip.*, II, 12). » Quare, cum timore et tremore ? Subjecit caussam : « Deus est enim qui operatur in vobis et velle et operari pro bona voluntate (*Ibid.*, 13). » Si ergo Deus operatur in te, gratia Dei bene operaris, non viribus tuis. Ergo si gaudes, et time : ne forte quod datum est humili, auferatur superbo. Nam ut noveritis hoc esse factum de ipsa superbia Judæorum, quasi se ex operibus Legis justificantium, et ideo cadentium : dicit alius Psalmus, «Hi in curribus, et hi in equis, » quasi in suis quibusdam passibus et instrumentis ad erectionem suam : « nos autem, inquit, in nomine Domini Dei nostri magnificabimur (*Psal.*, XIX, 8). » Hi in curribus, et hi in equis : nos autem in nomine Domini Dei nostri magnificabimur. Vide quemadmodum illi extollebantur in se: vide quemadmodum isti gloriabantur in Deo. Propterea quid secutum est? « Illis obligati sunt pedes, et ceciderunt : nos autem surreximus, et erecti sumus (*Ibid.*, 9). » Audi ipsum Dominum nostrum hoc idem dicentem. « Ego, inquit, veni, ut qui non vident, videant ; et qui vident, cæci fiant

qu'y a-t-il de meilleur que lui? Qu'y a-t-il de plus miséricordieux? Qu'y a-t-il de plus juste? Pourquoi donc ce premier motif de sa venue : « afin de donner la vue à ceux qui ne voient pas? » A cause de sa bonté. Et pourquoi ce second motif : « afin que ceux qui voient deviennent aveugles? » A cause de leur orgueil. Et véritablement, voyaient-ils et sont-ils devenus aveugles? Ils ne voyaient pas, mais ils croyaient voir. Remarquez en effet, mes frères, que les Juifs dirent alors au Sauveur : « Sommes-nous donc aveugles? » Et le Seigneur leur répondit : « Si vous étiez aveugles, vous n'auriez pas de péché ; mais parce que vous dites maintenant : nous voyons, votre péché reste sur vous (*Ibid.*, 41). » Vous êtes venus trouver le médecin. Prétendez-vous voir clair? Il cessera de vous appliquer ses collyres; vous resterez toujours aveugle ; avouez au contraire votre cécité, afin de mériter de recouvrer la vue. Considérez les Juifs ; considérez les Gentils. « Que ceux qui ne voient pas voient, » dit le Seigneur ; et : « Je suis venu afin que ceux qui voient deviennent aveugles. » Les Juifs voyaient Notre Seigneur Jésus-Christ dans sa chair ; les Gentils ne l'ont pas vu. Ceux qui l'ont vu l'ont crucifié ; ceux qui ne l'ont pas vu ont cru en lui. O Christ, qu'avez-vous donc fait contre les orgueilleux? Qu'avez-vous fait? Nous voyons, parce que vous avez daigné nous ouvrir les yeux, et nous sommes vos membres, nous voyons. Vous avez caché votre divinité, vous avez montré votre humanité. Pourquoi? « Pour qu'une partie d'Israël fût frappée d'aveuglement, et que la plénitude des Gentils entrât dans l'Eglise (*Rom.*, XI, 25). » C'est pour cela que vous avez caché votre divinité, et que vous avez exposé à leurs regards votre humanité livrée à l'opprobre. Ils voyaient sans voir ; ils voyaient la nature mortelle que vous avez revêtue, et ils ne voyaient pas ce que vous étiez ; ils voyaient en vous la forme de l'esclave, ils ne voyaient pas la forme de Dieu (*Philipp.* II, 6 et 7) : la forme de l'esclave, par laquelle vous êtes inférieur au Père (*Jean*, XIV, 28), et non la forme de Dieu, de laquelle vous avez tout à l'heure entendu dire cette parole : « Moi et mon père nous sommes un (*Id*, X, 30). Ils se sont emparés de ce qu'ils voyaient ; ils ont crucifié ce qu'ils voyaient ; ils ont insulté celui qu'ils voyaient ; ils n'ont pas reconnu celui qui était caché. Ecoutez encore l'Apôtre : « Car, s'ils avaient connu le Seigneur de gloire, jamais ils ne l'auraient crucifié (I. *Cor.* II, 8). Gentils, qui avez été appelés, considérez donc les rameaux retranchés de l'arbre par la sévérité de Dieu, et vous, au contraire, qui par la bonté de Dieu y avez été implantés, et avez été admis à participer à la fertilité de l'olivier : mais pour cela n'ayez pas de vous une idée trop haute, c'est-à-dire ne vous livrez pas à l'orgueil.

(*Johan.*, IX, 39). » Vide in una parte bonitatem, in alia quasi malitiam. Sed quid illo melius? quid misericordius? quid justius? Quare ergo, qui non vident vident? Propter bonitatem. Quare, et qui vident cæci fiant? Propter elationem. Et vere videbant, et facti sunt cæci. Non videbant, sed videre sibi videbantur. Nam ecce videte Fratres, cum dicerent ipsi Judæi, Num sumus cæci? Ait illis Dominus, « Si cæci essetis, peccatum non haberetis : modo autem quia dicitis, Videmus, peccatum vestrum in vobis manet (*Ibid.*, 41). » Ad medicum venisti, videre te dicis? Cessabunt collyria, semper cæcus remanebis : confitere te cæcum, ut illuminari merearis. Attende Judæos, attende Gentes. Qui non vident, videant, inquit : ideo veni, ut qui vident cæci fiant. Ipsum Dominum nostrum Jesum Christum in carne videbant Judæi, Gentes non videbant : ecce qui viderunt, crucifixerunt ; qui non viderunt, crediderunt. Ergo quid fecisti, o Christe, adversus superbos? Quid fecisti? Videmus, quia dignatus es, et membra tua sumus : videmus. Abscondisti Deum, objecisti hominem. Quare hoc? « Ut cæcitas ex parte Israël fieret, et plenitudo Gentium intraret (*Rom.*, II, 25).» Ad hoc abscondisti Deum, et hominem adspectibus objecisti. Videbant, et non videbant : videbant quod acceperas, et non videbant quod eras : videbant formam servi, non videbant formam Dei (*Philip.*, II, 6 et 7) : formam servi, qua major est Pater (*Johan.*, XIV, 28), non formam Dei, propter quam modo audistis, « Ego et Pater unum sumus (*Johan.*, X, 30). » Tenuerunt quod videbant, crucifixerunt quod videbant ; insultaverunt ei quem videbant, non agnoverunt qui latebat. Audi Apostolum dicentem : « Si enim cognovissent, numquam Dominum gloriæ crucifixissent (I. *Cor.* II, 8). » Ergo Gentes quæ vocatæ estis, attendite ramos præcisos propter severitatem, vos autem insertos propter bonitatem, et participes factos pinguedinis oleæ, non altum sapientes, id est, non superbientes (*Rom.*, XI, 17). Non enim tu radicem portas, ait, sed radix te

« En effet, ce n'est pas vous qui portez la racine ; mais la racine vous porte (*Ibid.*, 18). « Soyez plutôt effrayés de voir que les rameaux naturels ont été coupés. En effet, les Juifs descendent des Patriarches ; ils sont nés de la chair d'Abraham. Et que dit l'Apôtre à ce sujet? « Mais, direz-vous, les branches naturelles ont été détachées afin que je fusse enté en leur place. Soit ; elles ont été brisées à cause de leur incrédulité. Et, quant à vous, vous demeurez ferme par votre foi ; gardez-vous cependant de vous élever dans votre pensée, craignez plutôt. Si en effet, Dieu n'a pas épargné les branches naturelles, il ne vous épargnera pas non plus (*Ibid.*, 19). » Considérez donc et les branches rompues et vous qui êtes enté en leur place ; gardez-vous de vous élever orgueilleusement au-dessus des branches rompues ; mais dites plutôt à Dieu : « Que vos œuvres sont redoutables ! » Mes frères, si nous ne devons pas nous élever au-dessus des Juifs, autrefois séparés de la racine des Patriarches ; si nous devons plutôt nous effrayer et dire à Dieu : « Que vos œuvres sont redoutables ; » combien moins encore devons-nous nous élever au-dessus des récentes blessures de branches séparées depuis peu ? Les Juifs ont été séparés autrefois, et les Gentils entés en leur place ; et de cette greffe les hérétiques ont été coupés et séparés : mais nous ne devons pas non plus nous élever contre eux, de peur que celui qui prendrait plaisir à insulter ceux qui ont été retranchés ne méritât d'être retranché à son tour. Mes frères, la voix de votre Évêque, quelle que soit sa personne, retentit à vos oreilles : il vous supplie, vous tous qui êtes dans l'Église, de vous garder d'insulter ceux qui n'y sont pas ; mais plutôt de prier pour qu'ils rentrent dans son sein. « Car Dieu a la puissance de les insérer de nouveau sur l'arbre (*Ibid.*, 23). » C'est des Juifs que l'Apôtre a dit cette parole, et en effet, elle s'est accomplie en eux. Le Seigneur est ressuscité et beaucoup ont cru en lui : ils ne savaient ce qu'ils faisaient lorsqu'ils l'ont crucifié, et quand, plus tard, ils crurent en lui, ils obtinrent le pardon de leur exécrable forfait. Le sang versé par le Seigneur a été donné à ces homicides, pour ne pas dire à ces déicides, car, « s'ils avaient connu le Seigneur de gloire, jamais ils ne l'auraient crucifié (I. *Cor.*, II, 8). » Le sang versé par l'innocent a été donné à ces homicides, et ce même sang qu'ils avaient répandu par démence, ils l'ont bu par grâce. « Dites donc à Dieu : Que vos œuvres sont redoutables ! » Pour quoi redoutables ? « Parce qu'une partie d'Israël a été frappée d'aveuglement, afin que la plénitude des Gentils entrât dans l'Église (*Rom.*, XI, 17-25). » O plénitude des Gentils ! dites à Dieu : « Que vos œuvres sont redoutables ! » Réjouissez-vous, mais avec tremblement, et gardez-vous de vous élever au-dessus des branches retranchées de l'arbre. « Dites à Dieu : Que vos œuvres sont redoutables ! »

(*Ibid.*, 18). Magis terreamini, quia videtis amputatos ramos naturales. Judæi enim per Patriarchas venerunt, de carne Abrahæ nati sunt. Et quid ait Apostolus ? « Sed dicis, fracti sunt rami, ut ego inserar. Bene ; propter infidelitatem fracti sunt : tu autem, inquit, fide stas, noli altum sapere, sed time : si enim naturalibus ramis Deus non pepercit, neque tibi parcet (*Ibid.*, 19). » Attende ergo ramos fractos, et te insertum : noli extolli super ramos fractos ; sed magis dicito Deo, « Quam metuenda sunt opera tua ? » Fratres, si adversus Judæos olim præcisos de radice Patriarcharum extollere nos non debemus, sed timere potius, et dicere Deo, « Quam timenda sunt opera tua : » quanto minus non nos debemus extollere adversus recentia vulnera præcisionum ? Præcisi sunt ante Judæi, insertæ sunt Gentes : de ipsa insertione præcisi sunt hæretici ; sed neque contra illos nos extollere debemus ; ne forte præcidi mereatur, quem delectat insultare præcisis. Fratres mei, qualiscumque episcopi vox sonuit vobis : rogamus vos ut caveatis, quicumque in Ecclesia estis, nolite insultare eis qui non sunt intus ; sed orate potius ut et ipsi intus sint. « Potens est enim Deus iterum inserere illos (*Ibid*, 23). » De ipsis Judæis dixit hoc Apostolus et factum est in eis. Resurrexit Dominus, et multi crediderunt : non intellexerunt cum crucifigerent, tamen postea crediderunt in eum, et donatum est eis tam magnum delictum. Fusus Domini sanguis donatus est homicidis, ut non dicam Deicidis : « quia si cognovissent, numquam Dominum gloriæ crucifixissent (I, *Cor.*, II, 8). » Modo homicidis donatus est fusus sanguis innocentis : et ipsum sanguinem quem per insaniam fuderunt, per gratiam biberunt. « Dicite ergo Deo, Quam timenda sunt opera tua ! » Unde timenda ! « Quia cæcitas ex parte Israël facta est, ut plenitudo Gentium intraret (*Rom.*, II, 25). » O Gentium plenitudo, dic Deo, « Quam timenda sunt opera tua ! » et sic gaude ut

6. « Vos ennemis mentiront contre vous, pour la grandeur de votre puissance (*Ps.* LXV, 3).» Les mensonges de vos ennemis contre vous, dit le Prophète, ne serviront qu'à faire éclater la grandeur de votre puissance. Que signifie cette parole? Mes frères, redoublez d'attention. La puissance de Notre Seigneur Jésus-Christ a surtout éclaté dans sa résurrection, miracle dont ce psaume a tiré son titre. Et après être ressuscité, Jésus s'est montré à ses disciples. Il n'a point apparu à ses ennemis, mais à ses disciples (*Act.*, x, 41). Attaché à la croix, il fut vu de tous; ressuscité, de ses disciples fidèles seulement : afin que désormais quiconque le voudrait pût croire, et que quiconque croirait reçût une promesse de résurrection. Beaucoup de saints ont fait beaucoup de miracles, mais aucun d'eux n'est ressuscité après sa mort; parce que ceux même qu'ils ont ressuscités ne sont ressuscités que pour mourir de nouveau. Que Votre Charité m'écoute avec attention. Le Seigneur, relevant l'importance de ses œuvres, a dit : « Croyez à mes œuvres, si vous ne voulez croire à moi (*Jean*, x, 38). » Il y a lieu de relever également l'importance des œuvres passées des Prophètes. Si elles n'étaient toutes les mêmes œuvres, beaucoup cependant étaient les mêmes, et beaucoup portaient le cachet de la même puissance. Le Seigneur a marché sur la mer, et Pierre y a marché par son ordre (*Matth.*, XIV, 25-29). Mais, est-ce que le Seigneur n'était pas là, lorsque, la mer s'étant divisée, Moïse la traversa avec le peuple d'Israël (*Exode*, XIV, 2)? C'est le même Seigneur qui accomplit les deux miracles. Il a fait les derniers prodiges par sa propre chair, et les premiers par la chair de ses serviteurs. Cependant il n'a point fait par ses serviteurs, (puisque lui seul agissait en eux), qu'aucun d'entre eux mourût et ressuscitât pour vivre éternellement. Mais, comme les Juifs pouvaient dire, lorsque le Seigneur faisait des miracles, Moïse en a fait autant, Élie en a fait autant, Élisée en a fait autant; et ils pouvaient le dire en effet, parce que les Prophètes ont ressuscité des morts et accompli un grand nombre de merveilles; le Seigneur, lorsque les Juifs lui demandaient un prodige, fit valoir à leurs yeux un miracle qui devait s'opérer en lui seul et lui appartenir exclusivement ; « Cette race méchante et pleine d'amertume, » leur dit-il, » demande un miracle : et aucun autre miracle ne lui sera donné que celui du prophète Jonas. Car, de même que Jonas est resté trois jours et trois nuits dans le ventre de la baleine, de même le Fils de l'homme sera trois jours et trois nuits dans le sein de la terre (*Matth.*, XII, 39, 40). » De quelle manière Jonas fut-il dans le ventre de la baleine? N'était-ce pas de manière à en

---

contremiscas, noli extolli super ramos præcisos. « Dicite Deo, Quam timenda sunt opera tua ! »
6. « In multitudine potentiæ tuæ mentientur tibi inimici tui (*Psal.*, LXV, 3).» Ad hoc tibi, inquit, mentientur inimici tui, ut multa sit potentia tua. Quid est hoc? Intentius audite. Potentia Domini nostri Jesu Christi maxime apparuit in resurrectione, unde Psalmus iste titulum accepit. Et resurgens apparuit discipulis suis. Non apparuit inimicis suis, sed discipulis suis. (*Act.*, x, 40). Crucifixus apparuit omnibus, resurgens fidelibus: ut etiam postea qui vellet crederet, et credenti resurrectio promitteretur. Multi sancti multa miracula fecerunt, nullus ipsorum mortuus resurrexit: quia et qui ab eis resuscitati sunt, morituri resuscitati sunt. Intendat Caritas Vestra. Commendans Dominus opera sua dixit, « Operibus credite, si mihi non vultis credere (*Johan*., x, 38). » Et commendantur etiam præterita opera Prophetarum ; et si non eadem, tamen multa eadem, multa ejusdem potentiæ. Ambulavit Dominus super mare, (*a*) jussit et Petrum (*Matth.*, XIV, 25). Numquid non ibi erat ipse Dominus, quando se divisit mare, ut Moyses cum populo Israël transiret (*Exodi*, XIV, 21)? Idem Dominus illa faciebat. Qui fecit ista per carnem suam, ipse illa faciebat per carnem servorum suorum. Illud tamen per servos suos non fecit, (nam ipse omnia faciebat), ut aliquis ipsorum mortuus esset, et resurgeret in vitam æternam. Quia ergo possent dicere Judæi, cum miracula faceret Dominus, Fecit hæc et Moyses, fecit Elias, fecit Eliseus : possent sibi ista dicere, quia et illi mortuos resuscitaverunt, et multa miracula fecerunt ; propterea cum ab illo signum peteretur, ipse illi proprium signum commendans quod in se solo futurum erat, ait, Generatio (*b*) ista prava et amaricans signum quærit, et signum non dabitur ei, nisi signum Jonæ Prophetæ : sicut enim fuit Jonas in ventre ceti tribus diebus et tribus noctibus, sic erit et filius hominis in corde terræ tribus diebus et tribus noctibus (*Matth.*, XII, 39 et 40). Quomodo fuit Jonas in ventre ceti? nonne ut postea vivus evo-

---

(*a*) Aliquot MSS. *duxit et Petrum*. (*b*) Plerique MSS. *Generatio mala et adultera*.

être plus tard rejeté vivant? Les enfers furent pour le Seigneur ce qu'avait été la baleine pour Jonas. Voilà le miracle que le Seigneur annonça particulièrement. Voilà le miracle qui fut la plus éclatante manifestation de sa puissance. Il y a plus de puissance à se ressusciter d'entre les morts, qu'à ne point mourir. La grandeur de la puissance du Seigneur, lorsqu'on la considère dans la nature humaine qu'il a prise, se manifeste donc dans la force qui l'a fait se ressusciter. C'est cette force qu'exalte l'Apôtre, quand il dit : « Possédant, non ma propre justice qui vient de la loi, mais celle qui vient de la foi dans le Christ, la justice qui vient de Dieu par la foi, pour le connaître ainsi que la vertu de sa résurrection (*Philipp.*, III, 9, 10). » L'Apôtre la relève encore en un autre endroit : « Quoiqu'il ait été crucifié selon la faiblesse, il vit cependant par la puissance de Dieu (II, *Cor.*, XIII, 4). » Si donc cette grande puissance du Seigneur éclate dans la résurrection, d'où ce psaume a tiré son titre, que veut dire cette parole : « Vos ennemis mentiront contre vous, pour la grandeur de votre puissance, » si ce n'est : Vos ennemis mentiront contre vous pour que vous soyez crucifié, et vous serez crucifié pour ressusciter? Leur mensonge n'aura donc d'autre effet que de glorifier votre puissance. Pourquoi les ennemis ont-ils coutume de mentir? Pour diminuer la puissance de celui qu'ils attaquent par leurs mensonges. Le contraire vous arrive, dit le Prophète ; car votre puissance aurait moins d'éclat s'ils n'avaient menti contre vous.

7. Remarquez dans l'Evangile le mensonge des faux témoins, et vous verrez qu'il a trait à la résurrection du Sauveur. En effet, lorsque les Juifs demandèrent au Christ : « Par quel miracle nous prouverez-vous que vous avez le droit de faire de telles choses (*Jean*, II, 18) ? » Outre ce qu'il répondit en se comparant à Jonas (*Matth.*, XII, 39), il leur donna la même affirmation sous la forme d'une autre comparaison; afin qu'il fût évident qu'il voulait signaler, comme son miracle par excellence, celui de sa résurrection : « Détruisez ce temple, » leur dit-il, « et je le rebâtirai en trois jours. » Et ils lui dirent : « Il a fallu quarante-six ans pour construire ce temple et vous le rebâtirez en trois jours (*Jean*, II, 19) ? » Et l'Evangéliste, expliquant ce dont il s'agissait, ajoute: « Mais Jésus disait cela du temple de son corps (*Ibid.*, 21). » Voilà donc comment le Seigneur déclarait aux hommes qu'il leur manifesterait sa puissance, et pour cela il employait cette comparaison tirée du temple, en raison de sa chair qui était le temple de sa divinité cachée. Mais les Juifs voyaient le temple extérieur; ils ne voyaient pas la divinité qui y habitait intérieurement. Ce fut, sur ces paroles du Seigneur, que les faux témoins dressèrent leur accusation mensongère contre lui, se servant de

---

meretur? Hoc fuit infernus Domino, quod Jonæ cetus. Hoc signum proprium commendavit, hoc est potentissimum. Potentius est revixisse mortuum, quam non fuisse mortuum. Magnitudo potentiæ Domini secundum quod homo factus est, in virtute resurrectionis apparet. Hanc commendat et Apostolus, cum dicit, « Non habens meam justitiam quæ ex Lege est, sed eam quæ est per fidem Christi, quæ est ex Deo justitia in fide, ad cognoscendum eum et virtutem resurrectionis ejus (*Philip.*, III, 9 et 10). » Sic commendatur et alio loco : « Et si crucifixus est ex infirmitate, sed vivit in virtute Dei (II *Cor.*, XIII, 4). » Cum ergo ista magna potentia Domini in resurrectione intelligatur, unde titulum Psalmus iste accepit, quid sibi vult, « In multitudine potentiæ tuæ mentientur tibi inimici tui, » nisi ut sic intelligas, Ideo tibi mentientur inimici tui ut crucifigaris, ideo crucifigeris ut resurgas? Mendacium ergo illorum ad commendandam multam potentiam tuam valebit. Quare solent inimici mentiri? Ut potentiam cujusque minuant, de quo mentiuntur. Tibi, inquit, contra accidit. Nam minus appareret potentia tua, si tibi illi non mentirentur.

7. Adtendite et ipsum mendacium falsorum testium in Evangelio, et videte quia de resurrectione est. Cum enim Domino dictum esset, « Quod signum ostendis nobis, quia ista facis (*Johan.*, II, 18)? » excepto eo quod dixerat de Jona (*Matth.*, XII, 39), per aliam similitudinem hoc ipsum item dixit, ut noveritis hoc proprium signum maxime commendatum : « Solvite templum, inquit, hoc, et in tribus diebus excitabo illud (*Johan.*, II, 19). » Et illi dixerunt, « Quadraginta et sex annis ædificatum est templum hoc, et tu in triduo excitabis illud ? » Et Evangelista, quid illud esset exponens, « Hoc autem, inquit, dicebat Jesus de templo corporis sui (*Ibid.*, 21). » Ecce hanc potentiam suam hominibus se demonstraturum dicebat, unde similitudinem de templo dederat, propter carnem suam, quod erat templum latentis intus divinitatis. Unde Judæi templum

ces mêmes paroles par lesquelles, sous la figure du temple, il prédisait sa future résurrection. En effet, quand ces faux témoins furent interrogés sur ce qu'ils lui avaient entendu dire, ils s'exprimèrent ainsi : « Nous l'avons entendu qui disait : Je détruirai ce temple et je le rebâtirai après trois jours (*Matth.*, XXVI, 61). » Ils avaient entendu : Je le rebâtirai après trois jours; » mais ils n'avaient pas entendu : « je détruirai, » ils avaient entendu le Christ dire : « Détruisez. » Le changement d'un mot, de quelques lettres, leur avait suffi pour machiner leur faux témoignage. Mais de qui changes-tu la parole, ô vanité humaine! ô impuissance humaine? C'est de l'immuable Parole que tu changes la parole! Tu changes ta propre parole; mais changes-tu la Parole, le Verbe de Dieu? C'est pourquoi il est dit dans un autre psaume : « Et l'iniquité a menti contre elle-même (*Ps.* XXVI, 12). » Pourquoi donc vos ennemis ont-ils menti contre vous, tandis que toute la terre se livre à la jubilation? « Vos ennemis mentiront contre vous, pour la grandeur de votre puissance. » Ils diront : « Je détruirai, » lorsque vous avez dit : « Détruisez. » Pourquoi ont-ils attesté que vous aviez dit : « Je détruirai, » et n'ont-ils pas rapporté le mot que vous aviez réellement prononcé, « Détruisez; » comme pour se défendre, sans raison, de l'accusation de destruction du temple, En effet, le Christ est mort, parce qu'il a voulu mourir, et cependant, c'est vous qui l'avez tué. Mais nous vous l'accordons, ô menteurs, il a lui-même détruit le temple. Car l'Apôtre a dit : « Il m'a aimé et s'est livré pour moi (*Gal.*, II, 20). » Il a dit aussi du Père : « Il n'a pas épargné son propre Fils; mais il l'a livré pour nous (*Rom.*, III, 32). » Si donc le Père a livré le Fils, si le Fils s'est livré lui-même, qu'a fait Judas? Le Père, en livrant son Fils pour nous, a fait une œuvre bonne. Le Christ, en se livrant lui-même pour nous, a fait une œuvre bonne; Judas, en trahissant son maître au profit de son avarice, a fait une œuvre mauvaise. En effet, le bien que nous a fait la passion du Christ ne peut être attribué à la méchanceté de Judas : il recevra le prix de sa méchanceté, le Christ recevra la louange due à la grâce qu'il nous a faite. Assurément il a détruit le temple, il l'a détruit, lui qui a dit : « J'ai le pouvoir de donner ma vie et j'ai le pouvoir de la reprendre; personne ne me la ravit; mais je la donne de moi-même et je la reprends (*Jean*, X, 18); » il a détruit le temple par sa grâce et par votre méchanceté. « Vos ennemis mentiront contre vous, pour la grandeur de votre puissance. » Voilà qu'ils mentent, voilà qu'on leur donne créance, voilà que vous êtes opprimé, voilà que vous êtes crucifié, voilà qu'ils vous in

---

foris videbant (*a*), numen intus habitans non videbant. Ex istis verbis Domini concinnaverunt falsi testes mendacium, quod contra eum dicerent, ex his ipsis ubi commendavit resurrectionem suam futuram, loquens de templo. Dixerunt enim falsi testes adversus eum, cum quæreretur ab eis (*b*) quid illum audissent dixisse : « Audivimus eum dicentem, Solvam templum hoc, et post triduum resuscitabo illud (*Matth.*, XXVI, 61). » Post triduum resuscitabo, audierant ; Solvam, non audierant : sed audierant, Solvite. Unum verbum mutaverunt et paucas litteras, ut falsum testimonium molirentur. Sed cui mutas verbum, o humana vanitas, o humana infirmitas ? Verbo incommutabili verbum mutas ? Mutas tu tuum verbum, numquid mutas Dei Verbum ? Unde alio loco dicitur, « Et mentita est iniquitas sibi (*Psal.*, XXVI, 12). » Quare ergo tibi mentiti sunt inimici tui, o Domine, cui jubilat omnis terra ? « In multitudine potentiæ tuæ mentientur tibi inimici tui. » Dicent, Solvam : cum tu dixeris, Solvite. Quare te dixerunt dixisse, Solvam ; et non dixerunt quod tu dixisti, Solvite ? Ut quasi ipsi se a crimine soluti templi defenderent sine caussa. Christus enim, quia voluit, mortuus est : et tamen vos occidistis. Ecce concedimus vobis, o mendaces, ipse solvit templum. Dictum est enim ab Apostolo, « Qui me dilexit, et tradidit semetipsum pro me (*Gal.*, II, 20). » Dictum est de Patre, « Qui proprio Filio suo non pepercit, sed pro nobis omnibus tradidit illum (*Rom.*, II, 32). » Si ergo Pater Filium tradidit, et Filius semetipsum tradidit, Judas quid fecit ? Pater tradendo Filium ad mortem pro nobis, bene fecit : Christus tradendo seipsum pro nobis, fecit bene : tradendo Judas magistrum pro avaritia sua, fecit male (*Matth.*, XXVI, 15). Non enim quod nobis præstitum est de passione Christi, malitiæ Judæ deputabitur : habebit ille mercedem malitiæ, Christus laudem gratiæ. Prorsus ipse solverit templum, ipse solverit qui dixit, « Potestatem habeo ponendi animam meam, et potestatem habeo iterum sumendi

---

(*a*) Aliquot MSS. *lumen inhabitans.* (*b*) Sic MSS. At editi, *quod illum audissent dixisse blasphemias.*

sultent, voilà qu'ils branlent la tête en disant : « S'il est le Fils de Dieu, qu'il descende de dessus la croix (*Matth.*, XXVII, 46). » Mais, d'autre part, voici que vous donnez votre vie à l'heure choisie par vous, que vous êtes percé d'un coup de lance (*Jean*, XIX, 34), et que vos sacrements coulent de votre côté entr'ouvert. On vous descend de la croix, on vous enveloppe d'un linceul; on vous met au tombeau, on y pose des gardes, de peur que vos disciples ne vous enlèvent; l'heure de votre résurrection arrive, la terre est ébranlée, des sépulcres sont brisés, vous ressuscitez secrètement, et vous apparaissez publiquement. Où donc sont-ils ces menteurs? Qu'est devenu le faux témoignage dicté par leur méchanceté? Les mensonges de vos ennemis n'ont-ils pas fait éclater la grandeur de votre puissance.

8. Prenons maintenant les gardes placés au tombeau du Seigneur; qu'ils rapportent ce qu'ils ont vu; qu'ils reçoivent de l'argent et qu'ils mentent aussi; qu'ils parlent, les pervers, instruits à l'avance par d'autres pervers; qu'ils parlent en hommes corrompus par les Juifs, ces hommes qui ont refusé de rester intègres en s'attachant au Christ; qu'ils parlent, et qu'à leur tour ils viennent mentir. Que vont-ils dire? Parlez, voyons. Mentez, vous aussi, pour faire éclater la grandeur de la puissance du Seigneur. Que direz-vous? « Pendant notre sommeil, ses disciples sont venus et ils l'ont enlevé du tombeau (*Matth.*, XXVIII, 13). » O folie vraiment endormie ! Ou bien vous étiez éveillés et vous deviez vous opposer à cet enlèvement ; ou bien vous dormiez, et vous ignorez ce qui a été fait. Les gardes ont donc consenti au mensonge des ennemis du Christ ; le nombre des menteurs s'est accru pour accroître la récompense des croyants ; « parce que vos ennemis mentiront contre vous, pour la grandeur de votre puissance. » Ils ont donc menti; ils ont menti pour faire éclater la grandeur de votre puissance ; vous avez apparu aux hommes véridiques pour accabler les menteurs, et vous-même avez rendu véridiques les hommes véridiques auxquels vous avez apparu.

9. Mais que les Juifs restent dans leurs mensonges : pour vous, puisque les mensonges ont fait éclater la grandeur de votre puissance, jouissez de l'accomplissement des paroles qui suivent : « Que toute la terre vous adore et vous adresse des chants sur le psalterion ; ô Dieu très-Haut, qu'elle célèbre votre nom sur le psalterion (*Ps.* LXV, 4). » Naguère vous étiez le plus abaissé entre tous ; maintenant, vous êtes le plus élevé. Vous étiez le plus abaissé entre les mains de vos ennemis qui mentaient contre vous ; vous êtes le plus élevé au-dessus de tous

---

eam : nemo tollit eam a me, sed ego ipse pono eam a me, et iterum sumo eam (*Johan.*, x, 18). » Ipse solvcrit templum gratia sua (*a*), malitia vestra. « In multitudine potentiæ tuæ mentientur tibi inimici tui. » Ecce mentiuntur, ecce crediter eis, ecce opprimeris, ecce crucifigeris, ecce insultatur tibi, ecce caput agitatur, « Si Filius Dei est, descendat de cruce (*Matth.*, XXVII, 40). » Ecce quando vis animam ponis, et lancea latus percuteris, et Sacramenta de latere tuo defluunt (*Johan.*, XIX, 34); deponeris de ligno, involveris linteaminibus, poneris in sepulcro, adduntur custodes ne tollant te discipuli tui, venit hora resurrectionis tuæ, terra concutitur, monumenta scinduntur, resurgis occultus, appares manifestus. Ubi sunt ergo illi mendaces? ubi est falsum testimonium malevolentiæ? Nonne in multitudine potentiæ tuæ mentiti sunt tibi inimici tui?

8. Da et illos sepulcri custodes, referant quid viderint; accipiant pecuniam, et ipsi mentiantur : dicant etiam ipsi moniti perversi a perversis, dicant a Judæis corrupti, qui in Christo noluerunt esse integri ; dicant, mentiantur etiam ipsi. Quid dicturi sunt? Dicite, videamus : mentiemini et vos in multitudine potentiæ Domini. Quid dicturi estis? Cum dormiremus nos, venerunt discipuli ejus, et abstulerunt eum de monumento (*Matth.*, XXVIII, 13). O vere stultitia dormiens? Aut vigilabas, et prohibere debuisti : aut dormiebas, et quid sit gestum nescisti. Accesserunt et ipsi mendacio inimicorum : auctus est numerus mentientium, ut augeretur merces credentium : quia « in multitudine potentiæ tuæ mentientur tibi inimici tui. » Ergo mentiti sunt, in multitudine potentiæ tuæ mentiti sunt : apparuisti contra mendaces veracibus, et apparuisti eis veracibus quos tu veraces fecisti.

9. Remaneant Judæi in mendaciis suis : tibi, quia in multitudine potentiæ tuæ mentiti sunt, fiat quod sequitur, « Omnis terra adoret te et psallat tibi, psallat nomini tuo, Altissime (*Psal.*, LXV, 4). » Paulo ante humillime, modo Altissime : humillime inter

---

(*a*) Editi, *non malitia vestra*. Abest, *non*, a MSS.

les Anges qui vous louent. « Que toute la terre vous adore et vous adresse des chants sur le psalterion; ô Dieu Très-Haut qu'elle célèbre votre nom sur le psalterion! »

10. « Venez et voyez les œuvres du Seigneur (*Ibid.*, 5). » O peuple, ô nations des extrémités de la terre, laissez les Juifs qui mentent et venez en confessant le Seigneur. « Venez et voyez les œuvres du Seigneur : il est terrible dans ses conseils sur les fils des hommes. » Il a été lui-même appelé le Fils de l'Homme, et il a réellement été fait Fils de l'homme. Il est vraiment le Fils de Dieu en sa forme de Dieu : il est vraiment fils de l'homme en sa forme d'esclave (*Philipp.* II, 6). Mais gardez-vous de juger de cette forme d'esclave, par comparaison avec la condition d'autres esclaves; « il est terrible en ses conseils sur les fils des hommes. » Les fils des hommes ont ourdi une conspiration pour crucifier le Christ; le crucifié a aveuglé ceux qui le crucifiaient. Qu'avez-vous donc fait, fils des hommes, en tramant de cruels complots contre votre Seigneur, en qui la majesté était cachée et la faiblesse mise à découvert? Vous avez formé le conseil de le perdre, et lui, celui d'aveugler et de sauver : d'aveugler les orgueilleux et de sauver les humbles; d'aveugler les orgueilleux pour les humilier en raison de leur aveuglement, pour leur faire confesser son nom en raison de leur humiliation, pour les illuminer en raison de leur confession de son nom. « Il est terrible en ses conseils sur les fils des hommes. » Oui, vraiment terrible! Voilà qu'une partie d'Israël a été frappée d'aveuglement; voilà que les Juifs desquels est issu le Christ sont hors de l'Eglise; voilà que les Gentils qui étaient les ennemis des Juifs sont dans l'Eglise (*Rom.*, XI, 25). « Il est terrible en ses conseils sur les fils des hommes. »

11. Qu'a-t-il donc fait par suite de ses conseils si terribles? Il a converti la mer en une terre desséchée. C'est en effet là ce que le psaume dit ensuite : « Il a converti la mer en une terre desséchée (*Ps.* LXV, 6). » Cette mer était le monde, aux flots salés et amers, bouleversée par les tempêtes et déchaînant sa fureur par les soulèvements des persécutions : le monde était vraiment une mer. Mais assurément cette mer a été convertie en une terre desséchée; maintenant le monde, autrefois rempli d'eau salée, a soif d'eau douce. Qui a produit ce changement? « Celui qui a converti la mer en une terre desséchée. » Que dit maintenant l'âme de tous les Gentils? « Mon âme aspire à vous comme une terre sans eau (*Ps.* CXLII, 6). » « Il a converti la mer en une terre desséchée. Ils passeront le fleuve à pied. » Ceux-là même qui, après avoir été une mer, ont été changés en une terre desséchée, « passeront le fleuve à pied ». Quel est

---

amanus mentientium inimicorum; Altissime super verticem laudantium Angelorum. « Omnis terra adoret te et psallat tibi, psallat nomini tuo, Altissime. »

10. « Venite, et videte opera Domini (*Psal.* LXV,3).» O Gentes, o ultimæ nationes, relinquite Judæos mentientes, venite confitentes. « Venite, et videte opera Domini : terribilis in consiliis super filios hominum. » Filius hominis quidem et ipse dictus est, et vere filius hominis factus est : verus Filius Dei in forma Dei ; verus filius hominis in forma servi (*Philip.*, II, 6): sed nolite formam istam servi ex aliorum similium conditione pensare: « terribilis est in consiliis super filios hominum.» Machinati sunt filii hominum consilium ad crucifigendum Christum, crucifixus excæcavit crucifigentes. Quid ergo fecistis filii hominum machinando acuta consilia adversus Dominum vestrum, in quo latebat majestas, et apparebat infirmitas? Vos machinati estis consilia, perdendi, ille excæcandi et salvandi ; excæcandi superbos, salvandi humiles : ad hoc autem superbos (*a*) ipsos excæcandi, ut cæcati humiliarentur, humiliati confiterentur, confessi illuminarentur. « Terribilis in consiliis super filios hominum. » Vere terribilis. « Ecce cæcitas ex parte Israël facta est (*Rom.*, XI, 25) : » ecce Judæi ex quibus natus est Christus, foris sunt : ecce Gentes quæ contra Judæam erant, in Christo intus sunt. « Terribilis in consiliis super filios hominum.»

11. Propterea quid fecit terrore consilii sui? Convertit mare in aridam. Hoc enim sequitur, « Qui convertit mare in aridam (*Psal.*, LXV, 6). » Mare erat mundus, amarus salsitate, turbulentus tempestate, sæviens fluctibus persecutionum, mare erat : certe in aridam conversum est mare ; modo sitit aquam dulcem mundus, qui salsa plenus erat. Quis hoc fecit? « Qui convertit mare in aridam. » Jam anima

---

(*a*) Duo MSS. *Superbos ex ipsis excæcandi.*

ce fleuve ? Ce fleuve est tout ce qui meurt en ce monde. Voyez ce fleuve : Les choses viennent et passent, et d'autres leur succèdent pour passer de même. N'en est-il pas ainsi pour l'eau d'un fleuve qui sort de terre et qui coule ? Il faut que tout être qui est né cède la place à un être qui naîtra ; et tout cet ordre de choses fugitives est comme un fleuve. Que l'âme ne se jette point par convoitise dans ce fleuve ; qu'elle ne s'y jette pas, qu'elle reste sur le bord. Et comment passera-t-elle à travers les trompeuses délices des choses périssables ? Qu'elle croie au Christ, et elle passera à pied ; elle passe sous la conduite du Christ, elle passe à pied. Que veut dire passer à pied ? Passer facilement. Elle ne cherche pas de cheval pour passer : elle ne monte pas sur l'orgueil pour passer le fleuve ; elle passe humblement et passe plus sûrement. « Ils passeront le fleuve à pied. »

12. « Alors, nous nous réjouirons en lui (*Ps.* LXV, 6). » O Juifs, vous vous glorifiez de vos œuvres : dépouillez-vous de l'orgueil qui vous fait vous glorifier de vous-mêmes, demandez la grâce qui vous fera vous réjouir dans le Christ. Alors, en effet, nous serons comblés de joie, mais non en nous-mêmes ; « alors, nous nous réjouirons en lui. » Quand nous ré-jouirons-nous ? Lorsque nous aurons passé le fleuve à pied. Nous avons la promesse de la vie éternelle, nous avons la promesse de la résurrection : alors notre chair ne sera plus un fleuve, car elle est comme un fleuve tant que dure notre mortalité. Voyez s'il est pour nous un âge durable. Les enfants désirent grandir, sans se douter que le temps de leur vie est diminué par les années qui se succèdent. En effet, à mesure qu'ils grandissent, des années ne sont point ajoutées à leur vie mais retranchées de leur vie, comme l'eau d'un fleuve s'approche sans doute à mesure qu'elle coule, mais en s'éloignant de sa source. Les enfants veulent grandir pour échapper à la domination de ceux qui sont plus âgés qu'eux ; voilà donc qu'ils grandissent, c'est bientôt fait, et ils arrivent à la jeunesse. Mais après être sortis de l'enfance, qu'ils retiennent, s'ils le peuvent, leur jeunesse ; celle-ci passe à son tour. Puis arrive la vieillesse : que du moins la vieillesse dure toujours ! Non, la mort l'enlève. Toute chair qui naît en ce monde, est donc un fleuve. Ce fleuve de notre mortalité, au passage duquel nous avons à craindre d'être renversés et entraînés par la convoitise des choses mortelles, celui-là le traverse facilement qui le traverse humblement, c'est-

Gentium omnium quid dicit? « Anima mea velut terra sine aqua tibi. (*Psal.*, CXLII, 6).» « Qui convertit mare in aridam. In flumine pertransibunt pede. » Illi ipsi qui conversi sunt in aridam, cum essent antea (*a*) mare, in flumine pede pertransibunt. Quid est flumen ? Flumen est omnis mortalitas sæculi. Videte flumen : alia veniunt et transeunt, alia transitura succedunt. Nonne sic fit in aqua fluminis, quæ de terra nascitur, et manat ? Omnis qui natus est, cedat oportet nascituro : et omnis iste ordo rerum labentium, fluvius quidam est. In istum fluvium non se mittat cupida anima, non se mittat, stet. Et quomodo transiet delectationes rerum periturarum ? Credat in Christum, et transibit pede : transit illo duce, pede transit. Quid est, pede transire? Facile transire. Non quærit equum ut transeat, non ascendit superbiam ad transcundum flumen : humilis transit, et tutius transit. « In flumine pertransibunt pede. »

12. « Ibi jocundabimur in ipso (*Psal.*, LXV, 6). » (*b*) O Judæi, de vestris operibus gloriamini : ponite superbiam gloriandi de vobis, sumite gratiam jocundandi in Christo. Ibi enim jocundabimur, sed non in nobis : « ibi jocundabimur in ipso. » Quando jocundabimur? Cum flumen transierimus pede. Vita æterna promittitur, resurrectio promittitur, ibi caro nostra jam non erit flumen : flumen enim modo est, quando mortalitas est. Videte si stat aliqua ætas. Pueri crescere volunt ; et nesciunt spatium vitæ suæ annis succedentibus minui. Non enim adduntur anni, sed subtrahuntur crescentibus : sicut aqua fluminis prorsus accedit, sed a fonte recedit. Et volunt crescere pueri, ut careant dominatu majorum : ecce crescunt, agitur cito, perveniunt ad juventutem : qui excesserunt pueritiam, si possunt teneant juventutem : transit et ipsa. Senectus succedit : vel senectus æterna sit : morte aufertur. Ergo fluvius est carnis nascentis. (*c*) Hunc fluvium mortalitatis, ne mortalium rerum concupiscentia subvertat et rapiat, facile transit qui humiliter, id est, pede transit, duce illo qui prior transiit, qui de torrente in via usque ad mortem bibit, « propterea exaltavit caput(*Psal.*, CIX, 7).» Transeuntes ergo pede fluvium istum, id est, facile transeuntes mortalitatem istam fluen-

(*a*) Sic aliquot MSS. Alii cum editis, *antea amari*. (*b*) His in editis interpositum erat, *In bonis operibus jocundare* : quod a plerisque MSS. abest. (*c*) Sic MSS. At editi, *In hunc fluvium mortalitatis nemo se mortalium rerum concupiscentia subvertat, ne rapiatur : facile transit*, etc.

à-dire à pied, sous la conduite de celui qui l'a passé le premier et qui dans sa route a bu, jusqu'à en mourir, l'eau du torrent, ce qui fait qu'il a levé sa tête glorieuse (*Ps.* CIX, 7). Et nous, conséquemment, ayant passé ce fleuve à pied, c'est-à-dire ayant traversé aisément cette mortalité qui s'écoule comme de l'eau, « alors nous nous réjouirons en lui ». Mais aujourd'hui, en qui nous réjouirons-nous, si ce n'est en lui, si ce n'est dans l'espoir de le posséder? Si, en effet, nous nous réjouissons présentement, nous nous réjouissons en espérance ; mais alors, nous nous réjouirons en lui. Et même, dès aujourd'hui, nous nous réjouissons en lui, quoique par l'espérance ; mais alors, nous le verrons face à face. (I, *Cor.* XIII, 11).

13. « Alors, nous nous réjouirons en lui (*Ps.* LXV, 6). » En qui ? « En celui qui, par sa force, domine éternellement (*Ibid.*, 7). » Car, pour nous, quelle force avons-nous? Et cette force est-elle éternelle ? Si notre force était éternelle, nous n'aurions point fait une chute, nous ne serions pas tombés dans le péché, nous n'aurions pas mérité le châtiment de la mortalité. (*Gen.*, III, 17). Mais nous avons été repris volontairement, au lieu même où notre mérite nous a jetés, par « celui qui, par sa force, domine éternellement. » Devenons donc participants de la vie de celui qui par sa force nous rendra forts ; tandis que lui-même est fort de sa propre force. Nous recevons de lui la lumière, il est la lumière qui nous éclaire. Si nous nous détournons de lui, nous sommes dans les ténèbres ; mais lui ne peut se détourner de lui-même. Nous sommes échauffés par sa chaleur : nous étions-nous éloignés de lui, nous avions froid ; nous rapprochons-nous de lui, il nous échauffe de nouveau. Disons-lui donc, qu'il nous garde dans sa force, parce que « nous nous réjouirons en lui qui, par sa force, domine éternellement. »

14. Mais ce bonheur, il ne l'accorde pas seulement aux Juifs qui croient en lui. Les Juifs s'élevèrent d'abord orgueilleusement par une confiance présomptueuse en leur propre force, puis ils reconnurent quel était celui dont la force salutaire les rendait forts, et plusieurs d'entre eux crurent au Christ. Mais cela ne lui a pas suffi : ce qu'il a donné est considérable, il a donné une rançon immense, dont il ne devait pas se contenter d'appliquer la valeur aux seuls Juifs. « Ses yeux regardent les nations (*Ps.* LXV, 7). » Ses yeux regardent donc les nations. Et nous, que ferons-nous ? Les Juifs murmureront ; les Juifs diront : Ce qui est à nous est donc à eux ; notre Évangile est donc aussi leur Évangile ; la grâce de la résurrection nous est promise, la grâce de la résurrection leur est promise également. Il ne nous sert donc de rien d'avoir reçu la loi, d'avoir vécu dans la justice que donne la loi, et d'avoir conservé les préceptes de nos pères ? Tout cela nous est-il donc inutile ? A eux ce qui est à nous ! Qu'ils cessent toute réclamation, qu'ils

---

tem, « ibi jocundabimur in ipso. » Modo autem in quo, nisi vel in ipso, vel in spe ipsius ? Etsi enim jocundamur modo, in spe jocundamur ; tunc autem in ipso jocundabimur. Et modo in ipso, sed per spem ; tunc autem facie ad faciem (I *Cor.*, XIII, 12).

13. « Ibi jocundabimur in ipso (*Psal.*, LXV, 6). » In quo ? « Qui dominatur in virtute sua in æternum (*Ibid.*, 7). » Nam nos quam virtutem habemus ? et numquid æternam ? Si æterna esset virtus nostra, non lapsi essemus, non cecidissemus in peccatum, non meruissemus mortalitatem pœnalem (*Gen.*, III, 17, etc.). Ille voluntate suscepit, quo nos meritum nostrum dejecit. « Qui dominatur in virtute sua in æternum. » Ejus participes efficiamur, in cujus virtute nos erimus fortes, ille autem in sua. Nos illuminati, ille lumen illuminans : nos aversi ab illo, contenebramur ; ille averti a se non potest. Calore ipsius accendimur ; unde recedentes frigueramus, accedentes rursum accendimur. Ergo dicamus ei ut custodiat nos in virtute sua, quia in ipso jocundabimur « qui dominatur in virtute sua in æternum. »

14. Sed non hoc solis Judæis præstat credentibus. Quia multum se extulerunt Judæi de virtute sua præsumentes, postea cognoverunt in cujus virtute fuerunt salubriter fortes, et quidam eorum crediderunt : sed non sufficit Christo ; multum est quod dedit, magnum pretium dedit, non pro solis Judæis debuit valere quod dedit. « Oculi ejus super Gentes respiciunt (*Ibid.*, 7). » Ergo, « Oculi ejus super Gentes respiciunt. » Et quid facimus ? Murmurabunt Judæi, dicturi sunt Judæi, Quod nobis, hoc et illis ; nobis Evangelium, illis Evangelium ; nobis gratiam resurrectionis, et illis gratiam resurrectionis ; nihil nobis prodest quod nos Legem accepimus, et in justificationibus Legis viximus, et tenuimus præcepta patrum ? nihil valebit ? hoc illis quod nobis ? Non litigent, non contendant. « Qui amaricant, non exaltentur in semetipsis. » O caro misera et ta-

cessent tout débat. « Que ceux qui ont de l'amertume ne s'élèvent pas en eux-mêmes. » O chair de misère et de corruption, n'es-tu pas souillée de péchés? Que réclame ta langue? Regarde ta conscience. « Tous, en effet, ont péché et ont besoin de la gloire de Dieu (*Rom.*, III, 23). » O faiblesse humaine, sache donc te connaître. Tu as reçu la loi, mais pour la transgresser : car tu n'as pas gardé, tu n'as pas observé ce que tu as reçu. De la loi tu as retiré, non la justice qu'elle imposait, mais la prévarication que tu as commise. Si donc le péché a abondé, pourquoi portes-tu envie à une grâce qui a surabondé (*Rom.*, V, 20)? Ne livre pas ton cœur à l'amertume, car il est dit : « que ceux qui ont de l'amertume ne s'élèvent pas. » Il semble qu'il y ait là une malédiction. « Que ceux qui ont de l'amertume ne s'élèvent pas, » ou plutôt qu'ils s'élèvent, mais non « en eux-mêmes. » Qu'ils s'humilient en eux-mêmes; et qu'ils s'élèvent dans le Christ. « Car, celui qui s'abaisse sera élevé, et celui qui s'élève sera abaissé (*Matth.*, XXIII, 12). » « Que ceux qui ont de l'amertume ne s'élèvent pas en eux-mêmes. »

15. « Nations, bénissez notre Dieu (*Ps.* LXV. 8). » Ceux qui avaient de l'amertume ont été repoussés, on leur a rendu selon leur mérite : les uns se sont convertis, d'autres sont restés dans leur orgueil. Que ceux qui envient aux Gentils la grâce de l'Evangile ne nous effraient pas ; car est arrivé le rejeton d'Abraham, dans lequel sont bénies toutes les nations (*Gen.*, XII, 3). Bénissez celui dans lequel vous êtes bénis. « Nations, bénissez notre Dieu et entendez la voix de sa louange. » Ne vous louez pas vous-mêmes, mais louez-le. Quelle est la voix de sa louange? C'est que nous tenons de sa grâce tout ce qu'il y a de bon en nous. « Car il a placé mon âme dans la vie (*Ps.* LXV 9.). » Voilà la voix de sa louange. « Il a placé mon âme dans la vie. » Elle était donc dans la mort, mais c'est au dedans de vous-même qu'elle était dans la mort. Voilà pourquoi vous ne devez pas vous élever en vous-même. Votre âme était en vous dans la mort ; ou sera-t-elle dans la vie sinon en celui qui a dit : « Je suis la voie, la vérité et la vie (*Jean.*, XIV, 6) ? » C'est en ce sens que l'Apôtre a dit à certains fidèles: « Vous avez été autrefois ténèbres, maintenant vous êtes lumière dans le Seigneur (*Ephés.*, V, 8). » Les ténèbres étaient donc en vous et la lumière est donc dans le Seigneur : de même, la mort est en nous et la vie est dans le Seigneur. « Il a placé mon âme dans la vie. Voici qu'il a placé notre âme dans la vie, parce que nous croyons en lui ; mais qu'avons-nous à faire désormais, si ce n'est de persévérer jusqu'à la fin (*Matth.*, X, 21)? » Et qui nous en donnera la force, si ce n'est celui dont le prophète dit en-

bescens, nonne peccatrix es? Quid clamat lingua tua? Adtendatur conscientia. « Omnes enim peccaverunt, et egent gloria Dei (*Rom.*, III, 23). » Agnosce te infirmitas humana. Accepisti Legem, ut et prævaricatrix Legis esses : non enim tenuisti et implesti quod accepisti. Accessit tibi ex Lege, non justificatio quam Lex jubet, sed prævaricatio quam tu fecisti. Si ergo abundavit peccatum, quid invides superabundanti gratiæ (*Rom.*, V, 20) ? Noli amaricare, quia « qui amaricant, non exaltentur. » Quasi maledixisse videtur, «Qui amaricant, non exaltentur :» imo exaltentur, sed non « in seipsis. » Humilientur in seipsis, exaltentur in Christo. « Qui enim se humiliat, exaltabitur; et qui se exaltat, humiliabitur (*Matth.*, XXIII, 12). « Qui amaricant, non exaltentur in semetipsis. »

13. « Benedicite Gentes Deum nostrum (*Psal.*, LXV, 8). » Ecce repulsi sunt qui amaricant, reddita est illis ratio : aliqui conversi sunt, aliqui superbi remanserunt. Non vos terreant qui gratiam Evangeli-cam invident Gentibus : jam venit semen Abrahæ, in quo benedicuntur omnes Gentes (*Gen.*, XII, 3). Benedicite eum in quo benedicimini, « Benedicite Gentes Deum nostrum : et audite vocem laudis ejus. » Ne vos ipsos laudetis, sed ipsum laudetis. Quæ est vox laudis ejus? Quia gratia ipsius sumus, quidquid boni sumus. « Qui posuit animam meam in (*a*) vitam (*Ps.* LXV, 9). » Ecce vox laudis ejus: « Qui posuit animam meam in vitam. » Ergo in morte erat : in morte erat (*b*) in te. Inde est quod non debuistis exaltari in vobis ipsis. Ecce in morte erat in te : ubi erit in vita, nisi in illo qui dixit, « Ego sum via, veritas et vita (*Johan.*, XIV, 6). » Quomodo quibusdam credentibus ait Apostolus, « Fuistis aliquando tenebræ, nunc autem lux in Domino (*Ephes.*, V, 8). » Tenebræ ergo in vobis, lux in Domino : sic mors in vobis, vita in Domino. Qui posuit animam meam in vitam. » Ecce posuit animam nostram in vitam, quia credimus in eum ; (*c*) in vitam posuit animam nostram : sed quid deinde

(*a*) MSS. constanter, *in vita*. (*b*) Sic MSS. At editi, *in morte erat, quia in te erat, Inde est* etc. (*c*) Editi, *qui in vita*. Abest, *qui*, a MSS.

suite : « Et il n'a pas exposé mes pieds à être ébranlés ? » C'est lui qui a placé mon âme dans la vie, lui qui conduit nos pieds, pour qu'ils ne chancellent pas et qu'ils ne soient ni ébranlés ni exposés à l'être ; lui qui nous fait vivre, lui qui nous fait persévérer jusqu'à la fin, afin que nous vivions éternellement. « Et il n'a pas exposé mes pieds à être ébranlés. »

16. Pourquoi avez-vous dit : « Et il n'a pas exposé mes pieds a être ébranlés (*Ibid.*, 9) ? » Qu'avez-vous donc souffert, ou qu'avez-vous été exposé à souffrir, pour que vos pieds fussent ébranlés ? Quelles ont été vos souffrances ? Ecoutez la suite : Pourquoi ai-je dit : « Il n'a pas exposé mes pieds à être ébranlés ? » Parce que nous avons souffert de grandes tribulations, dans lesquelles nos pieds eussent été jetés hors de la voie, si le Seigneur ne nous conduisait et s'il ne nous eût préservés du danger d'être ébranlés. Quelles sont ces tribulations ? « Parce que vous nous avez éprouvés, ô mon Dieu ; vous nous avez fait passer au feu, comme l'argent (*Ibid.*, 10). » Vous ne nous avez point fait passer au feu comme du foin, mais comme de l'argent. En employant le feu pour nous, vous ne nous avez pas réduits en cendres, mais vous avez détruit les souillures qui étaient en nous ; « Vous nous avez fait passer au feu, comme on y fait passer l'argent. » Et voyez comme Dieu sévit contre ceux dont il a placé l'âme dans la vie. « Vous nous avez fait tomber dans un piége (*Ibid.*, 11) ; » non pour y être pris et y mourir, mais pour en être délivrés, après y avoir été éprouvés. « Vous avez chargé nos épaules de pesantes afflictions. » En effet, nous nous étions élevés dans une direction mauvaise, par notre orgueil ; élevés ainsi dans une direction mauvaise, nous avons été courbés, afin qu'après cette dépression, nous pussions nous relever dans une bonne direction. « Vous avez chargé nos épaules de pesantes afflictions, vous avez courbé nos têtes sous le poids des hommes (*Ibid.*, 12). » L'Eglise a souffert tous ces maux dans les persécutions de tout genre qu'elle a endurées : elle les a souffert, dans chacun de ses membres, elle les souffre maintenant encore. Car il n'est personne qui puisse, en cette vie, se dire exempt de ces épreuves. Il y a donc des hommes qui sont comme placés et qui pèsent sur nos têtes : nous avons à supporter ceux que nous ne voudrions pas voir près de nous ; nous avons à souffrir comme supérieurs des hommes que nous savons pires que nous. Or, si un homme est exempt de fautes, il est par là-même supérieur aux autres ; mais, au contraire, plus il est chargé de fautes, plus il est inférieur aux autres. Il nous est bon de considérer combien nous sommes pécheurs, et de supporter, pour ce motif ceux qui font courber notre tête, afin que nous confessions de-

---

opus est, nisi ut perseveremus usque in finem (*Matth.*, x, 22) ? Et hoc quis dabit, nisi de quo consequenter dictum est, « Et non dedit in motum pedes meos ? « Ipse posuit animam in vitam, ipse regit pedes, ne nutent, ne moveantur, et dentur in motum : ipse nos facit vivere, ipse perseverare usque in finem, ut in æternum vivamus. « Et non dedit in motum pedes meos. »

16. Quare hoc dixisti. « Et non dedit in motum pedes meos ? » Quid enim passus es, aut quid pati potuisti, ut moverentur pedes tui ? Quid ? Audi quæ sequantur. Quare dixi, « non dedit in motum pedes meos ? » Quia multa passi sumus, de quibus moveretur de via pedes nostri, nisi ipse regeret, et eos in motum non daret. Quæ sunt ista ? « Quoniam probasti nos Deus ; ignisti nos, sicut ignitur argentum (*Psal.*, LXV, 10). » Non ignisti sicut fœnum, sed sicut argentum : adhibendo nobis ignem, non in cinerem convertisti, sed sordes abluisti. « Ignisti nos, sicut ignitur argentum. » Et vide quomodo sævit Deus in illos, quorum animam posuit in vitam. « Induxisti nos in muscipulam (*Ibid.*, 11) : » non ut capti moreremur, sed unde liberati experiremur. « Posuisti tribulationes in dorso nostro. » Erecti enim male, superbi eramus : male erecti curvati sumus, ut curvati bene erigeremur. « Posuisti tribulationes in dorso nostro : imposuisti homines super capita nostra (*Ibid.*, 12). » Hæc omnia passa est Ecclesia variis et diversis persecutionibus ; passa est hoc singillatim, etiam modo patitur. Non enim quisquam est, qui se in hac vita ab his tentationibus possit dicere immunem. Ergo imponuntur et homines super capita nostra : toleramus quos nolumus, patimur superiores aliquando quos novimus pejores. Peccata autem si desint, bene superior est homo : quanto autem plura adsunt, tanto est inferior. Et bonum est ut consideremus nos peccatores esse, et sic toleremus impositos super capita nostra : ut et nos Deo confiteamur quia digne patimur. Quid enim indigne pateris quod facit qui justus est ? « Posuisti

vant Dieu, que nous avons mérité toutes nos peines. Car pourquoi souffrir avec révolte ce qui est l'œuvre de Dieu, la justice même? « Vous avez chargé nos épaules de pesantes afflictions ; vous avez courbé nos têtes sous le poids des hommes. » Dieu paraît sévir, lorsqu'il agit ainsi ; ne craignez-pas, il est notre père, et ne sévit jamais pour nous perdre. Si vous vivez dans le désordre, plus il vous épargne, plus il est irrité. Toutes ces tribulations sont les coups du père qui corrige, pour prévenir la sentence du juge qui punit. « Vous avez chargé nos épaules de pesantes afflictions ; vous avez courbé nos têtes sous le poids des hommes. »

17. « Nous avons passé par le feu et par l'eau (*Ibid.*, 12). » Le feu et l'eau sont deux éléments redoutables en cette vie. Pourtant, nous le voyons, l'eau éteint le feu et le feu dessèche l'eau. Il en est ainsi des tentations dont cette vie est remplie. Le feu brûle, l'eau corrompt ; l'un et l'autre sont redoutables, et le feu de la tribulation et l'eau de la corruption. Les misères de la vie et toutes les afflictions que le monde appelle des malheurs sont comme du feu. La prospérité et les richesses de ce monde qui coulent à flots sont comme de l'eau. Prenez garde que le feu ne vous consume, ou que l'eau ne vous corrompe. Soyez courageux à supporter le feu, il faut que ce feu vous cuise ; vous êtes placé, comme le vase qui vient d'être façonné, dans une fournaise ardente, afin que l'argile dont est formé ce vase se durcisse. Le vase déjà durci au feu, ne craint pas l'eau, tandis que le vase qui n'a pas été durci au feu, se dissout dans l'eau comme de la boue. Ne vous hâtez pas trop d'arriver à l'eau : passez par le feu pour arriver à l'eau, afin d'être capable de traverser l'eau elle-même. C'est pourquoi, dans les sacrements, il faut passer d'abord par le feu, c'est-à-dire par le catéchuménat et par les exorcismes. Car d'où vient que, le plus souvent, les esprits immondes s'écrient : Je brûle, s'il n'y a point là de feu? Mais, après avoir subi le feu de l'exorcisme, on est admis au baptême : de sorte que du feu on passe dans l'eau, et de l'eau dans le lieu du rafraîchissement. Or il en est des tentations de ce monde, comme des sacrements. Les angoisses de la crainte, pareilles au feu, nous saisissent d'abord ; ensuite, lorsque cette terreur a disparu, nous devons craindre de nous laisser corrompre par la félicité mondaine. Mais si le feu ne vous a point fait éclater, si l'eau ne vous a point submergé et qu'au contraire vous l'ayez heureusement franchie, alors par la discipline chrétienne vous arrivez au repos ; après avoir traversé le feu et l'eau, vous parvenez au lieu du rafraîchissement. Car la réalité des choses, dont les sacrements contiennent les signes, se trouve dans l'état de perfection de la vie éternelle. Mes très-chers frères, quand nous serons arrivés dans ce lieu de rafraîchissement, nous n'y craindrons plus aucun ennemi, aucun tentateur, aucun en-

---

tribulationes in dorso nostro : imposuisti homines super capita nostra. » Sævire videtur Deus, cum ista facit : ne metuas, quoniam Pater est, numquam sic sævit ut perdat. Quando male vivis, si parcit, plus irascitur. Omnino istæ tribulationes flagella sunt corrigentis, ne sit sententia punientis. « Posuisti tribulationes in dorso nostro : imposuisti homines super capita nostra. »

17. « Transivimus per ignem et aquam (*Ibid.*, 12). » Ignis et aqua, utrumque periculosum est in hac vita. Certe videtur aqua ignem exstinguere, et ignis videtur aquam siccare. Ita et ipsæ tentationes sunt, quibus abundat hæc vita. Ignis urit, aqua corrumpit: utrumque metuendum, et ustio tribulationis, et aqua corruptionis. Quando sunt res angustæ, et aliqua quæ infelicitas dicitur in hoc mundo, quasi ignis est: quando sunt res prosperæ et abundantia sæculi circumfluit, quasi aqua est. Vide ne te ignis exurat, ne aqua corrumpat. Firmus esto adversus ignem, coqui te oportet, tamquam vas fictum mitteris in caminum ignis, ut firmetur quod formatum est. Vas ergo jam igne firmatum aquam non timet : vas autem si solidatum igne non fuerit, tamquam lutum aqua solvetur. Noli festinare ad aquam : per ignem transi ad aquam, ut transeas et aquam. Propterea et in Sacramentis et in catechizando et in exorcizando adhibetur prius ignis. Nam unde plerumque immundi spiritus clamant, Ardeo, si ille ignis non est? Post ignem autem exorcismi venitur ad baptismum: ut ab igne ad aquam, ab aqua in refrigerium. Quod autem in Sacramentis (*a*), hoc in tentationibus hujus sæculi : angustia timoris accedit prima, vice ignis ; postea ablato timore, metuendum est ne felicitas mundana corrumpat. Cum autem te ignis creparе

(*a*) Hic in editis additum fuerat, *aqua baptismi*: quod a MSS. abest.

vieux, aucun feu, aucune eau ; nous y goûterons un rafraîchissement éternel. Le mot rafraîchissement est ici employé pour exprimer le repos. Car vous appelleriez cet état un état de chaleur, vous diriez vrai ; vous l'appelez un état de rafraîchissement, vous dites encore vrai. Mais si vous compreniez mal ce mot de rafraîchissement, il semblerait que nous dussions rester au ciel dans une lâche torpeur. Or, au ciel nous ne serons pas dans la torpeur, mais dans le repos; de même qu'en parlant de chaleur, il ne faut point entendre que nous ayons à y verser la sueur de notre front, que nous éprouverons au ciel une chaleur accablante, mais bien que nous y serons dans la ferveur de l'esprit. Remarquez cette chaleur, indiquée dans un autre psaume :« Et nul ne peut se soustraire à sa chaleur (*Ps.* XVIII, 7). » Et d'autre part, que dit aussi l'Apôtre? « Soyez fervents en esprit (*Rom.*, XII, 11).» «Nous avons donc passé par le feu et par l'eau, et vous nous avez conduits dans le lieu du rafraîchissement. »

18. Remarquez que le Prophète n'a pas seulement parlé du rafraîchissement, mais qu'il a également signalé ce feu si désirable, « J'entrerai, » dit-il, «dans votre maison avec des holocaustes. » Qu'est-ce qu'un holocauste? Une oblation entièrement consumée, mais consumée par le feu divin. Un sacrifice porte le nom d'holocauste, lorsque l'oblation entière est livrée aux flammes. Autres sont les diverses parties d'un sacrifice, autre est l'holocauste. Quand l'oblation est tout entière livrée aux flammes, et qu'elle est tout entière consumée par le feu divin, on dit que c'est un holocauste ; mais, si une partie seulement est consumée, c'est un sacrifice. A la vérité, l'holocauste est un sacrifice, mais tout sacrifice n'est pas un holocauste. Le Prophète promet donc des holocaustes ; et, par sa bouche, le corps du Christ parle ici, l'unité du Christ dit : « J'entrerai dans votre maison avec des holocaustes. » Que votre feu consume tout ce que je suis, qu'il ne reste rien de moi-même, que tout mon être vous appartienne. Or, c'est ce qui arrivera dans la résurrection des justes, « quand ce qu'il y a en nous de corruptible sera revêtu d'incorruptibilité, et quand tout ce qu'il y a en nous de mortel sera revêtu d'immortalité; alors s'accomplira ce qui est écrit : La mort est absorbée dans la victoire (1. *Cor.*, XV, 54).» La victoire, c'est le feu divin, pour ainsi dire : quand elle absorbe notre mort même, il y a holocauste. Il ne reste rien de mortel dans la chair; il ne reste rien de coupable dans l'esprit ; tout ce qui tient à la vie mortelle est consumé, afin d'être consommé dans la vie éternelle : il y aura donc là ces holocaustes.

---

non fecerit, et in aquam non merseris, sed enataveris; per disciplinam transis ad requiem, et transiens per ignem et aquam educeris in refrigerium. Quarum enim rerum signa sunt in Sacramentis, ipsæ res sunt in illa perfectione vitæ æternæ. Jam cum transierimus ad illud refrigerium, Fratres Carissimi, nullum ibi timebimus inimicum, nullum tentatorem, nullum invidum, nullum ignem, nullam aquam : perpetuum ibi refrigerium erit. Refrigerium propter quietem dicitur. Nam si dicas, Calor est, verum est : si dicas, Refrigerium, verum est. Si enim refrigerium male accipias, quasi torpescimus ibi. Non autem torpescimus ibi, sed requiescimus : nec quia calor dicitur, æstuabimus ibi, sed fervebimus spiritu. Adtende ipsum calorem in alio Psalmo : « Nec est qui se abscondat a calore ejus (*Psal.*, XVIII, 7). » Quid dicit et Apostolus ? « Spiritu ferventes (*Rom.*, XII, 11). » Ergo, « Transivimus per ignem et aquam: et eduxisti nos in refrigerium. »

18. Adtende quia non tantum de refrigerio, sed nec de ipso igne optabili tacuit : « Introibo in domum tuam in holocaustis (*Psal.*, LXV, 13). » Quid est holocaustum ? Totum incensum, sed igne divino. Holocaustum enim dicitur sacrificium, cum totum accenditur. Aliæ sunt partes sacrificiorum, aliud holocaustum : quando totum ardet, et totum consumitur igne divino, holocaustum dicitur ; quando pars, sacrificium. Omne quidem holocaustum sacrificium : sed non omne sacrificium holocaustum. Holocausta ergo promittit, corpus Christi loquitur, unitas Christi loquitur, « Introibo in domum tuam in holocaustis. » Totum meum consumat ignis tuus, nihil mei remaneat mihi, totum sit tibi. Hoc autem erit in resurrectione (*a*)justorum, « quando et corruptibile hoc induetur incorruptione, et mortale hoc induetur immortalitate (I. *Cor.*, XV, 54) : » tunc fiet quod scriptum est, « Absorpta est mors in victoriam. » Victoria quasi ignis divinus est : cum absorbet et mortem nostram, holocaustum est. Non remanet mortale aliquid in carne, non remanet aliquid cul-

(*a*) Sic MSS. At editi, *mortuorum*.

19. Et qu'arrivera-t-il de cette oblation d'holocaustes? « Je m'acquitterai envers vous des vœux que mes lèvres ont proférés avec discernement (*Ps.* LXV, 14). » Quel est ce discernement dans les vœux? Ce discernement consiste à vous accuser et à glorifier Dieu, à comprendre que vous êtes la créature et qu'il est le Créateur, que vous êtes ténèbres, et qu'il répand la lumière; dites-lui donc: « Seigneur, vous allumerez ma lampe; mon Dieu, vous éclairerez mes ténèbres (*Ps.*, XXVI, 29). » Car si vous dites, ô âme orgueilleuse, que la lumière qui vous éclaire émane de vous-même, vous ne faites pas ce discernement. Si vous ne le faites pas, vous ne vous acquitterez point de vœux où se trouve ce discernement. Sachez au contraire vous acquitter de semblables vœux : confessez que vous êtes sujet au changement et que Dieu seul ne change pas; confessez que, sans lui, vous n'êtes rien, et que, sans vous, il est parfait; confessez que vous avez besoin de lui, et qu'il n'a aucunement besoin de vous. Criez vers lui : « J'ai dit au Seigneur : Vous êtes mon Dieu, parce que vous n'avez pas besoin de mes biens (*Ps.* XV, 2). » Lorsque Dieu vous accepte en holocauste, il n'en retire aucun accroissement, il n'y gagne aucune augmentation; il n'en est pas plus riche, il n'en est pas plus puissant : Tout ce qu'il fait de vous pour vous-même vous profite, et ne profite pas à celui qui le fait. Si vous savez discerner ces vérités, vous vous acquittez envers Dieu des vœux que vos lèvres ont proférés avec discernement. « Je m'acquitterai envers vous des vœux que mes lèvres ont proférés avec discernement. »

20. « Et ma bouche a parlé dans ma tribulation (*Ps.*, LXV, 14). » Combien la tribulation a souvent de douceur! Combien elle est nécessaire! Qu'a dit sa bouche dans sa tribulation? « Je vous offrirai de la moëlle en holocauste (*Ibid.*, XV) ». Que signifie cette moëlle? Que mon amour pour vous soit tout intérieur; alors, le sentiment qui me fait vous aimer ne sera pas superficiel, il pénétrera jusque dans la moëlle de mes os. En effet, il n'y a rien en nous de plus intérieur que la moëlle de nos os; les os sont plus intérieurs que la chair, et la moëlle est plus intérieure encore que les os. Quiconque adore Dieu superficiellement cherche donc plutôt à plaire aux hommes; et comme ses sentiments intérieurs sont différents, il n'offre pas de moëlle en holocauste. Dieu reçoit, au contraire, tout entier celui dont il reçoit la moëlle. « Je vous offrirai de la moëlle en holocauste avec de l'encens et des béliers (*Ibid.*). » Les béliers sont les chefs de l'Eglise : ici c'est tout le corps du Christ qui parle, et voilà ce qu'il offre

---

pabile in spiritu : totum ex mortali vita consumetur, ut in æterna vita consumetur ? (*a*). Erunt ergo illa holocausta.

19. Et quid (*b*) erit, « in holocaustis? Reddam tibi vota mea, quæ distinxerunt labia mea (*Psal.*, LXV, 14). » Quæ est distinctio in votis ? Hæc est distinctio ut te accuses, illum laudes; te intelligas creaturam, illum creatorem; te tenebras, illum illuminatorem, cui dicas, « Tu illuminabis lucernam meam Domine, Deus meus illuminabis tenebras meas (*Psal.*, XVII, 29). » Nam quando dixeris, o anima, quia ex te tibi lucet, non distingues. Si non distingues, non reddes vota distincta. Redde vota distincta, confitere te mutabilem, illum incommutabilem : confitere te sine illo nihil esse, ipsum autem sine te perfectum esse ; te indigere illo, illum autem tui non indigere. Clama ad illum, « Dixi Domino, Deus meus es tu, quoniam bonorum meorum non indiges (*Psal.*, XV, 2). » Jam eo quod te in holocaustum assumit Deus, non ille crescit; non ille augetur, non ille ditior, non ille instructior fit : tibi est melius quidquid de te pro te facit, non ei qui facit. Hæc si discernas, reddis vota Deo tuo, quæ distinxerunt labia tua. « Reddam tibi vota mea, quæ distinxerunt labia mea. »

20. « Et locutum est os meum in tribulatione mea (*Psal.*, LXV, 14). » Quam dulcis est sæpe tribulatio, quam necessaria. Quid ibi locutum est os ipsius in tribulatione sua ? « Holocausta medullata offeram tibi (*Ibid.*, 15). » Quid est, « medullata ? » Intus teneam caritatem tuam, non erit in superficie, in medullis meis erit quod diligo te. Nihil enim interius medullis nostris : interiora ossa sunt carne, medullæ interiores sunt ipsis ossibus. Quisquis ergo in superficie colit Deum, magis placere vult hominibus ; aliud autem intus sentiens, non offert holocausta medullarum : cujus autem medullam inspicit, ipsum totum accipit. « Holocausta medullata offeram tibi, cum incenso et arietibus. » Ariete

---

a) Hic editi addunt *ut a morte servemur in vitam* : quod abest a potioribus MSS. (*b*) Aliquot probæ notæ MSS. *erunt*.

à Dieu. Qu'est-ce que l'encens? C'est la prière. « Avec de l'encens et des béliers ». En effet, ce sont surtout les béliers qui prient pour le troupeau. « Je vous offrirai des bœufs avec des boucs. » Nous trouvons dans l'Ecriture des bœufs qui foulent les blés, ils sont également offerts à Dieu. Car l'Apôtre dit qu'il faut entendre de ceux qui annoncent l'Evangile cette parole de Moïse : « Vous ne mettrez pas de frein à la bouche du bœuf qui foule les blés. » Car, ajoute l'Apôtre, « Dieu se met-il en peine de ce qui regarde les bœufs (I, *Cor.*, IX, 7) ? » Les béliers et les bœufs sont donc ces grands chefs et ces grands prédicateurs. Mais que deviendront les autres hommes, auxquels peut-être la conscience reproche quelques péchés, qui peut-être sont tombés en chemin et dont les blessures ont été guéries par la pénitence? Vont-ils rester là, sans faire partie de l'holocauste? Qu'ils se rassurent, aux béliers et aux bœufs le Prophète a joint les boucs. « Je vous offrirai de la moëlle en holocauste, avec de l'encens et des béliers; je vous offrirai des bœufs avec des boucs. » Les boucs sont sauvés par cette adjonction aux béliers et aux bœufs : par eux-mêmes, ils ne peuvent être sauvés; joints aux bœufs ils seront reçus dans l'holocauste. Car ils se sont faits des amis, au moyen du mammon d'iniquité, afin que ces amis les reçussent dans les tabernacles éternels (*Luc.*, XVI, 9). Ces boucs ne seront donc pas mis à la gauche, parce qu'ils ont employé le mammon d'iniquité à se faire des amis. Quels seront les boucs rejetés à la gauche? Ceux à qui le Seigneur dira : « J'ai eu faim et vous ne m'avez pas donné à manger (*Matth.*, XV, 42); » et non point ceux qui auront racheté leurs péchés par leurs aumônes.

21. « Venez, écoutez, vous tous qui craignez Dieu; je vous raconterai (*Ps.*, LXV, 16). » Venons, écoutons ce qu'il racontera. « Venez, écoutez, je raconterai. » Mais à qui le Prophète dit-il : « Venez, écoutez »? « Vous tous qui craignez Dieu. » Si vous ne craignez Dieu, je ne raconterai rien. A qui n'a pas la crainte de Dieu, je n'ai rien à raconter. Que la crainte de Dieu ouvre les oreilles, pour qu'il y ait quelque chose qui puisse y pénétrer, et que mon récit trouve un chemin pour y entrer. Mais que racontera-t-il? « Tout ce qu'il a fait pour mon âme. » Il veut donc raconter; mais que racontera-t-il? Va-t-il par hasard nous montrer quelle est l'étendue de la terre, quelle est l'immensité des cieux, quel est le nombre des étoiles et quelles sont les révolutions du soleil et de la lune? Ces créatures suivent l'ordre qui leur a été prescrit; ceux qui ont cherché, avec trop de curiosité, à les connaître, ont méconnu celui qui les a créées (*Sag.*, XIII, 9). Ecoutez, comprenez, « O vous qui craignez Dieu, tout ce qu'il a fait pour mon âme, » et par conséquent, si vous le voulez, pour la vôtre. « Tout ce qu'il a fait pour mon âme. Ma bouche a crié vers lui. »

---

duces Ecclesiæ : totum corpus Christi loquitur : hoc est quod offert Deo. Incensum quid est? Oratio : « Cum incenso et arietibus? » Maxime enim arietes orant pro gregibus. « Offeram tibi boves cum hircis. » Boves invenimus triturantes, et ipsi offeruntur Deo. Apostolus de annuntiatoribus Evangelii dixit intelligendum, quod scriptum est, Bovi trituranti os non infrenabis. Numquid de bobus pertinet ad Deum (I *Cor.*, IX, 9)? Ergo magni illi arietes, magni boves. Quid reliqui, qui forte conscii sunt aliquorum peccatorum, qui forte in ipso itinere lapsi sunt, et sauciati per pœnitentiam sanantur? Numquid et ipsi remanebunt, et ad holocausta non pertinebunt? Ne ipsi timeant, addidit et hircos. « Holocausta, inquit, medullata offeram tibi, cum incenso et arietibus : offeram tibi boves cum hircis. » Adjunctione ipsa salvantur hirci; per se non possunt, adjuncti bobus accipiuntur. « Fecerunt enim amicos de mammona iniquitatis, ut ipsi recipiant eos in æterna tabernacula (*Lucæ*, XVI, 9). Ergo isti hirci non erunt a sinistris, quia fecerunt sibi amicos de mammona iniquitatis. Qui autem hirci ad sinistram? Quibus dicetur, « Esurivi, et non dedistis mihi manducare (*Matth.*, XXV, 42) : » non qui peccata sua eleemosynis redemerunt.

21. « Venite, audite, et narrabo, omnes qui timetis Deum (*Psal.*, LXV, 16). » Veniamus, audiamus quid narraturus est. « Venite, audite, et narrabo. » Sed qui, « Venite et audite? Omnes qui timetis Deum. » Si Deum non timetis, non narrabo. Non est quibus narretur, ubi Dei timor non est. Dei timor aperiat aures, ut sit quod intret, et qua intret quo narraturus sum. Sed quid est narraturus : « Quanta fecit animæ meæ. » Ecce narrare vult : sed quid est narraturus? An forte quantum pateat terra, quantum distendatur cælum, et quot sint sidera, et quæ sint vices solis et lunæ? Ista creatura peragit ordinem suum : qui multum eam curiose quæsierunt, ejus Creatorem

(*Ibid.* 17). C'est là une des choses qu'il dit avoir été faites pour son âme : il dit que c'est par une grâce faite à son âme, que sa bouche a crié vers Dieu. En effet, mes frères, nous étions du nombre des Gentils, sinon par nous-mêmes, du moins par nos pères. Et que dit l'Apôtre? « Vous savez que quand vous étiez du nombre des Gentils vous vous rendiez, selon qu'on vous conduisait, aux pieds d'idoles muettes (1 *Cor.* XII, 2). » Que l'Eglise s'écrie donc maintenant : Ecoutez tout ce qu'il a fait pour mon âme. Ma bouche a crié vers lui. J'étais homme, et mes cris s'adressaient à une pierre, je criais vers un bois sans oreilles, je parlais à des idoles sourdes et muettes ; maintenant l'image de Dieu s'est retournée vers son Créateur. « Moi qui disais au bois : vous êtes mon père, et à la pierre : vous m'avez enfanté (*Jérémie*, II, 27); » je dis maintenant : « Notre Père qui êtes aux cieux (*Matth.* VI, 9). » « Ma bouche a crié vers lui. » Ma bouche, et non plus la bouche d'autrui. Du temps que je criais vers les pierres, dans la vanité de ma première vie, où je suivais les traditions de mes pères (I *Pierre*, I, 18), je criais par une bouche étrangère ; lorsque j'ai crié vers le Seigneur et lui ai dit ce qu'il m'a donné, ce qu'il m'a inspiré de lui dire, « ma bouche a crié vers lui et sous les paroles de ma langue je l'ai glorifié. » Que signifie : « Ma bouche a crié vers lui et sous les paroles de ma langue je l'ai glorifié ? » Je l'ai prêché publiquement ; je l'ai glorifié dans le secret de mon âme. C'est peu de glorifier Dieu par les paroles de sa langue, il faut encore le glorifier sous les paroles de sa langue, c'est-à-dire, penser dans le secret de l'âme ce que l'on affirme en public. « Ma bouche a crié vers lui et sous les paroles de ma langue je l'ai glorifié. » Voyez combien veut être intègre dans le secret de son cœur celui qui offre de la moelle en holocauste. Voilà, mes frères, ce qu'il faut faire, ce qu'il faut imiter, afin de pouvoir dire : « Venez, écoutez tout ce qu'il a fait pour mon âme. » Car tout ce que le Prophète rapporte s'accomplit dans notre âme par la grâce de Dieu. Voyez ce qu'il ajoute.

22. « Si jamais j'ai jeté dans mon cœur un regard de complaisance sur l'iniquité, que le Seigneur ne m'exauce pas (*Ps.* LXV, 18). » Considérez maintenant, mes frères, avec quelle facilité, tous les jours, des hommes qui ont eux-mêmes à rougir accusent d'iniquité d'autres hommes. Il a fait le mal, disent-ils, il a mené une conduite perverse ; c'est un scélérat. Peut-être ne parlent-ils ainsi qu'à cause des hommes.

---

ignoraverunt (*Sap.*, XIII, 9). Illud audite, illud accipite (*a*), o qui timetis Deum, Quanta fecit animæ meæ : si vultis, (*b*) et vestræ. Quanta fecit animæ meæ. «Ad ipsum ore meo clamavi (*Ibid.*, 17).» Et hoc ipsum factum dicit animæ suæ : ut ad ipsum ore suo clamaret, factum esse dicit animæ suæ. Ecce, Fratres, Gentes eramus, etsi non in nobis, in parentibus nostris. Et quid dicit Apostolus ? « Scitis quando Gentes eratis, ad simulacra sine voce quomodo adscendebatis inducti (I, *Cor.*, XII, 2). » Dicat nunc Ecclesia, « Quanta fecit animæ meæ. Ad ipsum ore meo clamavi. » (*c*) Homo ad lapidem clamabam, ad lignum surdum clamabam, simulacris surdis mutis loquebar : jam imago Dei conversa est ad Creatorem suum. Qui dicebam, ligno, « Pater meus es tu ; et lapidi, Tu me genuisti (*Jerem.*, II, 27).» » modo dico « Pater noster, qui es in cœlis (*Matth.* VI, 9).» « Ad ipsum ore meo clamavi. » Ore meo jam, non ore alieno. Quando clamabam ad lapides in vana conversatione paternæ traditionis, ore alieno clamabam (I. *Pet.*, I, 18) : quando clamavi ad Dominum, quod ipse donavit, quod ipse inspiravit « ad ipsum ore meo clamavi, et exaltavi sub lingua mea. » Quid est, « clamavi ore meo, et exaltavi sub lingua mea ? » Ipsum publice prædicavi, ipsum in secreto confessus sum. Parum est Deum exaltare lingua ; sed et sub lingua, ut quod certius loqueris, hoc tacitus cogites. « Ad ipsum ore meo clamavi, et exaltavi sub lingua mea. » Vide quam in secreto vult esse integer, qui offert holocausta medullata. Hoc agite Fratres, hoc imitamini, ut dicatis. « Venite, audite quanta fecit animæ meæ. » Omnia enim quæ enarrat, ipsius gratia fiunt in anima nostra. Videte alia quæ dicat.

22. « Iniquitatem si conspexi in corde meo, non (*d*) exaudiat Dominus (*Psal.*, LXV, 18). » Considerate modo Fratres, quam facile, quam quotidie homines erubescentes in hominibus iniquitates accusant : Male fecit, perdite fecit, sceleratus homo est : hoc forte propter homines dicit. Vide si non in corde tuo conspicis iniquitatem, ne forte quod reprehendis in altero, cogites facere, et ideo in illum clames,

---

(*a*) Duo MSS. *illud accipite omnes qui* etc. (*b*) Sic aliquot MSS. Alii cum Lov. *et vestra est*. (*c*) Sic MSS. At editi, *Olim ad lapidem*. (*d*) Sic MSS. juxta Græc. LXX. At editi, *exaudiet*.

Voyez si dans votre cœur vous ne jetez point un regard de complaisance sur l'iniquité, de peur que ce que vous reprochez à un autre, vous ne méditiez de le faire, et que vous ne criiez contre lui, non parce qu'il a fait mal, mais parce que le mal qu'il a fait est découvert. Rentrez en vous-même; soyez vous-même votre juge intérieur. Que l'iniquité vous déplaise dans votre demeure cachée, dans la cellule la plus intime de votre cœur, là où vous êtes seul avec celui qui voit dans le secret, afin qu'ainsi vous plaisiez à Dieu. Gardez-vous de jeter sur l'iniquité un regard de complaisance, c'est-à-dire : gardez-vous de l'aimer ; mais plutôt jetez sur elle un regard de dédain, c'est-à-dire, méprisez-la et détournez-vous d'elle. Tout ce qu'elle promet d'agréable, pour attirer au péché; tout ce qu'elle objecte de triste, comme une menace, pour pousser à faire le mal; tout cela n'est rien, tout cela passe : tout cela mérite d'être dédaigné, afin d'être foulé aux pieds, et non d'attirer les regards, afin d'être convoité. [En effet, quelquefois l'iniquité emploie pour ses suggestions la pensée même de celui qu'elle tente, et quelquefois les discours des méchants. « Car les mauvais discours corrompent les bonnes mœurs; gardez-vous d'y prêter attention (I. *Cor.*, XV, 33). » Mais c'est peu de préserver ses yeux de l'iniquité, c'est peu d'en préserver sa langue, gardez-vous surtout de jeter sur elle quelque regard dans votre cœur, c'est-à-dire gardez-vous de l'aimer, gardez-vous d'y consentir. Telle est en effet la signification que nous donnons chaque jour au mot regard, que nous prenons dans le sens d'amour. D'abord, nous disons de Dieu : il a jeté un regard sur moi. Que signifie ce mot regard ? Est-ce qu'auparavant Dieu ne vous voyait pas ? Ne regardait-il que le Ciel, et vos prières l'ont-elles excité à jeter les yeux sur vous ? Il vous voyait auparavant ; mais en disant : il a jeté un regard sur moi, vous voulez dire, il m'a aimé. De même, à un homme qui vous voit, et à qui vous adressez une prière, vous dites, en implorant sa pitié : jetez les yeux sur moi. Que veut dire : jetez les yeux sur moi ? Aimez-moi, faites attention à moi, ayez pitié de moi. Le Prophète n'a donc point dit : Si mon regard est tombé dans mon cœur sur quelque iniquité, parce qu'il est impossible qu'aucune iniquité ne se présente au cœur de l'homme. Il s'en présente, et il s'en présente sans cesse : mais gardons-nous d'y jeter un regard favorable. Si en effet, vous jetez un regard favorable sur l'iniquité, vous regardez en arrière et vous tombez sous le coup de la sentence rendue par le Seigneur dans l'Évangile : « Quiconque, après avoir mis la main à la charrue, regarde en arrière, n'est point propre au royaume de Dieu (*Luc*, IX, 62). » Que dois-je donc faire ? Ce que dit l'Apôtre : « J'oublie ce qui est derrière moi et

---

non quia fecit, sed quia inventus est. Redi ad te, intus esto tibi judex. Ecce in cubiculo abscondito, in ipsa vena intima cordis, ubi tu solus es et ille qui videt, illic tibi displiceat iniquitas, ut placeas Deo. Noli illam respicere, id est, noli illam diligere, sed potius despice, id est, contemne, et avertere ab ea. Quidquid lætum promiserit, ut illiciat ad peccandum; quidquid triste minata fuerit, ut impellat ad malefaciendum, totum nihil est, totum transit : despici dignum est, ut calcetur : non conspici, ut acceptetur. [(*a*) Suggerit enim aliquando per cogitationes, vel per verba colloquentium malorum. « Corrumpunt enim mores bonos colloquia mala (II, *Cor.*, XV, 33) : » tu noli ea respicere. Sed parum est in vultu, parum est in lingua : in corde noli respicere, id est, noli diligere, noli acceptare. Nam respectum pro dilectione poni quotidianum est : primo quia de Deo dicimus, Respexit me. Quid est, Respexit me ? Ante enim te non videbat ? Aut sursum adtendebat, et precibus tuis commonitus est, ut in te oculos mitteret ? Videbat te ante ; sed, Respexit me ? dicis, Dilexit me. Et homini qui te videt, et rogas eum, dicis ut miscreatur tui, Respice me. Videt te, et dicis. Respice me. Quid est, Respice me ? Dilige, attende, miserere mei. Ergo non ideo dixit, « Iniquitatem si adspexi in corde meo, » quia omnino nulla iniquitas suggeritur cordi humano. Ibi suggeritur, non cessat suggestio; sed non fiat respectio. Si enim respicis iniquitatem, retro adspicis; et incurris sententiam dicentis Domini in Evangelio. « Nemo ponens manum super aratrum et respiciens retro, aptus est regno Dei (*Lucæ*, IX, 62). » Quid ergo debeo facere ? Quod ait Apostolus, « Quæ retro oblitus, in ea quæ ante sunt extentus (*Philip.*, III, 13). » Retro enim nostra omnia quæ transierunt, iniqua sunt. Nemo ex bono venit ad Christum : « omnes peccaverunt, credendo justificantur (*Rom.*, III, 22). » Perfecta justitia non erit, nisi in illa vita : tamen ad

(*a*) Plures et probæ notæ MSS. carent omnibus iis versibus, qui concluduntur ansulis.

m'élance vers ce qui est devant moi (*Philipp.*, III, 13). » En effet, tout le passé qui est derrière nous est empreint d'iniquité. Nul n'est bon avant d'arriver au Christ ; tous les hommes ont péché et ils ont été justifiés par la foi (*Rom.*, III, 10). La justice ne sera jamais parfaite que dans la vie éternelle ; cependant pour produire notre avancement vers la perfection, Dieu nous inspire et nous donne les bonnes mœurs. Gardez-vous donc de mettre en avant vos mérites ; gardez-vous-en bien ; et si l'iniquité se présente à vous, refusez d'y consentir. Que dit en effet le Prophète] : « Si j'ai jeté dans mon cœur un regard de complaisance sur l'iniquité, que Dieu ne m'exauce pas. »

23. « Mais Dieu m'a exaucé (*Ps.* LXV, 19). » Parce que je n'ai pas jeté dans mon cœur un regard de complaisance sur l'iniquité. « Et il s'est montré attentif à la voix de ma prière. »

24. « Béni soit mon Dieu qui n'a éloigné de moi ni ma prière ni sa miséricorde (*Ibid.* 20). » Ce verset s'explique par le passage où le Prophète a dit : « Venez, écoutez, vous tous qui craignez Dieu, et je raconterai tout ce qu'il a fait pour mon âme. » Après ces paroles il a rapporté ce que vous avez entendu, et il conclut à la fin en disant : « Béni soit mon Dieu, qui n'a éloigné de moi ni ma prière ni sa miséricorde. » C'est ainsi que le Seigneur, qui parle ici par la bouche du Prophète, est parvenu jusqu'à la résurrection, où nous sommes arrivés nous-mêmes en espérance ; ou plutôt nous y sommes déjà, et c'est notre voix qui parle ici. Conséquemment, tant que nous sommes ici-bas, prions Dieu de n'éloigner de nous, ni notre prière, ni sa miséricorde, c'est-à-dire de nous accorder la persévérance de notre prière, et la persévérance de sa pitié pour nous. Il y en a en effet beaucoup dont la prière vient à défaillir : au commencement de leur conversion, ils prient avec ardeur, puis languissamment, puis froidement, puis négligemment, parce qu'ils sont comme pleins de sécurité. L'ennemi veille, et vous, vous dormez. Le Seigneur lui-même vous a fait ce commandement dans l'Évangile : « Il faut prier sans cesse et ne jamais se lasser (*Luc*, XVIII, 1). » Et il nous a proposé la comparaison d'un juge inique, lequel ne craignait pas Dieu et ne respectait pas plus les hommes. Une veuve le suppliait tous les jours de l'écouter ; et lui, que n'avait pu fléchir la pitié, céda enfin à l'importunité. Car ce juge inique se dit à lui-même : « Bien que je n'aie aucune crainte de Dieu et que je ne respecte pas les hommes, néanmoins, parce que cette veuve m'importune, j'écouterai sa plainte et lui rendrai justice. » Et le Seigneur ajouta : « Si un mauvais juge s'est conduit ainsi, votre père ne rendra-t-il point justice à ses élus qui crient vers lui et le jour et la nuit ? En vérité je vous le dis : il leur rendra promp-

---

provectum et mores boni ab ipso inspirantur, ab ipso donantur. Noli ergo tua merita computare, noli. Et si suggerit iniquitas, noli consentire. Quid enim ait ?] « Iniquitatem si conspexi in corde meo, non exaudiat Dominus. »

23. « Propterea exaudivit me Deus (*Psal.*, LXV, 19). » Quia iniquitatem non conspexi in corde meo. « Et intendit voci orationis meæ. »

24. « Benedictus Deus (*a*) meus, qui non amovit deprecationem meam et misericordiam suam a me (*Ibid.*, 20). » Tenete sensum ab eo loco, ubi ait, « Venite, audite, et narrabo vobis, omnes qui timetis Deum, quanta fecit animæ meæ : (*Ibid.*, 16). » et dixit quæ audistis, et ad finem ita conclusit : « Benedictus Deus meus, qui non amovit deprecationem meam et misericordiam suam a me. » Sic enim pervenit ad resurrectionem iste qui loquitur, ubi jam et nos spe sumus : immo et nos sumus ; et nostra vox ista est. Quamdiu ergo hic sumus, hoc rogemus Deum, ut non a nobis amoveat deprecationem nostram, et misericordiam suam, id est, ut perseveranter oremus, et perseveranter misereatur. Multi enim languescunt in orando, et in novitate suæ conversionis ferventer orant, postea languide, postea frigide, postea negligenter : quasi securi fiunt. Vigilat hostis : dormis tu. Ipse Dominus præcepit in Evangelio, « Quia oportet semper orare, et non deficere (*Lucæ*, XVIII, 1). » Et dat similitudinem de illo iniquo judice, qui nec Deum timebat, nec hominem reverebatur, quem interpellabat illa vidua quotidie ut audiret eam : et cessit tædio, qui non flectebatur misericordia ; et ait sibi judex nequam, « Si nec Deum timeo, nec homines revereor, vel propter tædium quod mihi quotidie facit hæc vidua, audiam caussam ejus, et vindicabo eam. Et ait Dominus, Si judex nequam hoc fecit, Pater vester non vindicabit electos suos

---

(*a*) Sic potiores MSS. At editi, *meus,* non addunt nisi ultimo loco.

tement justice (*Luc*, XVIII, 4 et suiv.), » Persévérons donc dans la prière ! Ce qu'il doit donner, s'il le diffère, il ne l'ôte pas. Pleins d'une sécurité fondée sur sa promesse, ne cessons pas de prier, par un bienfait même que nous tiendrons de sa bonté. Voilà pourquoi le Prophète a dit : « Béni soit mon Dieu, qui n'a éloigné de moi ni ma prière ni sa miséricorde. » Tant que vous verrez que votre prière n'est point éloignée de vous, soyez certain que sa miséricorde n'en est pas éloignée non plus.

qui ad eum clamant die ac nocte? Ita dico vobis, faciet judicium eorum cito (*Ibid.*, 4, etc.). » Ergo non deficiamus in oratione. Ille quod concessurus est, etsi differt, non aufert : securi de pollicitatione ipsius non deficiamus orando, et hoc ex beneficio ipsius est. Propterea dixit, « Benedictus Deus meus, qui non amovit deprecationem meam et misericordiam suam a me. » Cum videris non a te amotam deprecationem tuam, securus esto, quia non est a te amota misericordia ejus.

DISCOURS [1] SUR LE PSAUME LXVI.

1. Votre Charité se souvient que, dans deux psaumes qui ont été précédemment expliqués, nous avons exhorté notre âme à bénir le Seigneur et nous avons dit avec le pieux cantique : « O mon âme, bénis le Seigneur (*Ps.*, CII, 1, et CIII, 1). » Si donc, dans ces psaumes, nous avons exhorté notre âme à bénir le Seigneur, c'est avec raison qu'il est dit dans celui-ci : « Que Dieu ait pitié de nous et nous bénisse (*Ps.* LXVI 1). » Que notre âme bénisse le Seigneur, et que le Seigneur nous bénisse. Lorsque Dieu nous bénit, nous croissons devant lui, et lorsque nous bénissons le Seigneur, nous croissons encore ; l'un et l'autre nous profitent. Le Seigneur n'est point agrandi par nos bénédictions, de même qu'il n'est pas amoindri par nos malédictions. Celui qui maudit le Seigneur s'amoindrit lui-même, et celui qui bénit le Seigneur grandit à ses yeux. La bénédiction de Dieu vient d'abord en nous, et par suite, à notre tour, nous bénissons le Seigneur. Sa bénédiction est la pluie ; la nôtre est le fruit. Elle est donc rendue comme

IN PSALMUM LXVI.

ENARRATIO.

1. Meminit Caritas Vestra, in duobus Psalmis, qui jam tractati sunt, exhortatos nos fuisse animam nostram ut benediceret Dominum, et pio cantu dixisse, « Benedic anima mea Dominum (*Psal.*, CII, 1, et CIII, 1). » Si ergo hortati sumus in illis Psalmis animam nostram ut benediceret Dominum : in hoc Psalmo recte dicitur, « Deus misereatur nostri, et benedicat nos (*Psal.*, LXVI, 2). » Benedicat anima nostra Dominum, et Deus benedicat nos. Cum benedicit nos Deus, nos crescimus ; et cum benedicimus nos Dominum, nos crescimus : utrumque nobis prodest. Non augetur ille benedictione nostra, nec minuitur maledictione nostra. Qui maledicit Domino, ipse minuitur : qui benedicit Dominum, ipse augetur. Prior est in nobis benedictio Domini, et consequens est ut et nos benedicamus Dominum. Illa pluvia, iste fructus est. Ergo redditur tamquam fructus agricolæ Deo, complacenti nos et colenti. Cantemus ista devotione non sterili, non inani voce, sed vero corde. « Apertissime enim Deus Pater dictus est agricola (*Johan*, XV, 1). Apostolus dicit, Dei agri-

---

(1) Discours au peuple.

un fruit à Dieu, le céleste agriculteur qui nous arrose de sa pluie et nous cultive. Chantons ces vérités avec une piété féconde, non pas d'une voix stérile, mais avec un cœur sincère. En effet, il a été dit, de la manière la plus claire, de Dieu le Père, qu'il est un agriculteur (*Jean*, xv, 5). Et l'Apôtre a dit aussi : « Vous êtes la culture de Dieu; vous êtes la construction de Dieu (I, *Cor.*, III, 9). » Dans les choses visibles de ce monde, une vigne n'est pas un édifice et un édifice n'est pas une vigne; nous, au contraire, nous sommes la vigne du Seigneur, parce qu'il nous cultive pour en tirer du fruit; et nous sommes sa maison, parce que celui qui nous cultive habite en nous. Et que dit le même Apôtre ? « C'est moi qui ai planté, Apollo a arrosé, mais Dieu a donné l'accroissement. Ce n'est donc ni celui qui plante, qui est quelque chose, ni celui qui arrose: le pouvoir est à Dieu qui donne l'accroissement (I, *Cor.*, III, 6-9). » L'accroissement vient donc de Dieu. Mais, du moins, ne peut-on donner à Paul et à Apollo le nom d'agriculteurs? On appelle en effet agriculteur et celui qui plante et celui qui arrose ; or l'Apôtre a dit : « J'ai planté, Apollo a arrosé. » Mais si nous demandons à l'Apôtre par quelle puissance il a agi, il nous répond : « Ce n'est pas moi, mais la grâce de Dieu avec moi (*Ibid.*, xv, 10). » De quelque côté que vous vous tourniez donc, si Dieu agit par ses anges, vous trouverez qu'il est l'agriculteur de votre âme; s'il agit par ses Prophètes, c'est lui qui vous cultive ; s'il agit par ses Apôtres, reconnaissez encore qu'il est votre cultivateur. Et nous, que sommes-nous donc ? Nous sommes tout au plus les ouvriers de cet agriculteur, et cela même à l'aide des forces qu'il nous donne et de la grâce qu'il nous accorde. C'est donc lui qui tout à la fois cultive et donne l'accroissement. L'homme, quand il est agriculteur, ne peut que cultiver sa vigne, en labourant, en taillant, en s'acquittant de tous les autres soins d'un agriculteur zélé; mais il ne peut faire tomber la pluie sur sa vigne. Que si parfois il peut l'arroser, à qui doit-il de le pouvoir ? Sans doute, il amène l'eau en ruisseau jusqu'à son champ, mais Dieu remplit la source. Enfin, dans sa vigne, il ne peut faire croître les sarments, il ne peut former les fruits, il ne peut modifier les germes, il ne peut changer l'époque de l'éclosion. Mais Dieu peut tout, et il est lui-même notre agriculteur ; nous sommes en sécurité. Quelqu'un objectera peut-être : vous dites que Dieu est notre agriculteur; mais je dis également que les Apôtres ont été nos agriculteurs, eux qui ont dit : « J'ai planté, Apollo a arrosé. » Si je parle d'après moi, que personne ne me croie; mais si le Christ parle, malheur à qui ne le croira pas !

---

cultura estis, Dei ædificatio estis (1. *Cor.*, III, 9). » In rebus hujus mundi visibilibus, vitis non est ædificium, et ædificium non est vinea : nos autem vinea Domini sumus, quia colit nos ad fructum ; ædificium Dei sumus, quia qui colit nos, habitat in nobis. Et quid ait idem Apostolus? « Ego plantavi, Apollo rigavit, sed Deus incrementum dedit. Ergo neque qui plantat est aliquid, neque qui rigat, sed qui incrementum dat Deus (*Ibid.*, 6 et 7). » Ille ergo incrementum dat. Numquid forte isti sunt agricolæ? Agricola enim dicitur qui plantat, qui rigat : dixit autem Apostolus, « Ego plantavi, Apollo rigavit. » Quærimus unde ipse hoc fecerit? Respondet Apostolus, « Non ego autem, sed gratia Dei mecum (I. *Cor.* xv, 10). » Ergo quocumque te verteris, sive per Angelos, Deum invenies agricolam tuum; sive per Prophetas, ipse est agricola tuus; sive per Apostolos, eumdem ipsum agnosce agricolam tuum. Quid ergo nos? Fortasse operarii sumus agricolæ illius, et hoc ipsum ab ipso impartitis viribus, et ab ipso donata gratia. Ipse ergo et colit, et incrementum dat. Agricola autem homo vineam colit hactenus, ut aret, putet, adhibeat cetera quæ pertinent ad agricolarum diligentiam : pluere vineæ suæ non potest. Quod si forte irrigare potest, de cujus potest? Ipse quidem ducit (*a*) in rivum, sed Deus implet fontem. Postremo in vinea sua incrementum dare sarmentis non potest, formare fructus non potest, modificare semina non potest, tempora gignendi temperare non potest. Deus autem qui omnia potest, agricola noster est, securi sumus. Forte ait aliquis, Tu dicis agricolam nostrum esse Deum : immo ego Apostolos agricolas dico, qui dixerunt, « Ego plantavi, Apollo rigavit. » Si ego dico, nemo credat : si Christus dicit, Væ qui non credit. Quid ergo Dominus Christus ait? « Ego sum vitis, vos sarmenta, Pater meus agricola (*Johan.* xv, 5). » Sitiat ergo terra, et edat voces sitis suæ : quoniam scriptum est, « Anima mea

---

(*a*) Sic Er. et plures MSS. At Lov. *ducit irriguum*.

Qu'a donc dit Notre Seigneur Jésus-Christ? « Je suis la vigne, vous êtes les branches et mon Père est le cultivateur (*Jean*, XV, 5-1). » Que la terre ait donc soif, et que, par ses cris, elle manifeste sa soif, puisqu'il est écrit : « Mon âme est devant vous comme une terre sans eau (*Ps.*, CXLII, 6). » Que notre terre, c'est-à-dire nous-mêmes, s'écrie donc, et nous aussi dans le désir d'obtenir la pluie de Dieu : « Que Dieu ait pitié de nous et qu'il nous bénisse (*Ps.* LXVI, 2). »

2. « Qu'il fasse luire sur nous la lumière de son visage (*Ibid*). » Peut-être alliez-vous demander ce que veut dire : « qu'il nous bénisse. » Les hommes, en effet, demandent à Dieu différentes sortes de bénédictions. L'un veut être béni en ce sens qu'il obtienne une maison toujours pleine des choses nécessaires à cette vie; un autre veut être béni afin d'obtenir une santé corporelle que rien n'altère ; celui-ci veut être béni, s'il est malade, en recouvrant la santé; celui-là désire des enfants et, tout triste de n'en point voir naître, il veut être béni en acquérant une postérité. Et qui pourrait énumérer les vœux différents que forment les hommes, lorsqu'ils désirent la bénédiction de Dieu? D'ailleurs, qui d'entre nous dirait que ce n'est point par l'effet de la bénédiction de Dieu, que ses champs lui rapportent des fruits, que sa maison regorge de biens temporels, ou que sa santé s'est maintenue sans se perdre, ou, qu'après s'être perdue, elle s'est rétablie? Qui peut, si ce n'est le Seigneur Dieu, exaucer les vœux de ceux qui demandent avec pureté de cœur la fécondité d'une épouse et la naissance d'enfants? En effet, celui qui a créé le genre humain, alors qu'il n'existait pas, assure aussi l'existence de ce qu'il a créé par la succession des générations. C'est l'œuvre de Dieu, c'est le don de Dieu. Mais c'est encore trop peu de dire : l'œuvre de Dieu, le don de Dieu; il faut ajouter : l'œuvre de Dieu seul, le don de Dieu seul. Car que répondre, si Dieu, à la vérité, opère ces œuvres, mais que quelque autre qui n'est point Dieu les opère également? Dieu opère ces œuvres, et lui seul les opère. Inutilement les demande-t-on soit aux hommes, soit aux démons ; et quelque bien que reçoivent les ennemis de Dieu, ils les reçoivent de lui; et, après les avoir demandés à d'autres, s'ils les reçoivent, ils les reçoivent de lui, à leur insu. De même que quand ils sont punis, et qu'ils croient être punis par d'autres, ils ne le sont que par Dieu, sans le savoir ; ainsi lorsqu'ils obtiennent accroissement, abondance, salut, délivrance, peut-être que, dans leur ignorance, ils attribuent ces biens aux hommes, aux démons ou aux Anges, mais ils ne les tiennent que de celui au pouvoir de qui toutes choses sont soumises. Nous vous rappelons ces vérités, mes frères, afin que tout homme, parmi vous, qui désire les biens terrestres, soit en raison de ses besoins, soit par quelque faiblesse secrète, sache du moins les demander unique-

---

sicut terra sine aqua tibi (*Psal.*, CXLII, 6). » Dicat ergo terra nostra, nos ipsi, pluviam Dei desiderans, « Deus misereatur nostri, et benedicat nos. »

2. « Illuminet vultum suum super nos (*Psal.*, LXVI, 2). » Quæsiturus eras fortasse quid est, « benedicat nos. » Multis modis se volunt homines benedici a Deo : alius benedici se vult, ut habeat plenam domum necessariis rebus huic vitæ; alius benedici se cupit, ut obtineat salutem corporis sine labe; alius benedici se vult, si forte ægrotat, ut reparet sanitatem; alius desiderans filios, et forte contristatus quod non nascantur, benedici se vult ut habeat posteritatem. Et quis enumeret diversa vota hominum se a Domino Deo benedici cupientium ? Quis autem nostrum dicturus est non esse illam Dei benedictionem, si vel agricultura ei fructum ferat, vel domus cujusque abundet copia rerum temporalium, vel ipsa corporis salus aut teneatur ne amittatur, aut amissa reparetur? Fecunditas etiam feminarum, et casta vota filios desiderantium, ad quem pertinent nisi ad Dominum Deum ? Qui enim creavit quando non erat, ipse prolis successu facit permanere quod condidit. Facit hæc Deus, donat hæc Deus. Parum est nobis dicere, Facit hæc Deus, donat hæc Deus ; sed solus facit, solus donat. Quid si enim facit hæc Deus, sed facit hæc et aliquis non Deus ? Facit hæc, et solus facit. Et sine caussa ista petuntur vel ab hominibus : vel a dæmonibus : et quæque bona accipiunt inimici Dei, ab illo accipiunt ; et cum ab aliis petunt, cum accipiunt, nescientes ab illo accipiunt. Quomodo cum puniuntur, et putant se ab aliis puniri, nescientes ab illo puniuntur : sic et cum vegetantur, implentur, salvantur, liberantur, et si hoc nescientes, vel hominibus vel dæmonibus vel angelis tribuunt, non habent nisi ab illo penes quem potestas est omnium. Ad hoc dixerimus hæc, Fratres, ut quisquis etiam ista terrena forte, vel propter supplementa necessitatis, vel propter ali-

ment à Celui qui est la source de tous les biens, le Créateur et le conservateur de toutes choses.

3. Mais autres sont les dons que Dieu accorde même à ses ennemis, autres ceux qu'il réserve à ses amis. Quels sont les dons qu'il accorde à ses ennemis? Ceux que je viens d'énumérer. En effet, les bons ne sont pas les seuls dont les maisons possèdent en abondance les choses nécessaires à la vie; les bons ne sont pas les seuls à conserver la santé ou à la retrouver après une maladie; les bons ne sont pas les seuls qui aient des enfants, les seuls qui possèdent de l'argent, les seuls qui jouissent des autres biens utiles à cette vie temporelle et passagère : les méchants les possèdent également, et quelquefois les bons en sont privés. Cependant les méchants en sont aussi privés quelquefois, et ces biens, tantôt font défaut à ces derniers plus qu'aux premiers, et tantôt se trouvent en plus grande abondance chez ceux-ci que chez ceux-là. Dieu a voulu que ces biens temporels fussent communs à tous, parce que, s'ils n'étaient donnés qu'aux bons, les méchants penseraient que c'est en vue de les obtenir qu'il faut adorer Dieu; d'un autre côté, s'il ne les donnait qu'aux méchants, ceux qui sont bons, mais faibles, craindraient de se convertir, dans la crainte d'en être privés. Il y a, en effet, encore des âmes faibles, peu capables de comprendre le royaume de Dieu; l'Agriculteur céleste doit les nourrir également, car l'arbre dont la force soutient les assauts de la tempête n'était qu'une herbe au sortir de terre. Notre Agriculteur ne sait donc pas seulement tailler et élaguer les arbres vigoureux, il sait encore entourer et protéger les tendres rejetons qui sortent à peine de terre. C'est pourquoi, mes très-chers frères, comme je vous l'ai dit, si ces biens n'étaient donnés qu'aux bons, tous les hommes voudraient, pour les obtenir, se convertir à Dieu; et d'autre part, s'ils n'étaient donnés qu'aux méchants, les faibles craindraient, en se convertissant, de perdre ce que les seuls méchants possèderaient. Ces biens sont donc donnés sans distinction aux bons et aux méchants. De même, s'ils n'étaient enlevés qu'aux bons, les faibles craindraient semblablement de se convertir à Dieu; d'un autre côté, s'ils n'étaient enlevés qu'aux méchants, on pourrait croire que cette perte serait le seul châtiment qui dût les frapper. En les donnant aux bons, Dieu les console donc dans leur voyage; en les donnant aux méchants, il avertit les bons de désirer d'autres biens qui ne peuvent leur être communs avec les méchants. Egalement, Dieu, quand il lui plaît, ôte ces biens aux bons, pour qu'ils fassent l'épreuve de leurs forces; pour qu'ils se connaissent, eux qui peut-être s'ignoraient eux-mêmes jusqu'alors;

---

quam infirmitatem desiderat, nonnisi ab illo desideret, qui est fons omnium bonorum et creator et recreator universorum.

3. Sed alia sunt dona quæ dat Deus et inimicis suis, alia quæ non servat nisi amicis suis. Quæ sunt dona quæ dat inimicis suis? Ea quæ numeravi. Non enim soli boni plenas habent domos rebus necessariis, aut soli boni vel salvi (a) sunt, vel ab ægritudine convalescunt, aut soli boni filios habent, soli boni pecuniam, soli boni cetera apta huic vitæ temporali atque transeunti : habent hæc et mali, et aliquando desunt bonis : sed desunt et malis, et plerumque istis magis quam illis : aliquando illis quam istis potius abundant. Permixta ista temporalia Deus esse voluit : quia si bonis solis ea daret, putarent et mali propter hæc colendum Deum : rursus si ea solis malis daret, timerent boni infirmi converti, ne ista illis forte deessent. Est enim adhuc anima infirma minus capax regni Dei, nutrire illam debet Deus agricola noster. Nam et quæ arbor jam tempestates robore sustinet, cum de terra nasceretur, herba erat. Novit ergo ille agricola non solum robustas arbores putare atque purgare sed etiam teneras in recenti ortu sepire. Propterea, Dilectissimi, ut dicere cœperam, si solis bonis darentur ista, omnes propter hæc accipienda vellent converti ad Deum : rursus si solis malis darentur, timerent infirmi, ne cum converterentur, amitterent quod soli mali haberent. Permixte data sunt et bonis et malis. Rursus si solis bonis auferrentur, idem ille timor esset infirmorum, ne converterentur ad Deum : rursus si solis malis auferrentur, ipsa sola pœna putaretur qua mali plectuntur. Quod ergo dat ea et bonis, consolatur itinerantes : quod dat ea et malis, admonet bonos ut alia desiderent, quæ non habent cum malis communia. Rursus bonis aufert ea quando vult, ut interrogent se de suis viribus; et inveniant se, qui forte latebant se, utrum jam pos-

(a) Editi, *salvi facti sunt.* Abest, *facti,* a MSS.

et qu'ils sachent s'ils sont capables de dire : « Le Seigneur me l'avait donné, le Seigneur me l'a ôté ; il a été fait comme il a plu au Seigneur ; que le nom du Seigneur soit béni (*Job*, 1, 21). » En effet, cette âme sainte de Job a béni le Seigneur, et, fertilisée par la riche pluie de ses bénédictions, elle a porté des fruits abondants. Le Seigneur avait donné, le Seigneur a ôté ; il a retiré le don, il n'a pas retiré le donateur. Ainsi est bénie toute âme simple, qui détachée des choses de la terre, ne reste pas étendue sur le sol, les ailes collées par la glu ; mais qui, déployant d'éclatantes vertus, s'élève avec joie dans l'air libre sur les deux ailes d'une double charité : elle se voit enlever des biens qu'elle foulait aux pieds, loin d'y chercher un appui, et elle dit avec tranquillité : « Le Seigneur me l'avait donné, le Seigneur me l'a ôté ; il a été fait comme il a plu au Seigneur ; que le nom du Seigneur soit béni. » Il a donné ; il a ôté ; celui qui a donné me reste, il n'a ôté que ce qu'il avait donné, que son nom soit béni. C'est donc pour tirer ces paroles du cœur des bons, que ces biens leur sont ravis. Mais que personne n'objecte sa faiblesse et ne dise : Comment pourrais-je avoir une force pareille à celle du saint homme Job ? Ô jeune plante, vous admirez la force de l'arbre, vous qui ne faites que de naître ; mais cet arbre immense que vous admirez, sous les branches duquel vous trouvez l'ombre et la fraîcheur, n'a été qu'une frêle tige. Craignez-vous que les biens temporels ne vous soient enlevés, tandis que vous ne serez encore vous-même que cette tige naissante ? Considérez que ces biens sont également enlevés aux méchants. Pourquoi donc différer votre conversion ? Ce que vous craignez de perdre, devenu bon, peut-être le perdrez-vous encore méchant : que, devenu bon, vous perdiez ces biens, il vous reste, pour vous consoler celui qui vous les a ôtés ; votre coffre est vide de l'or qu'il contenait, mais votre cœur est rempli par la foi ; au dehors, vous êtes pauvre, au dedans vous êtes riche ; vous portez vos richesses avec vous, richesses que vous ne pourriez perdre, lors même que vous sortiriez tout nu du naufrage. Si donc vous pouvez perdre ces biens, tandis que vous êtes encore méchant, pourquoi ne pas faire que ce dommage ne vous frappe que devenu bon, puisque vous voyez que les méchants en sont également frappés ? Mais ils sont atteints de maux tout autrement terribles : leur maison est vide, mais leur conscience est plus vide encore. Le méchant qui perd ces biens temporels n'a point au dehors que posséder, il n'a point au-dedans où se reposer. Il se réfugie là où il a souffert cette perte, où son orgueil étalait aux yeux des hommes l'ostentation de ses richesses, mais il n'a plus de quoi s'enorgueillir aux yeux des hommes ; et il ne peut rentrer au dedans de

---

sint dicere, « Dominus dedit, Dominus abstulit ; sicut Domino placuit, ita factum est : sit nomen Domini benedictum (*Job.*, 1, 21). » Benedixit enim et illa anima Dominum, et reddidit fructus completa sagina benedictionis : Dominus dedit, Dominus abstulit. Subtraxit data, sed non subtraxit datorem. Anima benedicta omnis simplex, non hærens rebus terrenis, nec visco implicatis pennis jacens, sed exserto nitore virtutum in geminis alis geminæ dilectionis exsultat in auras liberas ; et videt sibi subtractum esse quod calcabat, non ubi incumbebat, et dicit secura, Dominus dedit, Dominus abstulit ; sicut Domino placuit, ita factum est : sit nomen Domini benedictum. Dedit, et abstulit : manet qui dedit, et abstulit quod dedit : sit ejus nomen benedictum. Ad hoc ergo ista auferuntur bonis. Sed ne quis forte infirmus diceret, Quando ego esse possum tantæ virtutis, quantæ sanctus Job ? Robur mi- raris arboris, (*a*) quia modo nata es : hæc magna, quam miraris, sub cujus ramis et umbra (*b*) refrigeraris, virga fuit. Sed times ne tibi auferantur hæc, cum talis fueris ? Adtende quia auferuntur et malis. Quid te ergo differs a conversione ? Quod bonus times amittere, forte malus amissurus es. Si bonus ea perdideris, adest consolator qui abstulit : arca exinanita est auro, cor plenum est fide : foris pauper es, sed intus dives es : divitias tecum portas, quas non amitteres, etiamsi de naufragio nudus exires. Quod ergo forte perditurus es malus, cur non bonum te invenit damnum, quando quidem vides et malos pati damnum ? Sed majore illi damno feriuntur : inanis est domus, inanior conscientia est. Quisquis malus ista perdiderit, non habet foris quod teneat, non habet intus ubi requiescat. Fugit hic ubi damnum passus est, ubi se ad oculos hominum de divitiarum ostentatione jactabat, jam se in

---

(*a*) Sic MSS. nisi quod unus habet, *natus es*. At editi, *quæ modo nata est*. (*b*) MSS. *refrigeras*.

lui-même, parce qu'il n'y possède rien. Il n'a point imité la fourmi, il ne s'est point amassé de grains pendant l'été (*Prov.* vi, 6, et xxx, 25). Que veut dire pendant l'été? Lorsque sa vie était paisible, lorsque la prospérité de ce siècle l'entourait, lorsqu'il en jouissait, lorsque tous le proclamaient heureux ; c'était l'été pour lui. Il aurait imité la fourmi, s'il avait écouté la parole divine, s'il avait rassemblé des grains et les avait mis à couvert. Plus tard survenaient les épreuves des tribulations, les frimas de l'engourdissement, les tempêtes de la crainte et le froid de la tristesse, soit par quelque perte, par quelque danger de santé, par la mort de quelque proche, soit par un déshonneur et une humiliation ; c'était l'hiver pour lui. La fourmi retourne alors à ce qu'elle a amassé en été, et dans sa demeure souterraine, en secret, là où nul ne la voit, elle jouit de son travail de l'été. Tandis qu'elle amassait en été ses provisions, tous la voyaient faire ; quand elle s'en nourrit en hiver, nul ne la voit. Qu'est cela ? Considérez la fourmi de Dieu : tous les jours, elle se lève, elle court à l'Eglise de Dieu, elle prie, elle entend la lecture des livres saints, elle chante des hymnes, elle rumine en son cœur ce qu'elle a entendu, elle réfléchit en elle-même, elle enfouit au dedans les grains qu'elle récolte dans l'aire. Ceux qui écoutent prudemment les paroles mêmes que je prononce font comme la fourmi. Chacun les voit aller à l'église, revenir de l'église, entendre la prédication, écouter la lecture, prendre eux-mêmes les saints livres, les ouvrir et y lire ; toutes ces choses, on les voit tandis qu'elles se font. Ce chrétien est la fourmi, toujours allant et venant, toujours portant aux yeux de tous le butin qu'elle va déposer dans sa cachette. Puis vient l'hiver ; quel est, en effet, celui pour lequel il ne vient pas ? Survient une perte d'argent, survient la mort d'un proche parent ; peut-être les autres ont-ils grande compassion de ce chrétien comme d'un malheureux ; ils ne savent pas que la fourmi a de quoi vivre dans sa demeure secrète, et ils disent : Qu'il est à plaindre de ce malheur, qu'il est à plaindre de cet accident ! Comment croyez-vous qu'il supporte cet événement ? A quel point d'abattement en est-il ? Celui qui parle ainsi mesure les choses d'après lui-même, et règle sa commisération d'après ses propres forces ; voilà pourquoi il se trompe, parce qu'il veut appliquer à quelqu'un qu'il ne connait pas la mesure qui lui convient à lui-même. Vous voyez un homme éprouver un dommage, déchoir de ses dignités, faire une perte de famille ; que croyez-vous de lui ? Qu'il a fait quelque mauvaise action, pour laquelle il lui est arrivé malheur. Ah ! loin de mes amis un tel cœur, loin d'eux un tel

---

oculis hominum jactare non potest : ad se intro non redit, quia nihil habet. « Non est imitatus formicam, non sibi collegit grana, cum æstas esset (*Prov.*, vi, 6, et xxx, 25). » Quid dixi, cum æstas esset ? Cum esset vitæ tranquillitas, cum esset sæculi hujus erga illum prosperitas, quando ei vacabat, quando felix vocabatur ab omnibus, æstas ipsius erat. Imitaretur formicam, audiret verbum Dei, colligeret grana, et tutus reconderet. Venerat tentatio tribulationis, supervenerat hyems (*a*) torporis, tempestas timoris, frigus tristitiæ, sive damnum esset, sive aliquod salutis periculum, sive aliqua orbitas suorum, sive aliqua exhonoratio et humiliatio ; hyems erat : redit formica ad id quod æstate collegit ; et intus in secreto suo, ubi nemo videt, æstivis laboribus recreatur. Quando sibi ista colligebat æstate, videbant omnes : cum his pascitur hyeme, nullus videt. Quid est hoc ? Vide formicam Dei : surgit quotidie, currit ad ecclesiam Dei, orat, audit lectionem, hymnum cantat, ruminat quod audivit, apud se cogitat, recondit intus grana collecta de area. Hæc ipsa quæ modo dicuntur qui prudenter audiunt, hoc agunt, et ab omnibus videntur procedere ad ecclesiam, redire ab ecclesia, audire sermonem, audire lectionem, invenire librum, aperire et legere : omnia ista videntur, cum fiunt. Formica illa est contenens iter, portans et recondens in conspectu cernentium. Venit hyems aliquando, cui enim non venit ? Accidit damnum, accidit orbitas : ceteri miserantur forte ut miserum, qui non norunt quid intus habeat formica quod comedat, et dicunt, Miser ille cui hoc accidit, aut ille cui hoc accidit, quid illi credis animi esse ? quomodo confectus est ? Metitur ex se, compatitur ex viribus suis, et ideo fallitur ; quia mensuram qua se metitur, vult afferre ad eum quem non novit. Videt illum passum damnum, aut humiliatum, aut orbitate percussum : Quid credis ? Iste aliquid mali fecit, ut hoc illi contingeret. Tale cor habeant, talem animum inimici mei. Ignoras o homo, vere tu tibi inimicus es, qui

(*a*) Vox, *torporis*, abest a MSS.

esprit ! O homme, vous ne savez ce que vous dites : vous êtes vraiment votre ennemi à vous-même, parce que vous n'amassez pas pour vous pendant l'été ce qu'a amassé pour lui celui que vous plaignez. Maintenant la fourmi mange dans sa demeure cachée les provisions dues à son travail de l'été. Vous pouviez la voir lorsqu'elle faisait sa récolte, vous ne pouvez plus la voir maintenant qu'elle la mange. Nous vous avons dit, mes frères, autant que Dieu nous a donné de le faire, autant qu'il a daigné le suggérer et l'inspirer à notre faiblesse et à notre humilité, autant que nos forces nous permettent de le comprendre, pourquoi Dieu donne également tous ces biens aux bons et aux méchants, et pourquoi il les enlève également aux bons et aux méchants. Dieu vous les a donnés, ne vous enorgueillissez pas ; il vous les a ôtés, ne vous laissez pas abattre. Vous craignez qu'il ne vous les enlève ; il peut les enlever de la même sorte au bon et au méchant, mieux vaut que vous perdiez, étant bon, ce qui vous vient de Dieu, parce que vous conservez Dieu. Il en est de même du méchant, et nous lui donnons des conseils analogues. Vous aurez quelque dommage à souffrir, (Quel est l'homme qui n'a point quelque perte à déplorer ?) quelque accident vous frappera, quelque malheur vous saisira à l'improviste ; le monde est rempli de tous côtés de ces infortunes, les exemples en sont incessants ; mais tandis que je vous parle, c'est le temps de l'été pour vous, vous ne manquez pas de grains à recueillir. Considérez la fourmi, ô paresseux, amassez en été autant que vous le pouvez ; l'hiver ne vous permettra plus de le faire, il vous laissera seulement manger ce que vous aurez recueilli. Combien y a-t-il d'hommes, en effet, que la tribulation accable à tel point qu'ils n'ont même la force, ni de lire, ni d'entendre ; et qui ne peuvent parvenir jusqu'à ceux qui les consoleraient. La fourmi reste donc alors dans sa retraite souterraine ; où elle voit si elle y a amassé, pendant l'été, de quoi se faire une subsistance pendant l'hiver.

4. Mais si Dieu nous bénit maintenant, de quelle manière nous bénira-t-il ? Quelle bénédiction demande la voix du Psalmiste quand il dit : « Et que Dieu nous bénisse (*Ps.* LXVI, 2) ? » La bénédiction que Dieu réserve à ses amis, la bénédiction qu'il ne donne qu'aux bons. Ne désirez pas comme quelque chose de considérable ce que les méchants reçoivent aussi. Dieu leur donne ces biens parce qu'il est bon ; il fait lever son soleil sur les bons et sur les méchants, et tomber sa pluie sur les justes et sur les injustes (*Matth.*, v, 45). Que réserve-t-il donc d'excellent pour les bons ? Que réserve-t-il d'excellent pour les justes ? « Qu'il fasse luire sur nous la lumière de son visage. » Vous faites luire sur les bons et sur les méchants la lumière de ce soleil matériel ; faites luire sur nous la lumière de votre visage. Les bons et les méchants voient la lumière du soleil que voient aussi les animaux ; mais « heureux ceux dont le cœur est pur,

---

per æstatem tibi non colligis quod iste collegit. Modo intus formica comedit labores æstatis : sed eam colligentem videre poteras, manducantem videre non potes, Ista, Fratres, quantum Dominus dedit, quantum suggerere et imbuere dignatus est infirmitatem et humilitatem nostram, quantum capimus pro modulo nostro, diximus, quare det Deus omnia ista permixta et bonis et malis, et quare auferat et bonis et malis. Dedit tibi, non extollaris : abstulit tibi, non frangaris. Times ne auferat, potest auferre et malo : melius ergo bonus quod Dei est amittis, sed Deum tenes. Sic ergo et ille malus, ipsum hortamur : Passurus es damnum. (Quis non passurus est orbitatem ?) Aliquis casus irruet, aliqua calamitas de transverso, undecumque, plenus est mundus, exempla non cessant : loquor tibi in æstate, grana quæ colligas non desunt : attende ad formicam o piger, collige æstate cum potes ; hyems colligere te non sinet, sed manducare quod collegeris. Quam multi enim tribulationem ita patiuntur, ut non eis vacet, nec legere aliquid, nec audire aliquid, nec forte admittuntur ad eos qui eos consolentur. Remansit formica in caverna, videat si collegit aliquid æstate, quo se avocet hyeme.

4. Sed modo quia benedicit nos Deus : quare benedicit nos ? Quam benedictionem petit hæc vox, « Ut benedicat nos Deus ? » Benedictionem quam servat amicis suis, quam solis bonis dat. Ne pro magno appetas quod et mali accipiunt : quia bonus est Deus, facit illa, « qui solem suum facit oriri super bonos et malos, et pluit super justos et injustos (*Matth.*, v, 45). » Quid ergo præcipue bonis ? quid præcipue justis ? « Illuminet vultum suum super nos. » Solis hujus vultum illuminas super bonos et malos, vultum tuum illumina super nos. Vident istam lucem cum pecoribus et boni et mali. « Beati autem mundo

parce qu'ils verront Dieu (*Ibid.*, v. 8). » « Qu'il fasse luire sur nous la lumière de son visage. » Il y a deux manières différentes de comprendre cette parole; je dois vous les dire toutes les deux. Faites luire, dit le Prophète, la lumière de votre visage sur nous; c'est-à-dire, montrez-nous votre visage. En effet, Dieu ne rend pas son visage lumineux dans certaines circonstances, comme si quelquefois il était sans lumière; mais le prophète demande qu'il le fasse luire sur nous, c'est-à-dire que ce qui nous était caché nous apparaisse, et que ce qui était dans l'ombre pour nous nous soit révélé, ou, en d'autres termes, nous apparaisse en pleine lumière. Ou bien dans un second sens, Faites luire sur nous la lumière de notre visage, le Prophète aurait voulu dire : Vous avez imprimé en nous votre visage; vous nous avez faits à votre image et à votre ressemblance (*Gen.*, I. 26) ; vous avez fait de nous une monnaie frappée à votre effigie ; mais votre image ne doit pas rester dans les ténèbres : envoyez un rayon de votre sagesse, que ce rayon chasse au loin nos ténèbres, et que votre image brille en nous; que nous reconnaissions en nous votre image, et que nous comprenions ce qui est dit dans le Cantique des Cantiques : « Gardez-vous de ne point vous connaître, ô vous qui êtes belle entre les femmes (*Cant.*, I, 7). » En effet, c'est à l'Église qu'il est dit : « Gardez-vous de ne point vous connaître. » Quel est le sens de ce mot ? Gardez-vous d'ignorer que vous êtes faite à l'image de Dieu. O précieuse âme de l'Église rachetée par le sang de l'Agneau sans tache, reconnaissez combien vous valez ; songez à la rançon qui a été payée pour vous. Disons donc avec une ardente aspiration : Qu'il fasse luire sur nous la lumière de son visage. Nous portons en nous son visage. De même que l'image des empereurs est empreinte sur les monnaies, ainsi le visage sacré de Dieu est imprimé sur son image ; mais les méchants ne reconnaissent pas en eux l'image de Dieu. Que doivent-ils dire, pour que ce divin visage s'illumine en eux ? « Vous éclairerez ma lampe, Seigneur; mon Dieu vous éclairerez mes ténèbres (*Psaume* XVII, 29). » Je suis dans les ténèbres des péchés; mais qu'un rayon de votre sagesse dissipe mes ténèbres, que vos traits apparaissent en moi, et si par ma faute, ils se présentent comme déformés en quelque chose, réformez ce que vous avez formé. » « Qu'il fasse donc luire sur nous la lumière de son visage. »

5. « Afin que nous connaissions votre voie sur la terre (*Ps.* LXVI, 3). » « Sur la terre, » ici bas, en cette vie. « Afin que nous connaissions votre voie. » Que veut dire : « votre voie ?» La voie qui conduit vers vous. Reconnaissons où nous allons, reconnaissons par quelle voie nous

---

corde; quoniam ipsi Deum videbunt (*Ibid.*, 8). » «Illuminet vultum suum super nos. » Geminus intellectus est, uterque dicendus est : Illumina, inquit, vultum tuum super nos, ostende nobis vultum tuum. Non enim aliquando illuminat vultum suum Deus, quasi aliquando fuerit sine lumine : sed, illumina super nos, ut quod nos latebat, aperiatur nobis, et quod erat, sed nobis absconditum erat, reveletur super nos, hoc est illuminetur. Aut certe, imaginem tuam illumina super nos : ut hoc dixerit, Illumina vultum tuum super nos : Impressisti nobis vultum tuum, fecisti nos ad imaginem et similitudinem tuam (*Gen.*, I, 26), fecisti nos nummum tuum; sed non debet imago tua in tenebris remanere ; mitte radium sapientiæ tuæ, expellat tenebras nostras, et fulgeat in nobis imago tua ; cognoscamus in nos imaginem tuam, audiamus quod dictum est in Canticis canticorum, « Nisi cognoveris temetipsam, ó pulcra inter mulieres (*Cant.*, I, 7). » Dicitur enim Ecclesiæ, Nisi cognoveris temetipsam. Quid est hoc ? Nisi cognoveris ad imaginem Dei te factam. O anima Ecclesiæ (*a*) pretiosa, redemta sanguine Agni immaculati, attende quanti valeas, quid pro te datum sit cogita. Dicamus ergo et optemus, « Illuminet vultum suum super nos. » Gestamus vultum ejus : quomodo dicuntur vultus Imperatorum, vere quidam sacer vultus Dei est in imagine ipsius : sed iniqui non cognoscunt in se imaginem Dei. Ut illuminetur vultus Dei super illos, quid debent dicere ? « Tu illuminabis lucernam meam Domine, Deus meus illuminabis tenebras meas (*Psal.*, XVII, 29). » Sum in tenebris peccatorum, sed radio sapientiæ tuæ discutiantur tenebræ meæ, appareat vultus tuus; et si forte appareat per me aliquantulum deformis effectus, a te reformetur quod a te formatum est. « Illuminet ergo vultum suum super nos. »

5. « Ut cognoscamus in terra viam tuam (*Psal.*, LXVI, 3).» In terra, hic, in hac vita, cognoscamus viam

(*a*) Er. et duo vel tres MSS. *pretioso*.

allons, nous ne pouvons connaître ni l'un ni l'autre dans les ténèbres. Vous êtes loin des hommes voyageurs sur cette terre, vous avez tracé devant nous la voie par laquelle nous devons retourner à vous. « Faites donc que nous connaissions votre voie sur cette terre. » Quelle est-elle, cette voie que nous désirons de connaître : « afin que nous connaissions votre voie sur la terre? » Nous devons la chercher, mais nous ne saurions la connaître par nous-mêmes. Apprenons de l'Évangile à la connaître. « Je suis la voie, » dit le Seigneur. Le Christ a dit : « Je suis la voie. » Craindriez-vous de vous tromper ? il a ajouté : « Je suis la vérité. » Qui peut se tromper étant dans la vérité ? Au contraire, celui-là se trompe qui s'écarte de la vérité. Le Christ est la vérité; le Christ est la voie ; marchez. Craindriez-vous aussi de mourir avant d'arriver ? « Je suis la vie, » a-t-il dit également. « Je suis la voie et la vérité et la vie (*Jean*, XIV, 6). » C'est comme s'il disait : Que craignez-vous? Vous marchez par moi, vous marchez vers moi, vous reposez en moi. Que veut donc dire le prophète par ces mots : « Faites que nous connaissions votre voie sur la terre, sinon : Faites que sur terre nous connaissions votre Christ? » Mais laissons répondre le psaume lui-même, de peur que vous ne croyiez qu'il faut chercher en un autre endroit de l'Ecriture un témoignage qui manque ici. Le Prophète, en reprenant sa pensée sous une autre forme, nous montre ce que signifient ces mots : « Faites que nous connaissions votre voie sur la terre. » Car alors, comme si vous demandiez : quelle voie? sur quelle terre? il ajoute : « Celui par qui vous donnez le salut à toutes les nations. » Demandez-vous sur quelle terre ? Ecoutez : « à toutes les nations. » Demandez-vous quelle est cette voie? Ecoutez : « celui par qui vous donnez le salut. » Mais le Christ n'est-il pas celui par qui Dieu donne le salut ? En effet, qu'a dit du Christ le vieillard Siméon, ce vieillard dont la vie, nous dit l'Évangile, a été prolongée jusqu'à la naissance du Verbe incarné ? Le vieillard reçut entre ses mains le Verbe de Dieu enfant. Le Verbe, qui avait daigné séjourner dans le sein d'une vierge, aurait-il dédaigné d'être tenu dans les mains d'un vieillard ? Tel dans le sein de la vierge qu'aux mains du vieillard, faible enfant, et dans les entrailles maternelles et dans les mains de Siméon, voulant nous donner sa force, lui qui a fait toutes choses et qui, s'il les a toutes faites, a fait sa mère elle-même, il est venu dans l'humiliation, il est venu dans la faiblesse, mais dans une faiblesse qui devait se changer en force; car, dit l'apôtre, « s'il a été crucifié à cause de sa faiblesse, il vit par la force de Dieu (II, *Cor.*, XIII, 4). » Il était donc dans les mains du

tuam. » Quid est, viam tuam ? Quæ ducit ad te. Agnoscamus quo eamus, agnoscamus qua eamus, utrumque in tenebris non possumus. Longe es a peregrinantibus, viam nobis porrexisti, per quam redeundum sit ad te : « Agnoscamus in terra viam tuam. » Quæ est via ipsius, quia hoc optavimus, « Ut cognoscamus in terra viam tuam ? » Quæsituri sumus eam nos, non per nos discituri. Possumus eam de Evangelio discere : « Ego sum via (*Johan.*, XIV, 6), » Dominus ait. Christus dixit, « Ego sum via. » Sed times ne erres ? Adjecit, « Et veritas. » Quis errat in veritate ? Errat (*a*) qui recesserit a veritate. Veritas Christus, via Christus : ambula. Times ne moriaris antequam pervenias ? « Ego sum vita : » Ego sum, inquit, via et veritas et vita. Quasi diceret, Quid times ? Per me ambulas, ad me ambulas, in me requiescis. Quid ergo ait, « Cognoscamus in terra viam tuam, » nisi, cognoscamus in terra Christum tuum ? Sed ipse Psalmus respondeat : ne putetis ex aliis Scripturis adhibendum esse testimonium, quod forte hic deest : repetendo ostendit quid dixerit, « Ut cognoscamus in terra viam tuam, » et quasi tu quæreres, In qua terra, quam viam ? « In omnibus gentibus salutare tuum. » In qua terra quæris ? Audi : « In omnibus gentibus. » Quam viam quæris ? Audi : « Salutare tuum. » An forte non est Christus salutare ipsius ? Et quid est quod dixit senex ille Symeon, senex ille, inquam, in Evangelio, servatus annosus usque ad infantiam Verbi (*Lucæ.*, II, 30) ? Accepit enim senex ille in manibus suis infantem Verbum Dei. Qui et in utero esse dignatus est, in manibus senis esse dedignaretur ? Ille in utero virginis, qui in manibus senis, infirmus infans et intra viscera et in manibus senis, ad dandam nobis firmitatem, per quem facta sunt omnia ; (et si omnia, et ipsa mater:) venit humilis, venit infirmus, sed indutus infirmitate mutanda : « quia etsi crucifixus est ex infirmitate, sed vivit ex virtute Dei (II. *Cor.*, III, 4), » Apostolus ait. Erat ergo in manibus senis. Et quid ait senex ille ? quid ait, gratulans quod jam solvendus

(*a*) Hic in editis additur, *in veritate* : quod abest a MSS.

saint vieillard. Et que dit celui-ci? Que dit-il en se félicitant de ce que bientôt il serait retiré de ce monde, et en voyant contenu dans ses mains celui par qui et en qui son propre salut était contenu? « Dès cet instant, Seigneur, vous laisserez mourir en paix votre serviteur, parce que mes yeux ont vu celui par qui vous donnez le salut (*Luc*, II 19). » Disons par conséquent : « Que Dieu nous bénisse et qu'il ait pitié de nous : qu'il fasse luire sur nous la lumière de son visage, afin que nous connaissions votre voie sur la terre. » Sur quelle terre ? « Dans toutes les nations. » Quelle voie? « Celui par qui vous donnez le salut. »

6. Que s'ensuit-il, si la voie de Dieu est connue sur la terre, si le Sauveur envoyé par Dieu est connu parmi toutes les nations ? « Que les peuples, ô mon Dieu, confessent votre nom, » poursuit le prophète, « que tous les peuples confessent votre nom (*Ps.* LXVI, 4). » Un hérétique se lève et dit : Des peuples d'Afrique sont à moi. Un autre s'écrie d'un autre côté : Des peuples de Galatie sont à moi. Vous avez, vous, des peuples d'Afrique; et vous, des peuples de Galatie : je cherche, moi, celui qui possède tous les peuples. Vous avez sans doute osé vous réjouir en entendant ces premières paroles : « Que les peuples, ô mon Dieu, confessent votre nom ; » mais écoutez le verset qui suit, et dites s'il ne parle que d'une partie du monde : « Que tous les peuples confessent votre nom. » Marchez donc dans la voie avec toutes les nations; marchez dans la voie avec tous les peuples, ô fils de la paix, enfants de l'unité catholique ; marchez dans la voie et chantez en marchant. Ainsi font les voyageurs pour soulager leur fatigue. Chantez donc, vous aussi, dans cette voie; je vous en conjure par cette voie elle-même, chantez dans cette voie ; chantez un cantique nouveau, que nul ne chante des choses anciennes ; chantez les cantiques d'amour de votre patrie, mais que nul ne chante des choses anciennes. La voie est nouvelle, le voyageur nouveau, le chant nouveau. Ecoutez l'apôtre qui vous exhorte à ce chant nouveau : « Si donc quelqu'un est en Jésus-Christ, il est une créature nouvelle : les choses anciennes ont passé ; maintenant tout est devenu nouveau (II, *Cor.*, v, 17). » Chantez un cantique nouveau sur la voie que vous avez connue, « sur la terre, » sur quelle terre? « Parmi toutes les nations. » C'est pourquoi le cantique nouveau n'appartient pas à telle ou à telle partie de la terre. Celui qui chante à part chante des choses anciennes; quoique ce soit qu'il chante, il chante des choses anciennes; c'est l'homme ancien qui chante; il est séparé de l'unité, il est charnel. Autant un homme est charnel, autant il reste l'homme ancien; et autant il est spirituel, autant il est l'homme nouveau. Voyez ce que dit

---

hinc esset, videns suis manibus contineri a quo et in quo salus ejus continebatur ? « Jam dimittis, inquit, Domine, servum tuum in pace, quoniam viderunt oculi mei salutare tuum (*Lucæ.*, II, 29). » Ergo, « Benedicat nos Deus, et misereatur nostri, illuminet vultum suum super nos, ut cognoscamus in terra viam tuam. » In qua terra? « In omnibus gentibus. » Quam viam ? « Salutare tuum. »

6. Quid sequitur, quia cognoscitur in terra via Dei, quia cognoscitur in omnibus gentibus salutare Dei? « Confiteantur tibi populi, Deus ; confiteantur tibi, inquit, populi omnes (*Psal.*, LXVI, 4). » Exsistit hæreticus, et dicit, Ego in Africa populos habeo : et alius ex alia parte, Et ego in Galatia populos habeo. Tu in Africa, ille in Galatia : ego illum quæro qui ubique habet. Certe ad istam vocem exsultare vos ausi estis, quoniam audistis, « Confiteantur tibi populi, Deus. » Audite sequentem versum, quia non de parte loquitur : « Confiteantur tibi populi omnes. » Ambulate in via cum omnibus gentibus, ambulate in via cum omnibus populis, o filii pacis, filii unicæ Catholicæ, ambulate in via, cantate ambulantes. Faciunt hoc viatores ad solamen laboris. Cantate vos in hac via ; obsecro vos per ipsam viam, cantate in hac via : canticum novum cantate, nemo ibi vetera cantet : cantate amatoria patriæ vestræ, nemo vetera. Via nova, viator novus, canticum novum. Audi Apostolum hortantem te ad canticum novum : Si qua igitur in Christo nova creatura, vetera transierunt, ecce facta sunt nova (II *Cor.*, v, 17). » Canticum novum cantate in via, quam cognovistis « in terra. » In qua terra? « In omnibus gentibus. » Propterea et canticum novum non pertinet ad partem. Qui in parte cantat, vetus cantat : quodlibet cantet, vetus cantat, vetus homo cantat : divisus est, carnalis est. Certe inquantum carnalis est, intantum vetus ; et inquantum spiritalis , intantum novus. Vide quid dicat Apostolus : « Non potui vobis loqui quasi spiritalibus, sed quasi carnalibus (I *Cor.*, III, 2). » Unde illos probat carnales? Cum enim unus dicit,

l'Apôtre : « Je n'ai pu vous parler comme à des hommes spirituels, mais comme à des hommes charnels. » Et comment leur prouve-t-il qu'ils sont charnels ? « Lorsque l'un de vous dit : Je suis à Paul et l'autre je suis à Apollo, n'êtes-vous pas des hommes charnels (I *Cor.*, III, 43) ? » Chantez donc en esprit le cantique nouveau, dans la voie où vous êtes en sûreté. Faites comme les voyageurs qui chantent, et même souvent qui chantent la nuit. Mille bruits effrayants se font entendre autour d'eux, ou plutôt ne se font pas entendre, tout se tait autour d'eux ; mais plus le silence est profond, plus il est effrayant : les voyageurs chantent cependant, même ceux qui craignent les voleurs. Avec combien plus de sécurité ne chantez-vous pas dans le Christ ? Cette voie ne connaît pas de voleurs, à moins qu'en la quittant, vous n'alliez vous jeter dans les mains des voleurs. Chantez, dis-je, avec sécurité un chant nouveau dans cette voie que vous avez connue « sur la terre, » c'est-à-dire, « parmi toutes les nations. » Voyez que celui qui veut marcher à part ne chante point avec vous un chant nouveau. « Chantez, dit le Prophète, un chant nouveau, » et il ajoute : « Que toute la terre chante au Seigneur (*Ps.* XCV, 1). » « Mon Dieu que les peuples confessent votre nom (*Ps.* LXVI, 4). » Ils ont trouvé votre voie ; qu'ils confessent votre nom. Votre chant est une confession, la confession de vos péchés et la confession de la puissance de Dieu. Confessez vos péchés et confessez la grâce de Dieu, accusez-vous et glorifiez-le, reprenez-vous et louez-le ; afin qu'en venant il vous trouve votre propre correcteur, et qu'il se montre à vous votre sauveur. Pourquoi craindre en effet cette confession, ô vous qui avez trouvé la voie établie dans toutes les nations? Pourquoi craindre cette confession ? Pourquoi craindre de chanter, par cette confession même, un cantique nouveau, avec toute la terre, dans la paix catholique? Craignez-vous de vous confesser ainsi à Dieu, de peur qu'après votre confession il ne vous condamne ? Si, ne vous confessant pas, vous restez par là-même caché, je l'accorde, en vous confessant, vous serez condamné. Vous craignez de vous confesser, vous qui ne pouvez rester caché même en ne vous confessant pas ; vous serez condamné pour vous être tu, et vous pouvez être délivré si vous vous confessez. « Que les peuples confessent votre nom, ô mon Dieu ; que tous les peuples confessent votre nom. »

7. Et pour prouver que cette confession ne conduit pas au châtiment, le Prophète continue et dit : « Que les nations se réjouissent et tressaillent d'allégresse (*Ibid.* 5). » Si les larrons n'avouent leurs crimes devant un homme qu'au milieu des gémissements ; que les fidèles, en avouant leurs péchés devant Dieu, se livrent à la joie. Quand le juge est un

---

« Ego sum Pauli ; alter vero, Ego Apollo : nonne, inquit, carnales estis (*Ibid.*, 4)? » Ergo in spiritu canticum novum canta in via secura. Sicut viatores cantant, et plerumque nocte cantant. Formidolosa circumstrepunt omnia, vel potius non circumstrepunt, sed circumsilent ; et quanto magis silentia, tanto magis formidolosa ; cantant tamen et qui latrones timent. Quanto securius cantas in Christo ? Non habet via ista latronem, si tu non deserendo viam incidis in latronem. Canta, inquam, securus canticum novum in via quam cognovisti « in terra, » hoc est, « in omnibus gentibus. » Vide quia ipsum canticum novum non tecum cantat qui in parte esse voluit. «Cantate, inquit, Domino canticum novum. » Et sequitur, « Cantate Domino omnis terra (*Psal.*, XCV, 1). » «Confiteantur tibi populi, Deus.» Invenerunt viam tuam, confiteantur. Ipsa cantatio confessio est, confessio peccatorum tuorum et virtutis Dei. Tuam iniquitatem confitere, gratiam Dei confitere : te accusa, illum glorifica : te reprehende, illum lauda ; ut et ipse veniens inveniat te punitorem tuum, et exhibeat se tibi salvatorem tuum. Quid enim timetis confiteri, qui invenistis hanc viam in omnibus gentibus? quid timetis confiteri, et in confessione vestra cantare canticum cum omni terra, in omni terra, in pace catholica? Confiteri times Deo, ne confessum damnet? Si non confessus lates (*a*), confessus damnaberis. Times confiteri, qui non confitendo esse non potes occultus ; damnaberis tacitus, qui posses liberari confessus. « Confiteantur tibi populi Deus, confiteantur tibi populi omnes. »

7. Et quia ista confessio non ad supplicium ducit, sequitur, et dicit, « Lætentur et exsultent gentes (*Psal.*, LXVI, 5).» Si plangunt ante hominem confessi latrones, lætentur ante Deum confessi fideles. Si homo judicat, exigit a latrone confessionem tortor et timor : immo aliquando confessionem premit timor, exigit dolor ; et ille qui plangit in tormentis, timet

(*a*) Editi, *non confessus damnaberis*. Expunge *non*, quod abest a MSS.

homme, la torture et la crainte portent le malfaiteur à des aveux; quelquefois la crainte retient l'aveu et la douleur l'arrache; celui qui gémit à la torture craint qu'on ne le mette à mort, s'il avoue, et il supporte les tourments autant qu'il le peut; et s'il parle, vaincu par la douleur, il ne parle que pour se condamner lui-même à mort. Donc, jamais de joie pour lui, jamais d'allégresse. Avant ses aveux, il est déchiré avec des ongles de fer; après ses aveux, il est condamné et conduit au supplice par le bourreau : pour lui, misère sur misère. Mais, dit le Prophète : « Que les nations se réjouissent et tressaillent d'allégresse ! » D'où vient cette joie ? De leur confession même. Pourquoi ? Parce que celui à qui s'adresse cette confession est plein de bonté. S'il exige la confession, c'est pour sauver le pécheur qui s'humilie; s'il condamne celui qui ne se confesse pas, c'est pour punir le pécheur orgueilleux. Soyez donc triste avant la confession, mais tressaillez d'allégresse après la confession, car dès cet instant vous serez guéri. Votre conscience avait laissé l'humeur s'amasser et l'abcès s'était tuméfié : il vous faisait cruellement souffrir et ne vous laissait nulle relâche. Le médecin emploie tantôt les émollients de douces paroles, et tantôt il tranche dans le vif; il emploie le fer pour vous guérir, en vous châtiant par des afflictions. Reconnaissez la main du médecin, confessez vos péchés, que par cette confession toute l'humeur parte et s'écoule; alors, réjouissez-vous, alors tressaillez d'allégresse, ce qui reste sera facilement guéri. « Que les peuples confessent votre nom, ô mon Dieu, que tous les peuples confessent votre nom. » Et, en raison de cette confession, « que les nations se réjouissent et tressaillent d'allégresse, parce que vous jugez les peuples avec équité. » Nul ne peut vous tromper; que celui qui doit être jugé se réjouisse, s'il a craint celui qui devait le juger, car, il a prévu et prévenu par sa confession l'arrivée de son juge (*Ps.*, XCIV, 2); et quand celui-ci sera venu, il jugera le peuple avec équité. Que pourront les ruses de l'accusateur, devant un tribunal où la conscience est le témoin, où vous et votre cause serez présents devant un juge qui ne cherche pas de témoignage extérieur ? Il vous a envoyé un avocat, à cause de lui et par lui confessez vos fautes; plaidez vous-même votre cause devant lui; car il défend qui se repent, il demande grâce pour qui avoue ses fautes, et il juge qui est innocent. Pourriez-vous craindre pour votre cause, lorsque votre avocat est lui-même votre juge ? « Que les nations se réjouissent donc et tressaillent d'allégresse, parce que vous jugez les peuples avec équité. » Mais les hommes pourraient craindre d'être dans le mal au mo-

autem occidi confessus, portat tormenta quantum potest; et si victus dolore fuerit, profert ad mortem vocem suam. Nusquam ergo lætus, nusquam exsultans : antequam confiteatur, exarat ungula; cum confessus fuerit (*a*), damnatum carnifex ducit : miser ubique. Sed « lætentur et exsultent gentes. » Unde ? Per ipsam confessionem. Quare ? Quia bonus est cui confitentur : ad hoc exigit confessionem, ut liberet humilem; ad hoc damnat non confitentem, ut puniat superbum. Ergo tristis esto antequam confitearis; confessus exsulta, jam sanaberis. (*b*) Conscientia tua saniem collegerat, apostema tumuerat, cruciabat te, requiescere non sinebat : adhibet medicus fomenta verborum, et aliquando secat, adhibet medicinale ferrum in correptione tribulationis : tu agnosce medici manum; confitere, exeat in confessione et defluat omnis sanies : jam exsulta, jam lætare; quod reliquum est facile sanabitur. « Confiteantur tibi populi Deus, confiteantur tibi populi omnes. » Et quia confitentur, « lætentur et exsultent gentes : quoniam judicas populos in æquitate. » Nemo te fallit : gaudeat judicandus, qui timuit judicaturum. Prævidit enim, et prævenit faciem ejus in confessione (*Psal.*, XCIV, 2) : ille autem cum venerit, populos in æquitate judicabit. Quid ibi valebit calliditas accusatoris, ubi est testis conscientia, ubi tu eris et caussa tua, ubi judex non quærit testem ? Advocatum misit tibi : propter illum, et per illum confitere; age caussam tuam, et defensor est pænitentis, et petitor veniæ confitentis, et judex innocentis. Vere timere poteris caussam tuam, ubi advocatus tuus erit judex tuus ? « Lætentur ergo, et exsultent gentes : quoniam judicas populos in æquitate. » Sed timere poterunt ne male judicaturi : dent se corrigendos, dent se dirigendos ei qui videt judicandos. Hic corrigantur, et non timeant cum judicabuntur. Vide quid dicat in alio Psalmo : « Deus in nomine tuo salvum me fac, et in virtute tua judica me (*Psal.*, LIII, 3). » Quid ait ? Si non me prius salvas in nomine tuo, debeo timere cum me

(*a*) Sic MSS. At editi *damnat carnifex, ducitur miser ubique*. (*b*) Sic MSS. Editi vero, *Non confitentis conscientia saniem*, etc.

ment de leur jugement ; qu'ils abandonnent le soin de les corriger, qu'ils abandonnent le soin de les diriger à celui qui les voit pour les juger. Qu'ils se corrigent dès maintenant, et ils n'auront point à craindre lorsqu'ils seront jugés. Voyez ce que dit le Prophète dans un autre psaume : « Seigneur, sauvez-moi en votre nom et jugez-moi dans votre force (*Ps.*, LIII, 3). » Que veut-il dire ? Si vous ne me sauvez d'abord en votre nom, j'ai lieu de craindre quand vous me jugerez dans votre force ; si, au contraire, vous me sauvez d'abord en votre nom, que craindrai-je lorsque vous me jugerez dans votre force, puisque vous aurez commencé par m'assurer le salut en votre nom ? Ce qu'il dit ici : « Que tous les peuples confessent votre nom, » présente le même sens. Et de peur que vous ne croyiez avoir quelque chose à craindre de cette confession, le Prophète ajoute : « Que les nations se réjouissent et tressaillent d'allégresse. » Pourquoi : « se réjouissent et tressaillent d'allégresse ? » « Parce que vous jugez les peuples avec équité. » Nul n'ira vous faire de présents contre nous, nul ne peut vous corrompre, nul ne peut vous tromper. Soyons donc en sécurité. Mais que dire de notre cause en elle-même ? Nul ne saurait corrompre Dieu, cela est évident, mais peut-être, par cela même que nul ne peut le corrompre, n'en est-il que plus redoutable. Comment donc serez-vous en sécurité ?

Par le moyen que nous avons déjà rapporté : « Seigneur, sauvez-moi en votre nom et jugez-moi dans votre force. » Ces paroles ont la même valeur que celles de notre psaume : « Que les nations se réjouissent et tressaillent d'allégresse, parce que vous jugez les peuples avec équité. » Et pour que ceux qui ont été injustes et méchants ne soient pas dans la frayeur, le Prophète ajoute : « Et que vous dirigez les nations sur la terre. » Les nations étaient dépravées, les nations étaient sans droiture, les nations étaient perverses ; elles craignaient avec raison celui qui venait juger leur dépravation, leur manque de droiture et leur perversité. Mais la main de ce juge est venue s'étendre miséricordieusement sur les peuples, et les diriger, afin qu'ils suivissent la voie droite ; pourquoi, après l'avoir reconnu comme le réformateur de leur vie, craindraient-ils de le voir venir comme leur juge ? Qu'ils se remettent entre ses mains ; c'est lui qui dirige sur terre les nations. Mais les nations qu'il dirige marchent dans la foi, sont comblées de joie en lui, et opèrent de bonnes œuvres. Peut-être, comme elles naviguent sur la mer, entre-t-il dans le navire, par de légères ouvertures, par des fentes imperceptibles, un peu d'eau qui tombe dans la sentine. Mais cette eau, on l'épuise par les bonnes œuvres, de peur qu'en continuant d'entrer, elle ne forme un amas capable de faire sombrer le vaisseau ; on

---

judicabis in virtute tua : si autem me prius salvas in nomine tuo, quid timebo judicantem in virtute, cujus salus præcessit in nomine ? Sic etiam hoc loco. « Confiteantur tibi populi omnes. » Et ne putetis aliquid timendum in confessione, « Lætentur, inquit, et exsultent gentes. Quare, lætentur et exsultent ? Quoniam judicas populos in æquitate.» Nemo contra nos præmium dat, nemo te corrumpit, nemo te fallit. Ergo securus sis. Sed quid de caussa tua ? Nemo corrumpit Deum, manifestum est : ne forte ideo magis timendus sit, quia corrumpi nullo modo potest. Quomodo ergo securus es ? Secundum illud quod jam dictum est, « Deus in nomine tuo salvum me fac, et in virtute tua judica me.« Sic et hic, « Lætentur et exsultent gentes, quoniam judicas populos in æquitate. » Et ne timeant iniqui, subjecit, « Et gentes in terra (*a*) dirigis. » Pravæ

erant gentes, et tortuosæ erant gentes, perversæ erant gentes; merito pravitatis et distortionis et perversitatis suæ judicem venientem timebant : venit manus ipsius, extenta est misericorditer in populos, diriguntur ut ambulent rectam viam : quid timeant venturum (*b*) judicem, qui primo agnoverunt correctorem ? Manibus ejus dent se, ipse gentes in terra dirigit. Directæ autem gentes ambulantes in fide, exsultantes in illo, facientes opera bona ; et si qua forte, quoniam per mare navigant, intrat aqua per minutissimas cavernas, per rimulas ad sentinam, exhauriendo eam per opera bona, ne plus intrando cumulum faciat, et navem deprimat, (*c*) exhauriendo quotidie, jejunando, orando, eleemosynas faciendo, dicendo puro corde, «Dimitte nobis debita nostra, sicut et nos dimittimus debitoribus nostris (*Matth.*, VI, 12): » dicendo ista, ambula secu-

---

(*a*) Plerique MSS. *diriges*, futuro tempore, juxta Græc. LXX. (*b*) Aliquot MSS. *venturum rectorem judicem* : forte pro, *rectorum judicem* (*c*) Er. et pauci MSS. hic, *exhauriant*.

l'épuise tous les jours par le jeûne, par la prière, par l'aumône, par ces paroles dites avec un cœur pur : « Remettez-nous nos dettes comme nous remettons leurs dettes à nos débiteurs (*Matth.*, VI, 12). » En parlant ainsi, marchez en assurance, réjouissez-vous dans la route, chantez dans la route. Ne craignez pas votre juge ; car avant de lui être fidèle, vous avez trouvé en lui un sauveur. Impie, il vous a cherché pour vous racheter ; racheté par lui, il vous abandonnerait pour vous perdre ? « Et vous dirigez les nations sur la terre. »

8. Le Prophète est dans la joie, il se livre à l'allégresse, il exhorte les nations, et pour les exhorter, il redit les paroles qu'il a déjà chantées : « Mon Dieu, que les peuples confessent votre nom ; que tous les peuples confessent votre nom, la terre a porté son fruit (*Ps.* LXVI, 6). » Quel fruit? « Que tous les peuples confessent votre nom. » La terre existait, elle était pleine d'épines ; la main de Dieu est survenue pour les arracher. Sa majesté divine et sa miséricorde se sont réunies pour appeler les peuples; la terre a commencé à glorifier le Seigneur, et dès lors à donner son fruit. Donnerait-elle son fruit si auparavant elle n'avait été fécondée par la pluie ? Donnerait-elle son fruit, si, auparavant, la miséricorde divine n'était descendue sur elle ? Quels textes produire, me direz-vous, pour démontrer que la terre a été fertilisée par la pluie céleste, avant de donner son fruit? Écoutez le Seigneur envoyant sa pluie à la terre : « Faites pénitence ; car le royaume du Ciel est proche (*Matth.*, III, 2). » Il envoie sa pluie, et cette pluie est accompagnée d'un tonnerre qui sème l'épouvante; craignez le tonnerre de Dieu et recevez sa pluie avec reconnaissance. Mais, après ces premières paroles du Seigneur, qui renfermaient à la fois le tonnerre et la pluie, après ces premières paroles, écoutons de nouveau son langage dans l'Évangile. Considérons cette femme de mauvaise vie, mal famée dans la ville, qui fait invasion dans une demeure étrangère, où elle n'était point invitée par le maître de la maison, mais appelée par celui qui y avait été invité ; appelée non de vive voix, mais par un mouvement secret de la grâce. Malade, elle savait qu'il y avait place pour elle là où elle venait d'apprendre que son médecin acceptait un repas. Elle entre, pécheresse jusqu'alors, elle n'ose approcher que des pieds du Sauveur ; elle pleure aux pieds de Jésus, elle les arrose de ses larmes, elles les essuie de ses cheveux, elle répand sur eux des parfums (*Luc*, VII, 37,38). De quoi vous étonnez-vous ? « La terre a donné son fruit. » Ce fruit, le Seigneur l'a produit, en répandant de sa bouche la pluie de sa divine parole ; il a produit tout ce que nous lisons dans l'Évangile, et plus tard, versant encore sa pluie par les nuées, c'est-à-dire par ses Apôtres et par les

---

rus, et exsulta in via, canta in via. Noli timere judicem ; antequam esses fidelis (*a*), invenisti salvatorem. Impium te quæsivit ut redimeret, redemtum deseret ut perdat? « Et gentes in terra dirigis. »

8. Exsultat, gaudet, hortatur, repetit eosdem versus in exhortatione. « Confiteantur tibi populi Deus, confiteantur tibi populi omnes, terra dedit fructum suum (*Psal.*, LXVI, 6).» Quem fructum? «Confiteantur tibi populi omnes. » Terra erat, spinis plena erat : accessit eradicantis manus, accessit vocatio majestatis ejus et misericordiæ, cœpit terra confiteri, jam dat terra fructum suum, Daret fructum suum, nisi ante complueretur? Daret terra fructum suum, nisi ante misericordia Dei veniret de super ? Legant mihi, inquis, quod compluta dederit terra fructum suum. Audi compluentem Dominum : « Agite pœnitentiam, appropinquavit enim regnum cœlorum (*Matth.*, III, 2). » Pluit, et ipsa pluvia tonitrus est, terret : time tonantem, et excipe pluentem. Ecce post illam vocem tonantis et pluentis Dei, post illam vocem aliquid de ipso Evangelio videamus. Ecce illa meretrix malam famam habens in civitate (*Lucæ*, VII, 37), irrupit in alienam domum, quo non erat invitata ab hospite, sed ab invitato vocata; non lingua sed gratia. Noverat ægra habere ibi se locum, ubi medicum suum discumbere sciebat. Ingressa est quæ erat peccatrix, non audet accedere nisi ad pedes : flet ad pedes, irrigat lacrymis, tergit crinibus, unguit unguento. Quid miraris? Terra dedit fructum suum. Ergo hoc factum est ibi pluente Domino per os suum, facta sunt quæ legimus in Evangelio ; quo pluente per nubes suas, missis Apostolis, et prædicantibus veritatem, terra amplius dedit fructum suum, et ista seges jam implevit orbem terrarum.

9. Vide quid deinde dicatur. « Benedicat nos

(*a*) Sic MSS. At editi, *Antequam esses fidelis, timebas ; sed jam invenisti salvatorem.*

prédicateurs de la vérité, il a fait rendre à la terre des fruits plus abondants encore, et une immense moisson a rempli le monde entier.

9. Voyez ce qui vient ensuite : « Que Dieu, que notre Dieu nous bénisse ; que Dieu nous bénisse (*Ps*. LXVI, 7). » Qu'il nous bénisse, comme déjà je l'ai dit, et qu'il nous bénisse encore et de nouveau ; qu'il multiplie ses bénédictions. Que Votre Charité remarque ce fait : c'est dans Jérusalem que la terre a commencé à donner son fruit. C'est là, en effet, que l'Église a commencé. C'est là qu'est venu l'Esprit-Saint, là qu'il a rempli les fidèles rassemblés en un même lieu, là que des prodiges se sont opérés et que les Apôtres ont parlé toutes les langues (*Act.*, II, 1, 4). Remplis de l'Esprit-Saint, ceux qui étaient là furent tellement changés, sous l'action de la crainte du Seigneur et par l'effet de la divine pluie, et ils confessèrent le nom de Dieu avec un résultat si merveilleux, qu'ils mirent en commun tous leurs biens pour les distribuer aux pauvres, de sorte que nul ne disait plus posséder quelque chose en propre, mais que tout leur était commun et qu'ils n'avaient en Dieu qu'une seule âme et un seul cœur (*Act.*, IV, 31). En effet, le sang du Seigneur, répandu par eux, leur était donné ; il leur était donné par le Seigneur qui leur pardonnait, afin qu'ils apprissent à boire ce qu'ils avaient répandu. Aussi vit-on se produire parmi eux des fruits nombreux : « La terre a donné son fruit, » fruit abondant, fruit excellent. Mais est-ce que la seule terre de Jérusalem devait produire son fruit ? « Que Dieu, que notre Dieu nous bénisse, que Dieu nous bénisse. » Qu'il nous bénisse encore ; car le mot de bénédiction se dit proprement et principalement dans le sens de multiplication. Prouvons-le par la Genèse (*Gen.*, I, 3) : voyez les ouvrages de Dieu. Dieu fit la lumière, et il divisa la lumière d'avec les ténèbres ; il donna à la lumière le nom de jour et aux ténèbres le nom de nuit. Il n'est pas dit : il bénit la lumière. En effet, la même lumière revient et fait l'alternative des jours et des nuits. Dieu donna le nom de ciel au firmament qu'il établit entre les eaux et les eaux ; il n'est pas dit non plus : il bénit le Ciel. Il divisa la mer d'avec la partie sèche du globe, et il donna un nom à toutes deux ; il appela terre la partie sèche et mer l'assemblage des eaux. Et ici encore il n'est pas dit : Dieu bénit la terre et la mer. Mais Dieu en vint à des créatures qui devaient avoir en elle une semence féconde et tirer leur origine des eaux de la mer. Ces êtres se multiplient, en effet, avec une merveilleuse abondance, et le Seigneur les bénit en disant : « Croissez et multipliez et remplissez les eaux de la mer, et que les oiseaux se multiplient sur la terre (*Gen.*, I, 22). » De même, quand il soumit toutes les créatures à l'homme, qu'il avait fait à son image et à sa ressemblance, il est écrit : « Et Dieu le bénit, en disant : Croissez et multipliez

---

Deus, Deus noster, benedicat nos Deus (*Psal.*, LXVI, 7). » Benedicat, sicut jam dixi, etiam atque etiam benedicat, multiplicet benedicendo. Adtendat Caritas Vestra, quoniam jam præcessit fructus terræ in Jerusalem. Inde enim cœpit Ecclesia : venit ibi Spiritus-sanctus, et implevit sanctos in unum congregatos (*Act.*, II, 1) ; facta sunt miracula, linguis omnium locuti sunt. Impleti sunt Spiritu Dei, conversi sunt qui ibi erant, timentes et suscipientes imbrem divinum, dederunt in confessione tantum fructum, ut omnia sua in commune conferrent, distribuentes pauperibus, ut nemo diceret aliquid proprium, sed essent illis omnia communia, et haberent animam unam et cor unum in Deum (*Act.*, IV, 32). Donatus enim illis erat sanguis Domini quem fuderant, donatus erat ignoscente Domino, ut jam quod fuderant etiam bibere discerent. Magnus ibi fructus : terra dedit fructum suum, et magnum fructum, et optimum fructum. Numquid terra illa sola debuit dare fructum suum ? « Benedicat nos Deus, Deus noster, benedicat nos Deus. » Adhuc benedicat : benedictio enim in multiplicatione solet maxime et proprie intelligi. Probemus hoc in Genesi, vide opera Dei : Fecit Deus lucem, et divisit Deus inter lucem et tenebras : lucem vocavit diem, et tenebras vocavit noctem (*Gen.*, I, 3 etc.). Non dictum est, Benedixit lucem. Etenim eadem lux redit et alternat diebus ac noctibus. Vocavit cœlum firmamentum inter aquas et aquas : non dictum est, Benedixit cœlum. Discrevit mare ab arida, et nominavit utrumque, aridam terram, et congregationem aquarum mare : nec hic dictum est, Benedixit Deus. Ventum est ad ea quæ fecunditatis habitura erant semen, et ex aquis exsistentia. Ipsa enim maximam multiplicationis ubertatem habent : et benedixit ea Dominus dicens, « Crescite, et multiplicamini, et replete aquas maris, et volatilia multiplicentur super terram (*Ibid.*, 22). » Sic et cum omnia

et remplissez la face de la terre (*Gen.*, I, 28). » Donc la bénédiction a proprement l'effet d'amener la multiplication des êtres auxquels elle est donnée, afin que la face de la terre soit remplie. Ecoutez la même chose dans le Psaume : « Que Dieu, que notre Dieu nous bénisse, que Dieu nous bénisse. » Et quel est l'effet de cette bénédiction? « Et que sa crainte s'étende jusqu'aux extrémités de la terre (*Ps.* LXVI, 7). » Donc, mes frères, Dieu nous a si abondamment bénis au nom du Christ, qu'il a rempli la face entière de la terre de ses enfants qu'il a adoptés pour être, dans son royaume, les cohéritiers de son Fils unique. Il a engendré un Fils unique et il n'a pas voulu qu'il fût seul; il l'a, dis-je, engendré unique, mais il n'a pas voulu qu'il demeurât seul. Il lui a donné des frères, non en les engendrant, mais en les adoptant, pour qu'ils fussent ses cohéritiers. Et pour cela, il a fait que ce fils unique participât à notre mortalité, afin que nous crussions que nous pouvons participer à sa divinité.

10. Considérons quelle est notre rançon. Toutes choses ont été prédites, toutes choses s'accomplissent; l'Evangile s'étend par toute la terre. L'histoire entière du genre humain rend témoignage, dans le temps présent, de l'accomplissement total de toutes les prédictions des Ecritures. Car, de même que jusqu'à ce jour tout ce qui a été prédit est arrivé, de même tout ce qui reste à réaliser s'accomplira. Craignons le jour du jugement; car le Seigneur viendra pour juger les hommes. Celui qui est venu dans l'humilité viendra dans l'élévation : celui qui est venu pour être jugé viendra pour juger. Reconnaissons-le sous le voile de son humilité, pour n'avoir pas à le redouter dans son élévation ; attachons-nous à lui dans son humilité, afin de désirer de le posséder dans son élévation. En effet, il viendra plein de clémence pour ceux qui soupireront après lui. Or ceux-là aspirent à sa venue, qui gardent la foi et obéissent à ses commandements. Il viendra, lors même que nous ne le voudrions pas. Désirons donc sa venue, puisqu'il viendra quand même nous ne le voudrions pas. Et comment désirons-nous sa venue? En vivant bien, en agissant bien. Ne mettons pas nos délices dans les choses passées, ne soyons pas captivés par les choses présentes ; ne nous bouchons pas une oreille avec la queue, pour ainsi dire, en appliquant l'autre contre la terre (*Ps.*, LVII, 5); que le passé ne nous empêche pas d'entendre et que le présent ne nous empêche de méditer les choses à venir ; étendons-nous vers ce qui est devant nous, et oublions le passé (*Philipp.*, III, 13). Le bien que nous méritons maintenant par

---

subjecit homini quem fecit ad imaginem suam, scriptum est, « Et benedixit eos Deus dicens, Crescite, et multiplicamini, et implete faciem terræ (*ibid.*, 28). » Ergo benedictio proprie ad multiplicationem valet, et ad implendam faciem terræ. Audi in hoc Psalmo : « Benedicat nos Deus, Deus noster, benedicat nos Deus. » Et quo valet ista benedictio ? «Et metuant eum omnes fines terræ.» Ergo, Fratres mei, sic abundanter in nomine Christi benedixit nos Deus, ut filiis suis impleat universam faciem terræ, adoptatis in regnum suum, coheredibus Unigeniti sui. Unicum genuit, et unum esse noluit remanere. Fecit ei fratres; et si non gignendo, tamen adoptando fecit ei coheredes. Fecit eum participem prius mortalitatis nostræ, ut crederemus nos esse posse participes divitatis ejus.

10. Adtendamus pretium nostrum. Prædicta sunt omnia, exhibentur omnia, it Evangelium per orbem terrarum : omnis labor humani generis in hoc tempore testimonium dicit, implentur omnia quæ in Scripturis prædicta sunt. Sicut usque ad hodiernum diem omnia evenerunt, sic et quæ restant eventura sunt. Timeamus judicii diem, venturus est Dominus. Qui venit humilis, veniet excelsus : qui venit judicandus, veniet judicaturus. Agnoscamus humilem, ut expavescamus excelsum : amplectamur humilem, ut desideremus excelsum. Desiderantibus enim se, propitius veniet. Illi eum desiderant qui tenuerint fidem ejus, et fecerint mandata ejus. Nam et si nolumus, veniet. Velimus ergo veniat, qui veniet etsi nolumus. Quomodo velimus ut veniat? Bene vivendo, bene agendo. Præterita non nos delectent, præsentia non nos teneant; ne claudamus aurem tamquam de cauda (*Psal.*, LVII, 5), ne præteritis retardemur (a) ab audiendo, ne præsentibus implicemur a futura meditando ; extendamus nos in ea quæ ante sunt, obliviscamur præterita (*Philip.*, III, 13). Et quod modo laboramus, quod modo gemimus, quod modo suspiramus, quod modo loquimur, quod ex

---

(a) Sic MSS. At editi, *retardemur obediendo, ne præsentibus implicemur : sed ad futura meditando* etc.

la souffrance, que nous gémissons de ne point posséder maintenant, après lequel nous soupirons maintenant, dont nous parlons maintenant, et dont nous n'avons encore qu'un faible sentiment, loin de pouvoir le comprendre ; nous le recevrons alors, et nous en jouirons pleinement dans la résurrection des justes. Notre jeunesse sera renouvelée comme celle de l'aigle (*Ps.* cii, 5), pourvu toutefois que nous écrasions en nous le vieil homme sur la pierre qui est le Christ (*Ps.* cxxxvi, 9, et I *Cor.*, x, 4). Mes frères, que toutes ces choses que l'on rapporte du serpent et de l'aigle soient véritables, ou qu'elles existent dans les récits qu'en font les hommes plutôt que dans la réalité, elles sont une vérité toutefois au sens des Ecritures, et ce n'est pas sans cause que les Ecritures en font mention. Cherchons donc, pour nous, à pratiquer le bien dont ces vérités sont les figures, et non à savoir ce qu'il y a de réel dans ces comparaisons. Méritez, par votre conduite, que votre jeunesse soit renouvelée comme celle de l'aigle, et sachez qu'elle ne peut l'être si le vieil homme n'est pas écrasé sur la pierre ; c'est-à-dire, sachez que vous ne pouvez être renouvelé que par le secours de celui qui est la pierre angulaire, par le secours du Christ. Gardez-vous de vous rendre sourd à la parole de Dieu, en raison des douceurs du passé ; gardez-vous d'être enlacé et captivé par le présent de manière à dire : Je n'ai point le loisir de lire, je n'ai point le loisir d'entendre la parole de Dieu. C'est là se boucher l'oreille contre terre. Gardez-vous donc de vous conduire ainsi, et appliquez-vous à faire tout le contraire, c'est-à-dire à oublier le passé, et à marcher vers ce qui est devant vous, afin de briser sur la pierre le vieil homme qui est en vous. Et quand des similitudes de ce genre vous sont données, quand vous les rencontrez dans les Ecritures, acceptez-les comme réelles, à moins que vous ne vous aperceviez que les Ecritures ne rapportent que les récits des hommes, auxquels il ne vous est pas prescrit d'ajouter foi. Il peut donc se faire que la chose soit en elle-même, et aussi qu'elle ne soit pas. Quant à vous, faites-en votre profit, et que ces sortes de similitudes servent à votre salut. Que si telle comparaison ne vous plaît pas, usez d'une autre, pourvu que vous pratiquiez ce qui est indiqué de la sorte ; et attendez avec sécurité le royaume de Dieu, pour n'être point en désaccord avec la prière même que vous adressez à Dieu. En effet, chrétien, lorsque vous dites : « Que votre règne arrive, » dans quel esprit le dites-vous ? Interrogez votre cœur et voyez ; voici que vous dites : « Que votre règne arrive ; » et Dieu vous crie : Je viens ; n'avez-vous pas peur ? Nous l'avons dit souvent à Votre Charité : ce n'est rien que de prêcher la vérité, si le cœur n'est point d'accord avec la langue ; ce n'est rien non plus que d'entendre la vérité, si, après l'avoir entendue, on n'en profite

---

quantulacumque parte sentimus, et capere non possumus, capiemus, perfruemur in resurrectione justorum. «Renovabitur juventus nostra sicut aquilæ, (*Psal.* cii, 5),» tantummodo nos vetustatem nostram ad petram Christum conteramus (*Psal.*, cxxxvi, 9, et I, *Cor.*, xx, 4). Sive illa vera sint, Fratres, quæ dicuntur de serpente, vel quæ dicuntur de aquila, sive sit fama potius hominum quam veritas : veritas est tamen in Scripturis, et non sine caussa hoc dixerunt Scripturæ : nos quidquid illud significat faciamus, et quam sit illud verum non laboremus. Tu esto talis, ut juventus tua renovari possit sicut aquilæ. Et scias eam non posse renovari, nisi vetustas tua in petra contrita fuerit : id est, nisi auxilio petræ, nisi auxilio Christi, non poteris renovari. Tu noli dulcedine præteritæ vitæ obsurdescere adversus verbum Dei : noli præsentibus rebus sic teneri et impediri, ut dicas, Non mihi vacat legere, non mihi vacat audire. Hoc aurem premere in terra est. Tu ergo talis noli esse : sed esto talis quod contra invenis, id est, ut præterita obliviscaris, in anteriora te extendas, ut vetustatem tuam in petra conteras. Et si quæ tibi similitudines datæ fuerint, si inveneris in Scripturis, crede : si non inveneris dici nisi famâ, nec valde credas. Res ipsa forte ita est, forte non est ita. Tu profice, tibi valeat ad salutem ista similitudo. Non vis per istam similitudinem, per aliam fac, dum tamen facias : et securus exspecta regnum Dei, ne rixetur tecum oratio tua. Tu enim Christiane quando dicis, « Veniat regnum tuum (*Matth.*, vi, 10), » quomodo dicis, « Veniat regnum tuum ? » Excute cor tuum : vide, Ecce, veniat regnum tuum : clamat tibi, Venio, non times ? Sæpe diximus Caritati Vestræ : Et prædicare veritatem nihil est, si cor a lingua dissentiat ; et audire veritatem nihil est, si non auditionem fructus sequatur. De isto loco quasi sublimiore loquimur ad vos : quam simus autem timore sub pedibus vestris, Deus

pas. Nous vous parlons comme de bien haut, mes frères ; mais Dieu qui est propice aux humbles, et qui voit que nous aimons moins les louanges que la piété de ceux qui confessent leurs fautes et les bonnes actions de ceux qui ont le cœur droit, Dieu sait combien, par la crainte que nous ressentons, nous nous plaçons sous vos pieds. Il sait que nous n'avons d'autre joie que vos progrès spirituels, et que les louanges que vous nous donnez ne sont pour nous qu'un péril : qu'il daigne nous délivrer de tout danger, nous sauver, vous et nous, de toute tentation, nous reconnaître et nous couronner dans son royaume.

noverit, qui propitius fit humilibus; quia non nos tam delectant voces laudantium, quam devotio confitentium et facta rectorum. Et quam non delectemur nisi profectibus vestris, in istis autem laudibus quam periclitemur, ille noverit qui nos ab omnibus periculis liberet, et nos vobiscum ab omni tentatione salvatos in regno suo cognoscere et coronare dignetur.

DISCOURS[1] SUR LE PSAUME LXVII.

1. Le titre de ce Psaume ne semble pas devoir donner lieu à une discussion épineuse : il paraît en effet simple et facile. En voici les termes : « Pour la fin, psaume de cantique, de David pour lui-même (*Ps.*, LXVII, 1). » Déjà, et à l'occasion de plusieurs psaumes, nous avons dit ce que signifie «Pour la fin ;» car le Christ est la fin de la loi pour la justification de quiconque croit en lui (*Rom.* x, 4), mais la fin, qui est l'achèvement, et non la fin qui consume ou détruit. Cependant quelqu'un pourrait s'efforcer de trouver un sens précis à ces mots : « Psaume de cantique ; » se demandant pourquoi ce n'est point ici simplement un psaume ou un cantique, mais tout à la fois un psaume et un cantique ; il pourrait rechercher encore quelle différence il y a entre un psaume de cantique et un cantique de psaume, plusieurs psaumes étant intitulés de la sorte : peut-être trouverait-il une réponse à ces questions que nous laissons à des gens de plus de subtilité ou de loisir que nous. D'autres sont venus avant nous [2], qui

IN PSALMUM LXVII.

ENARRATIO.

1. Psalmi hujus titulus non videtur esse operosæ disputationis : simplex enim apparet et facilis. Nam ita se habet : « In finem, ipsi David Psalmus cantici. » In multis autem jam Psalmis admonuimus quid sit, « In finem : » quoniam finis Legis Christus ad justitiam omni credenti : finis qui perficiat, non qui consumat aut perdat. Verumtamen si quisquam conetur inquirere, quid sibi velit, « Psalmus cantici (*Rom.*, x, 4) : » cur non aut Psalmus, aut Canticum, sed utrumque; vel quid intersit inter Psalmum cantici, et Canticum Psalmi, quia et sic quorumdam Psalmorum tituli inscribuntur : inveniet fortasse aliquid, quod acutioribus et otiosioribus nos relinquimus. Discreverunt quidam ante nos inter Canticum et Psalmum; ut quoniam Canticum ore profertur, Psalmus autem visibili organo adhibito, id est, psalterio canitur, videatur Cantico significari intelligentia mentis, Psalmo vero opera corporis. Sicut in hoc ipso sexagesimo septimo, quem nunc

---

[1] On voit par la lettre à Evodius, CLXIX, n° 1, que saint Augustin a dicté ce discours en l'an de N.-S. 415.
[2] Saint Hilaire, dans son prologue sur les psaumes.

ont établi une distinction entre le cantique et le psaume, disant que le cantique est chanté simplement par la voix, tandis que le psaume est chanté avec accompagnement d'un instrument visible, ou du psalterion ; de sorte que le cantique a rapport à l'esprit, et que le psaume signifie quelque œuvre corporelle. Ainsi, par exemple, dans ce psaume LXVII°, que nous entreprenons d'expliquer, on lit : « Chantez des cantiques à Dieu, chantez des psaumes à son nom (*Ps.* LXVII, 5); » quelques auteurs ont ici établi cette distinction : « Chantez des cantiques à Dieu » semblerait exprimer les actions que l'esprit accomplit en lui-même, qui sont connues de Dieu, mais qui ne paraissent pas aux yeux des hommes ; d'autre part, comme les bonnes œuvres doivent être vues des hommes, afin que ceux-ci glorifient notre Père qui est dans les Cieux (*Matth.*, v, 16), c'est avec raison qu'il est dit : « Chantez des psaumes à son nom, » c'est-à-dire, à la diffusion de sa gloire, afin que partout son nom soit accompagné des louanges qui lui sont dues. J'ai admis, autant qu'il m'en souvient, cette distinction, en un autre endroit. Je me rappelle que nous avons aussi rencontré ce texte : « Chantez des psaumes à Dieu (*Ps.*, XLVI, 7 et 8); » et que nous l'avons expliqué des bonnes œuvres que nous faisons visiblement et qui plaisent non-seulement aux hommes mais encore à Dieu. Mais toutes les choses qui plaisent à Dieu ne peuvent également plaire aux hommes, parce qu'il en est que les hommes ne peuvent voir. Aussi, serait-il étonnant, en ce sens, qu'après avoir lu ces deux textes : « Chantez des cantiques à Dieu, » et « chantez des psaumes à Dieu, » on pût lire ailleurs : « Chantez des cantiques à son nom. » Que si cependant on trouve ce dernier texte dans les Écritures, c'est fort inutilement qu'on aura travaillé à établir la distinction que nous venons de rapporter. Une autre raison me touche aussi, c'est que le nom général de psaumes et non celui de cantiques est donné à cette partie des Écritures ; de sorte que notre Seigneur a dit : « Les choses écrites sur moi dans la Loi, dans les Prophètes et dans les Psaumes (*Luc*, XXIV, 44). » Ce livre s'appelle le livre des Psaumes et non le livre des Cantiques ; par exemple : « Comme il est écrit au livre des Psaumes (*Act.*, I, 20). » Au contraire, selon la distinction dont j'ai parlé, il semblerait que le nom de cantique fût préférable ; car un cantique pourrait n'être pas un psaume, tandis que tout psaume serait nécessairement un cantique. En effet, l'esprit peut concevoir des pensées, sans les manifester par des actions corporelles ; mais il n'y a pas une seule bonne action dont la pensée n'existe d'abord dans l'esprit. Par conséquent, d'un côté comme de l'autre, il y aurait toujours un cantique, mais non un psaume ; et cependant, comme je l'ai dit, cette partie des Écritures porte le nom général de Psaumes et non de

---

tractandum suscepimus, illud quod dictum est, « Cantate Deo, psallite nomini ejus (*Psal.*, LXVII, 5) : » ita quidam discreverunt, ut, « Cantate Deo, » dictum videatur, quia ea quæ in seipsa mens agit, Deo nota sunt, ab hominibus non videntur : opera vero bona quoniam ideo videnda sunt ab hominibus, ut glorificent Patrem nostrum qui in cælis est (*Matth.*, v, 16), merito dictum sit, « Psallite nomini ejus, » id est, diffamationi ejus, ut laudabiliter nominetur. Hanc differentiam alicubi, quantum recolo, etiam ipse secutus sum. Memini autem legisse nos etiam, « Psallite Deo (*Psal.*, 46., etc.) : » quia talia quæ visibiliter bene operamur, non tantum hominibus, sed etiam Deo placent. Non autem omnia quæ Deo placent, etiam hominibus possunt, quia videre non possunt. Unde mirum est, si quemadmodum utrumque legitur, et « Cantate Deo, » et « Psallite Deo ; » ita alicubi legi potest, « Cantate nomini ejus. » Quod si et hoc in Scripturis sanctis dictum invenitur, hæc differentia frustra elaborata est. Movet etiam me quod generali nomine magis Psalmi quam Cantica vocantur, ita ut Dominus diceret, « Quæ scripta sunt in Lege et Prophetis et Psalmis de me (*Lucæ*, XXIV, 44). » Et liber ipse Psalmorum dicitur, non Canticorum : « Sicut scriptum est, inquit, in libro Psalmorum (*Act.*, I, 20); » cum potius secundum istam differentiam, Cantica dici debuisse videatur ; quoniam Canticum etiam sine Psalmo esse potest, Psalmus vero sine Cantico esse non potest. Possunt etenim esse cogitationes mentis, quarum non sint opera corporalia : nullum est autem opus bonum, cujus non sit in mente cogitatio. Ac per hoc utrobique Cantica, non utrobique Psalmi : et tamen, sicut dixi, generaliter Psalmi appellantur, non Cantica ; liberque Psalmorum, non Canticorum. Et si intelligantur atque discutiantur sensus dictorum, ubi titulus est tantummodo « Psalmi, » et ubi tantummodo « Cantici, » et ubi non

Cantiques, et l'on dit le livre des Psaumes et non le livre des Cantiques. Enfin, si l'on examine et discute le sens des mots, chaque fois que le titre porte seulement « Psaume » ou seulement « Cantique, » ou encore quand il porte, non pas « Psaume de Cantique, » comme ici, mais « Cantique de Psaume, » je ne sais si l'on peut démontrer la différence qu'on a voulu établir. C'est pourquoi, comme nous l'avons dit d'abord, laissant le soin de ces distinctions à ceux qui ont l'esprit et le temps de les faire et de les appuyer sur quelque bonne preuve, nous allons examiner et expliquer le texte du psaume, autant que nous le permettront nos forces, avec l'aide du Seigneur.

2. « Que Dieu se lève et que ses ennemis soient dissipés (*Ps.* LXVII, 2). » C'est chose déjà faite. Le Christ, qui est au-dessus de toutes choses, Dieu béni dans tous les siècles, le Christ est ressuscité (*Rom.* IX, 5), et les Juifs ses ennemis sont dispersés parmi toutes les nations. Vaincus dans le lieu même où ils ont exercé contre lui leurs inimitiés, ils ont été dispersés de là parmi tous les peuples. Et maintenant, ils haïssent le Christ, mais ils le craignent et, sous l'empire de cette crainte, ils accomplissent cette prophétie : « Et que ceux qui le haïssent soient loin de sa face (*Ps.* II.) » Pour l'âme en effet, craindre c'est fuir. Car, comment fuir, à la façon du corps, la face de celui qui rend sensible en tous lieux les effets de sa présence? « Où irai-je, dit le Prophète, pour me dérober à votre esprit ? où fuirai-je pour éviter votre face (*Ps.*, CXXXVIII, 7)? » Ils fuient donc, non par le corps, mais par l'esprit ; non en se cachant, mais en craignant ; non cette face de Dieu qu'ils ne sauraient voir, mais celle qu'ils sont forcés de voir. On appelle en effet face de Dieu la manifestation de sa présence par son Église. C'est pourquoi il a dit à ses ennemis : « Vous verrez bientôt le Fils de l'homme s'avançant sur les nuées (*Matth.*, XXVI, 64). » Il est en effet venu dans son Église, qu'il a répandue dans tout l'univers, où ses ennemis ont été dispersés. Et il est venu, porté sur les nuées, dont il a dit : « Je donnerai des ordres à mes nuées, et leur défendrai de laisser tomber leur pluie en cet endroit (*Is.*, V, 6). » « Que ceux-là donc qui le haïssent fuient de devant sa face ; » qu'ils craignent la présence de ses saints et de ses fidèles, dont il a dit : « Ce que vous avez fait à l'un des plus petits des miens, vous me l'avez fait à moi-même (*Matth.*, XXV, 40). »

3. « Comme la fumée s'évanouit, qu'ils s'évanouissent eux-mêmes (*Ps.* LXVII, 3). » En effet, soulevés par le feu de leur haine, ils se sont élevés au comble de l'arrogance, ils ont porté la tête jusque dans le ciel (*Ps.*, LXXII, 9) ; ils ont crié : « Crucifiez-le ! Crucifiez-le ! (*Jean*, XIX, 6). » Quand il fut devenu leur captif, ils se sont joués

---

« Psalmus Cantici, » sicut in isto, sed « Canticum Psalmi » inscriptum est; nescio utrum possit ista differentia demonstrari. Proinde sicut cœperamus, relinquentes ista eis qui possunt, et quibus vacat talia discernere, et certa differentiarum ratione definire; nos quantum adjuvante Domino valemus, hujus Psalmi textum consideremus atque tractemus.

2. « Exsurgat Deus et (*a*) dissipentur inimici ejus (*Psal.*, LXVII, 2). » Jam factum est, exsurrexit Christus, « qui est super omnia Deus benedictus in sæcula (*Rom.*, IX, 54) : et dispersi sunt inimici ejus per omnes gentes, Judæi, in eo ipso loco ubi inimicitias exercuerunt, debellati, atque inde per cuncta dispersi : et nunc oderunt, sed metuunt, et in ipso metu faciunt quod sequitur, « Et fugiant qui oderunt eum a facie ejus. » Fuga quippe animi, est timor. Nam carnali fuga quo fugiunt ab ejus facie, qui ubique præsentiæ suæ demonstrat effectum ? « Quo abibo, inquit ille, ab spiritu tuo, et a facie tua quo fugiam (*Psal.*, CXXXVIII, 7) ? » Animo ergo, non corpore fugiunt; timendo scilicet, non latendo; nec ab ea facie quam non vident, sed ab ea quam videre coguntur. Facies quippe ejus appellata est præsentia ejus per Ecclesiam ejus. Unde illis inimicantibus dixit, « Amodo videbitis filium hominis venientem in nubibus (*Matth.*, XXIV, 40). » Sicut venit in Ecclesia sua, diffundens eam toto orbe terrarum, in quo dispersi sunt inimici ejus. Venit autem in talibus nubibus, de qualibus dicit, « Mandabo nubibus meis, ne pluant super eam imbrem (*Isai.*, V, 6). » « Fugiant ergo qui oderunt eum a facie ejus : » timeant a præsentia sanctorum fideliumque ejus, de quibus dicit, « Cum uni ex minimis meis fecistis, mihi fecistis (*Matth.*, XXV, 40). »

3. « Sicut deficit fumus, deficiant (*Psal.*, LXVII, 3). » Extulerunt enim se ab ignibus odiorum suorum in

---

(*a*) Aliquot MSS. *Dispergantur.*

de lui ; et suspendu sur la croix, ils l'ont tourné en dérision : mais ce qui avait fait l'orgueil de leur victoire fit que bientôt ils s'évanouirent dans la honte de leur défaite. « Comme la cire fond devant le feu, qu'ainsi les pécheurs périssent devant la face de Dieu (*Ps.* LXXII, 3). » Peut-être le Prophète a-t-il voulu représenter en cet endroit ceux dont la dureté se fond dans les larmes de la pénitence, cependant on peut aussi voir dans ce passage une menace du jugement à venir ; car, après s'être élevés en ce monde comme de la fumée, c'est-à-dire après s'être évanouis dans leur orgueil, les pécheurs seront frappés à la fin par la dernière condamnation, et ils périront pour l'éternité de devant la face de Dieu, quand il se sera manifesté dans sa splendeur, semblable au feu le plus vif, pour être le châtiment des impies et la lumière des justes.

4. Le Prophète ajoute : « Et que les justes se réjouissent, qu'ils soient transportés d'allégresse en la présence de Dieu, et qu'ils goûtent les délices de leur joie (*Ibid.* 4). » Car alors ils entendront le Christ leur dire : « Venez, les bénis de mon Père, recevez le royaume (*Matth.* xxv, 34). » Qu'ils se réjouissent alors, ceux qui auront travaillé ici-bas, « et qu'ils soient transportés d'allégresse en présence de Dieu. » En effet, cette allégresse et ces transports ne seront pas semblables à cette vaine jactance qui s'étale aux yeux des hommes ; ces transports éclateront en la présence de celui qui reconnaît, sans se tromper jamais, ce qu'il a donné. « Qu'ils goûtent les délices de leur joie ; car leurs transports de joie ne seront plus mêlés de crainte (*Ps.* II, 2), » comme dans ce siècle, où la vie de l'homme n'est que tentation sur cette terre (*Job*, VII, 1).

5. Ensuite le Prophète se tourne vers ceux auxquels il a donné une si magnifique espérance ; et, tandis qu'ils vivent encore ici-bas, il leur parle et les exhorte : « Adressez des cantiques à Dieu et chantez des psaumes à son nom (*Ps.* LXVII, 5). » Déjà, en expliquant le titre du psaume, nous avons dit par avance ce que ces paroles nous paraissaient signifier. Celui-là adresse à Dieu des cantiques, qui vit pour Dieu ; celui-là chante des psaumes à son nom, qui travaille pour sa gloire. Par ces cantiques, par ces psaumes, c'est-à-dire en vivant pour Dieu, en travaillant pour Dieu, « Préparez, dit-il, la voie à celui qui monte au-dessus du couchant. » Préparez la voie au Christ, afin que, par les pieds admirables de ceux qui annoncent l'Evangile (*Isaïe*, LII, 7), les cœurs des croyants soient une route ouverte pour lui. Car c'est le Christ qui monte au-dessus du couchant, soit parce que la vie nouvelle de celui qui se convertit à lui ne s'unit à la sienne que quand le vieil homme a péri par le renoncement à ce siècle, soit parce que le Christ est monté au-

---

superbiæ typhum, et ponentes in cælum os suum, (*Psal.*, LXXII, 9), atque clamantes, « Crucifige, crucifige (*Johan.*, XIX, 6), » capto illuserunt, pendentem irriserunt : et unde victores tumuerunt, mox victi evanuerunt. « Sicut fluit cera a facie ignis, sic pereant peccatores a facie Dei. » Quamquam fortasse eos hoc loco significaverit, quorum duritia in pænitentiæ lacrymas solvitur : tamen etiam illud intelligi potest, ut futurum judicium comminetur ; quia cum in hoc sæculo sicut fumus se extollendo, id est, superbiendo defecerint, veniet illis in fine extrema damnatio, ut ab ejus facie pereant in æternum, cum in sua claritate fuerit præsentatus, velut ignis, ad pœnam impiorum lumenque justorum.

4. Denique sequitur, « Et justi jocundentur, et exsultent in conspectu Dei, delectentur in lætitia (*Psal.*, LXVII, 4). » Tunc enim audient, « Venite benedicti Patris mei, percipite regnum (*Matth.*, XXV, 34). » « Jocundentur » ergo qui laboraverunt, « et exsultent in conspectu Dei. » Non enim erit exsultationis hujus, tamquam coram hominibus, inanis ulla jactantia ; sed in conspectu ejus qui sine errore inspicit quod donavit. « Delectentur in lætitia : » non jam exsultantes cum tremore (*Psal.*, II, 11), sicut in hoc sæculo, quamdiu tentatio est vita humana super terram (*Job.* VII, 1).

5. Deinde se ad ipsos convertit, quibus tantam spem dedit, et hic viventes alloquitur, et hortatur : « Cantate Deo, psallite nomini ejus (*Psal.*, LXVII, 5). » Jam hinc in tituli expositione quod videbatur prælocuti sumus. Cantat Deo, qui vivit Deo : psallit nomini ejus, qui operatur in gloriam ejus. Ita cantando, ita psallendo, id est, sic vivendo, sic operando, « Iter facite ei, inquit, qui adscendit super occasum. » Iter facite Christo : ut per speciosos pedes evangelizantium (*Isai.* LII, 7), pervia sint ei corda credentium. Ipse est enim qui adscendit super occasum : sive quia non eum excipit nova vita se ad eum convertentis, nisi vetus occiderit huic sæculo renuntiantis ; sive quia adscendit super occasum, cum resurgendo

dessus du couchant, lorsque, par sa résurrection, il a vaincu la mort qui avait couché son corps dans le tombeau. « Car le Seigneur est son nom ; » si les Juifs l'avaient su, jamais ils n'auraient crucifié le Seigneur de la gloire (I *Cor.*, II, 8).

6. « Tressaillez d'allégresse en sa présence (*Ps.* LXVII, 5). » O vous, à qui le Prophète a dit : « Adressez des cantiques à Dieu, chantez des psaumes à son nom ; préparez la voie à celui qui monte au-dessus du couchant, tressaillez aussi d'allégresse en sa présence ; » si vous êtes dans une tristesse apparente, n'en restez pas moins dans une joie constante (II *Cor.*, VI, 10). Car, tandis que vous ouvrez un chemin devant lui, et que vous préparez une voie par laquelle il puisse venir et posséder les nations, vous souffrirez mille maux que les hommes jugeront bien tristes. Mais, pour vous, non-seulement ne vous laissez point abattre, livrez-vous même à l'allégresse, non aux yeux des hommes, mais aux yeux de Dieu. « Soyez joyeux par l'espérance et patientez au milieu des souffrances (*Rom.*, XII, 12). » « Tressaillez d'allégresse en sa présence. » En effet, ceux qui vous troublent en présence des hommes « seront troublés en face de celui qui est le père des orphelins et le juge protecteur des veuves (*Ps.* LXVII, 6). » Ceux-là, en effet, paraissent, au jugement des hommes, frappés de désolation, qui ont été séparés, le plus souvent par le glaive de la parole de Dieu, des enfants dont ils étaient les pères ou des femmes dont ils étaient les époux (*Matth.*, X, 34). Mais, dans leur délaissement, dans leur viduité, ils trouvent consolation auprès « du père des orphelins et du juge protecteur des veuves. » Ils trouvent consolation auprès de lui, s'ils savent lui dire : « Mon père et ma mère m'ont abandonné, le Seigneur, au contraire, m'a pris sous sa protection (*Ps.* XXVI, 10) ; » s'ils mettent leur espérance dans le Seigneur et ne cessent de prier ni le jour ni la nuit (I *Tim.*, V, 5) celui devant qui les méchants seront troublés, lorsqu'ils verront que tous leurs efforts ont été inutiles et que le monde entier a suivi le Seigneur (*Jean*, XII, 19).

7. Car le Seigneur se fait un temple de ces orphelins et de ces veuves, c'est-à-dire de ceux qui sont comme destitués de tout partage dans les espérances du monde. C'est de ce temple que parle ensuite le Prophète en disant : « Le Seigneur habite dans son lieu saint (*Ps.* LXVII, 7). » Il montre clairement, en effet, quel est ce lieu saint, lorsqu'il ajoute : « Dieu fait habiter dans sa maison ceux qui sont de même sorte, » qui n'ont qu'une même pensée, un même sentiment ; ceux-là forment le lieu saint du Seigneur. Car, après avoir dit : « Le Seigneur habite dans son lieu saint, » comme si nous lui demandions quel est ce lieu, puisqu'il est tout entier partout, et que nulle partie de l'espace réservé aux corps ne peut le renfermer, le Prophète nous donne réponse

---

vicit corporis casum. « Dominus enim nomen est ei. » Quod illi si cognovissent, numquam Dominum gloriæ crucifixissent (I, *Cor.* II, 8).

6. « Exsultate in conspectu ejus (*Ibid.*, 5). » O vos quibus dictum est, « Cantate Deo, psallite nomini ejus, iter facite ei qui adscendit super occasum, » etiam « exsultate in conspectu ejus : » quasi tristes, semper autem gaudentes (II, *Cor.*, VI, 10). Dum enim facitis iter ei, dum præparatis qua veniat gentesque possideat, multa passuri estis in hominum tristia. Sed vos non solum nolite deficere, sed etiam exsultate ; non in conspectu hominum, sed in conspectu Dei. « Spe gaudentes, in tribulatione tolerantes (*Rom.*, XII, 12) : » « Exsultate in conspectu ejus. » Illi enim qui vos in conspectu hominum turbant, « Turbabuntur a facie ejus, Patris orphanorum et judicis viduarum (*Psal.*, LXVII, 6). » Desolatos enim putant, a quibus plerumque gladio verbi Dei et parentes a filiis, et mariti ab uxoribus separantur (*Matth.*, X, 34) : sed habent consolationem destituti atque viduati « Patris orphanorum et judicis viduarum ; » habent ejus consolationem qui ei dicunt, « Quoniam pater meus et mater mea dereliquerunt me, Dominus autem assumpsit me (*Psal.*, XXVI, 10) : » et qui speraverunt in Domino, persistentes in orationibus nocte ac die (I. *Tim.*, V, 5) : a cujus facie illi turbabuntur, cum viderint se nihil proficere, quoniam totus mundus post eum abiit (*Johan*, XII, 19).

7. Nam de his orphanis et viduis, id est, spei sæcularis societate destitutis, Dominus sibi templum fabricat : de quo consequenter dicit, « Dominus in loco sancto suo. » Quis enim sit locus ejus aperuit, cum ait, « Deus qui inhabitare facit unius modi in domo (*Psal.*, LXVII, 7) : » unanimes, unum sentientes : iste est locus sanctus Domini. Cum enim dixisset, « Dominus in loco sancto suo : » tamquam requireremus in quo loco, cum ille ubique sit totus, et nullus eum contineat corporalium spatiorum locus ; illico

aussitôt, pour nous apprendre à ne pas le chercher en dehors de nous, mais plutôt à nous réunir en une même manière de vivre, afin de mériter que Dieu daigne habiter aussi en nous. Voilà le sanctuaire du Seigneur, que cherchent la plupart des hommes, afin d'y prier et d'être exaucés. Qu'ils soient donc pour eux-mêmes ce lieu qu'ils cherchent, qu'ils y habitent comme dans la maison du Seigneur, avec ceux qui sont ensemble de même sorte, et que là, dans leurs cœurs, c'est-à-dire dans le silence de ce lit mystérieux, ils repassent avec componction toutes leurs paroles (*Ps.* IV, 5), afin que le maître de la grande maison réside en eux, et qu'ils soient eux-mêmes le sanctuaire dans lequel ils seront exaucés. Le Seigneur possède en effet une grande maison, où il y a, non-seulement des vases d'or et d'argent, mais encore des vases de bois et d'argile. Les uns sont des vases d'honneur, les autres des vases d'ignominie (II *Tim.*, II, 20) ; mais ceux qui se seront purifiés de tout usage d'ignominie « seront dans la maison comme étant de même sorte, et ils seront le lieu saint du Seigneur. » En effet, dans une grande maison de ce monde, le maître ne repose pas dans un lieu quelconque, mais dans un lieu retiré et honorable ; de même Dieu n'habite pas dans tous ceux qui se trouvent dans sa maison, (car il n'habite pas dans les vases d'ignominie), mais il a pour sanctuaire « ceux qu'il fait habiter dans sa maison et qui sont de même sorte, » ou de mêmes mœurs. En effet, le mot du texte grec τρόποι s'entend des mœurs, et peut se traduire par les mots latins *modus*, sorte, ou *mores*, mœurs. De même le texte grec ne dit pas comme le latin *habiter dans*, mais simplement *habiter*. « Le Seigneur est donc dans son lieu saint. » Quel est ce lieu saint ? Celui que Dieu se fait lui-même. Car Dieu « fait habiter dans sa maison ceux qui sont de même sorte. » C'est là son lieu saint.

8. Mais c'est par un effet de sa grâce qu'il se bâtit cette maison, et non à cause des mérites antécédents de ceux avec lesquels il la construit. Voyez, en effet, ce qui suit : « Il délivre et fortifie ceux qui étaient dans les chaînes (*Ps.* LXVII, 7). » Il a, en effet, brisé par sa grâce les lourdes chaînes qui empêchaient les coupables de marcher dans la voie de ses commandements ; il les a délivrés et leur a donné une force qu'ils n'avaient pas avant d'avoir reçu sa grâce. « Il délivre également ceux qui l'irritent en habitant des tombeaux (*Ibid.*) ; » c'est-à-dire qui sont morts de toute manière et ne sont occupés que d'œuvres mortes. En effet, ceux-là l'irritent par leur résistance à ce qui est juste. Car pour les premiers qui sont dans les chaînes, peut-être veulent-ils marcher, mais ils ne le peuvent ; ils prient Dieu, afin d'en avoir le moyen, et ils lui disent : « Délivrez-moi de mes nécessités (*Ps.* XXIV, 17). »

---

subjecit, ne quæramus eum absque nobis, sed potius unius modi habitantes in domo mereamur ut habitare etiam ipse dignetur in nobis. Iste est locus sanctus Domini, quod plerique homines quærunt, ut habeant ubi orantes exaudiantur. Sint ipsi ergo quod quærunt, et quæ dicunt in cordibus suis, id est, in talibus cubilibus suis compungantur (*Psal.*, IV, 5), habitantes unius modi in domo ; ut a Domino magnæ domus inhabitentur, et apud seipsos exaudiantur. Est enim domus magna, in qua non solum aurea vasa sunt et argentea, sed et lignea et fictilia. Et alia quidem sunt in honorem, alia in contumeliam (II, *Tim.*, II, 20) : si qui autem mundaverit semetipsos a vasis contumeliæ, erunt unius modi in domo, et locus sanctus Domini. Nam sicut in magna hominis domo, non in qualicumque loco ejus requiescit dominus ejus, sed in aliquo utique secretiore et honoratiore loco : sic Deus non in omnibus qui in domo ejus sunt habitat (non enim habitat in vasis contumeliæ), sed locus sanctus ejus sunt quos « habitare facit unius modi, vel unius moris in domo. » Qui enim τρόποι Græce dicuntur, et modi et mores Latine interpretari possunt. Nec habet Græcus, « Qui inhabitare facit ; » sed tantum, habitare facit. « Dominus ergo in loco sancto suo. » Quis est locus iste ? Ipse Deus eum sibi facit. Deus enim « habitare facit unius moris in domo : » hic est locus sanctus ejus.

8. Quod autem gratia sua sibi ædificet hunc locum, non meritis eorum præcedentibus ex quibus eum ædificat, vide quid sequatur : « Qui educit compeditos in fortitudine (*Psal*, LXVII, 7). » Solvit enim gravia vincula peccatorum, quibus impediebantur ne ambularent in via præceptorum : educit autem eos in fortitudine, quam ante ejus gratiam non habebant. « Similiter amaricantes qui habitant in sepulcris : » id est, omni modo mortuos, occupatos in operibus mortuis. Hi enim amaricant resistendo

Et quand Dieu les a exaucés, ils lui rendent grâces, en disant : « Vous avez rompu mes liens (*Psaume*, cxv, 7). » Mais ces pécheurs qui l'irritent en habitant des tombeaux sont du genre de ceux que désigne l'Écriture par ces paroles : « La louange périt dans la bouche du mort, parce qu'il n'est plus (*Eccli.*, xvii, 20). » De là encore cette parole : « Le pécheur, lorsqu'il est tombé au profond de l'abîme, méprise tout (*Proverbes*, xviii, 3). » Autre chose est, en effet, de désirer la justice, autre chose de la combattre ; autre chose de désirer d'être délivré du mal, autre chose de défendre ses fautes au lieu de les avouer ; cependant la grâce du Christ délivre et fortifie l'une et l'autre sorte de pécheurs ? Et quelle force leur donne-t-il, sinon celle de lutter jusqu'au sang contre le péché ? Car il se trouve des pécheurs de ces deux sortes qui deviennent propres à ce que le sanctuaire de Dieu soit bâti en eux : les uns après leur délivrance, les autres après leur résurrection. C'est ainsi que, par son commandement, le Christ brisa les liens de la femme que Satan avait enchaînée depuis dix-huit années (*Luc*, xiii, 16) ; et que, par le cri qu'il jeta, il vainquit la mort qui avait saisi Lazare (*Jean*, xi, 43, 44). Celui qui a opéré de tels miracles sur les corps peut en faire de plus grands encore sur les mœurs, et faire « habiter dans sa maison les hommes de même sorte, délivrant et fortifiant ceux qui sont dans les chaînes ainsi que ceux qui l'irritent en habitant des tombeaux. »

9. « O Dieu, quand vous sortiez en présence de votre peuple (*Ps.* lxvii, 8). » Pour Dieu, sortir, c'est apparaître dans ses œuvres. Or, il n'apparaît point à tous, mais seulement à ceux qui savent regarder ses œuvres. Je ne parle pas actuellement de ces ouvrages qui frappent les yeux de tous, tels que le ciel, la terre, la mer et tout ce qu'ils renferment, mais des œuvres par lesquelles « il délivre et fortifie ceux qui sont dans les chaînes, ainsi que ceux qui l'irritent en habitant des tombeaux, pour les faire habiter dans sa maison comme étant de même sorte (*Ibid.* 7). » C'est ainsi qu'il sort en présence de son peuple, c'est-à-dire en présence de ceux qui comprennent cette grâce. Le Prophète continue : « Quand vous passiez dans le désert, la terre a été ébranlée. » Le désert, c'étaient les Gentils, qui ne connaissaient pas Dieu : le désert, c'était le lieu où Dieu n'avait donné aucune loi, où nul prophète n'avait habité et n'avait prédit l'avènement du Seigneur. « Quand donc vous passiez dans le désert, » quand votre nom a été prêché aux Gentils ; « la terre a été ébranlée, » les hommes terrestres ont été éveillés et appelés à la foi. Mais comment la terre a-t-elle été ébranlée ? « Car les cieux se sont fondus en une pluie partie de la face de Dieu (*Ibid.* 9). » Peut-être ces

---

justitiæ : nam illi compediti forsitan volunt ambulare nec possunt ; Deumque precantur ut possint, eique dicunt, « De necessitatibus meis educ me (*Psal.*, xxiv, 17). » A quo exauditi, gratias agunt dicentes, « Disrupisti vincula mea (*Psal.*, cxv, 17). » Isti autem amaricantes qui habitant in sepulcris, in eo genere sunt, quod alio loco Scriptura significat, dicens, « A mortuo, velut qui non sit, perit confessio (*Eccli.*, xvii, 26). » Unde est illud, « Peccator cum venerit in profundum malorum, contemnit (*Prov.*, xviii, 3). » Aliud est enim desiderare, aliud oppugnare justitiam ; aliud a malo liberari velle, aliud mala sua defendere potius quam fateri : utrosque tamen gratia Christi educit in fortitudine. Qua fortitudine, nisi ut adversus peccatum usque ad sanguinem certent ? Ex utroque enim genere fiunt idonei, quibus construatur locus sanctus ejus ; illis solutis, illis resuscitatis. Quia et mulieris, quam alligaverat satanas per decem et octo annos, jubendo vincula solvit (*Lucæ*, xiii, 16), et Lazari mortem clamando superavit (*Johan.*, 1, 43).

Qui fecit hæc in corporibus, potest mirabiliora facere in moribus, et facere uniusmodi habitare in domo : « educens compeditos in fortitudine, similiter amaricantes qui habitant in sepulcris. »

9. « Deus cum egredereris coram populo tuo (*Ps.* lxvii, 8). » Egressus ejus intelligitur, cum apparet in operibus suis. Apparet autem non omnibus, sed eis qui noverunt opera ejus intueri. Non enim ea nunc opera dico, quæ conspicua sunt omnibus, cælum et terram et mare et universa quæ in eis sunt, sed opera quibus educit compeditos in fortitudine, similiter amaricantes qui habitant in sepulcris, et facit eos unius moris habitare in domo. Sic egreditur coram populo suo, id est, coram eis qui istam gratiam ejus intelligunt. Denique sequitur, « Cum transires in deserto, terra mota est (*Ibid.*, 9). » Desertum erant Gentes, quæ ignorabant Deum : desertum erat, ubi lex nulla ab ipso Deo data erat ; ubi nulli Prophetæ habitaverant, Dominumque esse venturum prædixerant. « Cum ergo transires in deserto, » cum prædi-

paroles du Psaume rappelleraient-elles à quelqu'un le temps où Dieu passait dans le désert, en présence de son peuple, en présence des enfants d'Israël, le jour, sous la forme d'une colonne de nuée ; la nuit, sous la forme d'une colonne de feu (*Exode*, XIII, 21). Peut-être appliquerait-on à la manne que Dieu fit alors pleuvoir sur son peuple (*Ex.*, XVI, 13) ce passage que nous venons de citer : « Les cieux se sont fondus en une pluie partie de la face de Dieu. » Quant aux paroles qui suivent : « Le mont Sinaï s'est agité à l'aspect du Dieu d'Israël ; mon Dieu vous réservez à votre héritage une pluie volontaire (*Ps.* LXVII, 10), » elles rappelleraient que Dieu a parlé à Moïse sur le mont Sinaï, lorsqu'il lui a donné sa loi (*Ex.*, XIX, 18, etc.) ; de sorte que la manne serait cette pluie volontaire que Dieu a réservée à son héritage, c'est-à-dire à son peuple ; car ce peuple est le seul que Dieu ait ainsi nourri ; il n'a pas fait de même pour les autres nations. Si le Psalmiste ajoute ensuite : « Et la faiblesse lui est venue. » Il faudrait entendre par là que le peuple, héritage de Dieu, s'est affaibli, parce qu'il a murmuré, qu'il a repoussé la manne avec dégoût, et qu'il a désiré les viandes et les autres nourritures auxquelles il était habitué en Égypte (*Nombres*, XI, 5, 6). Mais s'il ne faut rechercher, dans ces paroles, que le sens littéral, et non le sens spirituel qui y est caché, il devient nécessaire de montrer quels sont littéralement et corporellement les captifs chargés de chaînes et les habitants des tombeaux qui furent alors délivrés et fortifiés. Ensuite, si ce peuple, héritage de Dieu, s'est affaibli pour avoir repoussé la manne avec dégoût, le Prophète n'aurait pas dû dire immédiatement après : « Vous lui avez donné perfection, » mais, Vous l'avez frappé. En effet Dieu, offensé par ces murmures et ces dégoûts, frappa le peuple d'une grande plaie (*Ibid.*, 33). Enfin, le peuple entier succomba dans le désert et pas un de ces hommes, excepté deux, ne mérita d'entrer dans la terre promise (*Id.*, XIV, 30). Sans doute on pourrait dire que ce peuple, héritage de Dieu, est devenu parfait dans ses enfants, mais nous n'en devons pas moins rechercher ici en toute liberté, un sens spirituel. En effet, comme le dit l'Apôtre : « Toutes ces choses qui leur arrivaient étaient des figures de l'avenir (I *Cor.*, X, 11), » jusqu'à ce que le jour brillât et chassât les ombres (*Cant.*, II, 17).

10. C'est pourquoi frappons à la porte du Seigneur, afin qu'il daigne nous ouvrir, et nous laisser apercevoir, autant qu'il le voudra, ses mystères cachés. Disons donc que, tandis que l'Évangile passait dans le désert des Gentils, les Cieux, afin que la terre fût ébranlée vers la foi, se fondirent en une pluie partie de la face de Dieu. Il s'agit ici des cieux dont il est dit

---

careris in Gentibus : « terra mota est, » terreni homines ad fidem excitati sunt. Sed unde mota est ? « Etenim cœli distillaverunt a facie Dei. » Forsitan hic aliquis recolat illud tempus, quando in deserto Deus transibat coram populo suo, coram filiis Israel, die in columna nubis, nocte in fulgore ignis (*Exodi.*, XIII, 21) ; et hoc esse sentiat, quod « cœli distillaverunt a facie Dei, » quoniam manna pluit populo suo (*Exodi.*, XVI, 13) ; hoc etiam esse quod sequitur. « Mons Sina a facie Dei Israel, pluviam voluntariam segregans Deus hereditati tuæ (*Psal.*, LXVII. 10), » quia in monte Sina locutus est Deus ad Moysen, quando Legem dedit (*Exodi*, XIX, 18) : ut manna sit pluvia voluntaria, quam segregavit Deus hereditati suæ, id est, populo suo ; quia solos eos ita pavit, non et ceteras Gentes ; ut quod deinde dicit, « Et infirmata est, » ipsa hereditas infirmata intelligatur ; quoniam murmurantes, manna fastidiosi respuerunt, desiderantes escas carnium, et ea quibus vesci in Ægypto consueverant (*Num.*, II, 6). Sed in his verbis si proprietas tantummodo litteræ, non spiritalis requirendus est intellectus, oportet ut ostendatur secundum proprietatem corporalem, qui tunc compediti, quique etiam habitantes in sepulcris educti sunt in fortitudine. Deinde si ille populus, illa scilicet hereditas Dei, fastidio manna respuens infirmata est, non debuit sequi, « Tu vero perfecisti eam : » sed, Tu vero percussisti eam. Deo quippe offenso per illa murmura atque fastidia, ingens plaga secuta est (*Ibid.*, 1, et 33). Postremo illi omnes in eremo consternati sunt, nec quisquam eorum præter duos terram meruit promissionis intrare (*Num.*, XIV, 22). Quamquam etiamsi dicatur in filiis eorum hereditas illa perfecta, nos sensum spiritalem liberius tenere debemus. « Omnia quippe illa in figura contingebant in illis (I. *Cor.* X, 11) ; » donec adspiraret dies, et removerentur umbræ (*Cant.*, II, 17).

10. Aperiat itaque nobis pulsantibus Dominus ; et mysteriorum ejus, quantum ipse dignatur, secreta pandantur. Etenim ut terra mota esset ad fidem, cum

dans un autre psaume : « Les cieux racontent la gloire de Dieu ; » et un peu après : « Il n'est pas de pays, quel qu'en soit le langage, où leur voix ne se soit fait entendre ; le son de leur voix s'est répandu dans toute la terre et leur parole a pénétré jusqu'aux extrémités de la terre (*Ps.*, XVIII, 2 à 5). Cependant ce n'est point à ces cieux, si grands qu'ils soient, qu'il faut attribuer la gloire d'avoir ébranlé la terre jusqu'à l'amener à la foi, comme si le désert des nations était redevable de cette grâce à des hommes. Ce n'est pas d'eux-mêmes que les cieux ont donné leur pluie ; mais cette pluie « est partie de la face de Dieu » qui habitait certainement en eux, et les faisait habiter dans sa maison comme hommes d'une même sorte. Ces cieux sont aussi les montagnes dont il est dit : « J'ai levé les yeux vers les montagnes d'où me viendra le secours. » Et de peur qu'on ne crût qu'il avait mis son espérance dans les hommes, le Prophète ajoute : « Le secours me vient du Seigneur, qui a fait le ciel et la terre (*Ps.*, CXX, 1, et 2). » Car c'est au Seigneur qu'il dit également dans un autre endroit : « Vous versez admirablement votre lumière du haut des montagnes éternelles (*Ps.*, LXXV, 5); » bien que ce soit du haut des montagnes éternelles que vienne votre lumière, cependant c'est vous qui la répandez. Il en est de même ici : « les cieux se sont fondus en pluie, » mais cette pluie est partie « de la face de Dieu. » En effet, les cieux eux-mêmes ont été sauvés par la foi, et cette foi n'est pas venue d'eux, mais elle est un don de Dieu ; ils n'ont pas été sauvés par leurs propres œuvres, de peur que l'un d'eux ne s'élevât orgueilleusement. « Car nous sommes l'œuvre de ses mains (*Éphés.* II, 8, 10) ; » c'est lui « qui fait habiter dans sa maison les hommes de même sorte. »

11. Mais que veut dire ce qui suit : « Et la montagne de Sinaï de la face du Dieu d'Israël ? (*Ps.* LXVII, 10). » Faut-il lire à l'aide de mots sous-entendus : Et la montagne de Sinaï s'est fondue en une pluie partie de la face du Dieu d'Israël ? S'il en était ainsi, le Prophète nous ferait entendre qu'il donne aussi le nom de montagne de Sinaï à ceux qu'il a nommés les cieux ; comme ceux qu'on appelle cieux, avons-nous dit, sont aussi appelés montagnes. En adoptant ce sens, il ne faudrait pas nous inquiéter de ce que le psaume dit « la montagne » et non les montagnes ; sous prétexte qu'il dit les cieux et non le ciel. En effet, dans l'autre psaume déjà cité, après ces mots : « Les cieux racontent la gloire de Dieu, » nous lisons, selon la coutume des Écritures de répéter parallèlement la même pensée en des termes différents : « Et le firmament annonce les ouvrages de ses mains. » Il dit d'abord les cieux et non le ciel, et ensuite non pas les firmaments mais le firmament. Car le ciel a été appelé firmament par Dieu (*Gen.*, I, 8), comme il est

---

in desertum Gentium transiret Evangelium, « cæli distillaverunt a facie Dei. » Hi sunt cæli, de quibus in alio Psalmo canitur. « Cæli enarrant gloriam Dei (*Psal.*, XVIII, 2). » De his quippe paulo post ibi dicitur, « Non sunt loquelæ neque sermones, quorum non audiantur voces eorum : in omnem terram exiit sonus eorum, et in fines orbis terræ verba eorum (*Ibid.*, 4, et 5). » Nec tamen istis cælis tanta gloria tribuenda est, tamquam ab hominibus illa gratia venerit in desertum Gentium, ut terra moveretur ad fidem. Non enim cæli a seipsis distillaverunt, sed « a facie Dei, » utique inhabitantis eos, et facientis eos inhabitare unius moris in domo. Ipsi sunt enim et montes, de quibus dicitur, « Levavi oculos meos ad montes, unde veniet auxilium mihi (*Psal.*, CXX, 1). » Et tamen ne in hominibus spem posuisse videretur, continuo subjecit, « Auxilium meum a Domino qui fecit cælum et terram (*Ibid.*, 2). » Ei quippe alio loco dicitur, « Illuminans tu admirabiliter, a montibus æternis (*Psal.*, LXXV, 5), » quamvis a montibus æternis, tamen illuminans tu. Sic et hic ; « cæli distillaverunt, » sed, « a facie Dei. » « Et ipsi enim salvi facti sunt per fidem, et hoc non ex seipsis; sed Dei donum est, non ex operibus, ne forte quis extollatur. Ipsius enim sumus figmentum (*Ephes.*, II, 8 etc.), qui facit unius modi habitare in domo.

11. Sed quid est quod sequitur, « Mons Sina a facie Dei Israël ? » An subaudiendum est, distillavit : ut quod vocavit cælorum nomine, hoc voluerit intelligi nomine etiam montis Sina, sicut diximus eos vocari montes, qui vocati sunt cæli ? Nec in isto sensu movere debet quod ait « mons, » non montes, cum ibi dicti sint cæli, non cælum : quia et in alio Psalmo cum dictum esset, « Cæli enarrant gloriam Dei (*Psal.*, XVIII, 2). » more Scripturæ eumdem sensum verbis aliis repetentis subsequenter dictum est, « Et opera manuum ejus annuntiat firmamentum. » Prius dixit cæli, non cælum; et tamen postea

écrit dans la Genèse. Ainsi donc les cieux et le ciel, les montagnes et la montagne ne sont point choses différentes, mais une seule et même chose ; comme toutes les Églises et une Église ne sont point choses différentes, mais une seule et même chose. Mais alors, pourquoi nommer ici « la montagne de Sinaï » laquelle, selon l'Apôtre, « engendre ses enfants dans la servitude (*Gal.*, IV, 24) ? » Ou bien faudrait-il, par la montagne de Sinaï, entendre la loi même que les cieux auraient laissé tomber « comme une pluie partie de la face de Dieu, » afin que la terre fût ébranlée ? Cet ébranlement de la terre serait-il le trouble des hommes qui ne pouvaient accomplir la loi ? En ce cas, cette pluie serait celle dont le Prophète dit ensuite : « Vous ferez tomber à part sur votre héritage une pluie toute volontaire, ô mon Dieu ; » parce que Dieu n'a traité de la même sorte aucune autre nation et ne lui a manifesté ses commandements de la même manière (*Ps.*, CXLVII, 20). En effet le Seigneur a fait tomber séparément sur son héritage une pluie toute volontaire, en lui donnant la Loi. « Et la faiblesse lui est venue. » Cette faiblesse est-elle celle de la loi, ou celle de l'héritage ? On peut comprendre qu'il s'agit de la loi, en ce sens qu'elle n'a pas été accomplie ; non pas qu'elle soit faible par elle-même, mais elle rend faibles ceux qu'elle menace de châtiments, et qu'elle ne secourt point par la grâce.

En effet, l'Apôtre s'est servi de ce même terme, en disant : « Chose impossible à la loi, parce que la chair l'avait rendue faible (*Rom.*, VIII, 3). » L'Apôtre voulait exprimer par là que la loi devait s'accomplir par l'esprit ; cependant, il n'en dit pas moins qu'elle est affaiblie, parce que les faibles ne peuvent l'accomplir. D'un autre côté, que l'héritage, c'est-à-dire le peuple juif, ait ressenti cette faiblesse après que la loi lui eût été donnée, nul doute, nulle ambiguïté sur ce point. « En effet, la loi est survenue pour que le péché abondât (*Rom.*, V, 20). » Quant aux paroles qui suivent : « Mais vous lui avez donné perfection, » elles se rapportent à la loi, en ce sens qu'elle a reçu du Sauveur sa perfection, c'est-à-dire son accomplissement, comme l'a dit le Seigneur dans l'Évangile : « Je suis venu, non pour détruire la loi, mais pour l'accomplir (*Matth.*, V, 17). » C'est pourquoi l'Apôtre, qui dit que la loi est affaiblie par la chair, parce que la chair n'accomplit pas ce que l'esprit, c'est-à-dire la grâce spirituelle, peut seul accomplir, dit également : « Afin que la justification de la loi s'accomplisse en nous, qui marchons, non selon la chair, mais selon l'esprit (*Rom.*, VIII, 4). » Cette parole : « Mais vous lui avez donné perfection, » revient à dire que « l'amour est l'accomplissement de la loi (*Id.*, XIII, 10), » et que « la charité de Dieu a été répandue dans nos cœurs, » non par nous-

---

non firmamenta, sed firmamentum. Vocavit enim Deus firmamentum cælum (*Gen.*, I, 18), » sicut in Genesi scriptum est. Ita ergo cæli et cælum, montes et mons, non aliud, sed hoc ipsum : sicut Ecclesiæ multæ et una Ecclesia, non aliud, sed hoc ipsum. Cur ergo « mons Sina » qui in servitutem generat (*Gal.*, IV, 24), sicut dicit Apostolus ? An forte Lex ipsa intelligenda est in monte Sina (*Exodi*, XIX, 18), quam « distillaverunt cæli a facie Dei, » ut terra moveretur ? et ipse est terræ motus, cum conturbantur homines, quia Legem implere non possunt ? Quod si ita est, hæc est et pluvia voluntaria, de qua consequenter dicit, « Pluviam voluntariam segregans Deus hereditati tuæ : » quia non fecit sic ulli genti, et judicia sua non manifestavit eis (*Psal.*, CXLVII, 20). Segregavit itaque pluviam hanc voluntariam Deus hereditati suæ, quod Legem dedit. « Et infirmata est, » vel ipsa Lex, vel ipsa hereditas. Lex infirmata sit accipi potest, eo quod non impleretur : non quod ipsa infirma sit, sed quod infirmos facit minando pœnam, nec adjuvando per gratiam. Nam et Apostolus ipso verbo usus est, ubi ait, « Quod enim impossibile erat Legis in quo infirmabatur per carnem : (*Rom.*, VIII, 3), » significare volens quia per spiritum impletur : tamen ipsam dixit infirmari, cum ab infirmis non possit impleri. Infirmata vero ipsa hereditas, id est, ipse populus, data sibi Lege, sine ulla ambiguitate intelligitur. «Lex enim subintravit, ut abundaret delictum (*Rom.*, V, 20). » Quod autem sequitur, « Tu vero perfecisti eam, » ad Legem ita refertur, quia secundum illud perfecta, id est, impleta est, quod Dominus in Evangelio dicit, « Non veni Legem solvere, sed implere (*Matth.*, V, 17). » Unde et Apostolus qui dixerat Legem infirmatam esse per carnem, quia caro non implet, quod per spiritum impletur id est, per gratiam spiritalem (*Rom.*, VIII, 3) : ipse item dicit, «Ut justitia Legis impleretur in nobis, qui non secundum carnem ambulamus, sed secundum spiritum (*Ibid.*, 4). » Hoc est ergo, « Tu vero perfecisti eam ; » quia « plenitudo Legis est caritas

mêmes, mais « par l'Esprit-Saint qui nous a été donné (*Rom.*, v, 5).» Tel est le sens de ces paroles : « Mais vous lui avez donné perfection, » si on les applique à la loi. Si au contraire on les applique à l'héritage, l'interprétation en est plus facile. Que l'on dise, en effet, que l'héritage de Dieu, c'est-à-dire son peuple, a été frappé d'affaiblissement en raison de la loi qu'il a reçue, parce que « la loi est survenue pour que le péché abondât (*Rom.*, v, 20), » il faudra alors expliquer les paroles qui suivent : « Mais vous lui avez donné perfection, » d'après la suite du texte de l'Apôtre : « mais où le péché a abondé, la grâce a surabondé (*Rom.*, v, 5, 20). » Et, en effet, le péché ayant abondé, les faiblesses des Juifs sont aussi devenues plus abondantes, et ils ont ensuite couru en toute hâte (*Ps.*, xv, 4), gémissant et invoquant le Seigneur, afin que par son aide ils pussent accomplir la loi qu'ils n'avaient point accomplie malgré ses ordres.

12. Mais ces paroles présentent encore un autre sens, qui me paraît plus probable. En effet, cette pluie volontaire s'interprète beaucoup plus convenablement de la grâce même, parce que la grâce est gratuitement donnée, sans être précédée d'aucun mérite en celui qui la reçoit. « Si en effet, elle est une grâce, ce n'est point à nos œuvres qu'elle est due ; autrement la grâce ne serait plus une grâce, dit l'Apôtre (*Rom.* xi, 6). » « Je ne suis pas digne du nom d'Apôtre, dit-il encore, parce que j'ai persécuté l'Église de Dieu ; mais je suis par la grâce de Dieu ce que je suis (I *Cor.*, xv, 9, 10). » Voilà la pluie volontaire. « C'est volontairement, en effet, que le Père nous a engendrés par la parole de vérité (*Jacq.*, I, 18). » Voilà la pluie volontaire. C'est ce qui a fait dire au Prophète, dans un autre psaume : « Vous nous avez couverts et couronnés de votre bonne volonté, comme d'un bouclier (*Ps.*, v, 13). » Les cieux ont donné cette pluie, lorsque Dieu a passé dans le désert, c'est-à-dire lorsqu'il a été annoncé parmi les Gentils ; mais cette pluie n'était pas d'eux, elle venait de la face de Dieu, parce que les cieux ne sont ce qu'ils sont que par la grâce de Dieu. Entre ces cieux ou ces montagnes, se distingue le mont Sinaï, qui, plus que tous les autres, non par sa propre force, mais par la grâce de Dieu qui était en lui (I *Cor.*, xv, 10), a travaillé à verser la pluie sur les nations, c'est-à-dire sur le désert où le Christ n'était point encore annoncé, afin de ne point bâtir sur le fondement d'autrui (*Rom.*, xv, 20). Il était Israélite, de la race d'Israël, de la tribu de Benjamin (*Philipp.*, III, 5), et il était né dans la servitude de la Jérusalem terrestre qui est elle-même esclave avec tous ses enfants ; et c'est pourquoi il persécutait l'Église. Car lui même nous le dit : « Comme autrefois celui qui était

---

(*Rom.*, VIII, 10);» et caritas Dei diffusa est in cordibus nostris, non per nos ipsos, sed per Spiritum-sanctum qui datus est nobis (*Rom.*, v, 5) : hoc est, « Tu vero perfecisti eam, » si Legem perfecisse intelligatur : si vero hereditatem, facilior est intellectus. Si enim propter hoc dicta est hereditas Dei infirmata, id est, populus Dei infirmatus data Lege, quia « Lex subintravit, ut abundaret delictum (*Rom.*, v, 20),» ergo et quod sequitur, « Tu vero perfecisti eam, » ex illo intelligitur quod etiam in Apostolo sequitur, « Ubi autem abundavit delictum, superabundavit gratia (*Ibid.*). » Namque abundante delicto, « multiplicatæ sunt infirmitates eorum, et postea acceleraverunt (*Psal.*, xv, 4) :» quia ingemuerunt, et invocaverunt ; ut ipso adjuvante impleretur, quod ipso jubente non implebatur.

12. Est in his verbis et alius sensus, qui probabilior mihi videtur. Multo enim congruentius intelligitur ipsa gratia pluvia voluntaria, quia nullis præcedentibus operum meritis gratis datur. « Si enim gratia, jam non ex operibus : alioquin gratia jam non est gratia (*Rom.*, II, 6). » « Non enim dignus sum, inquit, vocari apostolus, quia persecutus sum Ecclesiam Dei : gratia autem Dei sum quod sum (I *Cor.*, xv, 9 et 10). » Hæc est pluvia voluntaria. « Voluntarie quippe genuit nos verbo veritatis (*Jacobi*, I, 18). » Hæc pluvia voluntaria. Inde alibi dicitur. « Scuto bonæ voluntatis tuæ coronasti nos (*Psal.*, v, 13). » Istam pluviam cum Deus transiret in deserto, id est, prædicaretur in Gentibus, « cœli distillaverunt : » non tamen a seipsis, sed « a facie Dei, » quoniam et ipsi gratia Dei sunt quod sunt (I *Cor.*, xv, 10). Et ideo « mons Sina, » quia et ipse qui plus omnibus illis laboravit, non ipse autem, sed gratia Dei cum illo, ut abundantius distillaret in gentibus, id est, in deserto, ubi Christus non erat annuntiatus, ne super alienum fundamentum ædificaret (*Rom.*, xv, 10); ipse, inquam, Israëlita erat ex genere Israël, tribu Benjamin (*Philip.*, III, 5) : et ipse ergo in servitutem generatus erat, de Jerusalem terrena, quæ servit cum

né selon la chair poursuivait celui qui était né selon l'esprit, il en est encore de même aujourd'hui (*Gal.*, IV, 25, 29). » Mais il a trouvé miséricorde parce qu'il n'a agi que par ignorance, lorsqu'il n'avait point encore la foi (*Tim.* I, 13). Nous sommes dans l'admiration à la vue de ces cieux qui se sont fondus en une pluie partie de la face de Dieu; et nous admirons encore plus qu'il en ait été de même du mont Sinaï, de cet Hébreu, né parmi les Hébreux, pharisien selon la loi, qui a d'abord persécuté l'Église (*Philipp.* III, 5). Mais que faut-il admirer ici? Il n'a pas agi de lui-même, mais la pluie qu'il répandait, dit le psaume, est partie de la face du Dieu d'Israël; de cet Israël que le même apôtre a appelé « l'Israël de Dieu (*Gal.*, VI, 8), » et que le Christ a dépeint dans ces paroles : « Voilà un véritable Israélite, dans lequel il n'y a aucun déguisement (*Jean*, I, 47). Dieu, par un privilége particulier, a donc accordé cette pluie volontaire à son héritage, sans que cette grâce fût due à son peuple pour aucun mérite antérieur. « Et la faiblesse lui est venue. » Il a, en effet, reconnu qu'il n'était rien par lui-même; qu'il devait attribuer ce qu'il était non à ses propres forces, mais à la grâce de Dieu. Il a reconnu la vérité de ces paroles : « Je me glorifierai dans mes infirmités (II *Cor.*, XII, 9). » Il a reconnu la vérité de ces paroles : « N'ayez point de vous une haute idée, mais craignez (*Rom.*, XI, 20). »

Il a reconnu la vérité de ces paroles : « Dieu donne la grâce aux humbles (*Jacq.*, IV, 6). » « Et la faiblesse lui est venue, mais vous lui avez donné perfection; » parce que « la force se fait sentir parfaitement dans la faiblesse (II *Cor.*, XII, 9). » Différents textes, tant latins que grecs, ne contiennent pas ces mots : « Le mont Sinaï, » on y lit : « de la face du Dieu de Sinaï, de la face du Dieu d'Israël. » C'est-à-dire, « les Cieux se sont fondus en une pluie partie de la face de Dieu; » et comme si on demandait au Prophète de quel Dieu il veut parler, il dit : « de la face du Dieu de Sinaï; de la face du Dieu d'Israël; » c'est-à-dire : de la face du Dieu qui a donné la loi au peuple d'Israël. Pourquoi donc les cieux se sont-ils fondus en une pluie partie de la face de Dieu, » de la face de ce Dieu? pour accomplir cette prophétie : « Celui qui a donné la loi donnera la bénédiction (*Ps.* LXXXIII, 8) : » la loi, pour effrayer quiconque présume des forces humaines; la bénédiction, pour délivrer celui qui espère en Dieu. Vous avez donc, Seigneur, donné perfection à votre héritage, parce qu'il avait été affaibli par lui-même, afin que vous le rendissiez parfait.

13. « Vos animaux habiteront votre héritage (*Ps.* LXVII, 11). » « Vos animaux, » ils sont à vous et ne s'appartiennent pas à eux-mêmes; ils vous sont soumis et ne sont pas libres d'eux-mêmes; ils ont besoin de vous et ne peuvent se suffire à

---

filiis suis, et ideo persequebatur Ecclesiam (*Gal.*, IV, 25). Nam quod ipse commonuit, sicut tunc qui secundum carnem generatus est persequebatur eum qui secundum spiritum : ita et nunc. (*Ibid.*, 29) Sed misericordiam consecutus est, quia ignorans fecit in incredulitate (I *Tim.*, I, 13). Miramur ergo quod « cæli distillaverunt a facie Dei : » magis miremur quod « mons Sina, » id est, qui prius persequebatur, « Hebræus ex Hebræis, secundum Legem Pharisæus (*Philip.*, III, 5). » Quid autem miremur? Non enim a seipso, sed quod sequitur, « a facie Dei Israël, » de quo ipse dicit, « Et super Israël Dei (*Gal.*, VI, 16) : » de quo Dominus dicit, « Ecce vere Israëlita, in quo dolus non est (*Johan.*, I, 47). » Hanc ergo pluviam voluntariam nullis præcedentibus meritis operum bonorum segregavit Deus hereditati suæ. « Et infirmata est. » Agnovit enim non esse se aliquid per seipsum; non viribus suis, sed gratiæ Dei tribuendum esse quod est. Agnovit quod dictum est, « In infirmitatibus meis gloriabor (II *Cor.*, XII, 9). » Agnovit quod dictum est, « Noli altum sapere, sed time (*Rom.*, XI, 20). » Agnovit quod dictum est, « Humilibus autem dat gratiam (*Jacob.*, IV, 6). » « Et infirmata est, tu vero, perfecisti eam : » quia virtus in infirmitate perficitur (II *Cor.* XII, 9). Quidam sane codices, et Latini et Græci, non habent, « mons Sina, sed, a facie Dei Sina, a facie Dei Israël. Id est, « cæli distillaverunt facie Dei : » et quasi quæreretur cujus Dei : « a facie Dei, inquit, Sina, a facie Dei Israël, » id est, a facie Dei qui Legem dedit populo Israël. Quare ergo « cæli distillaverunt a facie Dei, » a facie hujus Dei, nisi quia sic impletum est quod prædictum est, « Benedictionem dabit qui Legem dedit (*Psal.*, LXXXIII, 3). » Legem, qua terreat de humanis viribus præsumentibus; benedictionem qua liberet in Deum sperantem. Tu ergo perfecisti Deus hereditatem tuam : quia infirmata est in se, ut perficeretur abs te.

13. « Animalia tua inhabitabunt in ea, (*Psal.*, LXVII, 11). » « Tua, » non sua; tibi subdita, non sibi libera ; ad

eux-mêmes. Enfin, le Prophète continue : « Vous avez préparé dans votre suavité, ô mon Dieu, ce qui est nécessaire au pauvre. » Dans votre suavité, et non dans sa richesse. En effet il est pauvre, parce qu'il a été affaibli pour être rendu parfait, et il a reconnu son indigence pour être comblé de biens. C'est de cette suavité que le Prophète dit ailleurs : « Le Seigneur répandra sa suavité et notre terre portera son fruit (*Ps.*, LXXXIV, 13), » afin qu'on fasse le bien non par crainte, mais par amour; non par la terreur du châtiment, mais par l'attrait de la justice. Car telle est la saine et vraie liberté. Mais le Seigneur a préparé ces biens pour l'indigent et non pour le riche, qui regarde cette sorte de pauvreté comme un opprobre; opprobre, dit encore le Psalmiste, pour celui qui est dans l'abondance, et objet de mépris pour l'orgueilleux (*Ps.*, CXXII, 4). Le Prophète appelle orgueilleux les mêmes hommes qu'il dit être dans l'abondance.

14. « Le Seigneur donnera sa parole (*Ps.* LXVIII, 12.), » il la donnera, comme une nourriture, aux animaux qui habitent son héritage. Mais que feront ces animaux, auxquels il donnera sa parole ? Que feront-ils, sinon ce qui suit ? Il donnera sa parole « à ceux qui évangéliseront avec une grande force. » Avec quelle force, si ce n'est celle avec laquelle il a délivré les captifs ? Peut-être le Prophète a-t-il également en vue la force à l'aide de laquelle les prédicateurs de l'Évangile ont accompli tant de merveilleux prodiges.

15. Qui « donnera donc sa parole à ceux qui évangéliseront avec une grande force (*Ibid.*, 13) ? » Ce sera, dit le Prophète, « le Roi des armées du Bien-Aimé. » Le Père est ce roi des armées du Fils. En effet, le terme de Bien-Aimé, lorsqu'on n'exprime pas de qui il est question, s'applique, comme un nom qui lui est propre, au Fils unique de Dieu. Mais le Fils n'est-il pas le Roi de ses propres armées, c'est-à-dire des armées qui lui sont soumises ? Il est dit, en effet, que « le Roi des armées donnera sa parole à ceux qui évangéliseront avec une grande force, » et ce roi est celui même dont il est dit ailleurs : « Le Seigneur des armées est le roi de gloire (*Ps.*, XXIV, 10). » Or, si le Prophète n'a pas dit ici : le Roi de ses armées, mais : le Roi des armées du Bien-Aimé, c'est par une manière de parler très-usitée dans les Ecritures, si on veut bien y faire attention; et cela est surtout évident, là où un nom propre se trouve répété, de sorte qu'il est manifeste qu'il s'agit dans les deux cas de la même personne. Par exemple, dans le Pentateuque, on trouve en plusieurs endroits : « Et Moïse fit » telle ou telle chose « comme le Seigneur l'avait ordonné à Moïse. (*Nom.*, XXII, 11 etc., *Version des Septante*.) » L'Ecriture ne dit pas, comme nous avons coutume de le faire : Et Moïse fit ce que le Seigneur lui avait

---

te egentia non sibi sufficientia. Denique sequitur, « Parasti in tua suavitate egenti Deus. » In tua suavitate, » non in illius facultate. Egens est enim, quoniam infirmatus est, ut perficiatur : agnovit se indigentem, ut repleatur. Hæc est illa suavitas, de qua alibi dicitur, Dominus dabit suavitatem, et terra nostra dabit fructum suum (*Psal.* LXXXIV, 13) : ut bonum opus fiat non timore, sed amore; non formidine pœnæ, sed delectatione justitiæ. Ipsa est enim vera et sana libertas. Sed Dominus hoc egenti paravit, non abundanti, cui opprobrio est ista paupertas : de qualibus alibi dicitur, « Opprobrium his qui abundant, et despectio superbis (*Psal.*, CXXII, 4). » Hos enim dixit superbos, quos dixit qui abundant.

14. « Dominus dabit verbum (*Psal.*, LXVII, 12) : » cibaria scilicet animalibus suis, quæ inhabitabunt in ea. Sed quid operabuntur hæc animalia, quibus dabit verbum ? quid nisi quod sequitur ? « Evangelizantibus virtute multa. » Qua virtute, nisi fortitudine illa in qua educit compeditos ? Fortasse etiam virtutem hic dicat illam, qua evangelizantes mirabilia signa fecerunt.

15. Quis ergo « dabit verbum evangelizantibus virtute multa ? Rex, inquit, Virtutum dilecti. (*Ibid.*, 13). » Pater ergo est Rex Virtutum Filii. Dilectus enim, quando non ponitur quis dilectus, per antonomasiam Filius unicus intelligitur. An Virtutum suarum Rex ipse Filius, Virtutum scilicet sibi servientium ? quia virtute multa evangelizantibus dabit verbum Rex Virtutum, de quo dictum est, « Dominus Virtutum, ipse est Rex gloriæ (*Psal.* XXIII, 10). » Quod autem non dixit, Rex Virtutum suarum, sed « Rex Virtutum dilecti, » locutio est in Scripturis usitatissima, si quis advertat : quod ibi maxime apparet, ubi etiam proprium nomen exprimitur, ut eumdem esse, de quo dicitur, dubitari omnino non possit. Qualis et illa in Pentateucho multis locis invenitur : « Et fecit Moyses illud atque illud, sicut præcepit Dominus Moysi (*Num.* XVII, 11 etc. sec. LXX). »

ordonné, mais Moïse fit ce que le Seigneur avait ordonné à Moïse ; comme si le Moïse qui avait reçu le commandement n'était pas le même Moïse qui l'exécutait, tandis qu'il était bien le même. Dans le Nouveau Testament on ne trouve que très-rarement de semblables manières de parler. Cependant en voici un exemple dans ce passage de l'Apôtre : « Touchant son fils qui est né, selon la chair, de la race d'Abraham, qui a été prédestiné fils de Dieu en puissance, selon l'esprit de sanctification, par la résurrection d'entre les morts de Notre Seigneur Jésus-Christ (*Rom.*, I, 3 et 4). » Comme si le Fils de Dieu né, selon la chair, de la race de David, était autre que Notre Seigneur Jésus-Christ, tandis qu'il n'est qu'une seule et même personne. Mais dans l'Ancien Testament cette manière de parler est fréquente ; et c'est pourquoi, lorsqu'elle amène quelque obscurité, il faut l'interpréter par des exemples du même genre dans lesquels le sens est clair. C'est ainsi qu'en cet endroit du psaume il s'est glissé quelque obscurité. Car, si on eût dit : Jésus-Christ, roi des armées de Jésus-Christ, le sens serait aussi clair qu'il l'est dans cette phrase : « Moïse fit ce que Dieu avait commandé à Moïse. » Mais comme il y est dit : Le Roi des armées du Bien-Aimé, il ne vient pas de suite à l'esprit que le Roi des armées soit le même que le Bien-Aimé. « Le Roi des armées du Bien-Aimé » doit donc se comprendre comme s'il y avait : le Roi de ses armées, parce que le Roi des armées est le Christ et que le Bien-Aimé est le même Christ. Cependant, ce sens n'est pas si rigoureusement absolu que le passage ne puisse être compris autrement, car on peut dire aussi que le Père est le Roi des armées de son Fils bien-aimé ; car ce Fils bien-aimé lui a dit lui-même : « Tout ce qui est à moi est à vous et tout ce qui est à vous est à moi (*Jean*, XVII, 10). » Demanderait-on si Dieu Père de Notre Seigneur Jésus-Christ peut aussi être appelé Roi ? Qui oserait lui ôter ce nom, après que l'Apôtre a dit : « Au Roi des siècles, immortel, invisible, Dieu unique (I *Tim.*, I., 17.) ? » Car, bien que cette parole soit dite de la Trinité, toutefois elle s'applique en même temps à Dieu le Père. D'un autre côté, si nous voulons comprendre autrement que dans un sens charnel ce passage d'un psaume : « Mon Dieu, donnez votre jugement au Roi et votre justice au fils du Roi (*Psaume*, LXXI, 2) ; » il me semble que ces derniers mots ne signifient que votre Fils. Le Père est donc Roi aussi. D'où il suit que cette partie de verset : « le Roi des armées du Bien-Aimé » peut être interprétée des deux manières que nous venons d'indiquer. C'est pourquoi, après avoir dit : « Le Seigneur donnera sa parole à ceux qui évangéliseront avec une grande force, » comme la force, ou l'armée qui fait la force, reçoit sa direction de celui de qui elle vient, et combat

---

Non dixit quod usitatum est in locutionibus nostris, Et fecit Moyses sicut præcepit ei Dominus; sed, Fecit Moyses sicut præcepit Dominus Moysi; quasi alius sit Moyses cui præcepit, et alius Moyses qui fecit, cum idem ipse sit. Tales locutiones in Novo testamento difficillime reperiuntur. Inde est tamen quod Apostolus ait, « De Filio suo, qui factus est ei ex semine David secundum carnem, qui prædestinatus est Filius Dei in virtute secundum Spiritum sanctificationis ex resurrectione mortuorum Jesu Christi Domini nostri (*Rom.*, I, 3) : tamquam alius sit Filius Dei qui factus est ex semine David secundum carnem, et alius Jesus Dominus noster, cum sit unus atque idem. In veteribus autem libris crebra est ista locutio : et ideo quando subobscure fit, ex manifestis sui generis exemplis intelligenda est; sicut hoc loco Psalmi hujus quem tractamus, subobscure facta est. Nam si diceretur Jesus Christus rex Virtutum Jesu Christi, tam aperta esset quam illa, Fecit Moyses sicut præcepit Dominus Moysi : quia vero dictum est « Rex Virtutum dilecti, » non facile est ut occurrat ipsum esse Regem Virtutum, qui est et dilectus. « Rex ergo Virtutum dilecti, » sic intelligi potest, ac si diceretur, Rex Virtutum suarum quia et Rex Virtutum est Christus, et dilectus est idem ipse Christus. Quamvis non habeat iste sensus tantam necessitatem, ut aliud non valeat accipi : quia et Pater potest intelligi Rex Virtutum Filii sui dilecti, cui dicit ipse dilectus, « Omnia mea tua sunt, et tua mea (*Johan.*, XVII, 10). » Quod si forte quæritur, utrum Deus Domini Jesu Christi Pater etiam Rex dici possit : nescio utrum quisquam audeat hoc ab eo nomen auferre, ubi Apostolus dicit, « Regi autem sæculorum immortali, invisibili soli Deo (I *Tim.* L, 17). » Quia et hoc de ipsa Trinitate dictum est, ibi est et Deus Pater. Si autem non carnaliter intelligimus, « Deus judicium tuum Regi da, et justitiam tuam filio Regis (*Psal.*, LXI, 2) : nescio utrum aliud aliquid dictum est quam Filio tuo. Rex ergo est et Pater. Unde versiculus iste Psalmi hujus, « Rex Virtutum dilecti, » utroque

pour lui, le Prophète a ajouté : « Le Seigneur, qui donnera sa parole à ceux qui évangéliseront avec une grande force est le Roi des armées du Bien-Aimé. »

16. Il continue en ces termes: « Du Bien-Aimé, pour lui faire distribuer les dépouilles à la beauté de la maison (*Ps.*LXVII,13). » La répétition a pour but d'attirer l'attention ; mais tous les textes ne portent pas cette répétition, et les plus soignés la marquent d'une étoile, que l'on nomme astérisque, qui veut dire que les mots ainsi désignés ne sont pas dans la version des Septante, mais sont dans l'hébreu. Mais que le mot de Bien-Aimé soit répété, ou qu'on ne le trouve écrit qu'une seule fois, je pense que ce qui suit : « pour lui faire distribuer les dépouilles à la beauté de la maison, » doit se comprendre comme s'il était dit : il appartient également au Bien-Aimé de distribuer les dépouilles à la beauté de la maison, ou encore, il est aussi le Bien-Aimé pour distribuer les dépouilles du vaincu. En effet, le Christ a rendu belle la maison, c'est-à-dire l'Église, par la distribution des dépouilles, comme un corps est beau par la distribution de ses membres. Or, on appelle dépouilles ce qui est enlevé à des ennemis vaincus. Nous en trouvons l'explication dans ce passage de l'Évangile : « Nul n'entre dans la maison du fort, pour enlever ses vases, s'il n'a d'abord lié le fort (*Matth.*, XII, 29). »

Le Christ a donc chargé le démon de liens spirituels, par la victoire qu'il a remportée sur la mort et par son ascension des Enfers aux Cieux. Il l'a lié par le mystère de son incarnation, en raison duquel le démon, bien qu'il ne pût rien trouver en lui qui méritât la mort, a reçu permission de le faire périr. Il l'a lié et il lui a enlevé ses vases comme des dépouilles ; car il agissait sur les fils de la défiance (*Éphés.*, II, 2), dont il faisait servir l'infidélité à ses propres desseins. Alors le Seigneur a purifié ces vases par la rémission des péchés ; il a sanctifié ces dépouilles arrachées à un ennemi renversé et chargé de fers, et les a distribuées pour la beauté de sa maison. Des uns, il a fait des Apôtres ? des autres, des Prophètes ; des autres, des Pasteurs et des Docteurs pour les besoins du ministère, afin d'édifier le corps du Christ (*Ibid.*, I, 4); « Car, comme le corps est un, quoique étant composé de beaucoup de membres, et que tous les membres du corps, quoique nombreux, ne sont néanmoins qu'un seul corps, il en est de même du Christ. Tous sont-ils Apôtres ? Tous sont-ils Prophètes ? Tous opèrent-ils des miracles ? Tous ont-ils le don de guérir les maladies ? Tous parlent-ils diverses langues ? Tous ont-ils le don d'interprétation ? Or, il n'y a qu'un seul et même Esprit qui opère toutes ces choses, distribuant à chacun ses dons comme il lui plaît (1 *Cor.*, XII, 11, 12, 29, 30). » Et

---

modo intelligi potest. Cum itaque dixisset, « Dominus dabit verbum evangelizantibus virtute multa : » quia ipsa virtus ab eo regitur, eique militat a quo datur ; ipse, inquit, Dominus qui dabit verbum evangelizantibus virtute multa, Rex est Virtutum dilecti.

16. Deinde sequitur, « Dilecti, et speciei domus dividere spolia (*Ibid.*, 13). » Repetitio pertinet ad commendationem : quamquam istam repetitionem non omnes codices habeant, et eam diligentiores stella apposita praenotant, quae signa vocantur asterisci, quibus agnosci volunt ea non esse in interpretatione Septuaginta, sed esse in Hebraeo, quae talibus insigniuntur notis. Sed sive repetatur, sive semel dictum accipiatur quod positum est, « Dilecti ; » sic intelligendum puto quod sequitur, « et speciei domus dividere spolia, » ac si diceretur, Dilecti etiam speciei domus dividere spolia, id est, dilecti etiam ad dividenda spolia. Speciosam quippe domum, id est, Ecclesiam Christus fecit, dividendo illi spolia : sicut speciosum est corpus distributione membrorum. Spolia porro dicuntur quae victis hostibus detrahuntur. Hoc quid sit, Evangelium nos admonet, ubi legimus, Nemo intrat in domum fortis, ut vasa ejus diripiat, nisi prius alligaverit fortem (*Matth.*, XII, 29). Alligavit ergo diabolum Christus spiritualibus vinculis, superando mortem, et super coelos ab inferis adscendendo : alligavit enim sacramento incarnationis suae, quod nihil in eo reperiens morte dignum, tamen est permissus occidere : ac sic alligato abstulit tanquam spolia vasa ejus. Operabatur quippe in filiis diffidentiae (*Ephes.*, II, 1), quorum infidelitate utebatur ad voluntatem suam. Haec vasa Dominus mundans remissione peccatorum, haec spolia sanctificans hosti erepta prostrato atque alligato, divisit ea speciei domus suae ; alios constituens apostolos, alios prophetas, alios pastores et doctores in opus ministerii, in aedificationem corporis Christi (*Ephes.*, IV, 11). « Sicut enim unum corpus est, et membra multa habet, omnia autem membra

telle est la beauté de la maison, qui résulte de cette distribution des dépouilles, et qui fait que le Prophète, enflammé d'amour à cette vue, s'écrie : « Seigneur, j'ai aimé la beauté de votre maison (*Ps.* xxv, 8). »

17. Dans ce qui suit, le Prophète se tourne, pour leur parler, vers les membres dont l'ensemble forme la beauté de la maison, et il dit selon le texte latin : « *Si dormiatis inter medios cleros, pennæ columbæ deargentatæ, et inter scapulas ejus in viriditate auri* (*Ps.* LXVII, 14). » Il faut d'abord chercher l'ordre des mots et la construction de la phrase, pour voir comment finit cette proposition d'abord suspensive : « Si vous dormez. » Il faut nous demander encore si, dans les mots suivants : *Pennæ columbæ deargentatæ,* « *pennæ* » est au singulier ou au pluriel ; ce qui ferait dire : de l'aile de la colombe argentée, ou les ailes de la colombe argentée. Mais le texte grec exclut le singulier, car on y voit tous les mots au pluriel. Cette difficulté résolue, il en reste une autre : « *Pennæ* » est-il le sujet d'un verbe, ou un mot mis au vocatif, ô ailes ! comme si le Prophète s'adressait aux ailes de la colombe ? Nous avons donc à choisir entre deux manières de lire la phrase. La première serait : « Le Seigneur donnera sa parole à des hommes qui évangéliseront avec une grande force, si vous dormez au milieu des parts, ô ailes de la colombe argentée ; » la seconde : « Si vous dormez au milieu des parts, les ailes de la colombe argentée deviendront blanches comme la neige du Selmon (*Ibid.* 15) ; » ces dernières paroles signifieraient que les ailes de la colombe deviendraient blanches, si vous dormiez au milieu des parts. On suppose alors que le Prophète adresse ces paroles à ceux qui sont distribués comme des dépouilles pour la beauté de la maison, et qu'il leur dit : Si vous dormez au milieu des parts, ô vous qui êtes distribués pour la beauté de la maison, selon que l'Esprit Saint a manifesté l'utilité particulière de chacun de vous, donnant aux uns les paroles de la sagesse ; aux autres les paroles de la science selon le même Esprit ; aux autres la foi, aux autres le don des guérisons selon le même Esprit et les autres dons (*I Cor.*, xii, 71) ; » si donc vous dormez au milieu des parts, alors les ailes de la colombe argentée deviendront blanches comme la neige du Selmon. Au contraire, dans le premier sens, on dirait : « Si vous, ailes de la colombe argentée, vous dormez au milieu des parts, ils deviendront blancs comme la neige du Selmon, » et l'on sous-entendrait : les hommes qui reçoivent, par un don de la grâce, la rémission de leurs péchés. C'est en ce sens qu'il est dit de l'Église elle-même dans le Cantique des cantiques : « Quelle est celle-ci qui s'élève toute

---

corporis cum sint multa, unum est corpus : sic et Christus. Numquid omnes apostoli ? numquid omnes prophetæ ? numquid omnes virtutes ? numquid omnes dona habent curationum ? numquid omnes linguis loquuntur ? num quid omnes interpretantur ? Omnia autem hæc operatur unus atque idem Spiritus, dividens propria unicuique prout vult (*I Cor.*, xii, 12 et 28). » Et hæc est species domus, cui spolia dividuntur : ut amator ejus hac pulcritudine accensus exclamet, « Domine, dilexi decorem domus tuæ (*Psal.*, xxv, 8). »

17. Jam in eo quod sequitur, se ad ipsa membra, de quibus sit species domus, alloquenda convertit, dicens, « Si dormiatis inter medios cleros, pennæ columbæ deargentatæ, et inter scapulas ejus in viriditate auri (*Psal.*, LXVII, 14). » Prius hic quærendus est ordo verborum quomodo finiatur sententia quæ utique pendet, cum dicitur, «Si dormiatis : » deinde quod ait, « pennæ columbæ deargentatæ, » utrum singulari numero intelligendum est, hujus pennæ ; an plurali, hæ pennæ. Sed singularem numerum Græcus excludit, ubi omnino pluraliter hoc positum legitur. Sed adhuc incertum est utrum, hæ pennæ ; an, o vos pennæ, ut ad ipsas pennas loqui videatur. Utrum ergo verbis quæ præcesserunt, finiatur ista sententia, ut ordo sit, « Dominus dabit verbum evangelizantibus virtute multa, si dormiatis inter medios cleros, o vos pennæ columbæ deargentatæ : » an his quæ sequuntur, ut ordo sit, « Si dormiatis inter medios cleros, pennæ columbæ deargentatæ nive dealbabuntur in Selmon(*Psal.*, LXVII, 15) : » id est, ipsæ pennæ dealbabuntur, si dormiatis, inter medios cleros : ut illis hoc dicere intelligatur, qui speciei domus tamquam spolia dividuntur, id est, Si dormiatis inter medios cleros, o vos qui dividimini speciei domus, per manifestationem Spiritus ad utilitatem, ut alii quidem detur per Spiritum sermo sapientiæ, alii sermo scientiæ secundum eumdem Spiritum, alii fides, alii genera curationum in eodem Spiritu (*I Cor.*, xii, 7. etc.), et cetera : si ergo vos dormiatis inter medios cleros, tunc pennæ columbæ deargentatæ nive

blanchie (*Cant.*, III, 6, selon les LXX) ? » Tel est effectivement l'accomplissement d'une promesse de Dieu par son Prophète : « Lors même que vos péchés seraient comme la pourpre, je vous rendrai blancs comme la neige (*Isaïe*, VII, 18). » On peut admettre aussi qu'avec les mots : « les ailes de la colombe argentée, » il y ait à sous-entendre : vous serez, de sorte que le sens serait celui-ci : O vous, qui êtes distribués comme des dépouilles pour la beauté de la maison, si vous dormez au milieu des parts, vous serez les ailes de la colombe argentée ; c'est-à-dire : vous vous élèverez à une hauteur nouvelle, en restant attachés à la force qui unit l'Église. Car, je ne crois pas que cette colombe argentée puisse être mieux prise que pour celle dont il est dit : « Unique est ma colombe (*Cant.*, VI, 8). » Elle est argentée, parce qu'elle est instruite par les enseignements divins, dont il est dit dans un autre psaume : « Vos enseignements, Seigneur, sont comme l'argent que le feu a séparé de toute terre et qui a été purifié sept fois (*Ps.*, XI, 7). » C'est donc un grand bien de dormir au milieu des parts, qui signifient, disent quelques-uns, les deux Testaments ; ainsi dormir au milieu des parts, c'est se reposer sur l'autorité des deux Testaments, c'est-à-dire, acquiescer aux témoignages des deux Testaments, de sorte que toute parole mise en avant et reconnue comme venant de l'une de ces deux sources termine pacifiquement toute discussion par le repos le plus parfait. Que s'il en est ainsi, quel avertissement est donné, croyons-nous, à ceux qui évangéliseront avec une grande force, si ce n'est que Dieu leur accordera cette parole, avec lesquelles ils pourront évangéliser, s'ils dorment au milieu de ces parts ? En effet, la parole de vérité leur est donnée, quand ils se reposent sur l'autorité des deux Testaments, et qu'ils sont eux-mêmes les ailes de la colombe argentée, portant jusqu'au Ciel par leur prédication la gloire de l'Église.

18. « Entre les épaules. » C'est une partie du corps ; elle est située dans les environs du cœur, par derrière toutefois, c'est-à-dire du côté du dos. Entre les épaules, dit le Prophète, la colombe argentée a des reflets d'un or vif : il exprime ainsi la vigueur de la sagesse, et je ne crois pas que l'on puisse mieux interpréter le mot de vigueur que dans le sens de charité. Mais pourquoi cet or vif sur le dos, plutôt que sur la poitrine de la colombe. Il y a lieu de nous étonner également de la manière dont ce mot est employé dans un autre psaume où il est dit : « Il vous mettra à l'ombre entre ses deux épaules, et vous espérerez sous l'abri de

---

dealbabuntur in Selmon. Potest et sic : « Si vos pennæ columbæ deargentatæ dormiatis inter medios cleros, nive dealbabuntur in Selmon, » ut subintelligantur homines, qui per gratiam remissionem accipiunt peccatorum. Unde etiam de ipsa Ecclesia dicitur in Cantico canticorum, » Quæ est ista quæ adscendit dealbata (*Cant.*, III, 6, Sec. LXX) ?»Promissio quippe Dei tenetur per Prophetam dicentis, « Si fuerint peccata vestra tamquam phœnicium, sicut nivem dealbabo (*Isai.*, I, 18). » Potest et sic intelligi, ut in eo quod dictum est, « pennæ columbæ deargentatæ. » subaudiatur, eritis : ut iste sit sensus. O vos qui tamquam spolia speciei domus dividimini, si dormiatis inter medios cleros, pennæ columbæ deargentatæ eritis : id est, in altiora elevabimini, compagini tamen Ecclesiæ cohærentes. Nullam quippe aliam melius hic intelligi puto columbam deargentatam, quam illam de qua dictum est, « Una est columba mea (*Cant.*,VI,8).» Deargentata est autem, quia divinis eloquiis est erudita : eloquia namque Domini alio loco dicuntur argentum igne examinatum terræ, purgatum septuplum (*Psal.*, XI, 7). Magnum itaque aliquod bonum est, dormire inter medios cleros, quæ nonnulli duo Testamenta esse voluerunt, ut dormire sit inter medios cleros, in eorum Testamentorum auctoritate requiescere, id est, utriusque Testamenti testimoniis adquiescere ; ut quando aliquid ex his proferatur et probatur, omnis contentio pacifica quiete finiatur. Quod si ita est, quid aliud admoneri videntur evangelizantes virtute multa, nisi quia tunc eis Dominus dabit verbum ut evangelizare possint, si dormiant inter medios cleros ? Tunc enim eis verbum veritatis datur, si auctoritas ab eis duorum Testamentorum non relinquatur : ut ipsi sint et pennæ columbæ deargentatæ, quorum prædicatione in cœlum gloria fertur Ecclesiæ.

18. « Inter scapulas » autem, pars est utique corporis, pars est circa regionem cordis, a posterioribus tamen, id est, a dorso : quam columbæ illius deargentatæ partem in viriditate auri esse dicit, hoc est in (*a*) vigore sapientiæ, quem vigorem melius non puto intelligi posse quam caritatem. Sed quare a dorso, et

(*a*) Er. et aliquot MSS. *in virore sapientiæ, quem virorem.*

ses ailes (*Ps.* xc, 4). » On ne peut, en effet, abriter quelqu'un avec ses ailes qu'à la condition de le mettre devant sa poitrine. Peut-être, en latin, ces mots : *inter scapulas* (entre les épaules) peuvent-ils s'entendre de l'une et de l'autre partie du corps, au milieu desquelles est la tête ; peut-être aussi, dans l'hébreu, y a-t-il quelque expression douteuse de cette même sorte ; mais, en grec, le mot μετάφρενα ne signifie que la partie du corps qui est derrière la tête, entre les épaules. Ne pouvons-nous point dire alors que là se trouvent dans la colombe des reflets d'un or vif, symbole de la sagesse et de la charité, parce que c'est là le lieu de la racine des ailes, ou parce que c'est là qu'est porté le fardeau léger du Seigneur ? Quelles sont, en effet, ces deux ailes, sinon les deux préceptes de l'amour, qui contiennent toute la loi et les prophètes (*Matt.*, xxii, 40) ? Qu'est-ce encore que le fardeau léger du Christ, sinon l'amour qui renferme l'accomplissement de ces deux commandements ? En effet, ce qui est difficile dans le précepte est léger pour celui qui aime ; et la seule manière de bien comprendre cette parole : « Mon fardeau est léger (*Matth.*, xi, 30) » est de dire que le Saint-Esprit, par qui la charité est répandue dans nos cœurs (*Rom.*, v, 5), nous donne de faire libéralement par amour ce que fait servilement celui qui agit par crainte. Car celui-là n'est pas ami du bien, qui aimerait mieux, si cela était possible, que ce qui est bien ne fût pas commandé.

19. On peut encore demander le sens littéral de l'expression latine : *inter medios cleros*, employée par le Prophète au lieu de : *in cleris*. Si cette expression était traduite du grec avec une entière précision, on devrait dire : *inter medium clerorum*, ce que je n'ai trouvé dans aucun interprète, sans doute parce que ces mots : *inter medios cleros* ont la même valeur. J'exposerai donc ma pensée sur ce sujet. Souvent cette manière de parler est employée pour lier ensemble et pour accorder telles ou telles choses, entre lesquelles on veut prévenir toute séparation. C'est ainsi que pour exprimer l'alliance établie par Dieu entre lui et son peuple, l'Écriture se sert de cette locution : car si le texte latin dit : entre moi et vous, le texte grec porte : au milieu de moi et de vous. Ainsi en est-il encore quand Dieu parle à Abraham du signe de la circoncision, il lui dit, selon le texte latin : « Il y aura alliance entre moi et vous et toute votre race (*Gen.*, xvii, 2, 7), » tandis que le texte grec porte : « Au milieu de moi et de vous, et au milieu de moi et de votre race. Autre exemple : quand Dieu parle à Noé de l'arc qu'il veut faire paraître dans les nuages comme un signe d'alliance (*Id.*, ix, 12), il répète très-souvent cette locution ; et chaque fois que le latin porte : entre moi et vous, ou entre moi et toute âme

---

non a pectore ? Quamquam mirer quomodo positum sit hoc verbum in alio Psalmo, ubi dicitur, « inter scapulas suas obumbrabit tibi, et sub alis ejus sperabis (*Psal.*, xc, 4) : » cum sub alis obumbrari non possit, nisi quod a pectore fuerit. Et Latine quidem « inter scapulas » fortasse aliquomodo ex utraque parte possit intelligi, et ante et post, ut scapulas accipiamus quæ in medio caput habent, et in Hebræo sit fortasse ambiguum, quod possit et hoc modo intelligi : Sed quod in Græco est μετάφρενα nonnisi a posterioribus significat, quod est « inter scapulas. » Utrum propterea ibi est auri viriditas, id est, sapientia et caritas, quia ibi sunt quodam modo radices alarum ; an quia ibi portatur illa sarcina levis ? Quid enim sunt vel ipsæ alæ, nisi duo præcepta caritatis, in quibus tota Lex pendet et Prophetæ (*Matth.*, xxii, 40) ? Quid ipsa sarcina levis, nisi ipsa caritas quæ in his duobus præceptis impletur ? Quidquid enim difficile est in præcepto, leve est amanti. Nec ob aliud recte intelligitur dictum, « Onus meum leve est (*Matth.*, xi, 30), » nisi quia dat Spiritum-sanctum,

per quem diffunditur caritas in cordibus nostris (*Rom.*, v, 5), ut amando liberaliter faciamus, quod timendo qui facit, serviliter facit ; nec est amicus recti, quando mallet, si fieri posset, id quod rectum est non juberi.

19. Quæri etiam potest, cum non sit dictum, Si dormiatis in cleris, sed « inter medios cleros, » quid sit hoc, « inter medios cleros. » Quod quidem si expressius transferretur ex Græco, inter medium clerorum diceretur, quod in nullo interpretum legi : propterea credo, quia tantumdem valet quod dictum est, « inter medios cleros. » Hinc ergo quid mihi videatur exponam. Sæpe hoc verbum ad aliqua connectenda atque pacanda, ne inter se dissideant, poni solet : sicut testamentum inter se et populum Deo constituente, hoc verbum Scriptura ponit ; nam pro eo quod est in Latino, inter me et vos, Græcus habet, inter medium meum et vestrum. Sic et de signo circumcisionis cum loquitur Deus ad Abraham, dicit, « Erit testamentum inter me et te, et omne semen tuum (*Gen.*, xxvii, 2 et 7) : » quod

vivante, ou encore telle autre phrase semblable, on trouve dans le grec : au milieu de moi et de vous, ἀνὰ μέσον. David et Jonathan établissent entre eux un signe de convention, afin de prévenir tout malentendu (1 *Rois*, xx, 22,23) : et ce que le latin exprime par ces mots : *Inter ambos* et *inter medium amborum*. « Entre tous deux, au milieu de tous deux, » le grec le rend encore par ces mêmes mots : ἀνὰ μέσον. Les interprètes de ce psaume ont donc eu parfaitement raison, en cet endroit, de ne pas dire : *Inter cleros*, « entre les parts, » comme l'usage de la langue latine semblait le demander, mais : *inter medios cleros*, dans le même sens que : *inter medium clerorum*, « au milieu des parts, » conformément au texte grec qui, d'ordinaire exprime de la sorte, comme je l'ai dit, l'accord qui doit exister entre deux choses. L'Écriture veut donc que ceux-là dorment au milieu des parts, qui sont les ailes de la colombe argentée, ou qui doivent y dormir pour devenir ces mêmes ailes. Or, ces parts représentant les deux Testaments, quel avertissement nous est ici donné, sinon de ne point nous mettre en désaccord avec les deux Testaments dont l'accord mutuel est si parfait ; mais, au contraire, de chercher à les bien comprendre pour acquiescer à ce qu'ils enseignent, et d'être nous-mêmes le signe et la preuve de leur concordance, par notre certitude qu'ils ne renferment rien d'opposé l'un à l'autre, et par le témoignage que leur rendra de notre part une admiration pleine de calme, comparable au sommeil d'un ravissement extatique? Mais pourquoi voir les deux Testaments figurés dans cette expression : *in cleris*, qui est littéralement calquée sur le grec, et qui ne correspond pas au mot testament? En voici le motif. Testament veut dire héritage ; héritage, en grec se dit : κληρονομία ; héritier κληρονόμος. Or, le mot grec Κλῆρος signifie sort ou part, et l'on appelle de ce nom les parties de l'héritage promis par Dieu, qui ont été distribuées à son peuple. C'est pour ce motif que, par ordre de Dieu, la tribu de Lévi n'avait point de sort au milieu de ses frères, parce qu'elle devait être nourrie par la dîme levée sur leurs biens (*Nombres*, xviii, 20). Et je crois que le nom de clergé et de clercs, donné à ceux qui ont été ordonnés dans les différents degrés du ministère ecclésiastique, vient de l'élection faite par le sort de l'apôtre Matthias, qui, selon le livre des Actes, fut ordonné le premier par les Apôtres (*Act.*, i, 26). C'est donc parce que l'héritage est réglé par le testament, que, par une figure qui consiste à

Græcus habet, inter medium meum et tuum, et inter medium seminis tui. Item cum loqueretur ad Noë de arcu in nubibus ad signum constituendum, hoc verbum sæpissime repetit (*Gen.*, ix, 12) : et quod habent Latini codices, inter me et vos, vel inter me et omnem animam vivam, et si qua ibi talia dicuntur ; inter medium meum et vestrum, invenitur in Græco, quod est ἀνὰ μέσον. David quoque et Jonathan signum inter se constituunt, ne aliud opinando dissideant : et quod latine dicitur, inter ambos ; inter medium amborum, habet Græcus eodem verbo, quod est ἀνὰ μέσον. Optime autem factum est, ut hoc loco Psalmi hujus interpretes nostri non dicerent, inter cleros, quod Latinæ locutioni usitatum est ; sed « inter medios cleros, » tamquam inter medium clerorum, quod potius in Græco legitur et quod dici solet in eis rebus, ut dixi, quæ inter se debeant habere consensum. Jubet ergo Scriptura ut inter medios cleros dormiant, qui vel sunt pennæ columbæ deargentatæ, vel ex hoc eis præstatur ut sint. Porro si isti cleri duo Testamenta significant, quid aliud admonemur, nisi ut (a) Testamentis inter se consentientibus non repugnemus, sed intelligendo adquiescamus, nosque simus eorum concordiæ signum atque documentum, cum alterum adversus alterum nihil dixisse sentimus, et cum pacifica admiratione, quasi ecstasis sopore, monstramus? Cur autem in cleris Testamenta intelligantur, cum hoc nomen Græcum sit quidem, sed Testamentum non ita dicatur, hæc caussa est, quia per testamentum datur hereditas, quæ Græce appellatur κληρονομία et heres κληρονόμος. Κλῆρος autem sors Græce dicitur, et sortes ex promissione Dei, partes hereditatis vocantur, quæ populo sunt distributæ. Unde tribus Levi præcepta est non habere sortem inter fratres suos, quod ex eorum decimis sustentaretur (*Num.*, xviii, 20). Nam et Cleros et Clericos hinc appellatos puto, qui sunt in Ecclesiastici ministerii gradibus ordinati, quia Matthias sorte electus est, quem primum per Apostolos legimus ordinatum (*Act.*, i, 26). Proinde propter hereditatem quæ fit testamento, tamquam per id quod efficitur id quod efficit, nomine clerorum Testamenta ipsa significata sunt.

(a) Omnes prope MSS. *ut ea Testamenta inter se consentire non repugnemus*. Regius cod. *ut ea Testamenta inter se consentire, non repugnare noverimus*.

prendre la cause pour l'effet, les deux Testaments ont été désignés ici sous le nom de parts.

20. Cependant un autre sens se présente également à moi, et, si je ne me trompe, il est préférable : il me semble beaucoup plus probable que les parts doivent signifier les héritages eux-mêmes. En effet, si l'héritage du premier Testament, tout en étant l'ombre figurative du second, consistait en une félicité terrestre, et si l'héritage du Nouveau Testament est la bienheureuse immortalité; dormir au milieu des parts, c'est ne pas rechercher avec ardeur le premier héritage, et attendre le second par la patience. Car, pour ceux qui servent Dieu, ou plutôt qui refusent de servir Dieu, afin de trouver la félicité en cette vie et sur cette terre, le sommeil les fuit et ils ne peuvent dormir. En effet, agités par les convoitises qui les embrasent, ils sont poussés aux désordres et aux crimes, et ils n'ont aucun repos, désirant acquérir et craignant de perdre. « Au contraire, celui qui m'écoute, dit la Sagesse, habitera dans l'espérance et reposera sans crainte, exempt de toute méchanceté (*Prov.*, I, 33). » Voilà donc ce que c'est, selon moi, que dormir au milieu des parts, ou au milieu des héritages : c'est habiter, non pas encore en réalité, mais déjà par l'espérance, dans le céleste héritage, et se reposer loin de toute convoitise d'une félicité terrestre. Mais quand sera venu ce que nous espérons, nous ne dormirons plus au milieu des deux héritages ; nous régnerons dans celui qui est le nouveau et le véritable, et dont l'ancien n'est que l'ombre. C'est pourquoi, rien ne nous empêche même de comprendre ces paroles : « Si vous dormez au milieu des parts, » en les appliquant à notre mort, et de dire que l'Écriture a donné ici, selon sa coutume, le nom de sommeil à la mort de la chair. Car la meilleure des morts est celle de l'homme qui, persévérant jusqu'à la fin dans la répression des convoitises terrestres, et dans l'espérance du céleste héritage, voit la dernière heure clore le cours de sa vie. Or, ceux qui s'endormiront de la sorte au milieu des parts seront comme les ailes de la colombe argentée, pour être emportés, au moment de leur résurrection, dans les nuées, au milieu des airs, au-devant du Christ, afin de vivre à jamais avec le Seigneur (I *Thess.*, IV, 14). Ou encore, ceux qui meurent ainsi donnent à l'Église une renommée d'autant plus magnifique qu'elle est plus assurée, et ils l'élèvent, pour ainsi dire, sur les ailes de la louange la plus parfaite. Elle est la plus parfaite, en effet, car ce n'est pas sans raison qu'il a été dit dans l'Ecclésiastique : « Ne louez aucun homme avant sa mort (*Eccli.*, XI, 30). » Donc, tous les saints de Dieu, depuis l'origine du genre humain jusqu'au temps des Apôtres, [car eux aussi, savaient dire : « Je n'ai pas désiré le jour de l'homme, vous le savez (*Jérémie*, XVII, 16), » et « Je n'ai demandé qu'une chose à Dieu, je la

---

20. Quamquam mihi et alius hic sensus occurrat, nisi fallor, anteponendus, ut cleros multo probabilius ipsas hereditates intelligamus : ut quoniam hereditas veteris Testamenti est, quamvis in umbra significativa futuri, terrena felicitas ; hereditas vero novi Testamenti est æterna immortalitas ; dormire sit inter medios cleros, nec illam jam quærere ardenter, et adhuc istam exspectare patienter. Nam qui Deo propterea serviunt, vel potius propterea servire nolunt, dum quærunt in hac vita et in hac terra felicitatem, ablatus est somnus ab eis, et non dormiunt. Inflammantibus enim cupiditatibus agitati in flagitia et facinora propelluntur, nec omnino requiescunt ; desiderando ut adquirant, metuendo ne amittant. « Qui autem me audit, ait Sapientia, inhabitabit in spe, et resquiescet sine timore ab omni malignitate (*Prov.*, I, 33). » Hoc est, quantum mihi videtur, dormire inter medios cleros, id est, inter medias hereditates ; nondum in re, sed tamen in spe cælestis hereditatis habitare, et a terrenæ felicitatis jam cupiditate conquiescere. Cum autem venerit quod speramus, non jam inter duas hereditates requiescemus ; sed in nova vera, cujus vetus erat umbra, regnabimus. Quapropter etiamsi intellexerimus quod dictum est, « Si dormiatis inter medios cleros, » tamquam si diceretur, Si moriamini inter medios cleros, ut istam mortem carnis more suo Scriptura dormitionem vocaverit ; hæc est mors optima, ut in cupiditatum cohibitione a terrenis, in spe cælestis hereditatis homo usque in finem perseverans, diem vitæ hujus ultimum claudat. Sic enim dormientes inter medios cleros, erunt pennæ columbæ deargentatæ ; ut tempore quo resurgent, rapiantur in nubibus obviam Christo in aera, et semper jam cum Domino vivant (I, *Thess.*, IV, 16) : aut certe, quia per eos qui sic moriuntur, quanto securius, tanto sublimius Ecclesia diffamatur, et quasi quibusdam pennis excelsæ laudis adtollitur. Neque

lui demanderai toujours (*Ps.*, XXVI, 4) ; »] et, jusqu'à nos jours, depuis le temps des Apôtres, où la différence des deux Testaments a été plus clairement révélée, les Apôtres eux-mêmes, les martyrs et les autres justes, semblables à des béliers et à des agneaux, ont dormi au milieu des deux parts, dédaignant, pour le présent, les félicités du royaume terrestre ; et espérant, sans la posséder encore, l'éternité du royaume des cieux. Et par suite de leur admirable sommeil, l'Église, c'est-à-dire la colombe argentée, a pris son vol sur eux devenus ses ailes glorieuses, et s'est élevée par les louanges qu'elle a reçues. Bien plus, leur souvenir excitera ceux qui les suivent à les imiter, à dormir comme eux, et à devenir à leur tour les ailes qui, jusqu'à la fin des siècles, élèveront jusqu'aux nues l'Église glorifiée.

21. « Pendant que le Dieu qui est au-dessus des cieux discerne et établit sur elle des rois, ils deviendront aussi blancs que la neige du Selmon (*Ps.*, LXVII, 15). » Ce Dieu qui règne au-dessus des cieux est celui « qui est monté au-dessus de tous les cieux afin de remplir toutes choses (*Éphés.*, IV, 10) ; » c'est lui qui discerne et établit des rois sur elle, c'est-à-dire sur cette même colombe argentée. En effet, l'Apôtre ajoute : « Car il a fait les uns Apôtres, les autres Prophètes, d'autres Évangélistes, d'autres Pasteurs et Docteurs (*Ibid.*, 11). » Qu'est-ce, en effet, que choisir des rois sur elle, sinon d'appeler ces hommes de choix « à l'œuvre du ministère, à l'édification du corps du Christ (*Ibid.*, 12), » puisque l'Église est le corps du Christ ? Or ces ouvriers de Dieu sont appelés Rois, parce qu'ils régissent ; et qu'ont-ils plus à régir que les convoitises de la chair, afin que le péché ne règne pas sur leur corps mortel en sorte qu'ils obéissent à ses désirs, et afin qu'ils ne livrent pas leurs membres au péché comme des instruments d'iniquité ; mais qu'ils s'offrent à Dieu, comme devenus vivants, de morts qu'ils étaient, et lui consacrent leurs membres comme des instruments de justice (*Rom.*, VI, 12, 13) ? C'est ainsi que ces rois seront d'abord discernés d'avec les étrangers, parce qu'ils ne portent pas le joug comme les infidèles ; puis ils sont discernés entre eux selon le ministère qui leur est confié et les dons particuliers faits à chacun. « Car tous ne sont pas Apôtres, ni tous Prophètes, ni tous Docteurs, tous n'ont pas le don de guérir les maladies, ni tous celui de parler diverses langues, ni tous le don d'interprétation (I *Cor.*, XII, 29) ; » « mais un seul et même Esprit accomplit toutes ces choses, et distribue ses dons à chacun comme il lui plaît (*Ibid.*, 11). » Et le Dieu qui est au-dessus des cieux, en donnant son Saint-Esprit, discerne

---

enim frustra dictum est, « Ante mortem ne laudes hominem quemquam (*Eccli.*, XI, 30). » Omnes ergo sancti Dei ab initio generis humani, usque ad tempus Apostolorum, [quia et ipsi noverant dicere, « Diem hominis non concupivi, tu scis (*Jerem.*, XVII, 16) : » et, « Unam petii a Domino, hanc requiram (*Psal.*, XXVI, 4).»] et a tempore Apostolorum, ex quo duorum Testamentorum differentia clarius revelata est, ipsi Apostoli et beati Martyres ceterique justi, tamquam arietes et arietum filii usque ad hoc tempus dormierunt inter medios cleros, regni terreni felicitatem jam contemnentes, et regni cælorum æternitatem jam sperantes, et nondum tenentes. Qui tam bene dormierunt, eis velut pennis nunc volitat, et laudibus exaltatur Ecclesia, columba scilicet deargentata, ut hac eorum fama ad imitandum posteris invitatis, dum sic etiam ceteri dormiunt, addantur pennæ quibus usque in finem sæculi sublimiter prædicetur.

21. « Dum discernit supercœlestis reges super eam, nive dealbabuntur in Selmon (*Ps.*, LXVII, 15).» Ille supercælestis, ille qui adscendit super omnes cælos ut adimpleret omnia (*Ephes.*, IV, 10), dum discernit reges super eam, » id est, super eamdem columbam deargentatam. Sequitur enim Apostolus, ac dicit, « Et ipse dedit quosdam quidem Apostolos, quosdam autem Prophetas, quosdam vero Evangelistas, quosdam autem Pastores et Doctores (*Ibid.*, 11). » Nam quid est aliud reges discernere super eam, « nisi in opus ministerii, in ædificationem corporis Christi (*Ibid.*, 12); » quando quidem ipsa est corpus Christi ? Dicuntur autem illi reges, utique a regendo : et quid magis quam carnis concupiscentias, « ne regnet peccatum in eorum mortali corpore ad obediendum desideriis ejus, ne exhibeant membra sua arma iniquitatis peccato; sed exhibeant se Deo, tamquam ex mortuis viventes, et membra sua arma justitiæ Deo (*Rom.*, VI, 12 et 13) ? » Sic enim reges primitus discreti ab alienigenis, quia non sunt jugum ducentes cum infidelibus ; deinde discreti concorditer inter se muneribus propriis. « Non enim omnes Apostoli, aut omnes Prophetæ, aut omnes Doctores, aut omnes dona habent curationum, aut omnes linguis loquuntur, aut omnes interpretantur (I *Cor.*, XII. 19).

et établit les rois sur la colombe argentée. Quand l'Ange envoyé à la mère du Sauveur, la salua comme pleine de grâce et lui parla de cet Esprit, parce qu'elle lui demandait comment elle enfanterait, ne connaissant point d'homme, il lui dit : « Le Saint-Esprit surviendra en vous, et la vertu du Très-Haut vous ombragera (*Luc*, I, 35). » Que veut dire : « Vous ombragera, » sinon, vous couvrira de son ombre ? C'est pourquoi ces mêmes rois, tandis que la grâce de l'Esprit de Notre Seigneur Jésus-Christ les discerne et les établit sur la colombe argentée, « seront blanchis comme la neige du Selmon. » Or, Selmon signifie ombre. Car ce n'est pas à cause de leurs mérites ou de leur vertu qu'ils sont discernés et choisis. « Qui vous discerne, en effet, dit l'Apôtre ; et qu'avez-vous que vous n'ayez reçu (I *Cor.*, IV, 7)? » Afin donc d'être discernés d'avec les impies, ils reçoivent la rémission de leurs péchés, de celui qui a dit : « Lorsque vos péchés seraient comme la pourpre, je vous rendrais blancs comme la neige (*Isaïe*, I, 18). » Voilà comment « ils seront rendus aussi blancs que la neige du Selmon, » par la grâce de l'Esprit du Christ qui leur distribue aussi à chacun des dons particuliers, et duquel il a été dit ce que j'ai déjà rapporté : « L'Esprit-Saint surviendra en vous et vous ombragera (*Luc*, I, 35), » c'est-à-dire vous couvrira de son ombre ; « c'est pourquoi le fruit saint qui naîtra de vous, sera nommé le Fils de Dieu (*Luc*, I, 35). » Or, cette ombre représente une défense contre la chaleur des convoitises charnelles. C'est pourquoi la Vierge sainte a conçu le Christ par l'effet non d'un désir charnel, mais d'une foi spirituelle. Or, l'ombre est formée par la rencontre de la lumière et d'un corps ; c'est pourquoi le Verbe qui était au commencement, le Verbe, qui est la vraie lumière, « le Verbe s'est fait chair et il a habité parmi nous (*Jean*, I, 14), » afin de devenir pour nous un ombrage contre les feux du midi. En d'autres termes, l'homme a été joint à Dieu comme le corps à la lumière, et l'ombre protectrice de l'Homme-Dieu a couvert ceux qui croient en lui. En effet, ce n'est pas de cette ombre qu'il est dit : « Toutes ces choses ont passé comme une ombre (*Sag.*, V, 9). » Ce n'est pas de cette ombre que parle l'Apôtre, quand il dit : « Que personne donc ne vous juge sur le manger ou sur le boire, ni au sujet des jours de fête, des néoménies et des sabbats, choses qui ne sont que l'ombre des choses futures (*Coloss.*, II, 16, 17). » Au contraire, il est écrit de cette ombre : « Protégez-moi sous l'ombre de vos ailes (*Ps.* XVI, 8). » Par conséquent, tandis que celui qui règne au-dessus des cieux discerne et établit les rois sur la colombe argentée, que ceux-ci n'exaltent pas leurs propres mérites et ne se confient point

---

Omnia autem hæc operatur unus atque idem Spiritus, dividens propria unicuique prout vult (*Ibid.*, 11) : » quem dando ille supercælestis discernit reges super columbam deargentatam. De quo Spiritu-sancto cum ad ejus matrem gratia plenam missus, Angelus loqueretur, quærenti quomodo fieret quod paritura nuntiabatur, quoniam non cognoscebat virum : « Spiritus-sanctus, inquit, superveniet in te, et Virtus Altissimi obumbrabit tibi (*Lucæ.*, I, 35). » Quid est, obumbrabit tibi, nisi, umbram faciet ? Unde et isti reges dum gratia Spiritus Domini Christi discernuntur super columbam deargentatam, « nive dealbabuntur in Selmon. » Selmon quippe interpretatur umbra. Non enim meritis aut virtute propria discernuntur. « Quis enim te, inquit, discernit ? Quid autem habes quod non accepisti (I *Cor.*, IV, 7)? » Ut ergo discernantur ab impiis, accipiunt remissionem peccatorum ab illo qui ait, « Si fuerint peccata vestra sicut phœnicium, tamquam nivem dealbabo (*Isaï.*, I, 18). » Ecce quomodo « nive dealbabuntur in Selmon, » in gratia Spiritus Christi, quo eis etiam propria dona discreta sunt : de quo dictum est quod supra commemoravi, « Spiritus-sanctus superveniet in te, et Virtus Altissimi obumbrabit tibi (*Lucæ*, I, 35), » hoc est, umbram faciet tibi : « propterea quod nascetur ex sanctum, vocabitur Filius Dei (*Ibid.*). » Umbra porro ista defensaculum intelligitur ab æstu concupiscentiarum carnalium : unde illa virgo Christum non carnaliter concupiscendo, sed spiritualiter credendo concepit. Constat autem umbra lumine et corpore : proinde illud quod « in principio erat Verbum (*Johan.*, I, 1 etc.), » lumen illud verum, ut umbraculum meridianum fieret nobis, Verbum caro factum est, et habitavit in nobis. Deo scilicet homo, tamquam lumini corpus, accessit, et in eum credentes umbra protectionis operuit. Non enim de quali umbra dicitur ; « Transierunt omnia illa tamquam umbra (*Sap.*, V, 9) : » nec de quali umbra dicit Apostolus, « Nemo vos judicet in cibo, et in potu, aut in parte diei festi, aut neomeniæ, aut sabbatorum, quod est umbra futurorum (*Coloss.*, II, 16) : » sed de quali scriptum est, « Sub umbra alarum tuarum protege

DISCOURS SUR LE PSAUME LXVII.

dans leur vertu personnelle, car « s'ils deviennent aussi blancs que la neige du Selmon, c'est la grâce qui leur donnera cette blancheur, en les abritant à l'ombre du corps du Sauveur.

22. Or le Prophète nomme ensuite cette montagne « la montagne de Dieu, la montagne fertile, la montagne de lait pris, ou la montagne grasse (*Ps.*, LXVII, 16). » Que veut dire grasse, en cet endroit, sinon fertile? Ces paroles du psaume s'appliquent d'abord à la montagne qui vient d'être désignée sous le nom de Selmon : mais quelle montagne mérite mieux d'être appelée « la montagne de Dieu, la montagne fertile, la montagne de lait; » sinon le même Seigneur Jésus-Christ de qui un autre Prophète a dit : « Aux derniers temps sera manifestée la montagne de Dieu, qui a été préparée sur la cime des monts (*Is.*, II, 2) ? » Il est la montagne de lait pris, à cause des petits enfants qu'il doit nourrir avec la grâce comme avec du lait. Il est la montagne fertile, à cause de ceux que doit fortifier et enrichir l'excellence de ses dons; et le lait qui se prend et se coagule ne signifie-t-il pas admirablement la grâce? Car il coule avec abondance du sein maternel, et il est versé gratuitement dans les veines des petits enfants par une miséricorde délicieuse. Mais dans le texte grec, il y a doute si le mot montagne est sujet ou régime; parce que dans cette langue le mot montagne est du genre neutre et non du genre masculin comme le mot latin. C'est pourquoi plusieurs interprètes latins ont fait de ces mots : « la montagne de Dieu » non point un régime mais un sujet. Pour moi, je regarde comme préférable de lire : sur le Selmon montagne de Dieu, c'est-à-dire sur la montagne de Dieu qui s'appelle Selmon; et telle est l'explication que nous avons donnée plus haut, du mieux que nous l'avons pu.

23. Mais le Prophète ayant ainsi parlé « de la montagne de Dieu, de la montagne de lait pris, de la montagne fertile, (*Ps.* LXVI, 9), » n'y avait-il pas lieu de craindre que quelqu'un osât comparer Notre Seigneur Jésus-Christ aux saints qui sont aussi nommés les montagnes de Dieu? On lit, en effet, dans un autre psaume : « Votre justice est comme les montagnes de Dieu (*Ps.*, XXXV, 7); » mais l'Apôtre ajoute : « afin qu'en lui nous devenions justice de Dieu (II, *Cor.*, V, 31). » C'est ainsi qu'il est dit de ces montagnes en un autre psaume : « Vous répandez admirablement votre lumière du haut des montagnes éternelles (*Ps.*, LXXV, 5); » parce que la vie éternelle leur a été donnée, et que par elles a été établie l'autorité souveraine des saintes Écritures; mais toutefois grâce à la lumière que répandait par elles celui à qui s'adressent ces paroles : « Vous répandez admirablement votre lumière. » Le Psalmiste

---

me (*Psal.*, XVI. 8). » Dum ergo discernit ille supercœlestis reges super columbam deargentatam, non sua merita extollant, non de propria virtute confidant : « nive quippe dealbabuntur in Selmon, » gratia candificabuntur in protectione corporis Christi.

22. Hunc autem montem consequenter dicit « montem Dei, montem uberem, montem incaseatum vel montem pinguem. » Quid hic autem aliud pinguem, quam uberem diceret? Est enim et mons isto nomine nuncupatus, id est, Selmon. Sed quem montem intelligere debemus « montem Dei, montem uberem, montem incaseatum, » nisi eumdem Dominum Christum : de quo et alius Propheta dicit, « Erit in novissimis temporibus manifestus mons Domini paratus in cacumine montium (*Isai.*, II, 2)? » Ipse est mons incaseatus, propter parvulos gratia tamquam lacte nutriendos (I. *Cor.*, III, 1); mons uber, ad roborandos atque ditandos donorum excellentia : nam et ipsum lac unde fit caseus, miro modo significat gratiam : manat quippe ex abundantia viscerum maternorum, et misericordia delectabili parvulis gratis infunditur. Ambiguus est autem in Græco casus, utrum sit nominativus, an accusativus: quoniam in ea lingua mons neutri generis est, non masculini : ideo nonnulli Latini non interpretati sunt « montem Dei, sed mons Dei. » Puto autem melius esse, « in Selmon montem Dei, » hoc est, in montem Dei qui vocatur Selmon : secundum intellectum quem supra, ut potuimus, exposuimus.

23. Deinde quod dixit, « montem Dei, montem incaseatum, montem uberem, » ne quis auderet ex hoc Dominum Jesum Christum comparare ceteris sanctis, qui et ipsi dicti sunt montes Dei : legitur quippe, « Justitia tua sicut montes Dei (*Psal.*, XXXV, 8) : » unde Apostolus ait, « Ut nos simus justitia Dei in ipso (II, *Cor.*, V, 21). » De quibus montibus et alio loco dicitur, « Illuminans tu admirabiliter a montibus æternis (*Psal.*, LXXV, 5) : » quia vita eis æterna donata est, et per eos sanctarum Scripturarum eminentissima auctoritas constituta est, sed illuminante (*a*) ab eis illo cui dicitur, Illuminans tu. « Levavi enim oculos meos in montes, unde veniet

---

(*a*) Editi, *illuminante illo.* At MSS. addunt, *ab eis :* pro eo scilicet, quod in ante allato Psal. 75. 5. est, *a montibus æternis.*

dit encore : « J'ai levé les yeux vers les montagnes, d'où me viendra du secours, » et cependant, continue-t-il, ce n'est pas proprement de ces montagnes que je recevrai ce secours ; car « mon secours vient du Seigneur qui a fait le ciel et la terre (*Ps.*, CXX, 1, 2). » Et ailleurs, une de ces montagnes, d'une excellence admirable, après avoir dit qu'elle avait travaillé plus que toutes les autres, ajoute : « Mais ce n'est pas moi, c'est la grâce de Dieu qui est en moi (I, *Cor.*, XV, 10). » Afin donc que personne n'osât comparer à ces montagnes qui sont les enfants des hommes, la montagne qui est le Christ, dont la beauté est incomparable au milieu de tous les enfants des hommes (*Ps.*, XLIV, 3) ; car il ne manquait pas d'hommes pour dire, les uns, qu'il était Jean-Baptiste ; les autres, Élie ; les autres, Jérémie ou l'un des Prophètes (*Matth.*, XVI, 14) ; le Psalmiste se tourne vers eux et leur dit : « Pourquoi supposez-vous que les montagnes de lait soient la montagne où il a plu à Dieu d'établir son habitation (*Ps.*, 17) ? » « Pourquoi supposez-vous ? » De même que ces grands hommes ont reçu le nom de lumière, car le Seigneur leur a dit : « Vous êtes la lumière du monde (*Id.*, V, 14) ; » mais qu'il a été dit aussi du Christ : « Il est la vraie lumière, qui éclaire tout homme venant dans le monde (*Jean*, I, 9) ; » de même ces hommes sont des montagnes glorieuses ; mais bien au-dessus d'eux est la montagne préparée sur les cimes des autres montagnes. La gloire de celles-ci est de porter la montagne par excellence, et l'une d'elles a dit : « A Dieu ne plaise que je me glorifie, si ce n'est dans la croix de Notre-Seigneur Jésus-Christ, par qui le monde m'est crucifié et moi au monde (*Gal.*, VI, 14). » « Que celui donc qui se glorifie se glorifie non en lui-même, mais dans le Seigneur (I, *Cor.*, I, 31). » « Pourquoi donc supposez-vous que les montagnes de lait soient la montagne sur laquelle il a plu à Dieu de fixer son habitation ? » Ce n'est pas qu'il n'habite point les autres monts, mais il n'y habite que par le Christ, « car en lui réside toute la plénitude de la divinité (*Coloss.*, II, 9), » non pas en ombre, comme dans le temple bâti par le roi Salomon, mais en corps, c'est-à-dire en substance et en réalité. « Car Dieu était dans le Christ se réconciliant le monde (II, *Cor.*, V, 19). » Et soit que nous comprenions que cette parole est dite du Père, le Christ ayant dit lui-même : « Mon Père, qui demeure en moi y fait lui-même ses œuvres ; je suis dans mon Père et mon Père est en moi (*Jean*, XIV, 10) ; soit qu'il faille comprendre ces mots : « Dieu était dans le Christ » en ce sens : le Verbe était dans l'homme ; toujours est-il que le Verbe s'est incarné, de sorte que l'on peut dire seulement du Verbe qu'il s'est fait chair, c'est-à-dire que l'homme est uni au Verbe dans la seule personne du Christ. « Pourquoi donc

---

auxilium mihi (*Psal.*, CXX, 1) : » nec tamen auxilium meum ab ipsis proprie montibus ; « sed auxilium meum a Domino qui fecit cælum et terram (*Ibid.*, 2). » Unus quippe ipsorum montium multum excellens cum dixisset, quod plus illis omnibus laboraverit : « Non autem ego, inquit, sed gratia Dei mecum (I, *Cor.*, XV, 10). » Ne quis ergo auderet etiam montem speciosum forma præ filiis hominum (*Psal.*, XLIV, 3.) montibus filiis hominum comparare : quoniam non defuerunt qui eum dicerent, « alii Johannem baptistam, alii Eliam, alii Jeremiam, aut unum ex Prophetis (*Matth.*, XVI, 14) : » convertit se ad illos, et ait, « Ut quid suspicamini montes incaseatos, montem, inquit, in quo placuit Deo inhabitare in eo (*Psal.*, LXVII, 17) ? Ut quid suspicamini ? » Sicut enim lumen illi, quia et ipsius dictum est, « Vos estis lumen mundi (*Matth.*, V. 14) ; » sed aliud illud dictum est lumen verum quod illuminat omnem hominem (*Johan.*, I, 9) : sic montes illi ; sed longe alius mons paratus in cacumine montium (*Isai.*, II, 2). Montes itaque isti illum montem portando gloriosi sunt : quorum ille unus dicit, « Mihi autem absit gloriari, nisi in cruce Domini nostri Christi, *Gal.*, VI, 14), per quem mihi mundus crucifixus est, et ego mundo (I *Cor.*, I, 31) : « ut gloriatur, non in seipso, sed in Domino glorietur (*Coloss.*, II, 9). Ut quid ergo suspicamini montes incaseatos, eum montem in quo placuit Deo habitare in eo ? » Non quia in aliis non inhabitat, sed quia in ipsis per ipsum. « In ipso quippe inhabitat omnis plenitudo divinitatis (I, *Cor.*, V, 19), » non umbraliter tamquam in templo a rege Salomone facto (III *Reg.*, VI, 1), sed corporaliter, id est, solide atque veraciter. Quoniam « Deus erat in Christo mundum reconcilians sibi (*Johan.*, XIV, 10). » Quod sive de Patre dictum accipiamus, quoniam ipse ait, Pater autem in me manens ipse facit opera sua ; ego in Patre et Pater in me : sive ita intelligatur, Deus erat in Christo, Verbum etiam caro factum (*Johan.*, I, 14) solus proprie diceretur, id est, homo Verbo in unam Christi personam copularetur. « Ut quid ergo suspicamini montes incaseatos, eum montem in quo placuit Deo

supposez-vous que les montagnes de lait pris soient la montagne dans laquelle Dieu s'est plu à fixer son habitation? » Il en est tout autrement de celle-ci que des autres montagnes, dont vous supposez qu'elle fait partie. En effet, de ce que ces grands saints sont devenus fils de Dieu par la grâce de l'adoption, il ne s'ensuit pas que l'un d'eux soit ce fils unique, auquel le Père adresse ces paroles : « Asseyez-vous à ma droite, jusqu'à ce que je réduise vos ennemis à vous servir de marche-pied (*Ps.* CIX, 1). » « Car le Seigneur y habitera jusqu'à la fin (*Ps.* LXVII, 17). » Le Seigneur habitera les montagnes, qui ne sont pas comparables à celle qui est préparée sur les cimes de toutes les autres ; il y habitera pour les conduire jusqu'à leur fin, c'est-à-dire jusqu'à lui-même, pour le contempler dans sa divinité. En effet, « le Christ est la fin de la loi, pour la justification de quiconque croit en lui (*Rom.*, X, 4). » C'est pourquoi Dieu se plaît à habiter cette montagne qui a été préparée sur les cimes de toutes les autres, et à laquelle il a dit : « Vous êtes mon fils bien-aimé, en qui j'ai mis mes plus chères complaisances (*Matth.*, III, 17). » Or cette montagne est le Seigneur lui-même qui habitera jusqu'à la fin les autres montagnes, sur les cimes desquelles elle a été préparée. « Car il n'y a qu'un seul Dieu et un seul médiateur entre Dieu et l'homme, le Christ Jésus (I, *Tim.*, II, 5) ; » il est la montagne des montagnes comme il est le saint des saints. C'est pourquoi il dit : « Je suis en eux et vous êtes en moi (*Jean*, XVII, 23). » « Pourquoi donc supposez-vous que les montagnes de lait pris soient la montagne dans laquelle Dieu s'est plu à fixer son habitation (*Ps.*, 17). » En effet, le Seigneur lui-même, la véritable montagne de lait pris, habitera jusqu'à la fin sur ces autres montagnes de lait pris, pour faire que ceux auxquels il a dit : « Vous ne pouvez rien faire sans moi (*Jean*, XV, 5), » deviennent quelque chose.

24. C'est à cette condition que s'accomplit ce qui suit : « Le char de Dieu est formé de plus de dix mille (*Ps.* LXVII, 18) : » « *Decem millium multiplex,* » ou « *Denum millium multiplex,* » ou encore « *Decies millies multiplex.* » Telles sont en effet les différentes traductions latines données au mot grec μυριοπλάσιον, chaque interprète ayant tâché de rendre cette expression de son mieux. Mais le latin n'a pas d'expression équivalente, parce que « mille » chez les grecs se rend par χίλια, et que μυριάδες signifie plusieurs fois « dix mille, » le mot μυριὰς au singulier voulant dire à lui seul « dix mille. » Quoi qu'il en soit, ce que le Prophète a voulu énoncer, c'est une multitude immense de saints et de fidèles qui, en portant Dieu, deviennent en quelque sorte son char. De son côté Dieu pénètre toute cette multitude, il

---

inhabitare in eo ? » Longe utique aliter quam in illis montibus, quorum aliquem etiam hunc suspicamini. Non enim quia et illi per adoptionis gratiam filii Dei sunt, ideo quisquam illorum est Unigenitus, cui diceret, « Sede ad dexteram meam, donec ponam inimicos tuos sub pedibus tuis (*Psal.*, CIX, 1). Etenim Dominus inhabitabit usque in finem : » id est, illos montes non comparandos huic monti, ipse Dominus inhabitabit, qui est mons paratus in cacumine montium (*Isai*, II, 2) ; ut perducat eos in finem, id est, in seipsum sicut Deus est contemplandum. « Finis enim Legis Christus, ad justitiam omni credenti (*Rom.*, X, 4). » Deo itaque placuit habitare in isto monte, qui paratus est in cacumine montium : cui dicit, « Tu es Filius meus dilectus, in quo bene complacui (*Matth.*, III, 17). » Ipse autem mons Dominus est, qui alios montes inhabitabit in finem, in quorum cacumine paratus est. « Unus enim Deus et unus mediator Dei et hominum homo Christus Jesus (1 *Tim.*, II, 5), » mons montium, sicut sanctus sanctorum. Unde dicit, Ego in eis, et tu in me (*Johan.*, XVII, 23). « Ut quid ergo suspicamini montes incascatos, montem in quo placuit Deo inhabitare in eo ? » Etenim montes illos incascatos Dominus iste mons incascatus inhabitabit usque in finem, ut aliquid sint quibus ait, «Quia sine me nihil potestis facere (*Johan.*, XV, 5). »

24. Ita fit etiam quod sequitur : « Currus Dei decem millium multiplex (*Ps.*, LXVII, 18) : » vel, denum millium multiplex : vel, decies millies multiplex. Unum verbum enim Græcum sicut quisque potuit Latinorum interpres transtulit, quod ibi dictum est, μυριοπλάσιον. Latine autem satis exprimi non potuit ; quoniam mille apud Græcos χίλια dicuntur, μυριάδες autem plura dena millia : μυριὰς quippe una, decem millia sunt. Ingentem itaque multitudinem sanctorum atque fidelium, qui portando Deum fiunt quodam modo currus Dei, significavit hoc nomine. Hanc immanendo et regendo perducit in finem tamquam currum suum, velut in locum aliquem

la conduit comme si elle était son char, jusqu'à la fin qu'elle doit atteindre, comme vers un lieu déterminé. « Le Christ, en effet, est le commencement ; puis viennent en sa présence ceux qui lui appartiennent, et lui-même est la fin (I, *Cor.* XV, 23, 24). » Telle est la sainte Eglise, tels sont ceux dont le Prophète parle ensuite, « milliers de saints dans la joie. » « C'est par l'espérance qu'ils sont dans la joie, jusqu'à ce qu'ils soient amenés à cette fin qu'ils attendent maintenant par la patience (*Rom.*, VIII, 25). Or, après avoir parlé de ces « milliers de saints dans la joie, » le Prophète ajoute à merveille « Le Seigneur est en eux (*Ps.*, LXVII, 18). » Ne nous étonnons pas de leur allégresse, « le Seigneur est en eux. » Sans doute, « il faut que nous entrions dans le royaume de Dieu à travers de nombreuses tribulations (*Act.*, XIV, 21), » mais « le Seigneur est en eux. » C'est pourquoi « s'ils paraissent comme tristes, ils sont toujours en réalité dans la joie (II, *Cor.*, VI, 10) ; » s'ils ne sont pas encore arrivés à la fin, « ils se réjouissent cependant à cause de leur espérance et ils souffrent les tribulations avec patience (*Rom.*, XII, 12), » parce que « le Seigneur est en eux, dans Sina, dans ce qui est saint. » En consultant les interprétations étymologiques des mots hébreux, nous trouvons que « Sina » signifie : commandement, il reçoit encore d'autres interprétations ; mais je regarde celle-ci comme la plus convenable en cet endroit. En effet, le Prophète rendant compte de ce qui fait la joie des milliers de saints qui forment le char de Dieu, « le Seigneur est en eux, dit-il, dans Sina, dans ce qui est saint ; » c'est-à-dire : le Seigneur est en eux, dans son commandement, et ce commandement est saint, comme le dit l'Apôtre ; « La loi est sainte et le commandement est saint, juste et bon (*Rom.*, VII, 12). » Mais de quoi servirait le commandement sans la présence du Seigneur, dont il est dit : « C'est Dieu qui opère en vous et le vouloir et le faire, selon sa bonne volonté (*Philipp.*, II, 13) ? » Car, sans l'aide du Seigneur, le commandement est la lettre qui tue (II. *Cor.* III, 6). En effet, « la loi est survenue pour que le péché abondât (*Rom.*, V, 20). » Mais comme « la plénitude de la loi est la charité (*Rom.* XIII, 10), » c'est par l'amour et non par la crainte que la loi s'accomplit. Car, « l'amour de Dieu a été répandu dans nos cœurs par l'Esprit saint qui nous a été donné (*Rom.*, V, 5). » Voilà le motif de la joie de ces milliers de saints. Ils accomplissent, en effet, la justice de la loi, en proportion du secours qu'ils reçoivent de l'Esprit de grâce ; parce que « le Seigneur est en eux, dans Sina, dans ce qui est saint. »

23. Le Prophète s'adresse ensuite au Seigneur : « Vous êtes au haut des Cieux, lui dit-il, vous avez fait captive la captivité, vous avez reçu des dons en la personne des hommes

---

destinatum. Initium enim Christus, deinde qui sunt Christi in præsentia ejus, deinde finis (1 Cor., XV, 23). Hæc est sancta Ecclesia : quæ sunt quod sequitur, « Millia lætantium. » Spe enim sunt gaudentes (*Rom.*, XII, 12), donec perducantur in finem, quem nunc exspectant per patientiam. Mirifice autem, cum dixisset, « Millia lætantium » continuo subjecit, « Dominus in illis. » Ne miremur quod lætentur, « Dominus in illis. » Nam per multas tribulationes oportet nos introire in regnum Dei (*Act.*, XIV, 21) : » sed, « Dominus in illis. » Ideo etsi sunt « quasi tristes, semper tamen gaudentes (II *Cor.*, VI, 10) ; » nec jam in ipso fine quo nondum venerunt, sed spe sunt gaudentes, et in tribulatione patientes : quoniam « Dominus in illis, in Sina in sancto. » In nominum Hebræorum interpretationibus invenimus Sina interpretari mandatum : et alia quædam interpretatur, sed hoc puto præsenti loco aptius convenire. Reddens enim caussam quare lætarentur illa millia, quibus constat currus Dei, « Dominus, inquit, in illis, in Sina in sancto : » id est, Dominus in illis, in mandato ; quod mandatum sanctum est, sicut dicit Apostolus : « Itaque lex quidem sancta, et mandatum sanctum et justum et bonum (*Rom.* VII, 12). » Sed quid prodesset mandatum, nisi Dominus ibi esset, de quo dicitur, » Deus enim est qui operatur in vobis et velle et operari pro bona voluntate (*Philip.*, II, 13) ? » Nam mandatum sine Domini adjutorio littera est occidens (II *Cor.*, III, 6). Lex enim subintravit, ut abundaret delictum (*Rom.*, V, 20). » Sed quoniam « plenitudo Legis caritas est (*Rom.*, XIII, 10), » ideo per caritatem Lex impletur, non per timorem. « Caritas enim Dei diffusa est in cordibus nostris per Spiritum-sanctum, qui datus est nobis (*Rom.*, V, 5). » Ideo lætantur hæc millia. Tantum enim faciunt justitiam Legis, quantum adjuvantur Spiritu gratiæ ; quoniam « Dominus in illis, in Sina in sancto. »

23. Deinde ad ipsum Dominum locutione conversa, « Adscendisti, inquit, in altum, captivasti captivitatem, accepisti dona in hominibus (*Ps.*, LXVII, 19). » Hoc Apostolus sic commemorat, sic exponit

Ps., LVII, 19). » L'Apôtre rapporte et explique, comme il suit, ce verset du psaume, en parlant de Notre Seigneur Jésus-Christ : « A chacun de nous, la grâce a été donnée selon la mesure du don de Jésus. C'est pourquoi le Prophète dit : « Qu'il est monté au haut des cieux, qu'il a fait captive la captivité et qu'il a donné des dons aux hommes. » Mais qu'est-ce : il est monté, sinon qu'il est descendu auparavant dans les parties intérieures de la terre ? Celui qui est descendu est le même qui est monté au-dessus de tous les cieux, afin de remplir toutes choses (*Éphés.*, IV, 7-10). C'est donc, sans aucun doute, de Jésus-Christ que le Prophète a parlé en disant : « Vous êtes monté au haut des cieux, vous avez fait captive la captivité, vous avez reçu des dons en la personne des hommes. » Et ne soyez pas préoccupés de ce que l'Apôtre, en citant ce passage, n'ait pas dit : « Vous avez reçu des dons en la personne des hommes, » mais : « Il a donné des dons aux hommes. » L'Apôtre, avec l'autorité que lui donnait ce titre, a parlé comme il l'a fait, en considérant le fils comme Dieu avec le Père. En ce sens, effectivement, il a donné des dons aux hommes, en leur envoyant l'Esprit Saint, qui est l'Esprit du Père et du Fils. Mais, si on considère le même Jésus-Christ dans son corps, qui est l'Eglise ; si on considère que les saints et les fidèles sont ses membres, et qu'à cause de cela l'Apôtre lui a dit : « Vous êtes le corps et les membres du Christ (1*Cor.*, XII, 27), » sans aucun doute, en cette qualité, il a reçu des dons en la personne des hommes. Assurément, le Christ est monté aux Cieux, où il est assis à la droite du Père (*Marc*, XVI, 19); mais, s'il n'était aussi sur terre, il n'aurait pu crier, au nom de ses fidèles : « Saul, Saul, pourquoi me persécutez-vous (*Act.* IX, 4) ? » D'ailleurs, puisqu'il dit lui-même : « Ce que vous avez fait à l'un des plus petits d'entre les miens, c'est à moi que vous l'avez fait (*Matth.*, XXV, 40), » pourquoi douter qu'il ne reçoive lui-même, en ses membres, les dons que ses membres reçoivent ?

26. Mais que veut dire : « Vous avez fait captive la captivité (*Ps.* LXVII, 19) ? » Serait-ce, qu'il a vaincu la mort, qui tenait captifs ceux sur lesquels elle régnait ? Ou bien le Prophète, a-t-il désigné, par ce terme de captivité, les hommes que le démon tenait captifs? Le mystère de cette question est contenu dans ce titre d'un autre psaume : « Lorsque la maison se bâtissait après la captivité (*Ps.*, XCV), » c'est-à-dire, l'Eglise après la Gentilité. C'est pourquoi, donnant aux hommes qui étaient tenus captifs le nom de captivité, de même que nous disons la milice en parlant des militaires, le Prophète a dit que la captivité

---

de Domino Christo loquens : « Unicuique autem nostrum, inquit, datur gratia secundum mensuram donationis Christi : propter quod dicit, Adscendit in altum, captivavit captivitatem, dedit dona hominibus. Quod autem adscendit, quid est, nisi quia et descendit in inferiores partes terræ ? Qui descendit ipse est et qui adscendit super omnes cælos, ut adimpleret omnia (*Ephes.*, IV, 7 etc.). » Christo ergo sine dubitatione dictum est. « Adscendisti in altum, captivasti captivitatem, accepisti dona in hominibus. » Nec moveat quod Apostolus idem testimonium commemorans non ait, « Accepisti dona in hominibus;» sed, Dedit dona hominibus. Ille quippe auctoritate Apostolica secundum hoc locutus est, quod Deus cum Patre (*a*) Filius. Secundum hoc quippe dedit dona hominibus, mittens eis Spiritum-sanctum, qui Spiritus est Patris et Filii. Secundum illud vero quod idem ipse Christus in corpore suo intelligitur, quod est Ecclesia, propter quod et membra ejus sunt sancti et fideles ejus, unde eis dicitur, «Vos autem estis corpus Christi et membra (I *Cor.*, XII, 27) : »

(*a*) Hic in editis additur, *fecit* : quod a MSS. abest.

procul dubio et ipse accepit dona in hominibus. « Christus quippe adscendit in altum, et sedet ad dexteram Patris (*Marci*, XVI, 20);» sed nisi et hic esset in terris, non inde clamasset, « Saule, Saule, quid me persequeris (*Act.*, IX, 4)? » Cum igitur idem ipse dicat, Quando uni ex minimis meis fecisti, mihi fecisti (*Matth.*, XXV, 40). quid dubitamus eum accipere in membris suis, quæ dona membra ejus accipiunt?

26. Sed quid est, « Captivasti captivitatem? » Utrum quia vicit mortem, quæ captivos tenebat in quibus regnabat ? an ipsos homines appellavit captivitatem, qui captivi sub diabolo tenebantur ? Cujus rei mysterium continet etiam titulus illius Psalmi, « Quando domus ædificabatur post captivitatem (*Psal.*, XCV, 1) : » id est, Ecclesia post gentilitatem. Ipsos itaque homines qui captivi tenebantur appellans captivitatem, sicut militia cum dicitur et intelliguntur qui militant, eamdem captivitatem a Christo captivatam dicit. Cur enim non sit captivitas felix, si et ad bonum homines possunt capi ? Unde Petro dictum est, « Ex hoc jam homines eris

avait été captivée par le Christ. Pourquoi, en effet, la captivité ne serait-elle pas heureuse, si les hommes peuvent être faits captifs pour leur bien ? C'est ce qui a fait dire à Pierre par le Sauveur : « Vous prendrez désormais des hommes (*Luc.*, v, 10). » Ils sont donc captifs parce qu'ils ont été pris, et ils ont été pris parce qu'ils ont été subjugués : soumis à ce joug qui est plein de douceur (*Matth.*, xi, 30), délivrés du péché dont ils étaient les esclaves, ils sont devenus les serviteurs de la justice à l'égard de laquelle ils étaient libres précédemment (*Rom.*, vi, 18). C'est pourquoi le Christ est en eux tout à la fois celui qui a donné des dons aux hommes et celui qui a reçu des dons en la personne des hommes. C'est pourquoi, dans cette captivité, dans cette servitude, à ce char, sous ce joug, il y a des milliers d'hommes, non qui pleurent, mais qui se réjouissent ; car « le Seigneur est en eux, dans ce qui est saint (*Ps.*,lxvii, 18). » Tout ce que nous venons de dire s'accorde avec une autre interprétation du mot Sina dans le sens de «mesure.» Car l'Apôtre, parlant selon ce que j'en ai rapporté plus haut, de ces dons qui font la joie spirituelle, « A chacun de nous, » dit-il, « la grâce a été donnée selon la mesure du don de Jésus-Christ (*Éphés.*, iv, 7). » Après ces paroles vient en citation le passage de notre psaume : « C'est pourquoi le Psalmiste dit qu'il est monté au haut des cieux, qu'il a fait captive la captivité, qu'il a donné des dons aux hommes;» ce que, pour nous, nous lisons ainsi : « Vous avez reçu des dons en la personne des hommes. » Qu'y a-t-il de plus harmonieux et qu'y a-t-il de plus clair que ces vérités?

27. Mais qu'ajoute ensuite le Prophète ? «Même ceux qui ne croient pas habiter (*Ps.*,lxvii, 19), » ou selon quelques manuscrits : « ne croyant pas. » Mais quelle différence y a-t-il entre ces expressions : qui ne croient pas, ou ne croyant pas? Il est moins facile de saisir quels sont ceux dont parle le Prophète. En effet, comme pour rendre raison des paroles précédentes, après avoir dit : « Vous avez fait captive la captivité, vous avez reçu des dons en la personne des hommes, » David ajoute : « Même ceux qui ne croient pas habiter. » Que dit-il, et de qui le dit-il? Ne parlerait-il pas de la captivité, et ne dirait-il pas pourquoi, avant de passer sous l'heureuse servitude elle se trouvait enchaînée dans une servitude funeste ? En effet, c'est en raison de leur incrédulité que les hommes étaient captifs de l'ennemi, « qui agit sur les enfants de la défiance, du nombre desquels vous avez été autrefois, lorsque vous viviez parmi eux (*Éphés.*, ii, 2, 3). » C'est donc par les dons de sa grâce que le Christ, qui a reçu des dons dans la personne des hommes, a rendu captive cette funeste captivité. En effet, ces hommes ne croyaient pas qu'ils habiteraient un jour la maison de Dieu. Mais la foi les a délivrés, afin que, devenus croyants, ils habi-

---

capiens (*Lucæ*, v, 10). Captivati ergo quia capti, et capti quia subjugati, sub lene illud jugum missi (*Matth.*, xi, 30), liberati a peccato cujus servi erant, et justitiæ servi facti cujus liberi erant (*Rom.*, vi, 18). Unde et ipse in illis est, qui dedit dona hominibus, et accepit dona in hominibus. Ideoque in ista captivitate, in ista servitute, in isto curru, sub isto jugo non sunt millia plorantium, sed millia lætantium. «Dominus quippe in illis, in Sina in sancto (*Ps.*, lxvii, 18). Cui sensui congruit et alia interpretatio, qua interpretatur Sina mensura.Nam de his donis lætitiæ spiritalis Apostolus loquens id quod supra commemoravi, « Unicuique autem nostrum, inquit, data est gratia secundum mensuram donationis Christi(*Ephes.*, iv, 7). » Ac deinde sequitur, quod etiam hic sequitur: Propter quod dicit, « Adscendit in altum, captivavit captivitatem, dedit dona hominibus (*Ibid.*, 8):» quod hic est, « accepisti dona in hominibus. » Quid hac et illa veritate concordius ? quid manifestius ?

27. Sed quid deinde adjungit ? « Etenim qui non credunt inhabitare (*Ps.*, lxvii, 19) : » vel quod nonnulli codices habent, « Etenim non credentes inhabitare. » Nam quid sunt aliud non credentes, nisi qui non credunt? De quibus dictum sit, non est facilis intellectus. Tamquam enim ratio redderetur superiorum verborum, cum dictum esset, « Captivasti captivitatem, accepisti dona in hominibus :» ita subjunctum est, « Etenim qui non credunt inhabitare, » id est, non credentes ut inhabitarent. Quid est hoc ? de quibus hoc dicit ? An illa captivitas antequam transiret in bonam captivitatem, unde fuerit mala captivitas ostendit ? Non credendo enim possidebantur ab inimico, qui operatur in filiis diffidentiæ : in quibus et vos, inquit, fuistis aliquando, cum viveretis in illis (*Ephes.*, ii, 2). Donis ergo

tassent la maison de Dieu, qu'ils devinssent eux-mêmes cette maison et le char de Dieu formé de milliers de saints qui se réjouissent.

28. C'est pourquoi le chantre de ces paroles prophétiques, à qui l'Esprit-Saint donnait de contempler par avance ces grandes choses, rempli lui-même de joie, entonne un hymne d'allégresse et s'écrie: « Béni soit le Seigneur Dieu? Béni soit le Seigneur Dieu, de jour en jour (*Ps.*, LXVII, 20). » Quelques manuscrits portent : « *die quotidie* » au jour de chaque jour, selon le texte grec ἡμέραν καθημέραν : qui est en effet rendu littéralement par ces mots latins : « *die quotidie.* » Mais je pense que cette manière de parler n'a d'autre sens que « de jour en jour, » comme le porte notre texte : « *de die in diem.* » En effet, chaque jour jusqu'à la fin, le Christ accomplit la même œuvre, il fait captive la captivité, et reçoit des dons en la personne des hommes.

29. Et parce que le Christ conduit jusqu'à la fin le char dont il a été parlé, le Prophète continue et dit : « Un chemin prospère nous sera préparé par le Dieu de notre salut, par notre Dieu, le Dieu qui nous sauvera (*Ps.*, LXVII, 20). » Ces paroles nous disent la nécessité de la grâce. Qui serait sauvé, en effet, si Dieu ne le sauvait ? Mais de peur que cette pensée ne se présente à quelqu'un : pourquoi donc mourons-nous, si la grâce nous a sauvés ? il ajoute aussitôt : « Et le Seigneur a quitté la vie par la mort » comme s'il disait : Pourquoi vous indigner que la condition humaine soit de sortir de la vie par la mort ? Mais votre Seigneur lui-même n'a pas eu d'autre issue à sa vie que la mort ? Consolez-vous donc, plutôt que de vous indigner; car «le Seigneur lui-même est sorti de la vie par la mort. » En effet, « nous avons été sauvés par l'espérance, mais si nous espérons ce que nous ne voyons pas, nous l'attendons par la patience (*Rom.*, VIII, 24). » Souffrons donc avec patience la mort même, à l'exemple de celui qui a voulu sortir de la vie par la mort, bien qu'aucun péché ne l'eût rendu tributaire de la mort, et qu'il fût le Seigneur à qui nul ne pouvait ôter la vie et à qui il appartenait de la déposer de lui-même.

30. « Mais cependant Dieu brisera la tête de ses ennemis et le front superbe de ceux qui marchent dans leurs péchés (*Ps.*, LXVII, 22); » c'est-à-dire de ceux qui s'élèvent d'une manière désordonnée, et qui s'enorgueillissent fièrement dans leurs péchés, où ils devraient du moins puiser des sentiments d'humilité, et dire : « Seigneur ayez pitié de moi qui suis un pécheur (*Luc*, XVIII, 13). » Il brisera leurs têtes, « parce que celui qui s'élève sera abaissé (*Luc*, XVIII, 14). » Et bien que le Seigneur soit sorti

---

gratiæ suæ, qui accepit dona in hominibus, captivavit istam captivitatem. Etenim non credentes erant ut inhabitarent. Nam fides eos inde (*a*) liberavit, ut jam credentes inhabitent in domo Dei, facti et ipsi domus Dei, et currus Dei (*b*) millium lætantium.

28. Unde qui hæc canebat, in Spiritu ea prævidens, impletus etiam ipse lætitia eructavit hymnum, dicens, « Dominus Deus benedictus, benedictus Dominus Deus de die in diem (*Psal.*, LXVII, 20). » Quod nonnulli codices habent, « die quotidie. » Quia sic habent Græci, ἡμέραν καθημέραν : quod verius exprimeretur, die quotidie. Quam puto locutionem hoc significare quod dictum est, « de die in diem. » Quotidie quippe hoc agit usque in finem, captivat captivitatem, accipiens dona in hominibus.

29. Et quoniam currum illum ducit in finem, sequitur et dicit, « Prosperum iter faciet nobis Deus (*c*) sanitatum nostrarum (*Ibid.* 20), Deus noster, Deus salvos faciendi (*Ibid.*, 21). » Multum gratia commendatur. Quis enim salvus esset, nisi ipse sanaret ? Sed ne occurreret cogitationi, Cur ergo morimur, si per ejus gratiam salvi facti sumus ? continuo subjecit: « Et Domini exitus mortis : » tamquam diceret, Quid indignaris humana conditio habere te exitum mortis ? Et Domini tui exitus non alius quam mortis fuit. Potius ergo consolare quam indignare: nam « et Domini exitus mortis. » Spe enim salvi facti sumus : si autem quod non videmus speramus, per patientiam exspectamus (*Rom.*, VIII, 24). Patienter ergo etiam ipsam mortem feramus, illius exemplo, qui licet nullo peccato esset debitor mortis, et Dominus esset, a quo nemo animam tolleret, sed ipse eam a semetipso poneret, etiam ipsius fuit exitus mortis.

30. « Verumtamen Deus conquassabit capita inimicorum suorum, verticem capilli perambulantium in delictis suis (*Psal*, LXVII, 22):» id est, nimis se extollentium, nimis superbientium in delictis suis: in quibus saltem humiles esse deberent, dicentes, « Domine propitius esto mihi peccatori (*Lucæ*, XVIII, 13). » Sed conquassabit eorum capita : « quoniam qui se exaltat, humiliabitur.

(*a*) Sic Er. et MSS. At Lov. *liberabit.* (*b*) Editi, *decem millium.* Abest, *decem*, a MSS. (*c*) Aliquot MSS. *salutarium*: alii, *sanitantium*: plerique, *sanitatum*.

de la vie par la mort, cependant, comme ce même Seigneur n'est mort, en raison de sa divinité, que selon la chair, par sa propre volonté, et non par suite d'aucune nécessité, « il brisera la tête de ses ennemis, » et non-seulement de ceux qui l'ont raillé sur la croix et qui ont dit en branlant la tête : « s'il est le Fils de Dieu, qu'il descende de cette croix (*Matth.*, XXVII, 40), » mais encore de tous ceux qui s'élèvent contre sa doctrine, et qui tournent sa mort en dérision, comme si elle n'était que la mort d'un homme. Car celui-là même dont on a dit : « Il a sauvé les autres et il ne peut se sauver lui-même (*Matth.*, XXVII, 42), » est le Dieu de notre salut et le Dieu qui doit nous sauver (*Ps.*, LXVII, 21). » Mais, pour nous donner une leçon d'humilité et de patience, et pour effacer dans son sang l'arrêt prononcé contre nos péchés, il a voulu aussi sortir de la vie par la mort, afin de nous apprendre à ne pas craindre cette sorte de mort, mais plutôt à craindre la mort de laquelle la sienne nous a délivrés. Cependant, tout livré qu'il ait été aux opprobres et à la mort, il brisera la tête de ses ennemis dont il a dit : « Ressuscitez-moi et je leur rendrai ce qu'ils méritent (*Ps.*, XL, 11); » soit le bien pour le mal, en soumettant à la douceur de son joug les têtes de ceux qui croiront, soit la justice pour l'injustice en frappant les têtes des orgueilleux. Car c'est de cette double manière que les têtes de ses ennemis sont brisées et fracassées, au moment où ils sont renversés de leur orgueil, corrigés par l'humilité ou précipités dans les abîmes infernaux.

31. « Le Seigneur a dit : Je reviendrai de Basan (*Ps.*, LXVII, 23); » ou, comme portent quelques manuscrits : « Je vous ramènerai de Bazan. » Car celui dont il vient d'être dit : « Il est le Dieu de notre salut, le Dieu qui nous sauvera, » celui-là nous ramène en effet pour nous sauver. C'est à lui qu'il est encore dit dans un autre psaume : « Dieu des armées, ramenez-nous; montrez-nous votre visage et nous serons sauvés (*Ps.*, LXXIX, 30). » Et de même, en un autre endroit : « Ramenez-nous, Dieu de notre salut (*Ps.*, LXXXIV, 5). » Car il a dit : « Je vous ramènerai de Basan. » Basan signifie : « confusion. » Que veut dire : je vous ramènerai de la confusion, si ce n'est que celui qui implore de la miséricorde divine la rémission de ses péchés éprouve de la confusion de ses péchés ? De là vient que le Publicain n'osait même lever les yeux au ciel, parce que l'examen qu'il faisait de lui-même le couvrait de confusion, mais il descendit du temple justifié, car « le Seigneur a dit : je vous ramènerai de Basan. » Basan est encore interprété dans le sens de : « sécheresse » et l'on a raison de dire que le Seigneur ramène le pécheur de la sécheresse, c'est-à-dire de l'indigence. Car ceux qui se croient dans l'abon-

---

(*Ibid.* 14). Ac per hoc quamvis et Domini sit exitus mortis : tamen idem Dominus, quoniam Deus est, et voluntate, non necessitate, secundum carnem mortuus est, « conquassabit capita inimicorum suorum; » non solum eorum qui crucifixo illudentes et moventes capita dicebant, « Si filius Dei est, descendat de cruce (*Matth.*, XXVII, 40) ; » sed etiam omnium extollentium se adversus doctrinam ejus, et tamquam mortem hominis irridentium. Idem quippe ipse de quo dictum est, « alios salvos fecit, semetipsum non potest salvum facere (*Ibid.*, 42). » Deus est sanitatum nostrarum, et Deus est salvos faciendi : sed propter humilitatis et patientæ documentum et sanguine suo delendum nostrorum chirographum peccatorum, etiam suum esse voluit exitum mortis, ne mortem timeremus istam, sed illam potius unde nos liberavit per istam. Verumtamen illusus et mortuus « conquassabit capita inimicorum suorum, » de quibus ait, « Resuscita me, et reddam illis (*Psal.*, XL, 11): » sive bona pro malis, dum sibi subdit capita credentium ; sive justa pro injustis, dum punit capita superbientium. Utroque enim modo conquassantur et confringuntur capita inimicorum, cum a superbia dejiciuntur, sive humilitate correcti, sive in ima tartari abrepti.

31. « Dixit Dominus, Ex Basan convertar (*Ps.*, LXVII, 23) : » vel ut nonnulli codices habent, « Ex Basan convertam. » Ille quippe convertit ut salvi simus, de quo supra dictum est, « Deus sanitatum nostrarum, et Deus salvos faciendi (*Ibid.*, 20 et 21). » Ei quippe et alibi dicitur, « Deus virtutum converte nos, et ostende faciem tuam, et salvi erimus (*Psal.*, LXXIX, 20). » Item alibi, « Converte nos Deus sanitatum nostrarum (*Psal.*, LXXXIV, 5). » Ille autem dixit, « Ex Basan convertam. » Basan interpretatur confusio. Quid est ergo, convertam ex confusione, nisi quia confunditur de peccatis suis qui pro eis dimittendis precatur misericordiam Dei ? Inde est quod ille Publicanus nec oculos ad cœlum audebat levare (*Lucæ*, XVIII, 13) : ita se considerans confundebatur; sed descendit justificatus, quia « dixit Dominus, Ex Basan convertam, » Basan interpretatur et siccitas :

dance et qui s'imaginent regorger de biens, alors qu'ils sont dans la dernière détresse et qu'ils meurent de faim, ceux-là ne se laissent point ramener au Seigneur. «Heureux donc ceux qui ont faim et soif de la justice, parce qu'ils seront rassasiés (*Matth.*, v, 6).» Or Dieu nous ramène de cette sécheresse; car il est dit de l'âme qui sent cet état de sécheresse: «J'ai tendu les mains vers vous, mon âme est devant vous comme une terre sans eau (*Ps.*, CXLII, 6).» Quelques manuscrits présentent cet autre texte qui peut être raisonnablement accepté : « Je reviendrai de Basan.» En effet, celui-là revient lui-même vers nous, qui nous dit : « Retournez vers moi et je retournerai vers vous (*Zacharie*, I, 3).» Mais il ne le fait pas, si nous n'éprouvons de confusion parce que notre péché est toujours devant nos yeux (*Ps.*, L, 5), et si nous ne ressentons cette sécheresse qui nous fait désirer les eaux bienfaisantes que donne celui qui a réservé, pour son héritage, une pluie volontaire. Car c'est la sécheresse qui rend l'âme faible; l'âme reprend sa force par le retour vers elle de celui à qui elle dit, dans un autre Psaume : « Vous êtes revenu à moi et vous m'avez rendu la vie (*Ps.*, LXX, 20).» Poursuivons. Le Seigneur a dit : « Je vous ramènerai de Basan, je vous ramènerai dans le fond de la mer (*Ps.*, LXVII, 23).» Pourquoi, si je vous ramène, vous ramènerai-je «dans le fond de la mer?» En effet, quand Dieu ramène un homme pour son salut, il le ramène à lui, et Dieu n'est certes pas le fond de la mer. N'y aurait-il pas quelque incorrection dans le texte latin, où nous lisons « *in profundum,* » c'est-à-dire profondément, dans le fond? En effet Dieu n'y conduit point les pécheurs qui se convertissent, mais il en ramène ceux que le poids de leurs péchés submerge au fond de l'abîme du monde, selon cette parole d'un pécheur converti : « Du plus profond de l'abîme j'ai crié vers vous, Seigneur (*Ps.* CXXIX, 1).» Si, au contraire, on lit : je me rendrai, et non je vous ramènerai au fond de la mer, ces paroles signifient que notre Seigneur a promis que sa miséricorde descendrait au fond même de la mer, pour y chercher et en délivrer même les pécheurs les plus désespérés. Je trouve, d'ailleurs, dans un manuscrit grec, l'expression ἐν βυθοῖς, qui signifie, non la descente dans les profondeurs, mais l'action de Dieu dans l'abîme ; ce qui confirme le premier sens, parce que Dieu, selon ce passage, ramène à lui ceux qui crient vers lui des profondeurs de l'abîme. Si donc on veut comprendre ici que Dieu se rend lui-même auprès de tels pécheurs pour les délivrer, ce sens n'a rien d'improbable; il les ramène à lui ou se tourne vers

---

et recte intelligitur Dominus ex siccitate convertere, id est, ex inopia. Nam qui sibi videntur copiosi, cum sint famelici, et pleni, cum sint inanissimi ; non convertuntur. « Beati enim qui esuriunt et sitiunt justitiam, quoniam ipsi saturabuntur (*Matth.*, v, 6).» Ex ista Dominus siccitate convertit : de anima quippe sicca illi dicitur, « Extendi manus meas ad te, anima mea velut terra sine aqua tibi (*Psal.*, CXLII, 6).» Illud quoque non absurde intelligitur, quod habent alii codices, « Ex Basan convertar. » Convertitur enim ad nos etiam ipse qui dicit.«Convertimini ad me, et ergo convertar ad vos (*Zach.*, I, 3) :» et (*a*) non, si extra confusionem, quoniam peccatum nostrum ante nos est semper (*Psal.*, L, 5) ; et extra siccitatem, qua ejus desideramus imbrem, qui pluviam voluntariam segregavit hereditati suæ. Nam siccitate infirmata est, ipse vero conversus perfecit eam, cui dicitur, «Et conversus vivificasti me (*Psal.*, LXX, 20).» «Dixit ergo Dominus, ex Basan convertam, convertam in profundum maris.» Si convertam, quare in profundum maris ? » In seipsum quippe convertit Dominus, cum salubriter convertit, et non est utique ipse profundum maris. An fallit forte Latina locutio, et pro eo positum est « in profundum, » quod est profunde ? Non enim ille se convertit : sed ibi convertit eos qui in profundo hujus sæculi jacent demersi pondere peccatorum, ubi conversus ille dicit, « De profundis clamavi ad te Domine (*Psal.*, CXXIX, 1). » Si autem non est « convertam, » sed « convertar in profundum maris; » hoc intelligitur dixisse Dominum nostrum, quod sua misericordia converteretur etiam in profundum maris, ad eos quoque liberandos, qui essent etiam desperatissimi peccatores. Quamquam in aliquo Græco invenerim, non « in profundum, » sed in profundis, hoc est, ἐν βυθοῖς : quod priorem sensum confirmat, quod etiam ibi Deus convertat ad se de profundis clamantes. Qui et si intelligatur ibi ipse converti ad liberandos etiam

(*a*) Sic potiores MSS. alii carent *si*: vel cum editis habent *nonnisi*.

eux pour leur délivrance, de telle sorte que son pied soit teint de sang, ce que le Prophète dit au Seigneur : « De sorte que votre pied soit teint de sang (*Ps.*, LXIII, 24). » Ces paroles veulent dire : que ceux qui viennent à vous, ou vers lesquels vous vous tournez pour les éclairer, quoique plongés dans le fond de la mer par le poids de leurs péchés, profitent assez de votre grâce, puisque « là où le péché a abondé il y a eu surabondance de grâce (*Rom.*, v, 10), » pour devenir votre pied, parmi les membres de votre corps, pour annoncer votre Évangile, pour soutenir un long martyre à la gloire de votre nom, et pour combattre jusqu'à l'effusion du sang. C'est ainsi, en effet, qu'il faut interpréter de préférence, selon moi, ce pied du Seigneur teint de sang.

32. Le psaume dit ensuite : « Vous-même retirerez du milieu de vos ennemis vos chiens à la langue courageuse (*Ps.*, LXVII, 24). » Ceux donc qui doivent combattre jusqu'à l'effusion du sang pour la foi chrétienne reçoivent du Prophète le nom de chien, pour exprimer qu'ils aboient pour leur Seigneur. Il ne s'agit pas ici de ces chiens dont l'Apôtre a dit : « Gardez-vous des chiens (*Philipp.*, III, 2), » mais de ceux qui « mangent les miettes tombées de la table de leurs maîtres. » En effet, la Chananéenne ayant avoué qu'elle n'était qu'une chienne a mérité que Jésus lui adressât ces paroles : « O femme ! votre foi est grande ! qu'il soit fait pour vous comme vous le désirez (*Matth.*, XV, 28). » Ce sont de louables et non de détestables chiens ; des chiens qui restent fidèles à leur maître, et qui aboient contre ses ennemis pour la sécurité de la maison. En effet, le Prophète ne dit pas seulement : « des chiens, » mais vos chiens, et il ne fait pas l'éloge de leurs dents, mais de leur langue ; et ce n'est certes pas sans raison, ni sans un dessein mystérieux, que Gédéon reçut l'ordre de ne mener au combat que ceux qui auraient lappé à la manière des chiens l'eau du fleuve ; et dans une si grande multitude, il n'y en eut que trois cents qui remplirent cette condition (*Juges*, VII, 51). Dans ce nombre de trois cents, on trouve le signe de la croix, marqué par la lettre τ, qui, selon la manière d'écrire les nombres en grec, signifie trois cents. Dans un autre psaume, il est dit des chiens qui ressemblent à ceux-ci : « Ils se convertiront vers le soir et ils souffriront de la faim comme des chiens (*Ps.* LVIII, 13). » D'autre part, le Prophète Isaïe reproche à certains chiens, non d'être des chiens, mais de ne point savoir aboyer et de n'aimer qu'à dormir (*Is.*, LVI, 10). Par là, il prouve que s'ils avaient veillé et aboyé pour leur maître, ils auraient été des chiens dignes de louange, comme ceux dont il est ici parlé : « Vos chiens à la langue courageuse (*Ps.*, LXVII, 24). » Le Psalmiste a prédit que ces chiens

---

tales, non est incongruum : et ita eos convertit, vel ad eos liberandos ita convertitur, ut tinguatur pes ejus in sanguine. Quod ad ipsum Dominum Propheta dicit : « Ut tinguatur pes tuus in sanguine Ps., LXVII, 24) : » id est, ut ipsi qui ad te convertuntur, vel ad quos liberandos converteris, licet in profundo maris onere iniquitatis depressi fuerint, intantum gratia tua proficiant, « quoniam ubi abundavit peccatum, superabundavit gratia (*Rom.*, v, 20),» ut fiant pes tuus inter membra tua, ad annuntiandum Evangelium tuum, et pro nomine tuo (*a*) diu ducentes martyrium, usque ad sanguinem certent. Sic enim, ut arbitror, convenientius intelligitur pes ejus tinctus in sanguine.

32. Denique adjungit, « Lingua canum tuorum ex inimicis ab ipso (*Ps.*, LXVII, 24) : » eosdem ipsos qui usque ad sanguinem fuerant pro fide Evangelica certaturi, etiam canes vocans, tamquam pro suo Domino latrantes. Non illos canes, de quibus dicit Apostolus, « Cavete canes (*Philip.*, III, 2) : » sed illos qui edunt de micis, quæ cadunt de mensa dominorum suorum. Hoc enim confessa Chananæa meruit audire, « O mulier, magna est fides tua, fiat tibi sicut vis (*Matth.*, XV, 28). » Canes laudabiles, non detestabiles; fidem servantes domino suo, et pro ejus domo contra inimicos latrantes. Non enim tantummodo « canum » dixit, « sed canum tuorum : » nec eorum dentes, sed lingua laudata est : quoniam nec utique frustra, nec sine magno sacramento Gedeon solos eos jussus est ducere, qui fluminis aquam sicut canes lamberent (*Judic.*, VII, 5); talesque non amplius quam trecenti in tanta multitudine inventi sunt. In quo numero crucis signum est propter τ litteram, quæ in Græcis numerorum notis trecentos significat. De talibus canibus et in alio Psalmo dicitur, « Convertentur ad vesperam, et famem patien-

(*a*) MSS. plerique omittunt, *diu*: et quidam habent, *dicentes*.

fidèles seraient tirés du nombre des ennemis de Dieu, par suite de la conversion dont nous avons parlé plus haut. C'est pourquoi dans le psaume déjà cité, il est dit : « Ils se convertiront vers le soir et souffriront de la faim comme des chiens (*Ps.*, LVIII, 15). » Enfin, comme si on lui demandait pourquoi des ennemis de Dieu auraient le bonheur de devenir ses chiens fidèles, le Psalmiste répond que ce bonheur leur vient de Dieu même. Nous lisons, en effet : « Vous-même retirerez du milieu de vos ennemis vos chiens à la langue courageuse (*Ps.*, LXVII, 24). » Ce sera le fait de l'amour de Dieu même, le fait de sa miséricorde, le fait de sa grâce. Comment, en effet, l'auraient-ils pu par eux-mêmes? Car, tandis que nous étions les ennemis de Dieu, nous avons été réconciliés avec lui par la mort de son Fils (*Rom.*, V, 10), et voilà pourquoi le Seigneur est sorti de la vie par la mort.

33. « On a vu vos pas, ô mon Dieu (*Ps.*, LXVII, 25). » On a vu vos pas à travers le monde, que vous devez parcourir tout entier sur ce char, appelé également dans l'Évangile du nom de nuée, et qui signifie les saints et les fidèles, selon cette parole : « Vous verrez un jour le Fils de l'Homme venir sur les nuées (*Matth.*, XXVI, 64 - *Marc*, XIII, 26). » Indépendamment du dernier avénement, dans lequel il jugera les vivants et les morts (II *Tim.* IV, 1), «Vous verrez un jour,» a-t-il dit, « le Fils de l'Homme venir sur les nuées. » Tels sont les pas que l'on a vus de vous; c'est-à-dire tels sont les pas qui nous ont été manifestés, quand la grâce du Nouveau Testament nous a été révélée. C'est pourquoi il est écrit : « Qu'ils sont beaux les pieds de ceux qui annoncent la paix, qui annoncent la bonne nouvelle (*Rom.*, X, 15)! » En effet, cette grâce et ces pas étaient cachés dans l'Ancien Testament; mais lorsqu'est venue la plénitude du temps, et lorsqu'il a plu à Dieu de révéler son Fils, pour qu'il fût annoncé parmi les nations (*Gal.*, IV, 4), « on a vu vos pieds, ô mon Dieu ! les pas de mon Dieu, du Roi qui habite dans le lieu saint (*Ps.*, LXVII, 25). » Dans quel « lieu saint, » sinon dans son Temple? « En effet, le Temple de Dieu est saint et vous êtes ce Temple II *Cor.*, III, 17). »

34. Or, pour que ces pas fussent vus, « Les princes ont marché les premiers avec ceux qui chantaient sur le psalterion, au milieu de jeunes filles qui frappaient sur des tambours (*Ps.*, LXVII, 26). » Les princes sont les Apôtres; ils ont, en effet, marché les premiers, afin que les peuples les suivissent. « Ils ont marché les premiers, » annonçant le Nouveau Testament, « avec ceux qui chantaient sur le psalterion, »

---

tur ut canes (*Psal.*, LVIII, 15). » Nam et quidam canes reprehensi sunt a Propheta Isaia, non ideo quod canes essent, sed quod latrare nescirent, et dormitare amarent (*Isai*, LVI, 10). Ubi utique demonstravit, quia si vigilarent et pro domino suo latrarent, laudabiles canes essent : sicut laudantur isti, de quibus dicitur, « Lingua canum tuorum. » Quos tamen Propheta ex inimicis futuros prædixit, per illam scilicet conversionem, de qua superius loquebatur. Unde et ille Psalmus, « Convertentur, inquit, ad vesperam, et famem patientur ut canes (*Psal.*, LVII, 15). » Deinde veluti quærentibus unde hoc illis tantum bonum, ut canes ejus fierent, cujus fuerant inimici: responsum est, «ab ipso.» Sic enim legitur, «Lingua canum tuorum ex inimicis ab ipso. » Ipsius utique dilectione, ipsius misericordia, ipsius gratia. Nam quando id possent a seipsis ? «Etenim cum inimici essemus, reconciliati sumus Deo per mortem Filii ejus (*Rom.*, V, 10) : » ad hoc et Domini fuit exitus mortis.

33. « Visi sunt gressus tui, Deus (*Ps.*, LXVII, 25). » Gressus quibus venisti per mundum, tamquam in illo curru peragraturus orbem terrarum ; quas et nubes in Evangelio sanctos et fideles suos significat, ubi ait, « A modo videbitis filium hominis venientem in nubibus (*Marci*, XIII, 26). » Excepto illo adventu in quo erit judex vivorum atque mortuorum (II, *Tim.*, IV, 1) : A modo, inquit, videbitis filium hominis venientem in nubibus. Illi « gressus tui visi sunt, » id est, manifestati sunt, revelata gratia Testamenti novi. Unde dictum est, « Quam speciosi pedes eorum qui annuntiant pacem, qui annuntiant bona (*Rom.*, X, 15): » Hæc enim gratia et isti gressus latebant in vetere Testamento : « cum autem venit plenitudo temporis (*Gal.*, IV, 4), » et placuit Deo revelare Filium suum, ut annuntiaretur in gentibus, « visi sunt gressus tui, Deus : gressus Dei mei, regis qui est in sancto. » In quo sancto, nisi in templo suo? « Templum enim Dei sanctum est, inquit, quod estis vos (I. *Cor.*, III, 17). »

34. Ut autem gressus isti viderentur, « Prævenerunt principes conjuncti psallentibus, in medio adolescentularum tympanistriarum (*Ps.*, LXVII, 26). » Principes sunt Apostoli : ipsi enim prævenerunt, ut populi sequerentur. « Prævenerunt, » annuntiantes novum Testamentum : « conjuncti psallentibus, de

c'est-à-dire dont les bonnes œuvres, visibles pour les autres hommes, glorifiaient Dieu, comme des instruments destinés à le louer. Ces mêmes princes étaient « au milieu de jeunes filles qui frappaient sur des tambours, » c'est-à-dire qu'ils étaient honorés par le ministère même qu'ils remplissaient. Car tel est le rang des ministres sacrés, au milieu des églises nouvelles qu'ils gouvernent. C'est là, en effet, ce qu'il faut entendre par « ces jeunes filles, qui frappent sur des tambours ; » c'est-à-dire qui célèbrent la gloire de Dieu, après avoir dompté leur chair, les tambours étant fabriqués de peau séchée et tendue.

35. Mais de peur que ces figures ne fussent interprétées charnellement, et qu'il ne vînt à l'esprit de quelqu'un de soupçonner ici des chœurs de débauche, le Prophète continue et dit : « Bénissez le Seigneur dans les églises (*Ps.*, LXVII, 27). » Comme s'il disait : Pourquoi, en entendant parler de jeunes filles qui frappent sur des tambours, pensez-vous à des amusements lascifs ? « Bénissez le Seigneur dans les églises. » Les églises sont figurées par cette appellation mystique ; les églises sont des jeunes filles, ornées d'une grâce nouvelle ; les églises sont des jeunes filles qui frappent sur des tambours, c'est-à-dire à qui la victoire remportée sur la chair a donné une sonorité spirituelle. « Bénissez donc dans les églises le Seigneur, le Dieu des sources d'Israël (*Ps.*, LXVII, 27). » C'est dans Israël, en effet, qu'il a choisi ceux dont il voulait faire des sources. C'est là qu'il a choisi les Apôtres, qui, les premiers, ont entendu ces paroles : « Quiconque boira de l'eau que je lui donnerai n'aura jamais soif ; mais il sortira de lui une source d'eau qui jaillira jusque dans la vie éternelle (*Jean*, IV, 13, 14). »

36. « Là sera le jeune Benjamin ravi en extase (*Ps.*, LXVII, 28). » Là sera Paul, le dernier appelé d'entre les Apôtres : « Car, a-t-il dit, moi aussi je suis un Israélite, de la race d'Abraham, de la tribu de Benjamin (*Philipp.*, III, 5). » Mais il y sera ravi en extase, et le grand miracle de sa vocation jettera l'effroi dans le cœur de tous les hommes. L'extase est un ravissement de l'esprit : quelquefois la peur la produit ; mais, quelquefois aussi, elle est l'effet d'une révélation qui soustrait l'esprit aux sens corporels, afin qu'il puisse contempler ce qui doit lui être révélé. C'est pourquoi, ces mots « ravi en extase, » employés par le Prophète, peuvent être compris en ce sens que Saul, encore persécuteur, entendant ces paroles qui venaient du ciel : « Saul, Saul, pourquoi me persécutez-vous (*Act.*, IX, 4) ? » et privé de la lumière des yeux de la chair, répondit au Seigneur, qu'il voyait en esprit ; tandis que ceux qui étaient avec lui l'entendirent répondre, sans voir personne qui lui parlât (*Act.*, IX, 7). On

---

quorum bonis operibus etiam visibilibus, tamquam organis laudis, glorificaretur Deus. Iidem autem principes « in medio adolescentularum tympanistriarum, » in ministerio scilicet honorabili : nam ita sunt in medio ministri præpositi Ecclesiarum novarum ; hoc enim est « adolescentularum : » carne edomita Deum laudantium ; hoc enim est « tympanistriarum, « eo quod tympana fiant corio siccato et extento.

35. Ideo ne quisquam carnaliter ista acciperet, et ex his verbis quosdam luxuriæ choros in animum induceret, sequitur et dicit, « In Ecclesiis benedicite Dominum (*Ibid.*, 27) : » tamquam diceret, Ut quid, cum auditis adolescentulas tympanistrias, lasciva delectamenta cogitatis ? « In Ecclesiis benedicite Dominum. » Ecclesiæ quippe vobis hac mystica significatione monstrantur : Ecclesiæ sunt adolescentulæ, nova gratia decoratæ : Ecclesiæ sunt tympanistriæ, castigata carne spiritaliter sonoræ. « In Ecclesiis ergo benedicite Dominum, Deum de fontibus Israel. » Inde quippe prius elegit quos fontes faceret. Nam inde sunt electi Apostoli ; et hi primitus audierunt, Qui biberit ex aqua quam ego dabo, non sitiet umquam, sed fiet in eo fons aquæ salientis in vitam æternam (*Johan.*, IV, 13 et 14).

36. « Ibi Benjamin adolescentior in ecstasi (*Ps.*, LXVII, 28). » Ibi Paulus novissimus Apostolorum, qui dicit, « Nam et ego Israelita sum ex semine Abraham, tribu Benjamin (*Philip.*, III, 5). » Sed plane « in ecstasi, » expavescentibus omnibus tam magnum in ejus vocatione miraculum. Ecstasis namque est mentis excessus : quod aliquando pavore contingit ; nonnumquam vero per aliquam revelationem (*a*) alienatio mentis a sensibus corporis, ut fit tui quod demonstrandum est demonstretur. Unde intelligi etiam sic potest quod hic positum est, « in

---

(*a*) Sic probæ notæ MSS. At editi, *et alienationem*

peut encore rapporter l'extase que le Prophète attribue à Benjamin, au ravissement dont parle le même Apôtre, en disant qu'il savait un homme ravi jusqu'au troisième ciel, soit dans son corps, soit en dehors de son corps, il l'ignorait ; et que cet homme avait été ravi dans le paradis, où il avait entendu des paroles ineffables, que l'homme ne peut redire (II *Cor.*, XII, 2, 4). « Là se trouveront les princes de Juda, leurs chefs, les princes de Zabulon et les princes de Nephtali (*Ps.*, LXVII, 28). » Que ce titre de princes s'applique aux Apôtres et que parmi eux se trouve « le jeune Benjamin ravi en extase, » figure de saint Paul, sans nul doute, ou bien que ce même titre se rapporte à tout ce que l'Église renferme d'hommes éminents et dignes d'être imités, que signifient ces noms de certaines tribus d'Israël ? S'il n'était fait mention que de Juda, comme les rois étaient de cette tribu, d'où le Seigneur est également sorti selon la chair (*Rom.*, IX, 5), nous penserions que cette tribu figure aussi les princes du Nouveau Testament ; mais le Prophète y joignant « les princes de Zabulon, et les princes de Nephtali, » quelqu'un dira peut-être que les Apôtres sortaient de ces deux tribus et non des autres. Bien que je ne sache pas comment démontrer cette assertion, cependant, comme je ne vois non plus aucune démonstration du contraire, et que ce passage du Psaume met en relief les princes des Églises et les chefs de ceux qui, dans les Églises, bénissent le Seigneur, je ne refuse pas d'approuver comme rationnelle cette interprétation ; mais je préfère de beaucoup l'explication plus lumineuse que nous donne le sens hébraïque de ces noms. En effet, ces noms sont hébreux, et signifient : Juda, « confession ; » Zabulon, « l'habitation de la force ; » Nephtali, « ma dilatation. » Nous trouvons là comme les caractères qui conviennent aux princes des Églises, dignes de les gouverner, dignes d'être imités, dignes d'être honorés. Dans les Églises, en effet, les martyrs tiennent la place la plus élevée, et brillent au sommet de la plus sainte dignité. Or le premier degré du martyre, c'est la confession ; le second est la force de supporter tout ce qui se présente, pour soutenir cette confession ; puis, après toutes les souffrances, libéré de toute oppression, le martyr reçoit pour récompense la dilatation la plus heureuse. On peut encore comprendre dans ces trois noms les trois vertus que l'Apôtre recommande particulièrement : la Foi, l'Espérance et la Charité (II *Cor.*, XIII, 13) ; la confession représente la Foi, la force représente l'Espérance, et la dilatation représente la Charité. Car, l'effet de la Foi est de faire croire de cœur, de manière à obtenir la justification et de produire de bouche la confession nécessaire au salut (*Rom.*, X, 10). Or, dans les souffrances que causent les

---

ecstasi ; » quia cum ei persecutori dictum esset de cælo, « Saule, Saule, quid me persequeris (*Act.*, IX, 4) : » ademto lumine oculorum carnalium, respondebat Domino, quem spiritu videbat ; qui autem cum illo erant, vocem respondentis audiebant, neminem tamen videntes cui loqueretur. Potest hic ecstasis etiam illa ejus intelligi, de qua ipse loquens ait, scire se hominem raptum usque in tertium cælum ; sive autem in corpore, sive extra corpus nescire : sed raptum in paradisum, audisse ineffabilia verba, quæ non liceret homini loqui (II *Cor.*, XII, 2), « Principes Juda duces eorum, principes Zabulon, principes Nephthalim. » Cum Apostolos significet principes, ubi est et « Benjamin adolescentior in ecstasi, » quibus verbis Paulum significari nemo ambigit ; vel nomine principum omnes significentur in Ecclesiis excellentes atque imitatione dignissimi : quid sibi volunt hæc nomina tribuum Israëliticarum ? Si enim tantum Judæ mentio fieret, quoniam ex hac tribu reges fuerant, ex qua Dominus Christus secundum carnem (*Rom.*, IX, 5) ; ideo ex hac tribu putaremus figuratos etiam principes Testamenti novi : cum vero adjungit « principes Zabulon, principes Nephthalim ; » quisquam forsitan dicat ex his tribubus Apostolos fuisse, ex aliis autem non fuisse. Quod licet unde probari hoc posset non videam, tamen quia nec unde refellatur invenio, et hoc loco principes Ecclesiarum, ducesque eorum qui in Ecclesiis benedicunt Dominum, video commendari ; non absurde etiam istum sensum (*a*) probo : sed plus me delectat quod ex istorum nominum interpretatione clarescit. Hebræa quippe sunt nomina : quorum Juda confessio interpretari dicitur, Zabulon habitaculum fortitudinis, Nephthalim dilatatio mea. Quæ omnia verissimos nobis insinuant principes Ecclesiarum, dignos ducatu, dignos imitatione, di-

(*a*) Plerique MSS. *prodo*, vel *promo*.

tribulations, la réalité est triste, mais l'espérance est forte : « Si, en effet, nous espérons ce que nous ne voyons pas, nous l'attendons avec l'aide de la patience (*Ibid.*, VIII, 25).» Enfin, en se répandant au dedans du cœur, la Charité le dilate : « Car la charité parfaite bannit la crainte (I *Jean*, IV, 18), » et la crainte est une torture qui resserre l'âme. » Les princes de Juda sont donc les chefs de ceux qui dans les Églises bénissent le Seigneur, ainsi que les princes de Zabulon et les princes de Nephtali; c'est-à-dire : les princes de la confession, de la force et de la dilatation ; ou encore les princes de la Foi, de l'Espérance et de la Charité.

37. « O Dieu, mandez votre force (*Ps.*, LXVII, 29). » Nous n'avons qu'un seul Seigneur, Jésus-Christ, par qui toutes choses sont et par lequel nous sommes (I *Cor.*, VIII, 6), qui est, selon la parole de l'Apôtre, la Force de Dieu et la Sagesse de Dieu (*Id.*, I, 24). Mais comment Dieu mande-t-il sa force, si ce n'est en recommandant son Christ ? « En effet, Dieu signale son amour pour nous, en ce que, dans le temps où nous étions encore pécheur, le Christ est mort pour nous (*Rom.*, V, 8, 9). « Comment Dieu ne nous aurait-il pas tout donné en nous le donnant (*Ibid.*, VIII, 32). » « O Dieu, mandez votre force ; confirmez, ô Dieu, ce que vous avez opéré en nous (*Ps.*, LXVII, 29). » Mandez en enseignant, confirmez en aidant.

38. « De votre temple, qui est dans Jérusalem, les rois vous offriront des présents (*Ps.*, LXVIII, 30). » De votre temple, qui est dans Jérusalem, c'est-à-dire de l'Église qui est libre et qui est notre mère (*Gal.*, IV, 26), car elle-même est votre temple, de ce temple donc, « les rois vous offriront des présents. » Tous ceux que comprend ce titre de rois, les rois de la terre ou les rois que le Dieu qui est au-dessus des cieux discerne et établit sur la colombe argentée, « tous les rois vous offriront des présents. » Et quels autres présents, agréables pour vous, sinon le sacrifice de louanges ? Mais il y a des hommes qui, tout en portant le nom de chrétiens ont des sentiments contraires, et mêlent à ces louanges des airs discordants. Que Dieu fasse donc ce que dit le Prophète. « Réprimez les bêtes féroces du roseau (*Ps.*, LXVII, 31). » Ce sont de véritables bêtes féroces, parce qu'ils sont nuisibles par leur manque d'intelligence ; et ce sont les bêtes féroces du roseau, parce qu'ils corrompent, au gré de leurs erreurs, le sens des Écritures. Le roseau figure aussi convenablement l'écriture que la langue est le symbole de la parole ; c'est

---

gnos honoribus. Martyres namque in Ecclesiis locum summum tenent, atque apice sanctæ dignitatis excellunt. Jam vero in martyrio prima confessio est, et pro illa quidquid acciderit tolerandi sequens assumitur fortitudo, deinde post omnia tolerata, finitis angustiis, latitudo consequitur in præmio. Potest et sic intelligi, ut quoniam tria hæc præcipue commendat Apostolus, fidem, spem, caritatem (II *Cor.*, XIII, 13); confessio sit in fide, fortitudo in spe, latitudo in caritate. Fidei quippe res est, ut « corde creditur ad justitiam, ore autem confessio fiat ad salutem (*Rom.*, x, 10).» In passionibus autem tribulationum res tristis est, sed spes fortis est, « Si enim quod non videmus speramus, per patientiam exspectamus (*Rom.*, VIII, 25). » Latitudinem vero præstat caritatis in corde diffusio. Nam consummata caritas foras mittit timorem (I *Johan.*, IV, 18) : qui timor tormentum habet per animæ angustias. « Principes ergo Juda duces eorum : » qui in Ecclesiis benedicunt Dominum. « Principes Zabulon, principes Nephthalim : » principes confessionis, fortitudinis, latitudinis; principes fidei, spei, caritatis.

37. « Manda Deus virtutem tuam (*Ps.*, LXVII, 29).» Unus enim Dominus noster Jesus Christus, per quem omnia (I *Cor.*, VIII, 6), et nos in ipso, quem legimus « Dei Virtutem et Dei Sapientiam (I. *Cor.*, I, 24). » Quomodo autem Deus mandat Christum suum, nisi dum cum commendat ? Commendat enim Deus caritatem suam in nobis, quoniam dum adhuc peccatores essemus, Christus pro nobis mortuus est (*Rom.*, V, 8). Quomodo non et cum illo omnia nobis donavit (*Rom.*, VIII, 32)? « Manda Deus virtutem tuam: confirma Deus hoc quod operatus es in nobis. » Manda docendo, confirma juvando.

38. « A templo tuo in Jerusalem, tibi offerent reges munera (*Ps.*, LXVII, 30).» A templo tuo in Jerusalem, quæ est libera mater nostra, quia et ipsa est templum sanctum tuum (*Gal.*, IV, 26): ab illo ergo templo « tibi offerent reges munera. » Quicumque reges intelligantur, sive reges terræ, sive reges quos discernit supercœlestis super columbam deargentatam ; « tibi offerent reges munera. » Et quæ munera gratiosa, (*a*) quam sacrificia laudi. Sed huic laudi obstrepunt Christianum vocabulum habentes

---

(*a*) Sic MSS. Editi vero, *Et quæ munera? Gratiosa. Quæ sacrificia? Laudis.*

ainsi que l'on dit : la langue hébraïque, la langue grecque, la langue latine, ou toute autre langue, exprimant l'effet par le nom de l'instrument qui le produit. De la même manière, on dit en latin, le style pour l'écriture, parce que l'écriture se fait au moyen du style ; et de la sorte aussi nous disons le roseau pour l'écriture, parce qu'elle se fait au moyen du roseau. L'Apôtre Pierre dit que les hommes ignorants et légers détournent le sens des Écritures pour leur propre ruine (II *Pierre*, III, 16) : ces hommes, sont les bêtes féroces du roseau, desquelles il est dit : « Réprimez les bêtes féroces du roseau. »

39. C'est encore des mêmes hommes que le Prophète ajoute : « Ils sont comme une multitude de taureaux au milieu des vaches des peuples, afin que ceux qui ont été éprouvés par l'argent soient repoussées (*Ps.*, LXVII, 31). » En leur donnant le nom de taureaux, à cause de leur tête dure et indomptée, le Prophète désigne les hérétiques. Quant aux « vaches des peuples, » je crois qu'il faut entendre par là les âmes faciles à séduire, parce qu'elles suivent facilement ces sortes de taureaux. Car ceux-ci ne séduisent pas tous les peuples, parmi lesquels il en est de graves et de fermes, selon ce qui est écrit : « Je vous louerai au milieu d'un peuple grave (*Ps.*, XXIV, 18). » Mais parmi les peuples, ils séduisent ceux que figurent ici les vaches. « Il y en a, parmi eux, dit l'Apôtre, qui pénètrent dans les maisons, et qui traînent captives de faibles femmes chargées de péchés et mues par toutes sortes de désirs, lesquelles apprennent toujours et ne parviennent jamais à la connaissance de la vérité (II *Tim.*, III, 4, 9). » Le même Apôtre dit encore : « Il faut qu'il y ait des hérésies pour manifester ceux d'entre vous qui sont éprouvés (I *Cor.*, XI, 19) ; » ce qui revient à ce qu'ajoute le Prophète : « Afin que ceux qui ont été éprouvés par l'argent soient repoussés (*Ps.*, LXVII, 31), » c'est-à-dire ceux qui ont été éprouvés par la parole de Dieu. En effet, « la parole de Dieu est une parole pure, elle est un argent que le feu purifie de toute terre (*Ps.*, XI, 7). » Car « qu'ils soient repoussés » signifie qu'ils paraissent, qu'ils soient en évidence, ou selon l'Apôtre, qu'ils soient « manifestés. » C'est ainsi que, dans l'art de l'orfévrerie, repousser signifie faire sortir d'une masse encore confuse la forme du vase que l'on veut fabriquer. En effet, il y a dans les saintes Écritures beaucoup de sens qui restent cachés et qui ne sont connus que d'un petit nombre d'hommes plus intelligents; et ils ne

---

et diversa sentientes. Fiat ergo quod sequitur, « Increpa feras calami (*Ps.*, LXVII, 31). » Nam et feræ sunt, quoniam non intelligendo nocent : et feræ calami sunt, quoniam Scripturarum sensum pro suo errore pervertunt. Per calamum quippe tam convenienter Scripturæ significantur, quam sermo per linguam, secundum quod dicitur lingua Hebræa, vel Græca, vel Latina, vel alia quælibet, per efficientem scilicet id quod efficitur. Usitatum est autem in Latino eloquio, ut scriptura stilus vocetur, quod stilo fiat: ita ergo et calamus, quod calamo fiat. Dicit Apostolus Petrus, indoctos et instabiles pervertere Scripturas ad proprium suum interitum (II *Pet.*, III, 16): hæ sunt feræ calami, de quibus hic dicitur, « Increpa feras calami. »

39. De his est etiam quod adjungit, (*a*) « Congregatio taurorum inter vaccas populorum, ut excludantur ii qui probati sunt argento (*Ps.*, LXVII, 31).» Tauros vocans propter superbiam duræ indomitæque cervicis : significat enim hæreticos. Vaccas autem populorum seductibiles animas intelligendas puto, quia facile sequuntur hos tauros. Non enim populos universos seducunt, in quibus sunt graves et stabiles; unde scriptum est, « In populo gravi laudabo te (*Psal.*, XXXIV, 18) : » sed in eis populis quas invenerint vaccas. Ex his enim sunt « qui penetrant domos, et captivas ducunt mulierculas oneratas peccatis, quæ ducuntur variis desideriis, semper discentes, et ad veritatis scientiam numquam pervenientes (II *Tim.*, III, 6). » Quod autem ait idem Apostolus, « Oportet et hæreses esse, » ut probati manifesti fiant in vobis : hoc etiam hic sequitur, « Ut excludantur ii qui probati sunt argento, » id est, qui probati sunt eloquiis Domini (I *Cor.*, XI, 19). «Eloquia quippe Domini eloquia casta, argentum igne probatum terræ (*Psal.*, XI, 7.).» Nam « excludantur » dictum est, appareant, emineant : quod ait ille, manifesti fiant. Unde et in arte argentaria Exclusores vocantur, qui de confusione massæ noverunt formam vasis exprimere. Multi enim sensus Scripturarum sanctarum latent, et paucis intelligentioribus noti sunt; nec asseruntur commodius et accepta-

---

(*a*) De eadem parte v. 31. vide Enar. in Psal. LIV. n. 20.

sont jamais déterminés avec plus d'avantage et de et de certitude que quand on y est forcé par la nécessité de répondre aux hérétiques. Car, dans ce cas, ceux-mêmes qui négligent d'étudier la doctrine secouent leur engourdissement, et s'exercent à comprendre sainement les Écritures, pour repousser leurs adversaires. En effet, combien de passages des saintes Écritures ont été invoqués pour soutenir la divinité du Christ contre Photius ! Combien d'autres pour défendre son humanité contre les Manichéens ! Combien sur la Trinité contre Sabellius, combien sur l'Unité de la Trinité contre les Ariens, les Eunomiens et les Macédoniens ! Combien aussi sur l'Église catholique, répandue dans tout l'univers, et sur le mélange des méchants avec les bons jusqu'à la fin des siècles, mélange qui ne peut nuire aux bons, bien qu'ils soient obligés d'admettre les méchants à la participation de leurs biens spirituels ! Combien contre les Donatistes, les Lucifériens et tous les autres qui s'éloignent de la vérité par des erreurs semblables ! Combien d'autres contre les autres hérétiques qu'il serait trop long et qu'il n'est d'ailleurs pas nécessaire pour notre but actuel, soit d'énumérer, soit de rappeler. Et cependant, ceux qui ont prouvé leur science en fixant ces divers sens seraient restés complétement inconnus, ou du moins ne seraient point parvenus à un si haut point d'élévation, sans la contradiction de ces orgueilleux, que le Prophète compare à des taureaux, pour marquer qu'ils ne sont pas soumis au joug pacifique et doux de la discipline, et que l'Apôtre désigne quand il dit : « qu'il faut choisir pour la dignité d'évêque un homme capable d'instruire les fidèles dans la saine doctrine et de fermer la bouche aux contradicteurs (*Tit.*, I, 9). » Beaucoup, en effet, sont insubordonnés ; ce sont des taureaux dont la tête orgueilleuse est impatiente du joug de la charrue ; leur langage est vain, et ils séduisent certains esprits que le Psaume désigne sous le nom de vaches. La Providence divine permet donc que les taureaux s'attroupent au milieu des vaches des peuples, afin d'arriver à ce résultat de repousser, c'est-à-dire de mettre en relief « ceux qui sont éprouvés par l'argent (*Ps.*, LXVII, 31). » C'est, en effet, pour manifester ceux qui sont éprouvés, que les hérésies sont souffertes par Dieu. Cependant on peut encore comprendre « le rassemblement des taureaux au milieu des vaches des peuples, » en ce sens que « ceux qui auront été éprouvés par l'argent soient repoussés d'auprès de ces vaches. » En effet, c'est l'intention des docteurs hérétiques de repousser, c'est-à-dire d'éloigner des oreilles de ceux qu'ils veulent séduire les chrétiens qui ont été éprouvés par l'argent, c'est-à-dire qui sont propres à enseigner la parole du Seigneur. Que l'on adopte l'un ou l'autre de ces deux sens,

---

bilius, nisi cum respondendi hæreticis cura compellit. Tunc enim etiam qui negligunt studia doctrinæ, sopore discusso ad audiendi excitantur diligentiam, ut adversarii refellantur. Denique quam multi Scripturarum sanctarum sensus de Christo Deo asserti sunt contra Photinum, quam multi de homine Christo contra Manichæum, quam multi de Trinitate contra Sabellium, quam multi de unitate Trinitatis contra Arianos, Eunomianos, Macedonianos ? quam multi de catholica Ecclesia toto orbe diffusa, et de malorum commixtione usque in finem sæculi quod bonis in sacramentorum ejus societate non obsint, adversus Donatistas et Luciferianos aliosque, si qui sunt, qui simili errore a veritate dissentiunt : quam multi contra ceteros hæreticos, quos enumerare vel commemorare nimis longum est, et præsenti operi non necessarium ? Quorum tamen sensuum probati assertores aut prorsus laterent, aut non ita eminerent, ut eos eminere fecerunt superborum contradictiones, quos velut tauros, id est, jugo disciplinæ pacifico lenique non subditos commemorat Apostolus, ubi talem dixit eligendum ad episcopatum, « ut potens sit exhortari in doctrina sana, et contradicentes redarguere (*Tit.*, 1, 9). » Sunt enim multi non subditi ; hi sunt tauri elatione cervicis impatientes aratri juncturæ : vaniloqui, et mentium seductores; has mentes significavit iste Psalmus appellatione vaccarum. Ad hanc ergo utilitatem providentia divina permittit tauros congregari inter vaccas populorum, ut excludantur, id est, ut emineant qui probati sunt argento. Ad hoc enim hæreses sinuntur esse, ut probati manifesti fiant. Quamquam et sic possit intelligi, « Congregatio taurorum inter vaccas populorum, ut ab eis vaccis excludantur qui probati sunt argento. » Hanc enim habent intentionem hæretici doctores, ut ab auribus animarum, quas seducere moliuntur, excludant eos, id est, separent eos qui probati sunt argento, id est, qui idonei sunt docere eloquia Domini. Sed sive illa hujus verbi, sive ista sit sensus ;

voici ce que dit ensuite le Prophète : « Dispersez les races qui veulent la guerre (*Ps.*, LXVII, 31); » car leur but n'est pas de corriger, mais de batailler. Le Prophète veut donc que l'on disperse tout d'abord ceux qui refusent de se corriger et qui cherchent eux-mêmes à disperser le troupeau du Christ. Il se sert du terme de races, non pour montrer entre ces hommes des liens de famille, mais des liens de sectes, ou l'erreur se transmet de main en main par une série de successions.

40. « Des ambassadeurs viendront de l'Égypte, et l'Éthiopie préviendra ses mains (*Ps.*, LXVII, 32). » Par l'Égypte et par l'Éthiopie, le Prophète désigne la foi de toutes les nations, appelant le tout du nom de la partie; et il entend par ambassadeurs, les *prédicateurs de la réconciliation.* « Nous faisons fonctions d'ambassadeurs pour le Christ, dit l'Apôtre, Dieu même vous exhortant par notre bouche; nous vous en conjurons, par le Christ, réconciliez-vous avec Dieu (II *Cor.* v, 20). » Cette prophétie mystique ne s'applique donc pas seulement aux Israélites parmi lesquels ont été choisis les Apôtres, mais encore aux autres nations qui doivent fournir aussi des prédicateurs de la paix chrétienne. Quant à ces mots, « l'Éthiopie préviendra ses mains, » ils signifient qu'elle préviendra le châtiment de Dieu en se convertissant à lui, afin d'obtenir le pardon de ses péchés, et d'éviter d'être punie pour avoir persévéré dans le mal. C'est ce que le Prophète dit en ces termes dans un autre psaume : « Prévenons sa face par la confession de nos péchés (*Ps.* XCIV, 2). » Par les mains il désigne le châtiment, et par la face la manifestation et la présence de Dieu au moment du jugement dernier. Et comme l'Égypte et l'Éthiopie sont nommées pour signifier toutes les nations de la terre, le Prophète ajoute aussitôt : « A Dieu les royaumes de la terre(*Ps.*, LXVII, 33). » Ni à Sabellius, ni à Arius, ni à Donatus, ni aux autres taureaux au front superbe, mais « à Dieu les royaumes de la terre. »

41. Plusieurs manuscrits latins et surtout plusieurs manuscrits grecs divisent les versets de telle sorte que ces mots : « A Dieu les royaumes de la terre », ne forment pas un verset. Le mot « à Dieu » est à la fin du verset précédent; de sorte qu'il faut y lire : « Æthiopia præveniet manus ejus Deo; » et lire ainsi le verset suivant : « Regna terræ cantate Deo, psallite Domino (*Ps.*, LXVII, 33). » Cette seconde leçon, appuyée d'un commun accord par beaucoup de manuscrits dignes de faire autorité, me paraît préférable. Elle exprime cette doctrine, que la foi précède les œuvres, parce que l'impie est justifié par la foi, sans aucun mérite précédent de bonnes œuvres, selon cette parole de l'Apôtre : « A l'homme qui croit en celui qui justifie l'impie, la foi est imputée à justice (*Rom.*, IV,

---

sequitur, « Disperge gentes quæ bella volunt. » Non enim correctioni, sed contentioni student. Hoc ergo prophetat, ut ipsi potius dispergantur, qui corrigi nolunt, qui gregem Christi dispergere affectant. Gentes autem appellavit, non propter generationes familiarum, sed propter genera sectarum, ubi series successionis confirmat errorem.

40. « Venient legati ex Ægypto, Æthiopia præveniet manus ejus (*Ps.*, LXVII, 32).» Ægypti vel Æthiopiæ nomine, omnium gentium fidem significavit, a parte totum : legatos appellans reconciliationis prædicatores. « Pro Christo, inquit, legatione fungimur, tamquam Deo exhortante per nos, obsecramus pro Christo reconciliari Deo (II *Cor.*, v, 20). » Non ergo de solis Israelistis, unde Apostoli electi sunt, sed etiam de ceteris gentibus futuros prædicatores Christianæ pacis, hoc modo mystice prophetatum est. Quod vero ait, Præveniet manus ejus, hoc ait, præveniet vindictam ejus : conversione scilicet ad eum, ut peccata dimittantur, ne peccatores permanendo puniantur. Quod etiam in alio Psalmo dicitur. «Præveniamus faciem ejus in confessione (*Psal.*, XCIV, 2).» Sicut per manus vindictam, ita per faciem revelationem præsentiamque significat, quæ futura est in judicio. Quia ergo per Ægyptum atque Æthiopiam totius orbis gentes significavit; continuo subjunxit, « Deo regna terræ (*Ps.*, LXVII, 33).» Non Sabellio, non Ario, non Donato, non ceteris tauris cervicatis; sed, «Deo regna terræ. »

41. Plures autem codices Latini, et maxime Græci ita distinctos versus habent, ut non sit in eis unus versiculus, «Deo regna terræ;» sed, Deo, in fine sit versus superioris, atque ita dicatur, « Æthiopia præveniet manus ejus Deo, » ac deinde sequatur in alio versu, « Regna terræ cantate Deo, psallite Domino. » Qua distinctione, multorum codicum et auctoritate digniorum consonantia, sine dubio præferenda, fides commendari mihi videtur, quæ opera præcedit : quia sine bonorum operum meritis per fidem justificatur impius, sicut dicit Apostolus,

5); » afin qu'ensuite la foi commence à opérer par la charité. On ne peut en effet réellement appeler bonnes œuvres que celles qui sont opérées pour l'amour de Dieu. Or il faut que la foi précède ces œuvres, si bien que les œuvres procèdent de la foi et non la foi des œuvres. Car nul n'agit pour l'amour de Dieu, s'il ne croit d'abord en lui. C'est de cette foi que l'Apôtre a dit : « En Jésus-Christ, ni la circoncision ni l'incirconcision ne servent de rien ; mais la foi qui agit par la charité (*Gal.*, v, 6). » C'est de cette foi qu'il est dit à l'Église elle-même, dans le Cantique des cantiques : « Vous viendrez et vous passerez par le commencement de la foi (*Cant.*, iv, 8, selon les Septante). » En effet, l'Église est venue, comme le char de Dieu, formée de milliers d'hommes qui se livrent à la joie, et, parcourant heureusement son chemin, elle a passé de ce monde à son Père (*Jean*, xiii, 1); afin de voir accomplies en elle ces paroles de l'époux, qui a passé, lui aussi, de ce monde à son Père : « Partout où je serai, je veux que ceux que vous m'avez donnés soient aussi avec moi (*Jean*, xxvii, 24); » et son point de départ a été le commencement de la foi. Donc, puisque la foi précède les bonnes œuvres, et qu'il n'y a de bonnes œuvres que celles qui suivent une foi antécédente, nous ne pensons pas que ces paroles : « Æthiopia præveniet manus ejus Deo, » signifient autre chose que : l'Éthiopie croira en Dieu. C'est ainsi qu'en effet, elle « préviendra ses mains pour Dieu, » ses mains, c'est-à-dire ses œuvres. Les mains, les œuvres de qui, si ce n'est de l'Éthiopie ? En grec il n'y a aucune ambiguïté ; le pronom possessif y est très-certainement du genre féminin. En disant donc que « l'Éthiopie préviendra ses mains pour Dieu, » le Prophète a simplement exprimé qu'elle préviendra, par sa foi en Dieu, ses propres œuvres. « Car je pense, dit l'Apôtre, que les hommes sont justifiés par la foi sans les œuvres de la Loi. Dieu n'est-il le Dieu que des Juifs ? N'est-il pas aussi celui des Gentils (*Rom.*, iii, 28, 29) ? » C'est donc ainsi que l'Éthiopie, qui paraît être aux dernières limites des nations, est justifiée par la foi sans les œuvres de la Loi. En effet, pour être justifiée, elle ne se glorifie pas des œuvres de la Loi ; elle ne met pas ses mérites avant la foi mais elle fait précéder ses œuvres par la foi. Plusieurs manuscrits ne portent pas « ses mains, » mais « sa main, » ce qui présente le même sens, parce que l'une et l'autre expression signifie, ses œuvres. Mais j'aimerais mieux que les traducteurs latins se fussent ainsi exprimés : « Æthiopia præveniet manus suas, » ou « manum suam Deo, » parce que le sens eût été plus clair qu'avec le mot « ejus », qui est dans la traduction. Ce change-

---

« Credenti in eum, qui justificat impium, deputatur fides ejus ad justitiam (*Rom.*, iv, 5): » ut deinde ipsa fides per dilectionem incipiat operari. Ea quippe sola bona opera dicenda sunt, quæ fiunt per dilectionem Dei. Hæc autem necesse est antecedat fides, ut in ista, non ab istis incipiat illa : quoniam nullus operatur per dilectionem Dei, nisi prius credat in Deum. Hæc est fides, de qua dicitur, « In Christo enim Jesu neque circumcisio aliquid valet, neque præputium, sed fides quæ per dilectionem operatur (*Gal.*, v, 6). » Hæc est fides, de qua ipsi Ecclesiæ dicitur in Canticis canticorum, « Venies, et pertransies ab initio fidei (*Cant.*, iv, 8, seq., lxx).» Venit enim tanquam currus Dei in millibus lætantium, neque præputium, prosperum iter habens, et pertransiit de hoc mundo ad Patrem (*Johan.*, xiii, 1) : ut fiat in ea quod sponsus ipse dicit, qui transiit de hoc mundo ad Patrem, « Volo ut ubi ego sum, et isti sint mecum (*Johan.*, xvii, 24) : » sed ab initio fidei. Quia ergo ut bona opera sequantur, præcedit fides ; nec ulla sunt bona opera, nisi quæ sequantur præcedentem fidem : nihil aliud videtur dictum, « Æthiopia præveniet manus ejus Deo, » nisi, Æthiopia credet Deo. Sic enim « præveniet manus ejus, » id est, opera ejus. Cujus nisi ipsius Æthiopiæ ? Quia hoc in Græco non est ambiguum : ejus quippe ibi feminino genere apertissime positum est. Ac per hoc nihil aliud dictum est, quam « Æthiopia præveniet manus suas Deo, » id est, credendo in Deum præveniet opera sua. « Existimo enim, inquit Apostolus, justificari hominem per fidem sine operibus Legis. An Judæorum Deus tantum ? nonne et Gentium (*Rom.*, iii, 28 et 29) ? » Si ergo Æthiopia, quæ videtur extrema Gentium, justificatur per fidem sine operibus Legis. Non enim, ut justificetur, de Legis operibus gloriatur ; nec præponit fidei merita sua, sed fide prævenit opera sua. Plures sane codices (*a*) non habent, « manus ; » sed « manum : » quod tantumdem valet,

(a) Editi, *codices Græci non habent*. Abest, *Græci*, a melioribus MSS.

ment n'eût altéré en rien le sens, parce que le pronom grec αὐτῆς peut se rendre en latin non-seulement par « ejus », mais encore par « suas » ou par le mot : « suam. » Il faudrait donc mettre ici « suam » si on lit : « manum »; et « suas » si on lit « manus. » Quant au grec, la plupart des manuscrits portent χεῖρα αὐτῆς expression qui se rend en latin par : « manum ejus » ou par « manum suam »; d'autres manuscrits au contraire, mais en très-petit nombre, portent χεῖρὰς αὐτῆς qui se traduit également par « manus ejus » ou par « manus suas. »

42. Ayant ainsi comme parcouru prophétiquement tous les faits dont nous voyons aujourd'hui l'accomplissement, le Prophète exhorte les peuples à glorifier le Christ, et ensuite il annonce son futur avénement. « Royaumes de la terre, adressez à Dieu des cantiques, célébrez le Seigneur sur le psalterion ; célébrez sur le psalterion le Dieu qui est monté au-dessus du Ciel des Cieux à l'Orient ; » ou selon quelques manuscrits : « qui est monté au-dessus du Ciel du Ciel à l'Orient (*Ps.*, LXVII, 33 et 34). » Pour ne pas reconnaître le Christ dans ces paroles, il faut ne pas croire à sa Résurrection, ni à son Ascension. En ajoutant, à l'Orient, le Prophète n'a-t-il pas spécifié le pays même, situé à l'Orient, où le Christ est ressuscité et d'où il est monté au Ciel ? Il est donc assis à la droite de son Père, au-dessus du Ciel du Ciel. C'est ce que dit l'Apôtre : « C'est lui qui est monté au-dessus de tous les Cieux (*Éphés.*, IV, 10). » Quels cieux, en effet, reste-t-il à imaginer après qu'on a nommé le Ciel du Ciel ? Nous pouvons dire même, si nous le préférons, les Cieux des Cieux ; car nous voyons que Dieu a donné au Ciel le nom de Firmament (*Gen.*, I, 8), et cependant, ce même Ciel, en un autre endroit, est appelé les Cieux : « Que les eaux qui sont au-dessus des Cieux célébrent le nom du Seigneur (*Ps.*, CXLVIII, 4). » Et comme c'est de là que le Seigneur doit venir juger les vivants et les morts, remarquez en quels termes le Prophète l'annonce : « Il fera retentir sa voix, la voix de sa puissance. » Lui qui était sans voix comme l'Agneau devant celui qui le tond (*Isaïe*, LIII, 7), » voilà « qu'il fera entendre sa voix. » Non la voix de la faiblesse, la voix de l'accusé ; mais « la voix de sa puissance, » la voix du juge. Car il ne sera plus, comme la première fois, un Dieu caché, se tenant la bouche fermée devant les hommes qui le jugeaient ; mais « il viendra dans tout l'éclat de sa divinité, il est notre Dieu et il ne restera pas silencieux (*Ps.*, XLIX, 3). » Pourquoi douter de ces paroles, ô hommes infidèles ? Pourquoi vous rire de ces menaces ? Que dit le mauvais serviteur ? « Mon

---

quoniam pro operibus positum est. Mallem autem Latini interpretes sic transtulissent : « Æthiopia præveniet manus suas (*a*),» vel « manum suam Deo : » quoniam planius hoc esset, quam quod nunc dictum est, « ejus : » et salva veritate fieri posset, quia in Græca lingua id pronomen non solum « ejus, » sed etiam « suam » vel « suas » potest intelligi : « suam » ergo, si « manum ;»« suas » autem, si« manus. » Nam quod est in Græco, χεῖρα αὐτῆς quod plures codices habent, « et manum ejus,« et « manum suam » potest intelligi : quod vero rarum est in codicibus Græcis, χεῖρας αὐτῆς « et manus ejus,» et « manus suas » Latine potest dici.

42. Hinc jam, velut decursis per prophetiam rebus omnibus, quas impletas esse jam cernimus, hortatur ad laudem Christi, ac deinde prænuntiat futurum ejus adventum. « Regna terræ cantate Deo, psallite Domino : psallite Deo (*Psal.*, LXVII, 33), qui adscendit super cælum cælorum ad Orientem (*Ibid.*, 34). » Vel sicut nonnulli codices habent, « Qui adscendit super cælum cæli, ad Orientem. » In his verbis ille non intelligit Christum, qui ejus resurrectionem adscensionemque non credit. « Ad Orientem » vero quod addidit, nonne etiam ipsum locum, quoniam in partibus Orientis est, ubi resurrexit et unde adscendit, expressit ? Ergo super cælum cæli sedet ad dexteram Patris. Hoc est quod dicit Apostolus, « Ipse est qui adscendit super omnes cælos (*Ephes.*, IV, 10). » Quid enim cælorum restat post cælum cæli ? Quos et cælos cælorum possumus dicere, sicut vocavit firmamentum cælum (*Gen.*, I, 8) : quod tamen cælum, etiam cælos legimus, ubi scriptum est, « Et aquæ quæ super cælos sunt, laudent nomen Domini (*Psal.*, CXLVIII, 4). » Et quoniam inde venturus est ad judicandos vivos et mortuos (*Act.*, I, 11), adtende quod sequitur : « Ecce dabit vocem suam, vocem virtutis. » Ille qui «sicut agnus coram tondente se fuit sine voce (*Isai.*, LIII, 7), » « ecce dabit vocem suam :» nec vocem infirmitatis, tamquam judicandus, sed, « vocem virtutis, » tamquam judicaturus.

(*a*) Sic MSS. At editi, *quam manus ejus Deo*.

Maître tarde à venir (*Luc*, XII, 45). » « Voilà qu'il fera retentir sa voix, la voix de sa puissance (*Ps.*, LXVII, 34). »

43. « Rendez gloire à Dieu ; sa magnificence brille sur Israël (*Ps.*, LXVII, 35) : » sur cet Israël dont l'Apôtre a dit : « Sur l'Israël de Dieu(*Psal.*, VI, 16). » « Car tous ceux qui sont d'Israël ne sont pas des Israélites, » dit-il encore (*Rom.*, IX, 6); parce qu'il y a aussi un Israël selon la chair. En effet le même Apôtre dit encore : « Considérez ceux qui sont Israélites selon la chair (I *Cor.*, X, 18); » « mais les enfants de la chair ne sont pas les enfants de Dieu ; ce sont les enfants de la promesse qui sont comptés dans la postérité d'Abraham (*Rom.*, IX, 8). » Donc, quand le peuple de Dieu sera purgé de tout mélange avec les méchants ; quand il sera comme le blé purifié par le van (*Matth.*, III, 12); quand il sera l'Israël en qui il n'y a point d'artifice (*Jean*, I, 47) ; alors « la magnificence de Dieu brillera sur Israël et sa force éclatera sur les nuées (*Ps.*, LXVII, 35). » Car il ne viendra pas seul pour juger, mais il viendra « avec les anciens de son peuple (*Isaïe*, III, 14), » auxquels il a promis qu'ils seraient assis sur des trônes pour juger (*Matth.*, XIX, 28), et qui jugeront même les Anges (I *Cor.*, VII, 3). Ce sont eux les nuées.

44. Enfin, de peur qu'on ne donnât un autre sens au mot nuées, le Prophète ajoute : « Dieu, le Dieu d'Israël est admirable dans ses saints (*Ps.*, LXVII, 36). » A ce moment, en effet, le nom d'Israël, qui signifie : Voyant Dieu, sera véritablement et complétement réalisé, « parce que nous le verrons tel qu'il est (I *Jean*, III, 2). » A son peuple qui est maintenant fragile et faible, « A son peuple il donnera la force et la puissance ; béni soit notre Dieu (*Ps.*, LXVII, 36) ! » En effet, « nous portons notre trésor dans des vases de terre (II *Cor.*, IV, 8); » mais alors, par le glorieux changement qui aura lieu même dans les corps, « il donnera la force et la puissance à son peuple. » Car, comme le dit l'Apôtre, « Le corps, semblable à une semence, est mis en terre dans sa faiblesse ; et il en sortira plein de force (I *Cor.*, XV, 43). » le Christ lui donnera donc la force qu'il a le premier déposée dans sa propre chair, et que l'Apôtre appelle « la force de la résurrection (*Philipp.*, III, 10) ; » « cette force par laquelle la mort sera détruite (I *Cor.*, XV, 16). » Bien que ce psaume fût très-long et difficile à comprendre, cependant, avec le secours de Dieu, nous en avons terminé l'explication. « Béni soit notre Dieu ! » Ainsi soit-il !

Non enim Deus occultus, sicut prius, et hominum judicio non aperiens os suum ; sed « Deus manifestus veniet, Deus noster, et non silebit (*Psal.*, XLIX, 3). » Quid desperatis infideles ? quid irridetis ? Quid dicit servus malus, « Tardat Dominus meus venire (*Lucæ*, XII, 45) ? Ecce dabit vocem suam, vocem virtutis. »
43. « Date gloriam Deo, super Israël magnificentia ejus (*Ps.*, LXVII, 35). » De quo dicit Apostolus, « Super Israël Dei (*Gal.*, VI, 16). » « Non enim omnes qui ex Israël, hi sunt Israëlitæ (*Rom.*, IX, 6) ; » quoniam est et Israël secundum carnem. Unde ait, « Videte Israël secundum carnem (I *Cor.*, X, 18). » « Non autem qui filii carnis, hi filii Dei ; sed filii promissionis deputantur in semine (*Rom.*, IX, 8). » Tunc ergo quando erit sine ulla malorum commixtione populus ejus, tamquam massa ventilabro emundata (*Matth.*, III, 12), tamquam Israël in quo dolus non est (*Johan.*, I, 47), tunc eminentissime erit « super Israël magnificentia ejus ; et virtus ejus in nubibus. » « Non enim solus veniet ad judicium, sed cum senioribus populi sui (*Isai.*, III, 14) : quibus promisit quod sedebunt super sedes judicaturi (*Matth.*, XIX, 28), qui etiam angelos judicabunt (I *Cor.*, VI, 3). Hæ sunt nubes.

44. Denique ne aliud nubes intelligerentur, secutus adjunxit, « Mirabilis Deus in sanctis suis, Deus Israël (*Ps.*, LXVII, 36). » Tunc enim et nomen ipsum verissime ac plenissime implebitur Israël, quod est videns Deum : « quoniam videbimus eum sicuti est (I *Johan.*, III, 2). » « Ipse dabit virtutem et fortitudinem plebi suæ, benedictus Deus : » nunc (*a*) fragili et infirmæ. « Habemus enim thesaurum istum in vasis fictilibus (II *Cor.*, IV, 7). » Tunc vero etiam corporum gloriosissima commutatione, « ipse dabit virtutem et fortitudinem plebi suæ. » « Seminatur enim hoc corpus in infirmitate, surget in virtute (I *Cor.*, XV, 43). » Ipse ergo dabit virtutem, quam in sua carne præmisit, de qua dicit Apostolus, « Virtutem resurrectionis ejus (*Philip.*, III, 10). » Fortitudinem autem, quia inimica destruetur mors (I *Cor.*, XV, 26). Quoniam itaque prolixum, et ad intelligendum difficilem Psalmum tandem aliquando, ipso adjuvante, finivimus, « Benedictus Deus. » Amen.

(*a*) Sic MSS. At editi, *nunc fragiles et infirmi*.

DISCOURS SUR LE PSAUME LXVIII.

DISCOURS SUR LA PREMIÈRE PARTIE DU PSAUME.

1. Nous sommes venus en ce monde et nous avons été incorporés au peuple de Dieu, dans un temps où déjà le grain de sénevé, après avoir été comme un légume, est devenu un arbre et a étendu ses branches ; où le levain, qui était d'abord sans valeur apparente, a déjà fait fermenter les trois mesures de farine (*Matth.*, XIII, 31, 33 et *Luc*, XIII, 19, 21), c'est-à-dire tout l'univers repeuplé par les trois fils de Noé (*Gen.*, IV, 13). Car de l'Orient et de l'Occident, de l'Aquilon et du Midi, arrivent des fidèles, qui prendront place au festin céleste, auprès des Patriarches, tandis que ceux qui sont nés de leur sang, mais qui n'ont pas imité leur foi, seront rejetés hors de la salle (*Matth.*, VIII, 11). Nos yeux, en s'ouvrant, ont contemplé cette gloire de l'Église du Christ ; elle, la femme stérile, à qui le Prophète avait annoncé la joie, et prédit qu'elle aurait des enfants plus nombreux que la femme qui a un époux (*Isaïe*, LIV, 1, et *Gal.*, IV, 27), nous l'avons trouvée à notre naissance, n'ayant déjà plus souvenir de ses opprobres et de l'ignominie de sa viduité. C'est pourquoi, quand nous lisons dans quelque prophétie des paroles d'humilité, mises dans la bouche du Christ ou dans la nôtre, nous sommes portés peut-être à nous en étonner. Peut-être en effet, nous touchent-elles moins, parce que nous ne sommes pas venus en ce temps, où de nombreuses tribulations faisaient que les Chrétiens qui les lisaient en savouraient le

IN PSALMUM LXVIII.

ENARRATIO.

1. Eo tempore in hoc sæculo exorti sumus et aggregati populo Dei, quo jam olus illud ex grano sinapis tetendit brachia sua (*Matth.*, XIII, 31 et 33) : quo jam fermentum illud, quod primo contemtibile fuit, fermentavit tres mensuras (*Lucæ.*, XII, 19 et 21), id est, totum orbem terrarum reparatum ex tribus filiis Noe (*Gen.*, IX, 49) : quoniam ab Oriente et Occidente et Aquilone et Austro veniunt, qui recumbent cum patriarchis (*Matth.*, VIII, 11), expulsis foras eis, qui de illorum carne sunt nati, et eorum fidem non sunt imitati. Ad hanc ergo Christi Ecclesiæ gloriam oculos aperuimus ; et illam sterilem, cui gaudium indictum atque prædictum est (*Isai.*, LIV, 1, *Gal.*, IV, 47), quod plures filios habitura esset, quam illa quæ habebat virum, jam talem invenimus quæ oblita esset opprobriorum et ignominiæ viduitatis suæ : et ideo possumus forte mirari cum voces humilitatis Christi, vel nostræ, legerimus in aliqua prophetia. Et fieri potest, ut minus ex eis afficiamur ; quia non eo tempore venimus, quando ista cum sapore legebantur abundante pressura. Sed rursus si tribulationum abundantium cogitemus, et in qua ambulemus via cognoscamus, (si tamen in illa ambulamus,) quam sit angusta (*Matth.*, VII, 14), et per pressuras atque tribulationes perducat ad requiem sempiternam ; quanque ipsa quæ in rebus humanis vocatur felicitas, plus sit timenda quam miseria ; quando quidem miseria plerumque affert ex tribu-

goût. Mais, d'un autre côté, si nous pensons à nos afflictions multipliées; si nous jugeons combien la voie où nous marchons, (pourvu toutefois que nous y marchions,) est étroite et escarpée (*Matth.*, VII, 14); comment elle nous conduit au repos éternel à travers les souffrances et les tribulations ; combien ce que l'on appelle félicité dans les choses humaines est plus à craindre que la misère, puisque la misère produit le plus souvent de bons fruits au moyen de l'affliction, et que la félicité, au contraire, corrompt l'âme par une dangereuse sécurité, en donnant lieu aux tentations du démon ; si donc nous considérons prudemment et sagement que nous ne sommes que des victimes conservées par le sel, que la vie sur terre n'est qu'une tentation (*Job*, VII, 1), et que personne ne peut être et ne doit se croire en sécurité, jusqu'à ce qu'il soit arrivé à cette patrie d'où aucun ami n'est rejeté, où aucun ennemi n'est reçu ; nous reconnaissons alors, au milieu même de la gloire de l'Église, la voix de notre affliction. Membres du Christ, soumis à notre tête par le lien de la charité, qui nous unit tous dans le même corps, nous dirons donc avec les Psaumes, ce que nous verrons ici que les martyrs ont dit avant nous, parce que l'affliction est le partage commun des Chrétiens, depuis le commencement jusqu'à la fin. Cependant, reconnaissons d'abord la graine de sénevé, dans le psaume que nous avons entrepris d'expliquer et dont nous nous proposons de parler à Votre Charité au nom de Dieu. Détournons un peu notre pensée de la hauteur de cette herbe devenue un arbre et de la gloire que lui donne l'étendue de ses branches, où reposent les oiseaux du ciel. Écoutons de quelle humble petitesse est sortie cette grandeur qui nous charme. En effet, c'est ici le Christ qui parle, mais nous vous le disons et vous le savez déjà, c'est le Christ tout entier, non-seulement la tête, mais aussi le corps. Nous le reconnaissons aux paroles mêmes du Psaume : car le Christ parle ici, il ne nous est pas permis d'en douter. Nous y trouvons, en effet, des paroles qui prédisent des faits accomplis dans sa passion : « Ils m'ont donné du fiel pour nourriture et, dans ma soif, ils m'ont abreuvé de vinaigre (*Ps.*, LXVIII, 22). » Ce jour-là, cette prophétie fut accomplie à la lettre et les choses furent reproduites comme elles avaient été prédites. En effet, le Christ, suspendu sur la croix, ayant dit : « J'ai soif, » et sur cette parole, du vinaigre lui ayant été présenté sur une éponge, et Jésus, après l'avoir bu, ayant dit : « Tout est accompli » bénissant alors la tête, et rendant l'esprit (*Jean*, XIX, 30), afin de montrer par-là que tout ce qui avait été prédit était, dès lors, accompli en lui ; il nous est impossible de comprendre autre chose dans ce psaume. Les Apôtres aussi, en parlant du Christ,

---

latione fructum bonum, felicitas autem corrumpit animam perversa securitate, et dat locum diabolo tentatori : cum ergo cogitaverimus prudenter et recte, sicut (*a*) salita victima, tentationem esse vitam humanam super terram (*Job.*, VII, 1), neminemque omnino esse securum, nec debere esse securum, donec ad illam patriam veniatur, quo nemo exit amicus, in ipsa Ecclesiæ gloria agnoscimus voces tribulationis nostræ : et tamquam membra Christi, compage caritatis subdita capiti nostro, et nos invicem retinentia, dicemus de Psalmis, quod hic dixisse invenerimus Martyres, qui fuerunt ante nos; quia tribulatio communis est omnibus ab initio usque in finem. Tamen istum Psalmum quem tractandum suscepimus, et de quo loqui Caritati Vestræ in nomine Domini proposuimus, in grano sinapis agnoscamus (*Matth.*, XIII, 31) : paululum ab altitudine oleris et diffusione ramorum, et ab illa gloria, ubi aves cœli requiescunt, avocemus cogitationem ; et hæc magnitudo quæ nos delectat in olere, quam de parvo surrexerit audiamus. Christus enim hic loquitur : (sed jam scientibus dicimus :) Christus non solum caput, sed et corpus. Ex ipsis verbis agnoscimus. Nam quia Christus hic loquitur, dubitare omnino non permittimur. Hic sunt enim expressa verba, quæ in ejus passione completa sunt : « Dederunt in escam meam fel, et in siti mea potaverunt me aceto (*Ps.*, LXVIII, 22) : » quando ista et ad litteram impleta sunt, et prorsus quomodo prædicta, sic reddita. Cumque ipse Christus dixisset, « Sitio (*Johan.*, XIX, 28), » positum in cruce, et ad hoc verbum ei acetum in spongia datum esset, quo accepto dixit, Consummatum est, et sic inclinato capite tradidit spiritum, ostendens ista omnia quæ prædicta sunt in illo fuisse tunc consummata, non licet hic aliud intelligere. Apostoli etiam

(*a*) Sic Regius MS. At editi, *sicut psallit hæc victima* : quibus plerique MSS. perperam suffragantur.

lui ont rendu différents témoignages, tirés de ce psaume. Or, qui pourrait se séparer de leurs pensées ? Quel agneau ne suivrait les béliers ? C'est donc le Christ qui parle ici, et plutôt que d'en faire la démonstration, nous devons nous attacher à montrer quels sont les endroits dans lesquels parlent ses membres, afin qu'il soit bien établi que le Christ y parle tout entier.

2. Voici le titre du Psaume : « Pour la fin, pour ceux qui seront changés ; psaume de David pour lui-même (*Ps.*, LXVIII, 1). » Il s'agit, remarquez-le, d'un changement en mieux, car tout changement se fait en mieux ou en pis. Adam et Ève ont changé en pis ; ceux qui ont quitté Adam et Ève pour s'attacher au Christ, ont changé en mieux. « En effet, » dit l'Apôtre, « par un homme est venu la mort, et par un homme la résurrection des morts. Et comme tous meurent en Adam, tous revivront aussi dans le Christ (I *Cor.*, XV, 21, 22). » Adam a changé de l'état dans lequel Dieu l'avait formé : mais, par son iniquité, il a changé en pis ; les fidèles changent de l'état que leur a fait l'iniquité ; mais, par la grâce de Dieu, ils changent en mieux. Notre changement en pis a été le fait de notre iniquité ; notre changement en mieux n'est pas dû à notre justice, mais à la grâce de Dieu qui le produit. C'est donc à nous-mêmes qu'il faut imputer notre changement en pis ; c'est Dieu qu'il faut louer de notre changement en mieux. Ce Psaume est donc « pour ceux qui seront changés. » Mais comment s'est opéré ce changement, si ce n'est par la passion du Christ ? En effet, Pâque veut dire en latin passage. Ce n'est point un mot grec, mais un mot hébreu. Littéralement reproduit en grec il exprime la souffrance, πασχεῖν signifiant souffrir ; mais si l'on se reporte à la langue hébraïque, il a un autre sens, et veut dire passage. Cette explication nous est même insinuée par l'Évangéliste saint Jean, qui, parlant des approches de la passion, et du moment où le Seigneur vint célébrer la cène dans laquelle il institua le sacrement de son corps et de son sang, nous dit : « Or, l'heure étant arrivée, où Jésus devait passer de ce monde à son Père (*Jean*, XIII, 1). » Il a donc exprimé le passage de la Pâque. Mais, si celui qui est venu sur terre à cause de nous n'était passé de ce monde à son Père, comment pourrions-nous passer de ce monde à notre Père, nous qui ne sommes pas descendus ici-bas pour y relever autrui, mais qui y sommes tombés ? Pour lui, il n'est pas tombé sur terre, il y est descendu pour relever l'homme qui y était tombé. Nous passons donc, lui et nous, de ce monde à notre Père, de ce monde au royaume des cieux, de cette vie mortelle à la vie éternelle, de la vie terrestre à la vie céleste, de la vie corruptible à la vie incorruptible, du milieu des tribulations à une éternelle sécurité. C'est pourquoi ce Psaume

---

loquentes de Christo, testimonia ex isto Psalmo dederunt. Quis autem deviet a sententiis eorum ? aut quis agnus non sequatur arietes ? Ergo Christus hic loquitur : magisque nobis demonstrandum est, ubi ejus membra loquantur, ut ostendamus quia totus hic loquitur, quam dubitandum quod Christus loquatur.

2. Titulus Psalmi est : « In finem, pro his qui commutabuntur, ipsi David (*Ps.*, LXVIII, 1). » Nunc commutationem in melius audi : commutatio enim, vel in deterius est, vel in melius. Adam et Eva in deterius ; qui ex Adam et Eva Christo adhæserunt, in melius commutati sunt. Sicut enim per unum hominem mors, ita et per unum hominem resurrectio mortuorum : et sicut in Adam omnes moriuntur, sic et in Christo omnes vivificabuntur (I *Cor.*, XV, 21 et 22). Ab eo quod formavit Deus, mutatus est Adam, sed in pejus iniquitatis suæ : ab eo quod operata est iniquitas, mutantur fideles, sed in melius per gratiam Dei. Ut mutaremur in pejus, nostra iniquitas fuit : ut mutaremur in melius, non nostra justitia, sed gratia Dei præstat. Quod ergo in pejus mutati sumus, nobis imputemus : quod in melius commutamur, Deum laudemus. « Pro his » ergo iste Psalmus, « qui commutabuntur. » Unde autem ista commutatio facta est, nisi ex passione Christi ? Pascha ipsum Latine transitus interpretatur. Non est enim Pascha Græcum nomen, sed Hebræum. Resonat quidem in Græca lingua passionem, quia πασχεῖν pati dicitur : sed consultum Hebræum eloquium, aliud indicat. Pascha transitum commendat. Quod admonuit etiam Johannes Evangelista, qui imminente passione cum veniret Dominus ad cœnam, qua commendavit sacramentum corporis et sanguinis sui, ita loquitur : « Cum autem venisset hora, qua transiret Jesus de hoc mundo ad Patrem (*Johan.*, XIII, 1). » Expressit ergo transitum Paschæ. Sed nisi ipse transiret hinc ad Patrem, qui propter nos venit, nos transire hinc quomodo possemus, qui non propter aliquid levandum

est intitulé : « Pour ceux qui seront changés. » Remarquons donc la cause de notre changement, c'est-à-dire la Passion même du Seigneur, reconnaissons dans les paroles du psaume notre voix au milieu des tribulations, et gémissons avec le Psaume, afin que cette attention, cette connaissance et ces gémissements amènent notre changement et que nous méritions en nous l'accomplissement du titre du Psaume : « Pour ceux qui sont changés. »

3. « Sauvez-moi, mon Dieu, parce que les eaux sont entrées jusque dans mon âme (*Ps.* LXVIII, 2). » Voilà cette graine, encore dans l'état d'abjection, qui paraît proférer d'humbles paroles. Elle est enfouie dans le jardin, et le monde s'étonnera un jour de la grandeur de cette plante dont les Juifs ont méprisé la semence. Considérez, en effet, cette graine de sénevé, toute petite, noirâtre, indigne de la moindre attention; comme en elle s'accomplit la parole d'Isaïe : « Nous l'avons vu et il n'avait ni beauté ni éclat (*Isaïe*, LIII, 2). » Mais le Prophète dit que les eaux sont entrées jusque dans son âme, parce que les foules tumultueuses, figurées par les eaux, ont pu prévaloir au point de mettre le Christ à mort. Elles ont prévalu contre lui au point de le mépriser, de le faire prisonnier, de l'enchaîner, de l'insulter, de le souffleter, de lui cracher à la face. Jusqu'où encore ont-elles prévalu? Jusqu'à le tuer. « Les eaux sont donc entrées jusque dans mon âme. » Or, par son âme, il veut dire sa vie, jusqu'à laquelle ils ont pu pénétrer dans leur fureur. Mais l'auraient-ils jamais pu, si lui-même ne l'eût permis? Pourquoi donc ce cri, comme s'il souffrait malgré lui, sinon parce que la tête représentait par avance les membres? Il a souffert, parce qu'il l'a voulu; mais les martyrs ont souffert, lors même qu'ils ne le voulaient pas. Voilà en effet dans quels termes le Seigneur a prédit à Pierre son martyre : « Lorsque vous serez vieux, un autre vous ceindra et vous mènera où vous ne voudrez pas aller (*Jean*, XXI, 18). » Car, bien que nous désirions arriver jusqu'au Christ, cependant, nous ne voulons pas mourir; et si nous souffrons volontiers, ou plutôt patiemment, c'est parce qu'aucune autre voie ne nous est ouverte pour arriver jusqu'à lui. Car si nous pouvions arriver au Christ, c'est-à-dire à la vie éternelle, par un autre moyen, qui voudrait mourir? L'Apôtre expliquant en quelque endroit notre nature, c'est-à-dire l'intime union de notre âme et de notre corps, et l'étroit lien de vie commune qui les

---

descendimus, sed cecidimus? Ipse autem non cecidit; sed descendit, ut eum qui ceciderat sublevaret. Transitus ergo et illius est noster hinc ad Patrem, de hoc mundo ad regnum cælorum, de vita mortali ad vitam æternam, de vita terrena ad vitam cælestem, de vita corruptibili ad incorruptibilem, de tribulationum conversatione ad perpetuam securitatem. Ideo, « Pro his qui commutabuntur, » Psalmi titulus est. Caussam igitur commutationis nostræ, id est, ipsam Domini passionem nostramque in tribulationibus vocem in textu Psalmi advertamus, cognoscamus, congemiscamus ; et audiendo, cognoscendo, congemiscendo mutemur, ut impleatur in nobis titulus Psalmi, « Pro his qui commutabuntur. »

3. « Salvum me fac Deus, quoniam introierunt aquæ usque ad animam meam (*Ps.*, LXVIII, 2). » Granum illud est contemtum (*a*) modo, quod videtur humiles dare voces. In horto obruitur, miraturo mundo oleris magnitudinem, cujus oleris semen contemtum est a Judæis. Re vera enim considerate semen sinapis minutum, fuscum, aspernabile prorsus, ut ibi impleatur quod dictum est. « Vidimus eum, et non habebat speciem neque decorem (*Isai.*, LIII, 2), » Aquas autem dixit animam suam dicit : quia potuerunt illæ turbæ, quas aquarum nomine significavit, huc usque prævalere, ut occiderent Christum. Prævaluerunt ad contemnendum, ad tenendum, ad ligandum, ad insultandum, ad colaphizandum, ad conspuendum. Adhuc quo usque ? Usque ad mortem. Ergo « introierunt aquæ usque ad animam meam. » Hanc quippe vitam dixit animam suam, quo usque illi accedere sæviendo potuerunt. Sed numquid hoc possent, nisi ab ipso permitterentur ? Unde ergo tamquam aliquid invitus patiatur sic clamat, nisi quia caput membra sua præfigurat ? Passus est quippe ille, quia voluit; Martyres vero, etiam si noluerunt. Petro namque ita prædixit passionem suam : « Cum senueris, inquit, alius te præcinget, et feret quo tu non vis (*Johan.* XXI, 18). » Quamquam enim Christo inhærere cupiamus, mori tamen nolumus : et ideo libenter, vel potius patienter patimur, quia alius

---

(*a*) Er. et duo MSS. *contemtum mundo*. Paulo post pro *obruitur*, quod MSS. verbum est, editi, præferunt *oritur*. Denique Regius codex hunc locum sic exibet: *Granum illud est contemtum : Modo quod videtur humiles dare voces, in horto obruitur. Miratur nunc mundus oleris magnitudinem*, etc.

soude, pour ainsi dire, et les colle l'un à l'autre, dit que nous avons dans le ciel une maison qui n'est pas faite de main d'homme, mais qui est éternelle, c'est-à-dire que l'immortalité nous y est préparée et qu'à la fin des temps nous en serons revêtus, lorsque nous ressusciterons d'entre les morts, et il ajoute : « Mais nous ne voulons pas être d'abord dépouillés de notre corps, nous voulons être revêtus par-dessus de cette immortalité, en sorte que ce qu'il y a en nous de mortel soit absorbé par la vie (II *Cor.*, v, 1, 4). » Si cela était possible, nous voudrions, dit-il, devenir immortels, de telle sorte que l'immortalité nous vînt immédiatement, et nous changeât dès maintenant tels que nous sommes, en absorbant dans la vie ce qu'il y a de mortel en nous, sans que nous eussions à perdre notre corps dans la mort pour le recevoir de nouveau à la fin. Ainsi, quoique nous passions de grands maux à de grands biens, cependant le passage même a quelque chose d'amer ; il y a là de ce fiel que les Juifs ont présenté au Seigneur dans sa passion ; il y a là quelque chose d'âcre à supporter, qui rappelle le vinaigre qu'on lui a donné à boire (*Matth.*, XXVII, 34). Le Christ se faisant donc notre figure et nous transformant en lui s'écrie : « Sauvez-moi, ô Dieu, parce que les eaux sont entrées jusque dans mon âme. » Ceux qui le persécutaient ont pu lui faire subir même la mort, mais ils ne pourront jamais rien faire de plus. Le Seigneur nous en a lui-même donné l'assurance : « Ne craignez pas, a-t-il dit, ceux qui tuent le corps et ne peuvent rien faire de plus ; mais craignez celui qui peut tuer le corps et l'âme dans la géhenne du feu (*Id.*, X, 28). » La crainte de maux plus redoutables nous fait mépriser des maux moins graves, et un désir plus ardent de l'éternité nous fait dédaigner les biens temporels. Car, ici-bas, les délices temporelles sont douces, et les tribulations temporelles sont amères ; mais qui ne boirait le calice des tribulations temporelles, par crainte du feu de l'enfer, et qui ne mépriserait la douceur du siècle, en aspirant à la douceur de la vie éternelle ? Crions donc, pour être délivrés de ce monde, de peur que pressurés par les afflictions nous n'adhérions à l'iniquité et que les eaux ne nous engloutissent d'une manière irréparable : « Sauvez-moi, ô Dieu, parce que les eaux sont entrées jusque dans mon âme. »

4. « Je suis enfoncé dans la boue de l'abîme et je n'y trouve aucune substance (*Ps.*, LXVIII, 3). » Que représente-t-il par cette boue ? Ne sont-ce pas ses persécuteurs ? En effet, l'homme a été fait de boue (*Genèse*, II, 7). Mais ces méchants, en tombant hors des voies de la justice, sont

---

transitus non datur, per quem Christo cohæreamus. Nam si possemus aliter pervenire ad Christum, id est, ad vitam æternam, quis vellet mori ? Naturam quippe nostram, id est, consortium quoddam animæ et corporis, et quamdam in his duobus familiaritatem conglutinationis atque compaginis exponens quodam loco Apostolus ait, « habere nos domum non manufactam, æternam in cælis (II *Cor.*, v, 2) : » id est, immortalitatem præparatam nobis, qua induendi sumus in fine, cum resurrexerimus a mortuis : et ait, « In quo nolumus spoliari, sed supervestiri, ut absorbeatur mortale a vita (*Ibid.*, 4). » Si fieri posset, sic vellemus, ait, fieri immortales, ut jam veniret ipsa immortalitas, et modo sicut sumus mutaret nos, ut mortale hoc nostrum a vita absorberetur, non per mortem corpus (*a*) poneretur, ut in fine iterum reciperetur. Quamvis ergo a malis ad bona transeamus, tamen ipse transitus aliquantum amarus est ; et habet fel, quod dederunt Domino in passione Judæi, habet acre quiddam tolerandum, quo ostenduntur qui eum aceto potaverunt. Præfigurans ergo et transformans in se nos ipsos, hoc ait, « Salvum me fac Deus, quoniam introierunt aquæ usque ad animam meam (*Matth.*, XXVII, 34). » Potuerunt qui persecuti sunt etiam occidere, sed amplius quid faciant non habebunt. Præmisit enim exhortationem ipse Dominus dicens. « Nolite timere eos qui corpus occidunt, et amplius non habent quid faciant, sed eum timete qui habet potestatem et corpus et animam occidere in gehenna ignis (*Matth.*, X, 28). » Majore timore minora contemnimus, et majore æternitatis cupiditate omnia temporalia fastidimus. Nam hic et deliciæ temporales dulces sunt, et tribulationes temporales amaræ sunt : sed quis non bibat tribulationis temporalis poculum, metuens ignem gehennarum ; et quis non contemnat dulcedinem sæculi, inhians dulcedini vitæ æternæ ? Hinc ergo ut liberemur, clamemus : ne forte in pressuris consentiamus iniquitati, et vere irreparabiliter sorbeamur : « Salvum me fac Deus, quoniam introierunt aquæ usque ad animam meam. »

4. « Infixus sum in limo profundi, et non est subs-

(*a*) Sic præstantiores MSS. At editi, *puniretur*.

devenus la boue de l'abîme, et quiconque résiste à leurs persécutions et se refuse à leurs suggestions, lorsqu'ils veulent l'entraîner à l'iniquité, change en or sa boue originelle. En effet, sa boue méritera d'être changée en un bonheur céleste, et il sera associé à ceux dont parle le titre du Psaume : « Pour ceux qui seront changés (*Ps.*, LXVIII, 1). » Mais, dit le Prophète, je me suis vu au pouvoir de ceux qui sont la boue de l'abîme ; c'est-à-dire qu'ils m'ont pris, qu'ils ont prévalu contre moi, qu'ils m'ont tué. « Je suis donc enfoncé dans la boue de l'abîme et je n'y trouve aucune substance (*Ps.*, LXVIII, 3). » Que veut dire : « aucune substance ? » Est-ce que la boue n'est pas une substance ? Ou bien est-ce moi qui, en y restant attaché, suis devenu un être sans substance ? Que veut donc dire : « je suis enfoncé ? » Est-ce ainsi que le Christ est resté enfoncé dans cette boue ? Mais s'il y est resté, n'est-ce pas comme il est dit au livre de Job : « La terre a été livrée aux mains des impies (*Job*, IX, 24) ? » Où bien, n'est-ce pas quant au corps qu'il a été enfoncé dans la boue, parce que les persécuteurs ont pu s'emparer de ce corps, et qu'alors ils avaient ce corps même à crucifier. Car s'il n'eût été attaché avec des clous, il n'aurait pas été crucifié. Pourquoi donc cette parole : « aucune substance ? » Est-ce que cette boue n'est pas une substance ?

Nous comprendrons peut-être, ce que veut dire : « je n'y trouve aucune substance, » si nous commençons par comprendre ce que veut dire substance. Substance s'emploie dans le sens de richesses ; nous disons par exemple : il a de la substance, il a perdu sa substance. Mais pouvons-nous croire que par ces paroles : « je n'y trouve aucune substance, » le Prophète ait voulu dire : je n'y trouve aucunes richesses, comme s'il s'agissait en ce moment de richesses, ou comme si quelque question de richesses était soulevée ? Ne serait-ce pas plutôt que cette boue est elle-même la pauvreté, et que nous n'aurons de richesses que quand nous aurons part à l'éternité ? En effet, nous serons alors vraiment riches, lorsque rien ne nous manquera. En interprétant ainsi le mot « substance, » on peut encore admettre qu'en disant : « je suis enfoncé dans la boue de l'abîme et je n'y trouve aucune substance, » il a voulu dire : je suis tombé dans la pauvreté. Car il dit un peu plus bas : « Je suis pauvre et souffrant (*Ps.*, LXVIII, 30) ; » et l'Apôtre a dit : « Parce qu'il s'est fait pauvre à cause de vous, alors qu'il était riche, afin de vous enrichir par sa pauvreté (II, *Cor.*, VIII, 9). » Il est donc possible que le Seigneur voulant nous recommander l'exemple de sa pauvreté ait dit : « je ne trouve aucune substance. » Il est arrivé en effet aux dernières limites de la

---

tantia (*Ps.*, LXVIII, 3). » Quid dicit limum? an ipsos qui persecuti sunt? De limo enim factus est homo (*Gen.*, II, 7). Sed isti cadendo a justitia limus profundi facti sunt, quibus persequentibus et ad iniquitatem trahere cupientibus quisquis non consenserit, de limo suo aurum facit. Merebitur enim limus ipsius converti in habitudinem cælestem, et (*a*) socius fieri eorum, de quibus dicit titulus Psalmi, « Pro his qui commutabuntur(*Ps.*,LXVIII, 1).» Isti autem cum limus profundi essent, hæsi in illis ; id est, tenuerunt me, prævaluerunt mihi, occiderunt me. « Infixus ergo sum in limo profundi, et non est substantia. » Quid est hoc, « non est substantia? » Numquidnam ipse limus non est substantia? An, ego inhærendo factus sum non esse substantia? Quid est ergo, « Infixus sum? » Numquidnam sic hæsit Christus? Aut vero hæsit, ac non, sicut dictum est in libro Job, «Terra tradita est in manus impii, (*Job*, IX, 24) ? » An secundum corpus infixus est, quia tenneri potuit, (*b*) et ipsam crucifixionem habebat ? Nisi enim clavis fixus esset, crucifixus non esset. Unde ergo « non est substantia? » An limus ille non est substantia ? Intelligemus ergo, si potuerimus, quid sit « non est substantia, » si prius intellexerimus quid sit substantia. Substantia quippe dicitur et divitiarum : secundum quam dicimus, Habet substantiam, et, Perdidit substantiam. Sed numquid hoc putabimus hic dictum esse, « et non est substantia, » id est, non sunt divitiæ, quasi modo aliquid de divitiis ageretur, aut aliqua quæstio de divitiis haberetur ? An forte quia illa ipse limus paupertas erat, et divitiæ non erunt, nisi quando æternitatis participes effecti fuerimus? Tunc sunt enim veræ divitiæ, quando nobis nihil deerit. Potest etiam secundum hujus verbi intellectum accipi sensus iste,ut diceretur, «Infixus sum in limo profundi, et non est substantia, » id est, ad paupertatem perveni. Nam hic dicit, « Pauper et dolens ego sum (*Ibid.*, 30). » Dicit et

---

(*a*) MSS. *socius fieri : titulo Psalmi.* (*b*) Aliquot MSS. *ex ipso.*

pauvreté, lorsqu'il a pris la forme d'esclave. Quelles étaient ses richesses ? « Étant dans la forme de Dieu, il n'a pas cru que ce fût une usurpation de se faire égal à Dieu (*Philip.*, II, 6). » Voilà ses grandes et incomparables richesses. D'où lui vient donc une telle pauvreté ? « Il s'est anéanti lui-même, prenant la forme d'esclave, ayant été fait semblable aux hommes, et reconnu pour homme par les dehors. Il s'est humilié lui-même, s'étant fait obéissant jusqu'à la mort (*Ibid.*, 7). » C'est pourquoi il dit : « les eaux sont entrées dans mon âme (*Ps.*, LXVIII, 2). » Ajoutez la mort en surplus ; que pourrez vous ajouter encore ? l'ignominie de la mort ; aussi l'Apôtre dit ensuite : « et la mort de la Croix (*Ibid.*, 8). » O pauvreté absolue ! Mais de cette pauvreté devaient sortir de grandes richesses ; car, de même que sa pauvreté a été portée au comble, ainsi sa pauvreté a mis le comble à nos richesses. Quelles richesses possède donc celui qui nous a enrichis par sa seule pauvreté ! Que feront de nous ses richesses, si déjà sa pauvreté même nous a fait riches ?

5. « Je suis enfoncé dans la boue de l'abîme, et je n'y trouve aucune substance. (*Ps.* LXVIII, 3). » On comprend encore autrement le mot substance ; il signifie ce que nous sommes, quelque chose que nous soyons. Ces considérations sont un peu plus difficiles à comprendre ; elles portent toutefois sur des choses usuelles, mais le mot est peu usité, et il est nécessaire de l'étudier et de l'expliquer. Cependant, si vous m'écoutez avec attention, peut-être la difficulté ne nous arrêtera pas longtemps. On dit un homme, on dit une brebis, on dit la terre, on dit le ciel, on dit le soleil, la lune, une pierre, la mer, l'air ; toutes ces choses sont des substances, en raison de ce qui les fait ce qu'elles sont. On appelle substance la nature même de chaque chose. Dieu est aussi une substance, car ce qui n'a point de substance n'est absolument rien. La substance consiste donc à être quelque chose. C'est pourquoi, dans la profession de notre foi catholique, nous repoussons les doctrines empoisonnées de quelques hérétiques, en déclarant que le Père, le Fils et le Saint-Esprit n'ont qu'une seule et même substance. Que veut dire qu'ils n'ont qu'une seule substance ? Par exemple, si le Père était de l'or, le Fils et l'Esprit-Saint seraient de l'or. Tout ce qu'est le Père, en tant que Dieu, le Fils et le Saint-Esprit le sont comme lui. Quant à sa qualité de Père, elle n'est pas ce que le Père est en lui-même comme Dieu. En effet, ce n'est pas pour lui-

---

Apostolus, « Quoniam propter vos pauper. factus est cum dives esset, ut illius paupertate vos ditaremini (II *Cor.*, VIII, 9). » Ergo paupertatem suam volens Dominus nobis commendare, fortasse dixerit, « non est substantia. » Ad summam enim paupertatem pervenit, quando formam servi induit. Divitiæ ejus quæ sunt ? « Qui cum in forma Dei esset, non rapinam arbitratus est esse æqualis Deo (*Philip.*, II, 6). » Hæ magnæ incomparabilesque divitiæ. Unde ergo ista paupertas ? « Quia semetipsum exinanivit formam servi accipiens, in similitudinem hominum factus, et habitu inventus ut homo, humiliavit se, factus obediens usque ad mortem (*Ibid.*, 7) : » ut diceret, « Introierunt aquæ usque ad animam meam (*Ps.*, LXVIII, 2). » Adde super mortem : quid amplius additurus es ? Ignominiam mortis. Ideo sequitur, « Mortem autem crucis. » Magna paupertas. Sed hinc erant magnæ divitiæ : quia sicut impleta est paupertas ejus, ita implebantur et divitiæ nostræ de paupertate ipsius. Quantas divitias habet, ut de sua paupertate nos divites faceret ? Quales nos facturus est de divitiis suis, quos divites fecit de paupertate sua ?

5. « Infixus sum in limo profundi, et non est substantia. » Intelligitur alio modo substantia, illud quod sumus quidquid sumus. Sed hoc ad intelligendum aliquando est difficilius, quamquam res usitatæ sint : sed quia inusitatum verbum est, indiget commendationis et expositionis aliquantulæ : cui tamen si intenti fueritis, fortassis in ea non laborabimus. Dicitur homo, dicitur pecus, dicitur terra, dicitur cælum, dicitur sol, luna, lapis, mare, aër : omnia ista, substantiæ sunt, eo ipso quo sunt. Naturæ ipsæ, substantiæ dicuntur. Deus est quædam substantia : nam quod nulla substantia est, nihil omnino est. Substantia ergo aliquid esse est. Unde etiam in Fide catholica contra venena quorumdam hæreticorum sic (*a*) ædificamur, ut dicamus Patrem et Filium et Spiritum-sanctum unius esse substantiæ. Quid est, unius substantiæ ? Verbi gratia, Si aurum est Pater, aurum et Filius, aurum et Spiritus-sanctus. Quidquid est Pater quod Deus est, hoc Filius, hoc Spiritus-sanctus. Cum autem Pater est, non illud est quod est. Pater enim non ad se, sed ad Filium dicitur : ad se autem Deus dicitur. Itaque eo quod Deus est, hoc ipso substantia est. Et quia ejus-

(*a*) Sic MSS. At editi. *ædificamus.*

même qu'il a le nom de Père, mais pour le Fils; pour lui il est Dieu. C'est pourquoi, sa substance est ce qui fait qu'il est Dieu. Et comme le Fils a la même substance que le Père, par cela même le Fils est également Dieu. Mais, comme la paternité du Père n'est pas le nom de sa substance, et qu'elle est relative au Fils, nous ne disons pas que le Fils est le Père, comme nous disons que le Fils est Dieu. Si vous demandez ce qu'est le Père, on vous répond : il est Dieu ; ce qu'est le Fils, il est Dieu ; ce que sont le Père et le Fils, ils sont Dieu. Interrogé sur le Père isolément, répondez : il est Dieu ; sur le Fils isolément, répondez : il est Dieu ; sur tous les deux, répondez, non pas : ils sont des Dieux, mais, ils sont Dieu. Il n'en est pas ainsi des hommes. Vous demandez ce qu'est notre père Abraham, on vous répond : c'est un homme ; et cette réponse désigne sa substance. Vous demandez ce qu'est son fils Isaac, on vous répond encore : c'est un homme ; Abraham et Isaac sont donc de la même substance. Mais vous ajoutez : que sont Abraham et Isaac? Pour cette fois, on ne vous répond pas : un homme ; mais, des hommes. Il n'en est pas de même des personnes divines. Car l'identité de leur substance est si parfaite qu'elle admet l'égalité, mais qu'elle n'admet pas la pluralité. Si donc on vous dit : Puisque vous affirmez que le Fils est ce qu'est le Père, assurément le Fils est aussi le Père ; répondez : Je vous ai dit que, quant à la substance, le Fils est ce qu'est le Père, mais non quant à ce qu'il est par relation avec une autre personne. En lui-même, il est Dieu ; par rapport au Père, il est le Fils. Ainsi, en lui-même, le Père est Dieu ; par rapport au Fils, il est le Père. — En ce qui fait qu'il est le Père par rapport au Fils, il n'est pas le Fils. En ce qui fait que la seconde personne est le Fils par rapport au Père, elle n'est pas le Père. Le Père considéré en lui-même, et le Fils considéré également en lui-même, c'est-à-dire le Père et le Fils s'appellent Dieu. Que veut donc dire : « Je n'y trouve aucune substance ? » La substance étant ainsi comprise, quel sens pouvons-nous reconnaître dans ce verset du psaume : « Je suis enfoncé dans la boue de l'abîme et je n'y trouve aucune substance (*Ps.*, LXVIII, 3)? » Dieu a fait l'homme ; il a fait sa substance : Combien il serait à souhaiter que l'homme fût resté ce que Dieu l'avait fait. Si l'homme fût resté ce que Dieu l'avait fait, le Fils que Dieu a engendré ne fût pas venu s'enfoncer en lui, comme dans la boue de l'abîme. Mais l'homme a perdu par son iniquité la substance dans laquelle il a été créé; or, l'iniquité n'est pas une substance, et l'iniquité n'est pas la nature que Dieu a formée en l'homme, mais une perversité dont l'homme

dem substantiæ Filius, procul dubio et Filius Deus. At vero quod Pater est, quia non substantiæ nomen est, sed refertur ad Filium : non sic dicimus Filium Patrem esse, quomodo dicimus Filium Deum esse. Quæris quid sit Pater : respondetur, Deus. Quæris quid sit Filius : respondetur, Deus. Quæris quid sit Pater et Filius : respondetur, Deus. De solo Patre interrogatus, Deum responde : de solo Filio interrogatus, Deum responde : de utroque interrogatus, non deos, sed Deum responde. Non sicut in hominibus quæris quid sit pater Abraham ; respondetur, homo ; substantia ejus respondetur : quæris quid sit filius ejus Isaac ; respondetur, homo ; ejusdem substantiæ Abraham et Isaac : quæris quid sit Abraham et Isaac ; non respondetur, homo, sed homines. Non sic in divinis. Tanta enim ibi est substantiæ societas, ut æqualitatem admittat, pluralitatem non admittat. Si ergo tibi dictum fuerit, Cum dicis mihi Filium hoc esse quod Pater est, profecto et Filius Pater est : responde, Secundum substantiam tibi dixi hoc esse Filium quod Pater est, non secundum id quod ad (*a*) aliud dicitur. Ad se enim Deus dicitur, ad Patrem Filius dicitur. Rursusque Pater ad se Deus dicitur, ad Filium Pater dicitur. Quod dicitur ad Filium Pater, non est Filius : quod dicitur Filius ad Patrem, non est Pater : quod ad se Pater, et Filius ad se, hoc est Pater et Filius, id est Deus. Quid est ergo, « non est substantia ? » Secundum hunc intellectum substantiæ, quomodo poterimus intelligere istam Psalmi sententiam, « Infixus sum in limo profundi, et non est substantia ? » Deus fecit hominem, substantiam fecit (*Gen.*, I, 27) : atque utinam maneret in eo quod Deus fecit. Si maneret homo in eo quod Deus fecit, (*b*) non in illo infixus esset quem Deus genuit. Porro autem quia per iniquitatem homo lapsus est a substantia in qua factus est, (iniquitas quippe ipsa non est substantia (*Gen.*, III, 6) ; non enim iniquitas est natura quam formavit Deus, sed iniquitas est perversitas quam fecit homo :) venit Filius Dei ad limum profundi,

(*a*) Unus Beccensis MS. *ad alium*. (*b*) Apud Lov. omittitur particula *non*, quæ exstat in ceteris libris.

seul est l'auteur ; c'est pourquoi le Fils de Dieu est venu vers la boue de l'abîme, et il s'y est enfoncé ; et il n'y avait pas de substance là où il s'est enfoncé, parce qu'il s'est enfoncé dans l'iniquité des hommes. « Je me suis enfoncé dans la boue de l'abîme et je n'y trouve aucune substance. » Toutes choses ont été faites par lui et rien n'a été fait sans lui (*Jean*, I, 3). Toutes les natures ont été faites par lui ; mais l'iniquité n'a pas été faite par lui, parce que l'iniquité n'a pas été faite. Les substances qui le glorifient ont été faites par lui. Toutes les créatures qui glorifient Dieu ont été nommées par les trois jeunes hommes dans la fournaise ; et leur hymne de louange envers Dieu s'élève des êtres de la terre aux êtres des Cieux et descend des êtres célestes aux êtres terrestres (*Daniel*, III, 24, 90). Ce n'est pas que tous ces êtres aient le sentiment de la louange divine, mais quand on en considère religieusement l'ensemble, cette vue produit la louange, et le cœur qui se remplit du spectacle de la Création, s'épanche bientôt en un hymne au Créateur. Toutes choses louent Dieu par conséquent, mais seulement celles qu'il a faites. Avez-vous jamais remarqué dans cet hymne des jeunes gens de Babylone que l'avarice loue le Seigneur ? Là, le serpent même loue le Seigneur ; l'avarice ne le loue pas. En effet, tous les animaux rampants sont invités dans ce cantique à célébrer les louanges de Dieu ; tous les animaux rampants y sont nommés, mais aucun vice n'y est nommé. En effet, si nous avons des vices, ils viennent de nous et de notre volonté, et les vices ne sont pas des substances. C'est au milieu des vices qu'a été englouti le Seigneur lorsqu'il a souffert la persécution ; il s'est enfoncé dans les vices des Juifs, et non dans la substance des hommes, qui a été faite par lui. « Je suis enfoncé, dit-il, dans la boue de l'abîme et je n'y trouve aucune substance (*Ps.*, LXVIII, 3). » Je m'y suis enfoncé, et je n'y ai pas trouvé ce que j'avais fait.

6. « Je suis descendu dans les profondeurs de la mer et la tempête m'a submergé (*Ps.*, LXVIII, 4). » Rendons grâces à la miséricorde de celui qui est descendu dans les profondeurs de la mer, et qui a daigné se laisser engloutir par le monstre marin, mais qui a contraint celui-ci à le rejeter le troisième jour (*Matth.*, XII, 40.) » Il est descendu dans les profondeurs de la mer, dans ces profondeurs où nous étions submergés, dans ces profondeurs où nous avions fait naufrage ; il y est descendu lui-même et la tempête l'a submergé, parce qu'il a été en butte à la fureur des flots, c'est-à-dire des hommes, et à la violence des tempêtes, c'est-à-dire des voix qui criaient : « Crucifiez-le ! Crucifiez-le (*Jean*, XIX, 6). » Et tandis que Pilate disait : « Je ne trouve en cet homme aucune cause de mort ; » les cris redoublaient : « Crucifiez-le ! Crucifiez-le. »

---

et infixus est ; et non erat substantia in qua infixus est, quia in iniquitate illorum infixus est. « Infixus sum in limo profundi, et non est substantia.» Omnia per ipsum facta sunt, et sine ipso factum est nihil (*Johan.*, I, 3). Naturæ omnes per ipsum factæ sunt, iniquitas per ipsum facta non est, quia iniquitas (*a*) facta non est. Substantiæ illæ per eum factæ sunt, quæ laudant eum. Universa creatura laudans Deum, a tribus pueris in camino commemoratur (*Dan.*, 3) ; et a terrenis ad cœlestia, vel a cœlestibus ad terrena hymnus laudantium Deum pervenit. Non quo cuncta ista habeant sensum laudandi ; sed quia cuncta bene cogitata laudem pariunt, et impletur cor consideratione creaturæ ad eructandum hymnum Creatori. Laudant omnia Deum, sed quæ fecit Deus. Numquid in illo hymno advertistis quod avaritia laudet Deum ? Laudat ibi Deum et serpens, avaritia non laudat. Omnia quippe repentia nominata ibi sunt in laude Dei : nominata sunt omnia repentia ; sed non sunt ibi nominata aliqua vitia. Vitia enim ex nobis et ex nostra voluntate habemus : et vitia non sunt substantia. In his infixus est Dominus, quando persecutionem passus est : in vitio Judæorum, non in substantia hominum, quæ per illum facta est. « Infixus sum, inquit, in limo profundi, et non est substantia. » Infixus sum, et non inveni quod feci.

6. «Veni in altitudinem maris, et tempestas demersit me (*Psal.*, LXVIII, 3).» Gratias ipsius misericordiæ qui venit in altitudinem maris, et glutiri a marino ceto dignatus est : sed evomitus est tertio die (*Matth.*, XII, 40). Venit in altitudinem maris, in qua altitudine nos depressi eramus, in qua altitudine nos naufragium passi eramus : venit illuc ipse, et tempestas demersit illum : quia fluctus ibi passus est, ipsos homines ; tempestates, voces dicentium,

---

(*a*) Nonnulli MSS. omittunt hæc verba, *quia iniquitas facta non est* : et eorum loco quidam habent, *quia iniquitas non est substantia*.

La tempête redoublait de violence, jusqu'à ce qu'il fut submergé dans les profondeurs de la mer, où il avait voulu descendre. Le Seigneur a subi, entre les mains des Juifs, ce qu'il n'avait pas subi lorsqu'il marchait sur les eaux (*Matth.*, XIV, 25); et non-seulement ce qu'il n'avait pas souffert lui-même, mais ce qu'il n'avait pas permis que Pierre eût à souffrir. « Je suis descendu dans les profondeurs de la mer et la tempête m'a submergé (*Ps.*, LXVIII, 3). »

7. « Je me suis fatigué à crier, et ma gorge s'est enrouée (*Ps.*, LXVIII, 4). » A quel endroit? En quel temps? Interrogeons l'Évangile. Nous reconnaissons en effet dans ce Psaume la passion du Seigneur. Et d'abord nous savons qu'il a souffert, que les eaux sont entrées jusque dans son âme, parce que les peuples ont prévalu contre lui jusqu'à le mettre à mort; nous le lisons, nous le croyons. Nous reconnaissons encore que la tempête l'a submergé, parce qu'il est mort par suite de la violence du soulèvement qui s'est produit contre lui. Mais, qu'il se soit fatigué à force de crier, et que sa gorge se soit enrouée; non-seulement nous ne le lisons pas dans l'Évangile, mais nous y voyons même, au contraire, qu'il ne répondait pas une parole à qui l'accusait, silence prédit dans un autre psaume : « Je suis devenu comme un homme qui n'entend pas et qui n'a dans la bouche aucune réplique (*Ps.*, XXXVII, 13). » Silence également prédit par Isaïe : « Il a été mené au sacrifice comme une brebis, et, comme l'agneau sous la main qui le tond, il n'a pas ouvert la bouche (*Isaïe*, LIII, 7). » Si donc il est devenu comme un homme qui n'entend pas et qui n'a dans la bouche aucune réplique, comment s'est-il fatigué à force de crier et comment sa gorge s'est-elle enrouée? Ne serait-ce pas qu'il gardait dès lors le silence, parce qu'il s'était enroué à crier sans succès? Nous savons sans doute que sur la Croix, il a répété cette parole d'un psaume : « O Dieu! mon Dieu! pourquoi m'avez-vous abandonné (*Ps.*, XXI, 2)? » Mais cette parole a-t-elle été assez forte et a-t-elle duré assez longtemps, pour que sa gorge s'enrouât à la prononcer? C'est auparavant qu'il a longtemps crié : « Malheur à vous, Scribes et Pharisiens (*Matth.*, XXIII, 13 et 14). » C'est auparavant qu'il a longtemps crié : « Malheur au monde à cause des scandales (*Id.*, XVIII, 7). » Et certes, il criait comme un homme enroué; aussi n'était-il pas compris, lorsque les Juifs disaient : « Que dit-il? Ces paroles sont dures; qui pourrait les entendre? Nous ne savons ce qu'il veut dire (*Jean*, VI, 61, - XVI, 18). » Il disait toutes ces choses; mais sa gorge était enrouée pour les Juifs qui ne

---

« Crucifige, crucifige (*Johan.*, XIX, 6). » Dicente Pilato, Non invenio caussam ullam in hoc homine quare occidendus sit : invalescebant voces dicentium, Crucifige, crucifige. Augebatur tempestas, donec demergeretur qui venerat in altitudinem maris. Et passus est Dominus inter manus Judæorum, quod non est passus cum super aquas ambularet (*Matth.*, XIV, 25) : quod non solum ipse passus non erat, sed nec Petrum pati permiserat. « Veni in altitudinem maris, et tempestas demersit me. »

7. « Laboravi clamans, raucæ factæ sunt fauces meæ (*Ps.*, LXVIII, 4). » hoc quando? Interrogemus Evangelium. Passionem quippe Domini nostri in hoc Psalmo cognoscimus. Et quidem passum eum novimus; intrasse aquas usque ad animam ejus, quia populi prævaluerunt usque ad mortem ejus, legimus, credimus; tempestate illum demersum esse, quia prævaluit seditio ad eum occidendum, agnoscimus : verum et laborasse eum clamando, et raucas factas esse fauces illius, non solum non legimus, sed etiam contra legimus, quia non respondebat eis verbum, ut impleretur quod in alio Psalmo dictum est, « Factus sum quasi homo non audiens, et non habens in ore suo redargutiones (*Psal.*, XXXVII, 13). » Et quod in Isaia prophetatum est, « Sicut ovis ad immolandum ductus est, et sicut agnus coram tondente se, sic non aperuit os suum (*Isai*, LIII, 7). » Si factus est sicut homo non audiens, et non habens in ore suo redargutiones, quomodo laboravit clamans, et raucæ factæ sunt fauces ejus? An ideo jam tunc tacebat, quia raucus erat, quia sine caussa tantum clamaverat? Et illam quidem ejus vocem de Psalmo quodam in cruce novimus : « Deus, Deus meus, ut quid me dereliquisti (*Ps.*, XXI, 2)? » Sed quanta illa vox fuit, aut quam diuturna, ut in ea raucæ factæ essent fauces ejus? Diu clamavit, « Væ vobis scribæ et Pharisæi (*Matth.* XXIII, 13 14, etc.) : » diu clamavit, « Væ mundo ab scandalis (*Matth.* XVIII, 7). » Et re vera quomodo raucus clamabat, et ideo non intelligebatur, quando dicebant Judæi, « Quid est quod dicit? Durus est hic sermo, quis potest illum audire (*Johan.*, VI, 61)? » Non scimus quid dicat. Ille omnia verba dicebat : sed illis raucæ fuerunt fauces ejus, qui voces ejus non intelligebant. « Laboravi clamans, raucæ factæ sunt fauces meæ. »

8. « Defecerunt oculi mei ab sperando in Deum

comprenaient pas ses paroles. « Je me suis fatigué à force de crier ; ma gorge s'est enrouée (*Ps.*, LXVIII, 4). »

8. « Mes yeux ont cessé par épuisement d'espérer en mon Dieu (*Ps.*, LXVIII, 4). » Loin de nous d'attribuer ces paroles à notre tête ! Loin de nous de croire que ses yeux aient cessé par épuisement d'espérer en Dieu, puisque Dieu était en lui, se réconciliant le monde par lui (II *Cor.*, V, 19), et que celui qui est le Verbe fait chair et qui a habité parmi nous (*Jean*, I, 14) non-seulement a Dieu en lui, mais est lui-même Dieu. Ce ne sont donc pas les yeux de notre tête qui ont cessé par épuisement d'espérer en Dieu ; mais ses yeux se sont épuisés dans son corps, c'est-à-dire, dans ses membres. Cette voix est la voix de ses membres ; la voix du corps et non de la tête. Comment la constater en effet dans son corps et dans ses membres ? Que dirai-je de plus ? Quelle autre preuve en donnerai-je ? Après sa passion, après sa mort, tous ses disciples craignirent qu'il ne fût pas le Christ. Les Apôtres furent vaincus par le larron, qui crut au Seigneur, alors qu'ils perdirent courage (*Luc*, XXIII, 42). Voyez ses membres qui cessent d'espérer ; considérez les deux disciples, dont l'un se nommait Cléophas, avec lesquels il eut conversation sur le chemin après sa résurrection, et dont les yeux étaient comme tenus, de manière à ne pas le reconnaître. Comment, en effet, auraient-ils reconnu de leurs yeux celui dont ils se séparaient par l'hésitation de leur âme chancelante ? Leurs yeux subissaient la même défaillance que leur esprit. Ils parlaient entre eux et, comme il leur demanda de quoi ils parlaient, ils répondirent : « Êtes-vous donc seul si étranger dans Jérusalem, que vous ne sachiez pas ce qui s'y est passé : comment Jésus de Nazareth, qui était puissant en actions et en paroles, a été mis à mort par les anciens du peuple et les princes des prêtres ? Pour nous, nous espérions que c'était lui qui devait racheter Israël (*Luc*, XXIV, 13 - 21). » Ils avaient espéré, et ils n'espéraient plus. Leurs yeux avaient cessé par épuisement d'espérer en leur Dieu. Il a donc mis sur son compte leurs propres dispositions en disant : « Mes yeux ont cessé par épuisement d'espérer en mon Dieu (*Ps.*, LXVIII, 4). » Il leur rendit cette espérance, quand il leur présenta à examiner les cicatrices de ses plaies ; et après que Thomas les eut touchées, il reprit l'espérance qu'il avait perdue, et s'écria : « Mon Seigneur et mon Dieu (*Jean*, XX, 28) ! » O Thomas, tes yeux avaient cessé par épuisement d'espérer en ton Dieu ; tu as touché ses cicatrices, et tu as trouvé ton Dieu ; tu as touché la forme de l'esclave et, sous cette forme, tu as reconnu ton Seigneur. Cependant le Seigneur lui dit : « Vous avez cru parce que vous avez vu. » Et parlant de nous par anticipation, dans un sentiment de miséricorde, il ajouta : « Heureux ceux qui ne voient pas et qui croient

---

meum (*Psal.*, LXVIII, 4). » Absit ut hoc de persona capitis accipiatur : absit ut defecerint oculi ejus ab sperando in Deum ejus, in quo magis Deus erat mundum reconcilians sibi (II *Cor.* V, 19), et qui « Verbum caro factum est, et habitavit in nobis (*Johan*, I, 14), » ut non solum Deus in illo esset, sed etiam ipse Deus esset. Non ergo ita, non ipsius capitis nostri oculi defecerunt ab sperando in Deum ejus : sed defecerunt oculi ejus in corpore ejus, id est, in membris ejus. Hæc vox membrorum est, hæc vox corporis est, non capitis. Quomodo ergo eam in ejus corpore membrisque invenimus ? Quid aliud dicam ? quid aliud commemorem ? Quando passus est, quando mortuus est, omnes discipuli desperaverunt quod ipse esset Christus. A latrone Apostoli victi sunt, qui tunc credidit, quando illi defecerunt (*Lucæ*, XXIII, 42). Vide membra ejus desperantia : attende duos illos quos post resurrectionem invenit in via colloquentes secum, quorum unus erat Cleophas, quando detinebantur oculi eorum ne eum agnoscerent (*Lucæ*, XXIV, 13). Quomodo enim oculi agnoscerent, a quo mente titubarant ? Factum erat aliquid in oculis eorum simile mentis ipsorum. Loquebantur enim inter se, et cum ab eo compellarentur unde loquerentur, responderunt, « Tu solus peregrinaris in Jerusalem ? Nescis quæ facta sunt, quomodo Jesus Nazarenus potens in factis et dictis, occisus est a senioribus et principibus sacerdotum ? Et nos sperabamus quod ipse erat redempturus Israël (*Ibid.* 18). » Speraverant, et non sperabant. Defecerunt oculi eorum ab sperando in Deum ipsorum. Ipsos ergo in se transfiguravit dicendo, « Defecerunt oculi mei ab sperando in Deum meum. » Hanc spem reddidit, quando cicatrices palpandas obtulit : quas cum tetigisset Thomas, rediit ad spem quam perdiderat, et exclamavit, « Dominus meus et Deus meus (*Johan.*, XX, 28). » Defecerunt oculi tui ab sperando in Deum tuum : palpasti cicatrices, et invenisti Deum tuum : palpasti

(*Jean*, XX, 28, 29). » « Mes yeux ont cessé par épuisement d'espérer en mon Dieu. »

9. « Ceux qui me haïssent gratuitement sont plus nombreux que les cheveux de ma tête (*Ps.* LXVIII, 5). » A quel point étaient-ils nombreux ? Au point de compter dans leurs rangs un des douze disciples du Seigneur (*Matth.*, XXVI, 14). « Ceux qui me haïssent gratuitement sont plus nombreux que les cheveux de ma tête. » Il a comparé ses ennemis aux cheveux de sa tête. Ils ont été rasés avec justice, lorsqu'il a été crucifié sur le Calvaire. Que les membres du Christ recueillent cette parole ; qu'ils apprennent à être haïs gratuitement. S'il est inévitable, chrétien, que le monde vous haïsse, que ne faites-vous en sorte qu'il vous haïsse gratuitement, afin que vous reconnaissiez votre voix dans le corps de votre Seigneur et dans ce Psaume où la passion est prédite ? Comment se fera-t-il que le monde vous haïsse gratuitement ? si vous ne nuisez en rien à personne, et que cependant vous soyez un objet de haine ; car gratuitement veut dire sans motif. Qu'il ne vous suffise pas que la haine du monde soit toute gratuite, bien plus, faites du bien à ceux qui vous haïssent, afin que dans leur haine ils vous rendent le mal pour le bien. « Les forces de mes ennemis se sont accrues, de ceux qui me persécutent injustement (*Ps.*, LXVIII, 5). » Ses premières paroles : « Mes ennemis sont plus nombreux que les cheveux de ma tête, » reviennent à celles-ci : « Les forces de mes ennemis se sont accrues ; » de même que ces autres : « qui me haïssent sans motif » se rapportent aux dernières : « qui me persécutent injustement. » Donc : « sans motif » a le même sens que : « injustement. » Cette voix est celle de ceux qui sont martyrs, non par la souffrance seulement, mais par la cause de leurs souffrances. Ni la persécution, ni l'arrestation, ni les verges, ni le feu, ni la proscription, ni la mort, ne méritent la louange à qui les subit ; mais avoir une bonne cause et souffrir ces peines, voilà qui mérite la louange. Le mérite est proportionné à la bonté de la cause et non à l'atrocité du supplice. Car, quelque grands qu'aient été les supplices des martyrs, égalent-ils les supplices de tous les voleurs, de tous les sacrilèges, de tous les scélérats ? Mais le monde hait-il aussi ces misérables ? Évidemment, il les hait. En effet, ils excèdent par leur scélératesse la méchanceté commune du monde, et ils sont, en quelque sorte, étrangers à la société du monde, dont ils mettent en péril la paix temporelle ; ils souffrent de cruels supplices, mais ce n'est pas sans motif. Rappelez-vous enfin les paroles du bon larron, qui était suspendu sur une croix, auprès du Seigneur ; tandis que celui qui était crucifié de l'autre côté insultait le Christ et lui disait : « Si vous êtes le Fils de

---

formam servi, et cognovisti Dominum tuum. Cui tamen ipse Dominus ait, « Quia vidisti, credidisti (*Ibid.*, 29). » Et nos prænuntians voce misericordiæ suæ, « Beati, inquit, qui non vident et credunt. » «Defecerunt oculi mei ab sperando in Deum meum.»

9. « Multiplicati sunt super capillos capitis mei qui oderunt me gratis (*Psal.*, LXVIII, 5). » Quam multiplicati ? Ut adderent sibi et unum ex duodecim (*Matth.*, XXXI, 14). « Multiplicati sunt super capillos capitis mei qui oderunt me gratis. » Capillis capitis sui comparavit inimicos suos. Merito rasi sunt, quando in loco Calvariæ crucifixus est (*Matth.*, XXVII, 33). Accipiant membra vocem hanc, discant odio haberi gratis. Jam enim si necesse est, Christiane, ut mundus oderit te, quare non facis ut gratis te oderit, ut in corpore Domini tui, et in hoc Psalmo de illo præmisso agnoscas vocem tuam ? Quomodo fiet ut oderit te mundus gratis ? Si nihil cuiquam noceas, et sic odio habearis: hoc est enim gratis, sine caussa. Parum sit tibi sine caussa odio haberi, insuper et præsta, ut retribuant tibi mala pro bonis. « Confortati sunt inimici mei, qui persequuntur me injuste.» Quod dixit, « Multiplicati sunt super capillos capitis mei ; » hoc postea, « Confortati sunt inimici mei : » et quod primo, « qui oderunt me gratis ; » hoc postea, « qui persequuntur me injuste. » Quod ergo gratis, hoc est injuste. Ipsa est vox Martyrum, non in pœna, sed in caussa. Non persecutionem pati, non teneri, non flagellari, non includi, non proscribi, non occidi laus est : sed habendo caussam bonam, ista pati, hæc laus est. Laus enim est in caussæ bonitate, non in pœnæ acerbitate. Nam quantacumque fuerint supplicia Martyrum, numquid æquantur suppliciis omnium latronum, omnium sacrilegorum, omnium sceleratorum ? Quid enim, et hos odit mundus ? Odit plane. Excedunt enim mundi mediocritatem amplitudine malitiæ, et ab ipsa mundanorum quodam modo hominum societate alieni sunt, infestantes pacem etiam terrenam ; et patiuntur multa mala, sed non gratis. Denique vide vocem illius latronis

Dieu, délivrez-vous ; » le bon larron lui imposait silence et lui disait : « Ne crains-tu pas Dieu quand tu subis la même condamnation ? Nous, du moins, nous recevons ce que nos actions méritent (*Luc*, XXIII, 39-41). » Ainsi donc, il ne souffrait pas gratuitement ; mais, en confessant ses crimes, il rejeta de sa conscience toute sa pourriture, et devint digne de participer au banquet céleste du Seigneur. Il a repoussé son iniquité, il l'a confessée, il s'en est délivré. Voilà donc au même lieu deux larrons et le Seigneur; ils sont crucifiés, il est crucifié aussi ; le monde les hait, mais non gratuitement ; le monde le hait également, mais gratuitement. « J'ai payé alors ce que je n'avais pas pris (*Ps.*, LXVIII, 5). » C'est bien là payer gratuitement. Je n'ai rien pris et j'ai payé ; je n'ai pas péché et j'ai porté la peine du péché. Seul il peut tenir ce langage, car seul il n'a réellement rien pris. Non-seulement il n'a rien pris, mais encore il s'est dessaisi, pour venir à nous, de ce qu'il n'avait pas usurpé. « Car il n'a pas cru que ce fût une usurpation de se faire égal à Dieu, dit l'Apôtre, et cependant il s'est anéanti lui-même, en prenant la forme d'esclave (*Philipp.*, II, 6, 7). » Il n'a donc absolument rien pris. Mais qui a pris ? Adam. Qui a pris d'abord ? Celui qui a séduit Adam. Comment le démon a-t-il pris ? « Je placerai, a-t-il dit, mon trône vers l'Aquilon, et je serai semblable au Très-Haut (*Isaïe*, XIV, 13). » Il a usurpé ce qui ne lui avait pas été donné ; voilà la rapine, l'usurpation. Le démon a usurpé pour lui ce qui ne lui avait pas été donné, et il a perdu ce qu'il avait reçu : puis il a présenté à boire, du calice de son orgueil, à ceux qu'il voulait tromper. « Goûtez, a-t-il dit, et vous serez comme des dieux (*Genèse*, XIV, 5). » Adam et Ève ont voulu usurper la divinité et ils ont perdu leur félicité. Adam avait donc pris, et c'est pour cela qu'il a payé. « Moi, au contraire, dit le Seigneur, j'ai payé alors que je n'avais pas pris. » Et lui-même, à l'approche de sa passion, dit encore, dans l'Évangile : « Le prince de ce monde, c'est-à-dire le démon, va venir et il ne trouvera rien en moi, » c'est-à-dire qu'il ne trouvera aucun motif de me mettre à mort ; « mais, afin que tous sachent que je fais la volonté de mon Père, levez-vous et allons (*Jean*, XIV, 30). » Et il alla au-devant de la mort, pour payer ce qu'il n'avait pas pris. Que veut dire, en effet : « Il ne trouvera rien en moi (*Jean*, XIV, 30) ? » Il ne trouvera aucune faute. Le démon a-t-il perdu quelque chose de son bien ? qu'il accuse ceux qui l'ont volé ; mais « il ne trouvera rien en moi. » Cependant, quand il déclare n'avoir rien pris, il veut dire, d'une manière coupable ;

---

cum Domino in cruce pendentis, cum insultaret ex alia parte unus duorum latronum Domino crucifixo, et diceret, Si Filius Dei es, libera te : compescuit illum alter, et dixit, «Tu non times Deum, vel quia in eadem damnatione positus es? Et nos quidem recte pro factis nostris (*Lucæ*, XXIII, 39), » Ecce non gratis : sed confessione effudit ex se (*a*) saniem, et factus est aptus cibo Domini. Exclusit iniquitatem suam, accusavit eam, et caruit ea. Ecce ibi duo latrones, ibi et Dominus; et illi crucifixi, et ille crucifixus : et illos odio habuit mundus, sed non gratis; et illum odio habuit, sed gratis. « Quæ non rapui tunc exsolvebam. » Hoc est gratis. Non rapui, et exsolvebam : non peccavi, et pœnas dabam. Solus enim ipse talis, ipse vere nihil rapuit. Non solum nihil rapuit, sed etiam quod non de rapina habebat, hoc se evacuavit, ut ad nos veniret. « Non enim rapinam arbitratus est esse æqualis Deo (*Philip.* II, 6) : » et tamen « semetipsum exinanivit, formam servi accipiens. » Omnino non rapuit. Sed quis rapuit? Adam (*Gen.*, III, 1). Quis rapuit primo? Ille ipse qui seduxit Adam. Quomodo rapuit diabolus ? « Ponam sedem meam ad Aquilonem, et ero similis Altissimo (*Isai.*, XIV, 13). » Usurpavit sibi quod non acceperat : ecce rapinam. Usurpavit sibi diabolus quod non acceperat : perdidit quod acceperat ; et de ipso calice superbiæ suæ, ei quem decipere volebat propinavit : « Gustate, inquit, et eritis sicut dii (*Gen.*, III, 5). » Rapere voluerunt divinitatem, perdiderunt felicitatem. Ille ergo rapuit, et ideo exsolvit. Ego autem, inquit, « quæ non rapui, tunc exsolvebam. » Ipse Dominus propinquans passioni, in Evangelio sic loquitur : « Ecce venit princeps hujus mundi, id est diabolus, et in me nihil inveniet (*Johan.*, XIV, 30) ; » id est, quare me occidat non inveniet : sed ut sciant omnes, quia voluntatem Patris mei facio, surgite eamus. Et iit ad passionem solvere quod non rapuit. Quid est enim, in me nihil inveniet ? Nullam culpam. An aliquid perdidit de domo sua diabolus? Iste discutiat (*b*) raptores, nihil apud me inveniet. Tamen nihil rapuisse se dicit, peccatum adtendens, nihil usurpasse quod ejus non esset

---

(*a*) Sic duo MSS. Alii vero cum editis, *sanguinem*. (*b*) Sic plerique MSS. At Er. *raptor*. Lov. *raptoris*.

il veut dire n'avoir rien pris de ce qui ne lui appartenait pas : ce serait là la rapine, ce serait là l'iniquité. Car pour ceux que le démon avait autrefois ravis, il les lui a repris à son tour. « Nul, dit-il, n'entre dans la maison du fort, et ne saisit ses meubles, s'il n'a d'abord enchaîné le fort (*Matth.*, XII, 29). » Il a lié le fort et saisi ses meubles, mais, à ce moment-là même il ne lui a rien pris; car il pourrait vous répondre : ces meubles avaient disparu de mon palais : je n'ai point commis de larcin, j'ai recouvré les objets d'un larcin.

10. « O Dieu, vous avez connu mon imprudence (*Ps.*, LXVIII, 6). » C'est encore ici la voix du corps. En effet, quelle imprudence trouver dans le Christ? N'est-il pas la Force et la Sagesse de Dieu? Mais ne parle-t-il point ici d'imprudence au sens de l'Apôtre : « La folie de Dieu est plus sage que la sagesse des hommes (I *Cor.*, I, 25)? » « Mon imprudence ! » c'est-à-dire la conduite qui m'a rendu l'objet des railleries de ceux qui se croyaient sages. O Dieu, vous savez pourquoi ces choses se faisaient, « vous avez connu mon imprudence. » Qu'y a-t-il de plus imprudent selon les apparences, tandis qu'on peut d'un mot renverser ses persécuteurs, que de se laisser arrêter, flageller, souiller de crachats, souffleter, couronner d'épines, attacher à la croix? N'est-ce point là de l'imprudence? N'est-ce point là de la folie? Mais cette folie surpasse la prudence de tous les sages. C'est une folie en effet, mais quand le grain est jeté en terre, pour qui ne connaîtrait pas les lois de la culture, il semblerait que ce fût folie. Ce blé est moissonné avec un grand travail, on le porte dans l'aire, on le bat, on le vanne; et après tous les dangers dont les intempéries du ciel et les orages l'ont menacé, après tous les travaux des ouvriers des champs et tous les soins du maître, quand il est bien purifié, on le place dans le grenier. Puis vient l'hiver, et ce blé, si bien purifié, est porté au dehors et jeté sur la terre : c'est une imprudence apparente; mais l'espérance fait qu'il n'y a point là d'imprudence. Le Seigneur ne s'est donc pas épargné, parce que « son Père ne l'a pas épargné, mais l'a livré pour nous tous (*Rom.*, VIII, 32). » Et l'Apôtre dit également de lui : « Il m'a aimé et il s'est livré lui-même pour moi (*Gal.*, II, 20), » parce que « le grain, a dit le Seigneur, s'il ne tombe dans la terre pour mourir, ne rendra pas de fruit (*Jean*, XII, 24, 25). » Voilà son imprudence ; mais, ô Dieu, vous la connaissez. « Pour les Juifs, s'ils l'avaient connu, jamais ils n'auraient crucifié le Seigneur de gloire (I *Cor.*, II, 8). » « O Dieu vous avez connu mon imprudence, et mes péchés ne sont pas cachés pour vous (*Ps.*, LXVIII, 6). » Il est clair, évident, manifeste, que

---

hoc est enim rapinæ, hoc iniquitatis : nam ab ipso diabolo extorsit quos ipse rapuerat. « Nemo, inquit, in domum fortis intrat, et vasa ejus diripit, nisi prius alligaverit fortem (*Matth.*, XII, 29). » Alligavit fortem, et vasa ejus diripuit : certe non rapuit ; sed respondet tibi, Vasa ista de domo magna mea perierant ; non furtum feci, sed furtum recepi.

10. « Deus tu (*a*) scisti imprudentiam meam (*Ps.*, LXVIII, 6). » Iterum ex corporis. Nam quæ imprudentia in Christo? Nonne ipse est Dei Virtus et Dei Sapientia? An illam dicit imprudentiam suam, de qua dicit Apostolus, « Stultum Dei sapientius est hominibus (I *Cor.*, I, 25)? » Imprudentiam meam, hoc ipsum quod in me irriserunt qui sibi videntur esse sapientes, tu scisti quare fieret : « tu scisti imprudentiam meam. » Quid enim tam simile imprudentiæ, quam cum haberet in potestate una voces suos persecutores prosternere, ut pateretur se teneri, flagellari, conspui, colaphizari, spinis coronari; ligno affigi? Imprudentiæ simile est, stultum videtur : sed stultum hoc superat omnes sapientes. Stultum quidem est; sed et granum quando cadit in terram, si nemo sciat consuetudinem agricolarum stultum videtur : labore magno metitur, portatur ad aream, trituratur, ventilatur ; post tanta pericula cæli et tempestatum et labores rusticanorum curamque dominorum, mittitur in horreum frumentum purgatum, venit hyems, quod purgatum erat, profertur et projicitur : imprudentia videtur ; sed ut non sit imprudentia, spes facit. Non ergo ille pepercit sibi : quia et « Pater illi non pepercit, sed pro nobis omnibus tradidit illum (*Rom.*, VIII, 32). » Et de ipso, « Qui dilexit me, inquit Apostolus, et tradidit seipsum pro me (*Gal.*, II, 20) : » quia granum nisi ceciderit in terram ut moriatur, fructum, inquit, non reddet (*Johan.*, XII, 24). Hæc est imprudentia, sed tu nosti illam. « Isti autem si cognovissent, numquam Dominum gloriæ crucifixissent (I *Cor.*, II, 8). « Deus tu scisti imprudentiam meam. Et delicta mea a te non sunt abscondita. » Hoc plane, lucide, aperte, quia

---

(*a*) Sic in probæ notæ MSS. At in editis hic est, *tu scis* ; et paulo post, *tu scisti*.

ces paroles doivent être considérées comme prononcées par le corps du Christ. Le Christ est sans péché ; il a pris, mais il n'a pas commis le péché. « Et mes péchés ne sont pas cachés pour vous; » c'est-à-dire , je vous ai confessé tous mes péchés: et avant même qu'ils fussent sur mes lèvres, vous les aviez lus dans mon cœur; vous aviez vu les blessures que vous aviez à guérir. Mais où? Évidemment dans le corps, dans les membres, dans ces fidèles, dont faisait partie celui qui confessait ses péchés. « Et mes péchés, dit-il, ne sont pas cachés pour vous. »

11. « Que ceux qui vous attendent, Seigneur, Seigneur des armées, ne rougissent pas de moi (*Ps.* LXVIII, 7). » Maintenant la voix de la tête reprend : « Qu'ils ne rougissent pas de moi. » Qu'on ne leur dise pas : où est celui en qui vous mettiez votre confiance? Qu'on ne leur dise pas : où est celui qui vous parlait ainsi : « Croyez en Dieu et croyez en moi? (*Jean* XIV, 1). » « Que ceux qui vous attendent, Seigneur, Seigneur des armées, ne rougissent pas de moi. Que ceux qui vous cherchent, Dieu d'Israël, ne reçoivent pas de confusion à cause de moi (*Ps.*, LXVIII, 7). » Ces paroles peuvent encore s'entendre du corps du Christ, mais pourvu que par son corps, on n'entende pas un homme en particulier ; parce que, de fait, un seul homme n'est pas le corps du Christ, mais un membre très-exigu de ce corps, tandis que le corps est composé de tous les membres. Son corps plein et entier, c'est donc toute l'Église. L'Église a donc le droit de dire : « Que ceux qui vous attendent, Seigneur, Seigneur des armées, ne rougissent pas de moi. » Que je ne sois pas si tristement affligée par les persécuteurs qui s'élèvent contre moi; que je ne sois pas si cruellement brisée par les ennemis qui me portent envie, par les hérétiques sortis d'avec moi, parce qu'ils n'étaient pas de moi, car, s'ils avaient été de moi, peut-être seraient-ils restés (*Jean*, II, 19); que je ne sois pas si lourdement accablée par leurs scandales, « que ceux qui vous attendent, Seigneur, Seigneur des armées, rougissent de moi. » « Que ceux qui vous cherchent, O Dieu d'Israël, n'éprouvent pas de confusion à cause de moi. »

12. « Car j'ai souffert mille opprobres à cause de vous, l'irrévérence s'est manifestée sur mon visage (*Ps.*, LXVIII, 8). » Il n'y a rien de grand à dire, « J'ai souffert, » mais bien à dire, « J'ai souffert à cause de vous. » En effet, vous souffrez parce que vous avez péché, c'est à cause de vous et non à cause de Dieu que vous souffrez. « Quel sujet de gloire pour vous, dit Pierre, si vous êtes punis et si vous souffrez pour vos fautes (I *Pierre*, II, 20)? » Si, au contraire, vous souffrez pour avoir gardé les commande-

---

ex ore corporis intelligendum est. Delicta nulla Christus habuit; fuit delictorum susceptor, sed non commissor. « Et delicta mea a te non sunt abscondita : » id est, confessus sum tibi omnia delicta mea, et ante os meum vidisti ea in cogitatione mea, vidisti vulnera quæ sanares. Sed ubi? Utique in corpore, in membris; in illis fidelibus unde illi hærebat jam membrum illud quod confitebatur peccata sua. «Et delicta, inquit, mea a te non sunt abscondita.»

11. « Non erubescant in me, qui te exspectant Domine, Domine virtutum (*Psal.*, LXVIII, 7). » Rursus vox capitis, « Non erubescant in me : « non dicatur illis, Ubi est de quo præsumebatis? non dicatur illis, Ubi est qui vobis dicebat (*a*), Credite in Deum, et in me credite (*Johan.*, XIV, 1)? Non erubescant in me, qui te exspectant Domine, Domine virtutum. Non confundantur super me, qui quærunt te Deus Israël. » Potest hoc et a corpore intelligi, sed si corpus ejus non unum hominem ponas : quia re vera non est unus homo corpus ejus, sed exiguum membrum, corpus autem ex membris constat. Corpus ergo ejus plenum, tota Ecclesia. Merito ergo dicit Ecclesia, « Non erubescant in me, qui te exspectant Domine, Domine virtutum. » Non sic affligar ab insurgentibus persecutoribus, non sic obterar ab invidentibus inimicis meis, ab oblatrantibus hæreticis qui a me exierunt, quia non erant ex me : nam si fuissent ex me, mecum forsitan permansissent (I *Johan.*, II, 19). Non sic eorum scandalis premar, ut « erubescant in me qui te exspectant Domine, Domine virtutum. Non confundantur super me, qui quærunt te Deus Israël. »

12. « Quoniam propter te sustinui exprobrationem, operuit irreverentia faciem meam (*Ps.*, LXVIII, 8). » Nihil magnum est quod dicitur, « sustinui : » sed quod dicitur, « propter te sustinui. » Si enim sustines, quia peccasti ; propter te sustines, non propter Deum. « Quæ enim vobis gloria est, ait Petrus, si

---

(*a*) Sic plerique et melioris notæ MSS. At editi, *Credidit in Deum*.

ments de Dieu, vous souffrez réellement à cause de Dieu, et une récompense éternelle vous attend, parce que c'est à cause de Dieu que vous avez supporté des opprobres. Car lui-même n'en a souffert le premier que pour nous apprendre à les supporter. Et s'il a souffert, lui a qui l'on n'avait rien à reprocher, que dire de nous, qui peut-être n'avons pas commis tel péché que nous impute notre ennemi, mais qui certainement en avons commis quelque autre qui mérite châtiment? Un homme vous accuse de vol, et vous n'avez pas volé ; cette accusation est un opprobre : cependant, votre innocence sur ce point ne vous empêche pas de déplaire à Dieu en quelque autre chose. Or, si celui qui n'a absolument rien pris, si celui qui a dit en toute vérité : « Voici venir le Prince de ce monde et il ne trouvera rien en moi (Jean, xiv, 30), » a été appelé pécheur, s'il a été appelé malfaiteur, s'il a été appelé Beelzebub (Matth., x, 25), s'il a été appelé insensé, refuserez-vous, méchant esclave, d'entendre, après l'avoir mérité, ce que le Seigneur a entendu sans l'avoir mérité. Il est venu vous donner l'exemple : il semblerait qu'il eût agi sans ce motif, à voir la manière dont vous en profitez. Pourquoi, en effet, a-t-il reçu tant d'affronts, si ce n'est pour que vous ne perdissiez pas courage, quand vous en recevez à votre tour ? Voilà que vous en recevez et que vous vous laissez abattre ; c'est donc en vain qu'il en a lui-même supporté. Car ce n'est pas pour lui, mais pour vous qu'il les a soufferts. « Car j'ai souffert mille opprobres à cause de vous, l'irrévérence s'est manifestée sur mon visage (Ps., LXVIII, 8). » « L'irrévérence, dit-il, s'est manifestée sur mon visage. » Qu'est-ce que l'irrévérence ? C'est le contraire de la confusion. L'irrévérence paraît un défaut, comme quand on dit d'un homme qu'il est irrévérent. La grande marque de l'irrévérence chez un homme, c'est qu'il ne rougisse pas. L'irrévérence est donc presque de l'impudence. Or, un chrétien doit avoir de l'irrévérence, lorsqu'il vient au milieu d'hommes qui n'aiment pas le Christ. S'il rougit du Christ, il sera effacé du livre des vivants. Ayez donc cette irrévérence, lorsqu'on vous insulte au sujet du Christ ; quand on vous appelle serviteur de crucifié, adorateur de criminel mis à mort, disciple de supplicié ; si vous rougissez, vous êtes mort. Écoutez, en effet, la sentence de celui qui ne trompe personne : « Si quelqu'un rougit de moi devant les hommes, moi, je rougirai de lui devant les Anges de Dieu (Luc., ix, 26). » Observez donc ce que je vais vous dire : ayez l'irrévérence sur le visage, soyez effronté lorsqu'on vous insulte au sujet du Christ ; soyez effronté jusqu'à l'impudence. Que craignez-vous pour votre front, que vous avez armé du signe de la croix. Dites : « A cause de vous, j'ai souf-

---

peccantes punimini, et suffertis (I Pet., II, 20) ? » Si autem sustines quia mandatum Dei servasti, vere propter Deum sustines ; et merces tua manet in æternum, quia propter Deum sustinuisti opprobria. Ideo enim prior ille sustinuit, ut nos sustinere disceremus. Et si ille, qui non habebat quod illi objiciebatur ; quanto magis nos, qui etsi non habemus peccatum quod nobis objicit inimicus, habemus tamen alterum quod digne in nobis flagelletur ? Nescio quis te furem dicit, et non es fur : audis opprobrium ; non tamen sic non es fur, ut non sis aliquid quod Deo displicet. Porro si ille qui omnino nihil rapuerat, qui verissime dixerat, « Ecce venit princeps mundi hujus, et in me nihil inveniet (Johan., xiv, 30), » dictus est peccator, dictus est iniquus (Johan., ix, 24), dictus est Beelzebub, dictus est insanus (Matth., x, 25) : tu dedignaris serve audire pro meritis tuis, quod Dominus audivit nullis meritis suis ? Ille venit ut tibi præberet exemplum. Quasi gratis hoc fecerit, sic tu non proficis. Quare enim ille audivit, nisi ut tu cum audires non deficeres ? Ecce tu audis, et deficis : frustra ergo ille audivit : non enim propter se, sed propter te audivit. « Quoniam propter te sustinui exprobrationem, operuit irreverentia faciem meam. » Irreverentia, inquit, operuit faciem meam. Irreverentia quid est ? Non confundi. Denique quasi vitium videtur, cum dicitur, Irreverens homo est. Magna irreverentia hominis, non illum erubescere. Ergo irreverentia quasi impudentia est. Oportet ut habeat Christianus irreverentiam istam, quando venerit inter homines quibus displicet Christus. Si erubuerit de Christo, delebitur de libro viventium. Opus est ergo ut habeas irreverentiam quando tibi de Christo insultatur ; quando dicitur, Cultor crucifixi, adorator male mortui, venerator occisi : hic si erubueris, mortuus es. Sententiam quippe ipsius vide, qui neminem fallit : « Qui me erubuerit coram hominibus, et ego erubescam eum coram Angelis Dei (Matth., x, 32). » Observa ergo tu, sit in te irreverentia, fronto-

fert des opprobres, et l'irrévérence s'est manifestée sur mon visage. » « J'ai souffert des opprobres à cause de vous, » et, parce que je n'ai pas rougi lorsqu'on m'insultait à cause de vous, « l'irrévérence s'est manifestée sur mon visage. »

13. « Je suis devenu comme un étranger pour mes frères et comme un hôte inconnu pour les enfants de ma mère (*Ps.* LXVIII, 9). » Il est devenu comme un hôte inconnu pour les enfants de la synagogue. En effet, dans son pays, on disait : « Ne savons-nous pas qu'il est le fils de Marie et de Joseph (*Luc.*, IV, 12)? » Pourquoi donc, ailleurs, disait-on de lui : « Nous ne savons d'où il est (*Jean*, IX, 29)? » « Je suis donc devenu comme un hôte inconnu pour les enfants de ma mère. » Ceux dont ma chair est venue n'ont pas su d'où j'étais ; ils ne savaient pas que j'étais né du sang d'Abraham ; c'est pourquoi ma chair était cachée, lorsque, le serviteur d'Abraham fit serment à son maître par le Dieu du ciel, de la manière que celui-ci lui prescrivit (*Gen.*, XXIV, 9). « Je suis devenu comme un hôte inconnu pour les enfants de ma mère. » Pourquoi cela ? Pourquoi ne m'ont-ils pas reconnu ? pourquoi ont-ils dit que j'étais un étranger ? pourquoi ont-ils osé dire : « Nous ne savons d'où il est ? » « Parce que le zèle de votre maison m'a dévoré (*Ps.*, LXVIII, 10) ; » c'est-à-dire, parce que j'ai poursuivi en eux leurs iniquités ; parce que je n'ai pas supporté indifféremment les vices de ceux que j'ai repris ; parce que j'ai cherché votre gloire dans votre maison ; parce que j'ai frappé du fouet ceux qui exerçaient dans votre temple un coupable trafic (*Jean*, II, 15) : circonstance dans laquelle a été rappelée cette parole, « Le zèle de votre maison m'a dévoré. » Voilà pourquoi je suis un étranger ; voilà pourquoi je suis un inconnu ; voilà pourquoi cette parole : « Nous ne savons d'où il est. » Ils reconnaîtraient d'où je suis, s'ils reconnaissaient vos commandements. Si en effet je les avais trouvés gardant vos commandements, le zèle de votre maison ne m'eût pas ainsi dévoré. « Et les opprobres jetés sur vous par ceux qui vous injuriaient sont retombés sur moi (*Ps.*, LXVIII, 10). » L'Apôtre saint Paul a invoqué le témoignage de ce verset (ce passage vient de vous être lu), et il a dit : « Tout ce qui a été écrit avant nous a été écrit pour notre instruction, afin que par la patience et la consolation des Écritures, nous ayons l'espérance (*Rom.*, XV, 4). » L'Apôtre rapporte donc au Christ ces paroles : « Les opprobres jetés sur vous par ceux qui vous injuriaient sont retombés sur moi. » Pourquoi : « jetés sur vous ? » Est-ce que l'on injuriait le Père, et non le Christ lui-même ? Pourquoi « les opprobres jetés sur vous par ceux qui vous injuriaient sont-ils tombés sur moi ? Parce que « celui qui me connaît connaît aussi mon Père (*Jean*, XIV, 9) ; parce que nul n'a jeté l'oppro-

---

sus esto, quando audis opprobrium de Christo ; prorsus esto frontosus. Quid times fronti tuæ, quam signo crucis armasti ? Hoc est enim, « Propter te sustinui exprobrationem, operuit irreverentia faciem meam. » « Propter te sustinui exprobrationem : » et quia non de te erubui, quando mihi propter te insultabatur, « operuit irreverentia faciem meam. »

13. « Alienatus factus sum fratribus meis, et hospes filiis matris meæ (*Ps.*, LXVIII, 9). Filiis synagogæ hospes factus est. In patria quippe ipsius dicebatur, « Nonne nos scimus cum esse filium Mariæ et Joseph (*Lucæ*, IV, 22)? » Et unde alio loco, « Hunc autem nescimus unde sit (*Johan.*, IX, 29)? Factus ergo sum hospes filiis matris meæ. » Non scierunt unde sim, de quibus erat caro mea : non me sciebant de femore Abraham natum ; unde caro mea occulta erat, quando sub ipso femore manum servus ponens juravit per Deum cæli (*Gen.*, XXIV, 9). » Hospes factus sum filiis matris meæ. » Quare hoc ? quare non agnoverunt ? quare alienum dixerunt ? quare ausi sunt dicere, « Nescimus unde sit ?« Quoniam zelus domus tuæ comedit me(*Psal.*,LXVIII,10) :» id est, quia persecutus sum in illis iniquitates ipsorum, quia non patienter tuli quos corripui,quia quæsivi gloriam tuam in domo tua, quia flagellavi in templo male versantes (*Johan.*, II, 15) : ubi etiam positum est, «Zelus domus tuæ comedit me.»Hinc alienus, hinc hospes ; hinc, Nescimus unde sit, Agnoscerent unde sim, si agnoscerent quod mandasti. Si enim invenirem illos servantes mandata tua, zelus domus tuæ non comederet me.« Et opprobria exprobrantium tibi ceciderunt super me.» Hoc testimonio usus est et Paulus apostolus, (lecta est modo ipsa lectio), et ait, « Quæcumque ante scripta sunt, ut nos doceremur, scripta sunt, ut per consolationem Scripturarum spem habeamus (*Rom.*, XV, 4). » Dixit ergo Christi fuisse istam vocem, « Opprobria exprobrantium tibi ceciderunt super me. » Quare, « tibi ? »

bre sur le Christ, sans le jeter sur le Père; parce que « nul n'honore le Père sinon celui qui honore aussi le Fils (*Jean*, v, 23). » « Les opprobres jetés sur vous par ceux qui vous injuriaient sont tombés sur moi, » parce qu'ils m'ont trouvé exposé à leur fureur.

14. « J'ai couvert mon âme dans le jeûne, et on en a fait contre moi un sujet d'opprobre (*Ps.*, LXVIII, 11). » Déjà nous avons fait connaître à Votre Charité le sens spirituel du jeûne du Christ (1). Son jeûne était la défection de tous ceux qui avaient cru en lui, parce que sa faim était que l'on crût en lui; parce que c'était aussi sa soif, quand il disait à la Samaritaine : « J'ai soif, donnez-moi à boire (*Id.*, IV, 7). » Il avait soif de la foi de cette femme. Et, quand, du haut de la croix, il disait : « J'ai soif (*Id.*, XIX, 28),» il cherchait à s'attirer la foi de ceux pour lesquels il avait dit : « Mon père, pardonnez-leur, parce qu'ils ne savent ce qu'ils font (*Luc*, XXIII, 34). » Mais ces hommes que lui ont-ils donné à boire pour apaiser sa soif ? Du vinaigre. Le nom de vinaigre convient à ce qui est vieux. C'est bien du vieil homme qu'ils lui ont versé, puisqu'ils n'ont pas voulu être nouveaux. Pourquoi n'ont-ils pas voulu être des hommes nouveaux ? Parce qu'ils ne sont pas de ceux à qui s'adresse le titre du Psaume : « pour ceux qui seront changés (*Ps.*, LXVIII, 1). » Il dit donc : « J'ai couvert mon âme dans le jeûne. » Il repousse même le fiel qu'on lui offre; il préfère jeûner, plutôt que d'accepter ce breuvage amer. En effet, il n'admet point à faire partie de son corps ceux qui répandent l'amertume, et dont le Prophète dit en un autre psaume : « Que ceux qui répandent l'amertume ne s'élèvent pas orgueilleusement en eux-mêmes (*Ps.*, LXV, 7). « J'ai donc couvert mon âme dans le jeûne et on en a fait contre moi un sujet d'opprobre (*Ps.*, LXVIII, 11). » On a fait contre moi un sujet d'opprobre de ne pas consentir à leurs désirs, c'est-à-dire d'avoir jeûné d'eux. En effet, quiconque rejette de mauvais conseillers jeûne ou s'abstient d'eux, et ce jeûne lui vaut des opprobres, parce qu'on l'insulte pour n'avoir pas consenti à faire le mal.

15. « J'ai pris un sac pour vêtement (*Ps.*, LXVIII, 12). » Nous avons déjà parlé de ce sac (2) à propos duquel le Prophète dit, dans un autre psaume : « Quant à moi, lorsqu'ils m'accablaient ainsi, je me revêtais d'un cilice et j'humiliais mon âme par le jeûne (*Ps.*, XXXIV, 13). » « J'ai pris un sac pour vêtement : » c'est-à-dire je leur ai livré ma chair, pour qu'ils exerçassent sur elle leur fureur, et j'ai caché ma divinité. Il appelle sa chair un sac, parce qu'elle était mortelle, afin de con-

---

Numquid Patri exprobratur, et non ipsi Christo? Quare, « opprobria exprobrantium tibi ceciderunt super me? Quia qui me cognovit, cognovit et Patrem (*Johan.*, XIV, 9) : » quia nemo exprobravit Christo, nisi Deo exprobrans : « quia nemo honorat Patrem, nisi qui honorat et Filium (*Johan.*, v, 23). Opprobria exprobrantium tibi ceciderunt super me, » quia me invenerunt.

14. « Et cooperui in jejunio animam meam, et factum est mihi in opprobrium (*Psal.*, LXVIII, 11). » Jejunium Christi spiritaliter jam in alio Psalmo commendavimus Caritati Vestræ. Jejunium ipsius erat, quando defecerunt omnes qui in eum crediderant; quia et esuries ipsius erat, ut in eum crederetur : quia et sitis ipsius erat, quando dixit mulieri, Sitio, « da mihi bibere (*Johan.*, IV, 7) : » fidem quippe ipsius sitiebat. Et de cruce cum diceret, « Sitio : » fidem illorum quærebat, pro quibus dixerat, « Pater, ignosce illis, quia nesciunt quid faciunt (*Johan.*, XIX, 28). » Sed illi homines quid propinarunt sitienti ? Acetum. Acetum (*a*) etiam vetus dicitur. Merito de vetere homine propinarunt, quia novi esse noluerunt. Quare novi esse noluerunt ? Quia ad titulum Psalmi hujus ubi scriptum est, « Pro iis qui commutabuntur, non pertinuerunt (*Psal.*, LXVIII, 1). » Ergo, « operui in jejunio animam meam. » Denique respuit etiam fel quod illi obtulerunt : jejunare elegit, quam amaritudinem accipere. Non enim intrant in corpus ejus amaricantes, de quibus alio loco Psalmus dicit, « Qui amaricant, non exaltentur in semetipsis (*Psal.*, LXV, 7). » Ergo, « operui in jejunio animam meam, et factum est mihi in opprobrium. » Hoc ipsum mihi in opprobrium factum est, quia non illis consensi, hoc est, ab illis jejunavi. Qui enim non consentit male suadentibus, jejunat ab ipsis ; et per hoc jejunium meretur opprobrium, ut ideo illi insultetur, quia non consentit ad malum.

15. « Et posui vestimentum meum saccum (*Psal.*, LXVIII, 12). » Jam et de sacco aliquid diximus, unde illud est, Ego autem cum mihi molesti essent, in-

---

(1) Voyez précédemment : Psaume XXXIV, Discours II, n° 4. — (2) Psaume XXXIV, Discours II, n° 3.

(*a*) Sic MSS. Editi vero, *Acetum enim vinum vetus dicitur*.

damner le péché dans la chair à cause du péché même (*Rom.*, VIII, 3). « Et j'ai pris un sac pour vêtement, et je suis devenu pour eux l'objet d'une parabole (*Ps.*, LXVIII, 12); » c'est-à-dire un sujet de railleries. On donne le nom de parabole à la comparaison que l'on fait de quelqu'un avec une autre personne dont on dit du mal. Par exemple : Puisse-t-il périr comme un tel ; c'est là une parabole, c'est-à-dire une comparaison, par le souhait d'une semblable malédiction. « Je suis donc devenu pour eux l'objet d'une parabole. »

16. « Ceux qui étaient assis à la porte m'insultaient (*Ps.*, LXVIII, 13). » « A la porte » ne signifie pas autre chose que : en public. « Et ceux qui buvaient du vin chantaient contre moi (*Ibid.*). » Pensez-vous, mes frères, que cela ne soit arrivé qu'au Christ? Tous les jours le même fait se produit à l'égard de ses membres. Si, par hasard, un serviteur de Dieu est dans l'obligation de réprimer l'ivresse et la débauche, soit dans quelque campagne, soit dans quelque ville, où la parole de Dieu n'a point encore été entendue, c'est peu que l'on continue à chanter; mais de plus on commence par se moquer en chantant de celui qui a défendu les chants désordonnés. Comprenez maintenant le jeûne du Christ et l'ivresse de ces débauchés. « Et ceux qui buvaient du vin chantaient contre moi. » Quel vin? le vin de l'erreur, le vin de l'impiété, le vin de l'orgueil.

17. « Pour moi, j'élevais vers vous ma prière, ô mon Dieu (*Ibid.*, 14). » Je m'élevais donc vers vous. Mais comment? En vous adressant ma prière. En effet, lorsque vous êtes en butte aux malédictions et que vous n'avez plus rien à faire ; lorsque l'opprobre est jeté sur vous et que vous ne trouvez aucun moyen de corriger celui qui vous accable ; il ne vous reste d'autre ressource que de prier. Mais souvenez-vous de prier aussi pour celui qui vous insulte. « Pour moi, Seigneur, j'élevais vers vous ma prière. Voici le temps de votre bon plaisir, ô mon Dieu (*Ibid.*). » Voici qu'en effet, le grain est enseveli dans la terre ; le fruit en sortira. « Voici le temps de votre bon plaisir, ô mon Dieu (*Ibid.*).» Les Prophètes ont dit de ce temps, et l'Apôtre a rappelé leur parole : « Voici maintenant le temps favorable ; voici maintenant les jours de salut (II *Cor.*, VI, 2). » « Voici le temps de votre bon plaisir, ô mon Dieu. C'est l'heure de l'abondance de votre miséricorde (*Ibid.*). » Voilà ce qu'est le temps de votre bon plaisir, l'heure de l'abondance de votre miséricorde. Car, sans l'abondance de votre miséricorde, que ferions-nous de l'abondance de notre iniquité? « C'est l'heure de l'abondance de votre miséricorde. Exaucez-moi

---

ducbam me cilicio, et humiliabam in jejunio animam meam. « Posui vestimentum meum saccum : » id est, opposui illis, in quam sævirent, carnem meam; occultavi divinitatem meam. « Saccum, » quia mortalis caro erat : ut de peccato condemnaret peccatum in carne (*Rom.*, VIII, 3). « Et posui vestimentum meum saccum : et factus sum illis in parabolam, » id est, in irrisionem. Parabola dicitur, quando datur similitudo de aliquo, quando de illo male dicitur. Sic ille, verbi gratia, pereat, quomodo ille, parabola est : id est, comparatio et similitudo maledicti. « Factus ergo sum illis in parabolam. »

16. « Adversus me insultabant, qui sedebant in porta (*Ibid.*, 13). » » In porta, » nihil aliud quam in publico. « Et in me psallebant, qui bibebant vinum. » Putatis hoc fratres Christo tantummodo contigisse ? Quotidie illi in membris ejus contingit : quando forte necesse erit servo Dei prohibere ebrietates et luxurias in aliquo vel fundo vel oppido, ubi non auditum fuerit verbum Dei, parum est quia cantant, insuper et in ipsum incipiunt cantare, a quo prohibentur cantare. Comparate nunc illius jejunium, et illorum vinum. « Et in me psallebant, qui bibebant vinum : » vinum erroris, vinum impietatis, vinum superbiæ.

17. « Ego autem (*a*) oratione mea ad te, Domine (*Ibid.*, 14). » Ego autem ad te eram. Sed quomodo? Ad te orando. Quando enim maledixeris, et quid agas non habes ; quando tibi jactantur opprobria, et quomodo corrigas eum a quo jactantur non invenis ; nihil tibi restat nisi orare. Sed memento et, pro ipso orare. « Ego autem oratione mea ad te, Domine. Tempus beneplaciti Deus. » Ecce enim sepelitur granum, exsurget fructus. « Tempus beneplaciti, Deus. » De hoc tempore et Prophetæ dixerunt, quod commemorat Apostolus : « Ecce nunc tempus acceptabile, ecce nunc dies salutis (II *Cor.*, VI, 2). » « Tempus beneplaciti, Deus. In multitudine misericordiæ tuæ. » Hoc est tempus beneplaciti, « In multitudine misericordiæ tuæ. » Nam si non esset multitudo miseri-

---

(*a*) Editi, *oratio mea*. At potiores MSS. juxta Græc. LXX. *oratione mea*: ubi subintelligendum, *eram*, sicuti mox docet Augustinus.

selon la vérité du salut que vous m'avez promis (*Ibid.*). » Après avoir dit : « de votre miséricorde, » le Prophète nomme aussitôt la vérité ; parce que « toutes les voies du Seigneur sont miséricorde et vérité (*Ps.*, XXIV, 10). » Pourquoi sont-elles miséricorde ? parce que Dieu remet les péchés. Pourquoi sont-elles vérité ? parce que Dieu est fidèle dans ses promesses. « Exaucez-moi selon la vérité du salut que vous m'avez promis (*Ps.*, LXVIII, 14). »

18. « Sauvez-moi de cette boue, afin que je n'y sois pas retenu (*Ibid.*, 15) : » de cette boue dont il a dit plus haut : « Je suis enfoncé dans la boue de l'abîme, et je n'y trouve aucune substance (*Ibid.*, 3). » Comme vous avez déjà reçu l'explication de ce texte, il ne nous reste rien de particulier à en dire. Il demande à être délivré de cette boue, dans laquelle il a d'abord dit qu'il était enfoncé : « Sauvez-moi de cette boue, afin que je n'y sois pas retenu (*Ibid.*, 15). » Et il explique lui-même sa pensée : « Que je sois retiré des mains de ceux qui me haïssent ! » Ils sont donc eux-mêmes cette boue dans laquelle il était retenu. Mais voici peut-être ce qu'il veut nous faire entendre. Il avait dit d'abord : « Je suis enfoncé dans la boue de l'abîme ; » et maintenant il dit : « Sauvez-moi de cette boue, afin que je n'y sois pas retenu, » tandis que, pour être d'accord avec la première phrase, il devrait dire : Sauvez-moi de cette boue dans laquelle je suis retenu, en m'en retirant, et non pas en faisant que je n'y sois pas retenu. Mais sa pensée n'est-elle pas, qu'il y était retenu dans sa chair; tandis que, dans son esprit, il n'y était pas retenu. Il parle ainsi, en raison de la faiblesse de ses membres. S'il arrive que vous soyez captif aux mains de celui qui veut vous contraindre à commettre l'iniquité, votre corps est pris en effet ; en ce qui concerne votre corps, vous êtes enfoncé dans la boue de l'abîme ; mais tant que vous n'avez pas consenti aux suggestions de l'iniquité, vous n'êtes pas retenu dans cette boue; que si, au contraire, vous y consentez, vous êtes retenu dans la boue. Demandez donc que, si votre corps est déjà captif, votre âme ne soit pas captive avec lui, et que vous restiez libre au milieu des fers. « Que je sois retiré des mains de ceux qui me haïssent et du fond des eaux (*Ibid.*). »

19. « Que la tempête ne me submerge pas (*Ibid.*, 16). » Mais il est déjà submergé. « Je suis descendu dans la profondeur de la mer (*Ibid.*, 3). » C'est vous qui l'avez dit : « Et la tempête m'a submergé (*Ibid.*, 16). » C'est vous qui l'avez dit. La tempête l'a submergé quant à la chair, il demande à n'être pas submergé quant à l'esprit. Ceux à qui il a été dit : « Si l'on vous persécute dans une ville, fuyez dans une autre (*Matth.*, X, 23), » ont reçu le conseil de fuir toute

---

cordiæ tuæ, quid nos faceremus de multitudine iniquitatis nostræ? « In multitudine misericordiæ tuæ. Exaudi me in veritate salutis tuæ. » Quia dixit « misericordiæ tuæ, » subjunxit et veritatem : « quia misericordia, et veritas universæ viæ Domini (*Psal.* XXIV, 10). » Quare misericordia? Dimittendo peccata. Quare veritas? Reddendo promissa. « Exaudi me in veritate salutis tuæ. »

18. « Salvum me fac de luto, ut non inhæream (*Ps.*, LXVIII, 15). » De illo de quo supra dixerat, « Infixus sum in limo profundi, et non est substantia (*Ibid.*, 3). » Proinde quia illud expositum bene accepistis, quod hic audiatis expressius non est. Hinc se dicit liberandum, ubi se ante dixit infixum : « Salvum me fac de luto, ut non inhæream. » Et exponit hoc ipse : « Eruar ex iis qui oderunt me. » Ipsi ergo sunt lutum ubi hæseram. Sed hoc forte suggeritur. Paulo ante dixerat, Infixus sum, modo dicit, « Salvum me fac de luto, ut non inhæream : » cum secundum sententiam priorem deberet dicere, Salvum me fac de luto ubi hæseram eruendo me, non agendo ut non inhæream. Ergo hæserat carne, sed non hæserat spiritu. Dicit hoc ex infirmitate membrorum suorum. Quando forte caperis ab eo, qui te premit ad iniquitatem, tenetur quidem corpus tuum, secundum corpus infixus es in limo profundi : sed quamdiu non consentis, non hæsisti ; si autem consentis, hæsisti. Oratio ergo tua ibi sit, ut quomodo jam tenetur corpus tuum, non teneatur et anima tua, sis liber in vinculis. « Eruar ex his qui oderunt me : et de profundo aquarum. »

19. « Non me demergat tempestas aquæ (*Ibid.*, 16.) » Sed jam demersus erat. « Veni in altitudinem maris, » tu dixisti : « et tempestas demersit me, » tu dixisti (*Ibid.*, 3). Demersit secundum carnem, non demergat secundum spiritum. Quibus dictum est, « Si vos persecuti fuerint in una civitate, fugite in aliam (*Matth.*, X, 23) : » hoc eis dictum est, ut nec carne hærerent, nec spiritu. Non enim appetendum est:

captivité, tant de leur chair que de leur esprit. Nous ne devons pas désirer, en effet, d'être submergés, même dans notre chair; nous devons, au contraire, l'éviter autant que nous le pouvons. Mais si nous venons à être pris, si nous tombons en la puissance des pécheurs, dès lors notre corps est captif, nous sommes enfoncés dans la boue de l'abîme; il nous reste à demander à Dieu que notre âme n'y soit pas retenue, c'est-à-dire que nous ne consentions pas à leurs désirs et que nous ne soyons pas submergés par la tempête et entraînés dans la profondeur de la boue. « Que l'abîme ne m'absorbe pas et que l'ouverture du puits ne se referme pas sur moi (*Ps.*, LXVIII, 16). Qu'est ceci, mes frères? que demande-t-il dans sa prière? L'abîme de l'iniquité des hommes est comme un vaste puits, quiconque y tombe fait une chute profonde. Mais cependant, lorsqu'il y est tombé, s'il confesse ses péchés à son Dieu, l'ouverture du puits ne se fermera pas sur lui, comme il est écrit dans un autre psaume : « Des profondeurs de l'abîme, j'ai crié vers vous, Seigneur, Seigneur, écoutez ma voix (*Ps.*, CXXIX, 42). » Si, au contraire, le pécheur réalise en lui-même cette sentence des Écritures : « Lorsque le pécheur a atteint la dernière profondeur du vice, il méprise tout (*Prov.*, XXIII, 3), » alors le puits a fermé son ouverture sur lui. Pourquoi le puits a-t-il fermé son ouverture? Parce qu'il a fermé la bouche du pécheur. En effet, celui-ci a perdu jusqu'à la confession de ses péchés; il est réellement mort et cette parole est accomplie en lui : « La confession périt dans la bouche des morts, parce qu'ils sont comme s'ils n'étaient plus (*Eccli.*, XVII, 26). » O redoutable état, mes frères, un homme qui a commis l'iniquité est plongé dans le puits; mais, quand vous lui aurez fait connaître ses iniquités, s'il dit : Il est vrai, j'ai péché, je l'avoue, le puits n'a pas refermé sur lui son ouverture; qu'au contraire il vous réponde : Quel mal ai-je donc fait? il cherche à excuser son péché, le puits a fermé sur lui son ouverture, et il n'a plus d'issue pour s'échapper. Qui perd la confession de sa faute n'a plus où trouver la miséricorde. Vous vous êtes fait le défenseur de votre péché, comment Dieu serait-il votre libérateur? Pour que Dieu devienne votre libérateur, soyez votre accusateur.

---

ut hæreamus vel carne; sed quantum possumus, vitare debemus. Si vero hæserimus, et in manus peccatorum venerimus, jam corpore hæsimus, fixi sumus in limo profundi : restat pro anima deprecari, ut non inhæreamus, id est, non consentiamus ; non nos demergat tempestas aquæ, ut eamus in profundum limi. « Neque absorbeat me profundum, neque coartet super me puteus os suum. » Quid est hoc, Fratres? quid deprecatus est, Magnus est puteus profunditas iniquitatis humanæ : illuc quisque si ceciderit, in altum cadet. Sed tamen ibi positus, si confitetur peccata Deo suo, non super eum claudet puteus os suum : ut est in alio quodam Psalmo scriptum, « De profundis clamavi ad te Domine, Domine exaudi vocem meam (*Psal.*, CXXIX, 1). » Si autem factum in illo fuerit quod alia sententia Scripturæ dicit, « Peccator cum venerit in profundum malorum, contemnet (*Prov.*, XVIII, 3) : » clausit super eum puteus os suum. Quare clausit os suum? Quia clausit os illius. Perdidit enim confessionem, vere mortuus est. Impletumque in eo est quod alibi dicitur, « A mortuo, velut qui non sit, perit confessio (*Eccli.*, XVII, 26). » Metuenda ista res vehementer, Fratres. Si videris hominem fecisse iniquitatem, mersus est in puteum : quando autem illi dixeris iniquitatem ipsius, et dixerit, Vere peccavi, fateor; non super eum clausit puteus os suum : cum autem videris eum dicere, Quid enim mali feci? factus est defensor peccati sui, clausit super eum puteus os suum, qua eruatur non habet. Amissa confessione, non erit locus misericordiæ. Tu factus es peccati tui defensor, quomodo erit Deus liberator? Ut ergo sit ille liberator, tu esto accusator.

DISCOURS

SUR LA DEUXIÈME PARTIE DU PSAUME.

1. Il nous reste aujourd'hui à expliquer la dernière partie du Psaume, sur lequel nous vous avons parlé hier. Et je vois qu'il est temps d'acquitter cette dette, à moins cependant que la longueur du Psaume ne me force à rester encore aujourd'hui votre débiteur. Si je fais ce préambule c'est pour vous prier de ne pas attendre de longs développements sur les points qui sont clairs par eux-mêmes. De la sorte nous pouvons nous arrêter par nécessité sur les endroits les plus obscurs, et payer ultérieurement notre dette entière ; donnant de suite certaines explications et gagnant du temps pour les autres. Voyons donc la suite du Psaume. Nous en sommes restés à cette parole : « Et que l'ouverture du puits ne se ferme pas sur moi (*Ps.*, LXVIII, 16). » Hier nous avons invité Votre Charité à veiller avec toute l'attention de l'esprit et toute la foi de la piété, pour éviter une pareille malédiction.

Nous avons dit que le puits, c'est-à-dire l'abîme de l'iniquité, ferme son ouverture sur un homme, lorsque cet homme n'est pas seulement plongé dans ses péchés, mais qu'il a perdu toute volonté de les confesser. Quand il dit, au contraire : Je suis un pécheur, un rayon de lumière descend jusque dans les profondeurs du puits. Les paroles qui suivent sont le cri de Notre Seigneur Jésus-Christ, de sa tête et de son corps, au milieu des souffrances. Nous avons donc à reconnaître, ainsi que nous vous l'avons fait remarquer, en certains endroits les paroles de la tête, et ailleurs les paroles qui ne peuvent lui convenir et qu'il faut rapporter au corps. Car c'est ainsi que le Christ parle, comme ne faisant qu'un avec l'Église ; et réellement il ne fait qu'un avec elle selon ces paroles : « Ils seront deux dans une seule chair (*Éphés.* v, 31). » Et s'ils ne sont qu'une seule chair, qu'y a-t-il

SERMO SECUNDUS

DE POSTERIORE PARTE PSALMI LXVIII.

1. Posterior pars Psalmi, de quo hesterno die locuti sumus Caritati Vestræ, hodie nobis explicanda remanserat. Et video esse tempus reddendi debiti, si tamen ejus prolixitas non nos etiam hodie debitores reliquerit. Itaque hoc præloquor, et peto, ne diuturnum sermonem in his quæ manifesta sunt expectetis. Ita enim possumus in obscurioribus necessitate immorari, et fortasse supplere quod debemus ; ut aliis diebus alia debeamus, aliaque reddamus. Videamus ergo quæ sequuntur. Postea quam dixit, « Neque coartet super me puteus os suum (*Ps.*, LXVIII, 16) : » quod hesterno die commendavimus Caritati Vestræ, ut omni animi intentione et fide pietatis caveamus, ne hoc maledictum superveniat nobis. Tunc enim coartat puteus super hominem os suum, id est profunditas iniquitatis, quando non solum mersus in peccatis jacet, sed etiam perdit aditum confessionis. Quando autem dicit homo, Peccator sum : radiatur aliquo lumine etiam profunditas putei. Sequitur ergo inter passiones exclamans Dominus noster Jesus Christus, caput et corpus, sicut commendavimus : ut quibusdam locis capitis verba cognoscatis ; quæ autem dicta fuerint ita ut capiti convenire non possint, ad corpus referatis. Sic enim loquitur Christus tamquam unus : quia et vere unus, de quo dictum est, « Erunt duo in carne una (*Gen.*, II, 24, *Ephes.*, v, 31). » Si enim in carne una, quid miraris, quia et in voce una ? Sequi-

d'étonnant qu'ils n'aient qu'une seule voix? Le Christ continue donc ainsi : « Exaucez-moi, Seigneur, parce que votre miséricorde est pleine de douceur (*Ps.* LXVIII, 17). » Il exprime la cause pour laquelle il doit être exaucé, qui est la douceur de la miséricorde divine. N'eût-il pas été plus logique de dire : Exaucez-moi, Seigneur, afin que je sente la douceur de votre miséricorde? Pourquoi donc dit-il : « Exaucez-moi, Seigneur, parce que votre miséricorde est pleine de douceur (*Ibid.*) ? » Dans les paroles qui suivent presque immédiatement celles-ci, il glorifie la douceur de la miséricorde du Seigneur en la démontrant par ses propres afflictions : « Exaucez-moi, Seigneur, parce que je suis affligé (*Ibid.*, 18). » En effet, celui qui dit : « Exaucez-moi, Seigneur, parce que je suis affligé, » exprime la raison pour laquelle il demande à être exaucé ; mais l'homme, placé au milieu des afflictions, trouve pleine de douceur la miséricorde de Dieu. Écoutez comment l'Écriture parle en un autre endroit, de cette douceur de la miséricorde divine : « La miséricorde de Dieu a autant de charme dans l'affliction, que la pluie dans la sécheresse (*Eccli.*, XXXV, 26). » Le charme de la miséricorde, dans ce passage, revient à la douceur dont parle le psaume. Le pain ne serait pas doux s'il n'était précédé de la faim. Le Seigneur est donc encore miséricordieux, même lorsqu'il permet ou lorsqu'il fait que nous soyons dans quelque affliction ; car alors il ne nous enlève pas l'aliment qui nous est nécessaire, mais il aiguillonne notre désir. Aussi, que vient de dire le Prophète : « Exaucez-moi, Seigneur, parce que votre miséricorde est pleine de douceur (*Ibid.*, 17). » Ne différez pas de m'exaucer ; je suis dans une si grande tribulation, qu'il m'est doux de recevoir miséricorde. Vous différiez de me secourir, pour me rendre doux votre secours ; vous n'avez donc plus lieu de différer, mon affliction est arrivée aux proportions d'une calamité ; que votre miséricorde vienne accomplir une œuvre de bonté. « Exaucez-moi, Seigneur, parce que votre miséricorde est pleine de douceur. Jetez les yeux sur moi selon l'abondance de vos miséricordes (*Ibid.*, 17) ; » et non selon l'abondance de mes péchés.

2. « Ne détournez pas votre visage de dessus votre serviteur (*Ibid.*, 18). » C'est là une leçon d'humilité : de votre serviteur, c'est-à-dire de celui qui est petit ; car déjà la discipline de la tribulation a guéri l'orgueil en lui. « Ne détournez pas votre visage de dessus votre serviteur (*Ibid.*). » Telle est cette miséricorde divine, si pleine de charme, dont il a été parlé. Car, dans les mots suivants, il explique sa pensée : « Parce que je suis dans la tribulation, exaucez-moi

---

tur ergo, « Exaudi me Domine, quoniam suavis est misericordia tua (*Ps.*, LXVIII, 17).» Hanc caussam asseruit quare debeat exaudiri, quia suavis est misericordia Dei. Nonne magis hoc erat consequens ut diceret, Exaudi me Domine, ut suavis mihi sit misericordia tua? Quare ergo, « Exaudi me Domine, quoniam suavis est misericordia tua ? » Suavitatem misericordiæ Domini de tribulatione sua commendavit aliis quodam modo verbis, cum dixit, « Exaudi me Domine, quoniam tribulor (*Ibid.*, 18).» Re vera enim qui dicit, Exaudi me Domine, quoniam tribulor, caussam dicit quare se exaudiri roget : sed homini in tribulatione posito, necesse est ut suavis sit misericordia Dei. De hac suavitate misericordiæ Dei videte quid alio loco Scriptura dicat : « Sicut pluvia in siccitate, ita speciosa est misericordia Dei in tribulatione (*Eccli.*, XXXV, 26). » Quod ibi ait, speciosa : hoc ait hic, « suavis. » Nec panis dulcis esset, nisi fames præcederet. Ergo et quando Dominus permittit aut facit ut in tribulatione aliqua simus etiam tunc misericors est : non enim alimentum subtrahit, sed desiderium movet. Itaque quid ait modo, « Exaudi me Domine, quoniam suavis est misericordia tua ? » Jam noli differre exauditionem, in tanta tribulatione sum, ut suavis mihi sit misericordia tua. Ad hoc ergo subvenire differebas, ut mihi dulce esset quod subveniebas : jam ergo ultra non est quod differas ; pervenit tribulatio mea ad mensuram certam calamitatis, veniat misericordia tua ad faciendum opus bonitatis. « Exaudi me Domine, quoniam suavis est misericordia tua. Secundum multitudinem miserationum tuarum respice in me : » non secundum multitudinem peccatorum meorum.

2. « Ne avertas faciem tuam a puero tuo (*Ibid.*, 18). » Et hæc (*a*) humilitatis commendatio est, « a puero tuo, » id est, a parvo : quia jam caruit superbia per disciplinam tribulationis, « Ne avertas faciem tuam a puero tuo. » Hæc est illa speciosa miseri-

(*a*) Vox, *humilitatis*, abest a MSS.

vite (*Ibid.*). » Que veut dire : « vite » ? Il n'y a plus à différer, je suis dans la tribulation : mon affliction a précédé votre miséricorde, que votre miséricorde suive mon affliction.

3. « Prêtez attention à mon âme et rachetez-la (*Ibid.*, 19.) » Ces paroles n'ont pas besoin d'explication ; voyons donc la suite : « Sauvez-moi à cause de mes ennemis (*Ibid.*). » Cette demande a quelque chose de très-étonnant ; et nous ne devons ni la traiter d'une manière trop restreinte, ni passer par-dessus comme en courant. Je dis d'abord qu'elle a quelque chose d'étonnant. « Délivrez-moi à cause de mes ennemis. » Que veut dire : « Délivrez-moi à cause de mes ennemis ? » afin qu'ils soient couverts de confusion ; afin qu'ils soient tourmentés par ma délivrance ? Mais quoi ? Si ma délivrance ne devait pas être un tourment pour eux, le Seigneur ne devrait donc pas me secourir ? Ou bien votre délivrance ne doit-elle vous être agréable qu'autant qu'elle sera la condamnation d'un autre ? Supposez donc que vous n'ayez point d'ennemis à confondre ou à tourmenter par votre délivrance, resterez-vous captif ? ne serez-vous pas délivré ? D'autre part, serait-il question que cette confusion fût utile à vos ennemis et que votre délivrance produisît ainsi leur conversion ? Mais il n'est pas moins étonnant qu'il y ait là une raison de demander quelque chose à Dieu. En effet, le serviteur de Dieu est-il délivré par le Seigneur son Dieu, pour le profit des autres ? Mais quoi ? Et s'il n'y avait personne à qui sa délivrance dût profiter, ce serviteur de Dieu ne devrait-il pas être délivré ? De quelque côté donc que je me tourne, qu'il s'agisse de la punition ou de la conversion de ses ennemis, je ne vois pas la raison de cette demande qu'il adresse à Dieu : « Délivrez-moi à cause de mes ennemis (*Ibid.*). » A moins toutefois qu'il n'y ait ici un sens mystérieux, que je veux vous exposer avec l'aide du Seigneur, et dont sera juge en vous celui qui habite en vous. Il y a pour les saints une délivrance secrète, qui se fait en vue d'eux-mêmes. Et il y a une autre délivrance, publique et manifeste, qui se fait en vue de leurs ennemis, pour les punir ou pour les délivrer. En effet, Dieu n'a pas délivré les frères Machabées des flammes de leur persécuteur, lorsque Antiochus voulut faire de leur propre mère un instrument de sa cruauté, espérant que les caresses de cette mère ramèneraient ces jeunes gens à l'amour de la vie, et qu'en aimant à vivre pour les hommes, ils mourraient devant Dieu. Mais cette mère, semblable dès lors, non pas à Ève, mais à notre mère l'Église, afin de conserver la véritable vie des enfants qu'elle avait mis au monde dans la douleur, les vit mourir avec joie, et les exhorta à préférer la mort pour les

---

cordia Dei, quam supra dixit. Nam sequenti versu exponit quod dixit : Quoniam tribulor, velociter exaudi me. » Quid est, « velociter ? » Jam non est quod differas : tribulor, præcessit afflictio mea, sequatur misericordia tua.

3. « Intende animæ meæ, et redime eam (*Ibid.*, 19.) » Non indiget expositione : videamus ergo quod sequitur. « Propter inimicos meos erue me. » Hæc plane miranda petitio est, nec breviter perstringenda, nec cursim transilienda ; prorsus miranda : « Propter inimicos meos erue me. » Quid est, « Propter inimicos meos erue me. » Ut confundantur, ut crucientur liberatione mea. Quid ergo, si non essent illi qui liberatione mea essent cruciandi, mihi subveniri non debuit ? et tunc tibi acceptabilis est liberatio, cum fuerit alterius damnatio ? Ecce non sunt inimici, qui vel confundantur vel torqueantur de liberatione tua : sic remanebis, non liberaberis ? An ad hoc ut valeat inimicis tuis, quod possint et ipsi tua liberatione converti ? Sed et hoc mirum est, si habeat aliquam petitionis caussam. Numquid enim ad hoc liberatur servus Dei a Domino Deo suo, ut alii proficiant ? Quid, si deessent qui proficerent, ille servus Dei non erat liberandus ? Quocumque ergo me convertam, sive ad punitionem, sive ab liberationem inimicorum, non video caussam petitionis hujus, « Propter inimicos meos erue me : » nisi aliquid intelligamus, quod cum dixero adjuvante Domino, judicabit in vobis, qui habitat in vobis. Est quædam liberatio sanctorum occulta : hæc propter ipsos fit (*a*). Est quædam publica et manifesta : hæc propter inimicos eorum fit, sive puniendos, sive liberandos. Nam utique Deus de ignibus persecutoris non liberavit fratres Machabæos, quibus Antiochus sæviens etiam matrem adhibuit, cujus blanditiis ad amorem vitæ converterentur, et amando vivere hominibus, Deo morerentur (II *Machab.*, 7). At illa mater, jam non Evæ, sed matri Ecclesiæ similis, quos cum doloret pepererat ut vivos agnosceret, cum gaudio vidit morientes ; et ad hoc hortata est, ut eligerent potius

(*a*) Hoc loco editi interponebant, quod *Deus sanctos suos quosdam occulte, quosdam vero liberat publice : occulte, sicut Machabæos ; publice, sicut tres pueros de camino ignis educens.* Isthæc non habent melioris notæ MSS.

fois que leurs pères avaient reçu du Seigneur leur Dieu, à la vie qu'ils ne conserveraient qu'en violant ces lois. Que devons-nous croire ici, mes frères, sinon qu'ils ont été délivrés? Mais leur délivrance a été secrète. Quant à Antiochus qui les fit mettre à mort, il crut s'être donné la satisfaction que lui imposait sa cruauté, ou plutôt vers laquelle sa cruauté le poussait (II *Machab.*, VII). Mais, au contraire, les trois jeunes hommes de la fournaise de Babylone ont été ouvertement délivrés de ces flammes (*Daniel*, III, 49); et, parce que leur corps a été sauvé, leur salut a été public. Les premiers ont donc été couronnés en secret, les autres ont été délivrés publiquement, et cependant tous ont été sauvés. Or, quel a été le fruit de la délivrance des trois jeunes gens? Pourquoi la couronne qu'ils devaient recevoir a-t-elle été différée? Nabuchodonozor se convertit à leur Dieu et proclama sa puissance pour avoir délivré ses serviteurs, après l'avoir méprisé au moment où il les faisait jeter dans la fournaise. Il y a donc une délivrance secrète et il y a une délivrance publique. La délivrance secrète s'applique à l'âme; la délivrance extérieure s'applique au corps. L'âme est en effet délivrée en secret, tandis que le corps est délivré au grand jour. S'il en est réellement ainsi, distinguons les paroles du Seigneur dans ce psaume. Ce qu'il a dit plus haut :

« Prêtez attention à mon âme, et rachetez-la (*Ps.*, LXVIII, 19), » s'applique à la délivrance secrète. Vient ensuite la délivrance du corps, parce que, à la suite de sa résurrection, de son ascension dans les cieux et de l'envoi qu'il a fait du Saint-Esprit du haut du ciel (*Act.*, I, 9, II, 4), ceux mêmes qui, dans leur fureur, l'avaient mis à mort, se convertirent à sa foi et, d'ennemis qu'ils étaient, devinrent ses amis, par le secours de sa grâce et non par l'effet de leur propre justice. C'est pourquoi le Prophète ajoute : « Sauvez-moi à cause de mes ennemis (*Ibid.*). » « Prêtez attention à mon âme, » mais en secret; et « sauvez-moi à cause de mes ennemis, » sauvez aussi mon corps. En effet, si vous ne délivrez que mon âme, mes ennemis n'en tireront aucun profit; ils croiront seulement avoir fait quelque chose, avoir accompli quelque chose. « De quoi servira mon sang répandu, si je descends dans la corruption du tombeau (*Ps.* XXIX, 10)? » Par conséquent, « Prêtez attention à mon âme et rachetez-la », ce que vous seul saurez; et ensuite « sauvez-moi à cause de mes ennemis, » de sorte que ma chair n'éprouve pas la corruption du tombeau.

4. « Car vous connaissez mon opprobre, et ma confusion, et ma honte (*Ps.*, LXVIII, 20). » Qu'est-ce que l'opprobre? Qu'est-ce que la confusion? Qu'est-ce que la honte? L'opprobre est

---

mori pro paternis legibus Domini Dei sui, quam vivere contra eas. Quid hic credituri sumus, Fratres nisi quia liberati sunt? Sed occulta fuit illorum liberatio : denique ipse Antiochus, a quo occisi sunt, visus est sibi aliquid fecisse, quod ejus crudelitas dictabat, vel potius incitabat. At vero tres pueri de camino ignis aperte liberati sunt (*Dan.*, III, 49); quia et corpus eorum erutum est, salus eorum publica fuit. Illi ergo sunt in occulto coronati, isti in aperto liberati : omnes tamen salvati. Quis autem fructus liberationis trium puerorum? Quare eorum corona dilata est? Ipse Nabuchodonosor conversus est ad Deum ipsorum, eumque prædicavit, quia eruit servos suos, quem contemserat, cum eos mittet in caminum. Est ergo liberatio occulta, est liberatio manifesta. Liberatio occulta ad animam, liberatio manifesta etiam ad corpus pertinet. In occulto enim anima liberatur, in manifesto corpus. Porro si ita est, in hoc Psalmo vocem Domini agnoscamus : ad occultam liberationem pertinet quod supra dixit, « Intende animæ meæ, et redime eam. » Restat corporis liberatio : quia eo resurgente, et in cœlos ascendente, et Spiritum-sanctum de super mittente (*Act.*, I, 9 et II, 4), conversi sunt ad ejus fidem qui in ejus morte sævierunt, et ex inimicis amici facti sunt per illius gratiam, non per justitiam suam. Ideo secutus est, «Propter inimicos meos erue me. Intende animæ meæ, » sed hoc in occulto : « Propter inimicos autem meos erue (*a*)» et corpus meum. Nihil enim inimicis meis proderit, si solam animam liberaveris : aliquid se egisse, aliquid se implevisse credituri sunt. « Quæ utilitas in sanguine meo, dum descendo in corruptionem (*Psal.*, XXIX, 10)?» Ergo, «intende animæ meæ, et redime eam, quod tu solus scis: deinde et « propter inimicos meos erue me, » ut caro mea non videat corruptionem.

4. « Tu enim cognoscis opprobrium meum, et confusionem meam, et verecundiam meam (*Ps.*, LXVIII,

---

(*a*) Hic Lov. et aliquot MSS. addunt, *me*.

le reproche outrageant que fait l'ennemi. La confusion est le remords qui déchire la conscience. La honte est le sentiment qui fait rougir le front le plus ingénu, même devant la fausse accusation d'un crime. Aucun crime n'a été commis, ou, s'il y a eu crime, il n'a pas été commis par l'accusé ; cependant, telle est la faiblesse d'esprit de l'homme, qu'il rougit de honte même en face d'une accusation mensongère, non pour la faute qu'on lui reproche, mais à cause de la croyance qu'on accorde à cette imputation. Toutes ces choses se retrouvent dans le corps du Christ. Car, pour lui, il ne pouvait ressentir aucune confusion, puisqu'on ne pouvait trouver en lui aucune faute. On reprochait aux chrétiens, comme un crime, le fait même qu'ils étaient chrétiens. C'était leur gloire ; ceux d'entre eux qui étaient courageux acceptaient cette accusation de grand cœur, et ils l'acceptaient de telle sorte qu'ils ne rougissaient en aucune façon du nom de leur Seigneur. Car l'irrévérence avait couvert leur visage et ils disaient avec le même front que Paul : « Je ne rougis pas de l'Évangile ; car il est la vertu de Dieu pour le salut de quiconque croit en lui (*Rom.*, I, 16). » O Paul, n'êtes-vous donc pas un adorateur de crucifié ? C'est peu, répond-il, que je ne rougisse pas de l'être ; bien plus, je ne me glorifie uniquement de ce qui me fait rougir, à entendre mes ennemis. « Car à Dieu ne plaise que je me glorifie, si ce n'est dans la croix de Notre Seigneur Jésus-Christ, par qui le monde m'est crucifié et moi au monde (*Gal.*, VI, 14). » Sur ce front courageux, on ne pouvait que jeter l'opprobre d'une accusation ; mais il ne pouvait y avoir de confusion dans une conscience si pure, ni de honte sur un front si libre. D'autres, au contraire, s'entendant reprocher à bon droit le meurtre du Christ, se sentirent piqués par l'aiguillon de leur conscience coupable ; remplis d'une confusion salutaire, et revenant au Seigneur, ils purent dire : « Vous avez connu ma confusion (*Ps.*, CXXXVIII, 1). » Vous connaissez donc, ô mon Dieu, non-seulement mon opprobre, mais encore ma confusion, et, par rapport à certains hommes, ma honte ; car, tout en croyant en moi, ces derniers rougissent cependant de confesser publiquement mon nom en présence des impies, et accordent plus de crédit sur eux à la parole des hommes qu'aux promesses divines. Considérez donc ces chrétiens timides, et recommandez-les à la bonté de Dieu, afin qu'il ne les abandonne point à leur faiblesse, mais qu'il les aide à devenir parfaits. Car un homme qui tout à la fois croyait et chancelait, a dit aussi : « Je crois, Seigneur, mais venez en aide à mon incrédulité (*Marc*, IX, 23). » « Tous ceux qui me causent des tribu-

---

20). » Quid est opprobrium? quid est confusio? quid verecundia? Opprobrium est quod objicit inimicus. Confusio est quæ mordet conscientiam. Verecundia est quæ facit ingenuam frontem etiam de falsi criminis objectione erubescere (*a*). Non est crimen ; aut etsi crimen est, non est illius cui objicitur: sed tamen infirmitas humani animi plerumque verecundatur etiam cum falsum objicitur ; non quia objectum est, sed quia creditum. Omnia hæc sunt in corpore Domini. Nam confusio in illo non poterat esse, in quo culpa non inveniebatur. Objiciebatur crimen Christianis, hoc ipsum quod Christiani essent. Illa quidem gloria erat : fortes libenter accipiebant, t sic accipiebant, ut omnino de nomine Domini sui non erubescerent. Operuerat enim irreverentia faciem ipsorum, habentium frontem Pauli dicentis, « Non enim erubesco de Evangelio : virtus enim Dei est in salutem omni credenti (*Rom.*, I, 16). » O Paule, nonne tu es adorator Crucifixi ? Parum est, inquit, inde mihi non erubescere : immo hinc solum glorior, unde me putat inimicus erubescere, « Mihi enim absit gloriari, nisi in cruce Domini nostri Jesu Christi, per quem mihi mundus crucifixus est, et ego mundo (*Gal.*, VI, 14). » Huic ergo tali fronti opprobrium solum poterat objici. Nec confusio poterat esse in conscientia jam sanata, nec verecundia in fronte tam libera. Sed cum objiceretur quibusdam quod Christum interfecerint, merito compuncti sunt mala conscientia, et salubriter confusi atque conversi ; ut possent dicere, « Tu cognovisti confusionem meam (*Psal.*, CXXXVIII, 1). » Tu ergo Domine nosti, non solum opprobrium meum, sed et confusionem meam, in quibusdam et verecundiam ; qui quamvis in me credant, publice me tamen coram impiis confiteri erubescunt, plus apud se valente lingua humana, quam promissione divina. Videte ergo eos : et commendantur tales Deo, non ut sic relinquat, sed ut eos adjuvando perficiat. Dixit enim et quidam credens et titubans: « Credo Domine, adjuva incredulitatem meam (*Marci*, IX, 23).» « In con-

---

(*a*) Sic MSS. At editi, post *objectione erubescere*, prosequuntur, *Erubescere quidem non est crimen : aut si crimen est, non est illius cui objicitur, sed ejus qui objicit. Sed tamen infirmitas* etc.

lations sont devant vos yeux (*Ps.*, LXVIII, 21). » D'où me vient l'opprobre, vous le savez ; d'où vient ma confusion, vous le savez ; d'où vient ma honte, vous le savez encore : délivrez-moi donc à cause de mes ennemis, parce que vous savez toutes ces choses, et qu'ils ne les connaissent pas ; et, par là même, comme ils sont sous vos yeux dans cette ignorance, ils ne pourront être confondus ou corrigés, si vous ne me délivrez manifestement à cause de mes ennemis.

5. « Mon cœur a attendu l'opprobre et la misère (*Ibid.*, 21). » Que veut dire : « a attendu ? » Il a prévu que ces choses arriveraient ; il a prédit qu'elles arriveraient. Car il n'est venu sur terre que pour cela. S'il n'eût voulu mourir, il n'eût point voulu naître. C'est en vue de sa résurrection qu'il est né et qu'il est mort. En effet, deux choses qui concernent l'humanité nous étaient connues, mais une troisième nous était inconnue. Nous savions que les hommes naissent et meurent ; nous ne savions pas qu'ils dussent ressusciter et vivre éternellement. Pour nous faire connaître la résurrection que nous ignorions, le Seigneur a accepté la naissance et la mort que nous connaissions. C'est donc pour cela qu'il est venu sur terre se faire connaître. « Mon cœur a attendu l'opprobre et la misère (*Ibid.*). » Mais la misère de qui ? Il a en effet attendu la misère, mais de ceux qui le crucifieraient, mais de ceux qui le persécuteraient ; de sorte qu'il y eut en eux misère, et en lui miséricorde. Car, alors même qu'il était suspendu sur la Croix, touché de miséricorde pour leur misère : « O mon Père, dit-il, pardonnez-leur, parce qu'ils ne savent ce qu'ils font (*Luc*, XXIII, 34). » « Mon cœur a attendu l'opprobre et la misère ; j'ai attendu quelqu'un qui s'affligeât avec moi et nul n'a partagé ma tristesse (*Ps.*, LXVIII, 21). » En quoi donc m'a servi mon attente ? C'est-à-dire, en quoi m'a servi ma prédiction ? En quoi m'a servi l'annonce de ma venue sur terre ? Ce qui est arrivé a été l'accomplissement de mes propres paroles : « J'ai attendu quelqu'un qui s'affligeât avec moi et nul n'a partagé ma tristesse ; quelqu'un qui me consolât, et je n'ai trouvé personne. » Sa première pensée : « J'ai attendu quelqu'un qui s'affligeât, » se retrouve dans le second membre de phrase : « quelqu'un qui me consolât ; » comme : « nul n'a partagé ma tristesse, » se trouve reproduit dans « je n'ai trouvé personne. » Ce n'est point ici une pensée qui en suit une autre, mais une répétition de la même pensée. Si nous examinons avec soin ces paroles, une question pourra se présenter. En effet, est-ce que ses disciples n'ont pas été attristés, quand il a été conduit au supplice, quand il a été suspendu sur la Croix, quand il est mort ? Ils ont été saisis d'une si grande tristesse, qu'ils

---

spectu tuo sunt omnes tribulantes me (*Ps.*, LX, 21). Quare mihi sit opprobrium, tu nosti ; quare confusio, tu nosti ; quare verecundia, tu nosti : ergo erue me propter inimicos meos, quia tu nosti ista mea, illa non norunt ; ac per hoc, quia ipsi in conspectu tuo sunt, ista nescientes non poterunt vel confundi vel corrigi, nisi manifeste me erueris propter inimicos meos.

5. « Opprobrium exspectavit cor meum et miseriam (*Ibid.*, 21). » Quid est, « exspectavit ? » Futura ista prævidit, futura ista prædixit. Non enim venit ad aliud. Si mori nollet, nec nasci vellet : caussa resurrectionis utrumque fecit. Duo enim quædam nobis in genere humano nota erant, unum autem incognitum. Nasci quippe homines et mori sciebamus : resurgere et in æternum vivere, nesciebamus. Ut ostenderet nobis quod non noveramus, suscepit duo quæ noveramus. Ad hoc ergo venit. « Opprobrium exspectavit cor meum et miseriam. » Sed miseriam cujus ? Exspectavit enim miseriam, sed magis crucifigentium, magis persequentium ; ut in illis esset miseria, in illo misericordia. Miseriam quippe illorum miserans etiam pendens in cruce, « Pater, inquit, ignosce illis, quia nesciunt quid faciunt (*Lucæ*, XXIII, 34). » «Opprobrium exspectavit cor meum et miseriam : et sustinui qui simul contristaretur, et non fuit.» Quid ergo profuit, quia expectavi ? hoc est, quid profuit, quia prædixi ? quid profuit, quia dixi ideo me venisse ? Ventum est ut impleretur quod dixi, « sustinui qui simul contristaretur, et non fuit ; et consolantes, et non inveni : » hoc est, non fuit. Quod enim superiore versu dixit, « Sustinui qui simul contristaretur : » hoc sequenti versu, « et consolantes. » Quod autem superiore versu, « et non fuit : » hoc sequenti versu, « et non inveni. » Ergo non altera subjecta, sed superior repetita sententia est. Quam sententiam si retractemus, quæstio nonnulla poterit aboriri. Numquid enim discipuli ejus non sunt contristati, quando ductus est ad passionem, quando ligno suspensus, quando mortuus ? Usque adeo contristati, ut illa Maria Magdalene, quæ primo eum vidit, gau-

étaient dans les pleurs, lorsque Marie-Madeleine qui le vit la première, leur annonça dans la joie ce qu'elle avait vu (*Jean*, XX, 18. *Marc*, XVI, 9). C'est l'Évangile qui raconte ces faits, ce n'est pas une présomption de notre part, ce n'est pas une supposition : est-il donc certain que ses disciples se soient affligés? est-il certain qu'ils aient pleuré sa mort. Des femmes étrangères même ont pleuré, tandis qu'on le conduisait au supplice, et, s'étant tourné vers elles, il leur a dit : « Pleurez, mais sur vous et non sur moi (*Luc*, XXIII, 28). » Comment donc a-t-il attendu que quelqu'un s'affligeât avec lui, sans que quelqu'un ait partagé sa tristesse? Nous examinons l'Évangile, et nous y trouvons que plusieurs ont été tristes, ont pleuré et gémi; c'est pourquoi cette parole nous étonne : « J'ai attendu quelqu'un qui s'affligeât avec moi et nul n'a partagé ma tristesse; quelqu'un qui me consolât, et je n'ai trouvé personne (*Ps.*, LXVIII, 21). » Mais, examinons les faits avec plus de soin, et nous verrons qu'en réalité le Seigneur a attendu quelqu'un qui s'affligeât avec lui et que nul n'a partagé sa tristesse. En effet, ces disciples et ces femmes s'attristaient seulement, en gens charnels qu'ils étaient, au sujet de sa vie mortelle, que la mort devait changer et que la Résurrection devait lui rendre : tel était le sujet de leur tristesse. Il fallait s'affliger au contraire sur ces aveugles qui tuaient leur médecin et qui,

semblables à des frénétiques agités par la fièvre, faisaient un tel outrage à celui qui leur apportait le salut. Celui-ci voulait les guérir, les autres voulaient sévir contre lui ; de là, la tristesse du médecin. Cherchez maintenant s'il a trouvé quelqu'un qui partageât cette tristesse. Il n'a pas dit en effet : « J'ai attendu quelqu'un qui s'affligeât, et nul n'a partagé ma tristesse; » mais : « quelqu'un qui s'affligeât avec moi, » c'est-à-dire : qui s'affligeât du même sujet que moi, et je ne l'ai pas trouvé. » Certes, Pierre aimait beaucoup le Seigneur ; il s'élança sans hésiter hors de la barque pour marcher sur les flots, et la parole du Seigneur fut son salut (*Matth.*, XIV, 29, 31). Quand on conduisit le Seigneur à sa passion, il le suivit avec l'audace que lui donnait son amour ; et cependant, il se troubla et renia trois fois son maître. Pourquoi ? si ce n'est parce que la mort lui paraissait un mal pour lui-même. Il évitait donc ce qu'il regardait comme un mal, et il pleurait pour son maître ce qu'il évitait pour lui-même. C'est en ce même sens qu'il avait dit auparavant : « A Dieu ne plaise, Seigneur ! épargnez-vous vous-même; cela ne vous arrivera pas, » et il avait mérité que Jésus l'appelât : « Satan, » après lui avoir dit précédemment : « Vous êtes heureux, Simon, fils de Jean (*Id.*, XVI, 17, 22, 23). » Le Seigneur ne trouva donc personne pour partager la tristesse qu'il ressentait à l'égard de ses persécuteurs lorsqu'il priait

---

dens lugentibus nuntiaret quid viderit (*Johan.*, XX, 18, *Marci*, XVI, 9). Evangelium ista loquitur : non nostra præsumtio, non nostra suspicio est : constat doluisse, constat luxisse discipulos ? Extraneæ mulieres flebant, quando ad passionem ducebatur, ad quas conversus ait, « Flete, sed vos, nolite me (*Lucæ*, XXIII, 28). » Quomodo ergo sustinuit qui simul contristaretur, et non fuit ? Adtendimus, et invenimus tristes, et lugentes, et plangentes : unde nobis mira videtur ista sententia, « Sustinui qui simul contristaretur, et non fuit ; et consolantes, et non inveni. » Intendamus diligentius, et videbimus eum sustinuisse qui simul contristaretur, et non fuisse. Contristabantur enim illi carnaliter de vita mortali, quæ mutanda fuerat morte, et reparanda resurrectione : hinc erat illa tristitia. De illis enim esse debuit, qui cæci medicum occiderant, qui tamquam perniciose febrientes phrenetici, faciebant injuriam ei a quo illis fuerat salus allata. Ille volebat curare, illi sæ-

vire : hinc tristitia medico. Quære utrum invenerit hujus tristitiæ comitem. Non enim ait, Sustinui qui contristaretur, et non fuit : sed,« qui simul contristaretur, » id est, ex ea re, qua ego, contristaretur, « et non inveni, » Petrus certe plurimum amavit, et in fluctus calcandos se sine dubitatione projecit, et ad vocem Domini liberatus est (*Matth.*, XIV, 29) : et eum ductum ad passionem, amoris audacia consecutus, tamen turbatus, ter negavit. Unde, nisi quia malum illi videbatur mori ? Id enim devitabat quod malum putabat. Hoc ergo et in Domino dolebat, quod ipse devitabat. Propterea et ante dixerat, « Absit a te Domine, propitius tibi esto, non fiet istud (*Matth.*, XVII, 22). » quando meruit audire, Satanas ; postea quam audierat, « Beatus es Simon Bar-Jona. » Ergo in tristitia quam habebat Dominus de illis, pro quibus oravit, « Pater ignosce illis, quia nesciunt quid faciunt (*Lucæ*, XXIII, 44) : » nullum comitem invenit. « Et sustinui qui simul contristare-

ainsi pour eux : « Mon Père, pardonnez-leur ; car ils ne savent ce qu'ils font (*Luc*, XXIII, 34). » « J'ai attendu quelqu'un qui s'affligeât avec moi, et nul n'a partagé ma tristesse. » Il n'y en a pas eu un seul. « J'ai attendu quelqu'un qui me consolât et je n'ai trouvé personne (*Ps.*, LXVIII, 21). » Quels sont les consolateurs ? ceux qui s'avancent dans la piété. En effet, voilà ceux qui nous consolent, voilà ceux qui consolent tous les prédicateurs de la vérité.

6. « Ils m'ont donné du fiel dans ma nourriture ; et, lorsque j'ai eu soif, ils m'ont donné du vinaigre à boire (*Ibid.*, 22). » Ces faits ont été accomplis à la lettre et l'Évangile nous les rapporte. Mais, mes frères, il faut en outre comprendre que le manque de consolateurs, que le manque d'amis qui partageassent sa tristesse a été pour lui ce fiel, a été pour lui cette amertume, a été pour lui ce vinaigre : fiel plein d'amertume à cause du chagrin qu'il a ressenti, vinaigre à cause des caractères de l'homme ancien qui étaient en ceux qui l'entouraient. En effet, nous lisons et c'est bien le langage de l'Évangile (*Matth.*, XXVII, 34) que le fiel lui fut offert, non comme une nourriture, mais comme un breuvage. Cependant, il faut aussi trouver l'accomplissement de cette prédiction : « Ils m'ont donné du fiel dans ma nourriture (*Ps.* LXVIII,22) ; » et nous avons, non-seulement dans cette parole, mais encore dans le fait lui-même, à rechercher un mystère ; nous avons à frapper à quelque porte secrète, à pénétrer dans le temple par la déchirure du voile, à découvrir là le mystère et de cette parole et de cette action. « Ils m'ont donné, dit-il, du fiel dans ma nourriture (*Ibid.*). » Ce qu'ils ont donné n'était pas une nourriture, c'était en effet un breuvage ; mais ils le lui ont donné en forme de nourriture, c'est-à-dire que le Seigneur avait déjà pris sa nourriture, et qu'ils y ont jeté du fiel. Or il avait pris la plus douce des nourritures, lorsqu'il avait mangé la Pâque avec ses disciples, et qu'il leur avait révélé le sacrement de son corps (*Luc*, XXII, 19). Dans cette nourriture si agréable, si douce, de l'unité du Christ, que l'Apôtre loue en ces termes : « Quoique en grand nombre, nous sommes un seul pain, un seul corps (I *Cor.*, X, 17) ; » dans cette suave nourriture, qui donc vient mêler du fiel, sinon les contradicteurs de l'Évangile, comme ces persécuteurs du Christ ? Car moindre est le péché des Juifs, qui ont crucifié Jésus lorsqu'il marchait sur la terre, que le péché de ceux qui le méprisent maintenant qu'il est assis au ciel. Ce qu'ont donc fait les Juifs, lorsqu'ils ont mêlé à la nourriture qu'il avait déjà prise, leur breuvage amer, ceux-là le font maintenant qui, par le désordre de leur vie, causent du scandale dans l'Église. C'est là ce que font les hérétiques qui versent l'amertume autour d'eux ; mais qu'ils ne s'enorgueillissent point en eux-mêmes (*Ps.*, LXV, 7) ! Ils versent

---

tur, et non fuit. « Prorsus non fuit. « Et consolantes, et non inveni. » Qui sunt consolantes ? Proficientes. Ipsi enim nos consolantur, ipsi sunt solatio omnibus prædicatoribus veritatis.

6. « Et dederunt in escam meam fel, et in siti mea potaverunt me aceto (*Ps.*, LXVIII, 22). » Factum est quidem ad litteram, et Evangelium hoc nobis indicat. Sed intelligendum est, Fratres, hoc ipsum quod non inveni consolantes, hoc ipsum quod non inveni qui simul contristaretur, hoc fuit fel meum, hoc mihi amarum, hoc acetum fuit : amarum propter mœrorem, acetum propter eorum vetustatem. Namque legimus illi quidem oblatum fel, sicut Evangelium loquitur ; sed in potum, non in escam (*Matth.*, XXVII, 34). Verumtamen sic accipiendum et implendum, quod hic fuerat ante prædictum, « Dederunt in escam meam fel : » et in isto ipso facto, non solum in hoc dicto, mysterium requirere debemus, secreta pulsare, velum templi conscissum intrare, videre ibi sacramentum, vel quod ita dictum est, vel quod ita factum est. « Dederunt, inquit, in escam meam fel. » Non ipsum quod dederunt esca erat : potus enim erat ; sed « in escam dederunt : » quia jam Dominus escam acceperat, et in ipsam injectum est fel. Acceperat autem ipse escam suavem, quando pascha manducavit cum discipulis suis (*Lucæ*, XXII, 10) : ibi sacramentum sui corporis demonstravit. In hanc escam tam suavem, tam dulcem unitatis Christi, quam commendat Apostolus, dicens, « Quia unus panis, unum corpus multi sumus (I *Cor.* X, 17) : » in hanc escam suavem quis est qui dat fel, nisi contradictores Evangelii, tanquam illi persecutores Christi ? Minus enim peccaverunt Judæi crucifigentes in terra ambulantem, quam qui contemnunt in cœlo sedentem. Quod ergo fecerunt Judæi, ut in escam quam jam acceperat darent bibendum amarum illum potum, hoc faciunt qui male vivendo scandalum inferunt Ecclesiæ : hoc fa-

du fiel dans cette nourriture si douce; mais que fait le Seigneur? Il ne les admet pas à faire partie de son corps. Dans ce récit mystérieux, le Seigneur, lorsqu'on lui offrit du fiel, le goûta et refusa de le boire (*Matth.*, XXVII, 34). Si nous ne devions les souffrir, nous ne les goûterions pas du tout; mais comme il est nécessaire que nous les souffrions, il est nécessaire aussi que nous les goûtions. Toutefois, comme de tels hommes ne peuvent faire partie des membres du Christ, si on peut les goûter, on ne peut les recevoir dans son corps. « Ils m'ont donné du fiel dans ma nourriture et, lorsque j'ai eu soif, ils m'ont donné du vinaigre à boire(*Ps.*, LXVIII, 22). » J'avais soif, et ils m'ont donné du vinaigre à boire; c'est-à-dire : j'avais soif de leur foi et j'ai trouvé en eux la vétusté de l'homme ancien.

7. « Que leur table devienne un piége devant eux (*Ibid.*, 23). » De même qu'ils m'ont tendu un piége en me présentant un tel breuvage, qu'ainsi ce même breuvage soit un piége pour eux. Pourquoi dire : devant eux? Il suffisait de ces paroles : « Que leur table devienne un piége. » De tels pécheurs connaissent leur iniquité, et ils y persévèrent avec une invincible opiniâtreté; le piége est donc tendu devant eux. Jusqu'à quel point ne sont-ils pas funestes aux autres, ceux qui descendent vivants dans les enfers (*Ps.*, LIV, 16)? Car, que dit le Prophète de ceux qui l'ont persécuté? « Si le Seigneur n'avait été en nous, ils nous auraient dévorés tout vivants (*Ps.*, CXXIII, 2-3). » Que veut dire : « tout vivants? » consentant à leurs iniquités, bien que sachant que nous n'y devions pas consentir. Le piége est donc tendu devant eux, et ils ne se corrigent pas. Ou bien ce verset veut-il dire : puisque le piége est tendu devant eux, qu'ils n'y tombent donc pas? Voilà qu'ils connaissent le piége et ils ne laissent pas d'y mettre le pied, et de présenter eux-mêmes la tête au ressort qui va la saisir. Combien n'est-il pas mieux de se détourner du piége, de reconnaître ses péchés, de condamner ses erreurs, d'être exempt de toute amertume, de passer dans le corps du Christ et de chercher la gloire de Dieu! Mais leur esprit est tellement dominé par la présomption, qu'ils ont le piége sous les yeux, et qu'ils y tombent. Le Prophète dit plus bas : « Que leurs yeux s'obscurcissent et qu'ils ne voient pas (*Ibid.*, 24). » C'est-à-dire, qu'ayant vu inutilement, ils en viennent à ne plus voir. « Que leur table devienne donc un piége devant eux (*Ibid.*, 23). » Cette parole « que leur table devienne un piége devant eux, » n'est pas un souhait mais une prédiction; le Prophète ne parle pas ainsi pour que cela soit, mais parce que cela sera. C'est une remarque que nous

---

ciunt hæretici amaricantes, sed non exaltentur in semetipsis (*Psal.*, LXV, 7). Dant fel super tam jocundum cibum. Sed quid facit Dominus? Non admittit ad corpus suum. Hoc sacramento ipse Dominus, quando illi obtulerunt fel, gustavit, et noluit bibere (*Matth.*, XXVII, 34). Si non eos pateremur, nec omnino gustaremus : quia vero necesse est eos pati, necesse est gustari. Sed quia in membris Christi tales esse non possunt, gustari possunt, recipi in corpus non possunt. « Et dederunt in escam meam fel, et in siti mea potaverunt me aceto. » Sitiebam, et acetum accepi : id est fidem illorum desideravi, et vetustatem inveni.

7. « Fiat mensa eorum coram ipsis in muscipulam (*Ps.*, LXVII, 23). » Qualem muscipulam mihi exhibuerunt, dando mihi talem potum, talis muscipula illis sit. Quare ergo, « coram ipsis? « Sufficeret, » Fiat mensa eorum in muscipulam. » Sunt tales qui iniquitatem suam noverunt, et in ea pertinacissime perseverant : coram ipsis sit muscipula eorum. Perniciosi nimis ipsi sunt, qui descendunt in infernum viventes (*Psal.*, LIV, 16). Denique de persecutoribus quid dictum est? Nisi quia Dominus erat in nobis, fortasse vivos absorbuissent nos (*Psal.*, CXXIII, 3). » Quid est, vivos? Consentientes illis, et scientes quia eis consentire non debebamus. Ergo coram ipsis fit muscipula, et non corriguntur. Vel quia coram ipsis est muscipula (*a*), non incidant. Ecce norunt muscipulam, et pedem mittunt, et tenenda colla subjiciunt. Quanto melius erat averti a muscipula, peccatum cognoscere, errorem damnare, amaritudine carere, in corpus Christi transire, Domini gloriam quærere? Sed tantum valet animi præsumtio, ut et coram ipsis muscipula sit, et incidant in eam. « Obscurentur oculi eorum, ne videant (*Ps.*, LXVII, 24), » sequitur hic : ut quoniam sine causa viderunt, fiat illis et non videre. » Fiat ergo mensa eorum coram ipsis in muscipulam. «Coram ipsis fiat in muscipulam, » non optantis est, sed prophetantis : non ut fiat, sed quia fiet. Hoc sæpe commendavimus, et meminisse

(*a*) Sic MSS. At editi, *et incidunt*.

DISCOURS SUR LA DEUXIÈME PARTIE DU PSAUME LXVIII.

avons faite souvent, et vous devez-vous en souvenir, de peur que ce que prédit un Prophète, par l'inspiration de Dieu, ne paraisse une malveillante imprécation. Qu'il en soit donc ainsi : et en effet il est impossible que ce malheur n'arrive à de tels orgueilleux. Et puisque nous voyons l'esprit de Dieu annoncer aux méchants ces maux qui doivent les frapper, cherchons à nous rendre compte de ces châtiments dans leur personne, afin de les éviter pour nous-mêmes. Car il nous est utile de comprendre ce déplorable état et de tirer profit de l'exemple de nos ennemis. Que ces maux leur arrivent donc « et comme rétribution et comme cause d'achoppement. » Y a-t-il en cela quelque injustice ? Non ce n'est que justice. Pourquoi ? « Comme rétribution ; » parce que rien ne leur arrivera qui ne soit dû à leur iniquité. « Comme rétribution et comme cause d'achoppement ; » parce qu'ils sont pour eux-mêmes cette cause d'achoppement.

8. « Que leurs yeux s'obscurcissent en sorte qu'ils ne voient pas ; et que leur dos soit constamment courbé (*Ibid.*, 24). » Ces deux choses se suivent. Car, du moment que leurs yeux s'obscurcissent de telle sorte qu'ils ne voient pas, il s'ensuit que leur dos doit être courbé. Pourquoi cela ? Parce que, dès qu'ils ont cessé de connaître les choses du ciel, inévitablement, ils ont dû penser à des choses infimes. Celui qui sait entendre cette parole : « élevez vos cœurs, » ne courbe pas le dos. En effet, c'est le corps droit qu'on fixe un regard d'attente sur ces biens qu'on espère au ciel ; surtout, quand on y place d'avance son trésor, où le cœur va déjà le chercher (*Matth.*, VI, 21). Mais les hommes frappés d'aveuglement, qui ne comprennent plus les espérances de la vie future, pensent aux choses infimes ; et c'est là proprement avoir le dos courbé, mal dont le Seigneur guérit la femme que Satan tenait liée depuis dix-huit ans. Elle était courbée, il la redressa, et parce qu'il l'avait guérie un jour de sabbat, les Juifs s'en scandalisèrent. Il était naturel qu'étant courbés eux-mêmes ils se scandalisassent de ce qu'elle était redressée (*Luc*, XIII, 16). « Et que leur dos soit constamment courbé (*Ps.*, LXVIII, 24). »

9. « Répandez sur eux votre colère et que la fureur de votre indignation les saisisse (*Ibid.*, 15). » Ces paroles sont claires par elles-mêmes ; toutefois, ces mots : « Que votre fureur les saisisse, » nous indiquent des fugitifs. Mais où fuiront-ils ? Au ciel ? Vous y êtes. Dans les enfers ? Vous y êtes encore (*Ps.*, CXXXVIII, 8). Ils ne veulent pas recouvrer leurs ailes pour voler droit : « Que la fureur de votre indignation les saisisse ; » qu'elle ne leur permette pas de s'échapper.

10. « Que leur habitation devienne déserte

---

debetis : ne quod præsaga mens in Spiritu Dei dicit, malevole (*a*) imprecari videatur. Fiat ergo, nec potest aliter fieri, nisi ut talibus ista eveniant. Et quoniam videmus per Spiritum Dei dici talia eventura malis ; ad hoc in illis hæc intelligamus, ut nos talia devitemus, Hoc enim nobis prodest intelligere, et ex inimicis proficere, Fiat ergo illis « et in retributionem et in scandalum (*Ibid.*, 23). » Et numquid injustum est hoc ? Justum est. Quare ? Quoniam « in retributionem. » Non enim aliquid illis accideret, quod non debeatur. In retributionem fit, et in scandalum : quia ipsi sibi sunt scandalum.

8. « Obscurentur oculi eorum, ne videant, et dorsum illorum semper incurva (*Ibid.*, 24). » Hoc consequens est. Nam quorum oculi fuerint obscurati, ne videant, sequitur ut dorsum illorum incurvetur. Unde hoc ? Quia cum cessaverint superna cognoscere, necesse est ut de inferioribus cogitent. Qui bene audit, Sursum cor, curvum dorsum non habet. Erecta quippe statura exspectat spem repositam sibi in cælo ; maxime si præmittat thesaurum suum, quo sequatur cor ejus (*Matth.*, VI, 21). At vero qui futuræ vitæ spem non intelligunt, jam excæcati, de inferioribus cogitant : et hoc est habere dorsum curvum ; a quo morbo Dominus mulierem illam liberavit. Alligaverat enim eam satanas annis decem et octo (*Lucæ*, XIII, 16), et eam (*b*) curvatam erexit : et quia sabbato faciebat, scandalizati sunt Judæi ; bene scandalizati sunt de illa erecta, ipsi curvi. « Et dorsum illorum semper incurva. »

9. « Effunde super eos iram, et indignatio iræ tuæ comprehendat eos (*Ps.*, LXIII, 25). » Plana sunt ; sed tamen « comprehendat eos, » quasi fugientes agnoscimus. Quo autem fugituri sunt ? In cælum ? Tu ibi es. In infernum ? Ades (*Psal.* CXXXVIII, 8). Pennas suas nolunt recipere, ut volent in directum : comprehendat eos indignatio iræ tuæ, » non eos permittat effugere.

10. « Fiat habitatio eorum deserta (*Ps.*, LXVIII, 26). » Hoc jam in manifesto. Quomodo enim liberationem

---

(*a*) MSS. *malivole deprecari.* (*b*) Omnes prope MSS. *curvatam erexit.*

(*Ps.*, LXVIII, 26, et *Act.*, I, 20). » Pour cette menace, elle est manifeste. De même, en effet, qu'il a demandé d'abord sa délivrance secrète : « Fixez votre attention sur mon âme et rachetez-la (*Ps.*, LXVIII, 10), » et ensuite sa délivrance publique quant à son corps, « Délivrez-moi à cause de mes ennemis (*Ibid.*) ; » de même il a d'abord prédit à ses ennemis certains malheurs secrets, qu'il a indiqués un peu auparavant. Ces châtiments sont cachés ; car, combien y a-t-il d'hommes qui comprennent l'infortune d'un pécheur dont le cœur est frappé d'aveuglement ? Arrachez-lui les yeux de son corps, et tous s'accorderont à déplorer son malheur ; qu'il perde les yeux de l'âme, pourvu qu'en même temps il soit entouré de toutes les richesses du monde, tous s'accorderont à le proclamer heureux ; ceux-là toutefois qui auront pareillement perdu les yeux de l'âme. Mais quels châtiments publics leur seront maintenant infligés, afin que tous reconnaissent l'action de la divine justice sur eux ? Car l'aveuglement des Juifs n'était qu'une punition secrète ; quelle sera donc leur punition visible ? « Que leur demeure devienne déserte et qu'il n'y ait personne qui habite sous leurs tentes (*Ibid.*). » C'est là ce qui s'est accompli dans la ville de Jérusalem, où l'on a vu les puissants du peuple, acharnés contre le Fils de Dieu, crier : « Crucifiez-le !

Crucifiez-le (*Jean*, XIX, 6) ! » et prévaloir contre lui en le mettant à mort, lui qui ressuscitait les morts. Qu'ils se croyaient puissants ! qu'ils se croyaient grands ! Mais la vengeance du Seigneur est venue à son tour ; leur ville a été prise, les Juifs ont été vaincus, et je ne sais combien de mille hommes ont péri. Aucun Juif n'y peut avoir accès aujourd'hui, et dans cette ville où ils ont vociféré contre le Seigneur, le Seigneur ne leur permet plus d'habiter. Ils ont perdu le lieu théâtre de leur fureur ; plaise à Dieu qu'ils sachent maintenant reconnaître le lieu de leur repos ! De quoi leur a servi la parole de Caïphe : « Si nous le laissons ainsi, les Romains viendront et nous enlèveront notre pays et notre nation (*Jean*, XI, 48) ? » Ils ne l'ont point laissé vivre, et il vit ; et les Romains sont venus, et ils leur ont enlevé leur pays et leur nation. Tout à l'heure, dans l'Évangile lu devant nous, nous entendions ces paroles : « Jérusalem ! Jérusalem ! Combien de fois j'ai voulu rassembler vos enfants, comme une poule rassemble ses poussins sous ses ailes ; et vous ne l'avez pas voulu ! Voilà que votre maison vous sera laissée déserte (*Matth.*, XXXVII, 38). » Cette prédiction est la même que celle du Prophète : « Que leur demeure devienne déserte et qu'il n'y ait personne qui habite sous leurs tentes (*Ps.*, LXVIII, 25). » « Qu'il n'y ait personne pour

---

suam non solum occultam commendavit dicens, « Intende animæ meæ, et redime eam (*Ibid.*, 19) ; » verum etiam manifestam secundum corpus, adjiciens « Propter inimicos meos erue me (*Ibid.*) : » ita et his futuras quasdam calamitates prædicit occultas, de quibus paulo ante loquebatur. Nam quotus quisque est, qui intelligat infelicitatem hominis, cujus cor jam cæcum est. Tollantur illi oculi corporis, omnes homines miserum dicunt : perdat oculos mentis, sed circumfluat omni abundantia rerum, felicem appellant ; sed qui similiter mentis oculos perdiderunt. Ergo jam quid aperte, ut appareat omnibus quia vindicatum est in eis ? Nam cæcitas Judæorum, occulta vindicta est : manifesta vero quæ ? « Fiat habitatio eorum deserta, et in tabernaculis eorum non sit qui inhabitet. » Factum est hoc in ipsa civitate Jerusalem, in qua sibi visi sunt potentes clamando adversus Filium Dei, « Crucifige, crucifige (*Johan.*, XIX, 6) ; » et prævalendo, quia potuerunt occidere eum

qui mortuos suscitabat. Quam sibi potentes, quam magni visi sunt ? Consecuta est postea vindicta Domini, expugnata est civitas debellati Judæi, occisa nescio quot hominum millia. Nullus illuc modo permittitur accedere Judæorum : ubi potuerunt adversus Dominum clamare, ibi a Domino non permittitur habitare. Perdiderunt locum furoris sui : atque utinam vel nunc agnoscant locum quietis suæ. Quid profuit (a) illis Caiphas dicendo, « Nos si istum dimiserimus sic, venient Romani, et tollent nobis et locum et regnum (*Johan.*, XI, 48) ? » Ecce et non eum dimiserunt vivum, et ille vivit ; et venerunt Romani, et tulerunt eis et locum et regnum. Modo audiebamus, cum Evangelium legeretur, « Jerusalem, Jerusalem, quotiens volui congregare filios tuos, tamquam gallina pullos suos sub alas suas, et noluisti ? Ecce relinquetur vobis domus vestra deserta (*Matth.*, XXIII, 37 et 38). » Hoc et hic dicitur : « Fiat habitatio eorum deserta, et in tabernaculis eorum non sit qui

---

(a) MSS. *illi Caiphæ dicere.*

DISCOURS SUR LA DEUXIÈME PARTIE DU PSAUME LXVIII.

y habiter, » personne du moins d'entre eux. Car tous ces lieux sont pleins d'hommes, mais vides de Juifs.

11. Pourquoi cela? « Parce qu'ils ont persécuté celui que vous avez frappé et qu'ils ont ajouté à la douleur de mes blessures (*Ibid.*, 27). » En quoi donc ont-ils péché, si Dieu avait frappé celui qu'ils ont persécuté? Que reproche-t-on à leur esprit? Sa méchanceté. Car les faits mêmes qui se sont accomplis en Notre Seigneur devaient avoir lieu. Il était certainement venu sur terre pour souffrir, et il a puni celui par qui il a souffert. En effet, le traître Judas a été puni et le Christ a été crucifié; mais le Christ nous a rachetés de son sang et Judas a été puni pour avoir reçu le prix de sa trahison. Car Judas a rejeté dans le temple le prix pour lequel son maître avait été vendu par lui, et il n'a pas reconnu le prix pour lequel lui-même avait été acheté par son maître (*Matth.*, XXVII, 5). Voilà ce qui est arrivé à Judas. Mais, puisque nous voyons qu'il y a pour tous les Juifs une certaine mesure générale de châtiment en raison de leur crime; puisque nous savons d'autre part que nul ne peut faire le mal au-delà du pouvoir qu'il a reçu; comment donc les persécuteurs ont-ils ajouté quelque chose aux souffrances du Christ et quel est le coup que Dieu a d'abord frappé? Le Seigneur parle ici en la personne de celui de qui il a tiré son corps, de qui il a tiré sa chair, c'est-à-dire du genre humain, d'Adam lui-même qui, à cause de son péché, a été le premier frappé de mort (*Gen.*, III, 19). Les hommes naissent ici sujets à la mort, apportant avec eux en ce monde ce châtiment. Or, quiconque persécute les hommes ajoute à ce châtiment. En effet, cet homme avait-il besoin d'être frappé de nouveau par Dieu pour subir la mort? Pourquoi donc, ô homme, aggraves-tu la peine établie par Dieu? Est-ce donc une souffrance trop légère pour l'homme que d'avoir un jour à subir la mort? Chacun de nous porte en lui sa propre peine; ceux qui nous persécutent veulent y ajouter quelque chose. Cette peine est le coup frappé par Dieu. En effet, Dieu a frappé l'homme par cette sentence : « Du jour que vous aurez touché à ce fruit, vous mourrez de mort (*Id.*, II, 17). » Le Christ avait pris sa chair de cette race vouée à la mort, et notre vieil homme a été crucifié avec lui (*Rom.*, VI, 6). C'est par la voix de cet homme mortel qu'il a dit : « Ils ont persécuté celui que vous avez frappé et ils ont ajouté à la douleur de mes blessures (*Ps.*, LXVIII, 27). » A la douleur de quelles blessures? A la douleur de mes péchés. Car il appelle ses péchés des blessures. Mais ici ne considérez pas la tête, considérez le corps, au nom duquel le Christ a

---

inhabitet. » Non sit qui inhabitet, sed ex numero illorum. Nam loca illa omnia et hominibus plena sunt, et Judæis inania.

11. Quare hoc? « Quoniam quem tu percussisti, ipsi persecuti sunt, et super dolorem vulnerum meorum addiderunt (*Ps.*, LXVIII, 27):» Quid ergo peccaverunt, si a Deo percussum persecuti sunt ? Quid animo eorum imputatur ? Malitia. Nam id in Christo factum est quod oportebat. Pati utique venerat, et punivit per quem passus est. Nam Judas traditor punitus est, et Christus crucifixus est : sed nos redemit sanguine suo, et punivit illum de pretio suo. Projecit enim pretium argenti, quo ab illo Dominus venditus erat (*Matth.*, XXVII, 5) ; nec agnovit pretium, quo ipse a Domino (a) redemtus erat. Factum est hoc in Juda. Sed cum videamus mensuram quamdam esse retributionis in omnibus, nec quemquam posse permitti amplius sævire, quam acceperit potestatem ; quomodo illi addiderunt, aut quæ est ista percussio Domini ? Nimirum ex persona locutus est ejus unde corpus acceperat, unde carnem assumserat, id est, generis humani, ipsius Adæ, qui percussus est primo morte propter peccatum suum (*Gen.*, III, 6). Mortales ergo hic homines cum pœna nascuntur : huic pœnæ addunt, quicumque homines fuerint persecuti. Jam enim homo hic moriturus non esset, nisi illum Deus percussisset ? quid ergo tu homo sævis amplius ? Parum-ne homini est, quod aliquando moriturus est ? Portat ergo unusquisque nostrum pœnam suam : huic pœnæ volunt addere qui nos persequuntur. Hæc pœna percussio est Domini. Dominus quippe sententia percussit hominem: « Qua die tetigeritis, inquit, morte moriemini (*Gen.*, II, 17). » Ex hac morte carnem susceperat, et «vetus homo noster simul crucifixus est cum illo (*Rom.*, VI, 6). » Et illius voce ista dixit, « Quem tu percussisti, ipsi persecuti sunt, et super dolorem vulnerum meorum addiderunt. » Super quem dolorem vulnerum ? Super dolorem peccatorum ipsi addiderunt. Vulnera enim sua peccata dixit. Sed ne ad caput respicias,

---

(a) Duo MSS, *redimendus erat*.

parlé ainsi dans un autre psaume, après avoir prouvé cependant que dans ce même psaume il parlait au nom de la tête, en prononçant sur la croix ce premier verset : « Mon Dieu ! mon Dieu ! jetez les yeux sur moi ; pourquoi m'avez-vous abandonné (*Ps.*, XXI, 2) ? » car aussitôt il a ajouté : « La voix de mes péchés m'éloigne de mon salut (*Ibid.*). » Les péchés sont les blessures faites sur le chemin, par les voleurs, à cet homme que le vrai Samaritain a ramassé à terre et placé sur son cheval. Un prêtre et un Lévite, passant par là, avaient aperçu ce blessé, sans s'occuper de lui, et ils n'avaient pris nul souci de le guérir ; mais un Samaritain étant, à son tour, passé par là, et ayant eu pitié de lui, s'approcha et le mit sur son propre cheval (*Luc*, X, 30, 34). Samaritain signifie gardien : mais quel est le vrai gardien, sinon le Sauveur lui-même, Notre Seigneur Jésus-Christ ? Car étant ressuscité d'entre les morts, pour ne plus mourir (*Rom.*, VI, 9), « celui qui est le gardien d'Israël ne dort pas et ne sommeillera pas (*Ps.*, CXX, 4). » « Et ils ont ajouté à la douleur de mes blessures. »

12. « Ajoutez une iniquité à leur iniquité (*Ps.*, LXVIII, 28). » Que signifie cette parole ? Qui ne serait épouvanté ? C'est à Dieu que le Prophète dit : « Ajoutez une iniquité à leur iniquité. » Comment Dieu pourrait-il ajouter quelque iniquité ? A-t-il à lui des iniquités qu'il puisse ajouter à celles des hommes ? Car nous connaissons la vérité de ces paroles de l'Apôtre Saint Paul : « Que dirons-nous donc ? Est-ce qu'il y a en Dieu de l'iniquité ? Assurément, non (*Rom.*, IX, 14). » Pourquoi donc lisons-nous ici : « Ajoutez une iniquité à leur iniquité (*Ps.*, LXVIII, 28) ? » Comment comprendre ce passage ? Dieu veuille nous inspirer pour vous le dire et, à raison de votre fatigue, pour vous le dire en peu de mots. Leur iniquité consistait à mettre à mort un homme juste ; une autre iniquité est venue de surcroît : ils ont crucifié le Fils de Dieu. Leur malice à eux a été leur injuste fureur envers un homme ; mais, « s'ils l'avaient connu, jamais ils n'auraient crucifié le Seigneur de gloire (I *Cor.*, II, 8). » Par le fait de leur iniquité, ils ont voulu tuer le Christ, comme s'il n'était qu'un homme : une iniquité a été ajoutée à leur iniquité, en ce qu'ils ont crucifié le Fils de Dieu. Qui a donc ajouté cette iniquité à la leur ? Celui qui a dit : « Ils respecteront peut-être mon Fils ; je vais le leur envoyer (*Matth.*, XXI, 37). » En effet, ils avaient coutume de tuer les serviteurs envoyés par le maître pour réclamer le prix de la location de sa vigne. Il leur envoya donc son Fils, de sorte qu'ils le mirent à mort. Dieu a ajouté une iniquité à leur iniquité. Cette conduite de Dieu était-elle un acte de sévérité contre eux ou plutôt un acte de justice pour leurs méfaits ? « Que cela leur arrive,

---

ad corpus adverte ; secundum cujus vocem dictum est ab ipso in illo Psalmo, in quo vocem suam ostendit, quia ejus primum versum de cruce clamavit, « Deus, Deus meus respice in me, quare me dereliquisti (*Psal.*, XXI, 2) ? » Ibi secutus ait, Longe a salute mea verba delictorum meorum. Ipsa sunt vulnera inflicta a latronibus in via, et quem levavit in jumentum suum : quem sacerdos et levites transeuntes invenerant et contemserant, a quibus curari non potuit : transiens autem Samaritanus, misertus est ejus, accessit, et in jumentum proprium levavit (*Lucæ.*, X, 30). Samarites Latine custos interpretatur : quis autem custos, nisi Salvator Dominus noster Jesus Christus ? Qui quoniam surrexit a mortuis jam non moriturus (*Rom.*, VI, 9), non dormit neque obdormiet qui custodit Israël (*Psal.*, CXX, 4). « Et super dolorem vulnerum meorum addiderunt. »

12. « Appone iniquitatem super iniquitatem ipsorum (*Ps.*, LXVIII, 28). » Quid est hoc ? Quis non expavescat ? Deo dicitur, « Appone iniquitatem super iniquitatem ipsorum. » Unde apponet Deus iniquitatem ? Habet enim iniquitatem quam apponat ? Scimus enim verum esse quod dictum est per Paulum apostolum, « Quid ergo dicemus ? numquid iniquitas est apud Deum ? absit (*Rom.*, IX, 4). » Unde ergo, « Appone iniquitatem super iniquitatem ? » quomodo id intellecturi sumus ? Adsit Dominus ut dicamus, et propter fatigationem vestram breviter dicere valeamus. Iniquitas ipsorum erat, quia hominem justum occiderunt : addita est alia, quia Filium Dei crucifixerunt. Sævire ipsorum tamquam in hominem fuit : « sed si cognovissent, numquam Dominum gloriæ crucifixissent. » Illi iniquitate sua tamquam hominem occidere voluerunt : apposita est iniquitas super iniquitatem ipsorum, ut Filium Dei crucifigerent. Quis hanc iniquitatem apposuit ? Ille qui dixit, « Forte reverebuntur Filium meum, ipsum mittam (*Matth.*, XXI, 37). » Solebant enim occidere missos ad servos, exactores locationis atque mercedis. Misit ipsum Filium, ut et ipsum occiderent. Apposuit iniquita-

dit le Psalmiste, et comme rétribution et comme cause d'achoppement (*Ps.*, LXVIII, 23). » Car ils avaient mérité d'être assez aveuglés pour ne pas reconnaître le Fils de Dieu. Et Dieu, en ajoutant ainsi une iniquité à leur iniquité, ne leur a point fait une blessure nouvelle, il ne s'est qu'abstenu de les guérir. De même, en effet, que vous aggravez une fièvre, que vous aggravez une maladie, non pas en donnant une seconde maladie, mais seulement en ne soignant pas la première ; de même, parce qu'ils étaient si criminels qu'ils ne méritaient pas d'être soignés, ils firent d'eux-mêmes, en quelque sorte, des progrès dans leur méchanceté, selon cette parole : « Les méchants et les criminels progressent dans le mal (II *Tim.*, III, 13). Ainsi l'iniquité a été ajoutée à leur iniquité. « Et qu'ils n'entrent pas dans votre justice (*Ps.*, LXVIII, 28). » Rien en cela qui ne soit clair.

13. « Qu'ils soient effacés du livre des vivants (*Ibid.*, 29). » Y étaient-ils donc inscrits auparavant ? Mes frères, nous ne devons pas prendre ce texte en ce sens que Dieu inscrive un nom dans le livre de vie, et l'efface ensuite. Si un homme a pu dire : « Ce que j'ai écrit, je l'ai écrit, » à propos de ce titre : « Roi des Juifs (*Jean*, XIX, 22) »; est-ce que Dieu écrit un nom et l'efface ? Il a toute prescience ; il a prédestiné, avant la création du monde, tous ceux qui devaient régner avec son Fils dans la vie éternelle (*Rom.*, VIII, 29). Ils les a inscrits et le livre de vie garde leurs noms. Que dit encore à ce sujet l'esprit de Dieu, dans l'Apocalypse, en parlant des persécutions que doit exercer l'Antéchrist ? « Il sera suivi par tous ceux qui ne sont point inscrits dans le livre de vie (*Apoc.*, XIII, 8). » Il résulte de là, sans aucun doute, que ceux qui sont inscrits au livre de vie, ne le suivront pas. Comment donc les méchants seraient-ils effacés d'un livre où jamais ils n'ont été inscrits ? Le Prophète parle ici selon leur espérance, parce qu'ils s'y croyaient inscrits. Que veut donc dire : « Qu'ils soient effacés du livre de vie ? » Qu'ils aient la certitude que leur nom n'y est pas écrit. C'est dans un sens identique qu'il est dit dans un autre psaume : « Il en tombera mille à votre côté et dix mille à votre droite (*Ps.*, XC, 7); » c'est-à-dire que beaucoup tomberont par l'effet du scandale, et parmi ceux qui espéraient être assis auprès de vous, et parmi ceux qui espéraient être placés à votre droite, après avoir été séparés des boucs placés à gauche (*Matth.*, XXV, 33). Ce n'est pas qu'aucun homme, une fois admis à la droite du Christ, en puisse jamais tomber, ni être rejeté par le Christ, après s'être une fois assis auprès de lui ; mais un grand nombre d'hommes tomberont par l'effet du scandale, qui déjà se croyaient en possession de ces places heureuses ; en d'autres termes, on verra tomber beaucoup d'hommes qui espéraient être assis un

---

tem super iniquitatem ipsorum. Et hæc Deus sæviendo fecit, an potius juste retribuendo ? « Fiat enim illis, inquit, in retributionem et in scandalum (*Ps.*,LXVIII, 23): » Meriti erant sic excæcari, ut Filium Dei non agnoscerent. Et hoc fecit Deus, apponens iniquitatem super iniquitatem ipsorum ; non vulnerando, sed non sanando. Quomodo enim auges febrem, auges morbum, non morbum adhibendo, sed non succurrendo : sic quia tales fuerunt ut curari non mererentur, in ipsa malitia quodam modo profecerunt, sicut dictum est, « Mali autem et facinerosi proficiunt in pejus (II *Tim.*, III, 13) : » et apposita est iniquitas super iniquitatem ipsorum. « Et non intrent in justitia tua. » Hoc planum est.

13. « Deleantur de libro viventium (*Ps.*, LXVIII, 29). » Aliquando enim illic scripti erant? Fratres, non sic accipere debemus, quoniam quemquam Deus scribat in libro vitæ, et deleat illum. Si homo dixit, « Quod scripsi scripsi (*Johan.*, XIX, 22), » de titulo ubi scriptum erat, « Rex Judæorum : » Deus quemquam scribit et delet? Præscius est, prædestinavit omnes ante constitutionem mundi regnaturos cum Filio suo in vita æterna (*Rom*.,VIII, 29). Hos conscripsit, ipsos continet liber vitæ. Denique in Apocalypsi quid ait Spiritus Dei, cum de pressuris ab Antichristo futurus loqueretur eadem Scriptura? « Consentient illi, inquit, omnes qui non sunt scripti in libro vitæ (*Apoc.*,XIII, 2). » Proinde sine dubitatione non erunt consensuri qui scripti sunt. Isti ergo quomodo inde delentur, ubi nunquam scripti sunt ? Hoc dictum est secundum spem ipsorum, quia ipsi se scriptos putabant. Quid est, « Deleantur de libro vitæ ? » Et ipsis constet, non illos ibi esse. Ex hac locutione dictum est in alio Psalmo, « Cadent a latere tuo mille, et dena millia a dextris tuis (*Psal.*, XC, 7) : » id est, multi scandalizabuntur, et ex eo numero qui se sperabant sessuros tecum, et ex eo numero qui se sperabant staturos ad dexteram tuam, separati ab hœdis sinistris (*Matth.*, XXV, 33) : non quia cum ibi steterit aliquis, postea cadet, aut

jour près de vous, ô Seigneur Jésus, et beaucoup d'hommes qui espéraient être rangés à votre droite. Il en sera ainsi de ces hommes qui se croient inscrits de plein droit, en vertu des mérites de leur justice, dans le livre de Dieu, et pour lesquels il est dit : « Scrutez les Écritures, dans lesquelles vous pensez avoir la vie éternelle (*Jean*, v, 39). » Lorsque leur condamnation sera portée à leur connaissance, ils seront effacés du livre des vivants, c'est-à-dire, ils sauront qu'ils n'y sont pas inscrits. Le verset qui suit explique le précédent : « Et qu'ils ne soient pas inscrits avec les justes (*Ps.*, LXVIII, 29). » J'ai donc dit ainsi par le Prophète, j'ai donc dit : « Qu'ils soient effacés, » pour conformer mon langage à leur espérance ; mais par quelle parole m'exprimer selon votre justice ? « Qu'ils ne soient pas inscrits. »

14. « Je suis pauvre et affligé (*Ibid.*, 30). » Pourquoi ces paroles ? Serait-ce pour nous faire connaître que ce pauvre maudit ses persécuteurs dans l'amertume de son âme ? En effet, il leur a souhaité bien des maux à venir. Et comme si nous lui demandions : pourquoi tant de malédictions ? n'allez pas aussi loin ; il répond : « Je suis pauvre et affligé (*Ibid.*). » Ils m'ont réduit à cette indigence, ils m'ont amené à ce point de douleur ; voilà pourquoi je parle ainsi. Toutefois ces paroles ne sont point les malédictions d'un esprit qui s'exaspère, mais les prédictions d'un esprit qui prophétise. En effet, dans les discours qu'il nous tiendra plus tard, sur sa pauvreté et sur ses afflictions, lui-même les exaltera, afin de nous apprendre à aimer la pauvreté et l'affliction : « Heureux les pauvres, dira-t-il, parce que le royaume des cieux est à eux. Heureux ceux qui pleurent, parce qu'ils seront consolés (*Matth.*, v, 3, 5). » Lui-même nous a le premier donné l'exemple, c'est pourquoi il dit : « Je suis pauvre et affligé. » Tout son corps le dit après lui. Le corps du Christ, sur cette terre, est pauvre et affligé. Car, supposons que des chrétiens soient riches, s'ils sont vraiment chrétiens, ils sont pauvres ; car, en comparaison des richesses célestes qu'ils espèrent, ils regardent tout leur or comme du sable. « Je suis pauvre et affligé (*Ps.*, LXVIII, 30). »

15. « Et votre regard salutaire m'a soutenu (*Ibid.*, 31). » Ce pauvre est-il abandonné ? Ou bien, daignez-vous appeler à votre table un pauvre en haillons ? Le regard salutaire de Dieu a soutenu ce pauvre : Dieu a caché dans sa face l'indigence de ce pauvre. Car c'est de lui qu'il est dit : « Vous les cacherez dans le secret de votre visage (*Ps.*, XXX, 21). » Et voulez-vous connaître quelles richesses renferme le visage de Dieu ? Les richesses du monde vous donnent de manger comme vous le voulez et quand vous le voulez ; mais les richesses de Dieu vous exemptent à jamais de la

---

cum sederit cum illo quisquam, abjicietur ; sed quia multi casuri erant in scandalum, qui jam ibi se esse putabant ; id est, multi qui se sperabant sessuros tecum, multi qui se speraverant staturos ad dexteram, ipsi casuri sunt. Sic ergo et hic illi qui se sperabant tamquam merito justitiæ suæ in libro scriptos Dei, quibus dicitur, « Scrutamini Scripturas, in quibus putatis vos vitam æternam habere (*Johan.*, v, 32) : » cum perducta fuerit damnatio eorum etiam ad cognitionem eorum, delebuntur de libro viventium, id est, non ibi se esse cognoscent. Nam versus qui sequitur, exponit quod dictum est : « Et cum justis non scribantur. Dixi ergo, « Deleantur » secundum spem eorum : secundum autem æquitatem tuam quid dico ? « Non scribantur. »

14. « Pauper et dolens ego sum (*Ps.*, LXVIII, 30). » Quare hoc ? An ut agnosceremus quod per amaritudinem animi maledicit pauper iste ? Multa enim dixit quæ illis eveniant. Et quasi ei diceremus. Ut quid talia ? Noli tantum. Respondet, « Pauper et dolens ego sum. » Perduxerunt me ad egestatem, ad istum dolorem deposuerunt, ideo ista dico. Non est tamen stomachatio maledicentis, sed prædictio prophetantis. Nam de paupertate sua et dolore suo quædam quæ posterius dicit, commendaturus est nobis, ut discamus esse pauperes et dolentes. « Beati enim pauperes, quoniam ipsorum est regnum cælorum (*Matth.*, v, 3). » Et, « Beati qui lugent, quoniam ipsi consolabuntur (*Ibid.*, 5). » Hoc ergo ipse prius jam nobis ostendit : et ideo, « Pauper et dolens ego sum. » Totum corpus ejus hoc dicit. Corpus Christi in hac terra pauper est et dolens. Sed sint divites Christiani. Prorsus si Christiani sunt, pauperes sunt ; in comparatione divitiarum cælestium quas sperant, omne aurum suum arenam deputant. « Pauper et dolens ego sum. »

15. « Et salus vultus tui Deus suscepit me (*Ps.*, LXVIII, 30). » Numquid desertus est pauper iste ? Quando tu dignaris pannosum pauperem applicare ad mensam tuam ? Porro autem pauperem istum sa-

faim. « Je suis pauvre et affligé ; et le regard salutaire de Dieu m'a soutenu (*Ps.*, LXVIII, 30). » Dans quel but ? Pour que je ne sois plus pauvre, que je ne sois plus souffrant ? « Je louerai le nom de Dieu avec des cantiques ; je le glorifierai par mes louanges (*Ibid.*, 31). Il l'a déjà dit ; ce pauvre loue le nom de Dieu avec des cantiques ; il le glorifie par ses louanges. Or, comment aurait-il la force de chanter, si sa faim n'avait été rassasiée ? « Je louerai le nom de Dieu avec des cantiques ; je le glorifierai par mes louanges (*Ibid.*). » Immenses richesses ! Quelles pierres précieuses de la divine louange il a tirées de son trésor intérieur ! « Je le glorifierai par mes louanges ; » voilà mes richesses. « Le Seigneur me l'a donné, le Seigneur me l'a ôté (*Job*, I, 21) ; » est-il donc resté pauvre ? Non. Voyez encore ses richesses : « Il a été fait comme il a plu au Seigneur ; que le nom du Seigneur soit béni (*Ibid.*) ! » « Je louerai le nom de Dieu par des cantiques ; je le glorifierai par mes louanges (*Ps.*, LXVIII, 31). »

16. « Et Dieu s'y complaira plus, » c'est-à-dire se complaira plus dans ma louange, « que dans le sacrifice d'un jeune veau dont les cornes et les ongles commencent à pousser (*Ibid.*, 32). » Un sacrifice de louange lui plaira mieux que le sacrifice d'un veau. « Le sacrifice de louange me glorifiera, et c'est la voie dans laquelle je lui montrerai le Sauveur de Dieu. Immolez à Dieu un sacrifice de louange et rendez vos vœux au Très-Haut (*Ps.*, XLIX, 23, 14). » Je louerai donc le Seigneur, et ma louange lui plaira mieux qu'un jeune veau dont les cornes et les ongles commencent à pousser. La louange sortie de ma bouche sera donc plus agréable à Dieu qu'une grande victime amenée devant son autel. Y a-t-il quelque chose à dire sur les cornes et les ongles de ce jeune veau ? Celui qui est bien muni de toutes ses armes, et qui loue Dieu dans l'opulence de ses ressources, doit avoir des cornes pour disperser son ennemi et des ongles pour frapper la terre : Vous savez, en effet, que c'est la coutume des veaux qui grandissent et qui ressentent déjà la fierté du taureau. La jeunesse est ici la figure de notre vie nouvelle. Si donc un hérétique s'élève contre la doctrine, qu'il soit chassé à coups de cornes. Tel autre ne la contredit pas, mais dans une lâche inertie, il aime les choses de la terre ; qu'il soit excité à coups d'ongles. Ma louange vous plaira donc mieux que le sacrifice de ce veau, surtout quand, après ce temps de pauvreté et d'affliction, et je vous louerai pour l'éternité

---

lus vultus Dei suscepit : in vultu suo abscondit ejus egestatem. De illo quippe dictum est, « Abscondes eos in abscondito vultus tui (*Psal.*, XXX, 21). » In illo autem vultu quæ sint divitiæ, vultis nosse ? Divitiæ istæ hoc tibi præstant, ut quod vis, quando vis prandeas : illæ vero, ut numquam esurias. « Pauper et dolens ego sum : et salus vultus tui Deus suscepit me. » Ad quam rem ? Ut jam non sim pauper, non sim dolens ? « Laudabo nomen Dei cum cantico, magnificabo eum in laude (*Ps.*, LXVIII, 31). » Jam dictum est, pauper iste laudat nomen Dei cum cantico, magnificat eum in laude. Quando auderet cantare, nisi recreatus esset a fame ? « Laudabo nomen Dei cum cantico, magnificabo eum in laude. » Magnæ divitiæ. Quas gemmas laudis Dei de thesauro interiore protulit ? « Magnificabo eum in laude. » Hæc sunt divitiæ meæ. « Dominus dedit, Dominus abstulit (*Job*, I, 21). » Ergo miser remansit ? Absit. Vide divitias : « Sicut Domino placuit, ita factum est ; sit nomen Domini benedictum (*Ibid.*). » « Laudabo nomen Dei cum cantico, magnificabo eum in laude. »

16. « Et placebit Deo (*Ps.*, LXVIII, 32) : » hoc quod eum laudabo, placebit : « super vitulum novellum, cornua producentem et ungulas. » Gratius illi erit sacrificium laudis, quam sacrificium vituli. « Sacrificium laudis glorificabit me, et ibi via est in qua ostendam illi salutare Dei : Immola Deo sacrificium laudis, et redde Altissimo vota tua (*Psal.*, XLIX, 23). » Ergo laudabo Deum ; et plus ei placebit quam vitulus novellus, cornua producens et ungulas. Amplius ergo placebit Deo laus ejus exiens de ore meo, quam magna victima adducta ad aram ipsius. An aliquid de cornibus et ungulis vituli hujus dicendum est ? Qui bene instructus est, et laude Dei opulentus, et cornua debet habere quibus adversarium ventilet, et ungulas quibus terram excitet. Nostis enim hoc facere vitulos pubescentes, et in taurinam audaciam grandescentes. Nam ideo novellus est, propter vitam novam. Aliquis ergo hæreticus forte contradicit, cornibus ventiletur. Alius non contradicit, sed tamen terrenum abjecte sapit, ungulis excitetur. Ergo super hunc vitulum tibi placebit laudatio mea, (a) jam illa

---

(a) Sic melioris notæ MSS. Alii *Jam illam post* etc. At editi, *Nam illam post* etc. non recte, nisi *illam* referas ad *Videant inopes* etc.

dans la société des Anges, où il n'y aura plus d'adversaires à repousser au loin, ni de lâche à soulever de terre.

17. « Que les indigents en soient témoins et qu'ils se réjouissent (*Ibid.*, 33). » Qu'ils croient et se réjouissent dans leur espérance. Qu'ils soient de plus en plus indigents pour mériter d'être rassasiés ; de peur que, repus d'orgueil et exhalant au dehors leur plénitude, ils ne soient privés du seul pain qui puisse les faire vivre pour leur salut. « Cherchez le Seigneur (*Ibid.*). » Indigents, ayez faim et soif de lui (*Matth.*, v, 6) ; car il est le pain vivant descendu du Ciel (*Jean*, vi, 51). « Cherchez le Seigneur et votre âme vivra. » Vous cherchez du pain, afin que votre chair vive ; cherchez le Seigneur, afin que votre âme vive.

18. « Parce que le Seigneur a exaucé les pauvres (*Ibid.*, 34). » Il a exaucé les pauvres, et il n'exaucerait pas les pauvres, s'ils n'étaient pauvres. Voulez-vous être exaucé ? Soyez pauvre ; que vos cris soient des cris de souffrance, et non des cris de dégoût pour votre pauvreté. « Parce que le Seigneur a exaucé les pauvres et n'a pas méprisé ses captifs dans les fers (*Ibid.*) » Offensé par ses serviteurs, il les a mis aux fers ; mais quand, sous le poids de ces fers, ils crient vers lui, il ne méprise pas leurs prières. Quels sont ces fers ? La mortalité, la corruptibilité de la chair sont les fers dans lesquels nous sommes enchaînés. Et voulez-vous en connaître le poids ? L'Écriture vous répond : « Le corps, qui est corrompu, appesantit l'âme (*Sages.*, ix, 15). » Lorsque les hommes veulent être riches en ce monde, ils cherchent des oripaux pour orner ces fers. Qu'il vous suffise de couvrir vos fers avec des haillons ; ne cherchez que ce qui est suffisant pour chasser la nécessité. Car, rechercher le superflu ne serait que charger vos chaînes d'un nouveau poids. Dans votre prison, croyez-moi, n'ajoutez rien à vos fers. Qu'à chaque jour suffise sa peine (*Matth.*, vi, 34). Du milieu de ces maux, nous crions vers Dieu ; « Parce que Dieu a exaucé les pauvres et n'a pas méprisé ses captifs dans les fers (*Ps.*, lxviii, 34). »

19. « Que ses louanges soient célébrées par les cieux, par la terre, par la mer et par tout ce qui rampe à leur surface ou dans leur sein (*Ibid.*, 35). » C'est une vraie richesse pour ce pauvre, que de considérer la créature et de louer le Créateur. « Que ses louanges soient célébrées par les cieux, par la terre, par la mer, et par tout ce qui rampe à leur surface ou dans leur sein (*Ibid.*). » D'ailleurs ces créatures ne louent-elles point Dieu, quand l'homme, en les considérant, prend de là occasion de louer Dieu.

20. Écoutez maintenant autre chose : « Parce que Dieu sauvera Sion (*Ibid.*, 36). » Il restaure son Église, il fait entrer les nations fidèles dans le corps de son Fils unique ; il ne frustre aucun

---

post paupertatem et dolorem in æterna societate Angelorum, ubi nec adversarius erit in certamine ventilandus, nec piger de terra excitandus.

17. « Videant inopes, et lætentur (*Ps.*, lxviii, 33). » Credant, et spe gaudeant. Magis inopes sint, ut saturari mereantur : ne cum superbiæ saginam ructant, negetur eis panis quo salubriter vivant. « Quærite Dominum, » inopes, esurite, et sitite ; « ipse est enim panis vivus qui de cælo descendit (*Matth.*, v, 6, *Johan.*, vi, 51). » « Quærite Dominum, et vivet anima vestra : » Quæritis panem, ut vivat caro vestra : « Dominum quærite, ut vivat anima vestra. »

18. « Quoniam exaudivit pauperes Dominus (*Ps.*, lxviii, 34). » Exaudivit pauperes, nec exaudiret pauperes, nisi essent pauperes. Vis exaudiri ? Pauper esto : dolor de te clamet, non fastidium. « Quoniam exaudivit pauperes Dominus ; et compeditos suos non sprevit. » Offensus a servis, fecit eos compeditos : sed clamantes de compedibus non contemsit. Quæ sunt istæ compedes? Mortalitas, corruptibilitas carnis, compedes sunt quibus ligati sumus. Et vultis nosse istarum compedum gravitatem? Inde dicitur, Corpus quod corrumpitur, aggravat animam (*Sap.*, ix, 15). Quando homines in sæculo divites esse volunt, istis compedibus pannos quærunt. Sed sufficiant panni compedum : tantum quære quantum depellendæ necessitati satis est. Cum autem superflua quæris, compedes tuas onerare desideras. In tali ergo custodia vel solæ compedes remaneant. « Sufficiat diei malitia sua (*Matth.*, vi, 34). » De ista malitia clamamus ad Deum, « Quoniam exaudivit pauperes Dominus ; et compeditos suos non sprevit. »

19. « Laudent illum cæli et terra, mare et omnia repentia in eis. » Veræ divitiæ hujus pauperis istæ sunt, considerare creaturam, et laudare Creatorem. « Laudent illum cæli et terra, mare et omnia repentia in eis. » Et creatura sola ista laudat Deum, cum considerata ea laudatur Deus ?

20. Audi et aliud : « Quoniam Deus salvam faciet Sion (*Ps.*, lxviii, 36). » Reparat Ecclesiam suam ;

de ceux qui croient en lui, des récompenses qu'il a promises. « Parce que Dieu sauvera Sion et que les villes de Juda seront bâties (*Ibid.*). » Ces villes sont les Églises. Que nul ne dise : Quand donc seront bâties ces villes de Juda? Oh ! si vous vouliez en reconnaître l'admirable construction, en devenir une pierre vivante, et y prendre place ! C'est maintenant que les villes de Juda sont bâties. Car Juda veux dire : « Confession. » Or les villes de Juda sont bâties par la confession que produit l'humilité ; afin que les superbes qui rougissent de confesser leurs péchés restent en dehors d'elles. « Parce que le Seigneur sauvera Sion (*Ibid.*). » Quelle Sion ? Celle dont le Prophète ajoute : « Et la race de ses serviteurs la possédera, et ceux qui aiment son nom l'habiteront (*Ibid.*, 37). »

21. Le Psaume est terminé : mais ne laissons pas ces deux versets sans les examiner un peu. En effet, ils nous avertissent de ne pas désespérer d'entrer dans la construction de cette cité. « La race de ses serviteurs, dit le Prophète, la possédera (*Ibid.*). » Quelle est donc maintenant « la race de ses serviteurs ? » Peut-être direz-vous : Ce sont les Juifs nés d'Abraham ; mais nous, qui ne sommes pas nés d'Abraham, comment possèderons-nous cette cité? Mais les Juifs auxquels il a été dit : « Si vous êtes les enfants d'Abraham, faites les œuvres d'Abraham (*Jean*, VIII, 39). » ne sont pas la race d'Abraham. La race de ses serviteurs consiste donc dans les imitateurs de la foi de ses serviteurs, et voilà ceux qui posséderont la ville. D'ailleurs, le dernier verset explique celui qui le précède. Car, il semble craindre que l'on ne croie qu'il a parlé des Juifs, quand il a dit : « La race de ses serviteurs la possédera, » et que les nations ne répondent : Nous sommes la descendance des peuples qui ont adoré les idoles et servi les démons, qu'avons-nous donc à espérer au sujet de cette cité? C'est pourquoi le Prophète ajoute aussitôt, pour vous rendre la confiance et l'espoir : « Et ceux qui aiment son nom habiteront cette ville (*Ibid.*). » Voilà donc quelle est « la race de ses serviteurs ; » elle se compose de ceux « qui aiment son nom. » En effet, comme ses serviteurs ont aimé son nom, nul de ceux qui ne l'aiment pas ne peut se dire du nombre de ses serviteurs, et nul de ceux qui aiment son nom ne peut se dire exclu de la race de ses serviteurs.

---

gentes fideles incorporat Unigenito suo ; non fraudat credentes in se præmio promissionis suæ. « Quoniam Deus salvam faciet Sion : et ædificabuntur civitates Judæ. » Ipsæ sunt Ecclesiæ. Nemo dicat, quando erit istud ut ædificentur civitates Judæ ? O si velis agnoscere structuram, et esse lapis vivus, ut intres in eam. Et nunc civitates Judæ ædificantur. Juda enim confessio interpretatur. De confessione humilitatis ædificantur civitates Judæ : ut foris ab eis superbi remaneant, qui confiteri erubescunt. « Quoniam Deus salvam faciet Sion. » Quam Sion ? Audi in sequentibus : « Et semen servorum ejus obtinebunt eam, et qui diligunt nomen ejus inhabitabunt in ea (*Ibid.*, 37). »

21. Psalmus finitus est, sed paululum istos duos versus non relinquamus : admonent enim nos aliquid, ne desperando in illam structuram non intremus. « Semen, inquit, servorum ejus obtinebunt eam. » Jam ergo « semen servorum ejus, » qui sunt? Forte dicis, Judæi nati de Abraham : nos autem qui non sumus nati de Abraham, quomodo habebimus istam civitatem ? Sed non sunt semen Abrahæ illi Judæi, quibus dictum est, « Si filii Abrahæ estis, facta Abrahæ facite (*Johan.*, VIII, 39). » « Semen ergo servorum ejus, » imitatores fidei servorum ejus « obtinebunt eam. » Denique ultimus versus superiorem exponit. Quasi enim turbatus, ne putares forte hoc de Judæis dici, « Et semen servorum ejus obtinebunt eam, » dicens, Nos semen gentium sumus, quæ idola coluerunt, et dæmonibus servierunt : quid ergo nobis in hac civitate sperandum est? statim subjecit ut præsumas et speres : « Et qui diligunt nomen ejus, inhabitabunt in ea. » Hoc est enim « semen servorum ejus. » Quia enim servi ejus dilexerunt nomen ejus ; quicumque non diligunt nomen ejus, non se dicant semen servorum ejus ; et qui diligunt nomen ejus, non se negent semen servorum ejus.

DISCOURS [1] SUR LE PSAUME LXIX.

1. Rendons grâces au grain de froment, parce qu'il a voulu mourir pour se multiplier (*Jean*, XII, 25); rendons grâces au Fils unique de Dieu, à Notre Seigneur et Sauveur Jésus-Christ, qui n'a pas dédaigné de subir notre mort, et de nous rendre digne de partager sa vie. Voilà celui qui était seul, jusqu'à ce qu'il eût passé, comme il l'a dit lui-même dans un autre psaume : « Je suis seul, jusqu'à ce que j'aie passé (*Ps.*, CXL, 10); » mais, s'il n'était qu'un seul grain, il avait en lui une fécondité qui devait produire une immense multitude d'autres grains. Aussi combien de grains, dans lesquels sa passion s'est renouvelée, sont pour nous une cause d'allégresse, lorsque nous célébrons la naissance céleste des martyrs! Ces membres nombreux, unis par un lien d'amour et de paix, sous une tête unique, notre Sauveur même, ne forment, vous le savez et nous vous l'avons dit souvent, ne forment qu'un seul homme. Quelquefois, c'est leur voix, comme celle d'un seul homme, qui parle dans les psaumes, et un seul crie vers Dieu au nom de tous, parce que tous ne sont qu'un en un seul. Écoutons donc le récit de ce que les martyrs ont souffert, et des dangers qu'ils ont couru en ce monde, au milieu des tempêtes soulevées par des haines cruelles, non point tant dans leur corps, qu'il leur fallait quitter un jour, que dans leur foi. Ils ont souffert, afin de ne point perdre, par quelque défaillance, ou pour avoir cédé soit aux atroces souffrances des persécutions, soit à l'amour de cette vie, le fruit des promesses de Dieu, qui, par sa parole et par son exemple, leur avait ôté toute crainte : par ses paroles, en disant : « Gardez-vous de craindre ceux qui tuent le corps, mais ne peuvent tuer l'âme (*Matth.*, X, 28); » par son exemple, en faisant ce que sa parole leur avait ordonné de faire. En effet, il n'a voulu se soustraire aux mains ni de ceux qui le frappaient, ni de ceux qui lui donnaient des soufflets, ni de ceux qui le souillaient de leurs crachats, ni de ceux qui lui mettaient une couronne d'épines, ni de ceux qui le faisaient mourir de la mort de la croix; il n'a voulu échapper à aucun de ces supplices, lui qui n'avait nul be-

IN PSALMUM LXIX.

ENARRATIO.

1. Gratias grano tritici, quia mori voluit et multiplicari (*Johan.*, XII 25) : gratias unico Filio Dei Domino et Salvatori nostro Jesu Christo, qui mortem nostram subire non dedignatus est, ut nos vita sua dignos faceret. Ecce qui singularis erat donec transiret, sicut dixit in Psalmo, « Singularis ego sum donec transeam (*Psal.*, CXL, 10) : » quia sic erat singulare granum, ut in se haberet magnam multitudinis fecunditatem; in quantis granis passionem ejus imitantibus exsultamus, quando natalitia Martyrum celebramus? Multa ergo membra ejus sub uno capite ipso Salvatore nostro caritatis et pacis vinculo colligata, sicut nosse dignamini, quoniam sæpissime audistis, unus homo sunt : et ipsorum ut unius hominis vox plerumque in Psalmis auditur, et sic clamat unus tamquam omnes, quia omnes in uno unus sunt. Audiamus ergo quoniam laboraverunt Martyres, et inter magnas tempestates odiorum in hoc sæculo periclitati sunt, non tam corpore, quod quandoque posituri erant, sed ipsa fide ; ne deficientes et forte acerbis persecutionum cedentes doloribus vel amori vitæ hujus, amitterent quod promiserat Deus : qui non solum verbo, sed etiam exemplo abstulerat omnem timorem ; verbo, dicens, « Nolite timere eos qui corpus occidunt, animam autem non possunt occidere (*Matth.*, X, 28); »

---

(1) Discours prononcé le jour d'une fête de Saints Martyrs.

soin de quoi que ce fût, à cause de ceux à qui ses souffrances étaient nécessaires; parce que de sa propre personne il a fait un remède pour ces malades. Les martyrs ont donc souffert et si celui qui a dit : « Voilà que je serai avec vous jusqu'à la consommation des siècles (*Id.*, XXVIII, 20), ne les eût constamment assistés, ils auraient immanquablement succombé.

2. Le Psaume nous fait donc entendre la voix d'hommes éprouvés par les tribulations; c'est la voix des martyrs, exposés sans doute aux dangers de leurs souffrances, mais pleins de confiance dans le secours de leur tête. Écoutons-les, et parlons avec eux, dans un même sentiment de cœur, bien que nous ne partagions pas leurs souffrances. Déjà ils ont reçu la couronne, tandis que nous sommes encore au milieu des dangers, exposés que nous sommes, non à des persécutions semblables à celles qui ont pesé sur eux, mais à des persécutions pires encore peut-être en raison de nombreux scandales de toute nature. En effet, notre temps, plus que le leur, ne mérite-t-il pas cette exclamation prononcée par le Seigneur : « Malheur ? » « Malheur au monde à cause des scandales (*Id.*, XVIII, 7). » « Et parce que l'iniquité s'est multipliée, la charité d'un grand nombre se refroidira (*Id.*, XXIV, 12). » En effet, ce n'était pas un homme en particulier qui faisait souffrir dans Sodome au saint patriarche Lot une persécution corporelle, et personne ne lui avait interdit le séjour de cette ville, cette persécution était le résultat de tous les crimes des Sodomistes (*Gen.*, XIX). Maintenant donc, bien que le Christ soit déjà assis dans le ciel et entré dans sa gloire, bien que les têtes des rois soient déjà soumises à son joug et que le signe de la croix domine leur front, bien qu'il ne reste plus personne qui ose insulter publiquement les chrétiens, cependant nous gémissons encore au milieu des instruments de musique et des symphonies; car ces ennemis des martyrs, ne pouvant plus les attaquer par la parole et par le fer, les poursuivent encore par leurs débauches. Et plût au Ciel que nous n'eussions à gémir que de la part des païens ! Ce serait encore pour nous une sorte de consolation, d'attendre que ceux qui ne sont pas encore marqués du signe de la croix du Christ le reçoivent un jour, et qu'alors enchaînés par l'autorité du Christ ils cessent leurs fureurs. Mais nous voyons des hommes qui portent sur le front le signe du Sauveur, porter tout à la fois sur ce même front l'impudence de la luxure et insulter aux fêtes de nos martyrs, loin de les célébrer avec une pieuse joie. Nous gémissons au milieu de ces désordres, et telle est la persécution que nous souffrons, si nous avons en nous la charité qui dit avec l'Apôtre : « Qui est

---

exemplo, faciens quod verbo præcepit, ut nec eorum verberantium manus vellet devitare, nec alapas percutientium, nec salivas conspuentium, nec coronam de spinis imponentium, nec crucem interficientium, nihil horum vitare voluit, cui nihil opus erat, propter eos quibus hoc opus erat ; faciens ægrotis de seipso medicamentum. Laboraverunt ergo Martyres : et nisi ille semper adesset qui ait, « Ecce ego vobiscum sum usque ad consummationem sæculi (*Matth.*, XXVIII, 25), » utique defecissent.

2. Est ergo in hoc Psalmo vox contribulatorum, et ideo utique Martyrum inter passiones periclitantium, sed de suo capite præsumentium. Audiamus eos, et loquamur cum eis ex affectu cordis: etiamsi non similitudine passionis. Illi enim jam coronati sunt, nos adhuc periclitamur: non quia tales nos persecutiones urgent, quales ipsos urserunt, sed fortasse pejores in omnimodis generibus tantorum scandalorum. Nostra enim tempora magis abundant illo Væ, quod clamavit Dominus ? « Væ mundo ab scandalis (*Matth.*, XVIII, 7). » « Et quoniam abundavit iniquitas, refrigescet caritas multorum (*Matth.*, XXIV, 12). » Neque enim et Lot ille factus in Sodomis ab aliquo corporalem persecutionem patiebatur (*Gen.*, XIX, 29), aut dictum illi erat, ut non ibi habitaret : persecutio ejus, facta mala Sodomitarum erant. Nunc ergo jam Christo in cœlo sedente, jam glorificato, jam subjectis cervicibus regum jugo ejus, et suppositis eorum frontibus signo ejus, jam nullo remanente cui palam Christianis audeat insultare, adhuc tamen inter organa et symphoniacos gemimus, adhuc illi inimici Martyrum, quia vocibus et ferro non possunt, eos sua luxuria persequuntur. Atque utinam Paganos tantummodo (*a*) doleremus : esset qualecumque solatium exspectare eos qui nondum cruce Christi signati sunt, quando signentur, et quando ejus auctoritate alligati desinant furere. Videmus etiam portantes in fronte signum ejus, simul in ipsa fronte portare impuden-

---

(*a*) Sic MSS. Editi vero, *toleraremus*.

faible sans que je sois faible? qui est scandalisé sans que je brûle(II *Cor.*,XI, 29)? » Il n'y a donc aucun serviteur de Dieu qui ne soit persécuté, et l'Apôtre a bien raison de dire : que « tous ceux qui veulent vivre pieusement en Jésus-Christ souffriront persécution (II *Tim.*, III, 12).» Voyez d'où elle vient, voyez comment elle agit; le démon prend une double forme : lion par son attaque impétueuse, dragon par ses ruses. Que le lion vous menace, c'est un ennemi ; que le dragon vous dresse des embûches, c'est encore un ennemi. Quand donc serons-nous en sûreté? Car, que tous les hommes viennent à se faire chrétiens, le démon, lui, le deviendra-t-il? Il ne cesse donc ni de vous tenter ni de vous tendre des embûches. Cependant, il est retenu par un frein et il est enchaîné dans le cœur des impies de manière à ne pouvoir exercer toute sa fureur contre l'Église, ni lui faire autant de mal qu'il le voudrait. Les impies grincent des dents contre la gloire de l'Église et la paix des chrétiens, et ne pouvant plus sévir contre eux, ni poursuivre leurs corps, ils déchirent leurs âmes par des danses impudiques, par des blasphèmes, par des débauches infâmes. Crions donc vers Dieu et disons d'une voix unanime : « O Dieu, venez à mon aide (*Ps.*, LXIX, 2). » Car en ce monde, nous avons besoin d'être aidés sans relâche. Quand donc en sera-t-il autrement ? Mais maintenant puisque nous sommes en proie à de violentes tribulations, disons : « O Dieu venez à mon aide (*Ibid*). »

3. « Que ceux qui cherchent mon âme soient couverts de confusion et de honte (*Ibid*, 3). » C'est le Christ qui parle ici ; qu'on attribue ces paroles à la tête ou au corps, celui qui parle est celui qui a dit : « Pourquoi me persécutez-vous (*Act.*, IX, 14)? » Celui qui parle, est celui qui a dit : « Lorsque vous ferez quelque chose à l'un des plus petits d'entre les miens, c'est à moi que vous le ferez (*Matth.*, XXV, 40). » La voix de cet homme nous est connue, de cet homme tout entier, la tête et le corps ; il n'y a pas lieu de vous la faire remarquer à tout instant, puisqu'elle vous est connue. « Que ceux, dit-il, qui cherchent mon âme soient couverts de confusion et de honte (*Ps.*, LXIX, 3). » Il dit dans un autre psaume : « Je considérais à ma droite et je regardais, et il n'y avait personne qui me connût : il ne m'est resté aucun moyen de fuir et nul ne cherchait mon âme (*Ps.*, CXLI, 5). » Dans ce dernier verset, il dit de ses persécuteurs que nul ne cherchait son âme, et dans le Psaume, il dit, au contraire : « Que ceux qui cherchent mon âme soient couverts de confusion et de honte (*Ps.*, LXIX, 3). » Là, il se plaignait de ce qu'on ne la cherchait pas pour l'imiter ; il gémissait ici de ce qu'on la cherchait

---

tiam luxuriarum, diebusque et solemnitatibus Martyrum non exsultare, sed insultare. Et inter hæc geminus, et hæc persecutio nostra est, si est in nobis caritas quæ dicat, « Quis infirmatur, et non ego infirmor ? quis scandalizatur, et non ego uror (II *Cor.*, XI, 29)?» Nullus ergo servus Dei sine persecutione : verumque est illud quod Apostolus ait, « Sed et omnes qui volunt in Christo pie vivere, persecutionem patientur (II *Tim.*, III, 12). » Videris unde, videris quomodo, diabolus ille biformis est. Leo est in in impetu, draco in insidiis. Leo minetur, inimicus est : draco insidietur, inimicus est. Quando nos securi? Ecce fiant omnes Christiani, numquid et diabolus Christianus erit ? Tentare ergo non cessat, insidiari non cessat. Infrenatus est atque illigatus in cordibus impiorum, ne sæviat in Ecclesiam, et tantum faciat quantum vult. Fremunt dentes impiorum adversus dignitatem Ecclesiæ et pacem Christianorum, et quia non habent quid agant sæviendo ; saltando, blasphemando, luxuriando, non impellunt corpora Christianorum, sed lacerant animas Christianorum. Clamemus ergo una voce omnes verba hæc : « Deus in adjutorium meum intende (*Ps.*, LXIX, 2). » Opus enim habemus sempiterno adjutorio in isto sæculo. Quando autem non ? (a) Modo tamen in tribulatione positi maxime dicamus, « Deus in adjutorium meum intende. »

3. « Confundantur, et revereantur, qui quærunt animam meam (*Ibid*, 3). » Christus dicit : sive caput dicat, sive corpus dicat ; ille dicit, qui dixit, « Quid me persequeris (*Act.*, IX, 4) ? » ille dicit, qui dixit, « Cum uni ex minimis meis fecistis, mihi fecistis (*Matth.*, XXV, 40). » Nota est ergo vox hujus hominis, totius hominis, capitis et corporis : non sæpe commendanda, quia nota. « Confundantur, inquit, et revereantur, qui quærunt animam meam. » In alio Psalmo dicit, « Considerabam in dexteram,

---

(a) Aliquot MSS. *Quando autem non modo: tamen* etc.

pour l'opprimer. Vous cherchez l'âme du juste, lorsque vous pensez à l'imiter ; vous cherchez l'âme du juste, lorsque vous pensez à le tuer. Il y a donc deux manières de chercher l'âme du juste ; c'est pourquoi le Prophète les exprime séparément dans deux psaumes différents. En un endroit, le Christ se plaint de ce que personne ne cherche son âme pour imiter ses souffrances ; et ici il dit : « Que ceux qui cherchent mon âme soient couverts de confusion et de honte (*Ibid.*). » Ils cherchent son âme, mais ce n'est pas pour en avoir deux. En effet, ils ne cherchaient pas son âme, comme le voleur cherche la tunique du voyageur, qu'il tue pour le dépouiller et prendre son vêtement ; mais celui qui poursuit afin de tuer ne veut qu'arracher l'âme à sa victime et non se vêtir lui-même. Ils cherchent mon âme, c'est-à-dire : ils veulent me tuer. Que souhaitez-vous donc qu'il leur arrive ? « Qu'ils soient couverts de confusion et de honte (*Ibid.*). » Et que devient ce précepte du Seigneur : « Aimez vos ennemis, faites du bien à ceux qui vous haïssent et priez pour ceux qui vous persécutent (*Matth.*, v, 44)? » Vous souffrez la persécution et vous maudissez ceux qui vous la font souffrir, comment imitez-vous les souffrances, antérieures aux vôtres, de votre Seigneur, qui a dit, étant suspendu sur la croix : « Mon Père, pardonnez-leur, parce qu'ils ne savent ce qu'ils font (*Luc*, XXIII, 14)? » A ceux qui lui tiennent ce langage, le martyr répond : Vous me proposez l'exemple du Seigneur, qui disait : « Mon Père, pardonnez-leur, parce qu'ils ne savent ce qu'ils font (*Ibid.*) ; » dans ces paroles reconnaissez aussi ma voix, afin qu'elle devienne également la vôtre. Qu'ai-je, en effet, dit de mes ennemis ? « Qu'ils soient couverts de confusion et de honte (*Ps.*, LXIX, 3). » Déjà les martyrs ont été vengés ainsi de leurs ennemis. Saul, qui persécutait Étienne, a été couvert de confusion et de honte. Il respirait le carnage, il cherchait qui il saisirait et mettrait à mort ; mais, à cette parole venue d'en haut : « Saul, Saul, pourquoi me persécutez-vous ? » il fut couvert de confusion et renversé à terre, puis il se releva pour obéir, lui si enflammé de l'ardeur de la persécution (*Act.*, VII, 57, et IX, 4). C'est donc là ce que les martyrs souhaitent à leurs ennemis, en demandant « qu'ils soient couverts de confusion et de honte. » En effet, tant qu'ils ne sont pas couverts de confusion et de honte, ils défendent nécessairement leurs actions ; ils croient se couvrir de gloire, parce qu'ils font des arrestations, parce qu'ils enchaînent, parce qu'ils battent de verges, parce qu'ils tuent, parce qu'ils dansent, parce qu'ils outragent ; qu'un moment vienne donc où ces mauvaises actions les couvrent de confusion et de honte : si, en effet, ils sont confus, ils se convertiront ; car ils ne peuvent se convertir qu'autant qu'ils

---

et videbam, et non erat qui cognosceret me : periit fuga a me, et non est qui exquirat animam meam (*Psal.*, CXLV, 5). » Ibi de persecutoribus ait, quia non erat qui exquireret animam ejus : hic autem, « Confundantur, et revereantur, qui quærunt animam meam. » Dolebat se non quæri ad imitandum : gemebat se quæri ad opprimendum. Quæris animam justi, cum imitari cogitas : quæris animam justi, cum occidere cogitas. Quoniam duobus modis quæritur anima hominis justi, singuli in singulis Psalmis expressi sunt. Illic dolet, quia non est qui requirat animam ejus ad imitandum passiones ejus : hic autem, « Confundantur, et revereantur, qui quærunt animam meam. » Quærunt animam ejus, non ut duas habeant. Non enim sic quærebant animam ejus, quomodo quærit latro tunicam viatoris : ad hoc occidit, ut expoliet, ut habeat. Qui autem persequitur ut occidat ; excludit animam, non se vestit. Quærunt illi animam meam, occidere me volunt. Quid ergo tu illis optas ? « Confundantur, et revereantur. » Et ubi est quod audisti a Domino tuo, « Diligite inimicos vestros, benefacite his qui oderunt vos, et orate pro his qui persequuntur vos (*Matth.*, v, 44). » Ecce persecutionem pateris, et maledicis eis a quibus pateris : quomodo imitaris passiones præcedentes Domini tui, pendentis in cruce et dicentis, « Pater ignosce illis, quia nesciunt quid faciunt (*Lucæ.*, XXIII, 34) ? » Respondet talia dicentibus Martyr, et dicit, Dominum mihi proposuisti dicentem, Pater ignosce et vocem meam, ut sit et tua. Quid enim dixi de inimicis meis ? « Confundantur, et revereantur. » Jam facta est talis vindicta de inimicis Martyrum. Saulus ille qui Stephanum persecutus est, confusus est et reveritus (*Act.*, VII, 57, et IX, 4). Anhelabat cædes, quærebat quos adtraheret et necaret : audita de super voce, « Saule, Saule, quid me persequeris, » confusus et prostratus est, et erectus ad obediendum, qui inflammatus erat ad persequendum. Hoc ergo optant Martyres inimicis suis, « Confundantur, et revereantur. » Quamdiu enim

auront été couverts de confusion et de honte. Souhaitons donc à nos ennemis cette confusion et cette honte, et souhaitons-la en toute assurance. Je l'ai donc dit et veux le redire avec vous : que ceux qui par leurs danses et leurs chants insultent les martyrs « soient couverts de confusion et de honte ; » et puissent-ils un jour, dans l'enceinte de ces murs, se frapper la poitrine de confusion et de regret !

4. « Que ceux qui pensent à me faire du mal soient rejetés en arrière et rougissent (*Ps.*, LXIX, 4). » Dans les premiers temps c'était la violence des persécutions, maintenant il reste la malveillance des pensées. Les temps ont donc amené successivement divers genres de persécutions dans l'Église. D'abord l'Église a été persécutée par la violence, tant que les Rois ont été ses persécuteurs ; et comme il a été prédit que les Rois la persécuteraient et qu'ils croiraient, après l'accomplissement du premier point de la prédiction, le second point devait s'accomplir. Il s'est accompli en effet ; les Rois ont cru, la paix a été donnée à l'Église, l'Église a été élevée au comble des honneurs, même sur cette terre, même en cette vie : mais le frémissement des persécuteurs n'a point cessé ; seulement leur violence est renfermée dans leurs pensées. Le démon est enchaîné dans ces pensées, comme dans un abîme ; il frémit et ne peut éclater. En effet, il a été dit de cette époque de l'Église : « Le pécheur verra et sera irrité (*Ps.*, III, 10). » Et que fera-t-il ? Fera-t-il ce qu'il a fait d'abord ? Emmenez, liez, frappez. Il ne le fait pas. Que fait-il donc ? « Il grincera des dents et séchera de haine (*Ibid.*). » Le martyr paraît s'irriter contre ses persécuteurs, et cependant le martyr prie pour eux. En effet, ses souhaits étaient salutaires pour eux, quand il disait : « Que ceux qui cherchent mon âme soient couverts de confusion et de honte (*Ps.*, LXIX, 3). » Ils ne le sont pas moins maintenant qu'il ajoute : « Que ceux qui pensent à me faire du mal soient rejetés en arrière et rougissent (*Ibid.*, 4). » Pourquoi ? Pour qu'ils ne marchent point en avant, mais qu'ils suivent. Car celui qui répudie la religion chrétienne et veut vivre à sa mode cherche, en quelque sorte à précéder le Christ, comme si le Christ s'était égaré et avait fait preuve de faiblesse et d'impuissance, parce qu'il avait voulu ou qu'il avait pu souffrir entre les mains des Juifs. Mais pour lui, il se croit homme de cœur, parce qu'il fuit toutes les souffrances et parce qu'il échappe à la mort, ne craignant même pas de mentir criminellement pour l'éloigner ; et au moment où il tue son âme pour conserver la vie de son corps, il s'imagine être prudent et

---

non confundantur et reverentur, necesse est facta sua defendant : gloriosi sibi videntur, quia tenent, quia ligant, quia verberant, quia occidunt, quia saltant, quia insultant ; de his omnibus factis aliquando confundantur et revereantur. Si enim confundentur, et convertentur : quia converti non possunt, nisi confusi fuerint et reveriti. Optemus ergo hæc inimicis nostris, securi optemus. Ecce ego dixi, et vobiscum dixerim, omnes qui adhuc saltant et cantant et insultant Martyribus, « confundantur, et revereantur : » aliquando in his parietibus tundant confusi pectora sua.

4. « Avertantur retrorsum, et erubescant, qui cogitant mihi mala (*Ps.*, LXIX, 4), » Primo fuit impetus persequentium, modo remansit malevolentia cogitantium. Prorsus tempora sunt in (*a*) Ecclesia persecutionis distincta sequentia. Factus est impetus in Ecclesiam, quando reges persequebantur ; et quia prædicti erant reges et persecuturi et credituri, impleto uno utique alterum sequebatur. Factum est et illud quod consequens fuit : crediderunt reges, data pax est Ecclesiæ, cœpit esse in culmine dignitatis Ecclesia, etiam in hac terra, etiam in hac vita : sed non deest fremitus persecutorum, impetus suos ad cogitationes verterunt. In illis cogitationibus tamquam in abysso (*b*) ligatus est diabolus : fremit, et non erumpit. Dictum est enim de his temporibus Ecclesiæ, « Peccator videbit, et irascetur (*Psal.*, CXI, 10). » Et quid faciet ? Numquid quod primo ? Adtrahe, liga, percute. « Non facit hoc, » Quid ergo ? Dentibus suis frendet, et tabescet. Et his tamquam irascitur Martyr, et tamen pro his orat Martyr. Quomodo enim bene optavit illis, de quibus dixit, « Confundantur et revereantur, qui quærunt animam meam (*Ps.*, LXIX, 3) ; » sic et nunc, « Avertantur retrorsum, et erubescant, qui cogitant mihi mala. » Quare ? Ut non præcedant, sed sequantur. Qui enim reprehendit Christianam religionem, et consilio suo vult vivere,

---

(*a*) Sic melioris notæ MSS. At editi, *in Ecclesiæ persecutione distincta . Sequere sequentia*. (*b*) Lov. *visco ligatus est*. Abest, *visco*, ab Er. et plerisque MSS. sed quidam habent, *colligatus est* : Alluditur hic ad illud Apocalyps. XX. 2. *Et ligavit eum per annos mille, et misit eum in abyssum*, etc.

sage dans ses conseils. Quiconque attaque le Christ marche donc devant lui, et semble vouloir le conduire en le précédant ; qu'il croie au Christ et suive le Christ. Ce que le Prophète vient de souhaiter à ses persécuteurs dont les pensées sont méchantes, le Seigneur l'a dit à Pierre. En effet, dans une certaine circonstance, Pierre voulut marcher devant le Seigneur. Le Sauveur parlait de sa passion ; sans laquelle, s'il n'eût voulu la souffrir, nous n'aurions pas été sauvés. Pierre qui, un peu auparavant, avait confessé que Jésus était le Fils de Dieu, et qui, à cause de cette confession, avait reçu le nom de Pierre et l'assurance que sur cette Pierre serait bâtie l'Église, entendant le Seigneur prédire sa passion, s'écria : « A Dieu ne plaise, Seigneur ! ayez pitié de vous-même, cela n'arrivera pas (*Matth.*, XVI, 22). » Le Seigneur venait de lui dire : « Vous êtes heureux, Simon, fils de Jean, parce que ni la chair ni le sang ne vous ont fait cette révélation, mais mon Père qui est dans les Cieux ; » et tout à coup il lui dit : « Retirez-vous derrière moi, Satan. » Que veut dire : « Retirez-vous derrière moi ? » Suivez-moi. Vous voulez me précéder ; vous voulez me donner un conseil ; il vous est plus utile de suivre mon conseil. Voilà ce que veut dire : Retirez-vous en arrière ; retirez-vous derrière moi. Pierre veut marcher en avant, le Seigneur le refoule, le contraint de retourner en arrière, et l'appelle Satan, parce qu'il veut précéder son maître. Tout à l'heure : « Vous êtes heureux, » maintenant : « Satan. » Pourquoi, tout à l'heure : « Vous êtes heureux ? » « Parce que ni la chair ni le sang ne vous ont fait cette révélation, mais mon Père qui est dans les Cieux. » Pourquoi, maintenant, « Satan ? » « Parce que, vous n'avez point le goût des choses de Dieu, mais le goût des choses des hommes (*Ibid.*, 23). » Quant à nous, qui désirons célébrer dignement la fête des martyrs, ayons le désir d'imiter les martyrs ; gardons-nous de vouloir précéder les martyrs et ne croyons pas être de meilleur conseil en évitant les souffrances pour la justice et pour la foi, qu'ils n'ont pas évitées. Que ceux donc qui gardent des pensées mauvaises et nourrissent leurs cœurs dans la luxure « soient rejetés en arrière et rougissent (*Ps.*, LXIX, 4). » Qu'ils entendent ces paroles que l'Apôtre a prononcées plus tard : « Quel fruit avez vous donc retiré autrefois, de ce qui vous fait rougir maintenant (*Rom.*, VI, 21) ? »

5. Quelle parole vient ensuite : « Que ceux qui me disent, très-bien, très-bien, soient aussitôt rejetés et rougissent (*Ps.*, LIX, 4). » Il y a deux genres de persécuteurs : ceux qui accusent et ceux qui flattent. Une langue adulatrice est plus redoutable qu'une main meurtrière ; car l'Écriture

---

quasi præcedere vult Christum, ut ille videlicet erraverit, et invalidus infirmusque fuerit, qui vel voluerit pati inter manus Judæorum, vel potuerit ; ille autem cordatus sit cavens ista omnia, declinans mortem, mentiens etiam inique ne moriatur, interficiens animam suam ut vivat corpore, magni consilii prudentisque sibi videtur. Præcedit reprehendens Christum, veluti antecedit Christum : credat in Christum, et sequatur Christum. Nam quod optatum est modo persecutoribus cogitantibus mala, dixit hoc ipse Dominus Petro. Præcedere quippe quodam loco Petrus voluit Dominum. Loquebatur enim Salvator de passione sua, quam si non suscepisset, nos salvi non essemus : et Petrus qui paulo ante eum confessus erat Filium Dei, et in illa confessione appellatus erat petra, supra quam fabricaretur Ecclesia, paulo post Domino dicente de futura passione sua ait, « Absit Domine, propitius esto tibi, non fiet istud (*Matth.*, XVI, 22). » Paulo ante : « Beatus es Simon Bar-Jona, quia non tibi revelavit caro et sanguis, sed Pater meus qui in cælis est : » modo repente, « Redi post me satanas. » Quid est, Redi post me ? Sequere me (*Ibid.*, 23). Præcedere me vis, consilium mihi dare vis, melius est ut consilium meum sequaris : hoc est, Redi retro, redi post me. Antecedentem compescit, ut retro redeat ; et appellat satanam, quia vult præcedere Dominum. Paulo ante, Beatus : modo, Satanas. Unde paulo ante, Beatus ? « Quia non tibi, inquit, revelavit caro et sanguis, sed Pater meus qui in cælis est. » Unde modo, Satanas ? « Quia non sapis, inquit, quæ Dei sunt, sed quæ sunt hominum (*Ibid.*). » Qui ergo volumus recte celebrare natalitia Martyrum, desideremus imitationem Martyrum ; ne velimus præcedere Martyres, et melioris consilii nobis videri esse, quia evitamus passiones pro justitia et pro fide, quas illi non evitaverunt. Ergo illi qui cogitant mala, et in luxuria nutriunt corda sua, « avertantur retrorsum, et erubescant. » Audiant ab Apostolo postea dicente, « Quem autem fructum habuistis aliquando, in quibus nunc erubescitis (*Rom.*, VI, 21) ? »

5. Quid sequitur ? « Avertantur statim erubescen-

l'appelle une fournaise ardente. Il est manifeste d'abord que l'Écriture, parlant des persécutions, a dit des martyrs mis à mort : « Dieu les a éprouvés dans la fournaise comme l'or, et il les a reçus comme des victimes offertes en holocauste (*Sagesse*, III, 6). » D'autre part, remarquez, d'après un autre passage, que la langue des flatteurs produit les mêmes effets : « L'argent et l'or sont éprouvés par le feu, et l'homme est éprouvé par la bouche de ceux qui le louent (*Proverbes*, XXVII, 21). » La persécution est un feu, la flatterie est un feu ; il faut que vous sortiez sain et sauf de l'un et de l'autre. L'accusateur qui vous reprend vous a brisé ; vous avez été réduits en poudre dans la fournaise comme un vase d'argile. La parole vous avait façonné, la tribulation est venue vous éprouver : il faut que le vase, après avoir été façonné, soit cuit par la flamme ; on le passe par le feu, pour que le feu le rende solide. C'est pourquoi le Sauveur disait, en parlant de sa passion : « Ma force s'est durcie comme une tuile cuite au feu (*Psaume*, XXI, 16). » La souffrance et la fournaise de la tribulation l'avaient rendu plus fort. D'un autre côté, si vous êtes loué par des hommes qui vous flattent et vous approuvent servilement ; si vous acceptez leurs adulations, cherchant ainsi, comme les vierges folles à acheter de l'huile, au lieu d'en porter avec vous (*Matth.*, XXV, 3), » la bouche de ceux qui vous louent sera la fournaise où votre argile sera réduite en poudre. Mais nous ne pouvons être exempts ni d'accusations, ni de flatteries. C'est un double lieu de tentation où nous sommes forcés d'entrer et d'où il nous faut sortir ; passons donc et par certaines accusations des méchants et des injustes, et par certaines approbations menteuses des flatteurs : le tout est de bien franchir la difficulté. Prions celui dont il a été dit : « Que le Seigneur garde votre entrée et votre sortie (*Psaume*, CXX, 8) ; » afin d'entrer intacts dans la tentation et d'en sortir également intacts. En effet, l'Apôtre a dit : « Dieu est fidèle et il ne permettra pas que vous soyez tenté au-delà de vos forces (I *Cor.*, X, 13). » Voilà l'entrée en tentation. L'Apôtre n'a pas dit : il ne permettra point que vous soyez tentés ; car celui qui n'est pas tenté n'est pas éprouvé, et celui qui n'est pas éprouvé n'avance pas. Que vous a-t-il donc souhaité ? « Dieu est fidèle, a-t-il dit, Dieu ne permettra pas que vous soyez tenté au-delà de vos forces (*Ibid.*). » Il a parlé de l'entrée en tentation ; en voici la sortie : « Il donnera même une telle issue à la tentation, que vous puissiez la supporter (*Ibid.*). » « Que ceux-là donc soient re-

---

tes, qui dicunt mihi, Euge, euge (*Ps.*, LXIX, 4). » Duo sunt genera persecutorum, vituperantium et adulantium, Plus persequitur lingua adulatoris, quam manus interfectoris : nam et ipsam caminum dixit Scriptura. Certe cum de persecutione loqueretur Scriptura, dixit, « Tamquam aurum in fornace probavit illos (de Martyribus interfectis), et sicut (*a*) holocausti hostiam accepit illos (*Sap.*, III, 6). » Audi quia et lingua adulantium talis est : « Probatio, inquit, argenti et auri ignis (*Prov.*, XXVII, 21); » vir autem probatur per os laudantium eum. Ignis ille, ignis et iste : de utroque te salvum oportet exire. Fregit te reprehensor, (*b*) fractus es in fornace tamquam vas fictile. Formavit te verbum, et venit tentatio tribulationis : illud quod formatum est, oportet ut coquatur : si bene formatum est, accedit ignis ut firmet. Unde ille dicebat in passione. « Aruit sicut testa virtus mea (*Psal.*, XXI, 16). » Passio quippe et caminus tribulationis fecerat fortiorem. Rursus si lauderis ab adulantibus et assentantibus, et annueris eis, veluti emens oleum, non tecum portans, sicut quinque virgines insipientes (*Matth.*, XXV, 3); erit caminus fracturæ tuæ etiam os laudantium te. Sed sine his non possumus, necesse est ut intremus in hæc, et exeamus inde : intremus in vituperationem aliquam malorum et improborum, intremus et in assentationem aliquam adulatorum ; sed exire inde opus est. Rogemus eum de quo dictum est, « Custodiat Dominus introitum tuum et exitum tuum (*Psal.*, CXX, 8) :» ut intrans integer, sic exeas integer. Ait enim et Apostolus, « Fidelis est Deus, qui non vos sinat tentari supra quam potestis (I *Cor.*, X, 19). » Ecce habes ingressum. Non dixit, non tentemini. Qui enim non tentatur, non probatur ; et qui non probatur, non proficit. Quid ergo optavit ? Fidelis Deus, qui non vos sinat tentari supra quam potestis. Audisti ingressum, audi et exitum : « Sed faciet cum tentatione

---

(*a*) Probæ notæ MSS. *holocaustum hostiam*: Alii quidam, *holocausta hostiam*. Porro apud LXX. legitur, ὁλοκάρπωμα θυσίας, *holocaustum hostiæ*. (*b*) Aliquot MSS. *factus es*: et paulo infra, *accedit ignis, et firmat*.

jetés aussitôt et rougissent de honte, qui me disent : très-bien, très-bien (*Ps.*, LXIX, 4). » Car pourquoi me louent-ils ? Qu'ils louent Dieu ! Car qui suis-je pour être loué en moi-même? ou qu'ai-je fait ? Que possédé-je que je n'aie point reçu ? « Si vous avez reçu, dit l'Apôtre, pourquoi vous glorifier, comme si vous n'aviez point reçu (I *Cor.*, IV, 7)? » Que ceux qui disent : très-bien, très-bien, soient rejetés aussitôt et rougissent. » C'est de cette huile que s'est engraissée la tête des hérétiques (*Ps.*, CXL, 5), lorsqu'ils disent : c'est moi, c'est moi, quand on leur demande : Est-ce vous, Seigneur ? Ils ont accueilli ces paroles : « très-bien, très-bien ; » ils suivent ceux qui leur disent : « très-bien, très-bien ; » aveugles qu'ils sont, ils se sont fait les guides des aveugles qui les suivent (*Matth.*, XV, 14). On a dit à pleine voix à Donat ces paroles de notre psaume : très-bien, très-bien, chef excellent, chef incomparable. Et lui s'est bien gardé de répondre : « Que ceux qui me disent, très-bien, très-bien, soient aussitôt rejetés et rougissent ; » il n'a pas voulu les corriger et leur dire de réserver pour le Christ ces titres de chef excellent, de chef incomparable. Mais, au contraire, l'Apôtre craignant ces applaudissements des hommes, et voulant être justement loué dans le Christ, refusait d'être loué pour le Christ. A ceux qui disaient : « Je suis à Paul, » il répondait dans la liberté du Seigneur : « Est-ce que Paul a été crucifié pour vous ? ou bien, avez-vous été baptisés au nom de Paul (I *Cor.*, I, 12)? » Que les martyrs disent donc, même lorsqu'ils souffrent la persécution des flatteurs : « Que ceux qui me disent : très-bien, très-bien, soient aussitôt rejetés et rougissent (*Ps.*, LVIX, 4). »

6. Et qu'arrive-t-il, lorsque tous ces persécuteurs sont rejetés et qu'ils rougissent tous, soit ceux qui cherchent mon âme, soit ceux qui forment contre moi des pensées méchantes, soit ceux qui, par une bienveillance simulée et perfide, veulent attendrir de la langue la place qu'ils vont frapper ? Qu'arrive-t-il lorsqu'ils sont couverts de confusion et rejetés en arrière ? « Que tous ceux qui vous cherchent soient transportés d'allégresse et se réjouissent en vous (*Ibid.*, 5). » En vous, et non en moi, ni en celui-ci, ni en celui-là, mais en celui par lequel de ténèbres qu'ils étaient ils sont devenus lumière. « Que tous ceux qui vous cherchent soient transportés d'allégresse, et se réjouissent en vous. » Autre chose est de chercher Dieu, autre chose de chercher un homme. Que ceux qui vous cherchent se réjouissent. Ceux qui se cherchent eux-mêmes, et que vous avez cherchés le premier, avant qu'ils se missent à vous chercher, ne se réjouiront donc pas. Cette brebis

---

etiam exitum, ut possitis tolerare (*Ibid.*). » Ergo et illi « avertantur statim erubescentes, qui dicunt mihi, Euge, euge. » Quare enim me laudant ? Laudent Deum. Quis enim ego sum, ut lauder in me ? aut quid ego feci? quid habeo quod non accepi ? Si accepisti, inquit, quid gloriaris quasi non acceperis (I *Cor.*, IV, 7)? «Avertantur ergo statim erubescentes, qui dicunt mihi, Euge, euge. » Tali oleo pingue factum est caput hæreticorum (*Psal.*, CXL, 5), cum dicunt, Ego sum, ego sum : et dicitur illis, Tu Domine. Acceperunt Euge, euge ; secuti sunt Euge, euge : facti sunt duces cæci cæcorum sequentium (*Matth.*, XV, 14). Apertissimis vocibus Donato dicuntur ista (*a*) cantata, Euge, euge, dux bone, dux præclare. Et non dixit ille, « Avertantur statim, et erubescant, qui dicunt mihi, Euge, euge : » nec eos corrigere voluit, ut Christo dicerent, Dux bone, dux præclare. At vero Apostolus reformidans Euge hominum, ut vere laudaretur in Christo, noluit se laudari pro Christo ; dicentibusque quibusdam, Ego sum Pauli, respondit in libertate Domini, « Numquid Paulus crucifixus est pro vobis, aut in nomine Pauli baptizati estis (I *Cor.*, I, 12)? » Ergo dicant Martyres in persecutione etiam adulantium, « Avertantur statim erubescentes, qui dicunt mihi, Euge, euge. »

6. Et quid fit, cum illi avertuntur, et erubescunt omnes, sive qui quærunt animam meam, sive qui cogitant mihi mala, sive qui perversa simulata benevolentia, lingua volunt emollire quod ferient, cum fuerint et ipsi aversi et confusi, quid fiet ? « Exsultent, et jocundentur in te (*Ps.*, LXIX, 5):» non in me, non in illo aut in illo ; sed in quo facti sunt lux qui fuerunt tenebræ. « Exsultent, et jocundentur in te, omnes qui quærunt te. » Aliud est quærere Deum, aliud quærere hominem. « Jocundentur qui quærunt te. » Non jocundabuntur ergo qui quærunt (*b*) se, quos prior quæsisti antequam quærerent te.

(*a*) Sic MSS. At editi, *cantica*. (*b*) Regius MS. *qui quærunt non te.*

égarée loin du troupeau, ne cherchait pas encore son pasteur : il est descendu jusqu'à elle, il l'a prise et rapportée sur ses épaules (*Luc*, xv,4, 5). O brebis, celui qui le premier vous a cherchée, lorsque vous le méprisiez et ne le cherchiez pas, vous méprisera-t-il, maintenant que vous le cherchez? Commencez donc à le chercher, lui qui vous a cherchée le premier et vous a rapportée sur ses épaules. Faites ce qu'il a dit : « Les brebis qui sont à moi entendent ma voix et me suivent (*Jean*, x, 3). » Si donc vous cherchez celui qui vous a cherchée le premier, si vous êtes devenue sa brebis, si vous entendez la voix de votre pasteur et la suivez, voyez ce qu'il vous a découvert de lui-même, et ce qu'il vous a découvert de son corps mystique, afin que vous ne puissiez être trompée ni sur lui ni sur son Église, si quelqu'un venait à vous dire de qui n'est pas le Christ : Voilà le Christ, ou de qui n'est pas l'Église, voilà l'Église. En effet, plusieurs ont dit que le Christ n'avait point eu de corps, que le Christ n'était point ressuscité dans son corps ; gardez-vous de suivre leur voix. Écoutez la voix du pasteur, qui s'est revêtu de la chair, pour chercher la chair égarée. Il est ressuscité et il a dit à ses disciples : « Touchez et voyez ; un esprit n'a pas de chair et n'a point d'os comme vous voyez que j'en ai (*Luc.*, xxiv, 39). Il s'est montré à vous, suivez sa voix. Il vous a aussi montré l'Église, de peur que, sous le nom de l'Église, quelqu'un ne vous trompât. « Il fallait, a-t-il dit, que le Christ souffrît et ressuscitât d'entre les morts le troisième jour, et que la pénitence et la rémission des péchés fussent prêchées en son nom parmi toutes les nations, en commençant par Jérusalem (*Ibid.*, 46). » Vous avez, pour vous conduire, la voix de votre pasteur ; gardez-vous de suivre la voix des étrangers : vous ne craindrez pas le voleur si vous suivez la voix du pasteur (*Jean*, x, 5). Mais comment suivre cette voix ? En ne disant à personne, comme pour lui reconnaître un mérite propre : très-bien, très-bien ; et en n'écoutant pas pour votre propre compte ces paroles de flatterie, afin que votre tête ne s'engraisse pas de l'huile du pécheur (*Ps.*, cxl, 5). « Que tous ceux qui vous cherchent soient transportés d'allégresse, et qu'ils se réjouissent en vous et qu'ils disent..... » Que diront ceux qui sont ainsi transportés de joie ? « Que le Seigneur soit glorifié toujours (*Ps.*, lxix, 5). » Que tous ceux qui sont dans l'allégresse et qui vous cherchent le disent. Mais pourquoi ? « Que le Seigneur soit glorifié à jamais ; que ceux-là le disent qui aiment le salut qui vient de vous (*Ibid.*). » « Que le Seigneur soit glorifié toujours ; » non pas seulement : « que le Seigneur soit glorifié, »

Nondum quærebat ovis illa pastorem (*Lucæ*, xv, 4), aberraverat a grege, et descendit ad cam ; quæsivit cam, reportavit in humeris suis. (*a*) Contemnet te, o ovis, quærentem se? qui prior quæsivit contemnentem se, et non quærentem se ? Jam ergo quærere eum incipe, qui prior quæsivit te, et reportavit in humeris suis. Fac quod ait, « Quæ sunt oves meæ, vocem meam audiunt, et sequuntur me (*Johan.*, x, 3). » Si ergo quæris eum qui prior quæsivit te, et ovis facta es ejus, et audis vocem pastoris tui, et sequeris eum ; vide quid tibi de se ostendit, quid de corpore suo, ne in ipso erraris, ne in Ecclesia erraris, ne quis tibi diceret, Christus est qui non est Christus, aut Ecclesia quæ non est Ecclesia. Multi enim dixerunt carnem non habuisse Christum, et non in corpore suo resurrexisse Christum : noli sequi voces eorum. Audi vocem ipsius pastoris, qui indutus est carne, ut quæreret perditam carnem. Resurrexit, et ait, « Palpate, et videte, quia spiritus carnem et ossa non habet, sicut me videtis habere (*Lucæ*, xxiv, 39). » Ostendit se tibi, vocem ejus sequere. Ostendit et Ecclesiam, ne quis te fallat nomine Ecclesiæ : « Oportebat, inquit, Christum pati et resurgere a mortuis tertia die, et prædicari in nomine ejus pænitentiam et remissionem peccatorum per omnes gentes, incipientibus ab Jerusalem (*Ibid.*, 46). » Habes vocem pastoris tui (*b*), noli sequi vocem alienorum : furem non timebis, si vocem pastoris fueris secutus (*Johan.*, x, 5). Unde autem sequeris ? Si nec cuiquam hominum dixeris, quasi ejus merito, « Euge, euge : » nec cum gratulatione audieris, ne oleo peccatoris pinguescat caput tuum (*Psal.*, cxl, 5). « Exsultent, et jocundentur in te, omnes qui quærunt te ; et dicant. » Quid dicant qui exsultant ? « Semper magnificetur Dominus. » Dicant hoc omnes qui exsultant et quærunt te. Quid ? « Semper magnificetur Dominus, qui diligunt salutare tuum. » Non tantum « magnificetur Dominus, »

(*a*) Omnes prope MSS. *Contemnet te jam quærentem se ? Jam ergo quæres eum qui prior quæsivit te, fac quod ait* etc.
(*b*) MSS. magno consensu ferunt, *Noli vocem sequi latronum et furum. Cavebis, si vocem pastoris* etc.

mais « qu'il soit glorifié toujours. » Vous étiez égaré, vous étiez détourné de lui, il vous a appelé : « que le Seigneur soit glorifié ! » Il vous a inspiré de confesser vos péchés, vous les avez confessés, il vous a pardonné : « que le Seigneur soit glorifié. » Mais maintenant, vous commencez à vivre dans la justice ; il me semble qu'il est juste de vous glorifier à votre tour. En effet, lorsque vous étiez égaré, et que le Seigneur vous appelait, vous deviez le glorifier ; lorsque vous avez confessé vos péchés et que le Seigneur vous les a remis, vous deviez le glorifier ; mais maintenant qu'ayant entendu sa parole vous commencez à avancer, maintenant que vous êtes justifié, maintenant que vous êtes parvenu à un certain degré d'excellence dans la vertu, il est convenable sans doute que vous soyez aussi glorifié. Non ; « qu'ils disent : que le Seigneur soit glorifié toujours (*Ibid.*). » Vous êtes pécheur, qu'il soit glorifié de vous appeler ; vous confessez vos péchés, qu'il soit glorifié de vous pardonner ; vous vivez selon la justice, qu'il soit glorifié de vous diriger ; vous persévérez jusqu'à la fin, qu'il soit glorifié de vous couronner. « Que toujours donc le Seigneur soit glorifié (*Ibid.*). » Que les justes le disent ; que ceux qui le cherchent le disent. Quiconque ne le dit pas ne cherche pas le Seigneur. Oui : « Que le Seigneur soit glorifié ! Que tous ceux qui le cherchent soient transportés d'allégresse et se réjouissent et que ceux qui aiment le salut qui vient de lui disent : Que le Seigneur soit glorifié toujours (*Ibid.*). » En effet, leur salut vient de lui et non d'eux-mêmes. Le salut envoyé par le Seigneur notre Dieu, c'est le Sauveur, Notre Seigneur Jésus-Christ : Tout homme qui aime le Sauveur confesse avoir été guéri ; mais tout homme qui se déclare guéri déclare avoir été malade. « Que ceux qui aiment le salut qui vient de vous, ô mon Dieu, disent donc : Que le Seigneur soit glorifié toujours (*Ibid.*). » Quel salut donc ? Celui que vous donnez, et non leur salut, comme s'ils se sauvaient eux-mêmes ; ni le salut qui viendrait d'un homme, comme si un homme pouvait les sauver. « Gardez-vous dit le Prophète, de mettre votre confiance dans les princes et dans les enfants des hommes, qui ne peuvent donner le salut (*Psaume*, CXLV, 2, 3.). » Pourquoi cela ? « Le salut appartient au Seigneur et votre bénédiction est sur votre peuple (*Ps.*, III, 9). » « Que le Seigneur soit donc glorifié toujours (*Ps.* LXIX, 5) ! » Quels sont ceux qui le disent ? « Ceux qui aiment le salut que vous donnez (*Ibid.*). »

7. « Que le Seigneur soit donc glorifié ; » mais vous, ne le serez-vous jamais ? Ne le serez-vous nulle part ? En lui, je suis quelque chose ; en moi, je ne suis rien ; mais si je suis quelque chose en lui, c'est lui qui est quelque chose et non pas moi. Qu'êtes-vous donc ? « Pour moi,

je suis pauvre et indigent (*Ibid.*, 6). » C'est lui qui est riche, c'est lui qui a tout en abondance, c'est lui qui n'a besoin de rien. Il est ma lumière; c'est lui qui m'éclaire; voilà pourquoi je crie : « Seigneur vous éclairez ma lampe; mon Dieu, vous éclairez mes ténèbres (*Ps.*, xvii, 29). » « Le Seigneur délie ceux qui sont enchaînés; le Seigneur relève ceux qui sont abattus; le Seigneur donne sa sagesse aux aveugles; le Seigneur garde ses prosélytes (*Ps.*, cxlv, 7). » Mais vous, qu'êtes-vous donc? « Je suis pauvre et indigent (*Ps.*, lxix, 6). » Je suis comme un orphelin; mon âme est comme une veuve délaissée et désolée; je cherche du secours, je confesse constamment ma faiblesse. « Pour moi, je suis pauvre et indigent (*Ibid.*). » Mes péchés m'ont été remis, j'ai commencé à suivre les commandements de Dieu; je suis cependant encore pauvre et indigent. Pourquoi êtes-vous pauvre et indigent? « Parce que je vois dans les membres de mon corps une autre loi qui lutte contre la loi de mon esprit (*Rom.*, vii, 23). » Pourquoi êtes-vous pauvre et pourquoi êtes-vous indigent? Parce que : « Bienheureux sont ceux qui ont faim et soif de la justice (*Matth.*, v, 6). » J'ai encore faim; j'ai encore soif; le moment où je serai rassasié est différé, il ne m'est point ôté. « Pour moi, je suis pauvre et indigent; ô Dieu! aidez-moi (*Ibid.*). » « O Dieu, aidez-moi; » c'est par là que le Prophète avait débuté : « O Dieu! venez à mon aide (*Ibid.*, 2). » C'est avec raison que le nom de Lazare signifie, qui est aidé : Lazare, ce pauvre qui manquait de tout, et qui a été transporté dans le sein d'Abraham (*Luc*, xvi, 21), figure de l'Église de Dieu, qui doit confesser sans relâche qu'elle a besoin d'être aidée. Ce sentiment est vrai, ce sentiment est pieux. « J'ai dit au Seigneur : vous êtes mon Dieu. » Pourquoi? « Parce que vous n'avez pas besoin de mes biens (*Ps.*, xv, 2). » Il n'a pas besoin de nous, nous avons besoin de lui; c'est pourquoi il est le véritable maître. Car vous n'êtes pas le véritable maître de celui qui vous sert; vous êtes des hommes tous deux, tous deux vous avez besoin de Dieu. Si vous croyez que votre serviteur a besoin de vous, pour que vous lui donniez du pain, vous avez besoin de votre serviteur, pour qu'il vous aide dans vos travaux; tous deux vous avez besoin l'un de l'autre. C'est pourquoi nul de vous n'est véritablement maître; nul de vous n'est véritablement serviteur. Apprenez donc quel est le véritable maître, dont vous êtes véritablement le serviteur. « J'ai dit au Seigneur : vous êtes mon Dieu. » Pourquoi êtes-vous le Seigneur? « Parce que vous n'avez pas besoin de mes biens (*Ps.*, xv, 2). » Mais vous, qu'êtes-vous? « Je suis pauvre et indigent (*Ps.*, lxix, 6). » Voilà le pauvre, voilà l'indigent; que Dieu me nourrisse, que Dieu me relève, que Dieu vienne à mon aide. « Mon Dieu, dit-il, aidez-moi (*Ibid.*, 6). »

---

ditos, Dominus erigit elisos, Dominus sapientes faciet cæcos. Dominus custodit proselytos (*Psal.*, cxlv, 7, 8). » Quid ergo tu? « Ego vero egenus et pauper. » Ego tamquam pupillus, anima mea tamquam vidua destituta et desolata : auxilium quæro, semper infirmitatem meam confiteor. « Ego vero egenus et pauper. » Donata sunt mihi peccata, jam cœpi sequi præcepta Dei : adhuc tamen egenus et pauper. Unde adhuc egenus et pauper? Quia video aliam legem in membris meis repugnantem legi mentis meæ (*Rom.*, vii, 23). Unde egenus et pauper? Quia, « Beati qui esuriunt, et sitiunt justitiam (*Matth.*, v, 6). » Adhuc esurio, adhuc sitio : saturitas mea dilata est, non ablata. « Ego vero egenus et pauper; Deus adjuva me (*Ps.*, lxix, 2). » Unde cœpit, Deus in adjutorium meum intende : « Deus adjuva me. » Rectissime et Lazarus adjutus interpretari dicitur : ille egenus et pauper, qui ablatus est in sinum Abrahæ (*Lucæ*, xvi, 22) : et gerit typum Ecclesiæ Dei, quæ semper confiteri debet adjutorio sibi opus esse. Hoc est verum, hoc est pium. « Dixi Domino, Deus meus es tu. Quare? « Quoniam bonorum meorum non eges (*Psal.*, xv, 2). » Ille non eget nostri, nos egemus ipsius : ideo verus Dominus. Nam tu non valde verus dominus servi tui : ambo homines, ambo egentes Deo. Si autem putas egere tui servum tuum, ut des panem; eges et tu servi tui, ut adjuvet labores tuos. Uterque vestrum altero vestrum indiget. Itaque nullus vestrum vere dominus, et nullus vestrum vere servus. Audi verum Dominum, cujus verus es servus : « Dixi Domino, Deus meus es tu. » Quare tu Dominus? « Quoniam bonorum meorum non eges. » Quid autem tu? « Ego vero egenus et pauper. » Ecce egenus et pauper : pascat Deus, sublevet Deus, adjuvet Deus : « Deus, inquit, adjuva me. »

8. « Adjutor et erutor meus es tu, Domine, ne tardaveris (*Ps.*, lxix). » Tu adjutor et erutor : indigeo

8. « Vous êtes mon aide et mon libérateur ; ne tardez pas, Seigneur (*Ibid.*). » Vous êtes mon aide et mon libérateur : j'ai besoin de secours, aidez-moi ; je suis enchaîné, délivrez-moi. Nul, en effet, ne peut me délivrer de mes liens, si ce n'est vous. Nous sommes enlacés dans les nœuds de diverses inquiétudes ; d'un côté et d'un autre, nous sommes déchirés comme par des épines et par des ronces ; nous marchons par un sentier étroit, et peut-être sommes-nous retenus dans les buissons. Disons à Dieu : « Vous êtes mon libérateur (*Ibid.*). » Celui qui nous a montré la voie étroite (*Matth.*, VII, 14) nous a donné moyen de la suivre. Que cette prière du Psaume soit toujours la nôtre, ô mes frères. Quelque longue que soit notre vie ici-bas, quelques progrès que nous ayons faits, que nul ne dise : c'est assez, je suis juste. Celui qui le dira restera en chemin ; il ne saurait parvenir au but. Au point où il a dit : c'est assez, là il est resté enlacé. Considérez l'Apôtre, qui ne trouve pas que ce soit assez ; voyez comment il aspire à être aidé, jusqu'à ce qu'il soit parvenu au terme. « Mes frères, dit-il, je ne pense pas avoir encore atteint le but (*Philip.*, III, 13). » Il craint, en effet, que ceux auxquels il s'adresse ne s'imaginent l'avoir atteint déjà ; c'est pourquoi il dit encore : « Si quelqu'un se flatte de savoir quelque chose, il ne sait pas encore de quelle manière il doit savoir (I *Cor.*, VIII, 2). » Que dit-il donc ? « Mes frères, je ne pense pas avoir encore atteint le but (*Philip.*, II, 13). » Il leur avait dit auparavant : « Non que j'aie déjà reçu ce que j'espère, ou que je sois déjà parfait, » et il ajoute : « Mes frères, je ne crois pas l'avoir reçu (*Ibid.*). » S'il n'a pas encore reçu ce qu'il attend, il est pauvre et indigent ; s'il n'est point encore parfait, il est pauvre et indigent. Il a raison de dire : « Mon Dieu, aidez-moi (*Ps.*, LXIX, 6). » Cependant il est une chose qu'il comprend, et ce qu'il comprend est sublime. Car voyez ce qu'il dit : « Gloire à celui qui peut en toutes choses faire infiniment plus que tout ce que nous demandons, et plus que tout ce que nous comprenons (*Éphés.*, III, 20). » Il est donc certain qu'il n'est pas encore parvenu au but, qu'il ne l'a point encore saisi ; que dit-il donc ? « Mes frères, je ne pense pas avoir atteint le but ; mais seulement, oubliant ce qui est en arrière, et m'avançant vers ce qui est devant, je tends au terme, à la palme à laquelle Dieu nous appelle (*Philip.*, III, 13,14). » Il court donc, et vous vous arrêtez ! Il avoue qu'il n'est pas encore parfait, et vous vous glorifiez déjà de votre perfection ! « Que ceux qui vous disent : très-bien, très-bien, soient couverts de confusion. » Et soyez confus avec eux, vous qui vous dites à vous-même : « Très-bien ! Très-bien ! » En effet, celui qui se loue lui-même se dit : « Très-bien ! Très-bien ! » et celui qui est loué

---

auxilio, adjuva ; implicatus sum, erue. Nemo enim eruet de implicationibus, nisi tu. Circumstant nos nexus diversarum curarum, hinc atque inde dilaniamur quasi spinis et sepibus, ambulamus angustam viam ; fortasse hæsimus in sepibus : dicamus Deo, Tu es erutor meus. Qui ostendit angustam viam, fecit ut sequeremur (*Matth.*, VII, 24). Hæc vox perseveret in nobis, Fratres. Quantumcumque hic vixerimus, quantumcumque hic profecerimus, nemo dicat, Sufficit mihi, justus sum. Qui dixerit, remansit in via, non novit pervenire. Ubi dixerit, Sufficit, ibi hæsit. Attende Apostolum, cui non sufficit ; vide quomodo se vult adjuvari, donec perveniat. «Fratres, inquit, ego me non arbitror apprehendisse (*Philip.*, III, 13) : » ne illi sibi viderentur apprehendisse, quibus rursus dicit, « Qui se putat aliquid scire, nondum scit quemadmodum oportet scire (I *Cor.*, VIII, 2). » Quid ergo ait ? « Fratres, ego me non arbitror apprehendisse. » Supra dixerat, « Non quia jam acceperim aut jam perfectus sim (*Philip.*, III, 12) : » et ibi sequitur, « Fratres, ego me non arbitror apprehendisse (*Ibid.*, 13). » Si nondum accepit, egenus et pauper est : si nondum perfectus est, egenus et pauper est. Bene dicit, « Deus adjuva me. » Sed intelligit aliquid, et excelsius intelligit. Vide tamen quid dicat : « Ei qui potest (a) super omnia facere superabundantius quam petimus et intelligimus (*Ephes.*, III, 20). » Vide ergo quia nondum pervenit, nondum apprehendit. Quid ergo ait ? « Fratres, ego me non arbitror apprehendisse : unum autem, quæ retro oblitus, in ea quæ ante sunt extentus, secundum intentionem sequor ad palmam supernæ vocationis (*Philip.*, III, 13 et 14). » Ille ergo currit, tu hæsisti. Ille dicit nondum se perfectum, et tu jam de perfectione gloriaris? « Confundantur qui tibi dicunt, Euge, euge. » Confundaris

---

(a) Hic in editis deest, *super*: quæ vox exstat in MSS. et in Græco textu Apostoli.

par les autres et qui accepte leurs louanges n'a point d'huile avec lui ; sa lampe va s'éteindre, et la porte lui sera fermée (*Matth.*, XXV, 3, 10).

9. Le Psaume nous a donc appris en peu de mots, mes frères bien-aimés, à l'occasion de la fête des martyrs, que, puisque les martyrs ont souffert ici-bas des tribulations corporelles, nous, quelque grande que soit la paix dont nous jouissons, nous devons nécessairement souffrir des tribulations spirituelles. Il est donc inévitable que l'Église, ou la masse entière du blé, ne gémisse au milieu des scandales, de l'ivraie et de la paille (*Matth.*, XIII, 30), jusqu'à ce que vienne la moisson ; jusqu'à ce que viennent et le van et le moment de vanner le blé pour la dernière fois ; jusqu'à ce que toute paille soit séparée du froment ; jusqu'à ce que le grain soit rassemblé dans le grenier (*Ibid.*, III, 12). Jusqu'à ce qu'il en soit ainsi, crions vers le Seigneur : « Je suis pauvre et indigent, mon Dieu, aidez-moi : mon Dieu, vous êtes mon aide ; ne tardez pas (*Ps.*, LXIX, 6). » Que veut dire : « ne tardez pas ? » Beaucoup disent : le Christ tarde à venir. Qu'en sera-t-il si nous disons : Ne tardez pas ? Le Christ viendra-t-il plus tôt qu'il ne l'avait résolu ? Que signifie donc, ne tardez pas ? que le délai de votre arrivée ne me semble pas long. Il est long pour vous, mais il ne l'est pas pour Dieu, devant qui mille années sont comme un jour, ou comme les trois heures qui forment une des veilles de la nuit (*Ps.*, LXXXIV, 4). Mais si vous manquez de patience, ce temps vous semblera long, et s'il vous semble long, vous vous laisserez détourner du Sauveur. Vous serez semblable à ceux qui, dans le désert, se sont lassés et se sont hâtés de demander à Dieu les délices qu'il leur réservait dans la patrie ; et comme ces délices, qui les auraient peut-être corrompus, ne leur étaient pas accordées, tandis qu'ils étaient encore dans le chemin, ils ont murmuré contre Dieu et sont retournés de cœur en Égypte (*Exode*, XVI, 2, *Act.*, VII, 39), dans la terre qu'ils avaient quittée de corps. Ne faites pas de même ; craignez cette parole du Seigneur : « Souvenez-vous de la femme de Lot (*Luc*, XVII, 32). » Déjà elle était sur le chemin, déjà elle était délivrée de Sodome, elle jeta un regard derrière elle ; où elle jeta ce regard en arrière, là elle resta ; elle devint une statue de sel (*Genèse*, XIX, 29), d'où vous pouvez tirer pour vous-même un assaisonnement. En effet, elle vous a été donnée en exemple pour vous apprendre à avoir du cœur et à ne pas rester stupidement en chemin. Considérez cette femme qui est restée là, et passez. Considérez cette femme qui a regardé en arrière, et, à l'exemple de Paul, avancez-vous vers ce qui est devant vous. Qu'est-ce que ne pas regarder en arrière ? C'est, dit l'Apôtre, « oublier ce qui est en arrière (*Philip.*, III, 13). » C'est ainsi

---

inter illos et tu, quia tu tibi dicis, « Euge, euge, » Qui enim seipsum laudat, sibi dicit. «Euge, euge : » qui ab aliis laudatur et consentit, non portat oleum secum (*Matth.*, XXV, 3) : deficiunt faces, clausurus est ille januam.

9. Hoc ergo nos docuit Psalmus iste breviter, Carissimi, ex admonitione sollemnitatis Martyrum, ut intelligamus quia Martyres tribulationem hic passi sunt corporalem ; nos in quantacumque pace simus, necesse est patiamur tribulationem spiritalem : et necesse est ut inter scandala et zizania et paleam gemat Ecclesia et illa massa (*Matth.*, XIII, 30), donec messis veniat, donec ventilabrum, donec veniat ultima ventilatio, ut separetur palea a frumento, donec ad horreum redigatur (*Matth.*, III, 12). Quod donec fiat, clamemus, « Ego vero egenus et pauper sum ; Deus adjuva me : adjutor meus es tu, Domine, ne tardaveris. » Quid est, « Ne tardaveris ?» Quia multi dicunt, Longum est ut veniat Christus. Quid ergo, quia dicimus, « Ne tardaveris, » venturus est antequam statuit venire ? Quid sibi vult hoc votum, « Ne tardaveris ? » Ne mihi tardius videatur quod venturus es. Tibi enim longum videtur, non Deo longum videtur, cui mille anni dies unus est (*Psal.*, LXXXIX, 4), vel tres horæ vigiliæ. Sed tu si non habueris tolerantiam, tardum tibi erit : et cum tibi tardum erit, deflecteris ab eo, et eris similis illis, qui in eremo fatigati sunt, et festinaverunt a Deo petere delicias, quas illis in patria reservabat ; et cum non darentur deliciæ in itinere, quibus forte corrumperentur, murmuraverunt adversus Deum, et redierunt corde in Ægyptum (*Exodi*, XVI, 2, *Act.*, VII, 39); unde corpore fuerant separati, corde redierunt. Noli ergo tu sic, noli sic : time verbum Domini dicentis, « Mementote uxoris Lot (*Lucæ*, XVII, 32). » Et ipsa in via jam liberata de Sodomis, retro respexit ; ubi respexit, ibi remansit : facta est statua salis, ut condiat te. Exemplo enim tibi data est, ut tu cor habeas, non remaneas fatuus in via. Attende remanentem, et transi : attende respicientem retro, et tu in anteriora extentus esto, sicut Paulus. Quid est non respicere retro ? « Quæ retro oblitus (*Philip.*, III, 13), » inquit. Ideo

que vous tendrez au terme, à la palme céleste à laquelle vous êtes appelé et dont plus tard, vous vous glorifierez. Car le même Apôtre dit encore : « Il ne me reste qu'à attendre la couronne de justice, que le Seigneur, comme un juge plein d'équité, me donnera au dernier jour (II *Tim.*, iv, 8). »

sequeris vocatus ad supernam palmam, de qua postea glorieris. Quia idem Apostolus dicit, « Superest mihi corona justitiæ, quam mihi reddet Dominus in illo die justus judex (II *Tim.*, iv, 8). »

DISCOURS SUR LE PSAUME LXX.

PREMIER DISCOURS SUR LA PREMIÈRE PARTIE DU PSAUME.

1. Dans toute la sainte Écriture, la grâce de Dieu qui nous délivre se présente à nous, afin que nous nous présentions à elle. C'est là ce que chante le Psaume, dont nous entreprenons de parler à Votre Charité. Dieu daigne me venir en aide, afin que dans mon cœur je comprenne sa grâce d'une manière qui soit digne d'elle, et que je vous en parle d'une manière qui soit utile pour vous. Nous devons être par rapport à Dieu sous l'empire d'un double sentiment, de l'amour et de la crainte : de la crainte, parce qu'il est juste ; de l'amour, parce qu'il est miséricordieux. « Qui pourrait en effet, » s'il condamnait le pécheur, « lui dire : qu'avez-vous fait (*Sagesse*, xii, 12) ? » Quelle est donc l'étendue de sa miséricorde, pour qu'il justifie le pécheur ? C'est pour ce motif que l'Apôtre, dans le passage qui vient de vous être lu, relève avec le plus grand soin l'excellence de la grâce : doctrine qui excitait contre lui l'inimitié des Juifs ; car ceux-ci présumaient

IN PSALMUM LXX.

ENARRATIO.

SERMO I DE PRIMA PARTE EJUSDEM PSALMI.

1. In omnibus Scripturis sanctis gratia Dei quæ liberat nos, commendat se nobis, ut commendatos habeat nos. Hoc in isto Psalmo canitur, de quo cum Vestra Caritate loqui suscepimus. Aderit Dominus, ut sic eam corde concipiam, quomodo dignum est ; et sic eam promam, quomodo expedit vobis. Multum enim movet Dei amor et timor: timor Dei, quia justus est ; amor, quia misericors est. Quis enim ei diceret, Quid fecisti (*Sap.*, xii, 12) : si damnaret (*a*) injustum ? Quanta ergo misericordia ejus, ut justificet injustum ? Ex hoc prælectum nobis et Apostolum audivimus eamdem maxime gratiam commendantem: de cujus commendatione habebat Judæos inimicos, velut de Legis littera præsumentes, et tamquam justitiam suam diligentes atque jactantes ; de

(*a*) Editi, *justum*. Verius Corbeiensis optimæ notæ MS. *injustum*. Nam id Augustinus postea repetit n. 15. *Si damnes omnes iniquos..... massam istam iniquitatis damnes, quisquam tibi dicet, Injuste fecisti?* Neque profecto dicere ausus sit, justum aliquem judicis Dei sententia posse dignum pœna fieri, sive pronuntiari : quod omnino significatur verbo *damnare*. Respicere videtur ad verba Sap. xii. 12.

de la lettre de la loi et aimaient et vantaient leur justice, comme s'ils ne la devaient qu'à eux. Aussi l'Apôtre disait d'eux : « Je leur rends ce témoignage qu'ils ont le zèle de Dieu, mais ce zèle n'est pas selon la science (*Rom.*, x, 2). » Et comme si on lui demandait : qu'est-ce donc que d'avoir pour Dieu un zèle qui n'est pas selon la science? il ajoute aussitôt : « Car ne connaissant pas la justice qui vient de Dieu, et s'efforçant d'établir la leur, ils ne se sont pas soumis à la justice de Dieu (*Ibid.*, 3). » Ils se glorifient, dit-il, à cause de leurs propres œuvres, et se ferment à eux-mêmes l'accès de la grâce divine ; comme des malades qui présument faussement de leur prétendue santé, ils repoussent le remède. Contre de tels aveugles le Seigneur avait dit : « Je suis venu pour appeler à la pénitence, non les justes, mais les pécheurs ; car ceux qui se portent bien n'ont pas besoin du médecin, mais les malades (*Matth.*, IX, 24). » Voilà donc pour l'homme la science suprême tout entière, de savoir qu'il n'est rien par lui-même et que, tout ce qu'il est, il ne l'est que par Dieu et ne l'est que pour Dieu. « En effet, » dit l'Apôtre, « quelle chose avez-vous que vous n'ayez reçue? et si vous l'avez reçue, pourquoi vous en glorifiez-vous, comme si vous ne l'aviez pas reçue (I, *Cor.*, IV, 7)? » L'Apôtre a fait ressortir la nécessité de cette grâce, et il s'est attiré de la sorte l'inimitié des Juifs, qui se glorifiaient de la lettre de la Loi et de leur propre justice. C'est la grâce encore qu'il fait valoir dans l'Épitre qui vient d'être lue, où il dit : « Je suis le moindre des Apôtres, et je ne suis pas digne du nom d'apôtre, parce que j'ai persécuté l'Église de Dieu (I, *Cor.*, xv, 9). » « Mais j'ai obtenu miséricorde, parce que j'ai agi dans mon ignorance, n'ayant pas encore la foi (I, *Tim.*, I, 13). » Puis il ajoute peu après : « C'est une vérité certaine et digne d'être acceptée avec foi, que Jésus-Christ est venu dans le monde pour sauver les pécheurs, entre lesquels je suis le premier (*Ibid.*, 13). » N'y avait-il pas eu de pécheurs avant lui? Que veut donc dire : « entre lesquels je suis le premier? » Il se met avant les autres, non quant à l'ordre du temps, mais quant à la méchanceté. « Mais, dit-il encore, j'ai reçu miséricorde, afin qu'en moi le Christ Jésus montrât toute sa patience, afin que je servisse d'exemple à ceux qui croiront en lui pour la vie éternelle (*Ibid.*, 16). » Ces paroles signifient pour nous que tout pécheur et tout criminel qui désespérerait de lui-même et qui en viendrait, en quelque sorte, à cette énergie farouche du gladiateur, capable de tout oser par la certitude de sa condamnation, doit cependant jeter d'abord les yeux sur l'Apôtre saint Paul, à qui Dieu a pardonné tant de cruauté et tant de méchanceté, et ensuite ne plus désespérer de lui-même et se tourner vers Dieu. C'est là la grâce que Dieu nous fait envi-

---

quibus dicit, « Testimonium perhibeo illis, quia zelum Dei habent, sed non secundum scientiam (*Rom.*, x, 2). » Et tamquam ei diceretur, Quid est enim habere zelum Dei non secundum scientiam ? subjecit continuo. « Ignorantes enim Dei justitiam, et suam volentes constituere, justitiæ Dei non sunt subjecti (*Ibid.*, 3). » Gloriantes, inquit, tamquam de operibus, excludunt a se gratiam ; et tamquam de sanitate suâ falsâ præsumentes, respuunt medicinam. Contra tales enim et Dominus dixerat, « Non veni vocare justos, sed peccatores in pænitentiam : non est opus sanis medicus, sed male habentibus (*Matth.*, IX, 24). » Hæc est ergo tota scientia magna, hominem scire quia ipse per se nihil est; et quoniam quidquid est, a Deo est, et propter Deum est, « Quid enim habes, inquit, quod non accepisti ? Si autem et accepisti, quid gloriaris quasi non acceperis (I *Cor.*, IV, 7) ? » Hanc gratiam commendat Apostolus : hinc habere meruit inimicos Judæos, de litterâ Legis et de suâ justitiâ gloriantes. Hanc ergo commendans in lectione quæ lecta est, sic ait : « Ego enim sum minimus Apostolorum, qui non sum dignus vocari Apostolus, quia persecutus sum Ecclesiam Dei (I *Cor.*, xv. 9). » « Sed ideo misericordiam, inquit, consecutus sum, quia ignorans feci in incredulitate (I *Tim.*, I, 13). » Deinde paulo post, « Fidelis sermo est, inquit, et omni acceptione dignus, quia Christus Jesus venit in mundum peccatores salvos facere, quorum primus ego sum (*Ibid.*, 15). » Numquid ante illum non erant peccatores? Quid est ergo? primus ego ? Antecedens omnes non tempore, sed malignitate. « Sed ideo, inquit, misericordiam consecutus sum, ut in me ostenderet Christus Jesus omnem longanimitatem, ad informationem eorum qui credituri sunt illi in vitam æternam (*Ibid.*, 16): » id est, ut unusquisque peccator et iniquus jam de se desperans, jam habens quasi gladiatorium animum, ut ideo faciat quidquid vult, quia necessario damnandus est, respiciat tamen ad apostolum Paulum, cui tanta crudelitas, tantaque malitia a Deo donata

PREMIER DISCOURS SUR LA PREMIÈRE PARTIE DU PSAUME LXX.

sager dans le Psaume. Examinons-le et voyons s'il en est ainsi, ou si je me suis trompé. Car, pour moi, je pense qu'il a réellement cette signification et qu'on la retrouve à chaque mot : c'est-à-dire qu'il nous montre la grâce de Dieu toute gratuite, qui nous délivre, malgré notre indignité, non pas à cause de nous, mais à cause de Dieu. Il me semble même, que sans ces paroles et sans ce préambule, tout homme, même d'un esprit ordinaire, qui écouterait attentivement les paroles du Psaume, partagerait ma conviction : peut-être même, s'il avait d'abord d'autres pensées dans le cœur, serait-il changé par ces paroles et prendrait-il les sentiments qui y sont exprimés. Quels sont-ils? que toute notre espérance soit en Dieu, et que nous ne présumions pas de nous, comme ayant quelque force, de peur de nous attribuer ce qui vient de lui et de perdre ce qu'il nous a donné.

2. Le titre du Psaume remplit l'office ordinaire des inscriptions qui indiquent à l'entrée de la maison ce qui se passe dans l'intérieur. « De David pour lui-même, des fils de Jonadab, et de ceux qui ont été conduits les premiers en captivité (*Ps.*, LXX, 1). » Jonadab est un homme dont parle avec éloge le prophète Jérémie, qui avait prescrit à ses enfants de s'abstenir de vin et d'habiter, non dans des maisons, mais sous des tentes (*Jérém.*, XXXV, 6). Or les enfants de Jonadab grandirent et observèrent les ordres de leur père, et méritèrent ainsi la bénédiction du Seigneur. Or, ce n'était pas le Seigneur, mais leur père qui leur avait donné ces préceptes. Toutefois ils les reçurent comme des commandements du Seigneur leur Dieu. Dieu en effet ne leur avait pas commandé de s'abstenir de vin et d'habiter sous des tentes, mais c'est Dieu même qui a prescrit aux enfants d'obéir à leur père. Le fils ne doit donc refuser d'obéir à son père qu'autant que les ordres de celui-ci seraient contraires à ceux du Seigneur son Dieu. En effet, le père n'a pas le droit de s'irriter, quand Dieu lui est préféré. Mais du moment qu'un père n'ordonne rien qui soit contraire à la volonté divine, il doit être écouté comme Dieu lui-même, parce que Dieu a prescrit aux enfants d'obéir à leur père. Dieu bénit donc les enfants de Jonadab, à cause de leur obéissance, et il mit leur conduite en regard de la désobéissance de son peuple, lui reprochant de ne pas obéir à son Dieu, tandis que les fils de Jonadab obéissaient à leur père. Lorsque Jérémie faisait ce rapprochement devant les Juifs, il voulait les préparer à la captivité de Babylone, leur apprendre à ne pas résister à la volonté de Dieu et leur faire entendre qu'ils ne devaient point espérer d'échapper à cette captivité. Le titre du Psaume paraît composé d'après ces diverses circonstances ; car après ces mots : « Des fils de Jonadab, » on lit : « et de ceux qui ont été con-

---

est : et, non de se desperando, convertatur ad Deum. Hanc ergo gratiam commendat nobis Deus et in isto Psalmo : intueamur illum, et videamus an ita sit, an forte ego aliter suspicer. Etenim arbitror hunc eum habere affectum, et hoc omnibus prope suis syllabis resonare : id est, hoc nobis commendare, gratiam Dei gratuitam, quæ nos liberat indignos, non propter nos, sed propter se : ut etiamsi non hoc dicerem, neque hoc prælocutus essem, quilibet mediocris cordis homo adtente audiens verba ejusdem Psalmi, saperet hoc ; et forte ipsis verbis, si aliud habebat in corde, mutaretur, et fieret quod hic sonat. Quid est hoc ? Ut tota spes nostra in Deo sit, nihilque de nobis tamquam de nostris viribus præsumamus ; ne nostrum facientes quod ab illo est, et quod accepimus amittamus.

2. Titulus ergo est Psalmi hujus, ut solet titulus indicans in limine quid agatur in domo: « Ipsi David filiorum Jonadab, et eorum qui primi captivi ducti sunt (*Ps.*, LXX, 1). » Jonadab homo fuit quidam (commendatur nobis ex prophetia Jeremiæ,) qui filiis suis præceperat ut vinum non biberent, neque in domibus, sed in tabernaculis habitarent (*Jerem.*, XXXV, 6 et 5). Præceptum autem patris filii tenuerunt et servaverunt, et ex hoc benedici a Domino meruerunt. Dominus autem hoc non præceperat, sed pater ipsorum. Sic autem hoc acceperunt, tamquam præceptum a Domino Deo suo : quia etsi Dominus non præceperat, ut non biberent vinum, et in tabernaculis habitarent ; præceperat tamen Dominus, ut filii patri obedirent. In ea ergo re sola filius non debet obedire patri suo, si aliquid pater ipsius jusserit contra Dominum Deum ipsius. Neque enim debet irasci pater, quando ei præponitur Deus. Ubi autem hoc jubet pater, quod contra Deum non sit, sic audiendus est, quomodo Deus : quia obedire patri jussit Deus. Benedixit ergo Deus filios Jonadab propter obedientiam, eosque objecit inobedienti populo suo, exprobrans quia cum filii Jonadab obedientes essent patri suo, illi non obedirent Deo suo. Cum autem ageret ista Jeremias, id agebat cum populo Israël, ut pararent se ad captivi-

duits les premiers en captivité (*Ibid.*). » Ce n'est pas que les fils de Jonadab aient été conduits en captivité; mais les Juifs qui devaient bientôt subir ce châtiment étaient opposés aux fils de Jonadab en raison de l'obéissance de ces derniers: il fallait donc qu'ils comprissent, par ce rapprochement, que leur captivité serait la peine de leur désobéissance envers Dieu. Ajoutez à cela que Jonadab signifie le spontané du Seigneur. Que veut dire : le spontané, du Seigneur? Celui dont la volonté sert Dieu volontiers. Qu'est-ce encore que le spontané du Seigneur : « Les vœux que je vous ai faits, ô mon Dieu, sont en moi, ainsi que les sacrifices de louange que je vous offrirai (*Ps.*, LX, 12). » Qu'est-ce que le spontané du Seigneur? « Je vous adresserai des sacrifices volontaires (*Ps.*, LIII, 8). » En effet, si la règle donnée par l'Apôtre à l'esclave lui enseigne à servir son maître, non par nécessité, mais par bonne volonté, et à se rendre libre dans son cœur en se soumettant volontairement; combien plus faut-il servir, avec tout l'élan d'une pleine et libre volonté, Dieu qui voit votre volonté même! Si, en effet, votre serviteur ne vous sert pas de cœur, vous pouvez voir ses mains, sa figure, sa personne, mais vous ne pouvez voir son cœur; et cependant l'Apôtre dit à ceux qui servent : « Ne servez pas vos maîtres à l'œil (*Éphés.*, VI, 6). » Et que veut dire : Servir à l'œil? Est-ce donc que mon maître verra comment je le sers, pour que vous me disiez : « Ne le servez pas à l'œil? » L'Apôtre ajoute : « Mais comme des serviteurs du Christ (*Ibid.*). » L'homme votre maître ne le voit pas; mais Jésus-Christ votre maître le voit. « Agissez de cœur et par bonne volonté (*Ibid.*). » Tel était Jonadab, c'est-à-dire, telle est l'interprétation de son nom. Mais quels sont ceux qui ont été conduits les premiers en captivité? Les enfants d'Israël ont été conduits en captivité une première, une deuxième, une troisième fois; mais le Psaume n'est pas écrit pour ceux ou sur ceux qui ont été emmenés captifs la première fois : ce n'est pas là le sens qu'il présente. Le Psaume examiné, interrogé, discuté, sondé dans chacun de ses versets vous répond autre chose; il vous répond qu'il ne parle pas de je ne sais quels hommes qui, je ne sais quand, après l'invasion des ennemis, ont été emmenés captifs de Jérusalem à Babylone. Que dit donc le Psaume, sinon ce que vous avez entendu dans l'épître de l'Apôtre? Il nous fait connaître la grâce de Dieu; il nous fait connaître que par nous-mêmes nous ne sommes rien; il nous fait connaître que tout ce que nous sommes, nous le sommes par la miséricorde divine, tandis qu'en tout ce que nous sommes de nous-mêmes, nous sommes méchants. Pourquoi donc est-il question de captifs?

---

tatem ducendos esse in Babyloniam, et non resisterent voluntati Dei, nec sperarent aliud, nisi quia futuri essent captivi. Videtur ergo inde coloratus titulus hujus Psalmi, ut cum dixisset, « filiorum Jonadab; » subjiceret, « et eorum qui primi captivi ducti sunt : » non quia filii Jonadab captivi ducti sunt, sed quia illis qui captivi ducendi erant oppositi sunt filii Jonadab, quia patri obedientes erant; ut intelligerent illi propterea se fieri captivos, quia Deo obedientes non fuerunt. Accedit etiam quia Jonadab interpretatur Domini spontaneus. Quid est hoc, Domini spontaneus? (*a*) Deo voluntate libenter serviens. Quid est, Domini spontaneus? « In me sunt, Deus, vota tua, quæ reddam laudis tibi (*Psal.*, LV, 22). » Quid est, Domini spontaneus? « Voluntarie sacrificabo tibi (*Psal.*, LIII, 8). » Si enim disciplina Apostolica servum monet, ut homini domino suo, non tamquam ex necessitate, sed ex voluntate serviat, et libenter serviendo se in corde liberum faciat; quanto magis Deo tota et plena et libenti voluntate serviendum est, qui videt ipsam voluntatem tuam ? Nam si servus tibi non ex animo serviat, manus ejus, faciem ejus, præsentiam ejus potes videre, cor ejus, non potes : et tamen ait illis Apostolus, « Non ad oculum servientes (*Ephes.*, VI, 6). » Et quid est, Non ad oculum ? Quid ergo, visurus est dominus meus quomodo illi serviam, ut dicas mihi, Non ad oculum servientes? Adjecit, Sed quasi servi Christi. Dominus homo non videt, sed Dominus Christus videt. « Ex animo, inquit, cum bona voluntate. » (*b*) Talis fuit Jonadab, id est, hoc nomen ipsius interpretatur. Qui sunt ergo « qui primi captivi ducti sunt? » Ducti sunt filii Israel captivi primi, et secundi, et tertii : sed pro his Psalmus, aut de his Psalmus, qui primi ducti sunt, non hoc sonat : id est, ipse Psalmus discussus perscrutatus, interrogatus omnibus versibus suis aliud tibi dicit, non de illis se loqui, qui homines nescio

---

(*a*) Sic MSS. At editi, *Dei voluntati libenter ser viens.* (*b*) Hic in editis additur, *Non quia filii Jonadab captivi ducti sunt;* et sequitur, *talis fuit* etc. sed verba illa absunt a melioribus MSS.

et pourquoi la grâce de Dieu est-elle signalée comme une délivrance de captivité? C'est ce que l'Apôtre nous découvre lui-même, en disant : « Je me complais dans la loi de Dieu, selon l'homme intérieur; mais je vois dans les membres de mon corps une autre loi qui combat la loi de mon esprit et me captive sous la loi du péché, laquelle est dans mes membres (*Rom.*, VII, 22). » Voilà la captivité dont il est question. Que va donc nous enseigner notre Psaume? Ce que dit ensuite l'Apôtre : « Malheureux homme que je suis! qui me délivrera de ce corps de mort? La grâce de Dieu par Notre Seigneur Jésus-Christ (*Ibid.*). » Pourquoi donc ces captifs sont-ils appelés « premiers? » Car nous savons maintenant pourquoi ils sont appelés captifs. Selon moi, la réponse est évidente. Toute désobéissance est ici mise en accusation, par comparaison avec l'obéissance des enfants de Jonadab. Or, c'est par la désobéissance que nous avons été réduits en captivité, parce que c'est en désobéissant qu'Adam a péché. Cette vérité ressort des paroles du même Apôtre, que « tous les hommes meurent en Adam, en qui tous les hommes ont péché (*Rom.*, V, 12, I *Cor.*, XV, 22). » Tous les hommes sont donc captifs, et ils sont appelés avec raison du nom de « premiers; » car « le premier homme, tiré de la terre, est terrestre; le second, venu du ciel, est céleste. Tel qu'est le terrestre, tels sont les terrestres; tel qu'est le céleste, tels sont les célestes. Comme donc nous avons porté l'image du terrestre, portons aussi l'image du céleste (I, *Cor.*, XV, 47). » Le premier homme nous a faits captifs; le second homme nous a délivrés de la captivité. « En effet, comme tous meurent en Adam, de même tous revivront dans le Christ (I, *Cor.*, XV, 22). Mais les hommes meurent en Adam par la naissance de la chair; ils sont délivrés en Jésus-Christ par la foi du cœur. Il n'était pas en notre pouvoir de ne pas naître d'Adam; mais il est en notre pouvoir de croire en Jésus-Christ. Tant donc que vous voudrez appartenir au premier homme, vous appartiendrez à la captivité. Et pourquoi dire : Si vous voulez appartenir? ou encore : vous appartiendrez? Mais c'est chose faite; par votre naissance vous appartenez déjà à la captivité. Écriez-vous donc : « Qui me délivrera de ce corps de mort (*Rom.*, VII, 24)? » Écoutons le Prophète, c'est le cri qu'il pousse.

3. « O Dieu! j'ai mis en vous mon espérance; je ne serai pas éternellement confondu (*Ps.*, LXX, 1). » Je suis déjà confondu, mais que ce ne soit

---

qui, nescio quando irruentibus hostibus in Babyloniam captivi ducti sunt ex Jerusalem. Sed dicit Psalmus, quid, nisi quod audisti ab Apostolo? Commendat nobis gratiam Dei; commendat nobis, quia nos per nosmetipsos nihil sumus : commendat nobis, quia quidquid sumus, illius misericordia sumus; quidquid autem ex nobis sumus, mali sumus. Quare ergo,» captivi?» et quare nomine captivitatis (*a*) commendatur ipsa gratia liberatoris? Aperit, ipse dicit Apostolus, « Condelector legi Dei secundum interiorem hominem : video autem aliam legem in membris meis repugnantem legi mentis meæ, et captivum me ducentem in lege peccati, quæ est in membris meis (*Rom.*, VII, 22 et 23).» Ecce habes duci captivum. Quid ergo commendat iste Psalmus? Quod sequitur ibi Apostolus, « Infelix ego homo, quis me liberabit de corpore mortis hujus? Gratia Dei per Jesum Christum Dominum nostrum (*Ibid.*, 23, et 25).» Quare ergo «primi?» Nam dictum est, quare captivi. » Quantum arbitror, et hoc elucet. Quoniam in comparatione filiorum Jonadab omnis inobedientia culpata est. Per inobedientiam autem captivi facti sumus, quia ipse Adam non obediendo peccavit (*Gen.*, III. 6). Dictum est autem ab eodem Apostolo, quod et verum est, quia omnes in Adam moriuntur (I *Cor.*, XV, 22, *Rom.*, V, 12), in quo omnes peccaverunt. Merito et « primi ducti sunt captivi : » quia primus homo de terra terrenus, secundus homo de cœlo cælestis : qualis terrenus, tales et terreni; qualis cœlestis, tales et cœlestes. Sicut portavimus imaginem terreni, portemus et imaginem ejus qui de cœlo est (I *Cor.*, XV, 47 etc.).» Primus homo nos fecit, secundus homo nos de captivitate liberavit. «Sicut enim in Adam omnes moriuntur, ita et in Christo omnes vivificabuntur (*Ibid.*, 22). Sed in Adam moriuntur per carnis nativitatem, in Christo liberantur per cordis fidem. Non erat in potestate tua ut non nascereris ex Adam : est in potestate tua ut credas in Christum. Quantumcumque ergo ad primum hominem pertinere volueris, ad captivitatem pertinebis. Et quid est, pertinere volueris; aut quid est, pertinebis? Jam pertines : exclama, « Quis me liberabit de corpore mortis hujus (*Rom.*, VII, 24)?» Audiamus ergo istum hoc exclamantem.

3. (*b*) « Deus in te speravi, Domine, non confundar

(*a*) Aliquot MSS. *commendantur? Ipsa gratia liberatoris aperitur.* (*b*) Unus Pratellensis MS. non habet, *Deus.*

pas éternellement! Comment, en effet, celui-là ne serait-il pas confondu, auquel s'adressent ces paroles : « Quel fruit avez-vous tiré des choses dont vous rougissez maintenant (*Rom.*, VI, 21)? » Que faire donc pour que nous ne soyons pas confondus éternellement? « Approchez-vous de lui, et vous serez éclairés et vos visages ne rougiront pas (*Ps.*, XXXIII, 6). » Vous étiez couverts de confusion en Adam, retirez-vous d'Adam, approchez-vous du Christ et désormais vous ne serez plus confondus. « J'ai mis mon espoir en vous, Seigneur, je ne serai pas éternellement confondu (*Ps.*, LXX, 1). » Si je me confonds en moi-même, vous ne me confondrez pas pour l'éternité.

4. « Délivrez-moi dans votre justice et sauvez-moi (*Ibid.*, 2) ; » non dans ma justice, mais dans la vôtre : si, en effet, je me confiais dans ma justice, je serais un de ceux dont l'Apôtre a dit : « Ne connaissant pas la justice de Dieu et voulant établir leur propre justice, ils ne se sont pas soumis à la justice de Dieu (*Rom.*, X, 3). » Délivrez-moi donc « dans votre justice » et non dans la mienne. Car qu'est-ce que ma justice? L'iniquité l'a précédée. Et si je deviens juste, ce sera par votre justice ; parce que je serai juste de la justice que vous m'aurez donnée ; et elle ne sera à moi qu'en restant à vous, parce qu'elle sera un don de vous. Car je crois en celui qui justifie l'impie, pour que ma foi me soit imputée à justice (*Rom.*, IV, 5). Telle sera donc ma justice, justice qui ne m'appartiendra pas en propre, et que je ne me serai pas donnée moi-même ; comme le pensaient ceux qui se glorifiaient de la lettre de la Loi et qui dédaignaient la grâce. Sans doute le Prophète a dit, dans un autre endroit : « Jugez-moi, Seigneur, selon ma justice (*Ps.*, VII, 9) ; » mais assurément il ne se glorifiait pas d'une justice qui fût à lui en propre. Rapprochez donc ce passage des paroles de l'Apôtre : « Qu'avez-vous, que vous n'ayez reçu (1 *Cor.*, IV, 7)?» et ne parlez alors de votre justice que pour vous rappeler que vous l'avez reçue, et pour ne point porter envie à ceux qui la reçoivent comme vous. Car le Pharisien de la parabole reconnaissait l'avoir reçue de Dieu, quand il disait : « Je vous rends grâces de ce que je ne suis pas comme les autres hommes (*Luc*, X, 11). » « Je vous rends grâces ; » c'est bien : « de ce que je ne suis pas comme les autres hommes ; » pourquoi? Vous réjouissez-vous d'être bon, parce qu'un autre est méchant? Qu'ajoute-t-il en effet? « qui sont injustes, voleurs, adultères, et comme ce Publicain (*Ibid.*). » Ce n'est déjà plus de l'allégresse, mais de l'insulte. Quant à ce captif, « il n'osait lever les yeux au ciel ; mais il se frappait la poitrine, en disant : Seigneur, ayez pitié de moi, qui suis un pécheur (*Ibid.*, 13). » C'est donc trop peu de reconnaître que ce qu'il y a de bon en vous vient

---

in æternum (*Ps.*, LXX, 1). » Jam confusus sum, vel non in æternum. Quomodo enim non est confusus, cui dicitur, « Quem fructum habuistis in his, in quibus nunc erubescitis (*Rom.*, VI, 21) ? » Quid ergo fiet, ne confundamur in æternum ? « Accedite ad eum, et illuminamini, et vultus vestri non erubescent (*Psal.*, XXXIII, 5). » Confusi estis in Adam : recedite ab Adam, accedite ad Christum, et jam non confundemini. « In te speravi, Domine, non confundar in æternum. » Si in me confundor, in te non confundar in æternum.

4. « In tua justitia erue me, et exime me (*Ps.*, LXX, 2). » Non in mea, sed in tua : si enim in mea, ero ex illis de quibus ille ait, « Ignorantes Dei justitiam, et suam justitiam volentes constituere, justitiæ Dei non sunt subjecti (*Rom.*, X, 3). » Ergo « in tua justitia, » non in mea. Quia mea quid? Præcessit iniquitas. Et cum ero justus, tua justitia erit : quia justitia mihi abs te data justus ero ; et sic erit mea, ut tua sit, id est abs te mihi data. In eum enim credo qui justificat impium, ut deputetur fides mea ad justitiam (*Rom.*, IV, 5). Erit ergo et sic justitia mea ; non tamen tamquam propria mea, non tamquam a me ipso mihi data : sicut putabant illi qui per litteram gloriabantur, et gratiam respuebant. Nam dictum est alio loco, « Judica me Domine secundum justitiam meam (*Psal.*, VII, 9). » Certe non gloriabatur in sua justitia. Sed revoca ad Apostolum : « Quid enim habes quod non accepisti (1 *Cor.*, IV, 7)? » et sic dic justitiam tuam, ut memineris quod acceperis eam, et non eam invideas accipientibus. Nam et ille Pharisæus, tamquam a Deo accepisset, dicebat ; « Gratias tibi, quia non sum sicut ceteri homines (*Lucæ*, XVIII, 11, etc.). » Gratias tibi : Bene. Quia non sum sicut ceteri homines: Quare? Inde enim te delectat quia bonus es, quod alter malus est? Denique quid addidit? « Injusti, raptores, adulteri, sicut et Publicanus iste. » Hoc jam non est exsultare, sed insultare. Ille autem captivus nec oculos ad cœlum audebat levare, sed percutiebat pectus suum, dicens, « Domine, propitius esto

de Dieu, si vous n'avez également soin de ne pas vous élever au-dessus de celui qui n'a point encore reçu les mêmes dons; car peut-être, lorsqu'il les aura reçus, vous dépassera-t-il. En effet, dans le moment où Saul lapidait Étienne (*Act.*, VII, 59), combien n'y avait-il pas déjà de chrétiens, dont il était le persécuteur? Cependant, après sa conversion, il a dépassé tous ceux qui l'avaient précédé. Dites donc à Dieu ce que vous avez entendu de ce Psaume : « J'ai mis mon espérance en vous, Seigneur, je ne serai pas éternellement confondu, délivrez-moi dans votre justice, » non dans la mienne, « et sauvez-moi. Abaissez votre oreille jusqu'à moi (*Ps.*, LXX, 2 et 3).» Telle est la confession de l'humilité. Celui qui dit : « Abaissez votre oreille, » confesse qu'il est étendu à terre, aux pieds du médecin debout près de lui. Voyez, en effet, que c'est la parole d'un malade : « Abaissez votre oreille jusqu'à moi et sauvez-moi (*Ibid.*, 3). »

5. « Soyez pour moi un Dieu protecteur (*Ibid.*, 4). » Que les traits de l'ennemi ne parviennent pas jusqu'à moi, car je ne puis me protéger moi-même. Et ce n'est point encore assez d'être un protecteur, le Prophète ajoute : « Et un lieu fortifié, afin de me sauver (*Ibid.*, 4). » Soyez pour moi comme un lieu fortifié ; vous êtes mon lieu fortifié. O Adam, où est le moment où vous fuyiez devant le Seigneur et vous cachiez au milieu des arbres du paradis ? Où est le moment où vous redoutiez de voir son visage, qui jusqu'alors avait fait votre joie (*Gen.*, III, 8)? Vous avez fui et vous avez péri; vous êtes devenu captif, et voici que vous êtes visité, que vous n'êtes point abandonné; le Seigneur laisse pour vous les quatre-vingt-dix-neuf brebis dans les montagnes, et il cherche celle qui était perdue, et quand il l'a retrouvée, il s'écrie : « Celui qui était mort a repris la vie, celui qui était perdu est retrouvé (*Luc*, XV, 4). » Voilà donc que Dieu même est devenu le lieu de votre refuge, après que sa crainte a été la cause de votre fuite. « Soyez pour moi, dit-il, comme un lieu fortifié, afin de me sauver (*Ps.*, LXX, 4). » Je ne serai pas sauvé sans vous ; si vous ne devenez mon repos, ma maladie ne saurait être guérie. Soulevez-moi de terre, que je repose sur vous, afin que je me relève dans un lieu fortifié. Peut-il y en avoir un qui soit plus fort? Lorsque vous vous serez réfugié dans cette forteresse, dites-moi quels ennemis vous craindrez. Qui vous dressera des embûches, et parviendra jusqu'à vous? On raconte d'un homme qu'étant sur le sommet d'une montagne et voyant passer l'Empereur, il lui cria : Je ne me soucie pas de vous; et que l'Empereur, s'étant retourné, lui répliqua : Ni moi de vous. Cet homme avait méprisé l'Empereur, malgré l'éclat de ses armes et la force de ses troupes. Pourquoi ? Parce qu'il était

---

mihi peccatori. » Parum itaque est, ut illud quod in te est bonum agnoscas quod a Deo sit, nisi etiam inde non te extollas super illum qui nondum habet; qui fortasse cum acceperit, transiet te. Quando enim erat Saulus Stephani lapidator (*Act.*, VII, 59), quam multi erant Christiani quorum erat ille persecutor? Tamen quando conversus est, omnes qui se præcesserant superavit. Ergo dic Deo quod audis in Psalmo, « In te speravi, Domine, non confundar in æternum : in tua justitia, « non in mea, » erue me, et exime me. Inclina ad me aurem tuam. » Et hæc confessio est humilitatis. Qui dicit, « Inclina ad me : » confitetur quia jacet tamquam æger prostratus medico stanti. Denique vide quia æger loquitur : « Inclina ad me aurem tuam, et salvum me fac. »

5. « Esto mihi in Deum protectorem (*Ps.*, LXX, 3).» Non ad me jacula inimici perveniant: ego enim me protegere non possum. Et parum est, « in protectorem: » addidit, « et in locum munitum, ut salvum facias me. » « In locum munitum » mihi esto, tu esto locus munitus meus. Ubi est quod ab illo fugiebas Adam, et te inter paradisi ligna abscondebas (*Gen.*, III, 8) ? Ubi est quod ejus faciem formidabas, ad quem gaudere consueveras ? Abiisti, et periisti : captivatus es, et ecce visitaris, et ecce non dimitteris; et ecce dimittuntur nonaginta novem oves in montibus, et quæritur ovis perdita (*Lucæ*, XV, 4): et ecce dicitur de inventa ove, « Mortuus erat, et revixit; perierat, et inventus est (*Ibid.*, 24). » Ecce ipse Deus factus est locus refugii tui, qui primo erat metus fugæ tuæ. « In locum munitum, » inquit, « mihi esto, ut salvum facias me. » Non ero salvus nisi in te: nisi tu fueris requies mea, sanari non poterit ægritudo mea. Leva me a terra ; in te jaceam, ut surgam in locum munitum. Quid munitius ? Cum ad illum locum confugeris, dic mihi quos adversarios formidabis ? quis insidiabitur, et perveniet ad te? Nescio quis dicitur de montis vertice clamasse, cum Imperator transiret, Non de te loquor : respexisse ille dicitur et dixisse, Nec ego de te. Contemserat Impera-

dans un lieu fortifié. S'il se trouvait en sécurité sur cette terre élevée, combien plus n'y serez-vous pas au sein de celui qui a fait le ciel et la terre? « Soyez pour moi un Dieu protecteur et un lieu fortifié, afin de me sauver (*Ibid.*). » Quant à moi, si je choisis une autre forteresse, je n'y trouverai certainement pas mon salut. O homme! Si vous en trouvez une qui soit mieux fortifiée, choisissez-la. On ne peut échapper à Dieu, sinon en se réfugiant dans son propre sein. Si vous voulez fuir sa colère, fuyez vers sa bonté. « Parce que vous êtes mon firmament et mon refuge (*Ibid.*). » Que veut dire : « Mon firmament? » Par vous je suis ferme, de vous vient ma fermeté. « Parce que vous êtes mon firmament et mon refuge (*Ibid.*); » pour recevoir de vous ma fermeté, si, par moi-même, je deviens faible, je me réfugierai en vous. En effet, la grâce du Christ vous rend ferme et inébranlable contre toutes les tentations de l'ennemi. Mais en vous est la fragilité humaine; en vous est la captivité première; en vous est cette loi des membres qui lutte contre la loi de l'esprit, et cherche à le captiver sous la loi du péché (*Rom.* VII, 13). Le corps, qui est corrompu, appesantit l'âme (*Sag.*, IX, 15). Par conséquent, quelque fermeté que vous ait donnée la grâce de Dieu, tant que vous portez encore ce vase terrestre, dans lequel est renfermé le trésor de Dieu, vous avez quelque chose à craindre de ce vase même d'argile (II *Cor.*, IV, 7). « Vous êtes donc mon firmament, » pour que je sois ferme en ce monde contre toutes les tentations ; mais si elles sont nombreuses et me troublent, « vous êtes mon refuge. » C'est pourquoi je ne craindrai pas de confesser ma faiblesse, ni, couvert d'épines comme le hérisson, d'être timide comme le lièvre. Car il est dit dans un autre psaume : « La pierre est le refuge des hérissons et des lièvres (*Ps.*, CIII, 18). » Or, cette pierre est le Christ (1 *Cor.*, X, 4).

6. « Mon Dieu, délivrez-moi de la main du pécheur (*Ps.*, LXX, 4). » Le pécheur exprime ici les pécheurs en général, parmi lesquels souffre celui qui va être délivré de la captivité, celui qui s'écrie déjà : « Malheureux homme que je suis! qui me délivrera de ce corps de mort? La grâce de Dieu par Notre Seigneur Jésus-Christ (*Rom.*, VII, 24, 25). » Nous avons un ennemi au dedans de nous, c'est la loi qui est dans les membres de notre corps ; nous avons aussi des ennemis au dehors: vers qui criez-vous? Vers celui auquel le Prophète a dit dans un autre psaume : « Purifiez-moi, Seigneur, de mes péchés cachés, et délivrez votre serviteur des péchés qui sont commis par les autres (*Ps.*, XVIII,

---

torem cum insignibus armis, exercitu (a) potente. Unde ? De loco munito. Si securus ille in alta terra, quomodo tu in eo a quo factum est cælum et terra ? « Esto ergo mihi in Deum protectorem, et in locum munitum, ut salvum facias me. » Ego si mihi alium locum elegero, salvus esse non potero. Elige certe homo, si inveneris, munitiorem. Non est ergo quo fugiatur ab illo, nisi ad illum. Si vis evadere iratum, fuge ad placatum. « Quoniam firmamentum meum, et refugium meum es tu. » « Firmamentum meum, » quid est? Per te sum firmus, et ex te sum firmus. « Quoniam firmamentum meum, et refugium meum es tu : » ut fiam firmus ex te, sicubi fuero infirmatus in me, refugiam ad te. Firmum enim te facit gratia Christi, et immobilem adversus omnes tentationes inimici. Sed ibi est et humana fragilitas, ibi est adhuc prima captivitas, ibi est lex in membris repugnans legi mentis, et captivum volens ducere in lege peccati (*Rom.*, VII, 23) : adhuc « corpus quod corrumpitur, aggravat animam (*Sap.*, IX, 15). » Quantumlibet firmus sis ex gratia Dei, quamdiu adhuc portas terrenum vas, in quo thesaurus est Dei, aliquid etiam de ipso vase fictili formidandum est (II *Cor.*, IV, 7). Ergo « firmamentum meum es tu, » ut firmus sim in hoc sæculo adversus omnes tentationes. Sed si multæ sunt, et turbant me, « refugium meum tu es. » Adhuc enim confitebor infirmitatem meam, ut sim timidus tamquam lepus, quia spinis plenus tamquam ericius. Et ut in alio Psalmo dicitur, « Petra est refugium ericiis et leporibus (*Psal.*, CIII, 18) : » « Petra autem erat Christus (1 *Cor.*, X. 4). »

6. « Deus meus erue me de manu peccatoris (*Ps.*, LXX, 4). » Generaliter (b) peccatores inter quos laborat iste, qui de captivitate jam liberandus est: iste qui jam clamat, « Infelix ego homo, quis me liberabit de corpore mortis hujus ? Gratia Dei per Jesum Christum Dominum nostrum (*Rom.*, VII, 24). » Intus est hostis, lex illa in membris ; sunt et foris hostes : quo clamas ? Ad illum, cui clamatum est in alio « Ab occultis meis munda me Domine, et ab alienis parce servo tuo (*Psal.*, XVIII, 13). » Ergo, Salvum me fac, cum dicitur, ab ægritudine tua dicitur interiore, id

---

(a) Sic Er. et aliquot MSS. At Lov. *potestate*. (b) Sic MSS. At editi, *Generaliter intellige peccatores* : ac paulo post editio Lov. *Sunt et foris hostes, propter quos clamas ad illum* etc.

13). » Donc, lorsque vous lui dites : Sauvez-moi, vous parlez de votre maladie intérieure, ou de cette iniquité qui vous rend captif, et par laquelle vous appartenez au premier homme, de telle sorte que vous criez vers Dieu parmi les premiers captifs. Mais lorsque vous serez délivré de votre iniquité, cherchez à l'être aussi de l'iniquité des autres hommes, parmi lesquels vous êtes forcé de vivre jusqu'à la fin de cette vie d'ici-bas. Et jusques à quand? Pour vous, ce sera fini avec la vie présente, mais pour l'Église, sera-ce fini avant la fin des siècles? Or, c'est un seul homme, c'est l'unité du Christ, qui crie ainsi vers Dieu. Il est certain que beaucoup de fidèles sortis de ce corps mortel jouissent déjà du repos que Dieu donne d'abord aux âmes de ses élus; mais il y a encore ici-bas des membres du Christ, et parmi ceux qui existent aujourd'hui, et parmi ceux qui naîtront plus tard. Par conséquent, cet homme, qui crie pour être délivré de ses péchés et de la loi des membres qui lutte contre la loi de l'esprit, subsistera donc jusqu'à la fin des siècles; et il subsistera au milieu des péchés des autres hommes, parmi lesquels il est forcé de vivre jusqu'à la fin. Mais ces pécheurs sont de deux sortes : les uns ont reçu la Loi, les autres ne l'ont pas reçue; les païens n'ont pas reçu la Loi, les Juifs et les chrétiens l'ont reçue. Le nom de pécheur s'applique à tous en général : mais le pécheur est un violateur de la Loi, s'il a reçu la Loi; et, s'il ne l'a pas reçue, il est simplement un coupable qui pèche en dehors de la Loi. L'Apôtre parle de ces deux sortes de pécheurs, lorsqu'il dit : « Ceux qui ont péché sans la Loi périront sans la Loi, et ceux qui ont péché sous la Loi seront jugés par la Loi (*Rom.*, II, 12). » Quant à vous qui gémissez entre ces deux sortes de pécheurs, dites à Dieu ces paroles que vous avez entendues dans le Psaume : « Mon Dieu, délivrez-moi de la main du pécheur (*Ps.*, LXX, 6). » De quel pécheur? « De celui qui transgresse la Loi et du coupable (*Ibid.*). » Celui qui transgresse la Loi est également un coupable mais si tout homme qui transgresse la Loi est coupable, tout coupable ne transgresse pas la Loi. « Là en effet où il n'y a pas de loi, dit l'Apôtre, il n'y a pas de transgression de Loi (*Rom.*, IV, 15). » Ceux donc qui n'ont pas reçu la Loi peuvent donc être appelés coupables, mais on ne peut les appeler transgresseurs de la Loi. Ils seront jugés, les uns et les autres, selon leurs mérites. Mais moi, qui veux être délivré de la captivité par votre grâce, je crie vers vous : Délivrez-moi de la main du pécheur. Que veut dire : De sa main? De sa puissance; de peur que, par ses violences, il ne m'arrache un consentement au mal, ou que, par ses embûches, il ne me persuade l'iniquité. « De la main de celui qui

---

est, ab iniquitate tua, ab ea qua captivus es, ab ea qua ad primum hominem pertines, ut inter primos captivos clames. Salvus autem factus ab iniquitate tua, vide jam et de iniquitatibus alienis, inter quos tibi necesse est vivere quo usque vita ista finiatur. Et quo usque ? Ecce finitur tibi : numquid finitur Ecclesiæ, nisi in fine sæculi ? Iste autem unus homo, unitas Christi, clamat has voces. Necesse est ergo, ut multi exeuntes de hoc corpore fideles jam sint in illa requie, quam præstat Deus spiritibus fidelium : sed hic sunt adhuc membra Christi, in his qui in hac vita degunt, in his qui postea nascentur. Ergo usque in finem sæculi erit hic iste homo; qui clamat a peccatis suis liberari, et a lege membrorum repugnante legi mentis. Deinde inter peccata aliorum inter quos necesse est ut vivat usque in finem. Sed duo habent genera peccatores isti : alii sunt qui legem acceperunt; alii sunt qui legem non acceperunt : omnes Pagani Legem non acceperunt, omnes Judæi et Christiani Legem acceperunt. Ergo generale nomen est peccator; aut Legis transgressor, si accepit Legem; aut tantummodo iniquus sine Lege, si non accepit Legem. De utroque genere loquitur Apostolus, et dicit, « Qui sine Lege peccaverunt, sine Lege peribunt; et qui in Lege peccaverunt, per Legem judicabuntur (*Rom.*, II, 12).» Tu autem qui inter utrumque genus gemis, dic Deo quod audis in Psalmo, « Deus meus erue me de manu peccatoris. » Cujus peccatoris ? « De manu Legem præteruntis et iniqui, » Est quidem et iniquus Legem præteriens, non enim non iniquus qui Legem præterit : sed omnis Legem præteriens iniquus est, non omnis iniquus Legem præterit. « Ubi enim non est Lex, ait Apostolus, nec prævaricatio (*Rom.*, IV, 15). » Qui ergo Legem non acceperunt, iniqui dici possunt, prævaricatores non possunt. Judicantur utrique secundum merita sua. Sed ego qui de captivitate volo liberari per gratiam tuam, clamo ad te, « Libera me de manu peccatoris. » Quid est, de manu ejus ? De potestate ejus, ne cum sævit, adducat ad consensionem; ne cum insidiatur, persuadeat iniquitatem. « De manu legem præteruntis et iniqui. » Responde

transgresse la Loi et du coupable (*Ibid.*). » Répondez au Prophète : Pourquoi demandez-vous à être délivré de la main de celui qui transgresse la Loi et du coupable? Refusez-lui votre consentement, et s'il emploie la violence, soyez patient, supportez-le. Mais qui pourrait le supporter, s'il est abandonné de celui qui est un lieu fortifié? Pourquoi dis-je, par conséquent : « Délivrez-moi de la main de celui qui transgresse la Loi et du coupable (*Ibid.*)? » parce que je n'ai point en moi de quoi être patient, mais en vous qui donnez la patience.

7. Le Prophète explique ensuite pourquoi cette parole : « Parce que vous êtes ma patience (*Ibid.*, 5). » Si vous êtes ma patience, ce qui suit est parfaitement juste : « Seigneur, vous êtes mon espérance depuis ma jeunesse (*Ibid.*).» Êtes-vous ma patience, parce que vous êtes mon espérance, ou plutôt n'êtes-vous pas mon espérance, parce que vous êtes ma patience? « Car la tribulation, dit l'Apôtre, produit la patience, la patience l'épreuve, l'épreuve l'espérance ; or l'espérance ne confond pas (*Rom.*, v, 3, 5).» Assurément, puisque j'ai mis en vous mon espérance, ô mon Dieu, je ne serai pas confondu éternellement. « Seigneur vous êtes mon espérance depuis ma jeunesse (*Ps.*, LXX, 5). Dieu est-il votre espérance depuis votre jeunesse seulement? Ne l'est-il pas depuis votre adolescence et depuis votre enfance? Sans aucun doute, répond-il ; car voyez la suite. Il semble craindre que de ces paroles : « Vous êtes mon espérance depuis ma jeunesse, » vous ne vouliez conclure que Dieu n'aurait pas été utile à son enfance et à son adolescence ; c'est pourquoi il dit : « J'ai trouvé ma force en vous dès le sein de ma mère (*Ibid.* 6). » Écoutez encore : « Vous êtes mon protecteur depuis l'instant de ma naissance (*Ibid.* 6). » Pourquoi donc ai-je dit : « depuis ma jeunesse. » « si ce n'est parce que c'est le moment où j'ai commencé à espérer en vous? Auparavant je n'espérais pas encore en vous, bien que vous fussiez mon protecteur, et que vous m'eussiez vous-même conduit en toute sécurité jusqu'au jour où j'ai appris à mettre en vous mon espérance. Or, j'ai commencé à espérer en vous au moment de ma jeunesse, c'est-à-dire au moment où vous m'avez armé contre le démon, afin que dans les rangs de vos soldats, armé de votre foi, de votre espérance, de votre charité et de vos autres dons, je combattisse contre vos invisibles ennemis, selon ces paroles de l'Apôtre : « Nous n'avons pas à lutter contre la chair et le sang, mais contre les principautés et les puissances, contre les dominateurs de ce monde de ténèbres, contre les esprits de malice (*Ephés.*, VI, 12). » Celui donc qui lutte contre ces ennemis est déjà parvenu à la jeunesse ; mais, malgré sa jeunesse, il tombera, s'il n'a réellement pour espérance celui vers lequel il crie :

---

illi, (*a*). Quid te quæris liberari de manu Legem prætereuntis et iniqui ? Noli consentire ; sed si sævit, patiens esto, tolera. Sed quis tolerat, si deserat ille qui fit locus munitus ? Quare ergo dico, « Libera me de manu Legem prætereuntis et iniqui ? » Quia non est in me ut patiens sim, sed in te qui donas patientiam.

7. Denique sequitur quare hoc dico : «Quoniam tu es patientia mea (*Ps.*,LXX, 5).» Jam si patientia, recte et quod sequitur, « Domine spes mea a juventute mea. » Ideo patientia mea, quia spes mea : an potius ideo spes mea quia patientia mea ?«Tribulatio, ait Apostolus, patientia operatur, patientia probationem, probatio autem spem, spes vero non confundit (*Rom.*, v, 3).» Merito in te speravi Domine, non confundar in æternum. « Domine spes mea a juventute mea. » A juventute tua, Deus spes tua ? Nonne et a pueritia tua, et ab infantia tua ? Plane, inquit. Nam quid sequitur, ne hoc putares ita me dixisse, « Spes mea a juventute mea, » quasi nihil profuerit Deus infantiæ vel pueritiæ meæ ; audi quod sequitur : « In te confirmatus sum ex utero. » Audi adhuc : « De ventre matris meæ tu es protector meus (*Ps.*,LXX,6). » Quare ergo, « a juventute mea, » nisi ex quo in te cœpi sperare ? Ante enim non in te sperabam, quamvis tu fueris protector meus, qui me salvum perduxisti ad tempus quo in te discerem sperare. A juventute autem mea cœpi in te sperare, ex quo me adversus diabolum armasti, ut in procinctu exercitus tui armati fide tua, caritate, spe, ceterisque donis tuis colligerem adversus invisibiles inimicos tuos, audiremque ab Apostolo, « Non est nobis colluctatio adversus carnem et sanguinem, sed adversus principatus et potestates et rectores mundi tenebrarum harum, adversus spiritalia nequitiæ (*Ephes.*, VI, 12). » Ergo juvenis est qui pugnat contra ista : sed quamvis ju-

---

(*a*) Plerique MSS. *Qui te quæris liberari de manu Legem prætereuntis et iniqui, noli consentire. Sed sævit : patiens esto etc.*

« Seigneur, vous êtes mon espérance dès ma jeunesse (*Ibid.* 5). »

8. « Vous êtes l'objet de mes chants pour toujours (*Ibid.* 6) : » n'est-ce que depuis le jour où j'ai commencé à espérer en vous, jusqu'à présent ? Non ; mais « pour toujours. » Que veut dire : « pour toujours ? » Non-seulement pendant le temps de la foi, mais aussi pendant le temps de la vision. « En effet, pour le présent, tant que nous sommes dans notre corps, nous voyageons loin du Seigneur. Nous marchons par la foi, et non par la vision (II *Cor.*, v, 6) ; » mais le temps viendra où nous verrons ce que nous croyons sans le voir, où nous nous réjouirons en voyant ce que nous croyons, tandis que les impies seront couverts de confusion en voyant ce qu'ils n'auront pas cru. Alors viendra la réalité, dont nous avons actuellement l'espérance. « En effet, l'espérance que l'on voit n'est pas l'espérance. Mais, si nous espérons ce que nous ne voyons pas, nous l'attendons par la patience (*Rom.*, VIII, 24). » Vous gémissez donc maintenant ; vous courez maintenant, pour être sauvé, vers le lieu de votre refuge ; maintenant, dans le sentiment de votre faiblesse, vous recourez au médecin : mais qu'en sera-t-il, lorsque vous aurez reçu une santé parfaite ? qu'en sera-t-il, lorsque vous serez devenu l'égal des anges du Seigneur (*Matth.*, XXII, 30) ? Oublierez-vous alors la grâce qui vous aura délivré ? Non. « Vous êtes l'objet de mes chants pour toujours (*Ps.*, LXX, 9). »

9. « J'ai paru comme un prodige à plusieurs (*Ibid.*, 7). » Ici-bas, dans ce temps d'espérance, dans ce temps de gémissement, dans ce temps d'humilité, dans ce temps de douleur, dans ce temps où le prisonnier crie sous le poids de ses fers, pourquoi ces paroles : « J'ai paru comme un prodige à un grand nombre d'hommes (*Ibid.*) ? » Pourquoi « comme un prodige ? » Et pourquoi suis-je insulté par ceux qui me regardent comme un prodige ? Parce que je crois ce que je ne vois pas encore. Quant à ceux, au contraire, qui cherchent le bonheur dans les choses qu'ils voient, ils se réjouissent dans l'ivresse, dans la luxure, dans le libertinage, dans l'avarice, dans les richesses, dans les rapines, dans les dignités mondaines, dans cette couche de blanc qu'ils appliquent sur une muraille de boue : voilà ce qui fait leurs délices. Pour moi, je marche dans une voie toute différente, je méprise les choses présentes, je redoute même les prospérités du siècle, et n'ai d'assurance que dans les promesses de Dieu. Ils disent : « mangeons et buvons, car demain nous mourrons (I *Cor.*, xv, 33). » Que dites vous ? Répétez-le : « Mangeons et buvons. » Très-bien ; mais qu'avez-vous dit ensuite ? « Car demain nous mourrons. » Mais un tel motif m'effraie, loin de me séduire. Ces dernières paroles me causent une terreur qui m'empêche de consentir à vos propositions. « Nous mourrons demain, » avez-vous dit, et vous aviez dit auparavant : « Mangeons et

---

venis sit, cadit, nisi ille sit spes ejus cui clamat, « Domine spes mea a juventute mea. »

8. « In te cantatio mea semper (*Ibid.*, 6). » Numquid ex quo in te sperare cœpi usque nunc ? Sed, « semper. » Quid est, « semper ? » Non tantum tempore fidei, sed et tempore speciei. « Nunc enim quamdiu sumus in corpore peregrinamur a Domino ; per fidem enim ambulamus, non per speciem (II *Cor.* v, 6) : » veniet tempus ut videamus quod non visum credimus : viso autem quod credimus, lætabimur : viso autem quod non crediderunt impii confundentur. Tunc veniet res, cujus est modo spes. « Spes enim quæ videtur, non est spes. Si autem quod non videmus speramus, per patientiam exspectamus (*Rom.*, VIII, 24). » Modo ergo gemis, modo in locum refugii curris, ut salvus fias ; modo in infirmitate positus medicum rogas : quid, cum acceperis perfectam etiam sanitatem, quid cum effectus fueris æqualis Angelis Dei (*Matth.*, XXII, 30), jam forte istam gra-

tiam, qua liberatus es, oblivisceris ? Absit, « In te cantatio mea semper. »

9. Tamquam prodigium factus sum multis (*Ps.*, LXX, 7). » Hic tempore spei, tempore gemitus, tempore humilitatis, tempore doloris, tempore infirmitatis, tempore vocis a compedibus ; hic ergo quid ? « Tamquam prodigium factus sum multis. » Unde, « tamquam prodigium ? » unde mihi insultant qui prodigium putant ? Quia credo quod non video. Illi enim beati in his quæ vident, exsultant in potu, in luxuria, in scortationibus, in avaritia, in divitiis, in rapinis, in sæcularibus dignitatibus, in dealbatione lutei parietis, in his exsultant : ambulo autem ego in viam dissimilem, contemnens ea quæ præsentia sunt, et timens etiam prospera sæculi, nec alicubi securus nisi in promissis Dei. Et illi, « Manducemus et bibamus, cras enim moriemur (I *Cor.*, xv, 32). » Quis ais ? Repete, Manducemus, inquit, et bibamus. Age, quid postea dixisti ? Cras enim morie-

buvons. » Quoi ! après avoir dit : « mangeons et buvons, » vous ajoutez : « car demain nous mourrons ! » Écoutez ce que je dis au contraire : prions et jeûnons, car demain nous mourrons. C'est en suivant cette voie étroite et pénible, que « j'ai paru comme un prodige à un grand nombre d'hommes, mais vous êtes mon protecteur tout-puissant (*Ps.*, LXX, 7). » Venez, ô Seigneur Jésus, venez et dites moi : Ne perds pas courage dans la voie étroite ; j'y ai passé le premier, c'est moi qui suis cette voie (*Jean*, XIV, 6) ; » c'est moi qui conduis, c'est en moi que je conduis, c'est vers moi que je conduis. C'est pourquoi, bien que « j'aie paru comme un prodige à un grand nombre d'hommes, je ne craindrai rien, parce que vous êtes mon protecteur tout-puisssant (*Ps.*, LXX, 7). »

10. « Que ma bouche soit remplie de vos louanges, afin que je dise votre gloire dans des hymnes, et que tout le jour je célèbre votre magnificence (*Ibid.*, 8). » Que veut dire : « tout le jour ? » sans relâche. Dans la prospérité, parce que vous me consolez ; dans l'adversité, parce que vous me corrigez : avant d'être, parce que vous m'avez créé ; depuis que j'existe, parce que vous m'avez sauvé ; quand j'ai péché, parce vous m'avez pardonné ; dans ma conversion, parce que vous m'avez aidé ; dans ma persévérance, parce que vous m'avez couronné. Qu'ainsi perpétuellement « ma bouche soit remplie de vos louanges, afin que je dise votre gloire dans des hymnes, et que tout le jour je célèbre votre magnificence (*Ibid.*). »

11. « Ne me rejetez pas au temps de ma vieillesse (*Ibid.*, 8) » « Vous qui êtes mon espérance depuis ma jeunesse (*Ibid.*, 5), ne me rejetez pas au temps de ma vieillesse (*Ibid.*,8).» Quel est ce temps de la vieillesse ? « Lorsque la force me manquera, ne m'abandonnez pas (*Ibid.*).» Dieu vous répond ici : Souhaitez plutôt que votre propre force vous manque, pour que la mienne soit en vous, et que vous disiez avec l'Apôtre : « C'est quand je suis faible, que je suis fort (II *Cor.*, XII, 10). » Ne craignez pas d'être rejeté dans votre faiblesse, au temps de cette vieillesse. Car quoi ! votre Seigneur n'a-t-il pas été sans force sur la croix ? Est-ce qu'en face de lui, comme en face d'un homme sans force, d'un captif, d'un vaincu, ses ennemis, ces hommes si forts, ces taureaux puissants n'ont point branlé la tête, et n'ont point dit : « S'il est le Fils de Dieu, qu'il descende de la croix (*Matth.*, XXVII, 39, 40) ? » Parce qu'il était faible, est-ce qu'il a été abandonné, lui qui a préféré ne point descendre de la croix, de peur que ce prodige ne parût moins une manifestation de son pouvoir qu'une concession à leurs insultes ? Que vous a-t-il appris, en refusant de descen-

---

mur. Terruisti, non seduxisti ? Plane hoc ipso quod postea dixisti, incussisti mihi timorem, ne tibi consentiam. Cras enim moriemur, dixisti : et præcessit, Manducemus et bibamus. Cum enim dixisses, Manducemus et bibamus : adjunxisti, Cras enim moriemur. Audi contra a me, Immo jejunemus et oremus, cras enim moriemur, Hanc viam tenens artam et angustam, « tamquam prodigium factus sum multis : sed tu adjutor fortis. » Adesto o Domine Jesu, qui mihi dicas, Noli deficere in via angusta, ego prior transii, ego sum ipsa via (*Johan.*, XIV, 6), ego duco, in me duco, ad me perduco. Ergo quamvis « prodigium factus sum multis : » tamen non timebo, quia « tu adjutor fortis. »

10. « Repleatur os meum laude, ut hymnodicam gloriam tuam, tota die magnificentiam tuam (*Ps.*, LXX, 8). » Quid est « tota die ? » Sine intermissione. In prosperis, quia consolaris ; in adversis, quia corrigis : antequam essem, quia fecisti ; cum essem, quia salutem dedisti : cum peccassem, quia ignovisti ; cum conversus essem, quia adjuvisti ; cum perseverassem, quia coronasti. Ita plane « repleatur os meum laude, ut hymnodicam gloriam tuam, tota die magnificentiam tuam. »

11. « Ne projicias me (*a*) in tempore senectutis (*Ibid.*, 9). » Spes mea a juventute mea, « ne projicias me in tempore senectutis. » Quod est hoc tempus senectutis ? « Cum deficiet virtus mea, ne derelinquas me. » Respondet hic tibi Deus, Immo vero deficiat virtus tua, ut in te maneat mea : ut dicas cum Apostolo, « Quando infirmor, tunc potens sum (II *Cor.*, XII, 10). » Noli timere, ne projiciaris in (*b*) infirmitate, in ista senectute. Quid enim, Dominus tuus non est infirmatus in cruce ? Nonne ante illum tamquam ante hominem nihil valentem, captivatum et oppressum, caput agitaverunt fortissimi, et tauri pingues, et dixerunt, « Si filius Dei est, descendat de cruce (*Matth.*, XXVII, 39, 40, etc.) ? » Numquid

---

(*a*) Forte, in tempus, ut aliquoties infra, juxta Græc. εἰς καιρόν.   (*b*) Aliquot MSS. *in infirmitatem, in istam senectutem.*

dre de la croix sur laquelle il était suspendu, sinon que vous devez être patient au milieu des outrages, sinon que vous devez être fort dans votre Dieu? Mais serait-ce de lui qu'il est dit : « J'ai paru comme un prodige à un grand nombre d'hommes et vous êtes mon puissant protecteur (*Ps.*,LXX,7)? » Oui, mais à le considérer dans sa faiblesse, et non dans sa puissance ; à le considérer dans notre nature qu'il avait transfigurée en lui-même, et non dans sa majesté qu'il avait abaissée jusqu'à nous. En effet, il a été véritablement un prodige pour un grand nombre d'hommes. Et peut-être était-ce là sa vieillesse; car ce mot de vieillesse rappelle l'état ancien de l'homme, et l'Apôtre l'a dit : « L'homme ancien a été crucifié en même temps que lui (*Rom.*, II, 6). » Si l'homme ancien était sur la croix, la vieillesse y était aussi; car qui parle d'ancienneté parle de vieillesse. Cependant, parce que cette parole est vraie : « Votre jeunesse sera renouvelée comme celle de l'aigle (*Ps.*, CII, 5), » il est ressuscité le troisième jour et nous a promis la résurrection à la fin du monde. Déjà la tête est arrivée, les membres la suivront. Pourquoi donc craindriez-vous d'être abandonné, d'être rejeté au temps de votre vieillesse, lorsque la force vous manquera? Loin de là, la force de Dieu sera en vous, lorsque la vôtre vous manquera.

12. Pourquoi ces paroles ? « Parce que mes ennemis ont tenu des discours contre moi, parce que ceux qui épiaient mon âme se sont réunis dans un même complot et ont dit : Dieu l'a abandonné, poursuivez-le et saisissez-vous de lui, parce qu'il n'y a personne pour le délivrer (*Ps.*, LXX, 10 et 11). » Voilà ce qui a été dit du Christ. En effet, celui qui, dans la puissance infinie de sa divinité, par laquelle il est égal au Père, avait ressuscité les morts, est resté tout à coup sans force entre les mains de ses ennemis, et a été pris comme s'il n'avait aucun pouvoir. Quand eût-il été pris, si ses ennemis n'eussent dit d'abord dans leur cœur : « Dieu l'a abandonné ? » C'est pourquoi lui-même s'est écrié sur la croix : « Mon Dieu, mon Dieu, pourquoi m'avez-vous abandonné (*Ps.*, XXI, 2) ? » Dieu a-t-il donc abandonné le Christ, alors que Dieu était dans le Christ, se réconciliant le monde (II *Cor.*, V, 13), alors que le Christ, bien que né de la race des Juifs selon la chair, était Dieu, béni au-dessus de toutes choses dans la suite des siècles (*Rom.*, IX, 5)? Dieu l'a-t-il abandonné? Non, certes. Mais ce cri est le nôtre, le cri du vieil homme qui est en nous, parce que le vieil homme qui est en nous a été crucifié avec le Christ, et que c'est de ce vieil homme que le Christ avait reçu son corps, puisque Marie était issue d'Adam. Or, ce que pensaient les ennemis du Seigneur, le Seigneur l'a dit du haut de sa croix : « Pourquoi m'avez-vous aban-

---

ille quia infirmus erat desertus est, qui maluit non descendere de cruce, ne non potentiam ostendisse, sed insultantibus cessisse videretur. Quid te docuit pendens, qui descendere noluit, nisi patientiam inter insultantes, nisi ut sis fortis in Deo tuo? Forte et ejus persona dictum sit, « Tamquam prodigium factus sum multis, et tu adjutor fortis (*Ps.*, LXX, 7)? » Ex persona ejus secundum infirmitatem, non secundum potestatem; secundum id quod nos in se transfiguraverat, non secundum id quod ipse descenderat. Factus est enim multis prodigium. Et forte ipsa erat senectus ejus; quia ex vetustate non incongrue senectus vocatur, et ait Apostolus, « Vetus homo noster simul crucifixus est cum illo (*Rom.*, VI, 6). » Si ibi erat vetus homo noster, senectus ibi erat ; quia vetus, senectus. Tamen quia verum est, «Renovabitur sicut aquilae juventus tua (*Psal.*, CII, 5):» resurrexit ipse die tertio, promisit resurrectionem finito saeculo. Jam praecessit caput, membra secutura sunt. Quid times ne dereliquat te, ne abjiciat in tempus senectutis, cum defecerit virtus tua? Immo tunc in te erit virtus ejus, quando defecerit virtus tua.

12. Quare hoc dico ? « Quia dixerunt inimici mei mihi, et qui custodiebant animam meam, consilium fecerunt in unum (*Ps.*, LXX, 10), dicentes, Deus dereliquit eum, persequimini et comprehendite eum, quia non est qui eruat eum (*Ibid.*, 11). » Dictum est hoc de Christo. Ille enim qui potentia magna divinitatis, qua Patri aequalis est, resuscitaverat mortuos, subito inter manus inimicorum infirmus factus est, et quasi nihil valens prehensus est. Quando prehenderetur, nisi illi primo in corde suo dicerent, « Deus dereliquit eum ? » Unde illa vox est in cruce, « Deus meus, Deus meus, ut quid dereliquisti me (*Psal.*, XXI, 2). » Ergo Deus dereliquit Christum, cum Deus esset in Christo mundum reconcilians sibi (II *Cor.*, V, 19), cum esset et Christus Deus, ex Judaeis quidem secundum carnem, qui est super omnia Deus benedictus in saecula (*Rom.*, IX, 5), Deus

donné (*Matth.*, XXVII, 46)? Pourquoi ces hommes pensent-ils, à leur détriment, que j'aie été abandonné? Et que veut dire qu'ils pensent, à leur détriment, que le Christ a été abandonné? C'est qu'en effet, « s'ils l'eussent connu, jamais ils n'eussent crucifié le Seigneur de gloire (1 *Cor.*, II, 8). » « Poursuivez-le et saisissez-vous de lui (*Ps.*, LXX, 11). » Cependant, mes frères, nous pouvons comprendre aussi, dans un sens plus familier, ces mêmes paroles, comme émanant des membres du Christ, et nous pouvons y reconnaître notre voix : car il a prononcé de telles paroles, en notre nom, et non en raison de sa puissance et de sa majesté ; selon ce qu'il s'est fait pour nous, et non selon ce qu'il est comme notre créateur.

13. « Seigneur, mon Dieu, ne vous éloignez pas de moi (*Ibid.*, 12). » Dieu exauce cette prière, il ne s'éloigne pas entièrement. « Le Seigneur est proche de ceux qui ont le cœur contrit (*Ps.*, XXXIII, 29). » « Mon Dieu, jetez les yeux sur moi pour m'aider (*Ps.*, LXX, 12). »

14. « Que ceux qui engagent mon âme soient confondus et perdent toute force (*Ibid.*, 13). » Que souhaite le prophète? « Qu'ils soient confondus et qu'ils perdent toute force (*Ibid.*). » Pourquoi ce souhait? « Parce qu'ils engagent mon âme. » Que veut dire : « Ils engagent mon âme (*Ibid.*)? » Ils l'engagent comme en quelque débat. En effet, on dit que ceux-là sont engagés, qui sont compromis dans quelque débat. S'il en est ainsi, gardons-nous de ceux qui engagent notre âme. Que veut dire : qui engagent notre âme? Qui d'abord nous excitent à résister à Dieu, afin que dans nos peines Dieu nous déplaise. Quand, en effet, êtes-vous assez droit pour que le Dieu d'Israël, qui est bon pour les hommes au cœur droit, soit bon pour vous (*Ps.*, LXXII, 2)? Quand êtes-vous droit? Voulez-vous le savoir? Quand, dans le bien que vous faites, Dieu seul vous plaît ; et quand, dans le mal que vous souffrez, Dieu vous plaît encore. Faites bien attention à mes paroles, mes frères, et précautionnez-vous contre ceux qui engagent votre âme. En effet, tous ceux qui font en sorte que vous éprouviez de la fatigue dans les chagrins et les afflictions, le font pour que vos souffrances vous aigrissent contre Dieu, et que vous laissiez échapper de votre bouche ces paroles : Qu'est-ce que cela? Qu'ai-je donc fait? Ainsi donc, vous n'avez fait aucun mal, vous êtes juste et Dieu est injuste? Je suis un pécheur, dites-vous, j'en conviens ; je ne prétends pas être juste. Mais, que dis-je, pécheur! le suis-je autant que cet homme qui est heureux? Le suis-je autant que Gaiuséius? Je connais

---

reliquit illum? Absit. Sed in vetere nostro vox nostra erat, quia simul crucifixus erat vetus homo noster cum illo (*Rom.*, VI, 6) : et de ipso vetere nostro corpore acceperat, quia Maria de Adam erat. Ergo quod illi putaverunt, hoc de cruce dixit : « Quare me dereliquisti (*Matth.*, XXVII, 46)? » Quare me isti derelictum putant malo suo? Quid est, derelictum putant malo suo? « Si enim cognovissent, numquam Dominum gloriæ crucifixissent (1 *Cor.*, II, 3). » « Persequimini et comprehendite eum. » Familiarius tamen hoc, Fratres, accipiamus ex membris Christi, et vocem nostram in his verbis agnoscamus : quia et ille tales voces ex persona nostra habuit, non ex potentia et majestate sua ; sed ex eo quod factus est propter nos, non secundum id quod erat qui fecit nos.

13. « Domine Deus meus ne elonges a me (*Psal.*, LXX, 12). » Ita fit, et non elongat omnino. « Prope est enim Dominus his qui obtriverunt cor (*Psal.*, XXXIII, 19). » « Deus meus in adjutorium meum respice. »

14. « Confundantur et deficiant committentes animam meam (*Psal.*, LXX, 13). » Quid optavit? « Confundantur et deficiant. » Quare optavit? « Committentes animam meam. » Quid est, « committentes animam meam? » Committentes quasi in rixam aliquam. Committi enim dicuntur, qui rixari provocantur. Si ergo ita est, caveamus committentes animam nostram. Quid est, committentes animam nostram? Primo provocantes nos ut Deo resistamus, ut in malis nostris Deus nobis displiceat. Quando enim rectus es, ut bonus sit tibi Deus Israël, bonus rectis corde (*Psal.*, LXXII, 8)? quando rectus es? vis audire? Quando in eo bono quod facis, Deus tibi placet ; in eo autem malo quod pateris, Deus tibi non displicet. Videte quid dixerim, Fratres, et cauti estote contra committentes animas vestras. Omnes enim qui vobiscum agunt, ut in mæroribus et tribulationibus fatigemini, id agunt, ut in eo quod patimini Deus vobis displiceat, et exeat ex ore vestro. Quid est hoc? quid enim feci? Jam ergo tu nihil mali fecisti, et tu justus es, ille injustus? Peccator sum, inquis, fateor, justum me non dico. Sed quid, peccator, numquid tantum quantum ille cui bene est? quantum Gaiuseius? Ego scio mala ipsius, ego scio iniquitates ipsius, a quibus ego, etsi peccator,

ses fautes ; je connais ses iniquités que, bien que pécheur, je suis loin d'avoir commises ; et, cependant, je le vois au comble de tous les biens, tandis que je souffre tant ! Je ne dis donc pas : mon Dieu, que vous ai-je fait ? en ce sens que je n'aurais fait aucun mal ; mais je dis que je n'ai pas fait assez de mal pour mériter de souffrir ainsi. Je vous le demande de nouveau, c'est donc vous qui êtes juste et Dieu qui est injuste ? O malheureux, réveillez-vous, votre âme est engagée. Mais, répond-on, je n'ai pas dit que j'étais juste. Que dites-vous donc ? Je suis pécheur, mais je n'ai pas commis tant de fautes, que j'aie mérité de souffrir ainsi. Vous ne dites donc point à Dieu : je suis juste et vous êtes injuste ; mais vous dites : je suis injuste et vous êtes plus injuste que moi. Voici que votre âme est engagée, voici que votre âme est en guerre. Mais qui ? contre qui ? Votre âme, contre Dieu ; une créature contre son créateur. Par cela même que vous criez contre lui, vous êtes un ingrat. Revenez donc à l'aveu de votre faiblesse: implorez la main du médecin. Que ceux qui sont dans la prospérité pour un temps ne vous paraissent pas heureux. Vous êtes châtié, ils sont épargnés ; peut-être est-ce à vous, enfant châtié et corrigé, qu'est réservé l'héritage. Rentrez donc, violateur de la loi, rentrez en vous-même (*Isaïe*, XLVI, 8) ; ne laissez point engager votre âme. Celui à qui vous déclarez la guerre est mille fois plus puissant que vous. Plus grosses seront les pierres que vous lancerez contre le Ciel, plus lourds seront les débris dont la chute vous écrasera. Rentrez plutôt en vous-même, et reconnaissez-vous. C'est Dieu qui vous déplaît, rougissez-en, et déplaisez-vous à vous-même. Vous ne feriez rien de bon, s'il n'était bon ; et vous ne souffririez aucun mal, s'il n'était juste. Réveillez-vous donc à ces paroles : « Le Seigneur me l'avait donné, le Seigneur me l'a ôté ; il a été fait comme il a plu au Seigneur ; que le nom du Seigneur soit béni (*Job*, I, 21). » Les amis de Job, assis en parfaite santé auprès de leur ami couvert de pourriture, étaient des injustes (*Id.*, II, 13) ; et, cependant, celui que Dieu devait recevoir était châtié, et ceux qui devaient être punis étaient épargnés. Quelques tribulations qui vous atteignent donc, quelques insultes que vous receviez, que votre âme ne se laisse point engager, et non-seulement à l'encontre de Dieu, mais à l'égard de ceux mêmes qui vous causeraient tout ce mal. Car si vous les haïssiez, votre âme serait engagée par rapport à eux. Au contraire, rendez grâce à Dieu, et priez pour vos ennemis. Peut-être même votre prière pour eux doit-elle être cette parole du Psaume : « Que ceux qui engagent mon âme soient confondus et perdent toute force (*Ps.*, LXX, 13). » « Qu'ils soient confondus et perdent toute force. » En effet, ils présument beaucoup

---

longe absum ; et tamen video eum florere omnibus bonis, et ego tanta patior. Non ergo ideo dico, Deus quid tibi feci, quia nihil omnino mali feci ; sed quia non tantum feci, ut ista dignus sim pati. Iterum tu justus es, ille injustus? Evigila miser, commissa est anima tua. Non, inquit, ego justum me dixi. Quid ergo dicis? Peccator sum, sed non tanta commisi, ut ista dignus essem pati. Non ergo dicis Deo, Justus sum, et tu es injustus : sed dicis, Injustus sum, sed tu es injustior. Ecce commissa est anima tua, ecce jam bellum gerit anima tua. Quæ? contra quem? Anima tua, contra Deum; quæ facta est, contra eum a quo facta est. Vel quia es quæ contra illum clames, ingrata es. Redi ergo ad confessionem infirmitatis tuæ, implora medici manum. Non tibi videantur felices qui florent ad tempus. Tu castigaris, illis parcitur : forte tibi castigato et emendato filio hereditas reservatur. Redi ergo, redi prævaricator ad cor (*Isai.*, XLVI, 8), non committatur anima tua. Potentior est multum cui bellum indixisti. Quanto grandiores lapides in cælum miseris, tanto te fortior ruina pressura est. Redi potius, agnosce te. Deus est qui tibi displicet : erubesce, tu tibi displice. Nihil boni faceres, nisi ille bonus esset ; et nihil mali patereris, nisi ille justus esset. Evigila ergo in hanc vocem, « Dominus dedit, Dominus abstulit ; sicut Domino placuit ita factum est : sit nomen Domini benedictum (*Job*, I, 21). » Injusti erant qui juxta Job putrescentem sani sedebant ; et tamen ille recipiendus flagellabatur, illis puniendis parcebatur (*Job*, II, 13). Quidquid ergo tribulationis tibi acciderit, quidquid insultationis, non committatur anima tua ; non solum contra Deum, sed nec contra eos ipsos qui tibi ista faciunt. Si enim vel ipsos odio habueris, et contra illos commissa est anima tua. Prorsus illi gratias age, pro istis ora. Forte enim et oratio pro ipsis est ista quam audisti, « Confundantur et deficiant committentes animam meam. » « Confundantur et deficiant : » multum enim de justitia sua præsumunt ; ergo confundantur. Hoc

de leur propre justice : qu'ils soient donc confondus. Il leur est avantageux de connaître leurs péchés, connaissance qui les confondra et leur fera perdre leur force ; car ils avaient tort de présumer d'eux-mêmes. Mais alors, sentant leur faiblesse, puissent-ils dire aussi : « C'est lorsque je suis affaibli, que je suis fort (II *Cor.*, XII, 10). » Puissent-ils dire dans ce sentiment de leur faiblesse : « Ne me rejetez pas au temps de ma vieillesse (*Ps.*, LXX, 9). » C'est donc leur bien que souhaite le Psalmiste, en demandant qu'ils soient couverts de confusion pour leurs péchés, et qu'ils perdent la force de suivre leurs voies perverses; afin qu'étant ainsi confondus et privés de force, ils cherchent celui qui peut les éclairer dans leur confusion et les soutenir dans leur défaillance. Voyez en effet ce qui suit : « Que ceux qui me veulent du mal soient couverts de confusion et de rougeur (*Ibid.*, 13). » Il leur souhaite la confusion et la rougeur : la confusion par la conscience de leurs péchés, la rougeur, signe de modestie. Qu'il en soit ainsi pour eux, et ils seront bons. Ne supposez donc pas que ces souhaits soient une expression de vengeance; au contraire, puisse le prophète être exaucé à leur égard ! Car Étienne paraissait se venger des Juifs, lorsqu'il leur lançait ces reproches, d'une bouche enflammée : « Têtes dures, hommes incirconcis du cœur et des oreilles, vous résistez toujours à l'Esprit-Saint (*Act.*, VII, 51) ! » Combien sa colère était brûlante ! Combien sa parole était véhémente contre ses ennemis ! Son âme vous parait-elle donc engagée ? Non : il cherchait leur salut. Il enchaînait de ses paroles les frénétiques qui exerçaient sur lui une fureur injuste. Et voyez que son âme n'était engagée, ni à l'encontre de Dieu, ni à leur égard ; car il disait ensuite : « Seigneur Jésus, recevez mon esprit (*Ib.*, 58). » Jésus ne lui déplaisait donc pas, bien qu'il souffrît la lapidation pour sa parole. Son âme n'était donc pas engagée à l'encontre de Dieu. Il ajoutait encore : « Seigneur, ne leur imputez pas ce péché (*Ibid.*, 59). » Son âme n'était donc pas non plus engagée à l'égard de ses ennemis. « Que ceux qui me veulent du mal, soient couverts de confusion et de honte (*Ps.*, LXX,13). » Car voilà ce que cherchent tous ceux qui m'affligent, ils cherchent à me faire du mal. C'est ce que faisait la femme de Job, lorsqu'elle lui disait : « Maudissez Dieu et mourez (*Job*, II, 9). » C'est ce que faisait la femme de Tobie, quand elle lui disait : « Que vous a rapporté votre justice (*Tobie*, II, 22) ? » Elle le disait pour aigrir son mari contre Dieu qui l'avait rendu aveugle, et elle eût engagé son âme, si Dieu fût venu à lui déplaire.

15. Si donc, dans vos tribulations, personne

---

illis expedit, ut peccata sua cognoscant, unde confundantur et deficiant (male enim de viribus suis præsumebant), et ipsi defecti dicant, « Quando infirmor, tunc potens sum (II *Cor.*, XII, 10) » et ipsi defecti dicant, « Ne abjicias me in tempus senectutis (*Psal.*, LXXI, 9). » Bonum ergo illis optavit, ut confundantur de malis suis, et deficiant a perversis viribus suis; et tunc jam defecti et confusi quærant illuminatorem a confusione, et refectorem a defectione. Denique vide quid sequitur : « Induantur confusionem et verecundiam, qui cogitant mihi mala.» « Confusionem et verecundiam, » confusionem de mala conscientia, verecundiam propter modestiam. Fiat hoc in illis, et boni erunt. Non tibi videatur sævire : utinam exaudiatur pro illis. Nam sævire videbatur et Stephanus, quando ore flammanti verba illa jaculabatur : « Dura cervice, et non circumcisi corde et auribus, vos semper (*a*) resistitis Spiritui-sancto (*Act.*, VII, 51). » Quam accensa iracundia, quam vehemens adversus inimicos ? Commissa tibi videtur anima ipsius ? Absit. Salutem ipsorum requirebat, phreneticos male sævientes verbis ligabat. Nam vide quia non erat commissa anima ipsius, non solum contra Deum, sed nec contra ipsos : « Domine, inquit, Jesu accipe spiritum meum (*Ibid.*, 58). » Non ei displicuit Jesus, quia (*b*) passus erat lapidationem pro verbo ipsius : non ergo erat commissa anima ejus contra Deum. Item dixit, « Domine ne statuas illis hoc delictum (*Ibid.*, 59). » Non ergo erat commissa anima ejus, nec contra inimicos suos. « Induantur confusionem et verecundiam, qui cogitant mihi mala (*Ps.*, LXX, 13). » Hoc enim quærunt omnes qui me tribulant, mala mihi quærunt. Quæ mala quærebat etiam mulier illa, quando suggessit, « Dic aliquid in Deum, et morere (*Job*, II, 9). » Et illa uxor Tobiæ, quæ ait marito, « Ubi sunt justitiæ tuæ (*Tob.*, II, 22)? » Ad hoc dicebat, ut displiceret illi Deus, qui illum fecerat

(*a*) Er. et MSS. *restitistis*. (*b*) Sic MSS. At editi, *passurus*.

n'a pu vous amener par la persuasion, ni vous entraîner par la violence, à ne plus aimer Dieu en raison de vos souffrances, ou à détester ceux qui vous font souffrir, votre âme n'est point engagée, et vous dites, en toute sécurité, ce qui suit : « Quant à moi, je mettrai toujours en vous mon espérance et j'ajouterai encore à toute votre louange (*Ps.* LXX, 14). » Que veut dire cela : « J'ajouterai encore à toute votre louange (*Ibid.*)?» Voilà des paroles qui doivent nous étonner. Pouvez-vous donc rendre plus parfaite la louange de Dieu? Y a-t-il quelque chose qu'on puisse y ajouter? Si déjà cette louange est complète, qu'y ajouterez-vous? Dieu est loué dans l'excellence de ses œuvres, dans toutes ses créatures, dans la manière dont il a établi toutes choses, dans la conduite et dans le gouvernement des siècles, dans l'ordre des temps, dans la sublime élévation des cieux, dans la fécondité des terres, dans l'étendue des mers dont il a environné les terres, dans le pouvoir qu'il a donné aux créatures de se reproduire, dans le genre humain tout entier, dans la loi qu'il a donnée aux hommes, dans la délivrance de son peuple de la captivité des Égyptiens, et dans toutes ses autres merveilles ; mais Dieu n'était pas encore loué pour avoir ressuscité la chair et l'avoir appelée à la vie éternelle. Que cette louange lui soit donc ajoutée par la résurrection de Notre Seigneur Jésus-Christ, et comprenons ici que sa voix ajoute à toutes les louanges passées : c'est là bien comprendre cette parole du Prophète. Mais quoi? Vous qui êtes peut-être un pécheur, qui redoutez que votre âme soit engagée, qui ne mettez votre espérance qu'en Dieu, afin d'être délivré de la captivité première, qui ne présumez pas de votre justice, et qui ne comptez que sur la grâce que fait connaître le Psaume, ajouterez-vous quelque chose à toute la louange de Dieu? J'y ajouterai quelque chose, dit le Prophète. Voyons donc ce qu'il pourra y ajouter. Votre louange pourrait être complète et il semblerait qu'il n'y manquât absolument rien, parce que rien en effet n'y manquerait si vous condamniez tous les méchants. En effet la justice de Dieu condamnant tous les méchants ne pourrait être l'objet d'une médiocre louange; leur châtiment serait pour lui une louange complète. Vous avez fait l'homme, vous lui avez donné le libre arbitre, vous l'avez placé dans le paradis, vous lui avez imposé un commandement et vous lui avez annoncé la mort comme le plus juste des châtiments, s'il transgressait votre loi ; il n'est rien donc que vous n'ayez fait pour l'homme, nul ne pourrait en demander davantage de vous. L'homme a péché, le genre humain est devenu comme une masse de péchés découlant d'une même source de pécheurs (*Gen.*, II, 3) ; et maintenant, si vous condamnez toute cette masse d'i-

cæcum; et cum illi displiceret, committeretur anima ipsius.
15. Si ergo nemo tibi tribulando persuaserit, nemo extorserit ut tibi displiceat Deus in his quæ pateris, aut ut oderis homines per quos pateris, non committitur anima tua : securus dicis quod sequitur, « Ego autem semper in te sperabo, et adjiciam super omnem laudem tuam (*Psal.*, LXX, 14). » Quid est hoc? Movere nos debet, « adjiciam super omnem laudem tuam. » Perfectiorem facturus es laudem Dei? Est aliquid quod superadjiciatur? Si jam omnis illa laus est, tu quid adjecturus es? Laudatus est Deus in omnibus bonis factis suis, in omni creatura sua, in omni institutione rerum omnium, in gubernatione et regimine sæculorum, in ordine temporum, in eminentia cœli, in fecunditate terrarum, in circumfusione maris, in omni præpollentia nascentis ubique creaturæ, in ipsis filiis hominum, in danda lege, in liberandis suis a captivitate Ægyptiorum, et ceteris omnibus mirabilibus suis : nondum erat laudatus in eo quod suscitavit carnem in vitam æternam. Sit ergo ista laus adjecta per ressurrectionem Domini nostri Jesu Christi : ut hic ejus vocem intelligamus super omnem laudem prætéritam : sic hoc et recte intelligimus. Quid, tu forte peccator, qui timebas committi animam tuam, qui in ipso solo sperabas, ut a prima illa captivitate liberareris, qui de justitia tua non præsumebas, sed de gratia illius quam commendat hic Psalmus, quid, tu adjicies aliquid super omnem laudem Dei? Adjiciam, inquit. Videamus quid adjiciat. Posset esse omnis laus tua, et nihil omnino deesse videretur ad laudem tuam : quia et nihil deesset, si damnares omnes iniquos. Non enim non esset magna laus Dei justitia ipsa qua iniqui damnantur : magna laus esset. Fecisti hominem, dedisti ei liberum arbitrium, in paradiso collocasti, præceptum imposuisti, mortem si præceptum violaret, justissimam denuntiasti (*Gen.*, II, 7, etc.); nihil non fecisti, nemo est qui a te amplius exigat: peccavit, factum est genus hu-

niquité, quelqu'un aura-t-il le droit de vous dire : vous avez agi injustement ? Vous seriez évidemment tellement juste que toute louange vous serait due ; mais, parce que vous avez sauvé le pécheur lui-même, en le justifiant après son impiété, « J'ajouterai encore à toute votre louange (*Ibid.*). »

16. « Ma bouche publiera votre justice (*Ibid.*, 15), » et non la mienne. J'ajouterai cette louange à toute votre louange, que ma justice, si je suis juste, n'est point ma justice, mais votre justice déposée en moi. En effet, c'est vous qui justifiez l'impie (*Rom.*, IV, 5). « Ma bouche publiera votre justice ; elle célébrera tout le jour votre salut (*Ibid.*). » Que veut dire : « votre salut ? » « Le salut vient du Seigneur (*Ps.*, III, 9). » Que nul ne prétende, par une injuste usurpation, qu'il doit à lui-même son salut. Le salut vient du Seigneur. Nul ne se sauve par lui-même ; le salut vient du Seigneur. Le salut que donnent les hommes est vain (*Ps.*, LIX, 13). « Tout le jour, je célébrerai votre salut (*Ps.*, LXX, 14) ; » c'est-à-dire, en tout temps. Êtes-vous dans l'adversité, prêchez que le salut vient du Seigneur. Êtes-vous dans la prospérité, prêchez que le salut vient du Seigneur. Ne le prêchez pas dans la prospérité, pour vous taire dans l'adversité ; autrement vous n'accompliriez pas ce précepte : « Tout le jour. » En effet, le jour entier comprend sa nuit. Est-ce que, quand nous disons par exemple : Voici trente jours d'écoulés, nous n'y comprenons pas les nuits ? Est-ce que, dans ce terme de jours, nous ne renfermons pas les nuits ? Qu'a dit la Genèse ? « Il y eut un soir et un matin, et ce fut le premier jour (*Genèse*, I, 5). » Le jour entier comprend donc sa nuit ; car la nuit est sous la dépendance du jour, et non le jour sous la dépendance de la nuit. Tout ce que vous faites dans votre chair mortelle doit être sous la dépendance de la justice ; tout ce que vous faites d'après l'ordre de Dieu ne doit pas être fait au bénéfice de la chair, afin que le jour ne soit pas sous la dépendance de la nuit. Chantez donc tout le jour les louanges de Dieu, c'est-à-dire dans la prospérité et dans l'adversité, dans la prospérité ou comme en plein jour, et dans l'adversité ou en quelque sorte pendant la nuit, et cependant chantez tout le jour les louanges de Dieu, pour ne pas chanter sans fruit : « Je bénirai le Seigneur en tout temps ; sa louange sera toujours dans ma bouche (*Ps.*, XXXIII, 2). » Job, quand ses enfants, ses troupeaux, sa famille, tous ses biens étaient florissants, louait le Seigneur, comme en plein jour. Des malheurs survinrent ; sa famille périt, tout ce qu'il avait amassé disparut, ceux pour qui il amassait ces biens moururent ; ce fut comme le temps de la nuit. Et cependant, voyez comme il loua Dieu tout le jour. Après ces heures de plein

---

manum tamquam massa peccatorum, profluens de peccatoribus ; quid ergo, tu si massam istam iniquitatis damnes, quisquam tibi dicet, Injuste fecisti ? Esses plane etiam sic justus, et omnis esset ista laus tua ; sed quia liberasti et ipsum peccatorem, justificando impium, « adjiciam super omnem laudem tuam. »

16. « Os meum enuntiabit justitiam tuam (*Ps.*, LXX, 15) : » non meam. Inde adjiciam super omnem laudem tuam : quia et quod justus sum, si justus sum, justitia tua est in me, non mea : « tu enim justificas impium (*Rom.*, IV, 5). » « Os meum enuntiabit justitiam tuam, tota die salutem tuam. » Quid est, « salutem tuam ? » « Domini est salus (*Psal.*, III, 9). » Nemo sibi usurpet, quia se salvum facit : Domini est salus. Non se salvum per se quisquam facit, Domini est salus, vana salus hominis. « Tota die salutem tuam : » toto tempore. Aliquid adversi est, prædica salutem Domini : aliquid prosperi est, prædica salutem Domini. Ne prædices in prosperis, et obmutescas in adversis : alioquin non erit quod dictum est, « tota die. » Tota enim dies cum sua nocte est. Numquid quando dicimus, Triginta dies, verbi causa, transierunt, dicimus et noctes ? nonne et in ipso nomine dierum includimus noctes ? In Genesi quid dicebatur ? « Factum est vespere et factum est mane dies unus (*Gen.*, I, 5). » Ergo dies totus cum sua nocte est : nox enim diei servit, non dies nocti. Quidquid facis in carne mortali, justitiæ debet servire : quidquid facis ex præcepto Dei, non propter emolumenta carnis fiat, ne dies serviat nocti. Ergo tota die laudem Dei dic, scilicet in prosperis et in adversis ; in prosperis, tamquam tempore diurno ; in adversis, tamquam tempore nocturno : tota tamen die laudem Dei dic, ut non frustra cantaveris, « Benedicam Dominum in omni tempore, semper laus ejus in ore meo (*Psal.*, XXXIII, 2). » Salvis filiis, pecore, familia, omni re sua, Job laudabat Deum ; hoc quasi diurno tempore : damna venerunt, orbitas irruit, periit quod servabatur, obierunt quibus servabatur ; hoc quasi nocturno tempore. Vide tamen tota die laudantem : Numquid post illud diurnum tempus

jour, pendant lesquelles il s'était réjoui, quand vint le moment du coucher de la lumière, c'est-à-dire du coucher de sa prospérité, est-ce qu'il cessa de louer Dieu ? A ce moment là même ne faisait-il pas grand jour dans son cœur, d'où jaillissait cette vive lumière : « Le Seigneur me l'avait donné, le Seigneur me l'a ôté ; il a été fait comme il a plu au Seigneur ; que le nom du Seigneur soit béni (*Job*, I, 21) ? » Pourtant, ces premiers malheurs n'étaient encore que l'heure du crépuscule, une nuit plus profonde y succéda et les ténèbres s'épaissirent avec les souffrances corporelles, avec la pourriture et les vers. Du milieu même de cette pourriture, il ne cessa point de louer Dieu, plongé qu'il était dans la nuit extérieure, tandis qu'intérieurement il marchait avec allégresse au grand jour. Car, sa femme lui conseillant de blasphémer, et voulant engager son âme, il répondit à cette malheureuse conseillère, ombre funeste de la nuit : « Vous avez parlé comme une femme insensée. » Vraie fille de la nuit, « si nous avons reçu les biens de la main du Seigneur, ne devons-nous pas en recevoir aussi les maux (*Id*. II, 10) ? » Nous l'avons loué pendant le jour, et nous cesserions de le louer pendant la nuit ? « Tout le jour, » c'est-à-dire, pendant le jour entier avec sa nuit, « je célébrerai votre salut (*Ps*., LXX, 15). »

17. « Parce que je n'ai pas connu les affaires de négoce (*Ibid*., 16). » « Je célébrerai votre salut tout le jour, dit-il, parce que je n'ai pas connu les affaires de négoce. » Quelles sont ces affaires de négoce ? Que ceux qui font le négoce entendent et changent de vie ; ce qu'ils ont été, qu'ils cessent de l'être ; qu'ils ne sachent plus ce qu'ils étaient et qu'ils l'oublient ; enfin, qu'ils n'approuvent pas, qu'ils ne louent pas ce qu'ils ont été, mais qu'ils le désapprouvent, qu'ils le condamnent, et qu'ils changent de vie, si le négoce est un péché. C'est, en effet, je ne sais quelle avidité d'amasser, ô homme de négoce, qui vous fera blasphémer Dieu, si vous venez à subir quelque perte, et on ne trouvera plus en vous ce que nous venons de dire : « la louange de Dieu tout le jour. » Quand, non-seulement vous mentez sur le prix de vos marchandises, mais encore que vous faites de faux serments, comment la louange de Dieu serait-elle tout le jour dans votre bouche ? Comment, si vous êtes chrétien, votre bouche est-elle cause que le nom de Dieu soit blasphémé (*Rom*., II, 24), de sorte que l'on dise : Voilà ce que sont les chrétiens ? Si donc le Prophète chante tout le jour la louange de Dieu, parce qu'il n'a pas connu les affaires de négoce, que les chrétiens se corrigent, et qu'ils cessent de se livrer au négoce. Mais, me dira quelque négociant : Voilà que j'apporte de loin des marchandises dans les lieux où elles manquent, pour gagner ma vie,

ubi lætabatur, quia factus est illius quasi lucis, hoc est, prosperitatis occasus, defecit a laudibus Dei ? Nonne dies erat in corde, unde fulgebat, « Dominus dedit, Dominus abstulit ; sicut Domino placuit ita factum est : sit nomen Domini benedictum (*Johan*., I, 21) ? Et hoc quasi adhuc vespertinum erat tempus : venit et nox crassior, tenebræ profundiores, corporis dolor, putredo vermium ; nec sic in ipsa putredine defecit a laudibus Dei foris in nocte, qui intus exsultabat in die. Namque uxori persuadenti blasphemiam, et committenti animam ipsius, male suadenti miseræ tamquam umbræ nocturnæ, « Locuta es, inquit, tamquam una ex insipientibus mulieribus (*Johan*., II, 10). » Vere filia noctis : « Si bona suscepimus de manu Domini, mala non sustinebimus ? » Laudavimus in die, deficiemus in nocte ? « Tota die, » id est, cum sua nocte, « salutem tuam. »

17. « Quoniam non cognovi negotiationes (*Ps*., LXX, 15). » Ideo, inquit, « tota die salutem tuam, quoniam non cognovi negotiationes. » Quæ sunt istæ negotiationes ? Audiant negotiatores, et mutent vitam ; et si fuerunt, non sint : non cognoscant quod fuerunt, obliviscantur : postremo, non approbent, non laudent ; improbent, damnent, mutentur, peccatum est negotiatio. Hinc enim aviditate nescio qua adquirendi, o negotiator, quando damnum passus fueris, blasphemabis : et non erit in te quod dictum est, « Tota die laudem tuam. » Quando autem pro pretiis rerum quas vendis, non solum mentiris, verum etiam falsum juras, quomodo in ore tuo tota die laus Dei ? quando, si Christianus es, etiam ex ore tuo blasphematur nomen Dei (*Rom*., II, 24), ut peccatur, Ecce quales sunt Christiani. Ergo si propterea iste tota die laudem Dei dicit, qua non cognovit negotiationes ; corrigant se Christiani, non negotientur. Sed ait mihi negotiator, Ecce ego affero quidem ex longinquo merces ad ea loca, in quibus non sunt ea quæ adultero, unde vivam, tamquam mercedem laboris mei peto, ut carius vendam quam emerim : unde enim vivam, cum scriptum sit, « Di-

et je demande, comme salaire de la peine que je prends, de vendre ces marchandises à un prix plus élevé que je ne les achète. Autrement, comment gagnerais-je ma vie, puisqu'il est écrit : « L'ouvrier mérite son salaire (1 *Luc*, x, 7) ? » Mais vous me parlez de mensonges, de parjures. Ce vice est mon fait, et non celui de ma profession. Si je le voulais, je pourrais agir sans cette fraude. Je ne rejette donc pas ma faute sur le commerce, et je dis que si je mens, c'est moi qui mens, et non mon commerce. Car je pourrais dire : J'ai acheté cette marchandise pour tel prix, mais je la vends pour tel autre ; si cela vous convient, achetez. Une parole aussi franche, loin d'éloigner l'acheteur, ferait au contraire que tous accourraient, estimant encore la bonne foi plus que la marchandise. Enseignez-moi donc, dit le négociant, que je ne dois ni mentir, ni me parjurer, mais ne me demandez pas de renoncer aux affaires qui me font subsister. D'ailleurs à quelle occupation m'appellerez-vous, après m'avoir retiré de celle-ci ? Peut-être à quelque métier ? Je serai cordonnier ; je ferai des chaussures. Est-ce que les fabricants de chaussures ne mentent pas aussi bien que les commerçants ? Est-ce qu'ils ne se parjurent pas de la même façon ? Après s'être engagés à faire des souliers pour quelqu'un, s'ils viennent à recevoir de l'argent d'une autre personne, ne laissent-ils pas là les chaussures qu'ils faisaient pour le premier, et ne travaillent-ils pas pour le second, au détriment de celui à qui ils avaient promis d'achever rapidement sa commande ? Ne disent-ils pas souvent : Ce sera pour aujourd'hui sans faute ; je terminerai aujourd'hui ? Et puis, dans la confection même de leurs chaussures, ne commettent-ils pas des fraudes aussi considérables ? Ils disent une chose, ils en font une autre ; mais le mal vient d'eux, il ne vient pas du métier qu'ils exercent. Donc tous les artisans qui sont mauvais et qui ne craignent point Dieu mentent et se parjurent, soit pour gagner davantage, soit pour éviter une perte ou pour échapper au besoin ; par conséquent, ils ne louent point Dieu tout le jour. Mais à quoi bon me détourner du commerce ? Est-ce pour que je devienne agriculteur, et que je murmure contre Dieu, s'il vient à faire quelque orage : pour que je consulte le sorcier, si je crains la grêle ; pour que je cherche je ne sais quelle querelle au ciel ; pour que je souhaite une famine qui tombe sur les pauvres, afin que j'aie l'occasion de vendre le blé amassé dans mes greniers ? Est-ce à cela que vous m'amenez ? Mais, dites-vous, les cultivateurs honnêtes n'agissent pas ainsi. Les négociants honnêtes ne font pas non plus ce que vous leur reprochez. Mais, à raisonner ainsi, n'est-ce point un mal d'élever des enfants, puisque certaines mères, quand ils souffrent de la

---

gnus est operarius mercede sua (Lucæ., x, 7) ? » Sed agitur de mendacio, de perjurio. Hoc vitium meum est, non negotiationis : neque enim non, si vellem, possem agere sine isto vitio. Non ergo meam culpam (*a*) actor ad negotium transfero : sed si mentior, ego mentior, non negotium. Possem enim dicere, Tanto emi, sed tanto vendam ; si placet, eme. Non enim istam veritatem audiens emtor repelleretur, et non potius omnes accurrerent : quia plus fidem quam mercem diligerent. Hoc ergo, inquit, me mone, ne mentiar, ne perjurem ; non ut adjicium negotium unde me transigo. Quo enim vocas, quando hinc revocas ? Forte ad artem aliquam ? Ero sutor, calceamenta faciam hominibus ? Mendaces enim et ipsi non sunt ? perjuri et ipsi non sunt ? Nonne locatis ab alio calceamentis, cum acceperint ab alio pretium, dimittunt quod faciebant, et suscipiunt alteri facere, et fallunt cum cui promiserant cito se facturos ? nonne sæpe dicunt, Hodie facio, hodie impleo. Deinde in ipsa sutura tantas fraudes non faciunt ? Faciunt ista et dicunt ista : sed ipsi mali sunt, non ars quam profitentur. Omnes ergo artifices mali Deum non timentes, vel pro lucro, vel pro timore damni aut egestatis mentiuntur, perjurant ; non est continua Dei laus in eis. Quomodo ergo revocas a negotiatione ? An ut agricola sim, et adversus Deum tonantem murmurem, ut grandinem timens (*b*) sortilegum consulam, ut quæram quid faciam contra cælum ; ut optem pauperibus famem, quo possim vendere quod servavi ? ad hoc me adducis ? Sed non ea faciunt, inquis, agricolæ boni. Nec illa negotiatores boni. Quid enim, etiam et filios habere malum est, quia quando eis caput dolet, malæ et infideles matres ligaturas sacrilegas et incantationes quærunt ? Ista hominum, non rerum peccata sunt. Potest mihi hoc dicere negotiator. Quære ergo, Episcope, quemadmodum intelligas negotiationes quas legisti in Psalterio ;

(*a*) Sic MSS. At editi *auctor*. (*b*) MSS. *sortilogum*.

tête, recourent à des amulettes ou des incantations sacriléges? Tous ces péchés appartiennent aux hommes et non pas aux choses. Voilà ce que peut me dire un commerçant. Cherchez donc, Évêque qui prêchez, cherchez dans quel sens vous devez interpréter ces affaires de négoce dont parle le Psaume, de peur que vous n'alliez me détourner du commerce, parce que vous aurez mal compris ces paroles. Enseignez-moi plutôt comment je dois vivre; car si je vis honnêtement, tout sera pour le mieux. Ce dont je suis sûr, c'est que, si je suis méchant, la faute n'en est pas au commerce, mais à ma propre iniquité. — Quand une chose est vraie, il n'y a point lieu de la contredire.

18. Cherchons donc de quelles affaires de négoce parle le Prophète, en déclarant qu'il loue Dieu tout le jour, parce qu'il ne les a pas connues. Selon l'étymologie grecque, négoce signifie action, selon l'étymologie latine, il signifie: refus de repos. Que le mot veuille dire action ou refus de repos, recherchons quelle en est la valeur. Les négociants affairés, présumant d'eux-mêmes à cause de leur activité, louent leurs œuvres; et ne parviennent pas à la grâce de Dieu. Ces négociants agissent donc contre la grâce que recommande le Psaume. Il recommande, en effet, la grâce, en ce sens que nul ne doit se glorifier de ses propres œuvres. Mais enfin, de ce qu'il est dit dans un autre psaume: « Les médecins ne ressusciteront pas les morts (*Psaume*, LXXXVII, 11), » faut-il que les hommes abandonnent la médecine? Que signifie donc cette parole? Sous le nom de médecins, il faut entendre ici les orgueilleux qui promettent aux hommes le salut, tandis que le salut vient du Seigneur (*Ps.*, III, 9). De même donc que ce texte: Je célébrerai votre salut tout le jour (*Ps.*, LXX, 15), » se dresse sans relâche contre les médecins, c'est-à-dire contre les orgueilleux qui promettent le salut; ainsi ce texte: « Ma bouche publiera votre justice (*Ibid.*), » et non la mienne, se dresse sans relâche contre les négociants qui se glorifient de leur action et de leurs œuvres. Mais quels sont ces négociants, c'est-à-dire ces hommes qui se complaisent en eux-mêmes à cause de leur action personnelle? Ceux qui, ne connaissant pas la justice de Dieu et voulant établir la leur, ne se sont pas soumis à la justice de Dieu (*Rom.*, X, 3). C'est avec raison aussi que le négoce est appelé de ce nom dans le sens de refus de repos, ou de négation d'oisiveté. Quel mal y a-t-il à refuser le repos? Mais le Seigneur a justement chassé du temple ceux auxquels il a dit: « Il est écrit: Ma maison sera appelée la maison de la prière, et vous en avez fait une maison de négoce (*Matth.*, XXI, 13); » c'est-à-dire que vous vous glorifiez de vos œuvres, que vous refusez le repos et que vous n'écoutez pas l'Écriture, qui s'élève contre votre négoce et contre votre inquiétude, en disant: « Cherchez le repos et considérez que je suis le Sei-

---

ne forte tu non intelligas, et me a negotiatione prohibeas. Mone ergo quemadmodum vivam: si bene, bene mihi erit: unum tamen scio, quia si malus fuero, non negotiatio mihi facit, sed iniquitas mea. Quando verum dicitur, non est quod contradicatur.

18. Quæramus ergo quas dixerit negotiationes, quas vere qui non cognovit, tota die laudat Deum. Negotiatio et in Græca lingua ab actu dicitur, et in Latina (a) a negato otio: sed sive ab actu, sive a negato otio, discutiatur quid sit. Qui enim negotiatores actuosi, quasi ex eo quod agunt præsumunt, opera sua laudant, non perveniunt ad gratiam Dei. Ergo contra illam gratiam sunt negotiatores, quam commendat hic Psalmus. Illam enim gratiam commendat, ut nemo de suis operibus glorietur. Quomodo quodam loco dicitur, « Medici non resuscita-bunt (*Psal.*, LXXXVII, 11): » descrere debent homines medicinam? Sed quid est hoc? Sub isto nomine intelliguntur superbi, pollicentes salutem hominibus, cum « Domini sit salus (*Psal.*, III, 9). » Quomodo ergo contra medicos, id est, superbos salutis pollicitatores vigilat hoc quod dictum est, « Tota die salutem tuam » : sic contra negotiatores, id est, qui de actu suo et operibus gaudent, vigilat hoc quod dictum est, « Os meum enuntiabit justitiam tuam (*Psal.*, LXX, 15), » id est, non meam. Qui sunt negotiatores, id est, quasi de actu suo sibi placentes? « Qui ignorantes Dei justitiam, et suam volentes constituere, justitiæ Dei non sunt subjecti (*Rom.*, X, 3). » Merito et negotium dictum est, quia negat otium. Quantum mali est, quod negat otium? Merito Dominus expulit de templo illos, quibus dixit, Scriptum est, « Domus mea domus orationis vocabi-

---

(a) Sic aliquot MSS. At editi, *et in Latina. Negotiatio sive actus, sive negotium discutiatur quid sit.*

gneur (*Ps.*, XLV, 11). » Que veut dire : « Cherchez le repos et considérez que je suis le Seigneur, » sinon que vous devez savoir que Dieu opère en vous et que vous n'avez pas à vous enorgueillir de vos œuvres? N'entendez-vous pas la voix du Sauveur qui vous dit : « Venez à moi, vous tous qui souffrez et qui êtes chargés, et je vous soulagerai ? Prenez mon joug sur vous et apprenez de moi que je suis doux et humble de cœur, et vous trouverez le repos de vos âmes (*Matth.*, XI, 28, 29)? » Ce repos est prêché contre les hommes de négoce; ce repos est prêché contre ceux qui le haïssent et qui, se livrant à l'action et vantant leurs œuvres, refusent de se reposer en Dieu : ils s'éloignent d'autant plus de la grâce divine qu'ils s'enorgueillissent davantage de leurs œuvres.

19. Mais, dans quelques manuscrits, on lit : « Parce que je n'ai pas connu la littérature (*Ps.*, LXX, 15). » Où les uns portent : « les affaires de négoce, » les autres portent : « la littérature. » Il est difficile de faire concorder les deux textes. Cependant la différence de ces deux traductions éclaire peut-être le sens, au lieu de nous induire en erreur. Cherchons d'abord comment il faut entendre l'art d'écrire, et cela sans offenser les grammairiens plus que nous n'avons offensé tout à l'heure les négociants, puisqu'un homme de lettres peut vivre honnêtement de son art, sans se parjurer et sans mentir. Cherchons donc quel est l'art d'écrire que n'a pas connu le Prophète, dans la bouche duquel la louange de Dieu se trouve tout le jour. Les Juifs possèdent une certaine littérature ; c'est à eux en effet que nous rapporterons ce mot, et c'est là que nous en trouverons l'explication. En examinant ce que pouvaient signifier les négociants, en raison de leur action et de leurs œuvres, nous avons trouvé ce détestable négoce que l'Apôtre a dénoncé en ces termes : « Ne connaissant pas la justice de Dieu, et voulant établir la leur, ces hommes ne se sont pas soumis à la justice de Dieu (*Rom.*, X, 3). » Le même Apôtre dit encore contre ce négoce : « Le salut ne vient pas des œuvres, afin que nul ne se glorifie (*Éphés.*, II, 9). » Comment donc ? Est-ce que nous ne ferons pas le bien ? Nous le ferons ; mais c'est Dieu qui le fera en nous. « Car nous sommes son ouvrage, ayant été créés en Jésus-Christ par les bonnes œuvres (*Ibid.*, 10). » De même donc que nous trouvons dans l'Écriture la condamnation de ces négociants qui se glorifient de leur action, qui s'enorgueillissent de leur négoce parce qu'il est la négation du repos, et qui sont plutôt agités qu'adonnés aux bonnes œuvres, parce que ceux-là font de bonnes œuvres en qui Dieu même opère ; de même nous trouvons chez les Juifs je ne sais quelle littérature dont il est maintenant question. Que le Seigneur me donne d'exprimer par mes paroles ce qu'il a

---

tur, vos autem fecistis eam domum negotiationis (*Matth.*, XXI, 13) : » id est, gloriantes de operibus vestris, otium non quærentes, nec audientes contra inquietudinem et negotiationem vestram dicentem Scripturam, « Vacate, et videte quoniam ego sum Dominus. » Quid est, « Vacate, et videte quoniam ego sum Dominus (*Psal.*, XLV, 11) : » nisi, ut sciatis quia Deus est qui operatur in vobis, et non de vestris operibus extollamini? Non audis vocem dicentis, « Venite ad me omnes qui laboratis et onerati estis, et ego vos reficiam ; tollite jugum meum super vos, et discite a me, quia mitis sum et humilis corde, et invenietis requiem animabus vestris (*Matth.*, XI, 28 et 29)? » Hæc requies contra negotiatores prædicatur : hæc requies contra eos qui oderunt otium prædicatur, agendo et jactando se de operibus suis, ut non requiescant in Deo, et tanto longius a gratia resiliant, quanto magis de suis operibus extolluntur.

19. Sed est in quibusdam exemplaribus, « Quoniam non cognovi litteraturam (*Psal.*, LXX, 15). » Ubi alii codices habent, « negotiationem ; » ibi alii, « litteraturam : » quomodo concordent, invenire difficile est; et tamen interpretum diversitas forte sensum ostendit, non errorem inducit. Quæramus ergo et litteraturam quomodo intelligamus, ne sic offendamus grammaticos, quomodo paulo ante negotiatores : quia et grammaticus potest in arte sua honeste vivere, non pejerare, non mentiri. Quæramus ergo litteraturam quam non cognovit iste, in cujus ore tota die laus Dei est. Est quædam litteratura Judæorum : ad illos enim et hoc referamus; ibi inveniemus quod dictum est : quomodo cum de negotiatoribus quæreremus, propter actus et opera, invenimus illam dici negotiationem detestandam, quam notavit Apostolus, dicens, « Ignorantes enim Dei justitiam, et suam volentes constituere, justitiæ Dei non sunt subjecti (*Rom.*, X, 3). » Contra quam dicit idem Apostolus, « Non ex operibus, ne forte quis extollatur (*Ephes.*, II, 9). » Quomodo ergo? Numquid non operabimur bonum? Operabimur, sed

daigné m'accorder de comprendre dans mon cœur. L'orgueil des Juifs, qui mettaient leur confiance dans leur force et dans la justice de leurs œuvres, se glorifiait de la Loi, parce qu'ils l'avaient reçue et que les autres nations ne l'avaient pas reçue; et dans cette loi, les juifs se glorifiaient, non de la grâce, mais de la lettre. En effet, la Loi, sans la grâce, n'est autre chose qu'une lettre; elle demeure pour condamner l'iniquité, mais non pour donner le salut. Car que dit l'Apôtre? « Si une loi eût été donnée qui pût vivifier, la justice viendrait entièrement par la loi. Mais l'Écriture a tout renfermé sous le péché, afin que la promesse fût accomplie par la foi en Jésus-Christ, en faveur de ceux qui croiraient en lui (*Gal.*, III, 21, 22). » Il dit ailleurs de cette lettre : « La lettre tue, mais l'esprit vivifie (II *Cor.*, III, 6). » Vous n'avez à vous que la lettre, si vous transgressez la Loi. « Vous êtes, dit l'Apôtre, transgresseurs de la Loi par la lettre et par la circoncision (*Rom.*, II, 27). » N'est-ce donc pas avec raison qu'il est dit et que nous avons chanté dans notre Psaume : « Délivrez-moi de la main de celui qui transgresse la loi et de la main du méchant (*Ps.*, LXX, 4). » Vous conservez la lettre, mais vous n'accomplissez pas la lettre. Comment n'accomplissez-vous pas la lettre? Parce que « vous qui publiez qu'on ne doit pas voler, vous volez; vous qui dites qu'on ne doit pas commettre d'adultère, vous commettez des adultères ; vous qui avez horreur des idoles, vous faites des sacriléges. C'est à cause de vous, comme le dit l'Écriture, que le nom de Dieu est blasphémé parmi les Gentils (*Rom.*, II, 24 et suiv.). » De quoi vous a donc servi la lettre que vous n'accomplissez pas? Mais pourquoi ne l'accomplissez-vous pas? Parce que vous mettez votre confiance en vous-même. Pourquoi ne l'accomplissez-vous pas? Parce que vous êtes un homme de négoce, vous exaltez vos œuvres; vous ignorez combien est nécessaire l'aide de la grâce pour accomplir l'ordre de la loi. Dieu vous a donné des commandements; eh bien ! faites ce qu'il vous a commandé. Vous commencez à agir, en vous appuyant sur vos propres forces, et vous tombez; la lettre de la loi reste contre vous, pour vous punir et non pour vous sauver. « La Loi a été donnée par Moïse ; la grâce et la vérité sont venues par Jésus-Christ (*Jean*, I, 17). » Moïse a écrit cinq livres ; mais, à l'intérieur des cinq portiques qui entouraient la piscine, les malades restaient étendus à terre, sans pouvoir être guéris (*Id.*, V, 2). Voyez comment la lettre subsiste pour convaincre l'accusé et non pour sauver le coupable. Sous ces cinq portiques, figures des cinq livres de Moïse, les malades étaient plutôt exposés que guéris. Qu'y avait-il donc là

ipso in nobis operante. « Ipsius enim sumus figmentum, creati in Christo Jesu in operibus bonis (*Ibid.*, 10). » Quomodo hic ergo invenimus contra negotiatores, id est de actu gloriantes, de negotio (a) quod neget otium se extollentes, inquietos potius quam bonos operatores; quia boni operatores illi sunt, in quibus Deus operatur : sic et nescio quam litteraturam invenimus apud Judæos; Dominus adsit ut explicem verbis, quod dignatus est donare ut corde conspicerem. Superbia Judæorum præsumentium tamquam de viribus suis et de justitia operum suorum, gloriabatur de Lege, quod ipsi Legem acceperint, aliæ gentes non acceperint; in qua Lege, non de gratia gloriabantur, sed de littera. Lex enim sine gratia, littera sola est : manet ad convincendam iniquitatem, non ad dandam salutem. Quid enim ait Apostolus ? « Si enim data esset lex quæ posset vivificare, omnino ex lege esset justitia: sed conclusit Scriptura omnia sub peccato, ut promissio ex fide Jesu Christi daretur credentibus (*Gal.*, III, 21). » De hac littera dicit alio loco, « Littera occidit, Spiritus autem vivificat (II *Cor.*, III, 6). » Habes litteram, si prævaricator legis es. « Qui per litteram, inquit, et circumcisionem prævaricator legis es (*Rom.*, II, 27). » Nonne bene cantatur et dicitur, « Erue me de manu legem præstereuntis et iniqui (*Psal.*, LXX, 4)? » Habes litteram, sed non imples litteram. Unde non imples litteram? « Quoniam qui prædicas non furandum, furaris ; qui dicis non adulterandum, adulteras ; qui abominaris idola, sacrilegium facis. Nomen enim Dei per vos blasphematur in Gentibus, sicut scriptum est (*Rom.*, II, 21, etc.). » Quid tibi ergo profuit littera, quam non imples? Quare autem non imples ? Quia de te præsumis. Quare non imples ? Quia negotiator es, opera tua extollis : nescis necessariam esse gratiam adjuvantis, ut impleatur præceptum jubentis. Ecce jussit Deus, age quod jussit. Incipis agere quasi ex viribus tuis, et cadis; et manet super te littera puniens, non salvans. Merito « Lex per Moysen data est, gratia et veritas per Jesum Chri-

(a) MSS. quidam omittunt hæc verba, *quod neget otium :* et eorum loco nonnulli habent, *quod negotientur.*

pour les guérir? L'agitation de l'eau. Lorsque l'eau de la piscine avait été agitée, un malade y descendait, et il n'y avait de guérison que pour lui seul, en vue de l'unité de l'Église ; tout autre malade qui serait ensuite descendu, même pendant l'agitation de l'eau, n'était pas guéri. Comment était ici figurée l'unité du corps du Sauveur, qui crie de toutes les extrémités de la terre? En ce que nul autre n'était guéri, jusqu'à ce que l'eau eût été remuée de nouveau. Cette eau remuée dans la piscine figurait la perturbation du peuple juif lors de l'avénement de Notre Seigneur Jésus-Christ. En effet, c'était à l'intervention d'un ange qu'était dû le mouvement de l'eau dans la piscine ; et cette eau entourée de cinq portiques était l'image du peuple juif entouré de la Loi. Sous ces portiques étaient étendus les malades, et ils n'étaient guéris que dans cette eau, lorsqu'elle était troublée et mise en mouvement. Le Seigneur est venu, l'eau a été troublée, il a été crucifié. Que le malade descende maintenant pour être guéri. Que veut dire : qu'il descende? Qu'il s'humilie. Vous tous, par conséquent, qui aimez la lettre sans la grâce, vous resterez sous les portiques ; vous y serez gisants, toujours malades, ne pouvant recouvrer la santé, parce que vous vous confiez dans la lettre. « Car si une loi avait été donnée qui pût vivifier, la justice s'obtiendrait entièrement par la loi. » Mais la loi a été donnée pour faire de vous des accusés ; pour qu'étant accusés, vous fussiez saisis de crainte ; pour que dans votre crainte, vous implorassiez l'indulgence de Dieu ; et que, cessant de vous appuyer sur vos propres forces, vous ne vous enorgueillissiez plus de la lettre de la loi. Nous trouvons une autre figure de cette vérité dans le fait du Prophète Elisée qui, pour ressusciter un mort, envoya d'abord son bâton par l'entremise de son serviteur. Le fils d'une veuve chez laquelle il logeait vint à mourir ; dès qu'il l'eût appris, il donna son bâton à son serviteur, et lui dit : « Allez et posez ce bâton sur le mort (IV Rois, IV, 29). » Le Prophète ne savait-il pas ce qu'il faisait? Le serviteur prit les devants, plaça le bâton sur le mort, et le mort ne revint pas à la vie. « Car, si une loi avait été donnée qui pût vivifier, la justice s'obtiendrait entièrement par la loi. » La loi, envoyée par le ministère du serviteur, n'a point donné la vie ; mais celui qui envoya d'abord son bâton par son serviteur vint ensuite lui-même et rendit la vie à l'enfant. En effet, cet enfant n'ayant pas été ressuscité d'abord, Elisée, qui avait envoyé son serviteur avec son bâton symbole de la loi, vint lui-même, portant déjà en lui la figure du Seigneur : il vint auprès du

---

stum facta est (*Johan.*, I, 17). » Moyses quinque libros scripsit : sed in quinque porticibus piscinam cingentibus languidi jacebant, sed curari non poterant (*Johan.*, v, 2). Vide quomodo manet littera, convincens reum, non salvans iniquum. Illis enim quinque porticibus, in figura quinque librorum prodebantur potius quam sanabantur ægroti. Quid ergo ibi tunc sanabat ægrotum? Motus aquæ. Piscina illa mota descendebat ægrotus, et sanabatur unus, quia unitas : quisquis alius (a) ad ipsum motum descenderet, non sanabatur. Quomodo commendabatur unitas corporis clamantis a finibus terræ? Alius non sanabatur, nisi rursus mota fuisset piscina. Significabat ergo piscinæ motus perturbationem populi Judæorum, quando venit Dominus Jesus Christus. Angeli enim adventu intelligebatur moveri aqua in piscina. Aqua ergo cincta porticibus quinque, gens erat Judæa cincta Lege. Et in porticibus ægroti jacebant, et in sola aqua turbata et mota sanabantur. Venit Dominus, turbata est aqua, crucifixus est, descendat ut sanetur ægrotus. Quid est, descendat? Humiliet se. Ergo quicumque amatis litteram sine gratia, in porticibus remanebitis, ægri eritis, jacentes, non convalescentes : de littera enim præsumitis. « Si enim data esset lex quæ posset vivificare, omnino ex lege esset justitia (*Gal.*, III, 21). » Sed data est lex, ut reos vos faceret, rei facti timeretis, timentes indulgentiam peteretis, jam de viribus vestris non præsumeretis, de littera vos non extolleretis. Nam ipsa figura est etiam, quod Eliseus primo ad mortuum resuscitandum baculum misit per servum. Mortuus erat filius viduæ hospitæ ipsius ; nuntiatum est ei, servo suo dedit baculum suum : « Vade, inquit, pone super mortuum (IV *Reg.*, IV, 29). » Nesciebat propheta quid ageret? Præcessit servus, posuit baculum super mortuum, non surrexit mortuus. « Si enim data esset lex quæ posset vivificare, vere ex lege esset justitia (*Gal.*, III, 23). » Non vivificavit lex per servum missa : et tamen ille misit baculum suum per servum, qui postea se-

---

(a) Sic meliores MSS. At editi, *ante ipsum motum* : minus bene. Hinc nempe contra Donatistas unitatem Ecclesiæ commendari vult Aug.

mort qui gisait sur un lit, et posa ses membres sur ceux du mort. Celui-ci était un enfant, Elisée était un homme jeune ; il rétrécit et diminua en quelque sorte sa taille d'homme fait, et devint assez petit pour que son corps s'adaptât à celui de l'enfant. Le mort ressuscita donc, aussitôt que le vivant se fut proportionné à l'exiguité du mort, et le maître fit ce que n'avait point fait son bâton : la grâce opéra ce que la lettre n'avait point opéré. Ceux donc qui en sont restés au bâton, se glorifient dans la lettre de la loi, et par là même ils n'arrivent pas à la vie. Quant à moi, je ne veux me glorifier que de votre grâce. « Pour moi, dit l'Apôtre, à Dieu ne plaise que je me glorifie, si ce n'est dans la croix de Notre Seigneur Jésus-Christ (*Gal.*, VI, 14) ; » si ce n'est en celui qui, toujours vivant, s'est proportionné à moi qui étais mort, pour que je ressuscitasse, et que je ne vécusse plus par moi-même, mais pour que le Christ vécût en moi (*Id.*, II, 20). Me glorifiant donc dans la grâce « je n'ai pas connu la littérature (*Ps.*, LXX, 15) ; » c'est-à-dire que j'ai réprouvé, de toute la force de mon cœur, les hommes qui mettent leur confiance dans la lettre de la loi et qui s'éloignent de la grâce.

20. C'est donc avec raison que le Prophète dit ensuite : « J'entrerai dans la puissance du Seigneur (*Ibid.*, 16), » non dans ma puissance, mais dans celle « du Seigneur. » D'autres se sont glorifiés dans leur propre puissance qu'ils tenaient de la lettre de la loi. C'est pourquoi ils n'ont pas connu la grâce ajoutée à la lettre. « Car la Loi a été donnée par Moïse, mais la grâce et la vérité ont été apportées par Jésus-Christ (*Jean*, I, 17). » Il est venu lui-même pour compléter la loi, lorsqu'il nous a donné la charité, au moyen de laquelle la loi peut être complètement observée : « car la charité est la plénitude de la Loi (*Rom.*, XIII, 10). Quant à ceux qui n'ont pas la charité, c'est-à-dire qui n'ont pas l'Esprit de grâce, « parce que la charité de Dieu a été répandue dans nos cœurs par l'Esprit-Saint qui nous a été donné (*Ibid.*, V, 5), » ils sont restés dans la lettre de la loi, dont ils se glorifient. Mais, parce que « la lettre tue et que l'Esprit vivifie, (II *Cor.*, III, 6), » je n'ai pas connu la littérature et « j'entrerai dans la puissance du Seigneur (*Ps.*, LXX, 16). » Le verset suivant confirme et complète cette pensée, de manière à la fixer dans tous les cœurs, et il prévient toute autre interprétation de ces paroles. « Seigneur, je me souviendrai de votre justice seule (*Ibid.*, 16). » O seule ! Pourquoi le Prophète a-t-il ajouté « seule ? » Je vous le demande. Il suffisait de ces mots : « je me souviendrai de votre justice; » « seule » ajoute-t-il, oui, seule, parce qu'ainsi je ne pense pas à la mienne. « Qu'avez-vous, en effet, que vous n'ayez reçu ? Et si vous avez reçu quelque chose, pourquoi vous en glo-

cutus vivificavit. Namque cum ille infans non resurrexisset, venit ipse Eliseus, jam figuram portans Domini, qui servum suum cum baculo, tamquam cum lege, præmiserat : venit ad jacentem mortuum, posuit membra sua super illum. Ille infans erat, ille juvenis erat ; contraxit et breviavit quodam modo juventutis suæ magnitudinem, parvulus factus ut mortuo congrueret. Mortuus ergo surrexit, cum se vivus mortuo coaptavit : et fecit Dominus, quod non fecit baculus ; fecit gratia, quod non fecit littera. Illi ergo qui in baculo remanserunt, in littera gloriantur ; et ideo non vivificantur. Ego autem de gratia tua volo gloriari. « Mihi autem, ait Apostolus, absit gloriari nisi in cruce Domini nostri Jesu Christi (*Gal.*, VI, 14), » nisi in illo qui se mihi vivus mortuo ut resurgerem coaptavit : ut jam non ego viverem, viveret autem in me Christus (*Gal.*, II, 10). » In ipsa gratia glorians, « litteraturam non cognovi : » id est homines de littera præsumentes, et a gratia resilientes, toto corde reprobavi.

20. Merito sequitur, « Introibo, in potentiam Domini (*Ps.*, LXX, 16) : » non meam, sed « Domini. » Nam illi in potentia sua de littera gloriati sunt, ideo adjunctam litteræ gratiam non cognoverunt. « Nam Lex per Moysen data est, gratia et veritas per Jesum Christum facta est (*Johan.*, I, 17). » Ipse enim venit ut Legem impleret, quando caritatem donavit, per quam Lex posset impleri. « Plenitudo enim Legis caritas (*Rom.*, XII, 10). » Illi non habentes caritatem, id est, non habentes Spiritum gratiæ, « quia caritas Dei diffusa est in cordibus nostris per Spiritum-sanctum qui datus est nobis (*Rom.*, V, 5), » remanserunt gloriantes in littera. « Sed quia littera occidit, Spiritus autem vivificat (II *Cor.*, III, 6) : » « non cognovi litteraturam, et introibo in potentiam Domini. » Ideo versus iste sequens confirmat perficitque sententiam, ita ut eam figat in cordibus hominum, nec alium permittat omnino irrepere ulla ex parte intellectum. « Domine memorabor justitiæ tuæ solius. » O « solius » Quid addidit, « solius, » rogo vos ? Sufficeret, « memorabor justitiæ tuæ. » « Solius, » inquit, prorsus : ibi meam non cogito. « Quid enim habes quod non ac-

rifiez-vous, comme si vous ne l'aviez pas reçu (I *Cor.* VI, 7) ? » Votre justice seule me délivre ; je n'ai rien à moi seul que mes péchés ! Loin de moi donc de me glorifier de mes forces, et de m'en tenir à la lettre ! Que je repousse cette littérature, c'est-à-dire les hommes qui se glorifient de la lettre et qui, dans leur folie, présument criminellement de leurs forces ! Que je réprouve de tels hommes, et que j'entre dans la puissance du Seigneur, afin d'être fort en raison de ma faiblesse ; afin, Seigneur, que vous soyez puissant en moi, parce que « je me souviendrai de votre justice seule (*Ps.*, LXX, 16). »

cepisti ? Si autem et accepisti, quid gloriaris quasi non acceperis (I *Cor.*, IV, 7) ? » Justitia tua sola me liberat, mea sola non sunt nisi peccata. Non gloriar ergo de viribus meis, non in littera remaneam : reprobem litteraturam, id est, homines de littera gloriantes, et de suis viribus perverse, tamquam phreneticos, præsumentes : reprobem tales, intrem in potentiam Domini, ut quando infirmus sum, tunc potens sim ; ut tu in me sis potens, quoniam memorabor justitiæ tuæ solius.

DEUXIÈME DISCOURS

SUR LA SECONDE PARTIE DU PSAUME LXX.

1. Hier, nous avons dit à Votre Charité que le Psaume nous fait connaître la grâce de Dieu, par laquelle nous avons été sauvés gratuitement sans aucun mérite antérieur de notre part, puisque rien ne nous était dû que des châtiments ; nous n'avons pu terminer l'explication du Psaume, et nous en avons laissé pour aujourd'hui la dernière partie, vous promettant, avec l'aide de Dieu, de payer notre dette. Puisque le temps est venu de l'acquitter, apportez à ce discours un cœur qui soit comme un champ fertile, où vous receviez en abondance la semence de la parole, en profitant avec reconnaissance de la pluie qui tombera sur ce champ. Hier nous vous avons expliqué le titre du Psaume, mais pour renouveler votre attention et faire connaître ce titre à ceux qui n'étaient pas présents, rappelons en peu de mots ce que nous en avons dit, et que ce soit un souvenir pour ceux qui nous ont entendu et un ensei-

SERMO SECUNDUS

DE SECUNDA PARTE PSALMI LXX.

1. Gratiam Dei, qua gratis salvi facti sumus, nullis nostris meritis præcedentibus, nisi quibus supplicium debebatur, isto commendari Psalmo, hesterna die insinuavimus Caritati Vestræ : eumque tractando quoniam finire nequivimus, extremam ejus partem in hodiernam diem distulimus, promittentes in nomine Domini nos debitum soluturos. Quod solvendi quoniam tempus est, adestote animo, tamquam agro fertili, ubi et semen multiplicetis, et pluviæ ingrati non sitis. Commendavimus hesterno die titulum ejus, sed propter renovandam intentionem vestram, et his intimandum qui heri absentes fuerunt, breviter commemoramus, quod recolant qui audierunt, audiant qui nescierunt. « Filiorum Jonadab (*Ps.*, LXX, 1) » Psalmus est ; quod nomen interpretatur, Domini spontaneus : quoniam spontaneo, hoc est bona, pura, sincera et perfecta voluntate, non ficto corde Domino serviendum est : quod etiam

gnement pour ceux qui ne savent pas. Ce Psaume porte le nom des enfants de Jonadab, nom qui signifie : le spontané du Seigneur, parce qu'il faut servir le Seigneur avec une volonté spontanée, c'est-à-dire bonne, pure, sincère et parfaite, et non point avec un cœur dissimulé; ce qui est également indiqué, dans un autre psaume, par ces mots : « Je vous offrirai des sacrifices volontaires (*Ps.*,LIII, 8). » Ce Psaume est donc chanté pour les fils de Jonadab, c'est-à-dire pour les fils de l'obéissance, et pour ceux qui les premiers ont été conduits en captivité, afin que l'on reconnaisse que c'est nous qui gémissons ici et qu'à chaque jour suffit sa peine (*Matth.*,VII, 34). En effet, si nous avons quitté Dieu, par orgueil, du moins, revenons à lui par lassitude. Or, nous ne pouvons revenir à lui que par la grâce. La grâce nous a été gratuitement donnée ; si elle n'était gratuite, elle ne serait pas une grâce. Mais évidemment, si elle n'est une grâce que parce qu'elle est gratuite, aucun mérite de votre part ne l'a précédée pour vous donner droit à la recevoir. Car, si vos bonnes œuvres l'avaient précédée, elle eût été pour vous une récompense et non un don gratuit. Or, la seule récompense qui nous fût due était un châtiment. Si donc nous sommes délivrés, ce n'est point par nos mérites, mais par la grâce de Dieu. Louons-le donc, et reconnaissons que nous lui devons tout ce que nous sommes et notre salut. C'est la conclusion donnée en ces termes par le Prophète à ses paroles précédentes : « Seigneur, je me souviendrai de votre justice seule (*Ps.*,LXX, 16). » C'est à ce verset que s'est arrêtée hier notre explication. Les premiers captifs sont donc ceux qui appartiennent au premier homme ; ils sont captifs, en effet, à cause du premier homme dans lequel nous mourons tous ; parce que « ce n'est point d'abord ce qui est spirituel, mais ce qui est animal, et ensuite ce qui est spirituel (I *Cor.*, XV, 46). » C'est à cause du premier homme que les hommes, dans l'état premier, sont captifs; c'est à cause du second homme que les hommes, dans le second état, sont rachetés. Car la rédemption elle-même proclame notre captivité. De quoi serions-nous rachetés, si nous n'avions d'abord été captifs? Et cette captivité, nous vous avons montré qu'elle avait été expressément indiquée par l'Apôtre, dans une de ses épîtres dont nous avons rappelé un passage que nous répétons : « Je vois dans les membres de mon corps une autre loi qui lutte avec la loi de mon esprit, et qui me rend captif sous la loi du péché, qui est dans mes membres (*Rom.* VII, 23). » Voilà notre captivité première, par laquelle la chair lutte contre l'esprit par ses convoitises (*Gal.*, V, 17). C'est une des peines de son péché, que l'homme soit ainsi divisé contre lui-même, pour n'avoir

---

illud indicat, ubi dictum est, « Voluntarie sacrificabo tibi (*Psal.*, LIII, 8). » Filiis hujus, id est, filiis obedientiæ cantatur Psalmus, et his qui primi captivi ducti sunt, ut agnoscatur hic gemitus noster, et « sufficiat diei malitia sua (*Matth.*, VI, 34). » Jam enim, si superbi descruimus, vel fatigati redeamus. Nec rediri nisi per gratiam potest. Gratia, gratis data est. Nam nisi gratis esset, gratia non esset. Porro autem si propterea gratia est, quia gratis est ; nihil tuum præcessit, ut acciperes. Nam si aliqua bona opera tua præcesserunt, pretium accepisti, non gratis : pretium autem quod nobis debebatur, supplicium est. Quod ergo liberamur, non nostris meritis, sed illius gratia est. Illum ergo laudemus : illi totum quod sumus, et quod salvi efficimur, debeamus. Ad quod conclusit, cum multa dixisset, dicens, « Domine memorabor justitiæ tuæ solius (*Ps.*, LXX, 16). » Ad istum versum conclusa est hesterna tractatio. Primi ergo captivi, id est, pertinentes ad primum hominem : propter hoc enim captivi, propter primum hominem, in quo omnes morimur : « quia non prius quod spiritale est, sed quod animale, postea spiritale (I *Cor.*, XV, 46). » Propter primum hominem primi captivi : propter secundum hominem secundi redemti. Nam et ipsa redemtio clamat captivitatem nostram. Unde enim redemti, si non antea captivi ? Et cam captivitatem expressius ab Apostolo insinuatam ex Epistola ejus verba quædam commemorantes, insinuavimus, et repetimus: « Video aliam legem in membris meis repugnantem legi mentis meæ, et captivum me ducentem in lege peccati, quæ est in membris meis (*Rom.*, VII, 23). » Ipsa est prima captivitas nostra, « qua concupiscit animæ adversus spiritum caro (*Gal.*, V, 17). » Venit autem hoc de pœna peccati, ut homo adversus seipsum divideretur, qui uni subditus esse noluit. Nihil enim tam expedit animæ quam obedire. Et si expedit animæ obedire in servo ut obediat domino, in filio ut obediat patri, in uxore ut obediat viro ; quanto magis in homine ut obediat Deo ? Expertus ergo malum

pas voulu rester soumis à un seul. En effet, rien n'est plus avantageux à l'âme que d'obéir. Et s'il est avantageux à l'âme d'obéir, de la part du serviteur à son maître, de la part du fils à son père, de la part de l'épouse à son époux, combien plus de la part de l'homme à Dieu? Adam a donc connu le mal; or Adam c'est tout homme; de même que pour ceux qui ont cru au Christ, le Christ c'est tout homme, parce que ceux qui ont cru en lui sont devenus ses membres. Il a donc fait l'expérience du mal, qu'il n'eût pas connu, s'il avait cru à Dieu qui lui disait : « Gardez-vous de toucher à ce fruit (Genèse, II, 17). » Ayant ainsi connu le mal, que, du moins, il obéisse aux prescriptions du médecin pour se relever de maladie, lui qui n'a pas voulu croire le médecin pour éviter la maladie. Car un médecin bien fidèle donne des préceptes à l'homme qui se porte bien, pour éviter de lui être un jour nécessaire. Car le médecin n'est pas nécessaire à ceux qui se portent bien, mais à ceux qui se portent mal (Matth., IX, 12). Aussi les bons médecins, qui aiment leurs clients, qui ne cherchent pas à vendre les soins de leur art, et qui préfèrent voir les hommes en bonne santé plutôt que malades, donnent des conseils à ceux qui se portent bien, afin qu'en les suivant, ils ne tombent pas malades. Mais si ces hommes méprisent les conseils du médecin et viennent à tomber malades, ils implorent alors son secours : en bonne santé, ils ne l'écoutaient pas; malades, ils le supplient. Plaise à Dieu, du moins, qu'ils le supplient, que leur esprit ne s'égare point par la violence de la fièvre et qu'ils ne frappent pas leur médecin ! Vous avez entendu, tout à l'heure, dans la lecture de l'Évangile, la parabole qui les concerne. Étaient-ils sains d'esprit, ceux qui disaient : « Voilà l'héritier, venez, tuons-le et l'héritage nous appartiendra (Matth., XXI, 38). » Non assurément : après avoir tué le fils, il leur fallait tuer le père; preuve manifeste de leur folie. Mais enfin, voilà qu'ils ont tué le fils; le fils est ressuscité, et la pierre rejetée par ceux qui bâtissaient est devenue le sommet de l'angle (Ps., CVII, 22). Ils se sont heurtés contre cette pierre et ils s'y sont brisés; elle tombera sur eux, et elle les écrasera. Mais il n'en est pas ainsi de celui qui chante dans le Psaume et qui dit : « J'entrerai dans la puissance du Seigneur, » non dans la mienne, mais dans celle du Seigneur; « Seigneur, je me souviendrai de de votre justice seule (Ps., LXX, 16). » Je reconnais n'avoir aucune justice, je me souviendrai de votre justice seule. C'est de vous que je tiens ce qu'il y a de bon en moi, tandis que tout ce qu'il y a de mauvais en moi me vient de moi-même. Vous ne m'avez pas infligé le supplice que je méritais, mais vous m'avez gratuitement accordé votre grâce; c'est pourquoi « je me souviendrai de votre justice seule (Ibid.). »

2. « Mon Dieu, vous m'avez instruit dès ma

Adam, omnis autem homo Adam, sicut in his qui crediderunt omnis homo Christus, quia membra sunt Christi : expertus ergo malum, quod non debuit experiri, si crederet dicenti, « Noli tangere (Gen., II, 17) : » expertus ergo malum, postea saltem obtemperet præceptis medici ut surgat, qui noluit credere medico ut non ægrotaret. Nam et sano bonus et fidelis medicus dat præceptum, ne sit illi necessarius. « Non est enim sanis necessarius medicus, sed male habentibus (Matth., IX, 12). » Boni autem amici medici, qui nolunt vendere artem suam, et plus gaudent ad sanos quam ad ægrotos, dant quædam præcepta sanis, quæ observando in ægritudinem non cadant. Porro autem illi si præcepta contemserint, et in ægritudinem inciderint, supplicant medico : quem contemserunt sani, rogant ægroti. Utinam saltem rogent, ne per febrem mente perdita et medicum cædant. Audistis modo, cum Evangelium legeretur, quemadmodum in illos dicta sit parabola. Mentis sanæ erant qui dixerunt, « Hic est heres, venite occidamus eum, et nostra erit hereditas (Matth., XXI, 38) ? » Utique non : puta qui occiderunt filium, et patrem occisuri erant; hoc est mentem sanam non habere. Postremo ecce quia occiderunt filium : resurrexit filius, et « lapis reprobatus ab ædificantibus factus est in caput anguli (Psal., CXVI, 22). » Offenderunt in illum, et conquassati sunt : veniet super eos et conteret eos. Sed non ita iste qui cantat in Psalmo, et dicit, « Introibo in potentiam Domini (Ps., LXX, 16) : » non meam, sed Domini. « Domine memorabor justitiæ tuæ solius. » Nullam meam agnosco, solius tuæ justitiæ memorabor. A te habeo, quidquid boni habeo : quidquid autem a me habeo, mali habeo. Non meritis supplicium reddidisti, sed gratiam gratis impertisti. Tuæ itaque solius justitiæ memorabor.

2. « Deus docuisti me ex juventute mea (Ps., LXX, 17). » Quid me docuisti? Quia tuæ solius justitiæ memo-

jeunesse (*Ibid.*, 17). » Que m'avez-vous enseigné ? Que je dois me souvenir de votre justice seule. En effet, si je considère ma vie passée, je vois ce qui m'était dû, et ce que j'ai reçu, au lieu de ce qui m'était dû. Un châtiment m'était dû, la grâce m'a été accordée ; l'enfer m'était dû, la vie éternelle m'a été donnée. « Mon Dieu, vous m'avez instruit dès ma jeunesse (*Ibid.*). » Dès le premier instant de ma foi, par laquelle a commencé ma vie nouvelle, vous m'avez appris qu'en moi vos dons n'avaient été précédés de rien qui me permît de dire que ces dons me fussent dûs. En effet, d'où se convertit-on à Dieu, si ce n'est de l'iniquité ? D'où est-on racheté, si ce n'est de la captivité ? Et qui peut dire que sa captivité fût injuste, après avoir déserté son chef militaire et s'être rangé sous la bannière d'un traître ? Car le chef, c'est Dieu, et le traître, c'est le démon ; le chef a donné un ordre, le traître a suggéré une perfidie (*Genèse*, II, 17, III, 1). » Où étaient vos oreilles, entre la prescription et la séduction ? Le démon est-il meilleur que Dieu ? Celui qui a forfait est-il meilleur que celui qui vous a fait ? Vous avez cru ce que le démon vous a promis, et vous avez trouvé ce dont Dieu vous a menacé. Délivré donc de captivité, en espérance toutefois et non encore en réalité, marchant par la foi et non encore par la claire vue, le Prophète s'écrie : « Mon Dieu, vous m'avez instruit dès ma jeunesse (*Ps.*, LXX, 17). » Depuis ma conversion vers vous, renouvelé par vous après avoir été fait par vous, créé de nouveau après avoir été créé, formé de nouveau après avoir été formé, depuis ma conversion, j'ai appris qu'aucun mérite de ma part n'avait précédé vos bienfaits, mais que votre grâce m'avait été donnée gratuitement, afin que je me souvinsse de votre justice seule.

3. Que lui est-il arrivé après sa jeunesse ? « Vous m'avez instruit, dès ma jeunesse (*Ibid.*) ; » a-t-il dit, mais après sa jeunesse que lui est-il arrivé ? Au commencement de votre conversion, vous avez appris qu'avant votre conversion vous n'étiez point juste, mais que, l'iniquité avait régné la première en vous, afin que l'iniquité étant chassée, la charité prit sa place. Alors, renouvelé et changé en l'homme nouveau, non point encore par la réalité mais par l'espérance, vous avez appris que rien de bon n'avait précédé la grâce en vous et que vous aviez été converti à Dieu par la grâce de Dieu. Mais peut-être, depuis votre conversion, auriez-vous quelque chose en vous qui vous fût propre ; peut-être auriez-vous droit de vous confier en vos propres forces ? Peut-être diriez-vous comme on le fait souvent : Laissez-moi maintenant, j'avais besoin que vous me fissiez voir ma route,

---

rari debeo. Considerans enim vitam præteritam meam, video quid mihi debebatur, et quid acceperim pro eo quod mihi debebatur. Debebatur pœna, reddita est gratia : debebatur gehenna, data est vita æterna. « Deus docuisti me ex juventute mea. » Ex ipso initio fidei meæ, qua me innovasti, docuisti me, nihil in me præcessisse, unde mihi dicerem deberi quod dedisti. Quis enim convertitur ad Deum nisi ab iniquitate ? quis redimitur nisi a captivitate ? quis autem potest dicere injustam fuisse captivitatem suam, quando deseruit imperatorem, et defecit ad desertorem? Imperator enim Deus, desertor diabolus : præceptum dedit imperator, fraudem suggessit desertor (*Gen.*, II, 17 et III, 1): » ubi aures tuæ inter præceptionem et deceptionem, meliorne diabolus quam Deus ? melior qui (*a*) defecit, quam qui te fecit ? Credidisti quod promisit diabolus, et invenisti quod minatus est Deus. Jam ergo ex captivitate liberatus, adhuc tamen in spe, nondum in re (*b*), ambulans per fidem, nondum per speciem, « Deus, inquit, docuisti me ex juventute mea. » Ex quo conversus sum ad te, innovatus a te qui factus a te, recreatus qui creatus, reformatus qui formatus : ex quo conversus sum, didici merita mea nulla præcessisse, sed gratiam tuam mihi gratis venisse, ut memorarer justitiæ tuæ solius.

3. Quid deinde post juventutem ? quoniam « Docuisti me, inquit, ex juventute mea : » quid post juventutem ? In ipsa enim prima conversione tua didicisti, quod ante conversionem justus non fuisti, sed præcessit iniquitas, ut expulsa iniquitate succederet caritas : (*c*) et renovatus in novum hominem spe duntaxat, nondum re, didicisti quod nihil tui boni præcesserat, et gratia Dei conversus es ad Deum : jam forte ex quo conversus es, habebis aliquid tuum, et de viribus tuis præsumere debes ? Quemadmodum solent homines dicere, Jam dimitte, opus erat ut viam ostenderes, sufficit, ambulabo viam. Et ille qui

---

(*a*) Duo MSS. *qui te infecit*. (*b*) Sic MSS. At editi, *ambulas*. (*c*) Sic MSS. At editi, *ut sis renovatus*.

mais cela suffit; je ne me tromperai pas. Et celui qui vous a montré la route vous dira. Ne voulez-vous donc point que je vous conduise? Mais si vous répondez par orgueil : Non c'est assez, je marcherai de moi-même ; Dieu vous laissera aller et, par suite de votre faiblesse, vous vous égarerez de nouveau. Il eût été bon de vous laisser conduire par celui qui vous avait d'abord mis dans votre chemin. Car, s'il ne vous conduit, vous vous perdrez encore. Dites-lui donc, « Conduisez-moi, Seigneur dans votre voie et je marcherai dans votre vérité (*Ps.*, LXXXV, 11). » Or, votre entrée dans la voie, c'est votre jeunesse, votre renouvellement et le commencement de votre foi. En effet, auparavant, vous marchiez en vagabond par des sentiers que vous traciez vous-même ; errant à travers les forêts, dans des lieux escarpés, les membres déchirés, vous cherchiez votre patrie, c'est-à-dire : une certaine stabilité de votre esprit, qui vous permît de dire : Je suis heureux, et de le dire avec sécurité, à l'abri de tout ennui, de toute tentation, et de toute captivité ; et cette patrie, vous ne la trouviez pas. Que dirai-je? Est-il venu quelqu'un pour vous montrer la voie? La voie elle-même est venue à vous, et vous y avez été sûrement établi, sans avoir d'abord aucunement mérité, puisque vous étiez égaré jusque-là. Mais quoi? depuis que vous y êtes entré, vous dirigez-vous par vous-même? Celui qui vous a montré le chemin vous laisse-t-il à vous? Non, répond le Prophète : « Vous m'avez instruit dès ma jeunesse, et je publierai vos merveilles jusques à présent (*Ps.*, LXX, 17). » En effet c'est une chose merveilleuse que vous faites de daigner encore me conduire, après m'avoir mis sur la route. Voilà vos merveilles. Quelles sont, pensez-vous les merveilles de Dieu? Qu'y a-t-il de plus merveilleux, entre tous les merveilles de Dieu, que de ressusciter les morts? Suis-je donc mort, dites-vous? Si vous n'étiez pas mort, on ne vous dirait pas : « Levez-vous, vous qui dormez, et ressuscitez d'entre les morts ; et le Christ vous éclairera (*Éphés.*, V, 14). » Tous les infidèles, tous les pécheurs sont morts ; ils vivent de corps, mais de cœur ils sont morts. Or, celui qui ressuscite un homme qui est mort quant au corps le rend à l'usage de cette lumière visible et de cet air respirable ; mais ce n'est ni la lumière ni l'air qui le ressuscitent, et il recommence à voir comme il voyait auparavant. Ce n'est pas ainsi que l'âme est ressuscitée. En effet, l'âme, aussi bien d'ailleurs que le corps, est ressuscitée par Dieu ; mais Dieu, quand il ressuscite un corps, le rend au monde, et quand il ressuscite une âme, il se la rend à lui-même. Si l'air qu'on respire en ce monde nous est ôté, le corps meurt ; si Dieu nous est ôté, l'âme meurt. Donc, lorsqu'une âme est ressuscitée par Dieu, elle ne

---

tibi viam ostendit, Ne forte vis ut deducam te ? Tu autem si superbis, Absit, sufficit, ambulabo viam. Dimitteris, et per infirmitatem iterum aberrabis. Bonum erat tibi ut deduceret te, qui prius in via collocavit te. Ceterum nisi et ipse ducat, rursus errabis : dic illi ergo, « Deduc me Domine in via tua, et ambulabo in veritate tua (*Psal*, LXXXV, 11). » Quod autem viam ingressus es, juventus est, ipsa renovatio et initium fidei. Antea enim ambulabas per vias tuas vagabundus, errans per silvosa, per aspera, laceratus omnibus membris ; patriam quærebas, hoc est stabilitatem quamdam spiritus tui, ubi diceres, Bene est ; et securus diceres, quietus ab omni molestia, ab omni tentatione, ab omni postremo captivitate : et non inveniebas. Quid dicam ? Venit ad te qui tibi viam ostenderet viam ? Venit ad te ipsa via, et constitutus es in ea nullis tuis meritis præcedentibus, quoniam utique errabas. Quid, ex quo ingressus es, jam regis te? jam ille qui viam docuit te, dimittit te ? Non, inquit : « Docuisti me ex juventute mea ; et usque nunc annuntiabo mirabilia tua. » Mirabile est enim quod adhuc facis, ut regas me, qui in via posuisti me ; et hæc sunt mirabilia tua. Quæ sunt putas mirabilia Dei ? Quid mirabilius inter Dei mirabilia quam mortuos suscitare ? Numquid-nam ego mortuus sum, inquis? Si mortuus non esses, non diceretur tibi, « Surge qui dormis, et exsurge a mortuis, et illuminabit te Christus (*Ephes.*, V, 14). » Mortui sunt omnes infideles, omnes iniqui, corpore vivunt, sed corde exstincti sunt. Qui autem suscitat mortuum secundum corpus, reddit eum luci huic videndæ, et huic aëri ducendo : non autem suscitator ejus ipse illi lux et aër est ; incipit videre, quemadmodum videbat antea. Anima non sic exsuscitatur. Anima enim exsuscitatur a Deo : quamquam et corpus exsuscitetur a Deo : sed Deus quando exsuscitat corpus, mundo reddit ; quando exsuscitat animam, sibi reddit. Si recedat aer mundi istius, moritur corpus : si recedat Deus, moritur anima. Cum ergo animam suscitat Deus, nisi adsit qui suscitavit, susci-

continue à vivre qu'autant que Dieu qui l'a ressuscitée est présent en elle. En effet, il ne la ressuscite pas pour la quitter et la laisser vivre par elle-même ; comme il fit autrefois pour Lazare, mort depuis quatre jours, dont le corps fut ressuscité par la présence corporelle du Seigneur. En effet, Jésus s'approcha corporellement du sépulcre ; il cria : « Lazare, sortez, » et Lazare ressuscita et sortit tout lié de son tombeau ; puis, ayant été délié, il s'en alla (*Jean*, XI, 41, 44). Il fut ressuscité par la présence du Seigneur, mais il continua de vivre même en l'absence du Seigneur. Bien que, à considérer les choses visibles, le Seigneur l'eût ressuscité par la présence de son corps, il ne l'avait pas moins ressuscité par la présence de sa majesté divine, présence qui ne peut manquer nulle part. Après tout cependant, le Seigneur a ressuscité Lazare par sa présence visible ; puis le Seigneur a quitté la ville ou la demeure de Lazare ; est-ce que Lazare n'a plus vécu après son départ ? Ce n'est pas ainsi qu'une âme est ressuscitée ; Dieu la ressuscite, et elle meurt si Dieu la quitte. Je vous dirai hardiment, mes frères, une chose qui est vraie. Il y a deux existences ; l'une du corps, l'autre de l'âme. Comme l'âme est la vie du corps, de même Dieu est la vie de l'âme. De même que le corps meurt si l'âme l'abandonne, ainsi l'âme meurt si elle est abandonnée de Dieu. Sa grâce consiste donc et à nous ressusciter et à rester avec nous. Or, c'est parce que Dieu nous ressuscite de notre mort passée et qu'il renouvelle, en quelque sorte, notre vie, que nous lui disons : « Mon Dieu, vous m'avez instruit dès ma jeunesse (*Ps.*, LXX, 17). » Mais c'est parce qu'il reste en ceux qu'il ressuscite, pour qu'ils ne meurent point par son départ, que nous lui disons : « Et jusques à présent je publierai vos merveilles (*Ibid.*). » En effet, je vis, parce que vous êtes avec moi, et vous êtes la vie de mon âme, qui mourrait si elle était laissée à elle-même. « Jusques à présent » signifie donc, tant que la vie, c'est-à-dire, tant que mon Dieu est en moi. Mais qu'arrivera-t-il ensuite ?

4. « Et jusqu'à ma vieillesse à et ma décrépitude (*Ibid.*, 18). » Le texte latin emploie ici deux expressions qui signifient seulement vieillesse, tandis que le grec en emploie deux de signification distincte. En effet, la gravité qui suit la jeunesse a un nom particulier en grec ; et après ce temps de gravité, vient le dernier âge qui a un autre nom. Car πρεσϐύτης veut dire : *grave*, et γέρων veut dire : *vieillard*. La langue latine n'ayant pas ces deux noms différents, nous trouvons ici les deux expressions de *senecta* et de *senium*, qui toutes deux sont synonymes de *senectus*, vieillesse : il suffit que vous sachiez qu'elles représentent ici deux âges différents. « Vous m'avez

---

citata non vivit. Non enim suscitat, et dimittit ut vivat sibi : sicut Lazarus quando resuscitatus est quatriduanus mortuus, suscitatus est corpore per Domini corporalem præsentiam. Accessit enim corporaliter ad sepulcrum, clamavit, « Lazare, veni foras (*Johan.*, XI, 43) : » et surrexit Lazarus, processit de sepulcro ligatus, deinde solutus discessit. Resuscitatus est Domino præsente, sed vixit et Domino absente. Quamquam eum Dominus corporaliter resuscitasset, quantum ad visibilia pertinet : cæterum præsentia majestatis suæ illum suscitavit, qua præsentia nusquam recedit. Interim tamen ad præsentiam visibilem Dominus suscitavit Lazarum ; discessit de ipsa civitate Dominus, vel de illo loco, numquid Lazarus non vixit ? Non sic anima suscitatur : suscitat illam Deus, moritur si discesserit Deus. Dicam enim audacter, Fratres, sed tamen verum. Duæ vitæ sunt, una corporis, altera animæ : sicut vita corporis anima, sic vita animæ Deus : quomodo si anima deserat, moritur corpus : sic anima moritur, si deserat Deus. Ipsa est ergo gratia ejus, ut suscitet, et sit nobiscum. Quod ergo nos suscitat a morte nostra præterita, et innovat quodam modo vitam nostram, dicimus ei, « Deus docuisti me ex juventute mea. » Quia vero non recedit ab eis quos suscitat, ne cum recesserit moriantur, dicimus ei, « Et usque nunc annuntiabo mirabilia tua : » quia cum mecum es vivo, et animæ meæ vita tu es, quæ moritur si dimittatur sibi. Ergo dum adest vita mea, hoc est, Deus meus, « usque nunc : » quid postea ?

4. « Et usque in senectam et senium (*Ps.*, LXX, 18). » Duo ista nomina senectutis sunt, et discernuntur a Græcis. Gravitas enim post juventutem aliud nomen habet apud Græcos, et post ipsam gravitatem veniens ultima ætas aliud nomen habet : nam πρεσϐύτης dicitur gravis, et γέρων senex. Quia vero in Latina lingua duorum istorum nominum distinctio deficit, de senectute ambo sunt posita, senecta et senium : scitis autem esse duas ætates. « Docuisti me gratiam tuam a juventute mea ; et usque nunc, » post juven-

enseigné » votre grâce « dès ma jeunesse, et je publierai vos merveilles jusques à présent, » c'est-à-dire depuis ma jeunesse ; parce qu'après être venu à moi pour me ressusciter, vous êtes resté avec moi, pour m'empêcher de mourir; « et jusqu'à ma vieillesse et à ma décrépitude, » car, jusqu'au dernier jour, si vous n'êtes avec moi, je n'aurai aucun mérite : que votre grâce reste donc avec moi jusqu'à la fin. Voilà ce que pourrait même dire un seul homme, vous, moi, un autre ; mais la voix qui prononce ces paroles étant celle du plus considérable des hommes, celle de l'unité chrétienne, celle de l'Église, cherchons donc ce qu'est la jeunesse de l'Église. Lorsque le Christ est venu sur terre, il a été crucifié, il est mort, il est ressuscité, il a appelé les nations ; elles ont commencé à se convertir, des chrétiens puisant leur force dans le Christ ont été martyrisés, le sang des fidèles a coulé, la moisson de l'Église a grandi : voilà sa jeunesse. Mais les temps ont marché, que l'Église poursuive sa profession de foi et qu'elle dise : « Je publierai vos merveilles jusques à présent (*Ibid.*, 17) ; » non-seulement dans ma jeunesse, quand Paul, quand Pierre, quand les premiers Apôtres annonçaient la bonne nouvelle, mais encore, dans un âge plus avancé, moi-même, c'est-à-dire votre unité, vos membres, votre corps, « je publierai vos merveilles. » Et après ? « Et jusque dans ma vieillesse et ma décrépitude (*Ibid.*, 18), » je publierai vos merveilles ; car l'Église subsistera sur terre jusqu'à la fin des siècles. Si, en effet, elle ne devait pas subsister ici-bas jusqu'à la fin des siècles, à qui donc le Seigneur aurait-il dit : « Voilà que je suis avec vous, tous les jours, jusqu'à la consommation des siècles (*Matth.*, XXVIII, 20) ? » Pourquoi était-il nécessaire que ces paroles fussent écrites dans les saints Livres ? Parce que la foi chrétienne devait avoir des ennemis pour dire : Les chrétiens dureront un peu de temps, puis ils disparaîtront, et les idoles reviendront et ce qui existait avant eux reviendra. Combien de temps les chrétiens subsisteront-ils ? « Jusqu'à la vieillesse et jusqu'à la décrépitude (*Ibid.*), » c'est-à-dire jusqu'à la fin des siècles ? Tandis que vous attendez, malheureux infidèle, que les chrétiens passent, vous passez et les chrétiens ne passent point ; et les chrétiens subsisteront jusqu'à la fin des siècles ; tandis que vous, au terme de votre courte vie, de quel front, en raison de votre incrédulité, vous présenterez-vous devant le juge que vous aurez blasphémé dans votre vie ? « Seigneur, dès ma jeunesse et jusques à présent et jusqu'à ma vieillesse et à ma décrépitude, ne m'abandonnez pas (*Ibid.*, 18). » Ce ne sera donc pas, comme le disent mes ennemis, une affaire de temps. « Ne m'abandonnez pas, jusqu'à ce que j'aie annoncé votre bras à toutes les générations qui doivent survenir (*Ibid.*, 19). »

tutem meam, « annuntiabo mirabilia tua, » quia mecum es ut non moriar, qui venisti ut surgam : « et usque in senectam, et senium, » id est, usque ad ultimum meum, nisi mecum fueris, non erit aliquid meriti mei; gratia tua semper perseveret mecum. Hoc diceret etiam unus homo, tu, ille, ego : quia vero vox ista unius cujusdam magni hominis est, hoc est, ipsius unitatis, vox est enim Ecclesiæ ; quæramus juventutem Ecclesiæ. Quando venit Christus, crucifixus est, mortuus est, surrexit, vocavit gentes, cœperunt converti, facti sunt Martyres fortes in Christo, fusus est sanguis fidelis, surrexit seges Ecclesiæ : hæc juventus. Progredientibus autem temporibus confiteatur Ecclesia, dicat, « Usque nunc annuntiabo mirabilia tua. » Non tantum in juventute quando Paulus, quando Petrus, quando primi Apostoli nuntiaverunt : procedente etiam ætate ego ipse, id est, unitas tua, membra tua, corpus tuum, « annuntiabo mirabilia tua. » Quid postea ? « Et usque ad senectam et senium, » annuntiabo mirabilia tua : usque in finem sæculi erit hic Ecclesia. Si enim non hic futura est usque in finem sæculi ; quibus Dominus dixit, « Ecce ergo vobiscum sum omnibus diebus usque in consummationem sæculi (*Matth.*, XXVII, 20) ?» Quare ista oportebat ut dicerentur in Scripturis ? Quia futuri erant inimici Christianæ fidei qui dicerent, Ad parvum tempus sunt Christiani, postea peribunt, et redibunt idola, rediet quod erat antea. Quamdiu erunt Christiani ? « Usque ad senectam et senium : » id est, usque in finem sæculi. Tu cum expectas miser infidelis ut transeant Christiani, transis tu sine Christianis : et Christiani usque in finem sæculi permanebunt; et tu per infidelitatem tuam, cum finieris brevem vitam tuam, qua fronte exies ad judicem, quem cum viveres blasphemasti ? Ergo « a juventute mea, et usque nunc, et usque ad senectam et senium, Domine ne derelinquas me. » Non, quomodo dicunt inimici mei, usque ad tempus erit. « Ne derelinquas me, donec annuntiem brachium tuum generationi omni

DEUXIÈME DISCOURS SUR LA SECONDE PARTIE DU PSAUME LXX.

« Et à qui a été révélé le bras du Seigneur (*Isaïe*, LIII, 1) ? » Le bras du Seigneur, c'est le Christ. Ne m'abandonnez donc pas, ô mon Dieu ! Que ceux qui disent : Les chrétiens n'auront qu'un temps, n'aient point lieu de se réjouir. Qu'ils soient toujours là pour annoncer votre bras. Et à qui ? « A toutes les générations qui doivent survenir (*Ibid.*). » Si donc il s'agit de toutes les générations qui doivent survenir, ce sera jusqu'à la fin des siècles ; car, à la fin des siècles seulement, aucune génération ne surviendra plus.

5. « Votre puissance et votre justice (*Ibid.* 19) : » c'est-à-dire jusqu'à ce que j'aie annoncé votre bras à toutes les générations qui doivent survenir. Et que nous a valu la puissance de ce seul bras ? Notre délivrance gratuite. Voilà ce que je veux annoncer à toutes les générations à venir, cette grâce elle-même. Je dirai à tout homme qui naîtra : Vous n'êtes rien par vous-même, invoquez Dieu ; vos péchés sont à vous, vos mérites sont de Dieu ; ce qui vous est dû, c'est le châtiment, et quand la récompense viendra, Dieu couronnera en vous ses dons et non vos mérites. Je dirai à toutes les générations à venir : Vous sortez de captivité, vous apparteniez à Adam. Je dirai à toutes les générations à venir : Mes forces sont nulles, ma justice est nulle, et je leur annoncerai « votre puissance et votre justice, ô mon Dieu, qui s'étendent jusqu'aux merveilles que vous avez faites dans les lieux les plus élevés (*Ibid.*, 19). » Jusqu'où s'étendent votre puissance et votre justice ? Jusqu'à la chair et au sang ? Bien plus loin : « Jusqu'aux merveilles que vous avez faites dans les lieux les plus élevés. » Ces lieux les plus élevés sont les cieux, où se trouvent les Anges, les Trônes, les Dominations, les Principautés, les Puissances ; ils vous doivent ce qu'ils sont, ils vous doivent de vivre, ils vous doivent de vivre dans la justice, ils vous doivent de vivre dans la béatitude. Jusqu'où s'étendent votre puissance et votre justice ? Jusqu'aux merveilles que vous avez faites dans les cieux les plus élevés. » Ne croyez pas que les hommes seuls aient besoin de la grâce de Dieu. Qu'était l'Ange avant d'être créé ? Que serait l'Ange si celui qui l'a créé l'abandonnait ? J'annoncerai donc « votre puissance et votre justice, qui s'étendent jusqu'aux merveilles que vous avez faites dans les lieux les plus élevés (*Ibid.*). »

6. Et l'homme s'élève orgueilleusement. Pour appartenir à la première captivité, il écoute ces suggestions du serpent : « Goûtez de ce fruit et vous serez comme des dieux (*Gen.*, III, 5) ! » Les hommes comme des dieux ! « Mon Dieu, qui est semblable à vous (*Ps.*, LXX, 19) ? » aucun être, ni dans l'abîme des mers, ni dans l'enfer, ni sur la terre, ni dans le Ciel : car c'est vous qui avez tout fait. L'œuvre entrera-t-elle en lutte avec

---

superventuræ. » « Et brachium Domini cui revelatum est (*Isai.*, LIII, 1) ? » Brachium Domini, Christus. Noli ergo derelinquere me : non gaudeant qui dicunt, Usque ad certum tempus erunt Christiani. Sint qui annuntient brachium tuum. Cui ? « Generationi omni superventuræ. » Si ergo omni generationi superventuræ, usque in finem sæculi : finito enim sæculo, jam nulla superveniet generatio.

5. « Potentiam tuam et justitiam tuam (*Psal.*, LXX, 19). » Hoc est, annuntiem generationi omni superventuræ brachium tuum. Et quid præstitit brachium tuum ? Liberationem nostram gratuitam. Hoc ergo annuntiem, ipsam gratiam omni generationi superventuræ : dicam omni homini nascituro, Nihil es per te, Deum invoca, tua peccata sunt, merita Dei sunt : supplicium tibi debetur, et cum præmium venerit, sua dona coronabit, non merita tua. Dicam omni generationi superventuræ, De captivitate venisti, ad Adam pertinebas. Dicam hoc omni generationi superventuræ, nullas vires meas, nullam justitiam meam ; sed « potentiam tuam et justitiam tuam, Deus, usque in altissima quæ fecisti magnalia. » Potentiam tuam et justitiam tuam, usque quo ? usque ad carnem et sanguinem ? Imo, « usque ad altissima, quæ fecisti magnalia. » In altis cæli sunt, in altis Angeli sunt, Sedes, Dominationes, Principatus, Potestates : tibi debent quod sunt, tibi debent quod vivunt, tibi debent quod juste vivunt, tibi debent quod beate vivunt. « Potentiam tuam et justitiam tuam, » usquequo ? « Usque in altissima quæ fecisti magnalia, » Ne putes hominem solum pertinere ad gratiam Dei. Quid erat Angelus antequam fieret ? quid est Angelus, si deserat qui creavit ? Ergo, « potentiam tuam, usque in altissima, quæ fecisti magnalia. »

6. Et homo se extollit : et ut pertineat ad primam captivitatem, audit serpentem suggerentem, « Gustate et eritis sicut dii (*Gen.*, III, 5). » Homines sicut dii ? « Deus, quis similis tibi (*Psal.*, LXX, 19) ? » Non in abysso, non in inferno, non in terra, non

l'artisan? « O Dieu! qui est semblable à vous (*Ibid.*)? » Pour moi, dit le malheureux Adam, et en Adam tous les hommes, j'ai voulu, dans ma perversité, devenir semblable à vous, et voilà ce que je suis devenu : du fond de ma captivité il faut que je crie vers vous. J'étais heureux sous un bon roi et je suis devenu esclave sous mon séducteur ; et je crie vers vous, parce que ma chute m'a détaché de vous. Et pourquoi ai-je été ainsi détaché de vous? Parce que j'ai voulu, dans ma perversité devenir semblable à vous. Quoi donc! Dieu ne nous appelle-t-il pas à lui ressembler? N'est-ce pas lui qui dit : « Aimez vos ennemis, priez pour ceux qui vous persécutent, faites du bien à ceux qui vous haïssent (*Matth.*, v. 44)? » Par ces paroles, Dieu nous exhorte à lui ressembler. Et, d'ailleurs, qu'ajoute-t-il? « Afin que vous soyez les enfants de votre Père qui est dans les cieux. » Car, lui-même, que fait-il ? Il agit lui-même ainsi ; car « il fait lever son soleil sur les bons et sur les méchants, et tomber sa pluie sur les justes et sur les injustes (*Ibid.*, 45). » Donc, celui qui veut du bien à son ennemi est semblable à Dieu ; et ce n'est point là de l'orgueil, mais de l'obéissance. Pourquoi? Parce que nous avons été faits à l'image de Dieu. « Faisons l'homme, a dit Dieu, à notre image et à notre ressemblance (*Gen.*, 1, 26). » Ce n'est donc point une chose étrangère pour nous que d'avoir en nous l'image de Dieu. Plaise à Dieu que l'orgueil ne nous la fasse point perdre! Mais qu'est-ce que vouloir, par orgueil, être semblable à Dieu? Qu'est-ce que cette faute, qui fait que le captif du Psaume se soit écrié : « Seigneur qui est semblable à vous (*Ps.*, LXX, 19)? » Qu'est-ce que cette prétendue ressemblance? Écoutez et comprenez, si vous le pouvez ; mais nous croyons que celui qui nous a mis en état de parler, vous donnera de comprendre. Dieu n'a besoin d'aucun bien, et il est le souverain bien, et tout bien vient de lui. Nous avons donc besoin de Dieu pour être bons ; mais Dieu, pour être bon, n'a pas besoin de nous, et non-seulement de nous, mais il n'a besoin non plus ni des merveilles qu'il a faites dans les lieux les plus élevés, ni des choses célestes, ni de celles qui sont au-dessus des Cieux, ni de ce qu'on appelle le Ciel du Ciel ; il n'en a pas besoin pour être meilleur ou plus puissant, ou plus heureux. En effet, que serait tout ce qui existe en dehors de lui, si lui-même ne l'eût pas créé? En quoi donc pourrait avoir besoin de vous celui qui existait avant vous, et qui était assez puissant pour vous créer, alors que vous n'existiez pas? Vous a-t-il donné l'existence comme les parents à leurs enfants? Ceux-ci les engendrent pour satisfaire une convoitise de la chair, plutôt qu'ils ne les créent : ils les en-

---

in cælo : omnia enim tu fecisti. Quid contendit opus cum artifice? « Deus, quis similis tibi ? » Ego autem, ait Adam miser, et (*a*) in Adam omnis homo, cum volo esse perverse similis tibi, ecce quid factus sum, ut de captivitate ad te clamem : cui bene erat sub rege bono, captivus factus sum sub meo seductore; et clamo ad te, quia cecidi abs te. Et unde abs te cecidi? Cum quæro esse perverse similis tibi. Quid enim, Deus nonne ad suam similitudinem nos vocat? Nonne ipse est, qui dicit, « Diligite inimicos vestros, orate pro eis qui vos persequuntur, benefacite eis qui vos oderunt (*Matth.*, v, 44)? » Hæc dicens, ad similitudinem Dei nos hortatur. Denique quid adjungit? « Ut sitis, inquit, filii Patris vestri qui in cælis est (*Ibid.*, 45). » Quid enim ipse facit? Hoc facit certe : « Qui solem suum oriri facit super bonos et malos, et pluit super justos et injustos. » Qui ergo bene vult inimico suo, Deo similis est : nec ista superbia, sed obedientia est. Quare? Quia ad imaginem Dei facti sumus. « Faciamus, inquit, hominem ad imaginem et similitudinem nostram (*Gen.*, 1, 26). » Non ergo aliquid alienum est, si imaginem Dei tenemus in nobis : utinam eam per superbiam non amittamus. Sed quid est per superbiam velle esse similem Deo? quid putamus, ut exclamaret captivus, « Domine quis similis tibi? » quæ est ista perversa similitudo? Audite, et intelligite, si potestis : credimus autem quia ipse qui nos posuit hæc vobis dicere, dabit vobis etiam posse et intelligere. Deus nullo indiget bono, et ipse est summum bonum, et ab ipso est omne bonum. Ut ergo boni simus, Deo indigemus : ut bonus sit Deus, nobis non indiget ; nec nobis tantum, sed usque ad altissima quæ fecit magnalia, nec ipsis cælestibus, nec supercælestibus, nec cælo cæli quod dicitur, indiget Deus, ut aut melior sit, aut potentior, aut beatior. Quid enim esset quidquid aliud est, nisi ipse fecisset? Quo ergo eget abs te qui erat ante te, et tam potens erat, ut cum tu non esses, faceret te? Numquid quomodo parentes faciunt filios? Per

(a) Particula, *in*, abest a MSS.

gendrent et Dieu les crée. En effet, si vous les créez, dites-moi ce que votre femme enfantera. Mais, pourquoi vous demander de le dire ? Que cette femme le dise, elle qui ignore ce qu'elle porte. Cependant, les hommes engendrent des enfants pour leur consolation, et pour le soutien de leur vieillesse. Mais est-ce que Dieu les crée uniquement pour qu'un homme en soit aidé dans sa vieillesse? Dieu sait donc ce qu'il crée ; il sait ce qu'est sa créature, grâce à sa bonté, et ce qu'elle deviendra en raison de la volonté qui lui est propre : Dieu connaît et coordonne toutes choses. Mais l'homme, pour être quelque chose, se tourne vers celui par lequel il a été créé. En effet, s'il s'en éloigne, il se refroidit; s'il s'en approche, il se réchauffe : s'il s'en éloigne, il se jette dans les ténèbres; s'il s'en approche, il arrive à la lumière. Car il trouve, en celui à qui il doit d'être, ce qu'il lui faut pour être bien. En effet, le jeune fils qui a voulu avoir entre les mains le bien que son père lui conservait avec sollicitude, devenu maître de lui-même, et parti en un pays lointain, s'attacha à un maître méchant, et garda de vils animaux : la faim corrigea alors celui qui, fier de son abondance, avait quitté son père (*Luc*, xv, 12-16). Si donc quelqu'un s'efforce d'être semblable à Dieu, en se tenant auprès de lui, en gardant en lui sa force, comme il est écrit en un autre psaume (*Ps.*, LVIII, 10), en ne s'éloignant pas de lui, en recevant ainsi son empreinte, par l'effet de cette union, comme une cire molle la reçoit de l'anneau qui s'y grave, enfin en conservant les traits divins de celui auquel il est attaché, selon cette parole : « Il est bon pour moi de m'attacher à Dieu (*Ps.*, LXXII, 28); » celui-là conservera intacte l'image et la ressemblance à laquelle il a été fait. Mais s'il veut, par perversité, imiter Dieu, c'est-à-dire s'il veut, à l'égal de Dieu, qui n'a ni créateur ni maître, être seul maître de lui-même, et vivre, comme Dieu, sans personne qui le forme et le dirige; que lui reste-t-il, mes frères, sinon de tomber dans l'engourdissement par son éloignement de la chaleur de Dieu, de se perdre dans la vanité par son éloignement de la vérité de Dieu, enfin de s'amoindrir constamment et de périr par son éloignement du bien suprême et immuable.

7. C'est ce qu'a fait le démon ; il a voulu imiter Dieu, mais d'une manière perverse ; il a voulu se soustraire à sa puissance, et avoir puissance contre lui. De même l'homme créé sous la dépendance de Dieu avait entendu cette défense qui lui était faite : « N'y touchez pas (*Gen.*, II. 17). » A quoi ? A cet arbre ; mais qu'est-ce que cet arbre ? s'il est bon, pourquoi n'y toucherais-je pas ? s'il est mauvais, que fait-il dans le Paradis ? Assurément, s'il est

---

quamdam concupiscentiam carnalem generant potius quam creant : istis enim generantibus, Deus creat. Nam si tu ita creas, dic quid tua mulier paritura est. Quid dicam, tu dic? Ipsa dicat, quæ quod portat ignorat. Generant tamen homines filios, et ad solatium suum, et ad subsidium senectutis. Numquid ideo creavit hæc omnia Deus, a quibus senex adjuvaretur ? Novit ergo Deus quod creat, et quale sit per ejus bonitatem, et quale futurum sit per propriam voluntatem ; novit Deus et ordinavit omnia. Ut autem homo sit aliquid, convertit se ad illum a quo creatus est. Recedendo enim frigescit, accedendo fervescit : recedendo tenebrescit, accedendo clarescit. A quo enim habet ut sit, apud illum habet ut ei bene sit. Denique filius minor, qui voluit in sua potestate habere substantiam suam (*Lucæ*, xv, 12), quæ illi apud patrem optime servabatur, factus suæ potestatis, profectus est in regionem longinquam, hæsit principi malo, porcos pavit, fame correctus est, qui saturitate superbus abscesserat. Ergo quisquis ita vult esse similis Deo, ut ad illum stet, « fortitudinemque suam, sicut scriptum est, ad illum custodiat (*Psal.*, LVIII, 10), » non ab illo recedat, ei cohærendo signetur tamquam ex anulo cera, illi affixus habeat imaginem ejus, faciens quod dictum est, « Mihi adhærere Deo bonum est (*Psal.*, LXXII, 28);» vere custodit similitudinem et imaginem ad quam factus est. Porro autem si perverse voluerit imitari Deum, ut quomodo Deus non habet a quo formetur, non habet a quo regatur, sic ipse velit sua potestate uti, ut quomodo Deus nullo formante, nullo regente vivat; quid restat Fratres, nisi ut recedens ab ejus calore torpescat, recedens a veritate vanescat, recedens ab eo quod summe atque (*a*) incommutabiliter est, in deterius mutatus deficiat.

7. Hoc diabolus fecit : imitari Deum voluit, sed perverse ; non esse sub illius potestate, sed habere contra illum potestatem. Homo autem positus sub præcepto, audivit a Domino Deo, « Noli tangere

(*a*) Sic Er. et MSS. At Lov. *incomparabiliter*.

dans le Paradis, c'est qu'il est bon ; mais je ne veux pas que vous y touchiez. Pourquoi n'y toucherais-je pas ? Parce que je veux votre soumission et non votre contradiction ; serviteur, servez-moi de cette sorte ; serviteur, prenez garde de me mal servir. Serviteur, écoutez d'abord les ordres de votre maître, et vous connaîtrez plus tard le dessein de celui qui vous les donne. Cet arbre est bon ; je ne veux pas que vous y touchiez. Pourquoi ? parce que je suis le maître et que vous êtes le serviteur. Voilà le seul motif que j'aie à vous donner. Si ce motif vous semble insuffisant, dédaignez-vous d'être mon serviteur ? Mais que peut-il y avoir de plus avantageux pour vous que d'être soumis au Seigneur ? Et comment serez-vous soumis au Seigneur, si vous n'êtes soumis à ses commandements ? Mais s'il vous est avantageux d'être soumis au Seigneur et à ses commandements, quels commandements le Seigneur peut-il vous faire ? Va-t-il vous demander quelque chose qui vienne de vous ? Vous dira-t-il : offrez-moi un sacrifice ? N'a-t-il pas fait, toutes choses, et parmi toutes choses vous-même ? Vous dira-t-il : rendez-moi service au lit quand je prends mon repos ; à table, pendant mon repas ; au bain, quand je me lave ? De ce que Dieu n'a aucun besoin de vous, est-ce donc à dire qu'il ne devait rien vous ordonner ? Mais s'il devait vous ordonner quelque chose, afin que vous sentissiez, pour votre bien, que vous êtes sous sa dépendance, il devait vous défendre quelque chose, non pas à cause des mauvaises qualités de cet arbre, mais pour obtenir votre obéissance. Dieu ne pouvait mieux vous faire sentir les droits salutaires de l'obéissance qu'en vous interdisant une chose qui n'était pas mauvaise en elle-même. La seule obéissance eût trouvé là une palme, la seule désobéissance a trouvé là une peine. Ce fruit est bon : je ne veux pas que vous y touchiez ; car vous ne mourrez pas pour vous en être abstenu. Est-ce qu'en vous interdisant ce fruit, Dieu vous a interdit les autres ? Le Paradis n'est-il pas rempli d'autres arbres chargés de fruits ? Que vous manque-t-il ? je ne veux pas que vous touchiez celui-ci, je ne veux pas que vous mangiez de celui-ci. Il est bon, mais l'obéissance est meilleure. Et si vous touchez à cet arbre, s'ensuivra-t-il qu'il devienne une chose mauvaise, parce qu'il vous aura donné la mort ? Non : votre seule désobéissance vous a soumis à la mort, parcequ'elle vous a fait toucher au fruit défendu. C'est pourquoi cet arbre a été appelé l'arbre de la connaissance du bien et du mal (Gen., II, 17), non point parce que le bien et le mal y pendaient comme des fruits, mais quel que fût cet arbre, de quelque nature ou espèce

(Gen., II, 17). » Quid ? Hanc arborem. Quid est enim illa arbor ? Si bona est, quare non tango ? si mala est, quid facit in paradiso ? Prorsus ideo est in paradiso, quia bona est : sed nolo tangas. Quare non tango ? Quia obedientem te volo, non contradicentem. (a) Servi ad hoc, serve ; sed noli male serve. Serve audi prius Domini jussum, et tunc jubentis disce consilium. Bona est arbor, nolo tangas. Quare ? Quia Dominus sum, et servus es. Hæc tota caussa est. Si parva est, dedignaris esse servus ? Quid autem tibi expedit, nisi esse sub Domino ? Quomodo eris sub Domino, nisi fueris sub præcepto ? Porro si expedit tibi esse sub Domino, et sub præcepto, quid tibi jussurus erat Deus ? Aliquid enim quærit abs te ? Offer mihi sacrificium, dicturus est tibi ? Nonne ipse fecit omnia, in quibus et te fecit ? Obsequere mihi, dicturus est tibi, sive ad lectum, cum requiesco ; sive ad mensam, cum me reficio ; sive ad balneas, cum lavo ? Quia ergo nullo abs te indiget Deus, nihil tibi debuit jubere ? Si autem debuit aliquid jubere, ut te, quod tibi expedit ; sentires esse sub Domino, ab aliqua re prohibendus eras ; non propter illius arboris malitiam, sed propter tuam obedientiam. Non potuit Deus perfectius demonstrare quantum sit bonum obedientiæ, nisi cum prohibuit ab ea re, quæ non erat mala. Sola ibi obedientia tenet palmam, sola ibi inobedientia invenit pœnam. Bonum est, nolo tangas. Non enim non tangendo moriturus es. Numquid qui hinc prohibuit, alia subtraxit ? Nonne est paradisus fructuosis plenus arboribus ? Quid tibi deest ? Hoc nolo tangas, hinc nolo gustes. Bonum est, sed obedientia melior est. Proinde cum tetigeris, numquid arbor illa malum erit, ut moriaris ? Sed inobedientia te subjecit morti, quia prohibita tetigisti (Gen., II, 17). Ideo arbor illa appellata est scientia dignoscendi boni et mali non quia inde talia quasi poma pendebant ; sed quidquid esset arbor illa, cujuslibet pomi, cujus il

(a) Sic aliquot MSS, Alii plures, serve adhuc serve : At pauciores cum editis, non contradicentem servum, ad hoc serve, etc.

qu'en fussent les fruits, il a été ainsi appelé, parce que l'homme, s'il ne voulait se contenter de distinguer le bien d'avec le mal par le précepte de Dieu, devait apprendre à le distinguer par son expérience, en trouvant un châtiment pour avoir touché au fruit défendu. Mais pourquoi, mes frères, y a-t-il touché? Que lui manquait-il? Qu'on me le dise : que lui manquait-il dans ce Paradis où il était placé au milieu de toutes les richesses, au milieu de toutes les délices, au milieu surtout des ineffables délices de la vue de Dieu, dont il redouta le visage après son péché, comme celui d'un ennemi? Lui manquait-il d'autres fruits à cueillir, sinon qu'il voulût être son propre maître, et qu'il se plût à transgresser le commandement de Dieu, afin de devenir semblable à Dieu, en échappant à toute domination, puisque Dieu ne peut avoir de maître. Coupable également! Fatale présomption! O mort méritée pour être ainsi sorti des voies de la justice! Voilà qu'il a rompu le commandement de Dieu, qu'il a secoué de sa tête le joug de la discipline, qu'il a brisé, dans l'impétuosité de son orgueil, les rênes qui le guidaient ; où est-il maintenant? Il est captif, et il s'écrie : « Seigneur, qui est semblable à vous (*Ps.*, LXX, 19) ? » J'ai voulu, d'une manière criminelle devenir semblable à vous, et je suis devenu semblable à un animal sans raison. Sous votre domination, sous l'empire de vos lois, j'étais réellement semblable à vous, mais « l'homme élevé en honneur n'a pas compris sa dignité, il s'est assimilé aux animaux sans raison, et il leur est devenu semblable (*Ps.*, XLVII, 13). » Et maintenant, après ce rapprochement avec les animaux, écriez-vous, mais trop tard : « Seigneur qui est semblable à vous (*Ibid.*) ? »

8. « Combien de tribulations, multipliées et douloureuses, vous m'avez fait voir (*Ibid.*, 20) ! » C'est à juste titre, serviteur orgueilleux. Vous avez voulu acquérir avec votre Dieu une ressemblance criminelle, vous qui étiez fait à l'image de votre Dieu. Espériez-vous donc trouver votre bien, en vous éloignant du souverain bien. Dieu vous dit : Si vous vous retirez de moi et que vous soyez cependant heureux, je ne suis certainement pas votre bien. Si donc Dieu est bon, souverainement bon, bon par lui-même de son propre fond, bon sans recours à aucun bien étranger, et bon pour nous comme notre souverain bien, que serez-vous, en vous éloignant de lui, sinon méchant? De même s'il est notre bonheur, que trouverons-nous en nous éloignant de lui, sinon la misère? Revenez donc à lui après cette misère, et dites-lui : « Seigneur, qui est semblable à vous ? Combien de tribulations multipliées et douloureuses vous m'avez fait voir (*Ibid.*). »

9. Mais ces châtiments n'étaient qu'une cor-

---

bet fructus esset, ideo sic vocata est, quia homo qui nollet bonum a malo discernere per præceptum, discreturus erat per experimentum ; ut tangendo vetitum, inveniret supplicium. Quare autem tetigit, Fratres mei? Quid illi deerat? Dicatur mihi, quid illi deerat in paradiso constituto, in media opulentia, mediisque deliciis, cui magnæ deliciæ erant ipsa visio Dei, cujus faciem quasi inimici timuit post peccatum? Quid illi deerat, ut tangeret, nisi quia sua potestate uti voluit, præceptum rumpere delectavit ; ut nullo sibi dominante fieret sicut Deus, quia Deo nullus utique dominatur? Male vagus, male præsumens, futurus mortuus, recedendo a (*a*) via justitiæ : ecce solvit præceptum, excussit a cervice jugum disciplinæ, habenas regiminis exaltante animositate disrupit, ubi est nunc? Certe captivus clamat, « Domine, quis similis tibi? » Volui esse perverse similis tibi, et factus sum similis pecori. Sub tua dominatione, sub tuo præcepto vere similis eram : « sed homo in honore positus non intellexit, comparatus est jumentis insensatis, et similis factus est illis (*Psal.*, XLVIII, 13). » Jam de similitudine jumentorum clama sero, et dic, « Deus, quis similis tibi? »

8. « Quantas ostendisti mihi tribulationes multas et malas (*Psal.*, LXX, 20). » Merito, superbe serve. Voluisti enim perverse esse similis Domino tuo, qui factus eras ad imaginem Domini tui (*Gen.*, I, 27). Bene tibi velles ut esset recedenti ab illo bono? Prorsus dicit tibi Deus, Si recedis a me, et bene est tibi, ego non sum bonum tuum. Proinde si ille bonus, et summe bonus, et de se sibi bonus, et nullo alieno bono bonus, et ipse nostrum summum bonum ; recedendo inde, quid eris, nisi malus? Item, si ipse est beatitudo nostra, quid erit recedenti, nisi miseria? Redi ergo post miseriam, et dic,

---

(*a*) Plerique MSS. *a vita justitiæ*. (*b*) Aliquot MSS. *clavo*.

rection, un avertissement et non un abandon. Car, que dit-il de lui-même, en rendant au Seigneur des actions de grâces : « Mais vous vous êtes tourné vers moi, vous m'avez rendu la vie, et vous m'avez encore retiré des abîmes de la terre (*Ibid.*, 20). » Quand y avait-il été plongé auparavant ? Que veut dire : « encore ? » Vous êtes tombé des hauteurs où vous étiez placé, ô homme, esclave désobéissant, serviteur orgueilleux en face de votre maître, vous êtes tombé. En vous s'est réalisée cette sentence : « Celui qui s'élève sera abaissé ; » puisse s'accomplir maintenant cette seconde parole : « et celui qui s'abaisse, sera élevé (*Luc*, XIV, 11). » Revenez donc de l'abîme. Je reviens, dit-il, je reviens, je reconnais ma faute. « Seigneur, qui est semblable à vous ? Combien de tribulations multipliées et douloureuses, vous m'avez fait voir, mais vous vous êtes tourné vers moi, vous m'avez rendu la vie, et vous m'avez encore retiré des abîmes de la terre (*Ibid.*).» Nous comprenons, me dites-vous: vous m'avez retiré des abîmes de la terre, c'est-à-dire : vous m'avez retiré des profondeurs où le péché m'avait submergé. Mais pourquoi ce mot « encore ? » A quel moment avait-il été déjà délivré ? Poursuivons ; peut-être les derniers versets du psaume nous expliqueront-ils ce que nous ne comprenons pas jusqu'à présent, à savoir : pourquoi il a dit « encore. »

Écoutons donc : « Combien de tribulations, multipliées et douloureuses, vous m'avez fait voir : mais vous vous êtes tourné vers moi, vous m'avez rendu la vie, et vous m'avez encore retiré des abîmes de la terre (*Ps.*, LXX, 20). » Que dit ensuite le Prophète ? « Vous avez multiplié les actes de votre justice ; mais vous vous êtes tourné vers moi, vous m'avez consolé, et vous m'avez encore retiré des abîmes de la terre (*Ibid.*, 21). » Mais voilà un nouvel « encore. » Si déjà nous avions peine à en expliquer un, qui pourra en expliquer deux ? Le mot « encore » est par lui-même une répétition, et voilà que ce mot même est répété. Daigne nous assister celui de qui vient la grâce, celui dont nous annonçons le bras à toutes les générations à venir ; puisse le Seigneur nous assister lui-même et comme avec la clé de sa croix nous ouvrir la porte de ce mystère. Car ce n'est pas sans cause qu'à sa mort sur la croix, le voile du Temple s'est déchiré en deux (*Matth.*, XXVII, 51). Cela signifiait que par sa passion le secret de tous les mystères allait être découvert ; qu'il assiste donc ceux qui se rangent à sa suite, et que le voile soit ôté (II *Cor.*, III, 16). Que notre Seigneur et Sauveur Jésus-Christ nous dise pourquoi cette parole du Prophète : « Combien de tribulations multipliées et douloureuses, vous m'avez fait voir ; mais vous vous êtes tourné vers moi, vous m'a-

---

« Domine, quis similis tibi ? Quantas ostendisti mihi tribulationes multas et malas ? »
9. Sed disciplina fuit ; admonitio, non desertio. Denique gratias agens quid dicit ? « Et conversus vivificasti me, et de abyssis terræ iterum reduxisti me (*Ibid.*, 20). » Quando enim antea ? quid est hoc, « iterum ? » Cecidisti ab altitudine o homo, mancipium inobediens, superbe adversus Dominum, cecidisti. Factum est in te, « Omnis qui se exaltat, humiliabitur (*Lucæ*, XIV, 11) : » fiat in te, « Omnis qui se humiliat, exaltabitur. » Redi de profundo. Redeo, inquit, redeo, agnosco, « Deus quis similis tibi ? Quantas ostendisti mihi tribulationes multas et malas ? Et conversus vivificasti me, et de abyssis terræ iterum reduxisti me. » Intelligimus, audio. Reduxisti enim de abyssis terræ, reduxisti a profunditate et submersione peccati. Sed quare « iterum ? » Quando jam factum erat ? » Sequamur, ne forte posteriora Psalmi ipsius exponant nobis, quod hic nondum intelligimus, quid dixerit « iterum. » Ergo audiamus : « Quantas ostendisti mihi tribulationes multas et malas ? Et conversus vivificasti me, et de abyssis terræ iterum reduxisti me. » Quid deinde ? « Multiplicasti justitiam tuam, et conversus consolatus es me, et de abyssis terræ iterum reduxisti me (*Ibid.*, 21). » Ecce alterum « iterum. » Si hoc « iterum » solvere laboramus semel positum, quis poterit solvere geminatum ? Jam ipsum «iterum» geminatio est, et rursum positum est « iterum. » Adsit ille a quo gratia, adsit et brachium quod annuntiamus omni generationi superventuræ : adsit ipse, et tamquam (*a*) clave crucis suæ clausum sacramentum aperiat. Neque enim frustra illo crucifixo, velum templi medium scissum est (*Matth.*, XXVII, 51), nisi quia per ipsius passionem omnium mysteriorum secreta patuerunt. Adsit ergo ipse transeuntibus ad eum, « auferatur velamen (II *Cor.*, III, 16) : » dicat nobis Dominus noster et Salvator Jesus Christus, quare talis vox Prophetæ præmissa est, « Ostendisti mihi tribulationes multas et malas ; et conversus vivificasti me, et de abyssis terræ iterum reduxisti me. » En hoc primum posi-

vez rendu la vie, et vous m'avez encore retiré des abîmes de la terre (*Ibid.*, 20). » Voilà le premier « encore » examinons ce qu'il signifie et nous trouverons pourquoi le Prophète a ajouté : le second « encore. »

10. Qu'est-ce que le Christ ? « Au commencement était le Verbe et le Verbe était en Dieu et le verbe était Dieu : il était au commencement en Dieu. Toutes choses ont été faites par lui, et rien n'a été fait sans lui (*Jean*, I, 1). » Que cela est grand ! que cela est sublime ! Et vous, captif, qu'êtes-vous ? où êtes-vous ? Dans la chair, sous la puissance de la mort. Qu'est-il donc, et qu'êtes-vous ? Et qu'est-il devenu ensuite, et pour qui ? Qu'est-il, si ce n'est ce qu'a dit saint Jean : « le Verbe ? » Quel Verbe ? un son de voix qui résonne et qui passe ? Le Verbe-Dieu en Dieu ; le Verbe par qui toutes choses ont été faites. Qu'est-il devenu à cause de vous ? « Et le Verbe s'est fait chair et il a habité parmi nous (*Ibid.*, 14). » « Dieu n'a pas épargné son Fils, dit l'Apôtre, mais il l'a livré pour nous ; comment ne nous aurait-il pas donné toutes choses avec lui (*Rom.*, VIII, 32) ? » Voilà donc quel est celui qui s'est fait, ce qu'il s'est fait, et pour qui il s'est fait. Le Fils de Dieu s'est fait « chair » pour un pécheur, pour un injuste, pour un déserteur, pour un orgueilleux, pour un coupable imitateur de Dieu. Il s'est fait ce que vous êtes, il s'est fait fils de l'homme, afin que nous fussions faits enfants de Dieu ! Il s'est fait « chair ; » d'où a-t-il pris sa chair ? de la Vierge Marie (*Luc*, II, 7). D'où sortait la Vierge Marie ? d'Adam. Elle descendait donc du premier captif, et la chair du Christ appartenait à cette masse de captivité. Et pourquoi tout cela ? Pour nous fournir un exemple. Il a pris en vous de quoi mourir pour vous ; il a pris en vous de quoi offrir pour vous, afin de vous instruire par cet exemple. Vous instruire de quoi ? Qu'un jour vous ressusciteriez. Comment, en effet, le croiriez-vous, si vous n'aviez sous les yeux l'exemple de cette chair qu'il a prise dans la masse de votre mortalité ? Nous sommes donc ressuscités en lui une première fois ; et, lorsque le Christ est ressuscité, nous sommes ressuscités en lui. En effet, le Verbe n'est pas mort et n'est pas ressuscité ; mais dans la personne du Verbe la chair est morte et est ressuscitée. Le Christ est mort où vous mourrez ; et le Christ est ressuscité où vous ressusciterez. Il vous a enseigné par son exemple ce que vous ne deviez pas redouter, et ce que vous deviez espérer. Vous redoutiez la mort, il est mort ; vous désespériez de votre résurrection, il est ressuscité. Mais me direz-vous : Il est ressuscité, ressusciterai-je pour cela ? Mais ce qui est ressuscité en lui est ce qu'il a pris en vous pour vous. Votre nature

---

tum est « iterum : » videamus quid hoc sit, et inveniemus quare alterum « iterum. »

10. Quid est Christus? « In principio erat Verbum, et Verbum erat apud Deum, et Deus erat Verbum : hoc erat in principio apud Deum. Omnia per ipsum facta sunt, et sine ipso factum est nihil (*Johan.*, I, 1, etc.). » Grande hoc, magnum hoc. Tu quid captive? Ubi jaces? In carne, sub morte. Quis ergo ille? quis tu? Et quid ille postea? propter quem? Quis ille, nisi quod dictum est, Verbum? Quod Verbum? Ne forte sonat et transit? Verbum Deus apud Deum, Verbum per quod facta sunt omnia. Quid propter te? « Et Verbum caro factum est, et habitavit in nobis (*Ibid.*, 4). » « Qui Filio proprio non pepercit, sed pro nobis omnibus tradidit illum (*Rom.*, VIII, 32) : » quomodo non et cum illo omnia nobis donavit? Ecce quid, quis, propter quem. Filius Dei caro propter peccatorem, propter iniquum, propter desertorem, propter superbum, propter perversum Dei sui imitatorem. Factus ille quod tu, filius hominis, ut nos (*a*) efficeremur filii Dei. Caro factus : unde caro ? « Ex Maria virgine (*Lucæ*, II, 7). Unde Maria virgo : « Ex Adam. » Ergo ex illo primo captivo, et caro in Christo de massa captivitatis. Ut quid hoc ? Ad exemplum. Suscepit a te in quo moreretur pro te : suscepit a te quod offeret pro te, quo exemplo doceret te. Quid doceret te : Quia resurrecturus es. Unde enim crederes, nisi exemplum carnis præcederet assumptæ de massa mortis tuæ? Ergo in illo primo resureximus : quia et Christus cum resurrexit, nos resureximus. Non enim Verbum mortuum est, et resurrexit : sed in Verbo caro mortua est, et resurrexit. Ibi mortuus est Christus, ubi es tu moriturus : et ibi resurrexit Christus, ubi es tu resurrecturus. Exemplo suo docuit quid non timeres, quid sperares. Timebas mortem, mortuus est : desperabas resurrectionem, resurrexit. Sed dicis mihi, Ille resurrexit, numquid

---

(*a*) Abest, *efficeremur*, a plerisque MSS. In aliis legitur, *ut nos filios Dei faceret*.

vous a donc précédé en lui, et ce qu'il a pris de vous est monté au Ciel avant vous, vous y êtes donc monté aussi. Il y est monté le premier et nous en lui, parce que sa chair vient du genre humain. Par conséquent, quand il est ressuscité, nous avons été retirés des abîmes de la terre. La résurrection du Christ a donc accompli cette prophétie : « Vous m'avez retiré des abîmes de la terre (*Ps.*, LXX, 20). » Et quand nous avons cru au Christ, alors nous avons pu dire : « Vous m'avez encore retiré des abîmes de la terre (*Ibid.*). » Voilà le premier « encore » Écoutez l'Apôtre, qui vous indique comment il faut que cette parole s'accomplisse : « Si donc vous êtes ressuscités avec le Christ, recherchez les choses d'en haut, où le Christ est assis à la droite de Dieu. Goûtez les choses d'en haut et non les choses de la terre (*Col.*, III, 1, 2). » Le Christ nous a donc précédés; et nous sommes déjà ressuscités, mais en espérance. L'Apôtre nous le dit également en ces termes : « Nous gémissons au dedans de nous, attendant l'adoption des enfants de Dieu, la rédemption de notre corps (*Rom.*, VIII, 23). » Vous gémissez encore, vous attendez encore. Qu'est-ce donc que vous a donné le Christ ? Écoutez la suite : « Car c'est en espérance que nous avons été sauvés. Or, l'espérance qui se voit n'est pas de l'espérance, car, ce que quelqu'un voit, comment l'espérerait-il ? Mais si nous espérons ce que nous ne voyons pas encore, nous l'attendons par la patience (*Ibid.*, 24). » Nous sommes donc, « encore » retirés des abîmes en espérance. Pourquoi « encore ? » Parce que le Christ nous avait déjà précédés. Mais un jour nous ressusciterons en réalité ; car maintenant, nous vivons en espérance, maintenant nous marchons selon la foi ; nous avons été retirés des abîmes par la foi en celui qui est ressuscité avant nous des abîmes de la terre ; notre âme est sortie des iniquités de l'incrédulité, et il s'est fait en nous comme une première résurrection par la foi. Mais si cette résurrection devait être la seule, que deviendrait ce que dit l'Apôtre : « Attendant l'adoption et la rédemption de notre corps (*Ibid.*, 23) ? » Que deviendrait ce qu'il a dit dans le même épître : « Le corps est mort à cause du péché ; l'esprit a la vie par l'effet de la justification ? Mais si celui qui a ressuscité le Christ d'entre les morts habite en vous, celui qui a ressuscité Jésus-Christ d'entre les morts vivifiera aussi vos corps mortels, par son Esprit qui habite en vous (*Rom.*, VIII, 10, 11). » Nous sommes donc ressuscités déjà en esprit, par la foi, par l'espérance et par la charité ; mais il nous reste à ressusciter en corps. Vous avez

ego? Sed resurrexit in eo quod pro te accepit ex te. Ergo natura tua in illo præcessit te; et quod sumtum est ex te, adscendit ante te : ibi ergo et tu adscendisti. Adscendit ergo ille prior, et in illo nos : quia caro illa de genere humano. Ergo et illo resurgente, reducti sumus ex abyssis terræ. Cum itaque resurrexit Christus, « de abyssis terræ reduxisti me. » Cum vero credimus in Christum, « de abyssis terræ iterum reduxisti me. » Ecce unum « iterum. » Audi impleri ab Apostolo : « Si ergo resurrexistis cum Christo, quæ sursum sunt quærite, ubi Christus est in dextera Dei sedens ; quæ sursum sunt sapite, non quæ super terram (*Coloss.*, III, 1). » Præcessit ergo ille : jam resurreximus et nos, sed adhuc in spe. Audi hoc idem apostolum Paulum dicentem : « Et ipsi in nobismetipsis ingemiscimus, adoptionem exspectantes redemtionem corporis nostri (*Rom.*, VIII, 23). » Adhuc ingemiscis, adhuc expectas. Quid ergo est quod tibi præstitit Christus ? Audi quod sequitur : « Spe enim salvi facti sumus : spes autem quæ videtur, non est spes. Quod enim videt quis, quid sperat? Si autem quod non videmus speramus, per patientiam exspectamus (*Ibid.*, 24 et 25). » Reducti ergo sumus iterum ab abyssis spe. Quare iterum ? Quia jam Christus præcesserat. Sed quia resurgemus in re : modo enim spe vivimus, modo secundum fidem ambulamus ; reducti sumus ab abyssis terræ, credendo in eum qui ante nos resurrexit ab abyssis terræ : resuscitata est anima nostra ab iniquitate infidelitatis, et facta est in nobis quasi prima resurrectio per fidem. Sed si sola erit, ubi est quod Apostolus ait, « Adoptionem expectantes redemtionem corporis nostri ? » Ubi est quod illo loco dixit, « Corpus mortuum est propter peccatum, spiritus vita est propter justitiam ? Si autem qui suscitavit Christum a mortuis, habitat in vobis ; qui suscitavit Jesum Christum a mortuis, vivificabit et mortalia corpora vestra per inhabitantem Spiritum ejus in vobis (*Ibid.*, 10 et 11). » Ergo jam resurreximus mente, fide, spe, caritate : sed restat ut resur-

(a) Editi, *audi alterum*, et infra post *præcedentem ferebant, tu iterum, sed adhuc spe. Quid restat in re?* Emendantur ad aliquot MSS.

maintenant le sens du premier et du second « encore : » le premier s'applique à notre résurrection dans le Christ qui nous a précédés ; le second à notre résurrection qui est déjà accomplie en espérance, jusqu'à ce qu'elle s'accomplisse en réalité. « Vous avez multiplié les actes de votre justice (*Ps.*, LXX, 21), » en ceux qui croient déjà, en ceux qui déjà sont ressuscités en espérance. « Vous avez multiplié les actes de votre justice (*Ibid.*). » Le châtiment appartient aussi à la justice. « Voici le temps, dit saint Pierre, où le jugement doit commencer par la maison de Dieu (I *Pierre*, IV, 17) ; » c'est-à-dire par les saints. Car, « Dieu châtie tout fils qu'il reçoit (*Proverbes*, III, 12. *Héb.*, XII, 6). » « Vous avez multiplié les actes de votre justice (*Ps.*, LXX, 21). » Parce que vous n'avez pas épargné même vos enfants, et que vous n'avez pas abandonné sans discipline ceux à qui vous réservez votre héritage, « Vous avez multiplié les actes de votre justice ; vous vous êtes tourné vers moi, et vous m'avez consolé : » et parce que mon corps doit ressusciter à la fin des siècles, « vous m'avez encore retiré des abimes de la terre (*Ibid.*, 21). »

11. « C'est pourquoi je chanterai votre vérité sur des instruments de psalmodie (*Ibid.*, 22). » Les instruments de psalmodie sont les psalterions. Mais qu'est-ce que le psalterion ? Un instrument de bois, garni de cordes. Quelle en est la signification ? Il y a quelque différence entre le psalterion et la cithare ; ceux qui les connaissent disent qu'ils diffèrent en ce que, dans le psalterion, la partie creuse du bois sur laquelle sont tendues et résonnent les cordes est au haut de l'instrument, tandis que dans la cithare elle est au bas. Et parce que l'esprit vient d'en haut, tandis que la chair appartient à la terre, il semble que le psalterion représente l'esprit, tandis que la cithare représente la chair. Et comme le Prophète a dit que nous avons été retirés deux fois des abimes de la terre, une fois en espérance selon l'esprit, une seconde fois en réalité selon le corps, il spécifie encore ces deux résurrections. « C'est pourquoi je chanterai votre vérité sur des instruments de psalmodie (*Ibid.*) ; » voilà la résurrection selon l'esprit. Et que dit-il de celle du corps ? « Je vous adresserai des chants sur la cithare, ô saint d'Israël (*Ibid.*). »

12. Écoutez encore la même doctrine, à cause de la répétition de ces mots : encore et encore. « Mes lèvres tressailliront de joie, lorsque je vous adresserai des chants sur le psalterion (*Ibid.*, 23). » Comme les lèvres se disent de l'homme intérieur aussi bien que de l'homme extérieur, il y a doute sur le sens dans lequel ce mot est pris ici. Le Prophète continue donc, « dans mon âme que vous avez rachetée (*Ibid.*). » Étant donc sauvés en espérance, retirés par la

---

gamus corpore. Audisti unum « iterum, » (*a*) audisti alterum « iterum : » unum « iterum, » propter Christum præcedentem ; et alterum, sed adhuc spe, quod restat in re. « Multiplicasti justitiam tuam : » jam in credentibus, jam in illis qui primo resurrexerunt in spe. « Multiplicasti justitiam tuam. » Ad ipsam justitiam pertinet et flagellum : « quia tempus est ut judicium incipiat a domo Dei, ait Petrus, id est, a sanctis ejus (I *Pet.*, IV, 17). » Flagellat autem omnem filium quem recipit (*Prov.*, III, 12 ; *Hebr.*, XII, 6). « Multiplicasti justitiam tuam : » quia jam nec filiis pepercisti; sed quibus hereditatem æternam servabas, disciplina non descruisti. « Multiplicasti justitiam tuam, et conversus consolatus es me : » et propter corpus in fine resurrecturum, « et de abyssis terræ iterum reduxisti me. »

11. « Etenim ego confitebor tibi in vasis Psalmi veritatem tuam (*Psal.*, LXX, 22). » Vasa Psalmi, psalterium. Sed quid est psalterium ? Organum ligneum cum chordis. Quid significat ? Interest aliquid inter ipsum et citharam : interesse dicunt qui norunt, eo quod concavum illud lignum cui chordæ supertenduntur ut resonent, in superiore parte habet psalterium, cithara in inferiore. Et quia spiritus de super, caro de terra ; significari videtur per psalterium spiritus, per citharam caro. Et quia duas dixerat reductiones nostras ab abyssis terræ, unam secundum spiritum in spe, alteram secundum corpus in re ; audi eas duas : « Etenim ego confitebor tibi in vasis Psalmi veritatem tuam. » Hoc secundum spiritum : quid de corpore ? « Psallam tibi in cithara sanctus Israël. »

12. Iterum hoc audi, propter ipsum « iterum » et « iterum. » « Exsultabunt labia mea, cum psallam tibi (*Ibid.*, 23). » Quia labia solent dici et interioris hominis et exterioris, incertum est quomodo posita sint labia : sequitur ergo, « Et anima mea quam redemisti. » Ergo de labiis interioribus salvati in spe, reducti ab abyssis terræ in fide et caritate, « exspectantes tamen adhuc redemptionem corporis nostri (*Rom.*, VIII, 23), » quid dicimus ? Jam dixit, « Et

foi et la charité des abîmes de la terre, « attendant, » toutefois encore « la résurrection de notre corps (*Rom.*, VIII, 23), » que disons-nous de nos lèvres intérieures ? Le Prophète a déjà dit : « Dans mon âme, que vous avez rachetée (*Ps.*, LXX, 23) ; » mais, de peur que vous ne pensiez que l'âme, au sujet de laquelle vous venez d'entendre le premier « encore, » ait seule été rachetée ; « et encore, » continue-t-il ;..... Eh bien ! quoi encore ? « Et encore ma langue : (voici maintenant la langue du corps) méditera votre justice tout le jour (*Ibid.*, 24) : » c'est-à-dire sans fin, pendant l'éternité. Mais quand cela arrivera-t-il ? A la fin des siècles, lorsque le corps ressuscitera et qu'il sera changé en la condition des Anges. Comment prouver qu'il s'agit de la fin des siècles dans ces paroles : « Et encore ma langue méditera votre justice tout le jour (*Ibid.*) ? » Voyez ce qui suit. « Quand ceux qui cherchent à me nuire seront couverts de confusion et d'opprobre (*Ibid.*). » Quand seront-ils couverts de confusion ? Quand rougiront-ils, si ce n'est à la fin des siècles ? Il faut, en effet, qu'ils soient confus, de l'une de ces deux manières : ou lorsqu'ils croiront au Christ, ou lorsque le Christ viendra. Car tant que l'Église habitera ici-bas ; tant que le froment gémira au milieu des pailles ; tant que les épis gémiront au milieu de l'ivraie (*Matth.*, III, 12, XIII, 30) ; tant que les vases de miséricorde gémiront au milieu des vases de colères destinés à l'ignominie (II *Tim.*, II, 20) ; tant que les lis gémiront au milieu des épines ; le Christ ne manquera pas d'ennemis qui diront : « Quand donc mourra-t-il ? Quand donc son nom périra-t-il (*Ps.*, XL, 6) ? » De leur part, c'est dire qu'un temps viendrait où les chrétiens ne seraient plus ; par conséquent que de même qu'ils ont commencé dans un certain temps, de même ils ne dureraient qu'un certain temps. Mais tandis que les impies parlent ainsi, ils meurent chaque jour, et l'Église subsiste, annonçant le bras du Seigneur à toute génération qui survient. Enfin, au dernier jour, le Christ viendra lui-même dans sa gloire ; tous les morts ressusciteront, chacun avec sa propre cause ; la séparation se fera, les bons seront placés à droite, et les méchants à gauche (*Matth.*, XXV, 33), et ceux qui insultaient le Christ seront confondus, ceux qui le raillaient rougiront ; et c'est ainsi qu'après la résurrection, ma langue méditera votre justice et chantera vos louanges tout le jour, « lorsque ceux qui cherchent à me nuire seront couverts de confusion et d'opprobre (*Ps.*, LXX, 24). »

anima mea quam redemisti. » Sed ne solam animam redemtam putares, in qua nunc audisti unum « iterum. » « Adhuc autem, » inquit : quid adhuc ? « Adhuc autem et lingua mea (*Psal.*, LXX, 24) : ergo jam lingua corporis : « tota die meditabitur justitiam tuam : » id est, in æternitate sine fine. Sed quando hoc ? Jam in fine sæculi, (*a*) resurrectione corporis et immutatione in Angelicum statum. Unde hoc probatur, quia de fine dicitur, « Adhuc autem et lingua mea tota die meditabitur justitiam tuam ? Cum confusi fuerint, et erubuerint, qui quærunt mala mihi. » Quando confundentur, quando erubescent, nisi in fine sæculi ? Duobus enim modis confundentur, aut cum credent in Christum, aut cum venerit Christus. Nam quamdiu hic est Ecclesia, quamdiu gemit triticum inter paleas, quamdiu gemunt spicæ inter zizania (*Matth.*, III, 12, et XIII, 30), quamdiu gemunt vasa misericordiæ inter vasa iræ facta in contumeliam (II *Tim.*, II, 20), quamdiu gemit lilium inter spinas, non deerunt inimici qui dicant, « Quando morietur et peribit nomen ejus (*Psal.*, XL, 6) ? » id est, Ecce veniet tempus ut finiantur, et non sint Christiani : sicut cœperunt ex aliquo tempore, ita usque ad certum tempus erunt. Sed cum ista dicunt, et sine (*b*) fine moriuntur, et permanet Ecclesia prædicans brachium domini omni generationi superventuræ : veniet et ipse ultimus in claritate sua, resurgent omnes mortui, quisque cum caussa sua : separabuntur boni ad dexteram, mali autem ad sinistram (*Matth.*, XXV, 33) ; et confundentur qui insultabant, erubescent qui garriebant : et sic lingua mea post resurrectionem meditabitur justitiam tuam, tota die laudem tuam, « cum confusi fuerint, et erubuerint, qui quærunt mihi mala. »

(*a*) Editi, *in resurrectione*. Abest, *in*, a MSS. (*b*) Plures MSS. *sine fide*.

DISCOURS [1] SUR LE PSAUME LXXI.

1. « Le titre de ce Psaume est : « Pour Salomon (*Psaumes*, LXXI, 1).» Les paroles qu'il contient ne peuvent convenir à Salomon, roi d'Israël selon la chair, à considérer ce que la sainte Écriture rapporte de lui ; tandis qu'elles s'appliquent parfaitement à Notre Seigneur Jésus-Christ. D'où nous pouvons conclure que le nom même de Salomon est employé ici dans un certain sens figuratif, sous lequel il faut comprendre le Christ. En effet, Salomon veut dire : « Pacifique,» et ce nom convient parfaitement et en toute vérité au médiateur par lequel, d'ennemis de Dieu que nous étions, nous sommes réconciliés avec Dieu, en recevant la rémission de nos péchés. Car, « tandis que nous étions ennemis de Dieu, nous avons été réconciliés avec lui par la mort de son Fils (*Rom.*, V, 10).» Il est bien encore ce roi pacifique « qui des deux choses en a fait une seule, détruisant dans sa chair le mur de séparation, c'est à dire leurs inimitiés, abolissant par sa doctrine la loi des préceptes, pour former des deux, en lui-même, un seul homme nouveau, en faisant la paix. Et venant, il a annoncé la paix à ceux qui étaient loin et à ceux qui étaient près (*Ephés.*, II, 14, 17).» Il a dit lui-même, dans l'Évangile : « Je vous laisse la paix, je vous donne ma paix (*Jean*, XIV, 27).» Beaucoup d'autres témoignages démontrent encore que le Christ Notre Seigneur est le véritable Pacifique, non selon la paix que connaît et recherche le monde, mais selon cette paix dont un Prophète a dit : « Je leur donnerai la vraie consolation, la paix qui surpasse toute paix (*Is.*, LVII, 19, version des Septante), puisque la paix de l'immortalité s'ajoute à la paix de la réconciliation. Car le même Prophète nous montre qu'après l'accomplissement de toutes les promesses de Dieu, nous devons encore attendre la dernière paix qui nous fera vivre éternellement avec Dieu ; ce qu'il nous dit en ces

IN PSALMUM LXXI.

ENARRATIO.

1. « In Salomonem » quidem Psalmi hujus titulus prænotatur : sed hæc in eo dicuntur, quæ non possint illi Salomoni regi Israël secundum carnem, juxta ea quæ de illo sancta Scriptura loquitur, convenire : Domino autem Christo aptissime possunt. Unde intelligitur etiam ipsum vocabulum Salomonis ad figuratam significationem adhibitum, ut in eo Christus accipiatur. Salomon quippe interpretatur pacificus : ac per hoc, tale vocabulum illi verissime atque optime congruit, per quem mediatorem ex (*a*) inimicis accepta remissione peccatorum reconciliamur Deo. « Etenim cum inimici essemus, reconciliati sumus Deo per mortem Filii ejus (*Rom.*, V, 10).» Idem « ipse est ille pacificus, qui fecit utraque unum, et medium parietem maceriæ solvens inimicitias in carne sua, legem mandatorum decretis evacuans, ut duos conderet in se in unum novum hominem, faciens pacem : et veniens evangelizavit pacem iis qui longe, et pacem iis qui prope (*Ephes.*, II, 14, etc.).» Ipse in Evangelio dicit, « Pacem relinquo vobis, pacem meam do vobis (*Johan.*, XIV, 27).» Et multis aliis testimoniis Dominus Christus pacificus esse monstratur : non secundum pacem, quam novit et quærit hic mundus; sed illam pacem, de qua dicitur apud Prophetam, « Dabo eis solatium verum, pacem super pacem (*Isai.*, LVII, 19, sec. LXX) :» cum scilicet paci reconciliationis, additur pax immorta-

---
(1) Dicté en l'an de N.-S. 415, comme il résulte de la lettre 167, à Evodius, n° 1.
(*a*) MSS. plerique, *ex inimicitiis*.

termes : « Seigneur notre Dieu, donnez-nous la paix, car vous nous avez donné toutes choses (*Is.*, XXVI, 12, version des Septante). » Cette paix sera évidemment parfaite lorsque « la mort, notre dernière ennemie, sera détruite (I *Cor.*, XV, 28). » Et en qui le sera-t-elle, si ce n'est en notre pacifique réconciliateur ? En effet, « de même que tous meurent en Adam, de même tous seront vivifiés dans le Christ (*Ibid.*, 22). » Puisque nous avons donc trouvé le véritable Salomon, c'est-à-dire le véritable Pacifique, portons notre attention sur ce que le Psaume nous enseigne de lui.

2. « O Dieu, donnez votre jugement au Roi et votre justice au fils du Roi (*Ps.*, LXXI, 2). Le Seigneur dit lui-même dans l'Évangile : « Le Père ne juge personne ; mais il a remis tout jugement au Fils (*Jean*, V, 22). » C'est l'accomplissement de cette parole : « Donnez votre jugement au Roi. » Ce Roi est en même temps le fils du Roi, car Dieu le Père est Roi par excellence. Il est écrit en effet que le Roi a célébré les noces de son fils (*Matth.*, XXII, 2). Selon la coutume des Écritures, nous avons ici une répétition de la même pensée. Après avoir dit : « Votre jugement, » le Prophète se reprend sous une autre expression : « Votre justice ; » après avoir dit : « au Roi, » il reprend : « au fils du Roi. » Nous trouvons de même ces paroles au psaume deuxième : « Celui qui habite dans les cieux se rira d'eux et le Seigneur se raillera d'eux (*Ps.*, II, 4.) » « Celui qui habite dans les cieux » est la même chose que « le Seigneur ; » et, « se rira d'eux, » est la même chose que « se raillera d'eux. » En voici encore un exemple : « Les cieux racontent la gloire de Dieu et le firmament publie les œuvres de ses mains (*Ps.*, XVIII, 2). » « Les cieux » sont répétés sous le nom de « firmament, » « la gloire de Dieu » par « les œuvres de ses mains, » et le mot « racontent » est la même chose que le mot « annonce. » Ces répétitions sont très-fréquentes dans les saintes Écritures, soit quant aux pensées, soit quant aux expressions mêmes ; et on les rencontre particulièrement dans les psaumes et dans le genre de discours destiné à exciter les mouvements de l'âme.

3. Puis, le prophète continue : « Juger votre peuple dans la justice et vos pauvres dans le jugement (*Ps.*, LXXI, 2). » On voit assez pourquoi le Père, qui est Roi, a donné à son Fils, qui est Roi aussi, son jugement et sa justice, par ces paroles : « Juger votre peuple selon la justice, » c'est-à-dire, pour juger votre peuple. On trouve, dans les Proverbes de Salomon, une locution pareille : « Proverbes de Salomon, connaître la sagesse et la discipline (*Prov.*, I, 1) ; » c'est-à-dire : pour connaître la sagesse et la dis-

---

litatis. Nam post omnia reddita, quæ promisit Deus, novissimam pacem nos exspectare debere, qua cum Deo vivamus in æternum, idem Propheta ostendit, ubi ait, « Domine Deus noster pacem da nobis, omnia enim dedisti nobis (*Isai.*, XXVI, 12, sec. LXX). » Pax erit plane illa perfecta, quando « novissima inimica destruetur mors (I *Cor.*, XV, 26). » Et in quo erit hoc, nisi in pacifico illo reconciliatore nostro ? « Sicut enim in Adam omnes moriuntur, sic et in Christo omnes vivificabuntur (*Ibid.*, 22). » Quoniam ergo invenimus verum Salomonem, hoc est, verum pacificum : quid deinde Psalmus ipse de illo doceat, attendamus.

2. « Deus judicium tuum regi da, et justitiam tuam filio regis (*Psal.*, LXXI, 2). » Dominus ipse in Evangelio dicit, « Pater non judicat quemquam, sed omne judicium dedit Filio (*Johan.*, V, 22) : » hoc est ergo, « Deus judicium tuum regi da. » Qui rex, etiam filius est regis : quia et Deus Pater utique rex est. Ita scriptum est, quod rex fecit nuptias filio suo (*Matth.*, XXII, 2). More autem Scripturæ idem repetitur. Nam quod dixit, « judicium tuum ; » hoc aliter dixit, « justitiam tuam : » et quod dixit, « regi ; » hoc aliter dixit, « filio regis : » sicut est illud, « Qui habitat in cælis, irridebit eos, et Dominus subsannabit eos (*Psal.*, II, 4). » Quod est, « qui habitat in cælis; »hoc est,« et Dominus: » et quod est, «irridebit eos; »hoc est, «subsannabit eos. »Et, « Cæli enarrant gloriam Dei, et opera manuum ejus annuntiat firmamentum (*Psal.*, XVIII, 2). » Cæli repetiti sunt nomine firmamenti : et quod dictum est, « gloriam Dei ; » repetitum est « opera manuum ejus : » et quod dictum est « enarrant ; » repetitum est, « annuntiat. » Istæ autem repetitiones multum eloquia divina commendant, sive eadem verba, sive aliis verbis eadem sententia repetatur : et maxime reperiuntur in Psalmis, et in eo genere sermonis, quo animi est movendus affectus.

3. Deinde sequitur, « Judicare populum tuum in justitia, et pauperes tuos in judicio (*Psal.*, LXXI, 2). » Rex Pater regi Filio ad quam rem dedit judicium suum et justitiam suam, satis ostenditur, cum dicit,

cipline. De même, « donnez votre jugement, juger votre peuple » signifie : donnez votre jugement pour juger votre peuple. Et ce que le Prophète a dit en premier lieu, « Votre peuple, » il le répète en disant : « Vos pauvres ; » de même qu'il dit d'abord : « Dans la justice, » et qu'il reprend ensuite par forme de répétition : « Dans le jugement. » C'est là une preuve que le peuple de Dieu doit être pauvre, c'est-à-dire humble, et non point orgueilleux. « Heureux, en effet, les pauvres d'esprit, parce que le royaume de Dieu leur appartient (*Matth.*, v, 3). » C'est de ce genre de pauvreté que Job était pauvre, même avant d'avoir perdu ses grandes richesses terrestres. J'ai cru devoir vous rappeler ces vérités, parce qu'on trouve plus facilement des hommes pour donner leurs biens aux pauvres, que pour devenir eux-mêmes les pauvres de Dieu. Ils sont, en effet, gonflés d'une vanité qui leur fait croire qu'ils doivent à eux-mêmes et non à la grâce de Dieu de vivre bien : c'est pourquoi ils ne vivent même pas bien, quelles que soient les bonnes œuvres qu'ils paraissent faire. En effet, ils croient posséder par eux-mêmes, et se glorifient comme s'ils n'avaient rien reçu (I *Cor.*, iv, 7) : riches d'eux-mêmes, ils ne sont point les pauvres de Dieu ; regorgeant de biens à leurs propres yeux, ils ne sont pas indigents devant Dieu. Mais, comme l'Apôtre le dit : « Quand même j'aurais distribué tous mes biens aux pauvres, et livré mon corps pour être brûlé, si je n'ai pas la charité, cela ne me sert de rien (*Ibid.*, xiii, 3). » C'est comme s'il eût dit : lors même que j'aurais distribué tout mon bien aux pauvres, si je ne suis moi-même le pauvre de Dieu, cela ne me sert de rien. Car « la charité ne s'enfle pas d'orgueil (*Ibid.*, 4) ; » et il n'y a pas de véritable charité envers Dieu dans celui qui est ingrat envers le Saint-Esprit, par lequel la divine charité est répandue dans nos cœurs (*Rom.*, v, 5). C'est pourquoi de tels hommes n'appartiennent pas au peuple de Dieu, parce qu'ils ne sont pas les pauvres de Dieu. Car les pauvres de Dieu disent avec l'Apôtre : « Pour nous, nous n'avons pas reçu l'esprit de ce monde, mais l'esprit qui est de Dieu, afin que nous connaissions les choses que Dieu nous a données (I *Cor.*, ii, 12). » Or, quand, en raison du mystère par lequel le Verbe s'est fait chair, en se revêtant de l'humanité (*Jean*, i, 14), le Psaume adresse ces paroles à Dieu, Père et Roi : « Donnez votre justice au Fils du Roi (*Ps.*, lxxi, 2), ces orgueilleux ne veulent pas que la justice leur ait été donnée, mais ils ont la présomption de la posséder par eux-mêmes. « En effet, ne connaissant pas la justice de Dieu et voulant établir la leur, ils ne se sont pas soumis à la justice de Dieu (*Rom.*, x, 3). » Ils ne sont donc pas, comme je l'ai dit, les

---

« Judicare populum tuum in justitia, » id est, ad judicandum populum tuum. Talis locutio est apud Salomonem : « Proverbia Salomonis filii David, scire sapientiam et disciplinam (*Prov.*, i, 1) : » hoc est, Proverbia Salomonis, ad sciendam sapientiam et disciplinam. Ita « judicium tuum da, judicare populum tuum : » id est, judicium tuum da, ad judicandum populum tuum. Quod autem ait prius, « populum tuum ; » hoc ait posterius, « pauperes tuos : » et quod ait prius, « in justitia ; » hoc posterius, « in judicio : » more illo repetitionis. Ubi sane demonstrat populum Dei pauperem esse debere, id est, non superbum, sed humilem. « Beati enim pauperes spiritu, quoniam ipsorum est regnum cælorum (*Matth.*, v, 3). » Qua paupertate etiam beatus Job pauper fuit et antequam magnas illas terrenas divitias amisisset. Quod ideo commemorandum putavi, quoniam sunt quidam qui facilius omnia sua pauperibus distribuunt, quam ipsi pauperes Dei fiant. Inflati sunt enim jactantia, qua putant sibi esse tribuendum, qua gratiæ Dei, quod bene vivunt : et ideo jam nec bene vivunt, quantacumque bona opera facere videantur. De suo quippe habere se putant, et gloriantur quasi non acceperint (I *Cor.*, iv, 7) : divites sui, non pauperes Dei ; abundantes sibi, non egentes Deo. Sed ait Apostolus, « Si distribuero omnia mea pauperibus, et tradidero corpus meum ut ardeam, caritatem autem non habeam, nihil mihi prodest (I *Cor.*, xiii, 3). » Tamquam si diceret, Si distribuero omnia mea pauperibus, et pauper Dei non fuero, nihil mihi prodest. « Caritas enim non inflatur (*Ibid.*, 4) : » nec est (*a*) vera Dei caritas in eo, qui ingratus est sancto Spiritui ejus, per quem diffunditur in cordibus nostris caritas ejus (*Rom.*, v, 5). Et ideo tales non pertinent ad populum Dei, quia non sunt pauperes Dei. Pauperes quippe Dei dicunt, « Nos autem non spiritum hujus mundi accepimus, sed Spiritum qui ex Deo est, ut

(*a*) Sic MSS. At editi, *veritas Dei*.

pauvres de Dieu; mais ils sont riches d'eux-mêmes, parce qu'ils ne sont pas humbles, mais superbes. Or le Fils du Roi viendra juger le peuple de Dieu dans la justice et les pauvres de Dieu dans le jugement; et, par ce jugement, il distinguera, de ceux qui sont riches d'eux-mêmes, ses pauvres que, par sa pauvreté, il a fait ses propres riches. Car tout son peuple pauvre crie vers lui : « Jugez-moi, ô Dieu, et distinguez ma cause d'avec la nation qui n'est pas sainte (*Ps.*, XLII, 1). »

4. Remarquez que le Prophète après avoir dit : « O Dieu, donnez votre jugement au Roi, et votre justice au fils du Roi, » plaçant en premier lieu le jugement et en second lieu la justice, a dit ensuite, plaçant d'abord la justice et ensuite le jugement, « pour juger votre peuple dans la justice et vos pauvres dans le jugement (*Ps.* LXXI, 2); » mais cette inversion de mots prouve seulement que le jugement n'a d'autre sens que la justice, et que peu importe dans quel ordre ces mots sont placés, puisqu'ils signifient la même chose. En effet, on a coutume d'appeler jugement mauvais ce qui est injuste, mais nous ne disons pas une justice inique, une justice injuste. Car si la justice était mauvaise, elle serait injuste et on ne pourrait plus l'appeler justice. D'où il suit qu'en plaçant en premier lieu le jugement et en l'exprimant une seconde fois sous le terme de justice, et qu'en plaçant ensuite en premier lieu la justice et en l'exprimant une seconde fois sous le terme de jugement, le Prophète nous montre clairement qu'il appelle jugement, à proprement parler, ce qu'on a coutume de nommer justice, c'est-à-dire ce qui ne peut exister dans un jugement mauvais. Car, par cette parole, « ne jugez pas selon les personnes, mais rendez un jugement juste (*Jean*, VII, 24), » le Seigneur nous a montré qu'un jugement pouvait être mauvais, puisqu'il dit : « Rendez un jugement juste. » D'ailleurs, il y a ici un jugement qu'il défend et un autre qu'il ordonne. C'est pourquoi, quand nous trouvons le mot jugement employé sans aucun qualificatif nous devons toujours entendre que Dieu veut parler d'un jugement juste; comme par exemple dans ces paroles du Seigneur : « Vous négligez les choses les plus graves de la loi, la miséricorde et le jugement (*Matth.*, XXIII, 23); » ou encore dans celles de Jérémie : « Il se fait des richesses sans jugement (*Jérémie*, XVII, 4). » Le Prophète ne dit pas que ce jugement est mauvais ou injuste, ou que ce jugement n'est ni droit ni juste; il dit simplement : « sans jugement; » n'appelant de ce nom que ce qui est droit et juste.

5. « Que les montagnes reçoivent la paix pour

---

sciamus quæ a Deo donata sunt nobis (I *Cor.*, II, 12). » Nam cum et in isto Psalmo propter suscepti hominis sacramentum, quo « Verbum caro factum est (*Johan.*, 1, 14), » dicatur Deo Patri regi, « Justitiam tuam da filio regis : » nolunt isti sibi dari justitiam, sed a semetipsis eam habere confidunt. « Ignorantes enim Dei justitiam, et suam volentes constituere, justitiæ Dei non sunt subjecti (*Rom.*, x, 3),» Non sunt itaque, ut dixi, pauperes Dei, sed divites sui : quia non sunt humiles, sed superbi. Veniet vero ille judicare populum Dei in justitia, et pauperes Dei in judicio : et eo judicio discernet a divitibus eorum pauperes suos, sed quos paupertate sua fecit divites suos. Clamat ei quippe populus pauper, « Judica me Deus, et discerne caussam meam de gente non sancta (*Psal.*, XLII, 1). »

4. Quod autem mutato verborum ordine, cum prius dixisset, « Deus judicium tuum regi da, et justitiam tuam filio regis, » prius ponens judicium, deinde justitiam; prius justitiam posuit, deinde judicium, dicens, « Judicare populum tuum in justitia, et pauperes tuos in judicio : » magis ostendit judicium se appellasse justitiam, nihil interesse demonstrans quo ordine ponatur, cum idem significet. Solet enim dici judicium pravum quod injustum est : justitiam vero iniquam vel injustam dicere non solemus. Si enim prava, et injusta erit; nec justitia jam dicenda est. Proinde ponendo judicium atque justitiam nomine repetendo, vel ponendo justitiam et eam judicii nomine repetendo, satis edocet proprie se appellare judicium quod pro justitia poni solet, id est; quod in male judicando intelligi non potest. Ubi enim Dominus dicit, « Nolite judicare personaliter, sed rectum judicium judicate (*Johan.*, VII, 24); » ostendit esse posse pravum judicium, cum dicit, Rectum judicium judicate : denique illud vetat, hoc præcipit. Cum vero sine ulla adjectione dicit judicium, continuo justum vult intelligi : sicut est quod ait, « Reliquistis graviora Legis, misericordiam et judicium (*Matth.*, XXIII, 23). » Et illud quod Jeremias dicit, Faciens divitias suas non cum judicio (*Jerem.*, XVII, 11). » Non ait, Faciens divitias suas pravo injustove judicio, vel non cum judicio recto aut justo, sed non cum judicio : judicium non appellans, nisi quod rectum ac justum est.

le peuple, et les collines la justice (*Ps.*, LXXI, 3). » Les montagnes sont plus élevées, les collines sont moindres. Montagnes et collines sont ce qu'un autre psaume nomme : « Les petits avec les grands. » Car ces montagnes ont bondi comme des béliers, et ces collines comme des agneaux de brebis, lorsqu'Israël est sorti d'Égypte (*Ps.*, CXIII, 1, 4 et 13), c'est-à-dire lorsque le peuple de Dieu a été délivré de la servitude de ce monde. Les montagnes sont donc dans l'Église les hommes éminents en sainteté et propres à instruire les autres (II *Tim.*, II, 2), en leur donnant par leur parole un enseignement fidèle, et par leur vie un exemple salutaire : les collines, au contraire, sont les hommes qui imitent, par leur obéissance, l'excellence des montagnes. Pourquoi donc aux montagnes la paix, et aux collines la justice? Peut-on supposer qu'il serait indifférent de dire : que les montagnes reçoivent la justice pour le peuple, et les collines la paix? En effet, aux unes et aux autres la justice est nécessaire, la paix est nécessaire, et peut-être la justice est-elle encore appelée ici de l'autre nom de paix. Car il s'agit de la véritable paix, et non de la paix telle que les injustes la font entre eux. Ou plutôt ne faut-il pas trouver une distinction importante dans les paroles du Prophète qui attribue la paix aux montagnes et la justice aux collines? En effet, ceux qui sont éminents dans l'Église doivent entretenir la paix avec une vigilante attention; de peur qu'enorgueillis de leurs dignités, ils n'excitent des schismes, et ne rompent violemment les liens de l'unité. D'autre part, que les collines les imitent et les suivent avec un esprit d'obéissance, mais en mettant le Christ au-dessus de tous; de peur que, séduites par la vaine autorité de montagnes perverses qui paraissent avoir quelque excellence, elles ne se séparent de l'unité du Christ. C'est pourquoi il est dit : « Que les montagnes reçoivent la paix pour le peuple (*Ps.*, LXXI, 3). » Qu'elles disent avec l'Apôtre : « Soyez mes imitateurs comme je suis l'imitateur du Christ (I *Cor.*, XI, 1). » Mais qu'elles disent aussi avec lui : « Si nous-même, ou si un ange du ciel vous annonçait l'Évangile autrement que vous ne l'avez reçu, qu'il soit anathème (*Gal.*, I, 8). » Qu'elles disent encore : « Est-ce que Paul a été crucifié pour vous? ou bien avez-vous été baptisé au nom de Paul (I *Cor.*, I, 13)? » Que de la sorte elles reçoivent la paix pour le peuple de Dieu, c'est-à-dire pour les pauvres de Dieu, avec le désir non de régner sur eux, mais de régner avec eux. D'autre part que les collines ne disent pas non plus : « Moi, je suis à Paul, moi je suis à Apollo, moi, je suis à Céphas, mais qu'elles disent toutes, moi, je suis au Christ (*Ibid.*, 12). » C'est justice de ne pas mettre les serviteurs au-dessus du maître et de ne point les égaler à lui, mais de lever les yeux

---

5. « Suscipiant montes pacem populo, et colles justitiam (*Ps.*, LXXI, 3). » Montes majores sunt, colles minores. Nimirum ergo hi sunt quos alius habet Psalmus; « Pusillos cum magnis (*Psal.*, CXIII, 13). » Isti quippe montes exsultaverunt sicut arietes, et isti colles sicut agni ovium (*Ibid.*, 4), in exitu Israël ex Ægypto, id est, in populi Dei liberatione ad hujus sæculi servitute. Excellenti ergo sanctitate eminenter in Ecclesia, montes sunt, « qui idonei sunt alios docere (II *Tim.*, II, 2), » sic loquendo ut fideliter instruantur, sic vivendo ut salubriter imitentur : colles autem sunt illorum excellentiam sua obedientia subsequentes, Quare ergo « montes pacem, et colles justitiam ? » An forte nihil interesset, etiam si ita diceretur, Suscipiant montes justitiam populo, et colles pacem ? Utrisque enim justitia, et utrisque pax necessaria est : et fieri potest, ut alio nomine pax appellata sit ipsa justitia. Hæc est enim vera pax, non qualem injusti inter se faciunt. An potius cum distinctione non contemnenda intelligendum est, quod ait, « Montes pacem, et colles justitiam, » Excellentes quippe in Ecclesia, paci debent vigilanti intentione consulere ; ne propter suos honores superbe agendo schismata faciant, unitatis compagé disrupta. Colles autem ita eos imitando et obediendo subsequantur, ut eis Christum anteponant : ne malorum montium, quoniam videntur excellere, vana auctoritate seducti, se a Christi unitate disrumpant. Ideo dictum est, « Suscipiant montes pacem populo. » Dicant quidem, « Imitatores mei estote, sicut et ego Christi (I *Cor.*, XI, 2). » Sed rursus dicant, « Licet si nos, aut Angelus de cælo vobis annuntiaverit præterquam quod accepistis, anathema sit (*Gal.*, II, 8). » Dicant etiam, « Numquid Paulus pro vobis crucifixus est, aut in nomine Pauli baptizati estis (I *Cor.*, I, 13) ? » Ita suscipiant pacem populo Dei, id est, pauperibus Dei ; non illis, sed cum illis regnare cupientes. Illi quoque non dicant, « Ego sum Pauli, ego sum Apollo, ego vero Cephæ (I *Cor.*, 3, 4) : » sed omnes dicant, Ego sum Christi. Hæc est justitia, non

vers les montagnes d'où l'on attend du secours, sans toutefois espérer ce secours des montagnes elles-mêmes, mais uniquement du Seigneur qui a fait le ciel et la terre.

6. On peut encore interpréter très-convenablement ces paroles : « Que les montagnes reçoivent la paix pour le peuple (*Ps.*, LXXI, 3), » en ce sens que la paix est la réconciliation qui nous rapproche de Dieu; car les montagnes reçoivent cette grâce pour la transmettre au peuple. L'Apôtre en rend témoignage en ces termes : « Les choses anciennes ont passé; voilà que tout est devenu nouveau. Et tout vient de Dieu, qui nous a réconciliés avec lui par le Christ et nous a confié le ministère de la réconciliation (II *Cor.*, v, 17). » Voilà comment les montagnes reçoivent la paix pour la donner au peuple de Dieu. « Car Dieu était dans le Christ, se réconciliant le monde, n'imputant plus aux hommes les péchés et mettant en nous la parole de la réconciliation (*Ibid.*, 19). » Et en qui a-t-il mis cette parole, sinon dans les montagnes qui reçoivent la paix pour son peuple? En conséquence les ambassadeurs de cette paix ajoutent aussitôt : « Nous faisons donc fonction d'ambassadeurs pour le Christ, Dieu exhortant par notre bouche. Nous vous conjurons par le Christ, de vous réconcilier à Dieu (*Id.*, 20). » Les montagnes reçoivent donc cette paix pour le peuple de Dieu, c'est-à-dire qu'elles reçoivent la mission de prêcher cette paix ; quant aux collines, elles reçoivent la justice, c'est-à-dire l'obéissance, qui est dans les hommes et dans toute créature raisonnable l'origine et la perfection de la justice. De là vient en effet cette grande différence entre les deux hommes, Adam, qui a été la cause de notre mort, et le Christ, qui est la cause de notre salut; car, « de même que, par la désobéissance d'un seul homme, beaucoup ont été constitués pécheurs; de même, par l'obéissance d'un seul homme, beaucoup seront constitués justes (*Rom.*, v, 19). » « Que les montagnes reçoivent donc la paix pour le peuple, et les collines la justice (*Ps.*, LXXI, 3) ; » afin que par ce mutuel accord s'accomplisse ce qui est écrit : « La justice et la paix se sont donné le baiser (*Ps.*, LXXXIV, 11). » Quelquels manuscrits portent : Que les montagnes et les collines reçoivent la paix pour le peuple; je pense que dans ce cas il faut regarder les montagnes et les collines comme les prédicateurs de la paix évangélique, les uns marchant à la tête et les autres les suivant. Dans ces manuscrits, voici ce qui suit : « Il jugera, selon la justice, les pauvres du peuple. « Mais les manuscrits qui contiennent le texte que nous avons expliqué plus haut sont préférables : « Que les montagnes reçoivent la paix pour le peuple, et les collines la justice. » Quelques-uns portent :

---

anteponere servos Domino, nec æquare ; ita levare oculos in montes unde veniat auxilium sibi, ut tamen auxilium suum non sperent a montibus, sed a Domino qui fecit cælum et terram.

6. Potest et sic convenientissime intelligi, « Suscipiant montes pacem populo, » ut pacem intelligamus in reconciliatione, qua Deo reconciliamur: montes quippe eam suscipiunt populo ejus. Hoc Apostolus ita testatur: «Vetera transierunt, ecce facta sunt nova: omnia autem ex Deo, qui reconciliavit nos sibi per Christum, et dedit nobis ministerium reconciliationis (II *Cor.*, v, 17 et 18). » Ecce quomodo suscipiunt montes pacem populo ejus. « Deus enim erat in Christo mundum reconcilians sibi, non reputans illis delicta eorum, et ponens in nobis verbum reconciliationis (*Ibid.*, 19). » In quibus, nisi in montibus qui suscipiunt pacem populo ejus ? Quocirca legati pacis subsequenter adjungunt, et dicunt, « Pro Christo ergo legatione fungimur, tamquam Deo exhortante per nos, obsecramus pro Christo reconciliari Deo (*Ibid.*, 20). » Hanc pacem suscipiunt montes populo ejus, id est, prædicationem legationemque pacis ejus : colles autem justitiam, hoc est obedientiam, quod est in hominibus et in omni rationali creatura omnis justitiæ origo atque perfectio ; ita ut duorum hominum, id est, Adam qui fuit caput mortis nostræ, et Christi qui est caput salutis nostræ, hæc commendetur magna distinctio, « quia sicut per inobedientiam unius hominis peccatores constituti sunt multi, ita et per obedientiam unius hominis justi constituentur multi (*Rom.*, v, 19).»«Suscipiant ergo montes pacem populo, et colles justitiam ;» ut hoc modo utrisque concordantibus, fiat quod scriptum est, « Justitia et pax osculatæ sunt se (*Psal.*, LXXXIV, 11). » Quod vero alii codices habent, « Suscipiant montes pacem populo et colles ; » utrosque prædicatores Evangelicæ pacis intelligendos puto, sive præcedentes, sive subsequentes. In his autem codicibus illud sequitur, « In justitia judicabit pauperes populi (*Ps.*, LXXI, 4). » Sed illi magis codices approbantur, qui habent quod supra exposuimus, « Suscipiant montes pacem populo, et colles justitiam. » Aliqui autem habent, « populo tuo ; » aliqui non habent « tuo, » sed tantummodo « populo. »

« pour votre peuple ; » d'autres n'ont pas « votre peuple, » mais seulement « le peuple. »

7. « Il jugera les pauvres du peuple et sauvera les enfants des pauvres (*Ps.*, LXXI, 4). » Les pauvres et les enfants des pauvres sont les mêmes, selon moi ; comme la ville de Sion est la même que la fille de Sion. Mais, si l'on croit devoir donner à ces expressions des sens différents, par « les pauvres, » nous entendrons « les montagnes, » et par « les enfants des pauvres, les collines : » les Prophètes et les Apôtres seront donc « les pauvres, » et leurs enfants, c'est-à-dire, ceux qui marchent sous leur autorité, seront « les enfants des pauvres. » Mais s'il est dit d'abord, « il jugera, » et ensuite, « il sauvera ; » c'est là une sorte d'exposition de ce que sera son jugement. Il jugera, en effet, pour les sauver, c'est-à-dire, pour les distinguer de ceux qui seront perdus et condamnés, ceux auxquels il donnera le salut qui doit être révélé à la fin des temps (I *Pierre*, I, 5). C'est de la sorte, en effet, que le Prophète dit à Dieu dans un autre psaume : « Ne perdez pas mon âme avec celles des impies (*Ps.*, XXV, 1) ; » et encore : « Jugez moi, Seigneur, et discernez ma cause d'avec la nation qui n'est pas sainte (*Ps.* XLII, 1). » Il faut remarquer aussi qu'il ne dit pas : Dieu jugera le peuple pauvre, mais : « les pauvres du peuple. » Car, précédemment, dans ce passage : « afin qu'il juge votre peuple dans la justice et vos pauvres dans le jugement (*Ps.*, LXXI, 2), » il a montré qu'il fallait prendre dans le même sens le peuple de Dieu et les pauvres de Dieu ; c'est-à-dire uniquement les bons, qui doivent être placés à droite. Mais comme en ce siècle on voit paître ensemble ceux de la droite et ceux de la gauche, qui au dernier jour seront séparés comme des agneaux d'avec des boucs (*Matth.*, XXV, 32), il désigne, sous le nom général de peuple, la masse entière des hommes toute mêlée comme elle est. Or, comme il prend en bonne part le jugement, où il ne voit que l'instrument du salut, il dit : « Il jugera les pauvres du peuple, » c'est-à-dire qu'il discernera, pour les sauver, ceux du peuple qui sont les pauvres de Dieu. Nous avons déjà expliqué plus haut quels sont ces pauvres ; nous devons comprendre aussi qu'ils sont indigents de la même manière. « Et il humiliera le calomniateur. » (*Ps.*, LXX, 4.) On ne saurait appliquer mieux qu'au démon ce titre de calomniateur. La calomnie est son fait. « Est-ce que Job adore le Seigneur gratuitement (*Job.*, 1, 9). ? » Or, le Seigneur Jésus l'humilie, en aidant les siens de sa grâce, pour qu'ils adorent Dieu gratuitement, c'est-à-dire qu'ils mettent leurs délices dans le Seigneur (*Ps.*, XXXVI, 4). Il l'a encore humilié par ce fait que le démon, c'est-à-dire le prince de ce monde, n'ayant trouvé en lui aucune faute (*Jean*, XIV, 30), l'a

---

7. « Judicabit pauperes populi, et salvos faciet filios pauperum (*Ibid.*, 4). » Pauperes et filii pauperum iidem ipsi mihi videntur, sicut eadem civitas est Sion et filia Sion. Si autem distinctius intelligendum est, pauperes accipimus montes, filios autem pauperum colles : velut Prophetas atque Apostolos, pauperes ; filios autem eorum, id est, qui sub eorum auctoritate proficiunt, filios pauperum. Quod vero supra dictum est, « Judicabit ; » et postea, « salvos faciet : » quædam velut expositio est, quomodo judicabit. Ad hoc enim judicabit, ut salvos faciat, id est, a perdendis damnandisque discernat, quibus donat salutem paratam revelari in tempore novissimo (I *Pet.*, I, 5). A talibus quippe illi dicitur, « Ne comperdas cum impiis animam meam (*Psal.*, XXV, 9) : » et, « Judica me Deus, et discerne causam meam de gente non sancta (*Psal.*, XLII, 1). » Considerandum etiam quod non ait, Judicabit pauperem populum ; sed, « pauperes populi. » Supra enim ubi dixit, « Judicare populum tuum in justitia et pauperes tuos in judicio (*Ps.*, LXXI, 8), » eumdem dixit populum Dei quos pauperes ejus, id est, tantummodo bonos et ad dexteram partem pertinentes. Quia vero in hoc sæculo simul dextri sinistrique pascuntur, qui velut agni et hœdi in fine separandi sunt (*Matth.*, XXV, 32) ; totum sicut (*a*) commixtus est, nomine populi nuncupavit. Et quia judicium etiam hic in bono ponit, id est, ad salvos faciendos : ideo ait, « Judicabit pauperes populi, » id est, eos ad salutem discernet, qui sunt in populo pauperes. Jam qui sint pauperes supra exposuimus : hos et egenos intelligamus. «Et humiliabit calumniatorem.» Nullus melius quam diabolus hic calumniator agnoscitur. Calumnia ejus est. « Numquid gratis colit Job Deum (*Job.*, 1, 9) ? » Humiliat autem illum Dominus Jesus, gratia sua suos adjuvans, ut gratis Deum colant, id est, dele-

(*a*) Sic MSS. At editi, *commixtum est*.

fait périr par les calomnies des Juifs, desquels le calomniateur s'est servi comme de ses instruments, en agissant sur les fils de la défiance (*Éphés.*, II, 2). Il a humilié le démon parce que celui que les Juifs avaient mis à mort est ressuscité, et a détruit le royaume de la mort que le démon avait si bien gouverné à son profit qu'au moyen d'un seul homme, qu'il avait trompé, il avait entraîné tous les hommes dans une semblable condamnation à la mort. Le démon a été humilié, parce que, si le péché d'un seul a établi, par ce seul homme, le règne de la mort, à plus forte raison ceux qui obtiennent l'abondance de la grâce et de la justification, régneront-ils dans la vie éternelle par le seul Jésus-Christ (*Rom.*, v, 17), qui a humilié le calomniateur au moment où celui-ci employait, pour le perdre, de fausses accusations, des juges iniques et de faux témoins.

8. *Et permanebit soli*, ou *permanebit cum sole.* » « Et il aura la durée du soleil, » ou « il durera autant que le soleil (*Ps.*, LXXI, 5). » Car c'est ainsi que les interprètes latins ont jugé le plus convenable de rendre le mot grec : συμπαραμενεῖ. Si on pouvait le traduire par un seul mot latin, il faudrait dire : « compermanebit, » « il condurera, » mais comme cette expression n'est pas latine, pour rendre du moins la pensée du Psaume, ils ont dit « Permanebit cum sole, » il durera autant que le soleil; car rien ne *condurerà* au soleil, pour parler ainsi, que ce qui durera autant que le soleil. Mais qu'y a-t-il de glorieux à durer autant que le soleil, pour celui par qui toutes choses ont été faites; et sans lequel rien n'a été fait (*Jean*, I, 3), à moins que cette prophétie n'ait été faite à cause de ceux qui pensent que la religion chrétienne vivra dans le monde un certain temps et ensuite disparaîtra? « Il durera donc autant que le soleil, » autant de temps que le soleil se lèvera et se couchera ; c'est-à-dire : aussi longtemps que les siècles accompliront leurs révolutions, l'Église de Dieu, ou le corps du Christ, subsistera sur la terre. Le Prophète dit ensuite : « Il sera avant la lune, et avant les générations des générations (*Ps.*, LXXI, 5).» Le Prophète aurait pu dire : Et avant le soleil, c'est-à-dire : il durera autant que le soleil et il existait avant le soleil: ce qui signifierait ; il durera autant que les siècles et il existait avant les siècles. Or ce qui précède les temps est éternel et l'on doit considérer comme vraiment éternel ce qui ne change pas avec le cours des temps, comme le Verbe qui était au commencement. Mais le Prophète a préféré la comparaison de la lune, parce que cet astre est la figure de la croissance et de la diminution des choses mortelles. C'est pourquoi, après avoir dit : « avant la lune, » voulant expliquer d'une certaine manière le sens de cette comparaison, il nomme « les générations des

---

ctentur in Domino. Humiliavit etiam sic , quia cum in eo diabolus, id est, princeps hujus mundi nihil invenisset (*Johan.*, XIV, 30), occidit per calumnias Judæorum, quibus est usus calumniator tamquam vasis suis, operans in filiis diffidentiæ (*Ephes.*, II, 2). Humiliatus est enim, quia ille quem occiderant, resurrexit, et regnum abstulit mortis: cujus ille potestatem ita gerebat, ut ex uno homine quem deceperat, omnes per mortem traheret ad condemnationem. Sed humiliatus est: quoniam « si ob unius delictum mors regnavit per unum , multo magis qui abundantiam gratiæ et justitiæ accipiunt, in vita regnabunt per unum Jesum Christum (*Rom.*, v, 17), » qui humiliavit calumniatorem, falsa crimina, iniquos judices, falsos testes, ut cum perderent immittentem.

8. « Et permanebit soli, (*Ps.*, LXXI, 5), » vel « permanebit cum sole. » Sic enim melius interpretandum quidam nostri putaverunt, quod in Græco est συμπαραμενεῖ. Quod si Latine uno verbo dici posset, compermanebit dicendum esset ; ideo quia Latine verbum non potest dici, ut saltem sententia exprimeretur, dictum est, « permanebit cum sole. » Nihil est enim aliud compermanebit soli, quam « permanebit cum sole. » Quid autem magnum est permanere cum sole ei « per quem facta sunt omnia, et sine quo factum est nihil (*Johan.*, I, 3),» nisi quia hæc prophetia propter eos præmissa est, qui putant religionem nominis Christiani usque ad certum tempus in hoc sæculo victuram, et postea non futuram ? « Permanebit ergo cum sole, » quamdiu sol oritur et occidit : hoc est, quamdiu tempora ista volvuntur, non deerit Ecclesia Dei, id est, Christi corpus in terris. Quod vero adjungit, « Et ante lunam, generationes generationum :» Potuit dicere, Et ante solem, id est, et cum sole, et ante solem : quod intelligeretur, Et cum temporibus, et ante tempora. Quod ergo tempus antecedit, æternum est : et hoc vere habendum est æternum, quod nullo tempore variatur, sicut in principio erat Verbum. Sed per

générations; » comme s'il disait, « avant la lune, » c'est-à-dire, « avant les générations des générations » qui passent par la mort et la succession des hommes mortels, comparables aux phases de la lune qui croit et décroit sans cesse. D'après cela, que peut mieux signifier « durer avant la lune, »si ce n'est, précéder dans son immortalité toutes les choses mortelles? Il est encore une autre explication convenable pour ce passage. Le Christ, après avoir humilié le calomniateur, est assis à la droite de son Père; c'est là « durer avec le soleil. » Car si le Fils est la splendeur de la gloire éternelle du Père (*Héb.*, I, 3), c'est que le Père est pour ainsi dire le soleil et que le Fils en est la splendeur. Toutefois, si l'on emploie cette allégorie en parlant de l'invisible substance du Créateur, ce ne peut être comme on l'appliquerait à ces créatures visibles dont font partie les corps célestes, au milieu desquels le soleil brille d'un éclat incomparable; mais cette comparaison ressemble à celles que l'on emprunte aux objets terrestres, comme la pierre, le lion, l'agneau, l'homme et ses deux fils, etc. Le Christ dure donc « avec le soleil, » après avoir humilié le calomniateur, parce que, après avoir vaincu le démon en ressuscitant, il est assis à la droite du Père (*Marc*, XVI, 19);où il ne doit plus mourir, et où la mort n'aura plus aucun pouvoir sur lui (*Rom.*, VI, 9). Et il était avec le soleil « avant la lune, » comme étant le premier-né de ceux qui ressusciteront d'entre les morts, et comme précédant l'Église, qui passe par tous les changements et successions des choses mortelles. Ce sont là « les générations des générations. » Ou bien les générations signifient-elles que nous sommes engendrés à une vie mortelle, et les générations des générations, que nous sommes régénérés pour une vie immortelle? Telle est l'Église que le Christ a précédée, pour durer avant la lune, comme premier né de ceux qui ressusciteront d'entre les morts. Le texte grec : γενεὰς γενεῶν a été traduit par quelques-uns, non par « les générations des générations, »mais par« de la génération des générations, » parce que, en grec, le cas du mot γενεᾶς est douteux et l'on ne sait s'il faut lire, au génitif singulier : τῆς γενεᾶς, de la génération, ou, à l'accusatif pluriel : τὰς γενεὰς, les générations. Mais le sens expliqué ci-dessus a été préféré avec raison ; car il était naturel qu'après avoir donné le mot lune en régime direct, la phrase se poursuivit de même en ajoutant : « et les générations des générations. »

9. « Et il descendra comme la pluie sur une toison et comme les gouttes d'eau qui tombent sur la terre (*Ps.*, LXXI, 6). » Le Prophète fait

---

lunam significare maluit incrementa defectusque mortalium. Denique cum dixisset, « ante lunam, » volens quodam modo exponere pro qua re lunam posuerit, « generationes, inquit, generationum. » Tamquam diceret, Ante lunam, id est, ante generationes generationum, quæ transeunt decessione et successione mortalium, tamquam decrementis incrementisque lunaribus. Ac per hoc quid melius intelligitur permanere ante lunam, nisi omnia mortalia immortalitate præcedere ? Quod etiam sic non inconvenienter accipi potest, ut quod jam humiliato calumniatore sedet ad dexteram Patris, hoc sit permanere cum sole. Splendor enim æternæ gloriæ intelligitur Filius (*Hebr.*, I, 3) : tamquam sol sit Pater, et splendor ejus Filius ejus. Sed sicut ista dici possunt de invisibili substantia Creatoris, non sicut de ista visibili creatura, in qua sunt corpora cælestia, quorum illustrius eminet sol, de quo hæc similitudo adhibita est : sicut adhibetur etiam de terrestribus, petra, leo, agnus, homo habens duos filios, et cetera. Ergo humiliato calumniatore permanet cum sole; quia victo diabolo per resurrectionem, sedet ad dexteram Patris (*Marci.*, XVI, 19), « ubi jam non moritur, et mors ei ultra non dominabitur (*Rom.*, VI, 9). » Et hoc ante lunam, tamquam primogenitus a mortuis præcedens Ecclesiam, mortalium decessione ac successione transeuntem. Ipsæ sunt « generationes generationum. » Aut forte quia generationes sunt, quibus generamur mortaliter; generationes autem generationis, quibus regeneramur immortaliter. Et hæc est Ecclesia quam ille antecessit, ut permaneret ante lunam, primogenitus ex mortuis. Sane quod est in Græco γενεὰς γενεῶν, nonnulli interpretati sunt, non « generationes, » sed « generationis generationum : » quia γενεας ambiguus est casus in Græco, et utrum genitivus singularis sit τῆς γενεᾶς, id est, hujus generationis, an accusativus pluralis τὰς γενεὰς, id est, has generationes, non evidenter apparet, nisi quia merito sensus ille prælatus est, ut tamquam exponendo quid dixerit lunam, secutus adjungeret, « generationes generationum. »

9. « Et descendet sicut pluvia in vellus, et sicut guttæ stillantes super terram (*Ps,*, LXXI, 6). » Recoluit et admonuit illud quod factum est per judicem Gedeon (*Judic.*, VI, 36), de Christo id habere finem.

allusion à une action du juge Gédéon, et nous apprend qu'elle s'est accomplie en Jésus-Christ. Gédéon avait demandé à Dieu, pour signe de sa volonté, qu'une toison placée au milieu d'une aire, s'imbibât seule de rosée, tandis que l'aire resterait sèche, et, dans une seconde épreuve, que l'aire fût couverte de rosée, tandis que la toison seule resterait sèche ; et il fut fait comme Gédéon l'avait demandé (*Juges*, VI, 36-40). Cela veut dire que le peuple d'Israël fut d'abord cette toison sèche déposée au milieu de l'aire, c'est-à-dire au milieu de l'univers. Le Christ est donc descendu comme une pluie sur la toison, alors que l'aire restait encore sèche ; et c'est pourquoi il a dit : « Je n'ai été envoyé qu'aux brebis perdues de la maison d'Israël (*Matth.*, xv, 24). C'est en effet là qu'il a choisi la mère au sein de laquelle il voulait prendre la forme d'esclave pour se montrer aux hommes ; c'est là qu'il s'est fait des disciples auxquels il a donné un commandement semblable à sa propre déclaration : « N'allez pas dans la voie des Gentils et n'entrez pas dans les villes des Samaritains, mais allez d'abord aux brebis perdues de la maison d'Israël (*Id.*, x, 5, 6). » En disant d'abord vers celles-là, il montrait que, dans la suite, lorsqu'il y aurait lieu de couvrir d'eau l'aire entière, ils iraient vers d'autres brebis qui n'appartenaient pas à l'ancien peuple d'Israël et dont le Seigneur a dit : « J'ai d'autres brebis, qui ne sont pas de ce bercail ; il faut que je les y amène, afin qu'il n'y ait qu'un seul troupeau et qu'un seul pasteur (*Jean*, x, 16). » De là cette parole de l'Apôtre : « Je dis que le Christ a été le ministre de la circoncision, pour justifier la véracité de Dieu et confirmer les promesses faites à nos pères (*Rom.*, xv, 8). » C'est ainsi que la pluie est descendue sur la toison, tandis que l'aire restait encore sèche. Mais l'Apôtre ajoute : « Et afin que les nations glorifiassent Dieu de sa miséricorde (*Rom.*, xv, 9); » ce qui est l'accomplissement, le temps étant arrivé, de cette prédiction du Prophète : « Un peuple que je n'ai pas connu m'a servi, il m'a obéi dès qu'il a eu entendu (*Ps.*, XVII, 45). » Aussi voyons-nous que par la grâce du Christ, tandis que la nation juive demeurait desséchée, l'univers entier, dans toutes les nations qui le composent, a été arrosé des torrents de la grâce chrétienne versés par les nuées qui en étaient chargées. Aussi le Psalmiste a désigné cette même pluie sous le terme de « gouttes d'eau qui tombent, » non plus sur la toison, mais « sur la terre. » Car, quelle différence y a-t-il entre la pluie et l'eau qui tombe par goutte ? D'autre part, il me semble que la nation juive est désignée par la toison, soit parce qu'elle devait être dépouillée de toute autorité doctrinale, comme une brebis est dépouillée de sa toison, soit parce qu'elle tenait cachée cette pluie fertilisante, qu'elle ne voulait pas voir

---

Petiit quippe illi signum a Domino, ut in area positum solum vellus complueretur, et sicca esset area ; et rursum solum vellus siccum esset, et complueretur area, et ita factum est. Quod significavit, tamquam in area in toto orbe terrarum, siccum vellus fuisse priorem populum Israël. Idem ipse ergo Christus descendit sicut pluvia in vellus, cum adhuc area sicca esset : unde etiam dixit, « Non sum missus nisi ad oves, quæ perierunt domus Israël (*Matth.*, xv, 24). » Ibi matrem de qua formam servi acciperet, in qua hominibus appareret, elegit : ibi discipulos quibus hoc idem præcepit, dicens, « In viam Gentium ne abieritis, et in civitates Samaritanorum ne introieritis : ite primum ad oves quæ perierunt domus Israël (*Matth.*, x, 5). » Cum dicit, Ite primum ad illas, ostendit et postea cum jam esset area compluenda, ituros eos etiam ad alias oves, quæ non essent ex veteri populo Israël, de quibus dicit, « Habeo alias oves quæ non sunt ex hoc ovili, oportet me et ipsas adducere, ut sit unus grex et unus pastor (*Johan.*, x, 16). » Hinc et Apostolus. « Dico enim, inquit, Christum ministrum fuisse circumcisionis propter veritatem Dei, ad confirmandas promissiones patrum (*Rom.*, xv, 8). » Sic pluvia descendit super vellus, sicca adhuc area. Sed quoniam sequitur, « Gentes autem super misericordia glorificare Deum (*Ibid.*, 9) : » ut accedente tempore compleretur quod per Prophetam dicit, « Populus quem non cognovi servivit mihi, in obauditu auris obedivit mihi (*Psal.*, xvii, 45) : » videmus jam gratia Christi siccam remansisse gentem Judæorum, totumque orbem terrarum in omnibus gentibus Christianæ gratiæ plenis nubibus complui. Alio quippe verbo eamdem pluviam significavit, dicens, « Guttæ stillantes : » non jam super vellus, sed « super terram. » Quid est enim aliud pluvia quam guttæ stillantes ? Ideo autem illam gentem velleris nomine significari puto, vel quia exspolianda fuerat auctoritate doctrinæ, sicut ovis exspoliatur vellere ; vel quia in abdito eamdem pluviam detinebat, quam nolebat præputio prædicari, id est, incircumcisis Gentibus revelari.

se répandre au dehors, c'est-à-dire sur les nations incirconcises.

10. «De son temps s'élèveront la justice et une abondante paix, jusqu'à ce que la lune soit enlevée (*Ps.*, LXXI, 7).» Au lieu du mot *tollatur*, soit enlevée, quelques interprètes ont mis *auferatur*, soit ôtée, et d'autres *extollatur*, soit élevée. Ces diverses traductions s'appliquent à un seul mot grec : ἀνταναιρεθῇ que chacun a rendu à sa manière. Mais ceux qui ont employé *tollatur* et *auferatur*, enlevé et ôté, ont adopté deux sens peu différents. Le mot *tollatur*, soit enlevé, signifie, en effet, dans l'usage, qu'une chose disparaît et n'existe plus, plutôt qu'il ne signifie qu'elle est élevée en haut ; mais *auferatur*, soit ôté, ne peut se dire que de la perte ou de la disparition totale de l'objet ; au contraire, *extollatur*, soit élevé, ne présente, qu'un seul sens, celui d'une élévation. Lorsque le mot est pris en mauvaise part, il exprime ordinairement l'orgueil, comme dans ce passage de l'Ecclésiastique : « Gardez-vous de vous élever dans votre sagesse (*Eccli.*, XXXII, 6).» Pris en bonne part, il indique un accroissement d'honneur, par comparaison à tout objet que l'on place plus haut ; c'est ainsi que nous lisons dans un autre psaume : « Élevez vos mains, pendant les nuits, vers le sanctuaire et bénissez le Seigneur (*Ps.*, CXXXIII, 2). » Si donc nous admettons ici le sens du mot : *auferatur*, soit ôtée,

que signifient ces paroles : « Jusqu'à ce que la lune soit ôtée, » sinon jusqu'à ce qu'elle soit détruite ? Peut-être, en effet, le Prophète a-t-il voulu parler ici du temps où il n'y aura plus de mortalité, lorsque « la mort, notre ennemie, sera détruite en dernier lieu (1 *Cor.*, XV, 26), » et dire que l'abondance de la paix durera jusqu'à ce que la félicité des bienheureux ne rencontre plus aucun obstacle provenant de la faiblesse de notre condition mortelle. Il en sera ainsi, dans ce temps, que nous possédons déjà par l'infaillible promesse que Dieu nous en a faite par Notre Seigneur Jésus-Christ ; et en ce sens le Prophète disait de lui, que : « De son temps s'élèveront la justice et une abondante paix, » jusqu'à ce que la mort étant absolument vaincue et détruite, toute mortalité disparaisse. Mais si, par le mot « de lune, » on entend, non pas la mortalité de la chair que traverse actuellement l'Église, mais l'Église elle-même qui doit subsister éternellement, après avoir été délivrée de cette mortalité, il faudra comprendre ces paroles : « De son temps s'élèveront la justice et une abondante paix, jusqu'à ce que la lune soit élevée (*Ibid.*), » comme si le Prophète disait : De son temps s'élèvera la justice, pour vaincre les contradictions et les révoltes de la chair, et il s'établira une paix toujours croissante et abondante, jusqu'à ce que la lune s'élève sur l'horizon, c'est-à-dire jusqu'à ce que l'Église soit

---

10. « Orietur in diebus ejus justitia et abundantia pacis, donec tollatur luna (*Ps.*, LXXI, 7).» Id quod dictum est, «tollatur,» alii interpretati sunt, « auferatur ; » alii vero, «extollatur,» unum verbum Græcum, sicut unicuique visum est, transferentes, quod ibi positum est ἀνταναιρεθῇ. Sed qui dixerunt «, tollatur,» et qui dixerunt «auferatur,» non usque adeo dissonant. «Tollatur» enim magis habet consuetudo ita dici, ut auferatur et non sit, quam ita ut altius elevetur : «auferatur» vero prorsus aliter intelligi non potest, nisi ut perdatur, hoc est, ut non sit : «extollatur» autem nihil nisi ut altius elevetur. Quod quidem cum in malo ponitur, superbiam solet significare : sicuti est, «In tua sapientia noli extolli (*Eccli.*, XXXII, 6). » In bono autem ad honorem pertinet ampliorem, velut cum aliquid elevatur ; sicuti est, « In noctibus extollite manus vestras in sancta, et benedicite Dominum (*Psal.*, CXXXIII, 2).» Hic ergo si « auferatur » dictum intellexerimus, quid erit «donec auferatur luna,» nisi efficiatur ut non sit? Fortassis enim hoc intelligi voluit, ne ulterius sit mortalitas, «quando novissima inimica destruetur mors (I *Cor.*, XV, 26) : » ut pacis abundantia usque ad hoc perducatur, ne quid resistat felicitati (a) beatorum ex infirmitate mortalitatis ; quod erit in illo sæculo, cujus tenemus fidelem promissionem Dei per Jesum Christum Dominum nostrum, de quo dicitur « Orietur in diebus ejus justitia et abundantia pacis : » donec morte omnino devicta atque destructa omnis mortalitas absumatur. Sin vero vocabulo lunæ, non mortalitas carnis per quam nunc transit Ecclesia, sed ipsa omnino Ecclesia significata est, quæ permaneat in æternum, ab hac mortalitate liberata, ita dictum accipiendum est, « Orietur in diebus ejus justitia et abundantia pacis, donec, extollatur luna,» tamquam diceretur, Orietur in diebus ejus justitia, quæ contradictionem ac rebellationem carnis vincat, et fiet pax in tantum crescens et abundans, donec luna extollatur, id est, elevetur. Ecclesia, per glo-

(a) Plerique MSS. loco *beatorum*, habent *peccatorum*. Duo, *justorum*.

élevée par la gloire de la résurrection, pour régner avec le Seigneur qui l'a précédée dans cette gloire, comme premier né d'entre les morts, et qui est assis à la droite du Père (*Marc*, XVI, 19). C'est ainsi qu'il durera autant que le soleil, lui qui existe avant la lune, et par qui la lune doit être élevée en gloire.

11. « Et il règnera depuis la mer jusqu'à la mer, et depuis le fleuve jusqu'aux extrémités du globe terrestre (*Ps.*, LXXI, 8). » C'est de lui que le Prophète vient de dire : « De son temps s'élèveront la justice et une abondante paix, jusqu'à ce que la lune soit élevée (*Ibid.*, 7). » Si l'Église est réellement désignée par la lune dans ce premier passage, le Prophète a montré ensuite combien le Christ doit étendre au loin cette Église, quand il a dit : « Et le Christ règnera depuis la mer jusqu'à la mer (*Ibid.*, 8). » En effet, la terre est entourée par une vaste mer qu'on appelle l'Océan, lequel laisse pénétrer au milieu des terres une petite partie de ses eaux, qui forme les mers que nous connaissons et que fréquentent nos navires. C'est pourquoi, en disant : « depuis la mer jusqu'à la mer, » le Prophète dit que la domination de celui dont le nom et la puissance seront prêchés et triompheront dans tout l'univers, s'étendra de quelque limite que ce soit de la terre, jusqu'à toute autre de ces limites. Et pour prévenir toute interprétation différente de ces paroles : « depuis la mer jusqu'à la mer, » le Prophète ajoute : « et depuis le fleuve jusqu'aux extrémités du globe terrestre (*Ibid.*). » Ces mots : « Jusqu'aux extrémités du globe terrestre » ont évidemment le même sens que les paroles précédentes : « depuis la mer jusqu'à la mer, » et quand il dit : « depuis le fleuve, » il désigne sans contredit l'endroit où le Christ a voulu d'abord manifester sa puissance et commencer à se choisir des disciples, c'est-à-dire le fleuve du Jourdain, où l'Esprit-Saint est descendu sur le Seigneur au moment de son baptême et où s'est fait entendre du haut du Ciel cette parole : « Celui-ci est mon Fils bien-aimé (*Matth.*, III, 17). » C'est donc de ce point que la doctrine et l'autorité du Maître céleste se répandent jusqu'aux extrémités du globe terrestre, par la prédication de l'Évangile du royaume dans le monde entier, jusqu'à ce qu'il ait servi de témoignage à toutes les nations ; et que vienne alors la fin des siècles.

12. « Les Éthiopiens se prosterneront devant lui et ses ennemis lécheront la terre (*Ps.*, LXXI, 9). » Par les Éthiopiens, prenant la partie pour le tout, le Prophète a désigné toutes les nations ; choisissant ce peuple pour le nommer de préférence, parce qu'il est aux extrémités de la terre. « Ils se prosterneront devant lui, » c'est-à-dire ils l'adoreront. Et comme, en divers lieux de la

---

riam resurrectionis cum illo regnatura, qui eam in hac gloria primogenitus a mortuis antecessit, ut sederet ad dexteram Patris (*Marci*, XVI, 19) : ita cum sole permanens ante lunam, quo postea extolleretur et luna.

11. « Et dominabitur a mari usque ad mare, et a flumine usque ad terminos orbis terræ (*Psal.*, LXI, 8). » De quo utique dixerat, « Orietur in diebus ejus justitia et abundantia pacis, donec extollatur luna (*Ibid.*, 7). » Si Ecclesia hic recte significatur vocabulo lunæ, consequenter ostendit quam late eamdem Ecclesiam fuerat diffusurus, cum adjecit, « Et dominabitur a mari usque ad mare. » Mari quippe magno cingitur terra, quæ vocatur Oceanus : de quo influit quiddam exiguum in medio terrarum, et facit ista maria nota nobis, quæ navigiis frequentantur. Proinde « a mari usque ad mare, a quolibet fine terræ usque ad quemlibet finem dominaturum dixit, cujus nomen et potestas toto orbe fuerant prædicanda multumque valitura. Quod ne aliter posset intelligi, « a mari usque ad mare : » continuo subjecit, « et a flumine usque ad terminos orbis terræ. » Quod ergo ait, « usque ad terminos orbis terræ ; » hoc ante dixerat, « a mari usque ad mare. » Quod vero nunc ait, « a flumine ; » evidenter expressit inde voluisse Christum potestatem suam jam commendare. unde et discipulos cœpit eligere, a flumine scilicet Jordane, ubi super baptizatum Dominum cum descenderet Spiritus-sanctus, « sonuit vox de cælo, Hic est Filius meus dilectus (*Matth.*, III, 17). » Hinc ergo doctrina ejus incipiens et magisterii cælestis auctoritas, dilatatur usque ad terminos orbis terræ, cum prædicatur Evangelium regni in universo orbe, in testimonium omnibus gentibus : et tunc veniet finis.

12. « Coram illo (*a*) decident Æthiopes, et inimici ejus terram linguent (*Ibid.*, 9). » Per Æthiopes, a parte totum, omnes gentes significavit, eam eli-

---

(*a*) Sic plerumque Er. et MSS. At proxime sequente loco, *procident*.

terre, des schismes devaient éclater, par envie contre l'Église catholique, répandue dans l'univers entier; comme ces mêmes schismes devaient se diviser sous différents noms d'hommes; et comme l'amour porté à ces hommes, auteurs des schismes, devait être l'ennemi de la gloire du Christ qui est répandue par toute la terre; le Prophète, après avoir dit : « les Éthiopiens se prosterneront devant lui, » ajoute : « et ses ennemis lècheront la terre, » c'est-à-dire s'attacheront à des hommes, par envie contre la gloire du Christ, auquel il a été dit : « O Dieu ! élevez-vous au-dessus des Cieux et que votre gloire brille sur toute la terre (*Ps.*, CVII, 6). » L'homme par son péché a mérité cet arrêt : « Tu es terre et tu iras dans la terre (*Genèse*, III, 9). » En léchant cette terre, c'est-à-dire en se laissant séduire par la vaine autorité de langage des schismatiques, et en s'attachant à eux jusqu'à les aimer tendrement, ces chrétiens infidèles contredisent les paroles divines, qui ont annoncé que l'Église catholique appartiendrait non à quelque partie de l'univers, comme les schismes quelconques, mais à l'univers entier, où elle fructifierait et s'accroîtrait jusqu'à parvenir chez les Éthiopiens, les plus éloignés et les plus barbares des hommes.

13. « Les rois de Tharsis et les îles lui offriront des présents : les rois de l'Arabie et de Saba lui amèneront des dons. Et tous les rois de la terre l'adoreront, toutes les nations le serviront (*Ps.*, LXXI, 10 et 12). » Ce texte n'appelle point une explication, mais plutôt une religieuse contemplation. Il frappe les yeux, non-seulement des fidèles qui se réjouissent, mais encore des infidèles qui gémissent. Peut-être, cependant, se demandera-t-on ce que signifie : « Ils lui amèneront des dons. » On n'amène ordinairement que des êtres qui peuvent marcher. Est-ce que le Prophète aurait voulu parler de victimes à immoler ? A Dieu ne plaise que sous le Christ s'élève cette sorte de justice ! Mais les dons qui lui seront amenés, selon le Prophète, me semblent signifier les hommes que l'autorité des rois amène dans la communion de l'Église du Christ; bien que les rois persécuteurs lui aient aussi amené des dons, quoique à leur insu, en immolant les saints Martyrs.

14. Explicant ensuite les causes qui ont valu au Christ tant d'honneurs de la part des rois, et qui lui ont attiré les hommages des nations, le Prophète dit : « Parce qu'il a délivré de la tyrannie du puissant l'indigent et le pauvre, à qui nul ne venait en aide (*Ibid.*, 12). » Cet indigent et ce pauvre, c'est le peuple formé de ceux qui croient en lui. Dans ce peuple, sont les rois eux-mêmes qui l'adorent. Car ils ne dédaignent

---

gens gentem, quam potissimum nominaret, quæ in finibus terræ est. « Coram illo procident, » dictum est, adorabunt eum. Et quia schismata futura erant per diversa terrarum loca, quæ inviderant Ecclesiæ catholicæ toto terrarum orbe diffusæ; eadem porro schismata per hominum nomina se fuerant divisura : et homines amando, quibus auctoribus scissa sunt, gloriæ Christi, quæ per omnes terras est, inimicatura : ideo cum dixisset, « Coram illo decident, » adjunxit, « et inimici ejus terram linguent : » id est, homines amabunt, ut inviderant gloriæ Christi, cui dictum est, « Exaltare super cœlos Deus, et super omnem terram gloria tua (*Psal.*, CVII, 6). » Homo quippe audire meruit, « Terra es, et in terram ibis (*Gen.*, III, 19). » Hanc terram lingueudo, id est, talium auctoritate vaniloquia delectati, eos amando, et in suavissimos habendo, contradicunt divinis eloquiis, quibus catholica Ecclesia prænuntiata est, non in aliqua parte terrarum futura, sicut quælibet schismata; sed in universo mundo fructificando atque crescendo usque ad ipsos Æthiopes, extremos videlicet et teterrimos hominum perventura.

13. « Reges Tharsis et insulæ munera offerent, reges Arabum et Saba dona adducent (*Ps.*, LXXI, 10). Et adorabunt eum omnes reges terræ, omnes gentes servient ei (*Ibid.*, 11). » Hoc jam non expositorem, sed contemplatorem desiderat; immo non solum lætantium fidelium, sed etiam infidelium gementium infertur adspectibus : nisi fortasse quærendum est quid dictum sit, « dona adducent. » Ea quippe adduci solent, quæ ambulare possunt. Numquidnam ergo de immolandis victimis dici potuit ? Absit ut talis oriatur in diebus ejus justitia. Sed ista dona quæ adducenda prædicta sunt, homines mihi videntur significare, quos in societatem Ecclesiæ Christi regum adducit auctoritas : quamvis reges etiam persequentes dona adduxerint, non scientes quid facerent, sanctos Martyres immolando.

14. Cum vero exponeret caussas, cur eis tantus honor deferretur a regibus, eique serviretur ab omnibus gentibus. « Quia liberavit, inquit, egenum a potente, et pauperem cui non erat adjutor (*Ibid.*, 12). » Iste egenus et pauper, populus est credentium in eum. In hoc populo sunt etiam reges adorantes eum. Non enim egeni esse dedignantur et pauperes,

pas d'être indigents et pauvres, c'est-à-dire de confesser humblement leurs péchés, et d'avouer le besoin qu'ils ont de la gloire et de la grâce de Dieu ; afin que ce Roi, fils du Roi, les délivre de la tyrannie du puissant. Ce puissant est le même qui, plus haut, était nommé le calomniateur ; et sa puissance pour soumettre les hommes et les retenir en captivité ne lui vient pas de sa propre force, mais des péchés des hommes. Il a été également appelé le fort, et ici il est désigné sous le nom de puissant. Mais celui qui a humilié le calomniateur et qui est entré dans la maison du fort, pour l'enchaîner et s'emparer de ce qu'il possédait (*Matth.*, XII, 29), » a délivré de la tyrannie du puissant l'indigent et le pauvre à qui nul ne venait en aide (*Ps.*, LXXI, 12). » Nul ne pouvait, en effet, accomplir cette délivrance ; ce n'en était assez de la puissance de qui que ce fût, ni d'aucun juste, ni d'aucun Ange. C'est pourquoi, comme nul ne venait en aide à l'indigent et au pauvre, le Christ lui-même est venu et les a sauvés.

15. Ici se plaçait une objection, dans la pensée du Prophète. Si l'homme était captif du démon à cause de ses péchés, est-ce que ces péchés ont plu au Christ, qui a délivré l'indigent de la tyrannie du puissant ? Loin de là, « mais le Christ épargnera le pauvre et l'indigent (*Ibid.*, 13) ; » c'est-à-dire qu'il remettra les péchés à l'homme humble qui ne se confie point en ses propres mérites, ou qui n'attend pas son salut de sa propre force, mais qui sait avoir besoin de la grâce de son Sauveur. Comme le Prophète ajoute : « Et il sauvera les âmes des pauvres, » il fait ressortir le double secours qui nous vient de la grâce : la rémission des péchés, « Il épargnera le pauvre et l'indigent, » et la participation à sa justice, « et il sauvera les âmes des pauvres. » Nul en effet ne peut arriver au salut, qui est la justice parfaite, si Dieu ne l'aide par sa grâce ; car la plénitude de la foi est la charité ; or la charité n'est pas en nous par nous-mêmes, mais elle est répandue dans nos cœurs par l'Esprit-Saint qui nous a été donné (*Rom.*, V, 5).

16. « Il rachètera leurs âmes des usures et de l'iniquité (*Ps.*, LXXI, 14). » Quelles sont ces usures, sinon les péchés que l'on nomme aussi des dettes (*Matth.*, VI, 12) ? Mais je pense qu'on les appelle des usures, parce qu'on trouve plus de mal dans le châtiment qu'il n'y en avait dans l'acte même du péché. Ainsi, par exemple, l'homicide ne tue que le corps de l'homme, sans pouvoir nuire à l'âme de sa victime ; tandis que lui-même perd son corps et son âme dans l'enfer. C'est contre ceux qui méprisent ainsi la loi présente et qui se rient des supplices à venir, que le Seigneur a dit : « A mon retour j'aurais

---

id est, humiliter peccata confitentes, et egentes gloria et gratia Dei, ut eos Rex ille filius Regis liberet a potente. Idem quippe est potens, ille qui superius calumniator est dictus (*Ibid.*, 4) : quem potentem ad homines sibi subdendos et in captivitate retinendos non virtus ejus fecit, sed humana peccata. Idem ipse et fortis est dictus (*Matth.*, XII, 29), ideo et hic potens. Sed qui humiliavit calumniatorem, et intravit in domum fortis, ut eo alligato vasa ejus diriperet, hic « liberavit egenum a potente, et pauperem cui non erat adjutor. » Non enim hoc efficere potuit vel cujusquam virtus, vel quisquam homo justus, vel aliquis Angelus. Cum ergo nullus esset adjutor, ipse adveniens salvos fecit eos.

15. Occurrebat autem, Si propter peccata homo tenebatur a diabolo, numquid-nam Christo qui eruit egenum a potente, peccata placuerunt ? Absit. Sed, « Parcet ipse inopi et pauperi (*Ibid.*, 13) : » id est, peccata dimittet humili, et non de suis meritis confidenti, aut de sua virtute salutem speranti, sed indigenti gratia Salvatoris sui. Cum autem addidit, « Et animas pauperum salvas faciet : » utrumque adjutorium gratiæ commendavit, et quid est in remissione peccatorum ; cum ait, « Parcet pauperi et inopi ; » et quod est in participatione justitiæ, cum addidit, « Et animas pauperum salvas faciet. » Nemo enim sibi est idoneus ad salutem, quæ salus (*a*) est perfecta justitia), nisi Dei adjuvet gratia : quia plenitudo Legis non est nisi caritas, quæ non a nobis exsistit in nobis, sed diffunditur in cordibus nostris per Spiritum-sanctum, qui datus est nobis (*Rom.*, V, 5).

16. « Ex usuris et iniquitate redimet animas eorum (*Ps.*, LXVI, 14). » Quæ sunt istæ usuræ, nisi peccata, quæ etiam debita nominantur (*Matth.*, VI, 12) ? Usuras autem appellatas puto, quia plus mali invenitur in suppliciis, quam commissum est in peccatis. Nam, verbi gratia, cum homicida corpus tantum hominis perimat, animæ autem nocere nihil possit : ipsius et anima et corpus perditur in gehen-

---

(*a*) Editi, *non est perfecta justitia* Abest *non* a MSS.

redemandé mon argent avec les intérêts (*Id.*, xxv, 27). » Les âmes des pauvres sont rachetées de ces sortes d'usures, par le sang qui a été répandu pour la rémission des péchés. Il les rachètera donc des usures, en leur remettant leurs péchés qui avaient mérité des châtiments plus étendus que les fautes ; il les rachètera de l'iniquité, en les aidant par sa grâce à accomplir la justice. Le Prophète répète donc ici deux choses qu'il a déjà dites. En effet, ces mots : « il épargnera l'indigent et le pauvre » s'entendent au sujet « des usures ; » et les autres : « il sauvera les âmes des pauvres » se rapportent à : « l'iniquité ; » mais dans les deux cas, il faut sous-entendre qu'il « les rachètera. » En effet, en épargnant le pauvre, il le rachètera des usures, et en le sauvant il le rachètera de l'iniquité. C'est ainsi qu'en épargnant l'indigent et le pauvre, et en sauvant les âmes des pauvres, « il rachètera leurs âmes des usures et de l'iniquité, et son nom sera honorable à leurs yeux (*Ibid.*, 14). » Car ceux-là glorifient son nom pour tant de bienfaits, qui répondent qu'il est convenable et juste de rendre des actions de grâces au Seigneur leur Dieu. Il y a des manuscrits qui portent : « Et leur nom sera honorable à ses yeux ; » en effet, bien que, dans ce monde, les Chrétiens paraissent méprisables, leur nom est glorieux devant Dieu, qui le leur a donné, et qui ne trouve plus sur ses lèvres (*Ps.*, xv, 4) le nom dont il les appelait auparavant, lorsqu'ils étaient encore enchaînés dans les superstitions des Gentils ou marqués des noms de leurs criminelles actions, avant qu'ils fussent chrétiens. Or ce nom de chrétiens est glorieux devant lui, bien qu'il paraisse méprisable à leurs ennemis.

17. « Et il vivra et on lui donnera de l'or d'Arabie (*Ibid.*, 15). » Le Prophète ne dirait pas : Le Christ vivra, (car il ne pourrait parler ainsi de sa courte existence en ce monde,) s'il n'entendait cette vie, dans laquelle « le Christ ne meurt plus, et dans laquelle la mort n'a plus aucun pouvoir sur lui (*Rom.*, vi, 9). » C'est pourquoi, « il vivra, » lui qui a été méprisé au moment de sa mort, c'est-à-dire au moment où s'est accomplie cette prophétie : « Sa vie sera ôtée de dessus la terre (*Isaïe*, liii, 8). — Voir les *actes des Apôtres*, viii, 33). » Mais que veut dire : « Et on lui donnera de l'or d'Arabie (*Ps.*, lxxi, 15) ? » Autrefois, Salomon a reçu de l'or de ce pays ; ce que le Prophète a figurativement rapporté dans ce Psaume au véritable Salomon, au véritable Pacifique ; car l'ancien roi d'Israël n'a pas régné « depuis le fleuve jusqu'aux extrémités du monde (*Ibid.*, 8). » Le sens de cette prophétie est que les sages de ce monde croiraient également au Christ. En effet, sous le nom de l'Arabie, nous devons reconnaître les Gentils ; et l'or indique la sagesse, qui l'emporte sur toute science autant que l'or sur les autres

---

na. Propter hujusmodi contemtores præsentis præcepti et irrisores futuri supplicii dictum est, « Ego veniens cum usuris exigerem (*Matth.*, xxv, 27).» Ab his usuris redimuntur animæ pauperum sanguine illo, qui fusus est in remissionem peccatorum. Redimet ergo ab usuris, remittendo peccata, quæ debebant ampliora supplicia : redimet autem ab iniquitate, adjuvando per gratiam etiam ad faciendam justitiam. Eadem itaque duo repetita sunt, quæ supra dicta erant. Quod enim supra est, « Parcet inopi et pauperi (*Ps.*, lxxi, 13) ; » hoc intelligitur, « Ex usuris : » quod vero ibi dicit, « Et animas pauperum salvas faciet ; » hoc dictum videtur, « Ex iniquitate : » ut « redimet » ad utrumque subaudiatur. Nam parcendo redimet ab usuris, salvos autem faciendo redimet ab iniquitate. Ita cum parcet pauperi et inopi, et animas pauperum salvas faciet : sic « ex usuris et iniquitate redimet animas eorum. Et honorabile nomen ejus coram ipsis. » Dant enim honorem nomini ejus pro tantis beneficiis, qui respondent dignum et justum esse gratias agere Domino Deo suo. Vel quod habent codices aliqui, « Et honorabile nomen eorum coram ipso : » quia etsi videntur huic sæculo contemtibiles Christiani, nomen eorum coram ipso est honorabile (*Psal.*, xv, 4), qui eis illud dedit, jam non memor nominum illorum per labia sua, quibus antea vocabantur, cum essent Gentilium superstitionibus obligati, vel suorum malorum meritorum signati vocabulis, antequam essent Christiani : quod nomen honorabile est coram ipso, etsi contemtibile videtur inimicis.

17. « Et vivet, et dabitur ei de auro Arabiæ (*Ps.*, lxxi, 15). » Non dicerertur, « Et vivet, » (De quo enim non posset dici hoc quantulocumque spatio temporis vivente in hac terra ?) nisi illa vita commendaretur, in qua jam non moritur, et mors ei ultra non dominabitur (*Rom.*, vi, 9). Atque ideo, « Et vivet, » qui contemtus est moriens : quoniam sicut alius Propheta dicit, Tolletur de terra vita ejus. Sed quid est, « et dabitur ei de auro Arabiæ ? »

métaux. Car il est écrit : « Recevez la prudence comme de l'argent, et la sagesse comme un or éprouvé (*Proverbes*, VIII, 10, 11). » « Et ils prieront sans cesse au sujet de lui (*Ps.*, LXXI, 15). » Les mots grecs περὶ αὐτοῦ ont été traduits, par les uns : *De ipso,* au sujet de lui ; par d'autres : *pro ipso* ou *pro eo*, pour lui-même ou pour lui. Que veut dire, « au sujet de lui, à son sujet, » si ce n'est là notre prière : « Que votre règne arrive (*Matth.*, VI, 10)? » Car l'avènement du Christ sera pour les fidèles le signal du règne de Dieu. Il est difficile d'expliquer l'autre traduction, « pour lui-même ou pour lui, » à moins de dire qu'en priant pour l'Église on prie aussi pour le Sauveur, parce que l'Église est son corps. C'est en effet entre le Christ et l'Église qu'a été d'abord établi ce grand sacrement : « Ils seront deux dans une seule chair (*Éphés.*, V, 32, 31). » Quant aux paroles suivantes : « tout le jour, » c'est-à-dire, en tout temps, ils le béniront (*Ps.*, LXXI, 15), » elles sont suffisamment claires.

18. « Et il sera leur appui sur la terre, sur les sommets des montagnes (*Ibid.*, 16). » « En effet, dit l'Apôtre, toutes les promesses de Dieu sont en lui le oui (II *Cor.*, 1, 20); » c'est-à-dire qu'elles ont en lui la réalisation qui les confirme, parce qu'en lui s'est accompli tout ce qui a été prophétisé pour notre salut. Par « les sommets des montagnes, » il convient de comprendre les auteurs des divines Écritures, c'est-à-dire ceux par le ministère de qui elles nous ont été données ; c'est sur lui qu'ils s'appuient, parce que c'est à lui que se rapporte tout ce qui a été écrit sous l'inspiration divine. Mais il a voulu être leur appui sur terre, parce que les Écritures ont été données pour le salut de ceux qui habitent la terre : c'est pourquoi il est lui-même venu sur terre, pour les confirmer toutes, c'est-à-dire pour montrer en lui-même l'accomplissement de toutes. « Car il fallait, a-t-il dit, que fussent accomplies toutes les choses écrites sur moi dans la loi, dans les prophètes et dans psaumes (*Luc*, XXIV, 44); » c'est-à-dire : « sur les sommets des montagnes (*Ps.*, LXXI, 16). » « C'est ainsi qu'est venue dans les derniers temps, visible pour tous, la montagne de Dieu fondée sur les cimes des montagnes (*Isaïe*, II, 11); » ce qui revient « aux sommets des montagnes » dont parle ici le Prophète. « Ses fruits seront élevés au-dessus du Liban (*Ps.*, LXXI, 17). » Nous regardons ordinairement le Liban comme l'emblème des dignités de ce monde, parce que le Liban est une montagne couverte d'arbres élevés, et que son nom veut dire : « blanchissement. » Qu'y a-t-il d'étonnant, en effet, qu'au-dessus des grandeurs les plus éclatantes de ce

---

Nam quod inde aurum etiam ille Salomon accepit, in hoc Psalmo figurate transjectum est in alium verum Salomonem, id est, verum pacificum. Non enim ille dominatus est a flumine usque ad terminos orbis terræ (*Ps.*, LXXI, 8). Sic ergo prophetatum est, etiam sapientes hujus mundi in Christo fuisse credituros. Per Arabiam autem Gentes intelligimus : per aurum sapientiam, quæ ita excellit inter omnes doctrinas, ut aurum inter metalla : unde scriptum est, « Accipite prudentiam sicut argentum, et sapientiam sicut aurum probatum (*Prov.*, VIII, 10). » « Et orabunt de ipso semper. » Quod habet Græcus, περὶ αὐτοῦ aliqui interpretati sunt « de ipso, » aliqui « pro ipso, » vel « pro eo. » Quid est autem, « de ipso, » nisi forte quod oramus dicentes, « Adveniat regnum tuum (*Matth.*, VI, 10) ? » Christi namque adventus (*a*) præsentabit fidelibus regnum Dei. « Pro eo » vero quomodo intelligatur, angustum est : nisi quia cum oratur pro Ecclesia, pro ipso oratur, quia corpus est ejus. De Christo quippe et Ecclesia præmissum est « sacramentum magnum : Erunt duo in carne una (*Ephes.*, V, 32). » Jam vero quod sequitur, « Tota die, » id est toto tempore, « benedicent ei, » satis apertum est.

18. « Et erit firmamentum in terra, in summis montium (*Ps.*, LXXI, 16). » Omnes enim promissiones Dei in illo Etiam (I *Cor.*, 1, 20), id est, in (*b*) illo firmatæ sunt : quia in illo impletum est, quidquid pro salute nostra prophetatum est. Nam summa montium, Scripturarum divinarum auctores, id est, per quos ministratæ sunt, intelligere convenit : in quibus utique ipse est firmamentum ; quoniam ad illum omnia quæ divinitus scripta sunt, referuntur. Hoc autem in terra esse voluit ; quia propter eos qui in terra sunt, illa conscripta sunt. Unde et ipse in terram venit, ut ea cuncta firmaret, id est, in se monstraret impleri. « Oportebat enim, inquit, impleri omnia quæ scripta sunt in Lege et Prophetis et

---

(*a*) Sic probæ notæ MSS. At editi, *præsentavit*. (*b*) Lov. *Id est in Christo*. Id Er. prorsus omittit. At MSS. ejus loco habent, *id est in illo*. Sic facilius intelligitur Augustinus hic interpretari particulam *Etiam* : pro qua nunc in Vulgata, II. Cor. I, 20. legitur, *Est*. Illa autem respondebat Græco τὸ ναί quæ vox apud Græcos confirmantis est, ut *Amen* apud Hebræos.

monde, s'élève le fruit du Christ, pour lequel, ceux qui l'aiment ont méprisé toutes les grandeurs du siècle? Mais si nous prenons en bonne part le terme de Liban, à cause des cèdres du Liban que Dieu a plantés (*Ps.*, CIII, 16), quel sera le fruit élevé au-dessus de ce Liban, si ce n'est celui dont parle l'Apôtre, lorsqu'il dit de sa charité : « Je vais vous montrer une voie plus excellente encore (I *Cor.*, XII, 31)? » L'Apôtre met en effet la charité au premier rang des dons divins, quand il dit : « Le fruit de l'Esprit est la charité, » et qu'il montre que toutes les autres vertus viennent à sa suite (*Gal.*, V, 22). « Et ils fleuriront dans la cité comme le foin de la terre (*Ps.*, LXXI, 16). » La manière dont le Prophète parle de cette cité est douteuse; il n'ajoute ni de lui ni de Dieu ; il ne dit ni dans sa cité ni dans la cité de Dieu, mais seulement dans la cité ; il est donc bien de prendre ce mot en bonne part, et d'admettre qu'il s'agit de la cité de Dieu. Ils fleurissent dans l'Église comme le foin ; mais comme un foin fertile tel que le blé ; car le blé est aussi appelé du nom de foin dans les saintes Écritures. On voit, en effet, dans la Genèse que Dieu ordonne à la terre de produire tout bois et tout foin (*Genèse*, I, 11), sans que le texte ajoute, et tout blé ; or, il n'est pas douteux que le blé ne serait pas omis si on ne devait le comprendre sous le nom générique de foin. On trouve dans les Écritures un grand nombre d'exemples pareils. Mais si l'on doit comprendre ces paroles : « Et ils fleuriront comme le foin de la terre (*Ps.*, LXXI, 16), » dans le sens de ce passage d'Isaïe : « Toute chair n'est que foin et la gloire de l'homme est comme la fleur du foin (*Isaïe*, XL, 6), » assurément il faut voir dans la cité du Prophète une figure de la société de ce siècle ; car ce n'est pas sans cause que Caïn a fondé la première ville (*Gen.*, IV, 17). Si donc le fruit du Christ est élevé au-dessus du Liban, c'est-à-dire au-dessus des arbres de longue durée et des bois incorruptibles, parce que ce fruit est éternel, toute la gloire humaine, telle que la produisent les grandeurs temporelles, est comparée à du foin, parce que ceux qui croient à la vie éternelle et qui l'espèrent n'ont que du mépris pour la félicité temporelle, afin que s'accomplissent ces paroles du Prophète : « Toute chair n'est que foin, et toute gloire de la chair est comme la fleur du foin ; le foin s'est desséché, la fleur est tombée, mais la parole du Seigneur demeure éternellement (*Isaïe*, XL, 6, 8). » C'est là ce fruit du Christ, élevé au-dessus du Liban. En effet, la chair n'a jamais été que foin et la gloire de la chair comme la fleur du foin ; mais comme

---

Psalmis de me (*Lucæ*, XXIV, 44) : » id est, « in summis montium. » Sic enim venit in novissimis temporibus manifestus mons Domini, paratus in cacumine montium (*Isai*, II, 2) : quod hic ait, « in summis montium.» « Superextollatur super Libanum fructus ejus. » Libanum solemus accipere veluti hujus sæculi dignitatem ; quoniam mons est Libanus excelsas arbores habens, et nomen ipsum interpretatur candidatio. Quid enim mirum, si super hujus sæculi præclarum omne fastigium fructus superextollitur Christi, cujus fructus dilectores omnia sæcularia culmina contemserunt ? Si autem in bono accipimus Libanum ; propter cedros Libani quas plantavit (*Psal.*, CIII, 16) : quis alius fructus intelligendus est, qui super hunc Libanum extollitur, nisi de quo Apostolus dicit de caritate sua locuturus, « Adhuc supereminentem viam vobis demonstro (I *Cor.*, XII, 31) ? » Hæc enim et in primo proponitur munerum divinorum, ubi ait, « Fructus autem spiritus est caritas (*Gal.*, V, 22) : » atque inde cetera utique consequentia contexuntur. « Et florebunt de civitate sicut fœnum terræ. » Quoniam ambigue posita est civitas, nec adjunctum est ejus, aut Dei, non enim dictum est, de civitate ejus, vel de civitate Dei, sed tantum : « de civitate : » in bono intelligitur, ut de civitate Dei, hoc est, de Ecclesia floreant sicut fœnum ; sed fœnum fructiferum, sicuti est frumenti : nam et hoc fœnum appellatur in sancta Scriptura ; sicut in Genesi jussum est producere terram omne lignum et omne fœnum (*Gen.*, I, 11), nec adjunctum est, omne frumentum : quod procul dubio non prætereretur nisi fœni nomine etiam hoc intelligeretur ; et in multis aliis Scripturarum locis hoc invenitur. Si autem sic accipiendum est, « Et florebunt sicut fœnum terræ, » quemadmodum dictum est, » Omnis caro fœnum, et claritas hominis sicut flos fœni (*Isai*, XL, 6) : » profecto et civitas illa intelligenda est, quæ sæculi hujus societatem significat: non enim frustra primus Cain condidit civitatem (*Gen.*, IV, 17). Exaltato itaque fructu Christi super Libanum, id est super arbores diuturnas et ligna imputribilia, quia ille fructus æternus est, omnis claritas hominis secundum temporalem sæculi celsitudinem fœno comparatur ; quoniam a credentibus et vitam æternam jam sperantibus spernitur felicitas temporalis, ut impleatur quod scri-

les hommes ne savaient pas quelle félicité ils devaient choisir et préférer, la fleur du foin était regardée comme d'un grand prix, et non-seulement elle n'était pas méprisée, mais même elle était avidement recherchée. Par conséquent, comme si l'ordre véritable s'était établi, du moment où l'on avait rejeté avec mépris tout ce qui précédemment était en honneur dans le monde, le Prophète dit : « Son fruit sera élevé au-dessus du Liban et ils fleuriront dans la cité comme le foin de la terre (*Ps.*, LXXI, 16); » c'est-à-dire : les biens qui sont promis pour l'éternité seront exaltés au-dessus de tous les autres, et tout ce qui paraît grand dans le monde sera comparé au foin de la terre.

19. « Que son nom soit donc béni dans tous les siècles ; son nom demeure dès avant le soleil (*Ibid.*, 17). » Le soleil signifie le temps ; son nom demeure donc éternellement ; car l'éternité précède le temps, et ne saurait se limiter. « Et toutes les tribus de la terre seront bénies en lui (*Ibid.*). » En effet, c'est en lui que s'accomplit la promesse faite à Abraham ; car, selon la remarque de l'Apôtre, « Dieu ne dit pas : A ceux qui naîtront, comme parlant de plusieurs, mais comme d'un seul ; et à celui qui naîtra de toi, c'est-à-dire au Christ (*Gal.*, III, 16). » Or, voici la promesse faite à Abraham : « Toutes les tribus de la terre seront bénies dans celui qui naîtra de toi (*Gen.*, XXII, 18). » Ce ne sont pas les enfants selon la chair, dit saint Paul, mais les enfants de la promesse, qui sont comptés dans la postérité (*Rom.*, IX, 0). « Toutes les nations l'exalteront (*Ps.*, LXXI, 17). » Cette dernière parole répète en l'expliquant le passage précédent. En effet, les nations l'exalteront, parce qu'elles seront bénies en lui ; elles l'exalteront, non pas en lui donnant plus de grandeur, puisqu'il est par lui-même toute grandeur, mais en le louant et en proclamant sa grandeur. C'est ainsi que nous exaltons la grandeur de Dieu, c'est ainsi également que nous disons : « Que votre nom soit sanctifié (*Matth.*, VI, 9), » bien que son nom soit toujours infiniment saint.

20. « Béni soit le Seigneur, le Dieu d'Israël, qui seul fait des prodiges (*Ps.*, LXXI, 18). » Après avoir contemplé toutes les merveilles qu'il vient de rapporter, le Prophète, dans son enthousiasme, chante un hymne et bénit le Seigneur Dieu d'Israël. C'est l'accomplissement de la prophétie donnée à cette femme stérile : « Et celui qui t'a délivré, le Dieu d'Israël, sera nommé le Seigneur de toute la terre (*Isaïe*, LIV, 5). » « Seul il accomplit des prodiges (*Ps.*, LXXI, 18); » parce que seul il est l'auteur des prodiges accomplis par les autres. « Seul il accomplit des prodiges (*Ibid.*). »

21. « Que son nom de gloire soit béni dans

---

ptum est. « Omnis caro fœnum, et omnis claritas carnis ut flos fœni ; fœnum aruit, flos decidit, verbum autem Domini manet in æternum (*Isai*, XL, 6 et seq.). » Ibi est fructus ejus exaltatus super Libanum. Semper enim caro fœnum fuit, et claritas carnis ut flos fœni : sed quia non demonstrabatur quæ fuerat eligenda et præponenda felicitas, flos fœni pro magno habebatur : nec solum minime contemnebatur, sed etiam maxime appetebatur. Quasi ergo tunc ita esse cœperit, quando (a) aversum est atque contemptum quidquid florebat in sæculo, ita dictum est, « Superextolletur super Libanum fructus ejus, et florebunt de civitate sicut fœnum terræ : » id est, diffamabitur super omnia quod in æternum promittitur, et comparabitur fœno terræ quidquid pro magno habetur in sæculo.

19. « Sit ergo nomen ejus benedictum in sæcula : ante solem permanet nomen ejus (*Ps.*, LXXI, 17). » Per solem tempora significata sunt. Ergo in æternum permanet nomen ejus. Æternum enim antecedit tempora, nec clauditur tempore. « Et benedicentur in ipso omnes tribus terræ. » In ipso quippe impletur quod promissum est Abrahæ. « Non enim dicit, In seminibus, tamquam in multis ; sed tamquam in uno, Et semini tuo, quod est Christus (*Gal.*, III, 16). » Abrahæ autem dicitur, « In semine tuo benedicentur omnes tribus terræ (*Gen.*, XXII, 18). » Neque filii carnis, sed filii promissionis deputantur in semine (*Rom.*, IX, 8). « Omnes gentes magnificabunt eum. » Tamquam exponendo repetitum est quod supra dictum est. Quia enim benedicentur in eo, magnificabunt eum : non ipsi faciendo ut magnus sit, qui per seipsum magnus est ; sed laudando et magnum fatendo. Sic enim magnificamus Deum : sic etiam dicimus, « Sanctificetur nomen tuum (*Matth.*, VI, 9), » quod semper utique sanctum est.

20. « Benedictus Dominus Deus Israel, qui facit mirabilia solus (*Psal.*, LXXI, 18). » Consideratis omnibus supra dictis eructatur hymnus, et benedicitur Dominus Deus Israel. Impletur enim quod ad

---

(a) Er, et MSS. *animadversum.*

l'éternité et dans les siècles des siècles (*Ibid.*, 19). » Les interprètes latins pouvaient-ils s'exprimer autrement que par ces mots : *In æternum et in seculum seculi*, puisqu'ils ne pouvaient dire : *in æterum et in æternum æterni*, dans l'éternité et dans l'éternité de l'éternité?» Il semblerait, en effet, que « dans l'éternité » voulut dire autre chose que : « dans les siècles des siècles:»mais le grec porte: εἰς τὸν αἰῶνα, καὶ εἰς τὸν αἰῶνα τοῦ αἰῶνος, ce qu'il vaudrait peut-être mieux traduire ainsi : pendant le siècle et pendant le siècle du siècle. Pendant le siècle signifierait tout le temps que durera le siècle présent, et pendant le siècle du siècle signifierait le siècle qui nous est promis et qui doit venir après le premier. « Et toute la terre sera remplie de sa gloire; ainsi-soit-il! » Vous l'avez ordonné, Seigneur, et il en est ainsi. Il en est ainsi jusqu'à ce que le royaume qui a commencé au fleuve s'étende aux extrémités du globe terrestre.

illam sterilem dictum est, Et qui cruit te, ipse Deus Israël universæ terræ vocabitur (*Isai*, LIV, 5). Ipse « facit mirabilia solus : » quoniam quicumque faciunt, ipse in eis operatur, « qui facit mirabilia solus. »

21. « Et benedictum nomen (*a*) gloriæ ejus in æternum, et in sæculum sæculi (*Psal.*, LXXII, 19). » Quid aliud Latini interpretes dicerent, qui non possent dicere, in æternum et in æternum æterni? Quasi enim aliud dictum sit, « in æternum, » et aliud « in sæculum, » ita sonat : sed Græcus habet, εἰς τὸν αἰῶνα καὶ εἰς τὸν αἰῶνα τοῦ αἰῶνος, quod forte commodius diceretur, in sæculum et in sæculum sæculi : ut in sæculum intelligeretur, quantum hoc sæculum durat; in sæculum autem sæculi, quod post hujus finem futurum promittitur. « Et replebitur gloria ejus omnis terra : fiat, fiat. » Jussisti Domine, ita fit : ita fit, donec illud quod cœpit a flumine, perveniat omnino usque ad terminos orbis terræ.

(*a*) Plures e vetustioribus. MSS. *majestatis ejus*.

DISCOURS[1] SUR LE PSAUME LXXII.

1. Écoutez, écoutez, très-chères entrailles du corps du Christ, vous dont le Seigneur est l'espérance, et qui n'arrêtez pas les yeux sur les vanités et les folies mensongères (*Ps.*, XXXIX, 5); et vous aussi qui les regardez encore avec plaisir, écoutez, afin de ne plus les convoiter. Notre Psaume a pour inscription, c'est-à-dire pour titre, ces paroles : «Ont cessé les hymnes de David, fils de Jessé. Psaume d'Asaph pour lui-même (*Ps.*, LXXII, 1). » Tandis que nous avons tant de psaumes où est écrit le nom de David, il n'y a que celui-ci où il soit ajouté : « fils de

IN PSALMUM LXXIII.

ENARRATIO.

1. Audite, audite dilectissima viscera corporis Christi, quorum spes Dominus Deus vester est, et non respicitis in vanitates et insanias mendaces (*Psal.*, XXXIX, 5) : et qui adhuc respicitis, audite ne respiciatis. Psalmus iste inscriptionem habet, id est titulum, (*b*) « Defecerunt hymni David, filii Jesse (*Psal.*, LXXI, 20) : Psalmus ipsi Asaph (*Psal.*, LXXII, 1). » Tot habemus Psalmos, in quorum titulis scriptum est nomen David, nusquam est additum « filii Jesse, » nisi in hoc solo. Quod credendum est non

(1) Discours au peuple, prononcé peut-être l'an 411, en la vigile de saint Cyprien, d'après la lettre 140, à Honorat, c. 5, n. 13.

(*b*) In editione Bibliorum Vulgata ad superioris Psalmi finem pertinet iste versiculus, *Defecerunt hymni David, filii Jesse* : quem Ambrosius cum Augustino similiter accepit pro titulo hujus Psalmi LXXII.

Jessé (1). » Il y a lieu de croire que cela n'a pas été fait sans motif ni sans utilité pour nous. Chaque chose est en effet comme un signe par lequel Dieu nous provoque, et par lequel il excite le pieux zèle de notre amour à comprendre sa pensée. Les hymnes sont des louanges de Dieu, destinées à être chantées ; en d'autres termes, les hymnes sont des chants qui contiennent les louanges de Dieu. Aucune louange, si elle n'est la louange de Dieu n'est un hymne ; aucune louange, fût-elle la louange de Dieu, si elle n'est pas chantée, n'est un hymne. Il faut donc, pour un hymne, ces trois conditions : une louange, une louange de Dieu et une louange chantée. Que veut donc dire : « Les hymnes ont cessé ? » Les louanges chantées en l'honneur de Dieu ont cessé. Il semble que c'est là une annonce fâcheuse et désolante. En effet celui qui chante des louanges ne loue pas seulement, mais il loue dans la joie : celui qui chante des louanges ne chante pas seulement, mais il aime celui qu'il chante. La louange est une glorification que donne celui qui parle ; le chant d'une louange est l'effusion de son amour. « Les hymnes de David ont donc cessé, » dit le Psaume, et aussitôt il ajoute : « de David fils de Jessé (*Ibid.*). » En effet, à une époque du Testament ancien, alors que le nouveau y était renfermé comme le fruit dans sa racine, David, fils de Jessé, était roi d'Israël (I *Rois*, XVI, 18). Si vous cherchez le fruit dans sa racine, vous ne l'y trouverez pas, et cependant, vous ne trouverez sur les branches aucun fruit qui ne vienne de la racine. Dans ce temps là donc, vivait un premier peuple sorti de la race d'Abraham selon la chair ; car le second peuple, objet de la nouvelle alliance, descend aussi d'Abraham, mais selon l'esprit. Ce premier peuple encore charnel, où quelques Prophètes seulement avaient l'intelligence des desseins de Dieu et du moment où il convenait de les annoncer publiquement, eut révélation par ces mêmes Prophètes des temps à venir et de l'avènement de Notre Seigneur Jésus-Christ. Et de même que le Christ lui-même, qui devait naître selon la chair, était caché, comme dans sa racine, dans la race des Patriarches, et devait un jour se manifester comme le fruit lorsqu'il paraît, selon les paroles d'Isaïe : « un rejeton a fleuri, sortant de la racine de Jessé (*Isaïe*, XI, 1) ; » de même le nouveau Testament, qui était caché en Jésus-Christ dans les premiers temps, n'était connu que des Prophètes et de quelques hommes pieux, non qu'il fût manifesté pour le présent, mais seulement révélé pour l'avenir. Car, que signifie,

---

frustra factum, neque inaniter. Ubique enim nobis innuit Deus, et ad intellectum vocat pium studium caritatis. Quid est, « Defecerunt hymni David, filii Jesse ? » Hymni laudes sunt Dei cum cantico : hymni cantus sunt continentes laudem Dei. Si sit laus, et non sit Dei, non est hymnus : si sit laus, et Dei laus, et non cantetur, non est hymnus. Oportet ergo ut si sit hymnus, habeat hæc tria, et laudem, et Dei, et canticum. Quid est ergo, « Defecerunt hymni ? » Defecerunt laudes quæ cantantur in Deum. Molestam rem et quasi luctuosam videtur nuntiare. Qui enim cantat laudem, non solum laudat, sed etiam hilariter laudat : qui cantat laudem, non solum cantat, sed et amat cum quem cantat. In laude confitentis est prædicatio, in cantico amantis affectio. « Defecerunt ergo hymni David, » ait : et addidit, « filii Jesse. » Erat enim David rex Israël, filius Jesse, tempore quodam veteris Testamenti (I *Reg.*, XVI, 18) : quo tempore novum Testamentum occultatum ibi erat, tamquam fructus in radice. Si enim quæras fructum in radice, non invenies ; nec tamen invenis in ramis fructum, nisi qui de radice processerit. Illo ergo tempore populo primo venienti ex semine Abrahæ carnaliter ; nam et populus secundus pertinens ad novum Testamentum, ad semen Abrahæ pertinet, sed jam spiritualiter : illi ergo populo primo adhuc carnali, ubi pauci Prophetæ intelligebant et quid desideraretur a Deo, et quando haberet publice prædicari, prænuntiaverunt futura hæc tempora, et adventum Domini nostri Jesu Christi. Et quemadmodum Christus ipse secundum carnem nasciturus, in radice erat occultus in semine Patriarcharum, et quodam tempore revelandus tamquam fructu apparente, sicut scriptum est, « Floruit virga de radice Jesse (*Isai*, XI, 1) : » sic etiam ipsum novum Testamentum, quod in Christo est, prioribus illis temporibus occultum erat, solis Prophetis cognitum, et paucissimis piis, non ex manifestatione præsentium, sed ex revelatione futurorum. Nam quid sibi vult, Fratres, ut unum quiddam comme-

---

(1) Dans la Vulgate, le verset : « Ont cessé les hymnes de David, fils de Jessé, » termine le Psaume LXXI; saint Ambroise et saint Augustin l'ont regardé comme le titre du Psaume LXXII.

mes frères, ce fait que je veux vous rappeler comme un exemple entre tous, qu'Abraham, envoyant son fidèle serviteur, pour chercher une épouse à son fils unique, voulut qu'il s'engageât par serment, et lui dit d'abord : « Placez votre main sous ma cuisse et jurez (*Genèse*, XXIV, 2). » Qu'y avait-il dans cet acte qui pût sanctionner son serment ? quel symbole y était caché, si ce n'est celui de la promesse faite à Abraham : « Toutes les nations seront bénies dans celui qui naîtra de vous (*Id.*, XXII, 18) ? » La cuisse représentait la chair, et de cette chair d'Abraham, par Isaac, par Jacob, et pour couper court, par Marie, est sorti Notre Seigneur Jésus-Christ.

2. Mais comment prouverons-nous que la racine du Christ était cachée dans les Patriarches ? interrogeons Paul. Lorsque les Gentils qui croyaient déjà au Christ semblaient vouloir s'élever avec orgueil contre les Juifs qui avaient crucifié le Christ, tandis que le peuple juif formait l'un des deux murs qui se relie dans l'angle, c'est-à-dire dans le Christ, avec un autre mur formé des incirconcis, c'est-à-dire des Gentils, Paul réprima en ces termes la vanité des nations : « Si vous, qui n'étiez qu'un rameau d'olivier sauvage, avez été greffé sur les branches du peuple juif, gardez-vous de vous glorifier à l'encontre de ces branches. Car, si vous vous glorifiez, sachez que vous ne portez pas la racine, mais que la racine vous porte (*Rom.*, XI, 17). » Il reconnaît donc que certains rameaux ont été coupés, à cause de leur infidélité, de dessus la racine des Patriarches, et que l'olivier sauvage, c'est-à-dire l'Église venant des Gentils, a été enté en leur place, pour participer à la graisse de l'olivier. Et qui a greffé l'olivier sauvage sur l'olivier fertile ? Chaque jour on greffe l'olivier fertile sur l'olivier sauvage ; nous n'avons jamais vu l'olivier sauvage greffé sur l'olivier fertile. Celui qui le ferait ne récolterait jamais sur un tel arbre que des olives sauvages. Car c'est le rameau inséré à l'aide de la greffe qui croît et qui donne son fruit. Ce n'est plus le fruit de la racine, mais celui de la greffe que porte l'arbre. L'Apôtre démontre que c'est par la Toute-Puissance de Dieu, que l'olivier sauvage, enté sur la racine de l'olivier fertile, porte, non des olives sauvages, mais de bonnes olives ; et rapportant une telle merveille à cette puissance infinie, il dit : « Si vous avez été coupé de dessus l'olivier sauvage, votre tige naturelle, et enté contre nature sur l'olivier fertile (*Ibid.*, 24), gardez-vous de vous glorifier aux dépens des rameaux que vous remplacez (*Ibid.*, 18). Mais, direz-vous, les rameaux ont été brisés pour que je fusse enté. Très-bien ; c'est à cause de leur incrédulité qu'ils ont été rompus ; vous, au contraire, demeurez ferme par votre foi, ne cher-

---

morem, quod Abraham mittens servum suum fidelem ad desponsandam uxorem unico filio suo, facit eum jurare sibi, et in juramento dicit ei, « Pone manum sub femore meo, et jura (*Gen.*, XXIV, 2) ? » Quid erat in femore Abrahæ, ubi ille manum posuit jurans? Quid ibi erat, nisi quod et tunc ei promissum est, « In semine tuo benedicentur omnes gentes (*Gen.*, XXII, 18) ? » Femoris nomine caro significabatur. De carne Abrahæ, per Isaac et Jacob, et ne multa commemoremus, per Mariam Dominus noster Jesus Christus.

2. Quia vero radix erat in Patriarchis, unde ostendemus ? Paulum interrogemus. Gentes jam credentes in Christum, et quasi superbire cupientes contra Judæos qui crucifixerunt Christum ; cum et de ipso populo venerit alius paries, occurens in angulo, id est, in ipso Christo, de diverso venienti parieti præputii, id est, Gentium : cum ergo erigerent se gentes, sic illas reprimit : « Si enim tu, inquit, ex naturali incisus oleastro, insertus es in illis, noli gloriari adversus ramos : nam si gloriaris, non tu radicem portas, sed radix te (*Rom.*, XI, 17, etc.). » Ergo de radice Patriarcharum dicit fractos quosdam ramos propter infidelitatem, et insertum ibi oleastrum, ut esset particeps pinguedinis olivæ, id est, Ecclesiam ex Gentibus venientem. Et quis inserit oleastrum in oliva ? Oliva solet in oleastro, oleastrum in oliva numquam vidimus. Nam quisquis fecerit, non inveniet baccas nisi oleastri. Quod enim inseritur, hoc crescit, et ejus rei fructus invenitur. Invenitur non radicis fructus, sed surculi. Hoc ostendens Apostolus omnipotentia sua Deum fecisse, ut oleaster in radicem olivæ insereretur, et non baccas silvestres, sed olivam daret, ad omnipotentiam Dei revocans hoc Apostolus ait, « Si tu ex naturali incisus es oleastro, et contra naturam insertus es in (*a*) bonam

(*a*) Vox, *bonam*, abest a MSS.

chez pas à vous élever, mais craignez (*Ibid.,* 19). » Que veut dire : « Ne cherchez pas à vous élever? » Gardez-vous de vous enorgueillir, parce que vous avez été enté sur l'olivier fertile ; mais craignez d'être brisé en raison de votre infidélité, comme eux-mêmes ont été brisés. « Ils ont été brisés, dit l'Apôtre, à cause de leur incrédulité ; vous, au contraire, demeurez ferme par votre foi ; ne cherchez pas à vous élever, mais craignez, car si Dieu n'a pas épargné les rameaux naturels il ne vous épargnera pas non plus (*Ibid.,* 20 et 21). » A ces paroles succède un autre passage, renfermant un avis des plus utiles et des plus importants, qu'il vous faut entendre tout entier : « Vous voyez donc la bonté et la sévérité de Dieu : sa sévérité, en ceux qui ont été brisés ; sa bonté, en vous qui avez été inséré à leur place, pourvu toutefois que vous méritiez de rester l'objet de cette bonté, autrement, (c'est-à-dire si vous cessiez de mériter les témoignages de cette bonté,) vous seriez aussi retranché ; comme eux-mêmes, s'ils sortent de leur infidélité, seront entés de nouveau sur le bon arbre (*Ibid.,* 22 et 23). »

3. Aux temps de l'Ancien Testament, mes frères, les promesses de notre Dieu à ce peuple charnel étaient terrestres et temporelles. Ils avaient reçu la promesse d'un royaume terrestre ; ils avaient reçu la promesse de cette terre dans laquelle ils furent conduits après leur délivrance de l'Égypte. Josué, fils de Navé, les introduisit dans la terre promise, où fut bâtie la Jérusalem terrestre, dans laquelle David a régné. Ils possédèrent cette terre, après leur délivrance de l'Égypte, et leur passage de la Mer rouge ; ils possédèrent cette terre, ils possédèrent ce royaume, après avoir erré dans les détours du désert. Puis, à peine en possession de ce royaume, comme ils n'avaient reçu qu'un bien terrestre, ils commencèrent, en raison de leurs iniquités, à être attaqués, à être vaincus, à être entraînés en captivité, jusqu'à ce qu'enfin leur ville elle-même fût détruite de fond en comble. Telles étaient les promesses qui ne devaient pas durer toujours, mais qui figuraient les promesses à venir qui doivent durer toujours ; de sorte que tout le temps qui s'écoula pendant l'accomplissement de ces promesses temporelles ne fut qu'une figure et comme une prophétie du temps à venir. Ce royaume devait donc cesser, ce royaume sur lequel régnait David, fils de Jessé, c'est-à-dire un homme, bien qu'il fût un Prophète, bien qu'il fût un Saint, puisqu'il voyait et prévoyait l'avènement du Christ, qui devait naître de sa race selon la chair : il n'était cependant qu'un homme, il n'était cependant pas

---

olivam, noli gloriari, inquit, adversus ramos (*Ibid.,* 24 et 18). » Sed dicis, ait, « Fracti sunt rami, ut ego inserar. Bene ; propter incredulitatem fracti sunt : tu autem fide (*a*) sta ; noli altum sapere, sed time (*Ibid.,* 19, etc.). » Quid enim est, Noli altum sapere? Noli superbire, quia insertus es ; sed time ne frangaris per infidelitatem, sicut illi fracti sunt. « Propter infidelitatem, inquit, fracti sunt : tu autem fide sta ; noli altum sapere, sed time. Nam si Deus naturalibus ramis non pepercit, neque tibi parcet (*Ibid.,* xx, 21). » Et sequitur bonus locus, et necessarius, et totus audiendus : « Vides ergo, inquit, bonitatem et severitatem Dei : in eos quidem qui fracti sunt, severitatem ; in te autem qui insertus es, bonitatem, si permanseris in bonitate. Alioquin (id est, si non permanseris in bonitate), et tu excideris ; et illi (si non permanserint in infidelitate), inserentur (*Ibid.,* 22 et 23). »

3. Tempore igitur veteris Testamenti, Fratres, promissiones a Deo nostro populo illi carnali terrenæ erant et temporales. Promissum est regnum Merrenum, promissa est terra illa, in quam etiam inducti sunt ab Ægypto liberati : per Jesum Nave introducti sunt in terram promissionis, ubi etiam Jerusalem terrena ædificata est, ubi regnavit David : acceperunt terram, liberati ex Ægypto, transeuntes per rubrum mare ; finitis anfractibus (*b*) et erroribus solitudinum, acceperunt terram, acceperunt regnum : deinde post regnum acceptum, quia terrena acceperant, cœperunt merito peccatorum suorum oppugnari, expugnari, captivari ; ad extremum eversa est et ipsa civitas. Tales erant et illæ promissiones non perseveraturæ, per quas tamen figurarentur futuræ promissiones perseveraturæ, ut illæ omnis decursus temporalium promissionum figura esset et quædam prophetia futurorum. Itaque cum illud regnum deficeret, ubi regnavit David filius Jesse, id est, homo quidam, etsi Propheta, etsi san-

(*a*) Unus MS. *fide stas.* (*b*) Sic tres MSS. Alii cum editis, *ac terroribus.*

encore le Christ, il n'était cependant pas encore notre roi, le Fils de Dieu, mais seulement le roi David, fils de Jessé. Ce royaume devait donc cesser ; et pourtant ce n'était qu'en vue de ce royaume que Dieu était alors loué par des hommes charnels. Car ils ne regardaient comme grands que les souvenirs du passé : leur délivrance temporelle des mains de leurs oppresseurs, la manière dont ils avaient franchi la mer Rouge et échappé à la poursuite de leurs ennemis, la protection que Dieu leur avait accordée dans le désert, jusqu'à ce qu'ils eussent trouvé une patrie et un royaume. Voilà les seuls bienfaits dont ils louaient Dieu, parce qu'ils ne comprenaient pas ce que Dieu avait caché et promis sous ces figures. Au moment donc où périrent ces biens pour lesquels Dieu était loué par ce peuple charnel, sur qui régna David, « Les hymnes de David ont cessé (*Ps.*, LXXII, 1), » non les hymnes de David, Fils de Dieu, mais « de David, fils de Jessé (*Ibid.*) » Voici que nous avons franchi, comme il a plu au Seigneur, le passage dangereux du titre de ce Psaume ; vous savez maintenant pourquoi il a été dit que « les hymnes de David, fils de Jessé, ont cessé (*Ibid.*). »

4. Quelle est la voix qui parle dans ce psaume ? celle « d'Asaph (*Ibid.*). » Qu'est-ce qu'Asaph ? D'après l'interprétation qui nous est donnée de ce mot, de l'hébreu en grec et du grec en latin, Asaph veut dire : « synagogue. » C'est donc la voix de la synagogue. Mais, sur ce nom de la synagogue, n'allez pas la détester aussitôt comme ayant ayant mis à mort le Seigneur. La synagogue, en effet, a mis à mort le Seigneur, nul n'en doute ; mais souvenez-vous qu'à cette synagogue appartenaient les béliers, dont nous sommes les enfants. C'est pourquoi, dans un autre psaume, il est dit : « Amenez au Seigneur les enfants des béliers (*Ps.*, XXVIII, 1). » Quels sont ces béliers ? Pierre, Jean, Jacques, André, Barthélemy et les autres Apôtres. C'est d'elle aussi qu'est sorti celui qui fut d'abord, Saul, et ensuite Paul, c'est-à-dire, d'abord orgueilleux, puis humble. Car vous savez que Saül, du nom duquel a été formé celui de Saul, était un roi superbe et ennemi de tout frein. Ce n'est donc point comme par jactance que l'Apôtre a changé de nom, mais, de Saul qu'il était, il est devenu Paul, c'est-à-dire de superbe, petit. En effet, qui dit Paulum ou Paul dit peu ou petit. Voulez-vous savoir ce qu'était Saul ? Écoutez Paul lui-même, disant ce qu'il était par sa propre malice, et ce qu'il est devenu par la grâce de Dieu : « J'ai été d'abord, dit-il, un blasphémateur, un persécuteur, un outrageux calomniateur (I *Tim.*, I, 13). » Voilà Saul ; voici Paul : « Je suis, dit-il, le moindre des Apôtres. » Que veut dire je suis le moindre, si ce n'est que je suis peu ou Paul ? Et il continue : « Je ne suis

---

ctus, quia videbat et prævidebat Christum venturum, de cujus semine etiam secundum carnem nasciturus erat : tamen homo, tamen nondum Christus, tamen nondum rex noster filius Dei, sed rex David filius Jesse : quia ergo defecturum erat illud regnum, per quod regnum acceptum laudabatur tunc Deus a carnalibus ; hoc solum enim pro magno habebant, quia liberati erant temporaliter ab his a quibus opprimebantur, et evaserant hostes persequentes, per mare rubrum, et ducti erant per solitudinem, et invenerant patriam et regnum : hinc solum laudabant Deum, nondum intelligentes quid in illis figuris præsignaret et promitteret Deus. Deficientibus ergo rebus pro quibus laudabat Deum populus carnalis, cui regnavit ille David, « defecerunt hymni David, » non filii Dei, sed « filii Jesse. » Periculosum locum tituli Psalmi præsentis, sicut Dominus voluit, prætervecti sumus : accepistis quare dictum sit, « Defecerunt hymni David filii Jesse. »

(*a*) Regius MS. *Psalmi.*

4. Cujus vox est (*a*) Psalmus ? « Asaph (*Psal.*, LXXII, 1). » Quid est Asaph ? Sicut invenimus in interpretationibus ex lingua Hebræa in Græcam, et ex Græca nobis in Latinam translatis, Asaph synagoga interpretatur. Vox est ergo synagogæ. Sed tu cum audieris synagogam, noli continuo detestari quasi interfectricem Domini. Erat quidem illa synagoga interfectrix Domini, nemo dubitat : sed memento de synagoga fuisse arietes, quorum filii sumus. Unde dicitur in Psalmo, « Afferte Domino filios arietum (*Psal.*, XXVIII, 1), » Qui inde arietes ? Petrus, Johannes, Jacobus, Andreas, Bartholomæus, et ceteri Apostoli. Hinc et ipse primo Saulus, postea Paulus : id est, primo superbus, postea humilis. Soül enim, unde dictum est nomen Sauli, nostis quia rex superbus et infrænis fuit. Non quasi jactantia aliqua nomen sibi mutavit Apostolus : sed ex Saulo factus est Paulus, ex superbo modicus. Paulum enim modicum est. Vis nosse quid sit Saulus ?

pas digne du nom d'Apôtre. » Pourquoi ? Parce que j'ai été Saul. Que veut dire : J'ai été Saul ? Qu'il le dise lui-même : « Parce que j'ai persécuté l'Église de Dieu ; mais, par la grâce de Dieu, je suis devenu ce que je suis (I *Cor.*, xv, 9, 10). » Il s'est ôté lui-même toute sa grandeur ; il est tout petit en lui et grand dans le Christ. Et que dit ce Paul sur le sujet qui nous occupe ? « Dieu n'a pas rejeté son peuple (il veut parler du peuple de Dieu sorti des Juifs), qu'il a connu dans sa prescience ; car je suis moi-même un Israélite, de la race d'Abraham, de la tribu de Benjamin (*Rom.*, xi, 2, 1). » Ainsi Paul nous est venu de la synagogue ; Pierre et les autres Apôtres sont sortis de la synagogue. C'est pourquoi, en entendant la voix de la synagogue, ne vous attachez pas à son mérite personnel, mais considérez quels sont ceux qu'elle a enfantés. C'est donc la synagogue qui parle dans ce psaume, au moment où cessent les hymnes de David, fils de Jessé ; c'est-à-dire au moment où cessent les choses temporelles, pour lesquelles ce peuple charnel avait coutume de louer Dieu. Mais pourquoi ont-elles disparu, si ce n'est pour qu'on en cherchât d'autres ? Et quelles autres choses chercher ? des choses que les premières ne renfermaient pas ? Non : mais des choses qui y étaient cachées sous des figures ; non des choses qui n'étaient point encore dans les premières, mais des choses qui y étaient contenues comme dans la racine, par les mystères qu'elles renfermaient. Quelles choses donc ? Celles, comme parle l'Apôtre, qui furent nos propres figures (I *Cor.*, x, 6).

5. Considérons-les un instant ces figures sous lesquelles nous étions autrefois désignés. Le peuple d'Israël a été sous la domination de Pharaon et des Égyptiens (*Exode*, i, 10) ; le peuple chrétien, prédestiné par Dieu à la foi, avant qu'il la possédât, était l'esclave des démons et du diable, leur prince. Voilà le peuple subjugué par les Égyptiens et esclave de ses propres péchés ; car le démon ne peut nous dominer que par nos péchés. Le peuple d'Israël est délivré des Égyptiens par Moïse ; le peuple chrétien est délivré de son ancienne vie de péchés par Notre Seigneur Jésus-Christ. Le peuple d'Israël passe par les eaux de la mer Rouge, le peuple chrétien par le baptême. Tous les ennemis du peuple d'Israël meurent submergés dans la mer Rouge (*Id.*, xiv, 22, 23) ; tous nos péchés meurent dans le baptême. Remarquez ceci, mes frères : après le passage de la mer Rouge, le peuple d'Israël n'obtient pas immédiatement une patrie et ne triomphe pas avec sécurité, comme s'il n'avait plus d'ennemis ; mais il lui reste à surmonter la solitude du désert, il lui reste à vaincre les ennemis qui lui tendent des embûches sur sa route ; de même, après le baptême, la vie chré-

---

Ipsum audi jam Paulum recordantem quid fuerit per malitiam suam, et quid jam sit per gratiam Dei : audi quomodo fuerit Saulus, et quomodo sit Paulus : « Qui fui, inquit, prius blasphemus et persecutor et injuriosus (I *Tim.*, i, 13). » Audisti Saulum, audi et Paulum : « Ego enim sum, inquit, minimus Apostolorum (I *Cor.*, xv, 9). » Quid est minimus, nisi ego sum Paulus? Et sequitur, « Qui non sum dignus vocari Apostolus. » Quare ? Quia fui Saulus. Quid est, fui Saulus? Ipse dicat, « Quia persecutus sum, inquit, Ecclesiam Dei : sed gratia Dei, ait, sum quod sum (*Ibid.*, 10). » Abstulit sibi omnem granditatem suam, minimus jam in se, grandis in Christo. Et iste Paulus quid dicit? « Non repulit Deus plebem suam (de plebe ex Judæis veniente), plebem suam, inquit, quam præscivit (*Rom.*, xi, 1 et 2). » Nam et ego Israëlita sum ex semine Abraham, tribu Benjamin. Ergo et Paulus nobis de synagoga, et Petrus et alii Apostoli de synagoga. Itaque cum (c) audieris vocem synagogæ, noli adtendere meritum, sed intende partum. Loquitur ergo in hoc Psalmo synagoga, deficientibus hymnis David filii Jesse : id est, deficientibus rebus temporalibus, per quas solebat a carnali populo laudari Deus. Quare autem illæ defecerunt, nisi ut aliæ quærerentur ? Ut quærerentur quæ ? quæ ibi non erant ? Non, sed quæ ibi tegebantur figuris : sed ibi tamquam in radice occultabantur quibusdam secretis mysteriorum. Quæ ? « Hæc, inquit, ipse Apostolus, figuræ nostræ fuerunt (I *Cor.*, x, 6). »

5. Et adtendite jam breviter ipsam figuram nostram : Populus Israël sub Pharaonis et Ægyptiorum dominatione (*Exodi*, i, 10) : populus Christianus ante fidem prædestinatus jam Deo, et adhuc serviens dæmonibus et diabolo principi eorum : ecce populus subjugatus Ægyptiis, serviens peccatis suis. Non enim nisi per peccata nostra potest diabolus dominari. Liberatur populus ab Ægyptiis per Moysen : liberatur populus a præterita vita peccatorum per Dominum nostrum Jesum Christum. Transit populus ille per

---

(a) Sic MSS. At editi, *cum audis veteris vocem synagogæ.*

tienne reste entourée de tentations. Dans le désert, les Israélites soupirent après la patrie promise ; les chrétiens soupirent-ils après autre chose, lorsque le baptême les a purifiés ? Règnent-ils déjà avec le Christ ? Nous ne sommes pas encore arrivés à notre terre promise ; à cette terre qui ne peut venir à manquer, parce que là les hymnes de David ne cesseront pas. Que tous les fidèles entendent ces paroles, qu'ils sachent bien où ils sont : ils sont dans le désert, ils soupirent après la patrie. Leurs ennemis sont morts dans le baptême, mais seulement ceux qui les poursuivaient par derrière. Que veut dire qui les poursuivaient par derrière ? Nous avons devant nous ce qui est à venir, derrière nous ce qui est passé. Tous nos péchés ont été effacés par le baptême, ceux que nous sommes tentés de commettre ne nous suivent point par derrière, mais ils nous tendent des embûches sur la route. C'est pourquoi l'Apôtre, encore voyageur dans le désert de cette vie, nous dit : « Oubliant ce qui est derrière moi, m'élançant vers ce qui est devant moi, je tends au terme, à la palme de la vocation céleste qui me vient de Dieu (*Philipp.*, III, 13, 14). » C'est comme s'il disait : je tends à la patrie céleste promise par Dieu. Or, mes frères, tout ce que le peuple d'Israël a souffert dans le désert, et tous les dons qu'il a reçus de Dieu, quels que soient ces châtiments, et quels que soient ces dons, sont des figures de ce que nous recevons pour consolation et de ce que nous souffrons pour épreuve, tandis que nous marchons en Jésus-Christ dans le désert de cette vie, en cherchant notre patrie. Il n'est donc pas étonnant que ce qui n'était qu'une figure de l'avenir ait cessé. Car le peuple d'Israël a été conduit dans la terre promise ; mais devait-elle durer éternellement ? Si cela eût été, elle n'eût pas été une figure, mais la réalité. Or, comme elle n'était qu'une figure, ce peuple a été conduit vers un bien temporel. S'il a été conduit vers un bien temporel, ce bien devait venir à manquer, et, par cela qu'il manquerait, forcer les Juifs à chercher un bien qui ne pût jamais manquer.

6. La synagogue était donc la réunion de ceux qui adoraient Dieu avec piété, mais en vue des choses de la terre, en vue des biens présents. En effet, il est des impies qui demandent aux démons ces biens terrestres ; mais le peuple juif était préférable aux Gentils, parce que, tout en cherchant des biens présents et temporels, du moins il les demandait uniquement au Dieu créateur de toutes choses, tant spirituelles que corporelles. Ces hommes pieux selon la chair, ou cette synagogue composée d'hommes vertueux, mais vertueux selon le temps, et non spirituels comme l'étaient les Prophètes et un petit nombre

---

mare rubrum (*Exodi*, xiv, 22, 23, etc.) : iste per baptismum. Moriuntur in mari rubro omnes inimici populi illius : moriuntur in baptismo omnia peccata nostra. Intenditi Fratres : Post mare illud rubrum non continuo patria datur, nec tamquam jam hostes desint, secure triumphatur, sed restat eremi solitudo, restant hostes insidiantes in via : sic et post baptismum restat vita Christiana in tentationibus. In illa eremo suspirabatur patriæ promissæ : quid aliud Christiani suspirant jam abluti baptismo ? Numquid jam regnant cum Christo ? Nondum ventum est ad terram promissionis nostram, sed non defecturam, non enim ibi deficient hymni David. Hoc modo audiant omnes fideles, sciant ubi sint : in eremo sunt, patriæ suspirant. Mortui sunt hostes in baptismo, sed insequente a tergo. Quid est, insequentes a tergo ? Ante faciem futura habemus, a tergo præterita : omnia præterita peccata deleta sunt in baptismo ; quibus modo tentamur, non a tergo insequuntur, sed in via insidiantur. Unde Apostolus adhuc in via hujus eremi constitutus, « Quæ retro, inquit, oblitus, in ea quæ ante sunt extentus, secundum intentionem sequor ad palmam supernæ vocationis Dei (*Philip.*, III, 13) : » tamquam diceret, ad patriam supernæ promissionis Dei. Et ibi jam, Fratres, in eremo quidquid passus est ille populus, et quidquid eis Deus largitus est, quæcumque illa flagella fuerunt, quæcumque dona, significationes sunt rerum, quas in hac solitudine hujus vitæ ambulantes in Christo, quærentes patriam, et accipimus ad consolationem, et patimur ad probationem. Non ergo mirum, quia illud defecit quod figurabat futurum. Nam perductus est populus ad patriam promissionis, numquid semper staturam ? Si hoc esset, non esset figura, sed res. Quia vero figura erat, ad temporale quiddam perductus est ille populus. Si ad temporale quiddam perductus est, oportebat ut deficeret, et defectu suo cogeretur quærere quod numquam deficeret.

6. Synagoga ergo, id est, qui Deum ibi pie colebant, sed tamen propter terrenas res, propter ista præsentia : (Sunt enim impii qui præsentium rerum bona a dæmonibus quærunt : hic autem populus

de Saints qui comprenaient le royaume céleste et éternel, ces hommes pieux remarquaient les dons qu'ils avaient reçus de Dieu et les promesses faites par Dieu à son peuple, l'abondance des choses temporelles, une patrie, une paix, un bonheur terrestres. Mais toutes ces choses n'étaient que des figures, et la synagogue, ne comprenant pas ce qui était caché sous ces figures, crut que Dieu accordait ces dons comme choses de grande valeur, et qu'il n'avait rien de mieux à donner à ceux qui l'aimaient et le servaient. Elle observa aussi et vit que des pécheurs, des impies, des blasphémateurs, des esclaves du démon, des enfants du diable, dont la vie n'était que méchanceté et orgueil, jouissaient cependant de l'abondance de ces biens terrestres, temporels, en vue desquels elle-même servait Dieu; et elle en conçut dans son cœur une détestable pensée, qui fit chanceler ses pieds et la jeta pour ainsi dire hors de la voie de Dieu. Cette pensée mauvaise était fréquente parmi le peuple de l'ancien Testament : plaise à Dieu qu'elle ne pénètre pas dans les cœurs de nos frères encore charnels, au moment où la félicité promise par le Testament nouveau leur est ouvertement prêchée ! En effet, que disait alors cette synagogue ? que disait ce peuple ? Nous servons Dieu et nous sommes châtiés, nous sommes flagellés ; les choses que nous aimons et que nous avons reçues de Dieu comme des biens précieux nous sont ravies; tandis que tels hommes, scélérats, perdus d'iniquités, orgueilleux, blasphémateurs, ennemis de toute paix, possèdent en abondance ces biens en vue desquels nous servons Dieu : c'est donc sans profit que l'on sert Dieu. Tel est le sens du Psaume : il contient les plaintes de ce peuple, défaillant et chancelant, parce qu'il voit que les biens pour lesquels il sert Dieu enrichissent des hommes qui ne le servent pas ; il chancelle, il tombe presque, et cesse pour ainsi dire avec les hymnes, parce que dans de tels cœurs les hymnes cessent. Que veut dire que, dans de tels cœurs, les hymnes cessaient? Que, parce qu'ils avaient de semblables pensées, ils ne cherchaient plus les louanges de Dieu. Comment, en effet, auraient-ils loué Dieu, puisque Dieu leur paraissait presque injuste d'accorder une si grande félicité aux impies, et d'en priver ceux qui le servaient? Dieu ne leur semblait pas être bon, et Dieu ne recevait aucune louange de la part d'hommes qui ne le trouvaient pas bon ; les hymnes avaient donc cessé dans le cœur de ceux qui ne louaient pas Dieu. Mais ensuite ce même peuple comprit quels étaient les biens que Dieu lui enseignait à chercher, en ôtant les avantages temporels à ses serviteurs pour les donner à ses ennemis, blasphémateurs et impies. Instruit par

ideo melior erat Gentibus, quod quamvis præsentia bona et temporalia, tamen ab uno Deo quærebat, qui est creator omnium et spiritalium et corporalium.) Cum ergo illi pii secundum carnem attenderent, id est, illa synagoga quæ erat in bonis, pro (a) tempore bonis, non spiritalibus, quales erant ibi Prophetæ, quales pauci intellectores regni cœlestis, æterni : ergo illa synagoga animadvertit quæ acceperit a Deo, et quæ promiserit Deus populo illi, abundantiam rerum terrenarum, patriam, pacem, felicitatem terrenam : sed in his omnibus figuræ erant; et non intelligens quid ibi lateret in rebus figuratis, putavit hoc pro magno dare Deum, nec habere melius quod dare posset diligentibus se et servientibus sibi. Attendit, et vidit quosdam peccatores, impios, blasphemos, servos dæmonum, filios diaboli, viventes in magna nequitia et superbia, abundare rebus talibus terrenis, temporalibus, pro qualibus rebus ipsa Deo serviebat : et nata est cogitatio pessima in corde, quæ faceret nutare pedes, et prope labi a Dei via. Et ecce ista cogitatio in populo erat veteris Testamenti : utinam non sit in carnalibus fratribus nostris, cum jam aperte prædicatur felicitas novi Testamenti. Quid enim dixit illa tunc synagoga? quid dixit ille populus? Nos servimus Deo, et corripimur, flagellamur; subducuntur nobis ea quæ diligimus, et quæ pro magno a Deo acceperamus : illi autem scelerati homines nequissimi, superbi, blasphemi, inquieti, abundant omnibus rebus, propter quas nos Deo servimus : puto sine caussa servitur Deo. Hic sensus est Psalmi, deficientis populi et mutantis, dum considerat bona terrena, propter quæ serviebat Deo, abundare his qui non servirent Deo, nutat, et prope labitur, et cum hymnis illis deficit, quia in talibus cordibus hymni deficiebant. Quid est, in talibus cordibus hymni deficiebant? Quia jam talia cogitabant, Deum non laudabant. Quomodo enim laudarent Deum, quibus quasi perversus videbatur, dans impiis tantam felicitatem, et auferens eam a servientibus sibi? Non illis bonus videbatur Deus : et quibus Deus bonus non videbatur, non utique ab eis laudabatur : a quibus autem Deus non laudabatur, defe-

(a) Sic melioris notæ MSS. At editi, *pro temporalibus bonis.*

Dieu, il comprit que, au-dessus des avantages que Dieu donne aux bons et aux méchants et qu'il enlève quelquefois tant aux bons qu'aux méchants, il devait y avoir des biens qu'il réserve aux bons. Mais quoi ! réserve-t-il, en effet, quelque bien aux bons ? Que leur réserve-t-il ? Lui-même. Si je ne me trompe, nous pouvons maintenant voguer à pleines voiles dans l'explication du Psaume ; nous en avons compris le sens au nom de Dieu. Écoutez donc un pécheur repentant, qui se rappelle son erreur, quand il croyait que Dieu manque de bonté lorsqu'il donne aux méchants des biens terrestres et les ôte à ses serviteurs. Il a compris maintenant ce que Dieu réserve aux siens et, rappelant sa faute dont il se repent, il s'écrie de cette sorte.

7. « Que le Dieu d'Israël est bon ! » mais aux yeux de qui ? « Pour les hommes au cœur droit (*Ps.*, LXXII, 1). » Et qu'est-il aux yeux des pervers ? Il leur paraît pervers. C'est ainsi que le Prophète dit dans un autre psaume : « Vous serez saint avec le saint, innocent avec l'innocent, et pervers avec le pervers (*Psaume* XV, 26, 27). » Que veut dire : « vous serez pervers avec le pervers ? » Le pervers vous croira pervers. Non pas que Dieu puisse se pervertir en aucune manière : non, mille fois ; il est ce qu'il est. Mais, de même que le soleil semble inoffensif à celui qui a les yeux sains, vigoureux et forts, de même il semble qu'il lance des traits brûlants dans les yeux malades. De ces deux hommes qui le regardent, il fortifie l'un et blesse l'autre : non qu'il change de l'un à l'autre, mais parce que l'homme est changé. Ainsi, lorsque vous commencez à vous pervertir, Dieu vous paraît pervers : vous êtes changé, Dieu ne l'est pas. Ce qui est une joie pour les bons sera un châtiment pour vous. C'est au souvenir de ces pensées que le Prophète s'écrie : « Que le Dieu d'Israël est bon, pour les hommes au cœur droit ! »

8. Mais qu'est-il à vos yeux ? « Mes pieds ont été presque ébranlés (*Ps.*, LXXII 2). » Quand les pieds sont-ils ébranlés, sinon lorsque le cœur n'est pas droit ? Et pourquoi son cœur n'était-il pas droit ? Écoutez : « Mes pas ont failli me renverser (*Ibid.*). » « Presque, » a dit tout à l'heure le Prophète ; et maintenant « ont failli ; » c'est la même chose : de même, « les pieds ébranlés » présentent le même sens que « mes pas ont failli me renverser. » Mes pieds ont été presque ébranlés, mes pas ont failli me renverser. « Ses pieds ont été ébranlés ; » mais pourquoi « ses pieds ont-ils été ébranlés et ses pas ont-ils failli le renverser ? » Les pieds ébranlés signifient l'égarement ; les pas qui manquent de le renverser indiquent une chute ; non pas tout à fait,

---

cerunt in illis hymni. Postea vero populus iste intellexit quid cum admoneret Deus quaereret, cum ista temporalia subtraheret servis suis, et donaret ea inimicis suis, blasphemis, impiis : admonitus intellexit, quia præ omnibus, quæ dat Deus et bonis et malis, et aliquando aufert et bonis et malis, præ omnibus servat aliquid bonis. Quid est, servat aliquid bonis ? quid illis servat ? Seipsum. Jam quantum arbitror, curritur in Psalmo, intellectus est in nomine Domini. Audi recordantem et pænitentem qui erraverat, putando Deum non bonum, qui dat bona terrena malis, et aufert illa a servis suis. Intellexit enim quid Deus servaret servis suis, et recogitans, seque castigans erupit hoc modo :

7. « Quam bonus Deus Israël! » Sed quibus ? « Rectis corde (*Ps.*, LXXII, 1.). » Perversis quid ? Perversus videtur. Sic et in alio Psalmo dicit : « Cum sancto sanctus eris, et cum viro innocente innocens eris, et cum perverso perversus eris (*Psal*, XVII, 26), » Quid est, perversus eris cum perverso ? Perversum te putabit perversus. Non quod ullo modo pervertatur Deus. Absit : quod est, est. Sed quemadmodum sol oculos puros, sanos, vegetos, fortes habenti, tranquillus apparet, in oculos autem lippos quasi tela aspera jaculatur; intuentem illum vegetat, hunc excruciat, non mutatus, sed mutatum : sic cum cœperis esse perversus, et tibi Deus perversus videbitur ; tu mutatus es, non ille. Erit ergo tibi pœna, quod bonis gaudium. Hoc iste recolens, « Quam bonus, inquit, Deus Israël rectis corde ! »

8. Quid autem tibi ? « Mei autem pene commoti sunt pedes (*Psal.*, LXXII, 2). » Quando commoti sunt pedes, nisi quando non erat rectum cor ? Unde non erat rectum cor ? Audi : « Paulo minus effusi sunt gressus mei. » Quod dixit, « pene ; » hoc dixit, « paulo minus : » et quod dixit, « pene moti sunt pedes ; » hoc dixit, « effusi sunt gressus. » Pene moti sunt pedes, pene effusi sunt gressus. Moti pedes : sed unde moti pedes et effusi gressus ? Moti pedes, ad errandum ; effusi gressus, ad lapsum ; non omnino, sed « pene. » Quid enim est ? Jam ibam in errorem, non ieram ; jam cadebam, non cecideram.

mais « presque. » Que signifient ces paroles ? Je marchais vers l'erreur, mais je n'y étais pas encore ; j'allais tomber, mais je n'étais pas encore tombé.

9. Mais d'où venait son danger ? « Parce que j'ai porté envie aux pécheurs, en voyant la paix des pécheurs (*Ibid.*, 3). » J'ai considéré les pécheurs, j'ai vu qu'ils avaient la paix. Quelle paix ? Une paix temporelle, fugitive, périssable et terrestre ; mais cependant, telle que je la désirais obtenir de Dieu. J'ai vu que ceux qui ne servaient point Dieu possédaient ce que je voulais obtenir en le servant, et mes pieds ont été presque ébranlés et mes pas ont failli me renverser.

10. Le Prophète expose en peu de mots pourquoi les pécheurs jouissent de cette paix. « C'est qu'ils n'éviteront pas la mort et que leur châtiment sera stable. Voilà pourquoi ils n'ont point part aux peines des hommes et ne sont pas châtiés avec les hommes (*Ibid.*, 4 et 5). » J'ai déjà compris, dit-il, pourquoi ils jouissent de cette sorte de paix, et pourquoi ils sont florissants sur la terre ; c'est parce qu'ils n'éviteront pas la mort, c'est-à-dire qu'une mort certaine et éternelle les attend, qui ne les manquera pas plus qu'ils ne l'éviteront : « Ils n'éviteront pas la mort, et leur châtiment sera stable (*Ibid.*). » Leur châtiment sera stable, parce qu'en effet ce ne sera point un châtiment temporel, mais un châtiment dont la durée sera éternelle. En raison donc de ces maux éternels qui les attendent, quel est leur sort présent ? « Ils n'ont point part aux peines des hommes, et ne sont pas châtiés avec les hommes (*Ibid.*). » Est-ce que le démon même est châtié avec les hommes, lui à qui un supplice éternel est réservé ?

11. Ils ne sont donc pas châtiés, ils ne partagent donc pas les peines des autres hommes, mais qu'en résulte-t-il pour eux ? « C'est pourquoi, » dit le Prophète, « l'orgueil s'est emparé d'eux (*Ibid.*, 6). » Considérez-les, ces orgueilleux, ces contempteurs de toute loi ; considérez le taureau désigné pour le sacrifice, à qui on laisse la liberté d'errer où il veut, et de dévaster ce qu'il peut jusqu'au jour de son immolation. Il convient, dès à présent, mes frères, de considérer ces hommes comme figurés, dans les paroles du Prophète, sous l'emblème de ce taureau dont je parle. C'est ainsi, en effet, que l'Écriture les désigne dans un autre endroit, en disant qu'ils sont préparés pour le sacrifice et laissés en liberté pour leur malheur (*Proverbes*, VII, 22). « C'est pourquoi, » dit le Psaume, « l'orgueil s'est emparé d'eux (*Ps.*, LXXII, 6). » Que veut dire : « s'est emparé d'eux ? » « Ils sont enveloppés comme d'un vêtement de leur iniquité et de leur impiété (*Ibid.*). » Le Prophète ne s'est pas borné à dire : ils sont couverts, mais ils sont enveloppés, c'est-à-dire couverts

---

9. Sed quare (*a*) et hoc ? « Quia zelavi, inquit, in peccatoribus, pacem peccatorum intuens (*Ps.*, LXXII, 3). » Adtendi peccatores, vidi illos habere pacem. Quam pacem ? Temporalem, fluxam, caducam atque terrenam : sed tamen talem qualem et ego a Deo desiderabam. Vidi illos habere qui non serviebant Deo, quod ego desiderabam ut servirem Deo : et moti sunt pedes mei, et pene effusi sunt gressus mei.

10. Quare autem hoc habent peccatores, dicit breviter : « Quia non est declinatio (*b*) mortis eorum, et firmamentum in flagello eorum (*Ibid.*, 4). In laboribus hominum non sunt, et cum hominibus non flagellabuntur (*Ibid.*, 5). » Jam intellexi, inquit, quare illi habent pacem, et florent in terra ; quia morti eorum non est declinatio, id est, quia certa mors et æterna eos manet, quæ nec declinat ab eis, nec ipsi ab ea declinare possunt. « Quia non est declinatio mortis eorum, et firmamentum in flagello eorum. » Et est firmamentum in flagello eorum. Non est enim temporale flagellum eorum, sed firmum in sempiternum. Propter hæc ergo mala, quæ illis æterna futura sunt, modo quid ? « In laboribus hominum non sunt, et cum hominibus non flagellabuntur. » Nunquid et ipse diabolus cum hominibus non flagellatur, cui tamen æternum supplicium præparatur ?

11. Propterea quid hinc isti, dum non flagellantur, dum non laborant cum hominibus ? « Ideo, inquit, obtinuit eos superbia (*Ibid.*, 6). » Adtende illos superbos, indisciplinatos ; adtende taurum devotum victimæ, permissum errare libere, et vastare quæ potest, usque ad diem occisionis. Jam bonum est, Fratres, in ipsis Prophetæ verbis audiamus hunc quasi taurum, de quo dixi. Sic enim illum et alibi Scriptura commemorat : dicit eos tamquam ad victi-

(*a*) Sic Er. et MSS. At Lov. *Sed quare ad hoc.* (*b*) Aliquot MSS. constanter præferunt, *morti.*

de tous côtés par leur impiété. Les malheureux ne voient pas leur état et les autres ne le voient pas non plus, parce qu'ils sont enveloppés de toute part, et qu'on ne voit pas leur intérieur. Car, quiconque verrait l'intérieur de ces méchants qui paraissent heureux selon le monde, quiconque serait témoin des soulèvements de leur conscience, quiconque connaîtrait les déchirements de leur âme sous les violentes perturbations de leurs convoitises et de leurs terreurs, saurait à quel point ces hommes sont misérables, tandis qu'on les appelle heureux. Mais parce qu'ils sont enveloppés comme d'un vêtement « par leur iniquité et leur impiété, » ils ne voient pas leur malheur et nul ne le voit. L'Esprit-Saint qui dictait ces paroles les connaissait, et nous saurions les considérer du même œil, si tout voile d'impiété était levé de dessus nos yeux. Voyons donc ces hommes ; malgré leur bonheur, fuyons-les ; malgré leur bonheur, ne les imitons pas, et ne demandons pas à Dieu, comme choses de prix, des biens qu'ont pu recevoir des hommes qui ne le servent pas. Il nous réserve autre chose ; nous devons désirer autre chose. Mais qu'est cette chose, écoutez-le.

12. D'abord le Prophète nous dépeint ces hommes : « Leur iniquité sortira comme de leur graisse (*Ibid.*). » Voyez s'il n'y a pas lieu de reconnaître en eux le taureau dont nous avons parlé. Écoutez ceci, mes frères ; il ne faut point passer négligemment sur ces paroles : « Leur iniquité sortira comme de leur graisse (*Ibid.*). » Il y en a qui sont méchants, mais méchants par maigreur ; méchants, parce qu'ils sont maigres ; c'est-à-dire que les souffrances de la nécessité les ont rendus minces et frêles et comme desséchés. Ils sont méchants et condamnables cependant ; car il faut savoir supporter toute espèce de nécessités plutôt que de commettre aucune iniquité. Autre chose, cependant, est de pécher par suite des nécessités dont on souffre, autre chose de pécher au milieu de l'abondance. Un pauvre mendiant commet un vol, son iniquité provient de sa maigreur ; mais un riche, comblé en abondance de tous les biens, pourquoi s'empare-t-il du bien d'autrui ? L'iniquité du premier provient de sa maigreur, celle du second provient de sa graisse. C'est pourquoi, quand vous dites au maigre : pourquoi avez-vous fait cela ? Humilié dans sa douleur et abaissé devant vous, il répond : la nécessité m'y a contraint. Pourquoi n'avez-vous pas eu la crainte de Dieu ? Le besoin m'a poussé. Dites maintenant au riche : Pourquoi faites-vous cela et ne craignez-vous pas Dieu ? si toutefois vous êtes dans une position assez haute pour lui par-

---

mam præparatos (*Prov.*, VII, 22), et parci eis ad malam libertatem. « Ideo, dixit, obtinuit eos superbia. » Quid est, obtinuit eos superbia ?« Circumamicti sunt iniquitate et impietate sua. » Non dixit, tecti ; sed, « circumamicti, » undique cooperti impietate sua. Merito miseri nec vident, nec videntur quia circumamicti sunt, nec videntur interiora eorum. Nam quisquis malorum hominum quasi felicium secundum tempus interiora conspiceret, quisquis eorum videret truces conscientias, quisquis animas eorum posset inspicere diverberari tantis perturbationibus cupiditatum et timorum, videret illos miseros et quando felices vocantur. Sed quia « circumamicti sunt iniquitate et impietate sua, » non vident, sed nec videntur. Noverat illos Spiritus, qui de illis ista dicit : et eo oculo tales debemus inspicere, quo scimus videre, si nobis auferatur ab oculis tegumen impietatis. Videamus istos, et cum felices sunt, fugiamus ; et cum felices sunt, non imitemur : nec a Domino Deo nostro talia nobis pro magno (*a*) optemus, qualia accipere meruerunt qui illi non serviunt. Aliud quiddam servat, aliud desiderandum est : quid sit autem, audite.

12. Primo isti describantur. (*b*) « Prodiet quasi ex adipe iniquitas eorum (*Ps.*, LXXII,7).» Vide si non taurus ille agnitus est. Audite Fratres : non quomodocumque transeundum est, quod dixit, « Prodiet quasi ex adipe iniquitas eorum. » Sunt enim mali, sed macie mali, ideo mali, quia macri ; id est exiles, (*c*) exigui, tabe quadam necessitatis affecti, et ipsi mali et damnandi. Ferenda est enim omnis necessitas, quam perpetranda aliqua iniquitas. Tamen aliud est de necessitate peccare, aliud in abundantia. Pauper mendicus furtum facit, ex macie processit iniquitas : dives abundans rebus tantis, quare diripit res alienas ? Illius iniquitas ex macie, hujus ex adipe processit. Ideo macro cum dicis, Quare hoc fecisti ? Humiliter afflictus et abjectus respondet, Necessitas coegit me. Quare non timuisti Deum ? Egestas com-

---

(*a*) Sic MSS. Editi vero, *petamus*. (*b*) Editi *Prodiit*. At plerique et potiores MSS. *Prodiet* : juxta Græc. LXX. ἐξελεύσεται (*c*) Sic aliquot probæ notæ MSS. At editi, *exiguitate quadam*.

ler de la sorte. Voyez s'il daignera vous écouter; voyez même si sa graisse ne fera point passer en vous son iniquité par une sorte de contagion. En effet, ces riches méchants font sentir leur inimitié à ceux qui les enseignent et les reprennent, et ils deviennent les ennemis de ceux qui leur disent la vérité, accoutumés qu'ils sont à être doucement chatouillés par les discours des flatteurs, gens à l'oreille délicate et au cœur malade. Qui dira au riche : vous avez mal fait de ravir le bien d'autrui! Ou si quelqu'un, par hasard, ose le lui dire et peut le faire avec une autorité à laquelle le riche ne puisse résister, que répond-il? Toutes ses paroles n'exhalent que le mépris de Dieu. Pourquoi? parce qu'il est orgueilleux. Pourquoi? parce qu'il est gras. Pourquoi? parce qu'il est une victime marquée pour l'immolation. « Son iniquité sortira comme de sa graisse (*Ibid.*). »

13. « Ils ont passé outre, jusqu'à la disposition de leur cœur (*Ibid.*, 7). » Ils ont passé outre au dedans d'eux-mêmes, que veut dire : « ils ont passé outre? » Ils ont dépassé la voie. Que veut dire : « Ils ont passé outre? » Ils ont franchi les limites de la nature humaine ; ils ont cru n'être point pareils aux autres hommes. Ils ont, dis-je, franchi les limites de la nature humaine. Lorsque vous dites à un homme de cette espèce : Ce pauvre est votre frère, vous avez eu les mêmes premiers parents, Adam et Ève ; n'écoutez pas l'orgueil qui vous gonfle, ne faites point attention à la vaine enflure sur laquelle vous vous élevez ; bien qu'entouré d'un nombreux domestique, bien que riche en or et en argent, bien qu'habitant un palais de marbre, bien que reposant à l'ombre de lambris somptueux, vous n'en êtes pas moins, vous et le pauvre, abrité, par la voûte du même ciel ; vous ne différez du pauvre que par des objets extérieurs qui ne sont point vous, et qui sont placés autour de vous ; vous êtes au milieu de ces choses, elles ne peuvent être en vous. Regardez ce que vous êtes vous-même en face du pauvre ; regardez-vous vous-même, et non ce que vous possédez. Pourquoi, en effet, méprisez-vous votre frère? Vous étiez nus l'un et l'autre dans le sein de vos mères. Et quand vous serez sortis de cette vie, quand vos chairs, après le départ de l'âme, seront tombées en pourriture, distinguez, si vous le pouvez, les ossements du riche des ossements du pauvre! Je parle ici de l'égalité de condition dans laquelle les êtres humains naissent tous : celui qui est riche ici-bas l'est devenu, et celui qui est pauvre ne sera pas toujours ici-bas ; le riche même qui n'est point entré riche en ce monde n'en sort pas non plus avec ses richesses ; pour le pauvre et pour le riche l'entrée et la sortie sont pa-

---

pulit. Dic diviti, Quare hæc facis, et non times Deum? Si tamen tantus es qui possis dicere. Vide si vel dignatur audire; vide si non etiam in te (*a*) ipso prodiet iniquitas ex adipe ejus. Jam enim præceptoribus et correctoribus suis inimicitias indicunt, et fiunt inimici verum dicentibus, jam sueti compalpari verbis adulantium, aure molli, corde non sano. Quis dicat diviti, Male fecisti rapere res alienas? Aut forte si ausus fuerit aliquis dicere, et talis est cui non possit ille resistere, quid respondet? Totum in contemtum Dei loquitur. Quare? Quia pinguis est. Quare? Quia devotus ad victimam est. « Prodiet quasi ex adipe iniquitas eorum. »

13. «Transierunt in dispositionem cordis (*Ibid.*, 7).» Ibi intus transierunt. Quid est « transierunt? » Prætergressi sunt viam. Quid est « transierunt? » Excesserunt metas humani generis, homines se pares ceteris non putant. Transierunt, inquam, metas humani generis. Quando dicis tali homini, Frater tuus est iste pauper, eosdem parentes habuistis, Adam et Evam : noli adtendere tumorem tuum, noli adtendere typhum in quem elatus es; etsi te circumstat familia, etsi numerosum aurum et argentum, etsi domus marmorata contineat, etsi tecta laqueata contegunt, simul vos et pauperem contegit tectum mundi cælum; sed diversus es a paupere rebus non tuis, extrinsecus appositis : te in illis vide, non illas in te. Adtende teipsum, qui sis ad pauperem; teipsum, non quod habes. Quid enim despicis fratrem? In visceribus matrum vestrarum ambo nudi fuistis. Certe etiam cum de ista vita exieritis, et istæ carnes (*b*) exhalata anima fuerint putrefactæ, dignoscantur ossa divitis et pauperis. De conditione æquali, dico, de ipsa sorte generis humani, in qua omnes nascuntur : et dives enim hic fit, et pauper non semper hic erit : et sicut dives non venit dives, sic nec dives abscedit; idem ipse est utriusque introitus, et par exitus. Addo quod forte mutabitis

---

(*a*) *Forte*, in te ipsum. (*b*) Sic plures MSS. Alii cum editis, *exuta*.

reilles. J'ajoute à cela que peut-être les rôles seront un jour changés. Voilà que l'Évangile est prêché partout : rappelez-vous un pauvre, rongé d'ulcères, qui gisait étendu devant la porte d'un riche, et qui désirait se rassasier des miettes tombées de la table de ce riche; rappelez-vous aussi ce riche, votre semblable, qui était vêtu de pourpre et de fin lin et qui célébrait chaque jour de splendides festins. Le pauvre vint à mourir et fut porté par les anges dans le sein d'Abraham ; le riche mourut aussi et fut mis au tombeau, tandis que personne peut-être ne s'était occupé de la sépulture du pauvre. Est-ce que le riche, du fond des enfers où il souffrait, n'a pas levé les yeux et aperçu au sein d'une joie infinie le pauvre qu'il avait méprisé devant sa porte ? Et n'a-t-il pas désiré qu'une goutte d'eau tombât sur ses lèvres brûlantes du doigt de celui qui avait désiré les miettes tombées de sa table ? Mes frères, que furent les peines de ce pauvre ? combien durèrent les délices de ce riche ? Et le sort qu'ils ont trouvé en échange est éternel. Mais, comme ce riche ne devait pas éviter la mort, comme son châtiment devait toujours durer, il n'a point eu part aux souffrances des autres hommes, et n'a pas été châtié au milieu d'eux. Le pauvre, au contraire, châtié ici-bas, jouit du repos dans le ciel, parce que Dieu châtie tout fils qu'il reçoit. (*Héb.*, XII, 6). Mais toutes ces choses, à qui les dites-vous ? A celui qui célèbre des festins somptueux, à celui qui se couvre, tous les jours, de pourpre et de fin lin. A qui dites-vous ces choses? à qui passe outre, jusqu'à la disposition de son cœur ? Celui-là aura bien mérité de dire tardivement : « Envoyez Lazare.... qu'il dise à nos frères... (*Luc*, XVI, 19-31), quand il ne lui sera plus accordé de faire une pénitence fructueuse. Ce n'est pas la pénitence qui lui manquera ; elle sera au contraire éternelle, sa pénitence ; mais nul salut ne viendra pour lui après sa pénitence. Ils ont donc passé outre, jusqu'à la disposition de leur cœur (*Ibid.*). »

14. « Ils ont eu des pensées et tenu des propos de méchanceté (*Ibid.*, 8). » Sans doute il y a bien des hommes qui tiennent des propos de méchanceté, mais du moins ils le font avec crainte. Et ceux-ci ? « Ils ont proféré hautement le langage de l'iniquité (*Ibid.*). » Non seulement ils ont proféré le langage de l'iniquité, mais ils l'ont fait ouvertement, en présence de tous, avec fierté : Voilà ce que je ferai, je vous le ferai voir, vous sentirez à qui vous avez affaire, vous mourrez de ma main. Si vous aviez de telles pensées, vous ne les répandriez pas au dehors ; ou bien vous sauriez vaincre votre passion dans le secret de votre cœur, ou du moins vous sauriez l'y tenir cachée. Faut-il demander pourquoi ? Mais ces

---

vices. Jam ubique Evangelium prædicatur : adtende quemdam pauperem ulcerosum, qui jacebat ante januam divitis, et cupiebat saturari de micis, quæ cadebant de mensa divitis ; adtende et illum (*a*) parem tuum, qui induebatur purpura et bysso, et epulabatur quotidie splendide. Contigit nempe mori inopem illum, et auferri ob Angelis in sinum Abrahæ (*Lucæ*, XVI, 19, etc.) : ille autem mortuus est et sepultus est ; (nam illius forte sepulturam nemo curavit) : et cum apud inferos ille dives in tormentis esset, nonne elevavit oculos suos, et vidit in infinito gaudio eum quem contemsit ante januam suam, et de digito ejus aquæ stillam desideravit, qui de mensa ejus cadentes micas desideraverat ? Fratres, labor ille pauperis quantus fuit ? Deliciæ illæ divitis quam longæ fuerunt ? Quod autem mutaverunt, perpetuum est. Illius ergo quia non erat declinatio in morte, et firmamentum erat in flagello ejus ; in laboribus hominum non fuit, et inter homines flagellatus non est : ille autem flagellatus hic, requievit ibi ; « quia flagellat omnem filium quem recipit (*Hebr.*, XII, 6). » Sed cui dicis ista ? Epulanti splendide, et induenti se quotidie purpura et bysso. Cui dicis? Qui transiit in dispositionem cordis. Merito sero dicturus est, Mitte Lazarum, dicat vel fratribus meis (*Lucæ*, XVI, 27) : quando ei non conceditur fructus pænitentiæ. Non enim pænitentia non datur, sed sempiterna erit pænitentia, et nulla salus post pænitentiam. Ergo isti « transierunt in dispositionem cordis. »

14. « Cogitaverunt et locuti sunt malignitatem *Ps.*, LXXVIII, 8). » Sed loquuntur malignitatem homines et cum timore : isti autem quomodo ? « Iniquitatem in altum locuti sunt. » Non solum locuti sunt iniquitatem ; sed etiam clare, audientibus omnibus, superbe : Ego facio, ego ostendo, senties cum

---

(*a*) Aliquot MSS. *patrem.*

hommes sont-ils par hasard du nombre des maigres ? « Leur iniquité sortira comme de leur graisse. Ils ont proféré hautement le langage de l'iniquité (*Ibid.*, 7 et 8). »

15. « Ils ont élevé leur bouche jusqu'au ciel, et leur langue a franchi les limites de la terre (*Ibid.*, 9). » Que veut dire : « a franchi les limites de la terre ? » la même chose que : « ils ont élevé leur bouche jusqu'au ciel. » En effet, franchir les limites de la terre, signifie : passer au-dessus de toutes les choses terrestres. Qu'est-ce donc que passer au-dessus de toutes les choses terrestres ? L'homme ne pense pas, au milieu de ses discours, qu'il peut mourir ; il vit comme s'il devait toujours vivre. Sa pensée passe par-dessus la fragilité humaine, il oublie quel est ce vase qui le couvre et l'entoure ; il ne sait pas ce qui est écrit contre les orgueilleux : « Son âme sortira de son corps et il retournera dans la terre d'où il est venu ; ce jour-là toutes ses pensées périront (*Ps.*, CXLV, 6). » Mais les superbes, ne pensant pas à leur dernier jour, tiennent le langage de l'orgueil, ils élèvent leur bouche jusqu'au ciel et franchissent les limites de la terre. Si le brigand mis en prison ne pensait pas à son dernier jour, c'est-à-dire au jour où il doit subir son jugement, nul être ne serait aussi brute que lui ; et cependant il aurait encore des chances d'échapper à sa sentence. Mais où fuirez-vous, pour éviter la mort ? Ce jour est certain. Qu'est-ce que ce long-temps que vous espérez vivre ? Qu'est-ce qu'un long-temps qui doit finir, quand même il aurait réellement de la durée ? Mais il n'en est même pas ainsi, il n'y a pas de long-temps, et ce qu'on appelle long-temps est chose tout incertaine. Pourquoi le pécheur n'y pense-t-il pas ? « parce qu'il a élevé sa bouche jusqu'au ciel et que sa langue a franchi les limites de la terre. »

16. « C'est pourquoi mon peuple reviendra ici (*Ibid.*, 10). » Déjà « Asaph » lui-même revient ici. Il a vu, en effet, les pécheurs, il a vu les superbes dans l'abondance ; il revient à Dieu et commence à examiner, à raisonner. Mais quand ? « Lorsqu'on trouvera en eux, des jours pleins (*Ibid.*). » Que veut dire : « Des jours pleins ? » « Quand est venue la plénitude des temps, Dieu a envoyé son Fils (*Gal.*, IV, 4). » La plénitude des temps s'est accompli lorsque le Sauveur est venu nous apprendre à mépriser les biens temporels, à n'ajouter aucun prix aux choses que désirent les méchants, et à souffrir tout ce que les méchants redoutent. Il s'est fait la voie, il a ramené l'homme dans son propre cœur, et lui a enseigné ce qu'on devait demander à Dieu. Et voyez par quel retour de la pensée sur elle-même qui, en quelque sorte, fait rebrousser chemin au torrent de ses flots, l'homme revient de ces désirs terrestres au désir des vrais biens.

---

quo habes, vivere te non sinam (*a*). Vel cogitares ea, non etiam effunderes : vel intra claustra cogitationis mala cupiditas coerceretur, vel refrenaret eam intra cogitationem suam. Quare ? An forte macer est ? Prodiet quasi ex adipe iniquitas eorum. « Iniquitatem in altum locuti sunt. »

15. « Posuerunt in cælum os suum, et lingua eorum transiit super terram (*Ibid.*, 9). » Quid est hoc, « transiit super terram ? » Quod dictum est, « Posuerunt in cælum os suum. » Hoc est enim, « transiit super terram, » transeunt terrena omnia. Quid est, transire terrena omnia ? Non se cogitat hominem subito mori posse, cum loquitur ; quasi semper victurus minatur : transcendit cogitatio illius terrenam fragilitatem, nescit quali vase coopertus est ; nescit quod scriptum est alio loco de talibus, « Exiet spiritus ejus, et revertetur in terram suam, in illa die peribunt omnes cogitationes ejus (*Psal.*, CXLV, 4). » Sed isti diem ultimum suum non cogitantes, loquuntur (*b*) superbiam, et in cælum ponunt os suum, et transcendunt terram. Si ultimum suum diem non cogitaret, id est, judicii sui ultimum diem latro missus in carcerem, nihil illo esset immanius : et tamen posset effugere. Quo fugis ne moriaris ? Certus erit ille dies. Quid est diu quod victurus es ? Quantum est diu quod habet finem, etsi diu esset ? Huc accedit quia non est : et non est diu, et incertum est ipsum quod dicitur diu. Quare hoc non cogitat ? Quia posuit in cælum os suum, et lingua ejus transiit super terram.

16. « Ideo revertetur huc populus meus (*Ps.*, LXXII, 10). » Jam ipse Asaph revertitur huc. Vidit enim ista abundare iniquis, vidit superbis : redit ad Deum, et incipit quærere et disputare. Sed quando ? « Cum dies pleni invenientur in eis. Quid est, « dies pleni ? » « Cum autem venit plenitudo temporis, misit Deus Filium suum (*Gal.*, IV, 4). » Ipsa est plenitudo temporis, quando venit ille temporalia docere contemni,

---

(*a*) Hic in editis præmittitur, *Superbo:* quod a MSS. abest. (*b*) MSS. *superba.*

« C'est pourquoi mon peuple reviendra ici, et l'on trouvera en eux des jours pleins (*Ibid.*). »

17. « Et ils ont dit : Dieu le sait-il ? Le Très-Haut en a-t-il connaissance (*Ibid.*, 11) ? » Voyez par quel ordre de pensées ils passent. Si les injustes sont heureux, c'est que Dieu ne prend aucun soin des choses humaines. Sait-il vraiment ce que nous faisons ? Voyez ce que l'on ose dire. Prions, mes frères, pour que les chrétiens ne disent plus : « Dieu le sait-il ? le Très-Haut en a-t-il connaissance (*Ibid.*). »

18. Pourquoi, en effet, vous semble-t-il que Dieu ne sache pas, et que le Très-Haut n'ait point connaissance d'une chose ? Il répond : « Ce sont des pécheurs, et ils ont amassé en ce monde d'abondantes richesses (*Ibid.*, 12). » Bien qu'ils soient des pécheurs, ils ont acquis en ce monde d'abondantes richesses. Il reconnait donc qu'il ne voulait pas pécher, afin d'obtenir de Dieu des richesses. Son âme charnelle avait vendu sa justice pour des biens visibles et terrestres. Quelle justice, que celle qu'on observe pour acquérir de l'or ! Comme si l'or était plus précieux que la justice, ou comme si l'homme qui refuse de rendre le bien d'autrui souffrait un moindre dommage que celui auquel il le refuse ! Celui-ci a perdu un vêtement, l'autre, la bonne foi. « Ce sont des pécheurs, et ils ont amassé en ce monde d'abondantes richesses (*Ibid.*). » Est-ce donc à cause de cela que Dieu ne sait pas et que le Très-Haut est dans l'ignorance ?

19. « Et j'ai dit : C'est donc inutilement que j'ai maintenu mon cœur dans la justice (*Ibid.*, 13). » Je sers Dieu et n'obtiens pas ces biens ; ils ne servent pas Dieu, et ils obtiennent ces biens en abondance : « c'est donc inutilement que j'ai maintenu mon cœur dans la justice et que j'ai lavé mes mains parmi les innocents (*Ibid.*). » Tout cela, je l'ai fait inutilement. Où est la récompense de ma vie honnête ? Où est le prix de mon obéissance envers Dieu ? Je vis bien et je manque de tout, tandis que l'injuste est dans l'abondance. « Et j'ai lavé mes mains parmi les innocents (*Ibid.*). »

20. « Et tout le jour j'ai été flagellé. » Les coups de Dieu ne cessent de tomber sur moi. Je le sers bien, et je suis châtié ; un autre ne le sert pas, et il est comblé de biens. Telle est la grande question qu'il se pose à lui-même. Son âme est agitée, son âme passe à travers l'épreuve qui doit le conduire à mépriser les choses terrestres, et à désirer les choses éternelles. L'âme passe en effet par cette pensée, où elle flotte comme ballottée par la tempête, au moment

---

non habere magnum quidquid mali homines cupiunt, pati quidquid mali homines metuunt. Factus est via, revocavit ad cogitationem intimam, admonuit quid a Deo quærendum esset, et vide de qua cogitatione reverberata in se, et quodam modo revocavie fluctus impetus sui, transitur ad vera eligenda. « Ideo revertetur populus meus huc, et dies pleni invenientur in eis ? »

17. « Et dixerunt, Quomodo scivit Deus, et si est scientia in Altissimo (*Ibid.*, 11) ? » Vide per quam cogitationem transeunt. Ecce iniqui felices sunt, non curat Deus res humanas. Vere scit quid agamus ? Videte quæ dicuntur. Rogamus, Fratres, jam Christiani non dicant : « Quomodo scivit Deus, et si est scientia in Altissimo ? »

18. Unde enim tibi videtur non scire Deum, et non esse scientiam in Altissimo ? Respondet. « Ecce ipsi peccatores, et abundantes in sæculo obtinuerunt divitias (*Ibid.*, 12). » Et peccatores sunt, et abundantes divitias in sæculo obtinuerunt. Confessus est, quia ideo nolebat esse peccator, ut haberet divitias. Carnalis anima visibilibus rebus et terrenis vendiderat justitiam suam. Qualis justitia, quæ propter aurum habetur, quasi pretiosius sit aurum quam ipsa justitia, aut cum quisquam negat res alienas, majus damnum patiatur cui negat, quam ille qui illi negat ? Ille perdit vestem, iste fidem. « Ecce ipsi peccatores, et abundantes in sæculo obtinuerunt divitias. » Inde ergo nescit Deus, et inde non est scientia in Altissimo.

19. « Et dixi, (*a*) Ergo sine caussa justificavi cor meum (*Ibid.*, 13). » Quando servio Deo, et ista non habeo ; non serviunt illi, et his abundant : « Ergo sine caussa justificavi cor meum, et lavi in (*b*) innocentibus manus meas. « Hoc sine caussa feci. Ubi est merces bonæ vitæ meæ ? ubi est præmium servitutis meæ ? Bene vivo, et egeo ; et (*c*) iniquus abundat. « Et lavi in innocentibus manus meas. »

20. « Et fui flagellatus tota die (*Ibid.*, 14). » A me non recedunt flagella Dei. Bene servio, et flagellor : non servit, et ornatur. Magnam quæstionem sibi fecit, Agitatur anima, transit anima transitura ad

---

(*a*) Particula, *ergo*, hoc loco deest in Er. et in MSS. (*b*) Sic MSS. juxta Græc. LXX. At editi, *inter innocentes*. (*c*) Sic Er. et aliquot MSS. Alii cum Lov. *inimicus*.

même d'entrer au port. Il en est d'elle comme des malades, qui sont plus abattus lorsque la guérison est encore éloignée, et plus agités lorsque la santé va revenir. Car les médecins donnent le nom de crise à l'accès qui conduit à la guérison : la fièvre est plus violente, mais elle conduit à la santé; l'ardeur du mal redouble, mais le calme va se faire. Tel est l'accès que traverse le Prophète. Ce sont en effet, mes frères, des paroles dangereuses, mauvaises et presque blasphématoires que celles-ci. « Dieu le sait-il ? » Je dis : presque blasphématoires ; car le Prophète ne dit point : Dieu ne sait pas, le Très-Haut n'a pas connaissance ; mais il parle comme un homme qui prend information, qui hésite et qui doute. Ses premières paroles : « Mes pas ont failli me faire tomber (*Ibid.*, 3), » nous donnent la mesure de celles-ci : « Dieu le sait-il ? Le Très-Haut en a-t-il connaissance (*Ibid.*, 11) ? » Il n'affirme pas, mais le doute même est un péril. C'est à travers ce péril qu'il retourne à la santé. Écoutez-le, maintenant qu'il l'a recouvrée : « C'est donc inutilement que j'ai maintenu mon cœur dans la justice, et que j'ai lavé mes mains parmi les innocents. J'ai été flagellé tout le jour et accusé dès le matin (*Ibid.*, 14). » Accuser, c'est reprendre ; qui est accusé est repris. Que veut dire : « Dès le matin ? » Sans délai. La réprimande qui lui est faite n'est pas différée ; celle des impies est différée. Celle des impies est tardive, ou même elle est nulle ; la sienne est sans délai. « Et j'ai été flagellé tout le jour et accusé dès le matin (*Ibid.*). »

21. « Si je disais : voilà ce que je raconterai (*Ibid.*, 15) ; » c'est-à-dire : voilà ce que j'enseignerai. Qu'enseignerez-vous donc ? que le Très-Haut n'a point la science, que Dieu ne sait pas ? Voulez-vous mettre en avant ces maximes que ceux qui vivent dans la justice n'en retirent aucun fruit, que l'homme juste sert Dieu en pure perte, que Dieu favorise de préférence les méchants ou ne s'occupe de personne ? Est-ce là que vous voulez dire ? Est-ce là ce que vous voulez raconter ? Il réprime ses pensées sous l'action de l'autorité qui le retient. Quelle est cette autorité ? Il est tenté quelquefois de céder au mouvement qui le presse et de proférer ces sortes de maximes ; mais il est ramené par les Écritures qui lui disent qu'il faut toujours vivre selon la justice, que Dieu prend soin des choses humaines, et qu'il distingue le juste de l'impie. Au moment donc où il allait s'abandonner à ses impressions et parler, il est rappelé en lui-même. Et que dit-il : « Si je disais : voilà ce que je raconterai, il arriverait que j'aurais condamné la race de vos enfants. (*Ibid.*, 15). » J'aurais condamné la race de vos enfants, si je

---

contemnenda terrena et concupiscenda æterna. Transitus est ipsius animæ in hac cogitatione : ubi fluctuat in quadam tempestate, perventura est ad portum. Et quomodo solent ægri, qui lentius ægrotant, cum sanitas longe est; vicina sanitate plus testuant: Accessionem (*a*) creticam medici vocant, per quam transitur ad sanitatem: major tibi æstus, sed ducens ad salutem ; major ibi ardor, sed vicina refectio. Sic ergo et hic æstuat. Nam periculosa verba sunt, Fratres, molesta, et pene blasphema, « Quomodo scivit Deus (*Ibid*, 11) ? » Hoc est et pene : non dixit, Nescivit Deus : non dixit, Non est scientia in Altissimo : sed quasi quærens, hæsitans, dubitans. Hoc est quod ait paulo ante, « Pene effusi sunt gressus mei (*Ibid.*, 2). » Quomodo scivit Deus, et si est scientia in Altissimo ? Non confirmat, sed ipsa dubitatio periculosa est. Per periculum transit ad sanitatem. Audi jam sanitatem : « Ergo in vanum justificavi cor meum, et lavi inter innocentes manus meas : et fui flagellatus tota die, et argutio mea in matutinum. » Argutio, correptio est, Qui arguitur, corripitur. Quid est, « in matutinum ? » Non differtur. Differtur impiorum, mea non differtur: illa sera, vel nulla est : mea in matutinum. « Et fui flagellatus tota die, et argutio mea in matutinum. »

21. « Si dicebam, narrabo sic (*Ibid.*, 15) : » id est, docebo sic. Quomodo docturus es ? quia non est scientia in Altissimo, quia non scit Deus ? Hanc sententiam vis proferre, quia sine caussa juste vivunt, qui juste vivunt, quia perdidit homo justus servitutem suam, quia magis Deus malis favet, aut neminem curat ? hoc vis dicere, hoc narrare ? Reprimit se auctoritate compescente. Qua auctoritate ? Vult homo aliquando erumpere in istam sententiam : revocatur Scripturis dicentibus ut semper bene vivatur, dicentibus quia Deus curat res humanas, quia discernit inter pium et impium. Ergo et iste volens jam istam proferre sententiam, revocat se. Et quid

(*a*) In editis, *criticam*. At in omnibus MSS. per *e* scriptum est *creticam*.

parlais de la sorte ; j'aurais condamné la race des justes. Quelques exemplaires portent : Quelle est la race de vos enfants avec laquelle je serais en harmonie ? C'est-à-dire : avec lequel de vos enfants serais-je en harmonie ? serais-je d'accord ? serais-je en conformité de pensées ? Si j'enseignais une telle doctrine, je serais en désaccord avec tous. Pour être à l'unisson, il faut être sur le même ton ; qui n'est point sur le même ton n'est point à l'unisson. Dirais-je autre chose que ce qu'a dit Abraham, que ce qu'a dit Isaac, que ce qu'a dit Jacob, que ce qu'ont dit les Prophètes ? Or ils ont tous dit que Dieu prend soin des choses humaines ; dirais-je qu'il ne s'en occupe pas ? Y a-t-il en moi plus de sagesse qu'en eux ? Y a-t-il en moi plus d'intelligence qu'en eux ? Cette salutaire autorité a donc ramené sa pensée de l'impiété.

22. Que lisons-nous ensuite ? « Si je disais : voilà ce que je raconterai, il arriverait que j'aurais condamné la race de vos enfants (*Ibid.*). » Qu'a-t-il donc fait pour ne pas la condamner ? « Et j'ai entrepris de connaître (*Ibid.*, 16). » Il a entrepris de connaître ; Dieu veuille lui venir en aide, afin qu'il connaisse. Cependant mes frères, il est préservé d'une chute profonde, du moment qu'il ne présume plus savoir, mais qu'il entreprend de connaître ce qu'il ne sait pas. Car déjà il voulait savoir, et il allait publier que

Dieu ne s'occupe nullement des choses humaines. Telle est en effet l'impie et détestable doctrine du méchant. Sachez, mes frères, qu'il y a beaucoup d'impies qui pensent ainsi, et qui prétendent que Dieu ne s'occupe pas des choses humaines : ou parce qu'elles sont gouvernées par le hasard, ou parce que nos volontés sont soumises aux influences des astres, ou parce que chacun de nous, loin d'être soumis seulement aux conséquences de ses propres mérites, n'est dominé que par l'inévitable fatalité de son étoile. Doctrine perverse ! Doctrine abominable ! C'est vers cet abîme que marchait celui dont « les pieds ont presque été ébranlés, et que ses pas ont failli faire tomber (*Ibid.*, 3). » Il marchait vers ces erreurs, mais voyant qu'il n'était point en harmonie avec la race des enfants de Dieu, il a entrepris de connaître, et il a condamné une science que rejetaient les justes de Dieu. Écoutons ce qu'il va dire ; car, ayant entrepris de connaître, il a été aidé par Dieu, il a appris quelque chose, et il va nous l'enseigner. « Et j'ai entrepris de connaître, dit-il. Cette recherche est un travail devant moi (*Ibid.*). » C'est réellement un grand travail que de connaître comment Dieu prend soin des choses humaines, et comment il se fait que les méchants soient heureux, tandis que les bons sont dans la souffrance. Question d'une haute importance ! C'est

---

ait ? « Si dicebam, narrabo sic, ecce generationem filiorum tuorum reprobavi. » Reprobavi generationem filiorum tuorum, si narrabo sic : generationem justorum reprobabo. Sicut et quædam habent exemplaria, « Ecce (a) generationi filiorum tuorum cui concinui : » id est, cui filiorum tuorum concinui ; id est, cui congrui, cui accommodatus sum : dissonui ab omnibus, si sic doceo. Concinit enim qui consonat ; qui autem non consonat, non concinit. Aliud dicturus sum quam dixit Abraham, quam dixit Isaac, quam dixit Jacob, quam dixerunt Prophetæ ? Illi enim omnes dixerunt quia curat Deus res humanas: ego dicturus sum quia non curat ? Major-ne in me prudentia, quam in illis ? major-ne intellectus in me quam in illis ? Saluberrima auctoritas revocavit cogitationem ab impietate.

22. Et quid sequitur ? « Si dicebam, narrabo sic : ecce generationem filiorum tuorum reprobavi.»Ergo ne reprobaret, quid fecit?«Et suscepi cognoscere(*Ibid.*,

16).»Suscepit cognoscere: Deus illi adsit,ut cognoscat. Interim, Fratres, a magno lapsu revocatur, quando non se jam scientem præsumit, sed suscepit cognoscere quod nesciebat. Jam enim volebat quasi sciens videri, et prædicare nullam esse Deo curam de rebus humanis. Facta est enim ista iniquorum nequissima et impia doctrina. Sciatis Fratres, multos disputare, et dicere quia Deus res humanas non curat, quia casibus reguntur omnia, vel quia stellis subjectæ sunt voluntates nostræ, quia unusquisque non pro meritis agitur, sed necessitate stellarum suarum : doctrina mala, doctrina impia. In hæc iste ibat, cujus pene commoti sunt pedes, et cujus paulo minus effusi sunt gressus ; in hunc ibat errorem : sed quia non concinebat generationi filiorum Dei, suscepit cognoscere ; et damnavit scientiam, in qua justis Dei non congruebat. Et quid dicat, audiamus : quia suscepit cognoscere, et adjutus est, et didicit aliquid, et indicavit nobis. « Et suscepi, inquit, cognoscere.

(a) Sic melioris notæ MSS. Alii, *generatio*. At editi, *generationem*.

pourquoi « cette recherche est un travail devant moi (*Ibid.*). » Elle se dresse devant mes yeux comme un mur ; mais vous avez pour vous ces paroles d'un autre psaume : « Avec le secours de mon Dieu je traverserai le mur (*Psaume* XVII, 30). » « Un grand travail est devant moi. »

23. Vous dites vrai : il y a là un travail devant vous, mais devant Dieu, ce n'est pas un travail. Placez-vous donc en la présence de Dieu, devant qui rien n'est un travail et il n'y aura plus de travail pour vous. C'est ce qu'il a fait, et il dit combien de temps ce travail est resté devant lui. « Jusqu'à ce que j'entre dans le sanctuaire de Dieu et que j'aie l'intelligence des choses dernières (*Ibid.*, 17). » Voilà, mes frères une grande chose. Depuis longtemps déjà, dit-il, je travaille et n'aperçois devant moi qu'un travail presque inextricable pour connaître comment Dieu, juste qu'il est et attentif aux choses humaines, n'est pas injuste, lorsque les pécheurs et les criminels jouissent du bonheur sur cette terre, tandis que les pieux et fidèles serviteurs de Dieu sont accablés le plus souvent d'erreurs et de souffrances. Il y a là une question difficile à résoudre, mais la difficulté ne durera que « jusqu'à ce que j'entre dans le sanctuaire de Dieu (*Ibid.*). » Quelle ressource trouverez-vous donc dans le sanctuaire de Dieu, pour résoudre cette question ? « Et que j'aie l'intelligence, ajoute-t-il, des choses dernières (*Ibid.*), » et non des choses présentes. Maintenant, dit-il, du sanctuaire de Dieu, je jette les yeux sur les choses dernières, passant par-dessus ce qui est présent. Tout ce qui s'appelle le genre humain, la masse entière de tous les hommes viendra devant Dieu pour être examinée, elle arrivera aux balances de l'éternelle justice ; là seront pesées toutes les actions des hommes. Aujourd'hui un nuage enveloppe toutes choses ; mais les mérites de chacun sont connus de Dieu. « Et que j'aie l'intelligence des choses dernières (*Ibid.*) ; » mais non par moi-même, car, devant moi il n'y a que travail. Comment donc obtenir cette intelligence ? En entrant dans le sanctuaire de Dieu. C'est donc là que le Prophète a compris pourquoi les méchants sont heureux dans le siècle présent.

24. « En tout cela, à cause de leurs ruses, vous leur avez préparé un piége (*Ibid.*, 18). » A cause de leurs ruses, c'est-à-dire, parce qu'ils sont trompeurs, parce qu'ils agissent avec ruse, eux-mêmes sont trompés. Que veux dire : « parce qu'ils sont trompeurs, ils sont trompés ? » Ils veulent, dans toutes leurs actions perverses, tromper le genre humain ; ils seront trompés eux-mêmes, si bien qu'ils choisiront les biens terrestres et laisseront les biens éternels. C'est ainsi, mes frères, qu'ils seront trompés là où ils veulent tromper. C'est ce que je vous ai déjà dit, mes frères ; quel cœur a celui qui,

---

Hoc labor est ante me. » Vere magnus labor, cognoscere quomodo et Deus curet res humanas, et bene sit malis, et laborent boni. Magna vis quæstionis : ideo, « Hoc labor est ante me. » Quasi stat mihi in facie murus quidam : sed habes vocem Psalmi, « In Deo meo transgrediar murum (*Psal.*, XVII, 30). » « Hoc labor est ante me. »

23. Verum dicis, labor est ante te ; sed ante Deum non est labor : fac te ante Deum ubi non est labor, et nec tibi erit labor. Et fecit hoc : nam dicit quamdiu labor ante se. : « Donec introeam in sanctuarium Dei, et intelligam in novissima (*Ps.*, LXXII, 17). » Magna res, Fratres. Jam diu laboro, inquit, et ante faciem meam laborem quemdam quasi inextricabilem video, ut cognoscam quomodo et justus sit Deus, et res humanas curet, et non sit iniquus, quod peccantes et scelera facientes felicitatem habent in hac terra, pii vero et Deo servientes in tentationibus plerumque et in laboribus fatigantur : magna difficultas est hoc scire, sed « donec introeam in sanctuarium Dei. » In sanctuario enim Dei quid tibi præstatur, ut hanc solvas quæstionem ? « Et intelligam, inquit, in novissima : » non in præsentia. Ego, inquit, de sanctuario Dei intendo oculum in finem, præsentia transgredior. Totum hoc quod vocatur humanum genus, omnis ista massa mortalitatis ventura est ad examen, ventura est ad libram, appendentur ibi opera hominum. Cuncta modo nubes involvit ; sed Deo cognita sunt merita singulorum. « Et intelligam, » inquit, « in novissima : » sed non a me ; nam ante me labor est. Unde « intelligam in novissima ? » Intrem in sanctuarium Dei. Ibi ergo intellexit, et unde modo isti felices.

24. « Verumtamen propter dolositatem posuisti eis (*Ibid.*, 18). » Quia dolosi sunt, id est, fraudulenti ; quia dolosi sunt, dolos patiuntur. Quid est hoc, quia fraudulenti sunt, fraudem patiuntur ? Fraudem volunt facere generi humano in omnibus nequitiis suis, fraudem et ipsi patiuntur, ut terrena bona eligant, et relinquant æterna. Ergo, Fratres,

pour gagner un habit, perd sa bonne foi? Lequel des deux est trompé, de celui à qui l'on soustrait un habit, ou de celui qui souffre un si grand dommage? Si un vêtement a plus de prix que la bonne foi, celui qui a été volé souffre le plus grand dommage; mais si la foi est incomparablement plus précieuse que le monde entier, l'un, sans doute, aura perdu son vêtement; mais à l'autre s'adresseront ces paroles du Seigneur : « Que sert à un homme de gagner l'univers s'il perd son âme (*Math.* XVI, 26)? » Que leur est-il donc arrivé? « A cause de leurs ruses, vous leur avez préparé un piége : vous les avez abattus au moment où ils s'élevaient (*Ps.*, LXXII, 18). » Le Prophète ne dit pas : vous les avez abattus, parce qu'ils s'étaient élevés, comme s'ils n'avaient été abattus qu'après s'être élevés; mais vous les avez abattus au moment même où ils s'élevaient. Car s'élever ainsi, c'est tomber. « Vous les avez abattus au moment où ils s'élevaient (*Ibid.*). »

25. « Comme ils sont tombés tout à coup dans la désolation (*Ibid.*, 19)! » Il s'étonne sur eux, parce qu'il comprend la fin de toutes choses. « Ils ont cessé d'être (*Ibid.*). » Véritablement, comme la fumée qui, au moment où elle s'élève, cesse d'exister, eux-mêmes ont cessé d'être. Comment dit-il qu'ils ont cessé d'être? Comme peut le dire celui qui a compris la fin de toutes choses. « Ils ont cessé d'être, il ont péri à cause de leur iniquité (*Ibid.*). »

26. « Comme le songe d'un homme qui s'éveille (*Ibid.*, 20). » Comment ont-ils cessé d'être? comme cesse le songe d'un homme qui s'éveille. Supposez un homme qui se voit, en songe, trouvant des trésors; il est riche, mais jusqu'à ce qu'il s'éveille. « Comme le songe d'un homme qui s'éveille : » ils ont cessé d'être comme le songe d'un homme qui s'éveille. Il cherche son trésor et ce trésor n'est plus; rien dans ses mains, rien sur son lit. Il s'était endormi pauvre, il était devenu riche en songe : s'il ne s'était pas éveillé, il serait encore riche; il s'est éveillé, il a retrouvé la misère qu'il avait quittée en dormant. De même, ces hommes trouveront la misère qu'ils se sont préparée. Au réveil qui termine cette vie, il ne reste rien de ce que l'on possédait comme dans un rêve. « Comme le songe d'un homme qui s'éveille (*Ibid.*). » Et de peur qu'on n'objecte : Mais quoi! Est-ce donc si peu de chose à vos yeux que l'éclat de leur gloire? Est-ce si peu de chose que la pompe qui les environne? Est-ce si peu de chose que leurs titres, leurs images, leurs statues, les louanges qu'ils reçoivent, et la phalange de leurs clients? « Seigneur, dit le Prophète, dans votre cité vous réduirez leur image à rien

---

in eo quod fraudem faciunt, fraudem patiuntur. Quod jam dudum dixi, Fratres, quale cor habet, qui ut lucretur vestem, perdit fidem? Ille cui tulit vestem passus est fraudem, an iste qui tanto damno percutitur? Si pretiosior est vestis quam fides, majore damno ille afficitur : si autem incomparabiliter fides excedit totum mundum, ille videbitur damnum vestis perpeti; huic autem dicitur, « Quid prodest homini, si totum mundum lucretur; animæ autem suæ damnum patiatur (*Matth.*, XVI, 27)? » Ergo quid illis contigit? « Propter dolositatem posuisti eis : dejecisti eos, dum extollerentur. « Non dixit, Dejecisti eos, quia elati sunt, non quasi postea quam elati sunt dejecisti illos; sed in eo ipso quod elati sunt, dejecti sunt. Sic enim efferri, jam cadere est, « Dejecisti eos dum extollerentur. »

25. « Quomodo facti sunt in desolationem subito (*Ps.*, LXXII, 19)? » Admiratur super eis, intelligens in novissima. « Defecerunt. » Vere quomodo fumus, qui dum extollitur, deficit, defecerunt. Quomodo dicit, « defecerunt? » Quomodo qui intelligit in novissima. « Defecerunt : perierunt propter iniquitatem suam. »

26. « Veluti somnium exsurgentis (*Ibid.*, 20), » Quomodo defecerunt? Quomodo deficit somnium exsurgentis. Fac hominem in somnis videre se invenisse thesauros : dives est, sed donec evigilet, « Veluti somnium exsurgentis; » sic defecerunt, quomodo somnium evigilantis. Quæritur igitur, et non est nihil in manibus, nihil in lecto. Pauper dormierat, dives in somnis factus fuerat : si non evigilasset, dives esset : evigilavit, invenit ærumnam, quam dimiscrat dormiens. Et isti (*a*) invenient miseriam, quam sibi comparaverant. Cum evigilaverint de hac vita, transit illud quod quasi in somno tenebatur. « Veluti somnium exsurgentis. » Et ne diceretur Quid ergo, parva tibi videtur claritas eorum, parva tibi videtur pompa eorum, parvi tibi videntur tituli, imagines, statuæ, laudes, cunei clientium? « Domine, ait, in civitate tua (*b*) imaginem illorum ad

---

(*a*) Editi, *non invenient.* Abest, *non*, a MSS. (*b*) Er. et plerique MSS. hoc tantum loco, *imagines.*

(*Ibid.*). » C'est pourquoi, mes frères, vous exhortant avec toute la liberté que me donne ce lieu d'où je vous parle; (car lorsque nous sommes mêlé avec vous dans le courant de la vie, nous vous supportons plus que nous ne vous enseignons,) je vous conjure au nom redoutable du Christ, de ne pas aspirer aux biens terrestres, vous qui ne les possédez pas; et vous qui les possédez, de n'en point concevoir de présomption. Je vous l'ai déjà dit : vous ne serez pas condamnés pour posséder ces biens, mais vous serez condamnés, si vous présumez de tels biens ; si vous vous enflez pour de tels biens; si, pour de tels biens, vous croyez être grands; si, à cause de tels biens, vous ne reconnaissez pas les pauvres ; si, dans l'arrogance de votre vanité, vous oubliez la condition commune des hommes. Car, à la fin des temps, Dieu rendra inévitablement à chacun selon ses œuvres, et dans sa cité, il réduira au néant l'image de ces orgueilleux. Mais que celui qui est riche le soit comme le prescrit l'Apôtre : « Ordonnez aux riches de ce monde de ne point s'élever d'orgueil et de ne point mettre leur espérance dans des richesses incertaines, mais de la mettre dans le Dieu vivant, qui nous donne abondamment toutes choses pour en jouir (I *Tim.*, VI, 17). » Il interdit d'abord l'orgueil aux riches, puis il leur donne des conseils. Comme si les riches lui disaient : nous sommes riches, vous nous défendez de nous enorgueillir, vous nous défendez de faire parade de la somptuosité de nos richesses, que ferons-nous donc de nos biens? Ils sont donc bien embarrassés d'en faire quelque chose ! « Qu'ils deviennent riches en bonnes œuvres, continue l'Apôtre, qu'ils donnent de bon cœur et partagent ce qu'ils ont (*Ibid.*, 18).» Et de quoi cela leur servira-t-il? « Qu'ils se fassent un trésor qui soit un bon fondement pour l'avenir, afin d'acquérir la véritable vie (*Ibid.*, 19).» Où doivent-ils se faire un trésor ? où le Prophète a plongé son regard, en entrant dans le sanctuaire de Dieu. Que tous ceux de nos frères qui sont riches, qui ont en abondance de l'or, de l'argent, des serviteurs, des honneurs, redoutent ce qui vient d'être dit : « Seigneur, dans votre cité, vous réduirez leur image à rien (*Ps.*, LXXII, 20). » Ceux-là en effet n'ont-ils pas mérité que Dieu, dans sa cité, réduise leur image à rien, qui, dans leur cité terrestre, ont réduit à rien l'image de Dieu? « Dans votre cité vous réduirez leur image à rien (*Ibid.*). »

27. « Parce que mon cœur s'est délecté (*Ibid.*, 21). » Il dit quelles passions l'ont tenté. « Parce que mon cœur s'est délecté, et que mes reins ont été changés (*Ibid.*). » Quand ces choses

---

nihilum rediges. » Itaque, Fratres mei, libere loquens de hoc loco (*a*), vel unde licet ; quia quando vobis miscemur, magis vos ferimus, quam docemus: in nomine Christi et in timore ejus exhortor vos, ut quicumque ista non habetis, non cupiatis ; quicumque habetis, non in eis præsumatis. Ecce dixi vobis, non dico, Damnamini, quia habetis ; sed, damnamini, si de talibus præsumatis, si de talibus inflemini, si propter talia magni vobis videamini, si propter talia pauperes non agnoscatis, si generis humani conditionem communem propter excellentem vanitatem obliviscamini. Tunc enim Deus necesse est retribuat in novissima , et in civitate sua imaginem talium ad nihilum redigat. Qui autem dives est , hoc modo sit , quo præcepit Apostolus : « Præcipe , inquit , divitibus hujus mundi non superbe sapere, neque sperare in incerto divitiarum suarum, sed in Deo vivo, qui præstat nobis omnia abundanter ad fruendum (I *Tim.*, VI, 17). » Abstulit superbiam divitum, dat consilium. Quasi dicerent, Divites sumus, superbire nos prohibes, jactare pompas divitiarum nostrarum vetas : quid ergo facturi sumus de istis divitiis? Usque adeo non est quod inde faciant ?« Divites sint, inquit, in operibus bonis, facile tribuant, communicent (*Ibid.*, 18). » Et quid prodest hoc ? « Thesaurizent sibi fundamentum bonum in futurum, ut apprehendant veram vitam (*Ibid.*, 19). » Ubi debent sibi thesaurizare? Quo misit iste oculum, intrans in sanctuarium Dei. Exhorrescant omnes fratres nostri divites, abundantes pecunia, auro, argento, familia, honoribus, exhorrescant quod modo dictum est, « Domine in civitate tua imaginem illorum ad nihilum rediges. » Nonne digni sunt hæc pati, ut Deus in civitate sua imaginem illorum ad nihilum redigat, quia et ipsi in civitate sua terrena imaginem Dei ad nihilum redegerunt? « In civitate tua imaginem eorum ad nihilum rediges. »

27. « Quia delectatum est cor meum (*Ps.*, LXXII, 21). » Dicit quibus rebus tentatur : « Quia delectatum est, inquit, cor meum; et renes mei mutati sunt. » Quando me delectaverunt temporalia ista,

---

(*a*) Sic Regius codex. Alii MSS. *vel unde libet*. Editi vero, *Veluti unde libet*..

temporelles me délectaient, mes reins ont été changés. On peut aussi comprendre le verset de cette sorte : « Parce que mon cœur s'est délecté en Dieu, mes reins ont été changés, » c'est-à-dire : mes passions ont été changées, et je suis devenu pur tout entier. « Mes reins ont été changés (Ibid.). » Écoutez de quelle manière.

28. « Et j'ai été réduit à rien, sans rien savoir (Ibid., 22). » Moi qui, à cet instant, parle ainsi des riches, j'ai autrefois désiré la richesse ; c'est pourquoi « j'ai été réduit à rien, lorsque mes pas ont failli me faire tomber. « Et j'ai été réduit à rien, sans rien savoir (Ibid.). » Il ne faut donc pas désespérer de ceux contre qui je viens de parler.

29. Que veut dire : « Sans rien savoir (Ibid., 22) ? » « Je suis devenu devant vous comme une bête de somme, et cependant je ne me suis pas éloigné de vous (Ibid., 23). » Il y a une grande différence entre lui et les autres. Il était devenu comme une bête de somme, par ses désirs terrestres, lorsqu'étant réduit à rien il ignorait les choses éternelles ; mais il ne s'est pas éloigné de son Dieu, parce qu'il n'a demandé ces biens terrestres ni aux démons ni au diable. En effet, je vous l'ai déjà indiqué : c'est ici la voix de la Synagogue, c'est-à-dire du peuple qui n'a pas servi les idoles. Je suis devenu une bête de somme, en demandant à mon Dieu les biens terrestres, mais je ne me suis jamais éloigné de mon Dieu.

30. Mais, parce que je ne me suis pas éloigné de mon Dieu, quoique je fusse devenu semblable à une bête de somme, je puis dire : «Vous avez soutenu la main de ma droite (Ibid., 24).» Il n'a pas dit : ma main droite, mais : « la main de ma droite. » Si la droite a une main, la main a donc une main. « Vous avez tenu la main de ma droite » pour me conduire. Qu'entend-il ici par main ? Il entend la puissance. Nous disons, en effet, que quelqu'un a en main ce qu'il a en son pouvoir ; par exemple, le démon dit à Dieu à l'égard de Job : « Étendez la main et enlevez lui ce qu'il possède (Job, I, 11). Que veut dire : « étendez la main ? » Donnez-moi le pouvoir. En disant la main de Dieu, le démon parle du pouvoir de Dieu. C'est ainsi qu'il est écrit en un autre passage : « La mort et la vie sont dans les mains de la langue (Proverbes, XVIII, 21). » Est-ce que la langue a des mains ? Mais que veut dire : « dans les mains de la langue ? » Au pouvoir de la langue. Et que veut dire au pouvoir de la langue ? « Vous serez justifié par votre bouche et vous serez condamné par votre bouche (Matth., XII, 37). » « Vous avez donc soutenu la main de ma droite (Ps., LXXII, 24). » Vous avez soutenu la puissance de ma droite. Qu'était-ce donc que ma droite ? C'était que « je ne m'étais jamais éloigné de vous. » J'avais pour main gauche que « je suis devenu comme une bête de somme, » parce que je convoitais les choses de la terre ; mais ma main droite était que je suis toujours

---

mutati sunt renes mei. Potest et sic intelligi : « Quia delectatum est cor meum, » in Deum ; « et renes mei mutati sunt, » id est, libidines meæ mutatæ sunt, et castus totus factus sum. « Renes mei mutati sunt. » Et audi quomodo.

28. « Et ego ad nihilum redactus sum, et non cognovi (Ibid., 22). » Ego ille, qui modo ista dico de divitibus, aliquando talia desideravi : ideo, « et ego ad nihilum redactus sum, » quando pene effusi sunt gressus mei. « Et ego ad nihilum redactus sum, et non cognovi. » Non est ergo desperandum et de illis, in quos talia dicebam.

29. Quid est, « non cognovi?» «Quasi pecus factus sum ad te, et ego semper tecum (Ibid., 23). » Multum interest inter istum et alios. Iste quasi pecus factus est desiderando terrena, quando redactus ad nihilum non cognovit æterna ; sed non recessit a Deo suo, quia non illa desideravit a dæmonibus, a diabolo. Hoc enim jam vobis commendavi. Vox est synagogæ, id est, illius populi qui non servivit idolis. Pecus quidem factus sum, a Deo meo terrena desiderans : sed numquam recessi ab ipso Deo meo.

30. Quia ergo, quamvis factus pecus, non recessi a Deo meo ; sequitur, « Tenuisti manum dexteræ meæ (Ibid., 24). » Non dixit, manum dexteram meam ; sed, « manum dexteræ meæ. » Si dexteræ manus est, manus habet manum. « Manum tenuisti dexteræ meæ, » ut deduceres me. Quid posuit manum ? Potestatem. Hoc enim dicimus quemquam habere in manu, quod habet in potestate : quomodo dixit diabolus Deo de Job, « Mitte manum tuam, et tolle quæ habet (Job., I, 11). » Quid est, mitte manum tuam ? Da potestatem. Manum Dei, potestatem Dei dixit : sicut scriptum est alio loco, « Mors et vita in manibus linguæ (Prov., XVIII, 21). » Numquid lingua habet manus ? Sed quid est, in manibus linguæ ? In potestate linguæ. Quid est, in potestate linguæ ? « Ex ore tuo justificaberis, et ex ore tuo condemnaberis

resté près de vous. Vous avez soutenu la main de cette droite, c'est-à-dire que vous avez dirigé sa puissance. Quelle est cette puissance ? « Il leur a donné le pouvoir de devenir enfants de Dieu (*Jean*, 1, 12). » Il a, dès lors, commencé à être parmi les enfants de Dieu, comme appartenant au nouveau Testament. Voyez comment la main de sa droite a été retenue : « Vous m'avez conduit selon votre volonté (*Ibid.*, 24), » que veut dire : « selon votre volonté ? » Non par mes propres mérites. Que veut dire : « Selon votre volonté ? » Écoutez l'Apôtre qui a d'abord été comme une bête de somme, désirant les choses de la terre, et vivant selon le Testament ancien : que dit-il ? « J'ai d'abord été blasphémateur, persécuteur et outrageux ; mais j'ai obtenu miséricorde (I *Tim.*, I, 13). » Que veut dire : « Selon votre volonté ? » « C'est par la grâce de Dieu que je suis ce que je suis (I *Cor.*, XV, 10). » « Et vous m'avez reçu avec gloire (*Ps.*, LXXII, 24). » Où a-t-il été reçu, et dans quelle gloire ? Qui l'expliquera ? Qui le dira ? Attendons cette même gloire, car elle viendra lors de notre résurrection, à la fin des temps. « Vous m'avez reçu avec gloire. »

31. Ici le Prophète commence à méditer cette céleste béatitude et à s'accuser d'avoir été comme une bête de somme et d'avoir désiré les biens terrestres. « En effet, qu'y a-t-il pour moi dans le ciel et que vous ai-je demandé sur la terre (*Ibid.*, 25) ? Votre murmure m'apprend que vous avez compris ces paroles. Il a comparé ses désirs terrestres avec la récompense céleste qu'il doit recevoir ; il a vu ce qui lui était réservé dans le ciel ; il a médité, il s'est abîmé dans la contemplation de ce bien ineffable, que l'œil n'a point vu, que l'oreille n'a pas entendu, et dont le sentiment n'est point entré dans le cœur de l'homme (I *Cor.*, II, 9). Aussi n'a-t-il pas dit : Tel ou tel bien m'est réservé dans le ciel, mais : Qu'y a-t-il pour moi dans le ciel ? Que m'est-il réservé dans le ciel ? Quelle sorte de bonheur ? Quelle en est l'étendue ? Quelle en est la nature ? Et comme ce que je posséderai dans le ciel ne passera point, « que vous ai-je demandé sur la terre (*Ps.*, LXXII, 25) ? » Vous me réservez, (Je vous dirai, mes frères, ce que je sens, comme je le pourrai, mais soyez indulgents : accueillez mes efforts, les tentatives de mon zèle ; car, le moyen d'expliquer de telles choses, je ne l'ai pas.) Vous me réservez, dit-il, dans le ciel, des richesses immortelles, c'est-à-dire, vous-même ; et je vous ai demandé sur la terre ce que possèdent aussi les impies, ce que possèdent aussi les méchants, ce que possèdent

---

(*Matth.*, XII, 37). Tenuisti ergo manum dexteræ meæ, » potestatem dexteræ meæ. Quæ erat dextera mea ? Quia « ego semper tecum. » In (*a*) sinistram habebam, quia pecus factus sum, id est, quia terrena in me fuit concupiscentia : sed dextera mea erat, quia semper tecum eram. Hujus dexteræ manum tenuisti, id est, potestatem rexisti. Quam potestatem ? « Dedit eis potestatem filios Dei fieri (*Johan.*, 1, 12). » Cœpit esse jam inter filios Dei, ad novum Testamentum pertinens. Vide quomodo retenta est manus dexteræ ejus. « In voluntate tua deduxisti me. » Quid est, « in voluntate tua ? » Non in meritis meis. Quid est, « in voluntate tua ? » Audi Apostolum, qui fuit pecus primo terrena desiderans, et secundum vetus Testamentum vivens, quid ait ? « Qui primo fui blasphemus, et persecutor, et injuriosus ; sed misericordiam consecutus sum (I *Tim.*, I, 13). » Quid est, « in voluntate tua ? » « Gratia Dei sum quod sum (I *Cor.*, XV, 10). » « Et (*b*) cum gloria assumsisti me. » Jam quo assumptus est, et in qua gloria, quis explicat ? quis dicit ? Exspectemus hoc, quia in resurrectione erit, in novissimis erit. « Cum gloria assumsisti me. »

31. Et cœpit cogitare felicitatem ipsam cælestem, et arguere se, quia pecus fuit, et terrena desideravit. « Quid enim mihi est in cælo, et a te quid volui super terram (*Ps.*, LXXII, 25) ? » Ex voce vestra intellexisse vos video. Comparavit voluntati suæ terrenæ præmium cæleste, quod accepturus est, vidit quid ibi sibi servaretur ; et cogitans et æstuans in cogitatione cujusdam rei ineffabilis, quam nec oculus vidit, nec auris audivit, nec in cor hominis adscendit (I *Cor.*, II, 9), non dixit, Illud, aut illud mihi est in cælo ; sed, « Quid mihi est in cælo ? » Quid est illud quod habeo in cælo ? quid est ? quantum est ? quale est ? Et, cum non transit quod habeo in cælo, « a te quid volui super terram ? » Servas mihi tu : (Sic dicam ut possum, sed date veniam : accipite conatum meum, devotionem nitendi ; nam explicandi (*c*) nulla facultas est.) Servas, inquit, mihi tu in cælo divitias immortales teipsum, et ego volui a te in terra quod habent et impii, quod habent et mali,

---

(*a*) Sic melioris notæ MSS. At editi, *In sinistra*. (*b*) Omnes MSS. hoc loco, *in gloria*. (*c*) MSS. *nullam facultatem*.

aussi les malfaiteurs, de grosses sommes, de l'or, de l'argent, des pierres précieuses, de nombreux serviteurs, ce que possèdent beaucoup de scélérats, ce que possèdent beaucoup de femmes dépravées, beaucoup d'hommes dépravés ; j'ai demandé à mon Dieu de posséder ces biens sur la terre comme quelque chose d'un grand prix, tandis que mon Dieu se réserve pour moi dans le ciel. « Qu'y a-t-il en effet pour moi dans le ciel ? » (Il nous le dira dans un instant,) « et que vous ai-je demandé sur la terre (*Ibid.*) ? »

32. « Mon cœur et ma chair ont défailli, ô Dieu de mon cœur. » Voilà ce qui m'est réservé dans le ciel, « Dieu de mon cœur, Dieu mon partage (*Ibid.*, 26) ! » Eh bien, mes frères ! Voyons quelles sont nos richesses, et que le genre humain choisisse son partage. Voyons les hommes déchirés par la diversité de leurs convoitises; qu'ils choisissent, les uns la guerre, les autres le barreau, les autres des doctrines variées et différentes, ceux-ci le commerce, ceux-là l'agriculture ; qu'ils se partagent ces biens terrestres, mais que le peuple de Dieu s'écrie : « Mon Dieu est mon partage ! » Il n'est pas mon partage pour un temps ; « mon Dieu est mon partage pour les siècles des siècles (*Ibid.*). » Quand je posséderais pour toujours l'or que j'aurais acquis, que posséderais-je ? Et quand je ne posséderais pas Dieu éternellement, quel bien au contraire ne posséderais-je point en lui ? Ajoutez à cela qu'il promet de se donner lui-même à moi, et qu'il me promet que je le posséderai éternellement. Quoi, un si grand bien, et un si grand bien pour toujours ! O félicité suprême : « Dieu est mon partage ! » Pour combien de temps ? « Pour les siècles des siècles (*Ibid.*). » Aussi voyez, l'amour qu'il a pour Dieu a purifié son cœur ; « Dieu de mon cœur, Dieu mon partage pour les siècles des siècles ! » Son cœur est pur; il aime Dieu sans intérêt et il ne lui demande pas de récompense étrangère, en vue de laquelle il veuille servir Dieu, attachant plus de prix à ce qu'il désire recevoir qu'à celui de qui il veut le recevoir. Quoi donc ? aucune récompense de la part de Dieu ? Aucune, si ce n'est Dieu même. La récompense de Dieu, c'est Dieu même. Voilà ce qu'aime le Prophète ; voilà toute son affection. S'il aime autre chose, son amour n'est point pur. Vous vous éloignez de la flamme immortelle ; vous vous refroidirez, et la corruption vous atteindra. Gardez-vous de vous en éloigner ; ce serait tomber en corruption, ce serait commettre une fornication spirituelle. Le Prophète revient donc dès à présent ; dès à présent il se repent, dès à présent il a choisi la pénitence, dès à présent il dit : « Dieu est mon partage (*Ibid.*). » Et quelles délices ne trouve-t-il pas dans celui qu'il a choisi?

---

quod habent et facinorosi, pecuniam, aurum, argentum, gemmas, familias, quod habent et sceleroti multi, quod habent multæ feminæ turpes, multi viri turpes : hæc pro magno desideravi a Deo meo super terram ; cum servet se mihi in cælo Deus meus. « Quid enim mihi est in cælo ? » Ostendere habet ipsum quid. « Et a te quid volui super terram? »

32. « Defecit cor meum et caro mea, Deus cordis mei (*Ps*, LXXII, 26). » Hoc ergo mihi est in cælo servatum, « Deus cordis mei, et pars mea Deus meus. » Quid est, Fratres? Inveniamus divitias nostras, eligat sibi partes genus humanum. Videamus homines cupiditatum diversitate laniari : eligant alii militiam, alii advocationem, alii diversas variasque doctrinas, alii negotiationem, alii agriculturam ; istas partes sibi faciant de rebus humanis : clamet populus Dei, « Pars mea Deus meus. » Non ad tempus pars mea ; sed « pars mea Deus in sæcula. » Aurum etsi semper habeo, quid habeo? Deum (*a*) etsi non semper haberem, quam magnum bonum haberem? Huc accedit, quia mihi seipsum promittit, et id me in æternum habiturum promittit. Tantum habeo, et numquam non habeo. Magna felicitas : « Pars mea Deus. » Quamdiu ? « In sæcula. » Quoniam ecce vide quomodo illum amavit; fecit cor castum : « Deus cordis mei, et pars mea Deus in sæcula. » Factum est cor castum, gratis jam amatur Deus, non ab illo petitur aliud præmium. Qui aliud præmium petit a Deo, et propterea vult servire Deo; carius facit quod vult accipere, quam ipsum a quo vult accipere. Quid ergo, nullum, præmium Dei? Nullum, præter ipsum. Præmium Dei, ipse Deus est. Hoc amat, hoc diligit : si aliud dilexerit, non erit castus amor. Recedis ab igne immortali, frigesces, corrumperis. Noli recedere, corruptio tua erit, fornicatio tua erit. Jam iste redit, jam istum pænitet,

---

(*a*) Sic meliores MSS. At editi, *Deum si semper haberem* etc.

33. « Ceux qui vont loin de vous, périront (*Ibid.*, 27)... Le Prophète s'est bien écarté de Dieu, mais il n'est pas allé loin. « Je suis devenu, a-t-il dit, comme une bête de somme, mais je suis toujours resté près de vous (*Ibid.*, 23). » Ceux-là, au contraire, se sont écartés au loin, qui n'ont pas seulement désiré les biens de la terre, mais qui les ont demandés aux démons et au diable. « Ceux qui vont loin de vous périront (*Ibid.*, 27). » Et qu'est-ce que s'éloigner ainsi de Dieu ? « Vous avez perdu toute âme coupable de fornication envers vous (*Ibid.*, 27). » L'amour pur est l'opposé de cette fornication. Quel est l'amour pur ? L'âme est déjà attachée à son époux ; que demande-t-elle de cet époux qu'elle aime ? Agit-elle comme ces femmes qui se choisissent parmi les hommes des gendres ou des époux ? Choisit-elle ses richesses et aime-t-elle son or, ses terres, son argent et ses trésors, ses chevaux, ses nombreux serviteurs et toutes choses semblables ? Non, mille fois. Cette âme n'aime que Dieu et elle l'aime sans intérêt, parce qu'elle possède tout en celui par lequel toutes choses ont été faites (*Jean*, I, 3). « Vous avez perdu toute âme coupable de fornication envers vous (*Ibid.*). »

34. Que faites-vous donc au lieu de commettre cette faute ? « Pour moi, tout mon bien est de me tenir uni à Dieu (*Ibid.*, 28). » C'est là le souverain bien. Voulez-vous davantage ? Je plains ceux qui désirent davantage. Mes frères, que voulez-vous de plus ? Rien n'est meilleur que d'être uni à Dieu, et de le voir face à face (I *Cor.*, XII, 12). Mais pour le présent ? le Prophète parle encore en voyageur. « Tout mon bien, dit-il est de me tenir uni à Dieu (*Ibid.*) ; » mais comme nous sommes encore dans le voyage et que la réalité n'est point encore venue, mon bien est de « mettre en Dieu mon espérance (*Ibid.*). » Par conséquent, tant que vous ne serez pas réellement uni avec Dieu, mettez en lui votre espérance. Êtes-vous sur les flots, jetez d'avance votre ancre au rivage. Vous n'êtes pas encore uni à Dieu en réalité, attachez-vous à lui par l'espérance. « Mon bien est de mettre en Dieu mon espérance. » Et que ferez-vous ici-bas, lorsque vous aurez ainsi placé votre espérance en Dieu ? Quelle sera votre occupation, si ce n'est de louer celui que vous aimez et de faire que d'autres l'aiment avec vous ? Si vous étiez partisan d'un conducteur de char, ne voudriez-vous pas entraîner les autres à en faire avec vous leur favori ? Celui qui aime un cocher de cirque parle de lui partout où il passe, afin que les autres l'aiment aussi bien que lui. Des hommes vicieux sont ainsi aimés

---

jam pænitentiam iste eligit, jam dicit, « Pars mea Deus. » Et quomodo delectatur in ipso, quem sibi partem elegit ?

33. « Ecce qui longe se faciunt a te, peribunt (*Ibid.*, 27). » Iste ergo recessit a Deo, sed non longe : « quia quasi pecus factus sum, inquit, et ego semper tecum (*Ibid.*, 23). » Illi vero longe recesserunt, quia non solum terrena desideraverunt, sed ea a dæmonibus et a diabolo petierunt. « Qui longe se faciunt a te, peribunt. » Et quid est, longe a Deo fieri ? « Perdidisti omnem qui fornicatur abs te. » Huic fornicationi contrarius est amor castus. Quis est amor castus ? Amat jam anima sponsum suum : quid ab illo quærit, ab sponso suo quem diligit ? Forte quomodo sibi eligunt homines aut generos aut sponsos feminæ : eligit forte divitias et aurum ejus amat, et fundos, et argentum, et pecuniam, et equos, et familiam, et cetera ? Absit. Iste ipsum solum amat, gratis amat; quia in ipso habet omnia, quia per ipsum facta sunt omnia (*Johan.*, I, 3). « Perdidisti, inquit, omnem qui fornicatur abs te. »

34. Tu autem quid facis ? « Mihi autem adhærere Deo bonum est (*Ps.*, LXXII, 28). » Hoc est totum bonum. Vultis amplius ? Doleo volentes. Fratres, quid vultis amplius ? Deo adhærere nihil est melius, quando eum videbimus facie ad faciem (I *Cor.*, XIII, 12). Modo ergo quid ? Quia adhuc peregrinus loquor : « Adhærere, inquit, Deo bonum est : » sed modo in peregrinatione, quia nondum venit res, « Ponere in Deo spem meam. » Quamdiu ergo nondum adhæsisti, ibi pone spem. Fluctuas, præmitte ad terram ancoram. Nondum hæres per præsentiam, inhære per spem. « Ponere in Deo spem meam. » Et quid hic agens pones in Deo spem tuam ? Quod erit negotium tuum, nisi ut laudes quem diligis, et (*a*) facias tecum coamatores ejus ? Ecce si amares Aurigam, non raperes ceteros ut tecum amarent ? Amator Aurigæ quacumque transit loquitur de illo, ut cum illo cum ament et ceteri. Gratis amantur flagitiosi homines, et a Deo præmium quæritur ut ametur ? Ama Deum gratis, nulli invideas Deum. Rapite cum quotquot potestis, quotquot possessuri estis : non fit angustus;

(*a*) Sic MSS. At editi, *et satias te cum amatoribus ejus.*

gratuitement, et l'on demande à Dieu des récompenses pour l'aimer. Aimez Dieu sans intérêt et n'enviez à personne l'amour de Dieu. Emparez-vous de Dieu, qui que vous soyez qui le pouvez ; qui que vous soyez qui devez le posséder. Il n'est point resserré dans des limites, vous n'avez point de partage à établir en lui, vous le posséderez chacun tout entier, tous vous l'aurez en entier. Par conséquent, tant que vous êtes ici-bas, tant que vous mettez en Dieu votre espérance, faites ce que va vous dire le Prophète ? « Pour que je publie toutes vos louanges dans les parvis de la fille de Sion (*Ibid.*). » « Pour que je publie toutes vos louanges : » mais où ? « Dans les parvis de la fille de Sion; » parce que c'est prêcher Dieu en vain que de le prêcher en dehors de l'Église. Ce n'est point assez de louer Dieu et de publier toutes ses louanges ; publiez-les dans les parvis de la fille de Sion. Tendez à l'unité ; gardez-vous de diviser le peuple, mais entraînez-le au contraire à l'unité et faites qu'il soit un. Je me suis oublié en parlant. Voilà le psaume fini, et la chaleur qui s'exhale de moi me fait conjecturer que mon discours a été très-long. Mais je ne suffis point encore à l'ardeur de vos désirs, tant ils sont violents. Puissiez-vous, par cette violence, emporter d'assaut le royaume des cieux.

nullos in illo limites facietis ; totum singuli possidebitis, et totum omnes habebitis. Ergo hoc fac cum hic es, id est, cum ponis in Deo spem tuam. Quid enim sequitur? « Ut annuntiem omnes laudes tuas in atriis filiæ Sion. » « Ut annuntiem omnes laudes tuas: » sed ubi? « In atriis filiæ Sion : » quia prædicatio Dei præter Ecclesiam inanis est. Parum est laudare Deum, et annuntiare omnes laudes ejus. In atriis filiæ Sion annuntia. Ad unitatem (*a*) tende, noli dividere populum ; sed rape ad unum, et fac unum. Oblitus sum quamdiu dixi. Jam finito Psalmo, et ex isto (*b*) odore conjicio me diuturnum habuisse sermonem : sed studiis vestris non sufficio ; violenti estis nimis : utinam ista violentia rapiatis regnum cælorum.

(*a*) Editi, *adtende*. At MSS. *tende* : pluresque ex iis paulo post habent, *rape ad unum et fac unam*. (*b*) Regius liber, *ardore*. Alii MSS, cum editis, *odore* : an forte pro, *sudore*.

DISCOURS [1] SUR LE PSAUME LXXIII.

1. Ce psaume a pour titre : « Intelligence d'Asaph (*Ps.*, LXXIII, 1). » Asaph, en latin signifie assemblée, en grec, il signifie synagogue. Voyons ce qu'aura compris cette synagogue. Mais, pour nous, commençons par comprendre ce qu'est la synagogue et nous comprendrons ensuite ce que la synagogue aura compris. Toute réunion peut s'appeler du nom général

IN PSALMUM LXXIII.

ENARRATIO.

1. Psalmi hujus titulus est, « Intellectus Asaph (1). » Asaph Latine congregatio, Græce synagoga dicitur. Videamus quid intellexerit ista synagoga. Nos autem intelligamus primitus synagogam : exinde intelligemus quid intellexerit synagoga. Omnis congregatio generali nomine synagoga appellatur : et pecorum et hominum potest dici congregatio; non autem hic pecorum congregatio est, quando audivimus intellectum. Nam homo cum in se neglexerit

(1) Discours au peuple.

de synagogue; et l'on peut le dire également d'un rassemblement d'hommes ou d'un rassemblement d'animaux; mais ce n'est pas d'un rassemblement d'animaux qu'il s'agit, puisqu'on nous parle d'intelligence. Qu'est-il dit, en effet, de l'homme qui, étant élevé en honneur, a négligé de comprendre? « L'homme élevé en honneur n'a pas compris; il s'est comparé aux animaux sans raison et leur est devenu semblable (*Ps.*, XLVIII, 13). » Puisqu'il n'est pas ici question d'un rassemblement d'animaux, il n'est pas nécessaire de discuter longtemps sur ce point, ni d'y fixer davantage votre attention. Il s'agit d'une assemblée d'hommes, et nous avons à comprendre quels sont ces hommes. Laissons en effet de côté ces hommes qui, étant élevés en honneur et ne le comprenant pas, se comparent à des animaux sans raison et leur deviennent semblables; ne nous occupons que d'hommes qui ont l'intelligence. Car le titre de ce Psaume nous le prescrit suffisamment en disant : « Intelligence d'Asaph (*Ibid.*). » Il y a donc quelque part une assemblée intelligente, dont nous entendrons la voix. Mais comme l'assemblée du peuple d'Israël a particulièrement reçu le nom de synagogue, à ce point que quand nous entendons prononcer le nom de synagogue, nous avons coutume de le rapporter uniquement au peuple juif, voyons si ce n'est point sa voix qui parle dans le Psaume; mais la voix de quels Juifs et de quel peuple d'Israël? Il ne s'agit sans doute pas de la paille, mais du blé (*Matth.*, III, 12); ni sans doute des rameaux brisés, mais des rameaux qui sont solides sur l'arbre (*Rom.*, XI, 17). « Car tous ceux qui sortent d'Israël ne sont pas des Israélites; mais c'est en Isaac, que sera nommée votre postérité, c'est-à-dire, ce ne sont pas les enfants de la chair qui sont les enfants de Dieu, mais ce sont les enfants de la promesse qui sont comptés dans la postérité (*Id.*, IX, 6-8). » Il y a donc des Israélites, tels que celui dont le Seigneur a dit : « Voilà un vrai Israélite, dans lequel il n'y a aucun déguisement (*Jean*, I, 47). » Je ne prends pourtant pas ce mot dans le sens plus étendu d'après lequel nous sommes aussi des Israélites, parce que nous aussi nous sommes de la race d'Abraham; car c'est aux Gentils que parlait l'Apôtre lorsqu'il disait : « Vous êtes la postérité d'Abraham, héritiers selon la promesse (*Gal.*, III, 29). » D'après cela, nous sommes tous des Israélites, si nous suivons les traces de la foi de notre père Abraham. Mais ici nous devons prendre le nom d'Israélite de la même manière que l'Apôtre, lorsqu'il disait : « Je suis un Israélite, de la race d'Abraham, de la tribu de Benjamin (*Rom.*, XI, 1); » et alors, après cette explication,

---

intellectum in honore positus, quid de illo dictum est, audi : « Homo in honore positus non intellexit, comparatus est jumentis insensatis, et similis factus est illis (*Psal.*, XLVIII, 13). » Quia ergo non est pecorum congregatio, nec diu discerendum est, nec diligentius commendandum : sed quia hominum est, quorum hominum sit hoc debemus intelligere. Non utique eorum hominum est, qui in honore positi non intelligentes comparati sunt jumentis insensatis, et similes facti sunt eis, sed eorum qui intelligunt. Præscribit enim hoc titulus Psalmi, dicens, « Intellectus Asaph (*a*). » Intelligens ergo quædam congregatio est, cujus vocem audituri sumus. Sed quoniam proprie synagoga dicta est congregatio populi Israel, ita ut ubicumque audierimus synagogam, non jam soleamus intelligere nisi populum Judæorum; videamus ne forte ipsius vox sit in isto Psalmo. Sed qualium Judæorum, et qualis populi Israel? Non enim paleæ, sed forte frumenti (*Matth.*, III, 12); non ramorum fractorum, sed forte confirmatorum. « Non enim omnes, qui sunt ex Israel, hi sunt Israelitæ; sed in Isaac, inquit, vocabitur tibi semen (*Rom.*, IX, 6, 7) : » hoc est, non hi qui filii carnis, hi filii Dei; sed illi promissionis deputantur in semine. Sunt ergo quidam Israelitæ, ex quibus erat ille de quo dictum est, « Ecce vere Israelita, in quo dolus non est (*Johan.*, I, 47). » Non secundum hoc dico, quod et nos Israelitæ sumus, quia et nos semen Abrahæ sumus. Gentibus quippe loquebatur Apostolus, cum diceret, « Ergo semen Abrahæ estis secundum promissionem heredes (*Gal.*, III, 9). Secundum hoc ergo omnes Israelitæ, qui sequimur vestigia fidei patris nostri Abrahæ. Sed illo modo hic intelligamus Israelitarum vocem, quomodo dixit Apostolus, « Nam et ego Israelita sum ex semine Abrahæ, tribu Benjamin (*Rom.*, II, 1). » Hic ergo intelligamus, quod Prophetæ dixerunt, « Reliquiæ salvæ fient (*Rom.*, IX, 27). » Reliquiarum itaque salvatarum audiamus hic vocem; ut loquatur synagoga, quæ acceperat vetus Testamentum, et intenta erat in promissa carnalia;

(*a*) Sic Aliquot MSS. Alii cum editis, *Intellectus*.

rappelons-nous ces prédictions prophétiques : « Les restes seront sauvés (*Id.*, IX, 27). » C'est donc la voix de ces restes qui seront sauvés que nous devons entendre dans le Psaume; c'est-à-dire la voix de la synagogue, qui avait reçu l'Ancien Testament, et s'était attachée à des promesses charnelles, ce qui a fait chanceler ses pas. Qu'est-il dit, en effet, dans un autre psaume, également intitulé « Asaph ? » « Que le Dieu d'Israël est bon aux yeux de ceux dont le cœur est droit ! Mais mes pieds ont été presque ébranlés (*Ps.*, LXXII, 1 et 2). » Et comme si nous demandions : Pourquoi vos pieds ont-ils été presque ébranlés ? « Mes pas, répond-il, ont failli me faire tomber, parce que j'ai porté envie aux pécheurs, en voyant la paix des pécheurs (*Ibid.*, 2 et 3). » Comme, en effet, d'après les promesses de Dieu qui avaient rapport à l'Ancien Testament, il attendait une félicité terrestre, il a remarqué que les impies en jouissaient abondamment, et que des hommes qui n'adoraient pas Dieu étaient comblés de ces biens qu'il espérait de Dieu, et, comme s'il eût servi Dieu sans fruit, il sentit ses pieds chanceler. Aussi dit-il dans le même psaume : « Voilà que les pécheurs ont possédé dans ce monde d'abondantes richesses. Ai-je donc en vain tenu mon cœur pur (*Ibid.*, 12 et 13) ? » Voyez combien il s'en est peu fallu qu'il ne tombât, puisqu'il a dit en son âme : Quelle utilité y a-t-il que je serve Dieu ? Voici un homme qui ne le sert pas, et il est heureux ; je le sers et je souffre. Et même, supposons que je sois heureux, du moment que celui qui ne sert pas Dieu est heureux, pourquoi penser que mon bonheur vient de ce que je le sers ? Le psaume dont j'ai tiré ces témoignages précède celui que nous avons à examiner actuellement.

2. Par une heureuse circonstance, que nous n'avons pas amenée, mais qui vient de la providence de Dieu, nous venons d'entendre dans l'Évangile cette parole : « La loi a été donnée par Moïse, mais la grâce et la vérité sont venues par Jésus-Christ (*Jean*, I, 17). » Si, en effet, nous examinons la différence des deux Testaments, de l'Ancien et du Nouveau, ils ne contiennent ni les mêmes sacrements, ni les mêmes promesses ; cependant la plupart des commandements sont les mêmes. Car : « Vous ne tuerez pas, vous ne commettrez pas l'adultère, vous ne volerez pas. Honorez votre père et votre mère ; vous ne rendrez pas de faux témoignage ; vous ne convoiterez pas ce qui appartient à votre prochain ; vous ne convoiterez pas l'épouse de votre prochain (*Ex.*, XX, 12-17), » sont aussi pour nous des commandements ; et quiconque ne les observe pas dévie de la bonne route, et se rend absolument indigne d'être admis sur la montagne sainte de Dieu, dont il est dit : « Qui habitera votre tabernacle, qui reposera sur vo-

---

et ex hoc factum est, ut nutarent ei pedes. Nam et in alio quodam Psalmo, ubi etiam titulus habet Asaph, quid dicitur ? « Quam bonus Deus Israel rectis corde ! Mei autem pene moti sunt pedes (*Psal.*, LXXII, 1, 2). » Et quasi diceremus, Unde tibi moti sunt pedes ? « Paulo minus, inquit, effusi sunt gressus mei, quia zelavi in peccatoribus, pacem peccatorum intuens (*Ibid.* 3). » Cum enim secundum promissa Dei ad vetus Testamentum pertinentia exspectaret felicitatem terrenam, animadvertit eam abundare apud impios; in his rebus, quas exspectabat a Deo, pollere illos, qui non colerent Deum : et tamquam sine caussa Deo servisset, nutaverunt pedes ejus. Ibi enim dicit, « Ecce ipsi peccatores, et abundantes in sæculo obtinuerunt divitias. » Numquid in vano justificavi cor meum ? Videte quemadmodum paulo minus effusi sunt gressus ejus, ut jam dicat sibi anima, Quæ utilitas, quia servio Deo ? Ecce ille non servit, et felix est ; ego servio, et laboro. Postremo puta quia ego felix sum ; quando et ille felix est, qui non servit, quare me putem ideo felicem esse quia servio ? Ille autem Psalmus cujus testimonium produxi, præcedit istum quem nunc in manibus habemus.

2. Opportune autem non ex nostra, sed ex Dei dispensatione factum est, ut modo audiremus ex Evangelio, «Quia Lex per Moysen data est, gratia et veritas per Jesum Christum facta est (*Johan.* I, 17).» Si enim discernimus duo Testamenta, Vetus et Novum, non sunt eadem sacramenta, nec eadem promissa ; eadem tamen pleraque præcepta. Nam, Non occides, non mœchaberis, Non furaberis, Honora patrem et matrem, Non falsum testimonium dixeris, Non concupisces rem proximi tui, Non concupisces uxorem proximi tui, et nobis præceptum est (*Exodi*, II, 20, 13); et quisquis ea non observaverit, deviat, nec omnino dignus est, qui (*a*) accipere mereatur montem sanctum Dei, de quo dictum est,

---

(*a*) Duo MSS. *adscendere*.

tre montagne sainte (*Ps.*, XIV, 1)? » « celui dont les mains sont innocentes et le cœur pur (*Ps.*, XXIII, 4). » Si donc nous examinons les commandements dans les deux lois, nous trouverons qu'ils sont tout à fait identiques ou à peine en trouverons-nous un petit nombre dans l'Évangile qui ne seraient point écrits dans les Prophètes. Les commandements sont les mêmes; les sacrements ne sont pas les mêmes, les promesses ne sont pas les mêmes. Voyons pourquoi les commandements sont les mêmes: c'est parce qu'ils sont la règle d'après laquelle nous devons servir Dieu. Les sacrements ne sont pas les mêmes, parce que autres sont les sacrements qui donnent le salut, autres ceux qui promettent le Sauveur. Or les sacrements du Nouveau Testament donnent le salut, et les sacrements de l'Ancien Testament promettaient le Sauveur. Puisque vous possédez maintenant l'objet des promesses, pourquoi réclamer les promesses, vous qui avez votre Sauveur? Je vous le dis, gardez fidèlement ce qui vous était promis; non pas que nous ayons déjà reçu la vie éternelle, mais parce que le Christ, annoncé d'avance par les Prophètes, est venu. Les sacrements ont été changés; ils sont devenus plus faciles, moins nombreux, plus salutaires, plus propres à donner le bonheur. Pourquoi les promesses ne sont-elles pas les mêmes? Parce que l'Ancien Testament promettait aux Juifs la terre de Chanaan, terre féconde, fertile en fruits, où coulaient le lait et le miel; il promettait un royaume temporel, il promettait la félicité du siècle, il promettait une postérité nombreuse, il promettait la défaite des ennemis (*Exode*, III, 8); toutes choses qui se rapportent à un bonheur terrestre. Mais pourquoi fallait-il ces premières promesses? Parce que « ce qui est spirituel n'a pas été créé d'abord, mais ce qui est animal, a dit l'Apôtre, et ensuite ce qui est spirituel. Le premier homme, formé de la terre, est terrestre; le second homme, venu du ciel, est céleste; tel qu'est l'homme terrestre, tels sont les hommes terrestres; et tel qu'est l'homme céleste, tels sont les hommes célestes. De même que nous avons porté l'image de l'homme terrestre, portons maintenant l'image de l'homme céleste (I *Cor.*, XV, 46-49). » L'Ancien Testament se rapporte à l'image de l'homme terrestre; le Nouveau à l'image de l'homme céleste. Mais, de peur qu'on ne s'imaginât que l'homme terrestre vient d'un autre créateur que l'homme céleste, Dieu, pour prouver qu'il a créé l'un et l'autre, a voulu être aussi l'auteur des deux Testaments, afin de promettre lui-même, dans l'Ancien Testament des biens terrestres, et dans le Nouveau des biens célestes. Mais combien de temps, ô homme! serez-vous

« Quis habitabit in tabernaculo tuo, aut quis requiescet in monte sancto tuo (*Psal.*, XIV, 1)?» Innocens manibus, et mundo corde (*Psal.*, XXIII, 4). (*a*)Discussa ergo præcepta, aut omnia eadem inveniuntur, aut vix aliqua in Evangelio, quæ non dicta sint a Prophetis. Præcepta eadem, sacramenta non eadem, promissa non eadem. Videamus quare præcepta eadem : quia secundum hæc Deo servire debemus. Sacramenta non eadem, quia alia sunt sacramenta dantia salutem, alia promittentia Salvatorem. Sacramenta novi Testamenti dant salutem, sacramenta veteris Testamenti promiserunt Salvatorem. Cum ergo jam teneas promissa, quid quæris promittentia, habens jam (*b*) Salvatorem? Hoc dico, teneas promissa, non quod jam acceperimus vitam æternam; sed qui jam venerit Christus, qui per Prophetas prænuntiabatur. Mutata sunt sacramenta, facta sunt faciliora, pauciora, salubriora, feliciora. Promissa quare non eadem? Quia promissa est terra Chanaan, terra copiosa, fructuosa, affluens lacte et melle (*Exodi*, III, 8); promissum regnum temporale, promissa felicitas sæculi, promissa fecunditas filiorum, promissa subjectio inimicorum. Hæc omnia ad terrenam felicitatem pertinent. Sed quare ipsa primo promitti oportebat? « Quia non primo quod spiritale est, sed quod animale : postea, inquit, spiritale. Primus homo de terra terrenus, secundus homo de cœlo cœlestis : qualis terrenus, tales et terreni: et qualis cælestis, tales et cælestes. Sicut portavimus imaginem terreni portemus et imaginem ejus qui de cœlo est (I *Cor.*, XV, 46).» Ad imaginem terreni pertinet vetus Testamentum, ad imaginem cœlestis novum Testamentum. Sed ne quisquam putaret ab alio factum esse hominem terrenum, ab alio cœlestem; ideo Deus ostendens se esse utriusque creatorem, etiam utriusque Testamenti se esse voluit auctorem; ut terrena promitteret in vetere Testamento, et cælestia in novo Testamento. Sed (*c*) quamdiu prius homo terrenus es,

---

(*a*) Isthic ineditis interponebatur, *Hæc dicimus, Fratres carissimi, ut omnes de novo Testamento discatis non inhærere terrenis rebus, sed cælestia adipisci*: quod abest, a MSS. (*b*) Sic probæ notæ MSS. At Lov. *Salvatorem habens jam in hoc teneas promissa.* (*c*) Sic Regius codex. Alii plerique MSS. *Sed quamdiu primus* etc. Editi vero,*Sed tamdiu primus* etc.

d'abord terrestre ? Combien de temps aurez-vous le goût des choses de la terre ? Si l'on donne d'abord à l'enfant des jouets d'enfant pour distraire son esprit enfantin, ne les lui ôte-t-on pas des mains lorsqu'il a grandi, pour qu'il s'occupe à des choses plus utiles, convenables à un âge plus avancé ? Vous-même avez donné à votre fils des noix lorsqu'il était petit, et un livre lorsqu'il a eu grandi. Si donc, Dieu, par le Nouveau Testament, a comme retiré des mains de ses fils d'anciens jouets d'enfant, afin de leur donner avec l'âge quelque chose de plus utile, il ne faut pas croire pour cela que lui-même ne leur avait pas fait d'abord ces premiers dons : il leur a donné les deux Testaments. « Mais la Loi a été donnée par Moïse ; la grâce et la vérité sont venues par Jésus-Christ (*Jean*, I, 17) : » « la grâce, » parce que la charité accomplit ce que la lettre ordonnait ; « la vérité, » parce que ce qui était promis est donné. Voilà ce qu'Asaph a compris. Car tout ce qui a d'abord été promis aux Juifs leur a été enlevé. Où est leur royaume ? Où est leur temple ? Où est leur onction sacrée ? Où sont leurs prêtres ? Où trouver chez eux des Prophètes ? Depuis que le Christ prédit par les Prophètes est venu, les Juifs ne possèdent plus quoi que ce soit de tous ces biens ; ce peuple a déjà perdu toutes les promesses terrestres, et il ne cherche pas encore les promesses célestes.

3. Vous ne devez donc pas vous attacher aux biens terrestres, quoiqu'ils viennent de Dieu. Mais bien que nous ne devions pas nous y attacher, cependant nous ne devons pas croire qu'un autre que Dieu les donne ; Dieu seul les donne, mais n'attendez pas de lui, comme chose d'un grand prix, ce qu'il donne aussi à ceux qui ne sont pas bons. Car s'il les donnait comme choses d'un grand prix, il ne les donnerait pas également aux méchants. Or, il a voulu les donner également aux méchants, pour que les bons apprissent à lui demander ce qu'il ne donne pas aux méchants. Quant aux Juifs, attachés misérablement aux choses de la terre, n'ayant pas mis leur confiance dans celui qui a fait le ciel et la terre, qui leur avait donné les biens terrestres, qui les avait délivrés temporellement de la captivité d'Égypte, qui avait divisé la mer pour les y faire passer et qui avait submergé dans les flots les ennemis qui les poursuivaient (*Exode*, XII, 22, 28) ; n'ayant pas mis non plus leur confiance en celui qui leur aurait donné, en raison de leur croissance, des biens célestes, comme il leur avait donné dans leur enfance des biens terrestres ; et craignant même de perdre ce qu'ils avaient reçu, ils ont tué celui qui leur avait tout donné. Nous vous disons cela, mes frères, pour que vous, qui êtes des hommes du Testament Nouveau, vous sachiez

---

quamdiu terrena sapis? Numquid quoniam puero dantur quædam puerilia ludicra, quibus puerilis animus avocetur, propterea grandescenti non excutiuntur e manibus, ut aliquid jam utilius tractet, quod grandem decet? Verumtamen tu ipse dedisti filio tuo, et nuces parvulo, et codicem grandi. Non ergo, quia illa quasi ludicra puerorum Deus per novum Testamentum excussit de manibus filiorum, ut aliquid utilius daret grandescentibus, propterea priora illa non ipse dedisse putandus est. Ipse utrumque dedit. « Sed Lex ipsa per Moysen data est, gratia et veritas per Jesum Christum facta est (*Johan.*, 1, 17) : » gratia quia impletur per caritatem, quod per litteram jubebatur ; veritas, quia redditur quod promittebatur. Hoc ergo intellexit Asaph iste. Denique omnia quæ Judæis promissa fuerant, ablata sunt. Ubi est regnum eorum ? ubi templum ? ubi unctio ? ubi sacerdos ? ubi jam apud illos Prophetæ? Ex quo venit; qui per Prophetas prædicabatur, in illa gente jam nihil horum est : jam perdidit terrena, et nondum quærit cœlestia.

3. Inhærere ergo terrenis, quamvis ea Deus donet, non debes. Verumtamen non quia inhærere eis non debemus, alium ea dare, nisi Deum, credere debemus ; ipse ea dat : sed noli pro magno exspectare ab eo bonum, quod dat et non bono. Nam si pro magno ea daret, malis ea non daret. Ideo autem ea voluit dare et malis, ut discant boni aliud ab eo quærere, quod non dat et malis. Illi autem inhærentes terrenis miseri, et non de illo præsumentes qui fecit cœlum et terram, qui eis dedit et ipsa terrena, qui eos etiam temporaliter de Ægypti captivitate liberavit, qui eos per divisum mare duxit, qui eorum inimicos persequentes fluctibus obruit(*Exodi*, XIV, 22), non in illo præsumentes qui daret utique cœlestia grandibus, sicut terrena parvulis dedit, timentes perdere quod acceperant, occiderunt qui dederat. Hæc dicimus, Fratres, ut (*a*) homines de novo Testamento discatis

---

(*a*) Sic MSS. At editi, *ut omnes*.

ne pas vous attacher aux choses de la terre. Car s'ils sont inexcusables de s'être attachés aux choses de la terre, quoique le Testament Nouveau ne leur eût pas encore été révélé, combien moins excusables encore sont ceux qui poursuivent ardemment les biens terrestres, alors que la promesse des biens célestes leur est révélée dans le Testament Nouveau. En effet, rappelez-vous, mes frères, ce que disaient les persécuteurs du Christ : « Si nous le laissons aller, les Romains viendront, et nous enlèveront notre ville et notre nation (*Jean*, XI, 48). » Vous voyez que, par crainte de perdre les biens terrestres, ils ont tué le Roi du ciel. Et que leur est-il arrivé ? Ils ont perdu même les biens terrestres ; là où ils ont tué le Christ, eux aussi ont été tués ; pour ne pas perdre leur terre, ils ont mis à mort l'auteur de la vie, et ils ont perdu à la fois et leur terre et la vie, et cela, dans le temps même qu'ils l'avaient tué, afin que le moment de leur ruine leur en apprît la cause. En effet, lorsque la ville des Juifs fut renversée, ils célébraient la Pâque et toute leur nation était réunie au nombre de plusieurs milliers d'hommes pour cette solennité. C'est alors que Dieu, au moyen de méchants, bien qu'il soit bon ; au moyen d'hommes injustes, bien qu'il soit juste et qu'il agit justement, les châtia de la mort du Christ, par la mort de plusieurs milliers d'hommes et par la destruction de leur ville. C'est ce désastre que pleure, dans le Psaume « l'intelligence d'Asaph (*Ps.*, LXXIII, 1), et, au milieu de ses gémissements, son intelligence distingue les choses de la terre de celles du ciel, et le Testament Ancien du Testament Nouveau ; afin de vous montrer où vous devez passer, ce que vous devez attendre, ce que vous devez laisser, et où vous devez vous attacher. Il commence ainsi.

4. « O Dieu, pourquoi nous avez-vous repoussés jusqu'à la fin (*Ibid.*, 1)? » « Repoussés jusqu'à la fin : » il parle au nom du peuple juif, et au nom de cette assemblée, qui s'appelle particulièrement « la synagogue. » « O Dieu, pourquoi nous avez-vous repoussés, jusqu'à la fin (*Ibid.*)? » Il ne reproche rien, il interroge. « Pourquoi, » pour quelle raison, dans quel but l'avez-vous fait? Et qu'avez-vous fait? « Vous nous avez repoussés jusqu'à la fin. » Que veut dire : « Jusqu'à la fin? » Peut-être jusqu'à la fin des siècles. Ou bien cela veut-il dire : Vous nous avez repoussés dans le Christ, qui est la fin de tous ceux qui croient en lui (*Rom.*, X, 4)? « O Dieu, pourquoi nous avez-vous repoussés jusqu'à la fin? Votre esprit s'est irrité contre les brebis de votre troupeau (*Ibid.*). » Pourquoi vous êtes-vous irrité contre les brebis de votre troupeau, si ce n'est parce que nous étions attachés aux choses de la terre, et que nous ne reconnaissions pas notre pasteur?

---

non inhærere terrenis. Si enim illi inexcusabiliter terrenis inhæserunt, quibus ipsum novum Testamentum nondum fuerat revelatum, quanto inexcusabilius terrena sectantur, quibus jam promissa cœlestia in novo Testamento revelata sunt? Nam recolite Fratres mei, quid dictum sit a persequentibus Christum. « Si dimiserimus eum, venient Romani, et tollent; nobis et locum et gentem (*Johan.*, IX, 48). » Videte quia timendo terrena perdere, regem cœli occiderunt. Et quid eis factum est? Perdiderunt etiam ipsa terrena : et ubi occiderunt Christum, ibi occisi sunt : et cum terram nolentes perdere, datorem vitæ occiderunt, eamdem terram occisi perdiderunt; et eo tempore quo illum occiderunt, ut ex ipso tempore admonerentur, quare ista perpessi sunt. Quando enim eversa est civitas Judæorum, Pascha celebrabant, et in multis millibus hominum tota ipsa gens convenerat ad illius festivitatis celebrationem. Ibi Deus, per malos quidem, sed tamen ille bonus; per injustos, sed justus et juste, ita in eos vindicavit, ut perimerentur multa hominum millia, et ipsa civitas everteretur. Hoc in isto Psalmo plangit « intellectus Asaph », et in ipso planctu tanquam intellectus discernit terrena a cœlestibus, discernit vetus Testamentum a novo Testamento : ut videas per quæ transeas, quid exspectes, quid relinquas, quibus hæreas. Sic ergo cœpit.

4. « Ut quid repulisti nos Deus in finem (*Ps.*, LXXIII, 1)? » « Repulisti in finem, » ex persona populi Judæorum, et ex persona congregationis, quæ proprie synagoga appellatur. « Ut quid repulisti nos Deus in finem? Non reprehendit, sed quærit ut quid, quamobrem, propter quid hoc fecisti? Quid fecisti? « Repulisti nos in finem. Quid est, in finem ? » Forte usque in finem sæculi. An repulisti nos in Christum, qui finis est omni credenti? « Ut quid enim repulisti nos Deus in finem? Iratus est animus tuus super oves gregis tui (*Rom.*, X, 4)?» Quare iratus es super oves gregis tui, nisi quia terrenis inhærebamus, et pastorem non agnoscebamus?

5. « Memento congregationis tuæ, quam posse-

5. « Souvenez-vous du peuple que vous avez rassemblé et possédé dès le commencement (*Ibid.*, 2). » Pouvons-nous trouver ici la voix des Gentils? Est-ce que Dieu a possédé les Gentils dès le commencement? Mais il a possédé la race d'Abraham, le peuple d'Israël né selon la chair des patriarches nos pères, dont nous sommes devenus les enfants, non par la descendance de la chair, mais par l'imitation de leur foi. Mais qu'est-il arrivé à ceux que Dieu a possédés dès le commencement? « Souvenez-vous du peuple que vous avez rassemblé et possédé dès le commencement. Vous avez racheté la verge de votre héritage (*Ibid.*). » « Vous avez racheté » votre peuple même, c'est-à-dire « la verge de votre héritage ». Le Prophète a donc appelé ce peuple ainsi rassemblé « la verge de l'héritage » du Seigneur. Reportons-nous à ce qui eut lieu d'abord, lorsque Dieu voulut posséder ce peuple, en le délivrant de l'Égypte. Quel signe donna-t-il à Moïse, pour répondre à sa demande : « Quel signe leur donnerai-je, pour qu'ils croient que vous m'avez envoyé? » Et Dieu lui dit : Que portez-vous à la main? Une verge. Jetez-la à terre. Et Moïse jeta sa verge à terre et elle fut changée en serpent. Et Moïse fut effrayé, et Moïse se sauva loin de ce serpent. Et le Seigneur lui dit : Prenez ce serpent par la queue. Moïse le prit et la verge revint à son premier état et ne fut plus qu'une verge comme auparavant (*Exode*, IV, 1-4). Que signifie ce fait? Car il n'a point eu lieu inutilement. Interrogeons les divines Écritures. Qu'est-ce que le serpent a produit pour l'homme? La mort (*Gen.*, III, 4, 5). La mort est donc le fait du serpent. Si la mort est le fait du serpent, la verge changée en serpent représente le Christ dans sa mort. Aussi, tandis que les Hébreux étaient mordus et mis à mort par des serpents dans le désert, le Seigneur ordonna à Moïse d'élever un serpent d'airain dans le désert et d'avertir le peuple que quiconque serait mordu par un serpent n'aurait qu'à regarder ce serpent d'airain pour être guéri (*Nombres*, XXI, 8, — *Jean*, III, 14). Et il en arriva ainsi : les hommes mordus par les serpents étaient guéris de ces blessures envenimées par un regard sur le serpent d'airain. Cette guérison de la morsure du serpent renfermait un grand mystère ! Qu'est-ce qu'être guéri de la morsure d'un serpent, en regardant un serpent? C'est être sauvé de la mort, en croyant à un mort. Et cependant, « Moïse eut peur et s'enfuit (*Exode*, IV, 3). » Que signifie Moïse fuyant ce serpent? Qu'est-ce autre chose, mes frères, que ce qui s'est accompli dans l'Évangile? Le Christ mort, ses disciples eurent peur, et s'éloignèrent de l'espérance qu'ils avaient conçue (*Luc*, XXIV, 21). Mais qu'est-il écrit? « Prenez le serpent par la queue (*Exode*, IV, 4). » Que veut dire la queue? La partie postérieure

du corps. C'était là un symbole de cette prophétie : « Vous me verrez par derrière (*Exode*, XXXIII, 23). » La verge a d'abord été changée en serpent, mais ce serpent saisi par la queue est redevenu une verge ; le Christ immolé d'abord est ensuite ressuscité. La queue du serpent est aussi la figure de la fin des siècles. Car telle est maintenant la marche de l'Église encore assujettie à la mort : les uns vont, les autres viennent, et tous passent par la mort, comme par le serpent, puisque la mort est née du serpent ; mais, à la fin des siècles, la queue du serpent restant dans la main de Dieu, nous revenons dans cette main de Dieu et nous devenons son royaume à jamais durable, pour que cette parole s'accomplisse en Dieu : « Vous avez racheté la verge de votre héritage (*Ps.*, LXXIII, 2). » Mais c'est ici la synagogue qui parle ; or, la rédemption de la verge de l'héritage de Dieu éclate plutôt dans les Gentils que dans les Juifs dont l'espérance est cachée, soit pour ceux qui un jour croiront au Christ, soit pour ceux qui ont cru en lui au temps de sa résurrection, quand, au moment de la venue de l'Esprit-Saint, les disciples ont parlé toutes les langues (*Act.*, II, 4). Alors, en effet, plusieurs milliers d'entre les Juifs qui avaient crucifié le Christ crurent en lui ; et, comme ils avaient été, pour ainsi dire, trouvés sur place, ils crurent si fermement qu'ils vendirent tout ce qu'ils avaient, et en déposèrent le prix aux pieds des Apôtres (*Act.*, IV, 34). Mais ces choses étaient encore cachées et la rédemption de la verge de Dieu devait briller bien davantage dans la conversion des Gentils ; c'est pourquoi le Prophète explique quel sens il donne à ces paroles : « Vous avez racheté la verge de votre héritage. » Il ne les a pas dites au sujet des Gentils, à l'égard desquels la chose est manifeste. De qui donc les a-t-il dites? De « la montagne de Sion (*Ibid.*). » Mais la montagne de Sion pourrait être diversement interprétée. « Sur laquelle vous avez habité (*Ibid.*) ; » où était auparavant votre peuple, où votre temple était élevé, où vos sacrifices étaient célébrés, où se trouvaient toutes les choses nécessaires en ce temps-là, qui promettaient le Christ. Les promesses, lorsque l'objet en est réalisé, deviennent superflues. Mais avant que les choses promises ne soient réalisées, les promesses elles-mêmes sont nécessaires, de peur que celui auquel elles sont faites n'oublie ce qui lui a été promis, et ne meure faute d'en attendre l'accomplissement. Il faut donc qu'il attende, afin de recevoir l'objet de la promesse, lorsqu'il viendra ; c'est pourquoi il ne doit pas abandonner les promesses qui lui ont été faites. C'est pour ce motif que les figures étaient fidèlement gardées, afin qu'au jour de

---

quid dictum est? « Apprehende caudam ejus (*Exodi*, IV, 4). » Quid est, caudam ? Posteriora comprehende. Hoc significavit et illud, « Posteriora mea videbis (*Exodi*, XXXIII, 23). » Primo factus serpens, sed cauda retenta facta virga ; primo occisus, postea resurrexit. Est etiam in cauda serpentis finis sæculi. Quia sic modo mortalitas Ecclesiæ ambulat : alii eunt, alii veniunt per mortem tamquam per serpentem ; quia a serpente mors seminata est : sed in fine sæculi, tamquam cauda, redimus ad manum Dei, et efficimur stabilitum regnum Dei, ut impleatur in nobis, « Redemisti virgam hereditatis tuæ. » Sed quia synagogæ vox est ; redemta autem virga hereditatis Dei magis apparet in Gentibus, occulta autem spes Judæorum, vel eorum qui futuri sunt ut credant, vel eorum qui eo tempore crediderunt, quando misso Spiritu-sancto, discipuli omnium gentium linguis locuti sunt (*Act.*, II, 4). Tunc enim aliquot millia de Judæis ipsis Christi crucifixoribus crediderunt, et quia prope inventi erant, ita crediderunt, ut omnia quæ habebant venderent, et pretia rerum suarum ante pedes Apostolorum ponerent (*Act.*, IV, 34). Quia ergo occultum erat hoc, magisque redemptio virgæ Dei clara futura erat in Gentibus : (*a*) explanat unde dicat quod dixit, « Redemisti virgam hereditatis tuæ. » Hoc dixit non de Gentibus, in quibus manifestum est. Sed unde? « Montem Sion. » Adhuc et mons Sion potest aliter intelligi. « Istum quem inhabitasti in ipso. » Ubi erat populus ante, ubi institutum templum, ubi celebrata sacrificia, ubi omnia illo tempore necessaria Christum promittentia. Promissio, cum res redditur, jam fit superflua. Nam antequam reddatur quod promittitur, necessaria est ipsa promissio, ne promissum sibi obliviscatur cui promittitur, et non exspectando moriatur. Oportet ergo ut exspectet, ut cum venerit accipiat : ideo non debet deserere promissionem. Propter hoc non deserebantur figuræ, ut veniente

---

(*a*) Editi, *exprimit*. At MSS. quidam, *explanat*: potiores, *expropriat*.

leur accomplissement toutes les ombres disparussent. « La montagne de Sion, sur laquelle vous avez habité. »

6. « Levez la main, pour abattre leur orgueil à la fin (*Ibid.*, 3). » De même que vous nous repoussiez jusqu'à la fin, de même « levez la main, pour abattre leur orgueil à la fin. » L'orgueil de qui ? De ceux par qui Jérusalem a été renversée. Et par qui a-t-elle été renversée, si ce n'est par les rois des Gentils ? Sa main a été miséricordieusement élevée contre leur orgueil à la fin ; car ils ont connu aussi le Christ. « En effet, le Christ est la fin de la loi, pour la justification de tous ceux qui croient en lui (*Rom.*, x, 4). » Quel bien il leur souhaite ! Il semble parler comme un homme irrité, il paraît maudire, et plût au ciel que ses malédictions se réalisassent ! Ou plutôt, réjouissons-nous de les voir déjà réalisées au nom du Christ. Déjà ceux qui tiennent le sceptre sont soumis au bois de la croix; déjà s'est accomplie cette prédiction : « Les rois de la terre l'adoreront et toutes les nations le serviront (*Ps.*, LXXI, 2) » ; déjà, sur le front des rois, le signe de la croix paraît plus précieux que les plus riches pierres de leur diadème. « Levez la main pour abattre leur orgueil à la fin. Combien de profanations l'ennemi a-t-il commises contre tout ce qui vous est consacré ! » contre toutes les choses consacrées à votre gloire ; contre le temple, contre le sacerdoce, contre tous les sacrements établis pour cette époque. « Combien l'ennemi a-t-il commis de profanations ! » Oui ces profanations ne sont que trop réelles. En effet, les Gentils qui ont commis ces sacriléges honoraient alors de faux dieux, adoraient des idoles, obéissaient aux démons ; et ils ont commis de nombreuses profanations contre les choses consacrées à Dieu. Comment l'auraient-ils pu, si Dieu ne le leur eût permis ? Mais quand pouvaient-ils en recevoir la permission, si ce n'est lorsque ces choses saintes, qui toutes renfermaient des promesses, n'étaient plus nécessaires, parce que le Sauveur promis était déjà donné ? « Que de sacriléges l'ennemi n'a-t-il pas commis contre tout ce qui vous était consacré (*Ibid.*) ! »

7. « Et tous ceux qui vous haïssent sont glorifiés (*Ibid.*, 4). » Considérez les esclaves des démons, les esclaves des idoles, tels qu'étaient alors les Gentils, lorsqu'ils ont renversé le temple et la cité de Dieu. « Ils se sont glorifiés au milieu de votre solennité (*Ibid.*). » Rappelez-vous ce que je vous ai dit, que Jérusalem avait été renversée au milieu de la solennité de Pâque, de cette solennité pendant laquelle les Juifs avaient crucifié le Seigneur : ils étaient réunis, lorsqu'ils sévirent ; ils étaient réunis, lorsqu'ils périrent.

8. « Ils ont placé leurs étendards en signe de

---

die, umbræ tollerentur. «Montem Sion istum quem inhabitasti in ipso. »

6. «Eleva manum tuam in superbiam eorum in finem (*Ps.*, LXXIII, 3).» Quomodo nos repellebas in finem, sic «eleva manum tuam in superbiam eorum in finem.» Quorum superbiam? A quibus eversa est Jerusalem. A quibus autem, nisi a regibus Gentium ? Bene elevata est manus ejus in superbiam eorum in finem : nam et ipsi jam Christum cognoverunt. «Finis enim Legis Christus ad justitiam omni credenti (*Rom.*, x, 4).» Quam bene illis optat ? Quasi iratus loquitur, et maledicere videtur : et utinam eveniat quod maledicit; immo jam in nomine Christi evenire gaudeamus. Jam tenentes sceptrum, subduuntur ligno crucis : jam fit quod prædictum est, «Adorabunt eum omnes reges terræ, omnes gentes servient illi (*Psal.*, LXXI, 11).» Jam in frontibus regum pretiosius est signum crucis, quam gemma diadematis. «Eleva manum tuam in superbiam eorum in finem. Quanta maligne operatus est inimicus in sanctis tuis ?» In his quæ sancta tua erant, id est, in templo, in sacerdotio, in illis omnibus sacramentis, quæ illo tempore fuerunt, «quanta maligne operatus est inimicus ?» Revera inimicus tunc operatus est. Gentes enim tunc, quæ hoc fecerunt, deos falsos colebant, simulacra adorabant, dæmonibus serviebant : operati sunt tamen multa mala in sanctis Dei. Quando possent, nisi permitterentur ? Quando autem permitterentur, nisi jam sancta illa (*a*) primo promissiva necessaria non essent, cum ipse cui promiserat teneretur ? Ergo «quanta maligne operatus est inimicus in sanctis tuis ?»

7. « Et gloriati sunt omnes qui oderunt te (*Ps.*, LXXIII, 4).» Servos attende dæmonum, servos simulacrorum : quales tunc Gentes erant, quando everterunt templum et civitatem Dei, et gloriati sunt. «In medio sollemnitatis tuæ.» Mementote quod dixi, tunc eversam esse Jerusalem, cum ipsa sollemnitas

---

(*a*) Sic aliquot MSS. At editi, *prima :* et omittunt vocem, *necessaria.*

victoire, et ils n'ont pas compris (*Ibid.*, 5).» Les Romains avaient des enseignes à placer dans le sanctuaire, leurs étendards, leurs aigles, leurs dragons, les drapeaux romains et même leurs statues, qu'ils ont d'abord mises dans le temple. Peut-être encore « ces signes » étaient-ils les oracles de leurs devins inspirés par les démons. « Et ils n'ont pas compris (*Ibid.*). » Que n'ont-ils pas compris ? Ces paroles du Sauveur : « Vous n'auriez sur moi aucun pouvoir, si ce pouvoir ne vous avait été donné d'en haut (*Jean*, XIX, 2). » Ils n'ont pas compris que Dieu ne leur accordait pas, comme un titre de gloire, de faire souffrir, de prendre et de détruire cette ville, mais que leur impiété était, en quelque sorte, devenue la hache de Dieu. Ils ont été les instruments d'un Dieu irrité, et ne sont pas devenus le royaume d'un Dieu apaisé. Souvent en effet, Dieu agit de la même manière que l'homme. Un homme justement irrité, saisit une verge qu'il trouve sous la main, quelque bâton peut-être, le premier venu, et il frappe son enfant ; puis il jette au feu le bâton, et conserve son héritage à son enfant. C'est ainsi que parfois Dieu instruit les bons au moyen des méchants, et que, par le pouvoir passager de coupables qu'il condamnera, il châtie et ramène le fils qu'il délivrera. Car quoi ? mes frères, pensez-vous que ce peuple ait été ainsi châtié pour qu'il périt entièrement ? Combien d'entre les Juifs sont parvenus à la foi depuis ce temps ! Combien y parviendront encore ! Autre chose est la paille, autre chose le froment ; cependant le même fléau passe sur tous les deux, mais la même action de ce fléau brise l'une et purifie l'autre. Que de biens Dieu a fait sortir pour nous du mal commis par le traître Judas ! Que de biens il a fait sortir de la cruauté des Juifs, pour les Gentils devenus fidèles ? Le Christ a été mis à mort, pour être sur la croix le salut de tout homme mordu par le serpent, qui le regarderait (*Nombres*, XXI, 8). C'est ainsi peut-être que les Romains avaient appris de leurs devins qu'ils devaient aller à Jérusalem et la prendre ; et quand ils l'eurent prise et renversée, ils se dirent que cette victoire était l'ouvrage de leurs dieux : « Ils ont placé leurs étendards en signe de victoire, et ils n'ont pas compris (*Ibid.*). » Qu'est-ce donc qu'ils n'ont pas compris ? « Ce qui sortait d'en haut (*Ibid.*). » En effet, si l'ordre n'en était venu d'en haut, jamais la fureur des Gentils n'aurait pu infliger un tel désastre au peuple Juif. Mais le succès leur vint d'en haut, selon cette parole de Daniel : « Dès le commencement de votre prière, un ordre est sorti (*Daniel*, IX, 23). » C'est en ce sens que le Seigneur répondit à Pilate, qui se gonflait d'orgueil, qui plaçait là

---

ageretur : in qua sollemnitate Dominum crucifixerunt. Congregati sævierunt, congregati perierunt.

8. « Posuerunt signa sua signa, et non cognoverunt (*Ibid.*, 5).» Habebant signa, quæ ibi ponerent, vexilla sua, aquilas suas, dracones suos, signa Romana ; aut etiam statuas suas, quas primo in templo posuerunt ; aut forte « signa sua, » quæ audierant a vatibus dæmonum suorum. « Et non cognoverunt. » Quid non cognoverunt ? « Quia non haberes in me potestatem, nisi tibi data esset de super (*Johan.*, XIX, 11). » Non cognoverunt, quia non ipsis honor delatus est, ut affligerent, ut caperent, vel everterent civitatem ; sed impietas eorum tamquam securis Dei facta est. Facti sunt instrumentum irati, non (*a*) in regnum placati. Facit enim hoc Deus, quod plerumque facit et homo. Aliquando iratus homo apprehendit virgam jacentem in medio, fortasse qualecumque sarmentum, cædit inde filium suum ; ac deinde projicit sarmentum in ignem, et filio servat hereditatem : sic aliquando Deus per malos erudit bonos, et per temporalem potentiam damnandorum exercet disciplinam liberandorum. Quid enim, putatis Fratres quia vere sic data est disciplina illi genti, ut omnino periret? Quanti inde postea crediderunt, quanti adhuc credituri sunt? Alia est palea, aliud frumentum ; super utrumque tamen intrat tribula : sed sub una tribula aliud comminuitur, aliud purgatur. Quantum bonum nobis Deus præstitit de malo Judæ traditoris ? De ipsa sævitia Judæorum quantum bonum præstitum est fidelibus Gentibus ? Occisus est Christus, ut esset in cruce quem adtenderet qui esset a serpente percussus (*Num.*, XXI, 8). Sic ergo et isti forte a divinis suis audierant, quia debuerunt ire ad Jerusalem, et capere eam ; et cum cepissent atque evertissent eam, dixerunt sibi quod a dæmonibus suis factum sit : « Posuerunt signa sua signa, et non cognoverunt. » Quid non cognoverunt ? « Sicut in (*b*) egressum de

---

(*a*) Particula *in* abest ab editis : sed exstat in MSS. (*b*) Editi, *in egressu*. At MSS, *in egressum*.

ses étendards comme un signe d'autorité, sans savoir ce qu'il faisait, et qui disait au Christ : « Vous ne me répondez pas ? ne savez-vous pas que j'ai le pouvoir de vous envoyer à la mort et le pouvoir de vous laisser aller (*Jean*, XIX, 10)? » Et le Seigneur, comme s'il piquait une vessie gonflée, dit à cet homme bouffi d'orgueil : « Vous n'auriez pas de pouvoir sur moi, s'il ne vous avait été donné d'en haut (*Ibid.*, 2). » Le Psaume parle de même : « Ils ont placé leurs étendards en signe de victoire, et ils n'ont pas compris (*Ps.*, LXXIII, 4 et 5). » Que n'ont-ils pas compris ? « Ce qui sortait d'en haut (*Ibid.*). » Si en effet le succès leur venait d'en haut, en vue des desseins de Dieu, pouvaient-ils savoir ce qu'ils faisaient ? »

9. Parcourons rapidement les versets relatifs à la destruction de Jérusalem, puisque le sens en est suffisamment clair, et qu'il ne serait point agréable de nous arrêter au châtiment même de nos ennemis. « Comme s'ils avaient été dans une forêt, ils ont frappé sur ses portes à coups redoublés ; ils les ont renversées avec la hache et le marteau (*Ibid.*, 6). » C'est-à-dire qu'en frappant d'un commun accord et avec acharnement, « ils ont renversé la ville avec la hache et le marteau (*Ibid.*, 7). »

10. « Ils ont incendié votre sanctuaire ; ils ont jeté à terre et souillé le tabernacle consacré à votre nom (*Ibid.*, 7). »

11. « Ils ont dit dans leur cœur, en se réunissant comme une famille dans une même pensée (*Ibid.*, 8). » Qu'ont-ils dit ? « Venez et faisons disparaître de la terre du Seigneur toutes les solennités du Seigneur (*Ibid.*, 8). » Le nom du « Seigneur » est ajouté ici par celui qui parle, par Asaph. Car ces furieux n'appelleraient pas du nom de Seigneur celui dont ils renversaient le temple : « Venez et faisons disparaître de la terre du Seigneur toutes les solennités du Seigneur (*Ibid.*). » Que fait Asaph? Que fait ici « l'intelligence d'Asaph (*Ibid.*, 1)? » Que fait-elle ? Est-ce qu'une correction aussi rigoureuse ne lui profite pas ? Est-ce que son esprit tortueux ne se redresse pas ? Toutes les choses anciennes sont renversées : pour les Juifs, plus de prêtre nulle part, plus d'autel nulle part, plus de victime nulle part, plus de temple nulle part. N'y a-t-il donc pas lieu de reconnaître quelque autre chose qui a succédé à ce qui est tombé ? Le signe de la promesse eût-il été détruit, si la promesse n'était accomplie ? Examinons donc l'intelligence d'Asaph, et voyons si la tribulation

---

super. » Quia nisi de super egrederetur jussio, numquam sævientibus Gentibus in Judæorum populum talia licerent. Sed egressum est de super : quomodo dicit Daniel, « A principio orationis tuæ egressus est sermo (*Dan.*, IX, 23). » Hoc et Dominus ipsi Pilato inflanti se, et ponenti signa sua signa, et non cognoscenti, et dicenti ad Christum, « Mihi non respondes ? nescis quia potestatem habeo occidendi te, et potestatem habeo dimittendi te (*Johan.*, XIX, 10, etc.)? » Et Dominus ad inflatum, tamquam vesicam (*a*) reflandam pungens, « Non haberes, inquit, in me potestatem, nisi data tibi esset desuper (*Ibid.*).» Sic et hic, « Posuerunt signa sua signa, et non cognoverunt. » Quomodo non cognoverunt ? « Sicut in egressum de super. » Quomodo egressus factus fuerat de super, ut hoc impleretur, numquid sic illi cognoscere potuerunt ? »

9. Jam percurramus versus istos, eversa Jerusalem, propterea quia et manifesti sunt, et non libet immorari nec in pœna inimicorum. « Quasi in silva lignorum securibus conciderunt januas ejus in idipsum, in dolabro et fractorio dejecerunt eam (*Psal.*,

LXXIII, 6). » Id est, conspirantes, constanter, « in dolabro et fractorio dejecerunt eam. »

10. « Incenderunt igni sanctuarium tuum, polluerunt in terra tabernaculum nominis tui (*Ibid.*,7).»

11. « Dixerunt in corde suo, cognatio eorum in unum (*Ibid.*,8). » Quid dixerunt ? «Venite, comprimamus omnes sollemnitates Domini de terra (*Ibid.*). » « Domini, » ex persona hujus interpositum est, ex persona Asaph. Non enim illi sævientes Dominum appellarent, cujus templum evertebant. « Venite comprimamus omnes sollemnitates Domini a terra. » Quid Asaph ? quid intellectus Asaph in his ? quid ? Non proficit vel disciplina data ? Mentis pravitas non corrigitur ? Eversa sunt omnia quæ primo erant : nusquam sacerdos, nusquam altare Judæorum, nusquam victima, nusquam templum. Ergo nihil aliud agnoscendum est quod huic decedenti successit ? aut vero hoc promissivum signum auferretur, nisi venisset quod promittebatur ? Videamus ergo hic modo intellectum Asaph, videamus si proficit ex tribulatione. Attende quid dicat : « Signa nostra non vidimus, jam non est Propheta, et nos non cognoscet

---

(*a*) Sic MSS. Editi vero *inflatam*.

lui profite. Écoutez ces paroles : « Nous n'avons pas vu nos miracles accoutumés, il n'y a plus de prophète et Dieu ne nous reconnaîtra plus (*Ibid.*, 9). » Voilà ces Juifs qui disent n'être point encore reconnus, c'est-à-dire qui se prétendent encore en captivité, qui ne se croient pas délivrés, et qui attendent encore le Christ. Oui, le Christ viendra, mais il viendra pour faire le discernement des hommes, sauveur dans son premier avénement, juge dans le second. Il viendra, parce qu'il est venu, et que sa seconde venue est manifestement annoncée, mais cette fois il viendra d'en haut. Il était à tes pieds, ô Israël ! Tu t'es brisé en te heurtant contre lui, lorsqu'il gisait à terre; pour n'être pas écrasé, observe le moment où il viendra d'en haut. Car voici ce qui a été prédit par les Prophètes : « Quiconque se heurtera contre cette pierre sera brisé, et elle écrasera celui sur qui elle tombera (*Isaïe*, VIII, 14, 15. — *Luc*, XX, 18). » Dans sa petitesse il a brisé, dans sa grandeur il écrasera. O Israël, tu ne vois déjà plus ces prodiges; déjà il n'y a plus de prophète dans tes rangs et tu dis : « Dieu ne nous connaîtra plus ; « c'est parce que tu ne le reconnais pas encore. « Il n'y a plus de Prophète et Dieu ne nous connaîtra plus (*Ibid.*). »

12. « Jusques à quand, ô Dieu, mon ennemi m'insultera-t-il (*Ibid.*, 10) ? » Criez comme un homme abandonné, comme un homme délaissé. Criez comme un malade qui a préféré tuer le médecin plutôt que d'être guéri. Dieu ne vous reconnaît pas encore. Voyez ce qu'a fait celui qui ne vous reconnaît pas encore. En effet, ceux-là verront, auxquels rien n'avait été annoncé à son égard ; ceux-là comprendront qui n'avaient rien entendu dire de lui (*Isaïe*, LII, 15 et *Rom.*, XV, 21); et vous, vous criez encore : « Il n'y a plus de Prophète, et Dieu ne nous connaît plus (*Ps.*, LXXIII, 9). » Qu'est devenue votre intelligence? « Mon ennemi outrage votre nom jusqu'à la fin (*Ibid.*). » Votre ennemi outrage votre nom jusqu'à la fin, pour qu'excité par ces outrages vous le repreniez, et qu'en le reprenant vous connaissiez à la fin, ou « pour la fin (*Ibid.*, 1), » jusqu'à la fin. Jusqu'à quelle fin? Jusqu'à ce que vous connaissiez celui qui est la fin, jusqu'à ce que vous criiez vers lui, jusqu'à ce que la queue étant saisie, vous rentriez dans son royaume.

13. « Pourquoi détournez-vous votre main, pourquoi détournez-vous votre droite de l'intérieur de votre sein, jusqu'à la fin (*Ibid.*, 11) ? » C'est une allusion au second signe donné à Moïse. Le Psaume a rappelé d'abord le signe de la verge, et maintenant il parle de celui de la main droite. Car, après le miracle de la verge, Dieu donna à Moïse un second signe de sa mission :

---

adhuc (*Ibid.*, 9). » Ecce isti Judæi qui se dicunt non agnosci adhuc, id est, in captivitate adhuc se esse, nondum se liberari, expectant adhuc Christum. Venturus est Christus, sed veniet ut judex : primo vocator, postea discretor. (*a*) Veniet, quia venit, et eum venturum esse manifestum est : sed jam de super veniet. Ante te erat, o Israël. Quassatus es, quia offendisti in jacentem : ne conteraris, observa de super venientem (*Lucæ*, XX, 18). Ita enim prædictum est per Prophetam : « Quisquis offenderit in lapidem illum, conquassabitur, et super quem venerit, conteret eum (*Isai*, XXVIII, 16). » Conquassat (*b*) parvus, conteret magnus. Jam signa tua non vides, jam non est Propheta. Jam non est Propheta : et dicis, « Et nos non agnoscet adhuc : » quia vos non agnoscitis adhuc. « Jam non est Propheta, et nos non agnoscet adhuc. »

12. « Usque quo, Deus, exprobrabit inimicus (*Ps.*, LXXIII, 10)? » Clama (*c*) quasi derelictus, quasi desertus : clama tamquam æger, qui medicum cædere quam curari maluisti : non te agnoscit adhuc. Vide quid fecerit, qui te non agnoscit adhuc. Etenim quibus non est annuntiatum de eo, videbunt ; et qui non audierunt, intelligent : et tu adhuc clamas, « Jam non est Propheta, et nos non cognoscet adhuc (*Ibid.*, 9). » Ubi est intellectus tuus? « Irritat adversarius nomen tuum in finem (*Ibid.*, 10). » Ad hoc irritat adversarius nomen tuum in finem, ut iratus corripias, corripiens cognoscas in finem : aut certe « in finem, » usque ad finem. Usque ad quem finem? Quo usque cognoscas, quo usque clames, quo usque apprehensa cauda redeatur ad regnum.

13. « Ut quid avertis manum tuam et dexteram tuam de medio sinu tuo in finem (*Ibid.*, 11)? » Iterum aliud signum quod datum est Moysi. Quomodo enim superius de virga signum, ita et de dextera. Cum enim illud factum esset de virga, dedit Deus

---

(*a*) Aliquot MSS. *postea discretor veniet. Quia veniet*, etc. Nonnulli vero, *veniet qui jam venit*. (*b*) Editi, *Conquassat parvos, conteret magnos*. Verius MSS. *parvus, et postea magnus*. (*c*) Sic Er. et MSS. At Lov. hoc et proxime sequente loco, *clamas*.

Mettez, lui dit-il, votre main dans votre sein, et Moïse la mit dans son sein. Sortez-la, et il la sortit, et il se trouva qu'elle était blanche (*Exod.*, IV, 6), c'est-à-dire immonde. Car cette sorte de blancheur de la peau était la lèpre et non l'éclat naturel du teint (*Lévit.*, XIII, 25). C'est ainsi en effet que l'héritage de Dieu, c'est-à-dire son peuple chassé par lui, est devenu impur. Mais que dit Dieu à Moïse : « Remettez votre main dans votre sein ; il l'y remit et elle reprit sa couleur naturelle (*Exod.*, IV, 6, 7). » Quand donc ferez-vous de même ? dit Asaph. Jusques à quand détournerez-vous votre main droite de votre sein pour qu'elle reste immonde en dehors ? Remettez-la dans votre sein, qu'elle reprenne sa couleur et qu'elle reconnaisse le Sauveur. « Pourquoi détournez-vous votre main, pourquoi détournez-vous votre droite de l'intérieur de votre sein, jusqu'à la fin (*Ps.*, LXXIII, 11) ? » L'aveugle pousse des cris, et il ne comprend pas que ce qu'il croit faire, c'est Dieu qui le fait. En effet, pourquoi le Christ est-il venu sur terre ? « Une partie d'Israël, » dit l'Apôtre, « est tombée dans l'aveuglement, jusqu'à ce que la plénitude des Gentils fût entrée et qu'ainsi tout Israël fût sauvé (*Rom.*, XI, 25). » Reconnaissez donc, Asaph, dès à présent, qui vous a précédé, afin de savoir suivre tout au moins, si vous n'avez su prendre les devants.

Car le Christ n'est pas venu inutilement et n'a point été inutilement mis à mort ; or, le bon grain aurait été jeté en terre inutilement, s'il n'en devait sortir multiplié au centuple (*Jean*, XII, 23). Le serpent d'airain a été élevé dans le désert, pour guérir tout homme blessé par la morsure d'un serpent (*Nomb.*, XXI, 9). Considérez ce qui s'est accompli ; ne soyez point indifférent aux résultats de son avénement, de peur qu'il ne vous trouve au nombre des méchants, lorsqu'il viendra de nouveau.

14. Asaph a compris, puisque le titre du Psaume porte : « Pour l'intelligence d'Asaph (*Ps.*, LXXIII, 1). » Et que dit Asaph ? « Mais Dieu, qui est notre Roi dès avant tous les temps, a opéré le salut au milieu de la terre (*Ibid.*, 12). » D'un côté nous crions : « Il n'y a plus de Prophète et Dieu ne nous connaît plus ; » mais nous crions d'autre part : « Notre Dieu, notre Roi, qui est dès avant tous les siècles, » parce qu'au commencement il est le Verbe, par lequel les siècles ont été faits, « a opéré le salut au milieu de la terre (*Ibid.*). » Qu'a donc fait notre Dieu, notre Roi dès avant les siècles ? « Il a opéré le salut au milieu de la terre ; » et moi, je crie encore comme si j'étais abandonné. Il opère le salut au milieu de la terre, et moi je reste là comme une terre stérile. Asaph a bien compris, car le Psaume est intitulé : « pour l'intelligence

---

alterum signum : « Mitte, inquit, manum tuam in sinum tuum, et misit : produc eam, et produxit : et inventa est alba, id est immunda (*Exodi*, IV, 6). » Albor enim in cute, lepra est, non candor (*Levit.*, XIII, 25). Ipsa enim hereditas Dei, id est, populus ejus foras ab eo missus, immundus factus est. Sed quid illi ait, Revoca eam in sinum tuum. Revocavit, et reversa est ad colorem suum. Quando hoc facis, ait Asaph iste ? Quo usque dexteram tuam alienas a sinu tuo, ut foris immunda remaneat ? Revoca eam, redeat ad colorem, agnoscat salvatorem. « Ut quid avertis manum tuam et dexteram tuam de medio sinu tuo in finem ? » Hæc clamat cæcus, non intelligens, et hoc Deus (*a*) facit quod facit. Quare enim venit Christus ? « Cæcitas ex parte Israël facta est, ut plenitudo Gentium intraret, et sic omnis Israël salvus fieret (*Rom.*, XI, 25). » Ergo jam Asaph agnosce quod præcessit, ut vel sequaris, si præcedere non potuisti. Non enim frustra venit Christus, aut frustra occisus est Christus, aut frustra granum cecidit in terram, nisi ut multipliciter surgeret (*Johan.*, XII, 25). Exaltatus est serpens in eremo, ut percussum a veneno sanaret (*Num.*, XXI, 9). Attende quod factum est. Noli putare vacare quod venit ; ne te malum inveniat, cum iterum venerit.

14. Intellexit Asaph ; quia in titulo Psalmi, Intellectus Asaph. Et quid ait ? « Deus autem rex noster ante sæcula, operatus est salutem in medio terræ (*Psal.*, LXXIII, 12). » Hæc nos clamamus, « Jam non est propheta, et nos non cognoscet adhuc (*Ibid.*, 9) : » hæc autem « Deus noster, rex noster, qui est ante sæcula ; » quia ipse est in principio Verbum, per quod facta sunt sæcula : « operatus est salutem in medio terræ. Deus ergo rex noster ante sæcula, » quid fecit ? « Operatus est salutem in medio terræ : » et ego adhuc clamo quasi desertus. Ille operatur salutem in medio terræ : et ego remansi terra. Intellexit Asaph bene ; quia, « Intellectus Asaph (*Ibid.*, 19.). » Quare enim ista, aut qualem salutem operatus est Christus, nisi ut discerent homines æterna desi-

---

(*a*) Regius liber, *Deus fecit*. At Corbeiensis, *Deus fecit quod* tiatus. nec addit, *facit*. Locus in editis et in MSS. uti videtur, vitiatus.

d'Asaph (*Ibid.*, 1). » Pourquoi, en effet, toutes ces plaintes, et quel est le salut opéré par le Christ, s'il n'apprend aux hommes à désirer les choses éternelles et ne pas s'attacher constamment aux choses temporelles? « Dieu, notre Roi, dès avant les siècles, a opéré le salut au milieu de la terre (*Ibid.*, 12). » Nous crions : « Jusques à quand, Seigneur, l'ennemi m'insultera-t-il jusqu'à la fin? Jusques à quand m'outragera-t-il? Jusques à quand détournerez-vous votre main de votre sein? » Tandis que nous parlons ainsi, « Dieu, notre Roi dès avant les siècles, a opéré le salut au milieu de la terre; » et nous, nous dormons. Voilà que les Gentils veillent déjà, et nous sommes encore engourdis par le sommeil, et nous délirons dans nos rêves, comme si Dieu nous avait abandonnés. « Il a opéré le salut au milieu de la terre (*Ibid.*). »

15. Réformez-vous donc dès cet instant, ô Asaph, conformément à l'intelligence qui vous est donnée, et dites-nous quel salut Dieu a opéré au milieu de la terre. Lorsque votre salut terrestre a été renversé, qu'a-t-il fait? Qu'a-t-il promis? « Vous avez affermi la mer par votre puissance (*Ibid.*, 13). » Le peuple juif était comme une terre séparée des flots; les Gentils, dans leur amertume, étaient comme la mer, et de tous côtés cette mer environnait cette terre. Mais voici que « vous avez affermi la mer par votre puissance, » et la terre est restée à sec, sans recevoir votre pluie? « Vous avez affermi la mer par votre puissance; vous avez écrasé dans l'eau les têtes des dragons (*Ibid.*, 13).»Les têtes des dragons représentent l'orgueil des démons; vous avez brisé ces têtes dans les eaux, parce que vous avez délivré par les eaux du baptême ceux que possédaient ces démons.

16. Qu'a-t-il fait encore après avoir écrasé les têtes des dragons? Les dragons ont leur prince et ce prince est lui-même le grand dragon. Et qu'en a fait celui qui a opéré le salut au milieu de la terre? Écoutez : « Vous avez brisé la tête du dragon (*Ibid.*, 14). » De quel dragon? Par les dragons nous entendons tous les démons qui combattent sous les ordres du diable; quel est donc ce dragon particulier dont la tête a été brisée, si ce n'est le diable lui-même. Qu'en a fait Dieu? « Vous avez brisé la tête du dragon (*Ibid.*). » C'est lui qui a été l'origine du péché. C'est sa tête qui a été maudite, lorsqu'il a été dit que la race d'Ève observerait la tête du serpent (*Gen.*, III, 15). En effet, l'Église a été avertie qu'elle devait se garder de l'origine du péché. Et quelle est l'origine du péché, figurée par la tête du serpent? « L'origine de tout péché est l'orgueil (*Eccli.*, X, 15). » La tête du dragon a donc été écrasée; l'orgueil du démon a été brisé. Et qu'a fait de ce dragon celui qui a opéré le salut au milieu de la terre? « Vous l'avez donné en nourriture aux peuples d'Éthiopie (*Ps.*, LXXIII, 14). » Que signifient ces paroles? Comment

---

derare, non semper temporalibus inhærere? « Deus autem rex noster ante sæcula, operatus est salutem in medio terræ. » Dum nos clamamus, « Usque quo Domine exprobrabit inimicus in finem, usque quo irritat adversarius, usque quo manum tuam avertis a sinu tuo (*Ibid.*, 10 et 11)? » Cum hæc dicimus : « Deus autem rex noster ante sæcula, operatus est salutem in medio terræ : » et nos dormimus. Jam vigilant Gentes, et nos stertimus, et tamquam nos Deus deseruerit, in somnis deliramus. « Operatus est salutem in medio terræ. »

15. Jam ergo Asaph corrige te ad intellectum, dic nobis qualem salutem operatus est Deus in medio terræ. Cum illa terrena vestra salus eversa est, quid fecit? quid promisit? « Tu confirmasti in virtute tua mare (*Ibid.*, 13). » Tamquam gente Judæorum velut arida a fluctibus separata, mare in amaritudine sua Gentes erant, terramque illam undique circumluebant : ecce « confirmasti in virtute tua mare, » et remansit terra sitiens imbrem tuum. « Tu confirmasti in virtute tua mare. Contrivisti capita draconum in aqua. » Draconum capita, dæmoniorum superbias, a quibus Gentes possidebantur, contrivisti super aquam : quia eos quos possidebant, tu per baptismum liberasti.

16. Quid adhuc post capita draconum? Illi enim dracones habent principem suum, et ipse primus est magnus draco. Et de illo quid fecit qui operatus est salutem in medio terræ? Audi : « Tu confregisti caput draconis (*Ibid.*, 14). » Cujus draconis? Intelligimus dracones omnia dæmonia sub diabolo militantia : quem ergo singularem draconem, cujus caput confractum est, nisi ipsum diabolum intelligere debemus? Quid de illo fecit? « Tu confregisti caput draconis. » Illud est initium peccati. Caput illud est quod accepit maledictum, ut semen Evæ observarent caput serpentis (*Gen.*, III, 15). Admonita est enim Ecclesia initium peccati devitare. Quod est

dois-je interpréter ces mots : les peuples d'Éthiopie? De qui les entendre, si ce n'est de tous les Gentils? Et en effet, il faut les entendre d'hommes noirs, car les Éthiopiens sont noirs. Or les Gentils appelés à la foi étaient d'abord noircis par l'erreur, à ce point que l'Apôtre leur dit : « Vous étiez autrefois ténèbres, mais maintenant vous êtes lumière dans le Seigneur (*Éphés.*, v, 8). » Ils sont appelés dans leur état de noirceur, mais ils ne doivent pas rester noirs; car c'est d'eux qu'est composée l'Église, à laquelle il est dit : « Quelle est celle-ci, qui s'élève toute blanche (*Cant.*, viii, 5, version des Septante)? » Elle était noire, en effet, et en elle s'est accomplie cette parole : « Je suis noire, mais belle (*Cant.*, i, 4). » Et comment le dragon a-t-il été livré en nourriture aux Gentils? C'est plutôt le Christ, ce me semble, qu'ils ont reçu en nourriture; oui, mais le Christ pour se consommer en lui, et le diable pour le consumer en eux. Car ainsi en fut-il du veau d'or, qu'adora le peuple infidèle, apostat, qui cherchait les dieux des Égyptiens, et abandonnait le Dieu qui l'avait délivré de la servitude des Égyptiens ; et ce fait renferme un grand mystère. En effet, lorsque Moïse, irrité contre les impies adorateurs de cette idole et enflammé de zèle pour Dieu, voulut infliger aux coupables un châtiment temporel dont le souvenir les effrayât et les fît échapper à la mort éternelle, il jeta au feu la tête de ce veau d'or, la détruisit, la réduisit en poudre et la mit dans de l'eau qu'il fit boire au peuple (*Exodi*, xxxii, 1-20) : cette action fut toute mystérieuse. O colère prophétique, ô esprit que rien n'avait troublé, et qu'une vive lumière éclairait! Qu'a donc fait Moïse? Jetez au feu l'idole, afin que d'abord sa forme disparaisse; réduisez-la en poudre impalpable, afin qu'elle soit peu à peu consumée, mettez cette poussière dans de l'eau et donnez cette eau à boire au peuple. Que signifie tout cela, si ce n'est que les adorateurs du démon étaient devenus le corps même du démon; de même que les disciples du Christ deviennent le corps du Christ, selon la parole de l'Apôtre : « Vous êtes le corps et les membres du Christ (1 *Cor.*; xii, 27). » Le corps du démon devait être consumé, et il devait être consumé par les Israélites. Car de ce peuple sont sortis les Apôtres ; de ce peuple sont sorties les prémices de l'Église, et Dieu dit plus tard à Pierre, au sujet des Gentils : « Tuez et mangez (*Act.*, x, 13). » Que veut dire : « Tuez et mangez? » Tuez en eux ce qu'ils sont, et faites d'eux ce que vous êtes. Ici, « tuez et mangez; » là, réduisez en poudre et buvez : et ces deux choses ne renferment qu'un même mystère, à savoir qu'il fallait absolument, et sans aucun doute, que ce qui était le corps du démon passât, par la foi, dans le corps du Christ. C'est ainsi que le démon est consumé

---

initium peccati, tamquam caput serpentis? « Initium omnis peccati superbia (*Eccli.*, x, 15). » Confractum est ergo caput draconis, confracta est superbia diabolica. Et quid de illo fecit, qui operatus est salutem in medio terræ? « Dedisti eum in escam populis Æthiopibus. » Quid est hoc? Quomodo intelligo populos Æthiopes? Quomodo, nisi per hos omnes Gentes? Et bene per nigros : Æthiopes enim nigri sunt. Ipsi vocantur ad fidem, qui nigri fuerunt ; ipsi prorsus, ut dicatur eis, « Fuistis enim aliquando tenebræ, nunc autem lux in Domino (*Ephes.*, v, 8). » Ipsi prorsus vocantur nigri, sed ne remaneant nigri : de his enim fit Ecclesia, cui dicitur, « Quæ est ista quæ adscendit dealbata (*Cant.*, viii, 5, *sec.* lxx)? » Quid enim de nigra factum est, nisi quod dictum est, « Nigra sum, et speciosa (*Cant.*, i, 4)? » Et quomodo acceperunt isti in escam draconem istum? Puto quia magis Christum acceperunt in escam : sed Christum, quo se consummarent; diabolum, quem consumerent. Nam inde et vitulus ille quem adoravit populus infidelis, apostata, quærens deos Ægyptiorum, dimittens eum qui liberavit de servitute Ægyptiorum (*Exodi*, xxxii, 19) : unde agitatum est illud magnum sacramentum. Cum enim sic irasceretur Moyses colentibus et adorantibus idolum, et zelo Dei inflammatus vindicaret temporaliter, ut a morte sempiterna devitanda terreret ; tamen ipsum caput vituli in ignem misit, et exterminavit, comminuit, in aquam sparsit, et dedit populo bibere : sic factum est magnum sacramentum. O ira prophetica et animus non turbatus, sed illuminatus : Quid egit? Mitte in ignem, ut prius confundatur forma ipsa ; minutatim comminue, ut paulatim consumatur : mitte in aquam, da populo bibere. Quid est hoc, nisi quia adoratores diaboli corpus ipsius facti erant? Quo modo agnoscentes Christum, fiunt corpus Christi, ut eis dicatur, « Vos autem estis corpus Christi et membra (1 *Cor.*, xii, 27). » Corpus diaboli consumendum erat, et hoc ab Israëlitis consumendum. Ex illo enim po-

ou détruit par la perte de ses membres. Cette transformation a été également figurée par le serpent de Moïse. Car les magiciens de Pharaon imitèrent le miracle de Moïse et, jetant leurs verges à terre, ils produisirent aussi des dragons ; mais le dragon de Moïse dévora tous ceux des magiciens (*Exode*, VII, 12). Comprenons maintenant ce qui regarde le corps du diable ; voici ce qu'il devient : il est dévoré par les Gentils amenés à la foi, il est par là même une nourriture pour les peuples d'Éthiopie. Ces mots : « Vous l'avez donné comme une nourriture aux peuples d'Éthiopie (*Ibid.*), » peuvent encore être entendus en ce sens que maintenant tous le mordent comme une pâture. Que veut dire que tous le mordent ? Qu'ils le reprennent, qu'ils le blâment, qu'ils l'accusent. La même expression se retrouve dans un passage, qui sans doute renferme une défense, mais où le sens est bien celui-là : « Si vous vous mordez et vous dévorez les uns les autres, prenez garde que vous ne vous consumiez aussi les uns les autres (*Gal.*, v, 15). » Que veut dire : « Si vous vous mordez et vous dévorez les uns les autres ? » Si vous vous disputez les uns avec les autres, si vous vous déchirez mutuellement, si vous jetez l'opprobre les uns à la face des autres. Remarquez qu'aujourd'hui le diable subit à tout instant ce genre de morsures. Quel est le maître, fût-il païen, qui, mécontent de son serviteur, ne l'appelle Satan ? Vous voyez donc que le démon a été livré à tous comme une pâture. Le chrétien parle ainsi, le juif parle ainsi, le païen parle ainsi ; il adore le démon et le maudit.

17. Voyons le reste du Psaume. Écoutez attentivement, mes Frères, je vous en conjure. Car on ne peut entendre sans une grande joie des choses que l'on voit réalisées dans le monde entier. Lorsqu'elles ont été dites, elles n'étaient pas accomplies, parce qu'elles n'étaient encore que des promesses et non des réalités. Mais maintenant, quelle joie est la nôtre de voir réalisées dans le monde entier les prédictions que nous lisons dans les Livres saints ! Voyons ce qu'a fait celui qu'Asaph comprend maintenant avoir opéré le salut au milieu de la terre. « Vous avez fait jaillir des fontaines et des torrents (*Ps.*, LXXIII, 15), » afin qu'ils fissent couler l'eau de la sagesse, afin qu'ils épanchassent les trésors de la foi, afin qu'ils se mélassent aux flots amers de la Gentilité et que leurs eaux répandissent dans le cœur de tous les infidèles la douceur de la foi. « Vous avez fait jaillir des fontaines et des torrents (*Ibid.*). » Peut-être faut-il distinguer entre les fontaines et les torrents ; peut-être n'y faut-il voir qu'une même chose, parce que les fontaines ont été si abondantes qu'elles sont

---

pulo Apostoli, ex illo prima Ecclesia. Et dictum erat Petro de Gentibus, « Macta et manduca (*Act.*, x, 13). » Quid est, « Macta et manduca ? » Occide quod sunt, et fac quod es. Hac, Macta et manduca ; hac, Comminue et bibe : utrumque tamen in eodem sacramento ; quia oportebat utique, et sine dubitatione oportebat, ut corpus quod erat diaboli, credendo transiret in corpus Christi. Sic diabolus consumitur amissis membris suis. Hoc figuratum est et in serpente Moysi. « Nam fecerunt magi similiter, projectisque virgis suis exhibuerunt dracones : sed draco Moysi omnium illorum magorum virgas absorbuit (*Exodi*, VII, 12). » Intelligatur ergo et modo corpus diaboli : hoc fit, devoratur a Gentibus quæ crediderunt, factus est esca populis Æthiopibus. Illud quoque intelligi potest, « Dedisti eum escam populis Æthiopibus : » quia nunc eum omnes mordent. Quid est mordent ? Reprehendendo, culpando, accusando. Quomodo dictum est, in prohibitione quidem, sed tamen expressum : « Si autem mordetis et comeditis invicem, videte ne ab invicem consumamini (*Gal.*, v, 15). » Quid est, mordetis et comeditis invicem ? Litigatis cum invicem, detrahitis invicem, opprobria objicitis invicem. Adtendite ergo nunc his morsibus consumi diabolum. Quis non iratus servo suo, etiam paganus, dicat illi, Satanas ? Vide diabolum datum in escam. Hoc dicit Christianus, hoc dicit Judæus, hoc dicit Paganus : ipsum adorat, et de ipso maledicit.

17. Videamus ergo reliqua. Fratres, obsecro intendite : cum magna voluptate audiuntur, quia audita etiam in orbe terrarum cognoscuntur. Hæc quando dicebantur, non fuerunt ; quia tunc promittebantur, non reddebantur : nunc vero qua voluptate afficimur, cum ea quæ prædicta legimus in libro, compleri videmus in mundo ? Videamus quid fecerit, quem jam intelligit Asaph, quod operatus est salutem in medio terræ. « Tu disrupisti fontes et torrentes (*Psal.*, LXXIII, 15) : » ut manarent liquorem sapientiæ, ut manarent divitias fidei, ut irrigarent salsitatem Gentium, ut omnes infideles in fidei dulcedinem sua irrigatione converterent. « Disrupisti fontes et torrentes. » Forte discretum est : forte unum est, quia fontes tam largi fuerunt,

devenues des fleuves. « Vous avez fait jaillir des fontaines et des torrents. » Mais, s'il faut mettre ici une distinction, en certains fidèles la parole de Dieu a été « une fontaine d'eau vive jaillissant jusque dans la vie éternelle (*Jean*, IV, 14); » d'autres, au contraire, ont entendu la parole de Dieu, et quoiqu'ils ne l'aient point gardée de manière à mener une vie vertueuse, cependant, comme ils l'ont répandue dans leurs discours, ils sont devenus des torrents. En effet, on appelle proprement torrents des eaux qui ne coulent pas toujours. Quelquefois, sans doute, on emploie ce mot d'une manière figurée dans le sens de fleuve, comme dans ces paroles : « Ils seront enivrés par l'abondance de votre maison et vous les ferez boire au torrent de vos délices (*Ps.*, XXXV, 9); » car assurément ce torrent ne sera jamais desséché. Mais on appelle proprement torrents, des cours d'eaux qui tarissent pendant l'été, et qui au contraire se gonflent de toutes les eaux de l'hiver et se précipitent avec impétuosité. Vous voyez un homme vraiment fidèle, qui persévérera jusqu'à la fin, qui n'abandonnera le Seigneur en aucune tentation, et qui supportera pour la vérité, et non pour l'erreur et le mensonge, toute espèce de souffrances : d'où lui vient une semblable vigueur, sinon de ce que la parole de Dieu est devenue en lui « une fontaine d'eau vive qui jaillit jusque dans la vie éternelle (*Jean*, IV, 14) ? » Un autre, au contraire, a reçu la parole divine, il la prêche, il ne saurait s'en taire, il court impétueusement ; mais l'été fera voir s'il est une fontaine ou un torrent. Cependant « celui qui a opéré le salut au milieu de la terre » sait comment arroser la terre avec tous deux. Que les fontaines jaillissent donc, et que les torrents se précipitent. « Vous avez fait jaillir des fontaines et des torrents (*Ibid.*). »

18. « Vous avez desséché les fleuves d'Etham (*Ibid.*). » D'un côté il fait jaillir des fontaines et des torrents, de l'autre, il dessèche des fleuves ; afin qu'ici les eaux coulent et que là elles s'arrêtent. « Les fleuves d'Etham, » dit le Prophète, que veut dire : Etham ? C'est un mot hébreux. Comment l'interpréter ? Il veut dire, fort, robuste. Quel est ce fort et ce robuste, de qui Dieu dessèche les fleuves ? Qui, si ce n'est le dragon ? Car « nul ne peut entrer dans la maison du fort et enlever ce qu'il possède, si auparavant il n'a lié le fort (*Matth.*, XII, 29). » Le démon est ce fort, qui présume de sa puissance et qui s'est séparé de Dieu ; ce fort qui a dit : « Je placerai mon trône vers l'Aquilon et je serai semblable au Très-Haut (*Isaïe*, XIV, 13). » Lui-même a enivré l'homme à la coupe de cette force criminelle. Car Adam et Ève ont voulu être forts, eux qui crurent devenir des dieux en mangeant le fruit défendu. Adam en effet acquit une force qui lui mérita les railleries du Seigneur. « Voilà, dit

Dieu, qu'Adam est devenu comme l'un de nous (*Gen.*, III, 5, 6, 22). » C'étaient aussi des forts, que ces Juifs qui avaient confiance en leur propre justice : « Ne connaissant pas, dit l'Apôtre, la justice de Dieu et voulant établir leur propre justice, il ne se sont pas soumis à la justice de Dieu (*Rom.*, X, 3). » Apercevez-vous quelque homme qui a rejeté sa force personnelle, et qui est resté faible, indigent, se tenant à l'écart et n'osant lever les yeux au ciel, mais se frappant la poitrine en disant : « Seigneur, soyez clément pour moi qui suis un pécheur (*Luc*, XVIII, 13) ? » Il est faible, cet homme ; il avoue sa faiblesse et ne se trouve aucune force ; c'est là une terre aride : vite, qu'elle soit arrosée par l'eau des fontaines et des torrents. Ceux-là, au contraire, sont encore du nombre des forts, qui se confient en leur propre force : que leurs fleuves soient mis à sec, que les sciences des nations, des auspices, des astrologues, aussi bien que les arts magiques, leur soient inutiles, parce que les fleuves du fort sont desséchés. « Vous avez desséché les fleuves d'Etham (*Ps.*, LXXIII, 15). » Que toute doctrine de ce genre tarisse dans sa source, et que les esprits soient inondés par l'Evangile de vérité.

19. « Le jour est à vous et la nuit est à vous (*Ibid.*, 16). » Qui l'ignore, puisque c'est Dieu qui a fait toutes ces choses, toutes choses ayant été faites par le Verbe (*Jean*, I, 3) ? C'est à celui « qui a opéré le salut au milieu de la terre, » que le Prophète dit : « Le jour est à vous et la nuit est à vous (*Ibid.*). » Nous devons croire par là même qu'il y a dans ces paroles quelque chose qui a rapport au salut qu'il a opéré au milieu de la terre. « Le jour est à vous. » Quels sont ceux que le jour représente ? les hommes spirituels. « Et la nuit est à vous. » Quels sont ceux que la nuit représente ? les hommes charnels. « Le jour est à vous et la nuit est à vous (*Ibid.*). » Que les hommes spirituels parlent aux hommes spirituels le langage de l'esprit ; car l'Apôtre a dit : « Traitant des choses spirituelles avec les hommes spirituels, nous parlons le langage de la sagesse au milieu des parfaits (I *Cor.*, II, 13, 6). » Les hommes charnels ne comprennent pas encore cette sagesse : « Je n'ai pu vous parler comme à des hommes spirituels, mais comme à des hommes charnels (*Id.*, III, 1). » Donc, lorsque des hommes spirituels parlent à d'autres hommes spirituels, « le jour annonce la parole au jour ; » mais, lorsque des hommes charnels confessent eux-mêmes leur foi au Christ crucifié, foi qui est à la portée des petits, « la nuit annonce la science à la nuit (*Ps.*, XVIII, 3). » « Le jour est à vous et la nuit est à vous (*Ps.*, LXXIII, 16). » Les

futuros de cibo vetito crediderunt. Factus est Adam fortis, (*a*) cui insultaretur, « Ecce factus est Adam tamquam unus ex nobis (*Gen.*, III, 23). » Fortes e Judæi de justitia sua præsumentes : Ignorantes enim Dei justitiam, et suam justitiam quærentes constituere, tamquam fortes, justitiæ Dei non sunt subjecti (*Rom.*, X, III). Videte hominem digessisse fortitudinem suam, et remansisse infirmum, inopem, longe stantem, nec oculos ad cælum levare audentem ; sed percutientem pectus suum, et dicentem, « Domine propitius esto mihi peccatori (*Lucæ*, XVIII, 13). » Jam infirmus est, jam infirmitatem confitetur non est fortis : arida terra est, rigetur fontibus e torrentibus. Illi adhuc fortes sunt, qui de virtute sua præsumunt. Siccentur flumina eorum, non proficiant doctrinæ gentium, haruspicum, mathematicorum, magicæ artes : quoniam siccati sunt fluvii (*b*) fortis : « Tu siccasti fluvios Etham. » Arescat illa doctrina, inundentur mentes Evangelio veritatis.

19. « Tuus est dies, et tua est nox (*Ps.*, LXXIII, 16). » Quis hoc ignorat, quando ipse fecit hæc omnia ; « quia per Verbum facta sunt omnia (*Johan.*, I, 3) ? » Illi ipsi qui operatus est salutem in medio terræ, illi dicitur, « Tuus est dies, et tua est nox. » Aliquid hic intelligere debemus, quod pertinet ad ipsam salutem, quam operatus est in medio terræ. « Tuus est dies. » Qui sunt isti ? Spiritales. « Tua est nox. » Qui sunt isti ? Carnales. « Tuus est dies, et tua est nox. » Loquantur spiritales spiritalia spiritalibus : dictum est enim, « Spiritalibus spiritalia comparantes, sapientiam loquimur inter perfectos (I *Cor.*, II, 13). » Nondum capiunt istam sapientiam carnales : « Non potui vobis loqui quasi spiritalibus, sed quasi carnalibus (I *Cor.*, III, 1). » Ergo cum spiritales spiritalibus loquuntur, « Dies diei eructuat verbum (*Psal.*, XVIII, 3) : » cum vero et ipsi carnales non tacent fidem crucifixi Christi, quam possunt capere parvi, Nox nocti annuntiat

---

(*a*) Sic potiores MSS. Alii, *cum exaltaretur*. At editi, *cum audiret*. (*b*) Editi, *fluvii fortes*. Melius MSS. *fortis* : quæ est interpretatio nominis *Etham*.

hommes spirituels vous appartiennent, les charnels vous appartiennent aussi : vous éclairez les premiers de l'éclat immuable de votre sagesse et de votre vérité; vous consolez les seconds par la manifestation de votre incarnation, comme la lune console la nuit. « Le jour est à vous et la nuit est à vous (*Ibid.*). » Voulez-vous entendre la parole qu'annonce le jour? Voyez si vous pouvez la supporter; élevez votre esprit autant que vous le pourrez. Voyons si vous appartenez au jour; voyons si vos yeux ne se ferment pas sous l'action de la lumière. Pouvez-vous voir ce que, tout à l'heure, vous avez entendu, lorsqu'on a lu l'Evangile : « Au commencement était le Verbe (ou la Parole), et le Verbe était en Dieu, et le Verbe était Dieu (*Jean*, I, 1)? » Vous n'avez appris à connaître que des paroles qui sonnent et qui passent, pouvez-vous saisir le Verbe (ou la Parole), qui n'est pas un son, mais qui est Dieu? N'avez-vous pas entendu ces mots : « Et le Verbe était Dieu ? » Mais vous pensez à ces paroles : « Toutes choses ont été faites par lui, » et ceux même qui prononcent ces paroles ont été faits par lui. Quel est donc ce Verbe? Comprenez-vous, homme charnel? Répondez : comprenez-vous? Si vous ne comprenez pas, vous appartenez encore à la nuit, et la lune vous est nécessaire, pour ne pas mourir dans les ténèbres. En effet, « les pécheurs ont tendu leur arc, pour lancer des flèches, pendant l'obscurcissement de la lune, sur les hommes au cœur droit (*Ps.*, x, 3). » Car la chair du Christ, descendue de la croix et mise au tombeau, a été obscurcie; et ceux qui avaient mis à mort cette chair l'ont outragée avant qu'elle ressuscitât, et les disciples, hommes au cœur droit, ont été en butte aux flèches des méchants; mais pendant l'obscurcissement de la lune. Donc, pour que le jour annonce la parole au jour et que la nuit annonce la science à la nuit, parce que « le jour est à vous et que la nuit est à vous, » ô Verbe divin, daignez descendre, et sans quitter celui dont vous descendez comme fils, venez aussi à ceux vers qui vous descendez. Daignez descendre, vous qui étiez dans ce monde, par qui ce monde a été fait, et que le monde n'a pas connu. Que la nuit ait aussi sa consolation; consolation que l'Évangile nous indique : « Le Verbe s'est fait chair et il a habité parmi nous (*Jean*, I, 14). » « Le jour est à vous et la nuit est à vous. Vous avez rendu parfaits le soleil et la lune (*Ps.*, LXXIII, 16) : » le soleil, c'est-à-dire les spirituels; la lune, c'est-à-dire les charnels. Un homme est encore charnel, vous ne l'abandonnerez pas, vous le perfectionnerez. « Vous avez rendu parfaits le soleil et la lune (*Ibid.*) : » le soleil ou le sage, la lune ou l'insensé; mais vous n'abandonnez pas ce dernier. Il est écrit : « Le sage reste le même comme le soleil, l'in-

sensé change comme la lune (*Eccli*, XXVII, 21). » Mais quoi, parce que le soleil reste le même, c'est-à-dire parce que « le sage reste le même comme le soleil, et que l'insensé change comme la lune, » celui qui est encore charnel, qui est encore ignorant, doit-il être abandonné? Et que deviendraient ces paroles de l'Apôtre saint Paul : « Je suis le débiteur des sages et des insensés (*Rom.*, I, 14)? » « Vous avez rendu parfaits le soleil et la lune (*Ps.*, LXXIII, 16). »

20. « C'est vous qui avez fait la terre jusqu'à ses dernières limites (*Ibid.*, 17). » Mais, n'est-ce point au premier jour, lorsqu'il a jeté les fondements de la terre? Comment donc celui qui a opéré le salut au milieu de la terre a-t-il « fait la terre jusqu'à ses dernières limites? » Comment, si ce n'est de la manière que le dit l'Apôtre : « Nous avons été sauvés par la grâce et non par nos propres forces ; le salut est un don de Dieu et non l'effet de nos œuvres, afin que nul ne se glorifie (*Éphes.*, II, 8)? » Les œuvres n'étaient donc point bonnes? Elles étaient bonnes; mais comment? Par la grâce de Dieu. Continuons et voyons : « Car nous sommes son ouvrage, ayant été créés dans Jésus-Christ pour les bonnes œuvres (*Éphes.*, II, 8, 10). » Voilà comment celui qui a opéré le salut au milieu de la terre « a fait la terre jusqu'à ses dernières limites. » « C'est vous qui avez fait l'été et le printemps (*Ps.*, LXXIII, 17). » L'été est la figure de ceux qui ont la ferveur de l'esprit. Vous avez donc fait ceux dont l'esprit est fervent ; vous avez fait aussi ceux qui sont nouveaux dans la foi, et dont le printemps est le symbole. « Vous avez fait l'été et le printemps (*Ibid.*). » Par conséquent, qu'ils ne se glorifient pas comme s'ils n'avaient rien reçu : « c'est vous qui avez fait toutes ces choses (*Ibid.*). »

21. « Souvenez-vous de cette créature que vous avez faite (*Ibid.*, 18). » De quelle créature ? « L'ennemi a outragé le Seigneur (*Ibid.*). » O Asaph ! maintenant que vous avez l'intelligence, affligez-vous de votre aveuglement primitif. « L'ennemi a outragé le Seigneur. » Le peuple même du Christ lui a dit : « Celui-ci est un pécheur ; nous ne savons d'où il vient. Nous connaissons Moïse, à qui Dieu a parlé ; quant à celui-ci, c'est un Samaritain (*Jean*, IX, 24, 29, VIII, 48). » « L'ennemi a outragé le Seigneur et le peuple insensé a blasphémé votre nom (*Ibid.*). » Ce peuple insensé, c'était alors Asaph, mais Asaph encore sans intelligence. Que dit le Prophète dans le psaume précédent? « Je suis devenu devant vous comme une bête de somme, et cependant je suis toujours avec vous (*Ps.*, LXXII, 23) ; » parce qu'il n'a pas cherché les dieux et les idoles des Gentils. Aussi, bien qu'il n'ait pas connu son Dieu au moment où il n'était qu'une bête de somme, cependant, devenu homme, il l'a reconnu. En effet, il a déclaré qu'il ne s'est jamais écarté de Dieu au

---

sicut luna mutatur (*Eccli.*, XXVII, 12). » Quid ergo, quia sol permanet, id est, quia sapiens permanet sicut sol, stultus sicut luna mutatur, adhuc carnalis, adhuc insipiens deserendus est ? Et ubi est quod dictum est ab Apostolo, « Sapientibus et insipientibus debitor sum (*Rom.*, I, 14) ? » « Tu perfecisti solem et lunam. »

20. « Tu fecisti omnes terminos terræ (*Ps.*, LXXIII, 17). » Nonne et ante, quando fundavit terram? Sed quomodo fecit terminos terræ, qui operatus est salutem in medio terræ? Quomodo, nisi quomodo dicit Apostolus, « Gratia autem salvi facti sumus, et hoc non ex nobis, sed Dei donum est ; non ex operibus, ne forte quis extollatur (*Ephes.*, II, 8) ? » Ergo non erant opera bona? Erant: sed quomodo ? Gratia Dei. Sequere, videamus. « Ipsius enim sumus figmentum, creati in Christo Jesu in operibus bonis (*Ibid.*, 10). » Ecce quomodo fecit terminos terræ, qui operatus est salutem in medio terræ, « Tu fecisti omnes terminos terræ. Æstatem et ver tu fecisti ea. » Ferventes spiritu æstas est. Tu, inquam, fecisti spiritu ferventes : tu fecisti et novellos in fide, ver est. « Æstatem et ver tu fecisti ea. » Non glorientur quasi non acceperint : « tu fecisti ea. »

21. « Memor esto hujus creaturæ tuæ (*Ps.*, LXXIII, 18).» Cujus creaturæ tuæ? « Inimicus exprobravit Domino. » O Asaph, dole in intellectu pristinam cæcitatem tuam : « Inimicus exprobravit Domino. » Dictum est Christo in gente sua, Peccator est iste ; non novimus unde sit : nos novimus Moysen, illi locutus est Deus (*Johan.*, IX, 24 et 29); iste Samaritanus est (*Johan.*, VIII, 48). « Inimicus exprobravit Domino : et populus imprudens exacerbavit nomen tuum.» Populus imprudens tunc Asaph, sed non intellectus Asaph tunc. Quid dicitur in superiore Psalmo ? «Quasi pecus factus sum ad te, et ego semper tecum (*Psal.*, LXXII, 23) : » quia non iit ad deos et idola Gentium. Etsi non cognovit ut pecus, tamen reco-

moment où il n'était qu'une bête de somme ; et ensuite qu'a-t-il dit dans ce même psaume ? « Vous avez soutenu la main de ma droite ; vous m'avez conduit selon votre volonté et vous m'avez reçu dans votre gloire (*Ps.*, LXXII, 23, 24) : » selon votre volonté, et non selon ma justice ; par le don de votre grâce, et non par l'effet de mes œuvres. Mais ici que lisons-nous ? « l'ennemi a outragé le Seigneur et le peuple insensé a blasphémé votre nom (*Ps.*, LXXIII, 18). » Ce peuple a-t-il donc péri tout entier ? Non. Bien qu'un certain nombre de rameaux aient été brisés, il en est resté assez pour y enter l'olivier sauvage ; et la racine subsiste. Parmi même les rameaux qui ont été brisés à cause de leur incrédulité, il y en a qui ont été rappelés, parce qu'ils ont embrassé la foi. Car, par exemple, l'Apôtre Paul lui-même avait été brisé à cause de son incrédulité, et il a été rattaché à la racine par la foi. Ce peuple insensé a donc ouvertement « blasphémé votre nom, » quand il a dit : « S'il est le Fils de Dieu, qu'il descende de dessus la croix (*Matth.*, XXVII, 40). »

22. Mais vous, Asaph, que dites-vous, maintenant que vous avez l'intelligence ? « Ne livrez pas aux bêtes l'âme qui vous confesse sa faute (*Ps.*, LXXIII, 19). » Je reconnais ma faute, dit Asaph ; et, selon ces paroles d'un autre psaume, « J'ai connu mon péché et je n'ai pas caché mon crime (*Ps.*, XXXI, 5). » Comment cela ? Parce qu'au moment où Pierre reprocha aux Juifs étonnés, s'adressant à chacun d'eux dans sa langue, d'avoir mis à mort le Christ, qui avait été envoyé pour eux, beaucoup l'ayant entendu, furent touchés de componction dans leur cœur et ils dirent aux Apôtres : Que ferons-nous donc ? dites-le nous. Et les Apôtres répondirent : Faites pénitence, et que chacun de vous soit baptisé au nom du Seigneur Jésus-Christ ; et vos péchés vous seront remis (*Act.*, II, 37, 38). Puisqu'ils ont fait pénitence en confessant leurs péchés, « ne livrez pas aux bêtes l'âme qui vous confesse sa faute (*Ps.*, LXXIII, 19). » Pourquoi le Prophète dit-il : « Qui vous confesse ? » Parce qu'il a dit aussi : « Je me suis retourné vers vous dans mon affliction, pendant que la pointe de l'épine s'enfonçait dans mon cœur (*Ps.*, XXXI, 4). » Ils ont été touchés de componction dans leur cœur, et ils se sont livrés à la douleur dans leur pénitence, eux qui s'étaient livrés à l'orgueil dans leurs sévices contre le Christ. « Ne livrez pas aux bêtes l'âme qui vous confesse sa faute (*Ps.*, LXXIII, 19). » De quelles bêtes veut-il parler, si ce n'est de celles dont la tête a été brisée au-dessus des eaux ? En effet, le diable est nommé, dans les Écritures, la bête, le lion, ou le dragon. Ni livrez donc pas, dit-il, au diable et à ses anges l'âme qui vous confesse sa faute. Que le serpent me dévore, si j'ai encore le goût des choses de la terre, si je désire les choses de

---

gnovit ut homo. Dixit enim, Semper tecum quasi pecus : et quid postea ibi in ipso Psalmo, ubi Asaph ? «Tenuisti manum dexteræ meæ, in voluntate tua, deduxisti me, et cum gloria assumsisti me *Ibid.*, 24).» In voluntate tua, non in justitia mea : dono tuo, non opere meo. Ergo et hic, « Inimicus exprobravit Domino : et populus imprudens exacerbavit nomen tuum (*Rom.*, XI, 17.).» Omnes ergo perierunt? Absit. Etsi aliqui ex ramis fracti sunt, manent tamen aliqui, quo inseretur oleaster, et radix manet, et ex ipsis ramis per infidelitatem fractis revocati sunt quidam per fidem. Nam et ipse apostolus Paulus per infidelitatem fractus est, et per fidem radici restitutus est. Ita plane «populus imprudens exacerbavit nomen tuum,» quando dictum est, « Si Filius Dei est, descendat de cruce (*Matth.*, XXVII, 40).»

22. Sed quid tu Asaph jam in intellectu ? « Ne tradideris bestiis animam confitentem tibi (*Ps.*, LXXIII, 19).» Agnosco, inquit Asaph : quia, sicut in alio Psalmo dicitur, « Peccatum meum cognovi, et facinus meum non operui (*Psal.*, XXXI, 5).» Quare ? Quia locutus est Petrus mirantibus linguas Israëlitis ; quoniam ipsi occiderunt Christum, cum propter illos missus sit Christus. «Hoc audito compuncti sunt corde, et dixerunt ad Apostolos, Quid ergo faciemus ? dicite nobis. Et Apostoli, Agite pœnitentiam, et baptizetur unusquisque vestrum in nomine Domini Jesu Christi, et dimittentur vobis peccata vestra (*Act.*,II,37,etc.).» Quia ergo per pænitentiam confessio facta est : « Ne tradideris bestiis animam confitentem tibi.» Quare, « confitentem tibi ? » « Quia conversus sum in ærumna, dum configitur spina (*Psal.*, XXXI, 4).» Compuncti sunt corde; et facti sunt ærumnosi pænitendo, qui fuerant gloriosi sæviendo. « Ne tradideris bestiis animam confitentem tibi.» Quibus bestiis, nisi quarum capita contrita sunt super aquam? Quia dictus est bestia, leo et draco ipse diabolus. Noli, inquit, dare diabolo et angelis ejus animam confitentem tibi. Devoret serpens, si adhuc terrena sapio, si terrena desidero, si adhuc in

la terre, si je m'en tiens encore aux promesses de l'Ancien Testament, maintenant que le Nouveau a été révélé. Mais, au contraire, si je dépose mon orgueil, si je reconnais que je ne dois rien à ma justice, et que je dois tout à votre grâce, alors que ces bêtes superbes n'aient sur moi aucune puissance. « Ne livrez pas aux bêtes l'âme qui vous confesse sa faute. N'oubliez pas jusqu'à la fin les âmes de vos pauvres (*Ps.* LXXIII, 19.) » Nous étions riches, nous étions forts, mais vous avez desséché les fleuves d'Etham ; maintenant, nous ne voulons plus établir notre propre justice, mais reconnaître votre grâce ; nous sommes pauvres, exaucez vos mendiants. Nous n'osons plus lever les yeux au ciel ; mais, nous frappant la poitrine, nous disons : « Seigneur, soyez clément pour moi, qui suis un pécheur (*Luc*, XVIII, 13). » « N'oubliez pas jusqu'à la fin les âmes de vos pauvres (*Ps.*, LXXIII, 19). »

23. « Considérez votre Testament (*Ibid.*, 20). » Rendez ce que vous avez promis : nous avons en mains vos tablettes, nous attendons votre héritage. « Considérez votre Testament : » non pas l'ancien ; je ne vous prie pas pour obtenir la terre de Chanaan, pour voir mes ennemis temporellement soumis à ma domination, pour avoir de nombreux enfants selon la chair, pour amasser des richesses terrestres, pour jouir de la santé corporelle ; « considérez votre Testament, » par lequel vous avez promis le royaume des Cieux. Je le connais maintenant ce Testament ; Asaph a maintenant reçu l'intelligence, Asaph n'est plus comme une bête de somme, il voit maintenant ce que signifient ces paroles : « Le temps vient, dit le Seigneur, où je ferai une nouvelle alliance avec la maison d'Israël et avec la maison de Juda ; mais elle ne sera pas semblable à l'alliance que j'ai faite avec leurs pères (*Jérémie*, XXXI, 31, 32). » « Considérez votre Testament, parce que ceux qui habitent des maisons d'iniquité sont aveuglés par la terre, et remplis de terre (*Ibid.*). » Il en a été ainsi pour eux, parce que leurs cœurs étaient pleins d'iniquité. Nos maisons sont nos cœurs : c'est là qu'habitent dans la joie ceux que la pureté de leur cœur rend heureux (*Matth.*, V, 8). Considérez donc votre Testament, et que les restes du peuple soient sauvés (*Rom.*, IX, 27) ; car, pour le grand nombre de ceux qui s'attachent à la terre, ils sont frappés d'aveuglement et remplis des choses de la terre. La poussière est entrée dans leurs yeux et les a aveuglés, et ils sont devenus semblables à la poussière que le vent balaye de la face de la terre (*Ps.*, I, 4). « Ceux qui habitent des maisons d'iniquité sont aveuglés par la terre, et remplis de terre (*Ibid.*, LXXIII, 20). » En effet, à force de considérer la terre, ils ont perdu la vue, et c'est d'eux qu'il est dit dans un autre psaume : « Que leurs yeux soient aveuglés afin qu'ils ne voient point, et

---

promissis veteris Testamenti, Novo revelato, remaneo. Cum autem jam deposuerim superbiam, et justitiam meam non agnoscam, sed gratiam tuam; non habeant in me superbæ bestiæ potestatem. « Ne tradideris bestiis animam confitentem tibi. Animas pauperum tuorum ne obliviscaris in finem. » Divites eramus, fortes eramus ; sed siccasti fluvios Etham : jam modo non constituimus justitiam nostram, sed agnoscimus gratiam tuam ; pauperes sumus, exaudi mendicos tuos. Jam non audemus oculos ad cælum levare, sed percutientes pectus nostrum dicimus, « Domine, propitius esto mihi peccatori (*Lucæ*, XVIII, 13). » « Animas pauperum tuorum ne obliviscaris in finem. »

23. « Respice in testamentum tuum. » Redde quod promisisti : tabulas tenemus, hereditatem exspectamus. « Respice in testamentum tuum, » non illud vetus : non propter terram Chanaan rogo, non propter inimicorum temporalem subjectionem, non propter filiorum carnalem fecunditatem, non propter divitias terrenas, non propter salutem temporalem : « Respice in testamentum tuum, » quo promisisti regnum cælorum. Jam agnosco testamentum tuum : jam intellectus est Asaph, non est pecus Asaph, jam videt quod dictum est, « Ecce dies venient, dicit Dominus, et consummabo domui Israel et domui Juda testamentum novum, non secundum testamentum quod disposui patribus eorum (*Jérem.*, XXXI, 31). » « Respice in testamentum tuum : quoniam repleti sunt qui obscurati sunt terræ domorum iniquarum (*Ps.* LXXIII, 20): » quia corda habebant iniqua. Domus nostræ, corda nostra : ibi libenter habitant beati mundo corde (*Matth.*, V, 8). Respice ergo in testamentum tuum, et reliquiæ salvæ fiant (*Rom.*, IX, 27) : quia multi qui adtendunt ad terram, obscurati sunt, et repleti sunt terra. Intravit in oculos eorum pulvis, et excæcavit eos, et facti sunt « pulvis quem projicit ventus a facie terræ (*Psal.*, I, 4). » « Repleti sunt qui obscurati sunt terræ domorum iniquarum. » Adtendendo enim terram obscurati sunt, de quibus dictum

que leur dos se courbe de plus en plus vers la terre (*Ps.*, LXVIII, 24). » « Ceux qui habitent des maisons d'iniquité sont donc aveuglés par la terre et remplis de terre (*Ps.*, LXXIII, 20); » et cela parce que leurs cœurs sont pleins d'iniquité. Car nos maisons, comme nous l'avons dit plus haut, ce sont nos cœurs : là nous habitons dans la joie, si nous avons purifié cette demeure de toute iniquité ; là est aussi la mauvaise conscience, qui chasse l'homme de cette demeure, où le Seigneur ordonna au paralytique, dont les péchés avaient été remis, de retourner et de reporter son lit. « Emportez votre lit et allez dans votre maison (*Jean*, v, 8); » portez votre chair et rentrez dans votre conscience purifiée. « Ceux qui habitent des maisons d'iniquité ont été aveuglés par la terre et remplis de terre (*Ps.*, LXXIII, 20). » Ils sont aveuglés ; ils sont remplis de terre. Quels sont ceux qui ont été aveuglés ? Ceux dont les cœurs sont pleins d'iniquité, le Seigneur leur rend ce que leur cœur a mérité.

24. « Que l'humble ne se retire pas couvert de confusion (*Ibid.*, 21). » En effet, c'est l'orgueil qui a causé la confusion des autres. « L'indigent et le pauvre glorifient votre nom (*Ibid.*). » Vous voyez, mes frères, combien la pauvreté doit nous être douce; vous voyez que les pauvres et les indigents appartiennent à Dieu, mais les pauvres d'esprit; parce que le royaume des Cieux est à eux (*Matth.*, v, 3). Quels sont les pauvres d'esprit ? Les humbles, qui reçoivent avec tremblement les paroles de Dieu, qui confessent leurs péchés et qui ne se confient ni en leurs mérites, ni en leur justice. Quels sont les pauvres d'esprit ? Ceux qui louent Dieu lorsqu'ils font quelque bien, et qui s'accusent lorsqu'ils font quelque mal. « Sur qui reposera mon esprit, dit le Prophète, sinon sur l'humble, sur l'homme de paix, sur celui qui reçoit mes paroles en tremblant (*Isaïe*, LXVI, 2) ? » Asaph possède donc maintenant l'intelligence ; il n'est plus attaché à la terre ; il ne demande plus les promesses terrestres de l'ancien Testament ; il est devenu votre mendiant, il est devenu votre pauvre ; il a soif de l'eau de vos fleuves, parce que les siens sont desséchés. Puisqu'il est ainsi changé, que son espérance ne soit pas trompée ! Il vous a cherché dans la nuit, en étendant les mains vers vous, qu'il ne soit pas déçu (*Ps.*, LXXVI, 3). « Que l'humble ne se retire pas couvert de confusion ; le pauvre et l'indigent glorifieront votre nom (*Ps.*, LXXIII, 21). » Ceux qui confessent leurs péchés glorifieront votre nom ; ceux qui aspirent à vos promesses éternelles glorifieront votre nom. Mais ce ne seront pas ceux qui s'enflent de leurs biens temporels, ni ceux qui s'enorgueillissent et s'élèvent fièrement, en raison de leur justice personnelle ; non ce ne seront pas de tels hommes. Mais qui donc ? « Le

---

est in alio Psalmo, « Obscurentur oculi eorum, ne videant, et dorsum eorum semper incurva (*Psal.*, LXVIII, 24.*).*» Terra ergo « repleti sunt qui obscurati sunt terræ domorum iniquarum : » qui corda habebant iniqua. Domus enim nostræ, sicut supra diximus, corda sunt : ibi libenter habitabimus, si ea ab iniquitate mundemus : ibi est mala conscientia, quæ inde repellit hominem : quo jubetur ire portans grabatum suum, cui peccata dimissa sunt, dicente Domino, « Tolle grabatum tuum, et vade in domum tuam (*Johan.*, v, 8,) : » porta carnem tuam, et intra ad sanatam conscientiam tuam. « Quoniam repleti sunt qui obscurati sunt terræ domorum iniquarum. » Obscurati sunt, repleti sunt terra. Illi obscurati qui sunt ? Qui corda iniqua habent. Reddit illis Dominus secundum cor suum.

24. « Ne avertatur humilis confusus (*Psal.*, LXXIII, 21.) » Illos enim superbia confudit. « Egenus et inops laudabunt nomen tuum. » Videtis Fratres quam debeat dulcis esse paupertas : videtis pauperes et inopes pertinere ad Deum; sed « pauperes spiritu, quoniam ipsorum est regnum cælorum (*Matth.*, v, 3). » Qui sunt pauperes spiritu ? Humiles, trementes verba Dei, confitentes peccata sua, non de suis meritis, nec de sua justitia præsumentes. Qui sunt pauperes spiritu ? Qui quando faciunt aliquid boni, Deum laudant ; quando mali, se accusant. Super quem requiescet Spiritus meus ait Propheta, nisi super humilem, et quietum, et trementem verba mea (*Isai.*, LXVI, 2) ? Jam ego Asaph intellexit, jam terræ non hæret, jam promissa terrena ex veteri Testamento non expetit : mendicus tuus factus est, pauper tuus factus est; fluvios tuos sitit, quia sui siccati sunt. Quia ergo talis factus est, non fraudetur spe : quæsivit manibus nocte coram te, non decipiatur. « Ne avertatur humilis confusus : egenus et inops laudabunt nomen tuum (*Psal.*, LXXIII, 21). » Confitentes peccata sua, laudabunt nomen tuum ; desiderantes æterna promissa tua, laudabunt nomen tuum : non de temporalibus turgidi, non de propria

pauvre et l'indigent glorifieront votre nom (*Ibid.*). »

25. « Levez-vous, Seigneur ; jugez ma cause (*Ibid.*, 22). » Car je parais abandonné, parce que je n'ai pas encore reçu ce que vous avez promis, et mes larmes sont devenues mon pain du jour et de la nuit, parce que l'on me dit chaque jour : où est votre Dieu (*Ps.*, XLI, 4) ? Et parce que je ne puis montrer mon Dieu, on m'insulte comme si je poursuivais quelque ombre vaine. Et ce n'est pas seulement un païen, ou un Juif, ou un hérétique ; c'est quelquefois même un frère, un catholique, qui fait je ne sais quelle grimace des lèvres, en entendant prêcher les promesses de Dieu et la résurrection à venir. Peut-être même, ce catholique, bien que teint de l'eau du salut éternel, bien que portant en lui le sacrement du Christ, dira : Et qui donc est ressuscité dans ce pays ? Je n'ai point entendu mon père me parler du fond de son tombeau, depuis que je l'y ai enseveli. Dieu a donné à ses serviteurs une loi pour le temps présent ; qu'ils s'en tiennent à ce temps, car qui revient des enfers ? Et que ferai-je pour ces incrédules ? Leur montrerai-je ce qu'ils ne voient pas ? Je ne le puis: en effet, Dieu ne doit pas se rendre visible pour les contenter. Mais qu'ils y arrivent, s'ils le peuvent, qu'ils y travaillent, qu'ils y mettent tous leurs efforts ; et puisqu'ils ne veulent pas se changer en mieux, qu'ils changent Dieu en moins. Dieu est : le voie qui le peut, le croie qui ne peut le voir. Mais le voir, pour qui le peut, est-ce à l'aide des yeux du corps ? Non, c'est par l'intelligence, c'est par le cœur. En effet, le Christ ne voulait nous montrer ni le soleil ni la lune, lorsqu'il disait : « Heureux ceux dont le cœur est pur, parce qu'ils verront Dieu (*Matth.*, V, 8). »Mais un cœur impur n'est pas mieux disposé pour croire que pour voir. Je ne vois pas, dira-t-il, que voulez-vous que je croie ? Votre âme est sans doute visible, à ce que je pense! Insensé ! votre corps est visible, mais qui peut voir votre âme ? Or, si on ne voit que votre corps, pourquoi ne vous met-on pas de suite au tombeau ? Mon incrédule s'étonne de cette question : si on ne voit que votre corps, pourquoi ne vous met-on pas de suite au tombeau ? Il répond, car son intelligence va jusque-là : C'est parce que je vis. Mais moi, comment sais-je que vous vivez, puisque je ne vois pas votre âme ? Dites, comment le sais-je ? Vous répondez : Mais parce que je parle, parce que je marche, parce que j'agis. Insensé! je reconnais que vous êtes vivant aux actions de votre corps, et vous ne pouvez reconnaître le Créateur aux actions de la créature ! Et peut-être celui qui dit : Lorsque je serai mort, je ne serai plus rien, a connaissance

---

justitia in superbiam elati et inflati, non ipsi ; sed qui ? « Egenus et inops laudabunt nomen tuum. »

25. « Exsurge Domine, judica caussam meam (*Ps.*, LXXIII, 22). » Desertus enim videor, quia nondum accepi quod promisisti :« et factæ sunt mihi lacrymæ meæ panis die ac nocte, dum dicitur mihi quotidie, Ubi est Deus tuus (*Psal.*, XLI, 4) ? » Et quia non possum ostendere Deum meum, quasi inane sequar, insultatur mihi. Nec Paganus tantum, vel Judæus, vel hæreticus ; sed aliquando frater ipse catholicus torquet os, quando promissa Dei prædicantur, quando futura resurrectio prænuntiatur. Et adhuc et ipse, quamvis jam tinctus aqua salutis æternæ, portans sacramentum Christi, forsitan dicit, Et quis huc resurrexit ? et, Non audivi patrem meum de sepulcro loquentem, ex quo cum sepelivi. Deus dedit legem ad tempus servis suis, ad quod se avocent : nam quis redit ab inferis ? Et quid faciam talibus ? ostendam quod non vident ? Non possum : non enim propter illos Deus visibilis debet fieri. Jam id agant, si placet, ita faciant, ita conentur ; quia ipsi nolunt converti in melius, Deum convertant in pejus. Videat qui potest, credat qui non potest, esse Deum. Et si videt qui potest, numquid oculis videt ? Intellectu videt, corde videt. Non enim solem et lunam volebat ostendere, qui dicebat. « Beati mundo corde, quoniam ipsi Deum videbunt (*Matth.*, v, 8). » Immundum autem cor nec ad fidem idoneum (*a*), ut quod non potest videre vel credat. Non video, inquit: quid crediturus sum ? Anima enim tua videtur, ut opinor ? Stulte, corpus tuum videtur : animam tuam quis videt ? Cum ergo corpus tuum solum videatur, quare non sepeliris ? Miratur quia dixi, Si corpus tantum videtur, quare non sepeliris ? Et respondet, (sapit enim ad hoc,) Quia vivo. Unde scio quia vivis, cujus animam non video ? unde scio ? Respondebis, Quia loquor, quia ambulo, quia operor. Stulte, ex operibus corporis agnosco viventem, ex

---

(*a*) Particula, *ut*, deest apud Lov, sed in ceteris libris exstat.

des belles-lettres et il a reçu cette doctrine d'Épicure, philosophe en délire, plutôt ami de l'orgueil que de la sagesse, et auquel les autres philosophes eux-mêmes ont donné le nom de pourceau. Ce maître enseigne que le souverain bien consiste dans les voluptés du corps, et il est surnommé le pourceau, pour s'être ainsi vautré dans les fanges de la chair. Peut-être est-ce de lui que notre savant a appris à dire : je ne serai plus rien, lorsque je serai mort. Que les fleuves d'Etham soient desséchés ; périssent ces doctrines des Gentils ; que les bocages de Jérusalem s'accroissent et se multiplient ! Que les hommes voient ce qu'ils peuvent voir ; qu'ils croient par le cœur ce qu'ils ne peuvent voir. Assurément les choses que nous voyons maintenant dans le monde n'existaient pas encore au moment où Dieu opérait le salut au milieu de la terre, pas plus qu'au moment où elles ont été prédites : Or, nous avons sous les yeux et la prédiction et l'accomplissement manifeste de toutes ces choses, et il se trouve encore des insensés pour dire en leur cœur : « Il n'y a pas de Dieu (*Ps.*, XIII, 1). » Malheur aux cœurs pervertis ! Car tous les événements encore inaccomplis viendront comme sont venus tous ceux qui n'existaient point alors et dont l'accomplissement était prédit. Ou bien Dieu nous aurait-il donné tout ce qu'il nous a promis, pour nous tromper sur le seul jour du jugement dernier ? Le Christ n'était pas sur la terre, Dieu l'a promis, il l'a donné ; la Vierge n'avait pas enfanté, Dieu l'a promis il l'a donné ; le précieux sang qui devait effacer l'arrêt de notre mort n'était point encore répandu, Dieu l'a promis, il l'a donné ; la chair du Christ n'était pas encore ressuscitée pour la vie éternelle, Dieu l'a promis, il l'a donné ; les Gentils n'avaient pas encore embrassé la Foi, Dieu l'a promis, il l'a donné ; il n'existait point encore d'hérétiques qui, armés du nom du Christ, combattissent contre le Christ, Dieu l'a prédit, le fait s'est accompli ; les idoles des Gentils n'étaient pas encore détruites, Dieu l'a prédit, le fait s'est accompli. Après avoir prédit et accompli toutes ces choses, a-t-il menti sur le seul jour du jugement ? Ce jour viendra de la même manière que sont venues toutes ces choses ; parce qu'elles étaient dans l'avenir avant d'être accomplies, et qu'après avoir été annoncées comme choses à venir, elles sont en effet venues. Il viendra donc ce jour, ô mes frères ! Que nul ne dise, il ne viendra pas ; ou bien, il viendra, mais après un long espace de siècles : car, pour vous, le moment où vous quitterez cette vie n'est pas éloigné. Qu'il nous suffise d'avoir été trompés une fois ; si nous n'avons su d'abord rester sous la loi, soyons du moins corrigés par l'exemple. Il n'existait

---

operibus creaturæ non potes agnoscere Creatorem. Et forte qui dicit, Cum mortuus fuero, postea nihil ero : et litteras didicit, et ab Epicuro didicit hoc, nescio quo deliro philosopho, vel potius amatore vanitatis, non sapientiæ ; quem ipsi etiam philosophi porcum nominaverunt : qui voluptatem corporis summum bonum dixit, hunc philosophum porcum nominaverunt, volutantem se in cœno carnali. Ab illo forte didicit iste litteratus dicere, Non ero postea quam mortuus fuero. Siccentur flumina Etham, pereant doctrinæ istæ Gentium, pullulent virecta Jerusalem : videant quod possunt, corde credant quod videre non possunt. Certe ista omnia quæ per mundum modo videntur, quando operabatur Deus salutem in medio terræ, cum ista dicebantur, nondum erant : et ecce tunc prædicta sunt, nunc impleta monstrantur, et adhuc « dixit stultus in corde suo, » Non est Deus (*Psal.*,XIII,1).» Væ perversis cordibus : quoniam ita ventura sunt quæ restant, sicut venerunt ista quæ tunc non fuerunt, et ventura prænuntiabantur. An vero exhibuit nobis Deus omnia quæ promisit, et de solo die judicii nos fefellit ? Non erat Christus in terra ; promisit, exhibuit : non virgo pepererat ; promisit, exhibuit : non erat fusus sanguis pretiosus, quo deleretur chirographum mortis nostræ ; promisit, exhibuit : nondum resurrexerat caro in vitam æternam ; promisit, exhibuit : nondum crediderant Gentes, promisit, exhibuit : nondum hæretici nomine Christi armati, contra Christum militabant ; prædixit, exhibuit : nondum idola Gentium de terra (*a*) deleta erant : prædixit, exhibuit : ista omnia cum prædixisset et exhibuisset, de solo die judicii mentitus est ? Veniet omnino quomodo ista venerunt ; quia et ista antequam venirent futura erant, et futura prius prænuntiata sunt, et postea venerunt. Veniet, Fratres mei. Nemo dicat, Non veniet : aut, Veniet, sed longe est quod veniet. Sed tibi prope est ut eas hinc. Sufficiat prima deceptio : si non po-

(*a*) Hic editi addunt, *ista* : quæ vox a MSS. abest.

encore aucun exemple de la chute d'un homme, lorsque Dieu dit à Adam : « Vous mourrez de mort, si vous touchez à ce fruit (*Gen.*, II, 17). » Et le Serpent est venu à la traverse, et a dit : « Vous ne mourrez pas de mort (*Ibid.*, III, 4). » Le Serpent a été cru et Dieu méprisé ; le Serpent a été cru, le fruit défendu a été touché, et l'homme est mort. Est-ce que les menaces de Dieu ne se sont pas plutôt réalisées que les promesses de l'ennemi ? Certes, il en est ainsi ; et nous devons le reconnaître, puisque telle est la cause qui nous a tous précipités dans la mort : du moins maintenant que notre expérience nous rende prudents. Car, maintenant encore le Serpent ne cesse de murmurer à nos oreilles et de dire : Est-ce que véritablement Dieu condamnera de si grandes foules et ne sauvera qu'un si petit nombre d'hommes ? Quelle différence y a-t-il entre ces paroles et celles-ci : « Désobéissez au commandement de Dieu, vous ne mourrez pas. » Mais il en sera aujourd'hui comme il en a été alors. Si vous écoutez les suggestions du démon, et si vous méprisez les commandements de Dieu, le jour du jugement viendra, et vous reconnaîtrez la vérité des menaces de Dieu et la fausseté des promesses du démon. « Levez-vous Seigneur, jugez ma cause (*Ps.*, LXXIII, 22). » Vous êtes mort et vous êtes méprisé ; on me dit : « Où est votre Dieu (*Ps.*, XLI, 11). » « Levez-vous, jugez ma cause. » Car nul ne viendra pour le jugement, que celui qui est ressuscité d'entre les morts. Son premier avénement avait été prophétisé, il est venu et il a été méprisé par les Juifs pendant sa course sur terre ; aujourd'hui, il est méprisé par les faux chrétiens, pendant son repos au Ciel. « Levez-vous Seigneur, jugez ma cause (*Ibid.*). » J'ai cru en vous, que je ne périsse pas ; j'ai cru ce que je ne voyais pas, que je ne sois pas trompé dans mon espérance, et que je reçoive ce que vous m'avez promis. « Jugez ma cause. Souvenez-vous des outrages que vous a prodigués l'insensé pendant tout le jour (*Ibid.*). » Maintenant encore, on insulte le Christ ; et il ne manquera pas de vases de colère, pendant tout le jour, c'est-à-dire jusqu'à la fin des siècles. On dit encore : Les chrétiens prêchent des choses vaines. On dit encore : La résurrection des morts n'est qu'une vaine imagination. « Jugez ma cause, souvenez-vous des outrages que vous avez soufferts. » Mais de quels outrages, sinon « de ceux qu'un peuple insensé vous a prodigués tout le jour (*Ibid.*). » Est-ce un homme prudent qui parle ainsi ? Un homme prudent, ainsi le définit-on, est un homme qui voit au loin. Si l'homme prudent voit au loin, c'est par la foi qu'il voit au loin ; car des yeux du corps, c'est à peine s'il voit devant ses pieds. « Tout le jour. »

---

tuimus primo permanere in præcepto, saltem corrigamur exemplo. Nondum erat exemplum casus humani, quando dictum est ad Adam, Morte morieris, si tetigeris. Et venit de transverso serpens, et dixit, « Non morte morieris (*Gen.*, II, 17—III, 4). » Creditus est serpens, contemptus est Deus : creditus est serpens, tactum est vetitum, mortuus est homo. Nonne impletum est potius quod minatus est Deus, quam quod promiserat inimicus ? Sic est certe : agnoscimus hoc ; inde omnes in morte : jam vel experti cauti simus. Non enim cessat et modo serpens insusurrare, et dicere, Numquid vere damnaturus est Deus tantas turbas, liberaturus est paucos ? Quid est aliud quam, Facite contra præceptum, non moriemini ? Sed quomodo tunc, sic et nunc. Si feceris quod suggerit diabolus, et contempseris quod præcepit Deus ; veniet judicii dies, et invenies verum quod minatus est Deus, et falsum quod pollicitus est diabolus. « Exsurge Domine, judica caussam meam (*Ps.*, LXXIII, 22). » Mortuus es, et contemptus es ; dicitur mihi, Ubi est Deus tuus (*Psal.*, XLI, 11) ? Exsurge, judica caussam meam. Non enim venturus est ad judicium, nisi qui exsurrexit a mortuis. Venturus prænuntiabatur, venit, et contemptus est a Judæis ambulans in terra ; contemnitur a falsis Christianis sedens in cælo. « Exsurge Domine, judica caussam meam. » Quoniam in te credidi, non peream ; quia credidi quod non vidi (*a*), spe mea non fallar, accipiam quod promisisti. « Judica caussam meam. Memento opprobriorum tuorum, eorum quæ ab imprudente sunt tota die. » Adhuc enim insultatur Christo : nec deerunt tota die, hoc est usque in finem sæculi, vasa iræ. Adhuc dicitur, Vana prædicant Christiani : adhuc dicitur, Inanis est resurrectio mortuorum. « Judica caussam meam : memento opprobriorum tuorum. » Sed quorum, nisi « eorum quæ ab imprudente sunt tota die ? » Numquid prudens hoc dicit ? Prudens enim dictus est, porro videns. Si prudens porro videns, fide videtur porro : nam oculis vix ante pedes videtur. « Tota die. »

(*a*) Plures MSS. *spe mea non fallat.*

26. « N'oubliez pas la voix de ceux qui vous implorent (*Ibid.*, 23); » de ceux qui gémissent, qui attendent ce que vous avez promis par votre Testament nouveau, et qui marchent selon la lumière de la Foi. « N'oubliez pas la voix de ceux qui vous implorent (*Ibid.*). » Mais les incrédules disent encore : Où est votre Dieu? « Que l'orgueil de ceux qui vous haïssent monte toujours vers vous (*Ibid.*) ! » N'oubliez pas leur orgueil. Dieu ne l'oublie pas; il le punit ou il le corrige.

26. « Ne obliviscaris (*a*) vocem deprecantium te (*Psal.*, LXXIII, 23). » Ingemiscentium et exspectantium jam quod promisisti de novo Testamento, et ad ipsam fidem ambulantium, « ne obliviscaris vocem deprecantium te. » Sed illi adhuc dicunt, Ubi est Deus tuus? « Superbia eorum qui te oderunt (*b*), adscendat semper ad te. » Noli et eorum superbiam oblivisci. Nec obliviscitur : omnino aut punit, aut corrigit.

(*a*) Sic MSS. juxta Græc. LXX. At editi, *voces*. (*b*) Editi, *adscendit*. Ad potiores MSS. *adscendat*: Græc. LXX. ἀναβαίνῃ.

DISCOURS [1] SUR LE PSAUME LXXIV.

1. Ce Psaume apporte aux gonflements de l'orgueil le remède de l'humilité, et en même temps il console les humbles par l'espérance ; il tend à ce que personne ne présume orgueilleusement de soi-même, et qu'aucun humble ne désespère du Seigneur. Il y a en effet une promesse de la part de Dieu, réitérée et certaine, ferme et inébranlable, fidèle et exempte de tout doute, qui console les affligés. Car toute la vie humaine, comme il est écrit, n'est qu'une tentation (*Job*; VII, 1). Et il ne faut ni souhaiter qu'elle soit toujours prospère, ni fuir uniquement les adversités : nous avons à nous garder tout à la fois de la prospérité et de l'adversité : de la prospérité, de peur qu'elle ne nous corrompe; de l'adversité, de peur qu'elle ne nous abatte. Il faut ainsi que tout homme, dans quelque condition qu'il se trouve en cette vie, n'ait de refuge qu'en Dieu et de joie qu'en ses promesses. Car cette vie, lorsqu'elle regorge de

IN PSALMUM LXXIV.

ENARRATIO.

1. Psalmus iste tumori superbiæ medicinam humilitatis adportat ; humiles autem consolatur in spe : hoc agens, ut ne quisquam superbe de se præsumat, ne quisquam humilis de Domino desperet. Est enim promissio Dei rata, certa, fixa et inconcussa, fidelis et omni dubitatione carens, quæ consolatur afflictos. Tota enim vita humana super terram, sicut scriptum est, tentatio est (*Job.*, VII, 1). Nec quasi prospera eligenda est, nec adversa devitanda; sed utraque cavenda est, illa ne corrumpat, ista ne frangat : ut unicuique hominum, in quocumque statu rerum in hac vita egerit, non sit refugium nisi Deus, nec ullum gaudium nisi in promissis ejus. Vita enim hæc qualibet redundans felicitate multos fallit, Deus neminem. Quia ergo omni homini converso ad Deum mutatur delectatio, mutantur deliciæ (non enim subtrahuntur, sed mutantur) : omnes autem deliciæ

[1] Discours au peuple.

félicité, trompe un grand nombre d'hommes : Dieu ne trompe personne. Lorsqu'un homme se convertit à Dieu, ses joies changent, ses plaisirs changent, rien ne lui est ôté, mais tout est changé. Car toutes nos délices en ce monde ne sont pas encore des réalités ; mais notre espérance est tellement certaine, qu'elle est préférable à toutes les délices du siècle. C'est pourquoi le Psalmiste nous dit : « Mettez vos délices dans le Seigneur; » et, afin que vous ne pensiez pas posséder dès à présent ce qui vous est promis, il ajoute aussitôt : « Et il vous donnera ce que demande votre cœur (*Ps.*, xxxvi, 4). » Si donc vous ne possédez pas encore ce que votre cœur demande, comment mettre vos délices dans le Seigneur, si ce n'est parce que vous avez pleine assurance dans les promesses de celui qui s'est fait votre débiteur par ses engagements envers vous ? Or, pour que nous conservions en nous l'espérance de voir nos prières exaucées et d'entrer un jour dans la félicité que Dieu nous a promise, le titre du Psaume s'exprime ainsi : « Pour la fin, ne corrompez pas (*Ps.*, LXXXIV, 1). » Que veut dire : « Ne corrompez pas ? » Donnez ce que vous avez promis. Mais quand ? « Pour la fin (*Ibid.*). » Que l'œil de votre esprit se dirige donc de ce côté, « pour la fin. » Franchissez tout ce qui se présente dans la route, pour parvenir à la fin. Que les orgueilleux triomphent de leur félicité présente; qu'ils se rengorgent pour les honneurs qu'ils reçoivent, qu'ils soient brillants d'or, qu'ils aient des serviteurs en abondance, qu'ils soient entourés des hommages de mille clients obséquieux ; toutes ces choses passent, elles passent comme une ombre. Quand viendra la fin, qui remplira de joie ceux qui espèrent maintenant en Dieu, alors commencera pour eux une tristesse sans fin. Quand les humbles recevront des biens qui sont aujourd'hui la risée des superbes, alors toute l'arrogance de ces superbes sera changée en un deuil éternel. Alors on entendra cette voix que nous connaissons déjà par le livre de la Sagesse. A la vue de la gloire des saints, qui, humiliés ici-bas, supportaient leurs humiliations et qui, élevés ici-bas, restaient indifférents à leur élévation, ils diront, ces superbes, ils diront : « Voilà ceux qu'autrefois nous avons tournés en dérision. » Ils diront encore : « De quoi nous a servi notre orgueil ? Que nous ont rapporté ces richesses dont nous nous vantions ? Toutes ces choses ont passé comme une ombre (*Sag.*, v, 3, 8, 9). » Parce qu'ils ont mis leur confiance en des choses corruptibles, leur espérance tombera en corruption : notre espérance, au contraire, deviendra alors une réalité. Car, afin que les promesses de Dieu restent inébranlables, entières et certaines pour nous, nous avons dit, dans la foi de notre cœur : « Pour la fin, ne corrompez pas (*Ps.*, LXXIV, 1). » Ne crai-

---

nostræ in hac vita, nondum sunt in re; sed ipsa spes tam certa est, ut omnibus hujus sæculi deliciis præponenda sit, sicut scriptum est, « Delectare in Domino (*Psal.*, xxxvi, 4). » Et ne putares te jam habere quod promittit, subjecit statim, « Et dabit tibi petitiones cordis tui. » Si ergo nondum habes petitiones cordis tui, unde delectaris in Domino, nisi quia tenes certum promissorem, qui se effecit promittendo debitorem ? Hujus igitur deprecationis ut permaneat nobiscum spes nostra, et introducamur in id quod promisit Deus, loquitur titulus hujus Psalmi : « In finem, ne corrumpas. » Quid est, « ne corrumpas? » Quod promisisti, exhibe. Sed quando? « In finem. » Illuc ergo mentis oculus dirigatur, « in finem. » Omnia quæ in via occurrerint, transeantur, ut perveniatur in finem. Exsultent superbi de præsenti felicitate, tumeant honoribus, fulgeant auro, redundent familiis, obsequiis clientium constipentur : prætereunt ista, transeunt tamquam umbra. Cum ille finis venerit, ubi omnes qui modo in Domino sperant gaudeant, tunc illis veniet sine fine tristitia. Quando acceperint humiles quod irrident superbi, tunc superborum typhus convertetur in luctum. Tunc erit illa vox, quam in libro Sapientiæ novimus : dicent enim tunc videntes gloriam sanctorum, qui cum hic humiliarentur, toleraverunt; qui cum hic sublimarentur, non annuerunt : tunc ergo illi dicent, « Hi sunt quos aliquando habuimus in risum. » Ubi etiam dicunt, « Quid nobis profuit superbia, et divitiarum jactantia quid contulit nobis? Transierunt omnia tamquam umbra (*Sap.*, v, 3). » Quia de corruptibilibus præsumpserunt, spes eorum corrumpetur : nostra vero spes tunc erit res. Promissio enim Dei ut maneat integra et firma et certa erga nos, diximus ex (*a*) corde fidei, « In finem ne corrumpas. » Noli ergo timere, ne promissiones Dei

---

(*a*) Quatuor MSS. *ex ore fidei.*

gnez pas que quelqu'un d'entre les puissants ne corrompe les promesses de Dieu. Dieu ne les laissera point se corrompre, parce qu'il est véridique et il n'y a personne de plus puissant que lui qui ait le pouvoir de le faire. Tenons donc pour certaines les promesses de Dieu, et adressons-lui ce chant, par lequel le Psaume commence.

2. « Nous nous confesserons à vous, ô Dieu, nous nous confesserons à vous, et nous invoquerons votre nom (*Ibid.*, 1). » N'invoquez point Dieu, avant de vous être confessé à lui ; confessez-vous et invoquez-le. Car vous appelez en vous celui que vous invoquez. Qu'est-ce qu'invoquer en effet, si ce n'est appeler en soi-même ? Si Dieu est invoqué par vous, c'est-à-dire appelé en vous, à quelles conditions s'approchera-t-il de vous ? Il ne s'approche pas de l'orgueilleux. Dieu est élevé, mais celui qui s'élève n'arrive pas à lui. Lorsque nous voulons atteindre des objets haut placés, nous nous grandissons et, si nous ne pouvons y arriver, nous cherchons des instruments et des échelles pour nous élever à la hauteur de ces objets ; Dieu agit en sens contraire, il est élevé et il n'est accessible qu'aux humbles. Il est écrit : « Le Seigneur est proche de ceux qui ont brisé leur cœur (*Ps.*, XXXIII, 19). » La contrition de cœur, c'est la piété, c'est l'humilité. Celui qui est contrit s'irrite contre lui-même : qu'il s'irrite contre lui-même, pour que Dieu lui soit propice ; qu'il soit son propre juge, pour que Dieu soit son défenseur. Dieu vient donc lorsqu'il est invoqué. Mais à qui vient-il ? Il ne vient pas vers l'orgueilleux. Écoutez un autre témoignage de cette vérité : « Grand est le Seigneur ; il regarde les choses basses, et il connaît de loin les choses élevées (*Ps.*, CXXXVII, 6). » Le Seigneur est grand, il regarde, mais de près, les choses basses ; tandis qu'il regarde de loin les choses élevées. Et parce qu'il est dit que Dieu regarde les humbles, de peur que les superbes ne se réjouissent de l'espoir de l'impunité, comme si Dieu, habitant les cieux, ne connaissait pas leur orgueil, l'Écriture dit aussi, pour les tenir dans la crainte : Il vous voit et vous connaît, mais de loin. Il fait le bonheur de ceux dont il approche ; quant à vous, ô hommes orgueilleux, ô hommes qui vous élevez arrogamment, vous ne serez pas impunis, car il vous connaît ; et vous ne serez pas heureux, parce qu'il vous connaît de loin. Voyez donc ce que vous ferez ; car, s'il vous connaît, il ne méconnaît pas vos fautes. Mieux vaut quand il méconnaît par le pardon que quand il connaît. Qu'est-ce en effet que méconnaître, si ce n'est ne pas connaître ? Qu'est-ce que ne pas connaître ? C'est n'avoir pas d'animadversion. Car l'animadversion exprime une pensée de vengeance. Écoutez le Prophète demandant que ses fautes soient ainsi

---

corrumpat aliquis potentium. Ipse non corrumpit, quia verax est; potentiorem non habet a quo ejus promissio corrumpatur : certi ergo simus de promissis Dei ; et cantemus jam, unde incipit Psalmus.
2. « Confitebimur tibi, Deus, confitebimur tibi, et invocabimus nomen tuum (*Ps.*, LXXIV, 2). »Noli antequam confitearis invocare : confitere, et invoca. Illum quippe quem invocas, in te vocas. Quid est enim invocare, nisi in teipsum vocare ? Si invocatur a te, id est, si vocatur in te, ad quem accedit ? Ad superbum non accedit. Certe altus est, non eum adtingit elatus. Omnia sublimia ut contingamus, adtollimus nos ; et si adtingere non possumus, machinamenta aliqua vel scalas quærimus, ut sublimati sublimia contingamus : contra Deus, et altus est, et ab humilibus contingitur. Scriptum est, « Prope est dominus his qui obtriverunt cor (*Psal.*, XXXIII,19). » Tritura cordis, pietas, humilitas. Qui se conterit, irascitur sibi. Se habeat iratum, ut illum habeat propitium : se habeat judicem, ut illum habeat defensorem. Ergo invocatus Deus venit. Ad quem venit ? Ad superbum non venit. Audi aliud testimonium : « Excelsus Dominus, et humilia respicit ; excelsa autem a longe cognoscit (*Psal.*, CXXXVII, 6). » Excelsus Dominus et humilia respicit non a longe ; excelsa autem a longe cognoscit. Et ne forte cum dictum esset, quia humilia respicit, superbi de impunitate gauderent, quasi eos superbientes non agnoscat qui in excelsis habitat ; territi sunt, et dictum est eis, Videt vos, et cognoscit vos, sed a longe. Hos facit beatos, quibus propinquat : vos autem, inquit, o superbi, o excelsi, non eritis impuniti, quia cognoscit ; non eritis beati, quia a longe cognoscit. Videte ergo quid agatis : quia si agnoscit, non ignoscit. Melius ergo ignoscit, quam agnoscit. Quid est enim ipsum ignoscere, nisi non noscere ? Quid est non noscere ? Non animadvertere. Nam et vindicantis solet dici animadversio. Audi orantem ut ignoscat : « Averte faciem tuam a peccatis meis (*Psal.*, L, 11). » Quid igitur facies, si averterit faciem

méconnues : « Détournez votre visage de mes péchés (Ps., L, 11). » Que ferez-vous donc, si Dieu détourne son visage de vous ? C'est votre malheur; c'est la crainte qu'il ne vous abandonne. D'un autre côté, s'il n'y a point aversion de son visage, il y aura animadversion de son esprit contre vous. Dieu sait et Dieu peut détourner son visage de l'homme qui pèche, et ne pas le détourner de celui qui confesse ses péchés. C'est pourquoi le Prophète dit d'un côté : « Détournez votre visage de mes péchés (Ibid.), » et de l'autre : « Ne détournez pas votre visage de moi (Ps., XXVI, 9). » Ici détournez de mes péchés ; là ne détournez pas de moi. Confessez-vous donc à Dieu et invoquez-le. En effet, par la confession vous purifiez le temple où il viendra, après que vous l'aurez invoqué. Confessez-vous et invoquez Dieu. Qu'il détourne sa face de vos péchés et qu'il ne la détourne pas de vous ; qu'il détourne sa face de ce que vous avez fait et qu'il ne la détourne pas de ce qu'il a fait. En effet, il vous a fait homme; vous, vous avez fait vos péchés. Confessez-vous donc à Dieu, invoquez Dieu et dites : « Nous nous confesserons à vous, ô Dieu, nous nous confesserons à vous. »

3. Cette répétition est la confirmation de ce qui a été dit, afin que vous ne vous repentiez pas d'avoir confessé vos fautes. Car vous ne les avez pas confessées à un juge cruel, disposé à la punition ou à l'insulte ; confessez-vous avec sécurité. Écoutez cette exhortation d'un autre psaume. « Confessez-vous au Seigneur, parce qu'il est bon (Psaumes, CV.1, CVI. 1, CVII.). «Que veut dire, parce qu'il est bon ? Pourquoi craindriez-vous de confesser vos péchés ? Dieu est bon ; il pardonne à celui qui se confesse. Craignez les aveux faits à un juge de la terre , il pourrait en profiter pour vous punir; mais ne craignez pas de vous confesser à Dieu. Rendez-vous propice par votre confession celui que vous ne pourriez rendre ignorant par votre dissimulation. Nous nous confesserons à vous, ô Dieu, nous nous confesserons à vous, et, rassurés par nos aveux, nous invoquerons votre nom. (Ps., LXXIX, 2). Nous avons vidé nos cœurs par la confession ; vous les aviez effrayés, vous les avez purifiés. La confession nous rend humbles ; approchez-vous des humbles, vous qui vous éloignez des superbes. Nous voyons, dans les Écritures, par beaucoup d'exemples, que les répétitions confirment la pensée. C'est ainsi que Notre-Seigneur a dit : En vérité, en vérité (Jean, I, 51); c'est ainsi qu'on lit dans plusieurs psaumes : Ainsi soit-il, ainsi soit-il (Psaumes, LXXI, 19 — LXXXVIII, 53). Pour exprimer le désir, il suffirait d'un seul ainsi-soit-il; pour exprimer la fermeté de ce désir, le Prophète a ajouté un second ainsi soit-il. Le roi d'Égypte, Pharaon, dans le temps que Joseph était en prison, ainsi que vous le savez, à cause de son amour pour la chasteté, le roi d'Égypte fit un songe que

---

suam a te ? Molestum est, et timendum ne deserat te. Rursus si faciem non avertit, animadvertit. Novit hoc Deus, potest hoc Deus, et avertere faciem a peccante, et non avertere a confitente. Itaque alibi dicitur, « Averte faciem tuam a peccatis meis : » et alibi ei dicitur, « Ne avertas faciem tuam a me(Psal., XXVI, 9). » Ibi, a peccatis meis averte : hic autem, a me noli avertere. Confitere ergo, et invoca. Confitendo enim mundas templum, quo veniat invocatus, Confitere, et invoca. Avertat faciem a peccatis tuis, non avertat a te : avertat faciem ab eo quod tu fecisti, non avertat ab eo quod ipse fecit. Te enim hominem ipse fecit. Non enim alicui crudeli confessus es, non ultori, non insultatori : confitere securus. Audi aliam vocem Psalmi adhortantem : « Confitemini Domino, quoniam bonus est (Psal., CV, 1, CVI , 1, CVII,1). » Quid est, quoniam bonus est? Quid timetis confiteri? Bonus est, ignoscit confitenti. Time confiteri judici homini, ne forte confessum puniat; Deo noli, fac confitendo propitium, quem negando non facis nescium. Confitebimur tibi, Deus, confitebimur, et securi jam invocabimus nomen tuum. Exhausimus corda nostra confessione, terruisti, mundasti. Confessio nos humiles facit : propinqua humilibus, qui recedis ab excelsis. Firmamentum autem esse sententiæ in repetitione, multis Scripturarum locis docemur. Inde est quod Dominus ait,«Amen, amen (Johan.,1, 51),» Inde in aliquibus Psalmis,«Fiat,fiat(Psal,LXXI,19 et LXXXVIII, 53).» Ad signiflcationem rei sufficeret unum fiat : ad signiflcationem firmitatis accessit alterum fiat. Rex Ægypti Pharao, nostis quod cum ibi jam esset Joseph propter pudicitiæ amorem inclusus in carcere, vidit somnium idem Pharao notum omnibus nobis, a septem macris consumptas esse septem boves pin-

nous connaissons tous. Il vit d'abord sept vaches grasses dévorées par sept vaches maigres ; ensuite sept épis chargés de grains dévorés par sept épis vides. Et comment Joseph a-t-il interprété ces deux songes ? S'il vous en souvient, il lui parut que ce n'étaient pas deux songes, mais un seul. « Il n'y a, dit-il, qu'une seule interprétation pour les deux visions ; ce que vous avez vu la seconde fois n'est que la confirmation de ce que vous avez vu en premier lieu (*Genès.*, XLI, 1-22). » Je vous fais cette remarque, pour que vous ne pensiez pas que, dans les saintes Écritures, les répétitions ne soient, en quelque sorte, qu'une intempérance de paroles. Souvent, dans les Psaumes, les répétitions ont force de confirmation. « Mon cœur est prêt, dit le Prophète, mon cœur est prêt (*Ps.*, LVI, 8). » Et ailleurs : « Attendez le Seigneur et agissez avec courage et que votre cœur s'affermisse, et attendez le Seigneur (*Ps.*, XXIII, 14). » Les exemples de ce genre sont innombrables dans toutes les Écritures. Il nous suffit de vous avoir fait remarquer cette manière de parler, pour que vous l'observiez de vous-même dans les cas semblables : réservez maintenant votre attention pour le fond des choses. « Nous nous confesserons à vous, dit le Prophète, et nous invoquerons votre nom. » Je vous ai dit pourquoi la confession précède l'invocation : parce qu'une invocation est une invitation. Mais celui que vous invoquez refuse de venir, si vous vous élevez vous-même ; si vous vous élevez, vous ne pouvez confesser vos fautes. Or, ne point vous confesser, ce n'est pas refuser à Dieu la connaissance de choses qu'il ignore : votre confession ne lui apprend rien, mais elle vous purifie.

4. Et déjà le Prophète s'est confessé, il a invoqué Dieu, ou plutôt des pécheurs nombreux se sont confessés, ils ont invoqué Dieu, et il est dit ensuite par la bouche d'un seul. « Je raconterai vos merveilles (*Ps.*, LXXIV, 2). » En se confessant, il s'est vidé de tout ce qu'il y avait en lui de mauvais ; en invoquant Dieu, il s'est rempli de tout bien ; en racontant ces merveilles, il a communiqué au dehors quelque chose de sa plénitude. Et voyez, mes frères, qu'il est ici question de la confession d'un grand nombre : « Nous nous confesserons à vous, ô Dieu ! nous nous confesserons à vous et nous invoquerons votre nom (*Ibid.*,) » En effet les cœurs de ceux qui se confessent sont distincts et nombreux ; mais ceux qui croient n'ont qu'un seul cœur. Pourquoi plusieurs cœurs pour ceux qui se confessent, et un seul cœur pour ceux qui croient ? C'est que les hommes confessent des péchés différents, et croient une seule et même foi. Par conséquent, quand le Christ a commencé à habiter par la foi dans l'homme intérieur (*Éphés.*, III, 17), et à posséder celui qui s'est confessé et qui l'a invoqué, l'union de tous forme le Christ entier, la tête et le corps, en qui tous ne font qu'un. Écoutez maintenant les paroles du

Christ ; car il semblait d'abord qu'elles n'étaient pas de lui : « Nous nous confesserons à vous, ô Dieu ! nous nous confesserons à vous, nous vous invoquerons (*Ps.*, LXXIV, 2).» C'est la tête qui parle au début du Psaume ; mais que ce soit la tête, ou les membres qui parlent, c'est toujours le Christ qui parle. Il parle en la personne de la tête, il parle en la personne du corps. En effet, qu'a-t-il été dit ? « Il seront deux en une seule chair. C'est là un grand mystère : je dis : dans le Christ et dans l'Église (*Genès.*, II, 24 — *Éphés.*, V, 31, 32). » Et le Sauveur lui-même a dit dans l'Évangile : « Ils ne seront plus deux : ils seront une seule chair (*Math.*, XIX, 6). » Et pour que vous sachiez que sous un rapport il y a deux personnes, et qu'en même temps, en raison de cette union conjugale, il n'y en a qu'une, le Christ, dans Isaïe, parle comme une seule personne et se dit successivement l'époux et l'épouse, selon qu'il se considère comme la tête ou comme le corps : « Il m'a attaché une mitre sur la tête, comme à un époux, et il m'a revêtu d'un ornement, comme une épouse (*Is.*, LXI, 10). » Il parle donc seul, écoutons-le et parlons aussi en lui. Soyons ses membres, pour que sa voix puisse être aussi la nôtre. « Je raconterai, dit-il, toutes vos merveilles (*Ps.*, LXXIV, 2). » Le Christ s'évangélise lui-même ; il s'évangélisera par ceux de ses membres qui existent déjà, afin d'en amener d'autres ; pour que ceux qui ne sont point encore ses membres viennent à lui et s'unissent à ceux par qui l'Évangile est prêché, afin qu'il n'y ait qu'un seul corps, sous une seule tête, dans un seul esprit, dans une seule vie.

5. Et que dit-il ? « Quand mon temps sera venu, je jugerai les justices. » Quand jugera-t-il les justices ? « Lorsque son temps sera venu. » Ce n'est pas encore son temps. Rendons-en grâce à sa miséricorde : il prêche d'abord la justice et il juge ensuite les justices. Car s'il voulait juger avant de prêcher, qui trouverait-il à délivrer ? Qui trouverait-il à absoudre ? Maintenant donc c'est le temps de la prédication : « Je raconterai, » dit-il, « toutes vos merveilles (*Ibid.*, 2). » Écoutez ce narrateur, écoutez ce prédicateur ; car il vous dit, si vous le méprisez : « Quand mon temps sera venu, je jugerai les justices (*Ibid.*, 3). » Aujourd'hui je remets les péchés à qui les confesse ; plus tard je n'épargnerai pas qui m'aura méprisé. « Seigneur, je célébrerai votre miséricorde et votre jugement (*Psaume*, C, 1), » dit le Prophète en un autre psaume ; « Votre miséricorde et votre jugement : la miséricorde pour le présent, et le jugement pour l'avenir ; la miséricorde par laquelle les péchés sont remis, le jugement par lequel les péchés seront punis. Voulez-vous ne pas crain-

---

bimur tibi, Deus, confitebimur tibi, et invocabimus nomen tuum (*Ps.*, LXXIV, 2). » Jam incipit ex persona capitis sermo. Sive autem caput loquatur, sive membra loquantur, Christus loquitur : loquitur ex persona capitis, loquitur ex persona corporis. Sed quid dictum est ? « Erunt duo in carne una (*Gen.*, II, 24).» Sacramentum hoc magnum est : « Ego inquit, dico in Christo et in Ecclesia (*Ephes.*, V, 32). » Et ipse in Evangelio, « Igitur jam non duo, sed una caro (*Matth.*, XIX, 6). » Nam ut noveritis has duas quodam modo esse personas, et rursus unam copulatione conjugii, tamquam unus loquitur apud Isaiam, et dicit, « Sicut sponso alligavit mihi mitram, et sicut sponsam induit me ornamento (*Isai.*, LXI, 10). » Sponsum se dixit ex capite, sponsam ex corpore. Loquitur ergo unus, audiamus cum, et in eo nos quoque loquamur. Simus membra ejus, ut hæc vox et nostra esse possit. « Enarrabo, inquit, omnia mirabilia tua. » Evangelizat Christus seipsum, evangelizat se etiam in membris suis jam exsistentibus ; ut et alios adducat, et accedant qui non crant, et copulentur membris ejus, per quæ membra ejus prædicatum est Evangelium ; et fiat unum corpus sub uno capite, in uno spiritu, in una vita.

5. Et quid ait ? « Cum accepero, inquit, tempus, ego justitias judicabo (*Psal.*, LXXIV, 3).» Quando judicabit justitias ? Cum acceperit tempus. Nondum est ipsum tempus. Gratias misericordiæ ejus : prius (*a*) prædicat justitias, et sic judicat justitias. Nam si ante vellet judicare quam prædicare, quis inveniretur liberandus ? quis absolvendus occurreret ? Modo ergo prædicationis tempus est : « Narrabo, inquit, omnia mirabilia tua (*Psal.*, LXXIV, 2). » Audi narrantem, audi prædicantem : nam si contemseris, «Cum accepero tempus, inquit, ego justitias judicabo, » Dono, inquit, nunc peccata confitenti, non parcam postea contemnenti. « Misericordiam et judicium cantabo tibi Domine (*Psal.*, C, 1) : » dicitur in Psalmo. Misericordiam et judicium : modo misericordiam, postea judicium ; in qua misericordia peccata do-

---

(*a*) Sic aliquot MSS. At Er. *Prius prædicet justitiam, et sic judicet justitias*. Lov. *Prius præcedit justitia* etc.

dre celui qui punit les péchés? Aimez celui qui les remet ; gardez-vous de le dédaigner, de vous élever avec orgueil, et de dire : je n'ai rien à me faire pardonner. Écoutez plutôt ce qui suit : « Quand mon temps sera venu, je jugerai les justices (*Ibid.*, 3). » Est-ce que le Christ est assujetti au temps? Est-ce que le Fils de Dieu est assujetti au temps ? Le Fils de Dieu, non ; mais le Fils de l'homme, oui. Or le Fils de Dieu par qui nous avons été faits, et le Fils de l'homme par qui nous avons été refaits, est le même Jésus-Christ. Sa personne divine a pris l'humanité et lui-même n'a pas été pris. Il a changé l'homme et l'a rendu meilleur ; il n'a point été changé et n'a rien perdu de lui-même; il n'a pas cessé d'être ce qu'il était, mais il a pris ce qu'il n'était pas. Qu'était-il? l'Apôtre le dit : « Étant dans la forme de Dieu, il n'a pas cru que ce fût une usurpation de se faire égal à Dieu (*Philip.*, II, 6). » Et qu'a-t-il pris? « Il s'est anéanti lui-même, prenant la forme d'esclave (*Ibid.*, 7). » De même qu'il a pris la forme d'esclave, de même il s'est assujetti au temps. A-t-il été changé pour cela? A-t-il été amoindri ? Est-il devenu plus faible ? Est-il tombé en décadence? Du tout. « Comment donc s'est-il anéanti lui-même en prenant la forme d'esclave (*Ibid.*)? » Il s'est anéanti, en unissant à sa personne une nature inférieure à la sienne, et non en dégénérant de son égalité avec Dieu. Que veut donc dire, mes frères, cette manière de parler : « Quand mon temps sera venu, je jugerai les justices (*Ps.*, LXXIV, 3)? » Il s'est assujetti au temps, en sa qualité de Fils de l'homme ; il gouverne le temps, en sa qualité de Fils de Dieu. Écoutez ce passage qui démontre que comme Fils de l'homme il a reçu la désignation du temps où il jugera. Il dit dans l'Évangile : » Dieu lui a donné le pouvoir de juger, parce qu'il est Fils de l'homme (*Jean*, V, 27). » Comme Fils de Dieu, il n'a jamais reçu le pouvoir de juger, parce que jamais le pouvoir de juger ne lui a manqué ; comme Fils de l'homme, il a reçu l'heure où il viendra juger les hommes, comme il a reçu l'heure de naître, de souffrir, de mourir, de ressusciter et de monter au ciel. D'ailleurs son corps tient avec lui le même langage, parce qu'il ne jugera pas sans son corps. Il dit, en effet, dans l'Évangile : « Vous serez assis sur douze trônes, jugeant les douze tribus d'Israël (*Matth.*, XIX, 28). » C'est donc le Christ entier, c'est-à-dire sa tête et son corps en la personne des saints, qui dit : « Quand le temps sera venu, je jugerai les justices (*Ps.*, LXXIV, 3). »

6. Mais maintenant qu'arrive-t-il ? « La terre s'est écoulée (*Ibid.*, 4). » Si la terre s'est écoulée, d'où cela vient-il, si ce n'est des péchés ? C'est pourquoi on les appelle des délits. Se rendre coupable de délits, c'est, en quelque sorte,

se fondre comme un corps déliquescent, et se détacher goutte à goutte de la pierre inébranlable de la vertu et de la justice. En effet, tout homme pèche par le désir qu'il a des choses inférieures à lui : de même que l'amour des choses qui lui sont supérieures le fixe au-dessus de lui-même, ainsi vient-il à se fondre et à tomber par la convoitise des choses inférieures. A la vue de ce flux des choses humaines, produit par le péché, le miséricordieux créancier qui n'aspire encore qu'à remettre les dettes, et pour qui l'heure n'est pas venue d'en exiger le rigoureux payement, fait réflexion sur ce qui se passe et dit : « La terre s'est écoulée avec tous ceux qui l'habitent (*Ibid.*). » La terre s'est écoulée, non point en elle-même, mais en ceux qui l'habitent. Les derniers mots de la phrase sont l'explication du fait, et non une simple addition de détails. C'est comme si vous disiez : Comment la terre s'est-elle écoulée? ses fondements ont-ils été enlevés ? Une partie de la terre a-t-elle engloutie dans quelque gouffre qui s'est formé en elle ? Quand je dis la terre, reprend le Prophète, je parle de ceux qui l'habitent. J'ai donc trouvé une terre vouée au péché et qu'ai-je fait? « J'ai affermi ses colonnes (*Ibid.*). » Quelles colonnes a-t-il affermies? Par colonnes il entend les Apôtres. C'est ainsi que l'Apôtre saint Paul a dit de plusieurs autres Apôtres, « qu'ils paraissent être les colonnes de l'Église (*Gal.*, II, 9). » Et que seraient ces colonnes, si Dieu ne les affermissait? Car, ces colonnes ont été ébranlées, comme par un tremblement de terre, lorsqu'au moment de la Passion du Seigneur, tous les Apôtres désespérèrent de lui. Par conséquent, les colonnes qui avaient chancelé, par l'effet de la Passion du Seigneur, furent consolidées par sa résurrection. L'édifice, à peine sorti de terre, a crié par la voix de ses colonnes, et l'architecte lui-même a crié par la voix de toutes. En effet, l'Apôtre saint Paul était une de ces colonnes, lorsqu'il disait : « Est-ce que vous voulez éprouver celui qui parle en moi, le Christ (II *Cor.*, XIII, 3) ? » « J'ai affermi ses colonnes, » dit le Christ, je suis ressuscité ; j'ai montré qu'il ne fallait pas craindre la mort ; j'ai montré à ceux qui la craignaient que le corps lui-même ne périssait pas dans ceux qui meurent. Mes plaies les avaient effrayés; les cicatrices de mes plaies les ont fortifiés. Le Seigneur Jésus-Christ aurait pu ressusciter sans aucune cicatrice, car en quoi eût-il été difficile à sa puissance de ramener la structure entière de son corps à une intégrité si parfaite que ses plaies n'eussent laissé aucune trace ? Il avait dans sa puissance de quoi se guérir sans garder aucune cicatrice ; mais il a voulu avoir dans ses cicatrices de quoi affermir ses colonnes ébranlées.

cta dicuntur. Delinquere est, tamquam de (*a*) liquido quodam defluere a stabilitate firmamenti virtutis atque justitiæ. Cupiditate enim inferiorum quisque peccat : sicut roboratur caritate superiorum, sic deficit, et quasi liquescit cupiditate inferiorum. Hunc fluxum rerum in peccatis hominum adtendens donator misericors, donator peccatorum, nondum exactor suppliciorum, adtendit et ait : « Defluxit terra, et omnes inhabitantes in ea. » Ipsa utique terra defluxit in habitantibus ea. Expositio est consequens, non additio. Tamquam si diceres, Quomodo defluxit terra? Subtracta sunt fundamenta, et aliquid in ea hiatu quodam demersum est? Quod dico terram, omnes inhabitantes in ea. Inveni, inquit, terram peccatricem. Et quid feci ? « Ego confirmavi columnas ejus. » Quas columnas confirmavit? Columnas Apostolos dicit. Sic apostolus Paulus de coapostolis suis : « Qui videbantur, inquit, columnæ esse (*Gal.*, II, 9). » Et quid essent illæ columnæ, nisi ab illo firmarentur? Quia quodam terræ motu etiam ipsæ columnæ nutaverunt, in passione Domini omnes Apostoli desperaverunt. Ergo columnæ illæ quæ passione Domini nutaverunt, resurrectione firmatæ sunt. Clamavit initium ædificii per columnas suas, et in eis omnibus columnis architectus ipse clamavit. Columna enim una erat ex illis Paulus apostolus, cum diceret, « An vultis experimentum accipere ejus, qui in me loquitur Christus (II *Cor.*, XIII, 3) ? » Ergo, « Ego, inquit, confirmavi columnas ejus : » resurrexi, ostendi mortem non esse metuendam ; ostendi timentibus nec ipsum corpus perire in morientibus. Terruerunt eos vulnera, firmaverunt cicatrices. Posset Dominus Jesus Christus sine ulla cicatrice resurgere : quid enim illi potestati magnum erat, ad tantam integritatem compagem corporis revocare, ut nullum omnino vestigium præteriti vulneris appareret? Habebat potestatem unde illud etiam sine cicatrice sanaret : sed habere voluit unde nutantes columnas firmaret.

7. Audivimus jam, Fratres, quod quotidie non

(*a*) Plures MSS. *de loco quodam.*

7. Nous avons déjà entendu, mes frères, ce qui se dit tous les jours, écoutons ce qu'il a proclamé par ses colonnes. Il est temps de l'écouter à cause de la terreur qu'inspirent ces paroles : « Quand mon temps sera venu, je jugerai les justices (*Ps.*, LXXIV, 3). » Le temps viendra pour lui de juger les justices ; le temps est venu pour vous de pratiquer toute justice. S'il se taisait, vous ne sauriez comment agir ; mais il crie par ses colonnes qu'il a raffermies. Que crie-t-il ? « J'ai dit aux injustes : Gardez-vous de commettre l'iniquité (*Ibid.*, 5). » Il crie, mes frères, et vous aussi vous criez avec lui. Vous vous complaisez dans vos propres paroles, mais écoutez ses cris. Je vous en conjure par lui-même, que sa voix vous effraie ; car nos paroles doivent moins nous réjouir, que ses paroles ne doivent nous effrayer. « J'ai dit aux injustes : gardez-vous de commettre l'iniquité (*Ibid.*, 5). » Mais déjà l'iniquité est commise, ils sont déjà coupables ; déjà « la terre s'est écoulée avec tous ceux qui l'habitent (*Ibid.*, 4). » Ceux qui ont crucifié le Christ ont été touchés de componction, ils ont reconnu leur péché, ils ont appris des Apôtres à ne pas désespérer de l'indulgence de celui qui leur a prêché le salut (*Act.*, II, 37, 38). En effet, le médecin était venu, et il n'était pas venu pour ceux qui se portaient bien. « Ceux qui se portent bien, » dit-il, « n'ont pas besoin du médecin, mais ceux qui sont malades en ont besoin ; je suis venu appeler, non les justes, mais les pécheurs à la pénitence (*Matth.*, IX, 12, 13). » « J'ai donc dit aux injustes : Gardez-vous de commettre l'iniquité (*Ps.*, LXXIV, 5). » Ils n'ont pas écouté cette parole. Il y a longtemps, en effet, qu'elle nous a été dite : nous ne l'avons pas écoutée, nous sommes tombés, nous sommes devenus mortels et nous sommes nés mortels ; « la terre s'est écoulée (*Ibid.*, 4). » Qu'ils écoutent donc maintenant, afin de se lever de leur lit de douleur, le médecin qui est venu voir le malade languissant : quand ils se portaient bien, ils n'ont pas voulu l'écouter, pour éviter de tomber ; qu'ils l'écoutent, maintenant qu'ils sont à terre, afin de pouvoir se relever. « J'ai dit aux injustes : gardez-vous de commettre l'iniquité (*Ibid.*, 5). » Mais que ferons-nous ? déjà nous l'avons commise. « Et j'ai dit aux pécheurs : ne levez point orgueilleusement la corne (*Ibid.*) » Qu'est-ce que cela veut dire ? Si vous avez commis l'iniquité par concupiscence, ne la défendez point par orgueil. Confessez-vous en, si vous l'avez commise. En effet, celui qui ne confesse pas son iniquité est injuste et il lève orgueilleusement la corne. « J'ai dit aux injustes : Gardez-vous de commettre l'iniquité ; aux pécheurs : ne levez point orgueilleusement la corne. » La corne

---

tacetur : audiamus quid clamaverit per columnas has. Tempus audiendi est propter terrorem illum, « Ego justitias judicabo cum accepero tempus (*Ps.*, LXXIV, 3). » Ille accepturus est tempus justitias judicandi, vos jam nunc habetis tempus justitias faciendi. Si taceret, non haberetis quid facere : sed confirmatis columnis clamat. Quid clamat ? « Dixi iniquis, Nolite inique facere (*Ibid.*, 5). » Clamat, Fratres mei, certe clamatis, delectat vos, audite clamantem. Per ipsum obsecro, terreat vos ista vox : non tam nos vestræ istæ voces delectare debent, quam vos istæ terrere. « Dixi iniquis, Nolite inique facere. » Sed jam fecerunt, et rei sunt : jam defluxit terra, et omnes inhabitantes in ea. Compuncti sunt corde qui Christum crucifixerunt, agnoverunt peccatum suum, didicerunt aliquid ab Apostolis (*a*), ne desperarent de indulgentia prædicatoris. Medicus enim venerat, et ideo non ad sanos venerat. » Non est, inquit, opus sanis medicus sed male habentibus. Non veni vocare justos, sed peccatores ad pænitentiam (*Matth.*, IX, 12 et 13). » Ergo, « Dixi iniquis, Nolite inique facere. » Non audierunt. Olim enim nobis dictum est : non audivimus, lapsi sumus, mortales facti, mortales geniti : defluxit terra. Audiant vel modo ut surgant medicum, qui venit ad languidum ; quem noluerunt audire sani ut non caderent, audiant jacentes ut surgant. « Dixi iniquis, Nolite inique facere. » Quid agimus ? Jam fecimus. « Et delinquentibus, Nolite exaltare cornu (*b*) vestrum. » Quid est hoc ? Si fecistis iniquitatem per cupiditatem, nolite eam defendere per elationem : confitemini, si fecistis. Qui enim non confitetur, et iniquus est, (*c*) exaltat cornu. « Dixi iniquis, Nolite inique facere ; et delinquentibus, Nolite exaltare cornu vestrum. » Exaltabitur in vobis cornu Christi, si non exaltetur cornu vestrum. Cornu ve-

---

(*a*) Aliquot MSS. *peccatores*. (*b*) Vox *vestrum* hic et infra abest a plerisque MSS. (*c*) Editi, *et exaltat cornu*. Abest particula, *et*, a MSS.

Christ vous élèvera si vous n'élevez pas votre corne. Votre corne est le symbole de votre iniquité; la corne du Christ est le symbole de sa majesté.

8. Ne vous élevez donc pas, et que vos paroles n'imputent point à Dieu l'iniquité (*Ibid.* 6). » Écoutez maintenant le langage d'un grand nombre d'hommes; que chacun de vous l'écoute et soit touché de componction. Que disent ordinairement les hommes? Est-ce que véritablement Dieu juge les choses humaines? Est-ce là le jugement de Dieu? Ou encore: Dieu s'occupe-t-il de ce qui se passe sur la terre? Il y a tant d'injustes qui regorgent de tous les biens et tant d'innocents qui sont accablés de maux. Mais voilà qu'à cet heureux du siècle arrive je ne sais quel malheur, châtiment et avertissement de Dieu; il n'ignore pas l'état de sa conscience, il n'ignore pas qu'il peut avoir à souffrir en raison de ses péchés: où prendra-t-il donc ses arguments contre Dieu? Il ne peut dire: je suis juste; que pensons-nous donc qu'il dira? Il y en a de plus injustes que moi, et cependant, ils ne souffrent pas de tels maux. Voilà l'iniquité que les hommes imputent à Dieu par leur langage. Voyez quelle injustice: car cet homme, en voulant paraître juste accuse Dieu d'injustice. En effet, celui qui dit: je souffre injustement ce que je souffre, accuse d'injustice celui par le jugement de qui il souffre, et prétend être juste, puisqu'il dit souffrir injustement. Je vous le demande, mes frères, est-il équitable que Dieu soit regardé comme injuste et vous comme juste? Or, quand vous tenez un pareil langage, vos paroles imputent à Dieu l'iniquité.

9. Que dit le Seigneur dans un autre psaume: « Vous avez fait toutes ces choses, » (il venait d'énumérer certains péchés,) « vous avez fait toutes ces choses et je me suis tu (*Ps.*, XLIX, 21). » Que veut dire: « Je me suis tu? » Dieu ne s'abstient jamais de prescrire, mais il s'abstient pour un temps de punir; il sursoit au châtiment et ne prononce pas de suite sa sentence contre celui qu'il condamne. Pendant ce temps, le pécheur se dit: J'ai commis telle ou telle faute et Dieu ne m'a pas puni; je suis sain et sauf, et il ne m'est arrivé rien de fâcheux. « Vous avez fait toutes ces choses et je me suis tu; vous m'avez cru capable d'injustice et vous avez pensé que je serais semblable à vous (*Ibid.*). » Que veut dire: « Que je serais semblable à vous? » Parce que vous êtes injuste, vous m'avez cru injuste; vous m'avez regardé comme le complice, et non comme l'ennemi et le vengeur de vos crimes. Aussi, que dit encore le Seigneur? « Je vous accuserai et je vous mettrai en face de vous-même (*Ibid.*). » Qu'est-ce que cela veut dire? C'est que maintenant, quand vous péchez, vous vous tournez le dos à vous-

---

strum de iniquitate est, cornu Christi de majestate.

8. « Nolite ergo efferri : ne loquamini adversus Deum iniquitatem (*Ps.*, LXXIV, 6).» Audite jam voces multorum, audiat unusquisque, et pungatur. Quid solent homines dicere? Vere (*a*) judicat Deus de rebus humanis? et est illud judicium Dei? aut vero curat quid agatur in terra? Tam multi iniqui redundant felicitatibus, innocentes premuntur laboribus. Sed illi accidit nescio quid mali, castigante Deo et admonente, et novit conscientiam suam, novit pro merito peccatorum suorum aliquid se perpeti posse; unde argumentatur adversus Deum? Quia non potest dicere, Justus sum : quid putamus eum dicere? Sunt pejores iniqui, et tamen ista non patiuntur. Hæc est iniquitas, quam loquuntur homines adversus Deum. Videte autem quam iniquum sit : dum se vult justum videri, illum facit injustum. Qui enim dicit, Inique patior quod patior : illum iniquum facit, cujus judicio patitur; se autem justum, qui inique patitur. Rogo vos, Fratres mei, æquum est hoc, ut Deus credatur injustus, tu justus? Cum autem hæc dicis, loqueris adversus Deum iniquitatem.

9. Quid dicit in alio Psalmo? Hæc fecisti : numeratis quibusdam peccatis. Hæc, inquit, fecisti, et tacui. Quid est, tacui? Numquam tacet præcepto, sed interim tacet supplicio : quiescit a vindicta, non profert in damnatum sententiam. Sed hoc ille dicit Feci illa et illa, et non vindicavit Deus; ecce sanus sum, nihil mali contigit mihi. Hæc fecisti, et tacui : suspicatus es iniquitatem, quod ero tibi similis. Quid est, quod ero tibi similis? Quia tu iniquus es, et me iniquum putasti; tamquam approbatorem facinorum tuorum, non adversatorem, non ultorem.

(*a*) Sic meliores MSS. At editi, *Vere non judicat Deus de rebus humanis. Et est ullum Dei judicium?* (*b*) Plerique MSS. *non animadversorem*.

mêmes, vous ne vous voyez pas, vous ne vous regardez pas; mais moi je vous mettrai en face de vous-même et je vous ferai un supplice de votre propre vue. Ces paroles reviennent à ce qui est dit ici : « Que vos paroles n'imputent point à Dieu l'iniquité. » Remarquez ce que je vais vous dire. Il y en a beaucoup qui imputent ainsi à Dieu l'iniquité, mais qui n'osent pas le faire ouvertement, de peur qu'un tel blasphème n'inspire de l'horreur aux hommes justes; ils rongent ces pensées au fond de leur cœur, ils se nourrissent intérieurement de cette détestable nourriture ; ils se plaisent à parler ainsi contre Dieu, et si leur langue n'éclate pas, leur cœur ne garde pas le silence. C'est de la sorte qu'il est dit dans un autre psaume : « L'insensé a dit en son cœur : Il n'y a pas de Dieu (Ps., XIII, 1). » « L'insensé a dit, » mais il a craint les hommes ; il n'a point parlé où il pouvait être entendu des hommes, mais il a parlé en un lieu où celui dont il parlait l'entendait. C'est pour ce motif, mes très-chers frères, que dans ce passage de notre Psaume, le Prophète, remarquez-le bien, après avoir dit : « Que vos paroles n'imputent point à Dieu l'iniquité, » a ajouté, parce qu'il a vu qu'un grand nombre d'hommes commettaient cette faute dans leur cœur : « Car ce n'est ni de l'Orient ni de l'Occident, ni des déserts et des montagnes que vient Dieu votre juge (Ps., LXXIV, 7). » Le juge de vos iniquités, c'est Dieu. Si c'est Dieu, il est présent partout. En quel endroit vous soustraire aux yeux de Dieu, pour y dire quelque chose qu'il n'entende pas? Si le jugement de Dieu vient du côté de l'Orient, fuyez en Occident et dites contre Dieu ce que vous voudrez; s'il vient de l'Occident, passez en Orient et là, parlez sans vous contraindre; s'il vient des déserts et des montagnes allez au milieu des peuples, et là, murmurez tout bas contre lui. Celui-là ne juge d'aucun lieu, qui est caché partout et évident partout ; que personne ne peut voir tel qu'il est, et que personne n'a le pouvoir d'ignorer. Voyez donc ce que vous faites. Vos paroles imputent à Dieu l'iniquité. Or l'Écriture vous dit : « L'Esprit du Seigneur a rempli l'univers et, comme il contient tout, il connaît tout ce qui se dit : c'est pourquoi celui qui prononce des paroles d'iniquité ne peut rester caché (Sag., I, 7, 8). » Ne croyez donc pas que Dieu soit dans tel ou tel lieu; il est avec vous ce que vous êtes vous-même? Que signifie ce que vous êtes vous-même? Bon, si vous êtes bon ; et méchant à vos yeux, si vous êtes méchant; secourable, si vous êtes bon; vengeur de vos fautes, si vous êtes méchant. Vous avez un juge au dedans de vous. Peut-être voulez-vous faire quelque mal, vous quittez les lieux publics pour vous réfugier dans

---

Et quid postea tibi dicit? « Arguam te, et constitutam te ante faciem tuam (Psal., XLIX, 21). » Quid est hoc? Quia modo peccando post terga te ponis, non te vides, non te inspicis; ego te ponam antè te, et faciam tibi supplicium de te. Sic et hic, « Ne loquamini adversus Deum iniquitatem. » Attendite. Multi autem loquuntur istam iniquitatem; sed non audent palam, ne blasphemi exhorreantur ab hominibus piis: in corde suo ista rodunt, intus tali nefario cibo pascuntur; delectat eos loqui adversus Deum, et si non erumpunt lingua, corde non tacent. Unde in alio Psalmo dicitur, « Dixit stultus in corde suo, Non est Deus (Psal., XIII, 1). » Dixit stultus, sed homines timuit : noluit dicere ubi audirent homines ; et ibi dixit, ubi audiret ipse de quo dixit. Propterea et hic in isto Psalmo, (Carissimi intendite,) quoniam hoc quod dixit, « nolite loqui adversus Deum iniquitatem, » vidit multos hoc in corde agere, et adjunxit, « Quoniam neque ab Oriente, neque ab Occidente, neque a desertis montium (Ps., LXXIV, 7) : » quoniam Deus judex est (Ibid., 8). » Iniquitatum tuarum judex Deus est. Si Deus est, ubique præsens est. Quo te auferes ab oculis Dei, ut in parte aliqua loquaris quod ille non audiat? Si ab Oriente judicat Deus, secede in Occidentem, et dic quidquid vis adversus Deum : si ab Occidente, vade in Orientem, et ibi loquere : si a desertis montium judicat, vade in medium populorum, ubi tibi submurmures. De nullo loco (a) judicat, qui ubique secretus est, ubique publicus ; quem nulli licet ut est cognoscere, et quem nemo permittitur ignorare. Vide quid agas. Loqueris adversus Deum iniquitatem. « Spiritus Domini replevit orbem terrarum : (alia Scriptura dicit hoc :) et hoc quod continet omnia scientiam habet vocis : propter hoc qui loquitur iniqua, non potest latere (Sap. I, 7 et 8). » Noli ergo cogitare Deum in locis : ille tecum est talis, qualis fueris. Quid est, talis, qualis fueris?

(a) Lov. *non judicat.* Abest. *non,* ab Er. et a MSS.

le secret de votre maison, où nul ennemi ne puisse vous apercevoir; des endroits de votre maison qui sont accessibles à tous et exposés aux regards, vous vous retirez dans votre chambre; même encore dans votre chambre vous craignez un témoin, vous vous retirez dans votre cœur et vous y réfléchissez : Dieu est là, plus intime encore pour vous que ce fond de votre cœur. Quelque part donc que vous fuyiez, Dieu s'y trouve. Où vous fuirez-vous vous-même? Est-ce que vous ne vous suivez pas, en quelque lieu que vous vous fuyiez? Mais puisque Dieu est encore plus au fond de votre cœur que vous-même, vous n'avez point où fuir Dieu irrité, si ce n'est entre les bras de Dieu apaisé. Vous ne pouvez fuir nulle autre part. Voulez-vous vous dérober à Dieu? Jetez-vous en Dieu, en lui-même. Que vos paroles, par conséquent, n'imputent point à Dieu l'iniquité, même dans le lieu secret où vous parlez. « Il a, dit le Prophète, médité l'iniquité dans son lit (*Ps.*, XXXV, 5). » Pourquoi a-t-il médité dans son lit? Son lit, c'est son cœur, où le Prophète dit encore : « Offrez un sacrifice de justice et espérez dans le Seigneur (*Ps.*, IV, 6). » Mais auparavant il avait dit : « Parlez au fond de votre cœur, et soyez touché de componction dans vos lits (*Ps.*, IV, 5). » Autant vous vous y sentez meurtri en considérant vos fautes, autant soyez-y contrit en confessant ces fautes. C'est donc au lieu même où vos paroles imputent à Dieu l'iniquité, que Dieu vous juge; il ne diffère pas le jugement, il diffère le châtiment. Déjà il voit, déjà il sait, déjà il juge; reste seulement la peine. Elle vous sera infligée un jour; vous la recevrez quand apparaîtra glorieuse la face de cet homme, qui a été bafoué ici-bas, qui a été mis en jugement, qui a été jugé, qui a été crucifié; quand il apparaîtra pour rendre visiblement sa sentence, alors vous subirez votre peine, si vous ne vous êtes corrigé. Que ferons-nous donc maintenant? « Prévenons sa face ἐν ἐξομολογήσει, par la confession (*Ps.*, XCIV, 2). » Prévenez-le par la confession, et celui que vous avez irrité viendra à vous plein de douceur. Ce n'est donc point ni des déserts ni des montagnes que vient Dieu votre juge; il ne vient ni de l'Occident, ni de l'Orient, ni des déserts, ni des montagnes. Pourquoi? Parce que ce juge est Dieu. S'il était en un lieu particulier, il ne serait pas Dieu; mais comme Dieu est votre juge et non point un homme, ne l'attendez pas de quelque endroit. Vous serez sa demeure si vous êtes bon, si vous confessez vos fautes et l'invoquez.

10. « Il abaisse l'un et élève l'autre (*Ps.*, LXXIV, 8). » Qui est abaissé, qui est élevé par ce juge? Examinez les deux hommes qui étaient

---

Bonus, si bonus fueris; et malus tibi videbitur, si malus fueris : sed opitulator, si bonus fueris ; ultor, si malus fueris. Ibi habes judicem in secreto tuo. Volens facere aliquid mali, de publico recipis te in domum tuam, ubi nemo inimicorum videat; de locis domus tuæ promtis et in faciem constitutis, removes te in cubiculum; times et in cubiculo aliunde conscium, secedis in cor tuum, ibi meditaris : ille corde tuo interior est. Quocumque ergo fugeris, ibi est. Teipsum quo fugies? Nonne quocumque fugeris, te sequeris? Quando autem et te ipso interior est, non est quo fugias a Deo irato, nisi ad Deum placatum. Prorsus non est quo fugias. Vis fugere ab ipso? Fuge ad ipsum. Ergo ne loquamini adversus Deum iniquitatem, nec illic ubi loquimini. « Iniquitatem, inquit, meditatus est in cubili suo (*Psal.*, XXXV, 5), » Quid meditatus est in cubili suo? Cubile cor ejus, dicens : « Sacrificate sacrificium justitiæ, et sperate in Domino (*Psal.*, IV, 6). » Sed supra dixit, « Dicite in cordibus vestris, et in cubilibus vestris compungimini (*Ibid.*, 5). » Quot habes ibi punctiones facinorum, tot habe illic compunctiones confessionum. Ubi ergo loqueris adversus Deum iniquitatem, ibi te judicat : non judicium differt, sed pœnam. Jam judicat, jam novit, jam videt : pœna restat; cum fuerit præsentata, habebis et pœnam, cum apparuerit facies illius hominis, qui hic irrisus est, qui judicatus, qui crucifixus, qui sub judice stetit; cum apparuerit judicans in præsentia sua, tunc habebis pœnam, si te non correxeris. Quid ergo modo faciemus? Præveniamus faciem ejus ἐν ἐξομολογήσει. Præveni in confessione (*Psal.*, XCIV, 2) : » veniet mitis quem feceras iratum. Neque a desertis montium, quoniam Deus judex est : non ab Oriente, non ab Occidente, non a desertis montium. Quare? « Quoniam Deus judex est. » Si in (*a*) aliquo loco esset, non esset Deus : quia vero Deus judex est, non homo, noli illum exspectare de locis. Locus ejus tu eris, (*b*) si bonus, si confessus invocaveris eum.

(*a*) Sic Er. et aliquot MSS. At Lov. *Si in alio*. (*b*) Particula, *si*, hoc loco a MSS. plerisque abest.

ensemble dans le temple, et vous verrez quel est celui qu'il abaisse et celui qu'il élève. « Ils montèrent, dit le Seigneur, au Temple pour prier, l'un était Pharisien et l'autre Publicain. Le Pharisien disait : Je vous rends grâces de ce que je ne suis pas comme les autres hommes, qui sont injustes, voleurs, adultères, comme cet Publicain. Je jeûne deux fois la semaine et je paye la dîme de tout ce que je possède. » Ce Pharisien était monté vers le médecin, et il lui montrait des membres bien portants, en lui cachant ses plaies. Que faisait, au contraire, celui qui savait mieux comment obtenir sa guérison ? « Le Publicain se tenait au loin à l'écart, et se frappait la poitrine. » Vous le voyez se tenant au loin à l'écart : mais celui qu'il invoquait s'approchait de lui. « Et il se frappait la poitrine en disant : mon Dieu, soyez clément pour moi, qui suis un pécheur. En vérité, je vous le dis, ce Publicain descendit du Temple justifié et non pas le Pharisien : car quiconque s'élève sera abaissé et quiconque s'abaisse sera élevé (*Luc*, XVIII, 10-14). » Voilà le verset du Psaume expliqué. Que fait Dieu, lorsqu'il juge ? « Il abaisse l'un et élève l'autre (*Ps.*, LXXIV, 8); » il abaisse les superbes et élève les humbles.

11. « Parce que le Seigneur tient en sa main un calice de vin pur, mélangé. » Avec raison. « Il l'a incliné d'un côté vers l'autre et cependant la lie n'en est pas épuisée ; tous les pécheurs de la terre boiront à ce calice (*Ibid.*, 19). » Prêtez-moi une nouvelle attention ; ce passage est obscur, mais dans l'Évangile qui a été lu si récemment devant vous, il est dit : « Demandez et l'on vous donnera, cherchez et vous trouverez, frappez et l'on vous ouvrira (*Matth.*, VII, 7). » Mais, dites-vous, où frapperai-je, pour que l'on m'ouvre ? « Ce n'est ni de l'Orient, ni de l'Occident, ni des déserts, ni des montagnes, que vient Dieu votre juge (*Ps.*, LXXIV, 7). » S'il est présent partout, et s'il n'est absent nulle part, où vous êtes debout, frappez là ; seulement, restez là debout, parce qu'il faut être debout pour frapper à une porte. Que signifie donc notre passage? Une première question se présente : « Un calice de vin pur, mélangé (*Ibid.*, 8). » Comment ce vin est-il « pur, » s'il est « mélangé ? » Disons d'abord que quand le Prophète vous représente Dieu tenant dans sa main un calice, (je parle à des chrétiens instruits dans l'Église du Christ,) vous ne devez pas vous peindre dans votre imagination un Dieu enfermé en quelque sorte sous la forme humaine ; ce serait, après avoir fermé les temples des idoles, fabriquer des idoles dans vos cœurs. Ce calice présente une signification particulière, nous la trouverons. Dieu le tient « dans sa main, » c'est-à-dire, dans sa puissance, car la main de Dieu,

---

10. « Hunc humiliat, et hunc exaltat (*Ps.*, LXXIV, 8). » Quem humiliat, quem exaltat judex ille ? Attendite duos illos in templo, et videtis quem humiliat, et quem exaltat. « Adscenderunt in templo orare, ait, unus Pharisæus et alter Publicanus : Pharisæus dicebat, Gratias tibi ago, quia non sum sicut ceteri homines, injusti, raptores, adulteri, sicut et hic Publicanus : jejuno bis in sabbato, decimas do omnium quæcumque possideo (*Lucæ*, XVIII, 10, etc.). » Ad medicum adscenderat, et membra sana ostendebat, vulnera tegebat. Quid ergo ille melius noverat unde sanaretur ? « Publicanus autem de longinquo stabat, et percutiebat pectus suum, « Videtis eum de longinquo stantem : illi propinquabat eum invocabat : « Et percutiebat pectus suum, dicens, Deus propitius esto mihi peccatori. Amen dico vobis, descendit justificatus Publicanus ille magis, quam Pharisæus ille : quia omnis qui se exaltat, humiliabitur : et qui se humiliat, exaltabitur (*Ibid.*). » Expositus est versus Psalmi hujus. Deus judex quid facit ? « Hunc humiliat, et hunc exaltat : » humiliat superbum, exaltat humilem.

11. « Quia calix in manu Domini vini meri plenus est mixto (*Psal.*, LXXI, 9). » Merito. « Et inclinavit ex hoc in hunc ; verumtamen fæx ejus non est exinanita ; bibent omnes peccatores terræ (*Ibid.*). » Renovamini paululum ; obscurum aliquid est : sed quomodo audivimus Evangelii lectionem recentissimam, « Petite, et dabitur vobis ; quærite, et invenietis ; pulsate, et aperietur vobis (*Matth.*, VI, 7). » Sed dicis, Quo pulso, ut aperiatur mihi ? « Neque ab Oriente, neque ab Occidente, neque a desertis montium, quoniam Deus judex est (*Ps.*, LXXIV, 8). » Si præsens est hic atque illic, et absens nusquam, ubi stas, ibi pulsa : ibi tantum sta, quia stando pulsatur. Quid ergo est hoc ? Prima quæstio ista occurrit, « Vini meri plenus est mixto. » Quomodo meri, si mixto ? Ceterum, « Calix in manu Domini, » cum dicit, (eruditis in Ecclesia Christi loquor,) non utique veluti forma humana circumscriptum Deum debetis vobis in corde pingere, ne clausis templis simulacra in cordibus fabricetis. Calix ergo iste aliquid significat. Inveniemus hoc. « In manu » autem « Domini, » est in potestate Domini. Manus enim Dei, potestas

nous l'avons vu souvent, exprime la puissance de Dieu. C'est ainsi que souvent on dit de quelque homme : Il a cela dans la main, c'est-à-dire dans sa puissance ; il fait ce qu'il veut à cet égard. « Ce calice est plein de vin pur, mélangé. Dieu l'a incliné d'un côté vers l'autre, cependant la lie n'en est pas épuisée (*Ibid.*, 8). » Voilà comment ce calice est plein de vin pur, mélangé ; ne vous effrayez pas d'entendre dire que ce vin est à la fois pur et mélangé : il est pur parce qu'il ne contient que du vin ; il est mélangé parce que ce vin est mêlé de lie. Qu'est-ce donc ici que le vin, et qu'est-ce que la lie ? Et que veut dire : « Dieu l'a incliné d'un côté vers l'autre, de telle sorte que la lie n'en est pas épuisée ? »

12. Rappelez-vous le point d'où il est parti, pour arriver à cette parole. « Dieu a abaissé l'un et élevé l'autre (*Ibid.*, 8). » Prenons dans un sens plus large, ce qui nous a été figuré dans l'Évangile par deux hommes, le pharisien et le publicain, et voyons ici deux peuples, les Juifs et les Gentils : le pharisien figure le peuple Juif, et le publicain le peuple des Gentils. Le peuple Juif vantait ses mérites, l'autre confessait ses péchés. Quiconque connaît les saintes Écritures, les Épîtres, les Actes des Apôtres, y voit ce que je veux dire, à savoir, pour n'en parler qu'en quelques mots, comment les Apôtres exhortaient les Gentils à ne pas désespérer de leur salut, malgré les grandes fautes dans lesquelles ils étaient plongés ; et comment ils réprimaient l'orgueil des Juifs, afin qu'ils ne s'élevassent pas comme justifiés par la loi, et qu'ils ne crussent pas être justes, tandis que les Gentils auraient été des pécheurs, parce que la loi, le Temple et le Sacerdoce appartenaient aux Juifs (*Rom.*, III, 4). Or, tous ces adorateurs d'idoles, tous ces adorateurs de démons se tenaient au loin à l'écart, comme le publicain. De même que les Juifs s'éloignèrent en se livrant à l'orgueil, de même les Gentils se rapprochèrent en confessant leurs fautes. Voici donc ce qu'est à mes yeux ce calice de vin pur, mélangé, que le Seigneur tient en sa main, autant du moins que le Seigneur me donne de le comprendre. (Un autre, en effet, trouvera peut-être un sens meilleur, car les saintes Écritures présentant des obscurités, il est difficile qu'elles ne reçoivent qu'une seule et même interprétation. Cependant, quelque interprétation qu'on leur donne, il est nécessaire que celle-ci soit conforme aux règles de la foi. Car nous n'avons point à porter envie à de plus grands que nous, ni à nous désespérer de notre petitesse. J'expose donc ma pensée à Votre Charité ; mais sans vouloir fermer vos oreilles à toute interprétation meilleure, que

---

Dei commendata est. Nam et de hominibus plerumque dicitur, In manu hoc habet : hoc est, in potestate habet, cum vult facit. « Vini meri plenus est mixto. » Consequenter ipse exposuit : « Inclinavit, » inquit, « ex hoc in hunc ; verumtamen fæx ejus non est exinanita. » Ecce unde mixto vino plenus erat. Non ergo vos terreat, quia et merum et mixtum : merum propter sinceritatem, mixtum propter fæcem. Quid ergo ibi vinum, et quid fæx ? Et quid est, « Inclinavit ex hoc in hunc, » ita ut fæx ejus non esset exinanita ?

12. Unde venerit ad hoc, recordamini : « Hunc humiliat, et hunc exaltat (*Ibid.*, 8). » Quod figuratum est nobis in Evangelio per duos homines (*Lucæ*, XVIII, 10), Pharisæum et Publicanum, hoc latius accipientes, intelligamus duos populos, Judæorum et Gentium : Judæorum populus Pharisæus ille, Gentium populus Publicanus ille. Judæorum populus jactabat merita sua, Gentium confitebatur peccata sua. Qui novit in litteris sanctis, et Epistolas Apostolicas, et Actus Apostolorum, videt ibi quod dico : ne longum faciam, quomodo Apostoli exhortabantur Gentes ne desperarent, quod in magnis peccatis jacuissent ; et reprimebant Judæos, ne se extollerent quasi ex justificationibus Legis, et ideo se putarent justos, Gentiles autem peccatores esse, quia Judæis et Lex erat, et Templum erat, et Sacerdotium erat (*Rom.*, III, 1, 2, etc.). Illi autem omnes cultores idolorum, veneratores dæmoniorum, longe quidem positi, sicut Publicanus ille de longinquo stabat. Sicut illi superbiendo recesserunt, sic isti confitendo propinquaverunt. Calix ergo vini meri plenus in manu Domini, quantum donat Dominus ut intelligam : (Potest enim alius melius, quia sic se habet obscuritas Scripturarum, difficile est ut unum pariant intellectum. Quicumque tamen intellectus exierit, opus est ut regulæ fidei congruat : nec majoribus invidemus, nec (*a*) parvuli desperamus. Quid nobis videatur dico Caritati vestræ, non ut obstruam aures vestras adversus alios melius aliquid forte dicturos.)

(*a*) Sic MSS. At editi, *Nec de parvulis desperamus.*

d'autres pourraient trouver.) Ce calice plein de vin pur, mélangé, me paraît être la Loi qui a été donnée aux Juifs, et toutes les Écritures qui forment l'ancien Testament, où se trouve la base de tout enseignement. Car le nouveau Testament y est renfermé en entier, comme dans la lie de sacrements matériels. La circoncision de la chair, par exemple, est un grand mystère, et elle figure la circoncision du cœur. Le Temple de Jérusalem est un grand mystère, et l'on doit y voir la figure du corps du Seigneur. La terre promise représente le royaume des cieux. Le sacrifice de victimes choisies dans les troupeaux est un grand mystère ; mais dans les différentes sortes de sacrifices, il faut voir le sacrifice unique et l'unique victime du calvaire, le Seigneur suspendu sur la croix : car, en place de tous les sacrifices, nous n'en avons plus qu'un seul, parce que les anciens mystères figuraient les nouveaux, c'est-à-dire que les nouveaux étaient représentés par les anciens. Le peuple juif a reçu la Loi, il a reçu de bons et de justes commandements. Qu'y a-t-il de si juste que ces préceptes : « Vous ne tuerez pas ; vous ne commettrez pas d'adultère ; vous ne direz pas de faux témoignage ? Honorez votre père et votre mère. Vous ne désirerez pas le bien d'autrui. Vous ne convoiterez pas la femme de votre prochain. Vous adorerez le Dieu unique et ne servirez que lui seul (*Exode*, xx, 7-17. — *Deutéronome*, v, 6-21). » Tous ces commandements font partie du vin pur. Mais tout ce qui était charnel dans la loi a formé comme un dépôt de lie, qui ne devait point sortir de chez les Juifs, tandis qu'eux-mêmes verseraient autour d'eux le vin pur de l'intelligence spirituelle de leur loi. Ainsi donc, le calice est « dans la main du Seigneur, » c'est-à-dire en sa puissance ; il renferme « du vin pur, » c'est-à-dire la Loi dans toute sa pureté ; ce vin est cependant « mélangé, » c'est-à-dire que la loi est mêlée de la lie de sacrements charnels. « Il abaisse l'un, » c'est-à-dire le Juif orgueilleux, « et il élève l'autre, » c'est-à-dire : le Gentil qui confesse ses péchés. « Il a incliné ce calice d'un côté vers l'autre, » c'est-à-dire du peuple juif au peuple des Gentils. Qu'a-t-il ainsi incliné et versé ? la Loi. Il en a répandu tout le sens spirituel. « Cependant la lie n'a pas été épuisée, » parce que tous les mystères charnels sont restés parmi les Juifs. « Tous les pécheurs de la terre boiront à ce calice (*Ps.*, LXXII, 9). » Quels sont ceux qui boiront ? « Tous les pécheurs de la terre. » Quels sont les pécheurs de la terre ? Les Juifs étaient pécheurs, mais orgueilleux ; les Gentils étaient pécheurs, mais humbles. « Tous les pécheurs boiront, » les uns la lie, les autres le vin pur ; mais voyez la différence. Les uns ont bu la lie, et ne sont plus ; les autres ont bu le vin et ont été justifiés. J'ose-

---

Calix vini meri plenus mixto, videtur mihi esse Lex, quæ data est Judæis, et omnis illa Scriptura veteris quod dicitur Testamenti, ibi sunt pondera omnium sententiarum. Nam ibi novum Testamentum absconditum latet, tamquam in fæce corporalium sacramentorum. Circumcisio carnis magni sacramenti res est, et intelligitur inde circumcisio cordis. Templum illud Jerusalem magni sacramenti est res, et intelligitur ex eo corpus Domini. Terra promissionis, intelligitur regnum cælorum. Sacrificium victimarum et pecorum magnum habet sacramentum : sed in omnibus illis generibus sacrificiorum intelligitur unum illud sacrificium et unica victima in cruce Dominus : pro quibus omnibus sacrificiis unum nos habemus ; quia et illa figurabant hæc, id est, illis hæc figurabantur. « Accepit populus ille Legem, accepit mandata justa et bona (*Exodi*, xx, 7). » Quid tam justum quam, « Non occides, Non mœchaberis, Non furaberis, Non falsum testimonium dices, Honora patrem et matrem, Non concupisces rem proximi tui, Non concupisces uxorem proximi tui, Unum Deum adorabis, et ipsi soli servies (*Deut.*, v, 6)? » Omnia ista ad vinum pertinent. Illa vero carnalia quasi resederunt, ut remanerent apud illos, et effunderetur inde omnis spiritalis intellectus. « Calix vero in manu Domini, » id est in potestate Domini : « vini meri, » id est Legis sinceræ : « plenus est mixto, » id est cum fæce corporalium sacramentorum. Et quia hunc humiliat, superbum Judæum ; et hunc exaltat, confitentem Gentilem : « inclinavit ex hoc in hunc, » id est, a Judaico populo in Gentilem populum. Quid inclinavit ? Legem. Eliquatus est inde spiritalis intellectus. « Verumtamen fæx ejus non est exinanita, » quia omnia sacramenta carnalia apud Judæos remanserunt. « Bibent omnes peccatores terræ. » Qui bibent ? « Omnes peccatores terræ. » Qui peccatores terræ ? Judæi erant quidem peccatores, sed superbi : Gentiles autem erant peccatores, sed humiles. Omnes peccatores bibent : sed vide qui fæcem, qui vinum.

rai même dire, je ne craindrai pas de dire qu'ils se sont enivrés de ce vin, et plût à Dieu que vous fussiez tous enivrés de la même manière! Souvenez-vous de ces paroles d'un autre psaume : « Combien est admirable votre calice enivrant (*Ps.*, XXII, 5)! » Pensez-vous, en effet, mes frères, que tous ceux qui ont confessé le Christ jusqu'à mourir pour lui aient été de sang-froid? Loin de là, ils étaient enivrés au point de ne plus reconnaître leur propre famille. Dans leur ivresse, ils ne reconnaissaient plus, ils n'entendaient plus tous leurs proches, qui, par l'appât des délices terrestres, cherchaient à les détourner de l'espérance des biens célestes. N'étaient-ils pas enivrés, ces hommes dont le cœur était ainsi changé? N'étaient-ils pas enivrés, ces hommes dont l'esprit était devenu étranger à toutes les choses du monde? « Tous les pécheurs de la terre boiront à ce calice, dit le Prophète (*Ps.*, LXXIV, 9). » Mais quels sont ceux qui boiront le vin? Les pécheurs le boiront, mais pour ne pas rester pécheurs, pour être justifiés et non pour être punis.

13. « Mais moi, » car tous boiront; mais moi pris à part, moi qui suis le Christ et le corps du Christ, « je me réjouirai éternellement; je chanterai sur le psaltérion le Dieu de Jacob (*Ibid.*, 10). » Telle est la promesse qui doit s'accomplir à la fin et dont il est dit : « Ne corrompez pas (*Ibid.*, 1). » « Mais moi, je me réjouirai éternellement (*Ibid.*, 10). »

14. « Et je briserai toutes les cornes des pécheurs et les cornes des justes seront élevées (*Ibid.*, 11). » C'est à dire : « Il abaisse l'un et élève l'autre (*Ibid.*, 8). » Les pécheurs ne veulent pas qu'on leur brise les cornes; mais nul doute que ces cornes ne soient brisées à la fin. Ne voulez-vous pas que Dieu les brise à ce dernier moment? brisez-les vous-même dès aujourd'hui. Vous avez entendu en effet ce qui est dit plus haut; tenez grand compte de ces paroles : « J'ai dit aux injustes : Gardez-vous de commettre l'iniquité, et j'ai dit à ceux qui l'avaient commise, gardez-vous de lever la corne (*Ibid.*, 5). » Si quand on vous dit : « Gardez-vous de lever la corne (*Ibid.*), » vous méprisez ce conseil et levez orgueilleusement le front, la fin viendra et alors s'accomplira cette menace : « Je briserai toutes les cornes des pécheurs et les cornes des justes seront élevées (*Ibid.*, 11). » Les cornes des pécheurs, ce sont les vaines dignités de l'orgueil; les cornes des justes, ce sont les dons du Christ. En effet, on entend par cornes tout ce qui est élevé. Haïssez en cette vie toute élévation terrestre pour arriver à l'élévation céleste. Si vous aimez les grandeurs de la terre, Dieu ne vous admettra point aux grandeurs du ciel et, pour votre confusion, il vous brisera les cornes; de même que ce sera votre gloire, s'il élève alors vos cornes. C'est maintenant le moment de choisir; alors, il sera trop tard. Vous ne pourrez dire alors : laissez-moi, je vais faire mon choix.

Etenim illi bibendo fæcem, evanuerunt : isti bibendo vinum, justificati sunt. Audeam dicere et inebriatos, et non timebo : atque utinam omnes sic inebriemini. Recordamini, « Calix tuus inebrians quam præclarus (*Psal.*, XXII, 5) ! » Quid enim, putatis Fratres mea omnes illos qui confitendo Christum etiam mori voluerunt, sobrios fuisse? Usque adeo ebrii erant, ut suos non agnoscerent. Omnes propinqui sui, qui eos a spe cœlestium præmiorum terrenis blandimentis avertere moliti sunt, non sunt agniti, non sunt auditi ab ebriis. Non erant ebrii, quibus mutatum cor erat? Non erant ebrii, quorum mens alienata erat ab hoc sæculo? « Bibent, inquit, omnes peccatores terræ. » Sed qui bibent vinum? Peccatores bibent, sed ne remaneant peccatores; ut justificentur, non ut puniantur.

13. « Ego autem (*Ps.*, LXXIV, 10) : » Nam omnes bibunt, sed seorsum ego; id est, Christus cum corpore suo : « in sæculum gaudebo, psallam Deo Jacob (*Ps.*, LXXIV, 1) : » promissione illa futura in fine, de qua dicitur, Ne corrumpas. « Ego autem in sæculum gaudebo. »

14. « Et omnia cornua peccatorum confringam, et exaltabuntur cornua justi (*Ibid.*, 11). » Hoc est, Hunc humiliat, et hunc exaltat. Nolunt sibi frangi cornua peccatores, quæ sine dubio frangentur in fine. Non vis ut ille tunc frangat, tu hodie frange. Audisti enim supra, noli contemnere : « Dixi iniquis, Nolite inique agere; et delinquentibus, Nolite exaltare cornu (*Ibid.*, 5). » Quando audisti, « Nolite exaltare cornu, » contemsisti et exaltasti cornu : venies ad finem, ubi fiet, « Omnia cornua peccatorum, confringam, et exaltabuntur cornua justi. » Cornua peccatorum, dignitates superborum : cornua justi, munera Christi. Per cornua enim sublimitates intelliguntur. Oderis in terra sublimitatem terrenam, ut possis habere cœlestem : Amas terrenam, non te admittit ad cœlestem

Car vous êtes prévenu par cette menace : « J'ai dit aux impies (*Ibid.*, 5). » Si je n'ai rien dit, préparez vos excuses, préparez votre défense ; si, au contraire, j'ai dit, faites d'avance votre confession pour ne point en arriver à votre condamnation : car alors toute confession sera inutile et toute défense impossible.

et ad confusionem pertinebit quod frangitur tibi cornu, quomodo ad gloriam pertinebit, si exaltatur tibi cornu. Modo ergo est tempus eligendi, tunc non erit. Non es dicturus, Dimittar et eligam. Præcesserunt enim voces, Dixi iniquis. Si non dixi, para excusationem, para defensionem : si autem dixi, præoccupa confessionem, ne venias ad damnationem ; quia tunc confessio sera erit, et defensio nulla erit.

DISCOURS [1] SUR LE PSAUME LXXV.

1. Les Juifs qui sont connus de tous pour être les ennemis de Notre-Seigneur Jésus-Christ ont coutume de se glorifier de ces paroles du Psaume que nous venons de chanter : « Dieu est connu dans la Judée : son nom est grand dans Israël (*Ps.*, LXXV, 2). » Ils y trouvent un prétexte d'insulter les Gentils, desquels Dieu n'est pas connu, et de prétendre que Dieu n'est connu que d'eux. Car le Prophète ayant dit : « Dieu est connu dans la Judée (*Ibid.*), » ils en infèrent qu'il est inconnu ailleurs. Dieu, il est vrai, est connu dans la Judée, et nous le dirons avec eux, s'ils savent comprendre ce que c'est que la Judée. Et même Dieu n'est réellement connu que dans la Judée. Nous aussi, nous disons que Dieu ne peut être connu que de ceux qui font partie de la Judée. Mais que dit l'Apôtre ? « Le Juif est celui qui l'est intérieurement, et la circoncision véritable est celle du cœur, faite en esprit et non suivant la lettre (*Rom.*, II, 29). » Il y a donc des Juifs selon la circoncision de la chair, et des Juifs selon la circoncision du cœur. Beaucoup de nos pères qui étaient saints avaient à la fois et la circoncision de la chair en signe de leur foi, et la circoncision du cœur à cause de cette même foi. Ceux qui maintenant se glorifient du nom de Juifs, et qui en ont perdu les œuvres, ont dégénéré de leurs pères ; et parce qu'ils ont ainsi

IN PSALMUM LXXV.

ENARRATIO.

1. Solent inimici Domini Jesu Christi omnibus noti Judæi gloriari in isto Psalmo, quem cantavimus, dicentes, « Notus in Judæa Deus, in Israel magnum nomen ejus (*Ibid.*, 2) : » et insultare Gentibus, quibus non est notus Deus, et dicere quia sibi solis notus est Deus ; quando Propheta dicit. « Notus in Judæa Deus : » alibi ergo ignotus. Notus est autem re vera in Judæa Deus, si intelligant quid sit Judæa. Nam vere non est notus Deus, nisi in Judæa. Ecce et nos hoc dicimus, quia nisi quisque fuerit in Judæa, notus ei Deus esse non potest. Sed quid dicit Apostolus? « Qui in occulto Judæus est, qui circumcisione cordis, non littera, sed spiritu(*Rom.*, II, 29).» Sunt ergo Judæi in circumcisione carnis et sunt Judæi in circumcisione cordis. Patres nostri multi sancti et circumcisionem carnis habebant, propter signaculum fidei, et circumcisionem cordis, propter ipsam fidem. Ab his patribus degenerantes isti, qui modo in nomine gloriantur, et facta perdiderunt ; ab his ergo patribus degenerantes, remanserunt in carne Judæi, in corde Pagani. Ipsi enim Judæi, qui sunt ex Abraham, a quo Isaac natus est, et ex illo Jacob, et ex Jacob duodecim Pa-

[1] Discours au peuple : l'Orateur s'y élève contre les Donatistes, et traite des vœux.

dégénéré de leurs pères, ils restent Juifs selon la chair et païens selon le cœur. Ceux-là, en effet, sont des Juifs, qui descendent d'Abraham, duquel est né Isaac, qui a donné le jour à Jacob, et celui-ci aux douze Patriarches, desquels est venu tout le peuple juif (*Gen.*, XXI, 1 ; XXV, 25 ; XXIX, 32, etc.). Mais les Juifs ont surtout tiré leur nom de Juda, l'un des douze fils de Jacob, patriarche distingué entre les douze, et de la race duquel étaient les rois des Juifs. Car tout le peuple était partagé en douze tribus, à cause du nombre des douze fils de Jacob. Or, ces tribus étaient des espèces de curies et des parties distinctes du peuple. Les Juifs étaient donc distribués en douze tribus et, parmi ces douze tribus, on remarquait celle de Juda, de laquelle étaient les rois, et celle de Lévi, de laquelle étaient les prêtres. Mais les prêtres, voués au service du Temple, n'étaient pas compris dans le partage de la terre promise (*Nombres*, XVIII, 20), et il fallait cependant que toute cette terre fût répartie entre douze tribus. Par suite donc de l'exclusion de la tribu de Lévi, plus haute en dignité que les autres, parce qu'elle était toute sacerdotale, il ne serait resté que onze tribus, si on ne les eût complétées par l'adoption des deux fils de Joseph. Remarquez bien ce que cela signifie. Joseph était l'un des douze fils de Jacob. C'est ce Joseph que ses frères vendirent en Égypte et qui, dans ce pays, fut élevé à une haute dignité, en récompense de sa chasteté. Dieu lui vint en aide dans toutes ses entreprises, et il recueillit ses frères, par lesquels il avait été vendu, et son père, alors que pressés par la famine, ils descendirent en Égypte pour y chercher du pain. Ce Joseph eut deux fils, Éphraïm et Manassé. Jacob, en mourant, les adopta par une sorte de testament, et mit ses deux petits-fils au nombre de ses fils, et il dit à son fils Joseph : « Les autres enfants qui pourront naître de vous seront à vous ; mais ceux-ci sont à moi et ils partageront la terre avec leurs frères (*Gen.*, XLVIII, 5, 6). » Cette terre de promission n'était encore ni donnée aux Juifs ni divisée, mais Jacob parlait ainsi sous l'inspiration de l'Esprit-Saint. Au moyen de l'adjonction des deux fils de Joseph, les douze tribus furent donc reconstituées, puisqu'elles furent alors au nombre de treize. En effet, au lieu de la tribu de Joseph, deux tribus se trouvèrent jointes aux autres ; ce qui fit bien treize tribus. Mais retranchons de ce nombre la tribu de Lévi, composée des prêtres qui servaient dans le Temple et qui vivaient de la dîme des autres tribus, entre lesquelles la terre avait été partagée, et les tribus restent au nombre de douze. Parmi ces douze, était la tribu de Juda, d'où sortirent les rois. Car si le premier qui fut donné pour roi au peuple, Saül, était d'une autre tribu (1 *Rois*, IX, 1), bientôt il fut rejeté comme étant un mauvais

---

triarchæ, et ex duodecim Patriarchis populus universus Judæorum (*Gen.*, XXI, 1, et XXV, 25, et XXIX, 32, etc.). Sed Judæi propterea maxime appellati sunt quia Judas unus erat de filiis duodecim Jacob, Patriarcha inter duodecim, et de stirpe ejus regnum veniebat Judæis. Nam omnis ille populus secundum numerum duodecim filiorum Jacob, duodecim tribus habebat. Tribus dicuntur tamquam curiæ et congregationes distinctæ populorum. Habebat ergo ille populus duodecim tribus, e quibus duodecim tribubus una tribus erat Juda, ex qua erant reges; et erat altera tribus Levi, ex qua erant sacerdotes. Sed quia sacerdotibus templo servientibus terra divisa non est (*Num.*, XVIII, 20), oportebat autem ut duodecim tribubus dispertiretur omnis regio promissionis : excepta ergo una tribu majoris dignitatis, tribu Levi, quæ erat in sacerdotibus, remanerent undecim, nisi per adoptionem duorum filiorum Joseph duodecim complerentur. Hoc quid sit, advertite. Unus de duodecim filiis Jacob erat Joseph. Iste est Joseph, quem fratres sui in Ægyptum vendiderunt, et illic merito castitatis ad sublimem dignitatem perductus est, et adfuit illi Deus in omni opere suo; et suscepit fratres suos, a quibus venditus erat, et patrem, fame laborantes, et propter panem ad Ægyptum descendentes. Iste Joseph duos filios habuit, Ephraim et Manasse. Moriens Jacob, tamquam testamento, assumsit illos nepotes suos in numerum filiorum, et dixit filio suo Joseph, Ceteri qui nascuntur, tibi erunt ; isti autem mihi, et divident terram cum fratribus suis (*Gen.*, XLVIII, 5). Adhuc non erat data nec divisa terra promissionis, sed dicebat ille in Spiritu prophetans. Accedentibus ergo duobus filiis Joseph, factæ sunt nihilominus duodecim tribus, quia jam tredecim sunt. Pro una enim tribu Joseph, duæ accesserunt, et factæ sunt tredecim. Excepta ergo tribu Levi, illa tribu sacerdotum quæ serviebat templo, et de decimis vivebat ceterarum omnium, quibus terra divisa est, remanent duodecim. In his duodecim erat tribus

roi, et vint ensuite David, de la tribu de Juda, ainsi que tous les autres rois ses successeurs et ses descendants (*Id.*, XVI, 2). Jacob, en bénissant ses fils, avait prophétisé ces faits : « Juda ne cessera pas de donner des rois, et il sortira toujours des princes de sa race, jusqu'à ce que vienne celui qui est l'objet des promesses (*Gen.*, XLIX, 10). » Or, c'est de la tribu de Juda que vint Notre-Seigneur Jésus-Christ. Car, comme le dit l'Écriture et comme vous l'avez récemment entendu lire, il est né de Marie et sorti de la race de David (II *Tim.*, II, 8). Mais, quant à sa divinité, par laquelle il est égal au Père, Notre-Seigneur Jésus-Christ existe non-seulement avant les Juifs, mais encore avant Abraham lui-même (*Jean*, VIII, 58) ; et non-seulement avant Abraham, mais aussi avant Adam ; et non-seulement avant Adam, mais encore avant le ciel et la terre et avant les siècles, parce que « toutes choses ont été faites par lui et que rien n'a été fait sans lui (*Id.*, I, 3). » Mais, comme il a été dit en prophétie : « Juda ne cessera pas de donner des rois, et il sortira toujours des princes de sa race, jusqu'à la venue de celui qui est l'objet des promesses (*Gen.*, XLIX, 10), » si l'on considère les premiers temps, on trouve que les Juifs ont eu toujours des rois de cette tribu de Juda, d'où leur est venu leur nom de Judéens ou de Juifs, et qu'ils n'ont jamais eu de roi étranger, avant cet Hérode, qui régnait au moment de la naissance du Seigneur (*Luc*, III, 1). A partir d'Hérode, commencèrent les rois étrangers. Avant Hérode, tous avaient été de la tribu de Juda (1) ; mais il n'en devait être ainsi que jusqu'à la venue de celui qui était l'objet des promesses. C'est pourquoi aux approches de l'avénement du Seigneur, le royaume des Juifs fut renversé et enlevé aux Juifs. Maintenant, ils n'ont plus de royaume, parce qu'ils refusent de reconnaître le roi véritable. Voyez s'ils doivent encore être appelés Juifs. Vous voyez bien qu'on ne peut plus les appeler de ce nom. Ils ont eux-mêmes renoncé à ce nom, si bien qu'ils ne méritent plus d'être appelés Juifs, si ce n'est selon la chair. A quel moment se sont-ils eux-mêmes séparés de ce nom ? Au moment où, par leurs cris meurtriers, ils ont sévi contre le Christ, eux, la race de Juda, contre le rejeton de David. Pilate leur dit : « Crucifierai-je votre roi ? » Et ils répondirent : « Nous n'avons pas d'autre roi que César (*Jean*, XIX, 15). » O vous qui êtes appelés enfants de Juda et qui ne l'êtes pas, si vous n'avez d'autre roi que César, Juda cesse donc de vous donner un roi ; celui qui est l'héritier des promesses est donc venu. Ceux-là donc ont plutôt le droit d'être appelés Juifs, qui de Juifs

Juda, unde reges erant. Nam primo de alia tribu datus est rex Saül, et reprobatus est tamquam malus rex (1 *Reg.*, IX, 1) : postea datus est de tribu Juda rex David, et ex illo de tribu Juda fuerunt reges (I *Reg.*, XVI, 12). Jacob autem ille hoc dixerat, quando benedixerat filios suos, « Non deficiet princeps de Juda, nec dux de femoribus ejus, donec veniat cui repromissum est (*Gen.*, LXIV, 10). » De tribu autem Juda venit Dominus noster Jesus Christus. Est enim, sicut Scriptura dicit, et modo audistis, « ex semine David natus de Maria (II *Tim.*, II, 8). » Ceterum quod adtinet ad divinitatem Domini nostri Jesu Christi, in qua æqualis est Patri, non solum ante Judæos, sed etiam ante ipsum Abraham (*Johan.*, VIII, 58) ; nec solum ante Abraham, sed et ante Adam ; nec solum ante Adam, sed et ante cœlum et terram et ante sæcula : « quia omnia per ipsum facta sunt, et sine ipso factum est nihil (*Johan.*, I, 3). » Quia ergo in prophetia dictum est, « Non deficiet princeps ex Juda, neque dux de femoribus ejus, donec veniat cui repromissum est (*Gen.*, XLIX, 10) : » considerantur priora tempora, et invenitur quia Judæi de tribu Juda semper reges habuerunt, unde dicti sunt Judæi : et non habuerunt regem prius alienigenam, nisi Herodem illum, qui fuit quando Dominus natus est (*Lucæ*, III, 1). Inde cœperunt reges alienigenæ, ab Herode. Ante Herodem omnes de tribu Juda, sed donec veniret cui repromissum est. Itaque ipso jam veniente Domino, eversum est regnum Judæorum, et sublatum est ex Judæis. Modo non habent regnum, quia nolunt cognoscere verum regem. Videte jam si Judæi sint appellandi. Jam videtis quia Judæi non sunt appellandi. Ipsi voce sua abdicaverunt se ab isto nomine, ut Judæi non sint digni appellari, nisi tantum carne. Ubi ergo se separaverunt ab isto nomine? Dicebant : sæviebant in Christum, id est (*a*), genus Juda sæviebant in semen David. Et ait illis Pilatus, « Regem vestrum crucifigam ? » Et illi, « Nos non habemus regem, nisi Cæsarem (*Johan.*, XIX, 15). » O Judæi qui vocamini, et non estis, si non habetis

---

(1) C'est-à-dire de la race judaïque, car les derniers chefs d'Israël étaient de la tribu de Lévi.

(*a*) Editi, *id est in genus Juda*. Abest, *in*, a MSS.

sont devenus chrétiens; les autres Juifs, qui n'ont pas cru au Christ, ont mérité de perdre même ce nom. La véritable Judée, est donc l'Église du Christ, qui croit à ce roi venu de la tribu de Juda par la vierge Marie; qui croit à celui dont l'Apôtre a dit, en écrivant à Timothée : « Souvenez-vous que Jésus-Christ, de la race de David, est ressuscité d'entre les morts, suivant mon Évangile (II *Tim.*, II, 8). » En effet, David descendait de Juda et le Seigneur Jésus-Christ de David. Nous qui croyons au Christ, nous appartenons à la tribu de Juda; nous n'avons pas vu le Christ, mais nous le connaissons et le gardons par la foi. Que les Juifs, qui ne sont plus des Juifs, ne nous insultent donc pas. Ils ont dit eux-mêmes : « Nous n'avons d'autre roi que César (*Jean*, XIX, 15). » Mais combien mieux valait pour eux que le Christ fût leur roi, lui qui est de la race de David, et de la tribu de Juda ! Or, parce que le Christ vient, selon la chair, de la race de David, et que d'autre part il est le Dieu béni dans les siècles des siècles, il est tout à la fois notre roi et notre Dieu : notre roi, en tant que le Christ notre Sauveur, né selon la chair de la tribu de Juda; notre Dieu, parce qu'il existait avant Juda, avant le ciel et la terre, et que toutes choses, tant spirituelles que corporelles, ont été faites par lui (*Jean*, I, 3). Or, si toutes choses ont été faites par lui, Marie elle-même, de laquelle il est né, a été faite par lui. Comment donc serait-il né comme les autres hommes, lui qui a fait la mère dont il devait naître ? Il est donc le Seigneur dont l'Apôtre disait, en parlant des Juifs : « A eux appartiennent les anciens patriarches, et d'eux est sorti, selon la chair, le Christ qui est au-dessus de toutes choses, Dieu béni dans tous les siècles (*Rom.*, IX, 5). » Donc, puisque les Juifs ont vu le Christ et l'ont crucifié, ils n'ont pas vu qu'il était Dieu; mais les Gentils, qui ne l'ont pas vu et qui ont cru en lui, ont compris qu'il était Dieu. Si donc les Gentils ont reconnu, dans le Christ, Dieu se réconciliant le monde (II *Cor.*, V, 19), et si, au contraire, les Juifs l'ont crucifié, parce qu'ils n'ont pas compris le Dieu qui se cachait sous la chair ; arrière cette Judée qui n'est plus la Judée que de nom, et vienne la vraie Judée, à laquelle s'adressent ces paroles : « Venez à lui et soyez éclairés et vos visages ne rougiront pas (*Ps.*, XXXIII, 6). » Les visages de la véritable Judée ne seront pas couverts de confusion. En effet, elle a entendu et elle a cru; et l'Église est devenue la vraie Judée, où est connu le Christ, qui descend comme homme de la race de David, et qui est au-dessus de David comme Dieu.

regem, nisi Cæsarem, defecit jam princeps de Juda : venit ergo ille cui repromissum est. Illi ergo verius Judæi, qui Christiani facti sunt ex Judæis : ceteri Judæi qui in Christum non crediderunt, etiam nomen ipsum perdere digni fuerunt. Judæa ergo vera Christi Ecclesia est, credens in illum regem, qui venit ex tribu Juda per virginem Mariam; credens in illum de quo modo Apostolus dicebat, ad Timotheum scribens, « Memor esto, Jesum Christum resurrexisse a mortuis ex semine David, secundum Evangelium meum (II *Tim.*, II, 8). » De Juda enim David, et ex David Dominus Jesus Christus. Nos credentes in Christum pertinemus ad Judam : et nos cognovimus Christum. Qui oculis non vidimus, fide retinemus. Non ergo insultent Judæi, qui jam non sunt Judæi. Ipsi dixerunt, « Nos non habemus regem, nisi Cæsarem (*Johan.*, XIX, 15). » Nam melius illis erat, ut rex illorum esset Christus, ex semine David de tribu Juda. Tamen quia ipse Christus ex semine David secundum carnem, Deus autem super omnia benedictus in sæcula (*Rom.*, IX, 5), ipse rex noster est et Deus noster; rex noster, secundum quod natus est ex tribu Juda secundum carnem Christus Dominus Salvator; Deus autem noster, qui est ante Judam, et ante cælum et terram, per quem facta sunt omnia (*Johan.*, I, 3), et spiritalia et corporalia. Si enim omnia per ipsum facta sunt ; et ipsa Maria de qu natus est, per ipsum facta est. Quomodo ergo ille quasi ceteri homines nasceretur, qui sibi fecit matrem de qua nasceretur ? Ergo ipse Dominus : Apostolo dicente, cum loqueretur de Judæis, Quorum patres, et ex quibus est « Christus secundum carnem, qui est super omnia Deus benedictus in sæcula (*Rom.*, IX, 5). » Quia ergo Judæi viderunt Christum, et crucifixerunt, non viderunt Deum : Gentes autem quia non viderunt et crediderunt, intellexerunt Deum. Ergo si innotuit eis Deus in Christo mundum reconcilians sibi, et ideo illi crucifixerunt, quia in carne latentem Deum non intellexerunt (II *Cor.*, V, 15) : recedat illa quæ vocatur Judæa, et non est; accedat vera Judæa, cui dicitur, « Accedite ad eum, et illuminamini, et vultus vestri non erubescent (*Psal.*, XXXIII, 3). » Vultus veræ Judææ non confundentur. Etenim audierunt, et crediderunt, et facta est Ecclesia vera Judæa, ubi notus Christus, qui homo est ex semine David, Deus super David.

2. « Dieu est connu en Judée; son nom est grand dans Israël (*Ps.*, LXXV, 2). » Nous devons interpréter le nom d'Israël comme celui de Judée, et dire que les Juifs ne sont pas plus le véritable Israël que les véritables Juifs. En effet qui mérite de porter le nom d'Israël ? Celui qui voit Dieu. Et comment ont-ils vu Dieu, ces hommes, au milieu desquels Dieu a vécu dans la chair, et qui, ne l'ayant pris que pour un homme, l'ont crucifié ? D'autre part, après sa résurrection, il n'a manifesté sa divinité qu'à ceux à qui il lui a plu de se montrer. Ceux-là sont donc dignes d'être appelés du nom d'Israël, qui ont mérité de comprendre que le Christ, dans sa chair mortelle, était Dieu; de sorte qu'ils n'ont pas méprisé ce qu'ils voyaient en lui, et qu'au contraire ils ont adoré ce qu'ils ne voyaient pas. En effet, les Gentils, qui ne l'avaient pas vu des yeux du corps, l'ont aperçu par l'humilité de leur esprit, et l'ont touché par la foi. Il est donc arrivé que ceux qui l'ont tenu de leurs mains l'ont tué, et que ceux qui l'ont tenu par la foi l'ont adoré. « Son nom est grand dans Israël (*Ibid.*). » Voulez-vous être d'Israël ? Considérez celui dont le Seigneur a dit : « Voici vraiment un Israélite, en qui il n'y a point d'artifice (*Jean*, I, 47). » « Si le véritable Israélite est celui dans lequel il n'y a pas d'artifice, les trompeurs et les menteurs ne sont pas des Israélites. Que les Juifs ne disent donc pas que Dieu est connu parmi eux et que son nom est grand en Israël ; qu'ils prouvent d'abord qu'ils sont de vrais Israélites, et je leur concéderai que « son nom est grand dans Israël (*Ibid.*). »

3. « Et il a établi sa demeure dans la paix et son habitation dans Sion (*Ibid.*, 3). » Voici maintenant Sion qui à son tour nous présente deux sens : Sion est la patrie des Juifs, et la vraie Sion est l'église du chrétien. Or, on interprète ainsi les noms hébreux : Judée signifie « confession ; » Israël signifie « qui voit Dieu. » La Judée d'abord, Israël ensuite : car le Psaume nous dit : « Dieu est connu en Judée ; son nom est grand dans Israël (*Ibid.*, 2). » Voulez-vous voir Dieu ? Commencez par confesser vos péchés, et de la sorte il se fera en vous un lieu où Dieu puisse résider ; « parce qu'il a établi sa demeure dans la paix (*Ibid.*, 3). » Tant que vous n'avez pas confessé vos péchés, vous êtes pour ainsi dire en rixe avec Dieu ; comment, en effet, n'y aurait-il pas de dissentiment entre Dieu et vous qui louez ce qui déplaît à Dieu ? Il punit le voleur, vous louez le vol ; il punit l'intempérant, vous louez l'intempérance. Vous êtes en lutte avec Dieu ; vous ne lui avez pas préparé de demeure dans votre cœur, « parce que sa demeure est dans la paix (*Ibid.*). » Et de quelle manière commencerez-vous à rentrer en paix avec Dieu ? Par la confession. Le Prophète vous le dit dans un autre psaume : « Commencez à vous approcher du Seigneur par la confession

---

2. « Notus in Judæa Deus, in Israël magnum nomen ejus (*Ps.*, LXXV, 2). » Et de Israël sic debemus accipere, quomodo de Judæa : quomodo illi non sunt veri Judæi, sic nec verus Israël. Quis enim dicitur Israël ? Videns Deum. Et quomodo illi viderunt Deum, inter quos ambulavit in carne ; et cum putarent hominem, occiderunt ? Resurgens ille apparuit Deus omnibus, quibus se voluit demonstrare. Illi ergo digni sunt Israël dici, qui meruerunt Christum intelligere Deum in carne positum, ut non quod videbant, contemnerent ; sed quod non videbant, adorarent. Non visum enim oculis Gentes humili mente perceperunt illum quem non videbant, et fide tenuerunt. Proinde illi qui manibus tenuerunt, occiderunt ; qui fide tenuerunt, adoraverunt. « In Israël magnum nomen ejus. » Vis esse Israël ? Illum adtende, de quo Dominus ait, « Ecce vere Israelita, in quo dolus non est (*Johan.*, I, 47). » Si verus Israelita in quo dolus non est, dolosi et mendaces non sunt veri Israelitæ. Non ergo dicant isti, quoniam apud illos est Deus, et magnum nomen ejus in Israël. Probent se Israelitas, et concedo ego quia « in Israël magnum nomen ejus. »

3. « Et factus est in pace locus ejus, et habitatio ejus in Sion (*Ps.*, LXXV, 3). » Rursus Sion quasi patria est Judæorum : vera Sion, Ecclesia est Christianorum. Interpretatio autem nominum Hebræorum sic nobis traditur : Judæa confessio interpretatur, Israël videns Deum. Post Judæam Israël : sic hic positum est, « Notus in Judæa Deus, in Israël magnum nomen ejus. » Deum vis videre ? Prius confitere tu, et sic in teipso fit locus Dei ; quia « factus est in pace locus ejus. » Quamdiu ergo non confiteris peccata tua, quodam modo rixaris cum Deo. Quomodo enim non cum illo litigas, qui quod illi displicet laudas ? Punit ille furem, tu furtum laudas : punit ille ebriosum, tu laudas ebriositatem. Litigas cum Deo, non fecisti illi locum in corde tuo : quia in pace locus ejus. Et quomodo incipis pacem habere cum Deo ?

(*Ps.*, cxlvi, 7). » Que veut dire : « Commencez à vous approcher du Seigneur par la confession? » Commencez à vous unir à Dieu. De quelle manière? Que ce qui lui déplaît vous déplaise. Votre mauvaise vie lui déplaît; si elle vous plaît, vous êtes séparé d'avec lui; si elle vous déplaît, vous vous unissez à lui par la confession de cette mauvaise vie. Voyez donc en quoi vous lui êtes dissemblable, car vous lui déplaisez en proportion de cette dissemblance. En effet, ô homme, vous avez été créé à l'image de Dieu ; mais par votre vie déréglée et désordonnée, vous avez troublé et détruit en vous l'image de votre Créateur. Si, après avoir perdu votre ressemblance avec lui, vous venez à vous examiner et à vous déplaire à vous-même, déjà vous commencez à devenir semblable à lui, par cela même que ce qui lui déplaît vous déplaît également.

4. Mais comment, dites-vous, puis-je être semblable à Dieu, tandis que j'en suis encore à me déplaire à moi-même? C'est pour cela que le Prophète vous dit : « Commencez (*Ibid.*). » Commencez à vous approcher du Seigneur par la confession; vous achèverez cette union dans la paix. Car vous avez encore une guerre à soutenir contre vous. Vous avez à combattre, non-seulement contre les suggestions du démon, contre le prince des puissances de l'air, qui opère dans les enfants de la défiance, contre le démon et ses anges, agents invisibles de l'iniquité (*Éphés.*, vi, 12) ; vous avez à combattre non-seulement contre ces ennemis extérieurs, mais encore contre vous-même. Comment contre vous-même ? Contre vos mauvaises habitudes, contre la vie déréglée du vieil homme, qui vous entraîne à vos fautes accoutumées et vous détourne de la vie nouvelle. En effet, on vous prescrit une vie nouvelle, et vous êtes encore le vieil homme. La joie de la vie nouvelle vous soulève, le poids de la vie ancienne vous appesantit : vous commencez à être en guerre avec vous-même. Mais, sur tous les points par lesquels vous vous déplaisez à vous-même, vous êtes déjà uni à Dieu, et là où vous êtes ainsi uni à Dieu; vous devenez capable de vous vaincre, parce que celui qui triomphe de tout est avec vous. Réfléchissez à ces paroles de l'Apôtre : « Je suis soumis par l'esprit à la loi de Dieu et par la chair à la loi du péché (*Rom.*, vii, 25). » De quelle manière, « par l'esprit? » En ce que votre vie mauvaise vous déplaît. De quelle manière, « par la chair? » En ce que vous êtes en butte aux suggestions et aux excitations mauvaises; mais par cela même que vous êtes uni à Dieu par l'esprit, vous restez vainqueur de tout ce qui résiste en vous aux élans de l'esprit. En effet, vous marchez en avant sur quelques

---

Incipis illi in confessione. Psalmi vox est dicentis, « Incipite Domino in confessione (*Psal.*, cxlvi, 7). » Quid est, Incipite Domino in confessione? Incipite adjungi Deo. Quomodo? Ut hoc vobis displiceat, quod etilli displicet. Displicet illi vita tua mala : si placeat tibi, disjungeris ab illo ; si displiceat tibi, per confessionem illi conjungeris. Vide ex quanta parte dissimilis es, quando utique propter ipsam dissimilitudinem displices. Factus enim es o homo ad imaginem Dei ; per vitam vero perversam et malam perturbasti in te et exterminasti in te imaginem Conditoris tui. Factus dissimilis, attendis in te, et displices tibi : jam ex eo cœpisti similis fieri, quia hoc tibi displicet quod displicet et Deo.

4. Sed quomodo sum similis, inquis, quando adhuc mihi displiceo? Ideo dictum est, Incipite. Incipe Domino in confessione (*Ps.*, cxlvi, 7) : perficieris in pace. Adhuc enim habes adversum te bellum. Indicitur tibi bellum, non solum adversus suggestiones diaboli, adversus principem potestatis aëris hujus, qui operatur in filiis diffidentiæ, adversus diabolum et angelos ejus spiritalia nequitiæ (*Ephes.*, vi, 12); non solum ergo adversus ipsos tibi bellum indicitur, sed adversus teipsum. Quomodo adversus teipsum? Adversus tuam consuetudinem malam, adversus vetustatem vitæ tuæ malæ, quæ trahit te ad (*a*) solitam, et refrenat a nova. Indicitur enim tibi quædam nova vita, et tu vetus es. Novitatis gaudio suspenderis, vetustatis onere prægravaris : incipit tibi esse bellum adversus te. Sed ex qua parte tibi displices, jungeris Deo; et ex qua parte jam jungeris Deo, idoneus eris ad vincendum te; quia ille tecum est qui omnia superat. Attende quid dicit Apostolus : « Mente servio legi Dei, carne autem legi peccati (*Rom.*, vii, 25). » Unde mente? Quia displicet tibi vita tua mala. Unde carne ? Quia non desunt suggestiones et delectationes malæ, sed ex eo quod mente jungeris Deo, vincis quod in te non vult sequi. Præ-

---

(*a*) Lov. *ad solitam et refrenatura nova.* At MSS. *ad solita et refrenat a nova.*

points; sur d'autres, vous êtes retardé : traînez-vous vous-même jusqu'à celui qui peut vous soulever de terre, où vous êtes courbé sous je ne sais quel poids du vieil homme ; criez vers Dieu et dites : « Malheureux homme que je suis ! qui me délivrera de ce corps de mort (*Rom.*, VII, 24) ? » Qui me délivrera de ce poids qui me retient? « Car le corps qui se corrompt appesantit l'âme (*Sag.*, IX, 15). » Qui donc me délivrera? « La grâce de Dieu par Notre-Seigneur Jésus-Christ (*Rom.*, VII, 25). » Mais pourquoi le Seigneur permet-il que vous ayez longtemps à combattre contre vous, avant que toutes vos mauvaises convoitises soient détruites? Pour que vous compreniez que votre châtiment est en vous. Le fouet qui vous frappe est en vous, et vient de vous : à vous de vous déchirer vous-même. C'est la punition de celui qui est rebelle à Dieu, d'être en rébellion contre lui-même, pour n'avoir pas voulu être en paix avec Dieu. Mais domptez votre corps, en face de vos coupables convoitises. La colère, par exemple, s'élève-t-elle en vous, unissez-vous à Dieu et retenez votre main. La colère aura pu s'élever, mais elle n'aura point trouvé d'armes pour sévir. Le premier mouvement appartient à votre penchant à la colère, les armes extérieures vous appartiennent. Laissez désarmé ce premier mouvement et, à force de s'être inutilement soulevé, il apprendra à ne plus se soulever du tout.

5. Je vous dis cela, mes très-chers frères, de peur que ces mots : « Par la chair, je suis esclave de la loi du péché (*Rom.*, VII, 35), » ne vous fassent supposer que vous pouvez consentir aux suggestions de vos convoitises charnelles. Bien qu'il soit impossible, ici-bas, de ne pas ressentir de convoitises charnelles, il ne faut pas y donner consentement. C'est pourquoi l'Apôtre n'a pas dit : que votre corps mortel soit exempt de tout péché; il sait bien, en effet, que, tant que ce corps est mortel, le péché se trouve en lui; mais que dit-il? « Que le péché ne règne pas dans votre corps mortel. » Que signifie : « ne règne pas ? » Il s'explique lui-même : « de sorte que vous obéissiez à ses désirs (*Rom.*, VI, 12). » Il y a en vous des désirs, des désirs s'élèvent en vous, mais vous n'écoutez pas ces désirs, vous ne suivez pas ces désirs, vous ne consentez pas à les satisfaire; le péché est en vous, mais il a perdu son empire, le péché ne règne plus en vous. Et viendra plus tard le moment où la mort, votre ennemie, sera détruite en dernier lieu (1 *Cor.*, XV, 76). En effet, quelle promesse nous est faite au sujet même de ces paroles : « Je suis soumis par l'esprit à la loi de Dieu, et par ma chair à la loi du péché (*Rom.*, VII, 25) ? » Écoutez la promesse qui vous est faite, que votre chair ne sera pas toujours souillée de désirs illicites. Elle ressuscitera et sera changée ; et quand cette chair mortelle aura été changée en

---

cessisti enim ex parte, et ex parte tardaris. Trahe teipsum ad illum, qui te sursum tollit. Pondere quodam vetustatis deprimeris, clama et dic, « Infelix ego homo, quis me liberabit de corpore mortis hujus (*Ibid.*, 24)? » quis me liberabit ab eo quo gravor ? « Corpus enim quod corrumpitur, aggravat animam (*Sap.*, IX, 15). » Quis ergo liberabit? « Gratia Dei per Jesum Christum Dominum nostrum (*Rom.*, VII, 25). » Quare autem permittit, ut diu contra te ligites, donec absorbeantur omnes cupiditates malæ ? Ut intelligas in te pœnam tuam. In te ex teipso est flagellum tuum : (*a*) sit rixa tua tecum. Sic vindicatur in rebellem adversus Deum, ut ipse sibi sit bellum, qui pacem noluit habere cum Deo. Sed tene membra tua adversus concupiscentias tuas malas. Surrexit ira, tene tu manum conjunctus Deo. Potuit surgere, sed non invenit arma. Apud iram tuam impetus est, apud te arma sunt : sit impetus inermis, et discit jam non surgere qui frustra surrexit.

5. Hoc autem dico, Carissimi, ne forte quia diximus, « Carne autem legi peccati, » putetis consentiendum esse desideriis vestris carnalibus. Etsi non possunt modo nisi esse desideria carnalia, non est illis consentiendum. Propterea non dixit Apostolus, Non sit peccatum in vestro mortali corpore (*Rom.*, VII, 27). Novit enim quia quamdiu mortale est, est ibi peccatum. Sed quid ait? « Non ergo regnet peccatum in vestro mortali corpore. » Quid est, non regnet? Ipse exposuit : « Ad obediendum, inquit, desideriis ejus (*Rom.*, VI, 12). » Sunt desideria, existunt desideria, non tu obaudis desideriis tuis, non sequeris ipsa desideria, non illis consentis : est tibi peccatum, sed amisit regnum, quando jam in te non regnat peccatum, postea inimica novissima destruetur mors (1 *Cor.*, XV, 26). Quid enim nobis promittitur? quoniam dictum est, « Mente servio legi Dei, carne autem legi peccati (*Rom.*, VII, 25). » Audi promissionem, quia non semper erunt in carne desideria

(*a*) Aliquot MSS. *fit*.

un corps spirituel, elle ne présentera plus à l'âme l'attrait d'aucune convoitise mondaine, ni d'aucun plaisir terrestre, et elle ne la détournera plus de la contemplation de Dieu. Ce sera l'accomplissement de cette parole de l'Apôtre : « Le corps est mort à cause du péché, mais l'esprit vit par l'effet de la justification. Mais si celui qui a ressuscité Jésus d'entre les morts habite en vous, celui qui a ressuscité Jésus-Christ vivifiera aussi vos corps mortels par son esprit qui habite en vous (*Rom.*, VII, 10, 11). » Nos corps étant donc vivifiés, nous jouirons de la véritable paix, parce que nous serons la demeure de Dieu; mais, pour cela, il faut que la confession ait été faite d'abord. « Dieu est connu dans la Judée (*Ps.*, LXXV, 2); » commencez donc par la confession. « Son nom est grand dans Israël (*Ibid.*); » vous ne voyez pas encore en réalité, voyez par la foi, et il arrivera en vous ce qui suit : « Et il a établi sa demeure dans la paix, et son habitation dans Sion (*Ibid.*, 3). » Sion signifie : « Contemplation. » Qui contemplerons-nous? Nous contemplerons Dieu face à face (I *Cor.*, XIII, 12). Dieu nous est promis, lui en qui nous croyons maintenant sans l'avoir vu. Quelle joie éprouverons-nous, lorsque nous le verrons! Mes frères, si la seule promesse de ce bonheur nous cause une si grande joie, que ne fera pas la réalisation de cette promesse? Car ce qu'il nous a promis nous sera donné. Et que nous a-t-il promis? lui-même ; afin que nous fussions comblés d'allégresse par la contemplation de son visage : et rien autre chose ne nous charmera, parce que rien n'est préférable à celui qui a fait les choses qui nous charment. « Il a établi sa demeure dans la paix et son habitation dans Sion (*Ibid.*); » son habitation dans Sion, signifie la vue et la contemplation de lui-même qu'il nous accordera.

6. « Il y a brisé la puissance des arcs et le bouclier et le glaive et la guerre (*Ibid.*, 4). » Où les a-t-il brisés? Dans cette paix éternelle, dans cette paix parfaite. Et dès maintenant, mes frères, ceux qui ont une foi parfaite voient qu'ils ne doivent pas présumer d'eux-mêmes, et ils brisent, à l'aide de cette foi, toute la puissance de menaces qu'ils ressentent en eux-mêmes, et tout ce qu'il y a en eux d'armes capables de nuire, et tout ce qu'ils regardaient comme précieux pour se préserver contre les maux temporels, et la guerre qu'ils soutenaient contre Dieu en défendant leurs péchés : Dieu a tout brisé dans Sion.

7. « Vous répandez une admirable lumière

---

illicita. Etenim resurget, et mutabitur ; et cum mutata fuerit caro ista mortalis in spiritale corpus, jam nullis concupiscentiis sæcularibus, jam nullis terrenis delectationibus titillabit animam, nec avertet a contemplatione Dei. Fit ergo in ea quod dicit Apostolus, «Corpus quidem mortuum est, propter peccatum : spiritus autem vita est, propter justitiam. Si autem qui suscitavit Jesum a mortuis, habitat in vobis; qui suscitavit Jesum Christum a mortuis, vivificavit et mortalia corpora vestra, propter Spiritum suum qui habitat in vobis (*Rom.*, III, 10).» Vivificatis ergo corporibus nostris, erit pax vera, ubi locus est Dei : sed præcedat confessio. « Notus in Judæa Deus (*Ps.* LXXV, 2) : » Confitere ergo prius. « In Israël magnum nomen ejus : » Nondum vides in specie, vide ex fide : et fiet in te quod sequitur : « Et factus est in pace locus ejus, et habitatio ejus in Sion.» Sion interpretatur contemplatio. [Quid (*a*) est contemplatio?] Contemplabimur enim Deum facie ad faciem (I *Cor.*, XIII, 12). Hic nobis promittitur, in quem modo non videntes credimus. Quomodo gaudebimus cum viderimus eum? Fratres, si modo tantum gaudium in nobis facit promissio, quantum est factura redditio? Reddetur enim nobis quod promisit. Et quid promisit? Seipsum, ut in facie ipsius et illius contemplatione gaudeamus : et non aliquid aliud delectabit nos, quia nihil est melius illo qui fecit omnia quæ delectant. «Factus est in pace locus ejus, et habitatio ejus in Sion : » id est, in contemplatione quadam et speculatione facta est habitatio ejus, in Sion.

6. « Ibi confregit fortitudines arcuum, et scutum, et gladium, et bellum (*Ps.*, LXXV, 4). » Ubi confregit? In illa pace æterna, in illa pace perfecta. Et modo, Fratres mei, qui bene crediderunt, vident quia non de se debent præsumere ; et omnem potentiam minarum suarum, et quidquid in eis (*b*) acutum est ad nocendum, confringunt illud ; et quidquid quasi pro magno habent unde se protegerent temporaliter, et bellum quod adversus Deum defendendo peccata sua gerebant, omnia hæc ibi confregit.

(*a*) Sic editi. At MSS. *Quid sit contemplatio*: quæ verba e margine irrepsisse videntur. Nisi forte legendum est, ut in codice Pratellensi et Gemmeticensi habetur, *jam hesterna die diximus, et audierunt quidam fratres, quos et hodie præsentes videmus, quid sit contemplatio*. (*b*) Sic editi. At MSS. plerique, *actum est*. Quidam, *optum est*.

par les montagnes éternelles (*Ibid.*, 5). » Quelles sont les montagnes éternelles? Celles que Dieu a rendues éternelles ; ceux qui sont les grandes montagnes, les prédicateurs de la vérité. Vous répandez la lumière, mais par vos montagnes éternelles. Les hautes montagnes reçoivent les premières votre lumière, et toute la terre est bientôt enveloppée de la lumière que les montagnes reçoivent. Les Apôtres sont les hautes montagnes qui ont reçu la lumière. Les Apôtres ont reçu comme les premiers feux de cette lumière à son lever. Et ce qu'ils ont reçu, l'ont-ils gardé pour eux? Non ; de peur que le Seigneur ne leur dit : « Serviteurs méchants et paresseux, vous auriez dû remettre mon argent aux banquiers (*Matth.*, XXV, 26, 27). » Si donc ils n'ont pas gardé pour eux ce qu'ils ont reçu, mais s'ils l'ont répandu dans l'univers entier, « vous répandez une admirable lumière par les montagnes éternelles (*Ps.*, LXXV, 5). » Par ceux que vous avez faits éternels, vous avez promis aux autres la vie éternelle. « Vous répandez une admirable lumière par les montagnes éternelles (*Ibid.*). » C'est avec justesse et magnificence que le Prophète a dit : « Vous répandez; » afin que nul ne puisse se dire éclairé par les montagnes seules. En effet, plusieurs, croyant que la lumière leur venait des montagnes, se sont fait des partis en s'attachant à certaines montagnes; ils ont été cause que ces montagnes ont été renversées, et eux-mêmes ont été brisés. Je ne sais quelles gens se sont faits partisans de Donatus ; d'autres de Maximianus; d'autres encore de tel ou tel chef. Pourquoi pensent-ils que leur salut réside en des hommes et non en Dieu ? O homme, la lumière vous vient par les montagnes, mais c'est Dieu qui vous éclaire, et non les montagnes. « Vous répandez la lumière (*Ibid.*), » dit le Prophète, « c'est-vous » et non pas les montagnes. « Vous répandez la lumière au moyen, » il est vrai, « des montagnes éternelles, » mais « c'est vous qui la répandez. » C'est pourquoi, dans un autre psaume, le Prophète a dit : « J'ai levé les yeux vers les montagnes d'où me viendra le secours (*Ps.*, CXX, 1). » Quoi donc? Mettez-vous votre espérance dans les montagnes? Est-ce d'elles que vous viendra le secours? En êtes-vous encore aux montagnes? Voyez ce que vous avez à faire. Il y a quelque chose au-dessus des montagnes. Au-dessus des montagnes est celui devant qui tremblent les montagnes. « J'ai levé, » dit-il, « les yeux vers les montagnes d'où me viendra le secours (*Ibid.*, 2). » Mais qu'ajoute-t-il ? « Mon secours vient du Seigneur qui a fait le ciel et la terre (*Ps.*, CXX, 1, 2). » J'ai levé, à la vérité, les yeux vers les montagnes, parce que les Écritures

---

7. « Illuminans tu admirabiliter a montibus æternis (*Ibid.*, 5).» Qui sunt montes æterni? Quos ipse fecit æternos ; qui sunt montes magni, prædicatores veritatis. Tu illuminas, sed a montibus æternis : primi magni montes excipiunt lucem tuam, et a luce tua quam suscipiunt montes, vestitur et terra. Sed illi magni montes exceperunt Apostoli, tamquam orientis luminis primordia exceperunt Apostoli. Numquid quod exceperunt, apud se retinuerunt ? Non. Ne diceretur illis, « Serve nequam et piger, dares pecuniam meam nummulariis (*Matth.*, XXV, 26).» Si ergo quod susceperunt, non apud se retinuerunt, sed omni orbi terrarum prædicaverunt : « Illuminans tu admirabiliter a montibus æternis.» Quos æternos fecisti, per illos vitam æternam et ceteris promisisti. « Illuminans tu admirabiliter a montibus æternis.» Magnifice cum pondere dictum est. « Tu : » ne putet aliquis quod eum montes illuminent. Multi enim putantes quod ab ipsis montibus illuminarentur, fecerunt sibi partes de montibus; (*a*) et ipsos montes conciderunt, et ipsi confracti sunt. Nescio qui sibi fecerunt Donatum, nescio qui sibi fecerunt Maximianum, nescio qui sibi fecerunt illum et illum. Quare computant salutem suam in hominibus esse, non in Deo ? O homo, venit ad te lux per montes : sed Deus te illuminat, non montes. « Illuminans tu, » inquit: tu, non montes. « Tu illuminans : a montibus » quidem « æternis ; » sed, « tu illuminans? » Unde et in alio loco quid ait Psalmus ? « Levavi oculos meos in montes, unde veniet auxilium mihi (*Psal.*, CXX, 1). » Quid ergo, in montibus est spes tua, et inde tibi veniet auxilium ? Remansisti in montibus ? Vide quid agas. Est aliquid super montes : super montes est quem tremunt montes. « Levavi, inquit, oculos meos in montes, unde veniet auxilium mihi.» Sed quid sequitur ? « Auxilium meum, inquit, a Domino, qui fecit cælum et terram (*Ibid.*, 2). » In montes quidem levavi oculos, quia per montes mihi

(*a*) MSS. magno consensu, *et ipsi montes conciderunt*.

m'ont été manifestées par les montagnes; mais mon cœur est à celui qui éclaire toutes les montagnes.

8. Mes frères, ces paroles ont donc été dites pour que nul de vous n'ait la pensée de mettre son espérance dans un homme. L'homme n'est quelque chose qu'aussi longtemps qu'il reste attaché à celui qui a fait l'homme. Car tout homme qui s'éloigne de Dieu n'est rien, lors même qu'il resterait attaché aux montagnes. Pour vous, recevez donc des conseils par le ministère des hommes, mais en considérant uniquement celui qui éclaire les hommes. En effet, vous pouvez aussi approcher de celui qui vous parle par la voie d'un homme, car il n'a pas fait que cet homme s'approchât de lui, pour vous interdire le même bonheur. Mais quiconque s'approche assez de Dieu pour que Dieu habite en lui, ne peut souffrir ceux qui ne mettent pas leur espérance en Dieu. C'est pourquoi un exemple vous a été donné dans ceux qui se partageaient pour ainsi dire les Apôtres, et qui établissaient des divisions par ces paroles : « Moi, je suis à Paul ; moi, je suis à Apollo ; moi, je suis à Cephas, » c'est-à-dire à Pierre (I *Cor.*, 1, 12). L'Apôtre fait entendre des plaintes et leur dit : « Est-ce que le Christ est divisé ? » et il se choisit lui-même pour s'abaisser devant eux : « Est-ce Paul, » leur dit-il, « qui a été crucifié pour vous ? ou bien, avez-vous été baptisés au nom de Paul (*Ibid.*, 13)? » Voyez cette montagne si éminente en sainteté, chercher, non sa propre gloire, mais la gloire de celui qui illumine les montagnes; il ne présume pas de lui-même, mais il attend tout de celui en qui il a mis sa confiance. Si donc il se trouve quelqu'un qui ait essayé de se rendre assez puissant auprès des peuples pour s'y faire un parti, entraîner ce parti à sa suite par les débats qui peuvent survenir, et le séparer de l'Église catholique à cause de lui; celui-là n'est pas du nombre des montagnes que le Très-Haut illumine. Quel est donc son état ? Il se plonge lui-même dans les ténèbres, et n'est point éclairé par le Seigneur. A quelle preuve donc reconnaître les vraies montagnes? Si quelque débat s'élève dans l'Église contre les montagnes, soit par suite des séditions populaires excitées par des hommes charnels, soit en raison des faux soupçons des hommes, une sainte montagne repousse loin d'elle tous ceux qui veulent, pour lui former un parti, se retirer de l'unité de l'Église. Elle-même, en effet, ne restera dans l'unité, qu'autant que l'unité n'aura pas été divisée à cause d'elle. Mais ceux que vous connaissez se sont séparés de l'Église : lorsque le peuple s'est éloigné du reste de la terre et s'est mis à la suite de leur nom, ils se sont réjouis; ils se sont élevés

---

sunt Scripturæ monstratæ : sed ego cor habeo in illo qui illuminat omnes montes.

8. Ergo, Fratres, ad hoc dictum est, ne quisquam vestrum velit spem suam ponere in homine. Tamdiu est aliquid homo, quamdiu illi hæret a quo factus est homo. Nam recedens ab illo, nihil est homo, et cum hæret (*a*) illis. Tu sic accipe consilium per hominem, ut illum consideres qui illuminat hominem. Etenim et tu potes accedere ad illum, qui tibi per hominem loquitur : non enim fecit illum accedere ad se, et te repellit. Et qui vere sic accessit ad Deum, ut in illo habitet Deus, displicent illi omnes qui non in illo ponunt spem suam. Propterea datum est quoddam exemplum, cum ipsos Apostolos sibi diviserunt, et in schismata ierunt qui dicebant, Ego sum Pauli, ego Apollo, ego Cephæ, id est Petri (I *Cor.*, 1, 12). Hos plangit Apostolus, et dicit eis, « Divisus est Christus ? » Et se elegit quem apud ipsos contemneret, « Numquid Paulus pro vobis crucifixus est, aut in nomine Pauli baptizati estis (*Ibid.*, 13). » Vide bonum montem quærentem gloriam, non sibi, sed a quo montes illuminantur. Nolebat de se præsumi, sed de illo de quo et ipse præsumserat. Quisquis ergo ita se commendare voluerit populis, ut si forte contigerit ei aliquis tumultus, frangat post se populos, et dividat Ecclesiam catholicam propter se, non est de illis montibus quos illuminat Altissimus. Sed quis est iste ? Contenebratus a se, non illuminatus a Domino. Unde autem probantur isti montes ? Si forte contigerit aliquis tumultus adversus montes in Ecclesia, aut per populares seditiones carnalium, aut per aliquas falsas suspiciones hominum ; bonus mons repellit a se omnes qui propter ipsum volunt ab unitate recedere. Sic enim ipse manebit in unitate, si propter ipsum non divisa fuerit ipsa unitas. Illi autem (*b*) divisi sunt: quando recessit populus ab orbe terrarum, et secutus est nomen ipsorum, gavisi sunt ; elati sunt, et dejecti

---

(*a*) Editi, *et cum hæret illi.* At. MSS. *illis* : subaud. *montibus.* (*b*) Quatuor MSS. *Illi autem gavisi sunt.*

orgueilleusement et ils ont été rejetés. Plût au Ciel qu'ils se fussent abaissés, pour être élevés, comme s'est abaissé l'Apôtre, quand il a dit : « Est-ce que Paul a été crucifié pour vous(*Ibid.*)? » Et ailleurs : « J'ai planté, Apollo a arrosé, mais c'est Dieu qui a donné l'accroissement. Ce n'est donc ni celui qui plante, ni celui qui arrose, qui est quelque chose, mais celui qui donne l'accroissement, Dieu (*Ibid.*, III, 6, 7). » De telles montagnes sont humbles en elles-mêmes, elles sont élevées en Dieu; pour celles qui s'élèvent en elles-mêmes, Dieu les abaisse : « Car quiconque s'élève sera abaissé, et quiconque s'abaisse sera élevé (*Luc*, XIV, 11). » C'est pourquoi ceux qui, dans l'Église, cherchent à faire prévaloir leur orgueil ont de l'amertume contre les hommes pacifiques. Les uns ne veulent que cimenter la paix, les autres sèment autour d'eux les divisions. Et qu'a-t-il dit sur eux dans un autre psaume? « Que les hommes d'amertume ne s'élèvent pas orgueilleusement en eux-mêmes (*Ps.*, LXV, 7). » « Vous répandez, » remarquez bien ces paroles, « vous répandez une admirable lumière par vos montagnes éternelles (*Ps.*, LXXV, 5). »

9. « Tous ceux dont le cœur est insensé ont été troublés (*Ibid.*, 6). » La vérité a été prêchée, la vie éternelle a été annoncée, on a enseigné qu'il existe une autre vie qui n'appartient pas à ce monde; les hommes éclairés par les montagnes que Dieu avait éclairées ont méprisé la vie présente et aimé la vie future. Au contraire, « ceux dont le cœur est insensé ont été troublés. » Par quoi ont-ils été troublés? Par la prédication de l'Évangile. Qu'est-ce donc que la vie éternelle ? Qui donc est ressuscité d'entre les morts? Les Athéniens se sont étonnés, lorsque l'Apôtre saint Paul leur a parlé de la résurrection des morts, et ils ont cru qu'il leur débitait je ne sais quelles fables (*Act.*, XVII, 18, 32); parce qu'il disait qu'il y a une autre vie que l'œil n'a pas vu, que l'oreille n'a pas entendu, et dont les joies ne sont pas entrées dans le cœur de l'homme (I *Cor.*, II, 9). « Ceux dont le cœur est insensé ont donc été troublés (*Ps.*, LXXV, 6). » Et que leur est-il arrivé? « Tous les hommes de richesses ont dormi leur sommeil, et n'ont rien trouvé dans leurs mains (*Ibid.*). » Ils ont aimé les choses de la vie présente, ils s'y sont endormis, et ces choses leur sont ainsi devenues délicieuses. De même, celui qui se voit en songe trouvant des trésors est riche tant qu'il ne s'éveille pas : le songe l'a fait riche, le réveil le fait pauvre. Peut-être le sommeil s'est-il emparé de lui quand il était étendu à terre, couché sur la dure, pauvre et mendiant; en songe cet homme s'est vu couché dans un lit d'or ou d'ivoire, sur des monceaux de duvet; tant qu'il dort, il dort délicieusement, mais au réveil il se retrouve

---

sunt. Humiliarentur, et exaltarentur : quomodo humiliatus est Apostolus, dicens, « Numquid Paulus pro vobis crucifixus est ? » Et alio loco, « Ego plantavi. Apollo rigavit ; sed Deus incrementum dedit. Ergo neque qui plantat est aliquid, neque qui rigat, sed qui incrementum dat Deus (I *Cor.*, III, 6 et 7). » Tales montes in se humiles sunt, in Deo excelsi sunt. Qui autem in seipsis excelsi sunt, a Deo humiliantur. « Quoniam qui se exaltat, humiliabitur ; et qui se humiliat, exaltabitur (*Lucæ*, XIV, 11). » Ideo tales qui superbias suas adtendunt, inamaricant hominibus pacificis in Ecclesia. Illi volunt coagulare pacem, isti inter se miscent dissensionem. Et quid de illis dicit alius Psalmus ? « Qui amaricant, non exaltentur in semetipsis (*Psal.*, LXV, 7). » « Illuminans tu, (Adtende hic,) tu admirabiliter a montibus æternis. »

9. « Conturbati sunt omnes insipientes corde (*Ps.*, LXXV, 6). » Prædicata est veritas, dicta est æterna vita ; dicta est esse alia vita, quæ non est de ista terra : contemserunt homines vitam præsentem ; et amaverunt vitam futuram, illuminati per montes illuminatos. Insipientes autem corde conturbati sunt. Quomodo conturbati sunt ? Cum Evangelium prædicatur. Et quid est vita æterna? et quis est qui resurrexit a mortuis? Admirati sunt Athenienses, loquente Paulo Apostolo de resurrectione mortuorum, et putaverunt eum nescio quas fabulas dicere(*Act.*, XVII, 18 et 32). Sed quia dicebat esse aliam vitam, quam « nec oculus vidit, nec auris audivit, nec in cor hominis adscendit (I *Cor.*, II, 9). » Ergo insipientes corde turbati sunt. Sed quid eis contigit ? « Dormierunt somnum suum, et nihil invenerunt omnes viri divitiarum in manibus suis. » Amaverunt præsentia, et dormierunt in ipsis præsentibus ; et sic illis facta sunt ipsa præsentia deliciosa : quomodo qui videt per somnium invenisse se thesauros, tamdiu dives est, quamdiu non evigilet. Somnium illum divitem fecit, evigilatio pauperem facit. Tenuit illum somnus fortasse in terra dormientem, et in duro jacentem, pauperem et

sur le sol, où le sommeil l'avait envahi. Il en est de même de ces riches ; ils sont venus en cette vie et les convoitises temporelles les y ont comme endormis. Ils se sont laissés prendre par de vaines richesses et par un faste passager qui bientôt ont disparu : ils n'ont pas compris quel bon usage ils pouvaient faire de ces richesses. Car s'ils avaient connu l'autre vie, ils s'y seraient fait un trésor des biens qui allaient périr ici-bas. Ainsi, Zachée, le chef des publicains, sut reconnaître le bon usage qu'il pouvait faire de ses richesses, quand, ayant reçu le Seigneur Jésus sous son toit, il lui dit : « Je veux donner la moitié de mon bien aux pauvres, et si j'ai fait tort à quelqu'un en quoi que ce soit, je lui en rendrai quatre fois autant (*Luc*, XIX, 8). » Il n'avait pas la vanité de ceux qui rêvent, mais la foi de ceux qui veillent. C'est pourquoi le Seigneur, entré chez lui comme un médecin près d'un malade, déclara qu'il était guéri et dit : « Cette maison a reçu aujourd'hui le salut, parce que cet homme est aussi un enfant d'Abraham (*Ibid.*, 9). » Jésus a parlé de la sorte pour vous apprendre qu'en imitant la foi d'Abraham, nous devenons ses enfants, tandis que les Juifs, qui s'enorgueillissent d'être de son sang, ont dégénéré de sa foi. « Ces hommes de richesses ont donc dormi leur sommeil et se sont réveillés les mains vides (*Ps.*, LXXV, 6). » Ils se sont endormis dans leurs convoitises : ce sommeil leur plaît, puis il passe, cette vie s'écoule, et ils se trouvent les mains vides, parce qu'ils n'ont rien confié aux mains du Christ. Voulez-vous, un jour, trouver quelque chose dans vos mains? Ne repoussez plus désormais la main du pauvre, et prenez pitié des mains vides, si vous voulez avoir les mains pleines. En effet, le Seigneur a dit : « J'ai eu faim et vous m'avez donné à manger; j'ai eu soif et vous m'avez donné à boire; j'ai été voyageur et vous m'avez accueilli chez vous ; » et le reste. Et ceux à qui s'adresseront ces paroles répondront : Mais quand avons-nous soulagé votre faim, votre soif, votre nudité ? Et Jésus dira : « Tout ce que vous avez fait à l'un des plus petits d'entre les miens c'est à moi que vous l'avez fait (*Matth.*, XXV, 33, 40). » Celui qui possède toutes richesses dans les cieux a voulu avoir faim en la personne des pauvres, et vous, ô homme, vous hésitez à donner à un homme, quand vous savez que ce que vous donnez, vous le donnez au Christ, de qui vous avez reçu ce que vous donnez? Pour « ces hommes de richesses, ils ont dormi leur sommeil, et n'ont rien trouvé dans leurs mains à leur réveil (*Ps.*, LXXV, 6). »

---

forte mendicum; in somnis vidit se jacere in lecto eburneo vel aureo ; et in plumis (*a*) altius exstructis: quamdiu dormit, bene dormit ; evigilans invenit se in duro, in quo illum somnus tenuerat. Tales sunt et isti : venerunt in hanc vitam, et per cupiditates temporales quasi obdormierunt hic ; et exceperunt illos divitiæ et vanæ pompæ volaticæ, et transierunt : non intellexerunt quantum inde boni posset fieri. Nam si nossent aliam vitam, illic sibi thesaurizarent, quod hic erat periturum : sicut Zacchæus vidit illud (*b*) bonum major publicanorum, quando suscepit Dominum Jesum hospitio, et ait, « Dimidium rerum mearum do pauperibus, et si cui aliquid fraudavi, quadruplum reddo (*Lucæ*, XIX, 8). » Non erat iste in vanitate somniantium, sed in fide vigilantium. Ideo Dominus quia medicus intraverat ad ægrotum, pronuntiavit ipsius salutem, et ait, « Hodie salus domui huic facta est, quoniam et hic est filius Abrahæ (*Ibid.*, 9). » Ut noveritis quia nos imitando fidem, filii Abrahæ sumus : Judæi autem qui de carne superbiunt, a fide degeneraverunt. Ergo « dormierunt somnum suum viri divitiarum, et nihil invenerunt in manibus suis. » Dormierunt in cupiditatibus suis, delectat illos, transit somnus iste, transit vita ista, et nihil invenient in manibus suis, quia nihil posuerunt in manu Christi. Vis aliquid invenire in manibus tuis postea ? Noli contemnere modo manum pauperis ; et respice manus inanes, si vis habere manus plenas. Dixit enim Dominus, Esurivi, et dedistis mihi manducare; sitivi, et dedistis mihi potum; hospes fui, et adduxistis me, et cetera. Et illi, Quando te vidimus esurientem, sitientem, aut hospitem ? Et ille dicit illis, Quando uni ex minimis meis fecistis, mihi fecistis (*Matth.*, XXV, 33, etc.). Esurire in pauperibus voluit, qui dives in cælo est ; et tu dubitas homo dare homini, cum scias te Christo dare quod das, a quo accepisti quidquid das ? Sed illi « dormierunt somnum suum, et nihil invenerunt omnes viri divitiarum in manibus suis. »

10. « Ab increpatione tua Deus Jacob, dormitaverunt omnes qui adscenderunt equos (*Ps.*, LXXV, 7). »

(*a*) Editi, *et in plumis aureis*. MSS. non addunt *aureis*. (*b*) Plures MSS. omittunt *bonum* : et loco *major*, habent *princeps*.

DISCOURS SUR LE PSAUME LXXV.

10. « Vos reproches menaçants, ô Dieu de Jacob, ont jeté dans la torpeur ceux qui étaient montés sur des chevaux (*Ibid.*, 7). » Quels sont ceux qui étaient montés sur des chevaux ? Ceux qui n'ont pas voulu rester humbles. Le péché n'est pas de monter un cheval, mais de lever contre Dieu une tête arrogante et de se croire digne d'honneur. Parce que vous êtes riche, vous vous élevez ; Dieu menace et vous êtes frappé de stupeur. Terrible est la colère de Dieu dans ses menaces; terrible est sa colère? Que Votre Charité considère une redoutable vérité. Qui fait des menaces parle bruyamment, et ce bruit est de nature à réveiller. Le poids des menaces de Dieu est si écrasant que le Prophète a dit : « Vos reproches menaçants, ô Dieu de Jacob, ont jeté dans la torpeur ceux qui étaient montés sur des chevaux (*Ibid.*). » Voilà de quel sommeil dormait ce Pharaon qui montait sur des chevaux (*Exod.*, XIV, 8). Il ne s'éveillait pas dans son cœur, parce que son cœur s'était endurci sous les menaces de Dieu. Car le sommeil du cœur n'est autre chose que son endurcissement. Je vous le demande, mes frères, quel est donc le sommeil de ceux qui, pendant que l'Évangile, l'Amen et l'Alleluia, retentissent par tout l'univers, se refusent encore à condamner la vie du vieil homme et à s'éveiller à la vie nouvelle ? Les Écritures de Dieu n'étaient connues qu'en Judée ; maintenant on les chante dans l'univers entier. Cette nation était la seule à dire qu'il faut honorer et adorer le Dieu unique qui a fait toutes choses : maintenant en quel endroit du monde cette parole n'a-t-elle point été entendue ? Le Christ est ressuscité : livré à la dérision sur la croix, cette croix sur laquelle il a été outragé, il l'a maintenant attachée sur le front des rois ; et il y a encore des hommes qui dorment ! Oh ! terrible colère de Dieu, mes frères. Heureux sommes-nous d'avoir écouté celui qui a dit : « Levez-vous, vous qui dormez, et ressuscitez d'entre les morts ; et le Christ vous éclairera (*Éphés.*, V, 14). » Mais quels sont ceux qui l'écoutent ? Ceux qui ne montent pas sur des chevaux. Quels sont ceux qui ne montent pas sur des chevaux ? Ceux qui ne se vantent pas et qui ne s'élèvent pas avec orgueil, à cause de leurs dignités et de leur puissance. « Vos reproches menaçants, ô Dieu de Jacob, ont jeté dans la torpeur ceux qui étaient montés sur des chevaux (*Ps.*, LXXV, 7). »

11. « Vous êtes terrible et qui vous résistera au moment de votre colère (*Ibid.*, 8) ? » Ils dorment maintenant et ne sentent pas que Dieu est irrité : mais leur sommeil même est l'effet de sa colère. Ce qu'ils ne sentent pas, maintenant qu'ils dorment, ils le sentiront à la fin. Car alors le Christ apparaîtra comme juge des vivants et des morts. « Et qui vous résistera au moment de votre colère (*Ibid.*) ? » Maintenant,

---

Qui sunt, qui adscenderunt equos? Qui humiles esse noluerunt. Non in equis sedere peccatum est ; sed cervicem potestatis contra Deum erigere, et putare se in aliquo honore esse. Quia dives es, adscendisti ; increpat Deus, et dormis. Magna ira increpantis, magna ira. Attendat Caritas Vestra rem tremendam. Increpatio strepitum habet, strepitus expergisci solet facere homines. Tantum pondus est increpantis Dei, ut diceret, « Ab increpatione tua Deus Jacob, dormitaverunt omnes qui adscenderunt equos. » Ecce quo somno dormitavit ille Pharao, qui adscendebat equos. Non enim vigilavit in corde, quia de increpatione durum cor habebat (*Exodi*, XIV, 8), Duritia enim cordis, obdormitio est. Rogo vos, Fratres mei, videte quomodo dormiunt, qui sonante Evangelio et Amen et Halleluia per totum orbem terrarum, adhuc vitam veterem nolunt damnare, et in novam evigilare. Erat Scriptura Dei in Judæa, modo per totum orbem cantatur. In illa una gente dicebatur Deus unus, qui fecit omnia, esse adorandus et colendus ; modo (*a*) ubi tacetur ? Christus resurrexit, irrisus in cruce, ipsam crucem suam in qua irrisus est, jam fixit in frontibus regum ; et adhuc dormitur. Magna ira Dei, Fratres. Melius nos audivimus eum qui dicit, « Surge qui dormis, et exsurge a mortuis, et illuminabit te Christus (*Ephes.*, V, 14). » Sed qui illum audiunt ? Qui non adscendunt equos. Qui sunt qui non adscendunt equos. Qui non se jactant et extollunt, quasi in honoribus et potestatibus suis. « Ab increpatione tua Deus Jacob, dormitaverunt qui adscenderunt equos. »

11. « Tu terribilis es, et quis resistet tibi tunc ab ira tua (*Ps.*, LXXV, 8) ? » Modo dormiunt, et iratum non sentiunt ; sed ut dormirent, iratus est. Modo quod dormientes non sentiunt, in fine sentient. Ap-

---

(*a*) Sic probi MSS. At editi, *ibi tacetur Christus. Resurrexit Christus.*

TOM. XIII.

en effet, ils disent ce qu'ils veulent ; ils disputent contre Dieu et ils disent : Qu'est-ce que les chrétiens? ou encore, qu'est-ce que le Christ? ou, combien sont insensés ceux qui croient ce qu'ils ne voient pas, qui abandonnent des délices qu'ils voient, et mettent leur foi en des choses qui n'apparaissent pas à leurs yeux? Vous dormez et vous divaguez en rêvant ; vous dites contre Dieu tout ce qui vous vient à l'esprit. « Jusques à quand, ô mon Dieu, jusques à quand les pécheurs se glorifieront-ils? Jusques à quand répondront-ils et parleront-ils le langage de l'iniquité(*Ps.*, XCIII, 3)? » Quand les pécheurs cesseront-ils de répondre, quand cesseront-ils de parler, si ce n'est, lorsqu'ils seront contraints de se tourner contre eux-mêmes? Et quand tourneront-ils contre eux-mêmes les dents avec lesquels ils nous rongent actuellement, avec lesquelles ils nous déchirent en raillant les Chrétiens et en inculpant la vie des saints? Ils se tourneront contre eux-mêmes, lorsqu'il leur arrivera ce qui est prédit au Livre de la Sagesse : « Ils diront entre eux, en exhalant leurs regrets, et en gémissant dans les angoisses de leur esprit, » ils diront, en voyant la gloire des saints: « Voilà ceux que nous tournions autrefois en risée (*Sag.*, V, 3). » O vous qui avez dormi d'un profond sommeil, vous vous éveillez maintenant et vous vous trouvez les mains vides. Vous voyez combien ceux dont vous avez raillé la prétendue pauvreté ont les mains pleines de la gloire de Dieu. Exhalez donc vos plaintes, maintenant que vos mains, que vos paroles, que votre langue, que votre pensée sont impuissantes à résister à la colère de Dieu. Car il vous apparaîtra alors dans sa gloire, celui dont vous avez cru pouvoir vous moquer, quand on vous annonçait sa venue. Et que diront-ils : « Nous nous sommes donc écartés de la voie de la vérité, la lumière de la justice n'a pas brillé pour nous et le soleil ne s'est pas levé pour nous (*Ibid.*, 6). » Comment le soleil de justice se lèverait-il pour des gens qui dorment? Mais ils dorment par suite de la colère et des menaces de Dieu. Peut-être diront-ils : Ah ! que n'ai je donc méprisé ces chevaux, et ils invectiveront eux-mêmes contre ces chevaux. Écoutez dans quels termes ils parleront de ces chevaux, sur lesquels ils ont été frappés de torpeur : « Nous nous sommes donc écartés de la voie de la vérité, dit l'Écriture, et la lumière de justice n'a pas lui pour nous, et le soleil ne s'est pas levé pour nous. De quoi nous a servi notre orgueil? Que nous ont rapporté ces richesses dont nous étions si fiers? Tout a passé comme une ombre (*Sagesse*, V, 3, VI, 8, 9). » Vous avez donc eu des moments de veille : mais mieux valait ne pas monter ces chevaux, afin de ne pas dormir

---

parebit enim judex vivorum et mortuorum. « Et quis resistet tibi tunc ab ira tua? » Modo enim loquuntur quod volunt, et disputant contra Deum, et dicunt, Qui sunt Christiani? aut quis est Christus? aut quales inepti qui credunt quod non vident, et dimittunt delicias quas vident, et sequuntur fidem rerum quæ oculis ipsorum non exhibentur? Dormitis et balatis, loquimini adversus Deum, quantum potestis. « Usque quo peccatores Domine, usque quo peccatores gloriabuntur, respondent et loquentur iniquitatem (*Psal.*, XCIII, 3)? » Quando autem nemo respondet, et nemo loquitur, nisi quando se in se convertat? Quando in se convertent dentes, quibus modo nos rodunt, quibus nos discerpunt irridendo Christianos, et reprehendendo vitam sanctorum? Tunc se in se convertent, cum illis eveniet quod dicitur in libro Sapientiæ, « Dicent inter se pœnitentiam agentes, et per angustiam spiritus gementes : cum viderint gloriam sanctorum, tunc dicent, Hi sunt quos aliquando habuimus in risum (*Sap.*, V, 3). » O qui multum dormistis ! certe jam evigilatis, et in vestris manibus nihil invenitis. Videtis quomodo plenas habeant manus gloria Dei, quos tamquam pauperes irrisistis. Dicite ergo tunc vobis, quando non resistitis iræ Dei, non manu, nec lingua, nec verbo, nec cogitatione. Apparebit enim vobis manifestus, quem irridendum putastis, cum vobis venturus nuntiaretur. Et quid dicent? « Ergo erravimus a via veritatis, et justitiæ lumen non luxit nobis, et sol non ortus est nobis (*Ibid.*, 6). » Quomodo justitiæ sol oriretur dormientibus? Sed ab ira et increpatione ejus dormiunt. Hoc forte dicturus est, Et non adscenderem equum : et tunc ipsi equos suos accusabunt, Audi illos accusantes equos suos, in quibus dormierunt : « Ergo erravimus, inquit Scriptura, a via veritatis, et justitiæ lumen non luxit nobis, et sol non ortus est nobis. Quid nobis profuit superbia, et divitiarum jactantia quid contulit nobis? Transierunt omnia tamquam umbra (*Ibid.*, 8 et 9). » Ergo vigilasti aliquando. Sed melius equum non adscenderes, ut tunc non dormiares, quando vigilare debuisti ; et audires vocem

quand il vous fallait veiller; vous eussiez écouté la voix du Christ, et le Christ vous eût éclairé. « Vous êtes terrible, et qui vous résistera au moment de votre colère (*Ps.*, LXXV, 8)? » Qu'arrivera-t-il donc à ce moment?

12. « Du haut du ciel vous avez lancé votre jugement; la terre a tremblé, et puis elle est restée en repos (*Ibid.*, 9). » Elle se trouble maintenant, maintenant elle élève la voix; mais à la fin elle craindra et ensuite se reposera. Mieux vaudrait qu'elle se reposât maintenant, pour se réjouir à la fin.

13. « La terre a tremblé et puis elle est restée en repos (*Ibid.*). » A quel moment? « Lorsque Dieu s'est levé pour juger et sauver tous les hommes dont le cœur est doux (*Ibid.*, 10). » Quels sont ceux « dont le cœur est doux? » Ceux qui n'ont pas monté des chevaux frémissants, mais qui, dans leur humilité, ont confessé leurs péchés. « Pour sauver tous ceux dont le cœur est doux (*Ibid.*) »

14. « Parce que la pensée de l'homme vous confessera ses fautes, et que les suites de sa pensée vous feront fête (*Ibid.*, 11). » Il y a donc une première pensée, puis une suite de cette pensée. Quelle est « la première pensée? » Celle par laquelle nous commençons, la bonne pensée par laquelle vous commencez à confesser vos péchés. La confession nous unit au Christ.

Mais cette confession, c'est-à-dire cette première pensée, engendre en nous les suites de cette même pensée; « et les suites de cette même pensée vous feront fête (*Ibid.*). » « La pensée de l'homme vous confessera ses fautes et les suites de sa pensée vous feront fête (*Ibid.*). » Quelle est cette pensée qui produit la confession des péchés? Celle qui condamne la première vie, et qui fait que l'homme déteste ce qu'il est, afin de devenir ce qu'il n'est pas; voilà la première pensée. Mais comme, après vous être confessé à Dieu par l'effet de cette première pensée, vous devez vous éloigner de vos péchés, sans oublier que vous avez été pécheur, par cela même que vous vous rappelez que vous avez été pécheur, vous faites fête à Dieu. Expliquons-nous davantage. La première pensée est celle qui nous porte à la confession de nos fautes et à l'abandon de notre ancienne vie. Mais si vous oubliez de quels péchés vous avez été délivré, vous ne rendriez pas grâces à votre libérateur et ne feriez point fête à votre Dieu. Voici la première pensée, toute de confession, de l'Apôtre Saul, devenu Paul après avoir été Saul, lorsqu'il entendit une voix qui venait du ciel, au moment où il persécutait le Christ, sévissait contre les Chrétiens, et cherchait, en quelque endroit qu'il les trouvât, à les entraîner au supplice. Cette voix, venue du ciel, lui criait : « Saul, Saul, pourquoi me persécutez-

---

Christi, et illuminaret te Christus. « Tu terribilis es, et quis resistet tibi tunc ab ira tua? » Quid enim erit tunc?

12. « De cœlo jaculatus es judicium : terra tremuit, et quievit (*Ps.*, LXXV, 9). » Quæ modo se turbat, quæ modo loquitur, timere habet in fine et quiescere. Melius modo quiesceret, ut in fine gauderet.

13. « Terra tremuit, et quievit. » Quando? « Cum exsurgeret in judicium Deus, ut salvos faceret omnes mites corde (*Ibid.*, 10). » Qui sunt mites corde? Qui frementes equos non adscenderunt, sed in humilitate sua peccata confessi sunt. « Ut salvos faceret omnes mites corde. »

14. « Quoniam cogitatio hominis confitebitur tibi, et reliquiæ cogitationis sollemnia celebrabunt tibi (*Ibid.*, 11). » Prima cogitatio, posteriores reliquiæ cogitationis. Quæ est cogitatio prima? Unde incipimus, bona illa cogitatio unde incipies confiteri. Confessio adjungit nos Christo. Jam vero confessio ipsa,

id est prima cogitatio, facit in nobis reliquias cogitationis : et ipsæ reliquiæ cogitationis sollemnia celebrabunt tibi. « Cogitatio hominis confitebitur tibi, et reliquiæ cogitationis sollemnia celebrabunt tibi. » Quæ est cogitatio quæ confitebitur? Quæ damnat vitam priorem, cui displicet quod erat, ut sit quod non erat, ipsa est prima cogitatio. Sed quia sic debes recedere a peccatis, prima cogitatione confessus Deo, ut non tibi recedat de memoria quia peccator fuisti; per hoc quod peccator fuisti, sollemnia celebras Deo. Adhuc intelligendum est. Prima cogitatio confessionem habet, et recessionem a vetere vita. Sed si oblitus fueris a quibus peccatis liberatus sis, non agis gratias liberatori, et non celebras sollemnia Deo tuo. Ecce prima cogitatio confitens Sauli apostoli, jam Pauli, qui primo Saulus fuit, quando audivit vocem de cœlo, cum persequeretur Christum, et fureret in Christianos, et vellet ut ubicumque inventos adduceret necandos, audivit vocem de cœlo, « Saule, Saule, quid me persequeris (*Act.*, IX, 4)? » Et cir-

vous ? » Entouré d'une clarté éblouissante, privé tout à coup de la lumière des yeux, afin de mieux voir intérieurement, il émit d'abord une pensée d'obéissance. Il entendit ces paroles : « Je suis Jésus de Nazareth, que vous persécutez, » et il répondit : « Seigneur, que m'ordonnez-vous de faire (*Ac.*, IX, 4, 5)? » Voilà la première pensée de confession ; il appelle déjà Seigneur celui qu'il persécutait. D'autre part, vous savez comment les suites de cette pensée ont fait fête à Dieu dans le cœur de l'Apôtre ; lui-même vous le dit dans ces paroles que vous avez entendu lire : « Souvenez-vous que Jésus-Christ, de la race de David, est ressuscité d'entre les morts, selon mon Évangile (II *Tim.*, II, 8). » Que veut dire : « Souvenez-vous ? » Que votre première pensée de confession ne s'efface pas de votre mémoire ; que les suites de cette pensée restent dans votre mémoire. Et voyez comme le même Apôtre rappelle, en un autre endroit, les fautes qui lui ont été pardonnées. « J'ai été, d'abord, dit-il, blasphémateur, persécuteur et outrageux (I *Tim.*, I, 13). » Celui qui dit : « J'ai d'abord été blasphémateur, » est-il encore blasphémateur ? Pour cesser d'être blasphémateur, sa première pensée a été celle de la confession ; mais les suites de cette pensée ont été de rappeler les grâces qu'il avait reçues ; et les suites de cette pensée ont fait fête au Seigneur.

15. En effet, mes frères, le Christ nous a renouvelés ; il nous a remis tous nos péchés et nous nous sommes convertis : si nous oublions ce qui nous a été pardonné et qui nous l'a pardonné, nous oublions ce qu'a fait le Sauveur : au contraire, si nous n'oublions pas ce qu'a fait le Sauveur, est-ce que le Christ n'est pas immolé pour nous tous les jours ? Le Christ a été une seule fois immolé pour nous, lorsque nous avons cru, alors nous avons eu la première pensée. Maintenant les suites de cette pensée première sont de nous rappeler quel est celui qui est venu à nous, et quelles fautes il nous a remises ; et l'effet de ces suites de la première pensée, ou l'effet de notre souvenir lui-même, est que le Christ est tous les jours immolé pour nous ; comme s'il nous renouvelait, pour ainsi dire, tous les jours, après nous avoir renouvelés par sa première grâce. En effet, Dieu nous a déjà renouvelés par le Baptême et nous sommes devenus des hommes nouveaux, nous réjouissant en espérance, pour avoir la force d'être patients dans la tribulation (*Rom.*, XIII, 12). Cependant nous ne devons pas perdre le souvenir de ce qui nous a été accordé. Et si aujourd'hui ce n'est plus la première pensée qui est

---

cumfulsus lumine, facta sibi cæcitate in oculis, ut intus videret, emisit primam cogitationem obedientiæ ; cum audiret, « Ego sum Jesus Nazarenus, quem tu persequeris, Domine, ait, quid me jubes facere (*Ibid.*, 5) ? » Hæc est cogitatio (*a*) confitens : jam Dominum appellat quem persequebatur. Quomodo reliquiæ cogitationis sollemnia celebrabunt, in Paulo audistis, cum ipse Apostolus legeretur : « Memor esto Christum Jesum resurrexisse a mortuis ex semine David, secundum Evangelium meum. (II *Tim.*, II, 8). » Quid est, memor esto ? Non deleatur de memoria tua cogitatio, qua primo confessus es : sint reliquiæ cogitationis in memoria. Et vide quemadmodum repetit quod sibi donatum est idem Paulus Apostolus alio loco : « Qui prius, inquit, fui blasphemus, et persecutor, et injuriosus (I *Tim.*, I, 13).» Qui dicit, Prius fui blasphemus : numquid adhuc blasphemus est ? Ut non esset blasphemus, fuit prima cogitatio confitens : ut autem commemoraret quid illi donatum est, reliquiæ cogitationis erant, per ipsas reliquias cogitationis sollemnia celebrabat.

15. Etenim, Fratres mei, ecce innovavit nos Christus, donavit omnia peccata, et conversi sumus : si obliviscamur quid nobis donatum est, et a quo donatum est, obliviscimur munus Salvatoris : cum autem non obliviscimur munus Salvatoris, nonne quotidie nobis Christus immolatur ? Et semel (*b*) nobis Christus immolatus est, cum credidimus ; tunc fuit cogitatio : modo autem reliquiæ cogitationis sunt, cum meminimus quis ad nos venerit, et quid nobis donaverit ; ex ipsis reliquiis cogitationis, id est, ex ipsa memoria, quotidie nobis sic immolatur, quasi quotidie nos innovet, qui prima gratia sua nos innovavit. Jam enim innovavit nos Dominus in baptismo, et facti sumus novi homines, in spe quidem gaudentes, ut in tribulatione simus patientes (*Rom.*, XII, 12) : tamen non debet de memoria nostra recedere quid nobis præstitum sit. Et si modo non est cogitatio tua quæ fuit : (etenim prima cogi-

---

(*a*) Sic aliquot MSS. At editi, *Et hæc cogitatio confitentis.* (*b*) Editi, pro *nobis.* Abest, pro, u MSS.

en vous, (en effet cette première pensée était de vous retirer du péché, ce que vous n'avez point en vue aujourd'hui, puisque déjà c'est chose faite;) ayez du moins en vous les suites de votre première pensée, de peur que le souvenir de celui qui vous a guéri ne s'échappe de votre mémoire. Or, si vous oubliez vos anciennes blessures, les suites de la première pensée ne seront point en vous. Que pensez-vous, en effet, que David ait voulu dire? Il parle ici au nom de tous. David, malgré sa sainteté, avait un jour péché gravement. Le Prophète Nathan lui fut envoyé et lui reprocha son crime. David le confessa et dit : « J'ai péché (*Rois*, xII, 13). » Telle est la première pensée de confession. « La pensée de l'homme vous confessera ses fautes (*Ps.*, LXXV, 11). » Quelles furent les suites de sa pensée? Il les exprime en disant : « Et mon péché est toujours devant moi (*Ps.*, 5). » Quelle était sa première pensée? De se retirer du péché. Mais, s'il s'est déjà retiré du péché, comment son péché est-il toujours devant lui, si ce n'est, parce que cette première pensée a passé, mais que les suites de cette pensée font fête à Dieu? Souvenons-nous donc du passé, mes très-chers frères, je vous en conjure. Que celui qui a été délivré du péché se souvienne de ce qu'il a été; qu'il garde en lui les suites de sa pensée. Car s'il se souvient qu'il a été guéri, il portera quelque autre à se laisser guérir. Que chacun se souvienne donc de ce qu'il a été, et voie s'il ne l'est plus ; alors il pourra secourir celui qui est encore ce que lui-même n'est plus. Si, au contraire, il se vante de ses propres mérites, s'il rejette les pécheurs comme indignes de pardon et sévit contre eux sans miséricorde, il monte à cheval ; qu'il prenne garde de s'y endormir, car « ceux-là ont été frappés de torpeur, qui étaient montés sur des chevaux (*Ps.*, LXXV, 7). » Déjà il a laissé son cheval pour s'humilier, qu'il n'y monte pas de nouveau; c'est-à-dire qu'il ne s'élève pas de nouveau dans son orgueil. Et comment y parviendra-t-il ? Il y parviendra si les suites de sa pensée font fête au Seigneur.

16. « Faites des vœux au Seigneur notre Dieu, et accomplissez-les (*Ibid.*, 12). » Que chacun fasse les vœux qui sont en son pouvoir et s'en acquitte. Ne faites pas de vœux sans vous en acquitter, mais que chacun fasse les vœux qui sont en son pouvoir et s'en acquitte. Ne craignez pas de faire des vœux ; car ce n'est point par vos propres forces que vous les accomplirez. Vous tomberez, si vous présumez de vous-même; mais si vous mettez votre confiance en celui à qui s'adressent vos vœux, faites-les, sûr de pouvoir vous en acquitter. « Faites des vœux au Seigneur notre Dieu, et accomplissez-les (*Ibid.*). » Quels sont les vœux que tous indistinctement doivent lui

---

tatio fuit recedere a peccato ; modo autem non recedis, sed tunc recessisti :) sint reliquiæ cogitationis, ne excidat a memoria qui sanavit. Vulnus te habuisse si oblitus fueris, non tibi erunt reliquiæ cogitationis. Quid enim putatis dixisse David ? Ecce ex omnium persona loquitur. Peccavit David sanctus graviter; missus est ad illum Nathan propheta, et corripuit illum : et confessus est, et dixit, Peccavi (II *Reg.*, xII, 13). Hæc fuit prima cogitatio confitentis. « Cogitatio hominis confitebitur tibi. » Quæ erant reliquiæ cogitationis ? Quando ait, « Et peccatum meum ante me est semper (*Psal.*, L, 5). » Quæ fuit ergo prima cogitatio ? Ut recederet a peccato. Et si jam recessit a peccato, quomodo peccatum illius ante illum est semper, nisi quia cogitatio illa transiit, sed reliquiæ cogitationis sollemnia celebrant? Meminerimus ergo, Fratres Carissimi, rogamus vos : quisquis liberatus est a peccato meminerit quid fuit; sint in illo reliquiæ cogitationis. Tunc enim portat alium sanandum, si se meminerit esse sanatum. Ergo unusquisque recordetur quid fuit, et utrum jam non sit : et tunc subveniet ei qui adhuc est quod ille jam non est. Si autem jactat se quasi de meritis suis, et repellit tamquam indignos peccatores, et sine misericordia sævit : equum adscendit, videat ne dormiat. « Dormitaverunt enim qui adscenderunt equos (*Ps.*, LXXV, 7). » Jam tunc dimisit equum, humiliavit se? non iterum adscendat equum ; id est, non se rursus erigat in superbiam. Unde illi hoc sit? Si reliquiæ cogitationis sollemnia celebrent Deo.

16. « Vovete, et reddite Domino Deo nostro (*Ibid.*, 12). » Quisque quod potest voveat, et reddat. Ne voveatis, et non reddatis : sed quisque quod potest voveat, et reddat. Non sitis pigri ad vovendum : non enim viribus vestris implebitis. Deficietis, si de vobis præsumitis; si autem de illo cui vovetis, vovete, securi reddetis. « Vovete, et reddite Domino Deo nostro. » Omnes communiter quid debemus vovere? Credere in illum, sperare ab illo vitam æternam, bene vivere secundum communem modum. Est enim quidam modus communis omnibus. Furtum

faire? De croire en lui, d'espérer de lui la vie éternelle, de bien vivre selon la règle commune. Il y a en effet une règle commune à tous. Le vol, par exemple, n'est pas une chose interdite à la vierge consacrée à Dieu et permise à la femme mariée. Il est défendu à tous, sans exception, de commettre l'adultère. Il est également défendu à tous d'aimer l'ivrognerie, gouffre où l'âme se perd, péché par lequel elle souille en elle le temple de Dieu. Il est prescrit à tous de ne point s'enorgueillir. Il est prescrit à tous semblablement de ne point commettre d'homicide, de ne point haïr son semblable et de ne vouloir nuire à personne. Voilà toutes choses que nous devons tous vouer sans réserve. Il y a ensuite des vœux propres à chacun : l'un voue à Dieu de conserver la chasteté conjugale et de ne pas connaître d'autre femme que la sienne; de même une femme voue à Dieu de ne pas connaître d'autre homme que son mari. D'autres, après avoir vécu dans un chaste usage de la vie conjugale, font vœu d'y renoncer, de ne plus désirer et de ne plus accepter rien de semblable : ils font donc un vœu plus difficile que les premiers. D'autres, dès leur jeunesse, font vœu de garder la virginité, sans même vouloir connaître un état auquel ceux dont nous venons de parler renoncent après l'avoir connu : leur vœu est bien plus considérable encore. D'autres promettent l'hospitalité dans leur demeure pour tous les saints qui viendront à passer; ce vœu est grandement louable. Un autre s'engage à abandonner tous ses biens, pour être distribués aux pauvres, et à aller vivre, d'une vie commune, dans la société des saints; c'est encore là un vœu précieux devant Dieu. « Faites des vœux au Seigneur notre Dieu, et accomplissez-les (*Ibid.*). » Que chacun fasse tel vœu qu'il voudra ; mais, une fois le vœu fait, qu'il soit attentif à s'en acquitter fidèlement. Quelque vœu qu'on ait fait à Dieu, c'est une grande faute de regarder en arrière. Une vierge consacrée à Dieu a voulu se marier. Qu'a-t-elle voulu? Ce que veut toute jeune fille. Qu'a-t-elle voulu? Ce qu'a voulu sa mère. A-t-elle donc voulu quelque chose de mal? Oui assurément. Pourquoi? Parce qu'elle a déjà voué sa virginité au Seigneur. Que dit en effet l'Apôtre à ce sujet? Il déclare qu'une jeune veuve peut se remarier, si elle le veut (I *Tim.*, v, 14). Il ajoute cependant : « Toutefois, elle sera plus heureuse, si, suivant mon conseil, elle reste veuve (I *Cor.*, vii, 40). » Il montre donc qu'elle sera plus heureuse de rester dans l'état de viduité, mais sans dire qu'elle serait condamnable, si elle le quittait. Mais que dit-il de celles qui, après avoir fait un vœu, ne s'en acquittent pas ? « Elles s'attirent leur condamnation, parce qu'elles ont violé leur première foi (I *Tim.*, v, 12). » Que veut dire, « qu'elles ont violé leur première foi ? » Qu'elles

---

non facere, non castimoniali præcipitur et nuptæ non præcipitur : adulterium non facere, omnibus præcipitur : non amare vinolentiam, qua ingurgitatur anima, et corrumpit in se templum Dei, omnibus æqualiter præcipitur : non superbire, omnibus æqualiter præcipitur ; non hominem occidere, non odisse fratrem, non adversus aliquem tenere perniciem, omnibus in commune præcipitur. Hoc totum omnes vovere debemus. Sunt etiam vota propria singulorum, alius vovet Deo castitatem conjugalem, ut præter uxorem suam non noverit aliam : sic et femina, ut præter virum suum non noverit alium. Alii etiam vovent, etsi experti tale conjugium, ultra nihil tale pati, nihil tale concupiscere aut sustinere : et ipsi voverunt aliquid majus quam illi. Alii virginitatem ipsam ab ineunte ætate vovent, ut nihil tale vel experiantur, quale illi experti reliquerunt : et isti voverunt plurimum. Alii vovent domum suam esse hospitalem omnibus sanctis advenientibus : magnum votum vovent. Alius vovet relinquere omnia sua distribuenda pauperibus; et ire in communem vitam, in societatem sanctorum : magnum votum vovet. « Vovete, et reddite Domino Deo nostro. » Quisque quod vovere voluerit vovet : illud adtendat, ut quod voverit reddat. Unusquisque Deo quod vovet, si respicit retrorsum, malum est. Nescio quæ castimonialis nubere voluit : quid voluit ? Quod et virgo quælibet. Quid voluit ? Quod et mater ipsius. Aliquid mali voluit ? Mali plane. Quare ? Quia jam voverat Domino Deo suo. Quid enim dixit de talibus apostolus Paulus ? Cum dicat « viduas adolescentulas nubere si velint (I *Tim.*, v, 14): » sed tamen ait quodam loco, « Beatior autem erit, si sic permanserit secundum meum consilium (I *Cor.*, vii, 40). » Ostendit beatiorem, si sic permanserit ; non tamen damnandam, si nubere voluerit. Quid autem ait de quibusdam quæ voverunt, et non reddiderunt ? « Habentes, inquit, damnationem, quia primam fidem irritam fecerunt (I *Tim.*, v, 12). » Quid est, primam fidem irritam fecerunt ? Voverunt, et non reddiderunt.

ont fait un vœu et ne l'ont point accompli. Qu'aucun frère, entré dans un monastère, ne dise donc : Je me retire du monastère, car il n'y a pas que ceux qui vivent dans un monastère pour parvenir au royaume des cieux, tandis que ceux qui n'y sont pas n'appartiendraient pas à Dieu. On répondrait en effet : Mais ces hommes n'ont fait aucun vœu; pour vous, vous avez contracté des engagements et vous regardez en arrière. Qu'a dit le Seigneur, en menaçant les hommes du jour du jugement : « Souvenez-vous de la femme de Lot (*Luc*, XVII, 33). » Il l'a dit à tous les hommes. Or, qu'a fait de mal la femme de Lot ? Délivrée de Sodome, et faisant route hors de cette ville, elle a regardé en arrière. A l'endroit même où elle avait regardé en arrière, elle est restée. Elle a été changée en statue de sel (*Genèse*, XIX, 20), afin que sa vue devînt comme un condiment pour les autres hommes, qu'ils prissent courage et ne fissent pas la folie de regarder en arrière pour donner un triste exemple à leur tour, être frappés en chemin et devenir le préservatif des autres. Nous disons, en effet, à ceux de nos frères que nous voyons chanceler dans leurs bonnes résolutions : Vous voulez donc ressembler à telle personne ? Nous leur objectons l'exemple de ceux qui ont regardé en arrière. En eux-mêmes ils ne sont que des insensés, mais ils deviennent un assaisonnement pour les autres, quand on rappelle leurs faiblesses ; afin que les autres, craignant le sort de ces malheureux ne regardent point en arrière. « Faites des vœux au Seigneur notre Dieu, et accomplissez-les (*Ps.*, LXXV, 12), » parce que l'exemple de la femme de Lot s'applique à tous les hommes. Une femme mariée a voulu commettre un adultère ; du lieu où elle était elle a regardé en arrière. Une veuve qui a juré de rester dans cet état veut ensuite se remarier : elle ne veut que ce qui est permis à une femme qui a été d'abord mariée, mais elle n'en a plus le droit, parce que pour elle c'est regarder en arrière du lieu où elle est parvenue. Une jeune fille a fait vœu de virginité, elle s'est consacrée à Dieu ; elle possédait même alors toutes les autres vertus qui décorent la virginité et sans lesquelles la virginité même n'a point d'éclat ; que dirons-nous, si son âme est corrompue, bien que son corps soit intact ? Que dirons-nous, quand nul ne l'aurait touchée, si elle est adonnée à l'ivrognerie, si elle est orgueilleuse, querelleuse ou médisante ? Dieu condamne tous ces vices, si elle s'était mariée avant de prononcer des vœux, elle ne serait pas condamnable : elle a choisi un état plus parfait que le mariage, s'est interdit ce qui lui était permis, et voilà que l'orgueil lui fait commettre mille actions illicites. Je vous le dis : il lui était permis de se marier avant ses vœux ; il ne lui est jamais permis de s'enorgueillir. O Vierge consacrée à

Nemo ergo positus in monasterio frater dicat, Recedo de monasterio, neque enim soli qui sunt in monasterio perventuri sunt ad regnum cœlorum, et illi qui ibi non sunt ad Deum non pertinent. Respondetur ei, Sed illi non voverunt, tu vovisti, tu retro respexisti. De die judicii cum Dominus minaretur, quid ait ? « Mementote uxoris Lot (*Lucæ*, XVII, 32). » Omnibus dixit. Quid enim fecit uxor Lot ? Liberata est a Sodomis, et in via posita retrorsum respexit (*Gen.*, XIX, 26). Ubi respexit, ibi remansit. Facta est autem statua salis, ut illius contemplatione condiantur homines ; cor habeant, non sint fatui, non retro respiciant, ne malum exemplum dantes, ipsi remaneant, et alios condiant. Nam et modo dicimus illud quibusdam fratribus nostris, quos forte viderimus velut infirmari in proposito bono : Et talis vis esse, qualis ille ? Objicimus illis quosdam qui retro respexerunt. Illi fatui sunt in se, sed alios condiunt, quando commemorantur, ut illorum exemplum timentes isti retro non respiciant. « Vovete, et reddite Domino Deo nostro. » Quia illa uxor Lot ad omnes pertinet. Maritata mulier voluit facere adulterium, de loco suo quo pervenerat retro respexit. Vidua quæ jam sic permanere voverat, voluit nubere, hoc voluit quod licuit ei quæ nupsit ; sed illi non licuit, quia de loco suo retro respexit. Virgo est castimonialis, jam dicata Deo ; habebat et cetera, quæ vere ornant ipsam virginitatem, et sine quibus illa virginitas turpis est. Quid si enim sit corpore integra, et mente corrupta ? Quid est quod dixi ? Quid si nullus tetigerit corpus, sed si forte ebriosa sit, superba sit, litigiosa sit, linguosa sit ? Hæc omnia damnat Deus. Si antequam vovisset nupsisset, non damnaretur : elegit aliquid melius, superavit quod ei licebat ; superbit, et illicita tanta committit. Hoc dico, Nubere licet antequam voveat, superbire numquam licet. O tu virgo Dei nubere noluisti, quod licet : extollis te, quod non licet. Melior virgo humilis, quam maritata humilis : sed melior maritata humilis, quam virgo superba. Quæ autem respexit

Dieu, vous avez renoncé au mariage qui est permis, et vous vous livrez à l'orgueil qui n'est jamais permis. Une vierge humble l'emporte sur une femme humble, mais une femme humble l'emporte sur une vierge orgueilleuse. Quant à la vierge qui songe à se marier, ce n'est point parce qu'elle veut se marier qu'elle est condamnable, mais parce que déjà elle est arrivée à un degré où le mariage lui est interdit; en regardant en arrière, elle est devenue semblable à la femme de Lot. Ne soyez pas négligent, vous à qui Dieu inspire d'embrasser quelque état plus parfait, et qui pouvez répondre à cet appel; car ce que nous vous disons n'est pas pour vous détourner de faire des vœux, mais pour vous engager à accomplir ceux que vous avez faits. « Faites des vœux au Seigneur notre Dieu, et accomplissez-les (*Ibid.*). » Peut-être vouliez-vous faire des vœux et ne le voulez-vous plus maintenant, parce que nous avons traité ce sujet. Mais réfléchissez à ce qu'a dit le Psalmiste. Il n'a pas dit : ne faites pas de vœux, mais : « Faites des vœux et accomplissez-les (*Ibid.*). » Est-ce parce que vous m'avez entendu dire : accomplissez vos vœux, que vous n'en voudriez plus faire ? Vouliez-vous donc faire des vœux et ne pas vous en acquitter ? Faites l'un et l'autre. L'un se fera par la déclaration de votre volonté, l'autre par le secours de Dieu.

Fixez les yeux sur celui qui vous conduit, et vous ne regarderez pas derrière vous le lieu d'où il vous a fait sortir. Celui qui vous conduit marche devant vous; le lieu d'où il vous a fait sortir est derrière vous. Aimez qui vous conduit, et il n'aura pas à condamner qui aura regardé en arrière. « Faites des vœux au Seigneur notre Dieu, et accomplissez-les (*Ibid.*). »

17. « Tous ceux qui l'entourent offriront des présents (*Ibid.*). » Quels sont ceux qui l'entourent ? En effet, où donc se trouve celui qui parle pour dire : « Tous ceux qui l'entourent ? » Si vous pensez à Dieu le Père, où n'est-il pas, lui qui est partout ? Si vous pensez au Fils en la forme de sa divinité, il est partout avec le Père, car il est la Sagesse de Dieu, dont il est dit : « Elle atteint partout à cause de sa pureté (*Sag.*, VII, 24). » Mais si vous parlez du Fils, en tant que revêtu de la chair, tel qu'il a été vu parmi les hommes, qu'il a été crucifié et qu'il est ressuscité; nous savons qu'il est monté au ciel. Quels sont alors ceux qui l'entourent? Ce sont les Anges. N'offrirons-nous donc pas de présents, puisque le Prophète a dit : « Tous ceux qui l'entourent offriront des présents (*Ps.*, LXXV, 12) ? » Si notre Seigneur était resté enseveli dans la terre ici-bas, si son corps y était demeuré comme celui de quelque martyr ou de

---

ad nuptias, non quia voluit nubere, damnatur; sed quia jam (a) antecesserat, et fit uxor Lot respiciendo retrorsum. Non sitis pigri qui potestis, quibus adspirat Deus apprehendere gradus meliores : quia non ista ideo loquimur, ut non voveatis; sed ut voveatis, et reddatis : « Vovete, et reddite Domino Deo nostro. » Jam quia ista tractavimus, forte volebas vovere, et modo non vis vovere. Sed quid tibi dixerit Psalmus, adtende. Non dixit, Nolite vovere; sed, « Vovete, et reddite. » Quia audisti, « reddite, » non vis vovere? Ergo vovere volebas, et non reddere? Immo utrumque fac. Unum sit ex professione tua, aliud ex adjutorio Dei perficietur. Adspice eum qui te ducit, et non respicies retro, unde te educit. Qui te ducit, ante te ambulat; unde te educit, post te est. Ama ducentem, et non te damnat retro respicientem. « Vovete et reddite Domino Deo nostro. »

17. « Omnes qui in circuitu ejus sunt offerent munera (*Ps.*, LXXV, 12). » Qui sunt in circuitu ejus? Ubi enim est iste, ut (b) dicat, « Omnes qui in circuitu ejus sunt? » Si Deum Patrem cogites, ubi non est qui ubique præsens est ? Si Filium cogites secundum formam divinitatis, et ipse cum Patre ubique est : quia ipse est Sapientia Dei, de qua dictum est, « Adtingit autem ubique propter suam mundiniam (*Sap.*, VII, 24). » Si autem Filium sic intelligas, secundum quod assumsit carnem, et visus est inter homines, et crucifixus est, et resurrexit, novimus quia adscendit in cælum. Qui sunt in circuitu ejus ? Angeli. Ergo nos non offerimus munera ? quia, « Omnes qui in circuitu ejus sunt, dixit, offerent munera. » Si sepultus Dominus noster hic esset in terra, et jaceret corpus ipsius, quomodo alicujus Martyris vel Apostoli, adtenderemus eos qui in circuitu ejus essent, quacumque vel gentes essent circa ipsum locum undique, vel convenientes ad illam sepulturam cum muneribus : nunc autem adscendit, sursum est. Quid est hoc, « Omnes qui in circuitu ejus sunt, offerent munera ? » Hoc interim quod Deus admonet dicam vobis, quid ex his verbis mihi

---

(a) Sic MSS. At editi, *ante recesserat*. (b) Editi, *ut ducat*. Melius MSS. *ut dicat*.

quelque apôtre, nous aurions à examiner ceux qui l'entoureraient, les nations qui habitent autour de son tombeau ou qui viendraient y offrir des présents; mais il est monté au ciel; il y réside. Que signifient donc ces paroles, « Tous ceux qui l'entourent offriront des présents? » Je vais toujours vous dire ce que Dieu m'enseigne et ce qu'il a daigné m'inspirer sur ces paroles; que si, plus tard, quelque autre explication vous paraît préférable, faites-en votre profit, car la vérité appartient à tous. La vérité n'est ni à moi ni à vous; elle n'appartient ni à tel ni à tel ; elle est commune à tous. Et peut-être est-elle placée au milieu de tous, pour que tous ceux qui l'aiment l'entourent. En effet, tout ce qui est commun à tous est au milieu de tous. Pourquoi dit-on, au milieu? Parce qu'un objet placé au centre est aussi éloigné de tous qu'il est proche de tous. Ce qui n'est pas au milieu est, en quelque sorte, une propriété particulière. Ce qui est public est placé au milieu, pour que tous ceux qui viennent l'aperçoivent et en soient éclairés. Que nul ne dise : ceci est à moi, et ne veuille attirer de son côté ce qui est placé au milieu comme étant à tous. Que veut donc dire : « Tous ceux qui l'entourent offriront des présents ? » Tous ceux qui comprennent que la vérité est commune à tous, et qui ne prétendent pas s'en faire un bien particulier en s'enorgueillissant de la posséder, offriront des présents, parce qu'ils ont de l'humilité. Au contraire, ceux qui prétendent faire leur bien propre d'un bien qui est commun à tous, et qui s'efforcent de le tirer à part, quoiqu'il ait été placé au milieu, ceux-là n'offriront pas de présents, parce que « tous ceux qui l'entourent offriront des présents au Dieu terrible (*Ibid.*). » C'est celui qui est terrible qui recevra des présents. Que tous ceux qui l'entourent le craignent donc. Ils le craindront en effet, et le loueront avec tremblement, parce qu'ils sont autour de lui; afin qu'ils l'atteignent tous, afin qu'il se répande uniformément vers tous et qu'il les éclaire tous également. Voilà le résultat de cette crainte du Seigneur. Que si, au contraire, vous voulez vous l'approprier, en quelque sorte, afin qu'il n'appartienne plus à tous, vous vous élevez dans votre orgueil, contrairement à ce précepte : « Servez le Seigneur dans la crainte et réjouissez-vous en lui avec tremblement (*Ps.*, II, 11). » Ceux qui l'entourent lui offriront donc des présents; ce sont les humbles et ceux qui savent que la vérité est commune à tous.

18. A qui offriront-ils des présents? « A celui qui est terrible et qui enlève l'esprit des princes (*Ps.*, LXXV, 13). » En effet l'esprit des princes est un esprit superbe. Ils ne participent donc point à l'esprit de Dieu; car, s'ils savent quelque chose, ils veulent le garder pour eux et ne pas

---

ipse inspirare dignatus sit : si melius aliquid postea visum fuerit, et hoc vestrum est ; quia communis est omnibus veritas. Non est nec mea, nec tua ; non est illius, aut illius : omnibus communis est. Et fortasse ideo media est, ut in circuitu ejus sint omnes qui diligunt veritatem. Quidquid enim omnibus commune est, in medio est. Quare in medio dicitur? Ut tantum distet ab omnibus, et tantum propinquet omnibus. Quod non est in medio, quasi privatum sit. Quod publicum est, in medio ponitur, ut omnes qui veniunt, percipiant, illuminentur. Nemo dicat, Meum est : ne in parte sua velit facere quod in medio est omnibus. Quid est ergo, « Omnes qui in circuitu ejus sunt, offerent munera ? » Omnes qui intelligunt communem esse omnibus veritatem, et non illam faciunt quasi suam superbiendo de illa, ipsi offerent munera ; quia humilitatem habent : qui autem quasi suum faciunt quod omnibus commune est, tamquam in medio positum, ad partem seducere conantur, non offerent hi munera; quia « Omnes qui in circuitu ejus sunt, offerent munera, Terribili (*Ps.*, LXXV, 13). » Offerentur munera terribili. Timeant ergo omnes, qui in circuitu ejus sunt. Ideo enim timebunt, et cum tremore laudabunt : quia ideo in circuitu ejus sunt, ut omnes assequantur eum, et publice omnibus confluat, et publice illuminet. Hoc est, contremiscere. Tu cum feceris tibi eum quasi proprium, et jam non communem, extolleris in superbiam ; cum scriptum sit, « Servite Domino in timore, et exsultate ei cum timore (*Psal.*, II, 11). » Ergo offerent munera, qui in circuitu ejus sunt. Ipsi enim humiles sunt, qui communem norunt esse omnibus veritatem.

18. Cui offerent munera ? « Terribili, et ei qui aufert (*a*) spiritum principum (*Ps.*, LXXV, 13). » Spiritus enim principum, superbi sunt spiritus. Illi ergo non

---

(*a*) Aliquot MSS. hoc tantum loco, *spiritus* : et sic apud LXX.

le rendre public : celui-là au contraire possède l'esprit de Dieu, qui se présente comme l'égal de tous, et se place au milieu, pour que tous prennent de lui-même tout ce qu'ils peuvent et selon leur capacité, sans croire pour cela rien donner qui soit d'un homme, mais uniquement de Dieu ; et par cela même il donne de son propre fond, parce que tout ce qui est à Dieu est à lui. Tous ceux qui pensent ainsi sont nécessairement humbles ; ils ont perdu leur esprit et ils ont l'Esprit de Dieu. Comment ont-ils perdu leur esprit ? Par l'entrée en eux-mêmes de « celui qui enlève l'esprit des princes (*Ibid.*, 13). » Nous trouvons en effet dans un autre endroit : « Vous enlèverez leur esprit et ils tomberont, et ils rentreront dans leur poussière. Vous enverrez votre esprit, et ils seront créés de nouveau et vous renouvellerez la face de la terre (*Ps.*, CIII, 29, 30). » Un homme a compris une vérité, il veut qu'elle lui appartienne uniquement, il a encore son esprit ; il lui est avantageux de perdre son esprit et de prendre l'Esprit de Dieu. Il s'enorgueillit encore au milieu des princes ; il lui est avantageux de rentrer dans la poussière et de dire : « Souvenez-vous, Seigneur que je ne suis que poussière (*Ps.*, CII, 14). » En effet, si vous confessez que vous n'êtes que poussière, Dieu de cette poussière fait un homme. « Tous ceux qui l'entourent, offrent des présents (*Ps.*, LXXV, 12) ; » tous les humbles lui confessent leurs péchés et l'adorent. Ils offrent des présents « à celui qui est terrible (*Ibid.*). » Pourquoi est-il terrible ? « Réjouissez vous en lui avec tremblement (*Ps.* II, 11). » « Et qui enlève l'esprit des princes (*Ibid.*, 13), » c'est-à-dire qui détruit l'audace des orgueilleux. « A celui qui est terrible pour les rois de la terre (*Ibid.*). » Les rois de la terre sont terribles, mais Dieu est plus terrible qu'eux tous, lui qui effraie tous les rois de la terre. Soyez roi de la terre et ce Dieu terrible sera à vous. Comment, direz-vous, serai-je roi de la terre ? Régissez la terre et vous serez roi de la terre. Il n'est pas besoin de jeter des regards avides sur de vastes provinces, pour les commander et pour agrandir votre royaume ; régissez la terre que vous portez. Écoutez l'Apôtre pour savoir comme il régit la terre : « Je combats, mais je ne porte pas de coups en l'air ; je châtie mon corps et je le réduis en servitude, de peur qu'après avoir prêché aux autres, je ne sois moi-même réprouvé (I *Cor.*, IX, 26, 27) ! » Soyez donc, mes frères, autour de votre Dieu, afin que si un homme, quel qu'il soit, vous fait entendre une vérité, vous ne l'imputiez pas à celui qui vous la fait entendre ; mais regardez la vérité comme étant au milieu de tous, parce qu'elle s'adresse à tous également.

---

sunt spiritus ejus ; quia et si aliquid noverunt, suum voluut esse, non publicum : sed ille qui commendat se tamquam æqualem omnibus, qui se in medio ponit, ut omnes capiant quantum possunt, quidquid possunt ; non de cujusquam hominis, sed de Dei, et ideo de suo, quia ipsi facti sunt ejus. Ergo illi omnes humiles sint necesse est : perdiderunt spiritum suum, et Spiritum Dei habent. A quo perdiderunt spiritum suum ? Ab illo qui aufert spiritum principum. Quando quidem dicitur ei in alio loco, « Auferes spiritum eorum, et deficient, et in pulverem suum convertentur. Emittes Spiritum tuum, et creabuntur, et innovabis faciem terræ (*Psal.*, CIII, 29 et 39). » Nescio quis intellexit aliquid, suum vult esse, adhuc spiritum suum habet ; bonum est illi ut perdat spiritum suum, et habeat Spiritum Dei : adhuc inter principes superbit ; bonum est ut redeat ad pulverem suum, et dicat, « Memento Domine quia pulvis sumus (*Psal.*, CII, 14). » Si enim te confessus fueris pulverem, Deus (*a* de pulvere facit hominem. Omnes qui in circuitu ejus sunt, offerunt munera. Omnes humiles confitentur ei, et adorant eum. « Terribili » offerunt munera. Unde terribili exsultate cum tremore (*Psal.*, II, 11). « Et ei aufert spiritum principum : » id est, tollit audaciam superborum. « Terribili apud reges terræ. » Terribiles sunt reges terræ, sed ille super omnes, qui terret reges terræ. Esto rex terræ, et erit tibi terribilis Deus. Quomodo, inquies, ero rex terræ ? Rege terram, et eris rex terræ. Noli ergo aviditate imperandi ponere tibi ante oculos provincias latissimas, qua tua regna diffundas : terram quam portas rege. Audi Apostolum regentem terram : « Non sic pugillor, quasi aërem verberans ; sed castigo corpus meum, et in servitutem redigo, ne forte aliis prædicans, ipse reprobus efficiar (I *Cor.*, IX, 25). » Ergo, Fratres mei, estote in circuitu ejus, ut per quemcumque vobis veritas sonuerit, non illam imputeris illi, per quem sonat ; sed de medio

(*a*) Tres MSS. *Deus te de pulvere.*

Et soyez humbles, de peur d'usurper comme un bien particulier, quelque partie de cette vérité que vous auriez comprise ; car s'il est une chose que nous ayons mieux comprise, elle est à vous ; et s'il est une chose que vous ayez mieux comprise, elle est à nous ; afin que nous soyons tous autour de Dieu et que nous soyons humbles. En perdant ainsi notre esprit, nous offrirons des présents au Dieu terrible qui est au-dessus de tous les rois de la terre, c'est-à-dire de tous ceux qui régissent leur chair, et qui sont soumis à leur Créateur.

sit omnibus, quia æqualiter adest omnibus. Et estote humiles, ne vobis et vos ipsi usurpetis, si quid forte boni illius intellexeritis. Quia et nos quod melius intellexerimus, vestrum est ; et quod vos melius intellexeritis, nostrum est : ut in circuitu ejus simus, et humiles simus. Atque ita perdentes spiritum nostrum offeremus munera terribili super omnes reges terræ, id est, super omnes regentes carnem suam, sed subjectos Creatori suo.

DISCOURS [1] SUR LE PSAUME LXXVI.

1. Au seuil du Psaume, nous lisons cette inscription : « Pour la fin, pour Idithun, psaume d'Asaph, pour lui-même (*Ps.*, LXXVI, 1). » Vous savez ce que signifie : « pour la fin. » En effet, « le Christ est la fin de la loi pour la justification de tout homme qui croit en lui (*Rom.*, X, 4). » Idithun se traduit par « celui qui franchit ; » Asaph signifie « Assemblée. » Dans ce Psaume, on entend donc la voix d'une assemblée qui franchit pour parvenir jusqu'à la fin, qui est le Christ. Et que faut-il franchir, pour parvenir à cette fin où nous n'aurons plus rien à franchir : le titre du Psaume nous le fera savoir. En effet, nous devons franchir tout ce qui nous fait obstacle, tout ce qui nous enlace, tout ce qui nous attache comme de la glu, et tout ce qui appesantit notre vol, jusqu'à ce que nous parvenions à ce qui suffit, au-delà de quoi il n'y a rien, au-dessous de quoi sont toutes choses, et d'où toutes choses viennent. Philippe voulait voir le Père lui-même et disait à Notre Seigneur Jésus-Christ : « Montrez-nous votre Père et il nous suffit (*Jean*, XIV, 8) ; » comme s'il devait toujours rencontrer quelque chose à franchir jusqu'à ce qu'il parvînt au Père, en qui il pouvait s'arrêter en toute sécurité et au-delà de qui il n'avait plus rien à chercher. Voilà en effet ce que veut dire :

IN PSALMUM LXXVI.

ENARRATIO.

1. Psalmi hujus limen ita inscribitur : « In finem, pro Idithun, Psalmus ipsi Asaph (*Ps.* LXXVI, 1.). » In finem quid sit, nostis. « Finis enim Legis Christus ad justitiam omni credenti (*Rom.*, X, 4). » Idithun interpretatur transiliens eos, Asaph interpretatur congregatio. Loquitur hic ergo congregatio transiliens, ut perveniat ad finem, qui est Christus Jesus. Quæ sint itaque transilienda, ut ad illum finem pervenire possimus, ubi jam quod transiliamus non habebimus, Psalmi textus ipse demonstrat. Etenim tamdiu transilire debemus, quidquid nos impedit, quidquid irretit, quidquid visco quodam illigat, et onere aggravat volatum nostrum, donec perveniamus ad id quod sufficit, ultra quod nihil est, infra quod sunt omnia, et ex quo sunt omnia, Patrem quippe ipsum vole-

---

[1] Discours au peuple.

« Il suffit. » Mais le Seigneur qui avait dit, en toute vérité : « Moi et mon Père nous sommes un (*Jean*, X, 39), » avertit Philippe et lui apprit que tout homme qui comprendrait le Christ trouverait également en lui sa fin, parce que lui et le Père ne sont qu'un. « Il y a si longtemps, dit-il, que je suis avec vous, et vous ne m'avez pas vu ? Philippe qui me voit voit aussi mon Père (*Ibid.*, XIV, 9). Quiconque veut donc sentir, reproduire, posséder l'esprit de ce Psaume, doit franchir tous les désirs de la chair, fouler aux pieds le faste et les appâts de ce monde, et promettre de ne s'arrêter qu'en celui de qui viennent toutes choses. Le Psalmiste souffre encore au milieu de toutes ces choses, désireux de parvenir à sa fin. Que nous apprend donc cet Idithun ?

2. « J'ai élevé la voix et j'ai crié vers le Seigneur (*Ps.*, LXXVI, 2). » Mais il y en a beaucoup qui crient vers le Seigneur, pour des richesses à acquérir ou des pertes à éviter, pour la santé de leur famille, pour la stabilité de leur maison, pour le bonheur temporel, pour les dignités du monde ; enfin même pour cette santé du corps, qui est le patrimoine du pauvre. Pour toutes ces choses et pour d'autres semblables, tous crient sans cesse vers le Seigneur : à peine y a-t-il quelqu'un qui crie vers le Seigneur pour le Seigneur lui-même. C'est qu'il est facile à l'homme de désirer quelque chose du Seigneur, sans désirer le Seigneur lui-même : comme si ce qu'il donne pouvait avoir plus de douceur que celui même qui le donne ! Tout homme donc qui crie vers le Seigneur pour quelque chose qui n'est pas lui ne franchit encore rien. Mais que dit Idithun ? « J'ai élevé la voix et j'ai crié vers le Seigneur (*Ibid.*). » Et de peur que vous ne pensiez que la voix qu'il élève vers le Seigneur réclame autre chose que le Seigneur même, il ajoute : « Et ma voix tend vers Dieu (*Ibid.*). » Car notre voix peut bien crier vers Dieu, et cependant tendre à tout autre chose qu'à Dieu. Car la voix tend à l'objet pour lequel elle est émise. Mais Idithun qui aimait Dieu sans vues intéressées, qui offrait à Dieu des sacrifices volontaires (*Ps.*, LIII, 8), qui avait franchi tout ce qui était au-dessous de Dieu, et n'avait rien vu au-dessus de lui en quoi il pût répandre son âme, si ce n'est celui de qui, en qui et par qui il avait été créé, faisait évidemment que sa voix tendît vers celui à qui elle s'adressait. « Et ma voix, dit-il, tend vers Dieu (*Ibid.*). » Et l'a-t-il fait inutilement ? Écoutez ce qui suit : « Et Dieu a fait attention à

---

bat Philippus intueri, et dicebat Domino Jesu Christo, « Ostende nobis Patrem, et sufficit nobis (*Johan.*, XIV, 8) : » tamquam tamdiu illi transiliendum esset, quidquid aliud esset, donec perveniret ad Patrem, ubi jam securus assisteret, et quid ei ultra requirendum esset non haberet. Hoc est enim, Sufficit. Verum ille qui verissime dixerat, « Ego et Pater unum sumus (*Johan.*, X, 30), » admonuit Philippum docuitque, omnem hominem qui Christum intelligeret, etiam in eo habere finem : quia ipse et Pater unum sunt. « Tanto, inquit, tempore vobiscum sum, et non vidistis me ? Philippe, qui me vidit, vidit et Patrem (*Johan.*, 14). » Quisquis ergo Psalmi hujus (*a*) animum sentire, imitari, tenere vult, omnia desideria carnalia transiliat, sæculique hujus pompam et illecebram calcet, nihilque sibi aliud proponat ubi consistat, nisi ex quo sunt omnia. In quibus omnibus etiam ipse laborat, donec ad finem perveniat. Quid nobis ergo indicat iste transiliens ?

2. « Voce mea, inquit, ad (*b*) Dominum clamavi (*Ps.*, LXXVI, 2). » Sed multi clamant ad Dominum pro divitiis adquirendis damnisque devitandis, pro suorum salute, pro stabilitate domus suæ, pro felicitate temporali, pro dignitate sæculari ; postremo pro ipsa etiam salute corporis, quæ patrimonium est pauperis. Pro his atque hujusmodi rebus multi clamant ad Dominum ; vix quisquam propter ipsum Dominum. Facile quippe homini est quodlibet desiderare a Domino, et ipsum Dominum non desiderare : quasi vero suavius esse possit quod dat, quam ipse qui dat. Quisquis ergo pro alia re qualibet clamat ad Dominum, nondum est transiliens. Hic vero transiliens quid dicit ? « Voce mea ad Dominum clamavi. » Et ne arbitreris vocem ipsius, qua clamavit ad Dominum, propter aliud emissam, quam propter ipsum Dominum, secutus ait, « Et vox mea ad Deum. » Emittitur enim vox, qua clamemus ad Deum, et ipsa vox ad aliud est, non ad Deum. Ad hoc enim est vox propter quod editur vox. Iste vero qui Deum gratis amabat, « qui voluntarie Deo sacrificabat (*Psal.*, LIII, 8), » qui transilierat quidquid infra est, nihilque aliud supra se viderat, quo effunderet animam suam, nisi ex quo et per quem et in

(*a*) MSS. *animam*. (*b*) Aliquot MSS. *Deum.*

moi (*Ibid.*). » Dieu prend vraiment attention à vous, quand vous le cherchez lui-même, et non quand vous cherchez autre chose par son entremise. Il a été dit de certains hommes : « Ils ont crié et il n'y avait personne pour les sauver; ils ont crié vers le Seigneur et il ne les a pas exaucés (*Ps.*, XVII, 42). » Pourquoi? Parce que leur voix ne tendait pas vers le Seigneur. L'Écriture exprime la même pensée en un autre endroit, où elle dit de cette sorte d'hommes : « Ils n'ont pas invoqué le Seigneur (*Ps.*, XIII, 5). » Ils n'ont pas cessé de crier vers lui, et cependant « ils n'ont pas invoqué le Seigneur. » Que veut dire : « ils n'ont pas invoqué le Seigneur ? » Ils n'ont pas appelé le Seigneur en eux ; ils n'ont pas invité le Seigneur à venir dans leur cœur ; ils n'ont pas voulu que le Seigneur habitât en eux. Et, à cause de cela, que leur est-il arrivé ? « Ils ont tremblé de peur, là où il n'y avait pas lieu d'avoir peur (*Ps.*, XIII, 5). » Ils ont tremblé de perdre les choses présentes, parce qu'ils n'étaient pas remplis de Dieu, qu'ils n'avaient pas invoqué. Ils ne l'aimaient pas gratuitement, de manière à pouvoir dire, après avoir perdu les biens temporels : « Il a été fait comme il a plu au Seigneur; que le nom du Seigneur soit béni (*Job*, 1, 21). » Idithun a donc dit : « Ma voix tend vers le Seigneur, et il a pris attention à moi (*Ibid.*). Qu'il nous apprenne comment cela s'est fait.

3. « Au jour de ma tribulation, j'ai recherché mon Dieu (*Ibid.*, 3). » Qui êtes-vous, vous qui agissez ainsi? Voyez ce que vous cherchez au jour de votre tribulation. Si un emprisonnement cause votre tribulation, vous cherchez à sortir de prison ; si la fièvre cause votre tribulation, vous cherchez la santé ; si la faim cause votre tribulation, vous cherchez à être rassasié; si des pertes causent votre tribulation, vous cherchez le gain ; si l'exil cause votre tribulation, vous cherchez la ville qui a vu naître votre corps. Et pourquoi tout rapporter, ou plutôt comment tout rapporter? Voulez-vous franchir tous ces obstacles ? Au jour de votre tribulation, cherchez Dieu, mais ne cherchez pas autre chose au moyen de Dieu; cherchez à acquérir la possession de Dieu en échange de votre peine ; c'est-à-dire : demandez à Dieu qu'il éloigne votre affliction, afin que vous lui restiez attaché en toute sécurité. « Au jour de ma tribulation, j'ai recherché mon Dieu (*Ibid.*) : » non point quelque autre chose, mais Dieu. Et comment l'avez-vous recherché ? « Avec mes mains, pendant la nuit, en sa présence (*Ibid.*). » Dites-le nous une seconde fois ; voyons, comprenons, imitons, si nous le pouvons. Au jour de votre tribulation qui avez-vous cherché ? « Dieu. » Comment l'avez-vous cherché ? « Avec mes mains. » Quand l'avez-vous cherché ? « Pendant la nuit. » Où l'avez-vous cherché ? « En sa pré-

---

quo creatus erat, ad quem clamaverat voce sua, ad illum esse fecerat ipsam vocem suam : « Vox mea, inquit, ad Deum. » Et numquid sine caussa? Vide quid sequitur : « Et adtendit mihi. » Vere tunc tibi adtendit, quando ipsum quæris, non quando per ipsum aliud quæris. Dictum est de quibusdam, « Clamaverunt, nec erat qui salvos faceret, ad Dominum, nec exaudivit eos (*Psal.*, XVII, 42). » Quare ? Quia vox eorum non ad Dominum. Exprimit hoc alio loco Scriptura, ubi dicit de talibus, « Dominum non invocaverunt (*Psal.*, XIII, 5). » Ad illum clamare non cessaverunt, et tamen Dominum non invocaverunt. Quid est, Dominum non invocaverunt ? Dominum in se non vocaverunt : ad cor suum Dominum non invitaverunt, a Domino se habitari noluerunt. Et ideo quid eis contigit ? « Ibi trepidaverunt timore, ubi non erat timor (*Ibid.*). » Ideo de rerum præsentium amissione tremuerunt, quoniam non erant pleni illo, quem non invocaverant. Non gratis amaverunt, ut amissis temporalibus rebus possent dicere, « Sicut Domino placuit, ita factum est ; sit nomen Domini benedictum (*Job*, 1, 21). » Ergo iste, « Vox mea, inquit, ad Dominum, et adtendit mihi. » Doceat nos quomodo id fiat.

3. « In die tribulationis meæ Deum exquisivi (*Ps.*, LXXVI, 3). » Quis es, qui hoc facis ? In die tribulationis tuæ, vide quid exquiras. Si carcer facit tribulationem, exire de carcere exquiris : si febris facit tribulationem, sanitatem exquiris : si fames facit tribulationem, saturitatem exquiris : si damna faciunt tribulationem, lucrum exquiris : si peregrinatio facit tribulationem, civitatem tuæ carnis exquiris. Et quid cuncta commemorem, aut quando cuncta commemorem? Vis esse transiliens?In die tribulationis tuæ Deum exquire : non per Deum aliud, sed ex tribulatione Deum, ut ad hoc Deus removeat tribulationem, ut securus inhæreas Deo. « In die tribulationis meæ Deum exquisivi : » non aliud aliquid, sed « Deum exquisivi. » Et quomodo exquisisti? « Manibus meis nocte coram eo. » Dic hoc rursus : videamus, intelligamus, imitemur, si possumus. In die tribulationis tuæ quid exquisisti? « Deum. »

sence. » Et quel a été le fruit de votre recherche ? « Et je n'ai pas été déçu (*Ibid.*). » Voyons toutes ces circonstances, mes frères, examinons-les toutes, interrogeons-les toutes. Qu'est-ce que la tribulation pendant laquelle Idithun a recherché Dieu ? Qu'est-ce que rechercher Dieu avec les mains ? Qu'est-ce que le chercher pendant la nuit ? Qu'est-ce que le chercher en sa sa présence ? Voyons enfin ce qui suit et que tout le monde comprend : « Et je n'ai pas été déçu. » J'ai trouvé ce que je cherchais.

4. Il ne s'agit pas ici de telle ou de telle tribulation. En effet tout homme qui ne s'applique point encore à franchir les obstacles ne prend pour des tribulations que les accidents douloureux et passagers de cette vie ; mais celui qui avance regarde comme une tribulation toute la durée de sa vie. Car il aime tant la patrie céleste, que son exil sur la terre est pour lui la plus grande des tribulations. Comment, en effet, je vous le demande, la vie présente ne serait-elle pas une tribulation ? Comment ne serait-elle pas une tribulation, elle qui est appelée une tentation permanente ? Vous trouvez ces paroles dans le livre de Job : « N'est-ce pas une tentation que la vie humaine sur cette terre (*Job*, vɪɪ, 1)? » Job a-t-il dit : La vie humaine est sujette aux tentations sur cette terre ? Non ; mais la vie elle-même est une tentation. Si elle est une tentation, elle est donc une tribulation. C'est dans cette tribulation, ou, en d'autres termes, pendant cette vie, qu'Idithun a recherché Dieu. Comment ? « Avec mes mains, » a-t-il dit. Que signifie : « Avec mes mains ? » Par mes œuvres. En effet, il ne cherchait pas quelque objet corporel, de sorte qu'il pût trouver ce qu'il avait perdu en le touchant, comme on chercherait avec les mains une pièce de monnaie, de l'or, de l'argent, un vêtement, enfin tel autre objet de ce genre qu'on peut tenir avec les mains. Toutefois, Notre-Seigneur Jésus-Christ a voulu être cherché avec les mains, lorsqu'il montra au disciple incrédule les cicatrices de ses plaies. Mais quand Thomas, après avoir touché ces cicatrices, se fut écrié : « Mon Seigneur et mon Dieu ! » Jésus ne lui dit-il pas : « Vous avez cru parce que vous avez vu ; heureux ceux qui n'ont pas vu et qui ont cru (*Jean*, xɪx, 27-29)? » Si donc le disciple qui a cherché le Christ avec les mains a mérité de s'entendre reprocher de l'avoir ainsi cherché, nous qui sommes déclarés bienheureux de n'avoir point vu et d'avoir cru, regarderons-nous comme convenable pour nous de le chercher avec les mains ? Il faut, je l'ai dit, que nous le cherchions par les œuvres. Et quand cela ? « Pendant la nuit. » Que veut dire : « Pendant la nuit ? » En ce siècle. Il est nuit, en effet, jusqu'à ce que le jour brille, par l'avènement de Notre-Seigneur Jésus-Christ dans sa gloire.

Quomodo exquisisti ? « Manibus meis. » Quando exquisisti ? « Nocte. » Ubi exquisisti ? « Coram eo. » Et quo fructu exquisisti ? « Et non sum deceptus. » Omnia ergo videamus, Fratres, omnia consideremus, omnia interrogemus ; et quid sit tribulatio, in qua iste Deum exquisivit, et quid sit manibus inquirere Deum, et quid sit nocte, et quid sit coram illo : et sequitur, quod omnes intelligunt, « Et non sum deceptus. » Quid est enim, « Et non sum deceptus ? » Inveni quod quærebam.

4. Tribulatio non illa vel illa cogitanda est. Etenim unusquisque nondum transiliens, nondum putat esse tribulationem, nisi quæ acciderit huic vitæ ex aliquo tristi tempore : at vero ille transiliens, totam vitam istam tribulationem suam reputat. Sic enim amat patriam supernam, ut terrena peregrinatio ipsa sit maxima tribulatio. Quomodo enim non sit tribulatio vita ista, rogo vos ? quomodo non sit tribulatio, quæ dicta est tota tentatio ? Habes scriptum in libro Job, « Numquid non tentatio est vita humana super terram (*Job*, vɪɪ, 1)? » Numquid dixit, Tentatur vita humana super terram ? Ipsa vita tentatio est. Si ergo tentatio, utique tribulatio. In hac igitur tribulatione, hoc est, in hac vita, Deum exquisivit iste transiliens. Quomodo ? « Manibus, inquit, meis. » Quid est, « manibus meis ? » Operibus meis. Non enim aliquid corporeum quærebat, ut contrectando inveniret quod perdiderat, ut manibus quæreret nummum, aurum, argentum, vestem, quidquid isto genere manibus teneri possit. Quamquam et ipse Dominus noster Jesus Christus voluit se manibus inquiri, quando dubitanti discipulo cicatrices ostendit. Sed numquid cum ille exclamasset tangens cicatrices vulnerum ejus, Dominus meus et Deus meus : nonne audivit, « Quia vidisti, credidisti ; beati qui non viderunt et crediderunt (*Johan.*, xx, 27). » Si ergo ille manibus quærens Christum, hoc audire meruit, ut opprobrio ei fuerit ita quæsisse : nos qui beati dicti sumus, qui non vidimus et credimus, quid ergo, ad nos non pertinet manibus

Voulez-vous vous convaincre que nous sommes dans la nuit? C'est que, si nous n'avions ici-bas une lampe pour nous conduire, nous serions plongés dans les ténèbres. Pierre a dit, en effet : « Nous avons la parole plus certaine des Prophètes, à laquelle vous faites bien d'être attentifs, comme à une lampe qui luit dans un lieu obscur, jusqu'à ce que le jour brille, et que l'étoile du matin se lève dans vos cœurs(II *Pierre*, I, 19). » Le jour viendra donc succéder à cette nuit; mais jusque-là puisse la lampe ne pas nous manquer dans la nuit où nous sommes. Et peut-être est-ce là ce que nous faisons maintenant : en expliquant les Écritures, nous portons la lampe, qui doit nous réjouir dans cette nuit. Cette lampe, vous devez la tenir constamment allumée dans vos maisons. Car c'est à vous que l'Apôtre dit : « N'éteignez pas l'Esprit (I *Thess.*, v, 19). » Et, comme pour expliquer cette parole, il continue ainsi : « Ne méprisez pas les prophéties(*Ibid.*, 20); » c'est-à-dire que la lampe brille sans cesse en vous. Et pourtant cette lumière elle-même est regardée comme une nuit, en comparaison du jour ineffable que nous attendons; quoique, dans un autre sens, la vie des fidèles soit comme un jour pur, en comparaison de la vie des infidèles. Mais comment la vie présente est-elle une nuit, nous l'avons dit et démontré par le témoignage de l'apôtre saint Pierre, qui nous a aussi désigné la lampe qui éclaire cette nuit, et qui nous a prescrit de considérer avec attention cette lampe, c'est-à-dire la parole des Prophètes, « jusqu'à ce que le jour vînt à luire, et que l'étoile du matin se levât dans nos cœurs (*Ibid.*).» D'autre part, Paul nous fait voir aussi que la vie des fidèles est déjà le jour en comparaison de la vie des impies. « Rejetons, dit-il, les œuvres des ténèbres et revêtons-nous des armes de la lumière; marchons honnêtement, comme dans le jour (*Rom.*, xiii, 12, 13). » En vivant honnêtement, nous sommes donc, par comparaison avec la vie des impies, comme dans le jour. Mais cette sorte de jour de la vie des fidèles ne suffit pas à Idithun; il veut aussi le franchir et parvenir à ce jour où il n'aura plus aucune crainte des tentations de la nuit. Ici-bas, en effet, bien que la vie des fidèles ressemble au jour, « la vie humaine est une tentation sur la terre (*Job*, vii, 1). » Cette vie est tout à la fois la nuit et le jour : le jour, par comparaison avec les infidèles, la nuit, par comparaison avec les Anges; car les Anges possèdent déjà ce jour que nous n'avons pas encore. Pour nous, nous possédons déjà celui que les infidèles n'ont pas, mais les fidèles n'ont pas encore celui dont les Anges jouissent. Ils le posséderont, lorsqu'ils seront comme les Anges, bonheur qui leur est

quærere? Pertinet sicut dixi, operibus quærere. Quando hoc? « Nocte. » Quid est, « nocte ? » In hoc sæculo, Nox enim est antequam effulgeat dies in adventu clarificato Domini nostri Jesu Christi, Nam vultis videre quia nox est? Nisi lucernam hic haberemus, in tenebris permaneremus. Petrus enim dicit, « Et nos habemus certiorem Propheticum sermonem, cui bene facitis intendentes, velut lucernæ lucenti in obscuro loco, donec dies lucescat, et lucifer oriatur in cordibus vestris (II *Pet.*, I, 19). » Venturus est ergo dies post istam noctem, interim in hac nocte lucerna non desit. Et hoc est fortasse quod nunc facimus : has litteras exponendo, lucernam inferimus, ut in hac nocte gaudeamus. Quæ quidem debet accensa esse semper in domibus vestris. Talibus enim dicitur, « Spiritum nolite extinguere (I *Thess.*, v, 19). » Et tamquam exponens quid diceret, secutus ait, Prophetiam nolite spernere: id est, lucerna in vobis semper luceat. Et hæc quidem (a) lux in comparatione cujusdam ineffabilis diei nox dicitur. Nam ipsa vita fidelium in comparatione vitæ infidelium dies est. Quomodo autem sit nox, jam diximus, et ostendimus Petri apostoli testimonio : qui quidam etiam et lucernam nominavit, et de ipsa lucerna nos admonuit ut intendamus ei, id est, Prophetico sermoni, donec dies lucescat, et lucifer oriatur in cordibus nostris. Quomodo autem jam vita fidelium dies sit in comparatione vitæ impiorum, Paulus ostendit : « Abjiciamus, inquit, opera tenebrarum, et induamur arma lucis, sicut in die honeste ambulemus (*Rom.*, xiii, 12). » Ergo honeste viventes, in comparatione vitæ impiorum, in die sumus. Sed iste dies vitæ fidelium non sufficit huic Idithun : transilire vult et istum diem, donec veniat ad illum diem, ubi noctis tentationem nullam omnino formidet. Hic enim quamvis dies sit vita fidelium, « tentatio est vita humana super terram (*Job.*, vii, 1). » Nox et dies : dies in comparatione infidelium, nox in comparatione Angelorum. Habent enim diem Angeli, quem nos nondum habe-

(a) Probæ notæ MSS. *nox.*

promis pour le temps de la résurrection (*Matth.*, XXII, 30). Donc, dans ce jour qui est encore une nuit, une nuit en comparaison du jour à venir que nous désirons, un jour en comparaison de la nuit passée à laquelle nous avons renoncé; dans cette nuit par conséquent, cherchons Dieu avec nos mains. Que nos œuvres ne cessent pas; cherchons Dieu, mais non par de vains désirs. Si nous sommes dans le chemin, faisons les dépenses nécessaires afin d'arriver au but. Cherchons Dieu avec nos mains. Bien que nous cherchions pendant la nuit celui que nous cherchons avec nos mains, nous ne pouvons nous tromper, parce que nous le cherchons « en sa présence (*Ps.*, LXXVI, 3). » Que veut dire : « En sa présence? » « Gardez-vous de faire vos actes de justice en présence des hommes, afin d'être vus par eux ; autrement vous ne recevrez pas de récompense auprès de votre Père. Quand donc vous faites l'aumône, » dit le Seigneur, (et l'aumône, c'est la main qui cherche Dieu,) « gardez-vous de sonner de la trompette devant vous, comme le font les hypocrites ; mais faites votre aumône en secret, et votre Père qui voit dans le secret, vous le rendra (*Matth.*, VI, 1, 2, 4). » « J'ai donc cherché Dieu, avec mes mains, la nuit, en sa présence, et je n'ai pas été déçu (*Ps.*, LXXVI, 3). »

5. Écoutons cependant avec la plus grande attention le récit de tout ce qu'Idithun a souffert sur cette terre et dans cette nuit; voyons dans quelle nécessité il s'est trouvé de passer par-dessus mille tribulations, qui l'attaquaient de face ou qui le frappaient par derrière, quand il s'efforçait de s'élever au-dessus d'elles. « Mon âme a refusé d'être consolée (*Ibid.*). » J'ai été saisi d'un tel dégoût ici-bas, que mon âme s'est fermée à toute consolation. D'où lui est venu ce dégoût? Peut-être sa vigne a-t-elle été grêlée, ou ses oliviers sont-ils restés stériles, ou la pluie a-t-elle gâté sa vendange? D'où lui est venu ce dégoût? Nous allons l'apprendre du texte même du Psaume. En effet, c'est lui-même qui parle : « Le dégoût m'a saisi, en voyant les pécheurs abandonner votre loi (*Ps.*, CXVIII, 51). » Vous voyez donc qu'il se dit atteint, en raison de ce désordre, d'un dégoût si profond que son âme refusait d'être consolée. Le dégoût l'avait pour ainsi dire absorbé; il était plongé d'une manière irréparable dans un abîme de tristesse ; il refusait toute consolation : que lui restait-il donc de ressource ?

6. La consolation lui est venue; voyez d'où elle lui est venue. N'avait-il pas attendu quelqu'un qui partageât sa tristesse, et cela sans le trouver (*Ps.*, LXVIII, 21)? Car de quel côté pouvait-il

---

mus. Jam nos habemus, quem non habent infideles : sed nondum habent fideles, quem Angeli habent : tunc autem habebunt, « cum erunt æquales Angelis Dei (*Matth.*, XXII, 30), » quod illis in resurrectione promissum est. In hac ergo jam die, et adhuc nocte, nocte in comparatione futuri diei quem desideramus, die in comparatione præteritæ noctis cui renuntiavimus : in hac ergo, inquam, nocte Deum requiramus manibus nostris. Non cessent opera, quæramus Deum, non sit inane desiderium. Si in via sumus, sumtus erogemus, ut pervenire possimus. Manibus quæramus Deum. Et si nocte quærimus quem manibus quærimus, non decipimur; quia « coram ipso » quærimus. Quid est, « coram ipso? » Nolite facere justitiam vestram coram hominibus, ut videamini ab eis ; alioqui non habebitis mercedem apud Patrem vestrum (*Matth.*, VI, 1). » Cum ergo facis eleemosynam, ait, (manus illæ sunt quærentes Deum,) noli tubicinare ante te, sicut hypocritæ faciunt; sed sit eleemosyna tua in occulto ; et Pater tuus qui videt in occulto, reddet tibi (*Ibid.*, II, 7 et 4). Ergo, « Manibus meis nocte coram eo, et non sum deceptus. »

3. Quanta tamen iste Idithun pertulerit in hac terra, et in hac nocte, et quomodo habuerit quodam modo transiliendi necessitatem impugnantibus atque pungentibus deorsum tribulationibus, ut necesse fuerit transilire, intentissime audiamus. « Negavit (*a*) consolari anima mea (*Ps.*, LXXVI, 3). » Tantum tædium hic me occupavit, ut contra omnem consolationem clauderet se anima mea. Huic tali unde tædium ? Fortasse quia vinea grandinata est, aut quia olea non provenit, aut quia vindemia a pluvia intercepta est ? Unde huic tædium ? Audi hoc ex alio Psalmo. Ipsius enim et ibi vox est : « Tædium detinuit me, a peccatoribus relinquentibus legem tuam (*Psal.*, CXVIII, 53). » Tanto ergo tædio de hujusmodi malo affectum se iste dicit, ut negaret consolari animam ipsius. Prope absorbuerat eum tædium, tristitiaque eum omnino irreparabiliter merserat, negat se consolari. Quid igitur restabat ?

(*a*) Sic melioris notæ MSS. At editi, *Negavi consolari animam meam.*

se tourner pour chercher des consolations, lui qui était en proie au dégoût que lui causait l'abandon de la loi divine par tant de pécheurs ? Où aller ? Vers quelque homme de Dieu ? Déjà peut-être il avait éprouvé au sujet de plusieurs de ces hommes de grandes afflictions, que son espoir de trouver en eux quelque joie avait rendues plus vives. Car quelquefois des hommes paraissent justes et l'on se réjouit de leur justice ; on doit en effet s'en réjouir, parce que la vraie charité suppose cette joie : mais si, par hasard, celui de la vertu de qui on s'est réjoui vient à tomber dans quelque faute, comme cela n'arrive que trop souvent, autant on avait éprouvé de joie, autant on est frappé de douleur ; de sorte qu'à l'avenir on craindra de donner cours à sa joie, ou craindra de se laisser aller à l'allégresse, de peur d'être d'autant plus accablé par le chagrin, s'il survient quelque mal, qu'on se sera d'abord plus amplement réjoui. Par conséquent, frappé de nombreux scandales, qui ont été pour lui comme autant de blessures, Idithun s'est fermé à toute consolation humaine ; son âme a refusé d'être consolée. Et pourtant d'où vient qu'il vit ? D'où vient qu'il respire ? « Je me suis souvenu de Dieu et j'ai été rempli de joie (*Ibid.*, 4). » Ses mains n'ont point travaillé en vain ; elles ont trouvé le grand consolateur. Ce n'est point en se reposant qu'il en est arrivé à dire : « Je me suis souvenu de Dieu et j'ai été rempli de joie (*Ibid.*). » Il doit donc glorifier Dieu, dont le souvenir l'a comblé de joie, l'a consolé dans sa tristesse, et l'a en quelque sorte créé de nouveau, alors qu'il désespérait de son salut ; il doit glorifier Dieu. C'est pourquoi, se sentant consolé, il continue et s'écrie : « J'ai parlé sans mesure (*Ibid.*). » Le souvenir de Dieu m'a consolé, et dans ma joie « j'ai parlé sans mesure. » Que signifie « j'ai parlé sans mesure ? » Je me suis livré à la joie et à l'allégresse en parlant. On appelle, en effet, grands parleurs, et vulgairement bavards, ceux qui dans un accès de joie ne peuvent ni ne veulent se taire. Tel est devenu Idithun. Et que dit-il ensuite ? « Et mon esprit est tombé dans l'abattement (*Ibid.*). »

7. Il avait d'abord séché d'ennui et de dégoût ; puis le souvenir de Dieu l'avait réjoui ; enfin, à force de parler, il s'était senti défaillir de nouveau. Que dit-il alors ? « Tous mes ennemis m'ont prévenu par leurs veilles (*Ibid.*, 5). » Tous mes ennemis ont veillé contre moi, ont veillé plus que moi, ont pris les devants sur moi par leur vigilance. En quel endroit ne tendent-ils pas leurs pièges ? Mes ennemis ne m'ont-ils pas tous prévenu par leurs veilles ?

6. *Primo vide unde consoletur.* « Nonne sustinuerat qui simul contristaretur, et non invenerat ? Quo enim se verteret ad consolationem, quem occupaverat tædium de peccatoribus relinquentibus legem Dei ? Quo se verteret ? Ad hominem Dei quemlibet ? In multis jam forte iste expertus erat magnam tribulationem, (*a*) quo magis de illorum aliqua delectatione præsumserat. Videntur enim aliquando justi homines, et gaudetur ad eos : et necesse est, ut gaudeatur ; quoniam caritas sine gaudio talis esse non potest : in his autem in quibus gavisus est homo, si forte aliquid pravum contigerit, quomodo sæpe contingit, quanta lætitia ibi erat, tantus mæror accedit ; ita ut postea jam timeat homo laxare habenas gaudiorum, timeat se lætitiæ committere, ne quanto magis lætatus fuerat, tanto amplius si aliquid contigerit, contabescat. Percussus ergo scandalis abundantibus quasi multis vulneribus, clausit se contra humanam consolationem, et negavit consolari anima ipsius. Et unde vita ? unde respiratio ? « Memor fui Dei, et delectatus sum (*Ps.*, LXXVI, 4). » Non frustra manus operatæ fuerant, invenerant magnum consolatorem. Non quiescendo « memor fui Dei, et delectatus sum. » Prædicandus igitur est Deus, cujus iste memor factus delectatus est, et consolatus in quadam tristitia, et quodam modo salute desperata recreatus : prædicandus est Deus. Denique, quod consolatus est iste, secutus ait, « Garrivi. » In ipsa consolatione memor factus Dei, delectatus garrivi. Quid est, « garrivi ? » Lætatus sum, exsultavi loquendo. Garruli enim proprie dicuntur, qui a vulgo verbosi appellantur, accedente lætitia nec valentes nec volentes tacere. Factus est iste talis. Et rursus quid ait ? « Et defecit spiritus meus. »

7. Tædio contabuerat, recolendo Deum delectatus fuerat, rursus garriendo defecerat : quid sequitur ? « Anticipaverunt vigilias omnes inimici mei (*Ibid.*, 5). » Vigilaverunt super me omnes inimici mei ; plus me vigilaverunt ; vigilando præoccupaverunt me.

(*a*) Plerique MSS. *quia magis de illorum aliqua dilectione præsumserat.*

Mais quels sont ces ennemis, sinon ceux dont l'Apôtre a dit : « Vous n'avez pas à lutter contre la chair et le sang; mais contre les principautés et les puissances et contre les directeurs de ce monde de ténèbres, contre les esprits de malice répandus dans l'air (*Éphés.*, VI, 12). » C'est donc l'inimitié du démon et de ses anges que nous avons à soutenir. L'Apôtre les a nommés les directeurs de ce monde parce qu'ils régissent ceux qui aiment le monde; en effet, ils ne régissent pas le monde, comme s'ils étaient les directeurs du ciel et de la terre; mais, par le monde, l'Apôtre entend les pécheurs, comme en ce passage : « Et le monde ne l'a pas connu (*Jean*, I, 10). » Ils régissent donc le monde qui ne connaît pas le Christ. C'est contre eux que nous avons des inimitiés qui ne finiront pas. Quelles que soient vos inimitiés contre un homme, vous pensez à y mettre fin, soit qu'il vous donne satisfaction, s'il vous a lésé, soit que vous lui donniez satisfaction si vous l'avez lésé, soit enfin par une mutuelle satisfaction, si vous vous êtes lésés de part et d'autre : vous travaillez donc à amener la réparation et la concorde; mais avec le démon et ses anges, il ne saurait y avoir de concorde. Ils nous envient le royaume des cieux. Ils ne peuvent en aucune sorte s'adoucir à notre égard, parce que « tous mes ennemis, dit le Psalmiste, m'ont prévenu par leurs veilles (*Ps.*, LXXVI, 5). » Ils ont été plus vigilants pour me tromper que moi pour me garder. « Tous mes ennemis m'ont prévenu par leurs veilles (*Ibid.*). » Comment, en effet, ne l'auraient-ils pas prévenu par leurs veilles, eux qui partout lui ont dressé des embûches et tendu des pièges? Le dégoût a-t-il envahi votre cœur, il est à craindre que la tristesse ne l'absorbe; êtes-vous dans la joie, il est à craindre qu'en parlant sans mesure vous ne sentiez votre esprit défaillir. « Tous mes ennemis m'ont prévenu par leurs veilles (*Ibid.*). » D'ailleurs, dans vos paroles trop abondantes, où vous ne gardez point de mesure, parce que vous vous croyez en sécurité, combien de choses dont vos ennemis peuvent s'emparer, qu'ils peuvent reprendre, et qui serviront de prétextes pour leurs accusations et leurs calomnies! Il a dit ceci, il a pensé cela; il a parlé de cette manière. Que peut faire un homme en cette circonstance, sinon ce qui suit : « J'ai été troublé et j'ai gardé le silence (*Ibid.*). » Il a donc été troublé; et de peur que ses ennemis, plus vigilants que lui, ne vinssent à chercher et à trouver dans son langage peu mesuré des occasions de le calomnier, il a cessé de parler. Cependant jamais Idithun ne voudrait cesser d'agir; et s'il s'est abstenu de ce langage immodéré, dans lequel s'était peut-être glissé le désir de plaire aux

---

Ubi non muscipulas ponunt? Nonne vigilias (a) omnes anticipaverunt inimici mei? Qui sunt enim isti inimici, nisi illi de quibus dicit Apostolus, « Non est vobis colluctatio adversus carnem et sanguinem, sed adversus principatus, et potestates, et rectores mundi tenebrarum harum, adversus spiritalia nequitiæ in cœlestibus (*Ephes.*, VI, 12)? » Ergo adversus diabolum et angelos ejus inimicitias exercemus. Rectores eos mundi dixit, quia ipsi regunt dilectores mundi. Non enim regunt mundum, quasi rectores sint cæli et terræ : sed mundum peccatores dicit. « Et mundus eum non cognovit (*Johan.*, I, 10). » Talem mundum illi regunt, qui non cognoscit Christum. Contra hos habemus inimicitias perpetuas. Denique quaslibet habeas inimicitias adversus hominem, cogitas finire, sive illius satisfactione, si ipse te læsit; sive tua, si tu læsisti; sive alterutrius, si vos invicem læsistis; laboras satisfacere et concordare : cum diabolo autem et angelis ejus nulla concordia est. Ipsi nobis invident regnum cœlorum. Mitescere omnino erga nos non possunt : quia « anticipaverunt vigilias omnes inimici mei. » Plus illi vigilaverunt ad decipiendum, quam ego ad custodiendum me. « Anticipaverunt vigilias omnes inimici mei. » Quomodo enim non anticipaverunt vigilias, qui ubique scandala, ubique muscipulas posuerunt? Tædium inest cordi, metuendum est ne absorbeat tristitia : in lætitia metuendum est ne garriendo deficiat spiritus tuus : « Anticipaverunt vigilias omnes inimici mei. » Denique in ipsa garrulitate, dum loqueris, et securus loqueris, quanta plerumque inveniuntur, quæ velint tenere inimici et reprehendere, unde velint etiam criminari et calumniari, Hoc dixit, illud sensit, hoc locutus est? Quid faciat homo, nisi quod sequitur? « Conturbatus sum, et non sum locutus. » Conturbatus ergo, ne in ejus garrulitate inimici anticipantes vigilias, calumnias quærerent et invenirent, non est locutus.

(a) Sic in MSS. At in editis, *anticipaverunt omnes* : et apud LXX, est πάντες, genere et casu concordans cum ἐχθροὶ ἱnimici.

hommes, il ne s'est cependant pas arrêté ; il n'a pas cessé de travailler à franchir aussi cet obstacle. Et que dit-il ?

8. « J'ai pensé aux anciens jours (*Ibid.*, 6). » Comme un homme qui a été maltraité au dehors, il s'est retiré en lui-même ; et là, dans le secret de son esprit, il agit. Que fait-il ? Il nous le dit : « J'ai pensé aux anciens jours. » Pensée salutaire pour lui ! Examinez, je vous prie, à quoi il s'occupe. Il est rentré en lui-même, et il pense aux anciens jours. Nul ne lui dit : vous avez mal parlé. Nul ne lui dit : vous avez eu des sentiments coupables. Qu'il reste donc calme en son cœur, avec l'aide de Dieu ; qu'il se souvienne des anciens jours et nous dise ensuite ce qu'il a fait dans le secret de son âme, jusqu'où il est parvenu, ce qu'il a franchi, où il est resté. « J'ai pensé aux anciens jours et je me suis souvenu des années éternelles (*Ibid.*).» Quelles sont les années éternelles ? Grand sujet de méditation ! Voyez si cette méditation n'exige pas le silence le plus profond ? Que celui-là se mette à l'abri de toute agitation du dehors, et qu'il se sépare en lui-même de tout tumulte des des choses humaines, qui veut méditer sur les années éternelles. Est-ce que les années pendant lesquelles nous vivons, ou celles pendant lesquelles ont vécu nos ancêtres, ou celles pendant lesquelles vivront nos descendants, sont les années éternelles ? A Dieu ne plaise, qu'on le pense ! Que reste-t-il en effet, de ces années ? Voilà qu'en parlant nous disons, Cette année, et qu'y a-t-il en notre pouvoir de cette année, si ce n'est le seul jour où nous sommes ? Car les jours antérieurs de cette année sont déjà écoulés, nous ne les possédons plus ; quant aux jours à venir, ils n'existent pas encore. Nous ne sommes que dans un jour et nous disons, cette année ; dites donc, aujourd'hui, si vous voulez parler au présent. Car de toute cette année que possédez-vous comme temps présent ? Tout ce qui est passé de cette année n'est déjà plus, et tout ce qui est à venir n'est pas encore : comment donc osez-vous dire, cette année ? Corrigez votre langage, dites, aujourd'hui. Vous avez raison ; je dirai désormais, aujourd'hui. Mais réfléchissez encore à ceci : les premières heures de cette journée sont déjà dans le passé, et les heures à venir n'existent pas encore. Corrigez donc encore votre langage et dites, A cette heure. Et de cette heure, qu'avez vous en votre pouvoir ? Plusieurs instants sont déjà aussi dans le passé : et ceux qui doivent venir n'existent pas encore. Dites donc, en ce moment. Mais quel moment ? Tandis que je prononce des mots de deux syllabes, l'une ne résonne pas encore que l'autre est déjà passée : enfin dans une syllabe même, ne fût-elle composée que de deux lettres, la seconde ne résonne pas que la première ne soit tombée dans le passé. Que possédons-nous donc de ces sortes d'années ? Ces années sont sujettes au changement ; il faut penser à des années

---

Numquam tamen iste transiliens cessaret in se : et si forte a garrulitate cessavit, qua subrepserat ei de ipsa locutione placere hominibus ; non tamen destitit, non cessavit ut conaretur et hoc ipsum transcendere. Et quid dicit?

8. « Cogitavi dies antiquos (*Ps.*, LXXVI, 6). » Jam iste velut qui vapulaverat foris, tulit se intro : in secretario suæ mentis agit. Et quid ibi agat dicat nobis : « Cogitavi dies antiquos. » Bene est illi. Videte quæ cogitat, rogo vos. Intus est, apud se cogitat dies antiquos. Nemo illi dicit, Male dixisti : nemo illi dicit, Multum locutus es : nemo illi dicit, Perverse sensisti. Ita sit et bene secum, adjuvet Deus : cogitet dies antiquos, et dicat nobis in ipso interiore cubiculo suo quid egerit, quo pervenerit, quid transilierit, ubi manserit : « Cogitavi dies antiquos ; et annorum æternorum memor fui. » Qui sunt anni æterni? » Magna cogitatio. Videte si vult ista cogitatio, nisi magnum silentium. Ab omni forinsecus strepitu, ab omni rerum humanarum tumultu intus requiescat, qui cogitare vult annos istos æternos. Numquid anni in quibus sumus, æterni sunt, aut in quibus fuerunt majores nostri, aut in quibus futuri sunt posteri nostri? Absit ut æterni existimentur. Quid enim de his annis manet? Ecce loquendo dicimus, Hoc anno : et quid tenemus de hoc anno, præter unum diem in quo sumus? Nam superiores dies anni hujus jam transierunt, nec tenentur ; futuri autem nondum venerunt. In uno die sumus, et dicimus, Hoc anno : immo dic, Hodie, si aliquid vis præsens dicere, Nam de toto anno quid præsens tenes? Quidquid de illo præteritum est, jam non est ; quidquid de illo futurum est, nondum est : quomodo, Hoc anno? Corrige locutionem : Hodie, dic. Verum dicis, Hodie, jam dicam. Rursus et hoc attende, quod hodie horæ matutinæ jam transierunt, horæ futuræ nondum venerunt. Et hoc ergo corrige : Hac hora, dic, Et de ista hora quid tenes? Momenta ejus

éternelles, à des années stables, qui ne sont pas composées de jours qui viennent et qui s'en vont, à ces années donc l'Écriture dit, en s'adressant à Dieu : « Mais vous, vous êtes toujours le même et vos années n'auront pas de fin (*Ps.*, CL, 28). » Idithun a donc médité sur les années éternelles, non au dehors dans son langage immodéré, mais dans le silence : « Et je me suis souvenu des années éternelles (*Ps.*, LXXVI, 6). »

9. « Et j'ai médité, pendant la nuit, avec mon cœur (*Ibid.*, 7). » Personne ne cherche ici à le calomnier et à le surpendre dans ses paroles ; il a médité dans son propre cœur. « Je parlais sans mesure (*Ibid.*). » C'est la même chose que tout à l'heure ; prenez garde que votre esprit ne vienne de nouveau à défaillir. Non, dit-il, je ne parlais pas sans mesure de la même façon qu'au dehors de moi-même ; je parlais d'une autre manière. Comment donc parle-t-il maintenant ? « Je parlais et je sondais mon esprit (*Ibid.*). » S'il se mettait à sonder la terre, pour y trouver des filons d'or, nul ne l'accuserait de folie ; beaucoup d'hommes, au contraire, l'estimeraient comme sage de vouloir arriver à découvrir de l'or : combien de trésors l'homme renferme en lui-même, sans les rechercher ! Idithun sondait son esprit, parlait avec son esprit, se livrait sans mesure à cet entretien intérieur. Il s'interrogeait, il s'examinait ; il était son juge au dedans de lui-même. « Je sondais mon esprit (*Ibid.*). » Il est à craindre maintenant qu'il ne reste dans son esprit, sans vouloir en sortir. En effet, il a parlé au dehors, et comme tous ses ennemis l'ont emporté sur lui en vigilance, il a trouvé la tristesse, et son esprit a défailli : mais voici qu'après avoir parlé sans mesure au dehors, il s'est mis à parler au dedans de lui-même avec le même abandon, mais aussi avec sécurité, et seul, dans le silence extérieur, il a médité les années éternelles. « Et je sondais mon esprit (*Ibid.*), » dit-il. Il est donc à craindre qu'il ne reste enfoncé dans son esprit et qu'il ne veuille pas le franchir. Déjà cependant il fait mieux qu'il ne faisait précédemment au dehors, c'est déjà s'être avancé un peu. Voyons de ce pas où il est arrivé. En effet, il ne cesse de s'avancer jusqu'à ce qu'il parvienne « à la fin, » selon le titre du Psaume. « Je parlais, dit-il, et je sondais mon esprit (*Ibid.*). »

10. Et qu'avez-vous trouvé ? « Dieu ne me repoussera pas éternellement (*Ibid.*, 8). » Dans cette vie, il avait trouvé le dégoût ; nulle part il n'avait trouvé une consolation sûre, une consolation durable. Quels que fussent les hommes

---

quædam jam transierunt, quæ futura sunt nondum venerunt. Hoc momento ? de. Quo momento ? Dum syllabas loquor, si duas syllabas dicam, altera non sonat, nisi cum illa transierit : ipsa denique una syllaba, si duas litteras habeat, non sonat posterior littera, nisi prior abierit. Quid ergo tenemus de his annis ? Anni isti mutabiles sunt : anni æterni cogitandi sunt, anni qui stant, qui non venientibus et abeuntibus diebus peraguntur ; anni de quibus alio loco Scriptura dicit Deo, « Tu autem idem ipse es, et anni tui non deficient (*Psal.*, CI, 28). » Hos annos, iste transiliens, non in garrulitate forinsecus, sed in silentio cogitavit. « Et annorum æternorum memor fui. »

9. « Et meditatus sum nocte cum corde meo (*Ibid.*, 7.). » (a) Nemo illi calumniosus tendiculas verborum requirit, in corde suo meditatus est. « Garriebam. » Ecce est illud garrire. Observa iterum, ne deficiat spiritus tuus. Non, inquit : non sic garriebam quasi foris : alio modo nunc. Quomodo nunc ? « Garriebam, et scrutabar spiritum meum. » Si scrutaretur iste terram, ut venas auri inveniret, nemo cum desipere diceret ; immo sapientem multi dicerent, qui vellet ad aurum pervenire : quanta homo habet intus, et non fodit ? Scrutabatur iste spiritum suum, et cum ipso spiritu suo loquebatur, et in ipsa locutione garriebat. Seipsum interrogabat, seipsum examinabat, in se judex erat. Et sequitur : « Scrutabar spiritum meum. » Timendum ne in ipso spiritu suo remaneat : garrivit enim foris ; et quia anticipaverunt vigilias omnes inimici ejus, invenit ibi tristitiam, et defecit spiritus ejus. Qui garriebat foris, ecce cœpit intus garrire securus, ubi solus in silentio cogitat annos æternos. « Et perscrutabar, inquit, spiritum meum. » Et hic timendum ne in spiritu suo remaneat, et non sit transiliens. Jam tamen melius agit, quam foris agebat. Transcendit aliquid : et hinc videamus quo. Non enim cessat iste transiliens, donec veniat in finem, unde habet titulum Psalmus. « Garriebam, inquit, et scrutabar spiritum meum. »

10. Et quid invenisti ? « Non in æternum repel-

(a) Regius MSS. *Ne enim ille calumniosus* (forte *calumniosus*) *tendiculas verborum requireret.*

qu'il considérait, il trouvait ou craignait de trouver en eux quelque piége. Il n'était donc en sûreté nulle part. Se taire était un mal pour lui, car il eût pu taire de bonnes choses : parler et se répandre au dehors en paroles était aussi un mal, car ses ennemis pouvaient l'emporter sur lui en vigilance, et chercher dans ses paroles des prétextes pour le calomnier. Violemment tourmenté en cette vie, il a beaucoup médité sur une autre vie où ces tentations n'existent plus. Et quand y parvient-on? En effet, il n'est pas douteux que tout ce que nous souffrons ici-bas ne vienne de la colère de Dieu. Or, il est dit au livre d'Isaïe : « Je ne me vengerai pas éternellement sur vous et je ne serai pas toujours irrité contre vous. » Le Seigneur en donne le motif : « Car les esprits sont sortis de moi, et c'est moi qui ai créé les âmes. » « Je l'ai attristé un peu à cause de son péché, je l'ai frappé et j'ai détourné ma face de lui : et il s'en est allé tout triste, et il a marché dans ses propres voies (*Is.*, LVII, 16 et 17). » Mais quoi, cette colère de Dieu durera-t-elle toujours ? Ce n'est point là ce qu'Idithun a trouvé dans le silence de sa méditation. Que dit-il en effet? « Dieu ne me repoussera pas éternellement, et ne persistera pas à se complaire ainsi (*Ps.*, LXXVI, 8); » c'est-à-dire, il ne persistera pas à se complaire à nous rejeter, et à nous repousser éternellement. Il est nécessaire qu'il rappelle à lui ses serviteurs ; il est nécessaire qu'il reçoive les fugitifs qui reviennent au Seigneur ; il est nécessaire qu'il écoute la voix de ceux qui sont dans les fers. « Dieu ne me repoussera pas éternellement et ne persistera pas à se complaire ainsi (*Ibid.*). »

11. « Ou Dieu renoncera-t-il à sa miséricorde, de génération en génération, jusqu'à la fin? Ou Dieu oubliera-t-il d'avoir pitié de nous (*Ibid.* 9 et 10) ? » Il n'y a en vous ou de vous aucune sorte de miséricorde envers le prochain que Dieu ne vous l'ait donnée, et Dieu lui-même oublierait sa miséricorde? Le ruisseau coule, la source elle-même serait à sec ? « Ou Dieu oubliera-t-il d'avoir pitié de nous? Ou, dans sa colère, réprimera-t-il sa miséricorde (*Ibid.* 10) ? » C'est-à-dire, Dieu sera-t-il assez irrité pour n'avoir aucune pitié? Il réprimera plus facilement sa colère que sa miséricorde. C'est ce qu'il avait dit par la voix d'Isaïe : « Je ne me vengerai pas éternellement de vous, et je ne serai pas toujours irrité contre vous (*Is.*, LVII, 16.). » Et après avoir dit : « Il s'en est allé tout triste, et il a marché dans ses propres voies, » le Seigneur ajoute : « J'ai vu ses voies et je l'ai guéri (*Ibid.* 18). » Dès qu'Idithun a su cela, il s'est élancé au-dessus de lui-même, et s'est réjoui en Dieu, afin de demeurer en Dieu et de parler davantage des œuvres divines. Il ne reste plus dans

---

let Deus (*Ibid.*, 8). » Tædium invenerat in hac vita; nusquam fidam, nusquam securam consolationem. Ad quoscumque homines intendebat, scandalum in eis inveniebat, aut timebat. Nusquam ergo securus. Tacere illi malum erat, ne sileret a bonis : loqui et foris garrire molestum erat, ne anticipantes vigilias omnes inimici ejus, calumnias inquirerent in verbis ejus. Angustatus in hac vita vehementer, multum de vita alia cogitavit, ubi ista non sit tentatio. Et quando illuc pervenitur? Non enim non constat, quia quod hic patimur, ira Dei est. Dicitur hoc in Isaia, « Non in æternum vindex in vobis ero, neque per omne tempus irascar vobis (*Isai*, LVII, 16 et 17).» Et dicit quare : « Spiritus enim a me procedet, et omnem flatum ego feci. Propter peccatum paululum quid contristavi eum, et percussi eum, et averti faciem meam ab illo; et abiit tristis, et ambulavit vias suas (*Ibid.*). » Quid ergo, hæc ira Dei semper erit? Non hoc invenit iste in silentio. Quid enim dicit? « Non in æternum repellet Deus : et non apponet ultra ut beneplaceat ei adhuc. » Id est, ut beneplaceat ei adhuc repellere, et in æternum repellere non apponet. Necesse est ut revocet ad se servos suos, necesse est ut recipiat fugitivos redeuntes ad Dominum, necesse est ut exaudiat vocem compeditorum. « Non in æternum repellet Deus ; et non apponet ultra ut beneplaceat ei adhuc. »

11. « Aut in finem misericordiam (*a*) abscidet a generatione in generationem ; aut obliviscetur misereri Deus (*Ps.*, LXXVI, 9 et 10) ? » In te, o te, in alterum nulla est misericordia, nisi cam tibi Deus donet : et ipse Deus obliviscetur misericordiam? Rivus currit : fons ipse siccabitur ? « Aut obliviscetur misereri Deus ; aut continebit in ira miserationes suas ? » Id est, sic irascetur, ut non misereatur? Facilius ille iram, quam misericordiam continebit. Hoc et per Isaiam dixerat : « Non in æternum vindex in vobis ero, neque per omne

---

(*a*) Editi, *misericordiam suam* : et in subsequente versiculo, *in ira sua*. At meliores MSS. juxta LXX, non addunt *suum*, nec *sua*.

son esprit, il ne reste plus dans ce qu'il était lui-même, il est tout entier dans celui par qui il a été fait. Il sort donc de lui et il continue à monter. Voyez-le s'avancer; voyez s'il s'arrêtera quelque part, avant d'être arrivé jusqu'à Dieu.

12. « Et j'ai dit (*Ibid.*, 19). » Sortant ainsi de lui-même qu'a-t-il dit ? « Maintenant j'ai commencé (*Ibid.*). » Maintenant que je suis sorti de moi-même, j'ai commencé. Désormais il n'y a plus aucun danger, car tout le danger était de rester en moi. « Et j'ai dit : maintenant j'ai commencé, et ce changement vient de la droite du Très-Haut (*Ibid.*). » Voilà que le Très-Haut a commencé à me changer ; voilà que j'ai pris possession d'un lieu où je serai en sûreté ; voilà que je suis entré dans un palais où se trouve le bonheur, et où nul ennemi n'est à craindre ; voilà que j'ai commencé à habiter cette région où la vigilance de mes ennemis ne l'emportera pas sur moi ; « maintenant j'ai commencé. C'est la droite de Dieu qui a opéré ce changement. »

13. « Je me suis souvenu des ouvrages du Seigneur. » Voyez-le maintenant marcher au milieu des ouvrages du Seigneur. En effet, il parlait sans mesure au dehors, et son esprit contristé avait défailli ; il a parlé intérieurement avec son cœur et avec son esprit, et ayant sondé ce même esprit il s'est souvenu des années éternelles ; il s'est souvenu de la miséricorde du Seigneur qui ne le repoussera pas éternellement, et il a commencé à se réjouir en toute sécurité dans les ouvrages de Dieu, et à s'y livrer sans aucune crainte à l'allégresse. Écoutons donc quelles sont ces œuvres et réjouissons-nous aussi, mais par les affections de notre cœur, et ne nous réjouissons pas de biens temporels. Nous avons aussi notre cellule intérieure : pourquoi n'y entrons-nous pas ? Pourquoi ne point y agir dans le silence ? Pourquoi ne sondons-nous pas notre esprit ? Pourquoi ne méditons-nous pas sur les années éternelles ? Pourquoi ne pas nous réjouir dans les ouvrages de Dieu ? Écoutons donc maintenant Idithun et réjouissons-nous à sa parole ; de manière qu'au sortir de cette église nous fassions encore ce que nous faisions en écoutant sa parole, si toutefois nous commençons comme il l'a fait lui-même, en disant : « J'ai commencé maintenant (*Ibid.*, 11). » Or, vous réjouir dans les œuvres de Dieu, c'est vous oublier vous-même, et chercher en lui seul, si vous le pouvez, toutes vos délices. Qu'y a-t-il en effet de meilleur que lui ? Ne voyez-vous pas qu'en revenant à vous-même, vous revenez à moins bon que lui ? « Je me suis souvenu des ouvrages du Seigneur ; c'est pourquoi je me souviendrai des merveilles que

---

tempus irascar vobis (*Isai*, LVII, 16). » Hoc et postea quam dixit, « Abiit tristis, et ambulavit vias suas (*Ibid.*, 17) ? » « Vias, inquit, ejus vidi, et sanavi eum (*Ibid.*, 18). » Hoc ubi cognovit iste, transcendit et se, delectatus in Deo, ut ibi esset, et in ejus operibus magis garriret ; non in spiritu suo, non in eo quod erat, sed in eo a quo factus erat. Et hinc ergo transiliens transcendit. Videte transilientem, videte si remaneat alicubi quo usque perveniat ad Deum.

12. « Et dixi (*Ps.*, LXXVI, 11). » Jam seipsum transiliens, quid dixit ? « Nunc cœpi : » cum excessissem et me. « Nunc cœpi. » Hic jam nullum periculum est : nam et in meipso remanere, periculum fuit. « Et dixi, Nunc cœpi : hæc est immutatio dexteræ Excelsi. » Modo me cœpit mutare Excelsus ; modo cœpi aliquid, ubi securus sim ; modo intravi aliquam (*a*) aulam gaudiorum, ubi nullus timeatur inimicus : modo cœpi esse in ea regione, ubi non anticipent vigilias omnes inimici mei. « Nunc cœpi : hæc est immutatio dexteræ Excelsi. »

13. « Memor fui operum Domini (*Ps.*, LXXVI, 12), » Jam videte illum spatiari in operibus Domini. Garriebat enim foris, et contristatus inde defecit spiritus ejus ; garrivit intus cum corde suo, et cum spiritu suo, et perscrutatus eumdem spiritum suum, memor fuit annorum æternorum, memor fuit misericordiæ Domini, quia non repellet Dominus in æternum ; et cœpit jam in ejus operibus securus gaudere, securus exsultare. Audiamus jam opera ipsa, et exsultemus et nos. Sed affectibus etiam nos transiliamus, nec ad temporalia gaudeamus. Habemus enim et nos cubile nostrum. Quare non illuc intramus ? quare non in silentio agimus ? quare non spiritum nostrum perscrutamur ? quare annos æternos non cogitamus ? quare in operibus Dei non lætamur ? Sic nunc audiamus, et ipso dicente delectemur ut etiam cum hinc abierimus, faciamus quod ipso loquente faciebamus ; si tamen facimus cœptum ipsius quod dixit, « Nunc cœpi. » Gaudere in operibus Dei, est oblivisci et te, si potes illo solo delectari. Quid enim melius illo ? Non vides, quia cum ad te redis, in deteriorem redis ? « Memor fui operum

(*a*) Probæ notæ MSS. *auram*.

vous avez accomplies dès le commencement (*Ibid.*, 12). »

14. « Et je méditerai sur tous vos ouvrages, et je parlerai sans mesure selon vos affections (*Ibid.*, 13). » Pour la troisième fois le Prophète se sert du mot parler sans mesure. Il a parlé sans mesure des ouvrages de Dieu, lorsqu'il est parvenu au point vers lequel il s'avançait. « Et je parlerai sans mesure selon vos affections (*Ibid.*), » et non selon les miennes. Qui vit sans affections ? Et pensez-vous, mes frères, que ceux qui craignent Dieu, qui adorent Dieu, qui aiment Dieu, soient dénués d'affections? Croirez-vous réellement, oserez-vous croire qu'un tableau, un théâtre, la chasse aux bêtes fauves ou aux oiseaux, la pêche, excitent des affections, et que les ouvrages de Dieu n'en excitent pas ? Croirez-vous que la contemplation de Dieu n'excite point d'affections intérieures, lorsque l'on considère le monde, lorsqu'on a devant les yeux le spectacle des choses de la nature, lorsqu'on en cherche l'ouvrier et qu'on trouve celui qui jamais ne déplaît, et qui plaît sur toutes choses ?

15. « O Dieu, votre voie est dans celui qui est saint (*Ibid.*, 14). » Idithun considère ici les œuvres de la miséricorde de Dieu à notre égard, il en parle, et il tressaille dans ses affections. Il s'écrie d'abord : « Votre voie est dans celui qui est le Saint. » « Je suis, dit le Seigneur, la voie, la vérité et la vie (*Jean*, v, 6). » Sortez donc, ô hommes, de vos affections mauvaises ? Où allez-vous ? Où courez-vous? Où fuyez-vous, non-seulement loin de Dieu, mais encore loin de vous-mêmes ? Rentrez, violateurs de la loi, rentrez dans votre cœur (*Isaïe*, XLVI, 8) ; sondez votre esprit, rappelez-vous les années éternelles, obtenez miséricorde de la part de Dieu, et contemplez les œuvres de cette miséricorde : « Sa voie est dans celui qui est le Saint (*Ps.*, LXXVI, 14). » « Enfants des hommes, jusques à quand votre cœur sera-t-il appesanti ? » Que cherchez-vous dans vos affections ? « Pourquoi aimez-vous la vanité et vous attachez-vous au mensonge ? Sachez que le Seigneur a glorifié celui qui est son Saint (*Ps.*, IV, 3, 4). » Sa voie est dans celui qui est le Saint (*Ps.*, LXXVI, 14). Portons donc sur lui notre attention. Portons notre attention sur le Christ : c'est en lui qu'est la voie de Dieu. « O Dieu, votre voie est dans celui qui est saint. Quel Dieu est grand comme notre Dieu (*Ibid.*)?» Les nations portent leurs affections sur leurs dieux ; elles adorent des idoles qui ont des yeux et ne voient pas, des oreilles et n'entendent pas, des pieds et ne marchent pas (*Ps.*, CXIII, 5, 7). Pourquoi marchez-vous vers un dieu qui ne marche pas? Mais, répond le païen, ce n'est pas l'idole que j'adore. — Et qu'adorez-vous donc ? — La divinité qui y est renfermée. — As-

---

Domini : quia memor ero ab initio mirabilium tuorum. »

14. « Et meditabor in omnibus operibus tuis, et in affectionibus tuis garriam (*Ps.*, LXVI, 6). » Ecce tertium garrire. Garrivit foris, quando defecit ; garrivit in spiritu suo intus, quando profecit ; garrivit in operibus Dei, quando pervenit quo profecit. « Et in affectionibus tuis garriam : » non in affectionibus meis. Quis vivit sine affectionibus? Et putatis Fratres, quia qui Deum timent, Deum colunt, Deum diligunt, nullas habent affectiones ? Vere hoc putabis, et putare audebis, quod affectiones habeat tabula, theatrum, venatio, aucupium, piscatus, et non habeant opera Dei, et non habeat meditatio Dei interiores affectiones quasdam suas, cum inspicitur mundus, et ponitur ante oculos spectaculum naturæ rerum, et in his quæritur artifex, et invenitur nusquam displicens et super omnia placens.

15. « Deus in Sancto via tua (*Ibid.*, 14). » Inspicit jam opera misericordiæ Dei circa nos, ex his garrit, et in his affectionibus exsultat. Primo inde cœpit, « In Sancto via tua. » Quæ via tua in Sancto ? « Ego sum, inquit, via, veritas, et vita (*Johan.*, XIV 6). » Redite ergo homines ab affectionibus vestris. Quo itis ? quo curritis ? quo non solum a Deo, sed etiam a vobis fugitis ? « Redite prævaricatores ad cor (*Isai*, XLVI, 8) : » scrutamini spiritum vestrum, recolite annos æternos, invenite misericordiam Dei circa vos, adtendite opera misericordiæ ejus : In Sancto via ejus. « Filii hominum usque quo graves corde (*Psal.*, IV, 3) ? « Quid quæritis in affectionibus vestris ? « Ut quid diligitis vanitatem, et quæritis mendacium ? Et scitote quoniam magnificavit Dominus Sanctum suum (*Ibid.*, 4.) » « In Sancto via tua.» Ad ipsum ergo (*a*) adtendamus ; Christum adtendamus, ibi via ejus. « Deus in Sancto via tua. Quis Deus magnus, sicut Deus noster ? » Habent gentes affectiones circa deos suos, idola adorant ; oculos

---

(*a*) Sic plerique MSS. Alii quidam, *Ad ipsum ergo redeamus, Christum* etc. At editi, *Ad ipsum ergo adtendamus Christum*) *adtendamus ibi viam ejus.*

surément alors, vous adorez ce que dit ailleurs le Prophète : « Les démons sont les dieux des nations (*Ps.* XCVI, 5). » Vous adorez ou des idoles ou des démons. — Ni idoles, ni démons, dit un autre. — Et qu'adorez-vous ? — Les étoiles, le soleil, la lune, et les autres corps célestes. — Combien il vaut mieux adorer celui qui a fait et les choses terrestres et les choses célestes ! « Quel dieu est grand comme notre Dieu ? (*Ps.*, LXXVI, 44). »

16. « Vous êtes le Dieu qui seul fait des miracles (*Ibid.*, 15). » Vous êtes véritablement le Dieu grand, qui seul fait des miracles et dans le corps et dans l'âme. Les sourds ont entendu, les aveugles ont vu, les malades ont recouvré la santé, les morts sont ressuscités, les paralytiques ont repris vigueur. Mais ces miracles ne concernent que le corps ; voyons ceux qui concernent l'âme. Voici des hommes sobres qui peu auparavant étaient adonnés à l'ivrognerie ; voici des fidèles qui peu auparavant adoraient les idoles ; voici des hommes qui donnent leurs biens aux pauvres, et qui peu auparavant dérobaient le bien des autres. « Quel Dieu est grand comme notre Dieu ? Vous êtes le Dieu qui seul fait des miracles (*Ibid.*). » Moïse a fait des miracles, mais non point à lui seul : Elie en a fait, Elisée en a fait, les Apôtres en ont fait aussi ; mais nul d'eux n'en a fait à lui seul. Ils en ont fait, mais vous étiez avec eux, ô mon Dieu ; et quand vous en avez fait, ils n'étaient pas avec vous. Ils n'étaient pas avec vous, quand vous avez créé toutes choses, puisque vous les avez créés eux-mêmes. « Vous êtes le Dieu qui seul fait des miracles (*Ibid.*). » Que veut dire seul ? Est-ce le Père sans le Fils ? ou le Fils sans le Père ? C'est le Père, et le Fils et le Saint-Esprit. « Vous êtes le Dieu qui seul fait des miracles (*Ibid.*). » Car il n'y a pas trois dieux, mais un seul Dieu qui seul fait des miracles, et qui en fait même ici à l'égard d'Idithun. Car pour qu'Idithun s'avançât et parvînt au point où il est parvenu, il a fallu un miracle de Dieu. Quand il a parlé intérieurement avec son esprit, pour qu'il passât par-dessus son esprit et qu'il cherchât sa joie dans les ouvrages de Dieu, Dieu a fait un miracle. Quel miracle donc ? « Vous avez fait connaître parmi les peuples celui qui est votre vertu (*Ibid.*, 15). » C'est par ce moyen qu'a été formée cette congrégation que désignent les noms d'Asaph et d'Idithun, qui franchit tout obstacle pour arriver jusqu'à Dieu ; c'est parce que Dieu a fait connaître parmi les peuples celui qui est sa vertu. Quelle vertu a-t-il fait connaître parmi les peuples ? « Nous prêchons, » dit l'Apôtre, « le Christ crucifié, qui est, il est vrai, un scandale pour les Juifs et une folie pour les Gentils ; mais

---

habent, et non vident ; aures habent, et non audiunt ; pedes habent, et non ambulant (*Psal.*, LXIII, 5). » Quid ambulas ad deum qui non ambulat ? Non, inquit, ea colo. Et quid colis ? Numen quod ibi est ? Certe hoc colis quod alibi dictum est, « Quoniam dii gentium dæmonia (*Psal.*, LIX, 5). » Aut idola colis, aut dæmonia. Nec idola, nec dæmonia, inquit. Et quid colis ? Stellas, solem, lunam, ista cœlestia. Quanto melius qui fecit et terrena et cœlestia ? « Quis Deus magnus sicut Deus noster ? »

16. « Tu es Deus qui facis mirabilia solus (*Ps.*, LXXVI, 15). » Tu vere magnus Deus, faciens mirabilia in corpore, in anima, solus faciens. Audierunt surdi, viderunt cæci, convaluerunt languidi, surrexerunt mortui, constricti sunt paralytici. Sed miracula ista tunc in corporibus : videamus in anima. Sobrii sunt, paulo ante ebriosi ; fideles sunt, paulo ante adoratores simulacrorum : res suas donant pauperibus, qui alienas ante rapiebant. « Quis Deus magnus, sicut Deus noster ? Tu es Deus qui facis mirabilia solus. » Fecit et Moyses, sed non solus ; fecit et Elias, fecit et Elisæus, fecerunt et Apostoli, sed nullus eorum solus. Illi ut facerent, tu cum eis ; tu quando fecisti, illi non tecum. Non enim tecum fuerunt cum fecisti, quando et ipsos tu fecisti. « Tu es Deus qui facis mirabilia solus. » Quomodo solus ? Numquid forte Pater, et non Filius ? aut Filius, et non Pater ? Immo Pater et Filius et Spiritus-sanctus. « Tu es Deus qui facis mirabilia solus. » Non enim tres dii, sed unus Deus facit mirabilia solus, et in ipso transiliret. Nam ut etiam transiliret, et ad ista perveniret, miraculum Dei fuit : quando intus garrivit cum spiritu suo, ut transiliret et ipsum spiritum suum, et in Dei operibus delectaretur, ipse ibi fecit mirabilia. Sed quid fecit Deus ? « Notam fecisti in populis virtutem tuam. » Inde congregatio ista Asaph transiliens ; quia notam fecit in populis virtutem suam. Quam virtutem suam notam fecit in populis ? «Nos autem prædicamus Christum crucifixum, Judæis quidem scandalum, Gentibus autem stultitiam ; ipsis autem vocatis Judæis et Græcis Christum Dei

qui est, pour les élus d'entre les Juifs et les Grecs, la Vertu de Dieu et la Sagesse de Dieu (I *Cor.*, I, 23, 24). » Si donc le Christ est la Vertu de Dieu, Dieu a fait connaître le Christ parmi les peuples. Est-ce que nous ne le savons pas encore ? Et sommes-nous assez insensés, sommes-nous descendus si bas, avons-nous franchi si peu de degrés, que nous ignorions ce fait? « Vous avez fait connaître parmi les peuples celui qui est votre vertu (*Ibid.*). »

17. « Vous avez racheté votre peuple par votre bras (*Ibid.*, 16). » Par votre bras est la même chose que par votre vertu. « Et à qui le bras du Seigneur a-t-il été révélé (*Isaïe*, LIII, 1)? » « Vous avez racheté, par votre bras, votre peuple, les enfants d'Israël et les enfants de Joseph. » Pourquoi distinguer ici comme deux peuples « les enfants d'Israël et les enfants de Joseph? » Est-ce que les enfants de Joseph ne font point partie des enfants d'Israël? Assurément oui. Nous savons, nous avons lu, l'Écriture proclame, la vérité démontre, qu'Israël est le même que Jacob ; qu'il eût douze fils dont l'un était Joseph ; et que tous ceux qui sont nés des douze fils d'Israël font partie du peuple d'Israël. Pourquoi donc le Prophète dit-il : « Les enfants d'Israël et les enfants de Joseph? » Certainement, il nous avertit de je ne sais quelle différence à établir entre eux. Sondons notre esprit ; peut-être quelque secret a-t-il été caché en cet endroit par ce Dieu que nous devons chercher, de nos mains, pendant la nuit, si nous ne voulons nous tromper ; peut-être viendrons-nous à trouver la distinction qu'il faut faire entre « les enfants d'Israël et les enfants de Joseph. » Par Joseph, le Prophète a voulu désigner un autre peuple ; il a voulu désigner le peuple des Gentils. Pourquoi a-t-il exprimé par le nom de Joseph le peuple des Gentils? Parce que Joseph a été vendu par ses frères en Égypte (*Gen.*, XXXVII, 26). Ce Joseph, à qui ses frères portaient envie, et qu'ils ont vendu en Égypte, une fois arrivé sur cette terre de captivité, y a souffert, y a été humilié ; puis il y a été connu, exalté, il est devenu puissant et il a possédé le commandement. Que figurent tous ces événements, si ce n'est le Christ, vendu par ses frères et rejeté de sa terre comme dans l'Égypte des Gentils? Là, il a été d'abord humilié, tandis que les martyrs ont souffert la persécution ; maintenant il y est exalté, comme nous le voyons ; parce que cette prophétie est accomplie en lui : « Tous les rois de la terre l'adoreront, toutes les nations le serviront (*Ps.*, LXXI, 11). » Joseph était donc la figure du peuple des Gentils, et Israël la figure du peuple Hébreux. Or, Dieu a racheté son peuple, c'est-à-dire « les enfants d'Israël et les enfants de Jo-

---

Virtutem et Dei Sapientiam (I *Cor.*, I, 23). » Si ergo Virtus Dei Christus, notum fecit Christum in populis. An et nos nondum agnoscimus? et ita desipimus, ita infra jacemus, ita nihil transilimus ut hoc non videamus? « Notam fecisti in populis virtutem tuam. »

17. « Redemisti in brachio tuo populum tuum (*Ps.*, LXXVI, 16). » Brachio tuo, hoc est, virtute tua. « Et brachium Domini cui revelatum est (*Isai*, LIII, 1)? » « Redemisti in brachio tuo populum tuum, filios Israël et Joseph. » Quomodo quasi duos populos, « filios Israël et Joseph ? » Nonne filii Joseph in filiis Israël? Ita plane. Hoc scimus, hoc legimus, hoc Scriptura clamat, hoc veritas indicat, quoniam Israël idem qui Jacob, habuit filios Joseph, inter quos unus erat Joseph ; et ex duodecim filiis Israël quotquot nati sunt, ad populum Israël pertinent. Quomodo ergo ait, « filios Israël et Joseph? » Nescio quid hic distinguendum admonuit. Perscrutemur spiritum nostrum, fortassis ibi (*a*) aliquid posuit Deus, quem debemus et nocte quærere manibus nostris, ut non decipiamur, forte inveniemus et nos in hac distinctione « filios Israël et Joseph. » Per Joseph alium populum intelligi voluit, Gentium populum intelligi voluit. Quare Gentium populum per Joseph? Quia Joseph venditus est in Ægyptum a fratribus suis (*Gen.*, XXXVII, 28). Ille Joseph cui fratres inviderunt, et eum in Ægyptum vendiderunt, venditus in Ægyptum, laboravit, humiliatus est ; agnitus et exaltatus, floruit, imperavit. Et his omnibus quid significavit? Quid, nisi Christum a fratribus venditum, ejectum de terra sua, tamquam in Ægyptum Gentium? Ibi primo humiliatum, quando persecutiones Martyres patiebantur ; nunc exaltatum, sicut videmus ; quoniam impletum est in eo, « Adorabunt eum omnes reges terræ, omnes gentes servient illi (*Psal.*, LXXI, 11). » Ergo Joseph populus ex Gentibus, Israël vero populus ex gente

(*a*) Sic MSS. At editi, *aliquem.*

seph. » Par qui l'a-t-il racheté? Par celui qui est la pierre angulaire sur laquelle les deux murs se réunissent (*Éphés.*, II, 14).

18. Et ce qui suit explique comment cela s'est fait : « O Dieu, les eaux vous ont vu (*Ps.*, LXXVI, 17). » Que sont les eaux? Les peuples. L'Apocalypse nous dit quelles sont ces « eaux; » ce livre nous répond que ce sont les peuples. Nous trouvons en effet très-clairement dans l'Apocalypse que les eaux signifient les peuples (*Apoc.*, XVII, 15). Le Psalmiste venait de dire : « Vous avez fait connaître parmi les peuples celui qui est votre vertu (*Ps.*, LXXVI, 15); » il ajoute donc très-à propos : « Les eaux vous ont vu, ô mon Dieu, les eaux vous ont vu, et elles ont craint (*Ibid.*, 17). » Elles ont subi un changement, parce qu'elles ont craint. « Les eaux vous ont vu, ô mon Dieu, et elles ont craint, et les abîmes ont été troublés (*Ibid.*). » Qu'entend-on par abîme? On entend les profondeurs des eaux. Qui ne serait troublé, parmi les peuples, lorsque sa conscience est frappée? Vous cherchez la profondeur de la mer, qu'y a-t-il de plus profond que la conscience humaine? Cet abîme a été troublé, lorsque Dieu a racheté son peuple au moyen de son bras. Quel a été ce trouble des abîmes? C'est que tous les hommes, en confessant leurs fautes, ont répandu leurs consciences devant Dieu. « Et les abîmes ont été troublés (*Ibid.*). »

19. « Immense a été le bruit des eaux (*Ibid.* 18). » Par les louanges de Dieu, par les confessions des pécheurs, par les hymnes et les cantiques, par les prières, « Immense a été le bruit des eaux. Les nuées ont fait entendre leur voix (*Ibid.*). » Voilà pourquoi les eaux ont fait entendre ce bruit, voilà pourquoi les abîmes ont été troublés, c'est que « les nuées ont fait entendre leur voix (*Ibid.*). » Quelles nuées? Les prédicateurs de la parole de vérité. Quelles nuées? Celles au sujet desquelles Dieu menace de la sorte certaine vigne qui, au lieu de raisin produit des épines : « Je donnerai des ordres à mes nuées ; je leur défendrai de laisser tomber leur pluie sur elle (*Isaïe*, V, 6). » Aussi les Apôtres, abandonnant les Juifs, sont allés chez les Gentils ; et « les nuées ont fait entendre leur voix » parmi toutes les nations. C'est en prêchant le Christ, que « les nuées ont fait entendre leur voix (*Ibid.*). »

20. « Vos flèches ont percé de part en part (*Ibid.*, 18). » Il désigne de nouveau sous le nom de flèches ce qu'il appelait la voix des nuées. En effet, les paroles des Évangélistes ont été comme des flèches. Ce sont de simples comparaisons. Car une flèche, prise dans le sens propre, n'est pas une pluie, pas plus que la pluie n'est une flèche ; mais la parole de Dieu est une flèche, parce qu'elle frappe, et une pluie, parce qu'elle arrose. Que nul ne s'étonne donc que les

---

Hebræorum. Redemit populum suum Deus, «filios Israël et Joseph.» Per quid ? « Per lapidem angularem, in quo duo parietes copulati sunt (*Ephes.*, II, 14).»

18. Et exsequitur quomodo : « Viderunt te aquæ Deus (*Psal.* LXXVI, 17). » Quid sunt aquæ? Populi. Quæ sunt istæ aquæ, dictum est in Apocalypsi, responsum est, Populi (*Apoc.*, XVII, 15) : ibi invenimus apertissime aquas in figura positas populorum. Supra autem dixerat, « Notam fecisti in populis virtutem tuam (*Psal.*, LXXVI, 15.» Merito ergo, « Viderunt te aquæ Deus : viderunt te aquæ, et timuerunt.» Ideo mutatæ sunt, quia timuerunt. « Viderunt te aquæ Deus, et timuerunt : et conturbatæ sunt abyssi.» Quæ sunt abyssi? Altitudines aquarum. Quis non turbatur in populis, cum conscientia pulsatur? Quæris altitudinem maris, quid profundius humana conscientia? Ista profunditas turbata est, quando in brachio suo redemit populum suum Deus. Quomodo turbatæ sunt abyssi? Quando omnes conscientias suas confitendo fuderunt. « Et turbatæ sunt abyssi. »

19. « Multitudo sonitus aquarum (*Ps.*, LXXV, 18). » In laudibus Dei, in confessionibus peccatorum, in hymnis et canticis, in orationibus, « multitudo sonitus aquarum. Vocem dederunt nubes. » Inde iste sonitus aquarum, inde abyssorum perturbatio, quia « vocem dederunt nubes. » Quæ nubes ? Prædicatores verbi veritatis. Quæ nubes? De quibus minatur cuidam vineæ Deus, quæ pro uva fecit spinas ; et dicit, «Mandabo nubibus meis, ne pluant super eam imbrem (*Isai*, V, 6).» Denique Apostoli relinquentes Judæos, ierunt ad Gentes : in omnibus gentibus « vocem dederunt nubes : » prædicando Christum, « vocem dederunt nubes.»

20. «Etenim sagittæ tuæ pertransierunt (*Ps.*, LXXVI, 19).» Easdem voces nubium rursus sagittas dixit. Verba enim Evangelistarum sagittæ fuerunt. Similitudines enim sunt. Nam proprie nec sagitta est pluvia, nec pluvia sagitta : at vero verbum Dei, et

abîmes aient été troublés, puisque « vos flèches ont percé de part en part (*Ibid.*). » Que veut dire : « ont percé de part en part ? » Elles ne se sont point arrêtées aux oreilles, elles ont transpercé les cœurs. « La voix de votre tonnerre a retenti en forme de roue (*Ibid.*, 19). » Que signifie cette parole ? Comment la comprendre ? Que Dieu daigne nous aider. « La voix de votre tonnerre a retenti en forme de roue. » Dans notre enfance, nous avions coutume de supposer, lorsque nous entendions le tonnerre, que ce bruit était pour ainsi dire celui de chariots sortant d'une remise ; en effet, le bruit du tonnerre a quelque chose qui ressemble à celui des voitures. Nous faut-il donc retourner à ces erreurs de notre enfance, pour comprendre ces paroles : « La voix de votre tonnerre a retenti en forme de roue (*Ibid.*) ; » comme si Dieu avait des chariots dans les nues et que le roulement de ces chariots occasionnât ce bruit ? Non : tout cela n'est qu'enfantillage, inutilité, sottise. Que veut donc dire : « La voix de votre tonnerre a retenti en forme de roue ? » Votre voix a roulé. Je ne comprends pas davantage. Que ferons-nous donc ? Interrogeons Idithun, car peut-être nous expliquera-t-il lui-même ses propres paroles : « La voix de votre tonnerre a retenti en forme de roue. » Je ne comprends pas : j'écouterai donc ce que vous dites ensuite : « Vos éclairs ont brillé sur le cercle de la terre (*Ibid.*). » Ajoutez donc ces paroles, car je n'avais pas compris les premières. Le globe de la terre est une roue, et le contour circulaire de la sphère terrestre est convenablement appelé du nom de globe, comme on appelle globule un petit corps arrondi. « La voix de votre tonnerre a retenti en forme de roue, vos éclairs ont brillé sur le cercle de la terre. Les nuées ont formé comme une roue autour du globe terrestre ; de cette roue partaient les tonnerres et les éclairs qui ont ébranlé l'abîme : les tonnerres ou l'autorité de la parole, les éclairs ou l'éclat des miracles. Car « le son de leur voix s'est répandu dans toute la terre et leurs paroles ont retenti jusqu'aux extrémités du globe terrestre (*Ps.*, XVIII, 5). » « La terre a été ébranlée et a tremblé (*Ps.*, LXXVI, 19) ; » c'est-à-dire ceux qui habitent la terre. Or la terre est aussi appelée du nom de mer par suite d'une comparaison. Pourquoi ? Parce que toutes les nations sont appelées du nom figuré de mer ; parce que la vie humaine est amère et qu'elle est soumise aux orages et aux tempêtes. Ajoutez encore que les hommes s'entre-dévorent comme les poissons, puisque les grands absorbent les petits. Tous ces traits conviennent à la mer, et c'est là qu'ont été envoyés les Évangélistes.

21. « Votre voie est dans la mer (*Ibid.*, 20). »

---

sagitta est, quia percutit ; et pluvia, quia rigat. Nemo ergo miretur abyssorum conturbationem, quando « sagittæ tuæ pertransierunt. » Quid est, « pertransierunt ? » Non in auribus remanserunt, sed corda transfixerunt. « Vox tonitrui tui in rota. » Quid est hoc ? quomodo intellectari sumus ? Adjuvet Dominus. « Vox tonitrui tui in rota. » Solebamus pueri suspicari, cum audiremus tonitrua de cælo, quasi vehicula de stabulo processisse. Habent enim tonitrua quamdam concussionem similem vehiculis. Numquid ad ista puerilia redituri sumus, ut intelligamus, « Vox tonitrui tui in rota, » quasi aliqua vehicula habeat Deus in nubibus, et transitus vehiculorum illum strepitum concitet ? Absit. Hoc puerile est, vanum, nugatorium. Quid est ergo, « Vox tonitrui tui in rota ? Volvitur vox tua. Neque hoc intelligo. Quid faciemus ? Interrogemus ipsum Idithun, ne forte ipse exponat quod dixit : « Vox, inquit, tonitrui tui in rota. » Non intelligo. Audiam quid dicis : « Apparuerunt fulgura tua orbi terrarum. » Dic ergo, non intellexeram. Orbis terrarum est rota. Nam circuitus orbis terrarum merito et orbis dicitur : unde brevis etiam rotella, (a) orbiculus appellatur. « Vox tonitrui tui in rota orbi terrarum. » Nubes illæ in rota circumierunt orbem terrarum, circumierunt tonando et coruscando, abyssum commoverunt. « In omnem enim terram exiit sonus eorum, et in fines orbis terræ verba eorum (*Psal.*, XVIII, 5). » « Commota est, et contremebunda facta est terra : » id est, omnes qui habitant in terra. Per similitudinem autem ipsa terra, mare dicitur. Quare ? Quia gentes omnes maris nomine nuncupantur, quod vita humana amara est, et procellis ac tempestatibus subdita. Jam illud si attendas, quod homines se tamquam pisces devorant, cum major minorem absorbet : (b) est ergo hoc mare, illuc Evangelistæ ierunt.

21. « In mari est via tua (*Ps.*, LXXVI, 20). » Jam du-

(a) MSS. *Orbicula id est orbiculus appellatur.* (b) Sic aliquot MSS. Quidam vero, *hæc est ergo terra, hoc mare.* At editi, *hoc est ergo hoc mare.*

Nous disions il n'y a qu'un instant : « Votre voie est dans celui qui est votre Saint (*Ibid.*, 14); » et nous disons maintenant : « Votre voie est dans la mer, » parce que le Saint est lui-même dans la mer et qu'il a marché, (ce qui convenait en effet,) sur les eaux de la mer (*Math.*, XIV, 25). » « Votre voie est dans la mer : » c'est-à-dire votre Christ est prêché parmi les Gentils. Il est dit, en effet, dans un autre psaume : « Que Dieu ait pitié de nous et nous bénisse ; qu'il fasse luire sur nous la lumière de son visage, afin que nous connaissions votre voie sur la terre. » Quelle voie sur la terre ? « le Sauveur que vous envoyez pour toutes les nations (*Ps.*, LXVI, 2, 3). Or ces paroles ont le même sens que celles-ci : « votre voie est dans la mer, et vos sentiers sont au milieu des grandes eaux (*Ps.*, LXXVI, 20) : » c'est-à-dire au milieu de peuples nombreux. « Et vos traces ne seront pas reconnues (*Ibid.*). » Le Prophète fait ici allusion à je ne sais quel peuple, mais je serais bien étonné s'il ne désignait point les juifs. Voici en effet que la miséricorde du Christ a été tellement manifestée parmi les Gentils, que la voix de Dieu est dans la mer et ses sentiers au milieu des grandes eaux ! Cependant ses traces ne seront pas connues ; en quel endroit donc et par qui ne seront-elles pas connues, si ce n'est par ceux qui disent encore : le Christ n'est pas venu ? Pourquoi disent-ils : le Christ n'est pas venu ? parce qu'ils ne reconnaissent pas celui qui a marché sur la mer.

22. « Vous avez conduit votre peuple comme des brebis, par la main de Moïse et d'Aaron (*Ibid.*, 21). » Il est assez difficile de savoir pourquoi le Prophète a ajouté ici ce verset. Prêtez-nous donc toute votre attention, parce que ce verset expliqué, le Psaume et notre discours seront finis ; et il ne faudrait pas que la crainte d'une prolongation de fatigue vous rendît moins attentifs à la question présente. Après avoir dit : « Votre voie est dans la mer (*Ibid.*, 20), » ce que nous entendons des nations, « et vos sentiers au milieu des grandes eaux (*Ibid.*), » ce que nous entendons des peuples nombreux de l'univers, le Prophète a ajouté : « et vos traces ne seront pas reconnues (*Ibid.*). » Nous nous demandions quels pouvaient-être ceux par qui ces traces ne seraient pas reconnues, et voici que nous trouvons les paroles qui suivaient. « Vous avez conduit votre peuple comme des brebis, par la main de Moïse et d'Aaron (*Ibid.*, 21). » C'est dire que vos traces ne seront pas reconnues par ce peuple qui a été conduit par la main de Moïse et d'Aaron. Pourquoi donc le Prophète a-t-il dit : « Votre voie est dans la mer, » si ce n'est pour blâmer ce peuple et lui reprocher son incrédulité ? Pourquoi a-t-il dit :

---

dum in Sancto via tua, modo « in mari est via tua : » quia ipse Sanctus in mari, et merito etiam super aquas maris ambulavit (*Matth.*, XIV, 25). « In mari est via tua, » id est, in Gentibus prædicatur Christus tuus. In alio quippe Psalmo ita dicitur : « Deus misereatur nostri, et benedicat nos, illuminet vultum suum super nos, ut cognoscamus in terra viam tuam (*Psal.*, LXVI, 2 et 3). » Ubi in terra ? « In omnibus gentibus salutare tuum : » hoc est, « In mari est via tua. » Et semitæ tuæ in aquis multis : » hoc est, in populis multis. « Et vestigia tua non cognoscentur. » Nescio quos teligit, et mirum nisi et ipsos Judæos. Ecce jam sic (*a*) propalata est Gentibus misericordia Christi, ut « in mari sit via tua, et semitæ tuæ in aquis multis, et vestigia tua non cognoscentur. » Unde, a quibus non cognoscentur, nisi ab his qui adhuc dicunt, Nondum venit Christus? Quare dicunt, Nondum venit Christus ? Quia nondum agnoscunt super mare ambulantem.

22. « Deduxisti sicut oves plebem tuam in manu Moysi et Aaron (*Ps.*, LXXVI, 21). » Quare hoc addiderit, indagare aliquantum difficile est. Adjuvate ergo nos intentione vestra : quia post ipsos duos versus finis erit et Psalmi et sermonis ; ne forte cum aliquid restare arbitramini, timore laboris minus ad præsens, adtendatis. Cum dixisset, « In mari est via tua (*Ibid.*, 20).» quod intelligimus in Gentibus ; « et semitæ tuæ in aquis multis, » quod intelligimus in populis multis : adjunxit, « Et vestigia tua non agnoscentur ; » et subjecit continuo, « Deduxisti sicut oves plebem tuam in manu Moysi et Aaron : » id est, ab ista plebe tua, quæ deducta est in manu Moysi et Aaron, vestigia tua non cognoscentur. Quare ergo positum est, nisi increpandi et exprobrandi caussa, « In mari est via tua? » Unde in mari est via tua, nisi quia exclusa est a terra tua? Expulerunt Christum, noluerunt esse suum Salvatorem ægri : ille autem cœpit esse in Gentibus, et in omnibus Gen-

---

(*a*) Sic MSS. Editi vero, *prolata*.

« votre voie est dans la mer, » si ce n'est pour indiquer que cette voie était détruite sur terre? Les Juifs ont chassé le Christ ; malades, ils n'ont pas voulu que le Christ fût leur Sauveur ; alors il a commencé à se trouver au milieu des Gentils et de toutes les nations et des peuples nombreux de l'univers : sans doute les restes du peuple juif ont été sauvés également, mais l'ingrate multitude est restée dehors, ainsi que l'indiquait le plat de la cuisse de Jacob resté boiteux après la lutte avec l'ange (*Gen.*, XXXIII, 31). Car le plat de la cuisse figure ici la multitude de la race ; et en effet, la plus grande partie du peuple juif est devenue une foule vaine et insensée, qui a refusé de reconnaître les traces du Christ marchant sur les eaux. « Vous avez conduit votre peuple comme des brebis (*Ibid.*, 21), » et il ne vous a pas reconnu. Quoique vous l'ayez comblé de tous les biens, que vous ayez divisé la mer pour le faire passer à sec au milieu des eaux, que vous ayez submergé dans les flots les ennemis qui le poursuivaient, que vous ayez fait pleuvoir la manne dans le désert pour nourrir sa faim, et que vous l'ayez conduit par la main de Moïse et d'Aaron (*Ibid.*), » il vous a cependant rejeté; si bien que votre voie a été désormais au milieu de la mer, et qu'il n'a plus reconnu vos traces.

tibus, in multis populis. Salvæ factæ sunt etiam reliquiæ populi illius. Remansit foris ingrata multitudo, et claudicans Jacob femoris latitudo (*Gen.*, XXXII, 31). Latitudo enim femoris intelligitur (a) in multitudine generis, et facta est in majori parte Israëlitarum turba quædam vana et insipiens, quæ non agnosceret vestigia Christi in aquis. « Deduxisti sicut oves plebem tuam: » et non te cognoverunt. Tanta cum illis bona fecisti, mare divisisti, inter aquas per aridam trajecisti, persequentes inimicos fluctibus operuisti, in deserto egentibus manna pluisti, deducens eos « in manu Moysi et Aaron: » et expulerunt te a se, ut in mari esset via tua, et vestigia tua non cognoscerent.

(a) Editi, *intelligitur via in* etc. Abest *via* a MSS.

DISCOURS [1] SUR LE PSAUME LXXVII.

1. Ce Psaume contient le récit de ce qui a été fait pour l'ancien peuple de Dieu ; et son nouveau peuple, successeur du premier, y reçoit cet enseignement, de n'être point ingrat pour les bienfaits de Dieu et de ne pas provoquer la colère de celui dont il doit recevoir la grâce avec obéissance et fidélité. « Qu'ils ne deviennent pas, dit le Psaume, ce qu'étaient leurs pères, une race corrompue, qui ne cessait d'irriter Dieu ; une race qui n'a pas conservé la

IN PSALMUM LXXIII.

ENARRATIO.

1. Psalmus iste ea continet, quæ in veteri populo acta narrantur : recentior autem et posterior populus admonetur, ut caveat ne sit ingratus beneficiis Dei, ejusque in se provocet iracundiam, cujus obedienter et fideliter debet suscipere gratiam : « Ne fiant, inquit, sicut patres eorum generatio prava et amaricans, generatio quæ cor non direxit suum, et non est creditus cum Deo spiritus ejus (*Psal.*, LXXVII, 8). » Hæc est igitur Psalmi hujus intentio, hæc uti-

[1] Ce discours a été dicté l'an de N. S. 415, comme on le voit par la lettre CLXIX, adressée à Evodius.

droiture de son cœur, et dont l'esprit n'est pas demeuré fidèle à Dieu (*Ps.*, LXXVII, 9). » Tel est le but du Psaume; telle en est l'utilité; tel en est le fruit abondant. Mais, comme les paroles et les récits du Prophète paraissent tous simples et clairs, nous devons porter d'abord notre attention sur le titre. Car ce n'est pas sans raison que ce titre est ainsi conçu « D'intelligence à Asaph (*Ibid.*, 1). » Il indique en effet que le Psaume veut un lecteur qui ne s'arrête pas à la superficie des choses, mais qui applique son intelligence à ce qu'elles renferment intérieurement. D'ailleurs, au moment de raconter et de rappeler des faits qui sembleraient avoir plutôt besoin d'être écoutés qu'expliqués, le Prophète dit : « J'ouvrirai la bouche en paraboles ; je proposerai en problèmes les choses qui se sont faites dès le commencement (*Ibid.*, 2). » Qui ne serait tiré de son sommeil par ces paroles ? Qui oserait parcourir, par une lecture rapide, comme étant clairs et manifestes, des paraboles et des problèmes, dont le nom seul indique qu'il faut une étude à fond ? En effet, la parabole ne présente sous forme de comparaison que le dehors de son sujet. Ce mot est grec, mais la langue latine se l'est approprié ; et l'on sait que, dans la parabole, ce qui se dit n'est qu'une similitude des choses dont on traite véritablement au moyen d'une comparaison. Quant aux problèmes, dont le nom grec est προβλήματα, ce sont des questions, dont la réponse n'apparaît point à première vue, et que la discussion doit résoudre. Qui donc pourrait lire, comme en passant, des paraboles et des problèmes ? Qui donc, après les avoir entendu énoncer, n'y appliquerait toute l'attention de son esprit, pour en tirer le fruit, réservé à qui les comprend ?

2. « O mon peuple, prêtez attention à ma loi (*Ibid.*, 1). » De qui croyons-nous entendre ici la voix, si ce n'est de Dieu ? C'est lui, en effet, qui a donné la loi à son peuple, après l'avoir assemblé au sortir de l'Égypte. Or cette assemblée est proprement ce qu'on appelle la synagogue, et ce nom de synagogue est l'interprétation de celui d'Asaph. Faut-il donc penser d'après le titre du Psaume : « D'intelligence à Asaph (*Ibid.*), » qu'Asaph lui-même ait eu l'intelligence de ces paraboles, ou, dans un sens figuré, que ce soit la même synagogue ou le même peuple à qui il est dit : « O mon peuple, prêtez attention à ma loi (*Ibid.*) ? » Pourquoi donc Dieu fait-il à ce même peuple, par la bouche du Prophète Isaïe ces sortes de reproches : « Israël ne m'a pas reconnu et mon peuple n'a pas compris (*Isaïe*, 1, 3) ? » Mais assurément, dans ce peuple, il y avait des hommes qui comprenaient, et qui avaient cette foi qui a été révélée par la suite, non point selon la lettre de la loi, mais selon la grâce de l'Esprit. En effet, cette foi ne pouvait manquer à ceux qui ont pu prévoir et prédire la révélation qui devait se faire par le Christ, puisqu'ils avaient dans les

---

litas, hic uberrimus fructus. Sed cum omnia videantur perspicua et aperta dici atque narrari, primitus movet atque intentos facit titulus ejus. Neque enim frustra inscribitur, « Intellectus Asaph : (*Ibid.*, 1).» nisi quia fortasse non quod superficies sonat, sed interius aliquid intelligentem quærunt ista lectorem. Deinde narraturus et commemoraturus hæc omnia quæ videntur auditore quam expositore potius indigere : « Aperiam, inquit, in parabolis os meum, eloquar propositiones ab initio (*Ibid.*, 2). » Quis non hic de somno excitetur ? Quis audeat velut manifestas legendo percurrere parabolas et propositiones, quæ nominibus suis indicant altius se perscrutari oportere ? Parabola quippe alicujus rei similitudinem præ se gerit : quod licet sit vocabulum Græcum, jam tamen pro Latino usurpatur. Et notum est quod in parabolis quæ dicuntur rerum similitudines, rebus de quibus agitur, comparantur. Propositiones autem quæ Græce appellantur προβλήματα, quæstiones sunt habentes aliquid quod disputatione solvendum sit. Quis ergo parabolas et propositiones transitorie legat ? Quis non his auditis vigilantia mentis intendat, ut ad earum fructum intelligendo perveniat ?

2. « Adtendite, inquit, populus meus legem meam (*Ibid.*, 1).» Quem hic credamus loqui nisi Deum? Ipse enim legem dedit populo suo quem liberatum ex Ægypto congregavit, quæ congregatio proprie synagoga nuncupatur, quod interpretatur Asaph. Utrum ergo ita dictum est, « Intellectus Asaph, » quod ipse Asaph intellexerit; an figurate intelligendum, quod eadem synagoga, hoc est, idem populus intellexerit, cui dicitur,«Adtendite populus meus legem meam? » Quid est ergo quod eumdem populum per Prophetam increpat, dicens, « Israël autem me non agnovit, et populus meus non intellexit (*Isai*, 1, 3) ?» Sed profecto erant etiam in illo populo qui intelligerent, habentes fidem quæ postea revelata est, non ad legis

sacrements anciens qu'ils possédaient, la figure des sacrements à venir. Ou bien les seuls Prophètes avaient-ils cette foi, et le peuple ne l'avait-il pas? Mais ceux qui écoutaient les Prophètes et croyaient à leur parole recevaient aussi le secours de la grâce qui était en eux, pour comprendre ce qu'ils entendaient. Toutefois le mystère du royaume des cieux était voilé sous l'ancienne alliance, pour être révélé lorsque les temps seraient accomplis, sous l'alliance nouvelle. « Mes frères, dit l'Apôtre, je ne veux pas que vous ignoriez que nos pères ont tous été sous la nuée, et qu'ils ont tout passé à travers la mer ; qu'ils ont tous été baptisés par Moïse dans la nuée et dans la mer ; qu'ils ont tous mangé la même nourriture spirituelle et qu'ils ont tous bu le même breuvage spirituel, car ils buvaient l'eau de la pierre spirituelle qui les suivait, et cette pierre était le Christ (I *Cor.*, x, 1). » Ils avaient donc la même nourriture mystique et la même boisson mystique que nous, mais en figure seulement et non en réalité ; parce que le même Christ était pour eux figuré par la pierre, et qu'il nous est manifesté dans sa chair. « Mais, ajoute l'Apôtre, tous ne furent pas agréables à Dieu (*Ibid.*, 5). » Ainsi, tous ont mangé la même nourriture spirituelle et bu le même breuvage spirituel, c'est-à-dire une nourriture et un breuvage qui figuraient spirituellement les nôtres ; mais tous n'ont point été agréables à Dieu. Quand l'Apôtre dit que tous n'ont point été agréables à Dieu, il affirme par là même que plusieurs l'ont été ; et bien que tous les sacrements leur fussent communs, cependant la grâce, qui fait la force des sacrements, ne leur était pas commune à tous. Il est de même aujourd'hui, après que la foi qui était alors voilée a été révélée à tous ceux qui sont baptisés au nom du Père et du Fils et du Saint-Esprit (*Matth.*, xxviii, 19) ; le bain de la régénération est commun à tous, mais la grâce de celui qui a institué les sacrements, et par laquelle les membres régénérés du corps du Christ sont unis avec leur tête, n'est pas commune à tous. Car les hérétiques ont le même baptême, et il y a de faux frères dans la communion même du nom catholique. C'est donc avec raison qu'il est dit ici : « Mais tous n'ont pas été agréables à Dieu. »

3. Cependant, ni alors, ni maintenant, ce n'est point sans fruit que Dieu a dit : « O mon peuple, prêtez attention à ma loi. » Par une locution qui se rencontre fréquemment dans toutes les Écritures, il a dit : Prêtez attention ; et non : Prête attention. Car un peuple est composé d'un grand nombre d'hommes, et c'est à ce grand nombre que le Prophète parle encore au pluriel dans la phrase suivante : « Inclinez

---

litteram, sed ad gratiam Spiritus pertinentem. Non enim sine ipsa fide fuerunt, qui ejus in Christo futuram revelationem prævidere et prænuntiare potuerunt; cum et illa vetera sacramenta significantia fuerint futurorum. An soli Prophetæ habebant hanc fidem, non et populus? Immo vero etiam qui Prophetas fideliter audiebant, eadem adjuvabantur gratia, ut intelligerent quod audiebant. Sed utique sacramentum regni cælorum velabatur in veteri Testamento, quod plenitudine temporis revelaretur in Novo. «Nolo enim vos, ait Apostolus, ignorare fratres, quia patres nostri omnes sub nube fuerunt, et omnes per Moysen baptizati sunt in nube et in mari, et omnes eumdem cibum spiritalem manducaverunt, et omnes eumdem potum spiritalem biberunt. Bibebant enim de spiritali consequente eos petra, petra autem erat Christus (I *Cor.*, x, 1). » Idem itaque in mysterio cibus et potus illorum qui noster, sed significatione idem, non specie : quia idem ipse Christus illis in petra figuratus, nobis in carne manifestatus. « Sed non inquit, in omnibus illis beneplacitum est Deo (*Ibid.*, 5).» Omnes quidem eumdem cibum spiritalem manducaverunt, et eumdem potum spiritalem biberunt, id est spiritale aliquid significantem : « sed non in omnibus illis beneplacitum est Deo.» Cum dicit, Non in omnibus : erant ergo ibi aliqui in quibus beneplacitum est Deo ; et cum essent omnia communia sacramenta, non communis erat omnibus gratia, quæ sacramentum virtus est. Sicut et nunc jam revelata fide, quæ tunc velabatur, omnibus in nomine Patris et Filii et Spiritussancti baptizatis commune est lavacrum regenerationis (*Matth.*, xxviii, 19) ; sed ipsa gratia cujus ipsa sunt sacramenta, qua membra corporis Christi cum suo capite regenerata sunt, non communis est omnibus. Nam et hæretici habent eumdem baptismum, et falsi fratres in communione catholici nominis. Ergo et hic recte dicitur, Sed non in omnibus illis beneplacitum est Deo.

3. Neque tunc tamen, neque nunc infructuosa est vox dicentis, « Adtendite populus meus legem meam. » Quæ locutio nota est in omnibus litteris, quod non ait, Adtende ; sed, « Adtendite. » Ex multis enim populus constat : quibus multis quod se-

l'oreille aux paroles de ma bouche (*Ibid.*). » Ces mots : « Prêtez attentivement, » reviennent à ceux-ci : « Inclinez l'oreille; » et « ma loi » équivaut « aux paroles de ma bouche. » En effet, celui-là prête une pieuse attention à la loi de Dieu et aux paroles de sa bouche, à qui l'humilité fait incliner l'oreille, loin que l'orgueil lui fasse dresser la tête. En effet, ce qui est versé, est reçu dans le creux de l'humilité et repoussé par la tumeur de l'orgueil. De là vient cette autre parole : « Inclinez votre oreille et recevez des paroles d'intelligence (*Prov.*, XXII, 17). » C'est pourquoi nous sommes suffisamment avertis de recevoir en inclinant l'oreille, c'est-à-dire de recevoir avec une humble piété, ce psaume d'intelligence à Asaph. Le titre porte en effet « d'intelligence » au génitif; et non l'intelligence, au nominatif; et d'autre part, il n'est pas dit : d'Asaph, mais à Asaph, ainsi que l'article le désigne dans le texte grec et qu'on le trouve dans plusieurs manuscrits latins. Ces paroles sont donc des paroles d'intelligence, c'est-à-dire qu'il faut comprendre, et elles sont données à Asaph, expression par laquelle nous n'entendons point un seul homme, mais de préférence l'assemblée entière du peuple de Dieu, dont nous ne devons pas nous séparer comme étrangers. Car, bien que le terme de synagogue convienne spécialement aux Juifs et celui d'église aux chrétiens, parce qu'on rassemble plutôt des animaux et qu'on convoque des hommes ; cependant nous trouvons quelquefois la synagogue appelée du nom d'église, et peut-être est-ce plutôt à nous qu'à la synagogue de dire avec le Prophète : « Sauvez-nous, Seigneur notre Dieu, et rassemblez-nous au milieu des nations, pour que nous glorifiions votre saint nom (*Ps.*, CV, 47). » Et nous ne devons pas dédaigner, mais bien plutôt rendre à Dieu d'ineffables actions de grâces, d'être les brebis de ses mains, qu'il avait en prévision quand il disait : « J'ai d'autres brebis, qui ne sont pas de ce bercail, il faut que je les y amène aussi, afin qu'il n'y ait qu'un seul troupeau et qu'un seul pasteur (*Jean*, X, 16). » Il joignait ainsi le peuple fidèle des Gentils au peuple fidèle des Israélites, duquel il avait dit d'abord : « Je n'ai été envoyé que pour les brebis de la maison d'Israël qui sont perdues (*Matth.*, XV, 24). » Car toutes les nations se rassembleront devant lui et il les séparera, comme un pasteur sépare les brebis des boucs (*Id.*, XXV, 32). Que ces paroles : « O mon peuple, prêtez attention à ma loi, inclinez l'oreille aux paroles de ma bouche (*Ps.*, LXXVII, 1), » soient donc entendues par nous, non pas comme adressées aux Juifs, mais plutôt comme adressées à nous-mêmes; ou, du moins, comme nous étant également adressées. En effet, après avoir dit : « Mais tous n'ont pas été agréables à Dieu, » montrant ainsi que plusieurs lui

---

qnitur pluraliter dicitur. « Inclinate aurem vestram in verba oris mei. » Quod est, « Adtendite; » hoc est, « Inclinate aurem vestram : » et quod illic ait : « legem meam : » hoc ait hic, « verba oris mei. » Ille namque pie adtendit legem Dei et verba oris ejus, cujus aurem inclinat humilitas, non cujus erigit cervicem superbia. Quod enim infunditur, concavo humilitatis excipitur, eminentia tumoris expellitur. Unde alio loco, « Inclina, inquit, aurem tuam, et excipe verba intellectus (*Prov.*, XX, 17). » Satis itaque admoniti sumus etiam istum Psalmum hujus intellectus Asaph, (quia genitivo casu in titulo positum est, hujus intellectus; non, hic intellectus), inclinata aure suscipere, id est, humili pietate. Nec, ipsius Asaph dictum est; sed, ipsi Asaph: quod Græco articulo apparet, et in quibusdam Latinis codicibus invenitur. Verba igitur ista intellectus sunt, id est, intelligentiæ sunt, quæ data est ipsi Asaph: quod non uni homini, sed melius accipimus congregationi populi Dei, unde nequaquam nos alienare debemus. Quamvis enim proprie dicatur synagoga Judæorum, Ecclesia vero Christianorum ; quia congregatio magis pecorum, convocatio vero magis hominum intelligi solet : tamen et illam dictam invenimus Ecclesiam, et nobis fortasse potius convenit dicere, « Salva nos Domine Deus noster, et congrega nos de nationibus, ut confiteamur nomini sancto tuo (*Psal.*, CV, 47). » Neque dedignari nos oportet, immo gratias ineffabiles agere, quod sumus oves manuum ejus, quas prævidebat cum diceret, « Habeo alias oves quæ non sunt de hoc ovili, oportet me et ipsas adducere, ut sit unus grex et unus pastor (*Johan.*, X, 16) ; » jungendo scilicet fidelem populum Gentilium, fideli populo Israëlitarum; de quibus prius dixerat, « Non sum missus nisi ad oves, quæ perierunt domus Israël (*Matth.*, XV, 24). » « Nam et congregabuntur ante eum omnes gentes, et separabit eos sicut pastor oves ab hœdis (*Matth.*, XXV, 32). » Sic igitur audiamus quod dictum est, « Adtentite populus meus legem meam, inclinate aurem vestram in

avaient été agréables, l'Apôtre a aussitôt ajouté : « Car ils succombèrent dans le désert (I *Cor.*, x, 5); » puis il poursuit : « Or toutes ces choses sont pour nous des figures de nous-mêmes, afin que nous ne convoitions pas les choses mauvaises, comme ils les ont convoitées ; et que nous ne devenions point adorateurs des idoles, comme quelques-uns d'entre eux, selon qu'il est écrit : Le peuple s'est assis pour manger et pour boire, et il s'est levé pour se divertir. Ne commettons pas non plus la fornication, comme l'ont commise quelques-uns d'entre eux, dont il tomba vingt-trois mille en un seul jour. Ne tentons pas non plus le Christ comme l'ont tenté quelques-uns d'entre eux, qui ont péri par les serpents. Ni, ne murmurez, comme ont murmuré quelques-uns d'entre eux, qui ont péri par l'Ange exterminateur. Or toutes ces choses leur arrivaient en figure ; et elles ont été écrites pour nous servir d'avertissement, à nous pour qui est venue la fin des temps (*Ibid.*, 6). » C'est donc pour nous, plutôt que pour les Juifs, qu'a été chanté ce Psaume. C'est pourquoi il y est dit entre autres choses : « Afin que ces choses soient connues de la génération à venir, des enfants qui naîtront et croîtront un jour (*Ps.*, LXXVII, 6). » Or, si cette mort par les serpents, si cette destruction par l'Ange exterminateur, si ce massacre par le glaive étaient des figures, comme le dit évidemment l'Apôtre, bien qu'il soit certain que tous ces événements se sont réellement accomplis, l'Apôtre n'ayant pas dit d'ailleurs, qu'ils fussent rapportés figurément ou écrits figurément mais qu'ils « leur arrivaient en figure ; » avec combien plus de soin et de piété devons-nous nous garder des châtiments dont ceux-là étaient la figure. En effet, pour ce qui est bon, le bien est beaucoup plus considérable dans l'objet figuré que dans la figure ; ainsi pour ce qui est mauvais, quelque redoutables que soient les maux qui servent de figures à d'autres, les maux qui sont ainsi figurés sont, sans contredit, tout autrement redoutables que les premiers. Car de même que la terre promise, où était conduit le peuple juif, n'est rien en comparaison du royaume des cieux, où est conduit le peuple chrétien ; ainsi les peines figuratives, si violentes qu'elles aient été, ne sont rien auprès de celles qu'elles annoncent. Or, autant que nous pouvons en juger, les faits que l'Apôtre dit être des figures sont les mêmes que le Psaume appelle des paraboles et des problèmes : ils n'ont point pour fin les événements mêmes qu'ils ont produits, mais les événements futurs auxquels on peut les rapporter par une comparaison légitime. Écoutons

---

verba oris mei : » non tamquam Judæis, sed potius tamquam nobis, vel certe tam etiam nobis ista dicantur. Cum enim dixisset Apostolus, « sed non in omnibus illis beneplacitum est Deo (I *Cor.*, x, 5), » ita ostendens fuisse ibi etiam illos in quibus beneplacitum est Deo; continuo subjecit, « Prostrati enim sunt in deserto (*Ibid.*, 6, *etc.*) : » deinde adjunxit, « Hæc autem figuræ nostræ factæ sunt, ut non simus concupiscentes mala, sicut et illi concupierunt. Neque idolis servientes, sicut quidam eorum, sicut scriptum est, Sedit populus manducare et bibere, et surrexerunt ludere. Neque fornicemur, sicut quidam eorum fornicati sunt, et ceciderunt una die viginti et tria millia. Neque tentemus Christum, sicut quidam eorum tentaverunt, et a serpentibus perierunt. Neque murmuraveritis, sicut quidam eorum murmuraverunt, et perierunt ab exterminatore. Omnia autem hæc in figura contingebant illis : scripta autem sunt ad correptionem nostram, in quos finis sæculorum obvenit. » Nobis ergo potius ista cantata sunt. Unde in hoc Psalmo inter cetera dictum est, « Ut cognoscat generatio altera, filii qui nascentur et exsurgent (*Ps.*, LXXVII, 6). » Porro si ille interitus a serpentibus, et ab exterminatore illa perditio, et gladii trucidatio, figuræ fuerunt, sicut evidenter dicit Apostolus, cum illa omnia contigisse manifestum sit : non enim ait, In figura dicebantur, vel, In figura scripta sunt; sed, In figura, inquit, contingebant illis : quanto majore diligentia pietatis cavendæ sunt pœnæ, quarum figuræ illæ fuerunt ? Procul dubio quippe sicut in bonis rebus multo amplius boni est in eo quod per figuram significatur, quam in ipsa figura : ita et in malis longe utique pejora sunt quæ significantur figuris, cum tanta mala sint etiam significantes figuræ. Nam sicut terra promissionis, quo ille populus ducebatur, in comparatione regni cœlorum nihil est, quo Christianus populus ducitur; ita et pœnæ illæ quæ figuræ fuerunt, cum tam sint atroces, in comparatione pœnarum quas significant, nihil sunt. Quas autem figuras dixit Apostolus, eas dicit iste Psalmus, quantum existimare possumus, parabolas et propositiones : non in eo habentes finem, quod contigerunt ; sed in eis rebus, ad quas rationabili comparatione referuntur. Adtendamus ergo legem Dei populus ejus, et inclinemus aurem nostram in verba oris ejus.

donc attentivement la loi de Dieu, nous qui sommes son peuple, et inclinons notre oreille aux paroles de sa bouche.

4. « J'ouvrirai la bouche en paraboles, je proposerai en problèmes les choses qui se sont faites dès le commencement (*Ibid.*, 2). » De quel commencement veut-il parler, la suite le montre suffisamment. En effet, il ne s'agit ni du moment où le ciel et la terre ont été faits, ni du temps où le genre humain a été créé dans le premier homme ; mais de celui où le peuple assemblé a été tiré de l'Égypte, afin que de la sorte le sens du psaume se rapporte à Asaph, ce nom signifiant assemblée. Mais plût à Dieu que celui qui a dit : « J'ouvrirai la bouche en paraboles (*Ibid.*), daignât ouvrir aussi notre esprit pour les comprendre. Car si, non content d'ouvrir la bouche en paraboles, il ouvrait les paraboles elles-mêmes ; et si, non content de proposer ses problèmes, il en proposait aussi l'explication ; nous n'aurions point tant d'efforts à faire aujourd'hui : mais, au contraire, toutes choses sont tellement couvertes et fermées que, bien qu'avec l'aide de Dieu nous puissions parvenir à y trouver une nourriture salutaire, cependant nous mangerons notre pain à la sueur de notre front (*Genès.*, IV, 19) ; et nous subirons la peine de notre ancienne condamnation, par le travail, non-seulement de notre corps, mais encore de notre cœur. Qu'il parle donc ; et, pour nous, écoutons ses paraboles et ses problèmes.

5. « Que de choses nous avons entendues et connues ; que de choses nos pères nous ont racontées (*Ibid.*, 3) ! » D'abord, c'était le Seigneur qui parlait ; car à quel autre attribuer ces paroles : « O mon peuple, prêtez attention à ma loi (*Ibid.*, 1) ? » Pourquoi donc un homme prend-il ici tout à coup la parole ? Car évidemment c'est ici le langage d'un homme : « Que de choses nous avons entendues et connues ; que de choses nos pères nous ont racontées (*Ibid.*, 3) ! » C'est qu'en effet Dieu veut dès cet instant parler par le ministère d'un homme, selon ce que dit l'Apôtre : « Est-ce que vous voulez éprouver le Christ qui parle par ma bouche (II *Cor.*, XIII, 3) ? » Dieu a d'abord voulu parler en son nom, de peur que s'il mettait ses propres paroles dans la bouche d'un homme, celui-ci ne fût méprisé parce qu'il serait homme. Car voici de quelle manière Dieu nous adresse les paroles qui nous arrivent au moyen des sens de notre corps. Le Créateur fait mouvoir par une action invisible la créature soumise à ses lois, mais il ne change pas sa substance en quelque chose de temporel et de corporel, pour nous manifester sa volonté, autant que les hommes peuvent la saisir, par des signes corporels, qui s'adressent aux yeux ou aux oreilles. Si, en effet, l'ange peut se servir de l'air, des vents, de la

---

4. « Aperiam, inquit, in parabolis os meum, eloquar propositiones ab initio (*Ibid.*, 2). » A quo initio dicat, satis apparet in consequentibus. Non enim ex quo factum est cælum et terra, vel ex quo creatum est in primo homine genus humanum ; sed ex quo populi congregatio quæ adducta est ex Ægypto : ut sensus pertineat ad Asaph, quod interpretatur congregatio. Sed utinam qui dixit, « Aperiam in parabolis os meum, » etiam intellectum nostrum in eas aperire dignetur. Si enim sicut os suum aperuit in parabolis, ita aperiret etiam ipsas parabolas, et sicut eloquitur propositiones, ita eloqueretur et earum expositiones ; non hic æstuaremus : nunc vero obtecta et clausa sunt omnia, ut etiamsi ad aliquid ipso adjuvante, unde salubriter pascamur, pervenire possimus, in sudore tamen vultus nostri edamus panem (*Gen.*, III, 19) ; et pœnam definitionis antiquæ, non corporis tantum, sed et cordis labore pendamus. Dicat ergo, et audiamus parabolas et propositiones.

5. « Quanta audivimus, et cognovimus ea, et patres nostri narraverunt nobis (*Ibid.*, 3) ? » Dominus superius loquebatur. Nam cujus alterius verba credenda sunt, « Adtendite populus meus legem meam (*Ibid.*, 1) ? » Quid est ergo quod nunc repente homo loquitur ? Jam enim hominis verba sunt, « Quanta audivimus, et cognovimus ea, et patres nostri narraverunt nobis ? » Nimirum jam Deus ex hominis ministerio locuturus, sicut ait Apostolus, « An vultis experimentum accipere ejus qui in me loquitur Christus (II *Cor.*, XIII, 3) ? » ex persona sua primum verba fieri voluit, ne verba ejus loquens homo, contemnereretur ut homo. Ita enim se habent locutiones Dei, quæ nobis insinuantur per sensum corporis nostri. Creaturam subditam opere invisibili Creator movet : non ejus substantia in aliquid corporale et temporale convertitur, ut corporalibus signis, sive ad oculos sive ad aures pertinentibus, quantum capere homines possunt, suam faciat innotescere voluntatem. Si enim angelus uti potest

mer, du feu, et de tout autre agent naturel ou apparence corporelle; si l'homme, pour indiquer les secrets de sa pensée emploie son visage, sa langue, sa main, une plume, des lettres, ou tout autre signe extérieur; si enfin, tout homme qu'il soit, il a le pouvoir d'envoyer d'autres hommes pour messagers et de dire à l'un d'eux : va, et il va; et à l'autre, viens, et il vient; et à son serviteur : Fais ceci et il le fait (*Luc*, VII, 8); avec combien plus de puissance et d'efficacité Dieu, à qui toutes choses sont soumises comme à leur Seigneur, peut-il se servir de l'Ange et de l'homme, pour annoncer ce qu'il lui plaît? C'est pourquoi, bien que ce soit maintenant un homme qui dise : « Que de choses nous avons entendues et connues; que de choses nos pères nous ont racontées (*Ibid.*)! » cependant écoutons ces paroles comme des paroles divines et non comme des fables humaines. C'est dans ce but que le Psalmiste a dit en commençant : « O mon peuple, prêtez attention à ma loi, inclinez votre oreille aux paroles de ma bouche. J'ouvrirai la bouche en paraboles; je proposerai en problèmes les choses qui se sont faites dès le commencement. Que de choses nous avons entendues et connues; que de choses nos pères nous ont racontées (*Ibid.*)! » Ces mots : « Entendues et connues » reviennent à ceux-ci : « Entendez, ma fille, et voyez (*Ps.*, XLIV, 11). » En effet, on a entendu dans l'Ancien Testament ce qu'on a connu dans le Nouveau; entendu, lors de la prophétie, connu lors de l'accomplissement. Quand une promesse est tenue, n'est pas trompé qui l'a entendue. « Que de choses nos pères, Moïse et les Prophètes, nous ont racontées! »

6. « Elles n'ont pas été cachées à leurs enfants, dans l'autre génération (*Ibid.*, 4). » C'est la nôtre, cette génération, dans laquelle nous a été donnée la régénération. « Tandis qu'ils publiaient les louanges du Seigneur, la grandeur de sa puissance, et les merveilles qu'il a faites (*Ibid.*). » Voici l'ordre de la construction : « Que de choses nos pères nous ont racontées, tandis qu'ils publiaient les louanges du Seigneur. » Le Seigneur est loué afin qu'il soit aimé. Est-il en effet amour plus salutaire?

7. « Et il a suscité un témoignage dans Jacob, et il a posé une loi dans Israël (*Ibid.*, 5). » Voilà le commencement qui a été indiqué plus haut : « Je proposerai des problèmes sur les choses qui se sont faites dès le commencement (*Ibid.*, 2). » L'ancien Testament est donc le commencement et le Nouveau est la fin. En effet, la crainte prévaut sous la loi : et « la crainte du Seigneur est le commencement de la sagesse (*Ps.*, CX, 10). » « Mais la fin de la loi est le Christ, pour la justification de tout homme qui croit en lui (*Rom.*, X, 14). » C'est par un don de lui que « la charité s'est répandue dans nos

cœurs par l'Esprit-Saint qui nous a été donné (*Id.*, v, 5) ; » or, « la charité parfaite bannit la crainte (I *Jean*, IV, 18). » « Maintenant la justice de Dieu a été manifestée sans la loi, mais comme elle est confirmée par le témoignage de la Loi et des Prophètes (*Rom.*, III, 21), » Dieu, pour ce motif, a suscité « un témoignage dans Jacob, et il a posé une loi dans Israël (*Ps.*, LXXVII, 5). » Car le tabernacle, ancien ouvrage, si parfait et si riche en symboles de la plus haute importance, est appelé le tabernacle du Témoignage (*Ex.*, XL, 2). Or, dans ce tabernacle, il y avait un voile qui cachait l'arche de la Loi, et qui la dérobait aux regards du ministre de la Loi, parce que, sous cette première alliance, tout n'était encore que paraboles et problèmes. Car tout ce qui était alors en même temps une prophétie et un fait accompli était enveloppé de symboles voilés, et n'apparaissait qu'à l'aide de manifestations encore incomprises. « Mais, » dit l'Apôtre, « lorsque vous arriverez au Christ, le voile sera enlevé (II *Cor.*, III, 13, 16). » « En effet, toutes les promesses de Dieu sans exception sont en lui le oui et l'amen (*Id.*, 1, 20). » Par conséquent, quiconque est attaché au Christ profite de tout le bien que renferme la lettre de la loi, quand même il n'en aurait pas l'intelligence ; mais, quiconque est étranger au Christ n'en a ni l'intelligence ni le profit. « Il a donc suscité un témoignage dans Jacob et posé une loi dans Israël (*Ps.*, LXXVII, 5). » Il y a ici une répétition, comme d'ordinaire. Car ces mots : « il a suscité un témoignage, » ont le même sens que ceux-ci : « il a établi une loi ; » et : « dans Jacob » est la même chose que : « dans Israël. » Ces deux noms appartiennent en effet au même homme, et loi et témoignage sont deux noms d'une même chose. Il y a pourtant une différence, dira quelqu'un, entre susciter et établir ; cela est vrai, de même qu'il y en a une entre Jacob et Israël. Ce ne sont pas deux hommes ; mais ces deux noms ont été donnés au même homme pour des causes différentes : celui de Jacob, parce qu'il a supplanté son frère, dont il tenait la plante du pied au moment de leur commune naissance, et celui d'Israël, parce qu'il a vu le Seigneur (*Gen.*, XXV, 25, XXXII, 28). De même, « il a suscité » diffère en quelque chose de : « il a établi. » Le Prophète a dit : « Il a suscité un témoignage, » pour indiquer, à ce que je pense, que ce témoignage a suscité quelque autre chose. Et en effet, dit l'Apôtre, « sans la Loi, le péché était mort, et moi je vivais autrefois sans la Loi ; mais, quand est venu le commandement, le péché a vécu de nouveau (*Rom.*,

---

tem Legis Christus est ad justitiam omni credenti (*Rom.*, x, 4) ; » quo donante « diffunditur caritas in cordibus nostris per Spiritum-sanctum, qui datus est nobis (*Rom.*, v, 5) » et « consummata caritas foras mittit timorem (I *Johan.*, IV, 18) : » quoniam «nunc sine Lege justitia Dei manifestata est (*Rom.*, III, 21). » Sed quoniam testimonium habet a Lege et Prophetis, ideo « suscitavit Testimonium in Jacob, et Legem posuit in Israël. » Nam et illud quod tam insigni et pleno tantis significationibus opere tabernaculum constitutum est, tabernaculum Testimonii (*Exodi*, XL, 2) nominatur, in quo erat velamen contra arcam Legis, sicut velamen contra faciem ministri Legis (II *Cor.*, III, 15) ; quia in illa dispensatione parabolæ et propositiones erant. Ea quippe quæ prædicabantur et fiebant, velatis significationibus condebantur, et non revelatis manifestationibus cernebantur. Cum autem (*a*) transieris ad Christum, ait Apostolus, auferetur velamen (II *Cor.*, III, 16). » Quotquot enim sunt promissiones Dei, in illo (*b*) Etiam, Amen (II *Cor.*, 1, 20). » Quisquis igitur Christo adhæret, totum bonum quod etiam in litteris Legis non intelligit habet : quisquis est autem alienus a Christo, nec intelligit, nec habet. « Suscitavit » ergo « Testimonium in Jacob, et Legem posuit in Israël. » More suo repetit. Nam quod est, « Suscitavit Testimonium ; » hoc est, « Legem posuit ; » et quod est, « in Jacob ; » hoc est, « in Israël. » Nam sicut ista duo nomina sunt hominis unius, ita Lex et Testimonium duo sunt nomina rei unius. Interest aliquid, ait quispiam, inter, « suscitavit et posuit ? » Ita sane, quemadmodum interest etiam inter « Jacob et Israël : » non quia erant duo homines, sed eadem duo nomina diversis caussis uni homini sunt imposita ; Jacob propter supplantationem, quoniam nascentis tenuit plantam fratris (*Gen.*, XXV, 25, et XXXII, 28) ; Israël autem propter visionem Dei. Sic aliud est, suscitavit, aliud posuit. Nam, « suscitavit Testimonium, » quantum existimo, dictum est, quod illo aliquid suscitatum est. « Sine Lege enim, ait apo-

---

(*a*) Editi, *transierit*. At plerique MSS. *transieris* : et sic aliàs Augustinus. (*b*) Sic MSS. At editi, *in illo erant. Quisquis* etc. Vide supra pag. 304. Not. *b*.

vii, 8). » Voilà ce qui a été suscité par le témoignage qui n'est autre que la Loi, afin que ce qui était caché fût manifesté, comme il le dit peu après : « Mais le péché, pour paraître péché, a, par une chose bonne, opéré pour moi la mort (*Ibid.*,13). » Il est dit ensuite que Dieu « a établi une Loi, » comme un joug pour les pécheurs ; ce qui fait dire à l'Apôtre : « que la Loi n'a pas été portée pour le juste (I *Tim.*, I, 9). » La Loi et le témoignage ne sont donc qu'une seule et même chose : comme attestation, c'est un témoignage ; comme prescription, c'est une loi. C'est ainsi que le Christ est la pierre : pierre angulaire pour ceux qui croient (*Ps.*, CXVII, 22), pierre d'achoppement et de scandale pour ceux qui ne croient pas. De même le témoignage de la Loi, pour ceux qui ne font pas un usage légitime de la Loi, est un témoignage de conviction contre les pécheurs qui subiront le châtiment ; et pour ceux qui font un usage légitime de la Loi, un témoignage d'attestation indiquant à qui doivent recourir les pécheurs qui veulent éviter le châtiment. Car dans la grâce que donne le Christ est la justice de Dieu, confirmée par le témoignage de la Loi et des Prophètes (*Rom.*, III, 21), par laquelle l'impie est justifié ; tandis que ceux qui ignorent cette justice et veulent établir la leur ne se sont pas soumis à la justice de Dieu (*Ibid.*, x, 3).

8. « Que de préceptes a-t-il ordonné à nos pères de faire connaître à leurs enfants, pour qu'ils fussent connus d'une autre génération, des enfants qui doivent naître et s'élever, et qui raconteront aussi toutes ces choses à leurs enfants. Afin qu'ils mettent en Dieu leur espérance, qu'ils n'oublient pas les ouvrages de Dieu, et qu'ils recherchent ses commandements. Afin qu'ils ne deviennent pas, comme leurs pères, une race corrompue, qui excite l'amertume, race qui n'a point gardé droitement son cœur, et dont l'esprit n'a point été uni à Dieu par la foi (*Ps.*, LXXVII, 5, 8). « Ces paroles indiquent en quelque sorte deux peuples, l'un qui se rapporte à l'Ancien Testament, l'autre au Nouveau. Car, en disant : « Que de préceptes a-t-il ordonné à nos pères de faire connaître à leurs enfants (*Ibid.*, 3), » le Prophète dit bien qu'ils ont reçu l'ordre de les faire connaître à leurs enfants, mais il ne dit pas qu'ils aient eux-mêmes reconnu et accompli ces préceptes. Ils les ont donc reçus, afin qu'une autre génération connût ce que la première n'aurait pas connu ; c'est-à-dire, « les enfants qui doivent naître et s'élever. » Car ceux qui sont nés d'abord ne se

---

stolus, peccatum mortuum est : ego autem vivebam aliquando sine Lege : adveniente autem mandato, peccatum revixit (*Rom.*, VII, 8). » Ecce quod suscitatum est per Testimonium, quod est Lex, ut appareat quod latebat, sicut paulo post dicit : « Sed peccatum ut appareat peccatum, per bonum mihi operatum est mortem (*Ibid.*, 13). Posuit autem Legem, » dictum est, tamquam jugum peccatoribus : unde dicitur, « Quia justo non est lex posita (I *Tim.*, I, 9). » Testimonium est igitur, inquantum aliquid probat ; Lex autem, inquantum jubet ; cum sit una eademque res. Quocirca sicut lapis Christus, sed credentibus in caput anguli, non credentibus autem lapis offensionis et petra scandali (*Psal.*, CVII, 22) : ita Testimonium Legis eis qui Lege non legitime utuntur, Testimonium est quo convincantur puniendi peccatores ; his vero qui ea legitime utuntur, Testimonium est quo demonstratur ad quem liberandi confugere debent peccatores. In ejus enim gratia est justitia Dei, testimonium habens a Lege et Prophetis (*Rom.*,III,21), (*a*) qua justificatur impius : « quam quidam ignorantes, et suam volentes constituere, justitiæ Dei non sunt subjecti (*Rom.*, x, 3.) »

8. « Quanta, inquit, mandavit patribus nostris nota facere ea filiis suis (*Ps.*, LXXVII, 5) ? Ut cognoscat generatio altera, filii qui nascentur et exsurgent, et (*b*) narrent filiis suis (*Ibid.*, 6). Ut ponant in Deo spem suam, et non obliviscantur operum Dei, et mandata ejus exquirant (*Ibid.*, 7). Ne fiant, sicut patres eorum, generatio prava et amaricans : generatio quæ cor non direxit suum ; et non est creditus cum Deo spiritus ejus (*Ibid.*,8).« Hæc verba indicant duos quodam modo populos, alterum ad Vetus, alterum ad Novum Testamentum pertinentem : nam quod ait, « Quanta mandavit patribus nostris, nota facere ea filiis suis, » mandata eos accepisse dixit, « nota facere ea filiis suis, » non tamen eos agnovisse aut fecisse : sed ad hoc acceperunt ipsi, « ut cognoscat generatio altera, » quod illa non cognovit. « Filii qui nascentur et exsurgent. » Nam illi qui nati sunt, non exsurrexerunt : quia non sursum cor, sed in terra potius habuerunt. Cum Christo enim exsurgitur : unde dictum est, « Si exsurrexistis cum Christo,quæ sursum sunt sapite (*Coloss.*,III,1). » « Et narrent, inquit, filiis suis, ut ponant in Deo spem suam.» Ita enim non suam justitiam justi volunt

---

(*a*) MSS. *quia* (*b*) Sic MSS. At editi hoc tantum loco, *narrabunt*.

sont pas élevés, parce qu'ils n'ont pas tenu leur cœur en haut, mais plutôt l'ont abaissé vers la terre. Il faut, en effet, se lever de terre avec le Christ ; c'est pourquoi il est dit : « Si vous vous êtes levés avec le Christ ressuscité, goûtez les choses d'en haut (*Colos.*, III, 1). » « Et qui raconteront aussi toutes ces choses à leurs enfants, afin qu'il mettent en Dieu leur espérance (*Ibid.*, 6 et 7). » C'est ainsi que les justes ne cherchent pas à établir leur propre justice, mais qu'ils révèlent à Dieu la voie qu'ils suivent, et qu'ils mettent en lui leur espérance, afin que lui-même agisse en eux (*Ps.*, XXXVI, 5). « Afin qu'ils n'oublient pas les ouvrages de Dieu (*Ibid.*, 7) ; » en se glorifiant, par exemple, et en vantant leurs propres œuvres, comme s'ils agissaient par eux-mêmes, tandis que, dans ceux qui opèrent le bien, Dieu opère lui-même le vouloir et le faire, selon qu'il lui plaît (*Philipp.*, II, 17). « Et qu'ils recherchent les commandements (*Ibid.*, 7). Si déjà ils les ont appris, comment les rechercheront-ils? En effet, le Prophète a dit : « Que de préceptes a-t-il ordonné à nos pères de faire connaître à leurs enfants, afin qu'ils fussent connus d'une autre génération (*Ibid.*5) ! » Que doit connaître cette génération? évidemment les commandements qu'il a donnés. Comment donc les rechercher encore, si ce n'est qu'en plaçant en Dieu leur espérance ils rechercheront véritablement ses commandements, parce qu'ils rechercheront son aide pour les accomplir? « Afin qu'ils ne deviennent pas, comme leurs pères, une race corrompue qui excite l'amertume, race qui n'a point gardé droitement son cœur (*Ibid.*, 8). » Le Prophète donne immédiatement la raison de cette corruption : « Et dont l'esprit n'a point été uni à Dieu par la foi (*Ibid.*) ; » c'est-à-dire dont l'esprit n'a point eu la foi qui obtient ce que la loi commande. En effet, quand l'esprit de l'homme coopère à l'opération de l'Esprit de Dieu, ce que Dieu a commandé s'accomplit : ce qui n'a lieu que par la foi en celui qui justifie l'impie (*Rom.*, IV, 5). Cette foi a manqué à la race corrompue, qui excitait en Dieu l'amertume ; c'est pourquoi le Prophète a dit d'elle, que son esprit n'a point été uni à Dieu par la foi (*Ibid.*). Ces paroles ont plus de force pour signifier la grâce de Dieu, qui non-seulement opère la rémission des péchés, mais encore admet l'esprit de l'homme à coopérer avec elle aux bonnes œuvres, que si le Prophète eût simplement dit : Son esprit n'a pas eu foi en Dieu. Car avoir son esprit uni à Dieu par la foi, c'est croire que cet esprit ne peut faire d'œuvre de justice sans Dieu, mais seulement avec Dieu. C'est encore là croire en Dieu, ce qui est plus que de croire à Dieu. On peut, en effet, croire à un homme quelconque, sans vouloir pour cela croire en lui. C'est donc croire en Dieu que de s'unir

---

constituere (*Rom.*, x, 3), sed revelant ad Deum viam suam, et sperant in eum (*Psal.*, xxxvi, 5), ut ipse faciat. «Et non obliviscantur operum Dei : » magnificando scilicet et jactando opera sua, tamquam ipsi faciant; cum Deus sit qui operatur in eis qui bona operantur, et velle et operari pro bona voluntate (*Philip.*, II, 13). « Et mandata ejus exquirant. » Cum jam ea didicerint, quomodo exquirant? « Quanta enim, inquit, mandavit patribus nostris, nota facere ea filiis suis, ut cognoscat generatio altera? » Quid cognoscat? Utique mandata quæ mandavit. Quomodo ergo adhuc exquirant, nisi quia ponendo in Deo spem suam, tunc mandata ejus exquirant, ut ab eis illo adjuvante compleantur? « Ne fiant, sicut patres eorum, generatio prava et amaricans, generatio quæ non direxit cor suum. » Et dicit quare continuo subjugendo, « Et non est creditus cum Deo spiritus ejus : » id est, quia non habebat fidem, quæ impetrat quod Lex imperat. Quando enim cum Spiritu Dei operante spiritus hominis cooperatur, tunc quod Deus jussit impletur : et hoc non fit, nisi credendo in eum qui justificat impium (*Rom.*, IV, 5). Quam fidem non habuit generatio prava et amaricans ; et ideo de illa dictum est, « Non est creditus cum Deo spiritus ejus. » Multo enim hoc expressius dictum est, ad significandam gratiam Dei, quæ non solum operatur remissionem peccatorum, sed etiam cooperantem sibi facit hominis spiritum in opere bonorum factorum : quasi diceret, Non credidit Deo spiritus ejus. Hoc est enim habere cum Deo creditum spiritum, non credere spiritum suum posse facere sine Deo justitiam, sed cum Deo. Hoc est etiam credere in Deum : quod utique plus est quam credere Deo. Nam et homini cuilibet plerumque credendum est, quamvis in eum non sit credendum. Hoc est ergo credere in Deum, credendo adhærere ad bene cooperandum bona operanti Deo. « Quia sine me, inquit, nihil potestis facere (*Johan.*, xv, 5). » Quid autem plus hinc Apostolus dicere potuit, quam quod ait, « Qui autem adhæret Domino, unus spiritus est (*I Cor.*, vi, 17)? »

à lui par la foi, pour coopérer au bien qu'il opère. « Car sans moi, dit le Seigneur, vous ne pouvez rien faire (*Jean*, xv, 5). » Et l'Apôtre saint Paul pouvait-il en dire plus à ce sujet que par ces paroles : « Celui qui s'unit au Seigneur est un seul esprit avec lui (I *Cor.*, vi, 17) ? » Autrement, la loi de Dieu n'est qu'un témoignage de condamnation contre le pécheur, et non un témoignage de justification. Car la lettre de la loi est une menace propre à convaincre les prévaricateurs, elle ne renferme pas l'esprit secourable qui délivre et justifie les pécheurs. Donc, cette race dont il faut éviter les exemples a été corrompue et a excité en Dieu l'amertume, parce que son esprit n'a pas été uni à Dieu par la foi ; si, en effet, elle a cru à Dieu en quelque manière, cependant elle n'a point cru en Dieu ; elle ne s'est point assez unie à Dieu par la foi pour être guérie par Dieu, et pouvoir coopérer au bien que Dieu opérait en elle.

9. Le Prophète dit ensuite : « Les fils d'Éphraïm tendant et lançant leurs arcs ont tourné le dos au jour du combat (*Ibid.*, 9). » Recherchant la loi de justice, ils ne sont point parvenus à la loi de justice (*Rom.*, ix, 31). Pourquoi ? Parce qu'ils ne l'ont pas recherchée avec foi. En effet, c'est là cette race dont l'esprit n'a point été uni à Dieu par la foi ; elle l'a recherché seulement, en quelque sorte, par ses œuvres. Car si elle a tendu et lancé ses arcs (manœuvres extérieures qui peuvent signifier les œuvres de la loi), elle n'a point gardé de même la droiture de son cœur, où le juste vit de la foi (*Id.*, i, 17), laquelle agit par l'amour (*Gal.*, v, 6). Or, c'est par l'amour que l'âme s'unit à Dieu, qui opère dans l'homme le vouloir et le faire, selon qu'il lui plaît (*Philip.*, ii, 13). Qu'est-ce, en effet, que tendre son arc et le lancer, puis tourner le dos au jour du combat, si ce n'est se tenir attentif et faire des promesses au jour de la prédication, et déserter au jour de la tentation ; si ce n'est encore brandir à l'avance son épée, et ne vouloir point s'en servir à l'heure de la bataille. Que dire d'ailleurs de cette expression : « Tendant et lançant leurs arcs (*Ibid.*) ? » Il semblerait que le Prophète aurait dû dire : tendant leurs arcs et lançant leurs flèches ; car on ne lance pas un arc, mais on lance une flèche avec un arc. Ou bien c'est une locution analogue à celle que nous avons examinée plus haut, « il a suscité un témoignage, » c'est-à-dire, il a suscité quelque chose par son témoignage ; de même ici, ils ont lancé leurs arcs, c'est-à-dire ils ont lancé quelque chose avec leurs arcs. Ou bien il résulte quelque obscurité de l'arrangement des mots et de l'omission d'un autre mot qu'il faut sous-entendre. Dans cette hypothèse, l'ordre des mots devrait être rétabli ainsi : « Les Fils d'Éphraïm tendant leurs arcs et lançant…… » Sous-entendez alors : des flèches, de

---

Alioquin Lex illa testimonium est quo damnetur, non quo absolvatur reus. Littera enim est minax, quæ convincat prævaricatores ; non spiritus adjuvans, qui liberet et justificet peccatores. Generatio ergo illa, cujus exemplum cavendum est, ideo prava et amaricans fuit, quia « non est creditus cum Deo spiritus ejus : » quia etsi aliqua credidit Deo, non tamen credidit in Deum : non ex fide adhæsit Deo, ut sanata a Deo bene cooperaretur cum operante in se Deo.

9. Denique, « Filii Ephraïm intendentes et mittentes arcus, conversi sunt in die belli (*Ps.*, lxxvii, 9). » Persequentes Legem justitiæ, in Legem justitiæ non pervenerunt (*Rom.*, ix, 3). Quare ? Quia non ex fide. Generatio enim erat, cujus spiritus non cum Deo creditus non est : sed tamquam ex operibus ; quia non sicut tetendit et misit arcus, (quod foris apparet, tamquam in operibus Legis (*Rom.*, i. 17), ita direxit et cor, ubi justus vivit ex fide (*Gal.*, v, 6), quæ per dilectionem operatur, qua inhæretur Deo, qui operatur in homine et velle et operari pro bona voluntate (*Philip.*, ii, 13). Nam quid est aliud tendere arcum, et mittere, et converti in die belli, nisi attendere et promittere in die auditionis, et deserere in die tentationis, armis quasi proludere, et ad horam certaminis nolle pugnare ? Quod sane ait, « tendentes et mittentes arcus ; » cum debuisse dicere videatur, tendentes arcus, et mittentes sagittas ; non enim arcus mittitur, sed ab arcu aliquid mittitur : aut illa locutio est de qua superius disseruimus, ubi dictum est, «Suscitavit testimonium, » quia suscitavit aliquid testimonio (*Ps.*, lxxvii, 5) ; ita et hic, « mittentes arcus, » quia miserunt aliquid arcubus: aut obscurus ordo verborum est, cum prætermissione verbi, quod etiam tacitum subaudiendum est, ut iste ordo sit, « Filii Ephraïm intendentes arcus et mittentes, » et subaudiatur sagittas, pleniusque sit, tendentes arcus et mittentes sagittas : quia etiam si diceret, tendentes et mittentes sagittas, non utique tendentes sagittas intelligere deberemus ; sed audito

manière à compléter ainsi la phrase : tendant leurs arcs et lançant des flèches. Si, en effet, le Prophète eût dit : tendant et lançant des flèches, nous n'aurions point à comprendre qu'ils auraient tendu des flèches ; mais par le seul fait de l'emploi du mot tendant, nous aurions à sous-entendre le mot arc, bien qu'il ne fût pas exprimé. Il y a, dit-on, des manuscrits grecs qui portent : « lançant de leurs arcs, après les avoir tendus......; » ce qui oblige à sous-entendre : des flèches. Si, d'autre part, le Prophète a voulu désigner par les fils d'Éphraïm toute cette race qui excitait Dieu à l'amertume, ce n'est qu'une manière de parler qui prend la partie pour le tout. Et peut-être cette partie a-t-elle été choisie pour signifier le tout, parce que c'était des fils d'Éphraïm surtout que l'on pouvait attendre quelque bien. Car celui dont ils étaient nés était ce petit-fils de Jacob que son père plaça, comme le plus jeune, à la gauche du saint Patriarche, et que celui-ci bénit cependant de la main droite, le mettant par cette bénédiction mystérieuse au-dessus de son frère aîné (Gen., XXXIII, 4). Si donc la tribu d'Éphraïm est mise ici en accusation, s'il lui est reproché de n'avoir pas tenu ce que promettait cette bénédiction, nous devons en inférer que, dès lors, les paroles du patriarche Jacob figuraient toute autre chose que ce que la prudence de la chair attendait.

Elles signifiaient que par l'avénement du Sauveur dont le précurseur a dit : « Celui qui vient après moi, a été fait avant moi (Jean, 1, 27), » les premiers deviendraient les derniers, et les derniers deviendraient les premiers (Matth., XX, 16). C'est ainsi que le juste Abel a été préféré à son frère aîné (Gen., IV, 4, 5); Isaac à Ismaël (Id., XXI, 12); Jacob lui-même à Ésaü son frère jumeau, mais pourtant son aîné (Id., XXV, 23). C'est ainsi que Pharès est né également avant son frère jumeau, bien que celui-ci eût d'abord présenté le bras hors du sein maternel et eût le premier commencé à naître (Id., XXVIII, 27-29). De même encore, David fut préféré à tous ses aînés (IV Rois, XVI, 12). Enfin, celui en vue de qui toutes ces prophéties ont été faites, non-seulement en paroles, mais aussi en paraboles, le peuple chrétien a été, de la même sorte, préféré au peuple juif ; et c'est pour le racheter que le Christ a été mis à mort par les Juifs, comme Abel a été tué par Caïn (Gen., XVIII, 8). C'est donc là ce que figurait Jacob, lorsque déplaçant et croisant ses mains, il toucha de la droite Éphraïm placé à sa gauche, et le mit au-dessus de Manassé, placé à sa droite, qu'il toucha seulement de la main gauche. C'est ainsi que les fils d'Éphraïm selon la chair, tendant et lançant leurs arcs, ont tourné le dos au jour du combat.

---

eo quod dixit, tendentes, subaudire potius arcum, quamvis dictum non fuerit. Nonnulli sane codices Græci habere dicuntur, « tendentes et mittentes arcubus, » ut sine dubitatione subaudiamus sagittas. Quod vero per filios Ephræm universam illam generationem amaricantem intelligi voluit, locutio est a parte totum significans. Et ideo fortasse electa est ista pars, ex qua ille populus totus significaretur, quia de his potissimum boni aliquid exspectandum fuit ; quia ex illo nati sunt, quem nepotem suum Jacob, quamvis a patre ejus tamquam minorem ad sinistram constitutum, manu tamen dextera benedixit, eumque majori fratri arcana benedictione præposuit (Gen., XLVIII, 14) : ut quod ita hoc loco tribus illa culpatur, nec apparuisse in ea quod illa benedictio promittebat ostenditur, satis intelligamus quod etiam tunc ex verbis Patriarchæ Jacob longe aliud figurabatur, quam prudentia carnis exspectat. Figurabatur enim quod futuri essent novissimi qui erant primi, et primi futuri essent qui erant novissimi (Matth., XX, 16), per Salvatoris adventum, de quo dictum est, qui post eventi ante me factus est (Johan., 1, 27). Sic Abel justus majori prælatus est fratri, sic Ismaëli Isaac, sic Esaü congemino suo, sed tamen prius nato, ipse Jacob (Gen., IV, 4 et 21, 12 et 23, 23) : sic Phares et ipse congeminum suum, qui prius manum ex utero miserat, et cœperat nasci, etiam nascendo præcessit (Gen., XXXVIII, 27) : sic David majoribus prælatus est fratribus (I Reg., XVI,12), et propter quod istæ omnes atque aliæ similes, non solum dictorum, sed etiam factorum parabolæ præcesserunt, sic populo Judæorum prælatus est populus Christianus, pro quo redimendo quemadmodum Abel a Cain (Gen., IV, 8), sic a Judæis occisus est Christus. Hoc præfiguratum est enim etiam cum Jacob decussatim porrectis manibus, dextera tetigit Ephræm ad sinistram constitutum (Gen., XLVIII, 14) ; eumque præposuit Manasse ad dexteram constituto, quem sinistra ipse tangebat. Nam secundum carnem « filii Ephræm intendentes et mittentes arcus, conversi sunt in die belli. »

10. Quid sit autem quod ait, « Conversi sunt in

10. Mais que signifient bien ces paroles : tourner le dos au jour du combat ? Ce qui va suivre nous le dit, parce que le Prophète l'expose de la manière la plus claire. « Ils n'ont pas gardé le Testament de Dieu, dit-il, et ils n'ont pas voulu marcher dans sa loi (*Ibid.*, 10). » Voilà ce que veut dire : « ils ont tourné le dos au jour du combat (*Ibid.*, 9) ; » « ils n'ont pas gardé le Testament de Dieu (*Ibid.*, 10). » Tandis qu'ils bandaient et lançaient leurs arcs, ils faisaient les plus belles promesses de courage et de zèle ; ils disaient : « Nous écouterons tout ce qu'a dit le Seigneur notre Dieu, et nous l'exécuterons (*Ex.*, XIX, 8). » Mais « ils ont tourné le dos au jour du combat, » parce que ce ne sont pas les déclarations, mais les tentations, qui prouvent ce que vaut une promesse d'obéissance. Au contraire, celui dont l'esprit est uni à Dieu par la foi, sait que Dieu est fidèle, que Dieu ne permettra pas qu'il soit tenté au-delà de ses forces, et que Dieu donnera une telle issue à la tentation, qu'il pourra la supporter (I *Cor.*, X, 13), afin de ne point tourner le dos au jour du combat. Quant à l'homme qui se glorifie en lui-même et non en Dieu (*Ibid.*, I, 31), si haut qu'il fasse sonner la promesse de sa valeur, en bandant pour ainsi dire et en lançant son arc, il tournera le dos au jour du combat. En effet, comme son esprit n'est pas uni à Dieu par la foi, l'esprit de Dieu n'est point non plus en lui, et il est écrit : « Parce qu'il n'a pas cru, il ne sera pas protégé (*Eccli.*, II, 15). » Après avoir dit : « Ils n'ont pas gardé le Testament de Dieu, » le Prophète qui ajoute : « et ils n'ont pas voulu marcher sous sa loi (*Ibid.*, 10), » ne fait que répéter sa première pensée, en l'expliquant toutefois un peu, car il donne le nom de loi à ce qu'il avait d'abord nommé « le Testament de Dieu ; » de même qu'il explique ces paroles : « ils n'ont pas gardé, » par celles-ci : « ils n'ont pas voulu marcher. » Mais, comme le Prophète aurait pu dire plus brièvement : ils n'ont pas marché dans sa loi, il me semble qu'il a voulu nous faire rechercher quelque sens caché, quand il a écrit de préférence, « ils n'ont pas voulu marcher, » et non point, ils n'ont pas marché. On aurait pu croire, en effet, que la loi des œuvres suffit, en quelque sorte, pour la justification, pourvu que les Commandements soient extérieurement accomplis, même par des hommes qui préféreraient n'avoir reçu aucun commandement ; qui obéissent par conséquent, mais qui n'obéissent pas de cœur ; de sorte qu'ils paraissent marcher dans la loi de Dieu, tandis qu'ils n'y veulent pas marcher, parce qu'ils n'agissent point de cœur. Or, on ne saurait faire du fond du cœur ce qu'on ne fait que par crainte du châtiment, et non par amour de la justice. Car,

---

die belli, » consequentia docent, quibus id apertissime exposuit : « Non custodierunt, inquit, testamentum Dei, et in lege ejus noluerunt ambulare (*Ps.*, LXXVII. 10). » Ecce quid est, « Conversi sunt in die belli : » non observaverunt testamentum Dei. Ubi arcus tendentes et mittentes, etiam promissionis promptissimæ verba protulerunt, dicentes, « Quæcumque locutus est Dominus Deus noster, (a) faciemus et audiemus (*Exodi.*, XIX, 8). » « Conversi sunt in die belli : » quia promissionem obedientiæ non auditio, sed tentatio probat. Cujus est autem cum Deo spiritus creditus, fidelem tenet Deum, qui non cum permittet tentari super quod potest (I *Cor.*, X, 13) ; sed faciet cum tentatione etiam exitum, ut possit, sustinere (I *Cor.*, I, 31), ne convertatur in die belli. Qui autem in se, non in Deo gloriatur quantum vis jactet pollicitationem virtutis suæ, velut tendens et mittens arcus, convertitur in die belli. Quia enim non est creditus cum Deo spiritus ejus, non est cum illo etiam Spiritus Dei : et sicut scriptum est. « Quia non credidit, ideo non protegetur (*Eccli.*, II, 15), » Quod vero cum dixisset, non observaverunt testamentum Dei ; » adjecit et ait, « Et in lege ejus noluerunt ambulare : » repetitio est superioris sententiæ, cum quadam ejus expositione. Hoc enim appellavit, « legem ejus, » quod supra dixerat « testamentum Dei : » ut illud quod dictum est, « non custodierunt, » repetitio intelligatur in eo, « ambulare noluerunt. » Sed cum brevius dici posset, Et in lege ejus non ambulaverunt ; nonnihil mihi videtur in hoc verbo nos quærere voluisse, quod maluit dicere, « noluerunt ambulare, » quam, non ambulaverunt. Poterat enim putari lex operum quasi sufficere ad justificationem, cum ea quæ præcipiuntur, forinsecus fiunt ab eis hominibus, qui mallent non præcipi ; quæ non ex corde faciunt, et tamen faciunt ; ac per hoc quasi videntur ambulare in lege Dei, sed nolunt ambulare : non enim ex corde faciunt. Ex corde autem nullo modo fieri potest, quod formidine fit pœnæ, non dilectione justitiæ. Nam quantum ad-

(a) Sic in MSS et apud LXX. At in editis hic *audiemus et faciemus*.

en ce qui concerne l'observance extérieure, ceux qui craignent le châtiment et ceux qui aiment la justice s'abstiennent également de voler : ils sont semblables de main et dissemblables de cœur, semblables d'actions et dissemblables de volonté. Voilà pourquoi le Prophète les appelle « une race qui n'a pas gardé droitement son cœur (*Ibid.*, 8). » Il ne parle pas des œuvres, mais du cœur. En effet, si le cœur est droit, les œuvres sont droites; si, au contraire, le cœur n'est pas droit, les œuvres ne le sont pas non plus, même quand elles paraîtraient l'être. Le Prophète nous a d'ailleurs expliqué suffisamment pourquoi cette race corrompue n'avait pas gardé droitement son cœur, lorsqu'il a dit : « Et son esprit n'a point été uni à Dieu par la foi (*Ibid.*). » En effet, Dieu est droit ; c'est pourquoi, s'unissant à cette rectitude suprême comme à une règle immuable, le cœur de l'homme, de tortueux qu'il est en lui-même, peut devenir droit. Or, pour s'unir à Dieu et ainsi devenir droit, le cœur de l'homme doit s'approcher de Dieu, non à l'aide de ses pieds, mais au moyen de la foi. C'est pourquoi, dans la lettre aux Hébreux, il est dit de cette race corrompue et qui excite en Dieu l'amertume : « La parole qu'ils ont entendue ne leur a pas servi, n'étant pas jointe à la foi dans ceux qui l'ont entendue (*Héb.*, IV, 2). » La volonté qui est dans un cœur droit est donc préparée par le Seigneur à l'aide de la foi qui précède cette volonté, et qui conduit vers Dieu qui est droit le cœur qui ainsi devient droit. Cette foi, prévenue et appelée par la miséricorde de Dieu, est l'effet de l'obéissance à Dieu, et elle commence à appliquer le cœur à Dieu, pour que Dieu le redresse; et à mesure qu'il se redresse davantage, il voit d'autant mieux ce qu'il ne voyait pas et il peut d'autant mieux ce qu'il ne pouvait pas. Telle n'a pas été la conduite de Simon, à qui l'apôtre saint Pierre a dit : « Il n'y a pour toi ni part ni sort dans cette foi, parce que ton cœur n'est pas droit devant Dieu (*Act.*, VIII, 21). » Pierre montre par là que, sans Dieu, le cœur ne peut être droit; afin que les hommes commencent, non pas à marcher sous la loi comme des esclaves remplis de crainte, mais à marcher dans la loi comme des enfants remplis de bonne volonté : car n'ayant point voulu d'abord marcher dans la loi, ils sont restés chargés de fautes sous la loi. En effet, ce n'est pas la crainte qui produit cette bonne volonté, mais la charité qui a été répandue par l'Esprit-Saint dans le cœur de ceux qui croient (*Rom.*, V, 5). A ceux-ci il est dit : « C'est la grâce qui vous a sauvés par la foi, et cela ne vient pas de vous, mais c'est un don de Dieu; cela ne vient pas non plus des œuvres, afin que nul ne s'en glo-

---

tinet ad facta quæ forinsecus aguntur, et qui timent pœnam et qui amant justitiam non furantur; et ideo pares sunt manu, dispares corde; pares opere, dispares voluntate. Ideo illi sic notati sunt : « Generatio, inquit, quæ cor non direxit suum (*Ps.*, LXXVII, 8). » Non dictum est, opera; sed, cor. Directo enim corde, recta sunt opera : cum autem cor directum non est, opera recta non sunt, etiamsi recta videantur. Et unde cor non direxit prava generatio, satis aperuit, cum ait, « Et non est creditus cum Deo spiritus ejus (*Ibid.*). Rectus est enim Deus : et ideo recto adhærens, tamquam incommutabili regulæ, potest fieri rectum, quod in se fuit pravum cor hominis. Ut autem cor cum illo sit, et per hoc rectum esse possit, acceditur ad eum, non pede, sed fide. Ideo dicitur etiam in Epistola ad Hæbræos de illa ipsa generatione prava et amaricante (*Hebr.*, IV, 2) : Non profuit sermo auditus (a) illis non contemperatis fidei eorum qui obaudierunt. Voluntas igitur quæ est in corde recto, paratur a Domino, fide præcedente, qua acceditur ad Deum rectum, ut cor fiat rectum. Quæ fides præveniente et vocante misericordia Dei, per obedientiam suscitatur; et applicare incipit ad Deum cor, ut dirigatur : et quanto magis magisque dirigitur, tanto magis videt quod non videbat, et valet quod non valebat. Hoc non fecerat Simon, cui Petrus apostolus dixit, « Non est tibi pars neque sors in hac fide ; cor enim tuum non est rectum cum Deo (*Act.*, VIII, 21). » Ibi enim ostendit, quia non potest esse rectum sine Deo, ut incipiant homines, non tamquam servi sub lege ambulare metuentes, sed in lege tamquam filii volentes, in qua illi ambulare noluerunt, et sub illa rei remanserunt. Hanc enim voluntatem non timor, sed caritas habet : quæ diffunditur in cordibus credentium per Spiritumsanctum (*Rom.*, V, 5). Quibus dicitur,« Gratia salvi facti estis per fidem; et hoc non ex vobis, sed Dei donum est; non ex operibus, ne forte quis extol-

---

(a) Editi, *auditus illis non contemperans fidei eorum* etc. Sed illa MSS. quæ hic restituitur lectio in Græcum textum Apostoli non minus quadrat.

rifie. Car nous sommes l'ouvrage de Dieu, ayant été créés dans le Christ Jésus pour les bonnes œuvres que Dieu a préparées, afin que nous y marchions (*Éphés.*, II, 8-10). » Ils sont donc bien différents de ceux qui « n'ont pas voulu marcher dans la loi de Dieu (*Ps.*, LXXVII, 10), » c'est-à-dire de ceux qui ont refusé de croire en lui, qui ne lui ont pas révélé leur voie, et qui n'ont pas mis en lui leur espérance, de manière à ce que lui-même agit en eux.

11. « Et ils ont oublié ses bienfaits et les merveilles qu'il leur avait montrées et les merveilles qu'il avait faites devant leurs pères (*Ibid.*, 11 et 12).» Que veulent dire ces paroles ? Il y a là une question qu'il ne faut pas négliger. Le Prophète vient de dire des pères eux-mêmes qu'ils étaient une race corrompue et qui excitait l'amertume, « Qu'ils ne deviennent pas, comme leurs pères, une race corrompue qui excite l'amertume ; race qui n'a pas gardé droitement son cœur (*Ibid.*, 8) ; » et les autres reproches adressés à cette race, qu'il ne veut pas voir imiter par l'autre génération à laquelle il prescrit « de mettre en Dieu son espérance, de ne point oublier les œuvres de Dieu et de rechercher ses commandements (*Ibid.*, 7) : » toutes choses dont nous avons déjà suffisamment parlé. Comment se fait-il que le Prophète ayant dit de cette race corrompue : Qu'ils ont oublié les bienfaits de Dieu et les merveilles qu'il leur a montrées (*Ibid.*, 11), ajoute ensuite : « et les merveilles qu'il a faites devant leurs pères ? » De quels pères s'agit-il, puisqu'eux-mêmes sont ces pères à qui il ne veut pas que leurs descendants viennent à ressembler ? Pouvons-nous nommer Abraham, Isaac et Jacob ? Mais depuis longtemps déjà ces patriarches étaient morts, lorsque Dieu fit ces miracles en Égypte. En effet, le Psalmiste dit ensuite : « Dans la terre d'Égypte et dans les champs de Thanis (*Ibid.*, 12),» désignant ainsi l'endroit où Dieu leur a montré ces merveilles devant leurs pères. Ou bien devrons-nous dire que ces patriarches étaient alors présents en esprit, selon la parole du Seigneur, à leur sujet, dans l'Évangile : « Tous vivent pour lui (*Luc*, XX, 38) ? » Ou enfin, n'est-il pas plus convenable que nous regardions comme leurs pères Moïse et Aaron, et les autres anciens que l'Écriture nous dit avoir reçu le même esprit qu'avait reçu Moïse pour l'aider à conduire et à supporter ce même peuple (*Nomb.*, XI, 16, 17) ? Pourquoi, en effet, ne pas les appeler du nom de Pères ? Ce ne sera point dans le même sens que quand nous disons que Dieu est le seul Père qui régénère par son Esprit ceux dont il fait ses enfants, en vue de l'héritage éternel ; mais

---

latur. Ipsius enim sumus figmentum, creati in Christo Jesu, in operibus bonis, quæ præparavit Deus, ut in illis ambulemus (*Ephes.*, II, 8).» Non quomodo isti, qui in lege ejus noluerunt ambulare, non credendo in eum, neque viam suam revelando ad eum et sperando in eum, ut ipse faceret.

11. « Et obliti sunt beneficiorum ejus, et mirabilium ejus quæ ostendit eis (*Psal.*, LXXVII, 11), coram patribus eorum (a) quæ fecit mirabilia (*Ibid.*, 12). » Quid sit hoc, non est quæstio negligenda. De ipsis patribus paulo ante dicebat, quod fuisset generatio prava et amaricans. « Ne fiant, inquit, sicut patres eorum generatio prava et amaricans, generatio quæ non direxit cor suum (*Ibid.*, 8), et cetera quæ adhuc de ipsa generatione dicuntur, cujus imitationem eo modo cavendam præcipit alteri generationi, ut ponant in Deo spem suam, et non obliviscantur operum Dei, et mandata ejus exquirant : de quibus jam satis quod visum est disseruimus. Quid sibi ergo vult, cum de ipsa generatione prava loquatur, quomodo « obliti sunt beneficiorum Dei, et mirabilium ejus quæ ostendit eis, » quod addidit et dicit, « Coram patribus eorum cum isti sint patres, quorum non vult esse posteros similes? Si illos acceperimus ex quibus isti nati erant, velut Abraham, Isaac et Jacob; jam olim dormierant, quando mirabilia Deus ostendit in Ægypto. Sequitur enim, « In terra Ægypti, in campo Thaneos : » ubi dicit ostendisse Deum istis mirabilia coram patribus eorum. An forte spiritu præsentes erant? quia de ipsis Dominus in Evangelio ait, « Omnes enim illi vivunt (*Lucæ*, XX, 38).» An accommodatius accipimus patres Moysen et Aaron, aliosque seniores qui commemorantur in eadem Scriptura etiam Spiritum accepisse, unde acceperat et Moyses, ut cum adjuvarent ad eumdem populum regendum ac ferendum (*Num.*, XI, 16)? Cur enim non appellarentur patres ? Non sicut Deus Pater

---

(a) Particula *quæ* deest in editis : sed exstat in MSS. et apud Lxx.

on peut leur donner ce nom comme un titre d'honneur, à cause de leur âge et des soins que prenait leur piété. C'est ainsi que saint Paul, déjà âgé, disait aux Corinthiens : « Je ne vous écris pas ceci pour vous donner de la confusion, mais je vous avertis comme mes très-chers fils (I *Cor.*, IV, 14); » il n'ignorait pas cependant que le Seigneur avait dit : « N'appelez sur la terre personne votre père (*Matth.*, XXIII, 9). » Le Seigneur n'a pas prononcé cette parole pour que ce titre d'honneur fût banni du langage habituel des hommes; mais afin que la grâce de Dieu, qui nous régénère pour la vie éternelle, ne fut attribuée ni à la nature, ni à la puissance, ni même à la sainteté d'aucun homme. Aussi l'Apôtre, après avoir dit : « Je vous ai engendrés, » a-t-il ajouté : « dans le Christ et dans l'Évangile (I *Cor.*, IV, 14, 15). » de crainte qu'on ne lui attribuât ce qui n'appartient qu'à Dieu.

12. Cette race corrompue, qui excite l'amertume, a donc oublié les bienfaits de Dieu et les merveilles qu'il lui avait montrées et celles qu'il avait faites devant ses pères dans l'Égypte et dans les champs de Thanis (*Ibid.*). Alors le Prophète se met à rappeler, dans leur ordre, ces mêmes merveilles. Si ces récits sont des paraboles et des problèmes, assurément, il faut les rapporter à d'autres faits, par des comparaisons. Et nous ne devons pas détourner l'œil de notre attention du but de ce Psaume, et du fruit que nous devons tirer de tout ce qu'il renferme. Car c'est pour ce motif que nous avons été avertis, par Dieu même, d'écouter avec la plus grande attention : « O mon peuple, prêtez attention à ma loi, inclinez votre oreille aux paroles de ma bouche (*Ibid.*, 1). » Ce fruit est que nous mettions en Dieu notre espérance, que nous n'oublions pas les ouvrages de Dieu, et que nous recherchions ses commandements; afin de ne pas devenir, comme nos pères, une race corrompue qui provoque l'amertume, race qui n'a pas gardé la droiture de son cœur et dont l'esprit n'a point été uni à Dieu par la foi. C'est à cette pensée qu'il faut tout rapporter; et tout ce que nous trouverons, comme autant de figures, dans le récit des faits, peut se reproduire spirituellement dans l'homme, soit par la grâce de Dieu, s'il s'agit du bien, soit par le jugement de Dieu, s'il s'agit du mal, de la même manière qu'autrefois le bien pour les Israélites, et le mal tant pour les Israélites que pour leurs ennemis. Si nous gardons ce souvenir; si nous mettons en Dieu notre espérance; si nous ne sommes pas ingrats envers sa grâce; si nous le craignons, non d'une crainte servile, qui ne fait redouter que des maux corporels, mais d'une crainte chaste qui dure dans les siècles des siècles, de cette crainte qui estime que le grand châtiment est d'être privé de la lumière

---

unus est qui regenerat Spiritu suo, quos facit filios ad æternam hereditatem, sed honoris gratia propter ætatem curamque pietatis : sicut Paulus senior dicit, « Non ut confundam vos, hæc scribo, sed ut filios meos carissimos moneo (I *Cor.*, IV, 14):» cum sciret utique a Domino dictum, « Ne vobis dicatis patrem in terra, unus est enim Pater vester Deus (*Matth.*, XXIII, 9).» Quod non ideo dictum est, ut hoc vocabulum honoris humani de loquendi consuetudine tolleretur; sed ne gratia Dei qua in æternam vitam regeneramur, naturæ, vel potestati, vel etiam sanctitati cujusdam hominis tribueretur. Ideo cum diceret, Ego vos genui : prædixit, In Christo et per Evangelium ; ne ipsius putaretur esse quod Dei est.

12. Ergo illa generatio prava et amaricans, « obliti sunt beneficiorum Dei, et mirabilium ejus quæ ostendit eis, coram patribus eorum quæ fecit mirabilia in terra Ægypti, in campo Thaneos. » Et incipit eadem mirabilia commemorando retexere. Quæ si parabolæ sunt et propositiones, profecto ad aliquid comparando referendæ sunt. Nec oculum intentionis debemus auferre ab eo quod Psalmus ipse intendit ostendere, hunc esse fructum omnium quæ dicuntur, et quare admoniti sumus hæc intentissime audire, Deo dicente, « Adtendite populus meus legem meam, inclinate aurem vestram in verba oris mei (*Ps.*, LXXIX, 1),» ut ponamus in Deo spem nostram, et non obliviscamur operum Dei, et mandata ejus exquiramus; ne fiamus, sicut illi patres, generatio prava et amaricans, generatio quæ cor non direxit suum, et non est creditus cum Deo spiritus ejus. Ad hoc ergo omnia referenda sunt, ac per hoc quidquid figurata actione ista significant, ita fieri possunt spiritaliter in homine, vel gratia Dei, si bona sunt; vel judicio Dei, si mala sunt; sicut illa bona facta sunt in Israëlitas, vel mala et in ipsos et in eorum inimicos. Quæ si non obliviscamur, sed in Deo spem nostram ponamus, nec ipsius gratiæ simus ingrati; cumque timeamus, non timore ser-

de la justice ; nous ne deviendrons donc pas, comme ces anciens pères, une race corrompue qui provoque l'amertume. Il faut donc voir, dans la terre d'Égypte, la figure de ce monde. Les champs de Thanis figurent le plat terrain où marche celui qui obéit au précepte de l'humilité. Car Thanis signifie « humble précepte. » Recevons donc, en ce monde, le précepte de l'humilité ; afin de mériter de recevoir, dans l'autre monde, la grandeur que nous a promise celui qui s'est fait humble ici-bas à cause de nous.

13. Car « celui qui a divisé la mer, qui les y a fait passer, et qui a retenu les eaux comme dans des outres (*Ibid.*, 13), » de sorte que l'eau restait suspendue comme si elle eût été renfermée, celui-là peut, par sa grâce, comprimer le flot impétueux des convoitises charnelles, lorsqu'on renonce à ce siècle ; de telle sorte que tous les péchés étant détruits, comme autant d'ennemis, le peuple des fidèles passe à travers les eaux du sacrement de Baptême. « Celui qui les a conduits le jour à l'ombre de la nuée, et toute la nuit à la clarté de la colonne de feu (*Ibid.*, 14), » peut aussi diriger spirituellement notre route, si nous crions vers lui avec une foi sincère : « Dirigez mes pas selon votre parole (*Ps.*, CXVIII, 133). » C'est de lui, en effet, qu'il est dit ailleurs : « Il rendra droite votre course et dirigera votre chemin dans la paix (*Prov.*, IV, 27), » par Notre-Seigneur Jésus-Christ, dont le mystère s'est manifesté dans la chair, comme dans la nuée qui apparaissait pendant le jour, et se manifestera au moment du jugement, comme pendant les terreurs de la nuit ; parce qu'alors le monde sera éprouvé par la grande tribulation du feu, feu qui éclairera les justes et qui brûlera les pécheurs. « Celui qui a fendu la pierre dans le désert et les a désaltérés comme à de profonds réservoirs d'eau ; qui a fait sortir l'eau de la pierre et a fait couler les eaux comme des fleuves (*Ps.*, LXXVII, 16), » celui-là peut aussi, à qui a soif de la foi que donne l'Esprit-Saint, verser, selon la signification spirituelle de ces faits, l'eau de la pierre spirituelle qui suivait les Juifs et qui est le Christ (I *Cor.*, X, 4) ; car le Christ se tenait debout et criait : « Si quelqu'un a soif, qu'il vienne à moi (*Jean*, VII, 37) ; » et encore : « Si quelqu'un boit de l'eau que je donnerai (*Jean*, IV, 14), des fleuves d'eau vive couleront de son sein (*Jean*, VII, 38). » « Il disait cela, comme on le lit dans l'Évangile, de l'Esprit que devaient recevoir ceux qui croiraient en lui (*Ibid.*, 39). » Le bois de la Passion a été pour le Sauveur

---

vili, quod sola mala corporalia formidantur, sed timore casto permanente in sæculum sæculi, qui timor magnam esse judicat pœnam privari luce justitiæ ; non efficiemur, tamquam patres illi, generatio prava et amaricans. Terra itaque Ægypti in figura intelligenda est hujus sæculi. Campus Thaneos planicies est mandati humilis. Nam mandatum humile interpretatur Thanis. In hoc ergo sæculo humilitatis mandatum suscipiamus, ut in alio sæculo exaltationem, quam promisit qui propter nos hic factus est humilis, accipere mereamur.

13. Nam qui «disrupit mare, et trajecit eos, statuit aquas quasi in utres (*Ibid.*, 13),» ut sic staret unda tamquam fuisset inclusa : potest per suam gratiam cohibere fluida et labentia concupiscentiarum carnalium, cum huic sæculo renuntiatur, ut tamquam inimicis peccatis omnibus perdeletis fidelium populus per sacramentum baptismatis trajiciatur. Qui « deduxit eos in nube diei, et tota nocte in illuminatione ignis (*Ibid.*, 14) :» potest etiam spiritaliter dirigere itinera, si ad eum clamet fides, « Itinera mea dirige secundum verbum tuum (*Psal.*, CXVIII, 133).» De quo alibi dicitur, «Ipse enim rectos faciet cursus tuos, et itinera tua in pace (a) producet (*Prov.*, IV, 27),» per Jesum Christum Dominum nostrum, cujus in hoc sæculo, tamquam in die, sacramentum manifestatum est in carne, velut in nube ; in judicio vero, tamquam in terrore nocturno : quia tunc erit magna tribulatio sæculi tamquam ignis, et lucebit justis, et ardebit injustis. Qui « disrupit in deserto petram, et adaquavit eos sicut in abysso multa (*Psal.*, LXXVII, 15) ; et eduxit aquam de petra, et deduxit tamquam flumina aquas (*Ibid.*, 16) : » potest utique sitienti fidei donum Spiritus-sancti, quod illa res gesta spiritaliter significabat, infundere, de spiritali sequente petra, quod est Christus : qui stabat et clamabat, « Si quis sitit, veniat ad me (*Johan.*, VII, 37) : » et, « Qui biberit de aqua quam ego dabo, flumina aquæ vivæ fluent de ventre ejus (*Johan.*, IV, 14),» Hoc enim dicebat, sicut in Evangelio legitur, « de Spiritu quem accepturi erant credentes in eum (*Johan.*, VII, 39). » Ad quem velut virga lignum passionis accessit, ut emanaret credentibus gratia.

(a) Sic MSS At editi, *perducet.*

comme la verge qui a fait couler la grâce sur ceux qui ont cru en lui.

14. Et cependant les Juifs, race corrompue et qui provoque l'amertume, « n'ont pas laissé de pécher contre lui (*Ps.*, LXXVII, 1), » c'est-à-dire de ne pas croire. Car c'est là le péché que l'Esprit reproche au monde, selon ces paroles du Seigneur. « Il convaincra le monde de péché, parce qu'ils n'ont pas cru en moi (*Ibid.*, XVI, 9). » « Et ils ont irrité le Très-Haut dans l'aridité (*Ibid.*); d'autres manuscrits portent : « dans le manque d'eau, mot plus expressif tiré du grec, mais qui n'a pas d'autre sens que celui d'aridité. S'agit-il ici de l'aridité du désert, ou plutôt de leur propre aridité ? Car, bien qu'ils eussent bu l'eau de la pierre, ils ressentaient l'aridité, non de l'estomac, mais de l'esprit, où ne poussait aucun fruit de justice. Dans cette aridité, ils auraient dû supplier Dieu avec une foi encore plus vive, afin que celui qui avait donné le rassasiement à leur gosier donnât également la justice à leurs mœurs. Car, c'est vers lui que l'âme fidèle crie : « Que mes yeux voient la justice (*Ps.*, XVI, 2). »

15. Et ils ont tenté Dieu dans leurs cœurs, lui demandant de la nourriture pour leurs âmes (*Ibid.*, 18). » Autre chose est de demander en croyant, autre chose en tentant. En effet, il est dit ensuite : « Ils ont mal parlé contre Dieu et ils ont dit : Dieu pourra-t-il nous préparer une table dans le désert ? Il est vrai qu'il a frappé le rocher et que des eaux en sont sorties et que des torrents en ont abondamment coulé; mais pourra-t-il de même nous donner du pain et préparer une table à son peuple (*Ibid.*, 19 et 20) ? » Ils n'avaient donc point la foi, en demandant ainsi de la nourriture pour leur vie. Ce n'est pas ainsi que l'Apôtre Jacques ordonne qu'on demande la nourriture de l'âme ; il veut qu'elle soit demandée par des hommes qui croient, et non par des hommes qui tentent Dieu et parlent mal de lui. « Si la sagesse manque à quelqu'un de vous, dit-il, qu'il la demande à Dieu, qui donne à tous en abondance, et qui ne reproche ses dons à personne; et elle lui sera donnée ; mais qu'il la demande avec foi et sans hésitation (*Jacq.*, I, 5, 6). » Cette foi manquait à la génération qui n'avait pas gardé la droiture de son cœur, et dont l'esprit n'était pas uni à Dieu par la foi.

16. « C'est pourquoi le Seigneur entendit et différa; le feu s'alluma contre Jacob, et la colère s'éleva contre Israël (*Ps.*, LXXVII, 21). » Le Prophète a expliqué ce qu'il entendait par ce feu. Il a donné à la colère de Dieu le nom de feu, bien que le feu ait dévoré réellement un grand nombre d'Israélites. Que signifie donc cette parole : « le Seigneur entendit et différa ? » A-t-il différé de les introduire dans la terre promise, vers laquelle il les conduisait, ce qu'il

---

14. Et tamen illi, tamquam generatio prava et amaricans, « apposuerunt adhuc peccare ei (*Ps.*, LXXVII, 17) : » id est, non credere. Nam hoc est peccatum, de quo arguit Spiritus mundum, sicut Dominus dicit, « De peccato quidem, quia non crediderunt in me (*Johan.*, XVI, 9). » « Et exacerbaverunt Altissimum in siccitate : » quod alii codices habent, « in inaquoso, » quod de Græco est expressius, nec aliud quam siccitatem significat. Utrum in illa eremi siccitate, an potius in sua ? Quia licet bibissent de petra, non ventres, sed mentes aridas habebant, nulla virentes fecunditate justitiæ. In qua siccitate magis fideliter Deo supplices esse debuerant, ut qui satietatem donaverat faucibus, æquitatem donaret et moribus. Ad eum quippe fidelis anima clamat, « Oculi mei videant æquitatem (*Ps.*, LXXVII, 16). »

15. « Et tentaverunt Deum in cordibus suis, ut peterent escas animabus suis (*Ps.*, LXXVII 19). » Aliud est petere credendo, aliud tentando. Denique sequitur, « Et detraxerunt de Deo, et dixerunt, Numquid poterit Deus parare mensam in deserto (*Ibid.*, 19) ? Quoniam percussit petram, et fluxerunt aquæ, et torrentes inundaverunt : numquid et panem poterit dare, aut parare mensam populo suo (*Ibid.*, 20) ? » Non credentes ergo petierunt escas animabus suis. Non sic Apostolus Jacobus escam mentis præcipit postulari, sed a credentibus eam peti admonet, non a tentantibus atque detrahentibus Deo. « Si quis autem vestrum, inquit, indiget sapientia, postulet a Deo, qui dat omnibus affluenter, et non improperat, et dabitur ei : postulet autem in fide nihil hæsitans (*Jacobi*, I, 5 et 6). » Hanc fidem non habebat generatio, quæ cor non direxerat suum, et non erat creditus cum Deo spiritus ejus.

16. « Propter hoc audivit Dominus, et distulit, et ignis accensus est in Jacob, et ira adscendit in Israël (*Ps.*, LXXVII, 21). » Exposuit quid ignem dixerit. Iram quippe appellavit ignem : quamquam multos proprie etiam ignis accenderit. Quid ergo est quod ait, « Audivit Dominus, et distulit? » An distulit eos introducere in terram promissionis, quo ducebantur, quod intra paucos dies fieri poterat, sed propter pec-

pouvait faire en peu de jours; tandis qu'ils durent, en raison de leurs péchés, rester comme des victimes dans le désert où ils tombèrent successivement pendant quarante années? S'il en est ainsi, c'est l'entrée du peuple qui a été différée, et non l'entrée de ceux qui ont tenté Dieu et parlé mal contre lui; car ils sont tous tombés dans le désert et leurs enfants seuls sont entrés dans la terre promise. Ou bien a-t-il différé le châtiment, pour satisfaire d'abord leur convoitise malgré leur infidélité, de peur de paraître irrité de ce qu'ils lui demandaient, en le tentant et en blasphémant son nom, des choses qu'il n'aurait pu faire? « Il a donc entendu et il a différé » de les punir; et quand il eut fait ce qu'ils pensaient qu'il ne pourrait faire, alors, « sa colère s'éleva contre Israël (*Ibid.*). »

17. Maintenant que nous avons exposé en peu de mots ces deux interprétations, reprenons l'ordre du récit qui est des plus clairs. « Parce qu'ils n'ont point cru en Dieu, et n'ont pas espéré en son salut (*Ibid.*, 22). » Après avoir dit pourquoi le feu s'était allumé contre Jacob, pourquoi la colère divine s'était élevée contre Israël ; c'est-à-dire, parce « qu'ils n'avaient point cru en Dieu et n'avaient pas espéré en son salut ; il ajoute aussitôt combien ils ont été ingrats pour tant de bienfaits signalés. « Il a donné ses ordres aux nuées suspendues dans les airs, et il a ouvert les portes du Ciel. Il a fait pleuvoir sur eux la manne pour qu'ils s'en nourrissent, et ils leur a donné le pain du Ciel. L'homme a mangé le pain des Anges ; il leur a envoyé de la nourriture en abondance. Il a transporté du Ciel le vent du midi, et fait souffler pour eux dans sa puissance le vent d'Afrique. Et il a fait pleuvoir sur eux de la chair, aussi abondante que la poussière, et des oiseaux en aussi grand nombre que le sable de la mer ; et les oiseaux tombaient au milieu de leur camp et tout autour de leurs tentes. Et ils en ont mangé et en ont été pleinement rassasiés, et Dieu leur a donné ce qu'ils souhaitaient, et ne les a point privés de ce qu'il désiraient (*Ibid.*, 23-30). » Voilà pourquoi il avait différé. Écoutons, maintenant, ce qu'il avait différé. « La nourriture était encore dans leur bouche, que la colère de Dieu s'est élevée contre eux (*Ibid.*, 31). » Voilà ce qu'il avait différé. Il diffère donc d'abord, et ensuite, « le feu s'allume contre Jacob et sa colère s'élève contre Israël (*Ibid.*, 21). » Il avait donc différé, pour faire d'abord ce qu'ils croyaient qu'il ne pourrait pas faire, et pour leur infliger ensuite la punition qu'ils méritaient ; car s'ils avaient mis en Dieu leur espérance, non-seulement les dé-

cata in eremo fuerant conterendi, ubi et contriti sunt per quadraginta annos? Quod si ita est, distulit ergo populum, non istos ipsos qui tentantes detrahebant de Deo; nam omnes in eremo perierunt, et filii eorum in terram promissionis ingressi sunt. An distulit pœnam, ut prius satiaret etiam infidelem concupiscentiam, ne propterea putaretur iratus, quia hoc ab illo, licet tentantes et detrahentes, petebant, quod facere non posset? « Audivit ergo et distulit » vindicare : et postea quam fecit quod eum illi facere non posse putaverunt, tunc « ira adscendit in Israël. »

17. Denique utroque breviter posito, deinceps aperte ordinem narrationis exsequitur. « Quia non crediderunt in Deo, nec speraverunt in salutare ejus (*Ps.*, LXXVII, 22). » Namque cum dixisset quare ignis accensus est in Jacob, et ira adscendit in Israël, id est, « quia non crediderunt in Deo, nec speraverunt in salutare ejus : » continuo subjiciens quam evidentibus beneficiis ingrati fuerant, « Et mandavit, inquit, nubibus de super, et januas cœli aperuit (*Ibid.*, 23). Et pluit illis manna ad manducandum, et panem cæli dedit eis (*Ibid.*, 24). Panem Angelorum manducavit homo : cibaria misit eis in abundantia (*Ibid.*, 25). Transtulit Austrum de cælo, et induxit in virtute sua Africum (*Ibid.*, 26). Et pluit super eos sicut pulverem carnes, et sicut arenam maris volatilia pennata (*Ibid.*, 27). Et ceciderunt in medio castrorum eorum, circa tabernacula eorum (*Ibid.*, 28). Et manducaverunt, et saturati sunt nimis; et desiderium eorum adtulit eis (*Ibid.*, 29): non sunt privati a desiderio suo (*Ibid.*, 30). » Ecce quare distulerat. Quid autem distulerat, audiamus: « Adhuc esca erat in ore ipsorum, et ira Dei adscendit super eos (*Ibid.*, 31). » Ecce quod distulerat. Prius enim, « distulit ; » et postea, « ignis accensus est in Jacob, et ira adscendit in Israël (*Ibid.*, 21). » Distulerat ergo, ut prius faceret quod eum facere non posse crediderant, deinde inferret quod eos pati oportebat. Nam si ponerent in Deo spem suam, non

---

(*a*) Idem v. 25. explicatur suprà in Psal. 33. serm. 1.

sirs de leur chair, mais ceux de leur esprit, auraient été satisfaits. « En effet, celui qui a donné ses ordres aux nuées suspendues dans les airs, qui a ouvert les portes du Ciel, qui a fait pleuvoir sur eux la manne, afin qu'ils s'en nourrissent, et qui leur a donné le pain du Ciel, de telle sorte que l'homme mangeât le pain des anges; celui qui leur a envoyé de la nourriture en abondance (*Ibid.*) » pour les rassasier, bien qu'ils fussent incrédules; celui-là n'est pas dans l'impuissance de donner à ceux qui croient le véritable pain du Ciel, que représentait la manne; lui qui est le véritable pain des Anges que la vertu nourrit incorruptiblement parce qu'ils sont incorruptibles, et qui s'est fait chair et a demeuré parmi nous, afin que l'homme mangeât le même pain (*Jean*, 1, 14). C'est ce pain que font pleuvoir dans tout l'univers les nuées évangéliques; les cœurs des prédicateurs, qui sont comme les portes du Ciel, s'ouvrent et annoncent ce pain, non à la synagogue qui murmure et tente Dieu, mais à l'Église qui met en Dieu sa foi et son espérance. « Celui qui a transporté du Ciel le vent du midi, et fait souffler pour eux, dans sa puissance, le vent d'Afrique; celui qui a fait pleuvoir sur eux de la chair, aussi abondante que la poussière, et des oiseaux en aussi grand nombre que le sable de la mer, de sorte que ces oiseaux tombaient au milieu de leur camp et tout autour de leurs tentes, si bien qu'ils en ont mangé et qu'ils en ont été pleinement rassasiés; celui qui leur a donné ce qu'ils souhaitaient, et ne les a point privés de ce qu'ils désiraient; » celui-là peut nourrir la foi naissante de ceux qui ne tentent pas Dieu et qui croient en lui, à l'aide des signes de la parole que formule la chair et qui traversent les airs comme des oiseaux; sans toutefois laisser venir ces signes de l'aquilon, où dominent le froid et les brouillards, symboles de l'éloquence du siècle, mais en transportant du Ciel le vent du midi. Où l'a-t-il amené ce vent, si ce n'est sur la terre? Afin que ceux qui sont encore petits dans la foi, en entendant des choses terrestres, se nourrissent et devinssent capables d'entendre des choses célestes. « Car, dit le Seigneur, si je vous dis des choses terrestres, et que vous ne les croyiez pas, comment croirez-vous, si je vous dis des choses célestes (*Jean*, III, 12)? » C'est ainsi que l'apôtre Paul, transporté lui aussi en quelque façon des hauteurs du Ciel, où il était en extase devant Dieu, se modérait, pour ainsi dire, afin d'être à la portée de ceux à qui il s'adressait : « Je n'ai pu vous parler comme à des hommes spirituels; mais je vous ai parlé comme à des hommes charnels (I *Cor.*, III, 1). » Il avait entendu, en effet, au Ciel, des paroles ineffables (II *Cor.*, XII, 21), qu'il ne lui était pas permis de rendre par des mots et des sons, qui

---

solum eis illa desideria carnis, sed etiam spiritus, implerentur. Qui enim mandavit nubibus desuper, et januas cæli aperuit, et pluit illis manna ad manducandum, et panem cæli dedit eis, ut panem Angelorum manducaret homo, qui cibaria misit eis in abundantia, ut satiaret incredulos, non est inefficax dare credentibus verum ipsum de cælo panem, quem manna significabat : qui vere cibus est Angelorum (*a*), quos Dei Verbum incorruptibiles incorruptibiliter pascit: quod ut manducaret homo, caro factum est, et habitavit in nobis (*Johan.*, 1, 14). Ipse enim panis per nubes Evangelicas universo orbi pluitur; et apertis prædicatorum cordibus tamquam cælestibus januis, non murmuranti et tentanti synagogæ, sed credenti et in illo spem ponenti Ecclesiæ prædicatur. Qui « transtulit Austrum de cælo, et induxit in virtute sua Africum, et pluit super eos sicut pulverem carnes, et sicut arenam maris volatilia pennata : et ceciderunt in medio castrorum eorum, circa tabernacula eorum : et manducaverunt, et saturati sunt nimis, et desiderium eorum adtulit eis, nec sunt privati a desiderio suo : » potest et non tentantium, sed credentium (*b*) parvulam fidem, carne editis vocum signis per aërem transcurrentibus, tamquam volatilibus pascere : non tamen ab Aquilone venientibus, ubi frigus et caligo prævalent, id est, eloquentia quæ huic sæculo (*c*) placet; sed transferendo Austrum de cælo. Quo, nisi ad terras? Ut qui in fide sunt parvuli, audiendo terrestria nutriantur ad capienda cælestia. « Si enim terrestria, inquit, dixi vobis, et non creditis; quomodo si cælestia dixero vobis, credetis (*Johan.*, III, 12)? » Translatus enim erat de cælo quodam modo, ubi mente excesserat Deo, ut temperans eis esset quibus dicebat, « Non potui vobis loqui quasi spiritalibus, sed quasi carnalibus (I *Cor.*, III, 1). » Ibi enim audierat ineffabilia verba, quæ in terra illi non licebat loqui per verba sonan-

---

(*a*) Editi, *quod Dei Verbum corruptibiles incorruptibiliter pascit.* Regius MS. *quos Dei Verbum incorruptibile incorruptibiliter pascit.* (*b*) Aliquot MSS. *parvulorum.* (*c*) MSS. *favet.*

eussent volé dans l'air comme des oiseaux. Il ne lui était pas permis de transporter par sa puissance le vent d'Afrique ; c'est-à-dire, sous l'emblème de ces vents du midi, de transporter les esprits des prédicateurs qui répandent la lumière et la chaleur, et cela « par sa puissance, » de peur que le vent d'Afrique ne s'attribuât ce qu'il tient de Dieu. Ces vents viennent d'eux-mêmes apporter aux hommes des paroles qui leur sont envoyées par Dieu même ; afin qu'ils ramassent dans leurs demeures et autour de leurs tentes ces sortes « d'oiseaux, » et que le Seigneur soit adoré par chacun en son pays, dans toutes les îles des nations (*Sophonie*, II, 11). »

18. Mais les viandes étaient encore dans la bouche de ces infidèles, race corrompue et qui provoque l'amertume, que « la colère de Dieu s'éleva contre eux et frappa parmi plusieurs d'entre eux (*Ps.*, LXXVII, 3) ; » c'est-à-dire fit périr plusieurs d'entre eux, ou, comme le portent quelques manuscrits, fit périr « les plus gras d'entre eux. » Nous n'avons trouvé ces mots dans aucun des textes grecs qui nous ont passé sous les yeux ; mais s'il y a lieu de préférer cette leçon, qui pouvons-nous entendre par les plus gras d'entre eux, sinon ceux qui se prévalent dans leur orgueil, et dont il est dit que « leur iniquité sortira, en quelque sorte, de leur graisse (*Ps.*, LXXII, 7) ? » « Et il a mis dans les entraves les élus d'Israël (*Ps.*, LXXVII, 31). » Il y avait aussi dans Israël des élus, dont la génération qui était corrompue et qui provoquait l'amertume, n'imitait pas la foi. Ils ont été mis dans les entraves, et n'ont pu être utiles à ceux qu'ils aimaient d'une affection paternelle et auxquels ils auraient voulu faire du bien. En effet, de quel secours peut être la miséricorde des hommes, à ceux contre qui Dieu est irrité ? Ou plutôt peut-être, le Psalmiste n'a-t-il pas voulu faire entendre que les élus eux-mêmes étaient dans les entraves avec les autres Israélites ; de sorte que, malgré la différence de leur esprit et de leur vie, ils souffraient les mêmes maux que les autres, pour leur servir d'exemple, non-seulement par leur justice, mais encore par leur patience ? Ce n'est peut-être pas pour une autre raison que nous voyons que les justes ont été aussi conduits en captivité ; car dans les manuscrits grecs, on ne trouve pas le mot : ἐνεπόδισεν qui signifie, « il a mis dans les entraves, » mais on y lit : συνεπόδισεν qui veut dire : « il a fait compagnons de captivité. »

19. Mais les hommes de cette race corrompue, qui provoque l'amertume, « ont encore péché, malgré ces prodiges ; et ils ont refusé de croire aux merveilles du Seigneur. Leurs jours se sont évanouis dans la vanité (*Ibid.*, 32 et 33), » tandis qu'ils auraient pu, s'ils avaient cru, passer dans la vérité des jours sans fin, près de celui dont il est dit : « Vos jours ne finiront jamais (*Ps.*, CI, 28). » « Leurs jours se sont donc éva-

---

tia, quasi per volatilia pennata (II *Cor.*, XII, 4), et inducendo in virtute sua Africum, hoc est, per ventos meridianos ferventes et lucentes prædicantium spiritus ; et hoc in virtute sua, ne sibi tribuat Africus quod habet ex Deo. Veniunt autem ultro isti venti ad homines, et apportant eis verba divinitus missa ; ut in suis sedibus et circa tabernacula sua colligant ejusmodi volatilia, et adoret unusquisque Dominum de loco suo omnes insulæ gentium (*Sophon.*, II, 11).

18. Sed infidelibus tamquam pravæ et amaricanti generationi, cum adhuc esca esset in ore ipsorum, « ira Dei adscendit in eos, et occidit in plurimis eorum (*Ps.*, LXXVII, 31) : » hoc est, plurimos eorum, vel sicut nonnulli codices habent, « pingues eorum. » Quod quidem in Græcis quos habuimus non invenimus. Sed si hoc est verius, quid aliud intelligendi sunt « pingues eorum, » nisi superbia prævalentes, de quibus dicitur, « Prodiet quasi ex adipe iniquitas eorum (*Psal.*, LXXII, 7) ? » « Et electos Israel impedivit. »

Erant illic etiam electi, quorum fidei non contemperabatur generatio prava et amaricans. Impediti sunt autem, ne aliquid eis prodessent, quibus paterno se affectu consulere cupiebant. Quibus enim Deus irascitur, quid misericordia confertur humana ? An potius simul cum eis compeditos etiam electos intelligi voluit ; ut qui mente et vita discernebantur, ad exemplum non justitiæ tantum, sed etiam patientiæ, cum illis molestias sustinerent ? Nam sanctos cum peccatoribus non ob aliam forsitan caussam etiam captivos ductos esse didicimus, quoniam in Græcis codicibus non ἐνεπόδισεν, quod est « impedivit, » sed συνεπόδισεν legimus, quod est potius « compedivit. »

19. Sed generatio prava et amaricans, « in omnibus his peccaverunt adhuc, et non crediderunt in mirabilibus ejus (*Ps.*, LXXVII, 32), et defecerunt in vanitate dies eorum (*Ibid.*, 33). » Cum possent, si crederent, dies in veritate sine defectu habere

TOM. XIII.

nouis dans la vanité, et leurs années se sont écoulées rapidement (*Ibid.*, LXXVII, 33). » Car toute vie mortelle se hâte vers son terme, et celle qui paraît la plus longue n'est qu'une vapeur qui se dissipe un peu moins vite.

20. Cependant, « lorsqu'il les faisait périr, ils le cherchaient (*Ibid.*, 34); » non parce qu'ils désiraient la vie éternelle, mais parce qu'ils craignaient que cette vaine vapeur ne disparût trop tôt. Ils le cherchaient donc, non pas évidemment ceux qu'il avait fait périr, mais ceux qui craignaient de périr à leur exemple : mais l'Écriture a parlé d'eux, comme si Dieu eût été recherché par ceux qui périssaient, parce qu'ils ne faisaient tous qu'un seul peuple et que l'Écriture a parlé d'eux comme d'un seul corps. « Et ils revenaient à lui et ils s'adressaient à Dieu dès le point du jour, et ils se souvenaient que Dieu était leur aide et que le Très-Haut était leur rédempteur (*Ibid.*, 34 et 35). » Mais tout cela, ils le faisaient pour obtenir des biens temporels, et pour éviter des maux temporels. Or, ceux qui cherchaient Dieu à cause de ses bienfaits temporels, ne cherchaient pas Dieu, mais ces mêmes bienfaits. Honorer Dieu de la sorte, c'est le faire avec une crainte d'esclave, et non avec un amour de fils. Honorer Dieu ainsi, ce n'est point l'honorer ; car on n'honore que ce qu'on aime. C'est pourquoi, Dieu étant plus grand et meilleur que toutes choses, il faut, pour l'honorer, l'aimer au-dessus de tout.

21. Voyons ce qui suit : « Et ils l'ont aimé de bouche, et leur langue lui a menti. Car leur cœur n'était pas droit avec lui et ils n'ont pas fait partie, comme fidèles, de son Testament (*Ibid.*, 36 et 37). » Celui devant qui tous les secrets des hommes sont à nu trouvait une parole sur leurs lèvres, et une autre pensée dans leur cœur, et il découvrait sans aucun voile ce qu'ils aimaient le mieux. Un cœur est droit devant Dieu, lorsqu'il cherche Dieu pour Dieu lui-même. En effet, le cœur droit n'a souhaité obtenir du Seigneur et il ne lui demandera qu'une seule chose : d'habiter toujours dans la maison du Seigneur et de jouir des délices de sa vue (*Ps.*, XXVI, 4). » Le cœur fidèle dit à Dieu : Je ne me rassasierai pas des chaudières pleines de viande des Égyptiens, ni des pastèques et des melons, ni des poireaux et des oignons que cette race corrompue qui provoque l'amertume préférait même au pain du Ciel (*Exode*, XVI, 3), ni d'une manne visible ni des oiseaux chassés par le vent ; « je ne me rassasierai que quand votre gloire sera manifestée (*Ps.*, XVI, 15). » Tel est l'héritage du Nouveau Testament, dont ces hommes ne font point partie comme fidèles, mais auquel les élus avaient foi, même quand leur foi était voilée, tandis que cet héritage est maintenant connu, mais d'un petit nombre parmi ceux qui ont été appelés ; « car il

---

apud eum cui dictum est, Anni tui non deficient. « Defecerunt ergo in vanitate dies eorum, et anni eorum cum festinatione (*Psal.*, CI, 28). » Festinatur quippe tota vita mortalium, et quæ videtur prolixior, vapor est aliquanto diuturnior.

20. Verumtamen « cum occideret eos, quærebant eum (*Ps.*, LXXVII, 34) : » non propter æternam vitam, sed vaporem citius finire metuentes. Quærebant ergo eum, non utique ii quos occiderat, sed qui exemplo eorum occidi timebant. Sic autem de illis Scriptura locuta est, tamquam hi Deum quærerent qui occidebantur ; quia unus populus erat, et tamquam de uno corpore dicitur. « Et revertebantur, et diluculo veniebant ad Deum Et rememorati sunt, quia Deus adjutor eorum est, et Deus excelsus redemptor eorum est (*Ibid.*, 35). » Sed hoc totum propter adquirenda temporalia bona, et vitanda temporalia mala. Nam qui propter beneficia terrena Deum quærebant, non utique Deum, sed illa quærebant. Eo modo timore servili, non liberali dilectione Deus colitur. Sic ergo Deus non colitur : hoc enim colitur quod diligitur. Unde quia Deus rebus omnibus major et melior invenitur, plus omnibus diligendus est ut colatur.

21. Denique hic sequentia videamus : « Et dilexerunt eum, inquit, in ore suo, et in lingua sua mentiti sunt ei (*Ibid.*, 37). Cor autem ipsorum non erat rectum cum eo, nec fideles habiti sunt in testamento ejus (*Ibid.*, 36). » Aliud in lingua eorum, aliud in corde eorum inveniebat, cui secreta hominum nuda sunt, et sine ullo obstaculo quid potius amarent videbat. Rectum itaque cor cum Deo est, quando propter Deum quærit Deum. « Unam quippe concupivit a Domino, hanc requiret, ut inhabitet in domo Domini semper, et contempletur ejus delectationem (*Psal.*, XXVI, 4). » Cui dicit cor fidelium, Saturabor, non ollis carnium Ægyptiorum, nec melonibus et peponibus, et allio et cepis (*Exodi*, XVI, 3), quæ generatio prava et amaricans etiam pani cœlesti præferebat, nec manna visibili atque ipsis volatilibus pennatis ; sed, « Saturabor, cum mani-

y a beaucoup d'appelés, mais il y a peu d'élus (*Matth.*, xx, 16). Voilà donc ce qu'était cette race corrompue, qui provoquait l'amertume, même lorsqu'elle semblait chercher Dieu : elle l'aimait de bouche, et lui mentait de la langue, mais elle n'était point droite avec Dieu dans son cœur, où elle aimait les choses pour lesquelles elle demandait le secours de Dieu, plus qu'elle n'aimait Dieu même.

22. « Mais il est miséricordieux, il se rendra propice pour leurs péchés, et il ne les perdra point. Il abondera en clémence pour détourner son courroux, et il n'enflammera point toute sa colère. Il s'est souvenu qu'ils étaient chair, et que leur esprit allait et ne revenait pas (*Ps.*, LXXVII, 38 et 39). » Beaucoup, d'après ces paroles, se promettent que la miséricorde divine laissera leur iniquité impunie, lors même qu'ils persisteraient dans leur ressemblance avec la race corrompue qui provoque l'amertume, qui n'a pas gardé la droiture de son cœur, dont l'esprit ne s'est pas uni à Dieu par la foi, et dont il faut se garder de partager les sentiments. Si, en effet, pour parler leur langage, Dieu ne perd peut-être pas les méchants, sans aucun doute, il ne perd pas les bons. Pourquoi donc ne pas choisir un parti qui ne laisse aucun doute? Mais ceux dont la langue ment au Seigneur, parce que leur cœur renferme des pensées différentes, croient donc que Dieu dit un mensonge, et veulent qu'il le dise, lorsqu'il menace les méchants d'une peine éternelle. Mais, de même qu'en mentant ils ne trompent pas Dieu, de même Dieu, en affirmant la vérité, ne les trompe pas. C'est pourquoi cette race corrompue cherche en vain à corrompre, à l'égal de son cœur, les paroles des divines Écritures dont elle flatte sa méchanceté; car malgré la dépravation de son cœur, elles resteront droites et vraies. D'abord on peut entendre ces paroles selon le sens de ce qui est écrit dans l'Évangile : « Soyez comme votre Père qui est au Ciel, qui fait lever son soleil sur les bons et sur les méchants, et tomber sa pluie sur les justes et sur les injustes (*Id.*, v, 45). » Qui ne voit, en effet, combien la patience de sa miséricorde épargne les méchants? Mais il les épargne avant le jugement. C'est donc ainsi qu'il a épargné ce peuple, et qu'il n'a pas allumé toute sa colère pour le déraciner et le perdre entièrement. Nous le voyons clairement dans ces paroles de Dieu à son serviteur Moïse, lorsque celui-ci intercédait pour obtenir le pardon des fautes du peuple : « Je les détruirai, » dit-il, « et je vous rendrai chef d'un grand

---

festabitur gloria tua (*Psal.*, xvi, 15). » Hæc est enim hereditas novi Testamenti, in quo illi fideles habiti non sunt : cujus tamen fides etiam tunc quando velabatur erat in electis, et nunc quando jam revelata est, non est in multis vocatis. « Multi enim sunt vocati, pauci autem electi (*Matth.*, xx, 16). » Talis ergo erat generatio prava et amaricans, etiam cum Deum quærere videretur, diligens in ore et in lingua mentiens ; in corde autem non recta cum Deo, ubi ea potius diligebat, propter quæ Dei adjutorium requirebat.

22. « Ipse autem est misericors, et propitius fiet peccatis eorum, et non disperdet eos : et (*a*) abundabit ut avertat iram suam, et non accendet omnem iram suam (*Ps.*, LXXVII, 38). Et recordatus est quia caro sunt, spiritus vadens et non revertens (*Ibid.*, 39). » In his verbis multi sibi iniquitatis impunitatem de divina misericordia polliceantur, etiam si tales esse perstiterint, qualis generatio ista describitur prava et amaricans, quæ cor non direxit suum, et non est creditus cum Deo spiritus ejus : quibus consentire non expedit. Si enim, ut secundum ipsos loquar, Deus fortasse non perdet nec malos, sine dubio non perdet bonos. Cur ergo non potius id eligimus, ubi dubitatio nulla est? Nam qui in lingua sua mentiuntur illi, cum aliud habeat cor eorum, putant utique et volunt, quando pœnam æternam talibus comminatur, etiam Deum esse mendacem. Sed cum ipsi mentiendo non fallant, ille verum dicendo non fallit. Hæc itaque verba divinorum eloquiorum, de quibus sibi generatio prava blanditur, non ea depravet, sicut cor suum : quia et illo depravato ista recta persistunt. Primo quippe secundum hoc intelligi possunt quod in Evangelio scriptum est, « Ut sitis sicut Pater vester qui in cælis est, qui facit oriri solem suum super bonos et malos, et pluit super justos et injustos (*Matth.*, v, 45). » Quis enim non videat quanta misericordiæ patientia malis parcat? sed ante judicium. Sic ergo pepercit illi genti, ut (*b*) non accenderet omnem iram suam ad eam penitus eradicandam atque finiendam : quod in verbis ejus et intercessione pro peccatis eorum Moysi servi

---

(*a*) Sic meliores MSS. juxta LXX. At editi, *et abundavit ut averteret iram suam, et non accendit* : malè, quando, *futuri temporis verba esse dicit August.* infrà n. 23. (*b*) Abest, *non*, à plerisque MSS.

peuple (*Exode*, XXXII, 10). » Moïse intercède pour eux, prêt à périr à leur place plutôt que de les laisser périr; il sait qu'il plaide devant un Dieu plein de miséricorde, qui, plutôt que de le perdre lui-même, leur ferait grâce à cause de lui. Voyons, en effet, à quel point il les a épargnés et les épargne encore. Car il les a introduits dans la terre promise et a conservé leur nation jusqu'au jour où, par le meurtre du Christ, ils se sont chargés du plus grand de tous les crimes. Si, après ce forfait, il les a arrachés de leur royaume et dispersés au milieu de toutes les nations, cependant il ne les a pas entièrement détruits; car ce même peuple subsiste en perpétuant sa race, et, comme Caïn, il a reçu un signe, afin que nul ne le mette à mort, c'est-à-dire ne le perde tout à fait (*Genèse*, IV, 15). Voilà comment s'est accomplie cette prédiction : « Il est miséricordieux, il se rendra propice pour leurs péchés et il ne les perdra pas entièrement. Il abondera en clémence pour détourner son courroux, et il n'enflammera pas toute sa colère (*Ps.*, LXXVII, 38). » Car si sa colère s'enflammait contre eux tout entière, c'est-à-dire autant qu'ils le méritent, il ne resterait rien de leur race. C'est ainsi que Dieu, dont il faut exalter la miséricorde et la justice (*Ps.*, C, 1), agit dans ce siècle par miséricorde, en faisant lever son soleil sur les bons et sur les méchants (*Matth.*, V, 45); tandis qu'à la fin des siècles il agira par sa justice en punissant les méchants, que des ténèbres éternelles sépareront de son éternelle lumière.

23. Enfin, pour ne point paraître faire violence au texte sacré, et dire là où il est écrit : « Il ne les perdra pas (*Ibid.*, 38), » qu'il les perdra par la suite; remarquons, d'après le Psaume même, une manière de parler très-usitée dans les Écritures, qui nous donne une solution plus sérieuse et plus exacte de notre question. En parlant un peu plus loin de ces mêmes Israélites, ingrats et coupables, il rappelle tout ce que les Égyptiens avaient souffert de maux à cause d'eux, et il dit en parlant de la dernière plaie : « Dieu a frappé tous les premiers nés de la terre d'Égypte et les prémices de tous les travaux dans les tentes de Cham. Et il a emmené son peuple comme des brebis, et l'a conduit comme un troupeau dans le désert. Il les a menés plein d'espérance et libres de toute crainte, tandis que la mer a englouti leurs ennemis. Il les a conduits sur sa montagne sainte, sur la montagne que sa droite s'est acquise. Il a chassé les nations de devant leur face, et il a divisé la terre par lots comme on divise les héritages (*Ibid.*, 51-54). » Mais, va-t-on nous demander, comment le Prophète peut-il dire que tous les biens leur ont été accordés, puisque ceux qui ont été délivrés d'Égypte n'ont pas été intro-

---

ejus evidenter apparet, ubi Deus dicit, « Deleam eos, et faciam te in gentem magnam (*Exodi*, XXXII, 10) : » ille intercedit, paratior deleri pro ipsis quam ipsos; sciens apud misericordem se id agere, qui quoniam nullo modo deleret ipsum, etiam illis ipsis parceret propter ipsum. Videamus enim quantum pepercerit, et adhuc parcat. Nam introduxit eos in terram promissionis, servavit eam gentem, quo usque se Christum interficiendo sceleri omnium maximo colligarent : et quod eos ex illo regno eradicatos per cuncta gentium (*a*) regna disseminavit, non utique delevit : sed manet idem populus prolis successione servatus, velut Cain signo accepto, ne quis eum occidat (*Gen.*, IV, 15), id est, penitus perdat. Ecce quemadmodum impletur quod dictum est, « Ipse autem est misericors, et propitius erit peccatis eorum, et non perdet eos : et abundabit ut avertat iram suam, et non accendet omnem iram suam. » Quia si omnis ira ejus, id est, quantum digni sunt in eos accenderetur, gens illa nulla relinqueretur. Ita Deus cui cantatur misericordia et judicium (*Psal.*, C, 1), et in isto sæculo per misericordiam facit oriri solem suum super bonos et malos (*Matth.*, V, 45), et in fine sæculi per judicium ab æterna luce sua separatos æternis tenebris punit malos.

23. Deinde ne vim divinis verbis inferre videamur, et ubi dictum est. « Non perdet eos (*Psal.*, LXXVII, 38); » nos dicamus, Sed postea perdet eos : de hoc ipso præsenti Psalmo usitatissimam Scripturæ locutionem advertamus, unde ista quæstio multo diligentius veriusque solvatur. Certe de his ipsis loquens paulo post, cum commemorasset quæ propter eos Ægyptii perpessi fuerant, commemorans ultimam plagam, « Et percussit, inquit, omne primitivum in terra Ægypti, primitias laboris eorum in tabernaculis Cham (*Ibid.*, 51). Et abstulit sicut oves populum suum, et perduxit eos tamquam gregem in deserto (*Ibid.*, 52). Et deduxit eos in spe, et non timuerunt : et inimicos eorum operuit mare (*Ibid.*, 53). Et induxit eos in montem sanctificationis suæ,

---

(*a*) Vox, *regna*, abest a MSS.

duits dans la terre promise, étant morts avant d'y entrer? Que répondons-nous, sinon que ces faits sont rapportés en leur nom, parce que leurs enfants leur ayant succédé, ils ne font tous qu'un même peuple. De même, le Prophète nous dit, (et remarquons spécialement qu'il parle au futur) : « Dieu se rendra propice pour leurs péchés et il ne les perdra point. Il abondera en clémence pour détourner son courroux, et il n'enflammera pas toute sa colère (*Ibid.*, 38). » Comprenons que cette prédiction s'est accomplie à l'égard de ceux dont l'Apôtre a dit : « De même donc, en ce temps aussi, un reste a été sauvé, selon l'élection de la grâce (*Rom.*, XX, 5). » Cette parole fait que l'Apôtre se demande : « Est-ce que Dieu a rejeté son peuple? Non, répond-il, car moi aussi je suis Israélite, de la race d'Israël, de la tribu de Benjamin, Hébreu et descendant d'Hébreux (*Ibid.*, 1, et *Philip.*, III, 5). » L'Écriture a donc eu en vue ceux d'entre ce peuple qui devaient croire au Christ, et recevoir la rémission de leurs péchés, même du plus grand de tous, par lequel, dans leur folie furieuse, ils ont mis à mort leur médecin lui-même. De là vient qu'il est dit en termes absolus: « Dieu est miséricordieux; il se rendra propice pour leurs péchés et ne les perdra point. Il abondera en clémence pour détourner son courroux (*Ps.*, LXXVII, 38), » car il a pardonné même la mort de son Fils unique : « et il n'enflammera pas toute sa colère (*Ibid.*), » « parce que « le reste a été sauvé (*Rom.*, XI, 5). »

24. « Et il s'est souvenu qu'ils étaient chair, et que leur esprit allait et ne revenait pas (*Ps.*, LXXVII, 39). » C'est pour cela qu'il les a ramenés, en ayant pitié d'eux et en les appelant par sa grâce, parce qu'ils n'auraient pu revenir par eux-mêmes. Comment, en effet, pourrait revenir, sinon par l'action de la grâce, cette chair unie à un esprit qui va et ne revient pas, et que le poids de ses propres fautes enfonce, loin de Dieu, dans un profond abîme? Cette grâce n'est point payée comme un salaire, mais elle est accordée comme un don gratuit : afin que l'impie soit justifié; afin que la brebis perdue revienne au bercail, non par ses propres forces, mais sur les épaules du Pasteur (*Luc*, XV, 5). Car elle a bien pu se perdre en errant à son caprice; mais elle n'aurait pu se retrouver; et jamais elle n'eût été retrouvée par qui que ce fût, si la miséricorde de son pasteur ne l'eût cherchée. Il n'est point dans d'autres conditions que la brebis égarée, ce Fils prodigue, qui revient à lui et qui dit : « Je me lèverai et j'irai vers mon père (*Luc*, XV, 18). » Car, lui aussi, il a été cherché par un appel secret et

---

montem quem adquisivit dextera ejus. Et ejecit a facie eorum gentes, et sorte distribuit eis terram in funiculo distributionis (*Ibid.*, 54). » Si quis ad hæc verba nobis inferens quæstionem dicat, Quomodo eis hæc omnia collata esse commemorat, cum ipsi non fuerint perducti in terram promissionis, qui ab Ægypto liberati sunt, quoniam illi mortui sunt? quid respondebimus, nisi eos (a) dictos, quia idem ipse populus fuit per successionem filiorum? Absit. Nam et ego Israëlita sum ex genere Israël, tribu Benjamin, Hebræus ex Hebræis (*Ibid.*, 1). Hos igitur Scriptura prævidit, qui in Christum fuerant ex isto populo credituri, et accepturi peccatorum remissionem, usque ad illud maximum, quo insanientes ipsum medicum peremerunt. Hinc omnino dictum, « Ipse autem est misericors, et propitius erit peccatis eorum, et non perdet eos : et abundabit ut avertat iram suam; » quia etiam illud remisit, quod ab eis unicus Filius ejus occisus est : « et non accendet omnem iram suam; » quia reliquiæ salvæ factæ sunt.

24. « Et recordatus est quia caro sunt, spiritus vadens et non revertens (*Ps.*, LXXVII, 39). » Ideo eos vocando et miserando per suam gratiam ipse revocavit, quia per seipsos redire non possent. Quomodo enim redit caro, spiritus ambulans et non revertens, urgente se in ima atque longinqua malorum pondere meritorum, nisi per electionem gratiæ? Quæ non meritis tamquam merces redditur, sed tamquam donum gratis datur (*Rom.*, IV, 4) : ut justificetur impius, et redeat ovis perdita; non tamen in viribus suis, sed in humeris reportata pastoris (*Lucæ*, XXV, 5), quæ se perdere potuit dum sponte vagaretur, se autem invenire non potuit, nec om-

---

(a) Sic Er. et MSS. At Lov. *ductos*.

par une inspiration cachée; il a été rappelé à la vie, et par qui, si ce n'est par celui qui donne la vie à tous les êtres? Il a été retrouvé, et par qui, si ce n'est par celui qui a pris à tâche de sauver et de chercher tout ce qui était perdu? « Il était mort, et il est ressuscité; il était perdu et il est retrouvé (*Ibid.*, 24). » C'est ainsi qu'est résolue l'importante question que soulève cette parole du livre des Proverbes, au sujet de la voie d'iniquité : « Tous ceux qui marchent dans cette voie ne retourneront pas en arrière (*Pro.*, II, 9). » A ne considérer que ce texte seul, il faudrait désespérer de tous les méchants, mais l'Écriture a voulu relever à nos yeux l'influence de la grâce; parce que, si l'homme peut de lui même marcher dans la voie de l'iniquité, il ne peut revenir par lui-même, à moins que la grâce ne le rappelle.

25. « Combien de fois ces hommes corrompus, qui provoquent l'amertume, ont-ils donc exaspéré le Seigneur dans le désert et enflammé sa colère dans les solitudes arides ! Ils sont retournés à leurs égarements et ils ont tenté Dieu et ils ont exaspéré le saint d'Israël (*Ps.*, LXXVII, 40 et 41). » Le Prophète mentionne de nouveau la même infidélité qu'il leur avait déjà reprochée. S'il fait cette répétition, c'est afin de rappeler les plaies que Dieu avait infligées à cause d'eux aux Égyptiens : toutes choses dont ils auraient dû garder le souvenir, afin de n'être jamais ingrats. Que dit-il donc? « Ils ne se sont pas souvenus de sa main puissante, ni du jour où il les a rachetés des mains de leur persécuteur (*Ibid.*, 42). » Il énumère alors ce que Dieu a fait contre les Égyptiens : « Dieu a fait ses miracles en Égypte, opéré ses prodiges dans les champs de Thanis. Il a changé en sang les fleuves et les eaux de pluie des Égyptiens, afin qu'ils ne pussent boire (*Ibid.*, 43 et 44). » Il vaut mieux lire ici : « les eaux courantes, » selon la traduction préférable que quelques-uns font du terme grec τὰ ὀμβρήματα, qui signifie eau de source ou eau qui jaillit du sein de la terre. En effet, les Égyptiens creusèrent le sol, et trouvèrent du sang au lieu d'eau. « Il leur a envoyé des cynomyies, qui les ont rongés et des grenouilles qui ont tout gâté. Il a livré leurs blés à la rouille, et leurs récoltes aux sauterelles. Il a fait périr leurs vignes par la grêle, et leurs mûriers par la gelée. Il a livré leurs troupeaux à la grêle et leurs biens aux ravages du feu. Il a déployé contre eux sa colère et son indignation; indignation, colère, tribulation, il a tout déchaîné contre eux par l'action des mauvais anges. Il a ouvert un passage à son courroux, il n'a point épargné leur vie, et il a enveloppé

---

nino inveniretur, nisi pastoris misericordia quæreretur. Non enim et ille filius ad hanc ovem non pertinet, qui reversus in semetipsum dixit, « Surgam, et ibo ad patrem meum (*Lucæ*, XV, 18).» Occulta itaque vocatione et inspiratione etiam ipse quæsitus est et resuscitatus, nonnisi ab illo qui vivificat omnia : et inventus, a quo, nisi ab illo qui perrexit salvare et quærere quod perierat? « Mortuus enim erat, et revixit ; perierat, et inventus est (*Ibid.* 24).» Nam et illa non levis sic solvitur quæstio, quod in Proverbiis scriptum est, cum de via iniquitatis Scriptura loqueretur : « Omnes qui ambulant in ea, non revertentur (*Prov.*, II, 19). » Sic enim dictum est, quasi de iniquis omnibus desperandum sit : Scriptura vero gratiam commendavit ; quia per seipsum homo potest in illa ambulare, non potest autem per seipsum redire, nisi gratia revocatus.

25. Hi ergo pravi et amaricantes, « Quotiens exacerbaverunt eum in deserto, et in iram concitaverunt eum in inaquoso (*Ps.*, LXXVII, 40)? Et conversi sunt, et tentaverunt Deum, et sanctum Israël exacerbaverunt (*Ibid.*, 41).» Eamdem illorum infidelitatem repetit, quam superius jam commemoraverat. Sed repetendi caussa est, ut commemorarentur et plagæ, quas inflixit Ægyptiis propter illos : quæ omnia utique recordari debuerant, neque existere ingrati. Denique quid sequitur? « Non sunt recordati manus ejus, die qua redemit eos de manu tribulantis (*Ibid.*, 42). » Et incipit dicere quæ fecit Ægyptiis : « Posuit in Ægypto signa sua, et prodigia sua in campo Thaneos (*Ibid.*, 43) : Et convertit in sanguinem flumina eorum, et imbres eorum ne biberent (*Ibid.*, 44) : » vel potius, « manationes aquarum ; sicut nonnulli melius intelligunt, quod Græce scriptum est, τὰ ὀμβρήματα, quas Latine scaturigines dicimus, ab imo aquas ebullientes. Foderunt enim Ægyptii, et sanguinem pro aquis invenerunt. « Misit in eos cynomyiam, et comedit eos (*Ibid.*, 45). » Et dedit (*a*) rubigini fructum eorum, et labores eorum locustæ (*Ibid.*, 46).» Et occidit in grandine vineas eorum, et moros eorum in pruina (*Ibid.*, 47). Et tradidit grandini ju-

---

(*a*) Editi, *ærugini*. At potiores MSS. *rubigini* : quam nonnullos æruginem interpretatos esse notat Aug. infr, n. 42.

leurs troupeaux dans cet arrêt de mort. Il a frappé tous les premiers nés dans la terre d'Égypte et les prémices de toutes les récoltes dans les demeures de Cham (*Ibid.*, 43-51).

26. Tous les châtiments infligés aux Égyptiens peuvent s'expliquer allégoriquement, selon que chacun pourra le comprendre, et voudra les comparer avec les choses auxquelles ils ont rapport. Nous essayerons de le faire; et nous y réussirons d'autant mieux, que nous serons plus aidé par Dieu. Nous sommes contraint à ce travail par ces paroles de notre Psaume : «J'ouvrirai la bouche en paraboles ; je proposerai des problèmes sur les choses qui se sont faites dès le commencement (*Ibid.*, 2). » C'est pour cela, sans doute, que quelques-uns des châtiments énumérés ici, ne sont pas au nombre de ceux dont les Égyptiens ont été frappés, bien que toutes leurs plaies aient été rapportées avec le plus grand soin et selon leur ordre, dans le livre de l'Exode. Car nous sommes certains que les détails qui ne sont pas contenus dans l'Exode n'ont pas été donnés sans motif dans ce psaume; et comme, d'autre part, nous ne pouvons les expliquer que dans un sens figuré, nous devons conclure de là que les autres faits qui se sont réalisés matériellement, n'ont eu lieu et n'ont été rapportés qu'en vue de quelque signification figurative. Telle est la méthode ordinaire de l'Écriture dans les livres prophétiques. Elle indique souvent tel détail qui ne se trouve pas dans le fait qu'elle semble rappeler, ou même qui s'y trouve autrement raconté. Elle veut nous faire comprendre par là, qu'elle ne dit pas toujours ce que nous pourrions trouver dans ses expressions, mais qu'elle dit de préférence ce qu'il nous est utile de remarquer. En voici un exemple. Il est dit dans un psaume : « Et il règnera depuis la mer jusqu'à la mer et depuis le fleuve jusqu'aux extrémités du globe terrestre (*Ps.*, LXXI, 8). » Il est évident que cette prophétie ne s'est pas accomplie sous le règne de Salomon, de qui on pourrait croire que parle le psaume, tandis qu'il est ici question de Notre-Seigneur Jésus-Christ. Parmi les plaies des Égyptiens énoncées au livre de l'Exode, où l'Écriture a pris le plus grand soin d'exposer dans leur ordre toutes celles dont ils ont été affligés, on ne trouve pas celle-ci que mentionne le Psaume : « Et il a livré leurs blés à la rouille (*Ps.*, LXXVI, 46). » De même, après avoir dit : « il a livré leurs troupeaux à la grêle, » le Prophète ajoute : « et leurs biens aux ravages du feu (*Ibid.*, 48). » Nous trouvons bien dans l'Exode que leurs troupeaux ont été tués par la grêle (*Exode*, IX, 23), mais on n'y lit pas que leurs champs aient été ravagés par le feu. Sans doute la grêle était accompagnée de bruit et de feux, comme la foudre est toujours accompagnée d'éclairs ; cependant, il n'est pas écrit que leurs

---

menta eorum, et possessionem eorum igni (*Ibid.*,48). Misit in eos iram indignationis suæ, indignationem et iram et tribulationem, immissionem per angelos malos (*Ibid.*, 49). Viam fecit semitæ iræ suæ, et non pepercit a morte animarum eorum, et jumenta eorum in morte conclusit (*Ibid.*, 50). Et percussit omne primitivum in terra Ægypti, primitias laborum eorum in tabernaculis Cham (*Ibid.*, 51). »

26. Hæ omnes Ægyptiorum pœnæ allegorica interpretatione exponi possunt, prout ea quisque intelligere, et rebus ad quas referendæ sunt comparare voluerit. Quod nos quoque facere tentabimus, tanto aptius facturi, quanto magis divinitus fuerimus adjuti. Ad hoc enim Psalmi hujus illa verba constringunt, ubi dictum est, « Aperiam in parabolis os meum, eloquar propositiones ab initio (*Ibid.*, 2).» Propter hoc quippe etiam aliqua hic dicta sunt, quæ omnino accidisse Ægyptiis non legimus, cum omnes eorum plagæ in Exodo diligentissime ex ordine contexantur, ut quoniam id quod ibi non dictum est, non frustra in Psalmo dictum esse certi sumus neque id interpretari nisi figurate possumus, simul intelligamus etiam cetera quæ facta esse constat, ob aliquam figuratam significationem facta vel conscripta. Facit enim hoc Scriptura in multis locis Propheticorum eloquiorum. Dicit aliquid quod in illa re gesta, quam videtur commemorare, non invenitur, immo et aliter esse invenitur, ut hinc intelligatur non hoc dicere quod potest putari, sed illud potius quod magis debet adverti : sicut est illud, « Dominabitur a mari usque ad mare, et a flumine usque ad terminos orbis terræ (*Psal.* LXXI, 8.)» Quod in illius Salomonis regno constat non esse completum, de quo putari posset iste Psalmus loqui, cum de Christo Domino loqueretur. In plagis ergo Ægyptiorum, quæ sunt in libro, qui Exodus nominatur, ubi maxime Scriptura curavit, ut ea quibus afflicti sunt omnia ex ordine dicerentur, non invenitur quod habet iste Psalmus, «Et dedit rubigini fructus eorum. » Illud etiam quod, cum dixisset, «Et tradi-

biens aient été livrés au feu pour être consumés. En outre, il est dit des choses molles et flexibles que la grêle ne pouvait briser, qu'elles ont été, non pas frappées, c'est-à-dire détruites par des coups violents, mais dévorées par les sauterelles (*Id.*, x, 1-15). De même encore ces mots : « il a détruit leurs mûriers par la grêle, » ne sont pas dans l'Exode. Il y a, en effet, une grande différence entre la grêle et la gelée; car dans les belles nuits d'hiver, la terre est blanchie par la gelée.

27. Quelle est donc la signification de toutes ces choses : au commentateur de le dire, comme il le pourra; au lecteur et à l'auditeur d'en juger comme il convient. L'eau changée en sang me paraît signifier une manière charnelle de comprendre les causes des événements. La cynomyie, ou mouche des chiens, représente l'aveuglement de ceux qui, comme les chiens, ne voient pas leurs parents en naissant. La grenouille, c'est la vanité bavarde. La rouille nuit d'une manière occulte. Quelques-uns traduisent le texte par le mot de nielle, les autres par celui de canicule. A quel vice peut-on mieux comparer cette plaie, si ce n'est à celui qui se remarque très-difficilement, à une trop grande confiance en soi-même? En effet, la rouille provient d'un mauvais air qui agit secrètement sur les fruits; de même

que les mœurs sont gâtées par un orgueil secret dans ceux qui s'estiment quelque chose, tandis qu'ils ne sont rien (*Gal.*, vi, 3). La sauterelle est la figure de la méchanceté qui blesse avec des paroles; par exemple, par le faux témoignage. La grêle est l'injustice qui s'attaque au bien d'autrui et qui engendre le vol, les rapines, les déprédations; mais celui qui cause les ravages est lui-même le premier ravagé par sa propre faute. La gelée figure le vice par lequel l'amour du prochain se gèle au milieu des ténèbres de la sottise comme par le froid de la nuit. Quant au feu, il ne s'agit pas ici du feu mêlé dans les nuées à la grêle et aux éclairs, le Prophète ayant dit : « Il a livré leurs biens aux ravages du feu, » pour marquer un incendie de ces biens, dont l'Exode ne parle pas; il me semble qu'il signifie l'atroce excès de la colère qui conduit jusqu'à l'homicide. Je crois que la mort des troupeaux figure la perte de la pudicité. Car la concupiscence charnelle qui produit les naissances nous est commune avec les animaux. C'est pourquoi la vertu de pureté consiste à dompter, et à régler cette concupiscence. La mort des premiers nés est la perte de cette justice qui associe chacun de nous à la cause du genre humain. Mais que telles soient en réalité les interprétations figuratives de ces différents

---

dit grandini jumenta eorum; » addidit, « Et possessionem eorum igni : » de jumentis grandine occisis legitur in Exodo (*Exodi*, v, 23); quod vero possessio eorum igne cremata sit, omnino non legitur. Quamvis voces et ignes cum grandine fierent, sicut tonitrua cum fulgoribus solent; non tamen scriptum est aliquid traditum igni ut arderet. Denique mollia quæ lædere grando non poterat, dicuntur non esse percussa, id est, duris ictibus læsa; quæ postea comedit locusta. Item quod hic dicitur, « Et moros eorum in pruina, » non est in Exodo. Multum enim pruina distat a grandine; nam serenis hyemalibus noctibus pruina terra canescit.

27. Quid ergo ista significent, dicat tractator ut potest, judicet lector et auditor ut justum est. Aqua in sanguinem conversa, mihi videtur significare de rerum caussis sentire carnaliter. Cynomyia, canini mores sunt, qui nec parentes quando nascuntur, vident. Rana, est loquacissima vanitas. Rubigo occulte nocet, quam etiam æruginem nonnulli intepretati sunt, alii (*a*) caniculam : quod ma-

lum cui vitiorum aptius comparatur, nisi quod difficillime apparet, sicuti est multum de se fidere? Aura est enim noxia, quæ hoc in fructibus latenter operatur : sicut in moribus occulta superbia, quando se quisquam putat aliquid esse, cum nihil sit (*Gal.*, vi, 3). Locusta est malitia ore lædens, infideli scilicet testimonio. Grando est iniquitas res alienas auferens; unde furta, rapinæ, prædationesque nascuntur; plus autem vitio suo vastatur ipse vastator. Pruina significat vitium, quo caritas proximi stultitiæ tenebris velut nocturno frigore congelascit. Ignis vero, si non ille hic commemoratur, qui erat in grandine ex fulgurantibus nubibus, quoniam hic dixit, « Tradidit possessionem eorum igni, » ubi eam significat utique incensam, quod ignis ille fecisse non legitur : immanitatem ergo iracundiæ mihi videtur significare, qua et homicidium admitti potest. Morte pecorum figuratum est, quantum arbitror, damnum pudicitiæ. Concupiscentiam quippe, qua fetus exoritur, communem cum pecoribus habemus. Hanc itaque edomitam ha-

(*a*) Aliquot MSS. *coniculum*.

maux, ou que d'autres explications soient préférables, qui ne serait touché de voir les Égyptiens frappés de dix plaies, tandis que les tables de la loi contiennent dix commandements, qui sont la règle du peuple de Dieu? La comparaison, par opposition, que nous avons faite ailleurs (1) entre les dix plaies et les dix commandements, nous dispense de charger l'explication de notre Psaume de ce développement. Nous nous bornerons à faire observer que le Psaume, aussi bien que l'Exode, énumère dix plaies d'Égypte, mais non dans le même ordre, et avec cette différence qu'au lieu de trois plaies rapportées dans l'Exode (*Exode*, VIII, 17, IX, 10, X, 22) qui ne sont pas dans le Psaume : les moucherons, les ulcères et les ténèbres; le Psaume en contient trois qui ne sont pas dans l'Exode : la rouille, la gelée et le feu, non pas le feu de la foudre, mais celui auquel il est dit que furent livrés les biens des Égyptiens, et dont il n'est pas parlé dans l'Exode.

28. Du reste, il a été suffisamment exprimé dans le Psaume, que ces maux arrivent, d'après le jugement de Dieu, au moyen des mauvais anges, dans ce siècle pervers, c'est-à-dire en Égypte et dans les champs de Thanis, où nous devons nous tenir dans l'humilité, jusqu'à ce que vienne le siècle où nous aurons mérité d'être tirés de cette humilité. Car, en hébreux, Égypte signifie ténèbres, et Thanis humble commandement. Quant aux mauvais anges, le Psaume, en traitant des dix plaies, fait mention d'eux comme en passant, mais nous ne pouvons nous abstenir d'en parler avec quelque étendue. « Dieu a déployé contre eux sa colère et son indignation : indignation, colère, tribulation, il a tout déchaîné contre eux par l'action des mauvais anges (*Ibid.*, 49). » Nul fidèle n'ignore l'existence du diable et de ses anges, esprits si pervers que le feu éternel a été préparé pour eux. Mais les fidèles, qui ne savent pas assez comprendre de quelle manière la souveraine justice de Dieu se sert d'une manière bonne même de ce qui est mauvais, regardent quelquefois comme une chose dure que le Seigneur Dieu se serve de leur action pour châtier ceux qu'il juge dignes d'une semblable peine. Si vous considérez les anges dans leur substance, quel autre que Dieu les a créés? Mais ce n'est pas lui qui les a faits méchants : cependant il se sert d'eux d'une manière bonne, c'est-à-dire d'une manière convenable et juste, parce qu'il est bon; tandis qu'au contraire les méchants se servent d'une manière mauvaise des bonnes créatures de Dieu. Dieu se sert donc des mauvais anges, non-seulement pour punir

bere et ordinatam, pudicitiæ virtus est. Mors primitivorum, est amissio ipsius justitiæ, quâ quisque humano generi socialis est. Sed sive ita se habeant harum rerum figuratæ significationes, sive aliter melius intelligantur, quem non moveat quod decem plagis percutiuntur Ægyptii, et decem præceptis scribuntur tabulæ, quibus regatur populus Dei? De quibus e contrario inter se comparandis, id est, plagis et præceptis, quoniam alibi diximus, expositionem Psalmi hujus in his onerare non opus est : tantum admonemus, quia et hic etsi non eodem ordine, decem tamen Ægyptiorum plagæ commemorantur, dum pro tribus quæ sunt in Exode, et hic non sunt, id est, sciniphes, ulcera, tenebræ (*Exodi*, VIII, 17 et IX, 10 et X, 22); aliæ tres commemorantur, quæ ibi non sunt, id est, rubigo, pruina et ignis, non fulgurum, sed cui dicta est tradita possessio eorum, quod ibi non legitur.

28. Satis autem hic expressum est, judicio Dei fieri hæc in illis per angelos malos, in hoc sæculo maligno, tamquam in Ægypto et in campo Thaneos, ubi humiles esse debemus, donec veniat sæculum, ubi exaltari ex ista humilitate mereamur. Nam et Ægyptus in Hebræa lingua tenebras vel tribulationes significat, in qua lingua Thanis sicut commemoravi, humile intelligitur esse mandatum. De angelis ergo malis in isto Psalmo, cum de ipsis plagis loqueretur, sic interpositum est, quod non transitorie prætereundum est: « Misit in eos, inquit, iram indignationis suæ, indignationem et iram et tribulationem, immissionem per angelos malos (*Psal.*, LXXVII, 49). » Esse autem diabolum et angelos ejus tam malos utique, ut eis ignis præparetur æternus, nullus fidelis ignorat : sed immitti per eos immissionem super quoslibet a Domino Deo, quos hac pœna judicat dignos, durum videtur eis qui minus idonei sunt cogitare quemadmodum summa Dei justitia bene utatur et malis. Quos quidem, quantum pertinet ad eorum substantiam, quis alius quam ipse fecit? Sed malos ipse non fecit: utitur tamen eis, quoniam bonus, bene, id est convenienter et juste : sicut e contra iniqui creaturis ejus bonis utuntur male, Utitur ergo Deus angelis malis, non solum ad puniendos malos, sicuti in istis

---

(1) Sermon sur les dix plaies et les dix commandements.

les méchants, comme tous ceux dont le Psaume nous parle, comme encore le roi Achab, qu'un esprit de tromperie a séduit par la volônté de Dieu, afin que ce roi fût victime de la guerre qu'il entreprit (III *Rois*, XXII, 22); mais encore pour éprouver les bons et faire éclater leur vertu, comme cela eut lieu à l'égard de Job. En ce qui regarde maintenant la matière corporelle des éléments visibles, je pense qu'elle est soumise à l'action des anges, bons ou mauvais, selon la puissance de chacun d'eux. Car nous employons et la terre et l'eau et l'air et le feu, non-seulement dans les nécessités de notre subsistance, mais en beaucoup de choses superflues, dans nos amusements, et dans des travaux d'un art admirable. Que d'objets que l'on peut appeler mécaniques, d'après le terme grec μηχανήματα, qui sont produits à l'aide de ces éléments artistement travaillés! Mais les anges, soit bons soit mauvais, ont bien plus de puissance encore sur ces éléments, les bons principalement; autant toutefois que Dieu, dans son bon plaisir et dans son arrangement de toutes choses, leur en impose ou leur en accorde, comme il en est d'ailleurs de nous. Car nous ne pouvons, sur ces éléments, tout ce que nous voulons. Or nous lisons dans le livre qui est la vérité même, que le diable a pu faire descendre le feu même du Ciel, pour consumer dans un prodigieux et horrible embrasement les innombrables troupeaux du saint Patriarche Job (*Job.*, I, 16) : » ce que peut-être aucun fidèle n'eût attribué à l'action du démon, si l'autorité de la Sainte Écriture ne l'attestait. Mais cet homme, juste, courageux et pieusement habile, par le don de Dieu, n'a point dit : le Seigneur me l'a donné, le diable me l'a ôté, mais « le Seigneur me l'a donné, le Seigneur me l'a ôté (*Ibid.*, 21.). » Car il savait très-bien que ce que le diable peut faire à l'aide de ces éléments, il ne peut le faire contre un serviteur de Dieu, si son maître ne le veut et ne le permet : il confondait donc la malice du diable, parce qu'il savait qui s'en servait pour l'éprouver lui-même. Quant aux fils de la défiance (*Éphés.*, II, 2), il agit sur eux comme sur ses esclaves, de la même manière que les hommes agissent sur leurs troupeaux : toutefois dans la mesure que lui permet le juste jugement de Dieu. Quelle différence pourtant entre une puissance qu'il exerce à son gré sur les siens, bien qu'elle soit restreinte en quelque chose, et celle qui lui est donnée accidentellement sur des hommes qui ne sont point à lui ! Ainsi l'homme traite selon son humeur et en raison de ses forces un animal qui est à lui, ne s'arrêtant qu'autant qu'il

omnibus, de quibus loquitur Psalmus, sicut in rege Achab, quem fallaciæ spiritus ex Dei voluntate seduxit ut caderet in bello (III *Reg.* XXII, 13) : verum etiam ad probandos et manifestandos bonos, sicuti fecit in Job. Quod autem pertinet ad istam materiam corporalem visibilium elementorum, puto quod ea possunt uti angeli et boni et mali, quantum cuique potestas est : quemadmodum et homines boni malique utuntur talibus, quantum possunt pro modulo infirmitatis humanæ. Nam et terra utimur et aqua et aëre et igne, non solum in necessariis rebus sustentationis nostræ, verum etiam in multis superfluis et ludicris et mirabiliter artificiosis operibus. Nam innumerabilia quæ appellantur μηχανήματα his elementis arte tractatis modificantur. Sed in hæc angelis longe amplior est potestas, et bonis et malis, quamvis utique major bonis; sed quantum Dei nutu atque ordine jubetur aut sinitur, sicut et nobis. Neque enim in his omnia quæ volumus possumus. In libro autem fidelissimo legimus diabolum potuisse etiam de cælo ignem immittere (*Job*, I, 16), ad sancti viri tantum pecorum numerum mirabili et horrendo impetu consumendum, quod diabolo tribuere nemo fidelium fortassis auderet nisi sanctæ Scripturæ auctoritate legeretur. Sed ille vir, Dei dono justus et fortis et pie peritus, non ait, Dominus dedit, diabolus abstulit : sed, « Dominus dedit, Dominus abstulit (*Ibid.*, 21) : » optime sciens diabolum etiam quod facere de istis elementis poterat, non tamen servo Dei, nisi ejus Domino volente ac permittente fuisse (a) facturum ; malitiam diaboli confundebat, quoniam quis illa in se probando uteretur, sciebat. In filiis vero diffidentiæ tamquam in suis mancipiis operatur (*Ephes.*, II, 2), quemadmodum homines in pecoribus suis; et illic tamen quantum Dei justo judicio sinitur. Sed aliud est, quando potestas ejus etiam a suis, sicut ei placet, tractandis majore potestate prohibetur; aliud quando ei potestas etiam in eos, qui ab illo alieni sunt, datur. Sicut homo de pecore suo, pro humano captu, facit

---

(a) Sic aliquot MSS. Alii, *malitiam diaboli contemnebat :* et quidam, *confidenter contemnebat.* At editi ferebant sic : *fuisse factam malitiam diaboli confidebat.*

en est empêché par une puissance supérieure à la sienne ; mais pour agir contre un animal qui n'est point à lui, il attend que le pouvoir lui en soit donné par celui qui en est le maître. D'un côté c'est la restriction d'un pouvoir que l'on possède ; d'un autre côté c'est la concession d'un pouvoir que l'on ne possède pas.

29. Les choses étant donc ainsi, si Dieu a infligé ces plaies aux Égyptiens par l'action des mauvais anges, oserons-nous dire que le prodige de l'eau changée en sang, et celui de l'invasion des grenouilles, prodiges que les magiciens de Pharaon reproduisirent par leurs enchantements, ont été l'œuvre de ces mêmes mauvais anges ; de sorte qu'ils auraient agi des deux côtés à la fois, d'une part les frappant d'une plaie, et de l'autre les trompant, selon le jugement et la dispensation du Dieu très-juste et très-puissant, qui se sert avec justice de la malice même des injustes ? Je n'ose le dire. Pourquoi, en effet, les mages de Pharaon n'ont-ils pu reproduire le prodige des moucherons (*Ex.*, VIII, 19)? Est-ce que les mauvais anges n'en ont pas reçu la permission ? Ou bien, pour parler plus exactement, la cause n'en est-elle pas cachée, et n'est-il pas au-dessus de nos forces de la rechercher? Car si nous pensons que les mauvais anges ont opéré ces prodiges, parce que ces prodiges étaient des châtiments et non des bienfaits, comme si Dieu ne châtiait personne par le ministère des bons anges, mais seulement par celui des mauvais anges, bourreaux de la milice céleste, il faudra donc croire que Sodome a été renversée par les mauvais anges et qu'Abraham et Loth ont reçu dans leurs demeures de mauvais anges ? A Dieu ne plaise pourtant que nous admettions une opinion que réprouvent d'une manière évidente les saintes Écritures (*Gen.*, XVIII, XIX). Il est donc certain que toutes ces choses peuvent arriver par l'action des bons anges et par celle des mauvais anges. Quelle est celle qui convient ? dans quel cas convient-elle? je l'ignore ; mais celui qui agit ne l'ignore pas, ni celui à qui il lui plaît de le révéler. Toutefois, autant que l'Écriture Sainte est accessible à notre faible attention, nous lisons que les bons Anges peuvent être chargés de punir les méchants, témoin les Sodomites ; ainsi que les mauvais Anges, témoin les Égyptiens : mais que les bons Anges tentent et éprouvent les justes par des peines corporelles, je ne m'en rappelle aucun exemple.

30. Pour en revenir au passage qui nous occupe actuellement, si nous n'osons attribuer aux mauvais Anges tous les prodiges qui se sont faits à l'aide de créatures, il en est que nous pouvons leur rapporter sans aucun

---

quod vult, nec sane facit, si prohibeatur a potestate majore : de alieno autem pecore ut faciat, exspectat sibi potestatem dari ab illo cujus est. Ibi ergo potestas quæ fuerat, prohibetur : hic autem quæ non fuerat, tribuitur.

29. Quæ cum ita sint, si per angelos malos Deus illas plagas inflixit Ægyptiis (*Exodi*, VII, 20), numquid audebimus dicere, et aquam in sanguinem per eosdem angelos versam, et ranas per eosdem angelos factas, quorum similia etiam Magi Pharaonis veneficiis suis facere potuerunt ; ut angeli mali ex utraque parte consisterent, hinc illos affligentes, inde fallentes, secundum judicium et dispensationem justissimi et omnipotentissimi Dei juste utentis etiam iniquorum malitia? Non audeo dicere. Unde enim sciniphes facere magi Pharaonis minime potuerunt (*Exodi*, VIII, 19)? An quia hoc permissi ipsi angeli mali non (*a*) sunt? An, quod verius dicendum est, occulta caussa est, et vires nostræ inquisitionis excedit? Nam si propterea per malos angelos illa Deum fecisse putaverimus, quia pœnæ infligebantur, non beneficia præstabantur, tamquam nemini Deus pœnas irroget per Angelos bonos, sed per illos velut militiæ cælestis carnifices; consequens erit, ut etiam Sodomam per malos angelos eversam esse credamus, et malos angelos Abraham et Lot hospitio suscepisse videantur (*Gen.*, XIX, 1) : » quod absit ut contra Scripturas apertissimas sentiamus. Claret igitur ista hominibus fieri per bonos et malos angelos posse. Quid, aut quando fieri oporteat, me latet : illum vero qui facit, non latet, et cui voluerit revelare. Verumtamen quantum nostræ intentioni Scriptura divina moderatur, malis pœnas irrogari et per bonos Angelos, sicut Sodomitis, et per malos angelos, sicut Ægyptiis, legimus : justos vero corporalibus pœnis per bonos Angelos tentari et probari, non mihi occurrit.

30. Quod vero pertinet ad præsentem Psalmi hu-

(*a*) Aliquot probæ notæ MSS. *non possunt.*

doute; comme la mort des troupeaux, la mort des premiers nés, et surtout la cause commune de cette longue chaîne de malheurs, c'est-à-dire l'endurcissement de cœur des Égyptiens, qui les empêcha de laisser aller le peuple de Dieu. Car cet endurcissement si coupable, si plein de perversité, quand l'Écriture dit quelquefois qu'il est l'œuvre de Dieu, il faut entendre par là non que Dieu l'inspire et y porte, mais seulement que Dieu y abandonne le méchant, afin que les démons agissent alors sur les fils de la défiance (*Éphés.*, IV, 2), ce que Dieu permet avec justice à l'égard de ceux qui l'ont mérité. C'est en ce même sens qu'il faut interpréter les paroles du Prophète Isaïe : « Seigneur, vous vous êtes irrité et nous avons péché ; c'est pour cela que nous nous sommes égarés, et que nous sommes tous devenus impurs (*Isaïe*, LXIV, 5, 6). » En effet, quelque faute précède toujours la très-juste colère de Dieu, et fait qu'il enlève sa lumière aux pécheurs, afin que l'esprit humain, frappé d'aveuglement, vienne se heurter, en s'écartant des voies de la justice et en errant au hasard, contre des péchés qu'on ne peut, par aucune tergiversation, excuser comme s'ils n'étaient pas des péchés. Si donc il est écrit dans un autre psaume, au sujet de ces mêmes Égyptiens, que Dieu a changé leur cœur pour qu'ils prissent son peuple en haine et qu'ils employassent la tromperie contre ses serviteurs (*Ps.*, CIV, 25), il est juste de croire qu'il l'a fait par les mauvais Anges, afin que les esprits déjà vicieux de ces fils de l'infidélité fussent excités, par les Anges amis de ces vices, à haïr le peuple de Dieu, et que les miracles, accomplis par suite de cette haine, servissent à effrayer et à corriger les bons. On peut croire encore avec toute convenance que les mœurs vicieuses que nous avons dit être figurées ici par les plaies corporelles, selon ces paroles : « J'ouvrirai la bouche en paraboles, » sont le résultat de l'action des mauvais Anges sur ceux qui leur sont soumis par un arrêt de la justice divine. Car, lorsque s'accomplit la parole de l'Apôtre : « Dieu a livré ces hommes aux convoitises de leurs cœurs pour qu'ils fissent ce qui ne convient pas (*Rom.*, I, 24), » les mauvais Anges, auxquels est assujettie la perversité humaine, excepté pour ceux que la grâce délivre, se trouvent comme au centre de leurs affaires et s'en donnent à cœur joie. Et qui donc est capable de comprendre ces mystères (II *Cor.*, II, 16) ? Aussi, après ces paroles : « Il a déployé contre eux sa colère et son indignation : indignation, colère, tribulations, il a tout déchaîné contre eux par l'action des mauvais Anges (*Ps.*, LXXVII, 29), » le Prophète ayant ajouté : « il a ouvert un passage au cours de sa colère (*Ibid.*, 50), » quel est l'esprit assez

---

jus locum, si ea quæ mirabiliter de creaturis facta sunt, malis angelis tribuere non audemus ; habemus quod eis tribuere sine dubitatione possumus, mortes pecorum, mortes primitivorum, et illud maxime unde religata sunt omnia, obdurationem cordis illorum, ut populum Dei nollent dimittere (*Exodi*, IV, 21). Hanc enim iniquissimam et malignissimam obstinationem Deus cum facere dicitur, non instigando et inspirando, sed deserendo facit, ut illi operentur in filiis diffidentiæ (*Ephes.*, II, 2), quod Deus debite justeque permittit. Nam et illud quod Isaias propheta dicit, « Domine ecce tu iratus es, et nos peccavimus, propterea erravimus, et facti sumus sicut immundi omnes, ea ratione intelligitur (*Isai*, LXIV, 5). » Præcessit enim aliquid, unde Deus justissime iratus ab eis suum lumen auferret, ut in peccata quæ nulla tergiversatione defendi possunt non esse peccata, cæcitas humanæ mentis offenderet, ab itinere justitiæ deviando et errando. Et quod in alio Psalmo scriptum est de his ipsis Ægyptiis, quod « Deus converterit cor eorum ut odissent populum ejus, et dolum facerent in servos ejus, (*Psal.*, CIV, 25), » bene creditur Deus fecisse per illos angelos malos, ut *(a)* jam vitiosæ mentes filiorum infidelitatis per eos angelos, quibus eadem amica sunt vitia, excitarentur in odium populi Dei, atque ad terrendos et corrigendos bonos illa mirabilia sequerentur. Illa etiam mala morum, quæ his corporalibus plagis significata esse diximus, propter quod prædictum est, « Aperiam in parabolis os meum (*Ps.*, LXXVII, 2), » per malos angelos exerceri in eos qui illis divina æquitate subduntur, convenientissime creditur. Neque enim cum fit quod ait Apostolus, « Tradidit illos Deus in concupiscentias cordis eorum (*Rom.*, I, 24), » ut faciant quæ non conveniunt, non illic mali angeli tamquam in materia sui operis versantur et gaudent : quibus justissime subdita est vitiositas humana, præter eos quos liberat gratia (II *Cor.*, II, 16). Et ad hæc quis

---

(a) Sic MSS. At editi, *ut etiam.*

pénétrant pour comprendre et saisir une pensée cachée à une telle profondeur ? Le cours de la colère de Dieu était, en effet, de punir, par une justice secrète, l'impiété des Égyptiens ; mais il a ouvert un passage au cours de sa justice en amenant au grand jour par des forfaits éclatants, à l'instigation des mauvais Anges, la perversité des Égyptiens ; afin de punir, de la façon la plus évidente, la plus évidente des impiétés. La grâce seule peut délivrer l'homme de cette puissance des mauvais Anges ; c'est au sujet de cette grâce que l'Apôtre a dit : « Il nous a arrachés à la puissance des ténèbres, et transférés dans le royaume du Fils de son amour (*Coloss.*, I, 13). » Le peuple de Dieu était la figure de cette délivrance, lorsque, arraché à la puissance des Égyptiens, il a été transféré dans le royaume de la terre promise, où coulaient le lait et le miel, figures de la douceur de la grâce.

31. Le Psalmiste, après avoir rappelé les plaies des Égyptiens, continue et dit : « Et il a enlevé les Israélites comme des brebis et les a conduits, dans le désert, comme un troupeau. Il les a conduits pleins d'espérance et libres de toute crainte, et il a englouti leurs ennemis dans la mer (*Ps.*, LXXVII, 52 et 53). » Cette délivrance se fait d'une autre manière, d'autant plus excellente qu'elle se passe dans les profondeurs de l'âme, où nous sommes arrachés à la puissance des ténèbres, et transportés en esprit dans le royaume de Dieu. Là se trouvent en abondance des pâturages spirituels ; nous devenons les brebis de Dieu, qui marchent au milieu de ce monde comme en un désert, parce que notre foi ne paraît aux yeux de personne ; c'est pourquoi l'Apôtre dit : « Votre vie est cachée avec le Christ en Dieu (*Coloss.*, III, 3). » Nous sommes conduits dans l'espérance, parce que « nous sommes sauvés en espérance (*Rom.*, VIII, 24). » Et nous ne devons rien craindre ; car « si Dieu est pour nous, qui sera contre nous (*Ibid.*, 31) ? » Et la mer a englouti nos ennemis ; c'est-à-dire qu'ils sont détruits dans le Baptême par la rémission des péchés.

32. Le Psaume continue ainsi : « Et il les a conduits sur la montagne de sa sanctification (*Ps.*, LXXVI, 54). » De combien sa sainte Église ne l'emporte-t-elle sur le Sinaï ? « Sur la montagne que sa droite s'est acquise (*Ibid.*) » Combien plus élevée encore est l'Église que s'est acquise le Christ, dont il est dit : « A qui le bras du Seigneur a-t-il été révélé (*Is.*, LIII, 1) ? » « Et il a chassé les nations devant eux (*Ps.*, LXXVII, 55), » devant ses fidèles ; car les nations représentent en un certain sens les malins

---

idoneus? Unde cum dixisset, « Misit in eos iram indignationis suæ, indignationem et iram et tribulationem, immissionem per angelos malos (*Ps.*, LXXVII, 49), » illud quod addidit, « Viam fecit semitæ iræ suæ (*Ibid.*, 50), » cujus tandem acies sufficit penetrare, ut intelligat capiatque sententiam in tanta profunditate latitantem? Erat enim semita iræ Dei, qua Ægyptiorum impietatem occulta æquitate puniret : sed eidem semitæ viam fecit, ut eos tamquam ex abditis per malos angelos in manifesta scelera (*a*) producens, in evidentissimos impios evidentissime vindicaret. Ab hac potestate malorum angelorum non liberat hominem nisi gratia Dei, de qua dicit Apostolus, Qui eruit nos de potestate tenebrarum, et transtulit in regnum Filii (*b*) caritatis suæ (*Coloss.*, I, 13) : » cujus rei populus iste figuram gerebat, cum esset erutus de potestate Ægyptiorum, et translatus in regnum terræ promissionis fluentis lac et mel, quod suavitatem significat gratiæ.

31. Sequitur ergo post commemorationem plagarum Ægyptiorum Psalmus, et dicit, « Et abstulit sicut oves populum suum, et perduxit eos tamquam gregem in deserto (*Ibid.*, 52). Et deduxit eos in spe, et non timuerunt, et inimicos eorum operuit mare (*Ibid.*, 53). » Tanto fit hoc melius, quanto interius, ubi eruti de potestate tenebrarum in regnum Dei mente transferimur, et secundum pascua spiritalia efficimur oves Dei, ambulantes in hoc sæculo velut in deserto, quoniam nemini est fides nostra conspicua : unde dicit Apostolus, « Vita vestra abscondita est cum Christo in Deo (*Coloss.*, III, 3). » Deducimur autem in spe, « quoniam spe salvi facti sumus (*Rom.*, VIII, 24). » Nec timere debemus. « Si enim Deus pro nobis, quis contra nos (*Rom.*, VIII, 31) ? » Et inimicos nostros operuit mare, abolevit in baptismo (*c*) remissione peccatorum.

32. Deinde sequitur, « Et induxit eos in montem sanctificationis suæ (*Ps.*, LXXVII, 54). » Quanto melius in sanctam Ecclesiam? Montem quem adquisivit dextera ejus. » Quanto est Ecclesia sublimior quam adquisivit Christus, de quo dictum est, « Et brachium Domini cui revelatum est (*Isai*, LIII, 1) ?

(*a*) In editis, *perducens*. At in MSS. *producens*. (*b*) Sic meliores MsS. Alii cum editis, *claritatis tuæ*. (*c*) Plerique MSS. *remissio*. Regius, *remissione peccata*.

esprits qui ont soufflé leurs erreurs aux Gentils. « Et il leur a divisé la terre par lots, comme on distribue les héritages (*Ibid.*). » Et en nous, « c'est un seul et même Esprit qui opère toutes choses, et qui distribue particulièrement ses dons à chacun, comme il veut (1 *Cor.*, XII, 11). »

33. « Et il a fait habiter les tribus d'Israël sous leurs tentes (*Ps.*, LXXVII, 55). » Il a fait habiter les tribus d'Israël, dit le Prophète, sous les tentes des nations. Il y a pour ces paroles un sens spirituel plus élevé, qui est, à mon jugement, que nous devons être transportés par la grâce du Christ, jusqu'à la gloire céleste, d'où les anges rebelles ont été exclus et précipités. Car, pour les hommes de la race corrompue, qui provoque l'amertume, comme tous ces bienfaits temporels n'ont pu les décider à dépouiller le vieil homme, « ils ont encore tenté et exaspéré le Dieu Très-Haut et ils n'ont pas gardé ses préceptes : ils se sont détournés de lui, et ils n'ont pas plus conservé son alliance, que ne l'avaient fait leurs pères (*Ibid.*, 56 et 57). » Cependant, ils s'étaient engagés comme par un pacte et par une sorte de loi, en disant : « Nous ferons et nous écouterons tout ce que le Seigneur notre Dieu a dit (*Exode*, XIX, 8). » Il faut remarquer ces paroles du Prophète : « pas plus que ne l'avaient fait leurs pères (*Ps.*, LXXVII, 58); » car bien que, dans tout le cours du Psaume, il semble parler des mêmes hommes, cependant il est clair qu'il a maintenant en vue ceux qui étaient déjà dans la terre promise, et par conséquent qu'il désigne leurs pères quand il parle de ceux qui dans le désert ont provoqué en Dieu l'amertume.

34. « Ils se sont détournés en décrivant un arc mauvais (*Ibid.*, 58), » ou selon d'autres manuscrits, « un arc renversé. » Et ce qui suit explique clairement ces paroles : « Et ils ont excité sa colère sur leurs collines (*Ibid.*); » c'est-à-dire qu'ils se sont jetés dans l'idolâtrie. L'arc renversé est donc celui qui ne tend pas vers la gloire du nom de Dieu, mais contre le nom de Dieu, qui avait dit à ce même peuple : « Vous n'aurez pas d'autre Dieu que moi (*Exode*, XX, 3). » Or, l'arc représente ici l'intention de l'esprit; et le Prophète s'exprime encore avec plus de précision, en disant : « Et par leurs images sculptées, ils ont provoqué sa jalousie (*Ps.*, LXXVII, 58). »

35. « Dieu les a entendus et les a méprisés (*Ibid.*, 59). » C'est-à-dire il les a vus et punis. « Et il a réduit Israël à un néant absolu (*Ibid.*). » Qu'est-il resté en effet, sous le mépris de Dieu, de ceux qui, avec l'aide de Dieu, avaient été ce que nous savons qu'ils furent? Sans doute le Prophète rappelle ici leur défaite par les Allophyles, au temps du grand prêtre Héli, alors que

---

Et ejecit a facie eorum Gentes. » Et a facie fidelium suorum. Nam quodam modo Gentes sunt gentilium errorum maligni spiritus. « Et forte divisit eis terram in funiculo distributionis. » Et in nobis omnia operatur unus atque idem Spiritus, dividens propria unicuique prout vult (1 *Cor.*, XII, 11). »

33. « Et habitare fecit in tabernaculis eorum tribus Israël (*Ps.*, LXXVII, 55). » In tabernaculis, inquit, Gentium habitare fecit tribus Israël. Quod spiritaliter sic melius discernendum puto, ut ad cælestem gloriam, unde peccantes angeli ejecti atque dejecti sunt, per Christi gratiam subvehamur. Illa enim generatio prava et amaricans, quoniam istis beneficiis corporalibus non ponebat tunicam vetustatis, « tentaverunt adhuc et exacerbaverunt Deum excelsum, et testimonia ejus non custodierunt (*Ibid.*, 56) : » Et averterunt se, et non servaverunt pactum, quemadmodum patres eorum (*Ibid.*, 57). » Pacto enim quodam et placito dixerunt, « Omnia quæ locutus est Dominus Deus noster, faciemus et audiemus (*Exodi*, XIX, 8). » Notandum sane quod ait, « quemadmodum patres eorum : » cum per totum Psalmi textum tamquam de hominibus eisdem loqui videretur, apparet tamen nunc de illis dici, qui jam erant in terra promissionis, et patres eorum dictos qui in eremo amaricaverunt.

34. « Conversi sunt, inquit, in arcum pravum (*Ibid.*, 57) : » vel, sicut alii codices habent, « in arcum perversum. » Quid autem hoc sit, in eo quod sequitur magis apparet, ubi ait, « Et in iram concitaverunt eum in collibus suis (*Ibid.*, 58). » In idololatriam eos prosiluisse significat. Arcus ergo perversus est, non pro nomine Domini, sed contra nomen Domini, qui dixit eidem populo, » Non erunt tibi dii alii præter me (*Exodi*, XX, 3). » Per arcum autem significat animi intentionem. Hoc ipsum denique planius exprimens, « Et in sculptilibus suis, inquit, ad æmulationem eum provocaverunt. »

35. « Audivit Deus, et sprevit (*Ps.*, LXXVII, 59) : » id est, advertit, et vindicavit. « Et ad nihilum redegit nimis Israël. » Deo quippe spernente quid remanserunt, qui Deo adjuvante fuerunt quod fuerunt? Nimi-

l'Arche du Seigneur fut prise et qu'ils furent accablés par un immense carnage (I *Rois*, IV, 10, 11). » Il le dit d'ailleurs sous cette forme : « Et il a rejeté le tabernacle qui était à Silo, son propre tabernacle, où il avait demeuré parmi les hommes (*Ps.*, LXXVII, 60). » Le Prophète explique de la manière la plus délicate, pourquoi Dieu a rejeté son tabernacle, quand il ajoute : « où Dieu avait demeuré parmi les hommes (*Ibid.*). » Car, si les hommes n'étaient plus dignes que Dieu habitât parmi eux, pourquoi n'aurait-il pas rejeté un tabernacle, qu'assurément il n'avait point établi pour lui-même, mais pour ceux qu'il jugeait alors indignes de le voir habiter parmi eux ?

36. « Et il a livré leur force à la captivité et leur gloire aux mains de leurs ennemis (*Ibid.*). » Par leur force et leur gloire, le Prophète désigne l'Arche, qu'ils s'enorgueillissaient de posséder et avec laquelle ils se croyaient invincibles. C'est ainsi que plus tard, comme les Juifs vivaient dans le désordre, et se glorifiaient cependant de posséder le temple du Seigneur, Dieu leur fit cette menace par la bouche d'un Prophète : « Voyez ce que j'ai fait de Silo, où était mon tabernacle (*Jérémie*, VII, 12). »

37. « Et il a enfermé son peuple dans un cercle de glaives, et il a méprisé son héritage. Et le feu, » c'est-à-dire sa colère, « a dévoré leurs jeunes gens. Et leurs vierges n'ont pas été pleurées (*Ps.*, LXXVII, 62 et 63). » La crainte des ennemis n'en laissait pas le loisir.

38. « Leurs prêtres sont tombés sous le glaive et la mort des veuves qu'ils ont laissées n'a point été pleurée (*Ibid.*, 64). » En effet, les fils d'Héli sont tombés sous le glaive, et la veuve de l'un d'eux, mourant à cette nouvelle dans les douleurs d'un enfantement prématuré, ne fut point pleurée dans des funérailles honorables, à cause de ce même trouble de tout le peuple (I *Rois*, IV, 19, 20).

39. « Et le Seigneur s'est éveillé comme s'il avait dormi jusqu'alors (*Ps.*, LXXVII, 65). » En effet, il semble dormir, lorsqu'il livre son peuple aux mains de ceux qu'il hait ; de sorte qu'on peut dire à ce peuple : « Où est votre Dieu (*Ps.*, XLI, 11) ? » « Il s'est donc éveillé, comme s'il avait dormi ; il s'est éveillé comme un homme puissant qui aurait été pris de vin (*Ps.*, LXXVII, 65). » Nul, si ce n'est l'Esprit de Dieu, n'oserait parler de lui en des termes semblables. Il a dit, en effet, que Dieu dort longtemps, comme un homme ivre (ce que pensent les impies qui l'insultent), lorsqu'il ne vient pas au secours des hommes aussi vite que ceux-ci le voudraient.

---

rum autem rem illam gestam commemorat, quando victi sunt ab Allophylis tempore Heli sacerdotis, et Arca Domini capta est, et magna strage vastati sunt (*Reg.*, IV, 10 etc.). Hoc est quod dicit, « Et repulit tabernaculum Selom, tabernaculum suum ubi habitavit in hominibus (*Ps.*, LXXVII, 60). » Eleganter exposuit quare repulerit tabernaculum suum, cum ait, « ubi habitavit in hominibus. » Cum ergo digni non essent in quibus habitaret, cur non repelleret tabernaculum, quod utique non propter se instituerat, sed propter ipsos, quos jam judicabat indignos in quibus habitaret?

36. « Et tradidit in captivitatem virtutem eorum, et pulcritudinem eorum in manus inimici (*Ibid.*, 61). » Ipsam Arcam unde sibi videbantur invicti, et unde sibi (*a*) plaudebant, virtutem et pulcritudinem eorum dicit. Denique et postea male viventes, et de templo Domini gloriantes, terret per Prophetam, dicens; « Videte quid feci Selom, ubi erat tabernaculum meum (*Jerem.*, VII, 12). »

37. « Et conclusit in gladio populum suum, et hereditatem suam sprevit (*Ps.*, LXXVII, 62). Juvenes eorum comedit ignis (*Ibid.*, 63) : » id est, ira. « Et virgines eorum non sunt lamentatæ. » Quia neque hoc vacabat in hostili metu.

38. « Sacerdotes eorum in gladio ceciderunt, et viduæ eorum non plorabantur (*Ibid.*, 64). » Ceciderunt enim in gladio filii Heli, quorum unius uxor viduata, et mox in partu mortua (*I Reg.*, IV, 19), propter eamdem perturbationem plangi non potuit honore funeris.

39. « Et excitatus est tamquam dormiens Dominus (*Ps.*, LXXVII, 65). » Videtur enim dormire, quando populum suum dat in manus eorum quos odit, ubi eis dicatur, « Ubi est Deus tuus (*Psal.*, XLI, 11) ? Excitatus ergo est tamquam dormiens, tamquam potens crapulatus a vino. » Nullus hoc de Deo dicere auderet, nisi Spiritus ejus. Dixit enim, sicut videtur impiis insultantibus, quod velut ebrius diu dormiat, quando non tam cito quam (*b*) putant homines, subvenit.

40. « Et percussit inimicos suos in posteriora

(*a*) Plerique MSS. *placebant*. (*b*) Duo MSS. *quàm petunt homines*.

40. « Et il a frappé ses ennemis par derrière (*Ibid.*, 66). » Il s'agit ici des Philistins qui se réjouissaient d'avoir pu prendre l'Arche et qui furent, en effet, affligés de maladies honteuses (*Rois*, v, 6). Ces maladies me semblent être la figure des peines qui seront infligées à quiconque aura regardé les choses qui sont derrière lui, que chacun, comme le dit l'Apôtre, doit regarder comme du fumier (*Philipp.*, III, 8). En effet, ceux qui veulent faire alliance avec Dieu, sans se dépouiller de leur ancienne vanité, sont semblables à ces peuples ennemis qui avaient placé près de leurs idoles l'Arche d'alliance tombée en leur pouvoir. Ces dépouilles du vieil homme tombent quelquefois d'elles-mêmes, alors qu'ils ne le veulent pas : car, « toute chair n'est que foin et la gloire de l'homme est comme la fleur du foin (*Ps.*, XL, 6). Le foin s'est desséché et sa fleur est tombée; mais l'Arche du Seigneur demeure éternellement, c'est-à-dire le mystère de l'alliance du Seigneur, le royaume des cieux, où réside le Verbe éternel de Dieu. Mais ceux qui ont aimé les choses qui sont derrière eux souffriront, en toute justice, par ces choses elles-mêmes ; « car Dieu les a livrés à un opprobre éternel (*Ps.*, LXXVII, 66). »

41. « Et il a repoussé la tente de Joseph, et il n'a pas choisi la tribu d'Ephraïm. Et il a choisi la tribu de Juda (*Ibid.*, 67 et 68). » Le Prophète ne dit pas : Dieu a repoussé la tente de Ruben, qui était le premier né de Jacob, ni la tente de ceux qui suivaient Ruben et qui étaient nés avant Juda; afin de montrer que nul d'eux n'étant élu et tous ayant été repoussés, la tribu de Juda a été choisie. On aurait pu dire en effet qu'ils étaient rejetés à bon droit, parce que, même dans la bénédiction de Jacob, alors qu'il bénit ses fils, le patriarche a rapporté leurs péchés avec de durs reproches (*Genèse*, XLIX, 17). Cependant, au nombre des tribus ainsi repoussées, se serait trouvée celle de Lévi, à laquelle appartenait Moïse, et qui mérita d'être la tribu sacerdotale (*Exod.*, II, 1). Le Prophète n'a pas dit non plus : Dieu a repoussé la tente de Benjamin ; ou : il n'a pas choisi la tribu de Benjamin, dans laquelle le premier roi avait été pris, car Saül, qui fut élu roi, était de cette tribu (1 *Rois*, IX, 1). Et, en effet, à cause du peu de temps écoulé entre le moment où Saül fut rejeté et réprouvé et David élu (*Ibid.*, XVI, 1-13), la désignation de cette tribu eût paru faite à propos. Cependant ce n'est point Benjamin que le Psaume a nommé; mais il a désigné de préférence ceux qui paraissaient l'emporter par des mérites plus glorieux. Car Joseph a nourri en Égypte son père et ses frères, et après avoir été vendu par un acte impie, il a été justement élevé au plus haut point de grandeur, en récompense de sa piété, de sa chasteté et de sa sagesse (*Genèse*, XLI, 40). Quant à Ephraïm, il a

---

(*Ps.*, LXXVII, 66) : » illos utique qui gaudebant quod Arcam ejus captivare potuerunt : percussi enim sunt in sedibus suis (I *Reg.*, V, 6). » Quod ejus pœnæ signum mihi videtur, qua quisque cruciabitur, si in posteriora respexerit ; quæ, sicut Apostolus, æstimare debet ut stercora (*Philip.*, III, 8). Qui enim sic suscipiunt testamentum Dei, ut vetere vanitate non se exuant, similes sunt hostilibus populis, qui Arcam testamenti captivatam juxta sua idola posuerunt. Et illa quidem vetera etiam illis nolentibus cadunt : « quia omnis caro fœnum, et claritas hominis ut flos fœni (*Isai*, XL, 6). » Fœnum aruit, et flos decidit : Arca autem Domini manet in æternum, secretum scilicet testamenti regnum cælorum, ubi est æternum Verbum Dei. Sed illi qui posteriora dilexerunt, ex ipsis justissime cruciabuntur : « Opprobrium enim sempiternum dedit illis. »

41. « Et repulit, inquit, tabernaculum Joseph, et tribum Ephræm non elegit (*Ps.*, LXXVII, 67). Et elegit tribum Juda (*Ibid.*, 68). » Non dixit, Repulit tabernaculum Ruben, qui fuit primogenitus Jacob (*Gen.*, XLIV, 3); nec eos qui sequuntur, et Judam nascendo præcedunt, ut illis repulsis et non electis, tribus Juda eligeretur. Poterat enim dici merito illos repulsos ; quia et in benedictione Jacob, qua suos filios benedixit (*Ibid.*, 5), » peccata eorum commemorata graviter detestatur : quamvis in eis tribus Levi sacerdotalis tribus esse meruerit (*Exodi*, II, 1), » unde etiam Moyses fuit. Nec dixit, Repulit tabernaculum Benjamin; vel, Tribum Benjamin non elegit, ex qua rex esse jam cœperat; nam inde fuerat electus Saül (I *Reg.*, IX, 1) : unde ex ipsa vicinitate temporis, quando ille repulsus est atque reprobatus, et David electus (I *Reg.*, XVI, 1), convenienter posset hoc dici ; nec tamen dictum est : sed eos potissimum nominavit, qui clarioribus meritis videbantur excellere. Nam Joseph pavit in Ægypto patrem et fratres suos, et impie venditus merito pietatis, castitatis, sapientiæ, justissime sublimatus est (*Gen.*, XLI, 40); et Ephræm majori fratri avi sui Jacob benedictione

été préféré à son frère aîné dans la bénédiction de son grand-père Jacob (*Id.*, XLVIII, 19). Et cependant « Dieu a repoussé la tente de Joseph et il n'a pas choisi la tribu d'Éphraïm (*Ps.*, LXXVII, 6). » Que nous apprennent ces noms d'un mérite éclatant, si ce n'est que tout ce peuple qui, poussé par les convoitises du vieil homme, demandait au Seigneur des récompenses terrestres, a été rejeté et réprouvé ; et que la tribu de Juda a été choisie, mais non à cause des mérites de Juda ? En effet, les mérites de Joseph sont beaucoup plus considérables ; mais l'Écriture, dans laquelle Dieu a ouvert la bouche pour parler en paraboles, nous fait voir, par ce choix de la tribu de Juda, à laquelle le Christ appartient selon la chair, que le nouveau peuple du Christ a été mis au-dessus de l'ancien peuple. Viennent ensuite ces paroles : « .... et la montagne de Sion qu'il a aimée (*Ibid.*, 68) ; » nous les comprendrons dans leur meilleur sens en les appliquant à l'Église du Christ, laquelle n'adore pas Dieu à cause des biens charnels du temps présent, mais contemple de loin des yeux de la foi les récompenses futures de l'éternité ; car Sion signifie contemplation.

42. Puis il continue ainsi : « Il a élevé son sanctuaire, » *sanctificationem suam*, selon le texte ; *sanctificium suum*, selon le mot nouveau de certains interprètes. « Il a élevé son sanctuaire, comme la corne des Monocéros (*Ibid.*, 69). »

Sous le terme de Monocéros, on comprend avec raison ceux dont l'espérance ferme s'élève vers une seule chose, dont il est dit dans un autre psaume : « Je n'ai demandé qu'une seule chose au Seigneur et je la lui redemanderai (*Ps.*, XXVI, 4). » Quant au sanctuaire de Dieu, il faut l'interpréter selon ces paroles de l'apôtre saint Pierre : « Nation sainte, sacerdoce royal (I *Pierre*, II, 9). » Le verset s'achève par ces mots : « Sur la terre qu'il a affermie pour l'éternité (*Ps.*, LXXVII). » Les manuscrits grecs portent : εἰς τὸν αἰῶνα ; les traductions latines peuvent rendre ces mots par *in æternum*, pour l'éternité, ou par *in sæculum*, pour le siècle ; car ils ont l'une et l'autre signification, et c'est pourquoi l'on trouve ces deux traductions dans les manuscrits latins. Quelques-uns portent au pluriel : *in sæcula*, pour les siècles, dont nous n'avons trouvé l'équivalent dans aucun des manuscrits grecs que nous avons eus entre les mains. Mais quel est celui d'entre les fidèles qui doute que l'Église, bien que composée de membres qui passent par cette vie, y entrant et en sortant successivement, ne soit cependant affermie pour l'éternité ?

43. « Et il a choisi David, son serviteur (*Ibid.*, 70). » La tribu de Juda a donc été choisie en vue de David et David en vue du Christ ; la tribu de Juda a donc été choisie en vue du Christ. Un jour sur le passage du Christ, des

---

prælatus est (*Gen.*, LXVIII, 19) ; et tamen Deus « repulit tabernaculum Joseph, et tribum Ephræm non elegit. » Ubi per hæc præclari meriti nomina, quid aliud quam universum populum illum vetusta cupiditate a Domino terrena præmia requirentem, repulsum et reprobatum intelligimus ; electam autem tribum Juda, non pro meritis ipsius Judæ ? Longe quippe majora sunt merita Joseph, sed per tribum Juda, quoniam inde exstitit Christus secundum carnem, novum populum Christi illi populo veteri prælatum Scriptura testatur, aperiente Domino in parabolis os suum. Jam inde etiam quod sequitur, « Montem Sion quem dilexit, » Ecclesiam Christi melius intelligimus, non propter præsentis temporis beneficia carnalia Deum colentem, sed futura et æterna præmia oculis fidei longe speculantem : nam et Sion speculatio interpretatur.

42. Denique sequitur, « Et ædificavit sicut unicornuorum sanctificationem suam (*Psal.*, LXXVII, 69) : » vel, sicut quidam interpretes verbum novum fecerunt, « sanctificium suum. » Unicornui recte intelliguntur, quorum firma spes in unum illud erigitur, de quo alius dicit Psalmus, « Unam petivi a Domino hanc requiram (*Psal.*, XXVI, 4). » Sanctificium vero Dei est, secundum apostolum Petrum, intellecta « plebs sancta et regale sacerdotium (I *Pet.*, II, 9). » Quod inde sequitur, « In terra quam fundavit in æternum : » quod habent Græci codices εἰς τὸν αἰῶνα, utrum « in æternum, » an « in sæculum » dicatur a nobis, in Latinorum interpretum potestate est ; quoniam utrumque significat : et ideo hoc in Latinis codicibus, illud in aliis invenitur. Habent aliqui etiam pluraliter, id est, « in sæcula : » quod in Græcis quos habuimus, non invenimus. Quis vero fidelium dubitet Ecclesiam, etiamsi aliis abeuntibus, aliis venientibus ex hac vita mortaliter transit, tamen in æternum esse fundatam ?

43. « Et elegit David servum suum (*Ps.*, LXXVII, 70). » Tribum ergo Juda propter David : David autem propter Christum : tribum igitur Juda propter

aveugles criaient : « Ayez pitié de nous, fils de David ; » et aussitôt, par l'effet de sa miséricorde, ils recouvrèrent la vue (*Matth.*, xx, 30, 34), parce que leurs cris n'étaient que l'expression de la vérité. L'Apôtre écrivant à Timothée, loin de passer légèrement sur ce fait, le recommande à l'attention de son disciple : « Souvenez-vous, » lui dit-il, « que le Christ Jésus, de la race de David, est ressuscité d'entre les morts selon mon Évangile, pour lequel je travaille jusqu'à porter des chaînes, comme un malfaiteur ; mais la parole de Dieu n'est pas enchaînée (II *Tim.*, II, 8, 9). » Et le Sauveur lui-même, issu selon la chair de la race de David, est figuré dans ce passage sous le nom de David, par le Seigneur Dieu, qui a ouvert la bouche pour parler en paraboles. Et ne soyez pas étonné de ce que, après avoir dit : « Et il a choisi David, » sous le nom duquel il parle du Christ, il ajoute : « son serviteur » et non son Fils ; cette parole doit simplement vous faire reconnaître que ce n'est pas sa substance de Fils unique, coéternel au Père, mais la forme d'esclave, que le Christ a pris de la race de David.

44. « Et il l'a tiré du milieu des troupeaux de brebis ; il l'a pris, quand il marchait à la suite de brebis pleines ; afin qu'il fût le pasteur de Jacob son serviteur, et d'Israël, son héritage (*Ibid.*, 70 et 71). » Ce David de qui le Christ est né selon la chair a sans doute été transporté de son état de pasteur de brebis à celui de pasteur et de roi des hommes ; mais notre David, Jésus-Christ, a passé et a été transporté de la conduite des hommes à celle d'autres hommes, des Juifs aux Gentils, et toutefois, aux termes de la parabole, de brebis à d'autres brebis. Car maintenant il n'y a plus, dans cette terre primitive, d'église judaïque qui appartienne au Christ, parmi les églises qui se sont formées de la circoncision, aussitôt après la passion et la résurrection de Notre-Seigneur. L'Apôtre dit de ces Églises : « J'étais inconnu de visage aux Églises de Judée qui sont dans le Christ : seulement elles avaient ouï dire que celui qui persécutait autrefois le nom chrétien évangélisait maintenant cette foi qu'il persécutait alors ; et elles glorifiaient le Seigneur en moi (*Gal.*, I, 11-24). » Mais depuis lors ces Églises de la circoncision ont passé, et le Christ n'est plus maintenant dans cette Judée telle qu'on la connaît aujourd'hui : il en a été transporté et il est maintenant le pasteur des Gentils. Mais sans contredit il a été pris à la suite de brebis pleines. Car les premières Églises ont été semblables aux brebis dont l'Époux du cantique parle à celle qui est l'Épouse, à l'Église unique composée de plusieurs églises, au troupeau qui est un et dont les membres viennent de nombreux troupeaux. « Vos dents, » lui dit-il, c'est-à-dire ceux par qui vous parlez, ou par lesquels

---

Christum. Quo transeunte clamaverunt cæci, « Miserere nobis fili David (*Matth.*, xx, 10) : » et continuo misericordia ejus lumen receperunt ; quia verum erat quod clamaverunt. Hoc ideo non transeunter dicit, sed adtente commendat Apostolus, scribens ad Timotheum, «Memor esto, Christum Jesum resurrexisse a mortuis, ex semine David, secundum Evangelium meum, in quo laboro usque ad vincula tamquam malefaciens ; sed sermo Dei non est alligatus (II *Tim.*, II, 8). » Ipse itaque Salvator secundum carnem factus ex semine David, figuratur in hoc loco nomine David, aperiente Domino in parabolis os suum. Nec moveat quod cum dixisset, « Et elegit David, » quo nomine Christum significavit ; addidit, « servum suum ; » non, filium suum. Immo vero hinc agnoscamus, non Patri coæternam Unigeniti substantiam, sed formam servi susceptam ex semine David.

44. « Et sustulit eum de gregibus ovium, de post fetantes accepit eum (*Ps.*, LXXVII, 70) : pascere Jacob servum suum, et Israël hereditatem suam (*Ibid.*, 71). » Ille quidem David, ex cujus semine caro Christi est, ab officio pastorali pecorum ad hominum regnum translatus est : noster autem David ipse Jesus ab hominibus ad homines, a Judæis ad Gentes, tamen secundum parabolam ab ovibus ad oves ablatus atque translatus est. Non sunt enim modo in terra illa Ecclesiæ Judææ in Christo, quæ fuerunt circumcisorum recenti passione et resurrectione Domini nostri : de quibus dicit Apostolus, «Eram autem ignotus facie Ecclesiis Judææ quæ sunt in Christo, tantum autem audiebant, quia is qui aliquando nos persequebatur, nunc evangelizat fidem quam aliquando vastabat, et in me magnificabant Dominum (*Gal.*, 1, 22).» Jam hinc illæ Ecclesiæ transierunt populorum circumcisorum ; ac per hoc in Judæa, quæ modo in terra est, non est modo Christus : ablatus est inde, nunc Gentium greges pascit. Sane de post fetantes inde acceptus est. Illæ quippe priores fuerunt tales, de qualibus dicitur in Cantico canticorum uni Ec-

vous faites passer les autres, comme en mangeant, dans votre propre corps, « vos dents, » comprises en ce sens mystérieux, « sont comme un troupeau de brebis tondues, qui montent du lavoir : toutes portent un double fruit, et pas une n'est stérile parmi elles (*Cant.*, IV, 2). » En effet, les fidèles ont déposé, comme des toisons importunes, les fardeaux de ce monde, lorsqu'ils ont apporté, aux pieds des Apôtres le prix de leurs biens qu'ils avaient vendus (*Act.*, II, 45 et IV, 34). Ils montaient alors de ce lavoir, au sujet duquel l'apôtre saint Pierre leur donnait cet avis, alors qu'il les voyait troublés d'avoir versé le sang du Christ : « Faites pénitence, et que chacun de vous soit baptisé au nom de Notre-Seigneur Jésus-Christ, et vos péchés vous seront remis (*Act.*, XI, 38). » Ils ont produit un double fruit, à savoir les œuvres des deux préceptes de la double charité, de l'amour de Dieu et de l'amour du prochain ; c'est pourquoi nul parmi eux n'était stérile. Notre David a donc été tiré de la garde de ces brebis pleines, et maintenant il garde d'autres troupeaux au milieu des Gentils et, en outre, Jacob et Israël : car il est dit : « Pour être le pasteur de Jacob son serviteur, et d'Israël son héritage (*Ps.*, LXXVII, 71). » En effet, ces brebis nouvelles bien qu'elles soient sorties de la gentilité, ne sont pas, pour cela, étrangères à la race primitive, qui est celle de Jacob et d'Israël. Car la race d'Abraham est la race qui possède la promesse, dont le Seigneur a dit : « C'est d'Isaac que sortira la race qui portera votre nom (*Genèse*, XXI, 12). » Et l'Apôtre saint Paul, expliquant cette parabole, a dit : « Ce ne sont pas les enfants selon la chair, mais les enfants de la promesse, qui sont comptés dans la race d'Abraham (*Rom.*, IX, 8). » C'était en effet des Gentils que sortaient les fidèles auxquels l'Apôtre disait : « Si vous êtes au Christ, vous êtes de la race d'Abraham, héritiers selon la promesse (*Gal.* III, 29). » En disant : « Jacob son serviteur, et Israël son héritage, » l'Écriture, suivant son usage, a répété la même pensée. A moins, peut-être, qu'on ne fasse cette distinction, que Jacob est au service de Dieu pendant le temps présent, et qu'il sera l'éternel héritage de Dieu, lorsqu'il verra Dieu face à face, selon le nom d'Israël qu'il a reçu (*Genèse*, XXXII, 28).

45. « Et il les a nourris, dit le Prophète, selon l'innocence de son cœur (*Ps.*, LXXVII, 72). » Qu'y avait-il de plus innocent que celui qui n'avait aucun péché, non-seulement par lequel il fut vaincu, mais à vaincre ? « Et il les a dirigés selon l'intelligence de ses mains (*Ibid.*). » Quelques manuscrits portent selon l'intelligence de sa main. Quelqu'un croirait peut-être plus juste de dire : dans l'innocence de ses mains et

clesiæ quæ constat ex multis, id est, uni gregi cujus membra sunt multi greges ; de talibus ergo dicitur, « Dentes tui (*Cant.*, IV, 2), » id est, per quos loqueris, vel per quos in corpus tuum, velut manducando, ceteros trajicis ; hoc itaque significantes « dentes tui, sicut grex detonsarum adscendens de lavacro, quæ omnes geminos creant, et sterilis non est in eis (*Ibid.*). Deposuerunt enim tunc velut vellera onera sæculi, quando ante pedes Apostolorum venditarum rerum suarum pretia posuerunt (*Act.*, II, 45 et IV, 34), adscendentes de lavacro illo, de quo eos admonet apostolus Petrus, sollicitos quod Christi sanguinem fuderint, et dicit, « Agite pænitentiam, et baptizetur unusquisque vestrum in nomine Domini Jesu Christi, et dimittentur vobis peccata vestra (*Act.*, II, 38). » Geminos autem creaverunt, opera scilicet duorum præceptorum geminæ caritatis, dilectionis Dei, et dilectionis proximi : unde sterilis non erat in eis. De post has oves fetantes David noster acceptus, nunc alios greges pascit in Gentibus, et ipsos Jacob et Israël. Sic enim dictum est, « Pascere Jacob servum suum, et Israël hereditatem suam. » Non enim, quia ex Gentibus sunt istæ oves, ideo ab illo semine alienatæ sunt, quod est Jacob et Israël. Semen est enim Abrahæ, semen promissionis, de quo ei Dominus dixit, « In Isaac vocabitur tibi semen (*Gen.*, XXI, 12). » Quod exponens Apostolus, « Non, inquit, filii carnis, sed filii promissionis deputantur in semine (*Rom.*, IX, 8). » Ex gentibus enim erant fideles, quibus dicebat, « Si autem vos Christi, ergo Abrahæ semen estis, secundum repromissionem heredes (*Gal.*, III, 29). » Quod vero ait, « Jacob servum suum, et Israël hereditatem suam, » more suo Scriptura repetivit eamdem sententiam. Nisi forte quispiam sic distinguere velit, ut hoc tempore Jacob serviat ; 'tunc autem sit æterna hereditas Dei, quando videbit Deum facie ad faciem, unde Israël nomen accepit (*Gen.*, XXXII, 28).

45. « Et pavit eos, inquit, in innocentia cordis sui (*Psal.*, LXXVII, 72). » Quid illo innocentius, qui ullum peccatum, non solum a quo vinceretur, sed etiam quod vinceret, non habebat ? « Et in intellectu manuum suarum deduxit eos : » vel, sicut aliqui codices habent, « in intellectibus manuum suarum. »

dans l'intelligence de son cœur; mais celui qui savait mieux que tout autre ce qu'il devait dire a préféré attribuer l'innocence au cœur et l'intelligence aux mains. C'est à mon avis, parce beaucoup se croient innocents, qui ne font pas de mauvaises actions, dans la crainte des châtiments qui les atteindraient s'ils en commettaient, mais qui en voudraient faire s'ils le pouvaient impunément. Ceux-là peuvent avoir l'innocence des mains, mais non celle du cœur. Mais qu'est-ce que cette innocence et de quelle nature est-elle, si elle n'est l'innocence du cœur, où l'homme a été fait à l'image de Dieu? Quant à la seconde partie du verset : Il les a conduits selon l'intelligence, ou selon l'entendement de ses mains (*Ibid.*, 72), le Prophète me paraît avoir parlé de cette intelligence que Dieu lui-même produit dans ceux qui croient en lui. Voilà pourquoi il dit : « de ses mains; » car c'est aux mains qu'il appartient d'agir; et rien n'empêche d'entendre ici qu'il s'agit des mains de Dieu, puisque, si le Christ est homme, il est également Dieu. Assurément David, de la race duquel est sorti le Christ, ne pouvait agir ainsi à l'égard de son peuple, sur lequel il n'avait que son autorité d'homme; mais celui-là le fait, à qui l'âme fidèle peut dire avec raison : « Donnez-moi l'intelligence, et je sonderai les profondeurs de votre loi (*Ps.*, CXVIII, 34). » D'où il suit que, pour ne pas nous égarer loin de lui, en nous confiant à notre intelligence, comme si nous la tenions de nous-mêmes, il faut par notre foi, nous soumettre à ses mains. Puisse-t-il produire en nous cette intelligence, afin qu'il nous dirige, délivrés de toute erreur par l'intelligence de ses mains, et qu'il nous conduise là où nous ne pouvons plus nous égarer. Tel est le fruit réservé au peuple de Dieu, s'il prête attention à la loi divine de Dieu et s'il incline l'oreille aux paroles du Seigneur, pour diriger son cœur vers lui, pour garder en lui la droiture de son cœur, et pour rester uni avec lui par la foi ; afin de ne point devenir l'un des rejetons de la race corrompue qui provoque l'amertume. Toutes ces choses lui étant donc annoncées, qu'il mette en Dieu son espérance, non-seulement pour la vie présente, mais encore pour la vie future, et non seulement pour recevoir la récompense promise aux bonnes œuvres, mais encore pour obtenir la grâce de faire de bonnes œuvres.

Alius putaret ita congruentius potuisse dici, In innocentia manuum et intellectu cordis : hic autem qui magis quam alii quid loqueretur sciebat, cordi maluit adjungere innocentiam, et manibus intelligentiam. Illud propterea, quantum existimo, quia multi sibi videntur innocentes, qui non faciunt mala, cum timent ne patiantur si fecerint; vellent autem facere, si impune potuissent. Tales videri possunt habere innocentiam manuum, non tamen cordis. Et quæ tandem aut qualis est ista innocentia, si cordis non est, ubi homo factus est ad imaginem Dei? Quod vero ait, « In intellectu, vel intelligentia manuum suarum deduxit eos, » videtur mihi cum dixisse intelligentiam, quam ipse facit in credentibus; ideo « manuum suarum : » facere quippe ad manus pertinet : sed (*a*) sicut possunt intelligi manus Dei, quia et Christus sic homo, ut etiam Deus. Hoc certe ille David, de cujus est iste semine, facere non poterat in populo, cui sicut homo regnabat : sed ille hoc facit, cui recte anima fidelis dicere potest, « Intelligere me facito, et perscrutabor legem tuam (*Psal.*, CXVIII, 34). » Proinde ne ab illo erremus, dum de nostra, velut ex nobis sit, intelligentia fidimus ; ejus manibus nos credendo subdamus. Ipse in nobis eam faciat, ut in intelligentia manuum suarum nos deducat erutos ab errore, eoque perducat ubi jam non possimus errare. Ille est fructus populi Dei, adtendentis legem Dei, et inclinantis aurem suam in verba oris ejus, ut dirigat in eo cor (*b*) suum, et sit cum illo creditus spiritus ejus, ne (*c*) immutetur in generationem pravam et amaricantem; sed his omnibus sibi annuntiatis, non solum ad præsentem vitam, verum etiam ad æternam, nec tantum ad recipienda bonorum operum præmia, sed etiam in ipsa bona opera facienda, ponat in Deo spem suam.

(*a*) Ita MSS. At editi, *Sed si sic possunt.* (*b*) Editi, *cor sursum* : quod ex hujus Psalmi v. 8. acceptum est. (*c*) Tres MSS. *ne imitetur generationem* etc.

DISCOURS [1] SUR LE PSAUME LXXVIII.

1. Je ne pense pas qu'il y ait lieu de nous arrêter sur le titre, si court et si simple de ce Psaume (2). Quant à la prophétie que nous lisons en tête du Psaume, nous savons évidemment qu'elle est accomplie. En effet, lorsque ce Psaume était chanté, du temps du roi David, rien de pareil n'était encore arrivé par suite de l'hostilité des nations, ni à la ville de Jérusasalem, ni au Temple, qui n'était pas encore bâti. Qui ne sait, en effet, qu'après la mort de David seulement, Salomon, son fils, a construit un temple au Seigneur ? Le Prophète énonce donc comme des choses passées, ce que l'Esprit-Saint lui dévoilait dans l'avenir. « O Dieu les nations sont venues dans votre héritage (*Ps.*, LXXVIII, 1). » C'est par une semblable manière de parler que David a prophétisé la passion du Seigneur en disant : « Ils m'ont donné du fiel dans ma nourriture, et, lorsque j'ai eu soif, ils m'ont donné du vinaigre à boire (*Ps.*, LVIII, 22), » et en mettant également au passé tous les autres faits racontés dans le même psaume. Il n'y a là rien d'étonnant, puisque c'est à Dieu que le Prophète s'adresse. Ces faits ne sont pas indiqués à qui les ignorerait, puisqu'il les a lui-même révélés à qui les prophétise. Ici l'âme parle à Dieu avec des sentiments de piété que Dieu connaît. Car lorsque les anges annoncent l'avenir aux hommes, ils leur annoncent des choses que ceux-ci ne savent pas ; mais ce qu'ils annoncent à Dieu, Dieu le sait, alors qu'ils lui offrent nos prières et qu'ils consultent, d'une manière ineffable, l'éternelle vérité comme loi immuable de leurs actions. Cet homme de Dieu dit donc à Dieu ce qu'il a appris de Dieu, comme un disciple à un maître qui n'ignore pas, mais qui juge, et qui approuve ce qu'il a enseigné, ou reprend ce qu'il n'a pas enseigné. Le Pro-

IN PSALMUM LXXVIII.

ENARRATIO.

1. In titulo Psalmi hujus tam brevi et simplici immorandum esse non puto. Prophetiam vero quam hic præmissam legimus, evidenter scimus impletam. Cum enim ista canerentur temporibus regis David, nihil tale adhuc contigerat ex adversitate Gentium civitati Jerusalem, nec templo Dei, quod nec ædificatum adhuc erat. Post mortem quippe David filium ejus Salomonem Deo templum fecisse quis nesciat? Dicitur ergo tamquam præteritum, quod in Spiritu providebatur esse futurum. « Deus, venerunt Gentes in hereditatem tuam (*Psal.*, LXXVIII, 1). » Qua loquendi consuetudine etiam illud est prophetatum de Domini passione, « Dederunt in escam meam fel, et in siti mea potaverunt me aceto (*Psal.*, LXVIII, 22) : » et alia quæ in eodem Psalmo ventura velut facta narrantur. Nec illud mirandum est, quod Deo ista dicuntur. Non enim nescienti indicantur, quo revelante præsciuntur ; sed anima cum Deo loquitur pietatis affectu, (*a*) quem novit Deus. Nam et Angeli quæ hominibus nuntiant, nescientibus nuntiant : quæ autem Deo nuntiant, scienti nuntiant, quando illi offerunt orationes nostras, et ineffabili modo de actibus suis æternam veritatem, tamquam legem incommutabilem consulunt. Et iste ergo homo Dei dicit Deo quod discat a Deo, tamquam discipulus magistro non ignoranti, sed judicanti ; ac sic aut

---
(1) Ce discours a été dicté après l'explication du Psaume LXXVII, dont il est parlé plus bas, n° 3.
(2) Psaume d'Asaph.

(*a*) Plures MSS. *quæ enim non videt Deus?*

phète le fait avec d'autant plus de liberté que, sous la forme d'un suppliant, il transfigure en lui-même ceux qui existeront lorsque la prédiction s'accomplira. Sous cette forme de prière, il rappelle à Dieu tous les châtiments qu'il leur a infligés dans sa colère, et il le supplie de prendre désormais pitié d'eux et de les épargner. De cette manière, celui qui prédit ces faits les énonce comme pourraient le faire ceux à qui ils sont arrivés. Ses gémissements et sa supplication sont encore des prophéties.

2. « O Dieu, les nations sont venues dans votre héritage; elles ont souillé votre saint temple, elles ont fait de Jérusalem une cabane à garder les fruits. Elles ont livré les cadavres de vos serviteurs en pâture aux oiseaux du ciel, et la chair de vos saints aux bêtes de la terre. Elles ont répandu leur sang comme de l'eau à l'entour de Jérusalem et il ne s'est trouvé personne pour leur donner la sépulture (*Ps.*, LXXVIII, 1-3). » Si quelqu'un pensait que cette prophétie s'applique à la dévastation de Jérusalem par l'empereur romain Titus, au moment où Notre-Seigneur Jésus-Christ, après sa résurrection et son ascension, était déjà prêché parmi les Gentils ; je ne vois pas comment on pourrait alors appeler héritage de Dieu ce peuple, qui n'avait plus le Christ avec lui, qui était, au contraire, réprouvé pour l'avoir réprouvé et mis à mort, qui refusait de croire en lui, même après sa résurrection, et qui de plus faisait périr ses martyrs. Quant à ceux d'entre ce peuple qui ont cru au Christ, à qui le Christ a été promis, et pour qui cette promesse s'est accomplie d'une manière salutaire et fructueuse, enfin de qui le Seigneur lui-même a dit : « Je n'ai été envoyé qu'aux brebis perdues de la maison d'Israël (*Matth.*, XV, 24), » « ceux là sont, parmi eux, les enfants de la promesse, ils sont réputés de la race d'Abraham (*Rom.*, IX, 8), » ils font partie de l'héritage de Dieu. De ce nombre étaient Joseph, homme juste, et la Vierge Marie, qui a enfanté le Christ (*Matth.*, I, 16). De ce nombre étaient Jean-Baptiste, l'ami de l'Époux, et ses parents Zacharie et Élisabeth (*Luc*, I, 5); le vieillard Siméon et Anne la veuve, qui entendirent le Christ, bien qu'il ne parlât point encore par les sens corporels, mais qui reconnurent par l'esprit l'enfant encore sans parole (*Id.*, XI, 25, 30). De ce nombre étaient les bienheureux Apôtres ; Nathanaël, dans lequel il n'y avait nul déguisement (*Jean*, I, 47); et un autre Joseph, qui attendait lui aussi le royaume de Dieu (*Id.*, XIX, 38; *Luc*, XXIII, 51). De ce nombre était cette foule immense qui précédait et suivait l'âne que montait le Christ, en criant : « Béni soit celui qui vient au nom du Seigneur (*Matth.*, XXI, 2)! » lofe où se trouvaient les enfants, en qui le Sei-

---

probanti quod docuit, aut quod non docuit reprehendenti : maxime quia specie (*a*) precantis Propheta eos in se transfigurat, qui tunc futuri essent quando ista ventura. Solent autem in oratione dici Deo quæ vindicans fecerit, et adjungi petitio, ut jam misereatur et parcat. Hoc modo et hic dicuntur a quo prædicuntur, tamquam ab eis dicantur quibus acciderunt : et ipsa deploratio atque precatio, prophetatio est.

2. « Deus, venerunt Gentes in hereditatem tuam : polluerunt templum sanctum tuum, posuerunt Jerusalem in pomorum custodiam (*Psal.*, LXXVIII, 1). Posuerunt morticina servorum tuorum escas volatilibus cœli, carnes sanctorum tuorum bestiis terræ (*Ibid.*, 2). Effuderunt sanguinem eorum sicut aquam in circuitu Jerusalem, et non erat qui sepeliret (*Ibid.*, 3). » Si in ista prophetia quisquam nostrum eam vastationem Jerusalem intelligendam putaverit, quæ facta est a Tito imperatore Romano, cum jam Dominus Jesus Christus post resurrectionem et ascensionem suam prædicaretur in Gentibus; non mihi occurrit quomodo dici potuerit jam illo populus hereditas Dei, non tenens Christum, quo reprobato et occiso factus est reprobus, qui in eum nec post ejus resurrectionem credere voluit, et insuper Martyres ejus occidit. Ex illo enim populo Israel quicumque in Christum crediderunt, quibus facta est Christi præsentatio, et quodam modo promissi redditio salubris atque fructuosa, de quibus et ipse Dominus dicit, « Non sum missus nisi ad oves, quæ perierunt domus Israel (*Matth.*, XV, 24), » ipsi ex illis sunt filii promissionis, ipsi deputantur in semine (*Rom.*, IX, 8), ipsi pertinent ad hereditatem Dei. Hinc sunt Joseph homo justus, et virgo Maria quæ peperit Christum (*Lucæ*, I, 5) : hinc Johannes Baptista amicus sponsi, et parentes ejus Zacharias et Elizabeth (*Ibid.*, II, 25) : hinc Symeon senex et Anna vidua, qui Christum non loquentem sensu corporis audierunt (*Ibid.*, 36); sed adhuc infantem non loquentem, spiritu cognoverunt : hinc

---

(*a*) Sic aliquot MSS. At editi, *specie præsenti*.

gneur déclara que s'accomplissait cette prédiction : « Vous avez rendu la louange parfaite par la bouche des enfants et de ceux qui sont à la mamelle (*Ps.*, VIII, 3). » De ce nombre étaient aussi ceux qui furent baptisés une fois au nombre de trois mille, une autre fois au nombre de cinq mille, en un jour (*Act.*, XI, 41; IV, 4), qui n'avaient qu'une âme et qu'un cœur enflammés du feu de la charité; parmi lesquels nul ne réclamait aucun bien comme lui appartenant en propre, tous les biens étant en commun (*Id.*, IV, 32). De ce nombre étaient les saints diacres dont l'un d'eux, saint Étienne, a reçu la couronne du martyre avant les Apôtres (*Id.*, VII, 58). De ce nombre étaient tant d'Églises de Judée soumises au Christ, auxquelles était inconnu de visage (*Gal.*, I, 22) Paul connu par sa trop fameuse cruauté, et plus connu encore par la très-miséricordieuse grâce du Christ. De ce nombre était Paul lui-même, loup ravissant, selon la prophétie faite autrefois sur lui, le matin courant après sa proie, et le soir distribuant des nourritures (*Gen.*, XLIX, 27); c'est-à-dire d'abord persécuteur, poursuivant les serviteurs de Dieu pour leur donner la mort, puis prédicateur, paissant les brebis pour leur donner la vie. Voilà ceux d'entre le peuple Juif qui étaient l'héritage de Dieu. C'est pourquoi Paul, le moindre des Apôtres (I *Cor.*, XV, 9), selon son expression, et le Docteur des Gentils, a écrit : « Est-donc que je dis : Dieu a-t-il repoussé son peuple ? Non; car je suis aussi un Israélite, de la race d'Israël, de la tribu de Benjamin. Dieu n'a pas repoussé son peuple qu'il a connu dans sa prescience (*Rom.*, II, 1, 2). » Ce peuple, qui du sein de cette nation s'est uni au corps du Christ, est l'héritage de Dieu. Car à ces paroles de l'Apôtre : « Dieu n'a pas repoussé son peuple qu'il a connu dans sa prescience, » répond ce qui est écrit dans un autre psaume : « Parce que le Seigneur ne repoussera pas son peuple (*Ps.*, XCIII, 14). » Or, on lit ensuite : « Et qu'il n'abandonnera pas son héritage (*Ibid.*); » ce qui prouve évidemment que ce peuple, ainsi compris, est l'héritage de Dieu. D'ailleurs, avant de parler ainsi, l'Apôtre avait invoqué le témoignage de la prophétie, qui annonçait la future incrédulité du peuple d'Israël : « Tout le jour, j'ai tendu les mains vers ce peuple incrédule, qui me contredit (*Isaïe*, XLV, 2. - *Rom.*, X, 21); » et, de peur que quelqu'un, par une mauvaise interprétation de ce passage, ne crût que ce peuple tout entier était condamné pour le crime d'incrédulité et de contradiction, l'Apôtre a ajouté aussitôt : « Est-ce donc que je dis : Dieu a-t-il repoussé son peuple ? Non; car je suis un Israélite, de la race d'Israël, de la tribu de Benjamin (*Rom.*, XI, 1). » Il montre par là que le peuple dont il a voulu parler est bien le premier peuple de Dieu; parce que, si Dieu

---

beati Apostoli (*Johan.*, I, 47) : hinc Nathanaël, in quo dolus non erat (*Johan.*, XIX, 38) : hinc alius Joseph qui exspectabat etiam ipse regnum Dei (*Lucæ*, XXIII, 51) : hinc tanta illa multitudo quæ præcedebat et sequebatur jumentum ejus, dicens, « Benedictus qui venit in nomine Domini (*Matth.*, XXI, 9):» in qua erat et congregatio puerorum, in quibus dixit impletum, « Ex ore infantium et lactentium perfecisti laudem (*Psal.*, VIII, 3). » Hinc etiam illi post ejus resurrectionem, quorum die uno tria, et alio quinque millia baptizati sunt (*Act.*, II, 41 et IV, 4), in animam unam et cor unum caritatis igne conflati; quorum nemo dicebat aliquid proprium, sed erant illis omnia communia (*Ibid.*, 32). Hinc sancti diaconi, quorum Stephanus ante Apostolos martyrio est coronatus (*Act.*, VII, 58). Hinc tot Ecclesiæ Judææ quæ in Christo erant, quibus erat facie Paulus ignotus, notus autem sævitia famosissima (*Gal.*, I, 22), sed notior Christi misericordissima gratia. Hinc et ipse secundum præmissam de se prophetiam, « Lupus rapax, mane rapiens, et ad vesperum dividens escas (*Gen.*, XLIX, 27),» id est, prius rapiens persecutor ad mortem, postea pascens prædicator ad vitam. Ili erant ex illo populo hereditas Dei. Unde et ait ipse minimus Apostolorum, doctor Gentium : « Dico ergo, Numquid repulit Deus plebem suam ? Absit. Nam et ego Israelita sum ex semine Israel, tribu Benjamin. Non repulit Deus plebem suam, quam præscivit. » Hæc plebs quæ ex illa gente Christi corpori accessit, hereditas Dei est (*Rom.*, XI, 1 et 2). » Nam quod ait Apostolus, « Non repulit Deus plebem suam quam præscivit, » illi Psalmo utique respondet, ubi scriptum est, « Quoniam non repellet Dominus plebem suam (*Ps.*, XCIII, 14). » Ibi autem sequitur, Et hereditatem suam non derelinquet : ubi evidenter apparet, talem plebem esse hereditatem Dei. Ut enim hoc diceret Apostolus, supra commemoraverat Propheticum testimonum de prænuntiata futura incredulitate populi Israel (*Rom.*, X, 21) : « Tota die expandi manus meas ad populum

l'eût réprouvé et condamné tout entier, l'Apôtre du Christ n'aurait pas été un Israélite, de la race d'Abraham et de la tribu de Benjamin. Il confirme sa pensée par un témoignage de la plus haute importance. « Ignorez-vous, » ajoute-t-il, « ce que l'Écriture dit d'Élie, comment il interpelle Dieu contre Israël, en disant : Seigneur ils ont tué vos prophètes, renversé vos autels, et moi je suis resté seul, et ils menacent ma vie. Mais que lui dit la réponse divine ? Je me suis réservé sept mille hommes, qui n'ont pas fléchi le genou devant Baal. De même donc, en ce temps aussi, un reste a été sauvé, selon l'élection de la grâce (*Ibid.*, 2 et suiv.). » Ce reste fait partie de la race des héritiers de Dieu, à l'exclusion de ceux dont l'Apôtre dit peu après : « Mais les autres ont été aveuglés ; » car c'est ainsi qu'il parle : « Qu'est-il donc arrivé ? Israël n'a pas obtenu ce qu'il cherchait ; les élus de la grâce l'ont obtenu, mais les autres ont été aveuglés. » Ces élus, ce reste, cette partie du peuple de Dieu que Dieu n'a pas rejetée, voilà son héritage. Mais dans l'autre partie d'Israël qui n'a point obtenu la même grâce, dans ces hommes frappés d'aveuglement, n'était plus l'héritage de Dieu dont on pût dire, après la glorification du Christ dans les Cieux, au temps de l'empereur Titus : « O Dieu les nations sont venues dans votre héritage, » ni les autres choses que l'on voit prédites dans ce psaume sur la destruction du peuple et sur la dévastation du temple et de la ville.

3. D'où il suit, que nous devons entendre ces paroles dans l'un des sens que voici. Nous pouvons dire d'abord que ces ravages ont été commis par d'autres ennemis du peuple d'Israël, avant que le Christ ne vînt sur la terre dans sa chair ; car il n'y avait alors d'autre héritage de Dieu, que celui, par exemple, où étaient les saints Prophètes, lorsque le peuple fut transporté en Babylonie, après avoir éprouvé une horrible dévastation (IV *Rom.*, XXIV, 14), ou encore, lorsque les Machabées souffrirent sous Antiochus les plus affreux tourments et reçurent la plus glorieuse couronne (*Machabée*, 7). En effet, les descriptions faites dans le Psaume sont celles des carnages que les guerres apportent ordinairement avec elles. En second lieu, s'il faut admettre que l'héritage de Dieu ne peut être compris et n'est ici rappelé que postérieurement à la résurrection et à l'ascension du Seigneur, il faut appliquer les paroles du Psaume aux souffrances supportées par l'Église dans le grand nombre de ses martyrs, de la part des adorateurs des idoles et des ennemis du nom du Christ. En effet, quoique Asaph si-

non credentem et contradicentem (*Isai*, LXV, 2). » Hic ergo ne quisquam male intelligens, universum illum populum crimine incredulitatis et contradictionis arbitretur esse damnatum, continuo subjecit, « Dico ergo, Nunquid repulit Deus plebem suam ? Absit. Nam et ego Israëlita sum ex genere Israël, tribu Benjamin (*Rom.*, XI, 1). » Hic ostendit quam plebem dixerit, utique populi prioris, quam si totam Deus reprobasset atque damnasset, non utique ipse Christi esset Apostolus, Israëlita ex semine Abraham, tribu Benjamin. Adhibet autem valde necessarium testimonium, dicens, « An nescitis in Elia quid dicit Scriptura, quemadmodum interpellat Deum adversus Israël (*Ibid.*, 2 etc) ? Domine, Prophetas tuos occiderunt, altaria tua suffoderunt, et ego derelictus sum solus, et quærunt animam meam. Sed quid dicit illi responsum divinum ? Reliqui mihi sept-m milia virorum, qui non curvaverunt genua ante Baal. Sic ergo et in hoc tempore reliquiæ per electionem gratiæ salvæ factæ sunt (III *Reg.*, XIX, 10 et 18). » Istæ reliquiæ sunt ex illa gente hereditatis Dei : non illi de quibus paulo post dicit, « Ceteri vero excæcati sunt (*Rom.*, XI, 7). » Sic enim ait : Quid ergo ? « Quod quærebat Israël, hoc non est consecutus : electio autem consecuta est : ceteri vero excæcati sunt. » Ista igitur electio, istæ reliquiæ, ista plebs Dei quam non repulit Deus, hereditas ejus dicitur. In illo autem Israël qui hoc non est consecutus, in illis ceteris excæcatis, non erat jam hereditas Dei, de qua dici posset post Christi in cælis glorificationem tempore Titi imperatoris, « Deus venerunt Gentes in hereditatem tuam (*Ps.*, LXXVIII, 1), » et cetera quæ de illius populi et templi et civitatis vastatione videntur in hoc Psalmo esse prædicta.

3. Proinde aut ea debemus intelligere, quæ facta sunt ab aliis hostibus, antequam Christus venisset in carne : (Non enim erat alia tunc hereditas Dei, ubi et Prophetæ sancti erant, quando facta est transmigratio in Babyloniam (IV *Reg.*, XXIV, 14), graviterque gens illa vastata est ; et sub Antiocho etiam Machabæi horrenda perpessi, gloriosissime coronati sunt (II *Machab.*, 7). Ea quippe dicta sunt in hoc Psalmo, quæ solent fieri etiam strage bellorum :) aut certe si post resurrectionem et adscensionem Domini accipienda est hic commemorata hereditas Dei ; ea sunt intelligenda, quæ a cultoribus idolo-

vos serviteurs en pâture aux oiseaux du ciel (*Ibid.*, 2), » le verbe de cette phrase n'ayant pas de correspondant dans la phrase suivante : « Les chairs de vos saints aux bêtes de la terre(*Ibid.*), » évidemment on y sous-entend les mots : « Ils ont livré, » de la phrase précédente. Mais la colère et l'indignation de Dieu ne sont point pour lui des passions qui le troublent, ainsi que certains hommes le reprochent aux saintes Écritures qu'ils ne comprennent pas. Sous le nom de colère, il s'agit seulement de la punition de l'iniquité, et celui de zèle n'indique que la rigueur avec laquelle Dieu exige cette pureté, qui fait que l'âme respecte la loi de son Seigneur et ne se perd pas loin de lui par une sorte d'adultère. Ces sentiments, par les effets qu'ils produisent dans l'homme affligé,sont des causes de trouble, mais,dans les dispositions providentielles de Dieu, ils sont pleins de paix; car il est dit à Dieu : « Mais vous, Seigneur des armées, vous jugez avec tranquillité (*Sagesse*,XII, 18). » Ces paroles font assez voir que les afflictions sont envoyées aux hommes, même fidèles, à cause de leurs péchés, bien qu'en même temps elles fassent éclater la gloire des martyrs par le mérite de leur patience et de leur pieuse énergie à garder la loi du Seigneur sous les coups de ses châtiments. C'est ce qu'ont déclaré les Machabées dans leurs affreuses tortures (II *Machabées*, VII), et les trois jeunes hommes au milieu des flammes qui les épargnaient (*Dan.*, III, 24), et les saints Prophètes pendant la captivité. Quoiqu'ils supportaient, en effet, avec le plus grand courage et la plus grande piété, cette correction paternelle, ils ne laissaient pas d'avouer qu'ils l'avaient méritée par leurs péchés. C'est leur voix qu'on entend dans ces paroles d'un psaume : « Le Seigneur m'a châtié pour me corriger, et il ne m'a pas livré à la mort (*Ps.*CXVII, 18). » Il châtie en effet tout fils qu'il reçoit; et quel est le fils qui ne soit corrigé par son père (*Hébr.*, XII, 6, 7)?

9. « Répandez votre colère sur les nations qui ne vous ont pas connu, et sur les royaumes qui n'ont pas invoqué votre nom (*Ps.*, LXXVIII, 6). » Ces paroles sont une prophétie et non un souhait. Elles ne sont pas dites dans un désir de malveillance, mais elles sont prédites dans un esprit d'inspiration : il en est de ces maux comme de ceux qui devaient frapper le traître Judas en punition de son forfait, et qui ont été prophétisés sous la forme d'un souhait. De même, en effet, que le Psalmiste ne donne pas d'ordres au Christ, quoiqu'il lui parle sous une forme impérative, en disant : « Ceignez-vous de votre glaive sur votre cuisse, ô Très-Puissant;

---

tuorum bestiis terræ : » sed subauditur utique quod habet superior, posuerunt. Ira porro et zelus Dei, non sunt perturbationes Dei ; sicut nonnulli Scripturas quas non intelligunt, arguunt : sed nomine iræ intelligitur vindicta iniquitatis, nomine zeli exactio castitatis ; ne anima legem Domini sui contemnat, et a Deo suo fornicando dispereat. Hæc ergo ipso (*a*) effectu in hominum afflictione sunt turbulenta; in Dei autem dispositione tranquilla sunt, cui dictum est, « Tu autem Domine virtutum cum tranquillitate judicas (*Sap.*, XII, 18). » Satis autem his ostenditur verbis; propter peccata hominibus, licet fidelibus, has fieri tribulationes : quamvis hinc florescat Martyrum gloria merito patientiæ, et pie sustentato in flagello Domini moderamine disciplinæ. Hoc Machabæi inter sæva tormenta, hoc tres viri inter innoxias flammas (II *Mach.* VII, 1 2 etc.), hoc Prophetæ sancti in captivitate testantur (*Dan.*, III, 24). Quamvis enim paternam correptionem fortissime et piissime perferant : non tamen tacent hæc accidere meritis peccatorum. Horum enim vox est et in Psalmis, « Emendans emendavit me Dominus, et morti non tradidit me (*Psal.*, CXVII, 18). » Flagellat enim omnem filium, quem recipit (*Hebr.*, XII, 6). » Et quis est filius cui non det disciplinam pater ejus ?

9. Quod vero adjungit, « Effunde iram tuam in gentes quæ te non noverunt, et regna quæ non invocaverunt nomen tuum (*Psal.*, LXXVIII, 6) : » etiam ista prophetatio est, non optatio. Non malevolentiæ voto ista dicuntur, sed spiritu prævisa prædicuntur: sicut de Juda traditore, quæ mala illi fuerant pro suis meritis eventura, ita prophetata sunt, quasi optata sint. Quemadmodum enim Propheta non imperat Christo, quamvis modo imperativo pronuntiet quod dicit, « Accingere gladium tuum circa femur potentissime; specie tua et pulcritudine tua, et intende, et prospere procede, et regna (*Ps.*, XLIV, 4 et 5) : » ita non optat, sed prophetat qui dicit, « Effunde iram tuam in gentes quæ te non nove-

---

(1) Les Manichéens.
(*a*) Sic meliores. At editi, *affectu*.

roles du Prophète que rapporte l'apôtre saint Paul : « Réjouissez-vous, nations, avec son peuple (*Rom.*, xv, 10). » Or ce seul troupeau, sous un seul pasteur, est l'héritage de Dieu, non-seulement du Père, mais encore du Fils. Car c'est le Fils qui a dit : « Le sort m'est échu de la manière la plus belle, car mon héritage est magnifique (*Ps.*, xv, 6) ; » et c'est de cet héritage que nous entendons la voix dans le prophète Isaïe : « Seigneur notre Dieu, prenez-nous en votre possession (*Isaïe*, xxvi, 13, selon les Septante). » Cet héritage, ce n'est pas le Père qui l'a laissé, en mourant, au Fils ; mais c'est le Fils lui-même qui l'a merveilleusement acquis par sa propre mort, et qui en a pris possession par sa résurrection.

4. Si donc il faut comprendre les premières paroles prophétiques du Psaume : « O Dieu, les nations sont venues dans votre héritage (*Ps.*, LXXVIII, 1), » en ce sens que les Gentils sont entrés dans l'Église non en croyant, mais en persécutant, c'est-à-dire qu'ils l'ont envahie avec l'intention de la détruire et de la perdre entièrement, comme le démontre le fait de tant de persécutions, il faut que ce qui suit : « Elles ont souillé votre saint temple (*Ibid.*), » s'applique, non à du bois et à des pierres, mais à des hommes qui, semblables à des pierres vivantes, servent, dit l'apôtre saint Pierre, à construire la maison de Dieu (I *Pierre*, ii, 5). C'est en ce sens que l'apôtre saint Paul dit très-clairement : « Le Temple de Dieu est saint et vous êtes ce temple (I *Cor.*, iii, 17). » Les persécuteurs ont donc souillé ce temple, en ceux qu'ils ont forcés de renier le Christ par des menaces ou par des supplices, et qu'ils ont amenés par de violentes pressions à invoquer les idoles. Parmi ces coupables, beaucoup ont été rétablis par la pénitence et purifiés de toute souillure ; car voici une parole de pénitence : « Purifiez-moi de mes péchés, » et « refaites en moi, ô Dieu, un cœur pur et renouvelez dans mes entrailles l'esprit de droiture (*Ps.*, L, 4 et 12). » Nous lisons ensuite : « Ils ont fait de Jérusalem une cabane à garder les fruits. » Jérusalem désigne l'Église. « La Jérusalem qui est libre est notre mère ; et il est écrit d'elle : Réjouissez-vous, stérile, qui n'enfantez pas, poussez des cris de jubilation et d'allégresse, vous qui ne devenez pas mère, parce que les fils de la délaissée seront plus nombreux que les fils de celle qui a un époux (*Gal.*, iv, 26. — *Isaïe*, liv, 1). » Une cabane à garder les fruits (*Ps.*, LXXVIII, 1) » est dit, je pense, pour exprimer l'abandon qu'a produit l'étendue de la persécution ; parce que l'on abandonne les cabanes où l'on se plaçait pour garder les fruits, lorsque l'époque des fruits est passée. Mais, quand l'Église, sous la persécution

---

« Gentes autem super misericordia glorificare Deum (*Ibid.*, 9). » Ecce quod est, « Habeo alias oves, quæ non sunt de hoc ovili, oportet me et ipsas adducere, ut sit unus grex et unus pastor. » Quod utrumque breviter dictum est in eo quod de Propheta idem Apostolus commemorat, « Lætamini Gentes cum plebe ejus (*Ibid.*, 10). » Iste ergo unus grex sub pastore uno, hereditas Dei est, non solum Patris, sed etiam Filii. Nam filii vox est, « Funes ceciderunt mihi in præclaris, etenim hereditas mea præclara est mihi (*Psal.*, xv, 6). » Et ipsius hereditatis vox est apud Prophetam, « Domine Deus noster posside nos (*Isai*, xxvi, 13, sec., lxx). » Hanc hereditatem non moriens Pater Filio reliquit : sed ipse Filius eam sua morte mirabiliter adquisivit ; quam resurrectione possedit.

4. Si ergo de hac intelligendum est quod in Psalmi hujus prophetia canitur, « Deus venerunt Gentes in hereditatem tuam (*Psal.*, LXXVIII, 1), » ut venisse Gentes accipiamus in Ecclesiam, non credendo, sed persequendo, id est, eam invasisse voluntate delendi atque omnino perdendi, sicut tot persecutionum exempla monstrarunt : oportet ut quod sequitur, « Polluerunt templum sanctum tuum (*Ibid.*,), » non in lignis et lapidibus, sed in ipsis intelligatur hominibus, de quibus, tamquam lapidibus vivis, construi dicit apostolus Petrus domum Dei (I *Pet.*, ii, 5). Unde et apostolus Paulus apertissime dicit, « Templum Dei sanctum est, quod estis vos (I *Cor.*, iii, 17). » Hoc itaque templum persecutores in his utique polluerunt, quos ad negandum Christum terrendo vel cruciando coegerunt, atque ut idolis supplicarent vehementer instando fecerunt : quorum multos pœnitentia reparavit, atque ab illa inquinatione mundavit. Pœnitentis enim vox est, « Et a delicto meo munda me (*Psal.* L, 4 :) » et, « Cor mundum crea in me Deus, et spiritum rectum innova in visceribus meis (*Ibid.*, 12). » Jam vero quod sequitur, « Posuerunt Jerusalem in pomorum custodiam (*Ps.*, LXXVIII, 1) : » et ipsa Ecclesia hoc nomine recte intelligitur, « Jerusalem libera mater nostra (*Gal.*, iv, 26). » de qua scriptum est, « Lætare sterilis quæ non paris, erumpe, et exclama, quæ non parturis : quoniam multi filii desertæ magis quam ejus quæ

des Gentils a paru devenir déserte, les âmes des martyrs ont passé à la table céleste comme des fruits nombreux et délicieux, recueillis dans le jardin du Seigneur.

5. « Elles ont livré les cadavres de vos serviteurs en pâture aux oiseaux du ciel, et la chair de vos saints aux bêtes de la terre (*Ibid.*, 2). » Le mot « cadavres » est répété par le mot « chair » de même que les mots « de vos saints » ne font que répéter les mots « de vos serviteurs ; » il n'y a quelque différence qu'entre « les oiseaux du ciel » et « les bêtes de la terre. » Quant au texte primitif, il est mieux interprété par le mot *morticina*, « choses frappées de mort, » que par le mot *mortalia*, « choses mortelles. » En effet, la première expression ne s'emploie que pour désigner des cadavres, tandis que la seconde s'applique parfaitement à des corps vivants. Quand donc, ainsi que je l'ai dit, les âmes des martyrs étaient présentées comme des fruits à leur cultivateur, les nations livraient les cadavres et les chairs de ces martyrs aux oiseaux du ciel et aux bêtes de la terre ; comme si quelque chose d'eux devait manquer à la résurrection, au moment où celui par qui les cheveux de notre tête sont comptés reconstruira leurs corps, en les reprenant dans les replis les plus cachés de la terre (*Matth.*, x, 30).

6. « Elles ont répandu leur sang comme de l'eau (*Ps.*, LXXVIII, 3), » c'est-à-dire, en abondance et comme une chose vile, « à l'entour de Jérusalem (*Ibid.*). » Si nous appliquons ces mots à la Jérusalem terrestre, nous entendrons que les ennemis ont répandu, à l'entour de la ville, le sang de ceux qu'ils ont pu trouver hors des murs. Si, au contraire, nous les appliquons à cette Jérusalem, de laquelle il a été dit : « Les fils de la délaissée seront plus nombreux que les fils de celle qui a un époux (*Isaïe*, LIV, 1), » ses alentours sont la terre entière. Car, dans le texte de la prophétie où nous lisons : « Les fils de la délaissée seront plus nombreux que les fils de celle qui a un époux, » il est dit peu après : « Et celui qui vous a délivré sera nommé le Dieu d'Israël, le Dieu de toute la terre (*Isaïe*, LIV, 45). » Il faut donc comprendre dans le Psaume, par les alentours de Jérusalem, tout l'espace dans lequel s'étendait alors l'Église, fructifiant et gagnant peu à peu le monde entier, quand la persécution commença à sévir dans toutes ses parties, et à faire, au profit des trésors célestes, un immense carnage de martyrs dont le sang fut répandu comme de l'eau. Quant aux paroles qui suivent : « Et il ne s'est trouvé personne pour leur donner la sépulture (*Ps.*, LXXVIII, 3), » ou bien, il ne doit point pa-

---

habet virum (*Isai.*, LIV, 1). » « In custodiam pomorum, » quod dictum est, desertionem intelligendam existimo, quam fecit vastitas persecutionis : id est, velut custodiam pomorum ; quia deseruntur pomorum custodiæ, cum poma transierint. Et certe quando Gentilibus persequentibus Ecclesia deserta visa est, in cælestem mensam spiritus Martyrum, tamquam de horto (*a*) Dominico multa et suavissima poma, transierunt.

5. « Posuerunt, inquit, morticina servorum tuorum escas volatibus cæli, carnes sanctorum tuorum bestiis terræ (*Ps.*, LXXVIII, 2). » Quod dictum est, « morticina ; » hoc repetitum est, « carnes : » et quod dictum est, « servorum tuorum ; » hoc repetitum est, « sanctorum tuorum. » Illud tantummodo variatum est, « volatilibus cæli, et bestiis terræ. » Melius sane interpretati sunt qui « morticina » posuerunt, quam sicut quidam « mortalia. » Morticina enim non dicuntur nisi mortuorum : mortalia vero etiam vivorum corporum nomen est. Cum ergo, sicut dixi, ad agricolam suum spiritus Martyrum velut poma transissent, morticina eorum et carnes eorum posuerunt volatilibus cæli, et bestiis terræ : quasi quidquam eorum resurrectioni deperiret, ex occultis naturæ finibus totum redintegraturo illo, cui et capilli nostri numerati sunt (*Matth.*, x, 30).

6. « Effuderunt sanguinem eorum sicut aquam (*Psal.*, LXXVIII, 3), » id est, abundanter et viliter : « in circuitu Jerusalem. » Si Jerusalem urbem hic accipimus, eorum sanguinem intelligimus effusum in circuitu ejus, quos hostes extra muros reperire potuerunt. Si autem Jerusalem illam intelligimus, de qua dictum est, « Multi filii desertæ magis quam ejus quæ habet virum : circuitus ejus est per universam terram (*Isai*, LIV, 1). » In ea quippe lectione Prophetica, ubi scriptum est, « Multi filii desertæ magis quam ejus quæ habet virum (*Ibid.*, 5) : » paulo post ei dicitur, « Et qui eruit te, Deus Israel universæ terræ vocabitur. » Circuitus ergo hujus Jerusalem in hoc Psalmo intelligendus est, quo usque tunc fuerat eadem Ecclesia dilatata, fructificans et crescens in universo mundo, quando

---

(*a*) Nonnulli probæ notæ MSS. *Domini cumulata.*

raitre incroyable qu'en certains lieux la terreur ait été assez grande pour qu'il n'y eût personne qui inhumât les corps des saints; ou, tout au moins, en beaucoup d'endroits, ces corps ont dû rester longtemps sans sépulture, jusqu'à ce que dérobés, en quelque sorte, par des hommes religieux, ils reçussent d'eux ce dernier honneur.

7. « Nous sommes devenus un objet d'opprobre pour nos voisins (*Ibid.*, 4). » C'est pourquoi la mort de ses saints a été précieuse aux yeux du Seigneur, et non aux yeux des hommes pour qui elle était un opprobre (*Ps.*, cxv, 15). « La moquerie et la risée, » ou selon quelques traducteurs, « le jouet de ceux qui nous entourent (*Ibid.*). » C'est une répétition de la phrase précédente; car « opprobre, » est répété par « moquerie et risée » et « nos voisins » par « ceux qui nous entourent. » D'où il suit que, s'il s'agit de la Jérusalem terrestre, ses voisins et ceux qui l'entourent sont les autres nations; mais, s'il s'agit de la Jérusalem libre, qui est notre mère, ses voisins et ceux qui l'entourent sont tous les ennemis au milieu desquels l'Église habite, dans toute l'étendue du globe terrestre.

8. Ensuite, le Prophète fait manifestement entendre une prière, qui prouve que son récit des afflictions de Jérusalem n'a pas pour but de les faire connaître, mais bien de les pleurer. « Jusques à quand, dit-il, Seigneur, serez-vous irrité au dernier excès? Et votre indignation sera-t-elle allumée comme un feu (*Ibid.*, 5)? » Il supplie Dieu de ne pas s'irriter jusqu'au dernier excès, c'est-à-dire de ne pas porter au dernier excès les maux qui les accablent, leurs tribulations et la dévastation de leur pays, mais de modérer le châtiment qu'il leur inflige, selon cette parole d'un autre psaume : « Vous nous ferez manger un pain trempé de nos larmes et nous abreuverez de nos pleurs, avec mesure (*Ps.*, LXXIX, 6). » En effet, ces paroles : « Jusques à quand serez-vous irrité au dernier excès ? » reviennent à celles-ci : Seigneur ne vous irritez pas au dernier excès. Et dans ce qui suit : « Votre indignation sera-t-elle allumée comme un feu? » il faut sous-entendre tout à la fois: « Jusques à quand » et « au dernier excès ; » comme s'il était dit : Jusques à quand votre indignation sera-t-elle allumée comme un feu porté à l'extrême? Car il y a lieu de sous-entendre ici ces deux mots, comme plus haut, « Elles ont livré. » En effet, tandis que nous lisons : « Elles ont livré les cadavres de

---

in omni parte ejus persecutio sæviebat, et Martyrum stragem, quorum sanguis sicut aqua effundebatur, cum magnis lucris thesaurorum cælestium faciebat. Quod vero adjunctum est, « Et non erat qui sepeliret : » aut non incredibile debet videri tam magnum in aliquibus locis fuisse terrorem, ut sepultores sanctorum corporum nulli prorsus existerent : aut certe quia insepulta cadavera in multis locis diu jacere potuerunt, donec a religiosis quodam modo furata sepelirentur.

7. « Facti sumus, inquit, opprobrium vicinis nostris (*Ps.*, LXXVIII, 4). » Ideo pretiosa non in conspectu hominum, a quibus hoc erat opprobrium, « sed in conspectu Domini mors sanctorum ejus (*Psal.*, cxv, 15). Subsannatio et irrisio : vel, ut quidam interpretati sunt, « illusio eis qui in circuitu nostro sunt. » Repetitio est sententiæ superioris. Nam quod supra dictum est, « opprobrium ; hoc repetitum est, « subsannatio et irrisio : » et quod supra dictum est, « vicinis nostris ; » hoc repetitum est, « eis qui in circuitu nostro sunt. » Proinde secundum Jerusalem terrenam vicini, et in circuitu gentis ejus, utique aliæ gentes intelliguntur. Secundum autem Jerusalem liberam matrem nostram, vicini sunt et in circuitu ejus, inter quos inimicos suos habitat Ecclesia in circuitu orbis terrarum.

8. Deinde jam manifestam precem fundens, unde intelligatur superioris afflictionis commemoratio non esse quasi indicatio, sed deploratio, « Usque quo, inquit, Domine irasceris in finem, exardescet velut ignis zelus tuus (*Ps.*, LXXVIII, 5)? » Rogat utique ne Deus usque in finem irascatur, id est, ne illa tanta pressura et tribulatio atque vastatio usque in finem perseveret : sed temperet correptionem suam, secundum illud quod in alio Psalmo dicitur, « Cibabis nos pane lacrymarum , et potabis nos in lacrymis in mensura (*Psal.*, LXIX, 6). » Nam, « Quo usque Domine irasceris in finem ? » ita dictum est, ac si diceretur, Noli Domine irasci in finem. Et in eo quod sequitur, « Exardescet velut ignis zelus tuus, » utrumque subaudiendum est, et quo usque, et in finem : ac si diceretur. Quo usque exardescet velut ignis zelus tuus in finem ? Nam ita hic duo ista subaudienda sunt, sicut superius unum illud quod dictum est, posuerunt. Nam cum habeat prior sententia, « Posuerunt morticina servorum tuorum escas volatilibus cæli (*Psal.*, LXVIII, 1) : » hoc verbum posterior non habet, ubi dictum est, » Carnes sanctorum

gnifie Synagogue, c'est-à-dire rassemblement, et que le nom en ait été donné le plus souvent à la nation des Juifs, cependant le nom de rassemblement peut aussi s'appliquer à notre Église, et, d'autre part, nous avons suffisamment et clairement démontré à propos d'un autre psaume (*Ps.* LXXVII, 3), que l'ancien peuple a été appelé aussi du nom d'Église. Cette Église donc, héritage de Dieu, a été formée de la réunion des circoncis et des incirconcis, c'est-à-dire des Israélites et des Gentils, assemblés par « la pierre qu'ont rejetée ceux qui bâtissaient et qui est devenue le sommet de l'angle (*Ps.*, CXVII, 22). » Cet angle les a réunis comme deux murailles venues de différents côtés : « Car le Christ est notre paix, lui qui des deux choses en a fait une seule,.... afin de former en lui-même avec les deux un seul homme nouveau, en faisant la paix, et afin de réunir les deux en un seul corps, pour Dieu (*Éphés.*, II, 14-16). » C'est dans ce corps que nous sommes les enfants de Dieu, et que nous crions : «Abba! ô Père! (*Rom.*, VIII, 15; *Gal.*, IV, 6). » Abba, dans la langue des Juifs; Père, dans la nôtre ; car Abba est la même chose que Père. C'est pourquoi le Seigneur, qui a dit : « Je n'ai été envoyé que vers les brebis égarés de la maison d'Israël (*Matth.*, XV, 24), » pour montrer qu'il acquittait par sa présence la promesse faite à cette nation, a dit également dans un autre endroit : « J'ai d'autres brebis, qui ne sont pas de ce bercail; il faut que je les y amène aussi, afin qu'il n'y ait qu'un seul troupeau et un seul Pasteur (*Jean*, X, 10). » Il parlait alors des Gentils qu'il devait amener au bercail, non par sa présence corporelle, pour la vérité de cette parole : « Je n'ai été envoyé que vers les brebis égarées de la maison d'Israël (*Matth.*, XV, 24), » mais par son Évangile que devaient répandre partout « ceux dont les pieds sont beaux, parce qu'ils annoncent la paix, parce qu'ils annoncent les biens (*Rom.*, X, 15). » Et, en effet, « le son de leur voix s'est répandu dans tout l'univers, et leurs paroles ont été entendues jusqu'aux dernières limites de la terre (*Ps.*, XVIII, 5). » Aussi l'Apôtre écrit-il : « Je dis donc que le Christ a été le ministre de la circoncision pour justifier la véracité de Dieu, en confirmant les promesses faites à nos Pères (*Rom.*, XV, 8). » Voilà pour ces paroles : « Je n'ai été envoyé que vers les brebis égarées de la maison d'Israël (*Matth.*, XV, 24). » Puis l'Apôtre ajoute : « Afin que les nations glorifiassent Dieu de sa miséricorde (*Rom.*, XV, 9). » Voilà pour ces autres paroles : « J'ai d'autres brebis, qui ne sont pas de ce bercail; il faut que je les y amène, afin qu'il n'y ait qu'un seul troupeau et un seul pasteur (*Jean*, X, 10). » Ce double bienfait a été brièvement exprimé dans ces pa-

---

rum et inimicis nominis Christi, Ecclesia ejus in tanta Martyrum numerositate perpessa est. Quamquam enim Asaph synagoga interpretetur, quæ est congregatio, idque nomen usitatius insederit genti Judæorum : tamen et Ecclesiam istam posse dici congregationem, et illum veterem populum dictum esse Ecclesiam, jam in alio Psalmo satis aperteque monstravimus (*Psal.*, LXXVII, 3). Hæc igitur Ecclesia, hæc hereditas Dei ex circumcisione et præputio congregata est id est, ex populo Israel et ex ceteris Gentibus, « per lapidem quem reprobaverunt ædificantes, et factus est in caput anguli (*Psal.*, CXVII, 22), » in quo angulo tamquam duo parietes de diverso venientes copularentur. « Ipse est enim pax nostra, qui fecit utraque unum (*Ephes.*, II, 14, etc.); » ut duos conderet in se in unum novum hominem, faciens pacem, et (*a*) coadunaret utrosque in uno corpore Deo : in quo corpore sumus filii Dei, clamantes, « Abba, Pater (*Rom.*, VIII, 15. *Gal*, IV, 6).» Abba propter illorum linguam, Pater propter nostram. Hoc est enim Abba, quod Pater. Unde Dominus qui dixit, « Non sum missus nisi ad oves, quæ perierunt domus Israel (*Matth.*, XV, 24), » ostendens illi genti redditam præsentiæ ipsius promissionem : ait tamen alio loco. « Habeo alias oves, quæ non sunt de hoc ovili, oportet me et ipsas adducere, ut sit unus grex et unus pastor (*Johan.*, X, 16) : » Gentes significans, quas erat adducturus, non quidem per (*b*) suam præsentiam corporalem, ut illud verum sit, Non sum missus nisi ad oves, quæ perierunt domus Israel : sed tamen per Evangelium suum, quod erant disseminaturi « speciosi pedes annuntiantium pacem, annuntiantium bona (*Rom.*, X, 15). In omnem enim terram exiit sonus eorum, et in fines orbis terræ verba eorum (*Psal.*, XVIII. 5). » Hinc et Apostolus ait, « Dico ergo Christum Jesum ministrum fuisse circumcisionis propter veritatem Dei ad confirmandas promissiones Patrum (*Rom.*, XV, 8). » Ecce quod est, Non sum missus nisi ad oves, quæ perierunt domus Israel. Deinde subjungit Apostolus,

---

(*a*) MSS. *commutaret*. (*b*) Aliquot MSS. *per se præsentia corporali.*

paré de votre gloire et de votre beauté, allez, marchez avec succès et régnez (*Ps.*, XLIV, 4, 5); » de même il ne forme pas un souhait mais il prophétise en disant : « Répandez votre colère sur les nations qui ne vous connaissent pas (*Ps.*, LXXVIII, 6). » Selon sa coutume, il répète cette parole : « et sur les royaumes, ajoute-t-il, qui n'ont pas invoqué votre nom (*Ibid.*). » « Les nations » sont répétées par « les royaumes, » et « qui ne vous ont pas connu, » par « qui n'ont pas invoqué votre nom. » Comment donc interpréter ce que dit le Seigneur dans l'Évangile : « Le serviteur qui ne connaît pas la volonté de son maître, et qui commet des actes dignes de châtiment, sera légèrement châtié; mais le serviteur qui connaît la volonté de son maître, et qui commet des actes dignes de châtiment, sera grièvement châtié (*Luc*, XII, 48, 47), » si la colère de Dieu est plus violente contre les nations qui ne l'ont pas connu ? En effet, dans ces mots : « Répandez votre colère, » le Prophète fait assez sentir qu'il veut exprimer une violente colère; si bien même que plus loin il dit : « Rendez à nos voisins sept fois autant de mal qu'ils nous en ont fait (*Ps.* LXXVIII, 12). » Ne serait-ce point parce qu'il y a une grande différence entre les serviteurs qui, tout en ignorant la volonté de leur maître, invoquent cependant son nom, et ceux qui sont étrangers à la famille d'un tel père, et qui ont une telle ignorance de Dieu qu'ils n'invoquent même pas Dieu ? En effet, ils invoquent à sa place ou des statues, ou des démons, ou une créature quelconque, et ils n'invoquent pas le Créateur, qui est béni dans tous les siècles. Aussi le Prophète ne représente pas ceux dont il parle comme ignorant la volonté de leur maître, bien que ne laissant pas de le craindre; mais il les représente comme l'ignorant au point de ne pas l'invoquer et de se faire les ennemis de son nom. Il y a donc une grande différence entre des serviteurs qui ne connaissent pas la volonté de leur maître, mais qui pourtant vivent dans sa famille et dans sa maison, et des ennemis, qui, non-seulement ne veulent pas connaître leur maître, mais qui, non contents de ne pas invoquer son nom, font encore la guerre à ses serviteurs.

10. Le Prophète continue : « Parce qu'ils ont dévoré Jacob et désolé sa demeure (*Ibid.*, 7). » Jacob est la figure de l'Église, comme Ésaü la figure de l'ancienne Synagogue. C'est pourquoi il a été dit : « Et l'aîné servira le plus jeune (*Gen.*, XXV, 23). » On peut donc, sous le nom de Jacob, comprendre l'héritage de Dieu, dont nous parlions, dans lequel, après la résurrection et l'ascension du Seigneur, les Gentils sont entrés le fer à la main pour le dévaster. Mais qu'est-ce que cette « demeure de Jacob ? »

---

runt. » Quod more suo repetit, dicens, « Et in regna quæ non invocaverunt nomen tuum. » Nam gentes per regna repetitæ sunt : et quod eum non noverunt, per hoc repetitum est, quod non invocaverunt nomen ejus. Quomodo ergo intelligendum est, quod ait Dominus in Evangelio, « Servus qui nescit voluntatem domini sui, et facit digna plagis, vapulabit paucis; servus autem qui scit voluntatem domini sui, et facit digna plagis vapulabit multis (*Lucæ*, XII, 47 et 48) : » si major ira Dei est in gentes, quæ Dominum non cognoverunt? In eo quippe, quod ait, « Effunde iram tuam, » satis hoc verbo indicavit, quam multam iram voluerit intelligi. Unde postea dicit, « Redde vicinis nostris septies tantum (*Ps.*, LXXVIII, 12). » An quia multum interest inter servos, qui licet nesciant voluntatem Domini sui, tamen invocant nomen ejus, et alienos a familia tanti patris-familias, qui sic ignorant Deum, ut nec invocent Deum? Invocant enim pro eo vel simulacra, vel dæmonia, vel quamlibet creaturam; non Creatorem, qui est benedictus in sæcula. Neque enim istos, de quibus hoc prophetat, ita nescientes significat Dominum sui voluntatem, ut tamen ipsum Dominum timeant; sed ita ipsum Dominum nescientes, ut nec invocent eum, et inimici nominis ejus existant. Multum ergo distat inter servos voluntatem domini sui nescientes, et tamen in familia ejus atque in domo viventes, et inimicos non solum ipsum dominum scire nolentes, sed et non ejus nomen invocantes, atque (*a*) in servis insuper oppugnantes.

10. Denique sequitur, « Quia comederunt Jacob, et locum ejus desolaverunt (*Ps.*, LXXVIII, 7). » Jacob quippe figuram gestavit Ecclesiæ, sicut Esaü veteris synagogæ. Unde dictum est, « Et major serviet minori (*Gen.*, XXV, 23). » Potest in hoc nomine intelligi ea, de qua loquebamur, hereditas Dei, in quam invadendam atque vastandam post resurrectionem et ascensionem Domini Gentes persequendo vene-

---

(*a*) Sic MSS. At editi, *atque servos*.

Cherchons à le comprendre. On peut regarder principalement comme la demeure de Jacob la ville dans laquelle était le Temple où Dieu avait ordonné à la nation entière de se rassembler pour lui offrir des sacrifices, pour l'adorer et pour célébrer la Pâque. Car si le Prophète avait voulu parler des assemblées des chrétiens, prohibées et réprimées par leurs persécuteurs, il semblerait qu'il eût dû parler, non d'une demeure isolée, mais de mille endroits frappés de désolation. Cependant, nous pouvons, en suivant cette explication, regarder le singulier comme étant mis là pour le pluriel, de même qu'on dit le vêtement pour les vêtements, le soldat pour les soldats, le troupeau pour les troupeaux. Cette façon de parler est fréquente, non-seulement dans le langage vulgaire, mais encore dans celui des orateurs les plus diserts. Ces locutions ne sont pas non plus étrangères au style des saintes Écritures; car, dans le psaume précédent, le Prophète a mis la grenouille pour les grenouilles, la sauterelle pour les sauterelles (*Ps.*, LXXVII, 45); et les exemples de ce genre sont innombrables. Quant à la première phrase : « Ils ont dévoré Jacob, » elle signifie que les persécuteurs ont contraint un grand nombre d'hommes, par leurs menaces, à passer dans leur corps pervers, c'est-à-dire dans leur société.

11. Le Prophète se rappelle cependant que les persécuteurs n'ont rien pu contre l'héritage de Dieu, quelque châtiment que celui-ci ait mérité par sa volonté coupable, si ce n'est autant que Dieu a voulu le châtier de ses péchés, afin de l'en corriger. C'est pourquoi il ajoute : « Ne vous souvenez pas de nos iniquités anciennes (*Ibid.*, 8). » Il ne dit pas, de nos iniquités passées, qui pourraient être récentes, mais de nos iniquités anciennes, c'est-à-dire de celles qui nous viennent de nos pères; car de si graves iniquités méritent, non pas correction, mais condamnation. « Hâtez-vous de nous prévenir par vos miséricordes (*Ibid.*). » Qu'elles nous préviennent avant votre jugement; car « la miséricorde s'élève au-dessus du jugement, mais le jugement est sans miséricorde pour celui qui n'a pas fait miséricorde (*Jacq.*, II, 13). » Mais en ajoutant : « parce que nous sommes tombés dans une extrême pauvreté (*Ps.*, LXXVIII, 8), » le Prophète veut faire sentir que les miséricordes divines nous préviennent, afin que notre pauvreté, c'est-à-dire notre faiblesse, soit aidée par sa miséricorde à remplir les commandements, de peur que nous n'arrivions à son jugement pour y être condamnés.

12. C'est pourquoi il dit ensuite : « Aidez-nous, ô Dieu qui êtes notre Sauveur (*Ibid.*, 9), » Par ces mots « notre Sauveur, » il explique

---

runt. Sed « locum Jacob » quomodo intueamur, intelligendum est. Magis enim locus Jacob illa civitas putari potest, in qua erat et templum, quo universam illam gentem sacrificandi et adorandi causa et Pascha celebrandi, Dominus præceperat convenire. Nam si Christianorum conventus (*a*) inhibitos atque compressos a persecutoribus Propheta vellet intelligi, loca desolata videretur dicere debuisse, non locum. Sed possumus accipere pro numero plurali, numerum singularem positum, sicut vestem pro vestibus, militem pro militibus, pecus pro pecoribus : multa enim hujusmodi moris sed dici, nec solum vulgo loquentium, verum etiam disertissimorum auctorum eloquentiæ. Nec ab ipsa divina Scriptura hoc genus locutionis alienum est. Posuit enim et ipsa ranam pro ranis, locustam pro locutis (*Psal.*, LXXVII, 45), » et innumerabilia talia. Quod vero dictum est, « Comederunt Jacob, » hoc bene intelligitur, quod multos in suum malignum corpus, hoc est, in suam societatem terrendo transire coegerunt.

11. Meminit sane, quamvis illis pro merito pessimæ voluntatis ex ira Dei digna reddenda sint, non tamen eos aliquid adversus hereditatem ejus valere potuisse, nisi eam voluisset ipse pro peccatis ejus flagellando emendare. Unde subjungit, « Ne memineris iniquitatum nostrarum antiquarum (*Ps.*, LXXVIII, 8). » Non ait præteritarum, quæ possent esse etiam recentiores; sed « antiquarum, » hoc est, a parentibus venientium. Talibus quippe iniquitatibus damnatio, non correctio debetur. « Cito anticipent nos misericordiæ tuæ. » Anticipent utique ad judicium tuum. Superexaltat enim misericordia (*b*) in judicio Judicium autem sine misericordia, sed ei qui non fecit misericordiam (*Jacobi*, II, 13). Quod autem adjungit, « Quia pauperes facti sumus nimis : » ad hoc vult intelligi anticipare nos misericordias Dei, ut nostra paupertas, id est, infirmitas, eo miserante adjuvetur ad ejus præcepta facienda, ne ad judicium ejus damnandi veniamus.

12. Ideo sequitur, « Adjuva nos Deus salutaris

(*a*) Lov. *inhabitatos.* At Er. et MSS. *inhibitos* vel *inhabitos.* (*b*) Plures MSS. *misericordia judicium.*

assez clairement de quel genre de pauvreté il a voulu parler en disant : « Parce que nous sommes tombés dans une extrême pauvreté (*Ibid.*, 8). » Car cette pauvreté n'est autre chose que la faiblesse à laquelle « un sauveur » est nécessaire. Mais, quand il veut que nous soyons aidés, il ne manque ni de reconnaissance envers la grâce, ni de justice envers notre libre arbitre. Car celui qui reçoit du secours, agit en même temps par lui-même. Il dit encore : « Délivrez-nous, Seigneur, pour la gloire de votre nom (*Ps.*, LXXVIII, 10), » mais non à cause de nous. Que méritent en effet nos péchés, que leur est-il dû, sinon des châtiments proportionnés ? Mais, « soyez propice à nos péchés, à cause de votre nom (*Ibid.*). » Vous nous délivrez donc, c'est-à-dire, vous nous arrachez à nos maux, lorsque vous nous aidez à vivre selon la justice, et vous êtes propice à nos péchés, dont nous ne sommes jamais exempts dans cette vie, « parce qu'aucun homme vivant ne sera justifié devant vous (*Ps.*, CXLII, 2). » Or, « le péché est l'iniquité (*Jean*, III, 2); » et « si vous examinez nos iniquités, qui pourra soutenir cette épreuve (*Ps.*, CXXIX, 3) ? »

13. « De peur qu'on ne dise parmi les nations, où est leur Dieu ? (*Ps.*, LXXVIII, 11). » Ces paroles doivent être surtout appliquées aux nations elles-mêmes. Car ceux-là périssent misérablement, qui désespèrent du vrai Dieu, croyant ou qu'il n'existe pas, ou qu'il n'aide pas les siens, ou qu'il n'est pas clément pour eux. « Et que la vengeance du sang de vos serviteurs, qui a été répandu, éclate à nos yeux au milieu des nations (*Ibid.*). » Il y a deux manières d'entendre l'accomplissement de ces paroles. La première, quand ceux qui persécutaient l'héritage de Dieu viennent à croire en lui ; car alors c'est la vengeance céleste qui fait périr leur cruelle iniquité par le glaive de la parole de Dieu, dont il a été dit : « Ceignez votre glaive (*Ps.*, XLIV, 4); » la seconde, quand ceux qui auront persévéré dans leur hostilité seront punis à la fin. Car les maux corporels que les méchants souffrent en ce monde peuvent leur être communs avec les bons. Il est encore une autre sorte de vengeance que subissent le pécheur, l'incrédule et l'ennemi de l'Église, lorsqu'ils voient le développement et la fécondité de l'Église en ce monde, après tant de persécutions auxquelles ils croyaient qu'elle succomberait entièrement ; ils en sont témoins et ils s'irritent, ils grincent des dents et sèchent de fureur (*Ps.*, XCI, 10). Qui pourrait, en effet, nier que ce ne soit là pour eux un très-rude châtiment ? Mais je ne sais si c'est interpréter avec assez de force ces paroles : « à nos yeux, » que d'en réduire l'application à ce genre de châtiment, qui s'exerce au fond du

---

noster. (*Ps.*, LXXVIII, 9). » Hoc verbo quod ait. « Salutaris noster, » satis exponit quam voluerit paupertatem intelligi in eo quod dixerat, « Quoniam pauperes facti sumus nimis. » Ipsa est quippe infirmitas, cui Salutaris est necessarius. Cum vero adjuvari nos vult, nec ingratus est gratiæ, nec tollit liberum arbitrium. Qui enim adjuvatur, etiam per seipsum aliquid agit. Addidit etiam, « Propter gloriam nominis tui Domine libera nos : » ut qui gloriatur, non in seipso, sed in Domino glorietur (1 *Cor.*, I, 31). « Et propitius esto, » inquit, « peccatis nostris propter nomen tuum : » non propter nos. Nam quid aliud merentur peccata nostra, quam debita et digna supplicia ? « Sed propitius esto peccatis nostris propter nomen tuum. » Sic ergo nos liberas, id est, eruis a malis, cum et adjuvas nos ad faciendam justitiam, et propitius es peccatis nostris, sine quibus in hac vita non sumus. « Quoniam non justificabitur in conspectu tuo omnis vivens (*Psal.*, CXLII, 2). » Peccatum autem iniquitas est (1 *Johan.*, III, 4). Et « si iniquitates observaveris, quis sustinebit (*Psal.*, CXXIX, 3). »

13. Quod autem adjungit, « Nequando dicant in Gentibus, Ubi est Deus eorum (*Ps.*, LXXVIII, 10) ? » Magis pro ipsis Gentibus est accipiendum. Male enim pereunt qui de Deo vero desperaverint, putantes eum vel non esse, vel suos non adjuvare, nec eis esse propitium. Illud vero quod sequitur, « Et innotescat in nationibus coram oculis nostris vindicta sanguinis servorum tuorum qui effusus est : » vel sic intelligitur, cum credunt in verum Deum, qui persequebantur ejus hereditatem ; quia et ipsa vindicta est, qua perimitur sæva iniquitas eorum gladio verbi Dei, de quo dictum est, « Accingere gladium tuum (*Ps.*, XLIV, 4) : » vel cum perseverantes inimici in fine puniuntur. Nam mala corporalia quæ in hoc sæculo patiuntur, communia possunt habere cum bonis. Est et aliud vindictæ genus, quo Ecclesiæ dilatationem et fecunditatem in hoc sæculo post tantas persecutiones, quibus eam omnino perituram putabant, peccator et incredulus et inimicus videt et irascitur, dentibus suis frendet et tabescet (*Psal.*, CXI, 10). Quis enim negare audeat hanc etiam esse gravissimam pœnam ? Sed nescio utrum satis ele-

cœur, et qui torture ceux-là même qui nous sourient complaisamment, sans que nous puissions voir ce qu'ils souffrent dans le secret de leur âme. Mais on peut sans la moindre difficulté, comprendre ces paroles, « que votre vengeance éclate à nos yeux au milieu des nations (*Ps.*, LXXVIII, 10), » dans l'un des deux sens désignés plus haut, ou que l'iniquité de nos ennemis soit détruite par leur foi en Dieu, ou que, persévérant dans leur méchanceté, ils soient punis des supplices du jugement dernier.

14. Et tout cela, comme nous l'avons dit, est une prophétie et non un souhait. Mais comme il est écrit, dans le livre de l'Apocalypse, au sujet de ces persécutions, que sous l'autel de Dieu les martyrs crient vers lui et lui disent : « Jusques à quand encore, Seigneur, serez-vous sans venger notre sang (*Apoc.*, VI, 10)? » il ne faut pas omettre d'expliquer le sens de ces paroles, de peur qu'on ne croie que, pour assouvir leur haine, les saints désirent être vengés ; ce qui serait bien éloigné de leur perfection. Et cependant il est écrit : « Le juste se réjouira, lorsqu'il verra punir les impies ; il lavera ses mains dans le sang des pécheurs (*Ps.*, LVII, 11); » et l'Apôtre a dit : « Ne vous vengez pas vous-mêmes, mes bien aimés, mais donnez lieu à la colère ; car il est écrit : La vengeance m'appartient et c'est moi qui l'exercerai, dit le Seigneur (*Rom.*, XII, 19). »

Dieu ne défend donc point aux justes de vouloir être vengés, mais il leur prescrit de donner lieu, en ne se vengeant point eux-mêmes, à la colère de Dieu qui a dit : « La vengeance m'appartient et je l'exercerai(*Ibid.*). » D'autre part, le Seigneur propose, dans l'Évangile, la parabole de cette veuve qui, désirant être vengée, importunait le juge injuste, lequel finit par l'écouter, vaincu par la fatigue et non point guidé par la justice (*Luc*, XVIII, 3-5). Or le Seigneur a proposé cette parabole, pour montrer qu'à plus forte raison Dieu qui est juste rendrait justice à ses élus, qui crient vers lui jour et nuit. De là vient aussi le cri des martyrs qui, sous l'autel de Dieu, réclament d'être vengés par le jugement de Dieu. Que devient alors ce précepte : « Aimez vos ennemis, faites du bien à ceux qui vous haïssent et priez pour ceux qui vous persécutent (*Matth.*, V, 44)? » Que devient celui-ci : « Ne rendez pas le mal pour le mal, ni la malédiction pour la malédiction (1 *Pierre*, III, 9)? » Ou encore : « Ne rendez à personne le mal pour le mal (*Rom.*, XII, 17)? » S'il ne faut rendre à personne le mal pour le mal, non-seulement il ne faut pas opposer une action méchante à une action méchante, mais il ne faut même pas rendre un souhait méchant pour un acte ou pour un souhait méchant. Or celui-là forme un souhait méchant, qui, s'il ne se venge pas lui-même, at-

---

ganter accipiatur quod ait, « ante oculos nostros, » si hoc pœnæ genus intelligamus quod in intimis cordis agitur, et torquet etiam illos qui nobis adulanter arrident, nec a nobis videri potest quid in homine interiore patiantur. Illud autem quod sive eis credentibus iniquitas eorum interimitur, sive in malignitate perseverantibus supplicium novissimum redditur, sine scrupulo quæstionis intelligitur dictum, « Innotescat ante oculos nostros vindicta in nationibus. »

14. Et hæc quidem, ut diximus, prophetatio est, non optatio : sed propter illud quod scriptum est in Apocalypsi, sub ara Dei Martyres ad Deum clamare et dicere, « Quo usque Domine non (*a*) vindicas sanguinem nostrum (*Apoc.*, VI, 10), » non est prætereundum quemadmodum accipi oportet : ne propter exsaturandum odium credantur sancti desiderare vindictam, quod ab eorum perfectione longe abest : et tamen scriptum est, « Lætabitur justus, cum viderit vindictam impiorum, manus suas lavabit in sanguine peccatoris (*Psal.*, LVII, 11). » Et Apostolus ait, « Non vos ipsos vindicantes carissimi, sed date locum iræ (*Rom.*, XII, 19) : » scriptum est enim, « Mihi vindictam, et ego retribuam (*Deut.*, XXXII, 35), » dicit Dominus. Nec ipse itaque præcipit ut nolint vindicari, sed ut non se ipsi vindicantes dent locum iræ Dei, qui dixit, « Mihi vindictam, et ego retribuam. » Et Dominus in Evangelio viduam proponit in similitudinem, quæ vindicari desiderans, judicem interpellabat injustum, qui eam tandem aliquando non justitia ductus, sed tædio victus audivit (*Lucæ*, XVIII, 3) : hoc autem Dominus proposuit, ut ostenderet multo magis Deum justum cito facturum judicium electorum suorum, qui ad eum clamant die ac nocte. Inde est et ille sub ara Dei Martyrum clamor, ut Dei judicio vindicentur (*Apoc.*, VI, 9). » Ubi est ergo illud, « Diligite inimicos vestros, benefacite eis qui vos oderunt, et orate pro eis qui vos persequuntur (*Matth.*, V, 44)? » Ubi est et illud, « Non reddentes malum pro malo, nec maledictum pro

---

(*a*) Aliquot MSS. *non judicas et vindicas.*

tend cependant et souhaite que Dieu punisse son ennemi. Si donc le juste et le méchant désirent que Dieu les venge de leurs ennemis, à quoi les distinguer, si ce n'est en ce que le juste préfère voir son ennemi corrigé, plutôt que puni, et que, s'il le voit châtier par Dieu, il ne se complaît pas dans son châtiment, parce qu'il ne le hait pas, mais dans la justice de Dieu, parce qu'il aime Dieu? Enfin si le juste est vengé de son ennemi en ce monde, il se réjouit, ou à son sujet, si le châtiment le corrige, ou pour les autres, afin qu'ils craignent de se rendre coupables comme lui. Lui-même devient meilleur par ce châtiment, non en nourrissant sa haine du supplice de son ennemi, mais en corrigeant ses propres erreurs. C'est donc par bienveillance et non par méchanceté que le juste se réjouit en se voyant vengé; et il lave ses mains, c'est-à-dire il purifie ses propres œuvres, dans le sang, c'est-à-dire dans la punition du pécheur, dont il tire, non une joie du malheur d'autrui, mais un exemple des avertissements de Dieu. Si au contraire le juste n'est vengé que dans la vie future, par le dernier jugement de Dieu, il se complaît dans ce qui plaît à Dieu, c'est-à-dire dans cette pensée qu'il ne faut pas que les méchants soient heureux dans l'éternité, ni que les impies jouissent des récompenses réservées aux hommes pieux; ce qui serait injuste et contraire aux règles de la vérité qu'aime le juste. En effet, lorsque le Seigneur nous exhortait à aimer nos ennemis, il nous montrait l'exemple de notre Père qui est dans les Cieux, « lequel fait luire son soleil sur les bons et sur les méchants, et tomber sa pluie sur les justes et sur les injustes (*Matth.*, v, 45); » mais est-ce que cette bonté de Dieu l'empêche de corriger les méchants par des punitions temporelles, ou de les condamner à la fin, s'ils s'opiniâtrent dans leur dureté de cœur? Aimez donc votre ennemi de telle sorte que la justice de Dieu par laquelle il est puni ne vous déplaise pas, et que cette justice par laquelle il est puni vous plaise, non dans le mal que souffre votre ennemi, mais dans la joie que vous prenez en la bonté de son juge. Au contraire, un esprit malveillant est attristé, si son ennemi, en se corrigeant, échappe à la punition; ou, s'il le voit puni, il se réjouit d'être ainsi vengé, et se complaît, non dans la justice de Dieu qu'il n'aime pas, mais dans le malheur de celui qu'il hait. Quand il remet à Dieu le jugement de son ennemi, c'est qu'il désire que Dieu le châtie plus qu'il ne pourrait le faire lui-même. Quand il donne à manger son ennemi qui a faim ou à boire à son ennemi qui a soif, c'est par une interprétation maligne de ces paroles de l'Apôtre : « En faisant cela, vous amassez sur sa tête des charbons de feu (*Rom.*, xii, 20). » En effet, il agit ainsi pour aggraver encore et

maledicto (I *Pet.*, iii, 9) : « et » Nulli malum pro malo reddentes (*Rom.*, xii, 17) ? » Si enim malum pro malo non est cuiquam reddendum ; non solum factum malum pro facto malo, sed nec votum malum reddendum est pro facto vel voto malo. Reddit autem votum malum, qui etiamsi non ipse vindicat, tamen ut ejus inimicum Deus puniat, exspectat atque optat. Quapropter cum et homo justus et homo malus de inimicis suis velint a Domino vindicari, unde discernentur, nisi quia justus et magis cupit inimicum suum corrigi, quam puniri ; et cum in eum videt a Domino vindicari, non ejus delectatur pœna, quia non eum odit ; sed divina justitia, quia Deum diligit ? Denique si in hoc sæculo in eum vindicatur, vel pro illo etiam lætatur si corrigitur ; vel certe pro aliis, ut eum timeant imitari. Ipse quoque fit melior, non supplicio illius odia sua pascendo, sed errata emendando. Ac per hoc de benevolentia, non de malitia est quod lætatur justus, cum videt vindictam, et manus suas lavat, id est, opera mundiora efficit in sanguine, hoc est, in exitio peccatoris, sumens inde non mali alieni gaudium, sed divinæ admonitionis exemplum. Si autem in futuro sæculo ultimo Dei judicio vindicatur, hoc ei placet quod Deo ; ne bene sit malis, ne piorum præmiis etiam impii perfruantur : quod utique injustum est, et a regula veritatis, quam justus diligit, alienum. Cum enim nos ad diligendos inimicos Dominus hortaretur, exemplum proposuit Patris nostri qui in cœlis est, qui facit solem suum oriri super bonos et malos, et pluit super justos et injustos (*Matth.*, v, 45) : numquid tamen ideo vel temporalibus correptionibus non emendat, vel pertinaciter duros in fine non damnat? Sic ergo inimicus diligatur, ut non displiceat Domini justitia, qua punitur ; et sic placeat justitia qua punitur, ut non de malo ejus, sed de bono judice gaudeatur. Malevolus vero animus contristatur, si ejus inimicus correctus evaserit pœnam : et cum puniri eum videt, vindicari se ita gaudet, ut non justitia Dei, quem non diligit ; sed illius, quem odit,

exciter l'indignation de Dieu dont il croit que ces charbons de feu sont la figure. Il ne comprend pas que ce feu est la brûlante douleur du repentir, qui fait qu'un jour cette tête, orgueilleusement levée, se courbe par une salutaire humilité sous le poids des bienfaits d'un ennemi, et que la méchanceté de l'un est vaincue par la bonté de l'autre. C'est pourquoi l'Apôtre a eu grand soin d'ajouter : « Ne vous laissez pas vaincre par le mal, mais triomphez du mal par le bien (*Ibid.*, 21). » Mais comment celui qui n'est bon qu'à la surface et mauvais au fond, qui épargne son ennemi par les œuvres et sévit par le cœur contre lui, dont la main est douce et la volonté cruelle; comment celui-là pourrait-il triompher du mal par le bien? Le Psaume renferme donc sous la forme d'une prière, une prédiction de vengeance contre les impies, prédiction que nous devons interpréter en ce sens que les Saints de Dieu ont aimé leurs ennemis, et n'ont voulu pour personne que le vrai bien, c'est-à-dire la piété en cette vie et l'éternité heureuse en l'autre; qu'au sujet du châtiment des méchants, ils se sont complu, non dans leurs souffrances, mais dans les bons jugements de Dieu; enfin, que partout où dans les saintes Écritures, nous voyons exprimer la haine des saints contre des hommes, il n'est réellement question de haine que contre leurs vices, que tout homme qui s'aime doit haïr en lui-même.

15. Quant au verset suivant : « Que les gémissements des captifs mis dans les entraves montent jusqu'à votre présence, » ou, selon d'autres manuscrits, « en votre présence (*Ps.*, LXXVIII, 12); » il est difficile de trouver des saints mis dans les entraves par leurs persécuteurs, et si cela est arrivé, au milieu d'une si grande variété et d'un si grand nombre de supplices, le fait est assez rare pour qu'il n'y ait point lieu de croire que, dans ce verset, le Prophète ait eu quelque exemple en vue. Mais ces entraves ne sont autre chose que la faiblesse et la corruptibilité du corps humain, par lesquelles l'âme est appesantie. En effet, au moyen de cette fragilité du corps, qui fournissait au persécuteur une ample matière de souffrances et de tortures, ne pouvait-il pas porter sa victime à l'impiété? C'est de ces entraves que l'Apôtre désirait être débarrassé par la mort, pour être avec le Christ, tout en disant qu'il était nécessaire pour lui de rester dans la chair, à cause de ceux auxquels il prêchait l'Évangile (*Philip.*, I, 23). Jusqu'au moment donc où ce qui est corruptible en nous aura revêtu l'incorruptibilité, et ce qui est mortel l'immortalité (I *Cor.*, XV, 52); notre chair affaiblie comprime, comme par des entraves, l'élan de notre esprit. Mais, ces entraves, il n'y a pour

---

miseria delectetur : et cum Deo dimittit judicium, ut plus noceat Deus, quam ipse nocere posset, exoptat : et cum dat cibum inimico esurienti, potumque sitienti, malitiose sapit quod scriptum est, « Hoc enim faciens carbones ignis congeres super caput ejus (*Rom.*, XII, 20). » Agit enim ut amplius aggravet, et ei excitet indignationem Dei, quam carbonibus ignis significari putat; non intelligens illum ignem esse pœnitentiæ urentem dolorem, quo usque caput erectum superbia beneficiis inimici ad humilitatem salubrem deponitur, et in bono illius hujus malum vincitur. Unde Apostolus vigilanter adjunxit, « Noli vinci a malo, sed vince in bono malum (*Ibid.*, 21). » Quomodo autem potest vincere in bono malum in superficie bonus, et in (*a*) alto malus; qui opere parcit, et corde sævit; manu mitis, voluntate crudelis? Sic ergo specie poscentis in hoc Psalmo futura in impios vindicta prophetatur, ut intelligamus sanctos homines Dei suos inimicos dilexisse, nec cuiquam voluisse nisi bonum, quod est pietas in hoc sæculo, æternitas in futuro : in pœnis autem malorum, non malis eorum, sed Dei bonis judiciis fuisse delectatos; et ubicumque in Scripturis sanctis leguntur in homines odia eorum, odia fuisse vitiorum, quæ ipse etiam unusquisque hominum oderit oportet in se, si diligit se.

15. Jam vero quod sequitur, « Intret ante conspectum tuum, » vel sicut alii codices habent, « in conspectu tuo gemitus compeditorum (*Ps.*, LXXVIII, 11) : » non facile quisquam reperit conjectos in compedes a persecutoribus sanctos; et si accidit in tam magna atque multiplici varietate pœnarum, tam raro accidit, ut non sit credendum hoc in isto versu quod commemoraret potissimum elegisse Prophetam. Sed nimirum compedes sunt infirmitas, et corruptibilitas corporis, quæ aggravant animam. Per ejus enim fragilitatem, velut quorumdam dolorum molestiarumque materiam, ad impietatem poterat compellere persecutor. Ab his compedibus concupiscebat dissolvi Apostolus, et esse cum Christo (*Philip.*, I, 23);

(*a*) Sic MSS. At editi, *in abdito*.

les sentir que ceux qui gémissent en eux-mêmes de cet appesantissement (II *Cor.*, v, 4), dans le désir qu'ils éprouvent d'être revêtus, par-dessus leur corps mortel, de leur habitation qui est du ciel ; parce qu'ils trouvent de l'horreur dans la mort et de la douleur dans cette vie mortelle. Le Prophète gémit dans le cœur de ces captifs, qui gémissent eux-mêmes pour que leur gémissement monte en la présence de Dieu. On peut encore entendre par ces captifs, ceux qui sont liés par les préceptes de la sagesse, lesquels deviennent l'ornement de l'âme, quand elle a su en porter patiemment le joug. C'est en ce sens qu'il est écrit : « Mettez vos pieds dans les fers de la sagesse (*Eccli.*, vi, 25). » « Recevez en adoption dans la puissance de votre bras les enfants de ceux qui ont été mis à mort ; » ou, comme on lit dans d'autres manuscrits, « possédez les enfants de ceux qui ont été mis à mort (*Ps.*, lxxviii, 11). » Ces paroles me paraissent établir que l'Écriture montre suffisamment quels étaient les gémissements des captifs qui ont souffert, pour le nom du Christ, les terribles persécutions prophétisées ouvertement par le Psaume. Au milieu de leurs divers supplices, ils priaient donc pour l'Église, afin que leur sang ne coulât pas inutilement pour leur postérité, et que la moisson du Sauveur puisât une vigueur nouvelle dans ces choses mêmes où ses ennemis voyaient pour elle des germes de mort. Le Prophète appelle « enfants de ceux qui ont été mis à mort, » ceux qui non-seulement n'ont pas été effrayés par les souffrances des martyrs qui les précédaient, mais en outre qui ont cru par troupes innombrables en celui pour le nom duquel ils savaient que les martyrs avaient souffert, enflammés qu'ils étaient à les imiter par le puissant attrait de leur gloire. C'est pourquoi le Prophète a dit : « Dans la puissance de votre bras (*Ibid.*). » Car les effets des persécutions ont été si extraordinaires au milieu du peuple chrétien, que ceux qui croyaient détruire l'Église par ce moyen n'avaient jamais imaginé qu'elles auraient ce résultat.

16. « Versez dans le sein de nos voisins sept fois autant de mal qu'ils nous en ont fait (*Ibid.*, 12). » Le Psalmiste ne leur souhaite pas de mal ; mais il annonce la juste punition de leurs fautes, et il prophétise l'avenir. Par le nombre sept, c'est-à-dire par ce mal sept fois rendu, il veut faire comprendre que la punition sera pleine, parce que l'on emploie souvent le nombre sept pour exprimer la totalité. C'est ainsi qu'il est dit des justes que, dès ce monde, ils recevront sept fois ce qu'ils auront quitté (*Marc*, x, 30). Le nombre sept désigne tout ce que re-

---

manere autem in carne necessarium propter illos, quibus Evangelium ministrabat. Donec ergo corruptibile hoc induat incorruptionem, et mortale hoc induat immortalitatem (I *Cor.*, xv, 53), velut compedibus caro infirma promptum impedit spiritum. Has ergo compedes non sentiunt, nisi qui in semetipsis ingemiscunt gravati, habitaculum quod de cælo est superindui cupientes (II *Cor.*, v, 4) : quia et mors horrori est, et mærori vita mortalis. Pro his Propheta gementibus ingemit, ut intret in conspectu Dei gemitus eorum. Possunt et illi intelligi compediti, qui præceptis sapientiæ colligati sunt, quæ patienter sustentata in ornamenta vertuntur : unde scriptum est, « Injice pedem tuum in compedes ejus (*Eccli.*, vi, 34). » « Secundum magnitudinem, inquit, brachii tui, recipe in adoptionem filios mortificatorum : » vel, sicut in aliis codicibus legitur, « posside filios (a) morte punitorum. » Ubi satis mihi videtur ostendisse Scriptura, quis fuerit gemitus compeditorum, qui pro nomine Christi persecutiones gravissimas pertulerunt, quæ in isto Psalmo apertissime prophetantur. In diversis enim passionibus constituti orabant pro Ecclesia, ne infructuosus esset posteris sanguis illorum ; ut Dominica seges, unde inimici eam putabant perituram, inde feracius pullularet. « Filios » quippe « mortificatorum » dicit, qui non solum non sunt territi præcedentium passionibus, sed in eum pro cujus nomine passos eos noverant, exhortante illorum gloria ad imitandum accensi, copiosissimis agminibus crediderunt. Ideo dixit, « Secundum magnitudinem brachii tui. » Res enim tam magna secuta est in populis Christianis, ut eam qui se aliquid persequendo proficere putabant, nullo modo crederent secuturam.

16. « Redde, inquit, vicinis nostris septies tantum in sinus eorum (*Ps.*, lxxviii, 12). » Non mala optat ; sed justa prænuntiat, et ventura prophetat. Septenario autem numero, id est, septupla retributione perfectionem pœnæ vult intelligi ; quia isto numero plenitudo significari solet (*Marci*, x, 30). Unde et illud est in bonis, (b) Accipiet in hoc sæculo septies tantum quod positum est pro omnibus. « Quasi nihil haben

---

(a) Omnes nostri MSS. *mortificatorum*. (b) Sic meliores MSS. At editi, *in bonis accipiendum. Et in hoc* etc.

cevront les justes, qui sont en ce monde « comme n'ayant rien et possédant tout (II *Cor.*, vi, 10). » Le Prophète dit « nos voisins, » parce que l'Église habite au milieu de ses ennemis jusqu'au jour de la séparation ; car, pour le présent, il ne se fait aucune séparation visible. Il dit : « Versez dans le sein, » c'est-à-dire dans le secret, afin que la vengeance qui se fait aujourd'hui secrètement « éclate à nos yeux au milieu des nations (*Ibid.*, 10). » Et, en effet, quand un homme est livré à son sens dépravé, il reçoit intérieurement, dans son sein, la menace des supplices à venir qu'il a mérités. « Et l'opprobre qu'ils ont jeté sur vous, Seigneur (*Ibid.*, 12). » Versez dans leur sein sept fois autant d'opprobre ; c'est-à-dire en punition de l'opprobre qu'ils ont voulu jeter sur vous, repoussez-les entièrement dans le secret de leurs cœurs. C'est là, en effet, qu'ils ont jeté l'opprobre sur vous, en conservant l'espoir d'effacer votre nom de la terre, par la destruction de vos serviteurs.

17. « Mais nous, votre peuple (*Ibid.*, 13), » ces paroles s'appliquent, en général, à toutes sortes d'hommes pieux et de vrais chrétiens. « Nous » donc, qu'ils croyaient pouvoir perdre, « nous, votre peuple et les brebis de votre troupeau (*Ibid.*), » afin que quiconque se glorifie, le fasse dans le Seigneur (I *Cor.*, i, 21), « nous confesserons votre nom pour le siècle (*Ps.*, LXXVIII, 13). » Quelques manuscrits portent « pour l'éternité. » Cette différence provient de l'ambiguité du texte, grec ; car les mots : εἰς τὸν αἰῶνα, peuvent se traduire : « pour le siècle » ou « pour l'éternité ; » et, suivant le cas, il y a lieu d'adopter l'une ou l'autre de ces interprétations. Or, le sens général de ce passage me paraît indiquer de préférence « pour le siècle, » c'est-à-dire jusqu'à la fin du siècle. Le verset suivant, d'après la coutume des Écritures et surtout des Psaumes, répète le précédent, toutefois en changeant l'ordre des pensées, et en mettant en premier lieu ce qui ne venait qu'après, et en second lieu ce qui était dit d'abord. Ainsi, dans le premier verset, il est dit : « Nous confesserons votre nom ; » et il est dit dans le second : « Nous annoncerons votre louange ; » dans le premier verset « pour le siècle, » et dans le second « de génération en génération (*Ibid.*). » Cette répétition du mot génération indique la perpétuité des temps, ou bien, comme l'interprètent quelques personnes, elle indique deux générations, l'ancienne et la nouvelle. Mais toutes deux s'accomplissent en ce siècle ; car celui qui ne renaît pas de l'eau et de l'esprit n'entrera pas dans le royaume des Cieux (*Jean*, iii, 5). D'autre part, c'est en ce siècle qu'on annonce la louange de Dieu ; car, dans la vie future, où nous verrons Dieu tel qu'il est (I *Jean* iii, 2), il n'y aura plus personne à qui il soit besoin de l'annoncer. « Nous donc, votre peuple et les brebis de votre

---

tes, et omnia possidentes (II *Cor.*, vi, 10). » Vicinos dicit, quia inter illos habitat Ecclesia usque in diem separationis : non enim modo fit discessio corporalis. « In sinus eorum » dicit, utique nunc in occultis ; ut vindicta quæ in hac vita agitur in occulto, post innotescat in nationibus ante oculos nostros. Homo namque cum datur in reprobum sensum, in interiore sinu accipit suppliciorum meritum futurorum. « Opprobrium eorum, quod exprobraverunt tibi, Domine. » Hoc eis redde septuplum in sinus eorum, id est, pro isto opprobrio eos in occultis eorum plenissime reproba. Ibi enim exprobraverunt nomen tuum, te arbitrantes in servis tuis delere de terra.

17. « Nos autem populus tuus (*Psal.*, LXXVIII, 13) ; » generaliter accipiendum de omni genere piorum et verorum Christianorum. « Nos » ergo quos perdere se posse putaverunt « populus tuus, et oves gregis tui » « qui gloriatur, in Domino glorietur (I *Cor.*, i, 31), » « confitebimur tibi in sæculum. » Alii autem codices habent, « confitebimur tibi in æternum. » Ex ambiguo Græco facta est ista diversitas. Quod enim habet Græcus εἰς τὸν αἰῶνα, et in æternum, et in sæculum interpretari potest : sed pro loco intelligendum quid melius interpretandum sit. Sensus ergo hujus loci magis mihi videtur ostendere, in sæculum dici oportere, id est, usque in finem sæculi. Sequens autem versus more Scripturarum, maximeque Psalmorum, repetitio superioris est ordine commutato, prius habens quod ibi est posterius, et posterius quod ibi est prius. Nam quod ibi dictum est, « confitebimur tibi ; » pro ipso hic dictum est, « annuntiabimus laudem tuam. » Quod itaque ibi dictum est, « in sæculum ; » pro ipso hic dictum est, « in generationem et generationem. » Ista quippe generationis repetitio perpetuitatem significat : sive, ut nonnulli intelligunt, quia duæ sunt generationes, vetus et nova. Sed in hoc sit sæculo utraque. « Quoniam qui non renatus fuerit ex aqua et Spiritu, non intrabit in regnum cælorum (*Johan.*, iii, 5). » Deinde quia in isto sæculo annun-

troupeau, » que nos ennemis ont cru pouvoir détruire par leurs persécutions, « nous confesserons votre nom pour le siècle, » l'Église devant subsister jusqu'à la fin du siècle, malgré leurs efforts pour la perdre; et, « de génération en génération, nous annoncerons votre louange (*Ps.* LXXVIII, 13), qu'ils ont voulu faire cesser en s'efforçant de nous détruire. Nous avons déjà dit que dans beaucoup d'endroits des saintes Écritures le mot confession est l'équivalent du mot louange ; par exemple, dans ce passage : « Vous direz, en confessant le nom de Dieu, que tous les ouvrages du Seigneur sont excellents (*Eccli.*, XXXIX, 20). » Cette signification est surtout remarquable dans une parole du Sauveur, qui n'avait assurément aucun péché à confesser par repentir : « Je vous confesse, ô mon Père, Seigneur du ciel et de la terre, parce que vous avez caché ces choses aux sages et aux prudents, et que vous les avez révélées aux petits (*Matth.*, XI, 25). » Je vous ai fait cette remarque pour vous donner plus clairement à comprendre que cette parole : « nous annoncerons votre louange, » n'est que la répétition de celle qui précédait : « nous confesserons votre nom (*Ps.*, LXXVIII, 13). »

tiatur laus Dei, nam in futuro sæculo cum videbimus eum sicuti est (I *Johan.*, III, 2), cui deinceps annuntietur, non erit. « Nos ergo populus tuus, et oves gregis tui, » quas persequendo illi crediderunt se posse consumere : « confitebimur tibi in sæculum, » permanente utique Ecclesia usque in finem, quam illi delere conati sunt : « in generationem et generationem annuntiabimus laudem tuam ; » quæ laus ut taceretur, nos finire conati sunt. Multis autem jam locis sanctarum Scripturarum insinuavimus confessionem etiam pro laude poni : sicuti est illud,

« Hæc dicetis in confessione, Opera Domini universa quoniam bona valde (*Eccli.*, XXXIX, 20).» Maximeque illud quod ait ipse Salvator, qui nullum habebat omnino peccatum, quod pœnitendo confiteretur : «Confiteor tibi, Pater Domine cœli et terræ, quia abscondisti hæc a sapientibus et prudentibus, et revelasti ea parvulis (*Matth.*, XI, 25). » Hoc dixi, ut apertius intelligatur, id esse repetitum in eo quod dictum est, « annuntiabimus laudem tuam ; « quod superius dictum erat, « confitebimur tibi. »

DISCOURS [1] SUR LE PSAUME LXXIX.

1. Il n'y a pas, dans ce Psaume, beaucoup de passages qui offrent à la parole de l'orateur des difficultés à vaincre ou à l'attention des auditeurs des obstacles à écarter. C'est pourquoi, avec l'aide de Dieu, désireux d'entendre et de voir ce qui a été prophétisé et prédit, comme déjà formés à l'école du Christ, nous devons passer rapidement sur les endroits qui sont

IN PSALMUM LXXIX.

ENARRATIO.

1. Non adeo multa sunt in hoc Psalmo, in quibus sermo noster patiatur difficultatem, vel intentio auditorum intelligendi impedimentum. Proinde adjuvante Domino, cum affectu audiendi et videndi jam quæ prophetata et prædicta sunt, tamquam eruditi in schola Christi, currere debemus quæ plana sunt : ut si forte obscura exigant officium interpretandi, ea quæ plana sunt legendi officium a me debeant

[1] Discours au peuple, prononcé après l'explication du Psaume LXXIII, dont il est parlé plus bas, au n° 10.

clairs ; parce que, s'il en est d'obscurs qui exigent de moi l'office d'interprète, ceux qui sont clairs ne demandent de moi que l'office de lecteur. Le Psaume est un chant sur l'avénement de Notre Seigneur et Sauveur Jésus-Christ, et sur sa vigne. Mais ce chant est d'Asaph, éclairé et changé, autant que nous pouvons en juger, et Asaph, vous le savez, signifie « Synagogue. » Voici le titre du Psaume : « Pour la fin, pour ceux qui seront changés (*Ps.*, LXXIX, 1), » et qui évidemment le seront en mieux ; car le Christ, qui est la fin de la loi (*Rom.*, x, 4), est venu sur terre pour améliorer toutes choses. On lit ensuite : « Témoignage d'Asaph (*Ps.*, LXXIX, 1). » Le témoignage de la vérité est bon. Ce témoignage a rapport au Christ et à sa vigne ; c'est-à-dire : à la tête et au corps, au roi et au peuple, au pasteur et au troupeau, au Christ et à l'Église, qui résument tout le mystère des saintes Écritures. Enfin le titre du Psaume se termine ainsi : « Pour les Assyriens (*Ibid.*). » Le mot Assyriens signifie : ceux qui redressent. Il ne s'agit donc plus de cette race qui n'a pas redressé son cœur (*Ps.*, LXXVII, 8), mais d'une race qui le redresse dès à présent. Écoutons donc ce que dit Asaph dans ce témoignage.

2. « Vous qui paissez Israël, prêtez attention. » Que veut dire : « Vous qui paissez Israël, prêtez attention, vous qui conduisez Joseph comme on conduit des brebis (*Ibid.*, 2). » C'est la venue du Sauveur qui est invoquée, sa venue qui est attendue, sa venue qui est désirée. Qu'il trouve donc des hommes qui aient redressé leur cœur. « Vous qui conduisez Joseph, comme on conduit des brebis (*Ibid.*). » Joseph lui-même est conduit comme on conduit des brebis. Les brebis ne sont autre que Joseph, et Joseph lui-même est une brebis. En entendant le nom de Joseph, bien que l'interprétation de ce nom nous aide beaucoup, parce qu'il signifie accroissement, et que le Sauveur est évidemment venu pour que le grain, après être mort dans la terre, en sortît multiplié au centuple (*Jean.*, XII, 23), c'est-à-dire pour que le peuple de Dieu s'accrût ; cependant, d'après ce que vous connaissez de l'histoire de Joseph, rappelez-vous qu'il a été vendu par ses frères, qu'il a été déshonoré par les siens, et élevé en honneur parmi les étrangers (*Genèse*, XXXVII, 28 — XLI, 40), et vous saurez alors dans le troupeau de qui nous devons être compris, en même temps que ceux qui ont redressé leur cœur. De la sorte, la pierre rejetée par ceux qui le bâtissaient deviendra le sommet de l'angle (*Matth.*, XXI, 42 ; — *Ps.*, CXVII, 22), liant entr'elles les deux murailles venues de différents côtés, qui se sont réunies dans l'angle. « Vous qui êtes assis sur les

---

flagitare. Cantatur hic de adventu Domini et Salvatoris nostri Jesu Christi, et de vinea ejus. Sed cantat ille Asaph, quantum apparet, illuminatus atque correctus, cujus nomine nostis significari synagogam. Denique titulus Psalmi est, « In finem pro his qui immutabuntur (*Ps.*, LXXIX, 1) : » utique in melius. Quoniam Christus finis Legis ideo venit (*Rom.*, x, 4), ut immutet in melius. Et addit, « testimonium (*a*) ipsi Asaph. » Bonum testimonium veritatis. Denique hoc testimonium et Christum et vineam confitetur ; hoc est, caput et corpus, regem et plebem, pastorem et gregem, et totum omnium Scripturarum mysterium Christum et Ecclesiam. Concludit autem titulus Psalmi, « pro Assyriis. » Assyrii interpretantur, dirigentes. Jam ergo non sit generatio quæ cor non direxit suum (*Psal.*, LXXVII, 8), sed generatio jam dirigens. Ergo audiamus quid dicat in hoc testimonio.

2. « Qui pascis Israël intende (*Psal.*, LXXIX, 2). »

Quid est, « Qui pascis Israël intende, qui deducis velut oves Joseph ? » Invocatur ut veniat, exspectatur ut veniat, desideratur ut veniat. Ergo dirigentes inveniat : « Qui deducis, inquit, velut oves Joseph : » ipsum Joseph velut oves. Ipse Joseph oves sunt, et ipse Joseph ovis est. Audito Joseph, quamquam et interpretatio ejus nominis multum juvet ; significat enim augmentum, et ideo utique venit ille, ut mortificatum granum multipliciter surgeret (*Johan.*, XII, 23), hoc est augeretur populus Dei : tamen ex eo quod jam nostis contigisse Joseph, veniat in mentem a fratribus venditus (*Gen.*, XXXVII, 28), veniat a suis exhonoratus, apud alienigenas exaltatus (*Gen.*, XLI, 40) ; et intelligetis in cujus grege esse debeamus, simul cum illis qui jam dirigunt cor suum, « ut lapis reprobatus ab ædificantibus fiat in caput anguli (*Matth.*, XXI, 42), « tenens duos parietes de diverso venientes, sed in angulo concordantes (*Psal.*, CXVII, 22). « Qui sedes super Cherubim. » Cherubim sedes

(*a*) Editi, *ipsius Asaph*. Meliùs MSS. *ipsi* : juxta LXX.

Chérubins. » Les Chérubins sont le siége de la gloire de Dieu et leur nom veut dire : Plénitude de la science. C'est sur eux que Dieu est assis dans la plénitude de sa science. Mais, quoique les Chérubins soient élevés au-dessus des Puissances et des Vertus des Cieux, cependant, si vous le voulez, vous serez un Chérubin. Car, si les Chérubins sont le siége de Dieu, écoutez ce que dit l'Écriture : « L'âme du juste est le siége de la sagesse (*Sag.*, VII). » Mais, dites-vous, comment devenir la plénitude de la science? Qui peut remplir cette condition? Vous avez moyen de la remplir; « L'amour est la plénitude de la loi (*Rom.*, XIII, 10). » Gardez-vous donc de courir et de vous étendre çà et là. La vaste étendue des rameaux vous effraye? Restez à la racine et ne pensez pas à la grandeur de l'arbre. Que l'amour vienne en vous et la plénitude de la science l'y suivra inévitablement. Que peut ignorer en effet celui qui sait aimer, puisqu'il a été dit : « Dieu est amour (I *Jean*, IV, 8)? »

3. « Vous qui êtes assis sur les Chérubins, apparaissez (*Ps.*, LXXIX, 2). » En effet, nous nous sommes égarés, parce que vous n'apparaissiez pas. « Devant Ephraïm, Benjamin et Manassé (*Ibid.*, 3). » Apparaissez, dis-je, devant la nation des Juifs, devant le peuple d'Israël; là en effet se trouve Ephraïm, là se trouve Benjamin, là se trouve Manassé. Mais voyons ce que ces noms signifient : Ephraïm veut dire, Fructification; Benjamin, le fils de la droite; et Manassé, qui a oublié. Apparaissez devant celui qui a fructifié, devant le fils de la droite, devant celui qui a oublié; afin que désormais il n'oublie plus, mais que vous, qui l'avez délivré, vous soyez présent à sa pensée. Si, en effet, les nations se souviennent, et si tous les confins de la terre se convertissent au Seigneur (*Ps.*, XXI, 28), le peuple issu d'Abraham n'a-t-il pas lui-même son mur qu'il doit porter avec joie au sommet de l'angle, puisqu'il est écrit : « Les restes seront sauvés (*Rom.*, IX, 27). » « Excitez votre puissance (*Ps.*, LXXIX, 3). » Car vous étiez faible quand les Juifs disaient : « S'il est le Fils de Dieu, qu'il descende de dessus la croix (*Matth.*, XXVII, 40). » Vous paraissiez sans force, le persécuteur l'emportait sur vous. Il y avait longtemps déjà que vous aviez annoncé figurément cette faiblesse, quand Jacob demeura vainqueur dans sa lutte contre un ange, lui qui n'était qu'un homme. Comment cela serait-il arrivé si l'ange ne l'eût voulu? L'homme l'emporte donc, l'ange est vaincu, et l'homme vainqueur retient l'ange et lui dit : « Je ne vous laisserai point aller que vous ne m'ayez béni (*Gen.* XXXII, 26). » Grand mystère! Le vaincu est debout et bénit le vainqueur. Il a été vaincu, parce qu'il a voulu l'être; faible dans la chair qu'il a prise,

---

est gloriæ Dei, et interpretatur plenitudo scientiæ. Ibi sedet Deus in plenitudine scientiæ. Licet intelligamus Cherubim sublimes esse cælorum potestates atque virtutes : tamen si vis, eris Cherubim. Si enim Cherubim sedes est Dei, audi quid dicat Scriptura : « Anima justi, sedes est sapientiæ (*Sap.*, VII). » Quomodo, inquis, ero plenitudo scientiæ? quis hoc implet? Habes unde impleas : « Plenitudo Legis caritas (*Rom.*, XIII, 10).» Noli per multa ire atque distendi. Terret te ramorum diffusio : radicem tene, et de magnitudine arboris noli cogitare. Sit in te caritas, et necesse est plenitudo scientiæ consequatur. Quid enim nescit qui caritatem scit? Quando quidem dictum est, « Deus caritas est (I *Johan.*, IV, 8).»

3. « Qui sedes super Cherubim, appare. » Ideo enim erravimus, quia non apparebas. « Coram Ephræm et Benjamin et Manasse (*Psal.*, LXXIX, 3). » Appare, inquam, coram gente Judæorum, coram populo Israel. Ibi enim Ephræm, ibi Manasses, ibi Benjamin. Sed interpretationem videamus : Ephræm fructificatio, Benjamin filius dexteræ, Manasses oblitus. Appare enim coram fructificato, coram filio dexteræ; appare coram oblito, ut jam non sit oblitus, sed venias illi in mentem qui liberasti. Si enim Gentes commemorabuntur, et convertentur ad Dominum universæ fines terræ (*Psal.*, XXI, 28) : populus ipse de Abraham veniens, non habuit parietem suum qui gaudeat in angulo, cum scriptum sit, «Reliquiæ salvæ fient (*Rom.*, IX, 27)? » « Excita potentiam tuam. » Nam infirmus eras, quando dicebatur, « Si filius Dei est, descendat de cruce (*Matth.*, XXVII, 40).» Nihil valere videbaris : prævaluit super te persecutor : et demonstrasti hoc antea, quia et Jacob ipse prævaluit in lucta, homo Angelo. Quando, nisi vellet Angelus? et prævaluit homo, et victus est Angelus; et victor homo tenet Angelum, et dicit, « Non di-

---

(*a*) Sic MSS. At editi *apposuit*.

il est fort dans sa majesté. Et il le bénit: « Vous vous appellerez Israël, » lui dit-il (*Ibid.*, 25). Cependant il lui toucha le plat de la cuisse et le nerf se déssécha et l'ange laissa le même homme tout à la fois béni et boiteux. Vous voyez que le peuple d'Israël a boité: voyez en même temps que la race des Apôtres est bénie. « Excitez donc votre puissance. » Combien de temps encore paraîtrez-vous faible? Crucifié dans votre faiblesse, levez-vous dans votre force (II *Cor.*, XIII, 4). « Excitez donc votre puissance et venez, afin de nous sauver (*Ps.*, LXXIX, 3). »

4. « O Dieu, retournez-nous vers vous (*Ibid.*, 4). » Nous nous sommes détournés de vous, et si vous ne nous retournez vers vous, nous ne le ferons pas de nous-mêmes. « Éclairez votre visage, et nous serons sauvés (*Ibid.*). » Est-ce que Dieu a le visage ténébreux? Dieu n'a pas le visage ténébreux, mais il a caché ce visage sous le nuage de la chair et comme sous le voile de la faiblesse : il a été méconnu quand il était suspendu sur la croix, mais pour être reconnu quand il sera assis dans le ciel. C'est ainsi que les choses se sont passées. Le Christ était présent sur la terre et y faisait des miracles, Asaph ne l'a pas connu : mais le Christ est mort, il est ressuscité, il est monté au ciel, et Asaph l'a reconnu; il a été touché de componction et il a rendu au Christ ce témoignage, que nous trouvons maintenant dans le Psaume : « Éclairez votre visage et nous serons sauvés (*Ibid.*). » Vous avez voilé votre visage, nous avons été malades : éclairez votre visage et nous serons sauvés.

5. « Seigneur, Dieu des armées, jusques à quand serez-vous irrité contre la prière de votre serviteur (*Ibid.*, 5)? » de celui qui est maintenant votre serviteur. Vous vous irritez contre la prière de votre ennemi, vous irriterez-vous encore contre la prière de votre serviteur? Vous nous avez retournés vers vous, nous vous avons reconnu, vous irriterez-vous encore contre la prière de votre serviteur! Oui, vous vous irriterez encore, mais votre colère sera celle d'un père qui corrige et non celle d'un juge qui condamne. Vous vous irriterez encore, parce qu'il est écrit : « Mon fils, en entrant au service de Dieu, tenez-vous dans la justice et dans la crainte, et préparez votre âme à la tentation (*Eccli.*, II, 1). » Ne croyez pas que la colère de Dieu soit passée, dès que vous êtes revenu à lui ; elle est passée, mais seulement pour ne point vous condamner éternellement. Mais il vous châtie, il ne vous épargne point, parce qu'il châtie tout fils qu'il reçoit (*Héb.*, XII, 6). Si vous refusez d'être châtié, pourquoi désirez-vous d'être reçu. Il châtie tout fils, parce qu'il n'a point épargné son Fils unique. Cependant, « jusques à quand serez-vous irrité contre la prière de votre servi-

---

mittam te, nisi benedixeris me (*Gen.*, XXXII, 26). » Magnum sacramentum. Et stat victus, et benedicit victorem. Victus, quia voluit; carne infirmus, majestate fortis. « Et benedixit, Vocaberis, inquit, Israel (*Ibid.*).» Tetigit tamen et femoris latitudinem, et aruit, eumdemque hominem unum fecit et benedictum et claudum. Vides claudicasse populum Judæorum : vide ibi et benedictum genus Apostolorum. « Excita ergo potentiam tuam. » Quamdiu videris infirmus? Crucifixus ex infirmitate, resurge in virtute (II *Cor.*, XIII, 4) : « Excita potentiam tuam, et veni, ut salvos facias nos. »

4. « Deus converte nos (*Ps.*, LXXIX, 4). » Aversi enim sumus a te, et nisi tu converteris, non convertemur. « Et illumina faciem tuam, et salvi erimus. » Numquid ille obscuram habet faciem? Non habet obscuram faciem, sed (*a*) apposuit in nubem carnis, et tamquam velum infirmitatis, et non est putatus ipse cum penderet in ligno, agnoscendus cum sederet in cælo. Nam ita factum est. Præsentem in terra Christum et miracula facientem non agnovit Asaph, mortuum tamen postea quam resurrexit et adscendit in cælum, agnovit, compunctus est, dixerit et de illo totum hoc testimonium, quod modo agnoscimus in hoc Psalmo. « Illumina faciem tuam, et salvi erimus. » Obtexisti faciem tuam, et ægrotavimus : illumina illam, et salvi erimus.

5. « Domine Deus virtutum usque quo irasceris in orationem servi tui (*Ibid.*, 5)? » Jam servi tui. Irascebaris in orationem inimici tui, adhuc irasceris in orationem servi tui ? Convertisti nos, agnovimus, et adhuc irasceris in orationem servi tui ? Ita plane irasceris, ut pater corrigens, non ut judex damnans. Ita plane irasceris, quia scriptum est, « Fili accedens ad servitutem Dei, sta in justitia et timore, et præpara animam tuam ad tentationem (*Eccli.*, II, 1). » Ne putes jam transisse iram Dei, quia conversus es; transiit, sed ne damnet in æternum. Flagellat autem, non parcit : quia « flagellat omnem filium quem recipit (*Hebr.*, XII, 6). » Si flagellari detrectas, recipi

---

(*a*) Sic MSS. At editi, *opposuit.*

teur (*Ibid.*)? » Il n'est plus votre ennemi; c'est contre la prière de votre serviteur que vous vous irritez : mais jusques à quand?

6. Il continue : « Jusques à quand nous nourrirez-vous d'un pain de larmes, et nous abreuverez-vous de nos pleurs avec mesure (*Ibid.*, 6) ? Que veut dire : « avec mesure? » Écoutez l'Apôtre : « Dieu est fidèle; il ne permettra pas que vous soyez tentés au-delà de ce que vous pourrez supporter (1 *Cor.*, x, 13). » Cette mesure est celle de vos forces; cette mesure est ce qu'il faut pour vous instruire, et non pour vous accabler.

7. « Vous nous avez mis en butte aux contradictions de nos voisins (*Ibid.*, 7). » Cette parole s'est évidemment accomplie : car des enfants d'Asaph ont été choisis pour aller vers les Gentils, leur prêcher le Christ et s'entendre dire : « Quel est cet homme qui nous annonce des dieux nouveaux (*Act.*, XVII, 18) ? » « Vous nous avez mis en butte aux contradictions de nos voisins. » Ils prêchaient en effet celui qui a suscité toutes les contradictions. Qui prêchaient-ils ? Le Christ mort et ressuscité. Qui pouvait entendre cette doctrine ? Qui la connaissait ? Quelle étrange nouveauté ! Mais les miracles suivaient cette prédication, et les miracles donnaient créance à une vérité incroyable. On contredisait, mais le contradicteur était vaincu, et de contradicteur il devenait fidèle. Là, cependant, était allumé un violent incendie. Là, les martyrs étaient nourris d'un pain de larmes, et abreuvés de pleurs, avec mesure toutefois; c'est-à-dire autant qu'ils en pouvaient supporter, afin qu'une couronne de joie succédât à la mesure de leurs larmes. « Et nos ennemis nous ont raillés (*Ibid.*). » Et maintenant, où sont-ils ces railleurs? On a dit longtemps : Quels sont ces adorateurs d'un mort, ces adorateurs d'un crucifié? On l'a dit longtemps. Où est maintenant le nez dédaigneux de ces railleurs? Aujourd'hui, ceux qui nous attaquent ne se cachent-ils pas dans des trous, pour n'être pas vus? « Et nos ennemis nous ont raillés (*Ibid.*). »

8. Mais voyez ce qui suit : « Seigneur, Dieu des armées, retournez-nous vers vous, éclairez votre visage, et nous serons sauvés; vous avez transporté votre vigne de l'Égypte, vous avez chassé les nations, et vous l'avez plantée à leur place (*Ibid.*, 8 et 9). » Nous le savons, c'est chose faite. Que de nations ont été chassées! Les Amorrhéens, les Céthéens, les Jébuséens, les Gergéséens et les Évéens! Après leur défaite et leur expulsion, le peuple délivré de l'Égypte a été mis en possession de la terre promise. Nous avons entendu d'où la vigne a été arrachée, et en quel endroit elle a été plantée; voyons ce qui s'est fait ensuite, comment elle a crû, de combien elle s'est accrue, et quelle étendue elle a occupée. « Vous avez transporté votre vigne de l'Égypte : vous avez chassé les nations, et

---

quare desideras? Flagellat omnem filium quem recipit. Flagellat omnem, qui et Unico non pepercit. Sed tamen « quamdiu irasceris in orationem servi tui ? » non jam inimici tui : sed, « irasceris in orationem servi tui. » Quamdiu?

6. Sequitur : « Cibabis nos pane lacrymarum, et potabis nos in lacrymis in mensura (*Ps.*, LXXIX, 6). » Quid est, « in mensura? » Apostolum audi : « Fidelis Deus qui non vos permittit tentari, supra quam potestis ferre (1 *Cor.*, x, 13). » Ipsa est mensura, pro viribus tuis : ipsa est mensura, ut erudiaris, non ut opprimaris.

7. « Posuisti nos in contradictionem vicinis nostris (*Ps.*, LXXIX, 7). » Plane factum est, nam de Asaph electi sunt qui irent ad Gentes, et prædicarent Christum, et dicerctur eis, Quis est iste novorum dæmoniorum annuntiator (*Act.*, XVII, 18)? « Posuisti nos in contradictionem vicinis nostris. » Eum enim prædicabant cui contradicebatur. Quem prædicabant? Mortuum resurrexisse Christum. Quis hoc audiat? quis hoc noverit? Nova res. Sed signa consequebantur, et incredibili rei fidem miracula faciebant. Contradicebatur, sed contradictor vincebatur, et ex contradictore fidelis efficiebatur. Ibi tamen magna flamma : ibi Martyres cibati de pane lacrymarum et potati in lacrymis, sed in mensura, non amplius quam poterant ferre ; ut post mensuram lacrymarum sequeretur corona gaudiorum. « Et inimici nostri subsannaverunt nos. » Et ubi sunt qui subsannaverunt? Diu dictum est, Qui sunt isti colentes mortuum, adorantes crucifixum? diu dictum est. Ubi est nasus subsannantium? Nonne nunc qui reprehendunt, in cavernas fugiunt, ne videantur ? « Et inimici nostri subsannaverunt nos. »

8. Sed videtis quid sequitur : « Domine Deus virtutum converte nos, et ostende faciem tuam, et salvi erimus (*Ibid.*, 8). Vineam ex Ægypto transtulisti, ejecisti gentes, et plantasti eam (*Ibid.*, 9). » Novimus, factum est. Quot gentes ejectæ sunt? Amorrhæi, Cethæi, Jebusæi, Gergesæi, et Evæi : quibus expul-

vous l'avez plantée à leur place (*Ibid.* 9). »

9. « Vous avez tracé la route devant elle, vous lui avez fait prendre racine, et elle a rempli la terre (*Ibid.*, 10). » Aurait-elle rempli la terre, si Dieu n'avait tracé la route devant elle? Quelle route a-t-il tracée devant elle? « Je suis, a-t-il dit, la voie, la vérité et la vie (*Jean*, XIV, 6). » Elle a donc pu remplir la terre. Ce qui est dit là de cette vigne est maintenant accompli pour jamais. Mais voyons ce qu'elle a été d'abord. « Son ombre a couvert les montagnes et ses branches ont dépassé les cèdres de Dieu. Vous avez étendu ses rejetons jusqu'à la mer et ses rameaux jusqu'au fleuve (*Ibid.*, 11 et 12). » Voilà qui a besoin d'être expliqué, et non pas seulement d'être lu et loué ; aidez-moi par votre attention, car ce qui est dit de cette vigne dans le Psaume peut y répandre de l'obscurité, si on n'y apporte pas une attention suffisante. Déjà, nous avons expliqué la grandeur de cette vigne ; déjà, nous avons dit et son origine et l'origine de sa grandeur : « Vous avez tracé la route devant elle, vous lui avez fait prendre racine, et elle a rempli la terre (*Ibid.*, 10). » Voilà ce que le Prophète dit de sa perfection. Mais la nation juive a été, la première, cette vigne. Or la nation juive a dominé jusqu'à la mer et jusqu'au fleuve. Jusqu'à la mer : il est constant, d'après l'Écriture, que la mer lui servait de limites (*Nombres*, XXXIV, 5). » Et jusqu'au fleuve du Jourdain : sans doute une partie des Juifs a été installée au-delà du Jourdain ; mais l'ensemble de la nation était établi en deçà. Le royaume des Juifs, le royaume d'Israël, s'étendait donc « jusqu'à la mer et jusqu'au fleuve (*Ibid.*, 11) ; » maïs non « d'une mer à l'autre et du fleuve jusqu'aux extrémités de la terre (*Ps.*, LXXI, 8). » Ce dernier développement est la parfaite extension de la vigne que le Prophète prédit ici, en ces termes : « Vous avez tracé la route devant elle, vous lui avez fait prendre racine, et elle a rempli la terre (*Ps.*, LXXIX, 10). » Par conséquent, après avoir prophétisé la perfection de la vigne, il est revenu à son commencement, à partir duquel elle s'est agrandie jusqu'à sa perfection. Voulez-vous apprendre quel a été ce commencement ? « Jusqu'à la mer et jusqu'au fleuve (*Ibid.*, 12). » Voulez-vous en connaître l'achèvement ? « Elle dominera d'une mer à l'autre, et du fleuve jusqu'aux extrémités du globe terrestre (*Ps.*, LXI, 8) ; » ce qui est la même chose que « Elle a rempli la terre (*Ps.*, LXXIX, 10). » Voyons donc le témoignage d'Asaph ; qu'il nous dise ce qui a été fait pour la première vigne, et ce qu'on doit attendre pour la seconde vigne, ou plutôt pour la même vigne. Elle est la même, en effet ; ce n'en est pas une autre. D'elle est sorti le Christ, c'est-à-

---

sis et victis, introductus est populus ex Ægypto liberatus in terram promissionis. Unde vinea ejecta sit, et ubi plantata sit, audivimus. Videamus quid deinde factum est, quomodo crediderit, quantum creverit, quid occupaverit. « Vineam ex Ægypto transtulisti, ejecisti gentes, et plantasti eam. »

9. « Viam fecisti in conspectu ejus, et plantasti radices ejus, et implevit terram (*Ibid.*, 10).» Numquid impleret terram, nisi via fieret in conspectu ejus ? Quæ via facta est in conspectu ejus ? « Ego sum, inquit, via, veritas et vita (*Johan.*, XIV, 6). » Merito implevit terram. Hoc dictum est modo de vinea ista, quod perfectum est usque in finem. Verumtamen quid prius ? « Operuit montes umbra ejus, et arbusta ejus cedros Dei (*Ibid.*, 11). Extendisti palmites ejus usque ad mare, et usque ad flumen propagines ejus (*Ibid.*, 12). » Hoc desiderat officium expositoris, non sufficit lectoris et laudatoris : adjuvate me intendendo : solet enim vineæ hujus commemoratio in hoc Psalmo caliginem facere minus intentis. Etenim magnitudo vineæ hujus jam a nobis explicata est ; (*a*) et unde facta est, et unde facta sit magna, prædictum est, « Viam fecisti in conspectu ejus, et plantasti radices ejus, et implevit terram : » hoc de perfectione ipsius dictum est. Sed tamen prima gens Judæa fuit ista vinea. Gens autem Judæa usque ad mare, et usque ad flumen regnavit. Usque ad mare: apparet in Scriptura quod mare ibi vicinum sit (*Num.*, XXXIV, 5). Et usque ad flumen Jordanem. Trans Jordanem enim aliquid Judæorum collocatum est, (*b*) intra Jordanem autem tota gens. Ergo « usque ad mare, et usque ad flumen » regnum Judæorum, regnum Israël : non autem a mari usque ad mare, et a flumine usque ad terminos orbis terræ (*Psal.*, LXXI, 8) ; illa jam perfectio vineæ est, de qua hic prædixit, « Viam fecisti in conspectu ejus, et plantasti radices ejus, et implevit terram. » Cum tibi ergo prædixisset perfectionem, rediit ad initium, de quo initio sit facta perfectio. Initium vis audire ? « Usque ad mare et usque ad flumen. » Finem vis audire ? « Dominabitur

---

(*a*) Isthæc verba, *et unde facta est*, absunt a nonnullis MSS. (*b*) Er et MSS. *infra Jordanem*.

dire le salut venu des Juifs (*Jean*, IV, 22); d'elle sont sortis les Apôtres, et les premiers croyants, qui déposaient aux pieds des Apôtres le prix de leurs biens (*Act.*, II, 45, IV, 35); c'est d'elle que sont venues toutes ces choses. Et si quelques-uns de ses rameaux ont été brisés, ils ont été brisés à cause de leur incrédulité ; mais vous, peuple des Gentils, « soyez ferme dans votre foi, gardez-vous de vous enorgueillir, mais craignez. Car si Dieu n'a pas épargné les rameaux naturels, il ne vous épargnera pas non plus. Que si vous voulez vous enorgueillir, rappelez-vous que vous ne portez pas la racine ; mais que la racine vous porte (*Rom.*, XI, 18-21). » Mais qu'était donc cette vigne à qui Dieu a tracé la route, afin qu'elle remplît la terre ? qu'était-elle d'abord ? « Son ombre a couvert les montagnes (*Ps.*, LXXIX, 11). » Quelles sont ces montagnes ? Les Prophètes. Pourquoi son ombre les a-t-elle couverts ? Parce qu'ils ont parlé avec obscurité des choses futures qu'ils ont annoncées. Les Prophètes vous disent : Observe le Sabbat, au huitième jour circoncis l'enfant, offre le sacrifice d'un bélier, d'un veau, d'un bouc ; ne vous troublez pas de ces paroles, c'est l'ombre de la vigne qui couvre les montagnes de Dieu ; après l'ombre, viendra la manifestation. « Et ses branches ont couvert les cèdres de Dieu (*Ibid.*) : » c'est-à-dire que cette vigne a couvert les cèdres de Dieu, qui sans doute sont très-élevés, mais qui sont à Dieu. Car certains cèdres figurent les orgueilleux qui doivent être renversés. Cette vigne, en croissant, a donc couvert les cèdres du Liban ou les grandeurs du monde, et les montagnes de Dieu, c'est-à-dire tous les saints Prophètes et tous les saints Patriarches.

10. Mais jusqu'où avez-vous étendu ses rejetons ? jusqu'à la mer, et ses rameaux jusqu'au fleuve (*Ibid.*, 12). Mais ensuite ? « Pourquoi avez vous détruit sa clôture (*Ibid.*, 13) ? Vous voyez maintenant que cette nation des Juifs a été renversée ; et déjà, dans un autre psaume, vous avez entendu ces paroles : « Ils l'ont abattue avec la hache et le marteau (*Ps.*, LXXIII, 6). » Comment cela pouvait-il se faire, si sa clôture n'eût été détruite ? Qu'est-ce que sa clôture ? sa forteresse. En effet, elle s'est élevée avec orgueil contre celui qui l'avait plantée. Les colons de la vigne ont frappé de verges, ont renversé, ont tué les serviteurs envoyés pour réclamer les revenus. Le fils unique du maître de la vigne est venu ; ils ont dit : « Voici l'héritier, venez, tuons-le et l'héritage nous appartiendra ;

---

a mari usque ad mare, et a flumine usque ad terminos orbis terræ (*Psal.*, LXXI, 8) : » hoc est, « implevit terram. » Videamus ergo testimonium Asaph, quid factum est primæ vineæ, quid est expectandum secundæ vineæ, immo eidem vineæ. Ipsa est enim, non enim altera est. Inde Christus salus ex Judæis (*Johan.*, IV, 22), inde Apostoli, inde primi credentes, et pretia rerum suarum ante pedes Apostolorum ponentes (*Act.*, II, 45, et IV, 35), inde omnia hæc. « Et si aliqui ex ramis fracti sunt, propter incredulitatem fracti sunt : tu autem populus Gentium fide sta : noli altum sapere, sed time. Nam si Deus naturalibus ramis non pepercit, neque tibi parcet. Si autem altum sapis, non tu radicem portas, sed radix te (*Rom.*, XI, 20 etc.). » Quid ergo, vinea ante cujus conspectum facta est via, (*a*) ut impleret terram, primo ubi fuit ? « Operuit montes umbra ejus. » Qui sunt montes ? Prophetæ. Quare operuit illos umbra ejus ? Quia obscure locuti sunt quæ futura annuntiata sunt. Audis a Prophetis, Observa sabbatum, Octavo die circumcide infantem, Offer sacrificium arietis, vituli, hirci. Noli moveri, umbra ejus est cooperiens montes Dei, veniet post umbram manifestatio. « Et arbusta ejus cedros Dei, » id est, cooperuit cedros Dei, altissimas, (*b*) sed Dei. Sunt enim cedri significantes superbos evertendos. Cedros Libani, altitudines mundi (*c*) operuit crescendo vinea ista, et montes Dei, omnes sanctos Prophetas, Patriarchas.

10. Sed quo usque « extendisti palmites ejus ? Usque ad mare et usque ad flumen propagines ejus (*Psal.*, LXXIX, 13). » Inde quid ? « Ut quid destruxisti maceriam ejus ? » Jam vidistis eversam illam gentem Judæorum : jam ex alio Psalmo audistis, « In dolabro et fractorio dejecerunt eam (*Psal.*, LXXIII, 6). » Quando fieret, nisi maceria ejus destrueretur ? Quæ est maceria ejus ? Munitio ejus. Exstitit enim superba adversus plantatorem suum.

(*a*) Sic aliquot MSS. At editi, *Quid ergo vinea ante cujus conspectum facta est via? Facta est ut impleret terram. Primo* etc.
(*b*) Sic omnes propè MSS. At editi, *sedes Dei*. (*c*) In Remigiensi MS. repetitur hoc loco, *cedros Dei* : quod abest a ceteris libris. An forte legendum, *Cedri Libani altitudines mundi*, subaudi significant : ut inde sequatur, *Cedros Dei operuit crescendo* etc.

ils l'ont tué et l'ont jeté hors de la vigne (*Matth.*, XXI, 34-39). » Jeté hors de la vigne, il a acquis une vigne plus grande que celle hors de laquelle il avait été jeté. En effet, voici les menaces qu'il fait par la bouche d'Isaïe : « Je détruirai sa clôture (*Is.*, v, 2). » Pourquoi ? « Car j'espérais qu'elle produirait des raisins ; et elle n'a produit que des épines (*Ibid.*). » J'en espérais du fruit, j'y ai trouvé le péché. Comment donc, ô Asaph, demandez-vous : « Pourquoi avez-vous détruit sa clôture ? » En ignorez-vous donc la cause ? « J'espérais qu'elle ferait des actes de justice, et elle a commis l'iniquité (*Ibid.*, 7). » N'y avait-il pas lieu de détruire sa clôture ? Et les Gentils sont venus, quand sa clôture a été brisée ; la vigne a été envahie, et le royaume des Juifs a été détruit. C'est là ce que déplore le Prophète, mais sans perdre l'espérance. En effet, il parle déjà du redressement du cœur, c'est-à-dire que le Psaume est chanté pour les Assyriens, pour ceux qui redressent. « Pourquoi avez-vous détruit sa clôture, et pourquoi tous ceux qui passent par le chemin la vendangent-ils (*Ibid.*, 13) ? » Que veut dire : « Ceux qui passent par le chemin ? » ceux qui exercent sur elle une domination temporelle. »

11. « Le sanglier venu de la forêt l'a dévastée (*Ibid.*, 14). » Quelle application faire de ces mots : « Le sanglier venu de la forêt ? » Le porc est en aversion aux Juifs, et par le porc ils figurent, en quelque sorte, l'impureté des Gentils. Or, c'est par les Gentils qu'a été renversée la nation juive, mais le roi qui l'a renversée n'a pas été seulement semblable au porc immonde ; il l'a encore été au sanglier. Qu'est-ce, en effet, que le sanglier, sinon un porc féroce, un porc orgueilleux. « Le sanglier venu de la forêt l'a dévastée (*Ibid.*). » « Venu de la forêt, » c'est-à-dire venu d'entre les Gentils. En effet, la Judée était la vigne ; mais les nations étaient les forêts. Aussi, qu'a dit le Psalmiste pour désigner la conversion des Gentils à la loi ? « Alors tous les arbres des forêts se réjouiront (*Ps.*, XIV, 12). » « Le sanglier venu de la forêt l'a dévastée et une seule bête sauvage l'a dévorée (*Psaume*, LXXIX, 14). » Qu'est-ce que cette seule bête sauvage ? Ce même sanglier qui a dévasté la vigne. Cette bête est seule, parce qu'elle est orgueilleuse. En effet, tout orgueilleux dit : Moi, moi seul, et personne que moi.

12. Mais quel est le résultat de ces malheurs ? « Dieu des armées, retournez-vous vers nous (*Ibid.*, 15). » Malgré ces malheurs, « retournez-vous vers nous. Regardez du haut du ciel, voyez cette vigne et visitez-la. Et rendez parfaite celle que votre droite a plantée (*Ibid.*, 15 et 16). » N'en plantez point une autre, mais

---

Servos ad se missos et petentes mercedem coloni flagellaverunt, ceciderunt, occiderunt (*Matth.*, XXI, 35 etc.) : venit et unicus Filius, dixerunt, « Hic est heres, venite occcidamus eum, et nostra erit hereditas : » occiderunt, et extra vineam projecerunt. Projectus, magis possedit unde projectus est. Sic enim eiminatur per Isaiam, « Destruam maceriam ejus (*Isai.*, v, 2). » Quare? Exspectavi enim ut faceret uvam, fecit autem spinas. Exspectavi inde fructum, et inveni peccatum. Quid ergo quæris, o Asaph, « Ut quid destruxisti maceram ejus ? » Tu enim nescis quare ? Exspectavi ut faceret judicium, et fecit iniquitatem. Non erat destruenda maceria ejus ? Et venerunt Gentes, destructa maceria, invasa est vinea, ac deletum regnum Judæorum. Hoc primo plangit, sed non sine spe. De directione enim cordis jam loquitur, id est, pro Assyriis, pro dirigentibus Psalmus est. « Ut quid destruxisti maceriam ejus ; et vindemiant eam omnes transeuntes viam (*Ps.*, LXXIX, 1) ? » Quid est, « viam transeuntes ? » Temporaliter dominantes.

11. « Devastavit eam aper de silva (*Ibid.*, 14). » Aprum de silva quid intelligimus ? Judæis porcus adversus est, et in porco pouuit tamquam immunditiam Gentium. A Gentibus autem eversa est gens Judæa : sed rex ille qui evertit, non tantum porcus immundus, sed etiam aper fuit. Quid enim aper, nisi porcus sævus, porcus superbus ? « Aper de silva vastavit eam. » De silva, de Gentibus. Etenim illa vinea erat, Gentes autem silvæ erant. Sed quando crediderunt Gentes, quid dictum est ? « Tunc exsultabunt omnia ligna silvarum (*Psal.*, XCV, 12). » « Devastavit eam aper de silva : et singularis ferus depastus est eam. » Quid est, « singularis ferus ? » Ipse aper qui devastavit eam singularis ferus. Singularis, quia superbus. Hoc enim dicit omnis superbus, Ego sum, ego sum, et nemo.

12. Sed quo fructu hæc ? « Deus virtutum convertere vero (*Ps.*, LXXIX, 15). » Quamvis hæc facta sint, « convertere vero. Respice de cælo, et vide, et visita vineam istam. Et perfice eam, quam plantavit dextera tua (*Ibid.*, 16). » Non aliam institue, sed hanc perfice. Ipsum est enim semen Abraham, ipsum est

rendez parfaite celle-là. Car elle est la race même d'Abraham ; elle est la race dans laquelle toutes les nations sont bénies (*Gen.*, XXII, 18) ; là est la racine sur laquelle est inséré l'olivier sauvage.« Rendez parfaite cette vigne que votre droite a plantée (*Ibid*). » Mais où la rend-il parfaite ? « Sur ce fils de l'homme que vous avez affermi pour vous (*Ibid*.). » Quoi de plus clair ? Qu'attendez-vous encore que nous vous expliquions avec force raisonnements ? N'avons-nous pas plutôt à nous écrier avec vous, dans une même admiration : « Rendez parfaite la vigne que votre droite a plantée, » et rendez-la parfaite « sur le Fils de l'Homme ? » Quel Fils de l'Homme ? « Celui que vous avez affermi pour vous (*Ibid*.). » Magnifique fondement ! Bâtissez dessus tout ce que vous pouvez bâtir. Car « nul ne peut poser aucun autre fondement que celui qui a été posé, qui est le Christ Jésus (1 *Cor.*, III, 2). »

13. « Les choses déracinées et livrées aux flammes périront par l'indignation de votre visage ((*Ps.*, LXXIX, 17). » Quelles sont ces choses déracinées et livrées aux flammes, qui périront par l'indignation du visage de Dieu ? Examinons et comprenons quelles sont ces choses déracinées et livrées aux flammes. Contre quoi le Christ s'est-il indigné ? Contre les péchés. Les péchés périront donc par l'indignation de son visage. Pourquoi les péchés sont-ils déracinés et livrés aux flammes ? Deux choses produisent en l'homme tous les péchés : le désir et la crainte. Réfléchissez, discutez, interrogez vos cœurs, sondez vos consciences, voyez si vous pouvez commettre quelque péché autrement que par désir ou par crainte. Pour vous porter au péché, un appât vous est présenté, c'est-à-dire quelque chose qui vous plaît; vous agissez en vue de ce que vous désirez. Au contraire, vous n'espérez rien qui vous porte au péché, mais des menaces vous effraient, vous agissez en vue de ce que vous craignez. Quelqu'un veut vous corrompre, par exemple pour vous faire faire un faux témoignage. Ces exemples seraient innombrables, mais je vous propose les plus clairs, pour vous amener à trouver les autres. Vous pensez à Dieu et vous dites dans votre cœur : « Que sert à l'homme de gagner l'univers, s'il perd son âme, (*Matth.*, XVI, 26)? » Nulle récompense ne pourra me séduire; je ne veux pas perdre mon âme, pour gagner un peu d'argent. Alors celui qui n'a pu vous corrompre par l'attrait d'une récompense a recours à la crainte ; il se met à vous menacer de dommages, d'expulsion, peut-être de coups et de mort. Le désir n'a pu vous entraîner au mal, mais peut-être la crainte va-t-elle vous perdre. Alors, si vous vous armez contre le désir par cette pensée de l'Écriture : « Que sert à l'homme de gagner l'univers, s'il perd son âme (*Ibid.*)? » ayez soin également de

semen in quo benedicuntur omnes Gentes (*Gen.*, XXII, 18) : ibi est radix, ubi portatur oleaster insertus. « Perfice vineam istam, quam plantavit dextera tua.» Sed ubi perficit ? « Et super filium hominis, quem confirmasti tibi. » Quid evidentius ? Quid adhuc exspectatis, ut vobis disputando exponamus, et non potius vobiscum admirando clamemus, « Perfice vineam istam, quam plantavit dextera tua, et super filium hominis » eam perfice ? Quem filium hominis ? « Quem confirmasti tibi. » Magnum firmamentum : ædifica quantum potes. « Fundamentum enim aliud nemo potest ponere, præter quam quod positum est, quod est Christus Jesus (1 *Cor.*, III, 11). »

13. « Succensa igni et effossa ab increpatione vultus tui peribunt (*Psal.*, LXXIX, 17). » Quæ sunt succensa igni et effossa, quæ peribunt ab increpatione vultus ejus ? Videamus et intelligamus, quæ sint igni succensa et effossa. Quid increpavit Christus ? Peccata : ab increpatione vultus ejus peccata perierunt. Quare ergo peccata igni succensa et effossa ? Omnia peccata duæ res faciunt in homine, cupiditas et timor. Cogitate, discutite, interrogate corda vestra, perscrutamini conscientias, videte utrum possint esse peccata, nisi aut cupiendo aut timendo. Proponitur præmium ut pecces, id est, quod te delectat, facis propter quod cupis. Sed forte non induceris donis : terreris minis, facis propter quod times. Corrumpere te vult aliquis ut dicas, verbi gratia, falsum testimonium. Innumerabilia sunt, sed planiora propono, de quibus cetera conjiciatis. Attendisti tu Deum, et dixisti in animo tuo, « Quid prodest homini, si totum mundum lucretur, animæ autem suæ detrimentum patiatur (*Matth.*, XVI, 26) ? » Non adducor præmio, ut perdam animam meam pro lucro pecuniæ. Convertit ille se ad incutiendum metum ; qui præmio corrumpere non valuit, incipit minari damnum, expulsionem, cædes fortassis et mortem. Ibi jam, si cupiditas non valuit, forte timor valebit ut pecces. Porro autem si de Scripturis contra cupiditatem ve-

munir votre cœur contre la crainte par ces paroles: « Ne craignez pas ceux qui tuent le corps, mais qui ne peuvent tuer l'âme (*Id.*, x, 28). » Quiconque veut vous tuer peut atteindre votre corps, mais ne peut atteindre votre âme. Votre âme ne mourra pas, à moins que vous-même ne vouliez la tuer. Que l'iniquité d'autrui immole votre chair, pourvu que la vérité conserve votre âme. Si au contraire vous vous séparez de la vérité, que pourrait faire votre ennemi de plus funeste pour vous que ce que vous faites vous-même? Un ennemi en fureur peut tuer votre chair; mais vous, en portant un faux témoignage, vous tuez votre âme. Écoutez ce que dit l'Écriture : « La bouche qui ment tue l'âme (*Sagesse*, I, 11). » C'est donc chose certaine, mes frères, l'amour et la crainte conduisent à tout bien : l'amour et la crainte conduisent à tout mal. Pour faire le bien, vous aimez Dieu et vous craignez Dieu ; pour faire le mal, vous aimez le monde, et vous craignez le monde. Tournez cet amour et cette crainte vers le bien : vous aimiez la terre, aimez la vie éternelle ; vous craigniez la mort, craignez l'enfer. Quelque chose que le monde ait promis à votre injustice, peut-il vous donner ce que Dieu donnera à votre justice ? Quelque menace que fasse le monde à votre justice, peut-il vous faire ce que Dieu fera à votre injustice ? Voulez-vous savoir ce que Dieu vous donnera, si vous vivez justement? « Venez, les bénis de mon Père; recevez le royaume qui vous a été préparé dès l'origine du monde. » Voulez-vous savoir ce qu'il fera contre les impies ? « Allez au feu éternel qui a été préparé pour le démon et pour ses anges (*Matth.*, xxv, 34, 41). » Assurément vous n'avez pas d'autre désir que d'être bien. Car dans ce que vous aimez, vous cherchez à être bien ; et dans ce que vous craignez, vous cherchez à n'être pas mal ; mais vous ne cherchez pas le bien dans la région où il faut le chercher. Vous vous hâtez, car vous voulez éviter l'indigence et la peine. Ce que vous voulez est bon, mais sachez supporter ce que vous ne voulez pas, pour acquérir ce que vous voulez. Que fera donc le visage de Dieu, qui détruit les péchés? Quels sont les péchés déracinés et livrés aux flammes? Qu'avait fait l'amour mauvais? Il avait comme allumé une flamme. Qu'avait fait la mauvaise crainte? Elle avait comme creusé le sol. En effet, l'amour enflamme, la crainte humilie; c'est pourquoi les péchés nés du mauvais amour sont livrés aux flammes, et les péchés nés de la mauvaise crainte sont comme déracinés. La bonne crainte humilie aussi, le bon amour enflamme aussi, mais de manière bien différente. Car le cultivateur qui intercédait pour l'arbre qui ne donnait pas de fruit, afin qu'il ne fût pas détruit, disait : « Je bêcherai tout autour et j'y mettrai une corbeille de

---

nit tibi in mentem, « Quid prodest homini, si totum mundum lucretur, animæ autem suæ detrimentum patiatur : » veniat etiam contra timorem in mentem, « Nolite timere eos, qui corpus occidunt, animam autem non possunt occidere (*Matth.*, x, 28). » Quicumque te vult occidere, usque ad corpus ei licet, usque ad animam non licet. Anima tua non morietur, nisi tu eam volueris occidere. Perimat aliena iniquitas carnem tuam, dum servet veritas animam tuam. Si autem a veritate resilieris, quid tibi amplius facturus est inimicus, quam tu tibi ipse facis ? Inimicus sæviens carnem potest occidere : tu autem dicendo falsum testimonium animam occidis. Audi Scripturam : « Os quod mentitur, occidit animam (*Sap.*, I, 11). » Itaque fratres mei, ad omne recte factum amor et timor ducit : ad omne peccatum amor et timor ducit. Ut facias bene, amas Deum, et times Deum : ut autem facias male, amas mundum, et times mundum. Hæc duo convertantur ad bonum : amabas terram, ama vitam æternam ; timebas mortem, time gehennam. Quidquid tibi iniquo promiserit mundus, numquid potest dare quantum dabit justo Deus ? Quidquid tibi justo minatus fuerit mundus, numquid potest facere quod facit iniquo Deus ? Vis videre quid daturus est Deus, si juste vixeris ? « Venite benedicti Patris mei, percipite regnum quod vobis paratum est ab origine mundi (*Matth.*, xxv, 31). » Vis videre quid facturus est impiis ? « Ite in ignem æternum, qui paratus est diabolo et angelis ejus (*Ibid.*, 41). » Bene quidem nihil tu aliud vis, quam ut bene tibi sit. Nam in eo quod amas, vis ut bene tibi sit, et in eo quod times, non vis ut male tibi sit : sed non in ea regione quæris, in qua quærendum est. Festinas : nam et sine indigentia vis esse, et sine molestia. Bonum est quod vis, sed tolera quod non vis, ut assequaris quod vis. Proinde illius facies delens peccata, quid faciet? Quæ sunt peccata succensa igni et effossa ? Quid fecerat amor malus ? Tamquam ignem succenderat. Quid fecerat timor malus? Tamquam effoderat. Amor quippe inflam-

fumier (*Luc*, XIII, 8). » Le trou creusé autour de l'arbre figure la pieuse humilité de celui qui craint Dieu, et la corbeille du fumier figure les utiles immondices de la pénitence. Quant au feu du bon amour, voici ce qu'en dit le Seigneur: « Je suis venu apporter le feu dans le monde *Id*., XII, 47). » Que ce feu enflamme donc ceux dont l'esprit est fervent, et dont le cœur brûle de l'amour de Dieu et du prochain. Ainsi, de même que toutes les œuvres justes sont produites par le bon amour et par la bonne crainte, de même le mauvais amour et la mauvaise crainte font commettre tous les péchés. « Toutes les choses déracinées et livrées aux flammes, » c'est-à-dire les péchés, « périront donc par l'indignation de votre visage (*Ps*., LXXIX, 17). »

14. « Que votre main soit sur l'homme de votre droite et sur le Fils de l'homme que vous avez affermi pour vous. Et nous ne nous éloignerons pas de vous (*Ibid*., 18 et 19). » Combien de temps cette race sera-t-elle la race corrompue, qui provoque l'amertume, et qui n'a pas gardé la droiture de son cœur (*Ps*., LXXVII, 8, 9)? Qu'Asaph dise donc à Dieu : montrez-nous votre miséricorde, soyez bon pour votre vigne, rendez-la parfaite ; « parce qu'une partie d'Israël a été frappé d'aveuglement, afin que la plénitude des Gentils entrât dans l'Église et qu'ainsi tout Israël fût sauvé (*Rom*., XI, 25,26).»

Une fois que nous aurons vu la lumière de votre visage sur l'homme de votre droite que vous avez affermi pour vous, nous ne nous éloignerons pas de vous (*Ps*., LXXIX, 18 et 19). Pourquoi nous faire encore des reproches ? Pourquoi nous accuser encore? Faites cela, « et nous ne nous éloignerons pas de vous; vous nous vivifierez, et nous invoquerons votre nom (*Ibid*.). » Vous nous serez cher, car « vous nous vivifierez. » Nous aimions d'abord la terre, nous ne vous aimions pas; mais vous avez mortifié nos membres qui sont sur la terre (*Coloss*., III, 5). En effet, le Testament ancien, qui contient des promesses terrestres, semble inviter l'homme à ne pas adorer Dieu sans intérêt, mais à l'aimer parce qu'il lui donne quelque chose sur la terre. Qu'aimerez-vous donc pour ne pas aimer Dieu? Dites-le moi. Regardez autour de vous toute la création. Voyez si vous serez retenu quelque part par la glu de la convoitise et empêché d'aimer le Créateur, si ce n'est par les créatures mêmes de celui que vous négligez. Et pourquoi aimez-vous ces créatures, si ce n'est parce qu'elles sont belles ! Peuvent-elles être aussi belles que celui qui les a faites ? Vous admirez les créatures, parce que vous ne voyez pas le Créateur; mais que les objets de votre admiration vous fassent donc aimer celui que vous ne voyez pas. Interrogez la créature ; si elle est par elle-même, n'allez pas au-delà d'elle, mais

---

mat, timor humiliat : ideo peccata mali amoris, igne succensa sunt ; peccata mali timoris, effossa sunt. Humiliat et bonus timor, accedit et bonus amor ; sed aliter atque aliter. Nam et colonus intercedens pro arbore, quæ fructus non dabat, ne subverteretur, ait, « Circumfodio eam, et adhibeo cophinum stercoris (*Lucæ*, XIII, 8). » Fossa significat piam humilitatem timentis, et stercoris cophinus sordes utiles pœnitentis. De igne autem boni amoris Dominus dicit, « Ignem veni mittere in mundum (*Lucæ*, XII, 49). » Quo igne inardescant spiritu ferventes, et Dei ac proximi caritate flagrantes. Ac per hoc sicut omnia justa opera bono timore et bono amore fiunt : sic malo amore et malo timore omnia peccata committuntur. Ergo, « Succensa igni et effossa, » omnia scilicet peccata, « ab increpatione vultus tui peribunt. »

14. « Fiat manus tua super virum dexteræ tuæ, et super filium hominis quem confirmasti tibi (*Ps*., LXXIX, 18). » « Et non discedimus a te (*Ibid*., 19). » « Quamdiu generatio prava et amaricans, et quæ cor non dirigit suum (*Psal*., LXXVII, 8) ? » Dicat Asaph, Ostendat se misericordia tua, fac bene cum vinea tua, perfice illam. « Quoniam cæcitas ex parte Israel facta est, ut plenitudo Gentium introiret, et sic omnis Israel salvus fieret (*Rom*., XI, 25). » Demonstrata facie super virum dexteræ tuæ, quem confirmasti tibi, non discedimus a te. Quamdiu nos increpas ? quamdiu accusas ? Hoc fac, « et non discedimus a te. Vivificabis nos, et nomen tuum invocabimus. » Tu nobis dulcis eris, « vivificabis nos. » Nam prius amabamus terram, non te : sed mortificasti membra nostra, quæ sunt super terram (*Coloss*., III, 5). Illud enim vetus Testamentum habens promissa terrena, hoc videtur suadere, ne gratis colatur Deus, sed quia aliquid dat in terra, ideo diligatur. Quid amas, ut Deum non ames? dic mihi. Ama, si potes, aliquid quod ille non fecit. Circumspice universam creaturam, vide utrum alicubi cupiditatis visco tenearis, et a diligendo Creatore impediaris,

si elle vient de lui, sachez qu'elle n'est funeste à qui est épris d'elle, que parce qu'on la préfère au Créateur. Pourquoi vous ai-je dit ces choses, mes frères ? C'est en raison du verset que nous expliquons. Ceux-là étaient donc morts, qui adoraient Dieu afin d'en recevoir des biens charnels ; car « être sage selon la chair, c'est être mort (*Rom.*, VIII, 6).» Ceux-là sont donc morts qui n'adorent pas Dieu sans intérêt, c'est-à-dire parce qu'il est bon, et non point parce qu'il leur donne des biens qu'il accorde même aux méchants. Vous demandez de l'argent à Dieu ? Un voleur en a aussi. Une épouse, une nombreuse famille, la santé du corps, les honneurs du monde? Voyez combien de méchants possèdent ces sortes d'avantages. Est-ce là tout ce qui fait que vous servez Dieu ? Vos pieds chancelleront ; vous croirez que vous l'adorez inutilement, quand vous verrez ces mêmes biens au pouvoir de ceux qui ne l'adorent pas (*Ps.*, LXXII, 2). Il donne donc tous ces biens même aux méchants ; il se réserve lui seul pour les bons. « Vous nous vivifierez (*Ps.*, LXXIX, 19) : » car nous étions morts, lorsque nous étions attachés aux choses de la terre ; nous étions morts, lorsque nous portions en nous l'image de l'homme terrestre. «Vous nous vivifierez (*Ibid.*).» vous nous renouvellerez, vous nous donnerez la vie de l'homme intérieur. « Et nous invoquerons votre nom (*Ibid.*) ; » c'est-à-dire, nous vous aimerons. Vous serez le doux Sauveur qui remet nos péchés ; vous serez toute la récompense de nos âmes justifiées. « Seigneur Dieu des armées, retournez-nous vers vous, montrez-nous votre visage et nous serons sauvés (*Ibid.*, 20). »

nisi ea re quam creavit ipse quem negligis. Quare autem amas ista, nisi quia pulcra sunt? Possunt esse tam pulcra, quam ille a quo facta sunt? Miraris hæc, quia illum non vides : sed per ea quæ miraris, ama quem non vides. Interroga creaturam ; si a seipsa est, remane in illa : si autem ab illo est, non ob aliud perniciosa est amatori, nisi quia præponitur Creatori. Quare hoc dixi? Propter versum istum, Fratres. Mortui ergo erant, qui propterea Deum colebant, ut eis secundum carnem bene esset : Sapere enim secundum carnem mors est (*Rom.*, VIII, 6) : et mortui sunt qui non Deum gratis colunt, id est, quia ipse bonus est, non quia dat talia bona, quæ dat et non bonis. Pecuniam vis a Deo? Habet et latro. Uxorem, fecunditatem filiorum, salutem corporis, dignitatem sæculi, adtende quam multi mali habent. Hoc est totum propter quod eum colis? Nutabunt pedes tui (*Psal.*, LXXII, 2), putabis te sine caussa colere, quando in eis vides ista qui eum non colunt. Ergo ista dat omnia etiam malis, se solum servat bonis. « Vivificabis nos : » nam mortui eramus, quando terrenis rebus inhærebamus ; mortui eramus, quando terreni hominis imaginem portabamus. «Vivificabis nos : » innovabis nos, vitam interioris hominis dabis nobis, « Et nomen tuum invocabimus : » id est, te diligemus. Tu nobis dulcis eris remissor peccatorum nostrorum, tu eris totum præmium justificatorum. « Domine Deus virtutum converte nos, et ostende faciem tuam, et salvi erimus (*Ps.*, LXXIX, 20). »

DISCOURS [1] SUR LE PSAUME LXXX.

1. Nous avons entrepris de vous parler de ce Psaume. Que votre tranquillité vienne au secours de notre voix, car elle est un peu fatiguée : elle trouvera des forces dans l'attention des auditeurs et dans l'aide de celui qui m'ordonne de parler. Le Psaume a pour titre : « Pour la fin, pour les pressoirs, le cinquième jour de la semaine, psaume pour Asaph (*Ps.*, LXXX, 1). » Dans ce seul titre sont amassés de nombreux mystères; de telle sorte cependant que le seuil du Psaume en fait connaître l'intérieur. De ce que nous avons à vous parler de pressoirs, que nul d'entre vous ne s'imagine que nous ayons à vous entretenir de cuve, de vis, de filets; car le Psaume ne contient rien de pareil, et c'est pourquoi, il n'en est que plus mystérieux. En effet, si le texte du Psaume contenait quelque chose de semblable, il ne manquerait pas de gens qui croiraient devoir prendre à la lettre ce mot de pressoir; qui prétendraient qu'il n'y a rien de plus à chercher dans le Psaume, et qu'il ne renferme aucun sens mystique ni aucune signification religieuse. Ces hommes diraient : le Psaume parle simplement de pressoirs, pourquoi me proposer d'y découvrir je ne sais quelle autre chose. Vous n'avez rien entendu de pareil ici, pendant la lecture du Psaume. Sachez donc que ce mot de pressoirs cache un mystère concernant l'Église, qui s'opère actuellement. Nous remarquons trois choses au sujet d'un pressoir : d'abord l'action de presser, et ensuite, comme résultat de cette pression, deux autres choses, dont l'une doit être conservée et l'autre rejetée. Dans un pressoir donc, on foule, on broie, on écrase, et par ces moyens l'huile coule, en échappant aux regards, dans la cuve de double mesure, et le résidu est publiquement répandu dans les places publiques. Considérez attentivement ce grand spectacle. Car Dieu ne cesse pas de faire naître

IN PSALMUM LXXX.

ENARRATIO.

1. Loqui ad vos de præsenti Psalmo suscepimus : adjuvet vocem nostram (*a*) quies vestra; etenim aliquanto est obtunsior : dabit ei vires intentio audientium, et adjutorium jubentis ut loquar. Titulum habet Psalmus iste, « In finem pro torcularibus, quinta sabbati, Psalmus ipsi Asaph. » In unum titulum multa sunt congesta mysteria, ita tamen ut limen Psalmi indicet interiora. Cum de torcularibus locuturi sumus, nemo vestrum aliquid exspectet nos dicturos esse de lacu, de prelo, de fiscinis : quia nec ipse Psalmus hoc habet, et ideo magis indicat mysterium. Nam et si aliquid tale Psalmi textus contineret, non deesset qui putaret ad litteram esse accipienda torcularia, nec aliquid illic amplius requirendum, nec mystice aliquid positum, et sacrate significatum ; sed diceret, Simpliciter Psalmus de torcularibus loquitur, et tu mihi nescio quid aliud suspicaris. Nihil hic tale audistis, cum legeretur. Ergo accipite torcularia (*b*) mysterium Ecclesiæ, quod nunc agitur. In torcularibus animadvertimus quædam tria, pressuram, et de pressura quædam duo, unum recondendum, alterum projiciciendum. Fit ergo in torculari conculcatio, tribulatio, pondus : et in his oleum cliquatur occulte in gemellarium,

---

(1) Discours au peuple de Carthage.

(*a*) Sic meliores MSS. At editi, *qui et vestram*. (*b*) Remigiensis MS. *martyrium*.

pour nous des merveilles que nous pouvons regarder avec grande joie. Comparons même à ce spectacle les folies du cirque. Celles-ci ressemblent au résidu; l'autre spectacle se rapporte à l'huile. Vous savez que nos ennemis aiment à le dire, et c'est un vieux proverbe, qui date des premiers temps chrétiens : Dieu ne fait pas pleuvoir, allez voir les chrétiens [1]. Voilà ce que disaient les anciens, et maintenant, si Dieu fait pleuvoir, on dit pareillement : allez voir les chrétiens. Il ne pleut pas, nous ne pouvons semer; il pleut, nous ne pouvons récolter. Et ils osent se faire arrogants, quand ils devraient se faire suppliants; ils préfèrent le blasphème à la prière. Quand donc ces hommes vous jettent à la face ces proverbes injurieux, quand ils se livrent à ces forfanteries et à ces railleries impies, quand ils tiennent tous ces discours, non point avec quelque crainte, mais au contraire avec orgueil; n'en soyez en aucune sorte troublés. Pensez que le travail se fait dans le pressoir et tâchez d'être la bonne huile. Que le résidu, noirci par les ténèbres de l'ignorance, vous insulte, et qu'il vous insulte au moment où il est publiquement répandu dans les places publiques; pour vous, réfugié en vous-même, en votre cœur, où vous récompensera celui qui voit dans le secret (*Matth.*, VI, 6), coulez, comme l'huile, dans la cuve de double mesure. L'olive, lorsqu'elle est sur l'arbre, est agitée par certaines tempêtes, mais elle n'est pas écrasée par la meule du pressoir;

amurca publice per plateas currit. Intendite ad magnum hoc spectaculum. Non enim (a) desinit Deus edere nobis quod cum magno gaudio spectemus, at circi insania huic spectaculo comparanda est. Illa ad amurcam pertinet, hoc ad oleum. Quando ergo auditis contumaciter garrire blasphemos, et dicere abundare pressuras temporibus Christianis; scitis enim quia hoc amant dicere : et vetus quidem, sed temporibus Christianis cœpit proverbium, Non pluit deus, (b) duc ad Christianos. Quamquam priores ista dixerunt. Isti autem modo dicunt et quia pluit Deus, duc ad Christianos. Non pluit Deus, non seminamus : pluit Deus, non trituramus. Et inde volunt superbire, unde deberent amplius supplicare; eligentes blasphemare quam orare. Cum ergo ista commemorant, cum ista jactant, cum ista dicunt, et contumaciter dicunt, non cum timore, sed cum elatione, non vos perturbent. Puta enim quia pressuræ abundant, tu oleum esto. Nigra tenebris ignorantiæ amurca insultet, et illa tamquam per plateas projecta publice insultet : tu apud te in corde tuo, ubi qui videt in occulto reddet tibi (*Matth.*, VI, 6), liquare in gemellarium. Oliva in arbore quibusdam quidem tempestatibus agitatur, non tamen pressuris torcularis adteritur; ideo utrumque simul pendet ex arbore, et quod pro

---

(1) L'édition d'Érasme porte en cet endroit: « dites-le aux chrétiens; » et l'édition de Louvain, « que le chrétien le dise. » Un peu plus bas les deux éditions portent : « Que les chrétiens le disent. » Quelques manuscrits, comme ceux des abbayes de Jumiéges et de Préaux, rapportent ces locutions populaires dans un autre ordre. « C'est un proverbe qui date des temps chrétiens : il ne pleut pas, nous ne pouvons semer ; il pleut, nous ne pouvons récolter. Et ensuite : S'il ne pleut pas, que le chrétien dise pourquoi ; s'il pleut, que le chrétien dise pourquoi. Sans doute ces paroles sont déjà bien anciennes, mais ceux qui les profèrent aujourd'hui osent se faire arrogants...etc. » L'excellent manuscrit de l'abbaye de Corbie, le plus ancien de tous, donne cette leçon : « Il ne pleut pas, nous ne pouvons récolter; s'il ne pleut pas, que le chrétien dise pourquoi. Sans doute, les anciens ont parlé ainsi; aujourd'hui on dit de même, et on dit encore: S'il pleut, que le chrétien dise pourquoi. Ils osent se faire arrogants..., etc. » Mais nous avons jugé plus convenable et plus facile la leçon du manuscrit du Roi et du manuscrit de Saint-Remy : « Il ne pleut pas, allez voir les chrétiens etc. Il pleut, allez voir les chrétiens, etc. » c'est-à-dire rapportez-en la cause aux chrétiens. C'est ainsi que nous lisons au liv. II. n° 3 de la cité de Dieu : « C'est un proverbe vulgaire: il ne pleut pas, c'est la faute des chrétiens. » De là aussi cette parole de Tertullien dans son *Apologétique*, ch. XL. « Le Tibre a-t-il couvert nos murs de ses eaux, le Nil n'a-t-il point eu son débordement,...de suite: les chrétiens aux lions. » S. Cyprien dit de même à Démétrius : « Mais quand vous dites que beaucoup se plaignent et nous imputent la fréquence des guerres, les ravages de la peste et de la famine, la sécheresse qui retient les pluies et les orages, alors ce n'est plus le temps de nous taire. »

(a) Sic Remigiensis MS. At editi, *deserit* (C. pro *deerit*) *Deus dare* etc. (b) Editio Er. hic, *dic ad Christianos*. Lov. autem, *dicat Christianus*. Et altero infra loco pro *duc ad Christianos*, utraque editio habet *dicant Christiani*. Quidam vero libri, scilicet Gemmeticensis, Pratellensis etc. alio verborum ordine proverbium referunt hunc in modum, *cœpit proverbium, Non pluit Deus, non seminamus : pluit Deus, non trituramus. Et sequitur, Non pluat Deus, dicat Christianus : et pluat Deus, dicat Christianus. Quamquam priores ista dixerunt :* hi autem et modo dicant, et inde volunt superbire etc. Et qui omnium vetustissimus atque optimæ notæ est Corbeiensis habet sic, *cœpit proverbium, Non pluit Deus, non seminamus : pluit Deus, non trituramus: et non pluit Deus, dicat Christianus. Quamquam priores ista dixerunt : hi autem modo dicant et quia pluit Deus, dicat Christianus. Inde volunt superbire* etc. Sed apta præ ceteris faciliorque visa et lectio MSS. Regii et Remigiensis, *Non pluit Deus, duc ad Christianos,* etc. *et quia pluit Deus, duc ad Christianos,* id est caussam in Christianos refer: juxta illud quod etiam in II. lib. de civitate Dei c. III. ait ortum esse vulgare proverbium. *Pluvia desit, caussa Christiani.* Hinc quoque Tertullianus in Apologetico c. XL. *Si Tiberis,* inquit, *adscendit in mœnia, si Nilus non adscendit in arva* etc. statim *Christianos ad Leonem acclamatur*. Et Cyprianus ad Demetrianum, *Sed enim cum dicas plurimos conqueri, quod bella crebrius surgant, quod lues quod fames sæviant, quodque imbres et pluvias serena longa suspendant nobis impulari, tacere ultra non oportet.*

c'est pourquoi l'arbre porte également les deux parties qu'elle contient, et celle qui doit être jetée et celle qui doit être recueillie : mais dès que l'olive sera arrivée au pressoir et à la trituration, la différence se fera, ainsi que la séparation. Une partie sera recherchée, et l'autre sera repoussée. Voulez-vous connaître la force de ces pressoirs? Je n'en donnerai qu'un exemple et le prendrai dans la conduite de ceux mêmes qui tout à la fois font le mal et en murmurent. Que de rapines, disent-ils, à notre époque, que d'innocents opprimés, que de déprédations du bien d'autrui! C'est dans le résidu que vous trouverez le vol du bien d'autrui; vous ne le trouverez pas dans l'huile, car là on donne son propre bien aux pauvres. L'antiquité n'avait pas de ces audacieux ravisseurs du bien d'autrui; mais l'antiquité n'avait pas de si généreux donateurs de leurs propres biens. Examinez le pressoir avec plus d'attention encore, ne vous bornez pas à regarder ce qui coule publiquement, il y a autre chose que vous trouverez en cherchant. Informez-vous, écoutez, et reconnaissez combien il y a d'hommes pour agir comme ce riche qui, après avoir entendu de la bouche du Seigneur ce qu'il avait à faire, s'en est allé tout triste. Beaucoup entendent ces recommandations de l'Evangile : « Allez, vendez tout ce que vous possédez et donnez-le aux pauvres et vous aurez un trésor dans le ciel; et puis venez et suivez moi (*Ibid.*, XIX, 21). » Ne remarquez-vous pas combien il y en a qui obéissent à ce précepte? Il n'y en a qu'un petit nombre, dit-on. Eh bien! ce petit nombre, c'est l'huile, et ceux-là font aussi partie de l'huile qui usent, comme il convient, de ce qu'ils possèdent. Réunissez le tout, et vous verrez que les magasins du Père de famille sont pleins. Vous mettez en avant un larcin tel qu'on n'en a jamais vu; parlez donc d'un mépris de tous les biens, tel que vous n'en avez jamais vu. Louez les pressoirs; c'est l'accomplissement de la prophétie de l'Apocalypse : « Que le juste devienne encore plus juste et que le sordide devienne plus sordide encore (*Apoca.*, XII, 11). » Reconnaissez les pressoirs dans cette pensée : « Que le juste devienne encore plus juste, et que le sordide devienne plus sordide encore (*Ibid.*). »

2. Pourquoi, « le cinquième jour de la semaine? » Qu'est-ce que cela signifie? Remontons aux premiers ouvrages de Dieu, pour voir si nous n'y trouverons point l'intelligence de ce mystère. En effet, le sabbat est le septième jour, dans lequel Dieu s'est reposé de tous ses ouvrages (*Gen.*, II, 2), pour nous figurer le grand mystère de notre futur repos de toutes nos œuvres. On appelle premier jour du sabbat le premier jour de la semaine, que nous nommons aussi le jour du Seigneur; le second jour du sabbat est le second jour de la semaine ; le

---

jiciendum est, et quod recondendum est : at ubi ad torcular et pressuras ventum fuerit, utrumque discernitur, dirimitur; et aliud appetitur, aliud respuitur. Vultis nosse vim torcularium istorum? Ut unum aliquid dicam, unde et ipsi murmurant qui se faciunt : Quantæ, inquiunt, rapinæ temporibus nostris, quantæ pressuræ innocentium, quantæ exspoliationes rerum alienarum? Ita sane in amurcam adtendis quia rapiuntur res alienæ : in oleum non adtendis, quia pauperibus donantur et propriæ. Non habebat antiquitas tales raptores rerum alienarum : sed non habebat antiquitas tales donatores rerum suarum. Aliquanto esto curiosior in torculari noli hoc solum videre quod publice fluit : est aliquid quod quærendo invenias. Discute, audi, cognosce quam multi faciunt, quod ex ore Domini cum audisset unus dives, tristis abscessit. Ex Evangelio multi audiunt, « Vade, vende omnia quæ possides, et da pauperibus, et habebis thesaurum in cælis, et veni sequere me (*Matth.*, XIX, 22). » Non adtendis quam multi id faciunt? Pauci, inquiunt, sunt. Ipsi tamen pauci oleum sunt; et qui bene utuntur his rebus quas possident, ad oleum pertinent. Adjunge omnia, et videbis patris-familias tui plenas apothecas. Vides raptorem qualem numquam vidisti : vide contemtorem rerum suarum qualem numquam vidisti. Lauda torcularia, impletur prophetia de Apocalypsi, « Justus justior fiat, et sordidus sordescat adhuc (*Apoc.*, XXII, 11). » Ecce torcularia in hac sententia : « Justus justior fiat, et sordidus sordescat adhuc. »

2. Quare et « quinta sabbati? » quid est hoc? Recurramus ad prima opera Dei, ne forte ibi aliquid inveniamus, quo et sacramentum intelligamus, Sabbatum enim septimus dies est, quo requievit Deus ab omnibus operibus suis (*Gen.*, II, 2), magnum intimans mysterium quietis nostræ futuræ ab omnibus operibus nostris. Prima sabbati dicitur primus dies, quem Dominicum etiam nominamus : secunda sabbati, secundus dies; tertia sabbati, tertius

troisième jour du sabbat le troisième de la semaine ; le quatrième jour du sabbat le quatrième de la semaine ; le cinquième jour du sabbat est donc le cinquième jour après celui du Seigneur. Il ne reste plus ensuite que le sixième jour du sabbat ou le sixième jour de la semaine, et le jour même du sabbat ou le septième jour de la semaine. Voyez donc quels sont ceux à qui le Psaume s'adresse. Il me semble qu'il parle à ceux qui ont reçu le baptême. En effet, le cinquième jour Dieu a créé les animaux qui proviennent des eaux : « le cinquième jour, c'est-à-dire le cinquième jour du sabbat, Dieu dit : que les eaux produisent les reptiles à l'âme vivante (Gen., I, 20). » Examinez-vous donc, vous en qui les eaux ont déjà produit des reptiles à l'âme vivante. En effet, vous appartenez aux pressoirs, et de tous ceux que les eaux ont produit parmi vous, les uns sont conservés et les autres rejetés. Car il y en a beaucoup dont la vie n'est pas digne du baptême qu'ils ont reçu. Que de chrétiens baptisés ont préféré remplir aujourd'hui le cirque plutôt que cette basilique ! Que de chrétiens baptisés qui établissent des baraques d'histrions dans les villages, ou qui se plaignent qu'on n'en établisse pas ! Or ce Psaume intitulé « pour les pressoirs et pour le cinquième jour de la semaine, » c'est-à-dire pour ceux qui ont reçu le baptême et qui sont soumis aux épreuves qui font connaître les hommes, ce Psaume est chanté « pour Asaph (Ps., LXXX, 1). » Il a existé un homme du nom d'Asaph, comme il y en a eu du nom d'Idithun, de Coré ou de quelque autre nom rapporté dans les titres des psaumes ; mais l'interprétation de leurs noms nous dévoile le mystère des vérités cachées sous ces termes. Asaph signifie assemblée. Ce Psaume « pour les pressoirs et pour le cinquième jour de la semaine » est donc chanté « à Asaph, » c'est-à-dire que le Psaume est chanté à l'assemblée du Seigneur, pour ceux qui ont reçu la seconde naissance dans les eaux du baptême, et en qui les épreuves font voir aujourd'hui ce qu'ils sont. Nous avons donc lu ce titre sur le seuil du Psaume, et nous avons compris ce que signifient ces machines à presser ; maintenant, si vous le voulez, examinons la maison même où le travail se fait, c'est-à-dire l'intérieur du pressoir. Entrons, regardons, tressaillons de joie, craignons, aspirons, fuyons. En effet, nous trouverons toutes ces choses dans l'intérieur de la maison, c'est-à-dire dans le texte du Psaume, lorsque nous aurons commencé à le lire, et, avec l'aide de Dieu, à en dire ce qu'il nous aura donné.

3. O Asaph, assemblée du Seigneur, « célébrez par des chants d'allégresse, Dieu notre protec-

---

dies ; quarta sabbati, quartus ; quinta ergo sabbati, quintus a Dominico die : post quem sexta sabbati, sextus dies ; et ipsum sabbatum, septimus dies. Videte itaque quibus loquatur hic Psalmus. Videtur enim mihi quoniam baptizatis loquitur. Quinto enim die Deus ex aquis creavit animalia : quinto die, id est, quinta sabbati dixit Deus, « Producant aquæ reptilia animarum vivarum (Gen., I, 20). » Videte ergo vos, in quibus jam produxerunt aquæ reptilia animarum vivarum. Vos enim ad torcularia pertinetis : et in vobis quos produxerunt aquæ, aliud eliquatur, aliud projicitur. Sunt enim multi non digne viventes baptismo, quod perceperunt. Quam multi enim baptizati hodie circum implere, quam istam basilicam maluerunt ! Quam multi baptizati, aut casas in vicis faciunt, aut non fieri conqueruntur ! Psalmus autem iste « pro torcularibus et quinta sabbati, » in pressura discretionis, et in sacramento baptismi, cantatur « ipsi Asaph. » Asaph homo quidam fuit hoc nomine appellatus, sicut Idithun, sicut Core, sicut alia nomina quæ invenimus in titulis Psalmorum : interpretatio tamen nominis mysterium intimat occultæ veritatis. Asaph quippe Latine dicitur congregatio. Ergo « pro torcularibus, quinta sabbati, » cantatur « ipsi Asaph, » id est, pro pressura discernente, baptizatis ex aqua renatis, cantatur Psalmus Dominicæ congregationi. Titulum in limine legimus, et in his (a) prelis quid sibi velit, intelleximus : jam si placet etiam ipsam domum operis, id est, ipsius torcularis interiora videamus. Intremus, inspiciamus, gaudeamus, timeamus, appetamus, fugiamus. Omnia enim hæc inventuri estis in hac interiore domo, id est, in textu ipsius Psalmi, cum legere, et adjuvante Domino, quod donaverit loqui cœperimus.

3. Ecce vos, o Asaph, congregatio Domini, « Exsultate Deo adjutori nostro (Psal., LXXX, 2). » Vos qui congregati estis hodie, vos hodie Asaph Domini, si quidem vobis canitur Psalmus, ipsi Asaph, « Exsultate Deo adjutori nostro. » Exsultant alii circo, vos

---

(a) Lov. et MSS. *prædüs*, Melius Er. *prelis*, id est torcularibus.

teur (*Ibid.*, 2). » Vous qui êtes présentement assemblés ici, vous qui êtes présentement l'Asaph du Seigneur, puisque le Psaume est chanté pour Asaph, ou pour vous-mêmes, « célébrez par des chants d'allégresse, Dieu notre protecteur (*Ibid.*). » Que d'autres célèbrent leur cirque ; vous, célébrez votre Dieu. Que d'autres célèbrent qui les trompe ; vous, qui vous protége. Que d'autres célèbrent leur Dieu, leur ventre ; vous, votre Dieu, votre protecteur. « Louez par votre jubilation le Dieu de Jacob (*Ibid.*). » Car, vous aussi, vous appartenez à Jacob; bien plus, vous êtes Jacob lui-même, le puîné des deux peuples, servi par son aîné (*Gen.*, XXV, 23). « Louez par votre jubilation le Dieu de Jacob. » Tout ce que vous ne pouvez exprimer par des paroles, ne cessez pas de le célébrer par vos transports d'allégresse ; que vos cris de joie disent tout ce que vous pouvez exprimer ; ce que vous ne pouvez plus dire, manifestez-le par votre jubilation. Car, dans l'excès de la joie, quand les paroles deviennent impuissantes, le cœur se répand en transports de jubilation. « Louez par votre jubilation le Dieu de Jacob (*Ps.*, LXXX, 2). »

4. « Recevez le psaume, et donnez le tambour (*Ibid.*, 3). » Recevez et donnez. Que donner? que recevoir? « Recevez le psaume, et donnez le tambour (*Ibid.*). » L'apôtre saint Paul s'est plaint quelque part, avec reproche, que nul ne lui avait fait part de ses biens, « à titre de donné et de reçu, (*Philipp.* IV, 15). » Que veut dire « à titre de donné et de reçu, » sinon ce qu'il explique lui-même clairement en un autre endroit : « Si nous avons semé parmi vous des biens spirituels, est-ce une grande chose que nous moissonnions de vos biens charnels (I *Cor.*, IV, 11)? » Et véritablement, le tambour, qui est fait de peau, appartient à la chair. Le psaume est donc spirituel, et le tambour est charnel. Peuple de Dieu, assemblée de Dieu, « recevez donc le psaume et donnez le tambour (*Ps.*, LXXX, 3) ; » recevez les biens spirituels et donnez les biens charnels. C'est pour cela que nous avons pris la parole à cette table du Bienheureux Martyr (1), afin de vous y exhorter à recevoir les biens spirituels et à donner les biens charnels. Car toutes ces demeures que l'on construit pour un temps sont nécessaires pour recevoir les corps des hommes, vivants ou morts, mais seulement pour un temps qui passe. Est-ce que, après le jugement de Dieu, nous porterons ces

---

Deo : exsultant alii deceptori suo, exsultate vos adjutori vestro : exsultant alii Deo suo ventri suo, exsultate vos Deo vestro adjutori vestro. « Jubilate Deo Jacob. » Quia et vos pertinetis ad Jacob : imno vos estis Jacob, minor populus, cui servit major (*Gen.*, XXV, 23). « Jubilate Deo Jacob. » Quidquid verbis explicare non poteritis, non ideo tamen ab exsultatione cessetis : quod poteritis explicare, clamate, quod non potestis, « Jubilate. » Etenim ex abundantia gaudiorum, cui verba sufficere non possunt, in jubilationem solet erumpere, « Jubilate Deo Jacob. »

4. « Accipite psalmum, et date tympanum. Et accipite, et date (*Ps.*, LXXX, 3). » Quid « accipite? » quid « date? » « Accipite psalmum, et date tympanum. » Dicit quodam loco apostolus Paulus, reprehendens et dolens quod nemo illi communicaverit in ratione dati et accepti (*Philipp.*, IV, 15). Quid est, in ratione dati et accepti, nisi quod alio loco aperte exposuit, « Si nos vobis spiritalia seminavimus, magnum est si nos vestra carnalia metamus (*Cor.*, IX, 11)? » Et verum est, quod tympanum quod de corio fit, ad carnem pertinet. Psalmus ergo spiritalis est, tympanum carnale. Ergo plebs Dei, congregatio Dei, « accipite psalmum, et date tympanum ; » accipite spiritalia, et date carnalia. Hoc est quod vos et ad illam mensam (a) Beati Martyris exhortati sumus, ut accipientes spiritalia, daretis carnalia. Haec enim quae exstruuntur ad tempus, ad recipienda corpora vel vivorum vel mortuorum necessaria sunt, sed tempore praetereunti. Numquid post judicium Dei istas fabricas in cœlum levabimus ? Sine his tamen hoc

---

(1) Cette table est celle du saint martyr Cyprien, désigné nommément plus bas au n° 23. Saint Augustin dit en effet, au n° 2 du CXIII° de ses sermons divers, « qu'auprès de Carthage, au lieu même où S. Cyprien souffrit le martyre, on éleva à Dieu une table appelée la table de S. Cyprien, non que jamais le saint Évêque eût célébré quelque festin en cet endroit, mais parce qu'il y fut immolé, et parce qu'il prépara par son immolation cette table, sur laquelle il ne devait ni manger ni donner à manger, mais où l'on devait offrir le saint Sacrifice à Dieu à qui il avait été lui-même offert.

(a) Scilicet ad mensam Cypriani martyris, nominatim designati postea n. 23. Nempe apud Carthaginem quo loco martyrium consummavit Cyprianus, *in eodem loco*, inquit Aug. Ser. 113, de diversis, c. 11. *mensa Deo constructa est, quae mensa dicitur Cypriani, non quia ibi est umquam Cyprianus epulatus, sed quia ibi est immolatus, et quia ipsa immolatione sua paravit hanc mensam, non in qua pascat sive pascatur, sed in qua sacrificium Deo, cui et ipse oblatus est, offeratur.*

demeures dans le ciel ? Sans elles cependant nous ne pourrions faire, en ce temps, ce qui sert à gagner le ciel. Si donc vous êtes avides de recevoir les biens spirituels, soyez généreux à donner en échange les biens charnels. « Recevez le psaume et donnez le tambour ; » recevez l'office de notre voix, rendez-nous l'office de vos mains.

5. « Le psalterion, agréable avec la cithare (*Ibid.*). » Je me souviens d'avoir autrefois exposé à Votre Charité la différence qui existe entre le psalterion et la cithare ; que ceux qui ont pris soin d'en garder le souvenir reconnaissent cette explication ; que ceux qui ne l'ont pas entendue, ou qui ne s'en souviennent pas, l'apprennent. La différence qui existe entre ces deux instruments de musique, le psalterion et la cithare, consiste en ce que, dans le psalterion, la partie de bois creux qui rend les cordes sonores se trouve en haut, de telle sorte qu'on frappe les cordes en bas et qu'elles résonnent dans la partie supérieure ; dans la cithare, au contraire, cette même partie de bois creux occupe le bas de l'instrument ; comme si le psalterion appartenait au ciel et la cithare à la terre. En effet, la prédication de la parole de Dieu est toute céleste ; mais si nous espérons les choses du ciel, ne soyons point paresseux pour faire les choses terrestres ; parce que le psalterion est agréable, mais avec la cithare (*Ibid.*). » Ces paroles correspondent à la première partie du verset : « Recevez le psaume, et donnez le tambour ; » ici, le psalterion revient au psaume et la cithare au tambour, et nous sommes avertis par là qu'il faut répondre à la prédication de la parole divine par nos œuvres corporelles.

6. « Sonnez de la trompette (*Ibid.*, 4) ; » c'est-à-dire : prêchez hautement et ouvertement, n'ayez aucune crainte ; selon cette parole d'un Prophète : « Écriez-vous et faites retentir votre voix comme une trompette (*Isaïe*, LVIII, 1). » « Sonnez de la trompette au commencement du mois de la trompette (*Ps.* LXXX, 4). » Il était prescrit aux Juifs de sonner de la trompette au commencement du mois : les Juifs le font encore matériellement, et ne comprennent pas comment le faire spirituellement. En effet, le mois commence avec la nouvelle lune ; la nouvelle lune, c'est la nouvelle vie. Qu'est-ce que la nouvelle lune ? « Si quelqu'un est en Jésus-Christ, il est une créature nouvelle (II *Cor.*, v, 17). » Que veut dire : « Sonnez de la trompette au commencement du mois de la trompette (1) ? » Prêchez en toute confiance la vie nouvelle ; ne craignez pas le bruit de l'ancienne vie.

---

tempore agere quæ ad possidendum cœlum pertinent non poterimus. Si ergo avidi estis in spiritalibus accipiendis, devoti estote in carnalibus erogandis. « Accipite psalmum, et date tympanum : » (*a*) accipite vocem nostram, reddite manus vestras.

5. « Psalterium jucundum cum cithara (*Psal.*, LXXX, 3). » Memini nos aliquando differentiam Psalterii et cithare intimasse Caritati vestræ : studiosi qui meminerunt recognoscant ; qui vel non audierunt, vel non meminerunt, discant. Istorum duorum organorum musicorum, et psalterii et citharæ hæc differentia est, quod psalterium lignum illud concavum, unde canoræ chordæ redduntur, in superiore parte habet : deorsum feriuntur chordæ, ut de super sonent. In cithara vero hæc cadem concavitas ligni partem inferiorem tenet : tamquam illud sit de cœlo, hoc de terra. Cœlestis enim est prædicatio verbi Dei. Sed si exspectamus cœlestia, non simus pigri ad operanda terrena ; quia psalterium jucundum, sed cum cithara. Hoc alio modo dictum est quod supra, « Accipite psalmum, et date tympanum : » hic pro psalmo psalterium, pro tympano cithara posita est. Hoc tamen admoniti sumus, ut prædicationi verbi Dei corporalibus respondeamus operibus.

6. « Tuba canite (*Ibid.*, 4). » Hoc est, clarius et fidentius prædicate, ne terreamini : sicut ait Propheta quodam loco, Exclama, et exalta sicut tuba vocem tuam (*Isai*, LVIII, 1). « Tuba canite in initio mensis tubæ. » Præceptum erat ut in initio mensis tuba caneretur : et hoc usque nunc Judæi corporaliter faciunt, spiritaliter non intelligunt. Initium enim mensis, nova luna est : nova luna, nova vita est. Quid est nova luna ? « Si qua igitur in Christo nova creatura (II *Cor.*, v, 17). » Quid est « tuba canite in initio mensis tubæ (*b*) ? » Cum tota fiducia novam vitam prædicate, strepitum vitæ veteris nolite metuere.

---

(1) S. Augustin a omis la dernière partie du verset 4 : « In integri die solemnitatis. » Au jour principal de votre solennité.

(*a*) MSS. plures, *Exigitis* : alii, *Accipitis*. (*b*) Hanc v. 4. partem omittit, *In insigni die sollemnitatis vestræ*.

7. « Parce que c'est un précepte donné à Israël et le jugement en appartient au Dieu de Jacob (*Ps.*, LXXX, 5). » Où est le précepte, là est aussi le jugement. En effet, ceux qui ont péché sous la loi seront jugés par la loi (*Rom.*, II, 12). Et Notre-Seigneur Jésus-Christ, l'auteur du précepte, le Verbe fait chair, a dit : « Je suis venu dans le monde pour juger, afin que ceux qui ne voient pas voient, et que ceux qui voient deviennent aveugles (*Jean*, IX, 39). » Que veut dire : « afin que ceux qui ne voient pas voient, et que ceux qui voient deviennent aveugles (*Ibid.*), » sinon : afin que les humbles soient élevés et que les orgueilleux soient renversés? Ces paroles ne demandent pas, en effet, que ceux qui voient deviennent aveugles, mais que ceux qui croient voir soient convaincus de leur aveuglement. C'est ce que fait le mystère du pressoir, « que ceux qui ne voient pas voient, et que ceux qui voient deviennent aveugles. »

8. « Il a établi ce précepte dans Joseph comme un témoignage (*Ps.*, LXXX, 6). » Eh bien, mes frères, que signifient ces paroles ? Joseph veut dire accroissement. Vous avez mémoire, vous avez connaissance de Joseph vendu en Égypte : c'est le Christ passant chez les Gentils. Là Joseph a été élevé en gloire après ses tribulations (*Gen.*, XXXVII, 28, XLI, 37, etc.) ; et ici le Christ a été glorifié après la passion des martyrs. Les Gentils ont donc rapport spécialement à Joseph ; et il y a là accroissement, parce que la femme délaissée a plus d'enfants que celle qui a un mari (*Isaïe*, LIV, 1). « Il a établi ce précepte dans Joseph comme un témoignage, lorsqu'il est sorti de l'Égypte.» Remarquez que le cinquième jour de la semaine est aussi figuré ici : lorsque Joseph, c'est-à-dire le peuple multiplié par Joseph, sortit de la terre d'Égypte, il passa à travers la mer Rouge (*Exode*, XIV, 22, 31). Les eaux produisirent donc encore à cet instant des reptiles à l'âme vivante (*Gen.*, I, 20). Le passage du peuple par les eaux de la mer ne présageait en figure rien autre chose que le passage des fidèles par les eaux du Baptême, comme en témoigne l'Apôtre : « Je ne veux pas, dit-il, mes frères, vous laisser ignorer que nos pères ont tous été sous la nuée, qu'ils ont tous passé par la mer, et qu'ils ont tous été baptisés sous Moïse dans la nuée et dans la mer (1 *Cor.*, X, 1, 2). » En effet, le passage à travers la mer ne signifiait rien autre chose que le sacrement des baptisés ; et les Égyptiens qui poursuivirent les Israélites ne signifiaient que l'abondance des péchés anciens. Voyez cet enchaînement si manifeste des mystères : les Égyptiens poursuivent les Juifs ; ils les pressent de tout près : ce sont donc les péchés qui nous pressent, mais jusqu'à l'eau seulement. Que craignez-vous donc, vous qui n'y êtes pas encore venus, de venir au Baptême

---

7. « Quia præceptum ipsi Israël est, et judicium Deo Jacob (*Psal.*, LXXX, 5). » Ubi præceptum, ibi judicium. Qui enim in Lege peccaverunt, per Legem judicabuntur (*Rom.*, II, 12). » Et ipse præcepti dator Dominus Christus, Verbum caro factum, « In judicium, inquit, veni in hunc mundum, ut qui non vident videant, et qui vident cæci fiant (*Johan.*, IX, 39). » Quid est, ut qui non vident videant, qui vident cæci fiant, nisi humiles exaltentur, superbi dejiciantur? Non enim qui vident cæci fiant, sed qui sibi videre videntur, de cæcitate convincantur. Hoc agit mysterium torcularis, ut qui non vident videant, et qui vident cæci fiant.

8. «Testimonium in Joseph posuit illud (*Ps.*, LXXX, 6).» Eia Fratres, quid est? Joseph interpretatur augmentatio. Meministis, nostis Joseph in Ægyptum venditum (*Gen.*, XXXVII, 28 et XLI, 40 etc.) : Christus ad Gentes transiens. Ibi Joseph post tribulationes exaltatus, et hic Christus post passionem Martyrum glorificatus. Ergo ad Joseph magis Gentes pertinent : et ideo augmentatio ; quia multi filii desertæ, magis quam ejus quæ habet virum (*Isai.*, LIV, 1). « Testimonium in Joseph posuit illud, dum exiret de terra Ægypti. » Videte et hic significari quintam sabbati : Quando exiit de terra Ægypti Joseph, id est, populus multiplicatus per Joseph, per mare rubrum trajectus est (*Exodi*, XIV, 22). Et tunc ergo produxerunt aquæ reptilia animarum vivarum (*Gen.*, I, 20). Nihil aliud tunc in figura portendebat transitus populi per mare, nisi transitum fidelium per baptismum; testis est Apostolus : « Nolo enim vos, inquit, ignorare fratres quia patres nostri omnes sub nube fuerunt, et omnes per mare transierunt, et omnes in Moysen baptizati sunt in nube et in mari (1 *Cor.*, X, 1 et 2). » Nihil ergo aliud significabat transitus per mare, nisi sacramentum baptizatorum ; nihil aliud insequentes Ægyptii, nisi abundantiam præteritorum delictorum. Videtis evidentissima sacramenta : premunt Ægyptii, urgent; instant ergo peccata, sed usque ad aquam.

du Christ, de passer à travers la mer Rouge ? Que veut dire qu'elle est rouge ? qu'elle est consacrée par le sang du Seigneur. Que craignez-vous d'y venir ? Peut-être la conscience de quelques forfaits énormes vous poursuit-elle et torture-t-elle votre âme ; peut-être vous dit-elle que vos fautes sont si grandes, que vous désespérez d'en obtenir la rémission ? craignez qu'il ne vous reste des péchés, si vous trouvez qu'un seul Égyptien soit resté vivant sous les flots de la mer Rouge. Mais lorsque vous aurez passé cette mer, lorsque vous aurez été délivré de vos péchés par la puissance de la main de Dieu, et par la force de son bras (*Ps.*, CXXXV, 12), vous découvrirez des mystères que vous ne connaissiez pas ; parce que Joseph lui-même, « lorsqu'il fut sorti d'Égypte, entendit une langue qu'il ne connaissait pas (*Ps.*, LXXX, 6). » Vous entendrez une langue que vous ne connaissiez pas, et qu'entendent maintenant et que connaissent ceux qui sont capables d'attester qu'ils la connaissent. Vous apprendrez où donner votre cœur : lorsque je l'ai dit naguères, beaucoup ont compris et acclamé mes paroles ; les autres sont demeurés muets, parce qu'ils n'entendaient pas encore une langue qu'ils ne connaissaient pas. Qu'ils se hâtent donc, qu'ils passent la mer et qu'ils apprennent : « Il a entendu une langue qu'il ne connaissait pas (*Ibid.*). »

9. « Il a délivré ses épaules de leurs fardeaux (*Ibid.*, 7). » Qui donc a délivré les épaules de Joseph de leurs fardeaux, si ce n'est celui qui a dit : « Venez à moi vous tous qui souffrez et qui êtes chargés (*Matth.*, XI, 28)? » Ce texte peut être interprété d'une autre manière : ce que faisait la persécution des Égyptiens, les fardeaux des péchés le font maintenant. « Il a délivré ses épaules de leurs fardeaux (*Ibid.*). » Et comme si vous demandiez : de quels fardeaux ? Le Prophète ajoute : « Ses mains étaient asservies à travailler avec des corbeilles (*Ibid.*). » Ces corbeilles désignent des travaux serviles. C'est à l'aide de corbeilles, qu'on nettoie, qu'on porte du fumier, qu'on transporte de la terre, toutes œuvres serviles. De même, tout homme qui commet le péché est l'esclave du péché, et si le Fils de Dieu vous en délivre, vous serez vraiment libre (*Jean*, VIII, 34, 36). On peut donc rattacher à ces corbeilles tout ce qui est bas et vil : mais Dieu a rempli des corbeilles avec les restes du pain qu'il a multiplié : il en a rempli douze corbeilles (*Matth.*, XIV, 20), parce qu'il a choisi ce qui est vil aux yeux du monde, pour confondre ce qui est estimé comme fort (I *Cor.*, I, 27). Mais quand Joseph était asservi à travailler avec des corbeilles, il y portait de la terre pour en faire des briques : « Ses mains étaient asservies à travailler avec des corbeilles (*Ps.*, LXXX, 7). »

10. « Vous m'avez invoqué dans votre tribu-

Quid ergo times, qui nondum venisti, venire ad baptismum Christi, transire per mare rubrum ? Quid est rubrum ? Sanguine Domini consecratum. Quid times venire ? Conscientia forte aliquorum immanium delictorum stimulat, et excruciat in te animum, et dicit tibi tam magnum esse illud quod commisisti, ut desperes tibi dimitti. Time ne remaneat aliquid peccatorum, si vixit aliquis Ægyptiorum. Cum autem transieris rubrum mare, cum eductus fueris a delictis tuis in manu potenti et brachio forti, percepturus es mysteria quæ non noveras : quia et ipse Joseph « cum exiret de terra Ægypti, linguam quam non noverat audivit. » Audies linguam quam non noveras : quam modo audiunt et recognoscunt, testantes et scientes qui norunt. Audies ubi debeas habere cor : quod modo cum dicerem multi intellexerunt, et acclamaverunt ; reliqui muti steterunt, quia nondum linguam quam non nove-rant audierunt. Accelerent ergo, transeant, discant. « Linguam quam non noverat audivit. »

9. « Avertit ab oneribus dorsum ejus (*Ps.*, LXXX, 7). » Quis « avertit ab oneribus dorsum ejus, » nisi ille qui clamavit, « Venite ad me omnes, qui laboratis et onerati estis (*Matth.*, XI, 28) ? » Alio modo hoc idem significatur. Quod faciebat insecutio Ægyptiorum, hoc faciunt sarcinæ peccatorum. « Avertit ab oneribus dorsum ejus. » Et quasi diceres, Quibus oneribus ? « Manus ejus in cophino servierunt. » Per cophinum significantur opera servilia : mundare, (a) stercorare, terram portare, cophino fit, servilia sunt opera : « quia omnis qui facit peccatum, servus est peccati ; et si vos Filius liberaverit, tunc vere liberi eritis (*Johan.*, VIII, 34 et 35). » Merito et abjecta mundi quasi cophini deputantur : sed et cophinos Deus buccellis implevit : duodecim cophinos buccellarum implevit (*Matth.*, XIV, 20) ;

(a) Sic MSS. At editi, *mundare stercora*.

lation, et je vous ai délivré (*Ibid.*, 8). » Que toute conscience chrétienne se reconnaisse ici, si elle a passé pieusement la mer Rouge ; si elle a entendu, avec la ferme volonté de croire et de pratiquer, une langue qu'elle ignorait jusqu'alors ; qu'elle reconnaisse qu'elle a été exaucée dans sa tribulation. Car la grande tribulation pour elle était d'être abattue sous le fardeau de ses péchés. Quelle est sa joie d'être maintenant relevée ? Voici que vous avez été baptisé ; une conscience, hier accablée, est aujourd'hui comblée de joie. Vous avez été exaucé dans votre tribulation : souvenez-vous de ce qu'était cette tribulation. Avant d'arriver à cette cure salutaire, de combien d'inquiétudes étiez-vous chargé ? à quels jeûnes étiez-vous soumis ? que d'afflictions vous portiez dans votre cœur ! que de prières intérieures, pleines de piété, de dévotion ! Vos ennemis ont été tués ; tous vos péchés sont détruits : « Vous m'avez invoqué dans votre tribulation, et je vous ai délivré (*Ibid.*). »

11. « Je vous ai exaucé dans le secret de la tempête (*Ibid.*) ; » non pas de la tempête de la mer, mais de la tempête de votre cœur. « Je vous ai exaucé dans le secret de la tempête ; je vous ai éprouvé dans l'eau de la contradiction (*Ibid.*). » Assurément, mes frères, assurément, celui qui a été exaucé dans le secret de la tempête doit être éprouvé dans l'eau de la contradiction. Car lorsqu'un homme aura embrassé la foi, lorsqu'il aura été baptisé, lorsqu'il aura commencé à suivre la voie de Dieu, lorsqu'il se sera appliqué à couler dans la cuve de double mesure, et à se séparer de la lie qui se répand publiquement dans les rues ; il trouvera de nombreux persécuteurs, de nombreux insulteurs, de nombreux calomniateurs, qui chercheront à le détourner de la foi, qui le menaceront même quand ils le pourront, pour l'effrayer et pour abattre son courage : voilà ce que c'est que l'eau de la contradiction. Je pense bien qu'aujourd'hui même, il en a été ainsi. J'imagine que parmi vous il en est plusieurs que leurs amis ont voulu entraîner au cirque et à je ne sais quelles fêtes frivoles du jour : peut-être eux-mêmes ont-ils amené à l'église ceux qui les en détournaient. Mais, soit qu'ils y aient amené ceux qui les tentaient, soit qu'ils aient seulement refusé de se rendre au cirque, ils ont été éprouvés dans l'eau de la contradiction. Ne rougissez donc pas de prêcher ce que vous connaissez, et de défendre, même au milieu des blasphémateurs, ce que vous croyez. Si, en effet, vous êtes exaucé dans le secret de la tempête, vous croyez de cœur pour votre justification ;

---

quia abjecta hujus mundi elegit, ut confunderet fortia (I *Cor.*, I, 27). Sed et quando in cophino serviebat Joseph, terram ibi portabat, quia lateres faciebat. « Manus ejus in cophino servierunt. »

10. « In tribulatione invocasti me, et erui te (*Ps.*, LXXX, 8). » Recognoscat se una quæque conscientia Christiana, si devote transierit mare rubrum (*Exodi*, XIV, 22), si cum fide credendi et observandi linguam quam non noverat audivit, recognoscat se in tribulatione exauditam. Ipsa enim magna tribulatio erat, premi sarcinis peccatorum. Quantum gaudet relevata conscientia ? Ecce baptizatus es, conscientia quæ heri premebatur, hodie gratulatur. Exauditus es in tribulatione, memento tribulationis tuæ. Antequam accederes ad aquam, quid sollicitudinis gerebas ? quid jejuniorum exhibebas ? quid tribulationum in corde gestabas ; orationum internarum, piarum, devotarum ? Occisi sunt hostes tui, omnia peccata tua deleta sunt. « In tribulatione invocasti me, et erui te. »

11. « Exaudivi te in abscondito tempestatis (*Ibid.*, 8). » Non in tempestate maris, sed in tempestate cordis. « Exaudivi te in abscondito tempestatis : probavi te in aqua contradictionis. » Re vera Fratres, re vera, qui exauditus est in abscondito tempestatis, debet probari in aqua contradictionis. Cum enim crediderit, cum baptizatus fuerit, cum viam Dei carpere cœperit, cum in gemellarium eliquari intenderit, et ab amurca publice currente se extraxerit, habebit multos exagitatores, multos insultatores, multos detractores, dehortatores, minantes etiam ubi possunt, deterrentes, deprimentes. Hæc tota aqua contradictionis est. Puto hodie esse hic sic, arbitror esse hic nonnullos, quos amici sui volebant rapere ad circum, et ad nescio quas hodiernæ festivitatis nugas : forte ipsi illos adduxerunt ad Ecclesiam. Sed sive ipsi illos adduxerunt, sive ab eis ad circum abduci non potuerunt, in aqua contradictionis probati sunt. Non ergo erubescas prædicare quod nosti, defendere et inter blasphemos quod credidisti. Si enim exaudiris in abscondito tempestatis, corde creditur ad justitiam : si probaris in aqua contradictionis, ore confessio fit ad salutem (*Rom.*, X, 10). Quanta est enim ipsa aqua contradictionis ? Jam pene siccata est. Senserunt illam majores nostri, quando verbo Dei, quando mysterio Christi acriter

et si vous êtes éprouvé dans l'eau de la contradiction, vous confessez de bouche la vérité pour votre salut (*Rom.*, x, 10). Mais qu'est-ce aujourd'hui que l'eau de la contradiction? Elle est presque toute desséchée. Nos pères en ont senti les effets, lorsque les nations résistaient avec obstination à la parole de Dieu et au mystère du Christ ; alors l'eau était troublée. L'Apocalypse démontre d'une manière évidente que, sous la figure des eaux, il faut souvent entendre les peuples : car saint Jean ayant vu des eaux considérables et demandé ce que c'était, il lui fut répondu : « Ces eaux sont les peuples (*Apoc.*, xvii, 15). » Nos pères ont donc supporté l'eau de la contradiction, lorsque les nations se sont levées avec des frémissements, et que les peuples ont formé de vains projets ; lorsque les rois de la terre se sont assemblés et que les princes se sont joints ensemble contre le Seigneur et contre son Christ (*Ps.*, ii, 1, 2). Quand les nations se soulevèrent avec des frémissements, le lion, dont parle le Livre des Juges, s'avança en rugissant contre le fort Samson, qui venait épouser une femme étrangère ; c'est-à-dire contre le Christ, qui descendait pour former son Église au milieu des nations. Mais qu'a-t-il fait? Il a saisi, tenu, brisé, mis en morceaux ce lion, devenu entre ses mains comme un jeune chevreau. Que pouvait, en effet, devenir ce peuple rugissant, sinon un pécheur languissant? Mais une fois cette férocité détruite, ni les rois puissants, ni le peuple des Gentils ne s'avancent plus de la même sorte, en rugissant, contre le Christ : bien plus, dans le royaume même des Gentils, nous trouvons des lois en faveur de l'Église, comme le rayon de miel dans la gueule du lion (*Juges*, xiv, 5,8). Pourquoi donc craindrais-je encore l'eau de la contradiction, qui est déjà presque desséchée? Elle coulerait presque en silence, si la lie ne bouillonnait avec quelque bruit de contradiction. Car que serait la rage des méchants qui nous sont étrangers, si les méchants qui sont parmi nous ne les aidaient! « Je vous ai exaucé dans le secret de la tempête ; je vous ai éprouvé dans l'eau de la contradiction (*Ps.*, lxxx, 8). » Vous vous souvenez de ce qui a été dit du Christ : qu'il était né pour la ruine d'un grand nombre et pour la résurrection d'un grand nombre, et comme un signe qui serait en butte à la contradiction (*Luc*, ii, 34). Nous le savons, nous le voyons ; le signe de la croix a été élevé, et il a été en butte à la contradiction. On a contredit la gloire de la croix ; mais il y avait sur la croix un titre qui ne devait pas être détruit. Tel est, en effet, l'intitulé d'un psaume : « Pour l'inscription du titre : ne le corrompez pas (*Ps.*, lix, 1). » Ce titre était un signe de contradiction ; car les Juifs disaient : ne mettez pas, Roi des Juifs ; mettez qu'il s'est dit Roi des

---

resistebant gentes, turbabatur aqua. Aquas enim pro populis aliquando intelligendas evidenter Apocalypsis scriptura demonstrat (*Apoc.*, xvii, 15), ubi aquæ multæ cum viderentur, et quæreretur quid essent, responsum est, Populi sunt. Pertulerunt ergo illi aquam contradictionis, quando fremuerunt gentes, et populi meditati sunt inania (*Psal.*,ii, 1); quando astiterunt reges terræ, et principes convenerunt in unum adversus Dominum et adversus Christum ejus. Quando fremuerunt gentes, tunc leo ille viro forti Samsoni venienti ad ducendam de alienigenis uxorem (*Judi.*, xiv, 5), Christo scilicet descendenti ad habendam Ecclesiam de Gentibus, fremens ibat in obviam. Sed quid egit? Accepit, tenuit, fregit, dissipavit leonem ; factus est in manibus ejus velut hœdus caprarum. Quid enim fieret populus fremens, nisi languidus peccator? Occisa autem illa feritate, jam non sic fremit regia potestas, non sic fremit populus Gentium (*a*) in obviam Christo : immo vero in ipso regno Gentium invenimus leges pro Ecclesia, tamquam favum in ore leonis. Quid ergo jam metuam aquam contradictionis, quæ prope jam tota siccata est? Illa pene jam silet, si amurca non contradicat. Quantumlibet mali sæviant alieni, o si eos non adjuvent mali nostri. « Exaudivi te in abscondito tempestatis, probavi te in aqua contradictionis. » Recolitis quid de Christo dictum sit, sic natum eum esse in multorum ruinam, et multorum resurrectionem, et in signum cui contradicetur (*Luc.*, ii, 34). Novimus, videmus : signum crucis erectum est, et contradictum est ei. Contradictum est gloriæ crucis : sed titulus erat super crucem, qui non corrumpebatur. Est enim titulus in Psalmo, In tituli inscriptionem ne corrumpas (*Ps.*, lix, 1). Signum erat cui contradiceretur : dixerunt enim Judæi, « Noli facere, Rex Judæorum ; sed

---

(*a*) Aliquot MSS. *non it in obviam Christo.*

Juifs. » Mais la contradiction fut vaincue ; Pilate leur répondit : « Ce que j'ai écrit, je l'ai écrit (*Jean*, xix, 19-22). » « Je vous ai exaucé dans le secret de la tempête ; je vous ai éprouvé dans l'eau de la contradiction (*Ps.* lxxx, 8). »

12. Depuis le commencement du Psaume, jusqu'à ce verset, il a été question de l'huile du pressoir. Ce qui reste est plus douloureux et mérite une attention spéciale : car, jusqu'à la fin du Psaume, il s'agit de la lie du pressoir, et peut-être ce n'est pas sans raison que nous trouvons ici le « Diapsalma » ou signe de pause. Mais ce que nous entendrons aura cette utilité, que celui qui se voit déjà faisant partie de l'huile s'en réjouira, et que celui qui est en danger de s'écouler avec la lie y prendra garde. Écoutez donc l'une et l'autre partie du Psaume ; l'une avec amour, l'autre avec crainte. « Écoutez, ô mon peuple, et je parlerai, et je vous déclarerai mes volontés (*Ibid.*, 9). » En effet, il ne s'adresse pas à un peuple étranger, à un peuple qui n'appartienne pas au pressoir : « Jugez, dit-il, entre moi et ma vigne (*Isaïe*, v, 3). » « Écoutez, ô mon peuple, et je parlerai, et je vous déclarerai mes volontés (*Ps.*, lxxx, 9). »

13. « Israël, si vous m'écoutez, vous n'aurez pas en vous de Dieu nouveau (*Ibid.*, 10). » Un dieu nouveau est un dieu fait pour un temps : mais notre Dieu n'est pas nouveau, il est de toute éternité. Notre Christ est sans doute nouveau comme homme ; mais, comme Dieu, il est éternel. Qu'était-il, en effet, avant tout commencement ? « Au commencement était le Verbe et le Verbe était en Dieu et le Verbe était Dieu (*Jean*, i, 1). » Et notre Christ est le Verbe qui s'est fait chair, pour habiter parmi nous (*Ibid.*, 14). Loin de nous donc cette pensée qu'il soit en quelque chose un dieu nouveau. Un dieu nouveau est une pierre ou un fantôme. Mais, dit quelqu'un, mon dieu n'est pas de pierre ; j'ai un dieu d'argent et d'or. Le Prophète a donc bien fait de désigner ces métaux précieux, quand il a dit : « Les idoles des nations sont d'or et d'argent ; (*Ps.*, cxiii, 2ᵉ partie, 4). » Ce sont de grandes choses, parce qu'elles sont d'or et d'argent, elles sont précieuses, elles sont brillantes ; mais cependant elles ont des yeux et ne voient pas (*Ibid.*, 5). Voilà les dieux nouveaux. Quoi de plus nouveau qu'un dieu sortant de la fabrique ? Et quand ils seraient déjà vieux et couverts de toiles d'araignées, du moment qu'ils ne sont pas éternels, ils sont nouveaux. Voilà pour les dieux des païens. Je ne sais quel autre, méconnaissant le nom du Seigneur son Dieu, se fait du Christ une créature, un Christ inégal et inférieur à celui qui l'a engendré ; le disant Fils de Dieu et niant qu'il soit le Fils de Dieu. Si, en effet, il est le Fils unique, il est

---

fac quod ipse dixerit regem se esse Judæorum (*Johan.*, xix, 21). » Victa est contradictio, responsum est, Quod scripsi scripsi. « Exaudivi te in abscondito tempestatis, probavi te in aqua contradictionis. »

12. Hoc totum ab initio Psalmi usque ad hunc versum, de oleo torcularis audivimus. Quod restat magis dolendum est et cavendum : ad amurcam enim torcularis pertinet usque ad finem ; fortasse non frustra et interposito « Diapsalmate (*Ps.*, lxxx, 9) : » Sed etiam hoc audire utile est, ut qui se jam in oleo videt, gaudeat ; qui periclitatur ne in amurca (*a*) currat, caveat. Utrumque audi : unum dilige, alterum time. « Audi populus meus, et loquar, et testificabor tibi (*Ibid.*, 9). » Non enim populo alieno, non enim populo non pertinenti ad torcular : « Judicate, inquit, inter me et vineam meam (*Isai.*, v, 3). « Audi populus meus, et loquar, et testificabor tibi. »

13. « Israël, si me audieris (*Ps.*, lxxx, 10), non erit in te deus recens. » Deus recens, est ad tempus factus : Deus autem noster non recens, sed ab æternitate in æternitatem. Et Christus noster recens forte homo, sed sempiternus Deus. Quid enim ante principium ? Et utique in principio erat Verbum, et Verbum erat apud Deum, et Deus erat Verbum. Et ipse (*b*) Christus noster Verbum caro factum, ut habitaret in nobis. Absit ergo ut sit in aliquo deus recens. Deus recens, aut lapis, aut phantasma est. Non est, inquit, lapis : ego argenteum habeo et aureum. Merito ipsa pretiosa voluit nominare, qui dixit, « Idola Gentium argentum et aurum (*Psal.*, cxiii, 4). » Magna sunt, quia aurea et argentea sunt ; pretiosa sunt, lucida sunt : sed tamen oculos habent, et non vident. Recentes hi dii. Quid recentius deo ex officina ? Licet illos jam vetustos aranearum casses contexerint, qui sempiterni non sunt, recentes sunt, hoc de Paganis. Nescio quis alius, in vanitatem accipiens nomen Domini Dei sui, fecit sibi Christum creaturam, Christum imparem et inæqualem gene-

---

(*a*) Editi, *in amurcam incurrat*. At omnes MSS. habent, *currat*: et ex his plures, *in amurca*. id est, cum amurca currat de torculari. (*b*) Sic MSS. At editi, *Et ipse Deus noster*.

ce qu'est son Père, et il est de toute éternité. Mais vous, vous inventez je ne sais quoi dans votre cœur, vous vous fabriquez un dieu nouveau. Un autre se crée un dieu occupé à combattre contre la puissance des ténèbres, redoutant qu'elle ne l'envahisse, luttant afin qu'elle ne puisse le corrompre, déjà corrompu cependant en partie, et faisant effort pour redevenir tout entier sain et sauf; ne l'étant déjà plus toutefois, puisqu'il est en partie corrompu. Voilà le dire des Manichéens. Eux aussi se font dans leur cœur un dieu nouveau. Tel n'est pas notre Dieu; tel n'est pas ton héritage, ô Jacob. Ton Dieu est celui qui a créé le ciel et la terre, qui n'a pas besoin des bons et qui ne craint pas les méchants.

14. Un grand nombre d'hérétiques se sont donc fait, aussi bien que les païens, telle et telle divinité; ils se sont fabriqué tel et tel dieu; et s'ils ne les ont point placés dans des temples, ils les ont, ce qui est pis encore, établis dans leurs cœurs, et se sont faits eux-mêmes les temples de ces fausses et ridicules idoles. C'est un grand travail que de briser ces idoles au dedans de soi-même, et de purifier la place, non pour un dieu nouveau, mais pour le Dieu vivant. Tous ces hérétiques, en courant d'opinion en opinion, en se forgeant telle et telle divinité, et en variant leur foi par la diversité de leurs erreurs, semblent se combattre entre eux; mais ni les uns ni les autres ne se retirent des pensées terrestres, ils s'accordent dans leurs pensées terrestres. Ils ont différentes opinions : ils n'ont qu'une même vanité. Il est écrit d'eux dans un autre psaume : « Ils ne font qu'un par la vanité (*Ps.*, LXI, 10). » Ils ont beau être en désaccord par la variété de leurs opinions, ils sont liés ensemble par la communauté de leur vanité. Et vous savez que la vanité est une de ces choses qui restent en arrière, et dont la place est derrière nous. C'est pourquoi celui qui savait oublier ce qui était derrière lui, c'est-à-dire la vanité, et s'élancer vers ce qui était devant lui, c'est-à-dire vers la vérité, courait au terme, c'est-à-dire à la palme de la céleste vocation de Dieu en Jésus-Christ (*Philipp.*, III, 13). Tous ces hérétiques sont donc d'accord par leur principale erreur, bien qu'ils paraissent divisés entre eux. C'est ce qu'a marqué Samson, en liant ensemble les queues des renards (*Juges*, XV, 4). Les renards signifient les hommes insidieux, et surtout les hérétiques; hommes de mensonge et de fraude, qui se cachent, pour tromper, dans des anfractuosités de cavernes, et aussi qui exhalent une odeur infecte. C'est par contraste avec cette odeur, que l'Apôtre a dit : « Nous sommes, en tout lieu, la bonne odeur du Christ (II *Cor.*, II, 25). » Ces renards sont aussi figurés dans le Cantique des Cantiques, où il est dit : « Prenez-nous les petits renards qui

---

ranti, Filium Dei dicens, et Filium Dei negans. Si enim Filius unicus est, hoc quod Pater est, et hoc est ex æternitate. Tu autem nescio quid aliud cogitasti in corde tuo, deum recentem posuisti. Fecit sibi alius deum pugnantem contra gentem tenebrarum, timentem ne invadatur, satagentem ne corrumpatur; ex parte tamen corruptum, ut posset esse totus salvus; sed non totus, quia ex parte corruptus. Manichæi ista dicunt, faciunt sibi et isti in corde recentem deum. Non est talis Deus noster, non est talis portio tua Jacob : sed qui fecit cælum et terram, ipse est Deus tuus, qui non eget bonis, qui non timet a malis.

14. Multi ergo hæretici cum Paganis alios et alios deos sibi fecerunt, alios et alios deos sibi finxerunt; et eos etiamsi non in templis, tamen quod est pejus in suo corde posuerunt, et falsorum ridendorumque simulacrorum templa ipsi facti sunt. Magnum opus est, intus hæc idola frangere; et locum Deo vivendi, non recenti mundare. Omnes enim isti aliud atque aliud sentientes, alios atque alios deos sibi facientes, ipsamque fidem falsitate variantes, videntur dissentire : sed omnes a terrenis cogitationibus non recedunt, in terrenis cogitationibus consentiunt sibi. Opinio diversa est, vanitas una est. De illis in alio Psalmo dicitur, « Ipsi de vanitate in unum (*Ps.*, LXI., 10). » Quamvis opinionum varietate discordent, simili tamen vanitate colligantur. Et nostis quia vanitas retro est, posterior est : ideo ille quæ retro oblitus, id est, vanitatem oblitus, in ea quæ ante sunt, id est, in veritatem extentus (*Philip.*, III, 13), sequitur ad palmam supernæ vocationis Dei in Christo Jesu. Ergo in pejus sibi isti consentiunt, quamvis dissentire a se invicem videantur. Ideo Samson caudas vulpium colligavit (*Judi.*, XV, 4). Vulpes insidiosos maximeque hæreticos significat, dolosos, fraudulentos, cavernosis anfractibus latentes et decipientes, odore etiam tetro putentes. Contra quem odorem dicit Apostolus, Christi bonus odor sumus in omni loco

détruisent les vignes, et qui se cachent dans des terriers tortueux (*Cant.*, II, 15). » « Prenez-nous, » c'est-à-dire : convainquez-nous, car vous prenez celui que vous avez convaincu de fausseté. Enfin, comme ces petits renards contredisaient le Seigneur, et lui demandaient : « Par quel pouvoir faites-vous ces choses ? » il leur dit : « Répondez vous-mêmes à une seule question : D'où était le baptême de Jean ? du ciel ou des hommes ? » Comme les renards ont coutume de se creuser des terriers à deux issues, entrant d'un côté et sortant de l'autre, le preneur de renards avait tendu des filets à chacune de ces deux ouvertures. Dites-moi : « était-il du ciel ou des hommes ? » Ils sentirent bien qu'il y avait là de chaque côté un piége pour les prendre, et ils se disaient en eux-mêmes : « Si nous disons : du ciel, il nous répondra : Pourquoi donc n'y avez-vous pas cru ? » En effet, Jean-Baptiste avait rendu témoignage au Christ. « Si nous disons : de la terre, le peuple nous lapidera, parce que tous regardent Jean comme un prophète. » Sentant donc qu'ils seraient pris des deux parts, ils répondent : « Nous ne savons pas ; » et le Seigneur : « Je ne vous dirai pas non plus par quel pouvoir je fais ces choses (*Matth.*, XXI, 23-27). » Vous dites que vous ne savez pas ce que vous savez réellement ; moi je ne vous dirai pas ce que vous me demandez. Vous n'avez point osé sortir de votre terrier, ni d'un côté ni de l'autre ; vous êtes restés dans vos ténèbres. Obéissons donc, nous aussi, si nous le pouvons, à ces paroles de Dieu : « Prenez-nous ces petits renards, qui détruisent les vignes (*Cant.*, II, 15). » Voyons si, nous aussi, nous pourrons prendre certains petits renards. Mettons un piège à chaque issue du terrier, afin que le renard, de quelque côté qu'il veuille sortir, soit pris. Par exemple : voici un Manichéen, qui se fait un dieu nouveau et qui ouvre son cœur à ce qui n'est pas ; interrogeons-le et disons-lui : la substance de Dieu est-elle corruptible ou incorruptible ? Choisissez ce que vous voulez, sortez par où vous voudrez, mais vous n'échapperez pas. Si vous dites qu'elle est corruptible, vous serez lapidé, non par le peuple, mais par vous-même ; si, au contraire, vous dites que Dieu est incorruptible, comment, s'il est incorruptible, peut-il craindre la puissance des ténèbres ? Que peut faire à un être incorruptible une puissance toute de corruption ? Que vous reste-t-il, sinon de dire : « Nous ne savons ? » Mais si c'est par ignorance, et non par mensonge, que cet homme parle ainsi, qu'il ne reste pas dans les ténèbres, qu'il devienne de renard brebis, qu'il croie au Dieu invisible, au seul Dieu incorruptible, et non à un dieu nouveau ; disons toutefois, au seul Dieu, en ce sens que

(II *Cor.*, II, 15). (c) « Istæ vulpes significantur in Canticis canticorum, ubi dicitur, Capite nobis vulpes pusillas exterminantes vineas, latentes in cavernis tortuosis (*Cant.*, II, 15). » Capite nobis, convincite nobis : capis enim cum quem de falsitate convincis. Contradicentibus denique vulpeculis Domino, et dicentibus, « In qua potestate ista facis (*Matth.*, XXI, 23, etc.) ? » « Respondete mihi et vos, inquit, unum sermonem : Baptismus Johannis unde est ? de cælo, an ex hominibus (*Luc.*, X, 2, etc.) ? » Vulpes autem solent habere tales foveas, ut ex una parte intrent, et ex alia parte exeant : ad utrumque foramen captor vulpium retia posuit. Dicite mihi, de cælo est, an ex hominibus ? Sentiunt illi eum ex utraque parte tetendisse unde caperet ; et aiunt apud se, « Si dixerimus, inquiunt, de cælo, dicturus est nobis, Quare ergo non credidistis ! Ille enim testimonium Christo perhibuit. Si dixerimus, de terra, lapidat nos populus, quia ut Prophetam eum habent (*Ibid.*). » Sentientes ergo hac atque hac esse unde caperentur, responderunt, Nescimus. Et Dominus : « Nec ego vobis dico in qua potestate ista facio. » Vos dicitis vos nescire quod scitis, ego vobis non dico quod quæritis. Quia ex nulla parte exire ausi estis, in vestris tenebris remansistis. Obtemperemus ergo et nos, si possumus, dicenti verbo Dei, « Capite nobis vulpes pusillas exterminantes vineas (*Cant.*, II, 15). » Videamus si et nos quasdam vulpeculas capere possumus. Proponamus ad foramen utrumque, ut unde vulpes exire voluerit, capiatur. Verbi gratia, Manichæo facienti sibi deum recentem, et in corde suo ponenti quod non est, dicamus et interrogemus cum, Substantia Dei corruptibilis est, an incorruptibilis ? Elige quod vis, et exi qua vis, sed non effugies. Si dixeris, Corruptibilis ; non a populo, sed a teipso lapidaberis : si autem dixeris incorruptibilem Deum ; incorruptibilis quomodo timuit gentem tenebrarum ? Quid factura erat incorruptibili gens corruptionis ? Quid restat nisi ut dica-

(*a*) Hic in editis additur ; *Deo* : quod a MSS. abest.

seul il est Dieu et non qu'il est le soleil, pour ne point paraître ouvrir au regard fugitif un autre terrier. Ce n'est pas que le nom de soleil nous effraie. En effet, nous lisons dans nos Écritures : « Il est le soleil de justice; le salut est sous ses ailes (*Malachie*, IV, 2). » Cherche-t-on l'ombre contre les feux de ce soleil, on la trouve sous les ailes de ce même soleil, car le salut est sous ses ailes. C'est de ce soleil que les impies diront : « Nous avons erré loin de la vérité, et la lumière de la justice n'a pas lui pour nous, et le soleil ne s'est pas levé pour nous (*Sag.*, V, 6). » Les adorateurs du soleil diront eux-mêmes : Le soleil ne s'est pas levé pour nous ; car, tandis qu'ils adorent le soleil que Dieu fait lever sur les bons et sur les méchants (*Matth.*, V, 45), le soleil qui éclaire seulement les bons ne s'est pas levé pour eux. Chacun d'eux se fait donc, à sa guise, des dieux nouveaux. Qui empêche, en effet, un cœur trompé de fabriquer, dans son atelier secret, tels fantômes qu'il lui plaira ? Mais tous ces hommes, différents de figure, sont les mêmes par derrière, c'est-à-dire qu'ils sont les esclaves d'une même vanité. Aussi, voyez ce que fit notre Samson, dont le nom est interprété : « leur soleil, » ou le soleil de ceux sur lesquels il luit; non pas le soleil de tous, comme est celui qui se lève sur les bons et sur les méchants, mais le soleil de quelques-uns ou le soleil de justice; car il était la figure du Christ (*Jug.*,

XV, 4). Il lia, comme j'ai commencé à vous le dire, les queues des renards et il y mit le feu, pour incendier sans doute, mais pour incendier uniquement les moissons des étrangers. D'où il suit que ces hérétiques, semblables les uns aux autres par derrière, et liés ensemble, pour ainsi dire, par la queue, traînent avec eux un feu destructeur ; mais ils n'incendient pas nos moissons. Car « le Seigneur connaît ceux qui lui appartiennent; et que tout homme qui invoque le nom du Seigneur s'éloigne de l'iniquité. Au reste, dans une grande maison, il n'y a pas seulement des vases d'or et d'argent, mais aussi des vases de bois et d'argile ; les uns vases d'honneur, les autres vases d'ignominie. Or, si quelqu'un se tient pur de toutes ces choses, il sera un vase d'honneur, utile au Seigneur, et préparé pour toutes les bonnes œuvres (II *Tim.*, II, 19-21) ; » alors il ne craindra ni les queues, ni les torches ardentes des renards. Mais examinons ce qui concerne le peuple juif. « Si vous m'écoutez, dit-il, vous n'aurez point en vous de dieu nouveau (*Ps.*, LXXX, 10). » Je suis frappé de cette expression : « en vous. » Le Prophète n'a pas dit : de vous, comme pour parler de quelque image venue du dehors, mais « en vous, » dans votre cœur, dans les fantômes de votre imagination, dans les déceptions de votre cœur ; car c'est là que vous porteriez votre dieu nouveau, restant vous-même dans votre vétusté. « Si donc vous m'é-

---

tur, Nescimus? Sed tamen si hoc non dolo, sed ignorantia dicitur, non remaneat in tenebris, ex vulpe fiat ovis, credat invisibili, incorruptibili soli Deo, non recenti, soli ab eo quod est solus, non ab eo quod est sol, ne nos ipsi vulpi fugienti aliam cavernam aperuisse videamur. Quamquam nec nomen solis formidabimus. Est enim in Scripturis nostris, « Sol justitiæ, et sanitas in pennis ejus (*Malach.*, IV, 2).» Ab æstu solis hujus umbra appetitur : sub alas autem solis hujus ab æstu fugitur; sanitas enim in pennis ejus. Iste est sol de quo dicturi sunt impii, « Ergo erravimus a via veritatis, et justitiæ lumen non luxit nobis, et nos ipsi vulpi ortus nobis (*Sap.*, V, 6).» Dicturi sunt adoratores solis, Sol non ortus est nobis : quia cum adorent solem, quem facit oriri super bonos et malos (*Matth.*, V, 45), non est eis ortus sol, qui solis illuminat bonos. Faciunt sibi ergo deos recentes quique quales volunt. Quid enim impedit officinam decepti cordis fabricare phantasma, quale voluerit? Sed omnes hi in posterioribus consentiunt, id est, simili vanitate detinentur. Unde Samson noster, qui etiam interpretatur sol ipsorum, eorum scilicet quibus lucet ; non omnium, sicuti est oriens super bonos et malos ; sed sol quorumdam, sol justitiæ : (figuram enim habebat Christi :) colligavit, ut dicere cœperam, caudas vulpium, et ibi ignem alligavit (*Judic.*, XV, 4); ignem ad incendendum, sed messes alienigenarum. Proinde tales consentientes in posterioribus, tamquam caudis colligati, trahunt ignem corrumpentem, sed non incendunt nostrorum segetes « Novit enim Dominus qui sunt ejus, et recedat ab iniquitate omnis qui invocat nomen Domini. In magna autem domo non solum sunt vasa aurea et argentea, sed et lignea et fictilia : et alia quidem sunt in honorem, alia vero in contumeliam. Si quis autem mundaverit se ab hujusmodi, erit vas in honorem, utile Domino, ad omne opus bonum paratum (II *Tim.*, II, 19-21) ; » et ideo nec caudas vulpium, nec faces vulpium pertimescet. Sed videamus de populo isto:

coutez, » dit-il, parce que « je suis Celui qui suis (*Exode*, III, 14), » « vous n'aurez pas en vous de dieu nouveau et vous n'adorerez pas de dieu étranger (*Ps.*, LXXX, 10). » Si ce Dieu n'est pas en vous, vous n'adorerez pas de dieu étranger. Si vous n'imaginez pas de faux dieu, vous n'adorerez pas de dieu fabriqué par l'homme, et vous n'aurez pas en vous de dieu nouveau.

15. « Car je suis (*Ibid.*, 11). » Pourquoi voulez-vous adorer ce qui n'est pas ? « Car je suis le Seigneur votre Dieu (*Ibid.*) ; » parce que je suis Celui qui suis. Et, en vérité, je suis, dit-il, Celui qui suis, et je suis au-dessus de toute créature : mais quel bien temporel vous ai-je fait ? « C'est moi qui vous ai tiré de la terre d'Égypte (*Ibid.*). » Ces paroles ne s'adressent pas seulement au peuple juif. Car nous avons tous été tirés de la terre d'Égypte ; nous avons tous passé par les eaux de la mer Rouge ; et nos ennemis, qui nous poursuivaient, ont péri dans l'eau. Ne soyons pas ingrats envers notre Dieu ; n'oublions pas le Dieu éternel, pour nous fabriquer un dieu nouveau. « C'est moi, » dit le Seigneur, « qui vous ai tiré de la terre d'Égypte. Ouvrez la bouche et je la remplirai (*Ibid.*). » Vous êtes à l'étroit en vous-même, à cause du dieu nouveau que vous avez façonné dans votre cœur ; brisez cette vaine image, rejetez de votre conscience une idole faite de main d'homme. « Ouvrez la bouche, » en confessant, en aimant Dieu, « et je la remplirai (*Ibid.*) ; » parce qu'en moi se trouve la source de vie (*Ps.*, XXXV, 10).

16. Voilà ce qu'a dit le Seigneur, mais que lisons-nous ensuite ? « Et mon peuple n'a pas obéi à ma voix (*Ps.*, LXXX, 12). » En effet, Dieu ne pouvait parler ainsi qu'à son peuple ; car nous savons que tout ce que dit la Loi, elle le dit à ceux qui sont sous la Loi (*Rom.*, III 19). « Et mon peuple n'a pas obéi à ma voix, et Israël ne m'a point prêté attention (*Ibid.*). » Qui ? à qui ? « Israël, à moi. » O âme ingrate ! âme qui n'es que par moi, âme appelée par moi, ramenée à l'espérance par moi, lavée du péché par moi ! « Et Israël ne m'a point prêté attention (*Ibid.*). » En effet, ils sont baptisés et passent par les eaux de la mer Rouge ; mais, en chemin, ils murmurent, ils contredisent, ils se plaignent, ils sont troublés par des séditions ; ingrats envers celui qui les a délivrés de la poursuite de leurs ennemis, et qui les a conduits à travers l'aridité du désert, en leur donnant boisson et nourriture, lumière pendant la nuit et fraîcheur de l'ombre pendant le jour. « Et Israël ne m'a point prêté attention (*Ibid.*). »

17. « Et je les ai abandonnés aux désirs de leur cœur (*Ibid.*, 13). » Voilà le pressoir ; les

---

« Si me audieris, inquit, non erit in te deus recens. » Movet me quod dixit, « in te. » Non enim dixit, a te, quasi simulacrum forinsecus adhibitum ; sed, « in te, » in corde tuo, in imagine phantasmatis tui, in deceptione erroris tui recentem portabis deum tuum recentem, remanens vetustus. Si ergo me audieris : me : inquit ; quia , Ego sum qui sum (*Exodi*, III, 14), « non erit in te deus recens : nec adorabis deum alienum. » Si enim in te non sit, « non adorabis deum alienum. » Si tu non cogites deum falsum, non adorabis deum fabricatum : « non enim erit in te deus recens. »

15. « Ego enim sum (*Ps.*, LXXX, 11). » Quid vis adorare quod non est ? « Ego enim sum Dominus Deus tuus. » Quia, « Ego sum qui sum. » Et ego quidem sum, inquit, qui sum, super omnem creaturam : tibi tamen temporaliter quid præstiti ? « Qui eduxi te de terra Ægypti. » Non illi tantum populo dicitur. Omnes enim educti sumus de terra Ægypti, omnes per mare rubrum transivimus, inimici nostri persequentes nos in aqua perierunt. Non simus ingrati Deo nostro, non obliviscamur Deum manentem, et fabricemus in nobis deum recentem. « Qui eduxi te de terra Ægypti : » loquitur Deus. « Dilata os tuum, et adimplebo illud. » Angustias pateris in te propter deum recentem constitutum in corde tuo ; frange vanum simulacrum, dejice de conscientia tua fictum idolum : « dilata os tuum, » confitendo, amando : « et adimplebo illud, » quoniam apud me fons vitæ (*Psal.*, XXXV, 10).

16. Hoc quidem dicit Dominus, sed quid sequitur ? « Et non obaudivit populus meus vocem meam (*Ps.*, LXXX, 12). » Non enim loqueretur ista, nisi populo suo. « Scimus enim quia quæcumque Lex dicit, his qui in Lege sunt dicit (*Rom.*, III, 19). » « Et non obaudivit populus meus vocem meam : et Israel non intendit mihi. » Quis ? cui ? Israel mihi. O ingrata anima ! per me anima, a me vocata anima, a me in spem reducta, a me a peccatis abluta : « Et Israel non intendit mihi. » Baptizantur enim et transeunt per mare rubrum : sed in via murmurant, contradicunt, conqueruntur, seditionibus conturbantur, ingrati ei qui liberavit a persequentibus hostibus, qui duxit per siccum, per eremum, cum cibo tamen et potu, cum lumine nocturno et umbraculo diurno : « Et Israel non intendit mihi. »

issues sont ouvertes, la lie s'écoule. « Et je les ai abandonnés, » non pas à la direction salutaire de mes commandements, « mais aux désirs de leur cœur ; » je les ai laissés à eux-mêmes. L'Apôtre a dit dans le même sens : « Dieu les a livrés aux convoitises de leur cœur (*Rom.*, I, 24). » « Je les ai abandonnés aux désirs de leur cœur ; ils suivront la pente de leurs affections (*Ps.*, LXXX, 13). » Voilà qui doit vous faire horreur ; si toutefois vous coulez comme l'huile pure dans les réservoirs cachés du Seigneur, si toutefois vous aimez à être renfermé dans ses celliers : voilà qui doit vous faire horreur. Les uns défendent le cirque, les autres l'amphithéâtre ; ceux-ci les baraques d'histrions établies dans les villages, ceux-là le théâtre ; les uns une chose, les autres une autre ; d'autres enfin leurs dieux nouveaux. « Ils suivront la pente de leurs affections (*Ibid.*). »

18. « Si mon peuple m'avait écouté, si Israël avait marché dans mes voies (*Ibid.*, 14). » Peut-être cet Israël se dit-il : Je pèche, c'est évident ; je suis la pente des affections de mon cœur ; mais est-ce ma faute ? c'est le fait du diable ; c'est le fait des démons. Qu'est-ce que le diable ? Qu'est-ce que les démons ? Ce sont vos ennemis. Or, « si Israël avait marché dans mes voies ; j'aurais humilié ses ennemis (*Ibid.*, 15). » Donc, « si mon peuple m'avait écouté, » et pourquoi est-il mon peuple, s'il ne m'écoute pas ? « Si mon peuple m'avait écouté, » que veut dire « mon peuple ? » « Israël. » Que veut dire : « m'avait écouté ? » « S'il avait marché dans mes voies. » Il se plaint et gémit sous l'oppression de ses ennemis : « J'aurais humilié ses ennemis, et j'aurais appesanti ma main sur ceux qui l'affligent (*Ibid.*). »

19. Mais maintenant, qu'ont-ils à se plaindre de leurs ennemis ? Ils sont devenus pour eux-mêmes leurs plus redoutables ennemis. Comment cela ? Voyez ce qui vient ensuite. Vous vous plaignez de vos ennemis ; qu'êtes-vous donc vous-mêmes ? « Les ennemis du Seigneur ont violé la parole qu'il lui avaient donnée (*Ibid.*, v, 16). » Renoncez-vous ? Je renonce. Et il retourne vers les choses auxquelles il renonce. A quoi renoncez-vous, en effet, si ce n'est aux mauvaises actions, aux actions que le démon suggère, aux actions que Dieu condamne, aux vols, aux rapines, aux parjures, aux homicides, aux adultères, aux sacriléges, aux sacrifices abominables, aux curiosités coupables ? Vous renoncez à toutes ces fautes et bientôt, revenant sur vos pas, vous vous y laissez entraîner de nouveau. Votre dernier état est devenu pire que le premier : « Le chien est retourné à son vomissement ; le pourceau, après s'être lavé, s'est vautré de nouveau dans la boue (II *Pierre*,

---

17. « Et dimisi eos secundum affectiones cordis eorum (*Psal.*, LXXX, 13). » Ecce torcular : aperta sunt foramina, currit amurca. « Et dimisi eos, » non secundum salutem præceptorum meorum ; sed, « secundum affectiones cordis eorum : » donavi eos sibi. Dicit et Apostolus, « Tradidit illos Deus in concupiscentias cordis eorum (*Rom.*,I,24). » « Dimisi eos secundum affectiones cordis eorum : ibunt in affectionibus suis.» Inde est quod horretis : si tamen eliquamini in gemellaria abscondita Domini, si tamen apothecas ejus adamastis, inde est quod horretis. Alii defendunt circum, alii amphitheatrum, alii casas in vicis, alii theatra, alii illud, alii illud, alii postremo deos recentes suos. « Ibunt in affectionibus suis. »

18. « Si plebs mea audisset me, Israël si in viis meis ambulasset (*Psal.*, LXXX, 14).» Dicit enim fortasse iste Israël, Ecce pecco, manifestum est, eo post affectiones cordis mei : sed quid facio ? Diabolus hoc facit, dæmones hoc faciunt. Quid est diabolus ? qui sunt dæmones ? Certe inimici tui. « Israël si in viis meis ambulasset : in nihilum omnes inimicos eorum humiliassem (*Ibid.*, 15). » Ergo, « Si plebs mea audisset me. » Quare enim mea, si non audit me ? « Si plebs mea audisset me.» Quid est, « plebs mea ? » « Israël.» Quid est, « audisset me ? » « Si in viis meis ambulasset. » Queritur, et gemit sub inimicis : « In nihilum inimicorum humuliassem : et super tribulantes eos misissem manum meam.»

19. Nunc vero quid queruntur de inimicis ? Ipsi facti sunt pejores inimici. Quomodo enim ? quid sequitur ? De inimicis querimini : vos quid estis ? « Inimici Domini mentiti sunt ei (*Ibid.*,16).» Renuntias ? Renuntio. Et redit ad quod renuntiat. Utique quibus rebus renuntias, nisi factis malis, factis a diabolicis, factis a Deo damnandis, furtis, rapinis, perjuriis, homicidiis, adulteriis, sacrilegiis, sacris abominandis, curiositatibus ? His omnibus renuntiat, et rursus his inflexus superaris. Facta sunt tibi posteriora deteriora prioribus. « Canis reversus ad vomitum suum, et sus lota in volutabris cœni (II *Pet.*,II, 20 et 22).» « Inimici Domini mentiti sunt ei. » Et quan-

II, 20, 22). » « Les ennemis de Dieu ont violé la foi qu'ils lui avaient promise (*Ps.*, LXXX, 16). » Et combien grande est la patience du Seigneur! Pourquoi ses ennemis ne sont-ils pas terrassés? Pourquoi ne sont-ils pas massacrés? Pourquoi la terre ne s'ouvre-t-elle pas pour les engloutir? Pourquoi le feu du Ciel ne les réduit-il pas en cendres? Parce que la patience du Seigneur est grande. Resteront-ils donc impunis? Cela ne se peut. Qu'ils ne se flattent pas de sa miséricorde, au point de se promettre une injustice de sa part. « Ignorez-vous que Dieu est patient pour vous amener à la pénitence? Mais vous, dans la dureté de votre cœur, dans l'impénitence de votre cœur, vous amassez contre vous des trésors de colère pour le jour de la colère et de la manifestation du juste jugement de Dieu, qui rendra à chacun selon ses œuvres (*Rom.*, II, 4-6). » S'il ne le fait pas aujourd'hui, il le fera alors. S'il le fait même aujourd'hui, il ne le fait que temporairement; mais alors, pour qui ne sera ni converti ni corrigé, il le fera éternellement. Voyez d'ailleurs la preuve qu'ils ne seront pas impunis; écoutez ce qui suit : « Les ennemis de Dieu ont violé la foi qu'ils lui avaient promise. » Mais, dites-vous, que leur fait-il? ne sont-ils pas vivants? ne respirent-ils pas l'air? ne voient-ils pas la lumière? ne boivent-ils pas l'eau? ne mangent-ils pas les fruits de la terre? « Et leur temps sera l'éternité (*Ps.*, LXXX, 16). »

20. Que nul ne se flatte donc, sous prétexte qu'il appartient au pressoir : ce bien ne lui profite que s'il fait partie de l'huile dans le pressoir. Que nul, s'il est chargé d'actes criminels qui excluent du royaume de Dieu, ne se fasse illusion et ne se dise : Puisque j'ai reçu le signe du Christ et les sacrements du Christ (*Gal.*, V, 21), je ne serai pas détruit pour l'éternité; et si je passe par le purgatoire, le feu me sauvera. Que signifie, en effet, ce que dit l'Apôtre de ceux qui sont établis sur le véritable fondement? « Nul ne peut poser d'autre fondement que celui qui a été posé, lequel est le Christ Jésus (I *Cor.*, III, 11). » Que dit ensuite l'Apôtre? « Que chacun prenne garde à ce qu'il bâtit sur ce fondement. L'un y bâtit un édifice d'or, d'argent, de pierres précieuses; l'autre, un édifice de bois, de foin, de paille. Le feu éprouvera la qualité de l'œuvre de chacun. Le jour du Seigneur la manifestera en effet, parce que le feu la révélera. Si l'ouvrage de celui qui a bâti sur ce fondement demeure, celui-là recevra son salaire (*Ibid.*, 10-14); » et cela parce qu'il aura élevé sur le fondement des œuvres de justice, c'est-à-dire un « édifice d'or, d'argent et de pierres précieuses. » Mais s'il y a mis des péchés, c'est-à-dire, si son édifice est « de bois, de foin, de paille, » en raison cependant du fon-

---

ta patientia Domini? Quare non prosternuntur? quare non trucidantur? quare non terra dehiscente sorbentur? quare non cælo flagrante incenduntur? Quia magna patientia Domini. Et erunt impuniti? Absit. Non sibi tantum de Dei misericordia blandiantur, ut sibi ejus injustitiam polliceantur, « Ignoras quia Dei patientia ad pœnitentiam te adducit? Tu autem secundum duritiam cordis tui et cor impœnitens, thesaurizas tibi iram in die iræ et revelationis justi judicii Dei, qui reddet unicuique secundum opera sua (*Rom.*, II, 4).» Et si modo non reddit, tunc reddet. Si enim modo reddit, ad tempus reddit : non converso autem nec correcto, in æternum reddet. Vide ergo quia non erunt impuniti, attende quod sequitur : « Inimici Domini mentiti sunt ei. » Dicturus es, Et quid eis fecit? Non vivunt? non auras carpunt? non lucem hauriunt? non fontes potant? non fructus terræ edunt ? « Et erit tempus eorum in æternum. »

20. Nemo sibi ergo blandiatur, quia quasi ad torcular pertinet : bonum est illi, si ad oleum in torculari pertineat. Non sibi polliceatur unusquisque habens facta nefaria, « quæ regnum Dei non possidebunt (*Gal.*, V, 21),» et dicat sibi, Quoniam habeo signum Christi et (a) sacramenta Christi, non delebor in æternum; et si purgor, per ignem salvus ero. Nam quid est quod ait Apostolus de his qui habent fundamentum ? « Fundamentum aliud nemo potest ponere præter id quod positum est, quod est Christus Jesus (I *Cor.*, III, 11). » Quid est, inquint, quod sequitur? « Unusquisque autem super fundamentum videat quid superædificat. Alius enim superædificat aurum, argentum, lapides pretiosos : alius ligna, fœnum, stipulam : uniuscujusque opus quale sit, ignis probabit : dies enim Domini declarabit; quia in igne revelabitur. Si cujus opus permanserit quod superædificavit, mercedem accipiet (*Ibid.*, 10 etc.): » hoc est, quia super fundamentum

(a) Plerique MSS. *et sacramentum Christi.*

dement sur lequel il aura bâti, « il sera sauvé, mais comme par le feu (*Ibid.*, 15). » Mes frères, je préfère être trop timide ; cela vaut mieux que de vous donner une dangereuse sécurité. Je ne vous donnerai pas une sécurité que je ne ressens pas ; je crains, c'est pourquoi je veux vous faire craindre ; je vous rassurerais, si j'étais moi-même rassuré : pour moi j'ai peur du feu éternel. « Et leur temps sera l'éternité (*Ps.*, LXXX, 16). » Je ne puis comprendre ces paroles que du feu éternel, dont l'Écriture dit ailleurs : « Leur feu ne s'éteindra pas et leur ver ne mourra pas (*Is.*, LXVI, 24). » Mais l'Écriture, me dira-t-on, a parlé des impies, et non de moi. Car, bien que je sois pécheur, bien que je sois adultère, bien que je sois injuste, bien que je sois ravisseur, bien que je sois parjure, cependant j'ai le Christ pour fondement ; je suis chrétien, j'ai été baptisé : je serai purifié par le feu et, à cause du fondement sur lequel je suis établi, je ne périrai pas. Répondez-moi donc encore : Qui êtes-vous ? Je suis un chrétien, répondez-vous. Passez provisoirement. Qu'êtes-vous encore ? Un ravisseur, un adultère, un de ces autres coupables dont l'Apôtre a dit que « ceux qui commettent ces sortes de péchés ne posséderont pas le royaume des cieux (*Galat.*, IV, 21). » Eh quoi ? N'étant pas corrigé de ces péchés, n'ayant pas fait pénitence de ces mauvaises actions, vous espérez posséder le royaume des Cieux ? Je ne pense pas comme vous ; « car ceux qui commettent ces sortes de péchés ne posséderont pas le royaume des cieux (*Ibid.*). » Ignorez-vous donc que la patience de Dieu a pour but de vous amener à la pénitence ? Mais vous, sur je ne sais quelle promesse que vous vous faites, dans la dureté et dans l'impénitence de votre cœur, vous amassez contre vous un trésor de colère, pour le jour de la colère et de la manifestation du juste jugement de Dieu, qui rendra à chacun selon ses œuvres (*Rom.*, II, 4). Mettez-vous donc à ce moment sous les yeux l'avénement de ce juge suprême. Eh bien ! Dieu merci, il n'a pas gardé le silence sur sa sentence définitive ; il n'a pas mis dehors les accusés et n'a point tiré le voile sur eux. Il a voulu nous annoncer par avance ce qu'il a résolu de faire. Et le voici : « Toutes les nations seront assemblées devant lui (*Matth.*, XXV, 32). » Qu'en fera-t-il ? « Il les séparera ; il fera passer les uns à sa droite, les autres à sa gauche (*Ibid.*, 34). » Voyez-vous quelque autre place intermédiaire ? Que dira-t-il à ceux qui seront à sa droite ? « Venez les bénis de mon Père, recevez le royaume (*Ibid.*). » Que dira-t-il à ceux qui seront à sa gauche ? « Allez dans le feu éternel, qui a été préparé pour le démon et pour ses anges (*Ibid.*, 41). » Si vous ne craignez pas d'être envoyé là, voyez avec qui vous serez là. Il est donc dit que ces mauvaises actions ne posséderont pas le royaume de Dieu ; ou plutôt ce ne sont pas ces mauvaises actions, mais ceux qui les commettent, car les

---

justa opera ædificavit, aurum, argentum, lapides pretiosos. Si autem peccata, lignum, fœnum, stipulam : « tamen propter fundamentum ipse salvus erit, sic tamen tamquam per ignem.» Fratres, nimis timidus esse volo : melius est enim non vobis dare securitatem malam. Non dabo quod non accipio, timens terreo : securos vos facerem, si securus fierem : ego ignem æternum timeo. « Et erit tempus eorum in æternum, » non accipio nisi ignem æternum : de quo alio loco Scriptura dicit, « Ignis eorum non exstinguetur, et vermis eorum non morietur (*Isai.*, LXVI, 24). » Sed de impiis dixit, ait aliquis, non de me ; qui quamvis peccator sim, quamvis adulter, quamvis fraudator, quamvis raptor, quamvis perjurus ; habeo tamen in fundamento Christum, Christianus sum, baptizatus sum : ego per ignem purgor, et propter fundamentum non pereo. Dic mihi iterum, Quid es ? Christianus, inquit. Interim transi. Quid aliud ? Raptor, adulter, et cetera de quibus Apostolus dicit, « Quoniam qui talia agunt, regnum Dei non possidebunt (*Gal.*, V, 21).» Certe ergo a talibus non correctus, de talibus commissis pœnitentiam non agens, regnum cælorum speras ? Non opinor. Quoniam qui talia agunt, regnum Dei non possidebunt. « Et ignoras quia patientia Dei ad pœnitentiam te adducit (*Rom.*, II, 4) ?» Tu nescio quid tibi pollicens secundum duritiam tuam et cor impœnitens thesaurizas tibi iram in die iræ et revelationis justi judicii Dei, qui reddet unicuique secundum opera sua. Attende ergo ipsum judicem venientem. Bene : Deo gratias : Non tacuit sententiam definitivam, non misit foras reos et duxit velum. Ante voluit prænuntiare, quod disposuit facere. Nempe congregabuntur ante eum omnes gentes. Quid de illis faciet ? Separabit eas, et alios ponet ad dexteram, alios ad sinistram (*Matth.*, XXV, 32). Numquid medius locus servatus est ? Quid dextris dicturus est ? « Venite benedicti Patris mei,

actions elles-mêmes ne sauraient être envoyées dans le feu, et ceux qui seront brûlés par ce feu ne commettront plus ni le vol ni l'adultère. Ceux donc qui font ici-bas toutes ces choses ne posséderont pas le royaume de Dieu (*Gal.*, IV, 21). Ils ne seront donc pas à la droite du Christ, avec ceux auxquels il dira : « Venez les bénis de mon Père, recevez le royaume (*Matth.*, XXV, 34), » « puisque ceux qui commettent ces péchés ne posséderont pas le royaume de Dieu (*Gal.*, IV, 21). » Mais s'ils ne sont pas à la droite de Dieu, il ne leur reste d'autre alternative que d'être à sa gauche. Et que dira-t-il à ceux qui seront à sa gauche? « Allez dans le feu éternel (*Matth.*, XXV, 34). » « Leur temps sera donc l'éternité (*Ps.*, LXXXV, 16). »

21. Expliquez-nous donc, dira quelqu'un, comment ceux qui bâtissent sur le fondement avec le bois, le foin, la paille, ne périront pas, mais seront sauvés, comme par le feu cependant. Cette question est obscure ; toutefois je vais en dire rapidement ce que je puis. Mes frères, il y a des hommes qui méprisent absolument le monde, et auxquels rien ne plait de tout ce qui s'écoule avec le temps ; ils ne sont attachés par aucun amour aux œuvres terrestres ; ils sont saints, chastes, continents, justes ; peut-être même vendent-ils tout ce qui est à eux et le donnent-ils aux pauvres, ou le possèdent-ils comme ne le possédant pas et usent-ils de ce monde comme n'en usant pas (1 *Cor.*, VII, 30, 31). Puis il y en a d'autres qui s'attachent avec quelque amour aux objets dont l'usage est accordé à l'infirmité humaine. Un homme est incapable de prendre à autrui sa propriété ; mais il aime assez la sienne pour être troublé, s'il vient à la perdre. Il ne convoite pas la femme d'autrui ; mais il est si attaché à la sienne, que, dans ses rapports avec elle, il n'a point uniquement en vue les prescriptions de la loi, qui ne tendent qu'au développement de la famille. Il ne prend pas le bien d'autrui ; mais il réclame le sien avec ardeur et il a procès avec son frère ; il est de ceux à qui il est dit : « C'est déjà certainement pour vous une faute que vous ayez des procès entre vous (*Id.*, VI, 7). » L'Apôtre ordonne à ces chrétiens de porter leurs différends au tribunal de l'Église et non devant les juges du forum ; et pourtant il ne laisse pas de dire déjà que ces procès sont des péchés. En effet, pour un chrétien, c'est rechercher avec contestation des biens terrestres, plus qu'il ne convient à celui qui a la promesse du royaume des cieux ; c'est ne pas élever tout son cœur vers le ciel, mais en laisser traîner une partie sur la terre. Enfin,

---

percipite regnum (*Matth.*, XXV, 34)?» Quid sinistris? « Ite in ignem æternum qui paratus est diabolo et angelis ejus (*Ibid.*, 41).» Si non times mitti quo, vide cum quo. « Si ergo opera illa omnia regnum Dei non possidebunt (*Gal.*, V, 21); » immo non opera, sed qui talia agunt : nam opera talia in igne non erunt. Non enim illo igne ardentes furaturi sunt et adulteraturi : sed qui talia agunt, regnum Dei non possidebunt. Non ergo erunt a dextris cum illis quibus dicetur, Venite benedicti Patris mei, percipite regnum : quia qui talia agunt, regnum Dei non possidebunt. Si ergo a dextris non erunt, non restat nisi ut sint a sinistris. Sinistris quid dicet? Ite in ignem æternum. Quia « erit tempus eorum in æternum. »

21. Expone ergo, inquit, nobis, ligna, fœnum, stipulam qui ædificant super fundamentum, quomodo non pereant, sed salvi fiant, sic tamen quasi per ignem. Obscura quidem illa quæstio, sed ut possum breviter dico. Fratres, sunt homines omnino contemptores sæculi hujus, quibus non est (a) gratum quidquid temporaliter fluit, non hærent dilectione aliqua terrenis (b) operibus, sancti, casti, continentes, justi, fortassis et omnia sua vendentes et pauperibus distribuentes, «aut possidentes tamquam non possidentes, et utentes hoc mundo tamquam non utentes (1 *Cor.*, VII, 30).» Sunt autem alii qui rebus infirmitati concessis inhærent aliquantum dilectione. Non rapit villam alienam, sed sic amat suam, ut si perdiderit, conturbetur. Non appetit uxorem alienam, sed sic inhæret suæ, sic misceatur suæ, ut modum non ibi teneat præscriptum tabulis ; liberorum procreandorum caussa. Non tollit aliena, sed repetit sua, et habet cum fratre suo judicium. Talibus enim dicitur, «Jam quidem omnino delictum est in vobis, quia judicia habetis vobiscum (1 *Cor.*, VI, 7).» Verum ipsa judicia in Ecclesia jubet agi, non ad forum trahi, tamen delicta esse dicit. Contendit enim Christianus pro rebus terrenis amplius quam decet eum cui promissum est regnum cælorum. Non totum cor sursum levat, sed aliquam partem ejus trahit in terra. Denique si veniat ten-

(a) Sic Er. et aliquot MSS. Alii, *natum*: aut cum Lov. *notum*. (b) Ferrariensis MS, *opibus*.

s'il se présente une occasion de souffrir le martyre, que disent, en cette heureuse rencontre, ceux qui ont le Christ pour fondement et qui ont bâti dessus un édifice d'or, d'argent et de pierres précieuses? « Il m'est heureux de mourir et d'être avec le Christ (*Philipp.*, I, 23). » Ils courent à la mort avec joie, n'éprouvant aucune tristesse, ou n'en éprouvant que peu, de la fragilité des choses terrestres. Au contraire, ceux qui aiment leurs biens propres, leurs maisons particulières, sont gravement troublés de cette annonce ; leur foin, leur paille et leur bois sont en feu. Ils n'ont donc bâti, sur le fondement de l'édifice, qu'avec du bois, du foin et de la paille ; mais pourtant en ne possédant que des choses permises et non des choses illicites. Pour moi, mes frères, je vous le dis, puisque vous possédez le véritable fondement, attachez-vous au ciel et foulez aux pieds la terre. S'il en est ainsi, vous ne bâtissez qu'avec de l'or, de l'argent et des pierres précieuses. Si, au contraire, vous dites : J'aime cette propriété et je crains de la perdre ; que ce danger vous menace, vous êtes contristé, non pas sans doute, que vous préfériez cette possession au Christ ; car vous l'aimez avec cette réserve que si on vous demande : que préférez-vous d'elle ou du Christ ? bien que vous la perdiez avec chagrin, cependant vous préférerez le Christ que vous avez pris pour fondement ; c'est vous en ce cas qui serez sauvé comme par le feu. Prenons un autre exemple : Voici que vous ne pouvez conserver ce bien qu'au moyen d'un faux témoignage. Ne pas faire ce mensonge, c'est avoir le Christ pour fondement ; car la Vérité a dit : « La bouche qui ment donne la mort à l'âme (*Sag.*, I, 11). » Si donc vous aimez votre propriété, vous ne commettez pourtant pas de rapine à cause d'elle ; vous ne rendez pas de faux témoignage à cause d'elle, vous ne versez pas le sang de vos semblables à cause d'elle, vous ne faites pas de parjure à cause d'elle, vous ne reniez pas le Christ à cause d'elle, et parce que vous ne vous rendez coupable d'aucune de ces fautes à cause d'elle, vous avez le Christ pour fondement. Cependant, parce que vous l'aimez, parce que vous êtes triste de la perdre, vous avez bâti sur le fondement non un édifice d'or, d'argent et pierres précieuses, mais un édifice de bois, de foin, et de paille. Vous serez donc sauvé, lorsque votre construction viendra à brûler, mais vous le serez comme par le feu. Quant à celui qui bâtit sur ce fondement les adultères, les blasphèmes, les sacrilèges, les actes d'idolâtrie, les parjures, qu'il ne s'imagine pas pouvoir être sauvé comme par le feu, comme si tous ces crimes n'étaient que du bois, du foin ou de la paille : car celui-là seulement sera sauvé en raison du fondement sur lequel il s'appuie, qui élève l'amour des choses terrestres sur le fonde-

---

tatio (*a*) ducendi martyrii, illi qui habent in fundamento Christum, « et ædificant aurum, argentum, lapides pretiosos (I *Cor.*, III, 11), » quid dicunt ex hac opportunitate? « Bonum est mihi dissolvi, et esse cum Christo (*Philip.*, I, 23). » Alacres currunt, aut nihil, aut modice de terrena fragilitate contristantur. Illi autem amantes res proprias, domos proprias, graviter conturbantur, fœnum et stipula et ligna ardent. Habent ergo ligna, fœnum, stipulam super fundamentum ; sed rerum concessarum, non illicitarum. Dico enim, Fratres, possides fundamentum, hære cœlo, calca terram. Si talis es, non ædificas nisi aurum, argentum, et lapides pretiosos. Cum autem dixeris, Amo possessionem istam, timeo ne pereat ; et imminet damnum, et tu contristaris : non quidem præponis eam Christo ; nam sic amas possessionem istam, ut si dicatur tibi, Ipsam vis, an Christum? etsi tristis eam perdis, plus tamen amplecteris Christum, quem posuisti in fundamento : salvus eris tamquam per ignem. Audi aliud : Non potes tenere possessionem istam, nisi dixeris falsum testimonium. Et hoc non facere, Christum in fundamento ponere est : veritas enim dixit : « Os quod mentitur, occidit animam (*Sap.*, I, 11). » Ergo si possessionem tuam diligis, non tamen propter illam facis rapinam, non propter illam dicis falsum testimonium, non propter illam facis homicidium, non propter illam falsum juras, non propter illam Christum negas ; eo quod non propter illam facis hæc, Christum habes in fundamento. Sed tamen quia diligis illam, et contristaris si perdas illam, super fundamentum posuisti, non aurum, aut argentum, aut lapides pretiosos ; sed ligna, fœnum, stipulam. Salvus ergo eris, cum ardere cœperit quod ædificasti, sic tamen quasi per ignem. Nemo enim super fundamentum hoc ædificans adulteria, blasphemias,

(*a*) Plures optimæ notæ MSS. *dicendi martyrii*.

ment du royaume céleste, c'est-à-dire sur le Christ, après toutefois que le feu aura consumé son amour des choses temporelles.

22. « Les ennemis de Dieu ont violé la foi qu'ils lui avaient promise (*Ps.*, LXXX, 16), » en disant : Je vais à votre vigne et en n'y allant pas (*Matth.*, XXI, 30) : « et leur temps » ne sera pas borné au temps, mais ce « sera l'éternité (*Ibid.*). » Et quels sont ces ennemis? « Et il les a nourris de la fleur du plus pur froment (*Ibid.*, 17). » Vous connaissez cette fleur du froment, avec laquelle il a nourri beaucoup d'ennemis qui ont violé leur foi. « Et il les a nourris de la fleur du plus pur froment (*Ibid.*). » Il les a admis à recevoir ses sacrements. Juda lui-même, lorsqu'il reçut du Sauveur la bouchée de pain trempé, (*Jean*, XIII, 26), fut nourri de cette fleur du froment ; et cet ennemi de Dieu a violé sa foi, et le temps de son supplice sera l'éternité. « Et il les a nourris de la fleur du plus pur froment et rassasiés du miel tiré de la pierre (*Ps.*, LXXX, 17). » O hommes ingrats ! « Le Seigneur les a nourris de la fleur du plus pur froment et rassasiés du miel tiré de la pierre (*Ibid.*). » « Dans le désert il a tiré de l'eau du rocher (*Ex.*, XVII, 6), » et non du miel. Le miel est la sagesse, qui tient le premier rang pour la douceur dans les divers aliments du cœur. Combien nombreux sont les ennemis de Dieu, qui violent la foi qu'ils lui ont promise, et qui cependant sont nourris, non-seulement de la fleur du froment le plus pur, mais encore du miel tiré de la pierre, c'est-à-dire de la sagesse du Christ ! Combien nombreux ceux que charment sa parole, et la connaissance de ses sacrements, et l'explication de ses paraboles ! Combien nombreux ceux qui y trouvent leurs délices ! Combien nombreux ceux qui s'écrient : Ce miel n'est fourni par aucun homme, il vient de la pierre. Et la pierre, c'est le Christ (I *Cor.*, X, 4). Combien nombreux ceux qui se rassasient de ce miel et qui s'écrient : Il est suave, rien de meilleur, rien de plus doux à l'esprit et à la bouche. Et cependant ces hommes sont des ennemis de Dieu, qui violent la foi qu'ils lui ont promise. Je ne veux pas m'arrêter plus longtemps sur ces tristes considérations ; et, quoiqu'elles aient rendu terrible la fin du Psaume, cependant, de cette fin, reportons-nous, je vous le demande, aux paroles du commencement : « Célébrons par des chants d'allégresse Dieu notre protecteur (*Ps.*, LXXX, 2). » Et puissiez-vous être convertis à Dieu.

---

sacrilegia, idololatrias, perjuria, putet se salvum futurum per ignem, quasi ista sint ligna, fœnum, stipula : sed qui ædificat amorem terrenorum super fundamentum regni cœlorum, id est, super Christum, ardebit amor rerum temporalium, et ipse salvus erit per idoneum fundamentum.

22. « Inimici Domini mentiti sunt ei, » dicendo, eo ad vineam, et non eundo : « et erit tempus corum, » non ad tempus, sed « in æternum. » Et qui sunt isti? « Et cibavit illos ex adipe frumenti (*Ps.*, LXXX, 17). » Nostis adipem frumenti, unde cibantur multi inimici, qui mentiti sunt ei. « Et cibavit illos ex adipe frumenti : » miscuit eos sacramentis suis, et Judam, quando dedit buccellam, et adipe frumenti cibavit (*Johan.*, XIII, 26). Et inimicus Domini mentitus est ei, et erit tempus ejus « in æternum. » « Et cibavit illos ex adipe frumenti : et de petra melle saturavit eos. » O ingratos : « Cibavit ex adipe frumenti, et de petra melle saturavit eos. » In eremo de petra aquam produxit, non mel (*Exodi*, XVII, 6). Mel sapientia est, primatum dulcoris tenens in escis cordis. Quam multi ergo inimici Domini mentientes Domino cibantur, non solum ex adipe frumenti, sed etiam de petra melle, de sapientia Christi ? Quam multi delectantur verbo ejus et cognitione sacramentorum ejus, solutione parabolarum ejus, quam multi clamant ? Et non est hoc mel de quolibet homine, sed de petra. « Petra autem erat Christus (I *Cor.*, X, 4). » Quam multi ergo satiantur de melle isto, clamant, dicunt, Suave est : dicunt, Nihil melius, nihil dulcius vel intelligi vel dici potuit. Et tamen inimici Domini mentiti sunt ei. Nolo amplius immorari in rebus dolendis : quamquam terribiliter Psalmus ad hoc finitus sit, tamen a fine ejus, obsecro vos, recurramus ad caput : « Exsultate Deo adjutori nostro (*Ps.*, LXXX, 2). » (*a*) Conversi ad Deum.

(*a*) In editis omissa fuerant hæc verba, *Conversi ad Deum. Et post. verbum :* quæ nos restituimus ex MSS.

APRÈS LE DISCOURS (1).

23. Les spectacles divins ont longtemps occupé vos esprits au nom du Christ, et vous ont tenus comme en suspens, vous enseignant qu'il est des choses que vous devez désirer, et d'autres que vous devez fuir. Voilà quels sont les spectacles utiles, salutaires, qui édifient et qui ne détruisent pas, ou plutôt qui détruisent et édifient, qui détruisent les dieux nouveaux, et édifient la foi au Dieu vrai et éternel. Nous invitons Votre Charité à revenir encore demain. Demain, à ce que nous avons entendu dire, les spectateurs trouveront la mer sur le théâtre; pour nous, tâchons de trouver un port dans le Christ. Mais comme, après-demain, c'est-à-dire le quatrième jour de la semaine, nous ne pourrons nous réunir à la table de Cyprien, à cause de la fête des saints martyrs, c'est à cette même table que nous nous retrouverons demain.

ET POST VERBUM :

23. Non parum vestras mentes in nomine Christi divina spectacula tenuerunt, et suspenderunt vos, non solum ad appetenda quædam, sed ad quædam etiam fugienda. Ista sunt spectacula utilia, solubria, ædificantia, non destruentia ; immo et destruentia, et ædificantia ; destruentia recentes deos, ædificantia fidem in verum et æternum Deum. Etiam in crastinum diem invitamus Caritatem vestram. Cras illi habent, ut audivimus, mare in theatro : nos habeamus portum in Christo. Sed quoniam perendino die, id est, quarta sabbati, non possumus ad mensam Cypriani convenire, quia festivitas est sanctorum Martyrum ; crastino ad ipsam mensam conveniamus.

(1) Exhortation à venir entendre le discours du lendemain, et à dédaigner les jeux publics.

DISCOURS SUR LE PSAUME LXXXI.

1. « Psaume d'Asaph (*Ps.*, LXXXI, 1). » Le Psaume, comme tous ceux qui sont intitulés de la même manière, a reçu son titre ou du nom de celui par qui il a été écrit, ou bien de l'interprétation de ce même nom. Ici, nous devons rapporter la signification du titre à la Synagogue qui n'est autre qu'Asaph, principalement parce que le premier verset du Psaume nous l'indique. En effet, il commence ainsi : « Dieu s'est tenu dans la synagogue des Dieux (*Ibid.*, 1) (1). » Gardons-nous de comprendre par là les dieux des Gentils, ou les idoles, ou

IN PSALMUM LXXXI.

ENARRATIO.

1. « Psalmus ipsi Asaph (*Ps.*, LXXXI, 1). » Psalmo huic titulum, sicut aliis qui similiter prænotantur, vel nomen ejus hominis indidit, a quo scriptus est, vel ejusdem nominis interpretatio ; ut ad synagogam, quod est Asaph, ejus intelligentia referatur, præsertim quia hoc et primus ejus versus assignat. Sic enim incipit : « Deus stetit in synagoga (*a*) deorum (*Ibid.*, 1). » Quos utique deos absit ut intelligamus deos Gentium, sive idola, sive aliquam præter homines cœlestem terrestremve creaturam : cum paulo post

(1) On trouve l'explication de ce même verset dans le discours sur le psaume XCIV.

(*a*) Hunc v. 1. habes item expositum in Enarratione Psal. XCIV.

quelque créature, soit céleste, soit terrestre, autre que les hommes, puisque, peu après ce verset, le Psalmiste lui-même explique ouvertement quels sont les dieux dont il veut parler et dans la synagogue desquels Dieu s'est trouvé : « J'ai dit : vous êtes des Dieux, vous êtes tous les enfants du Très-Haut ; mais vous mourrez comme les hommes et vous tomberez comme l'un des princes (*Ibid.*, 6 et 7). » Dieu s'est donc trouvé dans l'assemblée de ces fils du Très-Haut, desquels, par la bouche d'Isaïe, le Très-Haut lui-même a dit : « J'ai engendré des enfants et je les ai élevés, et ils m'ont méprisé (*Isaïe*, 1, 2). » Par la synagogue, nous comprenons le peuple d'Israël, parce que le terme de synagogue lui appartient exclusivement, bien que le nom d'église lui ait été quelquefois donné. Quant à l'église des chrétiens, jamais les Apôtres ne l'ont nommée synagogue ; ils l'ont toujours appelée église, soit pour la distinguer, soit parce qu'il y a quelque différence entre le rassemblement qu'exprime le mot de synagogue et la convocation qu'exprime le terme d'église. En effet, on a coutume de rassembler des animaux et particulièrement ceux auxquels nous donnons le nom de troupeaux. Au contraire, on convoque, plutôt qu'on ne rassemble, les êtres doués de raison, comme sont les hommes. C'est pourquoi, dans un autre psaume, il est dit de la personne d'Asaph : « Je suis devenu comme un animal sans raison en votre présence, et cependant je suis toujours resté avec vous (*Ps.*, LXXII, 23). » Cette parole est dite de lui au moment où, tout en paraissant appartenir au seul vrai Dieu, il lui demandait, au lieu des grands et souverains biens, des avantages charnels, terrestres, temporels. Nous trouvons aussi les Juifs appelés souvent du nom d'enfants de Dieu ; cependant ce n'est point par l'effet de la grâce qui appartient au Nouveau Testament, mais de la grâce qui appartient à l'Ancien. Car, c'est par cette dernière grâce que Dieu a choisi Abraham ; qu'il a fait descendre de lui un peuple aussi nombreux ; qu'il a aimé Jacob et haï Ésaü, avant qu'ils fussent nés (*Malac.*, 1, 2, 3) ; qu'il a délivré ce peuple de l'Égypte, et qu'il l'a fait entrer dans la terre promise, après en avoir chassé les nations. En effet, si ce n'était là une action de la grâce, il ne serait pas dit de nous, à qui a été donné le pouvoir de devenir les enfants de Dieu, non point en vue d'un royaume terrestre, mais en vue du royaume céleste (*Jean*, 1, 12), dans l'Évangile même qui rapporte notre privilège, que nous avons reçu « grâce pour grâce (*Jean*, 1, 12, 16), » c'est-à-dire qu'à la place des promesses de l'Ancien Testament, nous avons reçu les promesses du Nouveau. Je pense qu'il résulte clairement de ces explications, quelle est la synagogue des Dieux où Dieu s'est tenu.

---

hunc versum idem iste Psalmus asserat, et quos deos intelligi velit, in quorum synagoga stetit Deus, apertius exprimat, ubi ait, « Ego dixi, Dii estis, et filii Altissimi omnes ; vos autem sicut homines moriemini, et sicut unus de principibus cadetis (*Ibid.*, 6). » In horum ergo synagoga filiorum Altissimi, de quibus idem Altissimus per Isaiam dicit, « Filios genui et exaltavi, ipsi autem me spreverunt, stetit Deus (*Isai.*, 1, 2). » In synagoga populum Israël accipimus : quia et ipsorum proprie synagoga dici solet, quamvis et Ecclesia dicta sit. Nostram vero Apostoli nunquam synagogam dixerunt, sed semper Ecclesiam : sive discernendi caussa, sive quod inter congregationem unde synagoga, et convocationem unde Ecclesia nomen accepit, distet aliquid : quod scilicet congregari et pecora solent, atque ipsa proprie, quorum et greges proprie dicimus ; convocari autem magis est utentium ratione, sicut sunt homines. Unde ex persona ipsius Asaph in alio Psalmo canitur, « Quasi pecus factus sum apud te, et ego semper tecum (*Psal.*, LXXII, 23). » Quando utique quamvis uni vero Deo mancipatus videretur, pro magnis tamen ac summis bonis ab illo carnalia, terrena, temporalia requirebat. Invenimus eos sæpe etiam filios appellatos, non ea gratia quæ ad novum Testamentum pertinet, sed illa quæ ad vetus : quia et ipsa gratia est, qua elegit Abraham, et ex ejus carne tam magnum populum propagavit : qua nondum natos Jacob dilexit, Esaü autem odio habuit (*Malac.* 1, 2) ; qua liberavit ex Ægypto, qua in terram promissionis ejectis Gentibus introduxit. Nisi enim et ipsa esset gratia, non utique de nobis, quibus non ad terrenum, sed ad regnum cælorum capessendum data est potestas filios Dei fieri (*Johan.*, 1, 12), in eodem mox Evangelio diceretur, quod accepimus gratiam pro gratia (*Ibid.*, 16), id est, pro Testamenti veteris promissionibus Testamenti novi promissiones. Liquet igitur quantum existimo, in qua deorum synagoga steterit Deus.

2. Deinceps requirendum est, utrum Patrem, an

2. Il faut ensuite rechercher si nous devons comprendre que le Père, ou le Fils, ou le Saint-Esprit, ou la Trinité elle-même, s'est tenu « dans la synagogue des Dieux, pour les juger au milieu d'eux (*Ps.*, LXXXI, 1). » En effet, chacune des personnes divines est Dieu, et la Trinité est un seul Dieu. Il n'est pas facile d'éclaircir cette question, parce qu'on ne saurait nier que ce n'est pas une présence corporelle de Dieu, mais une présence spirituelle, seule convenable à sa substance, qui se met en rapport avec les choses créées, d'une manière merveilleuse, à peine intelligible pour un petit nombre d'hommes. C'est de cette présence que le Psalmiste a dit : « Si je monte dans le ciel, vous y êtes ; si je descends dans les enfers, vous y êtes encore (*Ps.*, CXXXVIII, 8). » Il faut donc conclure de ce témoignage que Dieu se trouve invisiblement dans l'assemblée des hommes, de même qu'il remplit invisiblement le ciel et la terre, ainsi qu'il le dit de lui-même par la bouche du Prophète (*Jérémie*, XXIII, 24). Et non-seulement nous sommes en possession de ce témoignage, mais encore, dans la mesure de l'esprit humain, on reconnaît que Dieu habite en ceux qu'il a créés, toutes les fois qu'un homme se tient en sa présence, l'écoute, et se sent comblé de joie, parce qu'il entend la voix divine au plus profond de son cœur (*Jean*, III, 29). Malgré ces réflexions, notre Psaume, si je ne me trompe, tend à nous insinuer qu'il est arrivé, à un certain moment, que Dieu s'est tenu dans la synagogue des dieux. Car cette présence, par laquelle Dieu remplit le ciel et la terre, n'est pas spécialement propre à la synagogue et ne varie pas selon les temps. C'est pourquoi, dans ces paroles : « Dieu s'est tenu dans la synagogue des Dieux (*Ps.*, LXXXI, 1), » il s'agit de Celui qui a dit de lui-même : « Je n'ai été envoyé qu'aux brebis égarées de la maison d'Israël (*Matth.*, XV, 24). » Et le Psaume nous dit aussi pourquoi il s'y est trouvé : « Pour faire le discernement des Dieux, étant au milieu d'eux (*Ps.*, LXXXI, 1). » Je reconnais donc ici que Dieu s'est trouvé dans la synagogue de ces dieux, « à qui appartiennent les anciens pères, et de qui le Christ est sorti selon la chair (*Rom.*, IX, 5). » Car c'est pour que Dieu se tînt dans la synagogue des dieux, que le Christ est sorti d'eux selon la chair. Mais pourquoi Dieu ? C'est qu'il n'était pas comme ces dieux dans la synagogue desquels il s'est tenu, mais, comme dit ensuite l'Apôtre, « parce qu'il est au-dessus de toutes choses, Dieu béni dans tous les siècles (*Rom.*, IX, 5). » Je reconnais, dis-je, que Dieu s'est tenu là ; je reconnais au milieu des dieux le Dieu époux des âmes, de qui l'un de ses amis a dit : « Il y a, au milieu de vous, quelqu'un que vous ne connaissez pas (*Jean*, I, 26). » Et en effet, le Psaume dit un peu plus bas

---

Filium, an Spiritum-sanctum, an ipsam Trinitatem accipere debeamus stetisse in synagoga eorum, in medio autem deos discernere (*Psal.*, LXX, 1). » Quia et singulus quisque Deus, et ipsa Trinitas unus Deus. Non quidem facile est hoc eliquare : quia et, non corporalem, sed spiritalem Dei præsentiam quæ congruit ejus substantiæ negari non potest adesse conditis rebus mirabili videlicet et vix paucis intelligibili modo, cui dicitur, « Si adscendero in cælum, tu ibi es ; si descendero in infernum, ades (*Psal.*, CXXXVIII, 8). » Unde merito perhibetur stare Deus in congregatione hominum invisibiliter, sicut cælum et terram ipse implet, quod per Prophetam de se ipse prædicat (*Jerem.*, XXIII, 24) : nec tantum perhibetur, sed pro captu mentis humanæ utcumque cognoscitur stare in eis quæ creavit, si et homo stet et audiat eum, et gaudio gaudeat propter ejus intimam vocem (*Johan.*, III, 29). Verumtamen, quantum arbitror, Psalmus iste insinuare aliquid molitur, quod ex quodam tempore factum est, ut staret Deus in synagoga deorum. Nam illa statio qua cælum et terram implet, nec ad synagogam proprie pertinet, nec tempore variatur. « Deus itaque stetit in synagoga deorum, » nimirum ille qui de se dixit, « Non sum missus nisi ad oves, quæ perierunt domus Israël (*Matth.*, XV, 24). » Dicitur et caussa : « In medio autem deos discernere. » Agnosco igitur Deum stetisse in synagoga deorum, quorum patres, et ex quibus Christus secundum carnem (*Rom.*, IX, 5). Ut enim staret Deus in synagoga deorum, id hoc ex ipsis secundum carnem. Sed quid Deus ? Neque enim quales illi in quorum deorum synagoga stetit : sed sicut illic Apostolus sequitur, « Qui est super omnia Deus benedictus in sæcula (*Ibid.*). » Agnosco, inquam, stetisse : agnosco et in medio Deum sponsum, de quo amicus ejus quidam dicit, « In medio vestrum stat, quem vos nescitis (*Johan.*, I, 26). » Quippe de quibus paulo post in hoc Psalmo dicitur, « Nescierunt, neque intellexerunt, in tenebris ambulant (*Ps.*, LXXXI, 5). » Testificatur et Apo-

de ces dieux : « Ils n'ont rien connu ni rien compris ; ils marchent dans les ténèbres (*Ps.*, LXXXI, 5). » L'Apôtre rend d'eux le même témoignage : « Une partie d'Israël, dit-il, a été frappée d'aveuglement, afin que la plénitude des Gentils entrât (*Rom.*, XI, 25). » En effet, les Juifs le voyaient au milieu d'eux ; mais ils ne le voyaient pas comme Dieu, ce qu'il voulait cependant lorsqu'il disait : « Qui m'a vu a vu aussi mon Père (*Jean*, XIV, 9). » Il a donc fait le discernement des dieux, non d'après leurs mérites, mais selon sa grâce, tirant du même mélange, avec les uns des vases d'honneur, avec les autres des vases d'ignominie (*Rom.*, IX, 21). En effet, « qui vous discerne ? et qu'avez-vous que vous n'ayez reçu ? Mais, si vous l'avez reçu, pourquoi vous en glorifiez-vous, comme si vous ne l'aviez pas reçu (I *Cor.*, IV, 7). »

3. Écoutez donc la voix de Dieu faisant le discernement ; écoutez la voix du Seigneur divisant la flamme du feu (*Ps.*, XXVIII, 7). « Jusques à quand jugerez-vous avec iniquité, et prendrez-vous le parti des pécheurs (*Ps.*, LXXXI, 2) ? » « Jusques à quand » présente le même sens que dans ce passage : « Jusques à quand aurez-vous le cœur appesanti (*Ps.*, IV, 3) ? » Sera-ce jusqu'à l'avénement de celui qui est la lumière du cœur ? Je vous ai donné ma loi ; vous y avez résisté par votre dureté. J'ai envoyé mes Prophètes ; vous les avez accablés d'injures et vous les avez mis à mort, ou vous avez été de connivence avec ceux qui le faisaient. Mais, comme ceux qui ont tué les serviteurs de Dieu qui leur étaient envoyés ne sont pas dignes qu'on leur adresse la parole, je vous demande, à vous qui avez gardé le silence, lorsqu'ils commettaient ces crimes, c'est-à-dire à vous qui voulez imiter aujourd'hui, comme s'ils étaient innocents, ceux qui alors ont gardé le silence, je vous demande : « Jusques à quand jugerez-vous avec iniquité et prendrez-vous le parti des pécheurs (*Ps.*, LXXXI, 2) ? » Aujourd'hui que l'héritier lui-même est venu, est-ce qu'il faut aussi le mettre à mort ? S'il est comme un orphelin, loin de son père, n'est-ce point à cause de vous ? S'il a faim et soif, comme un indigent, n'est-ce point à cause de vous ? Ne vous a-t-il pas crié : « Apprenez de moi que je suis doux et humble de cœur (*Matth.*, XI, 29) ? » Ne s'est-il pas fait pauvre, alors qu'il était riche, afin de vous enrichir par sa pauvreté (II *Cor.*, VIII, 9) ? « Rendez donc justice à l'orphelin et à l'indigent : soutenez la justice de l'humble et du pauvre (*Ps.*, LXXXI, 3). » Ce n'est point de ces hommes riches et orgueilleux pour eux-mêmes, mais de cet homme qui s'est fait humble et pauvre pour vous, que vous devez croire et proclamer la justice.

---

stolus, « Quoniam cæcitas ex parte Israël facta est, ut plenitudo Gentium intraret (*Rom.*, XI, 25). » Stantem quippe in medio sui videbant eum : sed non eum videbant Deum, qualem se volebat videri, dicens, « Qui me vidit (*a*), vidit et Patrem (*Johan.*, XIV, 9). » Discernit autem deos, non eorum meritis, sed gratia sua, ex eadem conspersione faciens alia vasa in honorem, alia in contumeliam (*Rom.*, IX, 21). Quis enim te discernit ? « Quid enim habes, quod non accepisti ? Si autem accepisti, quid gloriaris quasi non acceperis (I *Cor.*, IV, 7) ? »

3. Audi et vocem Dei discernentis (*Psal.*, XXVIII, 7), audi et vocem Domini dividentis flammam ignis : « Usque quo judicatis iniquitatem, et facies peccantium sumitis (*Ps.*, LXXXI, 2) ? » Sicut alibi : « Usque quo graves corde (*Psal.*, IV, 3) ? » « Numquid et usque ad adventum ejus qui lumen est cordis ? Dedi legem, duriter restitistis : misi Prophetas, injuriis affecistis, aut interfecistis, aut hæc agentibus (*b*) connivistis. Sed ut illis nec loqui dignum sit, qui occiderunt servos Dei præmissos ad se : vos qui cum hæc fierent tacuistis, id est, vos qui eos qui tunc tacuerunt, velut innocentes imitari voluistis, « usque quo judicastis iniquitatem, et facies peccantium sumitis ? » Numquid etiam nunc et ipse heres veniens occidendus est ? Nonne ipse propter vos sine patre esse voluit tamquam pupillus ? Nonne propter vos esurivit et sitivit ut egenus ? Nonne ad vos clamavit, « Discite a me, quia mitis sum et humilis corde (*Matth.*, XI, 29) ? » Nonne pauper factus est, cum dives esset, ut ipsius paupertate ditaremini (II *Cor.*, VIII, 9) ? « Judicate ergo pupillo et egeno, humilem et pauperem justificate (*Psal.*, LXXXI, 3). » Non illos propter se superbos et divites, sed istum propter vos humilem et pauperem, justum credite, justum prædicate.

(*a*) Sic MSS. At editi, *Qui me videt, videt* etc. (*b*) Er. *connibuistis* : et infra loco *coniverunt*, habet *conhibuerunt* : atque ita veteres libri, in quibus pro verbo *coniveo*, constanter scriptum est *conhibeo*.

4. Mais au contraire, ils lui porteront envie et ne l'épargneront en aucune manière ; ils diront : « Voici l'héritier, venez, tuons-le, et l'héritage nous appartiendra (*Matth.*, XXI, 38). » « Délivrez donc l'indigent et arrachez le pauvre des mains du pécheur (*Ps.*, LXXXI, 4). » Ces paroles sont écrites pour apprendre à ce peuple au milieu duquel le Christ est né et a été mis à mort, que ceux-là ne sont point déchargés de ce forfait, qui faisaient partie de la nombreuse multitude que les Juifs redoutaient, dit l'Évangile, à ce point de n'oser mettre la main sur le Christ (*Luc*, XXII, 2), et qui plus tard se sont mis de connivence avec ces mêmes Juifs, et ont permis que le Christ fût mis à mort par les principaux de la nation, hommes méchants et envieux. Car s'ils l'eussent voulu, les Juifs n'auraient pas cessé de les craindre et n'auraient jamais eu le pouvoir d'accomplir leur crime. C'est encore d'eux qu'il est dit dans un autre psaume : « Ces chiens muets n'ont pas su aboyer (*Isaïe*, LVI, 10) ; » et ailleurs : « Voilà comment le juste a péri, sans que nul en eût souci (*Id.*, LVII, 1). » Il a péri, autant qu'il était au pouvoir de ceux qui voulaient le perdre. Comment, en effet, eût pu périr en mourant, celui qui, par sa mort même, reprenait possession de ce qui était perdu ? Mais si l'on accuse justement, si l'on réprimande à bon droit ceux qui, par leur inaction ont donné lieu à l'accomplissement d'un si grand crime, de quels reproches accabler, ou plutôt, sans parler même de reproches, avec quelle sévérité condamner ceux qui l'ont accompli, de dessein prémédité et par méchanceté ?

5. Cependant, ce qui suit s'applique également à tous : « Ils n'ont rien connu, ils n'ont rien compris, ils marchent dans les ténèbres (*Ps.*, LXXXI, 5). » Si, en effet, les uns avaient connu le Seigneur de gloire, jamais ils ne l'auraient crucifié (I *Cor.*, II, 8) ; et les autres, s'ils l'avaient connu, n'auraient jamais demandé que Barabbas fût délivré, et que le Christ fût crucifié. Mais, ainsi que nous l'avons rappelé déjà, comme « une partie d'Israël a été frappée d'aveuglement, jusqu'à ce que la plénitude des Gentils soit entrée (*Rom.*, XI, 25), » le Christ ayant été mis à mort par l'effet même de cet aveuglement, « tous les fondements de la terre seront ébranlés (*Ps.*, LXXXI, 5). » Ils ont été ainsi ébranlés, et ils le seront encore, jusqu'à ce que soit entrée la plénitude des Gentils qui a été prédestinée. Car, au moment même de la mort du Seigneur, la terre a été ébranlée et les pierres se sont fendues (*Matth.*, XXVII, 51). Et si, par les fondements de la terre, nous entendons ceux que rend heureux l'abondance des biens terrestres, il a été justement prédit qu'ils seraient ébranlés, soit en s'étonnant que l'on pût aimer et honorer à tel point l'humilité, la

pauvreté et la mort du Christ, où ils ne voient que le comble de la misère ; soit en méprisant eux-mêmes, à leur tour, la vaine félicité du monde, pour aimer et honorer cette même misère. C'est ainsi que sont ébranlés tous les fondements de la terre, les uns par leur étonnement, les autres par leur changement. D'une part, en effet, il n'est pas déraisonnable d'appeler fondements du ciel les saints et les fidèles sur lesquels le royaume des cieux est bâti, et que l'Écriture appelle des pierres vivantes (I *Pierre*, II, 5). Le premier de ces fondements est le Christ né de la Vierge, dont l'Apôtre dit : « Nul ne peut poser un autre fondement que celui qui a été posé et qui est le Christ Jésus (I *Cor.*, III, 11). » Puis ce sont les Apôtres et les Prophètes, sur l'autorité desquels nous choisissons la céleste demeure, afin que, soutenus par cette autorité, nous soyons incorporés avec eux à l'édifice céleste. C'est pourquoi saint Paul dit aux Éphésiens : « Vous n'êtes plus des étrangers et des hôtes, mais vous êtes les concitoyens des Saints, et vous faites partie de la maison de Dieu, ayant été élevés sur le fondement des Apôtres et des Prophètes, et sur le Christ lui-même qui est la pierre principale de l'angle, sur laquelle porte la masse de l'édifice qui s'élève comme un temple consacré au Seigneur (*Éphes.*, II, 19-22). » De même, d'autre part, on peut avec quelque raison comprendre sous le nom de fondements de la terre, ceux dont la félicité terrestre, parvenue à son comble, fait envie aux autres hommes, les entraîne par son prestige à désirer de semblables biens, et fait qu'à mesure qu'ils les acquièrent ils entrent dans le même édifice, appliqués comme de la terre sur de la terre, de même que dans l'édifice céleste le ciel est posé sur le ciel. Nous trouvons en effet ces deux paroles dans l'Écriture : « Tu es terre et tu iras vers la terre (*Gen.*, III, 19); » et ailleurs le Prophète dit que : « Les cieux racontent la gloire de Dieu, » lorsque « le son de la voix des Apôtres s'est répandu dans toute la terre, » et que leurs paroles ont retenti jusqu'aux « extrémités du globe terrestre (*Ps.*, XVIII, 3, 5). »

6. Mais le royaume de la félicité terrestre, c'est l'orgueil ; l'humilité du Christ est venue le combattre. C'est pourquoi, reprochant leur orgueil à ceux qu'il veut rendre enfants de Dieu par l'humilité, il leur dit : « J'ai dit, vous êtes des dieux, vous êtes tous des enfants du Très-Haut, mais vous mourrez comme les hommes et vous tomberez comme un des princes (*Ps.*, LXXXI, 6 et 7). » Peut-être cette première parole : « J'ai dit : vous êtes des dieux et vous êtes tous des enfants du Très-Haut (*Ibid.*, 6), » s'adresse-t-elle à ceux qui sont prédestinés à la vie éternelle, et la seconde aux autres hommes : « Mais vous mourrez comme les hommes et vous

norum copia felices ; recte prædictum est quod moverentur, vel admirando sic amari, sic coli humilitatem, paupertatem, mortem, velut magnum secundum ipsos miseriam Christi ; vel ipsi quoque hujus mundi vana felicitate contenta, illam diligendo atque sectando. Ita moventur omnium fundamenta terræ, cum partim mirantur, partim etiam commutantur. Sicut enim non absurde dicimus fundamenta cæli, quibus regnum cælorum superædificatur in sanctis et fidelibus, quos dicit Scriptura lapides vivos (II *Pet.*, II, 5) : quorum fundamentum est primitus ipse Christus ex virgine, de quo dicit Apostolus, « Fundamentum aliud nemo potest ponere præter quam quod positum est, quod est Christus Jesus (I *Cor.*, III, 11) : » deinde ipsi Apostoli et Prophetæ, quorum auctoritate locus cælestis eligitur, ut eam sectando coædificemur : unde dicit ad Ephesios, « Jam non estis peregrini et inquilini, sed estis cives sanctorum et domestici Dei, superædificati supra fundamentum Apostolorum et Prophetarum, ipso summo angulari lapide exsistente Christo Jesu, in quo omnis ædificatio compacta crescit in templum sanctum in Domino (*Ephes.*, II, 19 etc.) : » ita non inconvenienter fundamenta terræ intelliguntur, quorum terrenam felicitatem præpollentem atque potentem homines invidendo, eorum auctoritate ad hujusmodi bona concupiscenda pertrahuntur, et adipiscendo coædificantur tamquam terra super terram, sicut in illo superno ædificio cælum super cælum : quia et peccatori dictum est, « Terra es, et in terram ibis (*Gen.*, III, 19);» et, « Cœli enarrant gloriam Dei (*Ps.*, XVIII, 2), » cum in omnem terram exiit sonus eorum, et in fines orbis terræ verba eorum.

6. Terrenæ autem felicitatis regnum superbia est, contra quam venit humilitas Christi, exprobrans eis quos vult ex humilitate filios Altissimi facere, atque increpans : « Ego dixi, Dii estis, et filii Altissimi omnes (*Ps.*, LXXXI, 6). Vos autem sicut homines moriemini, et sicut unus ex principibus cadetis (*Ibid.*,

tomberez comme un des princes (*Ibid.*, 7). » De cette sorte, le Christ ferait le discernement entre les dieux. Ou bien il les interpelle sévèrement tous ensemble, pour discerner ensuite ceux qui seront obéissants et se corrigeront. « J'ai dit : vous êtes des dieux et vous êtes tous des enfants du Très-Haut ; » c'est-à-dire : je vous ai promis à tous la félicité céleste ; « mais vous, » en raison de la faiblesse de votre chair, « vous mourrez comme les hommes, » et, en raison de l'orgueil de votre esprit, « comme un des princes, » c'est-à-dire comme le démon, loin d'arriver à quelque grandeur nouvelle, « vous tomberez (*Ibid.*, 7). » C'est comme s'il disait : le petit nombre des jours de votre vie qui vous entraîne si rapidement à la mort ne sert point à vous corriger ; mais, comme le démon, dont les jours sont nombreux en ce monde, puisque n'ayant pas de corps il ne meurt pas, vous vous élevez, afin de tomber. C'est, en effet, l'orgueil du démon qui a excité les princes des Juifs, dans leur méchanceté et leur aveuglement, à porter envie à la gloire du Christ. Ce vice détestable a rendu et rend encore méprisable, aux yeux de ceux qui aiment l'excellence de ce siècle, l'humilité du Christ mort sur la croix.

7. C'est donc pour guérir ce vice, que le Prophète s'écrie en son propre nom : « Levez-vous, ô Dieu, jugez la terre (*Ibid.*, 8). » La terre s'est gonflée d'orgueil, lorsqu'elle vous a mis en croix ; levez-vous d'entre les morts et jugez la terre, « car vous exterminerez du milieu de tous les peuples (*Ibid.*). » Qu'exterminerez-vous, si ce n'est la terre ? c'est-à-dire, ceux qui ont le goût des choses de la terre. Vous les exterminerez, soit en détruisant dans ceux qui croiront leur affection pour les convoitises terrestres et leur orgueil, soit en discernant, comme une terre méprisable et qui ne mérite que d'être brisée et détruite, ceux qui refuseront de croire. Il ne faut pas omettre d'indiquer le texte que présentent quelques manuscrits ; « car vous posséderez un héritage du milieu de tous les peuples (*Ibid.*). » En effet, ce texte peut être accepté sans difficulté, et rien ne s'oppose à ce que nous gardions en même temps ces deux leçons. Car, son héritage se forme par la charité ; et, en le cultivant miséricordieusement par ses préceptes et par sa grâce, Dieu détruit toutes les convoitises terrestres.

---

7). » Sive ad illos dixerit, « Ego dixi, Dii estis, et filii Altissimi omnes, » ad eos utique qui prædestinati sunt in vitam æternam : ad alios vero, « Vos autem sicut homines moriemini, et sicut unus ex principibus cadetis, » hoc modo etiam deos discernens : sive omnes simul increpat, ut obedientes correctosque discernat : « Ego, inquit, dixi, Dii estis, et filii Altissimi omnes : » id est, omnibus vobis promisi cælestem felicitatem : « vos autem, » per infirmitatem carnis, « sicut homines moriemini, » et per elationem animi, « sicut unus ex principibus, » « id est diabolus, non extollemini, sed « cadetis. » Velut si diceret : Cum tam pauci sint dies vitæ vestræ, ut cito sicut homines moriamini, non vobis prodest ad correctionem : sed tamquam diabolus, cujus dies in hoc sæculo multi sunt, quia carne non moritur, extollimini, ut cadatis. Per diabolicam quippe superbiam factum est, ut Christi gloriæ perversi et cæci principes Judæorum invidissent : per hoc vitium factum est, et fit, ut Christi usque ad mortem crucifixi humilitas vilescat eis, qui hujus sæculi diligunt excellentiam.

7. Proinde ut hoc vitium sanetur, ex ipsius Prophetæ persona dicitur, « Surge Deus, judica terram (*Ibid.*, 8). » (*a*) Tumuit enim terra, cum te crucifigeret : surge a mortuis, et judica terram. « Quoniam tu disperdes in omnibus gentibus : » quid, nisi terram ? hoc est, eos qui terrena sapiunt, sive ipsum affectum in credentibus terrenæ cupiditatis et (*b*) elationem absumens ; sive non credentes, terram conterendam perdendamque discernens. Sic per membra sua, quorum conversatio in cælis est, judicat terram, et disperdit in omnibus gentibus. Nec prætereundum, quod nonnulli codices habent, « Quoniam tu hereditabis in omnibus gentibus. » Quia et hoc non inconvenienter accipitur, neque ut simul utrumque sit quidquam repugnat. Fit ergo hereditas ejus per caritatem, quam suis præceptis et gratia misericorditer excolendo, terrenam disperdit cupiditatem.

(*a*) Sic meliores MSS. At editi, *Timuit* (*b*) Editi, *et electionem assumens*. Emendantur auctoritate MSS.

DISCOURS SUR LE PSAUME LXXXII.

1. Le Psaume a pour titre : « Cantique de psaume d'Asaph (*Ps.*, LXXXII, 1). » Nous avons déjà dit plusieurs fois qu'Asaph signifie : « assemblée. » Cet homme appelé Asaph est donc placé dans le titre d'un certain nombre de psaumes, pour figurer l'assemblée du peuple de Dieu. Mais, en grec, assemblée se dit synagogue, et le peuple juif a conservé ce nom comme lui appartenant en propre ; de même que le peuple chrétien est constamment appelé l'Église, parce que lui aussi forme une assemblée.

2. Le peuple de Dieu parle donc dans ce psaume et dit : « O Dieu, qui sera semblable à vous (*Ibid.*, 2) ? » Je crois que ces paroles s'appliquent particulièrement au Christ, parce que devenu semblable à l'homme, il a paru, aux yeux de ceux qui le méprisaient, comparable aux autres hommes. En effet, il a été rangé au nombre des scélérats (*Is.*, LIII, 12) ; mais quand il est venu pour être jugé. Au contraire, lorsqu'il viendra pour juger, ce sera l'accomplissement de cette parole : « O Dieu, qui sera semblable à vous (*Ibid.*) ? » Si, dans les psaumes, le Prophète n'avait pas coutume de s'adresser au Christ, nous n'y trouverions pas ces versets, que pas un des fidèles ne peut douter lui être adressés : « Votre trône, ô Dieu, sera éternel, la verge de votre empire sera une verge de droiture ; vous avez aimé la justice et vous avez haï l'iniquité ; c'est pourquoi, ô Dieu, votre Dieu vous a oint d'une huile de joie, au-dessus de tous ceux qui y ont participé avec vous (*Ps.*, XLIV, 7, 8). » C'est de la même manière que le Prophète dit maintenant : « O Dieu, qui sera semblable à vous (*Ps.*, LXXXII, 2) ? » Car vous avez voulu être semblable, dans votre humilité, à un grand nombre d'hommes, et même aux larrons qui ont été crucifiés avec vous (*Luc*, XXIII, 33) ; mais, lorsque vous viendrez dans votre gloire, « qui sera semblable à vous ? » Car qu'y a-t-il d'extraordinaire de dire à Dieu : « Qui sera semblable à vous ? » si ce n'est en ajoutant de lui, « qu'il a voulu être semblable

IN PSALMUM LXXXII.

ENARRATIO.

1. Psalmi hujus titulus est, « Canticum Psalmi Asaph (*Ps.* LXXXII, 1). » Jam sæpe diximus quid interpretetur Asaph, id est, congregatio. Homo ergo ille qui vocabatur Asaph, in figura congregationis populi Dei in multorum Psalmorum titulis ponitur. Græce autem congregatio synagoga dicitur, quod velut proprium nomen Judæorum populus tenuit, ut synagoga appellaretur : sicut populus Christianus usitatius vocatur Ecclesia, cum et ipse utique congregetur.

2. Populus itaque Dei in isto Psalmo dicit, « Deus quis similis erit tibi (*Ibid.*, 2) ? » Quod ego arbitror accommodatius accipi in Christo, quia in similitudine hominum factus (*Philipp.*, II, 7), putatus est ab eis a quibus contemtus est, ceteris hominibus comparandus : « nam et inter iniquos deputatus est (*Isai.*, LIII, 12) ; » sed ad hoc ut judicaretur. Cum autem veniet judicaturus, tunc fiet quod hic dicitur, « Deus, quis similis erit tibi ? » Si enim Psalmi non solerent loqui ad Dominum Christum, non diceretur etiam illud, quod ipsi dictum esse nullus potest dubitare fidelium : « Thronus tuus, Deus, in sæculum sæculi, virga directionis, virga regni tui : dilexisti justitiam, et odisti iniquitatem ; propterea unxit te Deus, Deus tuus, oleo exsultationis præ participibus tuis (*Psal.*, XLIV, 7). » Huic ergo et nunc dicitur, « Deus, quis similis erit tibi ? « Multis enim similis

aux hommes, qu'il a pris la forme d'esclave, qu'il s'est fait semblable aux hommes, et qu'il a été reconnu pour homme par les dehors (*Philip.*, II, 7)? » C'est pourquoi le Prophète ne dit pas : qui est semblable à vous ? parole convenable si elle avait rapport à sa divinité ; mais comme il s'agit de la forme d'esclave du Christ, sa différence d'avec les autres hommes paraîtra lorsque lui-même paraîtra dans sa gloire. Le Prophète ajoute ensuite : « Ne gardez plus le silence, ô Dieu, et ne contenez plus votre puissance (*Ps.*, LXXXII, 2). » En effet, le Christ s'est tu d'abord, pour être jugé, lorsqu'il est resté comme l'agneau devant celui qui le tond, sans ouvrir la bouche (*Isaïe*, LII, 7), et ensuite il a contenu sa puissance. Pour montrer qu'il la contenait, lorsqu'il dit : « C'est moi, » ceux qui le cherchaient pour le prendre reculèrent et tombèrent (*Jean*, XVIII, 5, 6). Comment, en effet, aurait-il été pris et comment aurait-il souffert, s'il ne s'était retenu et contenu et en quelque sorte adouci ? Aussi, y a-t-il des traducteurs qui ont interprété ces mots : « Ne contenez pas votre puissance, » par ceux-ci : « Ne soyez plus aussi doux. » Lui-même a dit quelque part : « Je me suis tu ; me tairai-je toujours (*Is.*, XLII, 14)? » Le Prophète lui dit ici : « Ne gardez plus le silence (*Ps.*, LXXXII, 2) ; » et il dit dans un autre psaume : « Dieu, notre Dieu viendra en se montrant, et il ne gardera pas le silence (*Ps.*, XLIV, 3). » Ici : « ne gardez plus le silence, » parce qu'il s'est tu pour être jugé, lorsqu'il est venu d'une manière occulte ; mais il ne se taira point pour juger, lorsqu'il viendra d'une manière manifeste.

3. « Car vos ennemis ont fait grand bruit, et ceux qui vous haïssent ont levé haut la tête (*Ibid.*, 3). » Selon moi, ces paroles figurent les derniers jours, où les pensées, que la crainte comprime maintenant, éclateront avec liberté, mais en cris dépourvus de raison, qui ressembleront plutôt à un vain bruit qu'à des paroles ou à des discours. Ce n'est point alors que commencera la haine contre vous ; mais ceux qui vous haïssent de longtemps lèveront haut la tête. Non pas « leurs têtes, » mais « la tête ; » quand ils seront parvenus à avoir pour tête celui qui s'élève au-dessus de tout ce qu'on appelle Dieu et de tout ce que l'on adore comme Dieu (II *Thess.*, II, 4). Alors s'accomplira, dans toute son étendue, cette parole : « Celui qui s'élève sera abaissé (*Luc*, XIV, 11) ; » lorsque celui auquel auquel le Prophète dit : « Ne gardez plus le silence, ô Dieu, et ne soyez plus si doux (*Ps.*, LXXXII, 2), » le tuera du souffle de sa bouche et le détruira par l'éclat de sa présence (II *Thess.*, II, 4, 8).

4. « Ils ont formé contre votre peuple un

---

in humilitate esse voluisti, usque et latronibus, qui tecum sunt crucifixi (*Lucæ*, XXIII, 32) : sed in claritate cum venies, « quis similis erit tibi ? » Quid enim magnum dicitur, cum Deo dicitur, « Quis similis erit tibi, » nisi illi dicatur, qui similis esse hominibus voluit, « formam servi accipiens, in similitudine hominum factus, et habitu inventus ut homo (*Philipp.*, II, 7)? » Et ideo non ait, Quis similis est tibi ? quod utique recte diceretur, si hoc ad divinitatem referretur. Quia vero ad formam servi relatum est, tunc ejus a ceteris hominibus dissimilitudo apparebit, quando apparebit in gloria. Ideo sequitur, « Ne taceas, neque compescaris Deus. » Quia primo tacuit, ut judicaretur : quando sicut agnus coram tondente se fuit sine voce, sic non aperuit os suum (*Isai.*, LIII, 7), et suam compescuit potestatem. Quam ut se compescere ostenderet, ad illam ejus vocem qua dixit, « Ego sum (*Johan.*, XVIII, 5), » hi qui eum apprehendendum quærebant, redierunt retro, et ceciderunt. Quando ergo teneretur atque pateretur, nisi se ipse cohiberet atque compesceret, et quodam modo mitigaret ? Nam et sic quidam interpretati sunt quod hic positum est, « Ne compescaris Deus, » ut dicerent, « Neque mitescas Deus. » Ipse alibi dicit, « Tacui, numquid semper tacebo (*Isai.*, XLII, 14)? » Cui dicitur hic, « Ne taceas : » de illo alibi dicitur, « Deus manifestus veniet, Deus noster, et non silebit (*Psal.*, XLIX, 3). » Dicitur hic, « Ne taceas. » Tacuit enim, ut judicaretur, quando venit occultus : non autem tacebit, ut judicet, quando veniet manifestus.

3. « Quoniam ecce inimici tui sonuerunt, et qui oderunt te extulerunt caput (*Ps.*, LXXXII, 3). » Novissimos dies significare mihi videtur, quando hæc quæ nunc metu comprimuntur, in liberam vocem eruptura sunt, sed plane irrationabilem, ut sonitus magis quam locutio vel sermo dicendus sit. Non itaque tunc odisse incipient, sed qui oderunt te, tunc levabunt caput. Nec capita, sed « caput : » quando eo perventuri sunt, ut etjam illud caput habeant, quod extollitur super omne quod dicitur Deus, et quod colitur (II *Thess.*, II, 4) : ut in illo maxime impleatur, « Qui se exaltat, humiliabitur (*Lucæ*, XIV, 11) : » et cum eum ille cui dicitur, Ne taceas, neque mites-

complot méchant; » ou selon quelques manuscrits : « un complot rempli d'astuce; » « ils ont conspiré contre vos saints (*Ps.*, LXXXII, 4).» Ces paroles ne sont qu'une ironie : comment, en effet, pourraient-ils nuire au peuple ou à la foule des fidèles de Dieu, ou à ses saints, qui ont appris à dire : « Si Dieu est pour nous, qui sera contre nous (*Rom.*, VII, 31)? »

5. « Ils ont dit : Venez et exterminez-les d'entre la nation (*Ps.*, LXXXII, 5). » Le Prophète a employé ici le nombre singulier pour le pluriel ; c'est ainsi que l'on dira dans certains cas le bœuf ou le mouton, même en parlant d'un troupeau entier, ce qui n'empêche pas de comprendre qu'il s'agit de tous les bœufs ou de tous les moutons. Cependant quelques manuscrits portent : « D'entre les nations, » parce que les traducteurs se sont attachés à rendre le sens plutôt que le mot. « Venez et exterminez-les d'entre les nations (*Ibid.*). » Voilà ce bruit qu'ils ont fait entendre plutôt qu'ils n'ont parlé, parce qu'ils ont vainement murmuré des choses vaines. « Et qu'on ne se souvienne plus du nom d'Israël (*Ibid.*). » « Et non memoretur nominis Israël ultra. » D'autres traducteurs latins ont dit plus clairement : « Et non sit memoria nominis Israël adhuc (*Ibid.*). » Car « memoretur nominis » est une locution inusitée en latin, où l'on dit de préférence : « memoretur nomen; » mais la pensée est la même, et celui qui a dit : « memoretur nominis, » a rapporté littéralement une expression grecque. Quant au nom d'Israël, il faut l'entendre ici de la race d'Abraham à laquelle l'Apôtre dit : « Vous êtes donc la race d'Abraham, héritiers selon la promesse (*Galat.*, III, 19),» et non d'Israël selon la chair, dont le même Apôtre dit : « Voyez Israël selon la chair (I *Cor.*, X, 18).»

6. « Ils ont conspiré d'un commun accord et conclu un testament contre vous (*Ps.*, LXXXII,6);» comme s'ils pouvaient être plus forts que vous. Dans les Écritures, le nom de testament ne se donne pas seulement à cet acte qui n'a de valeur que par la mort du testateur, mais encore à tout pacte et à toute convention. Car Laban et Jacob ont fait entre eux un testament (*Gen.*, XXXI, 44) assurément valable pendant leur vie ; et des exemples analogues sont fréquents dans les Saintes Écritures.

7. Le Prophète se met ensuite à énumérer les ennemis du Christ sous les noms de certaines nations, et l'interprétation de ces noms montre assez ce qu'il a voulu faire entendre. En effet, les ennemis de la vérité sont très-convenablement figurés par ces noms. Car « Iduméen » veut dire : sanglant ou terrestre; « Is-

---

cas Deus, interficiet spiritu oris sui, et evacuabit illuminatione præsentiæ suæ (II *Thess.*, II, 8).

4. « Super populum tuum malignaverunt consilium (*Ps.*, LXXXII, 4) : » vel, sicut alii codices habent « astute cogitaverunt consilium, et cogitaverunt adversus sanctos tuos. » Irridenter ista dicuntur. Quando enim valerent nocere populo vel plebi Dei, vel sanctis ejus qui noverunt dicere, « Si Deus pro nobis, quis contra nos (*Rom.*, VIII, 31) ? »

5. « Dixerunt, Venite, et disperdamus eos de gente (*Ps.* LXXXII, 5). » Singularem numerum posuit pro plurali, sicut dicitur, Cujus est hoc pecus, etiam si de grege interrogetur, et intelliguntur pecora. Denique alii codices « de gentibus » habent, ubi magis interpretes intellectum quam verbum secuti sunt. « Venite, et disperdamus eos de gente. » Ipse est ille sonus, quo sonuerunt magis quam locuti sunt, quoniam inaniter inania strepuerunt. « Et non memoretur nominis Israël ultra. » Hoc alii planius dixerunt, « Et non sit memoria nominis Israël adhuc. » Quia « memoretur nominis, » in Latina lingua inusitata locutio est : potius enim dici solet, memoretur nomen : sed eadem ipsa sententia est. Nam qui dixit, « memoretur nominis, » Græcam transtulit locutionem. « Israël » autem hic debet intelligi utique semen Abrahæ, cui dicit Apostolus, « Ergo Abrahæ semen estis, secundum promissionem heredes. (*Gal.* III, 29). » Non Israël secundum carnem, de quo dicit, « Videte Israël secundum carnem (II *Cor.*, X, 48). »

6. « Quoniam cogitaverunt unanimiter, simul adversus te testamentum disposuerunt (*Ps.*,LXXXII,6) : » quasi possent esse fortiores. Testamentum sane in Scripturis non illud solum dicitur, quod non valet nisi testatoribus mortuis : sed omne pactum et placitum testamentum vocabant. Nam Laban et Jacob testamentum fecerunt, quod utique etiam inter vivos valeret (*Gen.*, XXXI, 44) : et innumerabilia talia in divinis leguntur eloquiis.

7. Deinde incipit inimicos Christi commemorare sub quibusdam vocabulis Gentium : quorum vocabulorum interpretatio satis indicat quid velit intelligi. Talibus enim nominibus convenientissime figurantur veritatis inimici. Idumæi quippe interpretatur, vel sanguinei, vel terreni. Ismaelitæ, obedientes sibi, utique non Deo, sed sibi. Moab, ex patre : quod in malo non intelligitur melius, nisi cum ipsa

maélite, » qui n'obéit qu'à soi ; non pas à Dieu, mais à soi-même ; « Moab, » de son père : ce qui, pris en mauvaise part, ne saurait être mieux expliqué que par l'histoire de Lot, qui fut père de Moab, par l'abus que fit de lui sa propre fille, circonstance qui détermina le nom de Moab (*Gen.*, XIX, 36, 37). Or un père est bon, mais comme la Loi est bonne, pourvu que l'on en use légitimement (1 *Tim.*, 1, 8), et non d'une manière illicite et incestueuse. Les «Agaréniens » signifient les Prosélytes, c'est-à-dire les étrangers ; ce nom indique, parmi les ennemis du peuple de Dieu, non pas ceux qui sont incorporés à la nation, mais ceux qui persévèrent dans leurs dispositions d'étrangers, de gens de passage, et qui montrent ce qu'ils sont, dès qu'ils trouvent l'occasion de nuire. « Gebal » signifie vallée vaine, c'est-à-dire faux symbole d'humilité ; « Amon, » peuple turbulent ou peuple de douleur ; « Amalech, » peuple qui lèche, d'où vient cette parole d'un autre psaume : «Ses ennemis lècheront la terre (*Ps.*, LXXI, 9).» Les Étrangers, bien que nommés en latin « alienigenæ, » sont cependant appelés en hébreu « Philistins, » ce que l'on traduit par tombant de boisson, comme sont ceux que la luxure du siècle a enivrés. « Tyr, » en hébreu, est appelé «Sor» qui signifie : angoisse ou tribulation, dénomination qu'il faut comprendre, par rapport à ces ennemis du peuple de Dieu, au sens de ces paroles de l'Apôtre : «Tribulation et angoisse à l'âme de tout homme qui fait le mal (*Rom.*, II, 9).» Tous ces peuples sont donc nommés dans le Psaume, comme il suit : « Les tentes des Iduméens et des Ismaélites, Moab et les Agaréniens, Gebal et Aman et Amalech, et les Étrangers avec les habitants de Tyr (*Ps.*, LXXXII, 6 et 7).»

8. Et comme pour indiquer les causes de leur inimitié avec le peuple de Dieu, le Prophète ajoute : «Car Assur s'est joint à eux (*Ibid.*, 8).» Or Assur est ordinairement le nom symbolique du diable lui-même, qui opère dans les fils de la défiance (*Éphés.*, II, 2),» comme avec ses instruments, pour attaquer le peuple de Dieu. «Ils ont prêté secours aux enfants de Lot (*Ps.*, LXXXII, 8).» Tous ces ennemis, dit le Prophète, sous l'action du diable leur prince, « ont prêté secours aux enfants de Lot (*Ibid.*),» dont le nom signifie qui se détourne. Or, les anges apostats sont regardés avec raison comme des enfants de l'erreur, car, en se détournant de la vérité, ils sont devenus les satellites du diable. C'est d'eux que l'Apôtre a dit : « Vous avez à lutter, non contre la chair et le sang, mais contre les princes et les puissances et les directeurs du monde de ces ténèbres, contre les esprits de malice répandus dans l'air (*Éphés.*, VI,

---

historia cogitatur, quod pater Lot filiæ suæ illicite se utenti permixtus eum genuit (*Gen.*, XIX, 36 et 37); quia ex ipsa re tale nomen accepit. Bonus autem pater, (*a*) sed sicut Lex, si quis ea legitime utatur (1 *Tim.*, 1, 8), non inceste et illicite. Agareni, proselyti, id est, advenæ : quo nomine significantur inter inimicos populi Dei, non illi qui cives fiunt, sed qui in animo alieno atque adventitio perseverant, et nocendi occasione inventa se ostendunt. Gebal, vallis vana, id est, fallaciter humilis. Amon, populus turbidus, vel populus mœroris. Amalech, populus linguens ; unde alibi dictum est, « Et inimici ejus terram linguent (*Psal.*, LXXI, 9). » Alienigenæ quamvis et ipso nomine Latino se indicent alienos, et ob hoc consequenter inimicos, tamen in Hebræo dicuntur Philistiim, quod interpretatur cadentes potione, velut quos fecit ebrios luxuria sæcularis. Tyrus lingua Hebræa dicitur Sor : quod sive angustia sive tribulatio interpretetur, secundum illud accipiendum est in his inimicis populi Dei, quod ait Apostolus, « Tribulatio et angustia in omnem animam hominis operantis malum (*Rom.*, II, 9) » Omnes ergo hi sic enumerantur in hoc Psalmo : « Tabernacula Idumæorum et Ismaélitæ, Moab et Agareni (*Ps.*, LXXXII, 7), Gebal et Amon et Amalech, et alienigenæ cum habitantibus Tyrum (*Ibid.*, 8).

8. Et tamquam indicans caussam, quare sint inimici populo Dei, adjungit et dicit, « Etenim Assur venit cum illis (*Ibid.*, 9). » Assur autem pro ipso diabolo figurate intelligi solet, qui operatur in filiis diffidentiæ (*Ephes.*, II, 2), tamquam in vasis suis, ut oppugnent populum Dei. « Facti sunt, inquit, in adjutorium filiis Lot. » Quia omnes inimici, operante in se principe suo diabolo, « facti sunt in adjutorium filiis Lot, » qui interpretatur declinans. Angeli autem apostatici bene intelliguntur tamquam filii declinationis : a veritate quippe declinando, in satellitium diaboli discesserunt. Hi sunt de quibus dicit

---

(*a*) Sic MSS. At Lov. *Bonus autem pater Lex, sed sicut Apostolus ait, si quis.* etc.

12).» Ces ennemis invisibles sont donc aidés par les hommes infidèles, dont ils se servent pour attaquer le peuple de Dieu.

9. Voyons maintenant les imprécations prononcées contre ces différents ennemis par l'esprit prophétique, qui prédit ici plus qu'il ne maudit. « Traitez-les comme Madian et Sisara, comme Jabin dans le torrent de Cison. Ils ont péri à Endor et sont devenus comme le fumier de la terre (*Ps.*, LXXXII, 10 et 11).» On voit dans l'histoire qu'ils ont tous été défaits et vaincus par le peuple d'Israël, qui était alors le peuple de Dieu. Le Prophète en nomme encore plusieurs autres qui ont eu le même sort (*Jug.*, IV, 15, 16, etc.). « Traitez leurs princes comme Oreb et Zeb, et Zébéé et Salmana (*Ps.*, LXXXII, 12). » Voici la signification de leurs noms : « Madian » veut dire : qui fuit le jugement ; «Sisara,» la privation de la joie ; « Jabin, » le sage. Mais quand il s'agit des ennemis vaincus par le peuple de Dieu, le nom de sage doit être interprété selon ces paroles de l'Apôtre : « Où est le sage ? où est le scribe ? où est l'investigateur de ce siècle (1 *Cor.*, I, 20)? » « Oreb » signifie sécheresse ; «Zeb,» loup ; «Zébéé,» victime, mais victime du loup ; car Zébéé fait aussi des victimes ; «Salmana,» l'ombre agitée. Tous ces noms conviennent aux méchants dont le peuple de Dieu triomphe par le bien. Or, «Cison,» le torrent où ils ont été vaincus, signifie : leur dureté. « Endor, » où ils ont péri, veut dire : source de la génération, mais assurément de la génération charnelle. Ils ont péri pour l'avoir uniquement aimée, sans se soucier de la régénération qui conduit à cette vie où les femmes ne prendront plus d'époux, ni les hommes d'épouses, parce que désormais ils ne pourront mourir (*Luc.*, XX, 35, 36). C'est donc avec raison que le Prophète a dit d'eux : « Ils sont devenus comme le fumier de la terre (*Ps.*, LXXXII, 11);» parce que rien n'est sorti d'eux, si ce n'est une fécondité terrestre. De même donc qu'ils ont tous été vaincus, en figure, par le peuple de Dieu, de même le Prophète demande à Dieu que les ennemis de son nom soient vaincus en réalité.

10. « Leurs princes, qui tous ont dit : emparons-nous du sanctuaire de Dieu comme de notre héritage (*Ibid.*, 13). » C'est là le vain bruit que vos ennemis ont fait entendre, comme il a été dit plus haut (*Ibid.*, 3). Qu'est-ce ici que le sanctuaire de Dieu, sinon le temple de Dieu, dont l'Apôtre a dit : « Le temple de Dieu est saint, et c'est vous qui êtes ce temple (1 *Cor.*, III, 17) ? » Car, que cherchent ces ennemis, si ce n'est de posséder le peuple de Dieu, c'est-à-

---

Apostolus, « Non est vobis colluctatio adversus carnem et sanguinem, sed adversus principes et potestates et rectores mundi tenebrarum harum, adversus spiritalia nequitiæ in cælestibus (*Ephes.*, VI, 12).»
(*a*) Quapropter istos invisibiles inimicos adjuvant homines infideles, in quibus operantur ad oppugnandum populum Dei.

9. Jam nunc videamus quid imprecetur Propheticus spiritus, magis prædicens quam maledicens. « Fac illis, inquit, sicut Madiam et Sisaræ, sicut Jabin in torrente Cison *Ps.* LXXXII, 10). Disperierunt in Endor, facti sunt ut stercus terræ (*Ibid.*, 11). » Hos omnes secundum historiam populus Israel, qui tunc erat populus Dei, debellavit et vicit (*Judic.*, IV, 15, 16, etc.) : sicut etiam illos quos deinceps commemorat, dicens, « Pone principes eorum sicut Oreb et Zeb et Zebee et Salmana (*Ibid.*, 12). » Interpretationes autem eorum nominum istæ sunt. Madiam interpretatur declinans judicium : Sisara, gaudii exclusio : Jabin, sapiens. Sed in his inimicis a Dei populo superatis, ille intelligendus est sapiens, de quo

Apostolus dicit, « Ubi sapiens, ubi scriba, ubi conquisitor hujus sæculi (1 *Cor.*, I, 20) ? » Oreb, siccitas : Zeb, lupus : Zebee, victima, sed lupi ; habet enim et ipse victimas suas. Salmana, umbra commotionis. Hæc omnia congruunt malis, quos in bono vincit populus Dei. Porro autem Cison, in quo torrente victi sunt, interpretatur duritia eorum. Endor, ubi perierunt, interpretatur fons generationis, sed utique carnalis, cui dediti perierunt : non curantes regenerationem, quæ perducit ad vitam, ubi non nubent, neque uxores ducent (*Matth.*, XXII, 30) ; non enim incipient mori. Merito ergo de his dictum est, Facti sunt ut stercus terræ : de quibus nihil propagatum est, nisi terrena fecunditas. Sicut ergo illi omnes in figura superati sunt a populo Dei, sic istos inimicos precatur in veritate superari.

10. « Omnes, inquit, principes eorum, qui dixerunt, Hereditate possideamus sanctuarium Dei (*Ibid.*, 13). » Ipse est sonitus inanis, quo, ut supra dictum est, inimici tui sonuerunt (*Ibid.*, 3). Sanctuarium autem Dei quid intelligendum est, nisi templum Dei,

---

(*a*) Editi, *Quia istos*. At MSS. alii, *Quapropter* : alii, *Quia propter*.

dire de le subjuguer, afin qu'il cède à leurs désirs impies ?

11. Mais que dit ensuite le Prophète ? « Mon Dieu, faites qu'ils deviennent comme une roue (*Ps.*, LXXXII, 14). » Sans doute on peut entendre par là qu'ils n'aient aucune stabilité dans leurs mauvais desseins ; mais je trouve encore un autre sens très-convenable pour ces paroles : « Faites qu'ils deviennent comme une roue (*Ibid.*). » Une roue s'avance quand le mouvement lui vient de derrière elle, et elle recule quand une force s'oppose à elle de front. C'est ce qui arrive aux ennemis de Dieu : car ce n'est point là un souhait, mais une prophétie. « Et comme la paille devant la face du vent (*Ibid.*). » Devant la face signifie en présence. Car que serait la face du vent qui n'a point de traits corporels, et qui n'est que le mouvement ou, en quelque sorte, le flot de l'air ? Le vent figure ici la tentation, par laquelle sont entraînés les cœurs légers et vains.

12. Or, cette légèreté qui consent facilement au mal est suivie d'un grave châtiment. C'est pourquoi le Prophète dit ensuite : « Comme un feu qui brûle une forêt, et comme une flamme qui embrase des montagnes, ainsi vous les poursuivrez par votre tempête et vous les troublerez par votre fureur (*Ibid.*, 15). » Par la forêt, il figure leur stérilité ; par les montagnes, l'élévation de leur orgueil : tels sont les ennemis de Dieu, vides de justice et pleins d'orgueil. Le feu et la flamme sont la répétition d'une même chose, qui désigne ici le jugement de Dieu et la punition qu'il envoie. « Par votre tempête » se retrouve dans l'expression « par votre fureur ; » et « vous les poursuivrez » dans le mot suivant « vous les troublerez. » Rappelons-nous, d'ailleurs, que la colère de Dieu est exempte de tout sentiment violent. Ce que l'on appelle sa colère n'est que la juste cause de sa vengeance ; c'est comme si l'on disait la colère de la loi, lorsque les ministres de la loi, obéissant à ses prescriptions, frappent des coupables.

13. « Couvrez leur visage d'ignominie, et ils chercheront votre nom, Seigneur (*Ibid.*, 17). » Voilà certainement une prophétie dont l'accomplissement est bon et souhaitable pour eux : elle ne serait pas faite, s'il n'y avait, même dans cette association des ennemis du peuple de Dieu, des hommes à qui Dieu veut accorder ce bienfait, avant le dernier jugement. Dès maintenant, en effet, existe ce corps (et ils en font partie,) d'ennemis jaloux, qui portent envie au peuple de Dieu. Dès maintenant, quand ils le peuvent, ils font grand bruit et lèvent la tête ; mais chacun à part, et non tous ensemble, comme il arrivera à la fin des siècles, lorsque le jugement dernier sera proche. Mais ce corps des

---

de quo Apostolus ait, « Templum enim Dei sanctum est, quod estis vos (1 *Cor.*, III, 17) ? » Nam quid aliud inimici, nisi populum Dei possidere, id est, subjugare moliuntur, ut (*a*) cedat in eorum impias voluntates ?

11. Sed quid sequitur ? « Deus meus pone illos ut rotam (*Ibid.*, 14). » Convenienter quidem accipitur, ut non sint in eo quod cogitant stabiles : verumtamen etiam sic recte posse intelligi existimo, « Pone illos ut rotam, » quod rota ex his quæ retro sunt extollitur, ex his quæ ante sunt dejicitur : sic fiunt omnes inimici populi Dei. Non enim optatio, sed prophetatio est. Adjungit etiam, « Sicut stipulam ante faciem venti. » Faciem dicit præsentiam. Nam quæ facies est venti, cui nulla liniamenta sunt corporis ; cum sit motus, id est quasi fluctus aëris ? Ponitur autem pro tentatione, qua levia et inania corda rapiuntur.

12. Levitatem porro, qua facile consentitur ad mala, gravis sequitur cruciatus : unde deinceps dicitur, « Sicut ignis qui comburit silvam, sicut flamma comburens montes (*Ibid.*, 15) : ita persequeris illos in tempestate tua, et in ira tua conturbabis eos

(*a*) Sic MSS. At editi, *ut cadat in eorum impias voluntates.*

(*Ibid.*, 16). » Silvam dixit propter sterilitatem, montes propter elationem : tales enim sunt inimici populi Dei, inanes justitiæ, pleni superbia. Ignem vero et flammam dicens, hoc idem alio nomine repetivit, quo intelligi voluit judicantem atque punientem Deum. Quod autem ait, « in tempestate tua ; » hoc idem consequenter exposuit dicens, « in ira tua : » et quod supra dixit, « persequeris eos, » hoc postea, « conturbabis eos. » Meminerimus sane iram Dei sine ulla affectione turbulenta intelligere. Ira quippe ejus dicitur, ratio justa vindictæ : tamquam si lex dicatur irasci, cum ministri ejus secundum eam commoti vindicant.

13. « Imple, inquit, facies eorum ignominia, et quærent nomen tuum, Domine (*Ibid.*, 17). » Hoc sane illis bonum et optabile prophetatur : nec prophetaretur, nisi essent in ea societate inimicorum populi Dei etiam tales homines, quibus hoc ante ultimum judicium præstaretur ; quia et nunc idem ipsi sunt, et ipsum corpus est inimicorum secundum invidentiam qua æmulantur populum Dei. Et nunc ubi

ennemis de Dieu est aujourd'hui formé, d'abord de ceux qui croiront et qui passeront dans un autre corps (car leur visage sera couvert d'ignominie pour leur salut, afin qu'ils cherchent le nom de Dieu ;) et ensuite de ceux qui persévéreront jusqu'à la fin dans la même méchanceté, qui sont comme la paille devant la face du vent, et qui, semblables aux forêts et aux montagnes stériles, seront brûlés. C'est à ces derniers que le Prophète revient alors, et qu'il dit : « Qu'ils rougissent, et qu'ils soient troublés dans les siècles des siècles (*Ibid.*, 18). » En effet, ceux qui cherchent le nom de Dieu ne sont pas troublés dans les siècles des siècles ; mais ils sont troublés par la vue de l'ignominie de leurs péchés, afin de chercher le nom du Seigneur, et d'être délivrés de leur trouble.

14. Enfin, le Prophète parle encore de ceux qui, dans cette association de ses ennemis, doivent être confondus un jour, afin de n'être pas confondus éternellement, et qui doivent être perdus, en tant que méchants, afin que, devenus bons, ils soient trouvés pour l'éternité. « Qu'ils soient confondus, dit-il, et qu'ils périssent (*Ibid.*, 18). » Puis il ajoute aussitôt : « Et qu'ils sachent que votre nom est le Seigneur ; que vous seul êtes le Très-Haut dans toute la terre (*Ibid.*, 19). » Qu'en reconnaissant cette vérité, ils soient confondus de telle sorte qu'ils plaisent à Dieu, et qu'ils périssent de telle sorte qu'ils restent pour toujours. « Qu'ils sachent, dit-il, que votre nom est le Seigneur (*Ibid.*) ; » ce qui veut dire que tous les autres, quels qu'ils soient, qui portent le nom de seigneurs, ne portent ni un nom vrai, ni un nom qui leur appartienne ; parce qu'ils ne dominent que comme des esclaves peuvent dominer, et que, comparés au véritable Seigneur, ils ne sont pas des seigneurs. C'est ainsi que Dieu a dit : « Je suis celui qui suis (*Exode*, III, 14) ; » comme si les choses créées n'étaient pas en comparaison de celui qui les a créées. Le Prophète, en ajoutant : « Vous seul êtes le Très-Haut dans toute la terre (*Ibid.*, 19), » ou, comme portent quelques manuscrits : « pour toute la terre, » a voulu dire également dans tout le ciel ou au-dessus de tous les cieux ; mais il a spécialement nommé la terre, pour abattre l'orgueil de la terre. Car la terre, c'est-à-dire l'homme à qui s'adressent ces paroles : « Vous êtes terre (*Genèse*, III, 19), » et « Pourquoi ce qui est terre et cendre s'enorgueillirait-il (*Eccl.*, X, 9) ? » cesse de s'enorgueillir, lorsqu'il reconnaît que le Seigneur est seul le Très-Haut sur toute la terre, c'est-à-dire que tous les complots des hommes ne peuvent rien contre ceux qui ont été appelés selon le dessein de Dieu, et desquels l'Apôtre a dit : « Si Dieu est pour nous, qui sera contre nous (*Rom.*, VIII, 28 et 31) ? »

possunt, et sonant et levant caput : sed particulatim, non universaliter, sicut in fine sæculi, novissimo imminente judicio. Tamen ipsum corpus est, et in his qui inde credituri sunt, atque in corpus aliud transituri ; (horum enim facies salubriter impletur ignominia, ut quærant nomen Domini :) et in illis qui usque in finem in eadem malitia perseverant, qui ponuntur ut stipula ante faciem venti, et silvæ montibusque infructuosis similes, comburuntur. Ad quos denuo revertitur, dicens, « Erubescant, et conturbentur in sæculum sæculi (*Ibid.*,18).» Non enim in sæculum sæculi conturbantur, qui quærunt nomen Domini : sed respicientes ignominiam peccatorum suorum, ad hoc conturbantur, ut quærant nomen Domini, per quod non conturbentur.

14. Rursusque ad hos redit, qui in eadem societate inimicorum ad hoc confundendi sunt, ne confundantur in æternum ; et ad hoc perdendi inquantum mali sunt, ut boni facti inveniantur in æternum. De his enim cum dixisset, « Et confundantur, et pereant (*Ibid.*, 18) ;» statim subjicit, « Et cognoscant quia nomen tibi Dominus, tu solus altissimus in omni terra (*Ibid.*, 19). » Ad hanc cognitionem venientes sic confundantur, ut placeant ; sic pereant, ut permaneant. « Cognoscant, inquit, quia nomen tibi Dominus :» tamquam non vero nec suo nomine nuncupentur, quicumque alii domini nominantur ; quoniam serviliter dominantur, et vero Domino comparati nec domini sunt : sicut dictum est, « Ego sum qui sum (*Exodi*, III, 14) ;» tamquam non sint ea quæ facta sunt, si comparentur ei a quo facta sunt. Quod vero adjunxit, « Tu solus altissimus in omni terra,» vel, sicut alii codices habent, « super omnem terram : » utique et in omni cælo, vel super omne cælum : sed hoc dicere maluit, quo terrena superbia premeretur. Desinit enim superbire terra, id est homo, cui dictum est, « Terra es (*Gen.*, III, 19) : » et, « Quid superbit terra et cinis (*Eccli.*, X, 9) ?» cum cognoscit Dominum esse altissimum super omnem terram, id est, nullius hominis cogitationes valere adversus eos, qui secundum propositum vocati sunt (*Rom.*, VIII, 28), et de quibus dicitur, « Si Deus pro nobis, quis contra nos (*Ibid.*, 31) ? »

DISCOURS SUR LE PSAUME LXXXIII.

1. Le Psaume est intitulé : « Pour les pressoirs (*Ps.*, LXXXIII, 1). » Comme Votre Charité a pu l'observer aussi bien que nous, (car nous avons remarqué avec quelle attention vous avez suivi la lecture du Psaume,) il n'est question dans le texte, ni de vis de pression, ni de corbeilles, ni de fosse, ni d'aucun instrument ou du bâtiment qui constituent un pressoir. Nous n'y avons rien entendu de pareil. Aussi, n'est-ce pas une question facile que celle de la signification de ce titre : « pour les pressoirs. » Si, en effet, le Prophète avait ajouté à cette inscription quelque chose qui eût rapport aux instruments que je viens de rappeler, des hommes charnels ne manqueraient pas de croire qu'il a voulu chanter les pressoirs visibles. Mais, comme après le titre « pour les pressoirs, » le Prophète n'a rien dit, dans le cours du Psaume, sur ces sortes de pressoirs que nos yeux connaissent parfaitement, il n'est pas douteux que l'Esprit de Dieu n'ait voulu nous faire entendre et chercher un autre genre de pressoirs. Pour cette recherche, rappelons-nous d'abord ce qui se fait dans les pressoirs visibles, afin de reconnaître comment la même chose se fait d'une manière spirituelle dans l'Église. Le raisin, nous le savons, pend à la vigne et l'olive aux oliviers; car c'est pour ces deux fruits que les pressoirs sont ordinairement préparés. Tant que le raisin et l'olive restent suspendus aux tiges qui les portent, ils jouissent comme du plein air; mais, avant d'être pressés, le raisin n'est pas du vin et l'olive n'est pas de l'huile. Tels sont les hommes que Dieu a prédestinés avant les siècles à être conformes à l'image de son Fils unique (*Rom.*, VIII, 29), qui, principalement dans sa passion, a été le grand raisin foulé au pressoir. Ces prédestinés, avant d'entrer au service de Dieu, jouissent dans le siècle d'une sorte de liberté délicieuse, comme les raisins et les olives encore attachés à leur tige. Mais, comme il est dit : « Mon fils, en entrant au service de Dieu, tenez-vous dans la justice et dans la crainte, et préparez votre

IN PSALMUM LXXXIII.

ENARRATIO.

1. Psalmus iste « Pro torcularibus (*Ps.*, LXXXIII, 1) » inscribitur. Et quantum advertit nobiscum Caritas Vestra, (quia vos intentissime audire advertebamus,) nihil in ejus textu dictum est, vel de prelo, vel de fiscinis, vel de lacu, vel de instrumentis aut ædificio torcularis; omnino nihil in eo tale audivimus. Unde quid sibi velit titulus ejus, quod inscribitur « Pro torcularibus, » non parva quæstio est. Profecto enim si post istum titulum aliquid de talibus rebus diceret, quales commemoravi, crederetur a carnalibus vere ista visibilia torcularia voluisse cantare : quia vero titulum imposuit « Pro torcularibus, » et nihil postea in omni versu Psalmi dixit de his torcularibus notissimis oculis nostris; non dubitatur, esse alia torcularia, quæ nos hic quærere et intelligere voluit Spiritus Dei. Quapropter quid agatur in his visibilibus torcularibus recordemur, et hoc videamus quemadmodum spiritaliter geratur in Ecclesia. Uva certe pendet in vitibus, et oliva in arboribus; (his enim duobus fructibus solent torcularia præparari :) et quamdiu pendent in fruticibus suis, tamquam libero aëre perfruuntur; et nec uva vinum est, nec oliva oleum, ante pressuram. Sic sunt homines quos prædestinavit Deus ante sæcula conformes fieri imaginis unigeniti Filii sui (*Rom.*, VIII, 29), qui præcipue in passione magnus botrus expressus est. Hujusmodi ergo homines antequam accedant ad servitutem Dei, fruuntur in sæculo tamquam deli-

âme à la tentation (*Eccli.*, II, 1), » tout homme qui entre au service de Dieu doit savoir qu'il se présente au pressoir. Il sera foulé, il sera brisé, il sera pressé, non pour périr en ce monde, mais pour couler dans les celliers de Dieu. Il sera dépouillé de l'enveloppe des désirs charnels, comme le raisin de son marc; c'est qu'en effet il était enveloppé dans les désirs charnels, en raison desquels l'Apôtre a dit : « Dépouillez-vous du vieil homme, et revêtez l'homme nouveau (*Coloss.*, III, 9, 10). » Or tout cela ne peut se faire sans pression ; c'est pourquoi les églises de Dieu, en ce monde, sont nommées des pressoirs.

2. Mais, dans ces pressoirs, qui sommes-nous? Des enfants de Coré. En effet, voici le titre entier du Psaume : « Pour les pressoirs, aux enfants de Coré (*Ibid.*, 1). » On interprète les enfants de Coré par les enfants du chauve, autant que ceux qui connaissent la langue hébraïque ont pu expliquer ces mots, pour remplir leur ministère envers Dieu ; et je ne puis m'empêcher d'apercevoir là un grand mystère, que je veux rechercher et découvrir avec vous, par l'aide de Dieu. En effet, on ne doit pas se railler de toute calvitie, comme le font les enfants de pestilence; de peur que, pour s'être raillé d'une sainte calvitie, on ne soit mis en pièces par les démons. Car, tandis qu'Élisée montait à Béthel, il fut suivi par des enfants insensés, qui crièrent après lui : « Chauve ! chauve ! » Et pour accomplir un mystère, il se tourna vers Dieu et lui demanda que ces enfants fussent dévorés par des ours de la forêt (IV, *Rois*, II, 23). Sans doute leur enfance a été de suite portée au terme de la vie de ce siècle, ils sont morts enfants, tandis que peut-être ils seraient morts vieillards ; mais cette leçon a inspiré aux hommes la crainte du mystère qui est ici caché. En effet, Élisée portait alors en lui la figure de celui dont nous sommes les enfants, nous enfants de Coré, c'est-à-dire de Notre-Seigneur Jésus-Christ. Sans doute Votre Charité pressent déjà, d'après l'Évangile, comment le chauve Élisée figurait la personne du Christ : vous vous souvenez que le Christ a été crucifié au lieu dit le Calvaire (*Matth.*, XXVII, 33). » Qu'il faille donc interpréter le nom d'enfants de Coré comme nous venons de le faire après nos devanciers, ou qu'il y ait pour ce nom une autre interprétation, qui peut-être nous est cachée, voyez d'abord combien celle qui se présente est pleine de mystère. Les enfants de Coré sont les enfants du Christ; car l'époux les

---

ciosa libertate, velut uvæ aut olivæ pendentes : sed quoniam dictum est, « Fili, accedens ad servitutem Dei, sta in justitia et timore, et præpara animam tuam ad tentationem (*Eccli.*, II, 1) : » accedens quisque ad servitutem Dei, ad torcularia se venisse cognoscat ; contribulabitur, contereretur, comprimetur ; non ut in hoc sæculo pereat, sed ut in apothecas Dei defluat. Exuitur carnalium desideriorum integumentis, quasi vinaciis : hoc enim a *(a)* contigit in desideriis carnalibus, propter quæ et Apostolus dicit, « Exuite vos veterem hominem, et induite novum (*Coloss.*, III, 9). » Hoc totum non fit nisi de pressura. Propterea torcularia nominantur Ecclesiæ Dei hujus temporis.

2. Sed in torcularibus positi qui sumus ? Filii Core. Sic enim additum est, « Pro torcularibus, filiis Core. » Filios Core interpretatos habemus filios calvi, quantum nobis qui illam linguam noverunt, per ministerium quod Deo debebant, interpretari potuerunt : et in hoc non defugio magnum mysterium intueri, et adjuvante Domino invenire vobiscum. Non enim tamquam a filiis pestilentiæ omnis est irridenda calvities ; ne cum quisque *(b)* sacratam calvitiem irriserit, a dæmoniis dissipetur. Nam et Elisæus ibat, et insensati pueri clamaverunt post eum, « Calve, calve (IV *Reg.*, II, 22) : » et propter sacramentum implendum, conversus ad Dominum petivit, ut eos ursi de silva exeuntes comederent. Abrepta est quidem illorum infantia in *(c)* exitium vitæ de hoc sæculo; mortui sunt pueri, senes quandoque morituri : verumtamen sacramenti terror datus est hominibus. Elisæus enim personam cujusdam tunc gerebat, cujus filii sumus, filii Core, Domini scilicet nostri Jesu Christi. Jam occurrit Caritati Vestræ ex Evangelio, quare calvus gerebat personam Christi, recordamini quod in Calvariæ loco crucifixus est (*Matth.*, XXVII, 33). Sive ergo hoc interpretatur « filiis Core, » sicut secuti priores diximus; sive aliud aliquid, quod nos forsitan latet; interim quod occurrit, videte quia plenum est sacramento. Filii Core, filii Christi. Nam et filios suos dicit sponsus, cum ait, « Non possunt filii sponsi jejunare, quamdiu cum

---

(*a*) Sic Er. et MSS. At Lov. *contingit*. (*b*) MSS. aliquot, *sacratam calvariam*. Nonnulli, *sacramentum calvi*. (*c*) Plures MSS. *in exitum*: et nonnulli, *in exitus*.

a appelés ses enfants, quand il a dit : « Les enfants de l'époux ne peuvent jeûner, tant que l'époux est avec eux (*Id.*, IX, 15). » Tels sont donc les pressoirs des chrétiens.

3. Mais, placés de la sorte dans le pressoir, nous y sommes écrasés, afin qu'ayant souffert ainsi dans cette vie les tourments et les tribulations de cette pression et des épreuves multipliées, notre cœur, qui s'attachait d'abord aux choses fugitives et passagères de ce monde, de ce siècle, de ce temps, commence à chercher le repos qui n'est ni de cette vie, ni de cette terre, et que le Seigneur devienne pour nous, comme il est dit : « le refuge du pauvre (*Ps.*, IX, 10). » Que signifie : « du pauvre ? » De celui qui est comme destitué de tout bien, de tout secours, de toute ressource, et qui n'a rien dans le monde sur quoi il puisse s'appuyer. Tels sont les pauvres que Dieu secourt. Car, fussent-ils riches d'argent sur cette terre, ils s'attachent à ces paroles de l'Apôtre : « Ordonnez aux riches de ce monde de n'avoir pas d'eux-mêmes une haute idée et de ne pas mettre leur espérance dans des richesses incertaines (I *Tim.*, VI, 17). » Aussi, considérant combien il y a d'incertitude dans ce qui les réjouissait avant leur entrée au service de Dieu, c'est-à-dire avant leur entrée dans les pressoirs, ils voient que dans leurs richesses mêmes ils trouvent un poids qui pèse sur leurs pensées, ne sachant comment les gouverner et comment les conserver; et qu'en outre, si leur convoitise les porte à s'y attacher trop, elles produisent pour eux plus de craintes que de fruits. Quoi de plus incertain, en effet, qu'une chose qui roule avec tant de mobilité ? C'est, avec raison qu'on a donné à la monnaie la forme ronde, car elle ne se fixe nulle part. Les hommes que nous venons de dépeindre, quand bien même ils possèderaient quelque chose, sont vraiment pauvres. De même, ceux qui n'ont pas ces richesses et qui désirent les posséder sont du nombre des riches dignes de réprobation. Dieu ne regarde pas la fortune, mais la volonté. Que les pauvres donc, privés de toutes les ressources mondaines, parce que, vinssent-elles à affluer autour d'eux, ils en comprennent toute l'incertitude, élevant leurs gémissements vers Dieu et n'ayant rien au monde qui les charme ni qui les retienne, enfin placés au milieu des souffrances et des tribulations comme sous le pressoir, coulent comme du vin, ou coulent comme de l'huile. Car que sont cette huile et ce vin, sinon les bons désirs ? En effet, il leur reste encore à désirer Dieu. Ils n'aiment plus la terre, et ils aiment celui qui a fait le ciel et la terre. Ils l'aiment, et ne sont pas encore avec lui. L'accomplissement de leur désir est différé, pour que leur désir s'accroisse ; et leur désir s'accroît, pour saisir enfin celui qui en est l'objet. Car ce n'est pas une chose de peu d'importance que Dieu doit accorder à ce désir ; ou

---

illis est sponsus (*Matth.*, IX, 15). » Christianorum sunt ergo ista torcularia.

3. In pressuris autem constituti ad hoc conterimur, ut amore nostro, quo ferebamur in ista mundana, sæcularia, temporalia, fluxa atque peritura, passi in eis in hac vita tormenta et tribulationes pressurarum et abundantiam tentationum, incipiamus quærere illam quietem, quæ non est de hac vita, nec de hac terra : et fit Dominus, ut scriptum est, « refugium pauperi (*Ps.*, IX, 10). » Quid est pauperi? Tamquam destituto, sine ope, sine auxilio, sine aliqua re, de qua in terra præsumat. Talibus enim pauperibus adest Deus. Quia homines etsi abundent pecunia in hac terra, respiciunt quod ait Apostolus, « Præcipe divitibus hujus mundi non superbe sapere, neque sperare in incerto divitiarum (I *Tim.*, VI, 17). » Et considerantes quam sit incertum unde gaudebant, antequam accederent ad servitutem Dei, id est, antequam introirent in torcularia, vident ex ipsis divitiis vel habere se pressuras cogitationum, quomodo ea gubernentur, quomodo custodiantur; vel si paululum inclinaverint cupiditatem ut ea diligant, plus eos impleri timoribus quam fructibus. Quid enim tam incertum, quam res volubilis ? Nec immerito ipsa pecunia rotunda signatur, quia non stat. Tales ergo etsi habeant aliquid, pauperes sunt. Qui vero nihil horum habent, et habere desiderant, inter reprobandos divites computantur. Non enim attendit Deus facultatem, sed voluntatem. Pauperes igitur destituti omni ope sæculari, quia etsi ea circumfluant, intelligunt quam incerta sint ; et ingemiscentes ad Deum, nihil habentes in hoc sæculo quo delectentur, quo teneantur, in abundantia pressurarum et tentationum tamquam in torcularibus constituti, defluant vinum, defluant oleum. Quæ sunt ista nisi bona desideria ? Restat enim illis desiderandus Deus, jam non amant terram. Amant enim qui fecit cœlum et terram. Amant, et

celui qui désire ne doit pas être peu exercé, pour devenir capable de recevoir un si grand bien. Dieu ne doit pas donner quelque chose qu'il ait créé, mais se donner lui-même qui a tout créé. Exercez-vous donc à recevoir un jour votre Dieu; et ce bien que vous posséderez toujours, désirez-le d'abord longtemps. Les Israélites qui se sont hâtés hors de propos ont été réprouvés. L'Écriture blâme fréquemment cet empressement et cette hâte. Quels sont, en effet, ceux qui se hâtent d'une manière intempestive ? Ceux qui, après s'être convertis à Dieu, ne trouvant pas ici-bas le repos qu'ils cherchaient et les joies qui leur étaient promises, perdent courage en chemin, croyant qu'il leur reste encore une longue route jusqu'à la fin de ce monde ou de leur vie ; ils cherchent ici-bas quelque repos qui ne peut être que trompeur, et ils regardent en arrière en abandonnant leur route, sans réfléchir à la terrible menace que renferment ces paroles : « Souvenez-vous de la femme de Lot (*Luc*, XVII, 32). » Pourquoi, en effet, a-t-elle été changée en statue de sel (*Gen.*, XIX, 26), si ce n'est pour servir de condiment aux hommes, en leur donnant le goût de la sagesse ? L'exemple du mal qu'elle a subi vous sera donc salutaire, si vous y prenez garde. Souvenez-vous, dit le Seigneur, de la femme de Lot ; car elle a regardé derrière elle, vers Sodome, d'où elle était délivrée ; et elle est restée à l'endroit même d'où elle a regardé en arrière, destinée à rester ainsi à la même place et à servir de condiment aux autres. Étant donc délivrés de la Sodome de notre vie passée, ne regardons pas en arrière ; car c'est là s'empresser d'une manière coupable que de ne pas regarder ce que Dieu a promis, parce qu'il y a loin encore pour y arriver, et de se retourner vers ce qui est proche, d'où l'on vient d'être délivré. Que dit de ces hommes l'Apôtre saint Pierre ? « Il leur est arrivé ce que dit un proverbe vrai : Le chien est retourné à son vomissement (II *Pierre*, II, 22). » En effet, la conscience de vos péchés pesait sur votre cœur ; vous avez comme vomi ces péchés au moment où ils vous ont été pardonnés, et votre cœur a été soulagé ; votre conscience, de mauvaise qu'elle était, est devenue bonne : pourquoi retournez-vous à votre vomissement ? Si le chien, lorsqu'il le fait, vous cause de l'horreur, qu'êtes-vous aux yeux de Dieu ?

4. Or, mes très-chers frères, tout homme regarde en arrière, du point de la route où il est parvenu en s'avançant, selon le vœu qu'il a fait à Dieu, lorsqu'il abandonne ce même point. Par exemple, celui qui a juré de garder la chasteté conjugale, (et c'est là en effet le commencement de la justice,) a renoncé aux

---

nondum cum eo sunt. Desiderium eorum differtur, ut crescat ; crescit, ut capiat. Non enim (*a*) parvum aliquid daturus est Deus desideranti, aut parum exercendus est ad capacitatem tanti boni. Non aliquid Deus quod fecit daturus est, sed seipsum qui fecit omnia. Ad capiendum Deum exercere, quod semper habiturus es diu desidera. Reprobati sunt in populo Israël, qui festinaverunt : assidue affectus iste reprehenditur in Scriptura festinantium. Qui sunt enim qui festinant ? Qui conversi ad Deum, cum hic non invenerint requiem quam quærebant, et gaudia quæ promittebantur, tamquam in itinere deficientes, et longum sibi quiddam donec hoc sæculum vel hæc vita finiatur, restare arbitrantes, et quærentes hic aliquam requiem, quæ si habetur, falsa est ; respiciunt retro, et decidunt a proposito : nec adtendunt cum quanto terrore dictum est, « Mementote uxoris Lot (*Lucæ.*, XVII.'32). » Ut quid enim statua salis effecta est (*Gen.*, XIX, 26), si non homines condit, ut sapiant ? Ergo exemplum illius malum, tibi sit bonum, si caveris, Mementote, inquit, uxoris Lot. Respexit enim retro, unde liberata erat a Sodomis, et ibi remansit, unde respexit ; ipsa in loco mansura, et transeuntes alios conditura. Liberati ergo a Sodomis præteritæ vitæ, non respiciamus retro. Nam hoc festinare est, non adtendere quod promisit Deus, quia longe est, et respicere ad id quod proximum est, unde jam liberatus es. De talibus quid dicit apostolus Petrus ? Contigit illis res veri proverbi, « Canis conversus ad suum vomitum (II *Pet.*, II, 22). » Premebat enim pectus conscientia peccatorum, accepta indulgentia quasi vomuisti, et relevatum est pectus tuum, facta est bona conscientia: quid rursus converteris ad vomitum tuum ? Si canis hoc faciens horret oculis tuis, tu quid eris oculis Dei.

4. Unusquisque autem, Fratres Carissimi, de loco itineris sui, ad quem proficiendo pervenit, et quem

(*a*) Sic Remigiensis MS. Alii libri, *parum aliquid*.

fornications et aux plaisirs illicites; s'il retourne à ses habitudes de fornication, il a regardé en arrière. Un autre, par la grâce de Dieu, a fait à Dieu un vœu plus difficile : il a promis de ne pas se marier. Il n'eût pas été condamnable de le faire ; mais, après son vœu, s'il vient à prendre une épouse, il sera condamné, bien qu'il ait seulement agi comme celui qui n'avait rien voué : cependant il est condamné et le premier ne l'est pas. Pourquoi, si ce n'est parce qu'il a regardé en arrière ? Déjà en effet il s'était avancé, tandis que le premier était encore loin de lui. Il en est de même d'une vierge qui, en se mariant, n'aurait commis aucun péché (I *Cor.*, VII, 28) et qui, si elle se marie après sa consécration religieuse, sera réputée adultère à l'égard du Christ. En effet, elle a regardé en arrière, du lieu où elle était parvenue. De même encore, après avoir dit adieu à toutes les espérances du siècle et à tous les intérêts de la terre ; après être entré dans la société des saints, dans cette vie commune, où nul n'a rien en propre, mais où tout est mis en commun, où il n'y a plus entre tous qu'une âme et un cœur en Dieu (*Act.*, IV, 32) ; si quelqu'un veut quitter ce genre de vie, il n'est pas considéré comme celui qui n'y est pas entré. L'un, en effet, ne s'en est pas encore approché ; l'autre a regardé en arrière. C'est pourquoi, mes bien-aimés, chacun selon votre pouvoir, offrez vos vœux au Seigneur votre Dieu, et acquittez-vous de ces vœux (*Ps.*, LXXV, 12) aussi fidèlement que vous le pourrez. Que nul ne regarde en arrière ; que nul ne revienne à ses anciens plaisirs ; que nul ne se détourne de ce qui est devant lui, pour aller à ce qui est derrière lui ; que chacun coure jusqu'à ce qu'il arrive : or, ce n'est pas avec les pieds, mais avec les désirs, que nous courons. Mais que nul ne prétende avoir atteint le but en cette vie. Qui peut, en effet, être aussi parfait que Paul ? Et cependant il a dit : « Mes frères, je ne crois pas avoir encore atteint le but ; mais tout ce que je sais, c'est qu'oubliant ce qui est derrière moi, je m'élance vers ce qui est devant moi, et cours de toute ma force après la palme de la vocation céleste de Dieu en Jésus-Christ (*Philipp.*, III, 13, 14). » Vous voyez, Paul court encore, et vous croyez déjà être arrivé !

5. Si donc vous vous sentez comme oppressé par ce monde, même lorsque vous êtes heureux, vous comprenez que vous êtes sous le pressoir. Pensez-vous, en effet, mes frères, qu'il y ait lieu de craindre le malheur en ce monde, et qu'il n'y ait pas lieu d'y craindre le bonheur ? Il y a plus : nul malheur ne brise celui que nul bonheur ne corrompt. Combien donc ne faut-il pas redouter et fuir une félicité corruptrice, pour qu'elle ne vous séduise point en vous caressant ? Ne vous appuyez pas sur une tige de roseau, comme il est écrit que quelques-uns l'ont fait (IV *Rois*, XVIII,

---

vovit Deo, inde respicit retro, cum ipsum dimiserit. Verbi gratia, statuit castitatem conjugalem servare, (inde enim incipit justitia,) recessit a fornicationibus, et ab illa illicita immunditia : quando se ad fornicationes converterit, retro respexit. Alius ex munere Dei majus aliquid vovit, statuit nec nuptias pati : qui non damnaretur, si duxisset uxorem, post votum quod Deo promisit si duxerit, damnabitur : cum hoc faciat, quod ille qui non promiserat ; tamen ille non damnatur, iste damnatur. Quare, nisi quia iste respexit retro ? Jam enim ante erat, iste autem illuc nondum pervenerat. Sic virgo, quæ si nuberet, non peccaret (I *Cor.*, VII, 28), sanctimonialis si nupserit, Christi adultera deputabitur. Respexit enim retro de loco quo accesserat. Sic quibus placet relicta omni spe sæculari et omni actione terrena, conferre se in societatem sanctorum, in communem illam vitam, ubi non dicit aliquis aliquid proprium, sed sunt illis omnia communia, et est illis anima una et cor unum in Deum (*Act.*, II, 44 et IV, 34); quisquis inde recedere voluerit, non talis habetur qualis ille qui non intravit. Ille enim nondum accessit, iste retro respexit, Quapropter Carissimi, quomodo quisque potest, « vovete, et reddite Domino Deo vestro (*Psal.*, LXXV, 12) » quod quisque potuerit ; nemo retro respiciat, nemo pristinis suis delectetur, nemo avertatur ab eo quod ante est, ad id quod retro est : currat donec perveniat : non enim pedibus, sed desiderio currimus. Nullus autem in hac vita pervenisse se dicat. Quis enim potest tam perfectus esse quam Paulus ? Et ait tamen, « Fratres, ego me non arbitror apprehendisse : unum autem, quæ retro oblitus, in ea quæ ante sunt extentus, secundum intentionem sequor ad palmam supernæ vocationis Dei in Christo Jesu (*Philip.*, III, 13 et 14). » Vides Paulum adhuc currere, et te jam existimas pervenisse ?

5. Si ergo sentis pressuras hujus mundi, etiam cum felix es, intellexisti te esse in torculari. Putatis enim Fratres mei, infelicitatem sæculi metuendam esse, et felicitatem non esse metuendam ? Immo vero nulla infelicitas frangit, quem felicitas nulla corrumpit. Quomodo ergo cavenda et timenda est

21). Ne vous fiez pas à semblable appui, il est fragile : le roseau se brise et vous perce de ses éclats. Si donc le monde vous sourit par le bonheur dont vous y jouissez, regardez-vous comme sous le pressoir et dites : « J'ai trouvé la tribulation et la douleur, et j'ai invoqué le nom du Seigneur (*Ps.*, CXIV, 3, 4). » Par ces mots, j'ai trouvé la tribulation, le Prophète n'a voulu parler que d'une certaine tribulation secrète. Car il y a dans ce monde une sorte de tribulation inconnue à certains hommes, qui se croient heureux malgré leur éloignement de la maison du Seigneur. « Tant que nous sommes dans notre corps, dit l'Apôtre, nous voyageons loin du Seigneur (II *Cor.*, V, 6). » Si vous étiez en exil, loin de votre père, vous seriez malheureux ; vous êtes en exil, loin du Seigneur, et vous seriez heureux ? Il y en a donc qui se croient heureux : mais ceux qui comprennent qu'au milieu de l'abondance des richesses et des plaisirs, lors même que tout les servirait à souhait, lors même que rien de fâcheux ne se glisserait dans leur vie et que nulle adversité ne les menacerait, ils sont cependant en souffrance, tant que dure leur exil oin de Dieu ; ceux-là ont trouvé, d'un œil très-clairvoyant, la tribulation et la douleur, et ils ont invoqué le nom du Seigneur. Tel est celui qui chante dans le Psaume. Quel est-il ? Le corps du Christ. Et quel est le corps du Christ ? Vous, si vous le voulez ; nous tous, si nous le voulons ; tous les enfants de Coré, tous les hommes en un seul homme, parce que le corps du Christ est un. Comment ne serait-il pas un seul homme, n'ayant qu'une seule tête ? Le Christ est notre tête à tous ; nous sommes tous le corps de cette tête. Et tous, dans cette vie, nous sommes sous le pressoir. Si nous avons la vraie sagesse, nous sommes déjà sous le pressoir. De ce pressoir des tentations, sous lequel nous sommes déjà placés, faisons donc entendre notre voix, et exprimons nos désirs en ces termes : « Que vos tabernacles me sont chers, ô Dieu des armées (*Ps.*, LXXXIII, 2) ! » Le Prophète était déjà dans ces saints tabernacles de Dieu, c'est-à-dire dans les pressoirs ; mais il désirait d'autres tabernacles, où nulle pression ne s'exerce. Du milieu des premiers, il soupirait après les seconds, et des uns il coulait, en quelque sorte, dans les autres par le canal du désir.

6. Que dit-il ensuite ? « Mon âme se consume de langueur après les parvis du Seigneur (*Ibid.*, 30). » Ce n'était pas assez de dire : « mon âme soupire et se consume de langueur ; » mais après quoi ? « Après les parvis du Seigneur (*Ibid.*). » Le raisin se consume et s'écoule ; mais

---

ipsa corruptrix, ne te blandiendo seducat ? Ne incumbas in baculum arundinis : nam et hoc scriptum est, quosdam incumbere in baculum arundinis (IV *Reg.*, XVIII, 21). Noli te credere, fragile est quo niteris, frangitur et interimit te. Si ergo felicitate tibi iste mundus arrideat, in pressura te computa, ut dicas, « Tribulationem et dolorem inveni, et nomen Domini invocavi (*Psal.*, CXIV, 3). » Non dixit inveni tribulationem, nisi quamdam quæ latet. Quædam enim tribulatio quosdam in sæculo latet, qui putant sibi bene esse, cum peregrinentur a Domino (II *Cor.*, V, 6). « Quandiu enim sumus in corpore, inquit, peregrinamur a Domino. » Si a patre tuo homine peregrinareris, miser esses : a Domino peregrinaris, et felix es ? Ergo sunt qui putant bene sibi esse. Qui autem intelligunt in qualibet circumfluentia copiarum et voluptatum, quamvis ad nutum cuncta deserviant, quamvis nihil molestum irrepat, nihil adversum terreat, tamen in malo se esse quamdiu peregrinantur a Domino, acutissimo oculo tribulationem et dolorem invenerunt, et nomen Domini invocaverunt. Talis est qui cantat in hoc Psalmo. Quis est ? Corpus Christi. Quis est iste ? Vos, si vultis ; nos omnes, si volumus ; omnes filii Core, et omnes unus homo, quia unum Christi corpus. Quomodo non est unus homo, qui unum caput habet ? Caput omnium nostrum Christus est : corpus illius capitis, omnes nos sumus. Et omnes in hac vita in torcularibus sumus. Si bene sapimus, jam ad torcularia venimus. Ergo in pressuris tentationum constituti, edamus hanc vocem, et præmittamus desiderium nostrum : « Quam (*a*) dilectissima sunt, inquit, tabernacula tua, Domine virtutum (*Ps.*, LXXXIII, 2). » Erat in tabernaculis quibusdam, id est, in torcularibus : sed desiderabat alia tabernacula, ubi nulla pressura est. In his illuc suspirabat, ab his in illa per (*b*) desiderii canalem quodam modo defluebat.

6. Et quid sequitur ? « Concupiscit et deficit anima mea in atria Domini (*Ibid.*, 3). » Parum est, « Concupiscit et deficit : » sed quo deficit ? « In atria Domini, » Defecit uva pressa : sed quo defecit ? In vinum et in lacum, et in apothecæ requiem, servanda in quiete magna. Hic desideratur, ibi ca-

---

(*a*) Editi, *amabilia*. At nostri omnes MSS. *dilectissima*. (*b*) Editi et MSS. *per desiderium carnale* : excepto Remigiensi codice, qui habet *per desiderii carnalem*, haud dubie pro *canalem*.

comment se consume-t-il? Il se consume en vin et s'écoule dans la cuve, pour passer de là au calme du cellier, et se conserver à jamais dans le plus profond repos. Ici le désir, là la possession; ici les soupirs, là les joies; ici les prières, là les louanges; ici les gémissements, là les transports d'allégresse. Que nul ne se détourne des épreuves que je viens de nommer, comme de peines dures à supporter; que personne ne se refuse à les souffrir. Il est à craindre que le raisin, tandis qu'il redoute le pressoir, ne soit mangé par les oiseaux ou par les bêtes sauvages. Le Prophète paraît être sans doute dans une grande tristesse lorsqu'il dit: « Mon âme souffre et se consume de langueur après les parvis du Seigneur (*Ibid.*), » car il ne possède pas ce qu'il désire; mais n'a-t-il point quelque joie? Quelle joie? Celle qu'exprime l'Apôtre: « Nous nous réjouissons, dit-il, en espérance (*Rom.*, XII, 12). » Au Ciel, il se réjouira de la réalité; ici-bas, il se réjouit, mais en espérance. C'est pourquoi ceux qui se réjouissent en espérance, certains de recevoir plus tard ce qu'ils espèrent, souffrent courageusement toutes les douleurs du pressoir. C'est aussi pourquoi l'Apôtre, après avoir dit: « Nous nous réjouissons en espérance, » ajoute aussitôt, comme s'il parlait à ceux qui sont sous le pressoir: « Nous sommes patients dans la tribulation (*Ibid.*). » Ainsi nous sommes patients dans la tribulation: » Mais ensuite? « Et tolérants dans la prière (*Ibid.*). » Que veut dire: « tolérants? » Que l'accomplissement de vos désirs est différé.

Vous priez et l'on diffère de vous donner; tolérez ce délai. Tolérez qu'on diffère de vous donner, parce que, quand vous aurez reçu, nul ne vous ôtera ce que vous aurez reçu.

7. Vous avez entendu les gémissements du Prophète dans le pressoir: « Mon âme désire et se consume d'ardeur après les parvis du Seigneur (*Ps.*, LXXXIII, 3); » écoutez pourquoi il persévère et comment il se réjouit en espérance: « Mon cœur et ma chair se sont élancés vers le Dieu vivant (*Ibid.*, 3). » D'ici-bas ils se sont élancés jusque là. D'où vient cet élancement, sinon de l'espérance? Où se sont-ils élancés? « Vers le Dieu vivant. » Mais, qu'y a-t-il en vous qui se soit ainsi élancé? « Mon cœur et ma chair. » D'où se sont-ils élancés? « Car le passereau se trouve une maison, et la tourterelle un nid, pour y déposer ses petits (*Ibid.*, 4). » Que veulent dire ces paroles? Il avait nommé deux choses, et il les désigne sous la figure d'oiseaux. Il avait dit que son cœur s'était élancé, ainsi que sa chair, et il les désigne sous les noms de passereau et de tourterelle: son cœur est comme le passereau et sa chair comme la tourterelle. Le passereau s'est trouvé une maison: mon cœur s'est trouvé une maison. Il exerce ses ailes dans les vertus que l'on pratique en cette vie, dans la foi, dans l'espérance et dans la charité, au moyen desquelles il vole vers sa maison; et quand il y sera parvenu, il y restera, et la voix du passereau, qui est plaintive ici-bas, ne le sera plus en cet endroit. Car il est lui-même le pas-

---

pitur: hic suspiratur, ibi gaudetur: hic oratur, ibi laudatur: hic gemitur, ibi exsultatur. Ea quæ dixi quasi dura hic nemo aversetur, nemo quasi nolit pati. Metuendum est, ne uva, dum torcular timet, ab avibus vel a feris comedatur. In magna videtur tristitia esse, cum dicit, « Concupiscit et deficit anima mea in atria Domini: » non enim habet quod desiderat. Sed numquid sine gaudio est? Quo gaudio? Quod ait Apostolus, « Spe gaudentes (*Rom.*, XII, 12). » Ibi jam re gaudebit, modo adhuc spe. Ideoque qui spe gaudent, quia certi sunt se accepturos, tolerant in torculari omnes pressuras. Propterea et ipse Apostolus cum dixisset, Spe gaudentes; quasi his loqueretur, qui jam in torculari sunt, addidit statim, In tribulatione patientes. In tribulatione, inquit, patientes: quid deinde? In oratione tolerantes. Quid est, tolerantes? Quia

differimini. Oratis et differimini, tolerate quod differimini. Toleretur quod differtur; quia cum venerit, non aufertur.

7. Audisti gemitum in torculari, « Desiderat et deficit anima mea in atria Domini? » audi unde duret, spe gaudens, « Cor meum et caro mea exsultaverunt in Deum vivum. » Exsultaverunt hic in illud. Unde exsultatio, nisi de spe? Quo exsultaverunt? « In Deum vivum. « Quæ tibi exsultaverunt? « Cor meum et caro mea. » Unde exsultaverunt? « Nam et passer, inquit, invenit sibi domum, et turtur nidum sibi, ubi ponat pullos suos (*Ibid.*, 4). » Quid est hoc? Duo dixerat; et duo reddidit in similitudinibus avium: dixerat exsultasse cor suum, et carnem suam, et his duobus reddidit passerem et turturem: cor tamquam passer, caro tamquam turtur. Invenit sibi domum passer, invenit sibi domum

sereau plaintif dont il dit dans un autre psaume : « Comme le passereau solitaire sur son toit (*Ps.*, CI, 8). » De ce toit, il vole à la maison. Qu'il soit déjà sur le toit, qu'il foule aux pieds sa demeure charnelle ; il aura une maison céleste, une demeure éternelle : là, le passereau mettra fin à ses plaintes, mais, à la tourterelle, c'est-à-dire à la chair, le Prophète a donné des petits ; « la tourterelle s'est trouvé un nid pour y déposer ses petits (*Ps.*, LXXXIII, 4). » Au passereau, une maison ; à la tourterelle un nid, et un nid pour déposer ses petits. On choisit une maison comme pour y habiter toujours; un nid n'est fait d'un amas de débris que pour un temps. Par le cœur, nous pensons à Dieu comme le passereau vole à sa maison ; par la chair nous accomplissons nos bonnes œuvres. Vous voyez, en effet, combien il se fait de bonnes œuvres par la chair des saints ; car c'est par elle que nous faisons tout ce qui nous est prescrit et tout ce qui nous est un secours en cette vie. « Partagez votre pain avec celui qui a faim, et recevez sous votre toit l'indigent qui n'a point de demeure. Si vous voyez un homme nu, donnez-lui des vêtements (*Ps.*, LVIII, 7). » Ce précepte et tous les autres que nous avons reçus, nous ne les accomplissons que par la chair. Le passereau qui pense à sa maison ne s'éloigne donc pas de la tourterelle qui cherche un nid pour y déposer ses petits ; car elle ne les abandonne point en n'importe quel lieu, mais elle trouve un nid pour les y déposer. Or, nous disons, mes frères, ce que vous savez : combien d'hommes qui paraissent accomplir de bonnes œuvres en dehors de l'Église ! Combien de païens, par exemple, qui donnent de la nourriture à celui qui a faim, des vêtements à celui qui est nu ; qui accueillent l'étranger, visitent le malade et consolent le prisonnier ! Combien parmi eux qui font toutes ces choses ! Il semble que la tourterelle ait enfanté des petits : mais elle ne s'est pas trouvé de nid. Combien d'œuvres faites par tant d'hérétiques en dehors de l'Église ! ce sont autant de petits qui ne sont pas placés dans un nid. Ils seront foulés aux pieds et écrasés , ils ne seront pas conservés, ils ne seront pas gardés. Sous la figure de cette chair qui fait des bonnes œuvres, l'Apôtre saint Paul nous indique une femme, dont il dit : « Adam n'a pas été séduit, mais la femme a été séduite (1 *Tim.*, II, 14). » Car Adam n'a consenti qu'en second lieu à l'action de la femme, tandis que la femme a été séduite par le serpent (*Genèse*, III, 6). De même toute mauvaise convoitise ne peut d'abord agir que sur votre chair et, si votre esprit y donne ensuite acquiescement, le passereau est tombé ; au contraire, si vous surmontez les désirs de la chair, vos membres sont contraints à faire le bien, la concupiscence a perdu ses armes, la tourterelle commence à avoir des petits. Aussi que dit

cor meum. Exercet pennas in virtutibus hujus temporis, in ipsa fide et spe et caritate, quibus volet in domum suam : et cum venerit permanebit, et jam querula vox passeris quæ hic est, non erit ibi. Nam ipse est querulus passer, de quo in alio Psalmo dicit, « Sicut passer singularis in tecto (*Ps.*, CI, 8). » De tecto volat ad domum. Jam sit in tecto, calcet domum carnalem : habebit quemdam cælestem locum, perpetuam domum : passer iste finiet querelas suas. Turturi autem dedit et pullos, id est carni : « invenit nidum turtur, ubi ponat pullos suos. » Passer domum, turtur nidum, et nidum utique ubi ponat pullos suos. Domus tamquam ad sempiternum eligitur, nidus ad tempus congeritur. Corde cogitamus Deum, tamquam volante passere ad suam domum : carne autem agimus opera bona. Videtis enim per carnem sanctorum quanta bona fiant : per hanc enim operamur, quæ jussi sumus operari, quibus adjuvamur in hac vita. « Frange esurienti panem tuum, et egenum sine tecto induc in domum tuam; si videris nudum, vesti (*Isai*, LVIII, 7) : » et cetera talia quæ nobis præcepta sunt, non operamur nisi per carnem. Passer ergo ille qui cogitat domum suam, non recedit a turture quærente sibi nidum, ubi ponat pullos suos : non enim abjicit illos ubicumque, sed invenit sibi nidum, ubi eos ponat. Dicimus autem, Fratres, quod nostis : Quanti videntur præter Ecclesiam bona operari ? Quam multi etiam Pagani pascunt esurientem; vestiunt nudum, suscipiunt hospitem, visitant ægrotum, consolantur inclusum? Quam multi hæc faciunt? Quasi videtur parere turtur : sed non sibi invenit nidum. Quam multa multi hæretici non in Ecclesia operantur, non in nido pullos ponunt? Conculcabuntur et conterentur; non servabuntur, non custodientur. In hujus enim carnis operatricis persona posita est quædam mulier ab apostolo Paulo, cum ait, « Adam non est seductus, mulier autem seducta est (1 *Tim.*, II, 14). » Postea enim Adam consensit mulieri : nam a serpente mulier seducta est (*Gen.*, III, 6). Nec

l'Apôtre à ce sujet ? « La femme sera sauvée par la génération des enfants (I *Tim.*, II, 15). » La femme qui est veuve sans enfants, si elle reste dans cet état, ne sera-t-elle donc pas plus heureuse (I *Cor.*, VII, 40) ? » Ne sera-t-elle pas sauvée, parce qu'elle n'a point d'enfants ? La Vierge consacrée à Dieu ne sera-t-elle donc point préférable à la femme engagée dans le mariage ? Et ne sera-t-elle donc pas sauvée non plus, parce qu'elle n'a pas d'enfants ? Ou bien n'appartient-elle donc pas à Dieu ? La femme est prise ici comme le symbole de la chair, et elle sera sauvée par la génération des enfants, c'est-à-dire par les bonnes œuvres qu'elle fera. Mais que la tourterelle ne se fasse point un nid au premier endroit venu, pour y déposer ses petits ; qu'elle produise ses œuvres dans la vraie foi, dans la foi catholique, dans la communion de l'unité de l'Église. C'est pourquoi, en parlant d'elle, l'Apôtre ajoutait : « Elle sera sauvée par la génération des enfants, si elle a persévéré dans la foi, dans la charité, dans la sainteté jointe à la tempérance (*Tim.*, II, 14, 15). » Si donc vous persévérez dans la foi, la foi elle-même sera le nid où la tourterelle déposera ses petits. Car à cause de la faiblesse des petits de votre tourterelle, Dieu a daigné vous fournir de quoi lui faire un nid ; et pour cela il s'est revêtu d'une chair qui n'est que foin, pour venir à vous. Déposez dans cette foi les petits qui sont à vous, et opérez vos bonnes œuvres dans ce nid. Quels sont en effet ces nids, ou quel est ce nid, le Prophète le dit aussitôt après : « Vos autels, ô Seigneur des armées (*Ps.*, LXXXIII, 4). » Après avoir dit : « Et la tourterelle s'est trouvé un nid pour déposer ses petits (*Ibid.*) ; » comme si on lui eût demandé : quel nid ? le Prophète répond : « Vos autels, ô Seigneur des armées, mon Roi et mon Dieu (*Ibid.*). » Que veut dire : « Mon Roi et mon Dieu ? » vous qui me régissez, vous qui m'avez créé.

8. Toutefois ce nid est ici-bas, l'exil ici-bas, les soupirs ici-bas, l'oppression ici-bas, le pressoir ici-bas ; mais qu'est-ce donc qu'il souhaite ? Qu'est-ce donc qu'il convoite ? Où va, où tend notre désir ? Où nous entraîne-t-il ? C'est là ce que le Prophète considère, placé qu'il est ici-bas, placé au milieu des tentations, placé au milieu des tribulations, placé au milieu du pressoir : il soupire après les promesses du ciel. Comme s'il avait déjà quelque chose à faire dans ce séjour heureux, il en conçoit d'avance les joies à venir. « Heureux, s'écrie-t-il, ceux qui habitent dans votre maison (*Ibid.*, 5) ! » Pourquoi heureux ? Qu'y posséderont-ils ? Qu'y feront-ils ? Tous ceux que l'on appelle heureux

---

modo potest aliqua mala suasio nisi carnis tuæ primo desiderium (*a*) commovere, cui postea si mente consenseris, cecidit et passer : si autem vincuntur desideria carnis, tenentur membra ad opera bona, arma concupiscentiæ auferuntur ; et incipit turtur habere pullos. Propterea quid ibi ait Apostolus ? « Salva autem erit per filiorum generationem (I *Tim*, II, 15). » Mulier vidua sine filiis, si perseveret, nonne beatior erit (I *Cor.*, VII, 40) ? numquid salva non erit, quia non parit filios ? Virgo Dei non melior erit ? numquid salva non erit, quia filios non habet ? aut ad Deum non pertinet ? Salva ergo erit mulier, quæ in typo carnis accipitur, per filiorum generationem, id est, si faciat opera bona. Sed non ubicumque turtur inveniat nidum sibi, ubi ponat pullos suos : in fide vera, in fide catholica, in societate unitatis Ecclesiæ pariat opera sua. Propterea et de illa cum loqueretur Apostolus, ita subjecit : « Salva autem erit per filiorum generationem, si permanserit in fide et dilectione et sanctificatione, cum sobrietate (I *Tim.*, II, 15). » Permanendo ergo in fide, ipsa fides nidus est pullorum tuorum. Nam propter infirmitatem pullorum turturis tuæ dignatus est Dominus præbere tibi unde nidum faceres : indutus est enim fœno carnis, ut ad te veniret. In ista fide pone pullos tuos, in isto nido operare opera tua. Qui enim sunt nidi, vel quis est nidus, sequitur statim : « Altaria tua, Domine virtutum (*Ibid.*, 4). » Cum dixisset, « Et turtur invenit sibi nidum, ubi ponat pullos suos : » quasi quæsisses, Quem nidum ? « Altaria tua, Domine virtutum, Rex meus et Deus meus. » Quid est, « Rex meus et Deus meus ? » Qui regis me, qui creasti me.

8. Sed hic nidus est, et hic peregrinatio, et hic suspirium, et hic tritura, et hic pressura, quia hic torcular : quid est autem quod desiderat ? quid concupiscit ? quo it ? quo tendit desiderium nostrum ? quo nos rapit ? Hic positus illa meditatur, positus inter tentationes, positus inter pressuras, positus in torcularibus, suspirans in superna promissa ;

(*a*) Sic MSS. At editio Er. *commoveret.* Lov. *commoverit.*

sur la terre y possèdent quelque chose et y font quelque chose. Tel homme est heureux en raison de tant de terres, de tant de serviteurs, de tant d'or et de tant d'argent ; on le dit heureux de ce qu'il possède. Un autre est heureux parce qu'il est arrivé à de hautes dignités, il est proconsul, il est préfet ; on le dit heureux de ce qu'il fait. L'homme est donc heureux en raison de ce qu'il possède, ou en raison de ce qu'il fait. D'où viendra donc le bonheur de ceux qui habiteront dans la maison du Seigneur ? Que posséderont-ils ? Que feront-ils ? Ce qu'ils posséderont, je l'ai dit plus haut : « Heureux ceux qui habitent dans votre maison (*Ibid.*)! » Si vous possédez votre maison, vous êtes pauvre ; si vous possédez la maison de Dieu, vous êtes riche. Dans votre maison, vous avez à craindre les voleurs ; mais Dieu lui-même est le mur qui protége la maison de Dieu. « Heureux donc ceux qui habitent dans votre maison (*Ibid.*)! » Ils possèdent la Jérusalem céleste, sans angoisses, sans oppression, sans différences, sans limites de possession ; tous la possèdent et chacun la possède tout entière. Quelles immenses richesses ! Le frère n'y met pas le frère à l'étroit ; au ciel il n'y a pas d'indigence. Et maintenant, qu'y feront-ils ? Car ici-bas la nécessité est la mère de toutes les actions humaines. Je vous l'ai déjà dit rapidement, dans une autre circonstance. Parcourez par la pensée, mes frères, telles actions que vous voudrez ; voyez si autre chose que la nécessité les fait naître. Ces arts mémorables eux-mêmes, qui vous paraissent grands par les secours qu'ils procurent, comme la défense des accusés par l'éloquence ou les bienfaits de la médecine, sont en ce monde des œuvres excellentes ; mais, ôtez les plaideurs, à qui l'avocat portera-t-il secours ? Otez les blessures et les maladies, qui le médecin aura-t-il à soigner ? Et toutes nos actions, qu'exige et fait faire notre vie de tous les jours, ne viennent-elles pas de la nécessité ? Labourer, semer, planter, naviguer et toutes choses de ce genre, quelle cause les fait faire, sinon la nécessité et l'indigence ? Otez la faim, la soif, la nudité ; qui aura besoin de tout cela ? Et que dire des bonnes œuvres qui nous sont commandées ? Toutes les œuvres que je viens d'énumérer sont honnêtes ; car j'exclus de mon discours toutes les actions mauvaises et toutes les œuvres détestables, telles que les crimes et les forfaits, les homicides, les vols et les adultères, je ne les compte même pas au nombre des actions humaines ; mais les œuvres honnêtes ne naissent que de la nécessité, de la nécessité qui résulte de la fragilité de notre chair. Il en est de même de ces bonnes œuvres que j'ai dit nous être prescrites : « Partagez votre pain avec celui qui a faim (*Isaïe*, LVIII, 7). » Où

---

quasi quid ibi acturus, jam præmeditatur gaudia futura, « Beati, inquit, qui habitant in domo tua (*Ibid.*, 5). » Unde beati ? Quid habituri ? quid acturi ? Omnes qui beati dicuntur in terra, habent aliquid, et agunt aliquid. Beatus est homo ille, tot prædiis, tanta familia, tanto auro et argento : habendo beatus dicitur. Beatus est, ad illos honores pervenit, ad proconsulatum, ad præfecturam : agendo beatus dicitur. Ergo aut habendo, aut agendo. Unde autem ibi beati ? Quid habituri ? quid acturi ? Quid habituri, jam supra dixi : « Beati qui habitant in domo tua. » Domum tuam si habueris, pauper es : domum Dei si habueris, dives es. In domo tua timebis latrones, domui Dei murus ipse Deus est. « Beati ergo qui habitant in domo tua. » Possident Jerusalem cælestem sine angustia, sine pressura, sine diversitate et divisione limitum : omnes habent eam, et singuli habent totam. Magnæ illæ divitiæ. Non angustat frater fratrem, nulla ibi indigentia est. Quid ergo ibi acturi ? Omnium enim actionum humanarum mater necessitas. Jam, Fratres, breviter dixi : Currite animo per quaslibet actiones, videte, si eas parit, nisi necessitas. Ipsæ memorabiles artes quæ magnæ videntur in subveniendo, patrocinia linguæ et adjutoria medicinæ ; ipsæ sunt enim in hoc sæculo excellentes actiones : tolle litigatores, quibus opitulatur advocatus ? tolle vulnera et morbos, quid curat medicus ? Et omnes istæ actiones nostræ ad quotidianam vitam quæ exiguntur et fiunt, ex necessitate veniunt. Arare, seminare, novellare, navigare, talia omnia opera quæ parit nisi necessitas et indigentia ? Tolle famem, sitim, nuditatem, cui opus sunt ista omnia ? Hæc etiam quæ nobis jubentur bona opera : nam ista quæ commemoravi, honesta sunt, sed omnium hominum, (exceptis operibus pessimis loquor, detestabilibus operibus, flagitiis et facinoribus, homicidiis, effracturis, adulteriis, illa nec deputo inter actiones humanas :) hæc honesta loquor, non parit nisi necessitas, necessitas fragilitatis carnalis. Hæc etiam quæ dixi juberi nobis : « Frange esurienti panem tuum (*Isaï*, LVIII, 7). » Cui frangis, ubi nemo esurit ? « Egenum

nul ne souffre de la faim, avec qui le partagerez-vous? « Recevez sous votre toit l'indigent qui n'a pas de maison (*Ibid.*). » Où tous vivent dans leur propre patrie, à quel étranger offrirez-vous l'hospitalité? Où tous jouissent d'une santé parfaite, qui visiterez-vous comme malade? Où règne une paix perpétuelle, quels débats terminerez-vous? Où tous vivent pour jamais, quel mort ensevelirez-vous? De toutes les œuvres honnêtes qui occupent les hommes, il n'y en aura donc plus une seule que vous puissiez faire, ni une seule des bonnes œuvres qui nous sont prescrites ici-bas; parce qu'alors les petits de la tourterelle s'envoleront d'eux-mêmes hors du nid. Mais quoi? Vous avez déjà dit ce que nous posséderons : « Heureux ceux qui habitent dans votre maison (*Ps.*, LXXXIII, 5); » dites-nous donc aussi ce qu'ils feront, puisque, dans le ciel, je ne vois plus aucune de ces nécessités qui maintenant me poussent à agir. Car si, à cet instant, je parle et discute devant vous, c'est la nécessité qui m'y oblige. Est-ce que, dans le ciel, il sera nécessaire de discuter ainsi, soit pour instruire ceux qui ignoreraient, soit pour rappeler à ceux qui oublieraient? Ou bien lira-t-on encore l'Évangile, dans cette patrie céleste, où l'on contemplera le Verbe de Dieu lui-même? Par conséquent, puisque celui qui, dans ses désirs et ses soupirs, parle en notre nom, nous a dit ce que nous posséderons dans cette patrie à laquelle il aspire : « Heureux ceux qui habitent dans votre maison (*Ibid.*); » qu'il nous dise aussi ce que nous y ferons : « Ils vous glorifieront dans les siècles des siècles (*Ibid.*). » Ce sera là notre unique occupation, un Alleluia sans fin. Et ne croyez pas, mes frères, qu'il en puisse provenir aucun dégoût, sous prétexte que si aujourd'hui vous le répétiez longtemps, vous ne pourriez persévérer; car c'est la nécessité qui vous détourne de cette joie. Et bien que nous ne puissions jouir de ce que nous ne voyons pas, cependant, au milieu des tribulations de la vie, et malgré la fragilité de notre chair, si nous louons avec une ardeur aussi joyeuse ce que nous croyons, avec quels transports louerons-nous ce que nous verrons? Quand la mort sera absorbée dans la victoire, quand ce qu'il y a de mortel en nous aura revêtu l'immortalité, et ce qu'il y a de corruptible l'incorruptibilité (I *Cor.*, XV, 53, 54), nul ne dira : Je me suis trop longtemps tenu debout[1]; nul ne dira : J'ai trop longtemps jeûné, j'ai veillé trop longtemps. Car, dans le ciel tout deviendra immuable en nous, et notre corps lui-même, rendu immortel, sera comme suspendu à la contemplation de Dieu. Et si aujourd'hui la parole que nous vous prêchons maintient debout aussi longtemps la fragilité de notre chair, que ne produira pas sur nous la joie de voir Dieu? Quel changement

---

sine tecto induc in domum tuam. » Quem hospitem suscipis, ubi omnes in patria sua vivunt? Quem visitas ægrotum, ubi perpetua sanitate gaudent? Quem concordas litigiosum, ubi pax sempiterna est? Quem sepelis mortuum, ubi semper vivitur? Nihil ergo horum acturus es ex operibus honestis illis omnium hominum : nihil acturus es ex istis bonis operibus; quia isti pulli turturis jam volabunt de nido. Quid ergo? Jam dixisti quid habituri sumus : Qui habitant in domo tua, beati sunt. Dic etiam quid acturi sunt, quia non ibi video aliquas necessitates, quæ me impellant ad agendum. Ecce modo quod loquor et disputo necessitas parit. Numquid enim ibi talis disputatio erit, quasi quæ doceat ignaros, quasi quæ commemoret obliviosos? Aut vero in illa patria Evangelium recitabitur, ubi ipsum Dei Verbum contemplabitur? Ergo quia dixit iste desiderans et suspirans ex voce nostra, quid habituri sumus in illa patria cui suspiratur, et ait, « Beati qui habitant in domo tua : » dicat et quid acturi sumus. « In sæcula sæculorum laudabunt te. » Hoc erit totum negotium nostrum, sine defectu Halleluia. Non vobis, Fratres, videatur quasi fastidium ibi futurum : quia si modo hoc diu dicatis, non duratis, ab illo gaudio necessitas vos avertit, Et quia non tantum delectat quod non videtur, si tanta alacritate in ipsa pressura et fragilitate carnis laudamus quod credimus, quomodo laudabimus quod videbimus? Cum absorpta fuerit mors in victoriam, cum mortale hoc induerit incorruptionem (I *Cor.*, XV, 54), nemo dicet, Diu steti : nemo dicet, Diu jejunavi, diu vigilavi. Stabilitas enim magna ibi, et ipsa immortalitas jam corporis nostri suspendetur in (a) contemplationem Dei. Et si modo verbum hoc quod vobis erogamus, tam

---

[1] Allusion à la coutume des chrétiens de ce temps d'entendre debout la prédication.

(a) MSS. *in contemplatione.*

n'amènera-t-elle pas en nous? « Car nous serons semblables à lui, parce que nous le verrons tel qu'il est (I *Jean*, III, 2). » Quand nous serons semblables à lui, pourrons-nous jamais défaillir? De quel côté pourrions-nous nous détourner? Soyons donc rassurés, mes frères ; la louange de Dieu, l'amour de Dieu ne nous causera pas de satiété. Si vous pouviez alors cesser de l'aimer, vous pourriez cesser de le louer. Mais si votre amour pour Dieu est éternel, parce que votre vue ne pourra se rassasier de sa beauté, ne craignez pas de ne pouvoir louer toujours celui que vous pourrez toujours aimer. « Heureux donc ceux qui habitent dans votre maison ; ils vous loueront dans les siècles des siècles (*Ps.*, LXXXIII, 5). » Soupirons après cette vie céleste.

9. Mais comment y arriver? « Heureux l'homme que vous prenez et levez vers vous (*Ibid.*, 6). » Le Prophète a compris en quel lieu il était, il a compris que la fragilité de la chair ne pouvait lui servir à voler vers cette béatitude ; il a examiné tout au tour de lui les poids qui l'appesantissaient selon cette parole de l'Écriture : « Le corps qui se corrompt appesantit l'âme et cette demeure terrestre abat l'esprit préoccupé de nombreuses pensées. (*Sagesse*, IX, 15). » L'esprit appelle l'homme en haut, le poids de la chair le fait retomber en bas : il y a lutte entre ce double effort de l'action qui l'élève et du poids qui le précipite, et cette lutte elle-même n'est pas différente de ce qui se passe au pressoir. Écoutez ce que dit l'Apôtre de cette lutte analogue à l'action du pressoir, car lui-même y était écrasé et pressé. « Je me complais, dit-il, dans la loi de Dieu selon l'homme intérieur ; mais je vois dans mes membres une autre loi, qui combat la loi de mon esprit et me tient captif sous la loi du péché, laquelle est dans mes membres (*Rom.*, VII, 22). » Lutte terrible! comment ne pas désespérer d'en sortir, à moins d'un secours nouveau? Malheureux que je suis! continue l'Apôtre, qui me délivrera de ce corps de mort? La grâce de Dieu par Jésus-Christ Notre-Seigneur (*Ibid.*, 24). » Le Prophète a donc vu, dans le Psaume, et médité par la pensée ces joies du ciel : « Heureux ceux qui habitent dans votre maison, Seigneur ; ils vous loueront dans les siècles des siècles (*Ps.*, LXXXIII, 5). Mais qui pourra monter jusque-là? Que ferai-je du fardeau de ma chair? « Heureux ceux qui habitent dans votre maison ; ils vous loueront dans les siècles des siècles (*Ibid.*). » En effet, « je me complais dans la loi de Dieu selon l'homme intérieur (*Rom.*, VII, 22) ; » mais que faire? comment prendre mon vol? comment arriver? « Je vois dans mes membres une autre loi, qui

---

diu fragilitatem carnis nostræ stantem tenet, quid nobis faciet illud gaudium? quomodo nos mutabit? « Similes enim ei erimus, quoniam videbimus eum sicuti est (I *Johan.*, III, 2), » Jam similes illi, quando deficiemus? quo avertemur? Securi ergo simus, Fratres, non nos satiabit (*a*) laus Dei, amor Dei. Si deficies ab amore, deficies a laude. Si autem amor sempiternus erit, quia illa insatiabilis pulcritudo erit ; noli timere, ne non possis semper laudare, quem semper poteris amare. Ergo, « Beati qui habitant in domo tua, in sæcula sæculorum laudabunt te. » Huic vitæ suspiremus.

9. Sed quomodo illuc veniemus? « Beatus vir cujus est susceptio ejus abs te, Domine (*Ps.*, LXXXIII, 6). » Intellexit ubi esset, quia per fragilitatem carnis suæ ad illam beatitudinem volare non posset : circumspexit pondera sua ; quia dicitur alio loco, « Corpus enim quod corrumpitur aggravat animam, et deprimit terrena inhabitatio sensum multa cogitantem (*Sap.*, IX, 15). » Spiritus sursum vocat, pondus carnis deorsum revocat : inter duos conatus suspensionis et ponderis colluctatio quædam est ; et ipsa colluctatio ad pressuram pertinet torcularis. Audi ipsam luctam de torculari ab Apostolo expressam ; quia et ipse ibi conterebatur, ibi premebatur. « Condelector, inquit, legi Dei secundum interiorem hominem : video autem aliam legem in membris meis repugnantem legi mentis meæ, et captivum me ducentem in lege peccati, quæ est in membris meis (*Rom.*, VII, 22). » Magna lucta, et evadendi magna desperatio, nisi (*b*) subveniat de consequenti : « Infelix ego homo, quis me liberabit de corpore mortis hujus? Gratia Dei per Jesum Christum Dominum nostrum (*Ibid.*, 24). » Ergo et hic in Psalmo isto vidit illa gaudia, cogitavit animo : « Beati qui habitant in domo tua, Domine,

---

(*a*) Editi, *nisi laus Dei*. Abest, *nisi*, a melioribus MSS. Et ex his Corbeiensis omittit etiam, *laus Dei* ; quod alii plerique habent : sed non addunt, *amor Dei* ; neque hoc habet Er. (*b*) Lov. *subveniatur*. At Er. et MSS. *subveniat* : supple, gratia.

combat la loi de mon esprit (*Ibid.*, 23). » Il a confessé son malheur et il s'est écrié : « Qui me délivrera de ce corps de mort (*Ibid.*, 24), » afin que j'habite dans la maison du Seigneur et que je célèbre ses louanges dans les siècles des siècles ? Qui me délivrera ? « La grâce de Dieu par Jésus-Christ Notre-Seigneur (*Ibid.*, 25). » Or, de même que les paroles de l'Apôtre nous indiquent le secours qui l'a délivré de son péril et de sa lutte formidable, c'est-à-dire « La grâce de Dieu par Jésus-Christ Notre-Seigneur (*Ibid.*);» ainsi le Prophète, tandis qu'il soupirait avec un ardent désir de voir la maison de Dieu et d'y chanter ses louanges, et que la pensée du poids de son corps et du lourd fardeau de sa chair mettait, pour ainsi dire, le désespoir dans son cœur, le Prophète, dis-je, s'est réveillé tout à coup avec un nouvel espoir et s'est écrié : « Heureux l'homme, que vous prenez et levez vers vous, Seigneur (*Ps.*, LXXXIII, 6) ! »

10. Qu'est-ce donc que Dieu donne par cette grâce à celui qu'il prend ainsi pour le conduire jusqu'à la fin ? Le Prophète nous le dit : « Dieu a disposé des degrés dans son cœur. (*Ibid.*). » Il lui fait des degrés, qui lui servent à monter. Où lui fait-il ces degrés ? Dans son cœur. Donc, plus vous aimerez, plus vous monterez. « Il a disposé des degrés dans son cœur (*Ibid.*); » qui a disposé ? Celui qui l'a pris et levé. « Heureux celui que vous prenez et levez vers vous (*Ibid.*) ! » Comme cet homme ne peut rien par lui-même, il est nécessaire que votre grâce le prenne. Et que fait votre grâce ? Elle dispose des degrés. Où dispose-t-elle ces degrés ? « Dans son cœur, dans la vallée des pleurs (*Ibid.*, 7). » Dans cette vallée des pleurs, vous pouvez reconnaître le pressoir ; les pieuses larmes de la tribulation sont le vin doux de l'amour. « Il a disposé des degrés dans son cœur (*Ibid.*). » Où donc les a-t-il disposés ? « Dans la vallée des pleurs. (*Ibid.*). » C'est ici-bas, en effet, qu'il a disposé ces degrés ; « dans cette vallée des pleurs. » Car ici-bas, on pleure où l'on sème. « Ils allaient et marchaient, dit le Prophète, et ils pleuraient en jetant leurs semences dans la terre. (*Ps.* CXXV, 6). » Dieu a donc disposé par sa grâce des degrés dans votre cœur. Montez ces degrés par l'amour ; car de là vient qu'il faut chanter le Cantique des degrés. Et ces degrés, où les a-t-il disposés pour vous ? « Dans votre cœur, dans la vallée des pleurs. » Le Prophète a dit où Dieu a disposé ces degrés ; mais pour où aller ? Qu'a-t-il donc disposé ? « des degrés. » Où ? Intérieurement « dans le cœur. » En quelle contrée, en quel lieu d'habitation, pour ainsi dire ? « Dans la vallée des pleurs. » Pour monter où ? « Dans

in sæcula sæculorum laudabunt te (*Ps.*, LXXXIII, 5). » Sed quis illuc adscendet ? Quid facio de carnis pondere : « Beati qui habitant in domo tua, in sæcula sæculorum laudabunt te.» «Condelector enim legi Dei secundum interiorem hominem. » Sed quid faciam ? quomodo volabo? quomodo perveniam ? «Video aliam legem in membris meis repugnantem legi mentis meæ. » Dixit se infelicem, et dixit, Quis me liberabit de corpore mortis hujus, ut inhabitem in domo Domini, et in sæcula sæculorum laudem eum ? Quis me liberabit ? « Gratia Dei per Jesum Christum Dominum nostrum. » Sicut ergo in verbis Apostoli illi difficultati et quasi inextricabili luctæ subvenit quod subjecit, « Gratia Dei per Jesum Christum Dominum nostrum : » sic et hic cum suspiraret flammante desiderio in domum Dei et in illas laudes Dei, considerata gravedine corporis sui et mole carnis suæ, et desperatione quadam suborta, rursus in spem evigilavit, et ait, « Beatus vir cujus est susceptio ejus abs te, Domine. »

10. Quid ergo præstat Deus in hac gratia ei quem suscepit perducendum ? Sequitur, et dicit, «Adscensus in corde ejus (*Ibid.*, 6). » Facit illi gradus, quibus adscendat. Ubi illi facit gradus ? In corde. Quanto ergo plus amaveris, tanto plus adscendes. « Adscensus, inquit, in corde ejus disposuit. » Quis ? Qui suscepit eum : « Beatus enim, cujus est susceptio ejus abs te, Domine. » Quia per se non potest, opus est ut gratia tua suscipiat. Et quid facit gratia tua? Disponit adscensus in corde. Ubi disponit adscensus ? « In corde. In convalle plorationis (*Ibid.*, 7). » Ecce habetis torcular convallem plorationis : ipsæ lacrymæ piæ contribulatorum, mustum sunt amantium. « Adscensus in corde ejus disposuit. » Ubi disposuit? « In convalle plorationis. » Hic enim disposuit adscensus, «in convalle plorationis : » hic enim ploratur, ubi seminatur. «Euntes, inquit, ibant et flebant, mittentes semina sua (*Psal.*, CXXV, 6). » Ergo adscensus in corde tuo sint dispositi a Deo per gratiam ipsius. Amando adscende. Inde cantatur Canticum graduum. Et ubi tibi disposuit hos adscensus ? « In corde, in convalle plorationis. » Dixit, ubi disposuit : quo disposuit? Quid disposuit ? « Adscensus. » Ubi ? Intus « in corde. » In qua regione, et quasi habitationis loco ? » In convalle plorationis. » Ut quo adscendatur ? « In locum quem disposuit. » Quid est

le lieu qu'il a préparé (*Ps.*, LXXVIII, 7). » Que veut dire, mes frères : « Dans le lieu qu'il a préparé ? » Ce lieu que Dieu a préparé, s'il était possible de le dire, le Prophète le dirait. Il vous a dit « Il a disposé des degrés dans le cœur, dans la vallée des pleurs (*Ibid.*). » Vous demandez : Pour où aller ? Que vous dira-t-il ? « Vers ce que l'œil n'a pas vu, vers ce que l'oreille n'a pas entendu, vers ce qui n'est pas monté dans le cœur de l'homme (I *Cor.*, II, 9). » Ce lieu est une colline, c'est une montagne, c'est une terre, c'est un pré; ce lieu a reçu tous ces noms : mais ce qu'il est en réalité et non par comparaison, qui nous l'expliquera ? Car nous voyons maintenant à travers un miroir et en énigme ce qu'est ce lieu, mais alors nous le verrons face à face (*Ibid.*, XIII, 12). Ne cherchez donc pas quel est le lieu désigné par ces mots : « Vers le lieu qu'il a préparé. » Ce lieu est connu de celui qui a préparé l'endroit où il vous conduira, au moyen des degrés disposés dans votre cœur. Craignez-vous donc de monter, de peur que celui qui vous conduit ne se trompe ? Voilà qu'il a disposé des degrés dans la vallée des pleurs, pour monter « vers le lieu qu'il a préparé. » Nous pleurons maintenant. De quel lieu ? de celui où sont disposés ces degrés. De quel lieu pleurons-nous, si ce n'est de celui où l'Apôtre se déclarait malheureux, parce qu'il voyait dans ses membres une autre loi qui combattait la loi de son esprit ? Et d'où nous vient ce déchirement ? De la peine méritée par nos péchés. Nous pensions pouvoir être aisément justes par nos propres forces, avant d'avoir reçu le commandement; mais, le commandement étant survenu, le péché a revécu, et, quant à moi, je suis mort. Voilà ce que dit l'Apôtre. Car la Loi a été donnée aux hommes, non pour les sauver immédiatement, mais pour leur faire connaître la maladie dans laquelle ils étaient plongés. Écoutez les paroles de l'Apôtre : « Si, en effet, une loi eût été donnée qui pût vivifier, la justice viendrait absolument de la Loi ; mais l'Écriture a tout renfermé sous le péché, afin que la promesse fût accomplie par la foi en Jésus-Christ, en faveur de ceux qui croiraient en lui (*Galat.*, III, 21, 22). » Mais que la grâce vienne après la Loi, et elle trouvera l'homme non-seulement malade, mais encore confessant son mal et disant : « Malheureux homme que je suis, qui me délivrera de ce corps de mort (*Rom.*, VII, 24) ? » Alors le médecin viendra bien à propos dans cette vallée des pleurs et il dira : Vous savez pourquoi vous êtes tombé ; écoutez-moi pour vous relever, vous qui êtes tombé pour m'avoir méprisé. La Loi a donc été donnée pour convaincre de sa maladie le malade qui se croyait en bonne santé; pour démontrer le péché et non pour l'ôter. Or, par la preuve que la Loi a donnée du péché, le péché est devenu plus con-

---

hoc, Fratres, « In locum quem disposuit? » Quem locum diceret, quem disposuit, si dici posset ? Dictum tibi est, « Adscensus disposuit in corde, in convalle plorationis. » Quæris quo ? Quid tibi dicturus est ? « Quod oculus non vidit, nec auris audivit, nec in cor hominis adscendit (I *Cor.*, II, 9)? » Collis est, mons est, terra est, pratum est; prope omnia ista dictus est locus ille. Sed quid sit per proprietatem, non per similitudinem, Videmus enim nunc per speculum in ænigmate quid sit ille locus, tunc videbimus facie ad faciem(I *Cor.*, XIII, 12) : quis explicet ? Noli ergo quærere quo disposuit, « in locum quem disposuit. » Ipse novit quo, ipse novit qui disposuit quo te ducat, cujus adscensus in corde disposuit. Quid, times adscendere, ne erret qui te ducit ? Ecce in convalle plorationis disposuit adscensus, « in locum quem disposuit. » Ploramus modo. Unde ? Ubi dispositi sunt nostri adscensus. Unde ploramus, nisi unde se miserum exclamabat Apostolus, quia videbat aliam legem in membris suis repugnantem legi mentis suæ (*Rom.*, VII, 23) ? « Et unde hoc nobis? Ex pœna peccati. Et putabamus nos facile justos esse posse quasi viribus nostris, antequam acciperemus mandatum : adveniente autem mandato, peccatum revixit : ego autem mortuus sum, hoc ait Apostolus. Data est enim Lex hominibus, non quæ salvaret eos jam, sed per quam cognoscerent in qua ægritudine jacebant. Audi verba Apostoli : « Si enim data esset Lex, quæ posset vivificare, omnino ex Lege esset justitia : sed conclusit Scriptura omnia sub peccato,ut promissio ex fide Jesu Christi daretur credentibus (*Gal.*, III, 21) : » veniret gratia post Legem, inveniret hominem non solum jacentem, sed jam etiam confitentem et dicentem, « Miser ego homo, quis me liberabit de corpore mortis hujus? » et opportune veniret medicus ad convallem plorationis, et diceret, Certe cognovisti quia cecidisti, audi me ut surgas, qui me contempsisti ut caderes. Data est ergo Lex ut ægrum de morbo convinceret, qui sibi sanus videbatur : ut peccata demonstrarentur, non ut aufer

sidérable, parce que le péché a été une violation de la loi : « Prenant occasion du précepte, dit l'Apôtre, le péché a opéré en moi toute concupiscence (*Rom.*, VII, 8). » Que veut dire : « Prenant occasion du précepte (*Ibid.*)? » Après avoir reçu le précepte, les hommes ont essayé de l'accomplir par leurs propres forces ; et vaincus par la concupiscence, ils sont devenus coupables par cela même qu'ils ont transgressé le précepte. Mais que dit l'Apôtre ? « Où le péché a abondé, la grâce a surabondé (*Id.*, v, 20) ; » c'est-à-dire la maladie s'est aggravée, mais le remède est devenu plus puissant. D'après ce que nous venons de dire, mes frères, examinez si les cinq portiques de Salomon, au milieu desquels était la piscine, guérissaient les malades. « Les malades, lisons-nous dans l'Évangile, étaient étendus sous les cinq portiques (*Jean*, v, 3). » Ces cinq portiques figurent la Loi comprise dans les cinq livres de Moïse. On retirait donc les malades de leurs maisons, pour les coucher sous les portiques. La Loi manifestait donc les malades, elle ne les guérissait pas ; mais la bénédiction de Dieu troublait l'eau de la piscine, au moment où un ange y descendait. Lorsqu'on voyait l'eau troublée, un malade, le premier qui pouvait y descendre, était guéri. Cette eau, entourée des cinq portiques, figurait donc le peuple des Juifs renfermé dans la Loi : le Seigneur l'a troublé par sa présence, de sorte qu'il fut crucifié. En effet, si le Seigneur, en descendant du Ciel, n'avait troublé le peuple des Juifs, aurait-il été crucifié ? L'eau troublée figurait la passion du Seigneur, qui a été causée par le trouble de la nation juive. Le malade, atteint de langueur, croit en cette passion, et par là même descend en quelque sorte dans l'eau troublée, et il est guéri. Celui qui n'était pas guéri par la Loi, c'est-à-dire par sa présence sous les portiques, est guéri par la grâce, en raison de sa foi dans la passion de Notre-Seigneur Jésus-Christ. Il n'y en a qu'un, parce que l'Église est une. Quelles sont donc les paroles du Prophète sur ce sujet ? « Il a disposé des degrés dans les cœurs, dans la vallée des pleurs, vers le lieu qu'il a préparé (*Ps.*, LXXXIII, 6 et 7). » Et ce lieu sera pour nous le séjour de la joie.

11. Mais pourquoi « dans la vallée des pleurs (*Ibid.*)? » Et de quelle vallée de pleurs arriverons-nous à ce séjour de la joie? « C'est, dit le Prophète, que celui qui a donné la Loi donnera la bénédiction (*Ibid.*, 8). » Il nous a affligés du joug de la Loi, il nous a imposé le poids de la Loi ; il nous a fait voir le pressoir, nous en avons senti la pression douloureuse ; nous avons connu la tribulation de notre chair, nous avons gémi de la révolte du péché contre notre esprit, et nous nous sommes écriés : « Malheureux

---

rentur. Demonstrato peccato per datam Legem, auctum est peccatum, quia peccatum est et contra Legem. « Occasione, inquit, accepta, peccatum per mandatum operatum est in me omnem concupiscentiam (*Rom.*, VII, 8). » Quid est, occasione accepta per mandatum ? Acceptum mandatum quasi viribus suis conati sunt facere homines : victi concupiscentia, mandati etiam ipsius transgressione rei facti sunt. Sed quid ait Apostolus ? « Ubi autem abundavit peccatum, superabundavit gratia (*Rom.*, v, 20) : » id est, auctus est morbus, commendata est medicina. Propterea, Fratres; quinque illæ porticus Salomonis, numquid curabant ægrotos, ubi erat piscina in medio earum ? Et jacebant, inquit, ægroti in quinque porticibus (*Johan.*, v, 3) : in Evangelio (*a*) lectum habemus. Quinque illæ porticus, Lex est in quinque libris Moysi. Ad hoc producebantur ægroti de domibus suis, ut jacerent in porticibus. Ergo Lex prodebat ægrotos, non sanabat : sed benedictione Dei turbabatur aqua, tamquam Angelo descendente. Visa aqua turbata, qui poterat unus descendebat, et sanabatur. Aqua illa cincta quinque porticibus, populus Judæorum erat Lege conclusus : hunc perturbavit Dominus præsentia sua ; ut occideretur. Nisi enim descensu suo Dominus perturbaret populum Judæorum, numquid crucifigeretur ? Itaque turbata aqua passionem Domini significabat, quæ facta est perturbata gente Judæorum. In hanc passionem credit languidus, tamquam in aquam turbatam descendens, et sanatur. Qui non sanabatur lege, id est porticibus, sanatur gratia, per passionis fidem Domini nostri Jesu Christi. Unus, quia unitas. Ergo et hic quid ait ? « Adscensus in corde ejus disposuit, in convalle plorationis, in locum quem disposuit. » Jam in illo loco gaudebimus.

11. Quare autem, « in convalle plorationis ? » Et ex qua convalle plorationis ad illum locum gaudii veniemus ? « Nam et benedictionem, inquit, dabit

---

(*a*) sic Er. et MSS. At Lov. *dictum*.

homme que je suis (*Rom.*, VII, 24) ! » Si nous avons gémi sous la Loi, quel espoir nous reste-t-il, sinon que celui qui a donné la Loi, donne aussi la bénédiction ? La grâce succédera à la Loi ; la grâce est la bénédiction divine. Et que nous vaut cette grâce, cette bénédiction ? « Ils iront des vertus à la vertu (*Ps.*, LXXXIII, 8). » Ici-bas, en effet, la grâce donne un grand nombre de vertus différentes : « A l'un, dit saint Paul, est donnée par l'Esprit la parole de sagesse, à l'autre la parole de science, selon le même Esprit ; à un autre la foi, à un autre le don de guérir ; à un autre la connaissance de différentes langues ; à un autre l'interprétation des discours ; à un autre l'esprit de prophétie (I *Cor.*, XII, 8-10). » Ces vertus sont nombreuses, mais nécessaires ici-bas ; et de ces vertus nous allons à la vertu. Quelle vertu ? Le Christ, qui est la Vertu de Dieu et la Sagesse de Dieu (*Id.*, I, 24). C'est lui qui donne les diverses vertus en ce monde, et qui, au lieu de toutes les vertus nécessaires ou utiles dans la vallée des pleurs, se donnera lui-même qui est la vertu unique. Les vertus qui doivent diriger notre vie sont au nombre de quatre, selon la doctrine des Sages, et nous les trouvons également décrites dans les Écritures. La première s'appelle la Prudence ; elle nous fait discerner le bien d'avec le mal. La seconde est la Justice, par laquelle nous rendons à chacun ce qui lui appartient, ne restant le débiteur de personne, mais aimant tous les hommes (*Rom.*, XIII, 8). La troisième est la Tempérance, au moyen de laquelle nous refrénons nos passions. La quatrième est la Force, qui nous rend capables de supporter tout ce qui est pénible pour nous. Ces vertus, Dieu nous les donne maintenant, dans la vallée des pleurs. C'est de ces vertus que nous allons à la vertu unique. Et quelle sera cette vertu, sinon celle de l'unique contemplation de Dieu ? La Prudence ne sera plus nécessaire dans le Ciel, où nul mal ne se présentera que nous ayons besoin d'éviter. Et que dirons-nous, mes frères, des autres vertus ? Nous n'aurons plus besoin de la Justice d'ici-bas, en un lieu où nul ne manquera de quoi que ce soit que nous devions lui donner. La Tempérance d'ici-bas ne sera plus nécessaire en un lieu où il n'y aura plus de passion à réfréner. La Force d'ici-bas ne sera plus nécessaire dans un lieu où il n'y aura aucun mal à supporter. Nous passerons donc de ces vertus d'action du temps présent, à la seule vertu de contemplation, par laquelle nous verrons Dieu, selon ce qui est écrit : « Je me tiendrai devant vous le matin et je vous contemplerai (*Ps.*, V, 5). » Le Psaume va vous apprendre qu'en effet nous passerons de ces vertus d'action à cette vertu de contemplation. Le Prophète continue ainsi : « Ils iront des vertus à la vertu (*Ps.*, LXXXIII, 8). » A quelle vertu ? Celle de la

---

qui Legem dedit (*Ps.*, LXXIII, 8). » Afflixit nos Lege, pressit nos Lege, ostendit nobis torcular, vidimus pressuram, carnis nostræ tribulationem cognovimus, ingemuimus rebellante peccato adversus mentem nostram, clamavimus, « Miser ego homo (*Rom.*, VII, 24) : » sub Lege gemuimus ; quid restat, nisi ut benedictionem det qui Legem dedit ? Adveniet gratia post Legem, ipsa est benedictio. Et quid nobis præstitit ista gratia et benedictio ? « Ambulabunt a virtutibus in virtutem. » Hic enim per gratiam multæ virtutes dantur. « Alii quidem datur per Spiritum sermo sapientiæ, alii sermo scientiæ secundum eumdem Spiritum, alii fides, alii donatio sanitatum, alii genera linguarum, alii interpretatio sermonum, alii prophetatio (I *Cor.*, XII, 8). » Multæ virtutes, sed hic necessariæ : et ab his virtutibus imus in virtutem. Quam virtutem ? « Christum Dei Virtutem et Dei Sapientiam (I *Cor.*, I, 24). » Ipse dat diversas virtutes in loco hoc, qui pro omnibus virtutibus necessariis in convalle plorationis et utilibus, dabit unam virtutem seipsum. Nam et virtutes agendæ vitæ nostræ quatuor describuntur a multis, et in Scriptura inveniuntur. Prudentia dicitur, qua dinoscimus inter bonum et malum. Justitia dicitur, qua sua cuique tribuimus : « nemini quidquam debentes, sed omnes diligentes (*Rom.*, XIII, 8). » Temperantia dicitur, qua libidines refrenamus. Fortitudo dicitur, qua omnia molesta toleramus. Istæ virtutes nunc in convalle plorationis per gratiam Dei dantur nobis. Ab his virtutibus imus in illam virtutem. Et quæ erit illa virtus, nisi solius contemplationis Dei ? Necessaria ibi non erit ista prudentia, ubi nulla mala occursura sunt quæ vitemus. Sed quid putamus, Fratres ? Non ista justitia, ubi nulla erit cujusquam indigentia, cui subvenire debeamus. Non ista temperantia, ubi nulla erit libido refrenanda. Non ista fortitudo, ubi nulla erunt mala toleranda. Ergo ab his virtutibus hujus actionis ibimus in virtutem illius contemplationis, qua contemplemur Deum : sicut scriptum est, « Mane adstabo tibi, et contemplabor (*Psal.*, V,

contemplation. Pourquoi de la contemplation? « Le Dieu des dieux apparaîtra dans Sion (*Ibid.*). » « Le Dieu des dieux, » c'est le Christ des chrétiens. Comment le Dieu des dieux est-il le Christ des chrétiens? « J'ai dit : vous êtes des dieux ; et vous êtes tous les enfants du Très-Haut (*Ps.*, LXXXI, 6). » En effet, nous avons reçu le pouvoir d'être faits enfants de Dieu (*Jean*, I, 12) de celui en qui nous croyons, de l'Époux éclatant de beauté, qui a paru ici-bas difforme à cause de notre difformité. Car, « nous l'avons vu, dit Isaïe, et il n'y avait en lui ni éclat, ni beauté (*Isaïe*, LIII, 2). » Quand les nécessités de notre condition mortelle ne seront plus là, il apparaîtra, à ceux dont le cœur est pur, tel qu'il est, Dieu en Dieu, Verbe avec le Père, Verbe par qui toutes choses ont été faites. « Heureux, en effet, ceux qui ont le cœur pur, parce qu'ils verront Dieu (*Matth.*, V, 8). » « Le Dieu des dieux apparaîtra dans Sion (*Ps.*, LXXXIII, 8). »

12. Le Prophète, abandonnant alors la méditation de ces joies, revient à ses soupirs. Il voit ce que l'espérance lui fait posséder par anticipation ; mais il voit aussi où il en est par la réalité. « Alors le Dieu des dieux apparaîtra dans Sion (*Ibid.*) » Ce sera le sujet de notre joie ; nous louerons Dieu dans les siècles des siècles. Mais c'est encore maintenant le temps de prier, le temps de supplier, et s'il est permis de se réjouir un peu, ce n'est qu'en espérance ; nous sommes dans l'exil, nous sommes dans la vallée des pleurs. Revenant donc aux gémissements que ce monde lui arrache, le Prophète s'écrie : « Seigneur Dieu des armées, exaucez ma prière, ô Dieu de Jacob, daignez m'écouter (*Ibid.*, 9); » parce que c'est vous qui de Jacob avez fait Israël. En effet, Dieu apparut à Jacob et celui-ci fut nommé Israël, c'est-à-dire voyant Dieu (*Gen.*, XXXII, 28). Écoutez-moi donc, ô Dieu de Jacob, et faites que je sois Israël. Quand deviendrai-je Israël? lorsque le Dieu des dieux apparaîtra dans Sion.

13. « O Dieu, notre protecteur, regardez-nous (*Ps.*, LXXXIII, 10). » Les hommes espéreront sous l'ombre de vos ailes (*Ps.*, XXXV, 8); c'est pourquoi, « ô Dieu, notre protecteur, regardez-nous, et jetez les yeux sur le visage de votre Christ (*Ps.*, LXXXIII, 10). » Est-il donc un moment où Dieu ne regarde pas le visage de son Christ? Que veut dire : « Jetez les yeux sur le visage de votre Christ (*Ibid.*)? » C'est au visage que l'on nous reconnaît ; que veut donc dire : « Jetez les yeux sur le visage de votre Christ (*Ibid.*)? » Faites connaître votre Christ à tous. « Jetez les yeux sur le visage de votre Christ ; » que votre Christ soit connu de tous, afin que nous puissions aller des vertus à la

---

5). » Et audi quia ab hujus actionis virtutibus, in illam contemplationem ibimus. Sequitur ibi, « Ibunt a virtutibus in virtutem. » Quam virtutem? Contemplandi. Quid est, contemplandi? « Apparebit Deus deorum in Sion. » Deus deorum, Christus Christianorum. Quomodo Deus deorum, Christus Christianorum? Ego dixi, « Dii estis, et filii Altissimi omnes (*Psal.*, LXXXI, 6). » Dedit enim eis potestatem filios Dei fieri (*Johan.*, I, 12) ille in quem credidimus, pulcher sponsus, qui hic propter deformitatem nostram deformis apparuit: « Quia vidimus eum, inquit, et non habebat speciem neque decorem (*Isai*, LIII, 2). » Finita omni necessitate mortalitatis, sicuti est Deus apud Deum, Verbum apud Patrem, per quod facta sunt omnia, apparebit mundis corde. « Beati enim mundi corde, quoniam ipsi Deum videbunt (*Matth.*, V, 8). » « Apparebit Deus deorum in Sion. »

12. Et rursus iste a cogitatione illorum gaudiorum redit ad suspiria sua. Videt quid prævenerit spe, et ubi adhuc sit re. « Apparebit tunc Deus deorum in Sion. » Hoc est unde gaudebimus, ipsum in sæcula sæculorum laudabimus. Sed adhuc modo tempus est orandi, tempus deprecandi ; et si aliquantum gaudendi, sed adhuc in spe : in peregrinatione sumus, in convalle plorationis sumus. Ad hujus ergo loci gemitum rediens dicit, « Domine Deus virtutum exaudi precem meam, auribus percipe Deus Jacob (*Ps.*, LXXIII, 9). » Quia et ipsum Jacob fecisti de Jacob Israël. Apparuit enim illi Deus, et dictus est Israël, videns Deum (*Gen.*, XXXII, 28). Audi ergo me Deus Jacob, et fac me Israël. Quando fiam Israël? Cum apparebit Deus deorum in Sion.

13. « Protector noster adspice Deus (*Ps.*, LXIII, 10). » « Sub umbra alarum tuarum sperabunt (*Psal.*, XXXV, 8) : » ideo, « Protector noster adspice Deus. Et respice in faciem Christi tui. » Quando enim non respicit in faciem Christi sui Deus? Quid est, « Respice in faciem Christi tui? » Per faciem innotescimus : quid est ergo, « Respice in faciem Christi tui? » Fac innotescere omnibus Christum tuum. » Respice in faciem Christi tui : » notus sit omnibus Christus

vertu, et que la grâce puisse surabonder, puisque le péché abonde (*Rom.*, v, 20).

14. « Parce que le jour unique dans vos parvis vaut mieux que des milliers de jours (*Ps.*, LXXXIII, 10). » Ces parvis sont ceux après lesquels il soupirait, après lesquels il languissait. « Mon âme soupire et se consume de langueur après les parvis du Seigneur (*Ibid.*, 3). » Un seul jour qu'on y passe est préférable à des milliers d'autres. Les hommes désirent des milliers de jours, ils veulent vivre longtemps sur cette terre ; qu'ils méprisent les milliers de jours, qu'ils désirent un seul jour, un jour qui ne connaît ni le lever ni le coucher du soleil ; un seul jour, jour éternel, à qui le jour de la veille n'a pas fait place et que le lendemain ne chasse pas. Ne désirons que ce seul jour. Qu'avons-nous à faire de milliers de jours ? De ces milliers de jours nous marchons vers un seul jour, comme des vertus nous allons à la vertu.

15. « J'ai préféré d'être abaissé dans la maison du Seigneur, plutôt que d'habiter sous les tentes des pécheurs (*Ibid.*, 11). » Celui qui parle a trouvé la vallée des pleurs, il a trouvé la bassesse de laquelle il doit monter. Il sait que s'il veut s'élever, il tombera ; et que, s'il s'abaisse, il sera élevé : il préfère s'abaisser pour être élevé. Combien y en a-t-il qui veulent s'élever au-dessus de la tente qui renferme le pressoir du Seigneur, c'est-à-dire au-dessus de l'Église catholique ; qui aiment leurs honneurs et ne veulent pas connaître la vérité (1) ? S'ils avaient dans le cœur ce verset : « J'ai préféré d'être abaissé dans la maison du Seigneur, plutôt que d'habiter sous les tentes des pécheurs (*Ibid.*), » ne repousseraient-ils pas ces honneurs ? Ne courraient-ils pas à la vallée des pleurs, pour y trouver des degrés dans leur cœur, pour aller de là des vertus à la vertu, et pour mettre leur espérance dans le Christ et non dans je ne sais quel homme ? O bonne parole, parole qui donne la joie, parole qu'il nous faut choisir : « J'ai préféré être abaissé dans la maison du Seigneur, plutôt que d'habiter sous les tentes des pécheurs (*Ibid.*). » Il a choisi d'être abaissé dans la maison du Seigneur ; mais celui qui invite au festin appelle au premier rang celui qui va s'asseoir au dernier, et lui dit : « Montez (*Luc*, XIV, 10). » Pour lui, il n'a choisi qu'une seule chose, d'être dans la maison du Seigneur, à quelque place que ce fût, mais non cependant hors du seuil.

16. Pourquoi a-t-il préféré d'être abaissé dans la maison du Seigneur, plutôt que d'habiter

---

tuus, ut possimus ire a virtutibus in virtutem, ut possit superabundare gratia, quoniam abundavit peccatum (*Rom.*, v, 20).

14. « Quoniam melior est dies una in atriis tuis super millia (*Psal.*, LXIII, 11). » Atria illa sunt in quæ suspirabat, in quæ deficiebat. « Desiderat et deficit anima mea in atria Domini (*Ibid.*, 3). » Melior est ibi unus dies super millia dierum. Millia dierum desiderant homines, et multum volunt hic vivere : contemnant millia dierum, desiderent unum diem, qui non habet ortum et occasum : unum diem, diem sempiternum, cui non cedit hesternus, quem non urget crastinus. Ipse unus dies desideretur a nobis. Quid nobis est cum millibus dierum ? Imus a millibus dierum ad unum diem, (*a*) sicut imus a virtutibus in virtutem.

15. « Elegi abjici in domo Domini, magis quam habitare in tabernaculis peccatorum (*Ibid.*, 12). » Invenit enim iste convallem plorationis, invenit iste humilitatem unde adscendat : scit quia si se extollere voluerit, cadet ; si se humiliaverit, erigetur : elegit abjici, ut subleveter. Quam multi præter tabernaculum hoc torcularis Dominici, id est, præter Ecclesiam catholicam volentes sublimari, et amantes (*b*) honores suos. nolunt cognoscere veritatem ? Si esset illis in corde versus iste, « Elegi abjici in domo Domini, magis quam habitare in tabernaculis peccatorum : » nonne abjicerent honores, et currerent ad convallem plorationis, et hinc invenirent adscensus in corde, et hinc irent a virtutibus in virtutem, ponentes spem suam in Christo, non in nescio quo homine ? Bona vox, gaudenda vox, eligenda vox : « Elegi abjici in domo Domini, magis quam habitare in tabernaculis peccatorum. » Ipse elegit abjici in domo Domini : sed ille qui invitavit ad convivium, eligentem inferiorem locum vocat ad superiorem, et dicit illi, « Adscende (*Lucæ*, XIV, 10). » Ipse tamen non elegit nisi esse in domo Domini, in quocumque loco, non tamen extra limen.

16. Quare elegit abjectus esse in domo Domini,

---

(1) Ces paroles sont contre les Donatistes. Peut-être le décret du Concile de Carthage, du 13 septembre de l'an 401, n'était-il point alors rendu. Ce décret portait que les clercs du parti de Donat seraient maintenus dans leurs honneurs.

(*a*) Hic addunt editi, *Ad unum diem festinemus :* quo boni MSS. carent (*b*) Forte nondum prodierat Carthaginensis an. 401. d. 13. Sept. concilii decretum, ut clerici Donatistæ *in suis honoribus suscipiantur.*

sous les tentes des pécheurs? « Parce que Dieu aime la miséricorde et la vérité (*Ibid.*, 12). » Le Seigneur aime la miséricorde qui l'a d'abord fait venir à mon secours; il aime la vérité pour donner à celui qui croit ce qu'il lui a promis. Reconnaissez la miséricorde et la vérité dans l'histoire de l'apôtre saint Paul, autrefois Saul le persécuteur. Il avait besoin de miséricorde et il dit qu'il lui a été fait miséricorde. « Moi qui étais auparavant blasphémateur, persécuteur et outrageux, j'ai obtenu miséricorde, afin que le Christ montrât en moi toute sa patience envers ceux qui croiront en lui pour la vie éternelle (I *Tim.*, I, 13 et 16); » afin qu'à la vue de Paul obtenant miséricorde après tant de crimes, nul ne désespérât du pardon de ses péchés, quels qu'ils fussent. Voilà la miséricorde. Dieu n'a pas voulu exercer alors la vérité, en punissant le pécheur. En effet, si le pécheur eût été puni, n'était-ce point le triomphe de la vérité? Et désormais celui qui n'aurait pu dire : je n'ai pas péché, eût-il osé dire : je ne dois pas être puni? Et s'il disait : je n'ai pas péché, à qui le dirait-il? Et qui tromperait-il? Le Seigneur a donc d'abord fait preuve de miséricorde envers lui, et après la miséricorde est venue la vérité. Paul a donc dit d'abord : « J'ai obtenu miséricorde, moi qui, auparavant, étais blasphémateur, persécuteur et outrageux; mais ce que je suis, je le suis par la grâce de Dieu (I *Cor.*, xv, 10). » Il dit ensuite au moment où il approchait de sa passion : « J'ai combattu le bon combat, j'ai achevé ma course, j'ai gardé la foi; il me reste à obtenir la couronne de justice (II *Tim.*, IV, 5 et 8). » Celui qui a fait miséricorde tient en réserve la vérité. Comment tient-il en réserve la vérité? « La couronne, dit-il, que le Seigneur, qui est un juste juge, me rendra en ce jour (*Ibid.*). » Dieu a accordé le pardon, il rendra la couronne : le pardon, il le donne; la couronne, il la doit. Pourquoi la doit-il? En a-t-il reçu le prix? A qui Dieu doit-il quelque chose? Voilà cependant que Paul le regarde comme son débiteur, et qu'après avoir obtenu miséricorde, il exige la vérité : « Dieu, dit-il, me la rendra en ce jour (*Ibid.*). » Que vous rendra-t-il, sinon ce qu'il vous doit? Pourquoi vous doit-il quelque chose? Que lui avez-vous donné? « Qui donc lui a donné le premier, et sera rétribué (*Rom.*, XI, 35)? » Le Seigneur lui-même s'est fait débiteur, non de ce qu'il a reçu, mais de ce qu'il a promis. On ne lui dit pas : Rendez ce que vous avez reçu, mais : rendez ce que vous avez promis. Il m'a fait miséricorde, dit l'Apôtre, pour que je devinsse innocent : car j'ai d'abord été blasphémateur et outrageux, mais par sa grâce je suis devenu innocent. Or, celui qui m'a fait spontanément miséricorde, pourrait-il me refuser mon

---

magis quam habitare in tabernaculis peccatorum? « Quia misericordiam et veritatem diligit Deus (*Ibid.*, 12). » Dominus misericordiam diligit, qua mihi primo subvenit : veritatem diligit ut credenti det quod promisit. Audi misericordiam et veritatem in apostolo Paulo, prius Saulo persecutore. Indigebat misericordia, et dixit in se factam : « Qui prius fui blasphemus et persecutor et injuriosus, sed misericordiam consecutus sum, ut in me ostenderet Christus Jesus omnem longanimitatem in eos, qui credituri sunt illi in vitam æternam (I *Tim.*, I, 13 et 16). » Ut cum indulgentiam tantorum scelerum acciperet Paulus, nemo (a) desperaret posse sibi donari quæcumque peccata. Ecce habes misericordiam. Noluit tunc Deus exercere veritatem, ut puniret peccantem. Etenim si puniretur peccator, nonne veritas esset? Aut auderet dicere, Non debeo puniri, qui non posset dicere, Non peccavi? Et si diceret, Non peccavi : cui diceret? quem falleret? Ergo primo Dominus in eum misericordiam prærogavit, post misericordiam veritatem. Audi illum jam exigentem veritatem. « Primo ergo, inquit, misericordiam consecutus sum, qui prius fui blasphemus et persecutor et injuriosus (I *Cor.*, xv, 10) : sed gratia Dei sum quod sum (II *Tim.*, IV, 7 et 8). » Postea dicit, cum passioni propinquaret, « Bonum agonem certavi, cursum consummavi, fidem servavi; superest mihi corona justitiæ. » Ille qui tribuit misericordiam, servat veritatem. Unde servat veritatem? « Quam reddet mihi Dominus in illo die justus judex. » Indulgentiam donavit, coronam reddet; donator est indulgentiæ, debitor coronæ. Unde debitor? accepit aliquid? Cui debet aliquid Deus? Ecce videmus quia tenet eum debitorem Paulus, consecutus misericordiam, exigens veritatem : » Reddet mihi, inquit, Dominus in illo die. » Quid tibi reddet, nisi quod tibi debet? Unde tibi debet? quid ei dedisti? « Quis prior dedit illi, et retribuetur ei (*Rom.*, XI, 35)? »

(a) Sic MSS. Editi vero, *desperare posset*.

dû? « Il aime la miséricorde et la vérité. Il donnera la grâce et la gloire (*Ps.*, LXXXIII, 12). » Quelle grâce, si ce n'est celle dont l'Apôtre a dit : « C'est par la grâce de Dieu que je suis ce que je suis (I *Cor.*, XV, 10)? » Quelle gloire, si ce n'est celle dont le même Apôtre a dit : « Il me reste à recevoir la couronne de justice (II *Tim.*, IV, 8)? »

17. C'est pourquoi, dit le Prophète, « Le Seigneur ne privera pas de biens ceux qui marchent dans l'innocence (*Ps.*, LXXXIII, 13). » Pour quelle cause, ô hommes, consentez-vous à perdre votre innocence, sinon pour vous procurer des biens? Un homme consent à sacrifier son innocence, pour ne point rendre le dépôt qui lui a été confié; il veut posséder de l'or, il perd l'innocence. Que gagne-t-il? Que perd-il? Pour gain, de l'or; pour perte, son innocence. Y a-t-il quelque chose de plus précieux que l'innocence? Mais, dira-t-il, si je garde mon innocence, je serai pauvre. L'innocence est-elle donc une mince richesse? Est-ce que, si vous avez un coffre plein d'or, vous êtes riche? Est-ce que, si vous avez un cœur plein d'innocence, vous êtes pauvre? Si vous désirez les vrais biens, conservez maintenant l'innocence, dans l'indigence, dans la tribulation, dans la vallée des pleurs, dans l'oppression, dans les tentations. Car alors, vous aurez ensuite le bien que vous désirez : le repos, l'éternité, l'immortalité, l'impassibilité; voilà les biens que Dieu réserve à ses justes. Quant aux biens auxquels vous aspirez actuellement en y attachant un grand prix, et pour la possession desquels vous acceptez d'être coupable et de perdre votre innocence, considérez ceux qui les ont, qui les possèdent en abondance. Vous voyez les richesses dans les mains de voleurs, d'impies, de scélérats, d'infâmes, d'hommes perdus de vices et de forfaits; Dieu les leur donne en raison de l'union commune du genre humain, et de l'inépuisable abondance de sa bonté; car « il fait également lever son soleil sur les bons et sur les méchants, et tomber sa pluie sur les justes et sur les injustes (*Matth.*, V, 45). » S'il donne de si grands biens aux méchants, ne vous réserve-t-il rien? Vous a-t-il fait des promesses mensongères? Rassurez-vous, il est un bien qu'il vous réserve. Celui qui a eu pitié de vous, lorsque vous étiez impie, vous abandonne-t-il, maintenant que vous êtes juste? Il a accordé au pécheur la mort de son fils, que réserve-t-il à l'homme sauvé par la mort de son fils? Soyez donc rassuré. Croyez qu'il s'est fait votre débiteur,

---

Debitorem Dominus ipse se fecit, non accipiendo, sed promittendo. Non ei dicitur, Redde quod accepisti : sed, Redde quod promisisti. Misericordiam mihi erogavit, inquit, ut faceret me innocentem : nam prius fui blasphemus et injuriosus; sed ex illius gratia factus sum innocens. Ille autem qui prærogavit misericordiam, negare poterit debitum? « Diligit misericordiam, et veritatem. Gratiam et gloriam dabit. » Quam gratiam, nisi de qua ipse dixit, « Gratia Dei sum quod sum (I *Cor.*, XV, 10)? » Quam gloriam, nisi de qua ipse dixit, « Superest mihi corona justitiæ (II *Tim.*, IV, 8). »

17. Ideo, « Dominus, inquit, non privabit bonis ambulantes in innocentia (*Ps.*, LXXXIII, 13). » Quare ergo homines non vultis tenere innocentiam, nisi ut habeatis bona? Non (*a*) vult tenere innocentiam, ut non reddat quod illi assignatur : aurum vult habere, et perdit innocentiam. Quid lucratur? quid damnificatur? Habet lucrum auri, passus est damnum innocentiæ. Est aliquid pretiosius innocentia? Sed si innocentiam retinebo, inquit, pauper ero. Parvæ-ne divitiæ ipsa innocentia? Si arcam plenam auro habueris, dives eris : si cor habueris plenum innocentia, pauper eris? Sed ecce bona desiderans, modo in egestate, in tribulatione, in convalle plorationis, in pressura, in tentationibus, serva innocentiam. Erit enim postea etiam bonum tuum, quod desideras, requies, æternitas, immortalitas, impassibilitas erit postea : ipsa sunt bona quæ servat Deus justis suis. Nam bona quæ modo desideras pro magno, propter quæ vis esse nocens, et non innocens, adtende illa qui habeant, qui talibus abundant. Vides divitias apud latrones, apud impios, apud sceleratos, apud turpes, apud flagitiosos et facinorosos vides divitias : dat illis Deus ista propter communionem generis humani, propter (*b*) abundantem affluentiam bonitatis suæ; « qui etiam solem suum oriri facit super bonos et malos, et pluit super justos et injustos (*Matth.*, V, 45). » Tanta dat et malis, et tibi nihil servat? Falsum est quod tibi promisit? Servat, securus esto. Qui misertus est tui, cum esses impius; deserit te, cum factus es pius? Qui peccatori do-

---

(*a*) Sic plures MSS. At editi *Non vultis* : et infra, *quod ille assignat*: ubi MSS. plerique habent, *quod illi assignatur*, id est, depositum illi creditum. (*b*) Sic Er. et aliquot MSS. At Lov. *propter abundantiam affluentiæ*.

parce que vous avez cru à sa promesse de donateur. « Le Seigneur ne privera pas de biens ceux qui marchent dans l'innocence (*Ps.*, LXXXIII, 13). » Que nous reste-t-il donc dans le pressoir, dans l'affliction, dans l'adversité, dans les dangers de la vie présente ? Que nous reste-t-il pour arriver au ciel ? « Seigneur Dieu des armées, heureux l'homme qui met en vous son espérance (*Ibid.*) ! »

navit mortem Filii sui, quid servat salvato per mortem Filii sui ? Securus ergo esto. Tene debitorem, quia credidisti in promissorem. « Dominus non privabit bonis ambulantes in innocentia. » Ergo quid nobis hic restat in torculari, in afflictione, in re dura, in præsentia vitæ periculosæ? quid nobis restat, ut illuc perveniamus? « Domine Deus virtutum, beatus homo qui sperat in te. »

DISCOURS⁽¹⁾ SUR LE PSAUME LXXXIV.

1. Nous venons de prier le Seigneur notre Dieu, pour qu'il nous montre sa miséricorde et nous donne son Sauveur. Ces paroles ont été dites à titre de prophétie, dans le temps où les Psaumes ont été chantés et écrits : mais, en ce qui concerne le temps présent, Dieu a déjà montré sa miséricorde aux nations, et leur a donné son Sauveur. Il leur a montré sa miséricorde ; mais beaucoup refusent d'être guéris et de voir ce qu'il a montré. Mais, comme il guérit les yeux du cœur afin de pouvoir être vu, quand le Prophète a eu dit : « Montrez votre miséricorde (*Ps.*, LXXXVI, 3), » comme si de nombreux aveugles lui eussent demandé, comment verrons-nous ce que Dieu nous montrera ? il a ajouté : « Donnez-nous votre Sauveur (*Ibid.*). » En effet, en donnant son Sauveur, il nous guérit, afin que nous puissions voir ce qu'il montre ; car il ne fait pas comme le médecin, qui n'est qu'un homme, et qui montre la lumière à ceux qu'il a guéris. En effet, autre est la lumière que montre le médecin, autre est le médecin lui-même, qui guérit les yeux auxquels il montre la lumière, et qui n'est pas

IN PSALMUM LXXXIV.

ENARRATIO.

1. Deprecati sumus Dominum Deum nostrum, ut ostendat nobis misericordiam suam, et salutare suum det nobis. Dictum est hoc quidem in prophetia, cum primum Psalmi isti dicerentur et scriberentur : ceterum quod adtinet ad hoc tempus, jam ostendit Dominus Gentibus misericordiam suam, et dedit eis salutare suum. Ille quidem ostendit : sed multi sanari nolunt, ut videant quod ostendit. Sed quia ipse sanat oculos cordis ad videndum se; propterea cum dixisset, «Ostende nobis misericordiam tuam (*Ps.*, LXXIV, 8), » tamquam multis cæcis dicturis, Quomodo videbimus, cum cœperit ostendere ? adjunxit, « Et salutare tuum da nobis. » Dando enim salutare suum, sanat in nobis unde possimus videre quod ostendit : non quomodo medicus homo ipse curat, ut lucem istam ostendat eis quos curaverit : et aliud est ista lux, quam demonstraturus est; aliud autem ipse medicus, qui curat oculos quibus

---

(1) Discours au peuple.

la lumière elle-même. Ce n'est point là ce que fait le Seigneur notre Dieu; car il est lui-même le médecin qui guérit notre vue, et la lumière que nous devons voir. A cet instant, parcourons attentivement et dans de courtes paroles, en raison du peu de temps dont nous disposons, le Psaume entier, autant que nous le pourrons, autant que Dieu nous donnera de le faire.

2. Voici le titre du Psaume : « Pour la fin, aux enfants de Coré, Psaume (*Ps.*, LXXXIV, 1).» Par « la fin,» n'entendons pas autre chose que ce que dit l'Apôtre : « le Christ est la fin de la Loi, pour la justification de tout homme qui croit en lui (*Rom.*, x, 4). » Le Prophète, en mettant ces mots : « Pour la fin, » au frontispice du Psaume, a donc dirigé notre cœur vers le Christ : si nous tendons uniquement vers lui, nous ne nous égarerons pas, parce qu'il est la vérité où nous nous hâtons d'arriver et la voie par laquelle nous courons (*Jean*, XIV, 6). Que signifie : «aux enfants de Coré (*Ps.*, LXXXIV, 1)? » Le mot hébreu Coré signifie en latin «calvus,» chauve. «Aux enfants de Coré » signifie donc : aux enfants du Chauve. Quel est ce Chauve? Recherchons-le, non pour nous rire de lui, mais pour pleurer devant lui, car il y en a qui ont ri de lui, et qui ont été détruits par les démons. C'est ainsi que, selon le livre des Rois, des enfants ont raillé le chauve Élisée, et ont couru après en criant : « Chauve !

Chauve ! » Des ours sortirent de la forêt et dévorèrent ces enfants, coupables de railleries déplacées, et objets de regrets pour leurs parents (IV *Rois*, II, 23 et 24). Ce fait était la figure prophétique de ce qui devait arriver à Notre-Seigneur Jésus-Christ. En effet, il a été en butte, à titre de chauve, aux railleries impies des Juifs, parce qu'il a été crucifié au lieu dit le Calvaire (*Matth.*, XXVII, 31). Or, si nous croyons en lui, nous sommes ses enfants. C'est donc pour nous qu'est chanté le Psaume en tête duquel on lit : « Aux enfants de Coré. » Car nous sommes les enfants de l'époux (*Matth.*, IX, 15); et cet époux a donné pour arrhes à son épouse son sang et l'Esprit-Saint, nous enrichissant d'abord ainsi dans l'exil de ce monde, et nous réservant encore ses richesses cachées. Dès-lors, en effet, qu'il nous a donné un tel gage, que ne nous réserve-t-il pas ?

3. C'est pourquoi le Prophète, tout en lui adressant ses chants pour l'avenir, ne lui parle qu'au passé, et présente, comme des faits accomplis, les événements encore futurs ; parce que, devant Dieu, ce qui doit arriver est déjà comme fait. Le Prophète voyait donc en Dieu des événements futurs pour nous, comme déjà réalisés dans sa providence et dans son infaillible prédestination. C'est ainsi que dans un autre psaume, où tous reconnaissent unanimement qu'il s'agit du Christ, il parle de telle sorte que dans son

---

ostendat lucem, quæ lux non est ipse. Non ergo sic Dominus Deus noster. Ipse est enim medicus, qui curat unde videre possimus et ipse est lux quam videre possimus. Totum tamen Psalmum breviter, quantum possumus, quantum donat Dominus, pro angustia temporis adtenti curramus.

2. Titulus ejus est, « In finem filiis Core, Psalmus (*Ibid.*, 1). » Finem non intelligamus, nisi quem dicit Apostolus, « Finis enim Legis Christus ad justitiam omni credenti (*Rom.*, x, 4). » Ergo cum primo in titulo Psalmi posuit; « In finem : » direxit cor nostrum in Christum. In illum si intendamus, non errabimus : quia ipse est veritas quo festinamus, et ipse est via per quam curramus (*Johan.*, XIV, 6). Quid est, « filiis Core ? » Interpretatur Core ex verbo Hebræo in Latinum calvus. Ergo « filiis Core,» filiis calvi. Quis est iste calvus ? Non ut irrideamus illum, sed ut ploremus ante illum. Nam irriserunt quidam, et a dæmonibus vastati sunt : quomodo in Regnorum libro calvum Elisæum irriserunt pueri, dicebantque post illum, « Calve, calve (IV *Reg.*, II, 23 et 24), » processerunt ursi de silva, et comederunt pueros male ridentes, et plangendos a parentibus suis. Significavit hoc factum prophetia quadam, futurum Dominum nostrum Jesum Christum. Ille enim a Judæis irridentibus velut calvus irrisus est, quia in Calvariæ loco crucifixus est (*Matth.*, XXVI, 31). Nos autem si in illum credidimus, filii ipsius sumus. Nobis ergo cantatur iste Psalmus, ubi inscribitur « filiis Core : » sumus enim filii sponsi. Ille quippe sponsus, dans arram sponsæ suæ (*Matth.*, IX, 15), sanguinem suum et Spiritumsanctum, quo locupletavit nos interim in ista peregrinatione, adhuc autem servat nobis occultas divitias suas. Unde enim tale pignus dedit, quid est quod servat?

3. Itaque cantat ei Propheta in futurum, et utitur verbis quasi jam præteriti temporis; tamquam facta dicit, quæ futura erant : quia apud Deum et quod futurum est, jam factum est. Ibi ergo Pro-

récit on croit entendre l'Évangile : « Ils ont, dit-il, percé mes mains et mes pieds ; ils ont compté tous mes os ; ils m'ont examiné et considéré ; ils se sont partagé mes vêtements et ont jeté ma robe au sort (*Ps.*, XXI, 17-19). » Qui ne croirait entendre l'Évangile, tandis que le lecteur lit ce psaume ? Et cependant, en énumérant les faits dans ce psaume, le Prophète n'a pas dit : ils perceront mes mains et mes pieds ; mais : « Ils ont percé mes mains et mes pieds. » Il n'a pas dit : ils compteront mes os ; mais : « Ils ont compté mes os. » Il n'a pas dit non plus : ils se partageront mes vêtements ; mais : « Ils se sont partagé mes vêtements (*Ibid.*). » Toutes ces choses que le Prophète prévoyait pour l'avenir, il les indiquait comme passées. C'est de la même manière qu'il dit ici : « Seigneur, vous avez béni votre terre (*Ps.*, LXXXIV, 2) ; » comme si déjà c'était chose faite.

4. « Vous avez fait cesser la captivité de Jacob (*Ibid.*). » L'ancien peuple de Dieu, le peuple de Jacob, le peuple d'Israël, sorti de la race d'Abraham, devait être un jour, suivant les promesses, l'héritier de Dieu. C'était à lui qu'avait été donné l'Ancien Testament ; mais l'Ancien Testament n'était que la figure du Nouveau : le premier était la figure de la vérité et le second en était l'expression. Or, dans le testament figuratif, ce peuple avait reçu, comme une prédiction de l'avenir, une certaine terre de promesse, située dans cette région qu'ont habitée les Juifs, et où se trouve la ville de Jérusalem, dont nous avons tous entendu le nom. Quand le peuple eût donc pris possession de cette terre promise, il commença à souffrir de tous côtés mille hostilités de la part des peuples voisins ses ennemis ; et lorsqu'il péchait contre son Dieu, il devenait leur captif, non pour sa perte, mais pour son instruction, châtié paternellement mais non condamné. Après quelque temps d'esclavage, il recouvrait sa liberté, et plusieurs fois on le vit successivement réduit en captivité et délivré ; aujourd'hui, il est sous le joug, en punition du forfait qu'il a commis, lorsqu'il a crucifié son Seigneur. Comment donc appliquer au peuple juif ces paroles du Psaume, « Vous avez fait cesser la captivité de Jacob (*Ibid.*) ? » Ne devons-nous pas plutôt les entendre d'une autre captivité, dont nous désirons tous d'être délivrés ? Car nous appartenons tous à la postérité de Jacob, si nous appartenons à la race d'Abraham. Car, voici ce que dit

---

pheta vihebat futura nobis, jam vero facta in illius providentia et prædestinatione certissima, quomodo dicit et in illo Psalmo ubi omnes Christum agnoscunt : sic enim (*a*) recitatur, tamquam Evangelium legatur : « Foderunt manus meas et pedes, dinumeraverunt omnia ossa mea : ipsi vero consideraverunt et conspexerunt me, diviserunt sibi vestimenta mea, et super vestem meam miserunt sortem (*Psal.*, XXI, 18 et 19). » Quis non, legente lectore Psalmum, agnoscat Evangelium ? Et tamen cum diceretur in Psalmo, non dictum est, Fossuri sunt manus meas et pedes ; sed, foderunt manus meas et pedes : nec dictum est, Dinumeraturi sunt ossa mea ; sed dinumeraverunt ossa mea : nec dictum est, Divisuri sunt vestimenta mea ; sed, diviserunt sibi vestimenta mea. Hæc omnia quæ futura videbat Propheta, tamquam præterita indicabat. Sic et hic, « Benedixisti Domine terram tuam (*Ps.*, LXXXIV, 2) : » tamquam jam fecerit.

4. « Avertisti captivitatem Jacob (*Ibid.*, 2). » Populus ejus antiquus Jacob, populus Israel, natus de semine Abrahæ, in repromissione futurus aliquando heres Dei. (*b*) Erat quidem ergo ille populus, cui datum est Testamentum vetus : sed in vetere Testamento figurabatur Testamentum novum. Illa figura erat, hæc expressio veritatis. In illa autem figura secundum quamdam prænuntiationem futurorum, data est illi populo terra quædam promissionis, in quadam regione ubi habitavit populus Judæorum : ubi est etiam Jerusalem civitas, cujus nomen omnes audivimus. Hanc ergo terram cum accepisset ille populus, ab hostibus suis vicinis circumquaque inimicantibus multas molestias patiebatur ; et cum peccabat in Deum suum, dabatur in captivitatem ; non ad interitum, sed ad disciplinam ; non damnante patre, sed flagellante. Et cum possessa esset, liberabatur, et aliquotiens captivata est et liberata est illa gens ; et modo in captivitate est, et hoc peccato magno, quod Dominum suum crucifixit. Quid igitur secundum istos accipimus, quod ait, « Avertisti captivitatem Jacob ? » An forte intelligimus hic aliam captivitatem, de qua omnes nos volumus liberari ? Nam omnes pertinemus ad Jacob, si pertinemus ad semen Abrahæ. Hoc enim dicit Apostolus, « In Isaac vocabitur tibi semen : id est, non hi qui filii carnis, filii Dei, sed filii promissionis deputantur in se-

---

(*a*) Sic aliquot MSS. Alii cum editis, *recitatus est Psalmus*. (*b*) Ita in MSS. At in editis, *heres Dei erat. Quidam ergo ille populus cui datum est Testamentum vetus, figurabat Testamentum novum.*

l'Apôtre : « C'est du nom d'Isaac que sera nommée votre postérité ; c'est-à-dire : ce ne sont pas les enfants selon la chair qui sont les enfants de Dieu, mais ce sont les enfants de la promesse qui sont comptés dans la postérité (*Rom.*, IX, 7, 8). » Si les enfants de la promesse sont comptés dans la postérité d'Abraham, les Juifs, en offensant Dieu, ont perdu leurs titres d'enfants d'Abraham, et nous, en méritant de posséder Dieu, nous sommes devenus enfants d'Abraham ; nous ne lui appartenons pas selon la chair, mais nous lui appartenons selon la foi. En effet, c'est en imitant sa foi, que nous sommes devenus ses enfants ; c'est en dégénérant de sa foi, que les Juifs ont mérité d'être déshérités. Car, s'il faut vous prouver qu'ils ont perdu le mérite d'être nés d'Abraham, rappelez-vous qu'un jour ils se sont vantés arrogamment devant Notre-Seigneur Jésus-Christ, sinon de vivre comme Abraham, au moins d'être de son sang, et qu'ils ont dit au Seigneur : Nous avons pour père Abraham.» Le Seigneur leur répondit alors comme à des fils dégénérés : «Si vous êtes les enfants d'Abraham, faites les œuvres d'Abraham (*Jean*, VIII, 39). » Si donc ils n'étaient plus les enfants d'Abraham, parce qu'ils ne faisaient pas les œuvres d'Abraham, nous sommes, nous, les enfants d'Abraham, parce que nous faisons les œuvres d'Abraham. Quelles sont les œuvres d'Abraham que nous faisons aussi ?» Abraham a cru à la parole de Dieu, et sa foi lui a été imputée à justice (*Genèse*, XV, 6 ; *Galat.*, III, 6). » Nous appartenons donc tous à Jacob, en imitant la foi d'Abraham, qui a cru à la parole de Dieu et à qui sa foi a été imputée à justice. Quelle est donc cette captivité dont nous avons le désir d'être délivrés ? Il me semble, en effet, que nul d'entre nous n'est au pouvoir des barbares, et qu'aucune nation n'est venue, les armes à la main, fondre sur nous et nous emmener en captivité. Mais je vais vous montrer une captivité sous le joug de laquelle nous gémissons, et dont nous désirons d'être délivrés. Que le bienheureux Apôtre Paul s'avance et nous l'indique ; qu'il soit comme notre miroir, qu'il parle et que nous nous voyions dans ses paroles ; car il n'est personne qui ne se reconnaisse ici. Il dit donc : « Je me complais dans la loi de Dieu selon l'homme intérieur ; » la loi de Dieu me charme au fond du cœur : « mais je vois, dans mes membres, une autre loi qui combat la loi de mon esprit (*Rom.*, VII, 22). » Vous avez entendu quelle est la loi, vous avez entendu quel est le combat ; mais vous n'avez pas encore entendu quelle est la captivité, écoutez ce qui suit : « Une autre loi qui combat la loi de mon esprit, et qui me tient captif sous la loi du péché, qui est dans mes membres (*Ibid.*, 23). » Voilà quelle est cette captivité ; qui de nous ne voudrait en être délivré ? Et comment en être délivré ? Car le Psaume a célébré prophétiquement notre délivrance dans ces paroles : « Vous avez fait cesser la captivité

men (*Rom.*, IX, 7 et 8). » Si filii promissionis in semen deputantur, offendendo Deum Judæi degeneraverunt ; nos promerendo Deum, de genere Abrahæ facti sumus, non pertinentes ad carnem, sed pertinentes ad fidem. Imitati enim fidem, filii facti sumus ; illi autem degenerando a fide, exheredari meruerunt. Nam, ut noveritis quia perdiderunt illud, quod nati erant de Abraham, cum se arrogantes jactarent audiente Domino Jesu Christo, gloriantes de sanguine, et non de vita, et dicerent Domino, « Nos patrem habemus Abraham (*Johan.*, VIII, 39):» ait illis Dominus tamquam degenerantibus, « Si filii Abrahæ estis, facta Abrahæ facite, » Si ergo illi propterea jam non filii, quia non faciebant facta Abrahæ ; nos propterea filii, quia facimus facta Abrahæ. Quæ sunt facta Abrahæ quæ facimus (*Gen.*, XV, 6)? «Credidit autem Abraham Deo, et deputatum est illi ad justitiam (*Gal.*, III, 6).» Ergo omnes ad Jacob pertinemus, imitantes Abrahæ fidem, qui credidit Deo, et deputatum est illi ad justitiam. Quæ est ergo illa captivitas, unde nos volumus liberari ? Puto enim neminem nostrum modo esse apud Barbaros, nec aliquam gentem irruisse armatam, et captivos duxisse nos. Sed modo ostendo quamdam captivitatem, in qua gemimus, et unde nos liberari cupimus. Paulus Apostolus procedat, ipse illam dicat : sit ipse speculum nostrum, ille loquatur, et nos ibi videamus. Nemo est enim qui non hic se agnoscat. Ait ergo ille beatus Apostolus, « Condelector enim legi Dei secundum interiorem hominem (*Rom.*, VII, 22 etc,) : » Intus delectat me lex Dei. « Video autem aliam legem in membris meis, repugnantem legi mentis meæ. » Jam audisti legem, audisti pugnam ; captivitatem nondum audieras, audi quæ sequuntur : « Repugnantem, inquit, legi mentis meæ, et captivum me ducentem in lege peccati, quæ est in membris meis. » Agnovimus captivitatem : quis nostrum est qui nolit se de ista captivitate liberari ? Et unde

de Jacob (*Ps.*, LXXXIV, 2). » Or, à qui le Prophète adresse-t-il ces paroles ? Au Christ ; ainsi que le prouve le titre, « Pour la fin ; » et encore : « Pour les enfants de Coré (*Ibid.*) ; « car c'est lui qui a fait cesser la captivité de Jacob. Écoutez encore le même aveu de la bouche de saint Paul. Après avoir dit qu'il était tenu en captivité par la loi de ses membres qui luttait contre la loi de son esprit, il s'est écrié, sous le poids de cette captivité : « Malheureux homme que je suis! qui me délivrera de ce corps de mort? » Il a cherché qui ce serait, et aussitôt s'est présentée à son esprit « la grâce de Dieu par Notre-Seigneur Jésus-Christ (*Rom.*, VII, 22, 25). » C'est de cette même grâce de Dieu que le Prophète dit au même Seigneur Jésus-Christ : « Vous avez fait cesser la captivité de Jacob (*Ps.*, LXXXIV, 2). » Faites attention à cette captivité de Jacob; faites attention que ces paroles veulent dire : vous avez fait cesser notre captivité, non point en nous délivrant des Barbares, sous le joug desquels nous ne sommes pas tombés, mais en nous délivrant de nos mauvaises actions, de nos péchés, par lesquels Satan nous dominait. En effet, celui qui est délivré de ses péchés ne donne plus prise sur lui à la domination du prince des péchés.

5. Comment donc Dieu fait-il cesser la captivité de Jacob ? Voyez que cette délivrance est toute spirituelle, voyez qu'elle s'accomplit au-dedans de nous : « Vous avez remis à votre peuple son iniquité, dit le Prophète, vous avez couvert tous ses péchés (*Ibid.*,3). » Voilà comment il a fait cesser la captivité de Jacob ; c'est en remettant l'iniquité. L'iniquité vous tenait captif; l'iniquité est remise, vous êtes délivré. Confessez donc que vous êtes en captivité, pour être digne d'être délivré. Comment, en effet, celui qui ne connaît pas son ennemi invoquerait-il son libérateur ? « Vous avez couvert tous ses péchés (*Ibid.*). » Que veut dire : « Vous avez couvert? » Pour ne pas les voir. Que veut dire : Pour ne pas les voir? Pour n'avoir pas à les punir. Vous n'avez pas voulu voir nos péchés ; et vous ne les avez pas vus, parce que vous n'avez pas voulu les voir : « Vous avez couvert tous ses péchés. Vous avez apaisé toute votre colère; vous avez détourné les rigueurs de votre indignation (*Ibid.*, 4). »

6. Et comme toutes ces paroles se rapportent à l'avenir, bien que dites au passé, le Prophète continue et dit : « Faites-nous retourner à vous, Seigneur, qui nous guérissez (*Ibid.*, 5). » Tout à l'heure, il semblait raconter des faits accomplis ; comment donc, maintenant, prie-t-il pour que ces faits s'accomplissent, si ce n'est pour nous montrer que, tout en parlant au passé, il avait l'intention de prophétiser l'ave-

---

liberabitur ? Quoniam hoc cantavit ipse Psalmus futurum : « Avertisti captivitatem Jacob. » Cui dixit? Christo, propter « In finem, » propter « filios Core (*Ps.*,LXXXIV,1) : » ille enim avertit captivitatem Jacob. Audi et ipsum Paulum confitentem : Cum diceret se trahi captivum a lege in membris suis repugnante legi mentis suæ, exclamavit sub illa captivitate, et ait, « Infelix ego homo, quis me liberabit de corpore mortis hujus (*Rom.*, VII, 24 etc.) ? » Quæsivit quis esset, et statim illi occurrit, « Gratia Dei per Jesum Christum Dominum nostrum. » De hac gratia Dei Propheta dicit huic Domino nostro Jesu Christo, « Avertisti captivitatem Jacob. » Adtendite captivitatem Jacob, adtendite quia hoc est, avertisti captivitatem nostram : non liberando nos a Barbaris, in quos non incurrimus ; sed liberando nos ab operibus malis, a peccatis nostris, per quæ nobis satanas dominabatur. Si quis enim liberatus fuerit a peccatis suis, non habet unde illi dominetur princeps peccatorum.

5. Quomodo enim avertit captivitatem Jacob ? Videte quia ista liberatio spiritalis est, videte quia intus agitur : « Remisisti, inquit, iniquitatem plebis tuæ, operuisti omnia peccata eorum (*Ps.*, LXXXIV,3).» Ecce unde avertit captivitatem, quia remisit iniquitatem. Iniquitas tenebat captivum, remissa iniquitate liberaris. Confitere ergo te esse in captivitate, ut dignus sis liberari. Nam qui hostem suum non intellexit, quomodo invocat liberatorem ? « Operuisti omnia peccata eorum. » Quid est, « operuisti? » Ut non illa videres. Quid est, ut non illa videres ? Ut non in illa vindicares. Noluisti videre peccata nostra : et ideo (*a*) non vidisti, quia ipsa videre noluisti. « Operuisti omnia peccata eorum. Sedasti omnem iram tuam ; avertisti ad iram indignationis tuæ (*Ibid.* 5). »

6. Et quoniam de futuro ista dicuntur, quamvis verba præterita sonent ; sequitur, et dicit, « Converte nos (*b*) Domine sanitatum nostrarum (*Ibid.*,6).» Quod modo narrabat quasi factum esset, quomodo orat ut fiat, nisi quia voluit ostendere præterita

---

(*a*) Optimæ notæ MSS. Regius, Corbeiensis etc. *et ideo nos vidisti.* (*b*) Aliquot MSS. *Deus.*

nir. C'est pourquoi, il démontre que les choses qu'il présente comme faites ne sont cependant point encore accomplies, parce qu'il prie pour qu'elles s'accomplissent : « Faites-nous retourner à vous, Seigneur, qui nous guérissez, et détournez votre colère de dessus nous (*Ibid.*, 5). » Vous disiez, il n'y a qu'un instant : « Vous avez fait cesser la captivité de Jacob, vous avez couvert tous ses péchés, vous avez détourné les rigueurs de votre indignation (*Ibid.*, 3 et 4) ; » comment dites-vous maintenant : « Et détournez votre colère de dessus nous (*Ibid.*, 5)? » Le Prophète vous répond : J'énonce ces faits comme accomplis, parce que je vois qu'ils arriveront ; mais, comme ils n'ont point encore eu lieu, je prie pour l'accomplissement de ce que j'ai vu. « Détournez votre colère de dessus nous (*Ibid.*).

7. « Ne soyez pas éternellement irrité contre nous (*Ibid.*, 6). » C'est, en effet, la colère de Dieu qui nous a rendus mortels ; c'est la colère de Dieu qui nous fait manger notre pain sur cette terre dans la misère et à la sueur de notre front. Car telle est la condamnation prononcée contre Adam, après son péché (*Gen.*, III, 19). Et nous étions tous cet Adam, puisque tous les hommes meurent en Adam ; la condamnation qu'il a entendue nous a suivis également. Nous n'étions point encore nous-mêmes, mais nous étions en Adam. C'est pourquoi, tout ce qui est arrivé à Adam nous a suivis, de manière à nous rendre mortels ; car tous, nous étions en lui.

En effet, les fautes des parents n'ont point d'influence sur les enfants, lorsque les parents ne les commettent qu'après la naissance des enfants ; car les enfants déjà nés s'appartiennent à eux-mêmes et les parents s'appartiennent également. C'est pourquoi, si les enfants déjà nés suivent les mauvaises voies de leurs parents, nécessairement ils porteront le poids de leurs fautes personnelles ; si, au contraire, ils ont pris une autre route et n'ont pas imité la méchanceté de leurs parents, ils recevront ce qu'ils commencent à mériter par eux-mêmes et non ce que peuvent mériter leurs parents. La faute de votre père est en ce cas si loin de vous nuire, lorsque vous ne suivez pas ses égarements, qu'elle ne nuira même pas à votre père, s'il revient au bien. Mais tout ce que la souche de laquelle nous sortons renferme en elle de mortalité, elle l'a reçu d'Adam. Qu'a-t-elle reçu d'Adam? Cette fragilité de la chair, cet assujettissement aux douleurs, cette maison de pauvreté, ces liens de mort, ces pièges de la tentation. Tous ces maux, nous les portons dans notre chair, et ils sont appelés la colère de Dieu, parce qu'ils sont des châtiments infligés par Dieu. Mais comme il devait arriver que nous serions régénérés, que nous recevrions une vie nouvelle par la foi, que tout ce qui est mortel en nous serait absorbé dans notre résurrection, et qu'un homme nouveau serait alors formé en nous, selon cette parole : « De même que tous

---

verba sein prophetia dixisse? Nondum autem factum esse quod dicebat jam factum, hinc ostendit, quia orat ut fiat. « Converte nos Domine sanitatum nostrarum : et averte iracundiam tuam a nobis. » Non jam dudum dicebas, « Avertisti captivitatem Jacob, operuisti omnia peccata eorum, sedasti omnem iram tuam, aversus es ab ira indignationis tuæ ; » Quomodo hic, « Et averte iracundiam tuam a nobis ? » Respondet tibi Propheta, Illa dico quasi facta, quia video futura : quia vero nondum facta sunt, oro ut veniant, quæ jam vidi. « Averte iracundiam tuam a nobis. »

7. « Non in æternum irascaris nobis (*Ps.*, LXXXIV, 5). » De ira Dei enim mortales sumus, et de ira Dei in ista terra in egestate et labore vultus nostri manducamus panem (*Gen.*, III, 19). Hoc enim audivit Adam, quando peccavit. Et Adam ille omnes nos eramus, « quia in Adam omnes moriuntur (I *Cor.*, XV, 22) : » quod ille audivit, secutum est et nos.

Non enim eramus jam nos, sed eramus in Adam. Ideo quidquid evenit ipsi Adam, secutum est et nos, ut moreremur : omnes quippe in illo fuimus. Ea enim peccata parentum non pertinent ad filios, quæ faciunt parentes jam natis filiis. Jam enim nati filii ad se pertinent, et parentes ad se pertinent. Itaque illi qui nati sunt si tenuerint vias parentum suorum malas, necesse est portent et merita ipsorum : si autem mutaverint se, et non fuerint imitati parentes malos, incipiunt habere meritum suum, non meritum parentum suorum. Usque adeo autem non tibi obest peccatum patris tui, si te mutaveris, ut nec ipsi patri tuo obsit, si se mutaverit. Sed jam quod accepit ad mortalitatem istam radix nostra, duxit de Adam. Quid duxit? Istam fragilitatem carnis, hoc tormentum dolorum, hanc domum paupertatis, hoc vinculum mortis, et laqueos tentationum. Portamus omnia ista in carne hac : et ira Dei est ista, quia vindicta Dei est. Sed quia futurum erat

les hommes meurent en Adam, de même tous seront vivifiés dans le Christ (I *Cor.*, xv, 22) ; » le Prophète, voyant par avance ces changements, a dit : « Ne soyez pas éternellement irrité contre nous, et n'étendez pas votre colère de génération en génération (*Ps.*, LXXXIV, 6). » La première génération a été frappée de mort par votre colère ; la seconde sera douée d'immortalité par votre miséricorde.

8. Mais quoi ? Est-ce vous-même, ô homme, qui vous êtes donné qu'en vous convertissant à Dieu, vous mériteriez sa miséricorde; tandis que ceux qui ne se convertiraient point à lui n'obtiendraient pas miséricorde et ne trouveraient que colère de la part de Dieu ? Et que pourriez-vous pour votre conversion, si vous n'étiez point appelé ? Celui qui vous appelle, au moment où vous n'avez qu'aversion pour lui, n'est-il point l'auteur de votre conversion ? Gardez-vous donc bien de vous attribuer même votre conversion ; car si Dieu ne vous appelait, lorsque vous le fuyez, vous ne pourriez vous convertir. C'est pourquoi le Prophète, rapportant à Dieu le bienfait de sa propre conversion, le prie en ces termes : « O Dieu, en nous convertissant à vous, vous nous vivifierez (*Ibid.*, 7). » Il ne nous appartient pas de nous convertir d'abord à vous spontanément et sans le secours de votre miséricorde, afin d'être ensuite vivifiés par vous; mais, « en nous convertissant à vous, vous nous vivifierez (*Ibid.*) ; » de sorte que non-seulement nous ne serons vivifiés que par vous, mais encore que nous serons convertis par vous afin d'être vivifiés. « O Dieu, en nous convertissant à vous, vous nous vivifierez et votre peuple se réjouira en vous (*Ibid.*, 7). » Mauvaise sera la joie qu'il prendra en lui-même, bonne la joie qu'il prendra en vous. Quand il a voulu, en effet, chercher sa joie en lui, il n'a trouvé en lui qu'une cause de gémissements. Mais maintenant que toute notre joie est en Dieu, que celui qui veut se réjouir avec sécurité se réjouisse en lui, qui ne peut périr. Car, par exemple, mes frères, quelle joie trouver dans l'argent ? Ou bien l'argent périt, ou bien vous ; et nul ne sait lequel des deux disparaîtra le premier. Une chose est certaine, c'est que tous deux périront ; lequel d'abord, voilà ce qui est incertain. Car ni l'homme ne peut demeurer ici-bas éternellement, ni l'argent n'y peut durer toujours ; il en est de même de l'or, de même des vêtements, de même des maisons, de même de la fortune, de même des vastes propriétés, de même enfin de cette lumière elle-même. Ne mettez donc pas votre joie dans toutes ces choses ; mais placez-la dans cette lumière qui ne se couche jamais. Réjouissez-vous dans cette lumière que n'a pas précédée le jour d'hier et que ne suivra pas le jour de demain. Quelle est cette lumière? « Je suis, a dit le Seigneur, la

---

ut regeneraremur, et credendo novi efficeremur, atque in resurrectione omnis illa mortalitas absumeretur, et novitas totius hominis repararetur : « Sicut enim in Adam omnes moriuntur, sic et in Christo omnes vivificabuntur (I *Cor.*, xv, 21) : » hoc videns Propheta ait, « Non in æternum irascaris nobis, vel extendas iram tuam a generatione in generationem. » Fuit prima generatio mortalis de ira tua, erit altera generatio immortalis de misericordia tua.

8. Quid ergo, hoc tibi tu præstitisti, o homo, ut quia conversus es ad Deum, merereris misericordiam ipsius ; qui autem conversi non sunt, non sunt adepti misericordiam, sed invenerunt iram ? Quid autem, ut converteneris, posses, nisi vocareris ? Nonne ille qui et vocavit aversum, ipse præstitit ut convertereris ? Noli tibi ergo arrogare nec ipsam conversionem : quia nisi te ille vocaret fugientem, non posses converti. Propterea et ipsius conversionis beneficium Deo tribuens Propheta, hoc orat, et dicit, « Deus tu convertens vivificabis nos (*Ps.*, LXXXIV, 7). » Et non quasi nos ipsi nostra sponte sine misericordia tua convertimur ad te, et tu vivificabis nos : sed, « tu convertens vivificabis nos ; » ut non solum vivificatio nostra a te sit, sed etiam ipsa conversio ut vivificemur. « Deus tu convertens vivificabis nos : et plebs tua lætabitur in te. » Malo suo lætabitur in se, bono suo lætabitur in te. Quando enim voluit habere gaudia de se, invenit planctum in se. Nunc vero quia totum gaudium nostrum Deus est, qui vult securus gaudere, in illo gaudeat qui non potest perire. Quid enim, Fratres mei, gaudere vultis in argento ? Aut argentum perit, aut tu ; et nemo scit quid prius; verumtamen illud constat, quia utrumque periturum est; quid prius, incertum est. Nam nec homo hic potest manere semper, nec argentum hic potest manere semper : sic aurum, sic vestis, sic domus, sic pecunia, sic lata prædia, sic postremo lux ista. Noli ergo velle gaudere in istis : sed gaude in illa luce, quæ non habet occa-

lumière du monde (Jean, VIII, 12). » Celui qui vous dit : « Je suis la lumière du monde (Ibid.) » vous appelle à lui. En vous appelant, il vous convertit ; en vous convertissant, il vous guérit ; lorsqu'il vous aura guéri, vous verrez celui qui vous aura converti et à qui le Prophète dit : « Et votre peuple se réjouira en vous (Ps., LXXXIV, 7). »

9. « Montrez-nous, Seigneur, votre miséricorde (Ibid., 8). » C'est ce que nous avons chanté et déjà nous avons emprunté ce verset (n° 1.). « Montrez-nous, Seigneur, votre miséricorde et donnez-nous votre Sauveur ; » votre Sauveur, votre Christ. Heureux celui à qui Dieu montre sa miséricorde. Il ne peut s'enorgueillir, quand Dieu lui montre sa miséricorde. Car, en lui montrant sa miséricorde, il lui persuade que tout ce que l'homme possède de bien ne peut venir que de celui qui est tout notre bien. Et lorsque l'homme voit qu'il ne peut tenir de lui-même, mais seulement de Dieu, tout ce qu'il a de bien, il reconnaît que tout ce qu'il y a de louable en lui est l'effet de la miséricorde divine et non de ses propres mérites. S'il le voit, il ne s'enorgueillit pas ; s'il ne s'enorgueillit pas, il ne s'élève pas ; s'il ne s'élève pas, il ne tombe pas ; s'il ne tombe pas, il se tient ferme ; s'il se tient ferme, il s'attache à Dieu; s'il s'attache à Dieu, il demeure près de lui; s'il demeure près de lui, il jouit de lui et se réjouit en Dieu son Seigneur. Celui qui l'a créé fera toutes ses délices; et ces délices, nul ne peut les corrompre, nul ne peut les lui disputer, nul ne peut les lui ravir. Qui sera assez puissant pour menacer de les lui ravir ? Quel méchant voisin, quel voleur, quel traître, avec tous ses pièges, peut vous enlever Dieu ? On peut vous ravir tout ce que possède votre corps, on ne peut vous ravir ce que possède votre cœur. Telle est la miséricorde, et daigne notre Dieu nous la montrer ! « Montrez-nous, Seigneur, votre miséricorde et donnez-nous votre Sauveur (Ibid.). » Donnez-vous votre Christ, c'est en lui que réside votre miséricorde. Disons-lui, nous aussi : Donnez-nous votre Christ. Il est vrai qu'il nous a déjà donné son Christ ; cependant, disons-lui encore : donnez-nous votre Christ, puisque nous lui disons : « Donnez-nous aujourd'hui notre pain quotidien (Matth., VI, 11). Et notre pain, quel est-il, sinon celui qui a dit : « Je suis le pain vivant descendu du Ciel (Jean, VI, 41)? » Disons-lui : Donnez-nous votre Christ. Car il nous l'a donné, mais dans son humanité ; après nous l'avoir donné dans son humanité, il nous le donnera dans sa divinité. En effet, il a donné un homme aux hommes, parce qu'il l'a donné aux hommes tel que les hommes pouvaient le comprendre. Car nul homme n'était capable de comprendre le Christ

---

sum ; gaude in illa luce, quam non præcedit hesternus dies, nec sequitur crastinus. Quid est ista lux ? « Ego sum, inquit, lux mundi (Johan., VIII, 12). » Qui tibi dicit, « Ego sum lux mundi, » vocat te ad se. Cum vocat te, convertit te : cum converterit te, sanat te : cum sanaverit te, videbis conversorem tuum, cui dicitur, « Et plebs tua lætabitur in te. »

9. « Ostende nobis Domine misericordiam tuam (Psal., LXXXIV, 8). » Hoc est quod (a) cantavimus, et jam hinc diximus (n°1.). « Ostende nobis Domine misericordiam tuam; et salutare tuum da nobis : » Salutare tuum, Christum tuum. Felix est cui ostendit Deus misericordiam suam. Ipse est qui superbire non potest, cui Deus ostendit misericordiam suam. Ostendendo enim illi misericordiam suam, persuadet illi quia quidquid boni habet ipse homo, non habet nisi ab illo, qui omne bonum nostrum est. Et cum viderit homo quidquid boni habet, non se habere a se, sed a Deo suo; videt quia totum quod in illo laudatur, de misericordia Dei est, non de meritis ipsius : et videndo ista non superbit, non superbiendo non extollitur, non se extollendo non cadit, non cadendo stat, stando inhæret, inhærendo manet, manendo perfruitur, et lætatur in Domino Deo suo. Erunt illi deliciæ ipse qui fecit illum : et delicias ipsas nemo corrumpit, nemo interpellat, nemo aufert. Quis potens minabitur auferre? Quis vicinus malus, quis latro, quis insidiator tibi tollit Deum ? Et potest tibi tollere totum quod possides corpore, non tibi tollit eum quem possides corde. (b) Ipsa est misericordia, quam utinam Deus ostendat nobis. « Ostende nobis Domine misericordiam tuam, et salutare tuum da nobis. » Christum tuum da nobis : in illo est enim misericordia tua. Dicamus illi et nos, Da nobis Christum tuum. Jam quidem dedit nobis Christum suum : adhuc illi tamen dicamus, Da nobis Christum tuum : quia dicimus illi, « Panem nostrum quotidianum da nobis hodie (Matth., VI, 11). » Et quis est panis no-

(a) Nonnulli MSS. cantabimus. (b) MSS. ipse est.

dans sa divinité. Le Christ s'est fait homme pour les hommes, il s'est réservé Dieu pour les dieux. Mais cette parole n'est-elle point arrogante? Oui, elle serait arrogante, s'il n'eût dit lui-même : « J'ai dit : vous êtes des dieux et vous êtes tous les enfants du Très-Haut (*Ps.*, LXXXI, 6; *Jean*, X, 34). » Nous sommes renouvelés, pour être dignes d'être adoptés par lui, et de devenir les enfants de Dieu. Déjà même nous le sommes, mais par la foi; nous le sommes, mais par l'espérance, et non point encore par la réalité. Car, comme le dit l'Apôtre, « nous sommes sauvés en espérance. Mais l'espérance qui se voit, n'est pas de l'espérance; car ce que voit quelqu'un, comment l'espérerait-il? Si nous espérons ce que nous ne voyons pas encore, nous l'attendons par la patience (*Rom.*, VIII, 24, 25). » Qu'attendons-nous, en effet, par la patience, si ce n'est la vue de ce que nous croyons? Aujourd'hui, nous croyons ce que nous ne voyons pas; nous mériterons de voir ce que nous croyons. Aussi, que dit saint Jean, dans son épître : « Mes bien-aimés, nous sommes les enfants de Dieu, mais on ne voit pas encore ce que nous serons (I *Jean*, III. 2). » Qui ne serait comblé de joie, si, tandis qu'il est en exil, ignorant sa famille, souffrant les douleurs de l'indigence, accablé de peines et de travaux, on lui disait tout à coup :

Vous êtes le fils d'un sénateur; votre père vit dans la joie au milieu d'une immense patrimoine qui est à vous; je vais vous ramener à votre père? Quels seraient ses transports de joie, si la promesse qu'il entendait n'était pas une promesse mensongère? Voici donc venir un apôtre du Christ, il n'est pas menteur et il nous dit : Pourquoi désespérer de vous-même? Pourquoi vous affliger et vous laisser abattre par le chagrin? Pourquoi, en suivant vos convoitises, croupir dans l'indigence que produisent ces voluptés? Vous avez un père, vous avez une patrie, vous avez un patrimoine. Ce père, quel est-il? « Mes bien-aimés, nous sommes enfants de Dieu. » Pourquoi ne voyons-nous pas encore notre père? parce que « l'on ne voit pas encore ce que nous serons. » Nous sommes déjà enfants de Dieu, mais en espérance, car « on ne voit pas encore ce que nous serons. » Et que serons-nous? « Nous savons que, quand il apparaîtra, nous serons semblables à lui, parce que nous le verrons tel qu'il est (I *Jean*, III, 2). » Mais c'est du Père que l'Apôtre a dit cela; l'a-t-il dit aussi du Fils, Notre-Seigneur Jésus-Christ? Ou bien, en voyant le Père sans voir le Fils, serons-nous heureux? Écoutez le Christ lui-même : « Qui m'a vu, » dit-il, « a vu aussi mon Père (*Jean*, XIV, 9). » En effet, en voyant un seul

---

ster, nisi ipse qui dixit, « Ego sum panis vivus, qui de cœlo descendi (*Johan.*, VI, 41)? » Dicamus illi, Da nobis Christum. Dedit enim nobis Christum, sed hominem : quem (*a*) nobis dedit hominibus, eum ipsum nobis daturus est Deum. Hominibus enim hominem dedit; quia talem illum dedit hominibus, qualis posset capi ab hominibus. Deum enim Christum nullus hominum capere poterat. Factus est hominibus homo, servavit se Deum diis. An forte arroganter dixi? Re vera arroganter, nisi ipse dixisset, « Ego dixi, Dii estis, et filii Altissimi omnes. » Ad ipsam adoptionem (*b*) renovamur, ut efficiamur filii Dei. Jam quidem sumus, sed per fidem : sumus quidem in spe, nondum sumus in re. « Spe enim salvi facti sumus, sicut dicit Apostolus : Spes autem quæ videtur, non est spes. Quod enim videt quis, quid sperat? Si autem quod non videmus speramus, per patientiam exspectamus (*Rom.*, VIII, 24 et 25). » Quid enim exspectamus per patientiam, nisi videre quod credimus? Modo enim credimus quod non videmus:

permanendo in eo quod credentes non videmus, merebimur videre quod credimus. Propterea Johannes in Epistola sua quid ait? « Dilectissimi, filii Dei sumus, et nondum apparuit quid erimus (I *Johan.*, III, 2). » Quis non exsultet, si subito nescio cui peregrinanti et ignoranti genus suum, patienti aliquam egestatem, et in ærumna et labore constituto diceretur, Filius senatoris es, pater tuus amplo patrimonio gaudet in re vestra, revoco te ad patrem tuum : quali gaudio exsultaret, si hoc non fallax promissor diceret? Venit ergo non fallax Apostolus Christi, et ait, Quid est quod de vobis desperatis? quid est quod vos affligitis, et mærore conteritis? quid est quod concupiscentias vestras sequendo, in egestate istarum voluptatum conteri vultis? Habetis patrem, habetis patriam, habetis patrimonium. Quis est iste pater? « Dilectissimi, filii Dei sumus (I *Johan.*, III, 2). » Quare ergo nondum videmus patrem nostrum? « Quia nondum apparuit quid erimus. » Jam sumus, sed in spe : nam quid erimus, nondum ap-

---

(*a*) Sic potiores MSS. Alii cum editis, *quem novimus, dedit* etc. (*b*) Ita MSS. At editi, *Ad hanc ipsam adoptionem revocamur*.

Dieu, on voit la Trinité, le Père et le Fils et l'Esprit-Saint. Écoutez : voici qui exprime encore plus nettement que la vue du Fils lui-même nous donnera la béatitude,et qu'il n'y a aucune différence entre la vue du Fils et la vue du Père. Le Fils a dit lui-même dans l'Évangile : « Celui qui m'aime garde mes commandements et je l'aimerai et je me manifesterai à lui (*Jean*, XIV, 9, 21). » Il parlait aux Apôtres et leur disait : « Je me manifesterai à lui. » Pourquoi ? N'était-ce pas lui qui parlait ? Oui : mais la chair voyait la chair, le cœur ne voyait pas la divinité. Or la chair a vu la chair, afin que le cœur fût purifié par la foi et méritât de voir la divinité. En effet, il a été dit du Seigneur : « Il purifiait leurs cœurs par la foi (*Act.*, XV, 9); » et le Seigneur a dit : « Heureux ceux qui ont le cœur pur, parce qu'ils verront Dieu (*Matth.*, V, 8). » Il nous a donc promis de se montrer à nous. Figurez-vous, mes frères, si vous le pouvez, quelle est sa beauté. Toutes ces belles choses que vous voyez, que vous aimez, c'est lui qui les a faites. Si elles sont belles, combien beau est-il lui-même ? Si elles sont grandes, combien grand est-il ? Que ces choses que nous aimons nous le rendent plus désirable encore ! Méprisons ces choses et aimons-le, afin que notre cœur soit purifié par l'amour que donne la foi, et que notre cœur purifié soit digne de le voir. La lumière qui nous sera montrée doit nous trouver purs. C'est ce que fait en nous la foi. Voilà donc ce que nous avons dit par ces paroles. « Donnez-nous votre Sauveur (*Ps.*, LXXXIV, 8) : » donnez-nous votre Christ, que nous connaissions votre Christ, que nous voyions votre Christ, non comme l'ont vu les Juifs qui l'ont crucifié, mais comme le voient les Anges qui se réjouissent en lui.

10. « J'écouterai ce que le Seigneur dira en moi (*Ibid.*, 9). » C'est le Prophète qui parle ici. Dieu lui parlait intérieurement et le monde, au dehors, l'importunait de son bruit. Il s'éloigne alors un peu de ce bruit du monde ; il s'en détourne pour se retrouver avec lui-même et passer de lui-même à celui dont il entendait intérieurement la voix ; il se bouche, en quelque sorte, l'oreille contre les agitations tumultueuses de cette vie, contre son âme, appesantie par le corps qui se corrompt, contre son esprit, déprimé par cette habitation terrestre, et livré à de nombreuses pensées (*Sag.*, IX, 15), et il dit : « J'écouterai ce que le Seigneur dira en moi. » Il a écouté, et qu'a-t-il entendu ? « Car il prononcera des paroles de paix sur son peuple (*Ps.*, LXXXIV, 9). » La voix du Christ, la voix de Dieu est donc la voix de la paix, elle nous

---

paruit (*Ibid.*). Et quid erimus? « Scimus, inquit, quia cum apparuerit, similes ei erimus, quoniam videbimus eum sicuti est. » Sed hoc de Patre dixit, de Filio autem Domino Jesu Christo non dixit? Et forte videndo Patrem, non Filium, (a) erimus beati? Ipsum audi Christum : « Qui me vidit, vidit et Patrem (*Johan.*, XIV, 9). » Cum enim unus Deus videtur, Trinitas videtur, Pater et Filius et Spiritus-sanctus. Audi expressius quia ipsius Filii visio tribuet nobis beatitudinem, et nihil interest inter visionem ipsius et visionem Patris. Ipse ait in Evangelio, « Qui diligit me, mandata mea custodit, et ego diligam illum, et ostendam meipsum illi (*Ibid.*, 21). » Loquebatur illis, et dicebat, Ostendam meipsum illi. Quare? Non erat ipse qui loquebatur? Sed carnem caro videbat, divinitatem cor non videbat. Ad hoc autem caro carnem vidit, ut per fidem cor mundaretur, unde Deus videretur. Dictum est enim de Domino, « Fide mundans corda eorum (*Act.*, XV, 9). » Et dixit Dominus, « Beati mundo corde, quia ipsi Deum videbunt (*Matth.*, V, 8). » Ergo nobis promisit ostendere se nobis. Qualis est pulcritudo ejus, Fratres cogitate. Omnia ista pulcra quæ videtis, quæ amatis, ipse fecit. Si hæc pulcra sunt, quid est ipse? si hæc magna sunt, quantus est ipse? Ergo ex istis quæ hic amamus, illum magis desideremus; et contemnentes ista, illum diligamus : ut ipsa dilectione per fidem cor mundemus, et mundatum cor nostrum inveniat adspectus illius. Lux quæ nobis ostendetur, sanos nos debet invenire. Hoc agit modo fides. Hoc ergo hic diximus. « Et salutare tuum da nobis : » Da nobis Christum tuum, noverimus Christum tuum, videamus Christum tuum : non quomodo illum viderunt Judæi, et crucifixerunt; sed quomodo illum vident Angeli, et gaudent.

10. « Audiam quid loquetur in me Dominus Deus (*Ps.*, LXXXIV, 9). » Propheta dixit. Loquebatur in illo Deus intus, et mundus faciebat illi strepitum foris. Cohibens ergo aliquantum ab strepitu mundi, et avertens se ad se, et a se in illum cujus vocem audiebat interius, quasi obturans aurem contra tumultuantem vitæ hujus inquietudinem, et contra

(a) Optimæ notæ Corbeiensis MS. *non erimus beati*.

appelle à la paix. Allons, dit-elle, qui que vous soyez qui n'avez point encore la paix, aimez la paix. Que pourriez-vous recevoir de moi qui valût mieux que la paix? Qu'est-ce que la paix? L'absence de toute guerre. Que veut dire l'absence de toute guerre? C'est l'absence de toute contradiction, de toute résistance, de toute opposition. Voyez si nous sommes déjà dans cet état; voyez si nous n'avons plus de conflit avec le démon; voyez si tous les saints et tous les fidèles ne luttent pas encore contre le prince des démons. Et comment luttent-ils avec le démon qu'ils ne voient pas? Ils luttent contre leurs convoitises, à l'aide desquelles il leur suggère le péché; et quand ils résisteraient à ses suggestions, bien que n'étant pas vaincus, ils ont cependant combattu. Ce n'est donc pas la paix, puisqu'il y a combat. Il faudrait me montrer un homme dont la chair fût exempte de toute atteinte des tentations, pour me dire qu'il est déjà en paix. Peut-être, à la vérité, la tentation ne lui fait-elle ressentir aucun plaisir illicite, mais du moins il en éprouve la suggestion: ou bien ce qu'il repousse lui est suggéré, ou bien il trouve encore de l'attrait dans les choses dont il s'abstient. Supposons même qu'il ne se complaise en aucune chose illicite, il lutte chaque jour contre la faim et la soif. Quel juste, en effet, est exempt de ce combat? Nous sommes en lutte contre la faim et la soif, en lutte contre les fatigues de la chair, en lutte contre le plaisir du sommeil, en lutte contre l'accablement qu'il produit. Nous voulons veiller, nous tombons de sommeil; nous voulons jeûner, la faim et la soif nous tourmentent; nous voulons rester debout, la fatigue nous accable; nous cherchons à nous asseoir, que cette position se prolonge, nous ne pouvons nous y tenir. Tout moyen de réfection devient une cause de défection. Vous avez faim? vous dit quelqu'un. J'ai faim, répondez-vous. On met devant vous de la nourriture, et on l'y met comme moyen de réfection; persévérez à user de ces aliments, vous voulez certainement reprendre des forces, eh bien: continuez, continuez toujours; et bientôt vous ne trouverez que lassitude dans ce qui devait vous rendre des forces. Vous étiez las d'être assis; vous vous levez, vous vous remettez en marchant; mais prolongez cette action qui vous repose, et bientôt la marche vous aura fatigué et vous chercherez de nouveau à vous asseoir. Trouvez-moi donc un moyen de réparer vos forces, qui ne devienne le moyen de les perdre, si vous y persévérez un peu de temps. Quelle paix peuvent donc trouver ici-bas des hommes obligés de résister constamment à tant d'importunités, à tant de convoitises, à tant de besoins, à tant de lassitudes? Ce n'est point la véritable paix, ce n'est pas la paix parfaite. Quelle sera donc la paix parfaite? « Il faut que

animam corpore quod corrumpitur aggravatam, et sensum terrena inhabitatione deprimentem multa cogitantem (*Sap.*, IX, 15), ait, « Audiam quid loquetur in me Dominus Deus. » Et audivit, quid? « Quoniam loquetur pacem in plebem suam. » Vox ergo Christi, vox Dei pax est, ad pacem vocat. Eia, dicit, quicumque nondum estis in pace, amate pacem. Quid enim vobis melius de me invenire potestis quam pacem. Pax quid est? Ubi nullum bellum est. Quid est, ubi nullum bellum est? Ubi nulla est contradictio, ubi nihil resistit, nihil adversum est. Videte si jam ibi sumus, videte si jam non est conflictus cum diabolo, videte si non omnes sancti et fideles cum principe dæmoniorum luctantur. Et quomodo cum illo luctantur, quem non vident? Luctantur cum concupiscentiis suis, quibus ille suggerit peccata; et non consentiendo quod suggerit, etsi non vincuntur, tamen pugnant. Nondum est ergo pax, ubi pugna est. Aut date mihi hominem qui nihil tentationis patitur in carne sua, ut possit mihi dicere quia jam pax est. Nihil quidem tentationis forte patitur in illicitis voluptatibus, saltem suggestiones ipsas patitur: vel suggeritur illi quod respuit, vel delectat unde contineat. Sed ecce jam nihil delectat illicitum: vel contra famem et sitim pugnat quotidie. Quis enim justus hinc alienus? Pugnat ergo fames et sitis, pugnat contra nos lassitudo carnis, pugnat delectatio somni, pugnat oppressio. Vigilare volumus, dormitamus: jejunare volumus, esurimus, esurimus et sitimus: stare volumus, defatigamur: quærimus sedere, si et hoc diu facimus, deficimus. Quidquid nobis providerimus ad refectionem, illic rursus invenimus defectionem. Esuris, dicit tibi aliquis. Esurio. Ponit ante te cibum, ad refectionem posuerat: persevera in eo quod posuit; certe reficere te volebas, hoc age semper; hoc agendo, in eo quod adhibueras ad refectionem, ibi invenis lassitudinem. Multum sedeado fatigatus eras, surgis, deambulando reficeris: persevera in eo quo reficeris, multum deambulando lassaris;

ce corps corruptible revête l'incorruptibilité et que ce corps mortel revête l'immortalité. Alors sera accomplie cette parole qui est écrite : La mort a été absorbée dans la victoire. O mort, où est ton aiguillon ? ô mort, où est ta lutte contre nous (I *Cor.*, 53-55) ? » Comment en effet y aurait-il une pleine et entière paix là où se trouve encore la mortalité ? Car c'est de la mort que vient cette fatigue que nous trouvons même dans tout ce qui répare nos forces. Elle vient de la mort, parce que nous traînons un corps mortel, que l'Apôtre nous dit même être mort avant sa dissolution. « Le corps est mort, nous dit-il, à cause du péché (*Rom.*, VIII, 10). » Car, pour mourir, il vous suffirait de persévérer un peu dans quelque action qui vous rend des forces. Persévérez à beaucoup manger, vous en mourrez ; persévérez à beaucoup jeûner, vous en mourrez ; restez toujours assis, sans vouloir vous lever, vous en mourrez ; marchez toujours, sans vouloir vous asseoir, vous en mourrez ; tenez-vous toujours éveillé, sans vouloir dormir, vous en mourrez ; dormez toujours, sans vouloir vous tenir éveillé, vous en mourrez. Quand donc la mort sera absorbée dans la victoire, toutes ces faiblesses n'existeront plus, et la paix sera entière et éternelle. Nous serons alors les habitants d'une cité, dont je voudrais parler sans fin, quand une fois je l'ai nommée, surtout en un temps où les scandales deviennent plus fréquents. Qui ne désirerait cette cité, d'où ne sortira aucun ami, où n'entrera aucun ennemi ; où il n'y aura ni tentateur, ni séditieux ; où nul ne divisera le peuple de Dieu, et ne fatiguera l'Église en faisant l'office du diable, alors que ce prince du mal sera lui-même précipité dans le feu éternel, avec tous ceux qui se seront faits ses partisans, et qui n'auront point voulu se séparer de lui ? Il y aura donc une paix, purifiée de toute imperfection, pour les enfants de Dieu, qui tous s'aimeront entre eux, et se verront remplis de Dieu, tandis que Dieu sera tout dans tous (I. *Cor.*, XV, 28). Nous aurons Dieu, pour spectacle commun ; nous aurons Dieu, pour possession commune ; nous aurons Dieu, pour paix commune. Quelque bien qu'il nous donne maintenant, alors il nous tiendra lieu de tout ce qu'il nous donne aujourd'hui : ce sera là la pleine et parfaite paix. C'est cette paix qu'il fait entendre à son peuple, et que voulait entendre celui qui disait : « J'écouterai ce que le Seigneur dira en moi, parce qu'il prononcera des paroles de paix sur son peuple, sur ses saints et sur ceux qui tournent leur cœur vers lui (*Ps.*, LXXXIV, 9). » Voulez-vous donc, mes frères, voulez-vous posséder cette paix dont

---

sedere iterum quæris. Inveni mihi aliquid unde te reficias, ubi non, si perseveraveris, iterum deficias. Qualis ergo est ista pax, quam hic habent homines tantis resistentibus molestiis, cupiditatibus, indigentiis, lassitudinibus? Non est ista vera, non est perfecta pax. Quæ erit perfecta pax? « Oportet corruptibile hoc induere incorruptionem, et mortale hoc induere immortalitatem : tunc fiet sermo qui scriptus est, Absorpta est mors in victoriam. Ubi est mors aculeus tuus? ubi est mors contentio tua (I *Cor.* xv, 53 etc.)? » Ubi enim adhuc (*a*) mortalitas, quomodo est plena pax? Etenim de morte venit lassitudo ista, quam invenimus in omnibus refectionibus nostris. De morte est, quia corpus mortale portamus : quod quidem mortuum dicit Apostolus et ante animæ resolutionem. « Corpus quidem, inquit, mortuum est propter peccatum (*Rom.*, VIII, 10). » Nam si perseveraveris in eo quo te reficis, etiam morieris. Persevera in multum manducando ; ipsa res te interficiet : persevera in multum jejunando ; inde morieris : sede semper, ut nolis surgere ; morieris inde : ambula semper, ut nolis quiescere ; morieris inde : vigila semper, ut nolis dormire ; morieris inde : dormi semper, ut nolis vigilare ; morieris inde. Quando ergo absorpta fuerit mors in victoriam, non erunt ista : et erit pax plena et æterna. Erimus in quadam civitate : Fratres, quando de illa loquor, finire nolo, et maxime quando scandala crebrescunt. Quis non desideret illam (*b*) civitatem, unde amicus non exit, quo inimicus non intrat, ubi nullus tentator est, nullus seditiosus, nullus dividens populum Dei, nullus fatigans Ecclesiam in ministerio diaboli, quando ipse princeps ipsorum mittitur in ignem æternum, et hi cum illo quicumque illi consentiunt, et recedere ab eo nolunt ? Erit ergo pax purgata in filiis Dei, omnibus amantibus se, videntibus se plenos Deo, cum erit Deus omnia in omnibus (I *Cor.*, xv, 28). Commune spectaculum habebimus Deum, communem possessionem habebimus Deum, communem pacem habebimus Deum.

(*a*) Plerique MSS. *mors*. (*b*) Sic tres MSS. Ceteri cum editis, *illam pacem*.

Dieu fait entendre les paroles? Tournez votre cœur vers lui; ne le tournez ni vers moi, ni vers l'homme, ni vers qui que ce soit. Car, tout homme qui veut tourner vers lui-même les cœurs des hommes tombe avec eux. Que vaut-il mieux, de tomber avec celui vers lequel vous vous serez tourné, ou de rester debout avec celui avec qui vous vous serez tourné vers Dieu? Notre joie, notre paix, notre repos, la fin de tous nos chagrins, c'est Dieu et Dieu seul: heureux « ceux qui tournent leur cœur vers lui (*Ibid.*). »

11. « Mais, sans contredit, le salut qu'il donne est proche de ceux qui le craignent (*Ibid.*, 10). » Il y avait déjà des hommes de Dieu dans la nation des Juifs. Dans toutes les contrées de la terre on adorait les idoles, on craignait les démons, on ne craignait pas Dieu; dans la nation juive, au contraire, on craignait Dieu. Mais pour quel motif le craignait-on? Sous l'Ancien Testament, les Juifs le craignaient de peur qu'il ne les livrât à la captivité, qu'il ne leur enlevât leur pays, qu'il ne brisât leurs vignes par la grêle, qu'il ne rendît leurs femmes stériles, et qu'il ne leur ôtât leurs enfants. Car ces promesses charnelles de Dieu dominaient encore leurs esprits étroits, et c'était pour ces biens charnels qu'ils craignaient Dieu; cependant il était proche même de ceux qui le craignaient pour ces sortes de motifs. Le païen demandait la terre au diable, le Juif la demandait à Dieu: la chose qu'ils demandaient était la même, mais celui à qui ils la demandaient n'était pas le même. Le Juif, tout en demandant ce que demandait le païen, différait de lui cependant, parce qu'il ne demandait rien qu'au Créateur de toutes choses. C'est pourquoi, Dieu, qui était loin des Gentils, était proche des Juifs: cependant il a regardé ceux qui étaient loin de lui et ceux qui étaient près de lui, selon la parole de l'Apôtre saint Paul: « Il est venu, et il a annoncé la paix, et à vous qui étiez près de lui, et à ceux qui étaient loin de lui (*Éphès.*, II, 17). » Quels sont ceux que l'Apôtre désigne comme étant près de Dieu? Ce sont les Juifs; parce qu'ils adoraient un seul Dieu. Quels sont ceux qu'il dit être loin de Dieu? Ce sont les Gentils, parce qu'ils avaient abandonné celui qui les avait faits et qu'ils adoraient des idoles qu'eux-mêmes avaient faites. En effet, ce n'est point par la distance des lieux, qu'un homme est loin de Dieu, mais par les sentiments. Aimez-vous Dieu, vous êtes près de lui: haïssez-vous Dieu, vous êtes loin de lui. Dans le même lieu, vous êtes près où vous êtes loin de lui. Le Prophète a donc considéré toutes ces choses; et tout en

---

Quidquid enim est quod nobis modo dat, ipse nobis erit pro omnibus quæ dat: (*a*) ipsa erit perfecta et plena pax. Hanc loquitur in plebem suam: hanc volebat audire ille qui ait, « Audiam quid loquetur in me Dominus Deus: quoniam loquetur pacem in plebem suam; et super sanctos suos, et in eos qui convertunt cor ad ipsum. » Eia Fratres, vultis ut vos pertineat ista pax, quam loquitur Deus? Convertite cor ad ipsum; non ad me, aut ad illum, aut ad quemquam hominem. Quisquis enim homo voluerit convertere ad se corda hominum, cadit cum ipsis. Quid est melius, ut cadas cum illo ad quem converteris, an ut stes cum illo cum quo converteris? Gaudium nostrum, pax nostra, requies nostra, finis omnium molestiarum, non est nisi Deus. Beati « qui convertunt cor ad ipsum. »

11. « Verumtamen prope timentes eum salutare ipsius » (*Ps.*, LXXXIV, 10). » Erant quidam qui jam timebant eum in gente Judæorum. Per omnes terras ubique idola colebantur: dæmonia timebantur, non Deus: in illa gente timebatur Deus. Sed propter quid timebatur? In veteri Testamento timebatur, ne daret illos in captivitatem, ne tolleret illis terram, ne grandine contunderet vites ipsorum, ne faceret steriles uxores eorum, ne auferret ab eis filios ipsorum. Hæc enim carnalia promissa Dei tenebant adhuc parvas animas, et propter hæc timebatur Deus: sed prope illis erat, qui vel propter hæc ipsum timebant. Terram petebat Paganus a diabolo, terram petebat Judæus a Deo: unum erat quod petebant, sed non unus a quo petebant. Petendo iste quod Paganus petebat, discernebatur tamen a Pagano; quia ab illo ista petebat, qui omnia fecerat. Et prope illis erat Deus, qui Gentibus longe erat: tamen respexit et eos qui longe erant, et eos qui prope erant; sicut dicit Apostolus, « Et veniens evangelizavit pacem vobis qui eratis longe, et pacem his qui prope (*Ephes.*, II, 7). » Quos dixit qui erant prope? Judæos, quia unum Deum colebant. Quos dixit qui erant longe? Gentes quia dimiserant eum a quo facti erant, et colebant illa quæ ipsi fecerant. Non enim regionibus longe est quisque a Deo, sed affectibus. Amas Deum,

---

(*a*) Sic MSS. At editi, *ipse*.

voyant que la miséricorde divine s'étend d'une manière générale sur tous les hommes, cependant il a trouvé qu'elle avait un caractère particulier et tout spécial pour la nation juive, et il a employé cette expression : « sans contredit (*Ps.*, LXXXIV, 10). » « J'écouterai ce que le Seigneur dira en moi ; parce qu'il prononcera des paroles de paix sur son peuple (*Ps.*, LXXXIV, 9). » Et son peuple ne sera pas seulement le peuple juif, mais il sera formé aussi de tous les peuples ; « parce qu'il prononcera des paroles de paix sur les saints et sur ceux qui tournent leur cœur vers lui (*Ibid.*). » Or c'est de toutes les parties du globe que viendront ceux qui tourneront leur cœur vers lui ; « Mais, sans contredit, le salut qu'il donne est proche de ceux qui le craignent, et cela afin que sa gloire habite dans notre terre (*Ibid.*, 10) ; » c'est-à-dire : afin que sa gloire habite avec un éclat particulier dans la terre où est né le Prophète. C'est là, en effet, que le Christ a été d'abord prêché ; c'est de là qu'étaient les Apôtres et de là qu'ils furent premièrement envoyés ; de là étaient les Prophètes, là fut d'abord bâti le Temple ; là des sacrifices étaient offerts à Dieu, là vécurent les Patriarches ; là, le Christ lui-même est né de la race d'Abraham et s'est manifesté ; là le Christ a paru, car de là est venue la vierge Marie, qui a enfanté le Christ. C'est la terre que le Christ a foulée de ses pieds, la terre où il a opéré ses miracles. Enfin, il a tellement honoré cette nation, qu'il a répondu à la Chananéenne qui le suppliait de guérir sa fille : « Je n'ai été envoyé que vers les brebis perdues de la maison d'Israël (*Matth.*, XV, 24.). » A la vue de tous ces priviléges, le Prophète s'est écrié : « Sans contredit, le salut qu'il donne est proche de ceux qui le craignent ; et cela, afin que sa gloire habite dans notre terre (*Ibid.*). »

12. « La miséricorde et la vérité se sont rencontrées (*Ibid.*, 11) : » la vérité est descendue sur notre terre en raison du peuple Juif, et la miséricorde dans la terre des Gentils. Où était, en effet, la vérité ? Là où se trouvait la parole de Dieu. Et la miséricorde, où s'est-elle manifestée ? Dans ceux qui avaient abandonné leur Dieu, et qui s'étaient tournés vers les démons. Dieu a-t-il eu, même pour eux, des regards de dédain ? C'est comme s'il eût dit : appelez aussi ces hommes qui fuient loin de moi, qui se sont retirés tout à fait de moi ; appelez-les, afin qu'ils me trouvent, tandis que je les cherche, puisqu'ils n'ont pas voulu me chercher. « La miséricorde et la vérité se sont donc rencontrées ; la justice et la paix se sont embrassées (*Ibid.*). » Pratiquez la

prope es: odisti Deum, longe es. Uno loco stans, et prope es, et longe es. Ergo, Fratres, respexit ista Propheta: quamquam generalem vidit misericordiam Dei super omnes, tamen aliquid speciale et proprium vidit in gente Judæa, et ait. « Verumtamen. » « Audiam quid loquetur in me Dominus Deus : quoniam loquetur pacem in plebem suam. » Et plebs ipsius non Judæa sola erit, sed de omnibus Gentibus colligetur : « quia super sanctos suos loquetur pacem, et in eos qui convertunt cor ad ipsum, » (*a*) et omnes qui conversuri sunt cor ad ipsum de omni orbe terrarum. « Verumtamen prope timentes eum salutare ipsius, ut inhabitet gloria in terra nostra : » id est, in ea terra, in qua ipsius erat Propheta, inhabitet gloria major ; quia inde cœpit (*b*) prædicari Christus. Inde Apostoli, et illuc prius missi : inde Prophetæ, ibi primo templum, ibi sacrificabatur Deo, ibi Patriarchæ, ibi ipse etiam venit de semine Abrahæ, ibi manifestatus est Christus, ibi apparuit Christus : inde enim virgo Maria, quæ peperit Christum. Ibi ambulavit pedibus suis, ibi mirabilia fecit. Postremo tantum honorem illi genti detulit, ut cum eum interpellaret quædam mulier Chananæa salutem quærens filiæ suæ, dixerit ei, « Non sum missus nisi ad oves, quæ perierunt domus Israël (*Matth.*, XV, 24).» Hoc ergo videns Propheta, ait, « Verumtamen prope timentes eum salutare ipsius, ut inhabitet gloria in terra nostra, »

12. « Misericordia et veritas occurerunt sibi (*Psal.*, LXXXIV, 11). » Veritas in terra nostra ex persona Judæorum, misericordia in terra Gentium. Veritas enim ubi ? Ubi erant eloquia Dei. Misericordia ubi ? In illis qui dimiserant Deum suum, et converterant se ad dæmonia. Numquid et ipsos despexit ? Quomodo si diceret, Voca et istos longe fugitivos, qui multum a me recesserunt : voca, inveniant me quærentem se, quia ipsi nolebant quærere me. Ergo, « Misericordia et veritas occurerunt sibi : justitia et pax osculatæ sunt se. » Fac justitiam, et habebis pacem ; ut osculentur se justitia et pax. Si enim non amaveris justitiam, pacem non habebis. Amant enim se duo ista,

---

(*a*) Plerique MSS. omittunt, *et omnes qui conversuri sunt cor ad ipsum*. (*b*) Sic melioris notæ MSS. Alii quidam, *prophetari*. At editi, *prædicare*.

justice et vous aurez la paix ; afin que la justice et la paix se donnent en vous un mutuel baiser. Car, si vous n'aimez la justice, vous n'aurez pas la paix. La justice et la paix s'entr'aiment et s'embrassent ; de sorte que celui qui aura pratiqué la justice trouvera toujours la paix donnant un baiser à la justice. Elles sont deux amies ; peut-être voudriez-vous avoir l'une et ne point pratiquer l'autre. Car il n'est personne qui ne veuille la paix, mais tous ne veulent pas pratiquer la justice. Demandez-le à tous les hommes : voulez-vous la paix ? tout le genre humain vous répondra d'une seule voix : je la souhaite, je la désire, je la veux, je l'aime. Aimez donc aussi la justice, parce que la justice et la paix sont deux amies ; elles se donnent un mutuel baiser. Si vous n'aimez pas l'amie de la paix, la paix ne vous aimera pas et ne viendra pas à vous. Qu'y a-t-il, en effet, d'extraordinaire à désirer la paix ? Quel qu'il soit, le méchant désire la paix, car la paix est une chose bonne. Mais pratiquez la justice, parce que la justice et la paix échangent des baisers et ne sont jamais en lutte. Pourquoi vous mettez-vous en lutte avec la justice ? voici que la justice vous dit : ne volez pas, et vous ne l'écoutez point ; ne commettez pas d'adultère, et vous refusez de l'entendre ; ne faites pas à autrui ce que vous ne voulez pas souffrir, ne dites pas à autrui ce que vous ne voulez pas qu'on vous dise. Vous êtes l'ennemi de mon amie, vous dit la paix : pourquoi me cherchez-vous ? Je suis l'amie de la justice ; si quelqu'un est l'ennemi de mon amie, je ne m'approche pas de lui. Voulez-vous donc arriver à la paix ? pratiquez la justice. C'est pourquoi il vous est dit dans un autre psaume : « éloignez-vous du mal et faites le bien, » (c'est là aimer la justice ;) et lorsque vous vous serez éloigné du mal et que vous aurez pratiqué le bien, « cherchez la paix et poursuivez-la (*Ps.*, XXXIII, 15). » Vous ne la chercherez pas longtemps, car elle-même viendra au-devant de vous pour embrasser la justice.

13. « La vérité est sortie de la terre et la justice a regardé du haut du ciel (*Ibid.*, 12). » « La vérité est sortie de la terre ; » le Christ est né d'une femme. « La vérité est sortie de la terre (*Ibid.*) : » le Fils de Dieu est issu de la chair. Qu'est-ce que la vérité ? le Fils de Dieu. Qu'est-ce que la terre ? la chair. Demandez d'où est né le Christ, et vous verrez que « la vérité est sortie de la terre (*Ibid.*). » Mais cette vérité qui est sortie de la terre existait avant la terre, et c'est par elle qu'ont été faits le ciel et la terre. Or, pour que la justice regardât du haut du ciel, c'est-à-dire pour que les hommes fussent justifiés par la grâce divine, la vérité est née de la vierge Marie ; afin de pouvoir offrir pour la justification des hommes un sacrifice, le sacrifice de la passion, le sacrifice de la croix. Et comment le Christ aurait-il offert un sacrifice pour nos pé-

---

justitia et pax, et osculantur se ; ut qui fecerit justitiam, inveniat pacem osculantem justitiam. Duæ amicæ sunt, tu forte unam vis, et alteram non facis, Nemo est enim qui non vult pacem : sed non omnes volunt operari justitiam. Interroga omnes homines, Vis pacem ? Uno ore tibi respondet totum genus humanum, Opto, cupio, volo, amo. Ama et justitiam : quia duæ amicæ sunt justitia et pax ; ipsæ se osculantur. Si amicam pacis non amaveris, non te amabit ipsa pax, nec veniet ad te. Quid enim magnum est desiderare pacem ? Quivis malus desiderat pacem. Bona enim res est pax. Sed fac justitiam ; quia justitia et pax se osculantur, non litigant. Tu quare litigas cum justitia ? Ecce justitia dicit tibi, Ne fureris : et non audis. Ne adulteres : non vis audire. Non facias alteri quod tu pati non vis ; non dicas alteri quod et tibi dici non vis. Inimicus es amicæ meæ, dicit tibi pax, quid me quæris ? Amica sum justitiæ, quemcumque invenero inimicum amicæ meæ, non ad illum accedo. Vis ergo venire ad pacem ? Fac justitiam. Ideo alius Psalmus dicit tibi, « Declina a malo, et fac bonum (*Psal.*, XXXIII, 15), » (hoc est amare justitiam :) et cum jam declinaveris a malo, et feceris bonum, quære pacem, et persequere eam. Jam enim non diu illam quæres : quia et ipsa occurret tibi, ut osculetur justitiam.

13. « Veritas de terra orta est, et justitia de cælo prospexit (*Ps.*, LXXXIV, 12). » « Veritas de terra orta est, » Christus de femina natus est. « Veritas de terra orta est, » Filius Dei de carne processit. Quid est veritas ? Filius Dei. Quid est terra ? Caro. Interroga unde natus est Christus, et vides quia « veritas de terra orta est. » Sed hæc veritas quæ orta est de terra, erat ante terram, et per ipsam factum est cælum et terra. Sed ut justitia de cælo prospiceret, id est, ut justificarentur homines divina gratia, veritas nata est de Maria virgine : ut posset pro illis justifican-

chés, s'il n'était mort? Et comment serait-il mort, s'il n'avait pris de nous le moyen de mourir? Ce qui veut dire que, si le Christ n'eût pris de nous une chair mortelle, il n'aurait pu mourir; parce que le Verbe ne meurt pas, parce que la Divinité ne meurt pas, parce que celui qui est Vertu et Sagesse de Dieu ne meurt pas. Comment donc aurait-il offert en sacrifice une victime salutaire, s'il n'était mort? Comment serait-il mort, s'il n'avait revêtu notre chair? Comment aurait-il revêtu notre chair, si la vérité n'était sortie de la terre? « La vertu est sortie de la terre et la justice a regardé du haut du ciel (*Ibid.*). »

14. Nous pouvons encore donner un autre sens à ce verset : « La vérité est sortie de la terre (*Ibid.*); » la confession est sortie de l'homme. En effet, vous n'étiez qu'un homme pécheur. O terre, qui, au moment de ton péché, as entendu cet arrêt : « Tu es terre et tu iras dans la terre (*Genèse*, III, 19), » que la vérité sorte de toi, afin que la justice te regarde du haut du ciel. Mais comment la vérité peut-elle sortir de toi, qui n'es que péché, qui n'es qu'injustice ? Confesse tes péchés et la vérité sortira de toi. Si, en effet, n'étant qu'injuste, tu prétends être juste, comment la vérité sortira-t-elle de toi ! Si, au contraire, étant injuste, tu te déclares injuste, « la vérité est sortie de la terre. » Considérez, mes frères, ce Publicain qui priait dans le Temple, loin du Pharisien; qui n'osait pas même lever les yeux au ciel, mais se frappait la poitrine, en disant : « Seigneur, soyez clément pour moi, qui suis un pécheur (*Luc*, XVIII, 13). » Voilà la vérité sortie de la terre, parce que cet homme a confessé ses péchés. Que dit donc ensuite le Seigneur ? « En vérité, je vous le dis, le Publicain est descendu du Temple plus justifié que le Pharisien ; parce que, quiconque s'élève sera abaissé, et que quiconque s'abaisse sera élevé (*Ibid.*, 14). » « La vérité est sortie de la terre, » par la confession des péchés, « et la justice a regardé du haut du ciel (*Ps.*, LXXXIV, 12), » pour que le Publicain descendît du Temple plus justifié que le Pharisien. En effet, pour vous apprendre quel rapport se trouve entre la vérité et la confession des péchés, saint Jean l'évangéliste vous dit : « Si nous prétendons que nous n'avons pas péché, nous nous trompons nous-mêmes, et la vérité n'est point en nous (I *Jean*, I, 8). » Et si vous voulez savoir comment la vérité sort de la terre, afin que la justice regarde du haut du ciel, écoutez le même Apôtre poursuivant et disant : « Si nous confessons nos péchés, Dieu est fidèle et juste pour nous remettre nos péchés et nous purifier de toute iniquité (*Ibid.*, 9). » « La vérité est donc sortie de la terre et la justice a

---

dis (*a*) offerre sacrificium, sacrificium passionis, sacrificium crucis. Et unde offerret sacrificium pro peccatis nostris, nisi moreretur? Unde autem moreretur, nisi a nobis acciperet unde moreretur? Id est, nisi a nobis sumeret carnem mortalem, Christus mori non posset : quia Verbum non moritur, divinitas non moritur, Virtus et Sapientia Dei non moritur. Quomodo offerret sacrificium victimam salutarem, si non moreretur? Quomodo autem moreretur, nisi carnem indueret? Quomodo carnem indueret, nisi veritas de terra oriretur? « Veritas de terra orta est, et justitia de cœlo prospexit. »

14. Possumus hinc dicere alterum sensum : « Veritas de terra orta est : » confessio ab homine. Homo enim peccator eras. O terra, qui quando peccasti, audisti, « Terra es, et in terram ibis (*Gen.*, III, 19), » oriatur de te veritas, ut respiciat de cœlo justitia. Quomodo a te oritur veritas, cum tu peccator sis, cum tu iniquus sis? Confitere peccata tua, et orietur de te veritas. Si enim cum sis iniquus, dicis te justum ; quomodo a te veritas orietur ? Si autem cum sis iniquus, dicis te iniquum, « veritas de terra orta est. » Intende illum Publicanum longe a Pharisæo in templo orantem, qui neque oculos ad cælum audebat levare, sed percutiebat pectus suum, dicens, « Domine propitius esto mihi peccatori (*Lucæ*, XVIII, 13 etc.). » Ecce « veritas de terra orta est : » quia confessio peccatorum ab homine facta est. Quid ergo sequitur ? « Amen dico vobis, quia descendit justificatus Publicanus ille magis quam ille Pharisæus : quia omnis qui se exaltat, humiliabitur, et qui se humiliat, exaltabitur (*Ibid.*). « Orta est veritas de terra, » in confessione peccatorum : « et justitia de cœlo prospexit, » ut descenderet justificatus Publicanus ille magis quam ille Pharisæus. Nam ut noveritis quia veritas pertinet ad confessionem peccatorum, ait Johannes Evangelista, « Si dixerimus, quia peccatum non habemus, nos ipsos seducimus, et veritas in nobis non est (1 *Johan.*, 1, 8). » Quomodo

---

(*a*) Sic MSS. At editi, *offerri*.

regardé du haut du ciel (*Ps.*, LXXXIV, 12). » Quelle est cette justice qui a regardé du haut du ciel ? celle de Dieu ; il semble qu'il dise : épargnons cet homme, parce qu'il ne s'est pas épargné ; remettons-lui ses fautes, parce que lui-même les reconnaît. Il s'est tourné vers lui-même pour punir son péché ; je me tournerai vers lui pour le délivrer. « La vérité est sortie de la terre et la justice a regardé du haut du ciel (*Ibid.*). »

15. « Car Dieu donnera la douceur, et notre terre donnera son fruit (*Ibid.*, 13). » Il ne me reste plus qu'un verset à expliquer ; écoutez sans ennui, je vous prie, ce que je veux encore vous dire. Remarquez attentivement, mes frères, une vérité nécessaire ; remarquez-la, recevez-la, emportez-la avec vous, et que la semence de Dieu ne soit pas stérile dans vos cœurs. « La vérité, dit le Prophète, est sortie de la terre ; » c'est-à-dire la confession des péchés est sortie de l'homme, « et la justice a regardé du haut du ciel, » c'est-à-dire que Dieu a donné la justification à celui qui s'est confessé, afin que le coupable sache qu'il ne peut devenir juste que par le don de celui à qui il confesse son péché et en raison de sa foi en celui qui justifie l'impie (*Rom.*, IV, 5). Vous pouvez donc avoir à vous vos péchés, mais vous ne pouvez porter de bons fruits, si celui à qui vous vous confessez ne les produit en vous. C'est pourquoi le Prophète, après avoir dit : « La vérité est sortie de la terre et la justice a regardé du haut du ciel (*Ibid.*), » répond, pour ainsi dire, à cette question qui lui serait faite : que signifient vos paroles, « la justice a regardé du haut du ciel ? » et il continue ainsi : « car le Seigneur donnera sa douceur et notre terre donnera son fruit (*Ibid.*, 14). » Examinons-nous donc, et si nous ne trouvons en nous que des péchés, détestons-les, et désirons la justice. Car, lorsque nous commençons à haïr nos péchés, cette seule haine du péché commence déjà à nous rendre semblables à Dieu, parce que nous haïssons ce que Dieu hait. Quand vous aurez donc commencé à haïr vos péchés et à les confesser à Dieu, si quelque délectation illicite vous entraîne et vous conduit vers des choses funestes, adressez à Dieu vos gémissements, en lui confessant vos péchés, vous mériterez de recevoir la délectation qui vient de lui et il vous donnera la douceur qui accompagne les œuvres de justice ; afin que la justice commence à vous charmer, vous que charmait d'abord l'iniquité. Alors, si vous vous plaisiez autrefois dans l'ivresse, vous vous plairez dans la tempérance ; si vous vous plaisiez à voler et à ravir à autrui ce que vous n'aviez pas, vous chercherez à donner ce que vous avez à qui ne l'a pas. Alors

---

ergo veritas de terra oritur, ut justitia de cælo prospiciat, audi illum sequentem et dicentem : « Si confiteamur peccata nostra fidelis est et justus, ut remittat nobis peccata, et purget nos ab omni iniquitate (*Ibid.*, 9). » « Veritas ergo de terra orta est, et justitia de cælo prospexit. » Quæ justitia de cælo prospexit? Tamquam Dei dicentis, Parcamus huic homini, quia ipse sibi non pepercit : ignoscamus, quia ipse agnoscit. Conversus est ad puniendum peccatum suum, convertar et ego ad eum liberandum. « Veritas de terra orta est, et justitia de cælo prospexit. »

15. Etenim Dominus dabit suavitatem, et terra nostra dabit fructum suum (*Ps.*, LXXXIV, 13). » Unus versus restat, peto sine tædio sit quod dicturus sum. Attendite rem necessariam Fratres mei, attendite, percipite, (*a*) auferte vobiscum, et non sit inane semen Dei in cordibus vestris. « Veritas, inquit, de terra orta est, » confessio peccatorum ab homine : « et justitia de cælo prospexit, » id est, a Domino Deo data est justificatio confitenti, ut ipse agnoscat impius pium se fieri non posse, nisi ille fecerit cui confitetur, credendo in eum qui justificat impium (*Rom.*, IV, 5). Tua ergo peccata potes habere, fructum bonum non habebis, nisi ille dederit cui confiteris. Ideo cum dixisset, « Veritas de terra orta est, et justitia de cælo prospexit : » tamquam diceretur ei, Quid est quod dixisti, Justitia de cælo prospexit? « Etenim, » inquit, « Dominus dabit suavitatem, et terra nostra dabit fructum suum. » Nos ergo respiciamus nos ; et si nihil in nobis invenerimus nisi peccata, oderimus peccata, et desideremus justitiam. Cum enim cœperimus odisse peccata, jam ipsum odium peccatorum similes nos incipit facere Deo : quia hoc odimus, quod odit et Deus. Cum ergo cœperis odisse peccata et confiteri Deo, cum te delectationes illicitæ rapiunt et ducunt ad ea quæ tibi non prosunt, inge-

(*a*) Editi, *ferte*. Aliquot MSS. *auferte* : f. pro, *conferte*.

celui qui aimait à prendre aimera à donner ; celui qui trouvait sa joie dans les spectacles la trouvera dans la prière ; celui qui faisait ses délices de chants frivoles et licencieux fera ses délices des hymnes consacrées au Seigneur ; enfin, vous qui couriez au théâtre, vous courrez à l'Église. D'où vous est venue cette douceur nouvelle, sinon du Seigneur, qui donnera sa douceur, tandis que notre terre donnera son fruit ? Voyez, en effet, la vérité de ce que je vous dis : Voilà que nous vous avons prêché la parole de Dieu, nous avons répandu la bonne semence dans des cœurs amis de la piété, nous avons trouvé ces cœurs comme labourés par la charrue de la confession ; maintenant que vous avez recueilli le bon grain, attentivement et pieusement, méditez la parole que vous avez entendue, retournant la terre en quelque sorte et brisant les glèbes, de peur que les oiseaux n'enlèvent ce qui est semé, et afin que la semence confiée à la terre y puisse germer ; mais, après tous ces soins, si Dieu ne fait tomber sa pluie, de quoi servira ce qui a été semé ? Voilà le sens de ces paroles : « le Seigneur a donné sa douceur et notre terre donnera son fruit (*Ibid.*). » Que Dieu donc visite par sa présence vos cœurs où nous ne pouvons être ; qu'il les visite dans votre repos, dans votre travail, dans votre demeure, dans votre lit, dans vos repas, dans vos conversations, dans vos promenades. Que la pluie de Dieu descende en vous, et y fasse fructifier ce qui a été semé. Que là où ne sommes pas, au moment où nous nous reposons avec tranquillité, ou bien où nous poursuivons quelque autre travail, Dieu donne le développement aux germes que nous avons déposés dans votre âme, afin que plus tard, à la vue de vos bonnes mœurs, nous nous réjouissions également du fruit que vous porterez. « Car le Seigneur donnera sa douceur, et notre terre donnera son fruit (*Ibid.*). »

16. « La justice marchera devant lui et il posera ses pas dans la voie (*Ibid.*, 14). » Cette justice est celle qui vient de la confession des péchés ; car elle est elle-même la vérité. En effet vous devez être juste contre vous, pour vous punir vous-même. La première justice de l'homme est qu'il se punisse étant encore méchant, afin que Dieu le rende bon. Si donc, c'est là la première justice de l'homme, cette justice ouvre à Dieu une voie, pour que Dieu vienne en vous. Préparez-lui donc la voie dans votre cœur par la confession de vos péchés. C'est pour cela que Saint Jean, lorsqu'il baptisait dans l'eau de la pénitence, et qu'il appelait à lui ceux qui étaient pénitents de leurs fautes passées, leur disait : « Préparez la voie au Seigneur, redressez ses sentiers (*Matth.*, III, 3). » Vous vous com-

---

misce ad Deum : et confitens illi peccata tua, mereberis ab illo delectationem, et suavitatem justitiæ faciendæ dabit tibi, ut incipiat te delectare justitia, quem primo delectabat iniquitas ; ut qui primo gaudebas de ebrietate, gaudeas in sobrietate ; et qui primo gaudebas de furtis, ut tolleres homini quod non habebas, quæras donare non habenti quod habebas : et quem delectabat rapere, delectet donare ; quem delectabat spectare, delectet orare ; quem delectabat cantica nugatoria et adulterina, delectet hymnum dicere Deo : currere ad Ecclesiam, qui primo currebas ad theatrum. Unde nata est ista suavitas, nisi quia « Dominus dabit suavitatem, et terra nostra dabit fructum suum? » Ecce enim videte quod dico : ecce locuti sumus vobis verbum Dei, semen sparsimus devotis cordibus, tamquam sulcata invenientes pectora vestra aratro confessionis, devotione et intentione suscepistis semen, cogitate de verbo quod audistis, tamquam glebas frangentes, ne semen rapiant volatilia, ut possit ibi germinare quod seminatum est : et nisi Deus pluerit, quid prodest quod seminatur? Hoc est, « Dominus dabit suavitatem, et terra nostra dabit fructum suum. » Ille enim (*a*) visitationibus suis, in otio, in negotio, in domo, in lecto, in convivio, in collocutione, in deambulatione visitet corda vestra, ubi nos non sumus. Veniat imber Dei, et fructificet quod ibi seminatum est ; et ubi non sumus nos, et securi quiescimus, aut aliud agimus, Deus det incrementum seminibus, quæ sparsimus; ut adtendentes postea bonos mores vestros, etiam de fructu gaudeamus. « Quoniam Dominus dabit suavitatem, et terra nostra dabit fructum suum. »

16. « Justitia ante eum præibit, et ponet in via gressus suos (*Ibid.*, 16). » Justitia illa est, quæ est in confessione peccatorum : veritas enim ipsa est, Justus enim debes esse in te, ut punias te. Ipsa est prima hominis justitia, ut punias te malum, et faciat

---

(*a*) Aliquot MSS. *justificationibus suis.*

plaisiez, ô homme, dans vos péchés ; que ce que vous étiez vous déplaise, afin que vous puissiez devenir ce que vous n'étiez pas. « Préparez la voie au Seigneur : » que cette justice prenne les devants, afin que vous confessiez vos péchés. Il viendra, et vous visitera, « parce qu'il posera ses pas dans la voie (*Ps.*, LXXXIV, 14). » En effet, il aura maintenant où poser les pieds ; il aura un chemin pour venir en vous. Mais, avant la confession de vos péchés, vous aviez fermé à Dieu toute route pour arriver en vous ; il n'avait aucune voie pour venir à vous. Confessez votre vie, car c'est lui ouvrir la voie, et le Christ viendra, et « il posera ses pas dans la voie (*Ibid.*), » pour vous former vous-même par les traces qu'il laissera en vous.

te Deus bonum. Quia ergo ipsa est prima hominis justitia, ipsa fit via Deo, ut veniat ad te Deus : ibi fac viam, in confessione peccatorum. Ideo et Johannes cum baptizaret in aqua pænitentiæ, et vellet ad se venire pænitentes de suis prioribus factis, hoc dicebat, « Parate viam Domino, rectas facite semitas ejus (*Matth.*, III. 3). » Placebas tibi in peccatis tuis, o homo : displiceat tibi quod eras, ut possis esse quod non cras. Parate viam Domino : præcedat ista justitia, ut confitearis peccata. Veniet ille et visitabit te, quia « ponet in via gressus suos. » Est enim jam ubi ponat gressus suos, est ubi ad te veniat. Ante autem quam confitereris peccata, intercluseras ad te viam Dei, non erat qua ad te veniret. Confitere vitam, et aperis viam, » et veniet Christus, « et ponet in via gressus suos, » ut te informet vestigiis suis.

DISCOURS[(1)] SUR LE PSAUME LXXXV.

1. Dieu ne pouvait faire aux hommes un plus magnifique présent, que de leur donner son Verbe, par lequel il a tout créé, pour qu'il fût leur tête, et de les unir à lui comme ses membres : de telle sorte, qu'il fût à la fois le fils de Dieu et le fils de l'homme, un seul Dieu avec son Père, un seul homme avec les hommes ; que quand nous parlerions à Dieu par la prière, nous ne dussions pas séparer de lui son Fils ; et que quand le corps de son Fils lui adresserait des supplications, il ne dût pas séparer la tête du corps ; enfin que le seul Sauveur de son corps mystique fût Notre-Seigneur Jésus-Christ, Fils de Dieu, lequel dût prier pour nous, prier en nous et être prié par nous. Le Christ prie pour nous comme notre prêtre ; il prie en nous, comme notre tête ; il est prié par nous, comme notre Dieu. Reconnaissons donc et

IN PSALMUM LXXXV.

ENARRATIO.

1. Nullum majus donum præstare posset Deus hominibus, quam ut Verbum suum per quod condidit omnia, faceret illis caput, et illos ei tamquam membra coaptaret ; ut esset Filius Dei et filius hominis, unus Deus cum Patre, unus homo cum hominibus : ut et quando loquimur ad Deum deprecantes, non inde Filium separemus ; et quando precatur corpus Filii, non a se separet caput suum ; sitque ipse unus salvator corporis sui Dominus noster Jesus Christus Filius Dei, qui et oret pro nobis, et oret in nobis, et oretur a nobis. Orat pro nobis, ut sacerdos noster ; orat in nobis, ut caput nostrum ; oratur a nobis, ut Deus noster. Agnoscamus ergo et in illo voces nostras, et

---

(1) Discours au peuple, prononcé lors de la vigile d'une fête, peut-être de S. Cyprien, et à Carthage.

nos paroles en lui, et ses paroles en nous. Et quand, dans les prophéties surtout, il est dit de Notre-Seigneur Jésus-Christ quelque chose qui exprime un abaissement qui ne convient pas à Dieu, n'hésitons pas à le rapporter à celui qui n'a point hésité à s'unir à nous. En effet, toutes les créatures lui sont assujetties, parce que toutes les créatures ont été faites par lui. C'est pourquoi, lorsque nous considérons sa grandeur et sa divinité, dans ces paroles sublimes : « Au commencement était le Verbe et le Verbe était Dieu ; il était au commencement en Dieu. Toutes choses ont été faites par lui et rien n'a été fait sans lui (*Jean*, I, 1, 3) ; » lorsque nous considérons cette Divinité du Fils de Dieu qui s'élève au-dessus de tout et qui excède la sublimité de toutes les créatures ; si nous entendons ensuite, en quelques parties des Écritures, le même Christ gémissant, priant, confessant des péchés, nous hésitons à lui attribuer ces paroles ; parce que notre pensée, absorbée dans la contemplation récente de sa divinité, se refuse à descendre jusqu'à son humilité. Elle craint, pour ainsi dire, de lui faire injure, en reconnaissant dans la bouche de l'homme des paroles de celui vers qui elle dirigeait ses supplications, lorsqu'elle s'adressait à Dieu même. Elle hésite, elle s'efforce de changer ces paroles, et elle ne trouve rien autre chose dans les Écritures, sinon qu'il faut avoir recours à lui et ne jamais s'éloigner de lui. Que notre esprit sorte donc de son sommeil, et que la foi le tienne éveillé ! Qu'il voie celui qu'il contemplait d'abord dans la forme de Dieu prendre la forme d'esclave, se faire semblable aux hommes, paraître un homme par tous les dehors, s'humilier et se faire obéissant jusqu'à la mort (*Philipp.*, II, 5-8). Enfin qu'il l'entende, suspendu sur la croix, adopter comme siennes, et prononcer ces paroles du Psaume: «Mon Dieu, mon Dieu, pourquoi m'avez-vous abandonné (*Ps.*, XXI, 2)? Le Christ est donc prié dans la forme de Dieu, il prie dans la forme d'esclave ; là créateur, ici créature ; prenant, sans subir de changement une nature sujette au changement ; et ne faisant de lui et de nous qu'un seul homme, la tête et le corps. Nous le prions donc, et nous prions par lui et en lui ; nous disons avec lui et il dit en nous la prière que renferme ce Psaume, intitulé : « Prière de David (*Ps.*, LXXXV, 1). » Notre-Seigneur est fils de David selon la chair ; mais, selon sa divinité, il est le Seigneur de David et le Créateur de David ; il est non-seulement avant David, mais encore avant Adam, de qui descendent tous les hommes ; mais encore avant le ciel et la terre, parce que toute créature est en lui. Que personne donc, en entendant ce titre, ne dise : ce n'est pas le Christ qui parle ; et qu'il n'ajoute point : par consé-

---

voces ejus in nobis. Neque cum aliquid dicitur de Domino Jesu Christo, maxime in prophetia, quod pertineat velut ad quandam humilitatem indignam Deo, dubitemus eam illi tribuere, qui non dubitavit se nobis adjungere. Ei quippe servit universa creatura, quia per ipsum facta est universa creatura. Et propterea cum ejus sublimitatem divinitatemque intuemur, quando audimus, « In principio erat Verbum, et Verbum erat apud Deum, et Deus erat Verbum, hoc erat in principio apud Deum, omnia per ipsum facta sunt, et sine ipso factum est nihil (*Johan.*, I, 1 etc.) : » intuentes hanc et supereminentissimam et excedentem omnia creaturarum sublimia divinitatem Filii Dei ; audimus etiam in aliqua parte Scripturarum velut gementem, orantem, confitentem ; et dubitamus ei tribuere verba hæc, ex eo quod cogitatio nostra de recenti ejus contemplatione quæ erat in divinitate, pigrescit descendere ad ejus humilitatem : et tamquam faciat illi injuriam, si ejus verba in homine agnoscat, ad quem verba dirigebat cum Deum deprecaretur, hæret plerumque, et conatur mutare sententiam ; et non ei occurrit in Scriptura, nisi quod ad ipsum recurrat, et ab illo deviare non sinat. Expergiscatur ergo, et evigilet in fide sua ; et videat quia ille quem contemplabatur paulo ante in forma Dei, « formam servi accepit, in similitudine hominum factus, et habitu inventus ut homo, humiliavit se factus obediens usque ad mortem (*Philipp.*, II, 7 et 8) : » et verba Psalmi voluit esse sua, in cruce pendens, et dicens, « Deus meus, Deus meus, ut quid me dereliquisti (*Psal.*, XXI, 2)? » Oratur ergo in forma Dei, orat in forma servi : ibi Creator, hic (a) creatus, creaturam mutandam non mutatus assumens, et secum nos faciens unum hominem, caput et corpus. Oramus ergo ad illum, per illum, in illo : et dicimus cum illo, et dicit nobiscum ; dicimus in illo, dicit in nobis Psalmi hujus orationem, qui intitulatur, « Oratio David (*Ps.*, XV,

---

(*a*) Vox, *creatus*, aberat a Corbeiensi optimæ notæ MS.

quent, je ne parle pas non plus. Mais, au contraire, s'il se reconnaît comme faisant partie du corps du Christ, qu'il dise également : c'est le Christ qui parle, et je parle avec lui. Il ne parle pas sans vous ; gardez-vous de parler sans lui. N'avons-nous pas, dans l'Évangile, la preuve de ce que j'avance ? Nous y trouvons : « Au commencement était le Verbe et le Verbe était en Dieu et le Verbe était Dieu. Toutes choses ont été faites par lui (*Jean*, I, 1) ; » mais nous y trouvons aussi : « Et Jésus fut saisi de tristesse (*Matth.*, XXVI, 38), et Jésus fut fatigué (*Jean*, IV, 6), et Jésus s'endormit (*Matth.*, VIII, 24), et Jésus eut faim (*Id.*, IV, 2), et Jésus eut soif (*Jean* IV, 7 ; XIX, 28), et Jésus pria, passa la nuit en prières. Jésus passa toute la nuit en prières, dit l'Évangéliste (*Luc*, VI, 12), et il ne cessa de prier et des gouttes de sang coulaient de son corps (*Id.*, XXII, 43,44). » Que démontrait le Seigneur, par ces gouttes de sang qui coulaient de son corps pendant sa prière, sinon que de son corps qui est l'Église coulait déjà le sang des martyrs.

2. « Inclinez votre oreille, ô mon Dieu, et exaucez-moi (*Ps.*, LXXXV, 1). » Le Christ dit ces paroles dans sa forme d'esclave, et vous, esclave, vous les dites dans la forme de votre maître. « Inclinez votre oreille, ô mon Dieu (*Ibid.*). » Dieu inclinera son oreille, si vous ne levez pas orgueilleusement la tête ; car il s'approche de celui qui est humilié, et il s'éloigne de celui qui est élevé, s'il ne l'a lui-même élevé au moment où celui-ci était humilié. Dieu incline donc son oreille vers nous. En effet, il est en haut et nous sommes en bas ; il est au faîte de la grandeur, nous sommes dans la bassesse, mais nous n'y sommes pas livrés à l'abandon. En effet, dit l'Apôtre, « Dieu a montré son amour pour nous. Car, alors que nous étions pécheurs, le Christ est mort pour nous. C'est à peine si quelqu'un mourrait pour un juste ; peut-être cependant quelqu'un aurait-il le courage de mourir pour un homme de bien ; mais Notre Seigneur est mort pour des impies (*Rom.*, V, 7, etc.). » En effet nous n'avions pas de mérites antécédents, en raison desquels le Fils de Dieu mourût pour nous ; mais sa miséricorde a été d'autant plus grande, que nos mérites étaient nuls. Combien donc est certaine, combien est sûre la promesse par laquelle il réserve aux justes sa propre vie, puisqu'il a donné sa propre mort aux injustes ? « Inclinez votre oreille, ô mon Dieu, et exaucez-moi, parce que je suis pauvre et manquant de tout (*Ps.*, LXXXV, 1). » Il n'incline pas son oreille vers le riche : il l'incline vers le pauvre, vers celui qui manque de tout, c'est-à-dire vers celui qui est humble, qui confesse ses péchés,

---

1). » Quia Dominus noster secundum carnem filius David : secundum vero divinitatem Dominus David, et creator David ; et non solum ante David, sed et ante Abraham, ex quo David ; sed et ante Adam, ex quo omnes homines ; sed et ante cælum et terram, in quo omnis creatura est. Nemo ergo cum audit hæc verba, dicat, Non Christus dicit ; aut rursus dicat, Non ego dico : immo se in Christi corpore agnoscit, utrumque dicat, et Christus dicit, et Ego dico, (*a*) Noli aliquid dicere sine illo, et non dicit aliquid sine te. Nonne habemus in Evangelio ? Ubi certe scriptum est, « In principio erat Verbum, et Verbum erat apud Deum, et Deus erat Verbum, omnia per ipsum facta sunt (*Johan.*, I, 1) : » ibi certe habemus, Et contristatus est Jesus (*Matth.*,XXVI,38), et fatigatus est Jesus (*Johan.*, IV, 6), et dormivit Jesus (*Matth.*,VIII, 24), et esurivit et sitivit Jesus (*Lucæ*, XXII,44),et oravit, et pernoctavit in orando Jesus. Pernoctabat, inquit, Jesus, et (*b*) perstabat in orando : et globi sanguinis decurrebant per corpus ejus. Quid ostendebat, quando per corpus orantis globi sanguinis destillabant, nisi quia corpus ejus, quod est Ecclesia, Martyrum sanguine jam fluebat ?

2. « Inclina Domine aurem tuam, et exaudi me (*Ps.*, LXXXV, 1). » Ille ex forma servi dicit, tu serve in forma Domini tui : « Inclina Domine aurem tuam. » Inclinat aurem, si tu non erigas cervicem. Humiliato enim appropinquat : ab exaltato longe discedit, nisi quem ipse humiliatum exaltaverit. Inclinat ergo Deus aurem suam ad nos. Ille enim sursum est, nos deorsum : ille in altitudine, nos in humilitate, sed non relicti. Ostendit enim dilectionem suam Deus in nobis. « Etenim cum adhuc peccatores essemus, Christus pro nobis mortuus est. Vix enim, inquit, pro justo quis moritur : nam pro bono forsitan quis audeat mori (*Rom.*, V, 7, etc.). » Dominus autem noster pro impiis mortuus est. Neque enim merita nostra præcesserant, pro quibus

---

(*a*) Sic MSS. At editi, *Non potes aliquid dicere sine illo, et dicit aliquid sine te.* (*b*) Ferrariensis MS. *prosternebatur.*

et qui a besoin de la miséricorde divine; mais il ne l'incline pas vers celui qui est rassasié, qui s'élève, qui se vante comme s'il n'avait besoin de rien, et qui dit : « Je vous rends grâce de ce que je ne suis pas comme le Publicain. » En effet, le riche Pharisien exaltait ses mérites ; le pauvre Publicain confessait ses péchés (*Luc*, XVIII, 11-13).

3. Mais ne comprenez pas, mes frères, cette parole, que Dieu n'incline pas son oreille vers le riche, en ce sens que Dieu n'exauce pas ceux qui possèdent de l'or, de l'argent, des domestiques et de vastes domaines. Que ceux qui sont nés dans cette condition, ou qui tiennent ce haut rang dans la société des hommes, se rappellent seulement ces paroles de l'Apôtre : « Ordonnez aux riches de ce monde de ne point s'élever d'orgueil (I *Tim.*, VI, 17). » En effet, ceux qui ne s'élèvent pas d'orgueil sont pauvres en Dieu, et Dieu incline son oreille vers les pauvres, et vers ceux qui manquent de tout. Car ils savent que leur espérance ne réside ni dans l'or, ni dans l'argent, ni dans ces sortes de biens qu'ils possèdent en abondance pour un temps. Il suffit que leurs richesses ne les perdent pas ; il suffit qu'elles ne leur nuisent pas : car elles ne sauraient véritablement leur être utiles. Une œuvre de miséricorde se fait aussi utilement par le riche et par le pauvre : par le riche, dans sa bonne volonté et dans sa bonne action ; par le pauvre, dans sa bonne volonté seule. Si donc quelqu'un méprise en lui-même les avantages dont ordinairement l'orgueil se gonfle, il est le pauvre de Dieu ; Dieu incline l'oreille vers lui, parce qu'il sait les tribulations de son cœur. Il est certain, mes frères, que le pauvre qui gisait rongé d'ulcères devant la porte du riche a été transporté par les Anges dans le sein d'Abraham : c'est ainsi que nous l'avons lu, et ainsi que nous le croyons. Ce riche, au contraire, qui était vêtu de pourpre et de fin lin, et qui, tous les jours, faisait des festins somptueux, a été précipité dans les enfers pour y subir des tourments (*Luc*, XVI, 19-24). Mais est-ce que ce pauvre a été reçu par les Anges, à cause du seul mérite de sa pauvreté? et est-ce que le riche a été jeté dans ces supplices par la seule faute de ses richesses? Non : comprenons-le bien, c'est l'humilité qui a été honorée dans le pauvre ; c'est l'orgueil qui a été condamné dans le riche. Je veux vous prouver, en peu de mots, que ce n'est pas à cause de ses richesses, mais à cause de son orgueil, que ce mauvais riche a été condamné. Le pauvre a donc été transporté dans le sein d'Abraham ; mais l'Écriture nous dit d'Abraham qu'il possédait beaucoup d'or et d'argent et qu'il était riche sur la terre (*Genèse*, XIII, 2). Si tout riche est envoyé au supplice, comment Abraham a-t-il précédé le pauvre dans le ciel, de manière à le recevoir dans son sein?

Filius Dei moreretur : sed magis quia nulla erant merita, magna erat misericordia. Quam certa ergo, quam firma promissione servat justis vitam suam, qui donavit injustis mortem suam ? « Inclina Domine aurem tuam, et exaudi me : quoniam egenus et inops ego sum. » Ergo non inclinat aurem ad divitem : ad inopem et egenum inclinat aurem, id est, ad humilem et ad confitentem, ad indigentem misericordia, non ad saturatum et extollentem se, et jactantem, quasi nihil ei desit, et dicentem, « Gratias tibi, quia non sum sicut Publicanus iste (*Lucæ*, XVIII, 11). » Dives enim Pharisæus jactabat merita sua : inops Publicanus confitebatur peccata sua.

3. Nec sic accipiatis Fratres, quod dixi, Ad divitem non inclinat aurem suam, tamquam non exaudiat Deus eos qui habent aurum et argentum, et familiam et fundos : si sic forte nati sunt, aut (*a*) eum locum rerum humanarum tenent, tantum meminuerint, quod ait Apostolus, « Præcipe divitibus hujus mundi non superbe sapere (I *Tim.*, VI, 17). » Qui enim non superbe sapiunt, in Deo pauperes sunt : et pauperibus atque inopibus et egenis inclinat aurem suam. Norunt enim spem suam non esse in auro et argento, neque in illis rebus quibus ad tempus circumfluere videntur. Sufficit ut divitiæ non illos perdant, ut non obsint sat est : nam prodesse nihil possunt. Plane prodest opus misericordiæ et in divite et in paupere : in divite ex voluntate et opere, in paupere ex sola voluntate. Cum ergo talis est contemnens in se quidquid est unde superbia solet inflari, pauper Dei est : inclinat illi aurem suam, novit enim contribulatum cor ejus. Certe, Fratres, ille pauper ante januam divitis ulcerosus qui jacebat, ab Angelis ablatus est in sinum Abrahæ (*Lucæ*, XVI, 20) : sic legimus, sic credimus. Dives autem ille qui induebatur purpura et bysso, et epulabatur quotidie

(*a*) Sic aliquot MSS. Editi vero, *aut cum lucrum*.

Mais Abraham, au milieu de ses richesses, était pauvre, il était humble, il obéissait avec crainte à tous les ordres de Dieu. Il tenait si bien pour néant ses richesses que, sur l'ordre de Dieu, il lui sacrifiait son fils (*Id.*, XXII, 4), pour lequel il conservait ces richesses. Apprenez donc à être pauvres et indigents, vous qui possédez quelques biens en ce monde, et vous qui n'y possédez rien. Car vous trouverez des mendiants bouffis d'orgueil, et des riches confessant leurs péchés. Dieu résiste aux orgueilleux, qu'ils soient couverts de soie ou qu'ils traînent des haillons; il donne au contraire, sa grâce aux humbles (*Jacques*, IV, 6), qu'ils possèdent les biens de ce monde ou qu'ils en soient privés. Dieu considère l'intérieur; c'est là qu'il pèse, c'est là qu'il examine. Vous ne voyez pas la balance de Dieu; c'est votre pensée qu'il y soulève et qu'il y juge. Remarquez donc que le Prophète a mis en avant, comme unique appui de sa prière, c'est-à-dire comme son seul titre pour être exaucé, la vérité avec laquelle il disait : « Je suis pauvre et manquant de tout (*Ps.*, LXXXV, 1). » Prenez donc garde de n'être pas dans les conditions de sa pauvreté et de son indigence; si vous n'y êtes pas, vous ne serez pas exaucé. S'il y a en vous ou autour de vous quelque chose qui puisse exciter votre présomption, rejetez-le loin de vous; ne présumez que de Dieu : ayez indigence de Dieu, pour qu'il vous remplisse. Tout ce que vous posséderez sans lui ne fera qu'élargir le vide qui est en vous.

4. « Gardez mon âme, parce que je suis saint (*Ibid.*, 2). » Ces mots : « parce que je suis saint, » je ne sais qui pourrait les prononcer, si ce n'est celui qui était sans péché dans ce monde; qui n'a point commis mais qui a remis les péchés de tous. Nous reconnaissons sa voix, quand il dit : « parce que je suis saint, gardez mon âme (*Ibid.*); » et il le dit dans la forme d'esclave qu'il avait prise. Car là est sa chair, là est son âme. En effet, il n'y avait pas seulement en Jésus-Christ le Verbe et la chair, comme l'ont dit quelques hérétiques(1), mais la chair, l'âme et le Verbe; et ces deux natures ne sont qu'une même personne, un seul Fils de Dieu, un seul Christ, un seul Sauveur, égal au Père dans sa forme de Dieu, et chef de l'Église dans sa forme d'esclave. Mais en entendant ces mots : « parce que je suis saint, » si je reconnais la voix du Christ, dois-je donc séparer la mienne de la sienne? Non : car il parle, sans qu'il faille le séparer de son corps, quand il parle de la sorte. J'oserai vous dire aussi : « parce que je suis saint? » Si je voulais dire saint, comme pouvant sanctifier moi-

---

splendide, ablatus est ad inferos ad tormenta. Numquid vere ille pauper merito illius inopiæ ablatus est ab Angelis, dives autem ille peccato divitiarum suarum ad tormenta missus est? In illo paupere humilitas intelligitur honorificata, in illo divite superbia damnata. Breviter probo, quia non divitiæ, sed superbia in illo divite cruciabatur. Certe ille pauper in sinum Abrahæ sublatus est (*Ibid.*, 22) : de ipso Abraham dicit Scriptura, quia habebat hic plurimum auri et argenti, et dives fuit in terra (*Gen.*, XIII, 2). Si qui dives est, ad tormenta rapitur; quomodo Abraham præcesserat pauperem, ut ablatum in sinum suum susciperet? Sed erat Abraham in divitiis pauper, humilis, tremens omnia præcepta, et obaudiens. Usque adeo autem pro nihilo habebat illas divitias, ut jussus a Domino filium suum immolaret, cui servabat divitias (*Gen.*, XXII, 10). Discite ergo esse inopes et pauperes, sive qui habetis aliquid in isto sæculo, sive qui non habetis. Nam et hominem mendicum invenis superbientem, et hominem habentem divitias invenis confitentem. Resistit Deus superbis (*Jacobi*, IV, 6), et holosericatis et pannosis : humilibus autem dat gratiam, et habentibus aliquam substantiam hujus sæculi et non habentibus. Interior inspector est Deus : ibi appendit, ibi examinat : stateram Dei non vides, cogitatio tua in illam levatur. Videte quia meritum exauditionis suæ, id est, quo exaudiretur, in eo posuit ut diceret, « Quoniam egenus et inops ego sum. » Observa ne non sis egenus et inops : si non fueris, non exaudieris. Quidquid est circa te vel in te unde possis præsumere, abjice a te; tota præsumtio tua Deus sit : illius indigens esto, ut ipso implearis. Quidquid enim aliud habueris sine ipso, latius inanis es.

4. « Custodi animam meam, quoniam sanctus sum (*Psal.*, LXXXV, 2). » Hoc vero, « quoniam sanctus sum, » nescio utrum potuerit forte alius dicere, nisi ille qui sine peccato erat in hoc mundo; peccatorum omnium non commissor, sed dimissor. Agnoscimus vocem dicentis, « Quoniam sanctus sum, custodi animam meam : » utique in illa forma servi, quam assumserat. Ibi enim caro, ibi et anima. Neque enim ut nonnulli dixerunt, caro sola erat et Verbum : sed et caro et anima et Verbum : et totum hoc unus Filius

(1) Les Apollinaristes.

même, et n'ayant pas besoin d'être sanctifié, je ne serais qu'un menteur et un orgueilleux ; mais si je me dis saint comme ayant été sanctifié, selon ces paroles : « Soyez saint, parce que je suis saint (*Lévitique*, XIX, 2), » alors, en ce sens, que le corps du Christ, que cet homme unique qui crie des extrémités de la terre (*Ps.*, LX, 3) ose dire, avec son chef et sous la dépendance de son chef : « parce que je suis saint (*Ibid.*, LXXXV, 2). » Ce corps a reçu, en effet, la grâce de la sanctification, la grâce du baptême et de la rémission des péchés. « Voilà ce que vous avez été, » dit l'Apôtre, après avoir énuméré de nombreux péchés, légers ou graves, communs ou horribles. « Voilà ce que vous avez été, mais vous avez été lavés, mais vous avez été sanctifiés (I *Cor.*, VI, 11). » Si donc l'Apôtre dit que les fidèles ont été sanctifiés, chaque fidèle peut dire aussi : « je suis saint. » Ce n'est point là l'orgueil d'un homme qui s'élève, mais la confession d'un homme qui n'est pas ingrat. Si en effet vous dites que vous êtes saint par vous-même, vous êtes un orgueilleux ; si, d'un autre côté, devenu un des fidèles du Christ, un des membres du Christ, vous dites que vous n'êtes pas saint, vous êtes un ingrat. Car l'Apôtre, invectivant contre l'orgueil n'a pas dit : Vous n'avez rien, mais bien : « qu'avez-vous que vous n'ayez reçu (*Id.*, IV, 7) ? » Vous n'étiez pas accusé de mensonge, pour avoir dit que vous avez ce que vous n'avez pas, mais d'orgueil pour avoir prétendu ne tenir que de vous ce que vous avez. Reconnaissez donc et que vous avez, et que vous n'avez point par vous-même, afin de n'être ni un orgueilleux ni un ingrat. Dites à votre Dieu : je suis saint, parce que vous m'avez sanctifié ; parce que j'ai reçu la sainteté et non parce que je l'avais de moi-même ; parce que vous me l'avez donnée et non parce que je l'ai méritée. Si en effet vous ne parliez ainsi, vous commenceriez à faire injure à Notre-Seigneur Jésus-Christ lui-même. Car si tous les Chrétiens, si tous ceux qui croient en lui et qui ont été baptisés sont revêtus de lui, comme le dit l'Apôtre : « Vous tous qui avez été baptisés dans le Christ, vous avez été revêtus du Christ (*Galat.*, III, 27) ; » s'ils sont devenus les membres de son corps, et disent ensuite qu'ils ne sont pas saints, ils font injure à la tête en prétendant que ses membres ne sont pas saints. Voyez donc à qui vous appartenez, et recevez votre dignité de celui qui est votre tête. Car vous étiez dans les ténèbres, maintenant vous êtes lumière dans le Seigneur (*Éphés.*, V, 8). Vous avez été autrefois ténèbres, dit l'Apôtre, mais êtes-vous restés ténèbres ? Celui qui est la lumière est-il venu pour que vous restassiez ténèbres, ou pour qu'en lui

Dei, unus Christus, unus Salvator ; in forma Dei æqualis Patri, in forma servi caput Ecclesiæ. Ergo, « Quoniam sanctus sum, » cum audio, vocem ejus agnosco, et hic separo (*a*) meam ? Certe inseparabiliter a corpore suo loquitur, cum sic loquitur. Et audebo ego dicere, « Quoniam sanctus sum ? » Si sanctus tamquam sanctificans, et nullo sanctificante indigens ; superbus et mendax : si autem sanctus sanctificatus, secundum id quod dictum est, « Sancti estote, quia et ego sanctus sum (*Levit.*, XIX, 2) ; » audeat et corpus Christi, audeat et unus ille homo clamans a finibus terræ (*Ps.*, LX, 3), cum capite suo, et sub capite suo dicere, « Quoniam sanctus sum. » Accepit enim gratiam sanctitatis, gratiam baptismi et remissionis peccatorum. « Et hæc quidem fuistis (I *Cor.*, VI, 11), » ait Apostolus, enumerans multa peccata, et levia et gravia, et usitata et horribilia : « Et hæc quidem fuistis, sed abluti estis, sed sanctificati estis (*Ibid.*). » Si ergo sanctificatos dicit, dicat et unusquisque fidelium, Sanctus sum. Non est ista superbia elati, sed confessio non ingrati. Si enim dixeris te ex te esse sanctum, superbus es : rursus fidelis in Christo, et membrum Christi, si te dixeris non esse sanctum, ingratus es. Arguens enim superbiam Apostolus, non ait, Non habes : sed ait, « Quid enim habes, quod non accepisti (I *Cor.*, IV, 7) ? » Non arguebaris, quia dicebas te habere quod (*b*) non habes ; sed quia ex te tibi volebas esse quod habes. Immo et habere te agnosce, et ex te nihil habere, ut nec superbus sis, nec ingratus. Dic Deo tuo, Sanctus sum, quia sanctificasti me ; quia accepi, non quia habui ; quia tu dedisti, non quia ego merui. Etenim ex alio latere incipis injuriam facere ipsi Domino nostro Jesu Christo. Si enim Christiani omnes et fideles et baptizati in illo ipsum induerunt, sicut Apostolus dicit, « Quotquot in Christo baptizati estis, Christum induistis (*Galat.*, III, 27) ; » si membra sunt facti corporis ejus, et dicunt se sancta non esse, capiti ipsi faciunt injuriam, cujus membra sancta (*c*) non sunt. Jam vide ubi sis, et de capite tuo dignita-

(*a*) Regius MS. *separo me ab ea ?* (*b*) Particula, *non*, abest a Remigiensi probæ notæ MS. (*c*) Sic Er. et meliores MSS. At Lov. *sancta sunt*.

DISCOURS SUR LE PSAUME LXXXV.

vous devinssiez lumière? Que chaque chrétien le dise donc, ou plutôt que le corps entier du Christ le crie de toutes parts, au milieu des tribulations, au milieu de tentations de tout genre, au milieu de scandales sans nombre, qu'il dise : « Gardez mon âme, parce que je suis saint. O mon Dieu, sauvez votre serviteur, qui a mis en vous son espérance (*Ps.*, LXXXV, 2). » Vous voyez donc que ce saint n'est pas orgueilleux, puisque son espérance est dans le Seigneur.

5. « Ayez pitié de moi, Seigneur, parce que j'ai crié vers vous tout le jour (*Ibid.*, 3). » Non pas un jour, mais « tout le jour », c'est-à-dire en tout temps. Depuis le moment où le corps du Christ a gémi dans l'oppression jusqu'à la fin des siècles, où l'oppression cessera, cet homme gémit et crie vers Dieu ; et chacun de nous a sa part spéciale dans les cris de tout le corps. Vous avez crié, vous, tant qu'ont duré vos jours, et voilà que vos jours ont passé ; un autre vous a succédé, et il a crié aussi tant que ses jours ont duré ; ç'a été le même cri, de vous ici, d'un autre là, d'un autre ailleurs. Tout le jour donc le corps du Christ pousse des cris, tandis que ses membres décèdent et se succèdent. Le même homme se conserve jusqu'à la fin du monde. Ce sont toujours les mêmes membres du Christ qui poussent des cris, bien que déjà quelques-uns d'entre eux reposent en lui, que d'autres crient maintenant, que d'autres crieront lorsque nous serons dans le repos, et qu'après ceux-là d'autres encore crieront de la même manière. Ce qu'il faut écouter ici, c'est la voix du corps entier du Christ, qui dit : « J'ai crié vers vous tout le jour (*Ibid.*). » Or notre tête qui est à la droite du Père intercède pour nous (*Rom.*, VIII, 34) ; et, parmi les membres de ce corps, les uns sont reçus, les autres châtiés, d'autres purifiés, d'autres consolés, d'autres créés, d'autres appelés, d'autres rappelés, d'autres corrigés, d'autres réintégrés.

6. « Seigneur, réjouissez l'âme de votre serviteur, parce que j'ai élevé mon âme vers vous (*Ibid.* 4). » Réjouissez mon âme, parce que je l'ai élevée vers vous. En effet, elle était sur la terre, et sur la terre, elle ne ressentait qu'amertume. Pour qu'elle ne vînt point à se dessécher dans son amertume et à perdre toute la douceur de votre grâce, je l'ai élevée vers vous ; réjouissez-la en vous. Car vous seul êtes joie et douceur ; le monde est rempli d'amertume. Certes, le Christ a bien raison d'avertir ses membres de tenir leurs cœurs élevés. Qu'ils l'écoutent donc et lui obéissent ; qu'ils élèvent vers lui tout ce qui souffre sur la terre. Car le cœur ne se pourrit pas sur la terre, si on l'élève vers Dieu. Si vous aviez du blé déposé d'abord dans quelque endroit souterrain, pour l'empêcher de se gâter, vous le feriez mettre à l'étage le plus élevé de

---

tem cape. Etenim eras in tenebris, nunc autem lux in Domino. Fuistis, inquit, aliquando tenebræ : sed numquid tenebræ remansistis (*Ephes.*, V, 8)? Ad hoc illuminator venit, ut et tenebræ remaneretis, an ut in illo lux fieretis ? Ergo dicat et unusquisque Christianus, immo dicat totum corpus Christi, clamet ubique patiens tribulationes, diversas tentationes et scandala innumerabilia ; dicat, « Custodi animam meam, quoniam sanctus sum. Salvum fac servum tuum Deus meus sperantem in te. » Ecce ille sanctus non est superbus, quia sperat in Domino.

5. « Miserere mei Domine, quoniam ad te clamavi tota die (*Ps.*, VIII, 3) : » non una die. « Tota die, » omni tempore intellige : ex quo corpus Christi gemit in pressuris, usque in finem sæculi quo transeunt pressuræ, gemit iste homo, et clamat ad Deum ; et unusquisque nostrum pro portione habet clamorem suum in toto isto corpore. Clamasti tu diebus tuis, et transierunt dies tui ; successit tibi alius, et clamavit diebus suis ; et tu hic, ille ibi, ille alibi : corpus Christi tota die clamat sibi decedentibus et succedentibus membris. Unus homo usque in finem sæculi extenditur. Eadem membra Christi clamant, et quædam membra jam in illo requiescunt, quædam modo clamant, quædam vero cum ipsi nos requieverimus clamabunt, et post illa alia clamabunt. Totius corporis Christi hic adtendit vocem, dicentis, « Ad te clamavi tota die. » Caput autem nostrum ad dexteram Patris interpellat pro nobis (*Rom.*, VIII, 35). Alia membra recipit, alia flagellat, alia mundat, alia consolatur, alia creat, alia vocat, alia revocat, alia corrigit, alia redintegrat.

6. « Jocunda animam servi tui : quoniam ad te, Domine, levavi animam meam (*Ps.*, LXXXV, 4). » Jocunda eam, quia levavi ad te eam. In terra enim erat, et in terra amaritudinem sentiebat : ne in amaritudine contabesceret, ne omnem tuæ gratiæ suavitatem amitteret, levavi eam ad te : jocunda eam apud te. Solus enim tu es jocunditas : amaritudine

votre maison. Vous changeriez votre blé de place, et vous laisseriez votre cœur se pourrir sur la terre? Vous mettriez votre blé à l'étage le plus élevé de votre maison, élevez donc de même votre cœur vers le ciel. Et comment le puis-je, direz-vous? Quelles cordes, quelles machines, quelles échelles y suffiraient? Les degrés sont vos sentiments; le chemin, c'est votre volonté. Par la charité, vous montez; par la négligence, vous descendez. Tout en restant sur la terre, vous êtes dans le ciel, si vous aimez Dieu. Le cœur ne s'élève pas de la même manière que le corps. Le corps, pour s'élever, change de place; le cœur, pour s'élever, change de volonté. « J'ai élevé mon âme vers vous (*Ibid.*). »

7. « Car, Seigneur, vous êtes suave et doux (*Ibid.*, 5). » C'est pourquoi, réjouissez mon âme. Accablé de dégoût, pour ainsi dire, en raison de l'amertume des choses de la terre, il a désiré quelque adoucissement; il a cherché la source de la douceur et ne l'a pas trouvée sur terre. Car, de quelque côté qu'il se tournât, il trouvait des scandales, des sujets de crainte, des afflictions, des tentations. En quel homme rencontrer une sûreté entière? De qui recevoir une joie certaine? Ce qu'il ne trouvait pas en lui-même, comment l'eût-il trouvé dans un autre? Ou les hommes sont méchants, et il faut les souffrir tels qu'ils sont, sans perdre l'espérance, parce qu'ils peuvent changer ; ou ils sont bons, et il faut les aimer avec la crainte (car ils peuvent changer,) qu'ils ne deviennent mauvais. D'un côté, leur méchanceté remplit l'âme d'amertume; de l'autre, c'est inquiétude et crainte de voir tomber celui qui marche dans le droit chemin. Par conséquent, de quelque côté qu'il se tourne, l'homme trouve de l'amertume dans les choses de la terre, et il n'y a pour lui aucun adoucissement, s'il ne s'élève vers Dieu. « Car, Seigneur, vous êtes suave et doux (*Ibid.*). » Que signifie: Vous êtes doux? Vous me supportez jusqu'à ce que vous me rendiez parfait. Je veux vous le dire, mes frères, comme un homme, le premier venu d'entre tous, peut le dire au milieu des autres hommes : que chacun prenne son cœur et l'examine sans flatterie ni caresse. Car, rien de plus insensé que de se caresser et de se tromper soi-même. Que chacun s'examine donc et voie ce qui se passe dans le cœur humain : comment, la plupart du temps, les prières elles-mêmes sont entravées par de vaines pensées, de sorte que le cœur peut à peine se tenir en la présence de son Dieu; comment encore le cœur veut se dompter pour y rester fermement et comment il se dérobe à lui-même, sans trouver de barrières pour se captiver ni d'entraves pour retenir l'élan de son vol et ses vaines divagations, afin

---

plenus est mundus. Certe recte admonet membra sua, ut sursum cor habeant. Audiant ergo, et faciant : levent ad illum quod male est in terra. Ibi enim (*a*) non putrescit cor, si levetur ad Deum. Frumentum si haberes in inferioribus, ne putresceret, levares ad superiora. Frumento mutares locum, et cor permittis in terra putrescere? Frumentum levares in superiora, cor leva in cœlum. Et unde, inquis, possum? Qui funes, quæ machinæ, quæ scalæ opus sunt? Gradus, affectus sunt : iter tuum, voluntas tua est. Amando adscendis, negligendo descendis. Stans in terra, in cælo es, si diligas Deum. Non enim sic levatur cor, quomodo levatur corpus. Corpus ut levetur; locum mutat : cor ut levetur, voluntatem mutat. « Quoniam ad te, Domine, levavi animam meam. »

7. « Quia tu Domine suavis es ac mitis (*Ibid.*, 5). » Ideo jocunda. Tamquam tædio affectus ex amaritudine terrenorum indulcari voluit, et quæsivit fontem dulcedinis, et in terra non invenit. Quacumque enim se vertebat, scandala, timores, tribulationes, tentationes inveniebat. In quo homine securitas? de quo certum gaudium? Nec de seipso utique: Quanto (*b*) magis de alio? Aut mali sunt, et necesse est eos pati, et sperare quia mutari possunt : aut boni sunt, et sic eos oportet diligere, ut timeamus (quia possunt mutari) ne mali sint. Ibi malitia eorum facit amaritudinem animæ : hic sollicitudo et timor, ne labatur qui bene ambulat. Quocumque ergo se converterit, in terrenis rebus amaritudinem invenit: unde dulcescat non habet, nisi levet se ad Deum. « Quoniam tu Domine suavis es, et mitis. » Quid est, mitis? » Portans me, donec perficias me. Vere enim Fratres mei, dicam tamquam homo in hominibus,et ex hominibus :(*c*) ferat quisque cor suum, et intueatur se sine adulatione, et sine palpatione. Nihil est enim stultius, quam ut seipsum quisque palpet atque seducat. Adtendat ergo et videat quanta agantur in corde humano, quemadmodum ipsæ plerumque orationes impediantur vanis cogitationibus, ita ut vix

---

(*a*) Aliquot MSS. *Ibi enim putrescit cor, si non levetur ad Deum.* (*b*) Unus Regius MS. *quanto minus.* (*c*) Gatianensis MS. *quærat.*

de demeurer devant son Dieu qui lui donnerait la joie. A peine, parmi de nombreuses prières, en est-il une seule dans ces conditions. Chacun dirait que cela lui arrive et n'arrive pas à d'autres, si, dans un endroit des saintes Écritures, nous ne trouvions David priant et disant : « Seigneur, j'ai trouvé mon cœur pour vous prier (II *Rois*, VII, 27). » Il dit avoir trouvé son cœur, comme si ce cœur avait coutume de fuir loin de lui ; comme s'il le poursuivait dans sa fuite sans pouvoir l'atteindre, et se voyait contraint de dire à Dieu : « Parce que mon cœur m'a délaissé (*Ps.*, XXXIX, 13). » C'est pourquoi, mes frères, en examinant ce que dit ici le Prophète : « Vous êtes suave et doux (*Ps.*, LXXXV, 5), » je crois m'apercevoir de ce que signifie le mot « doux. » « Seigneur, réjouissez l'âme de votre serviteur, parce que j'ai élevé mon âme vers vous ; car, Seigneur, vous êtes suave et doux (*Ibid.*). » Il me semble comprendre que le Prophète nous dit que Dieu est doux, parce qu'il supporte nos faiblesses, et que cependant il attend de nous une prière, pour nous rendre ensuite parfaits. Quand nous la lui donnons, il la tient pour agréable et l'exauce ; il oublie toutes celles que nous répandons devant lui d'une manière si imparfaite, et il accepte la seule prière que nous avons formée à grand' peine. Mais, mes frères, quel est l'homme avec lequel un ami aurait commencé à s'entretenir, qui tout à coup, au moment où il voudrait lui répondre, verrait cet ami se détourner de lui et parler d'autre chose avec un autre, quel est l'homme qui supporterait un tel procédé ? Ou encore, si vous vous adressez à un juge et convenez avec lui du moment où il vous entendra ; que subitement, pendant le cours de votre audience, vous le laissiez là et vous mettiez à causer avec un ami, comment ce juge le supporterait-il ? Et Dieu supporte cependant les cœurs de tant de gens qui le prient, et qui pensent à mille choses différentes ; sans parler des choses qui sont coupables, sans parler de celles qui quelquefois sont perverses et dictées par la haine de Dieu. Les pensées inutiles sont déjà une injure pour celui avec lequel vous avez commencé à vous entretenir. Votre prière est une parole adressée à Dieu. Lorsque vous lisez, Dieu vous parle ; lorsque vous priez, vous parlez à Dieu. Mais quoi ? Faut-il donc désespérer du genre humain, et dire que tout homme est voué à la damnation, si quelque pensée du dehors se glisse dans sa prière et l'interrompt ? Si nous disions cela, mes frères, je ne vois pas quelle espérance nous resterait. Or, comme la grande miséricorde de Dieu entretient notre espérance en lui, disons-lui : « Seigneur, réjouissez l'âme de votre serviteur, parce que j'ai élevé mon

---

stet cor ad Deum suum : et vult se tenere ut stet, et quodam modo fugit a se, nec invenit cancellos quibus se includat, aut obices quosdam quibus retineat avolationes suas et vagos quosdam motus, et stet jocundari a Deo suo. Vix est ut occurrat talis oratio inter multas orationes. Diceret unusquisque sibi contingere, et alteri non contingere, nisi inveniremus in Scripturis Dei David orantem quodam in loco, et dicentem, « Quoniam inveni, Domine, cor meum, ut orarem ad te (II *Reg.*, VII, 27). » Invenire se dixit cor suum, quasi soleret ab eo fugere, et ille sequi quasi fugitivum, et non posse comprehendere, et clamare ad Deum, « Quoniam cor meum dereliquit me (*Psal.*, XXXIX, 13). » Itaque, Fratres mei, adtendens quod hic ait, « Suavis es tu et mitis : » videor mihi videre hic quod ait, « mitis. » « Jocunda animam servi tui, quoniam ad te levavi animam meam, quoniam tu suavis et mitis es : » videor mihi videre ad hoc dixisse mitem Deum, quia patitur ista nostra, et exspectat tamen a nobis orationem, ut perficiat nos : et quando illi eam dederimus, accipit grate, et exaudit ; nec meminit tantas quas inconditae fundimus, et accipit unam quam vix invenimus. Quis enim est, Fratres mei, homo, cum quo si cœperit amicus ejus colloqui, et (*a*) voluerit ille respondere collocutioni ejus, et viderit cum averti a se, et aliud loqui ad alium, qui hoc ferat ? Aut si forte interpelles judicem, et constituas eum loco ut te audiat, et subito cum ad eum loqueris, dimittas eum, et incipias fabulari cum amico tuo, quando te tolerat ? Et tolerat Deus tot corda precantium, et diversas res cogitantium : omitto dicere et noxias, omitto dicere aliquando perversas et inimicas Deo ; ipsas superfluas cogitare injuria est ejus, cum quo loqui cœperas. Oratio tua locutio est ad Deum. Quando legis, Deus tibi loquitur ; quando oras, Deo loqueris. Sed quid ? Desperandum est de genere humano, et dicendum jam ad damnationem pertinere omnem hominem, cui sub-

(*a*) Sic MSS. At editi, *et noluerit*.

âme vers vous (*Ps.*, LXXXV, 4). » Et comment l'ai-je élevée? Comme je l'ai pu, selon les forces que vous m'avez accordées, et autant que j'ai pu saisir cette âme constamment fugitive. Mais avez-vous donc oublié (supposons que Dieu nous parle ainsi,) que, toutes les fois que vous vous êtes présenté devant moi, vous vous êtes laissé aller à tant de pensées vaines et superflues, qu'à peine m'avez-vous offert une prière sérieuse et réfléchie? « Seigneur, vous êtes suave et doux (*Ibid.*, 5). » Vous êtes doux, puisque vous me supportez. La maladie me fait tomber en défaillance, guérissez-moi et je me relèverai, affermissez-moi et je serai fort. Mais jusqu'à ce que vous le fassiez, vous me supportez, « ô mon Dieu, parce que vous êtes suave et doux (*Ibid.*). »

8. « Et très-miséricordieux (*Ibid.*); » non-seulement miséricordieux, mais « très-miséricordieux : » car notre iniquité est abondante, mais votre miséricorde est abondante aussi. « Et vous êtes très-miséricordieux pour tous ceux qui vous invoquent (*Ibid.*). » Que veut donc dire, puisque vous êtes sans aucun doute « très-miséricordieux pour ceux qui vous invoquent (*Ibid.*), » ce que nous lisons dans de nombreux passages des Écritures : « Ils invoqueront et je ne les exaucerai pas (*Prov.*, I, 28); » si ce n'est que quelques-uns de ceux qui invoquent, n'invoquent pas Dieu ? C'est d'eux qu'il est dit : « Ils n'ont pas invoqué Dieu (*Ps.*, LII, 6). » Ils invoquent, mais ils n'invoquent pas Dieu. Vous invoquez tout ce que vous aimez ; vous invoquez tout ce que vous appelez en vous ; vous invoquez tout ce que vous voulez voir venir à vous. Or, si vous invoquez Dieu, pour que vous vienne une somme d'argent, pour que vous vienne un héritage, pour que vous vienne une dignité du monde, vous invoquez réellement ces biens que vous voulez voir venir à vous, et vous demandez à Dieu, non pas d'exaucer de justes désirs, mais de venir en aide à vos convoitises. Dieu est bon, s'il vous donne ce que vous voulez. Mais quoi? si vos désirs sont mauvais, Dieu ne sera-t-il pas meilleur encore en vous refusant? Mais, si Dieu ne vous exauce, il n'est plus rien pour vous et vous dites : Combien j'ai prié. Combien de fois j'ai prié! et je n'ai pas été exaucé! Que lui demandiez-vous donc ? Peut-être la mort de votre ennemi. Et si au moment même votre ennemi demandait la vôtre ? Celui qui vous a créé l'a créé également ; vous êtes homme et il est homme, et Dieu est juge entre vous : il vous écoute tous les deux, et ne vous exauce ni l'un ni l'autre. Vous êtes triste de n'avoir pas été exaucé au détriment de votre

---

repserit aliqua cogitatio oranti, et interruperit orationem ipsius? Si hoc dixerimus, Fratres, quæ spes remaneat? non video. Porro quia est aliqua spes ad Deum, quia magna est ejus misericordia ; dicamus ei, « Jocunda animam servi tui, quoniam ad te, Domine, levavi animam meam. » Et quomodo eam levavi ? Quomodo potui, quomodo tu vires dedisti, quomodo eam fugientem apprehendere (a) valui ; Et excidit tibi, quia quotienscumque ante me stetisti, (puta Deum dicere,) tanta vana et superflua cogitasti, et vix mihi fixam et stabilem orationem fudisti? « Quia tu suavis es Domine ac mitis.» Mitis es, tolerans me. Ex ægritudine defluo, cura et stabo : confirma, et firmus ero. Donec autem facias, toleras me : « Quia tu suavis es Domine et mitis. »

8. « Et multum misericors (*Ps.*, LXXXV, 5). » Non enim solum misericors, sed « multum misericors. » Abundat enim iniquitas nostra, abundat et misericordia tua. « Et multum misericors es omnibus invocantibus te. » Et quid est quod dicit multis locis Scriptura, « Quia invocabunt, et non exaudiam eos (*Prov.*, I, 28) : » certe, « misericors omnibus invocantibus te : » nisi quia quidam invocantes, non ipsum invocant ? de quibus dicitur, « Deum non invocaverunt (*Psal.*, LII, 6). » Invocant, sed non Deum. Invocas quidquid amas : invocas quidquid in te vocas, invocas quidquid vis ut veniat ad te. Porro si Deum propterea invocas, ut veniat ad te pecunia, ut veniat ad te hereditas, ut veniat ad te sæcularis dignitas, illa invocas quæ vis ut veniant ad te : sed Deum tibi adjutorem ponis cupiditatum, non exauditorem desideriorum. Deus bonus, si det quod vis. Quid, si male vis, nonne erit magis non dando misericors ? Porro si non dederit, jam nihil tibi Deus est : et dicis, Quantum rogavi, quam sæpe rogavi, et non sum exauditus : Quid enim petebas ? Forte mortem inimici tui. Quid si et ille petebat tuam ? Qui te creavit, ipse et illum; homo es, homo est et ille : Deus autem judex est; audit ambos, et non exaudit ambos. Tristis es, quia non es exauditus contra illum : gaude, quia non est exauditus contra te. Ego, inquis, non hoc petebam ; non inimici mei petebam

---

(a) Sic MSS. At Er. *valuit*. Lov. *valuisti*.

ennemi, réjouissez-vous plutôt de ce qu'il n'a pas été exaucé à votre détriment. Mais ce n'est pas là, direz-vous, ce que je demandais ; je ne demandais pas la mort de mon ennemi ; je demandais la vie de mon enfant ; quel mal y avait-il dans cette demande? Vous ne demandiez rien de mal, dans votre intention. Mais que répondrez-vous, s'il a été enlevé de peur que le mal ne vînt à corrompre son esprit (*Sagesse*, IV, 11)? » Mais c'était un pécheur, et je voulais qu'il vécût pour se corriger. Vous désiriez qu'il vécût pour devenir meilleur : et si Dieu savait qu'en vivant il deviendrait pire? Qui vous a donc appris s'il lui était avantageux de vivre ou de mourir? Et si vous ne le savez pas, rentrez en vous-même et laissez à Dieu le jugement qu'il a porté. Que ferai-je donc, me direz-vous? Quelle sera ma prière? — Quelle sera votre prière? Celle que vous a enseigné le Seigneur, celle que vous a enseigné le divin Maître. Invoquez Dieu, comme votre Dieu, aimez Dieu comme votre Dieu. Il n'y a rien de meilleur que lui; c'est lui qu'il faut désirer, c'est à lui qu'il faut aspirer. Voyez comment le Prophète invoque Dieu dans un autre psaume : « J'ai demandé une seule chose au Seigneur et je le lui redemanderai. » Que demande-t-il donc? » C'est d'habiter dans la maison du Seigneur tous les jours de ma vie. » Et pourquoi? « Pour jouir de la contemplation du Seigneur (*Ps.*, XXVI, 4). » Si donc vous voulez être l'ami de Dieu, aimez-le du plus profond et du plus sincère de votre cœur, soupirez purement après lui, aimez-le, brûlez pour lui, aspirez ardemment à lui au-dessus de qui vous ne trouvez rien de plus doux, rien de meilleur, rien de plus agréable, rien de plus durable. En effet, rien de plus durable que ce qui est éternel? Vous n'avez point à craindre qu'il périsse pour vous, lui qui fait que vous ne périssez pas. Si donc vous invoquez Dieu comme Dieu, soyez en sécurité, vous serez exaucé; vous avez le droit de vous appliquer ces paroles: « Vous êtes très-miséricordieux pour tous ceux qui vous invoquent (*Ps.*, LXXXV, 5).

9. Gardez-vous donc de dire : Dieu ne m'a pas accordé telle chose. Rentrez dans votre conscience; pesez-la, examinez-la, ne l'épargnez pas. Si vous avez sincèrement invoqué Dieu, soyez certain que, s'il ne vous a pas donné ce que vous désiriez, peut-être dans un intérêt temporel, c'est que cela ne vous était pas avantageux. Affermissez votre cœur, ô mes frères, sur cette base, mais un cœur chrétien, un cœur fidèle : ne vous livrez pas à la tristesse, comme frustrés dans vos désirs, pour en venir à vous irriter contre Dieu. Il n'est pas bon, en effet, de regimber contre l'aiguillon (*Act.*, IX, 5). Consultez les Écritures. Voici que le démon est exaucé et que l'Apôtre ne l'est pas. Que vous en semble? Comment les démons ont-ils été exaucés? Ils ont demandé à se jeter dans le corps des pourceaux, et le Seigneur le leur a permis (*Matth.*, VIII, 31, 32). Comment le diable a-t-il été exaucé? Il a

---

mortem, sed vitam petebam filii mei. Quid mali petebam? Nihil mali petebas, sicut tu sentiebas. Nam quid, si « ille raptus est, ne malitia mutaret intellectum illius (*Sap.*, IV, 11) ? » Sed peccator, inquis, erat; et ideo volebam eum vivere, ut corrigeretur. Tu volebas eum vivere, ut melior esset : quid si Deus noverat, si viveret, pejorem futurum? Unde ergo nosti quid illi prodesset, mori an vivere ? Si ergo non nosti, redi ad cor tuum, dimitte Deo consilium suum. Quid ergo, inquis, faciam? quid orem? Quid ores? Quod te docuit Dominus, quod te docuit cælestis magister. Invoca Deum tamquam Deum, ama Deum tamquam Deum. Illo melius nihil est : ipsum desidera, ipsum concupisce. Vide invocantem Deum in alio Psalmo : « Unam petii a Domino, hanc requiram (*Psal.*, XXVI, 4). » Quid est quod petit ? « Ut inhabitem in domo Domini per omnes dies vitæ meæ. » Ut quid hoc ? Ut contempler delectationem Domini. Si ergo amator Dei esse vis, sincerissimis medullis castisque suspiriis ipsum dilige, ipsum ama, illi flagra, illi inhia quo jocundius nihil invenis, quo melius, quo lætius, quo diuturnius. Quid enim tam diuturnum, quam id quod est sempiternum? Non times ne aliquando a te pereat, qui facit ne tu pereas. Si ergo tu invocas Deum, tamquam Deum, securus esto, exaudiris : pertines ad istum versum, « Et multum misericors omnibus invocantibus te. »

9, Noli ergo dicere, Illud mihi non dedit. Redi ad conscientiam tuam, libra, interroga, parcere illi noli. Si vere Deum invocasti, certus esto quia id forte quod volebas temporaliter, ideo non dedit, quia non tibi proderat. Ædificetur in hoc cor vestrum, Fratres, cor Christianum, cor fidele : ne incipiatis tristes facti, veluti fraudati desideriis vestris, ire in indignationem contra Deum. Etenim non expedit adversus stimulum calcitrare (*Act.*, IX, 5). Recurrite ad Scripturas. Exauditur diabolus, et non exauditur Apostolus. Quid vobis vide-

demandé que Job lui fût livré pour être tenté et il l'a obtenu (*Job.* I, 11, 12; ⅎI, 5, 6). Comment l'Apôtre n'a-t-il pas exaucé ? « De peur, dit-il, que la grandeur des révélations ne m'enorgueillit, il m'a été donné un aiguillon dans ma chair, un ange de satan pour me donner des soufflets : c'est pourquoi j'ai prié trois fois le Seigneur qu'il le retirât de moi ; et il m'a dit : ma grâce te suffit, car la puissance se fait mieux sentir dans la faiblesse(II*Cor.*, XII, 7-9). » Dieu a exaucé celui qu'il se disposait à condamner, et il n'a pas exaucé celui qu'il voulait guérir. C'est que souvent le malade demande au médecin bien des choses que le médecin lui refuse ; il ne l'exauce pas conformément à sa volonté, il l'exauce conformément à sa santé. Prenez donc Dieu pour votre médecin ; demandez lui votre salut et il sera lui-même votre salut. Il ne vous donnera pas le salut comme quelque chose d'extérieur, mais il sera lui-même votre salut ; pour que vous ne recommenciez pas à aimer une autre sorte de salut que lui-même, et pour que vous l'aimiez selon ces paroles du Psaume : « Dites à mon âme : Je suis votre salut (*Ps.*, XXXIV, 3). » Comment donc agira-t-il à votre égard, et que vous dira-t-il pour se donner à vous ? Voulez-vous réellement qu'il se donne à vous ? Qu'en sera-t-il donc, si vous voulez avoir ce qu'il ne veut pas que vous ayez, pour se donner à vous ? Il écarte les obstacles afin d'entrer en vous. Examinez, considérez, mes frères, les biens que Dieu donne aux pécheurs, et par là comprenez quels sont ceux qu'il réserve à ses serviteurs. Aux pécheurs qui blasphèment tous les jours, il donne le ciel et la terre ; il donne les sources d'eau, les fruits, la santé, les enfants, les richesses, l'abondance de toutes choses : car ces biens, il n'y a que Dieu qui les donne. S'il donne aux pécheurs de tels biens, que pensez-vous qu'il réserve pour ses fidèles ? Peut-on supposer de lui que, s'il donne de tels biens aux méchants, il ne réserve rien aux bons ? Loin de là, il leur réserve, non la terre, mais le Ciel. Peut-être même, en disant le Ciel, ai-je dit encore trop peu de chose ; il se donne lui-même, lui qui a fait le Ciel. Le Ciel est beau, mais le Créateur du Ciel est plus beau que lui. Mais le Ciel, je le vois, et lui, je ne le vois pas. Vous avez, en effet, des yeux pour voir le Ciel ; vous n'avez pas encore un cœur capable de voir le Créateur du Ciel. C'est pourquoi il est venu du Ciel sur la terre, pour purifier votre cœur, et le rendre capable de voir celui qui a fait le ciel et la terre. Attendez donc votre salut avec patience. Il sait par quels remèdes vous guérir ; ce qu'il faut couper, ce qu'il faut brûler, il le sait. Vous avez gagné une maladie par vos péchés ; il n'est pas seulement venu pour soigner ce mal, mais pour le guérir avec le fer et le feu. Ne voyez-vous pas combien les hommes souffrent dans les

---

tur? quomodo exaudiuntur dæmones? Petierunt se ire in porcos, et concessum est eis (*Matth.*, VIII, 32). Quomodo exauditus est diabolus? « Petiit Job tentandum, et accepit (*Job*, I, 12). » Quomodo non exauditus est Apostolus ? « In magnitudine, inquit, revelationum ne extollar, datus est mihi stimulus carnis meæ angelus satanæ qui me colaphizet : propter quod ter Dominum rogavi ut auferret eum a me, et dixit mihi, Sufficit tibi gratia mea; nam virtus in infirmitate perficitur (II *Cor.*, XII, 7 etc.). » Exaudivit eum quem disponebat damnare, et non exaudivit eum quem volebat sanare. Nam et æger petit multa a medico, non dat medicus : non exaudit ad voluntatem, ut exaudiat ad sanitatem. Ergo medicum tuum pone Deum, pete ab illo salutem, et salus tua ipse erit : non quasi salutem extrinsecus, sed ut salus ipse sit; ne rursus ames aliam salutem præter ipsum, sed quomodo habes in Psalmo, « Dic animæ meæ, Salus tua ego sum (*Psal.*, XXXIV, 3). » Quid ad te, quid tibi dicat, ut se tibi det ? Vis ut det se tibi ? Quid si quod vis habere, non vult ipse ut habeas, ut se tibi det? Impedimenta removet, ut intret ad te. Bona cogitate et considerate, Fratres, quæ dat Deus peccatoribus ; et hinc intelligite quid servet servis suis. Peccatoribus blasphemantibus eum quotidie dat cælum et terram, dat fontes, fructus, salutem, filios, copias, ubertatem : hæc omnia bona non dat nisi Deus. Qui talia peccatoribus dat, quid cum putas servare fidelibus suis ? Hoccine de illo sentiendum est, quia qui talia malis dat, nihil servat bonis ? Immo vero servat, non terram, sed cælum. Vilius forte aliquid dico cum dico cælum : sed seipsum, qui fecit cælum. Pulcrum est cælum, sed pulcrior est fabricator cæli. Sed video cælum, et illum non video. Oculos enim habes ad videndum cælum, cor nondum habes ad videndum fabricatorem cæli. Ideo venit de cælo in terram, ut mundet cor, quo videatur qui fecit cælum et terram. Sed plane cum patientia salutem exspecta. Quibus te medicamentis curet, ille novit; quibus sectionibus, qui

mains des médecins, bien que le médecin ne soit qu'un homme qui ne peut donner qu'une espérance incertaine? Vous guérirez, dit le médecin, vous guérirez, si je mets le fer dans la plaie. C'est un homme qui parle, et il parle à un homme; il n'y a de certitude ni pour celui qui parle ni pour celui qui écoute ; parce que celui qui parle à son semblable ne l'a pas créé, et ne sait point parfaitement ce qui se passe en lui. Et cependant l'homme croit à ce que lui dit cet autre homme, qui n'en sait pas davantage sur ce qui se passe dans le corps de l'homme; il lui abandonne ses membres, il se laisse lier ou, le plus souvent, même sans être lié, il supporte qu'on le taille et qu'on le brûle. Et de plus, s'il est guéri, ce n'est peut-être que pour peu de jours; une fois guéri, il ne sait quand il mourra; il mourra peut-être au moment même de sa guérison, ou encore on ne pourra le guérir. Au contraire, quel est celui à qui Dieu ait promis quelque chose, et qui ait été trompé par Dieu ?

10. « Seigneur faites entrer profondément ma prière dans vos oreilles (*Ibid.*, LXXXV, 6.) » Quel ardent désir dans cette prière ! « Seigneur, faites entrer profondément ma prière dans vos oreilles (*Ibid.*); » c'est-à-dire : que ma prière ne sorte pas de vos oreilles, faites la pénétrer, enfoncez-la dans vos oreilles. Comment le Prophète a-t-il eu cette pensée d'enfoncer sa prière dans les oreilles de Dieu? Que Dieu réponde et nous dise : Voulez-vous que votre prière pénètre dans mes oreilles? faites pénétrer ma loi dans votre cœur. « Seigneur, faites entrer profondément ma prière dans vos oreilles ; et soyez attentif à la voix de ma prière (*Ibid.*). »

11. « Au jour de ma tribulation, j'ai crié vers vous, parce que vous m'avez exaucé (*Ibid.*, 7.).» La cause pour laquelle vous m'avez exaucé, c'est « qu'au jour de ma tribulation, j'ai crié vers vous. » Peu auparavant, le Prophète avait dit : J'ai crié tout le jour, j'ai souffert la tribulation tout le jour. Que nul chrétien ne dise donc pas qu'il y a un seul jour pendant lequel il n'a subi aucune tribulation. Tout le jour, nous le savons, veut dire , en tout temps. Tout le jour il est dans la tribulation : quoi donc, souffre-t-on la tribulation, même quand tout est bien pour nous? Oui : en tout temps, on souffre la tribulation. D'où vient cette tribulation ? Parce que, « tant que nous sommes dans notre corps, nous sommes exilés loin de Dieu (II *Cor.*, v, 6.). » Quelle que soit ici-bas l'abondance dont nous jouissions, nous ne sommes pas encore dans cette patrie où nous avons hâte de retourner. Celui à qui l'exil est doux n'aime pas sa patrie : si la patrie lui est douce, l'exil lui est amer; et si l'exil lui est amer, il est tout le jour dans la tribulation. Quand cessera la tribulation? Quand, dans la patrie, ce sera le temps

---

bus ustionibus, ille novit. Tu tibi ægritudinem comparasti peccando : ille venit non solum fovere, sed et secare et urere. Non vides quanta homines patiantur sub medicorum manibus, spem incertam homine promittente? Sanaberis, dicit medicus, sanaberis, si secuero. Et homo dicit, et homini dicit : nec qui dicit certus est, nec qui audit; quia ille dicit homini, qui non fecit hominem, et non perfecte scit quid agatur in homine : et tamen ad verba hominis plus nescientis quid agatur in homine credit homo, subdit membra, ligari se patitur, aut plerumque etiam non ligatus secatur aut uritur ; et accipit forte salutem paucorum dierum, jam sanatus quando moriatur ignorans ; et fortasse dum curatur moritur, et fortasse curari non poterit. Cui autem promisit Deus aliquid, et fefellit ?

10. « Auribus infige Domine orationem meam (Ps., LVIII, 6). » Magnus orantis affectus. « Auribus infige Domine orationem meam:»id est, non exeat de auribus tuis oratio mea, fige illam ibi in auribus tuis. Quomodo parturivit, ut figeret orationem suam in auribus Dei? Respondeat Deus, et dicat nobis, Vis figam orationem tuam in auribus meis ? Fige in corde tuo legem meam. « Auribus infige Domine orationem meam ; et intende voci orationis meæ. »

11. « In die tribulationis meæ clamavi ad te, quoniam exaudisti me (*Ibid.*, 7). » Caussa ut exaudires me, «in die tribulationis meæ clamavi ad te. » Paulo ante dixerat, Tota die clamavi, tota die tribulatus sum. Nullus ergo Christianus dicat esse diem in quo non sit tribulatus. Totam diem, totum tempus intelleximus. Tota die tribulatur. Quid ergo, tribulatio est et quando bene est ? Utique tribulatio. Unde tribulatio ? « Quia quamdiu in corpore sumus , peregrinamur a Domino (II *Cor.*, v, 6). » Quodlibet hic abundet, nondum sumus in illa patria, quo redire festinamus. Cui peregrinatio dulcis est, non amat patriam : si dulcis est patria, amara est peregrinatio : si amara peregrinatio, tota die tribulatio. Quando non est tribulatio ? Quando in patria dele-

de la délectation. « La délectation dont on jouit à votre droite durera jusqu'à la fin. Vous me remplirez de joie, dit le Prophète, par la vue de votre visage (*Ps.*, xv, 11), » « pour que je contemple les délices du Seigneur (*Ps.*, xxvi, 4). » Là, les douleurs et les gémissements auront passé; là, la louange de Dieu et non la prière; là, de concert avec les anges, un éternel Alleluia, un éternel Amen; là, la vision de Dieu sans fin, l'amour de Dieu sans lassitude. Vous voyez donc que nous ne serons point dans la béatitude, tant que nous ne serons pas au ciel. Mais si nous avions tout en abondance? Admettons que vous ayez tout en abondance, voyez si vous êtes sûr que tout cela ne périra point. Mais j'ai maintenant ce que je n'avais pas d'abord; il m'est venu de l'argent que je n'avais pas. Peut-être aussi, avec l'argent, est venue la crainte que vous n'aviez pas; peut-être étiez-vous d'autant plus tranquille que vous étiez plus pauvre. Mais enfin, je le veux, vous serez comblé de richesses, tous les biens de ce monde afflueront chez vous, et vous serez certain de ne pas les perdre. Bien plus, Dieu va vous dire du haut du ciel : vous serez éternel au milieu de ces biens, et ces biens seront éternels avec vous; mais vous ne verrez pas mon visage. Ne consultez pas la chair, consultez l'esprit; que votre cœur vous réponde, que l'espérance, la foi, la charité qui commencent à être en vous, répondent.

Eh bien donc! Si nous recevions la certitude de jouir éternellement de l'abondance des biens de ce monde et que Dieu nous dit : vous ne verrez pas mon visage; trouverions-nous dans ces biens une source de joie? Quelqu'un peut-être s'empresserait de se réjouir et dirait : J'ai toutes ces richesses en abondance, tout est bien pour moi, je ne demande rien de plus. Cet homme n'a point commencé à aimer Dieu; il n'a pas commencé à soupirer en exilé après la patrie. Non, non : arrière tous ces biens séducteurs! Arrière ces flatteries mensongères! Arrière ces vains objets qui nous disent tous les jours : où est votre Dieu (*Ps.*, xli, 11)? Répandons notre âme en nous-même, confessons-nous avec des larmes, gémissons dans nos confessions, soupirons au milieu de nos misères. Tout ce que nous possédons, en dehors de notre Dieu, n'a aucune douceur. Nous ne voulons pas de ce qu'il a donné, si lui, qui a tout donné, ne se donne lui-même. « Seigneur, faites entrer profondément ma prière dans vos oreilles, et soyez attentif à la voix de ma prière. Au jour de ma tribulation j'ai crié vers vous, parce que vous m'avez exaucé (*Ps.*, lxxxv, 6 et 7). »

12. « Seigneur, parmi les dieux, il n'y en a pas qui soit semblable à vous (*Ibid.*, 8). » Qu'a voulu dire le Prophète par ces paroles : « Parmi les dieux, il n'y en a pas qui soit semblable à vous (*Ibid.*, 8)? Que les païens se fabriquent

ctatio. « Delectationes in dextera tua usque in finem (*Psal.*, xv, 10). » Implebis me lætitia, ait, cum vultu tuo : ut contemplar delectationem Domini. Ibi transiet labor et gemitus : ibi non oratio, sed laudatio : ibi Halleluia, Amen ibi, vox consona cum Angelis : ibi visio sine defectu, et amor sine fastidio. Quamdiu ergo non ibi, videtis quia non in bono. Sed abundant omnia? Abundent omnia, vide si securus es quia non pereunt omnia. Sed habeo quod non habebam, accessit pecunia quæ non erat? Forte accessit et timor qui non erat : forte tanto securior eras, quanto pauperior. Postremo sint copiæ, redundet affluentia hujus sæculi, detur securitas quod non pereant. Dicat Deus de super, Æternus in his eris, æterna tecum erunt ista, sed meam faciem non videbis. Nemo carnem consulat, spiritum consulite : respondeat nobis cor vestrum; respondeat, spes, fides, caritas, quæ in vobis esse cœpit. Ergone si acciperemus securitatem nos in affluentia bonorum sæcularium semper futuros, et diceret nobis Deus, Faciem meam non videbitis, gauderemus in illis bonis? Eligeret forte aliquis gaudere, et dicere, Abundant mihi ista, bene mihi est, nihil amplius quæro. Nondum cœpit esse amator Dei, nondum cœpit suspirare tamquam peregrinus. Absit, absit. Recedant omnia seductoria, recedant blandimenta falsa, recedant ea quæ nobis quotidie dicunt, « Ubi est Deus tuus (*Psal.*, xli, 11)? » Effundamus super nos animam nostram, confiteamur in lacrymis, gemamus in confessionibus, in miseriis suspiremus. Quidquid nobis adest præter Deum nostrum, non est dulce. Nolumus omnia quæ dedit, si non dat seipsum qui omnia dedit. « Auribus infige Domine orationem meam, et intende voci orationis meæ. In die tribulationis meæ clamavi ad te, quoniam exaudisti me. »

12. « Non est similis tibi in diis, Domine (*Ps.*, lxxxv, 8). » Et quid dixit? «Non est similis tibi in diis, Domine.» Fingant sibi deos quos volunt Pagani, adducant fabros argentarios, aurifices, expolitores, sculptores, faciant deos. Quales deos? Oculos habentes, et non videntes

tous les dieux qu'il leur plaira ; qu'ils appellent des ouvriers capables de travailler l'argent et l'or, de polir les métaux et de sculpter le marbre ; qu'ils fassent des dieux. Quels dieux ? des dieux qui auraient des yeux et qui ne verraient pas (*Ps.*, CXIII, 5) ; et tout ce qui est dit ensuite dans le psaume. Mais nous n'adorons pas ces statues, nous répond-on, nous ne les adorons pas, elles ne sont pour nous que des signes. Et qu'adorez-vous alors ? Quelque chose de pire encore : « car les dieux des Gentils sont des démons (*Ps.*, XCV, 5). » Mais non ! nous n'adorons pas non plus les démons. Et qu'avez-vous d'autre dans vos temples ? Le démon seul inspire vos devins. Mais que nous dites-vous encore ? nous adorons les Anges, nous avons les Anges pour dieux. Vous ne connaissez assurément pas les Anges. Car les Anges adorent le Dieu unique, et ils ne favorisent pas les hommes qui veulent adorer les Anges et ne pas adorer Dieu. Car nous voyons que les Anges, au moment où ils ont reçu quelque honneur, ont empêché les hommes de les adorer, et leur ont ordonné d'adorer le vrai Dieu (*Apocalypse*, XIX, 10). Mais qu'ils disent, s'il leur plaît, qu'ils adorent des Anges, ou qu'ils adorent des hommes, il n'importe, car il est écrit : « J'ai dit : vous êtes des dieux et vous êtes tous les enfants du Très-Haut (*Ps.*, LXXXI, 6) ; » Or, « parmi les dieux, Seigneur, il n'y en a pas qui soit semblable à vous (*Ibid.*, LXXXV, 8). » Quoi que ce soit que l'homme puisse inventer, ce qui a été fait n'est pas semblable à celui qui l'a fait. Or, excepté Dieu, tout ce qui existe dans la nature a été fait par Dieu. Et qui pourra jamais concevoir dignement la distance qui se trouve entre le Créateur et ce qu'il a créé ? Le Prophète s'est donc écrié : « Seigneur, parmi les dieux, il n'y en a pas qui soit semblable à vous (*Ibid.*) ; mais quelle est la différence entre Dieu et les dieux, le Prophète ne l'a point dite, parce qu'il est impossible de l'exprimer. Que Votre Charité m'écoute avec attention. Dieu est ineffable ; nous dirions plus facilement ce qu'il n'est pas, que ce qu'il est. Vous vous figurez la terre ; Dieu n'est pas cela. Vous vous figurez la mer ; Dieu n'est pas cela. Vous vous figurez tout ce qui habite sur la terre, les hommes et les animaux ; Dieu n'est pas cela. Tous les êtres qui sont dans la mer ou qui volent dans les airs : Dieu n'est pas cela. Tout ce qui brille au ciel, les étoiles, le soleil et la lune ; Dieu n'est pas cela. Le ciel lui-même ; Dieu n'est pas cela. Vous vous figurez les Anges, les Vertus, les Puissances, les Archanges, les Trônes, les Sièges, les Dominations ; Dieu n'est pas cela. Et qu'est-il donc ? J'ai seulement pu vous dire ce qu'il n'était pas. Vous demandez ce qu'il est ? Il est ce que l'œil n'a pas vu, ce que l'oreille n'a pas entendu, ce qui n'est pas monté dans le cœur de l'homme (I *Cor*, II, 9). Pourquoi voulez-vous que ce qui n'est pas monté jusqu'au cœur de l'homme monte

---

(*Psal.*, CXIII, 5) : et cetera quæ dicit Psalmus consequenter. Sed ista non colimus, ait, non colimus, hæc signa sunt. Et quid colitis ? Aliud aliquid pejus : « Quoniam dii gentium dæmonia (*Psal.*, XCLV, 5). » Et quid ? Nec dæmonia, inquiunt, colimus. Plane nihil aliud habetis in templis, nihil aliud implet vates vestros quam dæmonium. Sed quid dicitis ? Angelos colimus, Angelos habemus deos. Non plane nostis Angelos. Angeli enim unum Deum colunt, nec favent hominibus qui volunt colere Angelos, et non Deum. Nam invenimus honoratos Angelos prohibentes homines ne se adorarent, sed verum Deum (*Apoc.*, XIX, 10). Sed Angelos dicant, homines dicant, quia dictum est, « Ego dixi, Dii estis, et filii Altissimi omnes (*Psal.*, LXXXI, 6) : » « Non est similis tibi in diis, Domine. » Quodlibet aliud cogitet homo, non est simile quod factum est illi qui fecit. Excepto Deo, quidquid aliud est in natura rerum, factum est a Deo. Quantum interest inter eum qui fecit, et illud quod factum est, quis digne cogitet? Iste ergo dixit, « Non est similis tibi in diis, Domine. » Quantum autem sit dissimilis Deus, non dixit, quia dici non potest. Intendat Caritas Vestra, Deus ineffabilis est. Facilius dicimus quid non sit, quam quid sit. Terram cogitas, non est hoc Deus : mare cogitas, non est hoc Deus : omnia quæ sunt in terra, homines et animalia, non est hoc Deus : omnia quæ sunt in mari, quæ volant per aërem, non est hoc Deus : quidquid lucet in cælo, stellæ, sol et luna, non est hoc Deus : ipsum cælum, non est hoc Deus : Angelos cogita, Virtutes, Potestates, Archangelos, Thronos, Sedes, Dominationes, non est hoc Deus. Et quid est? Hoc solum potui dicere, quid non sit. Quæris quid sit? « Quod oculus non vidit, nec auris audivit, nec in cor hominis adscendit (I *Cor.*, II, 9). » Quid quæris ut adscen-

jusqu'à ses lèvres ? « Seigneur, parmi les dieux, il n'y en a pas qui soit semblable à vous, et qui puisse vous être comparé dans vos ouvrages (*Ibid.*). »

13. « Toutes les nations que vous avez créées viendront devant vous et vous adoreront, ô Seigneur (*Ibid.*, 9). » Le Prophète annonce ici l'Église ; « toutes les nations que vous avez créées. » S'il est une nation que Dieu n'ait pas créée, elle ne l'adorera pas ; or il n'existe aucune nation que Dieu n'ait créée ; parce que c'est Dieu qui a fait Adam et Ève, source commune de toutes les nations, de laquelle toutes les nations se sont multipliées. Dieu a donc fait toutes les nations. « Toutes les nations que vous avez créées viendront devant vous et vous adoreront, ô Seigneur (*Ibid.*). » Quant cette prophétie a-t-elle été faite? dans un temps où, à l'exception de quelques saints du seul peuple hébreu, les nations n'adoraient pas Dieu. Et maintenant nous voyons ce qui a été prédit : « Toutes les nations que vous avez créées viendront devant vous et vous adoreront, ô Seigneur, et elles glorifieront votre nom (*Ibid.*). »

14. « Parce que vous êtes grand, et que vous faites des merveilles ; vous êtes le seul Dieu et vous seul êtes grand (*Ibid.*, 14). » Que nul ne se dise grand. Il devait y avoir des hommes qui se diraient grands (1), et c'est contre eux que s'élève le Prophète : « Vous êtes le seul Dieu, et vous seul êtes grand (*Ibid.*). » Mais qu'y a-t-il d'extraordinaire à dire à Dieu que lui seul est Dieu et que lui seul est grand ? Qui ne sait que lui seul est Dieu et grand ? Mais comme il devait y avoir des hommes qui se diraient grands, et qui feraient Dieu petit, c'est contre eux qu'il est dit : « Vous êtes le seul Dieu et vous seul êtes grand (*Ibid.*). » En effet, ce que vous dites s'accomplit, et ce que disent ces hommes qui prétendent être grands ne s'accomplit pas. Qu'est-ce que Dieu a dit par la voix de son Esprit-Saint ? « Toutes les nations que vous avez créées viendront devant vous et vous adoreront, ô Seigneur (*Ibid.*). » Et que dit je ne sais quel homme qui prétend être grand ? Non : Dieu n'est pas adoré par toutes les nations, toutes les nations ont perdu Dieu, il ne reste à Dieu que l'Afrique. Voilà ce que vous dites, vous qui prétendez être grand ; mais celui qui seul est Dieu et qui seul est grand parle autrement que vous. Que dit-il donc, celui qui seul est le grand Dieu ? « Toutes les nations que vous avez créées viendront devant vous et vous adoreront, ô Seigneur (*Ibid.*). » J'entends ce qu'a

---

dat in linguam, quod in cor non adscendit ? « Non est similis tibi in diis, Domine : et non est secundum opera tua. »

13. « Omnes gentes quotquot fecisti, venient, et adorabunt coram te, Domine (*Psal.*, LXXXV, 9). » (*a*) Annuntiavit Ecclesiam, « Omnes gentes quotquot fecisti. » Si est gens quam non fecit Deus, non adorabit eum : nulla est autem gens quam non fecit Deus ; quia fontem omnium gentium Adam et Evam fecit Deus, inde propagatæ sunt omnes gentes : omnes ergo gentes Deus fecit. « Omnes gentes quotquot fecisti, venient, et adorabunt coram te, Domine. » Quando dictum est? Quando coram eo non adorabant nisi pauci sancti in uno populo Hebræorum, tunc dictum est hoc ; et modo videtur quod dictum est : « Omnes gentes quotquot fecisti, venient, et adorabunt coram te, Domine. » Quando dicebantur hæc, non videbantur, et credebantur : quando videntur, quare negantur ? « Omnes gentes quotquot fecisti, venient, et adorabunt coram te, Domine, et glorificabunt nomen tuum. »

14. « Quoniam magnus es tu, et faciens mirabilia, tu es Deus solus magnus (*Ibid.*, 10). » Nemo se dicat magnum. Futuri erant, qui se dicerent magnos : contra hos dicitur, « Tu es Deus solus magnus. » Nam quid magnum dicitur Deo, quia ipse est solus Deus magnus? Quis hoc nescit, quia ipse est Deus magnus? Sed quia futuri erant, qui se dicerent magnos, et Deum facerent parvum, contra illos dicitur, « Tu es solus Deus magnus. » Etenim quod tu dicis, impletur, non quod illi dicunt, qui se dicunt magnos. Quid dixit Deus per Spiritum suum? « Omnes gentes quotquot fecisti, venient, et adorabunt coram te, Domine. » Quid dicit nescio quis, qui se dicit magnum ? Absit : Non adoratur Deus in omnibus gentibus : perierunt omnes gentes, sola Africa remansit. Hoc tu dicis, qui te dicis magnum : aliud dicit qui est solus Deus magnus. Quid dicit qui est solus Deus magnus ? « Omnes gentes quotquot fecisti, venient, et adorabunt coram te, Domine. » Video quod dixit solus Deus magnus, taceat homo falso magnus ; ideo fal-

---

(1) Contre les Donatistes.
(*a*) Sic MSS. Editi vero, *Annuntiant*.

dit celui qui seul est le grand Dieu : silence de la part de tout homme dont la grandeur est fausse; car sa fausse grandeur provient de ce qu'il a dédaigné d'être petit. Quel est celui qui a dédaigné d'être petit?Celui qui a parlé comme je viens de le dire. Quant au Seigneur, voilà son précepte : « Celui qui veut être le plus grand parmi vous sera votre serviteur (*Matth.*, xx, 26). » S'il voulait être le serviteur de ses frères, cet orgueilleux ne les séparerait pas de leur mère. Mais comme il veut être grand, comme il refuse d'être petit pour son salut, Dieu, qui résiste aux superbes, et qui donne au contraire sa grâce aux petits (*Jacques*, iv, 6), parce que seul il est grand, accomplit tout ce qu'il a prédit et contredit ceux qui le maudissent. En effet, ceux-là maudissent le Christ, qui prétendent que l'Église a disparu de tout le globe terrestre, et ne se trouve plus que dans la seule Afrique.Si vous disiez à cet homme:vous perdez votre maison de campagne, peut-être ne s'abstiendrait-il pas de vous frapper ; et il prétend que le Christ a perdu l'héritage qu'il s'est acheté de son sang ! Or voyez, mes frères, quelle injure il fait au Christ. L'Écriture nous dit : « l'étendue de la nation est la gloire du roi, et la diminution du peuple est la honte du prince (*Proverbes*, xiv, 28). » Vous faites donc cette injure au Christ, de dire que son peuple est diminué jusqu'à n'être plus que ce petit nombre. N'êtes-vous donc né chrétien, et ne vous dites-vous chrétien que pour porter envie à la gloire du Christ, dont vous montrez le signe sur votre front, tandis que vous l'avez perdu de votre cœur ? « l'étendue de la nation est la gloire du roi (*Ibid.*) : » reconnaissez votre roi, rendez-lui gloire, donnez-lui une nation de vaste étendue. Quelle nation de vaste étendue lui donnerai-je, dites-vous ? N'écoutez pas votre cœur pour la lui donner, et bientôt vous la lui aurez justement donnée. Comment la lui donnerai-je, dites-vous encore ? Voilà où vous la prendrez : « Toutes les nations que vous avez créées viendront devant vous et vous adoreront (*Ps.*, lxxxv, 9.) » Dites cela, confessez cela, et vous aurez donné au Christ une nation de vaste étendue, parce que toutes les nations sont une seule nation en lui seul, et c'est là l'unité de l'Église. De même en effet que l'Église est toutes les Églises, et que toutes les Églises sont l'Église ; de même cette nation signifie toutes les nations. Auparavant, les nations formaient beaucoup de nations; maintenant, elles ne font plus qu'une seule nation. Pourquoi ne sont-elles plus qu'une seule nation ? Parce qu'il n'y a qu'une seule foi, parce qu'il n'y a qu'une seule espérance, parce qu'il n'y a qu'une seule charité, parce qu'il n'y a

---

laciter magnus, quia dedignatur esse parvus. Quis parvus esse dedignatur? Iste qui hoc dicit. « Quicumque vult inter vos major esse, dixit Dominus, erit vester servus (*Matth.*, xx, 26). » Ille si servus vellet esse fratrum suorum, non eos separaret a matre ipsorum. Sed cum vult esse magnus, et non vult esse salubriter parvus : « Deus qui superbis resistit, humilibus autem dat gratiam (*Jacobi*, iv, 6), quia solus est magnus, implet omnia quæ prædixit; et contradicit maledicentibus. Christo enim tales maledicunt, qui dicunt quia periit Ecclesia de toto orbe terrarum, et remansit in sola Africa. Si diceres illi, Perdes villam tuam, forte non a te temperaret manum : et dicit Christum perdidisse hereditatem suam redemptam sanguine suo. Quam autem faciat injuriam, videte Fratres, Scriptura dicit, « In lata gente gloria regis, in diminutione populi contritio principis (*Prov.*, xiv, 28). » Ergo hanc injuriam facis Christo, ut dicas populum ejus ad istam exiguitatem diminutum? Ideo natus es, ideo Christianum te dicis, ut invideas gloriæ Christi, cujus signum te in fronte portare asseris, et de corde perdidisti? « In lata gente gloria regis. » Agnosce regem tuum : da illi gloriam, da illi latam gentem. Quam latam gentem dabo, inquis? Noli ex tuo corde dare, et recte dabis. Unde do, inquies? Ecce hinc da : « Omnes gentes quotquot fecisti, venient, et adorabunt coram te, Domine.» Dic hoc, confitere hoc, et dedisti latam gentem : quia omnes gentes in uno una ; ipsa est unitas. Quomodo enim Ecclesia et Ecclesiæ, illæ Ecclesiæ quæ Ecclesia : sic illa gens quæ gentes. Antea gentes, multæ gentes : modo una gens. Quare una gens? Quia una fides, quia una spes; quia una caritas, quia una expectatio. Postremo quare non una gens, si una (*a*) patria? Patria cælestis est, patria Jerusalem est : quisquis inde civis non est, ad istam gentem, non pertinet; quisquis autem inde civis est, in una

(*a*) Regius MS. *si una patria cœlestis est?*

qu'une seule attente. Et de fait, pourquoi n'y aurait-il pas une seule nation, puisqu'il n'y a qu'une seule patrie ? La patrie, c'est le ciel; la patrie, c'est la céleste Jérusalem : quiconque n'en est pas citoyen ne fait point partie de cette nation, et quiconque en est citoyen fait partie de l'unique nation de Dieu. Et cette nation s'étend de l'Orient, de l'Occident, de l'aquilon et de la mer, dans les quatre parties de l'univers entier. Voilà ce que Dieu a dit : de l'Orient et de l'Occident, de l'aquilon et de la mer, rendez gloire à Dieu. Il l'a prédit, il l'a accompli, et lui seul est grand. Que celui donc qui a refusé d'être petit cesse de parler contre celui qui seul est grand ; car il ne peut y avoir à la fois deux êtres grands : Dieu et Donat.

15. « Conduisez-moi, Seigneur, dans votre voie et je marcherai dans votre vérité (*Ibid.*, 11). » Votre voie, votre vérité, votre vie, c'est le Christ. Le corps lui adresse donc ces paroles, et le corps les dit de lui : « Je suis la voie et la vérité et la vie (*Jean*, XIV, 6). » « Conduisez-moi, Seigneur, dans votre voie (*Ps.*, LXXXV. 11). » Dans quelle voie? « Et je marcherai dans votre vérité (*Ibid.*). » Autre chose est qu'il nous conduise dans la voie, autre chose qu'il nous conduise jusqu'à la voie. Voyez l'homme, pauvre partout, partout ayant besoin d'être aidé. Ceux qui sont hors de la voie ne sont pas chrétiens ou ne sont pas encore catholiques; qu'ils soient conduits jusqu'à la voie. Mais, lorsqu'ils y seront amenés, lorsqu'ils seront devenus catholiques dans le Christ, alors qu'ils soient conduits par lui dans la voie, de peur qu'ils ne tombent; car déjà assurément ils marchent dans la voie. « Conduisez-moi, Seigneur, dans votre voie (*Ibid.*). » Je suis déjà dans votre voie, mais j'ai besoin d'y être conduit par vous. « Et je marcherai dans votre vérité (*Ibid.*). » Si vous me conduisez, je ne m'égarerai pas; si vous m'abandonnez à moi-même, je m'égarerai. Priez-le donc de ne point vous abandonner, mais au contraire de vous conduire jusqu'au bout. Comment vous conduira-t-il jusqu'au bout? En vous avertissant constamment, en vous donnant constamment la main. Car, à qui le bras du Seigneur a-t-il été révélé (*Isaïe*, LIII, 1)? Dieu, en donnant son Christ, donne sa main; et, en donnant sa main, il donne son Christ. Il conduit jusqu'à la voie en amenant à son Christ; il conduit dans la voie en conduisant dans son Christ. Or le Christ est la vérité. « Conduisez-moi donc, Seigneur, dans votre voie, et je marcherai dans votre vérité (*Ps.*, LXXXV, 11); » c'est-à-dire en celui qui a dit : « Je suis la voie, et la vérité et la vie (*Jean*, XIV, 6). » Et en effet, vous qui conduisez dans la voie et dans la vérité, où conduisez-vous, si ce

---

gente Dei est. Et hæc gens ab Oriente in Occidentem, ab Aquilone et Mari distenditur per quatuor partes totius orbis. Hoc Deus dicit. Ab Oriente et Occidente, ab Aquilone et Mari date gloriam Deo. Hoc prædixit, hoc implevit, qui solus est magnus. Desinat ergo hoc dicere contra solum magnum, qui noluit esse parvus : quia non possunt esse duo magni, Deus et Donatus.

15. «Deduc me Domine in via tua, et ambulabo in veritate tua (*Ps.*, LXXXV, 11). » Via tua, veritas tua, (*a*) vita tua, Christus. Ergo corpus ad illum, et corpus de illo. «Ego sum via et veritas et vita (*Johan.*, XIV, 6),» « Deduc me Domine in via tua. » In qua via? « Et ambulabo in veritate tua. » Aliud est, ut ducat ad viam ; aliud, ut deducat in via. Vide hominem ubique pauperem, ubique adjutorio egentem. Qui præter viam sunt, Christiani non sunt, aut Catholici nondum sunt : deducantur ad viam. Sed cum perducti fuerint ad viam, et Catholici in Christo facti fuerint, ab ipso deducantur in ipsa via, ne cadant. Certe jam ambulant in via, « Deduc me Domine in via tua. » Certe jam in via tua sum, deduc me ibi. « Et ambulabo in veritate tua. » Te deducente, non errabo : si dimiseris, errabo. Ora ergo ut non dimittat, sed usque in finem deducat, Quomodo deducit? Semper monendo, semper dando tibi manum suam. « Et brachium Domini cui revelatum est (*Isai.*, LIII, 1) ? » Dando enim Christum suum, dat manum suam ; dando manum suam, Christum suum dat. Ad viam ducit, perducendo ad Christum suum : in via deducit, deducendo in Christo suo. Christus autem veritas. « Deduc me ergo Domine in via tua, et ambulabo in veritate tua. » In illo utique qui ait, « Ego sum via et veritas et vita (*Johan.*, XIV, 6) : » Nam qui in via et veritate deducis, quo nisi ad vitam perducis ? Deducis ergo in illo, ad illum. « Deduc me Domine in via tua, et ambulabo in veritate tua. »

(*a*) Nostri omnes MSS. *via tua Christus.*

n'est à la vie? Vous conduisez donc en lui vers lui. « Conduisez-moi, Seigneur, dans votre voie, et je marcherai dans votre vérité (*Ps.*, LXXXV, 11). »

16. « Que mon cœur soit comblé de joie, pour qu'il craigne votre nom (*Ibid.*). » La crainte est donc compatible avec la joie. Et pourtant, comment y a-t-il joie, s'il y a crainte? La crainte n'a-t-elle pas ordinairement quelque chose d'amer? Un jour viendra où la joie sera exempte de crainte; maintenant la joie est mêlée de crainte. En effet, il n'y a pas encore sur terre de pleine sécurité, ni de joie parfaite. Si nous n'avons aucune joie, nous tombons en défaillance; si notre sécurité est entière, nous nous livrons à des transports funestes. Que Dieu répande donc sa joie sur nous et qu'il nous inspire sa crainte, afin de nous conduire de la douceur de la joie au séjour de la sécurité. En nous donnant de la crainte, il préviendra tout transport mauvais et tout écart de la voie. C'est pourquoi un autre psaume nous dit : « Servez le Seigneur avec crainte, et réjouissez-vous en lui avec tremblement (*Ps.*, II, 11). » L'Apôtre saint Paul nous dit de même : « Opérez votre salut avec tremblement, car c'est Dieu qui opère en vous (*Philip.*, II, 12, 13). » Toute prospérité qui nous arrive, mes frères, est particulièrement à craindre. Tout ce que vous regardez comme un bonheur est plutôt une tentation. Un héritage vous arrive, la fortune vous arrive, je ne sais quelles prospérités affluent chez vous : autant de tentations, prenez garde qu'elles ne vous corrompent. Tout ce qui est prospérité véritable doit l'être selon le Christ et selon la charité, fille du Christ. Si par exemple vous avez acquis à l'Église votre épouse qui était du parti de Donat; si vos fils, qui étaient païens, se sont convertis à la foi; si vous avez gagné votre ami qui voulait vous entraîner dans les théâtres, tandis que vous l'avez amené à l'Église; si je ne sais quel contradicteur, ennemi furieux contre vous jusqu'à la rage, a déposé cette rage, s'est adouci, a reconnu Dieu, et cesse d'aboyer contre vous, unissant au contraire sa voix à la vôtre contre le mal ; voilà des choses qui doivent vous réjouir. De quoi nous réjouir en effet, si nous ne nous réjouissons de ces choses-là? Ou quelles sont nos autres joies en dehors de celles-là? Mais comme nous marchons au milieu de mille tribulations, tentations, dissensions, divisions, et de tous les autres maux dont la vie de ce monde ne sera jamais délivrée; jusqu'à ce que l'iniquité ait passé, notre allégresse ne doit pas nous inspirer une sécurité dangereuse, mais notre cœur doit se réjouir de telle sorte qu'il craigne le nom du Seigneur; de peur que d'un côté il ne se livre à la joie, et que d'un autre côté il ne soit frappé.

---

16. « Jocundetur cor meum, ut timeat nomen tuum (*Psal.*, LXXXV, 2). » Ergo timor in jocunditate est. Et quomodo jocunditas, si timor? Nonne timor amarus solet esse? Erit aliquando jocunditas sine timore : modo jocunditas cum timore. Nondum est enim plena securitas, nec perfecta jocunditas. Si nulla jocunditas, deficimus : si plena securitas, male exsultamus. Ergo et jocunditatem adspergat, et timorem incutiat, ut de dulcedine jocunditatis perducat nos ad sedem securitatis. Dando timorem, non nos faciat male exsultare, et recedere de via. Ideo dicit Psalmus, « Servite Domino in timore, et exsultate ei cum tremore (*Psal.*, II, 11). » Sic et apostolus Paulus dicit, « Cum timore et tremore vestram ipsorum salutem operamini, Deus enim est qui operatur in vobis (*Philip.*, II, 12). » Quidquid ergo prosperum venit, Fratres, magis metuendum est : quæ putatis prospera, magis tentationes sunt. Venit hereditas, venit copia rerum, abundat circumfluentia nescio cujus felicitatis : tentationes istæ, cavete ne vos ista corrumpant. Quidquid etiam prosperum est secundum Christum et germanam caritatem Christi : si forte lucratus es uxorem tuam, quæ fuit in parte Donati; si forte crediderunt filii tui, qui fuerunt Pagani; si forte lucratus es amicum tuum, qui te volebat (*a*) seducere ad theatra, et tu eum duxisti ad ecclesiam ; si forte contradictor nescio quis inimicus tuus et rabide sæviens, deposita illa rabie factus est mitis, et agnovit Deum, nec oblatrat adversus te, sed clamat tecum adversus malum : ista jocunda sunt. Unde enim gaudemus, si de his non gaudemus? aut quæ sunt alia gaudia nostra, nisi ista? Sed quia abundant et tribulationes et tentationes et dissentiones et schismata, et cetera mala sine quibus non potest esse sæculum hoc, donec transeat iniquitas; exsultatio illa non nos faciat securos, sed ita jocundetur cor nostrum, ut timeat nomen Domini, ne aliunde

(*a*) Nonnulli MSS. *secum ducere*.

N'attendez aucune sécurité dans votre exil. Lorsque nous voudrons trouver la sécurité ici-bas, elle sera un piége pour notre corps, et non un repos pour notre cœur. « Que mon cœur se réjouisse, de sorte qu'il craigne votre nom (*Ps.*, LXXXV, 11). »

17. « Je chanterai vos louanges, Seigneur mon Dieu, de tout mon cœur, et je glorifierai votre nom éternellement ; parce que votre miséricorde envers moi est grande, et que vous avez retiré mon âme de l'enfer inférieur (*Ibid.*, 12 et 13). » Mes frères, si je ne vous présente pas comme certain ce que je vais exposer devant vous, ne vous en irritez pas. Je suis homme, en effet, et je ne vous dis avec hardiesse que ce qui me paraît contenu dans les Saintes Écritures, autant qu'il m'est accordé de les comprendre ; mais je ne dis rien de moi-même. Je n'ai pas encore fait l'expérience de l'enfer, ni vous non plus, mes frères ; et, je l'espère, il y aura pour nous une autre voie, qui ne sera pas celle de l'enfer. Il y a donc ici des choses encore incertaines pour nous. Mais, puisque l'Écriture, que nul ne peut contredire, s'exprime ainsi : « Vous avez retiré mon âme de l'enfer inférieur (*Ibid.*), » nous devons en inférer qu'il y a deux enfers, l'un supérieur, l'autre inférieur ; car comment y aurait-il un enfer inférieur, s'il n'y avait un enfer supérieur ? On ne dirait pas qu'il y a un autre enfer, si on n'avait à le comparer avec la partie supérieure. Nous savons, mes frères, qu'il existe une demeure céleste, où se trouvent les anges ; c'est le séjour des joies ineffables, de l'immortalité, de l'incorruptibilité, et de l'immuable jouissance des dons et de la grâce de Dieu. Cette demeure est la partie supérieure du monde. Si telle est cette partie supérieure, que dire de l'habitation terrestre, où il n'y a que chair et sang, que corruptibilité, que naissances et morts, que départs et successions, que changement et inconstance, que craintes, convoitises, répugnances, joies incertaines, espérances fragiles, substances destinées à périr ? Je ne crois pas qu'il faille comparer cette habitation au ciel, dont je vous parlais il n'y a qu'un instant. Si donc ces deux parties ne sont pas comparables l'une à l'autre, le ciel est la partie supérieure, et la terre la partie inférieure. Et après la mort, où passera-t-on, en sortant d'ici-bas, si ce n'est dans un enfer inférieur encore à cette partie basse du monde dans laquelle nous sommes avec notre chair et avec notre condition mortelle ? Car, dit l'Apôtre, « le corps est mort à cause du péché (*Rom.*, VIII, 10). » Il n'y a donc que des morts même ici-bas ; ne vous étonnez donc pas que cette terre soit appelée enfer, puisqu'elle est pleine de morts. En effet, l'Apôtre ne

---

jocundetur, aliunde feriatur. Securitatem non exspectetis in peregrinatione : quando illam hic voluerimus, viscum erit (*a*) corporis, non securitas hominis. « Jocundetur cor meum, ut timeat nomen tuum. »

17. « Confitebor tibi, Domine Deus meus, in toto corde meo, et glorificabo nomen tuum in æternum (*Ps.*, LXXXV, 12). Quoniam misericordia tua magna est super me, et eruisti animam meam ex inferno inferiore (*Ibid.*, 13). » Quod dicimus, Fratres, hoc si non vobis tamquam certus exposuero, ne succenseatis. Homo sum enim, et quantum conceditur de Scripturis sanctis, tantum audeo dicere : nihil ex me. Infernum nec ego expertus sum adhuc, nec vos : et fortassis alia via erit, et non per infernum erit. Incerta sunt hæc. Verum qua dicit Scriptura, cui contradici non potest, « Eruisti animam meam ex inferno inferiore : » intelligimus tamquam duo inferna esse, superius et inferius. Nam unde infernum inferius, nisi quia est infernum superius ? Aliud non diceretur infernum, nisi in comparatione illius superioris partis. Videtur ergo, Fratres, esse habitatio quædam cælestis Angelorum : ibi vita ineffabilium gaudiorum, ibi immortalitas et incorruptio, ibi omnia secundum Dei donum et gratiam permanentia. Illa pars rerum superna est. Si ergo illa superna est ; hæc terrena ubi caro et sanguis, ubi corruptibilitas, ubi nativitas et mortalitas, ubi decessio atque successio, ubi mutabilitas et inconstantia, ubi timores, cupiditates, horrores, lætitiæ incertæ, spes fragilis, caduca substantia, puto quia omnis ista pars non potest comparari illi cælo, de quo loquebar paulo ante : si ergo illi parti hæc pars non comparatur, illa superna est, hæc inferna. Et post mortem quo hinc, nisi sit infernum inferius hoc inferno, in quo sumus in carne et ista mortalitate ? « Corpus enim mortuum est, ait Apostolus, propter peccatum (*Rom.*, VIII, 10). » Ergo et hic sunt mortui : ut non mireris

(*a*) Tres MSS. *cordis.*

dit pas : le corps doit mourir; mais « le corps est mort. » Assurément notre corps conserve encore de la vie ; mais, comparé à ce corps qui sera semblable au corps des anges, le corps de l'homme est regardé comme mort, bien qu'il soit encore animé. D'autre part, à côté de cet enfer, c'est-à-dire de ce monde, il est un autre enfer, plus profond que le premier, où vont les morts, et d'où le Seigneur a voulu arracher nos âmes, en y envoyant même son divin Fils. En effet, mes frères, le Fils de Dieu a été envoyé, en naissant, dans notre enfer, en mourant, dans l'enfer inférieur. C'est pourquoi nous devons, non d'après les conjectures d'un homme, mais d'après le témoignage d'un apôtre, reconnaître sa voix dans ce passage d'un autre psaume : « Vous ne laisserez pas mon âme dans l'enfer (*Ps.*, xv, 10; *Act.*, xi, 27). » C'est donc également sa voix qui dit ici : « Vous avez retiré mon âme de l'enfer inférieur (*Ps.*, LXXXV, 13). » Ou bien c'est notre voix qui parle par Notre-Seigneur Jésus-Christ ; puisqu'il est descendu jusque dans l'enfer, pour que nous ne restassions pas en enfer.

18. J'exposerai aussi une autre opinion. Peut-être, dans les enfers même, y a-t-il une partie inférieure où sont précipités les impies qui ont le plus péché. En effet, nous ne pouvons éclaircir suffisamment si Abraham n'a pas été dans une partie quelconque des enfers. Car le Seigneur n'était pas encore descendu aux enfers, pour en retirer les âmes de tous les saints qui avaient précédé sa venue ; et cependant Abraham était là dans un lieu de repos. Le mauvais riche qui était torturé dans les enfers, ayant levé les yeux, aperçut Abraham. Il n'aurait pu le voir en levant les yeux, si Abraham n'eût été placé en un lieu supérieur, tandis qu'il était lui-même en quelque endroit inférieur. Et quand le mauvais riche eût dit : « Père Abraham, envoyez Lazare, pour qu'il trempe son doigt dans l'eau et en fasse tomber une goutte sur ma langue, car je suis torturé dans cette flamme ; » que lui répondit Abraham ? « Mon fils, souvenez-vous que vous avez reçu les biens en votre vie, et Lazare les maux ; et maintenant il repose, tandis que vous êtes torturé. Et de plus, il y a entre vous et nous un grand abîme, de sorte que nous ne pouvons aller à vous, et que nul de vous ne peut non plus venir à nous (*Luc*, xvi, 22, 26). » C'est donc peut-être sur ces deux enfers, dans l'un desquels les âmes des justes jouissaient du repos, tandis que les âmes des impies sont tourmentées dans l'autre, que celui qui prie dans le Psaume portait son attention : déjà entré dans le corps du Christ et

---

quia infernum dicitur, si mortuis abundat. Non enim ait, Corpus moriturum est; sed, Corpus mortuum est. Adhuc habet vitam utique corpus nostrum et tamen comparatum corpori illi, quod futurum est qualia sunt Angelorum corpora, invenitur corpus hominis mortuum, quamvis adhuc habens animam. Sed rursus ab hoc inferno, id est, ab hac parte inferni, est aliud inferius, quo eunt mortui, unde voluit Deus eruere animas nostras, etiam illuc mittens Filium suum. Etenim, Fratres, propter ista duo inferna missus est Filius Dei, undique liberans. Ad hoc infernum missus est nascendo, ad illud moriendo. Propterea vox ejus est in illo Psalmo, non quoquam homine conjiciente (*Psal.*, xv, 10), sed Apostolo exponente, ubi ait, « Quoniam non derelinques animam meam in inferno (*Act.*, II, 27). » Ergo aut ipsius vox est et hic, « Eruisti animam meam ex inferno inferiore : » aut nostra vox per ipsum Christum Dominum nostrum ; quia ideo ille pervenit usque ad infernum, ne nos remaneremus in inferno.

18. Aliam etiam opinionem dicam. Fortassis enim apud ipsos inferos est aliqua pars inferior, quo truduntur impii, qui plurimum peccaverunt. Etenim apud inferos utrum in locis quibusdam (*a*) non fuisset Abraham, non satis possumus definire. Nondum enim Dominus venerat ad infernum, ut erueret inde omnium sanctorum præcedentium animas, et tamen Abraham in requie ibi erat. Et quidam dives cum torqueretur apud inferos, cum videret Abraham, levavit oculos (*Lucæ*, xvi, 23, etc.). Non eum posset levatis oculis videre, nisi ille esset superius, ille inferius. Et quid ei respondit Abraham, cum diceret, « Pater Abraham, mitte Lazarum, ut intinguat digitum suum, et stillet in linguam meam, quoniam crucior in hac flamma? Fili, ait, memento quia recepisti bona in vita tua, Lazarus autem mala : nunc autem hic requiescit, tu vero torqueris (*Ibid.*). » Et super hæc, ait, « inter nos et vos magnum chaos firmatum est, ut nec nos possumus venire ad vos, nec inde aliquis venire ad nos. » Ergo inter ista duo fortasse inferna,

---

(*a*) Sic aliquot MSS. At editi, *in locis quibusdam fuisset jam Abraham.*

priant par la voix du Christ, il a dit que Dieu avait retiré son âme de l'enfer inférieur, en ce sens que Dieu l'avait délivré des péchés qui auraient pu le faire tomber dans les supplices de l'enfer inférieur. De même un médecin, voyant que vous allez tomber malade, peut-être à la suite de quelque travail, vous dit : Épargnez-vous vous-même, traitez-vous de telle manière, prenez du repos, usez de telle nourriture; car si vous ne le faites, vous serez malade. Supposons que vous ayez suivi ces conseils, et que votre santé soit restée bonne; vous dites avec raison au médecin : vous m'avez sauvé d'une maladie, non d'une maladie qui vous avait atteint déjà, mais d'une maladie qui allait vous atteindre. Quelqu'un ayant sur les bras une fâcheuse affaire était menacé de la prison; un homme intervient et le défend: que lui dit l'accusé en lui rendant grâce? Vous m'avez sauvé de la prison. Un débiteur allait être pendu, quelqu'un paie pour lui, on dit qu'il est délivré du gibet. Dans ces différents exemples, ces malheureux n'étaient pas encore frappés du coup qui les attendait, mais ce coup était tellement certain que, s'ils n'eussent été secourus, ils ne pouvaient manquer d'en être atteints; il est donc juste de dire qu'ils ont été délivrés du malheur où leurs libérateurs ne les ont pas laissé tomber. Quoi qu'il en soit, mes frères, et que telle ou telle explication soit vraie, regardez-moi comme un homme qui recherche le sens de la divine parole et non comme un homme qui affirme témérairement. « Et vous avez retiré mon âme de l'enfer inférieur (*Ps.*, LXXXV, 13). »

19. « O Dieu, les transgresseurs de la loi se sont élevés contre moi (*Ibid.*, 14). » Quels sont ceux que le Prophète appelle les transgresseurs de la loi? Ce ne sont pas les païens, qui n'ont pas reçu la loi. Nul, en effet, ne viole une loi qu'il n'a pas reçue; c'est ce que dit formellement l'Apôtre : « Où il n'y a pas de loi, il n'y a pas de transgression de la loi (*Rom.*, IX, 15). » Il appelle transgresseurs de la loi ceux qui ont prévariqué contre la loi. Et qui devons-nous, mes frères, entendre ici comme désignés par ces paroles? Si nous regardions ces paroles comme dites par le Seigneur lui-même, les transgresseurs de la loi seraient les Juifs. « Les transgresseurs de la loi se sont élevés contre moi (*Ps.*, LXXXV, 14). » Ils n'ont pas gardé la loi, et ils ont accusé le Christ, comme si lui-même violait la loi. « Les transgresseurs de la loi se sont élevés contre moi (*Ibid.*). » Et le Seigneur a souffert ce que nous savons. Mais, croyez-vous que son corps ne souffre actuellement rien de pareil? Comment cela serait-il possible? « S'ils ont nommé le père de famille Beelzebub, à combien plus forte raison ne donneront-ils pas ce nom à ses serviteurs? Le disciple n'est pas au-dessus du maitre, et le serviteur n'est pas au-dessus de

---

quorum in uno quieverunt animæ justorum, in altero torquentur animæ impiorum, adtendens quidam orans hic, jam hic in corpore Christi positus, et orans in voce Christi, eruisse Deum animam suam ab inferno inferiore dixit, quia liberavit se a talibus peccatis, per quæ posset deduci ad tormenta inferni inferioris. Quemadmodum si medicus videat tibi imminentem ægritudinem forte ex aliquo labore, et dicat, Parce tibi, sic te tracta, requiesce, his cibis utere; nam si non feceris, ægrotabis : tu autem si feceris, et salvus fueris, recte dicis medico, Liberasti me ab ægritudine; non in qua jam eras, sed in qua futurus eras. Nescio quis habens caussam molestam, mittendus erat in carcerem : venit alius, defendit eum : gratias agens quid dicit ? Eruisti animam meam de carcere. Suspendendus erat debitor, solutum est pro eo : liberatus dicitur de suspendio. In his omnibus non erant ; sed quia talibus meritis agebantur, ut nisi subventum esset, ibi essent, inde is recte dicunt liberari, quo per liberatores suos non sunt permissi perduci. Ergo, Fratres, sive illud, sive illud sit, hic me scrutatorem verbi Dei, non temerarium affirmatorem teneatis. « Et eruisti animam meam ex inferno inferiore. »

19. « Deus, prætereuntes legem insurrexerunt super me (*Psal.*, LXXXV, 14). » Quos dicit prætereuntes legem ? Non Paganos, qui non acceperunt legem. Nemo enim prætererit quod non accepit. Dicit Apostolus definite, « Ubi enim lex non est, nec prævaricatio (*Rom.*, VI, 15). » Prætereuntes legem, prævaricatores legis dicit. Quos ergo intelligimus, Fratres ? Si ab ipso Domino accipiamus hanc vocem, prætereuntes legem Judæi erant. « Insurrexerunt super me prætereuntes legem : » non servaverunt legem, et accusaverunt Christum, quasi ipse prætereret legem. « Prætereuntes legem insurrexerunt super me. » Et passus est Dominus quæ novimus. Putas nihil tale patitur modo corpus ejus? Unde fieri potest ? Si patrem-familias Beelzebub vocaverunt, quanto magis domesticos ejus? Non est discipulus super magi-

son Seigneur (*Matth.*, x, 25, 26). » Le corps du Christ souffre aussi des transgresseurs de la loi qui s'élèvent contre le corps du Christ. Quels sont donc les transgresseurs de la loi ? Est-ce que, par hasard, les Juifs osent se soulever contre le Christ ? Non ; et ce n'est pas d'eux que nous viennent de grandes tribulations. En effet, ils n'ont pas encore embrassé la foi, ils ne connaissent pas encore le salut. Ce sont les mauvais chrétiens qui se soulèvent contre le corps du Christ ; c'est d'eux que chaque jour le corps du Christ souffre tribulation. Les schismatiques, les hérétiques, ceux qui au sein de l'Église vivent dans le désordre, et qui imposent leurs mœurs à ceux qui mènent une vie honnête, les attirant dans leurs vices et corrompant les bonnes mœurs par leurs mauvais discours (I *Cor.*, xv, 33) ; voilà « les transgresseurs de la loi qui se sont élevés contre moi (*Ps.*, LXXXV, 14). » Que toute âme pieuse, que toute âme chrétienne rende témoignage à ces paroles. Au contraire, que celle qui ne souffre pas ainsi s'abstienne de ce témoignage. Mais si une âme est chrétienne, elle n'ignore pas qu'elle est en proie à ces maux ; et si elle reconnaît sa souffrance intérieure, qu'elle reconnaisse aussi sa propre voix dans ces paroles. Au contraire, si elle n'a pas conscience de semblables souffrances, qu'elle ne s'attribue pas non plus ces paroles. Mais afin de ne pas rester étrangère à ces souffrances, qu'elle commence à marcher par la voie étroite (*Matth.*, VII, 14) et à vivre pieusement en Jésus-Christ ; alors elle souffrira nécessairement cette persécution. Car, dit l'Apôtre, « tous ceux qui veulent vivre pieusement en Jésus-Christ souffrent la persécution (II *Tim.*, III, 12). » « O Dieu, les transgresseurs de la loi se sont élevés contre moi et la synagogue des puissants a cherché mon âme (*Ps.*, LXXXV, 14). » La synagogue des puissants, c'est l'assemblée des orgueilleux. La synagogue des puissants s'est soulevée contre notre tête, c'est-à-dire contre Notre-Seigneur Jésus-Christ. Ils ont crié tous d'une seule voix : « Crucifiez-le ! crucifiez-le (*Jean*, XIX, 6) ! » et c'est d'eux qu'il est dit : « Les dents des enfants des hommes sont des armes et des flèches, et leur langue est un glaive affilé (*Ps.*, LVI, 5). » Ils ne l'ont pas frappé, mais ils ont crié. Ils l'ont frappé par leurs clameurs, ils l'ont crucifié par leurs clameurs. Leur volonté, exprimée par ces clameurs, a été accomplie lorsque le Seigneur a été crucifié. « Et la synagogue des puissants a cherché mon âme, et ils ne vous ont point placé devant leurs yeux (*Ps.*, LXXXV, 14). » Que veut dire : ils ne vous ont point placé devant leurs yeux ? Ils n'ont pas compris qu'il était Dieu. Si en lui ils avaient épargné l'homme, ils auraient du moins marché selon ce qu'ils voyaient[1]. En supposant qu'il ne fût pas Dieu, il était homme ; était-ce une

---

strum, nec servus super dominum suum (*Matth.*, x, 25). » Patitur et corpus prætereuntes legem, et insurgunt super corpus Christi. Prætereuntes legem qui sunt? Numquid forte Judæi audent insurgere super Christum ? Non : nam nec ipsi nobis valde faciunt tribulationem. Nondum enim crediderunt, nondum salutem agnoverunt. Insurgunt super corpus Christi mali christiani, de quibus quotidie tribulationem patitur corpus Christi. Omnia schismata, omnes hæreses, omnes intus pessime viventes, et mores suos bene viventibus imponentes, et ad sua trahentes, et malis colloquiis bonos mores corrumpentes (I *Cor.*, xv, 33), ipsi « prætereuntes legem insurrexerunt super me. » Dicat omnis anima pia, dicat omnis anima Christiana. Quæ hoc non patitur, non dicat. Si autem Christiana anima est, novit quia mala patitur : si agnoscit in se passionem suam, agnoscat hic vocem suam : si autem extra passionem est, et extra vocem sit : ut autem non sit extra passionem, ambulet per viam angustam (*Matth.*, XII, 14), et incipiat vivere in Christo ; necesse est ut hanc persecutionem patiatur. « Omnes enim, inquit, Apostolus, qui volunt in Christo pie vivere, persecutionem patiuntur (II *Tim.*, III, 12). » « Deus, prætereuntes legem insurrexerunt super me : et synagoga potentium inquisierunt animam meam. » Synagoga potentium congregatio est superborum. Synagoga potentium insurrexit super caput, id est, Dominum nostrum Jesum Christum, clamantium et dicentium uno ore, « Crucifige, crucifige (*Johan.*, XIX, 6) : » de quibus dictum est, « Filii hominum dentes eorum arma et sagittæ, et lingua eorum gladius acutus (*Psal.*, LVI, 5). » Non percusserunt, sed clamaverunt. Clamando ferierunt, clamando crucifixerunt. Voluntas clamantium impleta est, quando Dominus crucifixus est. « Et synagoga potentium inquisierunt animam

---

(1) Littéralement : Épargneraient-ils l'homme, ils marcheraient... ou plutôt : Eussent-ils épargné l'homme, ils eussent marché... Cette manière de parler est familière à saint Augustin, elle se rencontre souvent dans ces sortes de traités populaires. Mais, faute d'être bien comprise, elle a été altérée dans les anciennes éditions.

raison pour le mettre à mort? Épargnez l'homme, et reconnaissez Dieu.

20. « Mais vous, Seigneur, vous êtes clément et miséricordieux, vous êtes plein de longanimité, de miséricorde et de vérité (*Ibid.*, 15). » Pourquoi le Prophète dit-il que le Seigneur est plein de longanimité, de miséricorde et de vérité? Parce que, suspendu sur la Croix, il a dit : « Mon Père, pardonnez-leur, car ils ne savent ce qu'ils font (*Luc*, XXIII, 34). » A qui s'adresse cette prière? Pour qui cette prière? De qui cette prière? Où est faite cette prière? Le Fils prie le Père; crucifié il prie pour des impies, au milieu de l'injustice non de leurs paroles mais de leurs coups meurtriers; il prie suspendu sur la Croix. Il semble qu'il n'ait les mains étendues qu'afin de prier pour eux, de diriger sa prière comme la fumée de l'encens en présence de son Père et d'élever ses mains vers son Père comme sacrifice du soir (*Ps.*, CXL, 2). « Vous êtes plein de longanimité, de miséricorde et de vérité (*Ps.*, LXXXV, 15). »

21. Si donc vous êtes la vérité même, « Jetez les yeux sur moi et prenez pitié de moi ; donnez votre puissance à votre serviteur (*Ibid.*, 16). » Parce que vous êtes la vérité même, donnez votre puissance à votre serviteur. Que le temps de la patience passe, et que vienne le temps du jugement. Pourquoi cette parole : donnez votre puissance à votre serviteur (*Ibid.*)? « Le Père ne juge personne ; mais il a remis tout jugement au Fils (*Jean*, V, 22). » Le Fils ressuscité viendra lui-même sur terre pour juger; il paraîtra terrible, lui qui a paru méprisable. Il montrera sa puissance, comme il a montré sa patience. Il était patient sur la Croix, il sera puissant dans son jugement. En effet, il apparaîtra, pour juger, sous la figure d'un homme, mais dans toute sa gloire; car « il viendra, ont dit les Anges, tel que vous l'avez vu montant au Ciel (*Act.* I, 11). » Il viendra à ce jugement sous sa forme humaine; c'est pourquoi les impies mêmes le verront, mais ils ne le verront pas sous sa forme de Dieu. Car, « Heureux ceux qui ont le cœur pur, parce qu'ils verront Dieu (*Matth.*, V, 8). » Apparaissant sous sa forme humaine, il dira : « Allez dans le feu éternel (*Ibid.*, XXV, 41); » pour accomplir cette parole d'Isaïe : « Enlevez l'impie, afin qu'il ne voie pas la gloire du Seigneur (*Isaïe*, XXVI, 10, *version des Septante*). » Enlevez l'impie, afin qu'il ne voie pas la forme de Dieu. Ils verront donc le Christ dans sa forme humaine. Mais, « dans la forme de Dieu, il est l'égal de Dieu

---

meam. Et non proposuerunt te in conspectu suo. » Quomodo non proposuerunt? Non intellexerunt Deum. (a) Homini parcerent: ad quod videbant, ad hoc ambularent. Puta quia Deus non erat, homo erat: ideo occidendus erat? Parce homini, et agnosce Deum.

20. « Et tu Domine Deus miserator et misericors, longanimis et multum misericors et verax (*Ps.*, LXXXV, 15). » Quare longanimis, et multum misericors, et miserator? Quia in cruce pendens ait, «Pater ignosce illis, quia nesciunt quid faciunt (*Lucæ*, XXIII, 34). » Quem petit? pro quibus petit? quis petit? ubi petit? Patrem filius, pro impiis crucifixus, inter ipsas injurias, non verborum, sed mortis illatæ, pendens in cruce: tamquam ad hoc extentas manus habuerit, ut sic pro illis oraret, ut dirigeretur oratio ejus tamquam incensum in conspectu Patris (*Psal.*, CXL, 2), et elevatio manuum ejus sacrificium vespertinum. « Longanimis et multum misericors et verax.»

21. Si ergo tu verax : « Respice in me, et miserere mei, da potestatem puero tuo (*Ps.*, LXXXV, 16). » Quia verax, « da potestatem puero tuo. » Transeat tempus patientiæ, veniat tempus judicii. Quomodo, « da potestatem puero tuo.» «Pater non judicat quemquam, sed omne judicium dedit Filio (*Johan.*, V. 22). » Ille resurgens, et in terram ipse veniet judicaturus; ipse videbitur terribilis, qui visus est contemptibilis. Demonstrabit potentiam, qui demonstravit patientiam. In cruce patientia erat : in judicio potentia erit. Apparebit enim homo judicans, sed in claritate: quia sicut eum vidistis ire, dixerunt Angeli, sic veniet (*Act.*, I, 12). Forma ipsa veniet ad judicium; ideo videbunt illum et impii : nam formam Dei non videbunt. « Beati enim mundi corde, quoniam ipsi Deum videbunt (*Matth.*, V, 8). » Apparens in hominis forma, dicet, « Ite in ignem æternum (*Matth.*, XXV, 41) : » ut impleatur quod dixit Isaias, « Tollatur impius, ut non videat claritatem Domini (*Isai.*, XXVI, 10, *Sec.*, LXX). » Tollatur ut non videat formam Dei. Formam ergo videbunt hominis. « Qui cum in forma Dei esset æqualis Deo (*Philip.*, II, 6) : » hoc non videbunt impii. « In principio erat Verbum, et Verbum erat apud Deum, et Deus erat Verbum (*Johan.*, I, 1). » hoc non videbunt impii. Si enim Deus Verbum, et, « Beati mundi corde, quoniam ipsi

---

(a) Editi, *ut homini parcerent, ut quod* etc. At plerique et meliores MSS. *Homini parcerent: ad quod* etc. Modus loquendi est Augustino familiaris et perquam frequens per hosce populares Tractatus, sed in prius editis libris passim vitiatus. Sic infra n. 23. ubi MSS habent, *Tunc relinqueres* etc. Editi ferebant, *Tu-ne relinqueres umbram, ut esses in luce* etc.

(*Philipp.*, II, 6) ; » c'est là ce que les impies ne verront pas. « Au commencement était le Verbe et le Verbe était en Dieu et le Verbe était Dieu (*Jean*, I, 1); » c'est là ce que impies ne verront pas. Si, en effet, le Verbe est Dieu et si « les hommes au cœur pur sont heureux, parce qu'ils verront Dieu (*Matth.* v, 8); » comme les impies ont le cœur impur, sans aucun doute, ils ne verront pas Dieu. Et quel est le sens de cette parole : « ils verront celui qu'ils ont percé (*Jean*, XIX, 37). *Zacharie*, XII, 10), » si ce n'est qu'évidemment ils verront le Christ dans sa forme humaine, pour être jugés par lui, et que ceux-là seuls le verront dans sa forme de Dieu, qui seront placés à sa droite ? En effet, lorsque les justes auront été mis à part à sa droite, il leur dira : « Venez, les bénis de mon Père, recevez le royaume qui vous a été préparé dès l'origine du monde (*Matth.*, XXV, 34). » Mais que dira-t-il aux impies placés à sa gauche ? « Allez dans le feu éternel que mon Père a préparé pour le diable et pour ses anges (*Ibid.*, 41). » Et, le jugement terminé, qu'arrivera-t-il, au rapport même de l'Évangile ? « Ainsi les impies iront dans le feu pour y être éternellement brûlés ; les justes, au contraire, iront dans la vie éternelle (*Ibid.*, 46). » Dès cet instant, les justes passeront de la vue de la forme humaine du Christ à la contemplation de sa forme divine. « Car la vie éternelle, dit le Seigneur, est de vous connaître, vous qui êtes le seul vrai Dieu, et celui que vous avez envoyé Jésus-Christ (*Jean*, XVII, 3). » Sous-entendez : qui est aussi le seul vrai Dieu ; car le Père et le Fils sont le seul vrai Dieu, de sorte que cette phrase signifie : qu'ils vous connaissent comme seul vrai Dieu, vous et celui que vous avez envoyé Jésus-Christ. En effet, les justes iraient-ils jouir de la vue du Père, sans voir également le Fils? Si le Fils n'était pas compris dans la vue de son Père, le Fils lui-même n'aurait pas dit à ses disciples que le Fils est dans le Père et que le Père est dans le Fils. Les disciples lui disaient : « Montrez-nous votre Père et cela nous suffira. Et il leur dit: « Depuis si longtemps je suis avec vous, et vous ne me connaissez pas ? Philippe, celui qui m'a vu a vu aussi mon Père (*Jean*, XIV, 8 et 9). » Vous voyez que dans la vision du Père est comprise la vision du Fils, et que, dans la vision du Fils, est comprise la vision du Père. C'est pourquoi il a ajouté : « Ignorez-vous que je suis en mon Père et que mon Père est en moi (*Ibid.*, 10) ? » C'est-à-dire qu'en me voyant on voit mon Père, et qu'en voyant mon Père on voit aussi le Fils? La vision du Père ne saurait être séparée de celle du Fils. Car où il n'y a pas séparation de substance, il ne peut y avoir séparation de vision. Enfin, pour que vous sachiez que nous devons ici-bas préparer notre cœur à la contemplation de la divinité du Père et du Fils et du Saint-Esprit, à laquelle nous croyons sans l'avoir vue, et par la foi en laquelle nous purifions notre

---

Deum videbunt (*Matth.*, v, 8) ; » impii autem immundi sunt corde : procul dubio Deum non videbunt. Et ubi est, « Videbunt in quem pupugerunt (*Johan.*, XIX, 37) : » nisi quia apparet formam hominis eos visuros ut judicentur, formam Dei non visuros, nisi eos qui ad dexteram separabuntur ? Etenim cum separati fuerint ad dexteram, hoc eis dicetur, « Venite benedicti Patris mei, percipite regnum, quod vobis paratum est ab origine mundi (*Matth.*, XXV, 34). » Impiis vero ad sinistram quid? « Ite in ignem æternum, quem paravit Pater meus diabolo et angelis ejus (*Ibid.*, 41). » Finito autem judicio quomodo conclusit ? « Sic ibunt impii in ambustionem æternam, justi autem in vitam æternam (*Ibid.*, 46). » Jam a visione formæ hominis pergunt illi ad visionem formæ Dei. « Hæc est enim, inquit, vita æterna, ut cognoscant te unum verum Deum, et quem misisti Jesum Christum (*Johan.*, VII 3) : » subaudis, et ipsum unum verum Deum ; quia Pater et Filius unus verus Deus : ut iste sit sensus, Te et quem misisti Jesum Christum cognoscant unum verum Deum. Non enim illi ibunt ad visionem Patris, et non ibi videbunt et Filium ? Si non esset et Filius in Patris sui visione, non diceret ipse Filius discipulis suis, quia Filius in Patre est, et Pater in Filio. Dicunt illi discipuli, « Ostende nobis Patrem, et sufficit nobis (*Johan.*, XIV, 8 et 9). » Ait illis, « Tanto tempore vobiscum sum, et non me nostis ? Philippe, qui me vidit, vidit et Patrem. » Videtis , quia in visione Patris, et Filii visio est ; et in visione Filii, et Patris visio est. Ideo consequenter subjecit, et ait, « Nescitis quia ergo in Patre, et Pater in me (*Ibid.*, 10)? » Id est, et me viso videtur et Pater, et Patre viso videtur et Filius. Patris et Filii separari non potest visio. Ubi non separatur natura et substantia, visio separari non potest. Nam ut noveritis illuc debere præparari cor ad videndam divinitatem Patris et Filii et Spiritus-sancti, in quam non visam credimus, et credendo

cœur de manière à arriver à cette contemplation, écoutez ce que dit encore le Seigneur : « Celui qui a mes commandements et les garde, c'est celui-là qui m'aime. Or, celui qui m'aime sera aimé par mon Père, et je l'aimerai et je me manifesterai à lui (*Ibid.*, 21). » Est-ce que ceux auxquels le Seigneur parlait ne le voyaient pas ? Ils le voyaient et ne le voyaient pas ; ils voyaient une chose et croyaient à une autre;ils le voyaient homme, ils le croyaient Dieu. Mais, au jour du jugement, les bons verront en commun avec les méchants le même Seigneur Jésus-Christ dans son humanité; et après le jugement, ils le verront, à l'exclusion des impies, dans sa divinité. « Donnez votre puissance à votre serviteur (*Ps.*, LXXXV, 16). »

22. « Et sauvez le fils de votre servante (*Ibid.*). » Le Seigneur est le fils de la servante. De quelle servante ? De celle qui répondit, au moment où l'Ange lui annonçait que le Sauveur naîtrait d'elle : « Voici la servante du Seigneur, qu'il me soit fait selon votre parole (*Luc*, I, 38). » Dieu a sauvé le Fils de la servante et son propre Fils : son Fils dans la forme de Dieu, le fils de sa servante dans la forme d'esclave. Le Seigneur est donc né, dans la forme d'esclave, de la servante de Dieu, et il a dit : « Sauvez le fils de votre servante (*Ps.*, LXXXV, 16). » Et il a été sauvé de la mort, comme vous le savez, par la résurrection de sa chair qui était morte. Mais afin que vous voyiez qu'il est Dieu et qu'il n'a pas été ressuscité par son Père de telle sorte qu'il ne se soit pas ressuscité lui-même, vous trouvez dans l'Évangile ces paroles : « Détruisez ce temple et je le rebâtirai en trois jours (*Jean*, II, 19). » Et pour vous ôter toute raison de donner à ces paroles un autre sens, l'Évangéliste ajoute : « Or, il disait cela du temple de son corps (*Ibid.*, 21). » Le fils de la servante a donc été sauvé. Que tout chrétien faisant partie du corps du Christ dise aussi : « Sauvez le fils de votre servante (*Ps.*, LXXXV, 16). » Peut-être ne doit-il pas dire : « Donnez votre puissance à votre serviteur (*Ibid.*), » bien que ce Fils ait reçu cette puissance ; et cependant, pourquoi ne le dirait-il pas également ? N'est-il pas dit aux serviteurs du Christ : « Vous serez assis sur douze trônes pour juger les douze tribus d'Israël (*Matth.*, XIX, 28)? » Et les serviteurs du Christ ne disent-ils pas : « Ignorez-vous que nous jugerons les Anges (I *Cor.*, VI, 3)? » Chaque saint a donc reçu la puissance de Dieu et chacun d'eux est le fils de sa servante. Mais qu'en sera-t-il, s'il est né d'une femme païenne et s'il est devenu chrétien ? Comment le fils d'une païenne peut-il être le fils de la servante de Dieu ? Il est, à la vérité, selon la chair, le fils d'une païenne ; mais il est,

---

cor unde videri possit mundamus ; ipse Dominus alio loco dicit, « Qui habet mandata mea, et servat ea, ille est qui diligit me : qui autem diligit me, diligetur a Patre meo, et ego diligam eum, et manifestabo ei meipsum (*Ibid.*, 21). » Numquid non eum videbant cum quibus loquebatur ? Et videbant, et non videbant : aliquid videbant, aliquid credebant : videbant hominem, credebant Deum. In judicio autem eumdem Dominum nostrum Jesum videbunt hominem cum impiis, post judicium videbunt Deum præter impios. « Da potestatem puero tuo. »

22. « Et salvum fac filium ancillæ tuæ (*Ps*, LXXXV, 16). » Dominus filius ancillæ. Cujus ancillæ ? Cui nasciturus quando nuntiatus est, respondit et ait, « Ecce ancilla Domini, fiat mihi (a) secundum verbum tuum (*Lucæ*, I, 38). » Salvum fecit filium ancillæ suæ, et filium suum : filium suum, in forma Dei ; filium ancillæ suæ, in forma servi (*Philip.*, II, 6). De ancilla Dei natus est ergo Dominus in forma servi ; et dixit, « Salvum fac filium ancillæ tuæ. » Et salvatus est a morte, sicut nostis, resuscitata carne sua, quæ mortua erat. Sed ut videatis quia Deus est, et non a Patre sic est suscitatus, ut a se non sit suscitatus, quia et ipse suscitavit carnem suam, habes in Evangelio dicium, « Destruite templum hoc,et triduo suscitabo illud (*Johan.*,II,19) « Ne autem nos aliud suspicaremur, Evangelista secutus ait, « Hoc autem dicebat de templo corporis sui (*Ibid.*, 21).»Salvus ergo factus est filius ancillæ. Dicat et unusquisque Christianus in corpore Christi positus, « Salvum fac filium ancillæ tuæ. » Forte non potest dicere, « Da potestatem puero tuo : » quia ille Filius accepit potestatem. Sed quare non dicit et hoc ? An non servi dictum est,« Sedebitis super duodecim sedes judicantes duodecim tribus Israël (*Matth.*, XIX, 28)? » Et servi dicunt, « Nescitis quia Angelos judicabimus (I *Cor.*, VI, 3) ? » Accipit ergo et unusquisque sanctorum potestatem, et est unusquisque sanctorum filius ancillæ ejus. Quid si de Pagana natus est, et Christianus factus est ? Filius Paganæ quomodo potest esse

(a) MSS. *fiat mihi sicut vis.*

selon l'esprit, le fils de l'Église. « Et sauvez le fils de votre servante (*Ps.*, LXXXV, 16). »

23. « Faites un prodige en ma faveur (*Ibid.*, 17). » Quel prodige, sinon celui de sa résurrection ? « Cette race mauvaise et qui excite l'amertume, dit le Seigneur, demande un prodige, et il ne lui sera pas donné d'autre prodige que celui du Prophète Jonas. Car de même que Jonas est resté trois jours et trois nuits dans le ventre de la baleine, ainsi en sera-t-il du fils de l'homme dans le sein de la terre (*Matth.*, XII, 39, 40). » Un prodige a donc été accompli en faveur de notre tête ; et maintenant que chacun de nous répète : « Faites un prodige en ma faveur (*Ps.*, LXXXV, 17); » parce que, au son de la trompette dernière, à l'avénement du Seigneur, les morts ressusciteront incorruptibles, et nous serons changés (1 *Cor.*, XV, 52). Voilà le prodige qui sera fait en notre faveur. « Faites un prodige en ma faveur, afin que ceux qui me haïssent le voient et soient couverts de confusion (*Ibid.*). » Au jour du jugement, ceux-là seront confus pour leur perte, qui n'auront pas voulu présentement d'une salutaire confusion. Qu'ils soient donc confus maintenant ; qu'ils s'accusent d'avoir suivi de mauvaises voies et qu'ils prennent la bonne voie. Car aucun de nous ne peut vivre sans confusion, à moins de revivre d'abord par la confusion. Dieu ouvre maintenant aux pécheurs l'accès d'une salutaire confusion, s'ils ne méprisent pas le remède de la confession. Si, au contraire, ils refusent la confusion présente, ils seront couverts de confusion, lorsque leurs iniquités les traîneront devant le juge et les accuseront (*Sagesse*, IV, 20). Comment seront-ils couverts de confusion ? Quand ils diront : « Voilà ceux que nous avons autrefois tournés en risée et regardés comme des objets d'opprobre. Insensés que nous étions, nous pensions que leur vie était une folie. Comment sont-ils maintenant comptés au nombre des enfants de Dieu ? De quoi nous a servi notre orgueil (*Sag.*, V, 3 et suiv.) ? » Ils le diront alors ; qu'ils le disent maintenant et qu'ils le disent pour leur salut. Que chacun d'eux se convertisse humblement à Dieu, et dise dès à présent : De quoi m'a servi mon orgueil ? Qu'il écoute l'Apôtre Saint Paul : « Quelle gloire vous ont rapportée ces choses dont vous rougissez actuellement (*Rom.*, VI, 21) ? » Vous voyez que maintenant, en ce lieu de pénitence, il y a une confusion salutaire ; mais alors, il n'y aura qu'une confusion tardive, inutile et infructueuse. « De quoi nous a servi notre orgueil ? ou quel profit avons-nous tiré de ces richesses dont nous nous vantions ? Toutes ces choses ont passé comme une ombre (*Sag.*, V, 9). » Quoi donc, en effet ? Durant votre vie ici-bas, ne voyiez-vous point que tout passait comme une ombre ? Que n'avez-vous alors abandonné l'om-

---

filius ancillæ ipsius? Est quidem Paganæ filius carnaliter, sed filius Ecclesiæ spiritaliter. « Et salvum fac filium ancillæ tuæ. »

23. « Fac mecum signum in bono (*Ps.*, LXXXV, 17). » Quod signum, nisi resurrectionis ? Dominus dicit, « Generatio hæc prava et amaricans signum quærit, et signum non dabitur ei, nisi signum Jonæ prophetæ. Sicut enim Jonas fuit in ventre ceti tribus diebus et tribus noctibus, sic erit et filius hominis in corde terræ (*Matth.*, XI, 39 et 40). » Ergo cum capite nostro jam factum est signum in bono : dicat et unusquisque nostrum, « Fac mecum signum in bono : » quia in novissima tuba, in adventu Domini, « et mortui resurgent incorrupti, et nos immutabimur (1 *Cor.*, XV, 52). » Erit hoc signum in bono. « Fac mecum signum in bono : ut videant qui me oderunt, et confundantur. » In judicio confundentur perniciose, (*a*) qui modo nolunt confundi salubriter. Modo ergo confundantur, accusent vias suas malas, teneant viam bonam : quia nemo nostrum vivit sine confusione, nisi prius confusus reviviscat. Præbet illis Deus modo aditum salubris confusionis, si non contemnant medicinam confessionis. Si autem modo nolunt confundi, tunc confundentur, quando deducent eos ex adverso iniquitates eorum (*Sap.*, IV, 20). Quomodo confundentur? Quando dicent, « Hi sunt quos aliquando habuimus in risum et in similitudinem improperii : nos insensati vitam eorum æstimabamus insaniam : quomodo computati sunt inter filios Dei ? Quid nobis profuit superbia (*Sap.*, V, 3, *etc.*) ? » Tunc dicent : modo dicant, et salubriter dicant. Convertatur enim unusquisque ad Deum humilis, et modo dicat, Quid mihi profuit superbia ? et audiat ab Apostolo, « Quam enim gloriam habuistis in his, in quibus nunc erubescitis (*Rom.*, VI, 21) ? » Videtis esse et modo confusionem salubrem in loco pœni-

---

(*a*) Vox, *qui*, abest a MSS.

bre? Vous seriez dans la lumière et vous n'auriez pas à dire ensuite : « Toutes ces choses ont passé comme une ombre (*Ibid.*), » au moment où il vous faudra passer de l'ombre dans les ténèbres. « Faites un prodige en ma faveur, afin que ceux qui me haïssent le voient, et soient couverts de confusion. »

24. « Car, Seigneur, vous m'avez aidé et vous m'avez consolé (*Ps.*, LXXXV, 17). » « Vous m'avez aidé » dans le combat, « et vous m'avez consolé » dans ma tristesse. Nul en effet ne cherche de consolation, s'il n'est dans la misère. Ne voulez-vous pas de consolation, dites que vous êtes heureux. Alors vous aurez à entendre ces paroles : « Mon peuple, » (mais vous citez déjà le passage du Prophète et les paroles dont j'entends le murmure attestent que vous savez parfaitement l'Écriture. Que Dieu, qui les a gravées dans vos cœurs les affermisse dans vos actes. Vous voyez donc de vous-mêmes, mes frères, que ceux qui vous disent : vous êtes heureux, cherchent à vous séduire). « Mon peuple, » dit Isaïe, « ceux qui disent que vous êtes heureux vous induisent en erreur et troublent les sentiers où marchent vos pieds(*Isaïe*, III, 12). » L'Apôtre saint Jacques nous tient le même langage : « Soyez malheureux, dit-il, et pleurez ; que vos rires se changent en deuil(*Jacq.*, IV, 9). » Ce que vous entendez, vous le voyez : les Écritures parleraient-elles ainsi dans la région de la sécurité ? Mais cette région est celle des scandales, des tentations et de toutes les misères, afin que nous gémissions ici-bas, et que nous méritions de nous réjouir au ciel ; que nous soyons ici-bas dans l'affliction et que nous méritions d'être consolés dans le ciel et de dire : « Parce que vous avez délivré mes yeux des larmes et mes pieds de la chute ; je plairai au Seigneur dans la région des vivants (*Ps.*, CXIV, 8, 9). » Cette région est celle des morts. La région des morts passe ; la région des vivants arrive. Dans la région des morts, il n'y a que travail, douleur, crainte, tribulation, tentation, gémissements et soupirs. Ici les faux heureux sont de vrais malheureux ; parce qu'un faux bonheur est un vrai malheur. Mais celui qui reconnaît qu'il est dans un vrai malheur sera aussi dans le vrai bonheur. Cependant, puisque maintenant vous êtes malheureux, écoutez ce que dit le Seigneur : « Heureux ceux qui pleurent (*Matth.*, V, 5). » O bienheureuses larmes ! rien de plus étroitement uni au malheur que les pleurs ; et rien de plus éloigné du malheur ni de plus opposé au malheur que le bonheur ; et cependant, après avoir dit : heureux, vous ajoutez : ceux qui pleurent ! Comprenez ce que je vous dis, répond le Seigneur, je dis heureux ceux qui pleurent ; pourquoi heureux ? à cause de leur

---

tentiæ : tunc autem seram, inutilem, infructuosam. « Quid nobis profuit superbia, aut quid divitiarum jactantia contulit nobis ? Transierunt omnia tamquam umbra (*Sap.*, V, 8 et 9). » Quid enim, quando hic videbas quia transibant ista omnia tamquam umbra ? Tunc relinqueres umbram, et esses in luce : non postea diceres, Transierunt omnia velut umbra, quando ab umbra in tenebras iturus es. « Fac mecum signum in bono : ut videant qui me oderunt, et confundantur. »

24. « Quoniam tu Domine adjuvisti me, et consolatus es me(*Ps.*, LXXXV, 19). »« Adjuvisti me » in certamine ; « et consolatus es me, » in tristitia. Nemo enim consolationem quærit, nisi qui est in miseria. Non vultis consolari ? Dicite, quia felices estis ? Et (*a*) auditis, « Populus meus (*Isai*, III, 12) » Jam respondetis, et audio murmur bene tenentium Scripturas. Deus qui hoc scripsit in cordibus vestris, confirmet in factis vestris.Videtis Fratres, quia qui vobis dicunt, Felices estis, seducunt vos. « Populus meus, qui vos felices dicunt, in errorem vos mittunt, et turbant semitas pedum vestrorum (*Ibid.*). » Sic et de Epistola Jacobi apostoli : « Miseri estote, inquit, et lugete, risus vester in luctum convertatur (*Jacobi.*, IV, 9). » Videtis quæ auditis : quando nobis hæc dicerentur in regione securitatis ? Utique regio ista scandalorum est, et tentationum, et omnium malorum, ut gemamus hic, et mereamur gaudere ibi : hic tribulari, et consolari ibi, et dicere, « Quoniam exemisti oculos meos a lacrymis, pedes meos a (*b*) labina : placebo Domino in regione vivorum (*Psal.*, CXIV, 8 et 9). » Ista regio mortuorum est. Transit regio mortuorum, venit regio vivorum. In regione mortuorum labor, dolor, timor, tribulatio, tentatio, gemitus, suspirium. Hic falsi felices, veri infelices : quia falsa felicitas, vera miseria est. Qui vero se agnoscit in vera esse miseria, erit etiam in vera felicitate.Et tamen nunc quia miser es, Dominum audi

---

(*a*) Sic MSS. At editi, *et auditus populus meus.* (*a*) Editi, *a ruina,* At MSS. *a labina.* Vide supra TOM. XII pag. 201, Not. *a.*

espérance. Pourquoi pleurent-ils ? à cause de la réalité. Ils pleurent dans cette vie de mort, dans les tribulations de ce monde, dans leur exil, mais, parce qu'ils connaissent leur malheur et qu'ils en gémissent, ils sont heureux. Pourquoi pleurent-ils ? Le bienheureux Cyprien a été affligé dans sa passion ; il est maintenant consolé dans sa gloire. Ou plutôt maintenant, quoique consolé, il est encore affligé. Car Notre Seigneur Jésus-Christ intercède encore pour nous (*Rom.*, VIII, 34), et tous les martyrs qui sont avec lui intercèdent aussi pour nous. Ils ne cesseront d'intercéder que quand nos gémissements auront cessé. Mais, quand nos gémissements auront cessé, tous, réunis dans une même voix, dans un même peuple, dans une même patrie, nous serons consolés, associés par milliers et milliers aux chœurs des Anges, et mêlés à la troupe des Puissances célestes qui vivent dans la même cité. Qui gémit dans cette cité ? qui y soupire ? qui y souffre ? qui y manque de quelque chose ? qui y meurt ? qui y fait des œuvres de miséricorde ? qui donne du pain à un affamé, là où tous sont rassasiés du pain de justice ? Là, nul ne vous dit : accueillez l'étranger, car personne n'y est voyageur ; et tous y vivent dans une commune patrie. Nul ne vous dit : remettez l'accord entre vos amis qui plaident ; car tous jouissent dans une paix perpétuelle de la vue du visage de Dieu. Nul ne vous dit : visitez les malades ; car la santé et l'immortalité sont inaltérables. Nul ne vous dit : enterrez les morts ; car tous vivent de la vie éternelle. Là, les œuvres de miséricorde ont cessé, parce que toute misère a cessé. Et que ferons-nous dans le ciel ? y dormirons-nous ? Si maintenant nous luttons contre nous-mêmes, bien que nous portions dans notre chair la demeure même du sommeil ; si nous veillons à la lumière de ces flambeaux ; si la solennité que nous célébrons nous donne la force de rester éveillés ; combien plus le jour de l'éternité nous excitera-t-il à veiller ? Nous veillerons donc, nous ne dormirons pas. Que ferons-nous ? Il n'y aura plus à faire d'œuvres de miséricorde, avons-nous dit, parce qu'il n'y aura plus aucune misère. Mais serons-nous alors occupés à ces travaux que nous imposent les besoins d'ici-bas ? faudra-t-il semer, labourer, cuire le pain, moudre ou tisser ? Non : rien de tout cela ; parce que de semblables besoins n'existeront plus. Ainsi, plus d'œuvres de miséricorde, parce que toute misère aura cessé ; et la nécessité ayant cessé en même temps que la misère, plus d'œuvres ni de nécessité ni de miséricorde. Qu'y aura-t-il donc ? quelle sera notre occupation ? quel sera notre travail ? ne ferons-nous plus rien, parce que ce sera le temps du repos ? res-

---

dicentem, Beati lugentes (*Matth.*, v, 5). O beati lugentes ! Nihil tam conjunctum miseriæ quam luctus ; nihil tam remotum et contrarium miseriæ quam beatitudo : tu dicis lugentes, et tu dicis beatos ? Intelligite, inquit, quod dico : Beatos dico lugentes. Quare beati ? In spe. Quare lugentes ? In re. Etenim lugent in morte ista, in tribulationibus istis, in peregrinatione sua : et quia agnoscunt se esse in ista miseria, et gemunt, (*a*) beati sunt. Quare lugent ? Contristatus est beatus Cyprianus in passione, modo consolatus est in corona. Modo et consolatus adhuc tristis est. « Dominus enim noster Jesus Christus adhuc interpellat pro nobis (*Rom.*, VIII, 34) : » omnes Martyres qui cum illo sunt, interpellant pro nobis. Non transeunt interpellationes ipsorum, nisi cum transierit gemitus noster. Cum autem transierit gemitus noster, omnes in una voce, in uno populo, in una patria (*b*) consolabimur, millia millium conjuncta psallentibus Angelis, choris cælestium Potestatum in una civitate viventium. Quis ibi gemit ? quis ibi suspirat ? quis ibi laborat ? quis ibi eget ? quis ibi moritur ? quis ibi misericordiam præbet ? quis frangit panem esurienti, ubi omnes pane justitiæ saginantur ? Nemo tibi dicit, Hospitem suscipe : peregrinus ibi nemo erit, omnes in patria sua vivunt. Nemo tibi dicit, Concorda amicos tuos litigantes : in pace sempiterna Dei vultu perfruuntur. Nemo tibi dicit, Visita ægrum : sanitas immortalitasque permanet. Nemo tibi dicit, Sepeli mortuum : omnes in vita æterna erunt. Cessant opera misericordiæ, quia miseria non invenitur. Et quid ibi faciemus ? Dormiemus fortasse ? Si modo pugnamus contra nos, quamvis geramus domum somni carnem istam, et vigilamus in his luminaribus, et sollemnitas ista dat nobis animum vigilandi ; dies ille quales vigilias nobis dabit ? Ergo vigilabimus, non dormiemus. Quid agemus ? Opera misericordiæ ista non erunt ; quia nulla miseria erit. Forte opera

(*a*) Quidam libri, *et gemunt. Beati sunt, quare lugent ?* (*b*) Verbum, *consolabimur*, abest ab omnibus MSS.

terons-nous immobiles, engourdis, inactifs? Si notre amour se refroidit, notre activité se refroidira aussi. Or notre amour, absorbé dans la contemplation de Dieu, ne sera-t-il pas tout de flamme, quand nous serons arrivés à celui que nous désirons maintenant, après lequel nous soupirons maintenant? Celui après la vue duquel nous soupirons aujourd'hui si ardemment, quoique nous ne l'ayons pas encore vu, ne nous illuminera-t-il pas de tous ses feux, quand nous serons parvenus jusqu'à lui? quel changement ne produira-t-il pas en nous? que ne fera-t-il pas de nous? que ferons-nous donc, mes frères? Que le Psalmiste nous le dise : « Heureux ceux qui habitent dans votre maison. » Et pourquoi? « Ils chanteront vos louanges dans les siècles des siècles (*Ps.*, LXXXIII, 5). » Voilà ce que nous ferons; nous louerons Dieu. L'aimer, le louer. Vous cesserez de le louer, si vous cessez de l'aimer. Mais vous ne cesserez pas de l'aimer, parce que celui que vous verrez est tel que sa vue ne pourra vous causer d'ennui ; il vous rassasiera sans cesse et ne vous rassasiera pas. Cette parole vous étonne. Mais si je dis qu'il vous rassasiera, je crains que vous ne pensiez à vous retirer quand vous serez rassasié, comme on se retire d'un repas, d'un dîner. Que dirai-je donc? qu'il ne vous rassasiera pas? mais alors, si je vous dis : il ne vous rassasiera pas, je crains que vous ne redoutiez quelque indigence, ou quelque vide, et que vous ne pensiez qu'il restera en vous quelque chose encore qu'il faille remplir. Que vous dirai-je donc, si ce n'est ce qu'on peut à peine énoncer, ce qu'on peut à peine concevoir : il vous rassasiera et ne vous rassasiera pas; car je trouve l'un et l'autre dans les Écritures. Le Seigneur a dit : « Heureux ceux qui ont faim, parce qu'ils seront rassasiés (*Matth.*, v, 6). » D'un autre côté, il a été dit de la sagesse: « Ceux qui vous mangeront auront faim de nouveau, et ceux qui vous boiront auront soif de nouveau (*Eccli.*, XXIV, 29). » Ou plutôt, ce n'est pas « de nouveau, » mais « encore, » qu'a dit la Sainte Écriture. En effet avoir soif de nouveau peut signifier qu'on se retire après s'être rassasié, et que, la digestion faite, on se remet à boire. Voici le texte : « Ceux qui vous mangeront auront encore faim (*Ibid.*). » Ainsi, tout en mangeant, ils auront encore faim, de même que ceux qui vous boiront auront soif tout en buvant. Que veut dire : avoir soif tout en buvant? que jamais on n'éprouvera le dégoût de la satiété. Si telle est donc cette ineffable et éternelle douceur, que réclame maintenant de nous le désir de la posséder un jour,

---

necessitatis erunt ista, quæ hic sunt modo, seminandi, arandi, coquendi, molendi, texendi? Nihil horum, quia necessitas non erit. Sic non erunt opera misericordiæ, quia transit miseria : ubi necessitas non erit nec miseria, opera necessitatis et misericordiæ non erunt. Quid ibi erit? quod negotium nostrum? quæ actio nostra? An nulla actio, quia quies? Sedebimus ergo, et torpebimus, et nihil agemus? Si refrigescet amor noster, refrigescet actio nostra. Amor ergo quietus in vultu Dei, quem modo desideramus, cui suspiramus, cum ad eum venerimus, quomodo nos accendet? In quem nondum visum sic suspiramus, cum ad eum venerimus, quomodo illuminabit? quomodo nos mutabit? quid de nobis faciet? Quid ergo agemus, Fratres? Psalmus nobis dicat : « Beati qui habitant in domo tua (*Psal.*, LXXXIII, 5). » Unde? « In sæcula sæculorum laudabunt te. » Hæc erit actio nostra, laus Dei. (a) Amas, et laudas. Desines laudare, si desines amare. Non autem desines amare, quia talis est quem vides, qui nullo te offendat fastidio : et satiat te, et non te satiat. Mirum est quod dico. Si dicam quia satiat te, timeo ne quasi satiatus velis abscedere : quomodo de prandio, quomodo de cœna. Ergo quid dico, Non te satiat? Timeo rursus, ne si dixero, Non te satiat, indigens videaris; et quasi inanior exsistas, et minus in te sit aliquid quod debeat impleri. Quid ergo dicam, nisi quod dici potest, cogitari vix potest? Et satiat te, et non te satiat : quia utrumque invenio in Scriptura. Nam cum diceret, « Beati esurientes, quia ipsi saturabuntur (*Matth.*, v, 6), » est rursus dictum de Sapientia, « Qui te manducant, iterum esurient; et qui te bibunt, iterum sitient (*Eccli.*, XXIV, 29). » Immo vero non dixit, iterum ; sed dixit, adhuc. Nam iterum sitiet, quasi primo saginatus discesserit et digesserit et redierit bibere, tale est. Qui te edunt, adhuc esuriant, sic cum edunt esurient : et qui te bibunt, sic bibendo sitient. Quid est bibendo sitire? Numquam fastidire. Si ergo ista ineffabilis et sempiterna dulcedo erit : modo quid a nobis

---

(a) Corbeiensis vetus codex, *Ama, et laudas.*

si ce n'est une foi sincère, une espérance inébranlable, un amour pur, et la fidélité à marcher dans la voie que Dieu nous a tracée, en supportant les tentations et en profitant des consolations?

petit, Fratres, nisi fidem non fictam, spem firmam, caritatem puram? Et ambulet homo in via quam Dominus dedit, ferat tentationes, et suscipiat consolationes.

DISCOURS[1] SUR LE PSAUME LXXXVI.

1. Le Psaume qui vient d'être chanté est court par le nombre des versets, mais considérable par le poids des pensées qu'il renferme. Car il vient d'être lu en entier, et vous voyez combien peu de temps il a fallu pour le terminer. Ce Psaume que nous allons expliquer à Votre Charité, autant que le Seigneur daignera nous donner de le faire, nous a été indiqué à l'instant même par notre bienheureux Père, ici présent[2]. Cette proposition soudaine me serait pesante, si la prière de celui qui l'a faite n'allégeait en même temps ce fardeau. Que Votre Charité m'accorde donc son attention. Dans ce Psaume est chantée et célébrée une ville, dont nous sommes les citoyens, en notre qualité de chrétiens ; loin de laquelle nous sommes exilés, tant que nous restons en cette vie mortelle ; et vers laquelle nous tendons par une voie qui se trouvait entièrement obstruée de buissons et d'épines, jusqu'au moment où le roi de cette ville s'est fait lui-même notre voie, pour que nous pussions parvenir dans cette cité. Marchons donc dans le Christ, et, encore voyageurs jusqu'à notre arrivée, soupirons par le désir d'un repos ineffable que l'on goûte dans cette cité : repos qui doit, suivant les divines promesses, nous donner « ce que l'œil n'a pas vu, ce que l'oreille n'a pas entendu, ce qui n'est pas monté dans le cœur de l'homme (I *Cor.*, II, 9). » Marchons donc, et que nos chants expriment

IN PSALMUM LXXXVI.

ENARRATIO.

1. Psalmus, qui modo cantatus est, brevis est numero verborum, magnus pondere sententiarum. Nam totus lectus est, et videtis quam exiguo tempore ad terminum usque perductus. Hic nobis, quantum Dominus donare dignatur, cum Vestra Caritate tractandus, modo est propositus a beatissimo præsente patre nostro. Repentina propositio me gravaret, nisi me (*a*) continuo proponentis oratio sublevaret. Intendat ergo Caritas Vestra. Civitas quædam in isto Psalmo cantata et commendata est : cujus cives sumus, in quantum Christiani sumus ; et unde peregrinamur, quandiu mortales sumus ; et ad quam tendimus, per (*b*) cujus viam, quæ omnino quasi dumetis et sentibus interclusa non inveniebatur, rex ipsius civitatis se fecit viam, ut ad civitatem perveniremus. Ambulantes ergo in Christo, et

---

(1) Ce discours, adressée peut-être au peuple de Carthage, a été prononcé le lendemain du discours sur le Psaume LXXXV, dont il est parlé plus bas, au n° 9.
(2) Peut-être Aurélius, évêque de Carthage.

(*a*) Corbeienses duo MSS. *continua*. (*b*) Sic Corbeienses MSS. At editi, *per ejus viam*.

nos désirs. Car celui qui désire, même lorsque sa langue se tait, chante en son cœur ; mais pour celui qui ne désire pas, de quelque bruit qu'il frappe les oreilles des hommes, il est muet devant Dieu. Voyez combien étaient épris d'amour pour cette cité ceux qui nous ont dit toutes ces choses, et qui nous les ont révélées ; voyez avec quel cœur ils les ont chantées. Ce cœur, c'était l'amour de la sainte cité qui l'échauffait, et cet amour de la cité, c'était l'Esprit-Saint qui l'avait mis en eux. « L'amour, dit l'apôtre Saint Paul, a été répandu dans nos cœurs par l'Esprit-Saint, qui nous a été donné (*Rom.*, v, 5). » Écoutons donc avec la ferveur que donne cet Esprit, ce que dit le Psalmiste sur cette cité.

2. « Ses fondements sont sur les montagnes saintes (*Ps.*, LXXXVI, 1). » Le Psaume n'a point encore parlé de cette cité ; cependant il commence en ces termes : « Ses fondements sont sur les montagnes saintes. » Les fondements de quoi? Il n'est pas douteux que des fondements, surtout sur des montagnes, ne soient ceux de quelque ville. Rempli donc de l'Esprit-Saint, le citoyen de cette ville retourne en son esprit toutes ses pensées d'amour et de désir pour elle, et sortant en quelque sorte d'une méditation plus étendue, il s'écrie subitement : « Ses fondements sont sur les montagnes saintes, » comme s'il avait déjà dit quelque chose de cette cité. Et comment en effet n'en aurait-il encore rien dit, lui qui n'avait jamais cessé d'en parler dans son cœur ? Mais pourtant comment rapporter le mot « ses » à une ville dont on n'a rien dit encore ? C'est, comme je viens de l'indiquer, qu'après avoir produit silencieusement en lui-même, au sujet de cette ville, de nombreuses pensées qu'il exprimait à Dieu, tout à coup il a jeté ce cri de manière à être entendu des hommes : « Ses fondements sont sur les montagnes saintes (*Ibid.*). » Et comme si les hommes, en entendant ces paroles, lui demandaient : Quels fondements ? il s'écrie aussitôt : « Le Seigneur chérit les portes de Sion (*Ibid.*). » Voilà la ville dont les fondements sont sur les montagnes saintes ; la ville de Sion, dont le Seigneur aime les portes, comme il le dit ensuite, « au-dessus toutes les tentes de Jacob (*Ibid.*). » Mais que veut dire : « Ses fondements sont sur les montagnes saintes ? » Quelles sont les montagnes saintes sur lesquelles est fondée cette cité ? Un autre citoyen de cette ville, l'Apôtre Saint Paul, l'a dit avec plus de clarté. Le Prophète était citoyen de cette ville, l'Apôtre l'était aussi, et ils en parlaient

---

adhuc peregrinantes donec perveniamus, et suspirantes desiderio cujusdam ineffabilis quietis, quæ habitat in illa civitate, de qua quiete dictum est hoc nobis esse promissum, quod oculus non vidit, nec auris audivit, nec in cor hominis adscendit (1 *Cor.*, II, 9) : ambulantes ergo, sic cantemus, ut desideremus. Nam qui desiderat, etsi lingua taceat, cantat corde : qui autem non desiderat, quolibet clamore aures hominum feriat, mutus est Deo. Videte quomodo erant amatores hujus civitatis ardentes, illi ipsi per quos hæc dicta sunt, per quos hæc nobis commendata sunt, quanto per eos affectu ista cantata sunt. Affectum istum generabat in eis amor civitatis, amorem autem civitatis infuderat Spiritus Dei. « Caritas, inquit, Dei diffusa est in cordibus nostris per Spiritum-sanctum, qui datus est nobis (*Rom.*, v, 5).» Hoc ergo Spiritu ferventes audiamus quæ dicta sunt de hac civitate.

2. « Fundamenta ejus in montibus sanctis (*Ps.*, LXXXVI 1). » Nihil de illa adhuc dixerat Psalmus : hinc incipit, et ait, « Fundamenta ejus in montibus sanctis. » Cujus fundamenta ? Non dubium est, quia fundamenta, præsertim in montibus, civitatis alicujus sunt. Repletus ergo Spiritu-sancto civis iste, et multa de amore et desiderio civitatis hujus volvens secum, tamquam plura intus apud se meditatus, erupit in hoc, « Fundamenta ejus in montibus sanctis: «quasi jam de illa dixerit aliquid.Quomodo de illa nihil dixerat, qui nunquam de illa corde tacuerat? Quomodo enim dicitur « ejus, » de qua nihil dictum est? Sed multa, ut dixi, secum in silentio de illa civitate parturiens, clamans ad Deum, erupit etiam in aures hominum : « Fundamenta ejus in montibus sanctis. » Et quasi homines audientes quærerent, Cujus ? « Diligit, inquit, Dominus portas Sion (*Ibid.*, 2). » Ecce cujus fundamenta in montibus sanctis, cujusdam civitatis Sion, cujus Dominus portas diligit, sicut consequenter dicit, « super omnia tabernacula Jacob. » Sed quid est, « Fundamenta ejus in montibus sanctis ? » Qui sunt montes sancti, super quos fundata est ista civitas ? Alter quidam civis planius hoc dixit, apostolus Paulus. Civis inde Propheta, civis inde Apostolus. Et hi propterea loquebantur, ut ceteros cives exhortarentur. Sed hi, id est, Prophetæ et Apostoli, quomodo cives ? Fortasse ita ut etiam ipsi sint

pour exhorter tous ceux qui l'étaient également. Pour eux, c'est-à-dire pour les Prophètes et pour les Apôtres, comment en étaient-ils citoyens? De manière peut-être à être eux-mêmes les montagnes saintes, sur lesquelles reposent les fondements de cette cité dont le Seigneur chérit les portes. Que cet autre citoyen nous le dise donc ouvertement, de peur que nous ne paraissions réduits à des conjectures. Parlant aux Gentils, et les engageant à revenir et à prendre place, en quelque sorte, dans l'édifice sacré, il leur dit : « Vous avez été bâtis sur le fondement des Apôtres et des Prophètes (*Éphés.*, II, 20). » Et parce que les Apôtres eux-mêmes et les Prophètes, sur lesquels sont assis les fondements de la cité, ne sauraient se soutenir par eux-mêmes, il ajoute : « Le Christ Jésus est lui-même la pierre principale de l'angle (*Ibid.*). » En effet, de peur que les Gentils ne se crussent étrangers à Sion, car il y avait sur la terre une ville nommée Sion, qui a porté figurativement l'image de la Sion dont nous parlons, de la Jérusalem céleste dont l'Apôtre a dit : « Elle est notre mère à tous (*Gal.*, IV, 26); » de peur donc que l'on ne prétendît que les Gentils n'appartenaient pas à Sion, parce qu'ils ne faisaient point partie du peuple des Juifs, il leur dit : « Vous n'êtes donc plus des étrangers et des hôtes, mais vous êtes les concitoyens des saints et vous faites partie de la maison de Dieu, ayant été bâtis sur le fondement des Apôtres et des Prophètes (*Éphés.*, II, 19 et 20). » Ces paroles vous disent comment est construite cette grande cité. Mais sur quoi s'appuie, sur quoi repose ce vaste édifice, pour rester à jamais inébranlable? « Le Christ Jésus, nous dit-il, est lui-même la pierre principale de l'angle (*Ibid.*). »

3. Peut-être quelqu'un dira-t-il : Si le Christ Jésus est la pierre de l'angle, il faut que sur cet angle se réunissent deux murailles. Car, pour produire un angle, il faut la jonction de deux murailles venant de deux côtés différents. C'est ainsi que les deux peuples, venant l'un de la circoncision et l'autre de l'incirconcision, se sont réunis, pour la paix chrétienne, en une seule foi, en une seule espérance, en une seule charité. Mais si le Christ Jésus est la maîtresse pierre de l'angle, il semble que les fondements soient plus anciens que la pierre angulaire. On pourrait dire de préférence que le Christ s'appuie sur les Prophètes et les Apôtres, et non les Prophètes et les Apôtres sur le Christ, si les premiers sont placés dans les fondations et le Christ dans l'angle des deux murs. Mais que celui qui fait l'objection remarque que la pierre de l'angle appartient aussi aux fondements. Car l'angle n'existe pas seulement dans la partie du mur, où il paraît aux yeux, pour s'élever de la terre au sommet de l'édifice; il commence dès la fondation. Et l'Apôtre saint Paul va vous apprendre que le Christ est lui-même le premier et principal fondement : « Personne, dit-il,

montes, super quos fundamenta sunt hujus civitatis, cujus portas diligit Dominus. Dicat ergo alius civis hoc aperte, ne nos suspicari videamur. Loquens ad Gentes, et commemorans ut redirent, et quasi construerentur in fabricam sanctam, « Superædificati, inquit, super fundamentum Apostolorum et Prophetarum (*Ephes.*, II, 20). » Et quia nec ipsi Apostoli aut Prophetæ, in quibus fundamentum est civitatis, se tenerent in se; secutus ibi ait, « Ipso summo existente lapide angulari Christo Jesu. » Ne itaque putarent Gentes non se pertinere ad Sion : erat enim quædam civitas Sion terrena, quæ per umbram gestavit imaginem cujusdam Sion de qua modo dicitur, cœlestis illius Jerusalem de qua dicit Apostolus, « Quæ est mater omnium nostrum (*Gal.*, IV, 26) : » ne ergo illi non pertinere dicerentur ad Sion, quia non erant de populo Judæorum, hoc eis dixit : « Igitur jam non estis peregrini et inquilini, sed estis cives sanctorum, et domestici Dei, superædificati super fundamentum Apostolorum et Prophetarum (*Ephes.*, II, 19 et 20). » Habes constructionem tantæ civitatis. Sed omnis ista compages ubi innititur, ubi incumbit, ut nusquam cadat? « Ipso, inquit, summo angulari lapide exsistente Christo Jesu. »

3. Dicet fortasse aliquis, Si angularis lapis est Christus Jesus, in illo quidem duo parietes compaginantur. Neque enim angulum faciunt, nisi duo parietes in unum de diverso venientes. Sic et populi duo ex circumcisione et ex præputio, ad pacem Christianam sibimet connexi in una fide, una spe, una caritate. Sed si angulus summus Christus Jesus, quasi videntur priora fundamenta et posterior lapis angularis. Potest ergo aliquis dicere, quia magis Christus super Prophetas et Apostolos incumbit, non illi super illum, si illi sunt in fundamento, ipse in angulo. Sed cogitet qui hoc dicit, angulum et in fundamento esse. Neque enim ibi est tantum an-

ne peut poser un autre fondement que celui qui a été posé, lequel est le Christ Jésus (I *Cor.*, III, 11). » Comment donc les Prophètes et les Apôtres sont-ils les fondements de l'édifice, et comment le Christ Jésus est-il aussi un fondement au-delà duquel il n'y a plus rien? Comment l'expliquer, si ce n'est en disant que, comme il est nommé d'une manière évidente le saint des saints, il est de même appelé figurément le fondement des fondements. Si donc vous pensez aux mystères de notre foi, le Christ est le saint des saints; si vous pensez au troupeau qui lui est soumis, le Christ est le pasteur des pasteurs; si vous pensez à l'édifice de l'Église, le Christ est le fondement des fondements. Dans les édifices bâtis de main d'homme, la même pierre ne peut être en bas et en haut. Si elle est en bas, elle ne sera pas en haut; si elle est en haut, elle ne sera point en bas. En effet, presque tous les corps sont renfermés dans d'étroites limites : ils ne peuvent ni être partout ni durer toujours. Mais la divinité étant présente partout, on peut de tout endroit conduire jusqu'à elle une ligne de comparaison; et jamais d'ailleurs on ne pourra lui appliquer que des comparaisons, parce que nulle de ces comparaisons ne pourra devenir une réalité. Est-ce que le Christ est une porte, comme sont les portes que nous voyons faites par des ouvriers? Assurément non; et cependant, il a dit : « Je suis la porte (*Jean*, X, 9). » Ou bien est-il pasteur comme les pasteurs que nous voyons à la tête des troupeaux? Cependant il a dit : « Je suis le pasteur (*Jean*, X, 11). » Et ces deux comparaisons il les a réunies dans un même discours. Il a dit dans le même passage de l'Évangile que le pasteur entre par la porte; puis il a dit : « Je suis le bon pasteur; » et au même endroit : « Je suis la porte (*Ibid.*). » Le pasteur entre par la porte et quel est le pasteur qui entre par la porte? « Je suis le bon pasteur. » Et quelle est la porte par laquelle vous entrez, ô bon pasteur? « Je suis la porte. » Comment donc êtes-vous toutes choses? Comme toutes choses sont par moi. Par exemple, lorsque Paul entre par la porte, n'est-ce pas le Christ qui entre par la porte? Pourquoi? Ce n'est pas que Paul soit le Christ, mais c'est que le Christ est dans Paul et que Paul n'est que par le Christ. Paul a dit lui-même : « Est-ce que vous voulez éprouver celui qui parle en moi, le Christ (II *Cor.*, XIII, 3)? » Quand ses justes et ses fidèles entrent par la porte, n'est-ce pas le Christ qui entre par la porte? Comment le prouvons-nous? Parce que quand Saul, qui n'était pas encore Paul, poursuivait les saints du Christ, le Christ

---

gulus ubi videtur, ut surgat in apicem : a fundamento enim incipit. Nam ut noveritis quia et fundamentum Christus et primum et maximum : « Fundamentum, inquit Apostolus, nemo potest ponere præter id quod positum est, quod est Christus Jesus (I *Cor.*, III, 11). » Quomodo ergo fundamenta Prophetæ et Apostoli, et quomodo fundamentum Christus Jesus, quo ulterius nihil est? Quomodo putamus, nisi quemadmodum aperte dicitur sanctus sanctorum, sic figurate fundamentum fundamentorum? Si ergo sacramenta cogites, Christus sanctus sanctorum : si gregem subditum cogites, Christus pastor pastorum : si fabricam cogites, Christus fundamentum fundamentorum. In ædificiis istis non potest esse idem lapis in imo et in summo : si fuerit in imo, in summo non erit ; si in summo fuerit, in imo non erit. Angustias enim omnia pene corpora patiuntur, nec ubique esse possunt, nec semper. Divinitas autem quæ ubique præsto est, undique ad eam potest duci similitudo : et totum potest esse in similitudinibus, quia nihil horum est in proprietatibus. Numquid Christus janua est, quemadmodum videmus januas factas a fabro? Non utique. Et tamen dixit, « Ego sum janua (*Johan.*, X, 9). » Aut numquid sic est pastor, quomodo videmus pastores istos præpositos pecorum? Et dixit, « Ego sum pastor (*Ibid.*, 11). » Et uno loco ambas res dixit. In Evangelio dixit, quia pastor per januam intrat : et ibi dixit, « Ego sum pastor bonus : » et ibi dixit, « Ego sum janua. » Pastor intrat per januam. Et quis est pastor qui intrat per januam? « Ego sum pastor bonus. » Et quæ est ergo janua, qua intras tu pastor bone ? « Ego sum janua. » Quomodo ergo tu omnia? Quomodo (*a*) per me omnia. Verbi gratia, cum Paulus intrat per januam, nonne Christus intrat per januam? Quare? Non quia Paulus Christus; sed quia in Paulo Christus, et per Christum Paulus. Ipse dixit, « An experimentum ejus vultis accipere, qui in me loquitur Christus (II *Cor.*, XIII, 3). » Cum sancti ejus et fideles ejus intrant per ja-

---

(*a*) Sic meliores MSS. At editi, *Quomodo ergo per te omnia?*

lui criait du haut du ciel : « Saul, Saul, pourquoi me persécutes-tu (*Act.*, IX, 4)? » Il est donc à la fois le fondement et la pierre angulaire, s'élevant du bas jusqu'au haut, si toutefois c'est du bas qu'il part. En effet, l'origine de ce fondement est au haut de l'édifice; car si le fondement d'une construction humaine est en bas, le fondement de cette construction spirituelle est en haut. Si nous faisions partie d'un édifice appartenant à cette terre, les fondations en devraient être placées en bas ; mais, comme cette construction est toute céleste, notre fondement nous a précédés dans les cieux. Le Christ, pierre angulaire, et les montagnes, c'est-à-dire les Apôtres et les grands Prophètes qui portent tout l'ensemble de la cité, forment une sorte d'édifice vivant. Cet édifice vivant a une voix qui retentit maintenant dans vos cœurs. C'est Dieu, l'habile ouvrier, qui se sert de notre langue, afin de vous presser de prendre place dans cette construction, comme autant de pierres taillées à quatre pans égaux. Ce n'est pas en effet sans raison que l'arche de Noë a été bâtie avec des bois taillés à quatre pans égaux (*Genèse*, VI, 14, version des *Septante*), parce qu'elle ne représentait rien moins que la figure de l'Église. Qu'est-ce, en effet, qu'être taillé de cette manière? Remarquez la forme d'une pierre parfaitement carrée : elle est comme l'image du chrétien. Le chrétien, quelque tentation qu'il éprouve, ne tombe pas; il peut être violemment poussé, retourné en quelque sorte, il ne tombe pas. Car, de quelque côté que vous retourniez une pierre carrée, elle reste toujours debout. Les martyrs ont paru tomber, lorsqu'ils ont été frappés ; mais qu'est-il dit dans un des cantiques de David? « Lorsque le juste tombera, il ne sera pas ébranlé, parce que le Seigneur affermit sa main (*Ps.*, XXXVI, 24). » Soyez donc semblables à des pierres carrées, et préparés à tous les chocs : et, quelle que soit la force qui vous poussera, qu'elle ne puisse vous faire perdre l'équilibre. Que toute impulsion qui vous renversera vous remette debout. Or, vous vous élèverez pour prendre place dans cet édifice, par la pitié, par une religion sincère, par la foi, par l'espérance et par la charité : prendre place dans cette construction, c'est marcher. Dans nos villes, les maisons que nous bâtissons sont différentes des citoyens qui les habitent; mais la cité sainte est formée de ses propres citoyens, les mêmes hommes en sont tout à la fois les pierres et les citoyens : car ces pierres sont vivantes. « Pour vous, » dit l'Écriture, « soyez posés comme des pierres vivantes, pour élever la demeure spirituelle (I *Pierre*, II, 5), » C'est à nous que s'adresse cette parole. Mais poursuivons ce qui regarde cette cité.

4. « Ses fondements sont sur les montagnes

nuam, nonne Christus intrat per januam? Quomodo probamus? Quia ipsos sanctos ejus persequebatur Saulus, nondum Paulus, quando ei clamavit de cœlo, « Saule, Saule, quid me persequeris (*Act.*, IX, 4)? » Ergo fundamentum et lapis angularis ipse est, ab imo surgens; si tamen ab imo. Etenim origo fundamenti hujus summitatem tenet : et quemadmodum fundamentum corporeæ fabricæ in imo est, sic fundamentum spiritalis fabricæ in summo est. Si ad terram ædificaremur, in imo nobis ponendum erat fundamentum : quia cœlestis fabrica est, ad cœlos præcessit fundamentum nostrum. Ipse ergo angularis lapis, montesque Apostoli, Prophetæ magni, portantes fabricam civitatis, faciunt vivum quoddam ædificium. Hoc ædificium modo clamat de cordibus vestris, hoc agit artificiosa manus Dei etiam per linguam nostram, ut ad illius ædificii fabricam conquadremini. Non enim frustra etiam de lignis quadratis ædificata est arca Noe (*Gen.*, VI, 14, sec. LXX), quæ nihilominus figuram gestabat Ecclesiæ.

Quid est enim quadrari? Attendite similitudinem quadrati lapidis : similis debet esse Christianus. In omni tentatione sua Christianus non cadit : et si impellitur, et (*a*) quasi vertitur, non cadit. Nam quadratum lapidem quacumque verteris, stat. Cadere visi sunt Martyres, cum persecuterentur : sed quid dixit quædam vox Cantici ? « Cum ceciderit justus, non conturbabitur, quoniam Dominus confirmat manum ejus (*Ps.*, XXXVI, 24). » Sic ergo conquadramini, ad omnes tentationes parati : quidquid impulerit, non vos evertat. Stantem te inveniat omnis casus. Erigeris ergo in hanc fabricam affectu pio, religione sincera, fide, spe, caritate : et ipsum ædificari ambulare est. In istis civitatibus alia est fabrica ædificiorum, alii sunt cives inhabitantes in fabrica : illa civitas civibus suis ædificatur, ipsi sunt lapides qui sunt cives; lapides enim vivi sunt. « Et vos, inquit, tamquam lapides vivi ædificamini in domum spiritalem (I *Pet.*, II, 5). » Ad nos directa vox est. Ergo sequamur de ista civitate.

(*a*) Sic MSS. Editi vero, *et si qua vertitur*.

saintes; le Seigneur chérit les portes de Sion (*Ps.*, LXXXVI, 2). » Déjà je vous en ai dit assez pour vous prémunir contre cette idée que les fondements seraient différents des portes. Pourquoi les Apôtres et les Prophètes sont-ils les fondements de la ville? Parce que leur autorité soutient notre faiblesse. Pourquoi sont-ils aussi les portes de Sion? Parce que nous entrons par eux dans le royaume de Dieu; ils sont pour nous les prédicateurs du salut. Et quand nous entrons par eux dans la cité, nous y entrons par le Christ; car il est lui-même la porte. La Jérusalem céleste a douze portes, dit l'Écriture (*Apoc.*, XXI, 12), et la porte unique c'est le Christ; et les douze portes sont encore le Christ, parce que le Christ est dans les douze portes : de là vient que les Apôtres sont au nombre de douze. Le nombre douze est un nombre mystérieux. « Vous serez assis, dit le Seigneur, sur douze trônes, pour juger les douze tribus d'Israël (*Matth.*, XIX, 28). » S'il n'y a que douze trônes au ciel, il n'y en a pas où puisse siéger saint Paul, le treizième apôtre; pour lui par conséquent nul moyen de juger? Il a dit de lui-même, cependant, qu'il jugerait non-seulement les hommes mais encore les anges. Quels anges, sinon les anges qui ont apostasié? « Ignorez-vous, dit-il, que nous jugerons les anges (1 *Cor.*, VI, 3)? » La foule pourrait donc lui répondre : Pourquoi vous vanter d'être un jour du nombre des juges? Où siégerez-vous? Dieu a dit qu'il y aurait douze trônes pour les douze Apôtres : l'un d'eux, Judas, est tombé; mais saint Matthias a été élu en sa place et le nombre des douze sièges a été complété (*Act.*, I, 15, 26). Commencez par trouver un siége, et puis vous nous menacerez de votre jugement. Examinons donc ce que signifient ces douze trônes. Ils sont le symbole de l'universalité de l'Église; parce que l'Église doit s'étendre dans tout l'univers et que de tous les points de l'univers cet édifice est appelé à s'adapter au Christ. Et parce qu'on viendra de toutes parts pour être jugé, il y a douze trônes pour les juges, de même qu'il y a douze portes à la ville, pour qu'on y entre de toutes parts. Il n'y a donc pas que les douze Apôtres et l'Apôtre saint Paul qui soient destinés aux douze sièges, mais tous ceux qui participeront à ce jugement : le nombre douze figure l'universalité, de même que tous ceux qui entreront dans la cité sont désignés sous l'emblème des douze portes. En effet, l'univers est formé de quatre parties : l'Orient, l'Occident, le Nord et le Midi. Ces quatre parties du monde sont fréquemment nommées dans les Écritures. De ces quatre vents, car c'est de là que le Seigneur dit dans l'Évangile qu'il rassemblera ses élus (*Marc*, XIII, 27); de ces quatre vents Dieu appelle son Église. Comment est-elle appelée? Elle est appelée de

---

4. « Fundamenta ejus in montibus sanctis, diligit Dominus portas Sion. » Jam ideo prælocutus sum, ne putetis alia esse fundamenta, alias portas. Quare sunt fundamenta Apostoli et Prophetæ? Quia eorum auctoritas portat infirmitatem nostram. Quare sunt portæ? Quia per ipsos intramus ad regnum Dei : prædicant enim nobis. Et cum per ipsos intramus, per Christum intramus. Ipse est enim janua (*Johan.*, X, 9). Et dicuntur duodecim portæ Jerusalem, et una porta Christus, et duodecim portæ Christus (*Apoc.*, XXI, 12); quia in duodecim portis Christus. Et ideo duodenarius numerus Apostolorum. Sacramentum magnum hujus duodenarii numeri. « Sedebitis, inquit, super duodecim sedes, judicantes duodecim tribus Israël (*Matth.*, XIX, 28). » Si duodecim sellæ ibi sunt; non est ubi sedeat tertius-decimus Paulus apostolus, et non erit quomodo judicet : et ipse se judicaturum dixit, non homines tantum, sed et angelos. Quos angelos, nisi apostatas angelos? « Nescitis, inquit, quia angelos judicabimus (1 *Cor.*, VI, 3)? » Responderet ego turba, Quid te jactas judicaturum? Ubi sedebis? Duodecim sedes dixit Dominus duodecim Apostolis, unus cecidit Judas, in locum ipsius Matthias ordinatus est (*Act.*, I, 26), impletus est duodenarius numerus sedium : primo locum inveni ubi sedeas, et sic te minare judicaturum. Duodecim ergo sedes quid sibi velint, videamus. Sacramentum est cujusdam universalitatis, quia per totum orbem terrarum futura erat Ecclesia, unde vocatur hoc ædificium ad Christi compagem. Et ideo quia undique venitur ad judicandum, duodecim sedes sunt : sicut quia undique intratur in illam civitatem, duodecim portæ sunt. Non solum ergo illi duodecim et apostolus Paulus, sed quotquot judicaturi sunt, propter significationem universalitatis, ad sedes duodecim pertinent : quemadmodum quotquot intrabunt, ad duodecim portas pertinent. Partes enim mundi quatuor sunt, Oriens, Occidens, Aquilo, et Meridies. Istæ quatuor partes assidue nominantur in Scripturis. Ab omnibus istis quatuor

DISCOURS SUR LE PSAUME LXXXVI.

toutes parts au nom de la Trinité; car elle n'est appelée que par le baptême donné au nom du Père, et du Fils, et du Saint-Esprit. Or le nombre quatre trois fois répété produit le nombre douze.

5. Frappez donc par votre ardent désir aux portes de la ville, et que le Christ crie en vous : « Ouvrez-moi les portes de la justice (*Ps.*, CXVII, 19).» En effet, comme étant la tête, il a marché le premier, et il se suit lui-même dans son corps. Voyez ce qu'a dit l'Apôtre, parce que le Christ souffrait en lui : « Afin que j'accomplisse ce qui manque aux souffrances du Christ dans ma chair (*Coloss.*, I, 24). » « Afin que j'accomplisse. » Quoi? « Ce qui manque. » Ce qui manque à quoi? « Aux souffrances du Christ. » Et où ces souffrances manquent-elles? « Dans ma chair (*Ibid.*). » Est-ce donc qu'il manquait quelque chose aux souffrances du Verbe fait homme, né de la Vierge Marie? Car, il a souffert tout ce qu'il devait souffrir, par sa propre volonté et non par une nécessité qui lui fût imposée par le péché. Et il paraît, en effet, qu'il a tout souffert; car, étant attaché à la croix, il a reçu du vinaigre comme une dernière souffrance et il s'est écrié : « Tout est fait, et ayant baissé la tête il a rendu l'esprit (*Jean*, XIX, 30). » Que veut dire : « Tout est fait? » La mesure de mes souffrances est remplie; toutes les prédictions faites sur moi sont accomplies. On eût dit qu'il attendait que tout fût accompli. Quel homme pourrait partir de cette vie comme Jésus est sorti de son corps? Mais quel est celui qui a pu le faire? Celui qui avait dit d'abord : « J'ai le pouvoir de laisser là ma vie et j'ai le pouvoir de la reprendre; nul ne me la ravit, mais je la quitte de moi-même et je la reprendrai (*Id.*, X, 18, 19). » Il l'a laissée, lorsqu'il l'a voulu; il l'a reprise, quand il l'a voulu; personne qui la lui ait enlevée, personne qui la lui ait arrachée. Toutes les souffrances ont donc été accomplies, mais pour notre tête seulement; il restait encore au Christ à souffrir dans son corps. Car vous êtes le corps et les membres du Christ (I *Cor.*, XII, 27). L'Apôtre saint Paul faisait partie de ces membres; c'est pourquoi il nous dit : « Afin que j'accomplisse ce qui manque aux souffrances du Christ dans ma chair (*Coloss.*, I, 24). » Nous allons donc où le Christ nous a précédés, et le Christ marche encore vers le lieu où il nous a précédés. Comme tête le Christ a marché le premier; comme corps il marche à la suite de la tête. Car le Christ souffre encore ici-bas, et il y souffrait de la part de Saul, lorsque celui-ci entendit cette voix : « Saul! Saul! pourquoi me persécutes-tu (*Act.*, IX, 4)? » C'est ainsi que la langue a coutume de dire, si l'on marche sur le pied : vous m'écrasez. Nul n'a cependant touché la langue; elle crie, non qu'elle soit écrasée comme le pied, mais parce

---

ventis, sicut dicit Dominus in Evangelio, a quatuor ventis se collecturum electos suos (*Marci*, XV, 27) : ab omnibus ergo istis quatuor ventis vocatur Ecclesia. Quomodo vocatur? Undique in Trinitate vocatur : non vocatur nisi baptismo in nomine Patris, et Filii, et Spiritus-sancti. Quatuor ergo ter ducta, duodecim inveniuntur.

5. Pulsate ergo affectu ad has portas, et clamet in vobis Christus, « Aperite mihi portas justitiæ (*Psal.*, CXVII, 19). » Præcessit enim in capite, sequitur se in corpore, Videte quid dixit Apostolus, quia in ipso Christus patiebatur.« Ut adimpleam, inquit, quæ desunt pressurarum Christi in carne mea (*Coloss.*, I, 24), » Ut adimpleam : quid? Quæ desunt. Cui desunt ? Pressurarum Christi. Et ubi desunt ? In carne mea. Numquid aliquid pressurarum deerat in illo homine, quod factum est Verbum Dei, nato de Maria virgine? Passus enim est quidquid pati deberet, ex sua voluntate, non ex peccati necessitate : et videtur quia omnia. In cruce enim positus accepit acetum ultimum, et ait, « Perfectum est. Et inclinato capite emisit spiritum (*Johan.*, XIX, 30). » Quid est, perfectum est? Jam de mensura passionum nihil mihi deest, omnia quæ de me prædicta sunt, completa sunt : tamquam ideo expectaret ut complerentur. Quis est qui sic proficiscatur, quomodo ille de corpore egressus est? Sed quis est qui hoc potuit? Qui primo dixerat, « Potestatem habeo ponendi animam meam, et potestatem habeo iterum sumendi eam : nemo tollit eam a me ; sed ego pono eam a me, et iterum sumo eam (*Johan.*, X, 18). » Posuit quando voluit, sumsit quando voluit : nemo abstulit, nemo extorsit. Ergo impletæ erant omnes passiones, sed in capite : restabant adhuc Christi passiones in corpore. « Vos autem estis corpus Christi et membra (I *Cor.*, XII, 27). » In his ergo membris cum esset Apostolus, dixit, « Ut adimpleam quæ desunt pressurarum Christi in carne mea (*Coloss.*, I, 24). » Ergo illuc imus quo Christus præcessit, et adhuc Christus illuc pergit quo præcessit. Præcessit enim Christus

qu'elle souffre avec le pied. Le Christ est encore ici dans l'indigence, le Christ est encore voyageur, le Christ est encore malade, le Christ est encore mis en prison. Ces paroles seraient une injure pour lui, s'il n'avait dit lui-même : « J'ai eu faim et vous m'avez donné à manger ; j'ai eu soif et vous m'avez donné à boire; j'ai été voyageur et vous m'avez recueilli ; j'ai été nu et vous m'avez vêtu ; j'ai été malade et vous m'avez visité. Et les hommes lui diront : Quand nous est-il arrivé de vous voir dans ces souffrances, et de vous porter secours? Et il répondra : « Lorsque vous avez fait cela à l'un des plus petits d'entre les miens, c'est à moi que vous l'avez fait (*Matth.*, XXV, 35-40). » Prenons donc place dans l'édifice qui est le Christ, sur le fondement des Apôtres et des Prophètes, le Christ étant lui-même la pierre angulaire; car « le Seigneur chérit les portes de Sion au-dessus de toutes les tentes de Jacob (*Ps.*, LXXXVI, 2). » Il semblerait, d'après ces paroles, que Sion ne fût pas comprise dans les tentes de Jacob. Et pourtant où était Sion, si ce n'est au milieu du peuple de Jacob? Car Jacob était le petit-fils d'Abraham, et c'est de lui que descend le peuple Juif, appelé peuple d'Israël, parce que Jacob a été nommé Israël (*Gen.*, XXXII, 28). Votre Charité le sait parfaitement. Mais comme il y avait en Israël des tentes temporelles et figuratives, et que le Prophète parle d'une ville qu'il entend au sens spirituel, dont la Jérusalem terrestre n'était que l'ombre et la figure, il dit: « Le Seigneur chérit les portes de Sion au-dessus de toutes les tentes de Jacob (*Ps.*, LXXXVI, 2). » Le Seigneur chérit cette cité spirituelle plus que toutes les choses figuratives, par lesquelles était représentée cette cité qui doit durer éternellement dans les cieux, séjour de l'éternelle paix.

6. « On a dit de toi des choses glorieuses, ô cité de Dieu (*Ibid.*, 9). » Mais en parlant ainsi, le Prophète avait sans doute en vue cette même Jérusalem encore sur terre. Car voyez quelle est la cité à laquelle il attribue ces choses très-glorieuses qui ont été dites. Pour la Jérusalem temporelle, elle est détruite, ses ennemis l'ont renversée, elle n'est plus ce qu'elle était ; elle a servi d'emblème, l'ombre a passé. Pour qui donc ces paroles : « On a dit de vous des choses glorieuses, ô cité de Dieu (*Ibid.*) ? » Écoutez, pour qui : « Je me souviendrai de Raab, et je me souviendrai de Babylone. » Raab n'appartenait pas au peuple juif; Babylone n'appartenait pas au peuple juif. Le Psaume continue : « Car les Philistins, les Tyriens et le peuple d'Éthiopie y sont venus (*Ibid.*). » C'est à bon droit que « l'on a dit de vous des choses glorieuses, ô cité de Dieu (*Ibid.*, 3), » où se trou-

---

in capite, sequitur in corpore. Et adhuc Christus hic laborat : et Christus hic patiebatur a Saulo, quando audivit Saulus, « Saule, Saule, quid me persequeris (*Act.*, IX, 4). » Quomodo solet lingua dicere calcato pede, Calcas me. Linguam nullus tetigit : compassione clamat, non adtritione. Adhuc Christus hic eget, Christus hic peregrinatur, Christus hic ægrotat, Christus hic in carcere includitur. Injuriam ei facimus, si non ipse dixit, Esurivi, et dedistis mihi manducare : sitivi, et potastis me : hospes, et collegistis me : nudus, et vestistis me : æger, et visitastis me. Et illi, Quando te vidimus hæc patientem, et ministravimus tibi? Et ille, Cum uni ex minimis meis fecistis, mihi fecistis (*Matth.*, XXV, 35, etc.). Ergo ædificemur in (a) Christum super fundamentum Apostolorum et Prophetarum, ipso summo angulari lapide exsistente (*Ephes.*, II, 20) : quia « diligit Dominus portas Sion super omnia tabernacula Jacob. » Quasi vero et ipsa Sion non inter tabernacula Jacob. Et ubi erat Sion nisi in populo Jacob? Jacob enim nepos Abrahæ, unde natus populus Judæorum, dicitur populus Israel, quia ipse Jacob appellatus est et Israel *Gen.*, XXXII, 28). Hæc bene novit Sanctitas Vestra. Sed quia erant quædam tabernacula temporalia et imaginaria ; loquitur autem iste de civitate quadam, quam spiritaliter intelligit, cujus umbra et figura erat illa terrena : ait, « Diligit Dominus portas Sion super omnia tabernacula Jacob. » Diligit illam spiritalem civitatem super omnia figurata, quibus intimabatur illa civitas semper manens, et semper cælestis in pace.

6. « Gloriosa dicta sunt de te, civitas Dei (*Psal.*, LXXXVI, 3). » Quasi intuebatur civitatem illam Jerusalem in terra. Nam videte quam civitatem dicit, de qua dicta sunt quædam gloriosissima. Nam illa destructa est in terra, hostes passa cecidit in terram, jam non est quod erat : expressit imaginem, transivit umbra. Unde igitur, « Gloriosa dicta sunt

---

(a) Sic MSS. At editi, *in Christo*.

vent non-seulement le peuple des Juifs, né de la race d'Abraham, mais encore toutes les nations, dont quelques-unes sont ici nommées pour les comprendre toutes. « Je me souviendrai, dit-il, de Raab, » la courtisane de Jéricho, qui reçut les espions des Juifs et les fit échapper par une voie détournée, qui crut aux promesses divines, qui craignit Dieu, et à qui les espions recommandèrent de suspendre à sa fenêtre une tresse de couleur écarlate, c'est-à-dire de porter sur son front le signe du sang du Christ. Par là elle fut sauvée (*Josué*, II-VI, 25), et elle fut la figure de l'Église des Gentils. C'est pourquoi le Seigneur dit aux Pharisiens qui s'enorgueillissaient : « En vérité, je vous le dis, les Publicains et les femmes de mauvaise vie vous précéderont dans le royaume des cieux (*Matth.*, XXI, 31). » Ils y entrent d'abord, parce qu'ils s'en emparent à l'aide de la violence; ils en forcent l'entrée par leur foi, tout cède à leur foi, et nul ne peut y résister: et c'est ainsi que ceux qui font violence au ciel le ravissent. L'Évangile dit en effet : « Le royaume des cieux souffre violence, et ceux qui lui font violence le ravissent (*Id.*, XI, 12). » C'est ce qu'a fait le bon larron (*Luc*, XXIII, 40, 43), plus fort sur sa croix que dans ses gorges de montagnes. « Je me souviendrai de Raab et de Babylone (*Ps.*, LXXXVI, 4). » Babylone représente la cité du siècle. De même qu'il n'y a qu'une cité sainte, Jérusalem, il n'y a qu'une ville impie, Babylone. Tous les méchants appartiennent à Babylone, comme tous les saints à Jérusalem. Mais on passe de Babylone à Jérusalem. Comment? sinon par le secours de celui qui justifie l'impie (*Rom.*, IV, 5) ? Jérusalem est la cité des justes, Babylone est la cité des impies. Mais vienne celui qui justifie l'impie; car je me souviendrai, a-t-il dit, non-seulement de Raab, mais encore de Babylone (*Ps.*, LXXXVI, 4). Mais de qui se souviendra-t-il parmi ceux qui habitent Raab et Babylone ? « De ceux qui me connaissent (*Ibid.*). » C'est pourquoi il est écrit dans un autre psaume : « Répandez votre colère sur les nations qui ne vous ont pas connu (*Ps.*, LXXVIII, 6). » D'un côté il dit : « Répandez votre colère sur les nations qui ne vous ont pas connu ; » et ailleurs : « Étendez votre miséricorde sur ceux qui vous connaissent (*Ps.*, XXXV, 11). » Et pour vous faire savoir que par Raab et Babylone il entend les Gentils, le Prophète, comme si on lui demandait : pourquoi avez-vous dit : « Je me souviendrai de Raab et de Babylone, qui me connaissent (*Ps.*, LXXXVI, 4) ? » Pourquoi cette parole ? le Prophète, dis-je, ajoute : « Car les étrangers, » les

peuples qui appartiennent à Raab, qui appartiennent à Babylone, « et les Tyriens..... » Mais jusqu'où s'étendent les Gentils ? jusqu'aux extrémités de la terre. En effet, il a élu un peuple qui est aux extrémités de la terre, « ..... et le peuple des Éthiopiens sont venus dans cette cité (*Ibid.*). » Si donc Raab est là, si l'on y arrive de Babylone; puisque les étrangers y parviennent, que les Tyriens sont là, que les peuples de l'Éthiopie sont là, c'est bien avec raison que « l'on a dit de vous des choses très-glorieuses, ô cité de Dieu (*Ibid.*, 2). »

7. Apportez, maintenant toute votre attention à un grand mystère. Raab est introduite dans cette cité par celui qui y introduit Babylone, laquelle n'est plus Babylone ; car Babylone disparaît et commence à être Jérusalem. La fille est divisée contre sa mère, et elle devient un des membres de cette reine à laquelle le Psalmiste dit : « Oubliez votre peuple et la maison de votre père ; le roi a désiré votre beauté (*Ps.*, XLIV, 11, 12). » Car d'où viennent les aspirations de Babylone pour Jérusalem ? D'où vient que Raab arrive jusqu'à prendre place dans la construction de cette cité ? D'où vient que les étrangers, d'où vient que Tyr, d'où vient que la nation des Éthiopiens y parviennent ? Écoutez comment cela se fait : « Sion est ma mère dira un homme (1) (*Ps.*, LXXXVI, 5). » Il y a un homme qui dit : « Sion est ma mère ; » et par cet homme tous les peuples sont amenés à Sion. Mais cet homme, quel est-il ? Nous le saurons par le Prophète, si nous savons l'écouter et le comprendre. Il dit d'abord : « Sion est ma mère, dira un homme (*Ibid.*). » Puis il poursuit, comme si vous lui demandiez par qui seront amenés Raab, Babylone, les étrangers, les Tyriens et les Éthiopiens. Voici par qui ils sont amenés : « Sion est ma mère, dira un homme : il s'y est fait homme, et le Très-Haut lui-même l'a fondée (*Ibid.*). » Qu'y a-t-il de plus évident, mes frères ? Il est certain que des choses très-glorieuses ont été dites de vous, ô cité de Dieu. Voilà qu'un homme dira : Sion est ma mère. Quel homme ? Celui qui s'y est fait homme. Il s'y est fait homme, et c'est lui-même qui l'a fondée. Comment s'y est-il fait homme et l'a-t-il fondée lui-même ? Pour qu'il pût s'y faire homme, il fallait qu'elle fût fondée. Comprenez, si vous le pouvez, l'explication que voici. Il sera dit : Sion est ma mère, et c'est un homme qui le dira. Un homme dira : Sion est ma mère, et celui qui le dira s'est fait homme dans Sion. Mais il a lui-même fondé

Gentes, quæ te non cognoverunt : et alibi, « Prætende misericordiam tuam scientibus te (*Psal.*, XXXV, 11). » Et ut noveritis quia in Raab et Babylone Gentes significavit ; quasi diceretur, Quid est quod dixisti, « Memor ero Raab et Babylonis, scientibus me ? » quare hoc dixisti ? « Etenim alienigenæ, » inquit, id est, pertinentes ad Raab, pertinentes ad Babylonem, « et Tyrus. » Sed quo usque Gentes ? Usque ad fines terræ. Elegit enim populum qui in fine terræ est : « Et populus, inquit, Æthiopum, hi fuerunt ibi. » Si ergo ibi Raab, ibi ex Babylone, quia ibi alienigenæ, ibi Tyrus, ibi populus Æthiopum ; merito, « Gloriosissima de te dicta sunt, civitas Dei. »

7. Jam attendite sacramentum magnum. Per eum illic Raab, per quem illic Babylon, jam non Babylon ; caret enim Babylone, et incipit esse Jerusalem. Dividitur filia adversus matrem suam, et erit in membris reginæ illius cui dicitur, « Obliviscere populum tuum et domum patris tui, concupivit rex speciem tuam (*Psal.*, XLIV, 11). » Nam unde Babylon adspiravit ad Jerusalem, unde Raab ad illa fundamenta perveniret, unde alienigenæ, unde Tyrus, unde populus Æthiopum ? Audi unde : (*a*)« Mater Sion, dicet homo (*Psal.*, LXXXVI, 5). » Est quidam homo qui dicit, Mater Sion ; et per hunc veniunt isti omnes. Sed iste homo quis est ? Dicit, si audiamus, si capiamus : « Mater Sion, dicet homo. » Sequitur ibi, quasi quæreres, per quem venerit Raab, Babylon, alienigenæ, Tyrus, Æthiopes. Ecce per quem venerunt, « Mater Sion, dicet homo ; et homo factus est in ea, et ipse fundavit eam Altissimus. » Quid apertius, Fratres ? Vere quia gloriosissima de te dicta sunt, civitas Dei. Ecce, « Mater Sion, dicet homo. » Quis homo ? Qui « homo factus est in ea. » In ea factus est homo, et ipse eam fundavit. Quomodo in ea factus est, et ipse eam fundavit ? Ut in ea fieret homo, jam fundata erat. Sic intellige, si potes : Etenim, Mater Sion dicet ; sed, homo, Mater Sion

---

(1) La leçon latine suivie ici par S. Augustin est la traduction d'une ancienne leçon de la version grecque des Septante. Tertullien et S. Ambroise l'ont suivie également avant S. Augustin.

(*a*) Apud LXX. pro μήτι *numquid*, legebant olim μήτηρ *mater*: sic ante Augustinum Tertullianus, Ambrosius, etc.

Sion ; alors ce n'est point l'homme, c'est le Très-Haut qui l'a fondée. Il a fondé la cité dans laquelle il devait naître, de même qu'il a créé la mère de laquelle il devait naître. Que signifient toutes ces choses, mes frères? Quelles promesses! quelles espérances! Voilà que le Très-Haut a fondé une cité pour nous, et il appelle cette cité ma mère, et il s'est fait homme dans cette cité, et c'est lui-même, le Très-Haut, qui l'a fondée.

8. Et si l'on vous disait : D'où savez-vous ces choses? Nous les avons tous chantées, répondriez-vous, et le Christ, l'homme-Dieu, les chante en nous tous, lui qui est homme à cause de nous et Dieu avant nous. Avant nous, mais qu'y a-t-il là d'extraordinaire? Avant la terre et le ciel, avant les siècles. Il s'est fait homme pour nous dans cette cité, que lui-même, le Très-Haut, a fondée. Comment le savons-nous? Le Seigneur le racontera en inscrivant les peuples (*Ibid.*, 6). »... « C'est en effet là ce que dit ensuite le Psaume : « Sion est ma mère, dira un homme, et il s'y est fait homme, et c'est lui-même, le Très-Haut, qui l'a fondée. C'est ce que le Seigneur racontera en inscrivant les peuples et les princes (*Ibid.*)... » Quels princes? « Qui le sont devenus dans cette cité (*Ibid.*). » Les princes qui le sont devenus dans cette cité; ceux qui en ont été faits les princes. Car avant qu'ils fussent faits princes dans cette cité, « Dieu a choisi ce qui est abject dans le monde pour confondre ce qui est (I *Cor.*, I, 27). » Le pêcheur est-il un prince? Le publicain est-il un prince? Oui; ce sont des princes, mais parce qu'ils ont été faits princes dans cette cité. Et que sont-ils ces princes? Des princes sont venus de Babylone; des princes du monde, ayant embrassé la foi, sont venus à Rome, comme si elle était la tête de Babylone elle-même; et là, ils n'ont point été au temple de l'Empereur, mais à la Mémoire du Pêcheur. « D'où sont donc venus ces princes?» Dieu a choisi ce qui est faible selon le monde pour confondre ce qui est fort. Dieu a choisi ce qui est méprisable selon le monde et les choses qui ne sont pas, comme celles qui sont, pour détruire les choses qui sont (I *Cor.*, I, 27, 28). » Voilà ce que fait « celui qui élève l'indigent de terre, et qui retire le pauvre de dessus son fumier. » Pourquoi le relève-t-il? « Pour le placer avec les princes, avec les princes de son peuple (*Ps.*, CXII, 7, 8). » Grande chose, grande joie, grande allégresse! Plus tard sont venus aussi dans cette cité des orateurs; mais ils n'y seraient point venus, s'ils n'y avaient été précédés par des pêcheurs. Grandes choses, je le répète; mais où s'accomplissaient-elles, sinon

dicet ; homo autem factus est in ea : ipse autem fundavit eam, non homo, sed Altissimus. Sic fundavit civitatem in qua nasceretur, quomodo creavit matrem, de qua nasceretur. Quid est hoc, Fratres? Quales promissiones, quantam spem tenemus? Ecce propter nos Altissimus qui fundavit civitatem, Mater dicit ipsi civitati, et homo in ea factus est, et Altissimus eam fundavit.

8. Quasi diceretur, Unde ista scitis? (*a*) Cantavimus hæc omnes, et cantat homo in omnibus Christus: homo propter nos, Deus ante nos. Sed quid magnum, ante nos? Ante terram et cœlum, ante sæcula. Hic ergo homo propter nos factus in ea, idem ipse Altissimus fundavit eam. Unde ista scimus « Dominus (*b*) narrabit in Scriptura populorum (*Ibid.*, 6). » Hoc enim sequitur in Psalmo : « Mater Sion, dicet homo; et homo factus est in ea, et ipse fundavit eam Altissimus. Dominus narrabit in Scriptura populorum, et principum. » Quorum principum? « Horum qui facti sunt in ea. » Principes qui facti sunt in ea, in ea facti sunt principes. Nam antequam in ea fierent principes, « abjecta mundi elegit Deus, ut confunderet fortia (I *Cor.*, I, 27). » Numquid princeps piscator? Numquid princeps publicanus? Principes plane : sed quia facti sunt in ea. Quales isti principes? Venerunt de Babylone principes, credentes de sæculo principes venerunt ad urbem Romam, quasi caput Babylonis, non ierunt ad templum Imperatoris, sed ad Memoriam Piscatoris. Unde enim isti principes? « Infirma mundi elegit Deus, ut confundat fortia : et ignobilia elegit Deus, et ea quæ non sunt tamquam quæ sunt, ut quæ sunt evacuentur (I *Cor.*, I, 27). » Hoc facit « qui erigit de terra inopem, et de stercore exaltat pauperem (*Psal.*, CXII, 7). » Et quid erigit? Ut collocet eum cum principibus, cum principibus populi sui. Magna res, magnum gaudium, magna lætitia. Postea venerunt in hanc civitatem et Oratores : sed non venirent,

---

(*a*) Sic aliquot MSS. At editi, *Cantabimus hæc omnes, et cantat homo in omnibus*, etc. (*b*) Sic meliores MSS. juxta. LXX. At editi, *narravit in Scripturis*.

dans cette cité de Dieu, de laquelle ont été dites des choses très-glorieuses.

9. C'est pourquoi, après avoir rapporté et célébré toutes ces joies, comment le Prophète conclut-il ? « L'habitation de tous ceux qui sont comme dans la joie est en vous (*Ps.*, LXXXVI). » L'habitation de tous ceux qui sont comme dans la joie ne se trouve que dans cette cité. Pendant notre voyage sur terre, nous sommes constamment dans l'oppression : notre habitation ne sera le séjour que de la joie. Plus de peines, plus de gémissements ; les supplications ont cessé, les chants de louange ont succédé. La cité de Dieu sera donc l'habitation de ceux qui se réjouissent : ce ne sera plus là le gémissement du désir, mais l'allégresse de la jouissance. Car nous posséderons la présence de celui après lequel nous soupirons maintenant, et nous serons semblables à lui, parce que nous le verrons tel qu'il est (I *Jean*, III, 2). Là toute notre occupation sera de louer Dieu, et de jouir de Dieu. Et pourquoi chercherions-nous autre chose là où il suffit à lui seul, lui par qui toutes choses ont été faites ? Nous serons la demeure de Dieu et nous demeurerons en Dieu : toutes choses lui seront soumises, afin que Dieu soit tout en tous (I *Cor.*, XV, 28). « Heureux donc ceux qui habitent dans votre maison (*Ps.*, LXXXIII, 5). » Pourquoi heureux ! Parce qu'ils auront de l'or ? parce qu'ils auront de l'argent, un nombreux domestique, un grand nombre d'enfants ? Pourquoi heureux ? « Heureux ceux qui habitent dans votre maison ; ils vous loueront dans les siècles des siècles (*Ibid.*). » Ils seront heureux par cette seule occupation de leur repos. N'ayons donc pas d'autre désir, mes frères, pour le moment où nous en arriverons à ce point ; préparons-nous à nous réjouir en Dieu, et à louer Dieu. Les bonnes œuvres qui nous conduisent aujourd'hui à ce bonheur n'auront plus lieu dans cette cité. Nous vous l'avons dit hier (1) autant que nous l'avons pu ; les œuvres de miséricorde ne subsisteront plus là où il n'y aura plus de misère. Vous ne trouverez là aucun indigent, aucun homme dont il faille couvrir la nudité. Vous n'y rencontrerez personne qui ait soif ; vous n'y verrez nul hôte à recueillir, nul malade à visiter, nul mort à ensevelir ; vous n'y trouverez aucun débat à apaiser entre des adversaires en procès. Que ferons-nous donc ? Aurons-nous, pour satisfaire aux nécessités de notre corps, à planter des vignes, à labourer des terres, à faire du commerce, à entreprendre des voyages ? Nous serons là dans un repos absolu. Car toutes les œuvres qu'exige maintenant la nécessité seront abolies ; la nécessité étant détruite, les œuvres qu'exigeait la nécessité disparaîtront avec elle. Qu'y aura-t-il donc alors ? La langue humaine

---

nisi præcederent piscatores. Magna hæc : sed ubi hæc, nisi in illa civitate Dei, de qua gloriosissima dicta sunt ?

9. Ideo collatis omnibus gaudiis atque conflatis, quomodo clausit? « Tamquam jocundatorum omnium habitatio in te (Ps., LXXXVI, 7). » Tamquam jocundatorum, habitatio omnium jocundatorum in hac civitate. In peregrinatione ista conterimur : habitatio nostra, jocunditas sola erit. Peribit labor et gemitus, transeunt orationes, succedunt laudationes. Ibi ergo habitatio jocundatorum, non erit gemitus desiderantium, sed lætitia perfruentium. Aderit enim cui modo suspiramus: similes ei erimus, quoniam videbimus eum sicuti est (Johan., III, 2). Ibi totum negotium nostrum non erit, nisi laudare Deum, et frui Deo. Et quid aliud quæremus, ubi solus sufficit, per quem facta sunt omnia ? Habitabimur et habitabimus : subjicientur illi omnia, « ut sit Deus omnia in omnibus (I Cor., XV, 18). » « Beati ergo qui habitant in domo tua (Psal., LXXXIII, 5). » Unde beati? Habendo aurum, habendo argentum, numerosam familiam, multiplicem prolem? unde beati? « Beati qui habitant in domo tua, in sæcula sæculorum laudabunt te. » Hoc uno beati otioso negotio. Hoc ergo unum desideremus, Fratres, cum venerimus ad hoc, nos paremus gaudere ad Deum, laudare Deum. Opera bona quæ modo nos perducunt, non ibi erunt. Diximus et hesterno die, quantum potuimus, non ibi erunt opera misericordiæ, ubi nulla erit miseria. Egentem non invenies, nudum non invenies, nemo tibi occurret sitiens, nullus peregrinus erit, nullus ægrotus quem visites, nullus mortuus quem sepelias, nullus litigatorum inter quos pacem componas. Quid facturus es? An forte propter necessitates corporis nostri novellabimus, et arabimus, et negotiabimur, et peregrinabimur ? Magna ibi quies. Nam ibi omnia opera, quæ necessitas flagitat, subtrahentur : mortua necessitate, peribunt opera necessitatis. Quid ergo

---

(1) Psaume précédent, n° 24.

l'a exprimé comme elle l'a pu : « L'habitation de tous ceux qui se trouvent comme dans la joie est en vous (*Ps.*, LXXXVI, 7). » Que signifie ce comme? Pourquoi comme dans la joie? Parce qu'il y aura là une joie que nous ne connaissons point ici. Je vois ici bien des joies : beaucoup se réjouissent dans la vie du siècle, les uns d'une chose, les autres d'une autre ; mais il n'y a pas une joie que l'on puisse comparer à cette joie de l'éternité, qui ne soit que comme une joie; car si je dis qu'elle est une joie, l'esprit de l'homme la rapprochera bientôt de quelque joie qu'il a coutume d'éprouver dans les plaisirs du vin, dans les festins, dans l'amas des richesses, dans les honneurs du monde. En effet la joie transporte alors les hommes; la joie est pour eux un délire. Mais, « il n'y a pas de joie pour les impies, dit le Seigneur (*Isaïe*, XLVIII, 32, version des Septante). » Au contraire, il est une joie que l'œil n'a pas vue, que l'oreille n'a pas entendue et qui n'est pas montée dans le cœur de l'homme (I *Cor.*, II, 9). » « L'habitation de tous ceux qui se trouvent comme dans la joie, est en vous (*Ps.*, LXXXVI, 7). » Préparons-nous donc à une nouvelle sorte de joie; parce que nous ne trouvons ici-bas que quelque chose qui nous paraît semblable, et qui n'est pas cela. Ne nous préparons pas à jouir dans le ciel des plaisirs que l'on trouve sur la terre; autrement notre retenue ne serait plus que de l'avarice. Il y a en effet des hommes qui étant invités à un somptueux dîner, où doivent paraître sur la table des mets nombreux et d'un grand prix, commencent par ne point déjeûner. Demandez leur pourquoi ils ne déjeûnent pas ; — nous jeûnons(1).—C'est une grande œuvre, mes frères, que le jeûne, c'est une œuvre vraiment chrétienne. Pourtant, ne louez pas trop vite ces hommes, cherchez pourquoi ils jeûnent ; c'est une question d'estomac et non de religion. Pourquoi jeûnent-ils? Afin de ne pas remplir à l'avance leur estomac de nourritures ordinaires, en le privant ainsi d'en recevoir de précieuses. Le jeûne est donc en cette circonstance une simple affaire de bouche. C'est vraiment une rare chose que le jeûne; il combat contre l'estomac et contre la bouche, et quelquefois il en devient l'auxiliaire. C'est pourquoi, mes frères, si vous croyez que nous trouverons des plaisirs pareils aux nôtres, dans cette patrie où nous appellera la trompette céleste, et si vous vous en abstenez présentement pour les trouver au ciel en plus grande abondance; vous êtes comme ceux qui jeûnent dans l'intérêt de quelque festin plus somptueux, et dont la continence n'est qu'une plus grande incontinence. Gardez-vous donc de tels sentiments. Préparez-vous à quelque chose d'ineffable et purifiez votre cœur de toutes vos affections terrestres et mondaines. Nous serons

---

erit? Quomodo potuit, dixit lingua humana : « Tamquam jocundatorum omnium habitatio in te.» Quid est, « tamquam ? » Quare, tamquam ? Quia talis ibi erit jocunditas, qualem hic non novimus. Video hic multas jocunditates, et multi gaudent in sæculo, alii hinc, alii inde ; et non est quod illi gaudio comparem, sed tamquam jocunditas erit. Nam si dicam jocunditas ; incipit homini occurrere talis jocunditas, qualem solet habere in poculis, in prandiis, in avaritia, in honoribus sæculi. Extolluntur enim homines, et lætitia quadam insaniunt. Sed non est gaudere impiis, dicit Dominus (*Isai.*, XLVIII, 22, *Sec.*, LXX. I *Cor.*, II, 9). Est quædam jocunditas, quam nec oculus vidit, nec auris audivit, nec in cor hominis adscendit. « Tamquam jocundatorum omnium habitatio in te. » Ad aliud gaudium nos paremus: quia hic tamquam simile invenimus, et non est hoc : ne quasi paremus nos talibus ibi perfrui, qualibus hic gaudemus ; alioquin continentia nostra avaritia erit. Sunt enim homines qui invitantur ad cœnam opimam, ubi multa et pretiosa ponenda sunt; non prandent : jam si quæras ab eis, quare non prandent ; Jejunamus. Magnum opus, Christianum opus jejunium. Noli cito laudare ; quære caussam, negotium ventris agitur, non religionis. Quare jejunant ? Ne ventrem præoccupent vilia, et non possit admittere pretiosa. Ergo negotium gutturis gerit in jejunio. Magna res utique jejunium : contra ventrem et guttur pugnat; aliquando illis militat. Itaque Fratres mei, si putatis aliquid tale habituros nos in illa patria, ad quam nos exhortatur tuba cælestis, et propterea vos a præsentibus abstinetis, ut illic talia copiosius recipiatis; sic estis quomodo illi qui jejunant propter epulas majores; et continent se majore incontinentia. Nolite ergo sic : ad aliquid vos ineffabile præparate, mundate cor ab omnibus affectioni-

---

(1) Sous-entendu, *répondent-ils*.

appelés à voir quelque chose dont la vue nous rendra heureux et dont la possesion nous suffira. Eh quoi ! Nous ne mangerons pas ? Nous mangerons, et Dieu même sera pour nous une nourriture qui fera notre force, sans pouvoir nous faire défaut. « L'habitation de tous ceux qui se trouvent comme dans la joie est en vous (*Ibid.*). » Le Prophète a déjà dit ce qui causera notre joie « Heureux ceux qui habitent dans votre maison ; ils célèbreront vos louanges dans les siècles des siècles (*Ps.*, LXXXIII, 5). » Louons aussi dès à présent le Seigneur, autant que nous le pouvons, en mêlant nos gémissements à nos louanges ; parce qu'en le louant, nous le désirons, sans le posséder encore. Lorsque nous le posséderons, les gémissements cesseront, et il ne restera que la seule louange, pure et éternelle. Et maintenant, prions.

bus vestris terrenis et saecularibus. Visuri sumus quiddam, quo viso beati erimus, et hoc solum nobis sufficiet. Et quid ? Non manducabimus ? Immo manducabimus : et ipse erit cibus noster, qui et reficiat, et non deficiat. « Tamquam jocundatorum omnium habitatio in te. » Jam dictum est unde jocundabimur : « Beati qui habitant in domo tua, in saecula saeculorum laudabunt te (*Psal.*, LXXXIII, 5). » Laudemus et modo Dominum, quantum possumus, mixtis gemitibus : quia laudando cum desideramus eum, et nondum tenemus. Cum tenuerimus, subtrahetur omnis gemitus, et remanebit sola et pura et aeterna laudatio. Conversi ad Dominum.

DISCOURS [1] SUR LE PSAUME LXXXVII.

1. Le titre du psaume quatre-vingt-septième renferme la matière d'une discussion entièrement nouvelle. Car en tête d'aucun autre psaume on ne lit ces mots : « Pour Melech, pour répondre (*Ps.*, LXXXVII, 1). » Quant à ces mots : « Psaume de cantique » ou « cantique de psaume (*Ibid.*), » nous avons dit ailleurs [2] ce que nous en pensons. D'autre part nous avons fréquemment rencontré dans ces titres et expliqué ces autres paroles : « Pour les enfants de Coré, pour la fin. » Mais c'est la première fois qu'un titre nous présente les mots qui suivent :

IN PSALMUM LXXXVII.

ENARRATIO.

1. Psalmi hujus octogesimi et septimi titulus habet aliquid, quod novum negotium disputatori afferat. Nusquam enim aliorum Psalmorum positum est, quod hic legitur, « Pro melech ad respondendum. » Nam de Psalmo cantici et Cantico Psalmi (*a*) alias jam quid nobis videretur diximus : et, « filiis Core, » usitatum in titulis Psalmorum saepissimeque tractatum est ; et quid sit, « in finem : » sed quod sequitur, «Pro melech ad respondendum, » hoc inusitatum habet iste titulus. «Pro melech » autem, La-

(1) Prononcé après l'explication du Ps. XLI, dont il est parlé plus bas n° 7, et peut-être après celle du Psaume LXVII.
(2) S. Augustin a donné cette explication, en traitant du Psaume LXVII, l'an 415 : c'est peut-être là qu'il renvoie le lecteur, en raison du titre de ce Psaume, qui est « *Psaume de cantique, pour les fils de Coré*, etc. »

(a) De hac re dixit in Psal. 67. expositum an. 415, quo forte remittit, propter hujus Psal. titulum, qui habet, *Canticum Psalmi, filiis Core* etc.

« Pour Melech, pour répondre. » « Pour Melech » peut signifier pour le chœur; car Melech, en hébreu, signifie chœur. Que veut donc dire cette phrase : « pour le chœur, pour répondre, » si ce n'est peut-être que le chœur doit répondre à l'unisson à celui qui chante ? Comme il y a lieu de penser que ce n'est pas seulement ce Psaume qui devait être chanté, mais tous les autres psaumes également, bien que les titres ne soient pas les mêmes, je crois que cette variété de titres a pour but de prévenir l'ennui de l'uniformité. En effet, ce Psaume n'est pas le seul qui ait mérité que le chœur y prît part et y répondît par un chant qui lui fût propre, puisqu'il n'est pas le seul qui se rapporte à la passion du Seigneur. Ou bien, s'il y a une autre raison dans la variété si considérable des titres, qui permette d'établir que tous les psaumes, intitulés différemment les uns des autres, l'ont été de telle sorte que le titre de l'un ne pourrait convenir à l'autre ; j'avoue que, malgré tous mes efforts, je n'ai pu découvrir cette raison. J'avoue encore que tout ce que j'ai lu des explications données sur ce sujet par ceux qui l'ont traité avant moi n'a satisfait ni mon attente ni la pesanteur de mon esprit. J'exposerai donc dans quel but mystérieux il me semblé que ces mots ont été écrits : « pour le chœur, pour répondre (*Ibid.*), » c'est-à-dire pour la réponse à faire au chantre par le chœur. La passion du Seigneur est prophétisée dans le Psaume ; or, l'Apôtre saint Pierre a dit : « Le Christ a souffert pour nous, nous laissant un exemple, afin que nous suivions ses pas (I *Pierre*, II, 21). » C'est là répondre au Christ. L'apôtre saint Jean dit aussi : « De même que le Christ a donné sa vie pour nous, de même nous devons donner notre vie pour nos frères (1 *Jean*, III, 16). » C'est là encore lui répondre. Or le chœur représente la concorde, laquelle consiste dans la charité. Par conséquent, tout homme qui voudrait imiter la passion du Seigneur, jusqu'à livrer son corps aux flammes, s'il n'avait pas la charité, ne répondrait pas avec le chœur, et ce sacrifice ne lui servirait de rien (I *Cor.*, XIII, 3). Dans un chœur de musique, pour me servir des noms que l'on emploie dans cet art, se trouvent un premier chanteur ou soliste et des répondants ou choristes. Le soliste chante le premier, et les autres chantent ensuite et lui répondent. De même, dans le cantique de la passion, le Christ chante le premier, et il est suivi de tout le chœur des martyrs qui aspirent aux célestes couronnes. Le Psaume est chanté, en effet, pour les enfants de Coré, c'est-à-dire pour les imitateurs de la passion du Christ, ainsi nommés parce que le Christ a été crucifié au lieu dit le Calvaire (*Matth.*, XXVII, 33), et que ce nom de Calvaire est la traduction

---

tine pro choro dici potest : melech enim verbo Hebræo chorus significatur. Quid est ergo, Pro choro ad respondendum, nisi forte ut canenti chorus consonando respondeat? Sicut non istum solum, sed alios quoque Psalmos credendum est esse cantatos, quamvis alios titulos acceperint : quod factum existimo caussa varietatis, qua fastidium levaretur. Non enim solus iste Psalmus dignus est habitus, ubi responderet chorus, cum utique non sit solus de Domini passione conscriptus. Aut si est alia caussa, cur tanta sit varietas titulorum, qua possit ostendi ita Psalmos omnes esse prænotatos, qui sunt aliter atque aliter prænotati, ut nullius titulus valeat alicui alteri convenire; ego eam, fateor, cum multum conatus essem, penetrare non potui : et si quid de hoc re legi ab eis dictum, qui ante nos ista tractarunt, non satisfecit exspectationi sive tarditati meæ. In quo igitur mysterio dictum mihi videatur, Pro choro ad respondendum, id est, ut canenti per chorum respondeatur, exponam. Domini hic passio prophetatur. Dicit autem apostolus Petrus, « Christus pro nobis passus est, relinquens nobis exemplum ut sequamur vestigia ejus (I *Pet.*, II, 21) », hoc est respondere. Dicit etiam apostolus Johannes, « Sicut Christus pro nobis animam suam posuit, ita et nos debemus animam pro fratribus ponere (1 *Johan.*, III, 16), » hoc est respondere. Chorus autem concordiam significat, quæ in caritate consistit. Quisquis ergo quasi æmulator Dominicæ passionis tradiderit corpus suum ut ardeat, si caritatem non habeat, non respondet in choro ; et ideo nihil ei prodest (I *Cor.*, XIII, 3). Proinde quemadmodum dicuntur in arte musica, sicut ea docti homines Latine dicere potuerunt, præcentor et succentor, præcentor scilicet qui vocem præmittit in cantu, succentor autem qui subsequenter canendo respondet : ita in hoc cantico passionis præcedentem Christum subsequitur chorus Martyrum in finem cælestium coronarum. Hoc enim canitur, « filiis Core, » id est, imitatoribus passionis Christi : quoniam in Calvariæ loco crucifixus est Christus (*Matth.*, XXVII, 33), quæ illius Hebræi nominis interpretatio perhibetur, id est, Core. Et hic est « intellectus Æman Israëlitæ : » quod in tituli hujus ultimo positum est. Æman quippe inter-

du nom hébreu de Coré. Enfin, on lit encore à la dernière ligne du titre : « Intelligence à Æman Israélite (1). Or, on dit que Æman signifie : « son frère. » En effet, le Christ a daigné faire ses propres frères de ceux qui comprennent le mystère de sa croix et qui non-seulement ne rougissent pas d'elle, mais se glorifient en elle avec fidélité, et se montrent reconnaissants de la grâce qu'ils ont reçue par elle, loin de s'élever orgueilleusement en raison de leurs mérites personnels. De la sorte, il peut être dit à chacun d'eux : « Voici un vrai Israélite, dans lequel il n'y a pas d'artifice (*Jean*, I, 37), » comme l'Écriture nous apprend qu'Israël a été lui-même sans artifice (*Gen.*, XXV, 27). Mais écoutons maintenant la voix du Christ entonnant son chant prophétique, et que le chœur qui est à lui réponde à son chant, soit par l'imitation de sa passion, soit par de vives actions de grâces.

2. « Seigneur, Dieu de mon salut, j'ai crié jour et nuit devant vous. Que ma prière pénètre jusqu'à vous ; inclinez votre oreille pour entendre mes supplications (*Ps.*, LXXXVII, 2 et 3). » Le Seigneur a prié, non point sous la forme de Dieu, mais sous la forme d'esclave ; car c'est sous cette dernière forme qu'il a souffert. Il a prié et dans la prospérité, indiquée, je pense, par le jour, et dans l'adversité, indiquée sans doute par la nuit. L'arrivée de la prière en la présence de Dieu signifie que la prière est agréable à Dieu ; et Dieu inclinant son oreille veut dire qu'il exauce miséricordieusement cette prière. Car Dieu n'a pas de membres comme nous en avons dans notre corps. Enfin, il y a ici une répétition fréquente dans les Écritures ; car ces mots : « que ma prière pénètre jusqu'à vous, » ont le même sens que ceux-ci : « inclinez votre oreille pour entendre mes supplications (*Ibid.*). »

3. « Car mon âme a été remplie de maux et ma vie a été proche de l'enfer (*Ibid.*, 4). » Oserons-nous dire que l'âme du Christ est remplie de maux, lorsque les tortures de sa passion n'ont eu de puissance contre lui que dans sa chair ? C'est pourquoi, encourageant les siens, au support des souffrances, et exhortant pour ainsi dire le chœur à lui répondre : « Gardez-vous, » dit-il, « de craindre ceux qui tuent le corps, et qui ne peuvent tuer l'âme (*Matth.*, X, 28). » Mais cette âme que les persécuteurs ne peuvent tuer, peuvent-ils la remplir de maux ? S'il en est ainsi, il faut chercher de quels maux ils peuvent la remplir. Nous ne pouvons dire assurément que cette âme ait été remplie des vices par lesquels l'iniquité domine l'homme ; mais peut-être bien des douleurs qu'elle a ressenties en partageant les souffrances de sa chair. Car le corps ne peut ressentir, sans l'âme, les douleurs corporelles que précède, lorsqu'elles

---

pretari dicitur, frater ejus. Eos enim fratres suos Christus facere dignatus est, qui sacramentum crucis ejus intelligunt, et non solum de illa non erubescunt, verum etiam in illa fideliter gloriantur, non se de suis meritis extollentes, sed ejus gratiæ non ingrati ; ut unicuique eorum dici possit, « Ecce vere Israëlita, in quo dolus non est (*Johan.*, I, 47) : » sicut ipsum Israël Scriptura sine dolo fuisse commendat (*Gen.*, XXV, 27). Jam itaque Christi vocem in prophetia præcinentis audiamus, cui chorus vel imitatione vel gratiarum actione respondeat.

2. « Domine Deus salutis meæ, in die clamavi et nocte coram te (*Ps.*, LXXXVI, 2). Intret in conspectu tuo oratio mea, inclina aurem tuam ad precem meam (*Ibid.*, 3). » Oravit enim et Dominus, non secundum formam Dei, sed secundum formam servi : secundum hanc enim et passus est. Oravit autem et cum in lætis rebus ageret, quod diei nomine, et cum in adversis, quod noctis nomine significari arbitror. Ingressus orationis in conspectu Dei, acceptatio ejus est ; inclinatio auris Dei, misericors exauditio est : nam membra talia qualia nos habemus in corpore, non habet Deus. Est autem solita repetitio : nam quod est, « Intret in conspectu tuo oratio mea ; » idipsum est, « Inclina aurem tuam ad precem meam. »

3. « Quoniam repleta est malis anima mea, et vita mea in inferno appropinquavit (*Ibid.*, 4). » Audemusne dicere animam Christi repletam malis, cum illa passionis afflictio in carne valuerit, quidquid valuit ? Unde et ipse suos ad tolerantiam passionis accendens, et tamquam ad respondendum exhortans chorum suum, « Nolite, inquit, timere eos qui corpus occidunt, animam autem non possunt occidere

---

(1) Les explications de S. Augustin prouvent qu'il lisait ici *Israëlite*. Dans la Vulgate on trouve : *Ezrahite*, peut-être pour *Zaraïte*, voyez plus bas : Ps. LXXXVIII, n° 1, en note.

sont imminentes, la tristesse seule douleur de l'âme. L'âme peut donc souffrir sans que le corps souffre ; mais le corps ne peut souffrir sans l'âme. Pourquoi donc ne dirions-nous pas que l'âme du Christ a été remplie, non des péchés, mais des maux qui sont le partage de l'homme ? Un autre Prophète dit que le Christ a ressenti de la douleur pour nous (Isaïe, LIII, 4);l'Évangéliste rapporte que Jésus « ayant pris avec lui Pierre et les deux fils de Zébédée commença à être triste et chagrin (Matth., XXVI, 37); » et le Seigneur a dit, en parlant de lui-même : « Mon âme est triste jusqu'à la mort (Ibid., 38). » Le Prophète qui a composé le Psaume a prévu toutes ces choses dans l'avenir, et il a mis en scène le Christ qui a prononcé ces paroles : « Mon âme a été remplie de maux et ma vie a été proche de l'enfer (Ps., LXXXVII,4). » Le Christ a exprimé cette pensée en d'autres termes, quand il a dit : « Mon âme est triste jusqu'à la mort. » En effet, les paroles « mon âme est triste » sont les mêmes que « mon âme est remplie de maux ; » et « jusqu'à la mort » se retrouve dans ce qui suit : « ma vie a été proche de l'enfer. » Mais ces sentiments de l'infirmité humaine, comme la chair même de l'infirmité humaine, et la condition mortelle de cette chair humaine, le Seigneur Jésus les a prises, non par quelque nécessité de sa condition, mais par la volonté de sa miséricorde. Par là il a voulu transfigurer en lui son corps, qui est l'Église, dont il a daigné devenir la tête, de manière à ce que ses saints et ses fidèles fussent ses membres : afin que, s'il arrivait à quelqu'un d'entre eux d'être attristé et de s'affliger au milieu des tentations humaines, celui-ci ne se crût pas pour cela privé de la grâce; et que son corps, semblable à un chœur de musique qui règle son chant sur la voix qui le conduit, apprît, par l'exemple de la tête, que ces douleurs ne sont pas des péchés mais des indices de la faiblesse humaine. Nous savons encore, pour l'avoir lu et entendu, que l'un des principaux membres de ce corps, l'Apôtre saint Paul, a confessé, lui aussi, que son âme était remplie de semblables maux, lorsqu'il a déclaré que sa tristesse était grande, et qu'il avait dans le cœur une douleur continuelle à cause de ses frères selon la chair, c'est-à-dire des Israélites (Rom., IX, 2, 3, 4). Et si nous disions que le Seigneur à l'approche de sa passion, ressentit aussi, une tristesse profonde à cause d'eux, parce qu'ils allaient se charger du forfait le plus exécrable, je crois que ne dirions rien que de vrai.

4. Enfin ce que le Christ a dit sur la croix : « Mon père, pardonnez-leur, parce qu'ils ne savent ce qu'ils font (Luc, XXIII, 34), » il le dit

---

(Matth., x, 28). » An occidi a persecutoribus anima non potest, malis autem repleri potest ? Quod si ita est, quærendum quibus. Non enim vitiis, per quæ homini dominatur iniquitas, animam illam repletam possumus dicere ; sed forte doloribus, quibus anima suæ carni in ejus passione compatitur. Non enim vel ipse qui dicitur corporis dolor, potest esse sine anima, quem inevitabiliter imminentem præcedit tristitia, quæ solius animæ dolor est. Dolere ergo anima etiam non dolente corpore potest : dolere autem corpus sine anima non potest. Cur itaque non dicamus non humanis peccatis, sed tamen humanis malis repletam fuisse animam Christi ? De quo alius Propheta dicit quod pro nobis doluerit (Isaï, LIII, 4) : et Evangelista, « Assumto, inquit, Petro et duobus filiis Zebedæi, cœpit contristari et mœstus esse (Matth., XXVI, 37). » Et ipse Dominus de seipso tunc ait illis, « Tristis est anima mea usque ad mortem (Ibid., 38).» Hæc futura prævidens Propheta, Psalmi hujusce conscriptor, inducens eum loquentem, « Quoniam repleta est, inquit, anima mea, et vita mea in inferno appropinquavit. » Nam ipsam sententiam omnino verbis aliis explicavit, qua dictum est, « Tristis est anima mea usque ad mortem. » Quod enim ait, « Tristis est anima mea ; » hoc dictum est, « Repleta est malis anima mea : » et quod sequitur, « usque ad mortem ; » hoc dictum est, « et vita mea in inferno appropinquavit. » Hos autem humanæ infirmitatis affectus, sicut ipsam carnem infirmitatis humanæ, ac mortem carnis humanæ Dominus Jesus, non conditionis necessitate, sed miserationis voluntate suscepit, ut transfiguraret in se corpus suum, quod est Ecclesia, cui caput esse dignatus est, hoc est : membra sua in sanctis et fidelibus suis : ut si cui eorum inter humanas tentationes contristari et dolere contingeret, non ideo se ab ejus gratia putaret alienum ; et non esse ista peccata, sed humanæ infirmitatis indicia, tamquam voci præmissæ concinens chorus, ita corpus ejus ex ipso suo capite addisceret. In hoc quippe corpore præcipuum membrorum apostolum Paulum legimus et audimus confitentem talibus malis repletam animam suam, cum dicit tristitiam sibi esse magnam, et continuum dolorem cordi suo pro fratribus

également dans le Psaume : « J'ai été compté parmi ceux qui descendent dans l'abîme (*Ps.*, LXXXVII, 5); » mais évidemment par des hommes qui ne savaient ce qu'ils faisaient, et qui crurent qu'il mourrait comme les autres hommes, c'est-à-dire soumis à la nécessité de la mort et vaincu par cette nécessité. Par « l'abîme, » le Prophète entendait la profondeur de la misère ou de l'enfer.

5. « Je suis devenu comme un homme qui est sans secours, et qui est libre entre les morts (*Ibid.*, 5 et 6). » C'est dans ces paroles surtout qu'apparait la personne du Seigneur. Quel autre, en effet, est libre entre les morts, que celui qui, sous les apparences de la chair du péché (*Rom.*, VIII, 3), seul au milieu des pécheurs, est sans péché? C'est pourquoi il dit à ceux qui, dans leur folie, croyaient être libres : « Quiconque commet le péché est l'esclave du péché (*Jean*, VIII, 34). » Et parce qu'il fallait qu'ils fussent délivrés des péchés par celui qui était sans péché, il leur dit encore : « Si le Fils vous délivre, alors vous serez vraiment libres (*Ibid.*, 36). » Celui-là donc était « libre parmi les morts, » qui avait le pouvoir de quitter la vie et le pouvoir de la reprendre (*Jean*, X, 18); à qui nul ne pouvait la ravir, mais qui la quittait par sa propre volonté; qui pouvait, quand il le voudrait, ressusciter sa chair, comme s'il rétablissait un temple détruit par eux (*Ibid.*, 11, 19); qui abandonné de tous aux approches de sa passion n'est cependant pas resté seul, parce que son Père ne l'a pas délaissé, comme il l'atteste lui-même (*Ibid.*, VIII, 29). Cependant, aux yeux de ses ennemis pour lesquels il priait, qui ne savaient ce qu'ils faisaient, et qui disaient : « Il a sauvé les autres et il ne peut se sauver lui-même; s'il est le Fils de Dieu, qu'il descende maintenant de la croix et nous croirons en lui; que Dieu le sauve, s'il le veut (*Matth.*, XXVII, 40, 43); » aux yeux de ses ennemis, « il est devenu semblable, » c'est-à-dire, il a paru semblable, « à un homme qui est sans secours, à ceux qui ont été blessés et qui dorment dans le tombeau (*Ps.*, LXXXVII, 6); » mais le Psaume ajoute : « Dont vous ne vous souvenez plus (*Ibid.*), » paroles dans lesquelles il faut remarquer la différence qui existe entre le Seigneur Christ et les autres morts. Car lui aussi a été blessé et mis au sépulcre; mais ses ennemis qui ne savaient ce qu'ils faisaient, et ignoraient qui il était, l'ont cru semblable aux autres hommes tués par des blessures et dormant dans le tombeau, dont Dieu ne se souvient plus, c'est-à-dire pour qui le temps de la résurrection n'est pas encore arrivé. L'Écriture, en effet, a coutume d'appeler les morts des hommes qui dorment, voulant faire entendre qu'ils se réveilleront, c'est-à-dire

---

suis secundum carnem, qui sunt Israëlitæ (*Rom.*, IX, 2). Pro quibus si contristatum dicamus et Dominum, cum ejus passio propinquaret, in qua illi se immanissimo scelere fuerant obligaturi, non incongrue nos dicere existimo.

4. Denique illud quod in cruce dixit, « Pater ignosce illis, quia nesciunt quid faciunt (*Lucæ*, XXIII, 34) : » etiam in isto Psalmo deinceps dicitur, « Deputatus sum cum descendentibus in lacum (*Ps.*, LXXXVII, 5) : » utique a nescientibus quid facerent, qui eum sic mori putaverunt, ut moriuntur homines ceteri, tamquam necessitati subditum atque illa necessitate devictum. Lacum enim dixit, vel miseriæ vel inferni profunditatem.

5. « Factus sum, inquit, sicut homo sine adjutorio (*Ibid.*, 5), inter mortuos liber (*Ibid.*, 6). » In his verbis maxime persona Domini apparet. Quis enim alius inter mortuos liber, nisi in similitudine carnis peccati inter peccatores solus sine peccato (*Rom.*, VIII, 3)? Unde illis qui se insipienter liberos putabant, « Omnis, ait, qui facit peccatum, servus est peccati (*Johan.*, VIII, 34). » Et quia per eum qui non habebat peccatum, oportebat liberari a peccatis : « Si vos, inquit, Filius liberaverit, tunc vere liberi eritis (*Ibid.*, 36). » Hic ergo inter mortuos liber, qui in potestate habebat ponere animam suam, et iterum sumere eam (*Johan.*, X, 18); a quo eam nemo tollebat, sed eam ipse voluntate ponebat; qui etiam carnem suam tamquam solutum ab eis templum, resuscitare poterat, cum volebat (*Johan.*, II, 19); quem passurum cum omnes deseruissent, solus non remansit, quia Pater cum non deseruit, sicut ipse testatur (*Johan.*, VIII, 29) : ab inimicis tamen pro quibus oravit nescientibus qui faciebant, et dicentibus, « Alios salvos fecit, seipsum non potest, Si filius Dei est, descendat nunc de cruce, et credimus ei (*Matth.*, XXVII, 40, etc.), Salvum faciat eum, si vult eum (*Marci.*, XV, 31, etc) : » factus est, id est, existimatus est tamquam homo sine adjutorio. « Tamquam vulnerati dormientes in sepulcro. » Sed addit, « quorum non meministi adhuc (*Ps.*, LXXXVII, 6). » Ubi est Domini Christi a ceteris mortuis

qu'ils ressusciteront. Mais ce blessé, qui dormait dans le sépulcre, s'est réveillé le troisième jour et il est devenu comme le passereau unique sur le toit (*Ps.*, ci, 8) : c'est-à-dire qu'il est dans le ciel à la droite de son Père, où « il ne mourra plus, et où la mort n'aura plus jamais de puissance sur lui (*Rom.*, v, 9). » De là vient l'immense différence entre lui et ceux dont Dieu ne se souvient pas encore pour les ressusciter ainsi : car cette résurrection, qui devait avoir lieu d'abord pour la tête, est réservée pour le corps à la fin des siècles. Mais on dit que Dieu se souvient lorsqu'il agit, et qu'il ne se souvient pas lorsqu'il n'agit pas; car Dieu ne peut être sujet ni à l'oubli, puisqu'il est immuable, ni au ressouvenir, puisqu'il n'oublie jamais. « Je suis donc devenu, » pour ces hommes qui ne savaient ce qu'ils faisaient, « comme un homme qui est sans secours, » tandis qu'en réalité « j'étais libre entre les morts. » « Je suis devenu, » pour ces hommes qui ne savaient ce qu'ils faisaient, « comme ces blessés qui dorment dans le tombeau, et, pour eux, ils ont été repoussés de votre main (*Ps.*, LXXXVII, 6). » Ce qui signifie, qu'après m'avoir ainsi traité, « ils ont été repoussés de votre main. » Ils ont été privés du secours de votre main, eux qui me croyaient dénué de tout secours. « Ils ont creusé, » comme le dit un autre psaume, « ils ont creusé devant moi une fosse, et ils y sont tombés (*Ps.*, LVI, 7). » Car je crois qu'il vaut mieux comprendre ainsi ces mots : « Et ils ont été repoussés de votre main, » que de les appliquer à ceux qui dorment dans le tombeau, et desquels Dieu ne se souvient plus, puisque parmi eux se trouvent les justes. Sans doute, Dieu ne se souvient pas encore d'eux pour les ressusciter, cependant il est écrit d'eux : « Les âmes des justes sont dans la main de Dieu (*Sag.*, III, 1); » c'est-à-dire : Ils habitent dans l'asile du Très-Haut et ils demeurent sous la protection du Dieu du ciel (*Ps.*, XC, 1). Au contraire, ceux-là sont repoussés de la main de Dieu, qui ont cru que le Christ en était repoussé ; et qui ont été jusqu'à le tuer, parce qu'ils l'ont mis au nombre des coupables.

6. « Ils m'ont placé, dit-il, dans la fosse inférieure (*Ps.*, LXXXVII, 7); » ou plutôt dans la fosse du fond, car c'est ce que porte le texte grec. Or, qu'est-ce que la fosse du fond, sinon la misère la plus profonde, telle qu'il n'y en a pas de plus profonde? C'est ainsi que dans un autre psaume, il est dit : « Vous m'avez tiré de l'abîme de la misère (*Ps.*, XXXIX, 3). » « Dans des lieux ténébreux et dans l'ombre de la mort (*Ps.*, LXXXVII, 7). » Ils l'y ont placé, dans la

---

animadvertenda discretio. Nam et ipse vulneratus est, et mortuus positus in sepulcro, sed illi qui nesciebant quid faciebant, quis esset utique nescientes, similem illum putaverunt aliis vulnere occisis et dormientibus in sepulcro, quorum Deus adhuc non meminit, id est, quorum nondum tempus resurgendi advenit. Ideo namque mortuos consuevit Scriptura dicere dormientes, quia evigilaturos, id est, resurrecturos vult intelligi. Sed hic vulneratus et dormiens in sepulcro, die tertio evigilavit, et factus est sicut passer singularis in tecto (*Psal.*, CI, 8), id est, ad dexteram Patris in cœlo ; nec jam moritur, et mors ei ultra non dominabitur (*Rom.*, VI, 9). Unde longe distat ab eis, quorum ad talem resurrectionem Deus non meminit adhuc. Quod enim præcedere oportebat in capite, corpori servatur in fine. Tunc autem dicitur Deus meminisse, quando facit ; tunc oblivisci, quando non facit. Nam neque oblivio cadit in Deum, quia nullo modo mutatur ; neque recordatio, quia non obliviscitur. « Factus sum » ergo, ab eis nescientibus quid faciebant, « tamquam homo sine adjutorio ; » cum essem « inter mortuos liber : » factus sum ab eis nescientibus quod faciebant, « velut vulnerati dormientes in sepulcro. Et ipsi expulsi sunt de manu tua. » Id est, cum hæc abeis factus sum, « ipsi expulsi sunt de manu tua : » ipsi adjutorio manus tuæ privati sunt, qui me sine adjutorio esse putaverunt. Foderunt enim, sicut dicit in alio Psalmo, ante faciem meam foveam, et inciderunt in eam (*Psal.*, LVI, 7). Melius enim sic intelligendum existimo, quam ut id quod dictum est, « Et ipsi expulsi sunt de manu tua, » ad illos referatur dormientes in sepulcro, quorum non meminit adhuc : cum sint in eis justi, quorum licet non meminerit adhuc ut resurgant ; de his tamen dictum est, « Justorum animæ in manu Dei sunt (*Sap.*, III, 1), » hoc est, habitant in adjutorio Altissimi, et in protectione Dei cœli commorantur (*Psal.*, XC, 1). Sed illi expulsi sunt de manu Dei, qui Dominum Christum de manu ejus expulsum esse crediderunt, quia eum inter iniquos deputatum occidere potuerunt.

6. « Posuerunt me, inquit, in lacu inferiore (*Ps.*, LXXXVI, 7); » vel potius, « in lacu infimo. » Sic enim est in Græco. Quid est autem lacus infimus, nisi profundissima miseria, qua non sit profundior? Unde alibi

fausse pensée où ils étaient, lorsqu'ils ne savaient ce qu'ils faisaient et ignoraient ce qu'était celui que nul des princes de ce monde n'a connu (I *Cor.*, XI, 8). Quant à l'ombre de la mort je ne sais s'il faut entendre par là la mort du corps, ou plutôt la mort dont il est écrit : « La lumière s'est levée pour ceux qui habitaient dans les ténèbres et dans l'ombre de la mort (*Isaïe*, IX, 2); » parce qu'au moment où ils ont cru à celui qui est la lumière et la vie, ils ont été tirés des ténèbres et de la mort de l'impiété. Les Juifs qui ne savaient ce qu'ils faisaient ont donc cru que le Seigneur n'était que cette sorte d'homme, et dans leur ignorance, ils l'ont rangé parmi les malheureux du milieu desquels le Seigneur venait les aider à sortir.

7. « Votre indignation s'est confirmée contre moi (*Ps.*, XXXVII, 8); » ou, comme le portent quelques manuscrits; « votre colère, » ou encore, selon d'autres : « votre fureur. » En effet, l'expression grecque θυμὸς a été traduite de différentes manières. Quand les manuscrits grecs portaient le mot ὀργὴ, aucun traducteur n'a fait difficulté de le reproduire par le mot latin « ira; » mais où se trouvait l'expression θυμὸς, la plupart des interprètes latins n'ont pas cru devoir mettre le mot « ira, » bien que les grands auteurs de l'éloquence latine n'aient pas traduit autrement ce terme dans les ouvrages des philosophes grecs. Quoi qu'il en soit, il est inutile de discuter longuement cette question ; s'il fallait, cependant, faire notre choix entre ces diverses expressions, ou remplacer l'une par l'autre, nous préférerions le mot « indignatio » au mot « furor. » En effet, « furor, » dans la langue latine, ne s'applique pas ordinairement à ceux dont l'esprit est sain. Que veut donc dire : « Votre indignation s'est confirmée contre moi, » si ce n'est que ceux qui n'ont pas connu le Seigneur de la gloire ont pensé qu'il en était ainsi de lui? Car leur opinion était que la colère de Dieu ne s'était pas seulement élevée, mais encore qu'elle s'était confirmée, contre celui qu'ils avaient pu conduire jusqu'à la mort, et non pas jusqu'à une mort quelconque, mais jusqu'à la mort qu'ils regardaient comme la plus exécrable, c'est-à-dire, jusqu'à la mort de la croix. C'est pourquoi l'Apôtre a dit : « Le Christ nous a rachetés de la malédiction de la loi, car il s'est fait malédiction pour nous, selon qu'il est écrit : Maudit tout homme pendu sur le bois (*Gal.*, III, 13). » C'est pourquoi aussi, voulant nous faire admirer l'obéissance du Christ, portée jusqu'à la dernière humilité, il dit : « Il s'est abaissé lui-même et s'est rendu obéissant jusqu'à la mort; » et comme cela lui paraissait encore peu de chose, il a ajouté : « et jusqu'à la mort de la croix (*Phil.*, II, 8). » C'est à cela, selon moi, que s'appliquent les paroles du Psaume qui viennent ensuite : « Vous

---

dicitur, « Eduxisti me de lacu miseriæ (*Psal.*, XXXIX, 3). » « In tenebrosis et in umbra mortis : » posuerunt utique id existimantes, quando quid faciebant nesciebant, et ignorabant cum quem nemo principum hujus sæculi cognovit (I *Cor.*, II, 8). Umbra enim mortis, nescio utrum mors corporis hic intelligenda sit, an illa potius de qua scriptum est, « Qui sedebant in tenebris et umbra mortis, lux orta est eis (*Isai.*, IX, 2) : » quia credendo in lucem et in vitam, ex tenebris et morte impietatis educti sunt. Talem ergo illi, qui nesciebant quid faciebant, Dominum putaverunt, et inter tales nesciendo posuerunt, qualibus ne hoc essent ipse subvenit.

7. « In me confirmata est indignatio tua (*Ps.*, LXXXVII, 8) : » vel, sicut alii codices habent, « ira tua : » vel, sicut alii, « furor tuus. » Quod enim Græce positum est θυμὸς, diverse interpretati sunt nostri. Nam ubi Græci codices habent ὀργὴ, ibi iram Latine dicere nullus fere dubitavit interpres : ubi autem θυμὸς positum est, plerique non putaverunt iram esse dicendam, cum magni auctores Latinæ eloquentiæ de philosophorum Græcorum libris etiam hoc iræ nomine verterint in Latinum : neque de hac re diutius disputandum est; cui tamen si et nos aliud nomen adhibere debemus, tolerabilius indignationem dixerim quam furorem. Furor quippe, sicut se Latinum habet eloquium, non solet esse sanorum. Quid ergo est, « In me confirmata est ira tua, » nisi quemadmodum illi putaverunt, qui Dominum gloriæ non cognoverunt (I *Cor.*, II, 8)? Apud eos enim sic erat, quod ira Dei non solum commota, verum etiam confirmata fuerit super eum, quem usque ad mortem, nec quamlibet mortem, sed quam præ ceteris execrabilius habebant, id est, usque ad mortem crucis perducere potuerunt. Unde dicit Apostolus, « Christus nos redemit de maledicto Legis, factus pro nobis maledictum (*Gal.*, III, 13) : » scriptum est enim, « Maledictus omnis qui pendet in ligno (*Deut.*, XXI, 23). » Et ideo cum ejus obedientiam usque ad extremam humilitatem com-

avez amené sur moi toutes vos suspensions; » ou, selon d'autres traductions : « tous vos flots de colère ; » ou encore : « toutes vos élévations. » On trouve de même, dans un autre psaume : « Toutes vos suspensions et tous les flots de votre colère ont fondu sur moi (*Ps.*, XLI, 8); » ou, suivant une meilleure traduction : « ont passé sur moi, » car le grec porte le mot διῆλθον et non le mot εἰσῆλθον. Les deux mots : suspensions et flots, se trouvant exprimés dans ce même passage, il n'y a pas lieu de prétendre les remplacer l'un par l'autre. Nous avons expliqué déjà ces deux termes, celui de suspensions dans le sens de menaces, et celui de flots dans le sens de souffrances (1); menaces et souffrances qui viennent également du jugement de Dieu. Mais, dans le psaume XLI, il est dit : « ont passé sur moi ; » et ici « vous avez amené sur moi. » Dans le premier cas, quoique quelques-uns de ces maux l'aient atteint, il dit cependant que les maux qu'il voulait indiquer par les deux termes de suspensions et de flots ont passé sur lui : et dans le second cas, que ces mêmes maux ont été amenés sur lui. Car, tous ces maux passent, tant ceux qui ne l'atteignent pas, comme les suspensions, que ceux qui l'atteignent, comme les flots. Mais ensuite, quant il dit, même en parlant des suspensions, non qu'elles ont passé sur lui, mais que Dieu les a amenées sur lui; il veut signifier que toutes les menaces se sont réalisées. Or, toutes les souffrances de sa passion qui étaient prédites étaient autant de menaces suspendues sur sa tête, jusqu'au jour où elles se sont toutes réalisées.

8. « Vous avez éloigné de moi tous ceux qui m'étaient connus (*Ps.*, LXXXVII, 9). » S'il fallait entendre ces mots dans le sens rigoureusement littéral, il s'agirait ici de tous les hommes : car quel est l'homme qu'il ne connaissait pas ! Mais sous la désignation de ceux qu'il connaissait, il parle de ceux qui le connaissaient lui-même, autant qu'on pouvait alors le connaître, en ce sens tout au moins qu'ils le savaient innocent, bien qu'ils ne voyaient en lui qu'un homme et non point l'Homme-Dieu. Cependant il pouvait dire aussi que les bons qu'il éprouvait lui étaient connus, de même que les méchants qu'il improuvait lui étaient inconnus, puisqu'il doit leur dire, à la fin : « Je ne vous connais pas (*Matth.*, VII, 23). » Il ajoute ensuite : « Ils m'ont eu en abomination (*Ps.*, LXXXVII, 9). » On peut admettre qu'il s'agit de ceux qu'il a désignés comme connus de lui, parce qu'ils ont eu horreur de son genre de mort; mais ces paroles

---

mendare vellet, « Humiliavit, inquit, semetipsum, factus obediens usque ad mortem (*Philipp.*, II, 8). » Quod cum parum videretur, adjecit, «mortem autem crucis.» Propter hoc, quantum mihi videtur, etiam in isto Psalmo talis versus sequitur : « Et omnes suspensiones tuas ; » vel sicut quidam sunt interpretati, « omnes fluctus tuos ; » aut sicut alii, « omnes elationes tuas super me induxisti. » Scriptum est et in alio Psalmo, « Omnes suspensiones tuae, et fluctus tui super me ingressi sunt (*Psal.*, XLI, 8) : » vel, sicut quidam melius transtulerunt,« super me transierunt. » Διῆλθον enim est in Graeco, non εἰσῆλθον. Ubi ergo utrumque positum est, et suspensiones et fluctus, non ibi potuerunt poni pro suspensionibus fluctus. Quae duo sic exposuimus, ut suspensiones diceremus comminationes, fluctus autem jam ipsas passiones : quae utraque veniunt de judicio Dei. Sed illic dictum est, « Omnes super me transierunt: »hic vero, « Omnes super me induxisti.» Illic ergo etsi quaedam acciderunt ; omnia tamen mala quae illis verbis intelligi voluit, super me transierunt, dixit : hic vero, « super me induxisti. » Transeunt, enim, sive quae non adtingunt, sicut suspensiones; sive quae adtingunt, sicut fluctus. Cum autem, « Omnes suspensiones, » non ait, super me transierunt, sed « super me induxisti : » omnia quae impendebant evenisse significat. Impendebant autem, quamdiu in prophetia futura imminebant, omnia quae de illius passione praedicta sunt.

8. « Longe, inquit, fecisti notos meos a me (*Ps.*, LXXXVII, 9). » Si eos quos noverat acceperimus dictum esse « notos meos, » omnes erunt : nam quem ille non noverat ? Sed eos dicit notos, quibus et ipse notus erat, quantum eum tunc nosse potuerunt, certe vel hactenus quod sciebant eum innocentem, etiamsi hominem tantummodo, non et Deum putabant. Quamvis et bonos quos probaret, notos dicere potuerit ; sicut malos quos improbaret, ignotos, quibus in fine dicturus est, « Non novi vos (*Matth.*, VII, 23). » Quod vero adjungit. « Posuerunt me abominationem sibi. » Possunt et illi quidem intelligi, quos notos suos dixit, quia et ipsi genus illius mortis

---

(1) Voir le discours sur le Ps. XLI, n° 15.

se comprennent mieux de ceux dont il a parlé plus haut comme d'autant de persécuteurs. «J'ai été livré et je ne suis pas sorti(*Ibid.*).» Fait-il allusion à ce fait que ses disciples étaient dehors, tandis qu'il était jugé dans l'intérieur de la demeure de ses ennemis? Ou plutôt n'y a-t-il pas à donner ces mots « et je ne suis pas sorti, » une acception plus haute : j'étais caché au-dedans de moi-même, je ne montrais pas qui j'étais, je ne me découvrais pas, je ne me manifestais pas? C'est pour cela qu'il continue ainsi : « Mes yeux ont été affaiblis par la disette (*Ibid.*, 10). » Comment, en effet, devons-nous entendre ses yeux? S'il veut parler des yeux qui appartenaient à la chair dans laquelle il a subi sa passion, nous ne lisons pas dans l'Évangile qu'ils aient été fatigués à ce moment par la disette, c'est-à-dire que la faim les ait rendus languissants, ainsi qu'il arrive puisqu'il a été livré après la cène et crucifié le même jour. S'il s'agit de ses yeux intérieurs, comment ont-ils pu être affaiblis par la disette, puisqu'il y a en eux une lumière que rien ne saurait diminuer? Mais par ses yeux, il entend les membres du corps dont il est la tête, qu'il aimait particulièrement comme les plus brillants et les plus éminents. L'Apôtre, parlant de ce corps et le comparant avec le nôtre, dit : « Si l'œil était tout le corps, où serait l'ouïe? Si l'ouïe était tout le corps, où serait l'odorat? Si tous les membres n'étaient qu'un seul membre, où serait le corps? Mais nous avons plusieurs membres et notre corps est un. L'œil ne peut dire aux mains : je n'ai pas besoin de vous. Et si la main disait : n'étant pas l'œil, je ne fais point partie du corps, cesserait-elle pour cela d'en faire partie (1 *Cor.*, XII, 12)? » Mais il a exprimé plus clairement encore ce qu'il voulait faire comprendre par ces paroles, en ajoutant : « Mais vous, vous êtes le corps et les membres du Christ (*Ibid.*, 27). » C'est pourquoi « ses yeux, » c'est-à-dire les saints Apôtres qui n'avaient pas reçu révélation du sang et de la chair, mais du Père qui est aux cieux, de sorte que Pierre disait à Jésus: « Vous êtes le Christ, Fils du Dieu vivant (*Matth.*, XVI, 16, 17); » « Ses yeux, » voyant qu'il était livré et qu'il souffrait tant de maux, voyant aussi qu'il n'était pas tel qu'ils le voulaient, puisqu'il ne sortait pas, c'est-à-dire qu'il ne se manifestait pas dans sa puissance et dans sa force, mais qu'il restait caché dans son intérieur, et supportait tout comme vaincu et impuissant, « ses yeux, dit-je, ont été affaiblis par la disette (*Ps.*, LXXXVII, 10), » leur nourriture, c'est-à-dire la lumière, leur ayant été comme enlevée.

---

horrebant : sed melius intelligitur de his, de quibus suis persecutoribus superius loquebatur. « Traditus sum, inquit, et non egrediebar. » Utrum quia foris erant discipuli ejus, quando ipse intus judicabatur (*Matth.*, XXVI, 56) : an potius, « non egrediebar, » altius dictum debemus accipere, id est, in interioribus meis latebam, non ostendebam quis essem, non propalabar, non manifestabar? Et ideo sequitur. « Oculi mei infirmati sunt ab inopia (*Ps.*, LXXXVII, 10). » Nam quos ejus oculos intellecturi sumus? Si exteriores in carne in qua patiebatur positos, non eos in ejus passione legimus infirmatos ab inopia, id est, tamquam fame, ut adsolet, languisse. Post cœnam quippe suam traditus, et eodem die crucifixus est. Si interiores, quomodo infirmati sunt ab inopia, cum in eis esset lux indeficiens? Sed nimirum oculos suos dixit membra, quæ in suo corpore cui caput est ipse, clariora et eminentiora et præcipua diligebat. De quo corpore Apostolus loquens, et de nostro corpore similitudinem adhibens, ait, « Si totum corpus oculus, ubi auditus? si totum auditus, ubi odoratus? si fuissent omnia unum membrum, ubi corpus? Nunc autem multa membra, unum autem corpus. Non potest dicere oculus manibus, Opus vobis non habeo. Et si dixerit manus, Quia non sum oculus, non sum de corpore : num ideo non est de corpore (II *Cor.*, XII, 17 etc.)? » Quid autem his verbis vellet intelligi, evidentius expressit dicens, « Vos autem estis corpus Christi et membra (*Ibid.*, 27). » Quapropter et illi oculi, id est, sancti Apostoli, quibus non revelaverat caro et sanguis, sed Pater ejus qui in cœlis est, ut Petrus diceret, « Tu es Christus Filius Dei vivi (*Matth.*, XVI, 16), » videntes eum tradi, ac tanta perpeti mala ; quoniam non eum videbant qualem volebant, quia non egrediebatur, id est, non manifestabatur in virtute et potentia sua, sed in suis interioribus (*a*) occultus, omnia quasi superatus atque impotens perferebat, « infirmati sunt ab inopia, » velut subtracto sibi cibo suo, lumine suo.

(*a*) Sic meliores MSS. Editi vero *occultis*.

9. « Et j'ai crié vers vous, Seigneur (*Ibid.*). » C'est ce qu'il a fait, de la manière la plus évidente, lorsqu'il était suspendu sur la croix. Mais il y a lieu de rechercher le sens de ce qui suit : « J'ai tout le jour étendu les mains vers vous (*Ibid.*). » Car, si nous rapportons ces paroles : « J'ai étendu les mains, » au gibet de la croix, comment faudra-t-il comprendre : « tout le jour ? » Est-ce que le Seigneur est resté tout le jour étendu sur la croix, la nuit faisant d'ailleurs partie du jour entier ? En outre, si le Prophète a voulu entendre ici le mot jour, à l'exclusion de la nuit, la première partie et même une longue partie de ce jour ainsi restreint était passée, lorsque le Christ a été crucifié. Enfin, il nous resterait à donner au mot jour l'acception de temps, surtout parce que le mot latin *dies* étant des deux genres, les interprètes ont ici choisi le féminin, et que *dies* mis au féminin désigne toujours de préférence un espace de temps. Cependant en grec il n'en est pas de même, et le mot qui, dans cette langue, signifie jour est toujours du féminin; et c'est là, je crois, le motif qui a porté les interprètes latins à employer aussi le féminin. Mais en prenant le terme de jour dans le sens de temps, la question n'en sera que plus serrée et plus difficile à résoudre. Comment dire, en effet, qu'il a étendu les mains en tout temps, alors qu'il ne les a point même étendues sur la croix tout un jour? Peut-être dirions-nous qu'il faut prendre le tout pour la partie, et que cette manière de parler est fréquente dans les saintes Écritures ; mais je répondrais que je ne me rappelle aucun exemple du tout pris pour la partie, lorsque le mot tout est ajouté à l'objet dont on parle. Quand, par exemple, le Seigneur dit dans l'Évangile : « Ainsi le Fils de l'homme sera dans le sein de la terre, trois jours et trois nuits (*Matth.*, XII, 40), » l'usage autorise à penser ici que le tout a été pris pour la partie, parce que le Seigneur n'a pas dit : trois jours entiers et trois nuits entières. En effet il n'y eut d'entier que le second jour; le premier jour ne fut que la fin d'un jour, et le troisième le commencement d'un autre jour. D'autre part, si, dans la prophétie que renferme le Psaume, le Seigneur n'a pas voulu indiquer son état sur la croix, mais seulement la prière que, dans sa forme d'esclave, il a répandue devant Dieu son père, comme nous le savons par l'Évangile, où nous le voyons prier longtemps avant sa passion, et le jour de sa passion et sur la croix même, il nous restera à dire que nous ne lisons nulle part que cette prière ait duré tout le jour. Par conséquent, par les mains étendues tout le jour, nous pouvons comprendre la continuité des bonnes œuvres auxquelles il n'a jamais cessé de s'appliquer.

---

9. « Et clamavi, inquit, ad te, Domine (*Ps.*, LXXXVII, 10). » Hoc quidem et apertissime fecit, cum penderet in ligno. Sed quod sequitur, « Tota die (*a*) expandi manus meas ad te, » quomodo oporteat accipi, merito quæritur. Si enim in eo quod ait, « Expandi manus meas, » crucis patibulum intellexerimus : quomodo intellecturi sumus. « Tota die ? » Numquid tota die pependit in ligno, cum et nox ad totum diem pertineat ? Si autem hoc loco diem voluit intelligi, qui præter noctem dies appellari solet ; etiam talis diei, quando crucifixus est, jam pars prima et non parva transierat. Si autem diem pro tempore positum velimus accipere, (maxime quia hoc nomen genere feminino posuit, quod in Latino eloquio nonnisi tempus significare solet : quamvis in Græco non ita sit, semper quippe in ea lingua dies feminino genere dicitur, et ideo nostros sic interpretari puto,) arctius quæstio colligabitur. Quomodo enim toto tempore, si nec saltem uno toto die manus extendit in cruce ? Porro si totum pro parte accipiendum esse dicamus, quia isto genere locutionis uti etiam sancta Scriptura consuevit ; non mihi occurrit exemplum, totum pro parte etiam tunc posse accipi, quando ipsum verbum additur et dicitur totum. Nam et in eo quod dixit Dominus in Evangelio, « Sic erit et Filius hominis in corde terræ tribus diebus et tribus noctibus (*Matth.*, XII, 40) : » ideo totum pro parte non insolenter accipitur, quia non ait, totis tribus diebus et totis tribus noctibus. Unus quippe medius fuit totus dies, duorum autem partes, primi ultima, ultimi prima. Si autem non crucem suam in hac prophetia Psalmi significavit his verbis, sed orationem, quam eum ex forma servi fudisse Deo Patri, Evangelio teste, didicimus, ubi eum et longe ante passionem, et sub die passionis, et in ipsa cruce orasse meminimus ; nusquam hoc eum toto die fecisse legimus. Proinde convenienter per extentas manus tota die continuationem bonorum operum

(*a*) Plerique MSS. hoc et proximo loco, *extendi manus meas.*

10. Mais comme ces bonnes œuvres n'ont été fructueuses que pour les hommes prédestinés à la vie éternelle, et non pour tous les hommes, pas même pour tous ceux au milieu desquels elles ont été opérées, le Prophète a ajouté : « Est-ce pour les morts que vous ferez des miracles (*Ps.*, LXXXVII, 11) ? » Si nous pensions que le Prophète a voulu parler de ceux dont la chair a été privée de la vie, ces paroles seraient justifiées par les grands miracles qui ont été faits pour les morts, puisque plusieurs ont été rendus à la vie (*Matth.*, XXVII, 5) ; et le Seigneur, pénétrant dans les enfers, et en remontant vainqueur de la mort, n'a-t-il pas lui-même accompli un grand miracle pour les morts ? Mais nous croyons que ces paroles : « Est-ce pour les morts que vous ferez des miracles ? » s'appliquent à ceux qui étaient tellement morts dans leur cœur que les miracles du Christ n'ont pu les rappeler à la vie. Aussi, le Prophète ne dit pas que les miracles n'ont point été faits pour eux, en ce sens qu'ils ne les aient pas vus, mais qu'ils n'en ont pas profité. Car de même qu'il dit ici : « J'ai étendu tout le jour les mains vers vous (*Ibid.*, 10), » parce qu'il rapporte toutes ses œuvres à la volonté de son Père, ayant souvent protesté qu'il n'est venu sur terre que pour l'accomplir (*Jean*, VI, 38) ; de même, parce qu'un peuple infidèle a vu aussi ces actions, un autre Prophète a dit : « Tout le jour j'ai étendu les mains vers un peuple qui ne croit point en moi et qui me contredit (*Is.*, LXV, 2). » Voilà les morts pour lesquels n'ont pas été faits les miracles, non qu'ils ne les aient pas vus, mais parce qu'ils n'ont pas servi à leur rendre la vie. Quant à ce qui suit : « Ou les médecins les ressusciteront-ils, afin qu'ils vous glorifient encore (*Ps.*, LXXXVII, 11) ? » ces paroles veulent dire que les hommes ne seront pas ressuscités par les médecins, pour glorifier Dieu. On affirme que le texte hébreu est différent et qu'il est question non de médecins, mais de géants. Mais les Septante, dont l'autorité est si imposante que l'on attribue avec raison l'admirable unité de leur traduction à l'action de l'Esprit divin, par le choix qu'ils ont fait entre ces deux mots de géant et de médecin, qui en hébreu ont presque la même consonance et ne se distinguent que par une différence légère, ont voulu, non par erreur, mais par une occasion dont ils ont profité, nous enseigner de quelle manière il fallait comprendre ici les géants dont il est question. Si, en effet, sous le nom de géants nous voulons reconnaître les orgueilleux, dont l'Apôtre a dit : « Où est le sage, où est le scribe, où est l'investigateur de ce monde (*I Cor.*, I, 20) ? » il n'était pas hors de propos de les appeler des médecins, parce qu'ils promettent qu'on trouvera dans les leçons de leur sagesse le salut de l'âme. C'est contre eux qu'il est dit : « Le

salut vient de Dieu (*Ps.*, III, 2). » Au contraire prenons-nous en bonne part le nom de géant, parce qu'il a été dit du Seigneur lui-même : « Il s'est élancé comme un géant, pour fournir sa course (*Ps.*, XVIII, 6), » de sorte qu'il est véritablement le géant des géants, c'est-à-dire le géant des grands et des forts qui tiennent le premier rang dans l'Église spirituelle ; comme il est la montagne des montagnes, parce qu'il est écrit de lui : « Dans les derniers temps sera manifestée la montagne de Dieu, préparée sur les cimes des montagnes (*Isaïe*, II, 2) ; » comme il est aussi le saint des saints ; en ce cas, il n'y a rien de déraisonnable à ce que les grands et les forts de l'Église reçoivent aussi le nom de médecins. C'est en ce sens que l'Apôtre saint Paul a dit : « Si je puis en quelque manière exciter l'émulation des hommes de ma chair, afin d'en sauver quelques-uns (*Rom.*, XI, 14). » Mais ces grands médecins eux-mêmes, bien qu'ils ne guérissent point par leur propre vertu, de même que les médecins du corps ne guérissent point par leur propre vertu, de quelque façon qu'ils favorisent le salut des autres par un fidèle ministère, peuvent bien guérir les vivants, mais ils ne peuvent ressusciter les morts ; et c'est d'eux qu'il est dit : « Est-ce pour les morts que vous ferez des miracles (*Ps.*, LXXXVII, 11) ? » En effet, la grâce agit de la manière la plus secrète, quand elle fait revivre, en quelque sorte, les âmes des hommes, pour qu'elles puissent recevoir de quelqu'un de ses ministres les leçons du salut. Le Seigneur relève, dans l'Évangile, l'importance de cette grâce, en disant : « Nul ne peut venir à moi, si mon Père, qui m'a envoyé, ne l'attire (*Jean*, VI, 44). » Et peu après il redit la même chose plus clairement : « Les paroles que je vous dis sont esprit et vie, mais il y en a quelques-uns de vous qui ne croient pas (*Ibid.*, 63.). » L'Évangéliste s'interrompt alors et parle en son propre nom. « Car, dit-il, Jésus savait dès le commencement quels étaient ceux qui croyaient et quel était celui qui devait le trahir (*Ibid.*, 65). » Et reprenant la suite des paroles du Seigneur, il continue : « Et Jésus disait : Je vous ai dit ces choses, parce que nul ne peut venir à moi, s'il ne lui est donné par mon Père de le faire (*Ib.*, 66). » Il avait dit auparavant : « Mais il y a quelques-uns de vous qui ne croient pas ; » et comme pour en expliquer la cause, il ajoute : « Je vous ai dit ces choses, parce que nul ne peut venir à moi s'il ne lui est donné par mon Père de le faire (*Ibid.*) ; » afin de montrer qu'il faut que Dieu même donne à l'âme la foi par laquelle elle croit et sort de la mort spirituelle. Si excellents donc que soient les prédicateurs de la parole, quelques miracles qu'ils opèrent pour insinuer la vérité, de quelque manière qu'ils traitent les hommes comme de grands médecins, si ces hommes sont morts, et si votre

---

sæculi (I *Cor.*, I, 20) : » non fuit incongruum eosdem medicos nuncupari, velut per artem sapientiæ suæ promittentes animarum salutem. Contra quos dicitur, « Domini est salus (*Psal.*, III, 9). » Si autem in bono acceperimus gigantes, quia et de ipso Domino dictum est, « Exsultavit ut gigas ad currendam viam (*Psal.*, XVII, 6) : » quod ita sit gigas gigantum, magnorum scilicet et fortissimorum, qui in ejus Ecclesia spirituali robore excellunt ; sicuti est mons montium, quia de illo scriptum est, « Erit in novissimis temporibus manifestus mons Domini paratus in cacumine montium (*Isai.*, II, 2) ; » sicut etiam sanctus sanctorum : non est absurdum ut iidem ipsi magni et fortes etiam medici vocentur. Unde dicit apostolus Paulus, « Si quo modo æmulari potero carnem meam, ut salvos faciam aliquos ex illis (*Rom.*, XI, 14). » Sed etiam tales medici, quamvis non de suo curent, quia nec medici corporis curant de suo : tamen quantumlibet per fidele ministerium opitulentur saluti, viventes curare possunt, non mortuos excitare : de quibus dictum est, « Numquid mortuis facies mirabilia ? » Nimis enim occulta Dei gratia est, qua hominum mentes quodammodo reviviscunt, ut possint a quibuslibet ejus ministris præcepta sanitatis audire. Quam gratiam commendat in Evangelio dicens, « Nemo potest venire ad me, nisi Pater qui misit me, traxerit eum (*Johan.*, VI, 44 etc.). » Et paulo post apertius hoc ipsum repetens, ait, « Verba quæ ego locutus sum vobis, spiritus et vita sunt : sed sunt quidam ex vobis qui non credunt. » Deinde interponit Evangelista, « Sciebat enim ab initio Jesus qui essent (a) credentes, et quis traditurus eum esset. » Et secutus atque ipsius Domini verba conjungens, ait, Et dicebat, « Propterea, dixi vobis, quia nemo potest venire ad me, nisi fuerit ei datum a Patre meo. » Supra dixerat, « Sed sunt quidam ex vobis qui non credunt : » et tamquam hujus rei causam exponens, « Propterea dixi, in-

(a) Editi, *credituri*. MSS. *credentes*. At in Evangelio, *non credentes*.

grâce, Seigneur, ne les a rappelés à la vie, « Est-ce pour les morts que vous ferez des miracles, ou les médecins les ressusciteront-ils, et ceux qu'ils ressusciteront confesseront-ils votre nom (*Ps.*, LXXXVII, 11)? » Car cette confession indique la vie; autrement, selon la parole de l'Écriture, « la confession périt dans la bouche du mort, qui est comme s'il n'était pas (*Eccli.*, XVII, 26). »

11. « Quelqu'un annoncera-t-il votre miséricorde dans le tombeau, et votre vérité après avoir péri (*Ps.*, LXXXVII, 12)? » Il faut sous-entendre dans la seconde partie du verset, ce qui est exprimé dans la première, et lire comme s'il y avait : Quelqu'un annoncera-t-il votre vérité après avoir péri? Car l'Écriture se plaît, et surtout dans les Psaumes, à unir la miséricorde et la vérité. En disant : « après avoir péri, » le Prophète répète en d'autres termes ce qu'il vient de dire : « dans le tombeau. » Il faut d'ailleurs comprendre que ceux qui sont dans le tombeau sont les mêmes que ceux qui viennent d'être désignés sous le nom de morts, lorsqu'il a dit : « Est-ce pour les morts que vous ferez des miracles? » Car le corps est le tombeau de l'âme morte. C'est pourquoi, dans l'Évangile, le Seigneur dit à ces sortes de morts : « Vous êtes comme des sépulcres blanchis, qui au dehors paraissent beaux aux hommes, mais qui intérieurement sont remplis d'ossements et de pourriture. De même, au dehors, vous paraissez être juste; mais, au dedans, vous êtes pleins d'hypocrisie et d'iniquité (*Matth.*, XXIII, 27, 28). »

12. Connaîtra-t-on vos merveilles dans les ténèbres et votre justice dans la terre de l'oubli (*Ps.*, LXXXVII, 13)? » « Dans les ténèbres, » signifie la même chose que « dans la terre de l'oubli. » Car les infidèles sont désignés sous le nom de ténèbres; ce qui fait dire à l'Apôtre: «Vous étiez ténèbres autrefois (*Éphés.*, V, 8). » De même la terre de l'oubli, c'est l'homme qui a oublié Dieu ; car l'âme infidèle peut s'enfoncer dans des ténèbres si obscures, que d'en venir à cette folie de dire en elle-même. « Il n'y a pas de Dieu (*Ps.*, XIII, 1). » Voici donc comment il faut établir la suite et la liaison des idées : « J'ai crié vers vous, Seigneur, » au milieu de mes souffrances; « tout le jour j'ai tendu les mains vers vous ; » c'est-à-dire, je n'ai pas cessé de produire mes œuvres pour vous glorifier. Pourquoi donc les impies sévissent-ils contre moi, sinon parce que vous ne ferez pas de miracles pour les morts? C'est-à-dire, les miracles n'appelleront pas à la foi et les médecins ne ressusciteront pas, pour vous glorifier, ceux qui n'éprouveront pas la secrète action de votre grâce et qui ne seront point attirés par elle à la foi; parce

---

quit, vobis, quia nemo potest venire ad me, nisi fuerit ei datum a Patre meo : » ut ostenderet etiam ipsam fidem qua credit, et ex morte sui cordis anima reviviscit, dari nobis a Deo. Quantumlibet ergo (*a*) excellentes verbi prædicatores, et veritatis etiam per miracula suasores, tamquam magni medici, agant cum hominibus; si mortui sunt et tua gratia non revixerunt, « Numquid mortuis facies mirabilia, aut medici exsuscitabunt, » et hi quos exsuscitabunt « confitebuntur tibi? » Hæc enim confessio indicat vivos : non sicut alibi scriptum est, « A mortuo, velut qui non sit, perit confessio(*Eccli.*,XVII,26).»

11. « Numquid enarrabit quis in sepulcro misericordiam tuam, et veritatem tuam in perditione (*Ps.*, LXXXVII, 12)? » Subauditur quod supra dictum est, ut etiam iste versus ita se habeat, ac si dictum sit, Numquid enarrabit quis veritatem tuam in perditione? Misericordiam quippe et veritatem amat Scriptura conjungere, maxime in Psalmis. Quod vero ait, « in perditione, » alio verbo repetivit quod supra dixerat, « in sepulcro. » Sic autem dictum est, « in sepulcro, » ut intelligantur ii qui sunt in sepulcro, qui et superius significati sunt nomine mortuorum, ubi ait, «Numquid mortuis facies mirabilia?» Animæ namque mortuæ corpus sepulcrum est. Unde Dominus in Evangelio talibus dicit, « Similes estis sepulcris dealbatis, quæ foris apparent hominibus speciosa, intus vero plena sunt ossibus mortuorum et omni spurcitia : sic et vos a foris quidem paretis hominibus justi, intus autem pleni estis hypocrisi, et iniquitate (*Matth.*, XXIII, 27 et 28). »

12. « Numquid cognoscentur in tenebris mirabilia tua, et justitia tua in terra oblita (*Psal.*, LXXXVII, 13). » Quod est, « in tenebris; » hoc est, « in terra oblita. » Infideles enim significantur nomine tenebrarum. Hinc dicit Apostolus, « Fuistis enim aliquando tenebræ (*Ephes.*, V, 8). » Sic et terra oblita, homo est qui oblitus est Deum. Potest namque anima infidelis usque ad tantas tenebras pervenire, ut dicat stultus in corde suo, « Non est Deus (*Psal.*, XIII,

---

(*a*) Sic MSS. At editi addunt hic, *existant*; et paulo post habent, *per miracula sua fortes, tamquam* etc.

DISCOURS SUR LE PSAUME LXXXVII.

que nul ne peut venir à moi, si vous ne l'attirez. « Qui annoncera » en effet « votre miséricorde dans le tombeau, » c'est-à-dire : dans l'âme des morts, qui est comme ensevelie sous le poids du corps ? « Qui annoncera votre vérité là où l'on a péri, » c'est-à-dire, dans cette mort qui ne peut ni croire ni sentir la miséricorde et la vérité ? En effet, vos merveilles et votre justice seront-elles connues dans les ténèbres de cette mort, c'est-à-dire de l'homme qui a perdu, en vous oubliant, la lumière de la vie ?

13. Mais une question se présentait : à quoi servent ces morts ? quelle utilité Dieu en retire-t-il pour le corps du Christ qui est l'Église ? C'est de démontrer en eux ce que fait la grâce de Dieu pour les prédestinés qui ont été appelés selon ses desseins. C'est pourquoi le corps du Christ dit dans un autre psaume : « Il est mon Dieu : sa miséricorde me préviendra : mon Dieu me la fera connaître par le sort même de mes ennemis (*Ps.*, LVIII, 11, 12). » Il continue donc et dit : « Et moi, Seigneur, j'ai crié vers vous (*Ps.*, LXXXVII, 14). » C'est le Christ qui parle ici par la voix de son corps, c'est-à-dire de l'Église. Que veut donc dire : « Et moi, » si ce n'est que nous avons été autrefois des enfants de colère, comme les autres hommes (*Éphés.*, II, 3) ? Mais « j'ai crié vers vous, » pour être sauvé. Qui peut donc me distinguer des autres fils de colère, lorsque j'entends l'Apôtre adresser de terribles reproches aux ingrats et leur dire : « Mais qu'avez-vous que vous n'ayez reçu ? Et si vous l'avez reçu, pourquoi vous glorifiez-vous, comme si vous ne l'aviez pas reçu (1 *Cor.*, IV, 7) ? » Le salut vient du Seigneur (*Ps.*, III, 9); et le géant n'est pas sauvé par la grandeur de sa force (*Ps.*, XXXII, 16), mais selon ce qui est écrit : « Celui qui invoquera le nom du Seigneur sera sauvé (*Joël*, II, 32). » « Or comment les hommes invoqueront-ils celui en qui ils ne croient pas ? Et comment croiraient-ils en celui dont ils n'ont pas entendu parler ? Et comment entendraient-ils parler de lui, s'il n'y a personne pour leur prêcher son nom ? Et comment y aura-t-il des prédicateurs de son nom, s'ils ne sont envoyés ? Car il est écrit : Qu'ils sont beaux les pieds de ceux qui annoncent la paix, qui annoncent la bonne nouvelle (*Rom.*, X, 13, 15) ! » Les prédicateurs sont les médecins qui soignent l'homme blessé par les voleurs ; mais Dieu le conduit lui-même à l'hôtellerie (*Luc*, X, 34). Ils sont les ouvriers du champ du Seigneur; cependant ce n'est pas celui qui plante qui est quelque chose, ni celui qui arrose, mais Dieu, qui donne l'accroissement (1 *Cor.*, III, 7). C'est pourquoi, moi

---

1). » Totus ergo iste sensus ita continuatur atque contexitur : Clamavi ad te, Domine, inter passiones meas, tota die expandi manus meas ad te : id est, non destiti ad te glorificandum extendere opera mea. Cur ergo in me impii sæviunt, nisi quia mortuis non facies mirabilia ? id est, non eis commoventur ad fidem, nec medici eos exsuscitabunt, ut confiteantur tibi, in quibus occulta gratia tua non operatur, qua trahantur ut credant : quia nemo venit ad me, nisi quem tu adtraxeris (*Johan.*, VI, 44). Nam quis enarrabit in sepulcro misericordiam tuam, id est, animæ mortuæ, cujus mors jacet (*a*) sub corporis pondere ? et veritatem non in perditione, hoc est, in tali morte nihil (*b*) horum valenti credere atque sentire ? Numquid enim in tenebris hujus mortis, hoc est, in homine qui te obliviscendo vitæ lumen amisit, tua mirabilia et justitia cognoscentur ?

13. Occurrebat autem quæstio, quisnam sit usus istorum mortuorum, quid ex his agat Deus ad utilitatem corporis Christi, quod est Ecclesia : ut in eis demonstretur, quæ sit Dei gratia in prædestinatis, qui secundum propositum vocati sunt. Unde ipsum corpus in alio Psalmo dicit, « Deus meus, misericordia ejus præveniet me : Deus meus demonstrabit mihi in inimicis meis (*Ps.*, LVIII, 11 et 12). » Ergo et hic sequitur, ac dicit, « Et ego ad te, Domine, clamavi (*Ps.*, LXXXVII, 14). » In quibus verbis jam intelligendus est Dominus Christus ex voce corporis sui loqui, id est, Ecclesiæ. Quid est enim, « Et ego : » nisi quia fuimus et nos aliquando natura filii iræ, sicut et ceteri (*Ephes.*, II, 3) ? Sed « ad te clamavi, » ut salvus essem. Quis enim me discernit ab aliis filiis iræ, cum Apostolum audiam ingratos terribiliter increpantem, ac dicentem, « Quis enim te discernit ? Quid autem habes, quod non accepisti ? Si autem et accepisti, quid gloriaris quasi non acceperis (1 *Cor.*, IV, 7) ? » « Domini est salus (*Psal.*, III, 9). » « Gigas autem in multitudine virtutis suæ non erit salvus (*Psal.*, XXXII, 16) : » sed, sicut scriptum est, « Qui invo-

(*a*) F. latet. (*b*) Sic MSS. At editi, *nihil bonum*.

aussi, j'ai crié vers le Seigneur, c'est-à-dire, j'ai invoqué le Seigneur, afin d'être sauvé. Mais comment l'invoquerais-je si je ne croyais. Comment croirais-je, si je n'entendais parler de lui ? Mais, pour que je crusse à ce que j'entendrais, c'est lui-même qui m'a attiré ; parce que c'est lui qui, par son action secrète, m'a tiré de la mort spirituelle, et non quelque autre médecin. En effet un grand nombre d'hommes ont entendu parler de lui, car la voix des prédicateurs s'est répandue dans toute la terre, et leurs paroles ont pénétré jusqu'aux limites du globe terrestre (*Ps.*, XVIII, 5); mais tous n'ont pas cru (II *Thess.*, III, 2), et le Seigneur connaît ceux qui sont à lui (II *Tim.*, II, 19). Et la parole même que j'ai entendue n'aurait point suffi pour me donner la foi, si la miséricorde de Dieu ne m'avait prévenu ; et si, parce qu'il ressuscite les morts et appelle les choses qui ne sont pas comme celles qui sont, il ne m'eût retiré des ténèbres et amené à la lumière de la foi, en m'appelant en secret, en m'excitant, et en m'attirant à lui. C'est pourquoi il dit ensuite : « Et le matin, ma prière vous préviendra (*Ps.*, LXXXVII, 14). » Le matin signifie le temps où la nuit de l'incrédulité et ses ténèbres ont disparu. Pour que ce matin arrivât pour moi, votre miséricorde m'a prévenu : mais, parce qu'il reste à attendre la glorification, lors de laquelle les profondeurs des ténèbres seront éclairées, les secrètes pensées du cœur manifestées, et la louange méritée rendue à chacun par vous (I *Cor.*, IV, 5); maintenant, dans cette vie, dans ce voyage à la lumière de la foi, qui, en comparaison des ténèbres de l'incrédulité, est déjà le jour, mais qui, en comparaison du jour dans lequel nous verrons Dieu face à face, est encore la nuit, « ma prière vous préviendra encore (*Ps.*, LXXXVII, 14). »

14. Mais afin que cette prière s'enflamme et se perfectionne, avantage plus précieux pour nous qu'on ne saurait, selon moi, l'exprimer, le bien qui nous sera éternellement donné est différé, et les maux qui doivent passer se multiplient. Aussi voyez ce qui suit : « Pourquoi, Seigneur, avez-vous repoussé ma prière (*Ibid.*, 15) ? » La même pensée se retrouve dans un autre psaume : « O Dieu, mon Dieu : jetez les yeux sur moi, pourquoi m'avez-vous abandonné (*Ps.*, XXI, 2) ? » Le Psalmiste nous laisse à chercher le motif de cet abandon, mais il n'accuse pas la sagesse de Dieu d'agir ainsi sans motif ; il en est de même pour ces paroles : « Pourquoi, Seigneur, avez-vous repoussé ma prière ? » Cependant si l'on cherche avec soin pourquoi cette prière est repoussée, on trouve que le motif en a été déjà in-

---

caverit nomen Domini, salvus erit (*Joel.*, II, 32). « Quomodo autem invocabunt, in quem non crediderunt ? aut quomodo credent ei, quem non audierunt ? Quomodo autem audient sine prædicante ? aut quomodo prædicabunt, si non mittantur ? Sicut scriptum est, Quam speciosi pedes eorum qui annuntiant pacem, qui annuntiant bona (*Isai.*, LII, 7, — *Rom.*, X, 13). » Ipsi sunt medici curantes a latronibus sauciatum (*Lucæ*, X, 34) ; sed Dominus eum perduxit ad stabulum : quia ipsi sunt etiam operantes in agro Dominico ; « nec tamen qui plantat est aliquid, aut qui rigat, sed qui incrementum dat Deus (I *Cor.*, III, 7). » Ideo et ego ad Dominum clamavi : hoc est, Dominum ut salvus essem invocavi. Quomodo autem invocarem, nisi crederem ? quomodo crederem, nisi audirem ? Sed ut audita crederem, ipse me adtraxit : quia in occulto a morte cordis non quilibet medici, sed ipse excitavit. Nam multi audierunt ; quia « in omnem terram exiit sonus eorum, et in fines orbis terræ verba eorum (*Psal.*, XVII, 5) : sed « non omnium est fides (II *Thess.*, III, 2) ; » et « novit Dominus qui sunt ejus (II *Tim.*, II, 19). » Ac per hoc nec credere potuissem, nisi me Dei misericordia prævenisset ; et quia mortuos suscitat, et vocat ea quæ non sunt, tamquam quæ sunt (I *Cor.*, I, 28), me in occultis vocando et suscitando et trahendo a tenebris eduxisset, et ad lumen fidei perduxisset. « Et mane oratio mea præveniet te. » Jam mane, postea quam nox infidelitatis et tenebræ transierunt. Quod mane ut mihi esset, misericordia quidem tua prævenit me : sed quia restat illa clarificatio, « ubi illuminabuntur occulta tenebrarum, et manifestabuntur cogitationes cordis, et laus erit unicuique a te (I *Cor.*, IV, 5) ; » nunc in ista vita, in ista peregrinatione, in hac luce fidei, quæ in comparatione tenebrarum infidelium jam dies est, sed in comparatione diei ubi videbimus facie ad faciem, adhuc nox est, adhuc « oratio mea præveniet te. »

14. Ut autem ista fervescat et exerceatur oratio, quod nobis quantum expediat, nullis, ut opinor, verbis explicari potest ; differtur bonum quod in æternum dabitur, et mala transitura crebrescunt. Ideo sequitur, « Ut quid Domine repulisti orationem meam (*Ps.*, LXXXVII, 15) ? » Hoc et in illis verbis dictum est, « Deus, Deus meus respice in me, ut quid

diqué plus haut ; c'est que la prière des saints est comme repoussée par le retard d'un si grand bienfait et par la multiplicité des afflictions, afin que, semblable au feu que frappe le vent, elle s'enflamme avec une ardeur nouvelle.

15. En cet endroit, le Prophète rappelle brièvement les tribulations auxquelles est soumis le corps du Christ. En effet, elles n'ont pas frappé seulement la tête, puisque le Seigneur disait à Paul : « Pourquoi me persécutez-vous (*Act.*, IX, 4)? » Paul lui-même, devenu l'un des membres d'élite de ce corps où il était entré, a dit à son tour : « afin que je supplée à ce qui manque aux souffrances du Christ dans ma chair (*Coloss.* I, 24).» « Pourquoi donc, Seigneur avez-vous repoussé ma prière et détournez-vous de moi votre visage ? Je suis dans la pauvreté et la douleur depuis ma jeunesse ; après avoir été élevé, j'ai été abaissé et troublé. Vos colères ont passé sur moi et vos menaces m'ont troublé. Elles m'ont environné tout le jour comme des torrents, elles m'ont environné toutes ensemble. Vous avez éloigné de moi, par la vue de ma misère, ceux qui étaient mes amis, et ceux qui me connaissaient (*Ps.*, LXXXVII, 15-19). » Toutes ces choses se sont réalisées et se réalisent encore dans les membres du corps du Christ. Et Dieu détourne son visage de ceux qui le prient, en refusant de leur accorder ce qu'ils veulent, quand ils ignorent que l'objet de leur demande ne leur convient pas. Et l'Église est indigente, lorsque, dans son exil, elle a faim et soif de ce qui la rassasiera dans la patrie. Elle est dans les souffrances depuis sa jeunesse ; car le corps même du Christ dit, dans un autre psaume : Ils m'ont souvent attaqué depuis ma jeunesse (*Ps.*, CXXVIII, 1). » Quelques-uns de ses membres sont élevés en ce monde, mais afin que leur humilité devienne plus profonde. Et les colères de Dieu passent sur ce même corps, c'est-à-dire sur l'unité des saints et des fidèles, dont le Christ est la tête ; mais elle n'y reste pas, parce que ce n'est pas du fidèle mais de l'infidèle qu'il est dit : « La colère de Dieu demeure sur lui (*Jean*, III, 36). » Et les menaces de Dieu troublent la faiblesse des fidèles, parce que la prudence redoute tout ce qui peut arriver, bien que le malheur n'arrive pas toujours. Et quelquefois ces terreurs troublent si fort l'esprit de celui qui examine les maux suspendus autour de lui, qu'elles paraissent environ-vironner de tous côtés comme des torrents celui qui est dans la crainte, et l'entourer toutes ensemble. Et parce que les douleurs ne manquent

me dereliquisti (*Psal.*, XXI, 2)? » Caussa cognoscenda proposita est, non tamquam sine caussa hoc faceret Dei (*a*) culpata sapientia : ita et hic, « Ut quid Domine repulisti orationem meam ? » Hujus tamen rei caussa si diligenter advertatur, jam superius indicata est. Ad hoc enim oratio sanctorum dilatione tanti beneficii et tribulationum adversitate quasi repellitur, ut tamquam ignis flatu repercussus inflammetur ardentius.

15. Exsequitur itaque breviter etiam tribulationes corporis Christi. Neque enim in solo capite factæ sunt, cum et Saulo dictum sit, « Quid me persequeris (*Act.*, IX, 4) ? » Et ipse jam Paulus tamquam electum membrum in eodem corpore positus dicat, « Ut suppleam quæ desunt pressurarum Christi in carne mea (*Coloss.*, I, 24). » Ut quid ergo « Domine repulisti orationem meam, (*b*) avertis faciem tuam a me (*Ps.*, LXXXVII, 15) ? Inops sum ego, et in laboribus a juventute mea ; exaltatus autem humiliatus sum et (*c*) conturbatus (*Ibid.*, 16). In me transierunt iræ tuæ, et terrores tui conturbaverunt me (*Ibid.*, 17). Circumdederunt me sicut aqua tota die, circumdederunt me simul (*Ibid.*, 18). Longe fecisti a me amicum (*d*) et notos meos a miseria (*Ibid.*, 19). » Contigerunt et contingunt omnia hæc in membris corporis Christi. Et avertit Deus ab orantibus faciem, non exaudiendo ad id quod volunt, quando sibi nesciunt non expedire quod petunt. Et inops est Ecclesia, cum esurit et sitit peregrina, unde satietur in patria. Et in laboribus est a juventute sua. Ipsum enim corpus Christi et in alio Psalmo dicit, « Sæpe expugnaverunt me a juventute mea (*Psal.*, CXXIII, 1). » Et ad hoc exaltantur etiam in sæculo isto quædam membra ejus, ut in eis sit major humilitas. Et super ipsum corpus, id est, unitatem sanctorum atque fidelium, cui caput est Christus, transeunt iræ Dei, non autem manent : quia non de fideli, sed de infideli dictum est, « Ira Dei manet super eum (*Johan.*,

---

(*a*) Sic MSS. Editi vero, *occulta*. (*b*) Sic MSS. At editi, *avertisti*. (*c*) Melioris notæ MSS. *confusus*, juxta LXX. Attamen infra huic v. respondet illud, *nec exaltati humiliabimur et conturbabimur*. (*d*) Editi addunt, *et proximum* : quod abest à MSS. et a LXX.

jamais à l'Église, voyageuse en ce monde, mais lui arrivent incessamment, tantôt dans tels de ses membres et tantôt dans ceux-là, le Prophète dit : « tout le jour, » voulant exprimer ainsi la continuité du temps jusqu'à la fin de ce monde. Et souvent la crainte est cause que les saints sont abandonnés de leurs amis et de leurs proches, en raison des périls que ceux-ci auraient à courir. L'Apôtre a dit de ces hommes? « Ils m'ont tous abandonné, que cet abandon ne leur soit point imputé (II *Tim.*, IV, 16). » Mais pourquoi toutes ces tribulations, si ce n'est pour que la prière de ce saint corps prévienne le Seigneur, dès le matin, c'est-à-dire à la lumière de la foi, au sortir de la nuit de l'incrédulité ; jusqu'à ce que vienne le salut qui déjà nous est donné, non encore en réalité mais en espérance, et que nous attendons fidèlement avec patience (*Rom.*, VIII, 24)? Quand nous y serons arrivés, le Seigneur ne repoussera point notre prière, parce qu'alors nous n'aurons plus rien à demander, mais bien à obtenir tout ce que nous aurons convenablement demandé ; il ne détournera pas son visage de nous, parce que nous le verrons tel qu'il est (I *Jean*, III, 2) ; nous ne serons point dans l'indigence, parce que notre richesse sera Dieu même, tout en tous (I *Cor.*, XV, 28) ; nous ne souffrirons point, parce qu'aucune infirmité ne nous restera ; après avoir été élevés, nous ne serons ni abaissés ni troublés, parce qu'au ciel il n'y aura plus d'adversité ; nous n'aurons plus à soutenir le poids de la colère de Dieu, même passagère, parce que nous demeurerons dans sa douceur permanente ; ses terreurs ne nous troubleront point, parce que la réalisation de ses promesses nous rendra bienheureux ; et la crainte n'éloignera de nous ni proches ni amis, parce que là il n'y a plus d'ennemis à redouter.

III,36). »Et terrores Dei conturbant infirmitatem fidelium : quia omne quod accidere potest, etiam si non accidat, prudenter timetur. Et aliquando terrores ipsi ita conturbant animum cogitantis circumpendentibus malis, ut sicut aqua undique circumfluere videantur, et simul circumdare metuentem. Et quia Ecclesiæ in hoc mundo peregrinanti ista non desunt, dum modo in his, modo in illis membris ejus usquequaque contingunt ; ideo dixit, « tota die, » continuationem significans temporis, donec finiatur hoc sæculum. Et sæpe amici et noti periclitantes secundum sæculum, sanctos formidine deserunt. De quibus dicit Apostolus, « Omnes me reliquerunt, non illis imputetur (II *Tim.*, IV, 16). » Sed ut quid hæc omnia, nisi ut oratio hujus sancti corporis mane, id est, post noctem infidelitatis in luce fidei præveniat Deum, donec veniat salus illa, in cujus nondum re, sed jam spe salvi facti sumus, eamque cum patientia fideliter exspectamus (*Rom.*, VIII. 24) ? Ubi nec repellet Dominus orationem nostram, quoniam tunc nihil erit petendum, sed quidquid recte petitum est, obtinendum : nec faciem suam avertet a nobis, quoniam videbimus eum sicuti est : nec inopes erimus, quia copia nostra ipse Deus erit omnia in omnibus (I *Cor.*, XV, 28) : nec laborabimus, quia nulla remanebit infirmitas : nec exaltati humiliabimur et conturbabimur, quia nulla ibi erit adversitas : nec iram Dei vel transeuntem sustinebimus, quia in ejus benignitate (a) manente manebimus : nec terrores ejus nos conturbabunt, quia promissa reddita (b) nos beabunt : nec territus longe fiet a nobis notus et amicus, ubi nullus erit qui timeatur inimicus.

(a) Sic potiores MSS. At editi, *manentes*. (b) Sic MSS. At editi, *nobis obviabunt*.

DISCOURS SUR LE PSAUME LXXXVIII.

PREMIER[1] DISCOURS SUR LA PREMIÈRE PARTIE DU PSAUME.

1. Le Psaume dont nous nous proposons de parler à Votre Charité, avec l'aide de Dieu, traite de l'espérance que nous avons en Jésus-Christ Notre-Seigneur. Élevez donc vos cœurs vers lui, parce que celui qui a promis accomplira ce qui reste de ses promesses, comme il en a déjà accompli un grand nombre. Car ce qui nous donne confiance en lui, ce n'est pas notre mérite, mais sa miséricorde. Et telle est, si je ne me trompe, « l'intelligence d'Æthan (2), Israélite (*Ps.*, LXXXVIII, 1), » d'où vient le titre du Psaume. Voyons, en effet, quel est cet homme qu'on appelait Æthan, nom qui, d'après l'interprétation qu'il a reçue, signifie Robuste. Or nul, en ce monde, n'est robuste si ce n'est par son espérance dans les promesses de Dieu. Car, en ce qui touche nos mérites, nous sommes faibles ; mais en ce qui touche sa miséricorde, nous sommes robustes. C'est pourquoi Æthan, faible par lui-même, et robuste par la miséricorde divine, commence ainsi :

2. « Seigneur, je chanterai éternellement vos miséricordes ; de génération en génération, ma bouche publiera votre vérité (*Ibid.*, 2). » Que

IN PSALMUM LXXXVIII.

ENARRATIO.

Sermo I de prima parte ejusdem Psalmi.

1. Psalmum istum, de quo loqui proposuimus Caritati Vestræ, donante Domino, accipite de spe quam habemus in Christo Jesu Domino nostro : et erigite animos, quia ille qui promisit, ita cetera completurus est, ut multa complevit. Dat enim nobis ad eum fiduciam, non meritum nostrum, sed illius misericordia. Et ipse est, quantum arbitror, « Intellectus Æthan Israëlitæ (*Ps.*, LXXXVIII, 1) : » unde iste Psalmus titulum accepit. (a) Videris enim quis modo fuerit, qui vocabatur Æthan : interpretatio tamen nominis hujus robustum indicat. Et nemo in hoc sæculo robustus est, nisi in spe promissionis Dei. Quantum enim attinet ad merita nostra, infirmi sumus ; quantum ad ejus misericordiam, robusti sumus. Itaque iste infirmus in se, robustus in misericordia Dei, inde cœpit :

2. Misericordias tuas, Domine, in æternum can-

---

(1) Prononcé le matin, en la fête de quelques martyrs.
(2) La Vulgate, comme dans le titre du Psaume précédent, emploie ici le nom d'Ezrahite, peut-être pour celui de Zaraïte. Car au 1ᵉʳ livre des *Paralipomènes*, II. 6, Æthan et Æman sont dits fils de Zara ; et au IIIᵉ livre des *Rois*, IV. 31, Salomon est dit, selon la Vulgate, plus sage qu'Æthan l'Ezrahite et qu'Æman, tandis que les Septante, au lieu d'Ezrahite, écrivent à ce même endroit Zaraïte.
(a) Editi, *Audieras*. Melius MSS. *Videris*.

mes membres, dit-il, obéissent au Seigneur ; je parlerai, mais je dirai ce qui est à vous. « Ma bouche publiera votre vérité. » Si je n'obéis pas, je ne suis pas votre serviteur : si je parle d'après moi, je suis un menteur. Par conséquent, que je dise ce qui est à vous et que je parle, sont deux choses distinctes : l'une est à vous, l'autre est à moi ; votre vérité d'une part, et ma bouche de l'autre. Écoutons donc quelle vérité il va publier, quelles miséricordes il va chanter.

3. « Car vous avez dit : La miséricorde sera édifiée pour l'éternité (*Ibid.*, 3). » Voilà ce que je chante ; voilà votre vérité, ma bouche sert à la publier. « Parce que vous avez dit : La miséricorde sera édifiée pour l'éternité. » Je bâtis de telle sorte, dites-vous, que je ne détruirai pas. Car vous détruisez quelquefois, pour ne point bâtir, et quelquefois aussi vous détruisez pour bâtir. Si, en effet, quelques-uns n'étaient détruits pour être ensuite relevés, le Seigneur n'aurait pas dit à Jérémie : « Je vous ai établi pour détruire et pour édifier (*Jérémie*, 1, 10). » Et assurément, tous ceux qui adoraient des idoles et qui rendaient un culte à des pierres ne seraient pas entrés dans l'édifice du Christ, si leur erreur primitive n'avait d'abord été détruite. D'un autre côté, si quelques-uns n'étaient pas détruits pour n'être pas édifiés, le Prophète n'aurait pas dit dans un autre psaume : « Vous les détruirez et ne les réédifierez pas (*Psaume* XXVII, 3). » De peur donc que ceux qui sont détruits pour être réédifiés ne crussent que la construction dans laquelle ils entraient n'était que temporaire, comme l'était la destruction qu'ils avaient subie, Æthan, dont la bouche est l'organe de la vérité de Dieu, s'est attaché à la vérité même de Dieu. C'est pour cela que j'annoncerai, c'est pour cela que je parle : « Parce vous avez dit. » Je parle en homme plein de sécurité, parce que vous, mon Dieu, vous avez dit : Car, lors même que j'hésiterais dans mes paroles, je serais raffermi par vos paroles. « Parce que vous avez dit. » Qu'avez-vous dit ? « La miséricorde sera édifiée pour l'éternité ; votre vérité sera affermie dans les Cieux (*Ps.*, LXXXVIII, 3). » Il parle ici comme il l'a déjà fait dans le verset précédent : « Je chanterai éternellement vos miséricordes ; de génération en génération, ma bouche publiera votre vérité (*Ibid.*, 2). » Il a nommé la miséricorde, il a nommé la vérité ; et maintenant il les réunit encore de nouveau : « La miséricorde sera édifiée pour l'éternité ; votre vérité sera affermie dans les Cieux (*Id.*, 3). » Il répète donc ici le nom de la miséricorde et le nom de la vérité. En effet, « toutes les voies du Seigneur sont miséricorde et vérité (*Ps.*, XXIV, 10). » Car la vérité ne brillerait pas dans l'accomplissement des promesses, si la miséricorde

---

tabo : in generationem et generationem annuntiabo veritatem tuam in ore meo (*Ibid.*, 2). » Obsequantur membra, inquit, mea Domino meo : loquor, sed tua loquor : « annuntiabo veritatem tuam in ore meo. » Si non obsequor, servus non sum : si a me loquor, mendax sum. Ergo ut et abs te dicam, et ego dicam, duo quædam sunt ; unum tuum, unum meum ; veritas tua, os meum. Quam ergo veritatem annuntiet, quas misericordias cantet, audiamus.

3. « Quoniam dixisti, In æternum misericordia ædificabitur (*Ibid.*, 3). » Hoc canto, hæc est veritas tua, huic annuntiandæ servit os meum : « Quoniam dixisti, In æternum misericordia ædificabitur. » Sic, inquis, ædifico, ut non destruam ; quoniam quosdam sic destruis, ut non ædifices ; quosdam vero sic destruis, ut ædifices. Nisi enim quidam destruerentur ut ædificarentur, non diceretur Jeremiæ, « Ecce posui te ad destructionem, et ædificationem (*Jerem.*, 1, 10). » Et utique omnes qui idola colebant, et lapidibus serviebant, in Christo non ædificarentur, nisi in pristino errore destruerentur. Rursus nisi quidam ita destruerentur, ut non ædificarentur, non diceretur, « Destrues eos, et non ædificabis illos (*Ps.*, XXVII, 5). » Propter eos ergo qui destruuntur et ædificantur, ne putarent ædificationem qua ædificantur, esse temporalem, sicut temporalis fuit ruina in qua destruuntur ; tenuit se isto, cujus os servit veritati Dei, ad ipsam veritatem Dei. Ideo annuntiabo, ideo dico, « Quoniam dixisti : securus homo dico, quoniam tu Deus dixisti. Quia et si ego in verbo meo fluctuarem, verbo tuo confirmarer, « Quoniam dixisti. » Quid dixisti ? « In æternum misericordia ædificabitur. In cælis præparabitur veritas tua. » Quomodo superius, ita in sequentibus. « Misericordias tuas, Domine, inquit, in æternum cantabo : in generationem et generationem annuntiabo veritatem tuam in ore meo. » Dixit misericordias, dixit veritatem : ita rursus utrumque conjunxit, « Quoniam dixisti, In æternum misericordia ædificabitur. In cælis præparabitur veritas tua. » Et hic repetivit misericordiam et veritatem. « Universæ enim viæ Domini misericordia et veritas (*Psal.*, XXIV, 10). » Neque enim exhi-

ne la précédait dans la rémission des péchés. D'autre part, bien que de nombreuses promesses aient été faites prophétiquement au peuple d'Israël, issu selon la chair de la race d'Abraham, et que ce peuple ait été conservé d'âge en âge, afin que ces promesses pussent s'accomplir en lui, Dieu cependant n'a pas fermé la source de sa bonté aux nations étrangères dont il avait confié la garde aux Anges, se réservant pour sa part le peuple d'Israël. Or, l'Apôtre a nettement partagé entre ces deux peuples la miséricorde et la vérité du Seigneur. Il a dit, en effet, « que le Christ a été le ministre de la circoncision, pour justifier la véracité de Dieu par l'accomplissement des promesses faites aux pères (*Rom.*, xv, 8). » Voilà qui prouve que Dieu n'a point été trompeur; voilà qui prouve que Dieu n'a pas rejeté son peuple, qu'il a connu dans sa prescience. En effet, en traitant de la chute des Juifs, de peur que l'on ne crût qu'ils avaient été réprouvés à ce point que, lors de cette ventilation, il ne s'était point trouvé en eux de bon grain, pour le grenier du père de famille, l'Apôtre a dit : « Dieu n'a pas repoussé son peuple, qu'il a connu dans sa prescience, car pour moi je suis Israélite (*Rom.*, xi, 1, 2). » S'ils n'avaient tous été que des épines, comment serais-je du bon grain, moi qui vous parle ? La vérité de Dieu a donc été accomplie dans ceux des Israélites qui ont cru, et du peuple circoncis s'est formé un mur qui est venu s'appuyer à la pierre de l'angle (*Éphés.*, ii, 20). Mais cette pierre ne formerait pas un angle, si elle ne recevait un autre mur formé par la Gentilité. Or, le premier mur appartient comme en propre à la vérité, et le second à la miséricorde. « Je vous dis, en effet, dit l'Apôtre saint Paul, que Jésus-Christ a été le ministre de la circoncision, pour justifier la véracité de Dieu par l'accomplissement des promesses faites aux pères, et faire que les Gentils glorifiassent Dieu à cause de sa miséricorde (*Rom.*, xv, 8, 9). » C'est donc avec raison qu'il est dit : « Votre vérité sera affermie dans les Cieux. » Car, tous ces Israélites appelés à l'apostolat sont devenus des Cieux qui racontent la gloire de Dieu et dont il est dit : « Les Cieux racontent la gloire de Dieu et le firmament publie les ouvrages de ses mains (*Ps.*, xviii, 2). » Et afin de vous prouver que c'est bien de ces Cieux qu'il est ainsi parlé, le Psaume continue d'une manière plus expresse encore : « Il n'est pas d'idiome ni de langage dans lesquels ne soient entendues leurs paroles (*Ibid.*, 4). » Cherchez de qui ces paroles sont dites, et vous ne trouverez que ces mêmes Cieux qui viennent d'être nommés. Si donc il est dit des Apôtres que leur voix a été entendue dans tous les idiomes, c'est d'eux aussi qu'il est dit :

---

beretur veritas in impletione promissorum, nisi præcederet misericordia in remissione peccatorum. Deinde quoniam populo Israel etiam secundum carnem venienti de semine Abrahæ promissa erant multa prophetice, et ita ille populus propagatus est, in quo implerentur promissa Dei: non autem clausit Deus fontem bonitatis suæ etiam in alienigenas Gentes, quas sub Angelis constituerat, portionem sibi faciens populum Israel : in hæc duo et Apostolus distincte distribuit misericordiam Domini et veritatem. Ait enim Christum ministrum fuisse circumcisionis propter veritatem Dei; ad confirmandas promissiones patrum (*Rom.*, xv, 8). Ecce quia non fefellit Deus; ecce quia non repulit plebem suam, quam præscivit. Etenim cum de casu Judæorum ageretur, ne quis putaret sic illos improbatos, ut nihil frumenti ex illa ventilatione in horreum mitteretur, ait Apostolus, « Non repulit Deus plebem suam, quam præscivit : nam et ego Israëlita sum (*Rom.*, xi, 1). » Si totum illud spinæ fuerunt, unde (*a*) granum vobis loquor ? Ergo impleta est veritas Dei in iis qui ex Israëlitis crediderunt, et venit unus paries de circumcisione applicans se ad lapidem angularem (*Ephes.*, ii, 20). Sed ille lapis angulum non faceret, nisi alium parietem ex Gentibus susciperet. Ille itaque paries tamquam proprie pertinet ad veritatem, iste autem ad misericordiam. « Dico enim inquit, Jesum Christum, ministrum fuisse circumcisionis propter veritatem Dei, ad confirmandas promissiones patrum; Gentes autem super misericordia glorificare Deum. » Merito. « In cælis præparabitur veritas tua. » Etenim omnes illi Israëlitæ vocati Apostoli, cæli facti sunt qui enarrant gloriam Dei. De his cælis dicitur, « Cæli enarrant gloriam Dei, et opera manuum ejus annuntiat firmamentum (*Psal.*, xviii, 2). » Et ut noveritis de his cælis dici, certe de his in consequenti expressius dictum est, « Non sunt loquelæ neque sermones, quorum non audiantur vo-

---

(*a*) Editi, *hoc granum*. Abest particula *hoc* a melioribus MSS.

« Le bruit de leur voix s'est répandu dans toute la terre, et leurs paroles ont retenti jusqu'aux extrémités du globe terrestre (*Ibid.*, 5) ; » parce que, bien qu'ils aient été enlevés de dessus la terre avant que l'Église ne remplît le globe terrestre, cependant leurs paroles sont parvenues jusqu'aux extrémités de l'univers. C'est donc avec raison que nous regardons comme accomplie en eux cette prophétie : « Votre vérité sera affermie dans les Cieux (*Ps.*, LXXXVIII, 3). »

4. « J'ai disposé un testament pour mes élus (*Ibid.*, 4). » Vous qui avez dit toutes ces choses, (qu'on le comprenne,) vous avez dit : « J'ai disposé un testament pour mes élus (*Ibid.*). » Quel testament, si ce n'est le Nouveau ? Quel testament, si ce n'est celui par lequel nous sommes renouvelés pour recevoir un nouvel héritage ? Quel testament, si ce n'est celui qui nous assure un héritage dont l'amour et le désir nous font chanter un cantique nouveau. « J'ai disposé un testament pour mes élus. J'ai fait un serment à David, mon serviteur (*Ibid.*). » Avec qu'elle sécurité parle cet Æthan, qui a reçu l'intelligence, et dont la bouche est l'organe de la vérité ! Parce que c'est vous qui avez dit, je parle avec sécurité : si vous m'inspirez une telle sécurité par votre simple parole, qu'en sera-t-il de votre serment ? Le serment de Dieu est la confirmation de ses promesses. C'est avec raison que le serment est défendu à l'homme (*Matth.*, V, 34), parce que l'homme est faillible, de peur que l'habitude de jurer ne l'entraîne à se parjurer. Dieu seul jure avec sécurité, parce qu'il ne peut se tromper.

5. Voyons donc ce que Dieu a juré : « J'ai fait ce serment à David mon serviteur : J'affermirai votre descendance jusque dans l'éternité (*Ibid.*, 5). » Qu'est-ce que la descendance de David, sinon la descendance d'Abraham ? Mais quelle descendance d'Abraham ? « Et à votre descendance, » dit l'Apôtre, « qui est le Christ (*Gal.*, III, 6). » Mais peut-être le Christ qui est la tête de l'Église et le sauveur de son corps (*Éphés.*, III, 23), est-il de la descendance d'Abraham et, par conséquent, de David, sans que nous en soyons nous-mêmes ? Nous en sommes assurément, comme le dit l'Apôtre : « Si vous êtes au Christ, vous êtes la postérité d'Abraham, héritiers selon la promesse (*Gal.*, III, 29). » Comprenons donc, ô mes frères, que ces paroles : J'affermirai votre descendance jusque dans l'éternité (*Ps.*, LXXXVIII, 5), » se rapportent non-seulement à la chair du Christ née de la Vierge Marie, mais encore à tous ceux qui croiront au Christ. Car nous sommes les

---

ces eorum (*Ibid.*, 4). » Quære quorum, non invenies supra nisi cœlorum. Si ergo Apostoli sunt, quorum in omnibus loquelis vox audita est, ipsi sunt de quibus dictum est, « In omnem terram exiit sonus eorum, et in fines orbis terræ verba eorum (*Ibid.*, 5); » quia etsi assumti hinc sunt antequam Ecclesia impleret orbem terrarum, tamen verba eorum pervenerunt usque ad terminos orbis terræ: bene accipimus in his impletum,quod nunc legimus, « In cœlis præparabitur veritas tua. »

4. « Disposui testamentum electis meis (*Ps.*, LXXXII, 4). » (a)Dixisti (intelligitis) hoc totum : dixisti, « Disposui testamentum electis meis. » Quod testamentum, nisi Novum ? Quod testamentum, nisi quo renovamur ad novam hereditatem ? Quod testamentum, nisi cujus hereditatis desiderio et amore cantamus canticum novum ? « Disposui, inquit, testamentum electis meis. Juravi David servo meo. » Quam securus loquitur iste, qui intelligit, cujus os servit veritati ? Quoniam dixisti, securus loquor. Si securum me facis, quia dixisti : quanto securiorem, quia jurasti ? Dei quippe juratio, promissionis est confirmatio. Bene prohibetur homo jurare (*Matth.*, V, 34); ne consuetudine jurandi, quia potest homo falli, etiam in perjurium prolabatur. Deus solus securus jurat, quia falli non potest.

5. Videamus ergo quid juraverit Deus. « Juravi, inquit, David servo meo : Usque in æternum præparabo semen tuum (*Ps.*, LXXXVIII, 5). » Semen David quod est, nisi semen Abrahæ ? Quod autem semen Abrahæ ? « Et semini, inquit, tuo quod est Christus. (*Gal.*, III, 16). » Sed forte ille Christus caput Ecclesiæ, salvator corporis, semen est Abrahæ, et ideo David ; nos autem non sumus semen Abrahæ (*Ephes.*, V, 23) ? Immo vero sumus, sicut Apostolus ait:«Si autem vos Christi, ergo Abrahæ semen estis, secundum promissionem heredes (*Gal.*, III, 29). » Sic ergo hic accipiamus, Fratres, « Usque in æternum præparabo semen tuum, » non tantum illam carnem Christi natam ex virgine Maria, sed etiam nos

---

(a) Editi, *Dixisti, intellexisti*: hoc totum dixisti. At MSS. *intelligitis*; quidam, *intelligimus*: nec aliud vult intelligi, nisi quod præmissum in v. 3. verbum *dixisti*, spectet istos etiam subsequentes versus.

membres de cette tête. Le corps n'en peut être séparé et, si la tête est glorifiée éternellement, les membres seront aussi éternellement glorifiés, pour que le Christ reste éternellement entier. « J'affermirai votre descendance jusque dans l'éternité, et je fonderai votre trône pour durer de génération en génération (*Ibid.*). » Nous regardons ces mots : « Jusque dans l'éternité, » comme équivalant à ceux-ci : « De génération en génération; » parce qu'Æthan avait dit également plus haut : « Ma bouche publiera votre vérité de génération de génération (*Ibid.*, 2). » Que veut dire : « De génération en génération ? » Dans toute génération. Car il était inutile de répéter le mot autant de fois qu'une génération vient et passe. C'est donc la multiplication des générations qu'exprime et représente la répétition du mot génération. Ou bien devons-nous comprendre ici deux générations différentes, que vous connaissez, si vous n'avez point oublié ce que j'ai déjà indiqué à Votre Charité ? Il y a, en effet, la génération actuelle, celle de la chair et du sang ; il y aura une autre génération, lors de la résurrection des morts. Le Christ est prêché dans la première, il le sera dans la seconde; mais il est prêché dans la première pour que l'on croie en lui, il le sera dans la seconde pour que l'on jouisse de sa vue. « Je fonderai votre trône pour durer de génération en génération (*Ibid.*, 5). » Maintenant, le Christ a son trône en nous; son trône est fondé en nous. Car, s'il ne résidait en nous, il ne nous régirait pas, et si nous n'étions régis par lui, nous serions renversés par nous-mêmes. Il réside donc en nous, et règne en nous. Il réside aussi dans la seconde génération, issue de la résurrection des morts. Le Christ règnera éternellement dans ses saints. Dieu l'a promis, Dieu l'a dit ; si c'est trop peu, Dieu l'a juré. Donc, puisque sa promesse est basée, non sur nos mérites, mais sur sa miséricorde, personne ne doit prêcher avec hésitation ce dont personne ne peut douter. Puisse donc s'établir en nous cette force, de laquelle Æthan, au cœur robuste, a pris son nom : prêchons la vérité de Dieu, la parole de Dieu, les promesses de Dieu, le serment de Dieu ; et affermis de tous côtés sur ces inébranlables fondements, prêchons et portons Dieu comme d'autres cieux.

6. « Seigneur, les cieux célèbreront vos merveilles (*Ibid.*, 6). » Les cieux célèbreront, non leurs propres mérites, mais vos merveilles, ô mon Dieu. En effet dans la miséricorde divine envers les pécheurs, dans la justification accordée aux impies, que louons-nous, sinon les merveilles de Dieu ? Vous louez Dieu de la résurrection des morts, louez-le plus encore de la rédemption des pécheurs. Quelle grâce et quelle miséricorde de la part de Dieu ! Un homme était hier un gouffre d'ivrognerie, il est aujour-

d'hui le modèle de la sobriété; hier un bourbier de luxure, aujourd'hui l'honneur de la tempérance; hier un blasphémateur de Dieu, aujourd'hui le proclamateur de ses louanges; hier l'esclave de la créature, aujourd'hui l'adorateur du Créateur. C'est ainsi que les hommes sont arrachés à tant de maux désespérés; qu'ils ne regardent donc jamais leurs propres mérites, qu'ils deviennent des cieux et que ces cieux célèbrent les merveilles de celui qui les a faits. « Car, dit le Prophète, je verrai les cieux, ouvrages de vos doigts (*Ps.*, VIII, 4). » « Seigneur, les cieux célébreront vos merveilles (*Ps.*, LXXXVIII, 6). » Et pour connaître quels cieux célébreront ces merveilles, voyez où elles seront célébrées; car voici ce qui suit : « Et votre vérité dans l'Église des Saints (*Ibid.*). » Il n'est donc pas douteux que, par les cieux, il ne faille comprendre les prédicateurs de la parole de vérité. Mais en quel endroit les cieux célébreront-ils vos merveilles et votre vérité ? « Dans l'Église des saints. » Que l'Église recueille la rosée des cieux; que les cieux fassent tomber sur la terre altérée une pluie bienfaisante, et que la terre recevant cette pluie fasse germer les germes précieux des bonnes œuvres, de peur que, malgré cette pluie bienfaisante, elle ne produise des épines, et qu'au lieu du grenier elle n'ait à attendre que le feu. « Seigneur, les cieux célébreront vos merveilles et votre vérité dans l'Église des Saints (*Ibid.*). » Les cieux confesseront donc vos merveilles et votre vérité. Tout ce que prêchent les cieux vient de Dieu et parle de Dieu; c'est pourquoi ils prêchent avec sécurité, car ils connaissent celui qu'ils prêchent et savent qu'ils n'ont pas à rougir de lui.

7. Que prêchent les cieux ? Que célébreront-ils dans l'Église des Saints ? « Qui sera, parmi les nuées, égalé au Seigneur (*Ibid.* 7) ? » Est-ce là ce que confesseront les cieux ? Est-ce là la pluie qu'ils répandront ? Quoi donc ? que parmi les nuées, nulle ne pourra égaler le Seigneur ? Ce qui fait l'assurance des prédicateurs, c'est donc que nulle des différentes nuées n'égalera le Seigneur ? Vous semble-t-il, mes frères, que ce soit une grande louange pour le Créateur de n'être point égalé par les nuées ? Si l'on prend ces mots à la lettre, sans y voir de mystère, ce n'est évidemment pas une grande louange pour Dieu, que de n'être pas égalé par les nuées. Mais, est-ce que les étoiles, qui sont au-dessus des nuées, sont-elles elles-mêmes égales au Seigneur ? Bien plus, est-ce que le soleil, la lune, les anges et les cieux peuvent même entrer en comparaison avec le Seigneur ? Pourquoi donc le Prophète dit-il comme une chose importante : « Qui sera,

---

cæli, sed « confitebuntur cæli mirabilia tua, Domine. » In omni enim misericordia perditorum, in justificatione impiorum, quid laudamus nisi mirabilia Dei ? Laudas quia resurrexerunt mortui : plus lauda quia redemti sunt perditi. Quæ gratia, quæ misericordia Dei ? Vides hominem heri voraginem ebriositatis, hodie ornamentum sobrietatis : vides hominem heri cœnum luxuriæ, hodie decus temperantiæ : vides hominem heri blasphematorem Dei, hodie laudatorem Dei : vides hominem heri servum creaturæ, hodie cultorem Creatoris. Ab istis omnibus desperationibus ita homines convertuntur : non respiciant ad merita sua, fiant cæli : confitebuntur cæli mirabilia ejus, a quo facti sunt cæli. « Quoniam videbo, inquit, cælos opera digitorum tuorum (*Psal.*, VIII, 4). » « Confitebuntur cæli mirabilia tua, Domine. » Et novertis qui cæli confitebuntur, videte ubi confiteantur : sequitur enim, « Et veritatem tuam in Ecclesia sanctorum. » De cælis ergo nulla dubitatio est, quoniam intelligantur prædicatores verbi veritatis. Et ubi confitebuntur cæli mirabilia tua et veritatem tuam ? « In Ecclesia sanctorum. » Excipiat Ecclesia rorem cælorum, sitienti terræ pluant cæli, et germinet excipiens pluviam germina bona ; opera bona, ne pro bona pluvia det spinas, et pro horreo exspectet ignem. « Confitebuntur cæli mirabilia tua, Domine, et veritatem tuam in Ecclesia sanctorum. » Cæli ergo confitebuntur mirabilia tua et veritatem tuam. Totum quidquid prædicant cæli, ex te est, de te est : et ideo securi prædicant. Norunt enim quem prædicant, quia non possunt de prædicato erubescere.

7. Quid prædicant cæli ? Quid confitebuntur in Ecclesia sanctorum ? « Quoniam quis in nubibus æquabitur Domino (*Ibid.*, 7) ? » Hoccine cæli confitebuntur, hoc cæli pluent ? Quid ? « Quoniam quis in nubibus æquabitur Domino ? » Inde securi prædicatores, quoniam nemo in nubibus æquabitur Domino. Magna laus vobis videtur, Fratres, non æquari nubes Creatori. Si intelligatur sine mysterio ad litteram, non magna laus est, Domino non æquari nubes. Quid enim, stellæ quæ sunt supra nubes

parmi les nuées, égalé au Seigneur? » Mes frères, par ces nuées, comme par les cieux, il faut entendre les prédicateurs de la vérité, les prophètes, les apôtres, tous ceux qui annoncent la parole de Dieu. En effet, nous savons que tous ces différents prédicateurs sont appelés du nom de nuées, d'après une prophétie dans laquelle Dieu, irrité contre sa vigne, parle ainsi : « Je donnerai des ordres à mes nuées, et leur défendrai de répandre leur pluie sur elle ;» et cette vigne, il explique ce qu'elle est, et la désigne très-clairement en ces termes : « La vigne du Seigneur des armées, c'est la maison d'Israël (*Is.*, v, 6, 7). » Ainsi, de peur que vous ne donniez à cette vigne une autre interprétation et que, laissant de côté les hommes, qu'elle désigne, vous ne pensiez à quelque plantation terrestre, il dit: «La vigne du Seigneur des armées, c'est la maison d'Israël (*Ibid.*). » Que la maison d'Israël ne comprenne pas ici autre chose ; qu'elle comprenne qu'elle est ma vigne ; qu'elle comprenne qu'elle ne m'a pas donné de raisin, mais qu'elle a produit des épines ; qu'elle comprenne qu'elle a été ingrate envers celui qui l'a plantée et cultivée, ingrate envers celui qui l'a arrosée. Si donc « la maison d'Israël est la vigne du Seigneur des armées, » qu'a-t-il dit contre elle dans sa colère ? « Je donnerai des ordres à mes nuées ; et leur défendrai de répandre leur pluie sur elle (*Is.*, v, 6). » Et c'est réellement ce qu'il a fait. Les Apôtres ont été envoyés, comme des nuées, pour répandre leur pluie sur les Juifs ; or ceux-ci ayant repoussé la parole de Dieu et produit des épines au lieu de raisin, les Apôtres leur ont dit : « Nous étions envoyés vers vous ; mais parce que vous repoussez la parole de Dieu, nous allons vers les Gentils (*Act.*, XIII, 46). » Et dès lors les nuées ont cessé de répandre leur pluie sur cette vigne. Si donc les prédicateurs de la vérité sont ces nuées, cherchons d'abord pourquoi ce nom leur est donné. Car ils sont à la fois des cieux et des nuées : des cieux à cause de l'éclat de la vérité, des nuées à cause des obscurités de la chair. Ils sont en effet, des nuées obscures, en raison de leur condition mortelle; ils viennent et ils passent. L'Apôtre a dit à cause des obscurités de la chair, c'est-à-dire des obscurités de ces nuées : « Gardez-vous de rien juger avant le temps, jusqu'à ce que le Seigneur vienne et qu'il éclaire les profondeurs des ténèbres (I *Cor.*, IV, 5). » Maintenant vous voyez ce que dit l'homme, mais ce qu'il porte dans son cœur, vous ne le voyez pas ; vous voyez ce qui sort de la nuée, mais ce que garde la nuée, vous ne le voyez pas. Quel est, en effet, celui dont les yeux percent la nuée ? Les nuées sont donc les prédicateurs de la vérité dans leur chair mortelle. Le Créateur de toutes choses est

---

æquantur Domino? Quid enim, sol, luna, Angeli, cæli, vel comparari poterunt Domino? Quid est quod pro magno ait, « Quoniam quis in nubibus æquabitur Domino ? » Intelligimus, Fratres, nubes istas sicut cælos, prædicatores esse veritatis, Prophetas, Apostolos, annuntiatores verbi Dei. Nam ista omnia genera prædicatorum nubes esse dictas, ex illa prophetia intelligimus, ubi Deus iratus vineæ suæ dixit, « Mandabo nubibus meis ne pluant super eam imbrem (*Isai.*, v, 6). » Quam vineam explicat et designat apertissime, dicens, « Vinea Domini Sabaoth, domus Israel est (*Ibid.*, 7).»Ne tu aliter intelligas vineam, et relictis (*a*) hominibus significatis terram scruteris : « Vinea, inquit, Domini Sabaoth, domus Israel est. » Non intelligat aliud, se intelligat domus Israel esse vineam meam ; se intelligat mihi non dedisse uvam, sed spinas ; se intelligat ingratam exstitisse plantatori atque cultori, ingratam exstitisse irrigatori. Ergo si vinea Domini Sabaoth domus Israel est, quid dixit iratus? « Mandabo nubibus meis ne pluant super eam imbrem (*Ibid.*). » Et re vera ita fecit : Missi sunt Apostoli tamquam nubes, ut pluerent Judæis, et illi verbum Dei repellentes quia pro uva spinas dederunt, dixerunt Apostoli, « Ad vos missi eramus, sed quia repulistis verbum Dei, imus ad Gentes (*Act.*, XIII, 46). » Ex illo cœperunt nubes non pluere pluviam super vineam illam. Si igitur nubes sunt prædicatores veritatis, quæramus primo quare sunt nubes. Iidem quippe cæli, iidem nubes: cæli propter fulgorem veritatis, nubes propter occulta carnis : nubes enim omnes nebulosæ sunt, propter mortalitatem, et veniunt, et transeunt. Propter ipsa occulta carnis, id est, occulta nubium, ait Apostolus, « Nolite ante tempus quidquam judicare, donec veniat Dominus, et illuminet abscondita tenebrarum (I *Cor.*, IV, 5). » Nunc ergo quid loquatur homo, vides; quid gestet in corde, non vides ; quod exprimitur de nube, vides; quod servatur in

(*a*) Sic potiores MSS. At editi, *omnibus significatis.*

venu lui-même, revêtu de cette chair. Mais, qui, parmi les nuées, sera égalé au Seigneur ; et qui est semblable au Seigneur parmi les enfants de Dieu (*Ps.*, LXXXVIII, 7) ? » Personne n'est donc semblable au Fils de Dieu, parmi les fils de Dieu. Car il est appelé Fils de Dieu, et nous sommes aussi appelés fils de Dieu ; mais « qui sera semblable au Seigneur parmi les enfants de Dieu ? » Il est unique, nous sommes plusieurs ; il est un, nous sommes un en lui ; il est engendré, nous sommes adoptés ; il est par nature le fils engendré de toute éternité, nous avons été faits fils de Dieu dans le temps par grâce ; il est sans aucun péché : nous avons été délivrés du péché par lui. « Qui donc, parmi les nuées, sera égalé au Seigneur ? ou qui sera semblable au Seigneur parmi les enfants de Dieu (*Ibid.*)? » A cause de la chair, nous sommes appelés des nuées, et nous sommes les prédicateurs de la vérité à cause de la pluie que répandent les nuées ; mais notre chair nous a été donnée d'une manière, et la sienne d'une autre. Nous sommes aussi nommés fils de Dieu, mais il est tout autrement que nous le Fils de Dieu. Il est une nuée par la vierge sa mère : il est de toute éternité le Fils de Dieu, égal au Père. « Qui donc, parmi les nuées, sera égalé au Seigneur ? ou qui sera semblable au Seigneur parmi les enfants de Dieu (*Ibid.*)? » Que le Seigneur lui-même dise s'il trouve son semblable ? « Qui dit-on que je suis, moi le Fils de l'homme (*Matth.*, XVI, 13)? » Car on me voit, on me regarde, je vis au milieu de vous, et peut-être ma présence au milieu de vous m'a-t-elle amoindri à vos yeux ; répondez-moi : « Qui dit-on que je suis, moi le Fils de l'homme (*Ibid.*)? » Assurément en voyant le Fils de l'homme, c'est la nuée qu'on voyait. Qu'on dise donc, ou dites, « ce que les hommes disent que je suis. » Et ses disciples lui rapportèrent les propos des hommes : « Ils disent, les uns, que vous êtes Jérémie, les autres, que vous êtes Élie, d'autres que vous êtes Jean-Baptiste ou quelqu'un des prophètes (*Ibid.*). » C'était là nommer plusieurs nuées et plusieurs fils de Dieu. En effet, comme justes et saints, ils étaient certainement fils de Dieu ; Jérémie, Élie, Jean, étaient des fils de Dieu, et comme prédicateurs de Dieu ils étaient des nuées. Vous venez de dire quelle sorte de nuées les hommes pensent que je suis, et au nombre de quels fils de Dieu ils me comptent ; dites-moi maintenant aussi ce que vous-mêmes dites que je suis. Et Pierre, répondant au nom de l'unité, lui dit : « Vous êtes le Christ, Fils du Dieu vivant (*Ibid.* 16). » « Qui donc, parmi les nuées, sera égalé au Seigneur ? ou qui sera semblable au Seigneur parmi les enfants de Dieu (*Ps.* LXXXVIII, 7)? » « Vous êtes le Christ, Fils du Dieu vivant, » mais non comme les Fils de Dieu qui ne sont pas vos

nube, non vides. Cujus enim oculi nubem penetrant? Ergo nubes in carne prædicatores veritatis. Venit et ipse omnium Creator in carne. Sed « quis in nubibus æquabitur Domino? Quis ergo in nubibus æquabitur Domino, et quis similis erit Domino in filiis Dei? » Ergo nemo in filiis Dei similis erit Filio Dei. Et ipse dictus est Filius Dei, et nos dicti sumus filii Dei : sed « quis similis erit Domino in filiis Dei? » Ille unicus, nos multi : ille unus, nos in illo unum : ille natus, nos adoptati : ille ab æterno Filius genitus per naturam, nos a tempore facti per gratiam : ille sine ullo peccato, nos per illum liberati a peccato. « Quis ergo in nubibus æquabitur Domino, aut quis similis erit Domino in filiis Dei? » Dicimur nubes propter carnem, et sumus prædicatores veritatis propter imbrem nubium : sed caro nostra aliter venit, caro illius aliter. Dicimur et filii Dei, sed ille aliter Filius Dei. Illius nubes ex virgine, ille Filius ex æternitate, Patri æqualis. « Quis ergo in nubibus æquabitur Domino, aut quis similis erit Domino in filiis Dei? » Dicat ipse Dominus utrum similem inveniat. « Quem me dicunt homines esse filium hominis (*Matth.*, XVI, 23)? » Ecce enim quia videor, quia conspicior, quia inter vos ambulo, et fortasse præsentia vilui ; dicite, Quem me dicunt homines esse filium hominis? Certe quia filium hominis vident, nubem vident : dicant, vel dicite, quem me dicunt homines esse. Et responderunt dicta hominum : » Alii dicunt Jeremiam, alii Eliam, alii Johannem Baptistam, aut unum ex Prophetis. Nominatæ sunt multæ nubes et filii Dei. Etenim quia justi et sancti, utique et ipsi filii Dei : Jeremias, Elias, Johannes, filii Dei ; et nubes, quia prædicatores Dei. Dixistis quas nubes me homines esse putent, et in quibus filiis Dei me homines numerent : dicite et vos, quem me dicitis esse. Respondens Petrus pro omnibus, pro unitate unus : « Tu es, inquit, Christus Filius Dei vivi (*Ibid.*, 16). » « Quoniam quis in nubibus æquabitur Domino, aut quis similis erit Domino inter filios Dei? » Tu es Christus Filius Dei

égaux; vous êtes venu dans notre chair, mais non comme les nuées qui ne sont pas vos égales.

8. Qui êtes-vous, en effet, vous à qui l'on répond : « Vous êtes le Christ, Fils du Dieu vivant; » vous que certains hommes qui n'étaient pas saints, qui n'étaient pas justes, ont cru être un des prophètes, Élie, Jérémie, ou Jean-Baptiste; qui êtes-vous donc? Écoutez ce qui suit : « Dieu doit être glorifié dans l'assemblée des justes (*Ibid.*, 8). » « Qui donc parmi les nuées sera égalé au Seigneur? ou qui sera semblable au Seigneur parmi les enfants de Dieu? Puisqu'il est le Dieu qui doit être glorifié dans l'assemblée des justes, puisqu'ils ne peuvent être ses égaux, que leur résolution soit de croire en lui. Puisque les nuées et les fils de Dieu ne peuvent être ses égaux, il leur reste à prendre la résolution qui convient à la fragilité humaine : « que celui qui se glorifie se glorifie dans le Seigneur (1 *Cor.*, 1, 31). » « Il est le Dieu qui doit être glorifié dans l'assemblée des justes ; il est grand, terrible pour tous ceux qui l'entourent (*Ps.*, LXXXVIII, 8). » Dieu est partout : Quels sont donc ceux qui l'entourent, lui qui est partout? Si, en effet, il y a des hommes autour de lui, on doit le regarder comme borné de tous côtés. Or, si ce que le Prophète a dit à Dieu et de Dieu : « Sa grandeur n'a pas de limites (*Ps.*, CXLIV, 3), » est une chose vraie; que peut-il rester d'hommes pour former un cercle autour de lui, si ce n'est que lui, qui est partout, a voulu, en se revêtant de la chair, naître en un seul lieu, habiter au milieu d'une seule nation, être crucifié dans une seule ville, ressusciter en un seul endroit, monter au ciel d'un seul endroit? Là où il a fait ces choses, les nations l'entourent. S'il était resté dans le pays où il a fait ces choses, « il ne serait pas grand et terrible pour tous ceux qui l'entourent; » mais parce qu'il n'a prêché en cet endroit que pour envoyer de là ses prédicateurs parmi toutes les nations, dans l'univers entier, en accomplissant des miracles par ses serviteurs, il s'est rendu « grand et terrible pour tous ceux qui l'entourent (*Ps.*, LXXXVIII, 8). »

9. « Seigneur, Dieu des armées, qui est semblable à vous? Vous êtes tout-puissant, Seigneur, et votre vérité est tout autour de vous (*Ibid.*, 9). » Votre puissance est grande; vous avez fait le ciel et la terre et tout ce qu'ils renferment; mais plus grande encore est votre miséricorde, qui a manifesté votre vérité tout autour de vous. Si, en effet, vous aviez été prêché là seulement où vous avez voulu naître, souffrir, ressusciter, et d'où vous avez voulu monter au ciel, la vérité de cette promesse de Dieu serait réalisée : « pour confirmer les promesses faites aux Pères; » mais il n'en serait pas de même de cette seconde parole : « et pour

---

vivi : non quomodo filii Dei, qui tibi non æquantur. Venisti in carne, non quomodo nubes, quæ tibi non æquantur.

8. Quis enim tu, cui respondetur, Tu es Christus Filius Dei vivi; quem putaverunt alii homines non sancti, non justi, unum ex prophetis, aut Eliam, aut Jeremiam, aut Johannem Baptistam ; quis ergo tu ? Audi quod sequitur : « Deus glorificandus in consilio justorum (*Ps.*, LXXXVIII, 8). » Quis ergo in nubibus æquabitur Domino, aut quis similis erit Domino in filiis Dei, quando ille Deus est glorificandus in consilio justorum ? Quoniam non possunt æquales illi esse ; consilium ipsorum sit credere in illum. Quoniam non possunt æquales illi esse nubes et filii Dei ; restat consilium humanæ fragilitati, « ut qui gloriatur in Domino glorietur (I *Cor.*, 1. 31). » « Deus glorificandus in consilio justorum : magnus et terribilis in omnes qui in circuitu ejus sunt. » Ubique Deus. Qui ergo in circuitu ejus sunt, qui ubique est? Si enim habet aliquos in circuitu, quasi undique finitus intelligitur. Porro si verum dictum est Deo et de Deo, « Magnitudinis ejus non est finis (*Psal.*, CXLIV, 3) : » qui remanent, qui sunt in circuitu ejus, nisi quia ille qui ubique est, voluit per carnem in uno loco nasci, in una gente conversari, in uno loco crucifigi, ex uno loco resurgere, ex uno loco in cælum adscendere ? Ubi hoc fecit, in circuitu ejus Gentes sunt. Si ibi remaneret ubi ista fecit, non esset « magnus et terribilis in omnes, qui in circuitu ejus sunt. » Quia vero ibi sic prædicavit, ut inde sui nominis mitteret prædicatores per omnes Gentes toto orbe terrarum ; faciendo miracula per servos suos, factus est « magnus et terribilis in omnes qui in circuitu ejus sunt. »

9. Domine Deus virtutum, quis similis tibi? Potens es Domine, et veritas tua in circuitu tuo (*Ibid.*, 9). Magna potentia tua ; tu fecisti cælum et terram, et omnia quæ in eis sunt : sed plus est misericordia tua, quæ exhibuit veritatem tuam in circuitu tuo. Si enim ibi solum prædicareris, ubi nasci, ubi pati, ubi re-

donner lieu aux nations de glorifier Dieu de sa miséricorde (*Rom.*, XV, 39). » Il a fallu pour cela que la vérité fût déployée tout entière et que, du point où vous avez voulu apparaître, elle se répandît tout autour de vous. Sans doute, dans ce même lieu, vous avez fait entendre votre tonnerre du sein de votre propre nuée; mais vous avez envoyé d'autres nuées pour verser la pluie sur les nations répandues tout autour de vous. Vous avez accompli avec une véritable puissance ce que vous avez dit : « Vous verrez bientôt le Fils de l'homme venant sur les nuées du ciel (*Matth.*, XXVI, 64). » « Vous êtes tout-puissant, Seigneur, et votre vérité est tout autour de vous (*Ps.*, LXXXVIII, 9). »

10. Mais lorsque votre vérité a commencé à être prêchée autour de vous, « les nations ont frémi, et les peuples ont formé de vains complots; les rois de la terre se sont levés, et les princes se sont rassemblés dans un même dessein contre le Seigneur et contre son Christ (*Ps.*, II, 1, 2). » Oui : dès que votre vérité a commencé à être prêchée autour de vous, comme si vous étiez venu demander une épouse au milieu d'un peuple étranger, un lion est accouru frémissant contre vous et vous l'avez étouffé. C'est ce qui a été figuré d'avance par Samson (*Juges*, XIV, 5, 6); et en entendant les paroles que je viens de prononcer, vous ne vous fussiez pas écrié, avant que j'eusse nommé Samson, si vous n'aviez immédiatement saisi ce rapprochement. Mais vous m'avez compris, en hommes habitués à recevoir la pluie des nuées de Dieu. « Votre vérité est donc tout autour de vous. » Mais quand s'est-elle répandue sans persécutions? quand, sans contradictions; puisqu'il a été dit que le Seigneur était né pour être un signe que l'on contredirait(*Luc*, XI, 14)? Le peuple au milieu duquel il vous a plu de naître et de vivre était comme une terre séparée des flots de la gentilité, qui apparaissait à sec afin d'être arrosée par la pluie, tandis que les autres nations étaient une mer abandonnée à l'amertume qui la rendait stérile. Que feront donc vos prédicateurs, en répandant la vérité tout autour de vous, puisque les flots de cette mer mugissent contre eux? Que peuvent-ils faire? « Vous commandez à la puissance de la mer (*Ps.*, LXXXVIII, 10). » Qu'a produit la mer par ses fureurs, sinon la fête que nous célébrons aujourd'hui? Elle a tué les martyrs, elle a répandu leur sang comme une semence, la moisson de l'Église s'est multipliée. Que les nuées suivent donc leur route avec assurance, qu'elles fassent pleuvoir votre vérité autour de vous, qu'elles ne redoutent pas la rage des flots; « Vous commandez à la puissance de la mer (*Ibid.*). » A la vérité, la mer se gonfle, la mer

surgere, unde adscendere voluisti; impleta esset illa veritas promissi Dei, ad confirmandas promissiones patrum : sed non impleretur, « Gentes autem super misericordia glorificare Deum,» nisi illa veritas expanderetur, et ab illo loco ubi apparere voluisti, in circuitu diffunderetur (*Rom.*, XV, 8 et, 9). Tu quidem in illo loco de nube propria intonuisti, sed ad rigandum in circuitu gentium alias nubes misisti. Vere potens implesti quod dixisti, « A modo videbitis filium hominis venientem in nubibus cœli (*Matth.*, XXIV, 30).» «Potens es Domine, et veritas tua in circuitu tuo.»

10. Sed cum cœpit veritas tua in circuitu prædicari, utique « fremuerunt gentes, et populi meditati sunt inania, adstiterunt reges terræ, et principes convenerunt in unum adversus Dominum, et adversus Christum ejus (*Psal.*, II, 1). » Utique cum cœpisset veritas tua prædicari in circuitu tuo, tamquam venires ad ducendam conjugem ex alienigenis, occurrit leo fremens, et suffocatus est a te. Hoc enim præfiguratum est in Samson (*Judic.*, XIX, 5) : et (*a*) illis verbis meis, sine nomine illius dictis, non acclamaretis, nisi agnosceretis. audistis enim, ut illi qui soletis complui a nubibus Dei. Ergo « veritas tua in circuitu tuo. » Sed quando sine persecutionibus, quando sine contradictionibus, cum dictum sit eum natum in signum cui contradicetur (*Lucæ*, II, 34)? Quia ergo illa gens, ubi nasci, ubi conversari voluisti, tamquam terra erat separata a fluctibus Gentium, ut appareret arida complucnda, reliquæ autem Gentes mare erant in amaritudine sterilitatis suæ : quid faciunt prædicatores tui spargentes veritatem tuam in circuitu tuo, quoniam fremunt fluctus maris, quid faciunt? « Tu dominaris potestati maris (*Ps.*, LXXXVIII, 10). » Nam quid fecit mare sæviendo, nisi diem quem hodie celebramus? Martyres occidit, semina sanguinis sparsit, seges Ecclesiæ pullulavit. Securæ ergo pergant nubes; diffundant veritatem tuam in circuitu tuo, non timeant rabidos fluctus.

(*a*) Sic aliquot MSS. Alii cum editis, *et illius*.

s'oppose à leur passage, la mer pousse des mugissements ; mais Dieu est fidèle, et il ne permettra pas que vous soyez tentés au-delà de ce que vous pouvez supporter (I *Cor.*, x, 13). C'est parce qu'il est fidèle et ne permet pas que vous soyez tentés au-delà de ce que vous pouvez supporter, que le Prophète ajoute : « Et vous calmez la violence de ses flots(*Ps.*,LXXXVIII, 10).»

11. Enfin, pour que la mer s'apaisât, ou plutôt pour que sa rage s'amortît, qu'avez-vous fait à la mer? « Vous avez humilié le superbe comme un homme blessé (*Ibid.*, 11). » Il y a dans la mer un dragon orgueilleux, duquel l'Écriture a dit : « J'ordonnerai au dragon de le mordre (*Amos.*, IX, 3). » Il en est parlé au livre des Psaumes : « C'est ce dragon que vous avez fait pour se jouer sur les flots (*Ps.*, XIII, 6), » et dont la tête frappe les eaux. « Vous avez humilié le superbe comme un homme blessé (*Ps.*, LXXXVIII, 11). » Vous vous êtes humilié, et le superbe a été humilié. Car le superbe dominait les superbes par l'orgueil ; celui qui était grand s'est humilié, et tout homme qui a cru en lui s'est fait petit. Pendant que le petit est nourri par l'exemple du grand devenu petit, le diable a perdu ce qu'il tenait, parce que, superbe lui-même, il n'a de domination que sur les superbes. Instruits par un tel exemple d'humilité, les hommes ont appris à condamner leur propre orgueil et à imiter l'humilité de Dieu. Quant au diable, en perdant ceux qu'il dominait, il a été lui-même humilié, non point corrigé, mais terrassé. « Vous avez humilié le superbe comme un homme blessé (*Ibid*). » Vous vous êtes humilié et vous avez humilié, vous avez été blessé et vous avez blessé; car le diable ne pouvait point n'être pas blessé par votre sang, lequel a été répandu pour effacer le billet qu'avaient signé les pécheurs. D'où venait en effet son orgueil, sinon de ce qu'il avait un titre contre nous ? Ce titre, ce billet, vous l'avez effacé dans votre sang (*Coloss.*,II, 14); vous avez donc blessé celui à qui vous avez arraché tant de victimes. Comprenez d'ailleurs que le démon a été blessé, non par une plaie faite à une chair qu'il n'a pas, mais par un coup porté à son cœur où se gonfle son orgueil. « Et par la force de votre bras, vous avez dispersé vos ennemis (*Ps.*, LXXXVIII, 11). »

12. « Les cieux sont à vous et la terre vous appartient (*Ibid.*, 12). » Les cieux ne versent que votre pluie, et la terre où ils la versent est à vous. « Les cieux sont à vous : » c'est par eux que votre vérité a été prêchée autour de vous « La terre est à vous : » c'est elle qui a recueilli la vérité autour de vous. Mais qu'est-il advenu de cette pluie ? « Vous avez fondé le globe de la terre et tout ce qui la remplit ; vous avez créé l'Aqui-

---

« Tu dominaris potestati maris. » Movetur quidem mare, contradicit mare, perstrepit mare : « sed fidelis Deus, qui non vos sinat tentari supra id quod potestis (I *Cor.*, x, 13). » Quia ergo fidelis est, qui non vos sinit tentari supra id quod potestis : « Motum autem fluctuum ejus tu mitigas. »

11. Denique ut placaretur mare, immo ut enervaretur rabies maris, quid in ipso mari fecisti ? « Tu humiliasti sicut vulneratum superbum (*Ps.*, LXXXVIII, 11). » Est quidam superbus draco in mari ; de quo alia Scriptura dicit, « Mandabo draconi ibi ut mordeat eum (*Amos.*, IX, 3) : » est draco de quo dicitur, « Draco hic quem finxisti ad illudendum ei (*Psal.*, CIII, 26) : » cujus caput contundit super aquam. « Tu, inquit, humiliasti sicut vulneratum superbum. » Humiliasti te, et humiliatus est superbus. Superbus enim per superbiam superbos tenebat : humiliatus est magnus, credens autem in eum factus est parvus. Dum nutritur parvus exemplo magni facti parvi, perdidit quod tenebat diabolus : quia superbus nonnisi superbos tenebat. Dato tanto humilitatis exemplo, didicerunt homines damnare superbiam suam, imitari humilitatem Dei. Ita ergo ille perdendo quos tenebat, etiam ipse humiliatus est ; non correctus, sed prostratus. « Tu humiliasti sicut vulneratum superbum. » Humiliatus es, et humiliasti ; vulneratus es et vulnerasti : neque enim non vulneraret sanguis tuus, qui fusus est, ut deleret chirographum peccatorum. Unde enim superbiebat, nisi quia cautionem contra nos tenebat ? Hanc tu cautionem, hoc chirographum tuo sanguine delevisti (*Coloss.*, II, 14) : illum ergo vulnerasti, cui tot abstulisti. Vulneratum enim intelligas diabolum, non penetrata carne, quam non habet ; sed percusso corde, ubi superbus est. « Et in brachio virtutis tuæ dispersisti inimicos tuos. »

12. « Tui sunt cœli, et tua est terra (*Ps.*, LXXXVIII, 2). » A te (*a*) pluunt, super tuam pluunt. « Tui

---

(*a*) Sic MSS. At editi, *A te pluant, super terram pluant.*

lon et la mer (*Ibid.*, 12 et 13). » En effet, l'Aquilon, la mer n'ont point de pouvoir contre vous, leur Créateur. Sans doute, le monde peut se livrer à la méchanceté de sa volonté perverse, mais peut-il excéder les bornes posées par le Créateur qui a fait toutes choses ? Pourquoi donc craindrais-je l'Aquilon ? pourquoi craindrais-je les mers ? A la vérité, le démon réside dans l'Aquilon, puisqu'il a dit : « Je mettrai mon trône dans l'Aquilon et je serai semblable au Très-Haut (*Is.*, XIV, 13, 14). » Mais « vous avez humilié le superbe comme un homme blessé (*Ps.*, LXXXVIII, 11). » C'est pourquoi ce que vous avez fait en eux vous donne plus de puissance sur eux que leur volonté ne peut leur donner de méchanceté. «Vous avez créé l'Aquilon et les mers (*Ibid.* 13). »

13. Le « Thabor et l'Hermon tressailliront de joie dans votre nom. » Ce sont là des montagnes, vous le savez, mais elles ne sont nommées qu'en vue de quelque sens caché. « Le Thabor et l'Hermon tressailliront de joie dans votre nom. » Thabor signifie la lumière qui vient. Mais de qui vient la lumière de laquelle il a été dit : « Vous êtes la lumière du monde (*Matth.*, V, 14), » sinon de celui dont il a été dit : « Il était la vraie lumière qui éclaire tout homme venant en ce monde (*Jean*, I, 7)? »

La lumière, appelée la lumière du monde, vient donc de cette lumière primitive qui ne s'allume qu'en elle-même, et qu'on n'a point à redouter de voir s'éteindre. De cette lumière primitive est donc venue la lumière du monde, la lampe qui ne se place pas sous le boisseau mais sur le chandelier, le Thabor ou la lumière qui vient. D'autre part, Hermon signifie : son anathème. Il était juste que la lumière venant en ce monde devint son anathème. L'anathème de qui, si ce n'est du diable, du blessé, du superbe ? Que la lumière nous éclairât, c'est un don de vous; que celui-là fût anathème à nos yeux, qui nous tenait dans les liens de son erreur et de son orgueil, c'est encore un bienfait de vous à notre égard. « Le Thabor et l'Hermon tressailliront de joie dans votre nom (*Ibid.*); » non point dans leurs propres mérites, mais dans votre nom. Car ils diront : « Donnez la gloire, non point à nous, Seigneur, mais à votre nom, » à cause des fureurs de la mer ; « de peur que les nations ne disent : Où est leur Dieu (*Psaume* CXIII, 2ᵉ partie, 1, 2)? »

14. « La puissance est avec votre bras (*Ps.*, LXXXVIII, 14). » Que nul ne s'arroge aucune puissance ; « la puissance est avec votre bras.» Nous avons été créés par vous, nous avons été défendus par vous. « La puissance est avec

---

sunt cæli, » per quos prædicata est veritas in circuitu tuo ; « tua est terra, » quæ excepit veritatem in circuitu tuo. Denique quid de illa pluvia factum est ? « Orbem terrarum et plenitudinem ejus tu fundasti ; Aquilonem et maria tu creasti (*Ibid.*, 13). » Non enim aliquid contra te valet, contra Creatorem suum. Et malitia quidem sua, per suæ voluntatis perversitatem sævire potest mundus : nunquid tamen excedit modum positum a Creatore, qui fecit omnia ? Quid ergo timeo Aquilonem ? quid timeo maria ? Est quidem in Aquilone diabolus, qui dixit, « Ponam sedem meam in Aquilonem, et ero similis Altissimo (*Isai.*, XIV, 13) : » sed « humiliasti sicut vulneratum superbum. » Ergo quod in illis tu fecisti, plus valet ad dominationem tuam, quam illorum voluntas ad malitiam suam. « Aquilonem et maria tu creasti. »

13. « Thabor et (*a*) Hermon in nomine tuo exsultabunt (*Ps.*, LXXXVIII, 13). » Montes isti intelliguntur, sed aliquid significant. « Thabor et Hermon in nomine tuo exsultabunt. » Thabor interpretari dicitur veniens lumen. Sed unde venit lumen de quo dictum est, « Vos estis lumen mundi (*Matth.*, V, 14) : » nisi ab illo de quo dictum est, « Erat lumen verum, quod illuminat omnem hominem venientem in hunc mundum (*Johan.*, I, 9)? » Illud ergo lumen quod est lumen mundi, ab illo lumine venit quod non aliunde accenditur, ut timendum sit ne exstinguatur. Ergo venit lumen ab illo, lucerna illa quæ non ponitur sub modio, sed super candelabrum, veniens lumen Thabor. Hermon autem interpretatur anathema ejus. Merito venit lumen et factum est anathema ejus. Cujus, nisi diaboli, vulnerati, superbi ? Ut ergo illuminaremur in nomine tuo : ut anathema nobis esset, qui nos in suo errore et superbia detinebat, a te nobis est. Ergo « Thabor et Hermon in nomine tuo exsultabunt : » non in meritis suis, sed « in nomine tuo. » Dicent enim isti, « Non nobis, Domine, non nobis, sed nomini tuo da gloriam (*Psal.*, 113, Sect. 2, 1) : » propter mare sæviens : « ne forte dicant Gentes, Ubi est Deus eorum (*Ibid.*, 2) ? »

14. « Tuum brachium cum potentia (*Ps.*, LXXXVIII, 14). » Nemo sibi aliquid arroget : « Tuum brachium

---

(*a*) Quidam MSS. hic et infra, *Hermonim* ; et nonnulli, *Hermoniim*.

votre bras; que votre main s'affermisse; que votre droite s'élève glorieusement (*Ibid.*). »

15. « La justice et le jugement sont les bases de votre trône (*Ibid.*, 15). » A la fin apparaîtront votre justice et votre jugement; actuellement ils sont cachés. Dans un autre psaume, il est dit du jugement : « Pour les secrets du Fils (*Ps.*, IX, 1). » Votre justice et votre jugement seront manifestés avec éclat. Les uns seront placés à la droite, et les autres à la gauche (*Matth.*, XXV, 33) : les infidèles seront épouvantés en voyant ce dont ils se raillent aujourd'hui sans y croire, et les justes se réjouiront en voyant ce qu'ils croient aujourd'hui sans le voir. « La justice et le jugement sont les bases de votre trône (*Ps.*, LXXXVIII, 15), » pour le jour du jugement toutefois. Et qu'en est-il maintenant? « La miséricorde et la vérité marchent devant votre face (*Ibid.*). » Je serais effrayé à la vue des bases de votre trône, je redouterais votre justice et votre jugement à venir, si votre miséricorde et votre vérité ne marchaient devant vous. Pourquoi craindrais-je votre jugement du dernier jour, puisque, par votre miséricorde qui précède ce jugement, vous effacez mes péchés, et que vous accomplissez vos promesses en me manifestant la vérité? « La miséricorde et la vérité marchent devant votre face (*Ibid.*) : » car, « toutes les voies du Seigneur sont miséricorde et vérité (*Ps.*, XXIV, 20). »

16. Toutes ces choses n'exciteront-elles pas nos transports? Et pourrons-nous comprendre tout ce qui cause ces transports? Des paroles suffiront-elles à notre joie? ou notre langue serait-elle capable d'en dire toute l'étendue? Si donc aucune parole n'y suffit, « Heureux le peuple qui comprend la jubilation (*Ps.*, LXXXVIII, 16) ! » O peuple bienheureux, crois-tu comprendre ce que c'est que la jubilation? Tu n'es point encore heureux, si tu ne comprends la jubilation. Qu'est-ce que comprendre la jubilation? C'est savoir d'où vient une joie que nulle parole ne peut expliquer. Car ta joie ne vient pas de toi : « Que celui qui se glorifie se glorifie dans le Seigneur (1 *Cor.*, I, 31). » Que l'orgueil ne cause point tes transports, mais seulement la grâce de Dieu. Comprends donc que toute langue est incapable d'expliquer l'étendue de cette grâce, et tu auras compris la jubilation.

17. Mais si vous avez compris que la jubilation se rapporte à la grâce, écoutez maintenant l'éloge de la grâce elle-même. « Heureux donc le peuple qui comprend la jubilation (*Ibid.*) ! » Quelle jubilation? Voyez si elle ne vient pas de la grâce, si elle ne vient pas de Dieu, et nullement de vous. « Seigneur, ils marcheront dans

la lumière de votre visage (*Ibid.*). » Que le Thabor (ou la lumière qui vient) marche dans la lumière de votre visage, car le vent de l'orgueil éteint la lumière. «Seigneur ils marcheront dans la lumière de votre visage et ils seront tout le jour dans des transports en votre nom (*Ibid.*, 17). » Le Thabor et l'Hermon seront dans des transports de joie, tout le jour, s'ils le veulent, dans votre nom. Mais s'ils cherchent leur joie dans leur propre nom, leurs transports ne dureront pas tout le jour. Leur joie ne sera pas durable, s'ils se réjouissent dans leur propre nom, et l'orgueil les fera tomber. Donc, pour conserver leurs transports de joie tout le jour, « ils se réjouiront dans votre nom et ils seront exaltés dans votre justice (*Ibid.*) : » non dans leur propre justice, mais, « dans la vôtre ; » de peur qu'ils n'aient du zèle pour Dieu, mais que ce zèle ne soit pas selon la science. Car l'Apôtre rend ce témoignage à certains hommes, qu'ils ont du zèle pour Dieu, mais il dit que ce zèle n'est pas selon la science, parce que, « ne connaissant pas la justice de Dieu, et voulant établir la leur, » et non se réjouir dans votre lumière, « ils ne sont pas soumis à la justice de Dieu. » Mais pourquoi ? Parce « qu'ils ont du zèle pour Dieu, mais non selon la science (*Rom.* x, 2, 3). » Il est, au contraire, un peuple qui comprend la jubilation, car le zèle des hommes dont parle l'Apôtre n'est pas selon la science ; il est un peuple heureux qui n'ignore pas, mais qui comprend la jubilation : quelle doit donc être pour lui la cause de sa jubilation, quelle doit être la cause de ses transports de joie, si ce n'est de marcher en votre nom dans la lumière de votre visage ? Alors il méritera d'être exalté, mais dans votre justice. Que ce peuple écarte sa propre justice et s'humilie ; la justice de Dieu viendra et il sera comblé de joie. « Et ils seront exaltés dans votre justice (*Ps.*, LXXXVIII, 17). »

18. « Parce que vous êtes la gloire de leur force, et que votre bon plaisir nous donne de lever la tête (*Ibid.*, 18). » Parce qu'il vous a plu de nous élever, et non parce que nous en sommes dignes.

19. « Parce que le Seigneur m'a reçu (*Ibid.*, 19). » On m'a poussé comme un monceau de sable, pour me renverser, et je serais tombé, si le Seigneur ne m'avait reçu. « Parce que le Seigneur m'a reçu, lui le Saint d'Israël notre roi (*Ibid.*). » C'est lui votre protecteur ; c'est lui votre lumière : dans sa lumière vous êtes en sécurité, dans sa lumière vous marchez sûrement, et sa justice vous élève. Il vous a pris sous sa protection, il sauvegarde votre faiblesse ; il vous rend fort, non de vous-même, mais par son secours.

---

bunt (*Ibid.*, 16). » Thabor ille veniens lumen, nisi in lumine vultus tui ambulet, vento superbiæ lucerna exstinguitur. « Domine, in lumine vultus tui ambulabunt : et in nomine tuo exsultabunt tota die (*Ibid.*, 17). »Thabor ille et Hermon « in nomine tuo exsulabunt : » si volunt, « tota die, » in nomine tuo ; si autem exsultabunt in nomine suo, non tota die exsultabunt. Non enim in gaudio perseverabunt, quando de seipsis gaudebunt, et per superbiam cadent. Ergo ut tota die exsultent, « in nomine tuo exsultabunt : et in tua justitia exaltabuntur. » Non in sua justitia, sed « in tua : » ne sint zelum Dei habentes, sed non secundum scientiam. Quidam enim notantur ab Apostolo, quod zelum Dei habeant, sed non secundum scientiam ; ignorantes Dei justitiam, et suam volentes constituere, et non in lumine tuo exsultantes, justitiæ Dei non sunt subjecti (*Rom.*, x, 2, et 3). Sed unde ? Quia zelum Dei habent, sed non secundum scientiam. Populus autem sciens jubilationem, (illi enim non secundum scientiam ; beatus autem populus non nesciens, sed sciens jubilationem) : unde debet jubilare, unde debet exsultare, nisi in nomine tuo, ambulans in lumine vultus tui ? Et exaltari quidem merebitur, sed in tua justitia. Auferat de medio justitiam suam, et humilietur : veniet Dei justitia, et exaltabitur. « Et in tua justitia exaltabuntur. »

18. « Quoniam gloria virtutis eorum tu es, et in beneplacito tuo exaltabitur cornu nostrum (*Ibid.*, 18). » Quia tibi beneplacuit, non quia nos digni sumus.

19. « Quoniam Domini est susceptio (*Ibid.*, 19). » Nam ego ut cumulus arenæ impulsus sum, ut caderem ; et cecidissem, nisi Dominus suscepisset me. « Quoniam Domini est susceptio : et sancti Israel regis nostri. »Ipse susceptio, ipse te illuminat : in ejus lumine tutus es, in ejus lumine ambulas, justitia ejus (*a*) exaltaris. Ipse te suscepit, infirmitatem tuam ipse custodit, ipse te facit robustum de se, non de te.

20. « Tunc locutus es in adspectu filiis tuis, et

(*a*) MSS. *exsultas.*

20. « Alors vous avez parlé en vision à vos enfants, et vous avez dit(*Ibid.*,20).» «Vous avez parlé en vision,» vous avez révélé certaines choses aux Prophètes. C'est parce que vous leur avez parlé dans des visions, c'est-à-dire dans des révélations, que les Prophètes ont été appelés « les voyants (I *Rois*, IX, 9). » Car ils voyaient au dedans d'eux-mêmes ce qu'ils disaient au dehors; et ils entendaient secrètement ce qu'ils prédisaient publiquement. « Alors vous avez parlé en vision à vos enfants, et vous avez dit: J'ai mis le secours que je vous destine, dans l'homme puissant (*Ibid.*). » Vous comprenez quel est cet homme puissant. « J'ai exalté celui que j'ai choisi d'entre mon peuple (*Ibid.*). » Vous savez quel est celui que Dieu a choisi et vous vous réjouissez maintenant de son élévation.

21. « J'ai trouvé David, mon serviteur (*Ibid.* 21). »Ce second David qui est de la race de David. « Je l'ai oint de mon huile sainte (*Ibid.*). » Car c'est de lui qu'il est dit : « O Dieu, Dieu vous a oint de l'huile de joie bien au-dessus de ceux qui ont eu comme vous part à l'onction (*Ps.*, XLIV, 8). »

22. « Ma main le secourra et mon bras lui donnera de la force (*Ps.*, LXXXVIII, 22) ; » en tant qu'il s'est revêtu de la condition humaine, en tant qu'il s'est fait chair dans le sein d'une vierge (*Luc*, 1, 31), en tant que lui, qui dans la forme de Dieu est l'égal du Père, a daigné prendre la forme d'esclave et se faire obéissant jusqu'à la mort et même jusqu'à la mort de la croix (*Philipp.*, XI, 6, 8).

23. « L'ennemi n'aura pas l'avantage sur lui (*Ps.*, LXXXVIII, 23). » L'ennemi exercera sa rage contre lui, mais il n'aura pas l'avantage sur lui; il est habitué à nuire, mais il ne pourra lui nuire. Que lui fera-t-il donc en l'affligeant? Il l'exercera, mais il ne lui nuira pas. Ses fureurs mêmes lui seront utiles; car ceux contre lesquels il se déchaîne sont couronnés pour la victoire qu'ils remportent sur lui. Comment, en effet, serait-il vaincu, s'il ne nous attaquait jamais? Où Dieu serait-il notre secours, si nous n'avions jamais à combattre. L'ennemi fera donc son métier ; mais « l'ennemi n'aura pas l'avantage sur lui et le fils de l'iniquité ne réussira pas à lui nuire (*Ibid.*). »

24. « Je renverserai ses ennemis sous ses yeux (*Ibid.*, 24). » Ils sont renversés, parce que leur conspiration est détruite; ils sont renversés, parce qu'ils croient en lui. Car ils en viennent peu à peu à croire, et, semblables à la tête du veau d'or réduite en cendres, ils sont absorbés par le peuple de Dieu. En effet, Moïse réduisit en cendres la tête du veau d'or, et jeta ces cendres dans de l'eau qu'il fit boire aux enfants d'Israël (*Exode*, XXXII, 26). Tous les incrédules

---

dixisti. (*Ibid.*, 20), » Locutus es in adspectu tuo, revelasti hoc Prophetis tuis. Ideo locutus es eis in adspectu, id est, in revelatione : unde Prophetæ Videntes dicebantur (1 *Reg.*, IX, 9). Viderunt quiddam intus, quod dicerent foris ; et in occulto audierunt quod palam prædicaverunt. « Tunc locutus es in adspectu filiis tuis, et dixisti, Posui adjutorium super potentem. » Intelligitis quem potentem. « Exaltavi electum de populo meo. » Intelligitis quem electum : quem jam gaudetis exaltatum.

21. « Inveni David servum meum (*Ps.*, LXXXVIII, 21) : » (*a*) istum David, ex semine David. « In oleo sancto meo unxi eum. » De illo enim dicitur, « Unxit te, Deus, Deus tuus oleo exsultationis præ participibus tuis (*Psal.*, XLIV, 8). »

22. « Manus enim mea auxiliabitur ei, et brachium meum confortabit eum (*Ps.*, LXXXVIII, 22). » Secundum quod susceptio hominis facta est, secundum quod caro in utero virginis assumpta est (*Lucæ*, 1, 30), secundum quod ab illo qui in forma Dei æqualis est Patri, forma servi suscepta est, et factus est obediens usque ad mortem, mortem autem crucis (*Philip.*, II, 6). »

23. Non proficiet inimicus in eo (*Ps.*, LXXXVIII, 23). » Sæviet quidem inimicus, sed non proficiet in eo : solet quidem nocere, sed non nocebit. Quid est ergo quod affliget ? Exercebit, non nocebit. Proderit sæviendo, quia in quos sævit, coronabuntur vincendo. Quid enim vincitur, si nihil contra nos sævit ? Aut ubi adjutor noster Deus, si nos non dimicamus ? Inimicus ergo faciet quod suum est : sed « non proficiet inimicus in eo ; et filius iniquitatis non apponet nocere ei. »

24. « Et concidam inimicos ejus a facie illius (*Ibid.*, 24). » Conciduntur a conspiratione sua, et quod credunt conciduntur. Paulatim enim credunt, tamquam comminuto capite vituli, venient in potum populi Dei. Comminuit enim caput vituli Moyses, sparsit

---

(*a*) Sic plerique MSS. Editi vero, *justum*.

sont comme réduits en cendres, ils arrivent peu à peu à la vraie foi, le peuple de Dieu les absorbe et ils passent dans la substance du corps du Christ. « Je renverserai ses ennemis sous ses yeux, et je mettrai en fuite ceux qui le haïssent, » de peur qu'ils ne lui nuisent. Mais peut-être quelques-uns de ces fugitifs disent-ils : « Où irai-je pour me cacher de votre esprit? et où fuirai-je de devant votre face(*Ps.*, CXXXVIII, 7)? » Voyant qu'ils n'est point de refuge pour eux hors de la présence du Tout-Puissant, ils reviennent sur leurs pas et cherchent leur refuge dans le Tout-Puissant. « Je mettrai en fuite ceux qui le haïssent (*Ps.* LXXXVIII, 24). »

25. « Et ma vérité et ma miséricorde seront avec lui (*Ibid.*, 25). » « Toutes les voies du Seigneur sont miséricorde et vérité (*Ps.*, XXIV, 10). » Souvenez-vous, autant que vous le pouvez, combien souvent ces deux choses nous sont rappelées, pour que nous les rendions à Dieu. En effet, de même qu'il a fait éclater sur nous sa miséricorde en effaçant nos péchés, et sa vérité en accomplissant ses promesses, de même, nous aussi, en marchant dans sa voie, nous devons lui rendre la miséricorde et la vérité : la miséricorde, en ayant pitié des misérables, la vérité, en nous gardant de juger injustement. Que l'amour de la vérité ne nous ôte pas la miséricorde, et que la miséricorde ne fasse pas obstacle à la vérité. Car si la miséricorde vous fait juger contrairement à la vérité, ou si la rigueur de la vérité vous fait oublier la miséricorde, vous ne marcherez pas dans la voie de Dieu où la miséricorde et la vérité se rencontrent (*Ps.*, LXXXIV, 11). « Et sa force sera exaltée en mon nom (*Ps.*, LXXXVIII, 25). » Qu'avons-nous besoin de nous arrêter à cette parole? Vous êtes chrétiens, reconnaissez le Christ.

26. « Je mettrai sa main sur la mer (*Ibid.*, 26), » c'est-à-dire qu'il commandera aux nations; « et sa droite sur les fleuves (*Ibid.*). » Les fleuves courent se jeter dans la mer, les hommes cupides seront précipités dans l'amertume du siècle; toutes ces sortes d'hommes se soumettront pourtant au Christ.

27. « Il m'invoquera. Vous êtes mon Père, dira-t-il, et mon Dieu et l'auteur de mon salut. Et moi je l'élèverai au plus haut rang comme mon premier né, devant les rois de la terre (*Ibid.*, 27 et 28). » Nos martyrs, dont nous célébrons la fête, ont versé leur sang pour ces vérités qu'ils croyaient sans avoir pu les voir encore. Combien devons-nous être plus forts, nous qui voyons ce qu'ils ont cru. Ils n'ont pas vu le Christ élevé au plus haut rang devant les rois de la terre; de leur temps, les princes se liguaient encore tous ensemble contre le Seigneur et contre son Christ. Ce que nous lisons

---

in aqua, et dedit bibere filiis Israël (*Exodi*, XXXII, 20). Comminuuntur omnes infideles, credunt paulatim, et a populo Dei bibuntur, in corpus Christi trajiciuntur. « Et concidam inimicos ejus a facie illius : et eos qui oderunt eum, fugabo : » ne nocent. Sed fugatorum istorum forte aliqui dicunt, « Quo ibo a spiritu tuo, et a facie tua quo fugiam (*Psal.*, CXXXVIII, 7)? » Et videntes non se habere quo fugiant ab Omnipotente, conversi fugiunt ad Omnipotentem. « Et eos qui oderunt eum, fugabo. »

23. « Et veritas mea et misericordia mea cum ipso est (*Ps.*, LXXXVIII, 25). » « Universæ viæ Domini misericordia et veritas (*Psal.*, XXIV, 10). » Mementote, quantum potestis, quam sæpe nobis commendentur duo hæc, ut reddamus illa Deo. Sicut enim ipse exhibuit nobis misericordiam, ut deleret peccata nostra; et veritatem, ut impleret promissa sua : sic et nos ambulantes in via ejus, debemus ei reddere misericordiam et veritatem ; misericordiam, ut miserorum misereamur; veritatem, ut non inique judicemus? Non tibi tollat veritas misericordiam, nec misericordia impediat veritatem. Si enim per misericordiam judicaveris contra veritatem, aut quasi rigida veritate oblitus fueris misericordiæ; non ambulabis in via Dei, ubi misericordia et veritas occurrerunt sibi. « Et in nomine meo exaltabitur cornu ejus (*Psal.*, LXXXIV, 11). » Quid opus est ut immoremur? Christiani estis, Christum agnoscite.

26. « Et ponam in mari manum ejus (*Ps.*, LXXXVIII, 26) : » hoc est, dominabitur Gentibus. « Et in fluminibus dexteram ejus. » Flumina currunt in mare, cupidi homines in amaritudinem hujus sæculi prolabuntur : omnia tamen genera ista Christo subdita erunt.

27. « Ipse invocabit me, Pater meus es tu, Deus meus et susceptor salutis meæ (*Ibid.*, 27). Et ego primogenitum ponam eum, excelsum apud reges terræ (*Ibid.*, 28). » Martyres nostri, quorum natalia celebramus, sanguinem suum propter hæc credita et nondum visa fuderunt. Quanto fortiores nos esse

dans le même psaume à la suite de ces paroles n'était point encore réalisé : « Et maintenant, ô rois, comprenez; instruisez-vous, vous tous qui jugez la terre (*Ps.*, LI, 2 et 10). » Mais aujourd'hui le Christ est élevé au plus haut rang devant les rois de la terre.

28. « Je lui conserverai toujours ma miséricorde et je ferai avec lui un testament inviolable (*Ps.*, LXXXVIII, 29). » C'est à cause de lui que le testament sera inviolable, c'est par lui que ce testament a été ménagé : il est le médiateur de ce testament, le signataire de ce testament, la caution de ce testament, le témoin de ce testament, l'héritage même promis par ce testament et le cohéritier de ce testament.

29. « J'établirai sa descendance dans les siècles des siècles (*Ibid.*, 30); » non-seulement pendant le temps, mais dans les siècles des siècles, où subsistera sa descendance qui est son propre héritage et qui est aussi la descendance d'Abraham, c'est-à-dire le Christ. Si vous êtes au Christ, vous êtes la postérité d'Abraham (*Gal.*, III, 16 et 29). Et si vous devez recueillir éternellement l'héritage de promission, sachez qu'il établira sa descendance dans les siècles des siècles, et que son trône durera autant que les jours du Ciel (*Ps.*, LXXXVIII, 30). Les trônes des rois de la terre sont comme les jours de la terre. Mais autres sont les jours du Ciel, autres sont les jours de la terre. Les jours du Ciel sont les années dont il est dit dans un autre psaume : « Mais vous êtes toujours le même et vos années ne prendront pas fin (*Ps.*, CI, 28). » Les jours de la terre sont poussés par les jours qui succèdent; ceux d'avant ne subsistent plus, et ceux qui suivent ne durent pas; ils ne viennent que pour s'en aller, et ils ont presque disparu avant d'être arrivés. Tels sont les jours de la terre. Les jours du Ciel, au contraire, ainsi que les années qui ne passent pas, n'ont pas eu de commencement et n'auront pas de terme ; là aucun jour n'est renfermé entre une veille et un lendemain. Personne n'y attend l'avenir, personne n'y perd le passé; mais les jours du Ciel sont toujours présents, et c'est là que le trône du Seigneur sera pour l'éternité. Le Psaume étant long, remettons à un autre moment l'explication de ce qui en reste, puisque nous aurons encore à nous réunir avec vous au nom du Christ. Réparez donc vos forces : je ne parle pas des forces de votre esprit, car je vois que votre esprit est infatigable ; mais pour que vos corps, serviteurs de vos âmes, puissent persévérer dans leur ministère, prenez quelque repos, et quand votre vigueur sera retrempée, revenez à la nourriture de vos âmes.

---

debemus, videndo (*a*) quod illi crediderunt ? Excelsum enim apud reges terræ illi nondum viderant Christum, adhuc « principes conveniebant in unum adversus Dominum et adversus Christum ejus (*Psal.*, II, 2). » Nondum impletum erat quod in ipso Psalmo sequitur, « Et nunc reges intelligite, erudimini omnes qui judicatis terram (*Ibid.*, 10). » Jam ergo factus est Christus excelsus apud reges terræ.

28. « In æternum servabo ei misericordiam meam, et testamentum meum fidele ipsi (*Ps.*, LXXXVIII, 29). » Propter ipsum, fidele testamentum; in ipso mediatum est Christus testamenti, ipse mediator testamenti, ipse signator testamenti, ipse fidejussor testamenti, ipse testis testamenti, ipse hereditas testamenti, ipse coheres testamenti.

29. « Et ponam in sæculum sæculi semen ejus (*Ibid.*, 30). » Non tantum in hoc sæculo, sed in sæculum sæculi : quo transibit utique semen ejus, quæ est hereditas ejus, semen Abrahæ quod est Christus (*Gal.*, III, 16, et 29). Si autem vos Christi, ergo Abrahæ semen estis. Et si in æternum accepturi hereditatem, ponet « in sæculum sæculi semen ejus. Et thronum ejus sicut dies cœli. » Throni regum terrenorum sicut dies terræ. Alii sunt dies cœli, alii sunt dies terræ. Dies cœli anni sunt illi, de quibus dicitur, « Tu autem idem ipse es, et anni tui non deficient (*Psal.*, CI, 28). » Dies terræ succedentibus urgentur, præcedentes excluduntur, nec qui succedunt manent, sed veniunt ut eant, et pene antequam veniant eunt. Ita sunt dies terræ. Dies autem cœli et illi anni non deficientes nec initium habent nec terminum : nec ullus ibi dies angustatur inter hesternum et crastinum. Nemo ibi exspectat futurum, nemo ibi perdit præteritum : sed dies cœli semper præsentes sunt, ubi erit thronus ejus in æternum. Quod restat, si placet, servemus : quoniam longus est Psalmus, et adhuc vobiscum aliquid in nomine Christi acturi sumus. Reficite ergo vires, non dico animi vestri, nam video quod animo infatigabiles estis : sed propter (*b*) servos animæ, ut durent in ministerio corpora vestra, aliquantulum reficimini, et refecti ad cibos redite.

(*a*) Editi, *per quod crediderunt.* Abest, *per*, a MSS. (*b*) Tres MSS. *sensus animæ :* et paulo post, *et refecti a cibo redite.* Regius MS. *a cibis :* atque idem codex aliique plures addunt, *Conversi ad Dominum.*

DEUXIÈME DISCOURS [1]

SUR LA SECONDE PARTIE DU PSAUME LXXXVIII.

1. Appliquez votre attention à ce qui reste du Psaume dont nous avons parlé ce matin, et réclamez le payement de notre pieuse dette; car par notre intermédiaire, vous le recevrez de celui qui a nous fait également et vous et nous. Le Seigneur Jésus-Christ était annoncé par les promesses de Dieu, dans la première partie du Psaume ; il est encore annoncé dans les versets dont nous avons à nous occuper. Voilà, en effet, entre autres choses, ce qui a été dit de lui précédemment : « Et moi je l'élèverai au plus haut rang comme mon premier né, devant les rois de la terre. Je lui conserverai toujours ma miséricorde et je ferai avec lui un testament inviolable. J'établirai sa descendance dans les siècles des siècles, et son trône durera autant que les jours du Ciel (*Ps.*, LXXXVIII, 28-30). » Nous avons expliqué ces versets, et tous les autres depuis le commencement du Psaume, autant que nous l'avons pu.

2. En voici la suite : « Si ses enfants abandonnent ma loi et ne marchent pas selon mes jugements, s'ils profanent ma justice et ne gardent pas mes commandements, je visiterai leurs iniquités avec la verge, et leurs fautes avec le fouet. Mais je ne retirerai pas ma miséricorde de dessus eux (2) ; et ne leur nuirai pas dans ma vérité. Je ne violerai pas mon testament et ne révoquerai pas les paroles sorties de mes lèvres (*Ibid.*, 31-33). » Magnifique confirmation des promesses de Dieu ! Les enfants de ce David, sont les enfants de l'Époux ; donc tous les chrétiens sont nommés ses enfants. Or, ce que Dieu promet est de la plus haute impor-

SERMO SECUNDUS

DE SECUNDA PARTE PSALMI LXXXVIII.

1. Ad reliqua Psalmi, de quo in matutino locuti sumus, animum intendite, et pium debitum exigite : eo reddituro per nos, qui fecit et nos et vos. Dominus Christus in superioribus Psalmi ex promisso Dei annuntiabatur, et adhuc in his etiam verbis quæ tractaturi sumus, ipse annuntiatur. De illo enim inter cetera paulo superius dictum erat, « Et ego primogenitum ponam eum, excelsum apud reges terræ (*Ps.*, LXXXVIII, 28). In æternum servabo illi misericordiam meam, et testamentum meum fidele ipsi (*Ibid.*, 29). Et ponam in sæculum sæculi semen ejus, et thronum ejus sicut dies cæli (*Ibid.*, 30). » De his et de omnibus supra ab ipso exordio, quæ potuimus, diximus.

2. Sequitur autem, « Si dereliquerint filii ejus legem meam, et in judiciis meis non ambulaverint (*Ibid.*, 31) : si justificationes meas profanaverint, et mandata mea non custodierint (*Ibid.*, 32) : visitabo in virga iniquitates eorum, et in flagellis delicta eorum (*Ibid.*, 33). Misericordiam vero meam non dispergam ab (*a*)

---

(1) Prononcé le même jour que le discours précédent.
(2) Peut-être faudrait-il lire : « de dessus lui. » C'est la leçon que S. Augustin adopte et qu'il déclare la plus ordinaire, dans les explications qui suivent.
(*a*) Forte legendum, *ab eo* : quam lectionem postea explicando præfert, et vulgarem fuisse significat.

tance, puisqu'il dit : Si les chrétiens, c'est-à-dire, si ses enfants abandonnent ma loi, s'ils ne marchent pas selon mes jugements, s'ils profanent mes justices et ne gardent pas mes commandements, je ne les repousserai pas cependant, et ne les abandonnerai point à leur perte; mais que ferai-je ? « Je visiterai leurs iniquités avec la verge, et leurs fautes avec le fouet(*Ibid.*34).» La miséricorde de Dieu n'éclatera donc point seulement dans son appel à la grâce, mais encore dans ses châtiments et dans ses coups. Que sa main paternelle soit donc sur vous, et, si vous êtes bon fils, gardez-vous de repousser sa discipline. Car, quel est le fils à qui le père n'impose une discipline? Qu'il vous impose donc sa discipline, pourvu qu'il ne vous ôte pas sa miséricorde ; qu'il frappe le fils révolté, pourvu qu'il lui conserve son héritage. Quant à vous, si vous avez bien compris les promesses de votre père, ne craignez pas qu'il vous châtie, mais qu'il vous déshérite. Car Dieu corrige celui qu'il aime ; il frappe de verges tout fils qu'il reçoit (*Héb.*, XIII, 5-7). Le fils couvert de péchés peut-il repousser la verge, quand il voit le fils unique, exempt de tout péché, frappé de cette verge ? « Je visiterai, dit-il, leurs iniquités la verge à la main (*Ps.*, LXXXVIII, 33). »

L'Apôtre faisait la même menace, quand il disait : « Que voulez-vous de moi ? que je vienne à vous la verge en main(I*Cor.*,;IV,21) ?» A Dieu ne plaise que des enfants pieux ne disent jamais : pour venir avec une verge, ne venez pas. Il vaut mieux être instruit par la verge d'un père, que de périr par les flatteries d'un voleur.

3. « Je visiterai, dit-il, leurs iniquités avec la verge et leurs fautes avec le fouet; mais je ne retirerai pas ma miséricorde de dessus lui (*Ps.*, LXXXVIII, 33 et 34). » De dessus qui? De dessus ce David à qui j'ai fait de telles promesses, et que j'ai oint de mon huile sainte au-dessus de tous ceux qui ont eu part à cette onction (*Ps.*, XLIV, 8). Reconnaissez-vous celui de dessus qui Dieu ne retirera pas sa miséricorde? Mais que nul ne s'inquiète et ne dise : S'il est question du Christ, si c'est de dessus le Christ que Dieu atteste qu'il ne retirera pas sa miséricorde, que doivent attendre les pécheurs? Dieu a-t-il dit : je ne retirerai pas ma miséricorde de dessus eux ? Après ces paroles : « je visiterai leurs iniquités avec la verge, et leurs fautes avec le fouet, » vous attendiez sans doute, pour vous rassurer, que Dieu dit : « je ne retirerai pas ma miséricorde de dessus eux (*Ps.*, LXXXVIII, 34). » A la vérité, c'est là le texte

---

eis, neque nocebo (*a*) in veritate mea (*Ibid.*, 34). Neque profanabo testamentum meum ; et quæ procedunt de labiis meis, non reprobabo (*Ibid.*, 35). » Magnum firmamentum promissionis Dei. Filii hujus David, filii sunt sponsi : omnes ergo Christiani, filii ejus dicuntur. Multum est autem quod promittit Deus, quia « Si » Christiani, hoc est,« filii ejus dereliquerint, » inquit « legem meam, et in judiciis meis non ambulaverint; si justificationes meas profanaverint, et mandata mea non custodierint: » non contemnam eos, neque in perditione dimittam eos : sed quid faciam ? « Visitabo in virga iniquitates eorum, et in flagellis delicta eorum. » Non ergo tantum misericordia vocantis est, sed et verberantis et flagellantis. (*b*) Sit itaque manus paterna super te, et si filius bonus es, noli repellere disciplinam. Quis est enim filius, cui non dat disciplinam pater ejus? Det disciplinam, dum non auferat misericordiam : cædat contumacem, dum tamen reddat hereditatem. Tu si promissa patris, bene agnovisti, non timeas flagellari, sed exheredari. « Quem enim diligit Dominus, corripit: flagellat autem omnem filium quem recipit

(*Hebr.*, XII, 6). » Peccator filius dedignatur flagellari, cum sine peccato videat Unicum flagellatum ? « Visitabo ergo, ait, in virga iniquitates eorum. » Sic et Apostolus comminatur : « Quid vultis ? In virga veniam ad vos (I *Cor.*, IV, 21)? » Absit ut dicerent pii filii, Si cum virga venturus es, noli venire. Melius est enim erudiri in virga patris, quam in blandimento perire prædonis.

3. « Visitabo, inquit, in virga iniquitates eorum, et in flagellis delicta eorum. Misericordiam vero meam non dispergam ab eo. » A quo ? Ab illo scilicet David, cui talia promisi, quem unxi in oleo sancto meo præ participibus suis. Agnoscitis eum, a quo non disperget Deus misericordiam suam? Ne quis forte sollicitus dicat, Quando quidem Christum dicit, a quo se misericordiam suam non dispersurum esse confirmat, quid ergo peccator? nunquid enim hoc dixit, Misericordiam autem meam non dispergam ab eis? « Visitabo, inquit, in virga iniquitates eorum, et in flagellis delicta eorum. » Exspectabas ad securitatem tuam, « Misericordiam vero meam non dispergam ab eis. » Et quidem hoc nonnulli co-

---

(*a*) Editi hoc tantum loco addebant *eis*, vel *eos* : quod a plerisque MSS. et a LXX. abest. (*b*) Aliquot MSS. *Si itaque*.

de quelques manuscrits ; mais non des manuscrits les plus corrects. Cependant ceux qui présentent cette leçon n'ont rien de contraire à la vérité. Car, de quelle manière Dieu ne retire-t-il pas sa miséricorde de dessus le Christ ? Est-ce que celui qui est le Sauveur de son propre corps a jamais péché au ciel ou sur la terre, lui qui est assis à la droite de Dieu, où il intercède pour nous (*Rom.*, VIII, 74)? Quand donc Dieu dit : de dessus le Christ, c'est de ses membres, c'est de son corps qui est l'Église, que Dieu parle. Le Prophète nous déclare, comme une chose de grande importance, que Dieu ne retirera pas de dessus lui sa miséricorde, comme si nous ne reconnaissions pas alors en lui le Fils unique qui est au sein de son Père. Car l'homme que nous voyons en lui n'est point une personne à part ; il n'y a en lui qu'une seule personne, Dieu et homme. Dieu ne retire donc pas de dessus lui sa miséricorde, du moment qu'il ne la retire pas de dessus ses membres, de dessus son corps, dans lequel il souffrait sur la terre, lorsque déjà il était assis dans le Ciel, et que, du haut du Ciel, il criait : « Saul, Saul, » n'ajoutant pas : pourquoi persécutez-vous mes serviteurs, ni : pourquoi persécutez-vous mes saints, ni encore : pourquoi persécutez-vous mes disciples, mais : « pourquoi me persécutez-vous (*Act.*, IX, 4) ? » De même donc qu'il a crié, du haut du Ciel, où nul ne le persécutait : « pourquoi me persécutez-vous ? » parce que la tête connaissait les membres et que son amour ne séparait point la tête de l'union la plus étroite avec les membres ; ainsi Dieu, en ne retirant pas sa miséricorde de dessus le Christ, ne la retire pas non plus de dessus nous, qui sommes les membres et le corps du Christ. Il n'y a là rien cependant qui puisse nous engager à pécher avec sécurité et à nous promettre par un sentiment pervers que, quelques mauvaises actions que nous commettions, nous ne périrons jamais. En effet, laissons d'abord de côté certains péchés, certaines iniquités que nous ne pouvons ni vous énumérer ni vous dépeindre ; ce qui demanderait d'ailleurs trop de temps, quand même ces détails seraient possibles. Car, nul ne peut dire qu'il est sans péché, parce que, s'il le disait, il mentirait. « Si nous prétendons être sans péché, dit saint Jean, nous nous trompons nous-mêmes et la vérité n'est pas en nous (*Jean*, 1, 8).» Ces sortes de péchés qui se trouvent dans tout homme lui attirent certainement les châtiments de Dieu ; mais, si cet homme est chrétien, la miséricorde divine ne se retire pas pour cela de dessus lui. Au contraire, si vous allez jusqu'à commettre de telles iniquités, que vous rejetiez loin de vous la verge qui vous frappe,

---

dices habent, sed emendatiores non habent : tamen et qui hoc habent, nihil ab re habent. Quomodo enim a Christo misericordiam suam non dispergit? Numquid ipse Salvator corporis vel in terra vel in cælo peccavit; qui sedet ad dexteram ejus et interpellat pro nobis (*Rom.*, VIII, 34)? A Christo tamen : sed a membris ejus, a corpore ejus quod est Ecclesia. Sic enim pro magno dicit quod ab illo non dispergat misericordiam suam, quasi non (a) agnoscimus unigenitum Filium qui est in sinu Patris : non enim pro persona sua ibi computatur homo, sed una persona est Deus et homo. Ergo ab eo non dispergit misericordiam suam, cum a membris ejus, cum a corpore ejus non dispergit misericordiam suam, in quo et ipse in terra persecutiones patiebatur, cum jam sederet in cælo; et de cælo clamabat, « Saule, Saule (*Act.*, IX, 4), » non, Quid persequeris servos meos ; non, Quid persequeris sanctos meos ; non, Quid persequeris discipulos meos : sed, « Quid me persequeris ? » Sicut ergo cum cum sedentem in cælo nemo persequeretur, clamavit, Quid me persequeris ? cum caput membra sua cognosceret, et a compage corporis sui caput caritas non separaret : sic cum misericordiam suam non dispergit ab eo, a nobis utique non dispergit, qui sumus membra ejus et corpus ejus. Nec ideo tamen debemus securi peccare, et perverse nobis polliceri, quoniam quidquid fecerimus, non perimus. Sunt enim quædam peccata et quædam iniquitates, de quibus quidem disserere atque definire, aut impossibile nobis est ; aut si jam esset possibile, certe tempori longum esset. Nemo enim potest dicere esse se sine peccato : quia si dixerit, mentietur. « Si enim dixerimus quia peccatum non habemus, nos ipsos seducimus, et veritas in nobis non est (I *Johan.*, 1, 8). » Ergo unusquisque pro peccatis suis necessario flagelletur ; sed ab eo, si Christianus est, Dei misericordia non dispergitur. Plane si in tantas ieris iniquitates, ut repellas a te

(a) Sic MSS. Editi vero, *agnoscamus*: ac paulo post habebant, *comparatur homo* ; ubi ex nonnullis optimæ notæ MSS reponimus, *computatur*.

que vous repoussiez la main qui vous flagelle, que vous vous indigniez contre la discipline de Dieu, que vous fuyiez le Père qui vous châtie et que vous ne vouliez plus de lui pour père, parce qu'il ne vous épargne pas quand vous péchez : dans ce cas, c'est vous qui vous êtes rendu étranger à l'héritage, ce n'est pas Dieu qui vous a châtié ; car si vous étiez resté sous le châtiment, vous seriez resté dans vos droits à l'héritage. « Je ne retirerai pas de dessus lui ma miséricorde et je ne lui nuirai pas dans ma vérité (*Ps.*, LXXXVIII, 34). » C'est afin que la vérité du vengeur ne lui nuise pas, que la miséricorde du libérateur ne lui est pas retirée.

4. « Je ne violerai pas mon testament et ne révoquerai pas les paroles sorties de mes lèvres (*Ibid.*, 35). » Si les fils du Christ sont pécheurs, ce n'est pas une raison pour moi de mentir ; j'ai promis, j'accomplis. Supposez qu'ils veuillent pécher en désespérés et se précipiter dans l'iniquité au point d'offenser les yeux du Père et de mériter de perdre son héritage, n'est-il pas le Dieu dont il a été dit : « Il peut, de ces pierres mêmes, susciter des enfants à Abraham (*Matth.*, III, 9) ? » C'est pourquoi, je vous le dis, mes frères, plusieurs chrétiens pèchent d'une manière pardonnable, il y en a plusieurs que le châtiment corrige du péché, qui s'amendent et qui guérissent ; mais il y en a plusieurs aussi qui se détournent absolument de Dieu, et qui luttent de toute la dureté de leur tête contre la discipline du Père. Cette paternité de Dieu, ils la rejettent entièrement, bien qu'ils portent le signe du Christ, et ils tombent dans de telles iniquités qu'on ne peut que rappeler contre eux ces paroles de l'Apôtre : « Ceux qui commettent de tels crimes ne posséderont pas le royaume de Dieu (*Gal.*, v, 21). » Cependant, le Christ ne restera pas à cause d'eux sans héritiers ; les grains ne périront pas à cause de la paille (*Matth.*, III, 12). Les mauvais poissons n'empêcheront pas que des filets du Christ on n'en recueille de bons dans les réservoirs (*Ib.*, XIII, 47, 48). « Dieu connaît les siens (II *Tim.*, II, 9). » Il a promis avec assurance, parce qu'il nous a prédestinés avant que nous ne fussions. « Car ceux qu'il a prédestinés, il les a appelés ; ceux qu'il a appelés, il les a justifiés ; et ceux qu'il a justifiés, il les a glorifiés (*Rom.*, VIII, 30). » Que les coupables désespérés pèchent autant qu'ils le voudront ; c'est aux membres du Christ de leur répondre : « Si Dieu est pour nous, qui sera contre nous (*Ibid.*, 31) ? » Dieu ne nuira donc pas au chrétien dans sa vérité, et il ne violera pas son testament. Son testament demeure immuable,

---

virgam verberantis, si repellas manum flagellantis, et de disciplina Dei indigneris, et fugias a patre cædente, et nolis cum patrem pati, quia non parcit peccanti ; tu te alienasti ab hereditate, ipse te non abjecit : nam si maneres flagellatus, non remaneres exheredatus. « Misericordiam vero, inquit, meam non dispergam ab eo, neque nocebo in veritate mea. » Ad hoc enim non dispergetur misericordia liberantis, ne noceat veritas vindicantis.

4. « Neque profanabo testamentum meum, et quæ procedunt de labiis meis non reprobabo (*Ps.*, LXXXVIII, 35). » Non quia filii ejus peccant, ideo ego mendax inveniar ; promisi, facio. Pone quia volunt illi etiam cum desperatione peccare, et sic ire omnino in peccata, ut offendant oculos Patris, et exheredari mereantur : nonne ipse est Deus, de quo dictum est, « De lapidibus istis suscitabit filios Abrahæ (*Matth.*, III, 9) ? » Itaque dico vobis, Fratres, multi Christiani tolerabiliter peccant, multi flagello a peccato corriguntur, et emendantur, et sanantur ; multi omnino aversi, dura cervice obnitentes adversus disciplinam Patris, et ipsam omnino Dei (*a*) paternitatem recusantes, habentes tamen signum Christi, eunt in tales iniquitates, ut non possit nisi recitari contra eos, «Quoniam qui talia agunt, regnum Dei non possidebunt (*Gal.*, v, 21). » Non tamen propter hos remanebit Christus sine hereditate : non propter paleam etiam frumenta interibunt ; non propter pisces malos nihil ex illa sagina mittetur in vascula (*Matth.*, III, 12, et XIII, 30). « Novit Dominus qui sunt ejus (II *Tim.*, II, 19). » Securus enim promisit, qui nos antequam essemus prædestinavit. « Quos autem prædestinavit, illos et vocavit ; quos autem vocavit, illos et justificavit ; quos autem justificavit, illos et glorificavit (*Rom.*, VIII, 30). » Peccent quantum volant desperati : respondeant membra Christi, Si Deus pro nobis, quis contra nos ? Non ergo nocebit Deus in veritate sua, nec profanabit testamentum suum. Manet immobile testamentum ejus, quia ipse sibi præsciens prædestinavit heredes. Et quæ procedunt de labiis ejus, non reprobabit.

5. Audi ad confirmationem tuam, audi ad securi-

(*a*) Sic MSS. At editi, *hereditatem*

parce qu'il s'est prédestiné des héritiers dans sa prescience, et qu'il ne rétractera pas les paroles sorties de ses lèvres.

5. Écoutez encore, afin de vous affermir; écoutez, afin de vous rassurer, si vous vous reconnaissez au nombre des membres du Christ. « J'ai juré une fois par celui qui est mon saint, et je ne mentirai point à David (*Ps.*, LXXXVIII, 36). » Attendez-vous que Dieu renouvelle son serment? Combien de fois fera-t-il ce serment, si, une seule fois, il manque à ce serment? Il n'a fait qu'un serment pour nous promettre la vie éternelle, c'était d'envoyer pour nous son Fils unique à la mort. « J'ai juré une fois, par celui qui est mon saint, et je ne mentirai point à David. Sa race demeurera éternellement (*Ibid.*). » Sa race demeurera éternellement, parce que Dieu connaît les siens. « Et son trône sera comme le soleil en ma présence, et comme la lune parfaite pour l'éternité, et il sera dans le ciel un témoin fidèle (*Ibid.*, 37 et 38). » Son trône est formé de ceux sur lesquels il domine, dans lesquels il réside, sur lesquels il règne. Ils sont en même temps son trône et ses membres, parce que nos membres mêmes sont le trône de notre tête. Voyez comme les autres membres portent la tête; mais la tête ne porte rien au-dessus d'elle-même, tandis qu'elle est portée par les autres membres, comme si tout le corps de l'homme était le trône de la tête. Le trône de Dieu, c'est-à-dire tous ceux dans lesquels Dieu règne, sera, dit le Seigneur, comme le soleil en ma présence ; parce que les justes brilleront comme le soleil dans le royaume de mon Père (*Matth.*, XIII, 43). Mais il faut comprendre ici le soleil dans un sens spirituel ; il ne s'agit pas du soleil matériel qui brille dans le ciel, et que Dieu fait lever sur les bons et sur les méchants (*Matth.*, V, 45). D'ailleurs, ce soleil est exposé aux regards, non-seulement des hommes, mais de tous les animaux, jusqu'aux plus petites d'entre les mouches. Quel animal, en effet, si vil que vous le supposiez, ne voit le soleil? Mais, que dit particulièrement le Prophète du soleil spirituel? « Comme le soleil en ma présence (*Ps.*, LXXXVIII, 38) : » non point en la présence des hommes, ni en la présence de la chair, ni en la présence des animaux périssables, mais en ma présence (*Ibid.*). « Et comme la lune, » mais quelle lune? « La lune parfaite pour l'éternité (*Ibid.*). » En effet, quoique la lune que nous connaissons atteigne sa perfection, elle commence à décroître dès le lendemain du jour où elle a été parfaite. Mais le Seigneur parle d'une lune parfaite pour l'éternité (*Ibid.*). » Le trône de son Fils sera donc parfait comme la lune, mais une lune parfaite pour l'éternité. S'il est comme le soleil, pourquoi est-il aussi comme la lune? Par la lune, les Écritures désignent habituellement la mortalité de notre chair, parce qu'elle croît et dé-

tatem tuam, si te in membris Christi esse cognoscis. « Semel juravi in sancto meo, si David mentiar (*Ps.*, LXXXVIII, 36). » Exspectas ut iterum juret Deus? Quoties juraturus est, si semel jurando mentitur? Unam jurationem pro vita nostra habuit, qui pro nobis ad mortem Unicum misit. « Semel juravi in sancto meo, si David mentiar : Semen ejus in æternum manebit (*Ibid.*, 37). » In æternum manet semen ejus ; « quia novit Dominus qui sunt ejus (II *Tim.*, II, 19). » « Et sedes ejus sicut sol in conspectu meo, et sicut luna perfecta in æternum, et testis in cœlo fidelis (*Ps.*, LXXXVIII, 38). » Sedes ejus, quibus dominatur in quibus sedet, in quibus regnat. Si sedes ejus, et membra ejus : quia etiam membra nostra sedes sunt capitis nostri. Videte quemadmodum cetera omnia membra nostra caput portent : caput autem ipsum super se non portat aliquid, sed ipsum portatur a ceteris membris nostris, quasi totum corpus hominis sedes sit capitis. Sedes ergo ejus, omnes in quibus regnat Deus, sic erunt, inquit, in conspectu meo sicut sol : « quia justi fulgebunt in regno Patris mei sicut sol (*Matth.*, XIII, 43). » Sed sol spiritaliter; non corporaliter, sicut lucet iste de cælo, quem facit oriri super bonos et malos (*Matth.*, V, 45). Denique iste sol in conspectu est, non solum hominum, verum etiam pecorum minutissimarumque muscarum. Quod enim quorumlibet vilissimorum animalium non videt solem istum? At vero de illo sole quid ait proprie? « Sicut sol in conspectu meo. » Non in conspectu hominum, non in conspectu carnis, non in conspectu mortalium animalium, sed « in conspectu meo. Et sicut luna. » Sed quæ luna? « Perfecta in æternum. » Etenim etsi perficitur luna ista quam novimus, alio die incipit minui, postea quam perfecta fuerit. « Sicut luna, inquit, perfecta in æternum. » Sic perficietur sedes ejus tamquam luna ; sed luna in æternum perfecta. Si sol, quare et luna? Per lunam solent significare Scripturæ mortalita-

croît, et que son aspect change constamment. D'autre part le nom de lune est traduit par celui de Jéricho. Or, il y eut un homme qui descendant de Jérusalem à Jéricho fut surpris par des brigands (*Luc*, x, 30) : il descendait, en effet, de l'immortalité à la mortalité. La chair est donc semblable à la lune, qui, en tout temps et chaque mois, croît et décroît : mais lors de la résurrection, notre chair deviendra parfaite, « et elle sera, dans le ciel, un témoin fidèle (*Ps.*, LXXXVIII, 38). » C'est pourquoi, si notre âme seule devait être alors parfaite, le prophète nous comparerait seulement au soleil ; d'autre part, si cette perfection n'était réservée qu'à notre corps, il ne nous comparerait qu'à la lune ; mais parce que Dieu nous rendra parfaits dans notre âme et dans notre corps, le prophète dit, en raison de notre âme : « comme le soleil en ma présence, » parce que Dieu seul voit notre âme ; et : « comme la lune parfaite pour l'éternité, » en raison de notre chair, mais de notre chair lors de la résurrection des morts ; car elle sera alors dans le ciel un témoin fidèle, attestant la vérité de tout ce qui a été promis sur la résurrection des morts. Je vous en prie, écoutez ceci une seconde fois, d'une manière plus claire, et gardez-en le souvenir. Je vois que quelques-uns d'entre vous m'ont compris ; mais d'autres, peut-être, se demandent encore ce que j'ai voulu dire. Il n'y a aucun point de la foi chrétienne, qui soit plus attaqué que celui de la résurrection de la chair. Aussi, celui qui est né comme un signe livré à la contradiction (*Luc*, XVIII, 34) a-t-il ressuscité sa propre chair, pour aller au-devant des contradicteurs ; et tandis qu'il pouvait guérir ses membres, de telle sorte qu'ils ne parussent pas avoir été blessés, il a conservé sur son corps les cicatrices de certaines blessures, pour guérir dans les cœurs la blessure du doute. Il n'y a donc aucun point de la foi chrétienne qui ait été l'objet de contradictions aussi violentes et aussi opiniâtres, ni d'autant d'objections et d'attaques, que la résurrection de la chair. Car, quant à l'immortalité de l'âme, beaucoup de philosophes parmi les Gentils l'ont discutée, et ils ont laissé de nombreux écrits et des ouvrages considérables, dans lesquels ils ont établi que l'âme humaine est immortelle. Mais est-il question de la résurrection de la chair, ils n'hésitent pas, ils contredisent notre foi de la façon la plus évidente, et ils n'affirment rien moins que l'impossibilité pour notre chair terrestre de monter dans le ciel. C'est pourquoi cette lune parfaite pour l'éternité sera dans le ciel un témoin fidèle contre tous ces contradicteurs.

6. Telles sont les promesses faites au sujet du Christ, promesses certaines, promesses immua-

---

tem carnis hujus, propter augmenta et decrementa, propter transitoriam speciem. Denique et Jericho luna interpretatur. Et utique quidam qui descendebat ab Jerusalem in Jericho, incidit in latrones (*Lucæ*, x, 30) : descendebat enim ab immortalitate ad mortalitatem. Similis est ergo caro ista lunæ, quæ omni tempore et omni mense patitur augmenta et decrementa : sed erit caro ista nostra in resurrectione perfecta : « et testis in cælo fidelis. » Itaque si in solo animo perficeremur, tantummodo soli nos compararet : rursus si in solo corpore perficeremur, tantummodo lunæ nos compararet : sed quia perficiet nos Deus et in animo et in corpore, secundum animum dictum est, « Sicut sol in conspectu meo, » quia animum non videt nisi Deus : « et sicut luna, » jam caro ; « perfecta in æternum, » in resurrectione mortuorum : « et testis in cælo fidelis, » quia vera dicebantur omnia de resurrectione mortuorum. Obsecro vos, audite hoc iterum planius, et mementote. Scio enim quosdam intellexisse, alios vero fortassis quid dixerim adhuc inquirere. In nulla re sic contradicitur fidei Christianæ, quam in resurrectione carnis. Denique ille qui natus est in signum, cui contradicitur (*Lucæ*, II, 34), et ipsam carnem suam resuscitavit, ut obviam iret contradictori : et qui posset membra sua sic sanare, ut ea vulnerata fuisse non appareret, cicatrices servavit in corpore, ut vulnus dubitationis sanaret in corde. In nulla ergo re tam vehementer, tam pertinaciter, tam obnixe et contentiose contradicitur fidei Christianæ sicut de carnis resurrectione. Nam de animi immortalitate multi etiam Philosophi Gentium multa disputaverunt, et immortalem esse animum humanum pluribus et multiplicibus libris conscriptum memoriæ reliquerunt. Cum ventum fuerit ad resurrectionem carnis, non titubant, sed apertissime contradicunt, et contradictio eorum talis est, ut dicant, fieri non posse, ut caro ista terrena possit in cælum adscendere. Ideo luna ista perfecta in æternum, et adversus omnes contradictores testis in cælo fidelis.

6. Hæc de Christo promissa sunt, quam certa, quam firma, quam aperta, quam indubitata. Nam

bles, promesses évidentes, promesses incontestables. Car, bien que quelques-unes soient enveloppées de mystères, d'autres sont tellement claires, qu'elles nous dévoilent facilement celles qui ont de l'obscurité. Les choses étant ainsi, voyons la suite du Psaume : « Mais vous avez repoussé, et réduit à rien, vous avez retardé votre Christ. Vous avez renversé l'alliance de votre serviteur, vous avez profané sa sainteté sur la terre. Vous avez détruit toutes ses murailles, vous avez changé en crainte ce qui le fortifiait. Tous ceux qui passaient dans le chemin l'ont pillé : il est devenu l'opprobre de ses voisins. Vous avez élevé la droite de ceux qui l'opprimaient, vous avez rendu joyeux tous ses ennemis. Vous lui avez retiré le secours de son glaive et vous ne l'avez pas assisté dans la guerre. Vous l'avez détruit, sans le réparer; vous avez laissé son trône contre terre. Vous avez diminué les jours de son règne; vous l'avez couvert de confusion (*Ps.*, LXXXVIII, 39, 46). » Qu'est-ce que tout ceci? Vous aviez fait tant de promesses, et vous avez exécuté tout le contraire! Où sont-elles donc ces promesses qui nous réjouissaient il n'y a qu'un instant, auxquelles nous applaudissions avec tant d'allégresse et dont nous nous félicitions avec tant de sécurité? Il semblerait que quelqu'un eût promis, et qu'un autre eût renversé. Mais non, chose plus étonnante, ce n'est pas un autre qui a renversé, « c'est vous (*Ibid.*, 39), » vous qui avez promis, vous qui avez confirmé vos promesses, vous qui, pour lever même toute incertitude humaine, avez fait un serment; c'est vous qui avez fait toutes ces promesses, et voilà ce que vous avez exécuté. Où reconnaîtrai-je votre serment? où trouverai-je la vérité de vos promesses? Qu'est-ce donc que tout ceci? Dieu ferait-il de fausses promesses? Dieu ferait-il un faux serment? Pourquoi a-t-il promis les premières choses et exécuté les secondes? Eh bien! moi, je vous dis que Dieu n'a agi de la sorte que pour confirmer ces promesses. Mais, qui suis-je moi, pour vous le dire? Voyons si c'est la vérité qui le dit, car alors je n'aurai pas témérairement parlé. David avait été choisi pour recevoir toutes ces promesses, lesquelles devaient s'accomplir dans le Christ, son rejeton. Ces promesses ayant été faites à David, les hommes s'attendaient à les voir s'accomplir dans David. En conséquence, de peur que, plus tard, au chrétien qui dirait : c'est du Christ que le Prophète a parlé, quelqu'un ne répondît : non, c'est de David; et que le chrétien pût se méprendre en voyant toutes ces promesses réalisées effectivement à l'égard de David, Dieu les a détruites en ce qui concernait David; afin que ne les voyant pas accomplies en lui, et sachant qu'elles doivent néces-

---

etsi quædam sunt tecta mysteriis : quædam tamen sic manifesta, ut ex ipsis facillime aperiantur obscura. Hæc cum ita sint, videte quid sequitur : « Tu vero repulisti, et ad nihilum deduxisti : distulisti Christum tuum (*Psal.*, LXXXVII, 39). Evertisti testamentum servi tui, profanasti in terra sanctitatem ejus (*Ibid.*, 40). Destruxisti omnes macerias ejus, posuisti munitiones ejus formidinem (*Ibid.*, 41). Diripuerunt eum omnes transeuntes viam, factus est opprobrium vicinis suis (*Ibid.*, 42). Exaltasti dexteram inimicorum ejus, jocundasti omnes inimicos ejus (*Ibid.*, 43). Avertisti adjutorium gladii ejus, et non es opitulatus ei in bello (*Ibid.*, 44). Dissolvisti eum ab emundatione (*a*) : sedem ejus in terram collisisti (*Ibid.*, 45). Minuisti dies sedis ejus, perfudisti eum confusione (*Ibid.*, 46). » Quid est hoc? Illa omnia promisisti, tu vero ista contraria fecisti. Ubi sunt promissiones, ad quas paulo ante gaudebamus, de quibus tam alacriter plaudebamus, de quibus securi gratulabamur? Quasi alius promiserit, alius everterit. Quod mirandum est, non alius : sed, « Tu vero, » tu qui promittebas, tu qui confirmabas, tu qui propter dubitationem humanam etiam jurabas, illa promisisti, et ista fecisti. Ubi tenebo jusjurandum tuum, ubi inveniam promissum tuum? Quid est hoc? Ita vero falsum promitteret Deus, aut falsum juraret? Quare ergo illa promisit, et ista fecit? Ego dico quia ista fecit, ut promissa firmaret. Sed quis ego qui hoc dico? Videamus si hoc veritas dicit, tunc non erit inane quod dico, David positus erat, cui promitterentur hæc omnia, in semine ejus quod est Christus implenda. Propter promissa ergo quæ dicta sunt ad David, exspectabant homines ea impleri in David. Proinde ne quisquam Christianus cum diceret, De Christo dixit : alius diceret, Non, sed de illo David dixit : et erraret, cum videret impleta omnia esse in David; destruxit ea in David, ut cum vides ea in illo non impleta, quæ necesse est

(*a*) Sic MSS. juxta LXX. At editi, *et sedem ejus in terra collisisti.*

sairement s'accomplir, vous eussiez à chercher quelque autre en qui il fût évident qu'elles ont été accomplies. Il en a été de même à l'égard d'Esaü et de Jacob. Nous voyons que le plus jeune s'est prosterné devant son aîné, bien qu'il ait été écrit : « L'aîné servira le plus jeune (*Gen.*, XXV, 23); » afin que ne trouvant pas la prédiction réalisée dans les deux frères, vous eussiez à attendre deux peuples, dans lesquels Dieu, qui ne peut mentir, a réalisé ce qu'il avait daigné promettre. « Voilà que j'établirai, a-t-il dit à David, quelqu'un de votre race sur votre trône (*Psaume*, CXXXI, 11). » Il lui a fait une promesse éternelle pour un de ses descendants; et son fils Salomon est né, et sa sagesse a été si grande que l'on croyait accompli en lui la promesse de Dieu touchant la postérité de David. Mais Salomon est tombé, et il a donné lieu d'espérer le Christ ; non pas que Dieu qui ne peut se tromper, ni tromper, et qui prévoyait la chute de Salomon, eût placé sur lui l'accomplissement de sa promesse, mais parce que la chute de Salomon vous contraint de reporter vos regards vers Dieu et de réclamer de lui la réalisation de sa promesse. Seigneur, avez-vous donc menti ? N'accomplissez-vous pas ce que vous avez promis? Ne donnez-vous pas ce que vous avez juré de donner? Peut-être ici Dieu vous dirait-il : J'ai juré, à la vérité, et j'ai promis ; mais Salomon n'a pas voulu persévérer. Quoi donc? Ne saviez-vous pas par avance, ô Seigneur Dieu, qu'il ne persévérerait pas? Assurément, vous le saviez. Pourquoi donc me promettre quelque chose d'éternel en celui qui ne devait pas persévérer ? N'avez-vous pas dit : « Lors même qu'ils abandonneraient ma loi, qu'ils ne marcheraient pas dans ma justice, qu'ils ne garderaient pas mes commandements et qu'ils profaneraient mon testament(*Ps.*, LXXXVIII, 31), cependant ma promesse subsistera ; je remplirai ce que j'ai juré? « J'ai juré une fois, par mon Saint, » en moi-même et en secret, dans la source même où les Prophètes ont bu ce qu'ils ont transmis : « J'ai juré une fois, je ne mentirai point à David (*Ibid.*, 36). » Donnez donc ce que vous avez juré ; rendez ce que vous avez promis. Dieu a tout retiré au premier David, afin qu'on n'attendît rien de ce David. Attendez donc ce que j'ai promis, dit le Seigneur.

7. David ne s'y est pas trompé. Voyez, en effet, ce qu'il dit : « Mais vous l'avez repoussé et réduit à rien (*Ibid.*, 39). » Où est donc ce que vous avez promis? « Vous avez retardé votre Christ (*Ibid.*). » Quoiqu'il nous ait fait ici une triste énumération, cependant, par cette seule parole, il nous réconforte ; ce que vous avez promis, ô Dieu, subsiste complétement ; car, vous n'avez pas enlevé votre Christ, mais

---

impleri, quæras alterum in quo ostendantur impleri. Ita etiam de Esaü et Jacob, invenimus majorem adoratum a minore, cum scriptum sit, « Major serviet minori (*Gen.*, XXV, 23) : » ut cum in illis duobus præcedentibus videris non impletum, exspectes duos populos, in quibus impleatur quod non mendax Deus polliceri dignatur. Ecce ex semine tuo, dixit David, ponam super sedem tuam (*Ps.*, CXXXI, 11). Promisit ex semine ejus in æternum aliquid; et natus Salomon, factus est tantæ sapientiæ, ut promissio Dei de semine David in illo putaretur impleta (III *Reg.*, XI, 1, etc.) : sed cecidit Salomon, et dedit locum sperando Christo ; ut quoniam Deus nec falli posset, nec fallere, quem sciebat casurum, non in eo poneret promissum suum, sed post casum ejus respiceres tu Deum, et flagitares promissum. Ergo Domine mentitus es? Non imples quod promisisti? non exhibes quod jurasti? Forte hic dicturus tibi erat Deus, Juravi quidem et promisi, sed iste noluit perseverare. Quid ergo, tu Domine Deus non præsciebas istum non perseveraturum ? Utique sciebas. Quare ergo in non perseveraturo mihi quod æternum esset promittebas ? Nonne tu dixisti, « Si dereliquerint legem meam, et in judiciis meis non ambulaverint, et mandata mea non custodierint, et testamentum meum profanaverint (*Psal.*, LXXXVIII, 31); » manebit tamen promissio mea, implebitur juratio mea? « Semel juravi in sancto meo, » intus in secreto quodam, in ipso fonte unde Prophetæ biberunt, qui nobis hæc ructaverunt : « Semel, inquit, juravi, si David mentiar (*Ibid.*, 36). » Exhibe ergo quod jurasti, redde quod promisisti. Sublatum est de isto David, ne exspectaretur in isto David. Exspecta ergo quod (a) promisi.

7. Novit illud et ipse David. Vide enim quid dicat : » Tu vero repulisti, et ad nihilum deduxisti (*Ibid.*, 39). » Ergo ubi est quod promisti? « Distulisti Christum tuum. » Quamvis tristia quædam enume-

---

(a) Sic MSS. Editi vero, *promisit*.

vous l'avez retardé. Voyez donc ce qui arrive à ce David, dans lequel les ignorants espéraient que Dieu réaliserait ses promesses; afin que les promesses de Dieu, dont l'espérance se reporte sur un autre, s'accomplissent avec plus de certitude. » Vous avez retardé votre Christ; vous avez renversé l'alliance de votre serviteur (*Ibid.*, 40). » Où est, en effet, l'ancien Testament des Juifs? où est cette terre promise, dans laquelle ils ont péché lorsqu'ils y habitaient, et dont ils ont été chassés après qu'elle a été détruite? Vous cherchez le royaume des Juifs, il n'existe plus; vous cherchez l'autel des Juifs, il n'existe plus; vous cherchez le sacrifice des Juifs, il n'existe plus; vous cherchez le sacerdoce des Juifs, il n'existe plus. « Vous avez renversé l'alliance de votre serviteur. Vous avez profané sa sainteté sur la terre (*Ibid.*). » Vous avez montré que toute sa sainteté était terrestre. « Vous avez détruit toutes ses murailles (*Ibid.*, 41) : » celles dont vous l'aviez entouré. Comment, en effet, eût-il été pillé, si ses murailles n'avaient été détruites? « Vous avez changé en crainte ce qui faisait sa force. » En quoi consiste cette crainte? » En ce que l'on dit aux pécheurs : « Si Dieu n'a pas épargné les rameaux naturels, il ne vous épargnera pas non plus (*Rom.*, XI, 21). » « Tous ceux qui passaient par le chemin l'ont pillé : » c'est-à-dire tous les Gentils; « par le chemin, » c'est-à-dire tous ceux qui passaient par cette vie ont pillé Israël, ont pillé David. Voyez d'abord le reste de ce peuple dispersé parmi toutes les nations, selon cette prophétie qui les frappe : « Ils seront la proie des renards (*Ps.*, LXII, 11). » Les renards, ainsi les nomme l'Écriture, sont les rois impies, rusés et peureux, que le courage des autres terrifie. C'est pourquoi le Seigneur, parlant d'Hérode qui le menaçait, a répondu : « Dites à ce renard (*Luc*, XIII, 32). » Le Roi qui ne craint personne parmi les hommes n'est pas un renard ; c'est le lion de la tribu de Juda, dont il est dit : « Vous vous êtes levé pour ravir votre proie; vous vous êtes couché, vous avez dormi comme un lion (*Genèse*, XLIX, 9). » Vous vous êtes levé dans votre force; vous avez dormi dans votre force ; vous avez dormi parce que vous l'avez voulu. C'est pourquoi, dans un autre psaume, il dit : « Moi, j'ai dormi. » La phrase n'était-elle pas complète s'il eût dit : « J'ai dormi et j'ai cherché le sommeil et je me suis réveillé parce que le Seigneur me prendra sous sa protection (*Ps.*, III, 6)? » Pourquoi a-t-il ajouté : « Moi? » Et ce mot il faut l'accentuer vigoureusement en le prononçant : Moi, « Moi, j'ai dormi. » Ils ont sévi contre moi, ils m'ont persécuté; mais, si je ne l'avais voulu, je n'aurais pas dormi. « Moi, j'ai dormi. » Ceux donc desquels il a été dit :

---

ret, in hoc tamen verbo reficit nos. Manet omnino, Deus, quod promisisti : nam Christum tuum non abstulisti, sed distulisti. Huic ergo David, in quo sperabant ignari promissa sua Deum completurum, videte quid accidit, ut promissa Dei firmius in alio sperata compleantur : « Distulisti Christum tuum : evertisti testamentum servi tui. » Ubi est enim testamentum vetus Judæorum ? ubi est terra ista promissionis, in qua habitantes peccarunt, qua deleta migrarunt? Regnum Judæorum quæris, non est: altare Judæorum quæris, non est: sacrificium Judæorum quæris, non est: sacerdotium Judæorum quæris, non est. « Evertisti testamentum servi tui, profanasti in terra sanctitatem ejus (*Ibid.*, 40). » Sancta illa quæ habebant, terrena esse ostendisti. « Destruxisti omnes macerias ejus (*Ibid.*, 41), » quibus eum munieras. Quando enim diriperetur, nisi maceriæ dirutæ fuissent ? « Posuisti munitiones ejus formidinem (*Ibid.*). » Quid est « formidinem ? » Ut dicatur peccantibus, « Si Deus naturalibus ramis non pepercit, neque tibi parcet (*Rom.*, XI, 21). » « Diripuerunt eum omnes transeuntes viam (*Ps.*, LXXXVIII, 42) : » omnes scilicet Gentes, per viam, hoc est per vitam istam transeuntes diripuerunt Israël, diripuerunt David. Primum videte frusta ejus in omnibus Gentibus : de ipsis enim dictum est, « Partes vulpium erunt (*Ps.*, LXII, 11). » Reges quippe impios vulpes appellavit Scriptura, dolosos et timidos quos terret virtus aliena. Ideo ipse Dominus cum de Herode comminante loqueretur, « Dicite, inquit, vulpi illi (*Lucæ*, XIII, 32). » Rex qui neminem hominum timet, ipse vulpes non est : leo ille de tribu Juda, cui dicitur, « Adscendens recumbens, dormisti sicut leo (*Gen.*, XLIX, 9). » Potestate adscendisti, potestate dormisti; quia voluisti, dormisti (*a*). Ideo in alio Psalmo dicit, »« Ego dormivi Nonne plena erat sententia, « Dormivi, et somnum cepi, et exsurrexi, quoniam Dominus suscipiet me (*Psal.*, III, 6)? » Quare additum est, Ego? Et cum magno pondere (*b*) pronuntiandum est, Ego, Ego

---

(*a*) Hic addunt editi, *quia voluisti, adscendisti:* quod a MSS. abest. (*b*) Sic MSS. Editi vero, *pronuntiatum est.*

DISCOURS SUR LA DEUXIÈME PARTIE DU PSAUME LXXXVIII.

« Ils seront la proie des renards, » sont ceux dont il est dit maintenant : « Tous ceux qui passaient par le chemin l'ont pillé ; il est devenu l'opprobre de ses voisins. Vous avez exalté la droite de tous ses ennemis; vous avez mis la joie au cœur de ses ennemis (*Ps.*, LXXXVIII, 43). » Considérez les Juifs et voyez que toutes ces prédictions ont été accomplies. « Vous lui avez retiré le secours de son glaive (*Ibid.*, 44). » Ils avaient autrefois l'habitude de combattre en petit nombre et de vaincre de grosses armées : « Vous lui avez retiré le secours de son glaive et ne l'avez pas assisté dans la guerre. Vous l'avez délié pour qu'il ne fût pas purifié (*Ibid.*, 45). » Il a été vaincu justement, réduit en captivité justement, chassé de son royaume justement, dispersé par l'univers justement. Car ainsi il a perdu cette terre, pour la possession de laquelle il a mis le Seigneur à mort. « Vous lui avez retiré le secours de son glaive et ne l'avez pas assisté dans la guerre ; vous l'avez délié pour qu'il ne fût pas purifié (*Ibid.*). » Qu'est-ce que cela signifie ? Au milieu de tous ces maux, voilà le plus terrible. Car, que Dieu châtie autant qu'il le voudra, qu'il se livre à son courroux autant qu'il le voudra, qu'il frappe autant qu'il le voudra ; mais du moins qu'il lie d'abord et ne flagelle que pour purifier, et qu'il ne délie point pour ne pas purifier. Si en effet il délie pour ne pas purifier, il n'a plus devant lui qu'un impie à rejeter et non un pécheur à purifier. Quelle est cette purification perdue pour le Juif, parce qu'il a été délié ? celle de la foi. Car nous vivons de la foi (*Gal.*, II, 11), et c'est de la foi qu'il est dit : « Dieu purifie leurs cœurs par la foi (*Act.*, XV, 9). » Et parce que la seule foi au Christ purifie, en refusant de croire au Christ, les Juifs ont été déliés pour n'être pas purifiés. « Vous l'avez délié pour qu'il ne fût pas purifié ; vous avez brisé son trône contre terre : » et vous l'avez brisé à bon droit. « Vous avez diminué les jours de son règne : » ils croyaient qu'ils régneraient à jamais. « Vous l'avez couvert de confusion (*Ps.*, LXXXVIII, 46). » Toutes ces choses sont arrivées aux Juifs, sans toutefois que l'avènement du Christ fût supprimé, mais seulement retardé.

8. Voyons donc si Dieu remplit ses promesses. Après avoir rappelé les maux terribles qui sont tombés sur ce peuple et sur ce royaume, afin qu'on ne crût pas que Dieu avait déjà rempli sa promesse et ne donnerait pas, dans le Christ, un autre royaume qui n'aura pas de fin, le Prophète interpelle Dieu et lui dit : « Jusques à quand, Seigneur, vous détournerez-vous de nous ? Sera-ce jusqu'à la fin (*Ibid.*, 47) ? » Peut-être, en effet, à la fin ne se détournera-t-il point

---

dormivi. Illi sævierunt, illi persecuti sunt : sed si noluissem, non dormissem. Ego dormivi. Ergo de quibus dictum erat, «Partes vulpium erunt; »de his nunc dictum est, « Diripuerunt eum omnes transeuntes viam , factus est opprobrium vicinis suis. Exaltasti dexteram inimicorum ejus, jocundasti omnes inimicos ejus (*Psal.*, LXXXVIII, 43). » Advertite Judæos, et videte omnia impleta quæ prædicta sunt. « Avertisti adjutorium gladii ejus (*Ibid.*, 44). » Quomodo solebant pauci dimicare, multos prosternere. « Avertisti adjutorium gladii ejus, et non es opitulatus ei in bello. » Merito victus, merito captus, merito a regno suo alienatus, merito dispersus. Eam enim terram perdidit, pro qua Dominum occidit. « Avertisti adjutorium gladii ejus, et non es opitulatus ei in bello. Dissolvisti eum ab emundatione (*Ibid.*, 45). » Quid est hoc? Inter omnia mala magnus hic terror. Quantumcumque enim cædat Deus, quantumlibet irascatur, quantumlibet verberet, flagellet : ligatum tamen flagellet, quem mundet, non dissolvat ab emundatione. Si enim dissolvit ab emundatione; jam non habet mundandum, sed projiciendum. A qua ergo emundatione dissolvitur Judæus ? A fide. « Ex fide enim vivimus (*Gal.*, III, 11) : et de fide dictum est, « Fide mundans corda eorum (*Act.*, XV, 9). » Et quia sola fides Christi mundat, non credendo in Christum soluti sunt ab emundatione. « Dissolvisti eum ab emundatione : sedem ejus in terram collisisti : » merito et fregisti. « Minuisti dies ejus : » putabant se in æternum regnaturos (*a*). « Perfudisti eum confusione. » Hæc omnia evenerunt Judæis : non tamen ablato Christo, sed dilato.

8. Videamus ergo utrum impleat Deus promissa sua. Post hæc dura, quæ commemoravit evenisse illi populo et illi regno, ne ibi putaretur Deus implevisse quod promiserat, et non daret alterum regnum in Christo, cujus regni non erit finis, alloquitur cum Propheta, et dicit, « Quo usque Domine averteris in finem (*Psal.*, LXXXVIII, 47)? » Forte enim non

---

(*a*) In editis repetebatur hic, *Minuisti dies sedis ejus :* Sed abest a MSS.

d'eux, parce qu'une partie d'Israël a été frappée d'aveuglement pour que la plénitude des Gentils entrât et qu'ainsi tout Israël fût sauvé (*Rom.*, XI, 25). En attendant toutefois, « votre colère sera ardente comme le feu. »

9. « Souvenez-vous quelle est ma substance (*Ps.*, LXXXVIII, 48). » C'est la parole de ce David que la chair a placé parmi les Juifs et l'espérance dans le Christ : « Souvenez-vous quelle est ma substance. » Car de ce que les Juifs ont été détruits, il ne s'ensuit pas que ma substance soit détruite. En effet la Vierge Marie était issue de ce peuple et la chair du Christ est issue de la Vierge Marie ; et cette chair pure de tout péché purifie les pécheurs ; c'est là, dit-il, qu'est ma substance. « Souvenez-vous quelle est ma substance. » Car la racine n'a pas entièrement péri ; le rejeton, objet de la promesse, viendra, et la loi sera remise par les Anges aux mains du Médiateur (*Galat.*, III, 19). « Souvenez-vous quelle est ma substance ; car vous n'avez pas créé en vain tous les enfants des hommes (*Ps.*, LXXXVIII, 48). » Voilà que tous les enfants des hommes sont allés vers la vanité, et cependant vous ne les avez pas créés en vain. Si donc ils sont allés vers la vanité, eux que vous n'avez pas créés en vain, ne vous êtes-vous réservé aucun moyen de les purifier de la vanité ? Ce que vous vous êtes réservé pour purifier les hommes de la vanité, c'est votre saint, et ma substance est en lui. En effet, c'est par lui que sont purifiés de leur vanité personnelle tous ceux que vous n'avez pas créés en vain ; bien qu'ils aient mérité ce reproche : « Enfants des hommes, jusques à quand aurez-vous le cœur appesanti ? Pourquoi aimez-vous la vanité, pourquoi cherchez-vous le mensonge (*Ps.*, IV, 3) ? » Peut-être en entendant ces paroles seraient-ils pris d'inquiétude et détournés de la vanité ; mais, en se voyant ainsi souillés par la vanité, ils chercheraient comment s'en purifier. O mon Dieu, venez à leur aide, rendez-leur la sécurité. « Et sachez que le Seigneur a glorifié son saint (*Ibid.*, 4). » Il a fait admirable son saint, et par lui il a purifié tous les hommes de la vanité. En lui, dit le Prophète, est ma substance ; ô Dieu, ayez-en le souvenir. « Car vous n'avez pas créé en vain tous les enfants des hommes. » Quel est donc celui que vous avez réservé pour eux ? « Quel est l'homme qui vivra et qui ne verra pas la mort (*Ps.*, LXXXVIII, 49) ? » Le même homme qui vivra et ne verra pas la mort purifiera les hommes de la vanité. Car Dieu n'a pas créé en vain tous les enfants des hommes, et il ne peut, lui leur créateur, les mépriser au point de refuser de les convertir et de les purifier.

---

in finem et ab ipsis : « quia cæcitas ex parte Israel facta est, ut plenitudo Gentium intraret, et sic omnis Israel salvus fieret (*Rom.*, XI, 25). » Interea tamen : « Exardescet sicut ignis ira tua. »

9. « Memento quæ est substantia mea (*Ps.*, LXXXVIII, 48). » David iste dicit positus in carne in Judæis, positus in spe in Christo, « Memento quæ est substantia mea. » Non enim quia Judæi defecerunt, defecit substantia mea. Etenim de illo populo virgo Maria, de virgine Maria caro Christi : et caro illa non peccatrix, sed peccatorum mundatrix. Ibi est, inquit, substantia mea. « Memento quæ est substantia mea. » Non enim omnino interiit radix : veniet semen cui promissum est, dispositum per Angelos in manu mediatoris (*Gal.*, III, 19). « Memento quæ est substantia mea. Non enim vane constituisti omnes filios hominum. » Ecce omnes filii hominum ierunt in vanitatem, tu tamen non vane illos constituisti. Cum ergo ierunt omnes in vanitatem quos tu non vane constituisti ; unde eos mundares a vanitate, numquid nihil tibi servasti ? Illud quod tibi servasti, unde mundares homines a vanitate, sanctus ille tuus, in eo substantia mea. Ex illo enim mundantur omnes, quos non frustra constituisti, a propria vanitate : quibus dicitur, « Filii hominum, quo usque graves corde, ut quid diligitis vanitatem, et quæritis mendacium (*Ps.*, IV, 3) ? » Forte solliciti facti converterentur a vanitate, invenirent se vanitate inquinatos, quærerent unde mundarentur. Succurre, fac securos. « Et scitote quoniam mirificavit Dominus sanctum suum (*Ibid.* 4), » Sanctum suum admirabilem fecit, unde omnes a vanitate mundavit. Ibi est, inquit, substantia mea ; memento ejus. « Non enim vane constituisti omnes filios hominum. » Ergo servasti aliquid, unde mundarentur. Quis est iste quem servasti ? « Quis est homo qui vivet, et non videbit mortem (*Ps.*, LXXXVIII, 49) ? » Ergo ille homo, qui vivet et non videbit mortem, ipse mundat a vanitate. Non enim in vanitate constituit omnes filios hominum, aut potest illos contemnere, qui fecit illos (a), ut non eos converteret, et non mundaret.

10. « Quis est homo qui vivet, et non videbit

(a) MSS. omittunt particulam, *ut*.

DISCOURS SUR LA DEUXIÈME PARTIE DU PSAUME LXXXVIII. 643

10. « Quel est l'homme qui vivra et ne verra pas la mort (*Ibid.*) ? » En effet, ressuscité d'entre les morts, le Christ ne meurt plus, et la mort n'aura plus désormais d'empire sur lui (*Rom.*, VI, 9). » On lit d'ailleurs dans un autre psaume: « Vous ne laisserez pas mon âme dans l'enfer et vous ne permettrez pas que votre saint voie sa corruption (*Psaume*, XV, 10) ; » l'enseignement des Apôtres s'est appuyé sur ce témoignage, et s'en est servi de la sorte contre les Juifs incrédules: « Hommes qui êtes nos frères, nous savons que le Patriarche David est mort et que sa chair a vu la corruption ; ce n'est donc pas de lui qu'il a été dit : Et vous ne permettrez pas que votre saint voie la corruption (*Act.*, II, 27-31). » Or si ce n'est pas à lui, à qui s'applique cette prophétie : « Quel est l'homme qui vivra et ne verra pas la mort ? » A personne peut-être? Mais ces mots : « Quel est l'homme, » sont écrits pour exciter vos recherches et non pour provoquer votre désespoir. Peut-être encore y a-t-il un homme « qui vivra et ne verra pas la mort, » mais cet homme n'est pas le Christ qui est mort ? Non : il n'y a aucun homme absolument « qui vivra et ne verra pas la mort, » si ce n'est celui qui déjà est mort pour les mortels. En effet, pour être certain que c'est de lui qu'a parlé le Prophète, écoutez ce qui suit : « Quel est l'homme qui vivra et ne verra pas la mort ? » Cet homme n'aura-t-il ja-

mais été dans été dans la mort ? Au contraire, il y aura été. Comment donc vivra-t-il et ne verra-t-il pas la mort ? » « Il arrachera son âme aux puissances de l'enfer (*Ps.*, LXXXVIII, 49). » Voilà donc celui qui vraiment seul, absolument seul, différent de tous les autres, « vivra et ne verra pas la mort, et arrachera son âme aux puissances de l'enfer. » Car, s'il est vrai que les autres hommes, devenus ses fidèles, ressusciteront d'entre les morts et vivront éternellement, toutefois, ils n'arracheront pas eux-mêmes leurs âmes aux puissances de l'enfer. Celui qui a arraché son âme aux puissances de l'enfer en arrachera aussi les âmes de ses fidèles, qui ne peuvent se délivrer eux-mêmes, Mais prouvez-nous qu'il a lui-même délivré son âme. « J'ai le pouvoir, a-t-il dit, de déposer ma vie et j'ai le pouvoir de la reprendre. Personne ne me la ravit (*Jean*, X, 17-18) ; » parce que, « moi, j'ai dormi (*Psaume*, III, 6) ; » « je la dépose de moi-même et de moi-même je la reprends. » C'est donc lui qui a arraché son âme aux puissances de l'enfer.

11. Mais la foi du Christ a traversé de longues épreuves et longtemps les nations ont dit en frémissant : « Quand mourra-t-il et quand périra-t-il (*Ps.*, XL, 4) ? » C'est à cause de ceux qui devaient croire d'abord au Christ et cependant souffrir pendant quelque temps, que le Prophète a ajouté : « Seigneur, où sont vos anciennes

---

mortem?»«Surgens enim a mortuis jam non moritur, et mors ei ultra non dominabitur (*Rom.*, VI, 9). » Denique cum in alio Psalmo scriptum legatur, «Non derelinques animam meam in inferno, nec dabis sanctum tuum videre corruptionem (*Psal.*, XV, 10) : » assumit hoc testimonium Apostolica disciplina, et ita in actibus Apostolorum contra infideles disputat, dicens, « Viri fratres, scimus quia David patriarcha mortuus est, et caro ejus vidit corruptionem. Non ergo de illo dictum est, Nec dabis sanctum tuum videre corruptionem (*Act.*, II, 28). » Si ergo non de illo dictum est, de quo dictum est, « Quis est homo, qui vivet, et non videbit mortem ? » Sed forte nullus est. Imno, « Quis est, » ut quæras, dictum est, non ut desperes. Sed forte est aliquis homo, « qui vivet, et non videbit mortem ;»non tamen de Christo dixit, qui mortuus est? Nullus omnino homo est, « qui vivet, et non videbit mortem, » nisi qui jam pro mortalibus mortuus est. Nam ut scias quia de illo dixit, vide quid sequitur : « Quis est, homo qui vi-

vet, et non videbit mortem ? » Ergo numquam fuit in morte ? Fuit, Quomodo ergo « vivet, et non videbit mortem?»«Eruet animam suam de manibus inferni. » Ecce vere solus, omnino singulariter solus « vivet, et non videbit mortem, eruet animam suam de manibus inferni : » quia etsi ceteri fideles ejus resurgent a mortuis, et vivent et ipsi in æternum, et non videbunt mortem ; non tamen animam suam ipsi eruent de manibus inferni. Ille qui eruit animam suam de manibus inferni, ipse eruit animas fidelium suorum ; ipsi se eruere non possunt. Proba quia ipse animam suam eruit. « Potestatem habeo ponendi animam meam, et potestatem habeo iterum sumendi eam : nemo tollit eam a me (*Johan.*, X, 18) ; » quia ego dormivi : sed ipse eam pono a me, et iterum sumo eam ; quia ipse est, qui eruit animam suam de manibus inferni.

11. Sed et in ipsa fide Christi laboratum est aliquantum, et diu dixerunt Gentes frementes, «Quando morietur, et peribit nomen ejus (*Psal.*, XL, 6)? »

miséricordes (*Ps.*, LXXXVIII, 5)? » Nous avons déjà reconnu que le Christ nous purifie; nous savons déjà en qui vous accomplirez vos promesses; donnez-nous donc par lui ce que vous avez promis. C'est lui qui vivra et ne verra pas la mort; c'est lui qui a arraché son âme des puissances de l'enfer ; et cependant nous souffrons encore. Voilà ce que disaient les martyrs dont nous célébrons la fête. Il vivra et ne verra pas la mort, il a arraché son âme aux puissances de l'enfer ; et nous, tout le jour nous sommes immolés à cause de lui, nous sommes traités comme des brebis destinées au sacrifice (*Ps.*, XLIII, 22). « Où sont, Seigneur, les anciennes miséricordes que, dans votre vérité, vous avez garanties par serment à David ? »

12. « Souvenez-vous, Seigneur, de l'opprobre de vos serviteurs (*Ps.*, LXXXIII, 51). » Alors que le Christ était déjà ressuscité, qu'il était déjà dans le ciel à la droite de son Père, les opprobres ont été prodigués aux Chrétiens; longtemps le Christ a été pour les Chrétiens un objet d'accusation. Cette veuve qui enfantait et possédait des enfants plus nombreux que ceux de la femme qui avait un époux (*Isaïe*, LIV, 1; *Galat.*, IV, 27) a reçu d'ignominieux reproches, elle a été couverte d'opprobres ; mais l'Église s'est multipliée, elle s'est étendue à droite et à gauche, et elle ne se souvient plus de l'ignominie de sa viduité. « Souvenez-vous, Seigneur, » vous en qui se trouve l'abondance des douceurs de votre souvenir, « souvenez-vous, » gardez-vous d'oublier; et de quoi vous souvenir ? « Souvenez-vous de l'opprobre qu'ont souffert vos serviteurs, et que j'ai contenu dans mon sein, de la part de tant de nations (*Ps.*, LXXXVIII, 51). » J'allais prêcher, dit-il, et j'entendais les opprobres dont on me couvrait, et je les contenais dans mon sein, parce que j'accomplissais cette parole : « On nous maudit et nous prions ; nous sommes devenus comme les ordures du monde et les balayures de tous (1 *Cor.*, IV, 13). » Les chrétiens ont longtemps contenu ces opprobres dans leur sein, dans leur cœur, et ils n'osaient résister à ceux qui les outrageaient. Mais tandis qu'autrefois répondre aux injures d'un païen semblait être un motif d'accusation, maintenant c'est un motif d'accusation que de rester païen. Grâces en soient rendues à Dieu, qui s'est souvenu de nos opprobres, qui a excité la puissance de son Christ, et qui l'a rendu admirable devant les Rois de la terre. Dès à présent, personne n'insulte les chrétiens, ou, si quelqu'un les insulte, il ne les insulte pas publiquement : lorsqu'il parle, il craint plutôt d'être entendu qu'il ne désire d'être cru. « Souvenez-vous de

---

Propter hos ergo jam in Christum credentes, sed aliquamdiu laboraturos, sequitur et dicit, « Ubi sunt misericordiæ tuæ antiquæ, Domine (*Ps.*, LXXXVIII, 50) ? » Jam agnovimus Christum mundatorem, jam tenemus in quo complés promissa : exhibe in illo quod promisisti. Ipse est qui vivet, et non videbit mortem ; ipse est qui eruit animam suam de manibus inferni : et nos tamen adhuc laboramus. Dixerunt ista Martyres, quorum natalitia celebramus. Ipse vivet, et non videbit mortem, ipse eruit animam suam de manibus inferni : « et nos propter te mortificamur tota die, deputati sumus velut oves occisionis (*Psal.*, XLIII, 22). » Ubi sunt misericordiæ tuæ antiquæ, Domine, quas jurasti David in veritate tua ? »

12. « Memento Domine opprobrii servorum tuorum (*Psal.*, LXXXVIII, 51). » Jam illo vivente, jam in cælo ad dexteram Patris sedente, opprobria objecta sunt Christianis : crimen de Christo Christiani diu habuerunt. Vidua illa pariens, et habens filios abundantiores quam illa quæ habebat virum, audivit ignominias, audivit opprobria (*Isai.*, LIV, 1; (*Gal.*, IV, 27) : sed Ecclesia multiplicata, extendens in dexteram atque sinistram, ignominiæ viduitatis suæ jam non est memor. « Memento Domine, » apud quem est abundantia suavitatis memoriæ tuæ : « memento, » noli oblivisci. Quid, memento ? « Memento opprobrii servorum tuorum, quod continui in sinu meo multarum gentium. » Ibam, inquit, prædicare, et opprobria audiebam, et in sinu meo continebam; quia implebam, « Blasphemamur, rogamus, quasi purgamenta mundi facti sumus, omnium peripsema (1 *Cor.*, IV, 13). » Diu continuerunt Christiani opprobria in sinu suo, in corde suo ; nec audebant resistere conviciantibus; antea cum crimen videretur respondere pagano, nunc jam crimen est remanere paganum. Gratias Domino, memor fuit opprobriorum nostrorum : exaltavit cornu Christi sui, fecit admirabilem apud reges terræ. Jam modo nemo insultat Christianis ; aut si insultat, non publice insultat : sic loquitur, (*a*) ut plus timeat audiri, quam velit credi. « Quod continui in sinu meo multarum gentium. »

(*a*) Editi, *sic loquitur mala*. Abest, *mala*, a melioribus MSS.

l'opprobre que j'ai contenu dans mon sein, de la part de tant de nations. »

13. « Souvenez-vous, Seigneur, de ce que nous ont reproché vos ennemis (*Ps.*, LXXXVIII, 51). » Quels ennemis ? les Juifs et les païens. Qu'ont-ils reproché ? « Le changement de votre Christ (*Ibid.*). » Voilà ce qu'ils nous ont reproché : « le changement de votre Christ. » Ils nous ont reproché en effet que le Christ est mort, que le Christ a été crucifié. Quel reproche nous faites-vous là, ô insensés ? Sans doute, il n'y a plus personne pour parler ainsi, mais s'il reste encore quelques hommes qui nous adressent ce reproche, que nous objectez-vous donc, leur dirais-je ? La mort du Christ ? Il n'était pas détruit, mais seulement changé. On dit qu'il est mort, à cause des trois jours de sa sépulture. Voilà ce que vos ennemis nous ont reproché : non point la perte, non point la destruction, mais « le changement de votre Christ. » Il a été changé, en effet, et transféré de cette vie temporelle à la vie éternelle, transféré des Juifs aux Gentils, transféré de la terre au ciel. Qu'ils viennent donc tous ces vains ennemis, et qu'ils nous reprochent encore « le changement de votre Christ. » Qu'ils tâchent de changer eux-mêmes et ils ne nous reprocheront plus le changement du Christ. Mais le changement du Christ leur déplait, parce qu'ils ne veulent pas changer eux-mêmes. « Car il n'y a pas de changement pour eux; ils n'ont pas la crainte de Dieu (*Ps.*, LIV, 20). » « Souvenez-vous, Seigneur, de ce que nous ont reproché vos ennemis, le changement de votre Christ (*Ps.*, LXXXVIII, 52). »

14. Ils nous ont reproché ce changement; mais vous, que faites-vous ? « La bénédiction du Seigneur est pour l'éternité : Ainsi soit-il, ainsi soit-il (*Ibid.*, 53). » Grâces à sa miséricorde; grâces à sa grâce. Car nous disons : grâces à Dieu, mais nous ne donnons rien, nous ne rendons rien, nous ne rapportons rien, nous ne payons rien; nous rendons grâces en parole, mais la grâce elle-même nous la recevons. Il nous a gratuitement sauvés, il n'a pas considéré nos iniquités, il nous a cherchés alors que nous ne le cherchions pas, il nous a trouvés, il nous a rachetés, il nous a délivrés de la domination du diable et de la puissance des démons, il nous a liés à lui par la foi qui nous purifie, et il a délié par cela même ses ennemis qui ne croient pas en lui et qui par conséquent ne peuvent être purifiés. Que ceux qui sont restés incrédules disent tous les jours ce qu'ils voudront, de jour en jour ils resteront de moins en moins nombreux ; qu'ils objectent, qu'ils raillent, qu'ils reprochent, non la destruction,

---

13. « Quod exprobraverunt inimici tui Domine (*Ps.*, LXXXIX, 52) : » et Judæi et Pagani. « Quod exprobraverunt. » Quid exprobraverunt ? »Commutationem Christi tui. » Hoc exprobraverunt, « commutationem Christi tui. » Hoc enim objecerunt, quia mortuus est Christus, quia crucifixus est Christus. Quid objicitis insani ? Quamvis jam nemo est qui objiciat : tamen si qui reliqui remanserunt, quid objicitis, quia mortuus est Christus ? Ille non perimebatur, sed commutabatur. Mortuus dicitur propter triduum. Ecce quid exprobraverunt inimici tui : non amissionem, non perditionem ; sed plane « commutationem Christi tui. » Mutatus est ille a temporali vita ad æternam, mutatus est a Judæis ad Gentes, mutatus est etiam a terra in cœlum. Eant nunc vani inimici tui, et adhuc exprobrent commutationem Christi tui. Utinam et ipsi mutentur : commutationem Christi non exprobrabunt. Sed displicet Christi mutatio, quia ipsi mutari nolunt. « Neque enim est illis commutatio, et non timuerunt Deum (*Psal.*, LIV, 20). »«Quod exprobraverunt inimici tui, commutationem Christi tui. »

14. Exprobraverunt illi commutationem : tu autem quid ? (*a*) « Benedictio Domini in æternum : fiat, fiat (*Ps.*, LXXXIX, 53). » Gratias misericordiæ : (*b*) gratias gratiæ ipsius. Nos enim gratias agimus : non damus, nec reddimus, nec referimus, nec rependimus : (*c*) gratias verbis agimus, nec tenemus. Ipse nos gratis salvos fecit, ipse impietates nostras (*d*) non adtendit ; ipse nos non eum quærentes quæsivit, invenit, redemit, liberavit a dominatu diaboli et potestate dæmoniorum : alligavit nos fide mundandos, unde solvit illos inimicos qui non credunt, et ideo mundari non possunt. Dicant qui remanserunt quotidie quidquid volunt, in dies singulos minus minusque remanebunt : objiciant, irrideant, exprobrent, non interitum, sed commutationem Christi tui. Non vident, quia cum ista dicunt, de-

---

(*a*) Lov. hoc tantum loco, *Benedictus Dominus*. Er. *Benedictionem autem Domini*. At melioris notæ MSS. constanter, *Benedictio Domini*. (*b*) Sic plerique MSS. At editi, *Quid dicam aliud, quam gratias gratiæ ipsius ?* (*c*) Sic optimæ notæ MSS. Alii, *nec rependimus gratias, sed tantum verbis agimus* etc. At editio Lov. *nec rependimus gratiam : si tantum verbis agimus* : et mox loco *re tenemus*, habet cum Er. *retribuimus*. (*d*) Particula *non* deerat in editis, nec reperta hic est nisi in Regio MS.

mais « le changement de votre Christ ! » Ne voient-ils pas qu'avec toutes leurs paroles ils disparaissent, soit qu'ils se convertissent, soit qu'ils meurent? Car leur malédiction n'est que pour un temps; « la bénédiction de Dieu, au contraire, est pour l'éternité. » Et pour confirmer cette bénédiction, et afin que nul n'en doute, le Prophète ajoute : « Ainsi soit-il ! ainsi soit-il ! » Ce cri du Prophète est comme la garantie et la signature de Dieu. Pleins de sécurité donc en ses promesses, croyons au passé, reconnaissons le présent, espérons l'avenir. Que l'ennemi ne nous détourne pas de la voie, afin que celui qui nous rassemble sous ses ailes comme ses poussins, nous garde; et que nous n'allions pas nous écarter de dessous ses ailes, de peur que l'épervier qui vole dans les airs ne nous saisisse encore sans plumes. Car, le chrétien ne doit pas mettre son espérance en lui-même, s'il veut être fort, qu'il se nourrisse de la chaleur maternelle. Le Sauveur s'est en effet comparé à la poule qui rassemble ses petits, et il s'est servi de cette comparaison pour adresser des reproches à l'infidèle Jérusalem : « Que de fois ai-je voulu rassembler tes enfants comme une poule rassemble ses petits sous ses ailes; et tu ne l'as pas voulu ? Voilà que votre maison restera déserte (*Matth.*, XXIII, 37, 38). » C'est ce qui faisait dire au Prophète : « Vous avez changé en crainte ce qui faisait sa force (*Ps.*, LXXXVIII, 41). » Puisque les Juifs n'ont pas voulu se mettre à l'abri sous les ailes de cette poule, puisqu'ils ont donné un exemple qui doit nous apprendre à craindre les immondes esprits qui volent dans l'air, cherchant constamment une proie à ravir; pour nous, entrons sous les ailes de cette poule, sous les ailes de la Sagesse divine, qui, pour ses poussins, s'est rendue faible jusqu'à la mort. Aimons le Seigneur notre Dieu, aimons son Église; Dieu comme notre père, l'Église comme notre mère; Dieu comme Notre Seigneur, l'Église comme la servante du Seigneur, puisque nous sommes les fils de cette servante de Dieu. Mais la plus étroite charité resserre les liens de ce mariage entre Dieu et l'Église. Nul ne peut offenser l'un et bien mériter de l'autre. Que nul ne dise : sans doute, j'ai recours aux idoles, je consulte les devins et les sorciers; mais je n'abandonne pas l'Église de Dieu, je suis catholique. Si vous êtes fidèle à votre mère, vous offensez votre père. Un autre dit de même : loin de moi de consulter les sorciers, de rechercher les démoniaques, de recourir à des divinations sacrilèges; je ne vais pas adorer les démons, je ne sers pas les pierres; mais je suis du parti de Donat. De quoi vous sert de n'avoir pas offensé votre

---

ficiunt aut (*a*) credendo, aut moriendo ? Illorum enim maledictio temporalis est : « benedictio » autem « Domini in æternum. » Et ad confirmandam benedictionem, ne quis timeat, « fiat, fiat. » Ista subscriptio est cautionis Dei. Securi ergo de promissionibus ejus, præterita credamus, præsentia cognoscamus, futura speremus. Non nos avertat inimicus a via, ut qui colligit nos tamquam pullos suos sub alis suis, foveat nos, ne aberremus ab alis ejus, ne accipiter aëreus rapiat implumes adhuc pullos. Non enim de se debet sperare Christianus : si vult esse firmus, vapore materno nutriatur. Illa est enim gallina colligens pullos suos, de qua improperatur illi civitati infideli Jerusalem. « Quotiens volui colligere filios tuos, tamquam gallina pullos suos sub alas suas, et noluisti ? Ecce relinquetur vobis domus vestra deserta (*Matth.*, XXIII, 37 et 38). » Hinc dictum est, «Posuisti munitiones ejus formidinem(*Ps.* LXXXVIII, 41). » Quia ergo illi noluerunt contegi sub alis gallinæ hujus, et tale exemplum dederunt, quo timere debeamus a volaticis spiritibus immundis, quærentibus quotidie quod rapiant; intremus sub alas gallinæ hujus divinæ Sapientiæ, quoniam propter pullos suos infirmata est usque ad mortem. Amemus Dominum Deum nostrum, amemus Ecclesiam ejus : illum sicut Patrem, istam sicut matrem; illum sicut Dominum, hanc sicut ancillam ejus : quia filii ancillæ ipsius sumus. Sed matrimonium hoc magna caritate compaginatur. Nemo offendit unum et promeretur alterum. Nemo dicat, Ad idola quidem vado, arreptitios et sortilegos consulo : sed tamen Dei Ecclesiam non relinquo; catholicus sum. Tenens matrem, offendisti Patrem. Alius item dicit, Absit a me, non consulo sortilegum, non quæro arreptitium, non quæro divinationes sacrilegas, non eo ad adoranda dæmonia, non servio lapidibus : sed tamen in parte Donati sum. Quid tibi prodest non offensus Pater, qui offensam vindicat

(*a*) Editi, *aut non credendo. Particula* non *abest a* MSS. *et abesse debet.*

Père, qui sera contraint de venger l'offense faite à votre mère? De quoi vous sert de confesser Dieu, de l'honorer, de le prêcher, de reconnaître son Fils, de confesser qu'il est assis à la droite du Père, si vous blasphémez son Église? Les exemples du mariage humain ne suffisent-ils pas pour vous corriger? Si vous aviez un patron à qui, tous les jours, vous rendriez d'obséquieux respects, dont vous useriez le seuil par votre servilité, que vous ne salueriez pas, car ce n'est pas assez dire, mais que vous adoreriez tous les jours, et à qui vous rendriez les hommages les plus fidèles; mais en même temps si vous portiez contre son épouse une seule accusation, est-ce que vous seriez reçu dans sa maison? Conservez donc, mes bien aimés, conservez unanimement Dieu pour père et l'Église pour mère. Célébrez, dans la tempérance, les fêtes des saints, afin d'imiter ceux qui vous ont précédés, et d'être la joie de ceux qui prient pour vous; et qu'ainsi la bénédiction du Seigneur demeure éternellement sur vous. Ainsi soit-il! Ainsi soit-il!

matrem? Quid prodest si Dominum confiteris, Deum honoras, ipsum prædicas, filium ejus agnoscis, sedentem ad Patris dexteram confiteris; et blasphemas Ecclesiam ejus? Non te corrigunt exempla humani conjugii? Si haberes aliquem patronum, cui quotidie obsequereris, cujus limina serviendo contereres, quem quotidie, non dico salutares, sed et adorares, cui impenderes fidelia obsequia; si unum crimen de ejus conjuge diceres, numquid domum ejus intrares? Tenete ergo Carissimi, tenete omnes unanimiter Deum Patrem et matrem Ecclesiam. Natalitia sanctorum cum sobrietate celebrate, ut imitemur eos qui præcesserunt, et gaudeant de vobis qui orant pro vobis; ut « benedictio Domini in æternum » maneat super vos : « fiat, fiat. »

DISCOURS SUR LE PSAUME LXXXIX.

1. « Prière de Moïse, homme de Dieu *(Ps., LXXXIX, 1)*, » tel est le titre du Psaume. C'est par Moïse, homme de Dieu, que Dieu a donné la loi à son peuple, et par lui qu'il a délivré ce peuple de la servitude, et l'a conduit pendant quarante ans dans le désert. Moïse a donc été le ministre de l'Ancien Testament et le Prophète du Nouveau Testament. En effet, « toutes ces choses, » comme le dit l'Apôtre, « leur arrivaient en figure, et elles ont été écrites pour nous instruire, nous, qui venons à la fin des temps (*I Cor.*, X, 11). » Il faut donc examiner, d'après le ministère de Moïse, le Psaume qui a reçu son titre de la prière de cet homme de Dieu.

2. « Seigneur, » dit-il, « vous vous êtes fait notre

IN PSALMUM LXXXIX.

ENARRATIO.

1. « Oratio Moysi hominis Dei, » Psalmus iste prænotatur : per quem hominem suum Deus Legem dedit populo suo, quem per eumdem hominem suum de domo servitutis liberans, quadraginta annos per eremum duxit. Fuit ergo Moyses minister Testamenti veteris, et propheta Testamenti novi. « Omnia quippe illa in figura contingebant in illis (*I Cor.*, X, 11), » sicut ait Apostolus : « scripta sunt autem ad correptionem nostram, in quos finis sæculorum obvenit. » Secundum hanc ergo dispensationem quæ facta est per Moysen, inspiciendus est iste Psalmus, qui ex ejus oratione titulum accepit.

refuge de génération en génération (*Ibid.*) : » soit dans toutes les générations, soit dans les deux générations, l'ancienne et la nouvelle ; puisque, comme je l'ai dit, Moïse a été le ministre du Testament donné à l'ancienne génération, et le Prophète du Testament donné à la génération nouvelle. Le donateur de ce testament, l'époux de ce mariage qu'il a contracté dans cette génération, Jésus lui-même a dit : « Si vous croyiez à Moïse, vous croiriez aussi à moi, parce que c'est de moi qu'il a écrit (*Jean*, VI, 46). » Nous n'avons pas lieu de croire que le Psaume ait été en aucune sorte écrit par Moïse lui-même, puisqu'il n'est pas compris dans ses livres, où se trouvent ses cantiques; mais le nom d'un serviteur de Dieu aussi méritant et aussi illustre a été mis en tête du Psaume, dans quelque vue secrète, pour diriger l'attention de l'auditeur ou du lecteur. «Vous vous êtes donc fait,»dit-il, «Seigneur, notre refuge de génération en génération. »

3. Pour nous apprendre comment le Seigneur s'est fait notre refuge, commençant à être pour nous ce qu'il n'était point auparavant, bien qu'il ait toujours été, avant d'être notre refuge ; le Prophète ajoute : « Avant que les montagnes ne fussent faites et que la terre et le globe ne fussent formés, vous êtes depuis le siècle jusqu'au siècle (*Ps.*, LXXXIX, 2). » Vous donc qui êtes toujours, vous qui étiez avant que nous ne fussions et avant que le monde ne fût, vous êtes devenu notre refuge du jour où nous nous sommes convertis à vous. Mais je ne crois pas qu'il faille s'en tenir, pour les bien comprendre, à la lettre de ces paroles : « Avant que les montagnes» ne fussent faites et que la terre ne fût formée, » ou « ne fût façonnée(*Ibid.*), «comme le portent quelques manuscrits, donnant une autre traduction du même mot grec. Sans doute les montagnes sont les parties les plus hautes de la terre; mais si Dieu a existé avant la création de la terre, la terre étant créée par lui, qu'y a-t-il d'important à dire au sujet des montagnes ou de toute autre partie de la terre, puisque Dieu existe non-seulement avant la terre, mais avant le ciel et la terre et avant toute créature corporelle et spirituelle? Mais peut-être faut-il voir dans ce texte une désignation distincte de l'ensemble des créatures raisonnables; si bien que les montagnes signifieraient l'élévation des Anges et la terre l'humble condition des hommes. C'est pourquoi, quoiqu'on puisse dire de tous les êtres créés, qu'ils ont été faits ou formés, cependant, si chacun de ces mots a sa signification propre, les Anges ont été faits, et dans un psaume où ils sont énumérés parmi les créatures célestes, cette énumération se termine ainsi : « Il a dit et toutes choses ont été faites ; il a commandé et toutes choses ont été créée (*Ps.*, CXLVIII, 5). » Au contraire, quand il s'est

---

2. « Domine, inquit, refugium factus es nobis in generatione et generatione (*Ps.*, LXXXIX, 1). » Sive in omni generatione, sive in duabus generationibus, vetere et nova : quia sicut dixi, minister fuit ille Testamenti pertinentis ad generationem veterem, et propheta Testamenti pertinentis ad generationem novam. Cujus Testamenti sponsor, sponsusque conjugii quod de illa generatione sortitus est, ait ipse Jesus, « Si crederetis Moysi, crederetis et mihi; de me enim ille scripsit (*Johan*, v, 46). » Non enim credendum est ab ipso omnino Moyse istum Psalmum fuisse conscriptum, qui ullis ejus litteris inditus non est, in quibus ejus cantica scripta sunt : sed alicujus significationis gratia tam magni meriti servi Dei nomen adhibitum est, ex quo dirigeretur legentis vel audientis intentio. « Factus es ergo nobis, inquit, Domine, refugium in generatione et generatione. »

3. Quale autem refugium factus sit, quoniam scilicet nobis cœpit esse quod non erat, id est, refugium, non autem ipse non erat antequam nobis esset refugium, secutus adjunxit, « Prius quam montes fierent, et formaretur terra et orbis terræ, et a sæculo usque in sæculum tu es (*Ps.*, LXXXIX, 2). » Tu ergo qui semper es, et antequam essemus, et antequam mundus esset, refugium ex quo ad te conversi sumus factus es nobis. Non mihi autem videtur utcumque intelligendum quod ait, « Prius quam montes fierent et formaretur terra : » vel, sicut alii codices habent, quod de uno verbo Græco expressum est, « fingeretur terra. » Montes quippe partes terræ sunt altiores. Et utique si antequam formaretur terra Deus est, a quo terra formata est : quid magnum de montibus vel quibuslibet aliis ejus partibus dicitur; cum sit Deus non solum ante terram, sed et ante cælum et terram, et ante omnem corporalem spiritualemque creaturam? Sed nimirum universa creatura rationalis hac differentia fortasse distincta est, ut montium nomine significentur celsitudines Angelorum, et terræ nomine humilitas hominum.

agi de donner l'existence au corps de l'homme, la terre a été façonnée. Car l'Écriture se sert de ce mot et nous y lisons : Dieu a façonné ou Dieu a formé l'homme du limon de la terre (*Genèse*, II, 7). Donc, avant l'existence de ces êtres qui, dans votre création, sont les plus grands et les plus élevés ; (qu'y a-t-il en effet, de plus grand que les créatures raisonnables des cieux ?) avant que la terre ne fût façonnée de manière à ce qu'il y eût un être qui vous connût et vous louât sur la terre ; et ce n'est pas assez dire, puisque tous les êtres ont commencé, soit dans le temps soit avec le temps; mais plutôt « depuis le siècle jusqu'au siècle, vous existez (*Ps.*, LXXXIX, 2). » On pourrait dire de même depuis l'éternité jusqu'à l'éternité. En effet, Dieu, qui est avant les siècles ne part pas du commencement du siècle, et il ne va pas jusqu'au siècle qui prendra fin, puisqu'il n'a pas de fin. Mais à cause du double sens de certain mot grec, nous trouvons souvent dans la traduction latine des Écritures, le mot siècle dans le sens d'éternité et le mot éternité dans le sens de siècle. Mais l'Écriture n'a point dit, avec grande raison : Vous avez été depuis le siècle et vous serez jusqu'au siècle ; elle a mis le verbe au présent, pour faire comprendre que la substance de Dieu est absolument immuable et qu'on ne peut dire de lui : il est, il a été, il sera, mais seulement : il est. De là viennent ces paroles :

« Je suis celui qui suis; » « Celui qui est m'a envoyé vers vous (*Exode*, IV, 16); » « Vous changerez les choses et elles seront changées; vous, au contraire, vous êtes toujours le même et vos années ne viendront point à manquer (*Ps.*, CI, 27, 28). » Voilà l'éternité qui est devenue notre refuge, et c'est vers elle que nous devons fuir l'inconstance du temps, pour demeurer à jamais en elle.

4. Mais, tant que nous sommes ici-bas, comme nous vivons au milieu de grandes et de nombreuses tentations, et qu'il est à craindre qu'elles ne nous détournent de ce refuge, examinons ce que l'homme de Dieu demande ensuite dans sa prière. « Ne détournez pas l'homme dans sa bassesse (*Ps.*, LXXXIX, 3) : » faites que l'homme ne se détourne pas de vos éternelles grandeurs, pour désirer ce qui passe, et prendre goût à ce qui est terrestre. Il demande à Dieu ce que Dieu même prescrit, par une manière de parler analogue à celle de notre prière : « Ne nous induisez pas en tentation (*Matth.*, VI, 13). » Il ajoute ensuite : « Et vous avez dit : Convertissez-vous, enfants des hommes (*Ps.*, LXXXIX, 3); » comme s'il disait : Je vous demande ce que vous avez ordonné, glorifiant ainsi la grâce divine, afin que celui qui se glorifie se glorifie dans le Seigneur (I *Cor.*, I, 31), sans le secours duquel nous ne pouvons, par notre seule volonté, vaincre les tentations de cette vie. « Ne

---

Et ideo quamvis omnia quæ creata sunt, non incongrue vel facta vel formata dicantur : tamen si verborum istorum est ulla proprietas, facti sunt Angeli, qui cum in ejus cælestibus enumerarentur operibus, ita enumeratio ipsa conclusa est, « Ipse dixit, et facta sunt; ipse mandavit, et creata sunt (*Ps.*, CXLVIII, 5). » Unde autem homo secundum corpus fieret, terra formata est. Nam hoc verbo Scriptura utitur, ubi legimus, vel, « Finxit Deus ; » vel, « Formavit Deus hominem de limo terræ (*Gen.*, II, 7). » Ergo prius quam fierent ea, quæ in creatura tua summa atque magna sunt, quid enim majus rationali cælesti creatura? et prius quam fingeretur terra, ut esset qui te agnosceret et laudaret in terra : et hoc parum est, quia ista cœperunt, sive in tempore, sive cum tempore; sed « a sæculo et usque in sæculum tu es. » Quod convenientius diceretur, ab æterno in æternum. Non enim a sæculo Deus, qui est ante sæcula ; aut usque in sæculum, cujus est finis, cum sit ille sine fine. Sed ex ambiguo verbo Græco fit plerumque in Scripturis, ut vel sæculum pro æterno, vel æternum pro sæculo ponat Latinus interpres. Optime autem non ait, a sæculo tu fuisti et usque in sæculum tu eris : sed præsentis significationis verbum posuit, insinuans Dei substantiam omni modo incommutabilem, ubi non est, fuit et erit; sed tantum, est. Unde dictum est, « Ego sum qui sum (*Exodi*, III, 14) :»et, « Qui est, misit me ad vos :»et, « Mutabis ea, et mutabuntur, tu autem idem ipse es, et anni tui non deficient (*Ps.*, CI, 27 et 28). » Ecce quæ æternitas facta est nobis refugium : ut in ea mansuri, ad eam de hac temporis mutabilitate fugiamus.

4. Sed quoniam cum hic sumus, in magnis et multis tentationibus vivimus, quibus ne avertamur ab isto refugio metuendum est : intueamur quid consequenter oratio poscat hominis Dei. « Ne avertas hominem in humilitatem (*Ps.*, CI, LXXXIX, 3). » Id est, ne a tuis æternis atque sublimibus homo aversus, temporalia concupiscat, sapiatque terrena. Et hoc a Deo petit, quod Deus ipse præcepit : simili omnino

détournez pas l'homme dans sa bassesse, » dit le Prophète, et cependant « vous avez dit : convertissez vous, enfants des hommes (*Ps.*, LXXXIX, 3). » Mais donnez-nous ce que vous nous avez ordonné, en exauçant la demande de qui vous prie, et en secourant la foi de qui veut aller à vous.

5. « Parce que, devant vos yeux, mille années sont comme le jour d'hier, qui est passé (*Ibid.*, 4).» Voilà le motif pour lequel nous devons nous détourner de tout ce qui passe et s'écoule, afin d'arriver à votre refuge, où vous demeurez sans jamais changer : c'est que, si longtemps que l'on puisse souhaiter de vivre, « mille années devant vos yeux, sont comme le jour d'hier, qui est passé. » Il n'est pas même dit comme le jour de demain, qui est encore à venir, parce que tout ce qui est borné par le temps qui finit doit être regardé comme déjà passé. C'est de là que l'Apôtre a pris la résolution d'oublier tout ce qui était derrière lui, ce qui doit s'entendre de toutes les choses temporelles, et de s'élancer vers ce qui était devant lui (*Philipp.* III, 13), ce qu'il faut entendre du désir des choses éternelles. Mais de peur que quelqu'un ne vienne à penser que mille années sont comptées aux yeux de Dieu comme un jour, parce que les jours de Dieu seraient de cette longueur; le Prophète ajoute : « et comme la durée d'une des veilles de la nuit, » parce qu'une veille ne dure que l'espace de trois heures. Et cependant les hommes ont osé présumer qu'ils possédaient la science des temps, bien que le Seigneur ait dit à ses disciples, qui désiraient cette connaissance : « Il ne vous appartient pas de connaître les temps que le Père a réservés en sa puissance (*Act.*, I, 7). » Les hommes n'en ont pas moins calculé que ce siècle durerait six mille ans, qui formeraient comme six jours. Et ils n'ont pas fait attention qu'il est dit : « Comme un jour qui est passé. » Or, quand le Prophète parlait ainsi, il n'y avait pas que mille ans d'écoulés. Ils auraient dû surtout se regarder comme avertis de ne point calculer une durée tellement incertaine qu'elle est « comme une veille la nuit. » Car s'ils n'ont rien trouvé de vraisemblable en appuyant leur opinion d'une durée de six mille ans sur les six jours de la création, ils pouvaient tout aussi bien adapter à leur calcul la durée de six veilles de nuit, c'est-à-dire dix-huit heures.

6. Ensuite l'homme de Dieu, ou plutôt l'esprit prophétique, semble en quelque sorte nous lire, dans les secrets de la Sagesse éternelle, la loi par laquelle Dieu a tracé à la vie pécheresse

---

sententia, qua in oratione dicimus, « Ne nos inferas in tentationem (*Mat.*, VI, 13). » Denique et hic adjungit, « Et dixisti, Convertimini filii hominum. » Tamquam diceret, hoc a te peto, quod ipse jussisti : in ejus gratiæ gloriam, « ut qui gloriatur, in Domino glorietur (*I Cor.*, I, 31) : » sine cujus adjutorio, per arbitrium voluntatis tentationes hujus vitæ superare non possumus. « Ne avertas, inquit, hominem in humilitatem. Et » tamen tu «dixisti, Convertimini filii hominum. » Sed da quod jussisti, precem petentis exaudiendo, et adjuvando volentis fidem.

5. « Quoniam mille anni ante oculos tuos, tamquam dies hesterna, quæ præteriit (*Ps.* LXXXIX, 4).» Ideo debemus ad refugium tuum, ubi sine ulla mutabilitate tu es, ab his præetereuntibus labentibusque converti; quoniam quantumlibet huic vitæ longum tempus optetur, « mille anni ante oculos tuos, tamquam dies hesternus est, qui præteriit : » non saltem tamquam dies crastinus, qui venturus est : ita omnia quæ temporis fine clauduntur, pro transactis habenda sibi sunt. Unde et ea Apostoli postposuit intentio, quæ retro sunt obliviscentis (*Philip.*, III, 13), ubi temporalia cuncta oportet intelligi : et in ea quæ ante sunt extenti, quæ appetitio est æternorum. Ne putarent autem aliqui mille annos sic computari apud Deum pro uno die, quasi tam longos dies Deus habeat, cum hoc ad contemnendam temporis longitudinem dictum sit : ideo addidit, « Et sicut vigilia in nocte. » Cum vigiliæ spatium non habeat amplius quam tres horas. Et tamen ausi sunt homines præsumere scientiam temporum; quod scire cupientibus discipulis Dominus ait, « Non est vestrum scire tempora, quæ Pater posuit in sua potestate (*Act.*, I. 7) : » et definierunt hoc sæculum sex annorum millibus, tamquam sex diebus, posse finiri. Nec adtenderunt quod dictum est, « tamquam dies unus qui præteriit. » Non enim quando dictum est, soli mille anni præterierant, Et eos maxime debuit admonere, ne temporum luderentur incerto, quod est « sicut vigilia in nocte. » Neque enim sicut de sex diebus aliquid veri simile videntur opinati, propter sex dies primos, quibus Deus perfecit opera sua (*Gen.*, I, 31) : sic etiam sex vigilias, id est horas decem et octo possunt illi opinationi coaptare.

6. Deinde iste homo Dei, vel potius Propheticus

des hommes le cours et la route douloureuses de sa condition mortelle; et il dit : « Leurs années seront comme les choses qui sont comptées pour rien. Au matin, que l'homme passe comme l'herbe : au matin qu'il fleurisse et qu'il passé ; le soir venu, qu'il tombe, se dessèche et se flétrisse (*Ps.*, LXXXIX, 5 et 6). » La félicité des héritiers de l'Ancien Testament, cette félicité qu'ils ont demandée au Seigneur leur Dieu comme un bien de grand prix, a donc reçu, dans les secrètes dispositions de Dieu, cette loi que Moïse semble rapporter : « Leurs années seront comme les choses qui sont comptées pour rien. » On compte pour rien, en effet, les choses qui n'existent pas avant d'être arrivées et qui, dès leur arrivée, ne seront déjà plus ; car elles ne viennent pas pour être, mais pour n'être pas. Le matin, c'est-à-dire, d'abord, que l'homme passe comme l'herbe ; le matin, qu'il fleurisse et qu'il passe : le soir, c'est-à-dire, ensuite, qu'il tombe, se dessèche et se flétrisse. Qu'il tombe dans la mort, qu'il se dessèche dans son cadavre, qu'il se flétrisse dans la poussière. Et qui périra de la sorte, sinon la chair, où réside la damnable concupiscence de toutes les choses charnelles ? En effet, « toute chair est comme du foin et la gloire humaine est comme la fleur du foin. Le foin s'est desséché, sa fleur est tombée; mais la parole du Seigneur demeure éternellement (*Isaïe*, XL, 6, 8). »

7. Le Prophète ne cache pas que ce châtiment ne soit venu du péché; aussi ajoute-t-il immédiatement : « Car nous sommes tombés en défaillance devant votre colère, et nous avons été troublés par votre indignation (*Ps.*, V, 9). » « Nous sommes tombés en défaillance » à cause de notre faiblesse ; « nous avons été troublés » par la crainte de la mort. Nous sommes tombés dans l'infirmité, et nous craignons encore de voir finir cette infirmité. « Un autre vous ceindra, dit le Seigneur, et vous conduira où vous ne voulez pas aller (*Jean*, XXI, 18) ; » bien qu'il ne s'agira pas de subir un châtiment, mais de recevoir la couronne du martyre. Et l'âme de Notre Seigneur lui-même, devenue notre propre image, s'est attristée jusqu'à la mort (*Matth.*, XXVI, 35); parce que la vie du Seigneur n'a point eu d'autre issue que la mort (*Ps.*, LXVII, 21).

8. « Vous avez mis nos iniquités devant vos yeux ; » c'est-à-dire, vous ne vous êtes pas dissimulé nos iniquités, « et notre vie devant la lumière de votre visage (*Ps.*, LXXXIX, 8). » Il faut sous-entendre : « Vous avez mis. » « Devant la lumière de votre visage » signifie la même chose que « devant vos yeux ; » et « notre vie » la même chose que « nos iniquités. »

---

spiritus, velut Dei legem in secreta ejus Sapientia conscriptam, ubi vitæ mortalium peccatrici constituit procurrendi modum ac mortalitatis ærumnam, videtur quodam modo recitare, cum dicit, « Quæ pro nihilo habentur, anni erunt eorum (*Ps.*, LXXXIX, 5). » « Mane sicut herba transeat, mane floreat et prætereat : vespere decidat, durescat et arescat (*Ibid.*, 6). » Felicitas ergo heredum veteris Testamenti, quam pro magno bono expetiverunt a Domino Deo suo, hanc legem accipere meruit in occulta ejus providentia, quam videtur recitare Moyses : « Quæ pro nihilo habentur, anni erunt eorum. » « Pro nihilo enim habentur, quæ antequam veniant, adhuc non sunt ; cum venerint, jam non erunt ; non enim ut adsint veniunt, sed ut non sint. « Mane, »id est prius, « sicut herba transeat, mane floreat et prætereat : vespere, »id est postea, «decidat, durescat et arescat. » « Decidat, » utique in morte; « durescat, » in cadavere ; « arescat, » in pulvere. Quæ nisi caro, ubi est concupiscentia damnata carnalium ? « Omnis enim caro fœnum, et claritas hominis ut flos fœni. Fœnum aruit, flos decidit : Verbum autem Domini manet in æternum (*Isai.*, XL, 6, etc.). »

7. Hanc autem pœnam de peccato venisse non tacens continuo subjicit, « Quoniam defecimus in ira tua, et in indignatione tua conturbati sumus (*Ps.*, LXXXIX, 7). » « Defecimus, » in infirmitate; « conturbati sumus, » mortis timore. Infirmi enim facti sumus, et infirmitatem finiri trepidamus. « Alter te, inquit, cinget et feret quo tu non vis (*Johan.*, XXI, 18) : » quamvis (a) martyrio non puniendum, sed coronandum. Et ipsius Domini anima nos in se transfigurans, tristis erat usque ad mortem (*Matth.*, XXVI, 38) : quoniam et Domini exitus nonnisi mortis (*Psal.*, LXVII, 21).

8. « Posuisti iniquitates nostras in conspectu tuo (*Ps.*, LXXXIX, 8) : » id est, non ab eis dissimulasti. « Sæculum nostrum in illuminatione vultus tui. » Subauditur, posuisti. « In illuminatione » autem « vultus tui, » dixit ; quod superius, « in conspectu

---

(a) Sic aliquot MSS. Alii, *martyri non puniendo, sed coronando*. At editi, *martyrio non puniendo, sed coronando*.

9. « Car tous nos jours se sont évanouis, et nous avons été réduits à rien par votre colère (*Ibid.*, 9). » Ces paroles prouvent assez que notre condition mortelle est un châtiment. Le Prophète dit que nos jours se sont évanouis, soit parce que les hommes, pendant le cours de ces jours, se perdent eux-mêmes en aimant des choses passagères ; soit parce que ces jours sont réduits à un petit nombre, ce qui semble résulter clairement des paroles qui suivent : « Nos années étaient jugées semblables à la toile de l'araignée ; les jours de ces années elles-mêmes forment une durée de soixante-dix ans, ou de quatre-vingts ans pour les plus forts, et tout ce qui est au delà n'est que peine et douleur (*Ibid.*, 10). » Ces paroles semblent exprimer la brièveté et la misère de cette vie, où il faut regarder comme avancés en âge ceux qui, dans notre temps, ont vécu soixante-dix ans. Quelques hommes conservent encore un peu de force jusqu'à quatre-vingts ans ; mais quant à ceux qui dépassent cet âge, ils vivent dans des douleurs qui ne font qu'augmenter. Cependant, il y a aussi beaucoup d'hommes qui, même avant soixante-dix ans, ont peine à porter le poids d'une vieillesse remplie d'infirmités et d'amertumes ; tandis que, d'un autre côté, on voit des vieillards conserver, après quatre-vingts ans, des forces étonnantes. Il vaut donc mieux chercher à ces nombres un sens spirituel. En effet, la colère de Dieu n'est pas plus grande contre les enfants d'Adam, par lequel seul le péché est entré dans le monde et à la suite du péché la mort, de sorte que la mort s'est répandue sur tous les hommes (*Rom.*, v, 12), depuis que leur vie est moins longue que celle des premiers hommes ; puisque cette ancienne longévité est un objet de raillerie pour le Prophète qui compare mille ans au jour d'hier, qui est passé, et à une veille de trois heures. D'ailleurs, les hommes vivaient très-longtemps, lorsqu'ils provoquèrent la colère de Dieu jusqu'à attirer sur eux le déluge qui les fit périr.

10. Or soixante-dix ans et quatre-vingts ans font cent cinquante ans et le livre des Psaumes prouve assez que le nombre de cent cinquante est un nombre sacré. Car d'ailleurs, le nombre cent cinquante a pour base le nombre quinze et doit être expliqué de même. Or le nombre quinze est composé de sept et de huit réunis, dont le premier, à raison de l'observation du sabbat, figure l'Ancien Testament, et le second, à raison de la résurrection du Seigneur, le Nouveau Testament. C'est pourquoi, dans le temple, il y avait quinze degrés et dans les psaumes quinze cantiques des degrés ; c'est pourquoi

---

tuo :»et«sæculum nostrum; »quod superius, «iniquitates nostras. »

9. « Quoniam omnes dies nostri defecerunt, et in ira tua defecimus (*Ibid.*, 9). » Satis in his verbis ostenditur pœnalis esse ista mortalitas. Defecisse dies dicit, sive quod in eis deficiant homines amando quæ transeunt, sive quod ad paucitatem redacti sunt (*Gen.*, VI, 3) : quod videtur in consequentibus aperire, cum dicit, « Anni nostri sicut aranea (*a*) meditabantur : dies annorum nostrorum in ipsis septuaginta anni. Si autem in potentatibus octoginta anni, et amplius eorum labor et dolor (*Ibid.*, 10). » Hæc quidem verba videntur exprimere brevitatem miseriamque vitæ hujus : quia longævi appellantur hoc tempore etiam qui septuaginta annos vixerunt. Usque ad octoginta autem videntur aliquas vires habere : his vero amplius si vixerint, multiplicatis labore doloribus vivunt. Sed multi et (*b*) intra septuaginta annos gerunt infirmissimam et ærumnosissimam senectutem, et sæpe ultra octoginta annos senes mirabiliter vigere probati sunt. Melius est ergo in his numeris spiritale aliquid perscrutari. Neque enim super filios Adam, « per quem unum hominem peccatum intravit in mundum, et per peccatum mors et ita in omnes homines mors pertransiit (*Rom.*, v, 12), » major ira est Dei, quia multo brevius vivunt quam vixerunt antiqui ; cum et vitæ ipsorum irrisa sit longitudo, ubi mille anni comparati sunt diei hesterno atque præterito, et horis tribus. Et utique tunc multum vivebant, quando iram Dei provocaverunt usque ad diluvium quo perierunt.

10. Septuaginta porro anni et octoginta, fiunt centum quinquaginta : quem sacratum esse numerum, satis insinuat liber iste Psalmorum. Hanc enim habent in significatione rationem centum quinquaginta, quam quindecim. Qui numerus fit septem et octo conjunctis ; quorum primus insinuat propter sabbati observationem Testamentum vetus, secundus Testamentum novum propter Domini resur-

---

(*a*) Editi, *meditabuntur*. Legendum cum nonnullis MSS. *meditabantur*, juxta LXX. ἐμελέτων : nam id postea explicat verbis non futuri temporis, sed præteriti imperfecti, *laborabamus, tœxebamus*. (*b*) Regius MS. *ante*. Forte leg. *infra*.

encore les eaux du déluge ont dépassé les montagnes de quinze coudées (*Genèse*, VII, 20) ; et ainsi des autres endroits de l'Écriture dans lesquels ce même nombre est recommandé comme sacré. « Nos années étaient donc jugées semblables à la toile de l'araignée (*Ps.*, LXXXIX, 9). » C'est-à-dire, nous travaillions sur des choses corruptibles, nous tissions des ouvrages corruptibles qui, selon le Prophète Isaïe, ne pouvaient nous couvrir (*Isaïe*, LIX, 6). « Les jours de ces années elles-mêmes forment une durée de soixante-dix ans et de quatre-vingts pour les plus forts (*Ps.*, LXXXIX, 10). » Remarquons les deux expressions du texte latin : *In ipsis, in potentatibus*. *In ipsis* se rapporte aux années ou aux jours considérés en eux-mêmes et signifie les choses temporelles. C'est pourquoi le nombre en est de « soixante-dix, » parce que les biens temporels sont promis aux Juifs dans l'ancien Testament. Si au contraire nous considérons les années, non plus en elles-mêmes, mais dans les forts, *in potentatibus*, c'est-à-dire non plus dans les choses temporelles, mais dans les choses éternelles, le nombre en est de « quatre-vingts, » parce que le Nouveau Testament renferme l'espérance de la rénovation de l'homme et de sa résurrection pour l'éternité. Au delà « tout est peine et douleur (*Ibid.*), » parce que quiconque transgresse la foi et cherche quelque chose au delà ne trouve que peine et douleur. On peut encore comprendre ainsi ce dernier passage : bien que nous appartenions au Testament nouveau indiqué par le nombre quatre-vingts, notre vie n'en a pas moins ses peines et ses douleurs ; parce que nous gémissons en nous-mêmes, dans l'attente de l'adoption divine et de la rédemption de notre corps. « En effet, nous sommes sauvés en espérance et, ce que nous ne voyons pas encore, nous l'attendons par la patience (*Rom.*, VIII, 23-25). » Or il n'en est ainsi que par la miséricorde divine ; c'est pourquoi le Prophète continue en ces termes : « Parce que votre douceur s'est répandue sur nous et que nous serons repris (*Ps.*, LXXXIX, 10). » En effet Dieu reprend celui qu'il aime, il châtie tout fils qu'il reçoit (*Hébr.*, XII, 6), et même il donne à ceux qui sont grands devant lui l'aiguillon de la chair, pour les souffleter ; de peur que la grandeur de leurs révélations ne les enorgueillisse, et afin que sa force apparaisse parfaite dans leur faiblesse (II *Cor.*, XII, 7, 9). Quelques manuscrits, il est vrai, ne disent pas « nous serons repris, » mais « nous serons instruits ; » ce mot a le même rapport avec la douceur de Dieu. Car nul ne peut être instruit sans travail et sans douleur, parce que la perfection de la force éclate dans la faiblesse.

11. « Qui sait apprécier la puissance de votre

---

rectionem. Hinc sunt in templo quindecim gradus, hinc sunt in Psalmis quindecim cantica graduum, hinc quindecim cubitis summos montes aqua diluvii superavit (*Gen.*, VII, 20), et si quibus aliis locis sacratus commendatur hic numerus. Ergo, « Anni nostri, inquit, sicut aranea meditabantur. » In rebus corruptibilibus laborabamus, corruptibilia opera texebamus : quæ nos, secundum Isaiam prophetam, minime contegebant (*Isai.*, LIX, 6). « Dies annorum nostrorum in ipsis septuaginta anni : si autem in potentatibus octoginta anni. » Aliud est « in ipsis, » aliud « in potentatibus. » In ipsis, hoc est in annis vel diebus ipsis : quod datur intelligi in temporalibus rebus. Ideo « septuaginta : » quia temporalia promitti videntur in vetere Testamento. Si autem, non in ipsis annis, sed « in potentatibus, » id est non in rebus temporalibus, sed in æternis, « octoginta anni, » quod novum Testamentum in spe est renovationis et resurrectionis in æternum : « et amplius eorum labor et dolor, » id est, quisquis hanc fidem transgreditur, et amplius aliquid quærit, labores invenit et dolores. Potest et sic intelligi : Quia licet in novo Testamento constituti simus, quod octogenarius significat numerus, amplius habet hæc vita nostra laborem et dolorem, « dum in nobismetipsis ingemiscimus, adoptionem expectantes redemptionem corporis nostri. Spe enim salvi facti sumus : et quod nondum videmus, per patientiam exspectamus (*Rom.*, VIII, 23, etc.). » Et hoc ad misericordiam Dei pertinet : unde sequitur, et dicit, « Quoniam supervenit super nos mansuetudo, et corripiemur. » Quem enim diligit Dominus, corripit ; flagellat autem omnem filium, quem recipit (*Hebr.*, XII, 6) : et dat etiam magnis quibusdam stimulum carnis, a quo colaphizentur, ne extollantur in magnitudine revelationum suarum, ut virtus in infirmitate perficiatur (II *Cor.*, XII, 7). Quidam sane codices non habent, « corripiemur ; » sed, « erudiemur, » quod ad eamdem mansuetudinem revocatur. Non enim potest erudiri quisquam sine labore et dolore : « quia virtus in infirmitate perficitur (*Ibid.*, 9). »

11. « Quis novit potestatem iræ tuæ, et præ ti-

colère et mesurer votre colère sur la crainte que vous inspirez (*Ibid.*, 11 et 12)? » Il n'appartient, dit le Prophète, qu'à un bien petit nombre d'hommes de connaître la puissance de votre colère : car, à l'égard du plus grand nombre des hommes, plus vous les épargnez, plus vous vous irritez contre eux; de sorte que c'est moins à votre colère qu'à votre douceur qu'il faut attribuer la peine et la douleur par lesquelles vous châtiez et instruisez ceux que vous aimez, de peur qu'ils ne soient livrés aux peines éternelles. C'est ainsi qu'on lit dans un autre psaume : « Le pécheur a irrité le Seigneur qui, dans la grandeur de sa colère, ne recherchera pas les fautes du coupable (*Ps.*, x, 4). » « Qui sait donc apprécier, » c'est-à-dire combien y en a-t-il qui sachent apprécier, « la puissance de votre colère, et mesurer votre colère sur la crainte que vous inspirez (*Ps.*, LXXXIX, 11, et 12)? » Il faut sous-entendre : « Qui sait, » devant le second verbe. Combien n'est-il pas difficile de trouver un homme qui sache ainsi mesurer votre colère sur la crainte que vous inspirez, et regarder comme un effet de votre colère la patience avec laquelle vous épargnez ceux contre lesquels vous vous irritez davantage, de sorte que le pécheur prospère dans sa voie et reçoive un plus rude châtiment au dernier jour? En effet, lorsque la colère humaine a eu le pouvoir de tuer le corps, elle ne saurait rien faire de plus ; mais Dieu a le pouvoir de punir ici-bas et de précipiter dans l'enfer après que le corps est mort (*Matth.*, x, 28). Or il n'y a que le petit nombre de ceux qui sont instruits, pour comprendre que la vaine et trompeuse félicité des impies est la preuve d'une colère plus violente de la part de Dieu. Celui-là ne l'avait pas compris d'abord, de qui les pieds ont été presque ébranlés, et qui a porté envie aux pécheurs à la vue de la tranquillité dont ils jouissaient ; mais il a appris à le savoir, lorsqu'il est entré dans le sanctuaire de Dieu, et qu'il y a compris les secrets des derniers jours (*Ps.*, LXXII, 2, 3, 17). Mais il y en a peu qui entrent dans ce sanctuaire, pour apprendre à mesurer la colère de Dieu sur la crainte qu'il inspire, et à mettre la prospérité des méchants au nombre de leurs châtiments.

12. « Faites ainsi connaître votre droite (*Ps.*, LXXXIX, 12). » Cette version se rapporte plutôt aux manuscrits grecs qu'à certains manuscrits latins, dont le sens est : « Faites-moi connaître votre droite. » Que veut donc dire : « Faites ainsi connaître votre droite, » si ce n'est faites connaître votre Christ dont il a été dit: « A qui le bras du Seigneur a-t-il été révélé(*Isaïe*, LIII, 1)? » Faites-le connaître de telle sorte que ses fidèles apprennent en lui à solliciter et à espérer de vous par préférence les récompenses qui ne sont pas exprimées dans l'Ancien Testament,

---

more tuo iram tuam (*Ps.*, LXXXIX, 11) dinumerare (*Ibid.*, 12)? » Valde paucorum hominum est, inquit, nosse iræ tuæ potestatem : quia plerisque ita magis cum parcis irasceris, ut non ad iram, sed potius ad mansuetudinem tuam pertinere intelligatur labor et dolor, quo corripis erudisque quos diligis, ne pœnis excrucientur æternis. Sicut enim legitur in alio Psalmo, « Irritavit Dominum peccator, pro magnitudine iræ suæ non exquiret(*Psal.*,x,4). »« Quis ergo novit, » id est, quotusquisque reperitur qui noverit « potestatem iræ tuæ, et præ timore tuo iram tuam dinumerare ? » Etiam hic subauditur, quis novit. Quam difficile invenitur qui noverit ita præ timore tuo dinumerare iram tuam, ut etiam hoc addat, et ad eam intelligat pertinere, quod nonnullis quibus plus irasceris parcere videaris, ut prosperetur peccator in via sua, et majora recipiat in novissimo? Potestas quippe humanæ iræ cum corpus occiderit, amplius non habet quid faciat : Deus vero habet potestatem et hic punire, et post corporis mortem mittere in gehennam (*Matth.*, x, 28). Et a paucis eruditis major ejus ira intelligitur vana et seductoria felicitas impiorum. Hanc ille non noverat, cujus pene commoti sunt pedes, quia zelavit in peccatoribus, pacem peccatorum intuens (*Ps.*, LXXII, 2) : sed didicit eam, cum intraret in sanctuarium Dei, et intelligeret in novissima : quia pauci intrant, ut discant præ timore Dei dinumerare iram ejus, et prosperitatem hominum malorum numero applicare pœnarum.

12. « Dexteram tuam sic notam fac (*Psal.*, LXXXIX, 2). » Hoc enim magis habent codices Græci : non sicut quidam Latini, « Dexteram tuam notam fac mihi. » Quid est ergo, « Dexteram tuam sic notam fac, » nisi Christum tuum, de quo dictum est, « Et brachium Domini cui revelatum est (*Isai.*, LIII, 1), sic notum fac, ut in eo discant fideles tui ea magis a te poscere et sperare præmia fidei, quæ non apparent in vetere Testamento, sed revelantur in novo; ne arbitrentur pro magno habendam et cupiendam

mais révélées par le Nouveau. Faites qu'ils ne pensent pas qu'il faille ajouter un grand prix à la félicité que donnent les biens terrestres et temporels, la convoiter et l'aimer avec passion; de peur que leurs pieds ne soient ébranlés, lorsqu'ils la verront possédée par ceux mêmes qui ne vous adorent pas; et de peur qu'ils ne glissent et ne tombent, faute de savoir calculer votre colère? Enfin, selon cette prière de son serviteur, Dieu a fait connaître son Christ de telle sorte qu'il a prouvé par les souffrances de celui-ci qu'il faut désirer non les récompenses dont retentit l'Ancien Testament, qui n'est que l'ombre des choses à venir, mais les récompenses éternelles. On peut encore comprendre que le Prophète parle ici de la droite de Dieu au moment où il séparera les justes d'avec les impies; parce qu'elle se fait aussi connaître parfaitement lorsqu'il châtie le fils qu'il reçoit, sans lui laisser une prospérité dans le péché, qui serait la preuve d'un courroux plus violent; tandis que par un effet de sa bonté, il le frappe de sa gauche, pour le mettre à sa droite après l'avoir corrigé (*Matth.*, xxv, 32, 33). Par conséquent, ce texte de la plupart des manuscrits : « Faites-moi connaître votre droite, » peut se rapporter également, soit au Christ, soit à la félicité éternelle; car, quant à une main de forme corporelle, Dieu n'en a pas, de même qu'il n'a pas non plus de colère agitée par des mouvements violents.

13. Ce que le Prophète ajoute : « Faites que nous soyons enchaînés dans notre cœur par la sagesse (*Ps.*, LXXXIX, 12), » se trouve différemment rapporté dans d'autres manuscrits, où nous lisons « instruits, » au lieu de : « enchaînés. » Cette différence tient à ce que les mots grecs ont presque la même consonnance dans les deux significations et ne présentent qu'une légère différence dans l'une de leurs syllabes. Mais, comme ceux-là sont instruits dans la sagesse qui mettent, ainsi qu'il est écrit, « leur pied dans les entraves (*Eccli.*, VI, 25), » non pas le pied de leur corps, mais le pied de leur cœur; comme ils sont, en quelque sorte, attachés par des liens dorés, pour ne pas sortir de la voie de Dieu et ne pas fuir loin de lui; quel que soit le texte que l'on adopte, la vérité de la pensée reste intacte. Car, pour ceux qui ont été enchaînés ou instruits dans leur cœur par la sagesse, Dieu leur a manifesté si bien son Testament Nouveau, qu'ils ont tout méprisé pour la foi que détestait l'impiété des Juifs et des Gentils, et qu'ils ont accepté la privation des promesses de l'Ancien Testament, auxquelles attachent tant de grand prix ceux qui jugent selon la chair.

14. Et parce qu'ils ont été si bien instruits

---

vel adamandam esse terrenorum ac temporalium bonorum felicitatem, et commoveantur pedes eorum, cum eam viderint et in eis qui te non colunt (*Psal.*, LXXII, 2); et gressus eorum effundantur in labsum, dum nesciunt dinumerare iram tuam? Denique secundum hanc orationem hominis sui, sic notum fecit Christum suum, ut suis passionibus demonstraret, non ea munera quæ videntur sonare in vetere Testamento, ubi sunt umbræ futurorum, sed æterna esse concupiscenda. Potest in isto sensu etiam Dei dextera intelligi, in qua justos suos ab impiis segregabit (*Matth.*, XXV, 33) : quia et ipsa bene sic innotescit, cum flagellat omnem filium, quem recipit (*Hebr.*, XII, 6), nec in peccatis suis prosperari sinit plus irascendo, sed in mansuetudine (*a*) sinistra flagellat, ut emendatum ad dexteram ponat. Et illud quod plerique codices habent, « Dexteram tuam notam fac mihi, » ad utrumque referri potest, sive ad Christum, sive ad æternam felicitatem. Nam Deus ita non habet corporalis formæ dexteram, sicut nec iram commotionibus turbulentam.

13. Quod vero adjungit, « Et compeditos corde in sapientia (*Psal.*, LXXXIX, 12) : » alii codices non habent, compeditos, sed « eruditos. » Verbum enim Græcum ita in utraque significatione similiter sonat, ut una syllaba paululum differat. Sed cum illi erudiantur in sapientia, qui injiciunt, sicut scriptum est, « pedem in compedem ejus (*Eccli.*, VI, 25), » (non utique pedem corporis, sed pedem cordis,) et ejus velut aureis vinculis illigati a via Dei non exorbitant, nec fiunt ab illo fugitivi : quodlibet horum legatur, salva est sententia veritatis. Et ipsos enim compeditos vel eruditos corde in sapientia, sic notos Deus fecit in novo Testamento, ut pro fide quam Judæorum et Gentilium detestabatur impietas, omnia contemnerent; et eis se privari paterentur, quæ magna putant promissa in vetere Testamento, qui carnaliter judicant.

(*a*) Editi, *sinistram*. Aliquot MSS. *sinistrum*: et quidam, *sinistra*.

qu'ils ont méprisé les biens terrestres, et témoigné par leurs souffrances combien sont désirables les biens éternels, (car c'est de là qu'ils ont été appelés témoins, ou martyrs selon le grec), ils ont supporté une infinité de maux temporels d'une excessive rigueur. C'est là ce que considère l'homme de Dieu, cet esprit prophétique figuré sous le nom de Moïse, et il dit : « Revenez à nous, Seigneur ; jusques à quand nous abandonnez-vous ? Laissez-vous fléchir par les prières de vos serviteurs (*Ps.*, LXXXIX, 13). » C'est la voix de ceux qui ont souffert, par suite des persécutions de ce monde, des maux innombrables, et qui, enchaînés dans leur cœur par la sagesse, témoignent qu'ils ne doivent pas, malgré tant de douleurs, abandonner Dieu et se réfugier dans les biens de ce monde : c'est leur voix ou c'est une voix en leur nom. Nous retrouvons cette parole d'un autre psaume : « Jusques à quand détournerez-vous votre face de moi (*Ps.*, XII, 1) ? » dans celle que nous venons d'entendre : « Revenez à nous, Seigneur ; jusques à quand nous abandonnez-vous ? » S'il en est encore qui attribuent à Dieu, dans un sens charnel, la forme du corps humain, qu'ils sachent que pour Dieu, détourner son visage ou se retourner ne signifie pas quelque mouvement semblable à ceux de notre corps, et qu'à cet effet ils se rappellent ce verset du même psaume : « Vous avez mis nos iniquités devant vos yeux, et notre vie d'iniquité devant la lumière de votre visage (*Ps.*, LXXXIX, 8). » Comment donc, ici, le Prophète dit-il : « Revenez à nous, » pour exprimer que Dieu nous soit clément, comme si Dieu avait détourné sa face dans sa colère ; tandis que, dans cet autre verset, il nous montre que Dieu, dans sa colère, n'a pas détourné ses regards des iniquités et de la vie coupable de ceux contre lesquels il est irrité, mais qu'il les a mises sous ses yeux et devant la lumière de son visage ? D'autre part, ces mots : « Jusques à quand ? » sont plutôt l'expression de prière d'un homme juste que l'expression d'impatience d'un homme indigné. Nous trouvons ensuite les mots : *deprecabilis esto*, au lieu desquels quelques interprètes ont écrit : *deprecare*. En disant : *deprecabilis esto*, on évite toute ambiguïté, tandis que le verbe *deprecari* a deux sens et signifie tantôt celui qui fait une prière et tantôt celui qui la reçoit ; car on dit indifféremment en latin : *deprecor te* (je vous prie) et *deprecor a te* (je suis prié par vous).

15. Le Prophète, anticipant ensuite par l'espérance sur les biens à venir et les regardant déjà comme accomplis, s'écrie : « Nous avons été comblés, le matin, de votre miséricorde (*Ps.*, LXIX, 14). » Cette prophétie est donc pour nous, au milieu des travaux et des douleurs de

---

14. Et quoniam cum sic noti fierent, ut illa contemnerent, et desiderandis æternis per suas passiones testimonium perhiberent, (unde et testes dicti sunt, sic enim Græce Martyres appellantur), multa et multum mala et acerba temporalia pertulerunt : hoc attendit iste homo Dei, et Spiritus Propheticus per Moysi vocabulum figuratus, et ait, « Convertere Domine quo usque, et deprecabilis esto super servos tuos (*Ps.*, LXXXIX, 13). » Vox est eorum, vel pro eis, qui multa persequente isto sæculo mala tolerantes, innotescunt compediti corde in sapientia ut nec tantis malis coacti refugiant a Domino ad hujus sæculi bona. Secundum autem illud quod alibi scriptum est, « Quousque avertis faciem tuam a me (*Ps.*, XII,1) ; » etiam hoc dictum est, « Convertere Domine quo usque. » Et ut sciant qui multum carnaliter (*a*) Deo tribuunt humani corporis formam, aversionem vultus ejus et conversionem non fieri motu simili motibus corporis nostri ; in hoc eodem Psalmo recolant superiora : « Posuisti iniquitates nostras in conspectu tuo, sæculum nostrum in illuminatione vultus tui (*Psal.*, LXXXIX, 8). » Quomodo ergo hic dicit, « Convertere, » ut sit propitius, quasi faciem avertisset iratus ; cum ibi sic insinuet iratum, ut non averterit faciem ab iniquitatibus et sæculo eorum, quibus irasceretur, sed ea potius in conspectu suo, et in illuminatione vultus sui posuerit ? Quod autem dicitur, « quo usque, » verbum est orantis justitiæ, non indignantis impatientiæ. Sane quod hic positum est « deprecabilis esto ; » alii verbum e verbo, « deprecare, » interpretati sunt. Sed qui ait, « deprecabilis esto, » vitavit ambiguum : quia deprecari commune verbum est ; nam et ille deprecatur qui deprecationem fundit, et ille cui funditur : dicimus enim, Deprecor te, et deprecor a te.

15. Deinde illa bona quæ futura sunt, spe anticipans, et velut jam facta deputans: « Repleti sumus, inquit, mane misericordia tua (*Ibid.*, 14). » Ergo in

(*a*) Hic in editis additur, *sapienter*: quod a MSS. abest.

cette nuit, comme un flambeau allumé dans un lieu obscur, jusqu'à ce que le jour luise et que l'étoile du matin se lève dans nos cœurs (II *Pierre*, I, 19). En effet, « bienheureux sont ceux dont le cœur est pur, parce qu'ils verront Dieu (*Matth.*, v, 8). » Alors les justes seront remplis de ces biens dont ils ont actuellement faim et soif (*Matth.*, v, 8, 6), tandis qu'ils marchent dans la foi et qu'ils sont en exil loin du Seigneur (II *Cor.*, v, 6). C'est aussi pour cela qu'il est dit dans un autre psaume : « Vous me remplirez de joie par votre vue (*Ps.*, xv, 11); » et encore : « Ils se tiendront devant vous le matin et vous contempleront (*Ps.*, v, 5); » ou bien ils seront alors rassasiés, si l'on accepte la traduction de certains interprètes : « Nous sommes rassasiés, le matin, de votre miséricorde. » Cette version se rapporte à ce qui est dit ailleurs : « Je serai rassasié, lorsque votre gloire sera manifestée (*Ps.*, xvi, 15). » C'est pourquoi, les disciples ayant dit au Seigneur : « Montrez-nous votre Père et cela nous suffira, » le Seigneur a répondu : « Je me manifesterai moi-même à lui (*Jean*, xiv, 8, 21). » Jusqu'à ce que cette promesse s'accomplisse, aucun bien ne nous suffit et ne doit nous suffire, de peur que notre désir ne reste en chemin, tandis qu'il doit s'étendre jusqu'à ce qu'il soit satisfait. « Nous avons été rassasiés, le matin, de votre miséricorde, nous avons été transportés d'allégresse, et nous sommes dans la joie pour toute la durée de nos jours (*Ps.*, LXXXIX, 14). » Ce jour est le jour qui n'a pas de fin. Tous les jours sont rassemblés en un seul; c'est pourquoi nous serons alors rassasiés. Car il n'y aura point de jour faisant place à d'autres jours, là où il n'y a rien qui ne soit pas encore pour n'être point encore venu, et qui ne soit plus pour être déjà venu. Tous les jours sont réunis ensemble, parce qu'il n'y a qu'un jour qui demeure et ne passe point; et ce jour, c'est l'éternité. C'est de ces jours qu'il est dit : « Quel est l'homme qui désire la vie et qui souhaite de voir des jours heureux (*Ps.*, xxxiii, 13)? » Ces jours sont appelés des années dans un autre psaume, où le Prophète dit à Dieu : « Vous, au contraire, vous êtes toujours le même et vos années ne prendront point de fin (*Ps.*, ci, 58). » En effet, les années de Dieu ne sont pas de celles qui sont comptées pour rien, et les jours de Dieu ne sont point de ceux qui disparaissent comme une ombre (*Ibid.*, 12); mais ce sont des jours qui sont, et dont le Prophète désirait connaître le nombre lorsqu'il priait ainsi : « Seigneur, faites-moi connaître ma fin, (où je demeurerai stable, lorsque j'y serai parvenu, sans plus rien demander désormais), et le nombre de mes jours, qui est; (le nombre qui est et non celui qui n'est pas). Car

---

his velut nocturnis laboribus et doloribus prophetia nobis accensa est, « sicut lucerna in obscuro loco, donec dies lucescat, et lucifer oriatur in cordibus nostris (II *Pet.*, I, 19). » « Beati enim mundi corde, quia ipsi Deum videbunt (*Matth.*, v, 8). » Tunc replebuntur eo bono justi, quod nunc esuriunt et sitiunt, cum per fidem ambulantes peregrinantur a Domino (II *Cor.*, v, 6). Unde et illud dicitur, « Replebis me lætitia cum vultu tuo (*Psal.*, xv, 10). Mane adstabunt et contemplabuntur (*Psal.*, v, 5). » Et sicut alii dixerunt interpretes, « Satiati sumus mane misericordia tua, » tunc satiabuntur. Sicut enim alibi ait, « Satiabor dum manifestabitur gloria tua (*Psal.*, xvi, 15). » Unde dicitur, « Ostende nobis Patrem, et sufficit nobis (*Johan.*, xiv, 8). » Atque ipse Dominus ait, « Ostendam meipsum illi (*Ibid.*, 21). » Quod donec fiat, nihil boni nobis sufficit ; nec sufficere debet, ne desiderium nostrum in via remaneat, quod donec perveniat extendendum est. « Repleti sumus mane misericordia tua : et exsultavimus, et (*a*) jocundati sumus in omnibus diebus nostris. » Dies ille, dies est sine fine. Simul sunt illi omnes dies, ideo satiant. Non enim succedentibus cedunt, ubi non est aliquid quod non veniendo nondum sit, et veniendo jam non sit. Omnes simul sunt, quia unus est qui stat et non transit : ipsa est æternitas. Hi sunt dies de quibus dicitur, « Quis est homo qui vult vitam, et diligit videre dies bonos (*Psal.*, xxxiii, 12) ? » Hi dies et alio loco anni appellantur, ubi Deo dicitur, « Tu autem idem ipse es, et anni tui non deficient (*Psal.*, ci, 28). » Non enim anni sunt qui pro nihilo habentur, aut dies sunt qui sicut umbra declinaverunt (*Ibid.*, 12) : sed dies sunt qui sunt, quorum numerum notum sibi fieri precabatur, qui dicebat, « Notum fac mihi Domine finem meum (*Psal.*, xxxviii, 5), » (quo perveniendo maneam, et nihil ulterius jam requiram,) « et numerum dierum meorum qui est (*Ibid.*) : » utique qui est, non qui non est. Quia dies isti, de

(*a*) Plures MSS. *delectati sumus*

les jours d'ici-bas, dont le Prophète a dit ensuite : « Voilà que vous avez fait vieillir mes jours (*Ps.*, XLIII, 5, 6), » ne sont pas, puisqu'ils ne demeurent pas, puisqu'ils ne restent pas, mais qu'ils changent à tout instant et qu'ils passent avec une indicible rapidité. Nous ne saurions même trouver dans ces jours une seule heure dont une partie ne soit déjà passée, dont une autre ne soit encore à venir, et dont une seule ait assez de stabilité pour subsister. Mais il n'y aura pas de fin pour ces années et pour ces jours, dans lesquels nous-mêmes n'aurons pas de fin, et dans lesquels l'entretien de notre vie ne sera point la réparation d'une défaillance. Que notre âme soit donc enflammée du désir de parvenir à ces jours éternels; qu'elle en ait la soif la plus ardente, afin d'y être comblée, d'y être rassasiée et de répéter alors ces paroles qui ne sont aujourd'hui qu'une prophétie : « Nous avons été rassasiés, le matin, de votre miséricorde; nous avons été transportés d'allégresse, et nous sommes dans la joie pour toute la durée de nos jours. La joie a pris la place des jours dans lesquels vous nous avez abaissés, et des années pendant lesquelles nous avons vu tant de maux (*Ps.*, LXXXIX, 15). »

16. Mais maintenant, au milieu des jours encore mauvais que nous traversons, disons ce qui suit : « Et jetez les yeux sur vos serviteurs et sur vos ouvrages (*Ibid.*, 16). » En effet, vos serviteurs sont votre ouvrage ; non-seulement comme hommes, mais encore comme vos serviteurs, afin de pouvoir obéir à vos commandements. Car nous ne sommes pas seulement les créatures de Dieu en Adam, mais nous avons encore été créés en Jésus-Christ pour les bonnes œuvres que Dieu a préparées afin que nous y marchions (*Éphés.*, II, 10). C'est Dieu, en effet, qui opère en nous et le vouloir et le faire, selon son bon plaisir (*Philipp.*, II, 13). « Et dirigez leurs enfants (*Ps.*, LXXXIX, 16); » afin qu'ils soient de ces hommes au cœur droit, aux yeux desquels Dieu est bon. En effet, le Dieu d'Israël est bon, mais aux yeux de ceux dont le cœur est droit. Qu'ils ne soient point comme celui dont les pieds ont failli être ébranlés, parce qu'à la vue de la paix des méchants, il sentait que Dieu commençait à lui déplaire, comme lui paraissant ignorer les choses d'ici-bas, n'en prendre aucun soin et laisser à l'abandon le gouvernement du genre humain (*Ps.*, LXXII, 1-14).

17. « Et que la lumière du Seigneur notre Dieu éclate sur nous; » selon cette autre parole : « La lumière de votre visage, Seigneur, est répandue sur nous (*Ps.*, IV, 7). » « Et rendez droites en nous les œuvres de nos mains (*Ps.*, LXXXIX, 17); » afin que nous n'accomplissions pas ces œuvres dans l'espoir d'une récompense terrestre,

---

quibus et illic consequenter dicit, « Ecce veteres posuisti dies meos (*Ibid.*, 6), » non sunt, quia non stant, non manent, celerrima mutabilitate transcurrunt; nec una hora in eis invenitur, in qua ita simus, ut non alia pars ejus transierit, alia ventura sit, nulla stet ut sit. Illi autem anni et dies non deficiunt, in quibus nec nos deficiemus, sed sine defectu reficiemur. Exæstuet anima nostra illorum dierum desiderio, sitiat ardenter atque vehementer : ut illic repleamur, ibi satiemur, ibi dicamus quod hic prædicimus : « Satiati sumus mane misericordia tua : et exsultavimus, et jocundati sumus in omnibus diebus nostris. Lætati sumus pro diebus nos humiliasti, annis quibus vidimus mala (*Ps.*, LXXXIX, 15). »

16. Nunc autem in diebus adhuc malignis dicamus quod sequitur, «Et respice in servos tuos et in opera tua (*Ibid.*,16).» Ipsi enim servi tui opera tua sunt. Non solum ut homines sint, sed etiam ut sint servi tui, id est, obedientes jussis tuis (*Ephes.*, II,10). Ipsius enim sumus figmentum, non solum in Adam, sed etiam creati in Christo Jesu, in operibus bonis, quæ præparavit Deus ut in illis ambulemus. «Deus est enim qui operatur in nobis et velle et operari, pro bona voluntate (*Philip.*,II,13).» «Et dirige filios eorum : » ut sint recti corde, quibus bonus est Deus. Bonus enim Deus Israel, sed rectis corde (*Ps.*, LXXII, 1). Non sicut ille cui commoti sunt pedes, quia pacem peccatorum intuens displicere cœperat Deus, quasi ista nesciens, quasi ista non curans, et ab (*a*) humani generis gubernatione dissimulans.

17. « Et sit splendor Domini Dei nostri super nos (*Ps.*,LXXXIX, 17). » Unde dicitur, « Signatum est super nos lumen vultus tui, Domine (*Psal.*, IV, 7). » « Et opera manuum nostrarum dirige super nos ; » ut non ea pro rerum terrenarum mercede faciamus : tunc enim non directa, sed curva sunt. Huc usque Psalmum istum multi codices habent: sed in nonnullis legitur alius ultimus versus, « Et opus manuum

---

(*a*) Plerique MSS. *et ab humana generatione dissimulans.*

parce qu'alors elles ne seraient plus droites mais tortueuses. Dans beaucoup de manuscrits le Psaume se termine ici, mais dans quelques autres, le dernier verset porte encore ces mots: « Et rendez droite l'œuvre de nos mains (*Ibid.*). » Les interprètes soigneux et savants marquent cette fin de verset d'une petite étoile, qu'on nomme astérisque, par laquelle ils indiquent les passages qui se trouvent dans le texte hébreux ou dans certaines traductions grecques, mais qui ne sont pas dans la version des Septante. Que si nous voulons expliquer ce verset, il me semble qu'il signifie que toutes nos bonnes œuvres se résument en une seule bonne œuvre, qui est la charité; car la charité est la plénitude de la loi (*Rom.*, XIII, 10). En effet, après avoir dit d'abord : « Et rendez droites en nous les œuvres de nos mains, » le Prophète dit en second lieu : « rendez droite l'œuvre (et non pas les œuvres) de nos mains ; » comme pour montrer, par cette fin du verset, que toutes nos œuvres ne sont qu'une œuvre unique, c'est-à-dire doivent tendre à une œuvre unique. Nos œuvres en effet sont droites, lorsqu'elles tendent à cette seule fin; car la fin de tout précepte c'est la charité qui provient d'un cœur pur, d'une conscience bonne et d'une foi sincère (I *Tim.*, I, 5). L'œuvre unique, dans laquelle toutes les œuvres sont réunies, est donc la foi qui opère par la charité (*Gal.*, V, 6); c'est ce qui fait dire au Seigneur dans l'Évangile : « L'œuvre de Dieu, c'est que vous croyiez en celui qui m'a envoyé (*Jean*, VI, 29). » Donc, puisque dans ce Psaume, l'ancienne vie et la vie nouvelle, la vie mortelle et la vie vivifiante, les années qui sont comptées pour rien et les jours qui contiennent la plénitude de la miséricorde et de la véritable joie, c'est-à-dire le châtiment du premier homme et le règne du second, sont suffisamment et clairement distingués les uns des autres, je pense que ce Psaume a été intitulé prière de Moïse, homme de Dieu, pour faire comprendre à ceux qui sondent les Écritures avec piété et droiture, que la loi de Dieu, promulguée par Moïse, dans laquelle Dieu ne semble promettre, pour récompense unique ou presque unique des bonnes œuvres, que des biens terrestres, renferme, sans aucun doute, sous un voile, d'autres promesses, telles qu'en fait apercevoir notre Psaume. Mais à mesure qu'un homme arrivera jusqu'au Christ, le voile sera enlevé (II *Cor.*, III, 16), et ses yeux seront ouverts, pour qu'il voie les merveilles qui découlent de la loi de Dieu, par la grâce de celui à qui nous disons : « Ouvrez mes yeux, et je contemplerai les merveilles qui découlent de votre loi (*Ps.*, CXVIII, 18). »

nostrarum dirige. » Cui versui diligentes et docti prænotant stellam, quos asteriscos vocant, quibus significant ea quæ in Hebræo vel aliis interpretibus Græcis reperiuntur, in Septuaginta vero interpretatione non sunt. Quem versum si velimus exponere, id mihi videtur habere sententiæ, quod omnia bona opera nostra, unum opus est caritatis. « Plenitudo enim Legis caritas (*Rom.*, XIII, 10). » Nam superiore versu cum dixisset, « Et opera manuum nostrarum dirige super nos ; » isto ultimo non « opera, » sed «opus » dixit «manuum nostrarum dirige:»tamquam ultimo versu volens ostendere ipsa opera unum opus esse, id est, ad unum opus dirigi. Tunc enim recta sunt opera, cum ad hunc unum finem diriguntur. « Finis enim præcepti est caritas de corde puro et conscientia bona et fide non ficta (I *Tim.*, I, 5). » Opus ergo unum est, in quo sunt omnia, « fides quæ per dilectionem operatur (*Gal.*, V, 6). » Unde etiam Dominus in Evangelio dicit, « Hoc est opus Dei, ut credatis in eum quem ille misit (*Johan.*, VI, 29). » Cum ergo in isto Psalmo, et vita vetus, et vita nova, et vita mortalis et vita vitalis, et anni qui pro nihilo habentur et dies habentes plenitudinem misericordiæ, veræque lætitiæ, id est, et pœna primi hominis et regnum secundi, satis aperteque distincta sint : ad hoc existimo hominis Dei Moysi nomen titulo ejus inscriptum, ut eis qui pie recteque scrutantur Scripturas, eo modo intimaretur etiam Legem Dei, quæ per Moysen ministrata est, ubi pro bonis operibus sola vel pene sola præmia terrenorum bonorum Deus polliceri videtur, sine dubio habere sub velamento tale aliquid, quale iste Psalmus ostendit. « Sed cum quisque transierit ad Christum, auferetur velamen (II *Cor.*, III, 16), » et revelabuntur oculi ejus, ut consideret mirabilia de lege Dei : donante illo, cui dicimus, « Revela oculos meos, et considerabo mirabilia de lege tua (*Psal.*, CXVIII, 18). »

DISCOURS SUR LE PSAUME XC.

PREMIER DISCOURS.

1. Le Psaume a trait à la tentation que le démon a osé exercer sur Notre-Seigneur Jésus-Christ. Écoutons-le donc, pour nous instruire et pour pouvoir résister au tentateur, en ne mettant point notre confiance en nous, mais en celui qui a été tenté avant nous, afin de nous assurer la victoire dans nos tentations. En effet, la tentation ne lui était pas nécessaire, mais la tentation du Christ est un enseignement pour l'homme. Or, si nous prêtons attention à ce que le Christ a répondu au démon, afin de lui répondre de même lorsqu'il nous tente de la même manière, nous entrons par la porte, selon ce que vous avez entendu dans la lecture de l'Évangile. Que veut dire : entrer par la porte ? Entrer par le Christ; car lui-même a dit : « Je suis la porte (*Jean*, x, 7). » Et que veut dire : entrer par le Christ ? Imiter les voies du Christ. En quoi imiterons-nous les voies du Christ ? Est-ce dans cette grandeur dont il brillait, lui Dieu, dans son humanité ? Demande-t-il, exige-t-il de nous que nous fassions des miracles semblables à ceux qu'il a faits ? Ou encore, Notre-Seigneur Jésus-Christ ne gouverne-t-il pas, avec son Père, maintenant et toujours, le monde entier ? Est-ce qu'il appelle l'homme, en le faisant son imitateur, à gouverner avec lui le ciel et la terre et tout ce qu'ils renferment ? Est-ce qu'il appelle l'homme à devenir lui-même un créateur par qui toutes choses soient faites, comme toutes choses ont été faites par le Christ ? Non : le Dieu sauveur, Notre-Seigneur Jésus-Christ, ne vous invite ni à opérer ces œuvres qu'il a faites dès le commencement et dont il est écrit : « Tou-

IN PSALMUM XC.

ENARRATIO.

SERMO PRIMUS.

1. Psalmus iste est de quo Dominum nostrum Jesum Christum diabolus tentare ausus est. Audiamus ergo, ut possimus instructi resistere tentatori, non præsumentes in nobis, sed in ipso qui prior tentatus est, ne nos in tentatione vinceremur. Illi enim tentatio non erat necessaria : tentatio Christi nostra doctrina est. Si autem adtendamus quid responderit diabolo, ut hoc et nos respondeamus, quando similiter tentat; intramus per januam, sicut audistis lectionem Evangelii. Quid est enim intrare per januam ? Intrare per Christum. Ipse enim dixit, « Ego sum janua (*Johan.*, x, 7.) » Quid est autem intrare per Christum ? Imitari vias Christi. In quo imitaturi sumus vias Christi ? numquid in ea magnificentia, qua Deus erat in carne ? aut ad hoc nos exhortatur, aut hoc a nobis exigit, ut talia miracula qualia fecit ipse, faciamus ? Aut vero Dominus noster Jesus Christus non et modo et semper cum Patre totum mundum gubernat ? Et numquid vel ad hoc vocat hominem faciens eum imitatorem suum, ut cum illo

tes choses ont été faites par lui (*Id.*, I, 3), » ni à opérer celles qu'il a faites sur la terre. Il ne vous dit pas : Vous ne serez point mon disciple, si vous ne marchez sur la mer (*Matth.*, XIV, 25); ou si vous ne ressuscitez un mort de quatre jours (*Jean*, XI, 38, 44); ou si vous n'ouvrez les yeux d'un aveugle-né (*Id.*, IX, 1-7). Rien de pareil. Qu'est-ce donc que d'entrer par la porte? « Apprenez de moi que je suis doux et humble de cœur (*Matth.*, XI, 29). » Vous devez considérer en lui, pour l'imiter, ce qu'il s'est fait pour votre salut. Des miracles? il en a fait, même avant d'être né de Marie. Car qui en a jamais opéré sinon celui de qui l'on dit : « Seul il fait des miracles (*Ps.*, LXXI, 18). » Car c'est par la vertu du Christ que ceux qui ont fait des miracles avant sa naissance ont pu les faire; c'est par la vertu du Christ qu'Élie a ressuscité un mort (III *Rois*, XXII, 22). A moins que Pierre ne soit réputé plus grand que le Christ, parce que le Christ guérissait les malades par la parole, tandis qu'on apportait les malades pour que l'ombre de Pierre vînt à les toucher, lorsqu'il passerait près d'eux (*Act.*, V, 15). Pierre était-il donc plus puissant que le Christ? Qui serait assez insensé pour le dire? Pourquoi donc cette grande puissance dans l'apôtre saint Pierre? Parce que le Christ était en lui. C'est pourquoi le Christ a dit : « Tous ceux qui sont venus sont des voleurs et des larrons (*Jean*, X, 8); » c'est-à-dire, ceux qui sont venus d'eux-mêmes et sans être envoyés par moi, ceux qui sont venus sans moi, dans lesquels je ne suis pas entré, et que je n'ai pas introduits moi-même. Conséquemment, tous les miracles, quels qu'ils soient, qui ont été faits, soit par ceux qui l'ont précédé, soit par ceux qui l'ont suivi, ont été faits par le même Seigneur qui en a opéré d'autres pendant qu'il était présent sur la terre. Il ne vous exhorte donc pas à reproduire les miracles qu'il a faits lui-même avant que d'être homme : mais alors à quoi vous exhorte-t-il? A imiter ce qu'il n'aurait pu faire, s'il ne s'était fait homme. En effet, aurait-il pu souffrir sa passion, s'il ne s'était fait homme? Il n'aurait pu ni être humilié, ni être crucifié, ni mourir, s'il ne s'était fait homme. De même donc, pour vous, quand vous avez à souffrir les peines de ce monde qui sont l'œuvre du démon, soit qu'il agisse ouvertement par le moyen des hommes, soit qu'il agisse secrètement, comme à l'égard de Job, soyez fort, soyez patient, et réfugiez-vous, comme le dit notre Psaume, dans l'aide du Très-Haut. Car si vous vous retirez de l'aide du Très-Haut, ne pouvant vous soutenir par vous-même, vous tomberez.

2. En effet, il y en a beaucoup qui sont cou-

---

gubernet cælum et terram, et omnia quæ in eis sunt ; aut ut sit et ipse creator, per quem fiant omnia, sicut per Christum facta sunt omnia ? Neque ad ista opera te invitat Deus salvator Dominus noster Jesus Christus, quæ fecit ab initio, de quibus scriptum est, « Omnia per ipsum facta sunt (*Johan.*, I, 3) : » neque ad illa quæ fecit in terra. Non hoc tibi dicit, Non eris discipulus meus, nisi ambulaveris super mare, aut nisi suscitaveris mortuum quatriduanum, aut nisi oculos cæci nati aperueris (*Matth.*, XIV, 25 *Johan.*, XI, 39 et IX, 16). Nec hoc. Quid est ergo intrare per januam ? Discite a me, quia mitis sum et humilis corde (*Matth.*, XI, 29). » Quod factus est propter te, hoc in eo debes attendere, ut imiteris. Miracula enim et nondum natus de Maria fecit. Quis enim umquam fecit, nisi ipse de quo dictum est, « Qui facit mirabilia magna solus (*Psal.*, LXXI, 18) ? » In ipsius enim virtute, et antea qui fecerunt, potuerunt aliquid facere : in virtute Christi Elias mortuum suscitavit (III *Reg.*, XVII, 22). Nisi forte major est Petrus quam Christus, quia Christus voce suscitavit ægrotantem (*Johan.* XI, 43), Petrus autem dum transiret, umbra ipsius tangendi proferebantur ægroti (*Act.*, V, 15). Potentior ergo Petrus quam Christus? Quis hoc dementissimus dixerit ? Quare ergo tanta potentia in Petro ? Quia Christus in Petro. Ideo dixit, « Omnes qui venerunt, fures sunt et latrones (*Johan.*, X, 8) : » id est, qui venerunt sua sponte, a me non sunt missi, qui venerunt sine me, in quibus ego non fui, quos ego non introduxi. Quotquot ergo miracula facta sunt, sive a præcedentibus, sive a consequentibus, idem ipse Dominus fecit, qui fecit et præsentia sua. Nec ad ipsa ergo miracula hortatur, quæ ipse fecit et antequam esset homo : sed quo te hortatur ? Ut imiteris quod non posset, nisi factus homo. Tolerare enim passiones numquid posset, nisi homo ? Mori et crucifigi et humiliari non posset, nisi homo. Si ergo et tu molestias hujus sæculi cum pateris, quas facit Diabolus, sive aperte per homines, sive occulte sicut Job (*a*) sis fortis, sis tolerans : « habitabis in adjutorio Al-

---

(*a*) Duo MSS. *sicut Job fortissime toleras.*

rageux lorsqu'ils souffrent quelques persécutions de la part des hommes et qu'ils les voient ouvertement sévir contre eux; car ils croient alors imiter les souffrances du Christ, quand les hommes les persécutent ouvertement : mais s'ils sont frappés par une persécution secrète du démon, ils ne croient pas que le Christ les couronne. Gardez-vous de rien craindre, tant que vous imitez le Christ; car lorsque le démon tenta le Seigneur, il n'y avait personne dans le désert: il l'a tenté secrètement et il a été vaincu, de même qu'il a encore été vaincu, lorsqu'il a sévi ouvertement (*Matth.*, IV, 1. 11). Vous aussi, faites de même, si vous voulez entrer par la porte, lorsque l'ennemi vous tente en secret, quand il demande à Dieu de pouvoir nuire à l'homme par des souffrances corporelles, par des fièvres, par des maladies, par des douleurs qui atteignent son corps, comme Job en a supportées. Job ne voyait pas le démon, mais il comprenait l'action de Dieu. Il savait que le démon n'avait de puissance contre lui qu'autant que celui dont la puissance est souveraine lui en donnerait la permission. Il attribuait donc à Dieu toute gloire, et n'attribuait au démon aucun pouvoir. Car, lorsque le démon lui eut tout enlevé, il s'écria : « le Seigneur me l'avait donné, le Seigneur me l'a ôté «(*Job* I, 21).» Il ne dit pas, le Seigneur me l'a donné, le démon me l'a enlevé; parce que le démon ne lui aurait rien ôté si le Seigneur ne le lui avait permis: mais le Seigneur l'a permis, pour que l'homme fût éprouvé et que le démon fût vaincu. Et quand ensuite le démon frappa Job d'une plaie de tout le corps, ce fut encore Dieu qui le permit. Car tout dégoûtant, de la tête aux pieds, de pourriture et de vermine, Job n'attribuait point encore le moindre pouvoir au démon. Sa femme, qui seule lui avait été laissée par le démon, non comme une consolation, mais comme un moyen de tentation, lui ayant suggéré de coupables pensées, et lui ayant dit : « Blasphémez contre Dieu et mourez, » il répondit : « Vous avez parlé comme une femme insensée ; si nous avons reçu nos biens de la main de Dieu, ne saurons-nous supporter nos maux (*Job* II, 9, 10)?»

3. Celui donc qui imite le Christ en supportant toutes les peines de ce monde et en mettant en Dieu toute son espérance, afin de n'être ni séduit par la convoitise ni brisé par la crainte, celui-là est vraiment l'homme qui habite sous l'aide du Très-Haut et qui demeure sous la protection du Dieu du ciel (*Ps.*, XC, 2), » selon les paroles du Psaume que vous avez entendues et chantées, puisque le Psaume commence de la sorte. Quant aux paroles, au moyen desquelles le démon a tenté le Seigneur, vous les reconnaîtrez, lorsque nous

tissimi (*Ps.*, XC, 1), » sicut dicit iste Psalmus. Quia si recedas ab adjutorio Altissimi, te ipsum non valens adjuvare, cades.

2. Multi enim fortes sunt, quando ab hominibus patiuntur persecutionem, et vident eos aperte sævire in se ; et putant quia tunc imitantur passiones Christi, si aperte eos homines persequantur : si autem occulta diaboli persecutione feriantur, putant se non coronari a Christo. Noli timere quando imitaris Christum. Nam et quando tentavit diabolus Dominum, nullus homo fuit in eremo, occulte illum tentavit (*Matth.*, IV, 1) ; sed superatus est, et aperte sæviens superatus est. Sic et tu, si vis intrare per januam, quando occulte tentat inimicus, quando postulat hominem ut aliquid ei noceat per corporales molestias, per febres, per ægritudines, per aliquos labores corporis, sicut laboravit Job. Diabolum non videbat, sed potestatem Dei intelligebat. Noverat quia diabolus in eum nihil posset, nisi ab illo cujus summa potestas est, permitteretur : totam gloriam Deo dabat, potentiam diabolo non dabat. Nam et quando abstulit diabolus omnia, hoc dixit : « Dominus dedit, Dominus abstulit (*Job.*, I, 21). » Non dixit, Dominus dedit, diabolus abstulit. Quia nihil abstulisset diabolus, nisi permisisset Dominus. Ideo autem permisit Dominus, ut homo probaretur, diabolus vinceretur. Et quando eum plaga percussit, ille permisit. Quia cum a capite usque ad pedes in putredine vermium flueret, nec tunc tribuit diabolo aliquam potestatem Job : sed cum ei suggessisset uxor ejus, quam solam reliquerat diabolus, non consolatricem mariti, sed adjutricem sui, et dixisset ei, Dic aliquod verbum in Deum, et morere : dixit ei, Locuta es tamquam una de insipientibus mulieribus ; si bona suscepimus de manu Domini, mala non sustinebimus (*Job*, II, 9 et 10)? »

3. Ergo qui sic imitatur Christum, ut toleret omnes molestias hujus sæculi, spes ejus in Deo sit, ut nec illecebra capiatur, nec timore frangatur, ipse est, « Qui habitat in adjutorio Altissimi, et in protectione Dei cæli commorabitur (*Psal.*, XC, 1) : » sicut audistis Psalmum, et cantastis; nam inde incipit

y serons arrivés, car elles sont connues. « Il dira au Seigneur : vous êtes mon protecteur et mon refuge, ô vous, mon Dieu (*Ibid.* 3). » Qui adresse ces paroles au Seigneur ? Celui qui habite sous l'aide du Très-Haut. » Quel est celui qui habite ainsi sous l'aide du Très-Haut ? Celui qui ne cherche pas son secours en lui-même. Quel est celui qui habite sous l'aide du Très-Haut ? Celui qui n'est pas orgueilleux, comme l'ont été ceux qui ont mangé le fruit défendu, afin d'être comme des dieux, et qui ont perdu le don d'immortalité qu'ils avaient reçu dans leur création. En effet, ils ont voulu habiter sous leur propre tutèle et non sous la tutèle du Très-Haut. C'est pourquoi ils ont écouté les suggestions du serpent et méprisé les commandements de Dieu, et ils ont vu s'accomplir en eux, non point la promesse du démon, mais la menace de Dieu (*Genèse*, xiv).

4. Dites donc vous aussi : « Je mettrai en lui mon espérance, parce qu'il me délivrera (*Ps.* xc. 4); » tandis que ce n'est pas moi qui me délivrerai. Voyez si le Prophète nous enseigne autre chose que de ne pas mettre notre espérance en nous ni en aucun homme. De quoi vous délivrera t-il ? « Du piège des chasseurs et de la parole injurieuse (*Ibid.*, 3) Du piége des chasseurs, » le bienfait est grand ; mais, « de la parole injurieuse, » en quoi est-ce un si grand bienfait ? Il en est beaucoup que les paroles injurieuses ont fait tomber dans le piége des chasseurs. Que signifie ce que je vous dis là ? Le démon et ses anges tendent leurs piéges, comme le font les chasseurs, et les hommes qui marchent dans le Christ marchent loin de ces piéges. En effet, le démon n'ose tendre ses piéges dans la voie qui est le Christ ; il les pose autour de la voie, mais non sur la voie même. Que le Christ soit toujours votre voie, et vous ne tomberez pas dans les piéges du démon. Mais celui qui erre hors de cette voie rencontre le piége. A droite et à gauche le démon tend ses filets, à droite et à gauche il place ses piéges : vous marchez au milieu des embûches. Voulez-vous donc marcher en toute sécurité ? ne vous détournez ni à droite ni à gauche, que celui-là soit votre voie, qui s'est fait votre voie, afin de vous conduire à lui par lui, et vous ne craindrez pas les piéges des chasseurs. Mais que veut dire : « La parole injurieuse ? » Le démon a précipité beaucoup d'hommes dans le piége par la parole injurieuse : par exemple, ceux qui veulent être chrétiens au milieu des païens sont en butte aux insultes des païens ; ils rougissent au milieu de ceux qui les insultent, et, chassés de la voie par la parole injurieuse, ils tombent dans les filets des chasseurs. Et quel mal peut vous faire la parole injurieuse ? aucun.

Psalmus. Quibus autem verbis tentavit Dominum diabolus, cum ad ipsa venerimus, agnoscetis : nota sunt enim. « Dicet Domino, Susceptor meus es tu, et refugium meum, Deus meus (*Ibid.*, 2). » Quis hoc dicit Domino ? « Qui habitat in adjutorio Altissimi. » Quis est « qui habitat in adjutorio Altissimi ? » Qui non habitat in adjutorio suo. Quis est « qui habitat in adjutorio Altissimi ? » Qui non est superbus, quomodo illi qui manducaverunt ut essent quasi dii (*Gen.*, iii, 5), et perdiderunt quod erant facti homines immortales. In adjutorio enim suo habitare voluerunt, non in adjutorio Altissimi : ideo dicit suggestionem serpentis audierunt, præceptum Dei contemserunt ; et invenerunt hoc evenisse in se, quod minatus est Deus, non quod promisit diabolus.

4. Ergo sic et tu dic, « Sperabo in eum : quoniam ipse eruet me (*Ibid.*, 3), » non ego me. Vide si aliud aliquid docet, nisi ut tota spes nostra non sit in nobis, non sit in homine. Unde te eruet ? « De muscipula venantium, et a verbo aspero. » « De muscipula venantium, » magnum aliquid est : « a verbo aspero, » quid magnum ? Multi in muscipulam venantium per verbum asperum ceciderunt. Quid est quod dico ? Tendit diabolus et angeli ejus, tamquam venantes tendunt muscipulas : et longe ab ipsis muscipulis ambulant homines, qui in Christo ambulant, Non audet enim in Christo tendere muscipulam : circa viam ponit, in via non ponit. Via autem tua Christus sit, et tu non cades in muscipulam diaboli. Aberranti a via, jam ibi est muscipula. Hinc atque hinc ponit laqueos, hinc atque inde ponit muscipulam, inter laqueos ambulas. Sed vis securus ambulare ? Noli declinare in dexteram neque in sinistram : et sit tibi via ille, qui tibi (*a*) factus est via, ut perducat te ad se per se ; et non timebis laqueos venantium. Sed quid est, « a verbo aspero ? » Multos per verbum asperum misit

---

(*a*) Hic editi addunt, *pro te*: quod a MSS. abest.

Mais le filet dans lequel l'ennemi vous précipite par la parole injurieuse ne doit-il vous faire aucun mal ? Lorsque l'on tend des filets aux oiseaux, on les place sur le haut des branches d'une haie, et l'on jette des pierres dans la haie. Les pierres ne font aucun mal aux oiseaux ; quand arrive-t-il, en effet, qu'un oiseau soit atteint de cette sorte par quelque pierre ? Mais l'oiseau effrayé par ce vain bruit tombe dans les filets. De même les hommes effrayés par les paroles impuissantes et vides de sens de ceux qui les insultent, et saisis de honte pour de vains outrages, tombent dans les filets des chasseurs et sont pris par le démon. Mais pourquoi ne dirais-je pas, mes frères, ce qu'il ne m'est pas permis de passer sous silence, ce que Dieu m'ordonne de dire ? De quelque façon que vous deviez le recevoir, Dieu veut que je le dise, et si je ne le disais, je tomberais dans les filets des chasseurs. Si, en effet, je craignais assez les calomnies des hommes, pour ne pas le dire, je serais moi-même précipité par la parole injurieuse dans les filets des chasseurs, au moment où je vous avertis de ne pas craindre les discours des hommes. Qu'est-ce donc que j'ai à vous dire ? que, de même qu'au milieu des païens, celui qui est chrétien est en butte aux paroles injurieuses des païens, ainsi, au milieu des chrétiens, ceux qui veulent être plus vigilants et meilleurs que les autres, sont en butte aux insultes des chrétiens eux-mêmes. Et que vous sert, mes frères, de trouver une ville dans laquelle il ne reste plus aucun païen ? Personne n'y insulte un chrétien parce qu'il est chrétien, puisqu'il ne s'y trouve aucun païen : mais il y a là beaucoup de mauvais chrétiens, vivant dans le désordre, et celui qui veut bien vivre au milieu d'eux, celui qui veut être sobre au milieu d'hommes intempérants, qui veut rester chaste au milieu d'hommes débauchés, qui veut adorer Dieu purement au milieu d'hommes qui consultent des astrologues et ne rien demander à leurs vains calculs, enfin celui qui veut n'aller qu'à l'église, au milieu d'hommes amis des spectacles frivoles du théâtre, celui-là est exposé aux insultes des chrétiens eux-mêmes, qui l'accablent de paroles injurieuses et qui le raillent en disant : quant à vous, vous êtes un grand homme, vous êtes un saint, vous êtes un Élie, vous êtes un Pierre, vous êtes venu du ciel ; ils l'insultent, et de quelque côté qu'il se tourne, à droite et à gauche, il entend des paroles injurieuses. Que s'il s'en effraye ou s'écarte de la voie du Christ, il tombe dans les filets des chasseurs. Mais de quelle manière, au milieu de ces injures, ne pas s'écarter de la voie ? Qu'est-ce que ne pas s'écarter de la voie ? Lorsqu'on entend ces paroles injurieuses, où trouver une

---

in muscipulam diabolus : verbi gratia, qui voluerint esse Christiani inter Paganos, insultatores patiuntur Paganos : erubescunt inter insultatores, et a verbo aspero recedentes de via, incidunt in laqueos venantium. Et quid tibi facturum est verbum asperum? Nihil. Numquid nihil tibi facturus est laqueus, quo te compellit inimicus per verbum asperum? Quomodo retia plerumque tenduntur, ad caput sepis tenduntur avibus, et lapides mittuntur in sepem : lapides illi nihil facturi sunt avibus. Quando enim ferit avem, qui lapidem mittit in sepem? Timens autem avis inanem sonum cadit in retia : sic homines timentes insultatorum verba vana et inania, et erubescentes conviciis superfluis, cadunt in laqueos venantium, et captivantur a diabolo. Sed cur non dico, Fratres, quod non est tacendum, quod me cogit Deus dicere ? Quomodolibet hoc accipiatis, cogit me Deus dicere : et si non dixero, ego cado in laqueos venantium. Si enim detractiones hominum timeo, ut non dicam; ego ipse a verbo aspero cado in laqueos venantium, qui vos moneo ut non timeatis verba hominum. Quid est ergo quod dicturus sum ? Quomodo inter Paganos qui fuerit Christianus, a Paganis audit verba aspera, quibus si erubuerit, cadit in muscipulam venantium : sic inter Christianos qui voluerint esse diligentiores et meliores, ab ipsis Christianis audituri sunt insultationes. Et quid prodest, frater, quod aliquando invenis civitatem, ubi nullus est Paganus? Nemo ibi insultat Christiano quod Christianus est, quia ibi non invenitur Paganus : sed sunt multi male viventes Christiani; inter quos qui voluerit bene vivere et inter ebriosus sobrius esse, et inter fornicatorios castus esse, et inter consultores mathematicorum Deum sinceriter colere, et nihil tale requirere, et inter spectatores (a) nugacium theatrorum noluerit ire nisi ad ecclesiam, patitur insultatores ipsos Christianos, et patitur verba aspera : et dicunt, Magnus tu, justus, tu es Elias, tu es Petrus, de cœlo venisti. Insultant : quocumque se verterit, audit hinc atque

(a) Alter e'Corbeiensibus MSS. *nugarum theatricarum*.

consolation qui empêche qu'on s'en préoccupe et qu'on s'écarte de la voie, et qui fasse qu'on entre par la porte? Que le chrétien se dise: quelles paroles ai-je à entendre, moi qui ne suis qu'un esclave et un pécheur? Mon maître s'est bien entendu dire: « Vous êtes possédé du démon (*Jean*, VIII, 45). » Vous venez donc d'entendre l'injure adressée au Seigneur: cette injure, il n'était pas nécessaire qu'il la souffrît; mais il l'a soufferte, et pour vous prémunir contre les paroles injurieuses, et pour vous apprendre à ne pas vous laisser pousser dans les filets des chasseurs.

5. « Il vous mettra comme à l'ombre sous ses épaules et vous espérerez sous l'abri de ses ailes (*Ps.*, XC, 4). » Le Prophète vous apprend par là à ne pas chercher votre secours en vous-même, et à ne point penser que vous puissiez vous-même vous protéger. Dieu vous protégera pour vous délivrer, et il vous délivrera des piéges des chasseurs et de la parole injurieuse. « Il vous mettra, comme à l'ombre, entre ses épaules. » Ces paroles peuvent s'entendre ou du dos ou de la poitrine, car la tête repose de toute part sur les épaules. Mais le Prophète ayant ajouté: « Vous espérerez sous ses ailes, » il est évident que cet abri de deux ailes étendues indique suffisamment que vous êtes comme entre les épaules de Dieu, de sorte que ses ailes, au milieu desquelles vous êtes, vous protégent de chaque côté et font que vous n'avez rien à craindre de personne. Gardez-vous seulement de quitter un asile où nul ennemi n'ose pénétrer. Si la poule protége ses poussins sous ses ailes, combien plus serez-vous en sûreté, sous les ailes de Dieu, contre le démon et ses anges, puissances de l'air qui volent de çà et de là, comme autant d'éperviers, pour ravir le faible poussin? En effet, ce n'est pas sans raison que la poule a été comparée à la Sagesse même de Dieu; car le Christ, notre Seigneur et Sauveur, s'est aussi comparé à la poule en disant: « Jérusalem! Jérusalem! Combien de fois ai-je voulu rassembler tes enfants, comme la poule rassemble ses poussins, et tu ne l'as pas voulu (*Matth.*, XXIII, 37)! » Jérusalem ne l'a pas voulu; mais nous, sachons le vouloir. Elle a été ravie par les puissances de l'air, parce qu'elle a fui les ailes de la poule, dans la confiance qu'elle avait en sa force, malgré sa faiblesse. Pour nous, confessons notre faiblesse, et fuyons sous les ailes de Dieu; car il sera pour nous comme une poule qui protége ses poussins. En effet, ce nom de poule n'a rien d'injurieux. Considérez, mes frères, les autres oiseaux: beaucoup d'entre eux pondent leurs œufs et couvent leurs petits devant nous, mais nul d'eux ne partage la faiblesse de ses petits comme la poule. Que Votre Charité y fasse attention: nous apercevons hors de leurs nids les hi-

---

inde verbum asperum. Quod si timet, et recedit a via Christi, cadit in laqueos venantium. Quomodo autem cum audiuntur hæc verba, non receditur a via? Quid est, non recedere a via? Quando audit verba aspera, unde sibi habet facere solatium, ut non curet verba aspera, nec recedat a via, et intret per januam? Dicat, Qualia verba audio, servus, peccator? Dominus meus audivit, « Dæmonium habes (*Johan.*, VIII, 48). » Modo audistis verbum asperum quod dictum est in Dominum: non opus erat ut Dominus hoc audiret, sed te monuit adversus verba aspera ne incidas in laqueos venantium.

5. « Inter scapulas suas obumbravit tibi, et sub alis ejus sperabis (*Ps.*, XC, 4). » Hoc dicit, ne tua protectio a te tibi sit, ne putes quia tu te potes protegere: ille te proteget, ut eruat; et eruet de muscipula venantium, et a verbo aspero. « Inter scapulas suas obumbrabit tibi, » et a tergo potes intelligere, et a pectore. Scapulæ enim circa caput sunt. Sed quia dicit, « sub alis ejus sperabis, » manifestum est quia protectio alarum expansarum facit te esse inter scapulas Dei, ut hinc atque hinc alæ Dei te ponant in medio: et non timebis ne quis tibi noceat; tantum tu noli inde recedere, quo nullus inimicus audet accedere. Si gallina protegit pullos suos sub alis suis; quanto magis tu sub alis Dei tutus eris, et adversus diabolum et angelos ejus, quæ aëreæ potestates tamquam accipitres circumvolitant, ut infirmum pullum auferant? Neque enim sine caussa comparata est gallina ipsi Sapientiæ Dei: nam Christus ipse Dominus noster et salvator tamquam gallinam se dixit. « Jerusalem, Jerusalem, quotiens volui colligere filios tuos, tamquam gallina pullos suos, et noluisti (*Matth.*, XXIII, 37)? » Noluit illa Jerusalem, velimus nos. Illa rapta est ab aëreis potestatibus fugiens alas gallinæ, præsumens de viribus suis, cum esset infirma: nos confitentes infirmitatem nostram, sub alas Dei fugiamus. Erit nobis enim tamquam gallina protegens pullos suos. Non est enim injuriosum nomen gallinæ. Adtendite ceteras

rondelles, les passereaux et les cigognes, et nous ne saurions reconnaître s'ils ont ou non des petits; mais nous reconnaissons de suite que la poule en a, par l'affaiblissement de sa voix, par le relâchement de ses plumes; son amour pour ses poussins la change complétement, et parce qu'ils sont faibles, elle se rend aussi faible qu'eux. C'est donc ainsi, parce que nous étions faibles, que la Sagesse de Dieu s'est rendue faible, et que le Verbe s'est fait chair et a habité parmi nous (*Jean*, 1, 14), afin de nous mettre en assurance sous l'abri de ses ailes.

6. « Sa vérité vous enveloppera comme d'un bouclier (*Ps.*, XC, 5). » Les ailes et le bouclier sont une même chose; car, en Dieu, il n'y a ni ailes ni bouclier. S'il fallait prendre ici ces expressions dans leur sens propre, est-ce que des ailes pourraient être un bouclier? est-ce qu'un bouclier pourrait être des ailes? Mais comme tout est ici figures et comparaisons, les ailes peuvent être également un bouclier. Si le Christ était réellement une pierre angulaire, il ne serait pas un lion; et, s'il était un lion, il ne serait pas un agneau; mais, entre mille appellations de ce genre, il est nommé tout à la fois lion (*Apoc.*, V, 5), agneau (*Jean*, 1, 29), pierre angulaire (*Act.*, IV, 10, 11) et veau de sacrifice, parce qu'il n'est ni une pierre, ni un lion, ni un agneau, ni un veau, mais bien le Sauveur de tous les hommes, Jésus-Christ. Toutes ces désignations sont des similitudes et non des réalités. « Sa vérité, » dit le Prophète, « vous enveloppera. » Sa vérité est comme un bouclier, et elle sépare ceux qui mettent leur espérance en eux-mêmes d'avec ceux qui la mettent en Dieu. D'une part et de l'autre, je vois un pécheur : mais le premier présume de lui-même, il est plein d'arrogance, et ne confesse pas ses péchés; il dit : si mes péchés déplaisaient à Dieu, Dieu ne me laisserait pas la vie. L'autre pécheur, au contraire, est celui qui n'ose lever les yeux, et qui se frappe la poitrine en disant : «Seigneur soyez miséricordieux pour moi qui suis un pécheur (*Luc*, XVIII, 13).» L'un est pécheur, l'autre l'est aussi; celui-ci pleure, l'autre raille; celui-ci confesse, celui-là méprise ses péchés. Mais la vérité de Dieu, qui ne fait pas acception des personnes, distingue celui qui se repent de celui qui se défend; elle distingue l'humble du superbe; elle distingue celui qui se confie en lui-même de celui qui se confie en Dieu. « Sa vérité vous environnera donc comme un bouclier. »

7. « Vous ne craindrez ni les terreurs de la nuit, ni la flèche qui vole pendant le jour, ni ce qui rôde pendant les ténèbres, ni la ruine que cause le démon de midi (*Ps.*, XC, 5 et 6). » Les deux dangers que le Prophète nomme en dernier lieu sont les mêmes que les deux premiers.

---

aves, Fratres : multæ aves ante nos fetant, calefaciunt pullos suos; nulla sic avis infirmatur cum pullis, quomodo gallina. Attendat Caritas Vestra : hirundines (*a*), passeres et ciconias videmus extra nidos suos, nec cognoscimus utrum fetus habeant : at vero gallinam cognoscimus in infirmitate vocis, in relaxatione plumarum : tota mutatur affectu pullorum; quia illi infirmi sunt, infirmam se facit. Quia ergo et nos infirmi eramus, infirmam se fecit Sapientia Dei : « quia Verbum caro factum est et habitavit in nobis (*Johan.*, 1, 14); » ut sub alis ejus speremus.

6. « Scuto circumdabit te veritas ejus (*Psal.*, XC, 14). » Quæ sunt alæ, hoc est scutum : quia nec alæ sunt, nec scutum. Si aliquid horum proprie esset, numquid alæ scutum esse possent, vel scutum alæ? Sed quia figurate per similitudines dici omnia ista possunt, ideo et alæ et scutum esse potuerunt. Si vere lapis esset Christus, leo non esset (*Apoc.*, v, 5); et si leo esset, agnus non esset (*Johan.*, 1, 29) : ideo et leo et agnus et lapis et vitulus, et si quid hujusmodi (*Dan.*, II, 34): quia nec lapis, nec leo, nec agnus, nec vitulus, sed Salvator omnium Jesus Christus. Istæ enim similitudines sunt, non proprietates. «Veritas ejus, inquit, circumdabit te. » Tamquam scutum veritas ejus est; ut non misceat eos qui in seipsis sperant, cum eis qui in Deo sperant. Peccator est et peccator : sed da peccatorem de se præsumentem, contemnentem, peccata sua non confitentem, et dicet, Si Deo displicerent peccata mea, non permitteret me vivere. Alius autem oculos non audebat levare, sed percutiebat pectus suum, dicens, « Domine, propitius esto mihi peccatori (*Lucæ*, XVIII). » Et ille peccator, et ille : sed ille irridens, iste plangens; ille contemptor, hic confessor peccatorum suorum. Veritas autem Dei quæ non personas accipit, discernit pœnitentem a defendente, discernit humilem a superbo, discernit præsumentem de se ipso a præsumente de Deo. Ergo « veritas ejus tamquam scuto circumdabit te. »

7. « Non timebis a timore nocturno (*Psal.*, XC, 5),

(*a*) MSS. *anseres*.

Cette double pensée : « Vous ne craindrez ni les terreurs de la nuit ni la flèche qui vole pendant le jour, » se retrouve, quant aux terreurs de la nuit dans « ce qui rôde pendant les ténèbres, » et quant à la flèche qui vole pendant le jour, dans « la ruine que cause le démon de midi. » Qu'y a-t-il à craindre pendant la nuit, et qu'y a-t-il à craindre pendant le jour? Celui qui pèche par ignorance pèche comme pendant la nuit; celui qui pèche avec connaissance pèche comme pendant le jour. D'autre part, les deux premiers genres de fautes sont plus légers, et ceux que désigne la répétition des mêmes symboles sont plus graves. Appliquez-vous, mes frères, à bien saisir l'explication que je vais vous donner avec soin, si Dieu m'en fait la grâce : en effet, ce passage est obscur et, si vous le comprenez, vous en retirerez un grand fruit. La tentation qui attaque légèrement ceux qui pèchent par ignorance, le Prophète l'appelle une terreur de la nuit, et la tentation qui attaque légèrement ceux qui pèchent avec connaissance, il l'appelle une flèche qui vole durant le jour. Quelles sont les tentations légères? Celles qui ne persistent pas et qui ne pressent pas au point d'exercer une contrainte, mais qui passent rapidement, si on sait les éloigner. Voyez maintenant comment elles deviennent graves. Si le persécuteur redouble ses violences et effraie les ignorants, c'est-à-dire ceux dont la foi n'est pas encore solide, ceux qui ne savent pas qu'ils ne sont chrétiens que pour espérer la vie future, ces hommes, s'ils se voient menacés de maux temporels, croient que le Christ les a abandonnés, et qu'ils sont inutilement chrétiens. Ils ne savent pas, en effet, comme je l'ai dit, qu'ils sont chrétiens pour mépriser les biens présents et espérer les biens à venir; « ce qui rôde pendant les ténèbres » les rencontre et s'empare d'eux. D'autre part, il y en a d'autres qui se savent appelés aux espérances futures, parce que les biens que Dieu nous a promis n'appartiennent ni à cette terre ni à cette vie; ils savent que nous devons supporter toutes les tentations pour obtenir, pour acquérir ce que Dieu nous a promis dans l'éternité; mais, quand le persécuteur commence à les presser violemment et à s'armer de menaces, de tourments, de supplices, ils cèdent quelquefois et, comme ils pèchent avec connaissance, ils tombent comme pendant le jour.

8. Mais pourquoi à l'heure de midi? à cause de l'ardeur de la persécution : le Prophète appelle du nom de midi ses feux les plus violents. Que Votre Charité remarque attentivement les preuves que je vais en fournir à l'aide des Écritures. Quand le Seigneur a dit d'un semeur, qu'il était allé semer son grain, et qu'une partie de ce grain était tombée sur le chemin, une autre dans des endroits pierreux, une autre au milieu des épines, il a daigné nous expliquer

a sagitta volante per diem, a negotio perambulante in tenebris, a ruina et dæmonio meridiano (Ibid., 6). Duobus quæ supra dixit, redduntur duo quæ infra dixit, « Non timebis a timore nocturno, a sagitta volante per diem : » et propter timorem nocturnum, « a negotio perambulante in tenebris; » et propter sagittam volantem per diem, « a ruina et dæmonio meridiano. » Quid est timendum in nocte, et quid in die? Cum quisque ignorans peccat, tamquam in nocte peccat : cum autem sciens peccat, tamquam in die peccat. Duo ergo illa leviora; ipsa sunt graviora, quæ repetita sunt. Intendite, ut diligenter hoc, si Dominus annuerit, exponatur vobis : obscurum est enim, et erit magnus fructus si intellexeritis. Tentationem quæ fit in ignorantibus levis, timorem nocturnum appellavit : et tentationem quæ fit in scientibus levis, sagittam volantem per diem appellavit. Quæ sunt leves tentationes? Quæ non sic instant, nec urgent, ut cogant, sed possunt cito declinata transire. Eadem rursus fac gravia. Si persecutor instat, et vehementer terret ignorantes, id est, nondum firmos in fide, nec scientes quod ad hoc sunt Christiani, ut futuram vitam sperent : cum cœperint terreri de malis temporalibus, putant quod deseruit illos Christus, et sine caussa sunt Christiani : non norunt enim, ut dixi, quia ad hoc sunt Christiani, ut præsentia superent, et futura sperent : invenit illos negotium perambulans in tenebris, et capit eos. Sunt autem quidam qui noverunt se ad futuram spem vocatos; quia quod nobis promisit Deus, non est de ista terra, non est de ista vita ; quia istæ omnes tentationes tolerandæ sunt, ut illud accipiamus, illud adquiramus, quod nobis promisit Deus in æternum ; norunt ista : sed quando cœperit persecutor instare vehementius, agere minis, pœnis, tormentis, aliquando cedunt, et scientes tamquam in die cadunt.

8. Quare autem in meridie? Quia multum fervet persecutio : majores æstus dixit meridiem. Attendat hoc Caritas Vestra de Scripturis me probantem. Quando de seminante dicebat Dominus, quia

cette parabole ; et venant à la semence tombée dans des endroits pierreux, il a dit : « Ce sont ceux qui écoutent la parole, et la reçoivent avec joie pour un moment ; mais dès que la tribulation survient à cause de la parole, ils sont de suite scandalisés (*Matth.*, XIII, 3). » Qu'avait-il donc dit des grains tombés sur la pierre ? « Le soleil s'étant levé, ils ont été desséchés, parce qu'ils n'avaient pas de racine (*Ibid.*). » Ces grains représentent par conséquent « ceux qui pour un moment reçoivent la parole avec joie, et qui, lorsque la persécution survient à cause de la parole, se dessèchent bientôt. » Pourquoi se dessèchent-ils ? Parce qu'ils n'ont pas de racine solide. Quelle est la racine ? La charité, car l'apôtre saint Paul a dit : « Soyez fondés et enracinés dans la charité (*Éphés.*, III, 17). » En effet, de même que la cupidité est la racine de tous les maux (1 *Tim.*, VI, 10), ainsi la charité est la racine de tous les biens. Vous le savez et on l'a dit souvent ; mais pourquoi ai-je tenu à vous le rappeler ? Afin de vous faire comprendre pourquoi le Prophète a voulu représenter, dans le Psaume, la chaleur et la violence de la persécution par le démon de midi. Car le Seigneur s'est ainsi exprimé : « Le soleil s'est levé, et l'herbe s'est desséchée, parce qu'elle n'avait pas de racine. » Et pour nous expliquer ce que c'est que cette herbe qui se dessèche sous l'action du soleil, il a dit que ceux qui se laissaient vaincre par la persécution n'avaient pas de profondes racines. Cela nous montre clairement que, par le démon de midi, nous devons entendre une violente persécution. Telle a été autrefois cette persécution de laquelle le Seigneur a délivré son Église : je veux vous la rappeler, que Votre Charité daigne m'écouter attentivement. D'abord les empereurs et les rois du siècle, croyant qu'ils pourraient par la persécution faire disparaître de la terre le nom du Christ et le nom de chrétien, ont ordonné de mettre à mort quiconque se reconnaîtrait chrétien. Tous ceux qui voulurent échapper au supplice nièrent qu'ils fussent chrétiens, sachant bien quel mal ils commettaient : ils ont été atteints par la flèche qui vole pendant le jour. Au contraire, tous ceux qui au mépris de la vie présente espéraient fermement la vie future évitèrent la flèche qui vole pendant le jour, et se déclarèrent chrétiens. Frappés dans leur chair, ils ont été délivrés selon l'esprit ; et depuis lors, jouissant du repos dans le sein de Dieu, ils attendent la rédemption de leur corps dans la résurrection des morts. Ils ont donc échappé à cette tentation, à la flèche qui vole pendant le jour. Cet ordre des rois : que quiconque s'avoue chrétien soit mis à mort, a donc été comme la flèche qui vole pendant le jour. Ce n'était pas encore le démon

---

exiit seminans seminare, et aliud cecidit in viam, aliud in petrosa, aliud inter spinas (*Matth.*, XIII, 3 etc.) : dignatus est ipse exponere similitudinem, et cum venisset ad petrosa, hoc ait, « Hi sunt qui audiunt verbum, et ad horam gaudent ad verbum, et in tribulatione quæ fit propter verbum, continuo scandalizantur (*Ibid.*). » Quid enim dixerat de his quæ exierant in petrosis ? « Exorto sole, inquit, aruerunt, quia non habebant altam radicem (*Ibid.*). » Hi sunt ergo qui ad horam gaudent ad verbum, et cum persecutio facta fuerit propter verbum, arescunt ? Quare arescunt ? Quia non habebant firmam radicem. Quæ est radix ? Caritas. Hoc enim dicit Apostolus, « Ut in caritate radicati et fundati (*Ephes.*, III, 17). » Quomodo enim radix omnium malorum cupiditas (II *Tim.*, VI, 10), sic radix omnium bonorum caritas est. Nostis hoc, et sæpe dictum est : sed quare hoc volui commemorare ? Ut intelligatis Psalmum, quia dæmonium meridianum propter æstum vehementis persecutionis positum est. Sic enim Dominus dicit : « Ortus est sol, et aruit herba, quia radicem non habebat (*Matth.*, XIII, 6). » Et exponens nobis quid est a sole herbam arescere, dixit, quia persecutione facta non manent illi, *(a)* quia altam radicem non habebant. Recte hic intelligimus dæmonium meridianum persecutionem vehementem. Qualis fuit illa persecutio aliquando, Fratres, commemorem, unde Dominus liberavit Ecclesiam suam, dignetur attendere Caritas Vestra. Primo quod imperatores et reges sæculi putaverunt se persequendo tollere posse de terra nomen Christi et nomen Christianorum, jusserunt ut quisquis se confiteretur Christianum, feriretur. Quicumque noluit feriri, negavit se Christianum : sciens quid mali faceret, pervenit ad illum sagitta volans per diem. Quicumque autem non curavit præsentem vitam, sed certus speravit futuram, declinavit sagittam volantem per diem, confessus est se

---

(a) Hic editi addunt, *in fide:* quod a MSS. plerisque abest.

de midi, avec tous les feux des plus violentes persécutions, avec ces fureurs que les plus forts n'ont supporté que difficilement. Écoutez, en effet, ce qui a suivi. Lorsque les ennemis ont vu qu'un grand nombre de chrétiens couraient au martyre, et que la foule de ceux qui croyaient au Christ était d'autant plus grande que les victimes de leur haine étaient plus nombreuses, ils ont dit en eux-mêmes : ce sera faire périr tout le genre humain, que de mettre à mort tant de milliers d'hommes qui croient au nom du Christ ; si nous frappons toute cette multitude, la terre entière sera déserte. Alors le soleil a commencé à brûler de tous ses feux, alors la chaleur de midi a commencé à tout embraser. Écoutez quels furent alors leurs décrets. Ils avaient d'abord ordonné que quiconque s'avouerait chrétien fût mis à mort, ils ordonnèrent ensuite que quiconque s'avouerait chrétien serait torturé, et torturé jusqu'à ce qu'il reniât la foi chrétienne [1]. Comparez la flèche qui vole pendant le jour avec le démon de midi. Qu'était la flèche qui vole pendant le jour ? que quiconque s'avoue chrétien soit mis à mort. Quel chrétien ne pouvait éviter cette flèche par la promptitude même de la mort ? Mais cet ordre : Si quelqu'un s'avoue chrétien, ne le tuez pas, torturez-le jusqu'à ce qu'il renie le Christ, et quand il l'aura renié, laissez-le aller ; cet ordre, voilà le démon de midi. Beaucoup ne voulaient pas renier le Christ, et ils perdaient courage au milieu des tortures ; car ils étaient torturés jusqu'à ce qu'ils eussent renié. Quant à ceux qui persévéraient à ne pas renier le Christ, que pouvait leur faire le glaive qui, en tuant le corps d'un seul coup, envoyait l'âme à Dieu ? La seule durée des supplices amenait ce résultat. Mais qui pouvait-on trouver qui fût capable de supporter des tourments si terribles et si prolongés ? Il y en eut beaucoup qui cédèrent et, je le crois, ceux-là cédèrent qui avaient mis leur confiance en eux-mêmes, qui n'habitaient pas sous l'aide du Très-Haut et sous la protection du Dieu du Ciel, qui ne disaient pas au Seigneur : vous êtes mon protecteur, qui n'avaient pas mis leur espérance à l'ombre de ses ailes, et qui au contraire présumaient de leurs propres forces. Dieu les a laissé tomber pour leur montrer que c'est de lui que vient toute protection, que c'est lui qui modère les tentations, et qu'il ne leur accorde un libre cours que dans la mesure des forces de celui qu'elles attaquent.

9. Il y en eut donc beaucoup qui tombèrent

Christianum : percussus carne, liberatus est spiritu ; exspectare cœpit positus apud Deum in quiete, etiam redemtionem corporis sui in resurrectione mortuorum : evasit a tentatione illa, a sagitta volante per diem. Ergo, Quicumque se confessus fuerit Christianum, feriatur : quomodo sagitta volans per diem fuit. Nondum erat dæmonium meridianum, flagrans vehementi persecutione et faciens magnos æstus etiam fortibus. Audite enim quid secutum sit : Cum vidissent inimici quod multi festinarent ad martyrium, et tanto plures crederent in Christum, quanto plures patiebantur, dixerunt apud se, Nos occisuri sumus genus humanum, tot millia quæ credunt in hoc nomine : si occiderimus omnes, prope nullus in terra remanebit. Cœpit fervere sol, cœpit fervere æstus. Audite enim quid jusserunt : Quomodo antea jusserant, Quicumque confessus se fuerit Christianum, feriatur : jusserunt postea, Quicumque confessus se fuerit Christianum, torqueatur, et tamdiu torqueatur, donec neget se esse Christianum. Comparate sagittam volantem per diem, et dæmonium meridianum. Sagitta volans per diem quid erat ? Qui se confessus fuerit Christianum, feriatur. Quis fidelis eam mortis (a) celeritate non declinaret ? Illud autem, Si se confitetur Christianum, non occidatur ; sed torqueatur, donec neget ; si se negaverit, dimittatur : dæmonium meridianum erat. Multi ergo non negantes in tormentis deficiebant : tamdiu enim torquebantur, donec negarent. Perseverantibus autem in non negando Christum, quid facturus erat gladius, uno ictu occidendo corpus, animam ad Deum mittendo ? Hoc faciebant et diuturna tormenta. Sed quis tandem inveniretur, qui duraret adversus tantos et tam longos cruciatus ? Multi defecerunt : et credo, illi defecerunt, qui de se præsumserunt, qui non habitabant in adjutorio Altissimi, et in protectione Dei cœli : qui non dixerunt Domino, Susceptor meus es : qui non sub umbra alarum ejus speraverunt, sed viribus suis multum dederunt. Dejecti sunt a Deo, ut ostenderet illis quia ipse protegit, ipse temperat tentationes, ipse tantum venire permittit, quantum potest ferre cui venit.

9. Multi ergo ceciderunt a dæmomio meridiano.

---

(1) Voyez Tertullien dans son Apologétique, ch. 2.
(a) Lov. *celeritatem declinaret*. Er. *celeritatem non declinaret*. At meliores MSS. *celeritate non declinaret*, scilicet sagittam volantem per diem.

sous les coups du démon de midi. Voulez-vous savoir quel en fût le nombre? Le Prophète vous dit : « Mille tomberont de votre côté, et dix mille de votre droite ; mais (le démon) n'approchera pas de vous (*Ps.*, XC, 7). » A qui s'adressent ces paroles? à qui, mes frères, si ce n'est à Notre-Seigneur Jésus-Christ? En effet, le Seigneur Jésus n'est pas seulement en lui-même, mais il est aussi en nous. Souvenez-vous de ces paroles : « Saul, Saul, pourquoi me persécutez-vous (*Act.*, IX, 4)? » alors que nul ne le touchait, et qu'il disait cependant : « Pourquoi me persécutez-vous ? » Est-ce qu'il ne se comptait pas lui-même comme étant en nous? Quand il disait : « Celui qui a fait quelque chose à l'un des plus petits d'entre les miens me l'a fait à moi-même (*Matth.*, XXV, 40), » est-ce qu'il ne se comptait pas lui-même comme étant en nous? En effet, les membres, la tête et le corps ne sont pas séparés les uns des autres. Quels sont la tête et le corps? le Sauveur et l'Église. Comment donc le Prophète dit-il : « Mille tomberont de votre côté, et dix mille de votre droite (*Ps.*, XC, 7)? » Ils tomberont en effet sous les coups du démon de midi. Quelle terrible menace, mes frères, que celle de tomber d'à côté du Christ, de tomber de la droite du Christ ! Comment tomberont-ils d'à côté du Christ? Pourquoi les uns tomberont-ils d'à côté de lui et les autres de sa droite? Pourquoi mille d'à côté de lui, et dix mille de sa droite? Que signifient ces mots : mille tomberont d'à côté de vous? Car mille de votre côté sont un moindre nombre que dix mille de votre droite? Quels sont ceux-ci? La difficulté s'éclaircira bientôt au nom du Christ ; dans un instant l'explication sera évidente. Le Christ a promis à quelques-uns, par exemple aux Apôtres, qui ont tout quitté pour le suivre, qu'ils jugeraient avec lui à la fin des siècles. Car Pierre lui dit : « Voilà que nous avons tout abandonné et que nous vous avons suivi ; » et Jésus leur fit cette promesse : « Vous serez assis sur douze trônes pour juger les douze tribus d'Israël (*Matth.*, XIX, 27, 28). » Ne pensez pas que le Seigneur ne l'ait promis qu'à eux seuls. Car, où siégerait l'apôtre saint Paul, qui a travaillé plus qu'eux tous (I *Cor.*, XV, 10), si les douze seulement devaient siéger au jugement? Il est, en effet, le treizième. Car, entre les douze, il y en eût un, Judas, qui tomba ; mais saint Matthias fut élu en la place du traître Judas ; ainsi que le rapportent les Actes des Apôtres (*Act.*, I, 15-26). Les douze trônes sont donc remplis. Et celui qui a plus travaillé que tous les autres ne siégera donc pas avec eux? Ou bien le nombre douze n'a-t-il pas été employé ici

Quam multi, vultis nosse? Sequitur, et dicit, « Cadent a latere tuo mille et dena millia a dextris tuis : ad te autem non appropinquabit (*Ps.*, XC, 7). » Cui dicitur hoc, cui, Fratres, nisi Domino Jesu Christo? Dominus enim Jesus, non solum in se, sed et in nobis. Recordamini verba illa : « Saule, Saule, quid me persequeris (*Act.*, IX, 4) ? » Quando ipsum nemo tangebat, et dicebat, Quid me persequeris, numquid non in nobis seipsum computabat? Quando dicebat, « Qui fecit uni ex minimis meis, mihi fecit (*Matth.*, XXV, 40) : » nonne in nobis seipsum computabat? Non enim divisa sunt ab invicem membra, caput et corpus. Quid est caput et corpus? Salvator et Ecclesia. Quomodo ergo dictum est, « Cadent a latere tuo mille, et dena millia a dextris tuis ? » Cadent enim a dæmonio meridiano. Magnus terror, Fratres, a latere Christi cadere, a dextris Christi cadere. Quomodo cadent a latere ? Quare illi a latere, illi a dextris ? Quare mille a latere, et dena millia a dextris? Quid est, a latere mille ? Quia pauciores sunt mille, quam dena millia quæ a dextris cadent. Qui sunt isti? Modo planum erit in Christi, modo apertum erit. Quibusdam promisit Christus quia cum illo judicabunt : Apostolis scilicet, qui dimiserunt omnia, et secuti sunt eum. Nam Petrus ait illi, Ecce nos dimisimus omnia, et secuti sumus te (*Matth.*, XIX, 27) : » et hoc illis promisit, « Sedebitis super duodecim sedes judicantes duodecim tribus Israël(*Ibid.*, 28).»Nolite putare quia ipsis solis promisit Dominus. Ubi enim sedebit Paulus Apostolus, qui plus omnibus illis laboravit, si non ibi sedebunt nisi duodecim? Ille enim tertius decimus est (I *Cor.*, XV, 10). Nam de duodecim cecidit Judas ; in locum autem Judæ traditoris Matthias ordinatus est : in Actibus Apostolorum legimus. « Impletæ sunt duodecim sedes (*Act.*, I, 26). » Non enim sedebit qui plus omnibus illis laboravit? An duodecim sedes (*a*) perfectio est tribunalis? Nam millia sedebunt in duodecim sedibus. Sed unde mihi probas, ait aliquis, quia et Paulus inter

(*a*) Hinc Magister Sent. V. dist. XLVII. cap. Non autem. *Perfectio tribunalis, id est universalitas judicantium intelligitur, scilicet omnes perfecti, qui relictis omnibus seculi sunt Christum.*

pour désigner le tribunal dans son complet? En ce cas des milliers de juges siégeraient sur les douze trônes. Mais, dira quelqu'un, comment me prouvez-vous que saint Paul sera aussi parmi les juges? Écoutez ses propres paroles : « Ignorez-vous que nous jugerons les Anges (I *Cor.*, VI, 3)? » «Nous jugerons,»dit-il. Et il n'a point hésité dans sa confiance à se compter au nombre de ceux qui jugeront avec le Christ. Ceux qui jugeront avec le Christ sont donc les Princes de l'Église, ce sont les parfaits. C'est à eux que le Christ a dit : « Si vous voulez être parfait, allez, vendez tous vos biens et donnez-les aux pauvres (*Matth.*, XIX, 21). » Que signifie : « Si vous voulez être parfait? » Si vous voulez juger avec moi et non pas être jugé. Celui qui entendit cette parole s'en alla plein de tristesse ; mais beaucoup ont suivi ce conseil, et beaucoup le suivent : ils jugeront donc avec le Christ. Cependant beaucoup se promettent de juger avec le Christ, parce qu'ils abandonnent tous leurs biens et suivent le Christ, mais ils présument d'eux-mêmes ; ils sont gonflés d'un orgueil que Dieu seul connaît et ils ne peuvent éviter le démon de midi, c'est-à-dire la chaleur dévorante d'une cruelle persécution. Il y en avait beaucoup, en ce temps-là, qui avaient distribué tous leurs biens aux pauvres et qui se promettaient d'être assis avec le Christ pour juger les nations ; mais, dévorés par les feux ardents de la persécution comme par le démon de midi, ils ont succombé au milieu des tourments et ils ont renié le Christ. Ce sont là ceux qui sont tombés de son côté ; ils croyaient siéger avec le Christ pour juger le monde, et ils sont tombés.

10. Mais il faut que je vous dise quels sont ceux qui tombent de sa droite. Vous le savez, lorsque sera constitué le tribunal, où jugeront avec le Christ ceux qui ont cherché à être parfaits, et qui l'auront été réellement, enracinés et fondés dans la charité de manière à n'être pas desséchés par le soleil et par le démon de midi, « toutes les nations, » nous a dit le Seigneur, « seront réunies devant lui, et il séparera les hommes les uns d'avec les autres, comme le pasteur sépare les brebis des boucs : il mettra les brebis à sa droite et les boucs à sa gauche (*Matth.*, XXV, 22), » et alors se fera le jugement. Les juges seront nombreux, mais moins nombreux que ceux qui se tiendront devant le tribunal pour être jugés, les uns étant dans la proportion de mille, et les autres dans la proportion de dix mille. Que dira le Christ à ceux qu'il aura mis à sa droite? « J'ai eu faim et vous m'avez donné à manger ; j'ai été étranger et vous m'avez accueilli (*Ibid.*, 35). » Il est manifeste que ces paroles s'adresseront à ceux qui

---

judices erit? Audi illum dicentem : « Nescitis quia angelos judicabimus (I *Cor.*, VI, 3)? » Judicabimus, inquit. Et ipse non dubitavit in præsumptione (*a*), qua credidit, computare se inter illos qui judicabunt cum Christo. Qui ergo judicabunt cum Christo, principes Ecclesiæ sunt, perfecti sunt. Talibus dixit, « Si vis esse perfectus, vade, vende omnia tua, et da pauperibus (*Matth.*,, XIX, 21). » Quid est, Vis esse perfectus? Vis mecum judicare, et non judicari. Ille contristatus abscessit : sed multi hoc fecerunt, et multi hoc faciunt : ergo isti cum illo judicabunt. Sed multi promittunt sibi quia judicabunt cum Christo, quia dimittunt omnia sua et sequuntur Christum ; sed habent præsumptionem de se, habent quemdam typhum et superbiam, quam Deus solus potest nosse, et non possunt evitare dæmonium meridianum, id est casum ferventis caloris nimiæ persecutionis. Tales multi cum essent illo tempore, qui distribuerant omnia sua pauperibus, et sibi jam promittebant quia sessuri erant cum Christo, et judicaturi gentes, fervente calore persecutionis tamquam a dæmonio meridiano defecerunt in tormentis, et negaverunt Christum. Ipsi sunt qui a latere ceciderunt : tamquam sessuri cum Christo ad mundum judicandum ceciderunt.

10. A dextris autem dicam qui cadunt. Nostis quia cum apparuerit ipsum tribunal, ubi cum Christo Domino judicabunt, qui voluerunt esse et vere fuerunt perfecti, radicati et fundati in caritate, ut non arescerent a sole et dæmonio meridiano, hoc ait Dominus, « Congregabuntur ante eum omnes gentes, et dividet illos ab invicem, sicut pastor dividit oves ab hœdis, et oves ponet a dextris, hœdos autem a sinistris (*Matth.*, XXV, 32 et 33); » et judicabuntur. Multi erunt qui judicabunt, sed pauciores erunt quam illi qui ante tribunal stabunt : quia illi tamquam mille, illi tamquam dena millia. A dextris positis quid dicturus est? « Esurivi, et dedistis mihi

---

(*a*) Sic MSS. At editi, *quia credidit computari se.*

auront possédé les richesses de ce temps, et qui en auront fait ce bon usage. Et alors les élus régneront avec leurs juges. Car ces hommes parfaits sont comme les soldats du Christ, et les autres comme les Provinciaux[1] qui lui fournissent ses vivres; mais soldats et Provinciaux sont dans le royaume, sujets du même Empereur. Le soldat est fort, le Provincial dévoué; le fort soldat combat contre le démon par ses discours, le dévoué Provincial fournit les vivres au soldat. Votre Charité me comprend bien, je l'espère. Et ceux qui auront été placés à la droite entendront à la fin ces paroles: « Venez, les bénis de mon Père, recevez le royaume qui vous a été préparé dès l'origine du monde (Ibid., 34). » Donc, il y eut, en ce temps-là, lorsque le soleil de la persécution et le démon de midi étaient dans toute leur ardeur, un grand nombre de chrétiens qui s'étaient promis de juger avec le Christ: ils n'ont pu supporter les feux de la persécution et ils sont tombés d'à côté de lui. Il y en avait d'autres encore, qui ne s'étaient pas promis d'occuper les siéges des juges, mais d'obtenir par leurs aumônes d'être placés à la droite, parmi ceux auxquels le Christ dira: « Venez, les bénis de mon Père, recevez le royaume qui vous a été préparé dès l'origine du monde. » Et de même que beaucoup sont déchus de l'espérance d'être au nombre des juges, de même beaucoup, et beaucoup plus encore, sont déchus de l'espérance d'être à la droite du Christ; c'est pourquoi le Prophète a dit au Christ: « Mille tomberont de votre côté et dix mille de votre droite. » Et d'autre part, comme il y en eut aussi un grand nombre qui ne se sont pas effrayés de ces attaques et de ces chutes, et comme ils ne sont qu'un avec le Christ, étant ses membres, le Prophète ajoute; « Mais le démon de midi n'approchera pas de vous (Ps., XC, 7). » Car est-ce seulement à la tête qu'il est dit: « il n'approchera pas? » Non assurément; car il n'approchera pas non plus de Pierre, de Paul, ni des autres Apôtres, ni de tous les martyrs, qui n'ont pas défailli au milieu des tortures. Comment donc n'approchera-t-il pas d'eux? Pourquoi ont-ils été si violemment torturés? L'instrument du supplice s'est approché de leur chair, mais il n'a pu pénétrer jusqu'au siége de leur foi. C'est pourquoi leur foi était loin de craindre les bourreaux. Que les bourreaux les tourmentent, la crainte ne s'approchera pas d'eux; que les bourreaux les tourmentent, ils se riront des supplices, pleins de confiance en celui qui a vaincu le premier pour assurer aux autres la victoire. Et quels sont les vainqueurs,

---

manducare; hospes fui, et suscepistis me (Ib., 35). » Manifestum est, quia his dicet qui habent substantiam hujus saeculi, unde ista faciant. Tamen et ipsi cum illis regnabunt. Quia illi tamquam milites, illi tamquam annonam præbentes (a) Provinciales: sub uno tamen Imperatore et milites et Provincialis in regno est. Miles fortis orationibus pugnat adversus diabolum, devotus Provincialis annonam tribuit militibus. Intelligat Caritas Vestra. Et audient in fine ad dexteram positi, « Venite benedicti Patris mei, percipite regnum quod vobis paratum est ab origine mundi (Ibid., 34). » Erant ergo illo tempore multi, quando graviter inferbuerat sol persecutionis et dæmonium meridianum, erant qui sibi promittebant quia judicaturi erant cum Christo; non potuerunt ferre æstum persecutionis, et ceciderunt a latere ipsius; erant ibi alii, qui non sibi promittebant sedes judicantium; sed per eleemosynas promittebant sibi quia ad dexteram futuri erant, quibus dicturus erat Christus, « Venite benedicti Patris mei, percipite regnum, quod vobis paratum est ab origine mundi. » Et quia multi de spe illa judicandi ceciderunt, multi autem et multo plures de spe illa dexteræ ceciderunt, ideo dictum est Christo, « Cadent à latere tuo mille, et dena millia a dextris tuis. » Et quia multi erunt cum illo, qui omnia illi non curarunt, cum quibus tamquam membris unus est Christus: « Ad te autem, inquit, non appropinquabit? » Numquid ad solum caput dixit, « non appropinquabit? » Non utique: sed nec ad Petrum, nec ad Paulum, nec ad omnes Apostolos, nec ad omnes Martyres, qui in tormentis non defecerunt. Quomodo ergo « non appropinquabit? » Cur sic torti sunt? Propinquavit carni tormentum, sed

---

(1) Voyez le traité CXXII sur S. Jean, n° 3, où les prédicateurs de l'Évangile sont appelés les soldats du Christ, et les fidèles qui pourvoient aux besoins des premiers les Provinciaux du Christ.

(a) Confer Tractatum CXXII. in Joannem n° 3. ubi Evangelii prædicatores, milites Christi; fideles vero a quibus illi stipendium debitum accipiunt, Provinciales Christi appellat.

sinon ceux qui n'ont pas présumé d'eux-mêmes? Que Votre Charité veuille bien le remarquer; c'est pour établir cette importante vérité que le Prophète a dit tout ce qui précède : « Il dira au Seigneur : vous êtes mon protecteur et mon refuge; » et aussi: « Je mettrai en lui mon espérance, parce qu'il me délivrera des pièges des chasseurs. » C'est lui qui me délivrera, et non pas moi qui me délivrerai. « Il vous mettra comme à l'ombre sous ses épaules. » Mais quand? Lorsque « vous espérerez à l'abri de ses ailes. Sa vérité vous environnera comme d'un bouclier. » Et maintenant que vous vous êtes confié en lui et que vous avez mis en lui toute votre espérance, que dit en conséquence le Prophète? « Vous ne craindrez ni les terreurs de la nuit, ni la flèche qui vole pendant le jour, ni ce qui rôde pendant les ténèbres, ni la ruine que cause le démon de midi (*Ps.*, xc, 2-6). » Quel est celui qui ne craindra pas? celui qui a mis sa confiance, non dans lui-même, mais dans le Christ. Il en a été tout autrement de ceux qui ont présumé d'eux-mêmes. Eussent-ils espéré d'être à côté du Christ pour juger, eussent-ils espéré d'être admis à la droite du Christ, et d'entendre de lui ces paroles : « Venez, les bénis de mon Père, recevez le royaume qui vous a été préparé dès l'origine du monde (*Matth.*, xxv, 34); » le démon de midi est venu, c'est-à-dire le souffle ardent de la persécution avec ses terreurs les plus violentes, et ils ont été déchus en grand nombre, les uns de l'espérance de siéger comme juges au dernier jour, et c'est d'eux qu'il est dit : « Mille tomberont d'à côté de vous; » les autres de l'espérance de voir leurs œuvres récompensées, et c'est d'eux qu'il est dit : « Dix mille tomberont de votre droite (*Ps.*, xc, 7). » « Au contraire le démon n'approchera pas de vous; » c'est-à-dire que la ruine que cause le démon de midi n'approchera pas du Christ, ni de sa tête ni de son corps ; « parce que le Seigneur connaît ceux qui sont à lui (II *Tim.*, II, 19). »

11. « Mais cependant vous considérerez de vos yeux et vous verrez la punition des pécheurs (*Ps.*, xc, 8). » Qu'est-ce que cela? Pourquoi ces mots : « Mais cependant? » C'est qu'il a été permis aux impies de s'élever arrogamment contre vos serviteurs; c'est qu'il a été permis aux impies de persécuter vos serviteurs. Est-ce impunément que les impies auront persécuté vos serviteurs? Non : ce ne sera pas impunément. Car, bien que vous l'ayez permis, et que vos serviteurs n'en aient que mieux mérité leur couronne, « cependant vous considérerez de vos yeux et vous verrez la punition des pécheurs. » En effet, on leur rendra le mal qu'ils ont fait volontairement, et non le bien dont, à leur insu, ils ont été l'occasion. Maintenant, nous avons besoin de voir, avec les yeux de la foi, et leur élévation temporaire et les larmes qu'ils ver-

---

non pervenit ad locum fidei. Itaque longe erat fides ipsorum a terrore torquentium. Torqueant, nec appropinquabit terror : torqueant, sed irridebunt tormentum, præsumentes in illo qui prior vicit, ut ceteri vincerent. Et qui vincunt, nisi qui de se non præsumpserunt? Intendat Caritas Vestra : ad hoc enim dixit omnia superiora. « Dicet Domino, Susceptor meus es tu et refugium meum (*Ps.*, xc, 2) : » et, « Sperabo in eum (*Ibid.*, 3). Quoniam ipse eruet me de muscipula venantium (*Ibid.*, 4). » Ipse eruet me, non ego me. « Inter scapulas suas obumbrabit tibi. » Sed quando? Quando « sub alis ejus sperabis (*Ibid.*, 5). Scuto circumdabit te veritas ejus. » Quia ergo in illo præsumpsisti, et totam spem tuam in illo posuisti, sequitur : quid ? « Non timebis a timore nocturno : a sagitta volante per diem, a negotio perambulante in tenebris, a ruina et dæmonio meridiano (*Ibid.*, 6). » Quis non timebit? Qui non in se, sed in Christo præsumpsit. Qui autem de se præsutumu, etsi jam sibi sperabant latus Christi tamquam judicaturi, etsi futuros se jam sperabant a dextris Christi, quasi diceret illis, « Venite benedicti Patris mei, percipite regnum, quod vobis paratum est ab origine mundi (*Matth.*, xxv, 34) : » venit dæmonium meridianum, id est, ferveus æstus persecutionis, vehementer terrens, et ceciderunt multi a spe sedis judiciariæ, de quibus dictum est, « Cadent a latere tuo mille (*Ibid.*, 7) : » et multi a spe remunerationis obsequiorum suorum, de quibus dictum est, « Et dena millia a dextris tuis. Ad te autem, » id est, ad caput et corpus, « non appropinquabit (*Ibid.*), » ruina et dæmonium meridianum : « quoniam novit Dominus qui sunt ejus (II *Tim.*, II, 19). »

11. « Verumtamen oculis tuis considerabis, et retributionem peccatorum videbis (*Ps.*, xc, 8). » Quid est hoc ? Quare « verumtamen ? » Quia licuit impiis superbire in servos tuos, licuit impiis persequi servos tuos. Impune ergo erit impiis, quia persecuti sunt servos tuos? Non erit impune. Quamvis enim tu permiseris, et magis inde tui coronati sint : « Ve-

seront éternellement. Un pouvoir passager leur a été donné sur les serviteurs de Dieu ; mais il leur sera dit un jour : « Allez dans le feu éternel, qui a été préparé pour le démon et pour ses anges (*Matth.*, XXV, 32-41). » Mais quiconque a des yeux pour voir considérera de ses yeux, comme dit le Prophète ; et c'est là un terrible spectacle que de voir l'impie florissant en ce monde, et de fixer les yeux sur lui pour contempler par la foi les supplices qui lui sont réservés à la fin, s'il ne se corrige pas. Car ceux qui maintenant prétendent manier la foudre seront plus tard foudroyés. « Mais cependant vous considérerez de vos yeux et vous verrez la punition des pécheurs. »

12. « Parce que vous êtes, Seigneur, mon espérance (*Ps.*, XC, 9). » Voilà donc le Prophète arrivé à dire pourquoi il ne succombera pas sous les coups du démon de midi : « Parce que, Seigneur, vous êtes mon espérance. Vous avez placé votre refuge en un lieu très-élevé (*Ibid.*). » Que veut dire que votre refuge est en un lieu élevé ? Car beaucoup veulent se faire un refuge en Dieu, pour échapper aux tempêtes temporelles. Or le refuge que Dieu nous présente et où l'on peut fuir la colère à venir, est en un lieu très-élevé et très-caché. « Vous avez placé « intérieurement » votre refuge en un lieu très-élevé. Les maux n'arriveront pas jusqu'à vous, et les coups n'approcheront pas de votre tente. Parce qu'il a donné des ordres à ses anges à votre égard, afin qu'ils vous gardent dans toutes vos voies. Ils vous porteront dans leurs mains, de peur que vous ne heurtiez du pied contre la pierre (*Ibid.*, 10-12). » Ce sont là les paroles que le démon a dites à Notre-Seigneur Jésus-Christ, lorsqu'il l'a tenté. Mais comme il est nécessaire de les examiner avec soin, de peur de vous fatiguer, nous en renverrons l'explication à demain ; car demain encore nous vous devons un discours. Nous reprendrons à cet endroit même du Psaume, pour vous éviter aujourd'hui tout ennui ; car d'ailleurs, nous aurions à craindre, en voulant terminer l'explication de passages obscurs, de les parcourir trop vite, et de ne point parvenir à les faire comprendre.

---

rumtamen oculis tuis considerabis, et retributionem peccatorum videbis. » Malum enim quod voluerunt, non bonum quod per nescientes actum est, eis retribuetur. Modo opus est ut oculos fidei habeamus, et videamus quia exaltantur ad tempus, et plangent in æternum ; et quibus datur potestas in servos Dei temporaliter, dicetur eis, « Ite in ignem æternum, qui paratus est diabolo et angelis ejus (*Matth.*, XXV, 41). » Sed si habeat quisque oculos, sicut dixit, « Oculis tuis considerabis : » non est leve videre impium florentem in hoc sæculo, et habere ad illum oculos, ut consideres fide quid ille passurus est in fine, si se non correxerit : quia qui modo tonare volunt, postea fulminantur. « Verumtamen oculis tuis considerabis, et retributionem peccatorum videbis. »

12. « Quoniam tu es Domine spes mea. (*Ps.*, XC, 9). » Ecce venit ad illud, quare non cadat a ruina et dæmonio meridiano : « Quoniam tu es Domine spes mea. Altissimum posuisti refugium tuum. » Quid est quod in alto est refugium tuum. Multi enim sic sibi faciunt refugium Dei, quo fugiant a temporalibus æstibus. In alto est enim refugium Dei, valde in occulto est, quo fugias ab ira ventura. Intus « altissimum posuisti refugium tuum. Non accedent ad te mala, et flagellum non appropinquabit tabernaculo tuo (*Ibid.*, 10). Quoniam Angelis suis mandavit de te, ut custodiant te in omnibus viis tuis (*Ibid.*, 11). In manibus tollent te, ne quando offendas ad lapidem pedem tuum. (*Ibid.*, 12). » Ista sunt verba, quæ diabolus dixit Domino Jesu Christo, quando illum tentavit. Sed quia diligentius consideranda sunt, ne vos fatigemus, differamus in crastinum, (quia et crastino (a) debetur vobis sermo,) ut ab isto loco Psalmi rursus incipiamus, propter tædium vestrum, ne cum volumus finire res obscuras, præcipitemus, et non perveniant ad intelligentiam vestram.

(a) Sic potiores et plerique MSS. Alii quidam cum editis, *quia et crastino, si Dominus voluerit, inde vobis erit sermo.*

DEUXIÈME DISCOURS SUR LE PSAUME XC.

1. Comme je ne doute pas que Votre Charité ne se le rappelle, pour ceux du moins qui assistaient hier à notre prédication, la brièveté du temps nous a empêché de mener jusqu'à la fin le Psaume que nous avions commencé à vous expliquer, et nous en avons conservé une partie pour l'entretien de ce jour. Vous donc qui étiez hier ici, vous vous en souvenez, et vous qui n'y étiez pas, vous le savez maintenant. C'est d'ailleurs à ce sujet que nous avons choisi la leçon de l'Évangile, où vous avez vu que le Seigneur a été tenté au moyen des paroles mêmes du Psaume que vous venez d'entendre (*Matth.*, IV, 6). Le Christ a été tenté pour apprendre aux chrétiens à ne pas se laisser vaincre par le tentateur. Notre maître a voulu être tenté en toutes manières, parce que nous sommes tentés; de même qu'il a voulu mourir, parce que nous mourons; de même encore qu'il a voulu ressusciter, parce que nous devons ressusciter. En effet, ce qu'il a fait dans sa condition humaine, lui qui s'est fait homme pour notre salut, bien qu'il fût le Dieu par qui toutes choses ont été faites, il l'a fait à cause de nous. Nous l'avons souvent expliqué à Votre Charité; mais nous ne nous lassons pas de vous le répéter souvent. Car il y en a peut-être beaucoup parmi vous qui ne peuvent lire les Livres Saints, ou parce qu'ils n'en ont pas le loisir, ou parce qu'ils n'ont point appris à lire; du moins, en nous écoutant assidûment, ils n'oublieront pas les salutaires enseignements de leur foi. C'est pourquoi nous acceptons de paraître fâcheux à quelques-uns, par nos redites, dans le désir d'en édifier d'autres. Nous savons, en effet, qu'il en est un certain nombre parmi vous, dont la mémoire est excellente et qui lisent avec un grand zèle les Saintes Écritures; ceux-là savent d'avance tout ce que nous dirons, et peut-être préféreraient-ils que nous leur dissions ce qu'ils ne connaissent pas. Mais, s'ils marchent plus vite, qu'ils considèrent qu'ils font route avec des compagnons plus lents qu'eux. Quand deux hommes font ensemble la même route, si l'un marche plus vite que l'autre, celui qui marche plus vite peut s'arranger de manière à régler son pas sur le pas

---

SERMO SECUNDUS.

IN EUMDEM PSALMUM XC.

1. Sicut non dubito meminisse Caritatem Vestram, qui hesterno die sermoni adfuistis, Psalmum quem cœperamus exponere, ne ad terminum perveniret, angustia temporis impedivit : et dilata est pars ejus in hodiernum diem. Hoc qui heri adfuistis, recordamini : qui non adfuistis, cognoscite. Propterea fecimus ipsam lectionem Evangelii recitari, ubi Dominus tentatus est per ea verba Psalmi, quæ hic audistis (*Matth.*, IV, 6). Ideo tentatus est Christus, ne vincatur a tentatore Christianus. Ille quippe magister in omnibus tentari voluit, quia tentamur : sicut mori voluit, quia morimur : sicut resurgere voluit, quia resurrecturi sumus. Illa enim quæ ostendit in homine, qui factus est propter nos homo, cum esset Deus per quem facti sumus, propter nos ostendit. Et sæpe commendavimus Caritati Vestræ, quod nos sæpe iterare non piget : ut quia forte multi vestrum legere non possunt, quia non eis vacat legere, aut litteras non norunt, saltem assidue audiendo non obliviscantur salubrem fidem suam. Certe ea repetendo quibusdam molesti videa-

de son compagnon moins agile ; mais il n'est pas au pouvoir de ce dernier d'en faire autant. Car si le plus leste veut aller de toute sa vitesse, l'autre ne saurait le suivre. Il est donc nécessaire que le plus vigoureux modère sa célérité, pour ne pas laisser en arrière son compagnon. Voici donc ce que j'avoue vous avoir dit souvent, et que je vais vous redire encore, agissant en cela selon ces paroles de l'Apôtre : « Vous écrire les mêmes choses n'est pas pénible pour moi, mais c'est nécessaire pour vous (*Philipp.*, III, 1) : » Il y a tout à la fois en Notre-Seigneur Jésus-Christ, comme homme parfait, une tête et un corps ; la tête nous la reconnaissons dans celui qui est né de la vierge Marie, qui a souffert sous Ponce-Pilate, a été enseveli, est ressuscité, est monté au ciel et est assis à la droite du Père, d'où nous l'attendons comme juge des vivants et des morts ; il est la tête de l'Église (*Éphés.*, v, 23). Le corps de cette tête, c'est l'Église ; non pas seulement l'église qui est en ce lieu, mais l'Église qui est en même temps en ce lieu et dans l'univers entier ; et non pas seulement l'Église de ce temps, mais l'Église depuis Abel jusqu'aux hommes qui naîtront à la fin des siècles et qui croiront au Christ ; en un mot tout le peuple des saints qui appartiennent à une seule et même cité, cité qui est le corps du Christ et dont le Christ est la tête. Les anges sont avec nous les citoyens de cette cité ; mais parce que nous en sommes encore exilés, nous travaillons pour y parvenir, tandis que pour eux, l'habitant déjà, ils y attendent notre arrivée. Mais de cette cité, loin de laquelle nous voyageons, des lettres sont arrivées jusqu'à nous : ce sont les Écritures qui nous exhortent à bien vivre. Que dis-je, en parlant de lettres venues jusqu'à nous ? Le roi de la ville est lui-même descendu, et il s'est fait notre voie dans notre lointain voyage ; afin que, marchant en lui, nous ne puissions ni nous égarer, ni défaillir dans la route, ni tomber entre les mains des voleurs, ni nous jeter dans les filets tendus près du chemin. Nous savons donc que le Christ est complet et entier quand il est uni à l'Église ; tandis que considéré à lui seul, comme fils de la vierge Marie, il est la tête de l'Église. Nous savons qu'il est le médiateur entre Dieu et les hommes (1 *Tim.*, II, 5), pour réconcilier avec Dieu, par son entremise, les hommes éloignés de Dieu ; car il n'y a de médiateur qu'autant qu'il y a deux extrêmes à unir. Nous nous étions éloignés de la majesté de Dieu et l'avions offensé en péchant ; le Fils de Dieu a été envoyé comme médiateur, pour payer de son sang les péchés par lesquels nous étions séparés de Dieu, pour s'interposer entre Dieu et nous, pour nous rendre à lui et nous réconcilier avec lui, de qui nos péchés et nos fautes nous tenaient éloignés. Il est notre tête, et il est

Dieu, égal au Père, Verbe de Dieu par lequel toutes choses ont été faites (*Jean*, I, 3) : mais il est Dieu pour créer, il est homme pour créer de nouveau ; Dieu pour faire, homme pour refaire. Ayant maintenant les yeux fixés sur lui, écoutons le Psaume. Que Votre Charité me prête donc son attention. La règle et la doctrine que je vous enseigne ne vous guideront pas seulement pour comprendre ce Psaume, mais pour en comprendre un grand nombre, si vous ne les perdez pas de vue. Le Psaume, et non-seulement le Psaume mais encore toute prophétie, tantôt parle du Christ en ne s'occupant que de la tête, et tantôt passe de la tête au corps, c'est-à-dire à l'Église, sans aucun changement apparent de personne, parce qu'en effet la tête ne se sépare pas du corps et que le Psaume en parle comme d'un seul Christ. Que Votre Charité se rende compte de ce que je viens de dire. Il n'est personne qui ne connaisse le Psaume dans lequel il est dit de la passion du Seigneur : « Ils ont percé mes mains et mes pieds ; ils ont compté tous mes os ; ils se sont partagé mes vêtements et ils ont jeté ma robe au sort (*Ps.*, XXI, 18 et 19). » Les Juifs eux-mêmes rougissent lorsqu'ils entendent ces paroles, car il est évident qu'elles sont une prophétie de la passion de Notre-Seigneur Jésus-Christ. Or Notre-Seigneur Jésus-Christ n'avait commis aucun péché, et cependant, au commencement de ce même psaume, le Christ dit : « O Dieu, mon Dieu, pourquoi m'avez-vous abandonné ? Les cris de mes péchés me tiennent éloigné de mon salut (*Ibid.*, 2). » Vous voyez ici ce qui est dit au nom de la tête, et ce qui est dit au nom du corps. Les péchés sont de nous, la passion soufferte pour nous est le propre de notre tête ; mais par la vertu de cette même passion soufferte pour nous, les péchés qui nous appartiennent nous sont remis. Il en est de même dans le Psaume qui nous occupe.

2. Déjà hier, nous avons traité de quelques versets, rappelons-les en peu de mots. « Celui qui habite sous l'aide du Très-Haut et qui demeure sous la protection du Dieu du Ciel (*Ps.*, XC, 2)... » Nous avons recommandé à Votre Charité, en expliquant ces paroles, que nul ne plaçât son espérance en lui-même, mais uniquement en celui de qui vient toute notre force, car c'est par son aide que nous remportons la victoire et non par notre force dont nous présumerions. Le Dieu du ciel nous protégera donc, si nous disons au Seigneur ce qui suit : «...dira au Seigneur : Vous êtes mon protecteur et mon

cum Ecclesia : ipsum autem solum natum de virgine, caput Ecclesiæ, mediatorem scilicet inter Deum et homines Christum Jesum (I *Tim.*, II, 5) ; et hoc mediatorem, ut eos qui recesserant, per se reconciliet : medius enim non est nisi inter duos. Recesseramus a majestate Dei, et peccato nostro offenderamus eum : missus est Filius mediator, qui sanguine suo solveret peccata nostra, quibus separabamur a Deo ; et interpositus redderet nos ei, et reconciliaret a quo aversi in peccatis nostris et delictis tenebamur. Ipse est caput nostrum, ipse est Deus æqualis Patri, Verbum Dei per quod facta sunt omnia (*Johan.*, I, 3) : sed Deus ut (*a*) crearet, homo ut recrearet : Deus ut faceret, homo ut reficeret. Hunc intuentes, sic audiamus Psalmum. Intendat Caritas Vestra. Disciplina est ista et doctrina scholæ hujus, quæ vobis valeat non ad unum Psalmum intelligendum, sed ad multos, si teneatis hanc regulam. Aliquando Psalmus, non solum Psalmus, sed et omnis prophetia, aliquando sic loquitur de Christo, ut caput solum commendet, et aliquando a capite it ad corpus, id est, ad Ecclesiam, et non videtur mutasse personam ; quia non separatur caput a corpore, sed tamquam de uno loquitur. Videat enim Caritas Vestra quod dico. Manifestus est certe omnibus Psalmus, ubi de passione Domini dicitur, « Foderunt manus meas et pedes, dinumeraverunt omnia ossa mea : diviserunt sibi vestimenta mea, et super vestimentum meum miserunt sortem (*Psal.*, XXI, 18 et 19). » Hoc et Judæi quando audiunt erubescunt : evidentissime enim prophetia de passione Domini nostri Jesu Christi prolata est. Delicta autem non habebat Dominus noster Jesus Christus : et tamen in capite ipsius Psalmi dicit, « Deus, Deus meus, ut quid me dereliquisti ? Longe a salute mea verba delictorum meorum (*Ibid.*, 2). » Videtis ergo quid dicatur ex persona capitis, quid ex persona corporis. Delicta ad nos pertinent, passio pro nobis ad caput pertinet : sed propter passionem illius pro nobis, et quod ad nos pertinet delictorum (*b*) solvitur. Sic et in isto Psalmo.

2. Jam istos versus hesterna die tractavimus : breviter commemoremus illos. « Qui habitat in adjutorio Altissimi, in protectione Dei cæli commorabitur

---

(*a*) MSS. *Deus ut crearemur*. (*b*) Sic Am. et MSS. At Er. et Lov. *delictorum debitum solvit*.

refuge, ô mon Dieu ; je mettrai en lui mon espérance, parce qu'il me délivrera du piège des chasseurs et de la parole injurieuse (*Ibid.*, 3 et 4). » Nous avons dit que beaucoup d'hommes, par la crainte qu'ils ont de la parole injurieuse, tombent dans le piège des chasseurs. On insulte un homme, parce qu'il est chrétien, et il se repent de s'être fait chrétien : la parole injurieuse le fait tomber dans le piège du démon. On insulte encore un homme, parce qu'au milieu de nombreux chrétiens il vit mieux qu'ils ne le font : il redoute la parole injurieuse de ceux qui l'insultent et il tombe dans les filets du démon; de sorte qu'il n'est plus le bon grain dans l'aire, mais qu'il devient semblable à la paille. Mais celui qui met son espérance en Dieu est délivré du piège des chasseurs et de la parole injurieuse. Et comment Dieu vous protégera-t-il ? « Il vous mettra comme à l'ombre entre ses épaules (*Ibid.*) ; » c'est-à-dire il vous placera devant son sein, pour vous protéger sous ses ailes, pourvu toutefois que vous reconnaissiez votre faiblesse et que vous vous réfugiez en lui, comme le faible poussin sous les ailes de sa mère, pour n'être point enlevé par le milan. En effet, les milans représentent les puissances de l'air, le diable et ses anges, qui s'attaquent à notre faiblesse, pour nous emporter dans leurs serres. Réfugions-nous sous les ailes de la Sagesse, notre mère, parce que la

Sagesse elle-même s'est rendue faible à cause de nous, quand le Verbe s'est fait chair (*Jean*, I, 14). De même que la poule devient faible avec ses petits, pour les protéger sous ses ailes (*Matth.*, XXIII, 37), de même Notre-Seigneur Jésus-Christ qui, étant dans la forme de Dieu n'a cru que ce fût une usurpation de se faire égal à Dieu, s'est anéanti lui-même, prenant la forme d'esclave; il s'est fait semblable aux hommes, et a été reconnu pour homme par les dehors, afin d'être faible avec nous, et de nous protéger à l'ombre de ses ailes (*Philipp.*, II, 6, 7). « Et vous espérerez sous l'abri de ses ailes. Sa vérité vous enveloppera comme d'un bouclier ; vous ne craindrez pas les terreurs de la nuit (*Ps.*, XC, 5). » Les tentations qui résultent de l'ignorance sont les terreurs de la nuit ; le péché que l'on commet sciemment est la flèche qui vole pendant le jour. En effet, la nuit signifie l'ignorance, et le jour la claire connaissance. Il y en a qui pèchent par ignorance; il y en a qui pèchent avec pleine connaissance. Ceux qui pèchent par ignorance sont victimes des terreurs de la nuit ; ceux qui pèchent avec pleine connaissance sont frappés par la flèche qui vole pendant le jour. Quand ces attaques ont lieu pendant des persécutions dont la violence extrême arrive pour ainsi dire jusqu'à son midi, celui qui est dévoré par ces feux est la proie du démon de midi. Et beau-

(*Psal.*, XC, 1). » Hoc commendavimus Caritati Vestræ in istis versibus, ne quisquam in se spem ponat, sed totam spem suam in illo ponat, in quo sunt vires nostræ. Ex adjutorio enim ejus vincimus, non ex nostra præsumptione. Protegit ergo nos Deus cæli, si dicamus Domino quod sequitur : « Dicet Domino, Susceptor meus es tu, et refugium meum, Deus meus, sperabo in eum (*Ibid.*, 2). Quoniam ipse eruet me de muscipula venantium, et a verbo aspero (*Ibid.*, 3). » Diximus quia multi timentes asperum verbum incidunt in muscipulam venantium. Insultatur homini, quia Christianus est; et pænitet illum, quia Christianus factus est, et ab aspero verbo incidit in muscipulam diaboli. Insultatur etiam homini, quia inter multos Christianos melius vivit ; et timens aspera verba insultatorum, incidit in laqueos diaboli, ut non sit triticum in area, sed paleam sequatur. Qui autem in Deo sperat, eruitur a muscipula venantium et a verbo aspero. Quomodo autem te protegit Deus? « Inter scapulas suas obumbrabit tibi (*Ibid.*, 4) : » id est, ante pectus suum te ponet, ut alis suis te protegat : si modo agnoscas infirmitatem tuam, ut quasi pullus infirmus fugias sub alas matris, ne a milvo rapiaris. Milvi sunt enim aëreæ potestates, diabolus et angeli ejus : rapere volunt infirmitatem nostram. Fugiamus sub alas matris Sapientiæ ; quia et ipsa Sapientia infirmata est propter nos; quia « Verbum caro factum est (*Johan.*, I, 14). » Sicut infirmatur gallina cum pullis suis, ut protegat eos alis suis (*Matth.*, XXIII, 37) : sic Dominus noster Jesus Christus, « qui cum in forma Dei esset, non rapinam arbitratus est esse æqualis Deo, (*Philip.*, II, 6 et 7), » ut infirmaretur nobiscum, et alis suis protegeret nos, semetipsum exinanivit formam servi accipiens, in similitudine hominum factus, et habitu inventus ut homo. « Et sub alis ejus sperabis (*Ps.*, XC, 5). Scuto circumdabit te veritas ejus, non timebis a timore nocturno *Ibid.*, VI). » Tentationes ignorantiæ, timor nocturnus; peccata scientiæ, sagitta volans per diem. In nocte enim ignorantia

coup ont été consumés par ces feux dévorants, comme nous l'avons expliqué hier à Votre Charité, parce que, dans l'ardeur de la persécution, les princes ont dit : Que les chrétiens soient torturés jusqu'à ce qu'ils renient la foi chrétienne. Auparavant ceux qui confessaient leur foi étaient mis à mort, mais ensuite on les tortura pour les contraindre à la renier. D'ordinaire, un accusé est torturé tant qu'il persiste à nier; là tout chrétien qui avouait était torturé, tout chrétien qui niait était mis en liberté. Ce fut alors le temps de la plus chaude persécution. Tous ceux qui sont tombés dans cette épreuve sont tombés comme sous les coups du démon de midi. Et combien y en a-t-il pour avoir succombé ? Un grand nombre de chrétiens qui espéraient être assis près du Seigneur et juger avec lui sont tombés d'à côté de lui. Ainsi en a-t-il été d'un grand nombre d'autres qui espéraient être placés à la droite du Christ, pour avoir pourvu aux besoins du peuple saint, comme les Provinciaux qui fournissent les vivres aux soldats. Le Christ devait leur dire, comme à tous ceux qui seront à sa droite : « J'ai eu faim et vous m'avez donné à manger (*Matth.*, 25, 35) : » ils sont déchus de cette espérance, et ils sont tombés en plus grand nombre encore que les premiers, parce qu'ils sont aussi beaucoup plus nombreux. En effet, ceux qui jugeront avec le Seigneur ne sont que le petit nombre; c'est la multitud presque entière qui se présentera devant le tribunal, bien que dans deux conditions très-différentes. Les uns seront à la droite et les autres à la gauche; les uns seront là pour recevoir la couronne, les autres le châtiment; les uns pour s'entendre dire : « Venez, les bénis de mon Père, recevez le royaume; » et les autres : « Allez dans le feu éternel qui a été préparé pour le démon et ses anges (*Matth.*, XXV, 32, 41). » Par conséquent, de tous ceux qui tomberont sous les coups du démon de midi, « mille tomberont de votre côté, et dix mille de votre droite ; mais le démon n'approchera pas de vous (*Ps.*, XC, 7). » Que signifie cette dernière parole? Le démon de midi ne vous renverse pas. Qu'y a-t-il d'étonnant à ce que le démon ne renverse pas notre tête ? Mais il ne renversera pas non plus ceux qui sont attachés à notre tête de la manière qu'indique l'Apôtre : « Le Seigneur connaît ceux qui sont à lui (II *Tim.*, II, 19). » Il y a, en effet, des hommes prédestinés de telle sorte que Dieu connaît qu'ils font partie de son corps. Comme la tentation ne les atteint pas au point de les renverser, ils sont compris dans l'application de ces paroles : « Le démon n'approchera pas de vous. » Mais de peur que les faibles ne se laissent trop vivement frapper par l'exemple des pécheurs auxquels il a été permis d'exercer de semblables persécutions contre les chrétiens et qu'ils

---

intelligitur, in die manifestatio. Sunt qui ignorantes peccant, sunt qui scientes peccant. Qui ignorantes peccant, a timore nocturno supplantantur : qui scientes peccant, a sagitta volante per diem percussi sunt. Hæc autem cum in gravioribus persecutionibus fiunt, quo usque perveniatur tamquam ad meridiem, quicumque illo calore ceciderit, tamquam a dæmonio meridiano cadet. Et multi a calore isto ceciderunt, sicut jam exposuimus hesterno die Caritati Vestræ : quia fervente persecutione dictum est, Torqueantur Christiani, donec negent quod Christiani sunt. Cum antea solerent confessi percuti, ad hoc postea torquebantur ut negarent. Et cum omnis reus tamdiu torqueatur, quamdiu negat; Christianorum confessio torquebatur, negatio dimittebatur. Erat ergo tunc magnus æstus persequantium. Quicumque in illa tentatione ceciderunt, tamquam a dæmonio meridiano ceciderunt. Et quanti ceciderunt? Multi qui se sperabant sessuros cum Domino et judicaturos, illi a latere ceciderunt. Item multi qui se sperabant ad dexteram futuros, in plebe sancta stipendiaria tamquam Provinciales, qui annonam militibus præbent, quibus dici habet, « Esurivi, et dedistis mihi manducare (*Matth.*, xxv, 35) : » ad dexteram enim erunt multi ; et de ipsa spe ceciderunt, et plures inde, quia plures ibi. Pauciores enim qui cum Domino judicabunt, et plures qui stabunt ante illum : sed non una conditio eorum. Alii ad sinistram, alii ad dexteram; alii ut regnent, alii ut puniantur : alii ut audiant, «Venite benedicti Patris mei, percipite regnum : » alii ut audiant, « Ite in ignem æternum, qui præparatus est diabolo et angelis ejus. » Ergo qui « a ruina et dæmonio meridiano cadent, mille a latere, et dena millia a dextris. Ad te autem non appropinquabit (*Ps.*, XC, 7) : » quid ? Dæmonium meridianum te non dejicit. Quid mirum si caput non dejicit. Sed non dejicit et illos qui sic hærent capiti, quomodo ait Apostolus, « Novit Dominus qui sunt ejus (II *Tim.*, II, 19). » Sunt enim quidam ita prædestinati,

ne disent : Qu'a donc voulu Dieu en permettant aux impies et aux scélérats de faire tant de mal aux serviteurs de Dieu? considérez un instant ces choses, de vos yeux, c'est-à-dire des yeux de votre foi, et vous verrez qu'à la fin le châtiment atteindra les pécheurs, auxquels Dieu accorde maintenant tant de pouvoir pour vous éprouver. Voici, en effet, ce qu'ajoute le Prophète : « Mais cependant vous considérerez de vos yeux et verrez la punition des pécheurs (*Ps.*, xc, 8). »

3. « Parce que vous êtes, Seigneur, mon espérance, vous avez placé votre refuge en un lieu très-élevé. Les maux n'arriveront pas jusqu'à vous (*Ibid.*, 9). » Le Prophète dit à Dieu : « Parce que vous êtes, Seigneur, mon espérance ; vous avez placé votre refuge en un lieu très-élevé. Les maux n'arriveront pas jusqu'à vous, et le châtiment n'approchera pas de votre tente (*Ibid.*, 10). » Viennent ensuite des paroles que le démon même a citées à Notre-Seigneur : « Parce qu'il a donné des ordres à ses anges à votre égard, pour qu'ils vous gardent dans toutes vos voies. Ils vous porteront dans leurs mains, de peur que vous ne heurtiez du pied contre la pierre (*Ibid.*, 11 et 12). » A qui s'adresse-t-il ici ? à celui à qui il a dit : « Parce que vous êtes, Seigneur, mon espérance. » Je crois inutile d'expliquer à des chrétiens qui est ce Seigneur. S'ils croyaient que c'est Dieu le Père, comment les Anges le porteraient-ils dans leurs mains, de peur qu'il ne heurtât du pied contre la pierre ? Vous voyez donc que ce Seigneur est le Christ, et qu'après avoir parlé du corps, le Prophète a tout à coup parlé de la tête. C'est à notre tête qu'il s'est adressé, en disant : « Parce que vous êtes, Seigneur, mon espérance ; vous avez placé votre refuge en un lieu très-élevé. » C'est parce que « vous êtes, Seigneur, mon espérance, que vous avez placé votre refuge en un lieu très-élevé. » Qu'est-ce que cela signifie? Que Votre Charité écoute attentivement : « Parce que vous êtes, Seigneur, mon espérance, vous avez placé votre espérance en un lieu très-élevé. » Il n'y a plus rien d'étonnant à ce que le Prophète dise ensuite : « Les maux n'arriveront pas jusqu'à vous, » puisque « vous avez placé votre refuge en un lieu très-élevé ; « et les coups n'approcheront pas de votre tente, » puisque « vous avez placé votre refuge en un lieu très-élevé. » Nous ne lisons nulle part dans l'Évangile, que les Anges aient porté le Seigneur en aucun lieu, de peur qu'il ne heurtât du pied contre la pierre, et cependant nous comprenons ce que cela veut dire. En effet, ce sont choses déjà accomplies, et ce n'est pas sans raison qu'elles ont été prophétisées, puisqu'elles devaient se réaliser. Or nous ne pouvons dire : Le Christ viendra plus tard, de telle manière qu'il ne

---

ut noverit Dominus qui pertineant ad corpus ipsius. Cum ergo ad hos non accedet illa tentatio, ut dejiciat eos; isti intelliguntur in eo, quod scriptum est, « Ad te autem non appropinquabit. » Sed ne illi peccatores quibus tanta licuit exercere in Christianos, adtenduntur a quibusdam infirmis, et dicatur, Ecce quid voluit Deus, ut tantum impiis, et sceleratis liceat in servos Dei : modicum considera oculis tuis, oculis fidei, et videbis retributionem peccatorum in fine, quibus modo tanta permituntur, ut exercearis. Hoc enim sequitur: « Verumtamen oculis tuis considerabis, et retributionem peccatorum videbis (*Psal.*, xc, 8). »

3. « Quoniam tu es Domine spes mea, altissimum posuisti refugium tuum (*Ibid.*, 9). Non accedent ad te mala (*Ibid.*, 10). » Domino dicit, « Quoniam tu es Domine spes mea, altissimum posuisti refugium tuum. Non accedent ad te mala : et flagellum non appropinquabit tabernaculo tuo. » Deinde jam verba, quæ audistis dicta a diabolo (*Matth.*, IV, 6), « Quoniam Angelis suis mandavit de te, ut custodiant te in omnibus viis tuis (*Ps.*, xc, 11). In manibus tollent te, ne quando offendas ad lapidem pedem tuum (*Ibid.*, 12). » Cui hoc dicit? Cui dixit, « Quoniam tu es Domine spes mea. » Jam puto non esse exponendum Christianis quis sit Dominus. Si Deum Patrem intelligunt, quomodo illum tollent Angeli in manibus, ne offendat ad lapidem pedem suum? Videtis ergo quia et Christus Dominus, dum loqueretur de corpore, subito cœpit loqui de capite. Caput nostrum appellatum est modo, cum diceretur, « Quoniam tu es Domine spes mea, altissimum posuisti refugium tuum. » Ideo « posuisti altissimum refugium tuum, quoniam tu es Domine, spes mea. » Quid sibi hoc vult? Adtendat Caritas Vestra: « Quoniam tu es Domine spes mea, altissimum posuisti refugium tuum. » Jam non est mirandum : propterea enim sequitur, « Non accedent ad te mala, » quia « altissimum posuisti refugium tuum : et flagellum non appropinquabit tabernaculo tuo, qui altissimum po-

puisse heurter du pied contre la pierre. Car, quand il viendra, ce sera pour juger. Où donc la prédiction s'est-elle accomplie? Que Votre Charité me prête attention.

4. Écoutez d'abord ces versets : « Parce que vous êtes, Seigneur, mon espérance, vous avez placé votre refuge en un lieu très-élevé (*Ibid.*, 9). » Le genre humain voyait l'homme mourir, il ne le voyait pas ressusciter; il savait donc que redouter, il ne savait pas qu'espérer. Or celui qui, pour nous instruire, nous avait fait craindre la mort, afin de nous faire espérer ensuite la résurrection, comme gage de la vie future de l'éternité, Jésus-Christ, Notre-Seigneur, est ressuscité le premier. Mort après beaucoup d'hommes, il est ressuscité avant tous les hommes. Il a souffert, en mourant, ce que beaucoup d'hommes avaient déjà souffert : il a fait, en ressuscitant, ce que nul n'avait fait avant lui. En effet, quand l'Église recevra-t-elle cette récompense, sinon à la fin des siècles? La tête a réalisé d'abord ce que les membres ont à espérer; car Votre Charité sait ce qu'ils se disent entre eux. Que l'Église dise donc à Jésus-Christ son Seigneur, que le corps dise à sa tête : « Parce que vous êtes, Seigneur, mon espérance, vous avez placé votre refuge en un lieu très-élevé; » c'est-à-dire vous êtes ressuscité d'entre les morts, et vous êtes monté dans le ciel, pour y placer votre refuge en un lieu très-élevé et y devenir mon espérance. Car j'étais sans espoir sur la terre et ne croyais pas devoir ressusciter; mais maintenant je le crois, parce que ma tête est montée au ciel, et qu'où la tête est arrivée la première, les membres parviendront à leur tour. Je crois avoir éclairci ces paroles : « Parce que vous êtes, Seigneur, mon espérance; vous avez placé votre refuge en un lieu très-élevé. » Je veux résumer cette explication plus nettement encore. Pour que j'eusse l'espoir que je n'avais pas de ressusciter, vous êtes ressuscité avant moi, afin qu'où vous m'avez précédé, j'espérasse vous suivre. Telle est la parole de l'Église à son Seigneur ; telle est la parole du corps à la tête.

5. Ne soyez donc pas étonnés de ce qui suit : « Les maux n'arriveront pas jusqu'à vous, et les coups n'approcheront pas de votre tente (*Ibid.*, 10). » La tente de Dieu, c'est la chair. Le Verbe a habité dans la chair (*Jean*, I, 14), et la chair est devenue la tente de Dieu. Dans cette tente notre Empereur a combattu pour nous : dans cette tente il a été tenté par l'ennemi, pour que ses soldats ne vinssent point à succomber. Et, parce qu'il a montré sa chair à nos yeux, parce que nos yeux se plaisent à cette vue et se réjouissent de cette lumière visible, parce qu'il a manifesté sa chair de façon que

---

suisti refugium tuum. » Non autem legimus in Evangelio, quia alicubi Angeli portaverunt Dominum, ne offenderet ad lapidem : et tamen intelligimus. Hæc enim jam facta sunt, et non sine caussa prophetata sunt, nisi quia futura erant. Et non possumus dicere, Postea venturus est Christus, ut non offendat ad lapidem pedem suum. Judicaturus enim venit. Ubi ergo completum est? Intendat Caritas Vestra.

4. Primo hos versus audite : « Quoniam tu es Domine spes mea, altissimum posuisti refugium tuum (*Ibid.*, 29). » Genus humanum mori hominem noverat, resurgere non noverat: ideo quod timeret habebat, quod speraret non habebat. Ut ergo ille qui propter disciplinam fecit timorem mortis, propter præmium futuræ vitæ æternæ daret spem resurrectionis, prior resurrexit Dominus noster Jesus Christus. Mortuus est post multos, resurrexit ante omnes. Hoc passus est moriendo, quod jam multi passi erant : hoc jam fecit resurgendo, quod nullus ante illum. Quando enim hoc accipiet Ecclesia, nisi in fine? Præcessit in capite quod membra sperent : novit enim Caritas Vestra, quomodo inter se dicant. Dicat ergo Ecclesia Domino suo Jesu Christo, dicat corpus capiti suo, « Quoniam tu es Domine spes mea, altissimum posuisti refugium tuum : » id est, ideo resurrexisti a mortuis, et in cælum adscendisti, ut altum poneres refugium tuum adscendens, et fieres spes mea, qui in terra desperabam, et me resurrecturum esse non credebam, modo jam credo, quia adscendit in cælum caput meum, quo caput præcessit, et membra secutura sunt. Puto jam manifestum esse quod dictum est, « Quoniam tu es Domine spes mea, altissimum posuisti refugium tuum. » Hoc planius dixerim. Ut haberem spem resurrectionis quam non habebam, ideo prior resurrexisti, ut quo præcessisti, illuc me secuturum sperarem. Vox enim est Ecclesiæ ad Dominum suum, vox est corporis ad caput suum.

5. Noli ergo mirari : « Non accedent ad te mala, et flagellum non appropinquabit tabernaculo tuo (*Ibid.*, 10). » Tabernaculum Dei caro est. In carne inhabitavit Verbum, et caro facta est tabernaculum Deo (*Johan.*, I, 14). In ipso tabernaculo Imperator militavit pro nobis : in ipso tabernaculo ab hoste

tous pussent la voir, le Psalmiste s'écrie, en un autre endroit : « Il a placé sa tente dans le soleil (*Ps.*, XVIII, 6). » Que veut dire : « dans le soleil ? » En lieu apparent, en pleine vue, dans la lumière de cette terre; c'est-à-dire, dans la lumière qui du haut du ciel se déroule sur toute la terre : c'est là qu'il a placé sa tente. Mais comment aurait-il placé là sa tente si, comme un époux, il ne fût sorti de son lit nuptial ? Car c'est là ce qui vient après cette parole : « Il a placé sa tente dans le soleil. » En effet, comme si on lui eût demandé, comment cela s'est-il fait? il a ajouté : « Et lui-même, semblable à l'époux sortant de sa couche, il s'est élancé en avant, comme un géant, pour fournir sa course (*Ibid.*). » Sa tente est la même chose que son épouse, le Verbe est l'époux, la chair est l'épouse et le lit nuptial est le sein de la Vierge. Que dit l'Apôtre : « Et ils seront deux dans une même chair. Ce sacrement est grand, je dis dans le Christ et dans l'Église (*Éphés.*, V, 31, 32). » Que dit le Seigneur lui-même dans l'Évangile ? « Ils ne sont donc plus deux, mais ils ne sont qu'une seule chair (*Matth.*, XIX, 6). » Les deux ne font qu'un; le Verbe et la chair ne font qu'un Homme-Dieu. Mais cette tente du Christ a été frappée de coups sur la terre; car il est certain que le Seigneur a été flagellé (*Id.*, XXVII, 20) : est-ce qu'il peut encore sentir les coups dans le ciel ? Non : et pourquoi ? Parce qu'il a placé son refuge en un lieu très-élevé, pour être notre espérance ; les maux n'arriveront pas jusqu'à lui, et les coups n'approcheront pas de sa tente. Il est élevé au-dessus de tous les cieux, mais il a encore les pieds sur la terre : sa tête est au ciel, mais son corps est sur terre. Or, tandis que ses pieds étaient frappés et foulés par Saul, sa tête a crié d'en haut : « Saul, Saul, pourquoi me persécutez-vous (*Act.*, IX, 4) ? » Mais personne ne persécute la tête; mais la tête est au ciel, car « le Christ, ressuscité d'entre les morts ne meurt plus et la mort n'aura plus sur lui aucun pouvoir (*Rom.*, VII, 8); » « Les maux n'arriveront pas jusqu'à vous et les coups n'approcheront pas de votre tente; » mais, de peur que nous ne pensions que la tête est séparée du corps, car, si la distance les sépare, la charité les réunit, c'est cette union même de charité qui a causé ce cri venu du ciel : « Saul, Saul, pourquoi me persécutez-vous ? » Car, le Seigneur a renversé Saul de sa voix menaçante, et l'a relevé de sa main compatissante; celui qui persécutait le corps du Christ est devenu le membre du Christ, afin de souffrir à son tour le mal qu'il avait fait souffrir.

6. Qu'a-t-il été dit, mes frères, de celui qui est notre tête ? « Parce que vous êtes, Seigneur,

---

tentatus est, ne miles deficeret. Et quia ipsam carnem ostendit oculis nostris, quia oculi nostri ista luce gaudent, et visibili lumine isto delectantur, quia in manifestatione posuit carnem suam, ut omnes viderent : ideo Psalmus dicit, « In sole posuit tabernaculum suum (*Psal.*, XVII, 6). » Quid est, in sole ? In aperto, in manifesto, in luce terrena, id est, in luce quæ terras de cælo perfundit, ibi posuit tabernaculum suum. Sed quomodo ibi poneret tabernaculum suum, si non tamquam sponsus procederet de thalamo suo? hoc enim sequitur. « In sole posuit tabernaculum suum. » Et quasi diceretur ei, Quomodo ? « Et ipse, inquit, tanquam sponsus procedens de thalamo suo, exsultavit ut gigas ad currendam viam (*Ibid.*). » Quod est tabernaculum, ipsa est sponsa. Verbum sponsus, caro sponsa, et thalamus uterus virginis. Et quid dicit Apostolus ? « Et erunt duo in carne una, sacramentum hoc magnum est, ego autem dico in Christo et in Ecclesia (*Ephes.*, V, 31 et 32). » Et quid ipse Dominus in Evangelio ? « Igitur jam non sunt duo, sed una caro (*Matth.*, XIX, 6). » Ex duobus unum, ex Verbo et carne unus homo, unus Deus. Hoc autem tabernaculum ejus sensit flagella in terra, manifestum est, quia flagellatus est Dominus (*Matth.*, XXVII, 26). Numquid in cælo sentit flagella ? Quare ? Quia altissimum posuit refugium suum, ut esset spes nostra; et non ad eum accedent mala, nec flagellum propinquabit tabernaculo ejus. Longe est super omnes cælos, sed pedes habet in terra. Caput in cælo est, corpus in terra. Cum autem pedes ipsius flagellarentur et calcarentur a Saulo, clamavit caput, « Saule, Saule, quid me persequeris (*Act.*, IX, 4) ? » Ecce caput nemo persequitur, ecce caput in cælo: « quia Christus resurgens a mortuis, jam non moritur, et mors ei ultra non dominabitur (*Rom.*, VI, 9): » « Non accedent ad te mala, et flagellum non appropinquabit tabernaculo tuo. » Sed ne putemus quia separatum est caput a corpore: discretum est enim locis, sed junctum est affectu : ipsa affectus conjunctio clamavit de cælo, Saule, Saule, quid me persequeris ? Prostravit enim eum voce objurgante, et levavit dextera miserante. Qui corpus Christi persequebatur, factus est membrum Christi; ut quod faciebat, ipse ibi pateretur.

mon espérance, vous avez placé votre refuge en un lieu très-élevé; les maux ne parviendront pas jusqu'à vous, et les coups n'approcheront pas de votre tente. » Il a été dit encore : « Parce que Dieu a ordonné à ses anges de vous garder dans toutes vos voies. » Vous avez entendu tout à l'heure ces paroles, dans l'Évangile qui vous a été lu (*Matth.* IV, 11); prêtez-y attention. Après son baptême, le Seigneur a jeûné. Pourquoi a-t-il été baptisé? pour que nous ne dédaignassions pas de l'être. Car Jean ayant dit au Seigneur : « Vous venez à moi pour être baptisé; c'est moi qui dois être baptisé par vous; » et le Seigneur lui ayant répondu; « Laissez maintenant, car c'est ainsi qu'il convient que nous accomplissions toute justice (*Matth.*, III, 14 et 15); » il est certain que le Christ a voulu accomplir toute humilité, jusqu'au point de se purifier des souillures qu'il n'avait pas. Pourquoi cet exemple ? A cause de l'orgueil des hommes qui vivraient après lui. Car il arrive quelquefois qu'un catéchumène, qui l'emporte en doctrine et en bonnes mœurs sur beaucoup de fidèles, rencontre des hommes baptisés complétement ignorants, ou encore certains chrétiens qui ne vivent pas aussi purement que lui, qui ont moins de continence, et moins de chasteté. Tandis qu'il ne cherche pas d'épouse, il voit un fidèle qui, s'il ne se livre pas à la fornication, use contre toute réserve des choses que permet le mariage. Alors il pourrait lever orgueilleusement la tête, et dire: «Qu'ai-je besoin d'être baptisé et de recevoir ce qu'a reçu cet homme à qui je suis supérieur? Le Seigneur lui répond : de combien lui êtes-vous supérieur ? L'êtes-vous autant que je le suis vis-à-vis de vous? «Le serviteur n'est pas plus que son Seigneur, et le disciple n'est pas plus que son maître. Il suffit au serviteur d'être comme son Seigneur, et au disciple d'être comme son maître(*Ibid.* X,24,25).»

Ne vous élevez pas au point de ne pas demander le baptême. C'est le baptême de votre Seigneur que vous demanderez; moi, j'ai demandé le baptême de mon serviteur. Le Seigneur a donc été baptisé, et il a été tenté après son baptême, et il a jeûné pendant quarante jours, nombre mystérieux que je vous ai fait remarquer déjà plusieurs fois. Mais on ne peut tout dire au même moment, sous peine de laisser prendre un temps dont on avait besoin. Après ces quarante jours de jeûne, il eut faim. Il pouvait n'avoir jamais faim ; mais quelle prise aurait-il laissée à la tentation? Et, s'il n'avait vaincu le tentateur, comment auriez-vous appris à le combattre ? Il a eu faim, et le tentateur lui a dit : « Dites à ces pierres de se changer en pain, si vous êtes le Fils de Dieu (*Ibid.*, IV, 3). » Pour Notre-Seigneur Jésus-Christ, qui a rassasié

---

6. Quid ergo, Fratres, de capite nostro quid dictum est? « Quoniam tu es Domine spes mea, altissimum posuisti refugium tuum. Non accedent ad te mala, et flagellum non appropinquabit tabernaculo tuo. » Dicta sunt hæc. « Quoniam Angelis suis mandavit de te, ut custodiant te in omnibus viis tuis. » Audistis modo, cum Evangelium recitaretur : adtendite. Baptizatus Dominus jejunavit (*Matth.*, IV, 2). Quare baptizatus ? Ut non aspernaremur baptizari. Nam cum ipse Johannes diceret Domino, « Tu ad me venis baptizari, ego a te debeo baptizari : » et Dominus, « Sine modo, sic enim decet nos implere omnem justitiam (*Matth.* III, 14 et 15) : » voluit implere humilitatem, ut allueretur qui sordes non habebat. Ut quid hoc? Propter superbiam futurorum. Exsistit enim aliquando aliquis catechumenus, qui forte doctrina et moribus vincit multos fideles : adtendit jam baptizatos multos imperitos, et multos non sic viventes quomodo ipse vivit, non in tanta continentia, non in tanta castitate : jam ille nec uxorem quærit, et videt aliquando fidelem, si non fornicantem, tamen uxore intemperantius utentem : potest erigere cervicem superbiæ, et dicere, Quid mihi jam opus est baptizari, ut hoc accipiam quod iste habet, quem jam et vita et doctrina præcedo. Huic Dominus, Quid præcessisti? Quantum præcessisti? Tantumne quantum ego te? « Non est servus super dominum suum, neque discipulus super magistrum suum : sufficit servo ut sit sicut dominus ejus, et discipulo ut sit sicut magister ejus (*Matth.*, x, 24 et 25). » Noli extolli, ut non quæras baptismum. Baptismum quæres Domini, ego servi quæsivi. Baptizatus est ergo Dominus, et post baptismum tentatus est, jejunavit quadraginta diebus in mysterio, quod sæpe vobis commemoravi. Non omnia uno tempore dici possunt, ne occupent necessaria tempora. Post quadraginta dies esurivit. Poterat et numquam esurire : sed quomodo tentaretur? Aut si ille non vinceret tentatorem, quomodo disceres tu cum tentatore pugnare? Esurivit : et jam tentator, « Dic lapidibus istis ut panes fiant, si Filius Dei es (*Matth.*, IV, 3). » Quid magnum erat Domino Jesu Christo de

tant de milliers d'hommes avec cinq pains (*Ibid.*, xiv, 17), qu'y avait-il de difficile à changer des pierres en pains. De rien il a fait du pain. Car d'où pouvait provenir l'énorme quantité de pain avec laquelle il a rassasié tant de milliers de personnes. Les mains du Seigneur étaient des sources de pain. Et il n'y a là rien d'étonnant; car, s'il a multiplié cinq pains au point d'en rassasier plusieurs milliers de personnes, il multiplie tous les jours, dans le sein de la terre, un petit nombre de grains en d'immenses moissons. La nature étale ainsi constamment les miracles du Seigneur; mais ils ont perdu leur prestige, parce qu'ils sont continuels. Eh quoi! mes frères, était-il impossible au Seigneur de changer des pierres en pains? Il a fait des hommes avec des pierres, au témoignage de Jean-Baptiste, qui a dit : « Dieu peut avec ces pierres susciter des enfants à Abraham (*Matth.*, iii, 9). » Pourquoi donc n'a-t-il pas fait ce changement? Pour vous apprendre à répondre au tentateur, s'il vous arrivait de vous trouver en quelque grave difficulté, et que le tentateur vous suggérât cette pensée : Si vous étiez chrétien, si vous apparteniez au Christ, le Christ vous abandonnerait-il à cet instant? Ne vous enverrait-il pas du secours? C'est peut-être que le médecin tranche encore dans le vif, c'est pourquoi il vous abandonne ; ou plutôt il ne vous abandonne pas. De même, il n'a point autrefois exaucé saint Paul, parce qu'il l'exauçait au moment même. Paul dit en effet qu'il n'a pas été exaucé, lorsqu'il a demandé d'être délivré de l'aiguillon de la chair, de l'ange de Satan qui le souffletait : « Trois fois, dit-il, j'ai demandé au Seigneur qu'il me l'ôtât, et le Seigneur m'a répondu : Ma grâce te suffit, car la force divine apparait dans sa perfection au milieu de notre faiblesse (II *Cor.* xii, 7, 9). » C'est comme si le malade disait au médecin, après qu'il lui a posé un topique : cet emplâtre me gêne, je vous en prie, ôtez-le. Et le médecin de répondre : Non, il est nécessaire qu'il reste longtemps à cette place ; vous ne pouvez guérir qu'à cette condition. Le médecin n'exauce donc pas le malade selon sa volonté, parce qu'il l'exauce selon les besoins de sa santé. C'est pourquoi, mes frères, soyez courageux, et, quand vous êtes éprouvés par l'indigence, alors que Dieu vous châtie et vous instruit, parce qu'il vous prépare et vous réserve l'héritage éternel, n'écoutez pas les suggestions du démon : Si vous étiez juste est-ce que Dieu ne vous enverrait point du pain par un corbeau, comme il en a envoyé à Élie (III, *Rois*, xvii 6)? Sinon, qu'en serait-il de ce que vous avez lu :

---

lapidibus panem facere, qui de quinque panibus tot millia saturavit? De nihilo fecit panem. Tanta enim multitudo escæ, quæ saturaret tot millia, unde processit (*Matth.*, xiv, 17, etc.)? Fontes (a) panis erant in manibus Domini. Non est mirum. Nam ipse fecit de quinque panibus multum panis unde saturaret tot millia, qui facit quotidie in terra de paucis granis messes ingentes. Ipsa enim sunt miracula Domini : sed assiduitate viluerunt. Quid ergo, Fratres, impossibile erat Domino de lapidibus panes facere? Homines fecit de lapidibus, dicente ipso Johanne Baptista, « Potens est Deus de lapidibus istis suscitare filios Abrahæ (*Matth.*, iii, 9). » Quare ergo non fecit? Ut te doceret respondere tentatori, ut si forte in aliqua angustia positus fueris, et suggesserit tibi tentator, Si Christianus esses et ad Christum pertineres, desereret te modo? non tibi misisset auxilium? Et forte adhuc medicus secat, et ideo deserit : sed non deserit. Quomodo Paulum ipsum ideo non exaudivit, quia exaudivit. Nam dicit Paulus non se esse exauditum de stimulo carnis suæ angelo satanæ, a quo colaphizari se dixit (I *Cor.*, 12 etc.) : « Propter quod Dominum ter rogavi, ut auferret eum a me, et dixit mihi, Sufficit tibi gratia mea; nam virtus in infirmitate perficitur (*Ibid.*). » Tamquam medico diceretur posito forte epithemate, Molestum est mihi hoc emplastrum, rogo te, tolle illud. Et medicus, Non, opus est diu ibi sit; non enim aliter sanari poteris. Ægrotum non exaudivit medicus ad voluntatem, quia exaudivit ad salutem. Ideoque fortes estote Fratres : et quando aliqua inopia tentamini Deo flagellante et erudiente vos, quibus et parat et servat æternam hereditatem, non vobis suggerat diabolus, Si justus esses, nonne tibi per corvum mitteret panem, quomodo misit Eliæ (III *Reg.*, xvii, 6)? Ubi est quod legisti, « Numquam vidi justum derelictum, nec semen ejus quærens panem (*Psal.*, xxxvi, 25)?» Tu responde diabolo, Verum dicit Scriptura, « Numquam vidi justum derelictum, nec semen ejus quærens panem : » habeo enim panem meum, quem tu

---

(a) Editi *fontes panes erant*: et paulo post, *de quinque panibus multos panes*. At Regius et Remigiensis probæ notæ MSS *fontes panis erant*: atque infra cum aliis MSS. habent, *multum panis*.

« Je n'ai jamais vu le juste abandonné, ni sa race mendiant du pain (*Ps.*, XXXVI, 25)? » Pour vous, répondez au démon : ce que dit l'Écriture est vrai, « Je n'ai jamais vu le juste abandonné, ni sa race, mendiant du pain ; » car je possède un pain que tu ne connais pas. Quel pain? Écoute le Seigneur : « l'homme ne vit pas seulement de pain, mais il vit aussi de toute parole qui vient de Dieu (*Matth.*, IV, 4 et *Deut.*, VIII, 3). » Ne crois-tu pas que la parole de Dieu soit un pain? Si le Verbe de Dieu, par qui toutes choses ont été faites, n'était pas un pain, il n'aurait pas dit : « Je suis le pain vivant, moi qui suis descendu du ciel (*Jean*, VI, 41). » Vous savez maintenant que répondre au tentateur dans les angoisses de la faim.

7. Mais que répondrez-vous, s'il vous tente en disant : Si vous étiez chrétien, vous feriez des miracles, comme en ont fait beaucoup de chrétiens? Trompé par cette perverse suggestion, tenterez-vous le Seigneur notre Dieu? direz-vous au Seigneur notre Dieu : Si je suis chrétien, si je suis agréable à vos yeux, si vous me comptez au nombre de vos serviteurs, faites que j'accomplisse quelque miracle comme ceux que vos saints ont accomplis en si grand nombre? Vous aurez tenté Dieu, comme si vous n'étiez pas chrétien en ne faisant pas de miracles. Il y en a beaucoup que ce désir a fait tomber. Car Simon le magicien a demandé le don des miracles aux Apôtres et il a voulu acheter l'Esprit-Saint à prix d'argent (*Act.*, III, 18, 19). Il aspirait au pouvoir de leurs miracles : il n'aspirait pas à l'imitation de leur humilité. C'est ainsi qu'un jour un disciple ou un homme de la foule voulut suivre le Seigneur, frappé qu'il était des miracles que Jésus opérait. Le Seigneur vit que cet homme n'était qu'un orgueilleux, qui recherchait, non la voie de l'humilité, mais le vain honneur du pouvoir, et il lui dit : « Les renards ont des terriers et les oiseaux du ciel ont des nids, mais le Fils de l'homme n'a pas où reposer la tête (*Matth.*, VIII 20). » Les renards ont leurs terriers en vous; les oiseaux ont leurs nids en vous. Le renard signifie la fourberie, et les oiseaux du ciel l'orgueil. En effet, les oiseaux, aussi bien que les orgueilleux, cherchent à s'élever; et les renards, aussi bien que tous les fourbes, se creusent des cavernes trompeuses. Qu'a donc répondu le Seigneur? L'orgueil et la fourberie peuvent habiter en vous, mais le Seigneur n'a point où habiter en vous, n'a point en vous où reposer la tête. Car la tête qui se pose en s'abaissant représente l'humilité du Christ. S'il n'avait abaissé sa tête, vous ne seriez pas justifié. Ainsi encore, des disciples du Christ aspirèrent à ce même pouvoir, et voulurent s'assurer un trône dans le royaume des cieux, avant d'avoir pris la voie de l'humilité; comme le prouve la demande que leur mère adressa au Seigneur : « Ordonnez,

---

non nosti. Quem panem? Audi Dominum : « Non in solo pane vivit homo, sed in omni verbo Dei (*Matth.*, IV, 4 ; *Deut.*, VIII, 3). » Putasne verbum Dei (*a*) panem? Si non esset panis Verbum Dei per quod facta sunt omnia, non diceret, « Ego sum panis vivus, qui de cœlo descendi (*Johan.*, VI, 41). » Didicisti ergo quid respondeas tentatori in angustia famis.

7. Qui si te sic tentat, ut dicat tibi, Si Christianus esses, faceres miracula, quomodo fecerunt multi Christiani? Tu jam suggestione mala deceptus, tentares Dominum Deum tuum, ut diceres Domino Deo nostro, si Christianus sum, et sum ante oculos tuos, et in aliquo numero tuorum me computas, faciam et ego aliquid, qualia multa fecerunt sancti tui? Tentasti Deum, quasi non sis Christianus si hoc non facias. Multi talia desiderantes ceciderunt. Nam Simon ille magus talia desideravit ab Apostolis, qui Spiritum-sanctum pecunia voluit comparare (*Act.*, VIII, 18). Amavit potentiam miraculorum, et non amavit imitationem humilitatis. Ideo quidam discipulus, vel quidam de turba cum vellet sequi Dominum, adtentus miracula quæ faciebat; vidit illum Dominus superbum non quærere viam humilitatis, sed typhum potentiæ, et ait, « Vulpes foveas habent et volucres cœli nidos, Filius autem hominis non habet ubi caput reclinet (*Matth.*, VIII 20). » Vulpes in te foveas habent, volucres cœli nidos in te habent. Vulpes dolus est, volucres cœli superbia est. Sicut enim volucres alta petunt, sic superbi : et ut vulpes cavernas habent dolosas, ita omnes insidiatores. Quid ergo respondit Dominus? Potest in te habitare superbia et dolus, Christus non habet ubi in te habitet, ubi reclinet caput suum. Quia reclinatio capitis, humilitas Christi est. Nisi reclinaret caput, non justificareris. Talia desiderantes et discipuli, et

---

(*a*) Sic MSS. Editi vero, *Putasne verbum Dei non sit panis?*

dit-elle, que l'un d'eux soit assis à votre droite et l'autre à votre gauche (*Ibid.*, XX, 21). » Ils recherchaient la puissance; mais on n'arrive à la puissance dans le royaume que par la souffrance de l'humilité. Le Seigneur répondit donc : « Pouvez-vous boire le calice que je boirai (*Ibid.*, 22)? » Pourquoi penser aux grandeurs de mon royaume, au lieu d'imiter mon humilité? Que répondrez-vous donc au tentateur, s'il vous dit : Faites des miracles? Pour ne point tenter Dieu à votre tour, que devez-vous répondre? Ce qu'a répondu le Seigneur. Le démon lui a dit : « Jetez-vous en bas, car il est écrit que Dieu a ordonné à ses anges de vous porter dans leurs mains, de peur que vous ne heurtiez du pied contre la pierre (*Ibid.*, IV, 6). » Si vous vous jetez en bas, les anges vous porteront. Certainement, mes frères, si le Seigneur se fût jeté en bas, il pouvait se faire que les anges eussent pris soin de recevoir et de soutenir la chair du Seigneur. Mais que dit le Christ au démon? « Il est écrit d'autre part : Vous ne tenterez point le Seigneur votre Dieu (*Deut.*, VI, 16). » Vous croyez que je ne suis qu'un homme. En effet, le démon s'était approché de lui, pour découvrir par sa tentation s'il était le Fils de Dieu. Le démon voyait sa chair, mais sa divinité éclatait dans ses œuvres et les anges lui avaient rendu témoignage. Il le voyait mortel, il voulut le tenter, et la tentation du Christ devint l'enseignement du chrétien. Qu'est-ce donc qui est écrit? « Vous ne tenterez pas le Seigneur votre Dieu (*Ibid.*). » Nous ne devons donc pas tenter Dieu en lui disant : Si nous vous appartenons, donnez-nous de faire des miracles.

8. Revenons aux paroles du Psaume. « Dieu a ordonné à ses anges, dit le Prophète, de vous garder dans toutes vos voies. Ils vous porteront dans leurs mains, de peur que vous ne heurtiez du pied contre la pierre (*Ps.*, XC, 11 et 12). » Le Christ a été porté par les mains des anges, lorsqu'il est monté au ciel, non point qu'il fût tombé s'ils ne l'eussent soutenu, mais parce qu'ils rendaient hommage à leur roi. Ne vous avisez donc pas de dire : Ceux qui portaient étaient supérieurs à celui qui était porté. Les bêtes de somme sont-elles donc supérieures aux hommes? Cependant ce rapprochement est inexact; parce que les bêtes de somme portent réellement la faiblesse humaine, et que, si elles viennent à se retirer tout à coup, ceux qu'elles portent tombent à terre. Que dirons-nous donc? Car Dieu a dit par la bouche d'Isaïe : « Le ciel est mon trône (*Isaïe*, LXVI, 1, *Act.*, VII, 49). » Parce que le ciel porte Dieu, et que Dieu y siège, est-ce à dire que le ciel soit supérieur à Dieu? Ainsi en est-il des soins que prennent les anges, selon le Psaume; ils n'attestent pas la faiblesse du

---

volentes jam (*a*) adpetere sedem regni, antequam viam humilitatis caperent, quando illi suggestum est a matre discipulorum, « Dic ut unus sedeat ad dexteram, et alius ad sinistram tuam (*Matth*, XX, 21): potentiam quærebant, sed per (*b*) passionem humilitatis venitur ad potentiam regni. Ait Dominus, «Potestis bibere calicem, quem ego bibiturus sum?» Quid cogitatis altitudinem regni, et non imitamini humilitatem meam? Ergo quid, si sic te tentet, Fac miracula? ne tu tentes Deum, quid debes respondere? Quod respondit Dominus. Ait illi diabolus, « Mitte te deorsum, quia scriptum est. » « Angelis suis mandavit de te, ut in manibus tollant te, ne forte offendas ad lapidem pedem tuum (*Matth.*, IV, 6). » « Si te miseris, Angeli te suscipient. Et posset quidem fieri, Fratres, ut si se mississet Dominus, obsequia Angelorum susciperent carnem Domini. Sed quid illi ait? Iterum scriptum est, « Non tentabis Dominum Deum tuum (*Deut.*, VI, 16). » Hominem me putas. Ad hoc enim accessit diabolus, ut tentaret utrum Filius Dei ipse esset. Videbat carnem, sed majestas in operibus apparebat: Angeli testimonium dixerant. Ille videbat mortalem, ut tentaret, ut Christo tentato doceretur Christianus. Quid ergo scriptum est? Non tentabis Dominum Deum tuum. Itaque non tentemus Dominum, ut dicamus, Si ad te pertinemus, miraculum faciamus.

8. Redeamus propter verba Psalmi. « Angelis suis, inquit, mandavit de te, ut custodiant te in omnibus viis tuis. In manibus tollent te, ne quando offendas ad lapidem pedem tuum. » Sublatus est Christus in manibus Angelorum, quando assumptus est in cælum (*Marci*, XVI, 9 ; *Act.*, I, 2 et 9) : non quia si non portarent Angeli, ruiturus erat ; sed quia obsequebantur Regi. Ne forte dicatis, Meliores sunt qui portabant, quam ille qui portabatur. Ergo meliora sunt jumenta quam homines? Sed quia infirmitatem hominum portant jumenta ; nec hoc debemus dicere: etenim jumenta si se subtrahant, cadunt qui sedent. Sed quomodo debemus dicere? Nam et de Deo dictum

---

(*a*) Sic Am. Er. et MSS. At Lov. *apparere*. (*b*) Duo MSS. *per patientiam humilitatis*.

Seigneur, mais l'honneur qu'ils lui rendent et le service qu'ils lui doivent. Mais cherchons un autre sens à ces paroles. Le Seigneur est ressuscité : pourquoi? Écoutez l'Apôtre : « Il est mort à cause de nos péchés, et il est ressuscité pour notre justification (*Rom.*, IV, 25). » L'Évangile dit aussi de l'Esprit-Saint : « L'Esprit n'avait pas encore été donné, parce que Jésus n'avait pas encore été glorifié (*Jean*, VII, 39). » Comment Jésus a-t-il été glorifié? Il est ressuscité et il est monté au ciel. Glorifié par Dieu au jour de son ascension dans le ciel, il a envoyé son Esprit-Saint le jour de la Pentecôte. Or, dans la loi, au livre de l'Exode écrit par Moïse, on compte cinquante jours entre l'immolation et la manducation de l'agneau, et la promulgation de la loi écrite par le doigt même de Dieu sur des tables de pierre (*Exode*, XII, 19). Qu'est-ce que le doigt de Dieu? l'Évangile nous l'apprend, c'est l'Esprit-Saint qui est le doigt de Dieu. Comment le prouvons-nous? Le Seigneur, répondant à ceux qui l'accusaient de chasser les démons au nom de Beelzebub, leur dit : « Si je chasse les démons par l'Esprit de Dieu (*Matth.*, XII, 21)...; » et un autre Évangéliste rapporte ainsi les mêmes paroles : « Si je chasse les démons par le doigt de Dieu (*Luc*, XI, 21).... » Ce qui est dit d'une manière ouverte par l'un des Évangélistes, est dit par l'autre d'une manière obscure. Vous ne saviez ce que c'est que le doigt de Dieu, un Évangéliste vous l'apprend, en déclarant que c'est l'Esprit de Dieu. La loi écrite par le doigt de Dieu a donc été donnée cinquante jours après l'immolation de l'agneau, et l'Esprit-Saint est descendu sur les Apôtres cinquante jours après la passion de Notre-Seigneur Jésus-Christ. L'agneau fut immolé, la Pâque fut célébrée, cinquante jours s'écoulèrent, la loi fut donnée. Or, cette loi était une loi de crainte et non une loi d'amour. Mais, pour que la crainte se changeât en amour, eut lieu l'immolation du vrai Juste, figurée par l'agneau que tuaient les Juifs. Il est ressuscité ; et du jour de la Pâque du Seigneur, comme du jour de la Pâque où l'agneau fut immolé, on compte cinquante jours jusqu'au moment où vint l'Esprit-Saint (*Act.*, II, 1, 4), non plus dans la souffrance de la crainte, mais dans la plénitude de l'amour. Pourquoi vous ai-je dit ces vérités? Le voici. Le Seigneur est donc ressuscité et a donc été glorifié pour envoyer l'Esprit-Saint. Or, je vous ai dit, depuis longtemps déjà, que la tête du Christ est au ciel et que ses pieds sont sur la terre. Si la tête est au ciel et si les pieds sont sur la terre, que veut dire que les pieds du Seigneur sont sur la terre? Ne serait-ce pas que les saints du Seigneur sont sur la terre? Quels sont les pieds du Seigneur? Les Apôtres envoyés sur tout le globe ter-

---

est, « Cœlum mihi sedes est (*Isai.*, LXVI, 1 ; *Act.*, VII, 49). » Quia ergo cœlum portat, et Deus sedet, ideo melius est cœlum? Sic ergo et obsequio Angelorum in hoc Psalmo intelligere poterimus : non ad infirmitatem Domini pertinet, sed ad (*a*) illorum honorificentiam, ad illorum servitutem. Resurrexit autem Dominus Jesus Christus: propter quid ? Apostolum audite : « Mortuus est propter delicta nostra, et resurrexit propter justificationem nostram (*Rom.*, IV, 25). » Item de Spiritu-sancto Evangelium, « Spiritus, inquit, nondum erat datus, quia Jesus nondum erat clarificatus (*Johan.*, VII, 39). » Quæ est clarificatio Jesu? Resurrexit, et adscendit in cœlum. A Deo clarificatus adscensione in cœlum, misit Spiritum suum sanctum die Pentecostes. In Lege autem, in libro Moysi Exodo, a die agni occisi et manducati quinquaginta dies numerantur (*Exodi*, XII, 19) ; et data est Lex in tabulis lapideis scripta digito Dei. Quid sit digitus Dei, Evangelium nobis exponit, quia digitus Dei Spiritus-sanctus est. Quomodo probamus ? Dominus respondens eis qui illum dicebant in nomine Beelzebub ejicere dæmonia, ait, « Si ego in Spiritu Dei ejicio dæmonia (*Matth.*, XII, 28). » Alius Evangelista cum hoc narraret, « Si ego, inquit, in digito Dei ejicio dæmonia (*Lucæ*, XI, 20). » Quod ergo positum est in uno aperte, positum est in altero obscure. Nesciebas quid sit digitus Dei, exponit alius Evangelista, dicens eum esse Spiritum Dei. Digito ergo Dei scripta Lex data est die quinquagesimo ab occisione agni, et Spiritus-sanctus venit die quinquagesimo a passione Domini nostri Jesu Christi. Occisus est agnus, factum est Pascha, impleti sunt quinquaginta dies, data est Lex. Sed Lex illa ad timorem, non ad amorem. Ut autem timor converteretur in amorem, occisus est justus jam in veritate ; cujus typus erat ille agnus, quem occidebant Judæi. Resurrexit ; et a die Paschæ Domini, sicut a die Paschæ agni occisi, numerantur quinqua-

---

(*a*) Sic Am. Er. et M SS. At Lov. *ad illius honorificentiam*.

restre. Quels sont les pieds du Seigneur ? Tous les évangélistes, au moyen desquels le Seigneur se transporte parmi toutes les nations. Or il était à craindre que les évangélistes ne se heurtassent contre la pierre; en effet la tête étant au ciel, les pieds qui travaillaient sur la terre auraient pu se heurter contre la pierre. Contre quelle pierre ? Contre la Loi donnée sur des tables de pierre. De peur donc qu'ils ne devinssent justiciables de la Loi, pour n'avoir pas encore reçu la grâce, et qu'ils ne restassent sous le coup de la Loi, ce qui eût été se heurter contre la Loi, le Seigneur a affranchi ceux qui étaient sous le coup de la Loi, afin qu'ils ne pussent désormais se heurter contre la Loi. En d'autres termes, afin que les pieds de cette tête ne pussent tomber dans quelque faute contre la Loi, l'Esprit-Saint a été envoyé pour établir la Loi d'amour et les délier de toute crainte. La crainte n'accomplissait pas la Loi, l'amour est venu l'accomplir. Les hommes craignaient et n'accomplissaient pas la Loi, ils l'ont aimée et l'ont accomplie. Comment, sous l'empire de la crainte, les hommes n'accomplissaient-ils pas la Loi; et comment, grâce à l'amour, l'ont-ils accomplie? Les hommes craignaient et ils ravissaient le bien d'autrui; ils ont aimé, et donné leurs propres biens. Il n'est donc pas étonnant que les anges aient porté de leurs mains le Seigneur dans le ciel, de peur que son pied ne vînt à heurter contre la pierre; car, afin que les membres de son corps qui travailleraient sur terre et se répandraient en tous sens sur le globe ne devinssent point justiciables de la Loi, il leur a ôté toute crainte et les a remplis d'amour. Par crainte, Pierre avait renié trois fois son maître (*Matth.*, XXVI, 69, 75); c'est qu'il n'avait point encore reçu l'Esprit-Saint. Mais quand il eut reçu l'Esprit-Saint, il commença à prêcher avec confiance. Lui qui avait trois fois renié son maître, à la voix d'une servante; quand il eut reçu l'Esprit-Saint, il confessa, sous le fouet des persécuteurs, celui qu'il avait renié (*Act.*, II, 5 et suiv.). Ce courage ne doit point vous étonner, car le Seigneur avait détruit en lui la triple négation de la crainte par la triple confession de l'amour. En effet, après sa résurrection, le Seigneur dit à Pierre : « Pierre, m'aimez-vous? » Il ne lui dit pas : Me craignez-vous? Car si Pierre eût encore été sous l'empire de la crainte, il eût heurté du pied contre la pierre. « M'aimez-vous? » lui dit-il, et Pierre lui répondit : « Je vous aime. » Une fois suffisait. Elle me suffirait même sans doute à moi qui ne lis pas dans le cœur; à plus forte raison devait-elle suffire au Seigneur, qui voyait à quel point Pierre lui disait du plus profond de ses entrailles : « Je vous aime. » Eh bien! il ne suffit pas au Seigneur que Pierre réponde une fois. Il l'interroge de nouveau et reçoit la même réponse : « Je vous

ginta dies; et venit Spiritus-sanctus jam in plenitudine amoris, non in pœna timoris (*Act.*, II, 1 et 2). Quare hoc dixi? Ad hoc ergo resurrexit Dominus et glorificatus est, ut mitteret Spiritum-sanctum. Et dixeram jamdudum, quia caput in cælo est, pedes in terra. Si caput in cælo, pedes in terra, quid est pedes Domini in terra? Sancti Domini in terra? Qui sunt pedes Domini? Apostoli missi per totum orbem terrarum. Qui sunt pedes Domini? Omnes Evangelistæ, in quibus peragrat Dominus universas gentes. Metuendum erat ne Evangelistæ offenderent in lapidem. Illo enim in cælo posito capite, pedes qui in terra laborabant, possent offendere in lapidem. In quem lapidem? In Legem in tabulis lapideis datam. Ne ergo Legis rei fierent, non accepta gratia, et in Lege rei tenerentur; ipsa enim offensio reatus : quos Lex tenebat reos, absolvit Dominus, ut jam in Legem non offenderent. Ne pedes hujus capitis incurrerent in Legis reatum, missus est Spiritus-sanctus ut amorem faceret, et solveret a timore. Timor Legem non implebat, amor implevit. Timuerunt homines, et non impleverunt; amaverunt, et impleverunt. Quomodo timuerunt, et non impleverunt; amaverunt, et impleverunt? Timebant homines, et rapiebant res alienas; amaverunt, et donaverunt suas. Ergo non est mirandum, quia ideo in manibus Angelorum assumptus est Dominus in cælum, ne offenderet ad lapidem pes ejus, ne illi qui in terra laborabant in corpore ejus, peragrantes totum orbem terrarum fierent rei Legis, subtraxit ab eis timorem, et implevit eos amore. Timore Petrus ter negavit (*Matth.*, XXVI, 69, 70 etc.): nondum enim acceperat Spiritum-sanctum. Accepto postea Spiritu-sancto, cum fiducia cœpit prædicare (*Act.*, XIV, 5, et 29). Qui ad vocem ancillæ ter negavit, accepto Spiritu-sancto inter flagella principum confessus est quem negaverat. Non mirum; quia Dominus ipsum trinum timorem trino amore dissolvit. Resurgens enim a mortuis ait Petro, « Petre amas me (*Johan.*, XXI, 23)? » Non dixit, Times me? Nam si adhuc ti-

aime. » Il l'interroge une troisième fois, et Pierre, rempli de tristesse de ce que le Seigneur semble douter de son amour, s'écrie : « Seigneur, vous savez tout, vous savez bien que je vous aime (*Jean*, XXI, 15, 19). » Or le Seigneur, en agissant ainsi, semblait lui dire : vous m'avez renié trois fois par crainte, confessez trois fois votre amour. C'est de cet amour et de cette charité qu'il a rempli ses disciples. Pourquoi? Parce qu'il a placé son refuge en un lieu très-élevé; parce que, après avoir été glorifié, il a envoyé l'Esprit-Saint, et affranchi ceux qui croyaient en lui de la crainte d'être justiciables de la Loi, de peur que leurs pieds ne heurtassent contre la pierre.

9. Ce qui reste du Psaume, mes frères, doit être clair pour vous, car nous l'avons déjà (1) souvent expliqué : « Vous marcherez sur l'aspic et sur le basilic, et vous foulerez aux pieds le lion et le dragon (*Ps.*, XC, 13). » Quel est le serpent, vous le savez; vous savez aussi comment il est foulé aux pieds par l'Église, qui reste victorieuse de lui, parce qu'elle se tient en garde contre ses ruses. Mais comment ce même serpent devient-il tout à la fois lion et dragon ? je pense que Votre Charité ne l'ignore pas non plus. Le lion se livre ouvertement à sa fureur; le dragon dresse secrètement ses embûches; le démon possède cette double puissance et sa haine s'exerce de cette double manière. Au temps où les martyrs étaient mis à mort, le lion sévissait; maintenant que les hérétiques tendent leurs pièges, c'est le dragon qui se glisse en rampant. Vous avez vaincu le lion, il faut vaincre aussi le dragon : le lion ne vous a pas broyé, ne vous laissez pas tromper par le dragon. Prouvons que le démon était comme un lion, lorsqu'il sévissait ouvertement. Pierre, exhortant les martyrs, a dit : « Ne savez vous pas que le démon votre ennemi tourne autour de vous comme un lion rugissant, cherchant qui dévorer (I *Pierre*, v, 8)? » Le lion, dans ses fureurs manifestes, cherchait une victime à dévorer; mais comment le dragon tend-il ses embûches? Par le moyen des hérétiques. Saint Paul craignant que ces hommes ne corrompissent la virginité de la foi que l'Église porte dans son cœur a dit : « En effet, je vous ai fiancés à un époux unique, au Christ, pour vous présenter à lui comme une vierge pure; et je crains que, comme le serpent a séduit Ève par son astuce, ainsi vos esprits ne se corrompent et ne dégénèrent de la charité qui est dans le Christ (II *Cor.*, XI, 2, 3). » Dans l'Église, la virginité du corps

---

meret, offenderet ad lapidem pedem suum. Amas me, inquit ? Et ille, Amo, Sufficiebat semel. Forte mihi sufficeret, qui cor non video : quanto magis sufficeret Domino, qui videbat quibus medullis viscerum suorum dicebat Petrus, Amo ? Non sufficit Domino respondere semel : interrogat iterum, et respondet ille. Interrogat tertio, et jam tædio affectus Petrus, quasi dubitaret Dominus de amore ipsius, « Domine tu, inquit, scis omnia, tu scis quia amo te (*Ibid.*, 17). » Sed Dominus cum illo sic egit, tamquam diceret, Ter me negasti timendo, ter confitere amando. Isto amore et ista caritate replevit discipulos suos. Quare ? Quia altissimum posuit refugium suum : quia clarificatus misit Spiritum-sanctum, solvit credentes a reatu Legis, ne in lapidem offenderent pedes ejus.

9. Jam cetera manifesta sunt, Fratres, quia sæpe tractata sunt. « Super aspidem et basiliscum ambulabis, et (*a*) conculcabis leonem et draconem (*Ps.*, XC, 13). » Quis sit serpens, nostis : quomodo super illum calcet Ecclesia, quæ non vincitur, quia cavet astutias ipsius. Quemadmodum autem sit leo et draco, puto et hoc nosse Caritatem Vestram. Leo aperte sævit, draco occulte insidiatur : utramque vim et potestatem habet diabolus. Quando Martyres occidebantur, leo erat sæviens : quando hæretici insidiantur, draco est subrepens. Vicisti leonem, vince et draconem : non te (*b*) fregit leo, non te decipiat draco. Probemus quia leo erat, quando aperte sæviebat. Exhortans Martyres Petrus ait, « Nescitis quia adversarius vester diabolus tamquam leo rugiens circuit quem devoret (I *Pet.*, v, 8) ? » Aperte sæviens leo, quærebat quem devoraret : draco quomodo insidiatur ? Per hæreticos. Tales timens Paulus, ne ab illis corrumperetur Ecclesia a virginitate fidei, quam gestat in corde, ait, « Desponsavi enim vos uni viro virginem castam exhibere Christo ; et timeo ne sicut serpens Evam seduxit astutia sua, ita et mentes vestræ corrumpantur a castitate quæ est in Christo (II *Cor.*, XI, 2 et 3). » Virginitatem corporis paucæ

---

(1) Ce verset a été traité précédemment dans le discours sur le Ps. XXXIX, n° 1.

(*a*) De hoc versu jam supra in Enarratione Psal. XXXIX. n° 1. (*b*) Nostri omnes MSS. *non te frangat leo*.

n'est le privilége que d'un petit nombre de femmes; mais la virginité du cœur est le propre de tous les fidèles. L'Apôtre craignait que le démon ne vînt à bout de corrompre cette virginité du cœur par la perte de la foi; car il ne sert de rien à ceux qui ont perdu cette virginité d'avoir gardé celle du corps. Que conserve dans sa chair celle dont le cœur est corrompu? De combien une épouse catholique ne l'emporte-t-elle pas sur une vierge hérétique? L'une sans doute n'est plus vierge dans sa chair; mais l'autre a pris un époux dans son cœur, et cet époux n'est point Dieu, mais le serpent. Que fera donc l'Église? « Vous marcherez sur l'aspic et sur le basilic. » Le basilic est le roi des serpents, comme le diable est le roi des démons. « Et vous foulerez aux pieds le lion et le dragon. »

10. Dieu parle ensuite à l'Église : « Parce qu'il a mis en moi son espérance, je le délivrerai (*Ps.*, XC, 14). » Il n'est donc pas seulement question de la tête, qui maintenant réside au Ciel, que les maux n'atteindront pas et dont les fouets du châtiment ne pourront frapper la tente, parce que cette tête a placé son refuge en un lieu très-élevé; mais nous aussi, qui souffrons sur la terre, qui vivons encore au milieu des tentations et qui devons craindre que chacun de nos pas ne nous fasse tomber dans quelque piége, nous avons à entendre ici la voix de notre Dieu qui nous console et qui nous dit : « Parce qu'il a mis en moi son espérance, je le délivrerai ; je le protégerai, parce qu'il a connu mon nom (*Ibid.*). »

11. « Il m'invoquera et je l'exaucerai ; je suis avec lui dans la tribulation (*Ps.*, XC, 15). » Ne craignez pas, lorsque vous êtes dans l'affliction, que Dieu, pour ainsi dire, ne soit point avec vous : que la foi soit avec vous, et Dieu est avec vous dans vos tribulations. La mer soulève ses flots et vous êtes ballotté dans votre barque, parce que le Christ est endormi. Le Christ dormait dans le navire des Apôtres et les hommes allaient périr (*Matth.*, VII, 24, 25). Si votre foi dort dans votre cœur, c'est comme si le Christ qui habite en vous par la foi dormait dans votre navire. Lorsque vous commencez à ressentir quelque agitation, réveillez le Christ qui dort : excitez votre foi, et vous sentirez qu'il ne vous abandonnera pas. Mais peut-être vous vous croyez abandonné, parce qu'il ne vous arrache pas au danger, lorsque vous le désirez. Il a délivré les trois jeunes hommes de la fournaise (*Daniel*, III, 49, 50); mais, s'il a sauvé ces trois jeunes hommes, a-t-il donc abandonné les Machabées (II *Mach.*, VII)? Non, assurément. Il a accordé leur délivrance aux uns et aux autres : aux uns, une délivrance corporelle, pour confondre les infidèles; aux autres, une délivrance

---

feminæ habent in Ecclesia, sed virginitatem cordis omnes fideles habent. In ipsa fide virginitatem cordis timebat corrumpi a diabolo : quam qui perdiderint, sine caussa sunt virgines corpore. Corrupta corde quid servat in corpore? Adeo mulier catholica præcedit virginem hæreticam. Illa enim non est virgo in corpore, ista mulier facta est in corde ; et mulier non a marito Deo, sed a serpente. Quid autem Ecclesia ? « Super aspidem et basiliscum ambulabis. » Rex est serpentium basiliscus, sicut diabolus rex est dæmoniorum « Et conculcabis leonem et draconem. »

10. Jam verba Dei ad Ecclesiam : « Quoniam in me speravit, eruam eum (*Ps.*, XC, 14). » Non solum ergo caput, quod modo sedet in cælo, quia altissimum posuit refugium suum, ad quod non accedent mala, et flagellum non appropinquabit tabernaculo ejus; sed et nos qui laboramus in terra, et adhuc in tentationibus vivimus, quorum gressus timentur ne in laqueos incidant, audiamus vocem Domini Dei nostri consolantis nos, et dicentis nobis, « Quoniam in me speravit, eruam eum : protegam eum, quoniam cognovit nomen meum. »

11. (*a*) Invocabit me, et ego exaudiam eum, cum ipso sum in tribulatione (*Ibid.*, 15). » Noli timere quando tribularis, ne quasi non tecum sit Deus. Fides sit tecum, et tecum est Deus in tribulatione. Fluctus sunt maris, turbaris in navigio, quia dormit Christus (*Matth.*, VIII, 24). Dormiebat in navi Christus, peribant homines. Si fides tua dormit in corde tuo, tamquam in navi tua dormit Christus : quia Christus per fidem in te habitat. Cum turbari cœperis, excita Christum dormientem : erige fidem tuam, et noveris quia non te deserit. Sed ideo putas te deseri, quia non (*b*) quando vis eripit. Eripuit tres pueros de igne (*Dan.*, III, 49). Qui eripuit tres pueros, deseruit Machabæos (II *Matth.*, VII, 1, 2 etc.)? Absit. Et illos eripuit, et illos : illos corporaliter, ut infideles

---

(*a*) Sic Regius MS. At editi, *Invocavit*. (*b*) Forte, *quomodo* : id est quia non corporaliter eripis.

spirituelle, pour faire d'eux l'exemple des fidèles. « Je suis avec lui dans la tribulation, je le retirerai du mal et je le glorifierai. »

12. « Je le comblerai par la possession de la longueur des jours (*Ps.*, XC, 16). » Qu'est-ce que la longueur des jours? La vie éternelle. Mes frères, ne pensez pas qu'il s'agisse ici d'une longueur de jours, analogue à celle des jours de l'été, qui sont plus longs que ceux de l'hiver. Sont-ce de tels jours que Dieu doit nous donner? Non : la longueur des jours dont parle le Prophète n'a pas de fin; c'est la vie éternelle qui nous est promise dans la longueur de ces jours. Et véritablement, parce que cette seule durée nous suffit, c'est à bon droit que le Prophète a dit : « Je le comblerai. » Tout ce qui n'est qu'une longueur de temps ne nous suffit pas, dès lors que cette durée doit prendre fin : c'est pourquoi on ne doit pas dire du temps qu'il est long. Si nous sommes avares, c'est de la vie éternelle que nous devons être avares; désirez donc la vie qui n'a pas de fin. Voilà le digne objet de notre avarice. Vous désirez peut-être acquérir de l'argent sans fin? désirez acquérir sans fin la vie éternelle. Voulez-vous que vos possessions ne se perdent jamais? cherchez la vie éternelle. « Je le comblerai par la possession de la longueur des jours. »

13. « Et je lui montrerai mon Sauveur (*Ibid.*). » Il ne faut pas, mes frères, passer trop rapidement sur cette parole : « Je lui montrerai mon Sauveur; » cela signifie : je lui montrerai le Christ lui-même. Mais comment? N'a-t-on pas vu le Christ sur la terre? Qu'a-t-il donc d'extraordinaire à nous montrer? Mais le Christ n'a pas été vu de la même manière que nous le verrons. Il n'a été vu que comme l'ont vu ceux qui l'ont crucifié; or ceux qui l'ont vu l'ont crucifié, et nous qui ne l'avons pas vu nous avons cru en lui. Ils avaient des yeux : n'en avons-nous donc pas? Nous en avons, et ces yeux sont les yeux du cœur; mais nous voyons encore par la foi et non en réalité. Quand viendra la réalité? Lorsque nous verrons face à face (I *Cor.*, XIII, 12), selon l'expression de l'Apôtre, et selon la promesse que Dieu nous en a faite, comme de la plus grande récompense de tous nos travaux. Quel que soit votre travail, vous travaillez pour arriver à cette vision. Nous avons donc à voir je ne sais quoi de grand, puisque cette vue doit être toute notre récompense : or cette vision incomparable est celle de Notre-Seigneur Jésus-Christ. Les hommes l'ont vu dans son abaissement, nous le verrons dans sa gloire, et sa vue fera notre joie, comme elle fait aujourd'hui celle des Anges qui voient en lui « le Verbe qui était au commencement; et le Verbe était en Dieu et le Verbe était Dieu (*Jean*,

---

confunderentur; istos spiritaliter, ut fideles imitarentur. « Cum ipso sum in tribulatione : et eximam eum, et glorificabo eum. »

12. « Longitudine dierum replebo eum (*Ps.*, XC, 16). » Quae est longitudo dierum? Vita æterna. Fratres, nolite putare longitudinem dierum dici, sicut sunt hyeme dies minores, æstate dies majores. Tales dies nobis habet dare? Longitudo illa est quæ non habet finem, æterna vita quæ nobis promittitur in diebus longis. Et vere, quia sufficit, non sine caussa dixit, « replebo eum. » Non nobis sufficit quidquid longum est in tempore, si habet finem; et ideo nec longum dicendum est. Et si avari sumus, vitæ æternæ debemus esse avari : talem vitam desiderate, quæ non habet finem. Ecce ubi extendatur avaritia nostra. Argentum vis sine fine? Vitam æternam desidera sine fine. Non vis ut habeat finem possessio tua? Vitam æternam quære. « Longitudine dierum replebo eum. »

13. « Et ostendam illi salutare meum (*Ibid.*, 16). » Nec hoc, Fratres, breviter prætereundum est. « Ostendam illi salutare meum : » hoc dicit, Ostendam illi ipsum Christum. Quare? Non est visus in terra? Quid magnum nobis habet ostendere? Sed non est visus tali visu, quali videbimus. Ecce qui viderunt crucifixerunt, nos non vidimus et credidimus. Illi oculos habebant, nos nou habemus? Imuo et nos cordis habemus; sed per fidem adhuc videmus, non per speciem. Quando erit species? « Quando videbimus facie ad faciem (I *Cor.*, XIII, 12), » quod dicit Apostolus : quod nobis promittit Deus in magno præmio omnium laborum nostrorum. Quidquid laboras, ad hoc laboras, ut videas. Nescio quid magnum est quod visuri sumus, quando tota merces nostra visio est : et ipsum magnum visum hoc est, Dominus noster Jesus Christus. Ipse qui humilis visus est, ipse videbitur magnus, et lætificabit nos, quomodo videtur modo ab Angelis : « In principio erat Verbum, et Verbum erat apud Deum, et Deus erat Verbum (*Johan.*, I, 1). » Attendite qui hoc promisit, ipsum Dominum in Evangelio dicentem, « Qui

1, 1). » Remarquez qui a fait cette promesse; c'est le Seigneur lui-même qui a dit dans l'Évangile : « Celui qui m'aime sera aimé de mon Père, et je l'aimerai. » Et, comme si on lui eût dit : Et que donnerez-vous à celui qui vous aime? « Je me manifesterai moi-même à lui (*Ibid.*, xiv, 21), » a-t-il ajouté. Soupirons donc après lui et aimons-le; brûlons d'amour, si nous sommes l'épouse. L'époux est absent, attendons-le ; l'objet de nos désirs viendra. Il nous a donné un tel gage que l'épouse n'a point à craindre d'être délaissée par l'époux; car il n'abandonnera pas ce gage. Quel gage a-t-il donné? Il a versé son sang. Quel gage a-t-il donné? Il a envoyé l'Esprit-Saint. Et cet époux abandonnerait de tels gages! S'il n'eût point aimé, eût-il donné de tels gages? Mais il aime. Oh! si nous aimions comme lui! Personne ne peut avoir un plus grand amour que de donner sa vie pour ses amis (*Jean*, xv, 13). Et nous, comment pouvons-nous donner notre vie pour lui? De quoi cela lui servirait-il, puisqu'il a déjà placé son refuge en un lieu très-élevé et que les coups n'approchent pas de sa tente? Mais que dit saint Jean. « Comme le Christ a donné sa vie pour nous, ainsi nous devons donner notre vie pour nos frères (I *Jean*, iii, 16). » Quiconque donne sa vie pour son frère la donne pour le Christ, de même qu'en nourrissant son frère, c'est le Christ qu'il nourrit. « Ce que vous faites à l'un des plus petits d'entre les miens, c'est à moi que vous le faites (*Matth.*, xxv, 40). » Aimons le Christ et imitons-le ; courons à l'odeur de ses parfums, comme il est dit dans le Cantique des Cantiques : « Nous courrons à l'odeur de vos parfums (*Cant.*, i, 3). » Il est venu, en effet; il a répandu ses parfums, et son odeur a rempli le monde. D'où venait cette odeur ? du Ciel. Suivez-le donc au Ciel, si vous êtes sincère en répondant à ces paroles : En haut nos cœurs. Oui : en haut nos pensées, en haut notre amour, en haut notre espérance ; de peur que nos cœurs ne pourrissent sur terre. Vous n'osez laisser du blé sur une terre humide, de peur qu'il ne pourrisse, parce que vous avez pris la peine de le semer et de le moissonner, de le battre et de le vanner. Vous cherchez une place convenable pour votre blé, et vous n'en chercheriez point une pour votre cœur? Vous n'en chercheriez point une pour votre trésor? Prenez sur terre quelque moyen que vous voudrez : donnez, si vous voulez ne rien perdre et tout mettre en sûreté. Et qui vous le gardera? Le Christ qui vous garde vous-même. Il sait vous garder, ne saurait-il garder votre trésor? Et pourquoi veut-il que vous changiez votre trésor de place, si ce n'est pour que vous changiez aussi de place votre cœur? Car, à quoi pense chacun, si ce n'est à son trésor? Combien y en a-t-il ici qui m'écoutent à cet instant, et

---

diligit me, diligetur a Patre meo, et ego diligam eum (*Johan.*, xiv, 21). » Et quasi diceretur ei, Et quid ei dabis qui diligit te ? « Ostendam, inquit, meipsum illi. » Desideremus, et amemus : flagremus, si sponsa sumus. Sponsus absens est, sustineamus : veniet quem desideramus. Tantum pignus dedit, non timeat sponsa ne deseratur ab sponso : non dimittit pignus suum. Quod pignus dedit ? Sanguinem suum fudit. Quod pignus dedit? Spiritum-sanctum misit. Talia pignora dimittet ille sponsus ? Si non amaret, talia pignora non daret. Jam amat. O si sic amaremus ! « Majorem dilectionem nemo habet, quam ut animam suam ponat pro amicis suis (*Johan.*, xv, 13). » Et nos quomodo possumus ponere animas nostras pro illo? Quid illi prodest, quando jam altissimum posuit refugium suum, et flagellum non appropinquat tabernaculo ejus? Sed quid dicit Johannes? « Sicut Christus pro nobis animam posuit, sic et nos debemus pro fratribus animam ponere (I *Johan.*, iii, 16). » Unusquisque ponens pro fratre animam, pro Christo ponit : quomodo pascens fratrem, Christum pascit ; « Cum uni ex minimis meis fecistis, mihi fecistis (*Matth.*, xxv, 40). » Amemus, et imitemur, curramus post unguenta ejus, quomodo dicitur in Canticis canticorum, « Post odorem unguentorum tuorum curremus (*Cant.*, i, 3). » Venit enim et elevit, et odor ipsius implevit mundum. Unde odor? De cælo. Sequere ergo ad cælum, si non falsum respondes cum dicitur, Sursum cor, sursum cogitationem, sursum amorem, sursum spem, ne putrescat in terra. Triticum non audes ponere in humida terra, ne putrescat, quia laborasti et messuisti, triturasti et ventilasti. Quæris locum tritico tuo, et non quæris locum cordi tuo? non quæris locum thesauro tuo? Fac quidquid poteris in terra : eroga, non perdes, sed recondes. Et quis servat? Christus qui et te servat. Te novit servare, thesaurum tuum non novit servare? Quare autem vult ut locum mutes thesauro tuo, nisi ut locum mutes cordi tuo? Nemo enim cogitat nisi de thesauro suo. Quam multi hic

dont le cœur n'est que dans leurs coffres-forts ? Vous êtes sur la terre parce que l'objet de vos affections est sur la terre ; mettez-le dans le Ciel et votre cœur y sera également. Car, « où sera votre trésor, là sera aussi votre cœur (*Matth.*, xi, 24). »

sunt qui me modo audiunt, et non est cor eorum nisi in sacellis suis ? In terra estis, quia in terra est quod amatis : mittatur in cælum, et erit ibi cor vestrum. « Ubi enim fuerit thesaurus tuus, ibi erit et cor tuum (*Matth.*, vi, 24). »

FIN DU TOME TREIZIÈME.

TABLE DES MATIÈRES DU TOME TREIZIÈME.

DISCOURS SUR LES PSAUMES.

Discours sur le Psaume LIX		1
—	LX	17
—	LXI	26
—	LXII	62
—	LXIII	73
—	LXIV	91
—	LXV	111
—	LXVI	136
—	LXVII	153
—	LXVIII. — Premier discours	195
—	Deuxième discours	216
—	LXIX	234
—	LXX. — Premier discours	247
—	Deuxième discours	272
—	LXXI	289
—	LXXII	307
—	LXXIII	331
—	LXXIV	357
—	LXXV	373
—	LXXVI	395
—	LXXVII	413
—	LXXVIII	453
—	LXXIX	470
—	LXXX	482
—	LXXXI	503
—	LXXXII	511
—	LXXXIII	517
—	LXXXIV	537
—	LXXXV	555

TABLE DES MATIÈRES.

Discours sur le Psaume LXXXVI	585
— LXXXVII	598
— LXXXVIII. — Premier discours	615
— Deuxième discours	632
— LXXXIX	647
— XC. — Premier discours	660
— Deuxième discours	675

FIN DE LA TABLE DU TOME TREIZIÈME.

Saint-Quentin. — Imp. Jules Moureau, Grand'Place, 7.

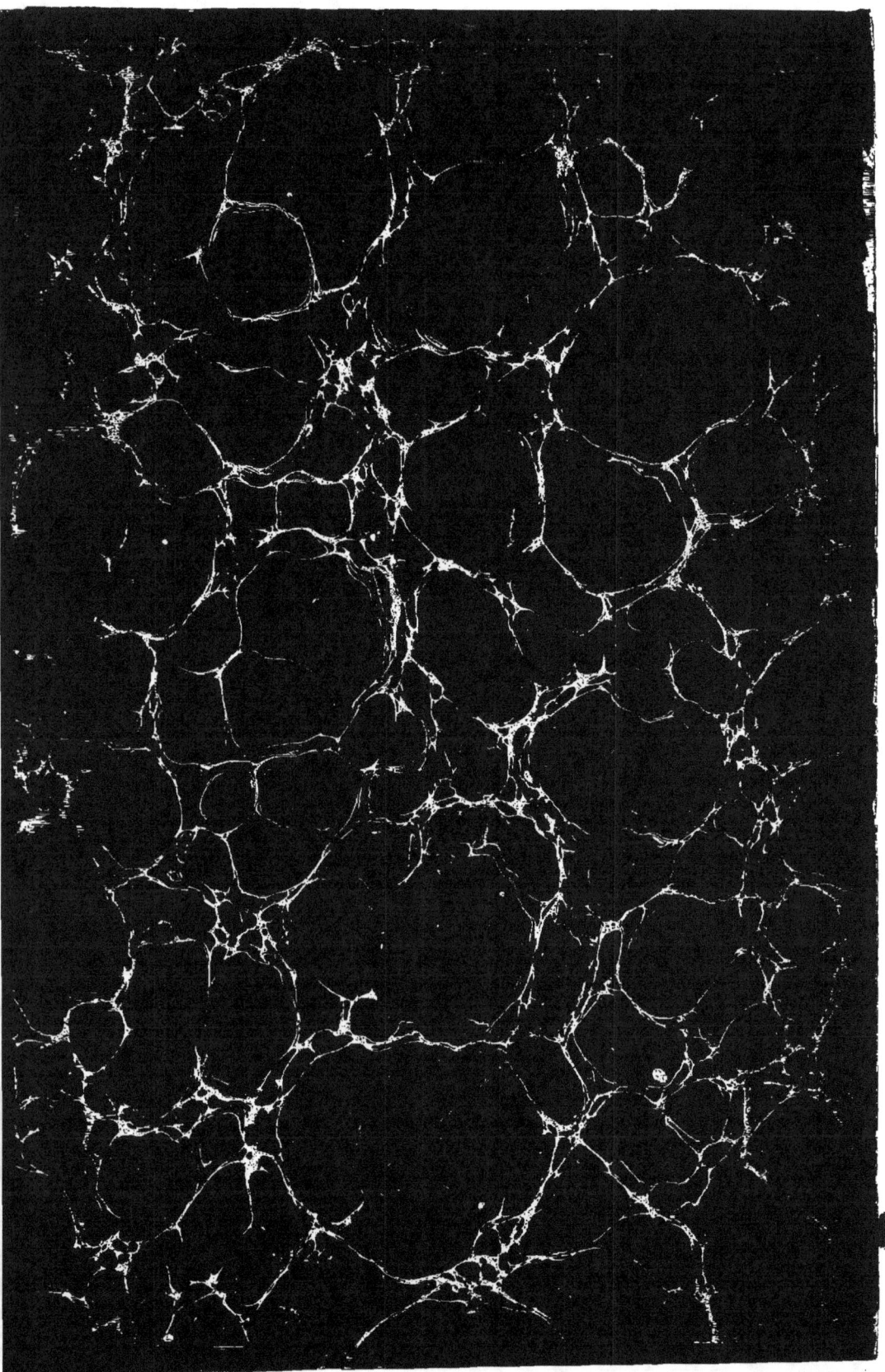

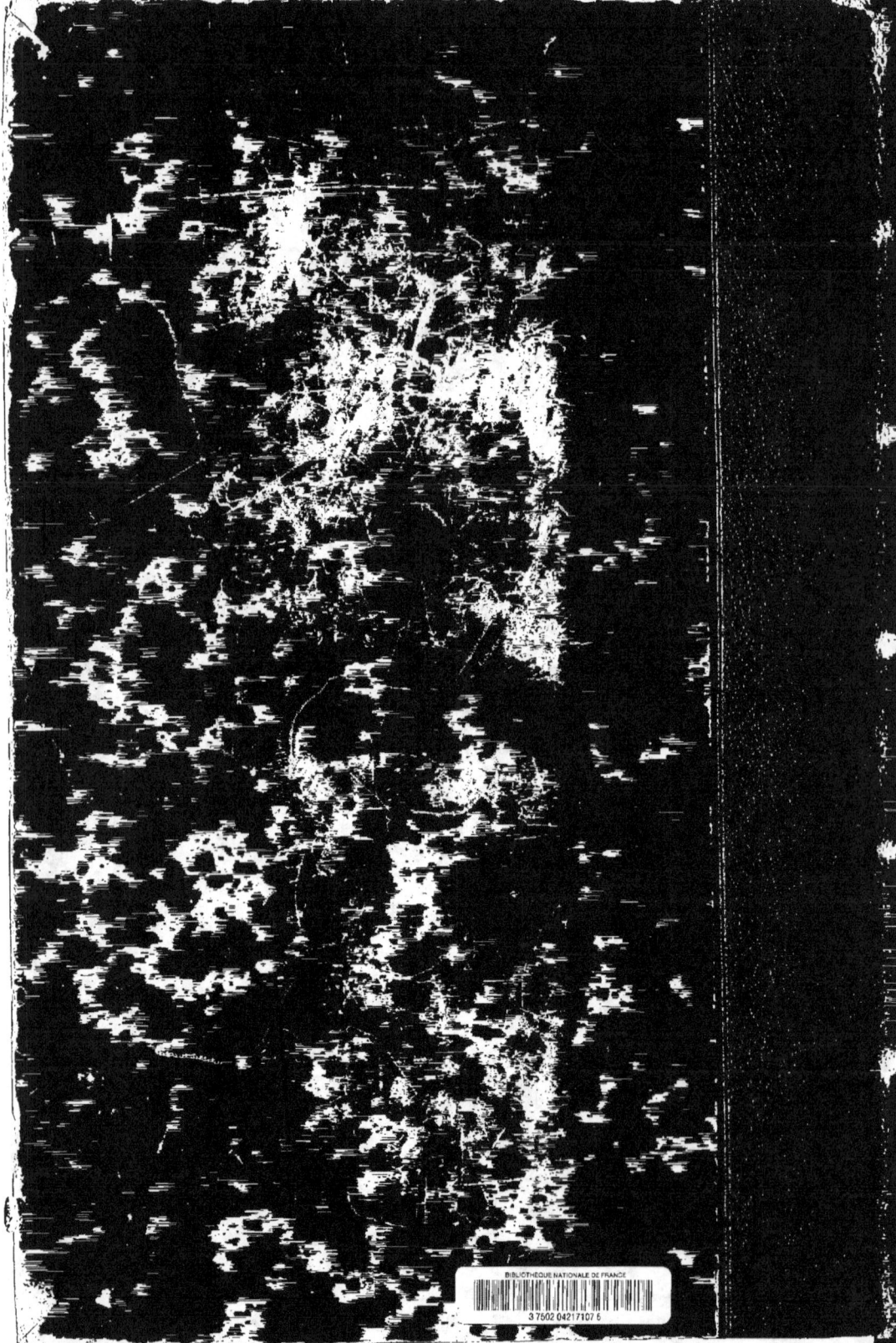